DICCIONARIO MOSBY POCKET de medicina y ciencias de la salud

DICCIONARIO MOSBY POCKET de medicina y ciencias de la salud

Harcourt

Madrid - Barcelona - Boston - Filadelfia - Londres
Orlando - Sydney - Tokio - Toronto

Es una publicación

Harcourt

Obra colectiva coordinada y dirigida por
DIORKI, S.L. Servicios Integrales de Edición

Ediciones Harcourt, S. A.
Harcourt International
División Iberoamericana

ISBN edición española: 84-8174-301-1

Depósito legal: M-12.403-2001
Impreso en España por Mateu Cromo, S.A.

ÍNDICE ANALÍTICO

PRÓLOGO

Con la presente edición del DICCIONARIO POCKET DE MEDICINA Y CIENCIAS DE LA SALUD pretendemos satisfacer las necesidades del profesional de habla española de las ciencias médicas con un texto traducido, revisado y supervisado por médicos en ejercicio de las principales especialidades clínicas y con amplia experiencia en el campo de la traducción y revisión de textos de medicina.

A lo largo de la obra se ha atendido preferentemente a proporcionar unas definiciones en un lenguaje claro y conciso, con la máxima precisión lingüística, pero tolerando ciertas concesiones al uso (como términos ingleses de conocimiento general) tendentes a facilitar la mejor comprensión del texto.

Todas las entradas en español van seguidas de su correspondiente traducción al inglés, con el fin de facilitar a los profesionales que consultan textos en lengua inglesa una rápida y exacta equivalencia de los términos. El diccionario cuenta, igualmente, con numerosas referencias cruzadas que orientan a quien desee profundizar o adquirir información adicional relacionada con un tema específico.

Incluimos en nuestra edición como apéndice final un Atlas en color de anatomía; en él encontrará el lector una visión global de las principales estructuras y órganos de cada sistema.

Esperamos que nuestra labor sea útil a los profesionales y a los estudiosos de temas médicos y que el DICCIONARIO POCKET DE MEDICINA Y CIENCIAS DE LA SALUD se convierta en un valioso aliado para despejar las dudas y dificultades que una materia tan específica pueda presentar.

LOS EDITORES

GUÍA DE UTILIZACIÓN DEL DICCIONARIO

ESTRUCTURA DEL DICCIONARIO

► Cada *unidad estructural básica* está compuesta por una entrada española (en negrita) seguida de su entrada inglesa correspondiente (entre paréntesis) y la definición, separada de la entrada inglesa mediante una coma:

entrada española (entrada inglesa), definición

Ejemplo:

abetalipoproteinemia (abetalipoproteinemia), trastorno congénito infrecuente del metabolismo lipídico, que se caracteriza por la presencia de acantocitosis, descenso o ausencia de betalipoproteínas e hipercolesterolemia.

► Las *abreviaturas* que, cuando procede, siguen a las entradas españolas, se indican entre paréntesis y en negrita. Las correspondientes a las entradas inglesas se consignan entre corchetes y en redonda (letra común):

entrada española (abreviatura) (entrada inglesa [abreviatura]), definición

Ejemplo:

nutrición parenteral total (NPT) (total parenteral nutrition [TPN]), administración de una solución hipertónica nutricionalmente adecuada, constituida por glucosa, proteínas hidrolizadas, minerales y vitaminas, a través de un catéter permanente colocado en la vena cava superior. Este procedimiento se utiliza en el coma prolongado, en la malabsorción grave incontrolada, en las quemaduras extensas, en las fístulas GI y en otras enfermedades en las que la alimentación por boca no puede facilitar las cantidades adecuadas de los nutrientes esenciales.

► Las *referencias biográficas* se indican entre corchetes y en redonda, a continuación de la entrada inglesa y antes de la definición. Cuando en una sola entrada hay más de una referencia biográfica, éstas se separan mediante punto y coma:

entrada española (entrada inglesa) [referencia biográfica], definición

Ejemplo:

addisonismo (addisonism) [Thomas Addison, médico londinense, n. 1793], enfermedad caracterizada por los signos físicos de la enfermedad de Addison, aunque sin pérdida de las funciones corticosuprarrenales. Los signos de la enfermedad son: aumento de la pigmentación de piel y mucosas, debilidad general y tendencia a desarrollar infecciones tuberculosas.

O bien:

operación de Marshall-Marchetti (Marshall-Marchetti operation) [Victor F. Marshall, urólogo norteamericano, n. 1913; Andrew A. Marchetti, obstetra norteamericano, n. 1901], técnica quirúrgica realizada para corregir un trastorno de incontinencia por esfuerzo. La técnica, una vesicouretropexia, consiste en una incisión retropúbica con sutura de uretra, cuello vesical y vejiga a la superficie posterior del pubis.

► Las *especificaciones del campo* donde se aplica la definición de una entrada se indican entre paréntesis y en redonda antes de la definición:

entrada española (entrada inglesa), (campo) definición.

Ejemplo:

operón (operon), (en biología molecular) segmento de ADN formado por un gen operador y uno o más genes estructurales con funciones relacionadas, controlado por el gen operador junto con un gen regulador.

► Las *diferentes definiciones* de una misma entrada aparecen numeradas (en negrita) y a menudo se acompañan de una indicación del campo específico en las cuales se aplican:

entrada española (entrada inglesa), **1.** (campo) def. a. **2.** (campo) def. b. **3.** (campo) def. c.

Ejemplo:

impulso (impulse), **1.** (en psicología) inclinación, necesidad, deseo o acción súbita, irresistible y a menudo irracional, debida a un determinado sentimiento o estado emocional.

2. (en fisiología) proceso electroquímico implicado en la transmisión nerviosa.

► Las *entradas españolas* se consignan en minúsculas, excepto en los casos en los que corresponden a nombres propios, instituciones, símbolos y siglas, para los cuales se utilizan habitualmente las mayúsculas.

► Los *sinónimos de una entrada española* se indican en dicha entrada separados por comas.

Así, a la entrada española **aleteo auricular** (correspondiente a la voz inglesa «atrial flutter») sigue la entrada **flúter auricular,** separada de su sinónimo mediante una coma:

aleteo auricular, flúter auricular (atrial flutter), alteración caracterizada por contracciones rápidas y regulares de la aurícula, a un ritmo de aproximadamente 300 latidos por minuto. Los ventrículos son incapaces de responder a los estímulos, contrayéndose a un ritmo que es submúltiplo de la frecuencia de respuesta auricular, generalmente a unos 150 latidos por minuto.

► Para los *sinónimos de las entradas inglesas* se ha seguido el mismo criterio.

Así, a la entrada española **células principales** corresponden dos entradas inglesas: «chief cells» y «principal cells», separadas mediante una coma:

células principales (chief cells, principal cells), **1.** cualquiera de las células del epitelio cilíndrico o células del epitelio cúbico que rodean las glándulas gástricas y segregan pepsinógeno y factor intrínseco, necesario para la absorción de vitamina B_{12} y para el desarrollo normal de los hematíes. La ausencia de factor intrínseco causa anemia. **2.** cualquier célula epitelioide de citoplasma claro y un gran núcleo que contiene un prominente nucléolo. **3.** cualquiera de las células epiteliales poliédricas presentes en las paratiroides.

► Las *lenguas distintas a la española* se consignan en cursiva, excepto en los casos en los que los términos en otra lengua están consagrados por el uso. Las entradas en lenguas distintas a la española aparecen en cursiva-negrita.

Ejemplo:

amok (amok), frenesí psicótico que impulsa al que lo sufre a matar a cualquiera que encuentra en su camino. Los episodios homicidas pueden seguir a períodos de intensa depresión.

ORDENACIÓN DE LAS ENTRADAS

► Las entradas españolas aparecen *en el orden de secuencia lógica en español,* es decir, sin fragmentaciones mediante comas u otros signos de puntuación (**enfermedad de Alzheimer**, no **Alzheimer, enfermedad de**; **depresión reactiva**, no **reactiva, depresión**). Son excepciones a esta norma las entradas correspondientes a nombres propios, la primera palabra de las cuales corresponde al apellido.

► Con el fin de hacer visualmente más accesibles las entradas del diccionario, *no se ha utilizado el sistema de subentradas*, de tal forma que todos los conceptos que éste recoge tienen su propia entrada. Así, los distintos tipos de enfermedades no aparecen como subentradas de la entrada correspondiente a «enfermedad», sino que cada uno constituye una entrada independiente que puede encontrarse a continuación de «enfermedad» en el orden alfabético descrito en el siguiente epígrafe.

► Las *estructuras anatómicas básicas* se presentan precedidas del término genérico correspondiente (arteria, hueso, ligamento, nervio, vena). Son una excepción a esta regla los músculos: éstos pueden encontrarse tanto precedidos del término genérico como en su lugar correspondiente en el diccionario.

ALFABETIZACIÓN DE LAS ENTRADAS

► Las entradas españolas han sido alfabetizadas *según la secuencia de letras*, respetando las preposiciones, las conjunciones y los artículos. Las minúsculas preceden a las mayúsculas, y en los casos de entradas similares que se diferencian por su asociación a números, aparece en primer lugar la entrada no asociada a ellos.

Así, la entrada **a**, correspondiente al símbolo de sangre arterial, precede a la entrada **A**, símbolo de amperio, y ésta a su vez precede a la entrada **A68**, símbolo de una proteína hallada en el cerebro de los pacientes con enfermedad de Alzheimer.

► Al no utilizarse el sistema de subentradas, las entradas correspondientes a una voz genérica principal aparecen a continuación de ésta en su lugar correspondiente del diccionario.

Así, en el caso de las entradas correspondientes al término genérico «síndrome» aparece en primer lugar la entrada **síndrome**, seguida a continuación de las distintas entradas relativas a síndromes que recoge este diccionario, alfabetizadas tal y como se acaba de describir.

NOTA: Para la alfabetización general se ha tenido en cuenta la decisión tomada en la clausura del *X Congreso de la Asociación de Academias de la Lengua* del 29 de abril de 1994 respecto de no alfabetizar por separado los fonemas «ch» y «ll», por lo cual éstos se encuentran en su lugar correspondiente bajo las letras C y L respectivamente.

REFERENCIAS CRUZADAS

► Las *referencias cruzadas* son aquellas cuya entrada remite directamente a otra que puede encontrarse en su lugar correspondiente del diccionario, sin mediar definición alguna entre referencia y entrada. Se indican mediante la abreviatura v. (véase) en redonda, seguida de la referencia directa en negrita:

entrada española (entrada inglesa), v. **referencia directa**

Ejemplo:

marcha glútea (gluteal gait), v. **marcha de Trendelenburg**.

SEPARACIÓN DE LAS ENTRADAS POR FORMAS GRAMATICALES Y TRADUCCIÓN INGLESA EXACTA

Con el fin de que este diccionario realmente pueda servir como medio de traducción tanto directa como inversa a aquellos profesionales que habitualmente consultan textos en lengua inglesa o los traducen, cada entrada española tiene su correspondencia exacta *tanto por forma gramatical como por traducción* con su entrada inglesa.

► Así, a la entrada inglesa «label» corresponden dos formas gramaticales españolas diferentes: **marcador** y **marcaje**.

Ambas entradas españolas aparecen de forma independiente, respetando el orden de alfabetización y seguidas de la misma entrada inglesa:

marcador (label), **1.** sustancia con especial afinidad por un órgano, un tejido, una célula o un microorganismo, en los cuales se deposita y se fija. **2.** átomo o molécula fijada a un ligando o a una proteína capaz de generar una señal para monitorizar la reacción de unión.

marcaje (label), **1.** proceso de depositar y fijar una sustancia en un órgano, tejido, célula o microorganismo. **2.** proceso de unión de un radioisótopo a un compuesto para trazar su trayectoria por el organismo.

► En sentido contrario, se procede de la misma manera. A la entrada española **ampolla** corresponden tres entradas inglesas conceptualmente diferentes: «ampule», «ampulla» y «bulla».

En el diccionario general aparecen tres entradas españolas para **ampolla**, cada una seguida de la entrada inglesa correspondiente a la definición específica de la entrada. El orden de relación de las entradas españolas idénticas se basa en la alfabetización de las entradas inglesas, de forma que en el caso de **ampolla** el orden de presentación en el diccionario es el siguiente:

ampolla (ampule), recipiente pequeño y estéril, de vidrio o de plástico, que suele contener una dosis única de solución para su administración por vía parenteral.

ampolla (ampulla), dilatación sacular y redondeada de un conducto, de un canal o de cualquier estructura tubular, como pueden ser la ampolla del recto y la ampolla de la trompa dc Falopio.

ampolla (bulla, *pl.* **bullae**), vesícula de paredes finas localizada en la piel o en las mucosas, mayor de un centímetro de diámetro, que contiene líquido claro y seroso.

PLURALES DE LAS ENTRADAS INGLESAS

Algunas entradas inglesas indican el plural de las mismas, en negrita y precedido de la abreviatura *pl.* En ciertos tipos de entradas se indican tanto el plural inglés como el plural griego o latino. En estos casos, el primer plural corresponde al inglés.

Ejemplo:

hemangioblastoma (hemangioblastoma, *pl.* **hemangioblastomas, hemangioblastomata**), tumor cerebral formado por una proliferación de capilares y de racimos desorganizados de células capilares o angioblastos.

CONCEPTOS AFINES A CADA ENTRADA Y ENTRADAS CORRESPONDIENTES A SÍMBOLOS Y ABREVIATURAS

► En las entradas de conceptos genéricos (p. ej., **posición corporal**) se resaltan en negrita los conceptos e ideas afines de mayor importancia.

Ejemplo:

posición corporal (body position), actitud o postura del cuerpo. Algunos tipos de posición corporal son: **decúbito, decúbito prono, decúbito supino, posición anatómica, posición de Fowler** y **posición de Trendelenburg.**

► Las abreviaturas y los símbolos que figuran como entradas se indican en negrita; sus definiciones corresponden al término al que hacen referencia, especificando «abreviatura de» o «símbolo de». También se destacan en negrita los términos a que se refieren dichas abreviaturas y símbolos.

Ejemplos:

Hg (Hg), símbolo del **mercurio.**

rf (rf), abreviatura de **radiofrecuencia.**

ABREVIATURAS UTILIZADAS EN EL DICCIONARIO

Con el fin de facilitar la utilización del diccionario, se ha reducido al mínimo el número de abreviaturas empleadas, que son las siguientes:

n.	nacido en
pfil.	plural
sing.	singular
v., V.	véase

RESUMEN DE LOS CÓDIGOS TIPOGRÁFICOS UTILIZADOS EN ESTE DICCIONARIO

Negrita	Entradas Referencias directas Conceptos afines al desarrollado en la entrada Numeración de las distintas definiciones de una entrada en el diccionario general
Cursiva	Lenguas distintas de la española (excepto para los términos en otra lengua consagrados por el uso)
Redonda	Definiciones del diccionario general Referencias biográficas
Paréntesis	Entrada inglesa correspondiente a la española en el diccionario general Abreviaturas que siguen a las entradas españolas Especificación de campo de una definición del diccionario general
Corchetes	Referencias biográficas de las entradas del diccionario general Abreviaturas que siguen a las entradas inglesas
Números	Separación de las distintas definiciones de una entrada del diccionario general
Cursiva-negrita	Entradas en lenguas distintas al español (excepto para los términos en otra lengua consagrados por el uso)

A

a (a), símbolo de **sangre arterial**.
A (A), **1.** abreviatura de **acomodación**. **2.** símbolo de **gas alveolar**. **3.** abreviatura de **amperio**. **4.** abreviatura de **anterior**. **5.** abreviatura de **axial**.
A68 (A68), símbolo de una proteína hallada en el tejido cerebral de los pacientes con enfermedad de Alzheimer. Se encuentra también en los cerebros normales en desarrollo de fetos y de niños, pero empieza a desaparecer a la edad de 2 años.
Å (Å), símbolo del **angstrom**.
AA (AA), **1.** abreviatura de **Alcohólicos Anónimos**. **2.** abreviatura de **amplitud de acomodación**.
āā, āā, ĀĀ (āā, āā, ĀĀ), (en prescripciones) abreviatura de *ana*, que indica una cantidad igual de cada uno de los ingredientes que van a ser mezclados.
AAL (ALA), abreviatura de **ácido aminolevulínico**.
abacteriana (abacterial), cualquier atmósfera o situación que se halla libre de bacterias; literalmente, sin bacterias.
abandono de cuidados (abandonment of care), (en términos legales) interrupción equivocada de la prestación de cuidados a un enfermo, llevada a cabo generalmente por un médico.
abandono infantil (child neglect), fracaso de los padres o tutores para proporcionar las necesidades básicas a un niño por una privación emocional o física que interfiere con el crecimiento y desarrollo normales o que pone al niño en peligro.
abarticulación (abarticulation), **1.** dislocación de una articulación. **2.** articulación sinovial.
abarticular (abarticular), **1.** relativo a cualquier circunstancia que no interesa a una articulación. **2.** relativo a un punto o estructura alejadas de una articulación.
abartrosis (abarthrosis), v. **articulación sinovial**.
abasia (abasia), incapacidad para caminar, como sucede en la abasia paralítica, en la que se paralizan los músculos de las piernas.
abasia-astasia (abasia-astasia), v. **astasia-abasia**.
abatir (abate), disminuir o reducirse en gravedad o grado de intensidad.
abaxial (abaxial), **1.** relativo a una posición situada por fuera del eje de un cuerpo o de una estructura. **2.** relativo a una posición situada en el extremo opuesto de una estructura.
abdomen (abdomen), región del cuerpo comprendida entre el tórax y la pelvis. La cavidad abdominal contiene la porción inferior del esófago, el estómago, el intestino, el hígado, el bazo, el páncreas y otras vísceras. La cavidad abdominal se halla recubierta por dos serosas, que constituyen el peritoneo.
abdomen agudo (acute abdomen), situación anormal que se caracteriza por el comienzo agudo de un dolor intenso en la cavidad abdominal. El abdomen agudo requiere una evaluación y un diagnóstico inmediatos, ya que puede ser la expresión de una enfermedad o trastorno que precise una intervención quirúrgica. A la hora de efectuar un diagnóstico certero es de importancia capital disponer de información sobre el comienzo, la duración, el carácter y la localización del dolor, así como sobre los síntomas asociados al mismo.
abdomen en tabla (abdominal splinting), contracción rígida de los músculos de la pared abdominal. Puede dar lugar a hipoventilación y a complicaciones respiratorias.
abdomen escafoide (scaphoid abdomen), abdomen hundido.
abdomen péndulo (pendulous abdomen), trastorno en el que la pared anterior del abdomen se relaja y cuelga por encima de la región púbica.
abdomen quirúrgico (surgical abdomen), v. **abdomen agudo**.
abdominocentesis (abdominocentesis), v. **paracentesis**.
abdominociesis (abdominocyesis), embarazo abdominal.
abdominohisterotomía (abdominohysterotomy), histerotomía a través de una incisión abdominal.
abdominoplastia (abdominoplasty), cirugía plástica sobre los tejidos abdominales.
abdominoscopia (abdominoscopy), procedimiento realizado para examinar el contenido

del peritoneo mediante un dispositivo tubular con iluminación eléctrica, que se hace pasar al interior de la cavidad abdominal a través de un trócar.

abducción (abduction), movimiento de una extremidad hacia fuera del eje del cuerpo.

abducir (abduct), alejar del plano medio del cuerpo.

abductor (abductor), músculo que desplaza una parte del cuerpo alejándola de la línea media, o bien que establece una separación entre dos partes.

aberración (aberration), **1.** cualquier circunstancia que se salga del curso habitual o normal. **2.** crecimiento o desarrollo anormal. **3.** (en psicología) pensamiento o creencia ilógica e irrazonable, que generalmente procede de un trastorno del estado mental. **4.** (en genética) cualquier cambio en el número o en la estructura de los cromosomas. **5.** (en óptica) toda imperfección en la formación de las imágenes, como consecuencia de una refracción o enfoque desiguales de los rayos de luz al pasar a través de una lente.

aberración cromosómica (chromosomal aberration), cualquier modificación en el número o en la estructura de algún cromosoma de una especie determinada que puede ocasionar anomalías de diversa gravedad. En el ser humano, existen varios trastornos relacionados directamente con defectos cromosómicos, como el síndrome de Down, el síndrome de Turner y el síndrome de Klinefelter.

aberración de la fase 3 (phase 3 aberration), (en cardiología) aberración ventricular provocada por la llegada del impulso al fascículo ventricular durante la fase 3 de su potencial de acción.

aberrante (aberrant), **1.** que se desvía del curso habitual o esperable, como pueden hacer diversos conductos, nervios o vasos del cuerpo. **2.** (en botánica o en zoología) relativo a un individuo anormal, como sucede con ciertos miembros atípicos de una especie.

abertura vertebral (spinal aperture), gran abertura formada por el cuerpo de una vértebra y su arco.

abetalipoproteinemia (abetalipoproteinemia), trastorno congénito infrecuente del metabolismo lipídico, que se caracteriza por la presencia de acantocitosis, descenso o ausencia de betalipoproteínas e hipercolesterolemia.

abiogénesis (abiogenesis), generación espontánea; teoría según la cual la vida orgánica puede originarse a partir de la materia inanimada.

abiosis (abiosis), circunstancia que no resulta viable, o situación que es incompatible con la vida.

abiotrofia (abiotrophy), depleción prematura de la vitalidad, o deterioro de ciertas células y tejidos, especialmente aquellos implicados en las enfermedades degenerativas de origen genético.

ablación (ablation), amputación, extirpación de cualquier parte del cuerpo, o de una masa de crecimiento.

ablación por radiofrecuencia (radio frecuency ablation), flujo de corriente alterna de alta frecuencia no modulada que se aplica a los tejidos para producir calor y lesión celular, con el objetivo de destruir ciertas áreas problemáticas, así como vías anómalas del corazón. Ha reemplazado a la ablación quirúrgica.

ablandador fecal (fecal softener), fármaco que disminuye la tensión superficial de la masa fecal, permitiendo que los líquidos intestinales penetren y ablanden las heces.

ablepsia (ablepsia), condición de ciego.

abocamiento (abouchement), unión de un vaso sanguíneo pequeño con otro grande.

abordaje de bala mágica (magic-bullet approach), **1.** método terapéutico o diagnóstico que utiliza una conexión mecanicista entre el fármaco y la enfermedad o el órgano. **2.** (en medicina clínica) administración de un fármaco específico para curar o mejorar un determinado trastorno o enfermedad. **3.** (en radiología diagnóstica tradicional) administración de un colorante especial para facilitar la visualización radiológica de un determinado órgano. **4.** (en medicina nuclear) administración de un determinado radionúclido unido a un transportador apropiado para generar la imagen de un determinado órgano o estructura en una cámara de centelleo.

abortar (abort), **1.** dar a luz un feto no viable. **2.** terminar un embarazo antes de que el feto haya alcanzado el desarrollo suficiente como para poder vivir fuera del útero. **3.** interrumpir una actividad en sus fases iniciales o antes de haberla concluido, como puede suceder al detener el curso habitual de una enfermedad, al interrumpir el crecimiento y el desarrollo y al suspender un proyecto.

abortivo (abortifacient), **1.** que causa un aborto. **2.** agente que provoca un aborto.

aborto (abortion), finalización espontánea o inducida del embarazo antes de que el feto haya alcanzado el desarrollo suficiente como para poder vivir después de su nacimiento. Algunos tipos de aborto son: **aborto habitual, aborto infectado, aborto séptico, aborto voluntario** y **amenaza de aborto**.

aborto (abortus), feto dotado de un desarrollo incompleto que procede de la interrupción de un embarazo, en particular aquel cuyo peso es inferior a 500 g.

abraquia (abrachia), ausencia de brazos.

abrasión (abrasion), eliminación o desgaste de una superficie mediante fricción. La abrasión puede estar producida por un traumatismo, como sucede al rozarse una rodilla; deberse a un tratamiento, como la dermoabrasión de la piel para extirpar un tejido cicatricial, o ser consecuencia del desempeño de las funciones normales, como el desgaste de los dientes durante la masticación.

abrasión corneal (corneal abrasion), ulceración de las capas externas de la córnea.

abrasionar (abrade), extirpar la epidermis separándola de las otras capas que constituyen la piel, generalmente raspando o frotando.

abrazadera de desrotación (derotation brace), ortesis personalizada que proporciona estabilidad a la articulación de la rodilla. Consta de una barra en bisagra de articulación simple en un lado y un almohadillado esférico que puede rotar en el lado opuesto.

abrazadera de Griswald (Griswald brace), ortesis para el control de las fracturas por compresión de los cuerpos vertebrales. Está diseñada para que existan dos fuerzas anteriores, cada una de ellas equivalente a la mitad de la fuerza posterior necesaria para extender la columna.

abreacción (abreaction), respuesta emocional que se produce al revivir mentalmente o al llevar al mundo consciente, mediante el método catártico, una experiencia dolorosa que ha estado reprimida durante largo tiempo.

abrebocas (gag), instrumento dental para mantener los maxilares separados durante la cirugía oral o el tratamiento dental.

abrosia (abrosia), situación motivada por falta de alimentación o por ayuno. V. **anoxia**.

absceso (abscess), cavidad que contiene pus y está rodeada por tejido inflamado; se forma como consecuencia de la supuración en una infección localizada (típicamente una infección estafilocócica). Generalmente se produce la curación cuando el absceso drena o es sometido a una incisión.

absceso dental (dental abscess), absceso que se forma en el hueso o tejidos blandos de un maxilar, como resultado de una infección, a veces secundaria a una caries o lesión del diente. Uno de sus síntomas es el dolor, que puede ser contínuo, pero que se exacerba por las comidas frías o calientes o por la presión al cerrar las mandíbulas con fuerza.

abscisa (abscissa), punto de un plano horizontal de coordenadas cartesianas medido en el eje Y, que es perpendicular a dicho plano.

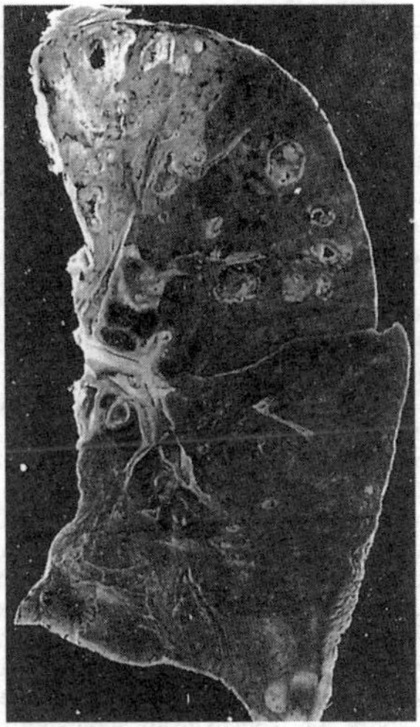

Abscesos pulmonares
(A. Stevens/J. Lowe, 1996)

absentismo (absenteeism), (por razones de salud o relacionadas con ésta) ausencia del trabajo. Las causas más frecuentes de absentismo son la gripe y las enfermedades cutáneas relacionadas con la exposición profesional.

absorbancia (absorbance), grado de absorción de la luz o de otra energía radiante a su paso a través de un medio.

absorbente (absorbent), **1.** capaz de atraer y absorber sustancias hacia su interior. **2.** producto o sustancia capaz de absorber líquidos o gases.

absorber (absorb), **1.**incorporar sustancias; por ejemplo, los tejidos del intestino absorben líquidos. **2.** amortiguar o incorporar a un tejido la energía radiante a él transferida, acción que viene determinada por la dosis de radiactividad absorbida.

absorbifaciente (absorbifacient), todo agente que favorece o estimula la absorción.

absorción (absorption), **1.** incorporación de una materia en otra mediante una acción química, molecular o física, como en la disolución de un gas en un líquido o en la asimilación de un líquido por un cuerpo sólido poroso. **2.** (en fisiología) el paso de sustancias a través de los tejidos y al interior de éstos, como el paso de las moléculas alimentarias digeridas al interior de las células intestinales, o bien el paso de líquidos al interior de los túbulos renales. Algunos tipos de absorción son: **absorción cutánea, absorción de aglutininas, absorción externa, absorción intestinal, absorción parenteral** y **absorción patológica**. **3.** (en radiología) proceso por el cual la energía radiante es absorbida por la materia viva y no viva con la que reacciona dicha radiación.

absorción percutánea (percutaneous absorption), proceso de absorción a través de la piel a partir de una aplicación tópica.

absortividad (absorptivity), absorbancia dividida por el producto de la concentración de una sustancia y la longitud de paso de la muestra.

abstinencia (abstinence), abstención voluntaria de una sustancia, o de la realización de un acto que resulta apetecible para la persona.

abstracción (abstraction), situación en la que los dientes u otras estructuras maxilares y mandibulares se hallan por debajo de su posición normal o por fuera de su plano de oclusión.

abstracción selectiva (selective abstraction), tipo de distorsión cognitiva en la cual el enfoque sobre un aspecto o un acontecimiento niega todos los demás aspectos.

abulia (abulia), pérdida o disminución de la capacidad de actuar de forma voluntaria o de tomar decisiones.

abuso (abuse), uso incorrecto o excesivo de un equipo, sustancia o servicio, como pueden ser un fármaco o un programa, tanto de forma intencionada como inintencionadamente.

abuso de sustancias (drug abuse), utilización de una sustancia activa con fines no terapéuticos, especialmente con fines para los que no ha sido prescrito o utilizado. Algunos de los casos más frecuentes de abuso de sustancias son el del alcohol, anfetaminas, barbitúricos, cocaína, metacualona y alcaloides del opio.

abuso de sustancias por inhalación (aspiration drug abuse), inhalación de una sustancia química líquida, sólida o gaseosa a través del sistema respiratorio con fines no terapéuticos.

ABVD (ABVD), combinación de fármacos antineoplásicos formada por doxorrubicina, bleomicina, vinblastina y dacarbazina.

Ac (Ab), abreviatura de **anticuerpo**.

Ac (Ac), símbolo del **actinio**.

a.c. (a.c.), (en las prescripciones) abreviatura de *ante cibum*, frase latina que significa «antes de las comidas». La forma habitual de administración suele ser a las 7 AM, a las 11 AM y a las 5 PM.

ac, Ac (acc, Acc), abreviatura de **acomodación**.

acalasia (achalasia), trastorno caracterizado por la incapacidad de un músculo para poder relajarse, particularmente en el caso del esfínter esofágico inferior.

acalculia (acalculia), tipo de afasia que se caracteriza por la incapacidad para resolver cálculos matemáticos simples.

acampsia (acampsia), enfermedad en la que una articulación se vuelve rígida.

Acanthocheilonema perstans (Acanthocheilonema perstans), gusano que habita en África e infecta a menudo a los animales salvajes y domésticos, y en ocasiones invade el torrente sanguíneo del ser humano produciendo exantema cutáneo, dolores articulares y musculares, así como también diversos trastornos neurológicos.

acantión (acanthion), punto situado en el centro de la base de la espina nasal anterior.

acanto (acantha), prefijo que significa espina o proyección espinosa.

acantocito (acanthocyte), glóbulo rojo anormal provisto de proyecciones a modo de espuela que le confieren un aspecto espinoso.

acantocitosis (acanthocytosis), presencia anormal de acantocitos en el torrente sanguíneo.

acantoide (acanthoid), v. **acanto**.

acantoma (acanthoma), tumor benigno o maligno que asienta en el estrato espinoso de la epidermis.

acantoma adenoide quístico (acanthoma adenoides cysticum), v. **tricoepitelioma**.

acantosis (acanthosis), engrosamiento anormal del estrato espinoso de la epidermis, como sucede en el eccema y en la psoriasis.

acantosis nigricans (acanthosis nigricans), enfermedad cutánea caracterizada por la presencia de lesiones hiperpigmentadas de aspecto verrucoso, localizadas en las axilas y en los pliegues cutáneos perianales.

acapnia (acapnia), déficit de dióxido de carbono en la sangre. Este trastorno suele deberse a hiperventilación.

acarbia (acarbia), descenso en los niveles de bicarbonato en la sangre.

acardia (acardia), malformación congénita infrecuente que consiste en la ausencia de corazón. A veces ocurre en gemelos unidos cuya supervivencia hasta el momento del nacimiento depende del sistema circulatorio de sólo uno de ellos.

acariasis (acariasis), cualquier enfermedad producida por un acarino, como el tifus de los matorrales, que se transmite por ácaros trombicúlides.

ácaro (acarid), uno de los muchos miembros del orden Acarina, que comprende un amplio número de organismos parásitos y autónomos. Las larvas de los ácaros de la familia *Trombiculidae* son vectores importantes del agente responsable del tifus de los matorrales y de otras rickettsias. Estos ácaros son parásitos del ser humano, de muchos otros mamíferos y de las aves.

ácaro de la sarna (itch mite), diminuto artrópodo de ocho patas con artejas bucales punzantes de succión. Se conocen al menos tres géneros de ácaros, *Chorioptes, Notoëdres* y *Sarcoptes*.

ACasa (AChe), abreviatura de **acetilcolinesterasa**.

acatisia (akathisia), trastorno caracterizado por inquietud y agitación que se puede observar en la discinesia tardía.

acceso secundario (secondary port), dispositivo de control para regular el flujo de una solución intravenosa primaria y una secundaria. Consiste en un aparato plástico en forma de Y que se une al sistema de tubos IV primario, permitiendo que el flujo de las soluciones IV primaria y secundaria vaya por separado o conjuntamente.

accesorio (accessory), **1.** suplementos empleados fundamentalmente por su conveniencia o por su seguridad, como los mecanismos eléctricos de elevación de las camas de hospital. **2.** estructuras que sirven de soporte a los principales sistemas anatómicos, tales como los órganos accesorios de la piel, a saber, el pelo, las uñas y las glándulas cutáneas.

accidente (accident), cualquier acontecimiento no esperado o no planeado, que puede ser motivo de muerte, lesión, menoscabo en la propiedad o una combinación de efectos graves.

accidente cerebrovascular (ACV) (cerebrovascular accident [CVA]), alteración de los vasos sanguíneos cerebrales caracterizada por la oclusión debida a un émbolo o a hemorragia cerebrovascular que produce isquemia de los tejidos cerebrales habitualmente perfundidos por los vasos afectados.

accidente isquémico transitorio (AIT) (transient ischemic attack [TIA]), episodio de insuficiencia cerebrovascular, habitualmente asociado a la oclusión parcial de una arteria por una placa arteriosclerótica o un embolismo. Pueden producirse alteraciones en la visión normal en uno o ambos ojos, desvanecimiento, debilidad, disfasia, entumecimiento o inconsciencia. Generalmente el ataque es breve, de unos minutos de duración; en muy pocas ocasiones los síntomas continúan durante varias horas.

accidente laboral (occupational accident), lesión accidental de un empleado que tiene lugar en el sitio de trabajo. Los accidentes profesionales son los responsables de más del 95% de las discapacidades profesionales.

acción acumulativa (cumulative action), **1.** aumento de la actividad de una medida o agente terapéutico cuando se administra de forma repetida. **2.** aumento de la actividad demostrada por un fármaco cuando se produce una acumulación de dosis repetidas en el organismo y éste ejerce un efecto biológico mayor que la dosis inicial.

acción capilar (capillary action), acción que afecta a la adhesividad molecular mediante la cual la superficie de un líquido en un tubo se eleva o desciende, dependiendo de la cohesividad de las moléculas del líquido.

acción de pinza lateral (lateral pinch), posición en la que el dedo pulgar se opone a la falange media del dedo índice.

acción de válvula obstructiva (ball-valve action), apertura y cierre intermitente de un orificio por una masa flotante con forma redondeada que actúa como una válvula. Pueden ejercer esta acción los cálculos renales, los cálculos biliares y los coágulos sanguíneos.

acción farmacológica (drug action), mecanismo por el que un fármaco ejerce la acción deseada.

acción química (chemical action), cualquier proceso en el que reaccionan entre sí sustancias y compuestos naturales, para producir una modificación química o un compuesto diferente; por ejemplo el hidrógeno y el oxígeno se combinan para producir agua.

acción refleja (reflex action), funcionamiento o movimiento involuntario de cualquier órgano o parte del cuerpo en respuesta a un estímulo determinado.

acción trófica (trophic action), estimulación de la reproducción y del aumento de tamaño celular, mediante la nutrición y el crecimiento.

acebutolol (acebutolol), agente bloqueante betaadrenérgico que se prescribe para el tratamiento de la hipertensión, de la angina de pecho, de las arritmias cardíacas y de otros trastornos cardiovasculares.

acedía (acedia), estado de embotamiento y forma de melancolía que se caracteriza por la indiferencia y por la lentitud de los procesos mentales.

acefalia (acephalia), defecto congénito en el que está ausente la cabeza o no se halla desarrollada de forma adecuada.

acéfalo acardíaco (acardius acephalus), feto acardíaco que carece de cabeza y de la mayor parte de la mitad superior del cuerpo.

acefalobraquia (acephalobrachia), anomalía congénita en la que un feto carece de ambos brazos y de la cabeza.

aceite (oil), cualquier sustancia líquida grasa no miscible en agua. El aceite puede ser estable o volátil y tener un origen animal, vegetal o mineral.
aceite alcanforado (camphorated oil), líquido incoloro o amarillento con el penetrante y acre olor del alcanfor. Corresponde a la combinación de una docena de productos químicos orgánicos, como terpenos, safrol y acetaldehído extraídos del alcanfor, una planta lauràcea. Se utiliza principalmente como linimento, contrairritante y rubefaciente.
aceite de castor (castor oil), aceite derivado de *Ricinus communis*, utilizado como estimulante catártico. Se prescribe para el estreñimiento y para la limpieza previa al examen del intestino o del colon.
aceite de hígado de bacalao (cod-liver oil), aceite espeso, amarillo pálido que se extrae del hígado fresco de bacalao y de otras especies similares. Es muy rico en vitaminas A y D.
aceite de vitriolo (vitriol, oil of), v. **ácido sulfúrico**.
aceite mineral blanco (mineral oil), laxante, reblandecedor de heces, emoliente y remedio farmacéutico utilizado como solvente. Se prescribe para prevenir el estreñimiento, para tratar el estreñimiento leve, para preparar el intestino para la cirugía o para alguna exploración y como solvente en diversos preparados.
aceleración (acceleration), aumento de la velocidad de un objeto o reacción.
aceleración (augmentation), proceso en el cual una sustancia o un mecanismo puede estimular un ritmo más rápido para una actividad biológica determinada, como la división celular o los latidos cardíacos.
acelerador de la orina (accelerator urinae), v. **bulbocavernoso**.
acelerador lineal (linear accelerator [LINAC]), aparato para acelerar partículas subatómicas cargadas, utilizado en radioterapia, en investigación física y para la producción de radionúclidos.
acelio (acelius), individuo sin cavidad corporal.
acéntrico (acentric), **1.** que no tiene centro. **2.** (en genética) descripción del fragmento de un cromosoma que no tiene centrómero.
acentuación (accentuation), aumento de la claridad o la intensidad sonora, como en los sonidos cardíacos.
aceptor (acceptor), sustancia o compuesto que se combina con una parte de otra sustancia o compuesto.
acetábulo (acetabulum), la gran cavidad articular en forma de copa que se halla en la unión entre el isquion, el ilion y el pubis, en la cual está contenida la cabeza esférica del fémur.
acetaldehído (acetaldehyde), líquido volátil e incoloro de olor acre, producido por la oxidación del alcohol etílico. En el cuerpo humano el acetaldehído se produce en el hígado por acción de la alcohol deshidrogenasa y de otras enzimas.
acetaminofén (acetaminophen), fármaco analgésico y antipirético prescrito para el tratamiento del dolor leve a moderado y para el tratamiento de la fiebre.
acetanilida (acetanilide), fármaco analgésico con propiedades antipiréticas y antirreumáticas, derivado de la anilina.
acetato (acetate), sal del ácido acético.
acetato de desmopresina (desmopressin acetate), antidiurético análogo a la vasopresina, que se prescribe en el tratamiento de la diabetes insípida.
acetato de desoxicortisona (deoxycorticosterone acetate), hormona mineralcorticoide que se prescribe como tratamiento sustitutivo en la hiperplasia suprarrenal congénita y en la insuficiencia corticosuprarrenal primaria crónica, para evitar el exceso de pérdida de sal del cuerpo.
acetato de flecainida (flecainide acetate), fármaco antiarrítmico oral prescrito para el tratamiento de las arritmias ventriculares.
acetato de leuprolide (leuprolide acetate), agente antineoplásico parenteral prescrito en el tratamiento paliativo del cáncer de próstata avanzado.
acetato de mafenida (mafenide acetate), desinfectante tópico prescrito para el tratamiento de quemaduras.
acetato de medroxiprogesterona (medroxyprogesterone acetate), progestina prescrita para el tratamiento de los trastornos menstruales producidos por desequilibrio hormonal.
acetato de megestrol (megestrol acetate), agente progestágeno antineoplásico prescrito para tratar el cáncer de endometrio y para paliar el cáncer avanzado de endometrio y de mama.
acetato de noretindrona y etinil estradiol (norethindrone acetate and ethinyl estradiol), anticonceptivo oral utilizado también en la endometriosis y la hipermenorrea.
acetato de parametasona (paramethasone acetate), glucocorticoide prescrito para el tratamiento de trastornos inflamatorios y alérgicos.
acetazolamida (acetazolamide), inhibidor de la anhidrasa carbónica que se prescribe para el tratamiento de los edemas, del glaucoma y de la epilepsia (fundamentalmente del petit mal).

acético (acetic), relativo a sustancias que tienen las propiedades agrias del vinagre o el ácido acético; también, compuestos químicos que poseen el radical CH_3CO-.
acetilcisteína (acetylcysteine), mucolítico que se prescribe en el tratamiento de la enfermedad pulmonar crónica, de la enfermedad broncopulmonar aguda y de las atelectasias que se producen por obstrucción mucosa.
acetilcoenzima A (acetylcoenzyme A), molécula que se forma durante diversos procesos metabólicos importantes. La formación de acetilcoenzima A es el paso intermedio crítico entre la glucolisis anaerobia y el ciclo de Krebs del ácido cítrico.
acetilcolina (ACh) (acetilcolina [ACh]), sustancia neurotransmisora ampliamente distribuida en los tejidos corporales, cuya función esencial es mediar la actividad sináptica del sistema nervioso. Su fase activa es transitoria, ya que es destruida rápidamente por la acetilcolinesterasa. La actividad de la acetilcolina puede ser bloqueada también por la atropina en los puntos de unión de las fibras nerviosas con las glándulas y con el tejido muscular liso.
acetofenetidina (acetophenetidin), v. **fenacetina**.
acetohexamida (acetohexamide), antidiabético oral de la familia de las sulfonilureas que se prescribe en el tratamiento de la diabetes mellitus no insulín-dependiente.
acetona (acetone), cuerpo cetónico líquido, incoloro, aromático y volátil, presente en cantidades pequeñas en la orina normal, y en mayores cantidades en la orina de los diabéticos.
acetónido de fluocinolona (fluocinolone acetonide), glucocorticoide tópico prescrito como agente antiinflamatorio.
acetonuria (acetonuria), presencia de acetona y de cuerpos diacéticos en la orina.
acetopirogalol (acetpyrogall), irritante tópico utilizado como agente cáustico y queratolítico.
ACh (ACh), abreviatura de **acetilcolina**.
ACH (ACH), abreviatura de **hormona corticosuprarrenal**.
acianótico (acyanotic), relativo a la ausencia de un tono azulado en la piel y mucosas.
aciclovir (acyclovir), agente antivírico (acicloguanosina) que se administra de forma tópica en ungüento para el tratamiento de la queratitis por herpes simple y de forma tópica y sistémica en otros tipos de infecciones herpéticas, incluyendo el herpes genital. El aciclovir parece actuar de manera selectiva inhibiendo las funciones de las moléculas de ADN del virus del herpes simple.
acicular (acicular), con forma de aguja, como ciertas hojas o ciertos cristales.
acidemia argininosuccínica (argininosuccinic acidemia), trastorno congénito del metabolismo de los aminoácidos en el que, como consecuencia de la ausencia de la enzima argininosuccinasa, se produce una acumulación de ácido argininosuccínico en la sangre, dando lugar a la aparición de convulsiones y retraso mental.
acidez (acidity), grado de agrura, aspereza del sabor o capacidad de un producto químico para ceder iones de hidrógeno en una solución acuosa.
acidez gástrica (acidity of the stomach), gradación del ácido gástrico del estómago. La acidez varía durante un período de 24 horas, aunque se mantiene por término medio en un pH de 0,9 a 1,5. La principal fuente de acidez gástrica es el ácido clorhídrico segregado por las glándulas gástricas del estómago.
acidificar (acidify), convertir en ácida una sustancia mediante la adición de un ácido.
ácido (acid), **1.** compuesto que libera iones de hidrógeno cuando se disocia en una solución. Los ácidos convierten el tornasol rojo en azul, tienen un sabor agrio y reaccionan con las bases para formar sales. Los ácidos tienen propiedades químicas fundamentalmente opuestas a las bases. **2.** *vulg*. dietilamida del ácido lisérgico (LSD).
ácido 2,3 difosfoglicérico (DFG) (2,3 diphosphoglyceric acid [DPG]), sustancia presente en los eritrocitos que afecta a la afinidad de la hemoglobina por el oxígeno. Es el producto final principal del metabolismo de la glucosa.
ácido 3-metoxi-4-hidroximandélico (3-methoxy-4hydroxymandelic acid), producto del metabolismo que se puede cuantificar en la orina para determinar la concentración de catecolaminas (adrenalina y noradrenalina). La presencia de una concentración elevada de este ácido puede aumentar la tensión arterial e indicar la existencia de tumores, distrofia muscular o miastenia gravis.
ácido 5-hidroxiindolacético (5-hydroxyindoleacetic acid), ácido producido por el metabolismo de la serotonina, determinado en la sangre y en la orina para facilitar el diagnóstico de ciertas clases de tumores. Normalmente supera los niveles normales en la sangre total en asociación con asma, diarrea, taquicardia y otros síntomas y está elevado en la orina de los pacientes con síndrome carcinoide.
ácido acético (acetic acid), líquido claro, incoloro y de olor acre, miscible con el agua, con el alcohol, con la glicerina y con el éter, y que constituye entre el 3% y el 5% del vinagre.
ácido acético glacial (glacial acetic acid), líquido o sustancia transparente cristalina, inco-

lora (CH_3COOH) con olor penetrante. Se obtiene mediante la destilación destructiva de la madera, a partir de acetileno y agua o mediante la oxidación del alcohol etílico. El ácido acético glacial es un cáustico potente, potencialmente inflamable, con un punto de inflamación bajo. También se denomina **ácido del vinagre**.

ácido acetilacético (acetylacetic acid), v. **ácido acetoacético**.

ácido acetilsalicílico (acetylsalicylic acid), v. **aspirina**.

ácido acetoacético (acetoacetic acid), cuerpo cetónico oleoso e incoloro, producido por el metabolismo de los lípidos y de los piruvatos. Se excreta en cantidades despreciables en la orina normal y sus niveles están elevados en la diabetes mellitus.

ácido adenílico (adenylic acid), v. **adenosinmonofosfato**.

ácido alfaaminoisovalérico (alpha-aminoisovalerianic acid), v. **valina**.

ácido alfahidroxipropiónico (alpha-hydroxypropionic acid), v. **ácido láctico**.

ácido alifático (aliphatic acid), ácido de un hidrocarburo no aromático que presenta una cadena de carbonos abierta.

ácido aminoacético (aminoacetic acid), v. **glicina**.

ácido aminobenzoico (aminobenzoic acid), producto metabólico del catabolismo del aminoácido triptófano.

ácido aminocaproico (aminocaproic acid), agente hemostásico que se prescribe para detener la hemorragia excesiva debida a hiperfibrinólisis.

ácido aminolevulínico (AAL) (aminolevulinic acid [ALA]), precursor alifático del grupo hem. Puede ser detectado en la orina de algunos pacientes con porfiria, hepatopatía e intoxicación por plomo.

ácido aminosalicílico (aminosalicylic acid), v. **ácido paraaminosalicílico**.

ácido aminosuccínico (aminosuccinic acid), v. **ácido aspártico**.

ácido anilín-parasulfónico (anilinparasulfonic acid), v. **ácido sulfanílico**.

ácido antranílico (anthranilic acid), v. **ácido aminobenzoico**.

ácido araquidónico (arachidonic acid), ácido graso esencial, que forma parte de la lecitina y es un material básico en la biosíntesis de ciertas prostaglandinas.

ácido ascórbico (ascorbic acid), vitamina hidrosoluble cristalina, de color blanquecino, que está presente en los cítricos, tomates, fresas, patatas y en los vegetales frescos y de hojas verdes. Es esencial para la formación de colágeno y de tejido fibroso, que son necesarios para la síntesis de la matriz intercelular que existe normalmente en los dientes, hueso, cartílago, tejido conectivo y piel, así como para garantizar la integridad estructural de las paredes capilares. Cuando su deficiencia es grave se produce el escorbuto.

ácido aspártico (Asp) (aspartic acid [Asp]), aminoácido no esencial que está presente en el azúcar de caña, en la melaza y en los productos de degradación de muchas proteínas.

ácido aspergílico (aspergillic acid), compuesto antibiótico derivado de *Aspergillus flavus*, que es un hongo productor de aflatoxinas, que crece en el maíz, en las semillas y en los cacahuetes. V. **aflatoxinas**.

ácido benzoico (benzoic acid), agente queratolítico, utilizado habitualmente con ácido salicílico como un ungüento en el tratamiento del pie de atleta y de la tiña del cuero cabelludo.

ácido betacetobutírico (beta-ketobutyric acid), v. **ácido acetoacético**.

ácido biliar (bile acid), un ácido esteroideo de la bilis, producido durante el metabolismo del colesterol. En la hidrólisis del ácido biliar se producen glicina y ácido cólico.

ácido bórico (boric acid), polvo o sustancia cristalina blanca inodora utilizada como tampón y previamente empleada como antiséptico tópico y para el lavado ocular.

ácido butanoico (butanoic acid), v. **ácido butírico**.

ácido butírico (butyric acid), ácido graso presente en la mantequilla rancia, heces, orina, sudor y, en mínimas cantidades, en el bazo y la sangre. El ácido butírico se utiliza en la preparación de aromatizantes, agentes emulsionantes y productos farmacéuticos.

ácido cáprico (capric acid), sustancia cristalina, blanca, de olor rancio presente como glicérido en los aceites naturales.

ácido caproico (caproic acid), ácido graso presente en las grasas lácteas y en algunos aceites vegetales. Se utiliza en la producción de aromas artificiales.

ácido carbólico, fenol (carbolic acid), compuesto cristalino tóxico, incoloro o rosa pálido obtenido por destilación de la brea de hulla. Mediante la adición de agua se transforma en un líquido claro de fuerte olor y sabor urente.

ácido carbónico (H_2CO_3) (carbonic acid), ácido inestable que se forma disolviendo anhídrido carbónico en agua. Es la base de las bebidas carbonadas y está relacionado con los compuestos del grupo de los carbonatos.

ácido carboxílico de acetona (acetone carboxylic acid), v. **ácido acetoacético**.

ácido cevitámico (cevitamic acid). v. **ácido ascórbico**.

ácido cítrico (citric acid), ácido orgánico cristalino blanco soluble en agua y en alcohol. Se extrae de los frutos cítricos o se obtiene por la fermentación de azúcares y se utiliza como agente para dar sabor a los alimentos, bebidas carbonatadas y a ciertos productos farmacéuticos.

ácido clorhídrico (hydrochloric acid), compuesto formado por hidrógeno y cloro. El ácido clorhídrico se segrega en el estómago y es el principal componente del jugo gástrico.

ácido cromoglícico (cromoglicic acid), v. **cromoglicato sódico**.

ácido de vinagre (vinegar acid), v. **ácido acético glacial**.

ácido decanoico (decanoic acid), v. **ácido cáprico**.

ácido decoico (decoic acid), v. **ácido cáprico**.

ácido desoxirribonucleico (ADN) (deoxyribonucleic acid), gran molécula de ácido nucleico que se encuentra principalmente en el núcleo celular; es portadora de la información genética. La información genética está codificada en una secuencia de subunidades moleculares nitrogenadas de esa molécula.

ácido diacético (diacetic acid), v. **ácido acetoacético**.

ácido edético (EDTA) (edetic acid [EDTA]), agente quelante.

ácido eicosanoico (eicosanoic acid), ácido graso que contiene 20 átomos de carbono en cadena recta, como el ácido araquídico que se encuentra en el aceite de cacahuete, mantequilla y otras grasas.

ácido erúcico (erucic acid), ácido graso que se ha relacionado con la cardiopatía. Está presente en el aceite de colza y se utiliza en algunos países como aceite vegetal para aliñar ensaladas y para la elaboración de margarinas y mayonesas.

ácido etacrínico (ethacrynic acid), diurético potente prescrito para aliviar los efectos del edema y de la hipertensión graves.

ácido etanoico (ethanoic acid), v. **ácido acético**.

ácido fagicladospórico (fagicladosporic acid), toxina producida por *Cladosporidium epiphyllum*, perteneciente al género de hongos que producen la «mancha negra» en la carne almacenada, la tiña negra y la degeneración negra del cerebro.

ácido fénico (phenic acid), v. **ácido carbólico**.

ácido fenilacético (phenylacetic acid), metabolito de la fenilalanina excretado en la orina conjugado con glutamina.

ácido fenílico, alcohol fenílico (phenylic acid, phenylic alcohol), v. **ácido carbólico**.

ácido fenilpirúvico (phenylpyruvic acid), producto del metabolismo de la fenilalanina. La presencia de ácido fenilpirúvico en la orina es indicativa de fenilcetonuria.

ácido fluoracético (fluoracetic acid), compuesto incoloro, hidrosoluble y sumamente tóxico, que bloquea el ciclo de Krebs, produciendo convulsiones y fibrilación ventricular. Se obtiene de un árbol sudafricano y se utiliza en ciertos pesticidas potentes.

ácido fólico (folic acid), vitamina amarilla, cristalina, hidrosoluble, del grupo del complejo B, esencial para el crecimiento y la reproducción celular. Actúa como coenzima con las vitaminas B_{12} y C, en el desdoblamiento y utilización de las proteínas y en la formación de ácidos nucleicos y del hemo de la hemoglobina. Además, aumenta el apetito y estimula la producción de ácido clorhídrico en el tracto digestivo.

ácido folínico (folinic acid), forma activa del ácido fólico.

ácido fórmico (formic acid), líquido incoloro, de olor acre, que está presente de forma natural en las ortigas, hormigas y otros insectos.

ácido formiminoglutámico (FIGLU) (formiminoglutamic acid [FIGLU]), compuesto formado en el metabolismo de la histidina, que aparece en la orina en concentraciones elevadas en la deficiencia de ácido fólico.

ácido fosfórico (phosphoric acid), líquido transparente, incoloro e inodoro irritante para la piel y los ojos y moderadamente tóxico en caso de ingestión.

ácido gammaaminobutírico (GABA) (gamma-aminobutyric acid [GABA]), aminoácido con actividad de neurotransmisor presente en el cerebro y también en el corazón, pulmones, riñones y ciertas plantas.

ácido gentiotánico (gentiotannic acid), forma de ácido tánico que se empleó como astringente y para el tratamiento de quemaduras, pero que ya no se recomienda, por su hepatotoxicidad.

ácido gigántico (gigantic acid), sustancia antibiótica obtenida de *Aspergillus giganteus*, una especie de levadura.

ácido glicólico (glycolic acid), sustancia presente en la bilis formada por glicina y ácido cólico, que facilita la digestión y absorción de las grasas.

ácido glucosúrico (glycosuric acid), compuesto que es un producto intermedio del metabolismo de la tirosina. Forma una sustancia con propiedades tincionales parecida a la melanina en personas con alcaptonuria.

ácido glutámico (Glu) (glutamic acid [Glu]), aminoácido no esencial presente en numerosas proteínas. Los preparados con ácido glutámico se utilizan para facilitar la digestión.

ácido graso (fatty acid), cada uno de los distintos ácidos orgánicos producidos por la hidrólisis de las grasas neutras. Los ácidos grasos esenciales son moléculas insaturadas que no pueden ser producidas por el organismo y que, por tanto, deben proceder de la dieta. Los ácidos **araquidónico** y **linoleico** son dos tipos de ácidos grasos esenciales.

ácido graso esencial (essential fatty acid), ácido poliinsaturado, como el linoleico, linolénico y araquidónico, esencial en la dieta para el crecimiento, mantenimiento y funcionamiento correctos del organismo. La deficiencia de ácidos grasos esenciales produce alteraciones en la estructura celular y en la función enzimática, lo que ocasiona un retraso del crecimiento y otras anomalías. Los síntomas de su deficiencia son: cabello ralo y deslustrado, problemas ungueales, caspa, procesos alérgicos y dermatosis, especialmente eccema en lactantes.

ácido graso insaturado (unsaturated fatty acid), cualquiera de los diferentes ésteres de glicerol de ciertos ácidos orgánicos en los que algunos de los átomos están unidos por enlaces de doble o triple valencia. Estos enlaces se rompen fácilmente en las reacciones químicas y otras sustancias se unen a ellos. Los ácidos grasos monoinsaturados tienen sólo un doble o triple enlace por molécula. Los ácidos grasos poliinsaturados tienen más de un doble o triple enlace por molécula.

ácido graso libre (AGL) (free fatty acid [FFA]), ácidos grasos no esterificados, generados por la hidrólisis de los triglicéridos del tejido adiposo. Los ácidos grasos libres pueden ser utilizados por muchos órganos como fuente de energía inmediata y el hígado los puede transformar en cuerpos cetónicos.

ácido graso monoinsaturado (monounsaturated fatty acid), v. **ácido graso insaturado**.

ácido graso poliinsaturado (polyunsaturated fatty acid), v. **ácido graso insaturado**.

ácido graso saturado (saturated fatty acid), cada uno de los ésteres gliceril de determinados ácidos orgánicos en los cuales todos los átomos están unidos por enlaces de una sola valencia. Estas grasas son principalmente de origen animal y se encuentran en la carne de vaca, cordero, cerdo y ternera, los productos de leche completa, la mantequilla, la mayor parte de los quesos y unas pocas grasas vegetales, como la mantequilla de cacao, el aceite de coco y el de palma.

ácido helvólico (helvolic acid), antibiótico derivado del hongo *Aspergillus fumigatus*, que se utiliza como amebicida.

ácido hexanoico (hexanoic acid), v. **ácido caproico**.

ácido hialurónico (hyaluronic acid), mucopolisacárido formado por la polimerización de acetilglucosamina y ácido glucurónico. Conocido como la sustancia cementante de los tejidos, forma un gel en los espacios intercelulares.

ácido hipocloroso (hypochlorous acid), líquido verde-amarillento obtenido a partir de una solución acuosa de lima.

ácido hipúrico (hippuric acid), producto de desecho presente en la orina de algunos animales. Se ha usado como medicamento en el tratamiento de enfermedades artríticas.

ácido homogentísico (homogentisic acid), v. **ácido glucosúrico**.

ácido homovanílico (homovanillic acid), ácido producido por el metabolismo normal de la dopamina y que puede estar elevado en la orina ante tumores de la glándula suprarrenal.

ácido indolacético (indoleacetic acid), principal metabolito final del triptófano, presente en muy pequeñas cantidades en la orina normal, y que se excreta en grandes cantidades en la de los pacientes con tumores carcinoides.

ácido inorgánico (inorganic acid), compuesto que no contiene carbono, formado por hidrógeno y un elemento electronegativo, como el ácido clorhídrico.

ácido isopentoico (isopentoic acid), v. **ácido isovalérico**.

ácido isopropilacético (isopropylacetic acid), v. **ácido isovalérico**.

ácido isopropilaminoacético (isopropylaminoacetic acid), v. **valina**.

ácido isovalérico (isovaleric acid), ácido graso de sabor punzante y olor desagradable que se encuentra en la valeriana y otras plantas, así como en el queso. También es un metabolito del aminoácido leucina, y se encuentra en el sudor de los pies y en la orina de pacientes con viruela, hepatitis o tifus.

ácido láctico (lactic acid), ácido orgánico tricarbonado producido por la respiración anaerobia. Existen tres formas: el ácido L-láctico presente en el músculo y en la sangre es un producto del metabolismo de la glucosa y del glucógeno; el ácido D-láctico, producido por fermentación de la dextrosa por una especie de micrococo; el ácido DL-láctico es una mezcla racémica que se encuentra en el estómago, leche agria, y en otros alimentos preparados mediante fermentación bacteriana.

ácido linoleico (linoleic acid), ácido graso esencial, incoloro o de color palido, con dos enlaces insaturados, que se encuentra en el aceite de linaza y de cártamo

ácido linolénico (linolenic acid), ácido graso esencial insaturado. Está presente en los glicéridos de linaza y en otros aceites vegetales.
ácido lipoico (lipoic acid), factor de crecimiento bacteriano presente en el hígado y en levaduras.
ácido malónico (malonic acid), sustancia blanca cristalina, altamente tóxica, que se utiliza como compuesto intermedio en la producción de barbitúricos.
ácido mefenámico (mefenamic acid), agente analgésico y antiinflamatorio no esteroideo prescrito para el tratamiento del dolor leve a moderado.
ácido micofenólico (mycophenolic acid), antibiótico cristalino bacteriostático y fungostático que se obtiene de *Penicillium brevi compactum* y de especies similares.
ácido monobásico (monobasic acid), ácido con un solo átomo de hidrógeno sustituible, como el ácido clorhídrico (ClH).
ácido muriático (muriatic acid), ácido clorhídrico.
ácido nalidíxico (nalidixic acid), antibacteriano utilizado en el tratamiento de determinadas infecciones de las vías urinarias.
ácido nicotínico (nicotinic acid), v. **niacina**.
ácido nítrico (nitric acid), líquido incoloro sumamente corrosivo, que puede originar vapores marrones sofocantes de dióxido de nitrógeno cuando se expone al aire. El ácido nítrico preparado comercialmente es un potente agente oxidante que se utiliza en la fabricación de fármacos y, en ocasiones, como agente cauterizante para extirpar verrugas.
ácido nucleico (nucleic acid), compuesto polimérico de alto peso molecular, compuesto por nucleótidos, cada uno de ellos formado por una base purínica o pirimidínica, un azúcar (ribosa o desoxirribosa) y un grupo fosfato. Los ácidos nucleicos participan en el almacenamiento y la liberación de energía y en la determinación y transmisión de las características genéticas. Son tipos de ácidos nucleicos el **ácido desoxirribonucleico** y el **ácido ribonucleico**.
ácido nucleico infeccioso (infectious nucleic acid), ADN o, más frecuentemente, ARN viral capaz de infectar el ácido nucleico de una célula y de inducir la producción de virus por parte del huésped.
ácido oleico (oleic acid), ácido graso monoinsaturado incoloro y líquido que está presente en casi todas las grasas naturales.
ácido ortobórico (orthoboric acid), v. **ácido bórico**.
ácido oxalúrico (oxaluric acid), compuesto derivado del ácido úrico o del ácido parabónico, que aparece en la orina normal.
ácido palmítico (palmitic acid), ácido graso saturado que se encuentra normalmente en las grasas y aceites animales y vegetales. Se emplea en la fabricación de jabones y velas.
ácido pantoténico (pantothenic acid), elemento del complejo de la vitamina B. Ampliamente distribuido en plantas y tejidos animales, es un elemento importante para la nutrición humana.
ácido paraaminobenzoico (PABA) (paraaminobenzoic acid [PABA]), sustancia que aparece con frecuencia asociada al complejo de la vitamina B, presente en cereales, huevos, leche y carne, y presente en cantidades detectables en sangre, orina, líquido cefalorraquídeo y sudor. Se utiliza ampliamente como filtro solar.
ácido paraaminohipúrico (APH) (paraaminohippuric acid [PAHA, PHA]), ácido N-acético del ácido paraaminobenzoico. Su sal sódica se utiliza para medir el flujo plasmático renal eficaz y determinar la función renal.
ácido paraaminosalicílico (PAS, PASA) (paraaminosalicylic acid [PAS, PASA]), agente bacteriostático prescrito para el tratamiento de la tuberculosis pulmonar y extrapulmonar.
ácido penicilínico (penicillic acid), antibiótico aislado a partir de varias especies del hongo *Penicillium*.
ácido pirúvico (pyruvic acid), compuesto que se forma como producto final de la glucólisis, la fase anaeróbica del metabolismo de la glucosa. Expuesto al oxígeno y a la acetilcoenzima A al inicio del ciclo del ácido cítrico de Krebs, el compuesto se transforma en ácido cítrico.
ácido propilfórmico (propylformic acid), v. **ácido butírico**.
ácido prostanoico (prostanoic acid), ácido alifático de 20 carbonos que forma el esqueleto básico de las moléculas de prostaglandinas, las cuales se diferencian según la localización de las sustituciones hidroxilo y ceto en diversas posiciones a lo largo de la molécula.
ácido pteroilglutámico (pteroylglutamic acid), v. **ácido fólico**.
ácido puberúlico (puberulic acid), antibiótico aislado del hongo *Penicillium puberulum* que impide la replicación de bacterias grampositivas.
ácido quenodesoxicólico (chenodeoxycholic acid), ácido biliar secundario. Se utiliza *in vivo* para disolver los cálculos de colesterol, particularmente en sujetos ancianos y de bajo riesgo.
ácido ribonucleico (ARN) (ribonucleic acid [RNA]), ácido nucleico, presente tanto en el núcleo como en el citoplasma de las célu-

las, que transmite instrucciones genéticas desde el núcleo al citoplasma. En el citoplasma, el ARN interviene en la síntesis de proteínas.

ácido salicílico (salicylic acid), agente queratolítico prescrito para el tratamiento de los trastornos hiperqueratósicos de la piel y como coadyuvante en las infecciones por hongos.

ácido sórbico (sorbic acid), compuesto que se encuentra de forma natural en las bayas de los serbales (sorbus sp.). El ácido sórbico comercial obtenido del acetaldehído se utiliza en fungicidas, conservantes alimenticios, lubricantes y plastificantes.

ácido succínico (succinic acid), compuesto que se encuentra en determinados quistes hidatídicos y en líquenes, ámbar y fósiles.

ácido sulfanílico (sulfanilic acid), compuesto cristalino blanco, teñido de rojo, utilizado en la síntesis de sulfonamidas y como reactivo en los análisis de fenoles, materia fecal en agua, albúmina, aldehídos y glucosa.

ácido sulfosalicílico (sulfosalicylic acid), sustancia cristalina blanca o ligeramente rosa, altamente hidrosoluble, utilizada como reactivo en pruebas para la detección de albúmina y como compuesto intermediario en la fabricación de tintes y surfactantes.

ácido sulfúrico (sulfuric acid), líquido claro, incoloro, oleoso, muy corrosivo, que genera gran cantidad de calor cuando se mezcla con agua. Sustancia sumamente tóxica, el ácido sulfúrico provoca graves quemaduras en la piel, ceguera por contacto con los ojos, lesión pulmonar grave si se inhalan los vapores y muerte en caso de ingesta. Antiguamente se llamaba **aceite de vitriolo**.

ácido sulfuroso (sulfurous acid), ácido inorgánico débil que se emplea como agente reductor blanqueante. Se ha utilizado en medicina, en lociones dérmicas y en nebulizadores nasales y faríngeos. Los sulfitos formados por el ácido pueden usarse como antisépticos, antifermentativos y anticimóticos.

ácido tánico (tannic acid), sustancia obtenida a partir de la corteza y de los frutos de diversos árboles y arbustos, sobre todo de los extractos de las nueces de agallas del roble. El ácido se utiliza como astringente y como proteína precipitante.

ácido tartárico (tartaric acid), polvo incoloro o blanco presente en varias plantas y que se prepara comercialmente a partir del anhídrido maleico y del peróxido de hidrógeno. Se utiliza en levaduras, en ciertas bebidas y en el emético tártaro.

ácido tióctico (thioctic acid), factor de oxidación del piruvato presente en el hígado y en las levaduras, utilizado en medios de cultivo bacterianos.

ácido undecilénico (undecylenic acid), agente antimicótico prescrito para el tratamiento del pie de atleta y de la tiña.

ácido úrico (uric acid), producto del metabolismo de las proteínas presente en la sangre y excretado por la orina.

ácido úrico endógeno (endogenous uric acid), ácido úrico producido por el metabolismo de las purinas de las nucleoproteínas del propio cuerpo, a diferencia del metabolismo de las purinas derivadas de los alimentos.

ácido úrico exógeno (exogenous acid uric), acumulación de ácido úrico en el cuerpo producida por el metabolismo de los alimentos ricos en purinas.

ácido ursodeoxicólico (ursodeoxycholic acid), sal biliar secundaria. Se utiliza *in vivo* para disolver los cálculos biliares de colesterol.

ácido valérico (valeric acid), ácido orgánico con un olor penetrante que se encuentra en las raíces de *Valeriana officinalis*.

ácido valproico (valproic acid), antiepiléptico prescrito para prevenir ciertos tipos de actividad epiléptica, especialmente la ausencia compleja y las crisis de pequeño mal.

ácido vanililmandélico (AVM) (vanillylmandelic acid [VMA]), metabolito urinario de la adrenalina y la noradrenalina. Una cantidad de AVM mayor de lo normal es característica del feocromocitoma y de los neuroblastomas.

ácido xantureico (xanthureic acid), metabolito del triptófano que aparece en la orina normal y en niveles elevados en pacientes con déficit de vitamina B_6.

acidófilo (acidophil), **1.** célula o componente celular con afinidad por los colorantes ácidos. **2.** organismo que se desarrolla en un medio ácido.

acidosis (acidosis), aumento anormal en la concentración de hidrogeniones en el cuerpo, como consecuencia de la acumulación de un ácido o de la pérdida de una base. Las diversas formas de acidosis se denominan en función de la causa que las origina; por ejemplo, la acidosis respiratoria se produce por retención respiratoria de CO_2. El tratamiento depende del diagnóstico de la enfermedad subyacente y de la corrección del desequilibrio ácido-base.

acídulo (acidulous), ligeramente ácido o agrio.

aciduria (aciduria), presencia de ácido en la orina. Este trastorno puede deberse a la ingestión de una dieta rica en proteínas cárnicas o en ciertas frutas, a la administración de una medicación para el tratamiento de enfermedades del tracto urinario, a defectos metabólicos congénitos o a los estados de cetoacidosis.

aciduria betahidroxiisovalérica (beta-hydroxyisovaleric aciduria), enfermedad metabólica hereditaria causada por la deficiencia de una enzima necesaria para metabolizar el aminoácido leucina.

aciesis (acyesis), **1.** ausencia de embarazo. **2.** estado de esterilidad en la mujer.

ácigos (azygous), que sucede como entidad o parte aislada, como en el caso de una estructura anatómica impar; que no forma parte de una estructura par.

acilación (acylation), incorporación de un grupo acilo en la molécula de un compuesto orgánico.

acinesia (akinesia), trastorno caracterizado por hipoactividad motora y psíquica o por parálisis muscular.

Acinetobacter (Acinetobacter), género de bacterias aerobias inmóviles de la familia Neisseriacea, detectadas a menudo en las muestras clínicas.

acinitis (acinitis), inflamación de las pequeñas áreas de aspecto en racimo observadas en ciertas glándulas.

acino (acinus), **1.** estructura pequeña en forma de saco, en particular la que se encuentra en las glándulas. **2.** subdivisión del pulmón, consistente en el tejido distal al bronquiolo terminal.

aclarador (clearing agent), producto químico, como el tiosulfato amónico, que se utiliza en el procesamiento de las películas de rayos X para extraer la plata de la emulsión que no ha sido expuesta.

aclaramiento (clearance), extracción de una sustancia de la sangre por vía renal. La función del riñón puede ser valorada midiendo la cantidad de una sustancia específica excretada en la orina durante un período de tiempo determinado.

aclasia diafisaria (diaphyseal aclasis), proceso relativamente infrecuente y hereditario del sistema esquelético. Se caracteriza por exóstosis múltiples o prominencias óseas. Las exóstosis características son radiográfica y microscópicamente similares a los osteocondromas.

aclorhidria (achlorhydria), trastorno caracterizado por la ausencia de ácido clorhídrico en el jugo gástrico. La existencia de aclorhidria en un paciente con síntomas de úlcera gástrica casi siempre indica la existencia de una enfermedad maligna.

aclorhidria histamino-resistente (histamine-proved achlorhydria), ausencia de producción normal de ácido clorhídrico por las células de la mucosa gástrica, puesta de manifiesto por la **prueba de la histamina**.

acmé (acme), pico o punto más alto, como el pico de intensidad de una contracción uterina durante el parto.

acné (acne), erupción cutánea inflamatoria papulopustulosa que se produce generalmente en la proximidad de las glándulas sebáceas de la cara, el cuello, los hombros y la porción superior de la espalda. Su etiología es desconocida, pero participa en la descomposición del sebo por acción de las bacterias, dando lugar a la formación de ácidos grasos, que irritan el tejido subcutáneo vecino. Algunos tipos de acné son: **acné conglobata, acné vulgar, cloracné** y la **rosácea**.

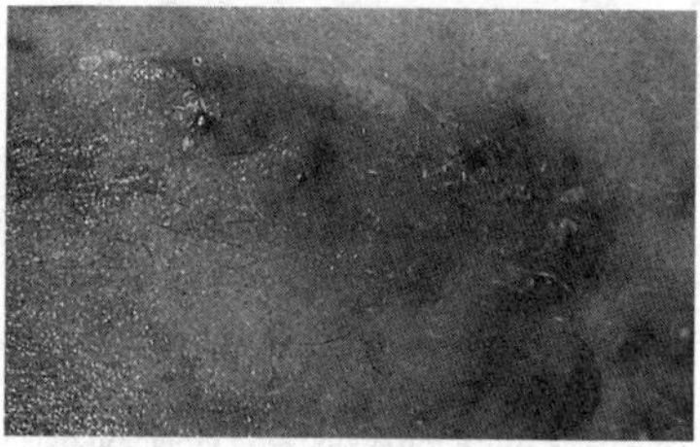

Acné vulgar
(A. Stevens/J. Lowe, 1996)

acnegénico (acnegenic), productor de acné.

acneiforme (acneform), de aspecto parecido al acné.

ACO (OC), abreviatura de **anticonceptivo oral**.

acognosia (acognosia), conocimiento de los remedios.

acolia (acholia), **1.** ausencia o disminución de la secreción biliar. **2.** cualquier estado en el que está suprimido el flujo de bilis al intestino delgado.

acoluria (acholuria), ausencia o carencia de pigmentos en la orina.

acomodación (A, ac, Ac) (accommodation [A, acc, Acc]), **1.** estado o proceso de adaptación o de ajuste de un objeto o serie de objetos a otro. **2.** proceso o esfuerzo continuo del individuo para adaptarse o para ajustarse a su entorno con objeto de mantener un estado de homeostasis, tanto fisiológica como psicológicamente. **3.** ajuste del ojo a las diferentes distancias. **4.** (en sociología) reconciliación recíproca de los conflictos entre individuos o grupos, en relación a los hábitos y a las costumbres, generalmente a través de un procedimiento que conlleva un compromiso, un arbitraje y una negociación.

acondicionar (condition), ejercitar el cuerpo y la mente, generalmente mediante ejercicios específicos y mediante una exposición repetida a un estado o cosa particular.

acondrogénesis (achondrogenesis), modalidad de enanismo que se caracteriza por un marcado acortamiento de las extremidades, con cabeza y tronco hidrópicos.

acondroplasia (achondroplasia), trastorno del crecimiento cartilaginoso en las epífisis de los huesos largos y en el cráneo, que lleva a una osificación prematura y a una limitación permanente del desarrollo esquelético, con un enanismo caracterizado por una frente prominente con piernas y brazos cortos y gruesos en un tronco normal.

acoplamiento (coupling), (en radioterapia) eficacia de la transferencia de potencia desde el aplicador a la zona de tratamiento.

acoria (acoria), trastorno caracterizado por padecer hambre constante, incluso cuando se tiene poco apetito.

acormio acardíaco (acardius acormus), feto acardíaco que tiene un marcado defecto del tronco.

acoso sexual (sexual harassment), acto agresivo de motivación sexual, con violación física o verbal de una persona sobre la cual el agresor tiene cierto poder. El acoso sexual puede ser heterosexual o, como sucede habitualmente en las prisiones, homosexual.

acre (acrid), penetrante o picante, amargo y desagradable para el olfato o para el gusto.

acreción (accretion), **1.** crecimiento o aumento mediante la adición de material de la misma naturaleza que el ya existente. **2.** adherencia o crecimiento conjunto de partes que normalmente se hallan separadas. **3.** acumulación de material extraño, especialmente en el interior de una cavidad.

acreditación (licensure), obtención de un permiso por parte de una autoridad competente (habitualmente una institución gubernamental) para que una organización o un individuo realice una actividad que de lo contrario sería ilegal. Entre los tipos de acreditación se incluyen la expedición de licencias para hospitales generales y clínicas particulares, para profesionales sanitarios, como, por ejemplo, los médicos, y para la producción o distribución de productos biológicos.

acrementición (accrementition), crecimiento o incremento de tamaño mediante la adición de un tejido o de un material similar, como sucede en la división celular, en la fisión simple y en la gemación.

acridina (acridine), compuesto dibenzopiridínico empleado en la síntesis de colorantes y fármacos.

acrimonia (acrimony), calidad de amargo, áspero o agudo.

acrocefalia (acrocephaly), v. **oxicefalia**.

acrocéntrico (acrocentric), relativo a un cromosoma cuyo centrómero se halla localizado cerca de uno de los extremos, de manera que los brazos de los cromátides son sumamente desiguales.

acrocianosis (acrocyanosis), trastorno caracterizado por una coloración cianótica, con frialdad y sudoración de las extremidades, especialmente de las manos, que se produce por espasmo arterial, desencadenado generalmente por el frío o por la tensión emocional. Un tipo de acrocianosis es la **acrocianosis periférica del recién nacido**.

acrocinesis (acrokinesis), estado en el que el margen de movimientos de las extremidades es anormalmente amplio.

acrocordón (acrochordon), colgajo de piel pedunculado y benigno, que se produce generalmente en los párpados, en el cuello o en las axilas o ingles.

acrodermatitis (acrodermatitis), erupción cutánea de las manos y de los pies producida por un parásito del orden Acarina.

acrodermatitis enteropática (acrodermatitis enteropathica), enfermedad crónica infrecuente de los lactantes, caracterizada por la formación de vesículas y ampollas en la piel y en las mucosas, con alopecia, diarrea y retraso del desarrollo.

acrodinia (acrodynia), enfermedad de los lactantes y niños pequeños, cuyos síntomas incluyen edema, prurito, exantema cutáneo generalizado, coloración rosada de las extremidades y coloración escarlata de las mejillas y de la nariz, sudoración profusa, trastornos digestivos, fotofobia, polineuritis, irritabilidad extrema que alterna con períodos de decaimiento y apatía, así como retraso del desarrollo.

acrofobia (acrophobia), miedo o temor patológicos a los lugares altos, que produce una gran ansiedad.

acromegalia (acromegaly), enfermedad metabólica crónica que se caracteriza por un agrandamiento y una elongación importantes y graduales de los huesos de la cara, de la mandíbula y de las extremidades. La enfermedad se origina por un exceso de producción de hormona del crecimiento.

acromia (achromia), ausencia o pérdida de la pigmentación normal de la piel. Este trastorno puede ser congénito, como ocurre en el albinismo, o puede deberse a una enfermedad adquirida, como la psoriasis.

acromicria (acromicria), anomalía caracterizada por la existencia de manos y pies anormalmente pequeños.

acromion (acromion), proyección lateral de la espina de la escápula, que da lugar a la parte más alta del hombro y que contacta con la clavícula en una pequeña superficie ovoidea en la mitad de la espina. En él se insertan el deltoides y el trapecio.

acromocito (achromocyte), eritrocito hipocrómico, de aspecto drepanocítico, que procede tal vez de la rotura de un hematíe que ha perdido la hemoglobina.

acrónimo (acronym), palabra formada por las letras o sílabas iniciales de otras palabras, por ejemplo, *TAC*, que es el acrónimo de *T*omografía *A*xial *C*omputadorizada.

acroosteólisis (acro-osteolysis), enfermedad profesional que afecta fundamentalmente a los trabajadores de materiales plásticos a base de cloruro de polivinilo (PVC). Se caracteriza por la aparición del fenómeno de Raynaud, pérdida del tejido óseo de las manos e hipersensibilidad ante las bajas temperaturas.

acroparestesia (acroparesthesia), **1.** hipersensibilidad acusada en los puntos distales de las extremidades, producida por compresión de los nervios de las zonas afectadas o por polineuritis. **2.** enfermedad caracterizada por hormigueos, acorchamiento y rigidez de las extremidades, sobre todo en los dedos, las manos y los antebrazos.

acropatía tiroidea (thyroid acropathy), inflamación del tejido subcutáneo de las extremidades y dedos en palillo de tambor que aparece con poca frecuencia en pacientes con enfermedad tiroidea y que habitualmente se asocia a mixedema pretibial o exoftalmos.

acroqueratosis verruciforme (acrokeratosis verruciformis), enfermedad cutánea congénita que se caracteriza por la aparición de lesiones verrucosas en el dorso de las manos y de los pies y en ocasiones en las muñecas, antebrazos y rodillas.

acrosoma (acrosome), estructura en forma de cápsula que rodea el extremo anterior del núcleo del espermatozoide.

acrótico (acrotic), **1.** relativo a la superficie de las glándulas cutáneas. **2.** relativo a la ausencia o debilidad del pulso.

ACTH (ACTH), abreviatura de **hormona adrenocorticotropa**.

actígrafo (actigraph), cualquier instrumento que registra los cambios en la actividad de una sustancia o de un organismo proporcionando un registro gráfico del proceso, como son los electrocardiógrafos, que registran la actividad cardíaca.

actina (actin), proteína que se halla en las fibras musculares y que, junto con la miosina, lleva a cabo la contracción y la relajación.

actiníco (actinic), relativo a la radiación, como la radiación solar o los rayos X.

actinio (Ac) (actinium [Ac]), elemento metálico radiactivo infrecuente. Su número atómico es 89 y su peso atómico es 227. Aparece en algunas menas de uranio.

actinomicina A (actinomycin A), el primero de un grupo de agentes antibióticos cromopéptidos obtenidos a partir de bacterias del suelo. En su mayor parte son derivados de la fenoxacina y contienen actinocina. Por lo general, son activos frente a bacterias grampositivas, hongos y neoplasias.

actinomicina B (actinomycin B), antibiótico obtenido a partir de *Actinomyces antibioticus*.

actinomicina D (actinomycin D), v. **dactinomicina**.

actinomicosis (actinomycosis), enfermedad sistémica crónica caracterizada por el desarrollo de abscesos profundos que hacen prominencia en la piel y eliminan un pus granular a través de múltiples senos. Las diversas especies de *Actinomyces* son específicas de especie. El microorganismo causal en el ser humano es *A. israelii*, que habita normalmente en el intestino y en la boca. La enfermedad se produce después de una lesión tisular, generalmente en presencia de otro microorganismo infectante. La actinomicosis cervicofacial se produce por diseminación de la bacteria al tejido subcutáneo de la boca, la garganta y el cue-

Actinomicosis
(C. D. Forbes/W. F. Jackson, 1994)

llo, a partir de una infección dental o amigdalina. La actinomicosis torácica puede deberse a la proliferación del microorganismo a partir de abscesos cervicofaciales hacia el interior del esófago, los bronquios, los pulmones, la pleura o el mediastino. En esta forma de la enfermedad es característica la aparición de fiebre, tos, senos que drenan pus, pérdida de peso, sudoración nocturna y, excepcionalmente, derrame pleural. La actinomicosis abdominal suele seguir a un proceso inflamatorio agudo del estómago o del intestino, tal como apendicitis, diverticulosis del intestino grueso o perforación gástrica. La actinomicosis generalizada puede afectar a la piel, cerebro, hígado y tracto genitourinario. Existe una forma pélvica de actinomicosis abdominal que tiene lugar tras la inserción de dispositivos intrauterinos con fines anticonceptivos.

Actinomyces (Actinomyces), género de bacterias grampositivas y anaerobias. Diversas especies patógenas para el hombre, tales como *Actinomyces israelii*, se encuentran normalmente en la boca y en la faringe.

actitud (attitude), **1.** posición o postura corporal, concretamente la posición fetal dentro del útero, que viene determinada por el grado de flexión de la cabeza y de las extremidades. **2.** (en psiquiatría) las fuerzas integradoras fundamentales en el desarrollo de la personalidad que dan consistencia a la conducta del individuo.

actitud fetal (fetal attitude), relación de las partes fetales entre sí.

activador (activator), **1.** sustancia, fuerza o dispositivo que estimula la actividad de otra sustancia o estructura, en especial una sustancia que activa a una enzima. **2.** sustancia que estimula el desarrollo de una estructura anatómica en el embrión. **3.** aparato para generar sustancias radiactivas, como el ciclotrón o el generador de neutrones. **4.** (en odontología) estructura ortodóncica móvil que funciona como un transmisor y estimulador pasivo de los músculos periorales.

activador del plasminógeno tisular (APT) (tissue plasminogen activator [TPA]), sustancia que disuelve el coágulo, producida naturalmente por las células de las paredes de los vasos sanguíneos. El APT activa al plasminógeno para disolver los coágulos y se ha utilizado como tratamiento para eliminar los coágulos sanguíneos que bloquean las arterias coronarias.

activar (activate), inducir o prolongar una actividad o convertir en óptima una acción.

actividad (activity), acción de una enzima sobre una cantidad determinada de sustrato, que a su vez es convertido en producto por unidad de tiempo bajo unas condiciones definidas.

actividades de la vida diaria (AVD) (activities of daily living [ADL]), las actividades realizadas habitualmente a lo largo de un día normal en la vida de una persona, tales como comer, vestirse, lavarse o cepillarse los dientes. La capacidad para realizar las actividades cotidianas puede verse comprometida por diversas causas, entre ellas las enfermedades crónicas y los accidentes. En el hospital a menudo se comprueba una lista de AC que el paciente es capaz de realizar antes de concederle el alta. Si el paciente no puede llevar a cabo estas actividades de forma adecuada, se efectúan los arreglos pertinentes con una agencia externa, como puede ser el servicio de visitadores de enfermería, con objeto de prestar la asistencia necesaria.

acto de inversión de roles (role reversal act), acto de asumir el rol de otra persona para apreciar en qué forma siente, percibe y se comporta esa persona en relación con ella misma y con los demás.

ACTP (PTCA), abreviatura de **angioplastia coronaria transluminal percutánea**.

actuación ante el dolor (pain intervention), alivio de las sensaciones dolorosas experimentadas al sufrir los efectos fisiológicos y psicológicos de las enfermedades y de los traumatismos. El método más frecuente de actuación ante el dolor es la administración de narcóticos, como la morfina, aunque muchos expertos creen que la utilización exclusiva de fármacos que suprimen el dolor sin considerar y llevar a cabo medidas psicológicas de ayuda es un enfoque demasiado pobre. Son pocos los pacientes que no presentan un aspecto psicógeno en la experiencia física del dolor. Los métodos para actuar ante el dolor agudo son diferentes a los del dolor crónico. El dolor agudo, que aparece en las primeras 24 a 48 horas tras la cirugía, suele ser difícil de aliviar, y los narcóticos rara vez alivian este tipo de dolor. El tipo de actuación ante el dolor generalmente depende de la descripción del mismo por parte del individuo que lo experimenta. El dolor leve se puede aliviar mejor con medidas de comodidad y con la distracción aportada por la televisión, las visitas, la lectura y otras actividades pasivas. El dolor moderado se alivia mejor mediante la combinación de las medidas de comodidad y los fármacos. La disonancia cognitiva, empleada con frecuencia para amortiguar el dolor moderado, anima al paciente a pensar en experiencias agradables y a describirlas al personal de asistencia sanitaria. La actuación para aliviar el dolor intenso suele consistir en la administración de narcóticos, la interacción dirigida entre el paciente y el personal del hospital que presta la asistencia, la reducción de los estímulos del entorno, el aumento de las medidas de comodidad y la «analgesia imaginada en vigilia», según el cual se anima al paciente a concentrarse y a distraerse con experiencias que le han resultado agradables, como relajarse en una playa rodeado por las frías aguas del océano. En el alivio de todos los tipos de dolor, el amortiguamiento o la disminución de los estímulos que provocan el dolor es el principal objetivo. Con frecuencia el dolor aumenta en una habitación fría porque los músculos del paciente tienden a contraerse; pero la aplicación local de frío, como con una envoltura helada, con frecuencia alivia el dolor al reducir la inflamación. La actuación ante el dolor busca reducir los efectos de los demás factores que constituyen el dolor, como la fatiga y la ansiedad. El hacer frente al dolor resulta cada vez más difícil a medida que el paciente se encuentra más cansado. La limitación sensitiva puede incrementar el dolor, ya que bloquea la distracción que de otro modo resultaría eficaz; la sobreestimulación puede provocar fatiga y ansiedad, aumentando así el dolor.

actuaciones de micronivel (microlevel interventions), modificaciones generadoras de salud realizadas a nivel individual, como las terapias de condicionamiento o de control de estímulos.

acuafobia (aquaphobia), temor al agua.

acuapuntura (aquapuncture), inyección de agua debajo de la piel o rociamiento con un chorro fino de agua sobre la superficie de la piel para aliviar una irritación leve.

acueducto (aqueduct), canal, conducto o zona de paso a través de diversas partes del cuerpo o entre ellas, como el acueducto de Silvio, localizado en el interior del encéfalo.

acueducto cerebral (cerebral aqueduct), conducto estrecho situado entre el tercer y cuarto ventrículo en el mesencéfalo, que contiene líquido cefalorraquídeo.

acueducto de Silvio (sylvian aqueduct) [Franciscus Sylvius, anatomista danés, n. 1614], v. **acueducto cerebral**.

acuerdo (settlement), (legalmente) pacto hecho entre las partes por un pleito antes de que un tribunal dicte sentencia.

aculturación (acculturation), proceso por el que se adoptan los rasgos culturales o los patrones de conducta social de otro grupo de población.

acumulador (accumulator), el «almacén» de una unidad central de proceso (CPU) de un ordenador. Se puede tener acceso y procesar los datos en él escritos muy rápidamente.

acumulativo (cumulative), que aumenta mediante incrementos, con un total posible que puede superar el resultado esperado.

acuoso (aqueous), que tiene agua o es como el agua.

acupresión (acupressure), técnica terapéutica que consiste en aplicar una presión digital de un modo determinado en unos puntos designados del cuerpo, con objeto de atenuar el dolor, producir anestesia o regular la temperatura corporal.

acupuntura (acupuncture), método para producir analgesia o para alterar la función de un sistema corporal mediante la inserción precisa de agujas finas en la piel de lugares específicos del cuerpo, siguiendo una serie de líneas o canales denominados meridianos. Las agujas se rotan o se cargan de energía eléctricamente o por calentamiento. La acupuntura se originó en el Lejano Oriente y desde principios de la década de 1970 ha recibido una atención creciente en Occidente.

acusma (acousma), impresión alucinatoria de sonidos extraños.

acústica (acoustics), percepción del sonido.

acustoóptica (acoustooptics), área de la física que estudia la forma de generar ondas luminosas a partir de ondas sonoras de ultraalta frecuencia.

ACV (CVA), **1**. abreviatura de **accidente cerebrovascular**. **2.** abreviatura de **ángulo costovertebral**.

adactilia (adactyly), defecto congénito caracterizado por la ausencia de uno o más dedos de la mano o del pie.

adamantinoma, adamantoblastoma (adamantinoma, adamantoblastoma), v. **ameloblastoma**.

adamantinoma hipofisario (pituitary adamantinoma), v. **craneofaringioma**.

adaptación (adaptation), cambio o respuesta que se produce ante un estado de tensión o estrés de cualquier tipo, como puede ser una inflamación de la mucosa nasal en las rinitis infecciosas, o el incremento del llanto en los niños asustados. La adaptación puede ser normal, tener carácter de autoprotección y ser consecuencia del desarrollo y de la maduración, como en el niño que está aprendiendo a hablar; también puede ser un proceso generalizado y dar lugar a un mayor estrés, como sucede en la policitemia, fenómeno que se da de forma natural durante la exposición a las grandes alturas con objeto de disponer de un mayor número de glóbulos rojos capaces de transportar oxígeno, pero con el riesgo asociado de inducir trombosis, congestión venosa o edemas.

adaptación (adjustment), v. **acomodación**.

adaptación negativa (negative adaptation), v. **habituación**.

adaptador de bandas (band adapter), instrumento que ayuda en la adaptación de una banda ortodóncica a un diente.

Addams, Jane (Addams, Jane) [1860-1935], reformadora social norteamericana. En 1889 fundó la Hull House en Chicago, uno de los primeros establecimientos sociales de Estados Unidos, en el que vivían y trabajaban voluntarios de diversas disciplinas, entre ellas de enfermería. En 1931 fue premiada de forma compartida con el premio Nobel de la Paz.

addisonismo (addisonism) [Thomas Addison, médico londinense, n. 1793], enfermedad caracterizada por los signos físicos de la enfermedad de Addison, aunque sin pérdida de las funciones corticosuprarrenales. Los signos de la enfermedad son: aumento de la pigmentación de piel y mucosas, debilidad general y tendencia a desarrollar infecciones tuberculosas.

adelantamiento (advance), técnica quirúrgica en la que un músculo o tendón es llevado hacia delante.

adenalgia (adenalgia), trastorno caracterizado por la existencia de dolor en cualquiera de las glándulas del cuerpo.

adenectomía (adenectomy), extirpación quirúrgica de cualquier glándula.

adenilato (adenylate), sal o éster del ácido adenílico.

adenina (adenine), base purínica que es componente de los ácidos nucleicos, ADN y ARN, así como del AMP cíclico y de la porción de adenosina del AMP, del ADP y del ATP. V. **ATP, ADN, ARN**.

adenina-D-ribosa (adenine-D-ribose), v. **adenosina**.

adenitis (adenitis), inflamación de los ganglios linfáticos o de las glándulas. La adenitis aguda de los ganglios linfáticos cervicales se manifiesta como irritación faríngea y rigidez nucal. La inflamación de los ganglios linfáticos mesentéricos del peritoneo suele producir dolor y otros síntomas parecidos a una apendicitis. La aparición de adenitis generalizada es un síntoma secundario de sífilis. El tratamiento consiste en la administración de agentes antimicrobianos para tratar la infección primaria, aplicación de compresas calientes y, en casos excepcionales, incisión y drenaje.

adenoacantoma (adenoacanthoma), neoplasia maligna o benigna, derivada de tejido glandular con diferenciación escamosa en algunas de sus células.

adenoameloblastoma (adenoameloblastoma), tumor benigno del maxilar superior compuesto de conductos revestidos de células epiteliales cilíndricas o cuboideas. Se desarrolla sobre un tejido que en condiciones normales da lugar a los dientes, y se ve más frecuentemente en las personas jóvenes.

adenocarcinoma (adenocarcinoma, *pl.* **adenocarcinomas, adenocarcinomata**), amplio grupo de tumores malignos de células epiteliales de las glándulas. Los distintos tumores específicos son diagnosticados y denominados en función de la identificación citológica del tejido afectado; por ejemplo, el adenocarcinoma de cuello uterino se caracteriza por la presencia de células tumorales que se asemejan al epitelio glandular del cuello.

adenocarcinoma acinar (acinar adenocarcinoma), v. **adenocarcinoma de células acinosas**.

adenocarcinoma acinoso (acinous adenocarcinoma), v. **adenocarcinoma de células acinosas**.

adenocarcinoma alveolar (alveolar adenocarcinoma), neoplasia en la que las células tumorales forman alveolos.

adenocarcinoma de células acinosas (acinic cell adenocarcinoma), neoplasia maligna de bajo grado, de escasa frecuencia, que se desarrolla en las glándulas secretoras acinosas, especialmente en las glándulas salivares.

adenocarcinoma folicular (follicular adenocarcinoma), neoplasia caracterizada por la disposición folicular de las células, normalmente derivadas de la glándula tiroidea. No es especialmente maligno, pero tiene una gran tendencia a metastatizar.

adenocarcinoma *in situ* (adenocarcinoma *in situ*), crecimiento localizado de tejido glandular anormal que se hace maligno. Es más frecuente en el endometrio y en el intestino grueso.

adenocarcinoma mucinoso (mucinous adenocarcinoma), v. **carcinoma mucinoso**.

adenocarcinoma papilar (papillary adenocarcinoma), neoplasia maligna caracterizada por la presencia de pequeñas papilas de tejido conectivo vascular cubiertas por epitelio neoplásico que se proyecta en folículos, glándulas o quistes.

adenocarcinoma poliploide (polyploid adenocarcinoma), v. **adenocarcinoma papilar**.

adenocarcinoma renal (renal adenocarcinoma), v. **carcinoma de células renales**.

adenocele (adenocele), tumor glandular quístico.

adenocistoma (adenocyst), tumor epitelial benigno cuyas células forman estructuras glandulares y quistes. Un tipo de cistadenoma es el **adenocistoma papilar linfomatoso**.

adenocistoma papilar linfomatoso (papillary adenocystoma lymphomatosum), tumor poco frecuente, constituido por tejido epitelial y linfoide, que se desarrolla en la región de las glándulas paratiroidea y submaxilar.

adenocondroma (adenochondroma, *pl.* **adenochondromas, adenochondromata**), neoplasia de células derivadas de tejidos glandulares y cartilaginosos, como el tumor mixto de las glándulas salivares.

adenodinia (adenodynia), v. **adenalgia**.

adenoepitelioma (adenoepithelioma, *pl.* **adenoepitheliomas, adenoepitheliomata**), neoplasia constituida por componentes glandulares y epiteliales.

adenofibroma (adenofibroma, *pl.* **adenofibromas, adenofibromata**), tumor de tejido conectivo que contiene elementos glandulares. Un tipo de adenofibroma es el **adenofibroma edematodes**.

adenofibroma edematodes (adenofibroma edematodes), neoplasia constituida por elementos glandulares y tejido conectivo en la que se observa un edema intenso, como en los pólipos nasales.

adenohipófisis (adenohypophysis), lóbulo anterior de la glándula pituitaria o hipófisis. Segrega hormona del crecimiento, tirotropina, hormona adrenocorticotropa, hormona estimulante de los melanocitos, hormona foliculoestimulante, hormona luteinizante, prolactina, lipotropina beta y endorfinas. Las hormonas estimulantes procedentes del hipotálamo regulan la secreción de la hipófisis anterior. Las hormonas adenohipofisarias controlan la actividad del tiroides, las gónadas, la corteza suprarrenal, la mama y de otras glándulas endocrinas.

adenoide (adenoide), **1.** que tiene aspecto glandular o, concretamente, linfoide. **2.** adenoides, hipertrofia de las amígdalas faríngeas.

adenoidectomía (adenoidectomy), extirpación del tejido linfático de la nasofaringe. Este procedimiento quirúrgico se puede realizar bien porque las adenoides estén aumentadas de tamaño, produciendo obstrucción, o porque se hallen crónicamente infectadas, pudiendo ser extirpadas también las adenoides normales como medida profiláctica durante la realización de una amigdalectomía.

adenoleiomiofibroma (adenoleiomyofibroma, *pl.* **adenoleiomyofibromas, adenoleyomiofibromata**), tumor glandular formado por músculo liso, tejido conectivo y elementos epiteliales.

adenolinfoma (adenolymphoma), v. **adenocistoma papilar linfomatoso**.

adenolipoma (adenolipoma, *pl.* **adenolipomas, adenolipomata**), neoplasia formada por elementos de tejido glandular y de tejido graso.

adenolipomatosis (adenolipomatosis), trastorno caracterizado por el crecimiento de numerosos adenolipomas en la ingle, en la axila y en el cuello.

adenoma (adenoma, *pl.* **adenomas, adenomata**), tumor del epitelio glandular cuyas células adoptan un patrón identificable como glandular. Algunos tipos de adenomas son **adenoma acidófilo, adenoma basófilo, fibroadenoma** e **insulinoma**.

adenoma acidófilo (acidophilic adenoma), tumor de la glándula hipofisaria constituido por células que se tiñen de color rojo con un colorante ácido. Los adenomas acidófilos pueden dar lugar a gigantismo y a acromegalia.

adenoma basófilo (basophilic adenoma), tumor hipofisario compuesto de células que se tiñen con colorantes básicos.

adenoma cromófobo (chromophobic adenoma), tumor de la hipófisis formado por células que no se tiñen con tintes ácidos o básicos.

adenoma de células de Hürthle (Hürthle cell adenoma) [Karl W. Hürthle, histólogo alemán, n. 1860], tumor benigno de la glándula tiroides formado por células grandes con citoplasma granular eosinofílico (células de Hürthle).

adenoma de las células de los islotes (islet cell adenoma), v. **insulinoma**.

adenoma eosinofílico (eosinophilic adenoma), v. **adenoma acidófilo**.

adenoma hepático (hepatic adenoma), tumor hepático de rápido crecimiento que se puede hacer muy grande y romperse, causando una hemorragia interna letal.

adenoma papilar (papillary adenoma), tumor epitelial benigno en el que la membrana que reviste el tejido glandular forma eminencias papilares que se proyectan hacia los alveolos o crecen hacia el exterior de la superficie de una cavidad.

adenoma sebáceo (adenoma sebaceum), anomalía cutánea consistente en la existencia de múltiples pápulas faciales de aspecto verrucoso y superficie cérea, de coloración rojo amarillenta, que están compuestas fundamentalmente de tejido fibrovascular. Las lesiones no son verdaderos adenomas, sino fibromas, que forman parte del complejo conocido como esclerosis tuberosa.

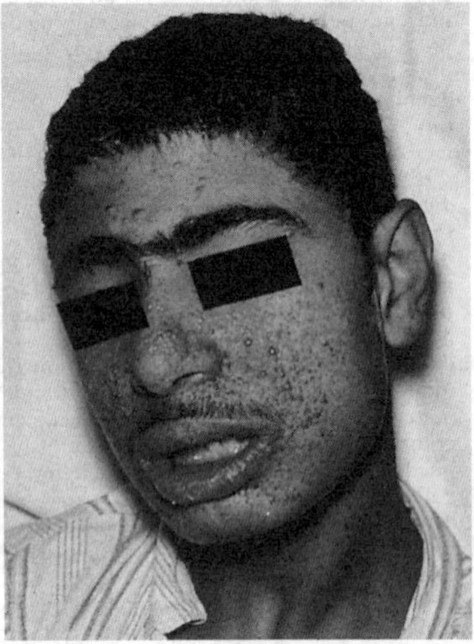

Adenoma sebáceo
(C. D. Forbes/W. F. Jackson, 1994)

adenoma velloso (villous adenoma), crecimiento papilar de la mucosa del intestino grueso de crecimiento lento, blando, esponjoso y potencialmente maligno.

adenomatoide (adenomatoid), semejante a un tumor glandular.

adenomatosis (adenomatosis), trastorno caracterizado por el desarrollo de una hiperplasia o tumor que afecta a dos o más glándulas, generalmente el tiroides, las glándulas suprarrenales o la hipófisis.

adenomioepitelioma (adenomyoepithelioma), v. **carcinoma adenoquístico**.

adenomiofibroma (adenomyofibroma, *pl.* **adenomyofibromas, adenomyofibromata**), tumor fibroso que contiene elementos glandulares y musculares.

adenomioma (adenomyoma, *pl.* **adenomyomas, adenomyomata**), tumor del endometrio uterino caracterizado por la existencia de una masa de músculo liso que contiene tejido endometrial y glándulas. Suele ser causa de dismenorrea.

adenomiomatosis (adenomyomatosis), trastorno caracterizado por la formación de nódulos benignos que imitan a los adenomiomas y que se localizan en el útero o en el tejido parauterino.

adenomiosarcoma (adenomyosarcoma, *pl.* **adenomyosarcomas, adenomyosarcomata**), tumor maligno de los tejidos blandos que contiene elementos glandulares y músculo estriado. Un tipo de adenomiosarcoma es el **tumor de Wilms**.

adenomiosarcoma embrionario, adenosarcoma embrionario (embryonal adenomyosarcoma, embryonal adenosarcoma), v. **tumor de Wilms**.

adenomiosis (adenomyosis), enfermedad neoplásica benigna que se caracteriza por la existencia de tumores formados por tejido glandular y células musculares lisas.

adenopatía (adenopathy), aumento de tamaño de cualquier glándula, especialmente de una glándula linfática.

adenosarcoma (adenosarcoma, *pl.* **adenosarcomas, adenosarcomata**), tumor glandular maligno de los tejidos blandos.

adenosarcorrabdomioma (adenosarcorhabdomyoma, *pl.* **adenosarcorhabdomyomas, adenosarcorhabdomyomata**), tumor formado por elementos glandulares, tejido conectivo y músculo estriado.

adenosina (adenosine), compuesto derivado del ácido nucleico, que está integrado por adenina y un azúcar, la D-ribosa. La adenosina es el elemento molecular principal de los nucleótidos y de los ácidos nucleicos.

adenosindifosfato (adenosine diphosphate), producto que resulta de la hidrólisis del adenosintrifosfato.

adenosinfosfato (adenosine phosphate), compuesto consistente en el nucleótido adenosina ligado a través de su grupo ribosa a una, dos o tres moléculas de ácido fosfórico. Algunos tipos de adenosinfosfato, todos interconvertibles, son **adenosindifosfato, adenosinmonofosfato** y **adenosintrifosfato**.

adenosinfosfato cíclico 3':5' (adenosine 3':5'cyclic phosphate), v. **adenosinmonofosfato cíclico**.

adenosinmonofosfato (AMP) (adenosine monophosphate [AMP]), éster compuesto de adenina, D-ribosa y ácido fosfórico relacionado con la liberación de energía durante la contracción muscular.

adenosinmonofosfato cíclico (AMPc) (cyclic adenosine monophosphate [cAMP]), nucleótido cíclico formado a partir del adenosintrifosfato por acción de la adenilciclasa. Este compuesto cíclico, conocido como «segundo mensajero», participa en la acción de las catecolaminas, de la vasopresina, de la hormona adrenocorticotropa y de muchas otras hormonas.

adenosintrifosfato (ATP) (adenosine triphosphate [ATP]), compuesto constituido por el nucleótido adenosina, unido a través de su grupo ribosa a tres moléculas de ácido fosfórico. Su función es acumular energía en el músculo, la cual es liberada cuando se hidroliza para formar adenosindifosfato.

adenosis (adenosis), **1.** enfermedad de cualquier glándula y en especial de los ganglios linfáticos. **2.** desarrollo anormal o crecimiento de un tejido glandular.

adenovirus (adenovirus), cada uno de los 33 virus de tamaño medio que forman la familia Adenoviridae. Son virus patógenos para el hombre, y producen conjuntivitis, infecciones del tracto respiratorio superior e infecciones GI.

adermia (adermia), defecto cutáneo congénito o adquirido, o ausencia de piel.

adherencia (adherence), **1.** calidad de pegarse o de permanecer fijado con firmeza. **2.** banda de tejido cicatricial que une dos superficies anatómicas normalmente separadas entre sí. Las adherencias son más frecuentes en el abdomen, y aparecen después de una cirugía abdominal previa, un proceso inflamatorio o una lesión.

adherenciotomía (adhesiotomy), separación quirúrgica de las adherencias, que se realiza generalmente para resolver una obstrucción intestinal.

adherente (adherent), sustancia caracterizada por la tendencia a pegarse a la superficie de otra.

adherir (adhere), unir dos superficies, o fijar la una a la otra.

adhesión (adhesion), proceso por el que una persona sigue unas reglas, unas líneas maestras y unas normas, por ejemplo, cuando un enfermo sigue una prescripción y unas recomendaciones sobre un régimen de cuidados.

adhesión (cohere), mantenerse juntos, como las moléculas similares de una sustancia.

adiadococinesia (adiadochokinesia), incapacidad para realizar movimientos alternantes rápidos, tales como pronación y supinación, o flexión y extensión del codo.

adiástole (adiastole), fase diastólica del ciclo cardíaco ausente o imperceptible.

adiatermancia (adiathermance), calidad de no verse afectado por el calor irradiado.

adicción (addiction), dependencia compulsiva e incontrolable de una sustancia, de una costumbre o de una práctica, de tal magnitud que en su ausencia se producen graves reacciones emocionales, mentales o fisiológicas.

adicción a los fármacos (drug addiction), proceso caracterizado por un irrefrenable deseo de continuar tomando un fármaco al que una persona se ha habituado por su consumo repetido, al producir un determinado efecto, normalmente la alteración de la actividad mental, actitud o puntos de vista. La adicción suele ir acompañada de compulsión para obtener el fármaco, tendencia a aumentar la dosis, dependencia psíquica o física y consecuencias deletéreas para el individuo y la sociedad.

adición (addition), reacción química en la cual se combinan dos moléculas completas para formar un producto nuevo, generalmente mediante unión a átomos de carbono con doble o triple enlace de una de las moléculas.

adicto (addict), persona que se ha vuelto fisiológica o psicológicamente dependiente de un producto químico, como el alcohol u otras sustancias de abuso, de forma que quedan trastornadas sus funciones normales y su sentido de la responsabilidad en la vida social, laboral, etc.

adiestramiento (practicing), segunda subfase de la fase de separación-individualización del sistema de Mahler de desarrollo preedípico, en la que el niño es capaz de alejarse de su madre y volver a ella.

adiestramiento de habilidades (skills training), enseñanza de comportamientos verbales y no verbales específicos, y la práctica de dichas conductas por parte del paciente.

adinamia (adynamia), ausencia de iniciativa física y emocional como consecuencia de un estado patológico. Una modalidad de adinamia es la **adinamia episódica hereditaria**.

adinamia episódica hereditaria (adynamia episodica hereditaria), trastorno que aparece en la infancia y que se caracteriza por debilidad muscular y por episodios de parálisis flácida. Se hereda como rasgo autosómico dominante.

adipectomía (adipectomy), v. **lipectomía**.

adipocele (adipocele), hernia que contiene grasa o tejido graso.

adipocinesia (adipokinesis), movilización de la grasa o de los ácidos grasos en el metabolismo lipídico.

adipocito (adipocyte), célula grasa.

adipofibroma (adipofibroma, *pl.* **adipofibromas, adipofibromata**), neoplasia fibrosa de tejido conectivo en la que existen componentes grasos.

adiponecrosis (adiponecrosis), necrosis del tejido graso corporal.

adiponecrosis subcutánea neonatal (adiponecrosis subcutanea neonatorum), trastorno dermatológico del recién nacido caracterizado por la existencia de placas endurecidas de tejido graso subcutáneo, con una coloración rojo azulada de la piel suprayacente.

adiposo (adipose), **1.** grasiento o cargado de grasa. **2.** relativo al tejido graso. El tejido graso está formado por células adiposas dispuestas en lóbulos.

adipsia (adipsia), ausencia de sed.

aditivos accidentales (incidental additives), aditivos alimentarios debidos al empleo de pesticidas, herbicidas o productos químicos relacionados con el procesado de los alimentos.

aditivos alimentarios (food additives), sustancias que se añaden a los alimentos para evitar su deterioro, mejorar su sabor o aumentar su valor nutritivo. La mayoría de los aditivos deben estar aprobados por la FDA tras haberse realizado pruebas que determinen si pueden ser cancerígenos o producir defectos fetales o cualquier otro problema de salud.

aditivos intencionales (intentional additives), sustancias que se añaden deliberadamente en la fabricación de alimentos o productos farmacéuticos, para mejorar o mantener su sabor, color, textura o consistencia, o para mejorar o conservar su valor nutritivo.

ADN (DNA), abreviatura de **ácido desoxirribonucleico**.

ADN de transferencia (ADNt) (transfer DNA [tDNA]), (en genética molecular) ADN transferido desde su fuente original y presente en las células transformadas.

ADN recombinante (recombinant DNA), molécula de ADN en la que se ha inducido artificialmente una nueva disposición de los genes. Se utilizan enzimas para romper moléculas aisladas de ADN en fragmentos que después son reordenados en la secuencia deseada. También se pueden introducir en la molécula porciones de ADN procedentes de otros organismos de la misma o de distinta especie.

ADNt (tDNA), abreviatura de **ADN de transferencia**.

adolescencia (adolescence), **1.** período del desarrollo comprendido entre el comienzo de la pubertad y la edad adulta. Suele iniciarse entre los 11 y los 13 años de edad, con la aparición de los caracteres sexuales secundarios, y se prolonga hasta la edad de 18 a 20 años, con la adquisición de la forma adulta completamente desarrollada. Durante este período el sujeto sufre profundos cambios desde el punto de vista físico, psicológico, emocional y de la configuración de su personalidad. **2.** Estado o condición de ser adolescente o joven.

adolescente (adolescent), **1.** concerniente, relacionado o característico de la adolescencia. **2.** que se halla en el estado o proceso de la adolescencia.

ADP (ADP), abreviatura de **adenosindifosfato**.

adquirido (acquired), relativo a una característica, situación o enfermedad que se origina después del nacimiento y que no se debe a factores hereditarios ni relacionados con el desarrollo, sino que aparece como respuesta a influencias ambientales ajenas al organismo.

ADR (RDA), abreviatura de **aportes dietéticos recomendados**.

adrenalectomía (adrenalectomy), extirpación quirúrgica de una o de ambas glándulas suprarrenales, o resección parcial de las mismas, que se lleva a cabo para reducir la secreción excesiva de hormonas suprarrenales cuando existe un tumor suprarrenal o una neoplasia maligna de mama o de próstata. Si se extirpan ambas glándulas, se debe administrar de por vida una dosis de mantenimiento de esteroides. Deben evitarse el estrés y la fatiga.

adrenalina (adrenaline), hormona suprarrenal y vasoconstrictor adrenérgico sintético. Se prescribe para tratar la anafilaxia, el espasmo bronquial agudo y la congestión nasal y para aumentar la eficacia de los anestésicos locales.

adrenarquia (adrenarche), actividad intensificada en la corteza suprarrenal que tiene lugar aproximadamente a los 8 años de edad, produciéndose un incremento en la elaboración de varias hormonas, especialmente de andrógenos.

adrenérgico (adrenergic), relativo o correspondiente a las fibras nerviosas simpáticas del sistema nervioso autónomo, que emplean como neurotransmisores la adrenalina y otras sustancias parecidas a la adrenalina. V. **simpaticomimético**.

adrenocorticotropina (adrenocorticotropin), hormona adrenocorticotropa (ACTH) segregada por el lóbulo anterior de la hipófisis que estimula la secreción de otras hormonas en la corteza suprarrenal.

adrenocorticotropo (adrenocorticotropic), relativo o correspondiente a la estimulación de la corteza suprarrenal.

adrenodoxina (adrenodoxin), proteína producida por las glándulas suprarrenales que participa en la transferencia de electrones en las células animales.

adrenoleucodistrofia (ALD) (adrenoleukodystrophy [ADL]), enfermedad metabólica infantil hereditaria poco frecuente que se transmite con carácter recesivo ligado al sexo y afecta solamente a los niños varones. Se caracteriza por una atrofia suprarrenal y por una desmielinización cerebral generalizada que conduce al deterioro mental progresivo, con afasia, apraxia y finalmente ceguera.

adrenomegalia (adrenomegaly), aumento anómalo del tamaño de una o ambas glándulas suprarrenales.

adromia (adromia), ausencia de la capacidad conductora de cualquier nervio que en condiciones normales inerva a un músculo.

adsorbente (adsorbent), sustancia capaz de captar otra a través de un proceso de adsorción, como cuando una sustancia se fija a la superficie de otra.

adsorción (adsorption), proceso natural por el cual las moléculas de un gas o líquido se adhieren a la superficie de un sólido. Este fenómeno depende de varios factores, como la tensión superficial y las cargas eléctricas. Son numerosas las reacciones biológicas en las que interviene la adsorción. En química, la adsorción es el principio en el que se basa la cromatografía, al permitir la separación de las fracciones que componen una mezcla para su análisis cualitativo.

aducción (adduction), movimiento de una extremidad hacia el eje del cuerpo.

aductor (adductor), músculo que actúa desviando una extremidad hacia el eje o línea media del cuerpo.

aductor mayor del muslo (adductor magnus), gran músculo triangular y alargado de la cara medial del muslo. Se origina en la rama isquiopubiana y en el borde inferior de la tuberosidad isquiática. Las fibras del músculo se insertan en la superficie rugosa del trocánter mayor, en la línea áspera mediante una extensa aponeurosis y en el tercio distal del fémur por medio de un grueso tendón redondeado. Su acción es la aducción del muslo. Su porción proximal provoca la rotación interna del muslo y su flexión sobre la cadera; su porción distal extiende el muslo y lo rota hacia afuera.

aductor mediano del muslo (adductor longus), el más superficial de los tres músculos aductores del muslo y uno de los cinco músculos femorales mediales. Músculo triangular que se origina en la superficie anterior del pubis y se extiende formando un grueso vientre carnoso, dirigiéndose hacia abajo, hacia atrás y hacia afuera para insertarse en la línea áspera del fémur, entre el vasto interno y el aductor mayor del muslo. Es responsable de la aducción y flexión del muslo.

aductor menor del muslo (adductor brevis), músculo de forma triangular, uno de los cinco músculos femorales mediales. Se origina en la rama descendente del pubis entre el recto interno y el obturador externo, discurre hacia abajo, hacia atrás y hacia afuera y se inserta en la línea que va del trocánter menor a la línea áspera del fémur. Produce la aducción y la rotación medial del muslo, así como la flexión de la pierna.

adulteración (adulteration), degradación o atenuación de la pureza de cualquier sustancia, proceso o actividad, mediante la adición de materiales extraños.

adulto (adult), **1.** sujeto completamente desarrollado y maduro y que ha alcanzado la capacidad intelectual y la estabilidad emocional y psicológica propias de una persona madura. **2.** persona que ha alcanzado una edad que le confiere todas las responsabilidades desde el punto de vista legal.

adventicia (adventitia), capa más externa de una arteria u otra estructura, formada por tejido conectivo con fibras elásticas y colágenas.

adventicio (adventitious), relativo o concerniente a una situación accidental, extraña o fuera de lo normal.

adyuvante (adjunct), (en cuidados sanitarios) sustancia, tratamiento o procedimiento adicionales que se emplean para aumentar la eficacia o la seguridad de una sustancia, tratamiento o procedimiento primarios, o para facilitar su realización.

adyuvante (adjuvant), (en inmunología) sustancia añadida a un antígeno que potencia o modifica la respuesta de los anticuerpos a dicha antígeno.

Aedes (Aedes), género de mosquito con elevada prevalencia en las regiones tropicales y subtropicales. Diversas especies transmiten microorganismos patógenos al ser humano, produciendo enfermedades tales como el dengue, la encefalitis equina, la encefalitis de San Luis, la tularemia y la fiebre amarilla.

AEG (AGA), abreviatura de **adecuado para la edad gestacional**.

AEM (SBE), abreviatura de **autoexploración de la mama**.

Aerobacter aerogenes (Aerobacter aerogenes), v. ***Enterobacter cloacae***.

aerobio (aerobe), **1.** ser vivo que requiere oxígeno para subsistir. **2.** microorganismo que vive y crece en presencia de oxígeno libre. Los aerobios pueden ser **aerobio facultativo** y **aerobio estricto**.

aerobio estricto (obligate aerobe), organismo que no se puede desarrollar en ausencia de oxígeno.

aerobio facultativo (facultative aerobe), microorganismo capaz de crecer en condiciones anaeróbicas, pero que se desarrolla más rápidamente en un ambiente aeróbico.
aerodontalgia (aerodontalgia), sensación dolorosa en los dientes producida por un descenso de la presión atmosférica, como puede suceder en las grandes altitudes.
aeroembolismo (aeroembolism), v. **embolia**.
aerofagia (aerophagy), deglución de aire, generalmente seguida de la necesidad de eructar, de molestias gástricas y de meteorismo.
aerosinusitis (aerosinusitis), inflamación, edema o hemorragia de los senos frontales, producidos por la expansión del aire dentro de los senos cuando la presión barométrica es baja, como puede suceder en los aviones a grandes altitudes.
aerosol (aerosol), **1.** partículas nebulizadas suspendidas en un gas o en el aire. **2.** gas presurizado que contiene una medicación nebulizada en partículas finas y destinada a la terapéutica por medio de inhalación. **3.** gas presurizado que contiene un agente químico nebulizado y destinado a la esterilización del aire de una habitación.
aerosoles suaves (bland aerosols), aerosoles constituidos por agua, soluciones salinas o sustancias similares que carecen de una acción farmacológica importante. Se utilizan primariamente para la humidificación y licuefacción de secreciones.
aerotitis (aerotitis), inflamación del oído como consecuencia de cambios en la presión atmosférica.
AF (FA), **1.** abreviatura de **arteria femoral**. **2.** abreviatura de **ácido fólico**.
afagia (aphagia), situación caracterizada por la pérdida de la capacidad de deglución como consecuencia de diversas causas orgánicas o psicológicas. Un tipo de afagia es la **afagia dolorosa**.
afaquia (aphakia), (en oftalmología) trastorno ocular caracterizado por la ausencia parcial o total del cristalino, generalmente porque ha sido extirpado mediante cirugía, como en el tratamiento de las cataratas. También se denomina afacia.
afasia (aphasia), trastorno neurológico caracterizado por un defecto o pérdida del lenguaje, como consecuencia de una lesión en determinadas áreas de la corteza cerebral. La deficiencia puede ser sensorial o de recepción, en cuyo caso no se comprende el lenguaje, o puede tratarse de una deficiencia de expresión o motora, en cuyo caso no se pueden idear o expresar las palabras.
AFC (APC), abreviatura de **aspirina, fenacetina, cafeína**.
afebril (afebrile), sin fiebre.
afección (affection), proceso patológico que afecta a todo o parte del cuerpo humano.
afectivo (affective), relativo a emociones, estados de ánimo o sentimientos.
afecto (affection), estado emocional expresado por un sentimiento de cariño o protección hacia otro individuo.
afecto plano (flat affect), afecto de un paciente que no comunica sus sentimientos en sus respuestas verbales o no verbales ante los acontecimientos.
afemia (aphemia), pérdida de la capacidad para hablar, que se aplica tanto a trastornos emocionales como a causas neurológicas.
aferente (afferent), que se dirige hacia un centro; se aplica a las arterias, venas, vasos linfáticos y nervios.
aféresis (apheresis), procedimiento mediante el cual se extrae la sangre de forma temporal para eliminar de forma selectiva uno o más de sus componentes, reinfundiendo el resto de la sangre al donante. Esta técnica se utiliza para el tratamiento de diversas enfermedades del sujeto cuya sangre se extrae, para la obtención de elementos sanguíneos destinados al tratamiento de otros pacientes o bien con fines de investigación.
afibrinogenemia (afibrinogenemia), trastorno hematológico infrecuente que se caracteriza por la ausencia relativa de fibrinógeno en la sangre.
afinidad (affinity), medida de la intensidad con la que se ligan un antígeno y un anticuerpo al reaccionar entre sí.
afinidad genética (genetic affinity), relación por descendencia directa.
afinidad química (chemical affinity), atracción que da lugar a la formación de moléculas a partir de átomos.
afirmación (assertiveness), forma de conducta que va encaminada a reclamar los propios derechos, sin olvidar los derechos de los demás.
aflatoxinas (aflatoxins), grupo de factores carcinógenos y tóxicos producidos por *Aspergillus flavus*, que se encuentra en el moho de los alimentos. Se ha comprobado que estas micotoxinas producen cáncer hepático en los animales de laboratorio. V. ***Aspergillus***.
aflicción (bereavement), forma de depresión con síntomas de ansiedad que es una reacción común a la pérdida de un ser querido. Se puede asociar a insomnio, hiperactividad y a otros efectos.
afonía (aphonia), circunstancia que se caracteriza por la pérdida de capacidad de pro-

ducir una voz de sonido normal, como consecuencia de un uso excesivo de las cuerdas vocales, por enfermedades orgánicas o por causas psicológicas tales como la histeria. Algunos tipos de afonía son: **afonía espástica, afonía paralítica** y **afonía paranoica**.

AFP (AFP), abreviatura de **alfafetoproteína**.

afrasia (aphrasia), modalidad de afasia en la que la persona puede ser capaz de pronunciar o de comprender palabras aisladas, pero no puede construir frases u oraciones con un significado determinado.

afronia (aphronia), (en psiquiatría) trastorno caracterizado por una alteración en la capacidad de tomar decisiones de sentido común.

afrontamiento (coping), proceso mediante el cual el individuo hace frente a las tensiones, soluciona problemas y toma decisiones. El proceso tiene dos componentes, el cognitivo y el no cognitivo. El componente cognitivo incluye el pensamiento y el aprendizaje necesario para identificar la fuente responsable de la tensión. Los componentes no cognitivos son automáticos y se centran en aliviar las molestias.

afrontamiento defensivo (coping, defensive), diagnóstico de enfermería, aprobado por la NANDA, de una autoevaluación falsamente positiva basada en un modelo de autoprotección que protege frente a las amenazas percibidas subyacentes para obtener una autoestima positiva. Las características que lo definen incluyen la negación de problemas obvios, proyección de la culpa, racionalización de los fracasos, hipersensibilidad a las críticas, actitud de superioridad frente a otros, dificultades de relación, ridiculización de otros, dificultad para el análisis de percepciones y falta de atención o participación en el tratamiento o terapia.

afrontamiento familiar ineficaz: comprometido (coping, ineffective family: compromised), diagnóstico de enfermería aprobado por la NANDA para la falta o ausencia del apoyo emocional y psicológico al enfermo que, generalmente, se espera de un familiar o de una persona de apoyo, una carencia que aumenta la dificultad del sujeto para enfrentarse con el problema de salud actual. Las características que lo definen incluyen la denuncia por parte del enfermo de la falta de apoyo o la expresión por parte de la persona que le apoya de que el temor, la aflicción anticipada, la ansiedad u otras reacciones interfieren con la capacidad de apoyo hacia el sujeto.

afrontamiento familiar ineficaz: incapacitante (coping, ineffective family: disabling), diagnóstico de enfermería, aprobado por la NANDA, sobre las actitudes y conductas negativas de una familia, de un miembro familiar u otra persona que sea importante para el enfermo. Las características que lo definen incluyen negligencia en el cuidado del enfermo, intolerancia, rechazo o abandono, adopción de los síntomas del enfermo, olvido de las necesidades del enfermo y distorsión importante de la realidad relacionada con el problema de salud del enfermo.

afrontamiento familiar: potencial de desarrollo (coping, family: potential for growth), diagnóstico de enfermería, aprobado por la NANDA, de la necesidad de autorrealización que se produce cuando se han satisfecho las necesidades básicas y se han superado los problemas adaptativos necesarios para la salud del sujeto. Las características que lo definen incluyen el deseo manifestado por la familia de discutir el impacto de la situación sobre la vida y valores del propio sujeto, el interés por contactar con otras personas en situaciones similares y la elección de opciones saludables entre las disponibles para el sujeto.

afrontamiento individual ineficaz (coping, ineffective individual), diagnóstico de enfermería, aprobado por la NANDA, para el problema de un individuo con crisis de situación, crisis de maduración o vulnerabilidad personal. Las características que lo definen incluyen la incapacidad para responder en solicitud de ayuda, incapacidad para resolver problemas, verbalización de la incapacidad de adaptarse, incapacidad para satisfacer las expectativas, incapacidad para satisfacer las necesidades básicas propias o una alteración de la capacidad para participar en la sociedad.

afta (canker), úlcera o llaga, especialmente en la boca.

afta de Bednar (Bednar's aphthae) [Alois Bednar, pediatra austríaco, n. 1816], placas ulceradas de pequeño tamaño, amarillentas y ligeramente elevadas, que aparecen en la porción posterior del paladar duro de los lactantes que chupan objetos infectados.

afta dolorosa (canker sore), lesión ulcerosa de la boca característica de la estomatitis aftosa.

aftas (aphthae), ulceraciones superficiales, dolorosas, que suelen afectar a la mucosa oral. En ocasiones, las aftas pueden afectar a otros tejidos del cuerpo, como el tubo digestivo y los genitales externos.

Ag (Ag), símbolo de la **plata**.

AG (FA), abreviatura de **ácido graso**.

AG (GA), abreviatura de **anestesia general**.

agalactia (agalactia), incapacidad de la madre de segregar la suficiente leche como para alimentar a su hijo después de nacer.

agamético (agametic, agamous), asexual; sin órganos sexuales reconocibles ni gametos.

agameto (agamete), **1.** cualquiera de los organismos unicelulares, como las bacterias y los protozoos, que se reproducen asexualmente mediante fisiones múltiples. **2.** células reproductoras asexuales, como las esporas y los merozoítos, que forman organismos nuevos sin fusionarse con ninguna otra célula.

agametogénesis (agamogenesis), reproducción asexual, como la que tiene lugar por gemación o por simple fisión de las células; partenogénesis.

agámico (agamic), que se reproduce asexualmente, sin unión de gametos; asexual.

agammaglobulinemia (agammaglobulinemia), trastorno infrecuente que se caracteriza por la ausencia de inmunoglobulinas séricas (gammaglobulinas), junto con un aumento de la susceptibilidad a las infecciones. Puede ser transitoria, congénita o adquirida.

agammaglobulinemia de Bruton (Bruton's agammaglobulinemia) [Ogden C. Bruton, médico norteamericano, n. 1908], enfermedad hereditaria ligada al sexo caracterizada por la ausencia de gammaglobulina en la sangre. Los pacientes con este síndrome tienen una deficiencia de anticuerpos y son propensos a desarrollar infecciones de repetición.

agamonte (agamont), v. **esquizonte**.

agar sangre (blood agar), medio de cultivo consistente en sangre y agar, utilizado en bacteriología para cultivar ciertos microorganismos, entre ellos *Staphylococcus epidermidis, Diplococcus pneumoniae* y *Clostridium perfringens*.

agar-agar (agar-agar), producto coloide, seco e hidrofílico, que se obtiene de ciertas especies de algas rojas. Se utiliza ampliamente como ingrediente básico en los medios de cultivo sólidos empleados en bacteriología.

agarosa (agarose), fracción de agar esencialmente neutra utilizada como medio en la electroforesis, especialmente para la separación de proteínas séricas, variantes de la hemoglobina y fracciones de lipoproteínas.

agástrico (agastric), estado caracterizado por la ausencia de estómago o de tubo digestivo.

agenesia (agenesis), **1.** ausencia congénita de un órgano o de parte de él, producida generalmente por falta del tejido primordial y por ausencia de desarrollo en el embrión. **2.** impotencia o esterilidad.

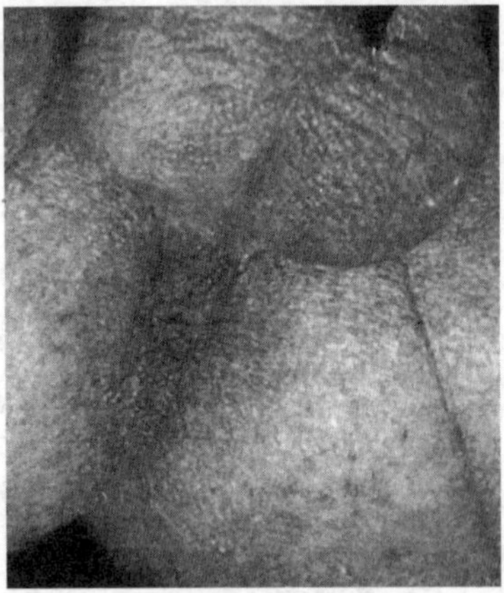

Agenesia anal
(H. Seidel, 2.ª ed., 1993)

agenesia anal (anal agenesis), bolsa rectal con un extremo ciego. V. **ano imperforado**.

agenesia cortical (agenesia corticalis), ausencia de desarrollo de las células corticales del cerebro del embrión, especialmente de las células piramidales, que da lugar a parálisis cerebral infantil y a retraso mental grave.

agenesia nuclear (nuclear agenesis), v. **síndrome de Möbius**.

ageniocefalia (ageniocephaly), forma de otocefalia en la que se hallan intactos tanto el cerebro como la bóveda craneal y los órganos de los sentidos, pero existe una malformación de la mandíbula.

agenitalismo (agenitalism), trastorno producido por la ausencia de hormonas sexuales y por la ausencia o malfunción de los ovarios o de los testículos.

agenosomía (agenosomia), malformación congénita que se caracteriza por la ausencia o por la formación defectuosa de los genitales, y por la proyección del intestino a través de la pared abdominal, que se halla desarrollada de manera incompleta.

agente alquilante (alkylating agent), sustancia que contiene un radical alquilo y por consiguiente es capaz de llevar a cabo la sustitución de un átomo de hidrógeno libre en un compuesto orgánico. Dado que este tipo de reacción química dificulta la mitosis y la división celular, estos agentes son particularmente útiles en el tratamiento del cáncer.

agente bloqueante adrenérgico (adrenergic blocking agent), v. **antiadrenérgico**.

agente bloqueante alfaadrenérgico (alpha-adrenergic blocking agent), v. **antiadrenérgico**.

agente bloqueante betaadrenérgico (beta-adrenergic blocking agent), v. **antiadrenérgico**.

agente bloqueante ganglionar (ganglionic blocking agent), cualquiera de los fármacos prescritos para producir hipotensión controlada, como la necesaria para realizar determinados procedimientos quirúrgicos o para el tratamiento de urgencia de las crisis hipertensivas. Los fármacos actúan ocupando los receptores de las terminaciones nerviosas simpáticas y parasimpáticas de los ganglios autónomos.

agente bloqueante neuromuscular (neuromuscular blocking agent), sustancia química que interfiere localmente con la transmisión o recepción de los impulsos nerviosos desde los nervios motores a los músculos esqueléticos. Los agentes no despolarizantes bloquean de forma competitiva la acción transmisora de la acetilcolina en la membrana de la unión neuromuscular. Los agentes bloqueantes despolarizantes compiten con la acetilcolina por los receptores colinérgicos de la placa motora terminal. Los agentes bloqueantes neuromusculares se utilizan para inducir la relajación muscular en la anestesia, la intubación endotraqueal y el tratamiento con electroshock, y como coadyuvantes en el tratamiento de tétanos, encefalitis y poliomielitis.

agente ceruminolítico (ceruminolytic agent), medicación que disuelve o desprende el cerumen (la cerilla del oído) para permitir su extracción.

agente de cambio (change agent), función en la que las técnicas de comunicación, educación y demás recursos se utilizan para ayudar a un sujeto a adaptarse a los cambios producidos por una enfermedad o incapacidad.

agente diluyente (diluting agent), (en terapia respiratoria) sustancia que puede modificar la viscosidad de las secreciones, de forma que puedan ser extraídas fácilmente. Ejemplo de ellos son el agua y el suero salino hipotónico, que pueden utilizarse en aerosol o nebulizador.

agente dispersante (dispersing agent), aditivo químico utilizado por los farmacéuticos para producir una distribución uniforme de los ingredientes de un producto, como en las emulsiones dermatológicas que contienen aceite y agua.

agente Eaton (Eaton agent), nombre alternativo de *Mycoplasma pneumoniae*, causa frecuente de neumonía atípica en humanos.

agente embolizador (embolization agent), sustancia utilizada para ocluir o reducir drásticamente el flujo sanguíneo a través de un vaso. Los vasoconstrictores y las esferas de silicona son agentes embolizadores.

agente enmascarador (masking agent), preparado cosmético para ocultar nevos, cicatrices quirúrgicas y otras manchas.

agente estimulante betaadrenérgico (beta-adrenergic stimulating agent), v. **adrenérgico**.

agente farmacológico (pharmacologic agent), cualquier sustancia oral, parenteral o tópica utilizada para aliviar síntomas y para tratar o controlar un proceso patológico o para facilitar la recuperación de una lesión.

agente hipoglucemiante (hypoglycemic agent), grupo heterogéneo de fármacos prescritos para disminuir la concentración de glucosa plasmática circulante. Entre los agentes hipoglucemiantes se incluyen la insulina, las sulfonilureas y las biguanidinas. La insulina en sus diversas formas se administra por vía parenteral y actúa aumentando la utilización de los carbohidratos y el metabolismo de las grasas y las proteínas. Las sulfonilureas actúan estimulando la liberación de insulina endógena del páncreas. Las biguanidinas actúan potenciando la acción de la insulina endógena, aumentando la utilización de glucosa por las células periféricas del cuerpo.

agente midriático y ciclopléjico (mydriatic and cycloplegic agent), cualquiera de los diversos preparados farmacéuticos para oftalmología que dilatan la pupila y paralizan los músculos oculares de la acomodación. Los midriáticos estimulan las fibras nerviosas simpáticas o bloquean las fibras nerviosas parasimpáticas del ojo, paralizando temporalmente el esfínter muscular del iris. Los ciclopléjicos paralizan temporalmente la acomodación mientras relajan el músculo ciliar. Algunos fármacos pueden producir midriasis y cicloplejía simultáneamente, mientras que otros están diseñados para producir un solo efecto. Estos fármacos se emplean en el diagnóstico oftalmoscópico y en el examen de la refracción ocular.

Agente Naranja (Agent Orange), nombre codificado del ejército de EE.UU. que hace referencia a una mezcla de dos herbicidas, 2,4-D y 2,4,5-T, utilizado como exfoliante en el sudeste asiático durante la guerra de Vietnam en la década de 1960. Los herbicidas fueron contaminados accidentalmente con una sustancia química de elevada toxicidad denominada dioxina, causante de cánceres y de defectos congénitos en animales y de cloracné y de porfiria cutánea tarda en el ser humano. V. **dioxina**.

agente oxidante (oxidizing agent), compuesto que cede fácilmente oxígeno y capta hidrógeno de otro compuesto. En las reacciones químicas un agente oxidante actúa como un aceptor de electrones, con lo que aumenta la valencia de un elemento.

agente progestacional (progestational agent), toda sustancia química que tiene la misma acción que la progesterona producida por el cuerpo lúteo y por la placenta.

agente químico (chemical agent), cualquier facultad química, principio activo o sustancia que puede producir un efecto en el organismo mediante la interacción con diversas sustancias corporales, como la aspirina, que produce un efecto analgésico.

agente quimioterápico (chemotherapeutic agent), agente químico utilizado para el tratamiento de enfermedades. El término se refiere habitualmente a la medicación utilizada en el tratamiento de neoplasias debido a que puede alterar el crecimiento de las células cancerosas.

agente reductor (reducing agent), sustancia que dona electrones a otra sustancia durante una reacción química.

agente sinérgico (synergistic agent), sustancia que aumenta o potencia la actividad de otra sustancia o agente.

agente teratogénico (teratogenic agent), v. **teratógeno**.

agentes antibióticos anticancerosos (antibiotic anticancer agents), fármacos que tienen actividad tanto antibiótica como anticancerosa. Son ejemplos de este tipo de agentes la bleomicina, la dactinomicina, la daunorrubicina y la mitomicina.

agentes sulfatantes (sulfiting agents), conservantes alimenticios compuestos de bisulfito potásico o sódico o de metabisulfito potásico. Los agentes sulfatantes se utilizan en la fabricación de cerveza, vino, bollería, sopas preparadas y algunos mariscos importados, así como en algunos restaurantes para dar un aspecto «fresco» a macedonias de frutas y a verduras. Estos productos químicos pueden provocar una reacción alérgica grave en personas hipersensibles a los sulfitos, que se caracteriza por rubor, desmayo, urticaria, cefalea, trastornos GI, dificultad respiratoria y, en casos extremos, pérdida de consciencia y muerte.

ageusia (ageusia), pérdida o insuficiencia del sentido del gusto, de grado y etiología variables.

agiria (agyria), alteración de la corteza cerebral en la que existe un desarrollo insuficiente de las circunvoluciones.

agitación (agitation), estado de intranquilidad crónica, que se observa generalmente como expresión psicomotriz de la tensión emocional.

agitado (agitated), caracterizado por un estado de excitación psicomotriz definida por una actividad incansable y sin propósito. El sujeto a menudo deambula, grita y ríe a carcajadas sin causa aparente, acciones que pueden servir para liberar la tensión nerviosa asociada a la ansiedad, el miedo y a otros estados de desasosiego mental.

agitofasia (agitophasia), estado caracterizado por un lenguaje anormalmente rápido, en el que, de manera inconsciente, se omiten, se articulan mal o se distorsionan las palabras, los sonidos o las sílabas. Esta situación se asocia con frecuencia a agitografia.

agitografia (agitographia), trastorno caracterizado por una escritura anormalmente rápida, en la que se omiten inconscientemente las palabras o partes de ellas.

aglucemia (aglycemia), ausencia de azúcar en la sangre.

aglutinación (agglutination), agregación o agrupación de células como resultado de su interacción con anticuerpos específicos denominados aglutininas, empleados generalmente para realizar la tipificación de la sangre y para identificar o efectuar una estimación de la capacidad o contenido de inmunoglobulinas en un suero.

aglutinante (agglutinant), sustancia o compuesto que provoca adherencia, como un anticuerpo producido en la sangre y estimulado por la presencia de un antígeno para adherirse a él.

aglutinina (agglutinin), tipo específico de anticuerpos cuya interacción con los antígenos se manifiesta por aglutinación.

aglutinógeno (agglutinogen), sustancia antigénica que da lugar a aglutinación mediante la producción de una aglutinina.

agnatia (agnathia), defecto del desarrollo que se caracteriza por la ausencia total o parcial de la mandíbula.

agnatocefalia (agnathocephaly), malformación congénita caracterizada por la ausencia de la mandíbula, por la formación defectuosa de la boca y por el emplazamiento bajo de los ojos, con fusión o aproximación de los huesos malares y de los oídos.

agnosia (agnosia), pérdida total o parcial de la capacidad para reconocer objetos o personas familiares a partir de estímulos sensoriales, como consecuencia de una lesión cerebral orgánica.

agnosia de la imagen corporal (body image agnosia), v. **autotopagnosia**.

agnosia digital (finger agnosia), trastorno neurológico en el que el paciente es incapaz de distinguir entre los estímulos aplicados con dos dedos distintos sin una referencia visual.
agonía (agony), angustia o sufrimiento intensos, ya sea físico o emocional, como en un dolor.
agonista (agonist), **1.** músculo contráctil a cuya contracción se opone otro músculo (antagonista). **2.** fármaco u otra sustancia con una afinidad celular específica y cuya respuesta es predecible.
agonista farmacológico (drug agonist), cualquiera de dos fármacos similares que actúan sobre el mismo órgano o tejido y producen un efecto similar o igual.
agorafobia (agoraphobia), trastorno de ansiedad caracterizado por el temor a encontrarse en un lugar público, abierto o entre la muchedumbre, tal como un campo, un túnel, un puente, una calle congestionada o un gran almacén con abundantes clientes, de donde puede ser difícil salir o en donde la ayuda puede no estar al alcance de la mano en caso de que se requiera de forma inesperada.
agotamiento (exhaustion), estado de pérdida extrema de las capacidades físicas o mentales, producido por cansancio o enfermedad.
agotamiento por calor (heat exhaustion), trastorno caracterizado por debilidad, vértigo, náuseas, calambres musculares y pérdida de la consciencia, causado por la depleción de los líquidos y electrólitos corporales como resultado de la exposición a calor intenso o por la incapacidad para aclimatarse al calor. La temperatura corporal es casi normal; la tensión arterial puede descender, pero habitualmente vuelve a la normalidad cuando se coloca a la persona en decúbito supino; la piel está fría, húmeda y pálida.
AGPI (PUFA), abreviatura de **ácidos grasos poliinsaturados**.
agrafia (agraphia), trastorno neurológico caracterizado por la pérdida de la capacidad de escribir, como consecuencia de una alteración en el centro del lenguaje localizado en la corteza cerebral.
agranulocito (agranulocyte), leucocito que carece de gránulos citoplasmáticos, como son los monocitos o los linfocitos.
agranulocitosis (agranulocitosis), trastorno sanguíneo caracterizado por una reducción grave del número de granulocitos (basófilos, eosinófilos y neutrófilos), que da lugar a fiebre, postración y úlceras sangrantes del recto, la boca y la vagina.
agravio (tort), (en derecho) perjuicio civil diferente al incumplimiento de un contrato. Los elementos del agravio son: el deber legal que tiene el demandado con el demandante, el incumplimiento de ese deber y el daño producido por el incumplimiento.
agregación (aggregation), acumulación de sustancias, objetos o individuos, como en el agrupamiento de células sanguíneas o de personas que padecen la misma enfermedad.
agregación en pilas de monedas (rouleaux), agrupación de eritrocitos que puede estar provocada por proteínas anormales, como ocurre en el mieloma múltiple o en la macroglobulinemia, aunque en la mayoría de los casos se trata de un artefacto microscópico.
agregado (aggregate), el conjunto de una serie de sustancias o componentes que forman una masa o complejo.
agresión (aggresion), acción o actitud violenta, de autoafirmación, que se expresa de forma física, verbal o simbólica. Son formas de agresión la **agresión constructiva**, la **agresión destructiva** y la **agresión interna**.
agresión (battery), (en derecho) utilización ilegal de la fuerza sobre una persona.
agripnia (agrypnia), v. **insomnio**.
agripnocoma (agrypnocoma), estado de coma en el que existe cierto grado de vigilia.
agripnótico (agrypnotic), **1.** insomne. **2.** fármaco u otra sustancia que previene el sueño.
agrupación de datos (data clustering), agrupamiento de información relacionada con la historia médica de un paciente, la exploración física y los resultados de laboratorio, como parte del proceso de realización de un diagnóstico.
agua blanda (soft water), agua que no contiene sales de calcio o de magnesio, que precipitan soluciones jabonosas.
agua corporal total (ACT) (total body water [TBW]), totalidad del agua contenida en el cuerpo, incluida el agua intra y extracelular más el agua de los tractos GI y urinario.
agua destilada (distilled water), agua que ha sido depurada mediante calentamiento hasta evaporación y condensada después en otro envase, para obtener agua líquida libre de solutos no volátiles.
agua dura (hard water), agua que contiene ciertos cationes, particularmente calcio y magnesio, que precipitan en la presencia de soluciones jabonosas. El término se aplica generalmente al agua potable y el grado de dureza varía según el origen y tratamiento previo.
agua (H_2O) (water [H_2O]), compuesto químico cuyas moléculas están constituidas por un átomo de oxígeno y dos átomos de hidrógeno. Casi las tres cuartas partes de la superficie terrestre están cubiertas de agua. Fun-

damental para la vida tal y como existe en el planeta, el agua supone más del 70% de los seres vivos. El agua pura se congela a 0 ºC (32 ºF) e hierve a 100 ºC (212 ºF) a nivel del mar.

agua oxidativa (oxidative water), agua producida por la oxidación de moléculas de sustancias alimenticias, tal como en la conversión de glucosa en agua y dióxido de carbono.

agua preformada (preformed water), agua contenida en los alimentos.

agua transcelular (transcellular water), porción de agua extracelular rodeada por una membrana epitelial y cuyo volumen y composición están determinados por la actividad celular de la membrana.

aguas (waters), v. **líquido amniótico**.

agudeza (acuity), claridad o nitidez de una percepción, como la agudeza visual.

agudeza visual (visual acuity), medida del poder de resolución del ojo, particularmente de su capacidad para distinguir letras y números a una distancia determinada.

agudo (acute), **1.** (referido a una enfermedad o a los síntomas de ésta) que comienza de manera brusca con gran intensidad, desapareciendo después de un período de tiempo relativamente corto. **2.** penetrante o intenso.

aguja con tope (stop needle), aguja con un reborde prominente que la detiene, impidiendo su penetración más allá de una determinada distancia.

aguja de aneurismas (aneurysm needle), aguja equipada con un mango que se utiliza para ligar aneurismas.

aguja de aspiración (aspiration needle), aguja larga y hueca que se emplea para extraer líquido de una cavidad, de un vaso o de una estructura del cuerpo.

aguja de doble acceso (double entry needle), técnica para inyectar un medio de contraste u otro agente mediante dos agujas, una de ellas con un taladro mayor. En la discografía se utiliza una aguja de calibre 20 para realizar la punción espinal y después se utiliza una aguja calibre 26 a través de la aguja guía, para efectuar la inyección en la zona prevista.

aguja de Hagedorn (Hagedorn needle) [Hans C. Hagedorn, médico danés, n. 1888], aguja quirúrgica lisa con un borde cortante cerca de su punta y un gran orificio en el otro extremo.

aguja de Kopan (Kopan's needle), aguja de biopsia, larga, que se utiliza para localizar la posición de un tumor de la mama en una placa radiográfica.

aguja de ligadura (ligature needle), aguja larga, delgada y curva que pasa justo por debajo de una arteria para ligarla.

aguja de Reverdin (Reverdin's needle) [Albert Reverdin, cirujano suizo, n. 1881], aguja quirúrgica con un ojo que se puede abrir y cerrar mediante un sistema de deslizamiento.

aguja hipodérmica (hypodermic needle), aguja hueca, corta y delgada que se conecta a una jeringa para inyectar un fármaco bajo la piel o en los vasos y para extraer un líquido, como la sangre, para su examen.

aguja para vena del cuero cabelludo (scalp vein needle), aguja de calibre fino diseñada para pinchar las venas del cuero cabelludo u otras venas pequeñas, especialmente en niños.

aguja-cuchilla (knife needle), delgado cuchillo quirúrgico, con una punta en aguja, que se utiliza en la discisión de la catarata y en otras técnicas oftalmológicas, como la goniotomía o la goniopunción.

agujero (foramen, *pl.* **foramina**), orificio o abertura en un hueso o en una estructura membranosa, como el agujero dental apical o el agujero carotídeo.

AHH (AHH), abreviatura de la **aril hidrocarburo hidroxilasa**.

ahogamiento (drowning), asfixia por inmersión en un líquido.

ahogamiento incompleto (near drowning), estado patológico en el que la víctima sobrevive a la inmersión en unas circunstancias que normalmente conducen al ahogamiento. Hay que realizar de inmediato la reanimación cardiopulmonar y siempre está indicada la hospitalización.

ahogo (chokes), cuadro respiratorio que se produce en la enfermedad por descompresión, caracterizado por respiraciones breves, dolor subesternal y tos no productiva, causado por las burbujas de gas presentes en los vasos sanguíneos de los pulmones.

AHV (HVA), abreviatura de **ácido homovanílico**.

AIB (BIA), abreviatura de **análisis de impedancia bioeléctrica**.

AIBG (GBIA), v. **prueba de análisis de inhibición bacteriana de Guthrie**.

ainhum (ainhum), v. **autoamputación**.

aire (air), mezcla gaseosa, incolora e inodora, que constituye la atmósfera de la tierra. Se compone de 78% de nitrógeno, 21% de oxígeno, casi 1% de argón, pequeñas cantidades de dióxido de carbono, hidrógeno y ozono, residuos de helio, kriptón, neón y xenón, y cantidades variables de vapor de agua.

aire alveolar (alveolar air), gases respiratorios contenidos en el interior de un alveolo pulmonar.

aireación (aeration), **1.** intercambio de anhídrido carbónico por oxígeno a través de la sangre en los pulmones. **2.** proceso de exposición de un tejido o líquido al aire, o de impregnarlo artificialmente con oxígeno u otro gas, como anhídrido carbónico.

airear (aerate), cargar de aire, de dióxido de carbono o de oxígeno una sustancia o una estructura.

aislado genético (genetic isolate), grupo de plantas, animales o individuos separado genéticamente por barreras geográficas, raciales, sociales, culturales o de otro tipo, que impiden la interrelación con los que están fuera del grupo.

aislamiento (insulation), situación producida por una sustancia no conductora que forma una barrera para el paso del calor o la electricidad.

aislamiento (isolation), separación de un paciente grave de otros, para evitar la propagación de una infección o para protegerle de factores medioambientales irritantes.

aislamiento conductual (behavioral isolation), aislamiento social que se produce por una conducta personal socialmente inaceptable.

aislamiento de actitud (attitudinal isolation), tipo de aislamiento social que responde a los propios valores culturales o personales de un individuo.

aislamiento infeccioso (infectious isolation), práctica consistente en el confinamiento, en una sala u otra zona aislada, de un paciente con una determinada enfermedad virulenta, como medio para reducir el riesgo de contacto y la diseminación de la enfermedad entre el personal del hospital.

aislamiento inverso (reversed isolation), procedimiento de aislamiento dirigido a proteger a un paciente frente a organismos infecciosos que pueden ser transportados por el personal, por otros pacientes o por las visitas, o a través de las gotitas presentes en el aire o en los aparatos o materiales. El lavado de manos, la obligación de llevar bata o guantes, la esterilización o desinfección de materiales introducidos en el área y otros aspectos de la limpieza varía con la causa del aislamiento y con los procedimientos habituales de cada hospital.

aislamiento protector (protective isolation), **1.** confinamiento de un paciente con una enfermedad infecciosa virulenta en una zona apartada, de modo que el contacto con las demás personas sea mínimo. **2.** instalación de una persona altamente susceptible, como un paciente inmunodeficiente, en una zona separada donde el riesgo de contacto con microorganismos patógenos se pueda controlar.

aislamiento social (social isolation), diagnóstico de enfermería, aprobado por la NANDA, para una situación en la que se experimenta una sensación de soledad que el paciente reconoce como un estado negativo o amenazante impuesto por otros. Las características que lo definen pueden ser objetivas, subjetivas o de ambos tipos. Las características objetivas son: ausencia de familia y amigos; ausencia de una relación importante con otra persona; introversión del paciente y preocupación por sus propios pensamientos e intereses; acciones sin sentido o intereses y actividades inadecuados para la edad de desarrollo del paciente; minusvalía o enfermedad física o mental, o un comportamiento social inaceptable. Las características subjetivas son: reconocimiento verbal de sentirse diferente de los demás y rechazado por ellos; adopción de valores inaceptables para el grupo cultural dominante; ausencia de un objetivo importante en la vida; incapacidad para satisfacer las expectativas de los demás, y sensación reconocida de inseguridad en situaciones sociales.

aislar (isolate), **1.** separar una sustancia química pura de las partículas extrañas que la contaminan. **2.** obtener de cualquier fuente un cultivo puro de un microorganismo en particular. **3.** evitar que un individuo tenga contacto con el resto de la población.

AIT (TIA), abreviatura de **accidente isquémico transitorio**.

ajeno (alien), algo o alguien no conocido, no habitual o extraño.

ajuste (fit), forma en la que una superficie se alinea con otra, como el ajuste de una dentadura postiza a la encía y al maxilar inferior.

ajuste oclusivo (occlusal adjustment), (en odontología) alisamiento de las superficies de oclusión de los dientes para mejorar la oclusión o la relación entre las superficies opuestas de los dientes, sus estructuras de soporte, los músculos de la masticación y las articulaciones temporomandibulares.

Al (Al), símbolo del **aluminio**.

Al-Anon (Al-Anon), organización internacional que ofrece directrices y asesoramiento a los familiares, amigos y socios de los sujetos alcohólicos.

ala (ala, *pl.* **alae**), toda estructura cuyo aspecto es semejante a un ala.

Ala (Ala), abreviatura de **alanina**.

alactasia (alactasia), v. **deficiencia de lactasa**.

alambre de arcada completa (full-arch wire), alambre fijado a los dientes y que se extiende desde la región molar de un lado de la arcada dental hasta el otro.

alambre de arcada regional (sectional arch wire), alambre fijado solamente a algunos dientes, habitualmente en un lado de una arcada dental o en el segmento anterior de la misma, para producir o guiar movimientos ortodónticos de los dientes.

alambre de Kirschner (Kirschner's wire) [Martin Kirschner, cirujano alemán, n. 1879], filamento metálico, enroscado o liso, que se utiliza para la fijación interna de fracturas o para la tracción esquelética.

alambre de la arcada (arch wire), alambre ortodóncico que se sujeta a dos o más dientes a través de fijaciones, y que se utiliza para mover los dientes o para reconducirlos.

alambre de ligadura (ligature wire), asa delgada y fina que se usa en procedimientos dentales, sobre todo para conectar puentes o ligaduras en los aparatos de ortodoncia.

alanina (Ala) (alanine [Ala]), aminoácido no esencial que se encuentra en muchas proteínas del cuerpo. Se degrada en el hígado a piruvato y glutamato.

alanina aminotransferasa (ALT) (alanine aminotransferase [ALT]), enzima que se halla en condiciones normales en el suero y en los tejidos corporales, especialmente en el hígado. Esta enzima cataliza la transferencia de un grupo amino desde la l-alanina hasta el alfacetoglutarato, formando piruvato y l-glutamato.

alantoides (allantois), extensión tubular del endodermo del saco vitelino, que se continúa junto con los vasos alantoideos en el cordón umbilical del embrión. En los embriones humanos los vasos alantoideos dan lugar a los vasos umbilicales y a las vellosidades coriónicas.

alantoidoangiópagos (allantoidoangiopagus), fetos gemelos monocigóticos de tamaño diferente, que se hallan unidos por los vasos del cordón umbilical.

alantoína (allantoin), compuesto químico blanco cristalizable (5-ureidohidantoína), cuya fórmula es $C_4H_6N_4O_3$, presente en muchas plantas y en los líquidos alantoideo y amniótico y en la orina de los fetos de los primates.

alar (alar), relativo a una estructura en forma de ala, como el hombro.

alastrim (alastrim), forma leve de viruela, que se cree está producida por una cepa débil de *Poxvirus variolae*.

Alateen (Alateen), organización internacional que ofrece directrices y asesoramiento a los hijos de los sujetos alcohólicos.

alba (alba), literalmente, «blanca», como la *línea alba*.

albicans (albicans), relativo al tejido cicatricial blanco amarillento del **corpus albicans** del ovario. El tejido cicatricial se forma tras la rotura del folículo ovárico, después de la ovulación. Con el paso del tiempo, la cicatriz va disminuyendo de tamaño y termina desapareciendo.

albinismo (albinism), trastorno congénito que se caracteriza por una falta total o parcial del pigmento melanina en el cuerpo. Los albinos totales tienen piel pálida e incapaz de broncearse, pelo blanco, ojos de color rosáceo, nistagmo, astigmatismo y fotofobia.

albino (albino), individuo con una notable insuficiencia pigmentaria en ojos, pelos y piel. Debido a la falta de pigmento ocular, la coroides es más vulnerable a los efectos adversos de la luz solar, lo que provoca con frecuencia fotofobia, astigmatismo y otros trastornos visuales. La falta de pigmento en la piel predispone al individuo a padecer cáncer de piel.

albúmina (albumin), proteína hidrosoluble y termocoagulable que contiene carbono, hidrógeno, oxígeno, nitrógeno y sulfuro. Se encuentran diversos tipos de albúmina en prácticamente todos los tejidos animales y en los tejidos de muchas plantas.

albúmina A (albumin A), constituyente del suero sanguíneo que se concentra en las células cancerosas, pero que se encuentra en cantidad reducida en la circulación de los pacientes con cáncer.

albuminuria (urinary albumin), presencia de albúmina en la orina. Normalmente, no se encuentra en la orina porque los espacios de la membrana glomerular son demasiado pequeños para permitir el paso de moléculas proteicas. Pero si esta membrana se daña, como ocurre en algunas enfermedades renales, las moléculas de albúmina pueden pasar a la orina. Los valores normales son: 0-8 mg-dl; 50-80 mg-24 horas en reposo; menos de 250 mg-24 horas tras un ejercicio extenuante.

albuminuria fisiológica (physiological albuminuria), presencia de albúmina en la orina en ausencia de toda enfermedad asociada habitualmente a este trastorno.

albuminuria tóxica (toxic albuminuria), presencia de albúmina sérica en la orina como consecuencia de una intoxicación.

albuterol (albuterol), agente adrenérgico que se utiliza como broncodilatador. Se prescribe en el tratamiento del broncoespasmo en los pacientes con enfermedad obstructiva reversible de las vías respiratorias.

alcalasa (alcalase), proteína con propiedades enzimáticas que se encuentra en ciertos detergentes de lavadora a una concentración de 60 ppm. Es causa del asma producida por detergentes enzimáticos.

alcalemia (alkalemia), situación en la que aumenta el pH de la sangre.

álcali (alkali), compuesto que tiene características químicas de base. Los álcalis se combinan con los ácidos grasos para formar jabones, vuelven rojo el azul de tornasol y participan en las reacciones que forman carbonatos hidrosolubles.

alcalinidad (alkalinity), relativo a la relación acidobásica de toda solución que posee menos iones de hidrógeno o más iones hidroxilo que el agua pura, cuyo pH se ha establecido arbitrariamente en la cifra neutra de 7,00.

alcalinizar (alkalinize), convertir en alcalina una sustancia mediante la adición de una base.

alcaloide (alkaloid), miembro de un amplio grupo de compuestos orgánicos producidos por las plantas, incluidas muchas sustancias con actividad farmacológica, tales como la atropina, la cafeína, la cocaína, la morfina, la nicotina y la quinina.

alcaloide del opio (opium alkaloid), cada uno de los diferentes alcaloides aislados del exudado lechoso de la vaina de la semilla inmadura de *Papaver somniferum*, una especie de adormidera indígena de Oriente Próximo. Tres de los alcaloides, la codeína, la papaverina y la morfina, se utilizan clínicamente para el alivio del dolor. La morfina es el modelo frente al que se compara el efecto analgésico de los fármacos más recientes para el alivio del dolor. Los alcaloides del opio tienen otros efectos sobre el cuerpo: suprimen la tos, el patrón de actividad eléctrica del cerebro se parece al del sueño, las pupilas se contraen, la respiración se deprime, la actividad secretora y movilidad del tracto GI disminuye y las secreciones pancreáticas y biliares se reducen.

alcaloide ergotínico (ergotinic alkaloid), uno de los grandes grupos de alcaloides derivados de un hongo común, *Claviceps purpurea*, que crece en el centeno y en otros granos en zonas templadas de todo el mundo. Los alcaloides se dividen en tres grupos: alcaloides aminoácidos, ejemplo de los cuales es la ergotamina; alcaloides aminoácidos dihidrogenados, como la dihidroergotamina y los aminoalcaloides, como la ergonovina.

alcaloides de la rauwolfia (rauwolfia alkaloid), cualquiera de los más de 20 alcaloides obtenidos de la raíz de un arbusto trepador, *Rauwolfia serpentina*, originario de la India y de regiones próximas. Aunque antiguamente fue utilizado como agente antipsicótico, actualmente su uso se limita al tratamiento de la hipertensión.

alcalosis (alkalosis), alteración de los líquidos corporales caracterizada por una tendencia a tener un pH mayor de 7,44 debido a un exceso de bicarbonato, o bien a una deficiencia de ácido. La alcalosis respiratoria puede estar motivada por hiperventilación, dando lugar a una pérdida excesiva de dióxido de carbono y a una deficiencia de ácido carbónico. La alcalosis metabólica puede aparecer a consecuencia de una ingesta excesiva o de una retención de bicarbonato, o bien por una pérdida de ácido gástrico a través del vómito, por una depleción de potasio o por cualquier estímulo que incremente la velocidad de intercambio de sodiohidrogeniones.

alcanfor (camphor), sustancia cristalina incolora o blanca de olor penetrante y fuerte sabor, que se origina de forma natural en ciertas plantas, especialmente en *Cinnamomun camphora*.

alcanfor de cloral (choral camphor), mezcla a partes iguales de alcanfor e hidrato de cloral, utilizado de forma externa como sedante.

alcanfor de salol (salol camphor), mezcla oleosa transparente formada por dos partes de alcanfor y tres de salicilato de fenilo, que se utiliza como antiséptico local.

alcanfor fenicado (carbolated camphor), mezcla de 1,5 partes de alcanfor con 1 parte de alcohol y fenol, utilizado como antiséptico para heridas.

alcanfor mentolado (mentholated camphor), mezcla a partes iguales de alcanfor y mentol, utilizada como antiirritante local.

alcanfor resorcinado (resorcinated camphor), mezcla de alcanfor y resorcinol, utilizada para el tratamiento de las pediculosis y del prurito.

alcanzadores (reachers), tenazas largas que pueden ser utilizadas por personas con discapacidades de las extremidades superiores para coger objetos de estanterías y lugares similares, más allá de su alcance habitual.

alcaptonuria (alkaptonuria), enfermedad infrecuente de carácter hereditario que resulta del metabolismo incompleto del aminoácido tirosina, en la que se excretan cantidades anormales de ácido glucosúrico, que tiñe la orina de color oscuro.

alcohol (alcohol), **1.** preparado que contiene un mínimo de 92,3% y un máximo de 93,8% de alcohol etílico por peso, que se emplea como antiséptico tópico y como disolvente. **2.** líquido transparente, incoloro y volátil, miscible con agua, cloroformo o éter, que se obtiene de la fermentación de los hidratos de carbono con levadura. **3.** compuesto derivado de un hidrocarburo por sustitución de uno o más átomos de hidrógeno por un número igual de grupos hidroxilo (OH). En función del número de radicales hidroxilo, los alcoholes se clasifican en monohidroxílicos, dihidroxílicos y trihidroxílicos. Algunos tipos de alcohol son:

alcohol de ázucar, alcohol de fricción y **alcohol insaturado**.
alcohol absoluto (absolute alcohol), v. **alcohol deshidratado**.
alcohol alifático (aliphatic alcohol), alcohol que contiene una cadena abierta o serie grasa de hidrocarburos. Como ejemplos están el alcohol etílico y el alcohol isopropílico.
alcohol amílico (amyl alcohol), líquido oleoso e incoloro, sólo ligeramente soluble en agua, pero que puede mezclarse con alcohol etílico, con cloroformo o con éter.
alcohol amílico terciario (amyl alcohol tertiary), v. **hidrato de amileno**.
alcohol aromático (aromatic alcohol), alcohol graso en el que parte del hidrógeno del radical alcohólico está sustituido por un hidrocarburo fenílico.
alcohol batílico (batyl alcohol), alcohol encontrado en el aceite de hígado de pescado que se utiliza para tratar la intoxicación del ganado por helechos.
alcohol bencílico (benzyl alcohol), líquido oleoso, claro e incoloro, derivado de ciertos bálsamos, utilizado como anestésico tópico y como agente bacteriostático en soluciones para inyección.
alcohol butílico (butyl alcohol), líquido claro, tóxico, utilizado como solvente orgánico. Es uno de cuatro isómeros, siendo los otros el isobutílico, el butílico secundario y el alcohol butílico terciario.
alcohol cerílico (ceryl alcohol), alcohol graso presente en muchas ceras.
alcohol cetílico (cetyl alcohol), alcohol graso, derivado del espermacetil, utilizado como emulsionante y estabilizante en cremas y pomadas.
alcohol cetónico (ketone alcohol), alcohol que lleva un grupo cetona.
alcohol de azúcar (sugar alcohol), alcohol producido por la reducción de un aldehído o una cetona de un azúcar.
alcohol de fricción (rubbing alcohol), desinfectante para piel y para los instrumentos. Contiene un 70% de alcohol etílico por volumen, estando el resto formado por agua y desnaturalizantes, con o sin color o perfume. Puede provocar sequedad de la piel. El alcohol de fricción es sólo para uso externo y es inflamable.
alcohol de madera (wood alcohol), v. **metanol**.
alcohol deodorizado (deodorized alcohol), líquido sin impurezas orgánicas que contiene un 92,5 % de alcohol absoluto.
alcohol deshidratado (dehydrated alcohol), líquido higroscópico, claro, incoloro, con sabor urente, que contiene al menos un 95% de alcohol etílico por volumen.
alcohol desnaturalizado (denatured alcohol), alcohol etílico convertido en inútil para la ingesta mediante la adición de acetona o metanol, que se utiliza como solvente y en procesos químicos.
alcohol estearílico (stearyl alcohol), sustancia sólida, preparada mediante la hidrogenación catalítica del ácido esteárico, utilizada en varias pomadas.
alcohol feniletílico (phenylethyl alcohol), líquido incoloro, oloroso, con un sabor ardiente, utilizado como bacteriostático y conservante en soluciones medicinales.
alcohol glicérico (glycyl alcohol), v. **glicerina**.
alcohol graso (fatty alcohol), hidróxido de un hidrocarburo de la serie parafínica.
alcohol insaturado (unsaturated alcohol), alcohol derivado de un hidrocarburo insaturado, como el alqueno o la olefina.
alcohol isoamílico (isoamyl alcohol), v. **alcohol amílico**.
alcohol isobutílico (isobutyl alcohol), líquido transparente, incoloro, que se puede mezclar con alcohol etílico o con éter.
alcohol isopropílico (isopropyl alcohol), líquido claro, incoloro, de aroma amargo, que se mezcla con agua, éter, cloroformo y alcohol etílico.
alcohol metílico (methyl alcohol), v. **metanol**.
alcohol monohídrico (monohydric alcohol), alcohol que sólo contiene un grupo hidroxilo.
alcohol N-propílico (N-propyl alcohol), líquido claro, incoloro, utilizado como solvente de resinas.
alcohol nicotinílico (nicotinyl alcohol), alcohol usado como vasodilatador, en su forma de sal tartárica, para tratar enfermedades vasculares periféricas, espasmos vasculares, úlceras varicosas, úlceras por decúbito, llagas infantiles, enfermedad de Ménière y vértigo.
alcohol palmitílico (palmityl alcohol), v. **alcohol cetílico**.
alcohol pantotenílico (pantothenyl alcohol), v. **pantenol**.
alcohol trihídrico (trihydric alcohol), alcohol que contiene tres grupos hidroxilo.
Alcohólicos Anónimos (AA) (Alcoholics Anonymous [AA]), organización internacional con fines no lucrativos fundada en 1935, que está constituida por alcohólicos que han abandonado sus hábitos y cuyo objetivo es ayudar a otros alcohólicos a que dejen de beber y mantengan la abstinencia alcohólica mediante grupos de apoyo, experiencias compar-

tidas y confianza en una serie de posibilidades que ellos solos no pueden alcanzar.

alcoholismo (alcoholism), dependencia extrema de un consumo excesivo de alcohol que se asocia a un patrón acumulativo de alteraciones de la conducta. El alcoholismo es una enfermedad crónica con frecuentes complicaciones, tales como la depresión del sistema nervioso central y la cirrosis hepática. La gravedad de éstas se incrementa si no se ingieren alimentos. La forma grave de privación alcohólica se denomina delirium tremens.

ALD (ALD), abreviatura de **adrenoleucodistrofia**.

aldehído (aldehyde), cada uno de los componentes de un amplio grupo de compuestos orgánicos que se obtienen del alcohol correspondiente, al que se eliminan dos átomos de hidrógeno, como en la conversión del alcohol etílico en acetaldehído. Cada aldehído se caracteriza por presentar un grupo carbonilo (–CHO) en su fórmula empírica, y puede ser convertido en el ácido correspondiente al añadirle un átomo de oxígeno, como sucede en la conversión del acetaldehído en ácido acético.

aldolasa (aldolase), enzima presente en el tejido muscular que en la glucólisis anaerobia cataliza la conversión de la fructosa 1,6-difosfato en gliceraldehído 3-fosfato.

aldosa (aldose), forma química de los monosacáridos en la que el grupo carbonilo es un aldehído.

aldosterona (aldosterone), hormona esteroidea producida por la corteza suprarrenal encargada de regular el equilibrio de sodio y potasio en la sangre.

aldosteronismo (aldosteronism), situación caracterizada por la hipersecreción de aldosterona, que tiene lugar como enfermedad primaria de la corteza suprarrenal o, más frecuentemente, como trastorno secundario que aparece en respuesta a diversos procesos patológicos extrasuprarrenales. El aldosteronismo primario, también denominado **síndrome de Conn**, puede estar producido por una hiperplasia suprarrenal o bien por un tumor secretor de aldosterona. El aldosteronismo secundario se asocia con un incremento de la actividad de renina plasmática y puede ser consecuencia de un síndrome nefrótico, de cirrosis hepática, de edema idiopático, de insuficiencia cardíaca congestiva y de traumatismos, quemaduras u otros tipos de estrés.

aldosteronoma (aldosteronoma, *pl.* **aldosteronomas, aldosteronomata**), adenoma de la corteza suprarrenal secretor de aldosterona cuyo tamaño suele ser pequeño y que se localiza en la glándula suprarrenal izquierda con mayor frecuencia que en la derecha. Da lugar a hiperaldosteronismo con retención de sal, expansión del volumen del líquido extracelular y aumento de la presión arterial.

aleación (alloy), mezcla de dos o más metales o sustancias con propiedades metálicas. La mayoría de las aleaciones está formada por metales fundidos que se mezclan disolviéndose uno en otro.

alelo (allele), **1.** una de dos o más formas alternativas de un gen, que ocupan los lugares correspondientes en los cromosomas homólogos. **2.** también denominado **alelomorfo**, una de dos o más características contrapuestas que se transmiten a través de genes alternativos.

alelomorfo (allelomorph), v. **alelo**.

alergeno (allergen), sustancia capaz de producir una reacción de hipersensibilidad pero que no es intrínsecamente nociva. Algunos alergenos comunes son los pólenes, la caspa de los animales, el polvo doméstico, las plumas y diversos alimentos. Generalmente el cuerpo se protege contra los alergenos o antígenos mediante las complejas reacciones químicas de los sistemas inmunes humoral y celular.

alergia (allergy), reacción de hipersensibilidad frente a antígenos intrínsecamente no nocivos, la mayoría de los cuales son ambientales. Las alergias se clasifican en tipos I, II, III y IV. En los tipos I, II y III participan diferentes inmunoglobulinas, que interactúan con diversos antígenos. La alergia de tipo IV se asocia con dermatitis de contacto y está mediada por células T, que reaccionan directamente con el antígeno produciendo inflamación local. Las alergias se pueden clasificar en las que producen reacciones inmediatas, o mediadas por anticuerpos, y las que producen reacciones tardías, que están mediadas por células. Las reacciones alérgicas inmediatas comprenden la hipersensibilidad de tipo I, II y III, así como

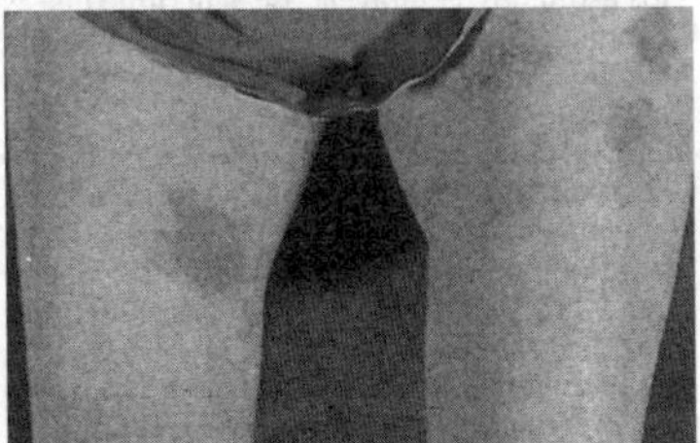

Alergia local a las inyecciones de insulina
(C. D. Forbes/W. F. Jackson, 1994)

las reacciones antígeno-anticuerpo que activan ciertas enzimas, creando un desequilibrio entre estas enzimas y sus inhibidores. Algunos síntomas frecuentes de la alergia son congestión bronquial, conjuntivitis, edema, fiebre, urticaria y vómitos. Las reacciones alérgicas graves, como la anafilaxia, pueden dar lugar a shock y muerte. Cuando las reacciones alérgicas constituyen una amenaza para la vida se pueden administrar esteroides por vía intravenosa. Cuando se trata de casos más leves, tales como la enfermedad del suero y la fiebre del heno, se suelen administrar antihistamínicos.

alergólogo (allergist), médico especializado en el diagnóstico y tratamiento de los trastornos alérgicos.

aleta (flange), **1.** parte de la base de una prótesis dental que se extiende desde los extremos cervicales de los dientes hasta el borde de la prótesis. **2.** prótesis con una extensión lateral vertical, diseñada para dirigir una mandíbula resecada hacia una oclusión centrada.

aleta bucal (buccal flange), porción de la aleta de una dentadura que ocupa el vestíbulo bucal y se extiende distalmente desde la hendidura bucal.

aleta labial (labial flange), parte del borde de una prótesis dentaria que ocupa el vestíbulo labial de la boca.

aleta lingual (lingual flange), parte de una dentadura mandibular que ocupa un espacio adyacente al borde residual próximo a la boca.

aleteo nasal (flaring of nostrils), ensanchamiento de las ventanas nasales durante la inspiración; signo de ansiedad o dificultad respiratoria.

aleteo o flúter auricular (atrial flutter), alteración caracterizada por contracciones rápidas y regulares de la aurícula, a un ritmo de aproximadamente 300 latidos por minuto. Los ventrículos son incapaces de responder a los estímulos, contrayéndose a un ritmo que es submúltiplo de la frecuencia de respuesta auricular, generalmente a unos 150 latidos por minuto.

aleucia (aleukia), importante reducción o ausencia total de leucocitos o de plaquetas de la sangre.

alexia (alexia), trastorno neurológico que se caracteriza por la incapacidad para comprender las palabras escritas.

alexitimia (alexithymia), incapacidad para experimentar y para comunicar los sentimientos de forma consciente.

alfa (α) (alpha [α]), primera letra del alfabeto griego, empleada a menudo en la nomenclatura química para diferenciar una variación de un compuesto químico respecto a otros.

alfa$_1$-antitripsina (alpha$_1$antitrypsin), proteína plasmática producida en el hígado, que inhibe la acción de enzimas proteolíticas como la tripsina. Su déficit va asociado a hepatitis en los niños y a enfisema panacinar en los adultos. Esta última alteración es hereditaria.

alfa$_2$-interferón (alpha$_2$interferon), molécula proteica que ha resultado ser eficaz para controlar la extensión de los resfriados comunes causados por los rinovirus. Se administra en forma de nebulización nasal.

alfafetoproteína (AFP) (alpha fetoprotein [AFP]), proteína sintetizada normalmente por el hígado, el saco vitelino y el tracto GI del feto humano, pero que puede estar elevada en el suero de los adultos que presentan ciertas neoplasias malignas.

alfametildopa (alpha-metyldopa), v. **metildopa**.

alfanumérico (alphanumeric), perteneciente a un sistema de caracteres en el que la información está codificada utilizando de forma combinada letras y números. Los caracteres, que también pueden incluir signos de puntuación, se emplean frecuentemente en las programaciones de ordenador para codificar signos o datos.

alfatocoferol (alpha-tocopherol), v. **vitamina E**.

alfavirus (alphavirus), grupo de togavirus muy pequeños, que consisten en una molécula aislada de ADN de cadena sencilla incluida dentro de una cápsula lipoproteica.

algas (alga, *pl.* **algae**), gran grupo de plantas marinas móviles o inmóviles que contienen clorofila. Existen muchos géneros y especies de algas, que se hallan dispersas por las aguas dulces y saladas y por la tierra. Todas pertenecen al tronco común de las talofitas.

algodistrofia (algodystrophy), atrofia dolorosa de los músculos de las manos, que se acompaña a menudo de dolor a la palpación y de descalcificación ósea.

algofobia (algophobia), trastorno de ansiedad caracterizado por un temor desproporcionado a experimentar dolor o de presenciarlo en otros.

algolagnia (algolagnia), forma de perversión sexual caracterizada por el sadismo o el masoquismo.

algolagnia activa (active algolagnia), v. **sadismo**.

algolagnia pasiva (passive algolagnia), v. **masoquismo**.

algología (algology), rama de la medicina que se ocupa del estudio del dolor.

algólogo (algologist), persona que se especializa en el estudio y en el tratamiento del dolor.

algor mortis (algor mortis), reducción de la temperatura corporal con la consiguiente pérdida de elasticidad de la piel que tiene lugar después de la muerte.

algoritmo (algorithm), **1.** procedimiento que se desarrolla paso a paso para dar solución a un problema mediante un ordenador, utilizando operaciones específicas matemáticas o lógicas. **2.** esquema explícito de pasos a seguir con reglas bien definidas para resolver un problema de salud.

alienación (alienation), acción o estado de aislamiento o enajenación.

aliento hepático (liver breath), v. **fetor hepático**.

alifático (aliphatic), relativo a la grasa o al aceite, concretamente a los hidrocarburos compuestos de cadenas abiertas de átomos de carbono, como los ácidos grasos, en lugar de tener estructuras en forma de anillo.

aligeramiento (lightening), sensación subjetiva que refieren muchas embarazadas al final de la gestación cuando el feto se sitúa en la parte inferior de la pelvis, dejando más espacio en la parte superior del abdomen.

alimentación (feeding), acto o proceso de tomar o dar comida o alimento. La **alimentación forzada** y la **lactancia materna** son dos tipos de alimentación.

alimentación artificial (artificial alimentation), v. **nutrición parenteral**.

alimentación complementaria (complementary feeding), suplemento nutricional que se aporta a los lactantes que todavía tienen hambre tras la lactancia.

alimentación con biberón (bottle feeding), alimentación de un lactante o un niño con una botella con tetina de goma, a veces denominada alimentación artificial porque se realiza como sustituto o como suplemento del pecho.

alimentación del lactante (infant feeding), v. **alimentación con biberón, lactancia materna**.

alimentación forzada (forced feeding), administración de alimento a la fuerza, como la alimentación nasal, a personas que no pueden o no quieren comer.

alimentación intravenosa (intravenous feeding), administración de nutrientes a través de una vena o varias venas.

alimentación mediante gastrostomía (gastrostomy feeding), introducción de una solución nutritiva a través de un tubo que se inserta quirúrgicamente en el estómago a través de la pared del abdomen.

alimentación nasogástrica (nasogastric feeding), introducción de nutrientes en forma líquida directamente en el estómago, mediante una sonda nasogástrica.

alimentación por embudo (funnel feeding), técnica mediante la que se pueden administrar líquidos por vía oral a un paciente que no puede mover los labios ni masticar. Se coloca una sonda conectada a un embudo en la boca, normalmente en uno de sus extremos, y se vierte lentamente el líquido en el embudo, que pasa por la sonda hasta la boca, cerca de la cara posterior de la lengua.

alimentación por sonda (tube feeding), administración de alimentos líquidos nutricionalmente equilibrados a través de una sonda insertada en el estómago o en el duodeno. Este procedimiento se utiliza después de la cirugía de la boca o gástrica, en las quemaduras graves, en la parálisis u obstrucción del esófago, en los casos graves de anorexia nerviosa y en los pacientes inconscientes o incapaces de masticar o tragar.

alimentación rectal (rectal alimentation), administración de nutrientes concentrados mediante inyección o instilación a través del recto.

alimentador de lactantes (infant feeder), dispositivo para alimentar lactantes pequeños o débiles que no pueden chupar lo suficiente para mamar o tomar el biberón. El alimentador se parece a una jeringuilla abultada, con un pezón largo y blando en su extremo.

alimentario (alimentary), relativo a la comida, la nutrición o los órganos digestivos.

alimento (food), **1.** cualquier sustancia, normalmente de origen vegetal o animal, constituida por carbohidratos, proteínas, grasas y elementos suplementarios, como minerales o vitaminas, que se ingieren o se absorben de alguna forma por el organismo para proporcionar energía y promover el crecimiento y los procesos de reparación y mantenimiento esenciales para mantener la vida. **2.** nutrición sólida, en contraste con la nutrición líquida.

alimento dietético (dietetic food), **1.** alimento especial con pocas calorías, a menudo preparado con edulcorantes artificiales. **2.** alimento preparado para satisfacer cualquier necesidad o restricción dietética específica, como las comidas sin sal o las comidas vegetarianas.

alimento formador de bases (base-forming food), alimento que aumenta el pH de la orina. Estos alimentos son fundamentalmente las frutas, los vegetales y los productos lácteos, que son fuentes de sodio y potasio.

alimento rico en hierro (iron-rich food), cualquier nutriente que contenga una cantidad relativamente grande de hierro. La mejor fuente del hierro de la dieta es el hígado, seguido de ostras, almejas, corazón, riñones, carne magra y lengua. Las hojas de verdura son las mejores fuentes vegetales.

alimentos equivalentes (food exchange list), grupo de alimentos en los que sus valores en carbohidratos, grasas y proteínas son equivalentes. Por ejemplo, los vegetales con almidón se pueden intercambiar por pan; el pescado y el queso se intercambian con la carne.

alimentos orgánicos (organic foods), alimentos que han sido elaborados y procesados sin la utilización de componentes químicos como fertilizantes, pesticidas o sustancias sintéticas que potencien su color o sabor.

alimentos productores de sedimento alcalino (alkaline-ash producing foods), alimentos que pueden ingerirse para producir orina de pH alcalino con el fin de reducir la incidencia de cálculos urinarios ácidos, o alimentos que deben evitarse para disminuir la incidencia de cálculos alcalinos. Algunos de los alimentos que originan un sedimento alcalino son la leche, la nata, las frutas (excepto las ciruelas, las pasas y los arándanos), las hortalizas y verduras (excepto el maíz y las lentejas), las almendras, las castañas, los cocos y las aceitunas.

alineación (alignement), **1.** disposición de un grupo de puntos u objetos a lo largo de una línea. **2.** colocación o mantenimiento de las estructuras corporales en la posición anatómica correcta, como cuando se reduce una fractura ósea.

alineación del haz (beam alignment), proceso consistente en localizar la cabeza del tubo radiográfico de tal forma que se dirige correctamente en la película de rayos X.

alineamiento defectuoso (malalignment), ausencia de alineamiento adecuado de los componentes del cuerpo, como los dientes de la arcada dental.

alineamiento del diente (tooth alignment), organización de los dientes en relación a su hueso de soporte o proceso alveolar, a los dientes adyacentes y a los dientes situados en el lado opuesto.

alinfocitosis (alymphocytosis), reducción anormal del número total de linfocitos que circulan por la sangre.

aliviadero interdentario (interdental spillway), canal formado por los contornos interproximales de dientes adjuntos y los tejidos que los envuelven.

almidón (starch), en las plantas, principal molécula utilizada para almacenamiento alimentario. El almidón es un polisacárido y está compuesto por largas cadenas de subunidades de glucosa. En los animales, el exceso de glucosa se almacena en forma de glucógeno.

almidón animal (animal starch), v. **glucógeno**.

almohadilla (pad), **1.** masa de material blando utilizada para amortiguar choques, evitar el desgaste o absorber la humedad, como en el caso de las almohadillas abdominales utilizadas para absorber las secreciones de heridas abdominales. **2.** (en anatomía) masa de grasa que protege diversas estructuras, como la almohadilla subpatelar situada por debajo de la rótula.

almohadilla de Kelly (Kelly's pad), almohadilla de drenaje de goma hinchable, utilizada en las camas o mesas de operaciones.

almohadilla en «donut» (donut pad), almohadilla diseñada para proteger una articulación lesionada. Se corta para que se ajuste al lugar de la lesión y aplique una fuerza sobre esa parte del cuerpo para que se transmita a las zonas circundantes.

almohadilla grasa (fat pad), masa densa de células grasas, rodeadas de tabiques fibrosos tisulares. Las almohadillas grasas están generosamente irrigadas con capilares y presentan numerosas terminaciones nerviosas. Las almohadillas grasas intraarticulares también están recubiertas por una capa de células sinoviales.

almohadilla grasa infrarrotuliana (infrapatellar fat pad), zona de tejido blando palpable en la parte anterior del espacio articular, a cada lado del tendón rotuliano.

almohadilla navicular (navicular pad), apoyos tarsianos para pies planos, que se insertan directamente por debajo del arco plantar.

almohadilla para callo (corn pad), dispositivo para aliviar la presión y el dolor de un callo a través de la transferencia de la presión a zonas no afectadas.

almohadilla pélvica (girdle pad), almohadilla que se ajusta sobre las crestas ilíacas y el sacro para proteger la zona de la cadera en los deportes de contacto.

almohadilla retromolar (retromolar pad), masa de tejido blando, habitualmente en forma de pera, que determina la terminación distal del borde residual del maxilar inferior.

alodiploide (allodiploid), **1.** relativo o concerniente a un individuo, organismo, cepa o célula, que posee dos grupos de cromosomas genéticamente diferentes, que derivan de dos especies ancestrales distintas, como sucede en los casos de hibridación. **2.** individuo, organismo, cepa o célula que reúne estas características.

alodiploidía (allodiploidy), estado o situación en la que coexisten dos grupos de cromosomas genéticamente distintos, derivados de especies progenitoras diferentes.

áloe (aloe), el jugo espeso de diversas especies de plantas *Aloe*, que se empleaba inicialmente como catártico, pero cuyo uso en este sentido se ha interrumpido, puesto que suele producir intensos dolores cólicos abdominales.

aloerotismo (alloeroticism, alloerotism), v. **heteroerotismo**.

aloestesia (alloesthesia), dolor referido u otra sensación que puede percibirse en el mismo lado o en el lado opuesto del cuerpo, pero no en el propio punto estimulado.

alogénico (allogenic), **1.** (en genética) referido a un individuo o tipo de célula que procede de la misma especie pero que es genéticamente distinto. **2.** (en biología de trasplantes) relativo a tejidos procedentes de la misma especie pero diferentes desde el punto de vista antigénico; homólogo.

alohexaploide (allohexaploid, allohexaploidic), v. **alopoliploide**.

aloinjerto (allograft), transferencia de un tejido entre dos individuos de la misma especie pero genéticamente diferentes, como en los trasplantes realizados entre dos seres humanos que no son gemelos idénticos.

alojamiento compartido (rooming-in), (en hospital) práctica reciente que permite a las madres y a los recién nacidos compartir el alojamiento, permaneciendo juntos en el hospital como estarían en su casa, en lugar de estar separados.

alometría (allometry), la medición y el estudio de los cambios que se producen en las proporciones de varias partes de un organismo, en relación al crecimiento del conjunto, o dentro de una serie de organismos relacionados.

alomorfismo (allomorphism), **1.** cambio de la forma cristalina sin variación de la composición química. **2.** cambio de la forma de un grupo de células debido a presión o a otros factores físicos.

alopatía (allopathy), método terapéutico en el que las enfermedades o los trastornos se tratan creando un ambiente antagónico a la enfermedad o a la anomalía; por ejemplo, en una infección se administra un antibiótico tóxico para un microorganismo patógeno, o bien se administran suplementos de hierro para aumentar la síntesis de hemoglobina en la anemia ferropénica.

alopecia (alopecia), ausencia parcial o completa de pelo como consecuencia del envejecimiento normal, de trastornos endocrinos, de reacciones a fármacos, de medicamentos anticancerosos o de enfermedades cutáneas. Algunos tipos de alopecia son: **alopecia areata, alopecia total** y **alopecia universal**.

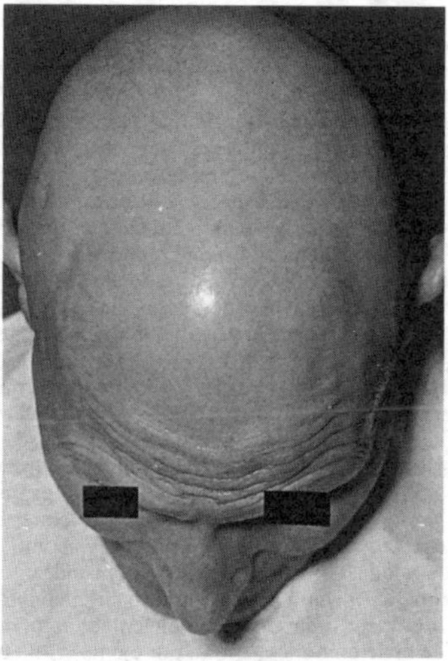

Alopecia total
(C. D. Forbes/W. F. Jackson, 1994)

alopentaploide (allopentaploid, allopentaploidic), v. **alopoliploide**.

aloploide (alloploid, alloploidic), v. **alodiploide, alopoliploide**.

aloploidía (alloploidy), v. **alodiploidía, alopoliploidía**.

alopoliploide (allopolyploid), **1.** relativo o concerniente a un individuo, organismo, cepa o célula, que tiene más de dos grupos de cromosomas genéticamente distintos, derivados a su vez de dos o más especies progenitoras diferentes, como sucede en los casos de hibridación. Pueden ser alotriploides, alotetraploides y así sucesivamente, dependiendo del número de los diversos grupos haploides de cromosomas que contengan. **2.** individuo, organismo, cepa o célula que reúne estas características.

alopoliploidía (allopolyploidy), estado o carácter de reunir más de dos grupos de cromosomas genéticamente distintos, procedentes de dos o más especies progenitoras. V. **mosaicismo**.

alopurinol (allopurinol), inhibidor de la xantín oxidasa que se utiliza en el tratamiento de la gota y en otros estados de hiperuricemia.

alotetraploide (allotetraploid, allotetraploidic), v. **alopoliploide**.

alotriploide (allotriploid, allotriploidic), v. **alopoliploide**.

aloxano (alloxan), producto de la oxidación del ácido úrico que se encuentra en el intestino del ser humano en los casos de diarrea. Dado que tiene la capacidad de destruir las células de los islotes pancreáticos secretoras de insulina, el aloxano puede producir diabetes.

alprazolam (alprazolam), agente ansiolítico que se prescribe para el tratamiento de los trastornos de ansiedad o para mejorar a corto plazo los síntomas de ansiedad.

alprostadil (alprostadil), nombre comercial de la prostaglandina E_1, empleada para mantener la permeabilidad del conducto arterioso en ciertos neonatos. Se recomienda como tratamiento paliativo para los recién nacidos que van a ser sometidos a cirugía correctora de defectos cardíacos congénitos, tales como la tetralogía de Fallot y la atresia tricuspídea.

alqueno (alkene), hidrocarburo alifático insaturado que contiene un doble enlace en la cadena de carbonos, como, por ejemplo, el etileno.

alquil (alkyl), molécula de hidrocarburo en la que se ha eliminado uno de los átomos de hidrógeno, dando lugar a un radical alquilo.

alquilación (alkylation), reacción química en la que se sustituye un átomo de hidrógeno de un compuesto orgánico por un radical alquilo procedente de un agente alquilante.

alquilamina (alkylamine), amina en la que un grupo alquilo sustituye de uno a tres átomos de hidrógeno, que se hallan unidos al átomo de nitrógeno, como la metilamina.

ALT (ALT), abreviatura de la **alanina aminotransferasa**.

alta definitiva (absolute discharge), conclusión de la relación del paciente con un hospital.

alteración de la capacidad de adaptación (adjustment, impaired), diagnóstico de enfermería, aprobado por la NANDA, que consiste en la incapacidad del individuo para modificar su propio estilo de conducta de forma acorde con los cambios en su estado de salud. Las características que lo definen son la manifestación de la no aceptación del cambio en el estado de salud, la ausencia de una capacidad adecuada para tomar parte en la resolución de un problema o en el establecimiento de un objetivo a alcanzar, la ausencia de iniciativa con vistas a independizarse, la ausencia de pensamiento orientado hacia el futuro y la aparición de un período prolongado de shock, incredulidad o rabia en relación con el cambio en el estado de salud.

alteración de la excreción urinaria (urinary elimination, altered patterns), diagnóstico de enfermería, aprobado por la NANDA, de una alteración en la eliminación de orina. Entre las características que lo definen están la disuria, la frecuencia urinaria, la intermitencia, la incontinencia, la nicturia y la urgencia de la micción.

alteración de la identidad de género (gender identity disorder), trastorno caracterizado por la sensación persistente de incomodidad o preocupación inadecuada en cuanto al propio sexo anatómico.

alteración de la imagen corporal (body image disturbance), diagnóstico de enfermería, aprobado por la NANDA, de la alteración de la forma en la que uno percibe su propia imagen corporal. Las características que lo definen incluyen las respuestas verbal y no verbal a un cambio real o percibido de la estructura o de la función, una pérdida de parte del cuerpo, la personalización de la parte perdida dándole un nombre, negación del paciente a mirar una parte del cuerpo, sentimientos negativos en relación con el cuerpo, traumatismos a una parte no funcional, un cambio en la vida social o estilo de vida y miedo a ser rechazado por los demás.

alteración de la integridad cutánea (skin integrity, impaired), diagnóstico de enfermería, aprobado por la NANDA, para un estado en el cual la piel de un individuo experimenta alteraciones adversas. Entre las características que lo definen se encuentra la interrupción de la superficie cutánea, la destrucción de capas celulares de la piel y la invasión de estructuras del cuerpo a través de la piel.

alteración de la integridad tisular (tissue integrity, impaired), diagnóstico de enfermería, aprobado por la NANDA, del daño de las membranas mucosas o del tejido corneal, tegumentario o subcutáneo. La característica principal es el tejido dañado o destruido. Los factores relacionados son la alteración de la circulación, el déficit o exceso nutricional, la falta de información y la alteración de la movilidad física.

alteración de la interacción social (social interaction, impaired), diagnóstico de enfermería, aprobado por la NANDA, para una cantidad insuficiente o exagerada o una cualidad ineficaz de intercambio social. Las características que lo definen son: incomodidad expresada u observada en situaciones sociales; incapacidad expresada u observada para recibir o comunicar una sensación satisfactoria de pertenencia, afecto, interés o historia compartida; utilización observada de conductas fallidas de interacción social, e interacción disfuncional con sus compañeros, su familia u otras personas.

alteración de la mucosa oral (oral mucous membrane, altered), diagnóstico de enfermería, aprobado por la NANDA, sobre las alteraciones en las capas tisulares de la cavidad oral. Las características que lo definen son dolor o malestar oral, lengua saburral, xerostomía (boca seca), estomatitis, lesiones orales o úlceras, pérdida o disminución de la salivación, leucoplasia, edema, hiperemia, placa oral, descamación, vesículas, gingivitis hemorrágica, caries y halitosis.

alteración de la perfusión tisular (renal, cerebral, cardiopulmonar, gastrointestinal o periférica) (tissue perfusion, altered [renal, cerebral, cardiopulmonary, gastrointestinal, peripheral]), diagnóstico de enfermería, aprobado por la NANDA, de un estado en el que un individuo experimenta una disminución de la nutrición y oxigenación a nivel celular secundario a un déficit de irrigación capilar. Las características que lo definen son la frialdad de la extremidad afectada, la palidez al elevar la extremidad, la disminución de los pulsos arteriales y los cambios en la tensión arterial cuando se registra en la extremidad afectada. Con frecuencia también se observan claudicación, gangrena, uñas quebradizas, úlceras o heridas que se curan lentamente, piel brillante y falta de pelo.

alteración de los patrones de sexualidad (sexuality patterns, altered), diagnóstico de enfermería, aprobado por la NANDA, de la preocupación de un individuo en relación con su sexualidad. Las características que la definen son: comunicación de dificultades, limitación o cambio de la conducta o las actividades sexuales. Factores relacionados con ella son el conocimiento de la falta de capacidad para respuestas alternativas ante transiciones o alteraciones de la estructura o de las funciones corporales relacionadas con la salud (por enfermedad o médicos).

alteración de los procesos familiares (family processes, altered), diagnóstico de enfermería, aprobado por la NANDA, de un cambio o crisis de situación evolutiva dentro del marco familiar. Las características que los definen son: incapacidad del sistema familiar para satisfacer las necesidades de sus miembros, incapacidad para comunicarse adecuadamente, falta de respeto y enfrentamiento mutuo sobre las técnicas de educar a los hijos; rigidez familiar en cuanto a funcionamiento y funciones; incapacidad para aceptar o recibir ayuda, para adaptarse a los cambios o para sobrellevar una experiencia traumática; falta de respeto hacia la individualidad y la autonomía; falta de cumplimiento de las actividades relacionadas con el desarrollo, procesos ineficaces en la toma de decisiones y reglas o rituales familiares inadecuados o con poca comunicación.

alteración del crecimiento y desarrollo (growth and development, altered), diagnóstico de enfermería, aprobado por la NANDA, de un trastorno en el que el individuo demuestra desviaciones de la normalidad con respecto a su grupo de edad. Las características que lo definen son: retraso o dificultad para realizar las actividades típicas de su grupo de edad, alteración del crecimiento físico, incapacidad para realizar las actividades de autocuidado o de autocontrol apropiadas para su edad, no escuchar y disminución de las respuestas.

alteración del desempeño del rol (role performance, altered), diagnóstico de enfermería, aprobado por la NANDA, acerca de la interrupción de la forma en que se percibe el cumplimiento del propio rol. Entre las características que lo definen se encuentran los cambios en la autopercepción del propio rol, rechazo del rol, modificación de la percepción de los demás sobre el propio rol, conflictos en los roles, modificación de la capacidad física para asumir el propio rol, falta de conocimiento sobre los propios roles y modificación de los modelos habituales de responsabilidad.

alteración del nivel de consciencia (ANC) (altered state of consciousness [ASC]), toda situación en la que el nivel de consciencia difiere de la normalidad. Especialmente en las culturas orientales, muchos sujetos han logrado alterar el nivel de consciencia empleando diversas técnicas, tales como el ayuno prolongado, la respiración profunda, girando sobre sí mismos o entonando cánticos.

alteraciones sensoriales/de la percepción (visual, auditiva, cinestésica, gustatoria, táctil, olfatoria) (sensory-perceptual alterations [visual, auditory, kinesthetic, gustatory, tactile, olfactory]), diagnóstico de enfermería, aprobado por la NANDA, del cambio en la cantidad o el patrón de los estímulos aferentes, acompañado de una respuesta disminuida, exagerada, deformada o alterada ante dichos estímulos. Las características que lo definen son: desorientación, alteraciones de la capacidad para resumir, conceptualizar o resolver problemas, cambios del comportamiento y la agudeza sensitiva, intranquilidad, irritabilidad, respuesta inadecuada a los estímulos, falta de concentración, cambios repentinos de humor y respuestas emocionales exageradas, falta de conformidad, incoordinación motora, alucinaciones, quejas de fatiga, cambios de la postura y la tensión muscular y respuestas inapropiadas.

altitud (altitude), relativo a cualquier lugar de la tierra respecto a un punto fijo de la superficie, que suele ser el nivel del mar. Con los extremos de altitud se asocian varios efectos sobre la salud, incluida la mayor intensidad de la radiación ultravioleta como consecuencia de la existencia de una capa de atmósfera más delgada.

alto riesgo de alteración de la integridad cutánea (skin integrity, impaired, high risk for), diagnóstico de enfermería, aprobado por la NANDA, para un estado en el cual la piel de un individuo presenta riesgo de sufrir alteraciones adversas. Entre las características que lo definen se encuentran factores de riesgo ambientales (externos) o somáticos (internos) que pueden contribuir a la rotura del tegumento. Entre los factores ambientales se encuentra la hipotermia y la hipertermia; la presencia de una sustancia química dañina; una fuerza de cizallamiento o de presión, retención o laceración; radiaciones; inmovilización física; presencia de excreciones o secreciones en la piel, y una humedad exageradamente elevada. Entre los factores somáticos se encuentran las reacciones a algunos medicamentos; obesidad o adelgazamiento extremo; estado metabólico anómalo; alteraciones de la circulación, la función sensitiva o la pigmentación; prominencias óseas; factores de desarrollo adversos; disminución de la turgencia normal de la piel, y anomalías psicógenas o inmunológicas.

alto riesgo de asfixia (suffocation, high risk of), diagnóstico de enfermería, aprobado por la NANDA, sobre el riesgo acentuado de asfixia accidental (cantidad insuficiente de aire disponible para su inhalación). Los factores de riesgo pueden ser internos (individuales) o externos (medioambientales). Entre los factores de riesgo internos se encuentran la disminución del sentido del olfato, la reducción de la capacidad motora, la falta de educación en temas de seguridad, la ausencia de precauciones, dificultades cognitivas o emocionales y enfermedades o lesiones. Entre los factores de riesgo externos se encuentran la presencia de una almohada o un biberón en la cuna del niño, el calentamiento de un vehículo en un coche encerrado en un garaje, niños jugando con bolsas de plástico o introduciéndose pequeños objetos en la boca o la nariz, neveras o congeladores desechados o no utilizados sin quitar las puertas, niños en bañeras o piscinas sin vigilancia, escapes de gas en el hogar, la costumbre de fumar en la cama o la de comer dando bocados demasiado grandes, utilización de estufas que queman combustible sin ventilación al exterior, cuerdas para tender la ropa demasiado bajas y chupetes colgados al cuello de los niños.

alto riesgo de déficit de volumen de líquidos (fluid volume deficit, high risk for), diagnóstico de enfermería, aprobado por la NANDA, del estado en el que un individuo experimenta una deshidratación vascular, celular o intracelular. Las características que lo definen son: aumento de la eliminación de líquidos, poliuria, sed intensa y cualquier alteración en la ingesta de líquidos.

alto riesgo de disfunción neurovascular periférica (peripheral neurovascular dysfunction, high risk for), diagnóstico de enfermería, aprobado por la NANDA, de un estado en el que un individuo está en situación de riesgo de padecer una interrupción de la circulación, sensación o movimiento de una extremidad. Los factores de riesgo son: fracturas, compresión mecánica (torniquetes, escayolas, férulas, apósitos, anclajes), cirugía ortopédica, traumatismos, inmovilización, quemaduras y obstrucciones vasculares.

alto riesgo de infección (infection, high risk for), diagnóstico de enfermería, aprobado por la NANDA, del estado en el que un individuo está en grave riesgo de ser afectado por organismos patógenos. Los factores de riesgo son: inadecuación de las defensas primarias, como heridas en la piel o alteración del peristaltismo; inadecuación de las defensas secundarias, como la disminución de hemoglobina y la inmunosupresión; defectuosa inmunidad adquirida; destrucción tisular y aumento de la exposición al medio ambiente; enfermedades crónicas; técnicas invasivas; malnutrición; agentes farmacológicos, y rotura de las membranas amnióticas.

alto riesgo de intolerancia a la actividad (activity intolerance, high risk for), diagnóstico de enfermería, aprobado por la NANDA, que hace referencia al riesgo de carecer de la suficiente energía fisiológica o psicológica para afrontar o completar las actividades diarias necesarias o deseables. Entre los factores de riesgo se incluyen la historia de intolerancia previa, la falta de forma física, la presencia de problemas circulatorios o respiratorios y la falta de experiencia para realizar dichas actividades.

alto riesgo de intoxicación (poisoning, high risk for), diagnóstico de enfermería, aprobado por la NANDA, del riesgo elevado de exposición accidental o de ingestión de fármacos o productos peligrosos en dosis suficientes como para provocar una intoxicación. Los factores de riesgo pueden ser internos (individuales) o externos (ambientales). Entre los factores de riesgo internos están: visión reducida, falta de seguridad o de formación farmacológica, ausencia de las precauciones adecuadas y trastornos cognitivos o emocionales. Entre los factores de riesgo externos están: medicinas o productos peligrosos almacenados en armarios sin cerrar con llave, disponibilidad de fármacos ilegales contaminados con aditivos tóxicos, pintura o pastas que se descaman en presencia de niños pequeños, contaminación química de los alimentos y del agua, contactos no demostrados con metales pesados, productos químicos, pinturas o lacas, presencia de vegetación venenosa y presencia de contaminantes atmosféricos.

alto riesgo de lesión (injury, high risk for), diagnóstico de enfermería, aprobado por la NANDA, de la posibilidad de lesión, ya sea somática (interna) o medioambiental (externa). Las características que lo definen son: (somáticas) función sensorial anormal, enfermedad autoinmune, malnutrición, proceso hematológico patológico o disfunción psicológica; (medioambientales) falta de inmunización, microorganismos patógenos, contaminantes químicos, venenos, alcohol, nicotina, aditivos alimentarios, medios de transporte, aspectos físicos de la comunidad, agentes nosocomiales, no disponibilidad de ayuda y diversos factores psicológicos.

alto riesgo de paternidad alterada (parenting, altered, high risk for), diagnóstico de enfermería aprobado por la NANDA de la capacidad de las personas encargadas del cuidado para crear un entorno que favorezca el crecimiento y desarrollo óptimos de otro ser humano. Los factores de riesgo son la falta de conductas de unión a los padres; estimulación visual, táctil o auditiva inadecuadas; identificación o relación negativa con el significado de las características del lactante o del niño; expresión verbal de decepción o resentimiento hacia el lactante o el niño; falta de asistencia a las citas sanitarias; conductas de prestación de cuidados inadecuadas; actitudes disciplinarias inadecuadas o incoherentes; historia de malos tratos o de abandono de los niños por parte de la persona principal encargada de la prestación de los cuidados, y presencia de varias personas prestando cuidados sin que ninguna tenga en cuenta las necesidades del niño.

alto riesgo de síndrome por desuso (disuse syndrome, high risk for), diagnóstico de enfermería, aprobado por la NANDA, del riesgo de deterioro de los sistemas corporales que corre un individuo por inactividad prescrita o inevitable. Los factores de riesgo son: parálisis, inmovilización mecánica, inmovilización por prescripción facultativa, dolor intenso y alteración del nivel de consciencia.

alto riesgo de tensión en el papel de cuidador (caregiver role strain, high risk for), diagnóstico de enfermería, aprobado por la NANDA, de un estado de vulnerabilidad al sentir dificultades en el desempeño del papel asistencial familiar. Los factores de riesgo pueden ser fisiológicos, como la gravedad de la enfermedad que padece la persona que recibe los cuidados o la falta de salud del que los presta; de desarrollo, como una incapacidad para cumplir con su labor asistencial; psicosociales, como la existencia de problemas psicológicos o cognitivos por parte del receptor de la asistencia, y circunstanciales, como la presencia de abuso o violencia.

alto riesgo de traumatismo (trauma, high risk for), diagnóstico de enfermería, aprobado por la NANDA, del riesgo elevado de lesión tisular accidental, del tipo de una herida, quemadura o fractura. Los factores de riesgo pueden ser internos (individuales) o externos (ambientales). Entre los factores de riesgo interno están la debilidad, la alteración de la visión, las dificultades para el equilibrio, la disminución de la temperatura o de la sensación táctil, la disminución de la coordinación muscular o de la coordinación ojo-mano, la falta de educación en seguridad, precauciones o equipos, las dificultades cognitivas o emocionales y la historia de traumatismo previo. Entre los factores de riesgo externo se incluyen los suelos, escaleras o pasillos resbaladizos, las bañeras sin equipo antideslizante, las sillas o escaleras inestables, los cables eléctricos o aparatos defectuosos, los pasillos obstruidos, los escapes de gases potencialmente inflamables, los calentadores o fuegos mal protegidos, los combustibles o corrosivos mal almacenados, el contacto con frío o calor intenso (como el agua muy caliente), la sobreexposición al sol, las lámparas solares o la radioterapia y la exposición a maquinaria peligrosa.

alto riesgo de violencia: dirigida hacia uno mismo o hacia los demás (violence, high risk for: self-directed or directed at others), diagnóstico de enfermería aprobado por la NANDA que define un estado en el cual un sujeto desarrolla conductas que pueden ser físicamente peligrosas, ya sea para él mismo o para los demás. Las características que definen a los pacientes potencialmente violentos son: ansiedad, miedo a ellos mismos o a los demás, incapacidad para expresarse, expresión verbal quejumbrosa o indicativa de necesidad de atención, comportamiento provocador, discutidor o hiperreactivo, escasa autoestima, depresión psicológica, historia de conducta autodestructiva, tendencia a caminar de un lado a otro sin objeto, excitación, agitación o posesión de un arma.

altruismo (altruism), sentido de preocupación por el bienestar de los demás. Se puede manifestar desde el punto de vista individual o bien a escala social.

altura (height), medida vertical de una estructura, órgano u otro objeto desde el fondo a la zona superior, cuando se coloca o proyecta en una posición vertical.

altura anatómica de contorno (anatomic height of contour), línea que rodea y define la máxima convexidad de un diente.

altura del contorno (height of contour), convexidad mayor de la superficie de un diente, vista desde una posición predeterminada.

altura del fondo del útero (fundal height), altura del fondo uterino, medida en centímetros, desde la parte superior de la sínfisis del pubis hasta el punto más alto de la línea media de la parte superior del útero.

altura revisada del contorno (surveyed height of contour), línea marcada en un modelo, que designa la mayor convexidad en relación con una vía seleccionada de colocación y retirada de una dentadura.

alucinación (hallucination), percepción sensorial que no se origina a partir de un estímulo externo. Puede afectar a cualquiera de los sentidos, clasificándose como auditiva, gustatoria, olfativa, táctil o visual. Algunos tipos de alucinaciones son: **alucinación cinética, alucinación de órdenes, alucinación del muñón, alucinación hipnagógica, alucinación liliputiense** y **alucinación motora**.

alucinogénesis (hallucinogenesis), proceso de formación y origen de las alucinaciones.

alucinógeno (hallucinogen), sustancia que provoca la excitación del sistema nervioso central, caracterizada por alucinación, cambios de humor, ansiedad, distorsión sensorial, ilusiones, despersonalización, aumento del pulso, de la temperatura y de la tensión arterial y dilatación de las pupilas. Son tipos de alucinógenos: **clorhidrato de fenciclidina, mescalina** y **peyote**.

alucinosis (hallucinosis), estado mental patológico en el que la consciencia está formada fundamental o exclusivamente por alucinaciones. Una clase de alucinosis es la **alucinosis alcohólica**.

alumbre (alum), astringente tópico, utilizado fundamentalmente en forma de lociones y duchas. El sulfato aluminicopotásico se aplica de forma tópica en soluciones con una concentración que oscila entre 0,5% y 5%.

alumbre de cromo (chromium alum), producto químico utilizado con frecuencia para fijar o endurecer la emulsión de una película de rayos X durante su procesamiento manual.

aluminio (Al) (aluminum [Al]), elemento metálico empleado ampliamente; es el tercer elemento más abundante. Su número atómico es 13; su peso atómico es 26,97. Es un componente de muchos antiácidos, antisépticos, astringentes y estípticos. El clorhidrato de aluminio es el agente más utilizado como antitranspirante, siendo eficaz también como desodorante.

alveolectomía (alveolectomy), excisión de una porción de la apófisis alveolar con objeto de facilitar la extracción de uno o de varios dientes, con el fin de modificar el contorno alveolar después de la extracción dentaria, o bien para preparar la boca con vistas a implantar una dentadura postiza.

alveolitis (alveolitis), reacción pulmonar alérgica tras la inhalación de sustancias antigénicas, que se caracteriza por episodios agudos de disnea, tos, sudoración, fiebre, debilidad y dolor articular y muscular. Algunos tipos de alveolitis son la **bagazosis**, el **pulmón de granjero** y el **pulmón del cuidador de palomas**.

alveolitis alérgica extrínseca (extrinsic allergic alveolitis), v. **neumonitis por hipersensibilidad**.

alveolitis fibrosante (fibrosing alveolitis), forma grave de alveolitis caracterizada por dis-

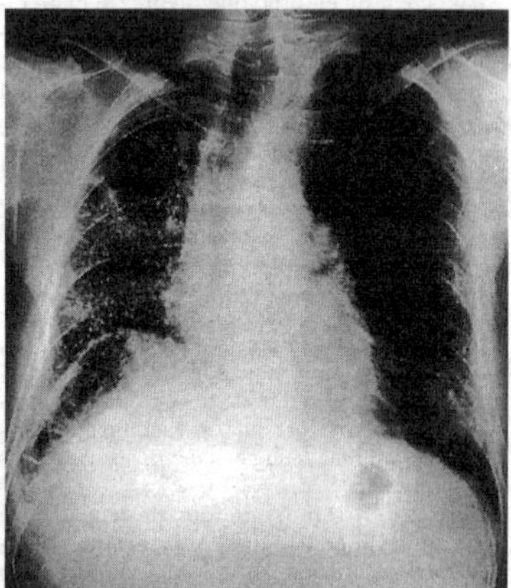

Alveolitis fibrosante
(S. Sherlock/J. A. Summerfield, 2.ª ed., 1992)

nea e hipoxia, que aparece en la artritis reumatoide avanzada y en otros procesos autoinmunes.

alveolo dental (dental alveolus), cuenca dentaria del maxilar superior o inferior.

alveolo dentario seco (dry tooth socket), proceso inflamatorio del alveolo tras la extracción de un diente. Normalmente, se forma un coágulo de sangre sobre el hueso en la base del alveolo dentario. Si este coágulo no se forma adecuadamente, o se desprende, el tejido óseo queda expuesto al aire y puede infectarse.

alveolo pulmonar (pulmonary alveolus), cada uno de los numerosos sacos aéreos terminales de los pulmones en los que se intercambian oxígeno y anhídrido carbónico.

alveolos (alveoli), **1.** pequeños sacos que parten de las paredes del espacio alveolar, a través de los cuales se realiza el intercambio gaseoso entre el aire alveolar y la sangre del capilar pulmonar. **2.** estructura con forma de pequeño saco. A menudo se utiliza con el mismo significado que **acino**.

alveolos fetales (fetal alveoli), sacos pulmonares terminales del feto, llenos de líquido antes del nacimiento.

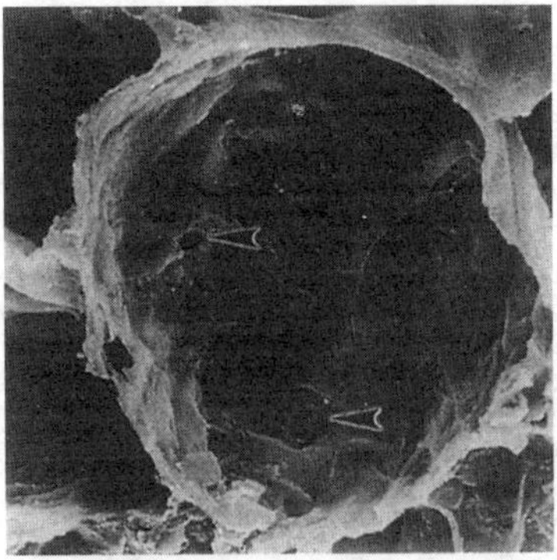

Alveolo: imagen con microscopio electrónico de barrido
(Erlandsen, 1992)

alza de talón (heel lift), forma de ortesis del pie, habitualmente hecha de láminas de corcho, para corregir una disfunción que puede ser el resultado de las diferentes longitudes de los miembros o de una disminución de la flexibilidad.

AM (ROM), abreviatura de **arco de movilidad**.

AMA (AROM), abreviatura de **arco de movilidad activa**.

amacia (amazia), v. **amastia**.

amalgama (amalgam), **1.** mezcla o combinación. **2.** aleación de mercurio con otro u otros metales.

amalgama de plata (silver amalgam), aleación de plata, estaño, cobre, mercurio y zinc empleada en odontología para rellenar las cavidades dentarias preparadas.

amalgama dental (dental amalgam), aleación de plata, estaño y mercurio con pequeñas cantidades de cobre, y a veces, de zinc, utilizada para rellenar cavidades dentarias.

amalgama emocional (emotional amalgam), esfuerzo inconsciente para evitar o contrarrestar la ansiedad.

Amanita phalloides
(S. Sherlock/J. A. Summerfield, 2.ª ed., 1992)

Amanita (Amanita), género de hongos. Algunas especies, como *Amanita phalloides*, son venenosas, pudiendo producir alucinaciones, molestias GI y dolor, que se puede seguir de lesiones hepáticas, renales y del sistema nervioso central.

amasamiento (kneading), movimientos de agarre, enrollamiento y presión, como los utilizados en los masajes musculares.

amastia (amastia), ausencia de mamas en la mujer como consecuencia de defectos congénitos, de enfermedades endocrinas que originan trastornos de su desarrollo, de ausencia de desarrollo de los caracteres sexuales secundarios, o bien como consecuencia de una mastectomía bilateral.

amaurosis (amaurosis), ceguera, especialmente falta de visión debida a una causa extraocular, como en las enfermedades cerebrales o del nervio óptico, en la diabetes, en las nefropatías o en las intoxicaciones sistémicas producidas por consumo excesivo de alcohol o de tabaco.

amaurosis central (central amaurosis), ceguera causada por una enfermedad del sistema nervioso central.

amaurosis congénita de Leber (Leber's congenital amaurosis) [Theodor von Leber, oftalmólogo alemán, n. 1840], tipo raro de ceguera o grave afectación de la visión, producida por un defecto transmitido con carácter autosómico recesivo, que se produce al nacimiento o inmediatamente después de él. Los ojos tienen un aspecto externo normal, pero la contracción pupilar ante la luz es escasa o nula, y la pigmentación retiniana está degenerada.

amaurosis de ojo de gato (cat's eye amaurosis), ceguera monocular en la que se observa un reflejo luminoso en la pupila debido a la presencia de una masa blanquecina en el humor vítreo secundaria a una lesión inflamatoria o maligna.

amaurosis diabética (diabetic amaurosis), ceguera asociada con diabetes, producida por una forma proliferativa hemorrágica de retinopatía que se caracteriza por microaneurismas capilares y exudados espesos o céreos. También son frecuentes las cataratas.

amaurosis fugaz (amaurosis fugax), episodio transitorio de ceguera.

amaurosis fugaz parcial (amaurosis partialis fugax), ceguera parcial transitoria, producida generalmente por insuficiencia vascular de la retina o del nervio óptico, como consecuencia de una arteriopatía carotídea.

amaurosis histérica (hysteric amaurosis), ceguera monocular o, más raramente, binocular que aparece habitualmente después de un shock emocional y que dura horas, días o meses.

ambidextro (ambidextrous), relativo a la capacidad para utilizar indistintamente la mano derecha o la izquierda en la realización de cualquier tarea.

ambiente (ambient), relativo a la atmósfera o al área que se halla alrededor.

ambilhar (ambilhar), v. **niridazol**.

ambiopía (ambiopia), v. **diplopía**.

ámbito (scope), margen de oportunidad para funcionar; límites de actividad.

ambivalencia (ambivalence), **1.** estado en el que una persona es presa de sentimientos, actitudes, intenciones, deseos o emociones opuestas, tales como amor y odio, ternura y crueldad, placer y dolor. **2.** incertidumbre y fluctuación producidas por incapacidad para decidir entre dos extremos opuestos.

ambivalente (ambivalent), **1.** que tiene igual potencia por ambos lados. **2.** (en psicología) que tiene emociones igualmente fuertes pero opuestas, como amor y odio, por la misma persona.

ambivertido (ambivert), persona que posee algunas características de introversión y otras de extroversión.

ambliopía (amblyopia), disminución de la visión en un ojo, cuya estructura parece normal cuando es examinado con el oftalmoscopio. Algunos tipos de ambliopía son: **ambliopía cruzada, ambliopía de supresión** y **ambliopía tóxica**.

ambulancia (ambulance), vehículo de urgencias que se suele utilizar para el transporte de los pacientes hasta los centros médicos en casos de accidentes, traumatismos o enfermedades graves y de aparición brusca.

ambulatorio (ambulatory), capaz de andar; hace referencia por tanto a un paciente que no se halla confinado a la cama, o bien a un servicio sanitario destinado a personas que no se hallan hospitalizadas.

ambulatorio (outpatient), **1.** paciente no hospitalizado que está siendo tratado en una consulta, clínica u otra institución sanitaria ambulatoria. **2.** relativo o perteneciente al centro sanitario dedicado al tratamiento y asistencia de pacientes que no están hospitalizados.

amcinonida (amcinonide), corticosteroide tópico que se emplea como antiinflamatorio.

amdinocilina (amdinocillin), derivado penicilínico que se utiliza como antibiótico parenteral. Se prescribe en el tratamiento de las infecciones urinarias causadas por cepas sensibles de *Escherichia coli* y de varias especies de *Klebsiella* y *Enterobacter*.

ameba (ameba), organismo parasitario, microscópico y unicelular. Diversas especies pueden parasitar al ser humano, entre ellas *Entamoeba coli* y *E. histolytica*.

amebiasis (amebiasis), infección intestinal o hepática por especies de amebas patógenas, particularmente *Entamoeba histolytica*, que se adquiere por ingerir alimentos o agua contaminados con heces infectadas. Las amebiasis leves pueden ser asintomáticas; las infecciones graves pueden dar lugar a diarrea profusa, dolor abdominal agudo, ictericia, anorexia y pérdida de peso.

amebiasis hepática (hepatic amebiasis), aumento del tamaño y de la sensibilidad del hígado que se asocia a menudo a la disentería amebiana.

amebicida (amebicide), fármaco u otro tipo de agente capaz de destruir a las amebas.

amelanótico (amelanotic), relativo a un tejido que no está pigmentado debido a la ausencia de melanina.

ameleia (amelia), rasgo psicológico de apatía o de indiferencia que se asocia con ciertas formas de psicosis.

amelia (amelia), defecto de nacimiento caracterizado por la ausencia de una o más extremidades. El término puede modificarse para indicar el número de piernas o de brazos que faltan en el momento de nacer, tal como **tetramelia**, que se refiere a la ausencia de las cuatro extremidades.

amelificación (amelification), diferenciación de los ameloblastos, o células del esmalte, dentro del esmalte de los dientes.

ameloblasto (ameloblast), célula epitelial a partir de la cual se forma el esmalte de los dientes.

ameloblastoma (ameloblastoma), tumor maligno del maxilar inferior de rápido crecimiento y muy destructivo.

amelodentino (amelodentinal), relativo al esmalte y a la dentina de los dientes.

amelogénesis (amelogenesis), formación del esmalte de los dientes.

amelogénesis imperfecta (amelogenesis imperfecta), defecto dental hereditario que se caracteriza por una coloración amarronada de los dientes como consecuencia de una intensa hipocalcificación o de una hipoplasia del esmalte.

amenaza de aborto (threatened abortion), trastorno del embarazo previo a la vigésima semana de gestación caracterizado por hemorragia uterina y contracciones que sugieren que se puede producir un aborto espontáneo.

amencia (amentia), **1.** término obsoleto referido al retraso mental congénito. V. **retraso mental. 2.** también denominada **demencia confusional**, estado mental caracterizado por apatía y desorientación cercana al estupor, como sucede en la amencia alcohólica de Stearns.

amencia fenilpirúvica (phenylpyruvic amentia), v. **fenilcetonuria**.

amencia nevoide (nevoid amentia), v. **síndrome de Sturge-Weber**.

amenorrea (amenorrhea), ausencia de menstruación. La amenorrea es normal antes de la maduración sexual, durante el embarazo, después de la menopausia y durante la fase intermenstrual de los ciclos hormonales mensuales, pero también puede estar producida por disfunción del hipotálamo, de la hipófisis, del ovario o del útero, ya sea por ausencia congénita, por extirpación quirúrgica de ambos ovarios o del útero o por medicación. La amenorrea primaria es la no aparición de los ciclos menstruales. La amenorrea secundaria es la desaparición de los ciclos menstruales en una mujer que anteriormente menstruaba. Algunos tipos de amenorrea son: **amenorrea fisiológica** o **amenorrea por estrés**.

American Medical Association (AMA) (American Medical Association [AMA]), asociación profesional cuyos miembros son médicos licenciados en Estados Unidos. Esta asociación incluye a los médicos de todas las especialidades médicas reconocidas, así como a los médicos generales de asistencia primaria. La *AMA* tiene referencias de todos los médicos cualificados (miembros y no miembros) de Estados Unidos, incluidos los graduados en facultades de medicina extranjeras, asesora a los organismos jurídicos estatales y del congreso en lo que se refiere a proposiciones de ley relativas a aspectos sanitarios y publica varios periódicos.

American Nurses' Association (ANA) (American Nurses' Association [ANA]), asociación profesional nacional del personal de enfermería titulado de Estados Unidos. Fue fundada en 1896 para mejorar los niveles de salud y la disponibilidad de asistencia sanitaria suministrada con objeto de mantener unos niveles mínimos altos para la enfermería, con el fin de promover el desarrollo profesional del personal de enfermería y potenciar el bienestar general y económico del mismo. La *ANA* está constituida por 53 asociaciones procedentes de 50 estados, del distrito de Columbia, de las islas de Guam y de las Islas Vírgenes. Los miembros pueden asociarse a una o más de las cinco secciones de la práctica de enfermería: salud comunitaria, gerontología, salud materna e infantil, enfermería medicoquirúrgica y enfermería psiquiátrica y de salud mental. Estas secciones están coordinadas por el *Congress for Nursing Practice*, el cual evalúa los cambios que se producen en el campo de aplicación práctica, lleva a cabo un seguimiento de los desarrollos científicos y de formación, estimula la investigación y desarrolla los estatutos sobre la política de la *ANA* en lo que respecta a la legislación que afecta a la práctica de la enfermería. Asimismo, la *ANA* ejerce un papel activo desde el punto de vista político a nivel federal en todos los aspectos relacionados con la enfermería. Las publicaciones de la *ANA* son el periódico *American Nurse*, la *Publications List* y *The American Journal of Nursing*, que es la revista profesional de la asociación.

americio (Am) (americium [Am]), elemento sintético radiactivo del grupo de los actínidos.

Su número atómico es 95; su peso atómico es 243.

Ameslan (Ameslan), abreviatura del *American Sign Language*, método de comunicación con los sordos basado fundamentalmente en la posición, el aspecto y los movimientos de las manos y de los dedos para la transmisión de los conceptos y los mensajes.

ametopterina (amethopterin), v. **metotrexato**.

ametropía (ametropia), trastorno caracterizado por la existencia de un defecto óptico consistente en un trastorno de la refracción, como sucede en el astigmatismo, en la hipermetropía o en la miopía.

amianto (asbestos), grupo de minerales de silicato de magnesio fibroso impuro. La inhalación de las fibras puede provocar fibrosis pulmonar si aquéllas se acumulan en los bronquiolos terminales. La exposición continuada a las fibras de asbesto puede dar lugar a cáncer pulmonar.

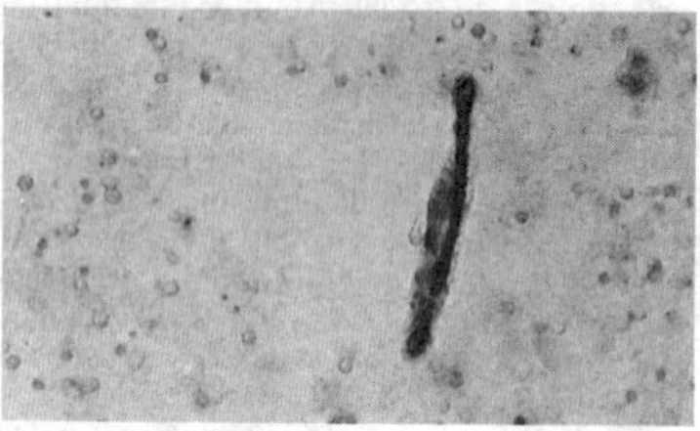

Cuerpos de amianto en el esputo
(C. D. Forbes/W. F. Jackson, 1994)

amidobenceno (amidobenzene), v. **anilina**.

amielínico (unmyelinated), fibra nerviosa no cubierta por la vaina de mielina. Las fibras amielínicas, sin vaina de mielina que las envuelva, forman la llamada «sustancia gris» del cerebro.

amígdala (amygdala), masa de sustancia gris en forma de almendra situada en la parte anterior del lóbulo temporal del cerebro.

amígdala (tonsil), masa redondeada pequeña de tejido, especialmente tejido linfoide, como las amígdalas palatinas situadas en la orofaringe.

amigdalina (amygdalin), glucósido cianógeno que se da en la naturaleza y que se obtiene a partir de almendras amargas y de huesos de albaricoques. Ha sido propuesto como posible remedio anticanceroso bajo el nombre comercial de Laetrilo.

amigdalino (tonsillar), perteneciente a la amígdala palatina.

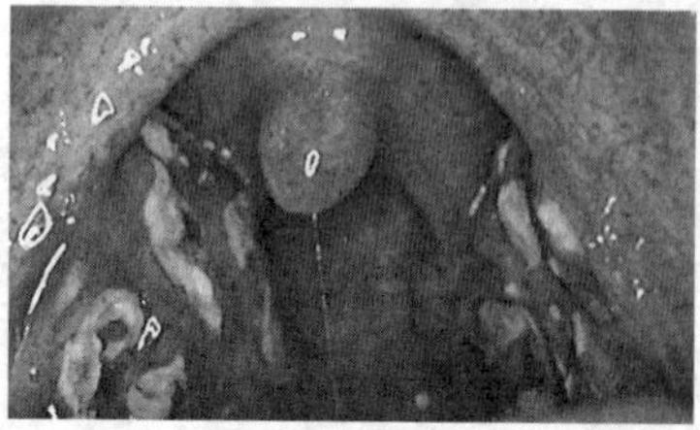

Amigdalitis aguda
(C. D. Forbes/W. F. Jackson, 1994)

amigdalitis (tonsillitis), infección o inflamación de una amígdala. La tonsilitis aguda, causada frecuentemente por una infección estreptocócica, se caracteriza por dolor de garganta severo, fiebre, cefalea, malestar, dificultad para tragar, dolor de oídos y aumento y sensibilidad de los ganglios linfáticos del cuello. La amigdalitis aguda se puede asociar a la escarlatina.

amigdaloadenoidectomía (tonsilloadenoidectomy), extirpación quirúrgica de los tejidos amigdalinos y adenoideos.

amilasa (amylase), enzima que cataliza la hidrólisis del almidón en moléculas de carbohidratos de menor tamaño. La alfaamilasa, presente en la saliva, el jugo pancreático, la malta, ciertas bacterias y en las levaduras, cataliza la hidrólisis de los almidones hasta formar dextrinas, maltosa y maltotriosa. La betaamilasa, que se halla en los cereales, las verduras y la malta, participa en la hidrólisis del almidón para formar maltosa.

amilobarbitona (amylobarbitone), v. **amobarbital**.

amiloide (amyloid), **1.** relativo al almidón o parecido a él. **2.** complejo de proteínas y carbohidratos parecido al almidón, que se deposita anormalmente en algunos tejidos en determinadas enfermedades crónicas, como la amiloidosis, la artritis reumatoide y la tuberculosis.

amiloidosis (amyloidosis), enfermedad en la que se acumula una glucoproteína (amiloide) cérea y semejante al almidón en los tejidos y en los órganos, alterando su función. Existen dos formas principales de amiloidosis. La amiloidosis primaria suele asociarse al mieloma múltiple. En los pacientes con amiloidosis secundaria suele coexistir otra enfermedad infecciosa o inflamatoria crónica, como tuberculosis, osteomielitis, artritis reumatoide o enfermedad de Crohn. Se desconoce la causa de ambos tipos de amiloidosis. Casi todos los órganos están afectados, principalmente el corazón, los pulmones, la lengua y el intestino en la amiloidosis primaria, y los riñones, el hígado y el bazo en la secundaria.

amilopectinosis (amylopectinosis), v. **enfermedad de Andersen**.

amina (amine), (en química) todo compuesto orgánico que contiene nitrógeno.

amina biogénica (biogenic amine), uno de los elementos de un gran grupo de compuestos biológicamente activos que aparecen de forma natural, la mayoría de los cuales actúa de neurotransmisores. El más dominante, la noradrenalina, participa en funciones fisiológicas tales como las reacciones emocionales, la memoria, el sueño y el despertar.

amina simpática (sympathetic amine), fármaco que produce efectos que recuerdan los que se producen por estimulación del sistema nervioso simpático.

amina simpaticomimética (sympathomimetic amine), v. **adrenérgico**.

aminoácido (amino acid), sustancia química orgánica compuesta de uno o más grupos amínicos básicos y uno o más grupos carboxílicos ácidos. De los más de 100 aminoácidos que existen en la naturaleza, 20 forman parte de los péptidos, polipéptidos y proteínas. Los ocho aminoácidos esenciales son leucina, isoleucina, lisina, metionina, fenilalanina, treonina, triptófano y valina. La arginina y la histidina son esenciales en los niños. La cisteína y la tirosina son casi esenciales, puesto que deben ser sintetizados a partir de la metionina y de la fenilalanina, respectivamente. Los principales aminoácidos no esenciales son alanina, asparragina, ácido aspártico, glutamina, ácido glutámico, glicina, prolina y serina.

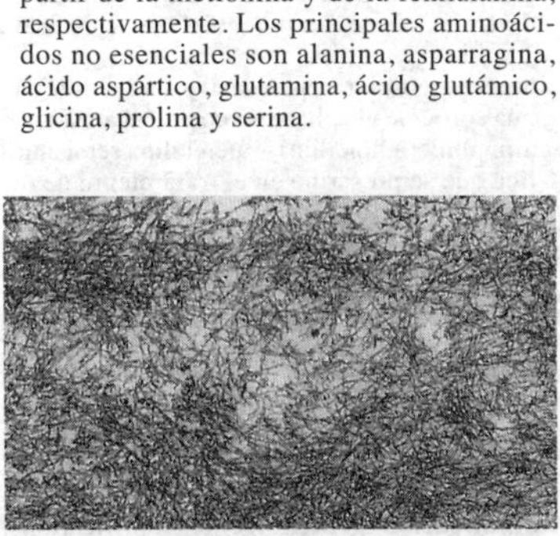

Ultraestructura del amiloide
(A. Stevens/J. Lowe, 1996)

aminoácido básico (basic amino acid), aminoácido que tiene una carga positiva en solución. Los aminoácidos básicos son la arginina, la histidina y la lisina.

aminoácido esencial (essential amino acid), compuesto orgánico no sintetizado por el organismo, esencial para el equilibrio nitrogenado en los adultos y para el crecimiento óptimo de lactantes y niños. Los adultos necesitan isoleucina, leucina, lisina, metionina, fenilalanina, treonina, triptófano y valina. Los lactantes necesitan estos ocho aminoácidos más la arginina y la histidina. La cisteína y la tirosina, sustitutos limitados respectivamente de metionina y fenilalanina, se consideran «casi-esenciales».

aminoácidos excitadores (excitatory amino acids), aminoácidos que afectan al sistema nervioso central y que en algunos casos actúan como neurotoxinas. Ejemplo de lo anterior son el glutamato y el aspartato.

aminoaciduria (aminoaciduria), presencia anormal de aminoácidos en la orina, que suele indicar la existencia de un error congénito del metabolismo, como sucede en la cistinuria.

aminobenceno (aminobenzene), v. **anilina**.

aminobenzoato de etilo (ethyl aminobenzoate), v. **benzocaína**.

aminofilina (aminophylline), broncodilatador que se prescribe en el tratamiento del asma bronquial, en el enfisema y en la bronquitis.

aminoglucósido (aminoglycoside antibiotic), v. **antibiótico**.

aminotransferasa (aminotransferase), enzima que cataliza la transferencia de un grupo amino desde un aminoácido alfa hasta un cetoácido alfa, actuando como coenzimas el fosfato de piridoxal y el fosfato de piridoxamina. La aspartato amino transferasa (AST), presente en condiciones normales en el suero y en varios tejidos, es liberada por las células lesionadas, por lo que la elevación de AST puede ser diagnóstica en el infarto miocárdico o en las hepatopatías. La concentración de alanina aminotranferasa (ALT), enzima también presente en condiciones normales en el suero y en varios tejidos, puede elevarse en el suero de ciertos pacientes con hepatopatías agudas.

amioplasia congénita (amyoplasia congenita), v. **artrogriposis múltiple congénita**.

amiotonía (amyotonia), trastorno del músculo esquelético caracterizado por ausencia de tono, debilidad y atrofia, generalmente como resultado de una enfermedad de la motoneurona.

amiotrofia neurálgica (neuralgic amyotrophy), enfermedad del plexo braquial que se caracteriza por dolores intensos y debilidad muscular de los miembros superiores, con posible merma o atrofia muscular. Su causa es desconocida.

amitosis (amitosis), división celular directa por fisión simple del núcleo y del citoplasma, sin los complejos estadios de separación de la cromatina característicos de la mitosis.

amitriptilina (amitriptyline), antidepresivo tricíclico que se prescribe para el tratamiento de la depresión.

amnesia (amnesia), pérdida de memoria producida por una lesión cerebral o por un choque emocional grave. Algunos tipos de amnesia son la **amnesia anterógrada**, la **amnesia postraumática** y la **amnesia retrógrada**.

amniocentesis (amniocentesis), procedimiento obstétrico mediante el que se extrae una pequeña cantidad de líquido amniótico para ser analizado en el laboratorio. Se suele realizar entre las semanas decimosexta y vigésima de la gestación, con objeto de servir de ayuda en el diagnóstico de las malformaciones fetales.

amniografía (amniography), procedimiento empleado para detectar la situación de la placenta mediante un examen radiológico.

amnionitis (amnionitis), inflamación del amnios. Este trastorno puede desarrollarse después de la rotura prematura de las membranas fetales.

amnios (amnion), membrana que se continúa con la cara fetal de la placenta, cubriendo a ésta y formando la superficie externa del cordón umbilical, para pasar a ser el recubrimiento más externo de la piel del feto en desarrollo.

amnioscopia (amnioscopy), visualización directa del feto y del líquido amniótico con un endoscopio, que se inserta en la cavidad amniótica a través del cérvix uterino o a través de una incisión realizada en la pared abdominal.

amniotomía (amniotomy), rotura artificial de las membranas fetales (RAM). Se suele llevar a cabo para estimular el comienzo del parto.

amobarbital (amobarbital), barbitúrico hipnótico-sedante, que se prescribe para el tratamiento de la ansiedad y el insomnio y como anticonvulsivante.

amok (amok), frenesí psicótico que hace que el que lo sufre desee matar a cualquiera que se encuentre en su camino. Los episodios homicidas pueden seguir a períodos de intensa depresión.

amoldamiento (molding), proceso natural por el que la cabeza del feto modifica su forma a medida que avanza por el canal del parto durante el parto. La cabeza suele elongarse con cabalgamiento de los huesos del cráneo en las líneas de sutura. La mayoría de los cambios producidos por el amoldamiento se resuelven por sí mismos durante los primeros días de vida.

amoniaco (ammonia), gas aromático incoloro compuesto por nitrógeno y oxígeno, que se produce como consecuencia de la descomposición de la materia orgánica nitrogenada. Actúa como estimulante aromático, como detergente y como emulsionante, además de tener otras muchas acciones.

amorfo (amorph), gen inactivo; alelo mutante que tiene un efecto escaso o nulo en la expresión de un rasgo determinado, que carece de forma bien definida.

amorfo acardíaco (acardius amorphus), feto acardíaco con un cuerpo rudimentario cuya forma no es normal.

amortiguación (damping), (en cardiología) relativo a una disminución de la amplitud de una serie de ondas u oscilaciones, como en la amortiguación de la forma de la onda de la presión arterial.

amoxapina (amoxapine), antidepresivo similar a los tricíclicos. Se prescribe en el tratamiento de la depresión.

amoxicilina (amoxicillin), antibiótico penicilínico semisintético oral, similar a la ampicilina. Se prescribe en el tratamiento de infecciones graves causadas por microorganismos sensibles gramnegativos o grampositivos.

AMP (AMP), abreviatura de **adenosinmonofosfato**.

AMPc (cAMP), abreviatura de **adenosinmonofosfato cíclico**.

amperio (A) (ampere [A]), unidad de medida de la intensidad de una corriente eléctrica. Un amperio, de acuerdo con el sistema metro-kilogramo-segundo (MKS), es la cantidad de corriente que pasa a través de una resistencia de 1 ohm cuando el potencial eléctrico es de 1 voltio.

amperometría (amperometry), medida de una corriente al aplicar un potencial aislado.

ampicilina (ampicillin), penicilina semisintética que se prescribe en el tratamiento de diversas infecciones producidas por un amplio espectro de microorganismos sensibles gramnegativos y grampositivos.

amplificación (amplification), **1.** (en genética molecular) proceso por el cual, mediante el tratamiento con ciertas sustancias tales como el cloranfenicol, se incrementa la cantidad de ADN de plásmido respecto a la cantidad de ADN bacteriano. **2.** replicación en bloque de toda una biblioteca genética.

amplificación génica (gene amplification), proceso de duplicación de un gen en el que las moléculas de ARN se transcriben muchas veces en ciertas células en respuesta a señales concretas o a presiones ambientales.

amplitud (amplitude), alcance o extensión de un recorrido o gama, como pueden ser la amplitud de acomodación y la amplitud de convergencia.

ampolla (ampule), **1.** recipiente pequeño y estéril, de vidrio o de plástico, que suele contener una dosis única de solución para su administración por vía parenteral. **2.** dilatación sacular y redondeada de un conducto, de un canal o de cualquier estructura tubular, como pueden ser los conductos lagrimales, los conductos semicirculares, las trompas de Falopio, el recto o un vaso deferente.

ampolla (bulla, *pl.* **bullae**), vesícula de paredes finas localizada en la piel o en las mucosas, mayor de un centímetro de diámetro, que contiene líquido claro y seroso.

ampolla de Vater (Vater's ampulla) [Abraham Vater, anatomista alemán, n. 1864], dilatación sacular situada en el extremo distal del tracto biliar en la desembocadura hacia el duodeno.

AMPP (PPMA), abreviatura de **atrofia muscular pospoliomielitis**.

amputación (amputation), extirpación quirúrgica de una parte del cuerpo, de una extremidad o de parte de ella, que se efectúa para tratar infecciones recurrentes o gangrena en las enfermedades vasculares periféricas, para extirpar tumores malignos y en los traumatismos graves. La técnica se realiza con anestesia general; se extirpa la extremidad y se confecciona un colgajo de tejido muscular y cutáneo para cubrir el extremo óseo, dejando una sección abierta para permitir el drenaje si existe infección. Algunos tipos de amputación son: **amputación abierta, amputación cerrada, amputación congénita, amputación primaria** y **amputación secundaria**.

amputación abierta (open amputation), tipo de amputación en la que se realiza una sección de guillotina sin colgajos cutáneos. La amputación abierta se realiza si es probable o se está desarrollando una infección o si ésta ha sido recurrente.

amputación cerrada (closed amputation), tipo de amputación en la que se conservan uno o dos colgajos amplios de tejido muscular y cutáneo para dar cobertura al extremo del hueso. Sólo se realiza si no existe infección.

amputación cervical (cervical amputation), extirpación del cuello del útero.

amputación con doble colgajo (double-flap amputation), amputación en la cual se dejan dos colgajos de tejido blando para cubrir el área que ha perdido su tegumento por cirugía o accidente.

amputación congénita (congenital amputation), ausencia de un miembro o de parte de éste en el feto al nacimiento. Antes se atribuía la amputación a la existencia de unas bandas constrictoras en el útero, aunque actualmente se considera un defecto del desarrollo.

amputación primaria (primary amputation), amputación realizada después de traumatismos graves, una vez recuperado el paciente del shock y antes de que se establezcan infecciones.

amputación radicular (root amputation), v. **apicectomía**.

amputación SC (AE amputation), amputación del brazo sobre el codo.

amputación secundaria (secondary amputation), amputación realizada una vez comenzada la supuración después de un traumatismo grave.

amputado (amputee), persona a la que le han sido amputadas una o más extremidades de forma traumática, congénita o quirúrgica.

amusia (amusia), tipo de agnosia que se caracteriza por la pérdida de la capacidad de reconocer melodías.

ana (āā, āā, ĀĀ), (en prescripciones) «una cantidad igual de cada», indicando la cantidad a mezclar de los ingredientes. Generalmente se escribe en forma de abreviatura.

ANA (ANA), abreviatura de ***American Nurses' Association***.

anabolismo (anabolism), metabolismo constructivo, que se caracteriza por la conversión de sustancias simples en otros compuestos de materia viva más complejos.

anacatadídimo (anacatadidymus), gemelos unidos por la cintura y separados por encima y por debajo de ésta.

anaclisis (anaclisis), **1.** dependencia emocional de otras personas, situación normal en los niños pero patológica en los adultos. **2.** situación en la que una persona de forma consciente o inconsciente elige un objeto de amor, por la similitud que encuentra en éste con la madre, con el padre o con otra persona que supuso para ella una fuente importante de satisfacción y de protección durante su infancia.

anacusia (anacusis), pérdida total de audición.

anadídimo (anadidymus), gemelos unidos por la pelvis y las extremidades inferiores pero separados por la mitad superior de sus cuerpos.

anadipsia (anadipsia), sed extrema, que suele aparecer durante la fase maníaca de las psicosis maníaco-depresivas. Esta situación se produce como consecuencia de una excesiva transpiración, de la continua producción de orina y de una actividad física ininterrumpida, todo lo cual es el resultado de la intensa excitación que es característica de la fase maníaca.

anaerobio (anaerobe), microorganismo que crece y que vive en ausencia completa o casi completa de oxígeno. Un ejemplo de ello es *Clostridium botulinum*. Son tipos de anaerobios los **anaerobios facultativos** y los **anaerobios estrictos**.

anaerobio estricto (obligate anaerobe), organismo que no se puede desarrollar en presencia de oxígeno, como son *Clostridium tetani, C. botulinum* y *C. perfringens*.

anaerobio facultativo (facultative anaerobe), organismo capaz de crecer en condiciones aeróbicas, pero que se desarrolla más rápidamente en un ambiente anaeróbico.

anafase (anaphase), tercer estadio de los cuatro que componen la división nuclear en la mitosis y en cada una de las dos divisiones de la meiosis. En la mitosis y en la segunda división meiótica los centrómeros se dividen, y las dos cromátides de cada cromosoma, que se disponen en el plano ecuatorial del huso, se separan y se desplazan a los polos opuestos de la célula, formando los cromosomas hijos. En la primera división meiótica las cromátides no se separan; a cada polo del huso emigra un cromosoma completo de cada par de homólogos.

anafia (anaphia), falta de capacidad para percibir los estímulos táctiles.

anafilaxia (anaphylaxis), reacción exagerada de hipersensibilidad ante la exposición a un antígeno al que el sujeto había estado previamente expuesto. La respuesta, que está mediada por anticuerpos correspondientes a la clase IgE de inmunoglobulinas, provoca la liberación de histamina, de quinina y de sustancias que afectan al músculo liso. La reacción puede consistir en la aparición de una roncha localizada, o bien en un brote de prurito generalizado, con hiperemia, edema angioneurótico y, en los casos graves, colapso vascular, broncoespasmo y shock. La gravedad de los síntomas depende de la dosis sensibilizante original del antígeno, de la cantidad y de la distribución de los anticuerpos y de la puerta de entrada y de la dosis de antígeno responsable de la anafilaxia. La causa más frecuente de shock anafiláctico es la inyección de penicilina. Algunos tipos de anafilaxia son: **anafilaxia citotóxica, anafilaxia cutánea, anafilaxia indirecta, anafilaxia inversa, anafilaxia por agregados** y **anafilaxia por antisueros**.

anafilotoxina (anaphylatoxin), polipéptido derivado del complemento. A través del mismo se producen cambios en las células cebadas que conducen a la liberación de histamina y de otras sustancias farmacológicamente activas.

analéptico (analeptic), v. **estimulante del sistema nervioso central**.

analgesia (analgesia), ausencia de dolor sin pérdida simultánea de consciencia.

analgesia controlada por el paciente (ACP) (patient-controlled analgesia [PCA]), sistema de administración de fármacos que aporta una dosis IV previamente establecida de analgésico narcótico a un paciente, cuando éste aprieta un botón presente en un cable eléctrico.

analgesia dolorosa (analgesia algera), v. **anestesia dolorosa**.

analgesia en vigilia por imágenes (AVI) (waking imagined analgesia [WIA]), alivio del dolor experimentado por un paciente que utiliza la técnica psicológica, generalmente con ayuda de un profesional de enfermería o de un auxiliar, consistente en concentrarse en experiencias personales agradables anteriores que dan tranquilidad. Con frecuencia esta técnica resulta eficaz en la reducción del dolor leve a moderado.

analgesia por inhalación (inhalation analgesia), administración de un gas anestésico que en ocasiones se realiza en la segunda fase del parto, para reducir el dolor. Se mantiene la consciencia, para permitir que la mujer siga las instrucciones y evitar los efectos adversos de la anestesia general.

analgésico (analgesic), **1.** que atenúa el dolor. **2.** fármaco que atenúa el dolor. Los analgésicos narcóticos actúan sobre el sistema nervioso central, alterando la percepción del dolor; se suelen utilizar cuando el dolor es intenso. Los analgésicos no narcóticos actúan en el lugar del dolor, no producen tolerancia ni dependencia y no alteran la percepción del paciente; se utilizan cuando el dolor es leve a moderado.

analgia (analgia), ausencia de dolor.

análisis (analysis), separación de sustancias en las partes que las integran y determinación de la naturaleza, propiedades y composición de sus elementos. En química, el **análisis cualitativo** es la determinación de los elementos existentes en una sustancia; el **análisis cuantitativo** es la determinación de las cantidades de cada uno de los elementos que integran una sustancia. Análisis también es la denominación informal del **psicoanálisis**.

análisis biocromático (biochromatic analysis), monitorización espectrofotométrica de una reacción a dos longitudes de onda. Se utiliza para corregir el color de fondo.

análisis biológico (biologic assay), v. **bioanálisis**.

análisis cinético (kinetic analysis), análisis en el que el cambio del parámetro controlado en función del tiempo está relacionado con la concentración, como el cambio de la absorbancia por minuto.

análisis cualitativo (qualitative analysis), **1.** (en química) estudio de una muestra de material con el fin de determinar sus componentes. **2.** (en investigación) análisis e interpretación de datos que no pueden ser estudiados mediante métodos estadísticos.

análisis cuantitativo (quantitative analysis), **1.** (en química) determinación de la proporción entre los diferentes componentes de una muestra de material. Algunos tipos de análisis cuantitativo son: análisis espectrofotométrico, gravimétrico y volumétrico. **2.** (en investigación) uso de métodos estadísticos para el análisis de los datos.

análisis de activación por neutrones (neutron activation analysis), análisis de los elementos de un espécimen, mediante su exposición a una irradiación por neutrones para convertir muchos de ellos a una forma radiactiva, en la cual pueden ser identificados midiendo las radiaciones que emiten.

análisis de costes (cost analysis), análisis del desembolso generado por una actividad, agencia, departamento o programa determinado.

análisis de datos (data analysis), (en investigación) fase de un estudio que incluye la clasificación, codificación y tabulación de la información necesaria para realizar análisis estadísticos o cualitativos, de acuerdo con el diseño de investigación y de forma apropiada a los datos disponibles.

análisis de densidad óptica delta (delta optical density analysis), técnica empleada para diagnosticar la anemia de un feto, en la que se mide la proporción de los productos de degradación de la bilirrubina en el líquido amniótico. Este método implica el examen espectrográfico del líquido amniótico. Los datos se expresan a veces en términos de δOD_{450}, que representa la longitud de onda en nm a la que se produce la absorción máxima de luz por la bilirrubina.

análisis de enfermería (analyzing), (proceso de enfermería en cinco fases) actividad de enfermería mediante la cual se identifican las necesidades sanitarias del paciente y se seleccionan los objetivos de la asistencia sanitaria. El personal de enfermería interpreta los datos, identifica los problemas que afectan al paciente, a su familia y a otras personas relacionadas, establece las prioridades dentro de los objetivos, integra la información y efectúa un proyecto sobre los resultados esperables derivados de las actividades de enfermería.

análisis de grupos (cluster analysis), (en estadística) técnica compleja de análisis de datos respecto a una escala numérica de puntuación que da lugar a grupos de variables relacionadas entre sí. Esta técnica se realiza mediante un ordenador.

análisis de guanín desaminasa (guanine deaminase assay), determinación de la concentración plasmática de la enzima, que normalmente aumenta en pacientes con hepatitis y otras hepatopatías y en la mononucleosis.

análisis de impedancia bioeléctrica (AIB) (bioelectrical impedance analysis [BIA]), método para medir la composición grasa del cuerpo, comparado con otros tejidos, por su resistencia a la electricidad.

análisis de inhibición (inhibition assay), inmunoanálisis en que un exceso de antígeno impide o inhibe que acabe la fase inicial o indicadora de una reacción.

análisis de inmunoabsorción ligado a enzimas (ELISA) (enzyme-linked immunosorbent assay), técnica de laboratorio que detecta antígenos o anticuerpos específicos utilizando inmunorreactivos marcados con enzimas y un soporte de fijación de fase sólida, como un tubo de ensayo. El ELISA es casi tan sensible como el radioinmunoanálisis y más sensible que la fijación del complemento, la aglutinación y el resto de las técnicas. Se emplea frecuentemente en el diagnóstico de la infección por el VIH.

análisis de la realidad (reality testing), función del yo que permite al individuo diferenciar entre la realidad externa y cualquier mundo interior imaginativo y comportarse de forma que muestre el conocimiento de las normas y costumbres aceptadas. El deterioro del análisis de la realidad indica una alteración en el funcionamiento del yo que puede conducir a una psicosis.

análisis de la varianza (ANOVA) (analysis of variance [ANOVA]), serie de procedimientos estadísticos cuyo objetivo es determinar las diferencias, atribuibles únicamente al azar, que existen entre dos o más grupos de puntuaciones.

análisis de los sueños (dream analysis), proceso para acceder al inconsciente a través del examen del contenido de los sueños, normalmente mediante el método de asociación libre.

análisis de orina (urinalysis), examen físico, microscópico o químico de la orina. La muestra se examina físicamente para determinar el color, la turbidez, la densidad y el pH. Después se centrifuga para permitir el examen microscópico de una pequeña cantidad de sedimento para determinar la presencia de sangre, cilindros, cristales, pus y bacterias. El análisis químico se puede realizar para la identificación y cuantificación de cualquiera de un gran número de sustancias, pero sobre todo, cetonas, glucosa, proteínas y sangre.

análisis de radiorreceptores de HCG (HCG radioreceptor assay), prueba urinaria para detectar embarazo o aborto frustrado que se lleva a cabo midiendo la gonadotropina coriónica humana, sustancia química presente sólo en la orina de mujeres embarazadas o en tumores que producen HCG.

análisis de rechazo (reject analysis), (en radiología) estudio de las radiografías repetidas para determinar la causa por la que fueron descartadas.

análisis de una hipótesis causal (causal hypothesis testing study), (en investigación de enfermería) modelo experimental utilizado para el análisis de una hipótesis que predice una relación causa-efecto entre los datos a estudiar.

análisis de unión competitiva (competitive-binding assay), procedimiento analítico basado en la unión reversible de un ligando a una proteína de unión.

análisis del carácter (character analysis), investigación sistemática de la personalidad de un individuo con especial atención a las defensas y motivaciones psicológicas con el fin, por lo general, de mejorar la conducta.

análisis del pelo (hair analysis), análisis químico de una muestra de pelo para detectar una posible exposición a una sustancia tóxica. Las moléculas de los compuestos de plomo y de otras sustancias químicas se absorben y almacenan en el cuerpo del pelo. Se utiliza también para determinar las posibles causas de malnutrición. Las muestras se toman de áreas cercanas al cuero cabelludo para eliminar la posibilidad de que las sustancias químicas halladas en el pelo puedan haber sido absorbidas a partir de la contaminación atmosférica.

análisis del vecino más próximo (nearest neighbor analysis), (en genética molecular) método bioquímico utilizado para estimar la frecuencia con la que pares de bases se encuentran cercanos unos de otros.

análisis del yo (ego-analysis), (en psicoanálisis) estudio exhaustivo del yo, y especialmente de sus mecanismos de defensa.

análisis funcional (functional analysis), (en psiquiatría) tipo de terapia que traza la secuencia de hechos relacionados con la producción y mantenimiento de una conducta indeseable.

análisis gástrico (gastric analysis), examen del contenido del estómago, principalmente para determinar la cantidad de ácido existente, y en algunas ocasiones para cerciorarse de la presencia de sangre, bilis, bacterias o células anormales.

análisis riesgo-beneficio (risk-benefit analysis), consideraciones sobre si un procedimiento médico o quirúrgico, particularmente las técnicas radicales, compensan el riesgo al que va a ser expuesto el paciente en comparación con los posibles beneficios que reportaría si hay éxito.

análisis secuencial múltiple (ASM) (sequential multiple analysis [SMA]), análisis bioquímico de varias sustancias en la sangre, como albúmina, fosfatasa alcalina, bilirrubina, calcio, colesterol y otras, utilizando un analizador de laboratorio computadorizado que produce una imagen impresa con los valores medidos de la sustancia probada.

análisis secundario (secondary analysis), estudio de un problema utilizando datos recopilados previamente.

análisis transaccional (AT) (transactional analysis [TA]), forma de psicoterapia basada en la teoría de que a lo largo de la vida de cada persona existen simultáneamente tres egos diferentes coherentes y organizados, que representan al niño, al adulto y al padre. Las interacciones entre las personas son transacciones que se originan en una persona que está en uno de los estados de ego y son recibidas por otra persona que puede estar en un estado de ego complementario o cruzado.

análisis y síntesis distributivos (distributive analysis and synthesis), sistema de psicoterapia utilizado por la escuela psicobiológica de psiquiatría.

analista (analyst), **1.** psicoanalista. **2.** persona que analiza las propiedades químicas, físicas o de otro orden, de una sustancia o producto.

analizador centrífugo (centrifugal analyzer), equipo que utiliza la fuerza centrífuga para mezclar la muestra y el reactivo, y un rotor para pasar la mezcla a través de un detector.

analizador de la altura del pulso (pulse height analyzer), (en radiología) dispositivo que acepta o rechaza pulsos electrónicos según su amplitud o energía.

analizador polarográfico de oxígeno (polarographic oxygen analyzer), dispositivo electroquímico utilizado para analizar la proporción de moléculas de oxígeno en los sistemas de asistencia respiratoria. El oxígeno se mide en forma de una corriente de electrones producida después de adquirir éste los electrones a partir de un electrodo negativo sumergido en una solución de hidróxido.

analizar (test), detectar, identificar o dirigir un ensayo.

analogía (analogy), semejanza entre dos cosas que tienen cierto grado de similitud en su función o forma, aunque se diferencian estructuralmente o en su origen.

análogo (analog), **1.** sustancia, tejido u órgano de aspecto o funcionamiento similar a otro, pero del que difiere por su origen o por su desarrollo, como sucede entre el ojo de una mosca y el ojo de un humano. **2.** fármaco u otro compuesto químico que por su estructura o por sus elementos constituyentes es semejante a otro, pero que tiene efectos diferentes que éste.

análogo (analogous), relativo a objetos de función similar pero de origen o estructura diferentes, como las alas de los pájaros y de las moscas.

análogo de las bases (base analogue), análogo de una de las bases púricas o pirimidínicas encontradas normalmente en el ácido ribonucleico o desoxirribonucleico.

anamnesis (anamnesis), **1.** reminiscencia o acto de traer a la memoria un hecho del pasado. **2.** recopilación de los datos médicos o psiquiátricos de un paciente, incluidos sus antecedentes, su familia, su entorno, sus experiencias pasadas y especialmente sus recuerdos, datos que se utilizan para analizar su situación.

anaplasia (anaplasia), cambio en la estructura de las células y en su orientación entre sí caracterizado por la pérdida de diferenciación y por la regresión a una forma más primitiva. La anaplasia es característica de las enfermedades malignas.

anartria (anarthria), pérdida del control de los músculos del lenguaje que provoca una incapacidad para pronunciar palabras. Este trastorno suele tener su origen en una lesión central o periférica de los nervios motores.

anasarca (anasarca), edema masivo y generalizado. La anasarca se suele observar en los casos de edema asociado a nefropatía, cuando la retención de líquidos se prolonga durante un determinado período de tiempo.

anastomosar (anastomose), crear un conducto o paso entre dos vasos o cavidades que en condiciones normales están separados.

anastomosis (anastomosis), unión quirúrgica de dos conductos o de dos vasos sanguíneos para permitir el flujo entre ambos. Puede realizarse para establecer una derivación en presencia de un aneurisma o de una oclusión vascular. Son tipos de anastomosis la anastomosis terminoterminal y la anastomosis laterolateral.

anatomía (anatomy), **1.** el estudio, la clasificación y la descripción de las estructuras y de los órganos del cuerpo. Algunos tipos de anatomía son: **anatomía aplicada, anatomía comparada, anatomía descriptiva, anatomía macroscópica, anatomía microscópica** y **anatomía de superficie**. **2.** estructura de un organismo. **3.** texto sobre anatomía. **4.** *arcaico,* disección corporal.

anatomopatólogo (pathologist), médico especializado en el estudio de la enfermedad, habitualmente en un hospital, en una escuela de medicina o en un instituto o laboratorio de investigación. Generalmente, un anatomopatólogo está especializado en autopsias o en patología clínica o quirúrgica.

ANC (ASC), abreviatura de **alteración del nivel de conciencia**.

anchura de la arcada (arch width), anchura de la arcada dentaria, cuyos diámetros varían entre los dientes izquierdos y los correspondientes dientes derechos, determinándose aquéllos por medición directa entre los caninos, entre los primeros molares y entre los segundos premolares.

anciano incapacitado (frail elderly), persona mayor (habitualmente mayor de 75 años) que padece discapacidades físicas o mentales que pueden interferir con la capacidad para realizar independientemente las actividades de la vida diaria.

anclaje extraoral (extraoral anchorage), anclaje ortodóncico que se sitúa fuera de la boca, que normalmente une las fijaciones dentales a un filamento, y que se fija mediante una goma elástica a una cubierta o estribo cervical y a otro dispositivo extraoral.

ancóneo (anconeus), uno de los siete músculos superficiales de la cara dorsal del antebrazo. Pequeño músculo triangular que se origina en la superficie posterior del epicóndilo y se inserta en la apófisis olecraniana del cúbito. Es extensor del antebrazo.

ancrod (ancrod), veneno de la serpiente malaya de la familia Crotalidae, que se utiliza para eliminar el fibrinógeno de la circulación, evitando así la coagulación de la sangre.

Ancylostoma (Ancylostoma), género de parásitos intestinales del orden de los nematodos que produce la anquilostomiasis.

andador (walker), aparato móvil, sumamente ligero, con una altura aproximada a la de la cintura, fabricado con tubos metálicos y que se utiliza para ayudar al paciente a caminar. Tiene cuatro patas resistentes, ampliamente separadas entre sí. El paciente se agarra al andador y da un paso, desplaza a continuación el andador hacia delante y da otro paso.

androblastoma (andreioma, andreoblastoma), v. **arrenoblastoma**.

androgamona (androgamone), gamona segregada por el gameto masculino.

andrógeno (androgen), hormona esteroidea que estimula el desarrollo de los caracteres sexuales masculinos. Las hormonas naturales, como la testosterona y sus ésteres y análogos, se utilizan fundamentalmente como terapéutica sustitutiva en el climaterio masculino. Los andrógenos se pueden administrar por vía oral o parenteral.

andrógino (androgynous), **1.** (aplicado a un hombre o a una mujer) que tiene algunas características de ambos sexos. El papel desempeñado en la sociedad, la conducta, la personalidad y el aspecto externo son reflejo de factores individuales que no están determinados por el género. **2.** seudohermafrodita.

androide (android), relativo a algo típicamente masculino, o propio del hombre, como, por ejemplo, la pelvis androide.

androma (androma), v. **arrenoblastoma**.

andropausia (andropause), cambio que se produce en el estilo de vida de los miembros del sexo masculino, que puede manifestarse por un replanteamiento y reestructuración de sus vidas. Se asocia con el descenso de los niveles de andrógenos, que tiene lugar en los hombres cerca de los cincuenta años o poco después de superar esta edad.

androsterona (androsterone), hormona sexual masculina. La mayor potencia propia de otras diversas hormonas sexuales masculinas ha relegado a segundo término a la androsterona, que posee más bien un interés histórico desde el punto de vista bioquímico.

anecdótico (anecdotal), relativo a los conocimientos médicos que se basan en observaciones aisladas, sin que hayan sido verificados por estudios científicos controlados.

anecoico (anechoic), (en ecografía) libre de ecos o sin ecos.

anefrogénesis (anephrogenesis), ausencia congénita de los riñones.

anejos (adnexa), tejidos o estructuras corporales localizados cerca de otra estructura relacionada o junto a ella. Los ovarios y las trompas uterinas son anejos del útero.

anema anóxica (anoxic anemia), situación que se caracteriza por una deficiencia de oxígeno en los tejidos corporales como consecuencia de la disminución del número de eritrocitos o de la cantidad de hemoglobina en la sangre.

anemia (anemia), trastorno caracterizado por un descenso de la hemoglobina sanguínea hasta unos niveles por debajo del rango normal, disminución de la producción de hematíes, aumento de la destrucción de los mismos o pérdida de sangre. La anemia viene descrita por un sistema de clasificación específico, en función del contenido de hemoglobina de los eritrocitos (normocrómica o hipocrómica) y en función de las diferencias de tamaño de éstos (macrocítica, normocítica o microcítica).

anemia addisoniana (addisonian anemia), v. **anemia perniciosa**.

anemia aplásica (aplastic anemia), deficiencia de todos los elementos formes de la sangre, como consecuencia de una insuficiencia medular, que no es capaz de generar nuevas células. Puede deberse a una enfermedad neoplásica de la médula ósea o bien a la destrucción de la misma como consecuencia de la exposición a compuestos químicos tóxicos, a radiaciones ionizantes o a fármacos.

anemia atransferrinémica (atransferrinemic anemia), enfermedad producida por una deficiencia en el transporte de hierro, que se caracteriza por la falta de la movilización de este elemento desde el hígado y otros puntos de almacenamiento hasta los tejidos en los que se desarrollan los eritrocitos.

anemia de Cooley (Cooley's anemia), v. **talasemia**.

anemia de Fanconi (Fanconi's anemia) [Guido Fanconi, pediatra suizo, n. 1892], trastorno poco frecuente, normalmente congénito, caracterizado por anemia aplásica en la infancia o al comienzo de la vida adulta, anomalías óseas, fragmentación de la cromatina y anomalías en el desarrollo.

anemia del embarazo (anemia of pregnancy), trastorno que concurre durante la gestación y que se caracteriza por una disminución de la concentración de hemoglobina en la sangre. Puede ser fisiológica o patológica. En la anemia fisiológica del embarazo la reducción de dicha concentración se produce por dilución, como consecuencia de la expansión del volumen plasmático, más que por disminución del volumen de glóbulos rojos. En la anemia patológica del embarazo existe una deficiencia en la capacidad de transporte de oxígeno por la sangre debido a una alteración en la producción de eritrocitos o bien a una pérdida excesiva de los mismos por destrucción o por hemorragia.

anemia drepanocítica (sickle cell anemia), trastorno anémico grave, crónico, incurable, que se produce en personas homocigotas para la hemoglobina S (Hb S). La hemoglobina anormal provoca deformación y fragilidad de los eritrocitos. La anemia drepanocítica se caracteriza por crisis de dolor articular, trombosis y fiebre, y por anemia crónica, con esplenomegalia, letargo y debilidad. También denominada anemia de células falciformes

anemia esferocítica (spherocytic anemia), trastorno sanguíneo caracterizado por anemia hemolítica provocada por la presencia de hematíes esféricos en vez de redondos y bicóncavos. Estas células son frágiles y tienden a experimentar hemólisis en el sistema circulatorio periférico mal oxigenado. Se producen crisis episódicas de dolor abdominal, fiebre, ictericia y esplenomegalia.

anemia ferropénica (iron deficiency anemia), anemia hipocrómica microcítica, producida por un aporte inadecuado del hierro necesario para sintetizar hemoglobina y caracterizada por palidez, fatiga y debilidad. La insuficiencia de hierro puede ser debida a un aporte inadecuado de hierro en la dieta, a una escasa absorción de éste por el sistema digestivo o a pérdida crónica de sangre.

anemia hemolítica (hemolytic anemia), enfermedad caracterizada por la destrucción prematura de los hematíes. La anemia puede ser mínima o estar ausente, reflejando la capacidad de la médula ósea para aumentar la producción de hematíes.

anemia hemolítica congénita no esferocítica (congenital nonspherocytic hemolytic anemia), grupo de trastornos sanguíneos derivados de un número similar de enfermedades hereditarias, cada una con un déficit de una de las enzimas de la glucólisis de los hematíes. La mayoría se asocia a distintos grados de hemólisis.

anemia hemolítica Coombs positiva (Coombs' positive hemolytic anemia) [Robin R. A. Coombs, inmunólogo inglés, n. 1921], forma de anemia producida por la destrucción prematura de los hematíes circulantes.

anemia hipocrómica (hypochromic anemia), anemia caracterizada por la disminución de la concentración de hemoglobina en los hematíes.

anemia hipoplásica (hypoplastic anemia), amplia categoría de anemias caracterizadas por la disminución de la producción de hematíes.

anemia leucoeritroblástica (leukoeritroblastic anemia), trastorno en el que existe un gran número de leucocitos y hematíes inmaduros. Es típica de algunas anemias que se producen como resultado de la sustitución de la médula ósea normal por tumores malignos.

anemia macrocítica (macrocytic anemia), trastorno hematológico caracterizado por la alteración de la eritropoyesis y la presencia anormal de eritrocitos grandes y frágiles en la circulación.

anemia mediterránea (Mediterranean anemia), v. **talasemia**.

anemia megaloblástica (megaloblastic anemia), trastorno sanguíneo caracterizado por la producción y proliferación periférica de eritrocitos inmaduros, grandes y disfuncionales. Los megaloblastos suelen estar asociados con anemia perniciosa grave y anemia por deficiencia de ácido fólico.

anemia microcítica (microcytic anemia), trastorno hematológico caracterizado por eritrocitos anormalmente pequeños, que se asocia habitualmente a pérdidas hemáticas crónicas o a una anemia nutricional.

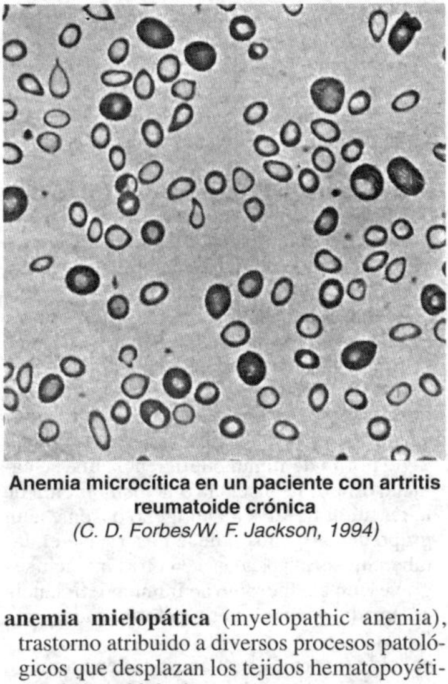

Anemia microcítica en un paciente con artritis reumatoide crónica
(C. D. Forbes/W. F. Jackson, 1994)

anemia mielopática (myelopathic anemia), trastorno atribuido a diversos procesos patológicos que desplazan los tejidos hematopoyéticos de la médula ósea.

anemia mieloptísica (myelophthisic anemia), trastorno caracterizado por anemia y aparición de granulocitos inmaduros y elementos eritroides nucleados en la sangre periférica.

anemia nutricional (nutritional anemia), proceso caracterizado por la producción inadecuada de hemoglobina o de eritrocitos, debida a insuficiencia nutricional de hierro, ácido fólico, vitamina B_{12} u otras enfermedades nutricionales.

anemia perniciosa (pernicious anemia), anemia macrocítica, megaloblástica y progresiva, que afecta principalmente a personas mayores y que se debe a la carencia de factor intrínseco, esencial para la absorción de cianocobalamina. Se altera la maduración de los hematíes en la médula ósea, los cordones posterior y lateral de la médula espinal se deterioran y el recuento leucocitario disminuye. Puede aparecer debilidad extrema, entumecimiento y hormigueo en las extremidades, fiebre, palidez, anorexia y pérdida de peso.

anemia por deficiencia de ácido fólico (folic acid deficiency anemia), forma de anemia producida por la falta de ácido fólico en la dieta.

anemia sideroblástica (sideroblastic anemia), cualquiera de los trastornos pertenecientes a un grupo heterogéneo de enfermedades hematológicas crónicas caracterizado por anemia normocítica o ligeramente macrocítica, hematíes hipocrómicos o normocrómicos y disminución de la eritropoyesis y de la síntesis de hemoglobina. Los hematíes contienen un anillo perinuclear de gránulos teñidos de hierro. La enfermedad puede ser adquirida o hereditaria, primaria o secundaria a otra enfermedad o situación.

anemias hipoproliferativas (hypoproliferative anemias), grupo de anemias causadas por la producción inadecuada de eritrocitos. Se asocian a déficit de proteínas, enfermedad renal y mixedema.

anencefalia (anencephaly), ausencia congénita de encéfalo y de médula espinal, en la que el cráneo no se cierra y el conducto vertebral permanece como un surco. Se transmite genéticamente y es incompatible con la vida.

anergia (anergy), **1.** ausencia de actividad. **2.** trastorno de inmunodeficiencia que se caracteriza por la ausencia o la disminución de la reacción frente a un antígeno o frente a un grupo de antígenos. Puede observarse en las tuberculosis avanzadas y en otras infecciones graves, en el síndrome de inmunodeficiencia adquirida y en algunas enfermedades malignas.

aneroide (aneroid), que no contiene líquido, empleándose especialmente para describir un dispositivo de estas características, en contraposición con otro que cumple una función similar pero que contiene líquido, como el esfigmomanómetro aneroide, que no posee una columna líquida de mercurio.

anestesia (anesthesia), ausencia de las sensaciones normales, especialmente de la sensibilidad para el dolor, como la inducida mediante una sustancia anestésica o mediante la hipnosis, o la resultante de las lesiones traumáticas o fisiopatológicas del tejido nervioso. La anestesia inducida con fines médicos o quirúrgicos puede ser tópica, local, regional o general, y se clasifica en función del agente anestésico empleado, del método o procedimiento seguido, del área u órgano anestesiado o de la edad o tipo de paciente tratado.

anestesia axilar (axillary anesthesia), v. **anestesia del plexo braquial**.

anestesia caudal (caudal anesthesia), inyección de un agente anestésico local en la porción caudal del conducto raquídeo a través del sacro. Se utiliza en el parto y en procedimientos como la culdoscopia y en la cirugía anorrectal y genitourinaria.

anestesia consciente (awake anesthesia), procedimiento anestésico en el que la analgesia y la anestesia se llevan a cabo sin que se produzca pérdida de consciencia, ni sean necesarios equipos, personal ni experiencia en mantenimiento vital. Los procedimientos dentales y ciertos tipos de cirugía se realizan empleando anestesia consciente.

anestesia continua (continuous anesthesia), método para mantener un bloqueo nervioso regional en la anestesia de intervenciones quirúrgicas o del parto en el que se instila una solución de anestésico a intervalos o bien a una tasa de flujo lenta. El procedimiento se denomina según la zona infiltrada: espinal, caudal, epidural, peridural o lumbar continua.

anestesia de base (basal anesthesia), **1.** estado de inconsciencia inducida inmediatamente antes de la anestesia quirúrgica completa en profundidad, en la que el paciente no responde a las palabras pero reacciona todavía al pinchazo con un alfiler o a otros estímulos lesivos. **2.** narcosis producida por la inyección o infusión de un sedante potente, sin añadir narcóticos u otros agentes anestésicos. **3.** cualquier forma de anestesia en la que el paciente está completamente inconsciente, a diferencia de la anestesia consciente.

anestesia de conducción (conduction anesthesia, block anesthesia), pérdida de la sensibilidad, especialmente al dolor, en una región del cuerpo, producida por la inyección de un anestésico local a lo largo del recorrido de un nervio o nervios para inhibir la conducción de los impulsos nerviosos hacia y desde el área que inerva ese nervio o nervios.

anestesia de goteo abierto (open-drop anesthesia), la técnica anestésica más antigua y más sencilla. Un agente anestésico líquido volátil cae gota a gota sobre una tela porosa o máscara colocada sobre la cara del paciente.

anestesia del plexo braquial (brachial plexus anesthesia), anestesia de la región inervada por las divisiones anteriores de los últimos cuatro nervios cervicales y los dos primeros dorsales. Este plexo se extiende desde las apófisis transversas hasta el vértice de la axila, donde se forman los nervios terminales.

anestesia del plexo cervical (cervical plexus anesthesia), bloqueo nervioso en cualquier punto por debajo de la apófisis mastoides desde la segunda vértebra cervical hasta la apófisis transversa de la sexta vértebra cervical. Esta técnica se utiliza para intervenciones localizadas en el área situada entre el maxilar inferior y la clavícula.

anestesia dental (dental anesthesia), cualquiera de las diversas técnicas de anestesia utilizada en cirugía dental.

anestesia diagnóstica (diagnostic anesthesia), técnica en la que se induce analgesia hasta una profundidad suficiente que permita realizar técnicas diagnósticas moderadamente dolorosas de corta duración. Para este fin se suele emplear la anestesia despierta.

anestesia disociativa (dissociative anesthesia), procedimiento anestésico caracterizado por analgesia y amnesia, pero sin pérdida de la función respiratoria ni de los reflejos laríngeo y faríngeo. Esta forma de anestesia puede emplearse para producir analgesia durante una técnica quirúrgica o diagnóstica breve y superficial.

anestesia dolorosa (anesthesia dolorosa), dolor paradójico intenso, táctil o espontáneo, en un área anestesiada.

anestesia en silla de montar (saddle block anesthesia), forma de bloqueo nervioso regional en que se anestesian las partes del cuerpo que entrarían en contacto con una silla de montar si se sentara el paciente a horcajadas sobre ella. Se realiza inyectando un anestésico local en la cavidad medular con el paciente sentado con la cabeza sobre el tórax, la espalda curvada y las piernas colgando.

anestesia endobronquial (endobronchial anesthesia), técnica raramente aplicada en la que el gas anestésico se aplica en los bronquios.

anestesia endotraqueal (endotracheal anesthesia), anestesia por inhalación que se consigue haciendo pasar el gas anestésico o una mezcla de gases a través del tubo endotraqueal hasta el árbol respiratorio.

anestesia epidural (epidural anesthesia), proceso por el que se consigue una anestesia regional de la región pelviana, abdominal, genital o cualquier otra mediante la inyección de un anestésico local en el espacio epidural de la columna vertebral.

anestesia espinal (spinal anesthesia), inyección de un fármaco analgésico o anestésico en el espacio subaracnoideo de la médula espinal que provoca la insensibilidad al dolor de la parte inferior del cuerpo.

anestesia extradural (extradural anesthesia), bloqueo nervioso anestésico que se consigue inyectando un anestésico local en el conducto raquídeo, por fuera de la duramadre de la médula espinal.

anestesia fraccionada (fractional anesthesia), v. **anestesia continua**.

anestesia general (general anesthesia), ausencia de sensación y consciencia como la inducida por diversos agentes anestésicos, administrados principalmente mediante inhalación o inyección intravenosa. Existen cuatro niveles distintos de bloqueo nervioso conseguidos mediante la anestesia general: sensitivo, motor voluntario, motor reflejo y mental. Hay varios niveles de bloqueo mental: calma, sedación, hipnosis, narcosis y depresión completa, potencialmente letal y de todas las funciones reguladoras vitales del bulbo raquídeo.

anestesia local (local anesthesia), administración directa de un anestésico local en los tejidos para inducir una ausencia de sensibilidad en una pequeña zona del organismo. Las indicaciones más frecuentes para la anestesia local son las técnicas dentales y quirúrgicas breves. El anestésico se puede aplicar tópicamente sobre la superficie de la piel o de la membrana o inyectarse por vía subcutánea mediante una aguja intradérmica. Los principales inconvenientes del empleo de anestesia local son la incidencia de reacciones alérgicas asociada a determinados agentes. Las ventajas son: bajo coste, facilidad de administración, escasa toxicidad y seguridad (el paciente consciente puede cooperar, y no requiere soporte ventilatorio ni intubación).

anestesia neuroléptica (neuroleptic anesthesia), forma de anestesia inducida por la inyección de un derivado de la butirofenona con un narcótico analgésico.

anestesia obstétrica (obstetric anesthesia), cualquiera de los diversos procedimientos de inducción de anestesia en el parto. Incluye la anestesia local para la episiotomía o para la reparación de la episiotomía, la anestesia regional para el parto, tal como el bloqueo paracervical o pudendo, o, para un bloqueo más amplio, la anestesia epidural, caudal o en silla de montar.

anestesia olfatoria (olfactory anesthesia), v. **anosmia**.

anestesia pediátrica (pediatric anesthesia), subespecialidad de la anestesiología que se ocupa de la anestesia de los neonatos, lactantes y niños de hasta 12 años de edad.

anestesia peridural (peridural anesthesia), v. **anestesia epidural**.

anestesia por bloqueo nervioso (nerve block anesthesia), v. **anestesia de conducción**.

anestesia por bloqueo subaracnoideo (subarachnoid block anesthesia), forma de anestesia raquídea que consiste en la inyección de un anestésico en el espacio existente entre la aracnoides y la piamadre.

anestesia por inhalación (inhalation anesthesia), narcosis quirúrgica que se consigue administrando un gas anestésico o un líquido volátil anestésico con un gas transportador. La anestesia por inhalación suele ir precedida de la administración intramuscular o intravenosa de un sedante de corta duración o de un hipnótico, normalmente un barbitúrico. Entre los principales anestésicos por inhalación se encuentran el óxido nitroso, ciclopropano, etileno, halotán, enflurano, fluroxeno, metoxiflurano, tricloroetileno e isoflurano.

anestesia primaria (primary anesthesia), todo anestésico o analgésico administrado a un paciente quirúrgico antes de la administración de agentes químicos que producen inconsciencia reversible.

anestesia quirúrgica (surgical anesthesia), tercera fase de la anestesia general.

anestesia rectal (rectal anesthesia), anestesia general conseguida mediante la introducción, inyección o infusión de un producto anestésico en el recto; este procedimiento se realiza en escasas ocasiones debido al carácter imprevisible de la absorción del fármaco hacia la sangre.

anestesia regional (regional anesthesia), anestesia de una zona del cuerpo mediante la inyección de un anestésico local para bloquear un grupo de fibras nerviosas sensitivas. Algunos tipos de anestesia regional son: **anestesia caudal, anestesia del plexo braquial, anestesia epidural, bloqueo pudendo** y **bloqueo paracervical**.

anestesia superficial (surface anesthesia), v. **anestesia tópica**.

anestesia táctil (tactile anesthesia), ausencia o pérdida de sentido del tacto en los dedos de las manos, posiblemente por lesión o enfermedad. Este trastorno puede facilitar el hecho de que el paciente sufra quemaduras graves, cortes serios, contusiones o abrasiones.

anestesia tópica (topical anesthesia), analgesia superficial producida por la aplicación de un anestésico tópico en forma de solución, gel o ungüento sobre la piel, una membrana mucosa o la córnea.

anestesia traumática (traumatic anesthesia), ausencia total de sensaciones normales en una parte del cuerpo, provocada por una lesión, destrucción de los nervios o interrupción de las vías nerviosas.

anestesiar (anesthetize), inducir un estado de anestesia.

anestésico (anesthetic), fármaco o agente capaz de producir una pérdida completa o parcial de la sensibilidad (anestesia).

anestésico local (local anesthetic), sustancia utilizada para reducir o eliminar una sensación nerviosa, especialmente el dolor, en una zona determinada del organismo. Los anestésicos locales actúan bloqueando la transmisión de los impulsos nerviosos. Se dispone de más de 100 agentes anestésicos locales, que se clasifican dentro de la familia alcohol-éster o aminoamida. Cualquier sustancia lo suficientemente potente como para inducir anestesia local puede producir efectos adversos, que varían desde una dermatitis fácilmente reversible hasta la anafilaxia mortal o la parada cardíaca y respiratoria simultánea.

anestésico local amídico (amide-compound local anesthetic), anestésico local que contiene un grupo amida ($CONH_2$). Algunos tipos de anestésicos locales amídicos son: **bupivacaína, dibucaína, lidocaína** y **prilocaína**.

anestésico local de tipo éster (ester-compound local anesthetic), cualquiera de los cuatro potentes anestésicos locales que se diferencian ligeramente en cuanto a estructura química de los anestésicos locales del grupo amida. Algunos anestésicos locales del tipo éster son: **clorhidrato de cocaína, clorhidrato de procaína** y **clorprocaína**.

anestesiología (anesthesiology), rama de la medicina que se ocupa del control del dolor y de la administración de fármacos destinados a controlar el dolor durante la cirugía.

anestesiólogo (anesthesiologist), médico especializado en la administración de anestésicos y en las medidas de soporte respiratorio y cardiovascular durante los procedimientos anestésicos.

anestesista (anesthetist), **1.** persona que administra anestesia. **2.** anestesiólogo.

anetodermia (anetoderma), atrofia y laxitud de la piel de distribución parcheada y de origen idiopático que no tiene tratamiento eficaz.

aneuploide (aneuploid), **1.** relativo o concerniente a un individuo, organismo, cepa o célula cuyo número de cromosomas no es un múltiplo exacto del número haploide básico normal y característico de la especie. **2.** el individuo, organismo, cepa o célula de dichas características.

aneuploidía (aneuploidy), cualquier variación en el número de cromosomas que afecta a cromosomas individuales más que a grupos completos de ellos. Puede haber un número menor de cromosomas, como sucede en el síndrome de Turner, o un número mayor, como en el síndrome de Down. Compárese con **euploidía**.

aneurisma (aneurysm), dilatación localizada de la pared de un vaso sanguíneo, generalmente causada por aterosclerosis e hipertensión, y con menor frecuencia por traumatismos, infecciones o por una debilidad congénita de la pared del vaso. El aneurisma sacular puede ser una distensión sacular que afecta solamente a parte de la circunferencia del vaso, una dilatación fusiforme o cilíndrica de una sección del vaso o bien una disección longitudinal que se extiende entre las capas de la pared vascular. Los aneurismas se pueden romper, originando una hemorragia, o pueden formarse trombos en el interior del saco, dando lugar a émbolos que pueden obstruir a los vasos pequeños. Algunos tipos de aneurismas son: **aneurisma aórtico, aneurisma bacteriano, aneurisma cerebral, aneurisma compuesto, aneurisma disecante, aneurisma fusiforme, aneurisma micótico, aneurisma racemoso, aneurisma saculado, aneurisma varicoso** y **aneurisma ventricular**.

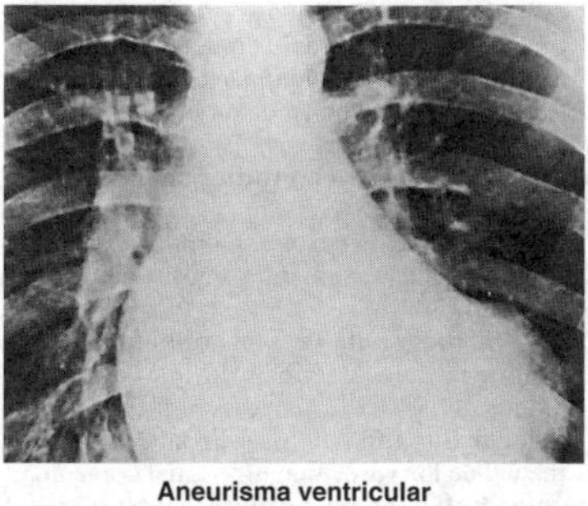

Aneurisma ventricular
(C. D. Forbes/W. F. Jackson, 1994)

anexitis (adnexitis), inflamación de los órganos anexiales del útero, como son los ovarios o las trompas de Falopio.

anfetaminas (amphetamines), grupo de estimulantes del sistema nervioso entre los que se incluyen la anfetamina y sus congéneres químicos dextroanfetamina y metanfetamina, que son objeto frecuente de abuso debido a su capacidad de mantener la vigilia y de provocar euforia. El abuso de anfetaminas da lugar a conducta compulsiva, paranoia, alucinaciones y tendencia al suicidio.

anfiartrosis (amphiarthrosis), v. **articulación cartilaginosa**.

anficarion (amphikaryon), núcleo que contiene un número diploide de cromosomas.

anfigénesis (amphigenesis), v. **anfigonia**.

anfigenético (amphigenetic), **1.** producido por la unión de gametos de ambos sexos. **2.** bisexual; que posee tanto tejido ovárico como testicular.

anfigonadismo (amphigonadism), hermafroditismo verdadero; presencia en el mismo individuo de tejido tanto ovárico como testicular.

anfigonia (amphigony), reproducción sexual.

anfimixis (amphimixis), **1.** reproducción a través de la unión de las células germinales que da lugar a un individuo con las características hereditarias tanto maternas como paternas; procreación. **2.** (en psicoanálisis) unión e integración de los impulsos libidinosos orales, anales y genitales en el desarrollo de la heterosexualidad.

anfipático (amphipathic), relativo a una molécula que posee dos extremos con características diferentes, como puede ser un detergente, que tiene un extremo polar (hidrofílico) y un extremo no polar (hidrofóbico), pero cuya longitud es suficiente como para que cada uno de los extremos manifieste sus propias características de solubilidad.

anfótera (amphoteric), sustancia que, dependiendo de las circunstancias, puede tener una carga positiva, nula o negativa.

anfotericina B (amphotericin B), fármaco antifúngico que se prescribe en administración tópica o sistémica para el tratamiento de las infecciones micóticas.

anfoterismo (amphoterism), cualidad de un compuesto químico que le permite actuar como ácido o como base.

angeítis (angiitis), inflamación de un vaso, principalmente de un vaso sanguíneo o linfático.

angeítis cutánea nodular (nodular cutaneous angiitis), proceso inflamatorio de pequeñas arterias que se acompaña de lesiones dérmicas.

angina (angina), **1.** sensación de sofocación o constricción espasmódica. **2.** término que en la actualidad se utiliza fundamentalmente para describir el dolor torácico paroxístico con sensación de ahogo que es causado por anoxia del miocardio (angina de pecho). **3.** término que describe diversas enfermedades que se caracterizan por sensación de ahogo o sofocación o por opresión y dolor. Algunos tipos de angina son: **angina de Ludwig, angina de pecho, angina de Prinzmetal, angina estreptocócica, angina indolora, angina inestable** y **angina intestinal**.

angina de decúbito (angina decubitus), trastorno caracterizado por ataques periódicos de angina de pecho que tienen lugar cuando el sujeto está tumbado.
angina de Ludwig (Ludwig's angina) [Wilhelm F. von Ludwig, cirujano alemán, n. 1790], celulitis estreptocócica aguda del suelo de la boca. Se trata con penicilina.
angina de pecho (angina pectoris), dolor torácico paroxístico cuyo origen suele ser la anoxia miocárdica debida a aterosclerosis de las arterias coronarias. El dolor generalmente se irradia hacia la cara interna del brazo izquierdo, y se acompaña frecuentemente de sensación de ahogo y de muerte inminente. Los ataques de angina de pecho a menudo se relacionan con el esfuerzo, el estrés emocional y la exposición al frío intenso.
angina de Prinzmetal (Prinzmetal's angina) [Myron Prinzmetal, cardiólogo norteamericano, n. 1908], variación de la angina de pecho en la que el dolor torácico se experimenta en reposo, más que en relación con el esfuerzo. El dolor tiende a aparecer por la noche y en el electrocardiograma aparece una elevación del segmento S-T en vez de un descenso. Se asocia a lesiones obstructivas de alto grado en la arteria coronaria proximal, a espasmos coronarios o a ambos.
angina de Vincent, infección de Vincent (Vincent's angina, Vincent's infection), v. **gingivitis necrotizante aguda**.
angina estreptocócica (streptococcal angina), trastorno en el cual se producen sensaciones de obstrucción, axfisia y dolor, como resultado de una infección estreptocócica.
angina exudativa (exudative angina), v. **crup**.
angina increscendo (crescendo angina), forma de dolor anginoso asociado a cambios isquémicos electrocardiográficos caracterizada por un aumento de la frecuencia, provocación, intensidad o carácter.
angina indolora (angina sine dolore), episodio no doloroso de insuficiencia coronaria.
angina inestable (unstable angina), forma de dolor precordial que a veces precede al infarto agudo de micardio. Tiene un comienzo brusco, empeora repentinamente y suele recurrir de forma intermitente durante días o semanas. Posee un pronóstico peor a corto plazo que la angina estable de esfuerzo. Aproximadamente un tercio de los pacientes con angina inestable sufren un infarto de miocardio en los tres meses siguientes.
angina intestinal (intestinal angina), insuficiencia vascular crónica del mesenterio producida por arteriosclerosis, de la que resulta una isquemia del músculo liso del intestino delgado. Son característicos de este proceso el dolor o cólico abdominal después de las comidas, estreñimiento, melenas, malabsorción y pérdida de peso.
angina traqueal (angina trachealis), v. **crup**.
angina variante (variant angina), forma de angina de pecho en la que los síntomas de dolor torácico suelen ocurrir durante la noche o en reposo. Está provocada por un espasmo local de las arterias coronarias epicárdicas proximales. En el ECG se observa una elevación del segmento ST, al revés de lo que ocurre en la angina de pecho normal, en la que existe un descenso del segmento ST.
angina vasospástica (vasospastic angina), dolor torácico de origen miocárdico isquémico causado por espasmos de las arterias coronarias. Tiene características diferentes a las de la angina de esfuerzo.
angioblastoma (angioblastoma, *pl.* **angioblastomas, angioblastomata**), tumor de los vasos sanguíneos del cerebro. Son tipos de angioblastomas: **meningioma angioblástico** y **angioblastoma cerebeloso**.
angioblastoma cerebeloso (cerebellar angioblastoma), tumor del cerebelo formado por una masa de vasos sanguíneos. Puede ser quístico y se asocia con frecuencia a la enfermedad de Hippel-Lindau.
angiocardiografía con radionúclidos (radionuclide angiocardiography), exploración radiográfica de los vasos sanguíneos cardíacos tras la administración intravenosa de un radiofármaco.
angiocardiograma (angiocardiogram), radiografía del corazón y de los vasos cardíacos.
angiocardiopatía (angiocardiopathy), enfermedad de los vasos sanguíneos del corazón.
angiocatéter (angiocatheter), tubo hueco y flexible que se inserta en los vasos sanguíneos para extraer o perfundir líquidos.
angiocondroma (angiochondroma, *pl.* **angiochondromas, angiochondromata**), tumor cartilaginoso caracterizado por una formación excesiva de los vasos sanguíneos.
angioedema (angioedema), edema localizado en las capas más profundas de la piel.
angioendotelioma (angioendothelioma), v. **hemangioendotelioma**.
angioespasmo (angiospasm), constricción brusca y transitoria de un vaso sanguíneo.
angiofibroma (angiofibroma, *pl.* **angiofibromas, angiofibromata**), angioma que contiene tejido fibroso.
angiofibroma juvenil (juvenile angiofibroma), v. **angiofibroma nasofaríngeo**.

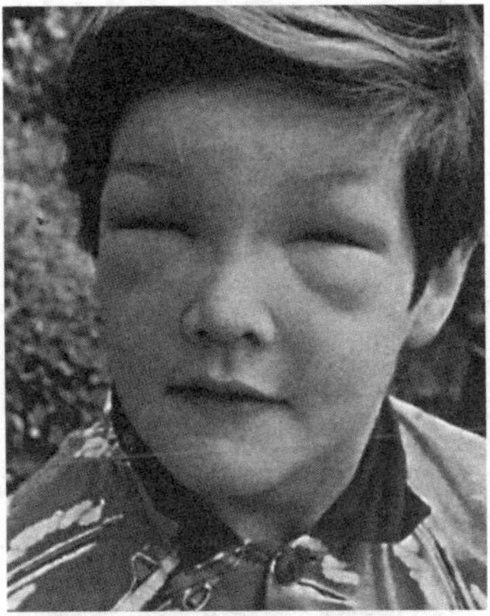

Angioedema grave en un niño de 9 años tras la picadura de una abeja
(C. D. Forbes/W. F. Jackson, 1994)

angiofibroma nasofaríngeo (nasopharyngeal angiofibroma), tumor benigno de la nasofaringe, compuesto de tejido conectivo fibroso con muchos espacios vasculares. Sus síntomas típicos son: obstrucción nasal y de la trompa de Eustaquio, lenguaje gangoso y disfagia.

angiogénesis (angiogenesis), capacidad de inducir la formación de vasos sanguíneos, propiedad frecuente de los tejidos malignos.

angiogenina (angiogenin), proteína que media la formación de vasos sanguíneos. Se utiliza experimentalmente para estimular el desarrollo de nuevos vasos sanguíneos en la cicatrización de heridas, en los ictus y en la enfermedad de arterias coronarias.

angioglioma (angioglioma, *pl.* **angiogliomas, angiogliomata**), tumor muy vascularizado compuesto de neuroglía.

angiografía (angiography), visualización radiográfica de la anatomía interna del corazón y de los vasos sanguíneos, después de la introducción de un medio de constraste radiopaco intravascular.

angiografía digital (digital angiography), técnica para producir imágenes radiográficas realzadas del corazón mediante un equipo de fluoroscopia computadorizado.

angiografía periférica (peripheral angiography), estudio de los vasos sanguíneos periféricos mediante una radiografía tras inyectar un contraste radiopaco en la circulación.

angiografía por sustracción digital (DSA) (digital subtraction angiography [DSA]), método por el que las imágenes de rayos X de los vasos sanguíneos llenos de material de contraste son digitalizadas y después retiradas de las imágenes almacenadas antes de la administración del contraste. De esta forma se elimina el fondo y sólo aparecen los vasos.

angiografía selectiva (selective angiography), procedimiento gráfico que permite la visualización selectiva de la aorta o de un vaso en particular. Se realiza a través de un catéter percutáneo. Se inyectan unos mililitros de sustancia radiopaca cuando el catéter está colocado. Dado que la sustancia radiopaca es rápidamente excretada por los riñones, se toman radiografías de la imagen fluoroscópica, utilizando una cámara especial.

angiógrafo (angiograph), aparato esfigmográfico que registra los patrones de las ondas del pulso.

angiograma (angiogram), imagen radiográfica de un vaso sanguíneo tras inyección de un medio de contraste.

angiohemofilia (angiohemophilia), v. **enfermedad de von Willebrand**.

angiolipoma (angiolipoma, *pl.* **angiolipomas, angiolipomata**), neoplasia benigna que contiene vasos y tejido adiposo.

angioma (angioma, *pl.* **angiomas, angiomata**), tumor benigno constituido fundamentalmente por vasos sanguíneos (hemangioma) o por vasos linfáticos (linfangioma). La mayoría de los angiomas son congénitos; algunos, como los hemangiomas cavernosos, desaparecen de forma espontánea.

angioma arácneo (spider angioma), forma de telangiectasia caracterizada por un punto rojo central, elevado, con el tamaño de una cabeza de alfiler, a partir del cual irradian pequeños vasos sanguíneos.

angioma arterial racemoso (angioma arteriale racemosum), neoplasia vascular que se caracteriza inicialmente por el entrecruzamiento de muchos vasos sanguíneos pequeños, neoformados y dilatados.

angioma arteriovenoso cerebral (arteriovenous angioma of the brain), tumor congénito formado por un ovillo de arterias y de venas generalmente dilatadas y dispuestas en forma de espiral, con islotes de tejido cerebral esclerosado y, en ocasiones, células cartilaginosas.

angioma capilar (capillary angioma), v. **angioma cereza**.

angioma cavernoso (cavernous angioma), v. **hemangioma cavernoso**.

angioma cereza (cherry angioma), tumor vascular cutáneo pequeño, rojo brillante, claramente circunscrito. Generalmente se observa en el tronco, aunque puede hallarse en cualquier lugar del cuerpo. Es una lesión muy frecuente.

angioma cutáneo (angioma cutis), nevo constituido por una red de vasos sanguíneos dilatados.

angioma fisural (fissural angioma), tumor compuesto por un conjunto de vasos sanguíneos dilatados presente en las fisuras embrionarias, especialmente en un labio, en la cara o en el cuello.

angioma hipertrófico (hypertrophic angioma), v. **hemangioendotelioma**.

angioma linfático (angioma lymphaticum), v. **linfangioma**.

angioma senil (senile angioma), v. **angioma cereza**.

angioma serpiginoso (angioma serpiginosum), enfermedad cutánea que se caracteriza por la presencia de anillos constituidos por pequeñas formaciones vasculares que aparecen como puntos rojos.

angioma simple (simple angioma), tumor formado por una red de pequeños vasos o de capilares distendidos rodeados de tejido conectivo.

angiomatosis (angiomatosis), trastorno caracterizado por la presencia de numerosos tumores vasculares. Un tipo de angiomatosis es el **síndrome de Rendu-Osler-Weber**.

angiomatosis cerebrorretiniana (cerebroretinal angiomatosis), enfermedad hereditaria caracterizada por la presencia de nódulos congénitos de aspecto vascular en la retina y en el cerebelo.

angiomatosis encefalotrigeminal (encephalotrigeminal angiomatosis), v. **síndrome de Sturge-Weber**.

angiomatosis familiar hemorrágica (hemorrhagic familial angiomatosis), v. **enfermedad de Osler-Weber-Rendu**.

angiomatosis retinocerebral (retinocerebral angiomatosis), v. **angiomatosis cerebrorretiniana**.

angiomioma (angiomyoma, *pl.* **angiomyomas, angiomyomata**), tumor constituido por elementos de tejido vascular y muscular.

angiomioneuroma (angiomyoneuroma), v. **glomangioma**.

angiomiosarcoma (angiomyosarcoma, *pl.* **angiomyosarcomas, angiomyosarcomata**), tumor que contiene elementos de tejido vascular, muscular y conectivo.

angioneuroma (angioneuroma), v. **glomangioma**.

angiopatía (angiopathy), enfermedad de los vasos sanguíneos.

angioplastia (angioplasty), reconstrucción de los vasos sanguíneos dañados por una enfermedad o lesión.

angioplastia con balón (balloon angioplasty), un método de dilatación o reapertura de un vaso sanguíneo obstruido mediante la introducción en él de un pequeño catéter seguido por un globo. Después se infla el globo para ensanchar el vaso sanguíneo.

angioplastia coronaria transluminal percutánea (ACTP) (percutaneous transluminal coronary angioplasty [PTCA]), técnica utilizada para el tratamiento de la cardiopatía isquémica arteriosclerótica y de la angina de pecho, en la que las placas presentes en las arterias del corazón son aplastadas contra las paredes arteriales, mejorando así la circulación. Para realizar esta técnica es necesario introducir un catéter a través del vaso hasta la placa arteriosclerótica e insuflar y desinflar varias veces un pequeño globo situado en la punta del catéter, procediendo después a la retirada del mismo. El procedimiento se lleva a cabo mediante visualización con rayos X o con ultrasonidos.

angioqueratoma (angiokeratoma, *pl.* **angiokeratomas, angiokeratomata**), neoplasia cutánea vascularizada, que se caracteriza por la presencia de ovillos de vasos sanguíneos dilatados, con formaciones verrucosas agrupadas y engrosamiento de la epidermis. Aparece sobre todo en el escroto y en el dorso de los dedos de las manos y de los pies.

angioqueratoma circunscrito (angiokeratoma circumscriptum), trastorno cutáneo infrecuente, que se caracteriza por la presencia de pápulas y nódulos bien definidos distribuidos en pequeñas placas en las piernas o en el tronco.

angioqueratoma corporal difuso (angiokeratoma corporis diffusum), enfermedad familiar infrecuente, en la que se produce un depósito de fosfolípidos en muchas partes del cuerpo y en especial en los vasos sanguíneos, dando lugar a trastornos vasomotores, urinarios y cutáneos y originando en algunos casos alteraciones musculares.

angiorrafia (angiorrhaphy), reparación mediante sutura de cualquier tipo de vaso sanguíneo.

angiosarcoma (angiosarcoma), tumor maligno infrecuente, que está constituido por tejido endotelial y fibroblástico que prolifera y termina rodeando los vasos.

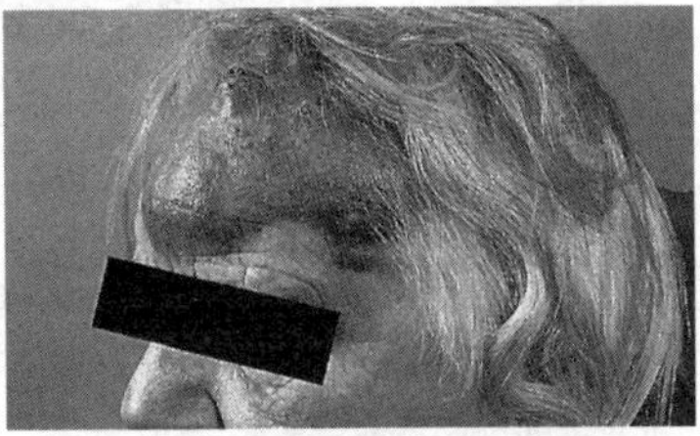

Angiosarcoma
(A. du Vivier, 2.ª ed., 1995)

angiosclerosis (angiosclerosis), engrosamiento y endurecimiento de las paredes de los vasos sanguíneos.

angiotensina (angiotensin), polipéptido que circula por la sangre produciendo vasoconstricción, aumento de la presión arterial y liberación de aldosterona de la corteza suprarrenal. La angiotensina se forma por acción de la renina sobre el angiotensinógeno, que es una alfa-2-globulina sintetizada en el hígado y que circula constantemente por el torrente sanguíneo.

angiotensinógeno (angiotensinogen), globulina sérica sintetizada en el hígado, que es el precursor de la angiotensina.

angstrom (Å) (angstrom [Å]), unidad de medida de longitud que equivale a 0,1 milimicras (1-10.000.000 metros).

angulación (angulation), **1.** configuración o formación angular. **2.** disciplina consistente en la medición precisa de los ángulos, que se aplica en el dibujo lineal y en las mediciones agrarias. **3.** (en radiografías) dirección de la fuente primaria de radiación en relación con el objeto que va a ser radiografiado y con la película que va a ser utilizada para registrar su imagen.

angulación horizontal (horizontal angulation), (en odontología) ángulo medido dentro del plano oclusivo al que se dirige el haz de rayos X primario, en relación con una referencia en el plano vertical o sagital.

angulación vertical (vertical angulation), (en odontología) ángulo medido en el plano vertical con el cual se proyecta el haz central de rayos X en relación a una referencia en el plano horizontal o de oclusión.

ángulo (angle), **1.** espacio formado por la intersección de dos líneas, planos o bordes. La divergencia de las líneas, de los planos o de los bordes se puede medir en grados de un círculo. **2.** (en anatomía y en fisiología) relación geométrica entre las superficies de las estructuras corporales y las posiciones que se ven modificadas por los movimientos.

ángulo agudo (acute angle), todo ángulo de menos de 90 grados.

ángulo cavosuperficial (cavosurface angle), (en odontología) ángulo formado por la unión de la pared de una cavidad preparada con la superficie externa del diente.

ángulo cervicodiafisario (neck shaft angle), ángulo creado por la intersección de una línea que pasa por la diáfisis femoral con otra que atraviesa la cabeza y el cuello femorales.

ángulo costofrénico (CF) (costophrenic angle [CP]), ángulo de la base de los pulmones donde confluyen el diafragma y la pared torácica.

ángulo costovertebral (ACV) (costovertebral angle [CVA]), uno de los dos ángulos que delimita un espacio sobre los riñones. El ángulo está formado por el trayecto curvo hacia fuera y hacia abajo de la costilla más inferior y la línea vertical de la propia columna vertebral.

ángulo de Bennett (Bennett angle) [Norman G. Bennett, odontólogo inglés, n. 1870], (en odontología) el ángulo formado por el plano sagital y la trayectoria de avance del cóndilo durante el movimiento lateral del maxilar inferior.

ángulo de exposición (exposure angle), ángulo de un arco descrito por el movimiento de un tubo de rayos X y la placa durante una tomografía.

ángulo de giro (flip angle), en RMN, magnitud de la rotación del vector de magnetización macroscópico, producida por un pulso de radiofrecuencia con respecto a la dirección del campo magnético estático.

ángulo de incidencia (angle of incidence), ángulo con el que una fuente de ultrasonidos incide sobre una interfase situada entre dos tipos diferentes de tejidos, como la superficie de contacto entre el hueso y el músculo.

ángulo de la mandíbula (angle of mandible), ángulo que se forma entre el cuerpo y la rama de la mandíbula.

ángulo de Louis (angle of Louis), ángulo que está formado por el manubrio y el cuerpo del esternón.

ángulo de reducción o alineación (carrying angle), ángulo formado por el húmero y el radio al articularse.

ángulo de refracción (angle of refraction), ángulo entre un rayo refractado y la perpendicular a la superficie del medio refractante.

ángulo de Treitz (angle of Treitz), curva pronunciada que forma la unión del duodeno y el yeyuno.

ángulo del soporte oclusivo (occlusal rest angle), (en odontología) ángulo formado entre el soporte oclusivo y el conector perpendicular menor.

ángulo duodenoyeyunal (duodenojejunal flexure), v. **ángulo de Treitz**.

ángulo esplénico (splenic flexure), flexura izquierda del colon delimitando la unión entre el segmento transversal y el descendente cerca del bazo.

ángulo facial (facial angle), expresión antropométrica del grado de protrusión de la región inferior de la cara.

ángulo guía incisal de protrusión (protrusive incisal guide angle), (en odontología) inclinación de la guía incisional en el plano sagital.

ángulo guía incisal lateral (lateral incisal guide angle), (en odontología), inclinación de la guía incisal en el plano frontal.

ángulo incisal (incisal angle), grado de inclinación entre el plano axis-órbita y la superficie de los dientes incisivos del maxilar superior.

ángulo incisivo mandibular de Frankfurt (FMTA) (Frankfort-mandibular incisor angle [FMTA]), (en odontología) prominencia del incisivo de la mandíbula inferior con respecto al plano horizontal de Frankfurt.

ángulo Q (Q angle), ángulo formado entre el músculo cuádriceps y la rótula. El ángulo Q determina el desplazamiento de la rótula a través de la tróclea del fémur. A medida que el ángulo aumenta, se incrementan las posibilidades de problemas derivados de la compresión rotuliana.

ángulo sinfisial (symphyseal angle), (en odontología) el ángulo del mentón, que puede ser prominente, recto o hundido, según el tipo.

ángulo visual (visual angle), ángulo que existe entre dos líneas que van desde los extremos de un objeto al que se mira, hasta el punto nodal del ojo.

anhedonia (anhedonia), incapacidad para sentir placer o satisfacción a partir de experiencias que, por lo general, resultan placenteras.

anhidrasa (anhydrase), enzima que cataliza la eliminación de moléculas de agua de determinados compuestos, como la anhidrasa carbónica, que deshidrata el ácido carbónico, controlando así la cantidad de éste en sangre y pulmones.

anhidrasa carbónica (carbonic anhydrase), enzima que participa en la hidratación del dióxido de carbono, pasando a ácido carbónico en los hematíes de forma que pueda ser transportado desde las células tisulares a los pulmones.

anhídrido (anhydride), compuesto químico, especialmente un ácido, derivado de la eliminación de las moléculas de agua de una sustancia.

anhidrosis (anhidrosis), trastorno caracterizado por una transpiración insuficiente.

anhidrótico (anhidrotic), **1.** relativo o concerniente a la anhidrosis. **2.** agente que reduce o suprime la sudoración.

anictérico (anicteric), relativo a la ausencia de ictericia.

anidación (innidation), v. **nidación**.

anideo (anideus), producto de la concepción rudimentario y anómalo, que consiste en una simple masa redondeada, con escasa apreciación de las partes corporales. Un tipo de anideo es el **anideo embrionario**.

anideo embrionario (embryonic anideus), blastodermo en el que no se desarrollan la prolongación axial de la línea ni del surco primitivos.

anidio (anidean), sin ninguna forma ni configuración; relativo a una masa indiferenciada, como un anideo.

anilina (aniline), líquido venenoso incoloro, de aspecto oleoso, de olor intenso y de sabor picante, que se extraía inicialmente de las hojas del añil y que en la actualidad se sintetiza utilizando nitrobenceno para la fabricación de los colorantes anilínicos.

anilismo (anilism), intoxicación provocada por compuestos de anilina. Entre los síntomas más habituales se encuentran cianosis, debilidad, sudores fríos, pulso irregular, dificultad respiratoria, coma, convulsiones y posible insuficiencia cardíaca brusca.

anillo (anulus), estructura de forma circular, como el anillo timpánico de color blanquecino, que se localiza en torno a la membrana timpánica.

anillo anal (anal verge), área situada entre el canal anal y la piel perianal.

anillo cervical (neck ring), anillo de metal situado en el cuello de la ortesis cervicotoracolumbosacra. Está abierto por detrás para facilitar la colocación y la retirada de la ortesis y sirve para sujetar el molde de la garganta y los cojinetes del occipucio.

anillo ciliar (ciliary ring), pequeña banda de tejido con un surco, de unos 4 mm de ancho, que forma la parte posterior del cuerpo ciliar del ojo.

anillo de Bandl (Bandl's ring), v. **anillo de retracción patológico**.

anillo de constricción (constrictive ring), banda de músculo uterino contraído que forma un estrechamiento alrededor de una parte del feto durante el parto, que se produce generalmente tras una rotura prematura de membranas, impidiendo a veces el parto.

anillo de Kayser-Fleischer (Kayser-Fleischer ring) [Bernhard Kayser, oftalmólogo alemán, n. 1869; Bruno Fleischer, oftalmólogo alemán, n. 1874], anillo pigmentado de color verde-grisáceo o rojo-dorado, patognomónico de degeneración hepatolenticular, una rara enfermedad progresiva producida por un defecto del metabolismo del cobre y transmitida como rasgo autosómico recesivo.

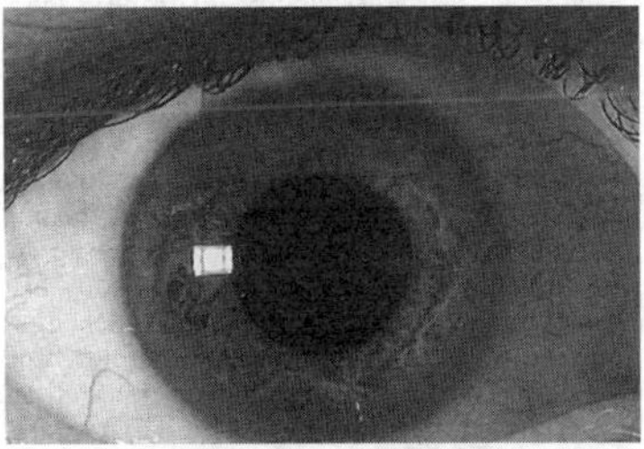

Anillo de Kayser-Fleischer
(S. Sherlock/J. A. Summerfield, 2.ª ed., 1992)

anillo de Lyon (Lyon's ring), tipo de uropatía congénita en mujeres en las que la estenosis submeatal o uretral distal produce enuresis, disuria e infecciones recurrentes.

anillo de retracción fisiológico (physiologic retraction ring), reborde alrededor del interior del útero que se forma durante la segunda fase del parto normal en la unión del segmento uterino inferior adelgazado y del segmento superior engrosado, como consecuencia del alargamiento progresivo de las fibras musculares del segmento inferior y del acortamiento concomitante de las fibras musculares del segmento superior.

anillo de retracción patológico (pathologic retraction ring), reborde que se puede formar alrededor del útero, en la unión de los segmentos uterinos superior e inferior, durante la segunda fase prolongada de un parto obstruido.

anillo de Waldeyer (Waldeyer's ring) [Heinrich W. G. von Waldeyer-Hartz, anatomista alemán, n. 1836], estructura constituida por las amígdalas palatina, faríngea y lingual que rodea la faringe.

anillo inguinal (inguinal ring), cualquiera de las dos aperturas del conducto inguinal; la interna a la pared abdominal y la externa a la aponeurosis del oblicuo mayor del abdomen, por encima del pubis.

anillo mordedor (teething ring), dispositivo circular, fabricado habitualmente de plástico o goma, sobre el que un niño puede masticar o morder durante el proceso de dentición.

anillos de Cabot (Cabot rings) [Richard C. Cabot, médico norteamericano, n. 1868], cuerpos filamentosos observados en los hematíes de pacientes con anemia grave, dispuestos habitualmente en forma de espirales o anillos.

ánima (anima), **1.** el alma o la vida. **2.** (en psicología jungiana) el verdadero ser o personalidad más interna o inconsciente de una persona, en contraposición a la parte abierta o conocida de la personalidad. **3.** (en psicología analítica) el componente femenino de la personalidad masculina.

ánimo (animus), **1.** alma racional o activa; el principio que da animosidad a la vida. **2.** el componente masculino de la personalidad femenina. **3.** (en psiquiatría) antagonismo muy enraizado y generalmente controlado, pero que ante el estrés puede desbordarse con virulencia.

anión (anion), **1.** ion con carga negativa que en la electrólisis es atraído hacia el electrodo positivo (ánodo). **2.** átomo, molécula o radical cargado negativamente.

aniones fijos (fixed anions), aniones que no forman parte de los sistemas tampón aniónicos del organismo.

aniones tampón (buffer anions), los iones bicarbonato, proteínas y fosfatos cargados negativamente que forman los sistemas tampón del cuerpo.

aniquilación (annihilation), transformación total de la materia en energía.

anís (anise), fruto de la planta *Pimpinella anisum*. El extracto de anís se utiliza en la preparación de carminativos y expectorantes.

aniseiconia (aniseikonia), anomalía ocular en la que cada ojo percibe la misma imagen con una forma y tamaño diferentes.

anisocariosis (anisokaryosis), variación marcada en el tamaño de los núcleos entre células del mismo tipo.

anisocitosis (anisocytosis), anomalía de la sangre caracterizada por la presencia de eritrocitos de tamaño anormal y variable.

anisogameto (anisogamete), gameto que difiere considerablemente en su tamaño y estructura con respecto al otro con el que se une, como el macrogameto y el microgameto de ciertos esporozoos.

anisogamia (anisogamy), conjugación sexual de gametos de diferentes tamaño y estructura, como sucede en ciertas talofitas y esporozoos.

anisognático (anisognathic), relativo o perteneciente a una anomalía en la que los arcos maxilar y mandibular son de tamaños significativamente diferentes en el mismo sujeto.

anisomastia (anisomastia), presencia de mamas de diferente tamaño.

anisometropía (anisometropia), trastorno ocular caracterizado por la existencia de una diferencia en la capacidad de refracción de los ojos.

anisopía (anisopia), situación en la que la agudeza visual de un ojo es mayor que la del otro.

ano (anus), abertura del conducto anal en su porción terminal.

ano imperforado (imperforate anus), cualquiera de las distintas malformaciones congénitas del desarrollo de la porción anorrectal del tracto GI. La forma más frecuente es la agenesia anal, en la que la bolsa rectal tiene un extremo ciego, situado por encima de la superficie perineal. Otras formas son la estenosis anal, en la que el orificio anal es estrecho, y la atresia de la membrana anal, en la que ésta cubre el orificio, provocando su obstrucción.

anodmia (anodmia), v. **anosmia**.

anodontia (anodontia), defecto congénito caracterizado por la ausencia de alguno o de todos los dientes.

anomalía (anomaly), **1.** desviación de lo que se considera normal. **2.** malformación congénita, como la ausencia de una extremidad o la presencia de un dedo supernumerario.

anomalía cardíaca congénita (congenital cardiac anomaly), cualquier anomalía o defecto estructural o funcional del corazón o de los grandes vasos que existe desde el nacimiento. Las cardiopatías congénitas son la principal causa de sufrimiento neonatal y la causa más frecuente de muerte en el recién nacido excluidos los problemas relacionados con la prematuridad. Algunos tipos de cardiopatías congénitas son: **atresia tricúspide, coartación de aorta, tetralogía de Fallot** y **transposición de los grandes vasos**.

anomalía congénita (congenital anomaly), cualquier anomalía presente al nacimiento, en particular una de tipo estructural, que puede ser heredada genéticamente, adquirida durante la gestación o producida durante el parto.

anomalía de desarrollo (developmental anomalia), defecto congénito resultante de una interferencia durante el crecimiento y la diferenciación normales del feto. Tales defectos pueden producirse en cualquier fase del desarrollo embrionario, variando mucho en tipo y gravedad, y están producidos por una amplia gama de factores determinantes, como mutaciones genéticas, aberraciones cromosómicas, agentes teratógenos y factores medioambientales.

anomalía de Ebstein (Ebstein's anomaly), defecto cardíaco congénito en el que la válvula tricúspide está desplazada hacia abajo en el ventrículo derecho. La anomalía se asocia a menudo con comunicación auricular derecha-izquierda y con el síndrome Wolff-Parkinson-White.

anomalía de Pelger-Huët (Pelger-Huët anomaly) [Karel Pelger, médico holandés, n. 1885; G.J. Huët, médico holandés, n. 1879], trastorno hereditario caracterizado por la presencia de granulocitos con material nuclear inusualmente grueso y núcleos con forma de pera o cacahuete.

anomalía del complemento (complement abnormality), trastorno poco frecuente caracterizado por deficiencias o disfunciones de cualquiera de los nueve componentes funcionales de las proteínas enzimáticas del plasma sanguíneo. Los componentes se numeran de C1 hasta C9. Teóricamente puede estar ausente cualquiera de los nueve componentes del complemento. Las anomalías más frecuentes son los déficit de C2 y C3 y la disfunción familiar de C5. Los pacientes con déficit o disfunciones del complemento pueden ser más susceptibles a padecer infecciones o enfermedades vasculares del colágeno. En algunos pacientes con lupus eritematoso o dermatomiositis se han demostrado anomalías del complemento. Los estudios indican que los déficit primarios del complemento pueden ser hereditarios. Los déficit secundarios del complemento pueden derivarse de reacciones inmunológicas, como la enfermedad del suero inducida por fármacos, que disminuye los niveles del complemento.

anomalía dental (dental anomaly), malformación en la que uno o más dientes se desvían de la normalidad en cuanto a forma, función o posición.

anomalía dentofacial (dentofacial anomaly), anomalía en la que una estructura oral o maxilar se desvía de lo normal en forma, función o posición.

anomalía disgnática (dysgnathic anomaly), (en odontología) anomalía que se extiende más allá de los dientes, y que afecta al maxilar superior, al inferior o a ambos.

anomalía gestante (gestant anomaly), v. **odontoma**.

anomalía potencial de la tolerancia a la glucosa (potential abnormality of glucose tolerance), categoría en la que están incluidas las personas que nunca han tenido una tolerancia anormal a la glucosa, pero que tienen un riesgo elevado de padecer diabetes o una alteración de la tolerancia a la glucosa. Los factores asociados a un mayor riesgo de padecer diabetes mellitus insulinodependiente (DMID) son la presencia de anticuerpos circulantes contra las células de los islotes, ser gemelo monocigótico o hermano de un paciente con DMID y ser descendiente de un paciente con DMID.

anomalía previa de la tolerancia a la glucosa (previous abnormality of glucose tolerance), categoría que incluye a las personas que han presentado anteriormente hiperglucemia diabética o intolerancia a la glucosa, pero cuyas cifras de glucemia en ayunas han vuelto a la normalidad. Antiguamente recibía el nombre de diabetes latente o prediabetes.

anomia (anomia), forma de afasia que se caracteriza por la incapacidad para nombrar los objetos y que se produce por una lesión en el lóbulo temporal del cerebro.

anomia (anomie), estado de apatía, aislamiento, ansiedad, desorientación personal y desasosiego debido a la pérdida de los valores y normas sociales y de los objetivos previamente valorados.

Anopheles (Anopheles), género de mosquito, muchas de cuyas especies transmiten al ser humano los parásitos causantes del paludismo.

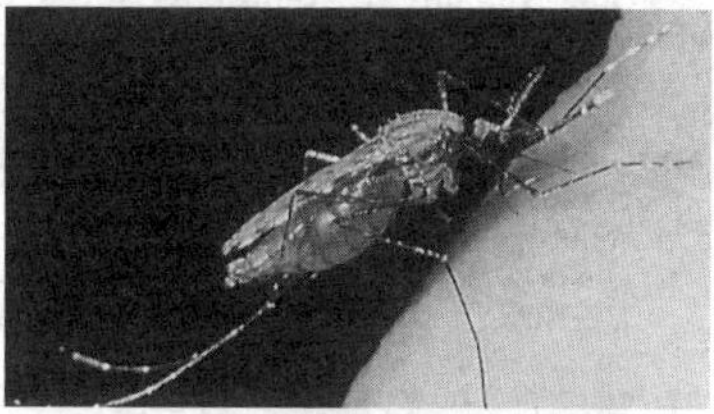

Mosquito *Anopheles*
(C. D. Forbes/W. F. Jackson, 1994)

anopía (anopia), ceguera debida al defecto o ausencia de uno o de ambos ojos.

anoplastia (anoplasty), operación realizada para restaurar el ano.

anopsia (anoopsia), estrabismo consistente en la desviación hacia arriba de uno o de ambos ojos.

anorexia (anorexia), ausencia o disminución del apetito.

anorexia falsa (false anorexia), v. **seudoanorexia**.

anorexia nerviosa (anorexia nervosa), trastorno psiconeurótico que se caracteriza por un rechazo prolongado a los alimentos que da lugar a emaciación, amenorrea y trastornos emocionales en relación con la imagen corporal y que se asocia a un miedo anormal a la obesidad.

anorexígeno (anorexiant), fármaco u otro tipo de agente capaz de suprimir el apetito, como las anfetaminas.

anorquia (anorchia), ausencia congénita de uno o de ambos testículos.

anortopía (anorthopia), distorsión visual en la que las líneas rectas se ven como si fueran curvas o anguladas.

anosfrasia, anosfresia (anosphrasia, anosphresia), v. **anosmia**.

anosigmoidoscopia (anosigmoidoscopy), técnica que consiste en el examen directo con un endoscopio de la superficie del ano, recto y colon.

anosmia (anosmia), pérdida o trastorno del sentido del olfato, que con frecuencia aparece de forma transitoria a consecuencia de un resfriado, de una infección respiratoria, o bien por una inflamación u otro tipo de obstrucción intranasal que impide el acceso de los olores hasta la región olfatoria. Pasa a ser permanente cuando se destruye el neuroepitelio o cualquier otra parte del nervio olfatorio. Son tipos de anosmia la **anosmia gustatoria** y **anosmia preferencial**.

anosmia gustatoria (anosmia gustatoria), incapacidad para oler los alimentos.

anosmia preferencial (preferential anosmia), incapacidad para percibir ciertos olores. A menudo el trastorno se debe a factores psicológicos relacionados con un olor particular o bien con la situación en que se produce dicho olor.

anosognosia (anosognosia), trastorno caracterizado por la incapacidad real o fingida de un sujeto para percibir un defecto, especialmente una parálisis, en un lado de su cuerpo, debido posiblemente a la existencia de una lesión en el lóbulo parietal derecho del cerebro.

anotia (anotia), ausencia congénita de una o de ambas orejas.

ANOVA (ANOVA), abreviatura de **análisis de la varianza**.

anovulación (anovulation), incapacidad de los ovarios para producir, hacer madurar o liberar óvulos, causada por inmadurez o posmadurez ovárica; por alteración de la función ovárica, como en el embarazo o en la lactancia; por disfunción ovárica primaria, como en la disgenesia ovárica; o bien por la existencia de una alteración de la interrelación entre el hipotálamo, la hipófisis y el ovario, como consecuencia de estrés o de una enfermedad.

anovular (anovular), relativo a una secreción menstrual no asociada a la producción o liberación de un óvulo.

anoxemia (anoxemia), deficiencia de oxígeno en la sangre.

anoxia (anoxia), trastorno caracterizado por la ausencia de oxígeno. La anoxia puede ser local o sistémica, y puede deberse a un aporte inadecuado de oxígeno al sistema respiratorio, a la incapacidad de la sangre para transportar el oxígeno a los tejidos, o bien a la incapacidad de los tejidos para absorber el oxígeno circulante. Un tipo de anoxia es la **anoxia por estancamiento**.

anoxia de altitud (altitude anoxia), falta de oxígeno a grandes alturas de la atmósfera.

anoxia por estancamiento (stagnant anoxia), situación en la cual el flujo sanguíneo capilar es insuficiente, lo que provoca una baja tensión del oxígeno hístico con reducción del intercambio de oxígeno.

anquiloglosia (ankyloglossia), defecto bucal caracterizado por la existencia de un frenillo lingual anormalmente corto, que limita los movimientos de la lengua y dificulta el habla. Se puede corregir quirúrgicamente mediante una frenotomía.

anquilosado (ankylosed), relativo a la inmovilidad de una articulación debida a cambios patológicos o de los tejidos adyacentes.

anquilosis (ankylosis), fijación de una articulación en una posición generalmente anómala, que suele producirse por destrucción del cartílago articular y del hueso subcondral, como sucede en la artritis reumatoide.

anquilosis falsa (false ankylosis), tipo de inmovilidad articular secundaria a una inflexibilidad anormal de las regiones corporales situadas por fuera de la articulación.

anquilosis verdadera (true ankylosis), fusión o unión anómala de los huesos independientes que normalmente forman la articulación.

anquilostomiasis (ancylostomiasis), enfermedad producida por uncinarias, en particular la causada por *Ancylostoma duodenale*, *A. braziliense*, o *A. caninum*. La infección producida por *A. duodenale* suele ser más grave, respondiendo peor al tratamiento que la producida por *Necator americanus*. Esta última es la uncinaria hallada más frecuentemente en el sur de Estados Unidos. V. **uncinariasis**.

ansiedad (anxiety), diagnóstico de enfermería, aprobado por la NANDA, que hace referencia a un sentimiento de intranquilidad, desasosiego, agitación, incertidumbre y miedo, que aparece al prever una situación de amenaza o de peligro, generalmente de origen intrapsíquico más que externo y cuya causa suele ser desconocida o no admitida. Las características que la definen pueden ser subjetivas u objetivas. Las características subjetivas comprenden sensaciones de aumento de la tensión, desamparo, inadecuación, miedo, sobreexcitación, desasosiego y preocupación. Las características objetivas son excitación cardiovascular, vasoconstricción superficial, dilatación pupilar, inquietud, insomnio, escaso contacto ocular, temblor, tensión facial, voz trémula, retraimiento, aumento de la sudoración y manifestaciones de preocupación respecto a los cambios en los acontecimientos vitales. Algunos tipos de ansiedad son: **ansiedad circunstancial, ansiedad de castración** y **ansiedad por la separación**.

ansiedad circunstancial (situational anxiety), estado de temor, incomodidad y ansiedad precipitado por situaciones o circunstancias nuevas o cambiantes. La ansiedad circunstancial no es anormal y no requiere tratamiento; habitualmente desaparece cuando la persona se adapta a la nueva experiencia.

ansiedad de castración (castration anxiety), **1.** temor fantástico a la lesión o pérdida de los órganos genitales, generalmente como reacción a un sentimiento reprimido de castigo ante deseos sexuales prohibidos. **2.** amenaza general a la masculinidad o femineidad de una persona o temor irreal de lesión corporal o de pérdida de poder.

ansiedad flotante (free-floating anxiety), miedo generalizado y persistente, que no se atribuye a ningún objeto, hecho o causa específicos.

ansiedad negativa (negative anxiety), (en psicología) proceso emocional y psicológico en el que la ansiedad impide la actividad normal de la persona e interrumpe su capacidad para realizar las tareas habituales de la vida diaria.

ansiedad por la separación (separation anxiety), temor y aprehensión provocados por la separación del entorno familiar y de las personas importantes. El síndrome se produce habitualmente en un lactante cuando es separado de su madre o de la figura que hace de madre, o cuando se le acerca un extraño.

ansiolítico (anxiolytic), sedante o tranquilizante menor que se emplea fundamentalmente para el tratamiento de los episodios de ansiedad. Algunos tipos de ansiolíticos son los barbitúricos, las benzodiazepinas, la clormezanona, la hidroxicina, el meprobamato y el tibamato.

antagonismo (antagonism), acción inhibidora entre procesos fisiológicos, como las acciones musculares. Igualmente se refiere a acciones opuestas de fármacos.

antagonismo funcional (functional antagonism), (en farmacología) situación en la que dos agonistas interactúan con diferentes receptores y producen efectos opuestos.

antagonista (antagonist), **1.** que o quien lucha con otro o se opone a él. **2.** (en fisiología) cualquier agente, como puede ser un fármaco o un músculo, que ejerce una acción opuesta a la de otro, o bien compite con él por los mismos receptores. Algunos tipos de antagonistas son: **antagonistas asociados, antagonistas directos, antagonistas de los narcóticos** y **antimetabolitos**. **3.** (en odontología) diente del maxilar superior que durante la masticación o la oclusión se articula con otro diente de la mandíbula.

antagonista asociado (associated antagonist), cada uno de los músculos integrados en pares o en grupos más numerosos que ejercen tracción en direcciones opuestas, pero cuya acción combinada produce el movimiento de una extremidad en una dirección determinada.

antagonista competitivo (competitive antagonist), v. **antimetabolito**.

antagonista de los narcóticos (narcotic antagonist), fármaco que se utiliza principalmente en el tratamiento de la depresión respiratoria inducida por narcóticos. Antagonistas como nalorfina, levalofán y naloxona se administran normalmente por vía parenteral.

antagonista directo (direct antagonist), uno de un par de músculos o grupo de músculos que traccionan en direcciones opuestas y cuya acción combinada impide que la parte se mueva.

ante mortem (ante mortem), antes de la muerte.

antebrazo (forearm), parte de la extremidad superior situada entre el codo y la muñeca. Contiene dos huesos largos, el cúbito y el radio.

antecardium (antecardium), v. **epigastrio**.

antecedente tromboplastínico del plasma (plasma thromboplastin antecedent), v. **factor XI**.

antecedentes médicos (past health), (en la historia clínica) resumen global de la salud general de la persona hasta la fecha, incluyendo las lesiones antiguas, alergias, intervenciones quirúrgicas, inmunizaciones, hospitalizaciones, así como la historia obstétrica y psiquiátrica.

antecedentes personales y sociales (personal and social history), (en una historia clínica) resumen de los detalles personales y sociales de la vida de una persona que sirvan para identificarla. Los componentes habituales de esta parte de la historia suelen ser lugar de nacimiento, religión, raza, estado civil, número de hijos, situación militar, historia laboral y lugar de residencia.

antecubital (antecubital), relativo a la región anterior del codo.

anteflexión (anteflexion), posición anómala de un órgano, el cual presenta una marcada inclinación hacia delante y está plegado sobre sí mismo.

anteflexión uterina (uterine anteflexion), posición anormal del útero en la que el cuerpo uterino está inclinado hacia delante sobre sí mismo en la unión del istmo del cuello uterino con el segmento uterino inferior.

anteparto (antepartal), relativo al período que se extiende desde la fecundación hasta el momento del parto.

antepié (forefoot), parte del pie que incluye el metatarso y los dedos.

antepirético (antepyretic), antes de la aparición de la fiebre.

anterior (A) (anterior [A]), **1.** la parte delantera de una estructura. **2.** relativo o perteneciente a una superficie o parte que está situada o dirigida hacia delante.

anteroclusión (anterocclusion), (en odontología) tipo de maloclusión en la que los dientes del maxilar inferior se localizan por delante de su posición normal respecto a los dientes de la arcada del maxilar superior.

anteroexterno (anterolateral), relativo a una posición por delante y a cualquiera de los dos lados de otra estructura u objeto.

anterógrado (antegrade), que se mueve hacia delante o que sobresale hacia la parte frontal.

anteroposterior (anteroposterior), desde la parte anterior a la parte posterior del cuerpo, término que suele hacer referencia a la dirección seguida por la fuente de rayos X.

anteversión (anteversion), **1.** posición anormal de un órgano, en la que éste se halla inclinado hacia delante sobre su eje y se aleja de la línea media. **2.** (en odontología) inclinación excesiva de los dientes o de otras estructuras mandibulares hacia delante. **3.** angulación en el plano transversal entre el cuello y el cuerpo del fémur.

anteversión uterina (uterine anteversion), posición uterina en la que el cuerpo del útero se dirige hacia delante. Los grados leves de anteversión no tienen significado clínico.

antiácido (antacid), **1.** que contrarresta la acidez. **2.** fármaco o alimento que tampona, neutraliza o absorbe el ácido clorhídrico del estómago.

antiadrenérgico (antiadrenergic), **1.** relativo al bloqueo de los efectos de los impulsos transmitidos a través de las fibras adrenérgicas posganglionares del sistema nervioso simpático. **2.** fármaco que bloquea la respuesta de los receptores alfaadrenérgicos a la noradrenalina, reduciendo el tono del músculo liso en los vasos sanguíneos periféricos y originando un aumento de la circulación periférica y una disminución de la presión arterial.

antiaglutinina (antiagglutinin), anticuerpo específico que contrarresta los efectos de una aglutinina.

antianabólico (antianabolic), relativo a fármacos u otros agentes que inhiben o retrasan los procesos anabólicos, tales como la división celular o la creación de nuevos tejidos mediante la síntesis proteica.

antianafilaxia (antianaphylaxis), procedimiento para impedir las reacciones anafilácticas, mediante inyección al paciente de pequeñas dosis desensibilizantes del antígeno.

antianémico (antianemic), **1.** relativo a una sustancia o procedimiento que compensa o previene la deficiencia de glóbulos rojos. **2.** agente que se utiliza para tratar o prevenir la anemia.

antianticuerpo (antiantibody), inmunoglobulina sintetizada como consecuencia de la administración de un anticuerpo que actúa como inmunógeno. Posteriormente el antianticuerpo interacciona con el anticuerpo.

antiantitoxina (antiantitoxin), antianticuerpo que se puede formar en el organismo durante la inmunización y que inhibe o contrarresta los efectos de la antitoxina administrada.

antiarrítmico (antiarrhythmic), **1.** relativo a un procedimiento o sustancia que previene, atenúa o corrige un ritmo cardíaco anormal. **2.** agente utilizado en el tratamiento de las arritmias cardíacas. Para devolver a la normalidad un ritmo rápido de contracciones irregulares auriculares o ventriculares se utiliza a menudo un desfibrilador, dispositivo que descarga un choque eléctrico precordial. En un paciente con un ritmo cardíaco extremadamente lento u otro tipo de arritmia se puede implantar un marcapasos. Para tratar las arritmias se puede emplear propranolol, que es un bloqueante betaadrenérgico. El verapamilo y otros bloqueantes del calcio controlan las arritmias inhibiendo la entrada de iones de calcio a través de la membrana celular del músculo cardíaco, enlenteciendo así la conducción auriculoventricular y prolongando el período refractario en el nodo auriculoventricular.

antiartrítico (antiarthritic), relativo a un tratamiento que alivia los síntomas de la artritis.

antibacteriano (antibacterial), **1.** relativo a una sustancia que destruye las bacterias o que inhibe su crecimiento o replicación. **2.** agente antibacteriano. Los antibióticos, sintetizados químicamente o derivados de diversos microorganismos, ejercen su efecto bactericida o bacteriostático inhibiendo la síntesis de la pared celular bacteriana, al actuar sobre la síntesis proteica, la síntesis de ácidos nucleicos o la integridad de la membrana celular, o bien inhibiendo ciertas vías de importancia crítica en la biosíntesis de la bacteria.

antibiótico (antibiotic), **1.** sustancia capaz de destruir un organismo vivo o de impedir su desarrollo. **2.** agente antimicrobiano obtenido a partir de cultivos de un determinado microorganismo o sintetizado de forma semisintética que se emplea para el tratamiento de las infecciones. Las penicilinas ejercen su acción inhibiendo la síntesis de mucopéptidos en la pared celular bacteriana durante la multiplicación de los microorganismos. Los antibióticos aminoglucósidos inhiben la síntesis de las proteínas bacterianas y se utilizan fundamentalmente en el tratamiento de las infecciones causadas por microorganismos gramnegativos. Los antibióticos macrólidos inhiben la síntesis proteica de las bacterias durante su multiplicación sin actuar sobre la síntesis de los ácidos nucleicos. Los antifúngicos parecen unirse a los esteroles de las membranas celulares del hongo, modificando su permeabilidad. Las tetraciclinas son fundamentalmente bacteriostáticas, y se cree que ejercen su acción inhibiendo la síntesis proteica de los microorganismos. El tratamiento con tetraciclinas puede causar irritación GI, fotosensibilidad, toxicidad renal y hepatotoxicidad, y su administración durante la segunda mitad del embarazo, en los lactantes o antes de la edad de 8 años puede ocasionar una decoloración permanente de los dientes. Las cefalosporinas inhiben la síntesis de la pared celular bacteriana. El cloranfenicol, antibiótico de amplio espectro derivado inicialmente de *Streptomyces venezuelae*, inhibe la síntesis proteica bacteriana impidiendo la transferencia de aminoácidos activados desde el ARN soluble hasta los ribosomas.

antibiótico antineoplásico (antineoplastic antibiotic), sustancia química obtenida a partir de un microorganismo, o análogo sintético de dicha sustancia, que se utiliza en la quimioterapia del cáncer.

antibiótico bactericida (bactericidal antibiotic), fármaco antibiótico que destruye bacterias.

antibiótico de amplio espectro (broad-spectrum antibiotic), antibiótico eficaz contra un amplio número de microorganismos infecciosos.

antibiótico resistente a la penicilinasa (penicillinase-resistant antibiotic), agente antimicrobiano que no se inactiva por la penicilinasa. Las penicilinas semisintéticas resisten la acción de la penicilinasa y se utilizan para el tratamiento de las infecciones producidas por estafilococos que elaboran esa enzima.

antibióticos resistentes a la betalactamasa (beta-lactamase-resistant antibiotics), antibióticos resistentes a los efectos enzimáticos de la betalactamasa.

anticarcinógeno (anticarcinogenic), relativo a una sustancia o mecanismo que neutraliza los efectos de un carcinógeno.

anticoagulante (anticoagulant), **1.** relativo a una sustancia que impide o retrasa la coagulación de la sangre. **2.** fármaco anticoagulante. La heparina, obtenida a partir del hígado y los pulmones de animales domésticos, es un potente anticoagulante que impide la síntesis de tromboplastina, la conversión de protrombina en trombina y la formación de fibrina a partir de fibrinógeno.

anticodón (anticodon), (en genética) secuencia de tres nucleótidos del ARN de transferencia, que se aparean de forma complementaria con un codón específico del ARN mensajero durante la síntesis de las proteínas, con objeto de seleccionar un aminoácido específico en la cadena de polipéptidos.

anticolinérgico (anticholinergic), **1.** relativo al bloqueo de los receptores de acetilcolina, que conduce a una inhibición de la transmisión de los impulsos nerviosos del sistema parasimpático. **2.** agente que compite con el neurotransmisor acetilcolina por los receptores de las uniones sinápticas. Los fármacos anticolinérgicos reducen los espasmos de la musculatura lisa de la vejiga, intestino y bronquios; relajan el esfínter del iris; disminuyen las secreciones gástrica, bronquial y salivar; reducen la sudoración y aceleran la conducción de los impulsos nerviosos a través del miocardio bloqueando los impulsos vagales.

anticolinesterasa (anticholinesterase), cualquier fármaco capaz de inhibir la acción de la acetilcolinesterasa. Los fármacos de este tipo dan lugar a la acumulación de acetilcolina en las uniones entre las fibras nerviosas colinérgicas y los órganos efectores, permitiendo una posible estimulación continua de las fibras colinérgicas en los sistemas nerviosos central y periférico.

anticonceptivo oral (oral contraceptive), medicación esteroidea oral para la anticoncepción. Los dos esteroides principales que se utilizan son la progesterona y una combinación de progesterona y estrógeno. Los esteroides actúan inhibiendo la producción de la hormona liberadora de gonadotropina por el hipotálamo, con lo que la hipófisis no segrega gonadotropinas que estimulen la ovulación. Esto hace que el endometrio sea delgado y el moco cervical espeso, evitando la penetración del esperma.

anticonvulsivante (anticonvulsant), **1.** relativo a una sustancia o procedimiento que previene o reduce la intensidad de las convulsiones epilépticas o de otros fenómenos convulsivos. **2.** fármaco anticonvulsivante. Los derivados de las hidantoínas, especialmente la difenilhidantoína sódica, ejercen su acción anticonvulsivante estabilizando la membrana celular y disminuyendo el sodio intracelular, lo cual reduce la excitabilidad del foco epileptógeno. En el tratamiento de la epilepsia de gran mal se utilizan también fenacemida y primidona, mientras que para prevenir o limitar la epilepsia de pequeño mal se prescriben el ácido succínico y sus derivados, el ácido valproico, la parametadiona y diversos barbitúricos.

anticuerpo (Ac) (antibody [Ab]), inmunoglobulina esencial para el sistema inmune, producida por el tejido linfoide en respuesta a la exposición a bacterias, virus o a otras sustancias antigénicas. Cada anticuerpo es específico contra un antígeno. Cada clase de anticuerpos se denomina según su acción. Entre los muchos anticuerpos están las aglutininas, las bacteriolisinas, las opsoninas y las precipitinas.

anticuerpo antimitocondrial (antimitochondrial antibody), anticuerpo que actúa de forma específica contra las mitocondrias. En condiciones normales estos anticuerpos no se hallan presentes en la sangre de los sujetos sanos. Las pruebas de laboratorio capaces de detectar estos anticuerpos en la sangre son útiles para el diagnóstico de las hepatopatías.

anticuerpo antinuclear (AAN) (antinuclear antibody [ANA]), autoanticuerpo que reacciona con el material nuclear. Los anticuerpos antinucleares se hallan en el suero sanguíneo de los pacientes con artritis reumatoide, lupus eritematoso sistémico, síndrome de Sjögren, polimiositis y con diversas enfermedades no reumáticas.

anticuerpo bloqueante (blocking antibody), anticuerpo que no reacciona y no produce aglutinación.

anticuerpo de reacción cruzada (cross-reacting antibody), anticuerpo que reacciona con antígenos similares, pero no idénticos a los antígenos específicos con los cuales reaccionaba originalmente.

anticuerpo frente a las células de los islotes (islet cell antibody), inmunoglobulina que reacciona con el citoplasma de todas las células de los islotes pancreáticos. Estos anticuerpos se encuentran en la mayoría de los pacientes recientemente diagnosticados de diabetes mellitus insulinodependiente.

anticuerpo natural (natural antibody), anticuerpo presente en el suero en ausencia de contacto aparente con un antígeno específico.

anticuerpo reagínico (reaginic antibody), inmunoglobulina IgE presente en cantidades elevadas en individuos con hipersensibilidad.

anticuerpos monoclonales (AbMo) (monoclonal antibodies [Moab]), anticuerpos producidos por un hibridoma o por una fuente celular productora de anticuerpos para un antígeno específico.

anticuerpos monoclonales no conjugados (unconjugated monoclonal antibodies), anticuerpos híbridos con especificidad antigénica simple que se usan en dianas celulares muy selectivas. Estos anticuerpos pueden destruir células malignas por lisis directa mediante su unión a receptores muy específicos y mediante la movilización de células efectoras.

antidepresivo (antidepressant), **1.** relativo a una sustancia o medida que previene o mejora la depresión. **2.** fármaco antidepresivo. Los antidepresivos tricíclicos bloquean la recaptación de los neurotransmisores amínicos, pero se desconoce el mecanismo exacto de la acción antidepresiva de estos fármacos. Los inhibidores de la monoaminooxidasa (IMAO) aumentan la concentración de adrenalina, noradrenalina y serotonina en los lugares de almacenamiento del sistema nervioso.

antidiarreico (antidiarrheal), fármaco u otro tipo de agente que disminuye los síntomas de diarrea. Los antidiarreicos actúan absorbiendo agua del tubo digestivo, alterando la motilidad intestinal, modificando el transporte de electrólitos o bien mediante la adsorción de toxinas o de microorganismos.

antidiurético (antidiuretic), **1.** relativo a la supresión de la producción de orina. **2.** agente antidiurético. La hormona antidiurética (vasopresina), producida en el hipotálamo y almacenada en el lóbulo posterior de la hipófisis, suprime la producción de orina al estimular la reabsorción de agua en los túbulos distales y colectores del riñón.

antídoto (antidote), fármaco u otra sustancia que se opone a la acción de una sustancia tóxica. El antídoto puede actuar recubriendo el estómago para impedir la absorción, neutralizando una toxina o bien oponiéndose a la acción de un agente tóxico.

antídoto fisiológico (physiologic antidote), fármaco que tiene un efecto contrario sobre el organismo al causado por una sustancia venenosa o tóxica.

antídoto químico (chemical antidote), cualquier sustancia que reacciona químicamente con un tóxico para formar un compuesto que es inofensivo.

antídoto universal (universal antidote), mezcla de carbón activado (50%), óxido de magnesio (25%) y ácido tánico (25%) que antiguamente se pensaba que era útil como antídoto para la mayoría de los tipos de ácido, metales pesados, alcaloides y venenos glucósidos.

antiemético (antiemetic), **1.** relativo a una sustancia o procedimiento que previene o atenúa las náuseas y los vómitos. **2.** fármaco o agente antiemético. Los derivados de la belladona, los bromuros, los barbitúricos y otros sedantes, así como las sustancias que protegen la pared del estómago, tales como el agua de cal y los astringentes gástricos suaves, tienen propiedades antieméticas débiles. La clorpromazina y otras fenotiazinas son los antieméticos más eficaces. La escopolamina y los antihistamínicos son útiles para el tratamiento de la cinetosis o enfermedad por movimiento.

antiepiléptico (antiepileptic), v. **anticonvulsivante**.

antiespasmódico (antispasmodic), fármaco u otro tipo de agente que previene los espasmos de la musculatura lisa, como por ejemplo la del útero, el tubo digestivo o el aparato urinario.

antifúngico (antifungal), **1.** relativo a una sustancia que destruye a los hongos o que inhibe su crecimiento o reproducción. **2.** antibiótico antifúngico. La anfotericina B y el ketoconazol, ambos eficaces contra un amplio espectro de hongos, parecen ligarse a los esteroles de la membrana celular del hongo, alterando así su permeabilidad. La griseofulvina, otro agente antifúngico de amplio espectro, se fija a la queratina en formación del huésped, haciéndola resistente a nuevas invasiones micóticas. El miconazol inhibe el crecimiento de los dermatofitos comunes, incluidos los microorganismos levaduriformes tales como *Candida albicans*. La nistatina es eficaz contra las levaduras y los hongos levaduriformes.

antigalactogogo (antigalactic), relativo a un fármaco u otro agente que previene o reduce la secreción de leche en algunas madres que han dado a luz.

antigenicidad (antigenicity), capacidad para dar lugar a la producción de anticuerpos. El grado de antigenicidad depende del tipo y cuantía de la sustancia concreta, de las circunstancias del huésped y de su grado de sensibilidad al antígeno y de su capacidad para producir anticuerpos.

antígeno (antigen), sustancia generalmente proteica, que da lugar a la síntesis de un anticuerpo y reacciona específicamente con el mismo.

antígeno Australia (Australia antigen), antígeno de superficie de la hepatitis B (HBsAg), que se halla en el suero de las personas que padecen una hepatitis sérica aguda o crónica, o en las que son portadoras del virus. La enfermedad puede producirse por concentraciones extremadamente diluidas del antígeno.

antígeno carcinoembrionario (CEA) (carcinoembryonic antigen [CEA]), antígeno presente en los tejidos adultos en cantidades mínimas. Una cantidad mayor de la normal sugiere la existencia de un cáncer.

antígeno de superficie de la hepatitis B (hepatitis B surface antigen), v. **antígeno Australia**.

antígeno leucocitario humano (HLA) (human leukocyte antigen [HLA]), cualquiera de los cuatro marcadores genéticos significativos identificados como loci específicos en el cromosoma 6. Son el HLA-A, HLA-B, HLA-C y HLA-D. Cada locus tiene varios alelos genéticamente determinados, cada uno de los cuales se asocia a ciertas enfermedades o trastornos.

antígeno prostático específico (PSA) (prostatespecific antigen [PSA]), proteína producida por la glándula prostática que puede estar presente en concentraciones elevadas en pacientes con cáncer u otras enfermedades de la próstata.

antígenos de histocompatibilidad (histocompatibility antigens), grupo de antígenos determinados genéticamente presentes en la superficie de muchas células. Los antígenos de histocompatibilidad son los responsables de la mayoría de los rechazos de los injertos.

antiglobulina (antiglobulin), anticuerpo dirigido contra una globulina humana, que se da en condiciones naturales o bien se prepara con animales de laboratorio. Se utilizan antiglobulinas específicas para detectar anticuerpos específicos, como por ejemplo en la tipificación de la sangre.

antihelmíntico (anthelmintic), **1.** relativo o perteneciente a una sustancia que destruye o previene el desarrollo de parasitosis por gusanos tales como los áscaris, las duelas, los esquistosomas, las filarias, los oxiuros, las tenias, los tricocéfalos, las triquinas y las uncinarias. **2.** fármaco antihelmíntico. Un antihelmíntico puede actuar alterando el metabolismo hidrocarbonado de los parásitos, inhibiendo sus enzimas respiratorias, bloqueando su acción neuromuscular o bien puede hacerlos susceptibles a la acción destructiva de los macrófagos del huésped.

antihemorrágico (antihemorrhagic), cualquier fármaco o agente empleado para prevenir o para controlar la hemorragia, como son la tromboplastina y la trombina, que son mediadores del proceso de coagulación de la sangre.

antihidrótico (antihidrotic), agente que inhibe o evita la producción de sudor.

antihipercolesterolémico (antihypercholesterolemic), fármaco que previene o controla el incremento del colesterol en la sangre. Son fármacos de este tipo el clofibrato y el colestipol.

antihipertensivo (antihypertensive), **1.** relativo a una sustancia o procedimiento que reduce la presión arterial elevada. **2.** agente antihipertensivo. Diversos fármacos logran su efecto antihipertensivo disminuyendo las reservas tisulares periféricas de catecolaminas, estimulando a los receptores de presión del seno carotídeo y del corazón, bloqueando los impulsos nerviosos neurovegetativos que generan vasoconstricción, estimulando a los receptores inhibidores centrales alfaadrenérgicos, o bien mediante una acción directa de vasodilatación. Las tiacidas y otros diuréticos reducen la presión arterial disminuyendo el volumen sanguíneo.

antihistamínico (antihistamine), toda sustancia capaz de reducir los efectos fisiológicos y farmacológicos de la histamina. Un gran número de fármacos tiene la capacidad de bloquear los receptores de la histamina, y muchos de ellos se pueden utilizar sin prescripción para el tratamiento de las alergias. Estas sustancias no detienen la liberación de histamina, y no se conocen con exactitud los mecanismos por los cuales actúan sobre el sistema nervioso central (SNC). Los antihistamínicos se clasifican en bloqueantes H_1 y bloqueantes H_2, en función de los efectos de la histamina que bloquean.

antiinfeccioso (antiinfectious), relativo a un agente que previene o cura las infecciones.

antiinflamatorio (antiinflammatory), **1.** relativo a una sustancia o procedimiento que evita o reduce la inflamación. **2.** fármaco o agente antiinflamatorio. La base del efecto antiinflamatorio de los salicilatos y de los antiinflamatorios no esteroideos, tales como la fenilbutazona y la indometacina, parece ser la inhibición de la biosíntesis de prostaglandinas.

antiiniciador (antiinitiator), sustancia potencialmente cocarcinógena, que sin embargo puede proteger a las células contra el desarrollo del cáncer si se administra antes de que se produzca la exposición a un iniciador.

antiinmune (antiimmune), relativo a la prevención o inhibición de la inmunidad.

antileproso (antileprotic), fármaco o agente eficaz en el tratamiento de la lepra.

antilewisita (British antilewisite), v. **dimercaprol**.

antilipidémico (antilipidemic), **1.** relativo a un régimen, dieta o agente que reduce la concentración de los lípidos en el suero. **2.** fármaco empleado para reducir la concentración de los lípidos en el suero.

antimensaje (antimessage), banda de ARN incapaz de actuar como ARNm debido a que su secuencia de codificación es negativa. Para que pueda actuar como mensajero su secuencia debe ser convertida en positiva a través de una transcriptasa viral.

antimetabolito (antimetabolite), fármaco u otra sustancia que es antagonista de un metabolito humano normal o se asemeja a él y que le impide realizar sus funciones, generalmente mediante una acción competitiva sobre los receptores o las enzimas de dicho metabolito.

antimicótico (antimycotic), v. **antifúngico**.

antimicrobiano (antimicrobial), **1.** relativo a una sustancia que destruye microorganismos o que inhibe su crecimiento o su replicación. **2.** agente que destruye microorganismos o que inhibe su crecimiento o su replicación.

antimitótico (antimitotic), relativo a la inhibición de la división celular.

antimonio (antimony), elemento metálico cristalino de color azulado, que se encuentra en la naturaleza libre y formando parte de sales. Diversos compuestos que contienen antimonio se emplean para el tratamiento de la filariasis, la leishmaniasis, el linfogranuloma, la esquistosomiasis y la tripanosomiasis y como agentes eméticos.

antimorfo (antimorph), gen mutante que inhibe o se opone a la influencia normal de su alelo en la expresión de un rasgo determinado.

antimuscarínico (antimuscarinic), que inhibe la estimulación de los receptores parasimpáticos posganglionares.

antimutágeno (antimutagen), toda sustancia que reduce la tasa de mutaciones espontáneas o que neutraliza o revierte la acción de un mutágeno.

antineoplásico (antineoplastic), **1.** relativo a una sustancia, procedimiento o medida que previene la proliferación de las células malignas. **2.** agente quimioterápico que controla o destruye las células cancerosas. Los fármacos empleados en el tratamiento del cáncer son citotóxicos, pero generalmente son más lesivos sobre las células en división que sobre las células que se hallan en estado de reposo. Los agentes antineoplásicos específicos de ciclo actúan con mayor eficacia sobre las células en fase de proliferación que sobre las células en fase de reposo, y los agentes específicos de fase son más activos durante una fase específica del ciclo celular. La mayoría de los fármacos antineoplásicos impide la proliferación celular por diversos mecanismos de inhibición de la síntesis de ADN.

antioxidante (antioxidant), agente químico o de otra índole que inhibe o retrasa la oxidación de una sustancia a la que se añade. Son sustancias antioxidantes el hidroxianisol butilado (HAB) y el hidroxitolueno butilado (HTB), que se añaden a los alimentos que contienen grasas o aceites para prevenir que el oxígeno se combine con las moléculas grasas, evitando así que se vuelvan rancios.

antipalúdico (antimalarial), **1.** relativo a las sustancias que destruyen o suprimen el desarrollo de plasmodios, o a un procedimiento que extermina los mosquitos vectores de la enfermedad, como son los insecticidas en aerosol o los sistemas de drenaje de los pantanos. **2.** fármaco antipalúdico, que destruye o previene el desarrollo de plasmodios en el huésped humano.

antiparalelismo (antiparallel), (en genética molecular) situación en la que moléculas, como pueden ser las hebras de ADN, están dispuestas en paralelo, pero dirigidas en sentido opuesto.

antiparasitario (antiparasitic), **1.** relativo a una sustancia o procedimiento que destruye los parásitos o inhibe su crecimiento o reproducción. **2.** fármaco antiparasitario, como son los amebicidas, los antihelmínticos, los antipalúdicos, los esquistosomicidas, los tricomonicidas y los tripanosomicidas.

antiparkinsoniano (antiparkinsonian), relativo o concerniente a una sustancia o a un procedimiento aplicado para el tratamiento de la enfermedad de Parkinson. Los fármacos empleados en este trastorno neurológico son de dos tipos: los que compensan la falta de dopamina en el cuerpo estriado de los enfermos y los agentes anticolinérgicos, que se oponen a la actividad de la abundante acetilcolina presente en el estriado.

antipatía (antipathy), sentimiento fuerte de aversión o antagonismo hacia objetos, individuos o sustancias determinadas.

antiperistáltico (antiperistaltic), **1.** relativo a una sustancia que inhibe o que disminuye el peristaltismo. **2.** fármaco antiperistáltico. Los narcóticos, como el paregórico, el clorhidrato de difenoxilato y el clorhidrato de loperamina, son agentes antiperistálticos empleados en el tratamiento sintomático de la diarrea. Los fármacos anticolinérgicos (parasimpaticolíticos) reducen los espasmos de la musculatura lisa intestinal y se prescriben a menudo para disminuir la motilidad GI excesiva.

antipiresis (antipyresis), tratamiento para reducir o aliviar la fiebre.

antipirético (antipyretic), **1.** relativo a una sustancia o procedimiento que disminuye la fiebre. **2.** agente antipirético. Estos fármacos generalmente disminuyen el umbral de detección térmica del centro termorregulador del hipotálamo, dando lugar a vasodilatación y sudoración. Se puede descender la temperatura elevada mediante un baño de esponja con alcohol tibio o sumergiéndose en agua templada, mientras que otras veces, cuando la fiebre es alta y prolongada, es útil emplear una manta refrigerante.

antipirótico (antipyrotic), relativo al tratamiento de quemaduras o escaldaduras.

antiprotoplásmico (antiprotoplasmatic), relativo a los agentes que lesionan el protoplasma de las células.

antipruriginoso (antipruritic), **1.** relativo a una sustancia o procedimiento que tiende a mejorar o a prevenir el prurito. **2.** fármaco antipruriginoso. Como agentes antipruriginosos se utilizan anestésicos tópicos, corticosteroides y antihistamínicos.

antipsicótico (antipsychotic), **1.** relativo a una sustancia o procedimiento que se opone o disminuye los síntomas de una psicosis. **2.** fármaco antipsicótico. Los derivados de las fenotiazinas son los antipsicóticos que se prescriben con más frecuencia en el tratamiento de la esquizofrenia y de otros trastornos afectivos mayores.

antipsoriásico (antipsoriatic), relativo a un producto que alivia los síntomas de la psoriasis.

antirraquítico (antirachitic), relativo a un agente utilizado para el tratamiento del raquitismo.

antirreumático (antirheumatic), relativo al alivio de los síntomas de cualquier enfermedad dolorosa o inmovilizante del sistema musculosquelético.

antiseborreico (antiseborrheic), relativo a un fármaco u otro agente que se aplica sobre la piel para controlar la seborrea o la dermatitis seborreica.

antisentido (antisense), (en genética molecular) molécula de ARN complementaria de la molécula de ARNm (sentido) producida por la transcripción de un determinado gen. Las hebras antisentido de muchos genes han sido sintetizadas en el laboratorio, y son útiles porque hibridan con la hebra sentido del ARNm y bloquean su traducción en aminoácidos y proteínas.

antisepsia (antisepsis), destrucción de los microorganismos para evitar la infección.

antiséptico (antiseptic), **1.** que tiende a inhibir el crecimiento y la reproducción de los microorganismos. **2.** sustancia que tiende a inhibir el crecimiento y la reproducción de los microorganimos.

antisialogogo (antisialogogue), fármaco que reduce la secreción de saliva.

antisuero (antiserum, *pl.* **antisera, antiserums**), suero animal o humano que contiene anticuerpos contra una enfermedad específica, que se utilizan para proporcionar inmunidad pasiva frente a dicha enfermedad. Los antisueros no dan lugar a la producción de anticuerpos. Existen dos tipos de antisueros. Las antitoxinas son antisueros que neutralizan las toxinas producidas por bacterias específicas, sin destruir las bacterias. Los sueros antimicrobianos destruyen las bacterias, aumentando su sensibilidad a la acción de los leucocitos.

antisuero Rh (Rh antisuerum), suero que contiene anticuerpos anti-Rh.

antitérmico (antithermic), v. **antipirético**.

antitoxina (antitoxin), subgrupo de antisueros que se prepara generalmente a partir de sueros de caballos inmunizados contra un determinado microorganismo productor de toxinas, como la antitoxina botulínica, que se utiliza con fines terapéuticos en el botulismo, y las antitoxinas tetánica y diftérica, que se administran como medida profiláctica para evitar estas infecciones.

antitoxina contra la araña viuda negra (black widow spider antivenin), agente de inmunización pasiva prescrito en el tratamiento de la picadura por viuda negra.

antitoxina diftérica (diphtheria antitoxin), antitoxina que se prepara inmunizando caballos con toxoide diftérico y extrayendo el suero, que se estandariza en cuanto a potencia y calidad.

antitoxina tetánica (ATT) (tetanus antitoxin [TAT]), suero inmune tetánico que neutraliza las exotoxinas de la infección tetánica. Se prescribe para la inmunización a corto plazo contra el tétanos después de la posible exposición al organismo y en el tratamiento del tétanos.

antitripsina (antitrypsin), proteína sintetizada en el hígado, que bloquea la acción de la tripsina y de otras enzimas proteolíticas.

antituberculoso (antitubercular), cualquiera de los fármacos utilizados en el tratamiento de la tuberculosis. La tuberculosis pulmonar requiere la administración de al menos dos fármacos, y generalmente tres, en diversas combinaciones.

antitusígeno (antitussive), **1.** relativo a una sustancia o procedimiento que actúa contra la tos. **2.** miembro de un extenso grupo de fármacos narcóticos y no narcóticos que actúan sobre los sistemas nerviosos central y periférico para suprimir el reflejo de la tos. Dado que este reflejo es necesario para eliminar las secreciones que pueden obstruir las vías respiratorias superiores, debe evitarse administrar antitusígenos cuando existe tos productiva.

antiveneno (antivenin), suspensión de anticuerpos neutralizantes de veneno que se obtiene de suero de caballos inmunizados. El antiveneno confiere inmunidad pasiva y forma parte de los primeros auxilios de urgencia que se deben administrar en casos de mordeduras de serpientes y de picaduras de insectos.

antiviral (antiviral), que destruye los virus.

antivitamina (antivitamin), sustancia que inactiva a una vitamina.

antracosis (anthracosis), enfermedad pulmonar crónica que afecta a los mineros del carbón. Se caracteriza por el depósito de polvo de carbón en los pulmones con formación de nódulos negros en los bronquiolos y lleva al desarrollo de un enfisema focal.

antracosis lingual (anthracosis linguae), micosis de la lengua.

antralina (anthralin), antipsoriásico de aplicación tópica que se prescribe para el tratamiento de la psoriasis y de la dermatitis crónica.

ántrax (carbuncle), infección estafilocócica importante que forma un absceso profundo con material purulento localizado en varios compartimientos interconectados. En ocasiones se abre hacia la superficie cutánea supurando. Las localizaciones más habituales son el dorso del cuello y los glúteos.

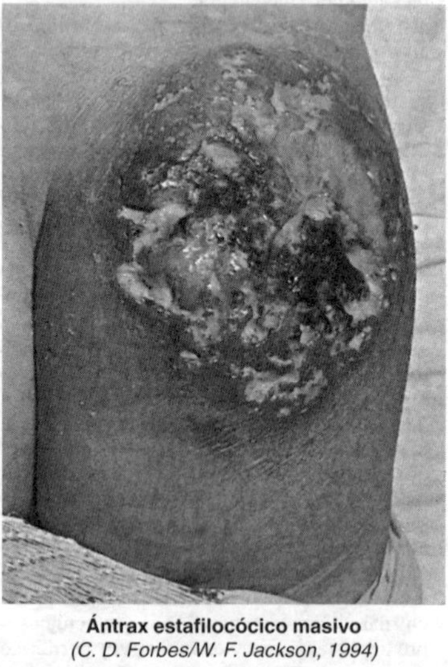

Ántrax estafilocócico masivo
(C. D. Forbes/W. F. Jackson, 1994)

antro cardial (antrum cardiacum), dilatación que existe entre el esófago y el estómago, localizada exactamente en el punto en el que se sitúa el esfínter del cardias.

antro de Highmore (antrum of Highmore), seno del maxilar superior que comunica con las fosas nasales.

antro timpánico (tympanic antrum), cavidad relativamente grande, irregular, situada en la región superoanterior de la apófisis mastoides del hueso temporal, que se comunica con las celdillas aéreas mastoideas y que está cubierta por una extensión de la mucosa de la cavidad timpánica.

antropoide (anthropoid), término aplicado generalmente a los monos que se asemejan al hombre o a otros primates. Término utilizado también para describir una determinada clase de pelvis en ginecología y obstetricia.

antropología (anthropology), ciencia de los seres humanos, desde sus características de tipo animal a sus aspectos sociales y del entorno.

antropometría (anthropometry), ciencia que se ocupa de las medidas del cuerpo humano, tales como la altura, el peso y el tamaño de las partes que lo componen, así como la longitud de los pliegues cutáneos, con objeto de estudiar y de comparar sus proporciones relativas en circunstancias normales y anormales.

anular (anular), término que describe una lesión en forma de anillo que rodea un área de piel normal no afectada.

anuresis (anuresis), v. **anuria**.

anuria (anuria), incapacidad para orinar, interrupción de la producción de orina o producción de un volumen inferior a 100-250 ml por día. La anuria puede deberse a insuficiencia o disfunción renal, a un descenso de la presión sanguínea por debajo de los valores necesarios para mantener la presión de filtración renal o bien a una obstrucción de las vías urinarias. Aunque es posible vivir hasta 2 semanas en estado de anuria, puede sobrevenir la muerte en las 24 horas siguientes a la pérdida total de la función urinaria. Algunos tipos de anuria son: **anuria angioneurótica, anuria obstructiva, anuria por cálculos, anuria posrenal, anuria prerrenal** y **anuria renal**.

anxietas (anxietas), estado de ansiedad, nerviosismo o intranquilidad que se suele acompañar de sensación de opresión en el epigastrio. Son tipos de anxietas la **anxietas presenil** y el **síndrome de las piernas inquietas**.

anxietas presenil (anxietas presenilis), estado de extrema ansiedad que se asocia con el climaterio.

anxietas tibiarum (anxietas tibiarum), v. **síndrome de las piernas inquietas**.

añublo (blight), cualquier enfermedad de las plantas causada por hongos.

aorta (aorta), tronco principal del sistema circulatorio arterial, que se divide en cuatro partes: aorta ascendente, cayado aórtico, aorta descendente torácica y aorta descendente abdominal. Se origina en el orificio aórtico del ventrículo izquierdo, donde su diámetro es de aproximadamente 3 cm, tiene un corto recorrido ascendente hacia el cuello, se dirige hacia la izquierda y hacia atrás por encima del bronquio principal izquierdo, desciende a lo largo del tórax situada a la izquierda de la columna vertebral y cruza el hiato aórtico del diafragma para entrar en la cavidad abdominal.

aorta abdominal (abdominal aorta), porción de la aorta descendente que discurre por el abdomen a partir del hiato aórtico del diafragma. Irriga muy diversas partes del cuerpo, entre ellas los testículos, los ovarios, los riñones y el estómago. Sus ramas son el tronco celíaco, las arterias mesentérica superior, mesentérica inferior, suprarrenales superior, media e inferior, renales, espermáticas, ováricas, diafragmática inferior, lumbares, sacra media e ilíacas primitivas.

aorta ascendente (ascending aorta), uno de los cuatro segmentos principales de la aorta, del cual se originan las arterias coronarias derecha e izquierda. Estas arterias parten de la válvula semilunar del orificio aórtico del corazón, se incurvan hacia la derecha cerca del borde craneal del segundo cartílago costal derecho y discurren a una profundidad de aproximadamente 6 cm respecto a la superficie dorsal del esternón.

aorta descendente (descendent aorta), porción principal de la aorta, que consta de aorta torácica y aorta abdominal, continúa el cayado aórtico a lo largo del tronco e irriga muchos componentes del organismo, como esófago, ganglios linfáticos, costillas y estómago.

aorta torácica (thoracic aorta), región superior de la aorta descendente que comienza en el borde inferior de la cuarta vértebra dorsal, se divide en siete ramas e irriga muchas partes del cuerpo, tales como el corazón, las costillas, los músculos torácicos y el estómago.

aortitis (aortitis), inflamación de la aorta, que se observa sobre todo en la sífilis terciaria y, en algunas ocasiones, en la fiebre reumática. La **aortitis reumática** y la **aortitis sifilítica** son formas de aortitis.

Aortitis y ateroma sifilíticos
(A. Stevens/J. Lowe, 1996)

aortitis luética (luetic aortitis), v. **aortitis sifilítica**.

aortitis reumática (rheumatic aortitis), enfermedad inflamatoria de la aorta, que se produce en la fiebre reumática y que se caracteriza por lesiones focales diseminadas que progresivamente pueden ir formando placas de fibrosis.

aortitis sifilítica (syphilitic aortitis), proceso inflamatorio de la aorta, que se produce en la sífilis terciaria y se caracteriza por dilatación difusa de la arteria, con placas grisáceas, papuliformes, que contienen calcio en la túnica interna y cicatrices y arrugas en la túnica externa. La capa media de la pared vascular suele estar infiltrada por células plasmáticas y contiene fragmentos de tejido elástico dañado y numerosos vasos sanguíneos neoformados. Puede haber lesión de las valvas aórticas, estrechamiento de los orificios de las arterias coronarias y formación de trombos. Como consecuencia de ello pueden producirse embolias cerebrales. Son signos de aortitis sifilítica: dolor subesternal, disnea, pulso saltón y elevación de la presión arterial sistólica.

aortografía (aortography), técnica radiográfica en la que se inyectan diversos medios de contraste para poder visualizar la aorta y sus ramas.

aortografía abdominal (abdominal aortography), procedimiento que permite obtener una radiografía de la aorta abdominal utilizando un medio de contraste radiopaco.

aortograma (aortogram), imagen radiográfica de la aorta hecha tras la inyección de un medio de contraste radiopaco en la sangre.

aosmia (aosmic), v. **anosmia**.

AP (AP), abreviatura de **anteroposterior**.

AP (PA), abreviatura de **arteria pulmonar**.

aparato (apparatus), dispositivo o sistema compuesto de diferentes partes que actúan conjuntamente para realizar una determinada función, como el aparato de fijación o tejidos que sirven de soporte a los dientes.

aparato circulatorio (circulatory system), red de canales a través de los cuales circulan los líquidos nutritivos del organismo.

aparato de Abbé-Zeiss (Abbé-Zeiss apparatus) [Abbé; Carl Zeiss, óptico alemán, n. 1816], aparato para calcular el número de células sanguíneas presentes en una cantidad determinada de sangre.

aparato de aspiración de moco con válvula (mucus trap suction apparatus), sonda que presenta una válvula que evita que el moco aspirado de la nasofaringe y tráquea del neonato penetre en la boca de la persona que maneja el aparato.

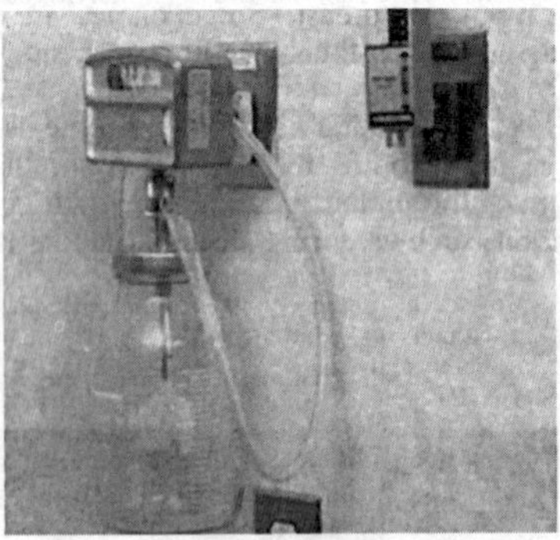

Aparato de aspiración
(Sorrentino, 1992)

aparato de fijación (attachment apparatus), conjunto de tejidos que revisten y sirven de soporte a los dientes, como el cemento, el ligamento periodontal y el hueso alveolar.

aparato de Golgi (Golgi apparatus) [Camilo Golgi, anatomista italiano, n. 1844], estructura membranosa múltiple presente en la mayoría de las células, compuesta por distintos elementos asociados a la formación de las cadenas laterales hidrocarbonadas de las glucoproteínas, mucopolisacáridos y otras sustancias.

aparato de Jackson (Jackson crib), aplicador ortodóncico extraíble que se mantiene en posición mediante alambres en forma de cesto.

aparato de ortodoncia fijado con clavijas y tubos (pin and tube fixed orthodontic appliance), aparato de ortodoncia para corregir y mejorar la maloclusión. Utiliza un arco labial con postes verticales que se introducen en tubos fijados a bandas situadas sobre los dientes.

aparato de Wangensteen (Wangensteen apparatus) [Owen H. Wangensteen, cirujano norteamericano, n. 1898], sonda gastroduodenal y aparato de aspiración utilizados para el drenaje constante y suave y para la descompresión del estómago o del duodeno.

aparato dental (dental appliance), cualquier dispositivo utilizado por el odontólogo con un propósito específico, como un aparato de ortodoncia para corregir la maloclusión.

aparato extraíble de ortodoncia (removable orthodontic appliance), aparato que se coloca dentro de la boca para corregir o reducir la maloclusión, que ha sido diseñado para que pueda ser extraído y vuelto a colocar por el paciente.

aparato genitourinario (genitourinary system), v. **aparato urogenital**.

aparato lagrimal (lacrimal apparatus), red de estructuras oculares que segregan lágrimas y las drenan desde la superficie del globo ocular. Está constituido por las glándulas lagrimales, los sacos lagrimales y los conductos nasolagrimales.

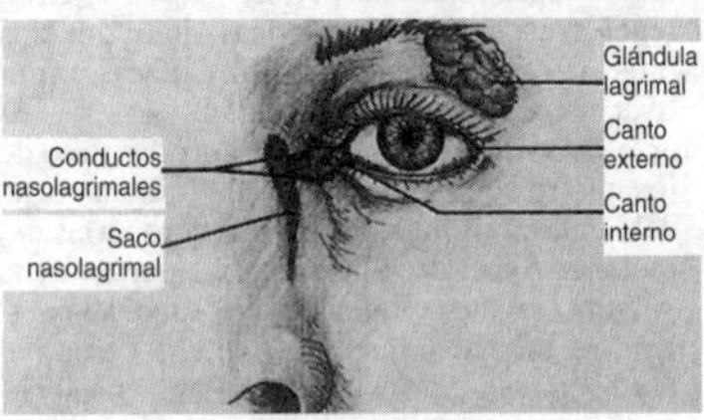

Aparato lagrimal
(Potter, 1993)

aparato masticatorio (masticatory system), combinación de órganos, estructuras y nervios implicados en la masticación. Está constituido, aunque no exclusivamente, por los maxilares, los dientes y sus estructuras de soporte, la musculatura mandibular, las articulaciones temporomandibulares, la lengua, los labios, las mejillas, la mucosa bucal y los nervios craneales.

aparato ortodóncico (orthodontic appliance), cualquier dispositivo utilizado para modificar la posición dental. Estos dispositivos pueden ser fijos, movibles, activos, de retención, intraorales y extraorales.

aparato ortodóncico de retención (retaining orthodontic appliance), aparato ortodóncico para mantener el diente en su lugar, después de las movilizaciones ortodóncicas del diente, hasta que se estabiliza la oclusión.

aparato ortodóncico extraoral cervical de Kloehn (Kloehn cervical extraoral orthodontic appliance), dispositivo de tracción cervical extraoral para corregir o mejorar la maloclusión.

aparato ortodóncico fijado mediante alambres gemelos (twin-wire fixed orthodontic appliance), aparato ortodóntico que emplea un par de alambres de 0,25 mm para formar la sección media del alambre para arcadas. Se utiliza para corregir o mejorar la maloclusión.

aparato ortodóncico fijo con alambre recto (straight wire fixed orthodontic appliance), aparato ortodóncico utilizado para corregir y mejorar la maloclusión. Está diseñado para reducir los ajustes del alambre para arcos mediante la reorientación de sus ranuras.

aparato ortodóncico labiolingual fijo (labiolingual fixed orthodontic appliance), aparato de ortodoncia para corregir o mejorar una maloclusión, que se caracteriza por la presencia de un anclaje a los primeros molares permanentes superiores e inferiores y por arcos labiales y linguales.

aparato respiratorio (respiratory system), v. **tracto respiratorio**.

aparato urinario (urinary system), conjunto formado por todos los órganos implicados en la producción y eliminación de la orina, como los riñones, los uréteres, la vejiga y la uretra.

aparato urogenital (urogenital system), órganos urinarios y genitales y estructuras asociadas que se desarrollan en el feto para formar los riñones, los uréteres, la vejiga, la uretra y las estructuras genitales en los hombres y en las mujeres.

aparato vestibular (vestibular apparatus), conjunto de estructuras del oído interno asociadas al equilibrio y al sentido de la posición. Está formado por el vestíbulo y los canales semicirculares.

aparato vocal (vocal apparatus), conjunto de cavidades laríngea, faríngea, oral y nasal, que participan en la producción del sonido.

apareamiento (mating), emparejamiento de dos individuos de sexo opuesto, fundamentalmente con propósitos reproductores.

apareamiento concordante (assortive mating), emparejamiento de machos y hembras para la reproducción de forma que se evite la selección aleatoria.

apareamiento de bases (base pairing), (en genética molecular) asociación en los ácidos nucleicos de las bases púricas adenina y guanina con las bases pirimidíninas citosina, timina y uracilo.

apareunia (apareunia), incapacidad para tener relaciones sexuales debido a la existencia de una disfunción sexual física o psicológica.

apatía (apathy), ausencia o supresión de emociones, de sentimientos, de preocupaciones o de pasiones; indiferencia ante circunstancias y acontecimientos que generalmente son excitantes o conmovedores.

apatito (apatite), mineral inorgánico compuesto de calcio y de fosfato, que se halla en los huesos y en los dientes.

apéndice (appendix, *pl.* **appendixes, appendices**), **1.** parte accesoria de una estructura principal. **2.** v. **apéndice vermiforme**.

apéndice ciego (cecal appendix), v. **apéndice vermiforme**.

apéndice del epidídimo (appendix epididymidis), estructura quística que a veces se observa en la cabeza del epidídimo. Representa un vestigio del mesonefros.

apéndice ensiforme (ensiform process), v. **apéndice xifoides**.

apéndice vermiforme (vermiform appendix), prolongación roma, en forma de gusano, que se extiende desde el ciego. Su longitud varía entre 7 y 15 cm y tiene un diámetro aproximado de 1 cm.

apéndice vesicular (vesicular appendix), estructura quísFalopio. Representa un vestigio de los condutica en el extremo franjeado de cada una de las trompas de ctos mesonéfricos.

apéndice xifoides (xiphoid process), la más pequeña de las tres partes del esternón, que se articula en su región superior con el cuerpo del esternón y lateralmente con la séptima costilla.

apendicectomía (appendectomy), extirpación quirúrgica del apéndice vermiforme a través de una incisión en el cuadrante inferior derecho del abdomen. La operación se realiza en las apendicitis agudas para extirpar el apéndice inflamado antes de que se rompa; también se lleva a cabo con carácter profiláctico en el curso de otras intervenciones quirúrgicas abdominales.

apéndices epiploicos (appendix epiploica, *pl.* **appendices epiploicae**), almohadillas grasas distribuidas por el peritoneo a lo largo del colon y de la porción superior del recto, especialmente en el colon transverso y en el sigma.

apendicitis (appendicitis), inflamación generalmente aguda del apéndice vermiforme que si no se diagnostica a tiempo da lugar a perforación y peritonitis. El síntoma más frecuente es dolor constante en el cuadrante inferior derecho del abdomen alrededor del punto de McBurney; el paciente describe su comienzo como un dolor intermitente localizado en el mesogastrio. Para aliviar el dolor el enfermo dobla sus rodillas, lo cual disminuye la tensión de la musculatura abdominal. La apendicitis se caracteriza por vómitos, fiebre de bajo grado entre 37,2 ºC y 38,8 ºC, leucocitosis, dolor de rebote y disminución o ausencia de ruidos intestinales. La apendicitis es más frecuente en adolescentes y adultos jóvenes, con predominio del sexo masculino. La **apendicitis crónica** es un tipo de apendicitis.

apendicular (appendiceal), relativo al apéndice vermiforme.

apepsia (apepsia), trastorno debido a una mala función digestiva.

apercepción (apperception), **1.** percepción o reconocimiento mental. **2.** (en psicología) proceso consciente que consiste en comprender y percibir experiencias, emociones y memorias, sobre la base de los conocimientos previos de la persona.

aperistaltismo (aperistalsis), ausencia de las ondas normales de contracción y relajación que desplazan el contenido del tubo digestivo a lo largo del mismo.

aperitivo (aperitive), estimulante del apetito.

apetito (appetite), deseo natural o instintivo, como las ganas de comer.

ápex (apex, *pl.* **apices**), el vértice, extremo o punta de una estructura, como el ápex de las cúspides dentarias.

apexcardiograma (apexcardiogram), representación gráfica de las pulsaciones del tórax que se halla por encima del corazón, en la región del ápex cardíaco.

apexificación (apexification), proceso a través del cual se induce el desarrollo de las raíces dentarias o el cierre de los vértices de las raíces por el depósito de un tejido duro.

apexígrafo (apexigraph), (en odontología) dispositivo empleado para determinar la posición de los vértices de las raíces dentarias.

APGAR familiar (family APGAR), sistema de terapia familiar en el que APGAR es el acrónimo formado por la primera letra de cinco palabras: adaptabilidad, participación, crecimiento (*growth*), afectividad y resolución. Cada miembro de la familia indica su grado de satisfacción puntuando de 0 a 2 cada categoría. El sistema se emplea sobre todo en estudios de familias con un miembro en edad geriátrica.

apical (apical), **1.** relativo o concerniente a la cúspide o ápex. **2.** relativo o concerniente al extremo de una raíz dentaria.

apicectomía (apicoectomy), extirpación quirúrgica del ápex o de la porción apical de la raíz de un diente, que se realiza generalmente junto con un curetaje apical o con tratamiento del canal radicular.

apirexia (apyrexia), ausencia o remisión de la fiebre.

apituitarismo (apituitarism), ausencia o pérdida de función de la hipófisis.

aplasia (aplasia), **1.** fallo durante el desarrollo que da lugar a la ausencia de un órgano o tejido. **2.** en hematología, fallo en el proceso normal de generación y desarrollo celular.

aplasia cutis congénita (aplasia cutis congenita), ausencia congénita de un área localizada de la piel. El defecto suele estar cubierto por una membrana delgada y translúcida o por un tejido cicatricial, o puede quedar al descubierto y ulcerarse.

aplicación (application), procedimiento informático o problema que va a ser procesado, como las nóminas, el inventario, los datos de los pacientes, la programación de procedimientos o de actividades, las necesidades y el control de farmacia, el registro de las notas de enfermería o los planes de asistencia sanitaria.

apnea (apnea), ausencia de respiración espontánea. Algunos tipos de apnea son: **apnea cardíaca, apnea de deglución, apnea del sueño, apnea periódica del recién nacido, apnea primaria, apnea refleja** y **apnea secundaria**.

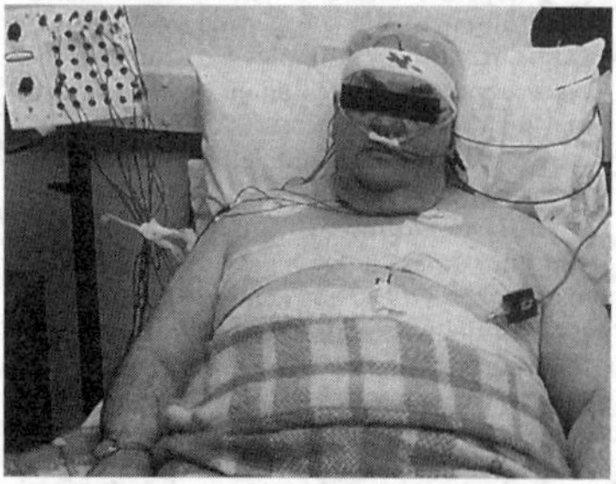

Investigación de una apnea del sueño en un laboratorio de sueño
(C. D. Forbes/W. F. Jackson, 1994)

apocrino (apocrine), **1.** relativo a una glándula que pierde parte de su sustancia con la secreción. **2.** relativo a las glándulas sudoríparas, que generalmente se localizan en áreas cubiertas de pelo.

apoenzima (apoenzyme), enzima sin cofactores asociados o sin la totalidad de sus cofactores o grupos prostéticos.

apofisario (apophyseal), relativo a una apófisis.

apófisis (apophysis), toda pequeña proyección o apéndice; se aplica a las que presentan los huesos.

apofisitis (apophysitis), inflamación de una apófisis.

apogeo (apogee), el clímax de una enfermedad o el período de signos y de síntomas más graves, que se suele seguir de una fase de crisis.

apolipoproteína (apolipoprotein), el componente proteico de las lipoproteínas.

aponeurosis (aponeurosis, *pl.* **aponeuroses**), vaina robusta de tejido conectivo fibroso que actúa como tendón de inserción de los músculos al hueso o como fascia que mantiene unidos los músculos.

apoplejía (apoplexy), **1.** *obsoleto*, accidente cerebrovascular que conduce a una parálisis. **2.** hemorragia en el interior de un órgano.

apoplejía intestinal (intestinal apoplexy), oclusión súbita de una de las tres arterias principales del intestino, por un émbolo o un trombo. Este proceso lleva rápidamente a la necrosis del tejido intestinal, y a menudo tiene un desenlace mortal.

apoproteína (apoprotein), cadena polipeptídica que no se ha unido aún a su grupo prostético específico.

aporte dietético (dietary allowances), cantidades recomendadas por la *Food and Nutrition Board del National Research Council* para los nutrientes esenciales, que sirve de guía para mantener una buena nutrición de los individuos sanos. En general, las cantidades recomendadas superan la media de las necesidades nutritivas, pero son inferiores a las cantidades necesarias en caso de enfermedad o insuficiencia.

aportes dietéticos recomendados (ADR) (recommended dietary allowance [RDA]), cantidad de nutrientes, especialmente kilocalorías, proteínas, vitaminas y minerales, recomendada como parte necesaria de la ingesta diaria de alimentos de una persona para mantener un estado de salud correcto.

aposición (apposition), colocación de elementos en estrecha proximidad, como las capas de tejidos celulares o las superficies yuxtapuestas y adyacentes una a otra.

apósito (dressing), vendaje limpio o estéril que se aplica directamente sobre un tejido herido o enfermo, para proteger de traumatismos, administrar medicamentos, mantener limpia la herida o detener la hemorragia. Algunos tipos de apósito son: **apósito absorbente, apósito antiséptico, apósito compresivo** y **apósito oclusivo**.

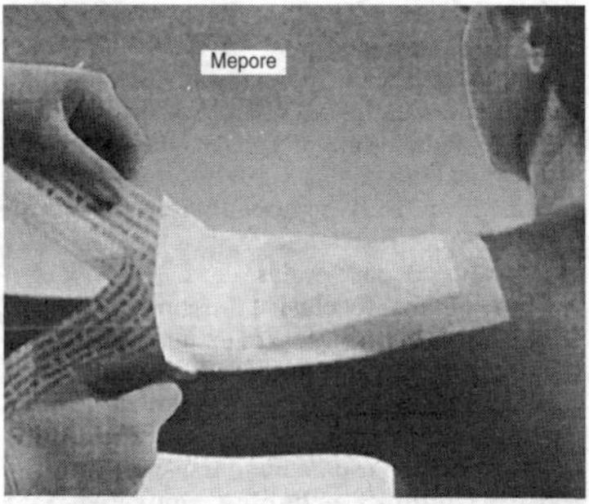

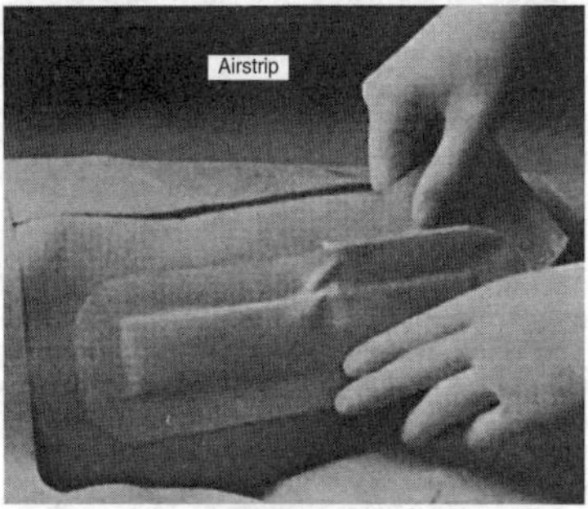

Apósitos sencillos
(Morison, 1992)

apósito absorbente (absorbent dressing), tejido de cualquier material que se aplica sobre una herida o incisión para absorber las secreciones.

apósito absorbente adhesivo (adhesive absorbent dressing), apósito absorbente con un cobertor adhesivo.

apósito antiséptico (antiseptic dressing), apósito tratado con un agente antiséptico, germicida o bacteriostático, que se aplica sobre una herida o sobre una incisión para prevenir o para tratar una infección.

apósito compresivo (pressure dressing), apósito aplicado con fuerza para ejercer presión, habitualmente con fines hemostáticos en una herida.

apósito fijo (fixed dressing), apósito, normalmente realizado con gasa impregnada con un agente endurecedor, como escayola, silicato sódico, almidón o dextrina, que se aplica para sujetar o inmovilizar una parte del cuerpo.

apósito húmedo (wet dressing), apósito humedecido utilizado para aliviar los síntomas de algunas enfermedades cutáneas. A medida que la humedad se evapora, enfría y seca la piel, ablanda la sangre y los exudados secos y estimula el drenaje.

apósito no adhesivo (nonadherent dressing), vendaje que no se adhiere por lo general a las secreciones de las heridas secas.

apósito oclusivo (occlusive dressing), apósito que evita la entrada de aire en una herida o lesión y que retiene la humedad, el calor, los líquidos corporales y la medicación. Puede estar elaborado con una lámina de plástico delgado fijada con esparadrapo transparente.

apósito rígido desechable (removable rigid dressing), apósito similar a una escayola utilizado para revestir el muñón de un miembro amputado. Habitualmente se aplica para permitir el ajuste de una prótesis temporal, de forma que puedan empezar a deambular inmediatamente después de la intervención.

apósito seco (dry dressing), apósito simple, que no lleva medicación y se aplica directamente sobre una incisión o herida para evitar su contaminación o traumatismo o para absorber sus secreciones.

apoyar (support), sostener, sujetar o mantener en una posición o situación deseada, como en el caso del apoyo físico a los músculos abdominales con una faja de Sculteto o del apoyo emocional a un paciente con estrés.

apoyo (support), ayuda prestada para sostener, sujetar o mantener en una posición o situación deseada, como apoyo físico, apoyo emocional o apoyo vital.

apoyo circunstancial (situational supports), personas que están disponibles y con las cuales se puede contar para ayudar a un paciente a resolver sus problemas.

apoyo emocional (emotional support), enfoque sensible, comprensivo, que ayuda al paciente a aceptar y sobrellevar su enfermedad, comunicar su ansiedad y miedos a obtener un cierto bienestar gracias al trato amable y simpático de la persona encargada de atenderle, lo que aumenta su capacidad para cuidar de sí mismo.

apoyo medio (midstance), una de las cinco fases de la fase de estancia de la marcha, directamente asociada con el período de apoyo del peso del cuerpo en una sola pierna, durante la cual el cuerpo avanza sobre el pie estacionado.

apraxia (apraxia), alteración de la capacidad para manipular objetos o para realizar actos con una finalidad determinada. Este trastorno es fundamentalmente neurológico, pero se manifiesta de diversas formas. La **apraxia ideatoria** se caracteriza por una incapacidad para utilizar un objeto debido a la falta de percepción sobre su uso. La **apraxia motora** se caracteriza por una incapacidad para utilizar un objeto o para realizar una tarea, sin que exista pérdida de la percepción sobre el uso del objeto o sobre el objetivo de la tarea. La **apraxia amnésica** se caracteriza por incapacidad para realizar una actividad determinada, por no poder recordar la orden de llevarla a cabo. La apraxia del lenguaje es un trastorno del habla causado por una lesión cerebral que da lugar a una incapacidad para programar la posición de los músculos del lenguaje y la secuencia de movimientos de los mismos, que son precisos para que el lenguaje resultante sea comprensible.

aprendizaje (learning), **1.** acto o proceso de adquisición de conocimientos o de alguna habilidad por medio del estudio, práctica o experiencia. **2.** (en psicología), modificación de la conducta mediante la práctica, experiencia y entrenamiento.

aprendizaje afectivo (affective learning), adopción de conductas que sirven para expresar los sentimientos a través de actitudes, apreciaciones y valoraciones.

aprendizaje cognitivo (cognitive learning), **1.** aprendizaje relacionado con la adquisición de la capacidad de resolución de problemas y con la inteligencia y el pensamiento consciente. **2.** teoría que define el aprendizaje como un cambio de conducta basado en la adquisición de información a partir del entorno.

aprendizaje de hábitos (habit training), proceso de enseñar a un niño cómo adaptarse a las demandas del mundo exterior formándolo en ciertos hábitos, fundamentalmente en los relacionados con la alimentación, el sueño, las eliminaciones corporales y el vestido.

aprendizaje latente (latent learning), aprendizaje que se adquiere de manera no intencionada. Permanece oculto o latente en el subconsciente y aflora cuando se necesita.

aprendizaje psicomotor (psychomotor learning), adquisición de la capacidad para ejecutar habilidades motoras.

aprobarbital (aprobarbital), barbitúrico de acción intermedia que se utiliza como sedante-hipnótico para lograr la sedación y la inducción del sueño a corto plazo.

aprosodia (aprosody), defecto del lenguaje caracterizado por la ausencia de las variaciones normales en el tono, intensidad y ritmo que acompañan a la formación de las palabras.

aprosopia (aprosopia), anomalía congénita que se caracteriza por la ausencia parcial o total de las estructuras faciales. Esta alteración se asocia habitualmente con otras malformaciones.

aproximación (rapprochement), (en psicología) tercera subfase de la fase separación-individualización del sistema de desarrollo preedípico de Mahler. Esta fase se caracteriza por el redescubrimiento de la madre después de la subfase de separación inicial.

aproximador (approximator), instrumento médico que se emplea para unir los bordes de tejidos seccionados o separados, como cuando se cierra una herida o cuando se repara una fractura costal.

aproximar (aproximate), acercar una superficie tisular a otra, como cuando se realiza la reparación de una herida, o acercar los huesos de una articulación, como se hace en la fisioterapia.

APT (TPA), abreviatura de **activador del plasminógeno tisular**.

APTA (APTA), abreviatura de *American Physical Therapy Associaction*.

aptitud (aptitude), disposición, talento o capacidad para aprender, comprender o adquirir una habilidad determinada, que existen de forma natural; disposición mental.

aquilia (achylia), ausencia o déficit severo de ácido clorhídrico y de pepsinógeno en el estómago. Este trastorno puede radicar también en el páncreas, cuando fracasa la producción de enzimas digestivas por parte de la porción exocrina de esta glándula.

aquiloso (achylous), **1.** relativo a la ausencia de jugo gástrico o de otras secreciones digestivas. **2.** relativo a la ausencia de quilo.

Ar (Ar), símbolo del **argón**.

AR (RA), abreviatura de **artritis reumatoide**.

arabinósido de adenina (adenine arabinoside), v. **vidarabina**.

arabinósido de citosina (cytosine arabinoside), v. **citarabina**.

arabinosilcitosina (arabinosylcytosine), v. **citarabina**.

arácnido (arachnid), relativo a la clase animal de los arácnidos, que incluye arañas, escorpiones, ácaros y garrapatas.

aracnodactilia (arachnodactyly), anomalía congénita caracterizada por la existencia de manos y pies de aspecto semejante al de una araña, con dedos delgados y de longitud excesiva. Este trastorno aparece en el síndrome de Marfan.

aracnoides (arachnoid), estructura fibrosa y delicada que se asemeja a una tela de araña, como es la membrana aracnoidea.

aracnoidismo (arachnoidism), enfermedad producida por la picadura de una araña venenosa.

araña parda (brown spider), insecto venenoso, también conocido como reclusa marrón o araña violín, encontrada en Norteamérica y Sudamérica. El veneno de su mordedura habitualmente produce una ampolla rodeada por círculos concéntricos blancos y rojos. Son frecuentes el dolor, las náuseas, la fiebre y los escalofríos, pero la reacción es habitualmente autolimitada.

araña solitaria (recluse spider), v. **araña parda**.

araña vascular (vascular spider), v. **nevo arácneo**.

araña viuda negra (black widow spider), araña venenosa encontrada en muchas partes del mundo. El veneno inyectado con su picadura causa sudación, calambres abdominales, náuseas, cefalea y vértigo de intensidad variable.

árbitro (arbitrator), persona imparcial destinada a resolver un conflicto entre diversas partes.

árbol (tree), **1.** (en anatomía) estructura anatómica con ramas que se extienden hacia fuera como las de un árbol, como el árbol bronquial. **2.** patrón de búsqueda de información en una base de datos de un ordenador, siguiendo una serie de opciones ramificadas a partir de una categoría general.

árbol bronquial (bronchial tree), complejo anatómico de bronquios y bronquiolos. Los bronquios se ramifican desde la tráquea y los bronquiolos se ramifican desde los bronquios.

árbol genealógico (pedigree), **1.** línea de descendencia; linaje; ascendencia. **2.** (en genética) gráfico que representa las características genéticas de los antepasados de una persona, y que se utiliza para el análisis mendeliano de un rasgo o enfermedad hereditaria en una determinada familia.

árbol traqueobronquial (ATB) (tracheobronchial tree [TBT]), complejo anatómico que abarca la tráquea, los bronquios y los bronquiolos. Conduce aire hasta los pulmones y desde ellos.

arbovirus (arbovirus), cada uno de los más de 300 virus transmitidos por artrópodos responsables de infecciones caracterizadas por la combinación de dos o más de los siguientes signos: fiebre, exantema, encefalitis y hemorragia visceral o cutánea. Algunas infecciones producidas por arbovirus son el dengue, la fiebre amarilla y la encefalitis equina.

arbovirus Bunyamwera (Bunyamwera arbovirus), cualquiera de los virus que infectan al ser humano, son transmitidos por mosquitos desde los roedores que sirven de intermediarios y causan la encefalitis de California, la fiebre del valle del Rift y otras enfermedades caracterizadas por cefalea, debilidad, fiebre leve, mialgias y exantema.

arcada (retch), esfuerzo violento para vomitar sin conseguirlo.

arcada cónica (tapering arch), arcada dental que converge desde los molares a los incisivos centrales de tal forma que las líneas que pasan a través de los surcos centrales de los molares y premolares coinciden a lo largo de 2,5 cm por delante de los incisivos centrales.

arcada dental dentada (dentulous dental arch), arco dental que contiene dientes naturales.

arcada en U (U-shaped arch), arcada dental en la que existe poca diferencia en la anchura entre los primeros premolares y los últimos molares y la curva de canino a canino es abrupta y con forma de U.

arcada parcialmente desdentada (partially edentulous arch), arco dental en el que faltan uno o más, pero no todos, dientes naturales.

arcada trapezoidal (trapezoidal arch), arcada dental que tiene ligeramente menos convergencia que la formada por el arco cónico.

arco (arch), toda estructura anatómica incurvada o que tiene aspecto similar a un arco.

arco carotídeo (carotid arch), el tercer arco de la aorta, origen de las arterias carótidas primitivas.

arco cigomático (zygomatic arch), arco que forma la apófisis temporal del hueso cigomático con la apófisis cigomática del hueso temporal. El tendón del músculo temporal pasa por debajo.

arco costal (costal arch), arco formado por las diáfisis de las costillas.

arco de movilidad (range of motion), amplitud de movimiento de una articulación, desde la flexión máxima hasta la extensión máxima, medida en los grados de un círculo.

arco de movilidad activa (AMA) (active range of motion [AROM]), límite de movimientos que puede alcanzar una articulación sin ayuda.

arco del paladar (maxillary arch), borde óseo curvado del maxilar superior, en forma de herradurra, que contiene los dientes y las estructuras de soporte.

arco dental (dental arch), forma curva que resulta de la disposición normal de una dentadura completa.

arco facial (face-bow), dispositivo similar a un compás que se utiliza para medir la relación que existe entre los maxilares superiores y las articulaciones temporomandibulares, necesario para la fabricación de modelos dentales.

arco facial cinemático (kinematic facebow), dispositivo similar a un calibrador, utilizado para localizar con exactitud el eje de rotación del maxilar inferior en el plano sagital.

arco hioideo (hyoid arch), segundo arco faríngeo o branquial. Está presente en el embrión, aunque los elementos esqueléticos al desarrollarse dan lugar al martillo y a la apófisis estiloides del hueso temporal del adulto.

arco labial alto (high labial arch), alambre adaptado al arco labial para situar la encía sobre las coronas anteriores dentales, con unos resortes auxiliares que se extienden hacia abajo en contacto con los dientes que se van a desplazar.

arco lingual extraíble (removable lingual arch), arco de alambre ortodóncico diseñado para ajustarse a la superficie lingual de los dientes y para facilitar el movimiento ortodóncico de la dentadura afectada.

arco lingual inmóvil (stationary lingual arch), alambre para arco ortodóncico, diseñado para que se ajuste a la superficie lingual de los dientes, que se suelda a las bandas de anclaje asociadas.

arco lingual pasivo (passive lingual arch), aparato de ortodoncia que puede ayudar a conservar el espacio dental y la longitud de la arcada dental cuando se pierden prematuramente los primeros molares bilaterales.

arco mandibular (mandibular arch), primer arco branquial a partir del cual se desarrolla el maxilar inferior.

arco ovoideo (ovoid arch), arco dental que se curva suavemente desde los molares de un lado a los del lado opuesto para formar la mitad de un óvalo.

arco palmar profundo (deep palmar arch), terminación de la arteria radial, al unirse a la rama palmar profunda de la arteria cubital en la palma de la mano.

arco plantar (plantar arch), arco arterial en la planta del pie, sobre los metatarsianos.

arco reflejo (reflex arc), unidad neurológica sencilla de una neurona sensitiva que transmite un impulso a la médula espinal, donde conecta con una neurona motora que transmite el impulso reflejo de vuelta a un músculo o glándula determinado.

arco senil (arcus senilis), anillo opaco de color grisáceo o blanco, que rodea a la periferia de la córnea. La enfermedad se produce por depósito de gránulos de grasa en la córnea o por degeneración hialina, y se da fundamentalmente en personas ancianas.

arco vertebral (vertebral arch), arco formado en la parte posterior del cuerpo vertebral por los pedículos y las láminas.

arcos branquiales (branchial arches), estructuras arqueadas de la faringe embrionaria. En los vertebrados acuáticos, los arcos evolucionan hacia branquias.

arcos del pie (arches of the foot), arcos óseos del empeine, longitudinal, anteroposterior y transverso.

arcos tarsales (tarsal arches), ramas superior e inferior de la arteria palpebral que irrigan el párpado.

área (area), (en anatomía) espacio anatómico limitado que contiene una estructura específica del cuerpo o en cuyo interior predominan unas funciones fisiológicas determinadas, como el área aórtica y las áreas de asociación de la corteza cerebral.

área bajo la curva de concentración (ABC) (area under the concentration curve [AUC]), método de medir la biodisponibilidad de un fármaco basado en el perfil de las concentraciones sanguíneas y deducido a partir de muestras obtenidas a intervalos frecuentes. Es directamente proporcional a la cantidad total de fármaco intacto que existe en la sangre del paciente.

área controlada (controlled area), parte de un hospital o de otra institución sanitaria ocupada principalmente por el personal que trabaja con materiales radiactivos. Está diseñada con barreras protectoras para limitar la tasa de exposición a la radiación.

área de apoyo (supporting area), cualquiera de las áreas de los rebordes desdentados del maxilar superior o inferior que se consideran más adecuadas para soportar el esfuerzo de la masticación con las dentaduras funcionantes.

área de asiento basal (basal seat area), porción de las estructuras orales disponibles para sostener una dentadura.

área de asociación (association area), cualquier parte de la corteza cerebral que participa en la integración de la información sensorial.

área de Broca (Broca's area) [Pierre P. Broca, cirujano francés, n. 1824], área situada en la circunvolución frontal inferior del cerebro, relacionada con la producción del lenguaje.

área de superficie (AS) (surface area [SA]), área total expuesta al medio externo. El área de superficie de un objeto aumenta con el cuadrado de sus dimensiones lineales, y el volumen aumenta con el cubo.

área motora (motor area), parte de la corteza cerebral que incluye la circunvolución precentral y la parte posterior de la frontal, que produce la contracción de los músculos voluntarios cuando es estimulada por electrodos. La actividad voluntaria normal requiere la existencia de asociaciones entre el área motora y las demás regiones de la corteza; la extirpación del área motora de un hemisferio cerebral produce la parálisis de los músculos voluntarios, especialmente en el lado contrario del cuerpo.

área motora del lenguaje (motor speech area), regiones de los hemisferios cerebrales que están asociadas con el control motor del lenguaje. Para las personas diestras, esta zona se localiza normalmente en el hemisferio izquierdo. Los pacientes con defectos específicos del lenguaje a menudo presentan lesiones en el hemisferio izquierdo.

área quirúrgica (surgical suite), grupo formado por uno o más quirófanos e instalaciones adjuntas, tales como la zona de almacenamiento estéril, la sala de lavado y la sala de recuperación.

área sensorial (sensory area), regiones de la corteza cerebral que reciben los impulsos de los nervios sensitivos, que está constituida por las proyecciones talámicas, nucleicas y parietales.

áreas de Brodmann (Brodmann's areas) [Korbinian Brodmann, anatomista alemán, n. 1868], las 47 áreas diferentes de la corteza cerebral que están asociadas con funciones neurológicas específicas y se distinguen por componentes celulares diferentes.

Arenavirus (Arenavirus), género de virus que se transmiten generalmente al ser humano a través del contacto oral o cutáneo con los excrementos de roedores salvajes. Los distintos arenavirus se identifican según las diferentes áreas geográficas específicas, como la **fiebre hemorrágica argentina** y la **fiebre hemorrágica de Bolivia**.

areola (areola, *pl.* **areolae**), **1.** pequeño espacio o cavidad dentro de un tejido. **2.** área circular de diferente color que rodea a un punto central, como la coloración que existe en torno a una pústula o a una vesícula. **3.** porción de iris que se halla alrededor de la pupila.

areola de Chaussier (Chaussier areola) [François Chaussier, anatomista francés, n. 1746], areola de tejido indurado que rodea una pústula maligna.

areola mamaria (areola mammae), área circular pigmentada que rodea al pezón en cada una de las mamas.

areola secundaria (secondary areola), segundo anillo alrededor de la areola mamaria que aparece durante el embarazo, más pigmentado que la areola antes del embarazo.

Arg (Arg), abreviatura de la **arginina**.

argentafinoma (argentaffinoma, *pl.* **argentaffinomas, argentaffinomata**), tumor carcinoide constituido de células argentafines y que asienta fundamentalmente en el epitelio de las criptas de Lieberkühn del tracto GI.

arginina (Arg) (arginine [Arg]), aminoácido producido por la digestión o por la hidrólisis de las proteínas, que durante el ciclo de la urea se forma por la transferencia de un átomo de nitrógeno desde el aspartato a la citrulina.

argininemia (argininemia), trastorno autosómico recesivo que se caracteriza por el aumento de la concentración de la arginina en sangre, como consecuencia de una deficiencia de arginasa. Al no existir arginasa el amoníaco no puede metabolizarse para formar urea.

argiria (agyria), trastorno debido a la absorción excesiva de sales de plata con acumulación de las mismas en los tejidos. Se caracteriza por la coloración grisácea, semejante a la pizarra, de la piel y de las mucosas.

argirófilo (argyrophil), célula u otro objeto que se tiñe o impregna fácilmente con plata.

argón (Ar) (argon [Ar]), gas incoloro e inodoro, químicamente inactivo, que constituye uno de los seis gases nobles de la atmósfera. Su peso atómico es 39,95; su número atómico es 18. No se combina con otros elementos.

aril hidrocarburo hidroxilasa (AHH) (aryl hydrocarbon hydrolase [AHH]), enzima que actúa dentro del pulmón convirtiendo las sustancias químicas carcinógenas del humo del tabaco y de la polución ambiental en carcinógenos activos.

ARJ (JRA), abreviatura de **artritis reumatoide juvenil**.

armadura biológica (biologic armature), conjunto de grandes conductos, vasos y nervios autónomos con abundante tejido conectivo intercalar, que en muchas glándulas exocrinas de mamíferos sirve como armazón interno, y cuya función de apoyo, y con frecuencia de anclaje, recuerda la del esqueleto metálico de una escultura de arcilla.

armamentario, armamentarium (armamentarium), equipo terapéutico completo de un médico o institución, incluidas medicinas y material.

armazón balcánico (Balkan frame), armazón rectangular elevado sujeto a la cama de un paciente ortopédico, utilizado para sujetar férulas, colgar o cambiar la posición de los miembros inmovilizados y para tracción continua con pesos y poleas.

armazón de Bradford (Bradford frame) [Edward H. Bradford, cirujano norteamericano, n. 1848], armazón ortopédico rectangular hecho de tubos a los que están unidas unas pesadas correas móviles de lona, que se desplazan de un lado a otro para mantener a un paciente en decúbito supino o prono. Las correas se pueden retirar para permitir al paciente orinar o defecar mientras permanece inmóvil.

armazón de tracción (traction frame), aparato ortopédico que soporta las poleas, cuerdas y pesas mediante las que se aplica la tracción a las diferentes regiones corporales o mediante las que se suspenden las diferentes partes del cuerpo. Los principales componentes de un armazón de tracción son las verticales de metal que se unen a la cama y soportan una barra de metal elevada.

armazón de tracción en garra (claw-type traction frame), aparato ortopédico que contiene diversas piezas del equipo de tracción, como las poleas, las cuerdas y los pesos mediante los que se aplica la tracción a algunas zonas del organismo o mediante los que se suspenden (cuelgan) algunas partes del mismo.

armazón de tracción tipo IV (IV-type traction frame), soporte de metal que mantiene un equipo de tracción, y consta de dos escuadras metálicas, una a cada extremo de la cama, que soportan una barra metálica por encima de la cabeza.

armazón dividido de Bradford (Bradford split frame), dispositivo ortopédico rectangular de metal cubierto por dos piezas separadas de lona sujetas a ambos extremos del armazón. Se utiliza especialmente en pediatría para ayudar a la inmovilización en tracción de los niños; está dividido en el centro por un gran agujero diseñado para responder a las necesidades excretoras de un paciente incontinente con un yeso en espica de la cadera. Esta división también permite elevar de forma separada las extremidades superiores e inferiores y mantener el yeso limpio y seco. Para los niños incontinentes se coloca un embudo de plástico que llega hasta el orinal que está colocado por debajo de la apertura del armazón.

armazón en cuña de Stryker (Stryker wedge frame), cama ortopédica que permite rotar al paciente según sea necesario a una posición en decúbito supino o prono. Como la cama de Foster, el armazón en cuña de Stryker se utiliza en la inmovilización de pacientes con columnas inestables, el tratamiento postoperatorio de fusiones vertebrales a varios niveles y el tratamiento de pacientes con quemaduras graves. El armazón en cuña de Stryker sólo se encuentra disponible en un tamaño y, para acomodarla a diferentes corpulencias, dispone tan sólo de un travesaño en el círculo anterior del armazón. Si se adapta este travesaño de forma adecuada, el paciente quedará firmemente sujeto al armazón sin necesidad de añadir almohadas o rellenos.

armazón sólido de Bradford (Bradford solid frame), dispositivo ortopédico rectangular de metal cubierto con lonas para ayudar a la inmovilización, especialmente de los niños sometidos a tracción. El propósito principal de este dispositivo es ayudar al mantenimiento de una inmovilización, posicionamiento y alineación correctos mediante el control de los movimientos.

armonía oclusiva (occlusal harmony), combinación de relaciones oclusivas sanas y no interrumpidas entre los dientes y sus estructuras de soporte, los mecanismos neuromusculares asociados y las articulaciones temporomandibulares.

armonía oclusiva funcional (functional occlusal harmony), relación oclusiva de los dientes opuestos en todos los rangos funcionales y movimientos, que proporciona la máxima eficacia masticatoria sin ejercer una fuerza patógena sobre las estructuras bucales de soporte.

ARN (RNA), abreviatura de **ácido ribonucleico**.

ARN adaptador (adaptor RNA), v. **ARN de transferencia**.

ARN de transferencia (ARNt) (transfer RNA [tRNA]), (en genética molecular) tipo de ARN que transfiere el código genético desde el ARN mensajero para la producción de un aminoácido específico. Al menos existen 20 clases diferentes de ARNt, cada una de las cuales es capaz de combinarse covalentemente con un aminoácido específico.

ARN mensajero (ARNm) (messenger RNA [mRNA]), (en genética molecular), fracción del ARN que transmite información desde el ADN a los ribosomas celulares que sintetizan proteínas.

ARN polimerasa (RNA polymerase), (en genética molecular) enzima que cataliza la unión de ribonucleósidos trifosfato al ARN, actuando el ADN de cadena sencilla como modelo.

ARNasa (RNAase), abreviatura de **ribonucleasa**.

ARNm (mRNA), abreviatura de **ARN mensajero**.

ARNt (tRNA), abreviatura de **ARN de transferencia**.

aroma (aroma), olor o fragancia agradable, procedente sobre todo de comidas, bebidas, especias o medicamentos.

aromático (aromatic), **1.** relativo a un olor fuerte, pero agradable, como el olor a especias. **2.** sustancia medicinal estimulante u olorosa.

arqueado (arcuate), en forma de arco o de bóveda.

arquenterón (archenteron, *pl.* **archentera**), cavidad digestiva primitiva formada por la invaginación dentro de la gástrula, durante el desarrollo embrionario de muchos animales.

arquetipo (archetype), **1.** patrón o modelo original a partir del cual se realizan o se desarrollan un objeto o un grupo de objetos. **2.** (en psicología analítica) idea o modo de pensar primordiales y heredados, que derivan de la experiencia de la raza humana y que residen en el inconsciente del individuo en forma de estímulos, talantes y conceptos.

arquiblastoma (archiblastoma, *pl.* **archiblastomas, archiblastomata**), tumor compuesto de células derivadas de la capa de tejido que rodea a la vesícula germinal.

arquigastro (archigaster), v. **arquenterón**.

arquinefron (archinephron), v. **pronefros**.

arquistoma (archistome), v. **blastoporo**.

arquitectura (architecture), estructura básica de un ordenador, incluidas la memoria, el procesador y las unidades de acceso y salida.

arquitis (architis), inflamación del ano.

arrastre de aire (air entrainment), movimiento del aire de la habitación al interior de la cámara de un nebulizador a chorro, del tipo de los utilizados en el tratamiento de las enfermedades respiratorias. Aumenta la velocidad de nebulización y la cantidad de líquido administrado por unidad de tiempo.

arreflexia (areflexia), trastorno neurológico que se caracteriza por la ausencia de reflejos.

arrenoblastoma (arrhenoblastoma), neoplasia ovárica cuyas células simulan a las de los túbulos del testículo, segregando hormonas sexuales masculinas y dando lugar a virilización en las mujeres.

arrenocarion (arrhenokaryon), organismo producido a partir de un huevo que solamente tiene cromosomas paternos.

arrenogénico (arrhenogenic), que produce solamente descendientes varones.

arrenoma (arrhenoma), v. **arrenoblastoma**.

arriboflavinosis (ariboflavinosis), trastorno producido por la deficiencia de vitamina B_2 de la dieta que se caracteriza por la aparición de lesiones en las comisuras de la boca, en los labios y alrededor de la nariz y de los ojos, así como dermatitis seborreica y diversos trastornos visuales.

arritmia (arrhythmia), desviación del patrón normal en los latidos cardíacos. Algunos tipos de arritmias son la **arritmia sinusal**, el **bloqueo cardíaco**, **fibrilación auricular** y el **aleteo o flútter auricular**.

arritmia cardíaca (cardiac arrhythmia), frecuencia o ritmo anormal de la contracción auricular o ventricular. Puede estar producida por un defecto en la capacidad del nódulo sinoauricular para mantener su función de marcapasos o por un fallo en el haz de His y sus ramas o en la red de Purkinje durante la conducción del impulso contráctil. Algunos tipos de arritmia son: **bradicardia, bloqueo cardíaco, contracciones auriculares prematuras** y **taquicardia**.

arritmia sinusal (sinus arrhytmia), ritmo cardíaco irregular provocado por interferencia con los impulsos procedentes del nódulo sinoauricular.

arsénico (As) (arsenic [As]), elemento presente en toda la corteza terrestre en combinación con metales, en forma de sulfuros de arsénico y de óxidos de arsénico. Su número atómico es 33 y su peso atómico es 74,91. Durante siglos este elemento se ha utilizado como agente terapéutico y como veneno, y sigue empleándose de forma limitada como fármaco tripanosomicida. Muchos compuestos que contienen arsénico se utilizan como pesticidas, como herbicidas y como aditivos en la alimentación de aves y ganados. Las frutas, los vegetales, el pescado y los mariscos contienen importantes concentraciones de arsénico. En diversos estudios se ha demostrado que existe cierta correlación entre la intensidad y la duración de la exposición al arsénico y el desarrollo de cáncer.

artefacto (artifact), cualquier objeto extraño irrelevante o no deseado, como puede ser una sustancia, una estructura o un fragmento de una información determinados. En radiología, un artefacto puede ser motivo de confusión para el radiólogo y alterar los resultados de una exploración.

arteria (artery), cada uno de los grandes vasos que transportan la sangre procedente del corazón. La pared de una arteria consta de tres láminas: la **túnica adventicia**, o recubrimiento externo; la **túnica íntima**, que es la vaina más interna, y la **túnica media**, o membrana intermedia.

arterias coronarias (coronary arteries), ramas de la aorta que constituyen las arterias coronarias derecha e izquierda. Dado que estos vasos y sus ramas vascularizan el corazón, cualquier disfunción o enfermedad que las afecte puede producir, en ocasiones, complicaciones mortales. Las ramas de las arterias coronarias pueden resultar afectadas por muchos trastornos diferentes, como embolias, neoplasias y enfermedades inflamatorias y no inflamatorias.

arteriectomía (arteriectomy), extirpación quirúrgica de un fragmento arterial.

arteriografía (arteriography), método radiológico que se emplea para visualizar las arterias tras la introducción de un medio de contraste radiopaco en el torrente sanguíneo, o bien en un vaso específico, mediante inyección del contraste o a través de un catéter.

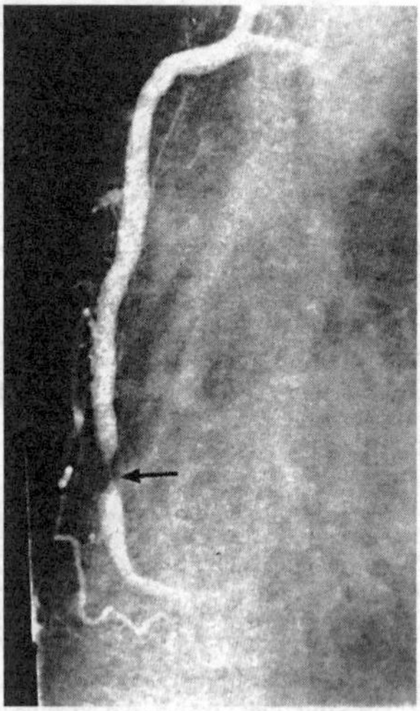

Arteriografía coronaria
(C. D. Forbes/W. F. Jackson, 1994)

arteriograma (arteriogram), radiografía de una arteria en la que se ha inyectado un medio radiopaco.

arteriola (arteriole), cada una de las ramas más pequeñas de la circulación arterial. El flujo sanguíneo bombeado desde el corazón discurre a través de las arterias, arteriolas y capilares, para pasar a las venas y retornar al corazón. La pared muscular de las arteriolas se contrae y se dilata en respuesta a estímulos neuroquímicos; así pues, las arteriolas desempeñan un papel importante en la resistencia vascular periférica y en la regulación de la presión sanguínea.

arteriopatía (arteriopathy), enfermedad arterial.

arterioplastia (arterioplasty), cirugía plástica de una arteria. Con frecuencia se realiza esta intervención para corregir un aneurisma.

arteriosclerosis (arteriosclerosis), trastorno arterial frecuente caracterizado por engrosamiento, pérdida de elasticidad y calcificación de la pared de las arterias, dando lugar a una disminución del flujo sanguíneo, en particular del que se dirige al cerebro y a las extremidades inferiores. Esta alteración se suele desarrollar como consecuencia del envejecimiento, así como en relación con ciertos trastornos como la hipertensión, la nefrosclerosis, la esclerodermia, la diabetes y la hiperlipidemia. Algunos tipos de arteriosclerosis son la **aterosclerosis** y la **arteriosclerosis de Mönckeberg**.

arteriosclerosis de la media (medial arteriosclerosis), v. **arteriosclerosis de Mönckeberg**.

arteriosclerosis de Mönckeberg (Mönckeberg's arteriosclerosis) [Johann G. Mönckeberg, anatomopatólogo alemán, n. 1877], forma de arteriosclerosis en la que existen numerosos depósitos de calcio en la media de las arterias con ligera obstrucción de su luz.

arteriosclerosis obliterante (arteriosclerosis obliterans), estrechamiento progresivo de la luz arterial con degeneración de la íntima y trombosis. Esta enfermedad puede provocar la oclusión completa de la arteria y la gangrena subsiguiente.

arteriospasmo (arteriospasm), espasmo de una arteria.

arteriovenografía periférica (peripheral arteriovenography), estudio radiológico de los vasos sanguíneos de las zonas periféricas del cuerpo, como los brazos y las piernas, tras la inyección de un medio de contraste en estos vasos.

arteriovenoso (arteriovenous), relativo o concerniente a las arterias y a las venas.

arteritis (arteritis), inflamación de las láminas externas o del recubrimiento externo de una o de más arterias, que tiene lugar como entidad clínica en sí misma o asociada a otro trastorno, como la artritis reumatoide, la fiebre reumática, la polimiositis o el lupus eritematoso sistémico. Algunos tipos de arteritis son la **arteritis de la temporal**, la **arteritis de Takayasu** y la **arteritis reumática**.

arteritis braquiocefálica (brachiocephalic arteritis), v. **arteritis de Takayasu**.

arteritis coronaria reumatoide (rheumatoid coronary arteritis), anomalía caracterizada por el engrosamiento de la íntima de las arterias coronarias, que puede provocar insuficiencia coronaria. La arteritis coronaria reumatoide es una enfermedad del colágeno que afecta al tejido conectivo mediante inflamación y degeneración fibrinoide.

arteritis craneal (cranial arteritis), v. **arteritis de la temporal**.

arteritis de células gigantes (giant cell arteritis), v. **arteritis de la temporal**.

arteritis de Horton (Horton's arteritis), v. **arteritis de la temporal**.

arteritis de la temporal (temporal arteritis), enfermedad inflamatoria progresiva de los vasos sanguíneos craneales, principalmente de la arteria temporal. Los síntomas son cefalea intratable, dificultad para masticar, debilidad, dolores reumáticos y pérdida de la visión si se ocluye la arteria central de la retina.

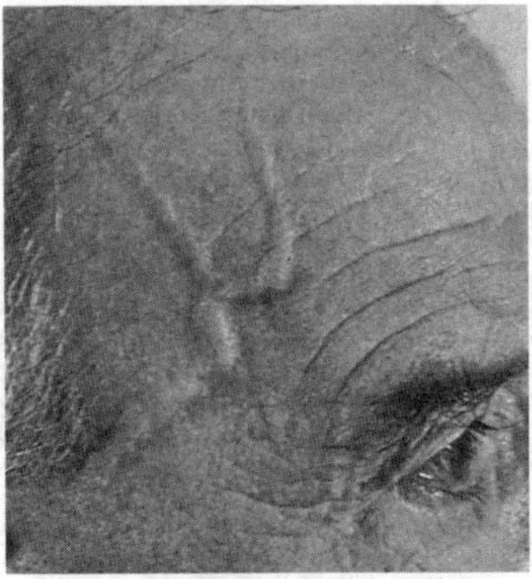

Arteritis de la temporal
(C. D. Forbes/W. F. Jackson, 1994)

arteritis de Takayasu (Takayasu's arteritis) [Michishige Takayasu, médico japonés, n. 1871], enfermedad caracterizada por la oclusión progresiva del tronco arterial braquiocefálico, arteria subclavia izquierda y carótida primitiva izquierda por encima de su origen en el cayado de la aorta. Algunos signos de esta enfermedad son la ausencia de pulso en ambos brazos y en las arterias carótidas, paraplejía transitoria, ceguera transitoria y atrofia de los músculos faciales.

arteritis infantil (infantile arteritis), enfermedad de lactantes y niños pequeños caracterizada por la inflamación de muchas arterias, en las que rara vez se encuentran lesiones arterioscleróticas.

arteritis obliterante (arteritis obliterans), v. **enfermedad de Friedländer**.

arteritis reumática (rheumatic arteritis), complicación de la fiebre reumática caracterizada por inflamación generalizada de las arterias y arteriolas. La fibrina, mezclada con restos celulares, puede invadir la piel, engrosando y volviendo más rígida la pared vascular, pudiendo existir hemorragia y exudado alrededor del vaso.

arteritis reumatoide (rheumatoid arteritis), inflamación de las paredes arteriales asociada a una enfermedad reumática.

arteritis umbilical (arteritis umbilicalis), inflamación séptica de la arteria umbilical en recién nacidos, producida generalmente por bacterias de la especie *Clostridium tetani*.

articulación (joint), cualquiera de las conexiones entre huesos. Según su estructura y movilidad, se clasifican en fibrosas, cartilaginosas y sinoviales. Las articulaciones fibrosas son inmóviles, las cartilaginosas ligeramente móviles y las sinoviales, completamente móviles. Son articulaciones inmóviles típicas las que unen la mayoría de los huesos del cráneo, con un ligamento de sutura. Articulaciones ligeramente móviles típicas son las que conectan las vértebras o los huesos púbicos.

articulación cartilaginosa (cartilaginous joint), articulación con cierto grado de movilidad en la que el cartílago une las superficies óseas. Las sincondrosis y las sínfisis son dos tipos de articulaciones cartilaginosas.

articulación compuesta (compound joint), cualquier articulación formada por más de dos huesos.

articulación condiloidea (condyloid joint), articulación sinovial en la que una cavidad elíptica acoge a un cóndilo, como la articulación de la muñeca. La articulación condílea no permite la rotación axial pero sí la flexión, extensión, aducción, abducción y circunducción.

articulación elipsoidea (articulatio ellipsoidea), v. **articulación condiloidea**.

articulación en bisagra (hinge joint), articulación sinovial que suministra una conexión en la que las superficies articulares están estrechamente adaptadas entre sí de forma que se permite el movimiento de extensión en un plano.

articulación en mortaja (mortise joint), la *articulatio talocruralis*, articulación del tobillo.

articulación en pivote (pivot joint), articulación sinovial en la que el movimiento se limita a la rotación. La articulación radiocubital proximal es una articulación en pivote.

articulación en silla de montar (saddle joint), articulación sinovial en la que la superficie de los huesos contiguos es recíprocamente cóncava y convexa. Una articulación en silla de montar no permite la rotación axial, pero sí la flexión, la extensión, la aducción y la abducción.

articulación equilibrada (balanced articulation), contacto simultáneo de los dientes superiores e inferiores cuando se deslizan unos sobre otros al moverse la mandíbula desde una relación céntrica a varias relaciones excéntricas.

articulación esférica (ball-and-socket joint), articulación sinovial en la que la cabeza globular de un hueso articulado es recibida en una cavidad en forma de copa, tal como las articulaciones de la cadera y el hombro.

articulación falsa (false joint), articulación que se forma en el lugar de una fractura previa.

articulación fibrocartilaginosa (fibrocartilaginous joint), v. **sínfisis**.

articulación fibrosa (fibrous joint), cualquiera de las numerosas articulaciones inmóviles, como las del cráneo, en las que los huesos se conectan por tejido fibroso o conectivo hialino.

articulación plana (articulatio plana), v. **artrodia**.

articulación rígida (stiff joint), articulación inflexible, que puede ser secundaria a una artritis u otro trastorno reumático.

articulación sellar (articulatio sellaris), v. **articulación en silla de montar**.

articulación sinostótica (synostotic joint), articulación en la cual un hueso está unido directamente a otro hueso y no existe movimiento entre ellos, como sucede con los huesos del sacro o del cráneo del adulto.

articulación sinovial (synovial joint), articulación de libre movimiento en la que las superficies óseas contiguas están cubiertas por cartílago articular y unidas por ligamentos revestidos de membrana sinovial. Algunos tipos de articula-

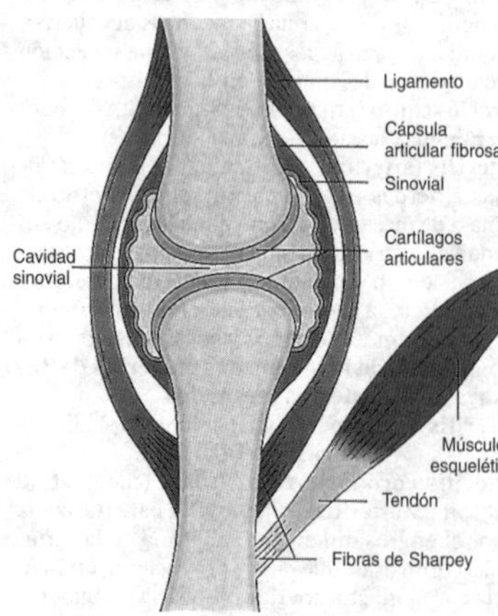

Articulación sinovial
(A. Stevens/J. Lowe, 1996)

ciones sinoviales son: **articulación condiloidea, articulación en bisagra, articulación en pivote, articulación en silla de montar, articulación esférica, articulación uniaxial** y **artrodia**.

articulación trocoide (trochoid joint), v. **articulación en pivote**.

articulación uniaxil (uniaxial joint), articulación sinovial en la que el movimiento se realiza sólo en un eje, como una articulación en pivote o una articulación en bisagra.

articulador (articulator), (en odontología) dispositivo mecánico empleado en la fabricación y en la comprobación de las dentaduras. Representa las articulaciones temporomandibulares y las partes de la mandíbula a las que pueden fijarse los modelos de los maxilares superior e inferior.

artralgia (arthralgia), dolor de articulación.

artralgia (arthralgia), dolor articular.

artritis (arthritis), inflamación de las articulaciones, que se caracteriza por dolor y tumefacción.

artritis aguda bacteriana (acute bacterial arthritis), v. **artritis séptica**.

artritis atrófica (atrophic arthritis), v. **artritis reumatoide**.

artritis deformante (athritis deformans), v. **artritis reumatoide**.

artritis gonorreica (gonorrheal arthritis), infección gonocócica de las articulaciones transmitida por la sangre. Puede afectar a una o varias articulaciones, aparece de forma aguda o crónica y a menudo evoluciona hacia la fusión articular. La infección puede dar lugar a la formación de pus en la articulación afectada.

artritis gotosa (gouty arthritis), v. **gota**.

artritis piógena aguda (acute pyogenic arthritis), infección bacteriana aguda que afecta a una o más articulaciones, producida por traumatismos o por heridas penetrantes y que es más frecuente en niños. Los signos típicos son dolor, enrojecimiento e inflamación de la articulación afectada, espasmos musculares locales, escalofríos, fiebre, diaforesis y leucocitosis.

artritis por yersinias (Yersinia arthritis) [Alexandre E. J. Yersin, bacteriólogo francés, n. 1863], inflamación poliarticular que se produce entre varios días y un mes después de la aparición de la infección provocada por *Yersinia enterocolitica* o *Y. pseudotuberculosis*, que habitualmente persiste durante más de un mes. Se afectan con mayor frecuencia rodillas, tobillos, dedos de los pies, dedos de las manos y muñecas. La presentación clínica puede simular una artritis reumatoide juvenil, una fiebre reumática o un síndrome de Reiter.

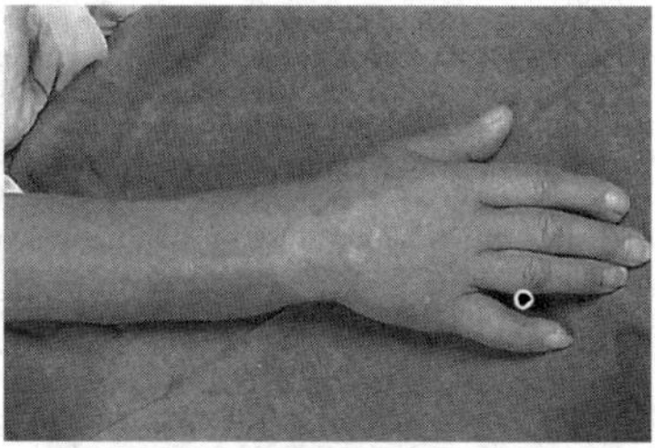

Artritis
(S. Sherlock/J. A. Summerfield, 2.ª ed., 1992)

artritis psoriásica (psoriatic arthritis), forma de artritis reumatoide que se asocia a la psoriasis de piel y uñas, y que afecta especialmente a las articulaciones interfalángicas distales de los dedos de las manos y de los pies.

artritis reumática aguda (acute rheumatic arthritis), artritis que se produce durante la fase aguda de la fiebre reumática.

artritis reumatoide (rheumatoid arthritis), enfermedad crónica del colágeno, destructiva y en ocasiones deformante, que tiene un componente autoinmunitario. La artritis reumatoide se caracteriza por inflamación simétrica de la sinovial y aumento del líquido sinovial, lo que ocasiona engrosamiento de la sinovia e inflamación de la articulación. El curso de la enfermedad es variable, aunque se caracteriza principalmente por remisiones y exacerbaciones. Un tipo de artritis reumatoide que aparece en personas jóvenes recibe el nombre de **enfermedad de Still**.

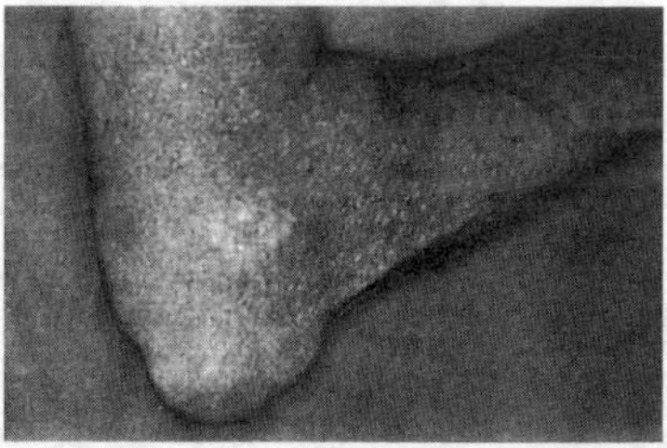

Artritis reumatoide del codo
(Kamal, 1991/Cortesía del Dr. J. P. Miller)

artritis reumatoide juvenil (juvenile rheumatoid arthritis), forma de artritis reumatoide que normalmente afecta a las grandes articulaciones de niños menores de 16 años. Como el crecimiento óseo de los niños depende de las placas epifisarias de las epífisis distales, el desarrollo del esqueleto puede verse afectado si se lesionan estas estructuras.

artritis séptica (septic arthritis), forma aguda de artritis, caracterizada por inflamación bacteriana de una articulación provocada por la diseminación de las bacterias a través de la corriente sanguínea desde una infección localizada en cualquier otro lugar del cuerpo, o bien por la contaminación de una articulación durante un traumatismo o una intervención quirúrgica. La articulación aparece rígida, dolorosa, sensible, caliente e inflamada.

artrocentesis (arthrocentesis), punción de una articulación con aguja y aspiración de líquido para obtener muestras de líquido sinovial con fines diagnósticos.

artrocinético (arthrokinematic), relativo al movimiento de las superficies articulares.

artrodesis (arthrodesis), fijación quirúrgica de una articulación con objeto de aliviar el dolor o proporcionar soporte a la misma; anquilosis artificial.

artrodesis de Nalebuff (Nalebuff arthrodesis), artrodesis de la muñeca, para cuya fusión se utiliza un clavo de Steinmann.

artrodia (arthrodia), articulación sinovial en la que las superficies articulares de los huesos que la forman sólo permiten realizar movimientos de deslizamiento, como sucede en las articulaciones piramidolunar y pisipiramidal de la muñeca y en la articulación tibioperonea proximal.

artrografía (arthrography), método para visualizar radiográficamente el interior de una articulación, mediante la inyección de aire o de un medio de contraste.

artrografía de doble contraste (double-contrast arthography), método de realización de imágenes radiográficas de una articulación mediante la inyección de dos agentes de contraste en la cápsula articular. Esta técnica se emplea muy frecuentemente en la articulación de la rodilla.

artrograma (arthrogram), radiografía de una articulación, obtenida después de inyectar un medio de contraste.

artrogriposis múltiple congénita (arthrogryposis multiplex congenita), rigidez fibrosa de una o de más articulaciones, que existe ya desde el nacimiento y se suele asociar a un desarrollo incompleto de los músculos que mueven a las articulaciones afectadas, junto con cambios degenerativos de las motoneuronas que inervan a esos músculos.

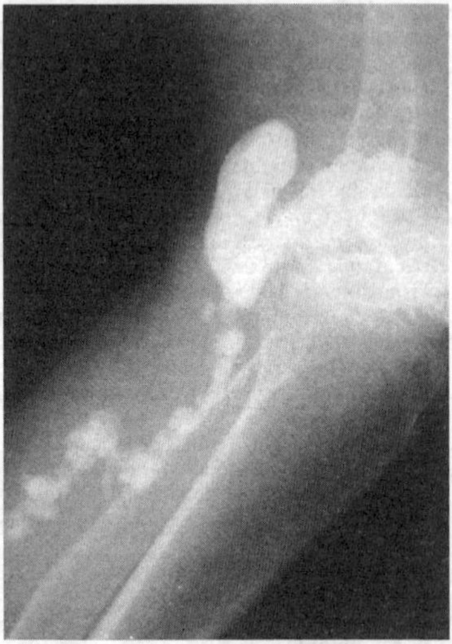

Artrografía que muestra la rotura de un quiste de Baker
(C. D. Forbes/W. F. Jackson, 1994)

artrón (arthron), articulación, con sus diversos componentes, incluidos los huesos, las inserciones cartilaginosas, todos los tejidos blandos existentes entre las partes rígidas del esqueleto y los elementos musculares adyacentes.

artropatía (arthropaty), enfermedad o alteración que afecta a una articulación.

artropatía neurógena (neurogenic arthropathy), trastorno asociado a una lesión nerviosa y caracterizado por la degeneración gradual y frecuentemente indolora de una articulación.

artroplastia (arthroplasty), reconstrucción o sustitución quirúrgica de una articulación dolorosa o degenerada, con objeto de restablecer la movilidad de la misma en casos de osteoartritis o de artritis reumatoide, o con vistas a corregir una deformidad congénita. Se efectúa una remodelación de cualquiera de los huesos de la articulación, colocando un tejido blando o un disco metálico entre los extremos que han sido remodelados, o bien se sustituye toda la articulación o parte de ella por una prótesis de material metálico o plástico.

artroplastia de cadera en cúpula (cup arthroplasty of the hip joint), sustitución quirúrgica de la cabeza del fémur por una pieza plástica o metálica para aliviar el dolor y para aumentar la movilidad en caso de artrosis o corregir una deformidad. El hueso dañado o enfermo se extirpa bajo anestesia general, remodelando el acetábulo y la cabeza femoral. Se inserta una cúpula metálica tipo Vitallium entre ambas estructuras, constituyendo a partir de ese momento la superficie articular del fémur. En el postoperatorio, se suspende la pierna del paciente mediante tracción para situarla en posición de abducción y rotación interna para mantener el disco en el acetábulo. La abducción continua es necesaria durante 6 semanas. Las complicaciones posibles son embolismo graso, embolismo pulmonar, infección y tromboflebitis. El paciente recibe una amplia fisioterapia; precisa muletas para evitar el soporte del peso total durante 6 meses y debe seguir durante varios años un programa de ejercicios.

artrópodo (arthropod), miembro del filo Arthropoda, que constituye un extenso tipo de vida animal en el que se incluyen los crustáceos, los ácaros, las garrapatas, las arañas y los insectos. Pueden picar, producir reacciones alérgicas y ser vehículo de virus y de otros agentes responsables de enfermedades.

artroscopia (arthroscopy), examen del interior de una articulación realizado con un endoscopio especialmente diseñado que se introduce a través de una pequeña incisión. Este procedimiento, empleado fundamentalmente en problemas de rodilla, permite realizar una biopsia del cartílago o de la sinovial, así como diagnosticar una rotura de menisco o extraer cuerpos extraños del espacio articular.

artroscopio (arthroscope), tipo de endoscopio utilizado para explorar las articulaciones.

artrósico (arthrous), **1.** relativo a las articulaciones óseas. **2.** relativo a una enfermedad articular.

As (As), símbolo del **arsénico**.

AS (AS), abreviatura del término latino **auris sinistra** (oreja izquierda).

AS (SA), abreviatura de **área de la superficie**.

asa (ansa, *pl.* **ansae**), (en anatomía) estructura en forma de lazo, que se asemeja al asa curva de un jarrón.

asa cervical (ansa cervicalis), cada una de las tres asas nerviosas del plexo cervical, cuyas ramas inervan a los músculos infrahioideos.

asa ciega (blind loop), segmento superfluo de intestino. Las asas ciegas se pueden crear inadvertidamente por procedimientos quirúrgicos, como ocurre en la colostomía ileotransversa latero-lateral.

asa de Henle (loop of Henle) [Friedrich G. J. Henle, anatomista alemán, n. 1809], región del túbulo renal en forma de U que tiene una rama delgada descendente y otra gruesa ascendente.

asa en C (C-loop), asa intestinal con forma de C creada mediante cirugía.

asa oclusiva (occlusal lug), v. **soporte oclusivo**.

asalto (assault), **1.** acto ilegal cometido por una persona que causa a otra miedo a sufrir sin su consentimiento un daño físico. El acto ha de ser verosímilmente posible, causando así un miedo con fundamento en la víctima del asalto. **2.** amenaza hecha a una persona con someterla a daños o lesiones.

asbestosis (asbestosis), enfermedad pulmonar crónica producida por la inhalación de fibras de amianto, lo cual da lugar al desarrollo de fibrosis alveolar, intersticial y pleural. Es más frecuente que se vean afectados los mineros y los trabajadores del amianto, pero a veces la enfermedad aparece en personas cuya exposición al amianto ha tenido lugar a través de materiales de construcción.

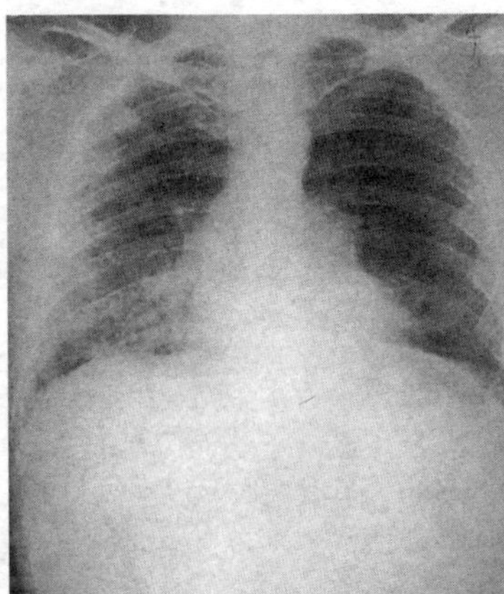

Asbestosis
(C. D. Forbes/W. F. Jackson, 1994)

ASC (BSA), abreviatura de **área de superficie corporal**. V. **área de superficie**.

ascariasis (ascariasis), infección producida por un helminto parásito, *Ascaris lumbricoides*, que en su fase de larva migra a los pulmones. Los huevos son eliminados a través de las heces humanas, contaminando así el suelo y permitiendo que el parásito se transmita a otras personas, a cuyas bocas accede a través de las manos, del agua o de los alimentos. Después de un período de incubación que transcurre en el intestino delgado, las larvas migran a través de la pared intestinal, pudiendo ser transportadas por medio de la sangre y de los linfáticos hasta los pulmones.

Ascaris (Ascaris), género de helmintos redondos y grandes que parasitan el intestino, como *Ascaris lumbricoides*, responsable de la ascariasis, enfermedad que se da en países de clima tropical y templado.

ascetismo (asceticism), (en psiquiatría) mecanismo de defensa que radica en el rechazo de todos los impulsos instintivos.

ascitis (ascites), acumulación anormal de líquido intraperitoneal que contiene grandes cantidades de proteínas y de electrólitos. Esta alteración puede acompañarse de distensión abdominal generalizada, hemodilución, edema o disminución de la producción de orina. La ascitis es una complicación de la cirrosis, la insuficiencia cardíaca congestiva, las nefrosis, las neoplasias malignas, las peritonitis y de diversas enfermedades micóticas y parasitarias.

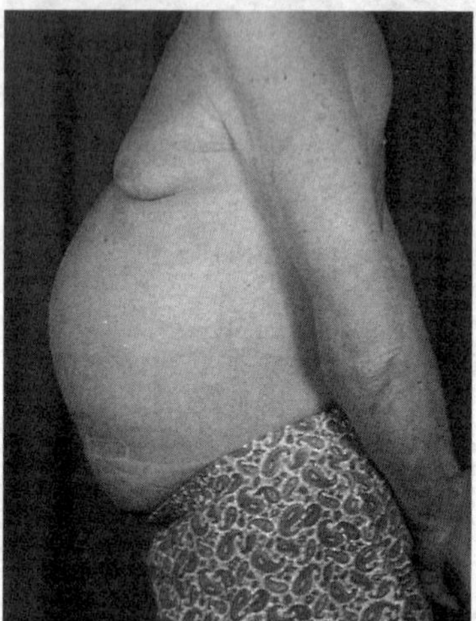

Ascitis
(S. Sherlock/J. A. Summerfield, 2.ª ed., 1992)

ascitis adiposa (ascites adiposus), v. **ascitis quilosa**.

ascitis grasa (fatty ascites), v. **ascitis quilosa**.

ascitis hidrémica (hydremic ascites), acumulación anormal de líquido en la cavidad peritoneal junto con hemodilución, como ocurre en la malnutrición proteica.

ascitis láctea (milky ascites), v. **ascitis quilosa**.

ascitis nefrógena (nephrogenic ascites), presencia anormal de líquido en la cavidad peritoneal, en pacientes dializados por insuficiencia renal. Se desconoce la causa de este tipo de ascitis.

ascitis preagónica (preagonal ascites), acumulación rápida de líquido dentro de la cavidad peritoneal, que representa la transudación de suero desde el sistema circulatorio. En algunos casos este tipo de ascitis ocurre inmediatamente antes de que sobrevenga la muerte.

ascitis precoz (ascites praecox), acumulación anormal de líquido en el interior de la cavidad peritoneal, como signo que precede al desarrollo de edemas generalizados como consecuencia de una pericarditis.

ascitis quiliforme (chyliform ascites), v. **ascitis quilosa**.

ascitis quilosa (chylous ascites), trastorno caracterizado por la acumulación de quilo en la cavidad peritoneal.

ascitis seudoquilosa (pseudochylous ascites), acumulación anormal de un líquido lechoso parecido al quilo en la cavidad peritoneal.

ascitis trasudativa (transudative ascites), acumulación anormal de líquido en la cavidad peritoneal que contiene característicamente escasas proteínas y células.

ascorbemia (ascorbemia), presencia de ácido ascórbico en la sangre en cantidades superiores a la normal; por lo general refleja sólo un exceso de ácido ascórbico en la dieta.

ascorburia (ascorburia), presencia de ácido ascórbico en la orina en cantidades superiores a la normal; por lo general refleja sólo un exceso de ácido ascórbico en la dieta.

ASD intravenosa (ASD-IV) (intravenous DSA [IV-DSA]), forma de angiografía por sustracción digital en la que se inyecta un contraste radiopaco en una vena (y no en una arteria), con el fin de visualizar las arterias del cuerpo.

ASD tomográfica (tomographic DSA), visualización de los vasos sanguíneos del cuerpo en tres dimensiones.

asepsia (asepsis), **1.** ausencia de gérmenes. **2.** asepsia médica, eliminación o destrucción de los organismos productores de enfermedades o de un material infectante. **3.** asepsia quirúrgica, protección de la infección antes, durante y después de la cirugía, mediante la aplicación de una técnica estéril.

asesoramiento (counseling), acto de proporcionar consejo y orientación a un paciente o a la familia de un paciente. Ayuda al paciente a reconocer y a manejar las tensiones y facilita las relaciones interpersonales.

asexual (asexual), **1.** no sexual. **2.** relativo o concerniente a un organismo que carece de órganos sexuales. **3.** relativo o concerniente a un proceso que no es sexual.

asexualización (asexualization), proceso para incapacitar a un sujeto con vistas a la reproducción; esterilización de un individuo o de un animal mediante castración, vasectomía, extirpación de los ovarios u otros métodos.

asfixia (asphyxia), hipoxia grave que da lugar a hipoxemia e hipercapnia; puede llevar a la pérdida de consciencia y, si no se corrige, a la muerte. Algunas de las causas más frecuentes de asfixia son el ahogamiento, el shock eléctrico, la aspiración de contenido gástrico, el atrapamiento de un cuerpo extraño en el tracto respiratorio, la inhalación de un gas tóxico o de humo y las intoxicaciones. V. **respiración artificial**.

asfixia (choke), interrupción de la respiración por la compresión u obstrucción de la laringe o tráquea.

asfixia azul (blue asphyxia), v. **asfixia lívida**.

asfixia del recién nacido (asphyxia neonatorum), trastorno en el que el recién nacido no respira de forma espontánea. La asfixia se puede desarrollar antes o durante el parto, o bien puede tener lugar inmediatamente después del mismo.

asfixia fetal (fetal asphyxia), situación de hipoxemia, hipercapnia y acidosis respiratoria y metabólica fetales que puede ocurrir en el útero.

asfixia lívida (asphyxia livida), trastorno en el que la piel del recién nacido está cianótica, el pulso es débil y lento y los reflejos son lentos o están ausentes.

asfixia pálida (asphyxia pallida), trastorno en el que el recién nacido está pálido y flácido, presenta signos de apnea y bradicardia con una frecuencia cardíaca igual o inferior a 80 latidos por minuto.

asfixiar (asphyxiate), inducir una incapacidad para respirar. Entre sus causas están la congestión circulatoria, la intoxicación por productos químicos, la descarga eléctrica o la sofocación física.

asialorrea (asialorrhea), v. **hiposalivación**.

asiderosis (asiderosis), deficiencia de hierro, que es una de las posibles causas de anemia.

asiento basal (basal seat), (en odontología) el tejido y las estructuras de la boca que sostienen una dentadura.

asiento de apoyo (rest seat), v. **zona de apoyo**.

asimetría (skew), desviación de una línea o patrón simétrico, como en el caso de los datos de un estudio de investigación que no siguen la curva de distribución estadística esperada, debido a la introducción inconsciente de otra variable.

asimetría cromática del iris (chromatic asymmetry of iris), diferencia de color entre los dos iris.

asimétrico (asymmetric), de tamaño o aspecto desigual.

asimilación (assimilation), **1.** proceso consistente en la incorporación de los materiales nutritivos en los tejidos vivos; estadio final del proceso de nutrición, que tiene lugar tras la ingestión y la absorción o de forma simultánea con la absorción. **2.** (en psicología) incorporación de nuevas experiencias en el mundo consciente de una persona. **3.** (en sociología) proceso a través del cual una persona o un grupo de personas de diversas raíces étnicas es absorbido dentro de una nueva cultura.

asimilación cultural (cultural assimilation), proceso mediante el cual los miembros de un grupo étnico minoritario pierden las características culturales que los diferencian del grupo cultural dominante.

asimilar (assimilate), fase del anabolismo en la cual las sustancias nutritivas son absorbidas del tubo digestivo hacia el sistema circulatorio y a continuación convertidas en tejidos vivos.

asinclitismo (asynclitism), presentación durante el parto de la región parietal de la cabeza fetal en el orificio de salida de la pelvis, hallándose la sutura sagital paralela al diámetro transverso de la pelvis, pero en situación anterior o posterior al mismo. En el asinclitismo anterior el parietal se presenta hacia delante, y se denomina oblicuidad de Nägele. El asinclitismo posterior se denomina oblicuidad de Litzmann.

asincrónico (asynchronous), (de un acontecimiento o dispositivo) no sincronizado con la secuencia de funcionamiento del procesador central de un ordenador.

asindesis (asyndesis), trastorno mental caracterizado por la incapacidad para enlazar ideas o pensamientos hasta formar un concepto coherente.

asinergia (asynergy), **1.** situación caracterizada por un fracaso de la coordinación entre grupos de órganos o de músculos que normalmente funcionan de un modo armonioso. **2.** estado de antagonismo muscular observado en las enfermedades del cerebelo.

asintaxia (asyntaxia), toda alteración de la secuencia ordenada del crecimiento y de la diferenciación del feto durante el desarrollo embrionario, dando lugar a una o más anomalías congénitas. Un tipo de asintaxia es la **asintaxia dorsal**.

asintaxia dorsal (asyntaxia dorsalis), fallo en el cierre del tubo neural que tiene lugar durante el desarrollo embrionario.

asintomático (asymptomatic), ausencia de síntomas.

asistente social (social worker), persona con formación especial para enfrentarse a problemas sociales, emocionales y del entorno asociados a una enfermedad o incapacidad. Habitualmente, un asistente social médico está cualificado por la obtención de un grado de master y su experiencia para el asesoramiento de pacientes y sus familias en el marco hospitalario. Un **asistente social psiquiátrico** puede especializarse en el asesoramiento de individuos y familias para que puedan enfrentarse a problemas sociales, emocionales o del entorno provocados por enfermedades mentales.

asistolia (asystole), ausencia de un latido cardíaco; se diferencia de la fibrilación en que en esta última persiste la actividad eléctrica aunque la contracción desaparece. La asistolia cardiotóxica se caracteriza por un breve período de parada cardíaca motivado por una aceleración de la frecuencia cardíaca.

ASLO, ASO (ASLT), abreviatura de **prueba de antiestreptolisina O**.

asma (asthma), trastorno respiratorio caracterizado por episodios recurrentes de disnea paroxística, con sibilancias espiratorias motivadas por constricción bronquial, tos y secreciones mucosas bronquiales de consistencia viscosa. Los episodios pueden ser desencadenados por la inhalación de alergenos o de agentes contaminantes, por infecciones, aire frío, ejercicio físico intenso o por tensión emocional.

asma alérgica (allergic asthma), forma de asma causada por la exposición de la mucosa bronquial a un antígeno inhalado que vehiculiza el aire. Este alergeno da lugar a la producción de anticuerpos que se unen a las células cebadas dentro del árbol bronquial. A continuación las células cebadas liberan histamina, la cual estimula la contracción del músculo liso bronquial, produciendo al mismo tiempo edema de la mucosa. Los factores psicológicos pueden provocar ataques de asma en los bronquios previamente sensibilizados por alergenos.

asma atópica (atopic asthma), v. **asma alérgica**.

asma cardíaca (cardiac asthma), crisis de asma asociada a enfermedad cardíaca, como insuficiencia ventricular, caracterizada fundamentalmente por congestión pulmonar asociada a cierto grado de broncoconstricción.

asma del amolador (grinder's asthma), trastorno caracterizado por la presencia de síntomas asmáticos producidos por la inhalación de las finas partículas producidas por los procesos industriales de molido.

asma espástica (spasmatic asthma), obstrucción de la vía aérea caracterizada por ataques paroxísticos de sibilancias y tos producidos por espasmos de los bronquiolos e inflamación de la mucosa bronquial.

asma extrínseca (extrinsic asthma), v. **asma alérgica**.

asma inducida por ejercicio (exercise-induced asthma), forma de asma que produce síntomas tras un ejercicio extenuante. El efecto puede ser agudo, aunque reversible.

asma infantil (asthma in children), enfermedad pulmonar obstructiva crónica frecuente en los niños, que se caracteriza por crisis recurrentes de disnea paroxística, sibilancias, espiración prolongada y tos irritativa. Suele comenzar entre los 3 y los 8 años de edad. Los ataques asmáticos se producen por constricción de las vías aéreas grandes y pequeñas, como consecuencia de espasmo del músculo liso bronquial, de edema o de inflamación de la pared bronquial, o bien por una producción excesiva de moco. Es un trastorno complejo en el que participan factores bioquímicos, inmunológicos, infecciosos, endocrinos y psicológicos. En los niños el asma suele ser extrínseca, es decir, la mayoría de los ataques se asocian con hipersensibilidad alergénica frente a una sustancia extraña, como los pólenes transportados por el aire, los hongos, el polvo doméstico, ciertos alimentos, el pelo y la piel de los animales, las plumas, los insectos, el humo y diversos agentes químicos o fármacos. En los niños, especialmente aquellos que tienen una historia familiar de reacciones alérgicas, la alergia alimentaria es un factor precipitante habitual. En la enfermedad existe una importante predisposición hereditaria, y el niño suele presentar otras manifestaciones alérgicas, tales como fiebre del heno, eccema o urticaria. Antes de la pubertad la enfermedad es dos veces más frecuente en los niños que en las niñas, pero durante la adolescencia se afectan por igual ambos sexos.

asma intrínseca (intrinsic asthma), forma de asma no estacional ni alérgica, que suele aparecer a una edad más avanzada que el asma alérgica, y tiende a ser crónica y persistente en vez de episódica. Sus factores precipitantes son: inhalación de contaminantes atmosféricos irritantes, como partículas de polvo, humo, aerosoles, fuertes olores de cocina, efluvios de pintura y otras sustancias volátiles.

asma por detergentes enzimáticos (enzymatic detergent asthma), tipo de reacción alérgica experimentada por las personas sensibilizadas a la alcalasa, enzima que contienen algunos detergentes para lavar ropa.

asma profesional (occupational asthma), enfermedad del sistema respiratorio que aparece como consecuencia de la exposición laboral a ciertos alergenos u otras sustancias tóxicas. Es muy frecuente en personas que trabajan con algodón, cáñamo, detergentes, harina, lino, piedra y semillas.

Asn (Asn), abreviatura de **asparragina**.

asociación (association), **1.** conexión, unión, conjunción o combinación de cosas. **2.** (en psicología) conexión que se establece entre recuerdos sobre sentimientos, emociones, sensaciones, pensamientos o percepciones, con personas, con cosas o con ideas concretas. Algunos tipos de asociación son la **asociación controlada**, la **asociación de ideas**, la **asociación de sueños**, la **asociación de sonidos** y la **asociación libre**.

asociación causal directa (direct causal association), relación causa-efecto entre el factor causal y la enfermedad, sin que otros factores intervengan en el proceso.

asociación controlada (controlled association), **1.** conexión directa entre ideas relevantes como resultado de un estímulo específico. **2.** proceso de afloración a la consciencia de las ideas reprimidas como respuesta a las palabras pronunciadas por un psicoanalista.

asociación de ideas (association of ideas), conexión mental que se establece entre ideas, sentimientos o percepciones similares o que se producen simultáneamente.

asociación de palabras (word association), v. **asociación controlada**.

asociación de sonidos (clang association), conexión mental entre ideas disociadas que se lleva a cabo por la similitud entre los sonidos de las palabras utilizadas para describir las ideas.

asociación de sueños (dream association), relación de pensamientos o emociones descubierta o experimentada cuando se recuerda o analiza un sueño.

asociación libre (free association), **1.** asociación espontánea, sin restricción consciente, de ideas, sentimientos o imágenes mentales. **2.** verbalización espontánea de pensamientos y emociones que entran en el consciente durante el psicoanálisis.

asocial (asocial), introvertido o que ha abandonado los contactos normales con otros individuos.

ASP (PSA), abreviatura de **adhesivo sensible a la presión**.

asparragina (Asn) (asparagine [Asn]), aminoácido no esencial que se halla en muchas proteínas del cuerpo.

aspartamo (aspartame), polvo cristalino blanco, casi inodoro, de sabor intensamente dulce, que se emplea como edulcorante artificial. Se debe evitar el consumo excesivo de aspartamo en los pacientes con fenilcetonuria (FCU), ya que esta sustancia se hidroliza para dar lugar a aspartilfenilalanina.

aspartato aminotransferasa (AST) (aspartate aminotransferase [AST]), enzima presente normalmente en el suero y en ciertos tejidos corporales, que actúa sobre la transferencia intermolecular de un grupo amino desde el ácido aspártico al ácido alfacetoglutárico, para formar ácido glutámico y ácido oxaloacético.

aspartato transaminasa (aspartate transaminase), v. **aspartato aminotransferasa**.

Aspergillus (Aspergillus), género de hongos que es un frecuente contaminante de laboratorio y produce infecciones nosocomiales.

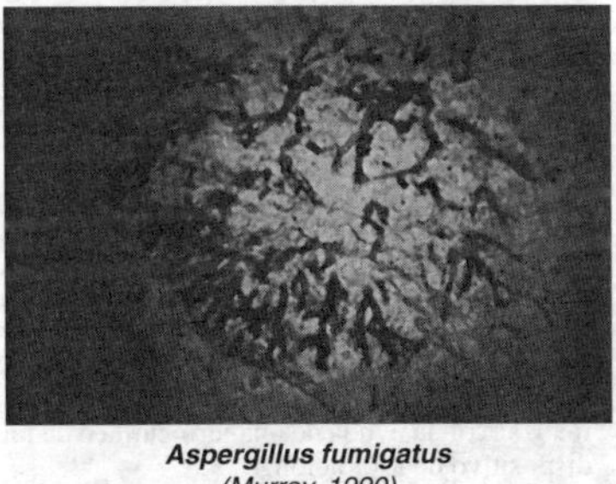

Aspergillus fumigatus
(Murray, 1990)

aspergilosis (aspergillosis), infección producida por un hongo del género *Aspergillus*, que suele afectar al oído, y que puede producir lesiones inflamatorias granulomatosas en el mismo o en cualquier otro órgano.

aspergilosis broncopulmonar alérgica (allergic bronchopulmonary aspergillosis), forma de aspergilosis que se da en asmáticos cuando el hongo *Aspergillus fumigatus*, una vez ha colonizado la luz bronquial, provoca una reacción de hipersensibilidad. Las características de esta situación son similares a las del asma, incluyendo la aparición de disnea y sibilancias.

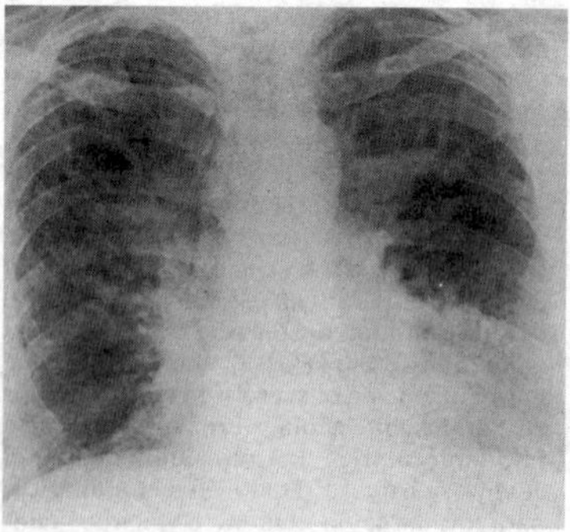

Aspergilosis broncopulmonar alérgica
(C. D. Forbes/W. F. Jackson, 1994)

aspermia (aspermia), ausencia de formación o de eyaculación de semen.

aspiración (suction), succión de un gas o líquido mediante reducción de la presión del aire sobre su superficie, habitualmente por medios mecánicos.

aspirado (aspirant), líquido, gas o partículas sólidas que se extraen del cuerpo utilizando métodos de aspiración.

aspirador (aspirator), instrumento que extrae una sustancia de las cavidades corporales mediante succión, como las jeringas de lavado, las bombas de émbolo o las jeringuillas hipodérmicas.

aspirar (aspirate), extraer líquido o aire del interior de una cavidad. El proceso se suele realizar con la ayuda de una jeringuilla o de un dispositivo de aspiración.

aspirina (aspirin), analgésico, antipirético y antirreumático. Se prescribe para reducir la fiebre y combatir el dolor y la inflamación.

asplenia (asplenia), ausencia de bazo. Puede ser congénita o el resultado de una extirpación quirúrgica.

AST (AST), abreviatura de **aspartato aminotransferasa**.

asta anterior (ventral horn), columnas anteriores de la sustancia gris de la médula espinal.

asta anterior de la médula espinal (anterior horn of the spinal cord), una de las proyecciones de sustancia gris en la sustancia blanca de la médula espinal. El asta anterior, o ventral, contiene fibras eferentes que inervan el tejido muscular.

asta dorsal (dorsal horn), prominencia de sustancia gris en forma de media luna dentro de la médula espinal que, en un corte transversal, tiene forma de asta.

asta posterior (posterior horn), proyecciones en forma de asta de la sustancia gris en la región posterior de la médula espinal.

astasia (astasia), trastorno nervioso motor que se caracteriza por una incapacidad para caminar sin ayuda.

astasia-abasia (astasia-abasia), forma de ataxia en la cual el paciente es incapaz de permanecer en pie o caminar, debido a falta de coordinación motora, aunque sí es capaz de realizar los movimientos naturales de las piernas cuando está sentado o echado.

astatina (At) (astatine [At]), elemento radiactivo muy inestable presente en la naturaleza en cantidades muy escasas. Su número atómico es 85; su peso atómico es 210.

asteatosis (asteatosis), estado de sequedad en la piel motivado por una deficiencia de las secreciones producidas por las glándulas sebáceas. Como consecuencia de esa sequedad pueden producirse descamaciones y fisuras.

astenia (asthenia), **1.** ausencia o disminución de fuerza o de energía; debilidad. **2.** (en psiquiatría) falta de fuerza dinámica en la personalidad. Son tipos de astenia la **astenia miálgica** y la **astenia neurocirculatoria**.

astenopía (asthenopia), situación en la que los ojos se cansan fácilmente, por existir debilidad en los músculos oculares o ciliares. Los síntomas comprenden dolor en los ojos o alrededor de los mismos, cefalea, disminución de la visión, mareos y náuseas ligeras.

astereognosia (astereognosis), trastorno neurológico que se caracteriza por una incapacidad para identificar los objetos mediante el tacto.

asterixis (asterixis), temblor en forma de aleteo de las manos, que suele acompañar a ciertos trastornos metabólicos.

astigmatismo (astigmatism), trastorno ocular en el que los rayos de luz no pueden ser enfocados con claridad sobre un punto de la retina, debido a que la curva esférica de la córnea no es igual en todos los meridianos. La visión es borrosa, llegando a producir molestias. El sujeto no puede efectuar la acomodación para corregir el problema. Generalmente se puede corregir con lentes de contacto o con gafas que neutralizan el defecto.

astilla (splinter), pieza afilada y puntiaguda de un hueso o de otra sustancia.

astrágalo (talus, astragalus), segundo hueso del tarso en tamaño. Sirve de apoyo a la tibia, descansa sobre el calcáneo y se articula con los maléolos y con el escafoides.

astringente (astringent), **1.** sustancia, utilizada generalmente de forma tópica, que al ser aplicada produce constricción de los tejidos. **2.** que tiene la calidad de ser astringente.

astroblastoma (astroblastoma, *pl.* **astroblastomas, astroblastomata**), neoplasia maligna del encéfalo y la médula espinal. Las células de un astroblastoma se sitúan alrededor de los vasos sanguíneos o, en algunos casos, alrededor de los tabiques de tejido conectivo.

astrocito (astrocyte), célula grande, de aspecto estrellado, que se halla en ciertos tejidos del sistema nervioso.

astrocitoma (astrocytoma, *pl.* **astrocytomas, astrocytomata**), tumor primario del cerebro, compuesto de astrocitos, que se caracteriza por un crecimiento lento, con formación de quistes e invasión de las estructuras vecinas, desarrollándose a menudo glioblastomas de elevada malignidad dentro de la masa tumoral.

astrocitoma anaplásico (anaplastic astrocytoma), v. **glioblastoma multiforme**.

astrocitosis (astrocytosis), aumento del número de células de la neuroglía con proyecciones fibrosas y protoplasmáticas, que se observa frecuentemente en un área irregular adyacente a las lesiones degenerativas, tales como abscesos, ciertas neoplasias cerebrales y encefalomalacia.

At (At), símbolo de **astatina**.

AT (TA), abreviatura de **análisis transaccional**.

ataque (fit), **1.** *no técnico,* paroxismo o convulsión. **2.** comienzo súbito de un episodio de síntomas, como un ataque de tos.

ataque de pánico (panic attack), episodio de ansiedad aguda que aparece de forma impredecible con sensaciones de aprehensión o terror intenso, acompañada de disnea, mareo, sudación, temblores y dolor torácico o palpitaciones. El ataque puede durar varios minutos y se puede volver a presentar en ciertas situaciones.

ataráctico (ataractic), relativo a un fármaco u otro tipo de agente que posee un efecto tranquilizante o sedante.

atavismo (atavism), aparición de rasgos o de características en un sujeto determinado, más parecidas a un abuelo o a otro antecesor previo, que a sus propios padres. Los datos atávicos pueden ser de utilidad para el médico examinador acerca de factores sanitarios de carácter genético o familiar.

ataxia (ataxia), trastorno caracterizado por una alteración en la capacidad de coordinar los movimientos. La marcha inestable y el desequilibrio postural están producidos por una lesión localizada en la médula espinal o en el cerebelo.

ataxia alcohólica (alcoholic ataxia), pérdida de control de los movimientos voluntarios asociada a neuritis periférica secundaria al alcoholismo. Una forma similar de ataxia se puede producir en neuritis debidas a otros agentes tóxicos.

ataxia bulbar (bulbar ataxia), pérdida de la coordinación motora debida a una lesión del bulbo raquídeo o el puente de Varolio.

ataxia cerebelosa (cerebellar ataxia), pérdida de coordinación muscular provocada por una lesión del cerebelo.

ataxia coreica (choreic ataxia), forma de ataxia en la cual los pacientes carecen de coordinación muscular y sus movimientos se caracterizan por contracciones involuntarias y sacudidas bruscas.

ataxia de Friedreich (Friedreich ataxia) [Nickolaus Friedreich, médico alemán, n. 1825], trastorno caracterizado por debilidad muscular, pérdida del control muscular, debilidad de las extremidades inferiores y marcha anormal. La característica patológica principal de la enfermedad es la pronunciada esclerosis de las columnas posteriores de la médula espinal, con posible afectación de los tractos espinocerebelosos y corticospinales.

ataxia hereditaria (hereditary ataxia), grupo de enfermedades hereditarias degenerativas de la médula espinal, cerebelo y, a menudo, otras partes del sistema nervioso central, caracterizadas por temblor, espasmo, atrofia muscular, cambios esqueléticos y alteraciones sensitivas, que dan lugar a una actividad motora alterada. Son tipos de ataxia hereditaria la **ataxia de Friedreich** y la **ataxia-telangiectasia**.

ataxia histérica (hysteric ataxia), pérdida del control sobre los movimientos voluntarios durante la marcha o en bipedestación, aunque los músculos afectados funcionan normalmente cuando el paciente está sentado o echado.

ataxia locomotora (locomotor ataxia), v. **tabes dorsal**.

ataxia troncular (truncal ataxia), pérdida de los movimientos musculares coordinados para el mantenimiento de la postura normal del tronco.

ataxia-telangiectasia (ataxiatelangiectasia), enfermedad genética infrecuente que afecta al metabolismo de las inmunoglobulinas y que se transmite con carácter autosómico recesivo. Suele comenzar en la infancia y progresa lentamente, produciéndose una degeneración cerebelosa progresiva, con infecciones sinopulmonares recurrentes. Las telangiectasias son más llamativas en la piel y en las conjuntivas.

ATB (TBT), abreviatura de **árbol traqueobronquial**.

atelectasia (atelectasis), anomalía que se caracteriza por el colapso del tejido pulmonar que impide que se produzca el intercambio respiratorio de dióxido de carbono y de oxígeno.

atelorraquidia (atelorrachidia), formación defectuosa e incompleta de la columna vertebral.

atención (attention), elemento que forma parte de las funciones cognitivas, consistente en que la actividad mental se mantiene centrada sobre un aspecto, objeto o una actividad específica.

atención a largo plazo (long-term care), provisión de atención médica, social y personal, a demanda o de forma continuada, a personas con trastornos físicos o mentales crónicos.

atención al enfermo crónico (care of the chronically ill), patrón de atención médica y de enfermería enfocado hacia el tratamiento prolongado de personas con enfermedades crónicas, ya sea en su hogar o en un centro médico. Incluye la atención específica del problema, además de otras medidas para facilitar los cuidados personales, favorecer la salud y evitar la pérdida funcional.

atención centrada en la familia (family-centered care), atención sanitaria primaria que consiste en la valoración y ejecución de las acciones necesarias para mantener o mejorar la salud de la unidad familiar y de sus miemaros.

atención crónica (chronic care), modelo de atención médica y de enfermería que se centra en los cuidados a largo plazo de los pacientes con enfermedades o trastornos crónicos, bien en su casa o en centros médicos.

atención de especialidad (specialty care), servicios médicos especializados prestados por un médico especialista.

atención dirigida (managed care), sistema de atención sanitaria en el que existe un control administrativo sobre la atención primaria que presta un grupo de médicos. Las instalaciones y los servicios superfluos se eliminan y los costes se reducen.

atención domiciliaria (home care), servicio sanitario facilitado en el lugar de residencia del paciente para promover, mantener o restaurar la salud o reducir al mínimo los efectos de la enfermedad y de la incapacidad. Estos servicios pueden incluir atención médica, dental y de enfermería, tratamiento logoterápico y fisioterápico, servicios de cuidados del hogar o de provisión de transporte.

atención emocional al moribundo (emotional care of the dying patient), apoyo coherente y compasivo que se ofrece al paciente terminal y a los familiares para afrontar la muerte inminente.

atención episódica (episodic care), modelo de atención médica y de enfermería que se aplica a los cuidados de una persona con un determinado problema, sin que exista relación entre la persona y el sanitario. Los servicios de urgencia proporcionan una atención episódica.

atención especial (specialing), *coloquial*, **1.** (en enfermería psiquiátrica) atención constante por parte de un miembro del personal profesional a un paciente perturbado para protegerle y evitar que se lesione él mismo o a los demás, y para observar su conducta. **2.** (en enfermería) prestación de cuidados de enfermería solamente a una persona, como en el caso de una persona cuyas necesidades son tan grandes que se requiere la presencia de un profesional de la enfermería en todo momento.

atención ginecológica fuera del embarazo (interconceptional gynecologic care), cuidados sanitarios que recibe la mujer en sus años reproductivos, entre los embarazos, desde las 6 semanas que siguen a cada parto. Son aspectos rutinarios y comunes de esta asistencia ginecológica las pruebas de Papanicolau para el cáncer cervical, los exámenes de mamas y pelvis, la evaluación del estado general de salud y las determinaciones del hematócrito y la hemoglobina en el laboratorio.

atención holística (holistic health care), sistema de atención total del paciente que considera las necesidades físicas, emocionales, sociales, económicas y espirituales de la persona, la respuesta a la enfermedad y el impacto de la enfermedad sobre la capacidad de la persona para satisfacer sus propias necesidades.

atención integral (comprehensive care), v. **atención holística**.

atención intermedia (intermediate care), nivel de atención médica aplicado a ciertos enfermos crónicos o individuos discapacitados, en el que se proporciona alojamiento y pensión, pero no cuidados especiales de enfermería.

atención intraparto (intrapartal care), cuidado que recibe la mujer gestante desde el comienzo del parto hasta que termina la tercera fase del mismo, con la expulsión de la placenta.

atención intraparto del neonato (newborn intrapartal care), cuidados del neonato en la sala de partos durante el período que sigue al nacimiento y antes de que madre e hijo pasen a la unidad postparto. En cuanto se presenta la cabeza, se aspira la nasofaringe y la boca, para extraer el exceso de moco. Según las preferencias y situación de las madres y en función de las normas del servicio de maternidad, se coloca el bebé sobre el abdomen de la madre y se le cubre con una manta caliente y seca, o se le lleva a un calentador de lactantes. Se determina su puntuación Apgar al minuto y a los 5 minutos de edad y, menos frecuentemente, a los 10 minutos. Se trata con suma suavidad y quietud al recién nacido; también se suelen evitar las luces intensas y se insiste en el contacto del niño con su madre.

atención médica (medical care), prestación por parte de un médico, de los servicios relacionados con el mantenimiento de salud, prevención de la enfermedad y tratamiento de las enfermedades o lesiones.

atención postalta (aftercare), cuidados sanitarios que se ofrecen a un paciente después de abandonar un hospital u otra institución médica.

atención prehospitalaria (prehospital care), toda asistencia médica prestada a un paciente lesionado o enfermo por un paramédico u otra persona antes de que el paciente llegue al servicio de urgencias del hospital.

atención prenatal (prenatal care), asistencia sanitaria prestada a la madre y al feto antes del parto.

atención preventiva (preventive care), modelo de atención médica y de enfermería que se centra en la prevención de la enfermedad y en la conservación de la salud, y que consiste en el diagnóstico precoz de la enfermedad, el descubrimiento e identificación de las personas con riesgo de desarrollar problemas específicos, el asesoramiento y demás intervenciones necesarias para prevenir un problema de salud.

atención primaria (primary care), primer contacto de un determinado episodio de enfermedad que lleva a tomar una decisión relacionada con las acciones a tomar para resolver el problema de salud.

atención psiquiátrica domiciliaria (psychiatric home care), servicio a través del cual los pacientes psiquiátricos dados de alta tienen vigilancia y atención en su lugar de residencia.

atención psiquiátrica institucional (psychiatric foster care), servicio para pacientes psiquiátricos dados de alta que tienen vigilancia y atención en un centro de ayuda autorizado.

atención razonable (reasonable care), grado de habilidad y conocimientos utilizado por un profesional sanitario competente para el tratamiento y cuidado de enfermos y lesionados.

atención sanitaria preventiva (preventive health care), v. **atención preventiva**.

atención sanitaria primaria (primary health care), nivel básico de atención sanitaria que abarca programas dirigidos a la promoción de la salud, al diagnóstico precoz de la enfermedad o discapacidad y a la prevención de la enfermedad. La atención sanitaria primaria se presta en centros ambulatorios a un número limitado de personas, generalmente a los que viven en una determinada zona geográfica. En cualquier episodio de enfermedad, es el primer contacto del paciente con el sistema de atención sanitaria.

atención sanitaria secundaria (secondary health care), nivel intermedio de atención sanitaria que incluye diagnóstico y tratamiento, y realizado en un hospital que tiene material e instalaciones de laboratorio especializados.

atención sanitaria terciaria (tertiary health care), atención sanitaria especializada, de alto nivel técnico, que consiste en el diagnóstico y tratamiento de enfermedades y discapacidades en hospitales sofisticados, con numerosos medios dedicados a la investigación y a la docencia. Ofrece un servicio muy centralizado a la población de una región amplia; en algunos casos, al mundo.

atención secundaria (secondary care), prestación de un servicio médico especializado por parte de un médico especialista o de un hospital tras petición de consulta de un médico de atención primaria.

atención temporal (respite care), **1.** servicios sanitarios a corto plazo para el adulto de edad avanzada dependiente, ya sea en el hogar o en una institución. **2.** prestación de asistencia temporal a un paciente que requiere cuidados especializados o intensivos o una supervisión que normalmente es prestada por sus familiares en el hogar.

atenolol (atenolol), betabloqueante que se prescribe en el tratamiento de la hipertensión.

atenuación (attenuation), reducción o disminución, como puede ser la atenuación de un generador de rayos X para reducir su intensidad, o la atenuación de la virulencia del microorganismo responsable de una enfermedad.

atenuado (attenuated), relativo a la dilución de una solución o a la disminución de la virulencia o toxicidad de un microorganismo o de un fármaco mediante su debilitamiento.

atenuador de aluminio (aluminum attenuator), filtro de aluminio que se emplea para controlar la dureza del haz de rayos X. El atenuador elimina los fotones de rayos X de baja energía antes de que lleguen al paciente y éste los absorba.

a término (full term), relativo a la duración normal de la gestación humana, entre 38 y 41 semanas.

aterogénesis (atherogenesis), formación de placas por debajo de la íntima en la pared arterial.

ateroma (atheroma, *pl.* **atheromas, atheromata**), masa anormal constituida de grasa o lípidos, como en los quistes sebáceos y en los depósitos de las paredes arteriales.

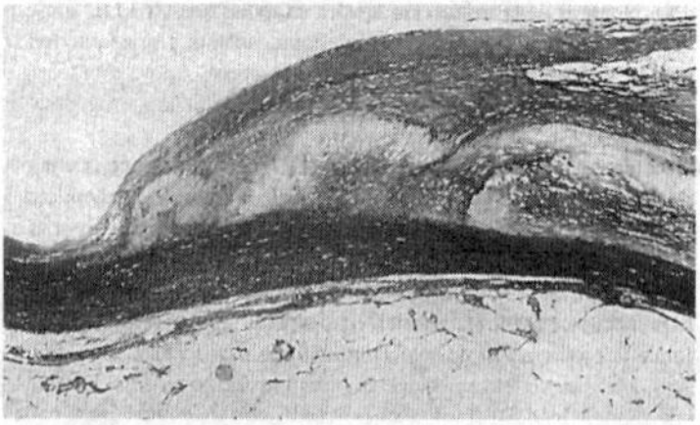

Histología de un ateroma
(A. Stevens/J. Lowe, 1996)

ateromatosis (atheromatosis), desarrollo de múltiples ateromas.

aterosclerosis (atherosclerosis), trastorno arterial frecuente caracterizado por el depósito de placas amarillentas de colesterol, de lípidos y de restos celulares en la superficie interna de las paredes de las arterias de tamaño grande y mediano. Al formarse las placas, las paredes de los vasos se hacen más gruesas, se fibrosan y se calcifican, estrechándose su luz, lo que da lugar a que se reduzca la circulación en los órganos y áreas que normalmente están irrigados por la arteria. Las lesiones ateromatosas son la causa fundamental de la cardiopatía coronaria, angina de pecho, infarto miocárdico y de otros trastornos cardíacos. La aterosclerosis se suele dar a edades avanzadas y suele asociarse con obesidad, hipertensión y diabetes.

atetoide (athetoid), relativo a la atetosis.

atetosis (athetosis), trastorno neuromuscular caracterizado por movimientos de torsión, lentos, continuos e involuntarios, que afectan a las extremidades, como puede verse en algunas formas de parálisis cerebral y en los trastornos motores derivados de las lesiones en los ganglios basales.

atiaminosis (athiaminosis), estado que aparece como consecuencia de la deficiencia de tiamina en la dieta.

atipia (atypia), carácter de ser irregular o no conforme a un tipo o norma.

atípico (atypical), enfermedad u objeto que no es de un tipo habitual o estándar.

atlas (atlas), primera vértebra cervical, que se articula con el hueso occipital y con el axis.

atloideo (atlantal), relativo al atlas, la primera vértebra cervical.

atm (atm), **1.** abreviatura de **atmósfera**. **2.** abreviatura de **atmosférico**.

ATM (TMJ), abreviatura de **articulación temporomandibular**.

atman (atman), (en psiquiatría) concepto derivado de la filosofía india oriental, según el cual el mayor valor posible es conocer la propia verdad de uno mismo.

atmósfera (atmosphere), **1.** elemento natural del aire, que recubre la superficie terrestre y está compuesto de aproximadamente 20% de oxígeno, 78% de nitrógeno y 2% de dióxido de carbono y de otros gases. **2.** envoltura de gas, que puede duplicar o no la atmósfera natural de las sustancias químicas. **3.** unidad de presión de gas que se suele definir como equivalente a la presión media de la atmósfera terrestre medida a nivel del mar, es decir, aproximadamente 760 mm de mercurio (1 kg-cm^2).

atomizador (atomizer), dispositivo que se emplea para reducir un líquido, expulsándolo en forma de nebulización o vaporización fina.

atomizar (atomize), v. **nebulizar**.

átomo (atom), **1.** (en física) la división más pequeña de un elemento que reúne todas las propiedades y características del elemento. Está formado de neutrones, electrones y protones. **2.** *no técnico,* cantidad de cualquier sustancia tan pequeña que no puede ser dividida en otras porciones. **3.** *informal,* una cantidad pequeña de cualquier sustancia.

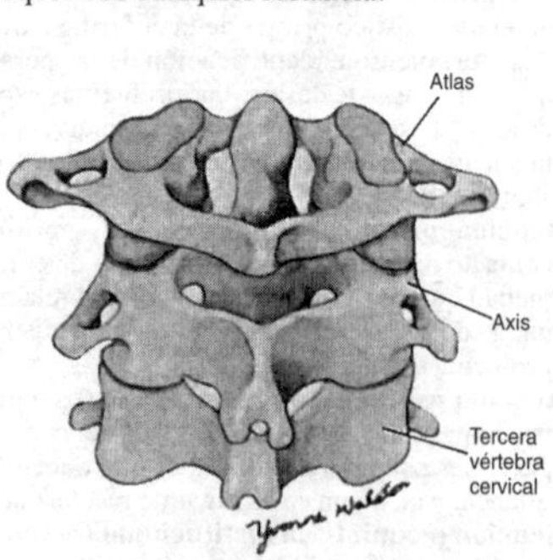

Atlas
(Thibodeau, 1993)

atonía (atonia, atony), ausencia anormal de tono o tensión muscular.

atónico (atonic), **1.** débil. **2.** que le falta el tono normal, como cuando un músculo está flácido. **3.** carente de vigor, como en las úlceras atónicas, que cicatrizan lentamente.

atopia (atopy), v. **atópico**.

atópico (atopic), relativo o concerniente a una tendencia hereditaria a desarrollar reacciones alérgicas inmediatas, como asma, dermatitis atópica o rinitis vasomotora, debido a la presencia de un anticuerpo (reagina atópica) en la piel y a veces en el torrente sanguíneo.

atopognosia (atopognosia), forma de agnosia corporal en la que la persona es incapaz de localizar adecuadamente una sensación.

ATP (ATP), abreviatura de **adenosintrifosfato**.

ATP (PTA), abreviatura de **antecedente tromboplastínico del plasma**.

ATPasa (ATPase), abreviatura de **adenosintrifosfatasa**.

ATR (RTA), abreviatura de **acidosis tubular renal**.

atracción (attraction), tendencia de los dientes o de otras estructuras maxilares o mandibulares a elevarse por encima de su posición normal.

atracción capilar (capillary attraction), v. **acción capilar**.

atrapamiento aéreo agudo (acute air trapping), situación de colapso bronquiolar que puede aparecer de forma inesperada. El sistema respiratorio del paciente queda inmovilizado en una posición de espiración parcial, siendo incapaz de inhalar aire ni de espirarlo.

atrapamiento nervioso (nerve entrapment), tipo de mononeuropatía caracterizado por lesión nerviosa y debilidad o atrofia muscular. Los nervios que pasan sobre prominencias rígidas o atraviesan estrechos canales óseos o aponeuróticos son especialmente propensos al atrapamiento. Los signos comunes de este proceso son dolor y debilidad muscular. Uno de los tipos más frecuentes de atrapamiento es el **síndrome del túnel carpiano**.

atraumático (atraumatic), relativo a tratamientos o a instrumentos y dispositivos terapéuticos que tienen pocas probabilidades de provocar daño hístico.

atresia (atresia), ausencia de una abertura, conducto o canal normales del cuerpo, como el ano, la vagina o el conducto auditivo externo.

atresia de la membrana anal (anal membrane atresia), v. **ano imperforado**.

atrición (attrition), proceso consistente en eliminar o desgastar por medio de la fricción.

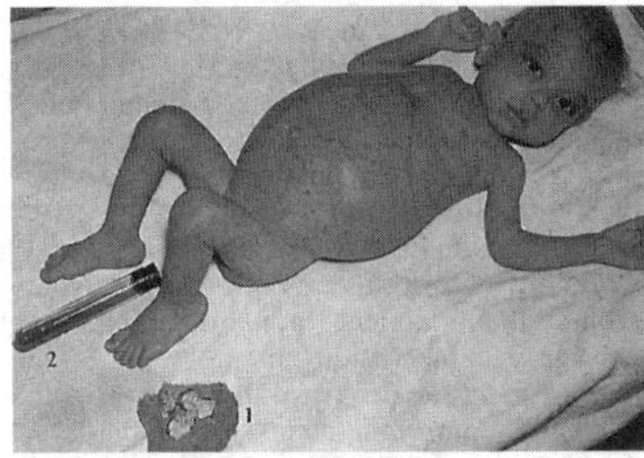

Atresia biliar
(S. Sherlock/J. A. Summerfield, 2.ª ed., 1992)

atricosis (atrichosis), ausencia congénita de pelo.

atrio (atrium), cámara o cavidad, como las aurículas derecha e izquierda del corazón.

atrofia (atrophy), desgaste o disminución del tamaño o de la actividad fisiológica de una parte del cuerpo, como consecuencia de una enfermedad o de otros factores. Puede producirse atrofia en un músculo esquelético como consecuencia de la falta de ejercicio físico o como resultado de una enfermedad neurológica o musculosquelética. Las células del cerebro y del resto del sistema nervioso central pueden sufrir atrofia en edades avanzadas, debido a la disminución del flujo sanguíneo hacia esas áreas.

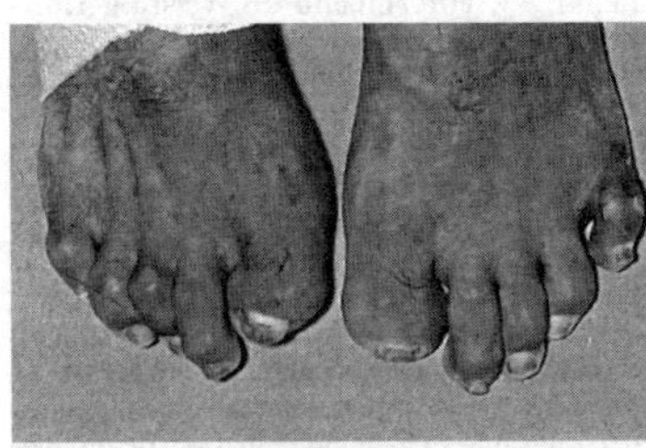

La atrofia neurotrófica en la lepra lepromatosa
(C. D. Forbes/W. F. Jackson, 1994)

atrofia cerebelosa (cerebellar atrophy), cualquiera de las enfermedades caracterizadas por deterioro y pérdida del tejido cerebeloso.

atrofia cerebrocerebelosa (cerebrocerebellar atrophy), deterioro cerebeloso provocado por determinadas enfermedades abiotróficas.

atrofia de Charcot-Marie-Tooth (Charcot-Marie-Tooth atrophy) [Jean M. Charcot; Pierre

Marie, neurólogo francés, n. 1853; Howard H. Tooth, neurólogo inglés, n. 1856], trastorno hereditario progresivo caracterizado por degeneración de la musculatura peronea, lo que produce pie zambo, pie equino y ataxia.

atrofia de Hoffmann (Hoffmann's atrophy), v. **enfermedad de Werdnig-Hoffmann**.

atrofia muscular (muscular atrophy), disfunción de la unidad motora, habitualmente por pérdida de la inervación eferente.

atrofia muscular de Aran-Duchenne (Aran-Duchenne muscular atrophy) [Francois A. Aran, médico francés, n. 1817; Guillaume B. A. Duchenne, neurólogo francés, n. 1806], forma de esclerosis lateral amiotrófica que en su comienzo afecta a las manos, brazos, hombros y piernas y posteriormente se hace generalizada.

atrofia muscular espinal familiar (familial spinal muscular atrophy), v. **enfermedad de Werdnig-Hoffmann**.

atrofia muscular espinal infantil (infantile spinal muscular atrophy), v. **enfermedad de Werdnig-Hoffmann**.

atrofia muscular espinal juvenil (juvenile spinal muscular atrophy), trastorno que comienza en la infancia, y en el que la degeneración progresiva de las células nerviosas del asta anterior y del bulbo raquídeo conduce a la pérdida de masa de los músculos esqueléticos. Suele iniciarse en las piernas y en la pelvis.

atrofia muscular espinal progresiva de los lactantes (progressive spinal atrophy of infants), v. **enfermedad de Werdnig-Hoffmann**.

atrofia muscular peronea (peroneal muscular atrophy), trastorno caracterizado por el debilitamiento o atrofia simétrica de los músculos del pie y del tobillo, con dedos en martillo. Los individuos afectados pueden presentar un arco plantar elevado y una marcha torpe, provocada por la debilidad de los músculos del tobillo.

atrofia muscular pospoliomielitis (AMPP) (postpoliomyelitis muscular atrophy [PPMA]), recidiva de los síntomas neuromusculares en personas que se habían recuperado de una polio paralítica aguda muchos años antes. El síntoma principal es la debilidad muscular y el trastorno puede afectar a los mismos músculos que antes o a músculos que no fueron dañados en el ataque previo de polio.

atrofia olivopontocerebelosa (AOPC) (olivopontocerebellar atrophy [OPCA]), grupo de ataxias hereditarias caracterizadas por rasgos clínicos mixtos de ataxia cerebelosa pura, demencia, síntomas similares a los del Parkinson, espasticidad, coreoatetosis, degeneración retiniana, mielopatía y neuropatía periférica.

atrofia óptica (optic atrophy), desgaste de la papila óptica como consecuencia de la degeneración de las fibras del nervio óptico y de la cintilla óptica. La atrofia óptica puede estar causada por un defecto congénito, inflamación, oclusión de la arteria central de la retina o de la arteria carótida interna, alcohol, arsénico, plomo, tabaco u otras sustancias tóxicas. La degeneración de la papila puede aparecer en la arteriosclerosis, diabetes, glaucoma, hidrocefalia, anemia perniciosa y diversas alteraciones neurológicas.

atrofia por desuso (atrophy of disuse), reducción de la masa tisular provocada por inmovilización o falta de ejercicio.

atrofiado (atrophied), parte del cuerpo de tamaño reducido por falta de uso.

atrofodermia (atrophoderma), desgaste o disminución del tamaño de la piel. La atrofia puede afectar a toda la superficie del cuerpo o tan sólo a áreas localizadas.

atropina (atropine), alcaloide procedente de las plantas *Atropa belladonna* y *Datura stramonium*.

ATT (TAT), abreviatura de **antitoxina tetánica**.

Au (Au), símbolo del **oro**.

audible (audible), capaz de ser oído. Algunos animales son capaces de oír sonidos de frecuencias superiores o inferiores y de diferentes intensidades a los audibles para la mayor parte de los seres humanos.

audición (hearing), sentido especial que permite la percepción del sonido. Es la función más importante del oído.

audífono (hearing aid), dispositivo electrónico que amplifica el sonido en las personas con deterioro de la audición. Está constituido por un micrófono, una batería, un amplificador y un receptor.

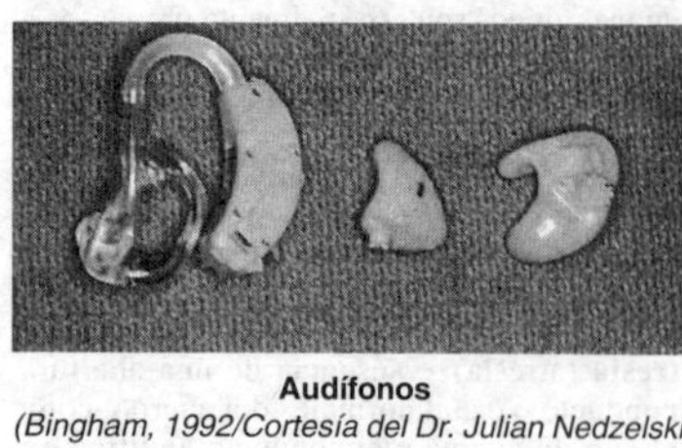

Audífonos

(Bingham, 1992/Cortesía del Dr. Julian Nedzelski)

audioanalgesia (audioanalgesia), empleo de la música para aumentar la relajación y para distraer del dolor la mente del paciente, como se hace en odontología.

audiograma (audiogram), gráfico que muestra la agudeza auditiva de un sujeto, basándose en la capacidad de oír sonidos y de discernir diferentes sonidos del lenguaje.

audiología (audiology), campo de la investigación dedicado al estudio de la audición, especialmente de los trastornos de la audición que no pueden corregirse a través de métodos médicos.

audiometría (audiometry), comprobación de la agudeza auditiva. Existen diversas pruebas audiométricas que determinan la intensidad de sonido más baja a la que un sujeto puede percibir un estímulo auditivo (umbral de audición), escuchar frecuencias diferentes y distinguir entre sonidos de palabras diversas.

audiometría de Békésy (Békésy audiometry) [George von Békésy, médico húngaro-norteamericano, n. 1899], método para estudiar la audición en el que el sujeto presiona un botón de señal mientras oye un tono puro que disminuye progresivamente de intensidad, retirando la presión cuando deja de oír ese sonido. En este estudio se utilizan tonos continuos e interrumpidos.

audiometría de respuesta evocada (evoked response audiometry), método de comprobación de la capacidad auditiva a nivel del tronco del encéfalo y corteza auditiva.

audiometría de tonos puros (pure tone audiometry), v. **audiometría**.

audiometría electrodérmica (electrodermal audiometry), método para comprobar la audición en el que se emplea un choque eléctrico inocuo para condicionar un tono puro en el sujeto; después del tono, y a la vez que se anticipa el choque, se desencadena una breve respuesta electrodérmica que es registrada, considerándose como umbral mínimo de audición para el sujeto la intensidad de sonido mínima que desencadena la respuesta cutánea.

audiómetro (audiometer), dispositivo eléctrico utilizado para poner a prueba la audición y para medir la conducción ósea y aérea. Se colocan auriculares sobre los oídos; el oído que no está siendo examinado recibe un sonido de fondo procedente de la máquina, mientras que el oído que se pone a prueba recibe estímulos de diversos tonos.

audioxímetro (ear oximeter), dispositivo que colocado sobre el lóbulo de la oreja transmite un haz de luz a través del tejido auricular a un receptor. Se trata de un método no invasivo para medir el nivel de hemoglobina saturada en sangre. La cantidad de hemoglobina saturada en sangre altera la longitud de onda de la luz transmitida.

auditoría de enfermería (nursing audit), investigación concienzuda diseñada para identificar, examinar o comprobar la realización de determinados aspectos de los cuidados de enfermería, mediante criterios establecidos. La **auditoría de enfermería concurrente** se realiza sobre cuidados de enfermería en marcha. La **auditoría de enfermería retrospectiva** se realiza una vez dado de alta el paciente de la instalación sanitaria, utilizando su expediente médico. A menudo, la auditoría de enfermería y de medicina se realizan conjuntamente, lo que se denomina **auditoría conjunta**.

aumentación diastólica (diastolic augmentation), aumento en la presión arterial diastólica provocado por la contrapulsación de un dispositivo auxiliar circulatorio, como un balón de contrapulsación intraaórtica.

aura (aura), **1.** sensación a modo de luz o calor, que puede preceder a una migraña o a una crisis epiléptica. **2.** emanación de luz o de color que rodea a una persona, como en las fotografías kirlianas, que se estudia por su aplicación con fines terapéuticos.

auramina (auramine), colorante anilínico amarillo que se emplea en la manufactura de pinturas, de productos textiles y de los derivados del caucho. Ha sido reconocido como responsable del cáncer de vejiga en el ser humano.

auranofina (auranofin), fármaco antiartrítico administrado por vía oral que se prescribe para el tratamiento de la artritis reumatoide.

aurícula (auricle), **1.** pabellón auricular. **2.** la aurícula izquierda o derecha del corazón, también denominadas así por su aspecto semejante a una oreja.

auricular (auricular), **1.** relativo o concerniente al pabellón de la oreja. **2.** ótico.

auricular anterior (auricularis anterior), uno de los tres músculos extrínsecos del oído. Parte de la porción anterior de la fascia en la región temporal, insertándose, a través de una proyección, enfrente del hélix. Su acción consiste en la movilización del pabellón de la oreja hacia delante y hacia arriba.

auricular posterior (auricularis posterior), uno de los tres músculos extrínsecos del oído. Parte de la región mastoidea del hueso temporal, a través de unas fibras aponeuróticas cortas, para insertarse en la porción inferior de la superficie craneal de la concha de la oreja. Su acción provoca el desplazamiento del pabellón de la oreja hacia atrás.

auricular superior (auricularis superior), músculo delgado de aspecto similar a un abanico, que es uno de los tres músculos extrínsecos del oído. Parte de la fascia de la región temporal y converge para insertarse a través de un tendón fino y aplanado en la superficie craneal del pabellón auricular. Su acción desplaza el pabellón auricular hacia arriba.

auriculina (auriculin), sustancia semejante a las hormonas, que tiene actividad diurética y es producida en la aurícula del corazón.

auriculoventriculostomía (auriculoventriculostomy), procedimiento quirúrgico que deriva el líquido cefalorraquídeo a la circulación general y se aplica en el tratamiento de la hidrocefalia. Se hace pasar un conducto de polietileno desde el ventrículo lateral a través de un trépano efectuado en la región parietal de la calota craneal y discurriendo por debajo del cuero cabelludo, hasta llegar a la vena yugular, para servir de drenaje del líquido cefalorraquídeo en la vena cava superior o en la aurícula derecha.

auriosis (auriosis), v. **crisiasis**.

aurotioglucosa (aurothioglucose), forma orgánica de oro con propiedades antiartríticas, que se emplea en crisoterapia como tratamiento coadyuvante de la artritis reumatoide del adulto y juvenil.

auscultación (auscultation), acción de escuchar los sonidos internos del cuerpo, con objeto de evaluar el estado del corazón, los pulmones, la pleura, el intestino u otros órganos, o para detectar los ruidos cardíacos fetales. La auscultación se puede realizar de forma directa, pero es más frecuente que se realice con un estetoscopio para determinar la frecuencia, la intensidad, la duración y la cualidad de los ruidos.

ausencia (absence seizure), v. **crisis de pequeño mal**.

ausencia epiléptica (absentia epileptica), pérdida breve de consciencia. Habitualmente se produce sin convulsiones, aunque puede ir acompañada de pequeñas contracciones musculares involuntarias. Antiguamente se llamaban **convulsiones de petit mal**.

autacoide (autacoid), grupo de sustancias, como las hormonas, que son producidas en un órgano y son transportadas a través de la sangre o de los vasos linfáticos, contribuyendo así al control de los procesos fisiológicos en otras partes del cuerpo.

autenticidad (authenticity), (en psiquiatría) transparencia emocional y de conducta; calidad de ser genuino y fiable.

autismo (autism), trastorno mental caracterizado por un aislamiento extremo, con una entrega anormal a las fantasías, acompañadas de ilusiones y de alucinaciones, junto con una incapacidad para comunicarse verbalmente o para relacionarse de otro modo con la gente.

autismo infantil (infantile autism), discapacidad caracterizada por un desarrollo emocional, social y lingüístico anormal del niño. Puede ser el resultado de una disfunción cerebral orgánica, en cuyo caso se produce antes de los 3 años de edad; o puede asociarse a esquizofrenia infantil, en cuyo caso el autismo aparece más tarde, pero antes de comenzar la adolescencia. El niño autista permanece anclado en una de las fases por las que va pasando el niño normal en su desarrollo. El tratamiento se realiza mediante psicoterapia, frecuentemente acompañada de ludoterapia.

autoaceptación (self-acceptance), reconocimiento y aprobación de las propias cualidades y limitaciones.

autoactivación (autoactivation), proceso de activación por sí mismo, como sucede cuando una glándula es estimulada por sus propias secreciones.

autoaglutinación (autoagglutination), **1.** aglutinación o acumulación de hematíes por el suero del mismo individuo. **2.** aglutinación o agrupamiento de determinados antígenos, como las bacterias.

autoamputación (autoamputation), separación espontánea de una parte del cuerpo, generalmente el cuarto o el quinto dedo, como suele ocurrir entre los varones de ciertos pueblos africanos. Este hecho suele no ser doloroso ni tampoco se acompaña de otros síntomas.

autoanestesia (self-anesthesia), la anestesia por inhalación administrada por uno mismo, en la cual se inhalan bocanadas de gas anestésico de un dispositivo de respiración manual controlado por el paciente.

autoanticuerpo (autoantibody), inmunoglobulina que reacciona contra un constituyente normal del cuerpo, como el material nuclear en los pacientes con lupus eritematoso sistémico. Existen autoanticuerpos contra las células parietales gástricas en la anemia perniciosa, contra las plaquetas en la trombocitopenia autoinmune y contra los antígenos de la superficie de los hematíes en la anemia hemolítica autoinmune.

autoantígeno (autoantigen), constituyente endógeno del cuerpo que estimula la producción de autoanticuerpos, dando lugar a una reacción de autoinmunidad dirigida contra uno o más tejidos del organismo en el que se produce este tipo de reacción anormal.

autoclave (autoclave), aparato que se utiliza para esterilizar los instrumentos médicos u otros objetos, mediante vapor a presión.

autoconfrontación (self-confrontation), técnica para la modificación de la conducta, que depende del reconocimiento por parte del paciente —y su insatisfacción por ello— de las inconsistencias con sus propios valores, creencias y comportamientos o entre su propio sistema personal y el de otro importante para él.

autoconsciente (self-conscious), **1.** estado consciente de uno mismo como una entidad individual que experimenta, desea y actúa. **2.** gran conocimiento de uno mismo y de las propias acciones reflejadas en las observaciones y reacciones de los demás; socialmente a disgusto.

autodiagnóstico (self-diagnosis), diagnóstico de los propios problemas de salud, habitualmente sin la dirección ni la ayuda de un médico.

autodiferenciación (self-differentiation), especialización y diversificación de un tejido o parte que resultan únicamente de factores intrínsecos.

autodiploide (autodiploid), **1.** también denominado **autodiploico**, relativo o concerniente a un individuo, organismo, cepa o célula que contiene dos grupos de cromosomas genéticamente idénticos o casi idénticos, y que derivan de la misma especie ancestral como resultado de la duplicación de una dotación haploide. **2.** individuo, organismo, cepa o célula de estas características.

autoenajenación (self-alienation), v. **despersonalización**.

autoerotismo (autoeroticism), **1.** gratificación propia sensual, generalmente sexual, que se obtiene habitualmente a través de la estimulación del propio cuerpo por uno mismo, sin la participación de otra persona. **2.** sentimiento o deseo sexual que se produce sin la contribución de ningún estímulo externo. **3.** (en la teoría psicoanalítica de Freud) fase precoz del desarrollo psicosexual, que se da en los estadios oral y anal.

autoesplenectomía (autosplenectomy), disminución progresiva del tamaño del bazo, que puede darse en la anemia de células falciformes. El bazo se va sustituyendo por tejido fibroso, llegando a perder su funcionalidad.

autoestima (self-esteem), grado de valor y competencia que se atribuye uno a sí mismo.

autoestima baja circunstancial (self-esteem, situational low), diagnóstico de enfermería, aprobado por la NANDA, de autoevaluación negativa con sentimientos sobre uno mismo que se desarrollan en respuesta a pérdida o cambio, en un individuo que previamente tenía una autoevaluación positiva. Las características que lo definen son: presencia episódica de autovaloración negativa en respuesta a los acontecimientos de la vida, expresión verbal de sentimientos negativos sobre uno mismo, como impotencia o inutilidad, expresiones verbales negativas sobre uno mismo, expresión de vergüenza o culpa, evaluación de uno mismo como incapaz de manejar situaciones o acontecimientos y dificultad para tomar decisiones.

autoestima baja crónica (self-esteem, chronic low), diagnóstico de enfermería, aprobado por la NANDA, de autoevaluación negativa prolongada y sentimientos negativos sobre uno mismo y sobre las propias capacidades. Las características que lo definen son: expresión verbal negativa sobre uno mismo, expresión de vergüenza o de culpa, evaluación de uno mismo como alguien incapaz de enfrentarse a los acontecimientos, rechazo de autorregulaciones positivas, exageración de autorregulaciones negativas, indecisión para intentar nuevas situaciones, frecuente ausencia de éxito en el trabajo o en otros acontecimientos de la vida, aceptación exagerada y dependencia de la opinión de los demás, falta de energía, indecisión y búsqueda excesiva de alientos.

autoexploración de la mama (AEM) (self-breast examination [SBE]), procedimiento mediante el cual una mujer explora sus mamas y

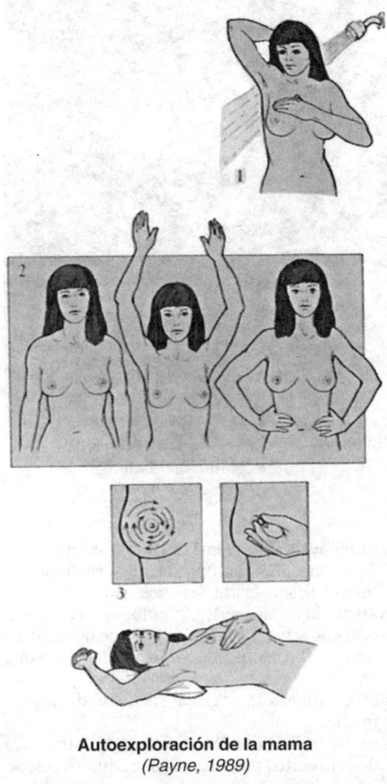

Autoexploración de la mama
(Payne, 1989)

estructuras accesorias para detectar la presencia de alteraciones que pudieran indicar un proceso maligno. Habitualmente, la AEM se realiza de 1 semana a 10 días después del primer día del ciclo menstrual, cuando el tamaño de las mamas es menor y la nodularidad cíclica menos evidente. Las técnicas son similares a las de la exploración de la mama realizada en los exámenes de salud o en la exploración física.

autoexploración testicular (AET) (testicular self-examination [TSE]), procedimiento recomendado para la detección de tumores u otras anomalías en los testículos. Cada testículo se examina con ambas manos, colocando los dedos bajo el testículo mientras que los pulgares se sitúan en la región superior. A continuación se gira suavemente el testículo entre los pulgares y los demás dedos.

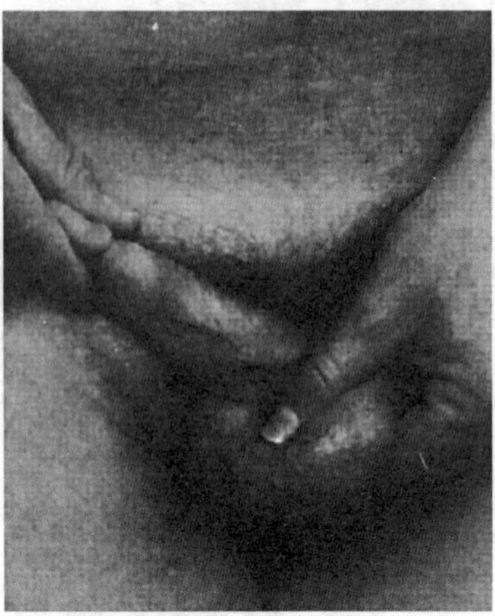

Autoexploración testicular
(Seidel, 1991)

autogénesis (autogenesis), **1.** abiogénesis. **2.** circunstancia autoproducida; estado que se origina desde dentro del organismo.

autogenia (autogeny), v. **autogénesis**.

autógeno (autogenous), originado desde el interior del organismo, como una toxina o una vacuna.

autografismo (autographism), v. **dermatografía**.

autohemólisis (autohemolysis), destrucción de eritrocitos por agentes hemolíticos que se encuentran en el suero sanguíneo del propio individuo.

autohexaploide, autohexaploico (autohexaploid, autohexaploidic), v. **autopoliploide**.

autohipnosis (self-hypnosis), proceso de llegar por uno mismo a un estado semejante al trance mediante autosugestión, como la concentración en un único pensamiento u objeto. Algunas personas son más susceptibles que otras.

autoideal (self-ideal), percepción de cómo debería comportarse uno mismo basándose en criterios personales. Éstos pueden ser una imagen cuidadosamente construida de la clase de persona que le gustaría ser a uno o bien una serie de aspiraciones que le gustaría alcanzar.

autoinjerto (autograft), trasplante quirúrgico de cualquier tejido desde una parte del cuerpo hasta otro lugar del mismo individuo. Los autoinjertos se utilizan con frecuencia para sustituir la piel perdida en las quemaduras graves.

autoinmune (autoimmune), que concierne al desarrollo de una respuesta inmune (autoanticuerpos o respuesta inmune celular) frente a los propios tejidos.

autoinmunidad (autoimmunity), estado o situación anómala en la que el cuerpo reacciona contra los elementos que constituyen sus propios tejidos. La autoinmunidad puede dar lugar a hipersensibilidad y a enfermedades autoinmunes.

autoinmunización (autoimmunization), proceso a través del cual el sistema inmune de un individuo desarrolla anticuerpos contra uno o más de los propios tejidos corporales.

autoinoculación (autoinoculation), inoculación de un microorganismo obtenido por contacto con una lesión del propio cuerpo, produciéndose una infección secundaria.

autointegración (integration of self), uno de los componentes del bienestar. Se caracteriza por la integración de la mente, el cuerpo y el espíritu en una unidad armónica de funcionamiento.

autointoxicación (autointoxication), intoxicación por sustancias generadas por el propio cuerpo, como las toxinas resultantes de un trastorno metabólico.

autolimitado (self-limited), (de una enfermedad o proceso) que suele terminar sin tratamiento.

autólogo (autologous), relativo a un tejido o estructura que se presenta de forma natural y deriva del mismo individuo.

automaticidad (automaticity), propiedad de los tejidos especializados excitables, que permiten la autoactivación desarrollando espontáneamente un potencial de acción, como sucede con las células marcapasos del corazón.

automatismo (automatism), **1.** (en fisiología) función involuntaria de un sistema orgánico que es independiente de todo estímulo externo aparente, como los latidos del corazón, o que depende de estímulos externos que no son controlados de manera consciente, como la dilatación de las pupilas oculares. **2.** (en filosofía) teoría según la cual el cuerpo actúa como una máquina, y la mente, cuyos procesos dependen tan sólo de la actividad cerebral, es un elemento adjunto al cuerpo que no ejerce control sobre el mismo. **3.** (en psicología) conducta mecánica, repetitiva y no dirigida, que no se controla de manera consciente, como sucede en la epilepsia psicomotora, en los estados de histeria y en ciertos actos como en el sonambulismo. Algunos tipos de automatismo son: **automatismo de orden, automatismo deambulante** y **automatismo postraumático inmediato**.

automutilación, alto riesgo de (self-mutilation, high risk for), diagnóstico de enfermería, aprobado por la NANDA, del estado en el cual una persona tiene un alto riesgo de herirse pero no de matarse, lo cual le produce daño tisular y alivio de la tensión. Los factores de riesgo son pertenecer a un grupo de riesgo, incapacidad para manejar una tensión psicológica-fisiológica de una manera correcta, sentimientos de rechazo, odio a uno mismo, deprivación emocional de los padres y una familia disfuncionante.

autonomía (autonomy), propiedad consistente en tener capacidad o tendencia a funcionar de un modo independiente.

autonómico o autónomo (autonomic), que tiene capacidad para funcionar independientemente sin influencias externas.

autopentaploide, autopentaploico (autopentaploid, autopentaploidic), v. **autopoliploide**.

autoplastia (autoplasty), procedimiento de cirugía plástica en el que se utilizan autoinjertos, o partes de los propios tejidos del paciente, para sustituir o para reparar ciertas regiones del cuerpo que han resultado dañadas por una enfermedad o por una lesión.

autopoliploide (autopolyploid), **1.** también denominado **autopoliploico**, relativo o concerniente a un individuo, organismo, cepa o célula que posee más de dos grupos de cromosomas genéticamente idénticos o casi idénticos, que proceden de una misma especie ancestral. **2.** individuo, organismo, cepa o célula que reúne estas características.

autopoliploidía (autopolyploidy), estado o circunstancia en la que se reúnen más de dos grupos de cromosomas idénticos o casi idénticos.

autopsia (autopsy), examen posmortem que se realiza para confirmar o para determinar la causa de la muerte.

autoridad (authority), relación entre dos o más personas o grupos de ellas, que se caracteriza por la influencia que una puede ejercer sobre la otra, a través de ideas, de órdenes, de sugerencias o de instrucciones.

autorradiólisis (self-radiolysis), proceso en el cual un compuesto es dañado por productos de degradación radiactivos originados en un átomo del mismo compuesto.

autorrealización (self-actualization), (en psicología humanista) tendencia fundamental hacia la máxima realización y satisfacción del propio potencial humano.

autorregulación (autoregulation), capacidad intrínseca de los tejidos para regular su propio flujo sanguíneo gracias al proceso de contracción autoexcitable del músculo liso, cuya acción consiste en contraer y dilatar los vasos. Permite a los sistemas orgánicos mantener un flujo sanguíneo constante, a pesar de las variaciones de la presión arterial sistémica, y constituye un mecanismo esencial para cubrir las necesidades metabólicas de un órgano.

autorresponsabilidad (self-responsibility), concepto de salud holístico por el cual los individuos asumen la responsabilidad de su propia salud.

autorrevelación (self-disclosure), proceso por el cual una persona permite que otra conozca su ser íntimo, pensamiento y emociones. Es importante para el crecimiento psicológico en la psicoterapia individual y de grupo.

autosensibilización (autosensitization), sensibilización de un individuo a sustancias de sus propios tejidos corporales, mediante anticuerpos humorales o reacción celular diferida.

autósito (autosite), el miembro más grande y dotado de una conformación más normal de dos gemelos unidos, desiguales o asimétricos, del cual depende el feto más pequeño para llevar a cabo varias de sus funciones fisiológicas, así como su nutrición y su crecimiento.

autosoma (autosome), todo cromosoma que no es un cromosoma sexual y que aparece en las células somáticas como par homólogo. Los seres humanos poseen 22 pares de autosomas, que participan en la transmisión de todos los rasgos y circunstancias genéticas, excepto las ligadas al sexo.

autosondaje (self-catheterization), procedimiento realizado por el paciente para vaciar la vejiga y evitar su distensión exagerada por la orina. Al paciente que no puede vaciar la vejiga por completo, pero que puede retener la orina durante 2 a 4 horas seguidas, se le puede enseñar a autosondarse, siempre que esté dispuesto a aprender y tenga cierta destreza y capacidad para palparse la vejiga.

autosugestión (autosuggestion), idea, pensamiento, actitud o creencia que uno se sugiere a sí mismo, frecuentemente como forma de encantamiento, y como método para poder controlar la propia conducta.

autotetraploide, autotetraploico (autotetraploid, autotetraploidic), v. **autopoliploide**.

autotopagnosia (autotopagnosia), incapacidad para reconocer o para localizar las diversas partes del cuerpo, como consecuencia de una lesión orgánica cerebral.

autotransfusión (autotransfusion), obtención, anticoagulación, filtración y reinfusión de sangre a partir de un punto de hemorragia activa. Se puede aplicar en casos de grandes traumatismos o en cirugía mayor, cuando la sangre puede recuperarse a partir de un lugar estéril.

autotrascendencia (self-transcendence), la capacidad para centrar la atención en hacer algo por los demás, en oposición a la autorrealización, en la cual hacer algo para uno mismo es el objetivo final.

autotriploide, autotriploico (autotriploid, autotriploidic), v. **autopoliploide**.

auxanología (auxanology), estudio científico del crecimiento y del desarrollo.

auxesis (auxesis, *pl.* **auxeses**), aumento de tamaño o de volumen como consecuencia de la expansión celular, más que por un incremento del número de células o de los elementos tisulares; hipertrofia.

auxiliar (ancillary), relativo a algo subordinado, secundario o complementario.

auxiliar (auxiliary), individuo o grupo que realiza tareas de ayuda, apoyo o complementarias en un marco clínico.

auxiliar de enfermería (nurse's aide), persona empleada para realizar tareas básicas no especializadas en el cuidado de los pacientes, como bañarlos o alimentarlos, hacer las camas o transportarlos de un lugar a otro.

AV (AV), abreviatura de **arteriovenoso** o **auriculoventricular**.

avalvular (avalvular), relativo a la ausencia de una o más válvulas.

avantina (avantin), v. **alcohol isopropílico**.

avascular (avascular), **1.** (de un tejido en un área determinada) que no recibe un suministro de sangre suficiente. **2.** (de un tipo de tejido) que no posee vasos sanguíneos.

AVD (ADL), abreviatura de **actividades de la vida diaria**.

AVI (WIA), abreviatura de **analgesia en vigilia por imágenes**.

avidez (avidity), medida de la intensidad con la que se unen los anticuerpos a los múltiples determinantes antigénicos existentes en los antígenos naturales.

avidina (avidin), glucoproteína existente en la clara de los huevos crudos, con una fuerte afinidad por la biotina.

avirulento (avirulent), sin virulencia; no patógeno.

avitaminosis (avitaminosis), trastorno derivado de una deficiencia, o de la falta de absorción o de utilización de una o más vitaminas esenciales de la dieta.

AVM (VMA), abreviatura de **ácido vanililmandélico**.

avulsión (avulsion), separación, mediante desgarramiento, de una parte del cuerpo respecto a la totalidad del mismo, como cuando se produce la tracción del cordón umbilical en el proceso de expulsión de la placenta.

axetilo (axetil), contracción de 1-acetoxietilo.

axil, axial (A) (axial [A]), **1.** relativo al eje o situado sobre el eje de una estructura o una parte del cuerpo. **2.** (en odontología) relativo al eje longitudinal de un diente.

axila (axilla, *pl.* **axillae**), espacio en forma de pirámide que forma la cara inferior del hombro, situado entre la parte superior del brazo y la cara lateral del tórax.

axis (axis, *pl.* **axes**), segunda vértebra cervical sobre la que gira el atlas, permitiendo a la cabeza los movimientos de rotación, extensión y flexión.

axodendrita (axodendrite), apéndice fibrilar no mielinizado del axón principal de una célula nerviosa.

axón (axon), proyección cilíndrica de una célula nerviosa que conduce impulsos procedentes del cuerpo celular de la neurona. Los axones pueden estar cubiertos de mielina o desprovistos de ella (desnudos).

axonotmesis (axonotmesis), interrupción de un axón, con la consiguiente degeneración walleriana del segmento distal del nervio.

ayuda artificial (artificial assists), cualquier dispositivo o aparato protésico que permita una función determinada a una persona con una invalidez física. Por ejemplo, marcapasos cardíaco, muletas y miembros artificiales.

ayuda para medias (stocking aid), dispositivo que permite a una persona con minusvalías ponerse medias. Un tipo de ayuda consiste en una clavija con un gancho en forma de copa en el extremo.

ayuno (fasting), abstención de alimentos durante un período determinado de tiempo, normalmente con fines terapéuticos o religiosos.

azatioprina (azathioprine), inmunosupresor que se prescribe para prevenir el rechazo de órganos después del trasplante, así como para el tratamiento del lupus eritematoso y de otras enfermedades inflamatorias sistémicas.

azidotimidina (AZT) (azidothymidine [AZT]), fármaco antiviral basado en la timidina, que inhibe la replicación de los retrovirus. Se ha utilizado para tratar los síntomas de las infecciones por VIH, incluido el síndrome de inmunodeficiencia adquirida (SIDA).

azigospora (azygospore), espora producida directamente a partir de un gameto, que no experimenta conjugación, como se da en ciertas algas y hongos.

azlocilina sódica (azlocillin sodium), antibiótico penicilínico semisintético que se prescribe en las infecciones del tracto respiratorio inferior, del tracto urinario, de la piel, de los huesos y de las articulaciones, así como en las septicemias bacterianas producidas por cepas de microorganismos sensibles, principalmente *Pseudomonas aeruginosa*.

azoospermia (azoospermia), ausencia de espermatozoides en el semen. Puede estar producida por una disfunción testicular o por un bloqueo en los túbulos del epidídimo, o bien puede haber sido inducida por una vasectomía.

azotemia (azotemia), retención de excesivas cantidades de sustancias nitrogenadas en la sangre. Esta circunstancia se produce por un fracaso de la eliminación de urea de la sangre por parte de los riñones.

azouria, azoturia (azoturia), exceso de compuestos nitrogenados, entre ellos la urea, en la orina.

AZT (AZT), abreviatura de **azidotimidina**.

azúcar (sugar), cualquiera de los diferentes carbohidratos hidrosolubles. Las dos principales clases de azúcares son los monosacáridos y los disacáridos. Los monosacáridos son azúcares simples, como la glucosa, la fructosa o la galactosa. Los disacáridos son azúcares dobles, como la sacarosa (azúcar de mesa) o la lactosa.

azufre (S) (sulfur, sulphur [S]), elemento químico no metálico, multivalente, insípido, inodoro, que se encuentra en abundancia en forma cristalina amarilla o en masas amorfas, especialmente en zonas volcánicas. Su número atómico es 16; su peso atómico, 32,06. El azufre ha sido utilizado en el tratamiento de la gota, el reumatismo y las bronquitis y también como laxante suave. Las sulfonamidas, o medicamentos con azufre, se utilizan en el tratamiento de varias infecciones bacterianas.

azufre coloidal (colloidal sulfur), forma de azufre dividido en partículas muy finas que se utiliza para el tratamiento del acné y de otras alteraciones cutáneas.

azul de metileno (methylene blue), sustancia cristalina verde-azulada que se utiliza como tinte histológico e indicador de laboratorio. También se emplea en el tratamiento de la intoxicación por cianuro y en la metahemoglobinemia.

azul de Prusia (Prussian blue), reactivo químico utilizado en las preparaciones microscópicas. Pone de manifiesto la presencia de cobre con la aparición de una coloración azul brillante.

B

B (B), símbolo químico del **boro**.

b.i.d. (b.i.d.), (en prescripción) abreviatura de *bis in die*, expresión latina que significa «dos veces al día». Las horas de administración suelen ser las 9 de la mañana y las 7 de la tarde.

B-D (W-D), abreviatura de bien desarrollado, utilizada con frecuencia en la identificación inicial de la historia de un paciente.

B-galactosidasa (B-galactosidase), v. **lactasa**.

B-N (W-N), símbolo de *bien nutrido*, utilizado con frecuencia en la identificación inicial de la historia de un paciente.

Ba (Ba), símbolo químico del **bario**.

BAAR (AFB), abreviatura de **bacilos ácido-alcohol resistentes**.

babesiosis, babesiasis (babesiosis) [Victor Babès, bacteriólogo rumano, n. 1854], infección causada por protozoos del género *Babesia*. El organismo infectante es transmitido al huésped por garrapatas de la especie *Ixodes dammini*.

Bacilácea (Bacillaceae), familia de *Esquizomicetos* del orden *Eubacteriales* formada por bacilos grampositivos capaces de producir endosporas cilíndricas, elipsoidales o esféricas. Algunos son parásitos de insectos y animales y son patógenos.

baciliforme (bacilliforme), con forma de bacilo.

Bacillus (Bacillus), género de bacterias aerobias grampositivas, productoras de esporas, pertenecientes a la familia Bacilácea, orden Eubacteriales, que incluye 33 especies, tres de las cuales son patógenas.

Bacillus anthracis (Bacillus anthracis), una especie de bacterias grampositivas, anaerobias facultativas que causan el carbunco.

bacilo Battey (Battey bacillus), cualquier representante del grupo de micobacterias atípicas, incluidos *Mycobacterium avium* y *M. intracellulare*, que causan una enfermedad pulmonar crónica semejante a la tuberculosis.

bacilo de Calmette-Guérin (BCG) (bacille Calmette-Guérin [BCG]) [Léon C. A. Calmette, bacteriólogo francés, n. 1863; Camille Guérin, bacteriólogo francés, n. 1872], género atenuado del bacilo tuberculoso utilizado en muchos países como vacuna contra la tuberculosis, generalmente administrada por vía intradérmica con un disco de punción múltiple. Parece prevenir las formas más graves de tuberculosis y conferir cierta protección a las personas que viven en áreas en las que esta enfermedad es prevalente.

bacilo de Doederlein (Doederlein's bacillus) [Albert S. Doederlein, médico alemán, n. 1860], bacteria grampositiva, presente en las secreciones vaginales normales.

bacilo de Friedländer (Friedländer bacillus) [Carl Friedländer, anatomopatólogo alemán n. 1847], bacteria de la especie *Klebsiella pneumoniae*, asociada a la infección del tracto respiratorio, especialmente neumonía lobar.

bacilo de Hansen (Hansen's bacillus) [Gerard Henrik Armauer Hansen, médico noruego, n. 1841], *Mycobacterium leprae*, bacilo acidorresistente causante de la lepra.

bacilo de Koch (Koch's bacillus) [Robert Koch, bacteriólogo alemán, n. 1843], nombre del microorganismo *Mycobacterium tuberculosis*.

bacilo gaseoso (gas bacillum), cualquier bacilo de las diversas especies que producen gas como subproducto de su metabolismo. Por ejemplo, *E. coli* que fermenta la lactosa y la glucosa, y las especies de *Clostridium*, que producen la gangrena gaseosa.

bacilos (bacilli, *sing*. **bacillum**), cualquier bacteria en forma de bastón.

bacilos ácido-alcohol resistentes (BAAR) (acid-fast bacillus [AFB]), tipo de bacilos que resisten la decoloración por un ácido después de haber sido teñidos. Pertenecen a este tipo *Mycobacterium tuberculosis* y *M. leprae*.

baciluria (bacilluria), presencia de bacilos en la orina.

bacitracina (bacitracin) [apellido del paciente en el que se aisló la especie del bacilo productora de la toxina], antibacteriano prescrito para las infecciones de la piel sensibles a bacitracina.

baclofén (baclofen), agente antiespástico prescrito para aliviar la espasticidad muscular.

bacteria (bacteria), cualquiera de los pequeños microorganismos unicelulares de la clase Esquizomicetos. Este género tiene diferentes morfologías, pudiendo ser esféricos (cocos), con forma de bastones (bacilos), espirales (espiroquetas) o con forma de coma (vibrios).

bactericida (bactericide), fármaco o cualquier otro agente que destruye bacterias.

bactericidina (bactericidin), anticuerpo que destruye las bacterias en presencia de complemento.

bacteriemia (bacteremia), presencia de bacterias en la sangre.

bacteriófago, fago (bacteriophage), cualquier virus que causa la lisis de la bacteria huésped, incluidas las «algas» verde-azuladas. Los bacteriófagos se asemejan a otros virus en el hecho de que están compuestos por ácido ribonucleico o por ácido desoxirribonucleico.

bacteriolisina (bacteriolysin), anticuerpo que causa la destrucción de una especie particular de célula bacteriana.

bacteriólisis (bacteriolysis), destrucción intra o extracelular de una bacteria.

bacteriología (bacteriology), la ciencia que estudia las bacterias.

bacteriostasis (bacteriostasis), detención del crecimiento bacteriano, su reprodución o ambas cosas.

bacteriostático (bacteriostatic), que tiende a frenar el desarrollo o la reproducción de las bacterias.

bacteriuria (bacteriuria), presencia de bacterias en la orina.

bacteroide (bacteroid), semejante a las bacterias.

Bacteroides (Bacteroides), género de bacilos anaerobios obligados encontrados normalmente en el colon, boca, tracto genital y vías respiratorias superiores. La invasión de estos bacilos a través de una ruptura de la mucosa puede provocar una infección grave.

bagazo (bagasse), las fibras machacadas o los residuos de la caña de azúcar.

bagazosis (bagassosis), enfermedad del pulmón autolimitada causada por una respuesta alérgica al bagazo, los restos desecados y parasitados por hongos que quedan después de extraer el jarabe de la caña de azúcar.

baile de San Vito (Saint Vitus' dance), trastorno nervioso motor caracterizado por movimientos irregulares, espasmódicos e involuntarios de los músculos de las extremidades y de la cara. Históricamente la enfermedad se confundió con los síntomas de una manía danzante que, según se sabe, se curó mediante una peregrinación al santuario de San Vito.

bajo peso (underweight), peso corporal menor del normal después de haberlo ajustado según la altura, el tipo corporal y la edad.

BAL (BAL), abreviatura de **antilewisita**. V. **dimercaprol**.

balanceo cefálico (head bobbing), signo de dificultad respiratoria en un lactante. Dado que los músculos extensores del cuello no son lo suficientemente fuertes como para estabilizar la cabeza, el uso de músculos accesorios produce balanceo de la cabeza.

balanceo lateral (lateral rocking), balanceo de lado del cuerpo utilizado para mover el cuerpo hacia delante o hacia atrás, cuando no es posible contar con la acción muscular normal. La técnica es utilizada por algunos pacientes discapacitados para mover su cuerpo desde o hacia el borde de una silla u otra posición sentada diferente en la cama.

balancín (beam), armazón de la cama adecuado para suspender poleas y pesos, utilizado en el tratamiento de pacientes que requieren tracción con peso.

balanitis (balanitis), inflamación del pene.

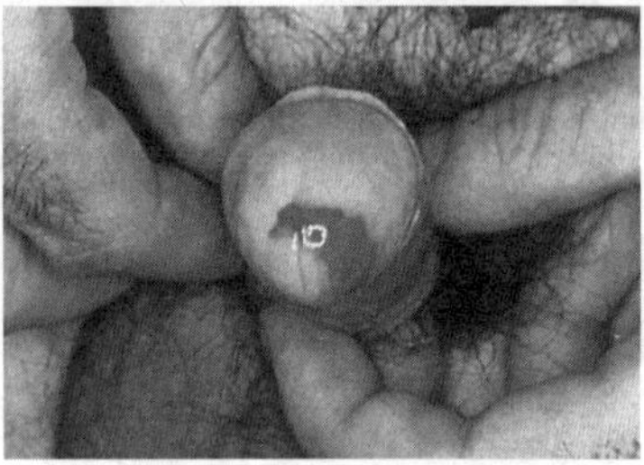

Balanitis
(H. Seidel, 2.ª 1993)

balanoplastia (balanoplasty), operación de cirugía plástica del pene.

balanopostitis (balanoposthitis), inflamación generalizada del pene y prepucio caracterizada por dolor, irritación y exudado, que ocurre como complicación de una infección bacteriana o fúngica.

balanoprepucial (balanopreputial), relativo o perteneciente al pene y al prepucio.

balanorragia (balanorrhagia), balanitis en la que se produce una descarga abundante de pus por el pene.

balantidiasis (balantidiasis), infección causada por la ingestión de quistes del protozoo *Balantidium coli*. En algunos casos el microorganismo es un habitante inocuo del intestino grueso, pero la infección por este parásito causa habitualmente diarrea.

Balantidium coli (Balantidium coli), la especie de protozoos de mayor tamaño y el único protozoo ciliado patógeno para el hombre, agente causal de la balantidiasis.

balanza (balance), instrumento para pesar.

balbuceo (babbling), un estadio del desarrollo del lenguaje caracterizado por la producción de sonidos sin significado y de vocalización atropellada.

balismo (ballism), trastorno neuromuscular caracterizado por movimientos incoordinados de lanzamiento de los miembros y por movimientos espasmódicos.

balística (ballistics), estudio de la movilidad, la trayectoria y el impacto de proyectiles, tanto balas como cohetes.

balistocardiograma (ballistocardiogram), registro del movimiento del cuerpo causado por el empuje del corazón durante la eyección sistólica de la sangre a las arterias aorta y pulmonar. Es una herramienta sensible que resulta de utilidad para medir el gasto cardíaco y la fuerza contráctil del corazón.

balneología (balneology), campo de la medicina que se ocupa de la composición química de diferentes aguas minerales y sus características curativas, especialmente en los baños.

balneoterapia (balneotherapy), forma de tratamiento de muchas enfermedades y trastornos mediante el empleo de baños.

balón bezoar (balloon bezoar), balón que se introduce en el estómago y se infla para crear una sensación de plenitud, utilizado en el tratamiento de la obesidad.

bálsamo (balm), **1.** sustancia curativa o aliviadora, como son cualquiera de los ungüentos medicinales. **2.** planta aromática del género *Melissa*, que alivia el dolor.

banda (band), **1.** (en anatomía) haz de fibras, como las de los músculos estriados, que rodean una estructura o unen una parte del cuerpo a otra. **2.** (en odontología) cinta de metal que se adapta alrededor de un diente y sirve de sujeción para componentes ortopédicos. **3.** *informal*, la forma inmadura de un granulocito segmentado caracterizado por presentar un núcleo con forma de salchicha.

banda A (A band), el área comprendida entre dos bandas I de un sarcómero, determinada por la superposición parcial de los filamentos de actina y de miosina.

banda I (I band), banda isotrópica de fibra muscular estriada, oscura a la luz polarizada, pero clara cuando se tiñe.

banda iliotibial (iliotibial band), capa de tejido conectivo que se extiende desde la cresta ilíaca hasta la rodilla, uniendo el glúteo mayor con la tibia.

banda moderadora (moderator band), grueso fascículo muscular situado en la parte central del ventrículo derecho del corazón.

banda ortodóncica (orthodontic band), anillo de metal delgado, habitualmente hecho de acero inoxidable, que se fija sobre un diente para asegurar la sujeción ortodóncica del mismo.

banda ortodóncica ajustable (adjustable orthodontic band), anillo metálico delgado, generalmente de acero inoxidable, equipado con un tornillo de ajuste que permite modificar su tamaño, que se fija a un diente y sirve para sujetar los aparatos ortodóncicos.

bandas de Montgomery (Montgomery straps), bandas de cinta adhesiva que se utilizan para fijar los apósitos que se han de cambiar con frecuencia.

bandeo, bandeado (banding), (en genética) cualquiera de las diferentes técnicas de tinción cromosómica con colorantes fluorescentes o químicos que producen una serie de áreas laterales claras y oscuras cuya intensidad y posición son características de cada cromosoma.

baño (bath), (en el hospital) procedimiento de limpieza realizado diariamente por o a casi todos los pacientes para ayudar a prevenir la infección, preservar intacta la piel, estimular la circulación, favorecer la entrada de oxígeno, mantener el tono muscular y la movilidad articular y proporcionar bienestar.

baño ácido (acid bath), baño que se toma con agua que contiene un ácido mineral para ayudar a reducir la sudoración excesiva.

baño alcalino (alkaline bath), baño con agua que contiene bicarbonato sódico, empleado especialmente para el tratamiento de las enfermedades de la piel.

baño antipirético (antipyretic bath), baño con agua tibia para reducir la temperatura corporal.

baño aromático (aromatic bath), baño medicado en el que se añaden al agua sustancias aromáticas o aceites esenciales.

baño astringente (astringent bath), baño para el que se añade aluminio, ácido tánico u otro agente astringente en el agua.

baño caliente (hot bath), baño en el que la temperatura del agua se eleva gradualmente hasta alcanzar aproximadamente 41 °C.

baño cinesiterapéutico (kinetotherapeutic bath), baño en el que se realizan ejercicios subacuáticos para fortalecer músculos debilitados o parcialmente paralizados.

baño completo (full bath), baño en el que el paciente se sumerge en agua por completo, hasta el cuello.

baño completo en la cama (complete bed bath), baño en el que se lava todo el cuerpo del paciente mientras está en la cama.

baño con esponja (sponge bath), procedimiento de lavado del paciente con una esponja o manopla húmeda, utilizado cuando no es necesario un baño completo o como método para reducir la temperatura corporal.

baño con manta (blanket bath), procedimiento que consiste en envolver al paciente en paños húmedos y a continuación en mantas.

baño continuo (continuous bath), v. **baño continuo en bañera**.

baño continuo en bañera (continuous tub bath), baño terapéutico utilizado habitualmente para el tratamiento de algunas enfermedades cutáneas, en el que el paciente se sumerge en una solución medicamentosa de agua tibia.

baño de agua de mar (seawater bath), baño tomado en agua de mar caliente o en una solución salina.

baño de agujas (needle bath), ducha en la que el cuerpo recibe finos y potentes chorros de agua.

baño de aire (air bath), exposición del cuerpo desnudo a corrientes de aire templado con fines terapéuticos.

baño de alcanfor (camphor bath), baño con vapor de alcanfor.

baño de alcohol (alcohol bath), procedimiento utilizado para reducir la temperatura corporal. Se aplica una solución tibia al 25-50% de alcohol en agua, en cada extremidad y a continuación en el tronco. Dado que el alcohol se evapora rápidamente, es poco probable que la cama se humedezca, el enfermo no necesita secarse y, para obtener los mismos resultados, no es preciso que la solución esté tan fría como un baño completo con agua fría.

baño de alumbre (alum bath), baño tomado en agua que contiene alumbre, utilizado fundamentalmente para el tratamiento de los trastornos cutáneos.

baño de arena (sand bath), aplicación de arena seca y caliente o de arena húmeda al cuerpo.

baño de asiento (sitz bath, hip bath), baño en el cual solamente se sumergen en agua o solución salina las caderas y las nalgas. Este procedimiento se utiliza en pacientes que han sido sometidos a cirugía rectal o perineal.

baño de bórax (borax bath), baño medicinal en el que se añaden al agua bórax y glicerina.

baño de cera (wax bath), v. **baño de parafina**.

baño de coloide (colloid bath), baño que se toma con agua que contiene sustancias como salvado, gelatina y almidón, y que se utiliza para aliviar la irritación y la inflamación.

baño de contraste (contrast bath), baño en el que el paciente sumerge de forma alternativa una parte del cuerpo, generalmente las manos o pies, en agua caliente y fría durante un período determinado de tiempo.

baño de dióxido de carbono (carbon dioxide bath), baño con agua saturada de dióxido de carbono.

baño de espuma (foam bath), baño que se toma en agua que contiene una sustancia jabonosa, que cubre la superficie del líquido y a través de la que sale el aire o el oxígeno para formar la espuma.

baño de hierbas (herb bath), baño medicinal tomado en agua que contiene una infusión de hierbas aromáticas.

baño de leche (milk bath), baño que se toma en leche con propósitos estéticos o emolientes.

baño de limo (mud bath), aplicación de lodo caliente al cuerpo con fines terapéuticos.

baño de Nauheim (Nauheim bath) [Nauheim, Alemania], baño tomado en un agua por la que pasa dióxido de carbono burbujeante, seguido de ejercicios sistemáticos, utilizado en el tratamiento de procesos cardíacos. El proceso se denomina así por las aguas naturales de Bad Nauheim, en Alemania.

baño de parafina (paraffin bath), aplicación de calor a una región específica del cuerpo mediante la utilización de parafina. Se sumerge rápidamente esta región en cera líquida calentada y después se retira para que la cera se solidifique y forme una capa aislante. El procedimiento se repite hasta que la capa alcanza un grosor de 5 a 10 mm, y a continuación se envuelve toda la zona en un tejido aislante. La técnica resulta eficaz para calentar zonas con traumatismo o inflamación, sobre todo las manos, los pies y las muñecas, utilizándose principalmente en pacientes con artritis y reumatismo.

baño de remolino (whirlpool bath), inmersión del cuerpo o de parte del cuerpo en un recipiente de agua caliente agitada por un chorro de agua y aire igualmente calientes.

baño de sábanas (sheet bath), aplicación de sábanas húmedas al cuerpo, utilizada principalmente como procedimiento antipirético.

baño de salvado (bran bath), baño en el que se ha hervido el salvado en agua, utilizado para el alivio de irritaciones cutáneas.

baño de sauna (sauna bath), baño en el que se utiliza vapor muy caliente para inducir sudoración, seguido de un masaje del cuerpo y terminando con una ducha fría.

baño de sol (sun bath), exposición del cuerpo desnudo al sol.

baño de sudor (sweat bath), baño administrado para inducir la sudoración.
baño de vapor (vapor bath), exposición del cuerpo al vapor.
baño emoliente (emollient bath), baño que se toma con agua que contiene emolientes, como el salvado, para aliviar la irritación y la inflamación.
baño en cabina (cabinet bath), baño en el que el paciente es introducido en una cabina, salvo la cabeza, y calentado mediante aire caliente o calor radiante.
baño estimulante (stimulant bath), baño en un agua que contiene una sustancia aromática, un astringente o un tónico.
baño finlandés (Finnish bath), v. **baño ruso**.
baño frío (cold bath), baño en el que la temperatura del agua se sitúa aproximadamente entre 10 °C y 18 °C, y que se utiliza fundamentalmente para descender la temperatura corporal.
baño medicado en bañera (medicated tub bath), baño terapéutico en el que se dispersa la medicación en el agua, normalmente para tratar procesos dermatológicos.
baño neumático (balneum pneumaticum), v. **baño de aire**.
baño ruso (Russian bath), baño con una corriente caliente seguida de una inmersión fría.
baño sedante (sedative bath), inmersión del cuerpo en agua durante un período de tiempo prolongado, utilizado especialmente como procedimiento calmante para pacientes agitados.
baño solar (light bath), exposición de la piel descubierta de un paciente a los rayos de sol o a la luz actínica de una fuente artificial con fines terapéuticos.
baño templado (lukewarm bath), baño en que la temperatura del agua se encuentra entre 32,2 y 35,5 °C.
bar (bar), medida de presión atmosférica. Equivale a 1.000 milibares, o 10^6 dinas-cm^2, o aproximadamente una atmósfera estándar (1 atm).
baralyme (BL) (baralyme [BL]), mezcla de componentes de calcio y bario utilizada para absorber dióxido de carbono exhalado en un sistema de respiración anestésico.
barbilla (chin), porción triangular elevada de la mandíbula, debajo del labio. Está constituida por la protuberancia del mentón.
barbital sódico (sodium barbital), sal sódica del ácido 5,5-dietilbarbitúrico, un fármaco hipnótico y sedante.
barbitúrico (barbiturate), derivado del ácido barbitúrico que actúa como sedante o hipnótico. Estos derivados actúan deprimiendo la respiración, la presión sanguínea, la temperatura y el sistema nervioso central.
barbiturismo (barbiturism), **1.** intoxicación aguda o crónica por cualquiera de los derivados del ácido barbitúrico. **2.** adicción a los barbitúricos.
baria (barye), medida de presión atmosférica que equivale a 1 dina-cm^2 o 1-1.000 de un milibar.
bariatría (bariatrics), campo de la medicina que se centra en el tratamiento y el control de la obesidad y las enfermedades asociadas con ella.
bario (Ba) (barium [Ba]), elemento metálico de color amarillo pálido clasificado dentro de los alcalinotérreos. Su número atómico es 56; su peso atómico es 137,36. El sulfato de bario lechoso se utiliza como medio de contraste en las radiografías del tubo digestivo.
baritosis (baritosis), forma benigna de neumoconiosis causada por la acumulación de polvo de bario en los pulmones. Esta enfermedad afecta con mayor frecuencia a las personas que trabajan en la extracción y procesamiento de baritina, un producto del bario utilizado en la fabricación de pinturas.
barognosis (barognosis), habilidad de percibir y evaluar el peso, especialmente el que se sostiene con la mano.
barógrafo (barograph), instrumento que monitoriza la presión barométrica de forma continua y proporciona un registro en papel de los cambios de presión.
barómetro (barometer), instrumento para medir la presión atmosférica, que generalmente consiste en un tubo delgado lleno de mercurio, cerrado en uno de sus extremos e invertido en un reservorio de mercurio. A nivel del mar, la altura del mercurio en el tubo es de 760 mm.
barorreceptor (baroreceptor), una de las terminaciones nerviosas sensibles a la presión localizada en las paredes de la aurícula cardíaca, la vena cava, el cayado aórtico y el seno carotídeo. Los barorreceptores estimulan los mecanismos reflejos centrales que permiten el ajuste fisiológico y la adaptación a los cambios de presión arterial mediante vasodilatación o vasoconstricción.
barosinusitis (barosinusitis), v. **aerosinusitis**.
barotitis (barotitis), v. **aerotitis**.
barotrauma (barotrauma), lesión física sufrida como resultado de la exposición a un aumento de la presión ambiental, como puede ocurrirles a los buceadores o a los trabajadores en cámaras cerradas en el fondo del mar.

barra bucal (buccal bar), aparato de ortodoncia auxiliar que consiste en un alambre de metal rígido que se extiende por la parte anterior del lado bucal de un molar.

barra de la arcada (arch bar), cada uno de los diversos tipos de alambres, barras o fijadores que se adaptan a la arcada dentaria, y que se emplean en el tratamiento de las fracturas de mandíbula y en la estabilización de los dientes que han sufrido una lesión.

barra labial (labial bar), sistema principal de conexión que se aplica en el labio o en la boca, sobre la arcada dentaria, y que une las partes bilaterales de una dentadura parcial extraíble.

barra lingual (lingual bar), conector principal instalado por debajo de la arcada dental, que une las regiones laterales de las prótesis dentales parciales extraíbles.

barra tensora (spreader bar), barra metálica con áreas de argollas curvas para fijar ganchos o clavos para tracción.

barrera (barrier), **1.** pared u otro obstáculo que puede contener o bloquear el paso de sustancias. **2.** obstáculo no físico que obstruye o separa, como las barreras de comunicación o sumisión. **3.** (en radiografía) cualquier dispositivo que intercepta el paso del haz de rayos X.

barrera cutánea (skin barrier), capa artificial de piel, habitualmente hecha de plástico, aplicada a la piel antes de colocar un esparadrapo o una bolsa de drenaje para ostomías. Protege a la verdadera piel frente a la irritación crónica.

barrera hematoencefálica (BHE) (blood-brain barrier [BBB]), característica anatomofisiológica del cerebro que se cree está formada por paredes de capilares en el sistema nervioso central y rodeando las membranas gliales. La barrera hematoencefálica previene o enlentece el paso desde la sangre al sistema nervioso central de varios componentes químicos, iones radiactivos y organismos causantes de enfermedades.

barreras arquitecturales (architectural barriers), signos arquitecturales de las casas y de los edificios públicos que limitan el acceso y la movilidad de las personas con minusvalías.

bartolinitis (bartholinitis), enfermedad inflamatoria de una o ambas glándulas de Bartolino, causada por una infección bacteriana. Esta enfermedad se caracteriza por la tumefacción de una o ambas glándulas, dolor y desarrollo de un absceso en la glándula infectada.

Barton, Clara (Barton, Clara) [1821-1912], humanista norteamericana y fundadora de la Cruz Roja Nacional Americana. Durante la Guerra Civil fue una enfermera voluntaria y al finalizar ésta organizó un despacho de registros para ayudar a encontrar a los desaparecidos. Cuando estalló la Guerra Franco-Prusiana asistió a la organización de hospitales militares en Europa en asociación con la Cruz Roja Internacional. Esto la llevó a defender una organización de Cruz Roja americana, de la que fue la primera presidente.

Bartonella (Bartonella) [Alberto Barton, bacteriólogo peruano, n. 1871], género de pequeños cocobacilos gramnegativos, flagelados y pleomórficos. Los miembros de este género son parásitos intracelulares que infectan los eritrocitos y las células epiteliales de los ganglios linfáticos, el hígado y el bazo. Se transmiten por la noche por la picadura de una mosca del género *Phlebotomus*.

bartonelosis (bartonellosis), infección aguda causada por *Bartonella bacilliformis*, transmitida por la picadura de una mosca del género *Phlebotomus*. Se caracteriza por fiebre, anemia intensa, dolor óseo y lesiones cutáneas. Si no se trata, esta infección es a menudo mortal.

basal (basal), relativo o perteneciente a lo fundamental o la base, como la anestesia basal que produce el primer estado de inconsciencia o el índice metabólico basal que indica la tasa metabólica más baja.

basaloma (basaloma), v. **carcinoma basocelular**.

base (base), **1.** componente químico que se combina con un ácido para formar una sal. **2.** molécula o radical que capta o acepta protones. **3.** ingrediente principal de un material compuesto, en especial aquel que se utiliza como medicamento. **4.** (en radiología) componente principal rígido pero flexible de la lámina de una placa de rayos X.

base (foundation), (en odontología) dispositivo o material que se añade a la estructura dental residual, con el fin de mejorar la estabilidad y retención de cualquier reposición suprayacente.

base de Bronsted-Lowry (Bronsted-Lowry base), cualquier componente químico que acepta protones.

base de cemento (cement base), (en odontología) capa de cemento dental aislado, en algunas ocasiones medicado, asentado sobre el fondo de una cavidad preparada para proteger la pulpa, disminuir el volumen de la pieza metálica restauradora o evitar tallar una preparación afilada.

base de datos (data base), gran almacén o banco de información, especialmente en una forma que pueda ser procesada por un ordenador.

base de la dentadura artificial (denture base), **1.** parte de la dentadura artificial que se acopla a la mucosa oral basal y sirve de soporte a los dientes artificiales. **2.** parte de una dentadura artificial que recubre los tejidos blandos de la boca, generalmente fabricada con resina o una combinación de resinas y metal.

base de resina acrílica (acrylic resin base), (en estomatología) base de una dentadura realizada con resina acrílica.

base del corazón (base of the heart), porción del corazón opuesta a la punta, dirigida hacia el lado derecho del cuerpo. Forma el borde superior del corazón, descansa inmediatamente por debajo de la segunda costilla y está formada fundamentalmente por la aurícula izquierda, parte de la aurícula derecha y parte de los grandes vasos.

base del cráneo (base of the skull), el piso del cráneo que contiene las fosas craneales anterior, media y posterior y numerosos agujeros, como el agujero óptico, el agujero oval, el agujero rasgado medio y el agujero occipital.

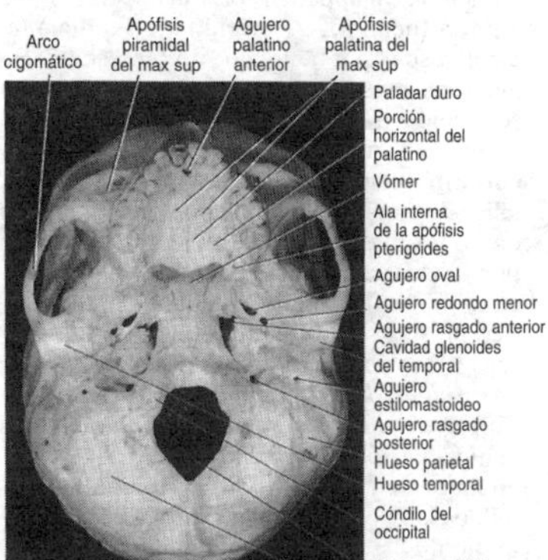

Puntos de referencia de la base del cráneo
(Vidik, 1984)

base dental teñida (tinted denture base), base dental que estimula la coloración del tejido oral natural.

base purínica (purine base), todos los derivados purínicos presentes en los productos de desecho de los animales. Son las hipoxantinas, las xantinas y el ácido úrico.

BASIC (BASIC), abreviatura de «beginner's allpurpose symbolic instruction code», un lenguaje de programación de ordenador considerado como el más fácil para el aprendizaje.

basifacial (basifacial), perteneciente a la porción más baja de la cara.

basiloma (basiloma), carcinoma compuesto de células basales. Un tipo de basiloma es el **basiloma terebrans**.

basioccipital (basioccipital), relativo o perteneciente al proceso basilar del hueso occipital.

basión (basion), punto medio del margen anterior del agujero magno del hueso occipital, situado frente al opistión, que se localiza en el centro del margen posterior.

basófilo (basophil), leucocito del grupo de los granulocitos caracterizado por presentar un núcleo segmentado que contiene gránulos que se tiñen de color azul cuando se exponen a un colorante básico. Los basófilos representan el 1% o menos del total de leucocitos.

bastidor (cassette), dispositivo utilizado en radiología que contiene la placa de rayos X. El bastidor también puede contener un filtro para absorber las radiaciones dispersas.

bastón (cane), mango firme de madera o metal, o vara para caminar, utilizada para proporcionar apoyo y movilidad a sujetos que, aunque parcialmente incapacitados, pueden deambular.

bastón de Auer (Auer rod), inclusión anormal, de aspecto redondeado o en forma de aguja, que se tiñe de color rosa, y aparece dentro del citoplasma de los mieloblastos y de los promielocitos en las leucemias agudas mieloblástica o mielomonocítica. Estas inclusiones contienen enzimas como la fosfatasa ácida, la peroxidasa y la esterasa, y pueden representar a elementos anómalos derivados de los gránulos citoplasmáticos.

bastoncito (rod), **1.** estructura cilíndrica recta. **2.** cada uno de los diminutos elementos cilíndricos dispuestos perpendicularmente a la superficie de la retina. Los bastoncitos contienen rodopsina, producto químico que adapta el ojo para detectar luz de baja intensidad y confiere a los bastoncillos una coloración púrpura.

batería (battery), **1.** un complejo de dos o más células electrolíticas conectadas entre sí para formar una fuente única que suministra corriente directa o voltaje. **2.** serie o combinación de pruebas para establecer la causa de una enfermedad determinada o el grado de habilidad en una determinada destreza o disciplina.

batiestesia (bathesthesia), sensibilidad profunda, como la asociada a los órganos y las estructuras situadas bajo la superficie corporal, como los músculos y articulaciones.

baudio (baud) [J. M. E. Baudot, inventor francés, n. 1845], unidades binarias por segundo, utilizadas como medida de la velocidad con la que un dispositivo del ordenador transmite la información.

BAV (AVB), abreviatura de **bloqueo auriculoventricular**.

bazo (spleen), órgano blando muy vascularizado, de forma ovoidea, situado entre el estómago y el diafragma, en la región del hipocondrio izquierdo del cuerpo. Se considera que forma parte del sistema linfático, ya que contiene folículos linfoides. Tiene un color rojo violáceo oscuro y su forma varía de un individuo a otro. Los macrófagos que revisten los senos del bazo destruyen microorganismos mediante fagocitosis. El bazo produce también leucocitos, monocitos, linfocitos y células plasmáticas. Si el organismo experimenta una hemorragia intensa, el bazo es capaz de incrementar el volumen sanguíneo de 350 ml a 550 ml en menos de 60 segundos.

bazuqueo (capotement), ruido de chapoteo producido por los movimientos de líquidos en un estómago dilatado.

BCC (CHB), abreviatura de **bloqueo cardíaco completo**.

BCG (BCG), abreviatura de **bacilo de Calmette-Guérin**.

Be (Be), símbolo del **berilio**.

bebé (baby), lactante o niño pequeño, especialmente aquel que no es capaz todavía de caminar o hablar.

bebé azul (blue baby), niño nacido con cianosis causada por una lesión congénita del corazón, como ocurre en la transposición de los grandes vasos, la tetralogía de Fallot o en la expansión incompleta de los pulmones (atelectasias congénitas).

bebé inmaduro (immature baby), término que a veces se aplica al lactante que pesa menos de 1.134 g y que está considerablemente poco desarrollado al nacer.

bebé maltratado (battered baby), v. **malos tratos a menores**.

bebé probeta (test tube baby), término popular que se aplica a los niños nacidos tras la fertilización *in vitro* utilizando un óvulo procedente de la madre. Tras la fertilización, el cigoto se coloca en el útero materno para que se desarrolle con normalidad.

bejel (bejel), forma no venérea de sífilis prevalente en los niños de Oriente Medio y del Norte de África, causada por la espiroqueta *Treponema pallidum II*. La lesión primaria se localiza habitualmente en la boca o cerca de ella, apareciendo como una placa mucosa, seguida por el desarrollo de llagas semejantes a pequeñas pústulas en el tronco, los brazos y las piernas.

bel, belio (bel) [Alexander B. Bell, inventor canadiense, n. 1847], unidad que expresa la intensidad de sonido. Es el logaritmo (en base 10) entre la relación de la potencia de un sonido específico y la potencia de un sonido de referencia. El sonido de referencia que se suele utilizar tiene una potencia de 10^{-16} watios por cm^2 o la intensidad mínima aproximada de sonido a 1.000 ciclos por segundo que es percibida por el oído humano.

belladona (belladonna), las hojas secas, raíces y flores o frutos de *Atropa belladonna*, una planta común perenne que contiene los alcaloides hioscina e hiosciamina. Este último es la fuente de la atropina.

bellezas negras (black beauties), en *argot*, anfetaminas.

belonefobia (belonephobia), temor mórbido a los objetos punzantes, especialmente a las agujas y alfileres.

bendrofluazida (bendrofluazide), v. **bendroflumetiazida**.

bendroflumetiazida (bendroflumethiazide), diurético y antihipertensivo prescrito en el tratamiento de la hipertensión y el edema.

benigno (benign), (referido a un tumor) no canceroso y, por tanto, que no representa una amenaza inmediata, incluso aunque finalmente se requiera tratamiento por razones de salud o estéticas. V. **neoplasia benigna**.

bentonita (bentonite) [Fort Benton, Montana], sílice de aluminio hidratado coloidal utilizado como laxante de volumen y como base para preparados de cuidado cutáneo.

benzaquinamida (benzquinamide), antiemético prescrito para el tratamiento de las náuseas y los vómitos postoperatorios.

benzatiacida (benzthiazide), diurético y antihipertensivo prescrito para el tratamiento de la hipertensión y el edema.

benzoato de bencilo (benzyl benzoate), líquido claro, oleoso, con un agradable olor aromático. Se utiliza como agente para destruir los piojos y los ácaros de la sarna, como disolvente y como aromatizante para los chicles.

benzocaína (benzocaine), anestésico local derivado del ácido aminobenzoico, utilizado en muchos compuestos de venta libre para el tratamiento del prurito y el dolor.

benzoilcarbinol (benzyl carbinol), v. **alcohol feniletílico**.

benzonatato (benzonatate), antitusígeno no opiáceo prescrito para suprimir el reflejo de la tos.

benzopireno dihidrodiol epóxido (BPDE-I) (benzo(a)pyrene dihydrodiol epoxide [BPDE-I]), derivado carcinógeno del benzopireno asociado con el humo del tabaco.

bequerelio (Bq) (becquerel [Bq]) [Antoine H. Becquerel, médico francés, n. 1852], unidad de radiactividad del SI equivalente a una descomposición radiactiva por segundo. V. **curio**.

beriberi (beriberi), enfermedad de los nervios periféricos causada por una deficiencia de tiamina o por una incapacidad para asimilarla. Con frecuencia es el resultado de una dieta limitada a arroz blanco descascarillado. La carencia de esta vitamina produce fatiga, diarrea, pérdida de apetito y de peso, alteración de la función nerviosa con parálisis y atrofia de los miembros, edemas e insuficiencia cardíaca. Algunos tipos de beriberi son el beriberi alcohólico, el atrófico, el cardíaco y el cerebral.

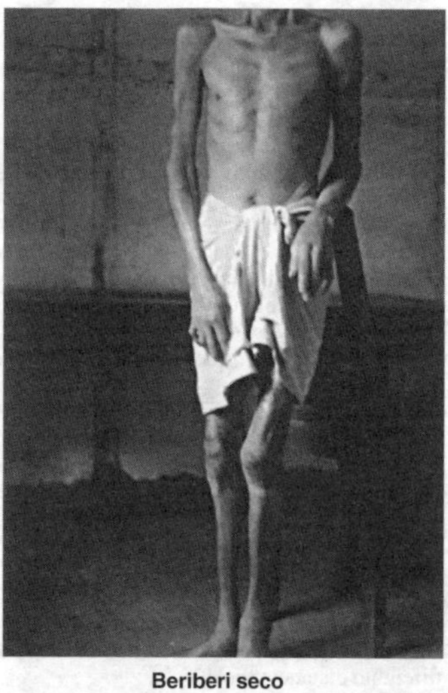

Beriberi seco
(C. D. Forbes/W. F. Jackson, 1994)

berilio (Be) (beryllium [Be]), elemento metálico ligero de color gris. Su número atómico es 4; su peso atómico es 9,012. El berilio se encuentra en la naturaleza como berilo y se utiliza en mezclas metálicas y en polvos fluorescentes.

beriliosis (berylliosis), intoxicación debida a la inhalación de polvos o vapores que contienen berilio o compuestos berílicos. Se caracteriza por la presencia de granulomas, fibrosis pulmonar, tos seca, disnea y dolor torácico.

berkelio (Bk) (berkelium [Bk]) [Berkeley, California], elemento artificial radiactivo transuránico. Su número atómico es 97; su peso atómico es 247.

besilato (besylate), contracción de bencenosulfonato.

bestialismo (bestiality), relaciones sexuales entre un ser humano y un animal.

beta (β) (beta [β]), la segunda letra del alfabeto griego, empleada de forma combinada con nombres químicos para distinguir uno de dos o más isómeros o para indicar la posición de sustituciones atómicas en determinados compuestos.

beta fetoproteína (beta fetoprotein), proteína encontrada en el hígado fetal y en algunos adultos con enfermedad hepática. Es idéntica a la ferritina hepática normal.

betaalaninemia (beta-alaninemia), enfermedad metabólica hereditaria caracterizada por la deficiencia de la enzima betaalaninaalfacetoglutarato aminotransferasa. Entre los signos clínicos se incluyen contracturas y somnolencia. Si no se corrige puede causar la muerte.

betacaroteno (beta-carotene), agente que actúa de pantalla frente a la luz ultravioleta prescrito para reducir la fotosensibilidad en los pacientes con protoporfiria eritropoyética.

betagalactosidasa (beta-galactosidase), v. **lactasa**.

betalactamasa (beta-lactamase), enzima que cataliza la hidrólisis del anillo betalactámico de algunas penicilinas y cefalosporinas, con formación de ácido penicilínico y pérdida de eficacia del antibiótico.

betanaftilamina (beta-naphthylamine), amina aromática utilizada en los colorantes derivados de la anilina y que causa cáncer de vejiga en el ser humano.

betatrón (betatron), acelerador cíclico que genera electrones de alta energía utilizados para el tratamiento radioterápico.

bezo (proud flesh), cantidad excesiva de tejido de granulación.

bezoar (bezoar), bola dura de pelo y fibras vegetales que se puede desarrollar en el intestino de los seres humanos, encontrándose con mayor frecuencia en el estómago de los rumiantes.

bhang (bhang), alucinógeno asiático hindú, compuesto de hojas secas y tallos jóvenes de *Cannabis sativa* no cultivada. Produce euforia. También escrito como **bang**.

BHE (BBB), abreviatura de **barrera hematoencefálica**.

Bi (Bi), símbolo del **bismuto**.

biangular (binangle), instrumento quirúrgico con un eje con dos ángulos compensadores para conservar el borde cortante del instrumento dentro de una distancia de 3 mm desde el eje.

biblioteca genética (gene library), (en genética molecular) recopilación de toda la información genética de una determinada especie, obtenida a partir de fragmentos clonados.

biblioterapia (bibliotherapy), tipo de terapia de grupo en el que se leen libros, poemas y artículos de periódico en el grupo para ayudar a estimular el pensamiento sobre acontecimientos reales y fomentar las relaciones entre los miembros del grupo.

bicarbonato (bicarbonate), cualquier sal de ácido carbónico en la cual solamente uno de los átomos de hidrógeno ha sido sustituido por un metal o un radical, como el bicarbonato sódico ($NaHCO_3$).

bicarbonato estándar (standard bicarbonate), la concentración del ion bicarbonato del plasma separado en condiciones anaeróbicas de la sangre completa, saturada con oxígeno y equilibrada a una presión de anhídrido carbónico de 40 torr a 38 °C. Es una medida del trastorno metabólico del equilibrio acidobásico en una muestra de sangre, después de corregida cualquier alteración respiratoria presente.

bicarbonato sódico (sodium bicarbonate), antiácido, electrólito y agente alcalinizante de la orina. Se prescribe para el tratamiento de la acidosis, la acidez gástrica, la úlcera péptica y la indigestión.

bíceps braquial (biceps brachii), músculo largo y fusiforme del brazo localizado en la superficie anterior del húmero que se origina en la escápula mediante dos cabezas. La cabeza corta nace de un tendón en la apófisis coracoides y la cabeza larga se origina en la cavidad glenoidea. Ambas partes del músculo convergen en un tendón plano que se inserta en el radio. Flexiona el brazo y el antebrazo y supina la mano. La cabeza larga tracciona del húmero hacia la cavidad glenoidea, reforzando la articulación del hombro.

bíceps femoral (biceps femoris), uno de los músculos femorales posteriores. Tiene dos cabezas de origen. La cabeza larga surge de la tuberosidad isquiática y de la parte inferior del ligamento sacrotuberoso; la cabeza corta surge de la línea áspera y del tabique intermuscular externo. Las fibras procedentes de ambas cabezas se unen en un tendón que se inserta en la cara externa del peroné y, mediante algunas fibras, en la tuberosidad externa de la tibia. Su tendón de inserción es el más externo de los tendones correspondientes a los músculos de la cara posterior del muslo. Este músculo flexiona la pierna y la rota externamente, extiende el muslo y tiende a rotarlo externamente.

Bickerdyke, Mary Ann (Bickerdyke, Mary Ann) [1817-1901], enfermera norteamericana que, después de asistir a un breve curso de homeopatía, asistió a los enfermos y heridos en los campos de batalla durante la guerra civil norteamericana. Destacó la importancia de la limpieza, la buena alimentación y el mejor cuidado médico para sus pacientes.

biclor (biclor), abreviatura de un anión de bicloruro no carboxilado.

bicóncavo (biconcave), cóncavo en ambas caras, aplicado especialmente a las lentes.

biconvexo (biconvex), convexo en ambas caras, aplicado especialmente a las lentes.

bicórneo, bicornio (bicornate), que tiene dos cuernos o apófisis.

bicúspide (bicuspid), **1.** que tiene dos cúspides o puntas. **2.** dientes premolares, situados entre los molares y los caninos de los maxilares superior e inferior.

bidactilia (bidactyly), ausencia de los dedos segundo, tercero y cuarto de la misma mano, en la cual sólo están representados el primero y el quinto.

bidermoma (bidermoma), neoplasia teratoide compuesta de células y tejidos originados en dos capas germinales.

bienestar (well-being, wellness), estado dinámico de salud en el cual un individuo progresa hacia un nivel de funcionamiento superior, consiguiendo un equilibrio óptimo entre los medios interno y externo.

bifásico (biphasic), que tiene dos fases, partes, aspectos o estadios.

bifenilos policlorados (BPC) (polychlorinated biphenyls [PCBs]), grupo de más de 30 isómeros y compuestos utilizados en plásticos, aislamientos y retardadores de la detonación, y que varían en su forma física desde líquidos oleosos a cristales y resinas. Todos son potencialmente tóxicos y carcinógenos.

bífido (bifid), dividido en dos partes.

bifocal (bifocal), **1.** relativo a o que tiene dos focos. **2.** (de una lente) que tiene dos áreas de diferente distancia focal.

bifurcación (bifurcation), división en dos ramas, como la tráquea que se divide en los dos bronquios aproximadamente a la altura de la quinta vértebra dorsal.

bigeminia de la unión (junctional bigeminy), situación en la cual los acontecimientos se producen en parejas, como en el pulso bigeminal o las extrasístoles nodales, que tienen su origen en la zona de unión.

bigeminidad (bigeminy), **1.** asociación en pares. **2.** arritmia cardíaca caracterizada por dos latidos muy próximos seguidos por un intervalo largo.

bigeminismo ventricular (ventricular bigeminy), arritmia en la que uno de cada dos latidos está producido por un latido ventricular prematuro.

bilabio (bilabe), fórceps estrecho utilizado para extirpar pequeños cálculos de la vejiga.

bilaminar (bilaminar), que tiene dos capas.

bilateral (bilateral), **1.** que tiene dos caras. **2.** que ocurre o aparece en dos lados. Un paciente con pérdida auditiva bilateral puede tener sordera parcial o total en ambos oídos.

Bilharzia (Bilharzia), v. ***Schistosoma***.

bilharziasis, bilharziosis (bilharziasis), v. **esquistosomiasis**.

biliar (biliary), relativo a o perteneciente a la bilis de la vesícula biliar y los conductos que transportan la bilis. Éstos a menudo se denominan **tracto biliar** o **sistema biliar**. También **bilioso**.

bilingulado (bilingulate), que tiene dos lenguas o dos estructuras similares a lenguas.

bilioso (bilious), **1.** relativo o perteneciente a la bilis. **2.** caracterizado por una secreción excesiva de bilis. **3.** caracterizado por un trastorno que afecta a la bilis.

bilirrubina (bilirubin), pigmento amarillo-anaranjado de la bilis, formado principalmente por el catabolismo de la hemoglobina en los glóbulos rojos después de su vida media normal. En las personas sanas se producen aproximadamente 250 mg de bilirrubina diarios, y la mayor parte se excreta finalmente por las heces. La característica palidez amarillenta de la ictericia se produce por la acumulación de bilirrubina en la sangre y en los tejidos cutáneos.

bilirrubinemia (bilirubinemia), presencia de bilirrubina en la sangre.

bilirrubinuria (bilirubinuria), presencia de bilirrubina en la orina.

bilis (bile), secreción amarga, amarillo-verdosa del hígado. Almacenada en la vesícula biliar, la bilis debe su color a la presencia de pigmentos biliares, tales como la bilirrubina. La bilis pasa desde la vesícula a través del conducto colédoco en respuesta a la presencia de una comida grasa en el duodeno. La bilis emulsiona estas grasas, preparándolas para una futura digestión y absorción en el intestino delgado.

biliuria (biliuria), presencia de bilis en la orina.

biliverdina (biliverdin), pigmento biliar verdoso formado por el catabolismo de la hemoglobina y que se convierte en bilirrubina.

bilobulado (bilobate, bilobulate), que tiene dos lóbulos. También **bilobular**.

bilocular (bilocular), **1.** dividido en dos cavidades o compartimientos. **2.** que contiene dos cavidades. También **biloculado**.

binocular (binocular), **1.** relativo o perteneciente a ambos ojos, especialmente con respecto a la visión. **2.** un microscopio, telescopio u otro dispositivo que puede acomodar la visión por ambos ojos.

binomial (binomial), que contiene dos nombres o términos.

binuclear (binuclear), que tiene dos núcleos, como en el ejemplo de un heteroacrion o una célula híbrida binucleada.

bioactividad (bioactivity), cualquier respuesta o reacción del tejido vivo.

bioanálisis (bioassay), determinación de laboratorio de la concentración de un fármaco u otra sustancia en una muestra, comparando su efecto en un organismo, un animal o un tejido aislado con el de una preparación estándar.

biocinética (biokinetics), rama de la ciencia que trata de los movimientos en el interior de los organismos en desarrollo.

biodegradable (biodegradable), capacidad natural de una sustancia química para ser degradada a compuestos menos complejos, o a compuestos que tienen menos átomos de carbono, por bacterias u otros microorganismos.

biodisponibilidad (bioavailability), grado de actividad o cantidad de un fármaco u otra sustancia administrada que está disponible para actuar en el tejido diana.

bioelectricidad (bioelectricity), corriente eléctrica generada por los tejidos vivos, tales como los nervios y los músculos.

bioenergética (bioenergetics), sistema de ejercicios basado en el concepto de quc la curación natural se potencia poniendo en armonía los ritmos corporales del paciente y el entorno natural.

bioequivalente (bioequivalent), **1.** (en farmacología) relativo o perteneciente a un fármaco que tiene el mismo efecto en el cuerpo que otro fármaco, habitualmente uno casi idéntico en su fórmula química. **2.** un fármaco bioequivalente.

bioestadística (biostatistics), datos numéricos de los nacimientos, muertes, enfermedades, lesiones y otros factores que influyen en la salud general y la situación de las poblaciones humanas.

biofísica (health physics), estudio de los efectos de la radiación ionizante sobre el cuerpo y de los métodos para protección a las personas de los efectos indeseables de la radiación.

bioflavonoide (bioflavonoid), término genérico utilizado para cualquier compuesto de un grupo de flavonas coloreadas encontradas en muchas frutas, esenciales para la absorción y el metabolismo del ácido ascórbico.

bióforo (biophore), unidad hereditaria básica teórica contenida en el protoplasma germinal a partir de la cual todas las células vivas se desarrollan y se transmiten todas las características heredadas.
biogénesis (biogenesis), **1.** doctrina según la cual el material vivo sólo puede originarse a partir de vida preexistente y no de la materia inanimada. **2.** el origen de la vida y los organismos vivos; ontogenia y filogenia.
biogenia (biogeny), v. **biogénesis**.
biogénico (biogenic), **1.** producido por la acción de un organismo vivo, tal como la fermentación. **2.** esencial para la vida y mantenimiento de la salud, tal como la comida, el agua y el descanso adecuado.
biología (biology), ciencia dedicada al estudio de las plantas y animales. Algunas ramas de la biología son: **biología molecular** y **ecología**.
biológico (biologic), **1.** perteneciente a los organismos vivos y sus productos. **2.** cualquier preparación hecha de organismos vivos o de sus productos y utilizada como agente diagnóstico, preventivo o terapéutico. Algunos tipos de agentes biológicos son: **antígeno, antitoxina, suero** y **vacuna**.
biomasa (biome), grupo total de comunidades biológicas existentes y características de una determinada región geográfica, como son un desierto, un bosque o un pantano.
biomecánica (biomechanics), el estudio de las leyes mecánicas y su aplicación a los organismos vivos, especialmente al cuerpo humano y su sistema locomotor.
biónica (bionics), la ciencia que aplica los principios y dispositivos electrónicos, tales como los ordenadores y los circuitos sólidos miniaturizados, a los problemas médicos, tales como los marcapasos artificiales utilizados para corregir ritmos cardíacos anormales.
biopotenciales (biopotentials), cargas eléctricas producidas por diversos tejidos corporales, especialmente el tejido muscular durante las contracciones.
biopsia (biopsy), **1.** extracción de una pequeña pieza de tejido vivo de un órgano u otra parte del cuerpo para, mediante el examen microscópico, confirmar o establecer un diagnóstico, estimar un pronóstico o seguir el curso de una enfermedad. **2.** el tejido cortado para examen. Algunos tipos de biopsia son: **biopsia por aspiración, biopsia por punción** y **biopsia con sacabocados**.
biopsia con sacabocados (punch biopsy), extirpación de tejido vivo para estudio microscópico, habitualmente médula ósea del esternón, mediante un sacabocados.

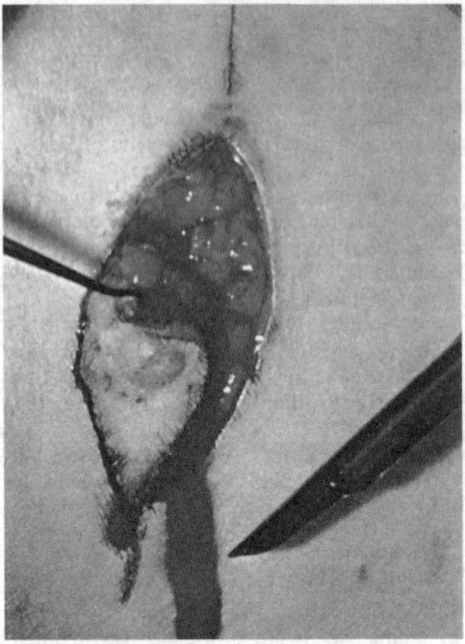

Biopsia por escisión de una lesión de la pierna
(C. D. Forbes/W. F. Jackson, 1994)

biopsia cónica (cone biopsy), extirpación quirúrgica de un segmento cónico del cuello uterino, incluyendo tanto tejido epitelial como endocervical.
biopsia exfoliativa (surface biopsy), extirpación de tejidos vivos para estudio microscópico mediante raspado de la superficie de una lesión.
biopsia por aspiración (aspiration biopsy), extracción de un tejido vivo para realizar un examen microscópico, mediante aspiración a través de una aguja fina acoplada a una jeringuilla. Este procedimiento se utiliza funda-

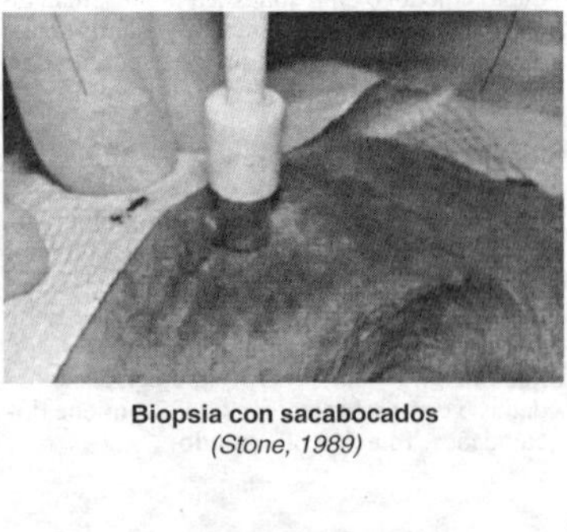

Biopsia con sacabocados
(Stone, 1989)

mentalmente para obtener células a partir de una lesión de contenido líquido, o cuando el líquido se forma en una cavidad serosa.

biopsia por punción (needle biopsy), extracción de una porción de tejido vivo para su observación al microscopio, a través de una aguja hueca que se introduce en un órgano o tumor y se hace girar en sus capas celulares más internas.

biopsia-aspiración-citología (BAC) (aspiration biopsy cytology [ABC]), examen microscópico de células obtenidas directamente a partir de un tejido vivo del cuerpo mediante aspiración realizada con una aguja fina.

biopsicología (biopsychology), v. **psicobiología**.

biopsicosocial (biopsychosocial), relativo o perteneciente al complejo de aspectos biológicos, psicológicos y sociales de la vida.

biopsíquico (biopsychic), relativo o perteneciente a los factores psíquicos en su relación con los organismos vivos.

bioquímica (biochemistry), la química de los organismos vivos y los procesos de la vida.

biorretroalimentación (biofeedback), proceso que proporciona información a un sujeto, a partir de datos visuales o auditivos, sobre las funciones fisiológicas autonómicas de su cuerpo, tales como la presión sanguínea, la tensión muscular y la actividad cerebral, habitualmente a través de instrumentos.

biorriesgo (biohazard), cualquier cosa que suponga un riesgo para los organismos vivos, como la exposición a la radiación ionizante.

biorritmo (biorhythm), acontecimiento o fenómeno cíclico biológico, como el ciclo del sueño, el ciclo menstrual o el ciclo respiratorio.

biosíntesis (biosynthesis), cualquiera de las miles de reacciones químicas que ocurren continuamente en el cuerpo en las que las moléculas forman biomoléculas más complejas.

biotaxia (biotaxy), **1.** biotaxis. **2.** clasificación sistemática de los organismos vivos según sus características anatómicas; taxonomía.

biotaxis (biotaxis), capacidad de las células vivas para desarrollarse estructurándose en determinadas formas y organizaciones.

biotecnología (biotechnology), **1.** estudio de las relaciones entre los seres humanos u otros organismos vivos y las máquinas, tales como la capacidad de los pilotos de aviones para llevar a cabo tareas cuando viajan a velocidades supersónicas. **2.** aplicación industrial de los resultados de la investigación biológica, especialmente en campos tales como el ADN recombinante o la combinación de genes. V. **ADN recombinante**.

biotelemetría (biotelemetry), transmisión de los datos fisiológicos, tales como los registros del ECG y EEG, frecuencia cardíaca y temperatura corporal, mediante sistemas de radio o teléfono.

biotina (biotin), vitamina del grupo B incolora, cristalina y soluble en agua que actúa como coenzima en la síntesis de ácidos grasos y en la oxidación de ácidos grasos y carbohidratos.

biotopo (biotope), hábitat o nicho biológico específico.

biotransformación (biotransformation), cambios químicos que sufre una sustancia en el cuerpo, como puede ser la acción de las enzimas.

biovular (binovular), derivado de dos óvulos distintos, como ocurre en los gemelos dicigóticos.

bípara (bipara), mujer que ha dado a luz dos veces en diferentes partos.

bípedo (biped), **1.** que tiene dos pies. **2.** cualquier animal con sólo dos patas.

bipenniforme (bipenniform), (de una estructura corporal) que tiene la simetría bilateral de una pluma, tal como el patrón formado por los fascículos que convergen en ambos lados de un tendón muscular en el recto anterior del muslo.

biperideno (biperiden), agente anticolinérgico sintético prescrito en el tratamiento de la enfermedad de Parkinson y en las alteraciones extrapiramidales inducidas por fármacos. El clorhidrato de biperideno se administra por vía oral y el lactato de biperideno se administra por vía intramuscular o intravenosa.

bipolar (bipolar), **1.** que tiene dos polos, como ciertos tratamientos electroterapéuticos que utilizan dos polos o ciertas tinciones bacterianas que afectan sólo a los dos polos del microorganismo estudiado. **2.** (de la célula nerviosa) que tiene un sistema aferente y uno eferente.

bipotencialidad (bipotentiality), la propiedad de actuar o reaccionar de acuerdo con cualquiera de dos potenciales.

bis in die (b.d., b.i.d.) (bis in die [b.d., b.i.d.], expresión latina utilizada en las prescripciones, que significa «dos veces al día». Se utiliza más frecuentemente en su forma abreviada.

bisacodilo (bisacodyl), catártico prescrito en el tratamiento del estreñimiento agudo o crónico, para vaciar el intestino antes o después de la cirugía o previo a procedimientos radiográficos diagnósticos.

bisecar (bisect), dividir en dos partes iguales.

bisel (bevel), **1.** cualquier corte entre dos planos o superficies con un ángulo distinto de un ángulo recto. **2.** (en odontología) corte de un diente con un ángulo distinto de 90 grados respecto a la pared de una cavidad en la preparación de una cavidad dental.

bisel cavosuperficial (cavosurface bevel), inclinación del ángulo cavosuperficial de la cavidad preparada de un diente en relación con la pared de esmalte.

bisexual (bisexual), **1.** hermafrodita; que tiene gónadas de ambos sexos. **2.** que posee características físicas o psicológicas de ambos sexos. **3.** que participa en actividades tanto heterosexuales como homosexuales. **4.** que desea contacto sexual con personas de ambos sexos.

bishidroxicumarina (bishydroxycoumarin), v. **dicumarol**.

bisinosis (byssinosis), enfermedad respiratoria profesional caracterizada por falta de aliento, tos y sibilancias. Esta enfermedad es una reacción alérgica al polvo o los hongos del algodón, lino y fibras de cáñamo.

bismuto (Bi) (bismuth [Bi]), elemento metálico cristalino trivalente, de color rojizo. Su número atómico es 83; su peso atómico es 209. Se combina con otros elementos, tales como el oxígeno, para producir numerosas sales utilizadas en la fabricación de muchas sustancias de la industria farmacéutica.

bisturí de Kirkland (Kirkland knife) [Olin Kirkland, odontólogo norteamericano, n. 1876], bisturí quirúrgico con una hoja en forma de corazón, afilada por todos sus bordes, que se utiliza para la incisión primaria de la gingivectomía.

bisturí de Merrifield (Merrifield's knife), bisturí quirúrgico con una hoja larga, estrecha y triangular fijada a un mango que se utiliza en las incisiones de gingivotomía.

bisturí eléctrico (cautery knife), bisturí quirúrgico que secciona y cauteriza el tejido evitando la hemorragia. El bisturí se conecta a una fuente eléctrica que genera el calor necesario para la cauterización.

bit (bit), abreviatura de dígito binario, un único dígito de un número binario.

bitartrato de hidrocodona (hydrocodone bitartrate), narcótico antitusígeno prescrito para el tratamiento de la tos.

bitartrato de levarterenol (levarterenol bitartrate), v. **bitartrato de norepinefrina**.

bitartrato de metaraminol (metaraminol bitartrate), vasoconstrictor adrenérgico prescrito para el tratamiento de la hipotensión y del shock.

bitartrato de norepinefrina (norepinephrine bitartrate), vasoconstrictor utilizado en la parada cardíaca y en determinados estados de hipotensión aguda.

Bithynia (Bithynia), género de caracoles, algunas de cuyas especies actúan como huésped intermediario de *Opisthorchis*.

bitionol (TBP) (bithionol [TBP]), polvo gris pálido, soluble en acetona, alcohol o éter, utilizado como antiséptico local o administrado oralmente en el tratamiento de las infecciones por duela hepática y duela pulmonar.

bivalente (bivalent), **1.** también **divalente** (en genética) par de cromosomas homólogos unidos entre sí por entrecruzamiento durante la primera profase de la meiosis de la gametogénesis. **2.** v. **valencia**.

bizco (squinting eye), ojo anormal de una persona con estrabismo, que puede ser enfocado conjuntamente con el ojo normal.

bizqueo (squint), v. **estrabismo**.

Bk (Bk), símbolo del **berkelio**.

BL (BL), abreviatura de **baralyme**.

blanqueo gingival (gingival blanching), atenuación del color de las encías, habitualmente temporal, producida por la distensión del tejido gingival, con disminución de la irrigación sanguínea.

blasón (escutcheon), patrón de distribución del vello pubiano en forma de escudo.

blastema (blastema), **1.** cualquier masa de protoplasma vivo capaz de crecer y diferenciarse, específicamente el material celular primordial indiferenciado a partir del que se desarrolla un órgano o tejido particular. **2.** en ciertos animales, un grupo de células capaces de regenerar una parte perdida o dañada o producir un organismo completo en la reproducción asexual. **3.** el área de yema o brote de una planta.

blástide (blastid), punto del óvulo fertilizado en el que se fusionan los pronúcleos y se forma el núcleo.

blastina (blastin), cualquier sustancia que suministra alimento o estimula el crecimiento y la proliferación celular, tal como la alantoína.

blastocele (blastocoele), cavidad llena de líquido del blastocisto de los mamíferos y la blástula o discoblástula de los animales inferiores. Esta cavidad aumenta la superficie del embrión en desarrollo para una mejor absorción de nutrientes y oxígeno.

blastocinina (blastokinin), globulina segregada por el útero en muchos animales, que puede estimular y regular el proceso de implantación del blastocisto en la pared uterina.

blastocisto (blastocyst), forma embrionaria que sigue a la fase de mórula en el desarrollo humano. Es una masa esférica de células con una cavidad central llena de líquido (el blastocele) rodeada de dos capas de células. La membrana externa (el trofoblasto) forma más tarde la placenta; la capa interna (el embrioblasto) forma posteriormente el embrión. La implantación en la pared del útero ocurre habitualmente en esta fase, aproximadamente el octavo día después de la fertilización.

blastocito (blastocyte), célula embrionaria indiferenciada previa a la formación de la capa germinal.

blastocitoma (blastocytoma), v. **blastoma**.

blastodermo (blastoderm), capa de células que forman la pared del blastocisto de los mamíferos y la blástula en los animales inferiores durante las primeras fases del desarrollo embrionario. Se produce por la división del óvulo fertilizado y da lugar a las capas germinales primarias, el ectodermo, el mesodermo y el endodermo. Algunos tipos de blastodermo son: **blastodermo bilaminar, blastodermo embrionario, blastodermo extraembrionario** y **blastodermo trilaminar**.

blastogénesis (blastogenesis), **1.** reproducción asexual por gemación. **2.** teoría de la transmisión de las características hereditarias por el protoplasma germinal, opuesta a la teoría de la pangénesis. **3.** desarrollo temprano del embrión durante la división y formación de las capas germinales. **4.** proceso de transformación de los linfocitos pequeños en los cultivos tisulares en células blásticas grandes por la exposición a fitohemaglutinina u otras sustancias, a menudo con el propósito de inducir mitosis.

blastogenia (blastogeny), las fases precoces de la ontogenia; la evolución del protoplasma germinal de un organismo o especie, que traza la historia de las características heredadas.

blastogénico (blastogenic), **1.** que se origina en el protoplasma germinal. **2.** inicio de la proliferación tisular. **3.** relacionado o caracterizado por blastogénesis.

blastólisis (blastolysis), destrucción de una célula germinal o blastodermo.

blastoma (blastoma), neoplasia de tejido embrionario desarrollado del blastema de un órgano o tejido.

blastoma pluricéntrico (pluricentric blastoma), v. **blastoma**.

blastomatosis (blastomatosis), desarrollo de muchos tumores derivados del tejido embrionario.

blastómero (blastomere), cada una de las dos células que se desarrollan en la primera división mitótica de la segmentación del núcleo de un óvulo fertilizado. Los dos blastómeros se dividen y subdividen para formar la mórula en los primeros días de la gestación.

blastomerotomía (blastomerotomy), destrucción o separación de los blastómeros, causada de forma natural o inducida artificialmente.

blastomicosis (blastomycosis), enfermedad infecciosa causada por un hongo, *Blastomyces dermatitidis*, que habitualmente sólo afecta a la piel, pero que puede invadir los pulmones, los riñones, el sistema nervioso central y los huesos. Las infecciones cutáneas a menudo comienzan como pequeñas pápulas en las manos, cara, cuello u otras áreas expuestas en las que se ha producido un corte, magulladura u otra lesión y se extiende a las áreas adyacentes. Cuando están afectados los pulmones, en la radiografía torácica aparecen lesiones tumorales semejantes al cáncer.

blastomicosis europea (European blastomycosis), v. **criptococosis**.

blastomicosis norteamericana (North American blastomycosis), infección producida por la inhalación del hongo *Blastomyces dermatitides*. Puede recordar una neumonía bacteriana. En la cara y manos pueden producirse lesiones cutáneas indoloras, bien delimitadas, verrucosas o ulceradas. La enfermedad puede progresar y afectar a los huesos y al cerebro; en los casos letales se ven afectadas múltiples vísceras.

blastomicosis sudamericana (South American blastomycosis), v. **paracoccidiodomicosis**.

Blastomyces (Blastomyces), género de hongos similares a levaduras, del que forman parte las especies de *Blastomyces dermatitidis*, responsable de la blastomicosis de Norteamérica, y *Paracoccidioides brasiliensis*, responsable de la blastomicosis de Sudamérica.

blastoporo (blastopore), (en embriología) invaginación de la blástula que tiene lugar durante el proceso de transformación de blástula a gástrula.

blastosfera (blastosphere), v. **blástula**.

blastotomía (blastotomy), v. **blastomerotomía**.

blástula (blastula), fase precoz del proceso a través del que el cigoto se transforma en embrión, caracterizada por una esfera llena de líquido formada por una capa única de células llamada blastodermo. La blástula se desarrolla a partir del estadio de mórula.

blastulación (blastulation), transformación de la mórula en un blastocisto o blástula por el desarrollo de una cavidad central, el blastocele.

blefaritis (blepharitis), trastorno inflamatorio de los folículos de las pestañas y de las glándulas de Meibomio de los párpados, caracterizada por tumefacción, enrojecimiento y costras de moco seco en los párpados. La **blefari-**

tis no ulcerativa puede estar causada por psoriasis, seborrea o por una respuesta alérgica. La **blefaritis ulcerosa** está causada por una infección bacteriana.

blefaroadenoma (blepharoadenoma, *pl.* **blepharoadenomas, blepharoadenomata**), tumor epitelial glandular de los párpados.

blefaroateroma (blepharoatheroma, *pl.* **blepharoatheromas, blepharoatheromata**), un tumor de los párpados.

blefaroncosis (blepharoncus), una neoplasia de los párpados.

blefaroplastia (blepharoplasty), utilización de la cirugía plástica para restablecer o reparar el párpado y la ceja.

blefaroplejía (blepharoplegia), parálisis del párpado.

blefarospasmo (blepharospasm), espasmo del párpado.

blenorrea (blennorrhea), **1.** flujo excesivo de moco desde la uretra o la vagina. **2.** *obsoleto*, gonorrea.

bloque de Bunnell (Bunnell block), pequeño bloque de madera utilizado para ejercitar los dedos después de la cirugía. Los ejercicios con el bloque permiten mover cada articulación individualmente con desplazamiento completo de un tendón mientras las otras articulaciones se mantienen extendidas.

bloque de mano (handblock), dispositivo hecho de un bloque de madera de varios centímetros de alto con un mango firme al que se puede asir un paciente incapacitado, proporcionándole un cierto soporte para el cuerpo en las actividades ambulatorias menores, como al meterse en la cama o al levantarse.

bloqueantes de los canales del calcio (calcium channel blocker), fármacos que inhiben el flujo de los iones de calcio a través de la membrana de las células del músculo liso. Al reducir el flujo de calcio, se relaja el tono del músculo liso y el riesgo de espasmo muscular disminuye. Los bloqueantes de los canales del calcio se utilizan principalmente en el tratamiento del espasmo de las arterias coronarias.

bloqueo (blocking), **1.** prevención de la transmisión de un impulso, como ocurre con un agente antiadrenérgico o por la inyección de un anestésico. **2.** interrupción de un proceso intracelular de biosíntesis. **3.** incapacidad de recordar o interrupción involuntaria del curso del pensamiento o de la conversación, habitualmente por un conflicto emocional o mental. **4.** represión de una idea o emoción para mantenerla fuera de la conciencia.

bloqueo auriculoventricular (AV) (atrioventricular [AV] block), enlentecimiento o interrupción de la conducción del impulso que corresponde a la excitación cardíaca, que tiene lugar en el nódulo auriculoventricular, en el haz de His o en sus ramas. Los bloqueos AV pueden ser bloqueos de primer grado, con una prolongación de la conducción AV; bloqueos de segundo grado, con un bloqueo AV parcial, y bloqueos de tercer grado, en cuyo caso el bloqueo AV es completo.

bloqueo cardíaco (heart block), interferencia en la conducción normal de los impulsos eléctricos que controlan la actividad del músculo cardíaco. El bloqueo cardíaco habitualmente se define por la localización del bloqueo y el tipo.

bloqueo cardíaco completo (BCC) (complete heart block [CHB]), alteración que consiste en un fallo completo de la conducción de todos los impulsos que parten de las aurículas hacia los ventrículos, de forma que laten de modo independiente.

bloqueo cardíaco de Wenckebach (Wenckebach heart block), v. **bloqueo cardíaco tipo Mobitz I**.

bloqueo cardíaco tipo Mobitz I (Mobitz I heart block) [Woldemar Mobitz, médico alemán, n. 1889], bloqueo auriculoventricular (AV) parcial o de segundo grado en el que el intervalo PR aumenta progresivamente hasta que no se propaga el impulso auricular, perdiéndose el latido ventricular correspondiente. Tras una pausa, comienza de nuevo el acortamiento progresivo del intervalo PR. Los síntomas son: fatiga, vértigo y, a veces, síncope. El bloqueo cardíaco tipo Mobitz I está producido por una conducción anormal del impulso cardíaco en el nodo AV.

bloqueo cardíaco tipo Mobitz II (Mobitz II heart block), bloqueo auriculoventricular (AV) parcial o de segundo grado caracterizado por la ausencia súbita de conducción de un impulso auricular y la pérdida periódica de un latido sin que antes se produzca un alargamiento del intervalo PR. Este tipo de bloqueo suele ser el resultado de una alteración de la conducción en las ramas del haz y puede estar producido por infarto de miocardio anterior, toxicidad por fármacos, alteraciones electrolíticas, nódulos reumatoides y diversas enfermedades degenerativas. El tratamiento a largo plazo requiere la implantación de un marcapasos.

bloqueo de entrada (entrance block), (en cardiología) zona teórica que rodea al foco marcapasos fisiológico del corazón que le protege de las descargas de impulsos externos, que podrían desencadenar contracciones ventriculares ectópicas.

bloqueo de la comunicación (blocked communication), situación en la que está dificultada la comunicación con un paciente por la presencia de mensajes verbales y no verbales incongruentes, y mensajes que contienen discrepancias e inconsistencias.

bloqueo de rama (BR) (bundle-branch block [BBB]), anomalía de la conducción del impulso cardíaco en los ventrículos, dando lugar a un complejo QRS de forma anómala. Con frecuencia, el bloqueo de rama se debe a isquemia o necrosis de los haces fasciculares, a traumatismos (como en la manipulación quirúrgica) o a la compresión mecánica de las ramas por un tumor. Se puede proceder a la colocación de un marcapasos si se espera un mayor deterioro de la conducción.

bloqueo de rama derecha (right bundle branch block), trastorno cardíaco caracterizado por una transmisión defectuosa de un impulso eléctrico a través del haz de fibras que transmiten los impulsos desde el haz de His al ventrículo derecho. A menudo se asocia a hipertrofia del ventrículo derecho, sobre todo en personas menores de 40 años. En individuos de más edad, el bloqueo de rama derecha se suele asociar a arteriopatía coronaria.

bloqueo de salida (exit block), (en cardiología) fallo en la salida de un impulso esperado desde su foco de origen y en la provocación de una contracción.

bloqueo espinal (spinal block), obstrucción de la circulación del líquido cefalorraquídeo.

bloqueo fenólico (phenol block), inyección de hidroxibenceno (fenol) en nervios aislados, realizando un bloqueo selectivo de dichos nervios. Esta técnica se utiliza en ocasiones para controlar la espasticidad de grupos específicos de músculos o para bloquear la transmisión de impulsos nerviosos en enfermedades como la neuralgia del trigémino.

bloqueo ganglionar (ganglionic blockade), bloqueo del impulso nervioso en las sinapsis de los ganglios autónomos, normalmente mediante la administración de agentes bloqueantes ganglionares.

bloqueo infranodal (infranodal block), tipo de bloqueo auriculoventricular (AV) en el que una alteración del mecanismo de estimulación cardíaca produce el bloqueo del impulso en el fascículo de His o en sus dos ramas después de salir del nódulo AV. Es frecuente que sea debido a arteriosclerosis, enfermedades degenerativas, defectos del sistema de conducción o tumores; se observa con más frecuencia en pacientes ancianos. Los síntomas son: episodios frecuentes de desmayo y frecuencia de pulso entre 20 y 50 latidos por minuto.

bloqueo intraauricular (intraatrial block), conducción retrasada o anómala dentro de las aurículas, identificable mediante un electrocardiograma por la presencia de una onda P prolongada y frecuentemente con una escotadura.

bloqueo intraventricular (intraventricular block), conducción lenta o detención del impulso de excitación cardíaca, de origen ventricular. El bloqueo puede ser de rama derecha, de rama izquierda o de los fascículos izquierdos, anterior o posterior. El bloqueo se puede identificar en el electrocardiograma. Son tipos de bloqueos intraventriculares el **bloqueo de rama** y el **bloqueo infranodal**.

bloqueo neuromuscular (neuromuscular blockade), inhibición de la contracción muscular activada por el sistema nervioso, que puede dar lugar a debilidad muscular o parálisis.

bloqueo paracervical (paracervical block), forma de anestesia regional en la cual se inyecta un anestésico local en la región situada a cada lado del cuello uterino, que contiene el plexo nervioso que inerva el cuello uterino. Habitualmente se consigue una anestesia eficaz para un parto activo.

bloqueo paravertebral (paravertebral block), **1.** bloqueo de la transmisión de impulsos somáticos a través de los nervios raquídeos mediante la inyección de una solución analgésica local junto al punto por donde emergen. **2.** bloqueo de la cadena de nervios simpáticos paravertebrales situados en la región anteroexterna de los cuerpos vertebrales.

bloqueo pudendo (pudendal block), forma de bloqueo anestésico regional que se realiza para aliviar las molestias de la segunda fase del parto. El bloqueo pudendo anestesia el periné, la vulva, el clítoris, los labios mayores y la región perirrectal sin afectar a las contracciones musculares del útero. Cuando el bloqueo se realiza correctamente, el riesgo es mínimo.

bloqueo sinoauricular (SA) (sinoatrial [SA] block), trastorno de la conducción cardíaca en el cual un impulso formado en el nódulo SA es bloqueado y no consigue despolarizar el miocardio auricular. Esta alteración viene indicada en el electrocardiograma por la ausencia de algunas ondas P. Entre las causas se encuentra una estimulación vagal exagerada, infecciones agudas y aterosclerosis. El bloqueo SA puede ser también una reacción adversa de la quinidina o los digitálicos.

bloqueo unidireccional (unidirectional block), fallo patológico de la conducción del impulso cardíaco en una dirección mientras que la conducción es posible en la otra dirección.

BNA (BNA), abreviatura de *Basle Nomina Anatomica*.

boca (mouth), **1.** cavidad oral, casi ovalada, del extremo anterior del tracto digestivo, delimitada anteriormente por los labios y que contiene la lengua y los dientes. Consta de un vestíbulo y de la cavidad bucal propiamente dicha. El vestíbulo, situado por delante de los dientes, está limitado externamente por los labios y las mejillas, e internamente por las encías y los dientes. El vestíbulo recibe las secreciones de las glándulas salivares parótidas y comunica, cuando están cerrados los maxilares, con la cavidad bucal propiamente dicha a través de un orificio situado a cada lado, por detrás de los molares, y a través de las estrechas hendiduras que quedan entre los dientes opuestos. El techo de la boca está constituido por los paladares duro y blando. La lengua constituye la mayor parte del suelo de la cavidad. **2.** orificio.

boca de trinchera (trench mouth), v. **gingivitis necrotizante aguda**.

bocio (goiter), glándula tiroides hipertrófica, que habitualmente se manifiesta como una tumefacción pronunciada en el cuello. El aumento de tamaño puede estar asociado a hipo o hipertiroidismo o a unos niveles normales de función tiroidea. El bocio puede ser quístico o fibroso, conteniendo nódulos o un número elevado de folículos.

bol (bole), cualquiera de diversas arcillas blandas, friables, de varios colores, aunque habitualmente rojas por el óxido de hierro.

bola (ball), masa relativamente esférica, como las bolas condríticas englobadas en cartílago hialino.

bola grasa de Bichat (buccal fat pad), almohadilla grasa de la mejilla situada por debajo de la capa subcutánea de la piel, por encima del bucinador. Es especialmente prominente en los lactantes y a menudo se denomina almohadilla de succión.

bolita de oro laminar (foil pellet), pieza laxamente enrollada de oro laminar, utilizada en diversos tipos de restauraciones dentales, que actúa como una obturación permanente de la cavidad dentaria o la corona dental.

bolo (bolus), **1.** masa redondeada, específicamente un trozo masticado de alimento listo para ser deglutido. **2.** preparado de farmacia grande y redondeado de material medicinal para su ingestión oral, habitualmente blando y no preempaquetado. **3.** dosis de un medicamento o un material de contraste, un isótopo radiactivo u otra preparación farmacéutica inyectada de una vez por vía intravenosa.

bolo alimentario (alimentary bolus), v. **bolo**, def. **1**.

bolo intravenoso (intravenous bolus), dosis relativamente alta de una medicación administrada por vía IV en un corto espacio de tiempo, normalmente entre 1 y 30 minutos. La dosis en bolo IV suele utilizarse normalmente cuando es necesario administrar con rapidez un medicamento, como en una emergencia, cuando no se pueden diluir los fármacos, como sucede con muchos antineoplásicos, y cuando el objetivo terapéutico es conseguir un nivel máximo del fármaco en el torrente circulatorio del paciente.

bolo IV (IV push), técnica en la que se administra rápidamente un gran volumen de líquido IV con medicación mediante inyección o infusión.

bolsa (bag), saco dilatable diseñado para contener gas, líquido o material semisólido, como hielo triturado. En los procedimientos médicos o quirúrgicos se utilizan varios tipos de bolsas para dilatar el ano, la vagina u otros orificios corporales.

bolsa (bursa), **1.** saco fibroso localizado entre ciertos tendones y los huesos subyacentes. Tapizada con la membrana sinovial que segrega líquido sinovial, la bolsa actúa como un pequeño cojín que permite al tendón moverse sobre el hueso cuando se contrae y relaja. **2.** saco o cavidad cerrada.

bolsa (pouch), cualquier apéndice o saco de pequeñas dimensiones, como la bolsa de Rathke en el techo de la cavidad bucal embrionaria.

bomba (pump), **1**. aparato utilizado para mover líquidos o gases mediante succión o mediante presión positiva, como una bomba de infusión o una bomba gástrica. **2**. mecanismo fisiológico por el que se mueve una sustancia, habitualmente mediante transporte activo a través de una membrana celular, como la bomba de sodio.

bomba de Abbot (Abbot pump), pequeña bomba portátil que puede ser ajustada y calibrada finamente, con objeto de suministrar cantidades precisas de medicamentos en solución a través de un sistema de infusión intravenosa.

bomba de Carrel-Lindbergh (Carrel-Lindbergh pump), v. **bomba de Lindbergh**.

bomba de Harvard (Harvard pump), bomba pequeña que se puede ajustar para administrar pequeñas cantidades de medicamentos mediante infusión intravenosa.

bomba de infusión (infusion pump), aparato diseñado para liberar e inyectar cantidades determinadas de un fármaco en un determinado período de tiempo. Algunos tipos de bombas de infusión pueden ser implantados quirúrgicamente.

bomba de insulina (insulin pump), instrumento portátil que funciona con pilas y que suministra una cantidad determinada de insulina a través de la pared abdominal. Se puede programar para que administre distintas dosis de insulina según las necesidades del cuerpo en cada momento.

Bomba de insulina
(Bodansky, 1989)

bomba de jeringa intravenosa (intravenous syringe pump), uno de los múltiples dispositivos que comprimen automáticamente el émbolo de una jeringa a una velocidad determinada. Estos dispositivos se utilizan con jeringas desechables, y sirven para administrar sangre, medicamentos o nutrientes por vía IV, arterial o subcutánea. Son especialmente útiles para el tratamiento de pacientes ambulatorios.

bomba de Lindbergh (Lindbergh pump) [Charles A. Linbergh, técnico norteamericano, n. 1902], bomba utilizada para conservar un órgano del cuerpo perfundiendo sus tejidos con oxígeno y otros nutrientes esenciales, habitualmente durante el transporte del órgano desde el donante al receptor.

bomba del estómago (stomach pump), bomba para extraer el contenido del estómago a través de una sonda introducida por la boca o la nariz en el estómago.

bomba intravenosa (intravenous pump), bomba diseñada para regular la velocidad de flujo de un líquido administrado por vía IV a través de un intracatéter o una aguja de vena craneal.

bomba intravenosa de pistón (intravenous piston pump), cualquiera de los distintos dispositivos que controlan de forma precisa la infusión de líquidos intravenosos mediante un mecanismo de pistón. La mayoría de las bombas de pistón puede funcionar con batería además de con la corriente de la red, y requiere tubos especiales. Algunos modelos son portátiles. Normalmente, las bombas de pistón suelen ir equipadas con controles que permiten regular la velocidad de flujo e indicadores que señalan velocidad de flujo, límite de dosis y volumen de líquido acumulado.

bomba IVAC (IVAC pump), marca registrada de una bomba de infusión IV portátil, que regula y vigila electrónicamente el flujo de líquido.

bomba oxigenadora (pump oxygenator), dispositivo que bombea sangre oxigenada a través del cuerpo durante la cirugía cardiopulmonar.

bomba peristáltica intravenosa (intravenous peristaltic pump), cualquiera de los distintos dispositivos que sirven para administrar líquidos por vía IV, mediante presión sobre los tubos y no sobre el líquido en sí. La mayoría de las bombas peristálticas funcionan con tubos intravenosos normales, y sueltan líquido a una velocidad regulable en gotas por minuto. Normalmente estos dispositivos infunden entre 1 y 99 gotas de líquido por minuto, y están equipados con sensor de gotas, selector de velocidad, luz de testigo de que están encendidos, indicador y alarma de goteo. El indicador de goteo destella cuando una gota de líquido intravenoso pasa por el sensor de gotas.

bomba rápida de sangre (slip-on blood pump), dispositivo reticular de plástico con una pera para inflar, un tubo de goma y un calibrador de presión, para ayudar a administrar grandes cantidades de sangre rápidamente. La red de plástico se desliza sobre la bolsa de sangre y ejerce presión sobre ella al apretar la pera.

bomba sacaleches (breast pump), dispositivo para extraer leche de la mama.

bomba sanguínea (blood pump), **1.** bomba para regular el flujo de sangre a un vaso sanguíneo durante la transfusión. **2.** el componente de una máquina corazón-pulmón que bombea la sangre a través de la máquina para su oxigenación y a continuación a través del sistema circulatorio periférico del cuerpo.

bomba-balón intraaórtico (intraaortic balloon pump), dispositivo de contrapulsación que proporciona una ayuda cardíaca temporal en el tratamiento de la insuficiencia ventricular izquierda refractaria, como después de un infarto de miocardio o durante una angina preinfarto.

bombear (pump), mover un líquido o gas mediante succión o presión positiva.

borato (borate), cualquier sal del ácido bórico. Las sales de borato y el ácido bórico, aunque previamente se utilizaron como soluciones antisépticas suaves de irrigación, especialmente para enfermedades oftálmicas, son muy tóxicas cuando se utilizan internamente o cuando se absorben a través de cortes, abrasiones u otras heridas cutáneas.

borborigmo (borborygmus), sonido abdominal audible producido por peristalsis intestinal hiperactiva. Mediante auscultación estos sonidos se perciben como ruidos sordos, gorgoteos y tintineos.

borde (rim), extremo exterior, que puede ser curvo o circular, como el que existe en una superficie oclusiva añadida a la base de una prótesis dentaria temporal o permanente.

borde de oclusión (occlusion rim), estructura dental artificial con superficies de oclusión unidas a las bases de los dientes temporales o permanentes, utilizada para registrar la relación entre maxilares superior e inferior y para la colocación de los dientes.

borde del estrecho superior de la pelvis (pelvic brim), límite curvo de los huesos de la cadera que se extiende desde la parte anterior de la cresta ilíaca anterosuperior de un lado, rodea y pasa el sacro hasta la cresta del otro lado. Por debajo del borde está la pelvis.

borde en cepillo (brush border), microvellosidades de la superficie libre de ciertas células epiteliales, especialmente de la superficie absortiva del intestino y los túbulos proximales del riñón. Las minúsculas prolongaciones cilíndricas aumentan el área superficial de los tejidos.

borde primitivo (primitive ridge), borde que delimita el surco primitivo en las fases precoces del desarrollo embrionario.

Bordetella (Bordetella) [Jules J. B. V. Bordet, bacteriólogo belga, n. 1870], género de cocobacilos gramnegativos, algunas de cuyas especies son patógenas para el tracto respiratorio humano, entre ellas *Bordetella bronchiseptica, B. parapertussis* y *B. pertussis*.

boro (B) (boron [B]), elemento no metálico, similar al aluminio. Su número atómico es 5; su peso atómico es 10,8. El boro elemental aparece en forma de cristales oscuros y como una masa amorfa amarillo verdosa. Ciertas concentraciones de este elemento son tóxicas para las plantas y los animales, pero las plantas necesitan una mínima cantidad de boro para su crecimiento normal. Es el elemento característico del ácido bórico, utilizado principalmente como polvo y ungüento para las alteraciones cutáneas leves.

borramiento (effacement), acortamiento de la región vaginal del cuello uterino y adelgazamiento de sus paredes al ser distendidas y dilatadas por el feto durante el trabajo de parto.

Borrelia (Borrelia) [Amédée Borrel, bacteriólogo francés, n. 1867], género de espiroquetas helicoidales desigualmente enrolladas, muchas de cuyas especies causan infecciones transmitidas por garrapatas y piojos. Muchos animales actúan de reservorio y huésped para la *Borrelia*.

bostezo (yawn), acto involuntario de apertura amplia de la boca y de inspiración profunda. Se produce cuando la persona está aburrida, adormilada o deprimida y se puede acompañar de movimientos de la parte superior del cuerpo para colaborar con la expansión torácica.

bota de pasta de Unna (Unna's paste boot) [Paul G. Unna, dermatólogo alemán, n. 1850], apósito para las úlceras varicosas elaborado mediante la aplicación en la pierna de una capa de pasta de gelatina-glicerina-óxido de zinc y después de un vendaje espiral cubierto con capas sucesivas de esa pasta para producir una bota rígida.

botas abductoras (abduction boots), dispositivo ortopédico para ambas extremidades inferiores, que puede tener una configuración para piernas cortas o para piernas largas, en el que va incorporada una barra a la altura de los tobillos con objeto de asegurar la abducción de las caderas.

botellas de espiración (blow bottles), dispositivo utilizado en el cuidado respiratorio para proporcionar resistencia a la espiración. Las botellas están parcialmente llenas de agua y se pide al paciente que desplace soplando el agua desde una botella a otra.

boticario (apothecary), farmacéutico.

botón cutáneo (skin button), dispositivo de plástico y tela que cubre las líneas de impulso de un corazón artificial en el punto de salida de la piel. Su objetivo es eliminar la transmisión de la presión de bombeo a los tejidos circundantes.

botón de Oriente (oriental sore), enfermedad cutánea causada por el parásito *Leishmania tropica,* transmitida al ser humano por la picadura de un mosquito del género *Phebotomus* y que se caracteriza por la presencia de lesiones ulcerosas. El botón de Oriente no causa síntomas sistémicos, pero las úlceras pueden infectarse de forma secundaria.

botulismo (botulism), intoxicación alimentaria, a menudo mortal, causada por una endotoxina producida por el bacilo *Clostridium botulinum*. Esta toxina se ingiere a partir de alimentos contaminados por *C. botulinum*, aunque no es necesaria la presencia de este bacilo si la toxina se ha producido. En casos raros, la toxina se puede introducir en el cuerpo humano a través de una herida contaminada por el microorganismo. El botulismo se desarrolla sin molestias gástricas y puede ocurrir hasta 1 semana después de haber ingerido el alimento contaminado; se caracteriza por un período de laxitud y fatiga seguido por alteraciones visuales. Puede haber debilidad muscular y el paciente a menudo desarrolla disfagia.

BPC (PCB), abreviatura de **bifenilos policlorados**.

BPDE-I (BPDE-I), abreviatura de **benzopireno dihidrodiol epóxido**.

BR (BK), abreviatura de *bajo la rodilla*, término relacionado con amputaciones, amputados, prótesis y ortesis.

Br (Br), símbolo del **bromo**.

bradiarritmia (bradyarrhythmia), ritmo cardíaco lento y anormal.

bradicardia (bradycardia), alteración circulatoria en la que el miocardio se contrae de forma regular, pero a una frecuencia de menos de 60 contracciones por minuto. El corazón normalmente se enlentece durante el sueño, y en algunas personas en buena forma física el pulso puede ser bastante lento. El gasto cardíaco disminuye, causando debilidad, vértigo, dolor torácico y en ocasiones síncope y colapso circulatorio.

bradidiástole (bradydiastole), fase diastólica anormalmente larga. Va asociada a infarto de miocardio.

bradiestesia (bradyesthesia), lentitud de la percepción.

bradipnea (bradypnea), frecuencia respiratoria anormalmente baja.

bradiquinesia (bradykinesia), trastorno caracterizado por el enlentecimiento de todos los movimientos voluntarios y el habla, como la causada por el parkinsonismo, otras alteraciones extrapiramidales y ciertos tranquilizantes.

bradiquinina (bradykinin), péptido de origen no proteico que contiene nueve residuos aminoácidos. Se produce por la calicreína a partir de la α_2-globulina y es un potente vasodilatador.

braditaquicardia (bradytachycardia), frecuencia cardíaca que alterna entre anormalmente lenta y anormalmente rápida, como en el *síndrome de la enfermedad del seno*.

braguero (truss), dispositivo utilizado para prevenir o retardar la herniación de los intestinos o de otros órganos a través de un orificio de la pared abdominal.

Braille (Braille) [Louis Braille, profesor francés de sujetos ciegos, n. 1809], sistema de impresión para los ciegos consistente en puntos elevados que se pueden leer por el tacto.

branquiógeno (branchiogenic), relativo a cualquier tejido originado en la hendidura o el arco branquial.

braquial (brachial), del brazo o perteneciente a él.

braquial anterior (braquialis), músculo del brazo, que cubre la parte anterior de la articulación del codo y la mitad distal del húmero. Su función es la flexión del antebrazo.

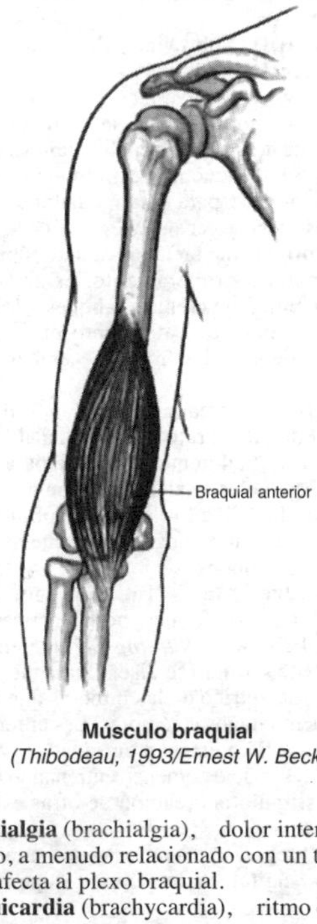

Músculo braquial
(Thibodeau, 1993/Ernest W. Beck)

braquialgia (brachialgia), dolor intenso en el brazo, a menudo relacionado con un trastorno que afecta al plexo braquial.

braquicardia (brachycardia), ritmo cardíaco lento.

braquicefalia (brachycephaly), malformación congénita del cráneo en la que el cierre prematuro de la sutura coronal produce un crecimiento lateral excesivo de la cabeza, dándole una apariencia corta y ancha con un índice cefálico entre 81 y 85.

braquidactilia (brachydactyly), trastorno caracterizado por dedos de las manos o de los pies anormalmente cortos.

braquiocefálico (brachiocephalic), del brazo y la cabeza o relacionado con ellos.

braquiocubital (brachiocubital), perteneciente al brazo y al antebrazo.

braquiterapia (brachytherapy), uso de materiales radiactivos en el tratamiento de las neoplasias malignas mediante la colocación de fuentes radiactivas en contacto con los tejidos que se van a tratar o implantadas en ellos.

brazo (arm), **1.** parte de la extremidad superior del cuerpo comprendida entre el hombro y el codo. **2.** *no técnico*, el brazo y el antebrazo.

BRD (RBBB), abreviatura de **bloqueo de rama derecha**.

brea de enebro (juniper tar), líquido aceitoso oscuro obtenido mediante la destilación destructora de la madera de enebro *Juniperus oxycedrus*. Se utiliza como estimulante antiséptico en pomadas para enfermedades cutáneas, como psoriasis y eccema.

brea de pino (pine tar), producto tópico antieccematoso y rubefaciente. Es un componente habitual de cremas, jabones y lociones utilizadas para el tratamiento de procesos crónicos de la piel, como el eccema o la psoriasis.

Breathalyzer (Breathalyzer), nombre comercial de un aparato que analiza el aire espirado. Habitualmente, se utiliza para determinar los niveles de alcohol en sangre, basándose en la relación entre alcohol en la respiración y en la sangre circulante que atraviesa los pulmones.

Breckinridge, Mary (Breckinridge, Mary) [1881-1865], enfermera norteamericana que fundó el *Frontier Nursing Service* en Kentucky. Este servicio se diseñó para mejorar el cuidado obstétrico de las mujeres que vivían en áreas montañosas remotas. Las enfermeras de este servicio estaban entranadas para los partos. El servicio comenzó entrenando matronas y estimuló la creación de otras escuelas para partos.

bregma (bregma), la unión de las suturas coronal y sagital en la porción superior del cráneo.

BRI (LBBB), abreviatura de bloqueo de rama izquierda del haz de His.

broche (buttonhook), cualquiera de los diferentes dispositivos diseñados para ayudar a los pacientes con limitación del movimiento de los dedos o con amputaciones a vestirse más rápidamente.

brom (brom), abreviatura de un anión de bromo no carboxilado.

bromhidrato de dextrometorfano (dextromethorphan hydrobromide), antitusígeno derivado de la morfina, pero sin efectos narcóticos. Se emplea para suprimir la tos no productiva.

bromhidrato de escopolamina (scopolamine hydrobromide), anticolinérgico prescrito para el tratamiento de las náuseas y los vómitos, como medicación sedante y preanestésica y como medicación ciclopléjica y midriática en intervenciones oftalmológicas.

bromhidrato de hidroxianfetamina (hydroxyamphetamine hydrobromide), adrenérgico y midriático prescrito para dilatar la pupila en la exploración oftalmoscópica y como una ayuda diagnóstica en el síndrome de Horner.

bromhidrato de hioscina (hyoscine hydrobromide), v. **bromhidrato de escopolamina**.

bromhidrosis (bromhidrosis), trastorno en el que el sudor apocrino tiene un olor desagradable.

bromo (Br) (bromine [Br]), elemento líquido tóxico de color rojo amarronado perteneciente al grupo de los halógenos. Su número atómico es 35; su peso atómico es 79,909. Los bromuros son compuestos binarios del bromo; se han utilizado como sedantes, hipnóticos y analgésicos.

bromoderma (bromoderma), rash cutáneo acneiforme, ampolloso o nodular, que aparece como una reacción de hipersensibilidad a la ingestión de bromuros.

bromosulftaleína (sulfobromophthalein), sustancia utilizada en su forma de sal disódica para la evaluación de la función del hígado.

bromuro (bromide), componente en el que el elemento negativo es el bromo, especialmente una sal del ácido hidrobrómico. Los bromuros, utilizados antes ampliamente como sedantes, raramente tienen ahora esa indicación.

bromuro de demecario (demecarium bromide), agente anticolinesterásico que se prescribe para el tratamiento del glaucoma de ángulo abierto.

bromuro de hexafluorenio (hexafluorenium bromide), inhibidor de la acetilcolinesterasa. Se utiliza como coadyuvante en la anestesia para prolongar la relajación de los músculos esqueléticos provocada por la succinilcolina.

bromuro de mepenzolato (mepenzolate bromide), agente anticolinérgico prescrito para el tratamiento de la hipermotilidad GI y como coadyuvante para el tratamiento de la úlcera péptica.

bromuro de metescopolamina (methescopolamine bromide), anticolinérgico prescrito para el tratamiento de la hipermotilidad del tracto GI y como coadyuvante para el tratamiento de la úlcera péptica.

bromuro de neostigmina (neostigmine bromide), colinérgico utilizado en el tratamiento de la miastenia grave.

bromuro de pancuronio (pancuronium bromide), relajante del músculo esquelético prescrito para facilitar la anestesia y la ventilación mecánica.

bromuro de piridostigmina (pyridostigmine bromide), anticolinérgico prescrito para el tratamiento de la miastenia grave y que se utiliza como antagonista de los relajantes musculares no despolarizantes, como el curare.

bromuro de propantelina (propantheline bromide), anticolinérgico prescrito como coadyuvante para el tratamiento de la úlcera péptica.

bromuro de vecuronio (vecuronium bromide), fármaco bloqueante neuromuscular intravenoso utilizado como coadyuvante en la anestesia general, con el fin de facilitar la intubación endotraqueal y relajar los músculos esqueléticos durante la cirugía o la ventilación mecánica.

broncoalveolar (bronchoalveolar), relativo a los sacos de aire terminales situados en los extremos de los bronquiolos.

broncoconstricción (bronchoconstriction), contracción de los bronquios que provoca el estrechamiento de la luz de las vías aéreas.

broncodilatación (bronchodilatation), incremento del diámetro o de la luz de los bronquios, lo que permite un mayor flujo de aire hacia los pulmones y desde ellos.

broncodilatador (bronchodilator), sustancia, especialmente un fármaco, que relaja la-acontracción del músculo liso de los bronquiolos y mejora la ventilación de los pulmones. Los broncodilatadores farmacológicos se prescriben para mejorar la aireación en el asma, las bronquiectasias, la bronquitis y el enfisema.

broncofibroscopia (bronchofibroscopy), v. **broncoscopia de fibra óptica**.

broncofonía (bronchophony), aumento de la intensidad y claridad de la resonancia vocal que puede deberse a un aumento de la densidad del tejido pulmonar, tal como una consolidación neumónica.

broncógeno (bronchogenic), originado en un bronquio.

broncografía (bronchography), examen mediante rayos X de los bronquios después de haberlos revestido de una sustancia radiopaca.

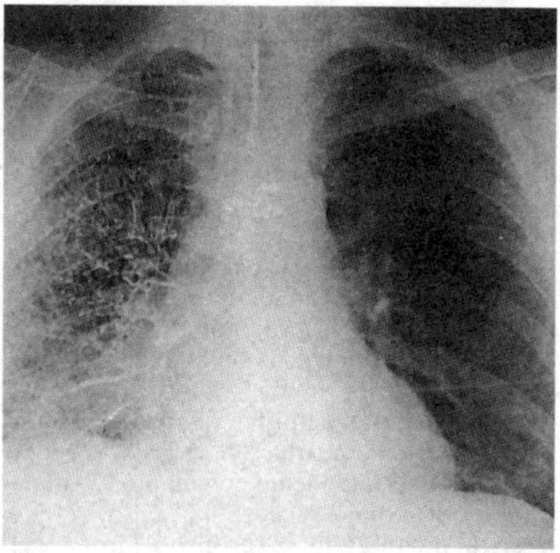

Broncografía
(C. D. Forbes/W. F. Jackson, 1994)

bronconeumonía (bronchopneumonia), inflamación aguda de los pulmones y bronquiolos, caracterizada por escalofríos, fiebre, elevación de las frecuencias del pulso y respiratoria, respiración bronquial, tos con esputo hemoptoico purulento, dolor torácico intenso y distensión abdominal. Esta enfermedad es habitualmente resultado de la extensión de la infección bacteriana desde el tracto respiratorio superior al tracto respiratorio inferior. Esta enfermedad produce derrame pleural, empiema, abscesos pulmonares, tromboflebitis periférica, insuficiencia respiratoria, insuficiencia cardíaca congestiva e ictericia.

broncopulmonar (bronchopulmonary), relativo o perteneciente a los bronquios y los pulmones.

broncoscopia (bronchoscopy), examen visual del árbol traqueobronquial, utilizando un broncoscopio. El paciente está en ayunas y habitualmente se le administra un sedante antes del examen, que se realiza habitualmente bajo anestesia tópica. Además de la visualización este procedimiento permite realizar una aspiración, obtener una biopsia y líquido o esputo para su examen, y para extraer cuerpos extraños.

broncoscopia de fibra óptica (fiberoptic bronchoscopy), exploración visual del árbol traqueobronquial mediante un broncoscopio de fibra óptica.

broncoscopia láser (laser bronchoscopy), broncoscopia realizada con la ayuda de una fuente láser de dióxido de carbono dirigido a través de un equipo fibroóptico para el diagnóstico y tratamiento de procesos bronquiales.

broncoscopio (bronchoscope), tubo curvado, flexible, para el examen visual de los bronquios. Contiene fibras que transportan luz a lo largo del tubo y proyectan una imagen aumentada que le llega al visualizador.

broncospasmo (bronchospasm), contracción anormal del músculo liso de los bronquios que origina un estrechamiento agudo y una obstrucción de las vías respiratorias. La tos con sibilancias generalizadas suele indicar la existencia de este trastorno.

broncospasmo paradójico (paradoxical bronchospasm), constricción de las vías aéreas después del tratamiento con un broncodilatador simpaticomimético.

broncospirometría (bronchospirometry), técnica para el estudio de la ventilación y el intercambio de gases de cada pulmón por separado mediante la introducción de un catéter en los bronquios principales izquierdo y derecho.

broncotomograma (bronchotomogram), imagen del sistema respiratorio superior, desde la tráquea a los bronquios inferiores, producida por tomografía computadorizada.

broncovesicular (bronchovesicular), perteneciente a los bronquios y a los alveolos.

bronquiectasias (bronchiectasis), enfermedad del árbol bronquial caracterizada por dilatación irreversible y destrucción de las paredes bronquiales. Esta afección es a veces congénita, pero a menudo es el resultado de una infección bronquial o de una obstrucción por un tumor o un cuerpo extraño aspirado. Entre los síntomas se incluyen una tos productiva constante de esputo purulento copioso, hemoptisis, sinusitis crónica, dedos en palillo de tambor y estertores húmedos persistentes.

bronquio (bronchus), cualquiera de los conductos respiratorios largos de los pulmones a través de los que pasa el aire inspirado y se exhalan los gases de desecho. Todos los bronquios tienen una pared formada por tres capas: la más externa está constituida por tejido fibroso denso, reforzada con cartílago; la capa media es una red de músculo liso, y la capa más interna está formada por una membrana mucosa ciliada. Los bronquios pueden ser **lobares, primarios** y **secundarios**.

bronquioalveolitis (alveobronchitis), inflamación de los alveolos y los bronquiolos.

bronquiolitis (bronchiolitis), infección bronquial aguda del tracto respiratorio inferior que ocurre principalmente en niños con edades inferiores a los 18 meses de edad, caracterizada por sibilancias espiratorias, dificultad respiratoria, inflamación y obstrucción de los bronquiolos. Los agentes causales más frecuentes son el virus respiratorio sincitial (VRS) y los virus de la parainfluenza. Con menor frecuencia los agentes causales son *Mycoplasma pneumoniae*, rinovirus, enterovirus y virus del sarampión. La transmisión tiene lugar a partir de partículas transportadas en el aire o por contacto con secreciones infectadas.

bronquiolo (bronchiole), pequeña vía aérea del sistema respiratorio que se extiende desde los bronquios hasta el interior de los lóbulos pulmonares. Hay dos tipos de bronquiolos: los bronquiolos terminales y los bronquiolos respiratorios.

bronquitis (bronchitis), inflamación aguda o crónica de la mucosa del árbol traqueobronquial. La **bronquitis aguda** se caracteriza por tos productiva, fiebre, hipertrofia de las estructuras secretoras de moco y dolor de espalda. Está causada por la extensión de las infecciones virales de vías respiratorias superiores a los bronquios, y a menudo se encuentra a la vez o después de infecciones de la infancia del tipo del sarampión, tos ferina, difteria y fiebre tifoidea. La bronquitis crónica se caracteriza por una secreción excesiva de moco en los bronquios, con tos productiva durante al menos 3 meses consecutivos durante unos 2 años sucesivos. Entre los factores predisponentes de la bronquitis crónica se incluyen el consumo de tabaco, la contaminación atmosférica, las infecciones crónicas, el desarrollo físico anormal de los bronquios que altera el drenaje bronquial. Más común en adultos, es a menudo una complicación de la fibrosis quística en niños.

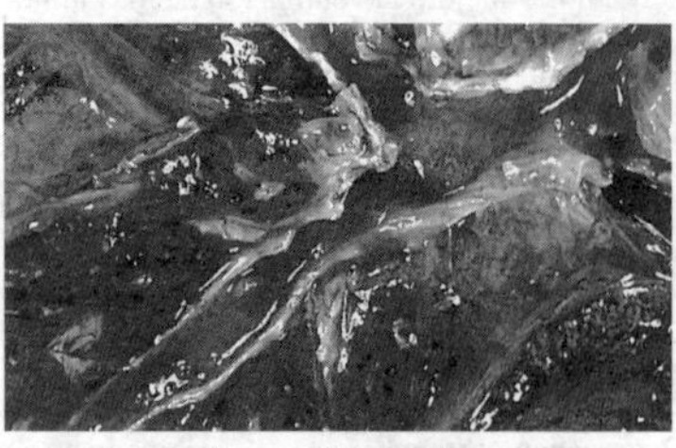

Bronquitis aguda
(A. Stevens/J. Lowe, 1996)

bronquitis crónica (chronic bronchitis), enfermedad respiratoria debilitante muy frecuente, caracterizada por un gran aumento en la producción de moco por las glándulas de la tráquea y bronquios que produce tos con expectoración durante al menos tres meses al año durante más de dos años consecutivos.

Brucella abortus (Brucella abortus), v. **fiebre abortiva**.

brucelosis (brucellosis) [Sir David Bruce, patólogo inglés, n. 1855], enfermedad causada por cualquiera de las diferentes especies de cocobacilos gramnegativos del género *Brucella*. La brucelosis es principalmente una enfermedad de los animales (incluido el ganado, cerdos y cabras); el hombre generalmente se infecta por ingestión de leche o productos de la leche contaminados o a través de una solución de continuidad de la piel. Se caracteriza por fiebre, escalofríos, sudoración, malestar y debilidad. Aunque la brucelosis por sí misma rara vez es mortal, es importante tratarla, dado que se pueden desarrollar complicaciones graves como neumonía, meningitis y encefalitis.

bruñidor (burnisher), instrumento dental con una hoja o una plumilla biselada utilizada para alisar los bordes rugosos de las restauraciones.

bruxismo (bruxism), rechinar de los dientes inconsciente y compulsivo, especialmente durante el sueño o como un mecanismo para liberar la tensión durante los períodos de estrés extremo cuando se está despierto.

bubón (bubo), ganglio linfático muy agrandado e inflamado, generalmente de la axila o región inguinal, asociado con enfermedades tales como el chancroide, el linfogranuloma venéreo, la peste bubónica y la sífilis.

bucal (buccal), relativo o perteneciente a la cara interna de la mejilla, la boca, la superficie de un diente adyacente a la mejilla o la encía próxima a ésta.

buceo (diving), acto de trabajo o recreo debajo del agua. Los efectos principales sobre la salud están en relación con el aumento de presión a la que se somete el sujeto, pues la presión ambiente suele aumentar 1 atm (1 kg por cm^2) cada 10 metros de descenso por debajo de la superficie del agua.

bucinador (buccinator), el músculo principal de la mejilla, uno de los 12 músculos de la boca. Se origina en los maxilares superior e inferior, insertándose en los labios; su superficie está cubierta por la fascia bucofaríngea y la almohadilla grasa de Brichat. Este músculo comprime la mejilla, actuando como un músculo accesorio importante de la masticación, manteniendo el alimento entre los dientes.

bucle (loop), conjunto de instrucciones de un programa de ordenador que hacen que se ejecuten repetidamente ciertas órdenes si se cumplen unos determinados criterios.

bucle de flujo-volumen (flow-volume loop), sistema analítico de la función pulmonar en que el paciente respira en un espirómetro electrónico y realiza una maniobra de inspiración forzada y de capacidad vital espiratoria. Los datos se muestran gráficamente, como un arco, cuya forma indica el volumen pulmonar y otros datos durante un ciclo respiratorio completo.

bucle-r (r-loop), (en genética molecular) formación característica de bucles observada con microscopia electrónica. Está formada por una cadena helicoidal sencilla de ADN, enrollada con una cadena híbrida que contiene una cadena sencilla de ADN junto con una cadena de ARN.

buftalmos (buphthalmos), distensión del globo ocular producida por glaucoma.

bulbar (bulbar), **1.** relativo o perteneciente a un bulbo. **2.** perteneciente al bulbo raquídeo del tronco del encéfalo.

bulbo (bulb), cualquier estructura redondeada, como la raíz del pelo y ciertas terminaciones nerviosas sensitivas.

bulbo raquídeo (medulla oblongata), parte más vital de todo el cerebro, que aparece como una dilatación bulbosa de la médula espinal, inmediatamente por debajo del agujero occipital. El bulbo raquídeo contiene los centros cardíaco, vasomotor y respiratorio del cerebro, y la lesión o la enfermedad a este nivel suele resultar mortal.

bulbocavernoso (bulbocavernosus), músculo que cubre el bulbo uretral en el hombre y el bulbo vestibular en la mujer.

bulimia (bulimia), ansia insaciable de alimentos, que a menudo produce episodios de ingestión continua seguidos por períodos de depresión y ayuno.

bumetanida (bumetanide), diurético prescrito en el tratamiento del edema causado por enfermedad cardíaca, hepática o renal.

BUN (BUN), abreviatura de **nitrógeno ureico sanguíneo**.

bunio (bunion), tumefacción de la articulación de la base del dedo gordo causada por inflamación de la bolsa. Se caracteriza por sensibilidad dolorosa, engrosamiento de la piel y desplazamiento lateral del primer dedo.

bunionectomía (bunionectomy), escisión de un bunio.

bunionete (bunionette), aumento e inflamación anormales de la articulación en la base del quinto dedo del pie.

burbuja (life island), burbuja de plástico que engloba una cama, que se utiliza para proporcionar al paciente un ambiente sin gérmenes.

bureta (buret, burette), utensilio de laboratorio utilizado para distribuir diversos volúmenes con exactitud.

bursectomía (bursectomy), extirpación de una bolsa.

bursitis (bursitis), inflamación de la bolsa o estructura de tejido conectivo que rodea una articulación. La bursitis puede ser provocada por artritis, infecciones, traumatismos, ejercicio excesivo o traumático y esfuerzo. El síntoma principal es dolor intenso de la articulación afectada, especialmente con el movimiento. Los objetivos del tratamiento de la bursitis son el control del dolor y el mantenimiento de la movilidad de la articulación. Algunos tipos de bursitis son: **codo de minero** y **rodilla de monja**.

bus (bus), conjunto de hilos conductores de un ordenador en el que cada uno transporta la corriente eléctrica que corresponde a un bit. Los buses interconectan las diferentes partes del ordenador entre sí.

busulfán (busulfan), agente alquilante utilizado en el tratamiento de la leucemia mieloide crónica.

butabarbital sódico (butabarbital sodium), sedante utilizado para el alivio de la ansiedad, la tensión nerviosa y el insomnio.

butanol (butanol), v. **alcohol butílico**.

butilo (butyl), radical hidrocarbonado (C_4H_9) cuyos componentes se obtienen del petróleo. Los componentes butilo, algunos de ellos tóxicos e irritantes, se utilizan en diversas aplicaciones industriales y médicas, incluida la anestesia.

butirofenona (butyrophenone), sustancia de un pequeño grupo de importantes tranquilizantes utilizada en el tratamiento de la psicosis, para disminuir los síntomas coreicos de la corea de Huntington y los tics y la coprolalia del síndrome de Gilles de la Tourette.

C

c, Ci (c), abreviatura de **curie**.
C (C), abreviatura de compliancia.
C (CS), abreviatura de **cesárea**.
C-kg (C-kg), unidad de exposición a la radiación en el sistema internacional (SI). Representa culombios por kilogramo de aire teniendo en cuenta la relación 1 roentgen (R) = 2,58*10(-4) C-kg de aire.
CA (CA), abreviatura de **corriente alterna**.
Ca (Ca), símbolo del **calcio**.
cabalgamiento (overriding), superposición o telescopaje entre elementos del organismo, como, por ejemplo, entre los fragmentos de un hueso fracturado.
caballo (junk), *argot,* heroína.
cabello (capillus, *pl.* **capilli**), cualquier pelo del cuerpo, especialmente el cabello del cuero cabelludo.
cabestrillo (sling), vendaje o dispositivo utilizado para sujetar una parte del cuerpo lesionada.
cabestrillo de Glisson (Glisson's sling) [Francis Glisson, médico inglés, n. 1597], *obsoleto,* aparato con un collarín para el cuello y la barbilla, al que se fijan pesos y poleas, que se utilizaba para traccionar la columna cervical.
cabestrillo de restricción (sling restraint), dispositivo terapéutico, habitualmente construido con fieltro, utilizado para ayudar en la inmovilización de pacientes, especialmente de pacientes ortopédicos sometidos a tracción. El cabestrillo se coloca sobre la pelvis para reducir la movilidad de ésta en la tracción de la extremidad inferior, o sobre el área abdominal para contrarrestar la tracción de Dunlop.
cabestrillo de rodilla (knee sling), soporte de la pierna en forma de estribo colocado por debajo de la rodilla para realizar una tracción de Russell.
cabestrillo de suspensión (suspension sling), cabestrillo, habitualmente hecho de muselina o lona ligera y utilizado principalmente para proporcionar apoyo. Un ejemplo de ello es el cabestrillo triangular común.
cabestrillo mandibular (mandibular sling), conexión entre el maxilar superior e inferior formada por el masetero y el pterigoideo en el ángulo de la mandíbula.
cabeza (head), parte más superior del cuerpo que contiene el encéfalo, los órganos especiales de los sentidos, la boca, la nariz y las estructuras relacionadas. La mayoría de los tejidos está dentro del cráneo, el cual está integrado por 22 huesos.

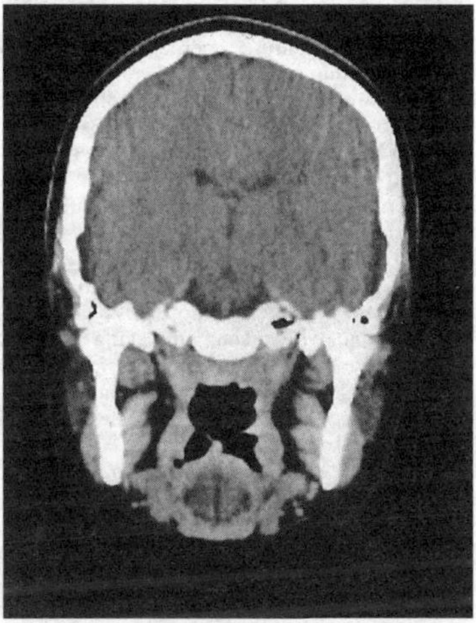

Cabeza. TC coronal
(Fleckenstein, 1993)

cabeza del cigomático (zygomatic head), v. **cigomático menor**.
cabeza flotante (floating head), cabeza fetal no encajada.
cabeza no encajada (unengaged head), cabeza de un feto flotante. V. **encajamiento**.
cabeza peloteante (ballottable head), cabeza fetal que no ha descendido y queda fijada en la pelvis ósea materna.
cabina de seguridad biológica de clase II (class II biological safety cabinet), contene-

dor vertical o no que hace circular de nuevo el aire a través de un filtro de alta eficacia. Se utiliza para preparar agentes quimioterápicos en un ambiente que proteja al personal frente a la exposición a materiales potencialmente peligrosos.

cable de control (control cable), hilo de acero inoxidable habitualmente recubierto por una capa flexible de acero inoxidable, utilizado para mover una prótesis, como un brazo artificial.

cacao (cacao), **1.** sustancia de *Theobroma cacao*. **2.** semillas del *Theobroma cacao*.

cacestesia (cacesthesia), sensación morbosa o trastorno de la sensibilidad.

cacodemonomanía (cacodemonomania), estado mental anómalo en el que el paciente afirma estar poseído por un espíritu maligno.

cacofonía (cacophony, *pl.* **cacophonies**), sonido malsonante o mezcla confusa de diferentes sonidos.

cacosmia (cacosmia), percepción de olores fétidos cuando no existen. En la mayoría de los casos, como en las alucinaciones olfativas, es consecuencia de factores psicológicos.

CAD (TVL), abreviatura de **capa de atenuación al décimo**.

cadáver (cadaver), cuerpo sin vida utilizado para disección y estudio.

cadena (chain), **1.** serie de unidades enlazadas que siguen un patrón lineal, como una cadena polipeptídica de aminoácidos o una cadena atómica que forma una molécula química. **2.** grupo de bacterias unidas entre sí, como los estreptococos formando una cadena de cocos. **3.** relación consecutiva de ciertas estructuras imprescindibles para su función, como la cadena de huesecillos del oído medio.

cadencia (cadence), ritmo, como el de la voz, la música o el movimiento.

cadera del tejedor (weaver's bottom), forma de bursitis que afecta a la bolsa isquiática de las caderas de personas cuyo trabajo es estar sentado mucho tiempo en la misma posición.

cadera en resorte (snapping hip), trastorno caracterizado por el deslizamiento de un tendón sobre el trocánter mayor cuando se mueve la cadera, que puede producir un fuerte sonido de chasquido.

cadmio (Cd) (cadmium [Cd]), elemento metálico blanco-azulado semejante al estaño. Su número atómico es 48; su peso atómico, 112,40. Antes se utilizaba en determinados fármacos, que han sido sustituidos en la actualidad por otros menos tóxicos.

CAE (ASHD), abreviatura de **cardiopatía arteriosclerótica**.

café (coffee), semillas maduras secas y tostadas de los árboles *Coffea arabica, C. liberica* y *C. robusta* que crecen en las zonas tropicales. El café contiene el alcaloide cafeína.

cafeína (caffeine), estimulante del sistema nervioso central. Se prescribe para contrarrestar la migraña, la somnolencia y la fatiga mental.

cafeinismo (caffeinism), estado tóxico debido a la ingestión crónica de cantidades excesivas de cafeína. Los síntomas incluyen inquietud, ansiedad, depresión, taquicardia, temblores, náuseas, poliuria e insomnio.

caída terminal (terminal drop), declinación rápida de la función cognitiva y de la capacidad de afrontamiento que tiene lugar entre 1 y 5 años antes de la muerte.

cainato (kainate), agonista de los receptores noNMDA (N-metil-D-aspartato).

caja de baño (box bath), v. **baño en cabina**.

caja de moldeo para dentadura (dental flask), matriz metálica en la que se moldea el yeso blanco o la piedra artificial para preparar dentaduras y otros sustitutos dentales de resina.

caja de Skinner (Skinner box) [Burrhus F. Skinner, psicólogo norteamericano, n. 1904], aparato de laboratorio en forma de caja utilizado en el condicionamiento de animales, que suele contener una palanca u otro dispositivo que, cuando es presionado, provoca un reforzamiento, ya sea en forma de una recompensa, como un alimento o una vía de escape, o evitando un castigo, como un choque eléctrico.

caja sonora (voice box), v. **laringe**.

caja torácica (thoracic cage), estructura ósea que rodea a los órganos y tejidos blandos del tórax. Está constituida por las 12 vértebras dorsales, por 12 pares de costillas y por el esternón.

cal (cal), abreviatura de **caloría**.

CAL (YACs), abreviatura de **cromosomas artificiales de levaduras**.

calacio (chalazion), pequeña tumefacción localizada del párpado debida a la obstrucción y acumulación de secreciones de las glándulas de Meibomio.

calambre (cramp), **1.** contracción espasmódica y generalmente dolorosa de uno o más músculos. **2.** dolor que se parece a un calambre muscular. Algunos tipos de calambres son: **calambre de los escribientes, calambre del bastón, calambre del bombero** y **calambre del minero**.

calambre por calor (heart cramp), cualquier calambre en el brazo, pierna o abdomen causado por depleción del agua y de la sal corporal debida a un episodio de agotamiento por calor. Habitualmente aparece después de un esfuerzo físico violento en un ambiente extremadamente caluroso o bajo otras condiciones que causan sudoración profusa y depleción de los fluidos y electrólitos corporales.

calambres menstruales (menstrual cramps), dolor en la región inferior del abdomen que puede oscilar desde una sensación de cólico a un dolor continuo sordo. El dolor puede irradiarse a la región inferior de la espalda y a las piernas. Los calambres menstruales se suelen asociar al inicio de la menstruación.

calamina (calamine), polvo rosado, inodoro, utilizado como protector o astringente, que en ocasiones se prepara como loción. Está compuesto por óxido de zinc con un 0,5% de óxido férrico.

calasia (chalasia), relajación anormal o incompetencia del cardias del estómago, lo que produce el reflujo del contenido gástrico hacia el esófago.

calcáneo (calcaneus), hueso del talón. Es el hueso de mayor tamaño del tarso articulado proximalmente con el astrágalo, y distalmente con el cuboides.

calcanodinia (calcaneodynia), dolor o neuralgia del talón.

calcar (calcar, *pl.* **calcaria**), espolón o estructura parecida a un espolón.

calcáreo (calcareous), relativo al calcio o a la cal.

calcarino (calcarine), **1**. que tiene forma de espolón. **2**. relativo a un calcar.

calcemia (calcemia), v. **hipercalcemia, hipocalcemia**.

calcifediol (calcifediol), forma fisiológica de la vitamina D prescrita para el tratamiento de enfermedades metabólicas óseas asociadas a insuficiencia renal crónica.

calciferol (calciferol), alcohol insaturado, liposoluble, cristalino, producido mediante la irradiación ultravioleta del ergosterol, utilizado como suplemento dietético en la profilaxis y tratamiento del raquitismo, osteomalacia y otros trastornos hipocalcémicos. Se halla de forma natural en la leche y en los aceites de hígado de pescado.

calcificación (calcification), acumulación de sales de calcio en los tejidos. Normalmente, cerca del 99% de todo el calcio absorbido por el organismo se deposita en los huesos y dientes; el 1% restante se disuelve en líquidos corporales, como la sangre.

calcinación (calcination), (en odontología) proceso de eliminación del agua mediante calor utilizado en la fabricación de materiales dentales a partir del yeso.

calcinosis (calcinosis), trastorno caracterizado por la presencia de depósitos anormales de sales de calcio en diversos tejidos corporales.

calcio (Ca) (calcium [Ca]), elemento metálico alcalinotérreo. Su número atómico es 20, su peso atómico, 40. En su forma metálica es blanco, un sólido inflamable, más resistente que pesado. El calcio es el quinto elemento más abundante en el cuerpo humano, hallándose principalmente en el hueso. El organismo precisa iones de calcio para la transmisión de los impulsos nerviosos, para la contracción muscular en la coagulación de la sangre, en las funciones cardíacas y en otros procesos. Es un componente del líquido extracelular y de los tejidos celulares blandos. La presencia de niveles anormalmente elevados en el líquido extracelular puede provocar debilidad muscular, calambres, letargia y coma. Con tan sólo una pequeña disminución de este elemento con respecto a los niveles normales pueden aparecer convulsiones tetánicas.

calcio ionizado (ionized calcium), fracción ionizada del calcio sérico libre de enlaces y complejos, que es biológicamente activa.

calcitonina (calcitonin), hormona producida por las células parafoliculares del tiroides que participa en la regulación de la concentración sérica del calcio y que estimula la mineralización ósea. Para el tratamiento de ciertos trastornos óseos se utiliza un preparado sintético de esta hormona.

calcitriol (calcitriol), regulador del metabolismo del calcio. Se prescribe para el tratamiento de la hipocalcemia que aparece en pacientes sometidos a diálisis renal crónica.

calciuria (calciuria), presencia de calcio en la orina.

cálculo (calculus, *pl.* **calculi**), concreción anómala que se forma en los tejidos celulares debido a la acumulación de sales minerales. Son tipos de cálculos los **cálculos biliares,** los **cálculos pigmentarios** y los **cálculos urinarios.**

Cálculos pigmentarios
(A. Stevens/J. Lowe, 1996)

cálculo de la dosis para niños (calculation for children dosage), v. **regla de Clark, regla de Cowling, dosificación pediátrica, regla de Young**.

cálculo dental (dental calculus), depósito de fosfato cálcico y materia orgánica procedentes de la saliva sobre dientes y prótesis.

caldo (broth), **1.** medio de cultivo líquido utilizado como enriquecimiento para el crecimiento de bacterias para el análisis de laboratorio. **2.** un brebaje u otro líquido hecho con extracto de carne y agua.

calefaciente (calefacient), agente que origina una sensación de calor cuando se aplica, como una bolsa de agua caliente o una compresa caliente.

calentador de sangre eléctrico (electric blood warmer), dispositivo electrónico que calienta la sangre antes de perfundirla, sobre todo en transfusiones masivas en las que la sangre fría podría producir un shock al paciente.

calentamiento sistemático (systematic heating), elevación de la temperatura de todo el cuerpo.

calibración (calibration), proceso de medición o ajuste con relación a una medida conocida estandarizada, como un decilitro o un kilogramo.

calibrador de mordida (bitegage), dispositivo protésico dental que ayuda a lograr la oclusión apropiada de los dientes arraigados en el maxilar y la mandíbula.

calibre (caliber, calibre), diámetro de un tubo o conducto, como el de cualquier vaso sanguíneo.

calicosis (chalicosis), tipo de fibrosis producida por la inhalación de polvo cálcico. La lesión respiratoria está producida por la presencia de sílice en el polvo cálcico.

calidad (quality), (en radioterapia) especificación de la capacidad de penetración de un haz de rayos X, según la cual un haz «duro» se caracteriza por una mayor capacidad de penetración, mientras que una energía menor genera un haz «blando».

calidad de vida (quality of life), medida de la energía o fuerza óptima que le confiere a una persona la capacidad para afrontar con éxito los numerosos retos que plantea el mundo real. El término se aplica a todos los individuos, independientemente de si están enfermos o discapacitados, al trabajo, a su casa o a sus actividades de ocio. Entre los métodos que enriquecen la calidad de vida se incluyen aquellos que reducen el aburrimiento y permiten una mayor libertad para elegir entre varias actividades.

caliemia (kalemia), presencia de potasio en sangre.

calificadores universales (universal qualifiers), (en programación neurolingüística) utilización de términos que dan impresiones generales de limitación, como todo, común, cada, sólo y nunca.

californio (Cf) (californium [Cf]), elemento artificial del grupo de los actínidos. Su número atómico es 98; su peso atómico, 251. El isótopo californio 252 es una fuente potente de neutrones.

caliuresis (kaliuresis), excreción de potasio por la orina.

cáliz (calyx, *pl.* **calyces**), **1.** órgano en forma de copa. **2.** cáliz renal. **3.** pared de un folículo ovárico tras expulsar el óvulo durante la ovulación.

cáliz renal (renal calyx), la primera unidad del sistema de conductos renales que transportan la orina desde la pirámide renal de la corteza a la pelvis renal, para su excreción a través de los uréteres. Existen dos divisiones: el cáliz menor, que junto a otros drena en un cáliz mayor, de mayor tamaño, que a su vez se une con otros cálices mayores para formar la pelvis renal.

Calliphora (Calliphoridae), familia de moscas de mediano a gran tamaño que pertenecen al orden de los Dípteros, que actúan como vectores patógenos y pueden producir miiasis intestinal o nasofaríngea en humanos.

callo (callus), **1.** endurecimiento frecuente de la epidermis, por lo general doloroso, en zonas sometidas a presión externa o a fricción. **2.** depósito de hueso entre y alrededor de los extremos de una fractura ósea durante su cicatrización.

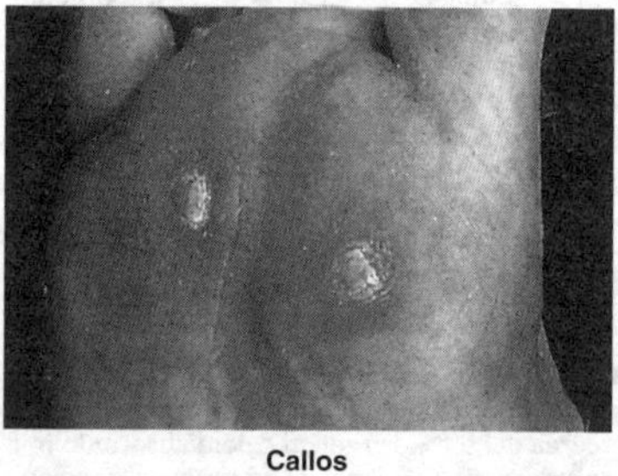

Callos

(A. du Vivier, 2.ª ed., 1995)

callo (corn), masa de células epiteliales condensadas con forma de cuerno sobre una prominencia ósea. Los callos se producen por fricción y presión mantenida.

callo exuberante (exuberant callus), v. **osificación heterotópica**.

callosidad (callosity), v. **callo**.

calloso (callosum), relativo al **cuerpo calloso**.

calmodulina (calmodulin), proteína ligadora de calcio que interviene en numerosos procesos bioquímicos y fisiológicos, incluidas la contracción muscular y la liberación de noradrenalina.

calomanía (callomania), estado psicológico anormal caracterizado por ilusiones sobre la belleza personal.

calor (calor), aumento de la temperatura generado en la inflamación de los tejidos o en los procesos metabólicos normales del cuerpo.

calor húmedo (moist heat), uso de agua caliente, toallas humedecidas con agua caliente o vapores de agua caliente para reducir la inflamación y el dolor, estimular la circulación y/o aliviar los síntomas por indicación de un médico. Las toallas calientes deben estar escurridas para eliminar la humedad sobrante y no deben estar demasiado calientes para que puedan ser sujetadas por las manos de la persona que aplica el calor húmedo.

calor latente (latent heat), calor absorbido por una sustancia al cambiar de estado sólido a estado líquido, o de líquido a gaseoso, sin acompañarse de un aumento de temperatura.

calor profundo (deep heat), aplicación de calor para el tratamiento de los tejidos corporales profundos, sobre todo músculos y tendones. Los efectos térmicos pueden producirse con onda corta, fonoforesis o ultrasonidos.

caloría (calorie), cantidad de calor necesaria para elevar 1 °C la temperatura de 1 g de agua, a presión atmosférica. También denominada *caloría pequeña*.

calorífico (calorific), relativo a la producción de calor.

calorígeno (calorigenic), relativo a una sustancia o proceso que produce calor o energía o que aumenta el consumo de oxígeno.

calorimetría (calorimetry), medida de las cantidades de calor radiado o absorbido.

calorímetro (calorimeter), instrumento utilizado para determinar la cantidad de calor generado mediante fricción, reacción química o el producido por el cuerpo humano.

calostro (colostrum), líquido segregado por la mama durante el embarazo y los primeros días del posparto antes de que se inicie la lactancia; es un líquido escaso, seroso, amarillento, constituido por sustancias inmunológicamente activas y leucocitos, agua, proteínas, grasas y carbohidratos.

calquitis (chalkitis), inflamación ocular debida al restregamiento de los ojos con las manos después de tocar o manejar latón.

calumnia (slander), toda palabra dicha con malicia, que no es cierta y perjudica a la reputación, la práctica profesional, la marca comercial, la consulta o los negocios de otra persona.

calvaria, calvario (calvaria), bóveda del cráneo o parte superior del cráneo cuya forma varía mucho de unos individuos a otros. En algunos sujetos la calota es relativamente oval, en otros es más circular.

calvicie (baldness), ausencia de pelo, en particular el del cuero cabelludo.

calvicie (calvities), ausencia de cabello.

CAM (MAC), abreviatura de **concentración alveolar mínima**.

cama CircOlectric (COL) (CircOlectric [COL] bed), nombre comercial de una cama controlada electrónicamente que se puede rotar verticalmente 210 grados y que permite un cambio vertical de la posición del paciente de prono a supino. Este tipo de cama se utiliza sobre todo en ortopedia y para el tratamiento de pacientes con quemaduras graves. El paciente es «emparedado» y asegurado entre dos marcos rectos durante la rotación.

cama Clinitron (Clinitron bed), cama especial que posee un colchón de aire fluidificado que se adapta a la forma del cuerpo del paciente.

cama COL (COL bed), v. **cama CircOlectric**.

cama de Foster (Foster bed), cama especial utilizada en la asistencia y tratamiento de los pacientes gravemente lesionados, especialmente en aquellos con lesiones de la columna. Consta de dos armazones Bradfors montados sobre una base fundida asegurada con barras de bloqueo en los puntos de unión a nivel de la cabeza y de los pies. Los puntos de unión de cada extremo están fijados a un mecanismo de rotación de peso, que permite el volteo horizontal del paciente sin mover la columna.

cama de hiperextensión (hyperextension bed), cama utilizada en ortopedia pediátrica para mantener cualquier corrección, lográndose mediante la suspensión de una parte del cuerpo con el objetivo de aumentar el arco de movilidad de las caderas después de realizar un procedimiento quirúrgico de liberación muscular.

cama de polvo (powder bed), tratamiento en el que grandes superficies del cuerpo de un paciente se mantienen en contacto con una medicación en polvo durante un determinado período de tiempo. El paciente se coloca en decúbito supino sobre una sábana empolvada. Se echa el polvo sobre el cuerpo del paciente. A continuación se envuelven las extremidades y el tronco con la sábana empolvada para mantener el polvo en contacto con el cuerpo.

cama de Schwartz (Schwartz bed), v. **cama de hiperextensión**.

cama fluidificada por aire (air-fluidized bed), cama cuyos apoyos corporales están constituidos por cientos de pequeños cristales de sosa cálcica, que sirven de soporte al estar suspendidos por aire caliente a presión.

cama postoperatoria (postoperative bed), cama preparada para un paciente que se encuentra débil o inconsciente, como sucede después de la anestesia. La cama se coloca en posición horizontal. La sábana bajera puede cubrirse con un cobertor de baño de algodón que se doblará bien tirante por debajo del colchón. La sábana encimera se dobla por la mitad hasta el lado más lejano de la cama sin meterla por debajo. Esta forma de hacer la cama simplifica el traslado del paciente de la camilla a la cama.

cámara (chamber), **1.** cavidad o espacio hueco, aunque no necesariamente vacío, de un órgano como las cámaras anterior y posterior del ojo o las cámaras cardíacas auriculares y ventriculares. **2.** habitación o espacio cerrado utilizado para investigación o con propósitos terapéuticos, como una cámara de descompresión o una cámara de oxígeno hiperbárico.

cámaras acuosas (aqueous chambers), cámaras anterior y posterior del ojo, que contienen el humor acuoso.

cambio de primer orden (first-order change), cambio dentro de un sistema que en sí no se modifica.

cambio de rol (role change), situación en la que se conserva una posición mientras varían las expectativas del rol.

cambio de segundo orden (second-order change), cambio que modifica el propio sistema.

cambio planificado (planned change), (en psicoterapia) alteración de la situación mediante un programa cuidadosamente elaborado que sigue cuatro pasos: no detenerse en el nivel actual, establecer una relación de cambio, desplazarse a un nuevo nivel y detenerse en el nuevo nivel.

cambium (cambium layer), **1.** capa celular más interna del periostio, de aspecto laxo, que se desarrolla durante la osificación. **2.** capa celular del tejido de formación que se encuentra entre la madera y la corteza de las plantas.

cameprosopia (chamaeprosopy), aspecto facial caracterizado por una cara ancha y aplanada con un índice facial de 90 o menor.

camilla de Gatch (Gatch bed) [William D. Gatch, cirujano norteamericano, n. 1879], camilla con una articulación ajustable, que permite flexionar las rodillas y seguir apoyando las piernas.

camilla de Neal-Robertson (Neal-Robertson litter), tabla espinal modificada para el transporte de pacientes con lesión de la columna vertebral.

camisa de fuerza (straitjacket), prenda de vestir parecida a una chaqueta de lona con mangas muy largas que se pueden atar por detrás, a la espalda del que la lleva, para evitar que mueva los brazos. Se utiliza para reducir a personas violentas o incontrolables.

camisa de restricción (camisole restraint), v. **camisa de fuerza**.

campo (field), espacio, superficie o distancia definida. El campo visual es el área total que puede verse con un ojo aislado fijo. El campo binocular es el que se puede ver con ambos ojos.

campo de bajo aumento (low-power field), campo de escasa ampliación o de visión reducida en un microscopio de luz.

campo estéril (sterile field), **1.** una determinada área que se considera libre de microorganismos. **2.** zona que rodea a un paciente y ha sido preparada para una intervención quirúrgica. El campo estéril incluye los miembros del equipo lavados y todo el mobiliario e instalaciones fijas de dicha área.

campo lejano (far field), v. **zona de Fraunhofer**.

campo magnético (magnetic field), región alrededor de un imán en la que pueden ser detectados sus efectos.

campo magnético de gradiente (gradient magnetic field), campo magnético que cambia de intensidad en una determinada dirección. Estos campos se utilizan en la creación de imágenes mediante RMN para seleccionar una región y también para codificar la localización de las señales de RMN recibidas desde el objeto que se va a representar.

campo marginal (fringe field), (en resonancia magnética) parte del campo magnético que se extiende más allá de los confines del magneto y no se puede emplear en la creación de imagen. Puede afectar al equipo y personal cercano.

campo visual (field of vision), campo del espacio en el que los objetos son visibles en el momento en que se fija el ojo y la cara se gira para eliminar los efectos limitantes de los bordes de la órbita y de la nariz.

camptodactilia (camptodactilia), flexión permanente de uno o más dedos.

camptomelia (camptomelia), anomalía congénita caracterizada por la flexión de uno o más miembros, que produce una inclinación o curvatura permanente del área afectada.

Campylobacter (Campylobacter), género de bacteria de la familia de las espiriláceas. La especie tipo es *C. fetus*, que agrupa varias subespecies responsables de infecciones en el ser humano, así como de abortos e infertilidad en el ganado.

camsilato (camsylate), contracción de sulfonato de alcanfor.

canal (channel), pasaje o surco por el que fluye un líquido, como los canales centrales que conectan las arteriolas con las vénulas.

canalículo (canaliculus, *pl.* **canaliculi**), tubo o conducto muy pequeño, como los diminutos conductos de Havers del tejido óseo.

canalización (canalization), formación de canales o conductos a través de cualquier tejido.

canavanina (canavanine), antagonista de los aminoácidos presente en los brotes de alfalfa en una concentración aproximada de 15.000 ppm, o 1,5% del peso. La canavanina puede sustituir a la arginina en las proteínas celulares.

cáncer (cancer), **1.** neoplasia caracterizada por el crecimiento incontrolado de células anaplásicas que tienden a invadir el tejido vecino y a metastatizar a distancia. **2.** cualquiera del extenso grupo de enfermedades neoplásicas malignas caracterizadas por la presencia de células malignas. Cada cáncer se distingue por su naturaleza, localización o curso clínico de la lesión. La causa primaria del cáncer no se ha determinado, aunque se han detectado muchos factores potenciales. Más del 80% de los casos de cáncer se atribuyen al consumo de cigarrillos, exposición a químicos cancerígenos, radiaciones ionizantes y a rayos ultravioletas. Muchos virus inducen el desarrollo de tumores malignos en animales, y se han detectado algunas partículas virales en varios tumores humanos. La elevada incidencia de algunos tipos de cáncer en algunas familias indica que la susceptibilidad genética es un factor importante. La alta frecuencia de tumores malignos en receptores de trasplantes de órganos tras tratamiento inmunosupresor indica que el sistema inmune desempeña un papel fundamental en el control de la proliferación de células anaplásicas. La tasa de mortalidad ajustada por edades por cáncer oral es casi 10 veces más alta en Hong Kong que en Dinamarca, y con respecto al cáncer de próstata es 10 veces mayor en Suecia que en Japón, siendo la mortalidad por leucemia similar en todo el mundo. En los Estados Unidos el cáncer es, después de las enfermedades cardíacas, la segunda causa de muerte. La cirugía continúa siendo la principal forma de tratamiento, aunque la irradiación se utiliza ampliamente como tratamiento pre y postoperatorio; con frecuencia la quimioterapia con uno o varios agentes es muy eficaz.

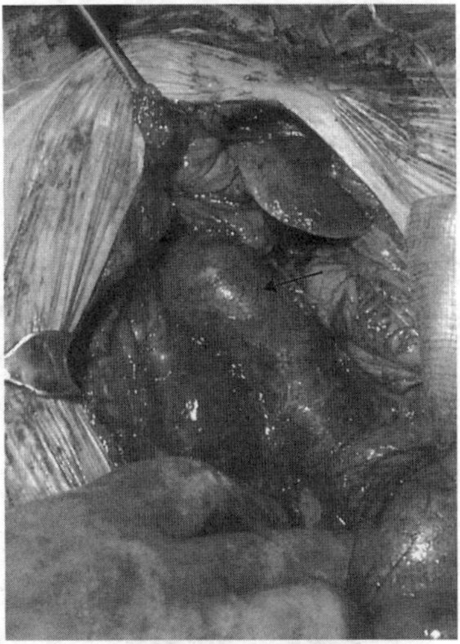

Cáncer de páncreas
(S. Sherlock/J. A. Summerfield, 2.ª ed., 1992)

cáncer *in situ* (cancer *in situ*), v. **carcinoma *in situ***.

cáncer verde (green cancer), v. **cloroma**.

cancericida (cancericidal), relativo a una sustancia o procedimiento capaz de destruir células cancerosas.

canceroso (cancerous), relativo a un cáncer o que lo recuerda.

cancriforme (cancriform), relativo a una lesión semejante a un cáncer.

cancroide (cancroid), **1.** relativo a una lesión semejante al cáncer. **2.** cáncer cutáneo moderadamente maligno.

candela (candle), (en óptica) unidad básica de medida de la intensidad luminosa, equivalente al 1/60 de la intensidad luminosa de un cuerpo negro de un centímetro cuadrado calentado hasta 1773,5° o temperatura de solidificación del platino, adoptada en 1948 como valor estándar de intensidad luminosa.

candelilla (bougie), instrumento delgado, cilíndrico, hecho de goma, seda encerada u otro material flexible para insertarlo en canales del cuerpo para dilatarlos, examinarlos o medirlos.

candelilla elástica (elastic bougie), sonda flexible que se puede introducir en conductos angulados o difíciles.

candelilla filiforme (filiform bougie), candelilla muy delgada para pasar a través de una estructura estrecha, como una región sinuosa.

candelilla medicada (medicated bougie), bujía que contiene un agente farmacológico.

Candida (Candida), género de hongos levaduriformes que incluye al patógeno común *Candida albicans*.

Candida albicans (Candida albicans), hongo microscópico primitivo semejante a las levaduras y presente habitualmente en las mucosas de la boca, del tracto intestinal y de la vagina, así como en la piel de sujetos sanos. Bajo ciertas circunstancias pueden producir infecciones superficiales de la boca o vagina, y con menos frecuencia una infección sistémica grave y una reacción tóxica.

candidiasis (candidiasis), cualquier infección causada por especies de *Candida*, habitualmente *Candida albicans*, caracterizada por prurito, exudado blanco, descamación y facilidad de hemorragia. El exantema del pañal, el intertrigo, la vaginitis y el muguet son manifestaciones tópicas frecuentes de la candidiasis.

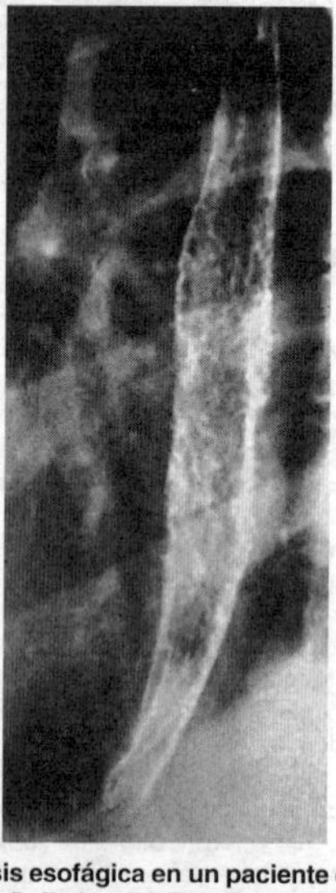

Candidiasis esofágica en un paciente con SIDA
(C. D. Forbes/W. F. Jackson, 1994)

canela (cinnamon), corteza interna aromática de varias especies de *Cinnamomun*, árbol originario de las Indias Orientales y de China. La canela de Saigón se utiliza habitualmente como carminativo, estimulante aromático o como especia.

cannabis (cannabis), droga psicoactiva derivada de la inflorescencia de la planta del cáñamo. Actualmente carece de utilidad clínica en Estados Unidos, aunque ha sido empleada en el tratamiento del glaucoma y como antiemético en algunos pacientes con cáncer para contrarrestar las náuseas y los vómitos asociados a la quimioterapia. En EE.UU., el cannabis está regulado en el Apéndice 1 de la *Coomprehensive Drug Abuse Prevention and Control Act* de 1970. El cáñamo común del que se obtiene el cannabis es una planta herbácea anual de la que *Cannabis sativa* es la única especie. Todas las partes de la planta contienen sustancias psicoactivas o cannabinoides, aunque las concentraciones más elevadas se hallan en la resina de las inflorescencias de la planta.

cannabismo (cannabism), trastorno asociado al consumo excesivo o prolongado de cannabis. Se caracteriza por ansiedad, desorientación, alucinaciones, trastornos de la memoria y paranoia.

cansilato de trimetafano (trimethaphan camsylate), agente bloqueante gangliónico prescrito para producir hipotensión controlada durante la cirugía y para disminuir la presión arterial en las urgencias hipertensivas.

cantárida (cantharis, *pl.* **cantharides**), insectos *Cantharis vesicatoria* desecados que contienen cantaridina, utilizada antiguamente como agente vesicante tópico.

canto (canthus, *pl.* **canthi**), ángulo que forman los márgenes interno y externo de los párpados.

cánula (cannula, *pl.* **cannulas, cannulae**), tubo flexible que puede introducirse en el cuerpo guiado por el trócar rígido afilado que contiene en su interior. Al retirar el trócar, se puede extraer un fluido corporal a través de la cánula hacia el exterior.

cánula nasal (nasal cannula), dispositivo para suministrar oxígeno por medio de dos pequeños tubos introducidos en los orificios nasales.

canulación (cannulation), introdución de una cánula en un conducto o cavidad corporal, como la tráquea, la vejiga o un vaso sanguíneo.
caolín (kaolin), adsorbente utilizado internamente para tratar la diarrea, a menudo en combinación con pectina.
CAP (APC), abreviatura de **contracción auricular prematura**.
CAP (PDA), abreviatura de **conducto arterioso permeable**.
capa basal (basal layer), v. **estrato basal**.
capa columnar (columnar layer), capa de bastones y conos de la retina.
capa córnea (horny layer), v. **estrato córneo**.
capa de atenuación al décimo (CAD) (tenth-value layer [TVL]), grosor del material requerido para atenuar un haz de radiación a la décima parte de su intensidad original.
capa de células espinosas (prickle cell layer), v. **estrato espinoso**.
capa de Langhans (Langhans' layer), v. **citotrofoblasto**.
capa de semiatenuación (half-value layer), cantidad de material requerido para atenuar un rayo de radiación a la mitad de su nivel original.
capa embrionaria (embryonic layer), una de las tres capas de células del embrión, el endodermo, el mesodermo y el ectodermo. De estas capas celulares surgen todas las estructuras, órganos y partes del cuerpo.
capa germinal (germ layer), una de las tres capas celulares primordiales formadas durante la gastrulación, en las primeras fases del desarrollo embrionario, de la que se derivan todos los tejidos corporales.
capa leucocitaria (buffy coat), capa de color blanco grisáceo formada por leucocitos y plaquetas, mezclados con algunos hematíes, que se acumula en la superficie de los eritrocitos sedimentados cuando se deja el plasma sanguíneo en reposo.
capa reflectante (reflective layer), (en radiología) capa fina de óxido de magnesio u óxido de titanio entre el fósforo y la base de una pantalla amplificadora. Su función es interceptar y dirigir de nuevo la luz emitida isotrópicamente desde el fósforo a la placa de rayos X.
capacidad de cierre (CC) (closing capacity [CC]), (en terapia respiratoria) suma del volumen de cierre y del volumen residual de un gas en los pulmones.
capacidad de difusión (diffusing capacity), relación entre el paso de un gas a través de una unidad de superficie de una membrana permeable y la unidad de diferencia de presión del gas a través de ella. Se ve afectada por las reacciones químicas específicas que puedan producirse en la sangre.
capacidad de difusión de los pulmones (diffusing capacity of lungs [DL]), mililitros de gas que difunden en el pulmón a través de la membrana alveolocapilar (A-C) en dirección al torrente sanguíneo por minuto, para cada milímetro de Hg de diferencia en el gradiente de presión a través de la membrana.
capacidad de memoria (storage capacity), cantidad de datos que pueden ser almacenados en un disco o cinta de ordenador, generalmente expresada en kilobytes o megabytes.
capacidad de reserva (reserve capacity), volumen de aire que puede ser exhalado con una espiración forzada.
capacidad de respuesta de la membrana (membrane responsiveness), (en cardiología) relación entre el potencial de membrana en el momento del estímulo y la velocidad máxima de despolarización del potencial de acción.
capacidad funcional residual (functional residual capacity), volumen de gas que queda en los pulmones al final de una espiración normal. La capacidad residual funcional es igual al volumen residual más el volumen de reserva espiratorio.
capacidad inspiratoria (CI) (inspiratory capacity [IC]), volumen máximo de gas que se puede inhalar desde un estado de espiración no forzada.
capacidad oxigenadora de la sangre (oxygen capacity of blood), cantidad máxima de oxígeno que se puede combinar químicamente con la hemoglobina en una unidad de sangre, excluyendo el oxígeno disuelto físicamente.
capacidad pulmonar total (CPT) (total lung capacity [TLC]), volumen de gas presente en los pulmones al final de una inspiración máxima. Equivale a la capacidad vital más la capacidad residual.
capacidad respiratoria máxima (CRM) (maximal breathing capacity [MBC]), cantidad de gas intercambiado por minuto mediante una respiración con la máxima frecuencia y profundidad.
capacidad visual general (gross visual skills), capacidad general de una persona para seguir un objeto grande y brillante de lado a lado y de arriba abajo sin sacudidas, nistagmo o convergencia, y para discriminar entre las distintas formas y colores básicos.
capacidad vital cronometrada (timed vital capacity), prueba diagnóstica de algunos tras-

tornos pulmonares, determinada por el porcentaje de la capacidad vital prevista que puede espirar un adulto de forma forzada durante al menos 3 segundos después de una inspiración máxima.

capacidad vital (CV) (vital capacity [VC]), medida de la cantidad de aire que puede ser espirado lentamente después de una inspiración máxima; representa la mayor capacidad respiratoria posible. La capacidad vital es igual al volumen de reserva inspiratorio más el volumen corriente más el volumen de reserva espiratorio.

capacidad vital durante el llanto (CVLL) (crying vital capacity [CVC]), determinación del volumen residual mientras un lactante llora. La CVLL puede tener valor en lactantes monitorizados por padecer enfermedades pulmonares que producen cambios en la capacidad funcional residual.

capacidad vital espiratoria forzada (FEVC) (forced expired vital capacity [FEVC]), prueba de función pulmonar del máximo volumen de gas que se puede espirar de forma forzada y rápida, desde la posición de inspiración completa.

capacidades pulmonares (lung capacities), volúmenes pulmonares constituidos por dos o más de los cuatro volúmenes principales. La capacidad residual funcional es la suma del volumen residual y del volumen de reserva espiratorio. La capacidad inspiratoria es la suma del volumen corriente y del volumen de reserva inspiratorio. La capacidad vital es la suma del volumen de reserva espiratorio, volumen corriente y volumen de reserva inspiratorio. La capacidad pulmonar total, al finalizar una inspiración máxima, es la suma de la capacidad funcional residual y de la capacidad inspiratoria.

capacitación (capacitation), proceso mediante el cual el espermatozoide, tras alcanzar la ampolla de la trompa de Falopio, experimenta una serie de cambios que le confieren capacidad para fertilizar un óvulo.

capelina (capeline bandage), vendaje en forma de gorra utilizado para proteger la cabeza, el hombro o un muñón de un miembro.

caperuza (head box), cámara plástica clara que se coloca sobre la cabeza del paciente con un cierre ajustable alrededor del cuello para ventilación mecánica. El gas humidificado penetra en la cámara y el exceso de gas se libera a través de una válvula de salida. Este dispositivo puede ayudar a prevenir la necesidad de intubación.

caperuza para introducción de agujas (injection cap), diafragma de goma que cubre un tapón de plástico y permite la introducción de una aguja en un catéter o un vial.

capilar (capillary), cualquiera de los diminutos vasos sanguíneos (de cerca de 0,008 mm de diámetro) que conectan las arteriolas con las vénulas. A través de sus paredes, formadas por una capa simple de células endoteliales, se efectúa el intercambio de sustancias entre la sangre y los tejidos celulares.

capilaridad (capillarity), v. **acción capilar**.

capilaritis (capillaritis), trastorno caracterizado por una alteración progresiva de la pigmentación de la piel sin inflamación, aunque con dilatación.

capitado (capitate), que tiene forma de cabeza.

capnógrafo (capnograph), instrumento utilizado en anestesia, fisiología respiratoria y terapia respiratoria que genera un registro o capnograma que muestra la proporción de dióxido de carbono del aire espirado.

capnometría (capnometry), determinación del dióxido de carbono en un volumen de gas, generalmente mediante absorción de infrarrojos o espectrometría de masas.

capreomicina (capreomycin), antibiótico prescrito para el tratamiento de las infecciones pulmonares producidas por cepas de *Mycobacterium tuberculosis* sensibles a capreomicina cuando los agentes de primera elección no son eficaces o no se pueden utilizar.

caproato de hidroxiprogesterona (hydroxyprogesterone caproate), esteroide progestágeno prescrito para el tratamiento del adenocarcinoma avanzado del cuerpo uterino, de la amenorrea y de la hemorragia uterina anormal provocada por desequilibrio hormonal en ausencia de enfermedad orgánica.

cápside (capsid), cubierta proteica que envuelve al virión.

capsómero (capsomere), cada una de las unidades de polipéptidos que constituyen la cápside viral. Están formados por grupos de moléculas proteicas idénticas y son visibles con microscopio electrónico.

cápsula (capsule), **1.** envase pequeño, soluble, generalmente de gelatina, que contiene una dosis de medicamento a administrar por vía oral. **2.** envoltura membranosa que rodea a ciertos microorganismos, como los neumococos. **3.** estructura anatómica bien definida que engloba a un órgano o a parte de éste, como la cápsula de la glándula suprarrenal.

cápsula acrosómica, cápsula de la cabeza del acrosoma (acrosomal cap, acrosomal head cap), v. **acrosoma**.

cápsula articular (articular capsule), tejido que envuelve y rodea una articulación de libre movimiento, constituido por una cubierta externa de tejido fibroso blanquecino y una membrana sinovial interna.

cápsula de Bowman (Bowman's capsule) [Sir William Bowman, cirujano inglés, n. 1816], extremo en forma de copa de un túbulo renal que contiene los glomérulos.

cápsula de Glisson (Glisson's capsule) [Francis Glisson, médico inglés, n. 1597], envoltura de tejido fibroso que rodea a los lóbulos hepáticos que porta ramas de la arteria hepática, de la vena porta y del conducto biliar.

cápsula del cristalino (lens capsule), cápsula elástica delgada y transparente que rodea al cristalino del ojo.

cápsula fibrosa (fibrous capsule), **1.** capa externa de una cápsula articular. Rodea la articulación de dos huesos adyacentes. **2.** cubierta externa membranosa resistente que rodea ciertas vísceras, como el hígado.

cápsula glomerular (glomerular capsule), v. **cápsula de Bowman**.

cápsula renal (capsule of the kidney), envoltura grasa del riñón formada por tejido adiposo que se continúa en el hilio con la grasa del seno renal.

capsular (capsular), relativo a un pequeño envase, o que lo parece.

capsulectomía (capsulectomy), extirpación quirúrgica de una cápsula, habitualmente la cápsula de una articulación o del cristalino del ojo.

capsulitis (capsulitis), inflamación que afecta a una cápsula anatómica.

capsuloma (capsuloma, *pl.* **capsulomas, capsulomata**), neoplasia de la cápsula renal o de la región subcapsular.

capsulotomía (capsulotomy), incisión de la cápsula del cristalino, como en la operación de cataratas.

captación (uptake), absorción o fijación de una sustancia.

captación de oxígeno (oxygen uptake), cantidad de oxígeno que un organismo extrae del ambiente, incluida la cantidad de oxígeno que los pulmones toman de la atmósfera ambiental, la cantidad que la sangre toma del gas alveolar en los pulmones o el ritmo al que un órgano o tejido extrae oxígeno de la sangre que lo perfunde.

captación de yodo radiactivo (RAIU) (radioactive iodine uptake [RAIU]), absorción e incorporación por el tiroides de yodo radiactivo (RAI), administrado por vía oral como dosis marcadora en una prueba de función tiroidea, y en dosis más elevadas, para el tratamiento del hipertiroidismo.

captación máxima de oxígeno (maximum oxygen uptake), máxima cantidad de oxígeno que puede ser transportada desde los pulmones hasta el tejido muscular activo.

captopril (captopril), inhibidor de la enzima convertidora de la angiotensina prescrito para el tratamiento de la hipertensión grave.

captura electrónica (electronic capture), proceso de amortiguación de la radiactividad en el que el núcleo con exceso de electrones atrae uno de ellos hacia el núcleo, generando un neutrón a partir de un protón, disminuyendo de esta forma el número atómico del átomo en 1.

captura K (K capture), proceso de captura electrónica, por el cual un electrón de la capa K es capturado por el núcleo atómico.

capucha de oxígeno (oxygen hood), dispositivo colocado sobre la cabeza del paciente neonato para liberar altas concentraciones de oxígeno.

capuchón cervical (cervical cap), instrumento anticonceptivo formado por una pequeña goma que se adapta al cuello uterino para evitar el ascenso de los espermatozoides por el conducto cervical. En algunos estudios su eficacia iguala o excede a la del diafragma vaginal. Puede resultar más cómodo que este último y puede permanecer en el cuello durante días o semanas conservando su eficacia.

caput (caput), **1.** cabeza. **2.** extremo dilatado o prominente de un órgano o de parte de él.

caput succedaneum (caput succedaneum), tumefacción de la cabeza fetal que puede cubrir las suturas del cráneo. Generalmente se forma durante el parto debido a la presión circular del cérvix sobre el occipucio fetal.

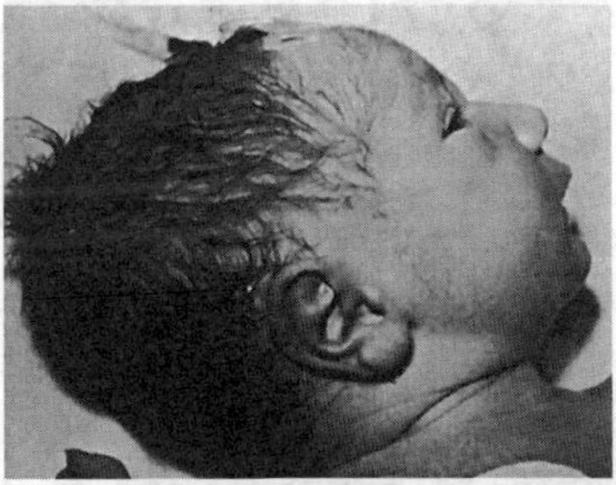

Caput succedaneum
(Zitelli, 1992)

caquexia (cachexia), estado general de enfermedad y malnutrición, caracterizado por debilidad y adelgazamiento, asociado generalmente a una enfermedad grave como la tuberculosis o el cáncer.

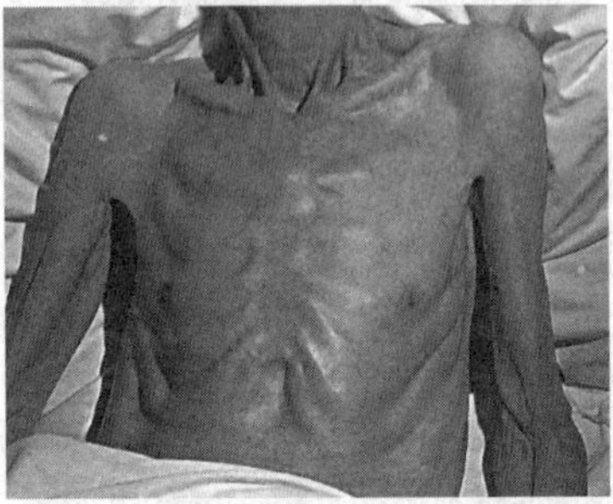

Caquexia
(C. D. Forbes/W. F. Jackson, 1994)

caquinación (cachinnation), risa excesiva sin causa aparente que con frecuencia forma parte del patrón de conducta de la esquizofrenia.

cara (face), **1.** región anterior de la cabeza, desde la barbilla hasta la frente, constituida por la piel, los músculos y las estructuras de la frente, ojos, nariz, boca, pómulos y mandíbula. **2.** semblante.

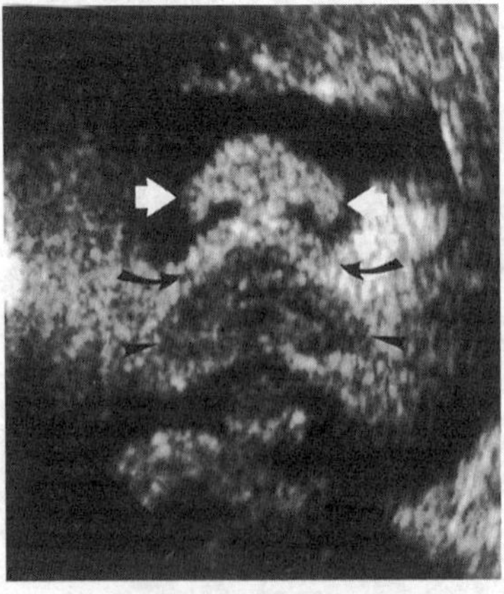

Cara. Ecografía de un feto de 35 semanas
(Bowerman, 1993)

cara de luna llena (moon face), trastorno caracterizado por la presencia de una cara redondeada, abotargada, que aparece en personas tratadas con altas dosis de corticoides, como los que sufren artritis reumatoide o leucemia infantil aguda.

caracol (snail), invertebrado del orden de los gasterópodos, de los que varias especies son huéspedes intermediarios de las duelas sanguíneas que provocan la esquistosomiasis en los seres humanos.

carácter (character), **1.** conjunto de rasgos y modos de conducta que confieren a una persona la capacidad para reaccionar de un modo determinado frente a los usos y costumbres de una sociedad. **2.** cualquier letra, número, símbolo o signo de puntuación, generalmente compuesto por ocho bits o un bite que puede ser transmitido como salida por un ordenador.

características psicóticas congruentes con el estado de ánimo (mood-congruent psychotic features), características de una psicosis en las que el contenido de las alucinaciones o de los delirios coincide con un estado de ánimo expansivo elevado o con una depresión.

carate, caratea (carate), v. **pinta**.

carbam (carbam), abreviatura del anión carbamato carboxilado.

carbamacepina (carbamazepine), analgésico y anticonvulsivante prescrito para el tratamiento de la neuralgia del trigémino y de ciertos trastornos convulsivos.

carbamato (carbamate), enzimas anticolinesterásicas que producen la inhibición irreversible de la colinesterasa. Se utilizan en ciertos medicamentos e insecticidas. Algunos carbamatos son tóxicos y pueden provocar convulsiones y muerte por ingestión o contacto cutáneo.

carbaminohemoglobina (carbamino-hemoglobin), compuesto químico formado por dióxido de carbono y hemoglobina tras la liberación del oxígeno desde la hemoglobina a las células. El proceso es similar al que da lugar a la formación de un compuesto carbamino. Constituye cerca del 25% del dióxido de carbono liberado en el pulmón.

carbenicilina disódica (carbenicillin disodium), penicilina semisintética prescrita para el tratamiento de ciertas infecciones.

carbidopa (carbidopa), inhibidor de la descarboxilasa prescrito en combinación con levodopa para el tratamiento de la enfermedad de Parkinson idiopática.

carbo (carb), abreviatura del anión carbonato no carboxilado.

carbón activado (activated charcoal), antídoto de uso general y agente farmacológico con importante capacidad adsorbente que se prescribe en el tratamiento de las intoxicaciones agudas y para controlar el meteorismo.

carbonato (carbonate), anión $CO_3^{=}$. Los carbonatos se encuentran en equilibrio en el agua con los bicarbonatos, estando presentes habitualmente en compuestos del tipo de las sales insolubles como el carbonato cálcico.

carbonato de litio (lithium carbonate), agente antimaníaco, prescrito para el tratamiento de los episodios maníacos del trastorno maníacodepresivo.

carbono 11 (carbon 11), radioisótopo del carbono con una vida media de 20 minutos. Se produce mediante un ciclotrón y emite positrones.

carbono 14 (carbon 14), emisor beta con una vida media de 5.760 años. Se produce de forma natural, originándose a partir de los rayos cósmicos, y se utiliza como marcador en el estudio de distintos aspectos del metabolismo y para calcular la edad de restos que contienen materiales carbonados naturales.

carbono (C) (carbon [C]), elemento no metálico tetravalente. Su número atómico es 6; su peso atómico, 12,011. El carbono se encuentra en estado puro en el diamante y en el grafito y forma parte de todos los tejidos vivos. La mayor parte de los estudios de química orgánica se centran en los numerosos compuestos carbonados. El carbono es esencial en la bioquímica del cuerpo, interviniendo en muchos procesos metabólicos y formando parte de carbohidratos, aminoácidos, triglicéridos, ácidos ribonucleico y desoxirribonucleico y muchos otros compuestos. El dióxido de carbono producto de la glucólisis es importante en el equilibrio acidobásico corporal y en el control de la respiración.

carboxifluoroquinolona (carboxyfluoroquinolone), cualquier antibiótico del grupo de las quinolonas orales que habitualmente son eficaces frente a las enterobacterias y que demuestran una actividad variable frente a *Pseudomonas* y otras especies. Los compuestos difieren en su absorción oral.

carboxihemoglobina (carboxyhemoglobin), compuesto producido por la exposición de la hemoglobina al monóxido de carbono.

carboxilación (carboxylation), proceso químico en el cual un grupo carboxilo (-COOH) sustituye a un átomo de hidrógeno.

carboxilo (carboxyl), radical monovalente COOH, característico de los ácidos orgánicos. El hidrógeno del radical puede ser sustituido por metales para formar sales.

carbunco (anthrax), enfermedad que afecta fundamentalmente a los animales de granja (ganado, cabras, cerdos, ovejas y caballos), y que está causada por la bacteria *Bacillus anthracis*. El carbunco en los animales suele ser mortal. El ser humano suele adquirirla por contacto directo de la piel erosionada con animales infectados o con sus pieles, o bien por inhalación de las esporas de la bacteria.

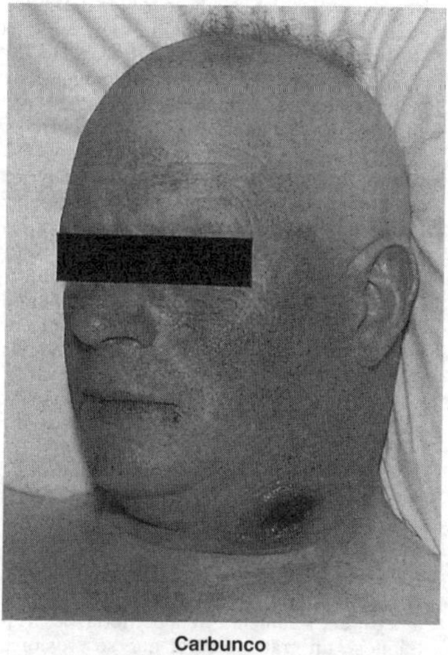

Carbunco
(C. D. Forbes/W. F. Jackson, 1994)

carbunco pulmonar (pulmonary anthrax), v. **enfermedad de los cardadores de lana**.

carcinofilia (carcinophilia), propiedad en la que existe una afinidad por el tejido carcinomatoso.

carcinogénesis (carcinogenesis), proceso de inicio y desarrollo de un cáncer.

carcinogénico (carcinogenic), perteneciente o relativo a la capacidad de provocar el desarrollo de un cáncer.

carcinógeno (carcinogen), sustancia o agente que produce el desarrollo o aumenta la incidencia de cáncer.

carcinoide (carcinoid), tumor pequeño amarillo derivado de las células argentafines de la mucosa GI que segrega serotonina y otras catecolaminas y compuestos similares.

carcinólisis (carcinolysis), destrucción de las células cancerígenas, como la que se consigue mediante la acción de un fármaco antineoplásico.

carcinoma (carcinoma, *pl.* **carcinomas, carcinomata**), neoplasia epitelial maligna que tiende a invadir los tejidos circundantes y a metastatizar a distancia. Aparece con más frecuencia en la piel, intestino grueso, pulmones, estómago, próstata, cuello uterino o mama. El tumor se caracteriza por ser firme, irregular y nodular, con bordes bien definidos en algunas localizaciones. Por lo general no se puede disecar y extirpar con claridad sin resecar tejido sano. Macroscópicamente es blanquecino, con manchas hemorrágicas oscuras difusas y zonas amarillentas centrales de necrosis.

carcinoma adenoide quístico (adenoid cystic carcinoma), v. **carcinoma adenoquístico**.

carcinoma adenoquístico (adenocystic carcinoma), neoplasia maligna compuesta de cordones de células epiteliales pequeñas y uniformes dispuestas a modo de tamiz alrededor de espacios quísticos que suelen contener moco. Este tumor es más frecuente en las glándulas salivares, la mama, las glándulas mucosas de los tractos respiratorios superior e inferior y, en algunas ocasiones, en las glándulas vestibulares de la vulva.

carcinoma basaloide (basaloid carcinoma), neoplasia maligna infrecuente del canal anal que contiene áreas semejantes al carcinoma basocelular de la piel.

carcinoma basocelular (basal cell carcinoma), tumor epitelial maligno que comienza como una pápula y aumenta en la periferia, desarrollándose un cráter central que se erosiona, forma costra y sangra. La causa primaria del cáncer es la exposición excesiva al sol o a los rayos X.

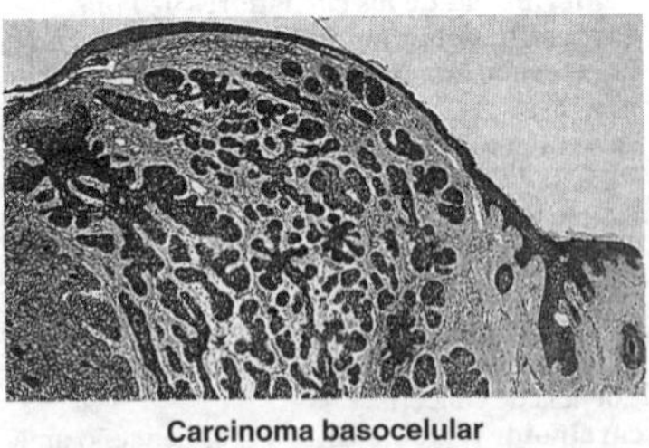

Carcinoma basocelular
(A. du Vivier, 2.ª ed., 1995)

carcinoma basoescamocelular (basosquamous cell carcinoma), tumor epidérmico maligno compuesto por células basales y escamosas.

carcinoma broncógeno (bronchogenic carcinoma), uno de los tumores pulmonares malignos que se origina en los bronquios. Las lesiones, habitualmente asociadas con el consumo de tabaco, pueden causar tos, sibilancias, fatiga, presión torácica, dolores articulares y, en estadios finales, esputo hemoptoico, dedos en palillo de tambor, pérdida de peso y derrame pleural.

carcinoma bronquiolar (bronchiolar carcinoma), v. **carcinoma de células alveolares**.

carcinoma cerebriforme (cerebriform carcinoma), v. **carcinoma medular**.

carcinoma cilindromatoso (cylindromatous carcinoma), v. **carcinoma adenoquístico**.

carcinoma coloide (colloid carcinoma), antiguo término utilizado para referirse al carcinoma mucinoso.

carcinoma coriónico, epitelioma coriónico (chorionic carcinoma, chorionic epithelioma), v. **coriocarcinoma**.

carcinoma cribiforme (cribiform carcinoma), v. **carcinoma adenoquístico**.

carcinoma de células alveolares (alveolar cell carcinoma), neoplasia pulmonar maligna que parte de los bronquiolos extendiéndose a las superficies alveolares. Esta forma de cáncer de pulmón se caracteriza desde el punto de vista clínico por tos intensa y esputo abundante.

carcinoma de células claras (clear cell carcinoma), **1.** tumor maligno del epitelio tubular del riñón constituido por células con abundante citoplasma claro. **2.** neoplasia ovárica poco frecuente caracterizada por células de citoplasma claro.

carcinoma de células claras del riñón (clear cell carcinoma of the kidney), v. **carcinoma de células renales**.

carcinoma de células de Hürthle (Hürthle cell carcinoma), neoplasia maligna de la glándula tiroides formada por células de Hürthle.

carcinoma de células de Kulchitsky (Kulchitsky cell carcinoma), v. **carcinoide**.

carcinoma de células de la granulosa (granulosa cell carcinoma), v. **tumor de células de la granulosa**.

carcinoma de células de transición (transitional cell carcinoma), tumor maligno, habitualmente papilar, derivado del epitelio estratificado de transición, que aparece principalmente en la vejiga, en el uréter, en la uretra o en la pelvis renal. La mayoría de los tumores del sistema colector del riñón son de este tipo.

carcinoma de células escamosas (squamous cell carcinoma), tumor maligno, de crecimiento lento, del epitelio escamoso, encontrado con frecuencia en pulmones y piel, aunque también se localiza en ano, cuello uterino, laringe, nariz, vejiga y otras localizaciones. La lesión cutánea típica, un nódulo firme, rojo, calloso y no doloroso, es con frecuencia el resultado de la exposición exagerada al sol.

carcinoma de células fusiformes (spindle cell carcinoma), neoplasia de crecimiento rápido formada por células escamosas fusiformes. Puede resultar difícil dintinguirlo de un sarcoma.

carcinoma de células gigantes (giant cell carcinoma), neoplasia epitelial maligna, que contiene típicamente numerosas células anaplásicas de gran tamaño.

carcinoma de células renales (renal cell carcinoma), neoplasia maligna del riñón, constituida principalmente por grandes células con citoplasma claro que tienen su origen en el epitelio tubular. El tumor se puede desarrollar en cualquier parte del riñón, convirtiéndose así en una gran masa que puede invadir los vasos tributarios de la vena renal. La hematuria y el dolor suelen estar presentes.

carcinoma de la corteza suprarrenal (adrenal cortical carcinoma), neoplasia maligna de la corteza suprarrenal que puede dar lugar a un síndrome adenogenital o a un síndrome de Cushing. Este tumor es de tamaño variable, aparece a cualquier edad y es más frecuente en las mujeres que en los varones.

carcinoma de la matriz pilosa (hair matrix carcinoma), v. **carcinoma basocelular**.

carcinoma de ovario (ovarian carcinoma), neoplasia maligna de los ovarios que rara vez se detecta en estadios tempranos, sino que suele estar muy avanzada cuando se diagnostica. Los factores de riesgo de la enfermedad son la infertilidad, la nuliparidad o la baja paridad, la maternidad tardía, los abortos espontáneos repetidos, la endometriosis, el grupo sanguíneo A, la irradiación previa de los órganos pélvicos y la exposición a carcinógenos químicos, como asbesto y talco. Después de un inicio insidioso y de un período asintomático, el tumor se puede manifestar como una masa abdominal o pélvica palpable que se acompaña de menstruación irregular o excesiva o posmenopáusica. En los casos avanzados la paciente puede tener ascitis, edema en las piernas y dolor en el abdomen y la parte posterior de las piernas. La exploración pélvica anual regular después de los 40 años contribuye significativamente al diagnóstico precoz y a la posibilidad de un tratamiento curativo.

carcinoma ductal (duct carcinoma), neoplasia que se desarrolla a partir del epitelio ductal, especialmente en la mama o en el páncreas.

carcinoma embrionario (embryonal carcinoma), neoplasia extremadamente maligna derivada de las células germinales que suele desarrollarse en las gónadas y especialmente en los testículos.

carcinoma en collar (string carcinoma), proceso maligno del intestino grueso, habitualmente del colon ascendente o transverso, que, en la visualización radiográfica, hace que parezca como si el intestino estuviese atado en segmentos como formando un collar de grandes perlas.

carcinoma en coraza (carcinoma in cuirasse), neoplasia rara que acompaña al cáncer de mama avanzado que se caracteriza por fibrosis y rigidez progresiva extensa de la piel del tórax, cuello, espalda y, en ocasiones, abdomen.

carcinoma encefaloide (encephaloid carcinoma), v. **carcinoma medular**.

carcinoma epidermoide (epidermoid carcinoma), neoplasia maligna en la que las células tumorales tienden a diferenciarse en células epidérmicas de aspecto córneo denominadas células espinosas.

carcinoma escirro (scirrhous carcinoma), tumor duro, fibroso, especialmente invasivo, en el cual las células malignas aparecen aisladas o en pequeños grupos o haces en un tejido conectivo denso. Es la forma más frecuente de cáncer de la mama.

carcinoma escrotal (carcinoma scroti), carcinoma epitelial del escroto.

carcinoma esponjoso (carcinoma spongiosum), carcinoma blando y esponjoso con cavidades pequeñas y grandes en su interior.

carcinoma exofítico (exophytic carcinoma), neoplasia epitelial maligna que parece una verruga o papiloma.

carcinoma fibroso (carcinoma fibrosum), v. **carcinoma escirro**.

carcinoma gelatinoso (gelatiniform carcinoma), v. **carcinoma mucinoso**.

carcinoma gigantocelular (carcinoma gigantocellulare), v. **carcinoma de células gigantes**.

carcinoma glandular (glandular carcinoma), v. **adenocarcinoma**.

carcinoma hepatocelular (liver cell carcinoma), v. **tumor maligno**.

carcinoma *in situ* (carcinoma *in situ*), neoplasia premaligna que no ha invadido la membrana basal aunque muestra características citológicas de tumor maligno. Estos cambios neoplásicos se observan con cierta frecuencia en los epitelios escamosos estratificados y glandulares del cuello uterino, ano, bronquios, mucosa bucal, esófago, ojos, labios, pene, endometrio uterino, vagina y en lesiones de queratosis senil.

carcinoma indiferenciado microcelular (oat cell carcinoma), neoplasia epitelial maligna, habitualmente broncogénica, formada por células epiteliales pequeñas, muy próximas entre sí, redondeadas, ovales o fusiformes. Los tumores producidos por estas células no forman masas voluminosas, pero generalmente se extienden a lo largo de los linfáticos situados en la submucosa. Representan el 30% de todos los tumores malignos del pulmón.

carcinoma intraductal (intraductal carcinoma), neoplasia, normalmente grande, que se presenta sobre todo en la mama.

carcinoma intraepidérmico (intraepidermal carcinoma), neoplasia de células del epitelio escamoso que no proliferan hacia la zona basal, y aparecen a menudo de forma simultánea en muchos lugares.

carcinoma intraepitelial (intraepithelial carcinoma), v. **carcinoma *in situ***.

carcinoma invasivo (invasive carcinoma), neoplasia maligna compuesta por células epiteliales que infiltran y destruyen los tejidos que las rodean.

carcinoma latente (latent carcinoma), v. **carcinoma oculto**.

carcinoma lenticular (carcinoma lenticulare), forma de carcinoma cutáneo tuberoso o escirro caracterizado por el desarrollo de numerosos nódulos pequeños relativamente planos que a menudo se unen para formar grandes placas que se asemejan a una infección por hongos.

carcinoma lobulillar (lobular carcinoma), neoplasia que con frecuencia constituye una masa difusa, representando un pequeño porcentaje entre los tumores mamarios.

carcinoma medular (medullary carcinoma), neoplasia maligna del epitelio que contiene escaso tejido fibroso o que éste está ausente.

carcinoma microinvasivo (microinvasive carcinoma), neoplasia del epitelio escamoso que ha traspasado la membrana basal, la primera fase del cáncer invasivo.

carcinoma mucinoso (mucinous carcinoma), neoplasia epitelial de consistencia gelatinosa y pegajosa debido a la gran cantidad de mucina que secretan sus células.

carcinoma mucocelular (carcinoma mucocellulare), v. **tumor de Krukenberg**.

carcinoma mucoepidermoide (mucoepidermoid carcinoma), neoplasia maligna de los tejidos glandulares y en especial de los conductos de las glándulas salivares.

carcinoma oculto (occult carcinoma), carcinoma pequeño que no causa síntomas evidentes. Puede permanecer localizado y descubrirse sólo accidentalmente en la autopsia después de que la muerte se haya producido por otra causa, o puede metastatizar y descubrirse en el estudio diagnóstico de la enfermedad metastásica.

carcinoma papilar (papillary carcinoma), neoplasia maligna caracterizada por la presencia de numerosas prolongaciones digitiformes. Es el tipo más frecuente de tumor tiroideo.

carcinoma preinvasivo (preinvasive carcinoma), v. **carcinoma *in situ***.

carcinoma primario (primary carcinoma), neoplasia situada en su lugar de origen.

carcinoma quístico (cystic carcinoma), neoplasia maligna que contiene quistes o cavidades de tipo quístico. Los tumores de este tipo aparecen en la mama y en el ovario.

carcinoma schneideriano (Schneiderian carcinoma), proceso epitelial maligno de la mucosa nasal y los senos paranasales.

carcinoma telangiectásico (carcinoma telangiectaticum), neoplasia de los capilares de la piel que produce dilatación de los vasos y manchas de color rojo en la piel que palidecen con la presión.

carcinoma tuberoso (tuberous carcinoma, carcinoma tuberosum), carcinoma escirro de la piel caracterizado por proyecciones nodulares.

carcinoma velloso (villous carcinoma), tumor epitelial con numerosas excrecencias papilares aterciopeladas y largas.

carcinoma verrugoso (verrucous carcinoma), neoplasia de células escamosas bien diferenciada de los tejidos blandos de la cavidad oral, la laringe o los genitales. Tumor de crecimiento lento, que tiende a desplazar en lugar de invadir los tejidos que lo rodean; generalmente no metastatiza.

carcinomatoide (carcinomatoid), que se parece a un carcinoma.

carcinomatosis (carcinomatosis), trastorno caracterizado por la diseminación de un carcinoma por el organismo.

carcinomatoso (carcinomatous), relativo a un carcinoma.

carcinosarcoma (carcinosarcoma, *pl.* **carcinosarcomas, carcinosarcomata**), neoplasia maligna formada por células carcinomatosas y sarcomatosas. Este tipo de tumores puede presentarse en esófago, glándula tiroides y útero.

carcinosis (carcinosis, *pl.* **carcinoses**), trastorno caracterizado por el desarrollo de múltiples carcinomas en el organismo. Algunos tipos de carcinosis son: **carcinosis miliar, carcinosis pleural** y **carcinosis pulmonar**.

carcinoso (carcinous), carcinomatoso.

carcinostático (carcinostatic), relativo a la tendencia a retrasar o detener el crecimiento de un carcinoma.
cardial (cardiac), relativo a la parte proximal del estómago.
cardias (cardia), **1.** comunicación entre el esófago y la porción cardíaca del estómago. **2.** parte del estómago que rodea a la unión gastroesofágica caracterizada por la ausencia de células productoras de ácido.
cardiastenia (cardiasthenia), forma de neurastenia en la cual dominan los síntomas cardiovasculares.
cardinal (cardinal), relativo a algo tan fundamental que otras muchas cosas dependen de ello, como en el caso de un rasgo cardinal que influye en la conducta global de cada uno.
cardiografía (cardiography), técnica de registro gráfico de los movimientos cardíacos mediante el cardiógrafo.
cardiógrafo (cardiograph), v. **electrocardiograma, electrocardiógrafo**.
cardiograma (cardiogram), trazado de la actividad cardíaca registrado electrónicamente.
cardiólisis (cardiolysis), operación para liberar el corazón y el pericardio del periostio esternal mediante un procedimiento que corrige la mediastinopericarditis adhesiva.
cardiología (cardiology), estudio de la anatomía, funciones normales y patologías del corazón.
cardiomegalia (cardiomegaly), hipertrofia cardíaca secundaria generalmente a hipertensión pulmonar, aunque también puede asociarse a fístula arteriovenosa, estenosis aórtica congénita, defecto del tabique interventricular, conducto arterioso persistente y enfermedad de Paget.
cardiomiopexia (cardiomyopexy), procedimiento quirúrgico mediante el cual el aporte sanguíneo de los músculos pectorales del tórax próximos se desvía directamente hacia las arterias coronarias cardíacas.
cardiopatía (cardiopathy), enfermedad del corazón.
cardiopatía arteriosclerótica (CAE) (arteriosclerotic heart disease [ASHD]), engrosamiento y endurecimiento de la pared de las arterias coronarias.
cardiopatía isquémica (ischemic heart disease), proceso patológico del miocardio producido por la falta de oxígeno en las células musculares del corazón.
cardiopatía reumática (rheumatic heart disease), lesión del músculo cardíaco y de las válvulas del corazón provocada por episodios de fiebre reumática. Cuando una persona susceptible adquiere una infección por un estreptococo β-hemolítico del grupo A, se puede producir una reacción autoinmunitaria en el tejido cardíaco, provocando deformidades permanentes de las válvulas cardíacas o de las cuerdas tendinosas. La afectación del corazón se puede poner de manifiesto durante la fiebre reumática aguda, o bien puede descubrirse tiempo después de remitir la enfermedad aguda. La cardiopatía reumática se caracteriza por la presencia de soplos cardíacos provocados por la estenosis o insuficiencia de las válvulas y por las alteraciones compensadoras del tamaño de las cámaras del corazón y del grosor de sus paredes. También son frecuentes las anomalías de la frecuencia y del ritmo cardíacos, el bloqueo cardíaco y la insuficiencia cardíaca congestiva. Habitualmente la muerte se debe a insuficiencia cardíaca o a endocarditis bacteriana.
cardioplastia (cardioplasty), intervención quirúrgica para la corrección de un defecto del esfínter cardial esofágico que con frecuencia produce cardiospasmo.
cardioplejía (cardioplegia), **1.** parálisis del corazón. **2.** interrupción de las contracciones cardíacas por la inyección de químicos, hipotermia o estimulación eléctrica con el propósito de realizar cirugía cardíaca.
cardiorrafia (cardiorrhaphy), intervención en la que se sutura el músculo cardíaco.
cardioscopio (cardioscope), aparato obsoleto para la inspección y manipulación de las estructuras cardíacas internas.
cardiospasmo (cardiospasm), forma de acalasia caracterizada por la incapacidad del cardias para relajarse que produce disfagia y regurgitación, siendo necesaria en ocasiones la división quirúrgica del músculo.
cardiotacómetro (cardiotachometer), instrumento que monitoriza y registra de forma continua los latidos cardíacos.
cardiotomía (cardiotomy), **1.** operación en la que se realiza una incisión al corazón. **2.** intervención en la que se incide el extremo cardial del estómago o el orificio cardial.
cardiotónico (cardiac stimulant), agente farmacológico que aumenta la actividad cardíaca. Los glucósidos cardíacos como la digital, digoxina, deslanósido, lanatósido, acetildigoxina y ouabaína aumentan la fuerza de las contracciones del miocardio y disminuyen la frecuencia cardíaca y la velocidad de conducción, lo que aumenta el tiempo de llenado y relajación ventricular. Se utilizan en el tratamiento de la insuficiencia cardíaca congestiva, flúter y fibrilación auricular, taquicardia paroxística auricular y shock cardiogénico. La adrenalina, un potente vasoconstrictor y tónico cardíaco, se utiliza en ocasiones en el paro cardíaco para

restablecer el ritmo cardíaco. El hidrocloruro de isoproterenol puede utilizarse en el tratamiento del bloqueo cardíaco. El hidrocloruro de dobutamina y la dopamina se emplean en el tratamiento a corto plazo de la descompensación cardíaca secundaria a la disminución de la contractilidad.

cardiotóxico (cardiotoxic), que tiene un efecto tóxico o lesivo sobre el corazón.

cardioversión (cardioversion), restauración del ritmo sinusal normal del corazón mediante la conducción de un choque eléctrico sincronizado a través de dos placas metálicas colocadas sobre el tórax del paciente. La cardioversión se utiliza en el tratamiento de la fibrilación auricular y en las arritmias ventriculares, auriculares y del nodo.

carditis (carditis), proceso inflamatorio de los músculos del corazón, generalmente secundario a infecciones. En la mayoría de los casos se afecta más de una capa muscular. Puede existir dolor torácico, arritmia cardíaca, insuficiencia circulatoria y lesión de las estructuras del corazón. Algunos tipos de carditis son: **endocarditis, miocarditis** y **pericarditis**.

carditis reumática (rheumatic carditis), pericarditis, miocarditis y endocarditis que se asocian a la fiebre reumática aguda.

carga completa (CC) (full weight-bearing [FWB]), (en radiología) proyección que muestra la respuesta a las tensiones de una postura natural. Las imágenes del pie en carga completa son útiles para estudiar los pies planos y cavos.

carga genética (genetic load), número medio acumulado de genes deteriorados por cada individuo de una determinada población, incluyendo los generados por mutación y selección en la última generación y los heredados de los antepasados.

carienquima (karyenchyma), v. **cariolinfa**.

caries (caries), alteración de un diente o hueso caracterizada por la descomposición, desintegración y destrucción de su estructura. Algunos tipos de caries son: **caries dental, caries por radiación** y **caries vertebral**.

caries vertebral (spinal caries), v. **espondilitis tuberculosa**.

carilla articular (facet), apófisis pequeña y de superficie lisa que participa en la articulación de un hueso con otro.

carina (carina, *pl.* **carinae**), cualquier estructura en forma de cresta o quilla, como la carina traqueal, que se proyecta desde el cartílago traqueal inferior.

cariocinesis (karyokinesis), división del núcleo y distribución idéntica del material nuclear durante la mitosis y la meiosis.

cariocito (karyocyte), normoblasto, o hematíe en desarrollo, con un núcleo condensado en un cuerpo que se tiñe de forma homogénea. Normalmente se encuentra en la médula ósea roja.

carioclasia (karyoklasis, karioclasis), **1.** desintegración del núcleo celular o de la membrana nuclear. **2.** interrupción de la mitosis.

cariófago (karyophage), parásito protozoario intracelular que destruye el núcleo celular que infecta.

cariogamia (karyogamy), fusión de núcleos celulares, como en la conjugación y la cigosis.

cariogénesis (karyogenesis), formación y desarrollo del núcleo de una célula.

cariogénico (cariogenic), que tiende a producir caries.

cariolinfa (karyolymph), sustancia líquida clara del núcleo celular, que normalmente no se tiñe. Se compone principalmente de material proteínico coloidal, en el que se encuentran dispersos el nucléolo, la cromatina, la linina y diversas partículas submicroscópicas.

cariólisis (karyolysis), disolución del núcleo celular. Se produce de forma normal, tanto en forma de necrobiosis como durante la generación de nuevas células durante la mitosis y la meiosis.

cariolítico (caryolytic), **1.** perteneciente o relativo a la cariólisis. **2.** que produce la destrucción del núcleo celular.

Caries dental
(A. Stevens/J. Lowe, 1996)

cariología (karyology), rama de la citología que se centra en el estudio del núcleo celular, en especial en la estructura y función de los cromosomas.

cariómero (karyomere), **1.** estructura sacular que contiene partes desiguales de material nuclear tras una mitosis atípica. **2.** segmento de un cromosoma.

cariometría (karyometry), medición del núcleo de una célula.

cariomito (karyomit), **1.** fibrilla sencilla de cromatina en la red del núcleo celular. **2.** cromosoma.

cariomitoma (karyomitome), red de cromatina fibrilar del interior del núcleo celular.

cariomorfismo (karyomorphism), forma o aspecto del núcleo celular, especialmente el de los leucocitos.

carión (karyon), núcleo celular.

cariopicnosis (karyopyknosis), estado de una célula en la que el núcleo se ha encogido y la cromatina se ha condensado en masas sólidas.

carioplasma (karyoplasm), v. **nucleoplasma**.

cariorretículo (karyoreticulum), v. **cariomitoma**.

cariorrexis (karyorrhexis), fragmentación de la cromatina y su distribución por el citoplasma, como resultado de la desintegración nuclear.

cariosférico (karyospherical), **1.** perteneciente o relativo a un núcleo de forma esférica. **2.** núcleo de este tipo.

cariosoma (karyosome), masa densa e irregular de filamentos de cromatina en el núcleo celular.

cariostasia (karyostasis), estado de reposo del núcleo entre dos divisiones celulares.

carioteca (karyotheca), membrana que encierra el núcleo de la célula.

cariotina (karyotin), v. **cromatina**.

cariotipo (karyotype), **1.** características morfológicas totales del componente cromosómico somático de un individuo o especie, descrito en términos de número, forma, tamaño y disposición dentro del núcleo, a partir de una microfotografía tomada durante el estadio de metafase de la mitosis. **2.** representación en forma de diagrama del complemento cromosómico de un individuo o especie, dispuesta en parejas, según un orden descendente de tamaño, y la posición del centrómero.

carisoprodol (carisoprodol), relajante del músculo esquelético prescrito para aliviar el espasmo muscular.

carmalum (carmalum), v. **tinción con carmín**.

carminativo (carminative), **1.** relativo o perteneciente a las sustancias que alivian las flatulencias y la distensión abdominal. **2.** agente carminativo que alivia la distensión gaseosa y los espasmos dolorosos, especialmente después de las comidas.

carmustina (carmustine), nitrosourea liposoluble. 1,3-bis(2-cloroetil)-1-nitrosourea, utilizada como agente antineoplásico único o junto a otros agentes quimioterápicos en el tratamiento de tumores cerebrales, mieloma múltiple, enfermedad de Hodgkin y en linfomas no Hodgkin.

carnal (carnal), relacionado con la carne o el cuerpo, o con las cosas terrenales, para distinguirlo de lo espiritual.

carne de gallina (gooseflesh), v. **reflejo pilomotor**.

carnitina (carnitine), sustancia presente en el músculo esquelético y cardíaco y en otros tipos de tejidos que funciona como un transportador de ácidos grasos a través de las membranas mitocondriales. Se utiliza de forma terapéutica en el tratamiento de enfermedades cardíacas.

carnívoro (carnivore), animal que pertenece al orden *Carnivora*, clasificado como un comedor de carne, con dentadura adecuada, estómago simple característico y un intestino delgado apropiado para dicha dieta.

carnoso (carneous), que tiene las cualidades de la carne.

carotenemia (carotenemia), presencia de concentraciones elevadas de caroteno en la sangre que dan lugar a un aspecto amarillento anómalo del plasma y de la piel.

caroteno (carotene), hidrocarburo rojo o anaranjado presente en las zanahorias, patatas, grasa láctea, yema de huevo y verduras con hojas, como la remolacha fresca, las espinacas y el brécol. El caroteno es una provitamina y se convierte en vitamina A en el cuerpo.

carotenoide (carotenoid), elemento del grupo de pigmentos altamente insaturados rojos, amarillos o naranjas que se encuentran en algunos tejidos animales y en alimentos como las zanahorias, patatas y verduras verdes con hojas. Muchas de estas sustancias son necesarias para la formación de vitamina A en el cuerpo.

carotenosis (carotenosis), v. **carotenemia**.

carótida bilateral (bilateral carotid), arteria principal de la cabeza y el cuello que se divide en ramas izquierda y derecha, y de nuevo en ramas externa e interna.

carotidinia (carotodynia), dolor a lo largo del trayecto de la arteria carótida primitiva.

carpiano (carpal), relativo o perteneciente al carpo o a la muñeca.

carpo (carpus), muñeca, constituida por ocho huesos dispuestos en dos filas. La fila proximal está formada por el escafoides, semilunar, piramidal y pisiforme. La fila distal, por el trapecio, trapezoide, hueso grande y ganchoso.

carro de parada (crash cart), carro que transporta equipo de urgencia, como analgésicos, antisépticos, equipos de aspiración, suturas, bisturís, agujas quirúrgicas, esponjas, tapones, separadores, hemostatos, fórceps, tubos traqueales y generalmente un desfibrilador. Las salas de urgencia de los hospitales y las unidades de cuidados intensivos poseen varios carros de parada.

cartilaginoso (cartilaginous), relativo al cartílago.

cartílago (cartilage), tejido conectivo de sostén avascular constituido por diferentes células y fibras, que se halla principalmente en las articulaciones, en el tórax, y en varios conductos rígidos, como la laringe, la tráquea, la nariz y el oído. El cartílago temporal, como el que constituye la mayor parte del esqueleto fetal en los primeros estadios, es posteriormente sustituido por hueso. El cartílago permanente permanece sin osificar, excepto en ciertas enfermedades y, algunas veces, en individuos seniles. Algunos tipos de cartílago permanente son: **cartílago amarillo, cartílago hialino** y **fibrocartílago blanco**.

CARTOS (CARTOS), abreviatura de *computer-aided reconstruction by tracing of serial sections* (reconstrucción asistida por ordenador mediante dibujo de secciones seriadas), técnica en la que dibujos manuales de copias seriadas de microfotografías electrónicas se programan en un ordenador para ser visualizadas en una pantalla de televisión. La imagen puede manipularse para el estudio de la estructura en todas sus dimensiones.

carúncula (caruncle), pequeña proyección carnosa, como las carúnculas lagrimales en el ángulo interno del ojo o las carúnculas himeneales que son restos de la membrana himeneal.

cascada (cascade), cualquier proceso que se desarrolla en fases, donde cada fase depende de la anterior, produciendo con frecuencia un efecto acumulativo.

cascada del complemento (complement cascade), proceso bioquímico que implica a los componentes C1 al C9 del complemento en el que un componente interactúa con otro siguiendo una secuencia específica denominada vía del complemento. La secuencia de la reacción es C1,4,2,3,5,6,7,8,9 (los primeros componentes se hallan fuera de la secuencia numérica por razones históricas). Los efectos de la cascada conducen a la acumulación de líquidos en la célula y finalmente a la lisis de la membrana causando la ruptura de la célula.

cáscara sagrada (cascara sagrada), preparado catártico estimulante elaborado a partir de la corteza del árbol *Rhamnus purshianus* prescrito para el estreñimiento.

caseificación (caseation), forma de necrosis tisular en la que hay una pérdida del contorno celular adquiriendo el tejido una consistencia semejante al queso. Es típica de la tuberculosis.

caseoso (caseous), semejante al queso; término que describe la mezcla de grasas y proteínas que aparece en algunos tejidos corporales que experimentan necrosis.

caso (case), episodio de enfermedad o lesión.

caso índice (index case), (en epidemiología) el primer caso de una enfermedad, contrastado por la aparición ulterior de nuevos casos.

caspa (dander), escamas secas liberadas de la piel o el pelo de los animales, o plumas de pájaros que pueden causar reacciones alérgicas a determinados individuos.

caspa (dandruff), cantidad excesiva de material escamoso compuesto por epitelio muerto y queratinizado que se desprende del cuero cabelludo; puede ser una forma leve de dermatitis seborreica. Se suele recomendar un tratamiento con champú queratolítico.

caspa (dander), escamas secas que se desprenden del cuero cabelludo.

castigo negativo (negative punishment), forma de modificación de la conducta en la cual la supresión de algo tras una acción para la cual no hay un estímulo identificable (comportamiento) disminuye la posibilidad de que se repita dicha acción.

castración (castration), extirpación quirúrgica de uno o ambos testículos u ovarios, realizada sobre todo para reducir la producción y secreción de ciertas hormonas que pueden estimular la proliferación de células malignas en mujeres con cáncer de mama o en hombres con cáncer de próstata.

casuística (casuistics), registro y estudio de los casos de cualquier enfermedad.

CAT-CAM (CAT-CAM), abreviatura de **método de alineación controlada del contorno trocantérico en aducción**.

catabasis (catabasis, *pl.* **catabases**), período de declinación de una enfermedad.

catabiosis (catabiosis), envejecimiento celular normal.

catabolismo (catabolism), proceso metabólico complejo en el que se libera energía para ser utilizada en el desarrollo de funciones, almacenamiento de energía o en la producción de calor mediante la destrucción por parte de las células vivas, de sustancias complejas para formar compuestos simples.

catacrotismo (catacrotism), irregularidad del pulso caracterizada por la presencia de una o más ondas pequeñas adicionales en la rama descendente del registro del pulso.
catadídimo (katadidymus), gemelos unidos por la parte inferior del cuerpo y separados por la parte superior.
catafilaxia (cataphylaxis), **1.** migración de los leucocitos y anticuerpos hacia el punto de infección. **2.** deterioro del sistema de defensa natural del organismo.
catagénesis (catagenesis), forma de evolución regresiva.
catágeno (catagen), v. **pelo**.
catalasa (catalase), enzima sanguínea presente en casi todas las células que cataliza la descomposición del peróxido de hidrógeno en agua y oxígeno.
catalepsia (catalepsy), trastorno caracterizado por un nivel de consciencia semejante al trance y por rigidez postural. Aparece en la hipnosis y en ciertos trastornos orgánicos y psicológicos como la esquizofrenia, epilepsia e histeria.
catálisis (catalysis), incremento de la velocidad de cualquier reacción química debido a la presencia de una sustancia química que ni es parte del proceso ni se consume o resulta afectada por el mismo.
catálisis negativa (negative catalysis), disminución de la velocidad de cualquier reacción química producida por una sustancia que ni forma parte del proceso en sí ni se ve afectada por la reacción.
catalizador (catalyst), sustancia que influye en la velocidad de una reacción química sin resultar alterada de forma permanente por la misma. La mayoría de los catalizadores, incluyendo las enzimas de los organismos vivos, acelera las reacciones químicas; los catalizadores negativos enlentecen dichas reacciones.
catamenia (catamenia), v. **menstruación**.
catamnesis (catamnesis), historia clínica del paciente a partir del inicio de la enfermedad.
cataplasma (poultice), pulpa húmeda y blanda extendida entre capas de gasa o tela, que se aplica caliente sobre una superficie para proporcionar calor o contrairritación. La **cataplasma de mostaza** es un tipo de cataplasma.
cataplejía (cataplexy), trastorno caracterizado por debilidad e hipotonía muscular repentina provocada por emociones, como ansiedad, temor o sorpresa, asociado con frecuencia a narcolepsia.
catarata (cataract), trastorno progresivo del cristalino caracterizado por la pérdida de transparencia. Se observa una opacidad gris blanquecina en el cristalino, por detrás de la pupila. La mayoría de las cataratas está provocada por cambios degenerativos que se producen sobre todo después de los 50 años. La tendencia a desarrollar cataratas es hereditaria. Las cataratas congénitas son por lo general hereditarias aunque pueden estar causadas por una infección viral durante el primer trimestre de gestación. Si no se tratan, termina por perderse la visión. Al principio la visión es borrosa; las luces brillantes producen deslumbramiento difuso y puede aparecer distorsión y visión doble. Las cataratas no complicadas de los ancianos (cataratas seniles) habitualmente se tratan mediante la extirpación del cristalino y la utilización de lentes o gafas especiales.

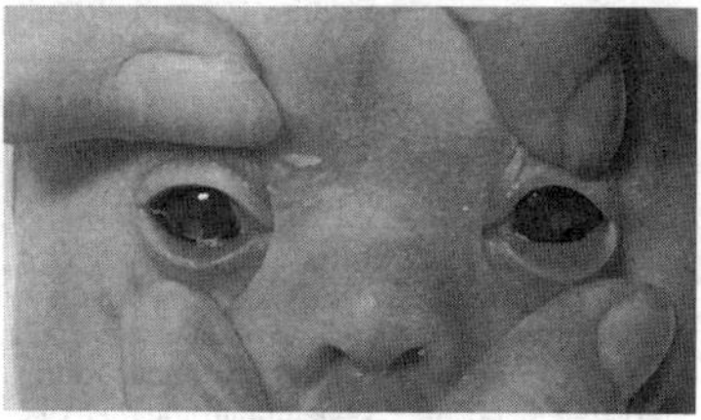

Cataratas
(C. D. Forbes/W. F. Jackson, 1994)

catarro (catarrh), inflamación de las mucosas con supuración, especialmente en las vías aéreas, nasal y traqueal.
catarsis (catharsis), **1.** limpieza o purgación. **2.** liberación terapéutica de sentimientos y emociones reprimidos mediante la discusión abierta de ideas y pensamientos. **3.** proceso de hacer conscientes sentimientos y emociones reprimidas mediante la técnica de asociación libre, habitualmente junto a la hipnosis y al uso de fármacos hipnóticos.
catártico (cathartic), **1.** relativo a las sustancias que producen evacuación intestinal. **2.** agente catártico que provoca la evacuación intestinal mediante la estimulación de la peristalsis, aumentando la fluidez o el volumen del contenido intestinal, reblandeciendo las heces o lubricando la pared intestinal.
catatonía (catatonia), estado o trastorno caracterizado por una alteración motora patente, que se manifiesta generalmente como inmovilidad con rigidez muscular extrema o, con menos frecuencia, como una actividad excesivamente impulsiva.
catecol-o-metil transferasa (COMT) (catechol-o-methyl transferase [COMT]), enzima

que inactiva a las catecolaminas adrenalina y noradrenalina.

catecolamina (catecholamine), cualquier compuesto simpaticomimético constituido por una molécula de catecol y la porción alifática de una amina. Algunas catecolaminas son producidas de forma natural por el cuerpo y actúan como neurotransmisores. Las catecolaminas también se sintetizan para ser utilizadas como fármacos para el tratamiento de diversos trastornos como la anafilaxia, el asma, la insuficiencia cardíaca y la hipertensión. Algunas catecolaminas endógenas importantes son la dopamina, la adrenalina y la noradrenalina.

categoría I (Schedule I), clase de fármacos no considerados legales para uso médico. Entre las sustancias clasificadas así por la *Drug Enforcement Agency* se encuentra la mescalina, el LSD, la heroína y la marihuana. Para poder utilizar las sustancias de la categoría I es preciso seguir procedimientos especiales de autorización.

categoría II (Schedule II), clase de fármacos con posibilidad de abuso o de crear adicción, pero que tienen una utilización médica legítima. Entre las sustancias así clasificadas por la *Drug Enforcement Agency* se encuentran la morfina, la cocaína, el pentobarbital, la oxicodona, la alfaprodina y la metadona.

categoría III (Schedule III), clase de fármacos con menor posibilidad de abuso o de crear adicción que los fármacos de las clases II o I. Entre las sustancias así clasificadas por la *Drug Enforcement Agency* se encuentran la glutetimida y varios compuestos analgésicos que contienen codeína.

categoría IV (Schedule IV), clase de fármacos con menor posibilidad de abuso o de crear adicción que los de las clases I a III. Entre las sustancias así clasificadas por la *Drug Enforcement Agency* se encuentran el hidrato de cloral, el clordiacepóxido, el meprobamato y el oxacepam.

categoría V (Schedule V), clase de fármacos que tienen poca probabilidad de abuso o de crear adicción. Entre las sustancias clasificadas así por la *Drug Enforcement Agency* se encuentran numerosas medicaciones prescritas habitualmente y que contienen pequeñas cantidades de codeína y difenoxilato. Los fármacos específicos de la categoría V varían mucho de un estado a otro.

categorías de fármacos (Schedule of Drugs), sistema de clasificación que agrupa los fármacos según la posibilidad de abuso. Estos fármacos se agrupan en cinco categorías, de la I a la V. Todas las sustancias de las categorías II a V requieren una prescripción por escrito firmada por un médico. Las sustancias de la categoría I no están aprobadas para uso médico. La normativa específica norteamericana para la dispensación de estas sustancias varían de un estado a otro y de un centro sanitario a otro.

categorías mutuamente excluyentes (mutually exclusive categories), categorías de un instrumento de investigación lo suficientemente precisas como para permitir que un sujeto, un dato o una variable sea clasificado en una única categoría.

catéter (catheter), tubo hueco y flexible que puede introducirse en un vaso o cavidad corporal para extraer o introducir líquidos. Algunos tipos de catéteres son: **catéter cardíaco, catéter central** y **catéter de dos vías.**

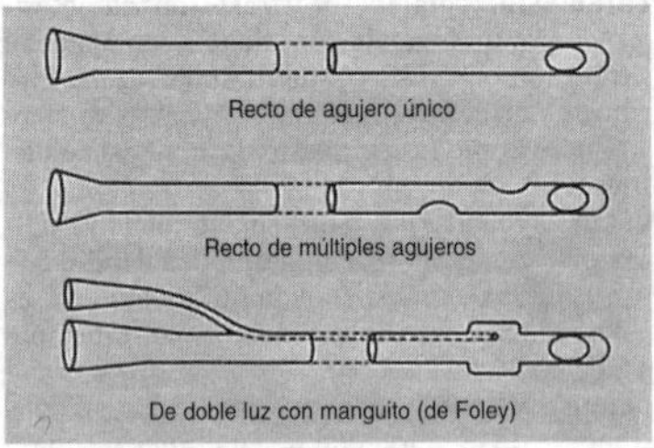

Catéteres

catéter AP (PA catheter), catéter intravenoso que está introducido en la arteria pulmonar.

catéter arterial (arterial catheter), catéter que puede ser introducido en una arteria para extraer sangre o para medir directamente la presión sanguínea.

catéter biotomo (bioptome tip catheter), catéter con una punta especial diseñada para obtener muestras de biopsia del endomiocardio. Este dispositivo se utiliza para monitorizar a los pacientes con trasplante cardíaco para detectar los signos precoces de rechazo.

catéter cardíaco (cardiac catheter), catéter largo y fino diseñado para alcanzar el corazón a través de un vaso sanguíneo.

catéter central (central catheter), catéter introducido en una arteria o una vena centrales para intervenciones diagnósticas o terapéuticas.

catéter de aterectomía (atherectomy catheter), catéter especialmente diseñado para despegar y eliminar la placa ateromatosa de la pared de una arteria. El catéter se inserta y monitoriza mediante fluoroscopia.

catéter de aurícula derecha (right atrial catheter), catéter intravenoso permanente colocado a través de una vía central o periférica y dirigido a través de la vena cava superior.
catéter de doble conducto (double-channel catheter), catéter con una doble luz utilizado para irrigar una cavidad interna, en la que el líquido entra por una luz y sale por la otra.
catéter de dos vías (two-way catheter), catéter de doble luz, con una vía para la inyección de medicamentos o líquidos y otra para la extracción de líquidos o muestras.
catéter de la arteria pulmonar (pulmonary artery catheter), catéter insertado en una arteria pulmonar para medir el gasto cardíaco, la tensión arterial pulmonar y la presión de enclavamiento capilar.
catéter de la arteria umbilical (umbilical artery catheter), catéter que se inserta en la arteria umbilical de un recién nacido.
catéter de Levin (Levin tube) [Abraham L. Levin, médico norteamericano, n. 1880], catéter de plástico de calibre French nº 16, utilizado para el sondaje gástrico, que tiene un extremo cerrado con un orificio lateral.
catéter de Swan-Ganz (Swan-Ganz catheter) [Harold J. C. Swan, médico norteamericano, n. 1922; William Ganz, cardiólogo norteamericano, n. 1919], catéter cardíaco largo y fino con un pequeño balón en la punta.
catéter de triple luz (triple lumen catheter), cualquier catéter con tres vías separadas. En un catéter urinario de tres luces, una vía es para la irrigación, otra para el drenaje y la tercera para el aire.
catéter embobinado (crankcase-spool catheter), catéter elástico especial recubierto por un plástico que facilita su inserción, especialmente para hipernutrición. El catéter se sitúa generalmente en la vena subclavia. Es muy flexible, y en cada vuelta de la bobina el catéter avanza unos 12,5 cm dentro de la vena.
catéter filiforme (filiform catheter), catéter con una punta delgada semejante a un hilo, que permite que pase la parte de mayor tamaño del instrumento a través de un conducto estrechado o irregular.
catéter intracardíaco (intracardiac catheter), v. **catéter cardíaco**.
catéter intravenoso (intravenous catheter), catéter que se introduce en una vena para suministrar medicamentos o nutrientes directamente a la circulación sanguínea, o bien con fines diagnósticos, como en el estudio de la presión arterial.
catéter permanente (indwelling catheter), cualquier catéter diseñado para estar en posición durante un tiempo prolongado.
catéter suprapúbico (suprapubic catheter), catéter vesical que se inserta a través de la piel, aproximadamente 2,5 cm por encima de la sínfisis del pubis.
catéter venoso central (central venous catheter), catéter introducido a través de la vena yugular interna, basílica o subclavia, con un extremo situado habitualmente en la vena cava superior o en la aurícula derecha.
catéter-balón (balloon-tip catheter), catéter que lleva un globo hinchable no poroso en su extremo distal. Después de la inserción del catéter, se puede llenar el globo con aire o agua estéril introducidos mediante inyección en un puerto especial situado en el extremo proximal del catéter. Son tipos de catéter-balón el **catéter de Foley** y el **catéter de Swan-Ganz**.
cateterismo (catheterization), introducción de un catéter en una cavidad corporal u órgano para inyectar o extraer un líquido. El procedimiento más frecuente es la introducción de un catéter en la vejiga a través de la uretra para aliviar la retención urinaria y vaciar completamente la vejiga antes de la cirugía. Es imprescindible emplear técnicas estériles y asépticas para prevenir la infección. En los catéteres temporales la atención se centra en el mantenimiento de un drenaje libre continuo y en la elevada posibilidad de infección. Algunos tipos de cateterismo son: **cateterismo cardíaco** y **cateterismo laríngeo**.
catexis (cathexis), unión consciente o inconsciente de sentimientos emocionales o importantes a una idea, persona u objeto específico.
catgut (catgut), material de sutura no absorbible elaborado a partir del intestino de oveja que se utiliza para suturar heridas quirúrgicas.
catgut crómico (chromic catgut), catgut quirúrgico que ha sido tratado con trióxido de cromo para reforzarlo.
catión (cation), ion cargado positivamente que en una solución es atraído hacia el electrodo negativo.
cationes fijos (fixed cations), cationes que no forman parte de los sistemas tampón catiónicos del organismo.
cationes tampón (buffer cations), los iones cargados positivamente de los electrólitos corporales, incluidos el sodio, el calcio, el potasio y el magnesio.
cátodo (cathode), electrodo en el que se produce la reducción.
catóptica (catoptric), relativo a la reflexión de una imagen o de la luz, como la producida por un espejo.
caucásico (caucasian), relativo a una persona cuyos antepasados se cree que habitaron en tiempos antiguos la región geográfica del Cáu-

caso, en el sudeste de Europa, o cuyos antepasados eran miembros de las supuestas culturas indoeuropeas identificadas con el Cáucaso.

caudado (caudate), que tiene cola.

caudal (caudal), que representa una posición situada en el extremo distal de la columna.

caudocefálico (caudocephalad), movimiento que va de la cola a la cabeza.

caumestesia (caumesthesia), trastorno en el que el paciente tiene una temperatura baja aunque experimenta una sensación de calor intenso.

causa (cause), cualquier proceso, sustancia u organismo que produce un efecto o alteración.

causa inmediata (proximate cause), concepto legal de la relación entre causa y efecto a la hora de determinar, por ejemplo, si una lesión podría ser el resultado de una causa determinada.

causa predisponente (predisposing cause), cualquier trastorno que pone de manifiesto la causa específica de una enfermedad, como el ser susceptible como consecuencia de factores hereditarios o ligados al estilo de vida.

causalgia (causalgia), sensación intensa de dolor urente, generalmente en una extremidad, acompañado en algunas ocasiones de eritema local de la piel. Es el resultado de la lesión de un nervio sensitivo periférico.

causalidad (causality), (en investigación) relación entre un fenómeno o suceso (A) y otro (B) en la que A precede y causa B y en el que la dirección de la influencia y la naturaleza del efecto es predecible y reproducible y puede ser observado empíricamente.

causalidad (causation), (en derecho) existencia de una conexión razonable entre el acto cometido por el demandado y la lesión o daños sufridos por el demandante.

cáustico (caustic), **1.** cualquier sustancia destructora del tejido vivo como nitrato de plata, ácido nítrico o ácido sulfúrico. **2.** que ejerce un efecto quemante o corrosivo.

cauterio (cautery), instrumento o agente que produce escaras y quema la piel, como ocurre en la coagulación de los tejidos mediante calor o sustancias cáusticas.

cauterio de Paquelin (Paquelin's cautery) [Claude A. Paquelin, médico francés, n. 1836], dispositivo para cauterización que consiste en un asa de platino a través de la cual se pasa un hidrocarburo calentado.

cauterio eléctrico (electric cautery), v. **electrocauterización**.

cauterio frío (cold cautery), v. **crioterapia**.

cauterio galvánico, galvanocauterio (galvanic cautery, galvanocautery), v. **electrocauterización**.

cauterio real (actual cautery), aplicación de calor, en lugar de una sustancia química, para destruir un tejido.

cauterización (cauterization), acción de quemar una parte del cuerpo mediante un cauterio.

cauterizar (cauterize), quemar tejidos con calor térmico, como vapor, metal caliente o radiación solar, o con electricidad u otros agentes, como hielo seco, habitualmente con el objetivo de destruir tejidos dañados o enfermos.

Cavell, Edith (Cavell, Edith) [1865-1915], enfermera inglesa formada en el London Hospital. En 1907 se convirtió en la directora de la escuela de preparación de enfermeras de Bruselas, con el cometido de elevar el nivel de preparación de la enfermería equiparándolo al británico. Tras la ocupación alemana de Bélgica durante la primera guerra mundial, atendió y proporcionó asilo a más de 200 soldados huidos y les ayudó a llegar a Holanda. Fue arrestada por los alemanes, juzgada y ejecutada el 12 de octubre de 1915. Su ejecución contribuyó a la difusión de su fama.

cavernoma (cavernoma), v. **hemangioma cavernoso**.

cavernoso (cavernous), que contiene cavidades o espacios vacíos.

cavidad (cavity), **1.** espacio vacío en el interior de una gran estructura, como la cavidad peritoneal o la cavidad oral. **2.** *no técnico* espacio formado en el diente por la caries dental.

cavidad abdominal (abdominal cavity), espacio situado por detrás de la pared abdominal, entre el diafragma y el área pélvica, que contiene el hígado, el estómago, el intestino, el bazo, los riñones y los tejidos y vasos correspondientes.

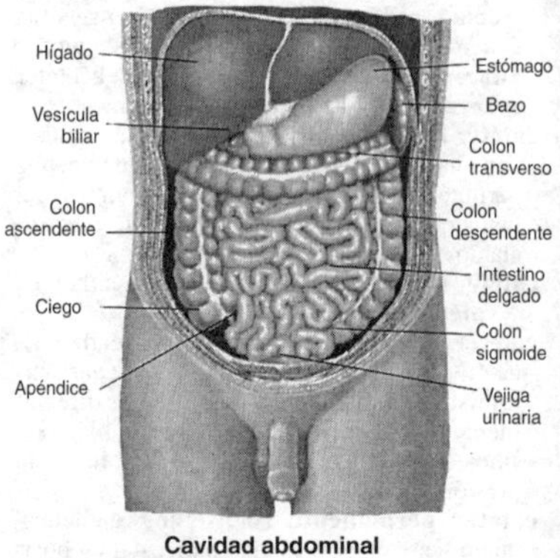

Cavidad abdominal
(Seidel, 1991)

cavidad abdominopelviana (abdominopelvic cavity), espacio situado entre el diafragma y la ingle. No existe una separación estructuralmente clara entre las regiones abdominal y pelviana.
cavidad amniótica (amniotic cavity), cavidad llena de líquido del saco amniótico que rodea al feto.
cavidad compleja (complex cavity), cavidad que afecta a más de una superficie dental.
cavidad con depresión y fisura (pit and fissure cavity), cavidad que comienza como defectos diminutos en el esmalte del diente, habitualmente en las superficies de oclusión de los molares y premolares.
cavidad corporal (body cavity), cualquiera de los espacios del tórax y el abdomen que contiene órganos.
cavidad cotiloidea (cotyloid cavity), v. **acetábulo**.
cavidad de acceso (access cavity), abertura en la corona de un diente, que es necesaria para llevar a cabo la limpieza, la remodelación y el relleno eficaces del espacio de la pulpa.
cavidad de segmentación (cleavage cavity, segmentation cavity), v. **blastocele**.
cavidad de superficie lisa (smooth surface cavity), cavidad formada por caries que comienza en la superficie del diente, sin huecos, fisuras ni defectos del esmalte.
cavidad gingival (gingival cavity), cavidad que existe en el tercio gingival de la corona clínica del diente.
cavidad glenoidea (glenoid cavity), depresión poco profunda con la que se articula la cabeza del húmero. También se llama **fosa glenoidea**.
cavidad glenoidea del radio (fovea capitis), depresión en la superficie proximal de la cabeza del radio donde se introduce el cóndilo del húmero.
cavidad nasal (nasal cavity), cualquiera de las dos cavidades que se abren en la cara a través de las dos aperturas nasales anteriores, en forma de pera, y se comunican con la faringe.
cavidad oral (oral cavity), cavidad de la boca, incluyendo la lengua y los dientes.
cavidad peritoneal (peritoneal cavity), espacio potencial entre las capas parietal y visceral del peritoneo.
cavidad pleural (pleural cavity), cavidad situada en el interior del tórax que contiene a los pulmones. Entre las costillas y los pulmones se sitúan las pleuras visceral y parietal.
cavidad pleuroperitoneal (pleuroperitoneal cavity), v. **esplacnocele**.
cavidad preparada (prepared cavity), cavidad dental que se ha preparado para recibir y retener la restauración.

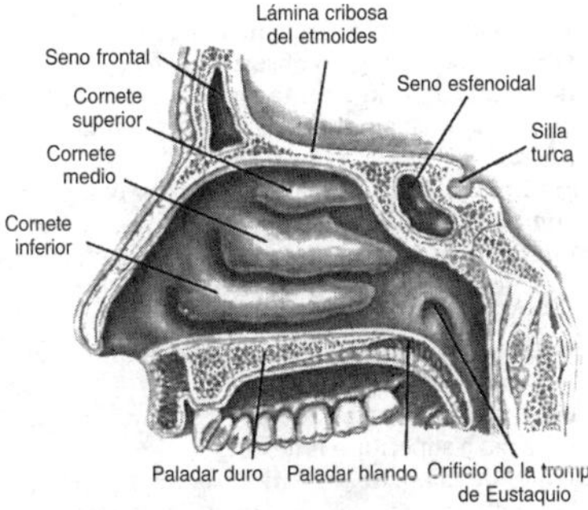

Cavidad nasal
(Seidel, 1991)

cavidad proximal (proximal cavity), cavidad que existe en la superficie mesial o distal de un diente.
cavidad pulpar (pulp cavity), espacio del diente delimitado por la dentina y que contiene la pulpa dental. Se divide en la cámara pulpar y en el conducto pulpar o radicular.
cavidad sigmoidea menor del cúbito (radial notch of ulna), depresión alargada en la región externa de la apófisis coronoides del cúbito que recibe la cabeza del radio.
cavidad simple (simple cavity), cavidad relacionada solamente con una superficie del diente.
cavidad somática (somatic cavity), v. **celoma**.
cavidad subgerminal (subgerminal cavity), v. **blastocele**.
cavidad timpánica (tympanic cavity), caja del tímpano.
cavidad torácica (thoracic cavity), cavidad delimitada por las costillas, la porción dorsal de la columna vertebral, el esternón, el diafragma y los músculos asociados.
cavidad visceral (visceral cavity), **1.** cavidad abdominal que contiene las vísceras. **2.** la cavidad de cualquier víscera, como el estómago.
cavidad vítrea (vitreous cavity), cavidad posterior del cristalino que contiene el cuerpo vítreo y la membrana vítrea y que está cortada por los restos rudimentarios del conducto hialoideo.
cavitación (cavitation), **1.** formación de cavidades dentro del cuerpo, como las formadas en el pulmón por la tuberculosis. **2.** cualquier cavidad dentro del cuerpo, como las cavidades pleurales.

cavitación acústica (acoustic cavitation), posible efecto biológico observado en ecografía, que viene definido por la aparición de oscilaciones de gran amplitud de las burbujas de gas microscópicas.

cavitar (cavitate), acto de formar y colapsar con rapidez bolsas o burbujas de vapor en un líquido en movimiento con zonas de baja presión, lesionando con frecuencia las estructuras circundantes.

cavitario (cavitary), caracterizado por la presencia de una o más cavidades.

cavograma (cavogram), angiograma de la vena cava superior o inferior.

cayado de la aorta (arch of the aorta), una de las cuatro partes de la aorta, de la que parten tres ramas arteriales, que son el tronco arterial braquiocefálico, la arteria carótida común izquierda y la arteria subclavia izquierda.

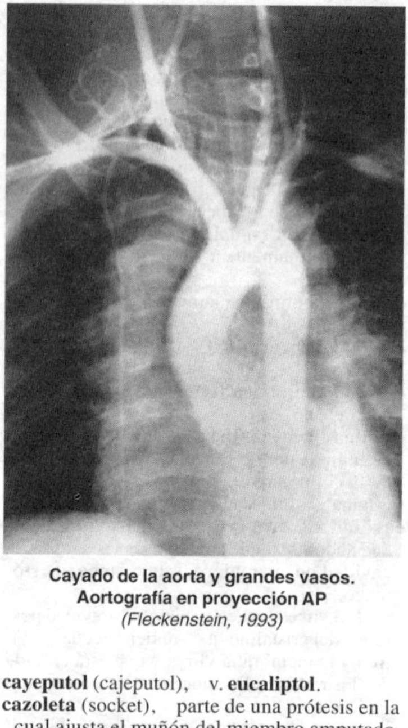

Cayado de la aorta y grandes vasos. Aortografía en proyección AP
(Fleckenstein, 1993)

cayeputol (cajeputol), v. **eucaliptol**.

cazoleta (socket), parte de una prótesis en la cual ajusta el muñón del miembro amputado. Las cazoletas protésicas más modernas están hechas de materiales plásticos, que son más ligeros, no huelen y son más fáciles de limpiar que las de cuero tradicionales.

Cb (Cb), símbolo del **columbio**.

CBF (DSB), abreviatura de **conductas de búsqueda de fármacos**.

cc (cu.cm), abreviatura de **centímetro cúbico**.

CC (FWB), abreviatura de **carga completa**.

CCK (CCK), abreviatura de **colecistoquinina**.

ccm (ama), abreviatura de **contra criterio médico**.

Cd (Cd), símbolo del **cadmio**.

CD4 (CD4), símbolo de una glucoproteína que se expresa en la superficie de la mayor parte de los timocitos y en algunos linfocitos, entre ellos las células T colaboradoras. El CD4 humano es el receptor que sirve de lugar de fijación para los virus VIH en determinadas células linfocitarias. La fijación de la glucoproteína vírica gp120 al CD4 es el primer paso en la entrada del virus, que da lugar a la fusión de las membranas vírica y celular.

CD8 (CD8), símbolo de los linfocitos T periféricos que segregan grandes cantidades de gamma-interferón, una linfocina que participa en las defensas del cuerpo frente a los virus. Mientras que las células T CD4 producen principalmente la linfocina interleucina 2 (IL2), que es un factor de crecimiento de las células T autocrinas y paracrinas, las células T CD4 memoria o preactivadas segregan una cantidad mucho mayor de linfocinas después de la reestimulación. Los linfocitos CD4 y CD8 llevan a cabo diferentes funciones durante las reacciones inmunitarias, en parte debido a los diferentes tipos de linfocinas segregados tras la estimulación.

CDC (CDC), abreviatura de ***Centers for Disease Control***.

CDE (CDE), símbolos principales utilizados en uno de los sistemas de nomenclatura del sistema Rh, en el que la D equivale a Rho, el factor determinante principal de la positividad Rh.

CDS (ADC), abreviatura de **complejo demencia-SIDA**.

Ce (Ce), símbolo del **cerio**.

CEA (CEA), abreviatura de **antígeno carcinoembrionario**.

ceásmico (ceasmic), relativo o caracterizado por la persistencia de fisuras embrionarias o hendiduras anómalas entre las partes.

cecal (cecal), relativo al ciego.

ceceo (lisping), pronunciación incorrecta de las palabras consistente en pronunciar la *s* como *z*.

cecocolostomía (cecocolostomy), **1.** intervención quirúrgica que crea una anastomosis entre el ciego y el colon. **2.** enteroanastomosis producida por esta intervención.

cecofijación (cecofixation), v. **cecopexia**.

cecoileostomía (cecoileostomy), intervención quirúrgica que une el íleon con el ciego.

cecopexia (cecopexy), intervención quirúrgica que fija o suspende el ciego para corregir su excesiva movilidad.

cecostomía (cecostomy), creación quirúrgica de un ano artificial en el ciego como medida temporal para aliviar la obstrucción intestinal en un paciente que no puede tolerar cirugía mayor.

CECT (TOBEC), abreviatura de **conductividad eléctrica corporal total**.

cefaclor (cefaclor), antibiótico del grupo de las cefalosporinas que se prescribe para el tratamiento de ciertas infecciones.

cefadroxil monohidrato (cefadroxil monohydrate), antibiótico del grupo de las cefalosporinas indicado en el tratamiento de ciertas infecciones bacterianas.

cefalalgia (cephalalgia, cephalgia), dolor de cabeza, con frecuencia se combina con otra palabra para indicar un tipo específico de cefalea, como cefalalgia histamínica.

cefalea (headache), dolor de cabeza de cualquier causa. Algunos tipos de cefalea son: cefalea funcional, cefalea migrañosa, cefalea orgánica, cefalea sinusal y cefalea tensional.

cefalea de esfuerzo (exertional headache), dolor de cabeza agudo que aparece durante el ejercicio extenuante. Normalmente cede cuando se reduce el nivel de esfuerzo, al tomar analgésicos o ambos.

cefalea de Horton (Horton's headache), v. **neuralgia craneal migrañosa**.

cefalea en racimos (cluster headache), v. **cefalea histamínica**.

cefalea histamínica (histamine headache), cefalea asociada a la liberación de histamina desde los tejidos corporales, caracterizada por síntomas de dilatación de las arterias carótidas, acumulación de líquido debajo de los ojos, lagrimeo y rinorrea (nariz congestiva).

cefalea pospunción lumbar (postlumbar puncture headache), cefalea que aparece a las pocas horas de una punción lumbar y que generalmente dura entre 1 o 2 días y varias semanas. Se puede acompañar de náuseas y vómitos y mejora cuando el paciente se acuesta.

cefalea raquídea (spinal headache), cefalea que se produce después de la anestesia raquídea o la punción lumbar, provocada por pérdida de líquido cefalorraquídeo (LCR) del espacio subaracnoideo, lo que provoca una tracción de las meninges sobre estructuras intracraneales sensibles a la presión. La cefalea raquídea intensa puede ir acompañada de disminución de la agudeza auditiva y visual. Habitualmente, el tratamiento consiste en mantener al paciente en decúbito en la cama para aliviar la irritación meníngea, animarle a que ingiera una gran cantidad de líquido para incrementar la producción y el volumen de líquido cefalorraquídeo y administrarle analgésicos para reducir el dolor.

cefalea tensional (tension headache), dolor de cabeza como consecuencia de un esfuerzo emocional o laboral que origina tensión en los músculos del cuello, de la cara y de los hombros.

cefalexina (cephalexin), cefalosporina prescrita por vía oral para el tratamiento de ciertas infecciones.

-cefalia (-cephalia), sufijo que hace referencia a la cabeza: *hemicefalia, megacefalia, notancefalia*.

-cefálico (-cephalic), sufijo que significa «relativo a la cabeza»: *holocefálico, megalocefálico*.

cefalocaudal (cephalocaudal), relativo al eje mayor del cuerpo, o a la relación entre la cabeza y la base de la columna.

cefalohematoma (cephalhematoma), tumefacción provocada por una hemorragia subcutánea con la consiguiente acumulación local de sangre.

cefalómelo (cephalomelus), individuo deforme con una estructura que recuerda a un brazo o pierna que sobresale de la cabeza.

cefalometría (cephlometry), medición técnica de la cabeza como la realizada en odontología para determinar los procedimientos de ortodoncia apropiados para corregir maloclusiones u otras alteraciones.

cefalópago (cephalopagus), v. **craneópago**.

cefalopélvico (cephalopelvic), relativo a la relación existente entre la cabeza fetal y la pelvis materna.

cefaloridina (cephaloridine), antibiótico del grupo de las cefalosporinas prescrito para el tratamiento de diversas infecciones.

cefalosporina (cephalosporin), derivado semisintético de un antibiótico obtenido originalmente del microorganismo *Cephalosporium acremonium*. La estructura de las cefalosporinas es similar a la de las penicilinas excepto por un anillo betalactámico dihidrotiacínico en lugar del betalactámico tiazolidínico de la penicilina.

cefalotina sódica (cephalotin sodium), cefalosporina prescrita para el tratamiento de diversas infecciones.

cefalotoracoiliópago (cephalothoracoiliopagus), v. **sinadelfo**.

cefalotoracópago (cephalothoracopagus), monstruo fetal doble unido por la cabeza, cuello y tórax.

cefalo-, cefal- (cephalo-, cephal-), prefijo que significa «relativo a la cabeza»: *cefalocaudal, cefalocentesis, cefalogénesis*.

cefamandol nafato (cefamandole nafate), antibiótico del grupo de las cefalosporinas prescrito para el tratamiento de ciertas infecciones bacterianas.

cefapirina (cephapirin), antibiótico prescrito para el tratamiento de infecciones causadas por cepas de una amplia gama de microorganismos sensibles a la cefapirina responsables de septicemias, endocarditis, osteomielitis e infecciones del tracto respiratorio, urinario y de la piel.

cefazolina sódica (cefazolin sodium), cefalosporina prescrita para el tratamiento de diversas infecciones.

cefonicid sódico (cefonicid sodium), antibiótico parenteral del grupo de las cefalosporinas indicado en infecciones de los tractos respiratorio inferior o urinario, así como en las infecciones cutáneas, óseas y articulares, en la septicemia y en la profilaxis quirúrgica.

cefoperazona sódica (cefoperazone sodium), antibiótico del grupo de las cefalosporinas prescrito para el tratamiento de infecciones del tracto respiratorio, intraabdominales, cutáneas, del tracto genital femenino y para la septicemia bacteriana.

ceforanida (ceforanide), antibiótico parenteral del grupo de las cefalosporinas prescrito para el tratamiento de las infecciones de los tractos respiratorio inferior y urinario, así como para el tratamiento de las infecciones cutáneas, óseas y articulares, para la septicemia, la endocarditis y la profilaxis quirúrgica.

cefotaxima sódica (cefotaxime sodium), antibiótico del grupo de las cefalosporinas prescrito para el tratamiento de las infecciones del tracto respiratorio inferior, genitourinarias, ginecológicas, intraabdominales, cutáneas, óseas y articulares del sistema nervioso central y para la septicemia bacteriana producida por cepas de microorganismos sensibles.

cefotetán disódico (cefotetan disodium), antibiótico de administración parenteral del grupo de las cefalosporinas prescrito para el tratamiento de infecciones del tracto respiratorio inferior, tracto urinario, cutáneas, abdominales, óseas y articulares de los órganos reproductores o para profilaxis quirúrgica.

cefoxitina sódica (cefoxitin sodium), antibiótico del grupo de las cefalosporinas prescrito para el tratamiento de ciertas infecciones bacterianas.

cefradina (cephradine), cefalosporina prescrita para el tratamiento de ciertas infecciones bacterianas.

ceftazidima (ceftazidime), antibiótico parenteral del grupo de las cefalosporinas prescrito para el tratamiento de infecciones del tracto respiratorio inferior, tracto urinario, cutáneas, abdominales, hemáticas, óseas y articulares y del sistema nervioso central.

ceftizoxima sódica (ceftizoxime sodium), antibiótico del grupo de las cefalosporinas prescrito para el tratamiento de infecciones bacterianas graves.

ceftriaxona sódica (ceftriaxone sodium), antibiótico parenteral del grupo de las cefalosporinas prescrito para infecciones del tracto respiratorio inferior, tracto urinario, cutáneas, abdominales, óseas y articulares. También se utiliza en el tratamiento de la gonorrea, septicemia y meningitis, y como profilaxis quirúrgica, particularmente en intervenciones de bypass coronario.

cefuroxima sódica (cefuroxime sodium), antibiótico del grupo de las cefalosporinas prescrito para el tratamiento de infecciones del tracto respiratorio inferior, tracto urinario, infecciones cutáneas, infecciones gonocócicas, septicemia bacteriana, meningitis y para la prevención de infecciones postoperatorias.

ceguera cortical (cortical blindness), ceguera que se origina como consecuencia de una lesión del centro visual de la corteza cerebral.

ceguera del río (river blindness), v. **oncocercosis**.

ceguera diurna (day blindness), v. **hemeralopía**.

ceguera legal (legal blindness), situación en la que no se alcanza una agudeza visual superior al 20-200 con lentes correctoras en el ojo mejor, o se obtiene un campo visual menor de 20 grados.

ceguera nocturna (night blindness), v. **nictalopía**.

ceguera para el rojo (red blindness), v. **protanopía**.

ceguera para las palabras (word blindness), incapacidad para comprender el lenguaje escrito; es una forma de afasia receptiva producida por lesiones en las regiones parietales o parietooccipitales del cerebro. Puede ser congénita o adquirida como consecuencia de enfermedad o lesión.

ceguera para los colores (color blindness), trastorno caracterizado por la incapacidad para distinguir claramente los colores del espectro. En la mayoría de los casos no se trata de una ceguera sino de una dificultad para percibirlos como diferentes. Existen dos formas de ceguera para los colores. El **daltonismo** es la forma más frecuente y se caracteriza por la incapacidad para distinguir los rojos de los verdes. Es un trastorno hereditario ligado al sexo. La **ceguera total para los colores** o **visión acromática** se caracteriza por la incapacidad para percibir cualquier color. Sólo se ve el blanco, el gris y el negro. Puede ser la consecuencia de un déficit o de la ausencia de conos en la retina.

ceguera por la nieve (snow blindness), fotofobia, que a veces se acompaña de conjuntivitis, como consecuencia de la sobreexposición de los ojos al brillo de la nieve o del sol.

ceguera psíquica (psychic blindness), trastorno somático que se manifiesta por la pérdida parcial o total de la visión en ojos que son orgánicamente normales. A pesar de los síntomas referidos, el paciente generalmente reacciona a la luz y evita objetos que podrían causarle daño.

ceja (eyebrow), arco de pelo que crece a lo largo del resalte que forma el arco de la ceja del hueso frontal.

celda (cella, *pl.* **cellae**), espacio cerrado.

celda aérea etmoidal (ethmoidal air cell), una de las numerosas cavidades de finas paredes del hueso etmoides del cráneo.

celdillas mastoideas (mastoid cells), celdillas aéreas presentes en la apófisis mastoides del hueso temporal.

Celentéreos (Coelenterates), género de animales marinos que incluye a las medusas, anémonas, hidras y corales.

celenteron (coelenteron, *pl.* **coelentera**), cavidad digestiva de aquellos animales que sólo poseen dos capas germinales, como la hidra y la medusa.

celiocolpotomía (celiocolpotomy), incisión de la cavidad abdominal a través de la vagina.

celioma (celioma, *pl.* **celiomas, celiomata**), neoplasia abdominal, especialmente un tumor mesotelial del peritoneo.

celioscopia (celioscope), v. **laparoscopia**.

celiotelioma (celiothelioma, *pl.* **celiotheliomas, celiotheliomata**), mesotelioma abdominal.

Cellector (Cellector), nombre comercial de un aparato que modifica las células sanguíneas humanas haciéndolas circular por una caja que contiene algunas placas de poliestireno. Anticuerpos monoclonales obtenidos por ingeniería genética están fijados de forma permanente a las placas de poliestireno, que capturan células específicamente determinadas, mientras el resto de las células son transfundidas de nuevo al cuerpo del paciente. Este aparato se utiliza en el trasplante de médula ósea.

celoma (coelom), cavidad corporal del embrión en desarrollo. Un tipo de celoma es el **celoma extraembrionario**.

celoma extraembrionario (extraembryonic coelom), cavidad situada por fuera del embrión en desarrollo que se forma entre el mesodermo coriónico y la cubierta del saco amniótico y del saco vitelino.

celosomía (celosomia), malformación congénita caracterizada por la fisura o ausencia del esternón y de las costillas, con protrusión visceral.

celosomo (celosomus), feto con celosomía.

celotelioma (celothelioma), v. **mesotelioma**.

Celsius (C) (Celsius [C]) [Anders Celsius, científico sueco, n. 1701], escala de temperatura en la que 0° es el punto de congelación del agua y 100° es el punto de ebullición del agua a nivel del mar.

célula (cell), elemento fundamental de los tejidos vivos. Las células eucariotas están constituidas por un núcleo, el citoplasma y los organelos rodeados por la membrana citoplasmática. Dentro del núcleo se halla el nucléolo y los gránulos de cromatina que constituyen los cromosomas. Los organelos citoplasmáticos son el retículo endoplásmico, los ribosomas, el aparato de Golgi, las mitocondrias, los lisosomas y el centrosoma. Las células procariotas son similares pero carecen de núcleo. La especialización de los tejidos corporales refleja la especialización de la estructura y función de las células que los constituyen.

célula acinar (acinar cell), cualquiera de las células que forman los diminutos lóbulos de una glándula compuesta o de una estructura similar en forma de saco, como un alveolo.

célula argentafín (argentaffin cell), célula conteniendo gránulos que segregan serotonina, que se tiñen intensamente con las sales de plata y de cromo. Estas células están presentes en la mayor parte del tubo GI, siendo especialmente abundantes en las criptas de Lieberkühn.

célula asesina (killer cell), v. **célula nula**.

célula B (B cell), tipo de linfocito que se origina en la médula ósea. Precursor de las células plasmáticas tras una estimulación antigénica adecuada, es uno de los dos tipos de linfocitos que desempeñan un papel principal en la respuesta inmunológica.

célula basal (basal cell), cualquiera de las células de la capa basal del epitelio estratificado.

célula blástica (blast cell), cualquier célula inmadura, como un eritroblasto, un linfoblasto o un neuroblasto.

célula C parafolicular (parafollicular C cell), célula secretora de calcitonina localizada entre folículos.

célula caliciforme (goblet cell, chalice cell), una de las muchas células especializadas que secretan moco y forman las glándulas del epitelio del estómago, intestino y partes del tracto respiratorio.

célula cimogénica (zymogenic cell), v. **células principales**.

célula clara (clear cell), **1.** tipo de célula presente en las glándulas paratiroides que no se tiñe con las tinciones tisulares habituales utilizadas para el examen microscópico. **2.** célula principal de la mayor parte de los carcinomas renales y, en ocasiones, de los tumores de ovario y de paratiroides. **3.** tipo específico de célula epidérmica, probablemente de origen neural, con un núcleo oscuro pero con citoplasma claro al teñirse con hematoxilinaeosina.

célula cromafín (chromaffin cell), cada una de las células especiales que forman los paraganglios y que están conectadas con los ganglios del plexo celíaco, renal, suprarrenal, aórtico e hipogástrico. Las células cromafines de la médula suprarrenal segregan dos catecolaminas, adrenalina y noradrenalina, que actúan sobre el músculo liso, músculo cardíaco y sobre los ganglios del mismo modo que la estimulación simpática, aumentando y prolongando los efectos simpáticos.

célula de frotis (smudge cell), leucocito degenerado tal y como se ve en los frotis de sangre de pacientes con leucemia linfática crónica.

célula de Kulchitsky (Kulchitsky's cell), v. **célula argentafín**.

célula de memoria (memory cell), v. **linfocito**.

célula de Reed-Sternberg (Reed-Sternberg cell) [Dorothy M. Reed, anatomopatóloga norteamericana, n. 1874; Karl Sternberg, anatomopatólogo austriaco, n. 1872], una de las grandes células reticuloendoteliales, multinucleadas y anormales del sistema linfático en la enfermedad de Hodgkin. El número y la proporción de las células son la base para la clasificación histopatológica de la enfermedad de Hodgkin.

célula de segmentación (cleavage cell, segmentacion cell), v. **blastómero**.

célula de Sertoli (Sertoli cell) [Enrico Sertoli, fisiólogo italiano, n. 1842], una de las células de soporte de los túbulos seminíferos de los testículos. El citoplasma de estas células contiene espermátides.

célula del asta anterior (anterior horn cell), gran célula nerviosa, vista en un corte transversal, de la columna anterior de la médula espinal. Su axón corresponde a un nervio somático eferente.

célula depuradora (scavenger cell), célula fagocítica que elimina los detritus celulares y algunos patógenos invasores. Pueden ser móviles o no.

célula diana (target cell), cualquier célula que tiene un receptor específico que reacciona con una hormona, antígeno, anticuerpo, antibiótico, célula T sensibilizada u otra sustancia específica.

célula en banda (band cell), cualquiera de los granulocitos en desarrollo de la sangre circulante, caracterizados por presentar un núcleo curvado o indentado.

célula en cesta (basket cell), leucocito degenerado visto en una extensión de sangre durante el examen de laboratorio.

célula en cesta (basket cell), célula de la corteza cerebral con un axón horizontal del que salen ramificaciones. Cada una de éstas se descompone en una malla en forma de cesta que rodea a una célula de Purkinje.

célula en reposo (resting cell), célula que no está en división.

célula endotelial (endothelial cell), célula que tapiza una cavidad corporal o el sistema cardiovascular. Se observa normalmente como una célula nucleada aplanada.

célula enterocromafín (enterochromaffin cell), v. **célula argentafín**.

célula escamosa (squamous cell), célula epitelial plana, en forma de escama.

célula germinal (germ cell), **1.** célula sexual reproductora en cualquier fase de desarrollo, desde la forma embrionaria primordial hasta el gameto maduro. **2.** óvulo o espermatozoide o cualquiera de sus formas precursoras. **3.** cualquier célula sometida a gametogénesis.

célula germinal primordial (primordial germ cell), una de las grandes células diploides esféricas que se forman en las fases precoces del desarrollo embrionario y que son precursoras de las ovogonias y espermatogonias.

célula gigante (giant cell), célula tisular de tamaño extremadamente grande. Suele contener más de un núcleo y puede originarse por la fusión de varias células normales.

célula hija (daughter cell), cada una de las células procedentes de la división de una célula progenitora.

célula indiferenciada (indiferenciated cell), célula embrionaria que aún no ha expresado signos sobre sus características definitivas en la madurez.

célula K (K cell), v. **célula nula**.

célula LE (L.E. cel), abreviatura de **célula del lupus eritematoso**. Neutrófilo que ha fagocitado el núcleo de otro leucocito previamente alterado por su interacción con el factor LE en el torrente circulatorio.

célula linfática (lymph cell), linfocito maduro presente en el tejido de las glándulas linfáticas.

célula madre, célula primitiva (stem cell), célula formadora; célula cuyas células hijas pueden dar lugar a otros tipos de célula. Una célula primitiva pluripotencial es aquella que tiene el potencial de dar lugar a varios tipos diferentes de células maduras, entre ellos linfocitos, granulocitos, trombocitos y eritrocitos.

célula mononuclear (mononuclear cell), leucocito, incluidos los linfocitos y monocitos, con un núcleo redondo u ovalado.

célula nula (null cell), linfocito que se desarrolla en la médula ósea y carece de los marcadores de superficie característicos de los linfocitos B y T. Estimuladas por la presencia de anticuerpos, las células de este tipo aparentemente pueden atacar determinadas células diana directamente, y son conocidas como células K o «killer» (asesinas).

célula ósea (bone cell), osteocito, célula parecida a una semilla de melón, pero con numerosísimas y delgadas prolongaciones en patas de araña.

célula parenquimatosa (parenchymal cell), cualquier célula que sea un elemento funcional de un órgano, como el hepatocito.

célula piramidal (pyramidal cell), neurona con un citoplasma de forma piramidal presente en la sustancia gris de la corteza cerebral.

célula plasmática (plasma cell), célula linfoide o linfocitaria presente en la médula ósea, en el tejido conectivo y, en ocasiones, en la sangre. Las células plasmáticas participan en la respuesta inmunológica.

célula polimorfonuclear (PMN) (polymorphonuclear cell [PMN]), leucocito con un núcleo multilobulado, como el neutrófilo.

célula sanguínea (blood cell), cualquiera de los elementos formes de la sangre, como son los glóbulos rojos (eritrocitos), los glóbulos blancos (leucocitos) y las plaquetas (trombocitos). Todos ellos constituyen en conjunto normalmente alrededor del 50% del volumen total de la sangre.

célula somática (somatic cell), cualquiera de las células del tejido corporal que tienen un número diploide de cromosomas, para distinguirlas de las células germinales, que contienen un número haploide.

célula T (T cell), linfocito circulante de pequeño tamaño producido en la médula ósea, que madura en el timo o como resultado de la exposición a la timosina segregada por el timo. Las células T, que viven durante años, tienen diferentes funciones, pero principalmente son mediadoras de las respuestas inmunes celulares, tales como el rechazo de un injerto y la hipersensibilidad retardada. Una clase de célula T, la **célula T colaboradora**, influye en la producción de anticuerpos por las células B; la **célula T supresora** suprime la actividad de las células B.

célula T4 (T4 cell), linfocito derivado del timo y perteneciente al sistema inmunológico del organismo cuyo papel es la destrucción o neutralización de células o sustancias identificadas como «extrañas». Las células T4 o células «colaboradoras» segregan una sustancia, la interleucina 2, la cual estimula a su vez la actividad de las células naturales asesinas, del interferón gamma, y de las células T8 supresoras. El virus de la inmunodeficiencia humana (VIH) tiene como objetivo las células T4, con lo que las defensas inmunitarias del organismo se dañan intensamente y se favorece la aparición de las infecciones oportunistas.

celular (cellular), relativo a las células o formado por ellas.

células alfa (alpha cells), células localizadas en el lóbulo anterior de la hipófisis o en los islotes pancreáticos. En el páncreas, producen glucagón.

células asesinas activadas por linfocinas (LAK) (lymphokine-activated killer (LAK) cells), células citotóxicas no específicas que se generan en presencia de interleucina-2 y en ausencia de antígeno.

células asesinas naturales (natural killer cells), células efectoras que tienen capacidad citotóxica espontánea frente a varias células diana. Son linfocitos capaces de unirse a virus y células cancerígenas para destruirlas, mediante mecanismos todavía parcialmente desconocidos.

células asesinas naturales humanas (human natural killer cells), linfocitos capaces de lisar tumores y células infectadas por virus como parte de la defensa natural contra las enfermedades malignas y contra la invasión por patógenos.

células beta (beta cells), **1.** células productoras de insulina situadas en los islotes de Langerhans. La función productora de insulina de las células beta tiende a acelerar la salida de glucosa, aminoácidos y ácidos grasos de la sangre y su incorporación al interior del citoplasma celular, contrarrestando la función del glucagón de las células alfa. **2.** células basófilas del lóbulo anterior de la hipófisis.

células brillantes (glitter cells), leucocitos en los que se observa el movimiento de los gránulos en su citoplasma. Se observan en las muestras de orina en casos de pielonefritis.

células de Betz (Betz cells) [Vladimir Aleksandrovich Betz, anatomista ruso, n. 1834], grandes neuronas piramidales de la corteza motora con axones que forman parte del tracto piramidal asociado a los movimientos voluntarios.

células de Downey (Downey cells) [Hal Downey, médico norteamericano, n. 1877), linfocitos identificados en un sistema de clasificación de células sanguíneas de pacientes con mononucleosis infecciosa. Las células se denominan linfocitos Downey I, II y III.

células de Golgi (Golgi's cells) [Camillo Golgi], **1. neuronas tipo I de Golgi**, células nerviosas con largos axones que abandonan el neurópilo local del cuerpo celular originario, atraviesan la sustancia blanca y se proyectan al resto del sistema nervioso. **2. neuronas tipo II de Golgi**, células nerviosas con axones de trayecto corto, como las células estrelladas de la corteza cerebral y cerebelosa. Generalmente no penetran en la sustancia blanca, sino que permanecen en el neurópilo local de la corteza cerebral y cerebelosa y de la retina.

células de Hortega (Hortega cells), v. **microglia**.

células de Kupffer (Kupffer's cells), células especializadas del sistema reticuloendotelial que tapizan los sinusoides hepáticos y extraen bacterias y otras pequeñas proteínas extrañas de la sangre.

células de la glia (glia cells), células nerviosas con función de tejido conectivo de sostén en el sistema nervioso central. Los astrocitos, las células oligodendrogliales de origen ectodérmico y las células microgliales de origen mesodérmico son algunos ejemplos.

células de Leydig (Leydig cells) [Franz von Leydig, anatomista alemán, n. 1821], células del tejido intersticial de los testículos que secretan testosterona.

células de Paneth (cells of Paneth) [Josef Paneth, fisiólogo austriaco, n. 1857], grandes células epiteliales granulares de las glándulas intestinales. Segregan enzimas digestivas.

células de Purkinje (Purkinje cells) [Johannes E. Purkinje, fisiólogo polaco, n. 1787), neuronas de gran tamaño que representan la única salida de la corteza cerebelosa una vez que ésta ha procesado los impulsos sensitivos y motores procedentes del resto del sistema nervioso.

células de Renshaw (Renshaw cells) [B. Renshaw, neurólogo norteamericano, n. 1911], células pequeñas que reducen la descarga de la motoneurona a través de un circuito de feedback que implica a las colaterales de los axones que excitan a las interneuronas. Este sistema evita la estimulación sostenida de las células motoneuronas.

células de Schwann (Schwann cells) [Friedrich T. Schwann, anatomista alemán, n. 1810], células de origen ectodérmico que forman el neurilema.

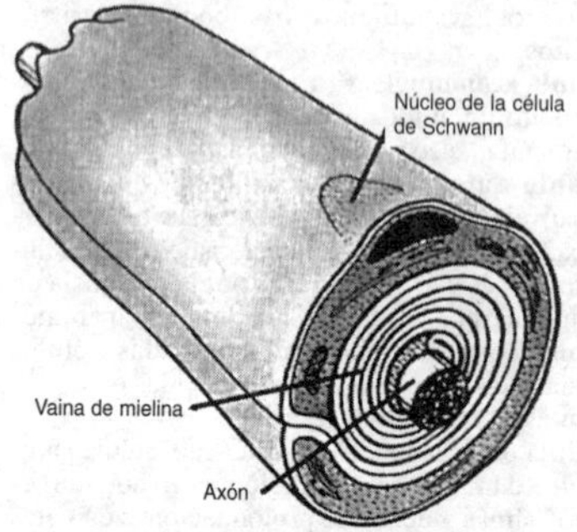

Célula de Schwann formando una vaina de mielina
(Seeley, 1992/Scott Bodell)

células en casco (helmet cells), hematíes fragmentados de forma que parecen cascos. Aparecen en pacientes con carcinomatosis, anemia hemolítica y púrpura trombótica trombocitopénica. Las células en casco se ven también en muestras de sangre de personas con válvulas cardíacas protésicas.

células en sombra (shadow cells), **1.** hematíes que han perdido su hemoglobina debido a la exposición a la orina. **2.** células desvitalizadas que se observan en el pilomatrixoma.

células fantasma (ghost cells), eritrocitos que han perdido su hemoglobina, de forma que al examinar al microscopio las muestras de orina sólo se observan las membranas celulares. La hemoglobina es destruida por la presencia de orina.

células parietales (parietal cells), células situadas en la periferia de las glándulas gástricas del estómago. Están situadas por encima de la membrana basal, bajo las células principales, y segregan ácido clorhídrico.

células principales (chief cell, principal cell), **1.** cualquiera de las células del epitelio cilíndrico o células del epitelio cúbico que rodean las glándulas gástricas y segregan pepsinógeno y factor intrínseco, necesario para la absorción de vitamina B_{12} y para el desarrollo normal de los hematíes. La ausencia de factor intrínseco causa anemia. **2.** cualquier célula epitelioide de citoplasma claro y un gran núcleo que contiene un prominente nucléolo. **3.** cualquiera de las células epiteliales poliédricas presentes en las paratiroides.

células reticuloendoteliales (reticuloendothelial cells), células que revisten los vasos sanguíneos y linfáticos capaces de fagocitar bacterias, virus y partículas coloidales o de formar anticuerpos contra los cuerpos extraños.

células satélite (satellite cells), células gliales que se forman en torno a las células nerviosas dañadas.

células T citotóxicas (cytotoxic T cells), v. **CD8**.

células yuxtaglomerulares (juxtaglomerular cells), células de músculo liso que tapizan el extremo glomerular de las arteriolas aferentes del riñón, en la zona opuesta a la región de la mácula densa del principio del túbulo distal. Estas células sintetizan y almacenan renina.

celulitis (cellulitis), infección cutánea caracterizada generalmente por calor local, enrojecimiento, dolor e inflamación y, en ocasiones, por fiebre, malestar, escalofríos y cefaleas. Si no se administran antibióticos suelen originarse abscesos y destrucción tisular.

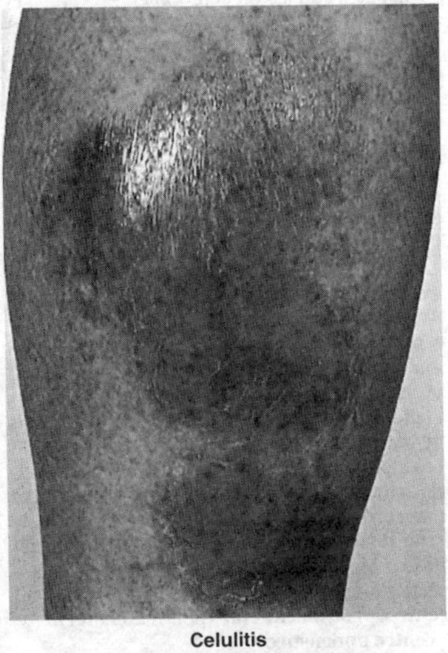

Celulitis
(A. du Vivier, 2.ª ed., 1995)

celulosa (cellulose), hidrato de carbono sólido transparente, incoloro, insoluble y no digerible que es el principal elemento de las sustancias que componen el esqueleto de las paredes celulares de las plantas.

CEM (MEC), abreviatura de concentración eficaz mínima, o concentración inhibidora mínima de un fármaco para que resulte activo. El fármaco es eficaz a cualquier concentración por encima de este valor umbral.

cemento (cement), **1.** sustancia pegajosa o mucilaginosa que ayuda a mantener las células tisulares colindantes unidas. **2.** cualquiera de los distintos tipos de materiales utilizados para rellenar cavidades o fijar en su lugar puentes u otras prótesis dentales. **3.** material utilizado para la fijación de prótesis articulares en huesos adyacentes, como el metilmetacrilato.

cemento (cementum), tejido conectivo similar al tejido óseo que cubre la raíz de los dientes y ayuda a sostenerlos.

cementoblastoma (cementoblastoma, *pl.* **cementoblastomas, cementoblastomata**), tumor fibroso odontogénico formado por células que se convierten en cementoblastos, pero que contienen sólo una pequeña cantidad de tejido calcificado.

cementoma (cementoma, *pl.* **cementomas, cementomata**), acumulación de cemento libre en la cúspide del diente producida probablemente por un traumatismo más que por una proliferación neoplásica.

cementoma de primer estadio (first-state cementoma), v. **fibroma periapical**.

cementopatía (cementopathia), trastorno de la dentadura provocado por la necrosis del cemento y una cementogénesis insuficiente.

cenestesia (cenesthesia), sensación genérica de existencia, procedente de la conjunción de los distintos estímulos y reacciones corporales que en cualquier momento inespecífico generan la sensación de salud o enfermedad.

cenofobia (kenophobia), miedo morboso a los espacios abiertos y grandes; agorafobia.

cenogénesis (cenogenesis), desarrollo de características físicas que están ausentes en las formas primitivas de una especie como respuesta de adaptación a las condiciones del entorno.

censor (censor), persona que comprueba o evalúa libros, publicaciones periódicas, representaciones, obras de arte, conferencias u otras formas de expresión para suprimir ciertos tipos de información.

censura (censorship), (en psicoanálisis) supresión psíquica que sólo permite aflorar a la consciencia contenidos inconscientes si éstos están fuertemente disfrazados.

Centers for Disease Control (CDC) (Centers for Disease Control [CDC]), agencia federal del gobierno de los Estados Unidos que proporciona instalaciones y servicios para la investigación, identificación, prevención y control de las enfermedades. Se ocupa de los aspectos epidemiológicos y del diagnóstico de laboratorio de las enfermedades. Entre las actividades de los *CDC*, situados en Atlanta, están los programas de vacunación, los programas y la normativa de cuarentenas y laboratorios y la prevención de enfermedades en las distintas comunidades. Anteriormente se denominaba *Communicable Disease Center*.

centesis (centesis), perforación o punción, como la paracentesis, abdominocentesis y toracocentesis.

centígrado (centigrade), v. **Celsius**.

centímetro (cm) (centimeter [cm]), unidad métrica de longitud equivalente a una centésima parte de un metro, o 0,3937 pulgadas.

centímetro cuadrado (cm^2) (square centimeter [cm^2]), unidad de medida de superficie que equivale a un centímetro de longitud multiplicado por un centímetro de anchura. Un centímetro son 0,3937 pulgadas o 0,03281 pies.

centímetro cúbico (cm^3) (cubic centimeter [cm^3]), cubo teórico o su equivalente, cuyos lados tienen una longitud de 1 cm. Un centímetro cúbico equivale a 1 mililitro (ml).

centipoise (centipoise) [Jean L. M. Poiseville, fisiólogo francés, n. 1799], medida de la viscosidad de un líquido equivalente a la centésima parte de un poise.

central (central), relativo o perteneciente al centro o situado en él.

centrifugador (centrifuge), aparato para separar los componentes de distintas densidades contenidos en un líquido mediante un movimiento de rotación del mismo a alta velocidad. La fuerza centrífuga hace que los componentes más densos se desplacen hacia una parte del recipiente quedando las sustancias más ligeras en otra.

centrífugo (centrifugal), **1.** que indica una fuerza que se dirige hacia afuera, lejos del punto central o eje, como la fuerza que mantiene la luna en su órbita alrededor de la tierra. **2.** dirección que se separa de la cabeza.

centríolo (centriole), organelo intracelular que, generalmente, forma parte del centrosoma. Los centríolos, que con frecuencia son dobles, están relacionados con la división celular. Parecen colaborar en la formación del huso que se desarrolla durante la mitosis.

centrípeto (centripetal), **1.** que presenta una dirección aferente, como la del impulso nervioso sensorial que se dirige hacia el cerebro. **2.** que presenta la dirección de una fuerza que arrastra un objeto hacia un eje de rotación o que limita el recorrido de un objeto a una trayectoria curva específica.

centro (center), **1.** punto medio de un cuerpo o figura geométrica, equidistante desde los puntos de la periferia. **2.** grupo de neuronas con una función común, como el centro cerebral que controla la frecuencia del latido cardíaco.

centro acústico (acoustic center), parte del cerebro, en el lóbulo temporal, donde se localiza el sentido de la audición.

centro apnéustico (apneustic center), área de tejido nervioso situada en la parte inferior de la protuberancia que controla la fase inspiratoria de la respiración.

centro de información toxicológico (poison control center), cada uno de los centros de una red que existe prácticamente a nivel mundial, que proporciona información con relación a todos los aspectos de los envenenamientos o intoxicaciones, mantiene registros de su incidencia y deriva a los pacientes a los centros para su tratamiento.

centro de Wernicke (Wernicke's center), centro sensorial del lenguaje situado en la circunvolución temporal posterior y en la circunvolución angular adyacente del hemisferio dominante. Wernicke observó en 1874 que los pacientes con lesión cerebral en esta área sufrían la pérdida de la comprensión del lenguaje.

centro del lenguaje (speech center), área unilateral de la parte posterior de la circunvolución frontal inferior y habitualmente en el lado contralateral de la mano dominante. También están asociadas con el lenguaje articulado las áreas 44 y 45 de Brodmann.

centro espiratorio (expiratory center), una de las regiones del bulbo raquídeo responsable del control de la respiración. Es una subregión involucrada específicamente en llevar a cabo la actividad expiratoria.

centro germinal (germinal center), folículo primario localizador de antígeno con tejido linfoide. Reacciona con los antígenos aumentando de tamaño y llenándose de linfoblastos y macrófagos en el centro de un anillo de linfocitos pequeños.

centro olfatorio (olfactory center), parte del cerebro responsable de la apreciación subjetiva de los olores, un grupo complejo de neuronas localizadas cerca de la unión de los lóbulos temporal y parietal.

centro protuberancial (pontine center), v. **centro apnéustico**.

centro reflejo (reflex center), cualquier parte del sistema nervioso en la que la recepción de los impulsos aferentes provoca una descarga de impulsos eferentes que inducen un cambio en un músculo o en una glándula.

centro respiratorio (respiratory center), núcleo de células nerviosas situadas en la protuberancia y el bulbo raquídeo que controlan el ritmo de la respiración en respuesta a las variaciones de los niveles de oxígeno y anhídrido carbónico en la sangre y en el líquido cefalorraquídeo. Los cambios en la concentración de oxígeno y de anhídrido carbónico o en los niveles del ion hidrógeno en la circulación arterial y en el líquido cefalorraquídeo activan los quimiorreceptores centrales y periféricos; éstos envían impulsos al centro respiratorio, aumentando o disminuyendo la frecuencia respiratoria.

centro vasomotor (vasomotor center), grupo de cuerpos celulares localizado en el bulbo raquídeo del encéfalo que regula o modula la presión arterial y la función cardíaca, principalmente a través del sistema nervioso autónomo.

centroencefálico (centrencephalic), relativo, perteneciente o que afecta al centro del encéfalo.

centrolobulillar (centrilobular), relativo o perteneciente al centro de un lobulillo o situado en él.

centrómero (centromere), pequeña región especializada del cromosoma que une las dos cromátides entre sí y las fija a las fibras del huso durante la mitosis y la meiosis. Durante la división celular los centrómeros se dividen longitudinalmente, emigrando cada mitad a cada cromosoma hijo.

centros de la termorregulación (thermoregulatory centers), centros localizados en el hipotálamo implicados en el control de la producción, disminución y conservación del calor.

centrosfera (centrosphere), área diferenciada de condensación del citoplasma que rodea a los centríolos en el centrosoma de la célula.

centrosoma (centrosome), organelo citoplasmático autorreproducible constituido por la centrosfera y el centríolo. Se localiza cerca del núcleo y funciona como el centro dinámico de la célula, especialmente durante la mitosis.

cepa (strain), subgrupo taxonómico de una especie.

cepa final (ultimate strain), última cepa viable.

cera (wax), v. **cerumen**.

cerámica (ceramic), (en odontología) tecnología basada en la utilización de porcelana u otros vidrios fundidos para realizar restauraciones dentales.

cerámica de ortoclasa (orthoclase ceramic feldspar), feldespato abundante en la corteza terrestre utilizado para rellenar y dar cuerpo a la porcelana dental fundida.

cercaria (cercaria, *pl.* **cercariae**), gusanos trematodos. Se desarrollan en un caracol de agua dulce y se liberan en el mismo agua. La cercaria se introduce en el organismo del huésped siguiente mediante ingestión, invasión directa a través de la piel o a través de un corte u otra discontinuidad de la piel. Se enquistan y completan su desarrollo en diversos órganos del cuerpo. Cada especie tiende a emigrar a un órgano, como *Fasciola hepatica*, que se convierte en un trematodo hepático.

cerclaje (cerclage), **1.** técnica ortopédica en la que los extremos de una fractura ósea oblicua o los fragmentos de una fractura de rótula se unen mediante un alambre o una banda metálica para mantener los fragmentos en posición hasta que consoliden. **2.** técnica en la que se aplica una banda tensa de silicona alrededor de la esclerótica para restablecer el contacto entre la retina y la coroides cuando se produce un desprendimiento de retina. **3.** técnica obstétrica en la que se utiliza una sutura no reabsorbible para mantener el cuello uterino cerrado y prevenir un aborto espontáneo en mujeres que presentan un cuello incompetente.

cerebelo (cerebellum, *pl.* **cerebellums, cerebella**), porción del encéfalo situada en la fosa craneal posterior, por detrás del tronco del encéfalo. Está formado por dos lóbulos o hemisferios laterales y un lóbulo medio denominado vermis. Está unido al tronco del encéfalo mediante tres pares de pedúnculos. Sus funciones están relacionadas con la coordinación de la actividad muscular voluntaria.

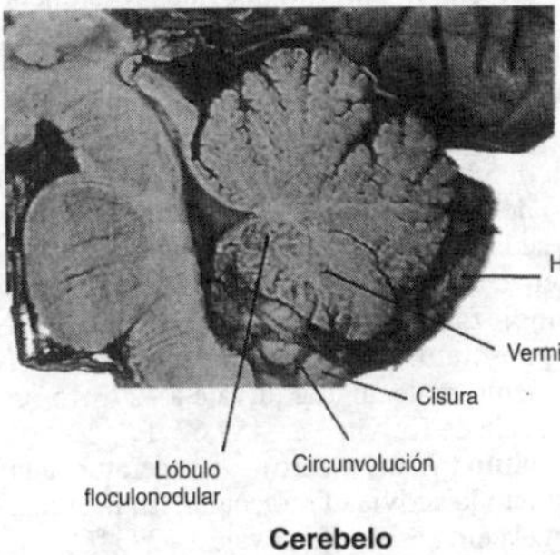

Cerebelo
(Seeley, 1992/R. T. Hutchings)

cerebeloprotuberancial (cerebellopontine), dirigido desde el cerebelo hasta la protuberancia.

cerebelospinal (cerebellospinal), dirigido desde el cerebelo a la médula espinal.

cerebritis (cerebritis), cualquier inflamación del cerebro.

cerebro (cerebrum, *pl.* **cerebrums, cerebra**), porción mayor y superior del encéfalo, dividida por un surco central en los hemisferios cerebrales derecho e izquierdo, unidos por el cuerpo calloso. Las estructuras internas de los hemisferios se unen con las del diencéfalo y se comunican con el tronco del encéfalo a través de los pedúnculos cerebrales. El cerebro desempeña funciones sensoriales, funciones motoras y funciones de integración menos definidas asociadas con diversas actividades mentales. Algunos de los procesos que están controlados por el cerebro son la memoria, el lenguaje, la escritura y la respuesta emocional.

cerebro anterior (forebrain), v. **prosencéfalo**.

cerebro medio (midbrain), v. **mesencéfalo**.

cerebroide (cerebroid), semejante a la sustancia cerebral.

cerebroma (cerebroma, *pl.* **cerebromas, cerebromata**), cualquier neoformación de tejido cerebral.

cerebrósido (cerebroside), grupo de glucolípidos presentes en el cerebro y en otros tejidos del sistema nervioso, especialmente en la vaina de mielina.

cerebrospinal (cerebrospinal), perteneciente o que afecta al cerebro y a la médula espinal; cefalorraquídeo.

cerebrovascular (cerebrovascular), relativo o perteneciente al sistema vascular y al aporte de sangre al cerebro.

cerebr- (cerebr-), prefijo que hace referencia al cerebro: *cerebralgia, cerebrocardia, cerebropatía*.

cerio (Ce) (cerium [Ce]), elemento grisáceo, dúctil, del grupo de las tierras raras. Número atómico, 58; peso atómico, 140,13. Un compuesto del cerio, el oxalato de cerio, se utiliza como sedante, antiemético y antitusivo.

cero (zero), **1.** símbolo de nada. **2.** punto en el que empiezan la mayor parte de las escalas. **3.** cero absoluto, temperatura a la que no existe movimiento molecular; equivale a –273,15 ºC de la escala de Kelvin o a –459,67 ºF.

cero absoluto (absolute zero), temperatura a la que cesa toda actividad molecular. En la escala Kelvin el cero absoluto equivale a –273 ºC.

cero anatómico de la articulación (anatomic zero joint position), el punto de comienzo a partir del cual se contabiliza la amplitud de movimiento de una articulación.

ceroide (ceroid), pigmento céreo, dorado, que aparece en los hígados cirróticos de algunos individuos, en el tracto GI, en el sistema nervioso central y en los músculos.

ceroma (ceroma, *pl.* **ceromas, ceromata**), neoplasia que ha sufrido una degeneración cérea.

certificar (certify), **1.** garantizar formalmente que se cumplen determinados requisitos en función del conocimiento experto de hechos oportunos fundamentales. **2.** dar testimonio, mediante procedimientos legales, de que alguien carece de salud. **3.** atestiguar la defunción de un sujeto por escrito, generalmente en la forma que establecen las autoridades locales. **4.** declarar que cierta persona cumple los requisitos necesarios para su admisión como miembro de un grupo profesional o de otro tipo.

cerúleo (cerulean), de color azul celeste.

ceruloplasmina (ceruloplasmin), glucoproteína plasmática que transporta el 96% del cobre plasmático.

cerumen (cerumen), secreción cérea amarillenta o marronácea producida por las glándulas sudoríparas apocrinas vestigiales del conducto auditivo externo.

ceruminolítico (ceruminolytic), relativo a un fármaco u otro agente que disuelve el cerumen.

ceruminosis (ceruminosis), concentración excesiva de cera en el conducto auditivo externo. Puede producir malestar, síntomas de pérdida de audición e irritación que facilita el desarrollo de infecciones.

cervic- (cervic-), prefijo que hace referencia al cuello: *cervicectomía, cervicitis, cervicobraquial*.

cervical (cervical), **1.** relativo o perteneciente al cuello o a la región del cuello. **2.** relativo o perteneciente al área estrecha de una estructura semejante al cuello, como el cuello de un diente o el cuello uterino.

cervicitis (cervicitis), inflamación aguda o crónica del cuello uterino. La cervicitis aguda es una infección del cuello uterino que se caracteriza por enrojecimiento, edema y hemorragia por contacto. No siempre existen síntomas, aunque pueden estar presentes cualquiera de los siguientes: exudado vaginal copioso maloliente, dolor o presión pélvica, hemorragia leve con el coito y prurito o quemazón de los genitales externos. La cervicitis crónica es una inflamación persistente del cérvix que con frecuencia se presenta entre mujeres en edad reproductiva. Los síntomas consisten en exudado denso, maloliente e irritante que en los casos severos puede estar acompañado de dolor pélvico significativo. El cuello uterino está congestionado y dilatado, con frecuencia se observan quistes de Naboth y signos de eversión del cuello y, con frecuencia, antiguas laceraciones por partos. El tratamiento más eficaz es la cauterización con calor o frío.

cervico- (cervico-), prefijo que significa cuello: *cervicodinia, cervicolabial, cervicotomía*.
cervicodinia (cervicodynia), dolor en el cuello.
cervicolabial (cervicolabial), relativo o situado en la superficie labial del cuello de los dientes caninos o incisivos.
cervicouterino (cervicouterine), relativo o situado en el cuello del útero.
cervicovaginitis (cervicovaginitis), inflamación del cuello uterino y de la vagina.
cervicovesical (cervicovesical), relativo al cuello del útero y vejiga.
cesárea (cesarean section), intervención quirúrgica en la que se realiza una incisión del abdomen y del útero produciéndose el nacimiento transabdominal del feto. Se efectúa cuando existen anomalías maternas o fetales que con probabilidad provocarían un parto vaginal peligroso. Entre las indicaciones maternas para la intervención se incluyen la hemorragia secundaria a placenta previa o a desprendimiento de placenta, preeclampsia grave y parto disfuncional. El parto por cesárea en una primípara ya no se considera como indicación absoluta de repetición de la cesárea en partos posteriores. La incisión cutánea del abdomen puede ser horizontal o vertical independientemente del tipo de incisión interna del útero.
cesio 137 (cesium 137), isótopo radiactivo con una vida media de 30,2 años que se utiliza en radioterapia como fuente de rayos gamma para su aplicación en distintos tumores malignos que se tratan mediante braquiterapia.
cesio (Cs) (cesium [Cs]), elemento metálico alcalino. Su número atómico es 55. Su peso atómico, 132,9.
cestodo (cestode), gusano intestinal parásito que pertenece al orden *Cestoda* y tiene un escólex y un cuerpo en forma de cinta compuesto por segmentos en cadena. El ser humano generalmente se infecta por cestodos comiendo carne mal cocida de huéspedes intermedios contaminados con cisticercos o con la forma larvaria del cestodo. Algunos tipos de cestodos son: ***Diphyllobothrium latum***, ***Taenia saginata*** y ***Taenia solium***.
cestoideo (cestoid), que se parece a una tenia.
cetoacidosis (ketoacidosis), acidosis acompañada de acumulación de cetonas en el organismo, como resultado de un metabolismo defectuoso de los carbohidratos. Se produce principalmente como complicación de la diabetes mellitus, y se caracteriza por el olor afrutado de la acetona en el aliento, confusión mental, disnea, náuseas, vómitos, deshidratación, pérdida de peso y, si no se trata, coma. El tratamiento de urgencia consiste en la administración de insulina y de líquidos por vía IV, y la evaluación y corrección del desequilibrio electrolítico.
cetoacidosis alcohólica (alcoholic ketoacidosis), descenso del pH sanguíneo (acidosis) que a veces se observa en los sujetos alcohólicos y que se asocia a una elevación de los cuerpos cetónicos séricos (acetona, ácido betahidroxibutírico y ácido acetoacético).
cetoacidosis diabética (diabetic ketoacidosis), complicación aguda de la diabetes mellitus no controlada, que pone en peligro la vida del paciente y en la que la pérdida urinaria de agua, potasio radical, amonio y sodio se traduce en hipovolemia, desequilibrio electrolítico, valores extremadamente elevados de glucemia y desdoblamiento de los ácidos grasos libres, lo que da lugar a acidosis y, a menudo, a coma. El enfermo aparece enrojecido, tiene calor, la piel seca, está inquieto, suda y su aliento tiene un olor afrutado. A menudo se aprecian coma, confusión y náuseas. Si no se le trata, el proceso conduce invariablemente al coma, seguido de muerte.
cetoaciduria (ketoaciduria), presencia de una cantidad excesiva de cuerpos cetónicos en orina secundaria a una diabetes mellitus no controlada, hambre o cualquier otra alteración metabólica con rápido catabolismo de las grasas.
cetoaciduria de cadenas ramificadas (branched chain ketoaciduria), v. **enfermedad de la orina de jarabe de arce**.
11-cetoandrosterona (11-ketoandrosterone), hormona sexual, segregada por los testículos y las glándulas suprarrenales, que se puede cuantificar en la orina para valorar la función hormonal y suprarrenal.
11-cetoetiocolanolona (11-ketoetiocholanolone), hormona sexual, segregada por los testículos y las glándulas suprarrenales, que se puede cuantificar en la orina para valorar la función hormonal y suprarrenal.
cetogénesis (ketogenesis), formación o producción de cuerpos cetónicos.
cetona (ketone), término general para un compuesto químico orgánico caracterizado por tener en su estructura un grupo carbonilo o ceto, =CO, unido a dos grupos alquilos. Se produce por oxidación de alcoholes secundarios.
cetonemia (ketonemia), presencia de cetonas, principalmente acetona, en sangre. Se caracteriza por el olor afrutado o cetoacidosis del aliento.
cetonuria (ketonuria), v. **cetoaciduria**.
cetosa (ketose), forma química de un monosacárido cuyo grupo carbonilo es una cetona.

cetósico (ketotic), **1.** relativo a la presencia de cetona en el cuerpo. **2.** señala presencia de un grupo carbonilo en un compuesto químico.

cetosis (ketosis), acumulación anormal de cetonas en el organismo, como resultado de la insuficiencia o la inadecuada utilización de los carbohidratos. En su lugar se metabolizan ácidos grasos, cuyos productos finales, las cetonas, se van acumulando. Este proceso se observa en el hambre, a veces en el embarazo y, lo más frecuente, en la diabetes mellitus. Se caracteriza por cetonuria, pérdida de potasio en orina y aliento con olor afrutado a acetona.

17-cetosteroide (17-ketosteroid), cualquiera de las hormonas de la corteza suprarrenal, o cetosteroides, con un grupo cetónico unido a su átomo de carbono 17, que normalmente se miden en sangre y en orina para ayudar a diagnosticar la enfermedad de Addison, el síndrome de Cushing, el estrés y los problemas endocrinos asociados con pubertad precoz, feminización en varones o crecimiento excesivo del vello corporal.

CF (AQ), abreviatura de **cociente de formación**.

Cf (Cf), símbolo del **californio**.

CFC (PCP), abreviatura de **clorhidrato de fenciclidina**.

CFR (FRC), abreviatura de **capacidad funcional residual**.

Ch1, (Ch1), abreviatura de **cromosoma de Christchurch**.

chalona (chalone), cualquiera de los numerosos polipéptidos inhibidores elaborados por un tejido y que actúan como una hormona sobre órganos diana específicos.

chancro (chancre), **1.** lesión cutánea, generalmente de la sífilis primaria que se origina en el lugar de la infección como una pápula que se convierte en una úlcera rosada, no hemorrágica e indolora. El chancro contiene numerosas espiroquetas *Treponema pallidum* y es sumamente contagioso. **2.** lesión papulosa o zona cutánea ulcerada que identifica la puerta de entrada de la infección de una enfermedad no sifilítica, como la tuberculosis.

chancro blando (soft chancre), úlcera genital localizada, habitualmente indolora, que aparece tras una infección por *Haemophilus ducreyi* y que se acompaña de supuración de los ganglios linfáticos inguinales o bubones inguinales. Puede producir, como complicaciones, fimosis, estenosis o fístulas ureterales e intensa destrucción tisular.

chancro duro (hard chancre), chancro sifilítico, o lesión primaria que se desarrolla en el sitio de una infección sifilítica. La lesión comienza como una pequeña pápula roja que gradualmente se endurece y erosiona hasta formar una úlcera sumamente contagiosa. La secreción exudada por la úlcera contiene *Treponema pallidum*, el agente etiológico de la sífilis en el ser humano.

chancroide (chancroid), enfermedad de transmisión sexual altamente contagiosa producida por la infección por el bacilo *Haemophilus ducreyi*. Característicamente se origina como una pápula que asienta por lo general sobre la piel de los genitales externos; crece y se ulcera, se forman otras pápulas y, si no se trata, el bacilo se extiende produciendo bubones en la ingle.

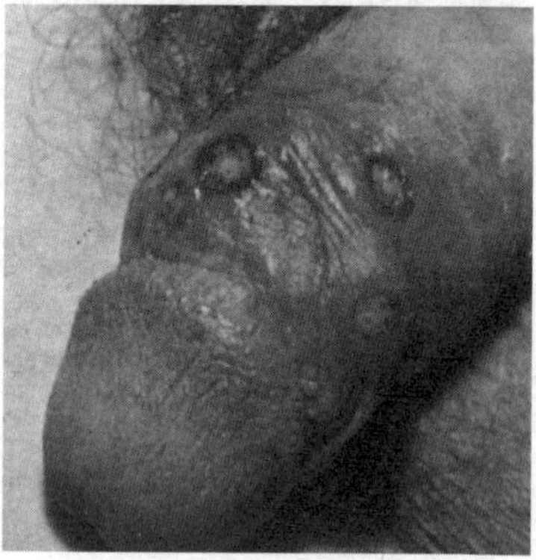

Chancroide del prepucio
(C. D. Forbes/W. F. Jackson, 1994)

chapoteo de sucusión (succussion splash), sonido obtenido al agitar el cuerpo de un individuo que tiene líquido y aire o gas libres en un órgano hueco o una cavidad corporal. Este sonido puede encontrarse sobre un estómago normal, pero también se puede escuchar en casos de hidroneumotórax, grandes hernias de hiato u obstrucción intestinal o pilórica.

charta (charta, *pl.* **chartae**), trozo de papel, especialmente el tratado con un fármaco, para aplicación externa, o con un químico con un propósito determinado, como el papel de tornasol.

CHCM (MCHC), abreviatura de **concentración de hemoglobina corpuscular media**.

chequeo (check-up), estudio o examen completo de la salud de un individuo.

ch'i (ch'i), concepto chino sobre la energía fundamental de la vida que fluye en el cuerpo por lugares establecidos a través de meridianos o canales.

chi cuadrado (X^2) (chi square [X^2]), (en estadística) prueba estadística de asociación entre los datos observados y los datos esperados representados mediante frecuencias. La prueba nos indica la probabilidad de que la distribución obtenida se haya producido solamente por el azar.

chigoe (chigoe, sand flea), pulga hallada en América y África tropical y subtropical. La hembra fecundada deposita las larvas debajo de la piel del pie, produciendo un trastorno inflamatorio que puede provocar la amputación espontánea de un dedo del pie.

Chilomastix (Chilomastix), género de protozoos flagelados, como *Chilomastix mesnili*, parásito intestinal humano no patógeno.

chinche (bedbug), un artrópodo hematófago de la especie *Cimex lectularius* o *C. hemipterus* que se nutre de la sangre de los animales y seres humanos. La picadura produce prurito, dolor y enrojecimiento.

chinchona (cinchona) [Condesa de Chinchón, Perú], corteza desecada del tronco o raíz de especies de *Cinchona*, que contiene los alcaloides quinina y quinidina.

Chlamydia (Chlamydia), **1.** microorganismo del género *Chlamydia*. **2.** género de microorganismos parásitos intracelulares que presentan una serie de propiedades comunes con las bacterias gramnegativas y que se clasifican actualmente como bacterias especializadas. ***Chlamydia trachomatis***, organismo que vive en la conjuntiva ocular y en el epitelio de la uretra y del cuello uterino, es responsable de la conjuntivitis de inclusión, del linfogranuloma venéreo y del tracoma, ***Chlamydia psittaci*** es un organismo que infecta a los pájaros y produce un tipo de neumonía en humanos.

CHOP (CHOP), combinación farmacológica antineoplásica constituida por ciclofosfamida, doxorrubicina, vincristina y prednisona.

choque cultural (cultural shock), efectos psicológicos de un cambio brusco en el entorno cultural de un individuo. La persona puede manifestar sentimientos de desamparo, malestar y desorientación en un intento de adaptación a un grupo cultural diferente con hábitos, valores y creencias muy distintas.

choquezuela (kneecap), v. **rótula**.

Chua K'a (Chua K'a), sistema de orientación holística para liberar la tensión muscular que se centra en la clarificación y en la limpieza de la mente y de las emociones.

chupete (pacifier), objeto con forma de pezón utilizado por lactantes y niños para succionar.

CI (CHD), abreviatura de **cardiopatía isquémica**.

CI (IC), abreviatura de **capacidad inspiratoria**.

CI (IQ), abreviatura de **cociente de inteligencia**.

CI-VA-DIC (CY-VA-DIC), combinación de fármacos antineoplásicos constituida por ciclofosfamida, vincristina, doxorrubicina y dacarbazina.

CIA (ASD), abreviatura de **comunicación interauricular**.

cianocobalamina (cyanocobalamin), sustancia roja cristalina soluble en agua, con una actividad similar a la de la vitamina B_{12}. Participa en el metabolismo de las proteínas, grasas y carbohidratos, en la formación de sangre y en la función nerviosa. Su déficit generalmente está causado por la ausencia del factor intrínseco, que es necesario para la absorción de cianocobalamina en el tracto GI, produciendo anemia perniciosa y lesión cerebral. Los síntomas del déficit son nerviosismo, neuritis, entumecimiento y hormigueo en las manos y pies, mala coordinación muscular, olor corporal desagradable y trastornos de la menstruación.

cianometahemoglobina (cyanomethemoglobin), derivado de la hemoglobina formado durante el tratamiento con nitritos de la intoxicación por cianuro.

cianosis (cyanosis), coloración azulada de la piel y de las mucosas producida por un exceso de hemoglobina desoxigenada en la sangre o por un defecto estructural en la molécula de hemoglobina, como la metahemoglobina.

ciática (sciatica), inflamación del nervio ciático, habitualmente acompañada de dolor e hipersensibilidad a lo largo del trayecto del nervio por el muslo y la pierna. Puede originar una atrofia de los músculos de la parte inferior de la pierna.

ciático (sciatic), cercano al isquion, como el nervio ciático.

cibofobia (cibophobia), aversión anormal o mórbida a los alimentos o a comer.

cicatriz (cicatrix, *pl.* **cicatrices**), tejido fibroso avascular, pálido, retraído y duro que se observa tras la fase precoz de reparación de los tejidos en la que es rojizo y suave.

cicatriz hipertrófica (hypertrophic scarring), cicatriz causada por la formación excesiva de tejido nuevo en la curación de una herida. Tiene el aspecto de un queloide duro, similar a un tumor.

cicatriz queloide (keloid scar), crecimiento exagerado de tejido en la cicatriz de una lesión cutánea, especialmente de una herida o incisión quirúrgica. La cantidad de tejido que crece es exagerada en relación con las necesidades de reparación de la herida, en parte debido a la acumulación de colágeno en esa zona.

cicatrizar (cicatrize), proceso de curación que lleva a la formación de una cicatriz.
ciclacilina (cyclacillin), antibiótico del grupo de las penicilinas que se utiliza para el tratamiento de ciertas infecciones bacterianas.
ciclamato (cyclamate), edulcorante artificial no nutritivo, que antiguamente se utilizaba en forma de sales sódicas o cálcicas.
ciclandelato (cyclandelate), vasodilatador prescrito para el tratamiento de la isquemia muscular y de la obstrucción o espasmo vascular periférico.
ciclencefalia (cyclencephaly), anomalía del desarrollo caracterizada por la fusión de los dos hemisferios cerebrales.
ciclitis (cyclitis), inflamación del cuerpo ciliar produciendo enrojecimiento de la esclerótica adyacente a la córnea del ojo.
ciclo cardíaco (cardiac cycle), sucesión de fenómenos durante los cuales se transmite un impulso eléctrico a lo largo de fibras especializadas a través del músculo miocárdico desde el nódulo sinusal (NS) al nódulo auriculoventricular (AV), al haz de His y sus ramas, hasta las fibras de Purkinje, produciéndose la contracción de las aurículas seguida de la contracción de los ventrículos. La contracción se produce tras la despolarización de las fibras musculares con posterior repolarización. La sangre desoxigenada llega a la aurícula derecha del corazón desde la vena cava superior y pasa a través de la válvula tricúspide hacia el ventrículo derecho. Con la contracción ventricular se bombea la sangre a través de la válvula pulmonar hacia la arteria pulmonar y los pulmones para su oxigenación. La sangre rica en oxígeno vuelve al corazón a través de las venas pulmonares que desembocan en la aurícula izquierda y pasa a través de la válvula mitral hacia el ventrículo izquierdo. Con la contracción ventricular, la sangre es bombeada a través de las valvas semilunares aórticas hacia la aorta y la circulación periférica. En el electrocardiograma el ciclo está representado por una serie de ondas, llamadas ondas P, Q, R, S y T, que incluyen el complejo QRS y dos segmentos entre las ondas, el segmento PR y el ST.

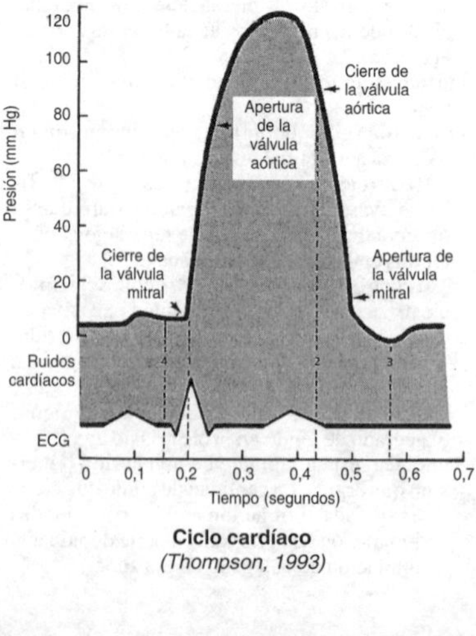

Ciclo cardíaco
(Thompson, 1993)

ciclo de Krebs-Henseleit (Krebs-Henseleit cycle), v. **ciclo de la urea**.
ciclo de la ornitina (ornithine cycle), v. **ciclo de la urea**.
ciclo de la urea (urea cycle), serie de reacciones enzimáticas por las que el amoniaco se destoxifica en el hígado. En la serie de pasos para eliminar la molécula de amoniaco, producto de desecho del metabolismo de las proteínas, se producen cinco reacciones enzimáticas cuando los radicales NH_2 se combinan con los átomos de carbono y oxígeno del dióxido de carbono para formar urea, que es excretada. El aminoácido arginina se sintetiza durante el mismo proceso.
ciclo de respuesta sexual (sexual response cycle), las cuatro fases de la respuesta sexual biológica: excitación, meseta, orgasmo y resolución.
ciclo del ácido cítrico de Krebs (Krebs' citric acid cycle), secuencia de reacciones enzimáticas relacionadas con el metabolismo de las cadenas de carbono de los azúcares, los ácidos grasos y los aminoácidos, para formar dióxido de carbono, agua y enlaces de fosfato de alta energía. El ciclo de Krebs proporciona una importante fuente de energía en forma de adenosintrifosfato, y también produce moléculas intermedias que son los puntos de inicio de cierto número de vías metabólicas vitales, incluida la síntesis de aminoácidos.
ciclo del ácido tricarboxílico (tricarboxylic acid cycle), v. **ciclo del ácido cítrico de Krebs**.
ciclo del carbono (carbon cycle), pasos mediante los cuales el carbono en la forma de dióxido de carbono es extraído y devuelto a la atmósfera por los organismos vivos. El proceso se inicia con la producción de carbohidratos mediante la fotosíntesis de las plantas, continúa con el consumo de carbohidratos por los animales y por el hombre, y finaliza con la espiración de dióxido de carbono junto con la liberación de éste en la descomposición de animales y plantas.

ciclo del nitrógeno (nitrogen cycle), circulación del nitrógeno a través de dos procesos naturales: desde la tierra a las plantas y los animales, que los devuelven a la misma en forma de productos nitrogenados, y mediante fijación bacteriana del nitrógeno atmosférico a través de plantas y animales que, al descomponerse, lo liberan de nuevo a la atmósfera.

ciclo estral (estrus cycle), cambios que suceden en el cuerpo femenino bajo la influencia de los estrógenos.

ciclo materno (maternity cycle), conjunto de períodos de anteparto, intraparto y posparto de la gestación y del puerperio, desde la concepción hasta las 6 semanas tras el nacimiento.

ciclo menstrual (menstrual cycle), ciclo recurrente de cambios en el endometrio durante el que se desprende la capa decidual del mismo, para después volver a crecer, proliferar, mantenerse varios días y volver a desprenderse. La duración media del ciclo, desde el primer día de la hemorragia de un ciclo hasta el primero del siguiente es de 28 días. Su duración y carácter varía enormemente entre distintas mujeres. Las tres fases del ciclo son: **fase proliferativa, fase secretora** y **fase menstrual**.

ciclo respiratorio (breathing cycle), ciclo ventilatorio consistente en una inspiración seguida de una espiración de un volumen de gas llamado volumen corriente en reposo. La duración del ciclo respiratorio es el período de respiración o ventilación.

ciclocefálico, ciclocéfalo, ciclocefalia (cyclocephalic, cyclocephalous, cyclocephaly), v. **ciclopía**.

ciclofosfamida (cyclophosphamide), agente alquilante empleado en el tratamiento de numerosas neoplasias y como agente inmunosupresor en el trasplante de órganos.

ciclopentilpropionato de testosterona (testosterone cyclopentylpropionate), v. **cipionato de testosterona**.

ciclopía (cyclopia), anomalía del desarrollo que se caracteriza por la fusión de las órbitas en una cavidad única que contiene un ojo.

ciclopiroxolamina (ciclopirox), agente antifúngico empleado para el tratamiento de las tiñas y de la candidiasis.

cicloplejía (cycloplegia), parálisis del músculo ciliar, como la inducida por ciertos fármacos oftalmológicos para permitir la exploración del ojo.

ciclopléjico (cycloplegic), **1.** relativo a un fármaco o tratamiento que produce la parálisis del músculo ciliar del ojo. **2.** grupo de fármacos anticolinérgicos que se utilizan para paralizar el músculo ciliar del ojo en caso de cirugía o exploración oftalmológica. Los ciclopléjicos pueden producir efectos adversos en personas sensibles a los anticolinérgicos.

ciclopropano (cyclopropane), gas anestésico, altamente inflamable, y potente explosivo, con el que se consigue una buena analgesia y relajación muscular esquelética, con baja toxicidad, mínimos efectos adversos y rápida inducción y resolución. En la actualidad ha sido sustituido por los hidrocarburos halogenados no inflamables y ya no se utiliza debido a su alto potencial inflamable y explosivo.

cicloserina (cycloserine), antibiótico utilizado para el tratamiento de la tuberculosis pulmonar y extrapulmonar activa.

ciclosporina (cyclosporin), grupo de metabolitos biológicamente activos de *Tolypocladium inflatum Gams* y de otros hongos. Las formas principales son la ciclosporina A y C, que son oligopéptidos cíclicos con efectos inmunosupresores, antifúngicos y antipiréticos. Como inmunosupresores, las ciclosporinas actúan principalmente sobre los linfocitos T.

ciclotomía (cyclotomy), procedimiento quirúrgico para la corrección de un defecto en el músculo ciliar del ojo.

ciclotrón (cyclotron), aparato utilizado para acelerar partículas cargadas o iones. Las partículas bombardean núcleos de átomos específicos para obtener isótopos radiactivos que serán usados como radiofármacos o para formar neutrones que pueden utilizarse en radioterapia.

cicutismo (cicutism), intoxicación producida por la cicuta, que produce cianosis, midriasis, convulsiones y coma.

CIE (ICD), siglas de **Clasificación Internacional de Enfermedades**.

ciego (blind), caracterizado por la ausencia de visión. El término puede indicar una pérdida total de visión o puede aplicarse de forma restringida para describir determinadas limitaciones visuales, como en el caso de la ceguera para el amarillo (tritanopia) o la ceguera para las palabras (dislexia).

ciego (cecum), fondo de saco que constituye la primera porción del intestino grueso.

ciempiés (milipede), artrópodo con muchas patas y con forma de gusano. Algunas especies destilan líquidos irritantes que pueden producir dermatitis.

ciencia (science), intento sistemático de establecer teorías para explicar fenómenos observados, y el conocimiento obtenido a través de estos esfuerzos. La **ciencia aplicada** es la aplicación práctica de la teoría y las leyes científicas. La ciencia pura se ocupa de obtener información únicamente con el fin de adquirir nuevos conocimientos.

ciencia de la conducta (behavioral science), cualquiera de las diferentes disciplinas interrelacionadas, tales como la psiquiatría, la psicología, la sociología y la antropología, que observan y estudian la actividad humana, incluido el desarrollo psicológico y emocional, las relaciones interpersonales, los valores y la moral.

ciencia de la vida (life science), estudio de las leyes y propiedades de la materia viva. La **anatomía**, la **bacteriología** y la **biología** son algunas de las ciencias de la vida.

Ciencia de los Seres Humanos Unitarios (Science of Unitary Human Beings), teoría y modelo conceptual de enfermería propuesto por Martha Rogers en 1970. Sus cuatro conceptos básicos se centran en la naturaleza y dirección del «desarrollo humano unitario».

ciencia física (physical science), estudio de las leyes y propiedades de la materia no viva. Son tipos de ciencia física la **física** y la **química**.

ciencia pura (pure science), v. **ciencia**.

cierre de mordida (bitelock), dispositivo dental para retener los bordes de oclusión en la misma relación fuera y dentro de la boca.

cierre de mufla (flask closure), (en odontología) unión de las dos mitades de una mufla, que encierra y forma la base de la dentadura.

ciesis (cyesis), embarazo.

cifoscoliosis (kyphoscoliosis), trastorno caracterizado por una curvadura anteroposterior y lateral de la columna vertebral.

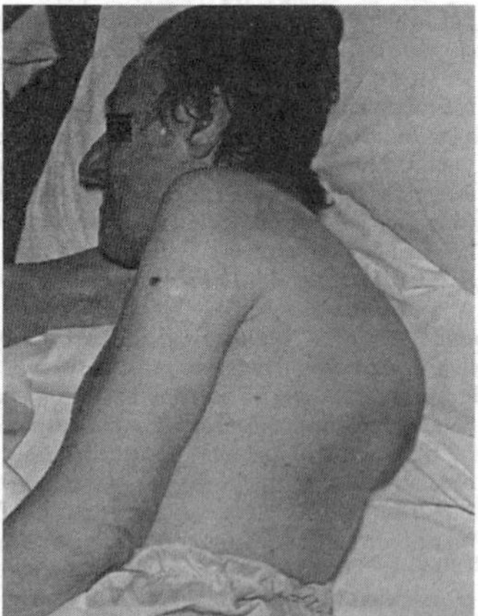

Cifoscoliosis grave
(C. D. Forbes/W. F. Jackson, 1994)

cifosis (kyphosis), trastorno de la columna vertebral caracterizado por el aumento de convexidad de la curvadura de la columna dorsal, vista lateralmente. La cifosis puede estar producida por raquitismo o tuberculosis vertebral.

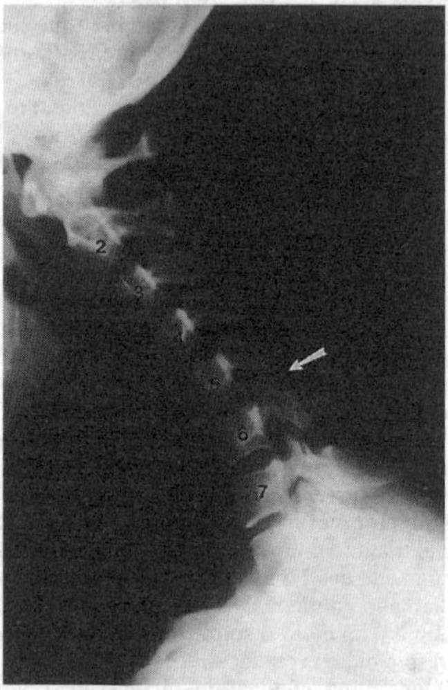

Cifosis angular en C5/C6
(Hochschuler, 1.ª ed., 1993)

cifosis juvenil (juvenile kyphosis), v. **enfermedad de Scheuermann**.

cigocito (zygocyte), v. **cigoto**.

cigogénesis (zygogenesis), **1.** formación de un cigoto. **2.** reproducción por la unión de gametos.

cigomático (zygomatic), relativo al cigoma.

cigomático mayor (zygomaticus major), uno de los 12 músculos de la boca. Actúa traccionando del ángulo de la boca hacia arriba y hacia atrás para sonreír o reír.

cigomático menor (zygomaticus minor), uno de los 12 músculos de la boca. Actúa acentuando la profundidad de la arruga nasolabial en una expresión facial de tristeza.

cigomicosis (zygomycosis), infección micótica aguda, con frecuencia fulminante y en ocasiones mortal, provocada por una clase de hongos de agua ficomicéticos, observada principalmente en pacientes con enfermedades debilitantes crónicas. Comienza con fiebre y dolor y secreción por la nariz y senos paranasales, que evoluciona hasta invadir el ojo y las vías respiratorias inferiores. El hongo puede entrar en los vasos sanguíneos y extenderse hacia el cerebro u otros órganos.

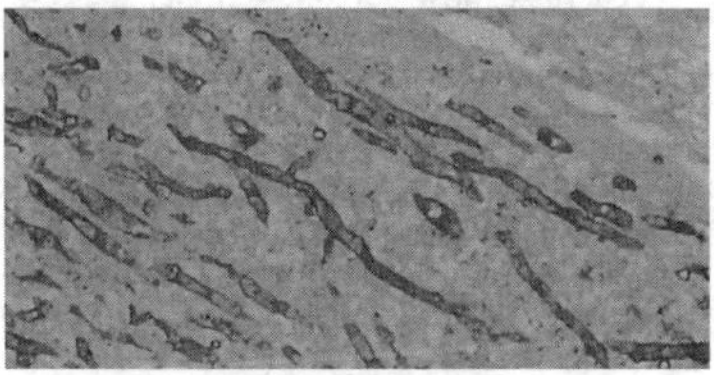

Cigomicosis pulmonar
(Ioachim, 1989)

cigonema (zygonema), formación cromosómica sináptica que se produce en la fase de cigoteno de la primera profase meiótica de la gametogénesis.

cigosidad (zygosity), características o condiciones de un cigoto. La voz se utiliza principalmente como sufijo para hacer referencia a la formación genética, refiriéndose específicamente a si los pares de alelos que determinan un rasgo en particular son idénticos (homocigosidad) o diferentes (heterocigosidad).

cigosis (zygosis), forma de reproducción sexual en organismos unicelulares, que consiste en la unión de dos células y la fusión de los núcleos.

cigospora (zygospore), espora resultante de la conjugación de dos isogametos, como en ciertos hongos y algas.

cigoteno (zygotene), segunda fase de la primera profase meiótica de la gametogénesis en la cual se produce la sinapsis de cromosomas homólogos.

cigoto (zygote), (en embriología) huevo en desarrollo desde el momento en que es fecundado hasta que, como blastocisto, es implantado en el útero.

ciliado (ciliate), que tiene cilios, como determinadas células epiteliales del organismo o los protozoos de la clase Ciliados.

Ciliados (Ciliata), clase de protozoos del subgénero Ciliophora, caracterizados por la presencia de cilios en todo su ciclo vital.

ciliar (ciliary), relativo a las pestañas o los párpados.

cilindro (cast), estructura de dimensiones reducidas formada por depósitos de minerales o de otras sustancias en las paredes de los túbulos renales, bronquiolos u otros órganos. Los cálculos generalmente aparecen en muestras de orina o de sangre recogidas para su examen en el laboratorio.

cilindro granuloso (granular cast), masa de restos patológicos compuesta por células llenas de proteínas y gránulos de grasa.

cilindro hialino (hyaline cast), cilindro transparente compuesto de mucoproteínas.

cilindroeje (axis cylinder), v. **axón**.

cilindroma (cylindroma, *pl*. **cylindromas, cylindromata**), **1.** v. **carcinoma adenoquístico**. **2.** neoplasia benigna de la piel, generalmente del cuero cabelludo o de la cara, que se desarrolla a partir de un folículo piloso o glándula sudorípara.

cilindros de células sanguíneas (blood cell casts), masa de restos sanguíneos liberados de una superficie corporal dañada o excretados por la orina.

cilindros urinarios (urinary casts), células o partículas excretadas en la orina que adoptan la forma de los tubos colectores renales.

cilios (cilia, *sing*. **cilio**), **1.** pestañas. **2.** pequeñas prolongaciones, como pelos, presentes en la superficie externa de algunas células que facilitan el metabolismo produciendo movimientos, remolinos o corrientes en un líquido.

CIM (MIC), abreviatura de **concentración inhibidora mínima**.

cimetidina (cimetidine), antagonista de los receptores H_2 de la histamina que se utiliza para inhibir la producción y la secreción de ácido por el estómago para el tratamiento de la úlcera duodenal, de la pancreatitis y de las enfermedades por hipersecreción.

Cimex lectularius (Cimex lectularius), v. **chinche**.

cimografía (kymography), técnica para registrar gráficamente los movimientos de los órganos del cuerpo, como el corazón o los grandes vasos.

cimoproteína (zymoprotein), **1.** proteína de una levadura. **2.** cualquier proteína que funcione como una enzima.

cimórfico (zymorphic, zymorphous), relativo a las propiedades fermentativas.

cinasa (kinase), **1.** enzima que cataliza la transferencia de un grupo fosfato u otro grupo de alta energía molecular a una molécula receptora. **2.** enzima que activa una preenzima (cimógeno).

cinconismo (cinchonism), trastorno provocado por la ingestión excesiva de corteza de cinchona o de sus alcaloides. El cinconismo se caracteriza por sordera, cefalea, zumbido de oídos y signos de congestión cerebral.

cineangiocardiografía (cineangiocardiography), filmación de imágenes fluorescentes del sistema cardiovascular mediante el uso combinado de técnicas de fluoroscopia, rayos X e imágenes en movimiento.

cineangiocardiograma (cineangiocardiogram), radiografía del sistema cardiovascular obtenida mediante instrumentos especiales que emplean una combinación de rayos X, fluoroscopia y técnicas de imágenes en movimiento.

cineangiógrafo (cineangiograph), cámara de cine especial para filmar imágenes fluorescentes del sistema cardiovascular.

cineangiograma (cineangiogram), registro en forma de película de un vaso sanguíneo o de una parte del sistema cardiovascular, que se obtiene inyectando al paciente un contraste radiopaco no tóxico y filmando el movimiento de los vasos durante el paso del mismo.

cinefluorografía (cinefluorography), v. **cinerradiografía**.

cinemática (kinematics, cinematics), (en fisiología) geometría del movimiento corporal sin tener en cuenta las fuerzas que actúan para producirlo. Los tipos más frecuentes de movimientos estudiados en cinemática son: flexión, extensión, aducción, abducción, rotación interna y rotación externa. La cinemática especialmente es importante en ortopedia y rehabilitación.

cinerradiografía (cineradiography), filmación con una cámara de cine de las imágenes que aparecen en una pantalla fluorescente.

cinésica (kinesics), estudio de la posición y el movimiento del cuerpo en relación con la comunicación.

cinesigénesis (coenesthesia, coenesthesis, coenogenesis), v. **cinestesia**.

cinesiología (kinesiology), estudio científico de la actividad muscular y de la anatomía, fisiología y mecánica del movimiento de las distintas partes del cuerpo.

cinesis (kinesia), sensación de náusea provocada por la sensación de movimiento, como en el mareo en el mar o en coche.

cinestesia (kinesthesia), percepción de las partes del propio cuerpo, el peso y el movimiento.

cinética (kinetics), (en fisiología) estudio de las fuerzas que producen, detienen o modifican los movimientos del cuerpo. Las fuerzas musculares que actúan sobre las articulaciones siguen las leyes de Newton. Las fuerzas de reacción de los músculos contribuyen al equilibrio y el movimiento del cuerpo.

cinetocoro (kinetochore), v. **centrómero**.

cinetosis (motion sickness), trastorno producido por movimientos erráticos o rítmicos en cualquier combinación de direcciones, como en un barco o en un coche. Los casos graves se caracterizan por náuseas, vómitos, vértigo y cefalea; los casos leves, por cefalea y malestar general.

cingulectomía (cingulectomy), extirpación quirúrgica de una porción de la circunvolución del cuerpo calloso del lóbulo frontal del cerebro y del tejido que lo rodea.

cingulotomía (cingulotomy), procedimiento neuroquirúrgico para aliviar el dolor intratable produciendo lesiones en el tejido de la circunvolución del cuerpo calloso del lóbulo frontal.

cinómero (kinomere), v. **centrómero**.

cinta de escayola (casting tape), cinta adhesiva o impregnada en resina utilizada para moldear escayolas ligeras.

cintas de Montgomery (Montgomery tapes), v. **bandas de Montgomery**.

cintura (girdle), cualquier estructura curva o circular, como la cintura pélvica, formada por los huesos y tejidos pélvicos asociados.

cintura escapular (shoulder girdle), arco parcial situado en la zona superior del tronco formado por la escápula y la clavícula.

cintura pélvica (pelvic girdle), anillo óseo formado por los huesos coxales, el sacro y el cóccix.

cinturón andador (walking belt), dispositivo de cuero o nylon con asas que permiten al encargado de prestar la atención sanitaria ayudar a caminar al paciente.

cinturón neumático (pneumobelt), corsé dotado de un globo hinchable que se ajusta a la zona abdominal y que se conecta a un ventilador que crea una presión positiva a una velocidad ajustable. Se utiliza para facilitar la rehabilitación respiratoria de los pacientes con lesiones cervicales altas.

cinturón restrictivo (belt restraint), dispositivo utilizado para asegurar al paciente en una camilla o en una silla.

cipionato (cypionate), contracción de ciclopentanopropionato.

cipionato de testosterona (testosterone cypionate), forma de testosterona de actividad prolongada.

CIPM (CIPM), abreviatura de ***Comité International des Poids et Mesures***.

circinado (circinate), con bordes en forma de anillo; anular.

circonio (Zr) (zirconium [Zr]), elemento metálico tetravalente, gris acero. Su número atómico es 40; su peso atómico es 91,22.

circuito (circuit), camino o vía, especialmente cuando a través de éste pasa la corriente eléctrica. La corriente circula por un circuito cerrado o continuo y se detiene si el circuito se abre, interrumpe o rompe.

Circuito de respiración de Bain (Bain Breathing Circuit), sistema anestésico de flujo continuo que no requiere un absorbente de sosa cálcica.
circulación (circulation), movimiento de un objeto o sustancia a través de un circuito circular de forma que vuelve al punto de inicio, como la circulación de la sangre a través de la red de arterias y venas.
círculo (circle), (en anatomía) toda estructura corporal con forma circular o casi circular.
círculo de Carus (circle of Carus), v. **curva de Carus**.
circumanal (circumanal), relativo a la zona que rodea el ano.
circumoral (circumoral), relativo o perteneciente al área de la cara que rodea la boca.
circuncisión (circumcision), procedimiento quirúrgico por el que se extirpa el prepucio del pene o, excepcionalmente, el prepucio del clítoris. El ritual de la circuncisión es llevado a cabo por las religiones de aproximadamente un sexto de la población mundial.
circuncorneal (circumcorneal), perteneciente al área del ojo que rodea a la córnea.
circunducción (circumduction), **1.** movimiento circular de un miembro o del ojo. **2.** movimiento de la epífisis de un hueso dentro de una cavidad articular, como en la articulación de la cadera. La circunducción es una combinación de abducción, aducción, extensión y flexión.
circunflejo (circumflex), relativo a los vasos sanguíneos o a los nervios que rodean otras estructuras corporales.
circunlocución (circumlocution), uso de la pantomima, de la comunicación no verbal o sustitución de una palabra para evitar revelar al paciente que ha olvidado una palabra.
circunscrito (circumscribed), relativo a un área bien definida o con márgenes o límites claros.
circunstancialidad (circumstantiality), (en psiquiatría) modelo de lenguaje en el que el paciente tiene dificultad para separar la información relevante de la irrelevante mientras describe un suceso. La circunstancialidad puede ser un signo de disfunción cerebral crónica.
circunvoluciones cerebrales (gyri cerebri), las distintas convoluciones de la superficie externa de los hemisferios cerebrales, separadas entre sí por cisuras.
cirrosis (cirrhosis), enfermedad degenerativa crónica del hígado en la que los lóbulos están cubiertos por tejido fibroso, el parénquima ha degenerado y los lobulillos están infiltrados por grasa. Se alteran la gluconeogénesis, el metabolismo de fármacos y alcohol, el metabolismo de la bilirrubina, la absorción de vitaminas, la función gastrointestinal, el metabolismo hormonal y otras funciones hepáticas. La cirrosis suele aparecer como consecuencia del abuso crónico de alcohol aunque también puede deberse a deprivación nutricional, a hepatitis o a otra infección. Los síntomas de la cirrosis son similares, independientemente de la causa que la produzca: náuseas, flatulencia, anorexia, pérdida de peso, ascitis, heces poco coloreadas, debilidad, dolor abdominal, varices y angiomas o arañas vasculares. Algunos tipos de cirrosis son: **cirrosis biliar** y **cirrosis cardíaca**.

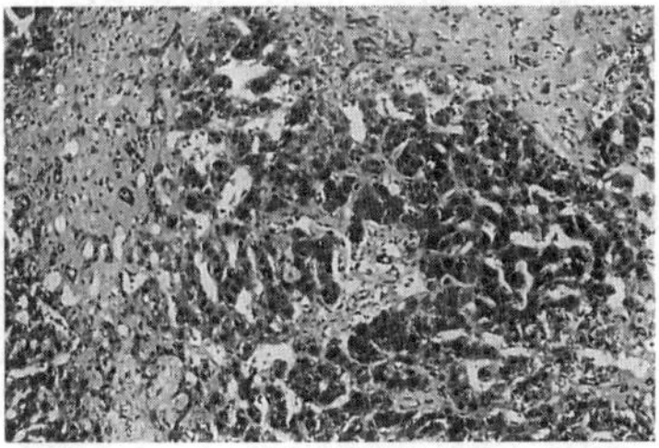

Cirrosis cardíaca
(S. Sherlock/J. A. Summerfield, 2.ª ed., 1992)

cirugía (surgery), rama de la medicina relacionada con enfermedades y traumatismos que requieren intervenciones cruentas.
Cis (Cys), abreviatura de **cisteína**.
cisplatino (cisplatin), antineoplásico prescrito para el tratamiento de una amplia variedad de neoplasias, como los tumores metastásicos de testículo, próstata y ovario.
cistationinemia (cystathioninemia), trastorno metabólico hereditario debido al déficit de la enzima cistationasa. Éste provoca un exceso del aminoácido metionina. Algunos pacientes pueden estar asintomáticos, mientras que otros presentan signos de retraso mental.
cistectomía (cystectomy), procedimiento quirúrgico en el que se practica la resección parcial o total de la vejiga, como puede ocurrir en el tratamiento del cáncer de vejiga.
cisteína (Cis) (cysteine [Cys]), aminoácido no esencial presente en muchas proteínas del organismo, incluida la queratina. Es un precursor metabólico de la cistina y una fuente importante de azufre para diversas funciones del organismo.
cisterna (cisterna, *pl.* **cisternae**), cavidad que sirve como reservorio para la linfa u otros lí-

quidos corporales. La **cisterna del quilo** y la **cisterna subaracnoidea** son dos tipos de cisternas.

cisticerco (cysticercus), forma larvaria de la tenia. Está constituido por un único escólex incluido en un quiste en forma de vesícula.

cisticercosis (cysticercosis), infección e infestación por la forma larvaria de la tenia porcina *Taenia solium* o de la tenia del ganado vacuno *T. saginata*. Los huevos son ingeridos e incubados en el intestino; las larvas invaden el tejido subcutáneo, cerebro, ojos, músculo, corazón, hígado, pulmones y peritoneo. La fase invasiva precoz de la infección se caracteriza por fiebre, malestar, dolor muscular y eosinofilia. Puede aparecer epilepsia y cambios de la personalidad si el cerebro resulta afectado.

cistina (cystine), aminoácido no esencial presente en muchas proteínas corporales, como la queratina o la insulina. La cistina es el producto de la oxidación de dos moléculas de cisteína.

cistinosis (cystinosis), enfermedad congénita caracterizada por glucosuria, proteinuria y depósitos de cistina en hígado, bazo, médula ósea y córnea, raquitismo, exceso de fosfatos en la orina y retraso del crecimiento.

cistinuria (cystinuria), **1.** presencia anormal del aminoácido cistina en la orina. **2.** defecto hereditario de los túbulos renales caracterizado por la excreción excesiva de cistina y de otros aminoácidos en la orina. A altas concentraciones, la cistina tiende a precipitar en el tracto urinario, formando cálculos en la vejiga o en el riñón.

cistitis (cystitis), trastorno inflamatorio de la vejiga urinaria y de los uréteres caracterizado por dolor, urgencia para orinar, frecuencia urinaria y hematuria. Puede estar provocada por infecciones bacterianas, cálculos o tumores.

cistitis intersticial (interstitial cystitis), inflamación de la vejiga, supuestamente relacionada con una respuesta autoinmunitaria o alérgica. La vejiga se inflama, ulcera y cicatriza, lo que ocasiona micciones frecuentes y dolorosas. Suele producirse hematuria.

cistoadenocarcinoma (cystadenocarcinoma), tumor pancreático que se desarrolla a partir de un cistoadenoma mucoso. Las características clínicas incluyen dolor epigástrico y masa abdominal palpable.

cistoadenoma (cystadenoma, *pl.* **cystadenomas, cystadenomata**), **1.** adenoma asociado a un cistoma. **2.** adenoma que contiene múltiples estructuras quísticas.

cistocele (cystocele), protrusión herniaria de la vejiga urinaria a través de la pared de la vagina.

cistograma (cystogram), registro gráfico, generalmente como series de radiografías, obtenido como parte de cualquier urografía excretora, como la pielografía o la cistoscopia retrógrada.

cistoide (cystoid), relativo o parecido a un quiste.

cistoma (cystoma, *pl.* **cystoma, cystomata**), cualquier tumor que contiene quistes, especialmente en o cerca del ovario.

cistometría (cystometry), estudio de la función vesical utilizando un cistómetro, instrumento que mide la capacidad de la vejiga en función de los cambios de presión. La técnica urológica cistometografía mide la presión ejercida sobre la vejiga en distintos grados de capacidad. Los resultados de las mediciones se registran de forma gráfica en un **cistometograma**.

cistosarcoma filoides (cystosarcoma phyllodes), tumor benigno de la mama que crece con rapidez y tiende a reproducirse si no se extirpa adecuadamente.

cistoscopia (cystoscopy), visualización directa de las vías urinarias a través de un cistoscopio introducido en la uretra. Habitualmente se realiza bajo sedación o anestesia, con el paciente en posición de litotomía. Se distiende la vejiga con aire o agua. El paciente debe estar en ayunas.

cistoscopio (cystoscope), instrumento para la exploración y tratamiento de las lesiones de la vejiga urinaria, del uréter y del riñón. Está constituido por una funda externa dotada de un sistema luminoso, un obturador óptico y una vía para el paso de catéteres e instrumental quirúrgico.

cistouretrograma (cystourethrogram), radiografía de la vejiga urinaria y de la uretra, que normalmente se realiza utilizando un contraste yodado para visualizar las estructuras.

cistrón (cistron), fragmento o porción de ADN que codifica un polipéptido específico. Es la unidad más pequeña que puede funcionar como transmisor de información genética.

cisura (sulcus, *pl.* **sulci**), hendidura poco profunda, depresión o surco en la superficie de un órgano, como la cisura que separa las circunvoluciones de los hemisferios cerebrales.

cisura calcarina (calcarine fissure), cisura situada entre la circunvolución cuneiforme y la lingual en la cara interna del lóbulo occipital del cerebro.

cisura callosa (callosal fissure), hendidura que continúa la convexidad del cuerpo calloso.

cisura callosomarginal (callosomarginal fissure), extenso surco irregular de la cara interna del hemisferio cerebral. Separa la circunvolución del cuerpo calloso de la circunvolución frontal interna y del lóbulo paracentral.

cisura central (central fissure), v. **cisura de Rolando**.

cisura central del cerebro (sulcus centralis cerebri), v. **cisura de Rolando**.

cisura central o de Rolando (central sulcus), hendidura que separa los lóbulos cerebrales frontal y parietal.

cisura colateral (collateral fissure), cisura que separa la circunvolución subcalcarina y la subcolateral del hemisferio cerebral.

cisura de Rolando (Rolando's fissure) [Luigi Rolando, anatomista italiano, n. 1773], surco central del cerebro.

cisura de Silvio (sylvian fissure), cisura lateral de los hemisferios cerebrales.

cisura horizontal del pulmón derecho (horizontal fissure of the right lung), hendidura que marca la separación de los lóbulos superior y medio del pulmón derecho.

cisura longitudinal (longitudinal fissure), hendidura larga y profunda entre los dos hemisferios cerebrales.

cisura oblicua del pulmón (oblique fissure of the lung), **1.** surco que separa los lóbulos inferior y medio en el pulmón derecho. **2.** surco que separa los lóbulos superior e inferior en el pulmón izquierdo.

cisura parietooccipital (parietooccipital sulcus), surco de cada hemisferio cerebral que marca la división de los lóbulos cerebrales parietal y occipital.

cisura primaria (primary fissure), cisura que establece la división de los lóbulos anterior y posterior del cerebelo.

cisura transversa (transverse fissure), cisura que divide la superficie dorsal del diencéfalo y la superficie ventral del hemisferio cerebral.

cisvestismo (cisvestitism), modo de vestir apropiado en cuanto al sexo del individuo, pero inadecuado en cuanto a la edad, ocupación o estatus del mismo.

cit (cit), abreviatura del anión citrato carboxilato.

citación (subpoena), documento de un tribunal ordenando que una persona comparezca en un determinado momento y lugar para testificar sobre una cuestión determinada.

citarabina (cytarabine), agente antineoplásico utilizado para el tratamiento de la leucemia mieloide aguda y crónica, leucemia linfocítica aguda y eritroleucemia.

citoarquitectura (cytoarchitecture), patrón característico de disposición de las células dentro de un tejido u órgano particular, como en la corteza cerebral.

citobiotaxis (cytobiotaxis), v. **citoclesis**.

citoblasto (cytoblast), obsoleto, núcleo celular.

citocentro (cytocentrum), v. **centrosoma**.

citocerástico (cytocerastic), v. **citoquerástico**.

citocida (cytocide), cualquier sustancia que destruye células.

citocinesis (cytokinesis), división del citoplasma, exclusiva de la división nuclear, que se produce durante las fases finales de la mitosis y meiosis para formar células hijas; totalidad de cambios que se producen en el citoplasma durante la mitosis, meiosis y fertilización.

citoclesis (cytoclesis), influencia ejercida por una célula sobre la acción de otras; principio vital de todo tejido vivo.

citocromo (cytochrome), **1**. clase de hemoproteínas cuya función es el transporte de electrones. Estas proteínas tienen capacidad de invertir la valencia de los compuestos hemehierro, alternando entre estados ferrosos y férricos. **2**. proteínas que forman parte de los sistemas de transporte de electrones exudativos mitocondriales asociados a la producción de ATP.

citocromo P-450 (cytochrome P-450), proteína citocrómica que participa en el transporte de electrones extramitocondriales en el hígado y en la desintoxicación de medicamentos.

citoctonia (cytoctony), destrucción de células, en concreto, muerte de células en un cultivo por virus.

citodiéresis (cytodieresis, *pl.* **cytodiereses**), división celular, en especial, los fenómenos que afectan a la división del citoplasma.

citodiferenciación (cytodifferentiation), **1**. proceso por el que las células embrionarias adquieren las propiedades bioquímicas y morfológicas esenciales para especializarse y diversificarse. **2**. transformación total y gradual desde el estado indiferenciado a la diferenciación completa.

cítodo (cytode), forma celular más simple que consiste en una masa protoplásmica sin núcleo, como una bacteria.

citofisiología (cytophysiology), estudio de los procesos bioquímicos implicados en el funcionamiento de una célula individual, a diferencia del funcionamiento de los órganos y tejidos.

citofluorógrafo (cytofluorograph), instrumento diagnóstico utilizado para medir el nivel de linfocitos T CD4 en pacientes VIH positivos. Los linfocitos se tiñen con anticuerpos monoclonales específicos. El valor normal del recuento de CD4 es de 800/mm^3. El tratamiento antirretrovírico puede comenzarse cuando el nivel de CD4 desciende por debajo de 500/mm^3.

citoforesis (cytophoresis), 1. técnica terapéutica que utiliza el principio de la centrifugación para eliminar hematíes, leucocitos o plaquetas de pacientes con ciertos trastornos hematológicos. 2. técnica de laboratorio para separar, mediante centrifugación, componentes específicos, como leucocitos o plaquetas, de la sangre de donantes.

citofotometría (cytophotometry), identificación de sustancias químicas dentro de una célula utilizando un citofotómetro.

citofotómetro (cytophotometer), instrumento para medir la densidad luminosa en las zonas teñidas del citoplasma, que se utiliza para localizar e identificar sustancias químicas dentro de las células.

citogénesis (cytogenesis), origen, desarrollo y diferenciación de las células.

citogenética (cytogenetics, cytogenics), rama de la genética que estudia los constituyentes celulares relacionados con la herencia, principalmente la estructura, función y origen de los cromosomas. Un tipo de citogenética es la **citogenética clínica**.

citogenética clínica (clinical cytogenetics), rama de la genética que estudia la relación entre las anomalías cromosómicas y los procesos patológicos.

citogeneticista (cytogeneticist), especialista en citogenética.

citogenia (cytogeny), origen y desarrollo de la célula.

citogonia (cytogony), reproducción citogénica.

citohialoplasma (cytohyaloplasm), v. **hialoplasma**.

citohistogénesis (cytohistogenesis), desarrollo y formación estructural de las células.

citoide (cytoid), que se parece a una célula.

citolinfa (cytolymph), v. **hialoplasma**.

citolisina (cytolysin), anticuerpo que produce la disolución de las células antigénicas. La **bacteriolisina** y la **hemolisina** son dos tipos de citolisinas.

citólisis (cytolysis, *pl.* **cytolises**), destrucción o disolución de una célula viva, fundamentalmente por la desintegración de su membrana más externa. La **citólisis inmunitaria** es un tipo de citólisis.

citología (cytology), estudio de las células, incluidas la formación, origen, estructura, función, actividad bioquímica y alteraciones. Son tipos de citología la **citología exfoliativa** y la citología por biopsia de aspiración.

citólogo (cytologist), especialista en el estudio de las células, en especial, aquel que utiliza técnicas citológicas para el diagnóstico diferencial de una neoplasia.

citomegalovirus (CMV) (cytomegalovirus [CMV]), miembro de un gran grupo de virus específicos similares a los del género herpes responsables de numerosas enfermedades.

citometría (cytometry), recuento y medición de células, especialmente de células sanguíneas.

citómetro (cytometer), aparato para contar y medir el número de células presentes en una cantidad determinada de líquido como sangre, orina o líquido cefalorraquídeo.

citomitoma (cytomitome), red de filamentos del citoplasma celular distinta de la presente en el nucleoplasma.

citomorfología (cytomorphology), estudio de las distintas formas celulares y de las estructuras contenidas en su interior.

citomorfosis (cytomorphosis, *pl.* **cytomorphoses**), conjunto de los distintos cambios que se producen dentro de una célula durante el curso de su ciclo vital.

citón (cyton), cuerpo celular de una neurona o porción que contiene el núcleo junto con el citoplasma que le rodea a partir del cual se forman el axón y las dendritas.

citopenia (cytopenia), escasez de células en la sangre.

citoplasma (cytoplasm), toda la sustancia constitutiva de una célula distinta del núcleo.

citoquerástico (cytokerastic), relativo al o característico del desarrollo celular desde una forma inferior a una superior, o desde una simple a otra más compleja.

citoquimia (cytochemism), actividad química dentro de una célula viva, en concreto las distintas reacciones químicas y la afinidad por las sustancias químicas.

citoquímica (cytochemistry), estudio de los distintos productos químicos presentes en una célula viva y de sus acciones y funciones.

citoscopia (cytoscopy), estudio diagnóstico de las células obtenidas de muestras de pacientes con ayuda de microscopios y de otros aparatos de laboratorio.

citosina (cytosine), base pirimidínica fundamental presente en los nucleótidos y componente fundamental del ADN y del ARN. En su forma libre o no combinada está presente en pequeñas cantidades en la mayoría de las células.

citosqueleto (cytoskeleton), elementos citoplasmáticos, como las tonofibrillas, la queratina y otras microfibrillas, que actúan como sistema de soporte dentro de una célula, especialmente en la célula epitelial.

citotoxina (cytotoxin), sustancia que tiene efectos tóxicos sobre ciertas células. Un anticuerpo puede actuar como una citotoxina.

citotrofoblasto (cytotrophoblast), capa celular interna del trofoblasto de los embriones de mamíferos a partir de la cual se origina la capa externa y las vellosidades coriónicas.

citrar (citrate), acto de tratar con citrato o ácido cítrico.

citrato (citrate), cualquier sal o éster del ácido cítrico.

citrato de clomifeno (clomiphene citrate), antiestrógeno no esteroideo que actúa estimulando la ovulación. Se prescribe principalmente para el tratamiento de la anovulación y de la oligoovulación en mujeres.

citrato de dietilcarbamazina (diethylcarbamazine citrate), antihelmíntico utilizado en el tratamiento de ascaridiasis, filariasis, oncocercosis, loiasis y eosinofilia tropical.

citrato de etoheptacina (ethoheptazine citrate), analgésico no narcótico prescrito para aliviar el dolor leve o moderado.

citrato de feniltoloxamina (phenyltoloxamine citrate), antihistamínico utilizado habitualmente en un medicamento de combinación fija con un analgésico.

citrato de fentanilo (fentanyl citrate), analgésico narcótico prescrito como coadyuvante en la anestesia general, como analgésico pre y postoperatorio, y que forma parte de los compuestos empleados en la neuroleptoanalgesia y neuroleptoanestesia.

citrato de orfenadrina (orphenadrine citrate), relajante del músculo esquelético con actividad anticolinérgica y antihistamínica prescrito para el tratamiento de la distensión muscular grave.

citrato de sufentanilo (sufentanil citrate), analgésico y anestésico intravenoso utilizado como coadyuvante de la anestesia general y como anestésico primario con oxígeno al 100%.

citrato de tripelennamina (tripelennamine citrate), v. **clorhidrato de tripelennamina**.

citrina (citrin), flavonoide cristalino concentrado que se utiliza como fuente de bioflavonoides.

citrulina (citrulline), aminoácido que se produce a partir de la ornitina durante el ciclo de la urea y que se transforma posteriormente en arginina por transferencia de un átomo de nitrógeno desde el aspartato.

citrulinemia (citrullinemia), trastorno del metabolismo de los aminoácidos debido a la deficiencia de una enzima, la argininosuccinicosintetasa. Los síntomas clínicos consisten en vómitos, convulsiones y coma.

CIV (IVC), abreviatura de **colangiografía intravenosa**.

cizallamiento (shear), fuerza aplicada o presión ejercida contra la superficie y las capas de la piel a medida que los tejidos se deslizan en planos opuestos, pero paralelos.

Cl (Cl), símbolo del **cloro**.

clamp (clamp), pinza con extremos dentados y asas que se bloquean que se emplea para apretar, mantener, unir, sujetar o comprimir un órgano o un vaso.

clarificación (clarification), (en psicología) técnica de intervención diseñada para enseñar al paciente a centrarse y a reconocer vacíos o incoherencias en sus enunciados.

clarificación del rol (role clarification), adquisición de los conocimientos, información y claves necesarios para desempeñar un rol.

clarificar (clarify), (en química) aclarar un líquido turbio permitiendo que cualquier materia en suspensión se deposite, mediante la adición de una sustancia que precipita cualquier materia en suspensión, o por calentamiento.

clarividencia (clairvoyance), capacidad o habilidad supuesta para percibir o controlar objetos o sucesos sin la participación de los sentidos físicos.

clase social (social class), agrupación de personas con valores, intereses, ingresos, educación y trabajo similares.

clasificación (classification), (en investigación) proceso de obtención y análisis de datos en el que los datos se agrupan en función de características predeterminadas.

clasificación animal o vegetal (plant or animal classification), sistema de identificación de los organismos según sus relaciones naturales basadas en factores comunes como la embriología, la estructura o la naturaleza química. En el sistema vegetal, las categorías se organizan en sentido descendente en: reino, división, clase, orden, género, especie. Para los animales las categorías son: reino, filum, clase, orden, familia, género, especie. Los seres humanos somos miembros de la especie *Homo sapiens*, del género *Homo*, de la familia de homínidos, que son los miembros bípedos del orden de los primates, en la clase de los mamíferos, dentro de un subfilum de vertebrados en el reino animal.

clasificación artificial de las cavidades (artificial classification of cavities), (en odontología) clasificación según la cual las cavidades corresponden a uno de seis grupos. Clase 1: cavidades asociadas con defectos estructurales de los dientes, como hendiduras y fisuras. Clase 2: cavidades en las superficies proximales de los premolares y de los molares. Clase 3:

cavidades en las superficies proximales de los caninos y de los incisivos, que no conllevan la eliminación ni la restauración del ángulo incisivo. Clase 4: cavidades en las superficies proximales de los caninos y molares, que requieren la eliminación y la restauración del ángulo incisivo. Clase 5: cavidades, exceptuadas las hendiduras, en el tercio gingival de las superficies labial, bucal o lingual de los dientes. Clase 6: cavidades en los bordes incisivos y en los extremos de los vértices de los dientes.

clasificación de Angle (Angle's classification), clasificación de los diversos tipos de maloclusión.

clasificación de Brunnstrom de la hemiplejía (Brunnstrom hemiplegia classification), procedimiento de evaluación que valora el tono muscular y el control voluntario de los patrones de movimiento de un paciente que ha sufrido un accidente cerebrovascular. Los resultados indican el progreso del paciente a través de diferentes estadios de recuperación.

clasificación de cavidades (cavity classification), taxonomía de las lesiones por caries según la superficie dental donde aparece, como labial, bucal u oclusal; y según el tipo de superficie como rugosa o lisa.

clasificación de Denver (Denver classification), sistema de identificación de los cromosomas humanos según los criterios establecidos en las conferencias sobre citogenética de Denver (1960), Londres (1963) y Chicago (1966). Se basa en el tamaño del cromosoma y posición del centrómero durante la metafase de la mitosis, con siete grupos principales, de la A a la G, que se disponen en orden de longitud decreciente.

clasificación de Dukes (Dukes' classification), sistema de identificación de los estadios de los tumores colorrectales, de la A hasta la D, según el grado de invasión y metástasis. Un tumor A de Dukes es el que está confinado a la mucosa y la submucosa. Un tumor B es el que ha invadido la musculatura, pero sin afectar al sistema linfático. Los tumores C han invadido el músculo y han metastatizado en los ganglios linfáticos regionales. Los tumores D son los que han metastatizado en tejidos orgánicos distantes.

clasificación de Kennedy (Kennedy classification) [Edward Kennedy, odontólogo norteamericano, n. 1883], método de clasificación de los estados edentados y las dentaduras parciales, basado en la posición de los espacios de los dientes que faltan en relación con los que quedan.

clasificación de la maloclusión (classification of malocclusion), sistema desarrollado por E. H. Angle para definir la malposición y el contacto de los dientes de los maxilares superior e inferior. El sistema se divide en: Clase I (neutroclusión), relación anteroposterior de los maxilares normal, pero con amontonamiento de los dientes superiores o inferiores; incisivos superiores sobresalientes o retraídos; mordida cruzada anterior, posterior o doble, y desplazamiento mesial de los molares en casos de pérdida prematura de dientes. Clase II (distoclusión), el surco bucal del primer molar inferior está en posición distal respecto a la cúspide mesiobucal del primer molar superior permanente por lo menos en la anchura de un premolar. Clase III (mesioclusión), el arco inferior es anterior al superior en uno o ambos segmentos laterales, y el primer molar inferior es mesial respecto al primer molar superior. Clase IV, las relaciones oclusales de los arcos dentales presentan una situación peculiar, con oclusión distal en uno de los lados de la boca y oclusión mesial en el otro.

clasificación de Lancefield (Lancefield's classification) [Rebeca C. Lancefield, bacterióloga norteamericana, n. 1895], clasificación serológica de los estreptococos basada en sus características antigénicas. Las bacterias se dividen en 13 grupos de acuerdo con la identificación de su acción patológica.

clasificación de Landsteiner (Landsteiner's classification) [Karl Landsteiner, patólogo norteamericano, n. 1868], clasificación de los grupos sanguíneos como A, B, AB y O según la presencia o ausencia de los aglutinógenos A y B en los eritrocitos de la sangre humana.

clasificación de las caries (classification of caries), sistema de definición de las caries dentales según la parte afecta del diente. El sistema, ideado por G. V. Black, define las caries de clase I como hoyos y fisuras en las superficies de oclusión de molares y premolares (bicúspides), las superficies facial y lingual de los molares y la superficie lingual de los incisivos del maxilar superior; clase II, superficies proximales de premolares y molares, sin rotura de proximal a oclusal; clase III, superficies proximales de incisivos y caninos, sin incluir los ángulos de corte; clase IV, superficies proximales de incisivos y caninos, con los ángulos de corte, y clase V, tercio cervical de las superficies facial o lingual, sin hoyos ni fisuras.

clasificación de los pacientes en anestesia (anesthesia patients, classification of), sistema mediante el cual la *American Society of Anesthesiologists* clasifica a los pacientes para anestesia en cinco categorías en función de los factores de riesgo anestésico. La clase I incluye los pacientes con buen estado de salud general, sin problemas graves orgánicos, fisiológicos, bioquímicos o psiquiátricos, y en los que se precisa la anestesia únicamente para un problema local, como puede ser una hernia inguinal o un fibroma uterino. La clase II comprende los pacientes que tienen trastornos sistémicos leves a moderados, ya sea relacionados o ajenos al problema que motiva la anestesia, tales como anemia, diabetes leve, hipertensión esencial, obesidad extrema o bronquitis crónica. La clase III incluye pacientes que presentan trastornos o enfermedades sistémicas graves, con o sin relación con el procedimiento que motiva la anestesia quirúrgica. La clase IV comprende los enfermos que padecen una enfermedad de riesgo vital, pero no necesariamente terminal, que puede o no estar relacionada con el procedimiento quirúrgico a realizar. En la clase V se incluyen los pacientes moribundos que tienen pocas probabilidades de sobrevivir, como son las personas en estado de shock con un aneurisma abdominal roto o un embolismo pulmonar masivo. La letra E se añade al número romano para indicar un procedimiento de urgencia, como es el caso de un enfermo programado para una herniorrafia electiva que pasa a ser caso urgente al dar lugar la hernia a una obstrucción.

clasificación de Lukes-Collins (Lukes-Collins classification), sistema de identificación de los linfomas no Hodgkin en tipos de células B, células T, verdaderos o no clasificables. Entre los tipos de células B se incluyen el linfocítico, el plasmocítico, el folicular, el linfoma de células foliculares y el sarcoma inmunoblástico derivado de células B. Los tipos de células T incluyen el sarcoma inmunoblástico derivado de células T y el linfoma de células convolutas. Los tipos verdaderos son de origen histiocítico.

clasificación en esquemas (classification schemes), sistema de organización de datos o información, habitualmente en grupos de artículos con características similares. Algunos ejemplos son la Clasificación Internacional de Enfermedades (*International Classification of Diseases [ICD]*) llevada a cabo por la Organización Mundial de la Salud (OMS), la Asociación Norteamericana de Diagnósticos de Enfermería (*North America Nursing Diagnoses Association [NANDA]*) y el Manual Diagnóstico y Estadístico de Enfermedades Mentales (*Diagnostic and Statistical Manual of Mental Disorders [DSM]*) realizado por la Asociación Americana de Psiquiatría.

clasificación isoeléctrica (isoelectric focusing), ordenación y concentración de sustancias según sus puntos isoeléctricos.

clasificación pélvica (pelvic classification), proceso mediante el que se evalúan las relaciones anatómicas y espaciales de los huesos de la pelvis, habitualmente para valorar la idoneidad de las estructuras pélvicas para el parto vaginal. El sistema de clasificación de Caldwell-Moloy es uno de los más utilizados.

clasificación pélvica de Caldwell-Moloy (Caldwell-Moloy pelvic classification) [William E. Caldwell, obstetra norteamericano, n. 1880; Howard C. Moloy, ginecólogo norteamericano, n. 1903], clasificación morfológica de la estructura de la pelvis ósea femenina. Los tipos de esta clasificación son androide, antropoide, ginecoide y platipeloide. Los puntos de referencia anatómicos utilizados para determinar el tipo de pelvis son el sacro, las paredes laterales, el surco sacrociático, las espinas isquiáticas, el arco púbico y las tuberosidades isquiáticas.

claudicación (claudication), debilidad de las piernas que se acompaña de dolores como calambres en las pantorrillas producida por la mala circulación de la sangre hacia los músculos de la pierna.

claustrofobia (claustrophobia), miedo patológico de estar o de llegar a estar atrapado en lugares cerrados o estrechos.

clavícula (clavicle), hueso largo, curvo y horizontal situado justo por encima de la primera costilla, constituyendo la región anterior de la cintura escapular. Se articula en su zona interna con el esternón y en la externa con el acromion de la escápula y sirve de punto de fijación a numerosos músculos.

clavija (pin), (en odontología) pequeño cilindro o clavija metálica, utilizado como soporte para la fijación de un diente.

clavija guía de los incisivos (incisal guide pin), barra metálica, fija al brazo superior del articulador, que toca la tabla guía de los incisivos para mantener la separación vertical establecida entre los brazos superior e inferior del articulador.

clavo (clavus), v. **cuerno**.

clavo (clove), capullo desecado de la flor *Eugenia caryophyllata*. Contiene la lactona cariofilina y un aceite volátil utilizado como analgésico dental, germicida y ungüento.

clavo de Küntscher (Küntscher nail), clavo de acero inoxidable utilizado en cirugía ortopédica para fijar fracturas de huesos largos, especialmente del fémur.

clavo de Neufeld (Neufeld nail) [Alonzo J. Neufeld, cirujano norteamericano, n. 1906], clavo ortopédico con punta en forma de V y una espiga, utilizado para la fijación de fracturas intertrocantéreas. El clavo se introduce en el cuello del fémur hasta que alcanza una placa metálica redonda atornillada a un lado del fémur.

clavo de retención (retention pin), fijación de fricción de un pequeño saliente metálico que se extiende desde un molde metálico dental hasta la dentina de un diente para mejorar la retención de una restauración dental.

clavo de Smith-Petersen (Smith-Petersen nail) [Marius N. Smith-Petersen, cirujano norteamericano, n. 1886], clavo de acero inoxidable con tres pestañas utilizado en cirugía ortopédica para anclar el cuello fracturado del fémur a su cabeza. Se introduce por debajo de la prominencia del trocánter mayor y se pasa a través de la parte fracturada hasta la cabeza del fémur.

clavo de Steinmann (Steinmann pin) [Fritz Steinmann, cirujano suizo, n. 1872], clavo de gran diámetro que se utiliza para la tracción esquelética potente, como en las fracturas de tibia o fémur.

clavo en trébol (cloverleaf nail), clavo quirúrgico con una sección transversal en forma de trébol, utilizado principalmente en la reparación de fracturas femorales.

clavos en nido (nested nails), (en cirugía ortopédica) par de clavos colocados uno junto al otro en el conducto medular de un hueso largo.

clemastina (clemastine), antihistamínico prescrito para el tratamiento de síntomas de rinitis alérgica, como estornudos, rinorrea, prurito y lagrimeo.

cleptolagnia (kleptolagnia), excitación o satisfacción sexual producida por el robo.

cleptomanía (kleptomania, cleptomania), neurosis caracterizada por un deseo incontenible, anormal y recurrente de robar. Los objetos no se toman por su valor monetario, necesidad inmediata o utilidad, sino por su significado simbólico, normalmente asociado a algunos conflictos emocionales; luego se desechan, se devuelven subrepticiamente o se conservan escondidos.

ClH (HCl), abreviatura de **ácido clorhídrico**.

clic (click), (en cardiología) tono cardíaco extra que se produce durante la sístole.

clic sistólico (systolic click), sonido extra, parecido a un chasquido, que se percibe a la mitad o al final de la sístole, y que se cree originado por una movilidad anormal de la válvula mitral. La causa más frecuente de clic sistólico es el prolapso de una valva de la válvula mitral.

clics de eyección (ejection clicks), sonidos agudos de chasquido procedentes del corazón, que pueden estar causados por el llenado súbito de la arteria pulmonar, la dilatación súbita de la aorta o la apertura forzada de las valvas aórticas.

clima (climate), condiciones atmosféricas predominantes que caracterizan cualquier región geográfica específica.

climaterio (climateric), v. **menopausia**.

clímax (climax), pico de intensidad, como el orgasmo sexual o el punto más elevado de temperatura febril.

clínica (clinic), **1.** departamento del hospital donde las personas que no requieren hospitalización pueden recibir atención médica. Antiguamente se denominaba dispensario. **2.** lugar de reunión de médicos y estudiantes de medicina donde puede enseñarse a la cabecera del paciente o en una situación muy similar.

clinocefalia (clinocephaly), anomalía congénita de la cabeza en la que la superficie superior del cráneo tiene forma de silla de montar o es cóncava.

clinodactilia (clinodactyly), anomalía congénita caracterizada por la curvatura o desviación externa o interna de uno o más dedos de la mano o del pie.

clinómetro (clinometer), instrumento utilizado para medir el ángulo de convergencia de los ojos o el grado de parálisis de los músculos extraoculares.

clisis (clysis), administración de un enema.

clítoris (clitoris), estructura vaginal eréctil homóloga al cuerpo cavernoso del pene. Está constituido por dos cuerpos cavernosos dentro de una densa capa de membrana fibrosa, unidos a lo largo de sus superficies internas mediante un tabique fibroso incompleto.

cloaca (cloaca, *pl.* **cloacae**), **1.** (en embriología) porción terminal del intestino posterior antes de su división durante el desarrollo en recto, vejiga y estructuras genitourinarias primitivas. **2.** (en anatomía patológica) abertura de la vaina de tejido que rodea a un hueso necrótico.

cloasma (chloasma), pigmentación tostada o marrón, particularmente de la frente, mejillas y nariz, que generalmente se asocia con el embarazo o con la utilización de anticonceptivos orales.

cloasma gravídico (gravidarum chloasma), cambio pigmentario de la piel que aparece en algunas mujeres durante el embarazo. Normalmente se manifiesta como parches de coloración amarilla, marrón o negra.

clofibrato (clofibrate), antihiperlipoproteinémico prescrito para el tratamiento de la concentración sanguínea elevada de colesterol, triglicéridos o ambos.

clon (clone), grupo de células u organismos genéticamente idénticos derivados mediante mitosis de una única célula u organismo común.

clonazepam (clonazepam), anticonvulsivante prescrito para la prevención de las crisis en el pequeño mal y en otros tratornos convulsivos.
clónico (clonic), relativo al aumento de actividad refleja, como en las lesiones de la neurona motora superior, en las que el estiramiento induce contracciones y relajaciones musculares repetitivas en rápida sucesión.
clono del dedo gordo (toe clonus), incremento en la actividad refleja del primer dedo del pie causada por una extensión súbita de la primera falange.
clono del pie (ankle clonus), reflejo tendinoso involuntario que consiste en la flexión y en la extensión repetidas del pie.
Clonorchis sinensis (Clonorchis sinensis), duela hepática china u oriental; tipo de trematodo que el ser humano adquiere al comer pescado, que es el huésped intermediario del parásito, crudo o insuficientemente cocinado.

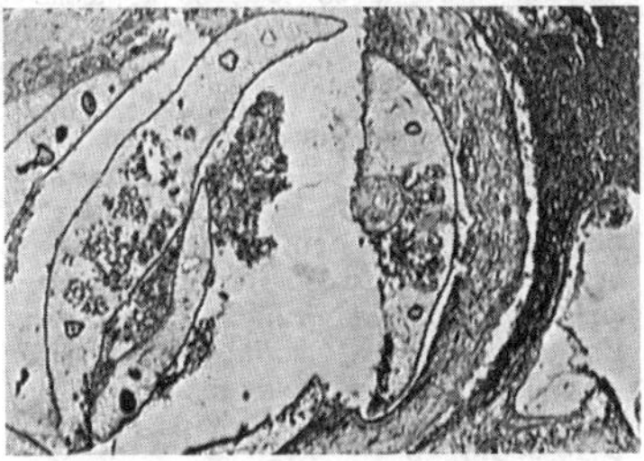

Clonorchis sinensis
(S. Sherlock/J. A. Summerfield, 2.ª ed., 1992)

clonorquiasis (clonorchiasis), infestación por duela hepática.
clonus o clono (clonus), patrón anormal de actividad neuromuscular caracterizado por contracciones y relajaciones involuntarias del músculo esquelético que se alternan rápidamente.
clor (clor), abreviatura de anión cloruro no carboxilado.
cloración (chlorination), desinfección o tratamiento del agua o de otras sustancias con cloro libre.
clorado (chlorinated), relativo a un material que contiene cloro o ha sido tratado con cloro.
clorambucil (chlorambucil), agente alquilante prescrito para el tratamiento de diversas enfermedades neoplásicas malignas como la leucemia linfocítica crónica y la enfermedad de Hodgkin.
cloranfenicol (chloramphenicol), antibacteriano y antirrickéttsico prescrito para el tratamiento de una amplia variedad de infecciones graves.
clorazepato dipotásico (clorazepate dipotassium), tranquilizante menor empleado para el tratamiento de la ansiedad, para la tensión nerviosa y en la retirada del alcohol.
clordiacepóxido (chlordiazepoxide), tranquilizante menor prescrito para el tratamiento de la ansiedad y tensión nerviosa y para los síntomas de la supresión del alcohol.
clorhexidina (chlorhexidine), agente antimicrobiano utilizado como desinfectante quirúrgico, para el lavado de manos del personal sanitario y como antiséptico tópico.
clorhidrato de ácido glutámico (glutamic acid hydrochloride), acidificante gástrico prescrito para la hipoacidez.
clorhidrato de adifenina (adiphenine hydrochloride), anticolinérgico con propiedades relajantes del músculo liso, que se ha utilizado en las enfermedades espásticas de los tractos GI y genitourinario.
clorhidrato de amantadina (amantadine hydrochloride), fármaco antiviral y antiparkinsoniano que se prescribe como profilaxis y como tratamiento precoz de la gripe por el virus A_2 y como tratamiento sintomático del enfermo parkinsoniano.
clorhidrato de amiloride (amiloride hydrochloride), agente diurético y antihipertensivo que se prescribe como coadyuvante en el tratamiento de la insuficiencia cardíaca congestiva o de la hipertensión. A menudo se administra junto con un fármaco tiacídico.
clorhidrato de amiodarona (amiodarone hydrochloride), fármaco antiarrítmico oral que se utiliza en el tratamiento de las arritmias de alto riesgo vital, como la fibrilación ventricular recurrente y la taquicardia ventricular recurrente acompañada de inestabilidad hemodinámica y resistente a otros fármacos.
clorhidrato de bacampicilina (bacampicillin hydrochloride), penicilina semisintética prescrita en el tratamiento de las infecciones del tracto respiratorio, urinario, de la piel y gonocócicas.
clorhidrato de bencexol (benzhexol hydrochloride), v. **clorhidrato de trihexifenidilo**.
clorhidrato de benzanfetamina (benzphetamine hydrochloride), simpaticomimético utilizado como agente anoréxico prescrito para disminuir el apetito en el tratamiento de la obesidad.
clorhidrato de betaxolol (betaxolol hydrochloride), fármaco tópico prescrito para el alivio de la hipertensión ocular y el glaucoma crónico de ángulo abierto.

clorhidrato de buclicina (buclizine hydrochloride), fármaco antiemético derivado de la piperacina, pero con propiedades antihistamínicas. También se utiliza para tratar las alergias y el vértigo.

clorhidrato de bupivacaína (bupivacaine hydrochloride), anestésico local utilizado para bloqueo anestésico caudal, epidural, periférico o simpático.

clorhidrato de buprenorfina (buprenorphine hydrochloride), analgésico parenteral utilizado para el alivio del dolor moderado o intenso.

clorhidrato de buspirona (buspirone hydrochloride), fármaco ansiolítico oral que se prescribe en los trastornos de ansiedad y para el alivio a corto plazo de los síntomas de ésta.

clorhidrato de ciclicina (cyclizine hydrochloride), antihistamínico empleado para el tratamiento o prevención de la cinetosis.

clorhidrato de ciclobenzaprina (cyclobenzaprine hydrochloryde), relajante muscular utilizado para el tratamiento a corto plazo del espasmo muscular.

clorhidrato de ciproheptadina (cyproheptadine hydrochloride), antihistamínico utilizado para el tratamiento de diversas reacciones de hipersensibilidad entre las que se incluyen la rinitis, la erupción cutánea y el prurito.

clorhidrato de clindamicina (clindamycin hydrochloride), antibacteriano prescrito para el tratamiento de ciertas infecciones graves.

clorhidrato de clonidina (clonidine hydrochloride), antihipertensivo prescrito para la reducción de la hipertensión arterial.

clorhidrato de clorciclizina (chlorcyclizine hydrochloride), antihistamínico que se ha utilizado para el tratamiento de la rinitis, sinusitis y fiebre del heno. También se utiliza en el formato de crema para afecciones cutáneas.

clorhidrato de cocaína (cocaine hydrochloride), polvo blanco cristalino utilizado como anestésico local. Deriva originalmente de las hojas de la coca, aunque también se puede preparar de forma sintética. En solución, es un anestésico tópico eficaz utilizado con frecuencia en la exploración y tratamiento del ojo, de la oreja, nariz y garganta. Su acción vasoconstrictora disminuye la hemorragia y limita la absorción. Su uso frecuente o prolongado puede lesionar las membranas mucosas. La cocaína es una droga tipo II sometida a la Ley de Sustancias Controladas.

clorhidrato de colestipol (colestipol hydrochloride), antihiperlipoproteinémico que actúa secuestrando ácidos biliares en el intestino, reduciendo así la concentración plasmática de colesterol. Se utiliza para el tratamiento de la hipercolesterolemia y de los xantomas.

clorhidrato de daunorrubicina (daunorubicin hydrochloride), antibiótico antraciclínico, agente antineoplásico que se prescribe para tratamiento del cáncer, sobre todo leucemias y neuroblastoma.

clorhidrato de demeclociclina (demeclocycline hydrochloride), antibiótico tetraciclínico que se prescribe para el tratamiento de diversas infecciones, incluso aquellas en las que está contraindicada la penicilina.

clorhidrato de desipramina (desipramine hydrochloryde), antidepresivo tricíclico que se prescribe en el tratamiento de la depresión mental.

clorhidrato de diciclomina (dicyclomine hydrochloride), anticolinérgico que se prescribe como coadyuvante en el tratamiento de las úlceras.

clorhidrato de diclonina (dyclonine hydrochloride), anestésico local, con propiedades bactericidas y fungicidas, para el dolor bucal, prurito, picaduras de insectos y lesiones y quemaduras menores.

clorhidrato de difenhidramina (diphenhydramine hydrochloride), antihistamínico utilizado en el tratamiento de diversas reacciones de hipersensibilidad, como rinitis, exantema cutáneo y prurito, así como en la cinetosis.

clorhidrato de difenilpiralina (diphenylpyraline hydrochloride), antihistamínico utilizado en el tratamiento de diversas reacciones de hipersensibilidad, como rinitis, exantema cutáneo y prurito.

clorhidrato de difenoxilato (diphenoxylate hydrochloride), antidiarreico utilizado en el tratamiento de la diarrea y los cólicos intestinales.

clorhidrato de dobutamina (dobutamine hydrochloride), agente estimulante betaadrenérgico utilizado para aumentar el gasto cardíaco en la insuficiencia cardíaca congestiva crónica grave y como coadyuvante en cirugía cardíaca.

clorhidrato de dopamina (dopamine hydrochloride), catecolamina simpaticomimética utilizada en el tratamiento del shock, la hipotensión y el bajo gasto cardíaco.

clorhidrato de doxapram (doxapram hydrochloride), estimulante respiratorio utilizado para mejorar la función respiratoria después de la anestesia, en la depresión del sistema nervioso inducida por fármacos, y en las enfermedades pulmonares crónicas asociadas con hipercapnia aguda.

clorhidrato de doxepina (doxepin hydrochloride), antidepresivo tricíclico utilizado en el tratamiento de la depresión.

clorhidrato de doxorrubicina (doxorubicin hydrochloride), antibiótico antraciclínico utilizado en el tratamiento de muchas enfermedades neoplásicas malignas.

clorhidrato de eflornitina (efflornithine hydrochloride), fármaco utilizado en el tratamiento de la neumonía por *Pneumocystis carinii*. Bloquea la actividad de la ornitindescarboxilasa, enzima necesaria para la síntesis de poliaminas en la división y diferenciación celular normal.

clorhidrato de espectinomicina (spectinomycin hydrochloride), antibiótico prescrito para el tratamiento de la gonorrea y otras infecciones en pacientes alérgicos a la penicilina.

clorhidrato de etambutol (ethambutol hydrochloride), antibiótico tuberculostático prescrito para el tratamiento de la tuberculosis pulmonar.

clorhidrato de etaverina (ethaverine hydrochloride), relajante muscular suave prescrito para aliviar los espasmos del tracto GI o urinario, vasospasmos arteriales e insuficiencia cerebral.

clorhidrato de etilnorrepinefrina (ethylenorepinephrine hydrochloride), broncodilatador prescrito para el tratamiento del asma bronquial.

clorhidrato de etopropacina (ethopropazine hydrochloride), agente fenotiacínico anticolinérgico prescrito para el tratamiento del parkinsonismo extrapiramidal y en otros trastornos del sistema nervioso.

clorhidrato de eucatropina (eucatropine hydrochloryde), anticolinérgico de uso oftálmico prescrito para dilatar la pupila antes del examen oftalmoscópico del ojo.

clorhidrato de fenazopiridina (phenazopyridine hydrochloride), analgésico de las vías urinarias prescrito para reducir el dolor en las cistitis o en otras infecciones de las vías urinarias.

clorhidrato de fenciclidina (CFC) (phencyclidine hydrochloride [PCP]), derivado de la piperidina que se administra por vía parenteral para conseguir una anestesia neuroléptica. Debido a sus notables propiedades alucinógenas, no se utiliza terapéuticamente en Estados Unidos. Las comunicaciones acerca de su utilización como sustancia de abuso han descendido en los últimos años.

clorhidrato de fenfluramina (fenfluramine hydrochloride), agente anorexígeno simpaticomimético prescrito para disminuir el apetito en la obesidad exógena.

clorhidrato de fenilefrina (phenylephrine hydrochloride), fármaco alfaadrenérgico prescrito para mantener la tensión arterial y que se utiliza localmente como vasoconstrictor nasal u oftálmico.

clorhidrato de fenilpropanolamina (phenylpropanolamine hydrochloride), amina simpaticomimética con acción vasoconstrictora que se prescribe para aliviar la congestión nasal y los síntomas relacionados con el resfriado.

clorhidrato de fenmetracina (phenmetrazine hydrochloride), amina simpaticomimética utilizada como agente anoréxico. Se prescribe para disminuir el apetito en el tratamiento a corto plazo de la obesidad exógena.

clorhidrato de fenoxibenzamina (phenoxybenzamine hydrochloride), antihipertensivo prescrito para el control de la hipertensión y de la sudación en el feocromocitoma. Si la taquicardia es exagerada, puede ser necesaria la administración concomitante de propranolol.

clorhidrato de fentermina (phentermine hydrochloride), amina simpaticomimética utilizada como agente anoréxico. Se prescribe para reducir el apetito en el tratamiento a corto plazo de la obesidad exógena.

clorhidrato de flavoxato (flavoxate hydrochloride), relajante del músculo liso prescrito para los trastornos espásticos del tracto urinario.

clorhidrato de flufenazina (fluphenazine hydrochloride), fenotiacínico prescrito para el tratamiento de los trastornos psicóticos.

clorhidrato de flurazepam (flurazepam hydrochloride), tranquilizante menor benzodiacepínico prescrito para el tratamiento del insomnio.

clorhidrato de hexilcaína (hexylcaine hydrochloride), anestésico local para utilizar en las mucosas intactas de los tractos respiratorio, GI superior y urinario.

clorhidrato de hidralacina (hydralazine hydrochloride), vasodilatador prescrito para el tratamiento de la hipertensión arterial.

clorhidrato de hidromorfona (hydromorphone hydrochloride), analgésico narcótico utilizado para el tratamiento del dolor moderado y severo.

clorhidrato de hidroxicina (hydroxyzine hydrochloride), tranquilizante menor prescrito para aliviar la ansiedad, la tensión nerviosa, la hipercinesia y la cinetosis.

clorhidrato de imipramina (imipramine hydrochloride), antidepresivo tricíclico con un comienzo de acción lento. Se utiliza en el tratamiento de la depresión mental.

clorhidrato de isomethepteno (isometheptene hydrochloride), antiespasmódico y vasoconstrictor, componente de diversos fármacos de combinación fija para el tratamiento de la migraña.

clorhidrato de isoproterenol (isoproterenol hydrochloride), estimulante betaadrenérgico utilizado como broncodilatador y estimulante cardíaco.

clorhidrato de isoxuprina (isoxsuprine hydrochloride), vasodilatador periférico utilizado para el alivio sintomático de la insuficiencia cerebrovascular y para mejorar la circulación en la arteriosclerosis, enfermedad de Raynaud y enfermedad de Buerger.

clorhidrato de labetalol (labetalol hydrochloride), fármaco antihipertensivo, que se prescribe para el tratamiento de la hipertensión.

clorhidrato de levobunolol (levobunolol hydrochloride), fármaco oftálmico tópico que se prescribe para el tratamiento del glaucoma de ángulo abierto y para la hipertensión ocular.

clorhidrato de lidocaína (lidocaine hydrochloride), agente anestésico local que se administra tópicamente sobre la piel o mucosas. Es utilizado por vía parenteral como agente antiarrítmico.

clorhidrato de lincomicina (lincomycin hydrochloride), antibiótico prescrito para el tratamiento de determinadas infecciones.

clorhidrato de loperamida (loperamide hydrochloride), antiperistáltico prescrito para el tratamiento de la diarrea.

clorhidrato de maprotilina (maprotiline hydrochloride), antidepresivo similar a los tricíclicos prescrito para el tratamiento de la depresión mental.

clorhidrato de mecamilamina (mecamylamine hydrochloride), agente bloqueante ganglionar prescrito para el tratamiento de la patología cardíaca hipertensiva.

clorhidrato de meclizina (meclizine hydrochloride), antihistamínico prescrito para la prevención y tratamiento de la cinetosis.

clorhidrato de mecloretamina (mechlorethamine hydrochloride), agente alquilante antineoplásico prescrito para el tratamiento de diversas neoplasias.

clorhidrato de meperidina (meperidine hydrochloride), analgésico narcótico empleado para tratar el dolor moderado a intenso y como medicación preoperatoria para aliviar el dolor y la ansiedad.

clorhidrato de metaciclina (methacycline hydrochloride), antibiótico del grupo de las tetraciclinas prescrito para diversas infecciones.

clorhidrato de metadona (methadone hydrochloride), analgésico narcótico utilizado en la anestesia o como sustituto de la heroína, que permite su retirada sin que se produzca un síndrome de abstinencia agudo. La metadona no produce euforia, sedación ni narcosis intensas. No se debe administrar a mujeres gestantes ni a pacientes con enfermedades hepáticas.

clorhidrato de metanfetamina (methamphetamine hydrochloride), estimulante del sistema nervioso central prescrito para el tratamiento de la narcolepsia e hipercinesia, y para reducir el apetito en la obesidad exógena.

clorhidrato de metilbencetonio (methylbenzethonium chloride), desinfectante tópico prescrito para la prevención y tratamiento del exantema del pañal y otras dermatosis.

clorhidrato de metilfenidato (methylphenidate hydrochloride), estimulante del sistema nervioso central prescrito para el tratamiento de la hipercinesia en niños y de la narcolepsia en adultos.

clorhidrato de metoclopramida (metoclopramide hydrochloride), estimulante GI prescrito para estimular la motilidad y para aumentar el tono de las contracciones gástricas del tramo GI superior, así como antiemético.

clorhidrato de metoxamina (methoxamine hydrochloride), adrenérgico que actúa como vasoconstrictor, prescrito para su uso durante la anestesia para mantener la presión arterial y para el tratamiento de la taquicardia paroxística supraventricular.

clorhidrato de mexiletino (mexiletine hydrochloride), fármaco antiarrítmico oral prescrito para el tratamiento de las arritmias ventriculares sintomáticas.

clorhidrato de midazolam (midazolam hydrochloride), depresor del sistema nervioso central que se administra por vía parenteral. Se prescribe para la sedación preoperatoria, para el deterioro de la memoria sobre los hechos que ocurrieron en el período preoperatorio y para la sedación consciente antes de los procedimientos diagnósticos y endoscópicos de poca duración.

clorhidrato de minociclina (minocycline hydrochloride), antibiótico del grupo de las tetraciclinas activo frente a bacterias, rickettsias y otros organismos. Se prescribe para el tratamiento de diversas infecciones.

clorhidrato de molindona (molindone hydrochloride), agente antipsicótico prescrito para el tratamiento de la esquizofrenia.

clorhidrato de nafazolina (naphazoline hydrochloride), vasoconstrictor adrenérgico utilizado en el tratamiento de la congestión nasal y como vasoconstrictor oftálmico.

clorhidrato de naloxona (naloxone hydrochloride), antagonista de los narcóticos utilizado para contrarrestar la depresión provocada por éstos o su intoxicación aguda.

clorhidrato de naltrexona (naltrexone hydrochloride), antagonista de los opiáceos prescrito por vía oral para bloquear los efectos de los analgésicos opiáceos, como heroína, morfina y metadona, a pacientes que se recuperan de su adicción a ellos.

clorhidrato de nilidrina (nylidrin hydrochloride), vasodilatador periférico utilizado en el tratamiento de la enfermedad vascular periférica y las alteraciones circulatorias del oído interno.

clorhidrato de nortriptilina (nortriptyline hydrochloride), antidepresivo tricíclico utilizado en el tratamiento de la depresión mental.

clorhidrato de orfenadrina (orphenadrine hydrochloride), agente anticolinérgico y antihistamínico prescrito para el tratamiento del parkinsonismo.

clorhidrato de oxicodona (oxycodone hydrochloride), analgésico narcótico utilizado para el tratamiento del dolor moderado a severo.

clorhidrato de oximetazolina (oxymetazoline hydrochloride), descongestivo prescrito para el tratamiento de la congestión nasal.

clorhidrato de oximorfona (oxymorphone hydrochloride), narcótico analgésico prescrito para reducir el dolor de intensidad moderada a severa, como medicación preoperatoria y como apoyo anestésico.

clorhidrato de papaverina (papaverine hydrochloride), relajante del músculo liso prescrito para el tratamiento de espasmos cardiovasculares o viscerales.

clorhidrato de pargilina (pargyline hydrochloride), inhibidor de la monoaminooxidasa (IMAO) utilizado como antihipertensivo. Se prescribe para el tratamiento de la hipertensión moderada o grave.

clorhidrato de pentazocina (pentazocine hydrochloride), analgésico prescrito para el alivio del dolor moderado e intenso.

clorhidrato de pilocarpina (pilocarpine hydrochloride), fármaco colinérgico obtenido de las hojas del jaborandi y de otras especies de *Pilocarpus*. Se emplea principalmente como miótico para contraer la pupila en los casos de glaucoma. Cuando se inyecta también aumenta la secreción salivar, intestinal y glandular gástrica, reduce la frecuencia cardíaca y produce constricción de los bronquiolos.

clorhidrato de piperocaína (piperocaine hydrochloride), anestésico local para la inducción de la anestesia espinal o caudal.

clorhidrato de piridoxina (pyridoxine hydrochloride), v. **piridoxina**.

clorhidrato de pramoxina (pramoxine hydrochloride), anestésico local para el alivio del dolor y del prurito asociado a dermatosis, prurito anogenital, hemorroides, fisura anal y quemaduras menores.

clorhidrato de prazosín (prazosin hydrochloride), antihipertensivo prescrito para el tratamiento de la hipertensión y para reducir la poscarga en la insuficiencia cardíaca congestiva.

clorhidrato de prilocaína (prilocaine hydrochloride), anestésico local de la familia de las amidas utilizado para la anestesia por bloqueo nervioso, epidural y regional. No se utiliza para anestesia raquídea o tópica.

clorhidrato de procaína (procaine hydrochloride), anestésico local de la familia de los ésteres. La procaína se administra en anestesia local mediante infiltración e inyección y también en procedimientos de anestesia caudal, epidural y en otros tipos de anestesia regional. No se utiliza para anestesia tópica.

clorhidrato de procainamida (procainamide hydrochloride), agente antiarrítmico prescrito para el tratamiento de diversas arritmias cardíacas, como las contracciones ventriculares prematuras, la taquicardia ventricular y la fibrilación auricular.

clorhidrato de procarbacina (procarbazine hydrochloride), antineoplásico prescrito para el tratamiento de diversas neoplasias, como la enfermedad de Hodgkin y los linfomas.

clorhidrato de prociclidina (procyclidine hydrochloride), anticolinérgico prescrito para el tratamiento del parkinsonismo, para aliviar los trastornos extrapiramidales y para controlar la sialorrea, que son efectos secundarios de otras medicaciones.

clorhidrato de prometazina (promethazine hydrochloride), fenotiazina antiemética, antihistamínica y sedante. Se prescribe para el tratamiento de la cinetosis, náuseas, rinitis, prurito y erupciones cutáneas.

clorhidrato de proparacaína (proparacaine hydrochloride), anestésico tópico de acción rápida de la familia de las amidas utilizado en intervenciones oftalmológicas.

clorhidrato de propoxifeno (propoxyphene hydrochloride), analgésico prescrito para el alivio del dolor leve a moderado.

clorhidrato de propranolol (propranolol hydrochloride), agente bloqueante β-adrenérgico prescrito para el tratamiento de la angina de pecho, las arritmias cardíacas y la hipertensión.

clorhidrato de protriptilina (protriptyline hydrochloride), antidepresivo tricíclico prescrito para el tratamiento de la depresión mental endógena caracterizada por abandono y anergia.

clorhidrato de quetamina (ketamine hydrochloride), anestésico general no barbitúrico que se administra por vía parenteral para conseguir una anestesia de disociación. El clorhidrato de quetamina es particularmente útil en las técnicas breves de cirugía menor y en la inducción de anestesia por inhalación en pacientes pediátricos, geriátricos y perturbados.

clorhidrato de quinacrina (quinacrine hydrochloride), antihelmíntico y antipalúdico. Se prescribe para el tratamiento de la giardiasis y las cestodiasis y para el tratamiento y supresión del paludismo.

clorhidrato de ritodrina (ritodrine hydrochloride), agente β-simpaticomimético prescrito durante el embarazo para detener las contracciones uterinas en el parto pretérmino.

clorhidrato de seudoefedrina (pseudoephedrine hydrochloride), adrenérgico que actúa como vasoconstrictor y broncodilatador. Se prescribe para aliviar la congestión nasal y la congestión de la trompa de Eustaquio.

clorhidrato de tetraciclina (tetracycline hydrochloride), antibiótico tetraciclínico prescrito para el tratamiento de diversas infecciones.

clorhidrato de tetrahidrozolina (tetrahydrozoline hydrochloride), vasoconstrictor adrenérgico prescrito para el tratamiento de la congestión nasal y nasofaríngea y como vasoconstrictor oftálmico.

clorhidrato de tioridazina (thioridazine hydrochloride), antipsicótico fenotiacínico prescrito para el tratamiento de las alteraciones de conducta infantil, en las enfermedades mentales geriátricas, en la depresión y en la deprivación alcohólica.

clorhidrato de tocainida (tocainide hydrochloride), fármaco antiarrítmico oral del tipo de la lidocaína prescrito para la supresión de arritmias ventriculares sintomáticas.

clorhidrato de tolazolina (tolazoline hydrochloride), vasodilatador periférico prescrito para el tratamiento de los trastornos vasculares periféricos espásticos, entre los que se incluyen la enfermedad de Buerger, la enfermedad de Raynaud y el escleroderma.

clorhidrato de trientino (trientine hydrochloride), medicación oral para el tratamiento de un defecto hereditario del metabolismo del cobre, prescrito para el alivio de los síntomas de la enfermedad de Wilson.

clorhidrato de trifluoperazina (trifluoperazine hydrochloride), tranquilizante fenotiacínico prescrito para el tratamiento de la ansiedad, de la esquizofrenia y de otras enfermedades psicóticas, y como antiemético.

clorhidrato de triflupromazina (triflupromazine hydrochloride), tranquilizante fenotiacínico prescrito para el tratamiento de la agitación grave y de otros trastornos psicóticos y para el control de los vómitos graves.

clorhidrato de trihexifenidilo (trihexyphenidyl hydrochloride), agente anticolinérgico prescrito para el tratamiento de la enfermedad de Parkinson y para el control de las reacciones extrapiramidales inducidas por fármacos.

clorhidrato de trimetobenzamida (trimethobenzamide hydrochloride), antiemético prescrito para el alivio de las náuseas y vómitos.

clorhidrato de tripelennamina (tripelennamine hydrochloride), antihistamínico prescrito en el tratamiento de la rinitis y de las reacciones de hipersensibilidad de la piel.

clorhidrato de triprolidina (triprolidine hydrochloride), antihistamínico prescrito para el tratamiento de numerosas reacciones de hipersensibilidad, como la rinitis, el rash cutáneo y el prurito.

clorhidrato de xilometazolina (xylometazoline hydrochloride), vasoconstrictor adrenérgico prescrito para el tratamiento de la congestión nasal en resfriados, la fiebre del heno, las sinusitis y otras alergias de las vías aéreas superiores.

clorhidria (chlorhydria), concentración excesiva de ácido clorhídrico en el estómago.

cloriduria (chloriduria), concentración excesiva de cloruros en la orina.

clormezanona (chlormezanone), ansiolítico prescrito para la ansiedad leve y tensión nerviosa.

cloro (Cl) (chlorine [Cl]), elemento gaseoso verde amarillento del grupo de los halógenos. Su número atómico es 17; su peso atómico, 35,453. Posee un olor fuerte característico, es irritante para el tracto respiratorio, y venenoso si se ingiere o inhala. Se encuentra en la naturaleza principalmente como componente del cloruro sódico del agua de mar y en los depósitos de sal. Se utiliza como decolorante o como desinfectante para purificar el agua potable o el utilizado en las piscinas.

clorofila (chlorophyll), pigmento vegetal capaz de absorber la luz y convertirla en energía que se utiliza en la oxidación y reducción de la fotosíntesis de carbohidratos.

cloroformismo (chloroformism), **1.** hábito de inhalar cloroformo por su efecto narcótico. **2.** efecto anestésico del cloroformo.

cloroformo (chloroform), líquido volátil no inflamable que fue el primer anéstesico inhalado descubierto. El cloroformo es peligroso como anestésico. Una diferencia de tan sólo un 10% en la concentración plasmática del fármaco puede producir hipotensión, depresión miocárdica y respiratoria, shock cardiogénico, fibrilación ventricular, coma y muerte.

cloroleucemia (chloroleukemia), tipo de leucemia mielógena en la que no se observan masas tumorales específicas en la autopsia, aunque los órganos y líquidos corporales presentan una coloración verdosa.

clorolinfosarcoma (chlorolymphosarcoma, *pl.* **chlorolymphosarcomas, chlorolymphosarcomata**), neoplasia de color verdoso de tejido mieloide que aparece en pacientes con leucemia mielógena. Se cree que las células mononucleares de la sangre periférica, como las halladas en los cloromas, son linfocitos más que mieloblastos.

cloroma (chloroma, *pl.* **chloromas, chloromata**), neoplasia maligna de tejido mieloide de color verde que aparece en cualquier lugar del cuerpo en pacientes con leucemia mielógena.

cloromieloma (chloromyeloma), v. **cloroma**.

cloroquina (chloroquine), antipalúdico prescrito para el tratamiento del paludismo, de la amebiasis extraintestinal, artritis reumatoide, algunas formas de lupus eritematoso, y de reacciones fotoalérgicas.

clorosis (chlorosis), anemia por déficit de hierro que afecta a mujeres jóvenes, caracterizada por hematíes hipocrómicos y microcíticos y una leve disminución del número total de hematíes.

clorotiazida (chlorothiazide), diurético y antihipertensivo prescrito para el tratamiento de la hipertensión y del edema.

clorotrianiseno (chlorotrianisene), estrógeno prescrito para el tratamiento de la congestión mamaria posparto, síntomas menopáusicos y cáncer de próstata.

clorprocaína (chloroprocaine), anestésico local con estructura química similar a la procaína.

clorpromacina (chlorpromazine), tranquilizante fenotiazínico y antiemético prescrito para el tratamiento de trastornos psicóticos, náuseas y vómitos intensos e hipo intratable.

clorpropamida (chlorpropamide), antidiabético oral prescrito para el tratamiento de la diabetes mellitus no insulinodependiente leve estable.

clorprotixeno (chlorprothixene), tioxantina antipsicótica prescrita para el tratamiento de trastornos psicóticos.

clortalidona (chlorthalidone), diurético y antihipertensivo prescrito para el tratamiento de la hipertensión y del edema.

cloruro (chloride), compuesto en el que el elemento con carga negativa es el cloro. Los cloruros son sales del ácido clorhídrico, siendo el más común el cloruro sódico (sal de mesa).

cloruro cálcico (calcium chloride), solución concentrada de la sal clorada del calcio utilizada para reponer el calcio sanguíneo. Se prescribe en la tetania hipocalcémica y como antídoto en la intoxicación por magnesio o en la sobredosis por sulfato magnésico.

cloruro de bencetonio (benzethonium chloride), antiinfeccioso tópico utilizado para la desinfección de la piel y para el tratamiento de algunas infecciones del ojo, la nariz y la garganta. Se utiliza también como conservador en algunas preparaciones farmacológicas.

cloruro de benzalconio (benzalkonium chloride), desinfectante y fungicida preparado en solución acuosa a diferentes proporciones.

cloruro de betanecol (bethanechol chloride), colinérgico prescrito en el tratamiento de la retención fecal y urinaria y en la atonía neurógena de la vejiga.

cloruro de cetilpiridinio (cetylpyridinium chloride), desinfectante utilizado como conservante en preparaciones farmacéuticas y como limpiador cutáneo.

cloruro de edrofonio (edrophonium chloride), inhibidor de la colinesterasa que actúa como antídoto del curare y que se utiliza para el diagnóstico de la miastenia gravis. También se utiliza para interrumpir las taquicardias paroxísticas superventriculares.

cloruro de etileno (ethyl chloride), anestésico tópico para intervenciones cortas. Se prescribe en el tratamiento de las irritaciones de piel y en cirugía menor de la piel. Es muy inflamable.

cloruro de metilrrosanilina (methylrosanyline chloride), v. **violeta de genciana**.

cloruro de oxibutina (oxybutynin chloride), anticolinérgico prescrito para el tratamiento de la vejiga neurogénica.

cloruro de pralidoxima (pralidoxime chloride), reactivador de la colinesterasa prescrito como antídoto en la intoxicación por organofosforados y de la sobredosificación de fármacos para el tratamiento de la miastenia gravis.

cloruro de succinilcolina (succinylcholine chloride), relajante del músculo esquelético que se prescribe como coadyuvante de la anestesia o para reducir las contracciones musculares durante la cirugía o la ventilación mecánica y para facilitar la intubación endotraqueal.

cloruro de tridihexetilo (tridihexethyl chloride), anticolinérgico prescrito para el tratamiento del espasmo de los músculos GI y para reducir la secreción gástrica y la motilidad GI.

cloruro potásico (ClK) (potassium chloride [KCl]), sal cristalina blanca empleada como sustituto de la sal de mesa en la dieta de personas con trastornos cardiovasculares, para administrar el ion potasio y como constituyente de la solución de Ringer. Se prescribe para el tratamiento de la hipocaliemia secundaria a múltiples causas y para tratar la intoxicación digitálica.

cloruro sódico (sodium chloride), sal de mesa común (NaCl), utilizada para reposición de líquidos y electrólitos, como excipiente isotónico, solución para irrigaciones y enema.

clorzoxazona (chlorzoxazone), relajante del músculo esquelético prescrito para aliviar el espasmo muscular.

closilato (closylate), contracción de *p*-clorobencenosulfonato.

clostridial (clostridial), relativo o perteneciente a bacterias anaerobias formadoras de esporas del género *Clostridium*.

Clostridium (Clostridium), género de bacterias anaerobias formadoras de esporas de la familia Bacillaceae implicadas en la gangrena gaseosa, el botulismo, la intoxicación alimentaria, las celulitis, la infección de heridas y el tétanos.

Clostridium botulinum (Clostridium botulinum), especie de bacterias anaerobias que provocan el botulismo en los seres humanos y una enfermedad semejante al botulismo en los animales. La intoxicación alimenticia botulínica se debe a la ingestión de alimentos que contienen toxinas previamente formadas producidas por el germen. Se trata de una bacteria patógena proteolítica habitualmente presente en el suelo, donde sus endosporas pueden sobrevivir durante años. Su resistencia al calor convierte a las esporas en una causa importante de intoxicación por alimentos insuficientemente cocinados o enlatados.

Clostridium perfringens (Clostridium perfringens), especie de bacterias anaerobias grampositivas capaces de provocar gangrena gaseosa en los seres humanos y diversas enfermedades de las vías digestivas y urinarias en el ganado. Las esporas ovales de las bacterias se encuentran en el suelo y en los tubos digestivos de seres humanos y animales.

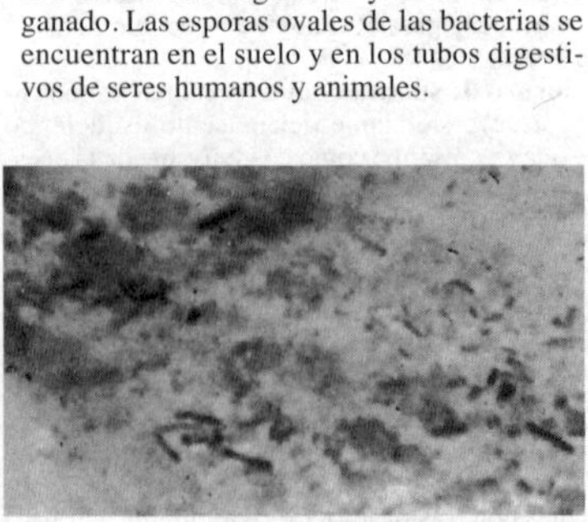

Clostridium perfringens
(Baron, 1990)

clotrimazol (clotrimazole), agente antifúngico de amplio espectro del grupo del imidazol, que se utiliza en aplicaciones tópicas para tratar las infecciones por hongos y levaduras.

cloxacilina sódica (cloxacillin sodium), antibacteriano prescrito para el tratamiento de diversas infecciones graves, principalmente aquellas producidas por cepas estafilocócicas penicilín-resistentes.

Cm (Cm), símbolo del **curio**.

cm (cm), símbolo de **centímetro**.

cm^2 (cm^2), símbolo del **centímetro cuadrado**.

cm^3 (cm^3), símbolo del **centímetro cúbico**.

CMC (CMC), abreviatura de **carpometacarpiano**.

CMF (CMF), combinación de los fármacos antineoplásicos ciclofosfamida, metotrexato y fluorouracilo.

CMV (CMV), abreviatura de **citomegalovirus**.

Co (Co), símbolo del **cobalto**.

CO (CO), símbolo del **monóxido de carbono**.

CO_2 (CO_2), símbolo del **dióxido de carbono**.

CoA (CoA), abreviatura de **coenzima A**.

coacción (duress), (en derecho) acción por la que se obliga a otra persona a hacer algo que voluntariamente no haría. Un consentimiento firmado bajo coacción carece de validez.

coadyuvante (coadyuvant), sustancia, especialmente un fármaco, añadida a una prescripción para ayudar a la acción del componente principal.

coaglutinación (coagglutination), agrupación de hematíes mediante mezclas de antígenos proteicos y sus antisueros.

coagulabilidad (coagulability), capacidad para coagular o formar coágulos de sangre.

coagulación (coagulation), **1.** proceso de transformación de un líquido en un sólido, especialmente la sangre. **2.** (en química coloidal) transformación de un medio de dispersión líquida en una masa gelatinosa. **3.** endurecimiento de tejidos por medios físicos como la electrocoagulación o la fotocoagulación.

coagulación intravascular diseminada (CID) (disseminated intravascular coagulation [DIC]), grave coagulopatía secundaria a la hiperestimulación de los procesos de coagulación y anticoagulación en respuesta a una enfermedad o lesión, como septicemia, picadura de una serpiente venenosa o hemorragia. El proceso primario inicia una coagulación intravascular generalizada, que a su vez hiperestimula los mecanismos fibrinolíticos; como resultado de la hipercoagulabilidad inicial se produce una insuficiencia de los factores de coagulación, con hipocoagulabilidad y hemorragia.

coagulación sanguínea (blood clotting), conversión de la sangre en estado líquido a un gel semisólido. Este proceso habitualmente comienza con una lesión tisular y la exposición de la sangre al aire. A los pocos segundos de la lesión de la pared vascular, las plaquetas se agrupan en ese punto. Si están presentes cantidades normales de calcio, plaquetas y factores tisulares, la protrombina se convierte en trombina. La trombina actúa como un catalizador para la conversión de fibrinógeno en una malla de fibrina insoluble, en la que se inmovilizan todos los elementos formes.

coagulante (coagulant), agente que provoca la formación de un coágulo sanguíneo.

coágulo en gelatina de grosella (currant jelly clot), coágulo de sangre rojo, parecido a gelatina, rico en hemoglobina procedente de los eritrocitos del coágulo.

coágulo sanguíneo (blood clot), masa semisólida, gelatinosa, que es el resultado final del proceso de coagulación de la sangre. Generalmente está formado por eritrocitos, leucocitos y plaquetas atrapados en una red insoluble de fibrina.

coagulopatía (coagulopathy), trastorno que afecta a la capacidad de la sangre para coagularse.

coagulopatía de consumo (consumption coagulopathy), v. **coagulación intravascular diseminada (CID)**.

coáltar (coal tar), antieccemático tópico utilizado para el tratamiento de enfermedades crónicas de la piel, como eccemas y psoriasis.

coana (choana, *pl.* **choanae**), **1.** conducto en forma de embudo. **2.** abertura posterior de las fosas nasales.

coartación (coarctation), estrechamiento o contracción de las paredes de un vaso como la aorta.

coartación de aorta (coarctation of the aorta), malformación cardíaca congénita caracterizada por un estrechamiento localizado de la aorta que produce un aumento de la presión en la zona proximal al defecto y una disminución de la presión en la zona distal a éste. Los síntomas de este proceso están directamente relacionados con los cambios de presión creados por la constricción. Las manifestaciones clínicas incluyen mareos, cefaleas, desmayos, epistaxis, disminución o ausencia del pulso femoral y calambres musculares en las piernas debidos a la anoxia tisular durante el aumento del ejercicio.

coartación inversa (reversed coarctation), v. **arteritis de Takayasu**.

coartar (coarct), acto de estrechar u oprimir, especialmente la luz de un vaso sanguíneo.

cobalamina (cobalamin), término genérico de una porción química del grupo de la vitamina B_{12}.

cobalto 60 (Co^{60}) (cobalt 60 [^{60}Co]), (en radioterapia) isótopo radiactivo del elemento metálico blanco plateado cobalto que posee un número de masa de 60 y una vida media de 5,2 años. El Co^{60} emite rayos gamma de alta energía y se utiliza con frecuencia en radioterapia.

cobalto (Co) (cobalt [Co]), elemento metálico presente en los minerales cobaltita, esmaltita y linnaeita. Su número atómico es 27; su peso atómico, 58,9. El cobalto es un componente de la vitamina B_{12}, se halla en la mayoría de los alimentos y se absorbe fácilmente por el tracto GI. Cantidades determinadas de cobalto estimulan la producción de eritropoyetina.

Coban (Coban), marca comercial de un vendaje elástico compresivo que se aplica para reducir el edema en un dedo lesionado.

cobre (Cu) (copper [Cu]), elemento metálico maleable, marrón-rojizo. Su número atómico es 29; su peso atómico, 63,54. El cobre es un componente de algunas enzimas importantes del organismo y es esencial para la salud. La deficiencia de cobre es rara porque 2 a 5 mg diarios, que se hallan con facilidad en una gran variedad de alimentos, son suficientes para mantener un equilibrio adecuado. El cobre se acumula en los individuos con enfermedad de Wilson, cirrosis biliar primaria y, ocasionalmente, en la obstrucción crónica del tracto biliar extrahepático.

coca (coca), arbusto de América del Sur, originario de Bolivia y Perú, y cultivado en Indonesia. Es la fuente natural de la cocaína.

cocarcinógeno (cocarcinogen), agente que por sí mismo no transforma una célula anormal en cancerosa, pero que junto a otro puede desencadenar dicha transformación.

coccidioidomicosis (coccidioidomycosis), infección producida por hongos por la inhalación de esporas de *Coccidioides immitis*, que se

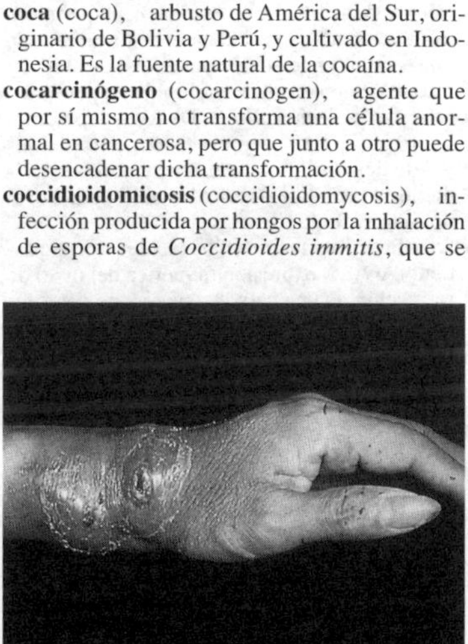

Coccidioidomicosis
(A. du Vivier, 2.ª ed., 1995)

transporta a través de las partículas del polvo. La enfermedad es endémica en regiones secas y calurosas de América del Norte y del Sur. La infección primaria se caracteriza por síntomas que recuerdan a los del resfriado común o de la gripe. La infección secundaria, que se produce después de un período de remisión, se caracteriza por febrícula, anorexia y pérdida de peso, cianosis, disnea, hemoptisis, lesiones cutáneas focales que recuerdan al eritema nodoso y dolor óseo y articular.

coccidiosis (coccidiosis), enfermedad parasitaria de las regiones tropicales y subtropicales producida por la ingestión de oocistos de los protozoos *Isospora belli* o *I. hominis*. Los síntoma incluyen fiebre, malestar, molestias abdominales y diarrea acuosa.

coccigodinia (coccygodynia), dolor en la región del cóccix.

cóccix (coccyx, *pl.* **coccyges**), hueso afilado que se une al sacro por un disco de fibrocartílago en la base de la columna vertebral. Se forma por la unión de tres a cinco vértebras rudimentarias.

cochinilla (cochineal), colorante rojo preparado a partir de los insectos femeninos desecados de la especie *Coccus cacti* que contienen larvas jóvenes.

cociente carioplásmico (karyoplasm ratio), v. **cociente nucleocitoplásmico**.

cociente de aptitud (accomplishment quotient), evaluación numérica del nivel de formación de una persona en relación con la edad mental, expresado como cociente multiplicado por 100.

cociente de desarrollo (CD) (developmental quotient [DQ]), expresión numérica del nivel de desarrollo de un niño; se obtiene dividiendo la edad de desarrollo por la edad cronológica y multiplicando por 100.

cociente de formación (CF) (achievement quotient [AQ]), expresión numérica del nivel de formación de una persona, que viene determinado por la realización de varias pruebas de formación, cuyo resultado se divide por la edad cronológica y después se expresa como múltiplo de 100.

cociente de inteligencia (CI) (intelligence quotient [QI]), expresión numérica del nivel intelectual de una persona, medida en comparación con la media estadística de su grupo de edad. Existen varias escalas tradicionales, en las que se divide la edad mental, determinada mediante pruebas psicológicas, por la edad cronológica, y se multiplica el resultado por 100. Se considera que el CI medio es de 100.

cociente de intercambio respiratorio (R) (respiratory exchange ratio [R]), cociente entre la espiración neta de anhídrido carbónico y la inspiración neta simultánea de oxígeno, expresado por la fórmula VCO_2-VO_2.

cociente fijo (CF) de refuerzo (fixed ratio [FR] reinforcement), (en psiquiatría) número específico de respuestas necesario para el refuerzo.

cociente I:E (I:E ratio), (en terapia respiratoria) duración de la inspiración con respecto a la espiración. Se considera aceptable en el adulto una relación de 1:1,5 a 1:2 para el mecanismo de ventilación. El aumento del cociente a 1:1 o 2:1 puede tener complicaciones hemodinámicas.

cociente I:E invertido (inverse I:E ratio), cociente inspiración-espiración en el que la frecuencia de inhalaciones es mayor que el de las exhalaciones. Esta situación se produce cuando es necesario mejorar la oxigenación.

cociente L-S (L-S ratio), cociente lecitinaesfingomielina, utilizado como prueba de la madurez pulmonar fetal.

cociente metabólico respiratorio (R) (metabolic respiratory quotient [R]), cociente entre la producción de CO_2 y el consumo correspondiente de O_2. Los valores de R varían en función del combustible empleado; por tanto, dado que las grasas contienen relativamente menos O_2 que la glucosa, el R de las grasas es inferior al de la glucosa, mientras que el R de las proteínas se sitúa entre el de la glucosa y el de las grasas.

cociente nucleocitoplasmático (nucleocytoplasmic ratio), cociente entre el volumen del núcleo celular y el del citoplasma. La proporción suele ser constante para cada tipo celular.

cociente nucleoplásmico (nucleoplasmic ratio), v. **cociente nucleocitoplasmático**.

cociente respiratorio (CR) (respiratory quotient [RQ]), intercambio total de oxígeno por anhídrido carbónico en el cuerpo, expresado como el cociente entre el volumen de anhídrido carbónico producido y el volumen de oxígeno consumido por unidad de tiempo.

cocimiento (decoction), líquido medicinal hecho con el extracto de sustancias hidrosolubles, normalmente con ayuda de agua hirviendo. Las medicinas hechas con hierbas suelen ser cocimientos.

cóclea (cochlea), estructura ósea del oído interno de forma cónica con perforaciones para el paso de las fibras del nervio acústico. Es un túnel espiral de unos 30 mm de longitud con dos vueltas y tres cuartos, parecido a una caracola que forma parte del laberinto óseo.

coco (coccus, *pl.* **cocci**), bacteria con forma redondeada, esférica u oval, como el gonococo, el estafilococo, el neumococo o el estreptococo.

cocontracción (cocontraction), contracción simultánea de los músculos agonistas y antagonistas que rodean una articulación para mantener una posición.
cóctel de Brompton (Brompton's cocktail), solución analgésica que contiene alcohol, morfina o heroína y, en algunos casos, una fenotiazina. Este cóctel se administra para el control del dolor en los enfermos terminales.
cóctel lítico (lytic cocktail), nombre informal para el compuesto anestésico formado por clorpromacina, meperidina y prometazina, que bloquea el sistema nervioso autónomo, deprime el sistema circulatorio e induce neuroplejía.
codeína (codeine), analgésico narcótico utilizado para el tratamiento del dolor moderado a severo, para la diarrea y como antitusígeno.
codificación (coding), proceso de organización de la información en categorías, mediante el cual se asignan códigos para introducir, almacenar y recuperar datos.
codificar (code), introducir datos en un ordenador utilizando un lenguaje de programación determinado.
codificar (encode), **1.** traducir un mensaje, señal o estímulo a un código. **2.** reescribir, manual o automáticamente, como en el caso de un programa de ordenador, información en una forma que pueda ser interpretada por el ordenador.
código (code), **1.** (en derecho) programa de estatutos en forma de publicación, como el código civil. **2.** conjunto de normas y reglas de conducta, como el hábito de vestir. **3.** forma simbólica de denominación de una información para su comunicación o transferencia, como el código genético. **4.** sistema de notación que permite transmitir la información rápidamente, como el código Morse, o de forma confidencial, como el código criptográfico. **5.** *informal*, señal discreta utilizada para avisar a un equipo especializado en la reanimación de un paciente sin alarmar a los demás pacientes o a las visitas.
código ético (code of ethics), estatuto que comprende un conjunto de normas que determina el comportamiento deseable en un profesional.
código genético (genetic code), información transportada para las moléculas de ADN que determina los aminoácidos específicos y su disposición en la cadena de polipéptidos de cada proteína sintetizada por la célula. Cualquier cambio en el código se traduce en una disposición incorrecta de los aminoácidos en la proteína, produciéndose una mutación.
codo (elbow), articulación entre el brazo y el antebrazo.
codo de golfista (golfer's elbow), término popular de la epicondilitis humeral interna asociada al uso repetido de los flexores de la muñeca.
codo de minero (miner's elbow), inflamación de la bolsa olecraneana producida al descansar el peso del cuerpo sobre el codo, como sucede en algunas actividades de la minería del carbón. Este trastorno también se observa, a veces, en escolares que se apoyan sobre sus codos.
codo de tenista (tennis elbow), dolor en la región externa de la articulación del codo.
codominante (codominant), relativo o perteneciente a los alelos o al carácter resultante de la expresión completa de los dos alelos del par en un heterocigoto, como los antígenos de grupo sanguíneo AB o MNS.
codón (codon), unidad de tres nucleótidos adyacentes en una molécula de ADN o de ARN mensajero que determina un aminoácido específico en la cadena polipeptídica durante la síntesis de proteínas.
codón de comienzo (start codon), v. **codón de iniciación**.
codón de iniciación (initiation codon), (en genética molecular) triplete de nucleótidos que codifica la formilmetionina, el primer aminoácido de las secuencias proteicas.
codón de terminación (termination codon), (en genética molecular) unidad del código genético que especifica el final de la secuencia de aminoácidos en un polipéptido.
coeficiente (coefficient), relación matemática entre factores que puede utilizarse para medir o valorar una característica determinada bajo condiciones específicas.
coenzima (coenzyme), sustancia no proteica que se une a una apoenzima para formar una enzima completa u holoenzima. Algunas vitaminas actúan como coenzimas.
coenzima A (CoA) (coenzyme A [CoA]), metabolito importante del ciclo del ácido cítrico. Aunque no se trata de una verdadera enzima, desempeña un papel significativo en la transferencia de grupos acetilo y el metabolismo de ácidos y aminoácidos.
cofia (caul), saco amniótico intacto que rodea al feto en el nacimiento. Generalmente el saco se rompe o es roto durante el parto o alumbramiento; cuando permanece intacto debe desgarrarse o cortarse para permitir que el recién nacido respire.
cognición (cognition), proceso mental caracterizado por entendimiento, pensamiento, aprendizaje y juicio.
cognitivo (cognitive), relativo al proceso mental de comprensión, juicio, memorización

y razonamiento, en contraposición a los procesos emocionales o volitivos.

cohabitar (cohabitate), vivir juntos una relación sexual sin estar casados.

coherencia (coherence), **1.** propiedad de mantenerse unidos, como las moléculas de una sustancia. **2.** (en psicología) modelo lógico de expresión y pensamiento que es evidente en el lenguaje de un individuo normal y estable.

cohesividad (cohesiveness), **1.** (en psiquiatría) fuerza que atrae miembros a un grupo y les hace permanecer en éste. **2.** (en odontología) una propiedad del oro puro templado que le permite ser utilizado como material de relleno.

cohorte (cohort), (en estadística) grupo o muestra de individuos que comparten una característica común, como la misma edad o el mismo sexo.

coiloniquia (koilonychia), uñas en forma de cuchara, proceso en el que las uñas están adelgazadas y son cóncavas de lado a lado.

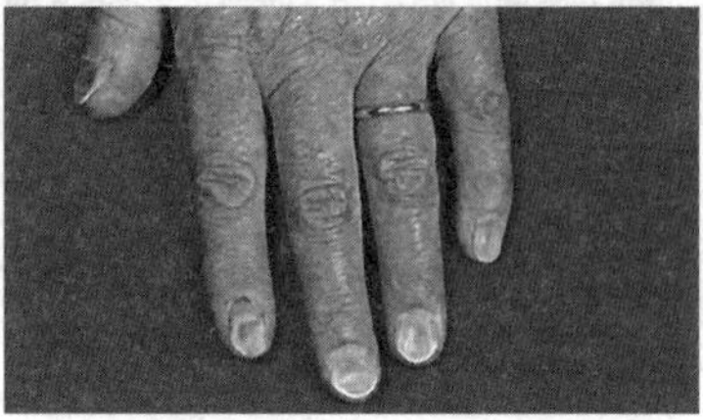

Coiloniquia
(C. D. Forbes/W. F. Jackson, 1994)

coinervación (coinnervation), v. **cocontracción**.

coito (coitus), unión sexual de dos personas de sexo distinto en la que el pene es introducido en la vagina, lo que produce habitualmente excitación mutua y generalmente orgasmo.

coitus interruptus (coitus interruptus), v. **método de la retirada**.

cojera (lameness), situación de minusvalía o discapacidad ocasionada fundamentalmente por lesiones del pie o de la pierna. También se puede aplicar a molestias o dolores de espalda que dificultan la marcha.

cola de caballo (cauda equina), extremo inferior de la médula espinal, desde la primera vértebra lumbar, formado por el haz de raíces nerviosas lumbares, sacras y coccígeas que descienden a través del conducto raquídeo del sacro y cóccix.

cola de Spence (tail of Spence), cola superoexterna de tejido mamario que se extiende hacia la axila.

coladura (colation), acto de filtrar o colar, como cuando se filtra la orina para su análisis en el laboratorio.

colágeno (collagen), proteína formada por haces de finas fibrillas reticulares, que se combinan para formar las fibras inelásticas blancas brillantes de los tendones, ligamentos y fascias.

colagenoblasto (collagenoblast), célula que se diferencia a partir del fibroblasto e interviene en la formación de colágeno. También se puede transformar en cartílago o tejido óseo por metaplasia.

colangiocarcinoma (cholangiocarcinoma), tumor del epitelio de los conductos biliares del hígado. Tiende a presentarse principalmente en pacientes que han padecido colitis ulcerosa o una infestación del hígado por trematodos.

colangiografía (cholangiography), estudio radiológico especial para delimitar el trayecto de las vías biliares principales mediante la inyección intravenosa o instilación directa de un material de contraste radiopaco.

colangiograma (cholangiogram), película de rayos X de las vías biliares obtenida tras la inyección de un material de contraste radiopaco.

colangiohepatoma (cholangiohepatoma, *pl.* **cholangiohepatomas, cholangiohepatomata**), neoplasia en la que existe una combinación anormal de células de los cordones hepáticos y de los conductos biliares.

colangiolitis (cholangiolitis), trastorno caracterizado por la inflamación de los túbulos finos del sistema de conductos biliares que puede producir cirrosis colangiolítica.

colangioma (cholangioma, *pl.* **cholangiomas, cholangiomata**), neoplasia de los conductos biliares.

colangiopancreatografía (choliopancreatography), visualización mediante rayos X de los conductos biliares y pancreáticos.

colangiostomía (cholangeostomy), intervención quirúrgica para realizar un orificio en un conducto biliar.

colangitis (cholangitis), inflamación de los conductos biliares producida por invasión bacteriana o por obstrucción de las vías por cálculos o por un tumor. Este trastorno se caracteriza por dolor intenso en el cuadrante superior derecho, ictericia (si existe obstrucción) y fiebre intermitente.

colapso (collapse), **1.** *no técnico*, estado de depresión extrema o estado de abatimiento completo provocado por problemas físicos o psicosomáticos. **2.** trastorno caracterizado por shock. **3.** depresión anormal de un órgano u obliteración de su cavidad.

colateral (collateral), **1.** secundario o accesorio. **2.** (en anatomía) pequeña rama, como las arteriolas o vénulas del organismo.

colateralización coronaria (coronary collateralization), desarrollo espontáneo de nuevos vasos sanguíneos en las proximidades o alrededor de áreas cardíacas sujetas a un flujo sanguíneo restringido.

colchicina (colchicine), antigotoso prescrito para el tratamiento de la gota aguda y para la prevención de la artritis gotosa recurrente.

colchón con alarma para apnea (apnea alarm mattress), colchón para lactantes, diseñado para que se dispare una alarma si el niño deja de respirar durante un determinado período de tiempo.

colecalciferol (cholecalciferol), v. **vitamina D_3**.

colecistectomía (cholecystectomy), extirpación quirúrgica de la vesícula biliar como tratamiento de la colelitiasis y de la colecistitis. Se extirpa la vesícula biliar y se liga el conducto cístico; se introduce una sonda por el colédoco y se elimina cualquier cálculo presente. Se coloca un tubo en T para garantizar un drenaje biliar adecuado; debe colocarse un drenaje Penrose con una salida independiente para prevenir la formación de un absceso.

colecistitis (cholecystitis), inflamación aguda o crónica de la vesícula biliar. La colecistitis aguda generalmente se produce por un cálculo biliar que no puede pasar a través del conducto cístico. El dolor asienta en el hipocondrio derecho y se acompaña de náuseas, vómitos, eructos y flatulencia. La colecistitis crónica es el tipo más frecuente y se caracteriza por un inicio insidioso. El dolor, que se observa habitualmente por la noche, puede hacer su aparición tras una comida grasa. Entre las complicaciones se incluyen los cálculos biliares, la pancreatitis y el carcinoma de la vesícula biliar.

colecistografía (cholecystography), examen radiológico de la vesícula biliar. Al menos 12 horas antes del estudio el paciente ha de realizar una comida sin grasas e ingiere un contraste yodado. El yodo, que es opaco a los rayos X, es excretado por el hígado hacia la bilis de la vesícula biliar. Tras lo anterior, el paciente consume una comida rica en grasas o toma colecistoquinina, que estimula la motilidad de la vesícula biliar, segregando la bilis y el material de contraste hacia el conducto biliar.

colecistograma (cholecystogram), estudio radiológico de la vesícula biliar realizado tras la ingestión o inyección de una sustancia radiopaca, habitualmente un material de contraste yodado.

colecistoileostomía (cholecystoileostomy), intervención quirúrgica realizada para conectar la vesícula biliar con el hígado.

colecistoquinina (cholecystokinin), hormona secretada por la mucosa de las primeras porciones del intestino que estimula la contracción de la vesícula biliar y la secreción de enzimas pancreáticas.

colectomía (colectomy), extirpación quirúrgica de parte o de todo el colon, que se lleva a cabo para tratar el cáncer de colon o la colitis ulcerosa crónica grave.

colector (collector), (en medicina) aparato con distintas variantes utilizado para recoger las secreciones de los bronquios y del esófago para su examen bacteriológico y citológico.

coledocolitiasis (choledocholithiasis), v. **cálculo biliar**.

coledocolitotomía (choledocholithotomy), intervención quirúrgica mediante la que se realiza una incisión en el colédoco con el fin de eliminar un cálculo.

coledocoyeyunostomía (choledochojejunostomy), intervención quirúrgica en la cual se comunica el conducto biliar con el yeyuno.

colelitiasis (cholelithiasis), presencia de cálculos biliares en la vesícula biliar. Este trastorno afecta a cerca del 20% de la población mayor de 40 años de edad y es más prevalente en mujeres y en sujetos con cirrosis hepática. Los pacientes se quejan de molestias abdominales, eructos e intolerancia a ciertos alimentos.

colelitomía (cholelithotomy), intervención quirúrgica para extraer los cálculos biliares a través de una incisión en la vesícula biliar.

cólera (cholera), infección bacteriana aguda del intestino delgado caracterizada por vómitos y diarrea intensos, calambres musculares, deshidratación y depleción electrolítica. Los síntomas están ocasionados por las toxinas producidas por el organismo infectante, *Vibrio cholerae*. La diarrea acuosa es profusa, alcanzando hasta un litro por hora, y produce una depleción corporal de líquidos y minerales.

colerágeno (choleragen), exotoxina producida por el vibrio colérico que en el cólera asiático estimula la secreción de electrólitos y agua en el intestino delgado.

colerético (choleretic), **1.** que estimula la producción de bilis mediante colepoyesis o por hidrocoleresis. **2.** agente colerético.

colérico (choleric), que tiene un temperamento fuerte o es de naturaleza irascible.

colestasis (cholestasis), detención del flujo de bilis en cualquier parte del sistema biliar, desde el hígado al duodeno. Es fundamental identificar si la causa se localiza dentro del hígado (intrahepática) o fuera de éste (extrahepática). Los síntomas son comunes e incluyen ictericia, heces acólicas y grasas, orina colúrica y prurito cutáneo intenso.

colesteatoma (cholesteatoma), masa quística constituida por células epiteliales y colesterol que se localiza en el oído medio y que se presenta como un defecto congénito o como una complicación grave de la otitis media crónica.

colesteremia (cholesteremia), v. **colesterolemia**.

colesterol (cholesterol), alcohol esteroideo cristalino liposoluble presente en aceites y grasas animales y en la yema de huevo, que está ampliamente distribuido por todo el organismo, especialmente en la bilis, sangre, tejido cerebral, hígado, riñones, glándulas suprarrenales y vainas de mielina de las fibras nerviosas. Facilita la absorción y el transporte de los ácidos grasos y actúa como precursor en la síntesis de vitamina D en la superficie de la piel así como en la síntesis de diversas hormonas esteroideas. La elevación de la concentración de colesterol sérico puede estar asociada a la patogénesis de la arteriosclerosis.

colesterolemia (cholesterolemia), **1.** presencia de una cantidad excesiva de colesterol en sangre. **2.** trastorno en el que existen cantidades excesivas de colesterol en sangre.

colesteroléresis (cholesteroleresis), aumento de la eliminación de colesterol en la bilis.

colesterolosis (cholesterolosis), trastorno en el que existen depósitos de colesterol dentro dc los macrófagos gigantes de la submucosa de la vesícula biliar.

colesteropoyesis (cholesterolopoiesis), síntesis hepática de colesterol.

colestiramina (cholestyramine), sustancia que actúa sobre los ácidos biliares del hígado, interrumpiendo el ciclo de los ácidos biliares y aumentando la función de los receptores de las LDL, por lo que aumenta la recaptación celular de colesterol y disminuye la concentración sanguínea de éste.

colgajo cutáneo (skin flap), capa de piel separada de las capas profundas del tejido generalmente por disección.

colgajo himenal (hymenal tag), tejido himenal normal, superfluo, que protruye del suelo de la vagina durante las primeras semanas tras el nacimiento.

colgajo vesical (bladder flap), *informal*, pliegue vesicourinario del peritoneo que se corta durante la cesárea cervical baja, de forma que la vejiga se puede separar del útero para exponer el segmento uterino inferior a la incisión. El colgajo se reaproxima con suturas durante el cierre.

colicinógeno (colicinogen), episoma presente en algunas cepas de *Escherichia coli* que induce la secreción de colicina, una proteína letal para otras cepas de la bacteria.

cólico (colic), **1.** dolor visceral agudo originado por torsión, obstrucción o espasmo del músculo liso de un órgano hueco o tubular, como el uréter o los intestinos. Algunos tipos de cólico son: **cólico biliar, del lactante** y renal. **2.** relativo al colon.

colicuación (colliquation), degeneración de un tejido corporal a un estado líquido; generalmente se asocia a necrosis tisular.

colicuativo (colliquative), caracterizado por la emisión de una gran cantidad de líquido, como las heridas con supuración y las estructuras del cuerpo que están infectadas.

coliforme (coliform), **1.** relativo o perteneciente a las bacterias del tipo *Escherichia coli* y similares, que constituyen la mayor parte de la flora intestinal en humanos y en otros animales. **2.** que posee la característica de tener una estructura cribiforme, como alguno de los huesos porosos del cráneo.

coligativo (colligative), (en química física) relativo a aquellas propiedades de la materia que dependen de la concentración de las partículas como las moléculas o iones, más que de las propiedades químicas de cualquier sustancia.

colimación del haz (beam collimation), restricción de la radiación X al área que se va a examinar o tratar, limitando el haz con colimadores, diafragmas metálicos o contraventanas con alto poder de absorción de la radiación.

colimador (collimator), aparato para concentrar las partículas de radiación en rayos paralelos, utilizado para restringir el haz de una máquina de radioterapia a una región específica.

colina (choline), compuesto que forma parte del complejo vitamínico B, esencial para el metabolismo lipídico del organismo. Es el principal componente del neurotransmisor acetilcolina, y actúa junto con el inositol como componente básico de la lecitina. Las fuentes principales de colina son el hígado, los riñones, el cerebro, el germen de trigo, la levadura de cerveza y la yema de huevo.

colinérgico (cholinergic), **1.** relativo o perteneciente a las fibras nerviosas que sintetizan acetilcolina en las uniones neuromusculares. **2.** tendencia a transmitir, a ser estimulado por o a estimular la elaboración de acetilcolina.

colinesterasa (cholinesterase), enzima que actúa como catalizadora en la hidrólisis de la acetilcolina a colina y acetato.

colirio (collyrium), líquido oftálmico que contiene medicinas para instilar en el ojo.

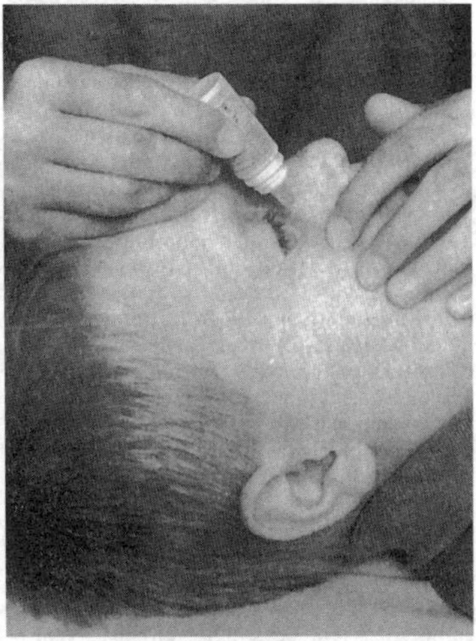

Administración de colirio
(Wong, 1993)

colistinmetato sódico (colistimethate sodium), antibacteriano prescrito para el tratamiento de infecciones gastrointestinales producidas por ciertos microorganismos gramnegativos y como medicación tópica.

colitis (colitis), trastorno inflamatorio del intestino grueso, bien del tipo del síndrome del colon irritable episódico y funcional, o del tipo de las enfermedades intestinales inflamatorias crónicas o progresivas. El síndrome del colon irritable se caracteriza por ataques de dolor cólico y diarrea o estreñimiento, a menudo producidos por tensión emocional.

colitis mucosa (mucous colitis), v. **síndrome del intestino irritable**.

colitis seudomembranosa (pseudomembranous colitis), enfermedad diarreica que se da con frecuencia en los pacientes hospitalizados que han recibido antibióticos, produciéndoles sobrecrecimiento de *Clostridium difficile*, microorganismo anaerobio, formador de esporas y productor de toxinas.

colitis ulcerosa (ulcerative colitis), enfermedad inflamatoria crónica episódica del intestino grueso y del recto, caracterizada por diarrea acuosa profusa que contiene cantidades variables de sangre, moco y pus. Los ataques de diarrea se acompañan de tenesmo, dolor abdominal intenso, fiebre, escalofríos, anemia y pérdida de peso. Los niños que la padecen pueden sufrir retraso del crecimiento. Los síntomas debilitantes a menudo impiden que las personas con colitis ulcerosa desarrollen las actividades normales de la vida diaria.

collar (collar), cualquier estructura que rodea a otra, generalmente alrededor de su cuello, como los collares de hueso perióstico que se forman alrededor de la diáfisis de los huesos en crecimiento.

coloboma (coloboma, *pl.* **colobomas, colobomata**), defecto congénito o mutilación del tejido ocular que generalmente afecta al iris, al cuerpo ciliar o a la coroides, mediante la formación de una fisura que se extiende inferiormente.

colocador de bandas (band pusher), instrumento utilizado para adaptar las bandas ortodóncicas de metal a los dientes.

colodión (collodion), líquido claro o levemente opaco, altamente inflamable compuesto por piroxilina, éter y alcohol. Se evapora y forma una película transparente fuerte.

coloide (colloid), estado o división de la materia en la que las moléculas grandes o los agregados de moléculas que no precipitan y que miden entre 1 y 100 nm están dispersas en otro medio.

colon (colon), parte del intestino grueso que se extiende desde el ciego hasta el recto. Tiene cuatro segmentos: colon ascendente, colon transverso, colon descendente y colon sigmoide.

colonia (colony), **1.** (en bacteriología) conjunto de microorganismos en un cultivo que

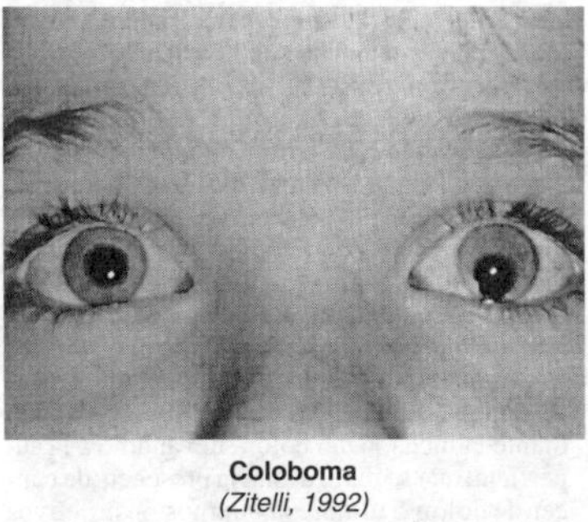

Coloboma
(Zitelli, 1992)

proceden de una sola célula. Las colonias, según su configuración, pueden ser lisas, rugosas o enanas. **2.** (en biología celular) grupo de células en un cultivo o en ciertos tejidos experimentales, como una colonia de células esplénicas.

colónico (colonic), v. **colon**.

colonización (colonization), presencia y multiplicación de microorganismos sin lesión o invasión tisular.

colonización genética (genetic colonization), proceso por el que un parásito introduce información genética en el huésped, lo que induce al huésped a sintetizar productos para el uso exclusivo del parásito.

colonoscopia (colonoscopy), exploración del revestimiento mucoso del colon utilizando un colonoscopio, un endoscopio más largo.

colonoscopio (colonoscope), instrumento largo con una luz y una lente, que permite la exploración del interior del colon.

coloproctitis (coloproctitis), inflamación del colon y del recto.

coloptosis (coloptosis), prolapso o desplazamiento hacia abajo del colon.

colorante (stain), pigmento, tinte o sustancia utilizada para proporcionar color a objetos o tejidos microscópicos con el fin de facilitar su estudio e identificación. Algunos tipos de colorantes o tinciones son: **tinción ácido-alcohol resistente, tinción de Gram** y **colorante de Wright**.

colorante azoico (azo dye), tipo de sustancia que contiene nitrógeno y está comercializado como material colorante. Algunas formas de esta sustancia química tienen potencial carcinógeno.

colorante de Wright (Wright's stain) [James H. Wright, anatomopatólogo norteamericano, n. 1869], tinción que contiene azul de metileno y eosina, utilizado para teñir muestras de sangre para estudio microscópico, para el recuento sanguíneo completo y, especialmente, para el estudio de los parásitos de la malaria.

colorimetría (colorimetry), **1.** determinación de la intensidad del color en un líquido o en otra sustancia. **2.** determinación del color en la sangre mediante la utilización de un colorímetro para calcular la concentración de hemoglobina.

colosigmoidoscopia (colosigmoidoscopy), examen directo de la región sigmoidea del colon con un sigmoidoscopio.

colostomía (colostomy), creación quirúrgica de un ano artificial en la pared abdominal mediante la incisión del colon, llevándolo a la superficie, que se realiza ante la presencia de cáncer de colon o tumores benignos obstructivos y heridas abdominales graves. Una colostomía puede ser simple, con una apertura, o doble, con dos asas, distal y proximal, que se abren al abdomen. Un tipo de colostomía es la **colostomía en asa**.

colostomía en asa (loop colostomy), tipo de colostomía transitoria que es realizada como parte de la reparación quirúrgica de la enfermedad de Hirschsprung. Para realizar la técnica, se pasa una porción intacta del colon previo al que se va a intervenir a través de una incisión en el abdomen, y se sutura al abdomen. Se forma el asa y se mantiene en posición colocando una barra de vidrio entre el asa y el abdomen.

colostomizado (colostomate), individuo portador de una colostomía.

colotomía (colotomy), incisión quirúrgica del colon realizada generalmente a través de la pared abdominal.

colovaginal (colovaginal), relativo al colon y la vagina, o a una comunicación entre ambas estructuras.

colpalgia (colpalgia), dolor en la vagina.

colpectomía (colpectomy), extirpación quirúrgica de la vagina.

colpitis (colpitis), inflamación de la vagina.

colpocistitis (colpocystitis), inflamación de la vagina y de la vejiga urinaria.

colpocistocele (colpocystocele), prolapso de la vejiga urinaria dentro de la vagina, generalmente a través de la pared anterior de la vagina.

colpohisterectomía (colpohysterectomy), histerectomía vaginal.

colporrafia (colporrhaphy), procedimiento quirúrgico en el que se sutura la vagina, como cuando se realiza un estrechamiento de vagina.

colposcopia (colposcopy), exploración de la vagina y del cuello uterino con un colposcopio.

colposcopio (colposcope), instrumento dotado de luz y de un sistema de lentes utilizado para la exploración directa de las superficies de la vagina y del cuello uterino.

colpotomía (colpotomy), cualquier incisión quirúrgica de la pared de la vagina.

columbio (columbium), antiguo nombre del **niobio**.

columna en caña de bambú (bamboo spine), columna vertebral característicamente rígida de la espondilitis anquilosante avanzada.

columna posterior (posterior column), columna posterior de sustancia gris de la médula espinal.

columna vertebral (vertebral column), estructura flexible que forma el eje longitudinal del esqueleto. En el adulto, incluye 26 vértebras dispuestas en línea recta desde la base del cráneo hasta el cóccix. Las vértebras se en-

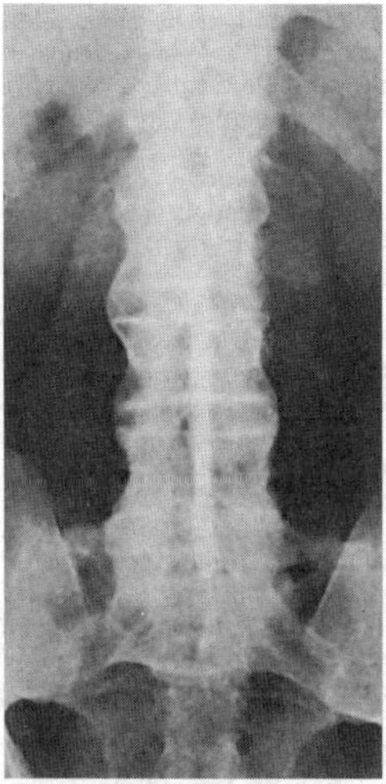

Columna vertebral en caña de bambú
(C. D. Forbes/W. F. Jackson, 1994)

cuentran separadas por los discos intervertebrales. En ellas se insertan diversos músculos, como el iliocostal dorsal y el dorsal largo, que proporcionan fuerza y flexibilidad a la columna. En el adulto, las cinco vértebras sacras y las cuatro coccígeas se fusionan para formar el sacro y el cóccix. El conducto vertebral discurre a lo largo de la columna vertebral y en su interior se encuentra la médula espinal. Este conducto está formado por los arcos posteriores de las vértebras.

coma (coma), estado de inconsciencia profunda, caracterizado por la ausencia de movimientos oculares espontáneos, de respuesta a estímulos dolorosos y del lenguaje. La persona no puede ser despertada. El coma puede ser el resultado de un traumatismo, tumor cerebral, hematoma, estado tóxico, enfermedades infecciosas agudas con encefalitis, enfermedad vascular, envenenamiento, acidosis diabética o intoxicación.

comatoso (comatose), relativo al estado de coma o al sueño anormalmente profundo, producido por una enfermedad o lesión.

combustión (combustion), proceso de quemar u oxidación que se puede acompañar de luz y calor. El oxígeno por sí mismo no arde, pero facilita la combustión. La velocidad de combustión está determinada tanto por la concentración de oxígeno como por su presión parcial.

comedocarcinoma (comedocarcinoma, *pl.* **comedocarcinomas, comedocarcinomata**), neoplasia intraductal maligna de la mama en la que las células centrales degeneran y se pueden extraer fácilmente de la superficie de corte del tumor.

comedogeneicidad (comedogenecity), capacidad de ciertos fármacos u otras sustancias, como los esteroides anabolizantes, para producir los comedones del acné.

comedón (comedo, *pl.* **comedones**), punto negro, lesión básica del acné vulgar, producida por la acumulación de queratina y sebo en el orificio de salida de un folículo piloso. Es de color negro por la oxidación del sebo, no por la presencia de suciedad.

comensal (commensal), (entre dos organismos diferentes) que viven juntos en un estado que no es perjudicial para ninguno y que puede ser beneficioso para ambos.

comentarios de evolución (progress notes), (en la historia clínica del paciente) comentarios realizados por el personal de enfermería y el médico que describen el estado del paciente y los tratamientos administrados o programados. Los comentarios de evolución pueden ajustarse al modelo de registro médico orientado al problema. Los comentarios de evolución del médico suelen centrarse en los aspectos médico o terapéutico de la situación y en la asistencia del paciente; los comentarios de evolución de enfermería, aunque reflejan los trastornos médicos del paciente, se suelen centrar en los objetivos establecidos en el programa de asistencia de enfermería.

comisura (commissure), **1.** banda de fibra nerviosa o de otro tejido que cruza de un lado a otro del organismo, generalmente conectando dos estructuras o masas tisulares. **2.** zona de unión entre dos partes anatómicas, como el ángulo del ojo, la comisura de los labios, o de los labios mayores.

comisura palpebral (palpebral commissure), v. **canto**.

comisurotomía (commissurotomy), división quirúrgica de una banda fibrosa o anillo que une dos partes de una estructura corporal.

comité de revisión institucional (institutional review board [IRB]), (en EE.UU.) comité aprobado federalmente que revisa todas las propuestas de investigación antes de enviar las peticiones de fondos a los departamentos gubernamentales que han de aprobar la subvención.

Comité International des Poids et Mesures (CIPM) (Comité International des Poids et

Mesures [CIPM]), grupo de científicos que se reúnen periódicamente para definir las unidades internacionales (SI) de las cantidades físicas, como el volumen de un litro, la longitud de un metro o la cantidad precisa de tiempo de un minuto.

Communicable Disease Center (Communicable Disease Center), antigua denominación de los ***Centers for Disease Control***.

compartimentación (gating), (en resonancia magnética) organización de datos de forma que la información utilizada para construir una imagen procede del mismo punto del ciclo en un movimiento repetido, como el latido cardíaco.

compás (calipers), instrumento con dos varillas curvas, ajustables, unidas en su extremidad superior por un eje, utilizado para medir el grosor o diámetro de un cuerpo o sólido convexo.

compás de pliegue cutáneo (skinfold calipers), instrumento utilizado para medir la anchura de un pliegue de piel, habitualmente en la cara posterior de la parte superior del brazo y sobre las costillas inferiores.

compasivo (sympathetic), que demuestra compasión por el sufrimiento ajeno.

compatibilidad (compatibility), **1.** cualidad o estado de coexistir en armonía; congruencia. **2.** integración ordenada y eficaz de los elementos de un sistema con los de otro. **3.** formación de un sistema químico o bioquímico estable, especialmente en la medicación, de forma que puedan administrarse dos o más fármacos al mismo tiempo sin producir efectos colaterales indeseables o sin anular o modificar los efectos terapéuticos de los demás. **4.** (en inmunología) grado en el que el sistema defensivo del organismo tolerará la presencia de materia extraña, como sangre trasfundida, injertos de tejidos u órganos trasplantados, sin desencadenar una reacción inmune. Normalmente la compatibilidad total se produce entre gemelos idénticos. **5.** (en grupos sanguíneos o en pruebas cruzadas) ausencia de reacción entre grupos sanguíneos de manera que no se produce aglutinación cuando los hematíes de una muestra se mezclan con el suero de otra muestra; no se produce reacción a la transfusión de sangre.

compensación (compensation), **1.** mecanismo para contrarrestar cualquier defecto de la estructura o funciones corporales. **2.** (en cardiología) proceso por el que se mantiene un flujo sanguíneo adecuado mediante la utilización de mecanismos cardíacos y circulatorios normales como la taquicardia, la retención de líquidos con aumento del retorno venoso y la hipertrofia. La incapacidad del corazón para compensar o para proporcionar el gasto cardíaco necesario revela la existencia de patología en el músculo cardíaco. **3.** (en psiquiatría) mecanismo de defensa complejo que permite a un individuo evitar estímulos emocionales desagradables o dolorosos que proceden de un sentimiento de inferioridad o insuficiencia. La **compensación de dosificación** es un tipo de compensación.

compensación de dosificación (dosage compensation), (en genética) mecanismo que contrarresta el número de dosis génicas ligadas al cromosoma X en los cromosomas sexuales, de forma que son iguales tanto en el macho, que sólo tiene un cromosoma X, como en la hembra, que tiene dos. En los mamíferos esto se consigue por la activación genética de uno solo de los cromosomas X en las células somáticas femeninas.

compensador (compensator), aparato utilizado en radioterapia para corregir irregularidades de la superficie corporal, proporcionando una atenuación diferencial del haz antes de que éste alcance al paciente.

compensador de línea (line compensator), dispositivo electrónico que controla la potencia eléctrica de los equipos médicos, como los equipos de rayos X, y realiza ajustes automáticos ante las fluctuaciones de voltaje.

competencia (competence), **1.** (en embriología) capacidad global de una célula embrionaria para reaccionar ante estímulos determinantes con formas distintas de diferenciación. **2.** capacidad de la bacteria de captar moléculas de ADN del donante.

competencia embrionaria (embryonic competence), capacidad de una célula embrionaria para reaccionar normalmente ante el estímulo de un inductor, lo que permite un crecimiento o diferenciación normal y mantenida del embrión.

complejo (complex), **1.** grupo de elementos, como las moléculas químicas, que están relacionados por su estructura o función, como es el caso de la fracción proteica y el hierro de la hemoglobina o la fracción proteica y el cobalto de la vitamina B_{12}. **2.** combinación de signos y síntomas de una enfermedad que constituyen un síndrome. **3.** (en psicología) grupo de ideas asociadas con fuertes contenidos emocionales que afectan a la actitud de las personas.

complejo de ansiedad (anxiety complex), v. **ansiedad de castración**.

complejo de castración (castration complex), v. **ansiedad de castración**.

complejo de Edipo (Oedipus complex), **1.** (en psicoanálisis) deseo de un niño de tener una relación sexual con el progenitor del sexo opuesto, habitualmente con fuertes sentimientos negativos hacia el progenitor del mismo sexo. **2.** deseo de un hijo de tener una relación sexual con su madre.

complejo de Eisenmenger (Eisenmenger's complex), enfermedad cardíaca congénita en la cual hay un defecto del tabique ventricular, una malposición de la raíz aórtica que invade el tabique interventricular y una arteria pulmonar dilatada.

complejo de Electra (Electra complex), (en psiquiatría) deseo libidinoso de la hija hacia el padre.

complejo de factor IX (factor IX complex), hemostásico que contiene los factores II, VII, IX y X. Se prescribe para el tratamiento de la hemofilia B. Es una proteína vitamina K-dependiente sintetizada en el hígado.

complejo de inferioridad (inferiority complex), **1.** sentimiento de miedo y resentimiento que está producido por la sensación de ser psíquicamente inadecuado, caracterizado por distintas conductas anormales. **2.** (en psicoanálisis) complejo caracterizado por los esfuerzos para conseguir objetivos no realistas, debido a un complejo de Edipo no resuelto. **3.** *coloquial,* sentimiento de ser inferior.

complejo de padre (father complex), *no técnica,* deseo reprimido de un individuo de relación incestuosa con su padre.

complejo demencia-SIDA (CDS) (AIDS-dementia complex [ADC]), alteraciones neurológicas de encefalitis o inflamación cerebral experimentadas por casi una tercera parte de todos los pacientes de SIDA. Se caracteriza por pérdida de memoria y otras formas de demencia. Una causa apuntada es la posibilidad de que el virus del SIDA sea capaz de destruir las neuronas sin penetrar realmente en las células del cerebro. Las autopsias indican que la densidad de neuronas en pacientes de SIDA puede ser un 40% inferior a la normal.

complejo HLA (HLA complex), grupo A de antígenos leucocitarios humanos, el complejo principal de histocompatibilidad del ser humano que permite al sistema inmune diferenciar lo «propio» de lo «ajeno» en los tejidos y en las proteínas. Está constituido por grupos de loci situados en el brazo corto del cromosoma 6. Se identifican por números y letras, como por ejemplo HLA-B27. Los HLA-A, -B y -C son antígenos de superficie que aparecen en la superficie de todas las células nucleadas y en las plaquetas y son importantes en los trasplantes de tejidos. Si los antígenos HLA del donante y el receptor no coinciden, los antígenos extraños son reconocidos y destruidos por los linfocitos T asesinos.

complejo principal de histocompatibilidad (CPH) (major histocompatibility complex [MHC]), grupo de proteínas situadas en la superficie externa de la membrana celular que permite la identificación de las moléculas propias y de las extrañas (invasoras). Las moléculas del CPH de clase I normalmente colaboran con el sistema inmune en la discriminación entre las células sanas del organismo y aquellas que pueden ser precancerosas o estar infectadas por virus. Las moléculas del CPH de clase II reconocen normalmente las proteínas extrañas. Las moléculas del CPH de clase II se parecen a las moléculas gp120 de la superficie externa de la membrana de los virus VIH, dirigiendo a los anticuerpos confundidos para que ataquen a las células T colaboradoras del propio organismo. Los individuos con diabetes tipo I tienen una concentración de proteínas de CPH de clase I inferior a la normal, siendo un marcador de susceptibilidad. Su sistema inmunológico no puede reconocer sus propias células beta.

complejo QRS (QRS complex), conjunto de ondas del electrocardiograma que representan la despolarización de las células musculares de los ventrículos. El término «complejo QRS» describe tanto la despolarización ventricular normal como la anormal. Las variaciones morfológicas del complejo QRS se deben a la presencia de las ondas Q, R o S sobre la línea basal, por encima o por debajo; las mayúsculas o minúsculas se utilizan para describir la amplitud de cada onda. En el complejo QRS, la onda Q es la deflexión negativa que precede a la onda R; la onda R es la primera deflexión positiva, y la onda S es la deflexión negativa tras la onda R.

complejo QRST (QRST complex), elemento del electrocardiograma, constituido por el complejo QRS, el segmento ST, el intervalo QT, la onda T y la onda U. Representa la despolarización y la repolarización de los ventrículos.

complejo relacionado con el SIDA (CRS) (AIDS related complex [ARC]), forma subclínica del síndrome de inmunodeficiencia adquirida (SIDA). Los signos y síntomas comprenden pérdida de peso, fiebre, malestar y decaimiento generales, candidiasis oral y aquellas alteraciones inmunológicas que son características del SIDA.

complejo sintomático (symptom complex), v. **síndrome**.

complejo vitamínico B (vitamin B complex), grupo de vitaminas hidrosolubles que difieren entre sí en su estructura y en su efecto biológico. Todas las vitaminas B se encuentran en grandes cantidades en el hígado y las levaduras, estando presentes de forma aislada o en combinación en numerosos alimentos.

complementariedad (complementarity), relativo a una relación en la que las diferencias son máximas.

complemento (complement), sistema constituido por once complejos de proteínas enzimáticas séricas. En una reacción antígeno-anticuerpo el complemento produce lisis.

complementos de la anestesia (adjunct to anesthesia), fármacos de cinco clases diferentes, cada una de las cuales tiene su propia aplicación en los procedimientos anestésicos, así como su indicación terapéutica en otros aspectos de la asistencia sanitaria. Los complementos de la anestesia se utilizan como premedicaciones, como suplementos intravenosos de los hipnóticos o los analgésicos y como bloqueantes neuromusculares, analépticos y gases terapéuticos.

compliancia (compliance), (en fisiología respiratoria) determinación de la distensibilidad del volumen pulmonar producida por la modificación de la presión en una unidad.

compliancia eficaz (effective compliance), cociente entre el volumen corriente y la presión máxima de la vía aérea.

compliancia pulmonar (lung compliance), medida de la facilidad con la que se expanden los pulmones y el tórax durante los movimientos respiratorios. Está determinada por el volumen y la elasticidad pulmonares: un alto grado de compliancia indica una falta de recuperación elástica de los pulmones, como sucede en la edad avanzada o en el enfisema. La disminución de la compliancia pulmonar se produce en procesos en los que es necesaria una mayor presión para producir cambios de volumen, como en las atelectasias, el edema, la fibrosis, la neumonía o la ausencia de surfactante.

complicación (complication), enfermedad o lesión que aparece durante el tratamiento de una enfermedad previa. La complicación habitualmente altera el pronóstico.

componente (component), parte significativa de una unidad mayor.

componer (compound), crear una sustancia mediante la combinación de ingredientes, como los farmacéuticos.

compresa (compress), paño blando, generalmente elaborado con gasa, utilizado para aplicar calor, frío o medicamentos sobre la superficie de una región corporal. También se puede aplicar una compresa sobre una herida para facilitar el control de la hemorragia.

compresión (compression), acto de presionar, apretar o de utilizar otra forma de aplicar presión sobre un órgano, tejido o región corporal. Algunos tipos de compresión patológica son la **fractura por compresión**, en la que las superficies óseas están forzadas una contra otra produciéndose la fractura, y la **parálisis por compresión**, parálisis de una región corporal provocada por la compresión de un nervio.

compresor de aire (air compressor), aparato que comprime el aire para su almacenamiento y utilización en aparatos manuales y otros instrumentos médicos y dentales que funcionan por aire.

comprimido (tablet), forma pequeña y sólida de dosificación de un medicamento. Puede ser casi de cualquier tamaño, forma, peso y color. La mayoría de los comprimidos están elaborados con la intención de que se traguen enteros, aunque algunos se pueden disolver en la boca, masticar o disolver en líquido antes de su ingestión; algunos se pueden colocar en una cavidad corporal.

comprimido recubierto (coated tablet), pastilla de uno o más productos farmacéuticos revestidos de azúcar o de sustancias aromáticas para enmascarar el sabor, o de una sustancia resistente a la disolución en el estómago, pero que permite la liberación del medicamento en el intestino.

compromiso (compromise), acción que puede implicar un cambio en la conducta del sujeto como la sustitución de metas o la demora en la satisfacción de necesidades en un ámbito para reducir el estrés en otro.

compuesto (compound), **1.** (en química) sustancia formada por dos o más elementos diferentes, combinados químicamente en proporciones definidas, que no pueden ser separados por medios físicos. **2.** cualquier sustancia formada por dos o más ingredientes distintos.

compulsión (compulsion), impulso irresistible, repetitivo e irracional para realizar un acto que por lo general es contrario a los propios juicios y valores, de tal forma que produce una ansiedad extrema si no se efectúa. Un tipo de compulsión es la **compulsión repetitiva**.

compulsivo (compulsive), relativo a un acto realizado repetidamente por un impulso irresistible.

comunicación (communication), cualquier proceso en el que un mensaje que contiene información es transferido, especialmente de una persona a otra, a través de cualquier tipo de medio.

comunicación no verbal (nonverbal communication), transmisión de un mensaje sin usar palabras. Pueden estar involucrados cualquiera de los cinco sentidos.

comunicación total (total communication), utilización combinada de lenguaje oral y comunicación manual por una persona con pérdida auditiva.

comunicación verbal alterada (communication, impaired verbal), diagnóstico de enfermería, aprobado por la NANDA, de un estado en el que el individuo experimenta una capacidad disminuida o ausente para emplear o entender el lenguaje en las relaciones humanas. Las características que lo definen son: incapacidad para hablar la lengua materna, alteraciones en la articulación de palabras, tartamudeo, dificultad para construir palabras o frases, dificultad para expresar verbalmente los pensamientos, verbalización inapropiada, disnea, desorientación y ausencia de habla.

comunidad (community), grupo de individuos que residen en una región geográfica determinada y que comparten intereses u obligaciones comunes.

concanavalina A (concanavalin A), hemaglutinina aislada a partir de la harina de judías que reacciona con los poliglucosanos de la sangre de mamíferos produciendo aglutinación.

concatenados (concatenates), moléculas largas formadas por la repetición continua de la misma subunidad molecular.

concavidad (concavity), depresión profunda o superficie curva hacia dentro de un órgano o estructura corporal.

concebir (conceive), quedarse embarazada.

concentración alveolar mínima (CAM) (minimum alveolar concentration [MAC]), la cantidad más pequeña de un gas detectable y medible en los alveolos pulmonares.

concentración bactericida mínima (minimal bactericidal concentration), v. **concentración inhibidora mínima**.

concentración de hemoglobina corpuscular media (CHCM) (mean corpuscular hemoglobin concentration [MCHC]), estimación de la concentración de hemoglobina en gramos por 100 ml de concentrado de hematíes, obtenida dividiendo la hemoglobina entre el hematócrito.

concentración de hidrogeniones en la sangre (hydrogen ion concentration of blood), medida del pH sanguíneo y de sus efectos en la capacidad para transportar oxígeno de la molécula de hemoglobina.

concentración de la solución (ratio solution), relación entre un soluto y un solvente expresada en forma de proporción, como 1:100, o partes por mil.

concentración inhibidora mínima (CIM) (minimal inhibitory concentration [MIC]), concentración más pequeña de un antibiótico en la sangre que es eficaz contra una infección, que se determina inyectando sangre venosa infectada en un medio de cultivo que contiene diversas concentraciones del antibiótico propuesto.

concentración máxima (peak concentration), cantidad máxima de una sustancia o fuerza, como la concentración más elevada de un fármaco medida inmediatamente después de la administración del fármaco.

concentración sérica de oxígeno (oxygen concentration in blood), concentración de oxígeno en una muestra de sangre, incluyendo el oxígeno combinado con la hemoglobina y el oxígeno disuelto físicamente en la sangre.

concentrado (concentrate), sustancia, particularmente un líquido, que se ha fortalecido y reducido en volumen mediante dichos medios.

concentrado celular (packed cells), preparado de células sanguíneas separadas del plasma líquido, que se administra con frecuencia en la anemia grave para restablecer la concentración adecuada de hemoglobina y de hematíes sin sobrecargar el sistema vascular con un exceso de líquidos.

concentrar (concentrate), disminuir el volumen de un líquido y aumentar su fuerza por unidad de volumen mediante la eliminación de compuestos inactivos a través de la evaporación u otros medios.

concéntrico (concentric), que describe dos o más círculos que tienen un centro común.

concepción (conception), **1.** inicio del embarazo; generalmente se considera como tal el momento en el que el espermatozoide penetra en el óvulo y forma un cigoto viable. **2.** acto o proceso de fertilización. **3.** acto o proceso de crear una idea o concepto.

concepto (concept), pensamiento o idea concebida o abstraída que se origina y mantiene en la mente.

concepto (conceptus), producto de la concepción; óvulo fertilizado junto con sus membranas protectoras en todas las fases del desarrollo intrauterino desde la implantación hasta el nacimiento.

concepto del yo (self-concept), conjunto de ideas, sentimientos y actitudes que una persona tiene sobre su propia identidad, valía, capacidad y limitaciones.

concepto imperioso (imperative conception), pensamiento o impresión que aparece espontáneamente en la mente y no se puede eliminar, como una obsesión.

concha (concha), estructura corporal que tiene forma de concha, como la cavidad del oído externo que rodea al meato del conducto auditivo externo.

conciencia (conscience), **1.** la moral, sentido autocrítico de lo que está bien y mal. **2.** (en psicoanálisis) parte del sistema del superego que dirige los pensamientos, sentimientos y actos, y los contrapone a los valores y modelos internos.

concocción (concoction), remedio preparado a partir de una mezcla de dos o más fármacos o sustancias que han sido calentadas.

concomitante (concomitant), designación de uno, más de dos o más cosas, que ocurren simultáneamente, que pueden o no estar interrelacionados o producidos como resultado de los demás; acompañante.

concordancia (concordance), (en genética) expresión de uno o más rasgos específicos en los dos miembros de una pareja de gemelos.

concreción (concretion), v. **cálculo**.

concusión cerebral (brain concussion), sacudida violenta u otra lesión no penetrante producida en el cerebro por un cambio repentino del momento de la cabeza. Después de una concusión leve puede haber una pérdida transitoria de consciencia, seguida, al despertar, por una cefalea. La concusión grave puede causar inconsciencia prolongada y alteración de ciertas funciones del tronco del encéfalo, como la respiración y la estabilidad vasomotora.

condensación (condensation), **1.** reducción a una forma más densa como el paso del vapor de agua a líquido. **2.** (en psicología) proceso generalmente presente en sueños en el que dos o más conceptos se fusionan de forma que un único símbolo representa a los múltiples componentes.

condensador (condenser), (en odontología) instrumento para comprimir el material de restitución en la cavidad dental preparada. Tiene un extremo distal o punta con una cara plana o dentada.

condensador de acción retorno (back-action condenser), (en odontología) instrumento para compactar amalgamas con un eje en forma de U para desarrollar la fuerza de condensación con un movimiento de extracción en lugar del movimiento más común de compresión.

condensador de amalgama (amalgam condenser), (en odontología) instrumento que se utiliza para dar consistencia a la amalgama plástica cuando se rellenan los dientes.

condensador de Hollenback (Hollenback condenser), v. **condensador neumático**.

condensador de mano (hand condenser), (en odontología) instrumento para compactar amalgamas u hojas de oro utilizando la fuerza aplicada por el operador.

condensador de martillo automático (automatic mallet condenser), v. **condensador mecánico**.

condensador electromazo (electromallet condenser), dispositivo electrónico que compacta el oro de relleno en las preparaciones de las cavidades dentales.

condensador en bayoneta (bayonet condenser), (en odontología) un instrumento para compactar material de reconstrucción. Tiene un dispositivo de plumilla compensadora y un mango con incurvaciones en ángulo para variar la línea de fuerza.

condensador mecánico (mechanical condenser), dispositivo que emite automáticamente impactos controlados para condensar el material de restauración durante el llenado de las cavidades dentarias.

condensador neumático (pneumatic condenser), (en odontología) dispositivo neumático para ejercer una fuerza de compresión sobre el material de reconstrucción utilizado para llenar las cavidades dentarias.

condensador paralelogramo (parallelogram condenser), (en odontología) instrumento con una cara con forma de rectángulo o paralelogramo, utilizado para compactar las amalgamas que son empleadas en la obturación de dientes.

condición (condition), cualquier elemento necesario para o que restringe o modifica el aspecto o la existencia de otra cosa.

condición basal (basal condition), condición ambiental durante la que un comportamiento particular refleja un índice estable de respuesta antes de la introducción de un experimento o un tratamiento.

condicionamiento (conditioning), forma de aprendizaje basada en el desarrollo de una respuesta o de un grupo de respuestas frente a un estímulo o serie de estímulos. Algunos tipos de condicionamiento son el **condicionamiento clásico** y el **condicionamiento operativo**.

condicionar (condition), (en psicología) someter a una persona o animal a un aprendizaje condicionado o asociativo, de forma que un estímulo específico siempre desencadene una respuesta determinada.

condiciones TPES de un volumen de gas (STPD conditions of a volume of gas), condiciones de un volumen de gas a 0 °C, 1 atmósfera y sin vapor de agua. Debe contener una cifra calculable de moles de un gas determinado.

cóndilo (condyle), proyección redondeada del extremo de un hueso donde se insertan ligamentos y músculos y donde se articula con los huesos adyacentes.

cóndilo femoral (femoral condyle), cada una de las dos grandes prominencias en forma de campana de la extremidad distal del fémur.

condiloma (condyloma, *pl.* **condylomas, condylomata**), excrecencia semejante a una verruga cerca del ano, de la vulva o del prepucio.

condiloma acuminado (verruca acuminata), lesión múltiple en la región genital.

condiloma plano (condyloma latum, *pl.* **condylomata lata**), excrecencia lisa, húmeda, papulosa, que se observa en la sífilis secundaria en el surco del periné o en el glande del pene.

condral (chondral), relativo o perteneciente al cartílago.

condrectomía (chondrectomy), extirpación quirúrgica de un cartílago.

condrioconto (chondriocont), mitocondria filiforme y con forma de bastón.

condrioma (chondriome), contenido mitocondrial global de una célula tomado como una unidad.

condriomito (chondriomite), mitocondria granular aislada o grupo de dichos organelos que se presentan constituyendo cadenas.

condriosoma (chondriosome), v. **mitocondria**.

condritis (chondritis), cualquier proceso inflamatorio que afecta a las articulaciones.

condroadenoma (chondroadenoma), v. **adenocondroma**.

condroangioma (chondroangioma, *pl.* **chondroangiomas, chondroangiomata**), tumor mesenquimatoso benigno que contiene elementos vasculares y cartilaginosos.

condroblasto (chondroblast), cualquier célula que procede del mesénquima y forma cartílago.

condroblastoma (chondroblastoma, *pl.* **chondroblastomas, chondroblastomata**), tumor benigno que deriva de los precursores de las células cartilaginosas, que se desarrolla con mayor frecuencia en las epífisis del fémur y del húmero.

condrocalcinosis (chondrocalcinosis), artropatía en la que se observan depósitos de calcio en las articulaciones periféricas. Se parece a la gota y aparece sobre todo en pacientes mayores de 50 años de edad que además padecen osteoartritis y diabetes mellitus.

condrocarcinoma (chondrocarcinoma, *pl.* **chondrocarcinomas, chondrocarcinomata**), tumor epitelial maligno en el que existe metaplasia cartilaginosa.

condrocito (chondrocyte), cualquiera de las células polimórficas que forman los cartílagos del organismo.

condroclasto (chondroclast), célula gigante multinucleada asociada a la reabsorción del cartílago.

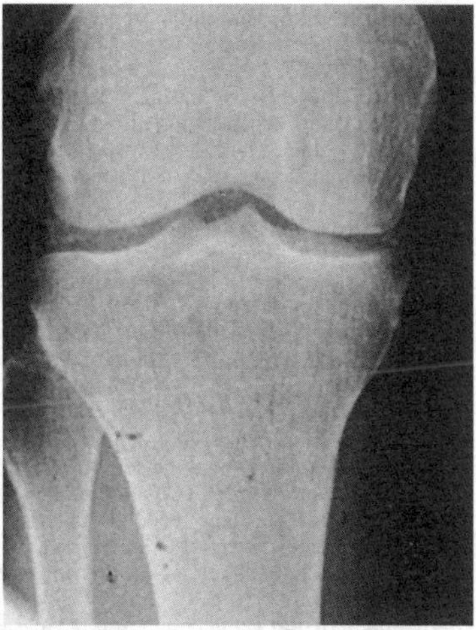

Condrocalcinosis de la rodilla derecha
(C. D. Forbes/W. F. Jackson, 1994)

condrocostal (chondrocostal), relativo o perteneciente a las costillas y a los cartílagos costales.

condrodisplasia (chondrodysplasia), enfermedad hereditaria caracterizada por un crecimiento anormal de los extremos óseos, particularmente de los huesos largos de los brazos y de las piernas.

condrodisplasia punctata (chondrodysplasia punctata), forma de enanismo hereditario caracterizado por lesiones cutáneas ictiósicas, desprendimiento epifisario a nivel radiológico y nariz respingona. Existen dos tipos, la forma benigna de Conradi-Hunermann y una forma rizomélica letal.

condrodistrofia (chondrodystrophy), grupo de alteraciones en las que se produce una transformación anormal del cartílago en hueso, particularmente en las epífisis de los huesos largos.

condrodistrofia congénita calcificante (chondrodystrophia calcificans congenita), trastorno hereditario caracterizado por la presencia de numerosas calcificaciones de pequeño tamaño en las epífisis de los huesos largos. Durante la etapa de crecimiento infantil se ponen de manifiesto el enanismo, las contracturas, las cataratas, el retraso mental y los dedos cortos y gruesos.

condroendotelioma (chondroendothelioma, *pl.* **chondroendotheliomas, chondroendothe-**

liomata), tumor benigno mesenquimatoso que contiene elementos cartilaginosos y endoteliales.

condrofibroma (chondrofibroma, *pl.* **chondrofibromas, chondrofibromata**), tumor fibroso que contiene elementos cartilaginosos.

condrofito (chondrophyte), masa anómala de cartílago.

condrogénesis (chondrogenesis), proceso de desarrollo del cartílago.

condroide (chondroid), semejante al cartílago.

condrolipoma (chondrolipoma, *pl.* **chondrolipomas, chondrolipomata**), tumor benigno mesenquimatoso que contiene elementos grasos y cartilaginosos.

condroma (chondroma, *pl.* **chondromas, chondromata**), tumor benigno de células cartilaginosas bastante frecuente, que crece lentamente dentro del cartílago (encondroma) o en la superficie (econdroma). El **condroma articular** y el **condroma sinovial** son dos tipos de condroma.

condroma articular (joint chondroma), masa cartilaginosa que se desarrolla en la membrana sinovial de una articulación.

condroma sarcomatoso (chondroma sarcomatosum), v. **condrosarcoma**.

condroma sinovial (synovial chondroma), crecimiento cartilaginoso infrecuente que se desarrolla en el tejido conjuntivo, por debajo de la membrana sinovial de articulaciones, vainas tendinosas o bolsas.

condromalacia (chondromalacia), reblandecimiento del cartílago. La condromalacia de la rótula afecta a adultos jóvenes tras una lesión de la rodilla y se caracteriza por inflamación y dolor, con cambios degenerativos, que se hacen patentes mediante una exploración radiológica. La condromalacia fetal es una forma congénita letal en la que el recién nacido presenta miembros débiles y flexibles.

condromatosis (chondromatosis), trastorno caracterizado por la presencia de numerosos tumores cartilaginosos. La condromatosis sinovial es un tipo de condromatosis.

condrómero (chondromere), vértebra cartilaginosa embrionaria junto con su componente costal.

condromioma (chondromyoma, *pl.* **chondromyomas, chondromyomata**), tumor benigno mesenquimatoso que contiene tejido muscular y cartilaginoso.

condromixofibroma (chondromyxofibroma), tumor benigno que se desarrolla a partir del tejido conectivo formador de cartílago. La lesión se caracteriza típicamente por constituir una masa firme, gris blanquecina, algo elástica, que tiende a localizarse en la rodilla y en los huesos pequeños del pie.

condromixoide (chondromyxoid), compuesto de elementos mixoides y cartilaginosos.

condroplasia (chondroplasia), formación de cartílago.

condroplasia deformante hereditaria (hereditary deforming chondroplasia), v. **aclasia diafisaria**.

condroplastia (chondroplasty), reparación quirúrgica del cartílago.

condroplasto (chondroplast), v. **condroblasto**.

condrosarcoma (chondrosarcoma, *pl.* **chondrosarcomas, chondrosarcomata**), neoplasia maligna de células cartilaginosas o de sus precursoras que aparece con más frecuencia en los huesos largos, cintura pelviana y en la escápula. Son tipos de condrosarcomas el **condrosarcoma central** y el **condrosarcoma mesenquimatoso**.

condrosarcoma central (central chondrosarcoma), tumor maligno cartilaginoso que se origina en el interior de un hueso.

condrosarcoma mesenquimatoso (mesenchymal chondrosarcoma), tumor cartilaginoso maligno que se desarrolla en múltiples localizaciones.

condrosarcomatosis (chondrosarcomatosis), trastorno caracterizado por la existencia de múltiples tumores cartilaginosos malignos.

condrosis (chondrosis), **1.** formación de tejido cartilaginoso en el organismo. **2.** tumor cartilaginoso.

condrotomía (chondrotomy), división quirúrgica del cartílago.

conducción (conduction), **1.** (en física) proceso por el que se transfiere calor de una sustancia a otra por la existencia de una diferencia de temperatura; proceso en el que la energía se transmite a través de un conductor. **2.** (en fisiología) proceso por el que se transmite un impulso nervioso.

conducción antidrómica (antidromic conduction), conducción retrógrada del impulso nervioso a partir de un receptor situado en la zona media de un axón. Se trata de un fenómeno anormal y puede ser provocada de forma experimental.

conducción en decremento (decremental conduction), (en cardiología) conducción que se hace progresivamente más lenta, a medida que disminuye gradualmente el impulso de propagación.

conducción ortodrómica (orthodromic conduction), conducción del impulso nervioso en la dirección normal, desde la unión sináptica o un receptor, a lo largo del axón, hasta su terminación con una despolarización.

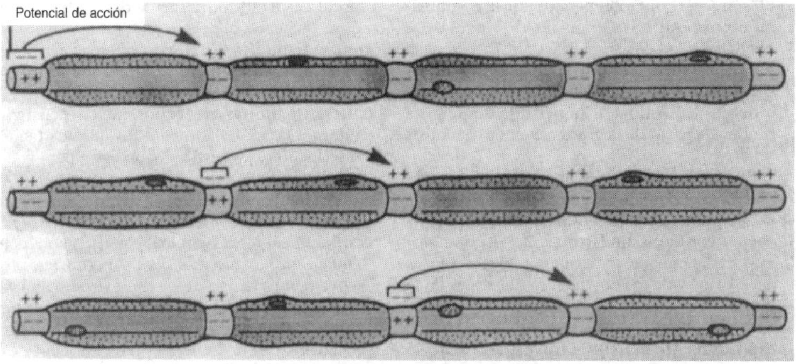

Conducción saltatoria
(Seeley, 1992/Scott Bodell)

conducción saltatoria (saltatory conduction), transmisión de un impulso que salta de nodo a nodo.

conducción supranormal (supernormal conduction), (en cardiología) conducción que se produce cuando se espera un bloqueo.

conducción ventricular aberrante (CVA) (aberrant ventricular conduction [AVC]), conducción intraventricular anormal transitoria de los impulsos supraventriculares, que se asocia generalmente con un cambio en la duración del ciclo.

conducta (behavior), **1.** forma en la que actúa una persona. **2.** alguna o todas las actividades de una persona, incluyendo las acciones físicas que se pueden observar directamente y la actividad mental que es inferida e interpretada. Algunas clases de conducta son: **conducta anormal**, **conducta automática, conducta invariable** y **conducta variable**.

conductancia de la vía aérea (airway conductance), velocidad de flujo volumétrico de gas en un momento dado dentro de la vía aérea, por unidad de diferencia de presión entre la boca, la nariz u otros puntos de apertura de la vía aérea, y los alveolos. También es el inverso de la resistencia de la vía aérea. Se indica mediante el símbolo G_{va}.

conductancia de membrana (membrane conductance), (en cardiología) grado de permeabilidad de una membrana celular a determinados iones.

conductas asistenciales (caring behaviors), conductas asociadas a la preocupación por el bienestar del paciente, como sensibilidad, capacidad para consolar y escuchar con atención y honestidad.

conductas que promueven la salud (health seeking behaviors), diagnóstico de enfermería, aprobado por la NANDA, del estado en el que un paciente con salud estable busca activamente la forma de alterar los hábitos de salud personal y el entorno para alcanzar una salud óptima. Entre las características que lo definen se incluyen un deseo expreso u observado de búsqueda de un mayor nivel de bienestar, el desconocimiento de los recursos comunitarios de bienestar, la ausencia de conocimiento de las conductas de promoción de la salud, el deseo de incrementar el control sobre los ejercicios saludables y la preocupación por las condiciones ambientales o por el estado de salud.

conductillos haversianos (haversian canaliculus), cada uno de los minúsculos conductos que se extienden radialmente desde las lagunas del tejido óseo hasta los conductos haversianos de mayor tamaño.

conductillos seminíferos contorneados (convoluted seminiferous tubules), conductos filamentosos del tejido areolar de los testículos. Éstos contienen también los segmentos rectos de los conductillos seminíferos.

conductismo (behaviorism), escuela de psicología fundada por John B. Watson que estudia e interpreta la conducta mediante la observación de respuestas medibles a estímulos sin relación con la conciencia, el estado mental o los fenómenos subjetivos, tales como las ideas y las emociones.

conductista (behaviorist), discípulo de la escuela del conductismo.

conductividad eléctrica corporal total (CECT) (total body electrical conductivity

[TOBEC]), método para medir la composición corporal basado en las diferencias de conductividad eléctrica de la grasa, del hueso y del músculo. Se utiliza en estudios clínicos de control de peso en los que los médicos quieren determinar si la pérdida de peso se produce a partir de la grasa, del agua o de otros tejidos.

conducto (canal), **1.** (en anatomía) tubo estrecho o canal cerrado. Algunos tipos de conductos son **conducto alveolar, conducto de Alcock** y **conducto de Hunter**. **2.** (en odontología) cada uno de los conductos radiculares accesorios y de los conductos colaterales de la pulpa de los dientes.

conducto (duct), estructura tubular estrecha, especialmente aquella a través de la que se segrega o excreta una sustancia.

conducto alveolar (alveolar duct), conducto aéreo del pulmón que nace de los bronquiolos respiratorios. Más allá de estos conductos se localizan los alveolos.

conducto anal (anal canal), porción final del tracto digestivo, de unos 4 cm de longitud, que se halla entre la ampolla rectal y el ano.

conducto arquentérico (archenteric canal), v. **conducto neuroentérico**.

conducto arquinéfrico (archinephric canal, archinephric duct), v. **conducto pronéfrico**.

conducto arterioso (ductus arteriosus), conducto vascular en el feto que une directamente la arteria pulmonar con la aorta descendente.

conducto arterioso permeable (CAP) (patent ductus arteriosus [PDA]), comunicación anormal entre la arteria pulmonar y la aorta provocada por la ausencia de cierre del conducto arterioso fetal después del nacimiento. El defecto, que se observa principalmente en lactantes prematuros, permite a la sangre procedente de la aorta penetrar en la arteria pulmonar, volviendo a circular por los pulmones, provocando una sobrecarga elevada en el lado izquierdo del corazón y un aumento de la congestión y resistencia vascular pulmonar.

conducto auditivo (auditory canal), cada una de las dos vías que pasan a través del oído, destinadas a la transmisión de los impulsos sonoros. Una de ellas se extiende desde el oído externo hasta las membranas timpánicas. La otra, localizada en el hueso temporal, contiene el nervio auditivo, que transmite los impulsos desde el oído interno hasta el cerebro.

conducto auditivo (auditory meatus), **1.** conducto auditivo externo, conducto en forma de tubo del oído externo que se extiende desde el pabellón auricular hasta el tímpano del oído medio. **2.** conducto auditivo interno, conducto corto que se extiende desde el peñasco del temporal hasta el fundus, cerca del vestíbulo. En él se encuentra el octavo par craneal.

conducto auditivo externo (meatus acusticus externus), conducto desde el oído externo hasta la membrana timpánica.

conducto auditivo interno (meatus acusticus internus), conducto para los nervios facial, intermediario y vestibulococlear y para la arteria auditiva interna.

conducto blastopórico (blastoporic canal), v. **conducto neuroentérico**.

conducto cervical (cervical canal), conducto situado en el interior del cuello uterino que protruye dentro de la vagina. Su extremo uterino está cerrado por el orificio interno y, en la nulípara, en el extremo distal, por el orificio externo. Es el conducto a través del cual desciende el flujo menstrual y el que, durante el parto vaginal, se dilata y borra, descendiendo por él el feto. El esperma debe ascender a través del conducto cervical para alcanzar el útero y las trompas de Falopio.

conducto ciliar (ciliary canal), conjunto de espacios del ángulo iridocorneal.

conducto cístico (cystic duct), conducto a través del cual pasa la bilis procedente de la vesícula biliar hacia el colédoco.

conducto coclear (cochlear canal), túnel óseo espiral situado en el interior de la cóclea del oído interno. Tiene una ventana que comunica con la cavidad timpánica, una segunda ventana que conecta con el vestíbulo y una tercera que conduce a un pequeño orificio en la superficie inferior del hueso temporal.

conducto colateral de la pulpa (collateral pulp canal), (en odontología) rama del conducto de la pulpa que sale de la raíz en una zona diferente al ápice.

conducto colédoco (common bile duct), conducto formado por la unión del conducto cístico y del conducto hepático.

conducto cordal (chordal canal), v. **conducto de la notocorda**.

conducto de Alcock o pudendo (Alcock's canal), conducto formado por el músculo obturador interno y la fascia obturatriz, a través del cual pasan el nervio y los vasos pudendos internos.

conducto de Bartolino (Bartholin's duct), el conducto mayor de la glándula sublingual.

conducto de Braun (Braun's canal), v. **conducto neuroentérico**.

conducto de Falopio (Fallopian canal) [Gabriele Fallopius, anatomista italiano, n. 1523], túnel para el nervio facial a través del peñasco del temporal.

conducto de Gartner (Gartner duct) [Hermann T. Gartner, anatomista danés, n. 1785], uno de los dos conductos cerrados, residuales, que discurren paralelos a las trompas de Falopio.

conducto de Hunter (Hunter's canal), v. **conducto de los aductores**.

conducto de la notocorda (notochordal canal), trayecto tubular que se extiende desde la fosa primitiva hasta la apófisis cefálica, durante las fases precoces del desarrollo embrionario de los mamíferos.

conducto de los aductores (adductor canal), conducto triangular situado bajo el músculo sartorio y entre el aductor mediano y el vasto interno, por el que discurren los vasos femorales y el nervio safeno interno.

conducto de Müller (müllerian duct) [Johannes P. Muller, fisiólogo alemán, n. 1801], uno de los dos conductos embrionarios que se transforman en las trompas de Falopio, útero y vagina en las mujeres y que se atrofian en los varones.

conducto de Nuck, divertículo de Nuck (Nuck's canal, Nuck's diverticulum), v. **proceso vaginal del peritoneo**.

conducto de Recklinghausen (Recklinghausen's canal) [Friedrich D. von Recklinghausen, anatomopatólogo alemán, n. 1833), pequeños espacios linfáticos presentes en los tejidos conectivos del cuerpo.

conducto de Rivinus (duct of Rivinus) [Augustus Q. Rivinus, anatomista alemán, n. 1652], cualquiera de los conductos sublinguales menores.

conducto de Schlemm (canal of Schlemm) [Friedrich Schlemm, anatomista alemán, n. 1795], pequeño seno venoso del ángulo de la cámara anterior del ojo que conecta con las vellosidades pectinadas, drenando el humor acuoso hacia la circulación sanguínea.

conducto de Skene (Skene's duct), v. **conducto parauretral**.

conducto de Stensen (Stensen's duct), v. **conducto parotídeo**.

conducto de Volkmann (Volkmann's canal) [Alfred W. Volkmann, fisiólogo alemán, n. 1800], cualquiera de los pequeños conductos de los vasos sanguíneos que conectan los conductos de Havers en el tejido óseo.

conducto de Wirsung (duct of Wirsung), v. **conducto pancreático**.

conducto de Wolff (wolffian duct), v. **conducto mesonéfrico**.

conducto deferente (vas deferens, *pl.* **vasa deferentia**), extensión del epidídimo de los testículos que asciende desde el escroto y se une a la vesícula seminal para formar el conducto eyaculador.

conducto del epéndimo (central canal of spinal cord), conducto que recorre toda la longitud de la médula espinal y que contiene más de 140 ml de líquido cefalorraquídeo en el cuerpo de un individuo medio. El conducto del epéndimo se sitúa en el centro de la médula espinal entre las comisuras grises anterior y posterior y se prolonga hacia arriba hasta el bulbo raquídeo, desembocando en el cuarto ventrículo cerebral.

conducto dental (alveolar canal), cada uno de los conductos del maxilar superior a través de los que discurren los vasos sanguíneos alveolares y los nervios destinados a los dientes superiores.

conducto dentario inferior (mandibular canal), (en odontología) canal que va desde el agujero dental inferior de la superficie interna de la rama mandibular hasta el agujero mentoniano. Contiene los vasos sanguíneos mandibulares y una parte de la rama mandibular del nervio trigémino.

conducto eferente (efferent duct), cualquier conducto a través del que una glándula libera sus secreciones.

conducto endolinfático (endolymphatic duct), trayecto laberíntico que une el saco endolinfático con el utrículo y el sáculo.

conducto epididimario (ductus epididymidis), tubo en el que desembocan los conductillos eferentes de los testículos.

conducto espermático (spermatic duct), v. **conducto deferente**.

conducto excretor (excretory duct), conducto conductor, pero no secretor.

conducto eyaculador (ejaculatory duct), conducto a través del que el semen accede a la uretra.

conducto galactóforo (galactophorous duct), uno de los numerosos conductos que transportan leche desde los lóbulos mamarios al pezón.

conducto haversiano (haversian canal) [Clopton Havers, médico inglés, n. 1650], uno de los muchos conductos longitudinales minúsculos del tejido óseo, con un diámetro medio de 0,05 mm. Cada uno contiene vasos sanguíneos, tejido conectivo, nervios y, en ocasiones, vasos linfáticos.

conducto hepático derecho (right hepatic duct), conducto que drena la bilis desde el lóbulo derecho del hígado hasta el conducto hepático común.

conducto hepático izquierdo (left hepatic duct), conducto que drena la bilis desde el lóbulo izquierdo hepático hasta el conducto colédoco.

conducto ileal (ileal conduit), método de derivación urinaria a través de tejido del tracto intestinal. Se implantan los uréteres en un segmento aislado del íleon, que después se fija a la pared abdominal mediante una ostomía, a la que se fija a su vez un dispositivo colector.

conducto inguinal (inguinal canal), paso tubular que atraviesa las cubiertas inferiores de la pared del abdomen y contiene el cordón espermático en el hombre y el ligamento redondo en la mujer. Es un lugar frecuente de herniación.

conducto interdentario (interdental canal), cualquiera de los conductos nutricios que suben a través del maxilar inferior hacia los dientes.

conducto interlobulillar (interlobular duct), cualquier conducto que conecta o drena los lobulillos de una glándula.

conducto intestinal (intestinal tubes), el conducto alimentario o aparato digestivo.

conducto lagrimal (lacrimal duct), cada uno de los dos conductos a través de los que pasan las lágrimas desde el lago lagrimal al saco lagrimal de cada ojo.

conducto linfático derecho (right lymphatic duct), vaso que transporta la linfa desde el cuadrante superior derecho del cuerpo hasta el torrente sanguíneo en el cuello, al nivel de la unión de las venas yugular interna derecha y subclavia derecha.

conducto linfático izquierdo (left lymphatic duct), v. **conducto torácico**.

conducto mamario (mammary duct), v. **conducto galactóforo**.

conducto mesonéfrico (mesonephric duct), (en embriología) conducto que, en el varón, origina los conductos del sistema reproductor (conducto del epidídimo, conducto deferente, vesículas seminales, conducto eyaculador). En la mujer persisten sus vestigios constituyendo el **conducto de Gartner**.

conducto nasolagrimal (nasolacrimal duct), conducto que lleva las lágrimas desde el saco lagrimal hasta la cavidad nasal.

conducto neural (neural canal), v. **neurocele**.

conducto neuroentérico (neurenteric canal), conducto tubular entre la parte posterior del tubo neural y el arquenterón, en la fase embrionaria precoz de los animales inferiores.

conducto nutricio (nutrient canal), v. **conducto interdentario**.

conducto onfalomesentérico (yolk stalk), conducto estrecho que comunica el saco vitelino con el intestino medio del embrión durante las primeras fases del desarrollo prenatal.

conducto pancreático (pancreatic duct), conducto secretor principal del páncreas.

conducto pancreático accesorio (accessory pancreatic duct), pequeño conducto que se abre al conducto pancreático o bien al duodeno, cerca de la desembocadura del conducto colédoco.

conducto papilar (papillary duct), cualquiera de los miles de túbulos colectores renales rectos que descienden por la médula del riñón y se unen entre sí para formar los conductos comunes que desembocan en las papilas renales.

conducto paramesonéfrico (paramesonephric duct), conducto embrionario en número par que evoluciona hasta formar el útero y las trompas de Falopio.

conducto parauretral (paraurethral duct), cada uno de los dos conductos que drenan las glándulas bulbouretrales en el vestíbulo de la vagina.

conducto parotídeo (parotid duct), conducto tubular, de unos 7 cm de longitud, que se extiende desde la región anterior de la glándula parótida hasta la boca.

conducto pronéfrico (pronephric duct), uno de los dos conductos que conectan los túbulos de cada uno de los pronefros con la cloaca en el desarrollo inicial del embrión vertebrado.

conducto prostático (prostatic ductule), uno de los 12 a 20 diminutos conductos excretores que transportan la secreción alcalina de la glándula prostática y se abren en el suelo de la porción prostática de la uretra.

conducto pudendo (pudendal canal), v. **conducto de Alcock**.

conducto pulpar (pulp canal), espacio ocupado por la pulpa en la porción radicular del diente.

conducto radicular (root canal), v. **conducto pulpar**.

conducto radicular accesorio (accessory root canal), ramificación lateral del canal pulpar del diente, que suele localizarse en el tercio apical de la raíz.

conducto sacro (sacral canal), extensión del conducto vertebral a través del sacro.

conducto salival (salivary duct), cualquiera de los conductos a través de los cuales pasa la saliva. Algunos tipos de conducto salival son: **conducto de Bartolino, conducto de Rivinus, conducto parotídeo** y **conducto submaxilar**.

conducto secretor (secretory duct), (de una glándula) pequeño conducto que tiene función secretora y desemboca en un conducto excretor.

conducto semicircular membranoso (semicircular duct), cada uno de los tres conductos que forman el laberinto membranoso del oído interno.

conducto semicircular óseo (semicircular canal), cualquiera de las tres asas óseas llenas de líquido del laberinto óseo del oído interno, asociadas al sentido del equilibrio.

conducto seminal (seminal duct), todo conducto a través del cual pasa el semen, como el conducto deferente o el conducto eyaculador.

conducto sublingual (sublingual duct), v. **conducto de Bartolino, conducto de Rivinus**.

conducto submaxilar (submandibular duct), conducto a través del cual segregan la saliva las glándulas submaxilares.

conducto sudorífero (sudoriferous duct), conducto que va desde una glándula sudorípara a la superficie de la piel.

conducto sudoríparo (sweat duct), cualquiera de los diminutos túbulos que transportan el sudor a la superficie cutánea desde las glándulas sudoríparas de todo el cuerpo. Cada conducto sudoríparo es la parte más externa de un túbulo en espiral que forma el cuerpo de cada glándula sudorípara y aboca a la superficie mediante una abertura en forma de embudo. Los conductos sudoríparos de las axilas y las ingles son de mayor tamaño que los de otras zonas del cuerpo.

conducto testicular (testicular duct), v. **conducto deferente**.

conducto torácico (thoracic duct), tronco común de todos los vasos linfáticos del cuerpo, excepto los del lado derecho de la cabeza, del cuello y del tórax, del miembro superior derecho, del pulmón derecho, del lado derecho del corazón y de la superficie diafragmática del hígado. El conducto torácico contiene varias válvulas, junto con dos situadas en el orificio que previenen el reflujo de sangre venosa al sistema linfático.

conducto umbilical (umbilical duct), v. **conducto vitelino**.

conducto utriculosacular (utriculosaccular duct), conducto que conecta el utrículo con un conducto endolinfático del laberinto membranoso.

conducto venoso (ductus venosus), conducto vascular del feto que atraviesa el hígado y une la vena umbilical con la vena cava inferior.

conducto vertebral (vertebral canal), conducto situado por delante de los arcos vertebrales y por detrás de los cuerpos vertebrales y que está ocupado por la médula espinal.

conducto vitelino (vitelline duct), (en embriología) conducto estrecho que conecta el saco vitelino con el intestino.

conductor (conductor), cualquier sustancia a través de la cual fluyen los electrones con facilidad.

conductor bipolar (bipolar lead), conductor electrocardiográfico que tiene dos electrodos colocados en diferentes zonas del cuerpo, con lo que cada electrodo contribuye significativamente al registro.

conexión (sign-on), procedimiento para iniciar la interacción entre un usuario y un ordenador.

conexión del catéter (catheter hub), conexión plástica de rosca situada en el extremo de un catéter intravenoso.

conexión en vivo (quick connect), dispositivo de conexión, plástico o similar, que está unido o implantado a un paciente que se debe conectar a un aparato electromecánico o de otro tipo.

confabulación (confabulation), creación de experiencias o situaciones, con frecuencia relatadas de forma detallada y amena para llenar y cubrir lapsus de memoria.

confesión (confession), acto de búsqueda de expiación de culpas relacionadas con una transgresión real o imaginada a través de otro acto.

confianza (trust), proceso que conlleva riesgo en el que una situación individual depende de la conducta futura de otra persona.

confidencialidad (confidentiality), negativa a revelar ciertas informaciones excepto a otra persona autorizada.

configuración (configuration), conjunto creado por la conexión del hardware, del software y de los periféricos para funcionar como una unidad en un ordenador en una situación específica.

configuración cis (cis configuration), **1.** presencia de los alelos dominantes de dos o más pares de genes en un cromosoma y de los alelos recesivos en el cromosoma homólogo. **2.** presencia de los genes mutantes de un par de seudoalelos en un cromosoma y de los genes puros en el cromosoma homólogo. **3.** (en química) forma de isomerismo en la que dos grupos sustituyentes están en el mismo lado de un enlace doble.

configuración trans (transconfiguration), **1.** (en genética) presencia en el mismo cromosoma del alelo dominante de un par de genes y el alelo recesivo de otro par. **2.** presencia de al menos un gen mutante y un gen de tipo salvaje de un par de seudoalelos en cada cromosoma de un par homólogo. Compárese con **configuración cis**.

configuracionismo (configurationism), v. **psicología de la Gestalt**.

confinamiento (confinement), **1.** situación de estar retenido o recluido en un lugar determinado para dificultar o reducir al mínimo la actividad.

conflicto (conflict), **1.** lucha interna, consciente o inconsciente, provocada por la presencia simultánea de pensamientos, ideas, objetivos o fuerzas emocionales como impulsos, deseos, o energías opuestas o incompatibles. **2.** estado doloroso de la consciencia debido a la aparición de dichas fuerzas opuestas y a la incapacidad para resolverlas. **3.** (en psicoanálisis) lucha emocional inconsciente entre las demandas del ello y las del ego y superego, o entre las demandas del ego y la restricciones impuestas por la sociedad. Algunos tipos de conflictos son: **conflicto de aproximación-aproximación, conflicto de aproximación-evitación, conflicto de evitación-evitación, conflicto extrapsíquico** y **conflicto intrapsíquico**.

conflicto de aproximación-aproximación (approach-approach conflict), conflicto que nace de la presencia simultánea de dos o más impulsos, motivaciones u objetivos incompatibles, ambos deseados al mismo tiempo.

conflicto de aproximación-evitación (approach-avoidance conflict), conflicto que deriva de la presencia de un único objetivo o deseo, al mismo tiempo deseado y rechazado.

conflicto de doble aproximación (double-approach conflict), v. **conflicto de aproximación-aproximación**.

conflicto de doble evitación (double-avoidant conflict), v. **conflicto de evitación-evitación**.

conflicto de evitación-evitación (avoidance-avoidance conflict), conflicto derivado de la confrontación de dos o más objetivos o deseos alternativos, que son igualmente desagradables e indeseables.

conflicto de función paterna (parental role conflict), diagnóstico de enfermería, aprobado por la NANDA, sobre la confusión y el conflicto entre los papeles paternos en respuesta a crisis. Las características que lo definen son la expresión, por parte de uno de los padres o de ambos, de la preocupación o de la sensación de incapacidad para cubrir las necesidades físicas o emocionales del niño durante la hospitalización o en el hogar; interrupción demostrada en las tareas de atención; expresión de la preocupación por los cambios en las funciones de los padres, por el funcionamiento de la familia, la comunicación en la misma y la salud de toda la familia; expresiones de preocupación sobre la pérdida de control observada en lo referente a decisiones relacionadas con el niño y rechazo a participar en las actividades de atención habituales, y, finalmente, expresión verbal o demostración de los sentimientos de culpa, ira, temor, ansiedad y frustraciones sobre el efecto de la enfermedad del niño sobre la familia.

conflicto de motivación (motivational conflict), conflicto producido por la aparición de dos o más motivos que dirigen la conducta hacia metas incompatibles. Algunos tipos de conflicto de motivación son: **conflicto de aproximación-aproximación, conflicto de aproximación-evitación** y **conflicto de evitación-evitación**.

conflicto de rol (role conflict), presencia de expectativas contradictorias y, con frecuencia, competitivas ante un rol.

conflicto extrapsíquico (extrapsychic conflict), conflicto emocional, que normalmente se produce cuando los deseos y necesidades internas no coinciden con las restricciones del entorno o sociedad.

conflicto intrapsíquico (intrapsychic conflict), conflicto emocional con uno mismo.

confluencia de los senos (confluence of the sinuses), unión extensa del seno longitudinal superior, del seno recto y del seno occipital con los dos grandes senos transversos de la duramadre.

confluente (confluent), que discurren juntos, como los senos de la duramadre o las erupciones cutáneas que confluyen.

confusión (confusion), estado mental caracterizado por desorientación temporoespacial o personal, que produce desconcierto, perplejidad, ausencia de pensamientos ordenados e incapacidad para elegir o actuar con decisión.

congelación (frostbite, frostnip), efecto traumático del frío extremo sobre la piel y el tejido subcutáneo, que al principio se reconoce por una palidez evidente de las superficies cutáneas expuestas, sobre todo nariz, orejas y dedos de manos y pies. La vasoconstricción y la lesión de los vasos sanguíneos afecta a la circulación local, provocando anoxia, edema, vesiculación y necrosis. El tratamiento de primeros auxilios es el calentamiento suave.

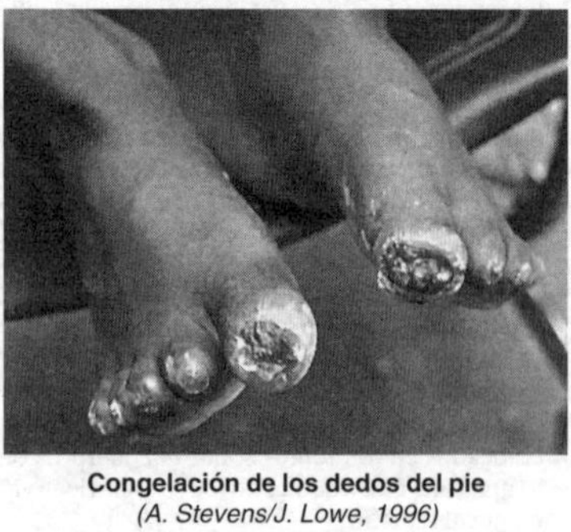

Congelación de los dedos del pie
(A. Stevens/J. Lowe, 1996)

congénere (congener), una de dos o más cosas que son similares o que están muy próximas en cuanto a estructura, función u origen. Son ejemplos de congéneres los músculos que funcionan de forma idéntica y los compuestos químicos con una composición y efectos similares.

congénito (congenital), presente al nacimiento, como un defecto o anomalía congénita.

congestión (congestion), acumulación anormal de líquido en un órgano o región corporal. El líquido suele ser sangre, pero puede ser bilis o moco.

conización (conization), extirpación de una muestra de tejido con forma cónica, como una biopsia cónica.

conización cervical (cervical conization), extirpación de una sección en forma de cono de los tejidos superficiales del cuello uterino.

conjugación (conjugation), (en genética) forma de reproducción sexual de organismos unicelulares en la que los gametos se unen temporalmente de forma que el material genético puede transferirse desde el donante masculino al receptor femenino, donde dicho material se incorpora, recombina y transmite mediante replicación a su descendencia.

conjugado (conjugate), (en pelvimetría) medida de la pelvis femenina que determina si la presentación fetal puede descender por el canal del parto.

conjugado diagonal (diagonal conjugate), medición radiográfica de la distancia desde el borde inferior de la sínfisis del pubis hasta el promontorio sacro. Su valor medio es de 12,5 a 13,0 cm.

conjugado externo (external conjugate), distancia medida con calibradores obstétricos desde la depresión situada por debajo de la última vértebra lumbar, por detrás, hasta el borde superior de la sínfisis, por delante.

conjugado verdadero (true conjugate), medida radiográfica de la distancia entre el margen superior de la sínfisis del pubis y el promontorio del sacro. Habitualmente mide 1,5 a 2 cm menos que el conjugado diagonal.

conjugón (conjugon), episoma que induce la conjugación bacteriana.

conjuntiva (conjunctiva), membrana mucosa que reviste la superficie interna de los párpados y la parte anterior de la esclerótica. La conjuntiva bulbar cubre la esclerótica del tercio anterior del ojo, está poco adherida, es delgada y transparente. La conjuntiva palpebral tapiza la superficie interna de los párpados y es densa, opaca y está muy vascularizada.

conjuntivitis (conjunctivitis), inflamación de la conjuntiva producida por infecciones virales o bacterianas, alergia o factores ambientales. Son característicos el enrojecimiento ocular, las secreciones densas, los párpados pegajosos al levantarse y la inflamación indolora.

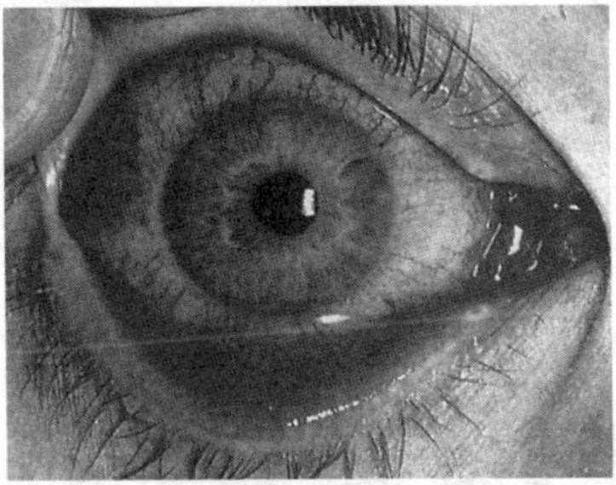

Conjuntivitis
(C. D. Forbes/W. F. Jackson, 1994)

conminuto (comminuted), roto o aplastado en numerosos fragmentos.

cono (cone), **1.** célula fotorreceptora de la retina que permite la percepción del color. Existen tres tipos de conos retinianos, uno para cada uno de los colores básicos: azul, verde y rojo; los demás colores se perciben por la estimulación de más de un tipo de cono. **2.** dispositivo cónico unido a un equipo radiológico para centrar los rayos X sobre una pequeña zona diana de tejido.

cono de luz (cone of light), **1.** reflejo triangular observado durante la exploración del oído cuando la luz del otoscopio se dirige hacia el martillo. **2.** grupo de rayos luminosos que entran en la pupila del ojo y forman una imagen en la retina.

conocimiento (consciousness), estado claro de la consciencia de uno mismo y del entorno en el que la atención se centra en cuestiones inmediatas.

conos y bastones (rods and cones), células sensibles a la luz de la retina. Los bastones están situados alrededor de la retina, debajo del epitelio pigmentario visual de color púrpura. Los conos reciben los estímulos del color.

consanguinidad (consanguinity), parentesco hereditario o «sanguíneo» entre las personas, por un padre o antecesor común.

consciente (conscious), **1.** (en neurología) capaz de responder a un estímulo sensorial; despierto, alertado, que se da cuenta del entorno exterior. **2.** (en psiquiatría) aquella parte de la psique o del funcionamiento mental en la que los pensamientos, ideas, emociones y otros contenidos mentales son totalmente conscientes.

consecuencias (consequences), sucesos estimulantes posteriores a un comportamiento que refuerzan o debilitan la conducta. Pueden ser fortalecedoras o castigadoras.

conseguidor de espacio (space obtainer), aparato para aumentar el espacio entre dientes contiguos.

consejo genético (genetic counseling), proceso de determinación de la incidencia o riesgo de incidencia de un trastorno genético en una familia, y de proporcionar la apropiada información y consejo sobre las formas de actuación disponibles, ya sean la asistencia del niño ya afectado, el diagnóstico prenatal, la interrupción del embarazo, la esterilización o la inseminación artificial.

consejo holístico (holistic counseling), forma alternativa de psicoterapia que se centra en la persona completa (mente, cuerpo y espíritu) y en su salud.

consensual (consensual), relativo a una acción refleja en la que la estimulación de una parte del cuerpo da lugar a una respuesta en otra localización.

consentimiento implícito (implied consent), concesión de permiso de asistencia sanitaria sin acuerdo formal entre el paciente y el que presta dicha asistencia. Un ejemplo sería la cita con un médico acordada por un paciente con una molestia física; al acordar la cita, se da por supuesto el consentimiento del paciente para que el médico realice un diagnóstico y establezca un tratamiento.

consentimiento informado (informed consent), permiso obtenido de un paciente para la realización de una determinada prueba o técnica. El consentimiento informado es necesario antes de realizar la mayoría de las técnicas invasivas y antes de incorporar un paciente a un estudio de investigación.

consentir (consent), dar la aprobación, el asentimiento o el permiso.

conservación de la energía (energy conservation), principio según el cual la energía no se crea ni se destruye, sino que se transforma de un tipo en otro, como cuando la energía calorífica se convierte en lumínica.

conservación de la materia (conservation of matter), (en física) ley que establece que la materia no puede ser creada ni destruida y que la cantidad de materia en el universo es finita.

conservador de espacio (space maintainer), aparato fijo o extraíble para conservar el espacio creado por la pérdida prematura de uno o más dientes.

conservante (preservative), producto químico u otro agente que reduce la velocidad de descomposición de una sustancia.

consistencia gingival (gingival consistency), combinación de las características visuales y táctiles del tejido gingival sano.

consolidación (consolidation), **1.** combinación de partes separadas de un todo. **2.** estado de solidificación. **3.** (en medicina) proceso de conversión en sólido, como cuando en la neumonía los pulmones se vuelven firmes e inelásticos.

consolidación de la constancia individual y emocional (consolidation of individual and emotional constancy), (en psiquiatría) cuarta y última subfase en el sistema de Mahler de la fase de separación-individualización del desarrollo preedípico. Se inicia hacia el final del segundo año.

consolidación viciosa (malunion), unión imperfecta de un hueso o tejido previamente fragmentado.

constancia (constancy), ausencia de variación en la cualidad de las características distintivas de un objeto a pesar de la localización, rotación, tamaño y color.

constancia perceptual (perceptual constancy), (en psicología de la Gestalt) fenómeno por el que un objeto es visto de la misma forma en circunstancias diferentes.

constante de difusión (diffusion constant), constante matemática que se relaciona con la capacidad que tiene una sustancia para dispersarse ampliamente.

constante de ionización (K) (ionization constant [K]), una vez establecido el equilibrio iónico, es el producto de la concentración molar de los iones dividido por la concentración molar de las moléculas no ionizadas.

constante de Planck (Planck constant) [Max Planck, físico alemán, n. 1858], constante física fundamental que relaciona la energía de la radiación con su frecuencia. Se expresa como $6{,}63 \times 10^{-27}$ erg/seg o $6{,}63 \times 10^{-34}$ julios/seg.

constante de tasa de absorción (absorption rate constant), valor que describe la cantidad de fármaco que se absorbe por unidad de tiempo.

constantes de Rohrer (Rohrer constants), constantes de una ecuación empírica sobre la resistencia de las vías aéreas. Se expresa como $R = K_1 \times K_2V$, donde R es la resistencia, V es la velocidad de flujo volumétrico instantáneo, K_1 es una constante que representa la viscosidad del gas y la geometría de la vía aérea y K_2 es una constante que representa la densidad de gas y la geometría de la vía aérea.

constricción (constriction), estrechamiento o reducción anormal del tamaño de un orificio o conducto del cuerpo, como en la vasoconstricción de los vasos sanguíneos.

constrictor (constrictor), músculo que produce el estrechamiento de un orificio, como las fibras del cuerpo ciliar que controlan el tamaño de la pupila.

consulta (consultation), proceso en el que se solicita la ayuda de un especialista para conocer las formas de solucionar los problemas terapéuticos de un paciente o sobre la planificación y aplicación de programas de asistencia sanitaria.

consulta del niño sano (well baby clinic), consulta especializada en la revisión médica y los servicios a prestar a los lactantes sanos.

consumidor de asistencia sanitaria (health care consumer), cualquier receptor real o potencial de asistencia sanitaria, tal como un paciente ingresado en un hospital, un paciente de un centro de salud mental o un miembro de una organización de mantenimiento de asistencia sanitaria privada.

consumidor de salud (health consumer), v. **consumidor de asistencia sanitaria**.

consumo de oxígeno (oxygen consumption), cantidad de oxígeno, en mililitros por minuto, requerida por el cuerpo para el metabolismo aerobio normal.

consumo pasivo de tabaco (passive smoking), inhalación por parte de los no fumadores del humo de los cigarrillos, pipas y cigarros de los demás.

consumo sistémico de oxígeno (systemic oxygen consumption), cantidad de oxígeno consumida por los tejidos del cuerpo, medida durante un período de 60 segundos.

contacto (contact), **1.** aproximación o acercamiento de dos superficies hasta tocarse, como ocurre con los dientes superiores e inferiores. **2.** acercamiento de dos individuos bien directa o indirectamente, a través de la comida o de la ropa, de manera que pueda establecerse la transmisión de un organismo infeccioso de uno a otro. **3.** persona que ha estado expuesta a una enfermedad infecciosa.

contacto directo (direct contact), toque mutuo entre dos individuos u organismos. Muchas enfermedades transmisibles pueden propagarse mediante el contacto directo entre la persona afectada y la sana.

contacto proximal (proximal contact), contacto entre la superficie distal de un diente y la superficie medial del diente adyacente.

contador Coulter (Coulter counter) [W. H. Coulter, ingeniero norteamericano del siglo XX], marca comercial de un aparato eléctrico que identifica, ordena y cuenta con rapidez los distintos tipos de células presentes en una pequeña muestra de sangre.

contador de colonias (colony counter), aparato utilizado para contar las colonias de bacterias que crecen en un cultivo; generalmente está formado por un plato transparente iluminado que se divide en secciones de área conocida.

contador de flujo compensado (compensated flow meter), instrumento de terapia gaseosa con una escala que se calibra frente a una presión constante de 50 psi en vez de frente a la atmosférica.

contador Geiger-Müller (GM) (Geiger-Müller [GM] counter) [Hans Geiger, físico alemán, n. 1882; Walter Müller, físico alemán], dispositivo electrónico que indica el nivel de radiactividad de una sustancia mediante el recuento del número de partículas subatómicas, como los electrones, emitidas por esa sustancia. No puede identificar el tipo de partícula ni su energía.

contagio (contagion), transmisión de una enfermedad por contacto directo con una persona que la padece, o indirecto a través de la manipulación de la ropa para vestir o de cama, los platos u otros objetos que han sido utilizados por el enfermo.

contaminación (contamination), situación de estar manchado, ensuciado, tocado o cualquier otro tipo de exposición a agentes dañinos, haciendo que un objeto sea potencialmente inseguro para su uso habitual o sin el uso de técnicas de barrera.

contaminante (pollutant), sustancia indeseable presente en el medio ambiente, generalmente con efectos peligrosos para la salud. Los contaminantes pueden estar presentes en la atmósfera en forma de gases o de finas partículas que pueden resultar irritantes para los pulmones, ojos y piel, como sustancias disueltas o suspendidas en el agua de beber y como carcinógenos o mutágenos en alimentos o bebidas.

contexto (context), (en teoría de las comunicaciones) estructuración, significado y lenguaje de un mensaje.

continencia (continence), **1.** capacidad para controlar la función de la vejiga y del recto. **2.** uso de la autorrepresión, particularmente en la relación sexual.

continuo (continuum, *pl.* **continua**), **1.** serie continua o totalidad. **2.** (en matemáticas) sistema de números reales.

contorneo oclusivo (occlusal contouring), modificación por afilamiento de las irregularidades de las formas oclusivas del diente, tales como las crestas marginales desiguales o los dientes desplazados o mal colocados.

contorno (outline form), forma de la superficie cava de la cavidad preparada de un diente.

contorno bucal (buccal contour), la forma del lado bucal de la parte posterior, caracterizada habitualmente por una convexidad ligeramente oclusocervical con su prominencia más larga en el tercio gingival de la superficie bucal clínica.

contorno de restauración (restoration contour), perfil de las superficies de los dientes que han sido restaurados.

contorno proximal (proximal contour), configuración o forma de la superficie mesial o distal de un diente.

contra criterio médico (ccm) (against medical advice [ama]), relativo a la decisión de un paciente de suspender un tratamiento a pesar del consejo de los profesionales de la medicina.

contrabisel (contra bevel), **1.** (en odontología) ángulo formado entre el limbo y la base de la bolsa periodontal cuando el limbo se mantiene separando el epitelio del surco del epitelio externo de la encía. **2.** (en odontología) bisel externo de la preparación de un diente que se extiende hasta la cúspide lingual o bucal en una reconstrucción intracoronaria.

contracción (contraction), **1.** reducción del tamaño, especialmente de las fibras musculares. **2.** reducción anormal. **3.** (en el parto) acortamiento rítmico durante el parto de la musculatura del segmento uterino superior que al principio es suave y que pasa a ser enérgico posteriormente, produciéndose cada 2 minutos, siendo al final aproximadamente cada minuto. **4.** estrechamiento anormal del canal del parto o de parte de éste, que es una causa de distocia. La contracción de la pelvis media se produce si la suma de las medidas en centímetros del diámetro interespinoso (normalmente 10,5) y el diámetro sagital posterior (normalmente 5 cm) es de 13,5 cm o menor. La contracción del estrecho superior de la pelvis se produce si el diámetro anteroposterior es de 10 cm o menor o si el transverso es de 11,5 cm o menor. La contracción del estrecho inferior de la pelvis se produce si el diámetro intertuberositario es de 8 cm o menor.

contracción auricular prematura (premature atrial contraction), arritmia cardíaca caracterizada por la producción de un latido auricular antes de la excitación esperada, que se expresa electrocardiográficamente por una onda P precoz. La arritmia puede aparecer como consecuencia de un aumento del tamaño auricular o de isquemia, o bien puede ser secundaria al estrés, a la cafeína o a la nicotina.

contracción concéntrica (concentric contraction), forma habitual de contracción muscular que se produce en actividades rítmicas cuando las fibras musculares se acortan al desarrollarse la tensión.

contracción excéntrica (eccentric contraction), tipo de contracción muscular que implica el alargamiento de las fibras musculares, como cuando se baja un peso siguiendo una trayectoria. El músculo cede ante la resistencia, permitiendo su estiramiento.

contracción isométrica (isometric contraction), contracción muscular que no va acompañada de movimiento articular. No se produce ni alargamiento ni acortamiento del músculo y sólo pueden medirse los cambios de tensión.

contracción isovolumétrica (isovolumetric contraction), (en cardiología) fase precoz de la sístole, en la que el ventrículo genera la suficiente tensión para superar la resistencia de la presión aórtica telediastólica.

contracción prematura (premature contraction), cualquier contracción del ventrículo o de la aurícula que se produce de forma precoz con respecto al ritmo dominante.

contracción tetánica (tetanic contraction), contracción continua de un músculo voluntario como consecuencia de una estimulación eferente continuada.

contracción ventricular prematura (CVP) (premature ventricular contraction [PVC]), arritmia cardíaca caracterizada por la existencia de un latido ventricular que precede al impulso eléctrico esperado, que aparece en el electrocardiograma como un complejo QRS ancho, precoz, sin la onda P correspondiente previa. Puede estar producido por estrés, acidosis, desequilibrio electrolítico, hipoxemia, hipercapnia, aumento del tamaño ventricular o por una reacción tóxica a fármacos.

contracciones de Braxton Hicks (Braxton Hicks contraction) [John Braxton Hicks, físico inglés, n. 1823], contracción irregular del útero de la embarazada que comienza en el primer trimestre y aumenta de frecuencia, duración e intensidad a medida que progresa el embarazo. Cuando la gestación está próxima al término, estas contracciones son tan fuertes que con frecuencia son difíciles de diferenciar de las contracciones del parto verdadero.

contracepción (contraception), procedimiento o técnica para la prevención del embarazo mediante el uso de medicamentos, dispositivos o métodos que bloqueen o alteren uno o más de uno de los procesos de reproducción de tal forma que el coito pueda realizarse sin fecundación. Algunos tipos de contraceptivos son: **anticonceptivo oral, preservativo, dia-**

fragma cervical, **diafragma contraceptivo**, **dispositivo intrauterino**, **espermicida**, **esterilización** y **método de planificación familiar natural**.

contraceptivo (contraceptive), cualquier dispositivo o técnica que evita la fecundación.

contrachoque (countershock), (en cardiología) choque eléctrico de alta intensidad y corta duración que se aplica en la región del corazón para producir una despolarización cardíaca total.

contracondicionamiento (counterconditioning), procedimiento utilizado en terapia conductual en el que la respuesta aprendida es reemplazada por una respuesta alternativa que produce una alteración menor.

contracorriente (countercurrent), cambio en la dirección del flujo de un líquido, como la que se produce en la rama ascendente del túbulo renal cuando la osmolaridad se invierte después de un cambio gradual de la concentración de cloruro sódico.

contráctil (contractile), capaz de disminuir de tamaño o de longitud o de juntarse en respuesta a ciertos estímulos.

contractilidad (contractility), (en cardiología) fuerza de la contracción cardíaca cuando la carga y la precarga son constantes.

contractura (contracture), trastorno articular, por lo general permanente, caracterizado por flexión y rigidez, que se produce por la atrofia y el acortamiento de las fibras musculares o por la pérdida de la elasticidad normal de la piel, como cuando se forma una amplia cicatriz sobre una articulación.

contractura de Dupuytren (Dupuytren's contracture) [Barón Guillaume Dupuytren, cirujano francés, n. 1777], engrosamiento y endurecimiento progresivo e indoloro del tejido subcutáneo de la palma de la mano, con flexión y resistencia a la extensión de los dedos cuarto y quinto. No están afectados nervios ni tendones. Se hace una incisión en la palma y se excinde cuidadosamente el tejido engrosado, para evitar la lesión de los ligamentos adyacentes.

contractura de Volkmann (Volkmann's contracture) [Richard von Volkmann, cirujano alemán, n. 1830], contracción en flexión grave y persistente del antebrazo y la mano causada por isquemia. Habitualmente, este trastorno va precedido por una lesión por presión o aplastamiento de la región del codo, siendo una causa frecuente la presión ejercida por una escayola o un vendaje muy apretado en el codo.

contractura fisiológica (physiologic contracture), trastorno temporal en que los músculos se pueden contraer y acortar durante un período considerable de tiempo. Los fármacos, las temperaturas extremas y la acumulación local de ácido láctico son algunas de sus causas.

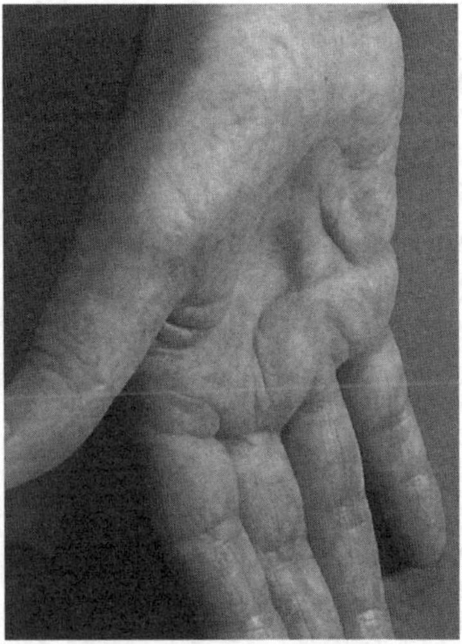

Contractura de Dupuytren
(S. Sherlock/J. A. Summerfield, 2.ª ed., 1992)

contractura funcional (functional contracture), v. **contractura hipertónica**.

contractura hipertónica (hypertonic contracture), contracción muscular prolongada que se produce como consecuencia de la estimulación nerviosa continua de la parálisis espástica.

contractura isquémica (ischemic contracture), v. **contractura de Volkmann**.

contrademanda (counterclaim), (en derecho) demanda realizada por el acusado que establece una causa de acción a su favor en contra del demandante.

contraindicación (contraindication), factor que prohíbe la administración de un fármaco o la realización de un procedimiento.

contraindicar (contraindicate), señalar la presencia de una enfermedad o trastorno físico que hace imposible o poco aconsejable tratar a un determinado paciente de la forma habitual o prescribir un medicamento que en otros casos estaría indicado.

contralateral (contralateral), que afecta o se origina en el lado opuesto de un punto de referencia, como puede ser un punto del cuerpo.

contraorden (counterinjunction), (en análisis transaccional) mensaje abierto del estado de ego materno o paterno que puede ser difícil de seguir si el mensaje entra en conflicto con instrucciones previas de los padres.

contrapulsación (counterpulsation), **1.** acción de un dispositivo de bombeo de circulación asistida sincronizada opuesto a la acción normal del corazón. **2.** proceso de elevación de la presión intraaórtica durante la diástole mediante insuflación de un balón intraaórtico, vaciándolo inmediatamente antes de la sístole siguiente.

contrapulsación externa (external contrapulsation), (en cardiología) técnica no invasiva para proporcionar contrapulsación introduciendo las piernas del paciente en un recipiente rígido que contiene agua. El recipiente que contiene el agua hace presión sobre las piernas durante la diástole para producir la contrapulsación.

contraste (contrast), determinación de las diferencias entre dos áreas adyacentes en una imagen. El contraste puede estar basado en diferencias de la densidad óptica, en diferencias en la transmisión de la radiación o en otros parámetros.

contratar (contract), establecer un acuerdo o promesa.

contrato (contract), **1.** acuerdo o promesa que satisface ciertos requisitos legales, incluyendo la competencia de ambas o de todas las partes del contrato, la adecuación a las leyes vigentes, la mutualidad de la obligación y las consideraciones (aportación de algo de valor como pago por las obligaciones adquiridas).

contratracción (countertraction), fuerza que contrarresta la tensión de la tracción, especialmente en ortopedia, como la fuerza del peso corporal producida por la fuerza de la gravedad.

contratransferencia (countertransference), respuesta emocional consciente o inconsciente de un psicoterapeuta o psicoanalista a un paciente.

contratransporte (countertransport), transporte simultáneo de dos sustancias distintas a través de la misma membrana, en direcciones opuestas.

contricción primaria (primary constriction), v. **centrómero**.

control de enfermería (nurses' station), zona de una unidad, planta o clínica de una instalación sanitaria, que sirve como centro administrativo para los cuidados de enfermería de un determinado grupo de pacientes. Suele estar en un lugar centrado, e incluir una secretaria o un empleado administrativo que se encarga de la burocracia, el teléfono y otras comunicaciones. Antes de comenzar el turno de trabajo es el centro de encuentro y asignación de tareas diarias.

control de la concepción (conception control), v. **contracepción**.

control de la prueba de Schick (Schick test control) [Bela Schick, pediatra austriaco, n. 1877], preparación utilizada para realizar la prueba de Schick para la inmunización frente a la difteria.

control de natalidad (birth control), v. **contracepción**.

control de riesgos (risk management), función de la administración de un hospital o de otros centros sanitarios encaminada a la identificación, evaluación y corrección de los riesgos potenciales que podrían lesionar a los pacientes, al personal o a los visitantes, así como pérdidas y daños a la propiedad.

control del niño sano (well baby care), revisión sanitaria periódica de lactantes y niños para favorecer un crecimiento y desarrollo físico, emocional e intelectual óptimos. Entre estas medidas de asistencia sanitaria se encuentran las inmunizaciones habituales para evitar enfermedades, los procedimientos de exploración selectiva para la detección precoz y tratamiento de enfermedades y la orientación y educación de los padres sobre nutrición adecuada, la prevención de accidentes y la atención específica y el cuidado del niño en las distintas fases del desarrollo.

control ineficaz del régimen terapéutico (individuos) (management of therapeutic regimen [individual], ineffective), diagnóstico de enfermería, aprobado por la NANDA, definido como un modelo de regulación e integración en la vida diaria de un programa de tratamiento de la enfermedad y de las secuelas de la enfermedad que no satisface el cumplimiento de los objetivos sanitarios específicos. Las características que lo definen son: elecciones ineficaces en la vida diaria, aceleración de los síntomas de la enfermedad, deseo verbal de dirigir el tratamiento con dificultad para regularlo y verbalización de que el paciente puede que no intente reducir los factores de riesgo.

control por presión (nudge control), aparato protésico con una unidad mecánica que puede ser presionada con la barbilla para cerrar o abrir una o más articulaciones del aparato.

controlado por el sexo (sex-controlled), v. **influido por el sexo**.

controlador intravenoso (intravenous controller), cualquiera de los distintos dispositivos que suministran automáticamente líquidos por vía IV a una velocidad regulable, normalmente entre 1 y 69 gotas por minuto. Suele ir equipado con selector de velocidad, sensor de gotas, indicador de gotas y alarma de goteo. Cuando la infusión no fluye a la velocidad prescrita, la alarma emite una señal audible y otra visible.

controlar (control), ejercer un dominio o mantener la influencia sobre una situación, como ocurre en el autocontrol, con la supresión o limitación consciente de los impulsos.

contusión (contusion), lesión sin solución de continuidad de la piel, producida por un choque violento sobre el cuerpo, que se caracteriza por tumefacción, cambio de coloración y dolor. La aplicación inmediata de frío puede limitar la evolución de una contusión.

convalecencia (convalescence), período de recuperación tras una enfermedad, lesión o intervención quirúrgica.

convección (convection), (en física) transferencia de calor a través de un gas o un líquido mediante la circulación de partículas calentadas.

convergencia (convergence), movimiento de dos objetos hacia un punto común, como el giro de los ojos hacia adentro para ver un objeto próximo a la cara.

conversión (conversion), **1.** cambio de una forma a otra, mutación. **2.** (en obstetricia) corrección de la posición fetal durante el parto. **3.** (en psiquiatría) mecanismo de defensa inconsciente por el que los conflictos emocionales que producen ansiedad son reprimidos y transformados en síntomas físicos simbólicos, sin base orgánica.

conversor analógico-digital (analog-to-digital converter), dispositivo para convertir la información analógica, como la temperatura o las ondas del ECG, en información digital, con objeto de poder procesarla mediante un ordenador digital.

convertidor D-A (D-A converter), v. **convertidor digital-analógico**.

convertidor digital-analógico (digital-to-analog converter), dispositivo para convertir información digital en una forma analógica para su representación como método continuo de interpretación de los datos, como con un ohmiómetro o un termómetro.

convulsión (seizure, convulsion), serie brusca, violenta e involuntaria de contracciones de un grupo de músculos, que puede ser paroxística y episódica, como en las enfermedades convulsivantes, o transitoria y aguda, como después de una conmoción cerebral. Una convulsión puede ser clónica o tónica, focal, unilateral o bilateral.

convulsión acinética (akinetic seizure), tipo de trastorno convulsivo observado en niños. Consiste en una convulsión breve y generalizada, durante la cual el niño cae bruscamente al suelo.

convulsión clónica (clonic convulsion), forma de convulsión caracterizada por contracciones y relajaciones involuntarias alternas y rítmicas de grupos musculares.

convulsión febril (febrile seizure), convulsión asociada a un proceso febril. El tratamiento depende de la edad del paciente y del número de convulsiones. Las convulsiones febriles generalizadas recurrentes deben ser tratadas como una epilepsia del gran mal.

convulsión focal (focal seizure), alteración transitoria de la función motora, sensitiva o autónoma, producida por descargas neuronales anómalas en una región localizada del cerebro, sobre todo en las zonas motoras o sensitivas cercanas a la cisura central. Las convulsiones motoras focales suelen comenzar como movimientos espásticos en la mano, cara o pie, pudiéndose extender progresivamente a otros músculos para terminar como una convulsión generalizada. Las convulsiones focales pueden estar provocadas por anoxia localizada o por una pequeña lesión cerebral.

convulsión psicomotora (psychomotor seizure), alteración temporal de la consciencia, con frecuencia asociada a un trastorno del lóbulo temporal, que se caracteriza por síntomas psíquicos, pérdida del juicio, conducta automática y actos anormales. No se producen convulsiones evidentes, pero puede haber pérdida de consciencia o amnesia del episodio. Durante la convulsión el individuo puede parecer amodorrado, intoxicado o violento; en ocasiones pueden cometer actos asociales o crímenes, aunque son capaces de continuar realizando actividades normales, como conducir un coche, escribir a máquina o comer, a un nivel automático.

convulsión tetánica (tetanic convulsion), **1.** contracción tónica muscular generalizada. **2.** contracción muscular violenta involuntaria prolongada.

convulsión tónica (tonic convulsion), contracción prolongada y generalizada de los músculos esqueléticos.

copa ocular (eyecup), copa o vaso pequeño, con una forma que se adapta al ojo, y que se emplea para bañar la superficie expuesta del órgano.

COPP (COPP), combinación de fármacos antineoplásicos formada por ciclofosfamida, procarbacina y prednisona.

Copper Kettle (Copper Kettle), marca comercial de un tipo de vaporizador utilizado en los circuitos de una máquina de anestesia para mezclar el gas transportador con el líquido anestésico volátil para formar el vapor anestesiante.

coprogogo (coprogogue), v. **catártico**.

coprolalia (coprolalia), uso excesivo de lenguaje obsceno.

coproporfiria (coproporphyria), trastorno metabólico hereditario poco frecuente en el que se excretan por la orina grandes cantidades de sustancias nitrogenadas llamadas porfirinas. Los ataques, con síntomas neurológicos y gastrointestinales variables, pueden ser precipitados por ciertos fármacos.

coproporfirina (coproporphyrin), cada una de las sustancias nitrogenadas orgánicas excretadas normalmente en las heces, que son productos de la degradación de la bilirrubina a partir de la descomposición de la hemoglobina.

cópula (intercourse), *coloquial* cópula sexual. V. **coito**.

copulación (copulation), v. **coito**.

cor (cor), **1.** corazón. **2.** relativo al corazón.

cor pulmonale (cor pulmonale), cardiopatía caracterizada por hipertrofia del ventrículo derecho del corazón secundaria a hipertensión de la circulación pulmonar. La hipertensión pulmonar asociada con este trastorno se debe a alguna alteración del parénquima pulmonar o del sistema vascular pulmonar localizada entre el origen de la arteria pulmonar izquierda y la entrada de las venas pulmonares en la aurícula izquierda. Aproximadamente el 85% de los pacientes con cor pulmonale padecen una enfermedad pulmonar obstructiva crónica; el 25% de los pacientes con enfisema desarrollan eventualmente un cor pulmonale. La destrucción de los capilares pulmonares y la vasoconstricción pulmonar disminuyen la superficie del lecho vascular pulmonar, aumentando la resistencia vascular pulmonar y produciendo hipertensión pulmonar. El ventrículo derecho se dilata e hipertrofia para compensar el exceso de trabajo necesario para enviar la sangre a los pulmones. Los síntomas iniciales de cor pulmonale son tos crónica, disnea de esfuerzo, fatiga, sibilancias y debilidad.

coracobraquial (coracobrachialis), músculo que se origina en la escápula y que se inserta en la cara interna del húmero. Su función es la aducción del hombro.

coraza (cuirass), **1.** respirador de presión negativa de cuerpo completo. Se ajusta una bomba eléctrica de propulsión para coordinarlo con la respiración espontánea del paciente. **2.** vendaje torácico muy ajustado.

corazón (heart), órgano muscular, en forma de cono, del tamaño de un puño cerrado, que bombea la sangre a través del cuerpo y late normalmente unas 70 veces por minuto mediante impulsos nerviosos y contracciones musculares coordinadas. Rodeado por el pericardio, el corazón descansa sobre el diafragma entre los bordes inferiores de los pulmones, ocupando el centro del mediastino. Está cubierto por delante por el esternón y por las estructuras adyacentes de los cartílagos costales tercero a sexto. Las capas del corazón, de fuera a dentro, son el pericardio, el miocardio y el endocardio. El pericardio está formado por el pericardio visceral y por una capa de tejido conectivo fibroelástico. El miocardio está constituido por capas y haces de músculo cardíaco interconectados por vasos sanguíneos. El endocardio se continúa con la capa endotelial de los vasos sanguíneos. Las cámaras cardíacas están constituidas por dos ventrículos con paredes musculares gruesas que representan la mayor parte del órgano, y dos aurículas con paredes musculares finas. Un tabique separa los ventrículos y se continúa entre las aurículas, dividiendo el corazón en un lado derecho y un lado izquierdo. El lado izquierdo del corazón bombea sangre oxigenada procedente de las venas pulmonares hacia la aorta y, por tanto, a todas las partes del cuerpo. El lado derecho del corazón bombea sangre no oxigenada, recibida a través de las venas cavas, hacia las arterias pulmonares.

corazón artificial (artificial heart), dispositivo mecánico implantado en el cuerpo y alimentado por un generador localizado fuera del cuerpo. La primera implantación de un corazón artificial en el ser humano se llevó a cabo en diciembre de 1982.

cordencéfalo (chordencephalon), parte del sistema nervioso central que se desarrolla en las primeras semanas del embarazo a partir del tubo neural y que incluye el mesencéfalo, el rombencéfalo y la médula espinal.

corditis (chorditis), **1.** inflamación del cordón espermático. **2.** inflamación de las cuerdas vocales o de los pliegues vocales.

cordoide (chordoid), semejante a la notocorda o al tejido notocordal.

cordoma (chordoma, *pl.* **chordomas, chordomata**), tumor congénito del cerebro, poco frecuente, que se desarrolla a partir de la notocorda fetal.

cordón (cord), estructura larga, redondeada y flexible. El cuerpo contiene diferentes cordones, como el espermático, las cuerdas vocales, la médula espinal, los nervios, el cordón umbilical y el ligamento redondo.

cordón (funiculus), división de la sustancia blanca de la médula espinal, constituida por fascículos o tractos fibrosos.

cordotomía (chordotomy), intervención en la que se realiza la sección quirúrgica de los cordones anterolaterales de la médula espinal para aliviar el dolor.

corea (chorea), trastorno caracterizado por movimientos rápidos, involuntarios, inútiles, como flexionar y extender los dedos, elevar y descender los hombros o realizar muecas.

corea crónica (chronic chorea), v. **corea de Huntington**.

corea de Huntington (Huntington's chorea) [George S. Huntington, médico norteamericano, n. 1851], enfermedad hereditaria poco frecuente, caracterizada por corea crónica y progresiva y deterioro mental que termina en demencia. Habitualmente los primeros síntomas aparecen en la cuarta década de la vida y el sujeto afectado fallece unos 15 años después.

corea de Sydenham (Sydenham's chorea) [Thomas Sydenham, médico inglés, n. 1624], forma de corea asociada a fiebre reumática, que habitualmente se produce durante la infancia. La causa es una infección estreptocócica de los tejidos vascular y perivascular del cerebro. Los movimientos coreicos aumentan durante las dos primeras semanas, alcanzan una meseta y después disminuyen.

corea degenerativa (degenerative chorea), v. **corea de Huntington**.

corea gravidarum (chorea gravidarum), tipo de corea que se manifiesta durante el primer embarazo como consecuencia de un episodio de corea de Sydenham en la infancia.

corea histérica (hysteric chorea), trastorno en el que el paciente muestra movimientos coreiformes, generalmente en relación con la ocupación de la persona, aunque las acciones son el resultado de la histeria más que de una verdadera corea.

corea minor (chorea minor), v. **corea de Sydenham**.

corea reumática (rheumatic chorea), v. **corea de Sydenham**.

coreiforme (choreiform), semejante a los movimientos rápidos irregulares de la corea.

corioadenoma (chorioadenoma, *pl.* **chorioadenomas, chorioadenomata**), tumor de células epiteliales del corion que se sitúa en una fase intermedia en el proceso de malignización de una mola hidatídica hacia un coriocarcinoma invasivo.

corioamnionitis (chorioamnionitis), reacción inflamatoria de las membranas amnióticas ocasionada por la presencia de microorganismos en el líquido amniótico.

corioamniótico (chorioamnionic), relativo o perteneciente al corion y al amnios.

coriocarcinoma (choriocarcinoma, *pl.* **choriocarcinomas, choriocarcinomata**), neoplasia maligna epitelial de origen fetal que se desarrolla a partir de la porción coriónica de los productos de la concepción, generalmente a partir de una mola hidatiforme. El tumor primario generalmente se localiza en el útero, adoptando el aspecto de una masa blanda, no compacta, de color rojo oscuro.

coriocele (choriocele), hernia o protrusión de la capa coroides del ojo.

corioepitelioma (chorioepithelioma), v. **coriocarcinoma**.

coriogénesis (choriogenesis), desarrollo del corion después de que el trofoblasto se fije a la mucosa uterina y extienda las vellosidades principales en el espacio intervelloso.

coriomeningitis (choriomeningitis), v. **coriomeningitis linfocítica**.

coriomeningitis linfocítica (lymphocytic choriomeningitis), infección de las meninges y líquido cefalorraquídeo por arenavirus producida por el virus de la coriomeningitis linfocítica, que se caracteriza por fiebre, cefalea y rigidez de nuca.

corion (chorion), (en biología) membrana extraembrionaria más externa formada por trofoblasto revestido por una capa de mesodermo. Desarrolla vellosidades a las 2 semanas después de la fecundación y es vascularizada por vasos alantoideos una semana más tarde. Da lugar a la placenta y persiste hasta el nacimiento como la capa más externa de las dos capas de la membrana que contiene al líquido amniótico y al feto.

corion gingival (gingival corium), el tejido conectivo más estable de la encía, situado entre el periostio y la lámina propia de la mucosa.

coriorretinitis (chorioretinitis), trastorno inflamatorio de la coroides y retina del ojo, generalmente secundario a infecciones bacterianas o parasitarias. Se caracteriza por visión borrosa, fotofobia e imágenes distorsionadas.

coriorretinopatía (chorioretinopathy), proceso no inflamatorio causado por una enfermedad que afecta a la coroides y a la retina.

coriza (coryza), v. **rinitis**.

coriza alérgica (allergic coryza), rinitis aguda motivada por la exposición a cualquier alergeno al que se es hipersensible.

coriza del polen (pollen coryza), rinitis aguda estacional producida por la exposición a un alergeno.

coriza espasmódica (coryza spasmodica), v. **fiebre del heno**.

córnea (cornea), parte anterior del ojo, convexa y transparente, que supone un sexto de la capa externa del globo ocular. Es una estructura fibrosa con cinco capas: el epitelio corneal anterior, que se continúa con la conjuntiva; la capa limitante anterior (membrana de Bowman); la sustancia propia; la capa limitante posterior (membrana de Descemet), y el endotelio de la cámara anterior (queratoderma). Es densa, de espesor uniforme y avascular.

cornezuelo de centeno (ergot), (en farmacología) cuerpo de almacenamiento de alimento en un hongo, *Claviceps purpurea*, que habitualmente infecta al centeno y a otros cereales. Contiene alcaloides ergotínicos.

cornificación (cornification), engrosamiento de la piel por un aumento del número de células epiteliales queratinizadas muertas.

coroides (choroid), membrana delgada muy vascularizada que reviste las cinco sextas partes posteriores del ojo, entre la retina y la esclerótica.

coroiditis (choroiditis), trastorno inflamatorio de la membrana coroides del ojo.

coroidociclitis (choroidocyclitis), trastorno caracterizado por la inflamación de la coroides y de los procesos ciliares.

coroidorretinitis (choroidoretinitis), v. **coriorretinopatía**.

corona (corona), proyección con forma de corona o de estructura envolvente, como la apófisis de un hueso.

corona (crown), parte del diente humano cubierta por esmalte.

corona anatómica (anatomic crown), porción de la dentina del diente, que está cubierta por esmalte dental.

corona artificial (artificial crown), prótesis dental que restaura parte o la totalidad de la porción coronal de un diente natural.

corona ciliar (orbicularis ciliaris), una de las dos zonas del cuerpo ciliar del ojo que se extiende desde la ora serrata de la retina al proceso ciliar en el borde del iris.

corona clínica (clinical crown), **1.** parte de un diente que está cubierta por esmalte y es visible dentro de la boca. **2.** parte del diente que se halla encajada en la zona más profunda del pliegue gingival.

corona estática (crown static), artefacto de la película de rayos X producido por la concentración de electrones en la emulsión de la película. Es frecuente que se produzca durante períodos de humedad ambiental reducida.

corona parcial (partial crown), restauración que sustituye las superficies de un diente.

corona radiante (corona radiata, *pl.* **coronae radiatae**), **1.** red de fibras que proceden de la cápsula interna de la corteza cerebral y conectan con las fibras del cuerpo calloso. **2.** conjunto de células que rodean la membrana pelúcida del óvulo.

coronamiento (crowning), (en obstetricia) fase al final del parto en la que la cabeza fetal alcanza el introito vaginal. Los labios rodean a la cabeza, como una corona.

coronario (coronary), (en anatomía) relativo o perteneciente a estructuras que rodean, como la arteria coronaria; relativo o perteneciente al corazón.

coronariopatía (coronary artery disease), cualquiera de los procesos anormales que pueden afectar a las arterias del corazón y producir efectos patológicos diversos, especialmente la reducción del flujo de oxígeno y de nutrientes al miocardio. Cualquiera de las coronariopatías como la aterosclerosis coronaria, la arteritis coronaria o la hiperplasia fibromuscular de las arterias coronarias, pueden producir el síntoma característico típico de la angina de pecho, el cual, sin embargo, también puede estar asociado a miocardiopatía donde las arterias coronarias son normales. El tipo más frecuente de coronariopatía es la aterosclerosis coronaria, actualmente la causa más importante de muerte en el mundo occidental. La aterosclerosis coronaria se produce con más frecuencia en poblaciones con dietas habitualmente ricas en calorías, grasas totales, grasas saturadas, colesterol y carbohidratos refinados. El riesgo es mayor también entre los fumadores que en los no fumadores y parece que es proporcional al número de cigarrillos diarios. La arteriosclerosis se pone de manifiesto por la formación de placas grasas fibrosas que estrechan la luz de las arterias coronarias y pueden producir trombosis o infarto de miocardio. El tratamiento de los pacientes con coronariopatía se centra en reducir la demanda miocárdica de oxígeno o en aumentar el aporte de éste. El tratamiento habitual incluye la administración de nitratos, como la nitroglicerina, dinitrato de isosorbida, o propranolol, un bloqueante betaadrenérgico.

coronavirus (coronavirus), miembro de la familia de los virus que abarcan distintos tipos capaces de producir una enfermedad respiratoria aguda.

corpus (corpus), v. **cuerpo**.

corpúsculo de Drysdale (Drysdale's corpuscle) [Thomas M. Drysdale, ginecólogo norteamericano n. 1831], cualquiera de las distintas células transparentes presentes en el líquido de ciertos quistes ováricos.

corpúsculo de Malpighi (malpighian corpuscle) [Marcello Malpighi], cada uno de los cuerpos pequeños, redondeados, de color rojo oscuro presentes en la corteza renal, que se co-

munica con su lóbulo renal. Tienen un diámetro medio de 0,2 mm y están constituidos por dos partes: el glomérulo central y la cápsula glomerular o de Bowman.
corpúsculo de Meissner (Meissner's corpuscle), v. **corpúsculo táctil**.
corpúsculo de Wagner-Meissner (Wagner-Meissner corpuscle) [Rudolf Wagner, fisiólogo alemán, n. 1805; Georg Meissner, anatomista alemán, n. 1829], órganos sensoriales terminales de pequeño tamaño, especialmente sensibles a la presión, presentes en la dermis de la mano y del pie, la cara anterior del antebrazo, la piel de los labios, la mucosa de la lengua, la conjuntiva palpebral y la piel del pezón.
corpúsculo pequeño de Bennet (Bennet's small corpuscle), v. **corpúsculo de Drysdale**.
corpúsculo renal (renal corpuscle), v. **corpúsculo de Malpighi**.
corpúsculo sanguíneo (blood corpuscle), célula sanguínea, ya sea eritrocito o leucocito.
corpúsculo táctil (tactile corpuscle), cada uno de los numerosos órganos distales pequeños, ovalados, asociados al sentido del tacto, distribuidos ampliamente por las zonas periféricas del cuerpo como la piel de los labios, la mucosa de la lengua, la conjuntiva palpebral y la piel de las papilas mamarias.
corpúsculo táctil de Meissner (tactile corpuscle of Meissner), v. **corpúsculo de Wagner-Meissner**.
corpúsculos de Golgi-Mazzoni (Golgi-Mazzoni corpuscles) [Camilo Golgi; Vittori Mazzoni, médico italiano, n. 1823], conjunto de cápsulas delgadas que envuelven las neurofibrillas terminales en el tejido subcutáneo de los dedos de las manos.
corpúsculos de Krause (Krause's corpuscles), ciertos órganos sensitivos terminales de la conjuntiva ocular, mucosa de labios y lengua, epineurio de los nervios del tronco, pene, clítoris y membranas sinoviales de determinadas articulaciones. Los corpúsculos de Krause son unos diminutos cuerpos cilíndricos de sección oval, con un centro blando semilíquido en el que termina el axón, ya sea en forma de extremo bulbar o de masa enrollada.
corpúsculos de Pacini (Pacini corpuscles) [Filippo Pacini, anatomista italiano, n. 1812], grupo de órganos terminales sensoriales especiales semejantes a bulbos blancos diminutos, unido cada uno de ellos a la terminación de una única fibra nerviosa en los tejidos conectivo subseroso, submucoso y subcutáneo de muchas partes del cuerpo, especialmente en la palma de la mano, en la planta de los pies, en los órganos genitales, en las articulaciones y en el páncreas. Son sensibles a la presión y, en un corte transversal, se parecen a una cebolla.

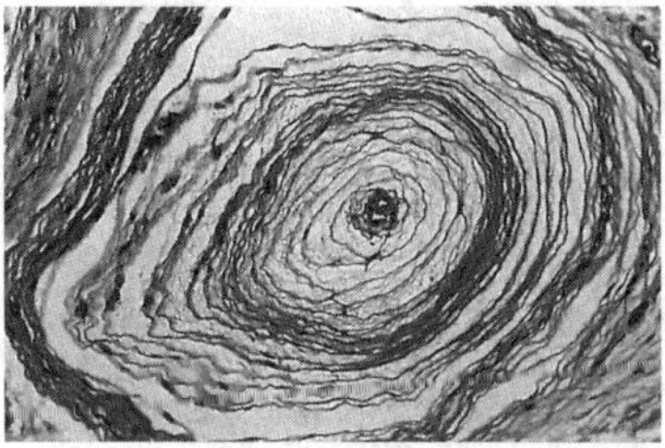

Corpúsculo de Pacini
(A. du Vivier, 2.ª ed., 1995)

corpúsculos de Ruffini (Ruffini's corpuscles) [Angelo Ruffini, histólogo italiano, n. 1864], conjunto de terminaciones nerviosas en forma de óvalo localizadas en el tejido celular subcutáneo, principalmente en la unión entre la dermis y el tejido celular subcutáneo.
corpúsculos de Vater-Pacini (Vater-Pacini corpuscles) [Abraham Vater, anatomisma alemán, n. 1684; Filippo Pacini, anatomista italiano, n. 1812], receptores cinestésicos localizados en las cápsulas articulares y los ligamentos.
corrección de Allen (Allen correction), análisis multicromático de una reacción para corregir la absorbancia de fondo.
corredera bicipital (bicipital groove), surco situado entre el troquíter y el troquín del húmero para el paso del tendón de la cabeza larga del músculo bíceps.
correlación (correlation), (en estadística) relación entre variables que pueden ser negativas (inversas), positivas o curvilíneas.
correlación del movimiento del producto de Pearson (Pearson's product movement correlation) [Karl Pearson, matemático inglés, n. 1875], (en estadística) prueba estadística de la relación entre dos variables medidas en escalas de intervalos o de proporciones. Las correlaciones calculadas se sitúan entre +1,00 y –1,00.
correturnos (float nurse), profesional de enfermería que se puede asignar a una tarea determinada según las necesidades, normalmente para ayudar en momentos de gran carga de trabajo o asumir las tareas del personal de enfermería ausente.
corriente (current), **1.** movimiento de flujo o líquido en movimiento. **2.** flujo de electrones

a lo largo de un conductor en un circuito cerrado; corriente eléctrica. **3.** cierta actividad eléctrica fisiológica así como característica de la circulación de la sangre. Algunas corrientes fisiológicas son: corriente axial, centrífuga, centrípeta, de actividad, de compensación, de demarcación, electrotónica y nerviosa.

corrosión del instrumental quirúrgico (corrosion of surgical instruments), corrosión del instrumental quirúrgico o desgaste progresivo de sus superficies pulimentadas como consecuencia de la oxidación y acción de los contaminantes. Se produce generalmente por una limpieza y un secado inadecuados de los instrumentos quirúrgicos después de su uso, por la utilización de soluciones esterilizantes que desgastan la superficie, por una sobreexposición a dichas sustancias o por un autoclave defectuoso.

corrosivo (corrosive), agente o sustancia que corroe una sustancia o tejido.

corsé (jacket), envuelta o prenda para apoyo o restricción de los movimientos del torso. Algunos tipos de corsé son el **corsé de Sayre** y el **corsé de Minerva**.

corsé de flexión (flexion jacket), corsé diseñado para inmovilizar la columna.

corsé de Milwaukee (Milwaukee brace), dispositivo ortésico que facilita la inmovilización del torso y del cuello de un paciente en el tratamiento o corrección de una escoliosis, lordosis o cifosis. Normalmente tiene una estructura sólida pero con metales ligeros, con soportes de fibra de vidrio recubiertos de goma que protegen frente a la abrasión.

corsé de Minerva (Minerva cast), férula ortopédica que se aplica sobre el tronco hasta la cabeza con orificios para la cara y las orejas. La envoltura del tronco se extiende por delante hasta el esternón y el reborde costal distal, y por detrás cruza el borde costal distal. La férula se emplea para inmovilizar la cabeza y parte del tronco en el tratamiento de tortícolis, de lesiones cervicales y torácicas y en infecciones de la columna cervical.

corsé de restricción (jacket restraint), dispositivo ortopédico para ayudar a inmovilizar el tronco del paciente en tracción y para impedir que se siente en la cama. El corsé de restricción se fija a la cama mediante tirantes en cincha con hebilla, cosidos a los bordes laterales del aparato. El corsé de restricción puede utilizarse en algunos tipos de tracción.

corsé de Sayre (Sayre's jacket) [Lewis A. Sayre, cirujano norteamericano, n. 1820], escayola aplicada para dar apoyo e inmovilizar en el tratamiento de determinadas anomalías de la columna vertebral.

corsé de Taylor (Taylor brace) [Charles F. Taylor, cirujano norteamericano, n. 1827], corsé de acero almohadillado utilizado como soporte de la columna vertebral.

corsé en forma de pañal (diaper restraint), dispositivo terapéutico utilizado especialmente en ortopedia, para hacer tracción sobre la extremidad inferior cuando no son efectivos otros métodos. Este dispositivo es empleado normalmente en niños con enfermedades y anomalías ortopédicas, y está diseñado para ajustarse a la pelvis como un pañal, con anillas en sus cuatro esquinas. Se pasa una cinta gruesa a través de las anillas y se fija al extremo superior del marco de la cama.

corte (cut), (en genética molecular) fisura o división en una cadena doble de ADN a diferencia de una muesca en una cadena única.

corte congelado (frozen section), corte histológico de tejido congelado por exposición a hielo seco.

corte cónico (cone cutting), interferencia debida a un cono radiográfico con un haz de rayos X debido a una mala alineación entre el tubo, el cono y la película.

corte de parafina (paraffin section), corte histológico obtenido de un tejido incluido en cera de parafina.

corte de rejilla (grid cutoff), (en radiología) malabsorción no deseada de los rayos X de la fuente principal por parte de la rejilla, de forma que los rayos X útiles son literalmente cortados de la placa.

corte frontal (frontal section), corte de la cabeza o de otra parte del cuerpo que la divide en una región anterior y otra posterior.

corteza (cortex, *pl.* **cortices**), capa más externa de un órgano o de otra estructura del cuerpo, distinta de la sustancia interna de los mismos.

corteza cerebelosa (cerebellar cortex), sustancia gris del cerebelo, que cubre la sustancia blanca en el núcleo medular; está formada por dos láminas, una lámina externa molecular y una lámina interna de células granulares. Las láminas están separadas por una capa incompleta de células de Purkinje.

corteza cerebral (cerebral cortex), lámina fina de sustancia gris localizada en la superficie de los hemisferios cerebrales, que cubre las circunvoluciones, de tal forma que cerca de dos tercios de su superficie está incluida en las fisuras. Integra las funciones mentales más superiores, la movilidad general, las funciones viscerales, la percepción y las reacciones conductuales. Se ha clasificado de diferentes maneras, según las diferencias filogenéticas y ontogénicas, estructurales, celulares, capas de fi-

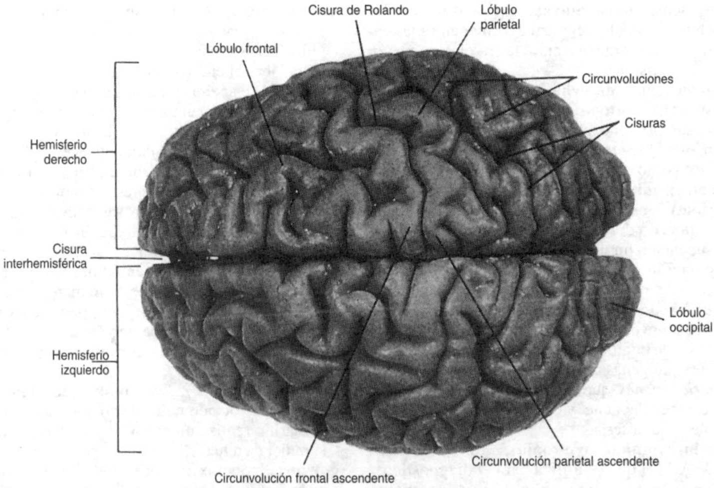

Corteza cerebral, vista superior
(Seeley, 1992/RT Hutchings)

bras y áreas funcionales. Las investigaciones han descrito más de 200 áreas en función de las diferencias existentes en los patrones de mielinización de las fibras y se han definido 47 áreas de función independientes con patrones celulares distintos.

corteza olfatoria (olfactory cortex), área de la corteza cerebral constituida por el lóbulo piriforme y por el hipocampo que recibe las sensaciones olorosas.

corteza renal (renal cortex), capa blanda, granulosa, externa del riñón, que contiene alrededor de 1,25 millones de túbulos renales que eliminan los residuos corporales en forma de orina.

corteza suprarrenal (adrenal cortex), la porción más extensa de la glándula suprarrenal o adrenal, que está unida a la médula de la glándula y sintetiza mineralocorticoides, andrógenos y glucocorticoides, hormonas esenciales para la homeostasia. La parte más externa de la corteza suele ser de color amarillo oscuro y la parte más interna tiene una coloración rojo oscuro o marrón.

corticosteroide (corticosteroid), cualquiera de las hormonas naturales o sintéticas asociadas con la corteza suprarrenal, que influyen o controlan procesos fundamentales del organismo, como el metabolismo de los carbohidratos y de las proteínas, el equilibrio del agua y electrólitos y las funciones del sistema cardiovascular, músculo esquelético, riñones y otros órganos. Los corticosteroides sintetizados por las glándulas suprarrenales incluyen los glucocorticoides y los mineralocorticoides. Los glucocorticoides principales son el cortisol y la corticosterona. El único mineralocorticoide importante fisiológicamente en el hombre es la aldosterona.

corticosuprarrenal (adrenocortical), relacionado con la parte externa o superficial de la glándula suprarrenal.

corticotropina (corticotropin), v. **hormona adrenocorticotropa**.

cortisol (cortisol), hormona esteroidea que existe de forma natural en el cuerpo y que se fabrica sintéticamente para uso farmacológico. Se emplea como agente antiinflamatorio.

cortisona (cortisone), glucocorticoide sintetizado en el hígado y producido también de forma sintética. Se utiliza como agente antiinflamatorio.

cortocircuito arteriovenoso (arteriovenous shunt), vía, artificial o natural, que permite el flujo de sangre desde una arteria hasta una vena, sin mediación de una red de capilares intermedios.

cortocircuito cardiovascular (cardiovascular shunt), cualquier paso anormal entre las cámaras del corazón o entre la circulación mayor y la pulmonar.

cortocircuito derecha-izquierda (right-to-left shunt), cortocircuito venoarterial en el que la sangre venosa no oxigenada pasa directamente al sistema arterial, obviando los pulmones, como ocurre en la tetralogía de Fallot.

cortocircuito izquierda-derecha (shunt, left to right), desviación de la sangre desde el lado izquierdo del corazón al lado derecho, como sucede en un defecto del tabique, o de la circulación general a la pulmonar, como en el caso de un conducto arterioso permeable.

Corynebacterium (Corynebacterium), género frecuente de bacilos curvos, con forma de bastón, que engloba a muchas especies. Las especies patógenas más frecuentes son *Corynebacterium acnes*, que se halla habitualmente en las lesiones del acné, y *C. diphtheriae*, responsable de la difteria.

cosintropina (cosyntropin), forma sintética de ACTH que se utiliza para el diagnóstico y tratamiento de los trastornos por hipofunción adrenal, como la enfermedad de Addison.

costalgia (costalgia), dolor en las costillas.

coste de oxígeno de la respiración (oxygen cost of breathing), velocidad a la que los músculos respiratorios consumen oxígeno cuando ventilan los pulmones.

coste energético de las actividades (energy cost of activities), coste metabólico, en calorías, de las distintas formas de actividad física. Por ejemplo, el equivalente metabólico medio de caminar a una velocidad de 3 km/h es de 2 MET por minuto, mientras que el coste energético de andar a una velocidad de 6 km/h es de 5 MET por minuto.

coste vital (life costs), mortalidad, morbididad y sufrimiento asociados a una determinada enfermedad o procedimiento médico.

costilla (rib), cada uno de los 12 pares de arcos óseos elásticos que constituyen una región amplia del esqueleto torácico. Las primeras siete costillas de cada lado reciben el nombre de **costillas verdaderas** porque se articulan directamente con el esternón y las vértebras. Las cinco costillas restantes reciben el nombre de costillas falsas; las tres primeras se unen por delante a las costillas situadas por encima de ellas; las dos últimas costillas carecen de extremidades anteriores y se denominan **costillas flotantes**.

costra (crust), capa exterior dura, solidificada formada por un exudado seco, frecuente en procesos dermatológicos como el eccema, el impétigo, la seborrea y el favo, y durante la curación de quemaduras y lesiones; postilla.

costra láctea (cradle cap), dermatitis seborreica frecuente en el lactante caracterizada por gruesas escamas grasientas de color amarillo sobre el cuero cabelludo. El tratamiento consiste en aceites o pomadas para reblandecer las escamas y el uso frecuente de champú.

costumbres sexuales (sexual mores), comportamiento sexual socialmente aceptable, habitualmente basado en costumbres establecidas, moralmente vinculantes, que controlan las conductas sexuales peligrosas para los demás o para el grupo, como la violación, el incesto o el abuso sexual de los niños.

cotiledón (cotyledon), cada uno de los segmentos visibles de la superficie materna de la placenta. Una placenta típica puede tener de 15 a 28 cotiledones, cada uno formado por vasos fetales, vellosidades coriónicas y espacios intervellosos.

couvade (couvade), costumbre de algunas culturas no occidentales por medio de la cual el marido realiza un parto simulado mientras la mujer da a luz.

cowpox (cowpox), enfermedad infecciosa pustulosa de los pezones de la vaca.

coxa (coxa, *pl.* **coxae**; **hip**), articulación de la cadera; la articulación entre la cabeza del fémur y el acetábulo del hueso coxal.

coxa adducta, coxa flexa (coxa adducta, coxa flexa), v. **coxa vara**.

coxa magna (coxa magna), ensanchamiento anormal de la cabeza y del cuello del fémur.

coxa plana (coxa plana), v. **enfermedad de Perthes**.

coxa valga (coxa valga), deformidad de la cadera en la que el ángulo formado por el eje de la cabeza y cuello del fémur y el eje de su diáfisis se halla aumentado significativamente.

coxa vara (coxa vara), deformidad de la cadera en la que el ángulo formado por el eje de la cabeza y cuello del fémur y el eje de su diáfisis está disminuido.

coxa vara luxante (coxa vara luxans), fisura o fractura del cuello del fémur con luxación de la cabeza producida por una coxa vara.

coxartropatía (hip-joint disease), cualquier trastorno de la articulación de la cadera, como la **enfermedad de Perthes** o la luxación congénita de cadera.

CPC (ZPG), abreviatura de crecimiento poblacional cero.

CPH (MHC), abreviatura de **complejo principal de histocompatibilidad**.

CPK (CPK), abreviatura de *creatinfosfoquinasa*.

CPRAM (CPRAM), abreviatura de método de anestesia de respiración parcialmente controlada.

CPT (TLC), abreviatura de **capacidad pulmonar total**.

CPU (PJC), abreviatura de complejo prematuro de la unión.

Cr (Cr), símbolo del **cromo**.

CR (FT), abreviatura de *contracción rápida*. V. **fibra de contracción rápida**.

CR (RQ), abreviatura de **cociente respiratorio**.

crack (crack), droga callejera obtenida mediante la conversión química del clorhidrato de cocaína en un producto que puede ser fumado. Al fumar crack se consigue que las moléculas de cocaína lleguen de forma más rápida y directa al cerebro. Dado que una mayor cantidad de droga llega al cerebro con mayor rapidez, los efectos son más intensos que cuando se inyecta, ingiere o inhala la cocaína en forma de polvo blanco.

cráneo (skull), estructura ósea de la cabeza, formada por el neurocráneo y por el macizo facial. El neurocráneo, que contiene y protege al encéfalo, está formado por 8 huesos. El macizo facial está formado por 14 huesos.

craneocele (craneocele), v. **encefalocele**.

craneodídimo (craniodidymus), monstruo fetal de dos cabezas en el que los cuerpos están unidos.

craneofaringioma (craniopharyngioma, *pl*. **craniopharyngiomas, craniopharyngiomata**), tumor congénito de la hipófisis que aparece con más frecuencia en niños y adolescentes, que se origina en las células derivadas de la bolsa de Rathke o del tallo hipofisario. El tumor puede interferir con la función hipofisaria, lesionar el quiasma óptico, interrumpir el control hipotalámico del sistema nervioso autónomo y provocar una hidrocefalia.

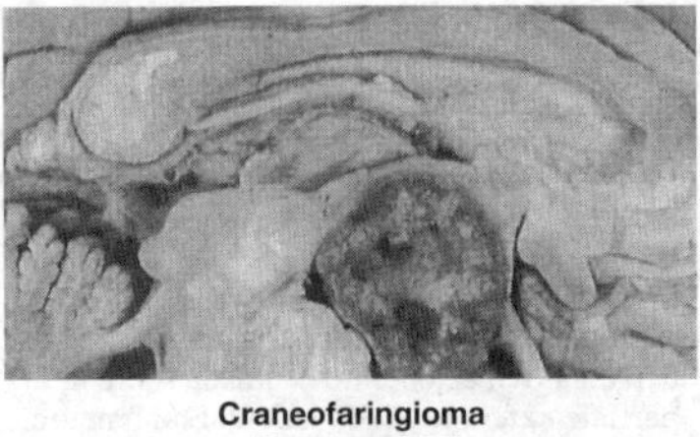

Craneofaringioma
(Fletcher, 1987)

craneópago (craniopagus), gemelos que están unidos por la cabeza. La unión puede producirse en las regiones frontal occipital o parietal.

craneostenosis (craniostenosis), deformidad congénita del cráneo debida al cierre prematuro de las suturas de los huesos del cráneo.

craneostosis (craniostosis), osificación prematura de las suturas del cráneo asociada generalmente a otras alteraciones esqueléticas. Las suturas se cierran antes o de forma precoz tras el nacimiento. Si no se realiza una corrección quirúrgica, se inhibe el crecimiento del cráneo, la cabeza se deforma y los ojos y el cerebro se lesionan con frecuencia.

craneotabes (craniotabes), adelgazamiento congénito benigno de la parte superior y posterior del cráneo de un recién nacido normal debido a que la velocidad de crecimiento del cerebro supera a la tasa de calcificación del cráneo durante el último mes de gestación.

craneotomía (craniotomy), cualquier apertura quirúrgica practicada en el cráneo con el fin de aliviar la presión intracraneal, controlar una hemorragia o extirpar un tumor.

craneotubular (craniotubular), relativo a una protuberancia o sobrecrecimiento óseo que origina un contorno anormal y un aumento de la densidad ósea.

craniectomía (craniectomy), extirpación quirúrgica de una parte del cráneo.

craurosis (kraurosis), engrosamiento y arrugamiento de la piel.

craurosis vulvar (kraurosis vulvae), enfermedad de la piel de las mujeres de edad avanzada, que se caracteriza por sequedad, prurito y atrofia de los genitales externos.

creatina (creatine), compuesto nitrogenado importante producido por los procesos metabólicos del cuerpo. Combinada con el fósforo produce fosfatos de alta energía.

creatinina (creatinine), sustancia generada a partir del metabolismo de la creatina, presente normalmente en la sangre, en la orina y en el tejido muscular.

creatinina de 24 horas (creatinine height index [CHI]), determinación de la excreción de creatinina en orina de 24 horas que, por lo general, está relacionada con la masa muscular del paciente y que se considera un indicador de malnutrición en hombres jóvenes.

crecimiento (growth), **1.** aumento del tamaño de un organismo o alguna de sus partes, cuantificado por un incremento del peso, volumen o dimensiones lineales, que se produce por hiperplasia o hipertrofia. **2.** desarrollo progresivo normal anatómico, fisiológico, psicológico, intelectual, social y cultural, desde la infancia hasta la edad adulta, como resultado de los procesos normales de crecimiento y asimilación. En la infancia, el crecimiento se clasifica según la edad aproximada a la que suelen aparecer los cambios físicos característicos y según a la que se adquieren las habilidades evolutivas específicas. **3.** cualquier aumento localizado del tamaño o número de células, como ocurre en un tumor o neoplasia. **4.** proliferación celular, específicamente de un cultivo bacteriano o de un moho.

credenciales (credentials), conjunto de normas predeterminadas, como una certificación, que establecen que una persona o institución ha adquirido el reconocimiento profesional en un campo específico de la asistencia sanitaria.

crema (cream), **1.** parte de la leche rica en grasa. **2.** cualquier mezcla de fluidos de consistencia densa, como los utilizados para aplicar medicamentos sobre la superficie corporal.

cremáster (cremaster), capa muscular delgada que se sitúa sobre el cordón espermático formando una serie de espirales. Es una prolongación del oblicuo interno. Su función es elevar los testículos hacia el anillo inguinal superficial en respuesta al frío o a un estímulo nervioso.

crenación (crenation), formación de muescas o dentelladas, o festones en los bordes de un objeto. Los eritrocitos expuestos a una solución salina hipertónica adquieren una superficie rugosa festoneada debido al efecto osmótico de la solución. Entonces se denominan eritrocitos crenados o crenocitos.

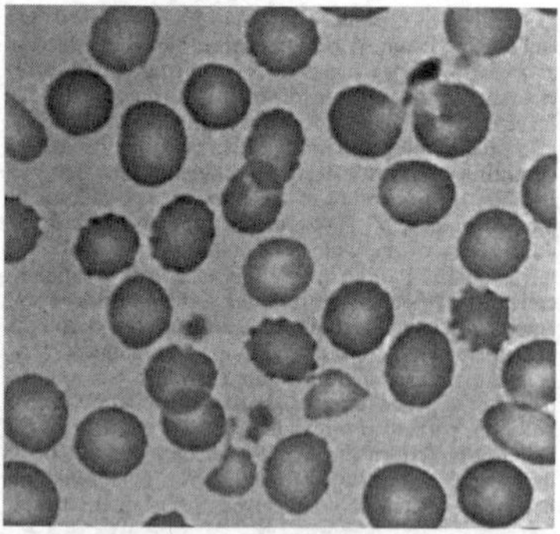

Eritrocitos que presentan crenación
(Hayhoe, 1992)

creosol (creosol), líquido oleoso que es uno de los constituyentes activos (fenol) de la creosota. No debe confundirse con el cresol.

creosota (creosote), líquido oleoso inflamable con olor a humo de tabaco que se utiliza principalmente como protector de la madera. Puede ser responsable de numerosos problemas de salud que varían desde el cáncer y las lesiones corneales hasta las convulsiones.

crepitante (crackle), sonido fino, burbujeante, audible en la auscultación pulmonar. Se produce por la entrada de aire en las vías aéreas distales y alveolos que contienen secreciones serosas.

crepitus (crepitus), **1.** flatulencia o descarga ruidosa de gas fétido procedente del intestino a través del ano. **2.** sonido crepitante asociado a la gangrena gaseosa, a la fricción de fragmentos óseos o a los estertores de la región pulmonar donde se consolida una neumonía.

cresol (cresol), mezcla de tres isómeros en un líquido con olor a fenol. Deriva de la brea de hulla y se utiliza en resinas sintéticas y desinfectantes. Los síntomas de intoxicación crónica incluyen erupciones cutáneas, trastornos digestivos, uremia, ictericia, trastornos nerviosos, vértigo y alteraciones mentales.

cresta clave (key ridge), punto más inferior del arco cigomático del maxilar.

cresta del glúteo mayor (gluteal tuberosity), cresta situada en la cara posteroexterna del fémur en la que se inserta el glúteo mayor.

cresta ganglionar (ganglionic crest), v. **cresta neural**.

cresta gangliónica (ganglionic ridge), v. **cresta neural**.

cresta ilíaca (iliac crest), borde superior elevado del ilion.

cresta intertrocantérea (intertrochanteric crest), cada una de las crestas del hueso del muslo que forman una línea oblicua entre el trocánter mayor y el menor.

cresta marginal (marginal ridge), elevación del esmalte que forma el límite proximal de la superficie de oclusión de los dientes.

cresta mentoniana (mental ridge), (en odontología) elevación densa que se extiende desde la sínfisis hasta la región premolar en la cara anteroexterna del cuerpo de la mandíbula.

cresta neural (neural crest), banda de células derivadas del ectodermo y situada sobre la superficie externa, a cada lado del tubo neural, en las fases precoces del desarrollo embrionario.

cresta supraventricular (crista supraventricularis), borde muscular de la pared posterointerna del ventrículo derecho del corazón.

cretinismo (cretinism), trastorno caracterizado por hipotiroidismo congénito intenso asociado con frecuencia a otras anomalías endocrinas. Los signos típicos de cretinismo incluyen enanismo, deficiencia mental, rasgos faciales toscos, piel seca, macroglosia, hernia umbilical e incoordinación muscular. Aparece con frecuencia en regiones donde la dieta es deficitaria en yodo y donde el bocio es endémico.

CRF (CRF), abreviatura de **factor liberador de corticotropina**.

crico- (crico-), prefijo que significa «anillo»: *cricoderma, cricoides, cricoidectomía*.

cricoide (cricoid), que tiene forma anular.

cricoidectomía (cricoidectomy), intervención quirúrgica para extirpar el cartílago cricoides.

cricoides (cricoid), cartílago con forma de anillo unido al cartílago tiroides mediante la membrana cricotiroidea a nivel de la sexta vértebra cervical.

cricotirotomía (cricothyrotomy), incisión quirúrgica de emergencia sobre la laringe realizada para abrir la vía aérea en un sujeto que se asfixia. Se realiza un pequeño corte vertical en la línea media justo por debajo del cartílago tiroides y por encima del cartílago cricoides. La incisión se abre más con un corte transverso a través de la membrana cricotiroidea que se mantiene abierta con un tubo abierto por ambos extremos para permitir que el aire circule entre el interior y el exterior.

crin- (crin-), prefijo que significa «separar»: **crinia, crinogénico**.

-crina (-crine), sufijo que designa un derivado de la acridina.

-crinato (-crinat), sufijo que hace referencia a un diurético derivado del ácido etacrínico.

-crinia (-crinia), sufijo que significa «alteración de la secreción endocrina»: *hemocrinia, hipercrinia, neurocrinia*.

crioanestesia (cryoanesthesia), aplicación de frío en una zona con el fin de alcanzar un estado adecuado de atenuación de la sensibilidad nerviosa al dolor durante procedimientos quirúrgicos menores breves.

criocauterización (cryocautery), aplicación de cualquier sustancia, como el dióxido de carbono sólido, que destruya el tejido mediante frío.

criocirugía (cryosurgery), utilización de temperaturas por debajo del punto de congelación para destruir tejidos, como en la destrucción de las células nerviosas de los núcleos talámicos como tratamiento de la enfermedad de Parkinson. El congelante circula a través de una sonda metálica descendiendo su temperatura hasta -160 °C, dependiendo del producto utilizado. El tejido húmedo se adhiere al metal frío de la sonda y se congela.

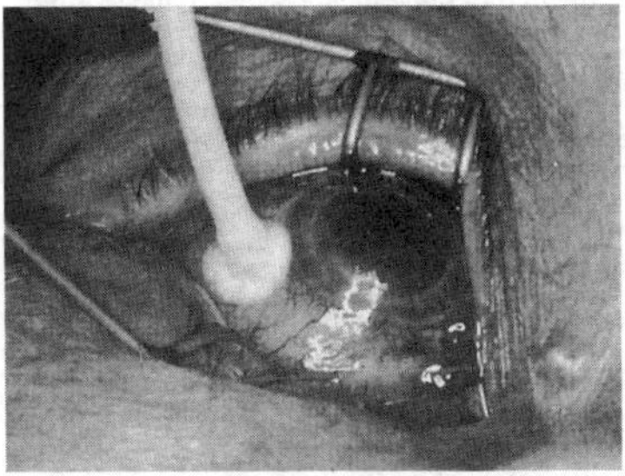

Criocirugía
(Jaffe, 1990)

criógeno (cryogen), producto químico que induce un descenso de la temperatura, utilizado para destruir tejido enfermo sin lesionar las estructuras adyacentes. La muerte celular se produce por deshidratación. Algunos tipos de criógenos son: **dióxido de carbono**, freón, nitrógeno líquido y **óxido nitroso**.

crioglobulina (cryoglobulin), proteína plasmática anormal que precipita y cristaliza a bajas temperaturas y que se disuelve y dispersa a temperatura corporal.

crioglobulinemia (cryoglobulinemia), trastorno en el que aparecen crioglobulinas en sangre.

crioprecipitado (cryoprecipitate), **1.** cualquier precipitado formado mediante el enfriamiento de una solución. **2.** preparación rica en factor VIII procedente de plasma humano fresco que ha sido congelado y descongelado.

criostato (cryostat), aparato utilizado en anatomopatología que consiste en un microtomo especial utilizado para congelar y obtener posteriormente cortes de tejido para ser estudiados.

crioterapia (cryotherapy), tratamiento mediante la aplicación de frío como medio de destrucción de algunas lesiones cutáneas frecuentes. Se aplica brevemente con un aplicador estéril que posee un extremo de algodón impregnado con dióxido de carbono sólido o nitrógeno líquido.

cripta (crypt), agujero ciego o hueco sobre una superficie libre. Algunos tipos de criptas son: **cripta anal, cripta dental** y **cripta sinovial**.

criptitis (cryptitis), inflamación de una cripta, generalmente de una cripta perianal, que se acompaña de dolor, prurito y espasmo del esfínter.

criptocéfalo (cryptocephalus), feto malformado que tiene una cabeza pequeña, sin desarrollar.

criptococosis (cryptococcosis), enfermedad infecciosa causada por el hongo *Cryotococcus neoformans*, que se propaga desde los pulmones al cerebro y sistema nervioso central, piel, sistema esquelético y tracto urinario. Los síntomas iniciales pueden consistir en tos y otras manifestaciones respiratorias, ya que los pulmones son el primer punto de localización de la infección. Después el hongo se extiende a las meninges, desarrollando síntomas neurológicos que incluyen cefaleas, visión borrosa y dificultad para hablar.

criptodídimo (cryptodidymus), gemelos unidos en los que un feto es pequeño, no está desarrollado, y está escondido dentro del cuerpo del otro, más formado.

criptoftalmia (cryptophthalmos), anomalía del desarrollo caracterizada por una fusión completa de los párpados, generalmente asociada a una formación defectuosa o ausencia del globo ocular.

criptomenorrea (cryptomenorrhea), trastorno en el que la menstruación queda retenida dentro de la vagina debido a la existencia de un himen imperforado o, con menos frecuencia, dentro del útero por la oclusión del canal cervical.

criptorquidia (cryptorchidism), falta de descenso hacia el escroto de uno o de ambos testículos.

crisarobina (chrysarobin), sustancia obtenida de la madera de los árboles araboa que se utiliza como irritante para el tratamiento de enfermedades cutáneas parasitarias y de la psoriasis.

-crisia (-crisia), **1.** sufijo que significa «diagnóstico»: *acrisia, urocrisia*. **2.** sufijo que significa una «alteración de la secreción endocrina (concreta)»: *hipercrisia, hiperendocrisia, hipocrisia*.

crisiasis (chrysiasis), trastorno caracterizado por depósitos de oro en los tejidos corporales.

crisis (crisis), **1.** momento crucial para la mejoría o empeoramiento en el curso de una enfermedad; generalmente se reconoce por un cambio llamativo en la intensidad de los signos y síntomas. **2.** momento decisivo que se produce en sucesos que afectan al estado emocional de una persona, como la muerte o el divorcio.

crisis addisoniana, crisis de Addison (addisonian crisis, Addison's crisis), v. **crisis suprarrenal**.

crisis adventicia (adventitious crisis), tragedia accidental e infrecuente que puede afectar a toda una comunidad o población, como son los terremotos, las inundaciones o los accidentes de avión.

crisis colinérgica (cholinergic crisis), debilidad muscular intensa y parálisis respiratoria secundaria a un exceso de acetilcolina, que con frecuencia se presenta en pacientes con miastenia grave como consecuencia de una sobremedicación con fármacos anticolinesterásicos.

crisis convulsiva (convulsive seizure), aparición brusca de una enfermedad caracterizada por convulsiones, palpitaciones y otros síntomas. En ocasiones, el término se aplica a una crisis de epilepsia.

crisis de ansiedad (anxiety attack), reacción psicobiológica aguda que se manifiesta por ansiedad intensa y pánico. Los síntomas varían en función del sujeto y de la intensidad del ataque, pero consisten de forma típica en palpitaciones, disnea, mareo, desvanecimientos, sudoración profusa, palidez de la cara y las extremidades, malestar GI y una sensación vaga de muerte inminente.

crisis de ausencia (absence seizure), crisis epiléptica caracterizada por una pérdida brusca y momentánea de la consciencia, en ocasiones asociada a movimientos clónicos leves de la musculatura del cuello o las extremidades superiores, contracciones simétricas ligeras de la cara o pérdida del tono muscular. Habitualmente, las crisis se producen varias veces al día, sin aura de advertencia, y son más frecuentes en niños y adolescentes, especialmente en la época de la pubertad. El paciente que experimenta una crisis típica tiene una expresión facial distraída, sin ningún tipo de actividad motora voluntaria; al recuperar rápidamente la consciencia, el paciente es capaz de reanudar la conversación en el punto en que la interrumpió, sin darse cuenta de lo sucedido. Durante las crisis y entre ellas, los electroencefalogramas del paciente muestran descargas en punta y onda de tres ciclos por segundo. Entre los fármacos anticonvulsivantes utilizados para evitar las crisis de ausencia se encuentran la etosuximida y el ácido valproico.

crisis de caída (drop attack), forma de accidente isquémico transitorio (AIT) en el que una breve interrupción del flujo sanguíneo cerebral se traduce en la caída al suelo de la persona afectada, sin pérdida del conocimiento. El episodio puede afectar al sentido de equilibrio o al tono muscular de las piernas del sujeto.

crisis de Dietl (Dietl's crisis) [Joseph Dietl, médico polaco, n. 1804], dolor súbito, intensísimo en el riñón, producido por distensión de la pelvis renal, por ingesta rápida de cantidades muy elevadas de líquido o por doblamiento del uréter con oclusión repentina del flujo de orina desde el riñón.

crisis de gran mal (grand mal seizure), crisis epiléptica caracterizada por una contracción muscular involuntaria generalizada y cese de la respiración, seguida por espasmos tónicos y clónicos de los músculos. La respiración se vuelve a iniciar con respiraciones ruidosas. Los dientes pueden estar apretados, se puede morder la lengua y perder el control de la vejiga. Al finalizar esta fase de convulsiones, la persona puede entrar en sueño profundo durante 1 hora o más. Normalmente la persona no recuerda nada de la convulsión cuando se despierta. Cada crisis de gran mal suele ir precedida de una sensación de alerta o aura.

crisis de identidad (identity crisis), período de desorientación que afecta al sentido de uno mismo y de su papel en la sociedad, que se produce muy frecuentemente en la transición de una época de la vida a la siguiente. Las crisis de identidad aparecen sobre todo durante la adolescencia, cuando un súbito aumento de la fuerza de los impulsos internos, combinado con un aumento de la presión por parte de los compañeros y de las expectativas de los adultos por una conducta más madura, suele desencadenar conflictos.

crisis de maduración (maturational crisis), período transitorio o evolutivo en la vida de una persona, como la pubertad, en el que se ajusta su equilibrio psicológico.

crisis de miastenia grave (myasthenia gravis crisis), exacerbación aguda de la debilidad muscular que caracteriza a la enfermedad, desencadenada por una infección, intervención quirúrgica, tensión emocional o por una sobredosis o insuficiencia de medicación anticolinesterásica. Los signos y síntomas típicos son insuficiencia respiratoria que evoluciona hasta períodos de apnea, fatiga extrema, debilidad muscular creciente, disfagia, disartria y fiebre. El paciente puede mostrarse ansioso, inquieto, irritable e incapaz de mover la mandíbula o de elevar uno o ambos párpados.

crisis de pequeño mal (petit mal seizure), crisis epiléptica caracterizada por una pérdida brusca y momentánea de la consciencia, que se acompaña en ocasiones de mioclonías menores en el cuello o en las extremidades superiores, espasmos musculares simétricos y ligeros de la cara o pérdida del tono muscular. Habitualmente, las convulsiones se producen muchas veces al día sin aura de advertencia. El paciente que experimenta una convulsión típica tiene una expresión facial ausente y cesa toda actividad motora voluntaria; con la rápida recuperación de la consciencia, el paciente es capaz de reanudar la conversación en el punto en que la interrumpió sin darse cuenta de lo ocurrido.

crisis de situación (situational crisis), (en psiquiatría) crisis que se produce bruscamente como respuesta a un acontecimiento externo o a un conflicto relacionado con una circunstancia específica.

crisis del desarrollo (developmental crisis), estrés grave, normalmente transitorio, que se produce cuando una persona es incapaz de completar las tareas de un estado psicocosial del desarrollo y, por tanto, es incapaz de pasar al siguiente estadio.

crisis drepanocítica (sickle cell crisis), trastorno agudo episódico que sucede en niños con anemia drepanocítica. La crisis puede ser vasoclusiva, provocada por la acumulación de eritrocitos deformes, o anémica, provocada por aplasia de la médula ósea, aumento de la hemólisis, déficit de folato o secuestro esplénico de los eritrocitos. La crisis vasoclusiva dolorosa es la más común de las crisis drepanocíticas. Habitualmente va precedida por una infección respiratoria alta o GI, sin exacerbación de la anemia. Los grupos de drepanocitos obstruyen los vasos sanguíneos, dando lugar a oclusión, isquemia e infarto de los tejidos adyacentes. En esta clase de crisis son características la leucocitosis, el dolor abdominal agudo por hipoxia visceral, la inflamación dolorosa de los tejidos blandos de las manos y los pies (síndrome mano-pie) y el dolor articular migratorio, recurrente o constante, con frecuencia tan intenso que limita el movimiento de las articulaciones. Se pueden producir cefaleas persistentes, vértigo, convulsiones, alteraciones visuales o auditivas, parálisis de los nervios faciales, tos, disnea y taquipnea, si se afecta el sistema nervioso central o los pulmones.

crisis glaucomatociclítica (glaucomatocyclitic crisis), aumento recurrente de la presión intraocular de un ojo, que parece un glaucoma agudo de ángulo cerrado.

crisis hipertensiva (hypertensive crisis), incremento intenso y repentino de la presión arterial a un nivel superior a 200-120 mm Hg, que aparece con más frecuencia en la hipertensión no tratada y en los pacientes que han dejado de tomar la medicación antihipertensiva prescrita. Entre los signos característicos se incluyen cefalea marcada, vértigo, diplopía, tinnitus, hemorragia nasal, contracciones musculares, taquicardia y otras arritmias cardíacas, la distensión de las venas del cuello, pulso débil, náuseas y vómitos. El paciente puede estar confuso, irritable o estuporoso, y esta crisis puede facilitar la aparición de convulsiones, coma, infarto de miocardio, insuficiencia renal, parada cardíaca o ictus.

crisis jacksoniana (jacksonian seizure), v. **convulsión focal**.

crisis miasténica (myasthenic crisis), episodio agudo de debilidad muscular.

crisis motora (motor seizure), alteración transitoria de la función cerebral producida por descargas neuronales anormales que se originan inicialmente en una determinada zona motora de la corteza cerebral. Las manifestaciones dependen del lugar de actividad eléctrica anormal, como las contracciones tónicas del pulgar, producidas por descargas excesivas en la zona motora de la corteza que controla el pulgar.

crisis oculogira (oculogyric crisis), paroxismo en el que los ojos se colocan en una posición fija, habitualmente hacia arriba y hacia un lado, durante minutos u horas, apareciendo a menudo en pacientes postencefalíticos con signos de parkinsonismo.

crisis suprarrenal (adrenal crisis), situación aguda de riesgo vital que se produce por una insuficiencia corticosuprarrenal profunda que requiere tratamiento inmediato. Se caracteriza por deficiencia de glucocorticoides, disminución del volumen de los líquidos extracelulares e hipercaliemia.

crisis tabética (tabetic crisis), exacerbación del dolor en la tabes dorsal debida a la sífilis.

crisis tiroidea (thyroid crisis), exacerbación súbita de los síntomas de la tirotoxicosis que se caracteriza por fiebre, sudación, taquicardia, excitabilidad nerviosa y edema pulmonar. Tiene lugar sobre todo en pacientes en los que el tratamiento de la tirotoxicosis es inadecuado, exacerbándose por una infección o un traumatismo. Si no se trata correctamente, puede ser fatal.

crisoterapia (chrysotherapy), tratamiento de cualquier enfermedad con sales de oro.

cristal (crystal), sustancia sólida inorgánica cuyos átomos o moléculas adoptan un patrón tridimensional regular, que se repite y que determina la forma del cristal.

cristal de Charcot-Leyden (Charcot-Leyden crystal) [Jean M. Charcot; Ernst V. von Leyden, médico alemán, n. 1832], cualquiera de las estructuras cristalinas, con forma de doble pirámide estrecha, presentes en el esputo de individuos que sufren asma bronquial. También se han hallado en las heces de pacientes con disentería.

cristal de Wood (Wood's glass) [Robert Williams Wood, físico norteamericano, n. 1868], filtro de óxido de níquel que detiene toda la luz excepto algunos rayos violeta del espectro visible y longitudes de onda ultravioleta en torno a los 365 nm. Se utiliza ampliamente en el diagnóstico de infecciones micóticas del cuero cabelludo y del eritrasma.

cristal del asma (asthma crystal), v. **cristal de Charcot-Leyden**.

cristal leucocítico (leukocytic crystal), v. **cristal de Charcot-Leyden**.

cristales amorfos (amorphous crystals), cristales sin un aspecto definido, generalmente fosfatos.

cristalino (crystalline lens), estructura transparente del ojo, rodeada por una cápsula, situada entre el iris y el humor vítreo, y levemente cubierta en sus márgenes por los procesos ciliares. La cápsula del cristalino es una membrana elástica transparente que contacta con el borde libre del iris en su parte anterior y está fijada por el ligamento suspensorio del cristalino. La superficie posterior es más convexa que la anterior. Está constituido por un material cortical blando, un núcleo firme y por láminas concéntricas.

cristalización (crystallization), producción de cristales, ya sea enfriando un líquido o gas hasta un estado sólido o enfriando una solución hasta que el soluto precipita como un depósito cristalino.

cristaloide (crystalloid), sustancia presente en una solución que puede difundir a través de una membrana semipermeable.

cristaluria (crystalluria), presencia de cristales en la orina. Esta alteración puede dar lugar a la irritación del tracto urinario.

criterios (criterion, *pl.* **criteria**), regla o patrón por el cual se juzga algo, como un estado de salud, o diagnóstico establecido. Los criterios, generalmente varios, se refieren al conjunto de normas o principios frente a los cuales algo puede ser evaluado, como las actividades asistenciales.

criterios de Jones (Jones criteria), conjunto de pautas estándar para diagnosticar la fiebre reumática, recomendadas por la *American Heart Association*.

criterios de proceso (process criteria), criterios identificados por la división profesional de enfermería psiquiátrica y de salud mental de la *American Nurses' Association* que se centran en las actividades de enfermería.

criterios de resultados (outcome criteria), criterios centrados en los resultados observables o medibles de los cuidados de enfermería y demás actividades de los servicios sanitarios.

CRM (MBC), abreviatura de **capacidad respiratoria máxima**.

cromafílico (chromaphil), v. **cromafín**.
cromafín (chromaffin), que tiene afinidad por teñirse intensamente con sales de cromo, haciendo referencia especialmente a la intensa captación de las células de los ganglios suprarrenales, coccígeos y carotídeos, ciertas células de la médula suprarrenal y de las células de los paraganglios.
cromafinoma (chromaffinoma), v. **feocromocitoma**.
cromátide (chromatid), uno de los dos filamentos filiformes idénticos de un cromosoma.
cromatín negativo (chromatin-negative), relativo o que describe al núcleo celular que carece de cromatina sexual, específicamente la característica del varón normal, aunque también se observa en ciertas anomalías cromosómicas.
cromatín positivo (chromatin-positive), relativo o que describe al núcleo celular que contiene cromatina sexual, específicamente la característica de la mujer normal, aunque también puede hallarse en ciertas anomalías cromosómicas.
cromatina (chromatin), sustancia situada en el interior del núcleo celular a partir del cual se originan los cromosomas. Está formada por finas fibrillas filiformes de ácido desoxirribonucleico fijadas a una proteína básica, generalmente histonas. Durante la división celular se condensan porciones de la cromatina y se enrollan para formar los cromosomas. La **cromatina sexual** es un tipo de cromatina.
cromatina nuclear (chromatin nucleolus), v. **cariosoma**.
cromatina sexual (sex chromatin), masa que se tiñe densamente y se encuentra en el núcleo de todas las células que no se dividen de las hembras normales de los mamíferos. Representa la heterocromatina facultativa del cromosoma X inactivado.
cromatismo (chromatism), **1.** trastorno caracterizado por alucinaciones en las que el individuo afectado ve luces de colores. **2.** pigmentación anormal.
cromatografía (chromatography), cualquiera de los diversos procesos utilizados para separar y analizar distintas sustancias químicas gaseosas o disueltas en función de las diferencias en su absorbancia con respecto a una sustancia determinada y según sus distintos pigmentos. Algunos tipos de cromatografías son: **cromatografía en columna, cromatografía de gases, cromatografía de intercambio iónico** y **cromatografía en papel**.
cromatograma (chromatogram), **1.** registro producido por la separación de sustancias gaseosas o de sustancias químicas disueltas que se desplazan a través de una columna de material absorbente que extrae las distintas sustancias en capas diferentes. **2.** cualquier registro gráfico obtenido mediante un método cromatográfico.
cromatopsia (chromatopsia), **1.** trastorno caracterizado por un defecto visual que hace que los objetos incoloros parezcan coloreados. **2.** forma de ceguera para el color caracterizada por la percepción imperfecta de diferentes colores. Puede estar producida por la deficiencia de uno o más conos de la retina o por la alteración de los circuitos nerviosos que transmiten los impulsos asociados al color a la corteza cerebral. La alteración más frecuente en la percepción del color es la incapacidad para distinguir el rojo del verde.
cromatosis (chromatosis), presencia de una pigmentación anormal de la piel en cualquier parte del cuerpo.
cromaturia (chromaturia), orina de color anormal.
cromestesia (chromesthesia), **1.** percepción del color que depende de la mezcla de longitudes de ondas presentes en la luz que capta el ojo y de la respuesta de los distintos tipos de conos retinianos asociados a la visión del color. **2.** trastorno caracterizado por la confusión de otros sentidos, como el gusto y el olfato, con sensaciones imaginadas de color.
-cromil (-cromil), sufijo que designa un agente antialérgico del tipo del ácido cromoglícico.
cromo (chromium), elemento metálico duro. Su número atómico es 24; su peso atómico, 51,9. Existen trazas de cromo en plantas y animales, y existen datos sobre la importancia de este elemento en la nutrición humana, especialmente en el metabolismo de los carbohidratos. El isótopo cromo 51 se utiliza en estudios hematológicos.
cromobacteriosis (chromobacteriosis), infección sistémica extremadamente rara, generalmente fatal, causada por el bacilo *Chromobacterium violaceum* que se encuentra en el agua dulce de regiones tropicales y subtropicales, que penetra en el cuerpo a través de una discontinuidad de la piel.
cromoblastomicosis (chromoblastomycosis), enfermedad cutánea infecciosa provocada por cualquier variedad de hongo, y caracterizada por la presencia de nódulos verrugosos pruríticos que se desarrollan sobre una lesión o discontinuidad de la piel.
cromocentro (chromocenter), v. **cariosoma**.
cromofílico (chromophilic), que se refiere a una célula, tejido o microorganismo que se tiñe con facilidad, en particular ciertos leucocitos.

cromofobia (chromophobia), **1.** resistencia de ciertas células y tejidos a las tinciones. **2.** aversión mórbida a los colores.
cromófobo (chromophobic), que se refiere a una célula, tejido o microorganismo que no se tiñe con facilidad, en particular ciertas células del lóbulo anterior de la hipófisis.
cromógeno (chromogen), sustancia que absorbe la luz produciendo color.
cromoglicato sódico (cromolyn sodium), antiasmático que actúa disminuyendo el broncospasmo alérgico producido por la inhalación de un alergeno. Se emplea de forma profiláctica para el tratamiento del asma bronquial. El fármaco carece de efecto una vez que se ha desencadenado la crisis.
cromohidrosis (chromhidrosis), trastorno funcional poco frecuente en el que las glándulas sudoríparas apocrinas producen un sudor coloreado.
cromolípido, cromolipoide (chromolipid, chromolipoid), v. **lipocromo**.
cromómero (chromomere), cualquiera de las estructuras engrosadas que se disponen a lo largo del cromonema de un cromosoma durante las primeras fases de la división celular.
cromomicosis (chromomycosis), v. **cromoblastomicosis**.
cromonema (chromonema, *pl.* **chromonemata**), filamento espiral a lo largo del cual se sitúan los cromómeros que forman la parte central de la cromátide del cromosoma durante la división celular.
cromoplasma (chromoplasm), v. **cromatina**.
cromosoma (chromosome), cada una de las estructuras filiformes del núcleo de una célula que participa en la transmisión de información genética. Cada cromosoma está constituido por una doble cadena de la nucleoproteína ácido desoxirribonucleico (ADN), que está enrollado en forma de hélice y unido a una proteína básica, generalmente una histona. Los genes, que contienen el material genético que controla los caracteres hereditarios, están dispuestos adoptando un patrón lineal a lo largo de toda la longitud de cada cadena de ADN. Cada especie tiene un número característico de cromosomas en sus células somáticas, que es de 46 en el humano y que incluye 22 pares homólogos de autosomas y un par de cromosomas sexuales, de tal forma que cada miembro de cada par deriva de uno de los progenitores. Algunos tipos de cromosomas son: **cromosoma accesorio, cromosoma de Christchurch, cromosoma gamético, cromosoma gigante, cromosoma hijo, cromosoma Filadelfia, cromosoma sexual, cromosoma somático, cromosoma W, cromosoma Z** y **cromosomas homólogos**.
cromosoma accesorio (accessory chromosome), cromosoma sexual X o Y no apareado.
cromosoma anular (ring chromosome), cromosoma circular formado por la fusión de dos extremos. Es el tipo principal de cromosoma hallado en las bacterias.
cromosoma bivalente (bivalent chromosome), par de cromosomas homólogos unidos por entrecruzamientos durante los primeros estadios de la gametogénesis.
cromosoma de Christchurch (Ch_1) (Christchurch chromosome [Ch_1]) [Christchurch, ciudad de South Island, Nueva Zelanda], pequeño cromosoma anómalo acrocéntrico del grupo G, que afecta a cualquier elemento de los pares cromosómicos 21 o 22, en los que existe una deleción parcial o pérdida de los brazos cortos de los cromosomas.
cromosoma Filadelfia (Ph^1) (Philadelphia chromosome [Ph^1]), translocación del brazo largo del cromosoma 22, con frecuencia presente en los mieloblastos, eritroblastos y megacarioblastos anormales de los pacientes con leucemia mielocítica crónica.
cromosoma gamético (gametic chromosome), cualquiera de los cromosomas contenidos en la célula haploide, específicamente el espermatozoide o el óvulo, a diferencia de los presentes en la célula diploide o somática.
cromosoma gigante (giant chromosome), cualquiera de los cromosomas de gran tamaño presentes en insectos y animales inferiores, especialmente los cromosomas plumonados y los politénicos.
cromosoma hijo (daughter chromosome), cualquiera de las dos cromátides que en el estado de anafase de la mitosis se separa y emigra a los extremos opuestos de la célula antes de la división de ésta. Cada uno de ellos contiene la información genética completa del cromosoma original.
cromosoma plumulado (lampbrush chromosome), cromosona gigante que se observa en los ovocitos de muchos animales inferiores. Tiene aspecto piloso, en forma de cepillo.
cromosoma politeno (polytene chromosome), tipo de cromosoma excesivamente grande formado por haces de filamentos de cromonemas no separados.
cromosoma sexual (sex chromosome), cromosoma responsable de la determinación del sexo de la descendencia; transporta genes que transmiten los caracteres y enfermedades ligados al sexo. En los seres humanos y en otros mamíferos existen dos cromosomas sexuales diferentes, los cromosomas X e Y.
cromosoma somático (somatic chromosome), cualquier cromosoma de una célula diploide o

somática, en contraste con los de una célula haploide o gameto; autosoma.

cromosoma W y cromosoma Z (W chromosome and Z chromosome), cromosomas sexuales de determinados insectos, pájaros y peces. Las hembras de estas especies son heterogaméticas y tienen un cromosoma W y un cromosoma Z, mientras que los machos son homogaméticos y tienen dos cromosomas Z. Se eligió el sistema de nomenclatura ZZ-ZW para poder diferenciar los cromosomas de tipo XXXY, que aparecen en el ser humano y en otros animales y en los cuales el sexo femenino es homogamético y el masculino es heterogamético.

cromosoma X (X chromosome), cromosoma sexual que en los seres humanos y en otras muchas especies está presente en ambos sexos, apareciendo individualmente en las células de los varones normales y por duplicado en las células de mujeres normales. El cromosoma es portado como determinante sexual por todos los gametos femeninos y por la mitad de los gametos masculinos.

cromosoma Y (Y chromosome), cromosoma sexual que en el ser humano y en otras muchas especies está presente sólo en el macho, apareciendo individualmente en el varón normal. Es portado como determinante sexual por la mitad de los gametos masculinos y por ninguno de los gametos femeninos, morfológicamente es mucho más pequeño que el cromosoma X y tiene genes asociados al desencadenamiento del desarrollo y diferenciación de las características masculinas. No se conocen rasgos o enfermedades médicamente importantes asociados a los genes del cromosoma Y.

cromosoma Z (Z chromosome), v. **cromosoma W y cromosoma Z**.

cromosomas artificiales de levaduras (CAL) (yeast artificial chromosomes [YACs]), cromosomas de levaduras utilizados en procedimientos con ADN recombinantes. Llevan grandes segmentos de ADN extraño en la secuencia de los ácidos nucleicos.

cromosomas heterotípicos (heterotypic chromosomes), cualquier par de cromosomas no emparejados, específicamente los cromosomas sexuales.

cromosomas homólogos (homologous chromosomes), cualquier par de cromosomas de la dotación diploide de la célula somática idénticos en tamaño, forma y localización. En los seres humanos existen 22 pares de cromosomas homólogos y un par de cromosomas sexuales.

cromotropo (chromotrope), **1.** componente tisular que se tiñe metacromáticamente con tintes metacromáticos. **2.** cada una de las distintas tinciones que se diferencian por sufijos numéricos.

cronaxia (chronaxie), (en electroneuromiografía) determinación de la duración mínima necesaria que precisa un estímulo eléctrico para excitar el tejido nervioso o muscular.

cronicidad (chronicity), relativo a la situación de ser crónico.

crónico (chronic), (de una enfermedad o trastorno), que se desarrolla lentamente y persiste durante un largo período de tiempo, generalmente el resto de la vida del sujeto.

cronógrafo (chronograph), instrumento que registra pequeños intervalos de tiempo, como un cronómetro.

cronológico (chronologic), **1.** dispuesto en secuencias de tiempo. **2.** relativo o perteneciente a la cronología.

cronopsicofisiología (chronopsychophysiology), ciencia de los procesos fisiológicos cíclicos del organismo.

cronotropismo (chronotropism), acto o proceso que afecta la regularidad de una función periódica, especialmente a la interferencia con el latido cardíaco.

crotamitón (crotamiton), escabicida prescrito para el tratamiento de la sarna y de otras enfermedades pruriginosas de la piel.

Croupette (Croupette), marca comercial de un aparato que proporciona humidificación fría mediante la administración de oxígeno o de aire comprimido, utilizado especialmente para el tratamiento de pacientes pediátricos. Está constituido por un nebulizador unido a un tubo que se conecta con una tienda que contiene el vapor humidificante donde se encierra al paciente.

CRS (ARC), abreviatura del **complejo relacionado con el SIDA**.

cruce (cross), (en genética) cualquier método de hibridación o cualquier individuo, organismo o cepa que se origina de ésta. Algunos tipos de cruce son: **cruce dihíbrido, cruce monohíbrido, cruce polihíbrido** y **cruce trihíbrido**.

crup (croup), infección viral aguda del tracto respiratorio superior e inferior que se produce principalmente en lactantes y niños entre los 3 meses y 3 años de edad tras una infección del tracto respiratorio superior. Se caracteriza por ronquera, fiebre, tos metálica característica, estridor persistente durante la inspiración y distintos grados de dificultad respiratoria secundaria a la obstrucción laríngea. Los agentes etiológicos más frecuentes son los virus de la parainfluenza, especialmente el tipo 1, seguido del virus respiratorio sincitial (VRS) y de los virus de la gripe A y B.

crup catarral (catarrhal croup), laringitis grave acompañada de tos de tipo crup.
crup diftérico (diphtheritic croup), inflamación diftérica de la laringe.
crup espasmódico (spasmodic croup), v. **laringismo**.
crup espástico (spasmatic croup), v. **laringismo**.
crural (crural), relativo a la pierna, particularmente a la zona superior o muslo.
crural (vastus intermedius), uno de los cuatro músculos del cuádriceps femoral, situado en el centro del muslo. Junto con los otros tres músculos del cuádriceps, su función es extender la pierna.
crus (crus, *pl.* **crura**), **1.** pierna, desde la rodilla al pie. **2.** estructura parecida a una raíz, como la raíz del hélix.
crus cerebri (crus cerebri), región anterior del pedúnculo cerebral, formada por los tractos de fibras descendentes que proceden de la corteza cerebral y que forman los fascículos longitudinales de la protuberancia.
Cruz Roja (Red Cross), v. **Cruz Roja Norteamericana, Cruz Roja Internacional**.
Cruz Roja Internacional (International Red Cross Society), organización filantrópica internacional, con sede en Ginebra (Suiza), que se ocupa fundamentalmente del tratamiento humano y bienestar de las víctimas de las guerras y calamidades, y de la neutralidad de los hospitales y el personal médico en tiempo de guerra.
Cryptococcus (Cryptococcus), género de hongos levaduriformes que se reproducen por gemación más que por esporas. Existen varias especies patógenas; la más importante es *C. neoformans*.
Cryptococcus neoformans (Cryptococcus neoformans), especie de hongo levaduriforme que produce la criptococosis, una infección potencialmente fatal que puede afectar a los pulmones, a la piel y al cerebro.
Cs (Cs), símbolo del **cesio**.
CSD (RUQ), abreviatura de cuadrante superior derecho.
Cu (Cu), símbolo del **cobre**.
cuadrante (quadrant), **1.** cuarta parte de un círculo. **2.** cada parte de un área anatómica creada mediante la división de la misma con líneas imaginarias horizontales y verticales que se cruzan.
cuadrante abdominal (abdominal quadrant), cada una de las cuatro áreas topográficas en las que queda dividido el abdomen al trazar dos líneas imaginarias vertical y horizontal cuyo punto de intersección es el ombligo. Las divisiones son el cuadrante superior izquierdo (CSI), el cuadrante inferior izquierdo (CII), el cuadrante superior derecho (CSD) y el cuadrante inferior derecho (CID).
cuádriceps crural (quadriceps femoris), gran músculo extensor de la región anterior del muslo, formado por el recto anterior, vasto externo, vasto interno y crural. La función del músculo es extender la pierna.

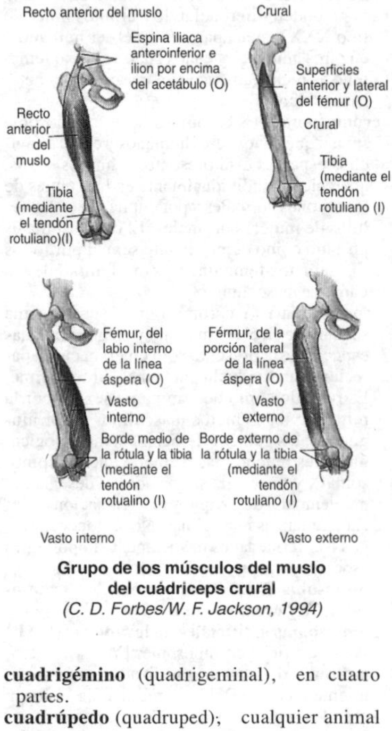

Grupo de los músculos del muslo del cuádriceps crural
(C. D. Forbes/W. F. Jackson, 1994)

cuadrigémino (quadrigeminal), en cuatro partes.
cuadrúpedo (quadruped), cualquier animal de cuatro patas.
cuadrúpleto (quadruplet), cada uno de los cuatro descendientes nacidos del mismo embarazo.
cualidad (quality), (en radioterapia) descripción específica de la capacidad de penetración de los rayos X según el kilovoltaje y la filtración. Los kilovoltios producen más penetración y la filtración elimina los rayos «blandos» y «endurece» el rayo.
cualificado (qualified), relativo a un profesional sanitario o a un centro sanitario formalmente reconocido por un organismo oficial u organización adecuada como que cumple de-

terminadas normas básicas de competencia profesional.

cualitativo (qualitative), relativo o perteneciente a la calidad, valor o naturaleza de algo.

cuantitativo (quantitative), capaz de ser medido.

cuarentena (quarantine), **1.** aislamiento de las personas con enfermedades transmisibles o de aquellas expuestas a enfermedades transmisibles durante el período contagioso, con el propósito de evitar la diseminación de la enfermedad. **2.** práctica de detener viajeros o barcos procedentes de lugares en los que existen enfermedades epidémicas, en un principio durante 40 días, con el fin de realizar una inspección o una desinfección.

cuarta fase del parto (fourth stage of labor), período posparto o de alumbramiento de la placenta, de aproximadamente cuatro horas de duración, que tiene lugar tras la tercera fase del parto. Se pueden producir algunas complicaciones, como la hemorragia, por lo que es necesaria la observación cuidadosa de la madre.

cuartana (quartan), que recurre al cuarto día, o a intervalos aproximados de 72 horas.

cuartil (quartile), cuarta parte en la distribución de puntuaciones. El primer cuartil sería el 25% de la puntuación, el segundo representa entre el 26% y el 50%, y así sucesivamente.

cuarto (quart), unidad de volumen que equivale a un cuarto de galón, dos pintas, 32 onzas o 946,24 mililitros. El cuarto británico es igual a 1,136 litros, mientras que el americano equivale a 1,101 litros.

cuarto oscuro (darkroom), sala de un hospital o instalación similar, para almacenar y procesar los materiales sensibles a la luz, como las placas de rayos X.

cuarto par craneal (fourth nerve), v. **nervio troclear**.

cuarto ventrículo (fourth ventricule), cavidad con suelo de forma romboidal situada en el rombencéfalo que se comunica por debajo con el conducto del epéndimo de la médula espinal y por encima con el acueducto cerebral del mesencéfalo. La base del ventrículo contacta con la protuberancia y con el bulbo raquídeo.

cuaternario (quaternary), relativo a los compuestos químicos en los cuales cuatro átomos o grupos de elementos son sustituidos por un átomo.

cubeta (cuvette), tubo o recipiente pequeño, transparente, con propiedades ópticas específicas, que se utiliza en análisis y estudios de laboratorio, como en evaluaciones fotométricas, en determinaciones colorimétricas y en estudios de turbiedad.

cubierta (coat), **1.** membrana que cubre la superficie externa de un órgano o estructura. **2.** una de las capas de la pared de un órgano o estructura, en especial un conducto o un vaso.

cubierta entérica (enteric coating), cubierta adicional de los medicamentos orales, diseñada para que se absorban por vía intestinal. La cubierta resiste los efectos de los jugos gástricos.

cubital posterior (extensor carpi ulnaris), uno de los músculos dc la región posterior del antebrazo. Su acción es extender y aducir la mano.

cúbito (ulna), hueso del lado interno o del dedo meñique del antebrazo, paralelo al radio. El cúbito se articula con el húmero y con el radio.

cuboides (cuboid bone), hueso cuboidal del tarso situado en el borde externo del pie. Se articula con el calcáneo, con la tercera cuña y con los metatarsianos cuarto y quinto.

cucaracha (cockroach), nombre común de los miembros de la familia de insectos Blattidae que infestan hogares, oficinas y demás áreas habitadas por humanos. Las cucarachas transmiten diversos agentes infecciosos, entre los que se incluyen bacterias, protozoos y huevos de parásitos.

cuchilla de Fox (Fox knife), v. **cuchilla de Goldman-Fox**.

cuchilla de Goldman-Fox (Goldman-Fox knife), instrumento quirúrgico dental con un extremo cortante afilado, diseñado para la incisión y modelación del tejido gingival.

cuchilla de oro (gold knife), instrumento que puede tener un ángulo invertido, con una cuchilla o borde cortante diseñado para la incisión y modelamiento del tejido gingival.

cuchillo balancín (rocker knife), cuchillo que corta con un movimiento de balanceo, diseñado para pacientes que sólo pueden utilizar una mano.

cuchillo de amputación (catling), bisturí afilado, largo, de doble borde, utilizado para amputar.

cuello (neck), sección estrecha, como la parte del cuerpo que conecta la cabeza con el tronco. Otras zonas semejantes son el cuello del húmero o el del fémur.

cuello anatómico del húmero (anatomical neck of the humerus), parte del húmero con un ligero estrechamiento, junto a la cabeza.

cuello de Madelung (Madelung's neck), lipomatosis que afecta a la región cervical.

cuello femoral (neck of femur), porción delgada del fémur entre los trocánteres mayor y menor.

cuello incompetente (incompetent cervix), (en obstetricia) proceso caracterizado por la dilatación del orificio cervical del útero antes de término, sin parto ni contracciones uterinas. Puede ser causa de aborto o de parto prematuro.
cuello quirúrgico del húmero (surgical neck of the humerus), región de la diáfisis del húmero distal al troquín y al troquíter. Es una región particularmente vulnerable a las fracturas y es la zona sobre la que se suelen llevar a cabo la mayor parte de los procedimientos quirúrgicos.
cuello uterino o cérvix (cervix), parte del útero que protruye en la cavidad vaginal. El cuello uterino se divide en una porción supravaginal y en otra vaginal. La porción supravaginal está separada de la vejiga por delante por el parametrio. La porción vaginal del cuello se proyecta en la cavidad vaginal y contiene el conducto cervical.
cuentagotas (dropper), tubo de cristal o de plástico estrechado en un extremo, de forma que puede dispensar gotas de medicación de una en una.
cuerda vocal (vocal cord), una de las dos fuertes bandas de tejido elástico amarillo situadas en la laringe y rodeadas por unas membranas denominadas pliegues vocales y unidas ventralmente al ángulo del cartílago tiroides y dorsalmente a la apófisis vocal del cartílago aritenoides.

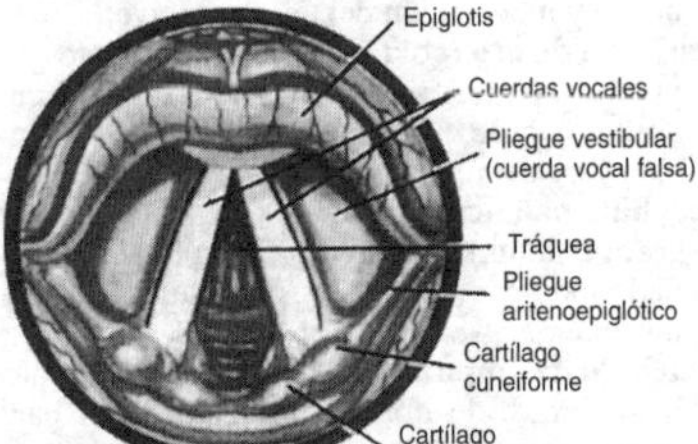

Cuerdas vocales
(Thibodeau, 1993/Ernest W. Beck)

cuerda vocal falsa (false vocal cord), cada uno de los dos gruesos pliegues mucosos de la laringe que separan el ventrículo del vestíbulo.
cuerdas tendinosas (chordae tendineae, *sing.* **chorda tendinea**), fibras tendinosas que fijan las valvas de las válvulas mitral y tricúspide a los músculos papilares de los ventrículos del corazón, evitando el prolapso de éstas hacia las aurículas durante la contracción ventricular.

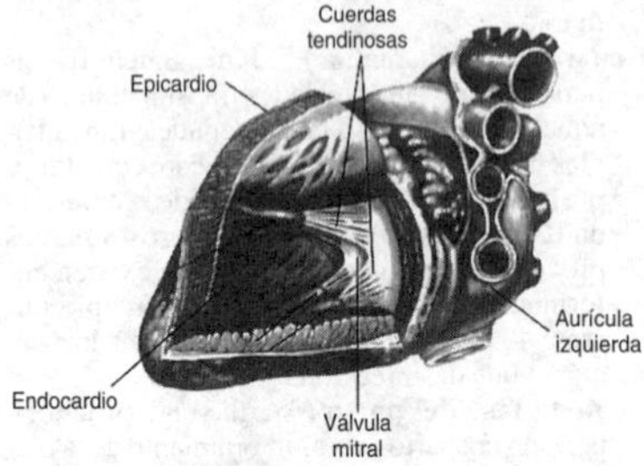

Cuerdas tendinosas
(Canobbio, 1990)

cuerdas vocales verdaderas (true vocal cords), pliegues vocales de la laringe (plicae vocales), que se diferencian de los pliegues vestibulares (plicae vestibulares), llamados cuerdas vocales falsas.
cuerno (horn), proyección o protuberancia de una estructura corporal, como por ejemplo un cuerno cutáneo.
cuero cabelludo (scalp), la piel que cubre la cabeza, sin incluir cara ni orejas.
cuerpo (body), **1.** estructura total de un individuo con todos los órganos. **2.** cadáver.
cuerpo aórtico (aortic body), v. **cuerpo carotídeo.**
cuerpo asteroide (asteroid body), estructura irregular de aspecto estrellado que se forma en las células gigantes observadas en ciertas enfermedades, entre ellas la sarcoidosis, la actinomicosis y la nocardiosis.
cuerpo carotídeo (carotid body), pequeña estructura que contiene tejido nervioso situada en la bifurcación de las arterias carótidas. Controla el contenido sanguíneo de oxígeno y ayuda a regular la respiración.
cuerpo cavernoso (corpus cavernosum), tipo de tejido esponjoso eréctil situado en el dorso del pene o del clítoris. El tejido se hincha de sangre durante la excitación sexual.
cuerpo celular (cell body), parte de la célula formada por el núcleo y el citoplasma circundante, sin incluir las proyecciones o procesos como el axón y las dendritas de una neurona o la cola de un espermatozoide. Se relaciona más con el metabolismo de la célula que con una función específica.

cuerpo ciliar (ciliary body), engrosamiento de la capa vascular del ojo que une el iris con la parte anterior de la coroides.

cuerpo citoide (cytoid body), pequeña mancha blanca de la retina que se observa mediante un oftalmoscopio en la exploración ocular de un paciente con lupus eritematoso sistémico.

cuerpo cromafín (chromaffin body), v. **paraganglio**.

cuerpo de Barr (Barr body), v. **cromatina sexual**.

cuerpo de Leishman-Donovan (Leishman-Donovan body) [Sir William B. Leishman, anatomopatólogo inglés, n. 1865; Charles Donovan, médico escocés, n. 1863], estado de reposo de un parásito intracelular, el protozoo no flagelado *Leishmania donovani*, que ocasiona el kala-azar o leishmaniosis visceral, que aparece en las muestras de tejidos infectados.

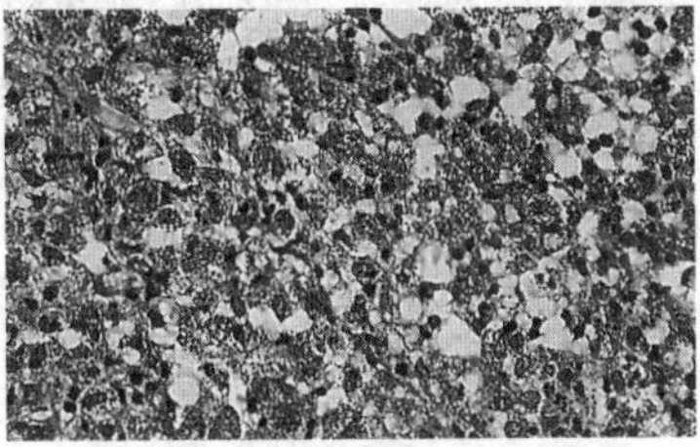

Cuerpo de Leishman-Donovan
(A. du Vivier, 2.ª ed., 1995)

cuerpo de Malpigio (malpighian body) [Marcello Malpighi, médico italiano, n. 1628], tejido linfoide que rodea las arterias del bazo.

cuerpo de Nissl (Nissl body) [Franz Nissl, neurólogo alemán, n. 1860], cualquiera de las grandes estructuras granulares del citoplasma de las células nerviosas, que se tiñen con tintes básicos y contienen ribonucleoproteínas.

cuerpo de psamoma (psammoma body), masa redondeada con múltiples capas de material calcáreo que aparece en neoplasias benignas y malignas de tejido epitelial y conectivo y en algunos tejidos con inflamaciones crónicas.

cuerpo de Retzius (body of Retzius) [Magnus G. Retzius, anatomista sueco, n. 1842], cualquiera de las masas de protoplasma que contiene gránulos pigmentados en el extremo distal de una célula ciliada del órgano de Corti en el oído interno.

cuerpo de Wolff (wolffian body), v. **mesonefros**.

cuerpo elemental de Gordon (Gordon's elementary body) [Mervyn H. Gordon, médico inglés, n. 1872], partícula presente en los tejidos que contienen eosinófilos, que en su tiempo se pensó que era la causa viral de la enfermedad de Hodgkin.

cuerpo esponjoso (corpus spongiosum), una de las columnas de tejido esponjoso que, junto con el cuerpo cavernoso, forma el pene.

cuerpo extraño (foreign body), cualquier objeto o sustancia presente en el cuerpo, en un órgano o tejido, que no pertenece normalmente a ellos, como una partícula de polvo en el ojo.

cuerpo falciforme (falciform body), v. **esporozoíto**.

cuerpo geniculado externo (lateral geniculate body), una de las dos elevaciones del tálamo posterolateral que reciben los impulsos visuales procedentes de la retina a través de los nervios y vías ópticas, desde donde se transmiten a la corteza calcarina.

cuerpo geniculado interno (medial geniculate body), cada una de las dos zonas del tálamo posterior dorsal, que transmite los impulsos auditivos desde el lemnisco externo hasta la corteza auditiva.

cuerpo inmunitario (immune body), v. **anticuerpo**.

cuerpo lúteo (corpus luteum, *pl.* **corpora lutea**), estructura anatómica de la superficie del ovario, que consiste en una esfera de tejido amarillento de 1 a 2 cm de diámetro que crece dentro del folículo ovárico roto después de la ovulación. Actúa como un órgano endocrino de vida corta que secreta progesterona, que mantiene la capa decidual del endometrio en el estado de alta vascularización necesario para la implantación y el embarazo. Si se produce la fecundación, el cuerpo lúteo crece secretando cantidades progresivamente más elevadas de progesterona.

cuerpo mamilar (mammillary body), cada una de las dos pequeñas masas redondeadas de sustancia gris situadas en el hipotálamo, próximas entre sí en el espacio interpeduncular.

cuerpo pampiniforme (pampiniform body), v. **epoóforo**.

cuerpo paranuclear (paranuclear body), v. **centrosoma**.

cuerpo polar (polar body), una de las pequeñas células producidas durante las dos divisiones meióticas en el proceso de maduración de los gametos femeninos u óvulos. No es funcional y no puede ser fecundado.

cuerpo vertebral (vertebral body), parte central sólida de una vértebra que soporta peso. Los pedículos del arco se originan en sus superficies dorsales.

cuerpo vítreo (vitreous body), masa transparente e incolora detrás del cristalino.

cuerpos aórticos (aortic body), células nerviosas especializadas situadas en el cayado aórtico, donde llevan a cabo la monitorización de los niveles de oxígeno y de hidrogeniones en el sistema cardiovascular.

cuerpos cancerígenos (cancer bodies), v. **cuerpos de Russell**.

cuerpos cetónicos (ketone bodies), productos normales del metabolismo, el ácido γ-hidroxibutírico y el ácido aminoacético, de los que surge espontáneamente acetona. Ambos ácidos son productos del metabolismo pirúvico de los lípidos, vía acetil CoA hepática, y son oxidados en los músculos.

cuerpos de acetona (acetone bodies), v. **cuerpos cetónicos**.

cuerpos de Aschoff (Aschoff bodies) [Karl Albert Ludwig Aschoff, anatomopatólogo alemán, n. 1866], diminutos nódulos redondeados o fusiformes formados por células gigantes multinucleadas, fibroblastos y células basófilas, que se desarrollan en articulaciones, tendones, pleura y sistema cardiovascular de pacientes con fiebre reumática.

cuerpos de Behla (Behla's bodies), v. **cuerpos de Plimmer**.

cuerpos de Doehle (Doehle's bodies) [Karl G. P. Doehle, anatomopatólogo alemán, n. 1855], inclusiones azules del citoplasma de algunos leucocitos en la anomalía de May-Hegglin y en las extensiones de sangre de pacientes con infecciones agudas.

cuerpos de Donovan (Donovan bodies) [Charles Donovan, médico irlandés, n. 1863], bacilos gramnegativos encapsulados de la especie *Calymmatobacterium granulomatis*, presentes en el citoplasma de los fagocitos mononucleares obtenidos de las lesiones del granuloma inguinal.

cuerpos de fucsina (fuchsin bodies), v. **cuerpos de Russell**.

cuerpos de Heinz (Heinz bodies) [Robert Heinz, anatomopatólogo alemán, n. 1865], fragmentos irregulares de hemoglobina alterada presentes en los hematíes de las personas que son hipersensibles a ciertas sustancias químicas, como la anilina, la fenilhidrazina y la primaquina.

cuerpos de Howell-Jolly (Howell-Jolly bodies), inclusiones esféricas y granulares de los eritrocitos observadas mediante examen microscópico de las extensiones de sangre teñidas.

cuerpos de inclusión (inclusion bodies), elementos microscópicos de diversas formas que se observan en el núcleo o el citoplasma de las células sanguíneas o de otras células tisulares, dependiendo del tipo de enfermedad.

cuerpos de Mallory (Mallory bodies) [Frank B. Mallory, anatomopatólogo norteamericano, n. 1862], inclusiones citoplásmicas eosinófilas, hialina alcohólica, que se encuentra en los hepatocitos. Se asocia típicamente, aunque no siempre, a la hepatopatía alcohólica.

cuerpos de Negri (Negri bodies) [Adelchi Negri, médido italiano, n. 1876], cuerpos de inclusión intracitoplasmáticos que se encuentran en las células del sistema nervioso central en los enfermos de rabia.

cuerpos de Plimmer (Plimmer's bodies) [Henry G. Plimmer, biólogo inglés, n. 1856), cuerpos pequeños, redondos, encapsulados, presentes en los procesos cancerosos y que en un tiempo se pensó que se trataba de los parásitos causantes.

cuerpos de Russell (Russell's bodies) [William Russell, médico escocés, n. 1852], inclusiones de mucoproteínas identificadas en las células plasmáticas globulares del cáncer y de la inflamación. Los cuerpos contienen gammaglobulinas de superficie.

cuerpos hialinos (hyaline bodies), **1.** residuos de la degeneración coloidal hallados en algunas células. **2.** glóbulos de material neurosecretor hallados en el lóbulo posterior de la hipófisis. **3.** depósitos de material eosinofílico homogéneo hallados en el epitelio de los túbulos renales y que representan un exceso de moléculas proteicas que no se pueden metabolizar o transportar.

cuestionario portátil abreviado sobre el estado mental (Short Portable Mental Status Questionaire), cuestionario de 10 puntos utilizado para la exploración selectiva de adultos de edad avanzada, con el fin de identificar insuficiencias cognitivas. Se estudia la orientación, la memoria remota y reciente, las habilidades prácticas y la capacidad matemática.

cuidado crítico (critical care), v. **cuidados intensivos**.

cuidado individualizado (one-to-one care), método de organización de los servicios de enfermería de un control por el que una enfermera diplomada asume la responsabilidad de toda la asistencia de enfermería que se proporciona a un paciente durante la duración de un turno.

cuidados agudos (acute care), modalidad de asistencia sanitaria que se aplica a los pacientes con enfermedades agudas, con secuelas de un accidente u otro tipo de traumatismo, o a aquellos que se encuentran en la fase de recuperación de una intervención quirúrgica. Los cuidados agudos se suelen proporcionar en un hospital y son suministrados por personal especializado que utiliza equipos y materiales técnicos complejos y sofisticados, y pueden incluir los cuidados intensivos.

cuidados AM (AM care), asistencia higiénica que reciben de forma habitual los pacientes antes del desayuno o a primeras horas de la mañana.

cuidados ambulatorios (ambulatory care), servicios sanitarios que reciben los pacientes que acuden a un hospital o a otra institución sanitaria, abandonando estos centros en el mismo día una vez recibido el tratamiento.

cuidados anteparto (antepartal care), cuidados que recibe la mujer embarazada durante el período del ciclo de maternidad comprendido entre el momento de la fecundación y el comienzo del parto.

cuidados antidecúbito (decubitus care), tratamiento y prevención de las úlceras por decúbito que se producen sobre todo en sacro, codos, talones, parte externa de los tobillos e interna de las rodillas, caderas, omóplatos y bordes de las orejas en los pacientes inmovilizados, especialmente obesos, ancianos, personas que sufren infecciones o lesiones o enfermos en mal estado de nutrición. Los decúbitos pueden evitarse cambiando de posición al paciente inmóvil cada 2 horas, manteniendo seca su piel e inspeccionando las zonas de presión, en busca de signos de enrojecimiento, cada 4 a 6 horas.

cuidados coronarios de enfermería (coronary care nursing), cuidados de enfermería proporcionados en la unidad de cuidados coronarios de un hospital.

cuidados de enfermería centrados en la familia (family-centered nursing care), asistencia de enfermería dirigida a mejorar la salud potencial de una familia o de cualquiera de sus miembros.

cuidados de la ostomía (ostomy care), tratamiento y apoyo a un paciente con una apertura quirúrgica creada en la vejiga, en el íleo o en el colon para el paso temporal o permanente de la orina o de las heces, que ha sido necesaria por un carcinoma, una obstrucción intestinal, un traumatismo o una ulceración severa distal a la zona de la incisión. En la mayoría de los casos el orificio se cubre con una bolsa desechable temporal en la sala de operaciones.

cuidados de la traqueostomía (tracheostomy care), asistencia que requiere el paciente portador de una traqueostomía y que consiste en un cuidado de la herida lo más aséptico posible, aspiración traqueal estéril, humidificación adecuada y permeabilidad de la vía aérea. Las complicaciones son lesiones de las cuerdas vocales, distensión y regurgitación gástrica, oclusión del tubo endotraqueal y riesgo elevado de infección.

cuidados de maternidad centrados en la familia (family-centered maternity care), sistema de prestación de asistencia sanitaria segura y de alta calidad, adaptada a las necesidades físicas y psicosociales de la paciente, de la familia de la paciente y de los descendientes recién nacidos.

cuidados del pie y la pierna diabéticos (diabetic foot and leg care), atención especial que se presta para evitar alteraciones circulatorias e infecciones que se producen frecuentemente en las extremidades inferiores de los pacientes diabéticos. Se examinan diariamente los pies y las piernas en busca de signos de sequedad, escamas, enrojecimiento y picor, o grietas en la piel, ampollas, cuernos cutáneos, callos, abrasiones, infección, cianosis y tumefacción alrededor de las varicosidades, y uñas engrosadas y descoloridas. Se bañan los pies a diario en agua tibia, con un jabón suave o supergraso, y se los seca después suavemente, pero a conciencia, con una toalla suave. Después se aplica una loción a base de lanolina.

cuidados directos del paciente (direct patient care), (en enfermería) cuidados de un paciente, proporcionados en persona por un miembro de la plantilla.

cuidados distributivos (distributive care), patrón de cuidados sanitarios con interés por el medio ambiente, la herencia, las condiciones y estilos de vida y la detección precoz de los efectos patológicos.

cuidados en la alimentación con sonda (tube feeding care), cuidados de enfermería y tratamiento de un paciente que recibe alimentación a través de una sonda nasogástrica.

cuidados intensivos (intensive care), cuidados sanitarios constantes, complejos, detallados, que se administran en ciertas circunstancias que amenazan la vida de los pacientes, como politraumatismos, quemaduras graves, infarto de miocardio o después de determinadas intervenciones quirúrgicas.

cuidados nutricionales (nutritional care), sustancias, técnicas y entorno implicados en asegurar una adecuada ingesta y asimilación de nutrientes, especialmente de los pacientes hospitalizados. Los pacientes que no pueden alimentarse por sí solos reciben ayuda, y se registra y señala la ingesta anormal de alimentos. Cuando está indicado se ofrecen nutrientes suplementarios entre comidas.

cuidados personales (self-care), **1.** atención médica y personal llevada a cabo por el paciente, habitualmente en colaboración con el profesional médico y después de recibir instrucciones suyas. **2.** atención médica prestada por voluntarios de su propia familia, amigos y ellos mismos, incluyendo la identificación y evaluación de los síntomas, la medicación y el tratamiento. **3.** atención personal prestada sin asistencia técnica, como comer, lavarse, vestirse, utilizar el teléfono y cuidar de la propia eliminación de residuos, de su propio aspecto y de la higiene personal. El objetivo de la medicina de rehabilitación es el obtener la máxima prestación de cuidados personales.

cuidados posgastrectomía (postgastrectomy care), cuidados de enfermería después de la extirpación total o parcial del estómago. El drenaje de la sonda nasogástrica normalmente varía de rojo brillante a oscuro en cuestión de 24 horas. Cuando reaparecen los ruidos intestinales y se puede retener una pequeña cantidad de agua, se retira la sonda nasogástrica. Se administrará dieta blanda en poca cantidad y cada hora, según la tolerancia. Un aumento de temperatura o disnea indican una fuga de los líquidos orales a nivel de la anastomosis. La dieta se va modificando lentamente hacia una dieta normal, con cinco o seis comidas secas pequeñas diarias. Los líquidos se administrarán cada hora entre las comidas. La complicación más común de la gastrectomía es el síndrome del vaciamiento rápido, con sensación de plenitud y malestar, además de vértigo, sudación, palpitaciones y náuseas, que se producen de 5 a 30 minutos después de la comida, cuando los alimentos entran en el intestino delgado.

cuidados posparto (postpartal care), asistencia de la madre y de su hijo recién nacido durante los primeros días del puerperio. Se observan los cambios físicos y fisiológicos de la involución en la madre, para detectar desviaciones de la normalidad. El útero se contrae después del parto, haciendo que disminuya la hemorragia de la zona de implantación de la placenta. Tiene el tamaño de una pelota de «softball»; el fondo uterino se sitúa por debajo del ombligo. Los loquios cambian de color y de consistencia durante los primeros días. Los loquios rojos duran hasta 1 semana, apareciendo a continuación loquios serosos de color pajizo y, finalmente, loquios blancos, claros, viscosos. La pared abdominal está blanda, aunque el tono muscular sólo se recupera con el tiempo y con ejercicio. Al tercer día, generalmente, las mamas comienzan a llenarse de leche.

cuidados postoperatorios (postoperative care), tratamiento de un paciente después de la cirugía. Al salir el paciente del quirófano, se retirarán los paños quirúrgicos, la toma de tierra y los anclajes, y se colocará un apósito estéril sobre la incisión. Se comprueban la permeabilidad y conexiones de todas las sondas de drenaje, así como la velocidad de flujo de las infusiones parenterales. Se prestará atención a que el paciente esté limpio y seco y se cambiará la bata, evitando dejar descubierto al individuo. Cuatro personas trasladan al paciente lentamente y con cuidado a una cama de la sala de reanimación, manteniendo el alineamiento del cuerpo y protegiendo los miembros. Cuando esté indicado, se introducirá una vía aérea artificial oral o nasal o bien se aspirará la sonda endotraqueal introducida anteriormente; se puede facilitar la respiración con un respirador o mediante respiración a presión positiva intermitente (RPPI); en caso de continuar la dificultad respiratoria, será preciso avisar al anestesista. Se comunicarán al anestesista inicialmente la tensión arterial, el pulso y las respiraciones, controlándose después cada 15 minutos o cuando se estipule. A intervalos similares se valorarán el nivel de consciencia, los reflejos y los movimientos de las extremidades, inspeccionando la incisión, las sondas de drenaje y el punto de entrada de la infusión intravenosa. No se administrará nada por vía oral; se administrarán las medicaciones, sangre o componentes de la sangre, oxígeno y RPPI según las órdenes de tratamiento, y se calcularán las entradas y salidas de líquidos.

cuidados preoperatorios (preoperative care), preparación y cuidados proporcionados a un paciente antes de la cirugía. Se registran el estado nutritivo e higiénico del paciente, la historia médica y quirúrgica, alergias, medicación actual, minusvalías físicas, signos de infección y ritmo intestinal. Se determina el conocimiento del paciente de los procedimientos operatorio, preoperatorio y postoperatorio, la capacidad del paciente para expresar la ansiedad y el conocimiento por parte de la familia de la intervención programada. Se comprueba la posesión del consentimiento escrito del paciente, las órdenes preoperatorias del médico y las bandas de identificación del paciente, la aceptación de recibir sangre si fuera necesario y el conocimiento de la utilización del timbre para llamar, así como el objetivo de los raíles laterales de la cama. El médico debe conocer la tensión arterial, la temperatura, el pulso y las respiraciones, así como cualquier anomalía. También se informará al médico si el electrocardiograma, la radiografía de tórax o las pruebas de laboratorio presentan alguna anomalía. Una vez completados los estudios para conocer el grupo sanguíneo del paciente, se determina el número de unidades de sangre comprobadas que es necesario tener para una posible transfusión de sangre. Cuando se ordene así, se administrará un enema, se completará la preparación intestinal, se introducirá una sonda nasogástrica o un catéter intravenoso y se administrarán líquidos parenterales. Antes de acostarse, el paciente se duchará, utilizando un jabón antibacteriano; a menos que se ordene lo contrario, no se administrará nada por vía oral desde medianoche. Después de administrar la medicación preoperatoria se levantarán los raíles laterales de la cama. Antes de salir para el quirófano con la historia completa, el paciente orinará, y se quitará dentadura, lentes de contacto o cualquier objeto de valor para guardarlo en lugar seguro.

culdocentesis (culdocentesis), utilización de una aguja de punción o de una incisión a través de la vagina para eliminar líquido intraperitoneal, incluido el material purulento.

culdotomía (culdotomy), incisión o punción con aguja del fondo de saco de Douglas por vía vaginal.

Culex (Culex), género de mosquitos culícidos. Comprende a especies transmisoras de la encefalitis viral y de la filariasis.

culombio (coulomb) [Charles A. de Coulomb, físico francés, n. 1736], unidad de electricidad del SI equivalente a la cantidad de carga transferida en 1 segundo a través de un conductor en el que existe una corriente constante de 1 amperio, o 1 amperio por segundo.

culometría (coulometry), tipo de química electroanalítica en la que un reactivo generado en la superficie de un electrodo reacciona con la sustancia que va a ser medida. La sustancia, generalmente un ion metálico, se mide en términos de los culombios requeridos para la reacción.

culpa (guilt), sentimiento producido por la tensión entre el ego y el superego, cuando una persona se encuentra por debajo de los niveles elegidos por él mismo.

culpabilidad del superviviente (survivor guilt), sentimientos de culpa que suelen aparecer en las personas que han sobrevivido a una tragedia en la que han muerto muchas otras. En algunos casos, esta persona cree que él «hizo algo mal»; en otros casos, se siente culpable por no haber tomado las medidas oportunas para haber evitado la tragedia.

culpable (guilty), (en derecho penal) veredicto emitido por tribunal, basado en una certidumbre moral que supera la duda razonable, que culpa al acusado de haber cometido el crimen que se le imputa.

cultivo (culture), (en microbiología) prueba de laboratorio que implica el cultivo de células o microorganismos en un medio específico de crecimiento.

cultivo celular (cell culture), células vivas mantenidas *in vitro* en un medio artificial de suero y nutrientes para el estudio y crecimiento de determinadas cepas o para la práctica de experimentos sobre el control de enfermedades, como el cáncer.

cultivo mixto (mixed culture), cultivo en laboratorio que contiene dos o más cepas de organismos.

cultivo por punción (stab culture), cultivo que se realiza introduciendo una aguja en un inóculo y a continuación en un medio de gelatina transparente o en apgar.

cultivo tisular (tissue culture), mantenimiento del crecimiento *in vitro*, bajo condiciones artificiales, de muestras de tejido o de órganos.

culto (cult), conjunto de creencias, ritos y ceremonias específicas mantenidas por un grupo de personas asociadas a una persona u objeto determinado.

cultura (culture), (en psicología) conjunto de valores, creencias, costumbres y conductas aprendidas que son compartidas por un grupo de sujetos que interactúan.

cultura de la salud (health culture), sistema que intenta explicar y tratar las enfermedades y mantener la salud. Puede ser un sistema popular o folclórico, o puede ser técnico o científico.

cumarina (coumarin), anticoagulante utilizado para la profilaxis y tratamiento de la trombosis y del embolismo.

cumplimiento (compliance), realización por parte del paciente del ciclo de tratamiento prescrito por el médico.

cumplimiento del tratamiento (drug compliance), perteneciente a la fiabilidad de que el paciente utilice el fármaco prescrito exactamente como se lo ordenó el médico. La falta de cumplimiento se produce cuando el paciente se niega a tomar las dosis prescritas de la medicación en los tiempos recomendados o interrumpe la toma sin consultar al médico.

cuneiforme (cuneate), (tejido) con forma de cuña, que se utiliza especialmente para la descripción de células del sistema nervioso central.

cuneiforme (cuneiform), (hueso o cartílago) con forma de cuña.

cuneiforme mayor (medial cuneiform bone), la más grande de las tres cuñas del pie, situada en el lado interno del tarso, entre el escafoides y el primer metatarsiano.

cuneiforme mediano (lateral cuneiform bone), una de las tres cuñas del pie, localizada en el centro de la primera fila de los huesos del tarso.

cuneiforme menor (intermediate cuneiform bone), el más pequeño de los tres huesos cuneiformes del pie, localizado entre el primero y el tercero.

cunnilingus (cunnilingus), estimulación oral de los genitales femeninos.

cuña (bed pan), recipiente, habitualmente de metal, utilizado para recoger las heces y la orina de los pacientes encamados.

cúpula óptica (optic cup), cavidad embrionaria de dos capas que se desarrolla precozmente al principio del embarazo. Las células de la cúpula óptica se diferencian para formar la retina, que primero desarrolla sus capas de conos y bastones en la porción central de la cúpula.

cupulolitiasis (cupulolithiasis), vértigo severo, de larga duración, que sobreviene al mover la cabeza hacia determinadas posiciones. Existen muchas causas posibles, entre las que se encuentran la otitis media, la cirugía del oído o la lesión del oído interno. Además del mareo intenso, se acompaña de náuseas, vómitos y ataxia.

cura (cure), curso de un tratamiento, medicación, medida terapéutica u otro remedio utilizado para el tratamiento de un problema médico, como refuerzo de la confianza, el ayuno, una cura de reposo o una cura de trabajo.

curación (cure), **1.** restablecimiento de la salud en una persona que padece una enfermedad u otro trastorno. **2.** resultado favorable del tratamiento de una enfermedad u otro trastorno.

curación por la fe (faith healing), supuesta curación mediante el poder para lograr la curación o la recuperación de una enfermedad o lesión sin ayuda del tratamiento médico convencional, pues se supone que el sanador ha obtenido el poder a través de una fuerza sobrenatural.

curandero (cultural healer), miembro de un grupo étnico o cultural que utiliza métodos tradicionales en lugar de los métodos científicos modernos para proporcionar asistencia sanitaria a otros miembros del grupo.

curare (curare), sustancia obtenida de las plantas tropicales del género *Stryknos*. Es un potente relajante muscular que actúa impidiendo la transmisión de los impulsos nerviosos a través de la unión neuromuscular. A grandes dosis puede producir parálisis completa, aunque su efecto es generalmente reversible mediante anticolinérgicos.

curariforme (curariform), **1.** químicamente similar al curare. **2.** que tiene el efecto del curare.

curie (c, Ci) (curie [c, Ci]) [Marie S. Curie, química polaca, n. 1867; Pierre Curie, científico francés, n. 1859], unidad de radiactividad utilizada antes de la adopción del bequerel (Bq) como unidad del SI. Equivale a $3,70 \times 10^{10}$ Bq.

curio (Cm) (curium [Cm]) [Marie S. Curie; Pierre Curie], elemento metálico radiactivo. Su número atómico es 96; su peso atómico, 247.

curriculum vitae (CV) (curriculum vitae [CV], *pl.* **curricula vitae**), resumen de la formación y experiencia profesional, incluidas actividades y distinciones, que se utiliza para la búsqueda de empleo, en las citas biográficas de los programas de reuniones profesionales o para fines de este tipo.

curva (curve), (en estadística) línea recta o curva utilizada como método gráfico para la demostración de la distribución de los datos recogidos en un estudio o informe.

curva anatómica (anatomic curve), curvatura de los diferentes segmentos de la columna vertebral. En una imagen lateral de la espalda la curvatura cervical es cóncava, la dorsal es convexa y la lumbar es cóncava.

curva característica (characteristic curve), (en radiología) patrón del trazado en un gráfico que representa la relación entre la densidad, o grado de penetración de una placa de rayos X, y la exposición.

curva de Bragg (Bragg curve) [Sir William H. Bragg, físico inglés, n. 1862], en radioterapia, trayecto seguido por las partículas ionizantes utilizadas en un tratamiento. Debido a que ciertas partículas alcanzan un pico de potencial cerca del final de su trayecto, la curva de Bragg se puede utilizar para dirigir la radiación de forma tal que alcance los tumores de asentamiento profundo y evite en gran medida los tejidos normales suprayacentes.

curva de Carus (curve of Carus) [Karl G. Carus, médico alemán, n. 1789], eje normal del conducto uterovaginal.

curva de compensación (compensating curve), curvatura de alineación de las superficies oclusivas de los dientes que se desarrolla para compensar la trayectoria de los cóndilos de la mandíbula al desplazarse de posiciones céntricas a excéntricas.

curva de crecimiento intrauterino (intrauterine growth curve), línea trazada sobre un gráfico estándar, que representa el peso medio para cada edad gestacional durante todo el embarazo, hasta su término.

curva de disociación de la hemoglobina (oxyhemoglobin dissociation curve), expresión gráfica de la afinidad entre el oxígeno y la hemoglobina, o de la cantidad de oxígeno unido químicamente en equilibrio a la hemoglobina de la sangre como una función de la presión de oxígeno. Para definir completamente la curva, también se debe incluir el pH, la temperatura y la presión de dióxido de carbono.

curva de flujo-volumen (flow-volume curve), representación gráfica de la velocidad de flujo volumétrico instantáneo durante la maniobra de capacidad vital espiratoria forzada. Puede ser una curva de flujo-volumen espiratorio máximo (MEFV) o una curva de flujo-volumen espiratorio parcial (PEFV).

curva de Friedman (Friedman curve) [Emmanuel A. Friedman, obstetra norteamericano, n. 1926], gráfico que muestra el progreso del parto, utilizado para facilitar la detección de distocias funcionales.

curva de lavado del nitrógeno (nitrogen washout curve), curva gráfica obtenida por representación de la concentración de nitrógeno en el gas alveolar espirado cuando se respira oxígeno, en función del tiempo. Cuando una persona comienza a inhalar oxígeno puro después de haber respirado aire ambiente, la concentración de nitrógeno desciende, de forma que, en sujetos sanos, después de 4 minutos la concentración de nitrógeno en el gas alveolar espirado es inferior al 2%.

curva de luminiscencia (glow curve), (en dosimetría de termoluminiscencia) representación gráfica de la intensidad de luz emitida, que aumenta cuando lo hace la temperatura del fósforo.

curva de Monson (Monson curve) [George S. Monson, odontólogo norteamericano, n. 1869], curva de oclusión en la que cada cúspide dentaria y cada borde de los incisivos constituyen un segmento de la superficie de una esfera de 20 cm de diámetro, con centro en la región de la glabela.

curva de oclusión (curve of occlusion), **1.** superficie curva oclusiva que pone en contacto simultáneamente la zona principal de las prominencias incisivas y oclusales de un diente. **2.** curva de la dentición sobre la que se sitúan las superficies oclusales de los dientes.

curva de Spee (curve of Spee) [Ferdinand Graf von Spee, embriólogo alemán, n. 1855], curvatura anatómica de la línea oclusiva de los dientes, que comienza en el extremo del canino inferior, sigue por las cúspides de los premolares y molares y se continúa con el borde anterior de la rama de la mandíbula. **2.** curva de las superficies oclusales de los arcos en sentido vertical, obtenida por la inclinación hacia abajo de los premolares inferiores, con el correspondiente ajuste de los premolares superiores.

curva de supervivencia (survival curve), curva obtenida mediante la representación gráfica del número o porcentaje de gérmenes que sobreviven a diferentes intervalos frente a determinadas dosis de radiación.

curva de titulación del dióxido de carbono (carbon dioxide titration curve), trazado en un gráfico que muestra los cambios del pH sanguíneo y de la concentración total de dióxido de carbono que resultan de la adición o eliminación de dióxido de carbono.

curva dorsal (dorsal flexure), convexidad dorsal de la columna vertebral.

curva inversa (reverse curve), (en odontología) curva convexa de la oclusión, observada en el plano frontal.

curva isovolumétrica de flujo y presión (isovolumetric pressure-flow curve), curva en un gráfico que describe la relación entre la presión de empuje y la velocidad de flujo volumétrico resultante en las vías aéreas a una determinada insuflación pulmonar.

curvatura vertebral (spinal curvature), cualquier desviación anormal y permanente de la columna vertebral respecto a su posición normal. Algunos tipos de curvatura vertebral son: **cifoscoliosis, cifosis, escoliosis** y **lordosis**.

curvatura vertebral angular (angular spinal curvature), inclinación o encorvamiento agudo de la columna vertebral.

curvatura vertebral lateral (lateral spinal curvature), curvatura anormal de la columna vertebral, desde el lado derecho al izquierdo. V. **escoliosis**.

curvilíneo (curvilinear), relativo a una línea curva.

cushingoide (cushingoid) [Harvey W. Cushing, cirujano norteamericano, n. 1869], que tiene la facies y el aspecto característicos de la enfermedad de Cushing: acumulación de grasa en la cara y nuca, estrías en miembros y tronco y exceso de vello en la cara.

cúspide (cusp), **1.** proyección afilada o eminencia redondeada que se eleva a partir de la superficie de masticación de un diente, como las dos cúspides piramidales que surgen de los premolares. **2.** cada una de las pequeñas valvas de las válvulas del corazón, como las valva anterior, posterior e interna de la válvula auriculoventricular derecha.

cutáneo (cutaneous), relativo o perteneciente a la piel.

cutícula (cuticle), **1.** epidermis. **2.** vaina de un folículo piloso. **3.** borde delgado de epitelio cornificado en la base de las uñas.

cutis (cutis), v. **piel**.

cutis laxa (cutis laxa), piel flácida, relajada, producida por la ausencia de fibras elásticas en el organismo, generalmente de carácter hereditario.

cutis marmorata (cutis marmorata), piel con aspecto «marmóreo» debido a la marcada impresión de las venas y a la dilatación de los pequeños vasos.

CV (VC), abreviatura de **capacidad vital**.

CVP (PVC), abreviatura de **contracción ventricular prematura**.

CVP (CVP), combinación de los fármacos antineoplásicos ciclofosfamida, vincristina y prednisona.

CVP interpolada (interpolated PVC), extrasístole ventricular intercalada entre dos latidos sinusales.

Cytovene (Cytovene), marca registrada para una clase de ganciclovir, un fármaco antivírico activo frente a la retinitis por citomegalovirus.

D

D (D), **1.** abreviatura de **dioptría**. **2.** abreviatura de diestro o «derecho».

d. (r.), abreviatura de derecho.

D.P., DP (D.P., DP), **1.** abreviatura de dioptría prismática. **2.** abreviatura de diámetro pupilar. **3.** abreviatura de distancia pupilar. **4.** abreviatura de duración del pulso.

dacarbazina (dacarbazine), agente alquilante utilizado como antineoplásico, que se utiliza fundamentalmente en el tratamiento del melanoma maligno, el sarcoma y la enfermedad de Hodgkin.

dacrioadenitis (dacryoadenitis), inflamación de la glándula lagrimal.

dacriocistectomía (dacryocystectomy), técnica quirúrgica que restablece el drenaje del saco lagrimal a la nariz cuando está obstruido el conducto nasolagrimal.

dacriocistitis (dacryocystitis), infección del saco lagrimal secundaria a la obstrucción del conducto nasolagrimal y caracterizada por lagrimeo y secreción purulenta en el ojo.

dacriocisto (dacryocyst), saco lagrimal del ángulo interno del ojo, característica anatómica normal.

dacriocistorinostomía (dacryocystorhinostomy), procedimiento quirúrgico para restablecer el drenaje del saco lagrimal a las fosas nasales cuando se ha obstruido el conducto nasolagrimal.

dacriostenosis (dacryostenosis), estenosis anormal del conducto nasolagrimal, que puede ser un proceso congénito o el resultado de una infección o un traumatismo. Para corregir este proceso puede ser necesario hacer una dacriocistorrinostomía.

dactilitis (dactylitis), inflamación dolorosa de los dedos de las manos o de los pies, normalmente asociada a anemia de células falciformes o a ciertas enfermedades infecciosas, sobre todo sífilis y tuberculosis.

dactinomicina (dactynomycin), antibiótico utilizado como agente antineoplásico en el tratamiento de diversas neoplasias malignas, como el tumor de Wilms o el rabdomiosarcoma en niños.

DAF (FAD), abreviatura de **determinación de la actividad fetal**.

DAIU (IUCD), abreviatura de dispositivo anticonceptivo intrauterino. V. **dispositivo intrauterino**.

daltonismo (daltonism) [John Dalton, químico inglés, n. 1766], *coloquial,* forma de ceguera para los colores rojo y verde. Se transmite genéticamente como rasgo autosómico ligado al sexo.

DAN (ULD), abreviatura de **discriminador de alto nivel**.

danazol (danazol), andrógeno sintético que actúa suprimiendo la salida de gonadotropinas desde la hipófisis, prescrito en el tratamiento de la endometriosis.

dantroleno sódico (dantrolene sodium), relajante del músculo esquelético que se prescribe para el tratamiento de la espasticidad muscular, secundaria a una lesión de la médula espinal o del cerebro. No está indicado en el tratamiento de los espasmos debidos a procesos reumáticos.

dantrón (danthron), laxante estimulante que se prescribe para el tratamiento del estreñimiento o para evacuar el intestino antes de realizar técnicas radiológicas o quirúrgicas.

danzoterapia (dance therapy), (en psicología) uso de movimientos rítmicos corporales o de la danza para expresar los sentimientos.

daños y perjuicios (damages), (término legal) suma de dinero que el abogado de la acusación pide como compensación por pérdida, detrimento o lesión en la persona, la propiedad o los derechos del demandante, producido por la

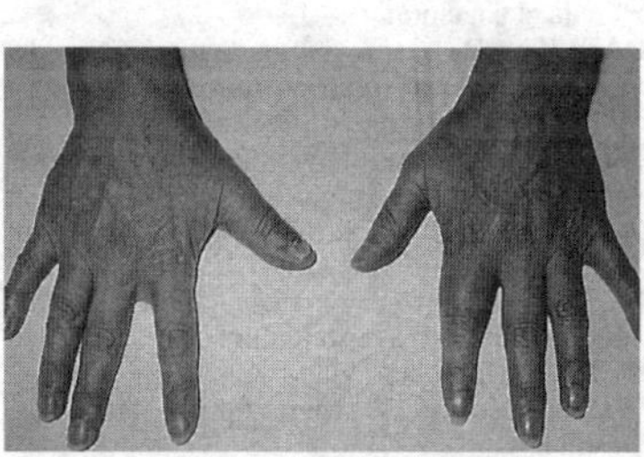

Dactilitis en la sarcoidosis
(C. D. Forbes/W. F. Jackson, 1994)

incompetencia o negligencia del acusado. **Daños efectivos**, que supera los costes reales de la lesión o daño, se concede cuando el acusado ha actuado con mala fe o con desprecio temerario de los derechos del demandante. **Indemnización nominal**, es la que se concede como prueba de que se ha producido una falta legal, aunque no se pueda determinar pérdida alguna recuperable. **Indemnización punitiva**, es la destinada a reembolsar al demandante por la pérdida o lesión sufrida.

dapsona (DADPS) (dapsone [DADPS]), bacteriostático derivado de la sulfona, que se prescribe para el tratamiento de la lepra lepromatosa y la dermatitis herpetiforme.

dato categórico (categoric data), (en investigación) cualquier dato clasificado por su nombre más que por un número, como la raza, la religión, la etnia o el estado civil.

datos (data, *sing.* **datum**), **1.** elementos de información, especialmente aquellos que forman parte de un conjunto de información a utilizar en el análisis de un problema, como el diagnóstico de un problema de salud. **2.** información almacenada y procesada por un ordenador.

datos brutos (raw data), (en la representación por imagen con resonancia magnética) información obtenida mediante la radiorrecepción de la señal de RM según es almacenada por un ordenador. Para construir una imagen a partir de los mismos es necesaria una manipulación específica mediante un ordenador.

datos fidedignos (hard data), información sobre un paciente obtenida mediante observación y medidas, incluidos los datos de laboratorio, en oposición a la información recogida mediante la entrevista del paciente.

datos pronósticos (outcome data), datos recopilados para evaluar la capacidad de un paciente para funcionar al nivel descrito en los criterios de alta de un plan de asistencia de enfermería o en las normas generales sobre asistencia al paciente.

DAVI (LVAD), abreviatura de **dispositivo de asistencia ventricular izquierda**.

dB (dB), abreviatura de **decibelio**.

DBE (EDB), abreviatura de **dibromuro de etileno**.

DC (CAB), abreviatura de **derivación coronaria**.

DCIV (IVCD), abreviatura de **defecto de conducción intraventricular**.

DCM (MBD), abreviatura de **disfunción cerebral mínima**. V. **trastorno por déficit de atención**.

DCP (CPD), abreviatura de **desproporción cefalopélvica**.

ddC (ddC), símbolo de 2'3-dideoxicitidina, fármaco antirretrovírico utilizado en el tratamiento del SIDA. Está químicamente relacionado con el DDI.

DDI (DDI), abreviatura de 2',3'-dideoxinosina, un medicamento antirretrovírico.

DDT (diclorodifeniltricloroetano) (DDT [dichlorodiphenyltrichloroethane], hidrocarburo clorado no hidrosoluble y no degradable que en su momento se utilizó en todo el mundo como principal insecticida. En los últimos años, al conocerse su efecto adverso sobre el medio ambiente, se ha restringido su uso.

DE (ED), abreviatura de **dosis eficaz**.

DE (LOS), abreviatura de **duración de la estancia**.

DE (SD), abreviatura de **desviación estándar**.

de acción corta (short-acting), relativo a un producto terapéutico, o que lo caracteriza, habitualmente un fármaco, con un breve período de eficacia, que generalmente comienza inmediatamente después de administrar la sustancia o la dosis.

de declaración obligatoria (notifiable), perteneciente a ciertos procesos, enfermedades y hechos que por ley deben ser comunicados a una institución gubernamental, como nacimientos, muertes, ciertas enfermedades contagiosas y ciertas violaciones de las reglas sanitarias públicas.

de sangre caliente (warm-blooded), que tienen una temperatura corporal relativamente alta y constante, como la mantenida por los seres humanos, otros mamíferos y los pájaros, a pesar de los cambios de la temperatura ambiental. En el cuerpo humano, el calor se produce a través del catabolismo de los alimentos en proporción a la cantidad de trabajo realizada por los tejidos corporales. El cuerpo pierde calor por evaporación, radiación, conducción y convección. La temperatura media del ser humano sano es de 37 °C (98,6 °F). La tolerancia del cuerpo humano a los cambios de temperatura es muy pequeña, y cambios muy bruscos pueden tener consecuencias graves e incluso mortales.

de sangre fría (cold-blooded), incapaz de regular la temperatura corporal, como los peces, reptiles y anfibios que tienen temperaturas internas próximas a la temperatura del ambiente en el que viven.

de transmisión hídrica (water-borne), relativo a la transmisión realizada a través del agua, como ocurre en una epidemia de fiebre tifoidea transmitida por el agua.

DE50 (ED50), abreviatura de **dosis eficaz media**.

deanol (deanol), psicoestimulante que se prescribe para el tratamiento de problemas de aprendizaje y de conductas hiperquinéticas.

debilidad (debility), flojera o pérdida de fuerza.

debilidad mental (feeblemindedness), v. **retraso mental**.

debilitante (debilitating), relativo a una enfermedad o lesión que adelgaza, vuelve floja o incapacita de otra manera a una persona.

decanoato de nandrolona (nandrolone decanoate), andrógeno utilizado en el tratamiento de la insuficiencia de testosterona, la osteoporosis y el cáncer de mama femenino, y para estimular el crecimiento, el aumento de peso y la producción de eritrocitos.

decanulación (decannulation), retirada de una cánula o sonda, posiblemente introducida durante una intervención quirúrgica.

decibelio (dB) (decibel [dB]), unidad de medida de la intensidad de sonido. Un decibelio es la décima parte de 1 bel; el aumento de 1 bel se percibe aproximadamente como la duplicación del sonido, según un nivel de referencia de sonido-presión de 0,0002 din/cc.

decidua (decidua), tejido epitelial del endometrio que tapiza el útero. Envuelve al feto durante la gestación y se desprende en el puerperio. También se desprende periódicamente durante la menstruación.

decidua menstrual (decidua menstrualis), el endometrio que se desprende durante la menstruación.

deciduoma (deciduoma), tumor del endometrio uterino. El deciduoma tiende a desarrollarse después de la gestación, independientemente de cuál haya sido el resultado de ésta. Puede ser benigno o maligno.

décimo par (tenth nerve), v. **nervio vago**.

décimo par craneal (tenth cranial nerve), v. **nervio vago**.

decisión reactiva (reactive decision), (en psicología) decisión tomada por un individuo como respuesta a la influencia o a los objetivos de los demás.

declaración (deposition), (en derecho) testimonio bajo juramento que da un testigo antes del juicio, en respuesta a preguntas orales o escritas y a careos.

declaración previa (advance declaration), v. **testamento vital**.

decorticación (decortication), (en medicina) extirpación del tejido cortical de un órgano o estructura, como riñón, cerebro o pulmón.

decremento (decrement), disminución o estadio de declinación, como el de la contracción uterina.

decrudescencia (decrudescence), disminución de la gravedad de los síntomas.

decúbito (decubital), relativo a las úlceras por decúbito.

decúbito (decubitus), posición horizontal o recostada, como el decúbito lateral, que consiste en tenderse sobre un costado.

decúbito dorsal (dorsal recumbent), tendido sobre la espalda, como en la posición supina.

decúbito lateral (lateral recumbent position), posición que adopta el paciente tumbándose sobre su lado izquierdo, con el muslo y rodilla derechos levantados.

decúbito lateral izquierdo (left lateral recumbent position), posición en la cual el paciente yace sobre su lado izquierdo, con la rodilla y el muslo derechos sobre sus homólogos del lado izquierdo.

decúbito prono (prone position), posición de decúbito con la cara hacia abajo.

decúbito prono sobre los codos (prone-onelbows), posición corporal en la que la persona descansa la parte superior del cuerpo sobre los codos mientras mira hacia abajo. Se utiliza como ejercicio de rehabilitación inicial en el entrenamiento de una persona con una disfunción cerebelosa para conseguir la deambulación. Desde la posición de decúbito prono sobre los codos la persona puede realizar el desplazamiento del peso a través de las caderas hasta alcanzar una posición de cuadrúpedo sin riesgo de caer desde una posición de bipedestación.

decúbito supino (supine, dorsal decubitus position), tumbado horizontalmente sobre la espalda.

decusación (decussation), cruce de fibras del sistema nervioso central en el cerebro, por el que algunas fibras del lado izquierdo pasan al derecho, y viceversa.

decusación de las pirámides (decussation of pyramids), cruce de fibras nerviosas del tracto motor corticospinal en la zona ventral de la parte inferior del bulbo raquídeo.

dedalera (foxglove), nombre común de una planta de la que se extrae la digital, *Digitalis purpura*.

dedo de Morton (Morton's toe), v. **metatarsalgia**.

deducción (deduction), sistema de razonamiento que desde un principio conocido lleva a uno desconocido, o desde lo general a lo específico. El razonamiento deductivo se utiliza para analizar hipótesis diagnósticas.

defecación (defecation), eliminación de heces fecales a través del recto.

defecografía (defecography), técnica radiográfica que evalúa el recto y el conducto anal de los niños con incontinencia fecal. El examen se hace mientras el niño está sentado en un orinal o una taza de inodoro transparente.

defectuoso (defective), relativo a algo que es imperfecto.

defensa afirmativa (affirmative defense), (en sentido legal) negación de culpa o de mala práctica, basada en nuevas pruebas más que en la mera negación de los cargos, como la petición de inmunidad en función de la ley del buen samaritano. En los casos de defensa afirmativa el demandado lleva el peso de las pruebas.

defensa táctil (tactile defensiveness), disfunción sensorial integrativa caracterizada por la existencia de sensaciones táctiles que producen reacciones emocionales excesivas, hiperactividad u otros problemas conductuales.

defensina (defensin), péptido con actividad antibiótica natural que se encuentra en los neutrófilos humanos. Se han identificado tres tipos de defensinas, cada una de ellas compuesta por unos 30 aminoácidos.

defervescencia (defervescence), disminución o desaparición de la fiebre.

deficiencia (impairment), cualquier trastorno de la estructura o función, debido a anomalías anatómicas, fisiológicas o psicológicas, que impide al sujeto realizar la actividad normal.

deficiencia de disacaridasa (disaccharidase deficiency), v. **deficiencia de lactasa**.

deficiencia de folato (folate deficiency), v. **ácido fólico**.

deficiencia de G-6-PD (G-6-PD deficiency), abreviatura de deficiencia de 6-fosfato deshidrogenasa.

deficiencia de galactocinasa (galactokinase deficiency), trastorno hereditario del metabolismo de los carbohidratos en el que existe una deficiencia o ausencia de galactocinasa. Como consecuencia, la galactosa de la dieta no se metaboliza, se acumula galactosa en la sangre y pueden desarrollarse cataratas.

deficiencia de glucosa-6-fosfato deshidrogenasa (L-6PD) (glucose 6-phosphate dehydrogenase [G-6-PD] deficiency), trastorno congénito caracterizado por la deficiencia parcial o total de glucosa-6-fosfato deshidrogenasa en los eritrocitos, enzima fundamental para la glucólisis aeróbica. El trastorno presenta episodios de hemólisis aguda en situaciones de estrés o como respuesta a determinados agentes químicos o fármacos.

deficiencia de lactasa (lactase deficiency), alteración hereditaria en la que existe un déficit en la cantidad total de la enzima lactasa, lo que provoca la incapacidad para digerir la lactosa, salvo por hidrólisis bacteriana de la misma por la flora intestinal.

deficiencia de longitud de arcada (arch length deficiency), diferencia que existe en cualquier arcada dentaria entre la longitud que se requiere para que se acomoden todos los dientes naturales del sujeto y el verdadero espacio disponible.

deficiencia familiar de lipoproteinlipasa (familial lipoproteinlipase deficiency), v. **hiperquilomicronemia**.

deficiencia mineral (mineral deficiency), incapacidad para utilizar uno o más de los elementos minerales esenciales en la nutrición humana debido a un defecto genético, a un trastorno de malabsorción o por la falta de ese mineral en la dieta. Los minerales actúan como catalizadores en la respuesta nerviosa, en la contracción muscular y en el metabolismo de los nutrientes de los alimentos. Además, regulan el equilibrio electrolítico y la producción de hormonas y fortalecen las estructuras óseas.

déficit (deficit), deficiencia o diferencia con respecto a lo normal, como el déficit de oxígeno, que es causa de hipoxia.

déficit de actividades recreativas (diversional activity deficit), diagnóstico de enfermería, aprobado por la NANDA, sobre la falta de diversiones en el entorno, hospitalización prolongada o tratamientos frecuentes o prolongados. Las características que lo definen son los comentarios del cliente sobre que no tiene nada que hacer o que todo le aburre, pero tampoco se entretiene con sus «hobies» o diversiones caseras habituales.

déficit de autocuidado: alimentación (self-care deficit, feeding), diagnóstico de enfermería, aprobado por la NANDA, de la incapacidad para realizar o completar actividades relacionadas con la propia alimentación. La principal característica que lo define es la incapacidad para llevarse los alimentos desde un recipiente hasta la boca.

déficit de autocuidado: baño-higiene (self-care deficit, bathing-hygiene), diagnóstico de enfermería, aprobado por la NANDA, de la incapacidad para llevar a cabo o realizar completamente las actividades de su propia higiene. Las características que lo definen son la incapacidad para lavarse el cuerpo, o partes del mismo, la incapacidad para meterse en la bañera y la incapacidad para regular la temperatura o el flujo del agua.

déficit de autocuidado: evacuación (self-care deficit, toileting), diagnóstico de enfermería, aprobado por la NANDA, de la incapacidad para realizar o completar actividades relacionadas con las funciones evacuatorias. Las características que lo definen son la incapacidad para acceder al retrete, sentarse o levantarse del mismo, bajarse o subirse la ropa interior y llevar a cabo las funciones evacuatorias habituales.

déficit de autocuidado: vestido-arreglo (self-care deficit, dressing-grooming), diagnóstico de enfermería, aprobado por la NANDA, de la incapacidad para realizar o completar las actividades relacionadas con el vestirse y el arreglo personal. Las características que lo definen son la incapacidad para ponerse o quitarse las prendas de ropa habituales y la incapacidad para ajustarse la ropa, conseguir o cambiar prendas de ropa y mantener un aspecto satisfactorio.

déficit de conocimientos (knowledge deficit), diagnóstico de enfermería, aprobado por la NANDA, de un estado en el que falta una información específica. Las características que la definen son: la persona dice que está perdiendo conocimientos, o que existe un concepto erróneo en cuanto a la información, un fallo observado sobre seguimiento de instrucciones, la observación de la realización inadecuada de una prueba, una petición de información por parte de la persona o la observación de una conducta inadecuada o exagerada.

déficit de volumen de líquidos (fluid volume deficit), **1.** diagnóstico de enfermería, aprobado por la NANDA, del fracaso de los mecanismos homeostáticos corporales que regulan la retención y excreción de los líquidos corporales. Las características que lo definen son: orina diluida, aumento de la diuresis, pérdida repentina de peso corporal, hipotensión, aumento de la frecuencia cardíaca, disminución de la turgencia cutánea, aumento de la temperatura corporal, hemoconcentración, debilidad y sed. **2.** diagnóstico de enfermería, aprobado por la NANDA, de la pérdida activa de las cantidades excesivas de líquido corporal. Las características que lo definen son: disminución de la diuresis, aumento de la densidad urinaria, diuresis superior a la ingesta de líquidos, pérdida súbita de peso, hemoconcentración, aumento de la concentración sérica de sodio, sed intensa, alteración del estado mental, sequedad de la piel y de las mucosas, aumento de temperatura y aumento de la frecuencia cardíaca.

déficit del antecedente tromboplastínico del plasma (plasma thromboplastin component deficiency), v. **hemofilia**.

déficit mental (mental deficiency), v. **retraso mental**.

definitivo (definitive), **1.** final; claramente establecido, sin dudas ni interrogantes. **2.** (en embriología) totalmente formado, en la diferenciación final de un tejido, estructura u órgano. **3.** (en parasitología) relativo al huésped en el que el parásito pasa la fase sexual de su ciclo reproductor.

deflexión H (H deflection), (en cardiología) señal sobre el electrocardiograma de la activación del haz de His.

deflexión V (EFH) (V deflection [HBE]), deflexión en un electrocardiograma que representa la activación ventricular.

deformación progresiva (creep), efecto reológico de los metales y otros materiales sólidos que pueden ser elongados o deformados como consecuencia de la aplicación de una carga durante un largo período de tiempo.

deformidad (deformity), estado de distorsión, desfiguración, imperfección, malformación o deformación del cuerpo en general o de una parte del mismo, como resultado de enfermedad, lesión o defecto de nacimiento.

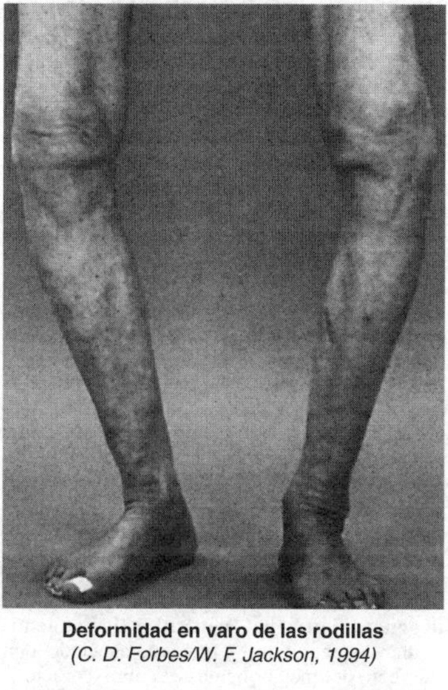

Deformidad en varo de las rodillas
(C. D. Forbes/W. F. Jackson, 1994)

deformidad craneal en trébol (cloverleaf skull deformity), malformación congénita caracterizada por un cráneo trilobulado debido al cierre prematuro de múltiples suturas craneales durante el desarrollo embrionario.

deformidad de Haglund (Haglund's deformity), alteración del pie caracterizada por un agrandamiento de la cara posterosuperior externa del calcáneo, a menudo asociada a una articulación subtalar invertida. Es una causa frecuente de bursitis posterior del tendón de Aquiles.

deformidad en cuello de cisne (swan neck deformity), **1.** anomalía de los dedos de la mano caracterizada por flexión de la articulación interfalángica distal e hiperextensión de la articulación interfalángica proximal. Esta anomalía se ve con mayor frecuencia en la artritis reumatoide. **2.** anomalía estructural de los túbulos renales asociada al raquitismo. La parte del túbulo renal que conecta el glomérulo con la porción contorneada está estrechada y su configuración se denomina en «cuello de cisne».

deformidad en martillo (mallet deformity), deformación en flexión de la articulación distal de un dedo de la mano o del pie. Puede estar producida por una lesión grave, como la rotura del tendón terminal.

deformidad en ojal (boutonniere deformity), anomalía de un dedo caracterizada por la flexión fija de la articulación interfalángica proximal y la hiperextensión de la articulación interfalángica distal.

deformidad en pinza de langosta (lobster claw deformity), v. **bidactilia**.

deformidad lumbrical positiva (lumbrical plus deformity), complicación de la artritis reumatoide en la que los lumbricales (músculos de las manos y los pies) se contraen, con predominio de la extensión sobre la flexión.

degeneración (degeneration), deterioro gradual de células y funciones corporales normales.

degeneración cerebelosa alcohólica carencial (alcoholic-nutritional cerebellar degeneration), incoordinación grave y brusca de las extremidades inferiores que es característica de los sujetos alcohólicos malnutridos. El enfermo camina, en el mejor de los casos, con una marcha atáxica o aumentando la base de sustentación.

degeneración grasa (fatty degeneration), depósito anormal de grasa dentro de las células o invasión de los órganos por tejido graso.

degeneración hepatolenticular (hepatolenticular degeneration), trastorno asociado a un defecto del metabolismo del cobre, caracterizado por una disminución de la concentración sérica de la ceruloplasmina y del cobre y por un aumento de excreción urinaria de cobre. Los individuos con esta enfermedad desarrollan depósitos tisulares de cobre junto con cirrosis hepática, pigmentación intensa del borde de la córnea y degeneración extensa del sistema nervioso central.

degeneración macular (macular degeneration), degeneración progresiva de la mácula de la retina y de la coroides del ojo. El trastorno está provocado por varias enfermedades, entre ellas la **retinitis pigmentosa**.

degeneración vítrea (vitreous degeneration), forma de degeneración hialina, con formación de material vítreo en el tejido conectivo de los vasos sanguíneos y en otros tejidos.

degeneración walleriana (wallerian degeneration) [Augustus V. Waller, médico inglés, n. 1816], degeneración grasa de una fibra nerviosa después de que ha sido separada de su cuerpo celular.

degenerativo (degenerative), relativo a la degeneración o el cambio hacia una forma inferior o disfuncional.

deglución (swallowing), proceso que habitualmente consiste en el paso de los alimentos desde la boca hacia el estómago a través del esófago. Es necesario que exista coordinación muscular desde la lengua hasta el esfínter esofágico inferior.

deglución con proyección lingual (tongue-thrust swallow), forma inmadura de deglución en la que la lengua se proyecta hacia delante en lugar de retraerse durante el acto de deglución. Puede producir el desplazamiento hacia delante del maxilar con la subsiguiente maloclusión de los dientes.

deglución de bario (barium swallow), administración por vía oral de una solución de sulfato de bario radiopaca con el fin de demostrar radiográficamente posibles defectos en el esófago y anomalías en los bordes de la cara posterior del corazón.

degradación (degradation), reducción de un compuesto químico a otro menos complejo, normalmente por separación de uno o más grupos o subgrupos de átomos, como la desaminación.

degustar (gustation), sentido y acto de probar los alimentos, bebidas u otras sustancias.

dehidrocolesterol-7 activado (activated 7-dehydrocholesterol), v. **vitamina D_3**.

dehiscencia (dehiscence), separación de una incisión quirúrgica o rotura del cierre de una herida.

déjà vu (déjà vu), sensación o ilusión de que uno encuentra una serie de circunstancias o un lugar previamente conocido o experimentado. Este fenómeno es el resultado de alguna conexión emocional inconsciente con la experiencia presente.

del (del), (en citogénetica) abreviatura de **deleción**.

Delano, Jane A. (Delano, Jane A.) (1862-1919), enfermera estadounidense que organizó el servicio de enfermería de la Cruz Roja Norteamericana, organización que proporciona enfermeras a las fuerzas armadas.

delantal de plomo (lead apron), manto protector, constituido por plomo y caucho, para el paciente, el radiólogo o el técnico de rayos durante la exposición a los rayos X o cualquier otra radiación diagnóstica o terapéutica. Se usa para proteger ciertas zonas del organismo de una radiación ionizante excesiva, como los genitales y otros órganos vitales.

deleción de una cromátide (chromatid delection), rotura de una cromátide. Puede ser causada por el efecto de choque producido por una radiación. Los fragmentos son isocromátides.

deleción (del) (deletion [del]), (en citogenética) pérdida de un trozo de cromosoma que se rompe y separa del material genético.

deletéreo (deleterious), relativo a algo que es peligroso o perjudicial.

délire de toucher (délire de toucher), deseo anormal o irresistible necesidad de tocar o manipular objetos.

delirio (delirium), **1.** proceso mental orgánico agudo caracterizado por confusión, desorientación, inquietud, obnubilación de la conciencia, incoherencia, miedo, ansiedad, excitación y, a menudo, ilusiones, alucinaciones, normalmente de origen visual, y a veces manías. Este proceso está producido por alteraciones de la funciones cerebrales, que pueden ser el resultado de una amplia gama de procesos metabólicos, como deficiencias de nutrición y desequilibrios endocrinos; estrés posparto o postoperatorio; ingestión de sustancias tóxicas, como diversos gases, metales o drogas, incluido el alcohol, y otras causas de shock físico y mental, o agotamiento. **2.** creencia o percepción persistente y aberrante, mantenida como inviolable por una persona incluso cuando es ilógica, extraordinaria y probablemente errónea. Algunos tipos de delirio son: **delirio agudo, delirio de grandeza, delirio de persecución, delirio de ser controlado, delirio nihilista, delirio por agotamiento, delirio senil, delirio somático, delirio traumático** y ***delirium tremens***.

delirium tremens (delirium tremens [DTs]), reacción psicótica aguda, a veces mortal, producida por la ingesta excesiva de bebidas alcohólicas durante un largo período de tiempo. Esta reacción puede presentarse tras un período prolongado de ingesta alcohólica sin una adecuada ingesta de alimentos o durante un período de abstinencia; puede estar provocado por una lesión o infección cefálica o ser el resultado de la retirada parcial o total del alcohol tras beber de forma prolongada. Los síntomas iniciales son: pérdida de apetito, insomnio e inquietud general, seguido de agitación, excitación, desorientación, confusión mental, alucinaciones vívidas y a menudo terroríficas, ilusiones y manías, miedo y ansiedad agudos, temblores groseros de manos, pies, piernas y lengua, fiebre, aumento de la frecuencia cardíaca, sudoración extrema, alteraciones GI y dolor precordial.

delito (felony), (en derecho penal) crimen considerado por la ley como más grave que una falta menor y que merece una pena más severa.

delta, Δ, δ (delta, Δ, δ), cuarta letra del alfabeto griego.

delta-1-testolactona (delta-1-testolactone), v. **testolactona**.

delta-9-tetrahydrocannabinol (THC) (delta-9tetrahydrocannabinol [THC]), ingrediente farmacológicamente activo del cannabis, que se ha utilizado para tratar ciertos casos de náuseas y vómitos asociados a la quimioterapia del cáncer. V. **cannabis**.

deltoide (deltoid), **1.** triangular. **2.** perteneciente o relativo al músculo deltoides que cubre el hombro.

DEM (MED), abreviatura de dosis eficaz mínima o de dosis eritematosa mínima.

demanda (complaint), **1.** (en derecho) reclamación realizada por un demandante bajo juramento para iniciar un pleito. Es una declaración formal de acusación y la causa para actuar contra el demandado. **2.** *informal*, cualquier molestia, problema o síntoma identificado por el paciente, familiar u otra persona conocida.

demandado (defendant), (en derecho) parte citada en la denuncia del demandante y contra la que se hacen las alegaciones de éste. El demandado debe responder a las alegaciones.

demandante (plaintiff), (en derecho) persona que entabla un pleito iniciando una acción legal.

demarcación (demarcation), proceso de establecer límites o fronteras.

demencia (dementia), proceso mental orgánico progresivo caracterizado por la desintegración crónica de la personalidad, confusión, desorientación, estupor, deterioro de la capacidad y función intelectual, y alteración del control de la memoria, juicio e impulsos. La demencia puede estar causada por intoxicación medicamentosa, hipertiroidismo, anemia perniciosa, paresia, hematoma subdural, tumor cerebral benigno, hidrocefalia, shock insulínico y tumor de los islotes celulares del páncreas. Tipos de demencia son: **demencia paralítica, demencia secundaria, demencia se-**

nil, demencia tóxica, enfermedad de Alzheimer y **enfermedad de Pick**.

demente (insane), término legal para referirse a una persona cuya mente está enferma o trastornada, especialmente aquella persona incapaz de ocuparse de sí misma y para la que se necesita protección frente a los demás y viceversa. En EE.UU. la definición precisa legal varía de un estado a otro.

demografía (demography), estudio de la población humana, especialmente de su tamaño, distribución y características de los miembros de los grupos de población. La demografía se aplica a estudios de problemas de salud que afectan a grupos étnicos, poblaciones de una determinada región geográfica o grupos religiosos con restricciones dietéticas especiales.

demos (deme), población pequeña, muy relacionada, muy emparentada, de organismos o individuos, que normalmente ocupan un área circunscrita.

demulcente (demulcent), **1.** cualquiera de las sustancias oleosas utilizadas para calmar y reducir la irritación de superficies que han sufrido abrasión o irritacióm. **2.** calmante, como un antiirritante o un bálsamo.

dendrita (dendrite), ramificación del cuerpo celular de una neurona. Cada neurona normalmente tiene varias dendritas.

dendrita extracapsular (extracapsular dendrite), relativo a las dendritas de algunos nervios autonómicos que penetran en el límite de la cápsula y se extienden a cierta distancia del cuerpo celular.

dengue (dengue fever), infección aguda por arbovirus transmitida a los seres humanos por el mosquito del género *Aedes*, propia de regiones tropicales y subtropicales. La sintomatología del dengue normalmente tiene dos fases, separadas por un día de remisión. En el primer ataque, el paciente tiene fiebre, extrema debilidad, cefalea, garganta inflamada, dolores musculares y edema de manos y pies. El segundo ataque está marcado por una nueva subida de la fiebre y un exantema escarlatiforme de color rojo brillante.

densidad (density), **1.** cantidad de masa de una sustancia para un determinado volumen. **2.** (en radiología) grado de oscurecimiento de una placa de rayos X.

densidad de protones (proton density), medida de la concentración de protones, o del número de núcleos atómicos presentes en un determinado volumen. Es uno de los principales determinantes de la potencia de la señal de resonancia magnética para la representación de imágenes por hidrógeno.

densidad de spin (spin density), (en resonancia magnética nuclear) medida de la concentración de hidrógenos. Es una cantidad proporcional al número de núcleos de hidrógeno que preceden en la frecuencia de Larmor y contribuyen a la señal de la RMN.

densidad óptica (optic density), número que describe el oscurecimiento de una película de rayos X en cualquier localización específica.

densidad urinaria (urine specific gravity), medida del grado de concentración de una muestra de orina. La densidad normal de la orina varía de 1,002 a 1,030, dependiendo de la ingesta previa de líquidos del paciente, la perfusión renal y la función renal.

densidades X-tra (X-tra densities), imágenes presentes en una placa radiográfica provocadas por la presencia de objetos extraños, como balas o grapas quirúrgicas, en el cuerpo del paciente.

densitómetro (densitometer), dispositivo que utiliza una célula fotoeléctrica para detectar diferencias en la densidad de la luz transmitida a través de un líquido.

dentado (dentulous), que posee uno o más dientes naturales.

dentalgia (dentalgia), dolor de dientes.

dentículo (denticle), cuerpo calcificado que se encuentra en la pulpa de un diente.

dentículo verdadero (true denticle), cuerpo calcificado formado por dentina irregular, localizado en la cavidad pulpar de un diente.

dentífrico (dentifrice), compuesto farmacéutico utilizado con un cepillo de dientes para limpiar y pulir los dientes. Normalmente lleva un abrasivo suave, un detergente, un agente para dar sabor y una sustancia aglutinante.

dentina (dentin), principal componente del diente, que rodea la pulpa y está situada por debajo del cemento y el esmalte. Más dura y densa que el hueso, se compone de un sustrato orgánico infiltrado por sales oxhídricas.

dentina opalescente hereditaria (hereditary opalescent dentin), v. **dentinogénesis imperfecta**.

dentinoesmáltico (dentinoennamel), perteneciente a la dentina y el esmalte de los dientes.

dentinogénesis (dentinogenesis), formación de la dentina de los dientes.

dentinogénesis imperfecta (dentinogenesis imperfecta), displasia hereditaria de la dentina de los dientes deciduos y permanentes, en la que crece un exceso de dentina opalescente, la cual oblitera la pulpa. Los dientes tienen raíces cortas y se desprenden rápidamente.

dentofacial (dentofacial), perteneciente o relativo a una estructura oral o maxilar.

dentogénesis imperfecta (dentogeneis imperfecta), **1.** alteración genética de la dentina, caracterizada por la calcificación precoz de la zona pulpar, atrición marcada y tono opalino de los dientes. **2.** forma localizada de displasia mesodérmica que afecta a la dentina de los dientes. Puede ser hereditaria o asociada a la osteogénesis imperfecta. **3.** proceso genético que produce escasa dentina, pero esmalte dentario normal.

deontología (deontologism), doctrina de la ética que establece la conducta moral o las obligaciones que conlleva.

departamento de dietética (food service department), departamento de un hospital o institución sanitaria similar responsable de la preparación y distribución de las comidas a los pacientes y al personal.

departamento de mantenimiento ambiental (housekeeping department), unidad de la plantilla del hospital responsable de la limpieza de los locales y de los muebles del hospital, incluido el control de los organismos patogénicos.

dependencia (dependence), **1.** estado de ser dependiente. **2.** estado psicosocial total de un adicto a drogas o alcohol, que debe recibir una cantidad creciente de esas sustancias para evitar la aparición de síntomas de abstinencia.

dependencia farmacológica (drug dependence), apetencia psicológica por una sustancia química o confianza psicológica en ella, como resultado de habituación, abuso o adicción.

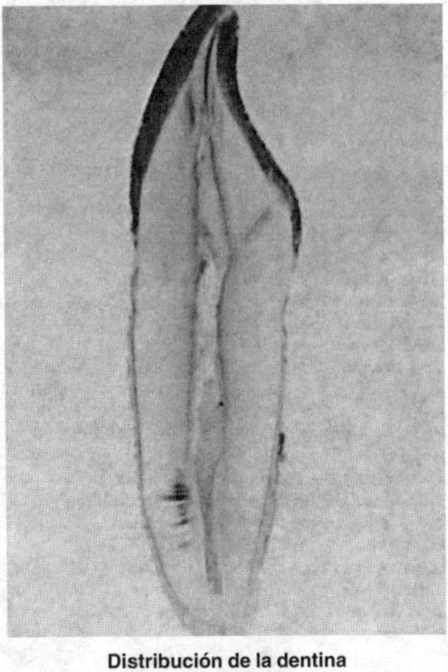

Distribución de la dentina
(Berkovitz, 1992)

dependiente (dependent), perteneciente o relativo al proceso de necesitar de alguien o algo como ayuda, apoyo, favor, etc., como el niño dependiente de los padres, o el toxicómano dependiente de una droga, o una variable dependiente de otra variable.

depilación (depilation), extracción o retirada del pelo del cuerpo, ya sea de forma temporal, por métodos mecánicos o químicos, o permanente, por electrólisis, que destruye el folículo piloso.

depilatorio (depilatory), **1.** perteneciente o relativo a la sustancia o técnica que elimina el pelo. **2.** agente depilatorio.

depleción salina (salt depletion), pérdida de sal del organismo por eliminación exagerada de líquidos corporales por transpiración, diarrea, vómitos o micción, sin la correspondiente reposición.

deposición (stool), v. **heces**.

depósito (depot), zona del cuerpo en que se almacenan fármacos y otras sustancias, como grasas, y desde las que se puede distribuir.

depósito (morgue), unidad de un hospital con instalaciones para albergar y realizar la autopsia a las personas fallecidas.

depósito de difusión (diffusion deposition), impacto de una partícula de aerosol sobre la superficie de una membrana alveolar u otra estructura de las vías respiratorias, que produce la liberación de vapor o gas.

depósito de oxígeno (oxygen store), cantidad total de oxígeno almacenado normalmente en los diferentes compartimientos corporales, incluidos los pulmones, la sangre venosa y la arterial y los tejidos.

depósitos de dióxido de carbono (carbon dioxide stores), volumen de dióxido de carbono contenido en el organismo en forma de gas o como ácido carbónico, carbonato, bicarbonato y carbaminohemoglobina. En una situación de estabilidad respiratoria y circulatoria el volumen de las reservas de dióxido de carbono permanece constante.

depot (depot), (respecto a un fármaco) inyectado o implantado para ser absorbido lentamente por la circulación.

depresión (depression), **1.** zona deprimida, hueco o fosa; desplazamiento hacia abajo y hacia dentro. **2.** disminución de la actividad funcional vital. **3.** alteración de la conducta caracterizada por sentimientos de tristeza, desesperación o descorazonamiento, secundaria a una tragedia o pérdida personal y proporcional a la misma. **4.** estado emocional anormal caracterizado por un excesivo sentimiento de tristeza, melancolía, desánimo, demérito, vacío y desesperanza, en grado inapropiado y desproporcionado respecto a la realidad. Algunos tipos de depresión son: **depresión anaclítica**, **depresión agitada, depresión endógena, depresión reactiva, depresión retardada** y **melancolía involutiva**.

deprimido (depressed), **1.** dícese de una estructura corporal que ha sido aplastada por debajo de la superficie de las zonas que la rodean, como en el caso de una fractura. **2.** relativo a un estado en el que existe una disminución de la actividad corporal general, con frecuencia acompañada de abatimiento emocional, pérdida de iniciativa, indiferencia, pérdida del apetito y dificultad para concentrarse.

deprivación (deprivation), pérdida de algo considerado valioso o necesario, por separación o negativa para acceder a ello. En psicología experimental, a los animales o las personas en estudio puede privárseles de algo que desean o esperan para observar sus reacciones.

depurar (debug), encontrar y corregir errores, en un programa de ordenador o hardware.

der (der), (en citogenética) abreviatura de cromosoma derivado.

deriva (drift), **1.** deriva antigénica, cambio que se produce en la cepa de un virus de forma que periódicamente aparecen variaciones, con alteración de las cualidades antigénicas. **2.** deriva genética, variaciones aleatorias de la frecuencia genética de una población entre una generación y la siguiente.

derivación (bypass), **1.** una de las diversas intervenciones quirúrgicas programadas para desviar el flujo de sangre o de otros líquidos naturales de sus trayectos anatómicos normales. Una derivación puede ser temporal o permanente. Habitualmente, la cirugía de derivación se realiza para el tratamiento de trastornos cardíacos y GI. **2.** término utilizado por algunos hospitales para indicar que su departamento de urgencias carece del personal y equipo necesarios para ocuparse de nuevos casos, avisando de ese modo a las ambulancias que transportan nuevos casos para que se desvíen hacia otros hospitales.

derivación (lead), v. **electrodo**.

derivación (referral), proceso por el que un paciente o la familia de un paciente tiene acceso a otros recursos sanitarios de la comunidad, como en el caso de ayudar a un paciente a encontrar un enfermero de la comunidad después del alta hospitalaria.

derivación (shunt), **1.** desviación del flujo de un líquido corporal de una cavidad a otra o de un vaso a otro. **2.** tubo o dispositivo implantado en el cuerpo para desviar un líquido corporal de una cavidad a otra o de un vaso a otro.

derivación aortocoronaria (aortocoronary bypass), intervención quirúrgica en la cual se utiliza una vena safena, una arteria mamaria u otro vaso sanguíneo para construir una derivación desde la aorta hasta una de las arterias coronarias, con el fin de sortear una obstrucción circulatoria.

derivación cardiopulmonar (cardiopulmonary bypass), procedimiento utilizado en cirugía cardíaca mediante el cual la sangre se deriva desde el corazón y pulmones por medio de una bomba oxigenante y regresa directamente a la aorta.

derivación coronaria (coronary bypass), cirugía a corazón abierto en la que se injerta una prótesis o un fragmento de vaso sanguíneo sobre una de las arterias coronarias y se conecta con la aorta ascendente, salvando una zona de estrechamiento o de bloqueo en la arteria coronaria. La intervención se realiza en las coro-

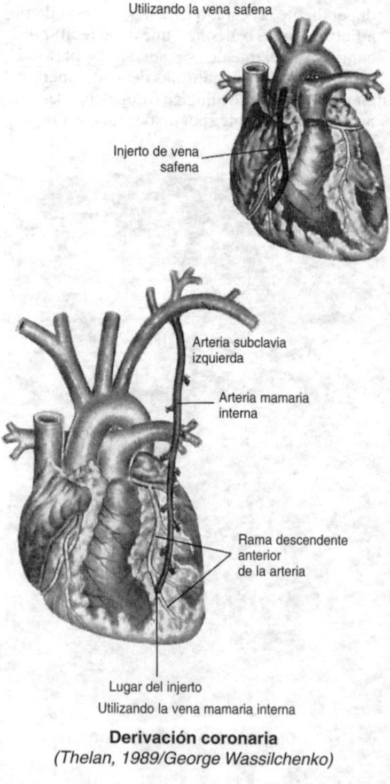

Derivación coronaria
(Thelan, 1989/George Wassilchenko)

nariopatías para mejorar el aporte de sangre al músculo cardíaco, para reducir la sobrecarga del corazón y para aliviar el dolor anginoso.

derivación de arteria mamaria interna (internal mammary artery bypass), técnica quirúrgica para corregir la obstrucción de una arteria coronaria. Se anastomosa *in situ* la arteria mamaria interna, aún unida a la subclavia, a la arteria coronaria más allá del punto obstruido.

derivación de LeVeen (LeVeen shunt), tubo que se implanta quirúrgicamente para conectar la cavidad peritoneal con la vena cava superior y drenar el líquido acumulado en la cirrosis hepática, insuficiencia cardíaca derecha o en el cáncer abdominal.

derivación de los miembros (limb lead), en electrocardiografía, derivaciones que se colocan en la pierna o en el brazo.

derivación de Scribner (Scribner shunt) [Belding S. Scribner, médico norteamericano, n. 1921], tipo de derivación arteriovenosa utilizado en hemodiálisis y formado por una conexión de sonda especial situada fuera del cuerpo.

derivación directa (direct lead), **1.** conductor electrocardiográfico en el que el electrodo explorador se coloca directamente sobre la superficie del corazón expuesto. **2.** *coloquial*, trazado que produce esa derivación en el electrocardiograma.

derivación electrocardiográfica (electrocardiograph lead), **1.** electrodo situado en una región corporal conectado con un electrocardiógrafo. **2.** registro realizado por el electrocardiógrafo, que varía dependiendo del lugar donde esté el electrodo. El electrocardiograma se suele realizar normalmente utilizando tres derivaciones periféricas y seis situadas en la región precordial. Las derivaciones periféricas o de las extremidades se denominan I, II y III, y las torácicas V1, V2, V3, V4, V5 y V6, para indicar los puntos de la región precordial donde se colocan los electrodos.

derivación esofágica (esophageal lead), **1.** derivación electrocardiográfica en la que el electrodo explorador se coloca en el interior de la luz esofágica. Se utiliza para identificar arritmias cardíacas. **2.** *informal*, trazado electrocardiográfico producido por esta derivación.

derivación espinotubárica (spinofallopian tube shunt), v. **derivación ventriculotubárica**.

derivación externa (external shunt), dispositivo para el paso de líquido corporal de un compartimiento a otro del organismo, que consta de un tubo o catéter o de una serie de contenedores que atraviesan una superficie del cuerpo, desde un compartimiento o cavidad a otra.

derivación ileal (ileal bypass), intervención quirúrgica para el tratamiento de la obesidad que consiste en la realización de una anastomosis entre la porción superior del intestino delgado y una zona próxima a su extremo inferior, evitando así el paso de los alimentos por la mayor parte del íleon en la que normalmente se absorben los nutrientes.

derivación intracardíaca (intracardiac lead), **1.** conductor electrocardiográfico en el que el electrodo explorador se coloca en una de las cavidades del corazón, normalmente por cateterismo cardíaco. **2.** *coloquial,* trazado electrocardiográfico producido por esta derivación.

derivación intrapulmonar (intrapulmonary shunt), (en terapia respiratoria) proceso de perfusión sin ventilación, expresado por el cociente QS-QT, en el que QS es la diferencia entre el contenido de oxígeno capilar final y el mezclado con sangre venosa, y QT el gasto cardíaco. Esta anomalía se puede dar en atelectasias, neumonía, edema pulmonar y síndrome de dificultad respiratoria del adulto (SDRA).

derivación para diálisis (dialysis shunt), conexión artificial externa entre una vena y una arteria periféricas, ya sea en un brazo o una pierna, para ser utilizada en la hemodiálisis.

derivación portocava (portocaval shunt), derivación creada quirúrgicamente para aumentar el flujo de sangre desde la circulación portal, trasladándola hacia la vena cava.

derivación poscava (postcaval shunt), cualquiera de las diversas anastomosis quirúrgicas entre las circulaciones portal y sistémica para aliviar los síntomas de la hipertensión portal.

derivación precordial (precordial lead), derivación electrocardiográfica que se sitúa en la pared torácica, sobre el corazón.

derivación torácica (chest lead), **1.** derivación electrocardiográfica en la que el electrodo explorador se coloca sobre el tórax o precordio. El electrodo indiferente se coloca en la espalda del paciente para una conducción CB («chest back», tórax posterior), en la parte anterior del tórax para una conducción CF («chest front», tórax anterior), en el brazo izquierdo para una conducción CL («chest left», tórax izquierdo) y en el brazo derecho para una conducción CR («chest right», tórax derecho). **2.** *informal,* trazado registrado por dicha conducción en el electrocardiograma.

derivación traqueoesofágica (tracheoesophageal shunt), procedimiento quirúrgico que capacita a un laringuectomizado para hablar mediante la construcción de un conducto entre la tráquea y el esófago. El resultado de la operación es la capacidad de producir una forma de hablar esofágica utilizando la respiración normal como fuente de aire y sin necesidad de eructar para producir sonidos vocales.

derivación unipolar (unipolar lead), **1.** conductor electrocardiográfico en el que el electrodo explorador se coloca en el precordio o en un miembro mientras que el electrodo indiferenciado está en el terminal central. **2.** *informal*, trazado producido por dicha derivación en un electrocardiógrafo.

derivación ventriculoauricular (ventriculoatrial shunt), vía de paso creada mediante cirugía, formada por un tubo de plástico y válvulas unidireccionales, implantada entre un ventrículo cerebral y la aurícula derecha del corazón para drenar el exceso de líquido cefalorraquídeo del cerebro en la hidrocefalia.

derivación ventriculoperitoneal (ventriculoperitoneal shunt), vía de paso creada mediante cirugía, formada por un tubo de plástico y válvulas unidireccionales, entre un ventrículo cerebral y el peritoneo para el drenaje del exceso de líquido cefalorraquídeo del cerebro en la hidrocefalia.

derivación ventriculopleural (ventriculopleural shunt), intervención quirúrgica para la desviación de líquido cefalorraquídeo desde los ventrículos ingurgitados en la hidrocefalia, generalmente en el recién nacido. En esta técnica se desvía el líquido cefalorraquídeo desde el ventrículo lateral hasta la cavidad pleural.

derivación ventriculotubárica (ventriculofallopian tube shunt), intervención quirúrgica con eficacia limitada para la derivación de líquido cefalorraquídeo hacia la cavidad peritoneal. Esta técnica se utiliza para corregir las hidrocefalias, de tipo obstructivo y de tipo comunicante.

derivado (derivative), cualquier cosa que procede o es obtenida a partir de otra sustancia u objeto; por ejemplo, los órganos y tejidos son derivados de las células germinales primordiales.

derivado proteico purificado (PPD) (purified protein derivative [PPD]), forma desecada de la tuberculina utilizada para valorar la existencia de una infección previa o actual por el bacilo tuberculoso. Para la realización de la prueba se introduce este producto en la piel.

Dermacentor (Dermacentor), género de garrapatas. Incluye especies que transmiten la fiebre de las Montañas Rocosas, la tularemia, la brucelosis y otras enfermedades infecciosas.

dermatitis (dermatitis), proceso inflamatorio de la piel, caracterizado por eritema, dolor y prurito. Hay varios tipos de erupción cutánea a veces específicas de un alergeno, una enfermedad o una infección en particular. Algunos tipos de dermatitis son: **dermatitis actínica, dermatitis de contacto, dermatitis por plantas del género Rhus** y **dermatitis seborreica**.

dermatitis actínica (actinic dermatitis), inflamación o erupción cutánea que se produce como consecuencia de la exposición al sol, a los rayos X o a la irradiación de partículas atómicas. La dermatitis actínica crónica o recurrente puede predisponer al desarrollo de cáncer cutáneo.

dermatitis alérgica (allergic dermatitis), enfermedad inflamatoria aguda de la piel tras la exposición de una parte del cuerpo a un alergeno para el cual el paciente es hipersensible.

dermatitis atópica (atopic dermatitis), inflamación maculopapular intensamente pruriginosa y a menudo con excoriaciones, que suele aparecer en la cara y en las superficies antecubital y poplítea de los sujetos con una tendencia alérgica.

dermatitis de berloque (berlock dermatitis), enfermedad de la piel caracterizada por hiperpigmentación y lesiones cutáneas, causada por una reacción única a fotosensibilizadores de tipo psoraleno, comúnmente utilizados en perfumes, colonias y pomadas, tales como el aceite de bergamota. Esta enfermedad afecta fundamentalmente a las mujeres y a los niños y puede ser causada por el uso de productos que contienen psoralenos cuando se expone la piel a la luz ultravioleta.

dermatitis de contacto (contact dermatitis), erupción cutánea provocada por la exposición a un irritante primario o a un antígeno sensibilizante. En el tipo no alérgico, el irritante primario, como un detergente alcalino o un ácido, produce una lesión semejante a una quemadura térmica. En el tipo alérgico, los antígenos sensibilizantes producen una transformación inmunológica en ciertos linfocitos tras una primera exposición. La dermatitis por hiedra venenosa y por níquel son ejemplos frecuentes de una reacción de hipersensibilidad retardada.

dermatitis dhobie (dhobie itch), forma de dermatitis de contacto asociada al empleo de líquidos marcadores de lavandería.

dermatitis esquistosómica (swimmer's itch), dermatitis alérgica provocada por sensibilidad a las cercarias de esquistosomas que mueren bajo la piel, con eritema, urticaria y una erupción papular que dura 1 o 2 días.

dermatitis exfoliativa (exfoliative dermatitis), cualquier proceso inflamatorio de la piel en el que se produce una excesiva descamación de la piel.

dermatitis exfoliativa del neonato (dermatitis exfoliativa neonatorum), v. **enfermedad de Ritter**.

dermatitis facticia (factitial dermatitis), exantema cutáneo provocado por el propio paciente, habitualmente para obtener una ganancia secundaria o como manifestación de un trastorno psiquiátrico.

dermatitis fotoalérgica de contacto (photoallergic contact dermatitis), reacción cutánea papulovesicular, eccematosa o exudativa que se produce de 24 a 48 horas después de la exposición a la luz en una persona previamente sensibilizada. La sustancia sensibilizante se concentra en la piel y necesita experimentar una alteración química provocada por la luz para convertirse en un antígeno activo.

dermatitis fototóxica de contacto (phototoxic contact dermatitis), respuesta de rápida aparición, en forma de quemaduras de tipo solar, de las zonas de piel expuestas al sol tras el contacto con una sustancia fotosensibilizante. La reacción aguda puede ir seguida de hiperpigmentación. Entre los materiales fotosensibilizantes conocidos están los derivados de la brea de hulla vegetal, la esencia de bergamota y numerosas plantas que contienen furocumarina, como las primaveras, los ranúnculos y las milenramas.

dermatitis herpetiforme (dermatitis herpetiformis), enfermedad de la piel, crónica y muy pruriginosa, con grupos simétricos de lesiones rojas, papulovesiculares, vesiculares, bullosas o urticariales, que dejan manchas hiperpigmentadas.

dermatitis medicamentosa (dermatitis medicamentosa), v. **exantema medicamentoso**.

dermatitis numular (nummular dermatitis), enfermedad de la piel caracterizada por lesiones en forma de moneda, seudoeccematosas, vesiculares o descamativas, en los antebrazos y la cara anterior de las pantorrillas.

dermatitis por aceite de corte (cutting oil dermatitis), trastorno de la piel que afecta a sujetos que utilizan aceites de corte como refrigerantes y lubricantes. La exposición a estos aceites produce obstrucción de los folículos pilosos y de los conductos de las glándulas sudoríparas y sebáceas, lo que produce el desarrollo de comedones y de foliculitis.

dermatitis por estasis (stasis dermatitis), resultado habitual de la insuficiencia venosa de las piernas que comienza con edema en el tobillo y evoluciona a pigmentación tostada, eritema moteado, petequias e induración. Finalmente, se puede producir atrofia y fibrosis de piel y tejido subcutáneo, con formación de úlceras que curan muy lentamente. La pigmentación tostada es hemosiderina procedente de la sangre que escapa a través de las paredes capilares ante la elevada presión venosa. La piel afecta se irrita con mucha facilidad y es muy sensible a las medicaciones tópicas.

dermatitis por níquel (nickel dermatitis), dermatitis por contacto con el metal níquel. La exposición suele ser a través de bisutería, relojes de pulsera, broches metálicos y monedas. La sudación aumenta el grado de la erupción dérmica.

dermatitis por plantas del género *Rhus* (rhus dermatitis), exantema provocado por el contacto con una planta del género *Rhus*, como el zumaque venenoso.

dermatitis por radiación (radiation dermatitis), inflamación aguda o crónica de la piel debida a la exposición a radiación ionizante, como en la terapia del cáncer. Los síntomas pueden no ser evidentes hasta tres semanas después, y consisten en aparición de eritema, formación de ampollas y descamación superficial. En casos muy graves la enfermedad evoluciona hacia la cicatrización, la fibrosis y la atrofia.

dermatitis por viento (windburn), trastorno cutáneo provocado por la exposición a corrientes de aire.

dermatitis por zumaque venenoso (poison ivy dermatitis), tipo de erupción cutánea causada por la exposición a un aceite no volátil, el toxicodendrol, presente en las hojas y en otras partes de la planta del zumaque venenoso, miembro del género *Rhus toxicodendron*.

dermatitis precancerosa (precancerous dermatitis), v. **carcinoma intraepidérmico**.

dermatitis primaria (primary dermatitis), erupción cutánea causada por una sustancia que puede producir daño celular en el primer contacto, a diferencia de la dermatitis que se desarrolla como reacción de hipersensibilidad a un alergeno.

dermatitis pustulosa contagiosa (contagious pustular dermatitis), enfermedad cutánea que normalmente afecta a las ovejas, pero que es transmitida a los seres humanos que manipulan animales infectados. Su causa es un poxvirus y provoca lesiones en las manos y, en ocasiones, en la cara. Las lesiones se resuelven espontáneamente, aunque de forma lenta.

dermatitis seborreica (seborrheic dermatitis), enfermedad inflamatoria crónica común de la piel caracterizada por escamas grisáceas, secas o húmedas, y costras amarillentas. Sus localizaciones habituales son el cuero cabelludo, los párpados, la cara, la superficie externa de las orejas, las axilas, las mamas, la ingle y los pliegues glúteos. En los estadios agudos puede haber exudado e infección con forunculosis secundaria. En algunas personas, la dermatitis seborreica se asocia a parálisis agitante, diabetes mellitus, trastornos de malabsorción, epilepsia o reacción alérgica al oro o al arsénico.

Algunos tipos de dermatitis seborreica son: **blefaritis seborreica, caspa** y **costra láctea**.
dermatitis venenata (dermatitis venenata), v. **dermatitis de contacto**.
dermatitis verrugosa (verrucous dermatitis), cualquier erupción cutánea con lesiones de tipo verrugoso.
dermatocele (dermatocele), crecimiento exagerado de la piel y del tejido subcutáneo, que cuelga en pliegues pendulares.
dermatofibroma (dermatofibroma, *pl.* **dermatofibromas, dermatofibromata**), nódulo cutáneo indoloro, redondo, duro, gris o rojo y elevado. Se encuentra casi siempre en las extremidades.

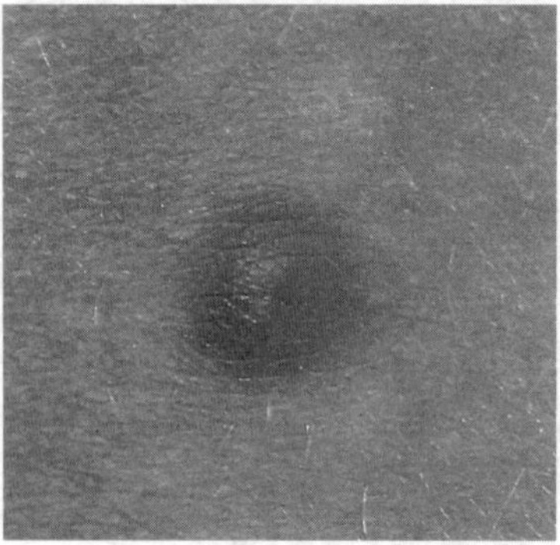

Dermatofibroma
(A. du Vivier, 2.ª ed., 1995)

dermatofibrosarcoma (dermatofibrosarcoma), fibrosarcoma o tumor fibroso de la piel.
dermatofítide (dermatophytid), reacción alérgica cutánea caracterizada por pequeñas vesículas, asociada a dermatomicosis.
dermatofito (dermatophyte), cualquiera de los diversos hongos que producen enfermedades parasitarias de la piel en los seres humanos.
dermatofitosis (dermatophytosis), infección fúngica superficial de la piel, producida por distintas especies de dermatofitos de los géneros *Microsporum, Epidermophyton* o *Trichophyton*. Cuando afecta al tronco y las extremidades superiores suele llamársele tiña del cuerpo y se caracteriza por manchas redondas u ovales, escamosas, con bordes ligeramente elevados y centro claro. En los pies producen pequeñas vesículas que se agrietan, pican y se descaman, con frecuentes infecciones bacterianas secundarias, y reciben habitualmente el nombre de «pie de atleta».
dermatoglifia (dermatoglyphics), estudio del dibujo formado por las líneas de la piel de los dedos de la mano, el pie, la palma de la mano y la planta del pie. Estos patrones se utilizan como base para la identificación del sujeto y también tienen valor diagnóstico, pues existen asociaciones entre determinados patrones y anomalías cromosómicas.
dermatografía (dermatographia), proceso cutáneo anómalo caracterizado por vesículas que se producen al «rayar» la piel con un dedo o un instrumento romo.
dermatología (dermatology), estudio de la piel, que incluye su anatomía, fisiología y patología y el diagnóstico y tratamiento de las alteraciones cutáneas.
dermatólogo (dermatologist), médico especialista en las enfermedades de la piel.
dermatoma, dermatomo (dermatome), **1.** (en embriología) capa mesodérmica del embrión en la fase inicial de su desarrollo, que origina las capas dérmicas de la piel. **2** (en cirugía) instrumento utilizado para cortar finas láminas de piel para injerto. **3.** área de la superficie del cuerpo inervada por fibras aferentes de una raíz espinal.
dermatomicosis (dermatomycosis), infección fúngica superficial de la piel, que se encuentra de forma característica en partes húmedas y protegidas por la ropa, como ingles o pies. Su causa es un dermatofito.
dermatomiositis (dermatomyositis), enfermedad de los tejidos conectivos caracterizada por inflamación pruriginosa y eccematosa de la piel, con dolor a la palpación y debilidad muscular. El tejido muscular queda destruido, y su pérdida es a menudo tan intensa que al enfermo le es imposible caminar o realizar las tareas más sencillas.

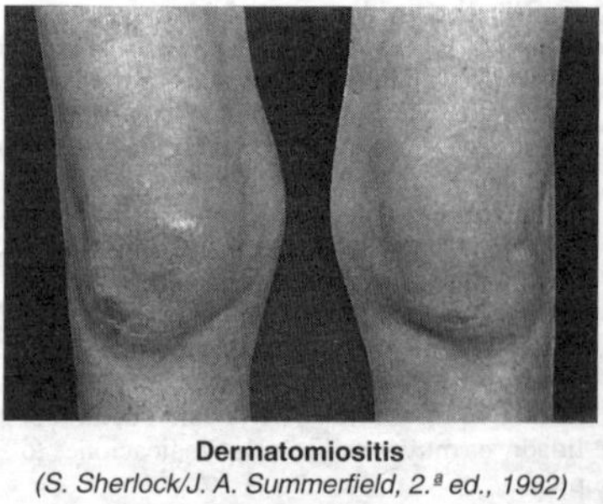

Dermatomiositis
(S. Sherlock/J. A. Summerfield, 2.ª ed., 1992)

Dermatophagoides farinae (Dermatophagoides farinae), especie ubicua de ácaros del polvo casero, responsable de reacciones alérgicas en individuos sensibles.

dermatoplastia (dermatoplasty), técnica quirúrgica en la que se trasplanta tejido cutáneo a una superficie corporal dañada por enfermedad o herida.

dermatoquiste (dermatocyst), tumor quístico de los tejidos cutáneos.

dermatosclerosis (dermatosclerosis), enfermedad de la piel caracterizada por infiltración fibrosa del tejido graso subcutáneo, con aparición de placas de piel engrosada y aspecto de cuero.

dermatosis (dermatosis), cualquier proceso de la piel, especialmente si no lleva asociada inflamación.

dermatosis papulosa nigra (dermatosis papulosa nigra), proceso patológico cutáneo frecuente en la raza negra, que consiste en múltiples pápulas pequeñas, benignas, del color de la piel o hiperpigmentadas, en las mejillas.

dermis, corion (dermis, corium), capa de la piel, inmediatamente por debajo de la epidermis formada por una capa papilar y otra reticular que contiene los vasos sanguíneos y linfáticos, nervios y terminaciones nerviosas, glándulas y folículos pilosos.

dermoabrasión (dermabrasion), tratamiento para extirpar escaras de la piel mediante el frotamiento con cepillos rotatorios de filamentos o papel de lija. Para realizar esta técnica se emplea un aerosol que congela la piel.

dermografismo (dermographism), v. **dermatografía**.

dermoide (dermoid), **1.** perteneciente o relativo a la piel. **2.** *coloquial*, quiste dermoide.

derramadero (spillway), conducto o pasaje por el cual escapan normalmente los alimentos desde las superficies oclusales de los dientes durante la masticación.

derrame (effusion), fuga de líquido desde los vasos sanguíneos, por su rotura o filtración, normalmente hacia una cavidad corporal. El proceso se asocia habitualmente a problemas circulatorios o renales, y a menudo es un signo precoz de una enfermedad cardíaca congestiva.

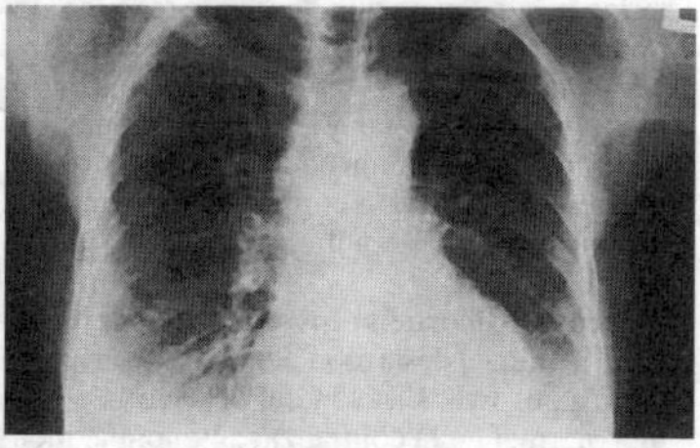

Derrame pleural
(C. D. Forbes/W. F. Jackson, 1994)

DES (DES), abreviatura de **dietilestilbestrol**.

desaceleración (deceleration), disminución de la velocidad de un objeto o una reacción.

desactivación (deactivation), proceso de convertir algo en inactivo o inoperante.

desaferenciación (deafferentation), interrupción en un sistema nervioso aferente.

desalinación (desalination), proceso de eliminación de la sal del agua o de otras sustancias.

desaminación (deamination), extracción, normalmente mediante hidrólisis, del radical NH_2 de un compuesto amínico.

desaminasa (deaminase), enzima que cataliza la hidrólisis del NH_2 unido a compuestos amínicos. Las enzimas se suelen denominar según el sustrato, como la adenosín-desaminasa o la guanosín-desaminasa.

desarrollo (development), **1.** proceso gradual de cambio y diferenciación desde un nivel de complejidad menor a uno mayor. Algunos tipos de desarrollo son: **dentición del desarrollo, desarrollo en mosaico, desarrollo psicomotor, desarrollo psicosexual, desarrollo psicosocial** y **desarrollo regulador. 2.** (en biología) serie de fenómenos que se producen en un organismo desde el momento de la fertilización del óvulo hasta la fase adulta.

desarrollo cognitivo (cognitive development), proceso de desarrollo por el cual un lactante se convierte en una persona inteligente, adquiriendo, con el crecimiento, conocimientos y la capacidad de pensar, aprender, razonar y abstraer.

desarrollo del personal (staff development), (en enfermería) proceso que ayuda al personal de enfermería de forma individual, de una agencia u organización, a conseguir nuevas habilidades y conocimientos, aumentando su nivel de competencia y también su profesionalidad. El proceso puede incluir programas de orientación, educación durante el servicio y educación continuada.

desarrollo embrionario (embryologic development), conjunto de los distintos estadios intrauterinos y procesos implicados en el crecimiento y diferenciación del producto de la concepción, desde el momento de la fertilización del huevo hasta la octava semana de gestación. Los estadios se relacionan con el estado biológico del nonato y se dividen en dos períodos diferentes. El primero es el de embriogénesis, o formación del embrión, que se produce durante los 10-14 días después de la fertilización, hasta la implantación. El segundo período, la organogénesis, implica la diferenciación de las distintas células, tejidos y sistemas orgánicos, y el desarrollo de las principales características externas del embrión; se produce aproximadamente desde el final de la segunda semana hasta la octava semana de la vida intrauterina. El estadio fetal sigue a los anteriores y comienza aproximadamente en la novena semana de gestación.

desarrollo en mosaico (mosaic development), tipo de desarrollo embrionario que se aprecia en el blastocisto. El óvulo fertilizado sufre una división determinada, desarrollándose según un plan preciso e inalterable, en el que cada blastómero tiene una posición característica, una potencia de desarrollo limitada y es el precursor de una determinada parte del embrión.

desarrollo físico y psicomotor de los lactantes (psychomotor and physical development of infants), rama de la psiquiatría pediátrica que se ocupa del desarrollo de habilidades que requieren la coordinación entre los procesos sensoriales y las actividades motoras, como los reflejos del lactante, las tablas cronológicas de desarrollo horario y los trastornos emocionales y conductuales.

desarrollo infantil (child development), conjunto de las distintas fases del crecimiento físico, social y psicológico que se produce desde el nacimiento hasta la edad adulta.

desarrollo libidinoso (libidinal development), v. **desarrollo psicosexual**.

desarrollo prenatal (prenatal development), proceso completo de crecimiento, maduración, diferenciación y desarrollo que tiene lugar entre la concepción y el nacimiento. La ovulación se suele producir aproximadamente el día 14 antes del siguiente período menstrual esperado. Si el huevo resultase fecundado, comenzaría inmediatamente la carrera hacia la maduración fetal y el nacimiento. Durante los primeros 14 días, el huevo fecundado experimenta división celular en varias ocasiones, convirtiéndose en mórula, y después en blastocisto que es capaz de implantarse en la pared uterina. Desde el comienzo de la tercera semana hasta el final de la séptima semana de desarrollo embrionario, la implantación profundiza y se completa. Al final de la séptima semana, todos los sistemas esenciales están ya presentes. El período de tiempo transcurrido desde la octava semana hasta el nacimiento recibe el nombre de fase fetal. Entre las 17 y 20 semanas de embarazo, la madre suele notar por vez primera los movimientos del bebé. En este momento, el feto tiene ya el aspecto de un niño muy pequeño. A las 28 semanas, comienza a desarrollarse la grasa subcutánea, ya están presentes las uñas en los dedos de manos y pies, los párpados se separan y se pueden abrir los ojos, el pelo del cuero cabelludo está bien desarrollado y, en los varones, los testículos se encuentran a nivel del anillo inguinal interno o incluso más abajo. En una unidad de cuidados intensivos neonatales moderna, más del 80% de los niños nacidos a las 28 semanas sobreviven. Alrededor de la 32 semana, el feto pesa entre 1.300 y 1.800 g. A las 36 semanas el cuerpo y las extremidades son más grandes y más redondeados, hay pliegues en los dos tercios anteriores de las plantas de los pies y la piel es más gruesa y menos transparente. Cuando el feto llega a término, entre las 38 y 42 semanas, el vérnix disminuye y se desarrolla el cartílago auricular. A las 40 semanas, el peso promedio del feto es de 3,3 kg y tiene una longitud aproximada de 48 a 55 cm. El desarrollo prenatal puede verse afectado por varios factores. Entre las semanas 2 y 4 de gestación, las radiaciones ionizantes y algunos fármacos pueden tener intensos efectos sobre el desarrollo morfológico y funcional. Después de la semana 14, cuando ya se han formado los órganos, sistemas y partes del cuerpo, los efectos adversos son en su mayor parte funcionales; no se producen lesiones morfológicas importantes.

desarrollo psicomotor (psychomotor development), adquisición progresiva por parte de los niños de habilidades relacionadas tanto con la actividad mental como con la muscular, como es la habilidad del lactante para darse la vuelta, sentarse y arrastrarse a voluntad y de los niños de 2 a 4 años para caminar, hablar, controlar las funciones vesical e intestinal y comenzar a resolver problemas cognitivos.

desarrollo psicosexual (psychosexual development), (en psicoanálisis) aparición de la personalidad a través de una serie de fases desde la infancia hasta la edad adulta, estando cada fase relativamente fija en el tiempo; se caracteriza por la existencia de un mecanismo dominante de consecución del placer sexual a través de la interacción entre los impulsos biológicos de la persona y las limitaciones del entorno. La resolución de los conflictos que se plantean en cada fase consigue, teóricamente, un ajuste heterosexual equilibrado y un desarrollo normal.

desarrollo psicosocial (psychosocial development), (en el desarrollo del niño) descripción ideada por Erik Erikson del desarrollo periódico normal de la confianza, autonomía, identidad e intimidad; el desarrollo se inicia en la infancia y evoluciona a medida que el ego infantil interacciona con el entorno. Para que el niño pase a una nueva fase, es preciso que la anterior esté completamente superada.

desarrollo puberal (onset of puberty), fase del desarrollo en la cual los genitales alcanzan su madurez y aparecen los caracteres sexuales secundarios. En las mujeres se produce generalmente entre los 11 y los 13 años, cuando tiene lugar el desarrollo de las mamas y la menarquia. En los hombres aparece entre los 12 y los 14 años y se caracteriza por la eyaculación de esperma.

desarrollo regulador (regulative development), tipo de desarrollo embrionario en el que el huevo fecundado sufre una segmentación indeterminada, produciendo blastómeros que tienen potencias de desarrollo similares y que son capaces de dar lugar a embriones aislados. La determinación de los órganos y de las partes concretas del embrión tiene lugar en estadios posteriores del desarrollo, estando influida por los inductores y por la interacción intercelular.

desarticulación (disarticulation), separación de una articulación sin seccionar el hueso.

desaturación (desaturation), formación de un compuesto químico no saturado a partir de otro saturado.

desbridar (debride), retirar suciedad, cuerpos extraños, tejidos dañados y restos celulares de una herida o una quemadura, para evitar una infección o promover su cicatrización. Al tratar una herida, el desbridamiento es el primer paso para su limpieza.

descalcificación (decalcification), pérdida de sales de calcio de dientes y huesos, producida por malnutrición, malabsorción u otros factores dietéticos o fisiológicos. Puede ser el resultado de una dieta sin el calcio adecuado. La malabsorción puede deberse a la falta de vitamina D necesaria para absorber el calcio del intestino, a un exceso de grasas de la dieta, que pueden combinarse con el calcio, a la presencia de ácido oxálico, que también puede combinarse con el calcio, o a una pérdida relativa de ácidos en el tracto digestivo. Otros factores son: el control del nivel de calcio en el torrente circulatorio para la parathormona, el cociente calcio-fósforo de la sangre y la actividad relativa de las células osteoblásticas, que forman depósitos de calcio en huesos y dientes, con respecto a la de los osteoclastos, que absorben el calcio óseo y dentario.

descamación (desquamation), proceso normal en el que el estrato córneo de la epidermis se desprende en finas escamas.

descamación furfurácea (furfuraceous desquamation), desprendimiento de la epidermis en grandes escamas.

descarga (venting), (en terapia intravenosa) método para permitir la entrada de aire en el vacío de la botella intravenosa y el desplazamiento de la solución intravenosa a medida que sale el aire. Habitualmente, las botellas intravenosas de vidrio llevan un tubo de descarga unido al sistema de tubos IV principal o a una puerta de descarga incorporada al tapón de la botella.

descarga, vuelco (dump), **1.** preservación del contenido de la memoria de un ordenador, transfiriéndola a otra memoria. **2.** impresión del contenido de la memoria o de otro medio de almacenamiento en un ordenador. **3.** lista impresa de esa operación.

descargar (discharge), **1.** también **evacuar, excretar, segregar**: liberar una sustancia u objeto. **2.** liberar una carga eléctrica, que puede manifestarse por una chispa u onda irruptiva de electricidad, por medio de una batería, condensador u otra fuente. **3.** liberar energía desde o a través de una neurona. **4.** liberar emociones, frecuentemente acompañado de un amplio arco de reflejos voluntarios e involuntarios, lo que en psicología se denomina descarga afectiva (llanto, ira u otras manifestaciones emocionales).

descarrilamiento (derailment), patrón esquizofrénico del habla en el que ideas incomprensibles, desconectadas y sin relación entre sí sustituyen a los pensamientos lógicos y ordenados.

descenso (descensus), proceso por el que una estructura cae o desciende; prolapso.

descenso testicular (descent of testis), desplazamiento prenatal normal de los testículos desde el abdomen hasta la posición definitiva del adulto en el escroto. Habitualmente, el descenso incompleto se debe a defectos hormonales o mecánicos que pueden ser corregidos quirúrgicamente en la primera infancia.

descentramiento lateral (lateral decentering), (en radiología), error en la colocación de una rejilla enfocada, ocasionando el corte parcial de la rejilla sobre toda la película. El error también se puede deber a la colocación inadecuada de la cabeza del tubo y no de la rejilla.

descerebración (decerebration), proceso de extirpación del cerebro o reacción del tronco del encéfalo por encima del nivel del núcleo rojo, con lo que se elimina la función cerebral.

descodificar (decode), traducir la información codificada a términos de uso habitual.

descompensación (decompensation), fallo de un sistema, como la descompensación en la insuficiencia cardíaca.

descomposición (decomposition), disolución de una sustancia en compuestos químicos más simples.

descomposición del movimiento (movement decomposition), distorsión del movimiento voluntario en la que el movimiento se produce siguiendo una secuencia de pasos aislados y diferenciados, y no siguiendo el patrón normal, suave y continuo.

descompresión (decompression), **1.** técnica para readaptar a un individuo a la presión atmosférica normal tras su exposición a presiones más elevadas, como en el buceo. **2.** retirada de la presión producida por un gas o un líquido en una cavidad corporal, como la del estómago o el tracto intestinal.

descongestivo (decongestant), **1.** perteneciente o relativo a una sustancia o técnica que elimina o reduce la congestión o la tumefacción. **2.** fármaco descongestivo. Los agentes antihistamínicos y los adrenérgicos que producen broncodilatación de la mucosa nasal se utilizan como descongestivos.

descontaminación (decontamination), proceso para que una persona, objeto o entorno esté libre de microorganismos, radiactividad y otros contaminantes.

descubrimiento (discovery), (en derecho) procedimiento previo al juicio que permite a una parte examinar los testimonios y documentos esenciales que posee exclusivamente la parte contraria.

descuido (neglect), proceso que se produce cuando un padre o tutor no es capaz de proporcionar un mínimo de cuidados físicos y emocionales a un niño u otra persona dependiente, o fracasa en sus esfuerzos.

descuido unilateral (unilateral neglect), diagnóstico de enfermería, aprobado por la NANDA, de un estado en el que un individuo ignora o no presta atención a un lado del cuerpo. Entre las características que lo definen están la falta constante de atención a los estímulos sobre el lado afectado, autocuidado inadecuado (como en la colocación y/o precauciones de seguridad en cuanto al lado afectado), no mirar hacia el lado afectado y dejar alimentos en el plato en el lado afectado.

desdoblamiento (splitting), mecanismo de defensa primitivo que cuando se utiliza exageradamente representa una detención del desarrollo. Se produce incapacidad para sintetizar las experiencias e ideas que uno tiene de sí mismo, de otras personas, de situaciones y de centros.

desdoblamiento de la personalidad (split personality), v. **personalidad múltiple**.

desecar (dessicate), **1.** secar concienzudamente. **2.** conservar mediante el secado, especialmente los alimentos.

desencadenante (trigger), sustancia, objeto o agente que inicia o estimula una acción.

desencajamiento (disengagement), maniobra obstétrica para desencajar de la pelvis materna la parte del feto en presentación en el transcurso de un parto quirúrgico.

desensibilización fóbica (phobic desensitization), método para resolver un ego distónico o un patrón de conducta incómoda mediante la reentrada en las situaciones vitales emocionalmente perturbadoras por estadios, primero en fantasía y luego en la vida real. Es similar a las técnicas psicoterapéuticas de **inundación** y de **terapia implosiva**.

desensibilización general (systemic desensitization), técnica utilizada en terapia de conducta para eliminar la ansiedad por falta de adaptación asociada a las fobias. El procedimiento implica la construcción por parte de la persona de una jerarquía de estímulos productores de ansiedad y de la presentación general de estos estímulos hasta que ya no desencadenen la respuesta inicial de temor.

desensibilizar (desensitize), **1.** (en inmunología) hacer que una persona se vuelva insensible a algún antígeno. **2.** (en psiquiatría) aliviar a una persona alterada emocionalmente del estrés de fobias y neurosis, instándola a analizar las ansiedades y experiencias estresantes que le producen esos problemas emocionales. **3.** (en odontología) reducir o eliminar la respuesta dolorosa de la dentina vital, puesta al descubierto, a las sustancias irritantes y los cambios de temperatura.

desequilibrado (imbalanced), persona con notables capacidades mentales en determinados aspectos, pero deficientes en otros, como un «idiot savant».

desequilibrio (imbalance), **1.** falta de equilibrio entre grupos musculares opuestos. **2.** equilibrio anormal de líquido y electrólitos en los tejidos corporales. **3.** distribución desigual de sujetos en un grupo de población.

desequilibrio autónomo (autonomic imbalance), interrupción de un segmento del sistema nervioso autónomo, como sucede en la ataxia autónoma.

desequilibrio simpático (sympathetic imbalance), relativo a la vagotonía o tensión vagal e hiperexcitabilidad del sistema nervioso parasimpático en oposición al sistema nervioso simpático.

deserpidina (deserpidine), alcaloide de la rauwolfia que se prescribe en la hipotensión y la ansiedad leves.

desesperanza (hopelessness), diagnóstico de enfermería, aprobado por la NANDA, de un estado en el que un individuo se ve limitado o no ve alternativa o elección personal posible y es incapaz de movilizar energía a su favor. Entre las características que lo definen se incluyen la pasividad, la disminución de la verbalización, la disminución afectiva, las expresiones verbales con un contenido deprimente, la falta de iniciativa, la disminución de respuesta a estímulos, la disminución del apetito, el aumento del sueño y la falta de implicación en su cuidado o la pasividad a la hora de permitir su cuidado.

desestimar (dismiss), (en derecho) cancelar o retirar una acción, vista o juicio.

desfibrilación (defibrillation), detención de la fibrilación ventricular mediante la descarga de un choque eléctrico directo sobre la región precordial del paciente.

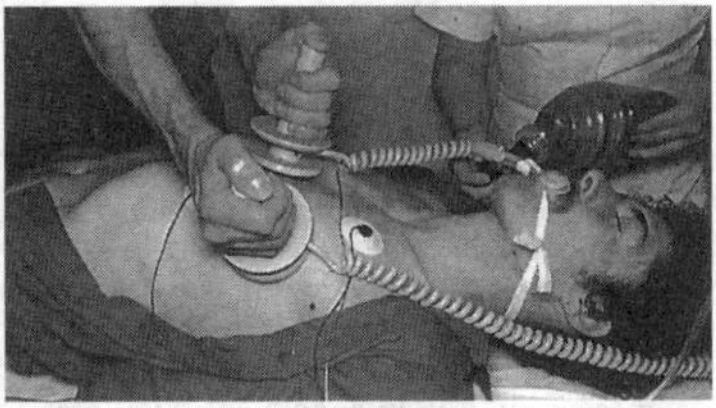

Desfibrilación
(C. D. Forbes/W. F. Jackson, 1994)

desfibrilador (defibrillator), dispositivo que descarga un choque eléctrico sobre el miocardio, a un voltaje previamente establecido, a través de la pared del tórax. Se utiliza para restablecer el ritmo y la frecuencia cardíaca normales cuando el corazón ha dejado de latir o está en fibrilación.

desfibrilar (defibrillate), detener la fibrilación de las aurículas o ventrículos cardíacos, normalmente descargando un choque eléctrico al miocardio a través de la pared del tórax o por medio de un desfibrilador.

desfloración (defloration), rotura del himen vaginal. Puede suceder durante el coito, un examen ginecológico o un acto quirúrgico, si es necesario para eliminar un obstáculo al paso del flujo menstrual.

desgarro ligamentoso (ligamental tear), desgarro completo o parcial de la estructura ligamentosa que conecta y rodea los huesos de una articulación, producido por una lesión de la articulación, como un movimiento repentino de rotación o el impacto de una fuerza. Los desgarros ligamentosos pueden producirse en cualquier articulación, aunque la localización más frecuente es la rodilla.

desgarro perineal (tears of the perineum), rasgado de los tejidos situados entre la vulva y el ano producido por un estiramiento excesivo de la vagina durante el parto. Generalmente se repara mediante cirugía.

deshidratación (dehydratation), **1.** pérdida excesiva de agua por los tejidos corporales. La deshidratación se acompaña de alteración del equilibrio de electrólitos esenciales, sobre todo sodio, potasio y cloro. Los signos de deshidratación son: escasa turgencia de la piel, piel seca y roja, oliguria, irritabilidad y confusión. **2.** retirada del agua de una sustancia.

deshidratar (dehydrate), extraer el agua de una sustancia.

deshidratarse (dehydrate), perder una cantidad excesiva de agua el organismo.

deshumanización (dehumanization), proceso de pérdida de las cualidades altruistas, como puede suceder en algunos estados psicóticos.

desinfección (disinfection), proceso para destruir organismos patógenos o convertirlos en inertes.

desinfección concurrente (concurrent disinfection), manipulación y eliminación diaria del equipo o materiales contaminados.

desinfección del termómetro (disinfection of thermometer), destrucción de los organismos infecciosos que puedan estar presentes en un termómetro clínico de vidrio. Habitualmente, el proceso consiste en la utilización de germicidas químicos después de un lavado cuidadoso, que en EE.UU. se basa en las normas sobre limpieza, desinfección y esterilización de material hospitalario derivadas de las *Centers for Disease Guidelines*.

desinfección terminal (terminal desinfection), proceso de limpiar el material y airear una habitación después del alta de un paciente al que se ha tratado por una enfermedad infecciosa.

desinfectante (disinfectant), sustancia química que puede aplicarse sobre los objetos para destrutir microorganismos.

desinfectar (disinfect), eliminar organismos patógenos.

desinfestación (disinfestation), eliminación del riesgo de infestación por parásitos, roedores u otros organismos nocivos.

desinhibición (disinhibition), eliminación de una inhibición.

desinstitucionalización (deinstitutionalization), traslado a un ambiente comunitario externo de un paciente que ha estado hospitalizado durante un período prolongado de tiempo, generalmente muchos años.

desintegración beta (beta decay), tipo de radiactividad caracterizada por la emisión de partículas beta, tales como los electrones o los positrones. V. **partícula beta**.

desintegración radiactiva (radioactive decay), desintegración del núcleo de un núclido inestable por la emisión espontánea de partículas cargadas, fotones o ambos.

desinterés soñoliento (somnolent detachment), (en psicología) término introducido por Sullivan para un tipo de actuación de defensa en la cual una persona se queda dormida cuando se enfrenta a una experiencia muy amenazadora, productora de ansiedad.

desintoxicación (detoxification), eliminación de un veneno o de sus efectos sobre un paciente.

desintoxicar (detoxify), hacer que una sustancia tóxica se vuelva inofensiva, o vencer los efectos de un agente tóxico.

deslanósido (deslanoside), cardiotónico que se prescribe en la insuficiencia cardíaca congestiva y en ciertas arritmias.

deslizamiento (gliding), **1.** movimiento suave y continuo. **2.** el más sencillo de los cuatro movimientos básicos que permiten las articulaciones del esqueleto. Está presente en todas las articulaciones móviles, y permite que una superficie se mueva suavemente sobre otra adyacente, independientemente de su forma.

deslizamiento de la epífisis femoral (slipped femoral epiphysis), insuficiencia de la placa epifisaria femoral que suele producirse principalmente en adolescentes con sobrepeso debido a cambios hormonales. Entre las características clínicas se encuentran rigidez de cadera y dolor. Puede haber también dolor en la rodilla y rotación externa de la pierna afectada. El tratamiento consiste en cirugía ortopédica.

desmayo (faint), (no técnica) **1.** perder la consciencia, como en el síncope. **2.** síncope.

desmielinización (demyelation), proceso de destrucción o pérdida de la vaina de mielina de un nervio o fibra nerviosa.

desmineralización (demineralization), disminución en la cantidad de minerales o sales orgánicas de los tejidos, como ocurre en ciertas enfermedades.

desmocito (desmocyte), v. **fibroblasto**.

desmosis (desmosis), cualquier enfermedad del tejido conjuntivo.

desmosoma (desmosome), pequeña zona densa y circular del puente intercelular, que forma el lugar de adherencia entre determinadas células epiteliales, especialmente las del epitelio estratificado de la epidermis.

desnaturalización (denaturation), **1.** alteración de la naturaleza o estructura básica de una sustancia. **2.** proceso por el que una comida o bebida se vuelven inadecuadas para el consumo humanos, aunque se sigan utilizando con otros propósitos, por ejemplo, como solvente.

desnervado (denervated), trastorno en el que se produce una interrupción de la vía del impulso nervioso, como sucede en el caso de su excisión o de la administración de un fármaco que la bloquea. Esto provoca la disminución o la ausencia de transmisión de impulsos por esa vía.

desnitrogenación (denitrogenation), eliminación de nitrógeno de los pulmones y los tejidos corporales, durante un período de respiración de oxígeno puro.

desnucleado (denucleated), situación que resulta de la eliminación del núcleo.

desodorante (deodorant), **1.** destructor o enmascarador de olores. **2.** sustancia que destruye o enmascara olores. Los desodorantes axilares llevan una sustancia antisudor, como cloruro de aluminio, hidróxido de aluminio, sulfato de aluminio o clorhidrato de circonilaluminio. Estas sales forman un gel de hidróxido de aluminio que tapona los conductos sudoríparos. Algunos desodorantes axilares contienen agentes antibacterianos y esencias olorosas. Los sprays desodorantes vaginales llevan un emoliente éster graso, una esencia enmascaradora y un agente antimicrobiano, como cloruro de benzetonio, clorhidrato de clorhexidina o triacetina.

desonida (desonide), corticosteroide tópico prescrito como agente antiinflamatorio.

desorganización familiar (family disorganization), disolución del sistema familiar. Se puede asociar a la sobrecarga de los padres o a la pérdida de los sistemas de apoyo para los miembros de la familia. La desorganización de la familia puede contribuir a la pérdida de los controles sociales que la familia suele imponer a sus miembros.

desorientación (disorientation), estado de confusión mental caracterizado por una percepción inadecuada o incorrecta de lugar, tiempo o identidad.

desorientación topográfica (topographic disorientation), forma de desorientación basada en el modelo topográfico de Freud del aparato mental, constituido por los sistemas consciente, preconsciente e inconsciente para interpretar las percepciones del mundo exterior y las percepciones internas.

desorientar (disorient), producir una pérdida de la alerta o percepción del espacio, tiempo o identidad y relaciones personales.

desosificación (deossification), pérdida de materia mineral de los huesos.

desoxigenación (deoxygenation), eliminación del oxígeno de un compuesto químico.

desoximetasona (desoximethasone), corticosteroide tópico que se prescribe como agente antiinflamatorio.

despersonalización (depersonalization), sentimiento de extrañeza o irrealidad con respecto a uno mismo o su ambiente, siendo a menudo debido a ansiedad.

despertar (arousal), **1.** fin del sueño. **2.** excitación o provocación de acciones o respuestas a estímulos sensoriales.

despertar (emergence), estado en el proceso de recuperación de una anestesia general que implica respiración espontánea, deglución voluntaria y consciencia.

despiojar (delousing), liberar a una persona u objeto de una infestación por piojos.

desplazamiento (displacement), **1.** cambio de lugar o acto de desplazarse. **2.** (en química) reacción en la que un átomo, molécula o radical es extraído de una combinación y reemplazado por otro. **3.** (en física) cambio de lugar de una masa por efecto de otra, como el peso o el volumen de un líquido cuando es desplazado por un cuerpo flotante o sumergido. **4.** (en psiquiatría) mecanismo defensivo inconsciente para evitar conflictos emocionales y ansiedad transfiriendo emociones, ideas o deseos desde un objeto a otro que produce menor ansiedad.

desplazamiento (shift), cambio brusco en un sistema analítico que continúa a un nuevo nivel.

desplazamiento competitivo (competitive displacement), tendencia de un fármaco a desplazar a otro de una zona de unión a una proteína cuando se toman simultáneamente. El fármaco unido farmacológicamente es menos activo que el fármaco libre.

desplazamiento pélvico lateral (lateral pelvic displacement), uno de los cinco determinantes cinéticos principales de la marcha. Ayuda a sincronizar los movimientos rítmicos de la marcha, y se produce por el desplazamiento horizontal de la pelvis o por la abducción relativa de la cadera.

despolarización (depolarization), reducción del potencial de membrana a un valor menos negativo.

desprendimiento de retina (retinal detachment), separación de la retina de la coroides en la parte posterior del ojo, habitualmente como consecuencia de un agujero en la retina que permite la interposición del humor vítreo entre la coroides y la retina. La causa inmediata puede ser un traumatismo ocular grave, como una contusión o una herida penetrante, pero en la mayor parte de los casos el desprendimiento se debe a cambios internos en la cámara vítrea asociados al envejecimiento o, con menor frecuencia, a la inflamación del interior del ojo. En la mayoría de los pacientes, el desprendimiento de retina se desarrolla lentamente. El primer síntoma suele ser la aparición brusca de un gran número de manchas flotando libremente por delante del ojo afectado. Es posible que la persona también note una sensación curiosa de destellos luminosos al mover el ojo. Dado que la retina no contiene nervios sensitivos que transmitan sensaciones de dolor, el trastorno no suele ser doloroso. Habitualmente, el desprendimiento comienza en el borde periférico de la retina y se va extendiendo progresivamente por debajo de las zonas más gruesas en el centro. La persona percibe una sombra que comienza lateralmente y que va creciendo de tamaño, ocupando lentamente la visión central. En caso de no detener el proceso de desprendimiento, al final se terminará desarrollando una ceguera total. Este trastorno no se resuelve espontáneamente por sí mismo.

desproporción cefalopélvica (DCP) (cephalopelvic disproportion [CPD]), alteración obstétrica en la que la cabeza del feto es demasiado grande o el canal del parto materno demasiado pequeño para permitir un parto o nacimiento por la vía normal. En la DCP absoluta la cabeza del niño es característicamente mayor o el canal del parto materno es anormalmente pequeño, lo que hace imposible el parto vaginal. En la DCP relativa, el tamaño de la cabeza del feto se encuentra dentro de los límites normales aunque es superior a la media, el tamaño del canal del parto materno se halla en los límites normales aunque es inferior a la media, o ambos.

desreflexión (dereflection), técnica de psicología logoterapéutica para intentar que una persona deseche un objetivo dirigiéndole positivamente hacia otro, haciendo hincapié en sus valores y capacidades en vez de hacerlo en el problema en cuestión.

destemplanza (distemper), cualquier trastorno o indisposición, mental o físico.

destetado (weanling), niño que ha sido destetado recientemente.

destetar (wean), inducir en un niño el abandono de la lactancia materna y la aceptación de otros alimentos en su lugar. Muchos niños están preparados para el destete durante la segunda mitad del primer año de vida; algunos se destetan por sí solos.

destilación (distillation), proceso de vaporización seguido de condensación en otra parte del sistema.

destilado (distillate), producto de la destilación.

destreza (dexterity), habilidad en el uso de las propias manos o del cuerpo.

desvascularización (devascularization), extracción de la sangre de una parte del cuerpo o detención del flujo sanguíneo en esa parte.

desviación (deviance), conducta contraria a las normas aceptadas por una comunidad o cultura.

desviación a la derecha (shift to the right), (en hematología) predominio de los leucocitos polimorfonucleares neutrófilos con tres o más lóbulos, lo que indica madurez de la célula. Representa una falta relativa de actividad hematopoyética.

desviación a la izquierda (shift to the left), *coloquial,* predominio de los linfocitos inmaduros, observado en el recuento leucocitario diferencial. El término procede de una gráfica de los componentes sanguíneos en la cual aparecen las células inmaduras en el lado izquierdo del gráfico.

desviación conjugada (conjugate deviation), relativo al movimiento de los dos ojos, cuando los ejes visuales funcionan en paralelo. La causa es una disfunción de los músculos oculares, que permite a los ojos dirigirse al mismo lado cuando están en reposo.

desviación cubital (ulnar drift), alteración en las articulaciones metacarpofalángicas debido a una artritis reumatoide o a una sinovitis crónica. El eje longitudinal de los dedos forma un ángulo con el eje longitudinal de la muñeca, por lo que los dedos se desvían hacia el lado cubital de la mano.

desviación de cloruros (chloride shift), intercambio de iones cloruro en los hematíes a nivel periférico en respuesta a la PCO_2 sanguínea. El intercambio se invierte en los pulmones.

desviación de la lengua (deviation of tongue), tendencia de la lengua a apartarse de la línea media cuando se la extiende o se la saca. Esta alteración se asocia a un defecto del nervio hipogloso.

desviación de la norma (deviation from normal), cualidad, característica, síntoma o hallazgo clínico que difiere de lo considerado habitualmente como normal, como la elevación de la temperatura, la gestación múltiple o un dedo supernumerario.

desviación del ojo (eye deviation), relativo al movimiento de los dos ojos en el que sus ejes visuales no están paralelos. La desviación manifiesta son los grados que el eje visual de un ojo se desvía del eje del otro en los casos de estrabismo, cuando ambos ojos están abiertos.

desviación estándar (DE) (standard deviation [SD]), (en estadística) definición matemática sobre la dispersión de una serie de valores o puntuaciones en relación con la media. Cada valor de la muestra se resta de la media y se eleva al cuadrado; después se suman los cuadrados, y la raíz cuadrada de esta suma de cuadrados da un valor matemáticamente estandarizado, de forma que se pueden comparar las desviaciones de la muestra.

desviación química (chemical shift), desviación leve en el espectro de resonancia magnética nuclear de un elemento, como el hidrógeno, cuando forma parte de una biomolécula compleja, con relación al espectro de una muestra que contiene el elemento en su forma pura.

desviación social (social deviation), conducta que viola las normas sociales, engendrando ira, resentimiento y deseo de escarmiento en un segmento importante de la sociedad.

desviado (deviate), persona o acto que se aparta de lo considerado estándar, como el extravagante social o el invertido sexual, o de lo que se considera estadísticamente normal.

desviarse (deviate), variar con respecto a lo que se considera estándar o estadísticamente normal.

desvitalizado (devitalized), perteneciente a los tejidos con un escaso suministro de oxígeno y flujo sanguíneo.

detección heterocigota (heterozygote detection), utilización de la amniocentesis y de otras técnicas para identificar posibles enfermedades recesivas hereditarias ligadas al sexo, tales como el síndrome de Hunter o la distrofia muscular de Duchenne.

detección por coincidencia (coincidence counting), (en radioterapia) detección de dos fotones que actúan simultáneamente sobre dos contadores separados como resultado de la aniquilación de un positrón (formado durante un descenso radiactivo) y de un electrón. Como técnica de imagen, la detección por coincidencia de dos fotones reduce notablemente la importancia de la radiación dispersa.

detección selectiva genética (genetic screening), proceso de investigación de una determinada población de personas con el fin de detectar la presencia de una enfermedad, incipiente o evidente, como la detección selectiva de la fenilcetonuria en todos los neonatos.

detección selectiva multifásica (multiphasic screening), técnica de detección selectiva de enfermedades en poblaciones mediante la aplicación de una batería de pruebas. La técnica sirve para identificar cualquiera de las diferentes enfermedades que se rastrean en una población.

detector automático de infiltración (automatic infiltration detector), dispositivo sensible a los cambios de temperatura que activa una alarma y detiene automáticamente la infusión intravenosa cuando se produce la infiltración por líquidos intravenosos. El dispositivo detecta todo enfriamiento de la piel en el punto de inyección intravenosa, lo cual es un signo frecuente cuando se produce una infiltración.

detector de centelleo (scintillation detector), **1.** aparato basado en la emisión de luz o de radiación ultravioleta por un cristal sometido a radiación ionizante. La luz es detectada por un tubo fotomultiplicador y convertida en señal eléctrica que puede ser procesada nuevamente. **2.** aparato utilizado para medir la cantidad de radiactividad en un área del cuerpo.

detector de mentiras (lie detector), dispositivo o instrumento electrónico que detecta la mentira o la ansiedad ante preguntas específicas. El polígrafo es un detector de mentiras que se utiliza con frecuencia, detecta y registra el pulso, la frecuencia respiratoria, la tensión arterial y la sudoración.

detector de radiación (radiation detector), dispositivo para transformar la energía radiante en una forma observable, siendo utilizado para detectar la presencia y, en ocasiones, la cantidad de radiación.

detector proporcional de gas (proportional gas detector), dispositivo para medir las formas alfa y beta de radiactividad.

detención de la caries dental (arrested dental caries), caries dental en la que se ha detenido la progresión en el área de derrumbamiento, desapareciendo la infección, pero persistiendo a modo de cavidad la zona del diente que está desmineralizada.

detención del desarrollo (arrested development), parada en una o más fases del proceso de desarrollo intrauterino antes de que se haya completado éste, con la consiguiente aparición de malformaciones congénitas.

detergente (detergent), **1.** agente limpiador. **2.** (en terapia respiratoria) agente humidificador que se administra para facilitar la eliminación de secreciones del tracto respiratorio adheridas a las paredes de las vías aéreas.

deterioro (deterioration), relativo al proceso que empeora gradualmente.

determinante antigénico (antigen determinant), pequeña zona de la superficie de la molécula de un antígeno a la cual se fija el área de combinación de una molécula de anticuerpo para formar un complejo antígeno-anticuerpo. Generalmente los determinantes antigénicos son una secuencia de aminoácidos que determina la configuración de estas áreas reactivas.

determinante de la marcha (gait determinant), uno de los distintos factores cinéticos anatómicos que gobiernan la locomoción de un individuo en el proceso de la marcha. Los expertos han definido como principales determinantes de la marcha la vasculación de la pelvis, el giro pelviano, la flexión de rodilla y tobillo, la interacción de la rodilla y el tobillo y el desplazamiento lateral de la pelvis.

determinantes anteriores de la cúspide (anterior determinants of cusp), (en odontología) características de los dientes anteriores que determinan las elevaciones de las cúspides y las depresiones de las fosas en la restauración de los dientes poscaninos.

determinantes de oclusión (determinants of occlusion), (en odontología factores clasificables que intervienen en el cierre adecuado de los dientes. Los factores fijos comunes son: distancia intercondílea, centricidad mandibular y relación entre los maxilares. Los factores cambiantes son la forma y la posición de los dientes y las dimensiones verticales de la oclusión, altura de las cúspides y profundidad de la fosa.

detritos (debris), tejido muerto, enfermo o lesionado, y cualquier cuerpo extraño que deba ser retirado de una herida o zona en tratamiento.

deuda de oxígeno (oxygen debt), cantidad de oxígeno tomada por los pulmones durante la recuperación de un período de ejercicio o apnea que es muy superior a la cantidad necesaria para el metabolismo en reposo durante el período previo al ejercicio.

deuterio (^{2}H) (deuterium [^{2}H]), isótopo radiactivo del átomo de hidrógeno, utilizado como marcador.

deuteroplasma (deuteroplasm), v. **deutoplasma**.

deutoplasma (deutoplasm), elementos inactivos del protoplasma, principalmente el material nutritivo que contiene el saco vitelino.

DEV (DEV), abreviatura de **vacuna de embrión de pato**.

dewar (dewar), (en resonancia magnética nuclear) cámara doble utilizada para mantener la temperatura de los anillos magnéticos superconductores cerca del cero absoluto.

dexametasona (dexamethasone), glucocorticoide que se prescribe en el tratamiento de diferentes procesos inflamatorios.

dextrano férrico (iron dextran), preparado hematógeno inyectable que se prescribe para el tratamiento de las anemias ferropénicas que no responden al hierro por vía oral.

dextrina tisular (tissue dextrin), v. **glucógeno**.

dextro (dexter), relacionado con el lado derecho.

dextrocardia (dextrocardia), perteneciente a la localización del corazón en el hemitórax derecho, ya sea como resultado de un desplazamiento por enfermedad o por defecto congénito.

dextrocardiograma (dextrocardiogram), electrocardiograma hecho con un electrodo unipolar colocado contra el ventrículo derecho, que está formado por un complejo con una onda R pequeña y una onda S grande.

dextrosa (dextrose), glucosa para administración intravenosa disponible en varias soluciones. Se prescribe para aportar calorías y líquidos y para corregir la hipoglucemia.

dextrotiroxina sódica (dextrothyroxine sodium), antihiperlipidémico utilizado en el tratamiento de la hiperlipidemia.

diabetes (diabetes), trastorno caracterizado por la excreción exagerada de orina. Este exceso se puede deber a un déficit de hormona antidiurética (ADH), como en la diabetes insípida, o puede tratarse de la poliuria provocada por la hiperglucemia que acompaña a la diabetes mellitus.

diabetes insípida (diabetes insipidus), proceso metabólico caracterizado por una poliuria y polidipsia extremas, producidas por la deficiente producción o secreción de hormona antidiurética (ADH), o la incapacidad de los túbulos renales de responder a la ADH. En raras ocasiones, los síntomas son autoinducidos por una ingesta acuosa excesiva. El proceso puede ser adquirido, familiar, idiopático o nefrógeno. El paciente normalmente se encuentra bien y asintomático, excepto por la molestia de las micciones frecuentes y la constante necesidad de beber.

diabetes insípida nefrógena (nephrogenic diabetes insipidus), proceso patológico en el que los riñones no concentran la orina, produciendo poliuria, polidipsia y una orina muy diluida.

diabetes lipoatrófica (lipoatrophic diabetes), enfermedad hereditaria caracterizada por diabetes mellitus insulino-resistente, pérdida de grasa corporal, acantosis nigricans e hipertrofia muscular. Se asocia con un trastorno del hipotálamo que ocasiona una concentración excesiva de hormonas liberadoras de ACTH y de hormona del crecimiento.

diabetes mellitus (DM) (diabetes mellitus [DM]), proceso complejo del metabolismo de carbohidratos, grasas y proteínas, que en principio es el resultado de la falta relativa o completa de secreción de insulina por las células beta del páncreas o por defectos de los receptores de insulina. La enfermedad es frecuentemente familiar, pero puede ser adquirida, como en el síndrome de Cushing, debido a administración excesiva de glucocorticoides. Las distintas formas de diabetes han sido discriminadas en una serie de categorías por el *National Diabetes Data Group de los National Institutes of Health*. En este esquema de clasificación, la diabetes de tipo I incluye a los pacientes que dependen de la insulina para prevenir la cetosis. Esta categoría también se conoce como la subclase de diabetes mellitus insulinodependiente (DMID). A este grupo se le denominaba antes diabetes de comienzo juvenil, diabetes lábil o diabetes propensa a la cetosis. Los pacientes con diabetes de tipo II, o diabetes mellitus no insulinodependiente (DMNID), son los que padecen lo que antes se llamaba diabetes de inicio en la madurez, diabetes del adulto, diabetes resistente a la cetosis o diabetes estable. Los pacientes del tipo II se dividen a su vez en dos grupos: DMNID obesos y DMNID no obesos. Las pacientes con diabetes gestacional (DMG), normalmente identificadas como de tipo III, se encuentran en una subclase aparte, compuesta por mujeres que desarrollan intolerancia a la glucosa asociada a la gestación. En el tipo IV, frecuentemente identificado como otras clases de diabetes, se incluyen los pacientes cuya diabetes se asocia a enfermedades pancreáticas, alteraciones hormonales, efectos farmacológicos adversos o anomalías genéticas o de otro tipo. Una quinta subclase, el grupo de mala tolerancia a la glucosa (IGT), incluye a las personas cuyos niveles de glucosa en sangre son anormales, aunque no sobrepasan tanto el rango normal como para ser diagnosticadas de diabéticos. El comienzo de la diabetes mellitus es súbito en los niños y normalmente insidioso en la diabetes mellitus no insulinodependiente (tipo II). Característicamente, la evolución es progresiva, e incluye poliuria, polidipsia, pérdida de peso, polifagia, hiperglucemia y glucosuria. Pueden afectarse ojos, riñones, sistema nervioso, piel y sistema circulatorio; las infecciones son frecuentes y a menudo se desarrolla arteriosclerosis. Son tipos de diabetes mellitus: la **diabetes mellitus gestacional,** la **diabetes mellitus insulinodependiente** y la **diabetes mellitus no insulinodependiente**.

diabetes mellitus endocrina (endocrine diabetes mellitus), forma de diabetes mellitus asociada con enfermedades de otras glándulas, tales como las suprarrenales, la hipófisis o el tiroides.

diabetes mellitus gestacional (DMG) (gestational diabetes mellitus [GDM]), trastorno caracterizado por la alteración de la capacidad para metabolizar carbohidratos, normalmente producida por la deficiencia de insulina, que aparece en el embarazo y desaparece después del parto, aunque a veces recidiva años después.

diabetes mellitus insulinodependiente (DMID) (insulin-dependent diabetes mellitus [IDDM]), incapacidad para metabolizar carbohidratos debido a una clara insuficiencia manifiesta de insulina, que se produce en niños y se caracteriza por polidipsia, poliuria, polifagia, pérdida de peso, falta de fuerzas e irritabilidad marcada. La diabetes mellitus insulinodependiente tiende a ser inestable y lábil, siendo los pacientes bastante sensibles a la insulina y a la actividad física, y propensos a desarrollar cetoacidosis. Anteriormente se la denominaba diabetes lábil, diabetes juvenil, diabetes de comienzo juvenil, DCJ, diabetes de tipo de comienzo juvenil, diabetes con propensión a la cetoacidosis.

diabetes mellitus no insulinodependiente (DMNID) (non-insulin-dependent diabetes mellitus [NIDDM]), tipo de diabetes mellitus en el que los pacientes no son insulinodependientes ni propensos a la cetosis, aunque pueden utilizar insulina en la corrección de la hiperglucemia sintomática o persistente y desarrollar cetosis en circunstancias especiales, como la infección o el estrés. Entre el 60% y 90% son obesos; en estos pacientes la tolerancia a la glucosa suele mejorar mediante la pérdida de peso. Anteriormente recibía los nombres de diabetes de comienzo en la edad adulta, diabetes resistente a la cetosis, diabetes de tipo de comienzo en la madurez, DCM y diabetes estable.

diabetes mellitus tipo I (type I diabetes mellitus), v. **diabetes mellitus insulinodependiente**.

diabetes mellitus tipo II (type II diabetes mellitus), v. **diabetes mellitus no insulinodependiente**.

diabético (diabetic), **1.** perteneciente o relativo a la diabetes. **2.** afectado por la diabetes. **3.** persona que padece diabetes mellitus.

diacet (diacet), abreviatura del anión diacetato carboxilato.

diacetato de diflorasona (diflorasone diacetate), corticoide tópico prescrito como agente antiinflamatorio.

diacetato de etinodiol (ethynodiol diacetate), derivado sintético de la progesterona.

diacetato de etinodiol y etinil estradiol (ethynodiol diacetate and ethynil estradiol), contraceptivo oral.

diacetato de etinodiol y mestranol (ethynodiol diacetate and mestranol), contraceptivo oral.

diacinesis (diakinesis), fase final de la primera profase meiótica en la gametogénesis, en la que los cromosomas adquieren una contracción máxima y están listos para separarse.

díada (dyad), (en genética) uno de los cromosomas homólogos apareados, que consta de dos cromátides y resulta de la división de una tétrada en la primera división meiótica en la gametogénesis.

diadococinesia (diadochokinesia), capacidad normal de los músculos para mover una extremidad alternativamente en direcciones opuestas mediante flexión y extensión.

diafanografía (diaphanography), tipo de transiluminación empleado para examinar la mama, utilizando una luz de determinada longitud de onda y un equipo de imaginería especial.

diafanoscopia (diaphanoscopy), examen de una estructura interna mediante un diafanoscopio, instrumento para transiluminar tejidos corporales. A veces se utiliza para diagnosticar los tumores de mama.

diáfisis (diaphysis), el eje de un hueso largo, compuesto por un tubo de hueso compacto que encierra la cavidad medular.

diaforesis (diaphoresis), secreción de sudor, especialmente la secreción profusa asociada a una elevada temperatura corporal, el ejercicio físico, la exposición al calor y el estrés mental o emocional.

diaforético (diaphoretic), v. **sudorífico**.

diafragma (diaphragm), **1.** (en anatomía) tabique musculofibroso en forma de cúpula, que separa las cavidades torácica y abdominal. La superficie superior convexa del diafragma forma el suelo de la cavidad torácica, y su superficie cóncava, el techo de la cavidad abdominal. Este tabique está fenestrado por varios orificios que dan paso a la aorta, el esófago y la vena cava inferior. **2.** *coloquial*, diafragma anticonceptivo. **3.** (en óptica) apertura que controla la cantidad de luz que pasa a través de una red óptica. **4.** tabique delgado y membranoso, que se emplea en diálisis. **5.** (en radiología) placa metálica con un pequeño orificio que limita el diámetro del haz de rayos.

diafragma accesorio (accessory diaphragm), defecto congénito que consiste en la existencia de un segundo diafragma o porción del diafragma dentro del tórax. Puede estar separado del diafragma verdadero por un lóbulo pulmonar.

diafragma anticonceptivo (contraceptive diaphragm), dispositivo contraceptivo constituido por una hemiesfera de goma fina unida a un anillo flexible que se introduce en la vagina con cremas o vaselina de acción espermicida de forma que el espermatozoide no pueda alcanzar el útero, evitando por tanto la fecundación. Algunos tipos de diafragmas son: **diafragma anticonceptivo en espiral, de muelle espiraly de resorte plano**.

diafragma de Bucky (Bucky diaphragm) [Gustav P. Bucky, radiólogo norteamericano, n. 1880], (en radiología) dispositivo formado por una red móvil que limita la cantidad de radiación dispersa y por tanto consigue mejor contraste y definición en las radiografías.

diafragma pélvico (pelvic diaphragm), región inferior de la pared corporal, distendida como si fuera una hamaca a través de la cavidad pélvica, formada por los músculos elevador del ano y coccígeo. Sostiene el contenido abdominal, sirve de apoyo a las vísceras pélvicas y está perforada por el canal anal, la uretra y la vagina.

diagnosticar (diagnose), determinar el tipo y causa de un proceso morboso basándose en los signos y síntomas de un paciente, los datos obtenidos mediante análisis de laboratorio de líquidos, especímenes de tejido y otras pruebas, e información del entorno familiar y ocupacional.

diagnóstico (diagnosis, *pl.* **diagnoses**), identificación de un proceso o enfermedad mediante la evaluación específica de signos clínicos, síntomas, anamnesis, pruebas del laboratorio y técnicas especiales. Algunos tipos de diagnóstico son: **diagnóstico clínico, diagnóstico de enfermeria, diagnóstico de laboratorio, diagnóstico diferencial** y **diagnóstico físico**.

diagnóstico clínico (clinical diagnosis), diagnóstico basado solamente en el conocimiento obtenido a través de la historia clínica y de la exploración física, sin utilizar pruebas de laboratorio o radiografías.

diagnóstico de enfermería (nursing diagnosis), exposición de un problema real o potencial para el estado de salud de una persona, que un profesional de enfermería está cualificado y autorizado para tratar. Para formular un diagnóstico de enfermería se requieren cuatro pasos: en primer lugar se establece una base de datos, recogiendo información de todas las fuentes disponibles, como entrevistas con el paciente y su familia, revisión de cualquier registro existente sobre la salud del paciente, observación de la respuesta de éste a cualquier alteración de su estado de salud, valoración física y remisión o consulta con otras personas que vayan a ocuparse de él. El segundo paso consiste en el análisis de las respuestas del paciente a los problemas de salud o enfermedad, y la clasificación de estas respuestas como psicológicas, fisiológicas, anímicas o sociológicas. El tercer paso es la organización de los datos de forma que se pueda establecer un diagnóstico de presunción, en el que se resuma el patrón de los problemas detectados. El último paso es la confirmación de la suficiencia y exactitud de la base de datos, basada en la evaluación de la adecuación del diagnóstico a la intervención de la enfermería y en la seguridad de que, con la misma información, la mayoría de profesionales de enfermería cualificados habría llegado al mismo diagnóstico de enfermería.

diagnóstico de laboratorio (laboratory diagnosis), diagnóstico al que se llega después del estudio de secreciones, excreciones o tejidos, por medios químicos, microscópicos o bacteriológicos, o mediante biopsia.

diagnóstico de provocación (provocative diagnosis), diagnóstico en el que se descubren la identidad y la causa de una enfermedad induciendo un episodio de dicha enfermedad.

diagnóstico diferencial (differential diagnosis), distinción entre dos o más enfermedades con síntomas similares, mediante la comparación sistemática de sus signos y síntomas.

diagnóstico físico (physical diagnosis), proceso diagnóstico que se lleva a cabo mediante el estudio de las manifestaciones físicas de la salud y de la enfermedad puestas de manifiesto en la exploración física, según las indicaciones ofrecidas por la historia completa del paciente y apoyadas por distintas pruebas de laboratorio.

diagnóstico médico (medical diagnosis), determinación de la causa de la enfermedad de un paciente o de su padecimento mediante el uso combinado de la exploración física, la entrevista con el paciente, las pruebas de laboratorio, la revisión de la historia médica del paciente, el conocimiento de la etiología de los signos y síntomas observados y el diagnóstico diferencial a partir de las posibles causas.

diagnóstico patológico (pathologic diagnosis), diagnóstico al que se llega mediante el estudio de la composición y función de los tejidos del cuerpo, especialmente las alteraciones del desarrollo de los tejidos mediante técnicas histológicas basadas en el estudio de los tejidos.

diagnóstico por exclusión (diagnosis by exclusion), diagnóstico obtenido mediante eliminación de otras posibles causas de los síntomas de una enfermedad.

diagnóstico prenatal (prenatal diagnosis), cualquiera de diversas técnicas diagnósticas que se utilizan para determinar si un feto en desarrollo dentro del útero está afectado por un trastorno genético o cualquier otra anomalía. Estas técnicas, como la exploración radiológica o la ecografía, se pueden utilizar para valorar el crecimiento fetal y detectar anomalías estructurales; la amniocentesis permite obtener células fetales del líquido amniótico para cultivos y estudios bioquímicos que permitan la detección de trastornos metabólicos y también para el análisis cromosómico; la fetoscopia permite obtener sangre fetal de un vaso sanguíneo o de la placenta para estudiar la presencia de enfermedades como la talasemia, la anemia de células falciformes y la distrofia muscular de Duchenne.

diagnóstico serológico (serologic diagnosis), diagnóstico realizado mediante el examen en el laboratorio de las reacciones antígeno-anticuerpo en suero.

diagrama de flujo (flow chart), representación gráfica de la secuencia de un programa de ordenador, paso intermedio entre el desarrollo del algoritmo y la redacción de un programa de ordenador.

diagrama de Punnett (Punnett square) [Reginald C. Punnett, genetista inglés del siglo XX], tablero, diagrama en forma de gráfico, utilizado para representar en un mapa las relaciones genéticas, que muestra todas las posibles combinaciones de los gametos masculino y femenino cuando se cruzan una o más parejas de alelos independientes.

dialedrina (dieldrin), pesticida altamente tóxico, que también resulta tóxico para seres humanos y animales si lo ingieren, inhalan o absorben a través de la piel. Produce disfunción del sistema nervioso central y es posiblemente carcinógeno.

diálisis (dialysis), **1.** proceso para separar las sustancias coloides y cristalinas de una solución por la diferencia de su velocidad de difusión a través de una membrana semipermeable. **2.** técnica médica para extraer determinados elementos de la sangre o la linfa en virtud de la diferencia de sus velocidades de difusión a través de una membrana semipermeable externa o, en el caso de la diálisis peritoneal, a través del peritoneo.

diálisis peritoneal (peritoneal dialysis), procedimiento de diálisis realizado para corregir un desequilibrio líquido o electrolítico de la sangre o para eliminar toxinas, fármacos u otros productos de desecho que normalmente son excretados por el riñón. El peritoneo se utiliza como membrana difusora. Con anestesia local y mediante sutura se sujeta un catéter con múltiples orificios que se conecta al tubo de entrada y salida de flujo con una conexión en «Y». Se introduce el dializado en la cavidad peritoneal a través del catéter. El dializado permanece en la cavidad peritoneal; mediante ósmosis, difusión y filtración, los electrólitos necesarios pasan a la circulación sanguínea a través del peritoneo vascular, a través de los vasos sanguíneos de la cavidad abdominal, mientras que los productos de desecho pasan de los vasos sanguíneos hacia el dializado también a través del peritoneo vascular. Durante el flujo de salida, se realiza el drenaje del dializado desde la cavidad peritoneal utilizando la fuerza de la gravedad.

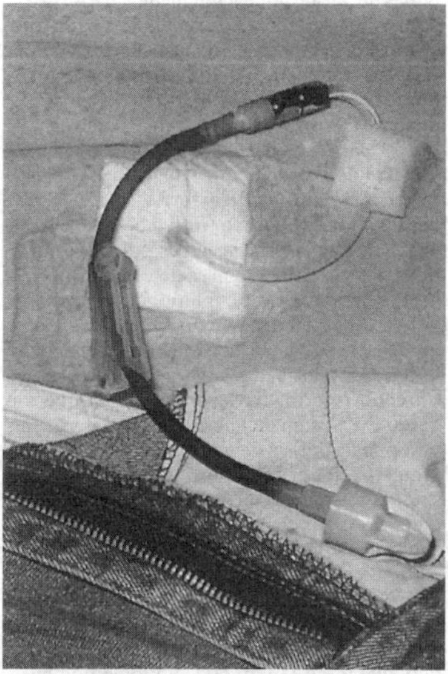

Catéter de diálisis peritoneal Tenckhoff
(C. D. Forbes/W. F. Jackson, 1994)

diálisis peritoneal ambulatoria continua (DPAC) (continuous ambulatory peritoneal dialysis [CAPD]), sistema de mantenimiento de la diálisis peritoneal en el cual un catéter permanente permite el drenaje del líquido hacia dentro y hacia fuera de la cavidad peritoneal por la acción de la gravedad.

diálisis renal (renal dialysis), proceso de difusión de la sangre a través de una membrana semipermeable para eliminar las sustancias que un riñón normal podría excretar, como tóxicos, fármacos, urea, ácido úrico y creatinina. La diálisis renal puede compensar los desequilibrios electrolítico y acidobásico.

dializador (dialysate), solución empleada en la diálisis.
dializador (dialyzer), **1.** máquina utilizada para dializar. **2.** membrana semipermeable o diafragma poroso de la máquina dializadora.
diamante (diamond stone), (en odontología) cualquiera de los dispositivos rotatorios que llevan trocitos de diamante como material abrasivo.
Diameter-Index Safety System (DISS) (Diameter-Index Safety System [DISS]), sistema de conexiones estandarizadas entre las bombonas de gas de aplicación médica u los fluxómetros o reguladores de presión. A cada tipo de gas y conector se le asigna un número DISS, como el 1040 para el óxido nitroso.
diámetro biparietal (biparietal diameter), distancia entre las protuberancias de los dos huesos parietales del cráneo.
diámetro de Baudelocque (Baudelocque's diameter), v. **conjugado externo**.
diámetro intertuberoso (intertuberous diameter), distancia entre las tuberosidades isquiáticas, factor utilizado para determinar las dimensiones del estrecho inferior de la pelvis.
diámetro pélvico (pelvic diameter), **1.** en el borde de la pelvis, línea que va desde el ángulo lumbosacro hasta la sínfisis del pubis. **2.** en el estrecho inferior de la pelvis, línea que va desde el extremo del cóccix hasta el borde inferior de la sínfisis del pubis.
diámetros del cráneo fetal (diameter of fetal skull), distancias medias entre determinados puntos de referencia del cráneo fetal medidas a término, como el biparietal, o diámetro de la cabeza fetal entre las dos prominencias parietales, que mide 9,25 cm; el occipitofrontal, desde la eminencia occipital externa hasta el punto más sobresaliente de la línea media frontal y que mide 11 cm; el occipitomentoniano, desde la eminencia occipital externa al punto medio del mentón y que mide 13 cm, y el suboccipitobregmático, desde el punto posterior más inferior del mentón hasta el centro de la fontanela anterior y que mide 9,5 cm.
diana (target), **1.** (en radioterapia) cualquier región sometida a bombardeo por partículas radiactivas u otra forma de radiación diagnóstica o terapéutica. **2.** dispositivo utilizado para contener materiales estables y los materiales radiactivos producidos con posterioridad durante el bombardeo mediante núcleos de alta energía desde un ciclotrón u otro acelerador lineal.
dianocito (target cell), eritrocito anormal caracterizado, cuando se tiñe y examina con microscopio, por un centro intensamente teñido rodeado por un anillo pálido no teñido, a su vez rodeado por una banda oscura, irregular.
diapasón (tuning fork), instrumento pequeño de metal formado por un pie y dos puntas que producen un tono constante cuando se golpea cualquiera de las puntas. Se utiliza en las pruebas auditivas de función nerviosa y en las de conducción aérea y ósea.
diapédesis (diapedesis), paso de corpúsculos blancos o rojos de la sangre a través de las paredes de los vasos que los contienen, sin dañar los vasos.
diario (diurnal), que se produce todos los días, como comer o dormir.
diarrea (diarrhea), **1.** evacuación frecuente de heces blandas, acuosas, generalmente con resultado del aumento de la motilidad del colon. Las heces pueden contener también moco, pus, sangre o cantidades excesivas de grasa. Los procesos en los que la diarrea es un síntoma importante son: enfermedades disentéricas, síndrome de malabsorción, intolerancia a la lactosa, síndrome del colon irritable, tumores GI y enfermedad inflamatoria intestinal. Sin tratamiento, la diarrea puede conducir rápidamente a deshidratación y desequilibrio electrolítico, y debe ser tratada sintomáticamente hasta que se haga el diagnóstico adecuado. **2.** diagnóstico de enfermería, aprobado por la NANDA. Las características que la definen son: dolor abdominal, cólico, aumento de la frecuencia de evacuaciones y ruidos intestinales, heces blandas o líquidas, urgencia defecatoria y cambio en el color de las heces.
diarrea aguda (acute diarrhea), episodio brusco e intenso de diarrea.
diarticular (diarticular), biarticular, o que tiene dos articulaciones.
diartrosis (diarthrosis), v. **articulación sinovial**.
diástasis (diastasis), separación forzada de dos partes que normalmente están unidas, como la separación de las partes de un hueso a la altura de la epífisis o la de dos huesos que carecen de articulación sinovial.
diástasis del recto anterior del abdomen (diastasis recti abdominis), separación de los dos músculos rectos a lo largo de la línea media de la pared abdominal. En las mujeres adultas, esta anomalía se produce frecuentemente por embarazos repetidos.
diástole (diastole), **1.** período de tiempo entre dos contracciones auriculares o ventriculares durante el cual entra la sangre en las cámaras relajadas desde la circulación general y pulmonar. La diástole ventricular comienza cuando empieza el segundo ruido cardíaco y termina con el primero. **2.** 4ª fase del potencial de acción (desde el final de la 3ª fase hasta el comienzo de la fase 0).

diastólico (diastolic), perteneciente a la diástole.

diastrófico (diastrophic), relativo a la deformidad o encorvadura de los huesos o a la distorsión de otras estructuras.

diatermia (diathermy), producción de calor en los tejidos corporales mediante corrientes de alta frecuencia, que no son suficientemente intensas para destruir tejidos o alterar su vitalidad. La diatermia se usa para tratar artritis crónica, bursitis, fracturas, enfermedades ginecológicas, sinusitis y otros procesos patológicos.

diatermia de onda corta (short-wave diathermy), método que proporciona calor en zonas profundas del cuerpo mediante corrientes eléctricas de onda corta. La onda corta de alta frecuencia emplea longitudes de onda que oscilan entre los 3 y los 30 metros. Se utilizan para tratar la artritis crónica, la bursitis, la sinusitis y otras alteraciones.

diatermia médica (medical diathermy), aplicación de corrientes eléctricas de alta frecuencia para generar calor terapéutico en los tejidos enfermos.

diatermia quirúrgica (surgical diathermy), v. **electrocoagulación**.

diátesis (diathesis, *pl.* **diatheses**), constitución física hereditaria que predispone a ciertas enfermedades o trastornos, muchos de ellos presuntamente relacionados con el cromosoma Y, pues los hombres parecen ser más susceptibles que las mujeres.

diátesis hemorrágica (hemorrhagic diathesis), predisposición hereditaria a una serie de alteraciones caracterizadas por hemorragia abundante.

diazepam (diazepam), sedante y tranquilizante que se prescribe en el tratamiento de la ansiedad, la tensión nerviosa y el espasmo muscular, y también como anticonvulsivante.

diazóxido (diazoxide), vasodilatador utilizado como antihipertensor. Se utiliza para reducir con urgencia la tensión arterial en la hipertensión maligna, cuando se necesita una reducción drástica de la tensión arterial y en algunos casos de hipoglucemia.

dibromuro de etileno (DBE) (ethylene dibromide [EDB]), líquido volátil utilizado como insecticida y aditivo de la gasolina. Se ha identificado como causa de cáncer en animales.

dibucaína (dibucaine), pomada anestética tópica.

dic (dic), (en citogenética) abreviatura de dicéntrico.

dicefalia (dicephaly), anomalía del desarrollo en la que el feto posee dos cabezas.

dicigótico (dizygotic), perteneciente o relativo a los gemelos procedentes de dos huevos fecundados.

diclorfenamida (dichlorphenamide), inhibidor de la angidrasa carbónica que se prescribe en el tratamiento del glaucoma crónico.

diclorhidrato de quinina (quinine dihydrochloride), antipalúdico. V. **sulfato de quinina**.

diclorodifeniltricloroetano (dichlorodiphenyltrichloroethane), v. **DDT**.

dicloxacilina sódica (dicloxacillin sodium), antibacteriano que se prescribe en el tratamiento de las infecciones estafilocócicas, especialmente de aquellas causadas por cepas de estafilococos productores de penicilinasa.

Dicor (Dicor), marca registrada de un material dental cerámico moldeable.

dicotomía (dichotomy), división o separación en dos partes iguales.

dicumarol (dicumarol), anticoagulante que se prescribe para la profilaxis y el tratamiento de la trombosis y la embolia.

didanosina (didanosine), v. **didesoxiinosina (DDI)**.

didesoxicitidina (ddC) (dideoxycytidine [ddC]), fármaco antirretrovírico que evita la multiplicación del virus VIH. Está químicamente relacionado con la **didesoxiinosina (DDI)**.

didesoxiinosina (DDI) (dideoxyinosine [DDI]), fármaco antirretrovírico, llamado también didanosina, utilizado en el tratamiento de las infecciones por VIH. La DDI inhibe la enzima transcriptasa inversa, limitando así la actividad de replicación vírica. Una vez en el cuerpo, la DDI es convertida en didesoxiadenosina, que se incorpora a la cadena de ADN, interrumpiendo su secuencia normal e imposibilitando la replicación vírica.

didimitis (didymitis), inflamación de un testículo.

dídimo (didymus), testículo.

didrogesterona (dydrogesterone), progestina sintética oral utilizada para el tratamiento de la hemorragia uterina anormal, los síntomas vasomotores de la menopausia, los síndromes seudo-Pickwick y el cáncer del endometrio, y también como anticonceptivo.

diencéfalo (diencephalon), parte del encéfalo situada entre el telencéfalo y el mesencéfalo. Consta de hipotálamo, tálamo, metatálamo y epitálamo, e incluye la mayor parte del III ventrículo.

dienestrol (dienestrol), estrógeno que se prescribe en el tratamiento de la vaginitis atrófica y la craurosis vulvar.

diente (tooth, *pl.* **teeth**), una de las numerosas estructuras dentales que se desarrollan en los maxilares como parte del aparato digestivo y que se utilizan para cortar, picar y procesar los alimentos en la boca para su posterior ingestión. Cada diente está formado por una corona que se proyecta por encima de las encías; dos a cuatro raíces, incluidas en los alveolos, y un cuello que se extiende entre la corona y la raíz. Cada diente también contiene una cavidad llena de pulpa muy rica en vasos sanguíneos y nervios que entran en la cavidad a través de un pequeño orificio situado en la base de cada raíz. La porción sólida del diente está formada por dentina, esmalte y una fina capa de hueso en la superficie de la raíz. La dentina forma la parte más voluminosa del diente. El esmalte cubre la porción expuesta de la corona. En diferentes períodos de la vida aparecen dos grupos de dientes: los 20 dientes caducos o de leche aparecen durante la lactancia, los 32 dientes permanentes aparecen durante la infancia y la etapa adulta temprana.

dieta (diet), **1.** alimentos y bebidas considerados según sus cualidades nutritivas, composición y efectos sobre la salud. **2.** nutrientes prescritos, regulados o restringidos en tipo o cantidad, con fines terapéuticos u otros. **3.** ración habitual de la comida o bebida que se provee o consume de forma regular.

dietética (dietetics), ciencia que aplica los principios nutricionales a la planificación y la preparación de las comidas, así como a la regulación de la dieta en relación tanto con la salud como con la enfermedad.

dietil éter (diethyl ether), v. **éter**.

dietilestilbestrol (DES) (diethylstilbestrol [DES]), hormona sintética con propiedades estrogénicas.

dietilpropion-clorhidrato (diethylpropion hydrochloride), depresor del apetito que se prescribe en el tratamiento de la obesidad exógena.

difamación (defamation), cualquier comunicado, escrito o verbal, que no es veraz y mancha el buen nombre o la reputación de alguien o que desacredita a éste de alguna manera.

difenadiona (diphenadione), anticoagulante utilizado en el tratamiento del tromboembolismo.

difenidol (diphenidol), antiemético y agente antivertiginoso utilizado en el tratamiento del vértigo y para el control de náuseas y vómitos.

difenilhidantoína (diphenylhydantoin), v. **fenitoína**.

diferencia arteriovenosa de oxígeno (a-vo_2) (arteriovenous oxygen [a-vo_2] difference), valor obtenido al restar el contenido venoso de oxígeno al contenido arterial de oxígeno.

diferencia de potencial (potential difference), diferencia de potencial eléctrico entre dos puntos.

diferenciación (differentiation), **1.** (en embriología) proceso del desarrollo en el que células o tejidos no especializados se modifican y alteran sistemáticamente, hasta conseguir formas físicas específicas, funciones fisiológicas y propiedades químicas características. Algunos tipos de diferenciación son: **autodiferenciación, diferenciación correlativa, diferenciación funcional** y **diferenciación invisible**. **2.** diversificación progresiva que lleva a la complejidad. **3.** adquisición de funciones y formas diferentes de las originales. **4.** distinción de alguna cosa o alguna enfermedad de otra, como en el diagnóstico diferencial. **5.** (en psicología) autonomía mental o separación del intelecto y las emociones, de forma que uno no esté dominado por la ansiedad reactiva de la familia o del sistema emocional del grupo. **6.** primera subfase de la fase de separación-individualización en el sistema de Mahler del desarrollo preedípico.

dificultad de decisión (decisional conflict), diagnóstico de enfermería, aprobado por la NANDA, de la incertidumbre sobre la acción a tomar cuando todas las opciones implican riesgo, pérdida o desafío para los valores vitales de una persona. Debe especificarse el foco del conflicto, como el tener que elegir respecto a cuestiones de salud, relaciones familiares, carrera o finanzas. Las características que se definen son los sentimientos verbalizados, como tensión en relación con la incertidumbre sobre la elección o las consecuencias indeseables de las acciones alternativas tomadas en consideración, la vacilación entre opciones alternativas, la toma de decisión retardada y los signos físicos de afectación, como aumento de la frecuencia cardíaca, mayor tensión muscular o inquietud.

difilibotriasis (diphyllobothriasis), infestación con gusanos del género *Diphyllobothrium*.

difilina (dyphylline), broncodilatador utilizado para el tratamiento del broncospasmo en el asma bronquial aguda, la bronquitis y el enfisema.

diflunisal (diflunisal), agente antiinflamatorio no esteroideo utilizado para dolores leves o moderados y en la inflamación de la osteoartritis y otros procesos musculosqueléticos.

difosfato de dietilestilbestrol (diethylstilbestrol diphosphate), agente antineoplásico utilizado en el cáncer de próstata inoperable progresivo.

difosfato de menadiol sódico (menadiol sodium diphosphate), análogo hidrosoluble de la vitamina K.

difracción (diffraction), incurvación y dispersión de la longitud de onda de la luz u otra radiación, como en la radiación que rodea un obstáculo en su trayectoria. La difracción de los rayos X se emplea para estudiar la estructura interna de las células. Los rayos X se difractan por los componentes celulares según patrones que indican la estructura química y física de éstos.

difteria (diphtheria), enfermedad aguda, contagiosa, producida por la bacteria *Corynebacterium diphteriae*. Se caracteriza por la producción de una toxina sistémica y una falsa membrana que tapiza la mucosa de la garganta. La toxina es especialmente nociva para los tejidos del corazón y del sistema nervioso central, y la densa seudomembrana de la garganta puede interferir con la comida, la bebida y la respiración. Si no se trata la enfermedad es frecuentemente mortal, al causar insuficiencia cardíaca o renal.

difteroide (diphtheroid), **1.** perteneciente o relativo a la difteria. **2.** parecido a *Corynebacterium diphteriae*.

difundido (diffuse), ampliamente extendido, como a través de una membrana o líquido.

difusión (diffusion), proceso por el que las partículas sólidas de un líquido se mueven de una zona de mayor concentración a otra de menor concentración, hasta que se obtiene una distribución uniforme de las partículas del líquido.

difusión de los gases (diffusion of gases), proceso natural, esencial para la respiración, en el que las moléculas de gas pasan de una zona de mayor concentración a otra de menor concentración.

difusión del pensamiento (thought broadcasting), síntoma de psicosis en el que el paciente cree que sus pensamientos «difunden» fuera de su cabeza de forma que otras personas pueden oírlos.

difusión doble de Ouchterlony (Ouchterlony double diffusion) [Orjan T. G. Ouchterlony, bacteriólogo sueco, n. 1914], variante de una técnica de difusión en gel en la que se permite que un antígeno y un anticuerpo, colocados en celdas separadas, difundan el uno hacia el otro.

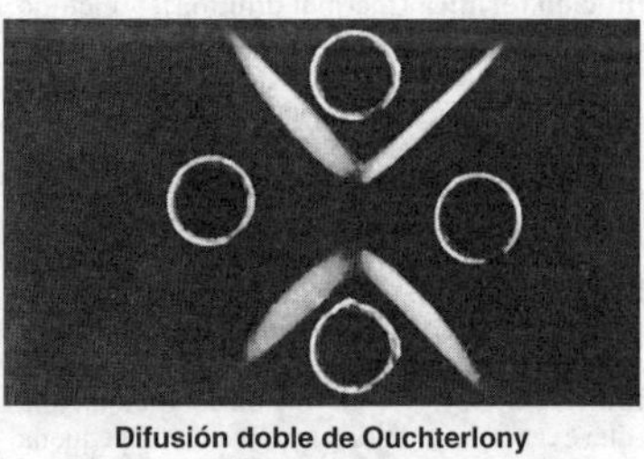

Difusión doble de Ouchterlony
(Baron, 1990)

difusión doble en gel (double gel diffusion), v. **inmunodifusión**.

difusión en gel (gel diffusion), v. **inmunodifusión**.

difusión longitudinal (longitudinal diffusion), difusión de moléculas de soluto en la dirección del flujo de la fase móvil.

digástrico (digastricus), uno de los cuatro músculos suprahioideos, con dos partes: el vientre anterior y el posterior. La acción del vientre anterior consiste en bajar el maxilar inferior y desplazar el hueso hioides hacia delante. El vientre posterior actúa elevando y tirando hacia atrás del hueso hioides.

digerir (digest), romper alimentos en sus componentes más pequeños y simples, mediante masticación, hidrólisis y acción de las secreciones y enzimas intestinales.

digestión (digestion), conversión de los alimentos en sustancias absorbibles en el tracto GI. La digestión se lleva a cabo gracias al desdoblamiento mecánico y químico de los alimentos en moléculas cada vez más pequeñas, con la ayuda de glándulas internas y externas al intestino.

digestivo (digestant), sustancia que, como la pepsina, se añade a la dieta para ayudar a la digestión de los alimentos.

digitado (digitate), que tiene dedos o proyecciones digitiformes.

digital (digital), **1.** perteneciente a un dedo de la mano o del pie. **2.** con forma de dedo de la mano o del pie. **3.** caracterización o medición de una señal en términos de una serie de números en vez de hacerlo en un valor que varía continuamente.

digital (digitalis), cardiotónico que se prescribe en el tratamiento de la insuficiencia cardíaca congestiva y de ciertas arritmias cardíacas.

digitalización (digitalization), administración de digital en dosis suficiente para conseguir un efecto farmacológico máximo sin producir síntomas tóxicos asociados.

digitalizado (digitalized), estado de impregnación terapéutica total del organismo por un glucósido cardíaco.

digitoxina (digitoxin), glucósido cardíaco obtenido de las hojas de *Digitalis purpurea*. Se prescribe en el tratamiento de la insuficiencia cardíaca congestiva y en determinadas arritmias cardíacas.

diglicérido (diglyceride), compuesto químico, éster del glicerol, en el cual el hidrógeno de dos grupos hidroxilos es sustituido por un radical acilo.

digoxina (digoxin), glucósido cardíaco obtenido de las hojas de *Digitalis lanata*. Se prescribe para el tratamiento de la insuficiencia cardíaca congestiva y ciertas arritmias cardíacas.

digoxina inmune ovina (digoxin inmune fab, ovine), antídoto parenteral prescrito en el tratamiento de la intoxicación por digoxina o digitoxina con riesgo de muerte.

dihíbrido (dihybrid), (en genética) relativo o perteneciente a una persona, organismo o cepa heterocigoto para dos rasgos específicos.

dihidrotaquisterol (dihydrotachysterol), forma de acción rápida de la vitamina D. Se prescribe en el tratamiento de la hipocalcemia secundaria al hipoparatiroidismo y el seudohipoparatiroidismo.

dihidroxialcohol (dihydric alcohol), alcohol que contiene dos grupos hidroxilo.

dilatación (dilatation), **1.** aumento fisiológico normal del diámetro de una abertura corporal, vaso sanguíneo o tubo, como la dilatación de la pupila ocular en respuesta a la disminución de la luz o la dilatación del cuello uterino durante el parto. **2.** aumento artificial del diámetro de una abertura, ya sea con fármacos, como cuando se utiliza un colirio ciclopléjico para dilatar la pupila y poder examinar la retina en profundidad, ya sea con instrumentos, como cuando se utiliza un dilatador para dilatar el cuello uterino y facilitar el curetaje. **3.** diámetro de la abertura del cuello durante el parto medida mediante examen vaginal y expresada en centímetros o en traveses de dedo, que equivalen aproximadamente a 2 cm.

dilatación cardíaca (dilatation of the heart), aumento de tamaño del corazón provocado por la distensión del tejido muscular de las paredes, como consecuencia del debilitamiento del miocardio. Este trastorno se asocia a embolismo pulmonar agudo e insuficiencia cardíaca.

dilatación cervical (cervical dilatation), diámetro de la abertura del cuello durante el parto medido por exploración vaginal y expresado en centímetros, teniendo en cuenta que cada dedo de la mano tiene una anchura aproximada de 2 cm. En el momento de la dilatación completa, el diámetro del orificio cervical es de 10 cm.

dilatación tóxica del colon (toxic dilatation of colon), dilatación del colon transverso como consecuencia de una colitis amebiana, una colitis ulcerosa o cualquier otro trastorno intestinal. La sintomatología consiste en calambres, fiebre, taquicardia y confusión mental.

dilatación y evacuación (D y E) (dilation and evacuation [D & E]), eliminación del producto de la concepción, mediante raspado con succión y fórceps, durante el segundo trimestre del embarazo.

dilatación y legrado (D y L) (dilatation and curettage [D & C]), dilatación del cuello uterino y raspado del endometrio, realizada para diagnosticar las enfermedades del útero, corregir hemorragias vaginales prolongadas o vaciar el contenido del útero de los productos de la concepción. También se efectúa para extirpar tumores, descartar un carcinoma de útero, extraer fragmentos de placenta después del parto o de un aborto incompleto o para determinar la causa de infertilidad.

dilatación y legrado fraccionados (fractional dilatation and curettaje), técnica diagnóstica en la que cada sección del útero se examina y legra para obtener muestras de endometrio de todas las partes del útero.

dilatador (dilator), dispositivo para ampliar una abertura o cavidad corporal.

dilatador propio del ala de la nariz (dilatator naris), porción alar del músculo nasal que dilata los orificios nasales.

dilatador pupilar (dilatator pupillae), músculo que contrae el iris del ojo y dilata la pupila.

dilatar (dilate), v. **dilatación**.

diligencia de emplazamiento (service of process), (legalmente) envío de un escrito, citación o demanda a un demandado.

diltiazem (diltiazem), bloqueante de los canales lentos o antagonista del calcio. Se prescribe en el tratamiento del vasospasmo y de la angina de esfuerzo.

dilución de helio en circuito cerrado (closed-circuit helium dilution), técnica para determinar el volumen pulmonar residual y la capacidad funcional residual haciendo que el paciente respire a través de un espirómetro que contiene una concentración conocida de helio.

dilución seriada (serial dilution), técnica de laboratorio en la cual se disminuye la concentración de una sustancia, como el suero sanguíneo, en una serie de cantidades proporcionales.

dilución térmica (thermal dilution), método para la determinación del gasto cardíaco. Se añade al flujo sanguíneo un bolo de una solución de volumen y temperatura conocidos y se detecta el enfriamiento resultante de la temperatura de la sangre mediante un detector de temperatura colocado previamente mediante un catéter en la arteria pulmonar.

diluente (diluent), sustancia, en general un líquido, que hace una solución más fina, menos viscosa o más líquida.

diluido (dilute), relativo a una solución en la que existe una cantidad relativamente pequeña de soluto en proporción con el solvente.

dimenhidrinato (dimenhydrinate), antihistamínico utilizado en el tratamiento de las náuseas y los vértigos.

dimensiones del campo térmico (thermal field size), área sobre la que probablemente se produce el calentamiento terapéutico.

dimercaprol (dimercaprol), antagonista de metales pesados. Se prescribe en el tratamiento de la enfermedad de Wilson y en el tratamiento de la intoxicación aguda por arsénico, mercurio u oro, así como en las sobredosis de diuréticos mercuriales, sales de arsénico o de oro y tras la ingestión de mercurio, oro o arsénico. Anteriormente recibía el nombre de BAL (antilewisita).

dímero (dimer), compuesto formado por la unión de dos radicales o dos moléculas de compuestos más simples, como un polímero formado por dos o más moléculas de un monómero.

dimetil carbinol (dimethyl carbinol), v. **alcohol isopropílico**.

dimetil sulfóxido (DMSO) (dimethyl sulfoxide [DMSO]), agente antiinflamatorio utilizado en el tratamiento de la cistitis intersticial, y que está siendo investigado como agente antiinflamatorio tópico en las lesiones ortopédicas deportivas.

dimetoximetilanfetamina (DOM) (dimethoxymethylamphetamine [DOM]), agente psicodélico.

dimorfo (dimorphous), en biología, química y genética, organismo o sustancia que existe en dos formas diferentes.

dina (dyne), unidad de fuerza, especialmente la fuerza que se requiere para acelerar una masa libre de 1 g, 1 cm por segundo. Una dina equivale a 10^{-5} newtons.

dinámica de grupo (group dynamics), interacciones y relaciones que tiene lugar dentro de grupos así como entre los grupos y el resto de la sociedad. Está constituida por la interdependencia de los miembros del grupo, la resolución de un problema colectivo y la toma de decisiones colectivas y la conformidad del grupo.

dinámica familiar (family dynamics), fuerzas que actúan dentro de la familia y que producen determinados comportamientos o síntomas.

dinámico (dynamic), **1.** que tiende a cambiar o que insta al cambio, como la relación dinámica enfermero-paciente. **2.** (en terapia respiratoria) proceso de cambio de volumen.

dinamómetro (dynamometer), dispositivo para medir el grado de fuerza invertida en la contracción de un grupo de músculos, como el dinamómetro de presión, que mide la fuerza que ejercen los músculos de la mano al cerrar el puño.

dinitrato de isosorbide (isosorbide dinitrate), agente antianginoso utilizado como vasodilatador coronario en el tratamiento de la angina de pecho y la insuficiencia cardíaca congestiva.

dinitroclorobenceno (DNCB) (dinitrochlorobenzene [DNCB], sustancia aplicada tópicamente como prueba para las reacciones de hipersensibilidad retardada.

dínodo (dynode), cualquiera de los elementos en forma de placa que amplían los impulsos electrónicos en un tubo fotomultiplicador. Por cada electrón que golpea cada dínodo, se emiten varios electrones secundarios. La ganancia del dínodo es el cociente entre electrones secundarios y electrones incidentes.

diodo (diode), (en radiología) tubo de rayos X con dos electrodos.

diolamina (diolamine), abreviatura de dietanolamina.

dionisíaco (Dionysian), actitud personal de alguien desinhibido, místico, sensual, emotivo e irracional, que busca escapar de los límites que le marcan sus propios sentidos.

dioptría (diopter), medida métrica del poder de refracción de una lente. Es igual al recíproco de la distancia focal de la lente, en metros. Por ejemplo, una lente con una distancia focal de 0,5 m tiene una medida en dioptrías de 2,0 (1-2,0), y cuando se prescribe como lente correctora para el ojo, las letras impresas se enfocarán con más claridad cuando se encuentren a 0,5 m del ojo.

diovulatorio (diovulatory), que libera habitualmente dos óvulos en cada ciclo ovárico.

dióxido (dioxide), óxido que contiene dos átomos de oxígeno.

dióxido de carbono (CO_2) (carbon dioxide [CO_2]), gas incoloro e inodoro producido por la oxidación del carbono. El dióxido de carbono, producto de la respiración celular, es transportado por la sangre hacia los pulmones, donde se espira. El equilibrio acidobase de los líquidos y tejidos corporales está influido por la concentración de dióxido de carbono y de los compuestos carbonatados. El dióxido de carbono sólido (nieve carbónica) se utiliza en el tratamiento de algunos trastornos cutáneos.

dioxina (dioxin), contaminante del herbicida ácido 2,4,5-triclorofenoxiacético (2,4,5-T), ampliamente utilizado en todo el mundo para el control de malas hierbas. La exposición a la dioxina se asocia a cloracné y porfiria cutánea tarda (PCT). La dioxina era un contaminante del agente naranja, un defoliante de las junglas.

Diphyllobothrium (Diphyllobothrium), género de platelmintos intestinales parasitarios, de gran tamaño, cuyo éscolex tiene dos surcos en forma de ranura.

dipigo (dipygus), feto malformado con dos pelvis, una de las cuales no suele estar completamente desarrollada.

dipiridamol (dipyridamole), vasodilatador coronario utilizado para el tratamiento a largo plazo de la angina de pecho.

dipivefrina (dipivefrin), adrenérgico de uso oftálmico utilizado en el tratamiento del glaucoma de ángulo abierto.

diplejía (diplegia), parálisis bilateral de ambos lados de cualquier parte del cuerpo, o de partes análogas en partes contrarias del cuerpo. Un tipo de diplejía es la **diplejía facial**.

diplocarion (diplokaryon), núcleo que contiene dos veces el número diploide de cromosomas.

diplococo (diplococcus), cocos que se presentan en parejas.

diploe (diploë), tejido laxo, ocupado por médula ósea roja y situado entre las dos tablas de los huesos del cráneo.

diploide (diploid), perteneciente o relativo al individuo, organismo, cepa o célula que tiene un par de juegos completos de cromosomas homólogos. En los seres humanos, el número diploide normal es 46.

diploidía (diploidy), estado definido por la presencia de un par de juegos completos de cromosomas homólogos.

diplomado (diplomate), individuo que ha recibido un diploma o certificado, especialmente el médico que ha recibido su título por un tribunal de su especialidad.

diplonema (diplonema), formación en asa de los cromosomas en estado diplotenar de la pri mera profase meiótica de la gametogénesis.

diplopago (diplopagus), gemelos unidos y más o menos igualmente desarrollados, aunque pueden compartir uno o varios órganos internos.

diplopía (diplopia), doble visión, producida por la función defectuosa de los músculos extraoculares o por algún trastorno de los nervios correspondientes.

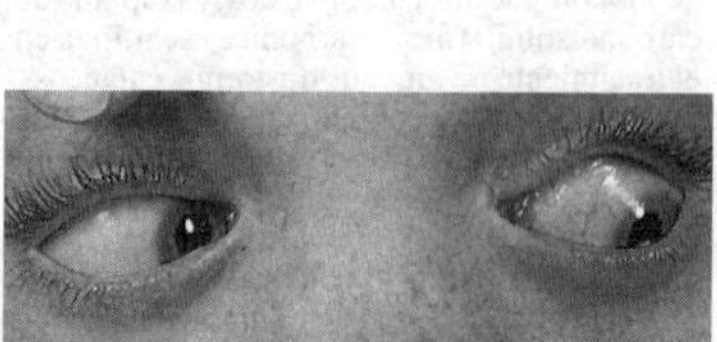

Diplopía
(C. D. Forbes/W. F. Jackson, 1994)

diplornavirus (diplornavirus), virus ARN de doble cadena causante de la fiebre por picadura de garrapata de Colorado. Está relacionado con los reovirus asociados a diversas infecciones respiratorias.

diplosomatia (diplosomatia), anomalía congénita en la que dos gemelos totalmente formados están unidos en una o varias zonas de sus cuerpos.

diploteno (diplotene), cuarto estadio de la primera profase meiótica de la gametogénesis, en la que las tétradas muestran quiasmas entre las cromátides de cromosomas homólogos pareados y se produce un entrecruzamiento genético.

dipo (dipus), gemelos unidos con sólo dos pies.

dipodia (dipodia), anomalía del desarrollo caracterizada por la duplicación de uno o ambos pies.

dipolo (dipole), molécula con zonas de cargas eléctricas opuestas, como el ácido clorhídrico, que presenta predominio de electrones alrededor de la zona de cloruro y de cargas positivas en el lado del hidrógeno.

diprop (diprop), abreviatura de anión carboxilato-dipropionato.

dipropionato de alclometasona (alclometasone dipropionate), corticosteroide tópico que se prescribe para reducir los síntomas de inflamación y prurito de las dermatosis que responden a los corticosteroides.

dipropionato de beclometasona (beclomethasone dipropionate), glucocorticoide prescrito en inhalador para el tratamiento del asma bronquial.

diprósopo (diprosopus), feto malformado con dos caras que presentan distintos grados de desarrollo.

dipsomanía (dipsomania), impulso incontrolable e irresistible, a menudo periódico, de tomar bebidas alcohólicas; alcoholismo.

dique de goma (rubber dam), lámina fina de goma látex para aislar uno o más dientes durante una intervención dental.

dirofilariasis (dirofilariasis), rara infestación humana por la dirofilaria del perro, *Dirofilaria immitis*, que puede ser transmitida por la picadura de distintas especies de mosquitos.

disacárido (disaccharide), término general para los hidratos de carbono simples formados por la unión de dos moléculas de monosacáridos.

disacusia (dysacusis), trastorno en el que los sonidos o ruidos fuertes provocan dolor o molestias; habitualmente se debe a lesión de la cóclea.

disadrenia (dysadrenia), función suprarrenal anormal caracterizada por una menor producción de hormonas, como en el hiposuprarrenalismo o el hipoadrenocorticismo, o por el aumento de la secreción glandular, como el hipersuprarrenalismo o el hiperadrenocorticismo.

disartria (dysarthria), dificultad para hablar, con mala articulación de las palabras, como resultado de una interferencia en el control de los músculos del lenguaje, normalmente debido a lesión de un nervio motor central o periférico.

disartrosis (dysarthrosis), cualquier trastorno de una articulación, como enfermedades, luxaciones o deformidades, que dificultan su movimiento.

disautonomía (dysautonomia), disfunción del sistema nervioso autónomo que puede ser un signo clínico de diabetes, parkinsonismo, síndrome de Adie, síndrome de Shy-Drager o síndrome de Riley-Day. Un efecto bastante frecuente es la hipotensión ortostática, con síncope y caída brusca.

disbarismo (dysbarism), reacción ante un cambio súbito en la presión ambiental, como en una rápida exposición a las presiones atmosféricas inferiores de las grandes altitudes. Sus síntomas son similares a los de la enfermedad por descompresión.

disbetalipoproteinemia (dysbetalipoproteinemia), acumulación de betalipoproteínas anormales en la sangre.

discapacidad (disability), pérdida, ausencia o reducción observable y medible de la capacidad física o mental.

discapacidad de aprendizaje (learning disability), trastorno que afecta frecuentemente a los niños de inteligencia normal o superior a la normal, caracterizado por la dificultad para aprender procesos tan fundamentales como leer, escribir o hacer cálculos numéricos.

discapacidad de desarrollo (DD) (developmental disability [DD]), proceso patológico que comienza a desarrollarse antes de los 18 años de edad.

discapacidad profesional (occupational disability), alteración en la que un trabajador es incapaz de realizar las funciones requeridas para completar satisfactoriamente un trabajo como consecuencia de una enfermedad profesional o de un accidente laboral.

discinesia (dyskinesis), alteración de la capacidad de ejecutar movimientos voluntarios. Puede ser el efecto adverso de una utilización prolongada de medicamentos fenotiacínicos en pacientes ancianos o con lesiones cerebrales.

discinesia tardía (tardive dyskinesia), trastorno caracterizado por movimientos involuntarios repetitivos de los músculos de la cara, de los miembros y del tronco. Afecta sobre todo a personas ancianas a las que se ha tratado durante períodos prolongados de tiempo con fenotiacinas.

disco (disk, disc), **1.** estructura circular plana en forma de placa, como el disco articular o un disco óptico. **2.** *coloquial*, disco intervertebral.

disco articular (articular disk), extremo de forma plana de ciertos huesos que forman parte de articulaciones móviles. Se forma a partir de mesodermo no absorbido y a veces está estrechamente ligado a los músculos adyacentes o al cartílago.

disco blastodérmico (blastodisk), área no vitelina del protoplasma con forma de disco que rodea el polo animal en el que tiene lugar la división del óvulo fertilizado que contiene una gran cantidad de vitelo, como ocurre en los pájaros y los reptiles.

disco duro (hard disk), medio de almacenamiento de los datos del ordenador que consiste en un disco rígido con una capa electromagnética que permite la transcripción de información sobre él o desde él.

disco embrionario (embryonic disk), placa engrosada a partir de la que se desarrolla el embrión en la segunda semana de gestación.

disco flexible (floppy, floppy disk), v. **disquete**.

disco germinal (germinal disk), v. **disco embrionario**.

disco germinativo (germ disk), v. **disco embrionario**.

disco interpúbico (interpubic disk), placa de fibrocartílago que conecta las superficies opuestas de los huesos del pubis en la sínfisis púbica.

disco intervertebral (intervertebral disk), cualquiera de los discos fibrosos situados entre vértebras adyacentes, excepto entre el axis y el atlas. Los discos varían en tamaño, forma, espesor y número, dependiendo de su localización en la columna y de las vértebras específicas que separan.

disco Z (Z disk), membrana delgada que se observa en cortes longitudinales del músculo estriado como una banda oscura. Aparece en el centro de la banda I. La distancia entre las líneas Z identifica la longitud de los sarcómeros.

discoblástula (discoblastula), blástula formada por el desprendimiento parcial que se produce en el huevo fertilizado que contiene una gran cantidad de amnios.

discocito (discocyte), eritrocito maduro, normal, que muestra una de sus muchas configuraciones de estado de reposo. Es un disco bicóncavo sin núcleo.

discografía (diskography), examen radiológico de los discos intervertabrales individuales. Implica la inyección de una pequeña cantidad de contraste yodado hidrosoluble en el centro del disco, con una entrada de doble aguja.

discolia (discholia), cualquier proceso anormal de la bilis, tanto respecto a la cantidad secretada como al estado de sus componentes.

discondroplasia (dyschondroplasia), v. **encondromatosis**.

discondroplasia de Ollier (Ollier's dyschondroplasia) [Louis X. E. L. Ollier, cirujano francés, n. 1830], alteración poco frecuente del desarrollo óseo en la que el tejido epifisario responsable del crecimiento se extiende a través de los huesos, ocasionando un crecimiento irregular anormal y, finalmente, deformidad. Una clase de discondrodisplasia es la **exóstosis múltiple hereditaria**.

disconfirmación (disconfirmation), comunicación disfuncional que niega, desestima o ignora la información recibida de otra persona.

discordancia (discordance), expresión de uno o más rasgos específicos en uno solo de un par de gemelos.

discrasia (dyscrasia), proceso patológico de la sangre o la médula ósea, como la leucemia, anemia aplásica o incompatibilidad Rh.

discrasia sanguínea (blood dyscrasia), trastorno en el que cualquiera de los constituyentes de la sangre es anormal o está presente en una cantidad anormal, como ocurre en la leucemia y en la hemofilia.

discriminación (discrimination), acto de distinguir o diferenciar. La capacidad para diferenciar el tacto de la presión en dos puntos cercanos del cuerpo se conoce como discriminación de dos puntos.

discriminación táctil (tactile discrimination), capacidad para discriminar los objetos mediante el sentido del tacto.

discriminador (discriminator), (en medicina nuclear) dispositivo electrónico capaz de aceptar o rechazar un impulso de energía según el voltaje. Se utiliza para separar radionúclidos de baja energía de los de alta.

discriminador de alto nivel (DAN) (upper level discriminator [ULD]), dispositivo electrónico utilizado para discriminar contra todos los pulsos cuyas alturas estén por encima de un determinado nivel.

discriminador de bajo nivel (DBN) (lower level discriminator [LLD]), (en medicina nuclear), dispositivo sensible a la energía de radiación utilizado para discriminar entre todos los pulsos de radionúclidos cuyos pesos estén por debajo del nivel aceptado.

disdiadococinesia (dysdiadochokinesia), incapacidad para realizar rápidamente movimientos alternantes, como golpear rítmicamente los dedos sobre la rodilla. Su causa es la lesión cerebelosa y está en relación con la dismetría.

disecar (dissect), separar o cortar tejidos para su estudio visual o microscópico por medio de un bisturí, una sonda o unas tijeras.

disección cervical (neck dissection), extirpación quirúrgica de los ganglios linfáticos cervicales, realizada para evitar la diseminación de tumores malignos de cabeza y cuello.

disección de los ganglios linfáticos retroperitoneales (retroperitoneal lymph node dissection), extirpación quirúrgica de los ganglios linfáticos situados por detrás del peritoneo, que se realiza habitualmente en un intento de eliminar localizaciones de un linfoma o metástasis de enfermedades malignas cuyo origen se sitúa en los órganos pélvicos o en los genitales.

disección radical (radical dissection), extirpación quirúrgica de tejido en una zona amplia que rodea al lugar de la intervención. Se realiza sobre todo para identificar y extirpar todo el tejido que pueda ser maligno para reducir la posibilidad de recidiva.

disección radical de cuello (radical neck dissection), disección y extirpación de todos los ganglios linfáticos y tejidos extirpables bajo la piel del cuello, realizada para evitar la diseminación de tumores malignos de la cabeza y del cuello que tengan una posibilidad razonable de ser controlados.

disección roma (blunt dissection), disección realizada mediante la separación de los tejidos a lo largo de las líneas naturales de despegamiento, sin necesidad de cortar.

disentería (dysentery), inflamación del intestino, sobre todo del colon, que puede estar producida por irritantes químicos, bacterias, protozoos o parásitos. Se caracteriza por heces frecuentes sanguinolentas, dolor abdominal y tenesmo.

diseño del asiento basal (basal seat outline), (en odontología) perfil sobre la mucosa o sobre un modelo del área oral total para ser cubierto por una dentadura.

diseño experimental (experimental design), (en investigación) diseño de estudio utilizado para comprobar la relación causa-efecto entre variables. El diseño experimental clásico especifica el grupo experimental y el grupo control. Posteriormente se han utilizado diseños experimentales con más grupos y más mediciones, durante períodos más largos de tiempo.

diseño sin barreras (barrier-free design), diseño de hogares, lugares de trabajo y edificios públicos, de forma que los individuos físicamente disminuidos puedan hacer una utilización normal de dichas estructuras.

disergia (dysergia), trastorno en el cual los músculos no consiguen funcionar normalmente en determinados movimientos voluntarios, debido a una irregularidad del nervio eferente.

disestesia (dysesthesia), efecto frecuente de la lesión de la médula espinal, caracterizada por sensación de adormecimiento, hormigueo, quemazón o dolor por debajo de la lesión.

disfagia (dysphagia), dificultad para deglutir, normalmente asociada a procesos obstructivos o motores del esófago. Los pacientes con procesos obstructivos, como tumores esofágicos o anillo esofágico inferior, son incapaces de deglutir sólidos, aunque pueden tolerar líquidos. Las personas con procesos motores son incapaces de tragar sólidos y líquidos. Algunos tipos de disfagia son: **disfagia lusoria** y **disfagia valecular**.

disfasia (dysphasia), alteración del lenguaje, no tan grave como la afasia, normalmente debida a una lesión del área del lenguaje de la corteza cerebral.

disfonía (dysphonia), cualquier anomalía de la voz, como la ronquera. La disfonía puberal identifica los cambios de voz que se producen en los muchachos adolescentes.

disfonía espasmódica (spasmodic dysphonia), alteración del lenguaje en la cual la fonación resulta bloqueada de forma intermitente por espasmos de la laringe.

disfonía espástica (spastic dysphonia), v. **disfonía espasmódica**.

disforia (dysphoria), trastorno afectivo caracterizado por depresión y angustia.

disfunción (malfunction), incapacidad para funcionar con normalidad.

disfunción cerebral mínima (minimal brain dysfunction), v. **trastorno por déficit de atención**.

disfunción de la integración sensitiva (sensory integrative dysfunction), trastorno o irregularidad en la función cerebral que dificulta la integración sensitiva. Muchos trastornos del aprendizaje tienen su origen en disfunciones de la integración sensitiva.

disfunción del lenguaje (speech dysfunction), cualquier defecto o anomalía del lenguaje, como afasia, alexia, tartamudeo, afonía y pronunciación borrosa.

disfunción esofágica (esophageal dysfunction), cualquier alteración, desajuste o anomalía de funcionamiento normal del esófago, como la disfagia, la esofagitis o la incompetencia esfinteriana. Esta alteración es uno de los primeros síntomas de la esclerodermia.

disfunción psicosexual (psychosexual dysfunction), grupo numeroso de trastornos sexuales provocados por problemas emocionales o psicológicos.

disfunción sexual (sexual dysfunction), diagnóstico de enfermería, aprobado por la NANDA, de un estado en el cual un individuo experimenta cambios de la función sexual, que es considerada como insatisfactoria, infructuosa o inadecuada. Las características que la definen son: manifestación por parte del paciente de la disfunción percibida, alteración o limitación física impuesta por una enfermedad o un tratamiento, comunicación de la incapacidad para conseguir una satisfacción sexual, alteración de las relaciones sexuales con la pareja y pérdida del interés por uno mismo o por los demás.

disfunción sexual femenina (female sexual dysfunction), capacidad alterada o inadecuada de una mujer para lograr una relación sexual y un orgasmo satisfactorios. Las causas son: ansiedad, miedo, emociones negativas asociadas al acto sexual y problemas interpersonales. El tratamiento se centra en la eliminación de los problemas físicos y de la ansiedad sexual, intensificando la sensibilidad erótica.

disfunción sexual masculina (male sexual dysfunction), capacidad alterada o inadecuada del hombre para desarrollar su vida sexual y obtener satisfacción. Los síntomas, con frecuencia de origen psicológico son: dificultades para iniciar o mantener la erección, eyaculación precoz, incapacidad de eyacular e incluso pérdida del deseo sexual.

disfunción ureteral (ureteral dysfunction), alteración del flujo peristáltico normal de orina a lo largo del uréter, producida por una disfunción de los nervios motores ureterales.

disfunción ventricular (ventricular dysfunction), disfunción miocárdica en los ventrículos que refleja anomalías en la contracción y el movimiento de la pared.

disfuncional (dysfunctional), (de un órgano o sistema corporal) incapaz de funcionar con normalidad.

disgammaglobulinemia (dysgammaglobulinemia), enfermedad por deficiencia inmunitaria heredada, caracterizada por alteraciones hemáticas y tendencia a sufrir infecciones repetidas. La causa es la insuficiencia de las inmunoglobulinas necesarias para producir anticuerpos.

disgenesia (dysgenesis), **1.** formación anormal o defectuosa de un órgano o parte del mismo, sobre todo durante el desarrollo embrionario. **2.** alteración o pérdida de la capacidad de procrear. Un tipo de disgenesia es la **disgenesia gonadal**.

disgenia (dysgenics), estudio de los factores o situaciones genéticamente deletéreos para el futuro de una raza o especie.

disgenitalismo (dysgenitalism), cualquier proceso que implica un desarrollo anormal de los órganos genitales.

disgerminoma (dysgerminoma, *pl.* **dysgerminomas, dysgerminomata**), tumor maligno infrecuente del ovario, supuestamente procedente de las células germinales indiferenciadas de las gónadas embrionarias.

disgeusia (dysgeusia), sentido del gusto anómalo o ausente.

disgrafia (dysgraphia), alteración de la capacidad de escribir, producida por un proceso patológico.

dishidrosis (dyshidrosis), proceso en el que se produce una sudoración anormal. Son tipos de dishidrosis la **hiperhidrosis** y la **miliaria**.

disinergia (dyssynergia), cualquier alteración en la coordinación muscular, como en los casos de ataxia.

dislexia (dyslexia), alteración de la capacidad para leer, como resultado de diversos trastornos, algunos asociados al sistema nervioso central. Los individuos disléxicos frecuentemente intercambian letras y palabras, no pueden diferenciar adecuadamente secuencias de letras en las palabras escritas y tienen dificultades para determinar lo que es derecho e izquierdo.

dislipoproteinemia (dyslipoproteinemia), v. **enfermedad de las cadenas beta**.

dismadurez (dysmadurity), **1.** fallo del organismo para desarrollarse, madurar o alcanzar la madurez de una estructura o función. **2.** proceso por el que un feto o neonato es excesivamente grande o pequeño para su edad de gestación. Son tipos de dismadurez el del **lactante pequeño para la edad gestacional** y el del **lactante grande para la edad gestacional**.

dismegalopsia (dysmegalopsia), incapacidad para calcular con precisión el tamaño o la medida de un objeto.

dismelia (dysmelia), proceso anormal congénito caracterizado por la ausencia o el acortamiento de las extremidades del cuerpo, asociado en algunos individuos a anomalías medulares. Está producida por un metabolismo anormal durante el desarrollo embrionario de las extremidades.

dismenorrea (dysmenorrhea), dolor asociado a la menstruación. La dismenorrea primaria es el dolor menstrual debido a factores intrínsecos del útero y el proceso de menstruación. Es extremadamente frecuente y se produce, al menos en alguna ocasión, en casi todas las mujeres. Si el episodio doloroso es leve y breve, se considera funcional y normal, y no requiere tratamiento. En el 10%, aproximadamente, de las mujeres, la dismenorrea es lo suficientemente intensa como para producir episodios de discapacidad parcial o total. El dolor se produce típicamente en la parte inferior del abdomen o de la espalda, es cólico, en oleadas (aparentemente coincidiendo con las contracciones uterinas intensas y ligera dilatación cervical). El dolor suele comenzar inmediatamente antes del flujo menstrual o coincide con él, y puede durar entre unas pocas horas y un día o más. Se asocia frecuentemente con náuseas, vómitos y movimientos intestinales frecuentes, con cólico abdominal. También pueden observarse vértigos, mareos, palidez y angustia evidente. La dismenorrea secundaria es el dolor menstrual que se produce como consecuencia de anomalías pélvicas específicas, como endometriosis, adenomatosis, infección pélvica crónica, congestión pélvica crónica o tumores fibroides en degeneración.

dismetría (dysmetria), trastorno que impide al individuo afecto medir adecuadamente las distancias asociadas a actos musculares, por alteración del control muscular. Se observa en las lesiones cerebelosas y se caracteriza típicamente por una infra o sobreestimación de la amplitud de movimientos necesaria para colocar las extremidades correctamente durante un movimiento voluntario.

dismetría ocular (ocular dysmetria), alteración visual en la que los ojos son incapaces de fijar la mirada sobre un objeto o seguir un objeto en movimiento con precisión.

dismorfogénesis (dysmorphogenesis), desarrollo de estructuras corporales malformadas o aberrantes.

dismorfofobia (dysmorphophobia), **1.** idea delirante respecto a la imagen corporal. **2.** miedo morboso a la deformidad.

disnea (dyspnea), falta de aliento o dificultad para respirar que pueden producir ciertos procesos cardíacos, ejercicios extenuantes o ansiedad.

disnea paroxística nocturna (DPN) (paroxysmal nocturnal dyspnea [PND]), trastorno caracterizado por la aparición de episodios bruscos de dificultad respiratoria, que habitualmente se producen después de varias horas de sueño en posición tumbada, y que suelen deberse a edema pulmomar secundario a la insuficiencia cardíaca congestiva. Con frecuencia, los episodios se acompañan de tos, sensación de asfixia, sudor frío y taquicardia con ritmo de galope.

disnomia para los colores (color dysnomia), incapacidad para nombrar los colores a pesar de la capacidad para combinarlos y distinguirlos. Puede estar causada por una disfasia de expresión.

disociación (dissociation), **1.** acto de separar en partes o secciones. **2.** mecanismo defensivo involuntario por el que se separa de lo consciente cierta idea, pensamiento, emoción u otro proceso mental, con lo que pierde significación emocional.

disociación iónica (ionic dissociation), fenómeno por el que los iones de los compuestos iónicos quedan liberados de sus respectivos enlaces en una solución acuosa y se distribuyen uniformemente en el solvente.

disociación longitudinal (longitudinal dissociation), (en cardiología) aislamiento entre las vías paralelas de impulsos, normalmente en la unión AV.

disolución (dissolution), **1.** separación de un compuesto químico complejo en moléculas más sencillas. **2.** licuefacción de sustancias orgánicas.

disolvente (solvent), **1.** cualquier líquido en el que se puede disolver otra sustancia. **2.** *coloquial,* líquido orgánico, como el benceno, el tetracloruro de carbono y otros productos destilados del petróleo volátiles que cuando son inhalados provocan intoxicación, así como también daños en la mucosa de nariz y garganta y en los tejidos renales, hepáticos y cerebrales.

disonancia cognitiva (cognitive dissonance), estado de tensión provocado por una discrepancia entre el sistema de referencia emocional e intelectual de una persona para interpretar o asumir su entorno.

disostosis (dysostosis), trastorno caracterizado por una osificación defectuosa, especialmente por defecto de la osificación normal de los cartílagos fetales. Algunos tipos de disostosis son: **disostosis acrofacial de Nager, disostosis cleidocraneal, disostosis craneofacial, disostosis mandibulofacial** y **disostosis metafisaria**.

disostosis acrofacial de Nager (Nager's acrofacial dysostosis) [F. R. Nager, médico suizo del siglo XX], trastorno congénito caracterizado por deformidades de las extremidades, como sinostosis radiocubital, hipoplasia y ausencia de radio o de los dedos pulgares.

disostosis cleidocraneal (cleidocranial dysostosis), malformación hereditaria poco frecuente caracterizada por un defecto en la osificación de los huesos craneales y por la ausencia completa o parcial de clavículas. El defecto de osificación de los huesos craneales retrasa el cierre de las suturas craneales, lo que da lugar a grandes fontanelas.

disostosis craneofacial (craneofacial dysostosis), anomalía congénita hereditaria caracterizada por acrocefalia, exoftalmos, hipertelorismo, estrabismo, nariz en forma de pico de loro y maxilar hipoplásico con cierto grado de prognatismo.

disostosis mandibulofacial (mandibulofacial dysostosis), trastorno hereditario caracterizado por la oblicuidad antimongoloide de las hendiduras palpebrales, coloboma del párpado inferior, micrognatismo e hipoplasia de los arcos cigomáticos y microtia.

disostosis metafisaria (metaphyseal dysostosis), trastorno que afecta al sistema esquelético y que se caracteriza por un trastorno de la mineralización de la zona metafisaria de los huesos, produciendo enanismo. La disostosis metafisaria se clasifica en los tipos Gansen, Schmidt, Spahar-Hartmann o como la hipoplasia cartilagopilosa. El tipo Gansen se caracteriza por alteraciones metafisarias similares a las de la acondroplasia, pero sin afectar al cráneo ni a las epífisis de los huesos largos. El tipo Schmidt de disostosis metafisaria se caracteriza por alteraciones del desarrollo desde el año de edad hasta aproximadamente los 5 años. El tipo Spahar-Hartmann se caracteriza por alteraciones esqueléticas y un genu varo severo. La hipoplasia cartilagopilosa se caracteriza por enanismo severo y pelo ralo, corto y frágil.

dispareunia (dyspareunia), trastorno de la mujer, en el que la relación sexual se acompaña de dolor. El dolor puede ser el resultado de anomalías genitales, reacciones psicofisiológicas disfuncionales ante la unión sexual, coito forzado o excitación sexual incompleta.

dispensación de fármacos (drug dispensing), preparación, envasado, etiquetado, registro y entrega de un fármaco determinado a un paciente o a un intermediario, como un miembro del personal de enfermería, responsable de su admisnitración.

dispensar (dispense), preparar y distribuir fármacos y mezclas de fármacos en un despacho o departamento farmacéutico.

dispepsia (dyspepsia), vago sentimiento de molestia en el epigastrio, que se nota después de comer. Se tiene una sensación desagradable de plenitud, pirosis, flatulencia y náuseas.

dispersión (dispersion), disipación o reparto de un material finamente dividido, como cuando las partículas de una sustancia se disipan a través del volumen de un líquido.
dispersión (scattering), (en radiología) efecto producido por la interacción de rayos X de baja energía con la materia. El fotón que incide interacciona con un átomo diana, lo que provoca su excitación y la liberación del exceso de energía en forma de un fotón secundario o disperso, con cambio de dirección.
dispersión cromática (chromatic dispersion), descomposición de la luz en sus diferentes componentes según la longitud de onda o frecuencia, como ocurre al pasar a través de un prisma.
dispersograma (scattergram), gráfico que representa la distribución de dos variables en una población de muestra. Una variable se representa gráficamente en el eje vertical; la otra en el horizontal. Un dispersograma demuestra el grado o tendencia de presentación de las variables en relación mutua.
displasia (dysplasia), cualquier desarrollo anormal de tejidos u órganos, como el enanismo o la falta de desarrollo de las glándulas sudoríparas.
displasia condroectodérmica (chondroectodermal dysplasia), forma de enanismo hereditario caracterizado por acortamiento distal de los miembros, polidactilia postaxial y anomalías cardiovasculares.
displasia craneometafisaria (metaphyseal dysplasia), trastorno óseo hereditario caracterizado por un sobrecrecimiento paranasal, engrosamiento de los huesos del cráneo y atrapamiento de los pares craneales. El paciente puede sufrir infecciones nasorrespiratorias asociadas con el sobrecrecimiento óseo de los senos y maloclusión de las mandíbulas.
displasia de cadera de Namaqualand (Namaqualand hip dysplasia), enfermedad congénita de transmisión autosómica dominante que afecta sobre todo a los niños y se observa en África. Se caracteriza por la falta de crecimiento de la epífisis femoral, lo que provoca dolor y artritis degenerativa precoz de la cadera.
displasia diafisaria (diaphyseal dysplasia), v. **enfermedad de Camurati-Engelmann**.
displasia fibrosa (fibrous dysplasia), trastorno caracterizado por la sustitución del tejido óseo en los huesos afectados por tejido fibroso. Los distintos tipos de displasia fibrosa son: displasia fibrosa monostótica, displasia fibrosa poliostótica y displasia fibrosa poliostótica asociada a procesos endocrinos. Los signos iniciales pueden ser cojera, dolor o fractura del lado afectado. Con frecuencia aparecen asociadas a este proceso fracturas patológicas, y pueden aparecer deformidades por angulación.
displasia metafisaria (metaphyseal dysplasia), trastorno caracterizado por la alteración del modelado de los huesos tubulares largos.
dispositivo (device), cualquier elemento distinto de un fármaco que tenga aplicación en las artes curativas. El término se emplea a veces de forma restringida para los materiales que se aplican directamente al paciente o son utilizados por él, y para los instrumentos no quirúrgicos y otros equipos utilizados para el diagnóstico y el tratamiento. Son dispositivos el material ortopédico, los marcapasos, las muletas, las prótesis y las válvulas cardíacas artificiales.
dispositivo corazón-pulmón (heart-lung machine), aparato formado por una bomba y un oxigenador que se hace cargo de las funciones del corazón y de los pulmones, especialmente durante la cirugía cardíaca. La sangre es desviada desde el sistema venoso hacia el oxigenador y devuelta a la circulación arterial.
dispositivo de acceso vascular (DAV) (vascular access device [VAD]), catéter, cánula u otro instrumento permanente utilizado para disponer de un acceso venoso o arterial.
dispositivo de acceso venoso (venous access device), catéter diseñado para poder acceder de forma continua al sistema venoso. Estos dispositivos se pueden utilizar para nutrición parenteral a largo plazo o para la administración de soluciones o medicamentos IV durante varios días.
dispositivo de adaptación (adaptive device), cualquier estructura, diseño, instrumento o equipo que permite a una persona inválida desenvolverse de forma independiente.
dispositivo de asistencia ventricular izquierda (DAVI) (left ventricular assist device [LVAD]), bomba mecánica que colabora de forma temporal y artificial en la acción natural de bombeo del ventrículo izquierdo.
dispositivo de ayuda pulsátil (DAP) (pulsatile assist device [PAD]), conducto dotado de balón, sin válvulas, flexible, situado dentro de un cilindro de plástico rígido que se introduce en la circulación arterial para proporcionar perfusión por derivación cardiopulmonar pulsátil.
dispositivo de compresión fluoroscópica (fluoroscopic compression device), cualquiera de los diversos objetos que se pueden colocar en una determinada zona del abdomen del paciente para comprimir la superficie externa durante la realización de una fluoroscopia del tracto digestivo.

dispositivo de entrada (input device), dispositivo que permite la entrada de órdenes o información a un ordenador, como una máquina de escribir, teclado, unidad de cinta, unidad de disco, micrófono o lápiz óptico.

dispositivo de flotación (flotation device), matriz de espuma con una almohadilla de tipo gel localizada en su centro, diseñada para proteger las prominencias óseas y distribuir la presión de forma más uniforme sobre la superficie de la piel.

dispositivo de salida (output device), cualquier dispositivo que transforma la información de un ordenador en una forma legible para el hombre u otras máquinas, como una impresora o un monitor RMC.

dispositivo intrauterino (DIU) (intrauterine device [IUD]), dispositivo anticonceptivo que consta de una banda doblada de plástico radiopaco con una fina cola de un solo filamento, que se introduce y deja en la cavidad del útero, con el fin de alterar la fisiología del útero y las trompas de Falopio para evitar el embarazo.

dispositivo manual de velocidad ultrarápida (ultra-high-speed handpiece), dispositivo para sujetar instrumentos rotatorios, como los tornos, que permiten alcanzar velocidades de rotación de 100.000 a 300.000 rpm. Se utiliza fundamentalmente para la preparación de una cavidad dental.

dispositivo ortodóncico extraoral (extraoral orthodontic appliance), dispositivo fijado a una parte de la cara, cuello, espalda o cabeza, que ejerce tracción sobre los dientes o mandíbulas, para cambiar las posiciones relativas de los dientes.

dispositivo ortodóncico fijo (fixed orthodontic appliance), dispositivo protésico, cementado a los dientes o fijado con material adhesivo, que se emplea para cambiar las posiciones relativas de las piezas dentales.

dispositivo ortodóncico intraoral (intraoral orthodontic appliance), dispositivo de ortodoncia que se coloca en el interior de la boca para corregir o disminuir las maloclusiones.

dispraxia (dyspraxia), pérdida parcial de la capacidad para realizar una tarea que exija movimientos coordinados, en ausencia de cualquier defecto en las funciones sensoriales o motoras.

dispraxia del desarrollo (developmental dyspraxia), proceso de la integración sensorial caracterizado por una alteración de la capacidad de planear movimientos no habituales que exigen habilidad.

disproteinemia (dysproteinemia), anomalía del contenido proteico de la sangre, que normalmente afecta a las inmunoglobulinas.

disqueratosis (dyskeratosis), queratinización anormal o prematura de las células epiteliales.

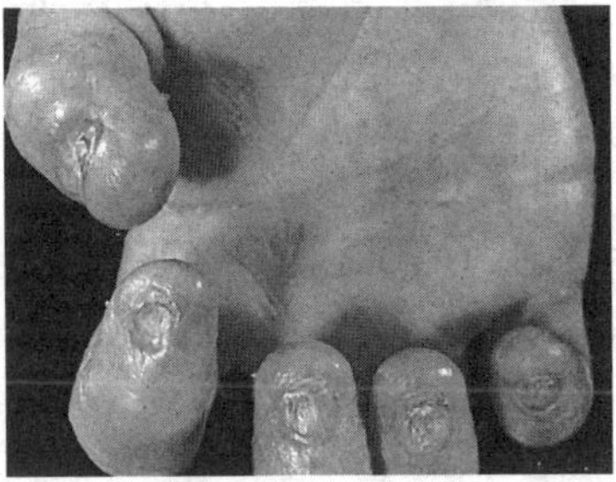

Disqueratosis congénita
(A. du Vivier, 2.ª ed., 1995)

disquete (diskette), disco de plástico flexible, recubierto de óxido y contenido en una funda cuadrada especial, para su empleo en la unidad de disco de un ordenador.

disrafia (dysraphia), falta de fusión completa de un rafe, como el cierre incompleto del tubo neural.

disrafia raquídea (spinal dysrhaphis), v. **espina bífida**.

disreflexia (dysreflexia), diagnóstico de enfermería aprobado por la NANDA, de un proceso en el que un individuo con una lesión medular a la altura de D7 o superior experimenta, o corre el riesgo de experimentar, una respuesta simpática desinhibida —y que pone en peligro su vida— del sistema nervioso ante un estímulo nocivo. Sus características que la definen son: hipertensión paroxística, bradicardia o taquicardia, diaforesis por encima de la lesión, manchas rojas en la piel por encima de la lesión, palidez por debajo de la lesión, cefalea en forma de dolor difuso, escalofríos, congestión conjuntival, visión borrosa, dolor torácico, sabor metálico de la boca, congestión nasal y reflejo pilomotor.

disreflexia autónoma (autonomic dysreflexia), disreflexia derivada de una alteración en las funciones del sistema nervioso autónomo, como consecuencia de la actividad simultánea simpática y parasimpática.

disritmia (dysrhythmia), cualquier alteración o anomalía de un patrón de ritmo normal, especialmente de las ondas cerebrales o la cadencia del lenguaje.

disritmia circadiana (circadian dysrhythmia), efectos de la tensión biológica y psicológica de un retraso en un viaje en avión o de un viaje rápido con cambios horarios. Además de los horarios de las comidas y del sueño, se pueden alterar las pautas de la medicación y de otros tratamientos.

DISS (DISS), abreviatura de ***Diameter Index Safety System***.

distal (distal), **1.** que se aleja o está lejos con respecto al punto de origen. **2.** que se aleja o está lejos de la línea media o de un punto central, como las falanges distales.

distancia de mapeo (map distance), v. **unidad de mapeo**.

distancia entre fuente y receptor de imagen (sourceimage receptor distance), distancia entre el foco de un haz de rayos X y la película de rayos X, medida a lo largo del haz.

distanciamiento (disengagement), **1.** desconexión o liberación de uno mismo respecto a otras personas o responsabilidades. **2.** (en terapia familiar transaccional) papel asumido por el terapeuta para observar y reestructurar la intervención sin implicarse activa y directamente en el problema.

distaxia (dystaxia), ataxia parcial, como la distaxia agitante, en la cual se produce un temblor provocado por irritación de la médula espinal, aunque no existe parálisis.

distender (distend), aumentar de tamaño o dilatar una estructura.

distensibilidad (distensibility), relativo a la capacidad de una estructura para ser estirada, dilatada o aumentada de tamaño.

distensibilidad dinámica (dynamic compliance), relativo a la distensibilidad pulmonar, medida mediante pletismografía durante el ciclo respiratorio.

distensión (strain), lesión, habitualmente muscular, que se debe a un esfuerzo físico exagerado.

distensión gaseosa (gas distention), v. **flatulencia**.

distimia (dysthymia), forma de depresión unipolar crónica que tiende a producirse en personas ancianas con procesos físicos debilitantes, carencias interpersonales múltiples y dificultades crónicas en su matrimonio. Varios episodios depresivos pueden acumularse y dar lugar a un estado depresivo crónico de poca intensidad.

distocia (dystocia), parto patológico o complicado, que puede estar causado por la obstrucción o el estrechamiento del canal del parto, o por un tamaño, forma, posición o proceso anormales del feto.

distocia placentaria (placental dystocia), alumbramiento de la placenta prolongado o que presenta cualquier otra dificultad.

distonía (dystonia), cualquier alteración del tono muscular. Suele afectar a cabeza, cuello y lengua, y frecuentemente se trata de un efecto farmacológico secundario.

distonía muscular deformante (dystonia musculorum deformans), trastorno infrecuente caracterizado por espasmos musculares de torsión, irregulares e intensos, que contorsionan el cuerpo. Suelen estar afectados los músculos del tronco, los hombros y la pelvis. La potencia y el tono muscular parecen normales, aunque, debido a los espasmos convulsivos, los músculos afectados quedan relativamente inútiles.

distonía por torsión (torsion dystonia), v. **distonía muscular deformante**.

distorsión (distorsion), **1.** (en psicología) proceso por el que se cambia la experiencia de la propia percepción. La distorsión de los pacientes tiende a influir en su visión del mundo y de ellos mismos. **2.** (en radiología) artefacto de las imágenes radiológicas, que pueden estar producido por variaciones de la forma, el tamaño o la posición del objeto.

distorsión paratáxica (parataxic distortion), mecanismo de defensa en el que las relaciones interpersonales actuales son percibidas y juzgadas según un modelo de referencia establecido por una experiencia anterior.

distracción (distraction), **1.** técnicas que anulan o reducen la percepción del dolor al dirigir la atención hacia sensaciones no relacionadas con el dolor. **2.** método de fortalecimiento de la columna vertebral mediante fuerzas de tensión axial que fraccionan las superficies articulares, como las aplicadas por el corsé de Milwakee.

distracción selectiva (selective inattention), descarte de estímulos no deseados, especialmente de la parte de un mensaje que el que escucha no desea oír.

distractibilidad (distractibility), estado mental en el que la atención no se mantiene fija en un tema determinado, sino que oscila o se desvía.

distribución aleatoria (randomization), proceso de asignación de sujetos u objetos a grupos experimentales o de control sobre una base aleatoria.

distribución bimodal (bimodal distribution), distribución de los datos cuantitativos alrededor de dos modos separados. Sugiere dos poblaciones separadas de distribución normal de las que se extraen los datos.

distribución del fármaco (drug distribution), patrón de absorción de las moléculas de un fármaco por distintos tejidos, una vez que aquél penetra en el sistema circulatorio. Dadas las diferencias del pH, la función de las membranas celulares, y otros factores tisulares individuales, la mayoría de los fármacos tienen una distribución desigual en las distintas partes del organismo.

distribución esclerotómica del dolor (sclerotomal pain distribution), dolor referido desde los tejidos sensibles al dolor que cubren el esqueleto axial a lo largo de un segmento esclerotómico.

distribución independiente (independent assortment), (en genética) principio básico según el cual los miembros de un par de genes están distribuidos aleatoriamente en los gametos, independientemente de la distribución de otros pares de genes.

distribución oligoclonal (oligoclonal banding), proceso por el que la IgG del líquido cefalorraquídeo se distribuye, mediante una electroforesis, en bandas definidas. Aproximadamente el 90% de los pacientes con esclerosis múltiple muestra una distribución oligoclonal.

distrofia (dystrophy), cualquier trastorno causado por un defecto nutritivo; el término se aplica frecuentemente a las alteraciones del desarrollo muscular que no afectan al sistema nervioso central, como la degeneración grasa, que se asocia a un aumento de tamaño con disminución de fuerza muscular.

distrofia adiposogenital (adiposogenital dystrophy), trastorno que afecta a varones adolescentes y que se caracteriza por hipoplasia genital con caracteres sexuales secundarios femeninos, incluida la distribución femenina de la grasa. Su causa es una disfunción hipotalámica o un tumor adenohipofisario.

distrofia cleidocraneal (cleidocranial dystrophia), v. **disostosis cleidocraneal**.

distrofia muscular (muscular distrophy), grupo de enfermedades transmitidas genéticamente caracterizadas por la atrofia progresiva de grupos simétricos de músculos esqueléticos, sin que se evidencie afectación o degeneración del tejido nervioso. En todas las formas de distrofia muscular existe una pérdida progresiva de fuerza, con discapacidad y deformidad en aumento, aunque cada tipo se diferencia por los grupos de músculos afectados, edad de comienzo, velocidad de progresión y el tipo de herencia genética. Los principales tipos de enfermedad son la distrofia muscular seudohipertrófica (Duchenne), distrofia muscular de la cintura pélvica y escapular y distrofia muscular facioescapulohumeral (Landouzy-Dejerine). Otras formas menos frecuentes son la distrofia muscular de Becker, la distrofia muscular distal, la miopatía ocular y la distrofia muscular miotónica.

distrofia muscular benigna seudohipertrófica (benign pseudohypertrophic muscular dystrophy), v. **distrofia muscular de Becker**.

distrofia muscular de Becker (Becker's muscular distrophy), enfermedad degenerativa crónica de los músculos, caracterizada por debilidad progresiva. Ocurre en sujetos de edades comprendidas entre los 8 y los 20 años. Se transmite genéticamente como un rasgo autosómico recesivo.

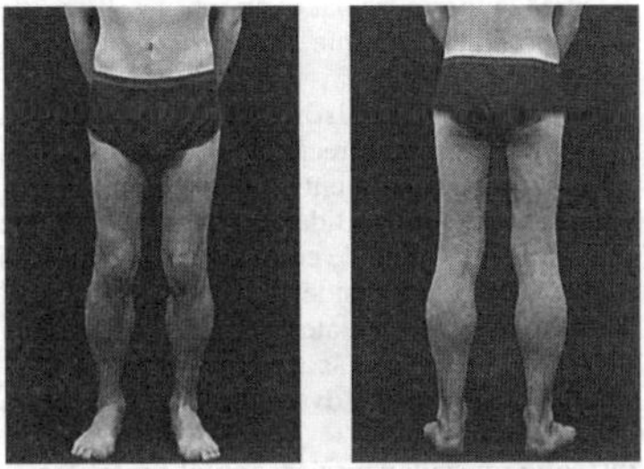

Distrofia muscular de Becker
(V. Dubowitz, 1992)

distrofia muscular de Duchenne (Duchenne's muscular dystrophy) [Guillame B. A. Duchenne], trastorno congénito caracterizado por pérdida de masa muscular simétrica y progresiva en los músculos de las piernas y la pelvis. Se trata de una enfermedad recesiva al cromosoma X, que aparece insidiosamente entre los 3 y los 5 años de edad, y se extiende desde los músculos de las piernas y pelvis a los músculos involuntarios. La debilidad muscular acompañante produce una marcha anserina y lordosis pronunciada. Los músculos se deterioran rápidamente, y los músculos de la pantorrilla se endurecen y aumentan de tamaño por depósitos de grasa. Los niños afectados desarrollan contracturas, tienen dificultades para subir escaleras, a menudo tropiezan y se caen y presentan escápulas aladas cuando elevan los brazos.

distrofia muscular de Erb (Erb's muscular distrophy) [Wilhelm H. Erb, neurólogo alemán, n. 1840], forma de distrofia muscular que afecta primero a la cintura escapular y después a la cintura pélvica. Es una enfermedad incapacitante progresivamente.

distrofia muscular de Gowers (Gowers' muscular dystrophy), v. **distrofia muscular distal**.

distrofia muscular de las cinturas escapulohumeral o pélvica (limb-girdle muscular dystrophy), forma de distrofia muscular, transmitida como rasgo autosómico recesivo. Existe debilidad y degeneración muscular característica que comienzan en la cintura escapular o en la pélvica. El proceso es progresivo. La **distrofia muscular de Erb** y la **distrofia muscular de Leyden-Moebius** son algunos de los tipos de distrofia muscular de las cinturas de las extremidades.

distrofia muscular de Leyden-Moebius (Leyden-Moebius muscular dystrophy), forma de distrofia muscular que comienza en la cintura pélvica.

distrofia muscular distal (distal muscular dystrophy), forma infrecuente de distrofia muscular, que normalmente afecta a adultos, caracterizada por debilidad moderada y pérdida de masa muscular, de comienzo distal (brazos y piernas) para extenderse luego a los músculos proximales y faciales.

distrofia muscular escapulohumeral (scapulohumeral muscular dystrophy), v. **distrofia muscular de Erb**.

distrofia muscular fascioscapulohumeral (fascioscapulohumeral muscular dystrophy), trastorno congénito que constituye uno de los tipos principales de distrofia muscular. Se caracteriza por un adelgazamiento progresivo y simétrico de los músculos esqueléticos, especialmente de los de la cara, hombros y brazos, sin que se asocien alteraciones nerviosas ni sensoriales.

distrofia muscular miotónica (myotonic muscular dystrophy), forma grave de distrofia muscular caracterizada por ptosis, debilidad muscular facial y disartria. La debilidad de las manos y pies precede a la de hombros y caderas. La miotonía de las manos está presente en la mayoría de los casos.

distrofia muscular pelvifemoral (pelvifemoral muscular dystrophy), v. **distrofia muscular de Leyden-Moebius**.

distrofia muscular seudohipertrófica (pseudohypertrophic muscular dystrophy), v. **distrofia muscular de Duchenne**.

disulfiram (disulfiram), sustancia que sirve para deshabituar del uso de alcohol, utilizada en el tratamiento del alcoholismo crónico. Produce intensos cólicos intestinales y náuseas si se ingiere alcohol.

disuria (dysuria), micción dolorosa, normalmente debida a una infección bacteriana o a un proceso obstructivo del tracto urinario. El paciente sufre una sensación de quemazón cuando realiza la micción y el examen de laboratorio puede revelar la existencia de sangre, bacterias o leucocitos en la orina.

disyunción (disjunction), (en genética) separación de los cromosomas homólogos apareados durante el estadio de anafase de la primera división meiótica, o de las cromátides durante la anafase de la mitosis y la segunda división meiótica.

DIU (IUD), abreviatura de **dispositivo intrauterino**.

diuresis (diuresis), aumento de formación y secreción de orina. La diuresis se produce en procesos como la diabetes mellitus y la diabetes insípida.

diuresis osmótica (osmotic diuresis), diuresis que se produce por la presencia de ciertas sustancias no absorbibles en los túbulos renales, como el manitol, la urea o la glucosa.

diurético (diuretic), **1.** (respecto a un fármaco u otra sustancia) que tiende a promover la formación y excreción de orina. **2.** fármaco que promueve la formación y excreción de orina. Los más de 50 diuréticos de los que se dispone en EE.UU. y Canadá están clasificados, según su estructura química y su actividad farmacológica, en estos grupos: antagonistas de la aldosterona, inhibidores de la anhidrasa carbónica, diuréticos del asa, mercuriales, osmóticos, diuréticos por retención de potasio y tiacidas. Un medicamento diurético puede combinar uno o más de estos grupos.

divalente (divalent), v. **bivalente**.

divergencia (divergence), separación o movimiento de alejamiento de varios objetos entre sí, como el de los ojos al moverse simultáneamente hacia afuera por defecto de los músculos extraoculares.

diverticulitis (diverticulitis), inflamación de uno o más divertículos. La penetración de materia fecal a través de la fina pared del divertículo produce la inflamación y la formación de abscesos en los tejidos que rodean al colon. Tras inflamaciones repetidas, la luz del colon se estrecha y puede llegar a obstruirse. Durante los períodos de inflamación, el paciente experimenta dolor cólico, sobre todo sobre el colon sigmoide, fiebre y leucocitosis. Para descartar un carcinoma de colon, que muestra algunos síntomas comunes, se administran enemas de bario y se hace una proctoscopia. El tratamiento conservador incluye reposo en cama, líquidos intravenosos, antibióticos y dieta absoluta por boca. En los casos agudos, la resección intestinal del tramo afectado dismiunye mucho la mortalidad y la morbididad.

divertículo (diverticulum, *pl.* **diverticula**), herniación en forma de bolsa a través de la capa muscular de un órgano tubular. Pueden existir divertículos en el estómago, el intestino delgado o, lo más frecuente, el colon.

divertículo de Meckel (Meckel's diverticulum) [Johann F. Meckel, anatomista alemán, n. 1781], saco anormal que protruye desde la pared del íleon. Es congénito y se produce por el cierre incompleto del conducto vitelino.

divertículo de Zenker (Zenker's diverticulum) [Friedrich A. Zenker, anatomopatólogo alemán, n. 1825], hernia circunscrita de la mucosa de la faringe en su unión con el esófago. Los alimentos pueden quedar atrapados en el divertículo y ser aspirados.

diverticulosis (diverticulosis), presencia de herniaciones en forma de bolsa a través de la capa muscular del colon, particularmente del colon sigmoide.

divieso (boil), absceso cutáneo. V. **forúnculo**.

división (division), separación de algo en dos o más partes o secciones. Un tipo de división es la **división celular**.

división celular (cell division), proceso continuo de división de la célula en cuatro fases: profase, metafase, anafase y telofase. Antes de la profase, el centrosoma celular se divide en dos partes que se dirigen hacia los polos opuestos del nucléolo. Durante la profase, la cromatina previamente dispersa se condensa en cromómeros enrollados a lo largo del cromonema de ácido desoxirribonucleico. Durante la metafase los cromosomas se orientan en el plano ecuatorial con una zona clara dirigida hacia los dos centrosomas. Durante la última parte de la metafase y al principio de la anafase se divide cada centrómero. En la telofase los cromosomas forman una masa compacta perdiendo su individualidad y se dispersan en la cromatina del núcleo intermitótico.

división de reducción (reduction division), v. **meiosis**.

división indirecta (indirect division), v. **mitosis**.

Dyx, Dorothea Lynde (Dorothea Lynde [1802-1887], norteamericana humanitaria de gran valor, que tuvo fama como reformadora social, principalmente por sus trabajos para mejorar las condiciones en las prisiones y el cuidado de los enfermos mentales. Durante su vida ayudó a fundar instituciones mentales en 30 estados de Canadá. En la Guerra Civil fue nombrada superintendente de las enfermeras del ejército en los hospitales estatales.

diyodohidroxiquina (diiodohydroxyquin), v. **yodoquinol**.

DL (LD), abreviatura de dosis letal.

DLE (DLE), abreviatura de **lupus eritematoso discoide**.

DLM (MLD), abreviatura de **dosis letal mínima**.

DM (DM), abreviatura de **diabetes mellitus**.

DMG (GDM), abreviatura de **diabetes mellitus gestacional**.

DMID (IDDM), abreviatura de **diabetes mellitus insulinodependiente**.

DMM (MFD), abreviatura de dosis mortal mínima.

DMNID (NIDDM), abreviatura de **diabetes mellitus no insulinodependiente**.

DMP (MPD), abreviatura de dosis máxima permitida.

DMSO (DMSO), abreviatura de **dimetil sulfóxido**.

DNCB (DNCB), abreviatura de **dinitroclorobenceno**.

DOδ (δOD), abreviatura de densidad óptica delta.

doble micción (double-void), técnica de análisis de orina en la que se desecha la primera muestra y se analiza el segundo, obtenida de 30 a 45 minutos más tarde. Este método da una medida más exacta de la cantidad de glucosa en orina en un determinado momento.

doble personalidad (double personality), estado de disociación en el cual el individuo se presenta en diferentes momentos como dos personas distintas, cada una de ellas con diferentes nombres y rasgos de personalidad. Por lo general, las dos personalidades son independientes y opuestas, y desconoce cada una de ellas la existencia de la otra.

Dock, Lavinia Lloyd (Dock, Lavinia Lloyd [1858-1956]), enfermera norteamericana de sanidad pública. Abogó por el movimiento internacional de salud pública y la mejora de la formación de las enfermeras. Escribió, junto a M. Adelaide Nutting, la «History of Nursing», un clásico de la literatura de enfermería.

doctrina de emergencia (emergency doctrine), (en legislación) concepto que supone el consentimiento de una persona a recibir tratamiento médico cuando corre un riesgo inminente y no puede dar su consentimiento sobre el tratamiento. La doctrina de emergencia supone que la persona daría su consentimiento si le fuera posible.

doctrina del sentido común (reasonably prudent person doctrine), concepto por el que una persona de inteligencia normal utilizará las medidas asistenciales ordinarias para satisfacer las necesidades de atencion sanitaria de un paciente.

documentación (documentation), material escrito asociado con un ordenador o programa. Algunos tipos de documentación son: documentación del programa, descripción general y específica de lo que hace el programa y de cómo lo hace; documentación del sistema, descripción completa del «hardware» y el «software» que constituyen el sistema, y documentación de usuario, manual de instrucciones que proporciona la suficiente información para que el sujeto utilice el sistema.

documentación del sistema (system documentation), v. **documentación**.

docusate (docusate), sustancia que ablanda las heces y se prescribe para el tratamiento del estreñimiento.

dolencia (ailment), toda enfermedad o trastorno físico o molestia, generalmente de naturaleza crónica, aguda o leve.

dolicocefalia (dolichocephaly), v. **escafocefalia**.

dolor (dolor), cualquier proceso de dolor físico, angustia mental o sufrimiento por el calor. Es uno de los cuatro signos de la inflamación. Los otros son: calor, rubor (enrojecimiento) y tumor (tumefacción).

dolor (pain), **1.** sensación desagradable provocada por la estimulación perjudicial de las terminaciones nerviosas sensitivas. Es un síntoma fundamental de la inflamación y resulta muy valioso para el diagnóstico de muchos trastornos y enfermedades. El dolor puede ser leve o grave, crónico, agudo, lancinante, urente, sordo o intenso, de localización precisa o difusa o bien referido. **2.** diagnóstico de enfermería aprobado por la NANDA de la presencia de molestias graves o de una sensación incómoda. Las características que lo definen son la comunicación verbal o no verbal de la presencia del dolor, conducta de autoprotección con alteración de la percepción temporal, abandono del contacto social o el deterioro de los procesos del pensamiento; conducta distraída con gemidos, llantos o intranquilidad; expresión facial de dolor con ojos tristes y apagados, aspecto «derrotado» o haciendo muecas; alteración del tono muscular, y respuestas vegetativas al aumento del dolor, como diaforesis, variaciones de la tensión arterial y en la frecuencia, dilatación pupilar y aumento o descenso de la frecuencia respiratoria.

dolor crónico (pain, chronic), diagnóstico de enfermería aprobado por la NANDA del dolor continuo de más de 6 meses de duración. Las características que lo definen son una comunicación verbal o pruebas del dolor experimentado durante más de 6 meses, el temor a volver a lesionarse, la alteración de la capacidad para continuar las actividades previas, anorexia, variaciones en el peso, cambios en el patrón del sueño, máscara facial y dificultad de movimientos.

dolor crónico resistente al tratamiento (chronic intractable pain), dolor persistente que no responde a los analgésicos no narcóticos ni a otras medidas terapéuticas.

dolor referido (referred pain), dolor percibido en un lugar diferente al del órgano o parte del cuerpo enfermo o lesionado. En la afectación de la vesícula biliar, el dolor se puede sentir en el hombro o en la región escapular del lado derecho.

dolor resistente al tratamiento (intractable pain), dolor que no se alivia con las medidas médicas y quirúrgicas habituales. Con frecuencia, el dolor es crónico, persistente y de naturaleza psicógena.

dolor sordo (dull pain), dolor agudo o crónico levemente pulsátil.

dolor urente (burning pain), dolor experimentado como resultado de una quemadura térmica.

dolor visceral (visceral pain), dolor abdominal causado por una anomalía de las vísceras. Se caracteriza por ser intenso, difuso y difícil de localizar.

dolor y sufrimiento (pain and suffering), (en derecho) un elemento en una reclamación por daños que permite ser indemnizado por el dolor mental y físico, el sufrimiento, la angustia y el trauma que un individuo ha sufrido como consecuencia de una lesión.

dolorimiento (ache), dolor persistente, sordo y generalmente de intensidad moderada. El dolorimiento puede ser localizado, como el dolorimiento gástrico, las cefaleas o el dolorimiento óseo, o bien puede ser generalizado, como las mialgias que se asocian a las infecciones virales o a la fiebre persistente.

DOM (DOM), abreviatura de **dimetoximetilanfetamina**.

dominancia (dominance), (en genética) principio básico que establece que no todos los genes que determinan un cierto rasgo operan con la misma intensidad. Si dos genes de un determinado locus producen efectos diferentes, el gen que se manifiesta es el dominante.

dominancia cerebral (cerebral dominance), especialización de cada uno de los dos hemisferios cerebrales en la integración y control de las distintas funciones. En el 90% de la población el hemisferio cerebral izquierdo se especializa o controla la capacidad para hablar y escribir, y la capacidad para comprender el lenguaje hablado y escrito. En el 10% restante el hemisferio derecho o ambos hemisferios dominan el lenguaje hablado o escrito. El hemisferio cerebral derecho percibe los estímulos táctiles y las relaciones de la visión espacial mejor que el hemisferio izquierdo.

dominancia ocular (eye dominance), preferencia inconsciente de uso de un ojo más que otro para ciertos propósitos, como apuntar con un rifle o mirar por un telescopio.

dominio psicomotor (psychomotor domain), ámbito de realización de habilidades que requieren cierto grado de coordinación neuromuscular.

donante (donor), **1.** ser humano u animal que da tejidos vivos propios para su uso en otro cuerpo, por ejemplo, sangre para transfusión o un riñón para trasplante. **2.** sustancia o compuesto que da a otro una parte de él.

donante de sangre (blood donor), sujeto que dona su sangre a un banco de sangre o directamente a otra persona.

donante universal (universal donor), persona con sangre del grupo O y Rh negativo. Esta sangre se puede utilizar para la transfusión de urgencia con un riesgo mínimo de incompatibilidad.

donjuán (Don Juan), hombre seductor y sexualmente promiscuo.

dontología forense (forensic dentistry), rama de la odontología que se ocupa de los aspectos legales del ejercicio profesional y tratamiento odontológico.

dopa (dopa), aminoácido derivado de la tirosina, que se presenta de forma natural en plantas y animales. Es un precursor de dopamina, adrenalina y noradrenalina.

dopaminérgico (dopaminergic), que tiene el efecto de la dopamina.

dornasa (dornase), sustancia proteolítica natural que despolimeriza las moléculas del ADN. Como hasta el 70% de la parte sólida del material purulento es ADN, la dornasa se utiliza en terapia respiratoria para ayudar a descomponer el esputo que se acumula en las vías aéreas.

dornasa pancreática (pancreatic dornase), enzima obtenida del páncreas de vaca que ha sido utilizada como mucolítico en las infecciones de vías respiratorias superiores y en la fibrosis quística.

dorsal (dorsal), relativo a la espalda o parte posterior.

dorsal ancho (latissimus dorsi), uno de los dos grandes músculos triangulares presentes en las regiones torácica y lumbar de la espalda. Extiende, aduce y rota internamente el brazo, tracciona del hombro hacia atrás y hacia abajo y, junto con el pectoral mayor, tracciona hacia arriba del cuerpo en la escalada.

dorsiflexionar (dorsiflect), doblar o flexionar hacia atrás, como al levantar los dedos, la muñeca o el pie.

dorsiflexor (dorsiflexor), músculo que produce la flexión hacia atrás de una parte del cuerpo, como la mano o el pie.

dorso (dorsum), espalda del cuerpo, superficie posterior o superior de una parte del cuerpo.

dorsodinia (dorsodynia), dolor en la espalda, particularmente en los músculos de la parte superior de la espalda.

dosificación (dosage), régimen que controla el tamaño, frecuencia y número de dosis de un agente terapéutico a administrar a un paciente.

dosificación pediátrica (pediatric dosage), determinación de la cantidad, frecuencia y número total de dosis de medicación correctas que deben administrarse a un niño o lactante. Se han ideado varias fórmulas para calcular la dosis pediátrica a partir de una dosis estándar para adultos, aunque el método más fiable es el empleo de la superficie corporal proporcional al peso corporal, basándose en una de las fórmulas.

dosimetría (dosimetry), **1.** determinación de la cantidad, velocidad y distribución de la radiación o radiactividad procedente de una fuente de radiación ionizante. **2.** determinación precisa de dosis medicinales, basándose en el tamaño corporal, el sexo, la edad y otros factores.

dosimetría de termoluminiscencia (thermoluminescent dosimetry), método para medir la radiación ionizante a la que está expuesta una persona mediante un dispositivo que almacena la energía radiante y la libera más tarde como luz ultravioleta o visible.

dosimetría hidrostática (hydrostatic dosimetry), peso de una persona bajo el agua para determinar la cantidad de grasa sobre el peso corporal.

dosímetro (dosimeter), instrumento para detectar y medir la exposición de radiación acumulada.

dosímetro de Fricke (Fricke dosimeter), dosímetro de radiación química que utiliza el cambio de concentración de iones férricos en una solución sometida a radiación para cuantificar la cantidad de dosis liberada a la muestra.

dosímetro de placa (film badge), caja con una película fotográfica sensible a la radiación ionizante, utilizada para valorar la exposición del personal que trabaja con rayos X y con otras fuentes de radiación.

dosímetro integrador (integrating dose meter), (en radioterapia) cámara de ionización, generalmente diseñada para ser aplicada a la piel del paciente, con un sistema medidor que determina la dosis total administrada durante una exposición.

dosis (dose), cantidad de fármaco u otras sustancias que se administra en una vez.

dosis absorbida (absorbance dose), (en radioterapia) energía suministrada por las radiaciones ionizantes a cada unidad de masa del material irradiado en el lugar que interese. La unidad SI de dosis absorbida es el gray, que es 1 julio-kg y equivale a 100 rads.

dosis acumulada (cumulative dose), dosis total que se acumula a partir de exposiciones repetidas a la radiación o a productos radiofarmacéuticos.

dosis de choque intravenosa (intravenous push), v. **bolo intravenoso.**

dosis de mantenimiento (maintenance dose), cantidad de un fármaco necesaria para mantener una determinada concentración media deseada en los tejidos.

dosis de radiación absorbida (rad) (radiation absorbed dose [rad]), unidad de la dosis absorbida de radiación ionizante. Un rad equivale a 0,01 J-kg o a 100 ergs de radiación ionizante por gramo de tejido de una sustancia.

dosis de salida (exit dose), (en radioterapia) cantidad de radiación presente en el lado del cuerpo opuesto a la superficie sobre la que se dirige el rayo.

dosis eficaz (DE) (effective dose [ED]), dosis de un fármaco que se espera cause una determinada intensidad de efecto en las personas a las que se administra.

dosis eficaz media (DE_{50}) (median effective dose [ED_{50}]), dosis de un fármaco que se supone produce un efecto de intensidad determinada en la mitad de los pacientes a los que se administra.

dosis en piel (dose to skin), (en radioterapia) cantidad de radiación absorbida en el centro del campo de irradiación sobre la piel. Es la suma de la dosis en el aire y la dispersada por las distintas partes del cuerpo.

dosis en profundidad (deep dose), (en radioterapia) relación entre la dosis a cualquier profundidad a partir de un haz de radiaciones y la dosis a la entrada de ese haz.

dosis equianalgésica (equianalgesic dose), dosis de un analgésico que equivale en su efecto de aliviar al dolor a otro analgésico y permite la sustitución de las prescripciones para evitar los posibles efectos adversos de alguno de los medicamentos. El término también se aplica al tamaño de la dosis equivalente alternativa y a la vía de administración.

dosis equivalente acumulada (accumulated dose equivalent), dosis máxima permisible (DMP) de radiación para toda la vida, estimada para las personas que trabajan con materiales radiactivos o con rayos X. Se basa en la fórmula $(n-18) \times 5$ rems, donde n es la edad del sujeto en años.

dosis fetal (fetal dose), cantidad estimada de radiación que recibe un feto durante la exploración radiológica de una mujer gestante.

dosis genéticamente significativa (DGS) (genetically significant dose [GSD]), medida arbitraria de la radiación gonadal anual estimada recibida por el material genético de la población. En EE.UU., la DGS es de 20 mrad. La cifra no indica posibles efectos genéticos por la exposición a estos niveles de radiación.

dosis gonadal (gonadal dose), medida de la dosis de radiación recibida por las gónadas como consecuencia de realizar una exploración radiológica. Puede variar desde menos de 1 mrad por una placa dental o torácica hasta 225 mrad por una radiografía de columna lumbar o incluso llegar hasta 800 mrad para el feto durante una pelvimetría.

dosis íntegra (integral dose), (en radioterapia) cantidad total de energía absorbida por un paciente u objeto durante su exposición a la radiación.

dosis letal media (DL_{50}, DLM) (median lethal dose [MLD, LD_{50}]), (en radioterapia) cantidad de radiación que destruye al 50% de los individuos de un grupo numeroso de animales u organismos en un determinado período de tiempo.

dosis letal mínima (DLM) (minimum lethal dose [MLD]), la dosis más reducida de un fármaco, en función del peso corporal, que puede matar a un animal de experimentación. La DLM puede variar entre las especies del animal empleado.

dosis máxima permitida (DMP) (maximum permissible dose [MPD]), cantidad máxima estimada de radiación a la que puede ser expuesta una persona con un riesgo mínimo de experimentar leucemia, cáncer o efectos genéticos, basada en los datos obtenidos a partir de modelos de dosis-respuesta y la experiencia real acumulada durante más de 50 años. La DMP para la población general es de 500 mrems al año.

dosis medular media (DMM) (mean marrow dose [MMD]), medida arbitraria de la radiación somática anual media recibida por la población de los Estados Unidos. La cifra es de 77 mrad y representa la media ponderada de las personas expuestas a radiación y de las no expuestas a radiación en ese período. Se expresa en términos de médula ósea porque se supone que la radiación de ese tejido puede causar leucemia.

dosis mínima (minimal dose), la dosis más pequeña de un fármaco u otro tipo de agente que produce el efecto deseado. Dadas las variaciones individuales en cuanto a la respuesta a los fármacos, la dosis mínima para una persona puede ser excesiva o insuficiente para otra persona.

dosis oral (oral dosage), relativo a la administración de una medicina por la boca.
dosis permisible (permissible dose), (en radioterapia) cantidad de radiación que puede recibir un individuo en un período determinado de tiempo, sin que haya que sospechar resultados perjudiciales importantes.
dosis prolongada (protracted dose), (en radioterapia) cantidad reducida de radiación liberada continuamente durante un período relativamente largo de tiempo.
dosis subletal (sublethal dose), dosis de una sustancia potencialmente letal que no es capaz de producir la muerte.
dosis terapéutica (therapeutic dose), dosis necesaria para producir el efecto deseado.
dosis tisular (tissue dose), (en radioterapia) cantidad de radiación absorbida por el tejido en la región de interés, expresada en rads.
dosis tolerada (tolerance dose), v. **dosis máxima permitida**.
dosis tóxica (DT) (toxic dose [TD]), (en toxicología) cantidad de una sustancia que puede producir un efecto tóxico.
dosis tóxica media (DT_{50}) (median toxic dose [TD_{50}]), dosis con la que se supone se produce un efecto tóxico en la mitad de los pacientes a los que se administra.
dosis umbral (threshold dose), medida de la dosis de radiación definida en términos de condiciones necesarias para producir un eritema visible en un determinado porcentaje de personas expuestas.
dosis unitaria (unit dose), método de preparación de los medicamentos en el que la farmacia prepara dosis individuales de medicamentos para los pacientes que se entregan a la unidad del paciente en paquetes individuales etiquetados para que sean administrados por el personal de enfermería según el programa prescrito.
dotación cromosómica (chromosomic complement), número normal de cromosomas presentes en las células somáticas de cualquier especie. En el ser humano es de 46, agrupadas en 22 pares de autosomas homólogos y un par de cromosomas sexuales.
doxiciclina (doxycycline), antibacteriano tetraciclínico utilizado en el tratamiento de diversas infecciones.
dp-dt (dp-dt), (en cardiología) ritmo del cambio de presión por unidad de tiempo.
DPAC (CAPD), abreviatura de **diálisis peritoneal ambulatoria continua**.
DPG (DPG), abreviatura de **ácido 2,3-difosfoglicérico**.
DPN (PND), abreviatura de **disnea paroxística nocturna**.
DPPC (CPPD), abreviatura de dihidrato de pirofosfato cálcico.
DQ (DQ), abreviatura de **cociente de desarrollo**.
dr. (dr), abreviatura de **dracma**.
dracma (dram), unidad de masa equivalente a una medida apotecaria de 60 granos o 1-8 de onza, y a 27,34 granos o 1-16 de onza en el sistema avoirdupois.
dracma líquido (fl.dr.) (fluid dram [fl.dr.]). unidad de medida de líquido equivalente a 3,696 mililitros (ml), a 60 blancas, o a 1-8 de onza líquida.
dracunculosis (dracunculiasis), infección parasitaria producida por la infestación por el nematodo *Dracunculus medinensis*. Se caracteriza por lesiones cutáneas ulceradas en piernas y pies, producidas por las hembras grávidas. Las personas se infestan al beber agua contaminada o comiendo marisco contaminado.

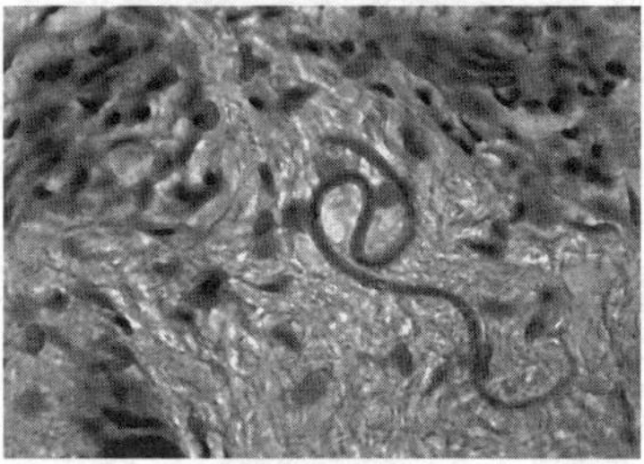

Dracunculosis
(A. du Vivier, 2.ª ed., 1995)

Dracunculus medinensis (Dracunculus medinensis), nematodo parásito de la zona mediterránea que produce la dracunculosis. Una especie norteamericana es *Dracunculus insignis*.
drenaje (drain), tubo o apertura de otro tipo para extraer aire o líquido de una cavidad corporal o herida. El drenaje puede constituir un sistema cerrado, con protección total contra la contaminación, o un sistema abierto.
drenaje (drainage), extracción de líquidos de una cavidad corporal, herida u otra fuente de descarga mediante uno o varios métodos. El drenaje abierto consiste en que la descarga salga a un receptáculo a través de un tubo con extremo abierto. El drenaje cerrado es un sistema de tubos u otros aparatos conectados al cuerpo, para extraer el líquido siguiendo un circuito hermético, que evita que entren en la herida o cavidad los contaminantes ambienta-

les. El drenaje periódico es aquel en que una zona del cuerpo se enjuaga anegándolo primero y vaciándolo después con la ayuda de la gravedad, técnica que se puede utilizar para trastornos de la vejiga urinaria. El drenaje por aspiración emplea una bomba u otro dispositivo mecánico para facilitar la extracción de un líquido.

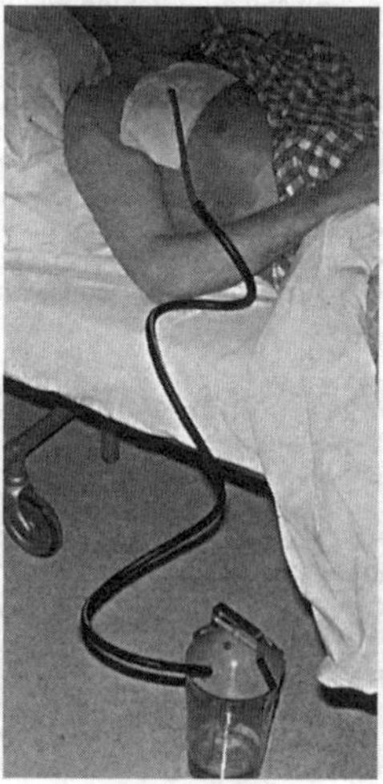

Drenaje de un neumotórax
(C. D. Forbes/W. F. Jackson, 1994)

drenaje bronquial (bronchial drainage), v. **drenaje postural**.

drenaje de una herida cerrada (closed-wound suction), cualquiera de las diversas técnicas de drenaje de líquidos potencialmente nocivos, como sangre, pus, líquido serosanguinolento y secreciones tisulares de heridas quirúrgicas. Esta técnica auxiliar se utiliza en muchas intervenciones, como la mastectomía, implantes, procedimientos plásticos y reconstructivos y procedimientos urológicos y urogenitales. Los dispositivos de drenaje de una herida cerrada generalmente son recipientes transparentes desechables unidos a tubos de drenaje y a bombas de aspiración portátiles. El drenaje de una herida cerrada también permite la irrigación de la herida con un control de flujo especial, lo que permite cambiar periódicamente la dirección del flujo de las soluciones.

drenaje en cigarrillo (cigarette drain), drenaje quirúrgico fabricado con una parte de una gasa o esponja quirúrgica metida en un tubo de gutapercha.

drenaje hermético bajo agua (underwater seal), drenaje hermético constituido por agua a la que se permite fluir por un tubo que sale desde la cavidad torácica de un paciente. El agua actúa como una válvula de una sola dirección y permite la salida de aire, pero impide su ingreso.

drenaje Penrose (Penrose drain) [Charles Bingham Penrose, cirujano norteamericano, n. 1862], dispositivo de drenaje quirúrgico de gasa rodeado de plástico u otro material resistente al agua.

drenaje por irrigación (through-and-through drainage), método de irrigación de un órgano corporal mediante la inserción de dos catéteres, uno para introducir el líquido y otro para drenar el líquido que se acumula en el órgano.

drenaje postural (postural drainage), utilización de los cambios de postura para drenar secreciones de segmentos específicos de los bronquios y de los pulmones hacia la tráquea. La tos normal expulsa las secreciones de la tráquea. Se seleccionan posiciones que favorezcan el drenaje de las regiones pulmonares afectadas. Se utilizan almohadas y la elevación de determinadas secciones de la cama hospitalaria para apoyar o elevar partes del cuerpo. El procedimiento se inicia situando al paciente en posición horizontal, descendiendo progresivamente la cabeza hasta una posición de Trendelenburg completa. Se aconseja la inhalación a través de la nariz y la espiración por la boca. Simultáneamente el personal de enfermería puede utilizar el palmeteo y las vibraciones sobre la zona afectada del pulmón para desalojar y movilizar las secreciones. A continuación se ayuda a la persona a adoptar una postura que favorezca la tos y se le pide que respire profundamente al menos tres veces y después que tosa al menos dos veces.

drepanocito (sickle cell), hematíe atípico, en forma de media luna, que contiene hemoglobina S, una forma anormal de hemoglobina característica de la anemia drepanocítica.

droga (drug), *coloquial,* sustancia estupefaciente.

drogas de diseño (designer drugs), compuestos orgánicos sintéticos diseñados como análogos de drogas ilegales, con la misma actividad narcótica y otros efectos peligrosos. Como las drogas de diseño normalmente no figuran como sustancias controladas en las listas de la United States Drug Enforcement Agency, la persecución de sus fabricantes, distribuidores o usuarios es frecuentemente difícil.

dronabidol (dronabidol), antiemético oral utilizado en los casos de náuseas y vómitos rebeldes secundarios a la quimioterapia antineoplásica.

droperidol (droperidol), fármaco antipsicótico sedante del grupo de la butirofenona, muy frecuentemente usado con un analgésico narcótico (fentanilo) en la neuroleptoanestesia.

Drosophila (Drosophila), género de moscas al que pertenece *Drosophyla melanogaster* o mosca de la fruta mediterránea, que es útil para los experimentos genéticos por el gran número de los cromosomas que se encuentran en sus glándulas salivares y su sensibilidad a los efectos del ambiente, como la exposición a las radiaciones.

drox (drox), abreviatura de anión hidróxido no carboxilado.

drusas (drusen), pequeños depósitos hialinos de color blanco, que se desarrollan debajo del epitelio pigmentario de la retina y a veces aparecen como nódulos en la cabeza del nervio óptico. Tienden a presentarse con mayor frecuencia en personas mayores de 60 años.

DSDB (DSDB), abreviatura de **conducta autodestructiva directa**.

DSR (DSR), abreviatura de reconstructor espacial dinámico.

DT (DT), abreviatura de **toxoides de difteria y tétanos**.

DT (TBP), abreviatura de derivación total.

DT (TD), abreviatura de **dosis tóxica**.

DT_{50} (TD_{50}), v. **dosis tóxica media**.

dTc (dTc), abreviatura de d-tubocurarina.

DTR (DTR), abreviatura de reflejo del tendón profundo.

DTs (DTs), abreviatura de ***delirium tremens***.

DTV (VSD), abreviatura de **defecto del tabique ventricular**.

dualidad de control del SNC (duality of CNS control), teoría según la cual el sistema nervioso central normal está regulado por un programa de retroalimentación de comprobación y equilibrio. La teoría se basa en estudios de sinergias de postura-movimiento, movilidad-estabilidad, y flexión-extensión y en ejemplos similares de acción-reacción.

ducción (duction), movimiento de un globo ocular desde la posición primaria de la mirada a la secundaria o la terciaria.

ducha (douche), técnica en la que se introduce en la vagina, a baja presión, un litro o más de solución de medicación o agente limpiador en agua caliente. La mujer suele realizar ella misma esta técnica, sentada en un bidé o semisentada en una bañera.

ductilidad (ductility), propiedad de un material que tiene un alto índice de elasticidad, y tiende a deformarse antes de fracasar por exceso de tensión.

duela (fluke), platelminto parásito de la clase Trematodos, que incluye el género *Schistosoma*.

duela hepática (liver fluke), trematodo parásito del cual existen seis géneros que pueden infestar el hígado. De éstos, la especie importante para el hombre en los países industrializados es *Clonorchis sinensis*, que se adquiere generalmente al ingerir pescado de agua dulce que contiene la larva enquistada. Estas larvas se liberan en el duodeno, desde donde pasan al conducto colédoco y migran hacia otros conductos biliares, vesícula biliar y conductos pancreáticos. Este parásito puede sobrevivir durante muchos años en el árbol biliar, liberando huevos, que se eliminan por las heces. Suelen sobrevenir tras la ingesta de pescado de agua dulce, ya sea en salazón, secado, crudo o escabechado, y se evita mediante la cocción del mismo.

duela hepática humana (human liver fluke), v. **duela hepática**.

duela intestinal (intestinal fluke), cualquier parásito interno de los géneros *Fasciolopsis, Heterophyes* y *Metagonimus* en Norteamérica y de otros géneros en oriente y países tropicales. Entran en el cuerpo a través de la boca como larvas enquistadas en la vegetación acuática o en peces de agua dulce. Los síntomas habituales de infestación por la duela intestinal son dolor abdominal, obstrucción y diarrea.

duela pulmonar (lung fluke), helminto parásito del género *Paragonimus westermani*, que se encuentra sobre todo en África, Oriente e Hispanoamérica, aunque raramente en Norteamérica. Penetra en el organismo como larvas enquistadas presentes en cangrejos de mar o de río. Entre los síntomas se incluye dificultad respiratoria peribronquiolar y hemoptisis.

duela sanguínea (blood fluke), parásito platelminto de la clase de los trematodos, género *Schistosoma*, que incluye las especies *S. haematobium, S. japonicum* y *S. mansoni*.

duelo (mourning), proceso psicológico de reacción activado por el individuo para ayudarle a sobreponerse a una pérdida personal importante. El proceso se resuelve finalmente cuando se establece una nueva relación de objeto.

duelo anticipado (grieving, anticipatory), diagnóstico de enfermería, aprobado por la NANDA, de duelo previo a una pérdida real, a diferencia del duelo como respuesta a una pérdida real. Las características que lo definen son: pérdida potencial de alguien o algo importante, expresiones de angustia, negación de la posible pérdida, cólera, culpabilidad o tristeza y cambios en los hábitos de comida, patrón de sueño, nivel de actividad, líbido y patrones de comunicación.

duelo disfuncional (grieving, dysfunctional), diagnóstico de enfermería, aprobado por la NANDA, de la ausencia o falta de resolución de una respuesta de duelo. Las características que lo definen son: angustia o negación de la pérdida, aflicción, cólera, tristeza y sollozos, cambios en los patrones de sueño y alimentación y en los tipos de sueños y alteraciones en la líbido y en el nivel de actividad.

duelo no resuelto (unresolved grief), reacción de pena grave y crónica en la que una persona no completa la fase de resolución del proceso de duelo en un tiempo razonable.

duelo paterno (parental grief), reacciones conductuales que caracterizan el proceso de duelo y que producen la resolución de la pérdida de un hijo por causas esperadas o inesperadas. El duelo paterno comienza con el descubrimiento del diagnóstico de una enfermedad mortal. La reacción inmediata es de shock e incredulidad, seguida de un duelo agudo ante la perspectiva de perder al hijo. Durante el tratamiento de inducción, en la remisión y en el mantenimiento de la enfermedad se alternan períodos de depresión, ira, esperanza, temor y ansiedad mientras los padres aprenden a aceptar la situación y a enfrentarse a ella. En los casos de muerte súbita, inesperada, los padres no obtienen las ventajas del duelo anticipado y, debido a la falta de tiempo para prepararse, suelen padecer sentimientos exagerados de culpa y remordimiento.

duodécimo par craneal (twelfth cranial nerve), v. **nervio hipogloso**.

duodenal (duodenal), perteneciente o relativo al duodeno.

duodenectomía (duodenectomy), extirpación total o parcial del duodeno.

duodenitis (duodenitis), proceso inflamatorio del duodeno.

duodeno (duodenum, *pl.* **duodena, duodenums**), porción más corta, ancha y fija del intestino delgado, que sigue un trayecto casi circular a partir de la válvula pilórica del estómago, de forma que su terminación se encuentra próxima a su punto de partida. Mide aproximadamente 25 cm de largo, y se divide en porción superior, descendente, horizontal y ascendente.

duodenografía (duodenography), proceso de obtención de una imagen radiográfica del duodeno y el páncreas.

duodenoscopia (duodenoscopy), exploración visual del duodeno a través de un endoscopio.

duodenoscopio (duodenoscope), instrumento para endoscopia, normalmente de fibra óptica, para la exploración visual del duodeno.

duodenoscopio de fibra óptica (fiberoptic duodenoscope), instrumento para visualizar el interior del duodeno, que consta de un objetivo, un tubo flexible que contiene haces de fibras plásticas de vidrio recubiertas con propiedades ópticas especiales y una luz terminal.

duodenostomía (duodenostomy), abocación quirúrgica directa del duodeno a la pared abdominal.

dup (dup), (en citogenética) abreviatura de duplicación.

duración de la estancia (DE) (length of stay [LOS]), período de tiempo que permanece ingresado un paciente en un hospital u otra institución sanitaria.

duración del estímulo (stimulus duration), cantidad de tiempo que tiene que ser aplicado un estímulo para que el impulso nervioso resultante produzca excitación en el tejido receptor. En general, los estímulos más intensos requieren tiempos de excitación más cortos para conseguir la respuesta celular.

duramadre (dura mater), la más externa y fibrosa de las tres membranas que rodean el encéfalo y la médula espinal. La duramadre encefálica cubre el encéfalo, y la duramadre espinal, la médula.

dureza de los rayos X (hardness of X-rays), poder de penetración relativo de los rayos X. En general, la radiación es más dura cuanto más corta es la longitud de onda.

dv/dt (dv/dt), (en cardiología) relación de las variaciones de voltaje con respecto al tiempo.

Dy (Dy), símbolo del **disprosio**.

E

E_1 (E_1), símbolo de **reacción monomolecular**.
E_2 (E_2), símbolo de **reacción bimolecular**.
EA (AS), abreviatura de **estenosis aórtica**.
EA (PI), (en la historia clínica) abreviatura de enfermedad actual.
EACR (ART), abreviatura de entrenamiento activo contrarresistencia.
EBR (RBE), abreviatura de **eficacia biológica relativa**.
EBSA (SBE), abreviatura de **endocarditis bacteriana subaguda**.
eburnación de la dentina (dentin eburnation), modificación de un diente careado, en que una dentina blanda y descalcificada adquiere un aspecto duro, pardo y pulido.
ec (ke), abreviatura de **energía cinética**.
ECA (ACE), abreviatura de **enzima convertidora de angiotensina**.
eccema (eczema), dermatitis superficial de causa desconocida. En su primera fase puede ser pruriginoso, eritematoso, papulovesicular, edematoso o exudativo.
eccema de las amas de casa (housewives' eczema), *no técnico*, dermatitis de contacto de las manos causada y exacerbada por la inmersión frecuente en agua y por el uso de jabones y detergentes.
eccema eritematoso (erythematous eczema), erupción escamosa de color rojo de la piel que se asocia frecuentemente a edema.
eccema exudativo (weeping eczema), proceso inflamatorio cutáneo que se caracteriza por la presencia de un exudado líquido.
eccema herpético (eczema herpeticum), enfermedad vesiculopustulosa generalizada de la piel producida por la infección de un exantema preexistente, como el de la dermatitis atópica por el virus del herpes simple o de la vacuna.
eccema infantil (infantile eczema), v. **dermatitis atópica**.
eccema marginado (eczema marginatum), v. **tiña crural**.
ecciesis (eccyesis), v. **embarazo ectópico**.
ECG (ECG), abreviatura de **electrocardiograma.**
ecgonina (ecgonine), parte principal de la molécula de cocaína.
Echinococcus (Echinococcus), género de pequeñas tenias que infectan principalmente a los cánidos.
eclampsia (eclampsia), la forma más grave de toxemia del embarazo, caracterizada por convulsiones tipo gran mal, coma, hipertensión, proteinuria y edema. Los síntomas de convulsión inminente suelen ser ansiedad, dolor epigástrico, cefalea y visión borrosa. Las convulsiones se pueden prevenir con el reposo en cama, en una habitación tranquila y oscura y con la administración parenteral de sulfato de magnesio.
eclampsia puerperal (puerperal eclampsia), estado de coma y crisis convulsivas causados por las toxinas que se producen durante el embarazo o el parto.
ecléctico (eclectic), perteneciente a una terapia que selecciona, combina e incorpora diversas técnicas de varios sistemas o teorías en una aproximación integrada.
ECM (ECM), abreviatura de **eritema crónico migratorio**.
ECN (NEC), abreviatura de **enterocolitis necrotizante**.
eco (echo), término informal que hace referencia a la ecografía.
ECO (OHD), abreviatura de enfermedad cardíaca orgánica.
eco del latido (echo beat), latido cardíaco recíproco, o el que resulta del regreso de un im-

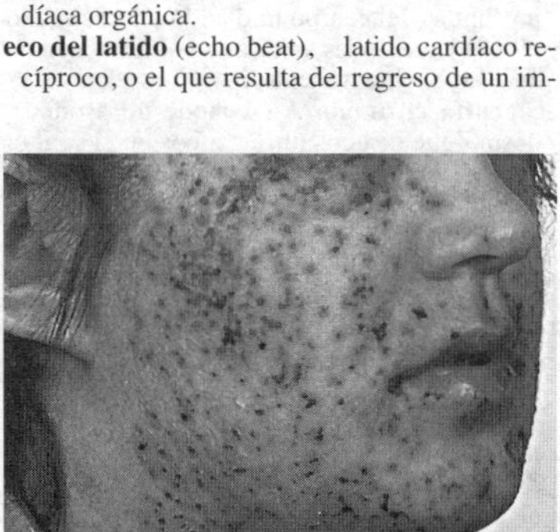

Eccema herpético
(A. du Vivier, 2.ª ed., 1995)

pulso a una aurícula o un ventrículo para reactivar una contracción.

ecocardiografía (echocardiography), técnica diagnóstica para estudiar la estructura y el movimiento del corazón. Las ondas de ultrasonido dirigidas hacia la pared del corazón se reflejan retrógradamente, o hacen eco, cuando pasan de un tipo de tejido a otro.

ecocardiograma (echocardiogram), trazado gráfico de los movimientos de las estructuras cardíacas recopiladas a partir de las vibraciones ultrasónicas que hacen eco en las estructuras cardíacas.

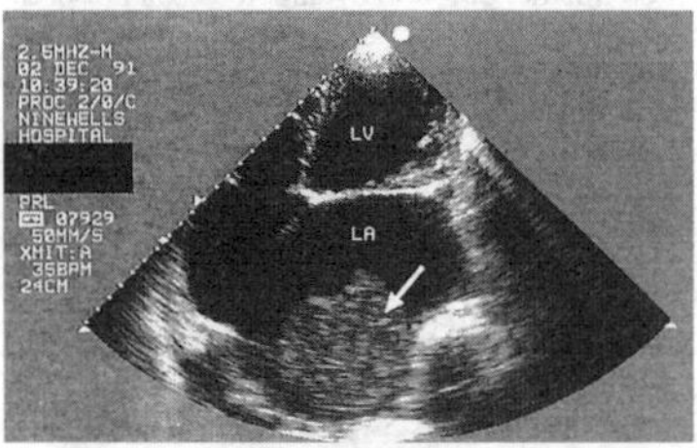

Ecocardiograma
(C. D. Forbes/W. F. Jackson, 1994)

ecoencefalografía (echoencephalography), utilización del ultrasonido para estudiar las estructuras intracraneales del cerebro.

ecoencefalograma (echoencephalogram), registro producido por un ecoencefalógrafo.

ecofrasia (echo speech), v. **ecolalia**.

ecografía (ultrasonography, echography), proceso de obtener imágenes de estructuras profundas del cuerpo midiendo y registrando el reflejo de ondas sonoras de alta frecuencia continuas o intermitentes.

ecografía en modo A (A-mode ultrasound), despliegue de ecos ultrasónicos en el cual el eje horizontal del despliegue del tubo de rayos catódicos representa el tiempo necesario para el retorno del eco, y el trazo del osciloscopio vertical, la intensidad del eco. Este modo se utiliza en ecoencefalografía.

ecografía intraoperatoria (intraoperative ultrasound), técnica diagnóstica que requiere un ecógrafo portátil con el que rastrear la médula espinal durante una intervención sobre la misma. La ecografía intraoperatoria permite distinguir la siringomielia, con quistes llenos de líquido, de las excrecencias tumorales del tejido nervioso.

ecografista (sonographer), profesional de la salud con formación especial para manejar equipos de ecografía con fines diagnósticos y terapéuticos.

ecograma (echogram), registro de los patrones ecográficos de las estructuras corporales, tales como un útero grávido.

ecolalia (echolalia), **1.** (en psiquiatría) repetición automática y sin sentido de las palabras o frases de otros, que se aprecia fundamentalmente en la esquizofrenia. La **ecolalia retardada** es una forma de ecolalia. **2.** (en pediatría) imitación o repetición realizada por un bebé de los sonidos o palabras emitidos por otros. Normalmente se produce al comenzar el desarrollo infantil.

ecología (ecology), estudio de la interacción entre los organismos vivos y las distintas influencias del medio ambiente.

econazol (econazole), agente antimicótico que se prescribe para el tratamiento de las tiñas y candidiasis.

econdroma (ecchondroma), tumor cartilaginoso benigno que se desarrolla en la superficie del cartílago o bajo el periostio del hueso.

econdrosis (ecchondrosis), v. **econdroma**.

economía de la salud (health economics), sistema social que estudia el suministro y la demanda de los recursos de asistencia sanitaria y el impacto de los servicios sanitarios sobre una población.

economizar (skimping), práctica, utilizada en ocasiones por programas sanitarios que reciben sus ingresos en forma de pago por adelantado o de capitación, consistente en retrasar o negar servicios a personas afiliadas del programa como medio de aumentar beneficios mediante la disminución de costes.

ecopraxia (echopraxia), imitación o repetición de los movimientos corporales de otra persona, conducta que aparece en algunos pacientes esquizofrénicos.

ecorradiografía (echoradiography), técnica diagnóstica que utiliza los ultrasonidos y diversos instrumentos para visualizar las estructuras internas del organismo.

ecosistema (ecosystem), suma total de todos los seres vivos y no vivos que mantiene una cadena de eventos vitales en una determinada zona.

ecrino (eccrine), perteneciente o relativo a la glándula sudorípara que secreta, a través de un conducto, hacia la superficie de la piel.

ectasia ductal (duct ectasia), dilatación anormal de un conducto por lípidos y desechos celulares.

ectima (ecthyma), forma de impétigo profunda caracterizada por grandes pústulas, costras y úlceras rodeadas de eritema. Las bacterias causantes son los estafilococos y los estreptococos.

ectima contagioso (orf), enfermedad viral de la piel adquirida a partir de la oveja, caracterizada por la presencia de vesículas indoloras que pueden progresar a nódulos rojos y exudativos que finalmente forman una costra y se curan.

ectodermo (ectoderm), la más externa de las tres capas primarias del embrión. Del ectodermo se origina el sistema nervioso, los órganos de los sentidos, como los ojos y los oídos, la epidermis y los tejidos epidérmicos, como las uñas, el pelo y las glándulas cutáneas y las mucosas de la boca y del ano.

ectomorfo (ectomorph), persona cuya complexión se caracteriza por labilidad y fragilidad y por el predominio de estructuras derivadas del ectodermo.

ectoparásito (ectoparasite), (en parasitología médica) organismo que vive en el exterior del organismo del huésped, como el piojo.

ectopia (ectopy), trastorno en el que un órgano o sustancia no está en su lugar natural o que le es propio, como ocurre en un embarazo ectópico, que se desarrolla fuera del útero, o en un latido cardíaco ectópico.

ectópico (ectopic), **1.** (respecto de un objeto u órgano) situado en un lugar no habitual, lejos de su localización normal; por ejemplo, el embarazo ectópico es el que se produce fuera del útero. **2.** (respecto de un hecho) que ocurre en un momento no apropiado, como el latido cardíaco prematuro o la contracción ventricular prematura.

ectotoxina (ectotoxin), v. **exotoxina**.

ectrodactilia (ectrodactyly), anomalía congénita caracterizada por la ausencia de parte o de la totalidad de uno o varios dedos de las manos o de los pies.

ectrogenia (ectrogeny), ausencia o defecto congénito de cualquier órgano o parte del organismo.

ectromelia (ectromelia), ausencia o desarrollo incompleto congénito de los huesos largos de una o más extremidades. Algunos tipos de ectromelia son: **amelia, focomelia** y **hemimelia**.

ectropión (ectropion), eversión, casi siempre del párpado, quedando expuesta la conjuntiva que tapiza el párpado y parte del globo ocular. El proceso puede afectar sólo al párpado inferior o a ambos párpados.

ectrosindactilia (ectrosyndactyly), anomalía congénita caracterizada por la ausencia de alguno, pero no de todos los dedos. Los que se forman tienen forma de cuña y parecen fusionados.

ecuación de Henderson-Hasselbach (Henderson-Hasselbach equation) [Lawrence J. Henderson, bioquímico norteamericano, n. 1878; Karl A. Hasselbach, bioquímico danés, n. 1874], relación entre el pH, la pKa de un sistema tampón y la proporción entre una base conjugada y un ácido débil.

ecuación de Nernst (Nernst equation) [Hermann W. Nernst, médico alemán, n. 1864], (en cardiología) expresión de la relación entre el potencial eléctrico a través de una membrana y el cociente de concentración entre los iones permeables a cada lado de la membrana.

ecuación de Van Deemter (Van Deemter's equation), expresión de una relación de cromatografía de gases entre la altura equivalente a la placa teórica y la velocidad lineal del gas portador.

ecuación del aire alveolar (alveolar air equation), método para calcular por aproximación la tensión alveolar de oxígeno a partir de la presión parcial de dióxido de carbono en la sangre arterial, de la fracción de oxígeno inspirado y de la relación entre la producción de dióxido de carbono y el consumo de oxígeno.

ED (DA), abreviatura de **edad de desarrollo**.

edad (age), estado de desarrollo corporal semejante, desde el punto de vista de los exámenes físicos y de laboratorio, a lo que es normal para un hombre o una mujer con el mismo tiempo de vida cronológica.

edad adulta (adulthood), fase del desarrollo caracterizada por la madurez física y mental.

edad anatómica (anatomical age), edad de un individuo calculada por el estado de desarrollo o el deterioro corporal en comparación con otras personas de la misma edad cronológica.

edad cronológica (chronologic age), edad de un individuo expresada como el período de tiempo transcurrido desde el nacimiento, como la edad de un lactante, que se expresa en horas, días o meses, y la edad de un niño o adulto, que se expresa en años.

edad de Binet (Binet age) [Alfred Binet, psicólogo francés, n. 1857], edad mental de un individuo, especialmente un niño, determinado por las pruebas de Binet-Simon, que se evalúan sobre la base de las pruebas de inteligencia del individuo «normal» a una edad dada. La edad de Binet correspondiente al «retraso mental profundo» es de 1 o 2 años; al «retraso mental grave», de 3 a 7 años, y al «retraso mental moderado», de 8 a 12 años.

edad de desarrollo (ED) (development age [DA]), expresión del progreso de desarrollo de un niño a una cierta edad, determinado por medidas estándar, como el tamaño y peso corporal, y el funcionamiento social y psicológico, por la observación de las capacidades motoras y mediante pruebas mentales y de aptitud.

edad de fertilización (fertilization age), v. **edad fetal**.

edad de la menarquia (menarcheal age), edad a la que comienza la menstruación. El rango normal oscila entre los 9 y los 17 años.

edad emocional (emotional age), edad de un individuo que se determina por el estado alcanzado en su desarrollo emocional.

edad fetal (fetal age), edad del producto de la concepción contada desde el momento en que tuvo lugar la fertilización.

edad fisiológica (physiological age), edad del organismo determinada por su estado de desarrollo o de deterioro en términos funcionales para los diversos sistemas.

edad gestacional (gestational age), edad del feto o del recién nacido, normalmente expresada en semanas desde el primer día del último período menstrual de la madre.

edad menstrual (menstrual age), edad del embrión o feto calculada desde el primer día del último período menstrual.

edad mental (EM) (mental age [MA]), edad a la que se actúa intelectualmente, determinada por pruebas psicológicas y de inteligencia estandarizadas expresada como la edad en la que se sitúa la media.

edad ósea (bone age), fase del desarrollo o decadencia del esqueleto o de sus segmentos, tal y como se ve en la exploración radiológica, cuando se compara con las imágenes radiográficas de las estructuras óseas de otros individuos de la misma edad cronológica.

edafon (edaphon), conjunto de organismos que viven en los desperdicios.

edema (edema), acumulación anormal de líquido en el espacio intersticial de los tejidos, como en el saco pericárdico, espacio intrapleural, cavidad peritoneal, o cápsulas articulares.

edematoso (edematous), perteneciente o que presenta aspecto tumefacto, con una acumulación excesiva de líquido en los tejidos.

edentado (edentulous), desdentado, que no tiene dientes.

edetato disódico (edetate disodicum), agente quelante parenteral. Se prescribe en crisis hipercalcémicas, arritmias ventriculares y bloqueos cardíacos producidos por la intoxicación digitálica, y en las intoxicaciones por plomo.

edetato (EDTA) (edetate [EDTA]), cada una de las diversas sales del ácido edético, como el edetato cálcico disódico o el edetato disódico, utilizada como agente quelante en el tratamiento de las intoxicaciones por metales pesados.

EDG (EDG), abreviatura de electrodinograma.

edisilato de caramifeno (caramiphen edisylate), antitusivo prescrito para el tratamiento de la tos.

EDTA (EDTA), **1.** abreviatura de **edetato**. **2.** abreviatura de **ácido edético**.

educación intestinal (bowel training), método para establecer unas evacuaciones regulares mediante condicionamiento reflejo, utilizado en el tratamiento de la incontinencia fecal, la impactación, la diarrea crónica y la hiperreflexia autonómica. En pacientes con hiperreflexia autonómica, la distensión del recto y la vejiga causa hipertensión paroxística, inquietud, escalofríos, diaforesis, cefalea, hipertermia y bradicardia.

educación paterna (parent education), cualquier experiencia educativa pensada para comunicar a los padres la información que les permita criar a sus hijos en las mejores condiciones.

educación sanitaria (health education), programa educativo dirigido al público general que intenta mejorar, mantener y salvaguardar la salud de una comunidad.

ee (ss), abreviatura de **estado estable**.

EEE (EEE), abreviatura de **encefalitis equina del este**. V. **encefalitis equina**.

EEG (EEG), abreviatura de **electroencefalograma**.

EEO (WEE), abreviatura de **encefalitis equina occidental**. V. **encefalitis equina**.

EEV (VEE), abreviatura de **encefalitis equina venezolana**. V. **encefalitis equina**.

efapsis (ephapse), punto de contacto lateral entre las fibras nerviosas a través del que los impulsos pueden transmitirse directamente a través de las membranas celulares en vez de a través de la sinapsis.

efebología (ephebiatrics), rama de la medicina que se especializa en la salud de los adolescentes.

efecto Bohr (Bohr effect) [Christian Bohr, fisiólogo danés, n. 1855], efecto del CO_2 y el H^+ sobre la afinidad de la hemoglobina por el O_2 molecular. El aumento de la PCO_2 y de H^+ disminuye la saturación de oxihemoglobina, mientras que la disminución de esas concentraciones tiene el efecto contrario.

efecto Coanda (Coanda effect), fenómeno del movimiento de los líquidos similar al efecto Bernoulli en el que el paso de una corriente de gas cerca de una pared produce una bolsa de turbulencia que hace que la corriente de gas se adhiera a la pared. Este principio se utiliza en los ventiladores de fluidos.

efecto Compton (Compton scatter) [Arthur H. Compton, físico norteamericano, n. 1892], proceso principal de interacción de los fotones con el tejido en el rango de la radiación diagnóstica y terapéutica.

efecto Doppler (Doppler effect) [Christian J. Doppler, científico austriaco, n. 1803], cambio aparente en la frecuencia de las ondaa de sonido, luz o radio emitidas por una fuente, al moverse ésta hacia el observador o alejándose de él. La frecuencia aumenta en el primer caso y disminuye en el segundo.

efecto enfriador del viento (wind chill), pérdida de calor del cuerpo cuando queda expuesto al viento de una determinada velocidad y de una determinada temperatura y humedad. El **factor de frío del aire** se expresa en grados Celsios o Fahrenheit, como la temperatura real sentida por una persona expuesta a la intemperie. El **índice de frío del aire** se expresa en kilocalorías por hora y por metro cuadrado de superficie cutánea.

efecto Hawthorne (Hawthorne effect), efecto general, no intencionado, pero generalmente beneficioso sobre una persona, un grupo de personas o la función del sistema que se está estudiando. Es el efecto de un encuentro, como con un investigador o sanitario, o de un cambio en un programa o servicio, como pintar una oficina o cambiar el sistema de alumbrado.

efecto materno (maternal effect), v. **herencia materna**.

efecto piezoeléctrico (piezoelectric effect), **1.** generación de un voltaje a través de un sólido cuando se aplica una fuerza mecánica. **2.** modificación de las dimensiones producida por la aplicación de un voltaje.

efecto placebo (placebo effect), cambios físicos o emocionales que tienen lugar después de tomar o administrar una sustancia, y que no se deben a ninguna propiedad especial de la sustancia. Estos cambios pueden ser beneficiosos, como reflejo de las expectativas del paciente.

efecto velo (curtain effect), (en radiología) artefacto de la película de rayos X producido por la eliminación inadecuada de las sustancias de procesamiento químico utilizadas durante el revelado.

efecto Venturi (Venturi effect) [Giovanni B. Venturi, físico italiano, n. 1746], modificación del efecto Bernoulli en la cual se produce un retraso en el paso de un gas inmediatamente después de una obstrucción o restricción. Este principio se utiliza en los equipos de terapia respiratoria para la mezcla de gases médicos.

efecto Wolff-Chaikoff (Wolff-Chaikoff effect), disminución de la formación y liberación de hormona tiroidea en presencia de un exceso de yodo.

efector (effector), **1.** órgano que produce un efecto, como la secreción glandular, como resultado de la estimulación nerviosa. **2.** una molécula, como una enzima, que puede iniciar o detener una reacción química.

efedrina (ephedrine), broncodilatador adrenérgico prescrito para el tratamiento del asma y de la bronquitis y que se utiliza tópicamente como descongestivo nasal.

eferente (efferent), que se aleja del centro, como determinadas arterias, venas, nervios y linfáticos.

efervescencia (effervescence), producción de pequeñas burbujas o espuma asociada a la salida de gas de un líquido.

efervescente (effervescent), que produce o libera burbujas de gas.

effleurage (effleurage), técnica de masaje en la que se emplean golpes prolongados, suaves o firmes, normalmente sobre la espalda o columna.

effleurage rotativo (rolling effleurage), golpes de fricción circulares utilizados en el masaje para favorecer la circulación y la relajación muscular, especialmente en hombros y glúteos. Se realiza con la mano plana, la palma y los dedos mantenidos juntos formando una unidad.

eficacia (efficacy), (de un fármaco o un tratamiento) capacidad máxima de un fármaco o tratamiento para producir un resultado, independientemente de su dosis.

eficacia biológica relativa (EBR) (relative biologic effectiveness [RBE]), (en radioterapia) medida de la capacidad destructora de células de una radiación determinada en comparación con una radiación de referencia. La ERB es el porcentaje de células destruidas con una radiación de prueba por encima de 250 keV.

eficacia contraceptiva (contraceptive effectiveness), eficacia de un método anticonceptivo para evitar el embarazo. En algunas ocasiones se representa como un porcentaje, aunque la forma más exacta es el número de embarazos por cada 100 mujeres y año. El método anticonceptivo que obtiene una tasa inferior a 10 embarazos por 100 mujeres y año se considera muy eficaz.

eficacia de costes (cost effectiveness), evaluación por la que se considera que una actividad es eficaz en función del coste que representa, como un programa público de asistencia que ofrece documentos sobre la nutrición en el embarazo, siendo su coste eficaz si limitase la costosa incidencia de morbididad perinatal.

eficacia de uso (use effectiveness), (de un método anticonceptivo) eficacia real de un medicamento, dispositivo o método para prevenir el embarazo.

eficacia teórica (theoretic effectiveness), (de un método anticonceptivo) eficacia de un medicamento, dispositivo o método para prevenir el embarazo si se utiliza correcta y exactamente para lo que se desea, sin error.

efímero (ephemeral), relativo a una situación de vida corta, tal como la fiebre.

efluente (effluent), emisión líquida, sólida o gaseosa, como la exudación o el desecho de un proceso mecánico o industrial.

efluvio (effluvium), salida de gas o vapor, normalmente maloliente o tóxico.

efluvio ácido (acid flush), precipitación de alto contenido ácido, como la que se da durante los deshielos.

efracción (effraction), apertura o debilitamiento.

efusiva (demonstrative), forma retórica de hablar.

egestar (egest), excretar o evacuar una sustancia del organismo, especialmente los residuos no absorbidos de los alimentos en los intestinos.

egocéntrico (egocentric), **1.** que se toma a sí mismo como centro, objeto y norma de todas las experiencias y cuida poco las necesidades, intereses, ideas o actitudes de los demás. **2.** persona que posee estas características.

egodistónico (ego-dystonic), describe los elementos de la conducta, pensamientos, impulsos, mecanismos y actitudes de una persona que no son la norma del yo y que son incongruentes con la personalidad global.

egofonía (egophony), (en terapia respiratoria) cambio en el sonido de la voz a la auscultación de un paciente con un derrame pleural.

egoísmo (egoism), **1.** hipervaloración de la importancia de uno mismo, expresada en forma de sacar ventaja a expensas de los demás. **2.** creencia de que el interés por sí mismo de un individuo es, o debería ser, el motivo básico para todo comportamiento consciente.

egoísta (egoist), **1.** persona que busca satisfacer sus propios intereses a expensas de los demás. **2.** persona que cree o sigue el concepto de que toda acción consciente es justificable por el propio interés.

egomanía (egomania), preocupación patológica por uno mismo, con una sensación exagerada de la importancia de uno mismo.

egosintónico (ego-syntonic), describe los elementos de la conducta, pensamientos, impulsos, mecanismos y actitudes de una persona que están de acuerdo con el yo y con la totalidad de la personalidad.

egotismo (egotism), hipervaloración de la importancia de uno mismo e infravaloración o desprecio hacia los demás.

egotista (egotist), el que se da excesiva importancia a sí mismo y es fanfarrón, egocéntrico y arrogante.

egresar (egress), acción de salir o moverse hacia delante.

EHD (EHD), abreviatura de **electrohemodinámica**.

EHH (HBE), abreviatura de electrocardiograma del haz de His.

EI (ID), abreviatura de **enfermedad infecciosa**.

EIC (CID), abreviatura de **enfermedad por inclusiones de citomegálicas**.

EICG (SCID), abreviatura de **enfermedad de inmunodeficiencia combinada grave**.

eidético (eidetic), **1.** relativo a, o caracterizado por, la capacidad de visualizar o reproducir exactamente la imagen de objetos o hechos previamente vistos o imaginados. **2.** persona que posee esta cualidad.

einstenio (Es) (einsteinium [Es]) [Albert Einstein, científico de origen alemán, n. 1879], elemento metálico transuránico sintético. Su número atómico es 99; su peso atómico, 254.

EIP (PID), abreviatura de **enfermedad inflamatoria pélvica**.

EJ (SSE), abreviatura de **enema jabonoso**.

eje (axis, *pl.* **axes**), (en anatomía) línea que pasa a través del centro del cuerpo, o de un parte del cuerpo, como el eje frontal, el eje biauricular o el eje basifacial.

eje cerebroespinal (cerebrospinal axis), línea formada por el cerebro y la médula espinal, sobre la cual gira el cuerpo.

eje de gozne (hinge axis), articulación de la mandíbula con el cráneo y el punto de rotación de la mandíbula.

eje eléctrico del corazón (cardiac electrical axis), ángulo que forma el vector cardíaco medio en el plano frontal con un plano horizontal trazado a través del centro del triángulo de Einthoven y la cadera izquierda.

eje flebostático (phlebostatic axis), localización aproximada de la aurícula derecha, realizada mediante el trazado de una línea imaginaria desde el cuarto espacio intercostal en el lado derecho del esternón hasta una intersección con la línea axilar media.

eje hipotalámico-hipofisariosuprarrenal (hypothalamic-pituitary-adrenal axis), sistema combinado de unidades neuroendocrinas que regulan las actividades hormonales del cuerpo.

eje pélvico (pelvic axis), línea curva imaginaria que atraviesa el centro de varios diámetros anteroposteriores de la pelvis.

eje sagital (sagittal axis), línea teórica que atraviesa el cóndilo del maxilar inferior y sirve de eje para los movimientos de rotación de ese hueso.

ejecución (implementing), (en el proceso de enfermería de cinco fases) categoría del comportamiento de enfermería, en la que se inician y completan las acciones necesarias para cumplir el plan de asistencia sanitaria. La realización incluye: ayudar al paciente en sus actividades de la vida diaria; aconsejar y enseñar al paciente o a su familia; proporcionar los cuidados necesarios para conseguir objetivos terapéuticos y optimizar la consecución de objetivos sanitarios por parte del paciente; supervisar y evaluar el trabajo de los profesionales, y registrar e intercambiar información relevante para la atención sanitaria continuada del paciente.

ejecutar (execute), (en ordenadores) seguir una serie de instrucciones para completar un programa o una función especial.

ejercicio (exercise), **1.** realización de cualquier actividad física con el propósito de acondicionar el organismo, mantener su capacidad o como método terapéutico para corregir una deformidad o recuperar un estado saludable en los órganos o funciones corporales. **2.** cualquier acción, capacidad o maniobra que ejercite los músculos y que se realiza repetidamente para desarrollar o fortalecer el cuerpo o alguna de sus partes. **3.** utilizar un músculo o una parte del organismo de forma repetida para mantener o desarrollar su fortaleza. Algunos tipos de ejercicios son: **ejercicio activo, ejercicio de resistencia activo, ejercicio aeróbico, ejercicio anaeróbico, ejercicio activo asistido, ejercicio bajo el agua, ejercicio correctivo, ejercicio de preparación muscular, ejercicio con resistencia progresiva, ejercicio isométrico, ejercicio isotónico** y **ejercicio pasivo**.

EKG (EKG), abreviatura de **electrocardiograma**.

ELA (ALS), abreviatura de **esclerosis lateral amiotrófica**.

elaboración (elaborate), (en endocrinología) proceso mediante el que una glándula sintetiza una sustancia compleja a partir de sustancias más sencillas y la secreta, normalmente bajo el estímulo de una hormona trófica de la hipófisis.

elastancia (elastance), **1.** cualidad de recuperación o vuelta a la forma original una vez eliminada la presión. **2.** grado de recuperación de las dimensiones originales de un órgano lleno de gas o de líquido cuando se libera de la fuerza que le distiende o comprime. **3.** medida de la unidad de volumen de cambio en ese órgano por unidad de presión disminuida. **4.** el inverso de distensibilidad.

elasticidad (elasticity), capacidad de un tejido para recuperar su forma y tamaño original después de haber sido estirado, apretado o deformado de otra forma.

elasticidad (resilience), capacidad de un cuerpo para volver a su forma original después de haber sido comprimido o aplastado.

elasticidad psicobiológica (psychobiologic resilience), concepto que propone la existencia de una necesidad humana recurrente de enfrentarse a períodos de estrés y cambio a lo largo de la vida. La capacidad para afrontar con éxito cada período de desintegración y reintegración hace que la persona esté más capacitada para enfrentarse al siguiente cambio.

elastina (elastin), proteína que constituye el componente principal de las fibras de tejido elástico amarillo.

electivo (elective), perteneciente o relativo a la técnica que se realiza por elección, pero no por necesidad, como la cirugía electiva.

electricidad (electricity), forma de energía expresada por la actividad de los electrones y otras partículas subatómicas en movimiento, tanto en la electricidad dinámica como en la electricidad estática. La electricidad puede producirse por el calor, generarse por una célula voltaica, por inducción, por frotamiento de no conductores con materiales secos o por actividad química. La electricidad puede ser negativa, cuando hay exceso de electrones, o positiva, cuando hay exceso de protones o un déficit de electrones.

electroanalgesia (electroanalgesia), utilización de una corriente eléctrica, aplicada a la médula espinal o a un nervio periférico, para aliviar el dolor.

electroanestesia (electroanesthesia), utilización de una corriente eléctrica para producir anestesia local o general.

electrocardiografía (electrocardiography), método para registrar la actividad eléctrica generada por el músculo cardíaco.

electrocardiógrafo (electrocardiograph), dispositivo utilizado para registrar la actividad eléctrica del miocardio, para detectar la trasmisión anormal de los impulsos cardíacos a través de los tejidos conductores del músculo. La electrocardiografía permite diagnosticar alteraciones cardíacas específicas.

electrocardiograma (ECG, EKG) (electrocardiogram [ECG, EKG]), registro gráfico producido por un electrocardiógrafo.

electrocardiograma de esfuerzo (ECG de esfuerzo) (exercise electrocardiogram, exercise ECG), prueba de esfuerzo, importante en el diagnóstico de la coronariopatía. El electrocardiograma de esfuerzo se registra mientras una persona camina en un tapiz rodante o pedalea en una bicicleta estática durante un determinado tiempo, a una velocidad determinada.

electrocauterización (electrocautery), aplicación de una aguja o asa calentada mediante corriente eléctrica para destruir los tejidos, como en la extirpación de verrugas o pólipos.

electrocirugía (electrosurgery), cirugía realizada mediante distintos instrumentos eléctricos, que funcionan con una corriente eléctrica de alta frecuencia. Son ejemplos de electrocirugía la **electrocoagulación** y la **electrodesecación**.

electrocoagulación (electrocoagulation), forma destructiva o terapéutica de electrocirugía, en la que el tejido se endurece al pasar una corriente eléctrica a través del dispositivo de electrocauterización.

electrocución (electrocution), muerte producida por el paso de una corriente eléctrica a través del cuerpo.

electrodesecación (electrodesiccation), técnica electroquirúrgica en la que el tejido se destruye al quemarlo con una descarga eléctrica. Se utiliza fundamentalmente para eliminar pequeñas excrecencias superficiales.

electrodiagnóstico (electrodiagnosis), diagnóstico de la enfermedad o de la lesión mediante la aplicación de estimulación eléctrica a diversos nervios y músculos.

electrodinámica (electrodynamics), estudio de las cargas electrostáticas en movimiento, como el del flujo de los electrones en una corriente eléctrica.

electrodinógrafo (EDG) (electrodynograph [EDG]), dispositivo electrónico utilizado para medir las presiones que se ejercen durante la actividad biológica, como la del pie humano al caminar, correr, trotar o subir escaleras.

electrodo (electrode), medio de conducción eléctrica desde el cuerpo hasta un equipo de monitorización fisiológica.

electroencefalografía (electroencephalography [EEG]), proceso de registro de la actividad de las ondas cerebrales.

electroencefalografista (electroencephalograph technologist), persona entrenada en la manipulación de un laboratorio de electroencefalografía.

electroencefalógrafo (electroencephalograph), instrumento para recibir y registrar el potencial eléctrico producido por las células cerebrales.

electroencefalograma (EEG) (electroencephalogram [EEG]), registro gráfico en el que se traza el potencial eléctrico que producen las células cerebrales que se detecta mediante los electrodos colocados en el cuero cabelludo. Las ondas cerebrales resultantes se denominan ritmos alfa, beta, delta y theta según la frecuencia con la que se produzcan.

electroencefalograma isoeléctrico (isoelectric electroencephalogram), v. **electroencefalograma plano**.

electroencefalograma plano (flat electroencephalogram), trazado gráfico en el que no aparece ningún registro durante la realización del electroencefalograma, lo que indica la ausencia de actividad cerebral.

electrofisiología (electrophysiology), rama de la ciencia médica que estudia la relación entre los fenómenos eléctricos y la salud humana.

electroforación (electrophoration), tipo de transfección osmótica en la que se emplea una corriente eléctrica para producir orificios en las membranas celulares de forma que puedan entrar las moléculas de ADN del agente invasor en la célula.

electroforesis (electrophoresis), movimiento de partículas cargadas en suspensión a través de un medio líquido como respuesta a los cambios de un campo eléctrico. El patrón de migración puede registrarse en las bandas de un **electroforetograma**. La técnica se utiliza para separar e identificar las proteínas séricas y otras sustancias.

electroforesis de hemoglobina (hemoglobin electrophoresis), prueba para identificar diversas hemoglobinas anormales en la sangre, incluidas las debidas a ciertas alteraciones genéticas, como la anemia drepanocítica.

electrograma (electrogram), registro unipolar o bipolar de la actividad eléctrica del corazón, registrada por electrodos situados dentro de las cámaras cardíacas o en el epicardio. Ejemplos de lo anterior son el electrograma auricular (EGA), el electrograma ventricular (EGV) y el electrograma del haz de His (EGH).

electrograma del fascículo de His (EFH) (His bundle electrogram [HBE]) [Wilhelm His, Jr., médico alemán, n. 1863], (en cardiología) registro directo de la actividad eléctrica del fascículo de His.

electrohemodinámica (EHD) (electrohemodynamics [EHD]), técnica no invasiva para la medición de las propiedades mecánicas y las características hemodinámicas del sistema vascular, como son la presión arterial, la impedancia eléctrica, el flujo sanguíneo y la resistencia al flujo sanguíneo.

electroinmunodifusión (electroimmunodiffusion), v. **inmunodifusión**.

electrólisis (electrolysis), proceso por el que la energía eléctrica produce un cambio químico en un medio conductor, normalmente una solución o una sustancia disuelta. Los electrodos, generalmente piezas metálicas, inducen un flujo de energía eléctrica a través del medio. Los electrones penetran en la solución a través del cátodo y la abandonan por el ánodo. Los iones cargados negativamente, o aniones, son atraídos hacia el ánodo; los iones con carga positiva, o cationes, son atraídos hacia el cátodo.

electrólito (electrolyte), elemento o compuesto que, cuando se disuelve en agua u otro solvente, se disocia en iones y puede conducir una corriente eléctrica. Los electrólitos tienen concentraciones diferentes en el plasma, en el líquido intersticial y en el líquido celular, e influyen en los movimientos de las sustancias entre estos compartimientos. La cantidad adecuada de los electrólitos principales y el equilibrio entre los mismos son esenciales para un metabolismo normal.

electromazo de McShirley (McShirley's electromallet), v. **condensador electromazo**.

electromiografía cinesiológica (kinesiologic electromyography), estudio de la actividad muscular que participa en los movimientos corporales.

electromiograma (EMG) (electromyogram [EMG]), registro de la actividad eléctrica intrínseca del músculo esquelético. Estos datos facilitan el diagnóstico de los trastornos neuromusculares y se obtienen aplicando un electrodo de superficie o insertando un electrodo de aguja en el interior del músculo.

electrón (electron), **1.** partícula elemental cargada negativamente, con carga específica, masa y spin. El número de electrones que rodea al núcleo de un átomo es igual al número atómico de esa sustancia. Los electrones pueden ser compartidos o intercambiados por dos átomos; después del intercambio el átomo se convierte en un ion. **2.** partícula beta negativa emitida por una sustancia negativa.

electrón de valencia (valence electron), cualquiera de los electrones de las órbitas más externas de un átomo. Son responsables de la unión de los átomos para formar cristales, moléculas y compuestos.

electronarcosis (electronarcosis), anestesia general que se consigue sin emplear gases anestésicos. La narcosis se produce por el paso de corriente eléctrica a través del cerebro.

electroneuromiografía (electroneuromyography), técnica de análisis y registro de la actividad neuromuscular mediante la estimulación eléctrica de los nervios.

electronistagmografía (electronystagmography), método para valorar y registrar los movimientos oculares mediante el registro de la actividad eléctrica de los músculos extraoculares.

electronvoltio (eV) (electron volt [eV]), unidad de energía igual a la energía que adquiere un electrón al pasar a través de una diferencia de potencial de 1 voltio. Un eV equivale a $1{,}6 \times 10^{-12}$ erg, y a $1{,}6 \times 10^{-19}$ J.

electrorresección (electroresection), técnica de extirpación de tumores vesicales, mediante la introducción de un filamento eléctrico a través de la uretra.

electroshock (electroshock), estado de shock causado por el contacto accidental con la corriente eléctrica. Los síntomas son similares a los del shock por quemaduras, traumatismos o trombosis coronaria.

elefantiasis (elephantiasis), estadio final de las lesiones de filariasis, consistente en una tumefacción enorme, generalmente de genitales y piernas. La elefantiasis se produce en filariasis mantenidas durante años.

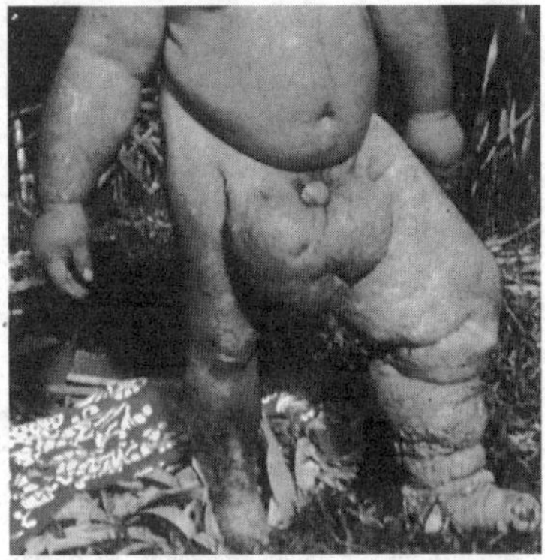

Elefantiasis
(C. D. Forbes/W. F. Jackson, 1994)

elegible académicamente (board elegible), relativo a un médico que ha completado todos los requisitos para el ingreso en una academia de especialidades médicas.

eleidina (eleidin), sustancia proteica transparente, que recuerda a la queratina, presente en el estrato lúcido de la epidermis.

elemento 104 (element 104), elemento sintético radiactivo, el decimosegundo elemento transuránico y el primer elemento transactínido. Se denomina rutherfordio (Rf).

elemento 105 (element 105), elemento sintético, el decimotercer elemento transuránico. Se denomina hahnio (Ha).

elemento 106 (element 106), elemento sintético, con una vida media de 0,9 segundos. Fue sintetizado por primera vez en 1974 por científicos que trabajaban independientemente en EE.UU. y en la antigua URSS.

elemento 107 (element 107), elemento sintetizado por científicos soviéticos, según se publicó en 1976, que bombardearon isótopos de bismuto con núcleos pesados de cromo 54. El hallazgo no ha sido confirmado por científicos de otros países.

elemento (element), una de las más de cien sustancias primarias, simples, que no se pueden desdoblar en otras sustancias por métodos químicos. Cada átomo de cualquier elemento contiene un determinado número de electrones en órbita alrededor del núcleo. El núcleo contiene un número variable de neutrones. Un **elemento estable** contiene el mismo número de neutrones que de electrones, y no es fácil que ceda neutrones. Un **elemento radiactivo** no posee un número equilibrado de electrones y neutrones, y cede electrones fácilmente.

elemento de las tierras raras (rare earth element), elemento metálico que tiene un número atómico entre 57 y 71, inclusive. Estas sustancias se clasifican en tres grupos: los metales del cerio, los metales del terbio y los metales del itrio.

elemento estable (stable element), elemento no radiactivo, que no está sometido a degeneración nuclear espontánea. Algunos tipos de elementos estables son: calcio, hierro, plomo, potasio y sodio.

elemento hijo (daughter element), elemento resultante de la emisión radiactiva del elemento base. Ejemplo de ello es el tecnecio 99, elemento hijo generado por la emisión radiactiva de un átomo de molibdeno 99.

elemento mayor (major element), v. **macronutriente**.

elemento menor (minor element), v. **micronutriente**.

elemento radiactivo (radioactive element), elemento cuyo núcleo puede sufrir una degeneración espontánea acompañada de la emisión de partículas alfa, partículas beta o rayos gamma. Todos los elementos con números atómicos por encima de 83 son radiactivos.

elevador (levator, *pl.* **levatores**), **1.** músculo que eleva una estructura corporal como el elevador del ano, que eleva parte del diafragma pélvico. **2.** instrumento quirúrgico que se utiliza para levantar fragmentos óseos deprimidos en las fracturas de cráneo y otros huesos.

elevador australiano (Australian lift), tipo de elevador de los hombros que se utiliza para mover a un paciente cuando no es capaz de sentarse en la cama o en otras superficies.

elevador de la escápula (levator scapulae), músculo de las caras posterior y lateral del cuello. Su función es elevar la escápula y tirar de ella hacia la línea media.

elevador del ano (levator ani), uno de los dos músculos del diafragma pélvico que cruza el fondo de la cavidad pelviana como una hamaca, soportando los órganos pélvicos. Su función es la sujeción y ligera elevación del suelo de la pelvis. El fascículo pubococcígeo tira del ano hacia el pubis, y lo contrae.

elevador del párpado superior (levator palpebrae superioris), uno de los tres músculos del párpado, considerado también como músculo ocular. Está inervado por el nervio oculomotor, eleva el párpado superior y es el antagonista del orbicular del ojo.

ELI (FID), abreviatura de **emisión de inducción libre**.

eliminación urinaria (urinary output), volumen total de orina excretado diariamente, que normalmente se sitúa entre 700 y 2.000 ml. El volumen normal de eliminación urinaria puede verse modificado por diversas enfermedades metabólicas y renales.

eliptocito (elliptocyte), hematíe de forma oval.

eliptocitosis (elliptocytosis), trastorno leve de la sangre caracterizado por la presencia de un número elevado de eliptocitos.

ELISA (ELISA), abreviatura de **análisis de inmunoabsorción ligado a enzimas**.

elixir (elixir), líquido claro que contiene agua, alcohol, edulcorantes, sabores, utilizado principalmente como vehículo para la administración oral de fármacos.

elixir de hidrato de terpina y codeína (terpin hydrate and codeine elixir), preparación del expectorante hidrato de terpina con tintura de cáscara de naranja dulce, benzaldehído, glicerina, alcohol, jarabe, agua y el narcótico antitusígeno codeína.

Elizabeth Blackwell (Blackwell, Elizabeth) [1821-1910], médico norteamericana nacida en Inglaterra, primera mujer que recibió el título de Medicina. Estableció el New York Infirmary, un hospital de 40 camas dirigido enteramente por mujeres. Su influencia ayudó al establecimiento de las escuelas de enfermería para mejorar los cuidados de los pacientes.

ello (id), **1.** (en psicoanálisis) parte de la psique que funciona en el inconsciente y que es fuente de la energía instintiva, los impulsos y las conductas. **2.** el verdadero inconsciente.

elongación (elongation), estado de distensión o alargamiento.

eluato (eluate), solución o sustancia obtenida por un proceso de elución.

elución (elution), extracción de una sustancia absorbida desde un lecho poroso o columna de cromatografía mediante un chorro de líquido o gas o mediante la aplicación de calor. El término se aplica también a la extracción de anticuerpos o trazadores radiactivos de los eritrocitos.

eluente (eluent), solvente o solución utilizada en el proceso de elución, como ocurre en una cromatografía en columna.

EM (MA), abreviatura de **edad mental**.

EM (MS), abreviatura de **esclerosis múltiple**.

emaciación (emaciation), flaqueza exagerada debida a enfermedad o falta de nutrición.

emasculación (emasculation), pérdida de los testículos, del pene o de ambos. Se lleva a cabo en el cáncer de próstata para disminuir la producción de hormonas sexuales.

embalsamamiento (embalming), técnica de aplicación de antisépticos y conservantes a un cadáver para retrasar la descomposición normal de los tejidos.

embarazada (pregnant), estar grávida.

embarazo (pregnancy), proceso de gestación, que abarca el crecimiento y desarrollo de un nuevo individuo dentro de una mujer, desde el momento de la concepción, a lo largo de los períodos embrionario y fetal hasta el nacimiento. El embarazo dura alrededor de 266 días (38 semanas) desde el día de la fecundación, aunque clínicamente se considera que dura 280 días (40 semanas; 10 meses lunares; 9 meses y 10 días del calendario normal) desde el primer día del último período menstrual. De los millones de espermatozoides eyaculados, miles alcanzan el óvulo femenino en el extremo externo de la trompa de Falopio, aunque habitualmente sólo uno penetra en el núcleo para la unión de los pronúcleos masculino y femenino, produciéndose la concepción. El cigoto, desde el punto de vista genético una entidad única, comienza la división celular mientras es transportado a la cavidad uterina donde se implanta en la pared del útero. Los elementos maternos y embriológicos juntos forman el inicio de la placenta, que crece hacia el interior de la pared uterina. La placenta interviene en el intercambio maternofetal de nutrientes y productos de desecho. En algunos aspectos, el producto de la concepción es como un injerto extraño o un trasplante en la madre. Aunque normalmente la madre no activa una respuesta inmunitaria, todos sus tejidos y órganos experimentan cambios, muchos de ellos profundos y algunos permanentes.

embarazo abdominal (abdominal pregnancy), embarazo extrauterino en el que el huevo se desarrolla en la cavidad abdominal después de haber sido expulsado de la trompa de Falopio a través de su extremo con fimbrias, o bien a través de un defecto de dicha trompa o del propio útero. La placenta se puede implantar en el peritoneo abdominal o visceral. Se puede sospechar un embarazo abdominal cuando crece el abdomen pero el útero permanece pequeño para su edad gestacional. Los embarazos abdominales representan aproximadamente el 2% de los embarazos ectópicos y aproximadamente el 0,01% de todos los embarazos. Esta situación lleva a la muerte perinatal del feto en aproximadamente el 90% de los casos, y a la muerte de la madre en aproximadamente el 6%. Dada su baja frecuencia, la enfermedad puede no ser sospechada, retrasándose frecuentemente el diagnóstico. Es necesario proceder a extirpar la placenta, el saco y el embrión o el feto.

embarazo cornal (cornual pregnancy), embarazo ectópico en una de las prolongaciones rectas o curvas del cuerpo uterino. El cuerno del útero se rompe generalmente entre las 12 y 16 semanas de embarazo a menos que se trate quirúrgicamente para eliminar el producto de la concepción.

embarazo ectópico (ectopic pregnancy), gestación anormal en la que el producto concebido se implanta fuera de la cavidad uterina. Los tipos de embarazo ectópico son el **embarazo abdominal**, el **embarazo ovárico** y el **embarazo tubárico**.

embarazo falso (false pregnancy), v. **seudociesis**.

embarazo fimbriotubárico (fimbrial tubal pregnancy), tipo de embarazo tubárico en el que la implantación se produce en el extremo distal, en las fimbrias, de una de las trompas de Falopio.

embarazo intersticial (interstitial pregnancy), v. **embarazo ectópico**.

embarazo molar (molar pregnancy), embarazo en el que se desarrolla una mola hidatídica a partir del tejido trofoblástico en la fase precoz del desarrollo embrionario. Todos los signos de embarazo están exagerados: el útero crece más rápidamente de lo normal, los mareos matutinos suelen ser más intensos y constantes, es probable que la tensión arterial esté elevada y las concentraciones plasmáticas de gonadotropinas coriónicas están extremadamente elevadas.

embarazo múltiple (multiple pregnancy), embarazo en el que existe más de un feto en el útero al mismo tiempo.

embarazo ovárico (ovarian pregnancy), tipo raro de embarazo ectópico en el que el producto de la concepción está implantado en un ovario.

embarazo posmaduro (postdate pregnancy), embarazo que dura más de 42 semanas.

embarazo tubárico (tubal pregnancy), embarazo ectópico en el que el producto de la concepción se implanta en una trompa de Falopio. El factor predisponente más importante es la existencia de una lesión tubárica previa. La infección pélvica, las cicatrices y adherencias de la cirugía o las complicaciones del DIU pueden producir lesiones que disminuyan la motilidad de la trompa. El transporte del óvulo a través de la trompa después de la fertilización es lento y la implantación tiene lugar antes de que el producto de la concepción alcance la cavidad uterina.

embarazo tubárico ampular (ampullary tubal pregnancy), tipo de embarazo tubárico en el que la implantación tiene lugar en el interior de la ampolla de una de las trompas de Falopio.

embarazo tubárico intersticial (interstitial tubal pregnancy), tipo de embarazo tubárico en el que la implantación se produce en la porción intersticial proximal de una de las trompas de Falopio.

embarazo tuboovárico (tubo-ovarian pregnancy), el óvulo anida en la trompa de Falopio.

embarazo uteroabdominal (uteroabdominal pregnancy), embarazo gemelar en el que un feto se desarrolla en el útero y el otro en el abdomen.

embolectomía (embolectomy), incisión quirúrgica de una arteria para extraer un trombo o coágulo, realizada como tratamiento de urgencia ante un embolismo arterial.

embolia (embolism), proceso circulatorio anormal en el que un émbolo viaja a través del torrente circulatorio hasta que queda alojado en un vaso. Son tipos de embolias: **embolia gaseosa** y **embolia grasa**.

émbolo (embolus, *pl.* **emboli**), cuerpo extraño, volumen gaseoso o de aire, partícula tisular o tumoral o porción de un tumor que circula en la corriente sanguínea hasta que queda bloqueado en un vaso. Son tipos de émbolos el émbolo aéreo y el émbolo graso.

emboloterapia (embolotherapy), técnica de bloqueo de un vaso sanguíneo con un catéter balón. Se utiliza para el tratamiento de las úlceras hemorrágicas y para los defectos de los vasos sanguíneos, y, durante la cirugía, para detener el aporte de sangre al tumor.

embotamiento (blunting), disminución en la intensidad de la expresión emocional en relación con el nivel que normalmente se esperaría como reacción a una situación específica.

embriagante (inebriant), sustancia, como el etanol, que provoca embriaguez o intoxicación.

embriagar (inebriate), emborrachar.

embriectomía (embriectomy), resección quirúrgica de un embrión, como ocurre en un embarazo ectópico.

embrioctonía (embrioctony), destrucción intencionada del embrión o feto intraútero.

embriogénesis (embryogenesis), proceso de reproducción sexual en el que se forma el embrión por la fertilización del huevo.

embriología (embriology), estudio del origen, crecimiento, desarrollo y función de un organismo, desde la fertilización hasta el nacimiento. Dentro de la embriología se incluyen la **embriología comparada**, la **embriología descriptiva** y la **embriología experimental**.

embriólogo (embryologist), especialista en embriología.

embrioma (embryoma, *pl.* **embryomas, embryomata**), tumor que procede de las células o tejidos embrionarios.

embrioma ovárico (embryoma of the ovary), v. **disgerminoma**.

embriomorfo (embryomorph), estructura que recuerda a un embrión, especialmente las masas de tejido que representan un aborto.

embrión (embryo), **1.** cualquier organismo en sus fases precoces de desarrollo. **2.** en humanos, estadio de desarrollo prenatal desde el momento de la implantación del huevo fecundado, dos semanas después de la concepción, hasta el final de la séptima u octava semanas.

embrión presomita (presomite embryo), embrión en una fase de desarrollo previa a la aparición del primer par de somitas, lo que, en los seres humanos, suele producirse alrededor de 19 a 21 días después de la fecundación del óvulo.

embrión prevelloso (previllous embryo), embrión de un mamífero placentario en cualquier fase previa a la del desarrollo de las vellosidades coriónicas, las cuales, en el ser humano, comienzan a formarse entre el primer y segundo mes después de la fecundación del óvulo.

embrión somita (somite embryo), embrión en cualquier fase del desarrollo entre la formación de los primeros y últimos pares de somitas, que en los seres humanos tiene lugar en las semanas tercera y cuarta después de la fecundación del óvulo.

embrionado (embryonate), **1.** embarazado, que contiene un embrión. **2.** perteneciente, relativo o que recuerda a un embrión.
embrioniforme (embryoniform), que parece un embrión.
embriopatía (embryopathy), anomalía que se produce en el embrión como resultado de la interferencia en el desarrollo intrauterino normal. La **embriopatía rubeólica** es un ejemplo de embriopatía.
embrioplástico (embryoplastic), perteneciente o relativo a la formación del embrión, normalmente en referencia a las células.
embrioscopia (embryoscopy), examen directo de un embrión mediante la introducción de un instrumento con luz a través de la pared abdominal y del útero de la madre.
embriotomía (embryotomy), **1.** desmembramiento o mutilación del feto para extraerlo del útero cuando el parto normal no es posible. **2.** disección de un feto para su valoración y análisis.
embriotomo (embryotome), instrumento empleado en la embriotomía.
embriotrofia (embriotrophy), nutrición del embrión.
embriotrofo (embryotroph), material nutritivo líquido del útero compuesto por las secreciones glandulares y tejidos degenerados, que nutre al embrión de los mamíferos hasta que se establece la circulación de la placenta.
embriulcia (embryulcia), extracción quirúrgica del embrión o feto del útero.
emesis (emesis), v. **vómito**.
emético (emetic), **1.** perteneciente o relativo a la sustancia que produce el vómito. **2.** agente emético, como la apomorfina o el jarabe de ipecacuana.
emetropía (emmetropia), estado de visión normal caracterizado por la adecuada relación entre el sistema de refracción del globo ocular y su longitud axial. Esta correlación asegura que los rayos de luz que entran en el ojo paralelos al eje óptico se centran exactamente sobre la retina.
EMG (EMG), **1.** abreviatura de **electromiograma. 2.** abreviatura de **exoftalmos, macroglosia** y **gigantismo**.
EMH (HMD), abreviatura de la **enfermedad de membrana hialina**.
eminencia tenar (thenar eminence), área redondeada elevada situada en la palma de la mano, cerca de la base del pulgar.
emisión de inducción libre (EIL) (free-induction decay [FID]), (en resonancia magnética nuclear) señal emitida por un tejido después de que un pulso de radiofrecuencia (RF) haya excitado los spins nucleares del tejido en resonancia. La oscilación posterior hacia el estado normal es la señal con la que se realiza la imagen de RMN.
emisión seminal (seminal emission), expulsión de semen.
emoción (emotion), aspecto afectivo de la consciencia, a diferencia de la volición y de la cognición.
emoliente (emollient), sustancia que ablanda los tejidos, sobre todo la piel y mucosas.
empalme de ARN (RNA splicing), (en genética molecular) proceso por el que los pares de bases que interrumpen la continuidad de la información genética en el ADN son eliminados de los precursores del ARN mensajero.
empalme génico (gene splicing), (en genética molecular) proceso mediante el cual un segmento de ADN se une o inserta en una cadena de ADN de otra procedencia.
empaquetado de la dentadura (denture packing), técnica de laboratorio para llenar y comprimir en un recipiente, hasta moldearlo, el material que sirve de base para hacer una dentadura artificial.
emparejamiento (coupling), **1.** hecho de ir juntos, unidos o emparejados. **2.** (en genética) situación hereditaria en la que los genes no alelos de dos o más genes mutantes se localizan en el mismo cromosoma y se hallan lo suficientemente próximos como para que sea probable que se hereden juntos.
emparejamiento aleatorio (random mating), tiene lugar cuando los sujetos cuentan con las mismas probabilidades de emparejarse con quienes tienen otra carga genética.
empatía (empathy), capacidad para reconocer y, de alguna forma, compartir las emociones y los estados de la mente de los demás, y para entender el significado de la conducta de la otra persona. Es una cualidad fundamental para que la psicoterapia sea eficaz.
empático (empathic), relativo a la internalización de una persona en el estado emocional de otra mientras permanece objetiva y distinguiblemente separada.
empiema (empyema), acumulación de pus en una cavidad corporal, especialmente en el espacio pleural, como consecuencia de una infección bacteriana, como, por ejemplo, en la pleuresía o en la tuberculosis.
empírico (empiric), perteneciente o relativo al método de tratamiento de enfermedades basado en la observación y en la experiencia sin centrarse en entender la causa o el mecanismo de la enfermedad, o la forma en la que el agente o procedimiento terapéutico produce su efecto, mejora o cura la enfermedad. El tratamiento empírico de una enfermedad nueva

puede basarse en las observaciones y la experiencia obtenida con el tratamiento de procesos análogos.

empirismo (empirism), forma de terapia basada en la experiencia personal y en la de otros profesionales.

emplasto (plaster), remedio casero que consiste en una mezcla semisólida que se aplica a una parte del cuerpo como contrairritante o por otras razones terapéuticas, como el emplasto de mostaza.

emplasto adhesivo (adhesive plaster), material de tejido fuerte, cubierto en una de sus caras por una sustancia adhesiva. Suele ser impermeable al agua y puede utilizarse para sujetar vendajes y apósitos, para inmovilizar una extremidad o para ejercer presión local.

emplasto de mostaza (mustard plaster), medicación de mostaza en una base de tela que puede colocarse sobre la piel durante un período de tiempo como contrairritante en forma de cataplasma.

emprostótonos (emprosthotonos), posición corporal caracterizada por la flexión rígida y hacia delante a la altura de la cintura. La posición es el resultado de un espasmo muscular prolongado e involuntario, casi siempre asociado a la infección por tétanos o la intoxicación con estricnina.

empuñadura (handpiece), dispositivo que soporta instrumentos rotativos en un motor dental o que condensa puntos en las unidades de condensación mecánica.

empuñadura de alta velocidad (high-speed handpiece), instrumento de corte rotatorio o vibrador que trabaja a altas velocidades, impulsado por un motor dental convencional y propulsado mediante engranajes, una cinta conductora o una turbina.

empuñadura universal (universal cuff), dispositivo de adaptación que se lleva en la mano para sujetar artículos como utensilios, la máquina de afeitar o el lápiz, que permite al paciente con una limitación en su capacidad para agarrar participar más en las actividades de autocuidado.

EMTC (MCTD), abreviatura de **enfermedad mixta del tejido conectivo**.

emulsión (emulsion), **1.** sistema que consta de dos líquidos que no se mezclan, uno de los cuales se dispersa en el otro, en forma de pequeñas gotas. **2.** (en fotografía) compuesto sensible a los rayos del sol, que consta de uno o más haloides de plata en suspensión en gelatina, aplicados en forma de capa delgada a la película.

emulsión grasa intravenosa (intravenous fat emulsion), preparado de grasa al 10% que se administra por vía IV para ayudar a mantener el peso de un paciente adulto o el peso y el crecimiento de un joven. Estas emulsiones grasas están preparadas con aceite de soja refinado y fosfolípidos de saco vitelino, y contienen ácidos grasos tan importantes como el linoleico, oleico, palmítico y linolénico. La emulsión grasa intravenosa es isotónica y puede administrarse a través de una vena periférica, pero no se puede mezclar con otras soluciones utilizadas en la alimentación parenteral. Las emulsiones grasas intravenosas se suelen administrar cuando una hiperalimentación no es suficiente para mantener un tratamiento adecuado del paciente, o cuando éste necesita calorías, pero no tolera las elevadas concentraciones de dextrosa que llevan las soluciones de hiperalimentación.

emulsionar (emulsify), dispersar un líquido en otro líquido, creando una suspensión coloidal. La bilis actúa como agente emulsionante en el tracto digestivo, dispersando las grasas ingeridas en pequeños glóbulos.

emulsor (emulsifier), sustancia tal como la yema del huevo o la goma arábiga, que provocan la suspensión del aceite en agua.

en bloque (en bloc), todo junto o como un conjunto.

en forma de cuentas (beaded), **1.** relativo o semejante a una hilera de cuentas de collar. **2.** relativo o perteneciente a colonias bacterianas que se desarrollan a lo largo de la línea de inoculación en diferentes cultivos por picadura. **3.** relativo a bacterias teñidas que desarrollan gránulos con tinción más intensa en forma de cuentas de collar.

en línea (on-line), acceso a una información o un equipo que forma parte del sistema operativo de un ordenador unido a la unidad de procesamiento central.

en riesgo (at risk), situación de un sujeto o una población que les hace vulnerables a desarrollar una enfermedad o sufrir una lesión concretas. Los factores determinantes de ese riesgo pueden ser ambientales o fisiológicos.

enajenación (abalienation), estado de deterioro del estado mental.

enajenación confusional (confusional insanity), v. **demencia**.

enajenar (alienate), provocar el abandono, la transferencia del afecto o el desinterés.

enanismo (dwarfism), desarrollo corporal anormalmente escaso, caracterizado predominantemente por una estatura extremadamente baja. El nanismo tiene múltiples causas, como defectos genéticos, disfunción endocrina que afecta a la hipófisis o el tiroides, enfermedades crónicas, como raquitismo, insuficiencia renal o defectos de malabsorción intestinal, y estrés psicosocial.

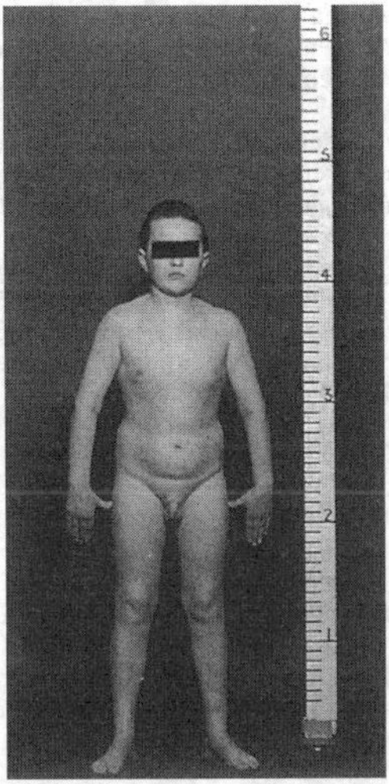

Enanismo y ausencia de pubertad
(C. D. Forbes/W. F. Jackson, 1994)

enanismo mulibrey (mulibrey nanism), trastorno genético poco frecuente caracterizado por enanismo, pericarditis constrictiva, hipotomía muscular, anomalías craneofaciales y unas manchas amarillas típicas en el fondo de ojo. El nombre del trastorno es un acrónimo compuesto con las dos primeras letras de la localización anatómica de los principales defectos (*mu*scle, *li*ver, *br*ain y *ey*es) (músculo, hígado, cerebro y ojos).

enanismo sexual (sexual dwarf), enano adulto cuyos órganos genitales están normalmente desarrollados.

enano (dwarf), **1.** persona anormalmente pequeña, de escasa estatura, especialmente cuando las distintas partes del cuerpo no están bien proporcionadas. Algunos tipos de enanos son: **enano asexual, enano ateliótico, enano cretino, enano de Brissaud, enano con cabeza de pájaro, enano de Rusell, enano de Silver, enano diastrófico, enano focomélico, enano hipofisario, enano normal, enano raquítico, enano renal** y **enano tanatofórico**.

enantato de testosterona (testosterone enanthate), forma de testosterona de actividad prolongada.

enantema (enanthema), lesión eruptiva en la superficie de una membrana mucosa.

encainida (encainide), antagonista de los canales de sodio utilizado como agente antiarrítmico. Se prescribe para el tratamiento de las arritmias ventriculares que ponen en peligro la vida del paciente.

encajamiento (engagement), **1.** fijación de la presentación del feto en la pelvis materna. La parte inferior de la presentación está a la altura o por debajo de las espinas ciáticas. **2.** fijación de la cabeza fetal en la pelvis materna, con el diámetro biparietal a la altura de las espinas ciáticas.

encajonamiento (boxing), (en odontología) formación de paredes verticales, hecha habitualmente de cera, alrededor de una impresión, para producir la forma y el tamaño deseados de la base de un modelo.

encapsulado (encapsulated), referido a arterias, músculos, nervios y otras partes del organismo, rodeado por vainas fibrosas o membranosas.

encastre cuadrilateral (quadrilateral socket), prótesis cóncava con cuatro lados diseñada para personas con amputaciones por encima de la rodilla. El borde posterior está diseñado para que se ajuste directamente por debajo de la tuberosidad isquiática de forma que, materialmente, la persona se siente sobre ella.

encefalina (enkephalin), uno de los dos pentapéptidos analgésicos que libera el organismo. Los investigadores han aislado encefalinas en la hipófisis, en el cerebro y en el tracto GI. Las encefalinas son la metionín-encefalina y la isoleucín-encefalina, cada una de ellas compuesta por cinco aminoácidos, cuatro de ellos idénticos en ambos compuestos. Se cree que estos dos neuropéptidos pueden deprimir las neuronas del sistema nervioso central.

encefalitis (encephalitis), proceso inflamatorio del encéfalo. Su causa suele ser la infección por un arbovirus, transmitida por la picadura de un mosquito infectado, aunque también puede ser el resultado de intoxicaciones, como por plomo, o de hemorragias. La **encefalitis postinfecciosa** se produce como complicación de otra infección, como la producida por la varicela, la gripe o el sarampión o tras la vacunación de viruela. El proceso se caracteriza por cefalea, dolor de cuello, fiebre, náuseas y vómitos. La inflamación grave, con destrucción de tejido nervioso, puede desencadenar un proceso comicial, la pérdida de determinada sensibilidad u otros problemas neurológicos permanentes o la muerte. Normalmente, la inflamación afecta a la médula espinal y al encéfalo; de ahí que, en la mayoría de los casos, el término más adecuado sea el de **meningoencefalitis**.

encefalitis chikungunya (chikungunya encephalitis), infección por arbovirus caracterizada por fiebre elevada de inicio brusco, dolores musculares, exantema y dolor articular. Se transmite por la picadura de un mosquito y se produce principalmente en África, Asia y en algunas islas del Pacífico.

encefalitis de California (California encephalitis), infec- ción viral aguda frecuente que afecta al sistema nervioso central. La forma leve se caracteriza por cefalea, malestar, síntomas GI y fiebre que puede alcanzar los 40 °C. La forma más grave se caracteriza por fiebre de aparición repentina, vómitos, cefaleas, letargia y signos de afectación neurológica como pérdida de reflejos, desorientación, convulsiones, pérdida de consciencia y parálisis flácida.

encefalitis de St. Louis (St. Louis encephalitis) [St. Louis, Missouri], infección del encéfalo por arbovirus transmitida de los pájaros a los seres humanos por la picadura de un mosquito infectado. Se caracteriza por cefaleas, malestar, fiebre, rigidez de cuello, delirio y convulsiones. Entre sus secuelas se encuentran alteraciones visuales y del lenguaje, dificultad para caminar y cambios de la personalidad. La convalecencia puede ser prolongada y se puede producir la muerte.

encefalitis de von Economo (von Economo's encephalitis), v. **encefalitis epidémica**.

encefalitis del lactante (infantile encephalitis), cualquiera de un grupo de enfermedades inflamatorias cerebrales que afecta a los lactantes. La causa puede ser una infección vírica directa o una encefalitis secundaria, como una complicación de sarampión, varicela, rubéola u otras enfermedades.

encefalitis epidémica (epidemic encephalitis), cualquier inflamación difusa del encéfalo que se produce de forma epidémica. La **encefalitis de St. Louis** y la **encefalitis japonesa** son dos ejemplos de encefalitis epidémica.

encefalitis equina (equine encephalitis), infección producida por arbovirus, caracterizada por la inflamación del tejido nervioso del encéfalo y de la médula espinal, con fiebre elevada, cefalea, náuseas, vómitos, mialgias y síntomas neurológicos, como alteraciones visuales, temblores, letargia y desorientación. El virus se transmite por la picadura de un mosquito infectado. Los equinos son el huésped principal del virus. La **encefalitis equina del este (EEE)** es una forma grave de esta infección. Se presenta en la costa este de los Estados Unidos, dura más y produce más morbididad que la **encefalitis equina occidental (EEO)**, que se distribuye por todo el territorio norteamericano, y es una enfermedad más leve y breve, como la **encefalitis equina venezolana (EEV)**, frecuente en América central y del sur, Florida y Texas.

encefalitis equina del este (eastern equine encephalitis), v. **encefalitis equina**.

encefalitis equina venezolana (Venezuelan equine encephalitis), v. **encefalitis equina**.

encefalitis japonesa (Japanese encephalitis), grave infección epidémica del tejido encefálico, que se observa en Asia oriental y el Pacífico sur, incluidas Australia y Nueva Zelanda, y se caracteriza por escalofríos con fuertes sacudidas, parálisis y pérdida de peso. Está producida por un arbovirus del grupo B que es transmitido por mosquitos.

encefalitis letárgica (lethargic encephalitis), v. **encefalitis epidémica**.

encefalitis neonatal (neonatorum encephalitis), inflamación del encéfalo que se produce en las cuatro primeras semanas de la vida.

encefalitis periaxial difusa (encephalitis periaxialis diffusa), v. **enfermedad de Schilder**.

encefalitis tóxica (toxic encephalitis), encefalitis causada por una intoxicación de metales pesados. Se caracteriza por edema cerebral y convulsiones.

encéfalo (brain), porción del sistema nervioso central contenida dentro del cráneo. Consta del cerebro, cerebelo, la protuberancia o puente, el bulbo raquídeo y el mesencéfalo.

encéfalo (encephalon), **1.** el cerebro y sus estructuras asociadas, como son el cerebelo, la protuberancia o puente y el bulbo raquídeo. **2.** el contenido del cráneo.

encefalocele (encephalocele), protrusión del encéfalo a través de un defecto congénito en el cráneo; hernia encefálica.

encefalodisplasia (encephalodysplasia), cualquier anomalía congénita del encéfalo.

encefalografía (encephalography), delimitación radiográfica de las estructuras del encéfalo que contienen líquido una vez que se ha retirado el líquido cefalorraquídeo y se ha sustituido por gas, del tipo del aire, helio u oxígeno. La **neumoencefalografía** y la **ventriculografía** son tipos de encefalografía.

encefalograma (encephalogram), radiografía del encéfalo realizada durante una encefalografía.

encefalomeningocele (encephalomeningocele), v. **meningoencefalocele**.

encefalomielitis (encephalomyelitis), proceso inflamatorio del encéfalo y de la médula espinal caracterizado por fiebre, cefalea, rigidez de nuca, dolor de espalda y vómitos. Dependiendo de la causa, edad y estado de la persona y de la extensión de la inflamación e irritación del sistema nervioso central pueden aparecer convulsiones, parálisis, alteraciones de la personalidad, disminución del nivel de consciencia, coma o muerte.

encefalomielitis posvacunal (postvaccinal encephalomyelitis), encefalomielitis aguda que surge tras la vacunación.

encefalomiocarditis (encephalomyocarditis), enfermedad infecciosa del sistema nervioso central y del tejido cardíaco producida por un grupo de pequeños picornavirus ARN. Los síntomas suelen ser similares a los de la poliomielitis. La mayoría de las víctimas se recupera rápidamente sin secuelas.

encefalopatía (encephalopathy), cualquier alteración de la estructura o función de los tejidos cerebrales, especialmente los crónicos, destructivos o degenerativos, como la encefalopatía de Wernicke o la enfermedad de Schilder.

encefalopatía de Wernicke (Wernicke's encephalopathy) [Karl Wernicke, neurólogo polaco, n. 1848], enfermedad inflamatoria, hemorrágica, degenerativa del cerebro. El trastorno se caracteriza por visión doble, movimientos involuntarios y rápidos de los ojos, pérdida de coordinación muscular y disminución de la función mental, que puede ser leve o grave. La encefalopatía de Wernicke se debe a un déficit de tiamina y se asocia a alcoholismo crónico.

encefalopatía hepática (hepatic encephalopathy), tipo de lesión cerebral causada por una intoxicación por amoníaco secundaria a una enfermedad hepática.

encefalopatía hipertensiva (hypertensive encephalopathy), conjunto de síntomas, incluidos la cefalea, las convulsiones y el coma, asociados a glomerulonefritis.

encefalopatía necrotizante hemorrágica aguda (acute necrotizing hemorrhagic encephalopathy), enfermedad degenerativa cerebral, de curso generalmente mortal, que se caracteriza por edema intenso, numerosas hemorragias pequeñas, necrosis de la pared de los vasos sanguíneos, especialmente de las venas pequeñas, desmielinización de las fibras nerviosas e infiltración de las meninges por neutrófilos, linfocitos e histiocitos. Los signos típicos son cefalea severa, fiebre y vómitos; pueden aparecer convulsiones y puede producirse una rápida pérdida de consciencia.

encefalopatía por plomo (lead encephalopathy), alteraciones de la estructura y función cerebrales como consecuencia de la intoxicación por plomo, incluyendo el tetraetilo de plomo. Los niños se afectan a menudo, sobre todo tras la ingesta de pinturas ricas en plomo. Si no se trata aparece delirio, convulsiones, manía, ceguera cortical y coma.

encefalopatía subcortical progresiva (progressive subcortical encephalopathy), v. **enfermedad de Schilder**.

encía (gingiva, *pl.* **gingivae**), mucosa con tejido fibroso de soporte que recubre las coronas de los dientes que no han salido y circunda el cuello de los que sí han salido. Algunos tipos de encía son: **encía alveolar, encía interdentaria** y **encía marginal**.

enclavado (pin), (en ortopedia) fijación e inmovilización de fragmentos de hueso con un clavo.

encondroma (enchondroma, *pl.* **enchondromas, enchondromata**), tumor benigno de las células del cartílago, de crecimiento lento, que se origina en el extremo de las diáfisis de los huesos largos, normalmente de manos y pies.

encondromatosis (enchondromatosis), trastorno congénito caraterizado por la proliferación de cartílago en los extremos de la diáfisis de ciertos huesos largos, produciendo el adelgazamiento de la cortical y alteraciones en su longitud.

encondrosarcoma (enchondrosarcoma), v. **condrosarcoma central**.

encondrosis (enchondrosis), v. **encondroma**.

encopresis (encopresis), incontinencia fecal.

encordamiento (chordee), defecto congénito del tracto genitourinario que da lugar a una curvatura ventral del pene, debida a la presencia de una banda de tejido fibroso en lugar de la piel normal que existe a lo largo del cuerpo esponjoso.

encostración (incrustation), exudado, escama o costra endurecidos.

encuentro (encounter), (en psicoterapia) interacción entre el paciente y el psicoterapeuta en la que, mediante la expresión de sentimientos profundos de los participantes, se producen los cambios emocionales y el crecimiento de la persona.

end (end), (en citogenética) abreviatura de endorreduplicación.

endamebiasis (endamebiasis), v. **amebiasis**.

endamoebiasis (endamoebiasis), v. **amebiasis**.

endarterectomía (endarterectomy), extirpación quirúrgica de la capa íntima de una arteria. La técnica se realiza para limpiar una arteria principal que se puede obstruir con un coágulo o por agregación plaquetaria.

endarteritis (endarteritis), proceso inflamatorio de la capa íntima de una o más arterias, que se ocluye total o parcialmente.

endémico (endemic), (en relación con una enfermedad o un microorganismo) propio de una cierta región geográfica o población.

enderezamiento laberíntico (labyrinthine righting), una de las cinco reacciones neuromusculares básicas implicadas en el cambio de postura del cuerpo. El cambio estimula a las células de los conductos semicirculares del oído interno, produciendo la respuesta de los músculos del cuello, que ajustan automáticamente la cabeza a la nueva posición.

enderezamiento óptico (optic righting), una de las cinco reacciones neuromusculares básicas que capacitan a una persona para cambiar la posición del cuerpo. Se trata de un reflejo que orienta automáticamente la cabeza a un nuevo punto de fijación óptica o visual, en función del cambio de posición del cuerpo.

endocardio (endocardium), capa que tapiza las cámaras cardíacas, que contiene pequeños vasos sanguíneos y un número reducido de fibras de músculo liso. Se continúa con el endotelio de los grandes vasos.

endocarditis (endocarditis), trastorno que afecta al endocardio y las válvulas cardíacas, caracterizado por lesiones producidas por diversas enfermedades. Son tipos de endocarditis la **endocarditis bacteriana**, la **endocarditis trombótica no bacteriana** y la **endocarditis de Libman-Sacks**. Sin tratar, todos los tipos de endocarditis son rápidamente mortales.

endocervical (endocervical), perteneciente o relativo al interior del cérvix y del útero.

endocervicitis (endocervicitis), trastorno caracterizado por la inflamación del epitelio y de las glándulas del conducto endocervical.

endocérvix (endocervix), **1.** membrana que limita el conducto del cérvix uterino. **2.** orificio del cérvix en la cavidad del útero.

endocondral (endochondral), relativo a algo situado en el interior del cartílago.

endocrino (endocrine), perteneciente o relativo a un proceso en el que un grupo de células secretan hacia la circulación sanguínea o linfática una sustancia que tiene efectos específicos sobre los tejidos de otras partes del cuerpo.

endocrinología (endocrinology), estudio de la anatomía, fisiología y patología del sistema endocrino, así como del tratamiento de las alteraciones endocrinas.

endocrinólogo (endrocrinologist), médico especializado en endocrinología.

endocrinopatía (endocrinopathy), enfermedad referida a una glándula endocrina o a la cantidad o calidad de su secreción.

endocrinoterapia (endocrine therapy), v. **hormonoterapia**.

endodermo (endoderm), (en embriología) capa celular más interna de las que se desarrollan en el disco embrionario a partir de la masa celular más interna del blastocisto. El endodermo da lugar al revestimiento de las cavidades y conductos corporales y de la mayoría de los órganos internos.

endodoncia (endodontics), rama de la odontología que se especializa en el diagnóstico y tratamiento de las enfermedades de la pulpa dental y de los tejidos que la rodean, incluyendo el tratamiento del conducto radicular.

endodoncista (endodontist), odontólogo especializado en el diagnóstico, tratamiento y prevención de los trastornos de la pulpa dentaria, la raíz del diente, los tejidos periapicales y que realiza la terapia del conducto radicular.

endofítico (endophytic), perteneciente o relativo al crecimiento que tiende hacia el interior, como ocurre en los tumores endofíticos, que crecen en el interior de un determinado órgano o estructura.

endoftalmía, endoftalmitis (endophthalmitis), proceso inflamatorio del polo interno del ojo, en el que el ojo se encuentra enrojecido, tumefacto, doloroso y a veces lleno de pus. Este proceso puede hacer que la visión sea borrosa y producir vómitos, fiebre y cefalea.

endoftalmía facoanafiláctica (endophthalmitis phacoanaphylactica), trastorno caracterizado por una reacción aguda autoinmune del ojo. Está producida por la hipersensibilidad del ojo a la proteína del cristalino y normalmente se produce después de un traumatismo sobre el cristalino o tras una operación de cataratas. Los síntomas asociados son: tumefacción e inflamación del ojo, dolor intenso y visión borrosa.

endogamia (inbreeding), producción de una descendencia por apareamiento de individuos, organismos o plantas estrechamente relacionados entre sí; la autofecundación es la forma más extrema, que normalmente se produce en vegetales y animales inferiores. Su práctica aumenta la probabilidad de que genes recesivos para determinados rasgos, favorables o no, se hagan homocigóticos y se expresen fenotípicamente.

endógeno (endogenous), **1.** que crece en el interior del organismo. **2.** que se origina en el interior del organismo o que se produce por causas internas, como la enfermedad producida por la alteración estructural o funcional de un órgano o sistema.

endolinfa (endolymph), líquido del laberinto membranoso del oído interno.

endolito (endolith), v. **dentículo**.

endometrial (endometrial), **1.** perteneciente o relativo al endometrio. **2.** perteneciente o relativo a la cavidad uterina.

endometrio (endometrium), membrana mucosa que tapiza el útero, compuesta por el estrato compacto, el estrato esponjoso y el estrato basal. El ciclo menstrual produce cambios de grosor y estructura en el endometrio.

endometrioma (endometrioma), tumor o masa de tejido ectópico endometrial que no tiene función en el útero.

endometriosis (endometriosis), trastorno ginecológico caracterizado por el crecimiento ectópico de tejido endometrial funcionante. El síntoma más característico de la endometriosis es el dolor, sobre todo dismenorrea y dispareunia, aunque también disuria, defecación dolorosa e irritación suprapúbica. Sin embargo, no siempre existe dolor y su ausencia no descarta la existencia de enfermedad. Otros síntomas frecuentes son el manchado vaginal sanguinolento premenstrual, la hipermenorrea y la infertilidad. En el examen de la pelvis se suele encontrar una nodularidad dolorosa al tacto en los ligamentos uterosacros. La endometriosis avanzada suele precisar cirugía, que consiste en histerectomía total abdominal y salpingoovariectomía bilateral para extirpar grandes lesiones e interrumpir la estimulación cíclica del ovario del que depende el crecimiento de las lesiones, de forma que las lesiones residuales se atrofien y curen.

endometritis (endometritis), proceso inflamatorio del endometrio, normalmente causado por una infección bacteriana, sobre todo por gonococos y estreptococos hemolíticos. Se caracteriza por fiebre, dolor abdominal, secreción maloliente y aumento del tamaño del útero. Lo más frecuente es que se produzca después del parto o aborto y en mujeres portadoras de dispositivos intrauterinos contraceptivos. Un tipo de endometritis es la **endometritis decidual**.

endomiocarditis (endomyocarditis), inflamación de la capa interna del corazón.

endomorfo (endomorph), persona cuya constitución corporal se caracteriza por un rostro suave y redondeado, tronco y cintura anchas, extremidades cónicas, depósitos de grasa en todo el cuerpo y un predominio de estructuras derivadas del endodermo.

endonucleasa de restricción (restriction endonuclease), (en genética molecular) enzima que desdobla el ADN en un lugar específico. Cada una de las numerosas y diferentes endonucleasas actúa en un punto de desdoblamiento específico de la especie.

endoparásito (endoparasite), (en parasitología médica) organismo que vive en el interior del organismo del huésped, como la tenia.

endoplasma (endoplasm), porción más interna del citoplasma.

endoprótesis (endoprothesis), dispositivo protésico instalado en el interior del organismo, como las dentaduras postizas o los marcapasos cardíacos.

endorfina (endorphin), cualquiera de los neuropéptidos compuestos por múltiples aminoácidos, elaborados por la hipófisis y que actúan sobre los sistemas nerviosos central y periférico para reducir el dolor. Las endorfinas aisladas por los investigadores son la alfa-endorfina, la beta-endorfina y la gamma-endorfina, todas ellas con efectos farmacológicos similares a los de la morfina.

endoscopia (endoscopy), visualización del interior de órganos y cavidades corporales mediante un endoscopio.

endoscopio (endoscope), instrumento óptico iluminado, que sirve para visualizar el interior de una cavidad u órgano corporal. Aunque el endoscopio se suele introducir a través de un orificio natural del organismo, también se puede introducir a través de una incisión.

endosqueleto (endoskeleton), red interna de los huesos, a la que están adheridos los músculos. Compárelo con exosqueleto.

endotelial (endothelial), relativo o que semeja al endotelio.

endotelina (ET) (endothelin [ET]), cualquiera de un grupo de péptidos vasoconstrictores producidos por las células endoteliales a partir de la pre-pro-endotelina por escisión realizada por una enzima convertidora del endotelio (ECE). Las tres endotelinas conocidas, designadas como ET-1, ET-2 y ET-3, están químicamente relacionadas con el veneno de la víbora. La ET-1 es el compuesto vasoconstrictor más potente descubierto hasta ahora, siendo 10 veces más potente que la angiotensina II, de la que antes se creía que era el vasoconstrictor más potente.

endotelio (endothelium), capa de células epiteliales escamosas que tapiza el corazón, los vasos sanguíneos y linfáticos y las cavidades serosas del organismo.

endotoxina (endotoxin), toxina presente en las paredes celulares de algunos microorganismos, especialmente en las bacterias gramnegativas, que se libera cuando la bacteria muere y sus componentes se liberan en el organismo.

endotraqueal (endotracheal), dentro de o que atraviesa la tráquea.

endoxina (endoxin), análogo endógeno de la digoxina que existe de forma natural en el ser humano. Es una hormona que podría regular la excreción de la sal.

endurecimiento del haz (beam hardening), el proceso de aumentar el nivel de energía del espectro del haz de rayos X filtrando los fotones de baja energía.

enema (enema), técnica por la que se introduce una solución en el recto con fines de limpieza o terapéuticos. Los enemas pueden comercializarse en unidades empaquetadas desechables o ser equipos reutilizables que se preparan inmediatamente antes de su uso.

energía (energy), capacidad para realizar un trabajo o una actividad vigorosa. La energía puede adoptar la forma de calor, luz, sonido o radiación. La energía humana se suele expresar como contracción muscular y como producción de calor. La energía química hace referencia a la energía que se libera en una reacción química.

enervación (enervation), **1.** reducción o pérdida de la energía nerviosa; debilidad, laxitud, languidez. **2.** extracción de un nervio completo o de una parte del mismo.

ENET (TENS), abreviatura de **estimulación nerviosa eléctrica transcutánea**.

enfermedad (disease), **1.** estado anómano de la función vital de cualquier estructura, parte o sistema del organismo. **2.** proceso o malestar específico caracterizado por un conjunto reconocible de signos y síntomas, atribuible a herencia, infección, dieta o entorno.

enfermedad aguda (acute disease), enfermedad que se caracteriza por una duración relativamente corta de los síntomas, que suelen ser intensos. El episodio de enfermedad aguda evoluciona a la recuperación hasta un estado de salud y actividad comparable al que presentaba el paciente antes de la enfermedad, o bien deja paso a una fase crónica, o bien conduce a la muerte.

enfermedad aguda de las montañas (acute mountain sickness), v. **enfermedad de las alturas**.

enfermedad amiloide (amyloid disease), v. **amiloidosis**.

enfermedad ampollar (bullous disease), cualquier enfermedad caracterizada por la erupción de vesículas llenas de líquido, o ampollas, en la piel o las mucosas. Un ejemplo es el pénfigo.

enfermedad anti-MBG (anti-GBM disease), trastorno renal mediado por mecanismos inmunes que se caracteriza por la afectación de la membrana basal glomerular (MBG) como consecuencia de una reacción antígeno-anticuerpo. En esta reacción el propio riñón puede actuar como objetivo antigénico.

enfermedad articular degenerativa (degenerative joint disease), v. **osteoartritis**.

enfermedad articular neuropática (neuropathic joint disease), enfermedad degenerativa crónica progresiva de una o más articulaciones, caracterizada por tumefacción, inestabilidad de la articulación, hemorragia, calor y cambios atróficos e hipertróficos del hueso. La enfermedad es el resultado de un proceso neurológico subyacente, como la tabes dorsal de la sífilis, neuropatía diabética, lepra o ausencia congénita o depresión de la sensibilidad dolorosa.

enfermedad autoinmune (autoimmune disease), uno de los grandes grupos de enfermedades, que se caracterizan por la alteración de las funciones del sistema inmune del cuerpo. Los antígenos presentes en condiciones normales en las células internas estimulan el desarrollo de anticuerpos, y éstos, al ser incapaces de distinguir entre los antígenos de las células internas y los antígenos externos, actúan contra las células internas dando lugar a reacciones localizadas y sistémicas. Estas reacciones afectan a los tejidos epiteliales y conectivos del cuerpo, produciendo una diversidad de enfermedades que se pueden dividir en dos categorías generales: las enfermedades del colágeno (incluidos el lupus eritematoso sistémico, la dermatomiositis, la periarteritis nodosa, la esclerodermia y la artritis reumatoide) y los trastornos hemolíticos autoinmunes (incluidas la púrpura trombocitopénica idiopática, la anemia hemolítica adquirida y la leucopenia autoinmune).

enfermedad autolimitada (self-limited disease), enfermedad cuya duración está restringida por su propio patrón de características y no por otras influencias.

enfermedad cardiovascular (cardiovascular disease), cualquiera de los numerosos trastornos caracterizados por una disfunción cardíaca y de los vasos sanguíneos. Algunos tipos frecuentes de enfermedad cardiovascular son: **arteriosclerosis, cardiopatía reumática** y **cor pulmonale**.

enfermedad carencial (deficiency disease), proceso resultante de la falta de uno o más nutrientes esenciales de la dieta, por disfunción metabólica, alteración de la digestión o la absorción o aumento de los requerimientos biológicos.

enfermedad catastrófica (catastrophic illness), toda enfermedad que requiere hospitalización prolongada, tratamientos exageradamente caros o cualquier otro tipo de asistencia que acabaría con los recursos económicos de una familia, a menos que esté cubierta por un seguro médico especial.

enfermedad celíaca (celiac disease), error congénito del metabolismo caracterizado por la incapacidad para hidrolizar los péptidos del gluten. La enfermedad afecta a adultos y niños pequeños, y sus síntomas son distensión abdominal, vómitos, diarrea, pérdida de masa muscular y letargia extrema. La mayoría de los pacientes responde bien a una dieta sin gluten rica en proteínas y calorías.

enfermedad ciclotímica (cyclothymic disorder), trastorno del estado de ánimo, en el cual la característica esencial es una alteración crónica de éste, dos años de duración, como mínimo, con numerosos períodos de depresión e hipomanía, pero cuya gravedad y duración no satisfacen los criterios de un verdadero episodio depresivo o maníaco.

enfermedad clínica (clinical disease), fase de la historia natural de una enfermedad que comienza con cambios anatómicos y fisiológicos que son suficientes para generar signos y síntomas reconocibles como propios de una enfermedad.

enfermedad congénita por citomegalovirus (CMV) (congenital cytomegalovirus [CMV] disease), v. **enfermedad por inclusiones citomegálicas**.

enfermedad constitucional (constitutional disease), cualquier enfermedad asociada a las condiciones físicas innatas del paciente, como en la sensibilidad hereditaria.

enfermedad contagiosa (contagious disease), v. **enfermedad transmisible**.

enfermedad crónica (chronic disease), enfermedad que persiste durante un período prolongado de tiempo en comparación con el curso de una enfermedad aguda. Los síntomas de una enfermedad crónica son generalmente menos intensos que los de la fase aguda de la misma enfermedad.

enfermedad crónica de las montañas (chronic mountain sickness), forma de enfermedad de las alturas en la cual el aumento de la producción de hematíes da lugar a policitemia. En ocasiones, algunos síntomas de esta enfermedad, como cefaleas, debilidad y dolores en las extremidades, se presentan en los autóctonos de la alta montaña, así como también en personas aclimatadas a vivir a grandes altitudes.

enfermedad cutánea por estreptococo beta-hemolítico del grupo A (group A beta-hemolytic streptococcal [GABHS] skin disease), infección bacteriana de la piel que afecta sobre todo a los charcuteros. Se cree que el origen de las bacterias es la carne fresca embutida.

enfermedad de Addison (Addison disease) [Thomas Addison, médico londinense n. 1793], trastorno que supone un riesgo para la vida y que está producido por una insuficiencia parcial o completa de la función corticosuprarrenal; a menudo se produce como consecuencia de procesos autoinmunes, de infecciones (especialmente tuberculosis o infecciones por hongos), de neoplasias o de hemorragia de las glándulas. Se pierden las tres funciones generales de la corteza suprarrenal: glucocorticoide, mineralocorticoide y androgénica.

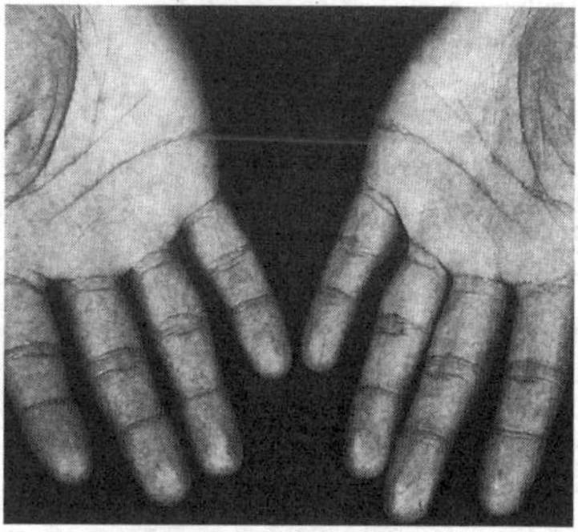

Enfermedad de Addison
(A. du Vivier, 2.ª ed., 1995)

enfermedad de Albers-Schönberg (Albers-Schönberg disease), forma de osteopetrosis caracterizada por la aparición de calcificaciones óseas de aspecto marmóreo.

enfermedad de Albert (Albert's disease), inflamación de la bolsa tendinosa que se halla entre el tendón de Aquiles y el hueso calcáneo. Se produce sobre todo como consecuencia de traumatismos. Si se pospone el tratamiento, la inflamación puede dar lugar a una erosión del calcáneo.

enfermedad de Alzheimer (Alzheimer's disease) [Alois Alzheimer, neurógolo alemán nacido en 1864], demencia presenil caracterizada por confusión, trastornos de la memoria, desorientación, intranquilidad, agnosia, trastornos del lenguaje, incapacidad para llevar a cabo movimientos intencionados y alucinaciones. La enfermedad suele comenzar al final de las edades medias de la vida con pequeños defectos de memoria y de conducta, y afecta con igual frecuencia a hombres que a mujeres.

enfermedad de Andersen (Andersen's disease) [Dorothy H. Andersen, pediatra norteamericana, n. 1901], enfermedad infrecuente por depósito de glucógeno, que se caracteriza por la deficiencia genética de la enzima ramificante (amilo-1:4, 1:6 transglucosidasa), lo que da lugar a la acumulación en los tejidos de glucógeno anómalo, provisto de largas cadenas internas y externas.

enfermedad de Barlow (Barlow's disease), v. **escorbuto del lactante**.

enfermedad de Batten (Batten's disease) [Frederick E. Batten, neurólogo inglés, n. 1865], encefalopatía progresiva de los niños con alteraciones del metabolismo de los ácidos grasos poliinsaturados.

enfermedad de Behçet (Behçet's disease) [Hulusi Behçet, dermatólogo turco, n. 1889], enfermedad infrecuente y grave de causa desconocida, que afecta en la mayoría de los casos a hombres jóvenes y se caracteriza por uveítis grave y vasculitis de la retina.

enfermedad de Berger (Berger's disease), enfermedad renal caracterizada por episodios recurrentes de hematuria macroscópica, proteinuria y depósitos granulares de IgA del mesangio glomerular. Esta enfermedad generalmente se inicia en los niños o adultos jóvenes, y los hombres se afectan dos veces más frecuentemente que las mujeres.

enfermedad de Bornholm (Bornholm disease), v. **pleurodinia epidémica**.

enfermedad de Bourneville (Bourneville's disease), v. **esclerosis tuberosa**.

enfermedad de Bowen, dermatosis precancerosa de Bowen (Bowen's disease, Bowen's precancerous dermatosis), v. **carcinoma intraepidérmico**.

enfermedad de Bright (Bright's disease) [Richard Bright, médico inglés, n. 1789], término obsoleto aplicado a las enfermedades del riñón, especialmente a la glomerulonefritis.

enfermedad de Brill-Symmers (Brill-Symmers disease), linfoblastoma folicular gigante.

enfermedad de Brill-Zinsser (Brill-Zinsser disease) [Nathan E. Brill, médico norteamericano, n. 1860; Hans Zinsser, bacteriólogo norteamericano, n. 1878], forma leve de tifus que se recidiva en una persona que parece haberse curado completamente de un episodio grave de la enfermedad. Algunas rickettsias permanecen en el cuerpo cuando ceden los síntomas de la enfermedad, y son los responsables de la recurrencia de los mismos.

enfermedad de Bruch (Bruch's disease), v. **fiebre de Marsella**.

enfermedad de Buerger (Buerger's disease), v. **tromboangeítis obliterante**.

enfermedad de Buschke (Buschke's disease), v. **criptococosis**.

enfermedad de Caffey (Caffey's disease), v. **hiperostosis cortical del lactante**.

enfermedad de Calvé-Perthes (Calvé-Perthes disease), v. **enfermedad de Perthes**.

enfermedad de Camurati-Engelmann (Camurati-Engelmann disease), trastorno hereditario del desarrollo óseo durante la infancia que se manifiesta por dolor muscular, debilidad y pérdida de masa muscular, principalmente en las piernas. Los síntomas varían de unos individuos a otros de leves a discapacitantes. En algunos casos puede existir compresión del tejido nervioso. Por lo general los síntomas disminuyen durante la primera etapa de la edad adulta.

enfermedad de Carrión (Carrión disease), v. **bartonelosis**.

enfermedad de Chagas (Chagas disease) [Carlos Chagas, médico brasileño, n. 1879], enfermedad parasitaria transmitida al hombre a través de la picadura de insectos hematófagos. La forma aguda se caracteriza por una lesión en la zona de la picadura, fiebre, debilidad, esplenomegalia y ganglios linfáticos aumentados de tamaño, edema de la cara y piernas y taquicardia. La forma crónica puede manifestarse por miocardiopatía o dilatación del esófago o colon.

enfermedad de Chagas-Cruz (Chagas-Cruz disease), v. **enfermedad de Chagas**.

enfermedad de Christian-Weber (Christian-Weber disease) [Henry Asbury Christian, médico norteamericano, n. 1876; Frederick Parkes Weber, médico inglés, n. 1863], forma infrecuente de paniculitis caracterizada por formaciones nodulares en los tejidos subcutáneos y fiebre recurrente intermitente prolongada.

enfermedad de Christmas (Christmas disease), v. **hemofilia B**.

enfermedad de Conor (Conor's disease), v. **fiebre de Marsella**.

Enfermedad de Conradi (Conradi's disease), v. **condrodistrofia congénita calcificante**.

enfermedad de Cori (Cori's disease) [Carl F. Cori, n. 1896; Gerty T. Cori, n. 1896; bioquímicos norteamericanos], tipo poco frecuente de enfermedad por depósito de glucógeno, en la que la ausencia de una enzima produce depósitos anormalmente elevados de glucógeno en el hígado, músculos esqueléticos y corazón. Los signos son hepatomegalia, hipoglucemia, acidosis y, ocasionalmente, retraso del crecimiento.

enfermedad de Creutzfeldt-Jakob (Creutzfeldt-Jakob disease) [Hans G. Creutzfeldt, neurólogo alemán, n. 1885; Alfons M. Jakob, neurólogo alemán, n. 1884], encefalopatía mortal poco frecuente producida por un virus lento. La enfermedad aparece en sujetos de edad media con síntomas de demencia progresiva, disartria, pérdida de masa muscular y movimientos involuntarios diversos, como mioclonías y atetosis. El deterioro se evidencia semana a semana. La muerte se produce generalmente en el transcurso de un año.

enfermedad de Crohn (Crohn's disease) [Burril B. Crohn, médico norteamericano, n. 1884], enfermedad intestinal inflamatoria crónica de origen desconocido que generalmente afecta al íleon, al colon o a ambas estructuras. Los segmentos afectados pueden estar separados por segmentos intestinales normales. La enfermedad de Crohn se caracteriza por crisis frecuentes de diarrea, dolor abdominal intenso, náuseas, fiebre, escalofríos, debilidad, anorexia y pérdida de peso.

enfermedad de Crouzon (Crouzon's disease) [Octave Crouzon, neurólogo francés, n. 1874], enfermedad familiar caracterizada por malformación del cráneo y diversas alteraciones oculares, como exoftalmos, estrabismo divergente y atrofia óptica.

enfermedad de Cushing (Cushing disease) [Harvey W. Cushing], trastorno metabólico caracterizado por una secreción excesiva de esteroides adrenocorticales producida por un aumento de la secreción hipofisaria de hormona adrenocorticotropa (ACTH), como en los adenomas hipofisarios. El exceso de hormonas adrenocorticales produce una acumulación de grasa en el tórax, nuca y cara, y edema, hiperglucemia, aumento de la gluconeogénesis, debilidad muscular, estrías cutáneas rojovinosas, descenso de la inmunidad frente a infecciones, osteoporosis con posibilidad de fracturas óseas, acné e hirsutismo facial.

enfermedad de Darier (Darier's disease), eritema papulocircinado crónico.

enfermedad de Dejerine-Sottas (Dejerine-Sottas disease) [Joseph J. Dejerine, neurólogo francés, n. 1849; Jules Sottas, neurólogo francés, n. 1866], trastorno espinocerebeloso congénito poco frecuente, caracterizado por el desarrollo de engrosamientos palpables sobre los nervios periféricos, degeneración del sistema nervioso periférico, dolor, parestesias, ataxia, sensibilidad disminuida y reflejos tendinosos profundos.

enfermedad de diGuglielmo, síndrome de diGuglielmo (diGuglielmo's disease, diGuglielmo's syndrome), v. **eritroleucemia**.

enfermedad de Dimitri (Dimitri's disease), v. **síndrome de Sturge-Weber**.

enfermedad de Döhle-Heller (Döhle-Heller disease), v. **aortitis sifilítica**.

enfermedad de Duchenne (Duchenne's disease) [Guillume B. A. Duchenne, neurólogo francés, n. 1806], serie de tres procesos neurológicos diferentes: **atrofia muscular espinal, parálisis bulbar** y **tabes dorsal**.

enfermedad de Duchenne-Aran (Duchenne-Aran disease), atrofia muscular producida por la degeneración de las células del asta anterior de la médula espinal, que afecta primordialmente a las extremidades superiores. Se produce pérdida de masa muscular crónica y debilidad, pimero en las manos y después progresivamente en brazos y hombros, para alcanzar finalmente las piernas y otras zonas del cuerpo.

enfermedad de Edsall (Edsall disease) [David L. Edsall, médico norteamericano, n. 1869], calambre que aparece tras una exposición excesiva al calor.

enfermedad de Fabry, síndrome de Fabry (Fabry's disease, Fabry's syndrome), v. **angioqueratoma corporal difuso**.

enfermedad de Feer (Feer's disease), v. **acrodinia**.

enfermedad de Flatau-Schilder (Flatau-Schilder disease), v. **enfermedad de Schilder**.

enfermedad de Forbes (Forbes' disease), v. **enfermedad de Cori**.

enfermedad de Fordyce (Fordyce disease), presencia de glándulas sebáceas de gran tamaño en las mucosas labial, oral, gingival y genital. Es un proceso frecuente que puede ser asintomático.

enfermedad de Fordyce-Fox (Fordyce-Fox disease), trastorno de las glándulas apocrinas que produce síntomas similares a los de la miliaria.

enfermedad de Friedländer (Friedländer disease), inflamación arterial grave. Puede existir tumefacción y crecimiento excesivo de las células que tapizan el vaso sanguíneo, provocando la obstrucción completa de la arteria.

enfermedad de Gaucher (Gaucher disease) [Phillipe C. E. Gaucher, médico francés, n. 1854], trastorno familiar raro del metabolismo de las grasas, producido por una deficiencia enzimática, caracterizado por una hiperplasia extensa de las células reticulares del hígado, bazo, nódulos linfáticos y médula ósea.

enfermedad de Gilchrist (Gilchrist's disease), v. **blastomicosis**.

enfermedad de Glanzmann (Glanzmann's disease), v. **trombastenia**.

enfermedad de Graves (Graves' disease) [Robert J. Graves, médico irlandés, n. 1796], trastorno caracterizado por un marcado hipertiroidismo, normalmente asociado a una glándula tiroides aumentada de tamaño y exoftalmos. Su origen es desconocido, aunque la enfermedad es familiar y puede ser autoinmune; se identifican anticuerpos antitiroglobulina o antimicrosomas tiroideos en más del 60% de los pacientes afectados. Los signos típicos son: nerviosismo, temblor fino de las manos, pérdida de peso, disnea, palpitaciones, intolerancia al calor, aumento del metabolismo y de la motilidad GI. Puede existir un aumento del tamaño del timo, hiperplasia generalizada de los ganglios linfáticos, visión borrosa o doble, edema local, arritmias auriculares y osteoporosis. En los pacientes con una enfermedad de Graves controlada incorrectamente, la infección o el estrés pueden precipitar una tormenta tiroidea, que constituye una amenaza para la vida del paciente.

enfermedad de Greenfield (Greenfield's disease), trastorno de la sustancia blanca cerebral caracterizado por la acumulación de esfingolípidos tanto en el tejido parenquimatoso como en el de sostén y por una desmielinización difusa.

enfermedad de Gunther (Gunther's disease) [Hans Gunther, médico alemán, n. 1884], trastorno congénito poco frecuente del metabolismo de las porfirinas que se asocia con lesiones cutáneas inducidas por los rayos solares.

enfermedad de Hallervorden-Spatz (Hallervorden-Spatz disease) [Julius Hallervorden, neurólogo alemán, n. 1882; H. Spatz, neurólogo alemán, n. 1888], enfermedad neurológica progresiva infantil con síntomas de parkinsonismo. Se caracteriza por rigidez, atetosis y demencia.

enfermedad de Hamman (Hamman's disease) [Louis Virgil Hamman, médico norteamericano, n. 1877], fibrosis intersticial progresiva de ambos pulmones que causa insuficiencia del ventrículo derecho e insuficiencia respiratoria.

enfermedad de Hanot (Hanot's disease) [Victor C. Hanot, médico francés, n. 1844], cirrosis biliar primaria.

enfermedad de Hansen (Hansen's disease), v. **lepra**.

enfermedad de Hartnup (Hartnup disease) [Hartnup, apellido de los primeros pacientes diagnosticados en Inglaterra, 1956], alteración metabólica genética recesiva caracterizada por lesiones cutáneas similares a la pelagra, ataxia cerebelosa transitoria e hiperaminoaciduria, causada por defectos en la absorción intestinal y en la reabsorción renal de aminoácidos neutros.

enfermedad de Hashimoto (Hashimoto's disease) [Hakaru Hashimoto, cirujano japonés, n. 1881], enfermedad tiroidea autoinmune caracterizada por la producción de anticuerpos en respuesta a antígenos tiroideos y por la sustitución de las estructuras normales tiroideas por linfocitos y centros germinales linfoides. El tiroides, típicamente aumentado de tamaño, amarillo pálido y grumoso en su superficie, muestra infiltración linfocítica densa y el tejido tiroideo restante contiene frecuentemente pequeños folículos vacíos. El bocio habitualmente es asintomático, pero en ocasiones el paciente se queja de disfagia y de presión local. El timo está generalmente aumentado de tamaño y los ganglios linfáticos regionales muestran a menudo hiperplasia.

enfermedad de Hers (Hers' disease) [H. G. Hers, patólogo francés del siglo XX], alteración metabólica infrecuente del almacenamiento de glucógeno, caracterizada por hepatomegalia y por la acumulación de grandes cantidades de esta sustancia en el hígado como resultado de su incapacidad de metabolizarla. No existe tratamiento conocido.

enfermedad de Hippel, enfermedad de von Hippel-Lindau (Hippel's disease, von Hippel-Lindau disease) [Eugen von Hippel, oftalmólogo alemán, n. 1867; Arvid Lindau, patólogo sueco, n. 1892], enfermedad familiar que afecta a la retina y que fue descrita por primera vez por Hippel. Se caracteriza por hemangioblastomas en los hemisferios cerebelosos, angiomatosis de la retina y quistes en los riñones y en el páncreas.

enfermedad de Hirschsprung (Hirschsprung's disease) [Harald Hirschsprung, médico danés, n. 1831], ausencia congénita de ganglios autónomos en la capa de músculo liso del colon, produciéndose un peristaltismo escaso o ausente en el segmento de colon afectado, acumulación de heces y dilatación intestinal (megacolon). Entre los síntomas se incluyen los vómitos intermitentes, la diarrea y el estreñimiento. El abdomen se puede distender hasta varias veces su tamaño normal.

enfermedad de His-Werner (His-Werner disease) [Wilhelm His, Jr., médico alemán, n. 1863; Heinrich Werner, médico alemán, n. 1874], fiebre de las trincheras, infección aguda transmitida por piojos que afectó a los soldados, sobre todo en la I Guerra Mundial.

enfermedad de Hodgkin (Hodgkin's disease) [Thomas Hodgkin, médico inglés, n. 1798], enfermedad maligna caracterizada por el aumento de tamaño progresivo e indoloro de los tejidos linfoides, haciéndose evidente habitualmente en primer lugar en los ganglios linfáticos regionales, con esplenomegalia, y la presencia de células de Reed-Sternberg, macrófagos grandes, atípicos con núcleos múltiples o polilobulados y con un nucléolo prominente. Entre los síntomas se incluyen anorexia, pérdida de peso, prurito generalizado, febrícula, sudores nocturnos, anemia y leucocitosis. El tratamiento de elección para los estadios precoces de la enfermedad es la radioterapia total sobre el tejido linfoide, protegiendo el resto de los órganos; el tratamiento de la enfermedad avanzada es la poliquimioterapia.

enfermedad de Hodgson (Hodgson's disease) [Joseph Hodgson, médico inglés, n. 1788], dilatación aneurismática de la aorta.

enfermedad de Hutchinson (Hutchinson's disease), v. **angioma serpiginoso**.

enfermedad de inmunodeficiencia combinada grave (EICG) (severe combined immunodeficiency disease [SCID]), trastorno caracterizado por ausencia completa, o déficit marcado, de células B y células T, con la consiguiente carencia de inmunidad humoral e inmunidad mediada por células. Esta enfermedad se produce como un trastorno recesivo ligado al cromosoma X sólo en varones, y como una enfermedad autosómica recesiva que afecta tanto a varones como a mujeres. El resultado de ello es una notable sensibilidad a las infecciones, y habitualmente es mortal. La causa exacta de la EICG no se conoce, pero las investigaciones indican que se puede deber a una disfunción citógena de las células primitivas embrionarias al diferenciarse en células B y células T. En consecuencia, el individuo afectado tiene un timo muy pequeño y escasa o nula protección frente a las infecciones.

enfermedad de Islandia (Iceland disease), grupo de síntomas asociados al efecto de una infección viral del sistema nervioso que presenta dolor y debilidad muscular, depresión y alteraciones sensoriales.

enfermedad de Jakob-Creutzfeldt (Jakob-Creutzfeldt disease), v. **enfermedad de Creutzfeldt-Jakob**.

enfermedad de Jansen (Jansen's disease), v. **disostosis metafisaria**.

enfermedad de Kaposi (Kaposi's disease) [Moritz K. Kaposi, dermatólogo austriaco, n. 1837], enfermedad cutánea hereditaria poco frecuente, que comienza en la infancia y afecta principalmente a las áreas de piel no cubiertas. La exposición a la luz del sol provoca eritema y formación de vesículas, seguido de un aumento de la pigmentación y telangiectasias, úlceras cutáneas, verrugas y epiteliomas malignos.

enfermedad de Kashin-Bek (Kashin-Bek disease) [Nikolai I. Kashin, ortopeda ruso, n. 1825; E. V. Bek], forma de osteoartrosis que afecta principalmente a niños que viven en China, Corea y Siberia oriental. Se cree debido a la preparación de alimentos con trigo contaminado por un hongo, *Fusarium sporotrichiella*.

enfermedad de Kawasaki (Kawasaki disease), v. **síndrome ganglionar mucocutáneo**.

enfermedad de Kimmelstiel-Wilson (Kimmelstiel-Wilson disease), glomerulosclerosis nodular intercapilar en un diabético.

enfermedad de Krabbe (Krabbe's disease), v. **lipidosis galactosilceramídica**.

enfermedad de Kufs (Kufs' disease) [H. Kufs, psiquiatra alemán, n. 1871], forma adulta de esfingolipidosis cerebral hereditaria (idiocia familiar amaurótica), caracterizada por degeneración cerebromacular, hipertonía y parálisis espástica progresiva.

enfermedad de Kümmell (Kümmell's disease) [Herman Kummell, cirujano alemán, n. 1852], conjunto de síntomas que se desarrollan tras una fractura por compresión vertebral, entre ellos dolor en la columna, neuralgia intercostal, cifosis y debilidad de las piernas.

enfermedad de la corteza de arce (maple bark disease), neumonitis por hipersensibilidad producida por la exposición a la levadura *Cryptostroma corticale*, que se encuentra en la corteza de los arces. En la persona susceptible, el trastorno puede ser agudo, acompañado de fiebre alta, tos, disnea y vómitos, o puede ser crónico, con fatiga, pérdida de peso, disnea de esfuerzo y tos productiva.

enfermedad de la hemoglobina C (Hb C) (hemoglobin C [Hb C] disease), trastorno sanguíneo de origen genético caracterizado por anemia hemolítica crónica moderada asociada a la presencia de hemoglobina C.

enfermedad de la hemoglobina E (hemoglobin E disease), forma leve de anemia debida a una alteración genética de la molécula de hemoglobina. Es la tercera forma más frecuente de hemoglobinopatía en todo el mundo y afecta sobre todo a personas del sudeste asiático y a la población negra.

enfermedad de la hemoglobina M (hemoglobin M disease), forma de anemia en la que parte de la hemoglobina contiene hierro en estado de Fe^{+++}, siendo incapaz de combinarse con el oxígeno. El paciente puede presentar cianosis, aunque no es excesivamente grave, ya que parte de la hemoglobina es normal.

enfermedad de la hemoglobina S-C (Hb S-C) (hemoglobin S-C [Hb S-C] disease), trastorno sanguíneo genético en la que se heredan dos alelos diferentes anormales, uno para la hemoglobina S y otro para la hemoglobina C.

enfermedad de la membrana hialina (hyaline membrane disease), v. **síndrome de dificultad respiratoria del recién nacido**.

enfermedad de la motoneurona (motor neuron disease), enfermedad progresiva que tiende a afectar a los hombres de edad media con degeneración de las astas anteriores, de los núcleos de nervios motores craneales y de los tractos piramidales. La **esclerosis lateral amiotrófica (ELA)** es un ejemplo.

enfermedad de la naturaleza (naturalistic illness), enfermedad supuestamente causada por factores impersonales, como el modelo hispano de las fuerzas de frío y calor.

enfermedad de la orina de jarabe de arce (maple syrup urine disease), trastorno metabólico hereditario con ausencia de la enzima necesaria para desdoblar los aminoácidos valina, leucina e isoleucina. La enfermedad se reconoce por el olor típico de la orina a jarabe de arce y por hiperreflexia.

enfermedad de las alturas (altitude sickness), síndrome asociado con una concentración relativamente baja de oxígeno en la atmósfera, que tiene lugar en las altitudes alcanzadas al escalar montañas o en los aviones despresurizados. Los síntomas agudos pueden incluir mareo, cefalea, irritabilidad, disnea y euforia.

enfermedad de las cadenas beta (broad beta disease), hiperlipoproteinemia de tipo familiar en la que una lipoproteína, rica en colesterol y triglicéridos, se acumula en la sangre. Esta enfermedad se caracteriza por la aparición de nódulos amarillentos (xantomas) en los codos y rodillas, enfermedad vascular periférica y elevación de los niveles sanguíneos de colesterol.

enfermedad de las cadenas ligeras (light chain disease), tipo de mieloma múltiple en el que los tumores de células plasmáticas producen sólo proteínas monoclonales de cadena ligera. Las personas con la enfermedad de las cadenas ligeras pueden desarrollar lesiones osteolíticas, hipercalcemia, alteraciones de la función renal y amiloidosis.

enfermedad de las cadenas pesadas (heavy chain disease), alteración de las células plasmáticas caracterizada por la proliferación de las cadenas pesadas de las inmunoglobulinas. Los efectos tienden a variar según el tipo predominante de cadena pesada. Por ejemplo, la mayoría de los pacientes con enfermedad de las cadenas pesadas gamma son varones ancianos que tienen síntomas que simulan un linfoma maligno. Los pacientes con enfermedad de las cadenas pesadas mu presentan síntomas de leucemia linfoide crónica.

enfermedad de Legg-Calvé-Perthes (Legg-Calvé-Perthes disease), v. **enfermedad de Perthes**.

enfermedad de Lindau-von Hippel (Lindau-von Hippel disease), v. **angiomatosis cerebrorretiniana**.

enfermedad de Little (Little's disease), v. **parálisis cerebral**.

enfermedad de los cardadores de lana (woolsorter's disease), forma pulmonar del carbunco, llamada así porque se trata de un riesgo ocupacional para aquellos que manipulan la lana de oveja. Los síntomas iniciales recuerdan a los de la gripe, pero en seguida el paciente desarrolla fiebre elevada, dificultad respiratoria y cianosis.

enfermedad de los sileros (silo filler's disease), enfermedad respiratoria aguda, infrecuente, observada en agricultores que han inhalado óxido de nitrógeno mientras trabajaban con pienso fermentado en espacios cerrados y mal ventilados, como los silos. Es característica la aparición de síntomas de dificultad respiratoria y edema pulmonar varias horas después de la exposición. Se puede producir pérdida de consciencia.

enfermedad de Lou Gehrig (Lou Gehrig's disease), v. **esclerosis lateral amiotrófica**.

enfermedad de Lyme (Lyme disease), infección inflamatoria recurrente aguda, producida por una espiroqueta *Borrelia burgdorferi* transmitida por garrapatas. El proceso fue descrito en principio en Lyme, Connecticut (EE.UU.). Se afectan sobre todo las rodillas y otras grandes articulaciones y las articulaciones temporomandibulares, con inflamación y tumefacción local. A menudo las manifestaciones articulares están precedidas por escalofríos, fiebre, malestar general y una erupción cutánea eritematosa anular en expansión. A veces se asocian otros procesos como anomalías en la conducción cardíaca, meningitis aséptica y parálisis de Bell.

enfermedad de Marchiafava-Micheli (Marchiafava-Micheli disease) [Ettore Marchiafava, médico italiano, n. 1847; F. Micheli, médico italiano, n. 1872], trastorno poco frecuente de etiología desconocida, caracterizado por crisis de hemoglobinuria, que suelen producirse, aunque no siempre, por la noche.

enfermedad de Marie-Strümpell (Marie-Strümpell disease), v. **espondilitis anquilosante**.

enfermedad de McArdle (McArdle's disease) [Brian McArdle, neurólogo inglés del siglo XX], enfermedad metabólica hereditaria caracterizada por la ausencia de miofosforilasa B y por cantidades anormalmente elevadas de glucógeno en el músculo esquelético. Es más leve que otras enfermedades por almacenamiento del glucógeno.

enfermedad de Ménétrier (Ménétrier's disease), gastropatía hipertrófica.

enfermedad de Ménière (Ménière's disease) [Proper Ménière, médico francés, n. 1799], enfermedad crónica del oído interno caracterizada por episodios recurrentes de vértigo, sordera sensorial unilateral progresiva y tinnitus. Su causa es desconocida, aunque en algunas ocasiones se produce tras una infección del oído medio o un traumatismo craneal. También puede acompañarse de náuseas, vómitos y sudación profusa. La duración de los ataques oscila entre pocos minutos y varias horas.

enfermedad de Minamata (Minamata disease), trastorno neurológico degenerativo grave producido por la ingestión de cebada o pescado contaminados con sales solubles de mercurio. El término procede de la tragedia que afectó a los japoneses que comieron pescado de la Bahía de Minamata. Los síntomas pueden no aparecer hasta pasadas semanas o meses y consisten en parestesias de la boca y de las extremidades, visión en túnel, dificultades en el habla y la audición, en la coordinación muscular y en la concentración, debilidad, inestabilidad emocional y estupor.

enfermedad de Monge (Monge's disease), mal crónico de las alturas.

enfermedad de Morquio (Morquio's disease) [Luis Morquio, médico uruguayo, n. 1867], forma familiar de mucopolisacaridosis que produce un desarrollo musculoesquelético anormal en la infancia. Pueden aparecer enanismo, jorobas, esternón alargado y genu valgo.

enfermedad de Morton (Morton's disease) [Thomas George Morton, cirujano norteamericano, n. 1835], forma de neuralgia del pie originada por la caída del arco metatarsiano y por la presión sobre las ramas digitales del nervio plantar externo.

enfermedad de Morvan (Morvan's disease), forma de siringomielia con alteraciones tisulares en las extremidades, como parestesias de los antebrazos y de las manos y ulceración progresiva indolora de los pulpejos de los dedos.

enfermedad de Niemann-Pick (Niemann-Pick disease) [Albert Niemann, pediatra alemán, n. 1880; Ludwig Pick, pediatra alemán, n. 1868], trastorno hereditario del metabolismo de los lípidos, en el que se produce una acumulación de esfingomielina en la médula ósea, el bazo y los ganglios linfáticos. Se caracteriza por hepato y esplenomegalia, anemia, linfadenopatías y deterioro mental y físico progresivo.

enfermedad de Ollier (Ollier's disease), v. **encondromatosis**.

enfermedad de Osgood-Schlatter (Osgood-Schlatter disease) [Robert B. Osgood, cirujano norteamericano, n. 1873; Carl Schlatter, cirujano suizo, n. 1864], inflamación o separación parcial de la tuberosidad anterior de la tibia causada por irritación crónica, habitualmente como resultado del uso excesivo del músculo cuádriceps. Se caracteriza por inflamación y sensibilidad sobre la zona de la tuberosidad tibial que aumenta con el ejercicio o cualquier actividad que extienda la pierna.

enfermedad de Osler (Osler's disease), v. **síndrome de Osler-Weber-Rendu, policitemia**.

enfermedad de Paget (Paget's disease) [Sir James Paget, cirujano inglés, n. 1814], enfermedad ósea frecuente, no metabólica, de causa desconocida, que suele afectar a personas de edad media y avanzada, y que se caracteriza por una destrucción ósea excesiva y por una reparación ósea no organizada. En la mayor parte de los casos los síntomas son nulos o leves; sin embargo, el dolor óseo puede ser el primer síntoma. El arqueamiento de las tibias (tibia en sable), la cifosis y las fracturas frecuen-

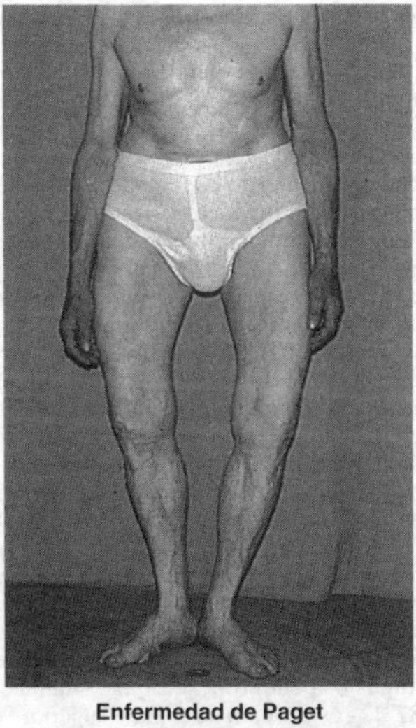

Enfermedad de Paget
(C. D. Forbes/W. F. Jackson, 1994)

tes se deben a la presencia de huesos blandos y anómalos en esta enfermedad. El aumento de tamaño de la cabeza, las cefaleas y la sensación de calor en las regiones afectadas provocado por el aumento de la vascularización son características adicionales. La imagen radiológica de zonas de densidad ósea disminuida junto a zonas de densidad aumentada es característica. Las gammagrafías óseas facilitan la localización de las regiones con enfermedad activa. Como complicaciones aparecen fracturas, cálculos renales si el paciente está inmovilizado, insuficiencia cardíaca, sordera o ceguera provocadas por la presión ejercida por el exagerado crecimiento óseo, y osteosarcomas.

enfermedad de Paget del pezón (Paget's disease of the nipple), disqueratosis maligna del pezón.

enfermedad de Paget extramamaria (extramammary Paget's disease), lesión eritematosa descamativa que se extiende progresivamente, simulando a la enfermedad de Paget, pero sin afectar a la mama. La zona más frecuente es la vulva. Las lesiones pueden desencadenar un carcinoma.

enfermedad de Panner (Panner's disease), forma rara de osteocondrosis en la que existe un crecimiento óseo anómalo en la cabeza del húmero.

enfermedad de Parkinson (Parkinson's disease) [James Parkinson], trastorno neurológico degenerativo, lentamente progresivo, caracterizado por temblor de reposo, movimientos de los dedos que parece que están haciendo bolitas, facies de máscara, marcha torpe, flexión del tronco hacia delante y rigidez y debilidad muscular. Habitualmente se trata de una enfermedad idiopática de personas de más de 60 años, aunque también puede aparecer en personas más jóvenes, especialmente después de encefalitis agudas o de intoxicaciones con monóxido de carbono o con metales. Las alteraciones anatomopatológicas típicas son la destrucción de las neuronas de los ganglios basales, pérdida de células pigmentadas en la sustancia negra y depleción de dopamina en los núcleos caudado, putamen y pálido. Los signos y síntomas de la enfermedad de Parkinson, tales como aumento del apetito, babeo, intolerancia al calor, piel grasienta, inestabilidad emocional y dificultad para razonar, aumentan con la fatiga, la excitación y la frustración. Rara vez se altera la inteligencia.

enfermedad de Pellegrini (Pellegrini's disease) [Augusto Pellegrini, cirujano italiano, n. 1877], osificación de la parte superior del ligamento lateral interno de la rodilla, que algunas veces se acompaña de crecimiento óseo en el cóndilo interno del fémur. Suele aparecer tras una lesión de la pierna.

enfermedad de Perthes (Perthes' disease) [Georg C. Perthes, cirujano alemán, n. 1869], osteocondrosis de la cabeza del fémur que afecta a niños, caracterizada inicialmente por necrosis epifisaria o degeneración seguida de regeneración o recalcificación.

enfermedad de Peyronie (Peyronie's disease) [Francois de la Peyronie, médico francés, n. 1678], enfermedad de causa desconocida que provoca la induración fibrosa de los cuerpos cavernosos del pene. El síntoma principal de la enfermedad de Peyronie es la erección dolorosa.

enfermedad de Pick (Pick's disease) [Arnold Pick, neurólogo checoslovaco, n. 1851], forma de demencia presenil que aparece en personas de edad media. Afecta principalmente a los lóbulos frontal y temporal del cerebro, generando una conducta neurótica, una lenta desintegración del intelecto, de la personalidad y de las emociones y una degeneración de las capacidades cognitivas.

enfermedad de Pick (Pick's disease[2]) [Friedel Pick, médico checo, n. 1867], trastorno similar a la poliserositis, con inflamación constrictiva del mediastino y del pericardio, que evoluciona hacia la congestión venosa crónica y la cirrosis.

enfermedad de Pick (Pick's disease[3]) [Ludwig Pick, médico alemán, n. 1868], enfermedad familiar y crónica poco frecuente que afecta al metabolismo de los lípidos, con grandes células en la médula, bazo y ganglios llenas de esfingomielina. Otras características son: anemia, trastornos digestivos, hepatomegalia y distensión abdominal.

enfermedad de Pinkus (Pinkus disease), v. **liquen nítido**.

enfermedad de Plummer (Plummer's disease) [Henry S. Plummer, médico norteamericano, n. 1874), bocio caracterizado por la presencia de un nódulo hiperfuncionante o un adenoma y tirotoxicosis.

enfermedad de Pompe (Pompe's disease) [J. C. Pompe, médico holandés del siglo XX], forma de enfermedad por almacenamiento de glucógeno en los músculos, en la que se produce una acumulación generalizada de glucógeno por un déficit de maltasa ácida (α-1,4-glucosidasa). Los niños con enfermedad de Pompe presentan retraso mental e hipotonía y rara vez viven más allá de los 20 años. En el adulto, la debilidad muscular es progresiva, aunque la enfermedad no es mortal.

enfermedad de Pott (Pott's disease), v. **espondilitis tuberculosa**.

enfermedad de Quervain (Quervain's disease) [Fritz de Quervain, médico suizo, n. 1868], tenosinovitis crónica del abductor largo del pulgar y del extensor corto del pulgar.

enfermedad de Quincke (Quincke's disease) [Heinrich I. Quincke, médico alemán, n. 1842], edema angioneurótico, una forma potencialmente letal del edema subcutáneo, de la urticaria y del edema laríngeo.

enfermedad de Raynaud (Raynaud disease), v. **fenómeno de Raynaud**.

enfermedad de Recklinghausen (Recklinghausen's disease), v. **neurofibromatosis**.

enfermedad de Rija-Fede (Rija-Fede disease) [Antonio Rija, médico italiano, n. 1832; Francesco Fede, pediatra italiano, n. 1832], ulceración del frenillo lingual que aparece en algunos lactantes, provocada por la abrasión del mismo debida a la presencia de dientes natales o neonatales.

enfermedad de Ritter (Ritter's disease) [Gottfried Ritter von Rittershain, pediatra checoslovaco, n. 1820], infección estafilocócica rara de los recién nacidos que comienza con manchas rojas sobre la boca y el mentón, que se extienden progresivamente por todo el cuerpo y van seguidas de una descamación generalizada. Pueden encontrarse también vesículas y costras amarillas. Habitualmente, la enfermedad de Ritter es mortal a menos que se instaure tratamiento antibiótico.

enfermedad de Rokitansky (Rokitansky's disease), v. **síndrome de Budd-Chiari**.

enfermedad de Sachs (Sachs' disease), v. **enfermedad de Tay-Sachs**.

enfermedad de Sandhoff (Sandhoff's disease), variante de la enfermedad de Tay-Sachs con defectos de dos enzimas, la hexosaminidasa A y la B. Se caracteriza por un curso progresivamente más rápido y su aparición en la población general, sin la limitación racial de la enfermedad de Tay-Sachs.

enfermedad de Scheuermann (Scheuermann's disease) [Holger W. Scheuermann, cirujano danés, n. 1877], anomalía esquelética caracterizada por una cifosis fija que se desarrolla en la pubertad y es causada por deformidades en forma de cuña de una o varias vértebras. Se desconoce la causa de la enfermedad, pero los especialistas han especulado que puede deberse a infecciones, procesos inflamatorios, necrosis aséptica, deterioro del disco, influencias mecánicas, circulación inadecuada durante períodos de crecimiento rápido o alteraciones del crecimiento epifisario debido a protrusión del disco intervertebral a través de láminas cartilaginosas deficientes o defectuosas. La característica patológica más llamativa de la enfermedad de Scheuermann es la presencia de cuerpos vertebrales en forma de cuña, reconocibles en la exploración radiológica, que crean una curvadura exagerada.

enfermedad de Schilder (Schilder's disease) [Paul F. Schilder, neurólogo norteamericano, n. 1886], grupo de enfermedades neurológicas progresivas y graves, que tienen su inicio en la infancia. Todas ellas están caracterizadas por desmielinización de la sustancia blanca del cerebro, con espasticidad muscular, neuritis óptica, afasia, sordera, insuficiencia suprarrenal y demencia. Muchos de los signos de esta enfermedad recuerdan a los de la esclerosis múltiple.

enfermedad de Schlatter-Osgood, enfermedad de Schlatter (Schlatter-Osgood disease, Schlatter's disease), v. **enfermedad de Osgood-Schlatter**.

enfermedad de Sever (Sever's disease), v. **epifisitis calcánea**.

enfermedad de Steinert (Steinert's disease), v. **distrofia muscular miotónica**.

enfermedad de Still (Still's disease), v. **artritis reumatoide juvenil**.

enfermedad de Strümpell-Marie (Strümpell-Marie disease) [Ernst Adolf Gustav Gottfried von Strümpell, neurólogo alemán, n. 1853; Pierre Marie, neurólogo francés, n. 1853], espondilitis anquilosante.

enfermedad de Swift (Swift's disease), v. **acrodinia**.

enfermedad de Symmers (Symmers' disease), v. **enfermedad de Brill-Symmers**.

enfermedad de Tangier (Tangier disease) [Isla Tangier, Virginia], deficiencia familiar poco frecuente de las lipoproteínas de alta densidad, caracterizada por una concentración reducida de colesterol en sangre y una coloración anormal anaranjada o amarillenta en las amígdalas y en la faringe.

enfermedad de Taruil (Taruil's disease), enfermedad del almacenamiento del glucógeno (tipo VII) en la que se depositan cantidades anormalmente grandes de glucógeno en el músculo esquelético. El trastorno se caracteriza por calambres sufridos durante el ejercicio, sin que por ello aumente el lactato en sangre, y hemólisis.

enfermedad de Tay-Sachs (Tay-Sachs disease) [Warren Tay, oftalmólogo inglés, n. 1843; Bernard Sachs, neurólogo norteamericano, n. 1858], trastorno neurodegenerativo hereditario del metabolismo de los lípidos causado por la deficiencia de la enzima hexosaminidasa A, lo que ocasiona la acumulación de esfingolípidos en el cerebro. Se transmite con carácter autosómico recesivo y afecta fundamentalmente a familias de origen judío del este de Europa, especialmente a los judíos askenazíes, y se caracteriza por retraso mental y físico progresivos y muerte precoz.

enfermedad de Thomsen (Thomsen's disease), v. **miotonía congénita**.

enfermedad de transmisión sexual (ETS) (sexually transmitted disease [STD]), enfermedad contagiosa habitualmente adquirida mediante relaciones sexuales o contactos genitales. Tradicionalmente, las cinco enfermedades venéreas eran: gonorrea, sífilis, chancroide, granuloma inguinal y linfogranuloma venéreo. A éstas se han añadido las siguientes: sarna, herpes genital, herpes y verrugas anorrectales, pediculosis, tricomoniasis, candidiasis genital, molusco contagioso, uretritis inespecífica, infecciones por clamidias, citomegalovirus y SIDA.

enfermedad de van Bogaert (van Bogaert's disease) [Ludo van Bogaert, médico belga del siglo XX], trastorno familiar raro del metabolismo de los lípidos en el cual se produce un depósito de colestanol en el sistema nervioso, la sangre y el tejido conjuntivo. Las personas que padecen esta enfermedad desarrollan demencia y ataxia progresiva, aterosclerosis prematura, cataratas y xantomas tendinosos.

enfermedad de von Gierke (von Gierke's disease) [Edgar von Gierke, patólogo alemán, n. 1877], forma de enfermedad por depósito de glucógeno en la cual se depositan cantidades anormalmente elevadas de glucógeno en el hígado y los riñones. El trastorno se caracteriza por hipoglucemia, cetoacidosis e hiperlipemia.

enfermedad de von Hippel-Lindau (von Hippel-Lindau disease), v. **angiomatosis cerebrorretiniana**.

enfermedad de von Recklinghausen (von Recklinghausen's disease), v. **neurofibromatosis**.

enfermedad de von Willebrand (von Willebrand's disease) [Eric A. von Willebrand, médico finlandés, n. 1870], trastorno hereditario caracterizado por una coagulación de la sangre anormalmente lenta y epixtasis y hemorragias gingivales espontáneas, producido por un déficit del factor VIII.

enfermedad de Waldenström (Waldenström's disease), v. **enfermedad de Perthes**.

enfermedad de Weil (Weil's disease), v. **leptospirosis**.

enfermedad de Werdnig-Hoffmann (Werdnig-Hoffmann disease) [Guido Werdnig, neurólogo austriaco, n. 1862; Johann Hoffmann, neurólogo alemán, n. 1857], trastorno genético que comienza en la lactancia o en la primera infancia, caracterizado por atrofia progresiva de la musculatura esquelética provocada por la degeneración de las células del asta anterior de la médula espinal y de los núcleos motores del tronco del encéfalo. Entre los síntomas se incluyen hipotonía congénita, ausencia de reflejos miotáticos, parálisis flácida, especialmente del tronco y de las extremidades inferiores, ausencia de capacidad para succionar, fasciculaciones de la lengua y a veces de otros músculos y, con frecuencia, disfagia.

enfermedad de Werlhof (Werlhof's disease), v. **púrpura trombocitopénica idiopática**.

enfermedad de Whipple (Whipple's disease) [George Hoyt Whipple, anatomopatólogo norteamericano, n. 1878], enfermedad intestinal rara caracterizada por malabsorción intestinal grave, esteatorrea, anemia, pérdida de peso, artritis y artralgia. Las personas que la padecen presentan grave malnutrición y dolor abdominal, dolor torácico y tos crónica no productiva.

enfermedad de Wilson (Wilson's disease) [Samuel A. K. Wilson, neurólogo inglés, n. 1877], trastorno hereditario raro del metabolismo del cobre, en el que se produce una lenta acumulación de cobre en el hígado, que después es liberado y captado en otras partes del cuerpo. Se produce hemólisis y anemia hemolítica a medida que el cobre se acumula en los hematíes.

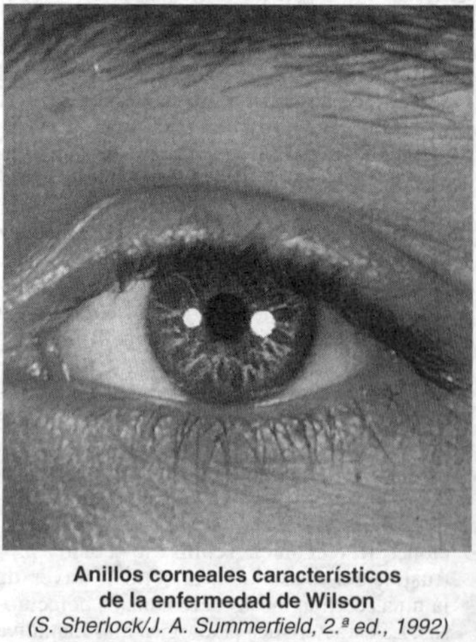

Anillos corneales característicos de la enfermedad de Wilson
(S. Sherlock/J. A. Summerfield, 2.ª ed., 1992)

La acumulación en el cerebro destruye estructuras determinadas, lo que puede provocar temblores, rigidez muscular, disartria y demencia. La función renal está disminuida; se desarrolla cirrosis hepática.

enfermedad de Winckel (Winckel's disease), v. **hemoglobinuria**.

enfermedad de Zahorsky (Zahorsky's disease), v. **roséola infantil**.

enfermedad degenerativa (degenerative disease), cualquier enfermedad en que se deteriora una estructura o función tisular. Algunos tipos de enfermedades degenerativas son: **arteriosclerosis, cáncer y osteoartritis**.

enfermedad del amolador (grinder's disease), v. **silicosis**.

enfermedad del bosque de Kyasanur (Kyasanur forest disease), infección por arbovirus transmitida por la picadura de una garrapata que anida en las musarañas y otros animales de la India. Son características de la infección: fiebre, cefalea, dolores musculares, tos, dolor abdominal y ocular y fotofobia.

enfermedad del colágeno (collagen disease), diferentes trastornos caracterizados por una alteración extensa del tejido conjuntivo, como la inflamación y degeneración fibrinoide. Algunos tipos de enfermedades del colágeno son: la poliarteritis nodosa, la arteritis reumatoide coronaria y la espondilitis anquilopoyética.

enfermedad del espacio (space sickness), v. **cinetosis**.

enfermedad del gorgojo del trigo (wheat weevil disease), neumonitis por hipersensibilidad provocada por alergia a las partículas del gorgojo encontradas en la harina de trigo.

enfermedad del legionario (Legionnaires' disease), neumonía bacteriana aguda producida por la infección por *Legionella pneumophila*, caracterizada por un cuadro seudogripal, seguido a la semana siguiente de fiebre alta, escalofríos, dolores musculares y cefalea. Los síntomas pueden evolucionar a tos seca, pleuritis y a veces diarrea. Normalmente la enfermedad es autolimitada, aunque en algunas epidemias localizadas la mortalidad ha llegado al 15-20%. Los compresores contaminados de aire acondicionado y la humedad del suelo pueden ser las fuentes de los microorganismos.

enfermedad del ozono (ozone sickness), alteración provocada por la inhalación de ozono, que puede filtrarse al interior de un avión a reacción a altitudes superiores a 12.000 metros. Se caracteriza por cefaleas, dolores torácicos, prurito ocular y somnolencia. No se sabe porqué ni cómo el ozono causa este trastorno. Es más frecuente a comienzos de año y ocurre más a menudo sobre el Océano Pacífico.

enfermedad del pelo ensortijado (kinky hair disease), trastorno hereditario caracterizado por pelo corto, escaso y poco pigmentado, que se enrosca y rompe fácilmente. Habitualmente, la enfermedad se acompaña de otros trastornos mentales y físicos.

enfermedad del pulmón negro (black lung disease), v. **antracosis, neumoconiosis**.

enfermedad del sueño (sleeping sickness), v. **tripanosomiasis africana**.

enfermedad del sueño africana (African sleeping sickness), v. **tripanosomiasis africana**.

enfermedad del sueño del África occidental (West African sleeping sickness), v. **tripanosomiasis gambiense**.

enfermedad del sueño del África oriental (East African sleeping siickness), v. **tripanosomiasis rhodesiense**.

enfermedad del suero (serum sickness), trastorno inmunológico que se puede producir de 2 a 3 semanas después de la administración de un antisuero. Se debe a una reacción de anticuerpos frente a un antígeno en el suero del donante, y se caracteriza por fiebre, esplenomegalia, inflamación de los ganglios linfáticos, exantema cutáneo y dolor articular.

enfermedad del tejido conectivo (connective tissue disease), v. **enfermedad vascular del colágeno**.

enfermedad descamativa papular (papular scaling disease), grupo de enfermedades de la piel en las que existen lesiones aisladas, prominentes, secas y descamativas. Algunos tipos de enfermedades descamativas papulares son: **liquen plano**, pitiriasis rosada y **psoriaris**.

enfermedad diverticular (diverticular disease), v. **diverticulitis, diverticulosis**.

enfermedad emocional (emotional illness), v. **enfermedad mental**.

enfermedad eruptiva (pox), cualquier enfermedad exantematosa vesicular o pustular.

enfermedad extrapiramidal (extrapyramidal disease), cualquiera de los muchos trastornos caracterizados por movimientos involuntarios, cambios del tono muscular y postura anormal, como la discinesia tardía, la corea, la atetosis o la enfermedad de Parkinson.

enfermedad funcional (functional disease), **1.** enfermedad que afecta a la función o al funcionamiento. **2.** trastorno caracterizado por signos o síntomas de enfermedad o alteración orgánica, pero en el que la exploración cuidadosa no puede descubrir ningún dato de la existencia de una anomalía estructural o fisiológica. La cefalea, la impotencia, ciertos soplos cardíacos o el estreñimiento pueden ser síntomas de enfermedad funcional.

enfermedad fusoespiroquetal (fusospirochetal disease), cualquier infección caracterizada por la presencia de lesiones ulcerativas en la que se identifican bacilos fusiformes y espiroquetas, como la boca de trinchera o la angina de Vincent.

enfermedad glomerular (glomerular disease), grupo de enfermedades en las que está afectado el glomérulo renal.

enfermedad hemorrágica del recién nacido (hemorrhagic disease of newborn), alteración hemorrágica de los neonatos causada habitualmente por deficiencia de vitamina K.

enfermedad hidatídica (hydatid disease), v. **equinococosis**.

enfermedad idiopática (idiopathic disease), enfermedad que se desarrolla sin causa aparente o conocida, aunque puede tener un patrón reconocible de signos y síntomas, y ser curable.

enfermedad infecciosa (infectious disease), cualquier enfermedad transmisible, o que puede ser transmitida de un ser humano a otro, o de un animal a un ser humano, por contacto directo o indirecto.

enfermedad inflamatoria intestinal (inflammatory bowel disease), v. **colitis ulcerosa**.

enfermedad inflamatoria pélvica (EIP) (pelvic inflammatory disease [PID]), cualquier trastorno inflamatorio de los órganos pélvicos femeninos, en especial el ocasionado por una infección bacteriana. Sus características son: fiebre, secreción vaginal maloliente, dolor abdominal inferior, hemorragia uterina anormal, dolor con el coito e hipersensibilidad o dolor en el útero, con afectación del ovario o de la trompa de Falopio en la exploración pélvica bimanual. En caso de que ya se haya desarrollado un absceso, es posible palpar una masa blanda, dolorosa y llena de líquido.

enfermedad inmunológica (immunologic disease), signos y síntomas de las reacciones de los anticuerpos frente a los antígenos, como en la anafilaxis.

enfermedad intercurrente (intercurrent disease), enfermedad que se produce a la vez que otra enfermedad, y que puede afectar al curso de ésta.

enfermedad ligada al sexo (sex-linked disorder), cualquier enfermedad o anomalía determinada por los cromosomas sexuales o por un gen defectuoso situado en un cromosoma sexual. Puede implicar desviaciones en el número de cromosomas X o Y, como sucede en el síndrome de Turner y en el de Klinefelter. Lo más corriente es que se deba a una falta de disyunción durante la meiosis.

enfermedad mano-pie-boca (hand-foot-and-mouth disease), infección por virus Coxsackie caracterizada por la aparición de úlceras y vesículas dolorosas en la mucosa de la boca y en las manos y en los pies. Es muy contagiosa y afecta fundamentalmente a los niños.

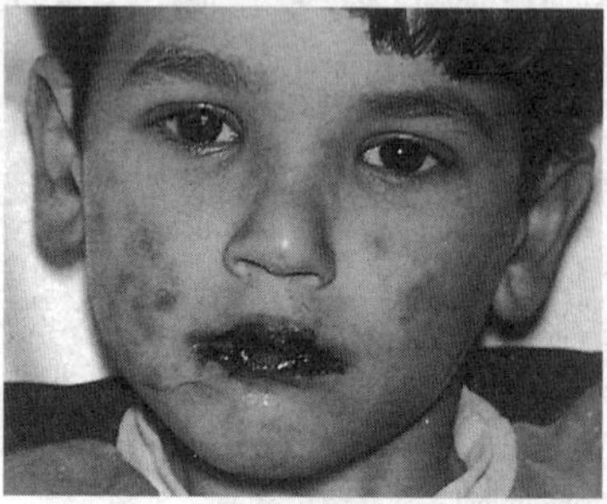

Enfermedad mano-pie-boca
(C. D. Forbes/W. F. Jackson, 1994)

enfermedad mediada por reaginas (reagin-mediated disorder), reacción de hipersensibilidad, como la fiebre del heno o la respuesta alérgica a la picadura de un insecto, producida por anticuerpos reagínicos (inmunoglobulinas IgE), que provocan degranulación y liberación de histamina, bradicinina, serotonina y otras aminas vasoactivas. Una dosis inicial sensibilizante del antígeno induce la formación de anticuerpos IgE específicos, y la unión de éstos a mastocitos y basófilos provoca hipersensibilidad a una dosis posterior de estimulación del antígeno. La abundancia de mastocitos en la piel, nariz y pulmones hace que sean susceptibles de presentar reacciones mediadas por IgE.

enfermedad mental (mental illness), v. **trastorno mental**.

enfermedad mixta del tejido conectivo (EMTC) (mixed connective tissue disease [MCTD]), enfermedad sistémica caracterizada por la combinación de síntomas de varias enfermedades del colágeno, como sinovitis, polimiositis, esclerodermia y lupus eritematoso sistémico.

enfermedad neurótica (neurotic illness), v. **trastorno neurótico**.

enfermedad obstructiva de las vías respiratorias (obstructive airways disease), cualquier obstrucción clínicamente importante del tracto respiratorio que se puede asociar con síntomas de bronquitis crónica, anomalías de los bronquios y enfisema.

enfermedad oral hereditaria (hereditary oral disease), cualquier trastorno caracterizado por defectos genéticos de las estructuras orales y paraorales, como la dentición deformada, la anquiloglosia, la gingivofibromatosis hereditaria o el paladar hendido.

enfermedad orgánica (organic disease), cualquier enfermedad que ocasiona cambios detectables u observables en uno o más órganos corporales.

enfermedad papuloescamosa (papulosquamous disease), v. **enfermedad descamativa papular**.

enfermedad periodontal (periodontal disease), enfermedad de los tejidos que rodean al diente, como la inflamación de la membrana periodontal o del ligamento periodontal.

enfermedad poliquística congénita (congenital polycystic disease), v. **enfermedad renal poliquística**.

enfermedad poliquística del adulto (adult polycystic disease), v. **enfermedad renal poliquística**.

enfermedad poliquística infantil (childhood polycystic disease), v. **enfermedad renal poliquística**.

enfermedad por aglutininas frías (cold agglutinin disease), trastorno caracterizado por anticuerpos circulantes capaces de aglutinar hematíes a temperaturas inferiores a la normal del cuerpo. Aparecen en los sueros de pacientes con neumonía atípica y enfermedades hematológicas, especialmente anemia hemolítica. Este trastorno también suele afectar a personas de edad avanzada.

enfermedad por almacenamiento de ácido fitánico (phytanic acid storage disease), enfermedad genética poco frecuente del metabolismo de los lípidos en la que se produce una acumulación de ácido fitánico en el plasma y en los tejidos. Se caracteriza por ataxia, neuropatía periférica, rinitis pigmentosa y anomalías en los huesos y en la piel.

enfermedad por almacenamiento de glucógeno (glycogen storage disease), grupo de trastornos hereditarios del metabolismo del glucógeno.

enfermedad por almacenamiento de glucógeno, tipo I (glycogen storage disease, type I), v. **enfermedad de von Gierke**.

enfermedad por almacenamiento de glucógeno, tipo II (glycogen storage disease, type II), v. **enfermedad de Pompe**.

enfermedad por almacenamiento de glucógeno, tipo III (glycogen storage disease, type III), v. **enfermedad de Cori**.

enfermedad por almacenamiento de glucógeno, tipo IV (glycogen storage disease, type IV), v. **enfermedad de Andersen**.

enfermedad por almacenamiento de glucógeno, tipo V (glycogen storage disease, type V), v. **enfermedad de McArdle**.

enfermedad por almacenamiento de glucógeno, tipo VI (glycogen storage disease, type VI), v. **enfermedad de Hers**.

enfermedad por arañazo de gato (cat scratch disease), v. **fiebre por arañazo de gato**.

enfermedad por citomegalovirus (CMV) (cytomegalovirus (CMV) disease), v. **enfermedad por inclusiones citomegálicas**.

enfermedad por depósito de ésteres de colesterol (cholesteryl ester storage disease), trastorno hereditario en el que se produce una acumulación de lípidos neutros, como los ésteres del colesterol y los glicéridos, en los tejidos del organismo. La enfermedad de Wolman es una forma especial que afecta a niños, con síntomas en las primeras semanas de vida.

enfermedad por descompresión (decompression sickness, caisson disease, bends), síndrome doloroso, a veces mortal, producido por la formación de burbujas de nitrógeno en los tejidos de los buzos, trabajadores en espacios habilitados bajo el agua (caisson) y aviadores, cuando éstos se desplazan de forma excesivamente rápida desde un ambiente de alta presión a otro de menor presión atmosférica. El nitrógeno gaseoso se acumula entonces en los espacios articulares y la circulación periférica, impidiendo la correcta oxigenación de los tejidos. Sus consecuencias son desorientación, dolores intensos y síncope. El tratamiento consiste en llevar de nuevo al paciente con toda rapidez al ambiente de mayor presión para proceder después a una descompresión gradual.

enfermedad por el virus Marburg-Ebola (Marburg-Ebola virus disease), enfermedad febril grave caracterizada por erupción y hemorragias GI intensas. Esta enfermedad puede ser transmitida al personal hospitalario por la manipulación inadecuada de jeringuillas contaminadas o a partir de las lesiones hemorrágicas de los pacientes. El diagnóstico se basa en las alteraciones serológicas.

enfermedad por Hib (Hib disease), infección causada por *Haemophilus influenzae* tipo b (Hib), que afecta fundamentalmente a los niños en los primeros 5 años de vida. Es una de las principales causas de meningitis bacteriana, así como de neumonía, infecciones articulares y óseas y de inflamaciones faríngeas.

enfermedad por inclusiones citomegálicas (EIC) (cytomegalic inclusion disease [CID]), infección viral producida por citomegalovirus (CMV), virus relacionado con los virus del género herpes, caracterizada por malestar, fiebre, linfadenopatías, neumonía, hepatoesplenomegalia y sobreinfección por distintos hongos y bacterias como consecuencia de la disminución de la respuesta inmunológica propia de los virus herpes. Es una enfermedad congénita de los recién nacidos que se transmite en el útero de la madre al feto. Las consecuencias varían desde el aborto o enfermedad mortal neonatal al nacimiento de un lactante normal.

enfermedad por inmunodeficiencia (immunodeficiency disease), cualquiera de un grupo de enfermedades provocadas por un defecto del sistema inmunitario y generalmente caracterizadas por propensión a las infecciones y las enfermedades crónicas. En ocasiones estas enfermedades son clasificadas como insuficiencia de células B (anticuerpos), de células T (celulares) o de células T y B combinadas, defecto del movimiento celular y defecto de la actividad microbicida.

enfermedad por radiación (radiation sickness), trastorno debido a la exposición a radiaciones ionizantes. La exposición moderada puede provocar cefaleas, náuseas, vómitos, anorexia y diarrea; la exposición prolongada puede provocar esterilidad, lesión del feto en la mujer embarazada, leucemia u otras formas de cáncer, alopecia y cataratas.

enfermedad presintomática (presymptomatic disease), fase precoz de la enfermedad cuando ya han comenzado los cambios fisiológicos pero no se observan signos ni síntomas.

enfermedad profesional (occupational disease), enfermedad producida por un trabajo en particular, habitualmente debida a la exposición a largo plazo a sustancias específicas o a la actividad física continua o repetitiva.

enfermedad psicosomática (psychosomatic illness), v. **trastorno psicofisiológico**.

enfermedad pulmonar (pulmonary disease), trastorno del aparato respiratorio caracterizado por tos, dolor torácico, disnea, hemoptisis, producción de esputo, estridor y sibilancias. Los síntomas menos frecuentes son ansiedad, dolor en el brazo y en el hombro, hipersensibilidad en la pantorrilla, eritema nodoso, tumefacción de la cara, cefalea, ronquidos, dolor en las articulaciones y somnolencia. Las enfermedades pulmonares pueden ser obstructivas o restrictivas. Las enfermedades respiratorias obstructivas se producen por la presencia de un obstáculo en la vía aérea que impide el flujo de aire, especialmente durante la espiración. Las enfermedades obstructivas se caracterizan por la disminución de la velocidad del flujo espiratorio y por el aumento de las capacidades pulmonares totales. Las enfermedades respiratorias restrictivas se deben a trastornos que limitan la expansión pulmonar mediante una reducción real del volumen de aire inspirado, como el fibrotórax, trastornos neuromusculares, cifosis, escoliosis, espondilitis o extirpación quirúrgica de tejido pulmonar. Los rasgos característicos de las enfermedades respiratorias restrictivas son la disminución de la capacidad vital forzada y de la capacidad pulmonar total, con aumento del trabajo respiratorio e ineficacia en el intercambio de gases.

enfermedad pulmonar intersticial (interstitial lung disease), trastorno respiratorio caracterizado por tos seca e improductiva y disnea de esfuerzo. Las placas de rayos X suelen mostrar infiltrados fibróticos en el tejido pulmonar. La fibrosis o cicatrización del tejido pulmonar es frecuentemente el resultado de la inhalación de sustancias. La enfermedad pulmonar intersticial también puede ser el resultado de una infección, neumonitis urémica, cáncer, procesos congénitos y hereditarios o insuficiencia circulatoria.

enfermedad pulmonar obstructiva crónica (EPOC) (chronic obstructive pulmonary disease [COPD]), proceso progresivo e irreversible caracterizado por la disminución de la capacidad pulmonar inspiratoria y espiratoria. El sujeto refiere disnea de esfuerzo o dificultad para inhalar o exhalar profundamente y, en ocasiones, tos crónica.

enfermedad pulmonar profesional (occupational lung disease), cualquiera de las enfermedades pulmonares causadas por la inhalación de polvo, humos, gases o vapores en el ambiente de trabajo de un sujeto.

enfermedad quística medular (medullary cystic disease), enfermedad crónica familiar del riñón, caracterizada por la aparición de uremia de forma progresiva. Se manifiesta en niños mayores y adolescentes que orinan grandes volúmenes de orina diluida con una cantidad de sodio superior a la normal.

enfermedad renal ateroembólica (atheroembolic renal disease), enfermedad consistente en una insuficiencia renal progresiva o rápida, como consecuencia de la obstrucción de las arterias renales por ateromas y por émbolos.

enfermedad renal poliquística (ERP) (polycystic kidney disease [PKD]), trastorno en el que los riñones están aumentados de tamaño y contienen numerosos quistes. Existen tres formas de la enfermedad. La **enfermedad poliquística congénita (EPC)** es una aplasia congénita del riñón poco frecuente que afecta total o parcialmente a un pequeño segmento de uno o ambos riñones. La aplasia bilateral grave provoca la muerte poco después del nacimiento. La **enfermedad poliquística infantil (EPI)** es poco frecuente y se puede diferenciar de la enfermedad poliquística del adulto o de la congénita por sus características genéticas, morfológicas y clínicas. Habitualmente la muerte se produce al cabo de pocos años como consecuencia de la hipertensión portal y de la insuficiencia hepática y renal. La realización de una derivación portocava puede prolongar la vida hasta los 20 años. La **enfermedad poliquística del adulto (EPA)** puede ser unilateral, bilateral, adquirida o congénita. Se caracteriza por dolor en el flanco e hipertensión arterial. Habitualmente se desarrolla insuficiencia renal, que progresa hacia la uremia y la muerte.

enfermedad restrictiva (restrictive disease), trastorno respiratorio caracterizado por la limitación de la expansión pulmonar o de la pared torácica, que provoca la disminución de los volúmenes y capacidades pulmonares.

enfermedad rickéttsica (rickettsial disease), infección causada por una especie de *Rickettsia*. Por ejemplo, la fiebre de las Montañas Rocosas y el tifus.

enfermedad silente (silent disease), enfermedad o trastorno que no produce síntomas o signos clínicos evidentes.

enfermedad sin pulso (pulseless disease), v. **arteritis de Takayasu**.

enfermedad sistémica combinada (combined system disease), trastorno del sistema nervioso central causado por un déficit de vitamina B_{12} que produce anemia perniciosa y degeneración de la médula espinal y de los nervios periféricos, caracterizada por dificultad progresiva para la deambulación, sensación de vibración en las piernas y pérdida del sentido de la posición. También se denomina **degeneración subaguda combinada de la médula espinal**.

enfermedad terminal (terminal illness), estado avanzado de una enfermedad, con pronóstico desfavorable y sin curación conocida.

enfermedad transmisible (communicable disease), cualquier enfermedad que se transmite de un sujeto o animal a otro, de forma directa, mediante el contacto con heces u otros materiales de deshecho del organismo; o indirectamente, a través de sustancias u objetos inanimados, como vasos, juguetes o agua contaminados, o bien a través de vectores, como moscas, mosquitos, garrapatas u otros insectos. La ley obliga a que muchas enfermedades transmisibles sean comunicadas al departamento de salud local.

enfermedad vascular del colágeno (collagen vascular disease), grupo de trastornos adquiridos que tienen en común cambios inflamatorios e inmunológicos difusos en pequeños vasos sanguíneos y en el tejido conectivo. Los rasgos comunes de la mayoría de estas enfermedades son artritis, lesiones cutáneas, iritis y epiescleritis, pericarditis, pleuritis, nódulos subcutáneos, miocarditis, vasculitis y nefritis.

enfermedad vascular periférica (peripheral vascular disease), cualquier trastorno que afecta a los vasos sanguíneos situados fuera del corazón y a los vasos linfáticos. Las diferentes clases y grados de enfermedad vascular periférica se caracterizan por diversos signos y síntomas, como entumecimiento, dolor, palidez, elevación de la tensión arterial y deterioro de los pulsos arteriales. Algunos de los factores causales son la obesidad, el consumo de tabaco, el estrés, los trabajos sedentarios y numerosos trastornos metabólicos. La **arteriosclerosis** y la **aterosclerosis** son dos tipos de enfermedad vascular periférica.

enfermedad venérea (venereal disease), v. **enfermedad de transmisión sexual**.

enfermedad vírica (viral disease), v. **infección vírica**.

enfermedades de declaración obligatoria (reportable diseases), enfermedades que deben ser declaradas obligatoriamente por el médico a las autoridades sanitarias debido a su carácter contagioso. Están incluidas, por ejemplo, el paludismo, la gripe, la poliomielitis, la fiebre recurrente, el tifus, la fiebre amarilla, el cólera y la peste bubónica.

enfermedades ligadas al cromosona X (X-linked disorders), enfermedades y trastornos asociados a alteraciones genéticas del cromosoma X, como, por ejemplo, la hemofilia y las distrofias musculares.

enfermedades por priones humanos (human prion diseases), grupo de enfermedades neurodegenerativas que son las únicas cuya etiología es tanto infecciosa como genética. La **enfermedad de Creutzfelt-Jakob (ECJ)** y el **síndrome de Gerstmann-Straussler** son dos ejemplos. Un genotipo homocigótico para la proteína prion predispone a padecer la enfermedad.

enfermera clínica especialista (ECE) (clinical nurse specialist [CNS]), en EE.UU., enfermera titulada que posee el grado de master en ciencias de la enfermería (master-of-science degree in nursing [M.S.N.]), y que ha adquirido amplios conocimientos y experiencia clínica en un área específica de la enfermería y de la asistencia sanitaria.

enfermera de asistencia continuada (continuing care nurse), enfermera especializada en la coordinación de las necesidades globales del paciente en función de los recursos sanitarios de la comunidad. Las responsabilidades de la enfermería de asistencia continuada comienzan de forma ideal desde que el paciente ingresa en el hospital.

enfermero escolar (EE) (School Nurse Practitioner [SNP]), en EE.UU., profesional de la enfermería titulado y cualificado mediante un curso de estudios posgrado, para ejercer como enfermero titulado en un colegio.

enfermera matrona (nurse midwife), en EE.UU., enfermera registrada y cualificada mediante formación avanzada en cuidados obstétricos y neonatales, con título del *American College of Nurse Midwives*. La matrona dirige los cuidados perinatales de las mujeres que tienen un embarazo, parto y alumbramiento normales.

enfermera ortopédica (orthopedic nurse), enfermera cuyo campo de actividad profesional es la enfermería ortopédica.

enfermera vocacional (licensed vocational nurse), v. **auxiliar de enfermería**.

enfermería (nursing), **1.** práctica en la que un profesional de enfermería ayuda, según Virginia Henderson, «a una persona, sana o enferma, en la realización de aquellas actividades que contribuyan a su salud o recuperación (o a una muerte pacífica), que realizaría por sí sola si tuviera voluntad, fortaleza o conocimientos necesarios para ello. Y hacerlo de tal forma que pueda independizarse lo más rápidamente posible». **2.** diagnóstico y tratamiento de las respuestas humanas ante problemas de salud reales o potenciales (*American Nurses' Association*). Existen cuatro características fundamentales que definen más ampliamente los cuidados de enfermería: fenómenos que conciernen al personal de enfermería; utilización de teorías para observar la necesidad de intervención de un enfermero y para planificarla; acción emprendida por el enfermero, y evaluación de los efectos de esas acciones en relación con dichos fenómenos. **3.** práctica profesional de un enfermero. **4.** proceso de actuación de alguien como enfermero, en proporcionar cuidados que favorecen y promocionan la salud de las personas a quienes sirven.

enfermería de enlace (liaison nursing), en EE.UU., sistema basado en un acuerdo con especialistas clínicos en enfermería psiquiátrica por el que el personal de enfermería y los demás profesionales sanitarios pueden realizar interconsultas a servicios medicoquirúrgicos, maternoinfantiles o geriátricos.

enfermería de equipo (team nursing), sistema descentralizado en el que se distribuye la asistencia a un paciente entre los miembros de un equipo. El enfermero encargado delega su autoridad en un jefe de equipo que debe ser un enfermero profesional. Este jefe asigna tareas, programa la asistencia e instruye a los miembros del equipo en los detalles de la asistencia.

enfermería de maternidad (maternity nursing), asistencia de enfermería de la mujer gestante y de su familia durante el embarazo, el parto y los primeros días del puerperio.

enfermería de salud comunitaria (community health nursing), campo de la enfermería que es una combinación entre la atención primaria y la enfermería de la salud pública. Los profesionales de la enfermería de salud comunitaria dirigen programas sanitarios generales que prestan una especial atención a la influencia de factores ecológicos y sociales y a poblaciones específicas de alto riesgo.

enfermería de salud mental (mental health nursing), v. **enfermería psiquiátrica**.

enfermería de salud pública (public health nursing), campo de la enfermería que se ocupa de las necesidades sanitarias de la comunidad en su totalidad. Los profesionales de la enfermería de salud pública pueden trabajar con familias en su propio hogar, en las escuelas, en el lugar de trabajo, en las oficinas gubernamentales y en las instalaciones sanitarias principales. En EE.UU. el servicio de asistencia de enfermería a domicilio es llevado a cabo por profesionales que tienen una formación especial en salud pública y que trabajan para centros de voluntarios como la Visiting Nurses Association o el Visiting Nurse Service.

enfermería de urgencias (emergency nursing), asistencia de enfermería destinada a evitar una lesión grave inminente o la muerte o para impedir lesiones graves. Las actividades inherentes a la enfermería de urgencias son: el soporte vital básico, la reanimación cardiopulmonar y el control de la hemorragia.

enfermería funcional (functional nursing), sistema centralizado de cuidados de enfermería que se dedica a las tareas y actividades utilizando personal sanitario auxiliar con experiencia en diversas técnicas.

enfermería individualizada (case nursing), en EE.UU., sistema de asistencia sanitaria en el que se asigna un profesional de enfermería a un único paciente para que le proporcione una asistencia de enfermería global.

enfermería medicoquirúrgica (medical-surgical nursing), asistencia de enfermería para pacientes cuyos trastornos se tratan farmacológica o quirúrgicamente.

enfermería pediátrica (pediatric nursing), rama de la enfermería relacionada con la asistencia a lactantes y niños.

enfermería perioperatoria (perioperative nursing), cuidados de enfermería que se proporcionan a los pacientes quirúrgicos durante el período completo de ingreso del mismo, desde la fecha de ingreso hasta el alta.

enfermería preventiva (preventive nursing), rama de la enfermería que se ocupa de la promoción general de la salud, de la enseñanza de la identificación y tratamiento precoces de las enfermedades, de la estimulación para la modificación de los estilos de vida y a la prevención del deterioro ulterior de los discapacitados.

enfermería principal (primary nursing), sistema de prestación de la asistencia de enfermería en el que la asistencia de un paciente es controlada durante las 24 horas del día por un profesional de enfermería que dirige y coordina al resto del personal, programa todas las pruebas, procedimientos y actividades diarias para ese paciente y cuida personalmente de dicho paciente cuando sea su obligación. En una situación de asistencia urgente, el enfermero principal puede ser responsable de un solo paciente; en una situación de asistencia intermedia, el enfermero principal puede ser responsable de tres o más pacientes.

enfermería psiquiátrica (psychiatric nursing), rama de la enfermería que se ocupa de la prevención y curación de los trastornos mentales y de sus secuelas.

enfermería transcultural (transcultural nursing), campo de la enfermería en el que el profesional de enfermería trasciende su etnocentricidad y practica la enfermería en otros ambientes culturales.

enfermero (nurse), persona formada y autorizada para practicar la enfermería, cuya misión es, según la *American Nurses' Association*, el diagnóstico y tratamiento de las respuestas humanas a los problemas sanitarios actuales o potenciales. La práctica de la enfermería consiste en la recogida de datos, diagnóstico, planificación, tratamiento y evaluación dentro del marco de su preocupación fundamental por la respuesta del paciente ante el problema, más que del problema en sí. Los profesionales de enfermería pueden ser generalistas o especialistas y, como profesionales que son, son responsables ética y legalmente de las actividades de enfermería que realizan y de las acciones de aquellas personas en las que hayan delegado una responsabilidad determinada.

enfermero anestesista (nurse anesthetist), enfermero colegiado y entrenado especialmente en un programa acreditado de la especialidad de enfermera anestesista, para ocuparse de los cuidados anestésicos del paciente durante determinadas intervenciones quirúrgicas.

enfermero asociado (associate nurse), en EE.UU., **1.** (en enfermería de asistencia primaria) enfermero encargado de mejorar los planes sobre los cuidados primarios de enfermería. **2.** en algunos estados, enfermero registrado que ostenta un diploma emitido por una escuela de enfermería hospitalaria, o un grado de asociado en razón de su permanencia durante 2 años en una escuela académica de enfermería.

enfermero clínico (nurse clinician), enfermero preparado para identificar y diagnosticar los problemas de los pacientes gracias a los amplios conocimientos y experiencias adquiridos mediante estudios avanzados en un determinado aspecto de la práctica de enfermería.

enfermero de adultos (adult nurse practitioner), enfermera-o titulada-o que ha recibido un entrenamiento y una formación adicionales en los cuidados sanitarios de los adultos. La educación adicional se puede obtener a través de un programa de graduado tipo master, o bien a través de un programa con certificado de educación continuada sin título.

enfermero de control de infección (infection control nurse), enfermero diplomado al que se asigna la responsabilidad de vigilancia, prevención de infecciones y actividades de control.

enfermero diplomado (registered nurse [RN]), **1.** *EE.UU.*, profesional de la enfermería que ha completado los estudios en una facultad de enfermería aprobada por el estado y ha aprobado el *National Council Licensure Examination (NCLEXRN)*. Un enfermero diplomado puede utilizar las siglas *RN* acompañando a la firma. **2.** *Canadá*, profesional de la enfermería que ha completado los estudios en una facultad de enfermería autorizada y que se ha sometido y ha aprobado el examen convocado por el *Canadian Nurses Association Testing Service*, examen que recibe el nombre de *Comprehensive Examination for Nurse Registration Licensure*.

enfermero instrumentista (scrub nurse), profesional de la enfermería titulado o técnico de quirófano que ayuda a los cirujanos durante las operaciones.

enfermero pediátrico (pediatric nurse practitioner [PNP]), profesional de la enfermería que, gracias a unos estudios y una experiencia clínica avanzada conseguidos a través de un programa de grado de master o un certificado en enfermería pediátrica, ha adquirido un conocimiento experto de la asistencia de enfermería a lactantes y niños.

enfermero práctico (nurse practitioner), en EE.UU., profesional de enfermería que, mediante formación avanzada y experiencia clínica en una rama de la enfermería, como puede ser un programa para obtener el grado de *master* de enfermería, ha adquirido conocimientos especiales en una rama en particular de la práctica de enfermería. V. las distintas ramas específicas de enfermera practicante.

enfermero práctico de familia (FNP) (family nurse practitioner [FNP]), (en EE.UU.) personal de enfermería que posee las cualidades necesarias para detectar y tratar trastornos autolimitados y para tratar trastornos crónicos estables.

enfermero práctico geriátrico (geriatric nurse practitioner), en EE.UU., profesional de enfermería diplomado con formación y experiencia adicionales mediante un programa master en enfermería o un programa de certificación que prepara a estos profesionales para prestar una asistencia sanitaria primaria a los ancianos.

enfermero principal (primary nurse), profesional de enfermería responsable de la planificación, ejecución y evaluación de la asistencia de enfermería de uno o más pacientes, 24 horas al día, durante su estancia hospitalaria.

enfermero psiquiátrico (psychiatric nurse practitioner), profesional de enfermería que mediante un programa de formación teórico-práctico, como por ejemplo un master en enfermería psiquiátrica, ha adquirido una formación especializada sobre la asistencia y prevención de los trastornos mentales.

enfisema (emphysema), alteración del aparato pulmonar, caracterizado por la hiperinsuflación y por los cambios destructivos de las paredes alveolares, que produce la pérdida de elasticidad pulmonar y una disminución de los gases. El enfisema agudo puede estar causado por la rotura de los alveolos por grandes esfuerzos respiratorios, como ocurre en la bronconeumonía aguda, en el ahogamiento o en la tos ferina, y a veces durante el parto. El enfisema crónico suele acompañar a la bronquitis crónica, cuya causa principal es el consumo de cigarrillos. También aparece enfisema tras el asma o la tuberculosis, procesos en los que los pulmones se distienden de forma excesiva, hasta que se destruyen las fibras elásticas de la pared alveolar. En la tercera edad, las membranas alveolares se atrofian y pueden colapsarse, dando lugar a grandes zonas llenas de aire, lo que disminuye la superficie total de las membranas pulmonares.

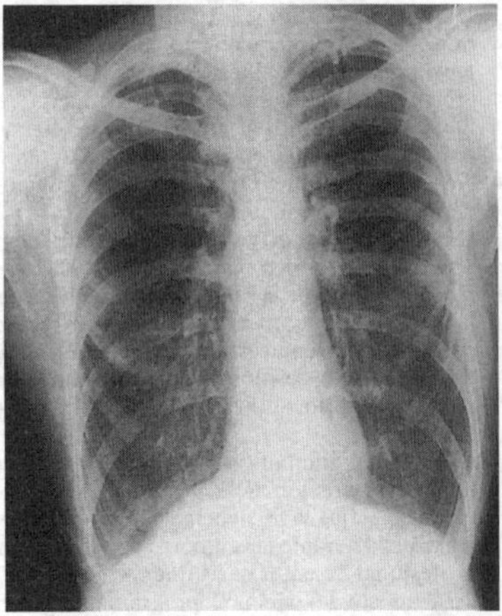

Hiperinsuflación pulmonar en un enfisema
(C. D. Forbes/W. F. Jackson, 1994)

enfisema cutáneo (cutaneous emphysema), v. **enfisema subcutáneo**.

enfisema intersticial (interstitial emphysema), forma de enfisema en la que existen fugas de aire o gas hacia los tejidos del intersticio pulmonares, debido a la rotura de la pared alveolar. Como los alveolos tienen que descomprimirse, existe el peligro de que se desgarre la pleura, con formación de neumotórax.

enfisema panacinar (panacinar emphysema), forma de enfisema que afecta a todas las regiones pulmonares provocando la dilatación y atrofia de los alveolos, destruyendo el lecho vascular del pulmón.

enfisema panlobulillar (panlobular emphysema), v. **enfisema panacinar**.

enfisema pulmonar (pulmonary emphysema), enfermedad obstructiva crónica de los pulmones, caracterizada por la distensión excesiva de los alveolos.

enfisema subcutáneo (subcutaneous emphysema), presencia de aire libre o de gas en los tejidos subcutáneos. El aire o el gas puede proceder de la rotura de una vía aérea o un grupo de alveolos y emigrar a través de los espacios subdurales hasta el mediastino y el cuello. La cara, el cuello y el tórax pueden tener un aspecto tumefacto. Los tejidos cutáneos pueden estar dolorosos y se puede escuchar un sonido de «crepitación» cuando se mueve el aire por debajo de ellos. En ocasiones, el paciente experimenta disnea, y puede aparecer cianosis si el escape de aire es importante. Como tratamiento a veces es preciso hacer una incisión para liberar el aire atrapado.

enflurano (enflurane), gas anestésico no inflamable perteneciente a la familia del éter, que se emplea en la inducción y en el mantenimiento de la anestesia general en aquellos casos en los que el éter y sus derivados son los fármacos de elección.

enfoque de autotratamiento (self-management approach), enfoque de tratamiento en el cual los pacientes asumen la responsabilidad de su conducta, cambiando su entorno y planificando su futuro.

enfoque de resolución de problemas para la asistencia centrada en el paciente (problem-solving approach to patient-centered care), (en enfermería) sistema conceptual que incorpora las necesidades físicas evidentes de un paciente a las necesidades psicológicas, emocionales y sociales ocultas. Proporciona un modelo para la asistencia integral de la persona como individuo, no como un ejemplo de una enfermedad o como un diagnóstico médico. Dentro de este modelo, la asistencia de enfermería se define como un proceso de resolución de problemas. El paciente es considerado como una persona que se encuentra en una situación de deterioro, con una capacidad inferior a la habitual para llevar a cabo las actividades de autocuidado.

enfoque psicosomático (psychosomatic approach), estudio interdisciplinar u holístico de la enfermedad física y mental desde un punto de vista biológico, psicosocial y sociocultural.

enfoque represivo-inspirativo (repressive-inspirational approach), enfoque psicoterapéutico utilizado en algunos grupos para facilitar que se centren en sentimientos positivos y en la fuerza del grupo.

enfriamiento (cooling), disminución de la temperatura corporal mediante la aplicación de una sábana de hipotermia, compresas húmedas frías, bolsas de hielo o baños de alcohol.

engrama (engram), **1.** unidad hipotética de depósito neurofisiológico en el cerebro, fuente de una determinada memoria. **2.** circuito interneuronal en el que participan neuronas y fibras musculares específicas que se pueden coordinar para realizar patrones específicos de actividad motora.

enlace (linkage), (en química) unión entre dos átomos o radicales en un compuesto químico.

enlace iónico (ionic bonding), fuerza que mantiene juntos los átomos mediante la transferencia de un solo electrón de valencia, como un catión a un anión. Los compuestos iónicos no forman verdaderas moléculas, y en solución acuosa se descomponen en los iones que los constituyen.

enmascaramiento (masking), **1.** superposición u ocultación de un proceso por un segundo trastorno, como cuando una persona comienza una dieta para perder peso mientras se desarrolla una enfermedad que conlleva adelgazamiento, como un cáncer. **2.** exhibición inconsciente de un rasgo de la personalidad que oculta una aberración conductual.

enmascarar (mask), **1.** ocultar, como ocurre en el tratamiento sintomático, que puede enmascarar el desarrollo de una enfermedad. **2.** cubrir, como hacen los cosméticos con color de piel, que pueden cubrir los nevos pigmentados.

enoftalmos (enophthalmos), desplazamiento hacia atrás del ojo en la órbita producido por un traumatismo o una alteración del desarrollo.

enol (enol), compuesto orgánico con un grupo alcohol o hidroxilo junto a un doble enlace.

enquilema (enchilema), v. **hialoplasma**.

enquistarse (encyst), formarse un quiste o una cápsula.

enrojecimiento (flare), **1.** zona rojiza de la piel en la periferia de una lesión urticarial, que se aprecia en las reacciones de hipersensibilidad inmediata. **2.** eritema cutáneo que se disemina desde una lesión infectada o se expande desde el lugar principal de reacción a un irritante.

ENS (SSS), abreviatura de enfermedad del nódulo sinusal.

ensanchador (reamer), **1.** instrumento con un extremo cortante recto o en espiral, utilizado en movimientos de rotación para agrandar un agujero o despejar una abertura. **2.** (en odontología) instrumento con un mango metálico de forma cónica y ligeramente espiral, utilizado para aumentar de tamaño y limpiar los conductos radiculares.

ensayo de un fármaco (drug trial), proceso de determinación de la dosis terapéutica adecuada y efectiva de un determinado fármaco para un determinado paciente. El ensayo acaba con: 1) un resultado clínico aceptable, 2) efectos adversos intolerables, 3) escasa respuesta tras alcanzar niveles adecuados en sangre, o 4) el fármaco se administra durante un determinado período.

ensayos clínicos (clinical trials), estudios diseñados para obtener un gran volumen de datos clínicos para intentar establecer una valoración significativa del tratamiento.

ensoñación (daydream), sueño, normalmente no patológico, que se produce cuando una persona está despierta. Su contenido suele ser el de la obtención de deseos no desfigurados, y su realización es sentida como directa.

entamebiasis (entamebiasis, entamoebiasis), v. **amebiasis**.

enteral (enteral), dentro del intestino delgado o vía intestino delgado.

enterectomía (enterectomy), resección quirúrgica de una porción del intestino.

enteritis (enteritis), inflamación de la mucosa del intestino delgado, como consecuencia de diversas causas: bacteriana, viral, funcional e inflamatoria. La afectación de intestino delgado y grueso se denomina **enterocolitis**.

enteritis necrotizante (necrotizing enteritis), inflamación aguda del intestino delgado y el grueso por una bacteria, *Clostridium perfringens*, y caracterizada por dolor abdominal intenso, diarrea sanguinolenta y vómitos.

enteritis regional (regional enteritis), v. **enfermedad de Crohn**.

Enterobacter cloacae (Enterobacter cloacae), especie bacteriana presente con frecuencia en las heces humanas y animales, en los productos frescos, en las aguas residuales, en el suelo y en el agua.

Enterobacteriáceas (Enterobacteriaceae), familia de bacterias aerobias y anaerobias que incluye organismos entéricos patógenos y no patógenos. Los géneros más importantes de esta familia son: ***Escherichia, Klebsiella, Proteus*** y ***Salmonella***.

enterobacteriano (enterobacterial), perteneciente o relativo a las especies bacterianas que se encuentran en el tracto digestivo.

enterobiasis (enterobiasis), infestación por el parásito *Enterobius vermicularis*. Los helmintos infectan el intestino grueso, y las hembras depositan sus huevos en la zona perianal, produciendo prurito e insomnio.

Enterobius vermicularis (Enterobius vermicularis), nematodo parásito frecuente que parece un filamento blanco de 0,5-1 cm de longitud.

enteroclisis (enteroclysis), técnica radiográfica en la que se inyecta un medio de contraste en el duodeno para examinar el intestino delgado.

enterococo (enterococcus, *pl.* **enterococci**), cualquier *Streptococcus* que habita en el tracto intestinal.

enterocolitis (enterocolitis), inflamación que afecta al intestino delgado y al grueso.

enterocolitis necrotizante (ECN) (necrotizing enterocolitis [NEC]), proceso inflamatorio intestinal agudo que se produce fundamentalmente en neonatos con bajo peso al nacer. Se caracteriza por necrosis isquémica de la mucosa GI, que puede conducir a perforación o peritonitis. La causa del proceso es desconocida, aunque parece ser un defecto de las defensas del huésped, que permite la infección por la flora GI normal, más que por gérmenes invasores.

enterocolitis seudomembranosa (pseudomembranous enterocolitis), v. **enterocolitis necrotizante**.

enteroenterostomía (enteroenterostomy), creación quirúrgica de una conexión artificial entre dos segmentos del intestino.

enterolitiasis (enterolithiasis), presencia de enterolitos en el intestino.

enterolito (enterolith), cálculo o concreción presente en el intestino.

enteropatía (enteropathy), enfermedad o cualquier otro proceso de los intestinos.

enteropatía eosinofílica (eosinophilic enteropathy), forma rara de alergia alimentaria caracterizada por náuseas, dolores abdominales de carácter cólico, diarrea, urticaria y aumento del número de eosinófilos en sangre junto con infiltrados eosinofílicos en el intestino.

enteropatía exudativa (exudative enteropathy), diarrea que se ve en enfermedades caracterizadas por la inflamación o destrucción de la mucosa intestinal.

enteropatía por gluten (gluten enteropathy), v. **enfermedad celíaca**.

enterostomía (enterostomy), técnica quirúrgica por la que se crea un ano o fístula artificial en el intestino realizando una incisión que atraviesa la pared abdominal.

enterostomista (enterostomal therapist), enfermero titulado, capacitado y entrenado en tratamientos por enterostomía y que realiza los cuidados de los drenajes del paciente.

enterotóxico (enterotoxigenic), relativo o perteneciente al organismo u otro agente productor de toxinas que producen una reacción adversa en las células de la mucosa intestinal. Son ejemplos de ello las bacterias que producen enterotoxinas, cuyo resultado son reacciones intestinales del tipo de vómitos, diarrea y otros síntomas de toxiinfección alimentaria.

enterotoxina (enterotoxin), sustancia tóxica específica para las células de la mucosa intestinal producida normalmente por determinadas especies de bacterias, como los estafilococos.

enterovirus (enterovirus), virus que se multiplica principalmente en el tracto intestinal. Algunos tipos de enterovirus son: **virus Coxsackie, virus ECHO** y **virus de la polio**.

entesitis (enthesitis), inflamación de la inserción de un músculo, con gran tendencia a la fibrosis y a la calcificación.

entodermo (entoderm), v. **endodermo**.
entorno (environment), conjunto de muchos factores, tanto físicos como psicológicos, que influyen o afectan la vida y supervivencia de una persona.
entorno térmicamente neutro (neutral thermal environment), entorno creado por cualquier método o aparato para mantener la temperatura corporal normal, de forma que sea mínimo el consumo de oxígeno y el gasto calórico, como la incubadora de prematuros.
entrada (inlet), paso a una cavidad, como la entrada de la pelvis, que marca el borde de la cavidad pelviana.
entrada de la pelvis verdadera (superior aperture of minor pelvis), abertura limitada por la cresta y la línea pectínea de los huesos del pubis, el reborde arqueado del ílion y el borde anterior de la base del sacro.
entrada-input (input), información o material que entra en un sistema.
entrecruzamiento (crossing over), intercambio de fragmentos de cromátides entre pares homólogos de cromosomas durante la profase de la primera división meiótica.
entrenamiento aeróbico (aerobic training), ejercicios físicos diseñados para conseguir una mayor captación y distribución del oxígeno. Estos ejercicios provocan la depleción de los depósitos de oxígeno en los tejidos normales del cuerpo mediante ejercicios relativamente intensos y su renovación mediante respiraciones profundas. Este entrenamiento puede realizarse montando en bicicleta, paseando, haciendo *footing* o con otras actividades similares durante al menos 20 minutos, 3 veces por semana.
entrenamiento afirmativo (assertive training), técnica que se utiliza en las terapias conductistas con objeto de ayudar al individuo a que por sí mismo sea más afirmativo y más confidente en la interpretación de las relaciones.
entrenamiento de resistencia activa (ERA) (active resistance training [ART]), programa de preparación o de rehabilitación diseñado para aumentar la fuerza, la potencia y la capacidad muscular del paciente, mediante ejercicios de resistencia progresiva y de sobrecarga muscular.
entrenamiento muscular con resistencia a la inspiración (inspiratory resistance muscle training), ejercicios de terapia respiratoria que requieren la inhalación frente a algún tipo de fuerza de resistencia, como la práctica de respiración abdominal con un peso sobre el abdomen.
entrenamiento ortóptico (orthoptic training), terapia para la corrección del estrabismo o de otras alteraciones de los músculos oculares mediante una serie de ejercicios.
entrevista (interview), comunicación con un paciente iniciada con un determinado propósito y enfocada a una determinada área temática. La entrevista detectora de problemas es un interrogatorio que se centra en la obtención de datos con el fin de identificar problemas que el paciente necesita resolver. La entrevista de solución de problemas se centra en los problemas que han sido identificados por parte del paciente o del profesional sanitario.
entrevista clínica (patient interview), entrevista sistemática con un paciente, cuyo objetivo es obtener información que pueda ser utilizada para desarrollar un programa asistencial individualizado.
entrevista de preguntas directas (direct-question interview), interrogatorio que normalmente exige respuestas de una o dos palabras.
entropía (entropy), tendencia de un sistema a ir de un estado de orden a uno de desorden, lo que se expresa en física como la medida de la parte de calor o energía en un sistema termodinámico que no está disponible para realizar un trabajo.
entropión (entropion), torsión hacia dentro, normalmente un proceso en el que el párpado se vuelve hacia el interior del ojo. El entropión cicatricial puede ocurrir tanto en el párpado inferior como en el superior como resultado de la formación de tejido cicatricial. El entropión espástico resulta de la inflamación u otro factor que afecta al tono del tejido. La inflamación del párpado puede ser el resultado de una enfermedad infecciosa o de la irritación por una pestaña invertida.
entropión espástico (spastic entropion), v. **ectropión, entropión**.
entuertos (afterpains), contracciones del útero que aparecen frecuentemente en los primeros días después del parto. Tienden a ser más intensos en las madres lactantes y en las multíparas, se resuelven espontáneamente y pueden requerir analgesia.
entumecimiento (numbness), pérdida parcial o total de la sensibilidad en una parte o la totalidad del organismo, debido a cualquier factor que interrumpa la transmisión de los impulsos de las fibras nerviosas sensitivas.
enucleación (enucleation), **1.** extracción de un órgano o tumor de una pieza de una sola vez. **2.** extracción del globo ocular, realizada ante la existencia de un tumor maligno, una infección grave o un traumatismo intenso o para controlar el dolor del glaucoma.
enucleador (enucleator), procedimiento o mecanismo para extraer el núcleo de la célula.

enuresis (enuresis), incontinencia de orina, especialmente de noche y en la cama.
enuresis diurna (diurnal enuresis), emisión involuntaria de orina durante las horas del día.
enuresis nocturna (nocturnal enuresis), emisión involuntaria de orina por la noche durante el sueño.
enuresis primaria (primary enuresis), evacuación involuntaria de la orina en un niño al que no se ha enseñado a controlar el esfínter.
enuresis secundaria (secondary enuresis), enuresis en un niño mayor que ha demostrado previamente un buen control nocturno durante un año o más. Se produce típicamente por estrés psicológico, aunque también puede ser un signo precoz de un trastorno orgánico, como la diabetes mellitus.
envejecimiento (aging), proceso a través del cual se avanza hacia la ancianidad, que se debe en parte a la incapacidad de las células corporales para poder funcionar con normalidad o para poder producir nuevas células que sustituyan a las que mueren o funcionan de forma inadecuada. V. también **valoración del paciente anciano, senil**.
envenenamiento de la sangre (blood poisoning), v. **septicemia**.
envenenamiento, intoxicación (poisoning), **1.** acto de administrar una sustancia venenosa. **2.** trastorno o estado físico producido por la ingesta, inyección, inhalación o exposición a una sustancia tóxica. Algunos tipos de envenenamiento o intoxicación son: **intoxicación alimentaria**, intoxicación por creosota, **intoxicación por destilados del petróleo, intoxicación por metales pesados** e **intoxicación por salicilatos**.
envidia del pene (penis envy), concepto de la envidia femenina por el pene masculino, aunque generalmente la mujer desea los atributos masculinos, su posición y sus ventajas. Algunos psicólogos creen que es un factor importante en el desarrollo de la personalidad femenina.
envoltura (pack), tratamiento en el que se envuelve todo el cuerpo o una parte de él con toallas húmedas o secas o en hielo con diversos fines terapéuticos, como es el caso de los paños fríos para reducir las temperaturas elevadas y las inflamaciones o para inducir hipotermia durante determinadas intervenciones quirúrgicas, especialmente la cirugía cardíaca y el trasplante de órganos.
envoltura fría (cold pack), método, actualmente considerado anticuado, para reducir la temperatura corporal envolviendo al paciente en una manta o sábana empapada en agua fría y escurrida.
enzima (enzyme), proteína producida por las células vivas que cataliza las reacciones químicas de la materia orgánica. La mayoría de las enzimas se produce en cantidades mínimas y cataliza reacciones que tienen lugar en el interior de las células.
enzima convertidora de angiotensina (ECA) (angiotensin-converting enzyme [ACE]), proteína (dipeptidil carboxipeptidasa) que cataliza la conversión de angiotensina I en angiotensina II, al liberar dos aminoácidos terminales de la primera.
eosina (eosin), grupo de tinciones ácidas xantínicas, rojas, que normalmente se utilizan en combinación con tinciones básicas azul-púrpura como la hematoxilina, para teñir preparaciones de tejidos en el laboratorio.
eosinofilia (eosinophilia), aumento del número de eosinófilos en sangre, que se asocia a muchos procesos inflamatorios. Los aumentos importantes se consideran reflejo de una respuesta alérgica.

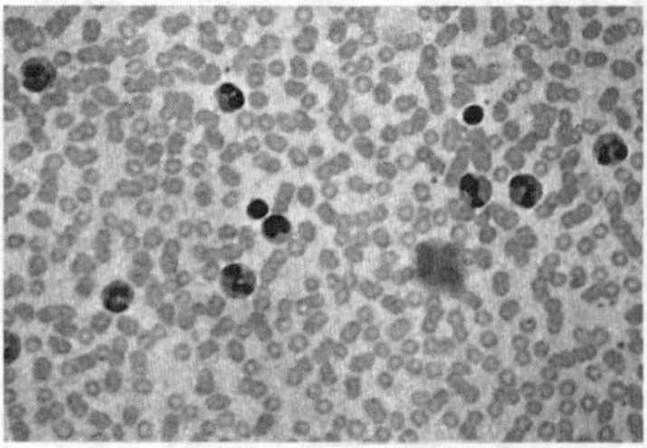

Eosinofilia en una muestra de sangre al microscopio
(C. D. Forbes/W. F. Jackson, 1994)

eosinofilia asmática (asthmatic eosinophilia), forma de neumonía eosinofílica, caracterizada por broncospasmo alergénico, con expectoración de cilindros bronquiales que contienen eosinófilos y micelios, así como tos y fiebre. La enfermedad suele aparecer en la cuarta o quinta década de la vida, y es dos veces más frecuente en las mujeres que en los hombres. Se debe a hipersensibilidad frente a *Aspergillus fumigatus* o frente a *Candida albicans*.
eosinofílico (eosinophilic), **1.** tendencia de una célula, tejido u organismo a teñirse fácilmente con la eosina. **2.** perteneciente o relativo a los leucocitos eosinófilos.
eosinófilos (eosinophil), leucocito granulocítico bilobulado, algo mayor que el neutrófilo,

caracterizado por su gran número de gránulos citoplásmicos refringentes, que se tiñen intensamente con el colorante ácido eosina.

EP (PE), abreviatura de embolismo pulmonar.

EPA (APD), abreviatura de enfermedad poliquística del adulto. V. **enfermedad renal poliquística**.

EPC (CPD), abreviatura de **enfermedad poliquística congénita**. V. **enfermedad renal poliquística**.

epéndimo (ependyma), capa de epitelio ciliado que tapiza el conducto central de la médula espinal y los ventrículos cerebrales.

ependimoblastoma (ependymoblastoma), neoplasia maligna compuesta por células indiferenciadas del epéndimo.

ependimoma (ependymoma), neoplasia constituida por células diferenciadas del epéndimo.

ependimoma maligno (malignant ependymoma), v. **ependimoblastoma**.

EPI (CPD), abreviatura de **enfermedad poliquística infantil**. V. **enfermedad renal poliquística**.

EPI (ILD), abreviatura de **enfermedad pulmonar intersticial**.

epiblasto (epiblast), capa externa principal del blastocisto o blástula, antes de diferenciarse las capas germinales, que origina el ectodermo y que contiene células capaces de formar el endodermo y el mesodermo.

epicanto (epicanthus), pliegue vertical de la piel sobre el ángulo del canto interno del ojo. Es normal en orientales y no tiene significado clínico.

epicardias (epicardia), porción del esófago que se extiende entre el cardias y el hiato esofágico del diafragma.

epicardio (epicardium), una de las tres capas de tejido que forman la pared del corazón. Es la capa visceral del pericardio seroso, que se repliega sobre sí misma para formar la capa parietal.

epicondilitis (epicondilytis), inflamación dolorosa, y a veces incapacitante, del músculo y tejidos adyacentes del codo, producida por la tensión ejercida de forma repetida sobre el antebrazo cerca del epicóndilo humeral, como en una extensión o supinación violenta de la muñeca contra una resistencia.

epicóndilo (epicondyle), proyección de la superficie de un hueso por encima de su cóndilo.

epicóndilo humeral (capitulum humeri), eminencia redondeada del extremo distal del húmero que se articula con el radio.

epicráneo (epicraneum), totalidad del cuero cabelludo, que incluye el tegumento interno, las vainas musculares y las aponeurosis y que cubre la parte superior y laterales del cráneo, desde el hueso occipital hasta las cejas.

epicrítico (epicritic), perteneciente o relativo a la sensación somática de sensibilidad táctil discriminativa fina, vibración, discriminación de dos puntos, estereognosis y propiocepción consciente e inconsciente.

epidemia (epidemic), enfermedad, generalmente contagiosa, que se difunde rápidamente entre un determinado segmento de la población humana, por ejemplo, entre todos los que viven en una determinada zona geográfica, y que se suele manifestar de forma periódica.

epidemiología (epidemiology), estudio de la presentación, distribución y causas de las enfermedades humanas.

epidemiología descriptiva (descriptive epidemiology), primer paso de la investigación epidemiológica. Se centra en la descripción de la distribución de las enfermedades según características relativas a tiempo, lugar y persona.

epidemiología experimental (experimental epidemiology), fase de la investigación epidemiológica que utiliza un modelo experimental en estudios destinados a confirmar la relación causal que sugieren los estudios de observación.

epidemiología sustantiva (substantive epidemiology), conjunto de conocimientos obtenidos de los estudios epidemiológicos, incluyendo para cada enfermedad la historia natural de la enfermedad, los patrones de presentación y los factores de riesgo para el desarrollo de la enfermedad.

epidemiólogo (epidemiologist), médico o científico que estudia la incidencia, prevalencia, diseminación, prevención y control de una enfermedad en la comunidad o en un determinado grupo de individuos.

epidermis (epidermis), capa superficial y avascular de la piel, formada por una capa externa, cornificada, muerta, y una capa celular viva profunda.

epidermofitosis (epidermophytosis), infección micótica de la piel.

epidermólisis ampollar (epidermolysis bullosa), grupo de enfermedades cutáneas hereditarias poco frecuentes en las que se desarrollan vesículas y ampollas, especialmente en zonas traumatizadas.

epididimitis (epididymitis), inflamación aguda o crónica del epidídimo. Sus síntomas son fiebre y escalofríos, dolor en la ingle y epidídimo tumefacto y doloroso a la palpación.

epidídimo (epididymis, *pl.* **epididymides**), cada uno de los dos largos conductos enrollados que llevan el esperma desde los conductos seminíferos testiculares hasta el conducto deferente.

epididimoorquitis (epididymoorchitis), inflamación del epidídimo y del testículo.

epididimovesiculografía (epididymovesiculography), exploración radiológica de los conductos seminales que se realiza normalmente en casos de esterilidad, quistes, tumores, abscesos e inflamación.

epidural (epidural), por fuera de la duramadre.

epifisectomía (pinealectomy), extirpación quirúrgica de la epífisis.

epífisis (epiphysis, *pl.* **epiphyses**), cabeza de un hueso largo, separada de la diáfisis del hueso por la placa epifisaria, hasta que el hueso deja de crecer, momento en el que se oblitera la placa y la diáfisis y la epífisis del hueso se unen.

epífisis cerebral (epiphysis cerebri), v. **glándula pineal**.

epífisis femoral (femoral epiphysis), centro de osificación secundaria del fémur, separado de la diáfisis por cartílago durante el período de maduración ósea.

epifisitis (epiphysitis), inflamación de la epífisis, normalmente de un hueso largo, como el fémur o el húmero.

epifisitis calcánea (calcaneal epiphysitis), trastorno doloroso que afecta a la epífisis del calcáneo. Suele afectar principalmente a niños físicamente activos cuyos huesos del talón están aún separados por cartílago.

epifisitis vertebral del adolescente (adolescent vertebral epiphysitis), v. **enfermedad de Scheuermann**.

epífora (epiphora), v. **lagrimeo**.

epigástrico (epigastric), relativo al epigastrio.

epigastrio (epigastrium), v. **región epigástrica**.

epigénesis (epigenesis), (en embriología) teoría del desarrollo en la que los organismos crecen desde una forma simple a otra más compleja, mediante una diferenciación progresiva a partir de una unidad celular indiferenciada.

epiglotiditis (epiglottiditis), v. **epiglotitis**.

epiglotis (epiglottis), estructura cartilaginosa que cierra la laringe a modo de tapadera, evitando que los alimentos penetren en la laringe y en la tráquea al tragar.

epiglotitis (epiglottitis), inflamación de la epiglotis. Se caracteriza por fiebre, dolor de garganta, estridor, tos parecida al crup y epiglotis eritematosa y tumefacta. El niño se puede poner cianótico y requerir una traqueostomía de urgencia para mantener la respiración.

epilación (epilation), v. **depilación**.

epilepsia (epilepsy), grupo de procesos neurológicos caracterizado por episodios recurrentes de convulsiones, trastornos sensoriales, conducta anómala, pérdida de la consciencia o todo ello. Característica común de todas las epilepsias es la existencia de descargas eléctricas incontroladas de las células nerviosas de la corteza cerebral. Aunque la mayoría de las epilepsias son de causa desconocida, a veces pueden asociarse a traumatismos cerebrales, infecciones intracraneales, tumores cerebrales, alteraciones vasculares, intoxicaciones o desequilibrios químicos.

epiloia (epiloia), v. **esclerosis tuberosa**.

epimisio (epimysium), vaina fibrosa que envuelve el músculo (perimisio externo) y que se extiende entre los haces de fibras musculares (perimisio interno).

epinefrina (epinephrine), v. **adrenalina**.

epinefrina racémica (racemic epinephrine), mezcla de los dos isómeros de epinefrina. Es una forma menos potente de epinefrina, con menos efectos secundarios y que se utiliza como aerosol en el tratamiento del crup agudo.

epípigo (epipygus), v. **pigomelo**.

epiplón (omentum, *pl.* **omenta, omentums**), extensión del peritoneo que engloba a uno o más órganos próximos al estómago.

epiplón gastrocólico (gastrocolic omentum), v. **epiplón mayor**.

epiplón gastrohepático (gastrohepatic omentum), v. **epiplón menor**.

epiplón mayor (greater omentum), película transparente que constituye una extensión del peritoneo, que envuelve el colon transverso y las asas de intestino delgado. Está unido a la curvadura mayor del estómago y la primera porción del duodeno, y entre sus dos capas contiene vasos sanguíneos y depósitos de grasa.

epiplón menor (lesser omentum), extensión membranosa del peritoneo a partir de las capas que cubren las superficies anterior y posterior del estómago y la primera porción del duodeno.

episcleritis (episcleritis), inflamación de las capas más externas de la esclerótica y de los tejidos suprayacentes a la región posterior de la misma.

episiotomía (episiotomy), técnica quirúrgica, normalmente necesaria en partos en los que se emplean fórceps, en la que se practica una incisión en el periné de la mujer para ampliar el orificio vaginal durante el parto, que se suele realizar de forma electiva para evitar el desgarro del periné, para acelerar o para facilitar la expulsión del feto.

episodio (episode), incidente o acontecimiento que se sale de la rutina normal de la vida cotidiana, como un episodio de fiebre o un episodio traumático en el desarrollo de un niño.

episoma (episome), (en genética bacteriana) unidad de replicación extracromosómica que existe de forma autónoma o funciona con un cromosoma.

epispadias (epispadias), anomalía congénita en la que la uretra se abre en el dorso del pene en algún punto próximo al glande. El defecto correspondiente en la mujer, la fisura de la pared superior de la uretra, es bastante raro.

epistasis (epistasis), (en genética) tipo de interacción entre genes de diferentes loci de un cromosoma en el que uno puede enmascarar o suprimir la expresión de otro.

epistaxis (epistaxis), hemorragia procedente de la nariz, producida por la irritación local de la mucosa, por un estornudo violento, por fragilidad de la mucosa o de las paredes arteriales, infección crónica, hipertensión, leucemia, defectos de vitamina K o, lo más frecuente, después de sonarse la nariz.

epistrófeo (epistropheus), v. **axis**.

epitálamo (epithalamus), una de las regiones del diencéfalo. Consta del trígono habenular, la glándula pineal y la comisura posterior.

epitelial (epithelial), relativo a o relacionado con la capa más externa de la piel.

epitelio (epithelium), revestimiento de los órganos internos y externos del cuerpo, incluida la cubierta de los vasos. Está formado por células unidas entre sí por material conectivo, variando el número de capas y las clases de células. En las diferentes partes del cuerpo, el epitelio está compuesto por células escamosas simples, cuboideas simples o cilíndricas estratificadas.

epitelio ciliado (ciliated epithelium), cualquier tejido epitelial que proyecta cilios desde su superficie, como algunas zonas del epitelio del tracto respiratorio.

epitelio cilíndrico o columnar (columnar epithelium), epitelio formado por un tipo de célula epitelial que semeja un prisma hexagonal y presenta una forma aproximadamente rectangular cuando se corta por su eje mayor.

epitelio cuboideo (cuboidal epithelium), células epiteliales simples, generalmente en forma de cubo y dispuestas en una sola capa.

epitelio de la unión (junctional epithelium), área de tejido blando epitelial que rodea la clavija de soporte de un diente.

epitelio escamoso (squamous epithelium), capa fina de células planas que están unidas entre sí en los extremos.

epitelio estratificado (stratified epithelium), capas de células epiteliales muy agrupadas, dispuestas sobre la superficie externa del cuerpo y revistiendo la mayor parte de las estructuras huecas. Las capas pueden contener células escamosas estratificadas, cilíndricas estratificadas o cilíndricas ciliadas estratificadas.

epitelio germinal (germinal epithelium), **1.** capa epitelial que cubre la cresta genital, de la que derivan las gónadas en el desarrollo embrionario precoz. **2.** cubierta epitelial del ovario, que antiguamente se consideró que era donde se desarrollaban las ovogonias.

epitelio glandular (glandular epithelium), epitelio que contiene células glandulares.

epiteliofibrilla (epitheliofibril), v. **tonofibrilla**.

epitelioma (epithelioma), **1.** neoplasia derivada del epitelio. **2.** *obsoleto*, cualquier carcinoma.

epitelioma adamantino (epithelioma adamantinum), v. **ameloblastoma**.

epitelioma adenoide quístico (epithelioma adenoides cysticum), v. **tricoepitelioma**.

epitelioma escamoso múltiple autocicatrizante (multiple self-healing squamous epithelioma), v. **queratoacantoma**.

epitelioma quístico benigno múltiple (multiple benign cystic epithelioma), v. **tricoepitelioma**.

epitelización (epithelization), crecimiento de la piel sobre una herida.

epítope (epitope), determinante antigénico que produce la reacción específica a través de una inmunoglobulina. Está formado por un grupo de aminoácidos presentes en la superficie del antígeno.

epizoótico (epizootic), enfermedad o proceso que se produce casi al mismo tiempo en muchos animales de una misma especie en una zona geográfica.

EPO (EPO), abreviatura de **eritropoyetina**.

EPO-s (s-EPO), abreviatura de eritropoyetina sérica.

EPOC (COPD), abreviatura de **enfermedad pulmonar obstructiva crónica**.

epónimo (eponym), nombre de una enfermedad, órgano, técnica o función corporal derivado del nombre de una persona, normalmente del médico o científico que identificó por primera vez el proceso o desarrolló el dispositivo que lleva su nombre. Por ejemplo: trompas de Falopio, enfermedad de Parkinson o método de Billing.

eponiquia (eponychium), v. **cutícula**.

epooforectomía (epoophorectomy), resección quirúrgica del epoóforo.

epoóforo (epoophoron), estructura situada en el mesosálpinx entre el ovario y la trompa uterina.

epoxi (epoxy), **1.** prefijo para términos relativos al grupo químico epóxido. **2.** fórmula química orgánica formada por la unión de un átomo de oxígeno y otros dos átomos, normalmente de carbono. Las resinas epóxicas se usan como agentes ligantes.

EPQA (APKD), abreviatura de **enfermedad poliquística del adulto**.

e.p.t. (e.p.t.), marca registrada de una prueba del embarazo humano que utiliza tecnología basada en anticuerpos monoclonales para detectar la presencia de gonadotropina coriónica humana (hCG) en la orina.

épulis (epulis), cualquier tumor que crece en la encía.

épulis telangiectásico (telangiectatic epulis), tumor rojo benigno de la encía que contiene vasos sanguíneos prominentes. Habitualmente va asociado a irritación de bajo grado o crónica y la lesión se traumatiza con suma facilidad.

equilibración (equilibration), balance e integración de las nuevas experiencias y de las pasadas en el desarrollo psicológico de un individuo.

equilibrio (equilibrium), **1.** estado de balance o reposo debido a la acción de fuerzas opuestas idénticas, como las del calcio y el fósforo en el organismo. **2.** (en psiquiatría) estado de equilibrio mental o emocional. **3.** (en radioterapia) punto en el que la velocidad de producción del elemento hijo es igual a la de emisión del elemento padre, siendo la actividad del padre y del hijo idénticas.

equimosis (ecchimosis, *pl.* **ecchimoses**), alteración de la coloración de una zona de la piel o mucosa producida por la extravasación de sangre en el tejido subcutáneo, como consecuencia de un traumatismo de los vasos sanguíneos subyacentes o de la fragilidad de las paredes vasculares.

equinococosis (echinococcosis), infestación, generalmente del hígado, producida por la larva de una tenia del género *Echonicoccus*. Los seres humanos, especialmente los niños, pueden infestarse con larvas al ingerir los huevos presentes en las heces de los perros infectados. Las manifestaciones clínicas y el pronóstico son variables, dependiendo del tejido invadido y la extensión de la infestación.

equivalente de dosis (DE) (dose equivalent [DE]), cantidad utilizada en seguridad radiológica que equipara sobre una escala unificada la cantidad de radiación y las lesiones físicas que puede producir. La unidad de equivalente de dosis es el Sievert (Sv) o el rem.

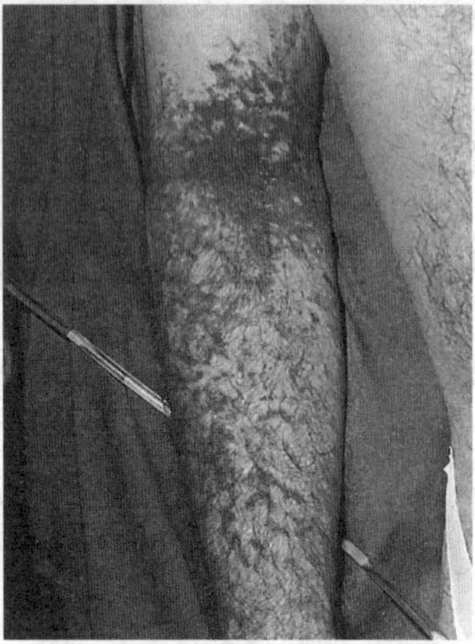

Equimosis espontánea
(S. Sherlock/J. A. Summerfield, 2.ª ed., 1992)

equivalente de plomo (lead equivalent), (en radiología) espesor de plomo necesario para conseguir un efecto protector contra la radiación, en determinadas condiciones, igual que el que proporciona un determinado material.

equivalente genérico (generic equivalent), producto farmacéutico vendido por su nombre genérico, de composición química idéntica a la de los que se venden con nombre comercial, aunque no necesariamente tenga el mismo efecto terapéutico.

equivalente letal (lethal equivalent), cualquier gen recesivo en estado heterocigótico que si fuera homocigótico resultaría letal y produciría la muerte del individuo o del organismo.

equivalente metabólico (MET) (metabolic equivalent [MET]), unidad de medida de la producción de calor por el organismo. Un MET equivale a 50 kilocalorías (kcal) por hora y por metro cuadrado de superficie corporal de un individuo en reposo.

equivalente métrico (metric equivalent), cualquier valor en unidades métricas de medida que equivale al mismo valor en unidades inglesas, como por ejemplo: 2,54 cm equivalen a 1 pulgada y 1 litro equivale a 1,0567 cuartos de galón.

equivalente niacínico (niacin equivalent), factor de interconversión que se usa para estimar la contribución del triptófano a la dieta para satisfacer la ingesta diaria recomendada de niacina. Convencionalmente se calcula que 60 mg de triptófano equivalen a 1 mg de niacina, lo que recibe el nombre de 1 equivalente niacínico.

equivalente químico (chemical equivalent), fármaco o producto químico que contiene cantidades similares de los mismos ingredientes que otro fármaco o producto químico.

equivalente terapéutico (therapeutic equivalent), fármaco que esencialmente tiene el mismo efecto para el tratamiento de una enfermedad que otro u otros fármacos.

Er (Er), símbolo del **erbio**.

erbio (Er) (erbium [Er]), elemento metálico del grupo de las tierras raras. Su número atómico es 68; su peso atómico, 167,26.

erección (erection), proceso de endurecimiento, tumefacción y elevación, observado en el pene y en menor grado en el clítoris, producido normalmente por estímulos sexuales, pero que también se puede producir durante el sueño o como resultado de una estimulación física. Es necesaria para que el pene pueda penetrar en la vagina y emitir el semen.

eréctil (erectile), capaz de erigirse o ser erigido a una posición erecta. El término se suele aplicar a la descripción del tejido esponjoso del pene o del clítoris, que se hacen turgentes y entran en erección cuando se llenan de sangre.

ergastoplasma (ergoplasm), red de estructuras citoplásmicas que muestran propiedades tincionales basófilas, retículo endoplásmico rugoso. V. **retículo endoplásmico**.

ergio (erg), unidad de energía en el sistema CGS (centímetro-grado-segundo) equivalente al trabajo que realiza una fuerza de una dina en una distancia de 1 cm.

ergocalciferol (ergocalciferol), v. **calciferol**.

ergometría (ergometry), estudio de la actividad del trabajo físico, incluyendo el trabajo realizado por los músculos específicos o por grupos musculares. Los estudios conllevan la valoración con equipos del tipo de las bicicletas estáticas, tapices rodantes o máquinas de remo.

ergómetro de bicicleta (bicycle ergometer), dinamómetro en bicicleta estática que mide la potencia de la contracción de los músculos de un individuo.

ergonomía (ergonomics), disciplina científica dedicada al estudio y análisis del trabajo humano, especialmente a la influencia de la anatomía, fisiología y otros factores humanos del individuo.

ergosoma (ergosome), v. **polisoma**.

ergosterol (ergosterol), esterol insaturado del grupo de la vitamina D aislado de las levaduras, champiñones, cornezuelo de centeno y otros hongos. Cuando se trata con radiación ultravioleta se convierte en vitamina D_2.

ergoterapia (ergotherapy), empleo de la actividad y ejercicio físico para el tratamiento de las enfermedades. Por extensión, la terapia abarca cualquier técnica que aumente el suministro de sangre a la parte lesionada o enferma, como el masaje o los distintos tipos de baños calientes.

ergotismo (ergotism), **1.** enfermedad aguda o crónica causada por dosis excesivas de fármacos con ergotínicos. Los síntomas incluyen síntomas cerebrospinales como espasmos, calambres y gangrena seca. **2.** enfermedad crónica contraída al comer productos de cereales elaborados con centeno contaminado con cornezuelo.

ergotrópico (ergotropic), **1.** perteneciente a un estado de actividad o trabajo que afecta al músculo estriado, al sistema nervioso simpático y a la actividad cortical en ritmo alfa. **2.** perteneciente a la administración de medicamentos u otros tratamientos que potencian la energía de la sangre y otros tejidos corporales para resistir infecciones.

erisipela (erysipelas), enfermedad infecciosa de la piel caracterizada por enrojecimiento, tumefacción, vesículas, ampollas, fiebre, dolor y adenopatías linfáticas.

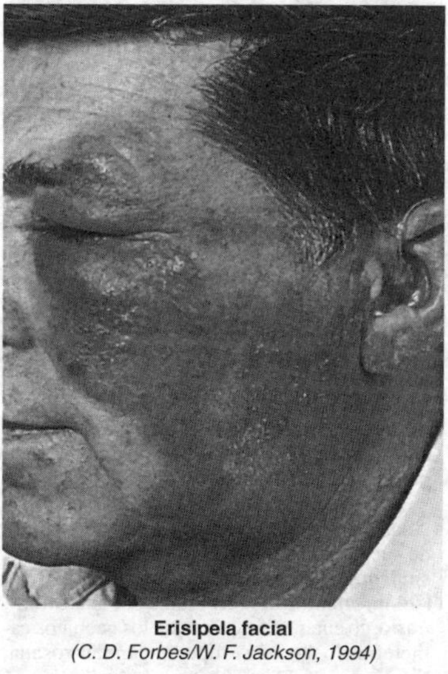

Erisipela facial
(C. D. Forbes/W. F. Jackson, 1994)

erisipeloide (erysipeloid), infección de las manos caracterizada por parches o nódulos rojo-azulados y, en ocasiones, eritema. Se adquiere al manipular carne o pescado infectados con *Erysipelothrix rhusiopathiae*.

eritema (erythema), enrojecimiento o inflamación de piel o mucosas, que se produce como consecuencia de la dilatación y congestión de los capilares superficiales. La rubefacción nerviosa o las quemaduras solares leves son algunos ejemplos de eritema.

eritema crónico migratorio (ECM) (erythema chronicum migrans [ECM]), lesión cutánea que comienza como una pequeña pápula y que se extiende de forma periférica, en forma de lesiones con un centro claro y un borde rojo. Marca el punto de picadura de una garrapata de los ciervos y es un signo diagnóstico de la **enfermedad de Lyme**.

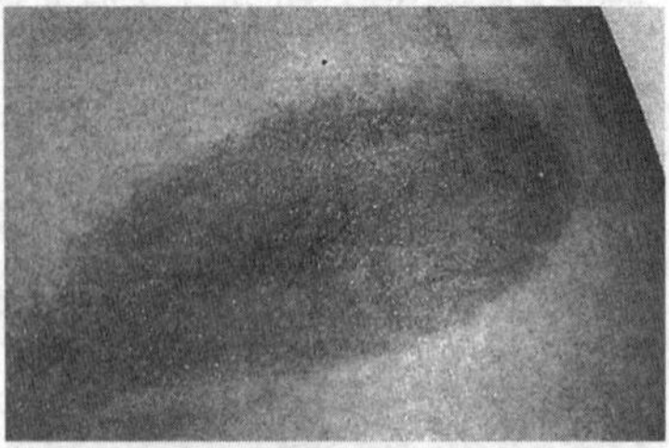

Eritema crónico migratorio
(A. du Vivier, 2.ª ed., 1992)

eritema infeccioso (erythema infectiosum), enfermedad infecciosa aguda benigna, sobre todo de niños, caracterizada por fiebre y por una erupción eritematosa que comienza en las mejillas y que luego aparece en brazos, muslos, nalgas y tronco.

eritema marginado (erythema marginatum), variedad del **eritema multiforme** que se observa en la fiebre reumática, caracterizado por máculas discoidales, rojas, no pruriginosas, transitorias, que dejan bordes elevados.

eritema multiforme (erythema multiforme), síndrome de hipersensibilidad caracterizado por una erupción cutánea y mucosa polimorfa. Se observan máculas, pápulas, nódulos, vesículas o ampollas y lesiones en diana y en ojo de buey. Una forma grave de este proceso es el **síndrome de Stevens-Johnson**.

eritema neonatal (erythema neonatorum), trastorno cutáneo frecuente de los neonatos caracterizado por una erupción papular rosada, normalmente superpuesta a vesículas o pústulas. El exantema aparece antes de las 48 horas tras el nacimiento y ocupa el tórax, el abdomen, la espalda y la región del pañal, desapareciendo al cabo de unos días.

eritema nodoso (erythema nodosum), vasculitis por hipersensibilidad caracterizada por la presencia de nódulos subcutáneos bilaterales eritematosos, dolorosos a la palpación, que aparecen en las crestas tibiales y, en ocasiones, en otras partes del organismo. Pueden aparecer nódulos en las infecciones estreptocócicas, en la tuberculosis, en la sarcoidosis, en la sensibilidad a fármacos, en la colitis ulcerosa y en el embarazo.

eritema palmar (palmar erythema), enrojecimiento inflamatorio de las palmas de las manos.

eritema persistente (erythema perstans), enrojecimiento local persistente de la piel producido con frecuencia por una determinada combinación de fármacos.

eritema tóxico (toxic erythema), término inexacto que se aplica en ocasiones a las erupciones cutáneas eritematosas de origen desconocido.

eritema tóxico del recién nacido (toxic erythema of the newborn), v. **eritema neonatal**.

eritralgia (erythralgia), alteración cutánea caracterizada por una sensación urente dolorosa, elevación de la temperatura cutánea y enrojecimiento, generalmente de los miembros inferiores.

eritrasma (erythrasma), infección cutánea bacteriana de las regiones inguinal o axilar, caracterizada por la presencia de placas elevadas, irregulares, de color marrón rojizo.

eritremia (erythremia), v. **policitemia**.

eritroblasto (erythroblast), forma inmadura del hematíe. Normalmente se encuentra en la médula ósea.

eritroblastoma (erythroblastoma), mieloma (neoplasia osteolítica) en el que las células parecen eritroblastos.

eritroblastosis fetal (erythroblastosis fetalis), tipo de anemia hemolítica que se produce en el neonato, como resultado de la incompatibilidad de los grupos sanguíneos de la madre y el feto, afectando específicamente al factor Rh y a los grupos sanguíneos ABO. El trastorno se produce por una reacción antígeno-anticuerpo en el torrente circulatorio del lactante ocasionada por la transmisión transplacentaria de los anticuerpos formados por la madre frente a los antígenos incompatibles de la sangre fetal. En la incompatibilidad del factor Rh, la reacción hemolítica se produce sólo cuando la madre es Rh negativa y el feto Rh positivo. Es raro que el proceso de isoinmunización se produzca en el primer embarazo, aunque cada vez que se produce un embarazo aumentan las posibilidades.

eritrocitemia (erythrocytemia), aumento del número de eritrocitos circulantes en la sangre.

eritrocito (erythrocyte), el principal componente celular de la sangre circulante; es un disco rojizo bicóncavo, de unas 7 micras de diámetro, que contiene hemoglobina rodeada por una membrana lipídica. Su función principal es el transporte de oxígeno. Los eritrocitos se originan en la médula de los huesos largos. La maduración se produce a partir de una célula pluripotencial (promegaloblasto), que pasa a la fase de pronormoblasto, la última antes de que se desarrolle la célula madura. Algunos tipos de eritrocitos son **glóbulo espinoso, célula espinosa, discocito, esferocito** y**macrocito**.

eritrocito basófilo (basophilic erythrocyte), hematíe que contiene material basófilo, dando lugar a la aparición de un moteado azul en el eritrocito. Puede ser un signo de intoxicación por plomo.

eritrocito inmaduro (immature erythrocyte), cualquiera de las células sanguíneas intermedias entre los hemocitoblastos y los hematíes desprovistos de núcleo. Se pueden encontrar en la circulación sanguínea después del nacimiento.

eritrocitopenia (erythrocytopenia), cuadro caracterizado por una deficiencia de eritrocitos.

eritrocitosis (erythrocytosis), aumento anormal del número de eritrocitos circulantes.

eritrodermia (erythroderma), cualquier dermatosis asociada a un enrojecimiento anormal de la piel.

eritrofobia (erythrophobia), **1.** trastorno de ansiedad caracterizado por un miedo irracional a la rubefacción o a mostrar sonrojamiento. **2.** síntoma neurótico que se manifiesta por la rubefacción a la mínima provocación. **3.** miedo morboso o aversión al color rojo.

eritroleucemia (erythroleukemia), trastorno hematológico maligno caracterizado por la proliferación de elementos eritropoyéticos en la médula ósea, con eritroblastos de núcleo lobulado y mieloblastos anómalos en la sangre periférica. La enfermedad puede tener un curso crónico o agudo.

eritromelalgia (erythromelalgia), trastorno raro caracterizado por la dilatación paroxística de los vasos sanguíneos periféricos.

eritromicina (erythromycin), antibiótico antibacteriano que se prescribe para el tratamiento de muchas infecciones bacterianas y micoplásmicas, sobre todo las infecciones que no se pueden tratar con penicilinas.

eritroplasia de Queyrat (erythroplasia of Queyrat) [Auguste Queyrat, dermatólogo francés, n. 1872], lesión premaligna del glande que adopta el aspecto de una placa rojiza bien circunscrita.

eritropoyesis (erythropoiesis), proceso de producción de eritrocitos, que implica la maduración del precursor nucleado al eritrocito anucleado, lleno de hemoglobina, que es regulado por la eritropoyetina, hormona producida en el riñón.

eritropoyetina (EPO) (erythropoietin [EPO]), hormona glucoproteica sintetizada principalmente por los riñones y liberada al torrente sanguíneo en respuesta a la anoxia.

erógeno (erogenous), relativo a la producción de sensaciones eróticas o de excitación sexual.

Eros (Eros), término freudiano para la conducta o instinto de supervivencia, incluyendo la autoprotección y la supervivencia de las especies mediante reproducción.

erosión (erosion), gradual destrucción por desgaste de una superficie, como la de una mucosa o la de la epidermis, como consecuencia de un proceso inflamatorio, lesiones u otros efectos.

erotismo (eroticism), **1.** impulso o deseo sexual. **2.** despertar o intento de despertar el instinto sexual por métodos sugestivos o simbólicos. **3.** expresión del instinto o deseo sexual. **4.** impulso sexual anormalmente persistente.

erotomanía (erotomania), *obsoleto*, estado psicopatológico caracterizado por la preocupación por la sexualidad y por la conducta sexual.

ERP (PKD), abreviatura de **enfermedad renal poliquística**.

ERPAD (DAPRE), abreviatura de **ejercicio de resistencia progresiva de ajuste diario**.

errático (erratic), desviado de lo normal, pero sin aparente curso o propósito.

error (bug), cualquier fallo en un programa de ordenador (error de software) o defecto de diseño en el hardware del ordenador (error de hardware), que habitualmente hace que el ordenador sea incapaz de procesar correctamente los datos.

error (error), (en investigación) defecto en el diseño de un estudio, en el desarrollo de las mediciones o de sus instrumentos o en la interpretación de los hallazgos.

error innato del metabolismo (inborn error of metabolism), uno de los múltiples trastornos metabólicos producidos por un defecto hereditario de una determinada enzima u otra proteína cualquiera. Las personas con estas enfermedades suelen mostrar un gran número de signos físicos característicos del rasgo genético. Los errores innatos del metabolismo se pueden detectar en el feto *in utero*, examinando las células de descamación y sanguíneas obtenidas por amniocentesis y fetoscopia. Las pruebas de laboratorio después del nacimiento suelen mostrar niveles superiores a los normales de determinados metabolitos en sangre y orina, como el ácido fenilpirúvico y la fenilalanina en la fenilcetonuria, o la galactosa en la galactosemia. Algunos tipos de errores innatos del metabolismo son: **enfermedad de Tay-Sachs, fenilcetonuria, galactosemia, deficiencia de glucosa-6-fosfato deshidrogenasa** y **síndrome de Lesch-Nyhan**.

eructo (eructation, belch), acción y efecto de expeler aire del estómago emitiendo un ruido característico.

erupción (eruption), desarrollo rápido de una lesión cutánea, especialmente un exantema viral o el exantema que normalmente acompaña a las reacciones a fármacos.

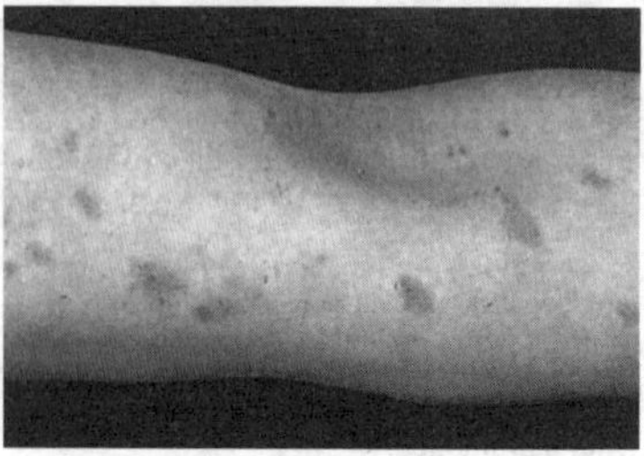

Erupción macular
(S. Sherlock/J. A. Summerfield, 2.ª ed., 1992)

Es (Es), símbolo del **einstenio**.

ES (SE), abreviatura de **error estándar**.

esbozo embrionario (anlage), (en embriología) estrato de células indiferenciadas a partir del cual se desarrolla un órgano, tejido o estructura determinados; vestigio inicial rudimentario.

escabicida (scabicide), perteneciente a un gran grupo de fármacos que destruyen el ácaro de la sarna, *Sarcoptes scabiei*. Estos fármacos se aplican tópicamente en forma de lociones o cremas. Todos son potencialmente tóxicos e irritantes para la piel. Son tipos de escabicida el **crotamitón** y el **lindano**.

escafocefalia (scaphocephaly), malformación congénita del cráneo en la cual el cierre prematuro de la sutura sagital limita el crecimiento lateral de la cabeza, dándole a ésta un aspecto anormalmente largo y estrecho, con un índice cefálico de 75 o menos.

escafoideo (scaphoid), con forma de barco, como el hueso escafoides de la muñeca.

escala de autoevaluación de la depresión de Zung (Zung Self-Rating Depression Scale), «prueba de autovaloración» formada por 20 enunciados de carácter negativo, administrada para determinar la presencia de depresión.

escala de calificación del reajuste social (social readjustment rating scale), escala de 43 acontecimientos de la vida normal asociados a cierto grado de desorganización de la vida de un individuo. Esta escala fue desarrollada por los psicólogos T. Holmes y R. J. Raphe, quienes comprobaron que algunos trastornos físicos graves, como el infarto de miocardio, la úlcera péptica y las infecciones, además de diversos trastornos psiquiátricos, se asociaban a una acumulación de 200 o más puntos en la escala de calificación, durante un período de 1 año. El acontecimiento más destructivo sobre la propia vida, según los psicólogos, era la muerte del cónyuge, episodio que se valoraba en 100 puntos. El episodio calificado con la puntuación más baja era una transgresión menor de la ley, calificada con 11 puntos.

escala de coma de Glasgow (Glasgow Coma Scale), sistema rápido, práctico y estandarizado para valorar el grado de deterioro de la consciencia en enfermos críticos y para predecir la duración y el desenlace final del coma, sobre todo en pacientes con lesiones craneales. El sistema incluye tres determinantes: apertura de ojos, respuesta verbal y respuesta motora, cada uno de los cuales se evalúa de forma independiente, según un baremo, que indica el nivel de consciencia y el grado de disfunción.

escala de grises (gray scale), (en ecografía) propiedad de la pantalla en la que la intensidad de la información se registra como cambios en el brillo de la misma.

escala de Rankine (Rankine scale) [William J. M. Rankine, físico escocés, n. 1820], escala de temperatura absoluta calculada en grados Fahrenheit. El cero absoluto de la escala de Rankine es de –460 °F, equivalentes a –273 °C.

escala de valoración del comportamiento neonatal (Neonatal Behavior Assessment Scale), escala para evaluar y valorar en un lactante su vivacidad, madurez motora, irritabilidad, facilidad de consolación e interacción con la gente. Se utiliza como herramienta para evaluar el estado neurológico y la conducta del neonato.

escala de valoración del comportamiento social (Social Behavior Assessment Scale), guía para una entrevista semiestructurada que obtiene información de personas adecuadas acerca de la actuación de un paciente.

escala Kelvin (K) (Kelvin scale [K]), escala de temperatura absoluta calculada en unidades Celsius a partir del punto en el que aparentemente cesa la actividad molecular, 273 °C. Para convertir grados Celsius en Kelvin basta sumarles 273.

escalas de Bayley del desarrollo infantil (Bayley Scales of Infant Development), escala de tres partes para la evaluación del desarrollo de los niños con edades comprendidas entre los dos meses y los dos años y medio. Mediante la utilización de pizarras, bloques de construcciones y utensilios, se estudia en los niños la percepción, la memoria y la vocalización en la escala mental; su capacidad para sentarse, subir escaleras y manipular objetos en la escala motora, y tiempo de atención sostenida, conducta social y persistencia en la escala de conducta.

escalas de inteligencia de Wechsler (Wechsler intelligence scales) [David Wechsler, psicólogo norteamericano, n. 1896], serie de pruebas estandarizadas pensadas para medir la inteligencia a varios niveles de edad, desde el preescolar hasta el adulto, mediante preguntas que evalúan la información general, la disposición de fotos y objetos, el vocabulario, la memoria, el razonamiento y otras capacidades.

escaldadura (scald), quemadura producida por la exposición de la piel a un vapor o líquido caliente.

escaleno (scalene), perteneciente a uno de los músculos escalenos.

escaleno (scalenus), cada uno de los músculos, en número de cuatro, que se originan en las vértebras cervicales y se insertan en la primera o segunda costilla.

escalofrío (chill), **1.** sensación de frío producida por la exposición a un ambiente frío. **2.** tiritona con palidez y sensación de frío que generalmente aparece al inicio de una infección y que se acompaña de una elevación rápida de la temperatura.

escalpelo (scalpel), pequeño cuchillo puntiagudo y con un borde convexo. Algunos escalpelos utilizan hojas intercambiables para determinados procedimientos quirúrgicos, como intervenciones y amputaciones.

escama (squama, *pl.* **squamae**), **1.** lámina aplanada procedente de la epidermis. **2.** parte delgada y expandida de un hueso, especialmente en la bóveda craneal.

escandio (Sc) (scandium [Sc]), elemento metálico grisáceo. Número atómico, 21; peso atómico, 44,956.

escanografía (scanography), método de producir una radiografía de un órgano o estructura corporal interna utilizando una serie de haces paralelos que eliminan la distorsión del tamaño.

escape ventricular (ventricular escape), liberación de los ventrículos del control inhibidor del ritmo sinusal o auriculoventricular cuando la frecuencia de descargas cae por debajo de la frecuencia natural de formación del impulso en las células marcapasos de las ramas del haz.

escápula (scapula), cada uno de los dos grandes huesos triangulares planos que forman la parte dorsal de la cintura escapular.

escapulohumeral (scapulohumeral), relativo a las estructuras de los músculos y el área que rodean la escápula y el húmero y forman la cintura escapular.

escara (eschar, scab), costra seca resultante de una quemadura térmica o química, infección o enfermedad cutánea escoriativa.

escariador (broach), un instrumento dental alargado y afilado utilizado para dar forma y agrandar los agujeros, especialmente para extraer la pulpa o limpiar el canal de una raíz.

escarificación (scarification), múltiples arañazos o incisiones superficiales en la piel, tal y como se hace para la introducción de una vacuna.

escarificar (scarify), realizar múltiples incisiones superficiales en la piel; rascar. La vacunación frente a la viruela se realiza mediante la escarificación de la piel bajo una gota de vacuna.

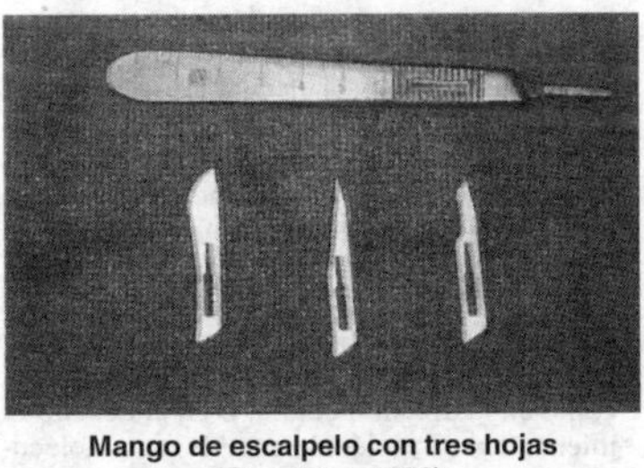

Mango de escalpelo con tres hojas
(Grossman, 1993)

escarlatina (scarlet fever), enfermedad contagiosa aguda de la infancia provocada por una cepa productora de eritrotoxina de *Streptococcus* hemolítico del grupo A. La infección se caracteriza por dolor de garganta, fiebre, aumento de tamaño de los ganglios linfáticos del cuello, postración y una erupción rojo brillante difusa.

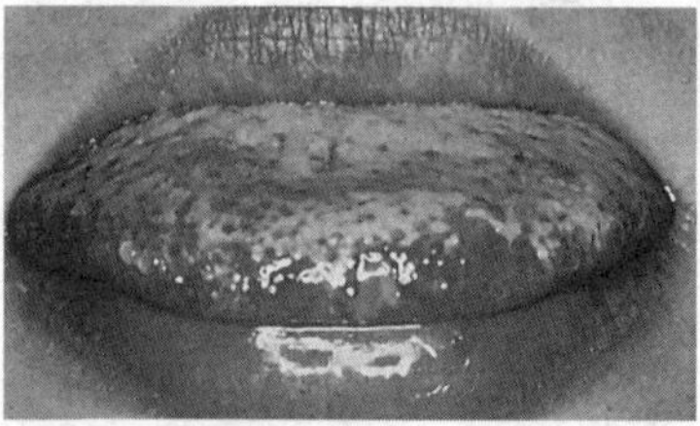

Lengua blanca aframbuesada en la escarlatina
(C. D. Forbes/W. F. Jackson, 1994)

escarlatiniforme (scarlatiniform), erupción parecida a la de la **escarlatina**.
escarotomía (escharotomy), incisión quirúrgica de un tejido necrótico producido por una quemadura grave. A veces es necesaria para evitar que el edema aumente tanto la presión intersticial como para afectar a la repleción capilar y producir isquemia.
escatología (scatology), ciencia de los excrementos.
escatológico (scatologic), perteneciente a la **escatología**.
escayola (cast), vendaje rígido sólido elaborado con yeso u otro material alrededor de un miembro o de otra región corporal para inmovilizarla durante su curación.
escayolar (casting), acto de colocar una región corporal en una escayola.
escena retrospectiva (flashback), fenómeno que experimentan las personas que toman alucinógenos y que inesperadamente vuelven a experimentar sus efectos.
Escherichia coli (Escherichia coli) [Theodor Escherich, médico alemán, n. 1857], especie de bacterias coliformes de la familia de las Enterobacteriáceas, que normalmente se encuentra en el intestino y es frecuente en el agua, la leche y el suelo. Es la causa más frecuente de infección del tracto urinario y un patógeno grave en las heridas.
escisión (cleave), segmentación o división, como en la división celular o en el desdoblamiento de una molécula compleja en moléculas más sencillas.
escleredema (scleredema), enfermedad cutánea idiopática caracterizada por induración no depresible que comienza en la cara o el cuello y se extiende hacia abajo por todo el cuerpo, respetando las manos y los pies. Puede haber también inflamación de la lengua, limitación de movimientos oculares y derrames pericárdico, pleural y peritoneal.
esclerema del recién nacido (sclerema neonatorum), endurecimiento progresivo y generalizado de la piel y el tejido subcutáneo del recién nacido. Habitualmente se trata de un proceso mortal que se produce como resultado de un intenso estrés por frío en lactantes prematuros gravemente enfermos.
escleritis (scleritis), inflamación de la esclerótica.
esclerodactilia (sclerodactyly), deformidad musculosquelética que afecta a las manos de las personas con esclerodermia. Los dedos están fijos en una posición de semiflexión, con la piel muy tirante sobre la muñeca. Los pulpejos de los dedos pueden estar ulcerados.
esclerodactilia (sclerodactyly), deformidad musculosquelética que afecta a las manos de personas con esclerodermia. Los dedos de las manos quedan fijos en posición de semiflexión y las puntas están afiladas y ulceradas.
escleroderma circunscrita (circumscribed scleroderma), v. **morfea**.
esclerodermia (scleroderma), enfermedad autoinmunitaria relativamente infrecuente que afecta a los vasos sanguíneos y al tejido conectivo. La enfermedad se caracteriza por degeneración fibrosa del tejido conectivo de piel, pulmones y órganos internos, especialmente esófago y riñones. La esclerodermia es más frecuente en mujeres de edad media. Los síntomas iniciales más comunes son cambios en la piel de la cara y los dedos de las manos. Se produce un fenómeno de Raynaud, con endurecimiento progresivo de la piel y tumefacción de las extremidades distales. En los primeros estadios, la enfermedad puede ser confundida con una artritis reumatoide o una enfermedad de Raynaud. A medida que evoluciona, se producen deformidades de las articulaciones y dolor al movimiento. Los cambios cutáneos se inician con edema seguido de palidez; después, la piel se vuelve más firme, y finalmente adquiere una ligera pigmentación y se fija a los tejidos subyacentes. En este estadio, la piel de la cara está tensa, brillante y con aspecto de máscara, y el paciente puede presentar dificultades para masticar y deglutir.
esclerodermia localizada (localized scleroderma), v. **morfea**.

escleromalacia perforante (scleromalacia perforans), trastorno ocular en el cual se produce desvitalización y esfacelación de la esclerótica, como complicación de una artritis reumatoide. La úvea pigmentada queda expuesta, pudiendo producirse glaucoma, cataratas y desprendimiento de retina.

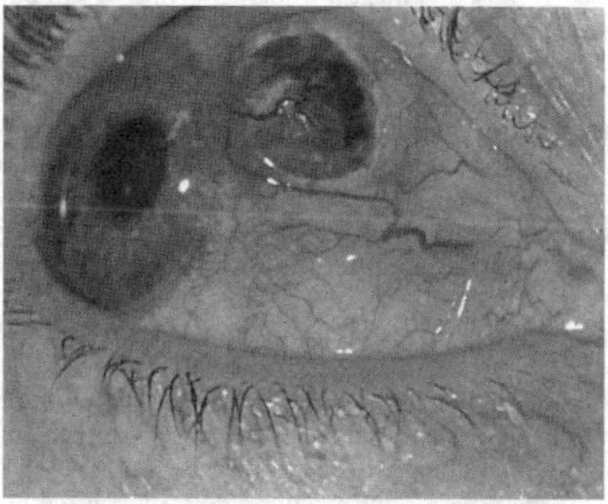

Escleromalacia perforante en la artritis reumatoide
(C. D. Forbes/W. F. Jackson, 1994)

esclerosarse (sclerose), endurecerse o provocar endurecimiento.

esclerosis (sclerosis), trastorno caracterizado por el endurecimiento de un tejido debido a diversas causas, como inflamación, depósito de sales minerales o infiltración de fibras de tejido conectivo.

esclerosis arterial (arterial sclerosis), engrosamiento de la pared arterial.

esclerosis de Alzheimer (Alzheimer's sclerosis) [Alois Alzheimer], degeneración de pequeños vasos sanguíneos cerebrales que provoca alteraciones mentales.

esclerosis de la íntima (intimal sclerosis), endurecimiento de la capa íntima de un vaso sanguíneo.

esclerosis difusa (diffuse sclerosis), forma de esclerosis que afecta a gran parte del sistema nervioso central.

esclerosis lateral amiotrófica (ELA) (amyotrophic lateral sclerosis [ALS]), enfermedad degenerativa de las motoneuronas, caracterizada por atrofia de los músculos de las manos, antebrazos y piernas, que se extiende hasta afectar a la mayor parte del cuerpo. Se debe a una degeneración de las motoneuronas y comienza en la edad media de la vida.

esclerosis múltiple (EM) (multiple sclerosis [MS]), enfermedad progresiva caracterizada por la desmielinización diseminada de las fibras nerviosas del cerebro y de la médula espinal. Los primeros signos son parestesias o sensaciones anormales en las extremidades o en un lado de la cara. Otros signos precoces son la pérdida de masa muscular, el vértigo y las alteraciones visuales, como nistagmo, diplopía (visión doble) y ceguera parcial. Después, en el curso de la enfermedad, puede existir labilidad emocional, ataxia, reflejos anormales y dificultad para orinar.

esclerosis renal (renal sclerosis), fibrosis arteriosclerótica de las arteriolas renales.

esclerosis sistémica progresiva (ESP) (progressive systemic sclerosis [PSS]), forma más frecuente de esclerodermia.

esclerosis tuberosa (tuberous sclerosis), enfermedad neurocutánea familiar caracterizada por epilepsia, deterioro mental, adenomas sebáceos, nódulos y manchas escleróticas en la corteza cerebral, tumores retinianos, máculas cutáneas despigmentadas en forma de hoja, tumores del corazón o de los riñones y calcificaciones cerebrales. V. también **adenoma sebáceo**.

esclerosis vascular (vascular sclerosis), degeneración hialina de los vasos sanguíneos con hipertrofia de la media y fibrosis por debajo de la íntima. Junto con el engrosamiento y fibrosis de la íntima, puede haber pérdida de elasticidad y debilidad de las paredes vasculares.

escleroterapia (sclerotherapy), utilización de sustancias químicas esclerosantes para tratar varicosidades como hemorroides o varices esofágicas. El agente produce inflamación y posteriormente fibrosis y obliteración de la luz.

esclerótica (sclera), membrana dura, inelástica y opaca que cubre las cinco sextas partes posteriores del globo ocular, mantiene el tamaño y la forma de éste y sirve de fijación a los músculos que lo mueven. En su parte posterior es atravesada por el nervio óptico y, con la córnea transparente, forma la más externa de las tres túnicas que cubren el globo ocular.

esclerotoma (sclerotome), (en embriología) la parte de la capa de mesodermo segmentada al inicio del desarrollo embrionario que se origina a partir de los somitas y da lugar al tejido esquelético del cuerpo.

escobillón (swab), varilla o pinza que sujeta una gasa o un trozo de algodón absorbente, utilizada para lavar, limpiar o secar una superficie corporal, recoger una muestra para estudios de laboratorio o aplicar una medicación tópica.

escólex (scolex, *pl.* **scoleces**), segmento u órgano cefaloide de la tenia adulta, con ganchos, surcos o ventosas mediante los cuales se fija a la pared del intestino.

escoliómetro (scoliometer), aparato para medir el grado de curvatura anormal de la columna.

escoliosis (scoliosis), curvatura lateral de la columna, anomalía frecuente en la infancia. Entre sus causas se encuentran malformaciones congénitas de la columna, poliomielitis, displasias esqueléticas, parálisis espástica y diferente longitud de las piernas. Un signo de esta enfermedad puede ser la desigualdad de la altura de las caderas o de los hombros.

escómbrido (scombroid), perteneciente a la familia de peces-espinados percoides de las familias *Scombridae* y *Scomberescidae*, entre los que se encuentran la caballa, el bonito y el atún.

escopofilia (scopophilia), **1.** placer sexual obtenido al mirar escenas sexualmente estimulantes o los genitales de otra persona; voyeurismo. **2.** deseo mórbido de ser visto; exhibicionismo.

escopofobia (scopophobia), ansiedad patológica caracterizada por un temor mórbido a ser visto o mirado fijamente por los demás. Se observa habitualmente en la esquizofrenia.

escopolamina (scopolamine) [Giovanni A. Scopoli, naturalista italiano, n. 1723], alcaloide anticolinérgico obtenido de las hojas y semillas de varias plantas solanáceas. Es un depresor del sistema nervioso central y se utiliza para evitar el mareo por movimiento; también es antiemético, sedante en obstetricia y ciclopléjico y midriático.

escorbuto (scurvy), enfermedad producida por la falta de ácido ascórbico en la dieta. Se caracteriza por debilidad, anemia, edema, encías esponjosas, ulceración y aflojamiento frecuente de los dientes, tendencia a las hemorragias mucocutáneas e induración de los músculos de las piernas.

escotadura (notch), indentaciónro depresión en un hueso u otro órgano, como la escotadura cardíaca o la escotadura acetabular.

escotoma (scotoma, *pl.* **scotomas, scotomata**), defecto visual en una región definida en uno o ambos ojos. Un síntoma prodrómico frecuente es la aparición de una película reluciente en forma de isla en el campo visual.

escrófula (scrofula), tuberculosis primaria con formación de abscesos, habitualmente en los ganglios linfáticos cervicales.

escroto (scrotum), bolsa de piel que contiene los testículos y parte de los cordones espermáticos. Superficialmente está dividida en dos porciones laterales por un reborde que se continúa ventralmente con la superficie inferior del pene y dorsalmente con la línea media del periné hasta el ano. Las dos capas del escroto son la piel y la túnica dartos. La piel es muy fina, tiene un color parduzco y suele estar arrugada. Presenta folículos sebáceos que segregan una sustancia con un olor característico y tiene pelos dispersos y rizados con raíces visibles a través de la piel. La túnica dartos está formada por una fina capa de fibras musculares no estriadas que rodean la base del escroto y se continúan por las dos capas de la fascia superficial de la ingle y el periné. De esta túnica sale un tabique interno que divide la bolsa en dos cavidades para los testículos, y se extiende entre el rafe escrotal y la raíz del pene.

escrúpulo (scruple), medida de peso del sistema farmacéutico que equivale a 20 granos o 1,296 g.

escucha activa (active listening), actitud de escucha alerta e interesada en lo que debe decir una persona.

escudo (shield), (en tecnología de las radiaciones) material para evitar o reducir el paso de partículas cargadas o de radiaciones. Un escudo puede estar diseñado según la radiación que se pretende que absorba, como un escudo de rayos gamma, o según la clase de protección que se pretende que ofrezca, como en el caso de un escudo de fondo, biológico o térmico.

Esculapio (Æsculapius), antiguo dios griego de la medicina. Esculapio consideraba que las serpientes eran sagradas, lo cual está simbolizado en la medicina moderna mediante un bastón alrededor del cual se halla enroscada una serpiente.

eserina (eserine), v. **fisostigmina**.

esfacelarse (slough), desprenderse o descamarse capas de tejido muerto, como las células necrosadas del endometrio durante la menstruación.

esfacelo (slough), tejido muerto que se desprende y elimina.

esfenoides (sphenoid), hueso impar, situado en la base del cráneo, que separa el maxilar superior, el etmoides y el frontal de los huesos temporal y occipital.

esfenoiditis (sphenoiditis), inflamación del seno esfenoidal.

esfera (sphere), objeto redondeado, con forma de globo, generado técnicamente por un círculo que rota alrededor de un diámetro considerándolo como su eje.

esfera vitelina (vitelline sphere, **yolk sphere**), v. **mórula**.

esferocito (spherocyte), hematíe esférico anómalo que contiene más cantidad de hemoglobina de lo normal.

esferocitosis (spherocytosis), presencia anormal de esferocitos en la sangre.

esferocitosis hereditaria (hereditary spherocytosis), v. **anemia esferocítica**.

esférula (spherula), bola pequeña.

esfigmógrafo (sphygmograph), instrumento que registra la fuerza del pulso arterial en un trazado que recibe el nombre de esfigmograma.

esfigmograma (sphygmogram), trazado del pulso conseguido con un esfigmógrafo. Las anomalías esfigmográficas de frecuencia, ritmo y forma pueden ser diagnósticamente útiles en la evaluación de la función cardiovascular.

esfigmomanómetro (sphygmomanometer), instrumento para el registro indirecto de la tensión arterial. Está constituido por un manguito hinchable que se ajusta alrededor del brazo, una pera que controla la presión del manguito y un manómetro aneroide o de mercurio. La tensión de la arteria braquial se calcula por el movimiento de la columna de mercurio cuando se hincha el manguito.

esfigmopletismógrafo (sphygmoplethysmograph), instrumento para calcular y registrar la curva de tensión arterial y el flujo sanguíneo de los miembros.

esfingolípido (sphingolipid), compuesto formado por un lípido y una esfingosina. Se encuentra en concentraciones elevadas en el cerebro y en otros tejidos del sistema nervioso.

esfingolipidosis cerebral infantil (infantile cerebral sphingolipidosis), v. **enfermedad de Tay-Sachs**.

esfingomielina (sphingomyelin), perteneciente a un grupo de esfingolípidos que contienen fósforo. Se encuentra principalmente en el tejido del sistema nervioso.

esfingosina (sphingosine), aminoalcohol no saturado de cadena larga, principal componente de los esfingolípidos y la esfingomielina.

esfínter (sphincter), banda circular de fibras musculares que estrecha un paso o cierra una abertura natural del cuerpo, como el esfínter anal externo, que cierra el ano.

esfínter cardial (cardiac sphincter), anillo de fibras musculares situado en la unión del estómago con el esófago.

esfínter de la pupila (sphincter pupillae), músculo que distiende el iris, estrechando el diámetro de la pupila del ojo. Está formado por fibras circulares dispuestas en una estrecha banda de una anchura aproximada de 1 mm, que rodea el margen de la pupila hacia la superficie posterior del iris.

esfínter de la virginidad (sphincter virginae), v. **bulbocavernoso**.

esfínter de Oddi (Oddi's sphincter) [Ruggero Oddi, cirujano italiano, n. 1864], banda circular de fibras musculares que rodea la zona inferior del colédoco y del conducto pancreático, junto a la desembocadura del colédoco en el duodeno.

esfínter del ano (anal sphincter), conjunto doble de músculos circulares situados en el orificio del ano. Uno, el esfínter interno, está constituido por la capa circular del intestino engrosada, y el otro, el esfínter externo, es una lámina delgada de músculo que rodea el orificio anal.

esfínter del colédoco (sphincter choledochus), esfínter de músculo liso que rodea el extremo distal del colédoco y que forma parte del esfínter de Oddi.

esfínter pilórico (pyloric sphincter), anillo muscular engrosado situado en el estómago, que separa el píloro del duodeno.

esfínter uretral (urethral sphincter), músculo voluntario situado en el cuello de la vejiga que se relaja para permitir la micción.

esfinter vesical (bladder sphincter), músculo circular que rodea la abertura de la vejiga urinaria en la uretra.

esfuerzo expulsivo (bearing down), esfuerzo voluntario realizado por una mujer en la segunda fase del parto para ayudar en la expulsión de un feto. Aplicando la maniobra de Valsalva, la madre aumenta la presión intraabdominal.

esguince (sprain), lesión traumática de los tendones, músculos o ligamentos que rodean una articulación, que se caracteriza por dolor, tumefacción y palidez de la piel sobre la articulación. La duración y gravedad de los síntomas varía según el alcance de la lesión de los tejidos de sostén.

esmalte (enamel), sustancia blanca dura que cubre la dentina de la corona de los dientes.

esmalte marrón hereditario (hereditary brown enamel), v. **amelogénesis imperfecta**.

esmegma (smegma), secreción de glándulas sebáceas, especialmente la secreción caseosa y maloliente, encontrada con frecuencia debajo del prepucio del pene y en la base de los labios menores, cerca del glande clitoridiano.

ESO (ESO), abreviatura de **ortesis raquídea eléctrica**.

esofagectomía (esophagectomy), técnica quirúrgica en la que se extirpa todo o parte del esófago, que puede ser necesaria para tratar las varices esofágicas graves, recurrentes y hemorrágicas.

esofagitis (esophagitis), inflamación de la mucosa que tapiza el esófago, producida por infección, irritación por una sonda nasogástrica o reflujo de jugo gástrico procedente del estómago.

esofagitis por reflujo (reflux esophagitis), irritación e inflamación esofágica debida al reflujo del contenido del estómago hacia el esófago.

esófago (esophagus), conducto muscular de una longitud aproximada de 24 cm que se extiende desde la faringe hasta el estómago. Es la parte más estrecha del tubo digestivo, situándose su zona más estenosada en el punto en el que atraviesa el diafragma. Está constituido por una capa fibrosa, una capa muscular y está tapizado por una membrana mucosa.

esofagogastroscopia (esophagogastroscopy), examen del esófago y del estómago por endoscopia.

esofagogastrostomía (esophagogastrostomy), creación quirúrgica de una comunicación entre el esófago y el estómago.

esofagoscopia (esophagoscopy), examen del esófago con un endoscopio.

esofagospasmo (esophagospasm), contracciones espasmódicas de las paredes del esófago.

esofagoyeyunostomía (esophagojejunostomy), creación quirúrgica de una comunicación entre el esófago y el yeyuno, saltándose el estómago. El procedimiento se usa tras la gastrectomía total.

esoforia (esophoria), desviación del eje visual de un ojo hacia el del otro, en ausencia de estímulos visuales para la fusión.

esotropía (esotropia), tipo de estrabismo caracterizado por la desviación interna de un ojo con respecto al otro.

ESP (PSS), abreviatura de **esclerosis sistémica progresiva**.

espacio (space), cavidad real o virtual del cuerpo, como los espacios complementarios de la cavidad pleural que no están ocupados por tejido pulmonar y los espacios linfáticos ocupados por linfa.

espacio epidural (epidural space), espacio inmediatamente suprayacente a la duramadre, en el encéfalo o en la médula espinal, por debajo del periostio del cráneo y de la columna vertebral.

espacio intercostal (intercostal space), región entre las costillas.

espacio interpleural (interpleural space), espacio virtual del mediastino entre las dos capas de revestimiento pleural.

espacio interradicular (interradicular space), zona entre las raíces de los dientes que tienen varias, normalmente ocupada por un tabique óseo y la membraba periodontal.

espacio intervelloso (intervillous space), uno de los múltiples espacios entre las vellosidades del corion endometrial del útero grávido, por debajo de la placenta. Los espacios intervellosos funcionan como reservorios de sangre materna oxigenada.

espacio libre (freeway space), distancia o separación interoclusiva entre las superficies oclusivas de los dientes con la mandíbula en posición de reposo.

espacio muerto (dead space), **1.** cavidad que queda después del cierre incompleto de una herida quirúrgica o traumática, dejando una zona en la que puede acumularse sangre, lo que retrasa la cicatrización. **2.** parte del pulmón en contacto con los gases de la ventilación, pero no con el flujo sanguíneo pulmonar. El espacio alveolar muerto corresponde a los alveolos que son ventilados, pero no están perfundidos por la circulación pulmonar. Este proceso puede producirse cuando está obstruida la circulación pulmonar, como en la tromboembolia. El espacio muerto anatómico es una zona de tráquea, bronquios y vías aéreas que contiene aire, pero éste no alcanza los alveolos durante la respiración. Como regla general, el volumen de aire en el espacio muerto anatómico expresado en mililitros es aproximadamente igual al doble del peso del individuo expresado en kilos. El **espacio muerto fisiológico** es la zona del sistema respiratorio que incluye el espacio muerto anatómico junto con el espacio de los alveolos ocupado por aire, pero que no contribuye al intercambio de oxígeno y dióxido de carbono.

espacio muerto fisiológico (physiologic dead space), v. **espacio muerto**.

espacio perivitelino (perivitelline space), espacio situado entre el óvulo y la zona pelúcida de los mamíferos, en el que son liberados los cuerpos polares en el momento de la maduración.

espacio personal (personal space), zona que rodea a un individuo, considerada privada por él, pudiendo considerarse un movimiento hacia ese espacio por parte de otra persona como intrusismo. Los límites del espacio personal varían según las diferentes culturas, aunque en general se considera una distancia de 1 m alrededor del individuo.

espacio pleural (pleural space), espacio virtual que existe entre las capas visceral y parietal de la pleura. Contiene una pequeña cantidad de líquido que actúa como lubricante, permitiendo que las pleuras se deslicen suavemente una sobre otra a medida que los pulmones se expanden y contraen durante la respiración.

espacio retromilohioideo (retromylohyoid space), parte del surco alveolingual distal al extremo distal del reborde milohioideo.

espacio subaracnoideo (subarachnoid space), espacio situado entre las membranas aracnoides y piamadre.

espacio subdural (subdural space), espacio virtual que existe entre la duramadre y la aracnoides.

espacio vital (life space), término introducido por el psicólogo norteamericano Kurt Lewin, para describir las influencias simultáneas que pueden afectar a la conducta de un individuo. La suma de estas influencias configura el espacio vital.

espacios aéreos (air spaces), conductos alveolares, sacos alveolares y alveolos del sistema respiratorio.

espacios perivasculares (perivascular spaces), espacios que rodean a los vasos sanguíneos al entrar en el cerebro. Se comunican con el espacio subaracnoideo.

espalda (back), porción posterior del tronco localizado entre el cuello y la pelvis. Está dividida por un surco medio que se encuentra sobre las apófisis espinosas de las vértebras. La primera vértebra cervical no se nota en este surco, pero la séptima cervical se distingue con facilidad inmediatamente por encima de la primera vértebra dorsal, más prominente. La porción esquelética de la espalda comprende las vértebras dorsales y lumbares y ambas escápulas. La raíz de la espina de la escápula está a la altura de la apófisis espinosa de la tercera vértebra dorsal, y su ángulo inferior a la altura de la apófisis espinosa de la séptima vértebra dorsal.

esparadrapo (adhesive tape), material de tejido resistente cubierto por un lado con una sustancia adhesiva. Con frecuencia es hidrófobo y puede ser utilizado para mantener fijos vendajes y apósitos, inmovilizar una zona o ejercer presión.

esparganosis (sparganosis), infestación por larvas de la tenia de los peces del seudogénero *Sparganum*, caracterizada por tumefacciones subcutáneas dolorosas o inflamación y destrucción del ojo. Se adquiere ingiriendo larvas en agua contaminada o en ancas de rana infestadas mal cocinadas.

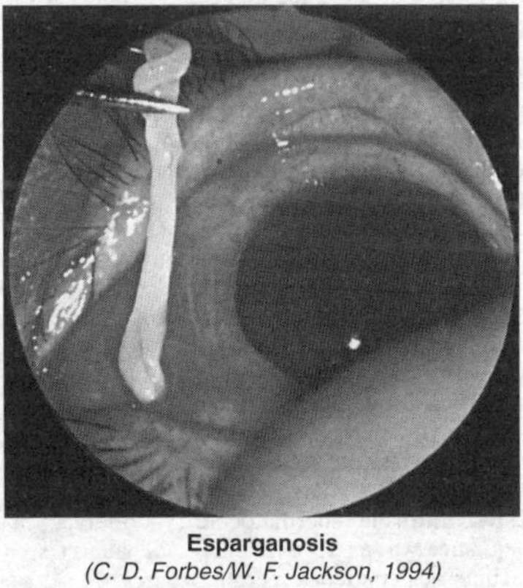

Esparganosis
(C. D. Forbes/W. F. Jackson, 1994)

espasmo (spasm), **1.** contracción muscular involuntaria de aparición brusca, como contracciones habituales, hipo, tartamudeo o tic. **2.** convulsión. **3.** contracción brusca y transitoria de un vaso sanguíneo, bronquio, esófago, píloro, uréter u otros órganos huecos.

espasmógeno (espasmogen), cualquier sustancia capaz de producir contracciones del músculo liso como el de los bronquiolos, como histamina, bradiquinina y serotonina.

espasticidad (spasticity), forma de hipertonía muscular con aumento de la resistencia al estiramiento. Habitualmente afecta a los flexores de los brazos y a los extensores de las piernas. La espasticidad moderada se caracteriza por movimientos que requieren gran esfuerzo y ausencia de coordinación normal. La espasticidad ligera puede estar marcada por movimientos generales coordinados, aunque los patrones de movimientos selectivos combinados no están coordinados.

especialidad (specialty), rama de la medicina o de la enfermería en la cual el profesional está especialmente cualificado por haber seguido un programa de estudios avanzado, haber pasado un determinado examen realizado por una organización de miembros de la especialidad o haber adquirido experiencia mediante una extensa práctica de la especialidad.

especialidad de enfermería (nursin specialty), determinado campo profesional de enfermería, como la enfermería quirúrgica, pediátrica, obstétrica o psiquiátrica.

especialista (specialist), profesional de la asistencia sanitaria que practica una especialidad. Habitualmente, un especialista tiene formación clínica superior y puede poseer un grado académico de posgraduado.

especialista clínico (clinical specialist), profesional médico o de enfermería que posee una amplia experiencia profesional en un campo específico, como una matrona, un pediatra o un radiólogo.

especie (Sp) (species, *pl.* **species [sp., spp.]**), categoría de organismos vivos dentro de cada género. Una especie incluye individuos del mismo género que tienen una estructura y composición química similares y que pueden cruzarse.

especificidad (specificity), cualidad de ser distinto. Algunos tipos de especificidad son: **de especie, raza, tipo**.

especificidad de asociación (specificity of association), exclusividad de una reacción entre un factor causal y la aparición de una enfermedad.

especificidad de órgano (organ specificity), relativo a una sustancia o actividad que se identifica con un órgano específico, como las enzimas que funcionan en determinados sistemas orgánicos.

especificidad de unión (bond specificity), naturaleza de la acción enzimática que causa la ruptura de sólo ciertas uniones entre átomos.

especificidad estereoisomérica (stereoisomer specificity), especificidad de una enzima por un enantiómero o mezcla racémica.

específico de especie (species-specific), **1.** que pertenece a las características de una especie en particular. **2.** que tiene un efecto característico sobre células, tejidos o membranas de una especie en particular o que interacciona con ellos; se aplica a un antígeno, fármaco o agente infeccioso.

espectro (spectrum, *pl.* **spectra**), **1.** gama de fenómenos o propiedades que se producen en una magnitud creciente o decreciente. La energía radiante o electromagnética se dispone según las longitudes de onda y la frecuencia. **2.** margen de eficacia de un antibiótico. Un antibiótico de amplio espectro es eficaz frente a una amplia gama de microorganismos.

espectro de absorción (absorption spectrum), rango de energía electromagnética que se utiliza para el espectroanálisis y que incluye tanto la luz visible como la radiación ultravioleta; asimismo, gráfico del espectro de un compuesto específico.

espectro visible (visible spectrum), colores del espectro que pueden ver la mayoría de las personas, desde el violeta de unas 4.000 angstroms, pasando por el azul, verde, amarillo y naranja, hasta el rojo, de unas 6.500 angstroms.

espectrofotometría (spectrophotometry), la medida del color en una solución mediante determinación de la cantidad de luz absorbida en el espectro ultravioleta, infrarrojo o visible, ampliamente utilizada en química clínica para calcular la concentración de las sustancias de una solución.

espectrometría (spectrometry), procedimiento de medida de longitudes de onda de la luz y de otras ondas electromagnéticas.

espectrometría de masa (mass spectrometry), (en química) técnica para analizar sustancias en la que sus componentes se identifican y cuantifican mediante un espectrómetro de masa.

espectrómetro (spectrometer), instrumento para medir longitudes de onda de los rayos del espectro, la desviación de los rayos refractados y los ángulos entre las caras de un prisma. Son tipos de espectrómetros el **espectrómetro de masa** y el **espectrómetro de Mössbauer**.

espectrómetro de masa (mass spectrometer), instrumento de análisis para identificar una sustancia mediante la ordenación de una corriente de partículas cargadas (iones) según su masa.

espectrómetro de Mössbauer (Mössbauer spectrometer) [Rudolf L. Mössbauer, físico alemán, n. 1929], instrumento que puede detectar pequeños cambios entre el núcleo atómico y su entorno, como los producidos por los cambios de temperatura, presión o estado químico.

espéculo (speculum), retractor utilizado para separar las paredes de una cavidad y hacer así posible su exploración, como el espéculo para el oído, el espéculo ocular o el espéculo vaginal.

espéculo de oído (ear speculum), tubo corto en forma de embudo añadido a un otoscopio para examinar el conducto auditivo.

espéculo vaginal (vaginal speculum), instrumento bivalvo, dotado de dos palas para su apertura, que se usa para la exploración visual de la vagina.

espejismo (mirage), ilusión óptica producida por la refracción de luz a través de las capas de aire de diferentes temperaturas, como las capas de agua que se ven sobre extensiones de arena o pavimento caliente.

espejo separador de rayos (beam-splitting mirror), dispositivo que permite al radiólogo visualizar un examen fluoroscópico de un paciente mientras en una película se registra la misma imagen.

esperanza de vida (life expectancy), número probable de años que una persona debería vivir a partir de una determinada edad, según la tasa de mortalidad de su área geográfica. Es individual, y está determinado por factores como la raza, el sexo, la edad y otras variables geográficas.

esperma (sperm), v. **semen, espermatozoide**.

espermaticida (spermatocide), sustancia química que destruye los espermatozoos reduciendo su tensión superficial, provocando la rotura de la pared celular debido a un efecto bactericida o mediante la creación de un medio exageradamente ácido.

espermátide (spermatid), célula germinal masculina que procede de un espermatocito y se convierte en un espermatozoide maduro en la última fase del proceso continuo de la espermatogénesis.

espermatocele (spermatocele), tumefacción quística, ya sea del epidídimo o de la red testicular, que contiene espermatozoides.

espermatocito (spermatocyte), célula germinal masculina procedente de una espermatogonia.

espermatocitogénesis (spermatocytogenesis), v. **espermatogénesis**.

espermatogénesis (spermatogenesis), proceso de desarrollo de los espermatozoides, incluyendo la primera fase, llamada espermatogénesis, en la cual la espermatogonia se convierte en espermatocitos que se desarrollan hacia espermátides, y una segunda fase, llamada espermiogénesis, en la cual las espermátides se convierten en espermatozoides.

espermatogonia (spermatogonium, *pl.* **spermatogonia**), célula germinal masculina que da lugar a un espermatocito al principio de la espermatogénesis.

espermatopatía (spermatopathia), relativo a enfermedades que afectan al esperma o a los órganos asociados.

espermatozoide (spermatozoon, *pl.* **spermatozoa**), célula germinal masculina madura, que se desarrolla en los túbulos seminíferos de los testículos. Parecido a un renacuajo, tiene una longitud aproximada de 50 μm, y presenta una cabeza con un núcleo, un cuello y una cola que le permite la propulsión. V. **espermatogénesis**.

espermicida (spermicidal), que destruye los espermatozoos.

espermiogénesis (spermiogenesis), v. **espermatogénesis**.

espícula (spicule), cuerpo afilado, con una punta en forma de aguja.

espiga (spica), vendaje en forma de ocho que, cuando se aplica sobre una articulación, se parece a una espiga de trigo.

espina (spina, *pl.* **spinae**), estructura o saliente en forma de púa, como la prominencia ósea del borde anterior del ílion, que forman el extremo anterior de la cresta ilíaca.

espina bífida (bifid spina), defecto congénito del tubo neural, caracterizado por anomalías del desarrollo del arco vertebral posterior. La espina bífida que no va acompañada de hernia de las meninges o del contenido del canal raquídeo, rara vez requiere tratamiento.

espina bífida anterior (spina bifida anterior), cierre incompleto a lo largo de la superficie anterior de la columna vertebral.

espina bífida oculta (spina bifida occulta), cierre defectuoso de las láminas de la columna vertebral en la región lumbosacra, sin protrusión herniaria de la médula ni de las meninges. Puesto que el tubo neural se ha cerrado, no suelen existir alteraciones neurológicas asociadas al defecto. Sin embargo, cualquier adherencia anormal de la médula espinal a la zona de la malformación puede dar lugar a alteraciones neuromusculares.

espina bífida quística (spina bifida cystica), defecto de desarrollo del sistema nervioso central, en el cual un quiste herniario que contiene las meninges (meningocele), la médula espinal (mielocele) o ambas estructuras (mielomeningocele) sobresale a través de una hendidura congénita de la columna vertebral. Este saco sobresaliente está envuelto en una capa de piel o en una fina membrana que se puede romper con facilidad, lo que permite la salida de líquido cefalorraquídeo y aumenta el riesgo de infección meníngea.

espina de la escápula (scapular spine), placa ósea de borde afilado que se proyecta hacia atrás desde la base lisa de la escápula.

espina dorsal (spinal column), v. **columna vertebral**.

espinas ciáticas (ischial spines), dos salientes relativamente afilados del hueso isquiático en el estrecho inferior de la pelvis y que forman su borde inferior.

espinilla (blackhead), v. **comedón**.

espinilla (shin bone), v. **tibia**.

espinocerebeloso (spinocerebellar), relativo a la médula espinal y el cerebelo.

espinoso (spinous), relativo a un objeto que tiene forma de espina.

espiración (expiration), expulsión del aire, proceso normalmente pasivo que depende de las cualidades elásticas del tejido pulmonar y del tórax.

espiración activa (active expiration), expulsión forzada del aire, con el apoyo de los músculos de la pared abdominal y de la caja costal, además del diafragma y el retroceso de los tejidos elásticos.

espiración pasiva (passive expiration), espiración normal que tiene lugar sin actividad muscular directa, como en la respiración corriente normal. El aire sale de los pulmones comprimido por el efecto de retroceso de los tejidos elásticos del tórax y de los pulmones.

espiradenoma cilindromatoso (cylindromatous spiradenoma), v. **cilindroma**.

espiral cromosómica (chromosome coil), espiral formada por el enrollamiento de dos o más cromonemas de la cromátide dentro del cromosoma.

espiral de Curschmman (spiral de Curschmman) [Heinrich Curschmman, médico alemán, n. 1846], fibrillas espirales de moco que en ocasiones aparecen en el esputo de personas con asma bronquial.

espiratorio (expiratory), relativo a la expiración del aire procedente de los pulmones.

espíritu (spirit), **1.** todo líquido volátil, especialmente aquel que ha sido destilado. **2.** sustancia volátil disuelta en alcohol.

espíritu amoniacal (spirit of ammonia), solución de carbonato de amonio al 3% en alcohol a la que se añaden aromas. Se emplea diluida con agua como carminativo y estimulante.

espíritu amoniacal aromático (aromatic ammonia spirit), solución fuertemente olorosa de carbonato de amonio en amoniaco líquido diluido, aceites, alcohol y agua. Se utiliza como estímulo reflejo, antiácido y carminativo.

espirógrafo (spirograph), aparato para registrar los movimientos respiratorios.

espirograma (spirogram), registro visual de los movimientos respiratorios hecho con un espirómetro; se utiliza para la evaluación de la función y la capacidad pulmonar.

espirometría (spirometry), evaluación de laboratorio de la capacidad aérea de los pulmones mediante un espirómetro.

espirometría incentivada (incentive spirometry), terapia espirométrica en la que se anima seriamente al paciente a alcanzar una capacidad inspiratoria máxima.

espirómetro (spirometer), instrumento que mide y registra el volumen de aire inspirado y espirado; se utiliza para evaluar la función pulmonar.

espironolactona (spironolactone), antagonista de la aldosterona que se utiliza para el tratamiento del hiperaldosteronismo primario, el edema de la insuficiencia cardíaca congestiva, la cirrosis hepática acompañada de edema, el síndrome nefrótico, la hipertensión esencial y la hipocaliemia.

espiroqueta (spirochete), bacteria móvil del género *Spirochaeta*, en forma de espiral con filamentos flexibles. Son espiroquetas los organismos responsables de la leptospirosis, la fiebre recurrente, la sífilis y la frambesía.

espiroquetemia (spirochetemia), presencia de espiroquetas en la sangre.

esplácnico (splanchnic), relacionado con los órganos internos; visceral.

esplacnocele (splanchnocele), protrusión herniaria de cualquier víscera abdominal.

esplacnopleura (splanchnopleure), capa de tejido del desarrollo inicial del embrión, formada por la unión del endodermo y el mesodermo esplácnico.

esplenectomía (splenectomy), extirpación quirúrgica del bazo.

esplénico (splenic), relativo al bazo.

esplenio de la cabeza (splenius capitis), par de músculos profundos de la espalda. Su acción consiste en rotar, extender e inclinar la cabeza.

esplenio del cuello (splenius cervicis), par de músculos profundos de la espalda. La función del esplenio del cuello consiste en rotar, inclinar y extender la cabeza y el cuello.

esplenografía (lienography), examen radiográfico del bazo tras la inyección de un medio de contraste.

esplenohepatomegalia (splenohepatomegaly), aumento anormal del tamaño del bazo y del hígado.

esplenomegalia (splenomegaly), aumento anormal del tamaño del bazo, como el asociado a hipertensión portal, anemia hemolítica, enfermedad de Niemann-Pick o paludismo.

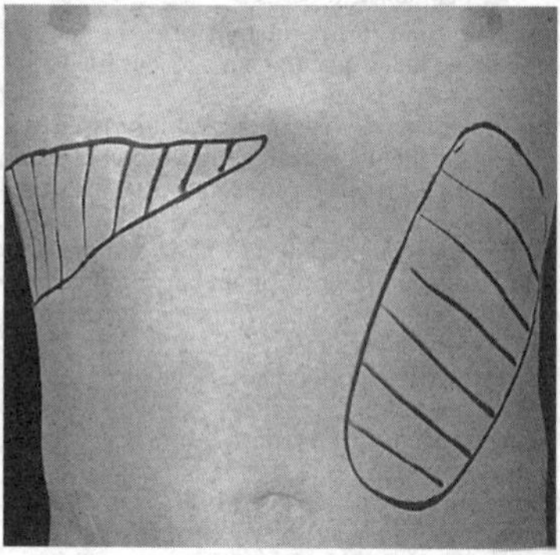

Esplenomegalia
(S. Sherlock/J. A. Summerfield, 2.ª ed., 1992)

espolón (spur), proyección ósea o metálica de un hueso o estructura metálica.

espolón calcáneo (calcaneal spur), excrecencia ósea anómala, generalmente dolorosa, de la cara inferior del calcáneo, debida a una presión traumática crónica sobre el talón.

espondilítico (spondylitic), relativo a la persona que padece espondilitis.

espondilitis (spondylitis), inflamación de cualquier vértebra, que generalmente se caracteriza por rigidez y dolor. Se puede producir después de lesiones traumáticas de la columna, o puede ser el resultado de infecciones o de enfermedad reumatoide.

espondilitis anquilosante (ankylosing spondylitis), enfermedad inflamatoria crónica de origen desconocido, que inicialmente afecta a la columna vertebral y a las estructuras adyacentes, progresando con frecuencia a la fusión

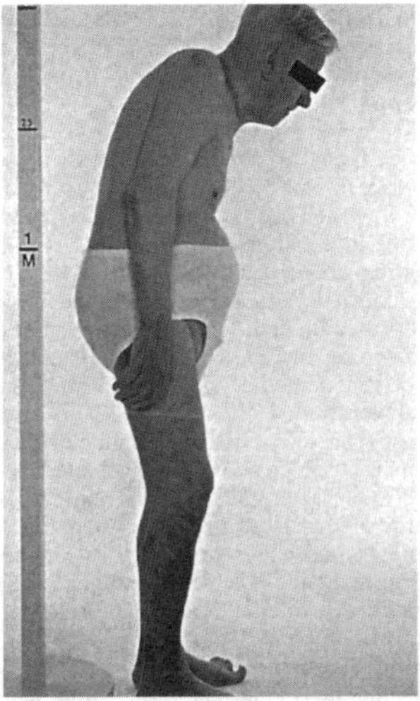

Espondilitis anquilosante avanzada
(C. D. Forbes/W. F. Jackson, 1994)

(anquilosis) de las articulaciones afectadas. En los casos extremos el paciente desarrolla una flexión anterior de la columna, denominada «columna de póker» o «columna en caña de bambú».

espondilitis tuberculosa (tuberculous spondylitis), forma grave y poco frecuente de tuberculosis causada por la invasión de las vértebras por *Mycobacterium tuberculosis*. El disco intervertebral se puede destruir, produciendo colapso y pinzamiento de las vértebras afectadas y acortamiento y angulación de la columna vertebral. V. también **tuberculosis**.

espondilolistesis (spondylolisthesis), luxación parcial hacia delante de una vértebra sobre la situada debajo de ella.

espondilosis (spondylosis), enfermedad de la columna caracterizada por fijación o rigidez de una articulación vertebral.

espondilosis cervical (cervical spondylosis), forma de enfermedad degenerativa articular y discal que afecta a las vértebras cervicales y que produce la compresión de las raíces nerviosas asociadas. Se manifiesta por dolor o pérdida de la sensibilidad en el hombro y brazo afectados y rigidez de la columna cervical.

espondiloso (spondilous), perteneciente a una vértebra.

espongioblastoma (spongioblastoma, *pl.* **spongioblastomas, spongioblastomata**), neoplasia formada por espongioblastos, células epiteliales embrionarias que se desarrollan alrededor del tubo neural y se transforman en células del tejido conectivo de sostén de las células nerviosas o en células de la membrana de revestimiento de los ventrículos y del conducto de la médula espinal. Un tipo de espongioblastoma es el **espongioblastoma unipolar**.

espongiocitoma (spongiocytoma), v. **espongioblastoma**.

esponja (sponge), **1.** masa elástica y absorbente utilizada para absorber líquidos, aplicar medicamentos o limpiar. **2.** *coloquial,* gasa cuadrada doblada utilizada en cirugía.

esponja abdominal (abdominal sponge), esponja quirúrgica delgada y plana, utilizada para taponar, absorber y cubrir las vísceras.

esponja anticonceptiva (sponge contraceptive), v. **esponja vaginal**.

esponja de gasa (gauze sponge), pieza de gasa doblada empleada durante la cirugía para limpiar las superficies hemorrágicas y así ayudar a localizar las fuentes de hemorragia.

esponja de gelatina (gelatin sponge), hemostático local absorbente prescrito para el control de la hemorragia en diversos procedimientos quirúrgicos y para el tratamiento de úlceras por decúbito, para facilitar su curación y hemostasia.

esponja vaginal (vaginal sponge), esponja anticonceptiva fabricada con poliuretano e impregnada con el espermicida nonoxinol-9. La esponja tiene forma de hongo y se ajusta a la parte superior de la vagina. Se cree que actúa de tres formas: liberando espermicida, absorbiendo semen y bloqueando la abertura cervical.

esponjoso (cancellous), de estructura porosa o reticular. El tejido esponjoso se halla normalmente en el interior de los huesos, donde los espacios por lo general están ocupados por médula ósea.

esponjoso (spongy), perteneciente o con forma de esponja.

espontáneo (spontaneous), que se produce de forma natural y sin causa aparente, como las remisiones espontáneas.

espora (spore), **1.** unidad reproductora de algunos géneros de hongos o protozoos. **2.** forma adoptada por algunas bacterias, resistente al calor, a la desecación y a los productos químicos. Enfermedades causadas por bacterias formadoras de esporas son el ántrax, el botulismo, la gangrena gaseosa y el tétanos.

esporádico (sporadic), (de algunos acontecimientos) que se producen a intervalos dispersos, intermitentes y aparentemente aleatorios.

esporicida (sporicidal), producto químico o de otro tipo que destruye las esporas.

esporicida (sporicide), agente que destruye eficazmente las esporas, como compuestos de cloro y formaldehído y glutaraldehídos.

esporífero (sporiferous), que produce o transporta esporas.

esporoblasto (sporoblast), toda célula que da lugar a un esporozoíto o espora durante la fase de reproducción sexual del ciclo vital de un esporozoario, en concreto las células resultantes de la fisión múltiple del cigoto enquistado del parásito del paludismo, o *Plasmodium*, a partir de las cuales se desarrollan los esporozoítos.

esporocisto (sporocyst), **1.** toda estructura que contiene esporas o células reproductoras. **2.** estructura en forma de saco, u oocisto, segregada por el cigoto de ciertos protozoos antes de la formación de esporozoítos. **3.** la segunda fase larvaria del ciclo vital de las duelas parasitarias.

esporofito (sporophyte), fase asexual, portadora de esporas, en las plantas que se reproducen mediante alternancia de generaciones.

esporóforo (sporophore), parte de un organismo o planta que produce esporas.

esporogénesis (sporogenesis), **1.** formación de esporas. **2.** reproducción mediante esporas.

esporogenia (sporogeny), v. **esporogénesis**.

esporógeno (sporogenous), un animal o planta que se reproduce por esporas.

esporogonia (sporogony), reproducción mediante esporas, en concreto la formación de esporozoítos durante la fase sexual del ciclo vital de un esporozoario, principalmente *Plasmodium* o parásito del paludismo.

esporonticida (sporonticide), sustancia que destruye esporontos, como la cloroquina y otros fármacos antipalúdicos.

esporonto (sporonto), parásito protozoario maduro en la fase de reproducción sexual de su ciclo vital.

esporotricosis (sporotrichosis), infección por hongos crónica, frecuente, provocada por la especie *Sporothrix schenckii*, y que generalmente se caracteriza por úlceras cutáneas y nódulos subcutáneos a lo largo de los conductos linfáticos. El hongo se encuentra en el suelo y en la vegetación en putrefacción, y su entrada en la piel se realiza casi siempre a través de heridas accidentales.

esporozoarios (sporozoa), clase de parásitos del filum de los protozoos, caracterizado por la ausencia de todo órgano externo de locomoción. A esta clase pertenecen los géneros *Toxoplasma* y *Plasmodium*.

esporozoíto (sporozoite), cualquiera de las células procedentes de la unión sexual de las esporas durante el ciclo vital de un esporozoario.

esporulación (sporulation), **1.** tipo de reproducción que se observa en plantas y animales inferiores, como hongos, algas y protozoos, y que lleva consigo la formación de esporas mediante la división espontánea de la célula en cuatro o más células hijas, cada una de las cuales contiene una parte del núcleo original. **2.** formación de un cuerpo refringente, o espora en reposo, en ciertas bacterias y que las hace resistentes a condiciones ambientales desfavorables.

esprue (sprue), trastorno crónico debido a la malabsorción de nutrientes en el intestino delgado y caracterizado por diarrea, debilidad, pérdida de peso, falta de apetito, palidez, calambres musculares, dolor óseo, ulceración de la mucosa que reviste el tubo digestivo y lengua lisa y brillante. Existe una forma tropical y otra no tropical.

espundia (espundia), forma cutánea de la leishmaniasis americana. La lesión primaria suele desaparecer espontáneamente, apareciendo a continuación lesiones mucocutáneas que destruyen la superficie de la mucosa de la nariz, faringe y laringe.

esputo (sputum), material expulsado por la tos, procedente de los pulmones y expectorado a través de la boca. Contiene moco, restos celulares o microorganismos, y en ocasiones también sangre o pus. La cantidad, el color y la composición del esputo son datos importantes para el diagnóstico de numerosas enfermedades.

esputo herrumbroso (rusty sputum), esputo de color rojizo, indicativo de la presencia de sangre.

esputo sanguinolento (bloody sputum), material teñido de sangre y expulsado por las vías respiratorias. La cantidad y el color de la sangre en el esputo expulsado con la tos o el carraspeo puede indicar la causa y localización de la hemorragia.

esqueleto (skeleton), estructura que sirve de apoyo al cuerpo, formada por 206 huesos, que protege estructuras delicadas, proporciona inserción a los músculos, permite los movimientos del cuerpo, sirve como importante reservorio de sangre y produce hematíes. El esqueleto se divide en: esqueleto axial, que tiene 74 huesos; esqueleto apendicular, con 126 huesos, y los 6 huesecillos del oído. El esqueleto procede del mesodermo que crece a partir de la línea primitiva, gracias a la multiplicación de las células esqueléticas, que cambian y emigran hacia las diferentes regiones y forman el esqueleto membranoso. La mayor parte del esqueleto membranoso se transforma en esqueleto cartilaginoso, por el cual se extienden los centros de osificación para formar el esqueleto óseo. Los cuatro tipos de hueso que componen el esqueleto son: huesos largos, como el húmero y las falanges de los dedos de las manos; huesos cortos, como los del carpo y el tarso; huesos planos, como el frontal y el parietal del cráneo, y finalmente huesos irregulares, como las vértebras.

esquema (schema), estructura de conocimiento innata que permite a un niño organizar en su mente la manera de comportarse en su medio.

esquema corporal (body scheme), término descrito por Piaget para designar la estructura cognitiva que se desarrolla en los niños en el período sensitivomotor durante los dos primeros años de vida a medida que aprenden a diferenciar entre ellos mismos y el mundo que los rodea.

esquindilesis (schindylesis), articulación de ciertos huesos del cráneo en la cual una pequeña lámina de un hueso entra en una hendidura formada por la separación de dos capas del hueso adyacente.

esquistocito (schistocyte), fragmento celular de un eritrocito, característico de la hemólisis o de la fragmentación celular asociada a quemaduras graves o a coagulación intravascular.

esquistosomiasis (schistosomiasis), infección parasitaria provocada por alguna especie de duela del género *Schistosoma*, transmitido al ser humano, que es su huésped definitivo, por contacto con agua dulce contaminada por heces humanas. Una sola duela puede vivir en alguna parte del cuerpo, depositando huevos con frecuencia, hasta 20 años. Los huevos son irritantes para la mucosa, lo que provoca hiperplasia y papilomatosis de la misma. Los síntomas dependen de la parte del cuerpo infestada.

esquistosomicida (schistosomicide), fármaco que destruye los esquistosomas, trematodos sanguíneos transmitidos por caracoles a los huéspedes humanos.

esquizofasia (schizophasia), lenguaje desordenado e incomprensible característico de algunas formas de esquizofrenia.

esquizofrenia (schizophrenia), cualquiera de un gran grupo de trastornos psicóticos caracterizados por grave deformación de la realidad, trastornos del lenguaje y de la comunicación, abandono de la interacción social y desorganización y fragmentación del pensamiento, la percepción y las reacciones emocionales. Con frecuencia se producen apatía y confusión; delirios y alucinaciones; divagaciones o patrones estilizados del lenguaje, como carácter evasivo, incoherencia y ecolalia; conducta reservada, regresiva y extraña, y labilidad emocional. No se conoce una causa única de la enfermedad; habitualmente se mezclan factores genéticos, bioquímicos, psicológicos, interpersonales y socioculturales. Algunos tipos de esquizofrenia son: **esquizofrenia aguda, esquizofrenia catatónica**, **esquizofrenia desorganizada**, esquizofrenia infantil, esquizofrenia latente, **esquizofrenia paranoide, esquizofrenia reactiva** y **esquizofrenia residual**.

esquizofrenogénico (schizophrenogenic), que tiende a causar o producir esquizofrenia.

esquizogénesis (schizogenesis), reproducción por fisión.

esquizogonia (schizogony), **1.** reproducción por fisión múltiple. **2.** fase de la reproducción asexual de los esporozoarios, específicamente de la parte del ciclo vital del parásito del paludismo que tiene lugar en los eritrocitos o en las células hepáticas.

esquizoide (schizoid), **1.** característico de la esquizofrenia o semejante a ella; esquizofrénico. **2.** persona, no necesariamente esquizofrénica, que presenta los rasgos de una personalidad esquizoide.

esquizonte (schizont), estado celular multinucleado durante la fase reproductora sexual del ciclo vital de un esporozoario, como el parásito del paludismo o *Plasmodium*. Se produce por la fisión múltiple del trofozoíto en una célula del huésped vertebrado, con segmentación posterior en merozoítos.

esquizonticida (schizonticide), sustancia que destruye esquizontes.

estabilidad dimensional (dimensional stability), (en radiología) rigidez de la base poliéster utilizada para las películas radiográficas y su resistencia a la distorsión de las imágenes por alabeo o cambio de forma y tamaño durante el procesado.

estabilización (stabilization), **1.** proceso fisiológico y metabólico para alcanzar la homeostasia. **2.** ajuste de una dentadura fija o extraíble de forma que no se incline ni se desplace con la presión. **3.** control de las cargas de tensión inducidas y desarrollo de las medidas para contrarrestar dichas fuerzas, de forma que los movimientos de los dientes o de una prótesis no irriten a los tejidos de alrededor.

estabilización de la escayola (cast stabilization), utilización de varillas, pernos, asas y otros instrumentos para proporcionar estabilidad a una escayola.

estable (stable), que permanece inalterable.

estadiaje del cáncer (cancer staging), sistema para describir la extensión del tumor maligno y de sus metástasis, utilizado para planificar el tratamiento apropiado y establecer el pronóstico. El estadiaje conlleva una exploración física cuidadosa, unos procedimientos diagnósticos y, por último, una exploración quirúrgica. El sistema estándar desarrollado por el *American Joint Committee for Cancer Staging and End Results Reporting* utiliza la letra T para representar el tumor, N para los ganglios linfáticos regionales afectados, M para las metástasis a distancia, y un subíndice numérico en cada categoría que indica el grado de diseminación. En relación con este sistema $T_1N_0M_0$ representa un tumor pequeño y localizado; $T_2N_1M_0$ es un tumor primario grande con extensión a la cadena ganglionar regional, y $T_4N_3M_3$ es un proceso extenso con afectación de los ganglios regionales y metástasis a distancia. El *Ann Arbor System* clasifica la enfermedad de Hodgkin basándose en diversos procedimientos diagnósticos y en la laparotomía para establecer el estadio, en estadios I al IV según el número y localización de los ganglios linfáticos afectados en relación con el diafragma y los órganos o tejidos extralinfáticos afectados. Se pueden utilizar otros sistemas para establecer el estadio del carcinoma de mama, cáncer colorrectal y melanoma cutáneo.

estadiaje del linfoma (lymphoma staging), sistema de clasificación de los linfomas según el estadio de la enfermedad, con el objeto de seleccionar el tratamiento adecuado. El estadio I se caracteriza por la afectación de sólo una región de ganglios linfáticos o de un órgano o zona extralinfática. El estadio II por la afectación de dos o más regiones de ganglios linfáticos al mismo lado del diafragma, o la afectación localizada de un órgano o zona extralinfática junto con la de una o más regiones linfáticas, siempre al mismo lado del diafragma. En el estadio III están afectados los ganglios linfáticos a ambos lados del diafragma, pudiendo estar afectado el bazo, o localmente un órgano o área extralinfática. El estadio IV se caracteriza por la afectación difusa o diseminada de uno o más órganos o áreas extralinfáticas, con o sin afectación asociada de ganglios linfáticos.

estadio (stage), fase o período.

estadística (statistics), ciencia matemática relacionada con la medida, clasificación y análisis de la información objetiva.

estadística de la morbididad (morbidity statistics), rama de la estadística que se encarga de la tasa de enfermedad de una población o de una región geográfica.

estadísticas paramétricas (parametric statistics), estadísticas que suponen que una población tiene una distribución simétrica, como la distribución de Gauss o la logarítmica normal.

estadísticas vitales (vital statistics), datos relativos a nacimientos o natalidad, muertes o mortalidad, casamientos, salud y enfermedad o morbididad.

estadístico (statistic), número que describe una propiedad de una serie de datos o de otros números.

estado (status), **1.** situación específica, como el estado emocional. **2.** estado o situación que no remite, como el **estado asmático**.

estado alerta (alertness), estado caracterizado por rapidez, actividad y conocimiento perfecto del entorno.

estado de ánimo (mood), estado emocional prolongado que influye sobre la totalidad de la personalidad y de las funciones vitales.

estafilococo (Staphylococcus), género de bacterias inmóviles, esféricas y grampositivas. Algunas especies se encuentran normalmente en la piel y en la garganta; algunas causan infecciones graves y purulentas o producen enterotoxinas que provocan náuseas, vómitos y diarrea. *Staphylococcus aureus* suele ser responsable de la mayor parte de los abscesos, endocarditis, impétigos, neumonías y septicemias.

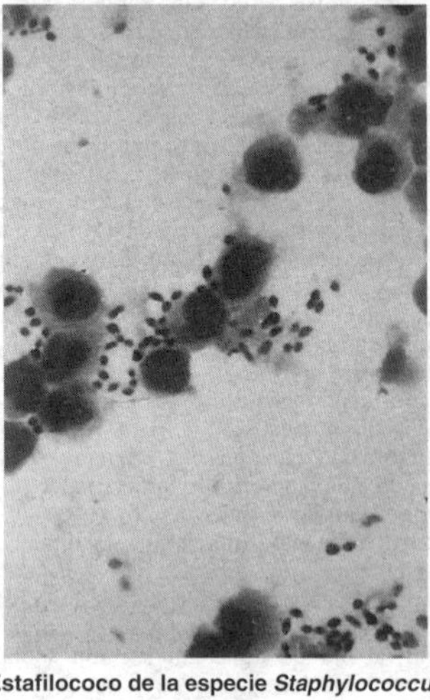

Estafilococo de la especie *Staphylococcus aureus*
(Mims y cols., 1995)

estafiloquinasa (staphylokinase), una enzima, producida por determinadas cepas de estafilococos, que cataliza la conversión del plasminógeno en plasmina en varios huéspedes animales del microorganismo.

estándar (standard), **1.** valoración que sirve como base de comparación para juzgar fenómenos o sustancias similares, como el estándar para la preparación de una sustancia farmacéutica o el estándar para la práctica de una profesión. **2.** relativo a un preparado farmacéutico o sustancia química de cantidad, componentes y potencia conocidos, que se utiliza para determinar los componentes o la potencia de otro preparado. **3.** de valor, potencia, calidad o componentes conocidos. **4.** criterios acordados utilizados para proporcionar una guía en el funcionamiento de la asistencia sanitaria o de otro centro, para asegurar así la calidad del rendimiento del personal.

estándar de aire ambiental (ambient air standard), concentración máxima tolerable de cualquier contaminante del aire, como el plomo, el dióxido de nitrógeno, el hidróxido sódico o el dióxido sulfúrico.

estándar interno (internal standard), elemento o compuesto que, añadido en una cantidad conocida, y mensurable por un instrumento o analizador, da una señal que sirve para calibrar un instrumento o una sustancia analítica a medir.

estándar NBS (NBS standard), (en medicina nuclear) fuente radiactiva estandarizada, certificada, o ambas cosas, por el *National Bureau of Standards*.

estanozolol (stanozolol), esteroide anabólico androgénico prescrito para el tratamiento de la anemia aplásica y de osteoporosis.

estaño (Sn) (tin [Sn]), elemento metálico blanquecino. Su número atómico es 50; su peso atómico es 118,69. El óxido de estaño se utiliza en odontología para pulir los dientes y en algunos procedimientos de restauración.

estapedectomía (stapedectomy), extirpación del estribo del oído medio y colocación de un injerto y una prótesis, con el fin de restablecer la audición en el tratamiento de la otosclerosis. El estribo, que había quedado inmóvil, es sustituido, de forma que las vibraciones transmitan de nuevo las ondas del sonido a través de la ventana oval hasta el líquido del oído interno.

estasis (stasis), trastorno en el cual se produce demora o detención del flujo normal de un líquido a través de un vaso del cuerpo.

estático (static), sin movilidad, en reposo, en equilibrio.

esteatorrea (steatorrhea), cantidades mayores de lo normal de grasa en las heces, que se caracterizan por la presencia de materias fecales malolientes y espumosas que flotan, como en la enfermedad celíaca, algunos síndromes de malabsorción y cualquier enfermedad en la que exista una absorción defectuosa de grasas en el intestino delgado.

estenosis (stenosis), trastorno caracterizado por la contracción o estrechez de una abertura o vía de paso en una estructura corporal. Son tipos de estenosis: la **estenosis aórtica** y la **estenosis pilórica**.

éster (ester), tipo de compuestos químicos formados por la unión de un alcohol y uno o más ácidos orgánicos. Las grasas son ésteres, formadas por la unión de ácidos grasos con el alcohol glicerol.

éster metilo de la anfotericina (EMA) (amphotericin methyl ester [AME]), fármaco antivírico utilizado en el tratamiento experimental de las infecciones por VIH.

estereoftalmoscopio (stereoophthalmoscope), oftalmoscopio dotado con dos visores que permite observar al explorador una visión tridimensional del interior del ojo.

estereognosis (stereognosis), **1.** facultad de percibir y comprender la forma y naturaleza de los objetos por el sentido del tacto. **2.** percepción mediante los sentidos de la solidez de los objetos.

estereoisómero (stereoisomer), compuesto químico que contiene el mismo número de átomos, unidos de la misma forma, pero con diferente configuración espacial. Por ejemplo, uno puede ser la imagen especular del otro.

estereopsia (stereopsis), cualidad de la fusión visual.

estereorradiografía (stereoradiography), técnica para producir radiogramas que dan una visión tridimensional de una estructura corporal interna.

estereotipia (stereotypy), repetición persistente, inadecuada y mecánica de acciones, posturas corporales o patrones de lenguaje, que se producen por lo general con una total falta de variación en los procesos mentales o las ideas.

estereotipo (stereotype), generalización sobre una forma de conducta, un individuo o un grupo.

ésteres de colina (choline esters), grupo de fármacos colinérgicos que actúan en aquellos lugares del organismo donde la acetilcolina actúa como neurotransmisor. El betanecol, el carbacol y la metacolina son algunos ejemplos.

estéril (sterile), **1.** infecundo; incapaz de tener hijos debido a una anomalía física, generalmente la ausencia de espermatogénesis en el hombre o el bloqueo de las trompas de Falopio en la mujer. **2.** aséptico.

esterilidad (sterility), incapacidad para concebir o reproducir la especie.

esterilización (sterilization), **1.** intervención o acto que incapacita a una persona para tener hijos. **2.** técnica para la destrucción de microorganismos utilizando calor, agua, productos químicos o gases.

esterilización concurrente (concurrent sterilization), método de preparación de la leche artificial de alimentación infantil en el que todos los ingredientes y el equipo se esterilizan antes de mezclar la leche.

esterilización gaseosa (gas sterilization), utilización de un gas, como el óxido de etileno, C_2H_4O, para la esterilización del material médico.

esterilización laparoscópica (laparoscopic sterilization), procedimiento de esterilización en el que se introduce un endoscopio especial a través de una pequeña incisión en la pared abdominal. La esterilización se lleva a cabo mediante la sección de las trompas de Falopio o mediante su electrocoagulación.

esterilización por calor seco (dry heat sterilization), método de esterilización que utiliza aire seco calentado a una temperatura de 160-180 ºC de 90 minutos a 3 horas.

esterilización por vapor (sterilization steam), destrucción de las formas de vida microbianas presentes en un objeto mediante la exposición de éste a vapor a 121 ºC durante 15 minutos.

esternal (sternal), perteneciente al esternón.

esternoclavicular (sternoclavicular), perteneciente al esternón y a la clavícula.

esternocleidohioideo (sternohyoideus), uno de los cuatro músculos infrahioideos. Su función es hacer bajar el hueso hioides.

esternocleidomastoideo (sternocleidomastoid), músculo del cuello que se inserta en la apófisis mastoides y en la línea nucal superior y, mediante fascículos aferentes, en el esternón y en la clavícula.

esternón (sternum), el hueso alargado y aplanado que forma la porción medial del tórax. Sirve de apoyo a las clavículas, se articula con los siete primeros pares de costillas y está formado por el manubrio, el gladiolo (cuerpo) y el apéndice xifoides.

esternotiroideo (sternothyroideus), uno de los cuatro músculos infrahioideos. Actúa haciendo descender el cartílago tiroides.

esternotomía media (median sternotomy), técnica de cirugía torácica en la que se realiza una incisión desde la escotadura supraesternal hasta más abajo del apéndice xifoides. Se abre el esternón con una sierra. Para su cierre es necesario emplear suturas de acero inoxidable para unir los extremos del esternón.

esteroide (steroid), perteneciente a un numeroso grupo de sustancias hormonales con una estructura química básica similar, producidas principalmente en la corteza suprarrenal y las gónadas.

esteroide anabolizante (anabolic steroid), cualquiera de los diversos compuestos derivados de la testosterona o de origen sintético, que favorecen el crecimiento del cuerpo en general, se oponen a los efectos de los estrógenos endógenos o que potencian los efectos masculinizantes. Todos estos compuestos producen un efecto mixto androgénico-anabolizante. Los esteroides anabolizantes se prescriben para el tratamiento de la aplasia medular, de la aplasia selectiva de células rojas, de la anemia hemolítica y de las anemias asociadas con nefropatía, metaplasia mieloide y leucemias.

esterol (sterol), gran subgrupo de esteroides que contienen un grupo OH en la posición 3 y una cadena lateral alifática ramificada de ocho o más átomos de carbono en la posición 17. Son tipos de esteroles el **colesterol** y el **ergosterol**.

estertor (rale), sonido respiratorio anormal frecuente que se escucha en la auscultación del tórax durante la inspiración y que se caracteriza por ruidos burbujeantes discontinuos. Los estertores finos tienen un sonido de crepitación producido por la entrada de aire en los bronquiolos distales o alveolos que contienen secreciones serosas, como en la insuficiencia cardíaca congestiva, las neumonías o la tuberculosis inicial. Los estertores gruesos tienen su origen en los bronquios más grandes o en la tráquea y tienen un tono más bajo. Son tipos de estertores los **estertores sibilantes** y los **estertores sonoros**.

estertoroso (stertorous), relativo a un esfuerzo respiratorio agotador o muy esforzado; que suena como un ronquido.

estética (esthetics), rama de la filosofía relacionada con las formas y con los efectos psicológicos de la belleza. En medicina, la estética se puede aplicar a la reconstrucción dental y a la cirugía plástica.

estetomimético (stethomimetic), relativo a cualquier trastorno que produce o acompaña a una reducción del volumen torácico por debajo de su valor normal.

estetoscopio (stethoscope), instrumento utilizado para la auscultación mediata, formado por dos auriculares conectados mediante un sistema de tubos flexibles a un diafragma, que se coloca contra la piel del tórax o de la espalda del paciente para oír los sonidos cardíacos y pulmonares.

estibocaptato sódico (sodium stibocaptate), parasiticida experimental para determinadas infecciones por esquistosomas. Se encuentra disponible en los Centros para el Control de Enfermedades.

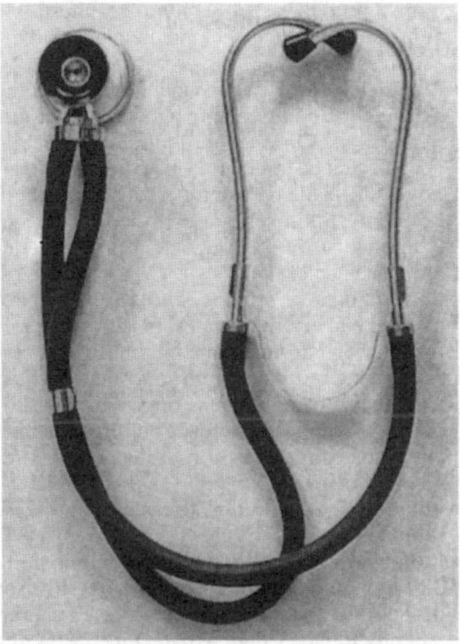

Estetoscopio
(Seidel, 1991)

estibofeno (stibophen), esquistosomicida prescrito para el tratamiento de las infestaciones por *Schistosoma japonicum* o *S. haematobium*.

estibogluconato sódico (stibogluconate sodium), antileishmaniásico disponible en los Centros para el control de las enfermedades. Es el fármaco de elección para la forma visceral de leishmaniasis y es también valioso para otras formas.

estigma (stigma, *pl.* **stigmata, stigmas**), **1.** mancha moral o física. **2.** característica física que sirve para identificar una enfermedad o trastorno.

estigmatismo (stigmatism), **1.** acomodación y refracción visuales normales cuando los rayos inciden sobre la retina. **2.** presencia de marcas cutáneas anormales.

estilbestrol (stilbestrol), v. **dietilestilbestrol**.

estilete (stylet, también stilet, stilette), sonda metálica fina para introducir a través de una aguja, sonda o catéter con el fin de limpiar su interior hueco, o para introducirla en un catéter flexible, blando y darle rigidez mientras se coloca en una vena o se introduce en el cuerpo a través de un orificio.

estilohioideo (stylohyoideus), uno de los cuatro músculos suprahioideos, situado por delante y encima del vientre posterior del digástrico. Sirve para levantar el hueso hioides y llevarlo hacia atrás.

estiloide (styloid), de forma alargada y rectilínea, como un bolígrafo o un estilete.

estimación del riesgo para la salud (health risk appraisal), proceso de recoger, analizar y comparar las características pronósticas de la salud de un individuo con las de un grupo de edad estándar.

estimulación (stimulation), acción y efecto de estimular.

estimulación cardíaca con marcapasos (pacing), estimulación eléctrica artificial del ritmo del corazón. Algunos tipos de estimulación cardíaca con marcapasos son: **acoplada, auricular, AV secuencial, endocárdica, epicárdica, programada** y **ventricular**.

estimulación del lactante (infant stimulation), exploración de las aferencias sensitivas de los recién nacidos, habitualmente mediante la realización de tareas en las que participan la coordinación y la manipulación.

estimulación eléctrica galvánica (galvanic electric stimulation) [Luigi Galvani, fisiólogo italiano, n. 1737], utilización de un estimulador eléctrico de alto voltaje para tratar los espasmos musculares, el edema de las lesiones agudas, el dolor miofascial y otros trastornos.

estimulación nerviosa eléctrica transcutánea (ENET) (transcutaneous electric nerve stimulation [TENS]), método de control del dolor mediante la aplicación de impulsos eléctricos

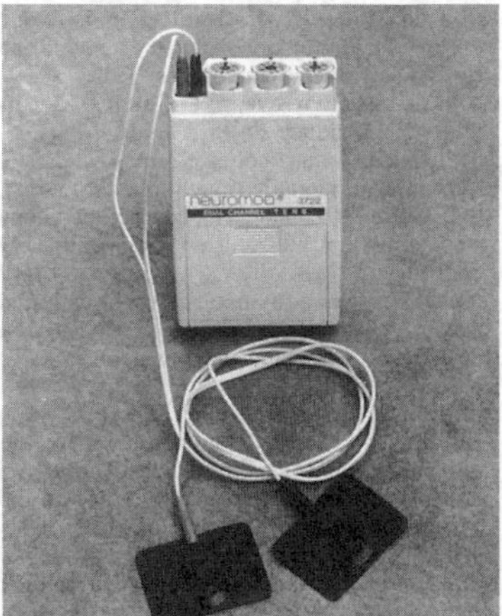

Estimulación nerviosa eléctrica transcutánea (ENET)

a las terminaciones nerviosas por electrodos colocados en la piel. Los impulsos eléctricos generados son similares a los del cuerpo, pero lo suficientemente diferentes como para bloquear la transmisión de las señales dolorosas al cerebro.

estimulación nerviosa transcutánea (transcutaneous nerve stimulation), v. **estimulación nerviosa eléctrica transcutánea**.

estimulador tiroideo de acción prolongada (LATS) (long-acting thyroid stimulator [LATS]), inmunoglobulina, probablemente un autoanticuerpo, que ejerce un efecto estimulante prolongado sobre la glándula tiroides, lo que produce un rápido crecimiento de la glándula, y un exceso en la actividad de la función tiroidea, produciendo hipertiroidismo.

estimulante (stimulant), cualquier producto que aumenta el ritmo de actividad de un sistema corporal.

estimulante central (central stimulant), v. **estimulante del sistema nervioso central**.

estimulante colinérgico (cholinergic stimulant), v. **colinérgico**.

estimulante del sistema nervioso central (central nervous system stimulant), sustancia que acelera la actividad del sistema nervioso central mediante el aumento de la frecuencia de descarga neuronal o por el bloqueo de un neurotransmisor inhibidor. Muchos compuestos naturales y sintéticos estimulan el sistema nervioso central, aunque sólo unos pocos se utilizan con fines terapéuticos.

estímulo (stimulus, *pl.* **stimuli**), todo lo que excita o incita a un organismo o a parte de él a funcionar, volverse activo o responder.

estímulo aversivo (aversive stimulus), estímulo que produce dolor psíquico o físico, como puede ser un choque eléctrico.

estímulo condicionado (conditioned stimulus), todo estímulo al cual se ha condicionado una respuesta refleja mediante entrenamiento o experiencia previa.

estímulo hipóxico (hypoxic drive), estímulo que ejerce la disminución de la presión arterial del oxígeno sobre la respiración a través de los cuerpos carotídeos.

estímulo liberador (releasing stimulus), (en psicología) acción o conducta de un individuo que da pie a desencadenar una respuesta en otros. Un ejemplo de lo anterior es cuando una persona bosteza y a continuación bostezan las demás personas del grupo.

estímulo nociceptivo (nocciceptive stimulus), estímulo doloroso, a veces perjudicial o lesivo.

estímulo umbral (threshold stimulus), mínimo estímulo suficiente para producir una respuesta. Por debajo de ese nivel, no es probable que se produzca una acción o respuesta sin aumentar de forma adicional la intensidad del estímulo.

estíptico (styptic), **1.** sustancia utilizada como astringente, con frecuencia para detener una hemorragia. Un estíptico químico induce la coagulación de la sangre. Una compresa de algodón utilizada para detener una hemorragia por compresión será un estíptico mecánico. **2.** que actúa como astringente o sirve para detener una hemorragia.

estoma (stoma, *pl.* **stomas, stomata**), **1.** poro, orificio o abertura en una superficie. **2.** abertura artificial de un órgano interno en la superficie del cuerpo, creada quirúrgicamente, como para una colostomía, ileostomía o traqueostomía. **3.** abertura nueva creada quirúrgicamente, entre dos estructuras corporales, como para una gastroenterostomía.

estomadeo (stomadaeum, stomadeum), v. **estomodeo**.

estómago (stomach), principal órgano de la digestión, localizado en el cuadrante superior derecho del abdomen, que se divide en cuerpo y píloro. Recibe y digiere parcialmente los alimentos y bebidas transportadas desde la boca a través del esófago, desplazando la masa nutricional hacia el intestino. Está revestido de capas mucosa, submucosa, muscular y serosa, todas ellas con gran dotación de vasos sanguíneos y nervios, y contiene glándulas fúndicas, cardiales y pilóricas.

estomal (stomal), relativo a uno o más estomas.

estomatitis (stomatitis), proceso inflamatorio de la boca. Puede deberse a una infección por bacterias, virus u hongos, exposición a determinados productos químicos o fármacos, déficit de vitaminas o enfermedades inflamatorias generalizadas. Algunos tipos de estomatitis son: **estomatitis aftosa, estomatitis seudomembranosa, estomatitis de Vincent** y **muguet**.

estomatitis aftosa (aphthous stomatitis), trastorno recurrente que se caracteriza por la erupción de úlceras dolorosas (comúnmente denominadas ulceraciones gangrenosas) en la mucosa oral.

estomatitis angular (angular stomatitis), inflamación de las comisuras de la boca.

estomatitis candidiásica (stomatitis parasitica), inflamación de la mucosa de la boca por un hongo, *Candida albicans*, que se manifiesta típicamente por la presencia de una corteza blanquecina sobre la lengua. Puede afectar a los lactantes, a las personas inmunodeprimidas por el HIV o bien manifestarse como un crecimiento secundario a un tratamiento antibiótico.

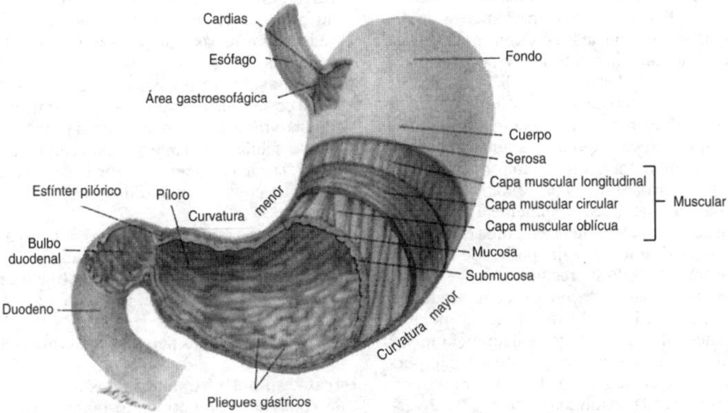

Estómago
(Thibodeau, 1993/G. David Brown)

estomatitis de Vincent (Vincent's stomatitis) [Henri Vincent, médico francés, n. 1862], infección de la boca.

estomatitis gangrenosa (gangrenous stomatitis), v. **noma**.

estomatitis herpética (herpetic stomatitis), proceso inflamatorio de la boca causado por la infección de un virus del herpes.

estomatitis membranosa (membranous stomatitis), v. **estomatitis seudomembranosa.**

estomatitis por arsénico (arsenic stomatitis), trastorno de la cavidad oral que se asocia a la intoxicación por arsénico y se caracteriza por sequedad, enrojecimiento, dolor, ulceraciones y lesiones purpúricas en la mucosa oral, así como movilidad de los dientes.

estomatitis por Atabrine (Atabrine stomatitis), trastorno en la cavidad oral que puede asociarse con el uso de Atabrine (clorhidrato de quinacrina) y que se caracteriza por cambios orales que simulan el liquen plano.

estomatitis por bismuto (bismuth stomatitis), enfermedad de la boca causada por el uso sistémico de compuestos de bismuto durante períodos prolongados, caracterizada por una línea azul-negra en el lado interno del surco gingival o por pigmentación de la mucosa bucal, irritación de la lengua, gusto metálico y una sensación de quemazón en la boca.

estomatitis seudomembranosa (pseudomembranous stomatitis), inflamación grave de la boca que genera un exudado de tipo membranoso. La inflamación puede estar producida por diversas bacterias o irritantes químicos.

estomatitis simple (simple stomatitis), inflamación simple de la mucosa de la boca, con enrojecimiento, tumefacción y exceso de moco.

estomatitis ulcerativa (ulcerative stomatitis), enfermedad infecciosa de la boca caracterizada por encías inflamadas e hinchadas, úlceras y pérdida de piezas dentales.

estomatología (stomatology), estudio de la morfología, estructura, función y enfermedades de la cavidad oral.

estomio (stomion), el punto medio de la hendidura oral cuando la boca está cerrada.

estomodeo (stomodeum, *pl.* **stomodeums, stomodea**), invaginación del ectodermo localizada en el intestino anterior del embrión en desarrollo, que forma la boca. También denominada **estomadeo**.

estornudo (sneeze), expulsión brusca, potente e involuntaria de aire a través de la nariz y de la boca que se produce a consecuencia de la irritación de la mucosa de las vías respiratorias altas, por polvo, polen o inflamaciones víricas.

estrabismo (strabismus), proceso ocular anómalo en el cual los ejes visuales no pueden dirigirse simultáneamente al mismo objeto. Existen dos clases de estrabismo, el paralítico y el no paralítico. El estrabismo paralítico se debe a la incapacidad de los músculos oculares para mover el ojo, debido a un déficit neurológico o a una disfunción muscular. Es posible identificar el músculo disfuncional observando al paciente cuando intenta mover los ojos a cada una de las posiciones cardinales de la mirada. El estrabismo no paralítico es un defecto de la posición de los ojos entre sí. Se trata de una anomalía hereditaria. La persona no es capaz de utilizar los dos ojos a la vez, sino que tiene que fijar uno de los dos. El ojo que mira hacia delante en un determinado momento es el ojo que enfoca. Algunas personas tienen estrabismo alternante, utilizando primero un ojo y después otro; algunos presentan estrabismo monocular, que afecta solamente a un ojo. La agudeza visual disminuye a medida que disminuye la utilización del ojo, pudiendo desarrollarse ambliopía de supresión.

estrabismo acomodativo (accommodative strabismus), **1.** estrabismo producido por una exigencia anormal de acomodación, como el estrabismo convergente, debido a una hipermetropía no corregida, o el estrabismo divergente, debido a una miopía no corregida. **2.** estrabismo provocado por el acto de la acomodación asociado a una relación CA-A elevada.

estrabismo bilateral (bilateral strabismus), trastorno ocular caracterizado por bizqueo bilateral, cuya causa es el fracaso de la acomodación ocular.

estrabismo convergente (convergent squint), trastorno visual en el cual un ojo desviado mira hacia dentro, hacia la nariz.

estrabismo divergente (divergent squint), trastorno visual en el cual un ojo desviado mira hacia fuera. Con frecuencia, el ojo afectado es ciego o tiene una visión defectuosa.

estrabismo espástico (spastic strabismus), estrabismo producido por contracciones espásticas de los músculos oculares.

estrabismo interno (internal strabismus), v. **esotropía**.

estrabismo monocular (monocular strabismus), estrabismo que afecta a un solo ojo.

estrabismo vertical (vertical strabismus), desviación de un ojo en sentido vertical desde un punto de fijación. Una causa frecuente es el aumento del tono de los músculos oblicuos inferiores, que da lugar a un rápido movimiento vertical del globo ocular en aducción.

estradiol (estradiol), el estrógeno natural humano más potente, presente también en los ovarios de cerdo y en la orina de las yeguas preñadas.

estrangulación (strangulation), constricción de una estructura tubular del cuerpo, como la tráquea, un segmento intestinal o los vasos sanguíneos de una extremidad, que impide la función e interrumpe la circulación.

estrangular (strangle), interrumpir la respiración mediante la compresión o constricción de la tráquea.

estrato (stratum, *pl.* **strata**), lámina o capa uniformemente gruesa, habitualmente asociada a otras capas, como el estrato basal de la epidermis.

estrato basal (stratum basal), **1.** la más profunda de las cinco capas de la piel, formada por células cilíndricas altas. Esta capa proporciona nuevas células mediante división celular mitótica. **2.** la capa más profunda de la decidua uterina, que contiene glándulas uterinas terminales.

estrato córneo (stratum corneum), la capa callosa más externa de la piel, formada por células muertas convertidas en queratina que se descaman continuamente. El estrato córneo es grueso en las palmas de las manos y las plantas de los pies y más delgado en las áreas más protegidas.

estrato espinoso (stratum spinosum), una de las capas de la epidermis, formada por varias capas de células poligonales. Se sitúa en la parte superior del estrato basal y por debajo del estrato granuloso, y contiene diminutas fibrillas en el citoplasma celular.

estrato esponjoso (stratum spongiosum), una de las tres capas del endometrio del útero, que contiene glándulas uterinas dilatadas, tortuosas, y una pequeña cantidad de tejido interglandular.

estrato germinativo (stratum germinativum), v. **estrato basal**.

estrato granuloso (stratum granulosum), una de las capas de la epidermis, situada inmediatamente por debajo del estrato córneo, excepto en las palmas de las manos y las plantas de los pies, donde se encuentra por debajo del estrato lúcido.

estrato lúcido (stratum lucidum), una de las capas de la epidermis, situada inmediatamente por debajo del estrato córneo y presente solamente en la gruesa piel de las palmas de las manos y las plantas de los pies.

estrecho inferior de la pelvis (pelvic outlet), espacio limitado por los huesos de la zona inferior de la pelvis verdadera. La forma y el tamaño de la pelvis en las mujeres varían, siendo dos datos de importancia para el parto. Las formas se clasifican según la longitud de los diámetros y según el grosor de los huesos.

estrecho superior de la pelvis (pelvic inlet), (en obstetricia) entrada a la pelvis verdadera, limitada por el promontorio del sacro, las ramas horizontales del pubis y la parte más alta de la sínfisis del pubis. Dado que el niño debe atravesar el estrecho superior para entrar en la pelvis verdadera y nacer por vía vaginal, las dimensiones anteroposterior, transversa y oblicua del estrecho son medidas importantes a realizar en la valoración de la pelvis durante el embarazo.

estrecho torácico superior (superior aperture of thorax), orificio de forma elíptica situado en el vértice del tórax y limitado por la primera vértebra dorsal, las primeras costillas y el borde superior del esternón.

estreñimiento (constipation), **1.** dificultad para el paso de las heces o paso incompleto o infrecuente de heces compactas. Entre las causas orgánicas están la obstrucción intestinal, la diverticulitis y los tumores. En los ancianos y en pacientes encamados puede producirse un deterioro funcional del colon con dificultad para responder a la urgencia de defecar. **2.** diagnóstico de enfermería, aprobado por la NANDA. Las características que lo definen incluyen la disminución de la frecuencia de defecación, heces formadas y duras, masa rectal palpable, esfuerzo para defecar, disminución de los ruidos intestinales, sensación de presión o plenitud abdominal o rectal, disminución del volumen de heces y náuseas. También puede aparecer dolor abdominal, disminución del apetito, dolor de espalda, cefalea y afectación de la vida diaria.

estreñimiento colónico (constipation, colonic), diagnóstico de enfermería, aprobado por la NANDA, de un tipo de defecación caracterizado por heces duras y secas, debido al tránsito enlentecido de los residuos alimentarios. Las características que lo definen incluyen una disminución de la frecuencia, heces duras y secas, esfuerzo para defecar, defecación dolorosa, distensión abdominal, masa palpable, lesión rectal, cefalea, disminución del apetito y dolor abdominal.

estreñimiento espástico (spastic constipation), forma de estreñimiento que se asocia a la neurastenia y a los espasmos constrictivos de una parte del intestino. Puede ser un signo de intoxicación por plomo.

estreñimiento obstructivo (obstructive constipation), estreñimiento producido por una obstrucción al paso de las heces.

estreñimiento por atonía (atonia constipation), estreñimiento producido por la incapacidad del colon para responder a los estímulos normales de la evacuación. Puede aparecer en los pacientes ancianos o encamados, o después de haber mantenido una dependencia de laxantes durante un período prolongado de tiempo.

estreñimiento rectal (constipation, rectal), diagnóstico de enfermería, aprobado por la NANDA, de un tipo de defecación que se caracteriza por retención de heces, consistencia normal de las mismas y retraso en su eliminación como consecuencia de alteraciones biopsicosociales. También existen molestias abdominales, plenitud rectal y modificación de la producción de gases.

estreñimiento subjetivo (constipation, perceived), diagnóstico de enfermería, aprobado por la NANDA, de un estado en el que el individuo realiza su propio diagnóstico de estreñimiento y asegura la defecación diaria mediante el uso de laxantes, enemas y supositorios. La característica que lo define es la expectativa de una deposición diaria que se espera a la misma hora todos los días, con el consecuente uso abusivo de laxantes, enemas y supositorios.

estreptocinasa (streptokinase), activador fibrinolítico que potencia la conversión de plasminógeno en la enzima fibrinolítica plasmina. Se utiliza en el tratamiento de determinados casos de embolismo pulmonar y coronario.

estreptocinasa-estreptodornasa (streptokinase-streptodornase), dos enzimas procedentes de una cepa de *Streptococcus hemolyticus*. Se prescriben para el desbridamiento de exudados purulentos, sangre coagulada, necrosis por radiación o depósitos fibrinosos provocados por traumatismos o infecciones.

estreptococemia (streptococcemia), presencia de estreptococos en la sangre.

estreptocócico (streptococcal), perteneciente a cualquiera de las especies de estreptococos.

estreptococos betahemolíticos (beta-hemolytic streptococci), estreptococos piogénicos de los grupos A, B, C, E, F, G, H, K, L, M y O que causan hemólisis de los hematíes en agar sangre en el laboratorio. Estos microorganismos son los responsables de la mayoría de las infecciones estreptocócicas del ser humano.

estreptolisina (streptolysin), sustancia filtrable, producida por varios estreptococos, que libera la hemoglobina de los hematíes.

estreptozocina (streptozocin), antineoplásico experimental utilizado en el tratamiento de diversas neoplasias, entre ellas los tumores de células endocrinas del páncreas con metástasis. Es una sustancia antibiótica obtenida de *Streptomyces acromogenes*.

estrés (stress), cualquier factor emocional, físico, social, económico o de otro tipo, que requiere una respuesta o un cambio, como la deshidratación, que puede provocar un aumento de la temperatura corporal, o la separación de los padres, que puede provocar el llanto en un niño pequeño.

estría (stria), raya o cicatriz lineal producida generalmente por el desarrollo rápido de tensión en la piel, como sucede en el abdomen después del embarazo. Las estrías de color púrpura constituyen uno de los signos clásicos del hiperadrenocorticismo.

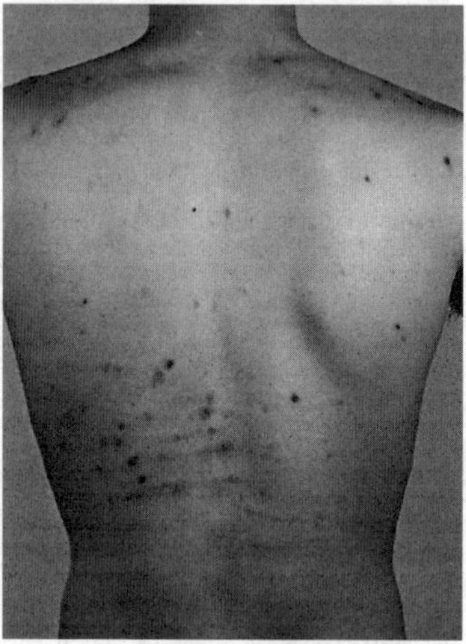

Estrías fisiológicas
(A. du Vivier, 2.ª ed., 1995)

estriado (striatal), perteneciente al cuerpo estriado.
estriado (striate), rallado; caracterizado por la presencia de líneas paralelas; que tiene líneas estructurales.
estribo (stapes), uno de los tres huesecillos del oído medio, que recuerda a un diminuto estribo. Transmite las vibraciones de sonido desde el yunque hasta el oído interno.
estricnina (strychnine), alcaloide blanco cristalino obtenido de las hojas de la planta *Strychnos nuxvomica*. Es extremadamente neurotóxico para el sistema nervioso central, produciendo el síntoma clásico de la intoxicación por estricnina, la espalda arqueada.
estricto (obligate), caracterizado por la capacidad para sobrevivir sólo bajo determinadas condiciones ambientales, como le ocurre a un parásito estricto.
estridor (stridor), sonido respiratorio musical anormal, de tono agudo, provocado por una obstrucción de la tráquea o de la laringe. Habitualmente se escucha durante la inspiración. El estridor puede indicar varias enfermedades neoplásicas o inflamatorias, entre ellas edema de glotis, asma, difteria, laringospasmo o papiloma.
estriol (estriol), estrógeno natural humano, relativamente débil, que aparece en concentraciones elevadas en orina.
estro (estrus), período cíclico de actividad sexual en los mamíferos y otros primates.
estrógeno (estrogen), uno de los grupos de compuestos de hormonas esteroideas que promueve el desarrollo de los caracteres sexuales secundarios femeninos. Los estrógenos humanos se sintetizan en los ovarios, en la corteza suprarrenal, en los testículos y en la unidad fetoplacentaria. Durante el ciclo menstrual, los estrógenos capacitan al tracto genital femenino para la fertilización, implantación y nutrición del embrión precoz. Algunos tipos de estrógenos son: **estrógenos conjugados, estrógenos esterificados, estradiol, estriol** y **estrona**.
estrógeno conjugado (conjugated estrogen), mezcla de sales sódicas de sulfatos de estrógeno, principalmente las sales de estrona, equilina y 17-alfa-dihidroequilina, en una combinación aproximada a la composición media en sustancias estrogénicas de la orina de yeguas embarazadas. Los estrógenos conjugados pueden utilizarse para aliviar los síntomas vasomotores posmenopáusicos, para el tratamiento de la vaginitis atrófica, del hipogonadismo femenino, de la insuficiencia ovárica primaria, y de forma paliativa, en el carcinoma de próstata avanzado y en el cáncer de mama metastásico.
estrógeno esterificado (esterified estrogen), éster de un estrógeno natural prescrito para el tratamiento de las irregularidades menstruales, para la contracepción y para los síntomas menopáusicos.
estroma (stroma, *pl.* **stromata**), tejido de sostén o matriz de un órgano, para distinguirlo de su parénquima.
estrona (estrone), estrógeno relativamente potente. Se prescribe para el tratamiento de las irregularidades del ciclo menstrual, del cáncer de próstata y de los síntomas vasomotores de la menopausia, así como para evitar el embarazo.
estroncio (Sr) (strontium [Sr]) [Strontian, Escocia], elemento metálico. Su número atómico es 38; su peso atómico, 87,62. Químicamente similar al calcio, se encuentra en el tejido óseo. Se utilizan isótopos de estroncio en las gammagrafías óseas con isótopos radiactivos. El estroncio 90, que es el que tiene una vida más larga, es el componente más peli-

groso de la lluvia radiactiva provocada por las pruebas con bombas atómicas. Es capaz de sustituir parte del calcio de los alimentos, concentrarse en dientes y huesos y continuar emitiendo electrones que pueden causar la muerte del huésped. Las vacas concentran estroncio 90 en la leche.

estrongiloidiasis (strongyloidiasis), infección del intestino delgado por un nematodo, *Strongyloides stercolaris*, adquirida al atravesar la piel sana las larvas procedentes del suelo, lo que produce una erupción pruriginosa incidental. Las larvas pasan a los pulmones a través de la circulación sanguínea, donde provocan ocasionalmente neumonías. Después, las larvas remontan las vías respiratorias y llegan a la faringe, donde son deglutidas, para convertirse en gusanos adultos al llegar al intestino delgado. Se puede producir diarrea sanguinolenta y malabsorción intestinal. La utilización de calzado evita el contagio del suelo contaminado.

estropipato (estropipate), estrógeno prescrito para tratar los síntomas vasomotores de la menopausia, la vaginitis atrófica, la craurosis vulvar, el hipogonadismo femenino, la castración femenina y la insuficiencia ovárica primaria.

estructura (structure), parte del cuerpo, como el corazón, un hueso, una glándula, una célula o una extremidad.

estructuración cognitiva (cognitive structuring), proceso de revisar con el paciente los cambios que se han producido en su manera de pensar para identificar la existencia del cambio y la importancia de desempeñar un papel activo en dicho cambio.

estructural (structural), relativo a la disposición o patrón de las partes que componen un objeto u organismo.

estruma de Riedel (Riedel's struma), tiroiditis de Riedel. V. **tiroiditis fibrosa**.

estruma linfomatoso (struma lymphomatosa), v. **enfermedad de Hashimoto**.

estudio controlado aleatorio (random controlled trial), plan de estudio de un nuevo medicamento en el cual los sujetos se asignan sobre una base aleatoria para participar en un grupo experimental que recibe el nuevo tratamiento o bien en un grupo de control que recibe placebo.

estudio de búsqueda de factores (factor-search study), (en investigación de enfermería) diseño de estudio que produce una descripción cualitativa, narrativa, incluyendo las categorías o clasificaciones de los fenómenos.

estudio de casos y controles (case-control study), investigación científica retrospectiva en la que un grupo de pacientes con una enfermedad o trastorno específico, como el infarto de miocardio, se compara con un grupo de individuos de control que no padecen este problema médico.

estudio de cohortes (cohort study), (en investigación) estudio de una subpoblación específica, como los niños nacidos en mayo y diciembre de 1975 y los niños nacidos en los mismos meses de 1955.

estudio de fibra óptica (fibroptics), proceso técnico mediante el que se puede visualizar un órgano o cavidad interna utilizando fibras de vidrio o plástico que transmiten la luz a través de un tubo especialmente diseñado que refleja una imagen aumentada.

estudio de salud (health screening), programa diseñado para evaluar el estado de salud y las capacidades de un individuo. Puede incluir la elaboración de la historia clínica personal y familiar y la realización de una exploración física o de análisis, pruebas de laboratorio o exámenes radiológicos.

estudio de trazador *in vivo* (in vivo tracer study), (en medicina nuclear) técnica diagnóstica en la que una serie de imágenes del paso de un trazador radiactivo a través de un compartimiento del cuerpo del paciente, demuestra si la estructura o el proceso es normal o anormal.

estudio diagnóstico (workup), proceso de realización de una evaluación completa de un paciente, incluyendo historia, exploración física, pruebas de laboratorio y procedimientos diagnósticos con rayos X o de otro tipo, para adquirir una base de datos precisa sobre la que establecer un plan diagnóstico y terapéutico.

estudio doble ciego (double blind study), experimento diseñado para comprobar el efecto de un tratamiento o una sustancia empleando un grupo de personas que lo reciben y otro grupo control, sin que ninguno de ellos ni los investigadores sepan qué tratamiento o sustancia se está administrando a cada grupo. En el estudio de un nuevo fármaco, la sustancia puede estar identificada para los investigadores sólo mediante un código. El estudio doble ciego puede ampliarse con un **experimento de entrecruzamiento** («cross over»), en el que los sujetos del experimento, sin saberlo, se convierten en el grupo control, y viceversa, en algún momento del estudio.

estudio Doppler (Doppler scanning), técnica de imagen ultrasónica para controlar el comportamiento de una estructura móvil, como el flujo de sangre o el latido cardíaco.

estudio en fase uno (phase one study), ensayo clínico para evaluar el posible riesgo de la administración de una nueva modalidad de tratamiento. Un estudio en fase dos evalúa la eficacia clínica de la nueva modalidad, mientras que un estudio en fase tres compara su eficacia con el mejor tratamiento existente.

estudio longitudinal de Duke (Duke longitudinal study), estudio en profundidad y de largo alcance, sobre el proceso de envejecimiento normal en hombres y mujeres de mediana edad, llevado a cabo por el Duke University Medical Center. Del estudio de Duke nació el «cociente de longevidad» (CL) utilizado para evaluar el ritmo de envejecimiento de un individuo. Se calcula dividiendo el número de años que una persona sobrevive por encima de una edad determinada por el número de años esperados según las tablas actuariales.

Estudio longitudinal del envejecimiento de Baltimore (Baltimore Longitudinal Study of Aging), estudio de largo alcance de las interrelaciones entre los cambios fisiológicos cerebrales del envejecimiento y las capacidades psicológicas y los síntomas psiquiátricos de varones de más de 65 años. Los varones seleccionados para el estudio original en 1955 tenían muy diversas características en cuanto a religión, país de nacimiento, educación, ocupación, estado laboral (jubilado o en activo) y situación doméstica, que iba desde la independencia total hasta la estancia en un asilo, con el fin de explorar factores no controlados que pudieran conducir a nuevas áreas de conocimiento en geriatría.

estudio prospectivo (prospective study), estudio diseñado para determinar la relación entre una enfermedad y una característica compartida por algunos miembros de un grupo. En un estudio prospectivo puede haber muchas variables o solamente dos; se puede buscar la demostración de una relación que sea de asociación o bien causal.

estudio retrospectivo (retrospective study), estudio en el que se investiga una relación entre un fenómeno o enfermedad (generalmente actual) y otro producido en el pasado.

estudio simple ciego (single-blind study), experimento en el cual el sujeto o la persona que reúne los datos no sabe si el sujeto pertenece al grupo de control o al experimental.

estudio transversal (cross-sectional), (en estadística) comparación de datos de dos grupos de sujetos en un momento determinado en el tiempo.

estudios adecuados y bien controlados (adecuate and well-controlled studies), estudios clínicos y de laboratorio que, tal como exige la ley, deben ser llevados a cabo por los patrocinadores de un nuevo fármaco, con objeto de demostrar la fiabilidad de las afirmaciones hechas acerca de su eficacia.

estupefaciente (stupefacient), narcótico u otro agente que produce un estado de estupor.

estupor (stupor), estado de letargo y falta de respuesta en el cual una persona parece no darse cuenta de lo que le rodea. Algunas clases de estupor son: **estupor anérgico, estupor benigno**, **estupor delirante** y **estupor epiléptico**.

estupor anérgico (anergic stupor), tipo de demencia que se caracteriza por inmovilidad, confusión y ausencia de resistencia.

estupor benigno (benign stupor), estado de apatía o letargia, como el que ocurre en la depresión grave.

estupor catatónico (catatonic stupor), forma de catatonía caracterizada por la ausencia de respuesta; puede estar relacionada con el temor del paciente a perder la capacidad para controlar sus propios impulsos.

estupor delirante (delusion stupor), Mestado de letargo y falta de respuesta observado en la esquizofrenia catatónica.

estupor epiléptico (epileptic stupor), estado de ausencia de alerta y de respuesta tras una convulsión epiléptica.

etacrinato sódico (ethacrynate sodium), v. **ácido etacrínico**.

etanol (ethanol), alcohol etílico.

état criblé (état criblé), trastorno en el que existen múltiples perforaciones en forma de colador en las placas de Peyer intestinales. Con frecuencia es una complicación mortal de la fiebre tifoidea no tratada.

etclorvinol (ethchlorvynol), sedante-hipnótico prescrito para el tratamiento del insomnio.

eteno (ethene), v. **etileno**.

éter (ether), líquido volátil no halogenado utilizado como anestésico general. Dado que produce una excelente analgesia y una profunda relajación muscular, no suelen ser necesarios otros fármacos coadyuvantes para la anestesia, como analgésicos narcóticos o agentes bloqueantes neuromusculares. Tiene un olor irritante y acre, es muy inflamable y explosivo y con frecuencia produce náuseas y vómitos postoperatorios.

Ética (Ethics), ciencia o estudio de los valores o principios morales, incluidos los ideales de autonomía, beneficencia y justicia.

etidronato disódico (etidronate disodium), regulador del metabolismo del calcio. Se prescribe para el tratamiento de la enfermedad de Paget, para la osificación heterotópica producida por lesiones de la médula espinal y tras sustituciones totales de cadera.

etidronato sódico (sodium etidronate), v. **etidronato disódico**.

etilendiamina (ethylenediamine), líquido claro, espeso, con olor a amoniaco. Se utiliza como solvente, emulsionante y estabilizante de las inyecciones de aminofilina.

etileno (ethylene), gas incoloro e inflamable, más ligero que el aire, con olor y sabor ligeramente dulzón. Antiguamente fue utilizado como anestésico general, siendo algo más potente que el óxido nitroso.

etilestrenol (ethylestrenol), esteroide anabolizante.

etimología (etymology), estudio del origen y evolución de las palabras.

etinamato (ethinamate), sedante prescrito para el tratamiento del insomnio.

etinil-estradiol (ethinyl estradiol), estrógeno prescrito para el tratamiento del cáncer de mama posmenopáusico, para las irregularidades del ciclo menstrual, para el cáncer de próstata, el hipogonadismo, para la contracepción y para aliviar los síntomas vasomotores de la menopausia.

etiología (etiology), **1.** estudio de todos los factores implicados en el desarrollo de una enfermedad, incluyendo la susceptibilidad del paciente y la naturaleza de la enfermedad. **2.** causa de una enfermedad.

etionamida (ethionamide), antibacteriano tuberculostático prescrito en la tuberculosis.

etiquetado (labeling), **1.** sistema por el que se aporta información sobre un fármaco, un alimento, un aparato o un cosmético al comprador o al usuario. La normativa sobre etiquetado la lleva a cabo la *Food and Drug Administration*. **2.** asignación de un nombre o un término a una forma de comportamiento. **3.** acción de clasificar a un paciente según su diagnóstico. Puede ser difícil, pues todos los casos no se adaptan a los criterios diagnósticos estándar.

etmoideo (ethmoid), **1.** relativo al hueso etmoides. **2.** objeto con un gran número de orificios, como un colador.

etnocentrismo (ethnocentrism), **1.** creencia en la superioridad de la «raza» o grupo al que uno mismo pertenece. **2.** tendencia a considerar a los demás grupos étnicos en los términos del propio origen racial.

etología (ethology), **1.** (en zoología) estudio científico de los modelos de conducta animal, especialmente en su hábitat natural. **2.** (en psicología) estudio empírico de la conducta humana, principalmente costumbres sociales, modos y formas de actuar.

etomidato (etomidate), hipnótico y agente de investigación, no barbitúrico, intravenoso, de breve período de acción, inductor de la anestesia general.

etosuximida (ethosuximide), anticonvulsivante prescrito para el tratamiento de la epilepsia de pequeño mal.

etotoína (ethotoin), anticonvulsivante prescrito en el tratamiento de la epilepsia de gran mal y en convulsiones psicomotrices.

etretinato (etretinate), derivado sintético de la vitamina A, utilizado como fármaco oral para tratar la psoriasis. Se prescribe en la psoriasis grave resistente al tratamiento, incluidas la psoriasis pustulosa generalizada y la eritrodérmica.

ETS (STD), abreviatura de **enfermedad de transmisión sexual**.

Eu (Eu), símbolo del **europio**.

eubiótica (eubiotics), ciencia de la vida sana.

eucaliptol (eucalyptol), sustancia con olor aromático obtenida del aceite volátil del *Eucalyptus*, usado en los emolientes nasales.

eucariocito (eukaryocyte), célula con núcleo verdadero, presente en todos los organismos superiores y en ciertos microorganismos como las amebas, plasmodios y tripanosomas. También se denomina eucariocito.

eucarion (eucarion, eukarion), **1.** núcleo muy complejo, organizado y rodeado de membrana nuclear, que normalmente caracteriza a los organismos superiores. **2.** organismo que contiene este tipo de núcleo.

eucariosis (eucaryosis, eukaryosis), estado en el que se posee un núcleo organizado, muy complejo, que contiene orgánulos, rodeado por una membrana nuclear.

eucariota (eucaryote, eukaryote), organismo que posee células que contienen núcleos verdaderos.

eucolia (eucholia), estado normal de la bilis en cuanto a cantidad secretada y estado de sus componentes.

eucromatina (euchromatin), porción de material cromosómico que es activo en la expresión del gen durante la división celular. Se tiñe con más intensidad durante la mitosis.

eucromosoma (euchromosome), v. **autosoma**.

euestrés (eustress), **1.** forma positiva del estrés. **2.** equilibrio entre el egoísmo y el altruismo mediante el que un individuo desarrolla su conducta y energía en cuanto al cuidado de los demás.

euforético (euphoretic), sustancia que tiende a producir euforia, como el LSD, la mescalina, la marihuana y las demás drogas alucinógenas.

euforia (euphoria), **1.** sensación o estado de bienestar o excitación. **2.** sensación exagerada o anormal de bienestar físico y emocional que no se basa en la realidad o verdad, es desproporcionada a la causa e inadecuada para la situación.

eugamia (eugamy), unión de los gametos que contienen el mismo número haploide de cromosomas.

eugenesia (eugenics), estudio de los métodos de control de las características de las poblaciones humanas futuras mediante apareamiento selectivo.

euglobulina (euglobulin), globulina «verdadera» (proteína insoluble en agua destilada). Es una de las muchas y distintas propiedades de las proteínas empleadas para clasificarlas.

eugnatismo (eugnathic anomaly), (en odontología) anomalía de los dientes y de sus soportes alveolares.

eunuco (eunuch), macho al que se le han destruido o extirpado los testículos. Si esto se produce antes de la pubertad, no se desarrollan los caracteres sexuales secundarios.

eunucoidismo (eunuchoidism), deficiencia de la función de las hormonas masculinas o de su formación en los testículos. La deficiencia conduce a la esterilidad y a una talla anormal, testículos pequeños y desarrollo deficiente de los caracteres sexuales secundarios, de la libido y de la potencia sexual.

euploide (euploid), **1.** perteneciente o relativo a un organismo, cepa o célula con un número de cromosomas múltiplo exacto del número haploide básico normal de la especie, como diploide, triploide, tetraploide o poliploide. **2.** dícese de ese individuo, organismo, cepa o célula.

euploidía (euploidy), estado o condición de tener un número de cromosomas que es múltiplo exacto del número haploide característico.

eupnea (eupnea), respiración normal.

europio (Eu) (europium [Eu]), elemento metálico del grupo de las tierras raras. Su número atómico es 63. Su peso atómico es 151,96.

eutanasia (euthanasia), producción deliberada de la muerte de una persona que sufre una enfermedad o proceso incurable, de forma activa, administrándole un fármaco letal, o pasiva, permitiendo que la persona muera al retirar el tratamiento.

eutenia (euthenics), ciencia que trata de la mejora de la especie humana mediante el control de los factores ambientales, como la polución, la malnutrición, las enfermedades o el abuso de sustancias.

eutimismo (euthymism), característica de las respuestas de comportamiento normales.

eutiroideo (euthyroid), relativo a la glándula tiroides normal.

EV (VD), abreviatura de **enfermedad venérea**.

evacuación (evacuate), sustancia desechada o extraída del organismo.

evacuante (evacuant), cualquier medicina o agente que origine el vaciamiento del contenido de un órgano, tal como un laxante o emético.

evacuar (evacuate), vaciar o extraer una sustancia de una cavidad, espacio, órgano o tracto del organismo.

evaginación (evagination), vuelta de dentro hacia fuera o protrusión de una parte u órgano del cuerpo.

evaluación (evaluating), (en el proceso de enfermería de cinco pasos) actividad del personal de enfermería en la que se realiza y registra una determinación respecto al grado en el que se han cumplido los objetivos de la asistencia establecidos. Para realizar este juicio, el personal de enfermería valora el grado de éxito en la consecución de los objetivos, evalúa la ejecución de los cuidados de enfermería, investiga el cumplimiento del tratamiento por parte del paciente y registra la respuesta del mismo al tratamiento. Se valoran los efectos de las medidas utilizadas, la necesidad de modificar los objetivos de los cuidados, la precisión de la ejecución de los cuidados de enfermería y la necesidad de realizar modificaciones en el entorno del paciente, en el equipo o en las técnicas empleados.

evaporación (evaporation), cambio de una sustancia de estado sólido o líquido a gaseoso. El proceso de evaporación se acelera aumentando la temperatura y disminuyendo la presión atmosférica.

eventración (eventration), protrusión de los intestinos desde el abdomen.

eversión (eversion), vuelta hacia fuera, o de dentro afuera.

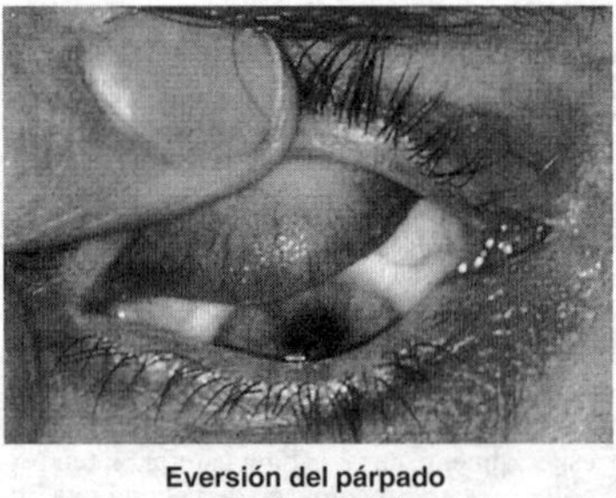

Eversión del párpado
(Eagling, 1986)

evisceración (evisceration), **1.** extracción de una víscera de la cavidad abdominal, desintestinación. **2.** extracción del contenido de un órgano o ese órgano de una cavidad. **3.** protrusión de un órgano interno a través de una herida o incisión quirúrgica, especialmente en la pared abdominal.

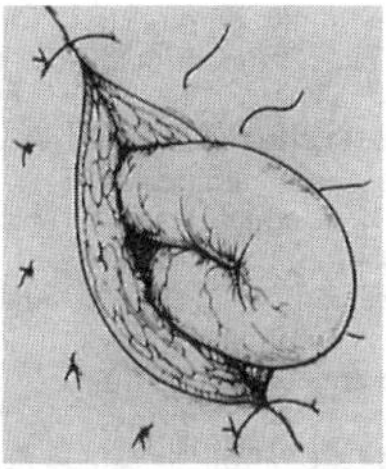

Evisceración a través de una herida

evitación (avoidance), (en psiquiatría) mecanismo de defensa consciente o inconsciente, físico o psicológico, a través del cual el individuo trata de evitar o de huir de los estímulos, de los conflictos o de los sentimientos desagradables, tales como la ansiedad, el miedo, el dolor o el peligro.

evocación (evocation), cambio morfogenético específico en el embrión en desarrollo que se produce como resultado de la acción de un evocador simple.

evocador (evocator), sustancia química u hormona específica emitida desde la parte organizadora del tejido embrionario que actúa como estímulo morfogenético sobre el embrión en desarrollo.

evolución (evolution), **1.** proceso gradual, ordenado y continuo, de cambio y desarrollo desde un estado a otro. **2.** (en genética) teoría del origen y propagación de todas las especies vegetales y animales, incluido el hombre, y su desarrollo desde las formas más simples a las más complejas mediante la selección natural de variantes producidas mediante mutaciones genéticas, hibridación y endogamia. Algunos tipos de evolución son: **evolución convergente, evolución determinante, evolución emergente, evolución orgánica, evolución ortogénica** y **evolución saltatoria**.

exacerbación (exacerbation), aumento en la gravedad de una enfermedad o proceso, marcado por la mayor intensidad de los signos o síntomas del paciente.

exactitud (accuracy), el grado con el que una medición se aproxima al valor verdadero.

exanguinación (exsanguination), pérdida de sangre.

exanguinar (exsanguinate), drenar o privar a un órgano de sangre.

exanguinotransfusión del neonato (exchange transfusion in the newborn), introducción de sangre total a cambio del 75% a 85% de la sangre circulante, que se extrae repetidamente en pequeñas cantidades y se reemplaza por cantidades equivalentes de sangre del donante. La técnica se realiza para mejorar la capacidad del transporte del oxígeno en el tratamiento de la eritroblastosis fetal, extrayendo los anticuerpos Rh y ABO, los eritrocitos sensibilizados productores de hemólisis y la bilirrubina acumulada.

exantema (exanthema), erupción cutánea que puede tener las características diagnósticas específicas de una enfermedad infecciosa. La varicela, el sarampión, la roséola infantil y la rubéola suelen caracterizarse por un tipo de exantema especial. Algunos tipos de exantema son: **exantema del pañal, exantema en alas de mariposa, exantema medicamentoso** y **exantema por calor**.

exantema del pañal (diaper rash), erupción maculopapular, y en ocasiones excoriada de los lactantes, en la zona cubierta por el pañal, producida por la irritación de las heces, humedad, calor o del amoniaco producido por la descomposición bacteriana de la orina. Es frecuente la infección secundaria por *Candida albicans*.

exantema en alas de mariposa (butterfly rash), erupción eritematosa y descamativa de ambas mejillas que pasa de una a otra a través de la nariz mediante una banda estrecha. Aparece en el lupus eritematoso, la rosácea y la dermatitis seborreica.

exantema equimótico (ecchymotic rash), erupción cutánea caracterizada por manchas rojo-azuladas causadas por la extravasación de sangre a los tejidos, generalmente como resultado de una contusión.

exantema errante (wandering rash), v. **lengua geográfica**.

exantema escarlatiniforme (scarlet rash), cualquier erupción cutánea rojiza o sonrosada que acompañe a una infección, como la escarlatina o rubéola.

exantema fijo medicamentoso (fixed-drug eruption), lesiones bien delimitadas que varían del rojo al violáceo, que aparecen en los mismos lugares de la piel y mucosas cada vez que se utiliza un determinado fármaco.

exantema macular (macular rash), erupción cutánea en la que las lesiones son planas y poseen un diámetro menor de 1 cm.

exantema maculopapular (maculopapular rash), erupcion cutánea con máculas o pápulas delimitadas o ambas.

exantema medicamentoso (drug rash), erupción cutánea, normalmente debida a reacción alérgica producida por determinado fármaco. Cuando el exantema medicamentoso se produce como reacción de hipersensibilidad, no aparece la primera vez que se administra el fármaco, sino tras el empleo repetido del mismo.

exantema por calor (heat rash), inflamación cutánea papular o vesicular producida por la exposición prolongada al calor y a una humedad elevada.

exantema por ortigas (nettle rash), fina erupción urticarial debida al contacto de la piel con ortigas (*Urtica* sp.), planta común que contiene histamina en sus hojas.

exantema súbito (exanthem subitum), v. **roséola infantil**.

excavación rectouterina, bolsa rectouterina (rectouterine excavation, rectouterine pouch), v. **saco de Douglas**.

excentricidad (eccentricity), conducta considerada rara o peculiar por una determinada cultura o comunidad, aunque no lo suficiente como para considerarla patológica.

excéntrico (eccentric), **1.** relacionado con un objeto o una actividad que se sale de su curso o práctica común. **2.** comportamiento que puede parecer raro o poco convencional, pero que no es un trastorno necesariamente.

exceso de bases (base excess), medida de alcalosis o acidosis metabólicas.

exceso de mortalidad (excess mortality), muerte prematura o la que se produce antes de la esperanza de vida media para una persona de una determinada categoría demográfica.

exceso de volumen de líquidos (fluid volume excess), diagnóstico de enfermería, aprobado por la NANDA, de la alteración de los mecanismos reguladores de los mecanismos homeostáticos que regulan la retención y la excreción de líquidos corporales, o de la ingesta excesiva de líquidos o sodio. Las características que lo definen son: edema, derrames, aumento del peso corporal, dificultad respiratoria, tercer tono cardíaco, trastornos congestivos pulmonares en el patrón respiratorio, ruidos respiratorios anormales, disminución del hematócrito y de la hemoglobina, alteraciones de la tensión arterial, alteración del equilibrio electrolítico, inquietud, ansiedad y otras alteraciones del estado mental.

excindir (excise), extirpar por completo, como ocurre en la excisión quirúrgica de las amígdalas palatinas.

excipiente (vehicle), sustancia inerte con la que se mezcla una medicación para facilitar su medida y administración o aplicación.

excisión (excision), **1.** proceso de excindir o amputar. **2.** (en genética molecular) proceso mediante el que un elemento genético es extraído de un filamento de ADN.

excitabilidad (excitability), propiedad de una célula que le permite reaccionar ante una irritación o estímulo, como la reacción de un nervio o de las células miocárdicas al estímulo adecuado.

excitación (excitement), (en psiquiatría) estado patológico caracterizado por intensidad emocional, conducta impulsiva, anticipación y estimulación. La excitación de los pacientes esquizofrénicos suele ser el resultado del bloqueo de las comunicaciones y de sentimientos hostiles entre el paciente y el personal del hospital.

excitación (excitation), estado de excitación mental o física: actuación de un nervio o de un músculo sobre un impulso.

excitación catatónica (catatonic excitement), estado de excitación extrema.

excitante (excitant), fármaco u otro agente que estimula el sistema nervioso central u otro sistema corporal de una determinada forma.

excoriación (excoriation), lesión de la superficie de la piel u otra parte del cuerpo producida por rascado o abrasión.

excreción (excretion), proceso de eliminación o liberación de sustancias por parte de los órganos o tejidos del organismo como parte de la actividad metabólica normal. La excreción suele comenzar a nivel celular.

excreta (excreta), materia de desecho eliminada del organismo.

excretar (excrete), evacuar del organismo una sustancia de desecho.

excretor (excretory), perteneciente o relativo al proceso de excreción, normalmente utilizado en combinación con el término que identifique el objeto o procedimiento asociado a la excreción, como es el caso de la urografía excretora.

exfoliación (exfoliation), descamación de los tejidos celulares. Se trata de un proceso normal que puede estar exagerado en ciertas enfermedades de la piel y tras quemaduras solares graves.

exhalación (exhalation), v. **espiración**.

exhalar (exhale), expulsión del aire.

exhibicionismo (exhibitionism), **1.** mostrar las habilidades de uno mismo para atraer la atención. **2.** (en psiquiatría) alteración psicosexual que se produce en hombres en los que el acto repetido de exhibir sus genitales a mujeres no conocidas sirve como método de alcanzar la excitación y gratificación sexual.

exoceloma (exocoelom), v. **celoma extraembrionario**.

exocrino (exocrine), perteneciente o relativo al proceso de secreción hacia fuera, hacia la superficie de un órgano o tejido, o al interior de un vaso, a través de un conducto.

exofítico (exophytic), perteneciente o relativo a la tendencia al crecimiento hacia fuera, como ocurre en los tumores exofíticos, que crecen en la superficie o en la parte externa de un órgano o estructura.

exoforia (exophoria), desviación del eje visual de un ojo alejándose del del otro ojo, producida en ausencia de estímulo visual para la fusión.

exoftalmía (exophthalmia), trastorno caracterizado por una protrusión marcada de los globos oculares (exoftalmos), que suele ser el resultado del aumento del volumen del contenido de la órbita, producido por un tumor; por tumefacción asociada a hemorragia o edema cerebral, intraocular o intraorbitario; por parálisis o traumatismo de los músculos extraoculares, o por trombosis del seno cavernoso. También puede estar producida por procesos endocrinos, como el hipertiroidismo y la enfermedad de Graves.

exoftalmómetro (exophthalmometer), instrumento empleado para medir el grado de desplazamiento hacia delante del ojo en el exoftalmos.

exoftalmos (exophthalmos), v. **exoftalmía**.

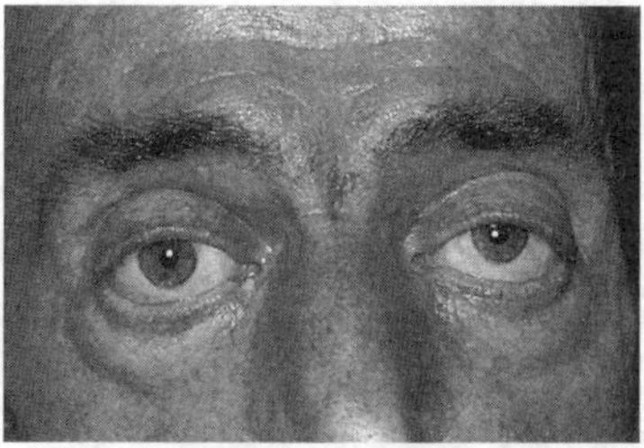

Exoftalmía
(R. Hall/D. C. Evered,, 2.ª ed., 1992)

exogamia (outbreeding), producción de descendencia por el emparejamiento de individuos, organismos o plantas no emparentados, lo que produce rasgos o géneros híbridos superiores.

exógeno (exogenous), **1.** que crece en el exterior del organismo. **2.** que se origina fuera del organismo o de cualquier órgano corporal, o que se produce por causas externas, como la enfermedad producida por un agente bacteriano o viral ajeno al organismo.

exón (exon), (en genética molecular) parte de la molécula de ADN que produce el código para el ARN mensajero final.

exonucleasa (exonuclease), (en genética molecular) nucleasa que digiere el ADN o el ARN desde los extremos de las cadenas.

exosqueleto (exoskeleton), cubierta externa dura de muchos invertebrados, tales como los crustáceos, los cuales carecen de las estructuras internas óseas de los vertebrados.

exostosis (exostosis), crecimiento benigno anormal en la superficie de un hueso.

exotérico (exoteric), perteneciente a algo situado fuera del organismo.

exotoxina (exotoxin), toxina secretada o excretada por un microorganismo vivo.

exotropía (exotropia), estrabismo caracterizado por la desviación hacia fuera de un ojo con respecto al otro.

expansor del plasma (plasma expander), sustancia, habitualmente un dextrano de peso molecular elevado, que se administra por vía intravenosa para elevar la presión oncótica de un paciente.

expansor del volumen plasmático (plasma volume extender), solución intravenosa de dextrano, proteínas u otras sustancias empleadas para tratar el shock debido a la pérdida de volumen sanguíneo.

expectación (expectation), **1.** anticipación por parte del personal de la conducta de un paciente basándose en el conocimiento y en el entendimiento de las capacidades y problemas de la persona. **2.** anticipación de la actuación del personal de enfermería, como ocurre en la expectación de rol.

expectoración (expectoration), expulsión de moco, esputo o líquidos desde la tráquea o pulmones por medio de la tos o carraspeo.

expectorante (expectorant), **1.** perteneciente o relativo a la sustancia que facilita la salida del moco u otros exudados desde los pulmones, bronquios o tráquea. **2.** agente que facilita la expectoración al reducir la viscosidad de las secreciones pulmonares o disminuyendo la intensidad con la que los exudados se adhieren al tracto respiratorio inferior.

experiencia de cuasi-muerte (near-death experience), observaciones subjetivas que han sentido algunos pacientes que estuvieron cerca de la muerte clínica o se recuperaron después de ser declarados muertos. Muchos de ellos refieren haber tenido la sensación de pasar por un túnel hacia una luz brillante y de haberse encontrado con personas que les habían precedido en la muerte.

experiencia de enfermedad (illness experience), proceso de estar enfermo, que consta de 5 fases: I, se experimenta un síntoma; II, se asume el papel de enfermo; III, se entra en contacto con los servicios sanitarios; IV, se hace dependiente (paciente), y V, se recupera o se rehabilita. Cada fase se caracteriza por determinadas decisiones, conductas y puntos finales.

experiencia emocional correctiva (corrective emotional experience), proceso por el cual un paciente abandona viejos modelos de conducta y aprende o reaprende nuevos patrones mediante la reexperimentación de sentimientos y necesidades no resueltos.

experto (expertise), perteneciente a la habilidad o conocimiento adquirido por una persona mediante estudio, entrenamiento o experiencia.

expiración (expiration), **1.** terminación o muerte. **2.** caducidad.

exploración selectiva, detección selectiva (screening), **1.** intervención preliminar, como puede ser una prueba o una exploración, para detectar el signo o signos más característicos de una enfermedad que habrá de ser estudiada con más detalle. **2.** exploración de una gran muestra de población para detectar una enfermedad o un trastorno específico, como la hipertensión.

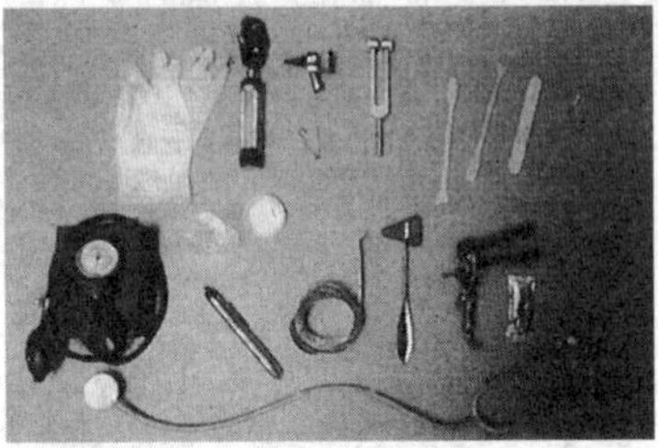

Equipo utilizado en la exploración selectiva
(Potter, 1993)

explorador (exploratory), relativo a la exploración, como la cirugía exploradora.

exponente (exponent), número que se escribe como superíndice del 10, empleado para indicar números muy pequeños o muy grandes en comunicados médicos o científicos, como por ejemplo: el 10^6 representa 1.000.000. Los exponentes pueden indicarse también en forma de prefijo, como mega o micro.

exposición (exposure), (en radioterapia) medida de la ionización del aire producida por un haz radiante. La exposición se mide en culombios por kilogramo de aire.

exposición a la radiación (radiation exposure), medida de la ionización producida en el aire por rayos X o rayos gamma. Es la suma de las cargas eléctricas de todos los iones de un mismo signo producidos cuando todos los electrones liberados por fotones en un volumen determinado de aire son completamente detenidos, dividido entre la masa de aire presente en el elemento de volumen. La unidad de exposición es el roentgen.

exposición aguda a la radiación (acute radiation exposure), exposición de corta duración a radiaciones ionizantes intensas, que generalmente tiene lugar a consecuencia de un accidente en una instalación industrial, en una planta de energía nuclear, en un vehículo que transporta material radiactivo o en la proximidad del lugar en el que se produce la detonación de una bomba atómica. La exposición de todo el cuerpo a unos 10.000 rads (100 gray) produce una disfunción neurológica y cardiovascular que conduce a la muerte en un plazo de 24 horas. Las dosis de 500 a 1.200 rad (5 a 12 gray) destruyen la mucosa GI, producen diarrea acuosa y pueden llevar a la muerte en varios días. Puede producirse la muerte semanas después de la exposición a una dosis de 200 a 500 rad (2 a 5 gray) debido al efecto destructivo sobre los elementos formadores de sangre, si bien se suele considerar que 600 rad (6 gray) es la dosis fatal.

exposición de entrada (entrance exposure), (en radiología) dosis cutánea de radiación. Se expresa en miliroentgens.

expresión (expression), **1.** indicación de un estado físico o emocional mediante el gesto de la cara o la entonación de la voz. **2.** acción de presionar o apretar para expeler algo, como la leche de las mamas después del embarazo, o del feto desde el útero, ejerciendo presión sobre la pared del abdomen. **3.** (en genética) efecto o aspecto detectable en el fenotipo debido a un determinado rasgo o trastorno.

expresividad (expressivity), variabilidad con la que se modifican los patrones básicos de la herencia, tanto en grado como en variedad, por efecto de un determinado gen en personas con un mismo genotipo.

éxtasis (ectasy), estado emocional caracterizado por la exaltación, el entusiasmo o frenesí.

extensión (extension), movimiento que permiten ciertas articulaciones del esqueleto en las que aumenta el ángulo entre los dos huesos adyacentes, como en la extensión de una pierna, en la que aumenta el ángulo entre el fémur y la tibia.

extensión bucal (buccal smear), muestra de células recogidas de la mucosa bucal con el propósito de obtener un cariotipo para determinar el sexo genético de un individuo.

extensión de la vida (life extension), proceso de expansión de la esperanza de vida de un individuo o de una población mediante medidas que promuevan una mayor utilización de la medicina preventiva, así como una mejor utilización de los medios diagnósticos y terapéuticos disponibles.

extensión de Pap (Pap smear), *informal*, muestra de células epiteliales exfoliadas y de moco cervical recogido durante una exploración pélvica para su examen citológico según la clasificación citológica de Papanicolau.

extensión de sangre (blood smear), pequeña muestra de sangre que se extiende en un porta de cristal para el examen microscópico.

extensión del infarto (infarct extension), infarto de miocardio que se ha extendido más allá de su zona de origen, normalmente como resultado de la muerte de células en el borde isquémico de la zona de infarto.

extensión marginal (ridge extension), intervención quirúrgica intraoral para ampliar la profundidad de los surcos labial, bucal o lingual.

extensor (extensor), músculo que extiende una parte del cuerpo, como el **extensor propio del índice,** que extiende el dedo índice.

extensor común de los dedos de la mano (extensor digitorum), el principal músculo de la región posterior del antebrazo para los dedos intermedios. Su acción es extender las falanges y, por continuidad de acción, la muñeca.

extensor común de los dedos del pie (extensor digitorum longus), músculo penniforme localizado en la región anteroexterna de la pierna. Extiende las falanges proximales de los dedos segundo a quinto del pie y dorsiflexiona y prona el pie.

extensor propio del meñique (extensor digiti minimi), músculo extensor de la región posterior del antebrazo. Su acción es extender el dedo meñique.

externo (external), **1.** que se encuentra fuera o en el exterior del cuerpo o de un órgano. **2.** que actúa desde fuera, como la influencia externa de un factor exógeno. **3.** perteneciente o relativo al gesto o aspecto visible.

exteroceptivo (exteroceptive), perteneciente a los estímulos que se originan fuera del organismo, o a los receptores sensoriales que activan.

exteroceptor (exteroceptor), cualquier terminación nerviosa, como las localizadas en la piel, mucosas u órganos de los sentidos, que responde a los estímulos que se originan fuera del organismo, como el tacto, la presión o el sonido.

extirpación (extirpation), extracción total del órgano enfermo o de una parte del cuerpo.

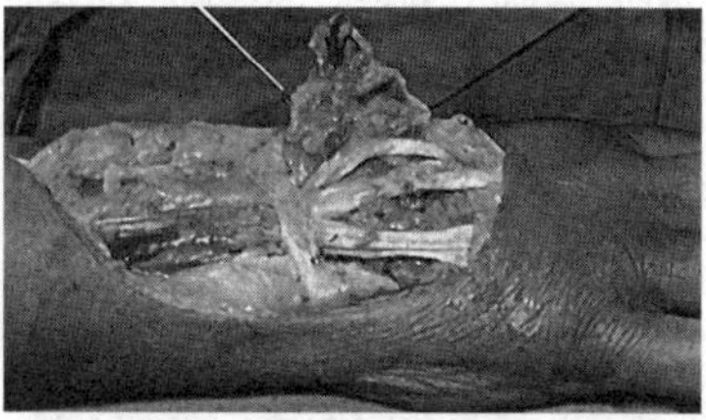

Extirpación quirúrgica del tejido sinovial afectado
(C. D. Forbes/W. F. Jackson, 1994)

extirpar (ablate), eliminar o extraer mediante corte.

extraarticular (extra-articular), relativo al área que rodea a la articulación o en el interior de la articulación, pero que no afecta a las estructuras articulares.

extracapsular (extracapsular), relativo a algo situado por fuera de la cápsula.

extracción de nalgas (breech extraction), operación obstétrica en la que un niño que va a nacer de pies o de nalgas es sujetado antes de que aparezca cualquier parte del tronco y extraído por tracción.

extracción homogeneizadora (baffling), proceso de extracción de las partículas grandes de agua de la suspensión de un nebulizador a chorro, de tal forma que las partículas que entran en las vías respiratorias del paciente sean de un tamaño terapéutico uniforme.

extracción parcial de nalgas (partial breech extraction), v. **parto de nalgas asistido**.

extracelular (extracellular), que se produce fuera de la célula o tejido celular, o en cavidades o espacios entre las capas celulares o entre los grupos de células.

extracorpóreo (extracorporeal), algo que se encuentra fuera del organismo, como la circulación extracorpórea, en la que la sangre venosa es desviada hacia el exterior del cuerpo, hacia una máquina corazón-pulmón, para ser devuelta al cuerpo posteriormente a través de la arteria femoral u otra.

extracraneal (extracranial), relativo a algo situado en el exterior del cráneo.

extracto (extract), sustancia, normalmente un ingrediente activo de una planta o tejido animal, que se prepara utilizando disolventes o

evaporación, para separar la sustancia del material original.
extractor (extractor), instrumento médico, como las pinzas, que se utiliza para extraer un cuerpo extraño, una muestra de tejido o un dispositivo médico que se haya colocado en el interior de la cavidad corporal.
extractor de bandas (band remover), instrumento utilizado para retirar las bandas ortodóncicas de los dientes.
extradural (extradural), por fuera de la duramadre.
extraer (extract), sacar un diente de la cavidad oral mediante elevadores o pinzas, o ambos.
extraocular (extraocular), por fuera del ojo.
extraperitoneal (extraperitoneal), que ocurre o se localiza fuera de la cavidad peritoneal.
extrapiramidal (extrapyramidal), **1.** perteneciente o relativo a los tejidos y estructuras situadas por fuera de los tractos piramidales espinales del encéfalo, asociado a movimientos del cuerpo, excluyendo las motoneuronas, corteza motora y haces corticospinal y corticobulbar. **2.** perteneciente o relativo a la función de estos tejidos y estructuras.
extrasensorial (extrasensory), relativo a los sucesos del entendimiento que no pueden ser observados con ninguno de los cinco sentidos. Se incluyen en este grupo la telepatía, la clarividencia y la psicocinesia.
extrasístole (extrasystole), contracción cardíaca anormal en cuanto al tiempo o al origen de impulso con respecto al ritmo fundamental del corazón.
extrauterino (extrauterine), que ocurre o se localiza fuera del útero, como el embarazo ectópico.
extravasación (extravasation), paso o escape hacia los tejidos, normalmente de sangre, suero o linfa.
extraversión (extraversion), v. **extroversión**.
extrañeza del yo (self-alien), v. **egodistónico**.
extremaunción (last sacraments), ceremonia religiosa que lleva a cabo un sacerdote en auxilio de la persona próxima a morir.
extremidad (extremity), brazo o pierna. Puede identificarse al brazo como extremidad superior y a la pierna como extremidad inferior.
extremidad (limb), **1.** apéndice o extremidad del cuerpo, como una pierna o un brazo. **2.** rama de un órgano interno, como el asa de una nefrona.
extremidad artificial (artificial limb), v. **prótesis**.
extrínseco (extrinsic), relativo a lo externo o lo originado fuera de una estructura del organismo, incluyendo partes de un órgano que no están completamente contenidas en él, como la musculatura extrínseca.
extroversión (extroversion), **1.** tendencia a dirigir las preocupaciones y energías de uno mismo hacia los valores y elementos externos a uno. **2.** estado de preocupación total o primaria por lo que ocurre fuera de uno mismo.
extrovertido (extrovert), **1.** persona cuyas preocupaciones se dirigen fuera de sí misma, preocupada fundamentalmente por la realidad y el entorno físico externo, en lugar de por sus sentimientos y pensamientos internos. **2.** persona caracterizada por la extroversión. También se denomina **extravertido**.
extubación (extubation), proceso de retirar un tubo de un orificio o cavidad corporal.
exudación (exudation), pus o suero. El exudado puede contener o no material fibroso o coagulado.
exudado (exudate), líquido, células u otras sustancias que se han exudado o expulsado lentamente desde las células o vasos sanguíneos a través de pequeños poros u orificios en las membranas celulares.
eyaculación (ejaculation), emisión súbita de semen desde la uretra masculina, que normalmente se produce durante el coito, la masturbación o en una emisión nocturna. Es una acción refleja. La sensación de eyaculación suele denominarse también orgasmo.
eyaculación precoz (premature ejaculation), eyaculación prematura, incontrolada de semen, con frecuencia producida por ansiedad durante la relación sexual.
eyaculación retardada (retarded ejaculation), incapacidad de un varón para eyacular después de haber conseguido una erección. Acompaña con frecuencia al proceso de envejecimiento.
eyaculación retrógrada (retrograde ejaculation), eyaculación del semen en sentido opuesto, esto es, a la vejiga urinaria. En algunas ocasiones es consecuencia de la cirugía prostática o se trata de un trastorno congénito.
eyaculado (ejaculate), semen eliminado en una sola emisión.
eyección (ejection), expulsión forzada de algo, como la sangre desde un ventrículo del corazón.
eyección ventricular (ventricular ejection), expulsión forzada de la sangre desde los ventrículos hasta las arterias principales.

F

F (F), **1.** abreviatura de **Farenheit. 2.** abreviatura de **faradio. 3.** símbolo del **flúor. 4.** abreviatura de **frecuencia**.

F_1 (F_1), (en genética) símbolo de la primera generación filial; descendencia heterocigótica que surge del apareamiento de dos individuos sin relación familiar.

F_2 (F_2), (en genética) símbolo de la segunda generación filial; descendencia heterocigótica que surge del apareamiento de dos miembros de la generación F_1.

FA (AF), abreviatura de **fibrilación auricular**.

FAC (FAC), combinación farmacológica antineoplásica constituida por fluorouracilo, doxorrubicina y ciclofosfamida.

fac (pac), abreviatura de fenacetina-aspirina-cafeína.

faceta (facet), (en odontología) prótesis dental fina, muy pulimentada, que se coloca sobre un diente.

facies (facies, *pl.* **facies**), **1.** cara. **2.** superficie de cualquier estructura, parte u órgano del cuerpo. **3.** expresión o aspecto de la cara.

facies de máscara (masklike facies), cara inmóvil, sin expresión con los ojos fijos y la boca ligeramente abierta. En algunas ocasiones se asocia al parkinsonismo.

facies parkinsoniana (parkinsonian facies), expresión facial que parece una máscara, inmóvil, que aparece normalmente en la enfermedad de Parkinson. Se acompaña de parpadeo poco frecuente.

facilitación (facilitation), **1.** intensificación o fortalecimiento de cualquier acción o función de forma que se realice con más facilidad. **2.** (en neurología) fenómeno mediante el que dos o más impulsos aferentes, que individualmente no son lo suficientemente intensos como para desencadenar una respuesta en una neurona, conjuntamente producen una descarga refleja mayor que la suma de las respuestas individuales. **3.** (en neurología) proceso de disminución del umbral del potencial de acción de una neurona mediante el paso repetido de un impulso a través de una misma vía.

facilitación neuromuscular propioceptiva (FNP) (proprioceptive neuromuscular facilitation [PNF]), actividad, como una técnica terapéutica, que ayuda a iniciar una respuesta propioceptiva en una persona.

facomalacia (phacomalacia), trastorno ocular en el que el cristalino se ablanda por la presencia de una catarata blanda.

facomatosis (phakomatosis, *pl.* **phakomatoses**), (en oftalmología) síndrome hereditario caracterizado por la existencia de nódulos a modo de tumores benignos en los ojos, en la piel y en el cerebro. Las cuatro enfermedades que se denominan facomatosis son la neurofibromatosis (enfermedad de Recklinghausen), la esclerosis tuberosa (enfermedad de Bourneville), la angiomatosis encefalotrigeminal (síndrome de Sturge-Weber) y la angiomatosis cerebrorretiniana (enfermedad de von Hippel-Lindau).

facticio (factitial), artificial o autoinducido, como la dermatitis facticia.

factor activador de los macrófagos (FAM) (macrophage activating factor [MAF]), linfocina liberada por un leucocito sensibilizado que induce cambios en la configuración externa y funciones del macrófago cuando es necesario activarlos frente a ciertos antígenos.

factor antianemia perniciosa (antipernicious anemia factor), v. **cianocobalamina**.

factor antiberiberi (antiberiberi factor), v. **tiamina**.

factor antihemofilia C (antihemophilic C factor), v. **factor XI**.

factor antihemofílico (FAH) (antihemophilic factor [AHF]), factor VIII del sistema hemostásico de la sangre. Se prescribe para el tratamiento de la hemofilia A, en la que existe una deficiencia de factor VIII.

factor citrovorum (citrovorum factor), v. **ácido folínico**.

factor de activación (activation factor), v. **factor XII**.

factor de angiogénesis tumoral (FAT) (tumor angiogenesis factor [TAF]), proteína que estimula la formación de vasos sanguíneos en los cánceres. V. también **angiogenina**.

factor de calidad (quality factor), (en radioterapia) evaluación de la lesión biológica que puede producir la radiación. En el campo de la protección frente a la radiación, se establecen dosis biológicamente equivalentes entre sí multiplicando la dosis absorbida real por un número llamado factor de calidad.

factor de capacidad (capacity factor), proporción entre el volumen de elución de una sustancia y el volumen desalojado en la columna.

factor de Christmas (Christmas factor), v. **factor IX**.

factor de coagulación (coagulation factor), cada uno de los trece factores sanguíneos cuyas interacciones son las responsables del proceso de coagulación de la sangre. Los factores, que utilizan una nomenclatura numérica estándar, son el factor I, fibrinógeno; factor II, protrombina; factor III, tromboplastina tisular; factor IV, calcio iónico; factores V y VI, proacelerina o factores lábiles; factor VII, proconvertina o factor estable; factor VIII, globulina antihemofílica; factor IX, componente de la tromboplastina plasmática (CTP); factor X, factor de Stuart; factor XI, precursor de la tromboplastina plasmática (PTP); factor XII, factor de Hageman o factor vítreo; factor XIII, factor estabilizante de la fibrina o factor de Laki-Lorand.

factor de compliancia (compliance factor), determinación de la cantidad de volumen residual presente en un sistema de ventilación mecánico asociado a la expansión del sistema de tubos flexibles cuando se aplica presión.

factor de compresibilidad (compressibility factor), determinación de la cantidad de volumen corriente que puede ser retenido en un sistema de ventilación mecánica en relación con la presión de agua aplicada. Se expresa en mililitros de gas por centímetros de presión de agua.

factor de contacto (contact factor), v. **factor XII**.

factor de crecimiento nervioso (NGF) (nerve growth factor [NGF]), proteína que recuerda a la insulina, cuya acción seudohormonal afecta a la diferenciación, el crecimiento y el mantenimiento de las neuronas.

factor de fertilidad (fertility factor), v. **factor F**.

factor de frío del aire (wind chill factor), cantidad de frío corporal, además del provocado por una temperatura ambiental fría, por la exposición a corrientes de aire. Se expresa en grados Celsius o Fahrenheit como la temperatura efectiva que siente una persona al ser expuesta al frío. Dado que los factores de frío del aire se basan en la exposición de la piel seca a corrientes de aire frío, el flujo de aire a la misma velocidad sobre una superficie cutánea mojada puede ocasionar una pérdida adicional de calor corporal y, por tanto, un factor de frío del aire más elevada.

factor de Hageman (Hageman factor), v. **factor XII**.

factor de magnificación (magnification factor), (en radiología) tamaño de la imagen dividido entre el tamaño del objeto.

factor de necrosis tumoral (FNT) (tumor necrosis factor [TNF]), proteína natural del cuerpo, también producida sintéticamente, con efectos anticancerosos. Se produce como respuesta a la presencia de sustancias tóxicas, como toxinas bacterianas.

factor de ocupación (T) (occupancy factor [T]), nivel de ocupación de un área próxima a una fuente de radiación, que se utiliza para determinar la cantidad de protección requerida para las paredes. T se considera como total para una oficina o laboratorio próximo a una instalación de rayos X; parcial, para pasillos y salas de espera; y ocasional, para escaleras, ascensores, armarios y áreas exteriores.

factor de protección solar (FPS) (sunscreen protective factor index [SPF]), factor correspondiente a un sistema de evaluación de la eficacia de diversas fórmulas para proteger la piel de los rayos actínicos solares. Los agentes protectores se clasifican desde 1 a 50 según la FDA. Entre las lociones con mayor factor de protección se encuentran las combinaciones no opacas de los ésteres del PABA y de la benofenona.

factor de resistencia a la transferencia (resistance transfer factor), v. **factor R**.

factor de riesgo (risk factor), factor que hace que una persona o grupo de personas sean especialmente vulnerables a un acontecimiento no deseado, desagradable o insalubre, como la inmunosupresión, que aumenta la incidencia y gravedad de las infecciones.

factor de separación (separation factor), v. **selectividad**.

factor de Stuart-Power (Stuart-Power factor), v. **factor X**.

factor de transferencia (transfer factor), extracto leucocitario que transfiere hipersensibilidad retardada de una persona a otra.

factor de transferencia pulmonar (transfer factor of lungs), v. **capacidad de difusión**.

factor de transformación del crecimiento (FTC) (transforming growth factor [TGF]), proteína o grupo de proteínas producidas por las células de un tumor que, cuando se inoculan en los cultivos celulares normales, causan un aumento desordenado y anormal del número de células del cultivo.

factor determinante de testículos (FDT) (testes determining factor [TDF]), gen del cromosoma Y que se supone determina el desarrollo sexual masculino.

factor estabilizador de la fibrina (fibrinstabilizing factor), v. **factor XIII**.

factor estresante (stressor), cualquier cosa que provoca deterioro y desgaste de los recursos físicos o mentales del organismo.

factor extrínseco (extrinsic factor), v. **cianocobalamina**.

factor F (F factor), (en genética bacteriana) episoma presente en bacterias conjugadas masculinas, ausente en las femeninas.

factor Fitzgerald (Fitzgerald factor), enzima de alto peso molecular que puede ser necesaria para la interacción de los factores XII y XI en el proceso de coagulación.

factor Fletcher (Fletcher factor), sustancia de la coagulación sanguínea precursora de la calicreína que interactúa con el factor XII y el de Fitzgerald, activándolos y acelerando la formación de trombina.

factor hiperglucémico-glucogenolítico (hyperglycemicglycogenolytic factor), v. **glucagón**.

factor I (factor I), v. **fibrinógeno**.

factor II (factor II), v. **protrombina**.

factor III (factor III), v. **tromboplastina**.

factor inhibidor de la migración del macrófago (macrophage migration inhibiting factor), linfocina producida por los leucocitos que inmoviliza a los macrófagos después de entrar en contacto con los antígenos.

factor intrínseco (intrinsic factor), sustancia segregada por la mucosa gástrica, esencial para la absorción intestinal de la cianocobalamina. La falta de factor intrínseco produce la anemia perniciosa.

factor IV (factor IV), denominación del calcio como elemento del proceso de coagulación de la sangre.

factor IX (factor IX), factor de la coagulación presente en el plasma normal, pero que es deficitario en la sangre de los hemofílicos tipo B.

factor liberador de corticotropina (CRF) (corticotropin-releasing factor [CRF]), polipéptido liberado por el hipotálamo a la corriente sanguínea. Estimula la liberación de ACTH por la hipófisis.

factor liberador de hormona del crecimiento (GHRF) (growth hormone releasing factor [GHRF]), factor liberador de somatotropina, liberado por el hipotálamo.

factor liberador de la hormona foliculostimulante (FSHRF) (follicle-stimulating hormone releasing factor [FSHRF]), hormona liberadora de gonadotropina.

factor liberador de TSH (TSH releasing factor), v. **hormona liberadora de tirotropina**.

factor LLD (LLD factor), v. **cianocobalamina**.

factor mitogenético (mitogenetic factor), tipo de linfocina liberada por linfocitos T activados que estimula la producción de linfocitos normales no sensibilizados.

factor múltiple (multiple factor), v. **poligén**.

factor nefrítico C3 (C3 nephritic factor), molécula proteica C3 del complemento que puede depositarse en las paredes de los capilares glomerulares y tejidos mesangiales, precipitando o contribuyendo a producir una reacción inmunológica inflamatoria local junto con lesión renal.

factor precipitante (precipitating factor), elemento que causa o que contribuye a la producción de una enfermedad.

factor predisponente (predisposing factor), cualquier factor condicionante que influye tanto en el tipo como en la cantidad de recursos a los que un individuo puede recurrir para enfrentarse al estrés. Puede ser de naturaleza biológica, psicológica o sociocultural.

factor R (R factor), episoma de una bacteria responsable de la resistencia a un fármaco, que es transmisible a la descendencia y a otras bacterias por conjugación. La parte del episoma que participa en la replicación y en la transmisión recibe el nombre de factor de transferencia de la resistencia.

factor reumatoide (FR) (rheumatoid factor [RF]), anticuerpos antiglobulina identificados con frecuencia en el suero de pacientes con un diagnóstico clínico de artritis reumatoide. También pueden aparecer en enfermedades tan diferentes como la tuberculosis, las infecciones parasitarias, las leucemias y las enfermedades del tejido conectivo.

factor Rh (Rh factor), sustancia antigénica presente en los eritrocitos de la mayor parte de las personas. Una persona que tiene el factor es Rh+ (Rh positivo); una persona que carece del factor es Rh– (Rh negativo). Si una persona Rh– recibe sangre Rh+, se producen hemólisis y anemia. Los recién nacidos Rh+ pueden verse expuestos a anticuerpos contra el factor producidos en la sangre Rh– de la madre, ocasionando la destrucción de los hematíes, con eritroblastosis fetal. Las transfusiones, la tipificación de la sangre y las pruebas cruzadas dependen del Rh+ y de la clasificación ABO. El factor Rh fue aislado e identificado por primera vez en la sangre de una especie del mono rhesus (Rh). Está presente en los hematíes del 85% de las personas.

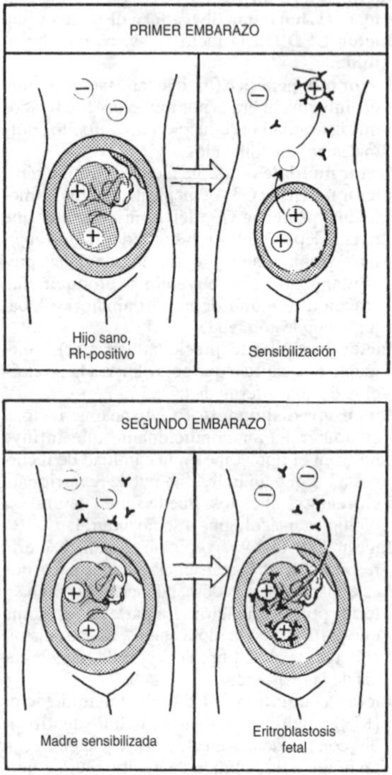

Sensibilización materna a los antígenos Rh
(Wong, 1993)

factor Rhesus (Rhesus factor), v. **factor Rh**.
factor sexual (sex factor), v. **factor F**.
factor V (factor V), procoagulante inestable presente en el plasma normal, pero que es deficitario en la sangre de los hemofílicos. Es necesario para convertir rápidamente la protrombina en trombina.
factor VI (factor VI), supuesto producto químico que algunos sugieren que deriva de la proacelerina o factor V, en el proceso de la coagulación de la sangre.
factor VII (factor VII), procoagulante sanguíneo presente en el plasma que se sintetiza en el hígado en presencia de vitamina K.
factor VIII (factor VIII), factor de la coagulación presente en el plasma normal, pero que es deficitario en la sangre de los hemofílicos tipo A.
factor vítreo (glass factor), v. **factor XII**.
factor X (factor X), factor de la coagulación presente en el plasma normal, pero que es deficitario en algunos trastornos hereditarios de la coagulación.
factor XI (factor XI), factor de la coagulación presente en el plasma normal. Su deficiencia produce la hemofilia C.
factor XII (factor XII), factor de la coagulación presente en el plasma normal. Desencadena la formación de bradicinina y las reacciones enzimáticas asociadas.
factor XIII (factor XIII), factor de la coagulación presente en el plasma normal que actúa junto con el calcio para producir el coágulo de fibrina insoluble.
factores de riesgo de cardiopatía (heart disease risk factors), factores hereditarios de estilo de vida y factores ambientales que aumentan las posibilidades de desarrollar una enfermedad cardíaca. Algunos de estos factores son el consumo de tabaco, la hipertensión arterial, la obesidad, los alimentos que aportan grasas exógenas y los factores hereditarios.
facultad (faculty), **1.** cualquier función fisiológica normal o capacidad natural de un organismo vivo, como la capacidad para digerir o para percibir o distinguir estímulos sensoriales. **2.** capacidad para realizar algo específico, como aprender idiomas o recordar nombres. **3.** cualquier capacidad o poder mental, como la memoria o el entendimiento. **4.** departamento de una institución docente.
facultativo (facultative), no obligatorio; que tiene la capacidad para adaptarse a más de una situación, como un microrganismoo anaerobio facultativo.
fago (phage), v. **bacteriófago**.
fago atemperado (temperate phage), bacteriófago cuyo genoma se ha incorporado a la bacteria huésped.
fagocitar (phagocytize), englobar y destruir bacterias u otros materiales extraños.
fagocito (phagocyte), célula capaz de rodear, engullir y digerir microorganismos y restos celulares. Los fagocitos fijos, los que no circulan, son los macrófagos fijos y las células del sistema reticuloendotelial. Los fagocitos libres, los que circulan por el torrente sanguíneo, son los leucocitos y los macrófagos libres.
fagocitosis (phagocytosis), proceso por el que ciertas células engloban y eliminan microorganismos y restos celulares.

FAH (AHF), abreviatura del **factor antihemofílico**.

Fahrenheit (F) (Fahrenheit [F]) [Daniel G. Fahrenheit, físico alemán, n. 1686], escala de medida de la temperatura en la que el punto de ebullición del agua es 212° y el punto de congelación del agua es 32° a nivel del mar.

FAI (L.F.A.), abreviatura de posición fetal frontoanterior izquierda.

faja (binder), un vendaje hecho de una pieza grande de material para adaptar y soportar una parte específica del cuerpo.

fal. (phal.), abreviatura de **falanges, falange**.

falacia ecológica (ecologic fallacy), suposición falsa de que la presencia de un factor patógeno y una enfermedad en una población pueden aceptarse como prueba de que el agente es la causa de la enfermedad en un determinado individuo.

falange (phalanx, *pl.* **phalanges**), cada uno de los 14 huesos terminados en punta que forman los dedos de cada mano y de cada pie. Están colocados en tres filas en el extremo distal del metacarpo y del metatarso. Cada uno de los dedos de las manos tiene tres falanges, excepto el pulgar que tiene dos. Los dedos de los pies tienen tres falanges cada uno, excepto el primero que tiene dos.

fallecimiento (demise), muerte, destrucción o cese de la existencia.

falo (phallus), v. **pene**.

faloidina (phalloidine, phalloidin), veneno presente en el hongo *Amanita phalloides*. La ingestión de faloidina provoca diarrea sanguinolenta, vómitos, dolor abdominal intenso, insuficiencia renal y lesión hepática.

falso embarazo (spurious pregnancy), v. **seudociesis**.

falso negativo (false negative), resultado incorrecto de una prueba o técnica diagnóstica que indica erróneamente la ausencia de un hallazgo, proceso o enfermedad.

falso positivo (false positive), resultado de una prueba que indica erróneamente la existencia de una enfermedad o alteración para la que se ha diseñado la prueba.

falta (misdemeanor), (en derecho penal) ofensa que se considera menos grave que el delito y que conlleva una pena inferior, normalmente prisión durante menos de 1 año.

FAM (FAM), combinación de fármacos antineoplásicos constituida por fluorouracilo, doxorrubicina y mitomicina.

FAM (MAF), abreviatura de **factor activador de los macrófagos**.

familia (family), **1.** grupo de personas relacionadas por la herencia, como padres, hijos y sus descendientes. El término a veces se amplía, abarcando a las personas emparentadas por el matrimonio o a las que viven en el mismo hogar, unidas afectivamente, que se relacionan con regularidad y que comparten los aspectos relacionados con el crecimiento y el desarrollo de la familia y de sus miembros individuales. **2.** grupo de personas que tiene un apellido común, como la familia Anderson. **3.** categoría de animales o plantas situada en una escala taxonómica entre el orden y el género. Los humanos somos miembros del género *Homo sapiens*, que forma parte de la familia de los homínidos, la cual a su vez es una división del orden primates de los mamíferos.

familia ampliada (extended family), grupo familiar constituido por los padres biológicos, sus hijos, los abuelos y demás miembros de la familia. La familia ampliada es el grupo familiar básico en muchas sociedades.

familia de origen (family of origin), familia en la que nace una persona.

familia de procreación (family of procreation), familia que forma una persona casándose o teniendo hijos.

familia de un solo progenitor (single-parent family), familia formada únicamente por la madre o el padre y uno o más niños que dependen de aquélla o aquél.

familia matrifocal (matrifocal family), unidad familiar compuesta por la madre y sus hijos. Los padres biológicos tienen en la familia un lugar temporal durante los primeros años de vida de los hijos, pero permanecen más en sus familias de origen.

familia nuclear (nuclear family), unidad familiar compuesta por los padres biológicos y su descendencia. La disolución del matrimonio implica la disolución del núcleo familiar.

familiar (familial), perteneciente a una característica, trastorno o enfermedad que está presente en algunas familias y no en otras, o que se produce en más miembros de una familia de los que cabría esperar por azar.

famotidina (famotidine), fármaco antiulceroso, oral y parenteral, que se prescribe para el tratamiento a corto plazo de la úlcera duodenal activa, para el tratamiento de mantenimiento de la úlcera duodenal tras la cicatrización y en procesos de hipersecreción patológica, como el síndrome de Zollinger-Ellison.

fango (fango), barro tomado de las termas de Battaglia, Italia, utilizado para tratar la gota y otras enfermedades reumáticas.

fantasía (fantasy), **1.** juego libre, sin restricciones, de la imaginación; quimera. **2.** imagen mental, normalmente distorsionada y grotesca, producida frecuentemente por la acción de fármacos o por una enfermedad del sistema nervioso central. **3.** proceso mental de transformar experiencias indeseables en hechos imaginados.

fantasma (phantom), masa de material similar al tejido humano utilizada para investigar la interacción de los haces de radiación con los seres humanos. Los materiales fantasma pueden oscilar desde el agua a complejas mezclas de productos químicos que imitan fielmente el cuerpo humano tal y como interaccionaría con la radiación.

far. (phar.), abreviatura de **farmacia, farmacología, farmacéutico**.

faradio (F) (farad [F]) [Michael Faraday, científico inglés, n. 1791], unidad de capacitancia que aumenta la diferencia de potencial entre las placas de un capacitador en 1 voltio con una carga de 1 culombio.

faringe (pharynx), la garganta, estructura tubular que se extiende desde la base del cráneo hasta el esófago, situándose inmediatamente por delante de las vértebras cervicales. La faringe sirve como vía de paso para los sistemas respiratorio y digestivo, y cambia de forma para permitir la formación de los distintos sonidos vocales. La faringe está constituida por músculo, está revestida por una mucosa y se divide en nasofaringe, orofaringe y laringofaringe. Contiene los orificios de los conductos auditivos derecho e izquierdo, los orificios de las dos coanas, las fauces, la abertura hacia la laringe y la abertura hacia el esófago.

faringitis (pharyngitis), inflamación o infección de la faringe, que suele provocar síntomas como dolor de garganta. Algunas causas de faringitis son la difteria, el virus del herpes simple, la mononucleosis infecciosa y la infección estreptocócica.

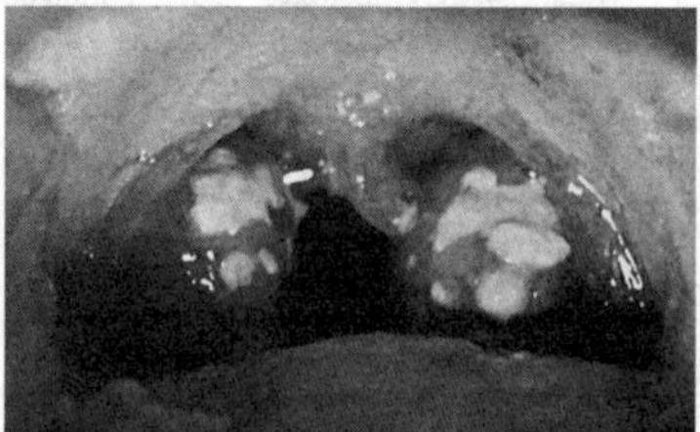

Faringitis estreptocócica aguda
(C. D. Forbes/W. F. Jackson, 1994)

faringoamigdalitis (pharyngotonsillitis), inflamación que afecta a la faringe y a las amígdalas.

faringolaringe (laryngopharynx), una de las tres regiones de la garganta, que se extiende desde el hueso hioides hasta el esófago.

faringolaringitis (laryngopharyngitis), inflamación de laringe y faringe.

faringolaringografía (laryngopharyngography), examen radiográfico de faringe y laringe.

faringoscopia (pharyngoscopy), exploración de la garganta con un faringoscopio.

faringoscopio (pharyngoscope), dispositivo endoscópico para examinar la mucosa faríngea.

farmacéutico (pharmaceutic), relativo o perteneciente a la farmacia o a los fármacos.

farmacéutico (pharmacist), especialista en la formulación y dispensación de medicamentos.

farmacéutico (pharmacist), persona preparada para formular y dispensar fármacos o medicamentos mediante la realización completa de un programa universitario de farmacia de al menos cuatro años de duración.

farmacia (pharmacy), **1.** estudio de la preparación y dispensación de fármacos. **2.** lugar donde se preparan y dispensan fármacos.

fármaco (drug), cualquier sustancia que se toma por boca, se inyecta en el músculo, la piel, un vaso sanguíneo o una cavidad corporal, o que se aplica de forma tópica, para tratar o prevenir una enfermedad o proceso.

fármaco de acción prolongada (long-acting drug), agente farmacológico de eficacia prolongada gracias a su formulación, que produce una lenta liberación del principio activo o una absorción continua de pequeñas cantidades de la dosis del fármaco durante un período prolongado.

fármaco de composición fija (fixed-combination drug), cualquiera de los preparados con múltiples ingredientes que permiten la administración simultánea de determinadas cantidades de dos o más fármacos.

fármaco de prescripción (prescription drug), fármaco que sólo puede ser vendido al público con receta médica. En EE.UU., la designación de un fármaco como fármaco de prescripción la realiza la *Food and Drug Administration*.

fármaco de receta obligatoria (ethical drug), fármaco disponible sólo con receta y que sólo se anuncia a los médicos y demás profesionales sanitarios.

fármaco de venta libre (FVL) (over the counter [OTC]), (relativo a un fármaco) disponible para el consumidor sin receta.

farmacocinética (pharmacokinetics), (en farmacología) estudio de la acción de los fármacos en el organismo, es decir, las vías y mecanismos de absorción y excreción, la velocidad a la que comienza la acción de un fármaco y la duración del efecto, la biotransformación de la sustancia en el organismo y los efectos y vías de excreción de los metabolitos del fármaco.

farmacodinámica (pharmacodynamics), estudio del modo de acción de un fármaco sobre un organismo vivo, como la respuesta farmacológica observada en relación con la concentración del fármaco en un lugar activo del organismo.

farmacogenética (pharmacogenetics), estudio del efecto que tienen los factores genéticos propios de un grupo o de un individuo sobre la respuesta del grupo o del individuo a determinados fármacos.

farmacología (pharmacology), estudio de la preparación, propiedades, usos y acciones de los fármacos.

farmacólogo (pharmacologist), especialista en farmacología.

farmacopea (pharmacopoeia), **1.** compendio que contiene descripciones, recetas, concentraciones, normas de pureza y formas de administración de determinados fármacos. **2.** existencias de los fármacos disponibles en una farmacia. **3.** conjunto de todos los fármacos autorizados disponibles dentro de la jurisdicción de una determinada área geográfica o política.

Farmacopea Británica (British Pharmacopoeia [BP]), marco de trabajo oficial británico de referencia que establece las pautas de potencia y pureza de los medicamentos y contiene directrices para su preparación, con el fin de asegurar que la misma prescripción dada por diferentes médicos y elaborada por diferentes farmacéuticos contenga exactamente los mismos ingredientes en las mismas proporciones.

fármacos recreativos (recreational drugs), cualquier sustancia con efectos farmacológicos que se emplea para aumentar el placer o la satisfacción personal más que para fines médicos, como el alcohol, los barbitúricos, la cocaína y la cafeína del café o de las bebidas con extracto de cola.

farmacoterapia (pharmacotherapy), uso de fármacos para tratar las enfermedades.

fascia (fascia, *pl.* **fasciae**), tejido conectivo fibroso del cuerpo que puede diferenciarse de otras estructuras específicamente organizadas, como tendones, aponeurosis y ligamentos. Algunos tipos de fascia son: **fascia profunda, fascia subcutánea** y **fascia subserosa**.

fasciculación (twitching), serie de contracciones de pequeñas unidades musculares. Los espasmos que afectan a grandes grupos de fibras musculares se denominan **fasciculaciones musculares**.

fascículo (fasciculus, *pl.* **fasciculi**), pequeño haz de fibras musculares, tendinosas o nerviosas.

fascículo de Kent (Kent fascicle) [Albert F. S. Kent, fisiólogo inglés, n. 1863], vía accesoria entre las aurículas y los ventrículos, por fuera del sistema de conducción, situada a ambos lados del corazón.

fascículo espinal (spinal tract), cualquiera de las vías ascendentes y descendentes para impulsos nerviosos motores y sensitivos que se encuentran en la sustancia blanca de la médula espinal. Hay 21 fascículos diferentes en los cordones posterior, anterior y lateral de la sustancia blanca. Los fascículos ascendentes conducen impulsos desde la médula al cerebro; los fascículos descendentes lo hacen desde el cerebro a la médula. Tacto, presión, propiocepción, temperatura y dolor son estímulos sensitivos transmitidos a través de los fascículos espinales. Las actividades refleja y motora voluntaria están reguladas por la estimulación nerviosa motora procedente del cerebro y del tronco del encéfalo y que va a las neuronas motoras de la médula espinal.

fascioliasis (fascioliasis), infección por la duela hepática *Fasciola hepatica*, caracterizada por dolor epigástrico, fiebre, ictericia, eosinofilia, urticaria y diarrea, con fibrosis hepática como consecuencia de la infección prolongada.

fasciolopsiasis (fasciolopsiasis), infección intestinal, prevalente en el Lejano Oriente, caracterizada por dolor abdominal, diarrea, estreñimiento, eosinofilia, ascitis y, a veces, edema; está producida por la duela *Fasciolopsis buski*.

Fasciolopsis buski (Fasciolopsis buski), especie de duela, importante parásito intestinal endémico en Oriente y en los trópicos.

fasciotomía (fasciotomy), incisión quirúrgica en una región de una fascia.

fascitis (fasciitis), **1.** inflamación del tejido conectivo, que puede estar causada por estreptococos u otros agentes infecciosos, por una lesión o por una reacción autoinmune. **2.** crecimento anómalo benigno (fascitis sarcomatosa) que se parece a un tumor que se desarrolla en el tejido subcutáneo oral, normalmente en la mejilla.

fascitis nodular (nodular fasciitis), inflamación de la fascia con formación de nódulos.

fase (phase), en una función periódica, como el movimiento de rotación o el sinusoidal, la posición en relación a una parte determinada del ciclo.

fases de la anestesia (stages of anesthesia), v. **signos de Guedel**.

fásico (phasic), **1.** relativo a un proceso que tiene lugar en estadios o fases. **2.** relacionado con un tipo de receptor nervioso sensitivo o aferente del sistema propioceptivo que responde a la velocidad con cambios de longitud en un haz muscular.

fastigio (fastigium), **1.** el punto más alto en el curso de la fiebre, o el punto más sintomático en el curso de una enfermedad. **2.** ángulo en el vértice del techo del cuarto ventrículo cerebral.

FAT (TAF), abreviatura de **factor de angiogénesis tumoral**.

fatiga (fatigue), **1.** estado de cansancio o de pérdida de fuerza o preparación, como ocurre después de una actividad física extenuante. **2.** pérdida de la capacidad de los tejidos para responder a estímulos que normalmente provocan contracción muscular u otra actividad. **3.** estado emocional asociado a una exposición extrema o continuada a presión psíquica, como la fatiga de combate o de batalla. **4.** diagnóstico de enfermería, aprobado por la NANDA, de sensación inminente de cansancio extremo y de disminución de la capacidad de trabajo, física y mental, independiente de la idoneidad del sueño. Las características que la definen son: expresión de la fatiga o falta de energía e incapacidad para realizar las actividades habituales, aumento de las quejas físicas, deterioro de la capacidad de concentración y disminución de la líbido.

fatigabilidad (fatigability), tendencia a estar cansado o exhausto rápida o fácilmente. La fatigabilidad puede aparecer en ciertos tipos de células que experimentan períodos de excesiva actividad.

fauces (fauces), apertura de la boca hacia la faringe. Los pilares anteriores de las fauces forman el arco glosopalatino y los pilares posteriores forman el arco faringopalatino.

favismo (favism), anemia hemolítica aguda producida por la ingestión de habas o por la inhalación del polen procedente de la planta *Vicia fava* (haba). Los síntomas son vértigo, cefalea, vómitos, fiebre, ictericia, eosinofilia y, a menudo, diarrea.

favo (favus), infección micótica del cuero cabelludo producida por *Trichophyton*. El favo se caracteriza por costras gruesas amarillentas que supuran, olor típico «mohoso», escaras permanentes y alopecia.

FCF (FHR), abreviatura de **frecuencia cardíaca fetal**.

FCU (PKU), abreviatura de **fenilcetonuria**.

FDA (FDA), abreviatura de la ***Food and Drug Administration***.

Fe (Fe), símbolo del **hierro**.

febrícula (low-grade fever), temperatura superior a 37 °C pero inferior a 38 °C durante 24 horas.

febrífugo (febrifuge), v. **antipirético**.

febril (febrile), perteneciente o caracterizado por una temperatura corporal elevada, como una reacción febril ante un agente infeccioso.

fecalito (fecalith), masa dura de heces impactada en el colon.

fecha probable de parto (FPP) (expected date of delivery [EDD]), fecha esperada del parto de una mujer embarazada. El embarazo dura aproximadamente 266 días o 38 semanas desde el día de la fertilización, pero se considera clínicamente que dura 280, 40 semanas, 10 meses lunares o $9^1/_3$ meses lunares desde el primer día de la última menstruación.

fecundación (fecundation), impregnación o fertilización; acto de la fertilización.

fecundidad (fecundity), capacidad para generar descendientes, especialmente si es en gran número y rápidamente; fertilidad.

felación (fellatio), estimulación oral de los genitales masculinos.

feldespato (feldspar), mineral cristalino de silicato de aluminio con potasio, sodio, bario y calcio. Es un componente importante de la porcelana dental.

fellowship (fellowship), beca otorgada a una persona para que estudie o se forme, o subvencionar el trabajo de un proyecto especial, pero no para estudiar con el fin de graduarse.

feminización (feminization), **1.** inducción o desarrollo normal de las características sexuales femeninas. **2.** inducción de las características sexuales femeninas en un genotipo masculino. La feminización testicular puede estar producida por la incapacidad de los tejidos diana para responder a los andrógenos endógenos o administrados.

fémur (femur, *pl.* **femora, femurs**), hueso del muslo, que se extiende desde la pelvis a la rodilla. Es alargado y cilíndrico, y el más largo y resistente del cuerpo.

fenacemida (phenacemide), anticonvulsivante prescrito para el tratamiento de la epilepsia grave, especialmente de las formas mixtas de convulsiones psicomotoras resistentes a otros fármacos.

fenacetina (phenacetin), analgésico prescrito para aliviar el dolor y disminuir la fiebre.

fenestración (fenestration), **1.** procedimiento quirúrgico en el que se realiza un orificio para tener acceso a la cavidad interna de un órgano o hueso. **2.** abertura creada quirúrgicamente en un hueso o en un órgano corporal.

fenestrado (fenestrated), relativo a una membrana u otro objeto que tiene numerosos orificios o pequeños agujeros.

fenestrado (windowed), (de un yeso ortopédico) dotado de una abertura, especialmente para aliviar la presión que puede irritar e inflamar la piel.

fenformina (phenformin), clorhidrato de fenformina, hipoglucemiante oral.

fenil (Ph) (phenyl [Ph]), radical orgánico monovalente, C_6H_5, derivado del benzeno.

fenilalanina (Phe) (phenylalanine [Phe]), aminoácido esencial necesario para el crecimiento normal y desarrollo de lactantes y niños y para el metabolismo proteico normal durante toda la vida.

fenilalaninemia (phenylalaninemia), presencia de fenilalanina en la sangre.

fenilbutazona (phenylbutazone), fármaco antiinflamatorio no esteroideo prescrito para el tratamiento de los síntomas graves de artritis, bursitis y otras enfermedades inflamatorias.

fenilcarbinol (phenylcarbinol), v. **alcohol bencílico**.

fenilcetonuria (FCU) (phenylketonuria [PKU]), presencia anormal de fenilcetona y de otros metabolitos de la fenilalanina en la orina, característica de un trastorno metabólico congénito provocado por la ausencia o el déficit de fenilalanina hidroxilasa, la enzima responsable de la conversión del aminoácido fenilalanina en tirosina. La acumulación de fenilalanina es tóxica para el tejido cerebral. Los individuos no tratados presentan pelo muy rubio, eccema, olor a ratón en la orina y en la piel y retraso mental progresivo.

fenilmetanol (phenyl methanol), v. **alcohol bencílico**.

fenilsalicilato (phenyl salicylate), éster salicílico del fenol.

fenitoína (phenytoin), anticonvulsivante prescrito en los trastornos convulsivos de gran mal y psicomotores, y como antiarrítmico, especialmente en las arritmias inducidas por digitálicos.

fenobarbital (phenobarbital), anticonvulsivante barbitúrico e hipnótico-sedante prescrito para el tratamiento de diversos trastornos convulsivos y como sedante de acción prolongada.

fenobarbital sódico (sodium phenobarbital), sal sódica del ácido feniletilbarbitúrico, un sedante e hipnótico de acción prolongada. Se puede administrar por vía oral o parenteral y se emplea en el tratamiento de las epilepsias.

fenocopia (phenocopy), rasgo fenotípico o enfermedad inducida por factores del medio ambiente pero que recuerda muy de cerca a un fenotipo producido habitualmente por un genotipo específico. El rasgo no es hereditario ni se transmite a la descendencia. Las fenocopias pueden presentar problemas a la hora de la exploración genética y del consejo genético, de modo que será preciso descartar todos los factores exógenos antes de etiquetar como hereditario a cualquier carácter o defecto congénito.

fenol (phenol), **1.** producto químico muy tóxico, cáustico, cristalino, obtenido de la brea de hulla mineral o vegetal o fabricado sintéticamente. **2.** grupo numeroso de productos químicos estrechamente relacionados en cuanto a su estructura con el alcohol y que contienen un grupo hidroxilo unido a un anillo de benzeno.

fenol alcanforado (phenol camphor), mezcla oleosa de alcanfor y fenol, utilizada como antiséptico y como remedio para el dolor de muelas.

fenol rojo (red phenol), v. **fenolsulfonftaleína**.

fenolftaleína (phenolphthalein), **1.** laxante que actúa estimulando la actividad motora del tramo intestinal inferior. **2.** indicador de la presencia de iones hidrógeno en orina y jugo gástrico.

fenolftaleína laxante (phenolphthalein laxative), purgante que actúa sobre la pared del intestino. Se prescribe para el tratamiento del estreñimiento crónico y para evitar la distensión provocada por las heces en pacientes postoperados y en aquellos afectados por cardiopatías o hipertensión.

fenolsulfonftaleína (phenolsulfonphthalein), colorante utilizado para valorar la capacidad excretora de los túbulos renales.

fenómeno (phenomenon), signo que se asocia con frecuencia a una enfermedad o proceso específico y que, por tanto, tiene importancia diagnóstica.

fenómeno de Bell (Bell's phenomenon), signo de parálisis facial periférica, manifestado por el movimiento del globo ocular hacia arriba y hacia fuera cuando el sujeto afectado intenta cerrar el párpado.

fenómeno de escape (escape phenomenon), v. **signo de la pupila de Marcus Gunn**.

fenómeno de Jod-Basedow (Jod-Basedow phenomenon), tirotoxicosis que se produce cuando se administra yodo en la dieta a un paciente con bocio endémico en una zona con insuficiencia medioambiental de yodo. Se supone que esta insuficiencia protege a algunos pacientes con bocio endémico de la tirotoxicosis.

fenómeno de Koch (Koch's phenomenon), reacción a la tuberculina que se produce cuando un cultivo de bacilos tuberculosos es inyectado en sujetos ya infectados por la enfermedad. En los seres humanos, una reacción positiva a la tuberculina indica sensibilización por infección tuberculosa.

fenómeno de Koebner (Koebner phenomenon) [Heinrich Koebner, dermatólogo polaco, n. 1838], desarrollo de lesiones isomórficas en el lugar de una lesión, que se produce en la psoriasis, el liquen plano y las verrugas planas.

fenómeno de Kohnstamm (aftermovement), contracción muscular involuntaria que da lugar a un movimiento continuo de una extremidad después de haber finalizado un ejercicio intenso contra resistencia.

fenómeno de Raynaud (Raynaud's phenomenon) [Maurice Raynaud, médico francés, n. 1834], episodios intermitentes de isquemia en las extremidades del cuerpo, especialmente en los dedos de las manos, en los dedos de los pies, en las orejas y en la nariz, provocada por la exposición al frío o por estímulos emocionales. Los episodios se caracterizan por una palidez intensa de las extremidades, seguida de cianosis y después enrojecimiento; habitualmente van acompañados de entumecimiento, hormigueo, ardor y, con frecuencia, dolor. El trastorno se denomina **enfermedad de Raynaud** cuando existe una historia de síntomas durante al menos 2 años sin progresión de los mismos ni signos de causa subyacente.

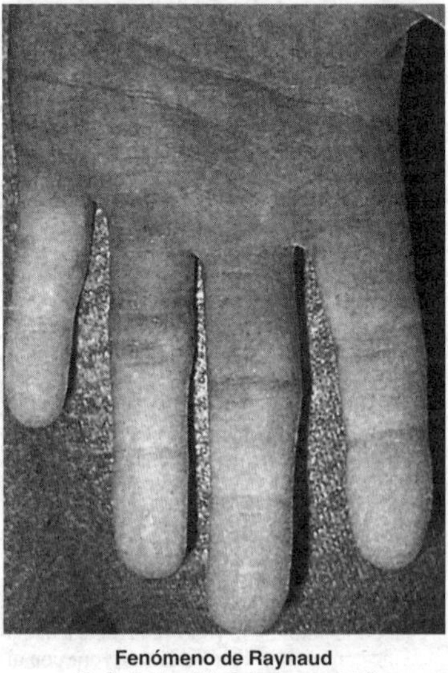

Fenómeno de Raynaud
(C. D. Forbes/W. F. Jackson, 1994)

fenómeno de rebote (rebound phenomenon), reanudación de la actividad refleja una vez que el estímulo que desencadenó la respuesta original ha desaparecido. Puede ser indicativo de una lesión cerebelosa.

fenómeno de Schultz-Charlton (Schultz-Charlton phenomenon) [Werner Schultz, médico alemán, n. 1878; Willy Charlton, médico alemán, n. 1889], reacción cutánea a la inyección intradérmica de suero antiescarlatina en una persona con un exantema escarlatiniforme. El exantema se blanquea.

fenómeno de Schwartzman-Sanarelli (Schwartzman-Sanarelli phenomenon) [Gregory Schwartzman, médico norteamericano, n. 1896; Giuseppe Sanarelli, médico italiano, n. 1864], fenómeno inducido experimentalmente en la investigación de la importancia de la coagulación en las nefropatías. Los animales a los que se inyecta dos veces una endotoxina bacteriana desarrollan una coagulación intravascular diseminada masiva con trombosis de los vasos sanguíneos de los riñones.

fenómeno del alba (dawn phenomenon), tendencia de los pacientes con diabetes mellitus insulino, dependiente a necesitar una mayor dosis de insulina en las primeras horas de la mañana, debido al aumento de la concentración de glucosa en sangre.

fenómeno «gap» (gap phenomenon), (en cardiología) trastorno en el que un impulso rematuro encuentra un bloqueo en donde un estímulo previo o posterior podría ser conducido.

fenómeno R sobre T (R-on-T phenomenon), arritmia caracterizada por la presencia de una contracción ventricular prematura que se produce sobre la onda T o antes de que finalice la onda T del latido anterior.

fenómenos por desuso (disuse phenomena), cambios físicos y psicológicos, normalmente degenerativos, debido a la falta de uso de una parte o sistema del cuerpo. Los fenómenos de desuso se asocian al encamamiento o la inmovilización, especialmente en ortopedia. Los cambios físicos que a menudo induce un encamamiento prolongado pueden afectar a muchas áreas y sistemas clave del organismo, como la piel, sistema musculosquelético, tracto GI, sistema cardiovascular y sistema respiratorio. Los músculos en desuso pierden tamaño, fuerza y, a menudo, sustancia, siendo incapaces de realizar sus funciones vitales de soporte y contracción. Otro fenómeno por desuso es la contractura, que puede resultar de la flexión o extensión constantes de una parte del cuerpo de un paciente encamado de forma prolongada. El paciente inmovilizado puede experimentar una desmineralización ósea, por la restricción dietética y la menor movilidad.

fenoprofeno cálcico (fenoprofen calcium), agente antiinflamatorio no esteroideo y analgésico prescrito para el tratamiento de la artritis y para otros procesos inflamatorios dolorosos.

fenopropionato de nandrolona (nandrolone phenpropionate), esteroide anabolizante con propiedades androgénicas, utilizado en el tratamiento de la osteoporosis, en determinadas anemias, en cánceres metastásicos de mama femeninos y para ahorrar proteínas en muchas situaciones.

fenoterol (fenoterol), fármaco betaadrenérgico utilizado en terapia respiratoria.

fenotiacina (phenothiazine), compuesto cristalino de coloración verde amarillenta del que se obtienen colorantes y que se utiliza en veterinaria para tratar infestaciones por nematodos y oxiuros.

fenotipo (phenotype), **1.** características observables completas de un organismo o grupo, como los caracteres anatómicos, fisiológicos, bioquímicos y conductuales, determinados por la interacción de la estructura genética y de los factores ambientales. **2.** grupo de organismos que tienen un aspecto similar entre sí.

fenotipo Bombay (Bombay phenotype), rasgo genético poco frecuente relacionado con la expresión fenotípica de los grupos sanguíneos ABO. Las células de dichos individuos son fenotípicamente del grupo O, aunque su genotipo es el AB, y su suero contiene antígenos anti-A, anti-B y anti-H. Este rasgo recibe su nombre de la primera ciudad en la que se describió.

fenoximetil penicilina (phenoxymethyl penicillin), v. **penicilina V**.

fensuximida (phensuximide), anticonvulsivante prescrito para prevenir y tratar las convulsiones en la epilepsia de pequeño mal.

fentanilo (fentanyl), analgésico narcótico potente, que se usa sobre todo junto con el droperidol, sedante y antipsicótico, como coadyuvante en la anestesia.

fentolamina (phentolamine), antiadrenérgico que se administra en forma de clorhidrato en comprimidos y en forma de mesilato en inyecciones. Se prescribe para el control de los síntomas del feocromocitoma antes y durante la cirugía y también para la necrosis dérmica y la esfacelación tras la extravasación de noradrenalina parenteral.

feocromocitoma (pheochromocytoma, *pl.* **pheochromocytomas, pheochromocytomata**), tumor vascular del tejido cromafín de la médula suprarrenal o de los paraganglios simpáticos, caracterizado por presentar hipersecreción de adrenalina y noradrenalina, provocando hipertensión persistente o intermitente. Los signos típicos son: cefaleas, palpitaciones, sudación, nerviosismo, hiperglucemia, náuseas, vómitos y síncope. Puede haber pérdida de peso, miocarditis, arritmias cardíacas e insuficiencia cardíaca. El tumor se produce con mayor frecuencia en personas jóvenes, y sólo un pequeño porcentaje de las lesiones son malignas.

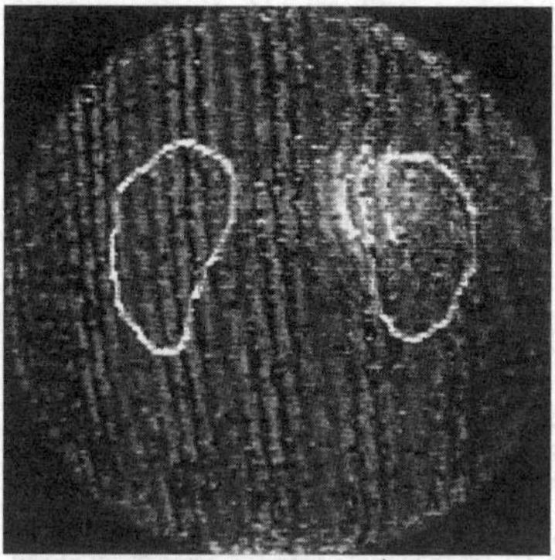

Feocromocitoma
(R. Hall/D. C. Evered, 2.ª ed., 1992)

féresis (pheresis), v. **aféresis**.

fermentación (fermentation), transformación química producida en una sustancia por acción de una enzima o de un microorganismo, especialmente la conversión aeróbica de materias alimenticias en determinados productos. Algunos tipos de fermentación son: **fermentación acética, acido láctica, alcohólica, amoniacal, amílica, butírica, caseosa, de almacenamiento, de dextrano, diastática, propiónica** y **viscosa**.

fermio (Fm) (fermium [Fm]) [Enrico Fermi, físico italiano, n. 1901), elemento metálico transuránico sintético. Su número atómico es 100; su peso atómico es 257.

feromona (pheromone), sustancia de carácter hormonal segregada por un organismo que desencadena una respuesta particular en otro individuo de la misma especie, pero habitualmente del sexo opuesto.

férrico (ferric), relativo a un compuesto de hierro en el que el metal es trivalente, como el cloruro férrico.

ferritina (ferritine), compuesto férrico formado en el intestino y almacenado en el hígado, bazo y médula ósea, para la incorporación a las moléculas de hemoglobina. Los niveles de ferritina sérica se utilizan como indicador de los depósitos de hierro del organismo.

ferromagnético (ferromagnetic), relativo a las sustancias, como el hierro, que se ven influidas de forma importante por el magnetismo.

fértil (fertile), **1.** capaz de reproducir o de generar descendencia. **2.** de un gameto, capaz de producir fertilización o de ser fertilizado. **3.** prolífico, fructífero, no estéril.

fertilicina (fertilizin), glucoproteína presente en la membrana plasmática de los óvulos en diversas especies.

fertilidad (fertility), capacidad de reproducción.

fertilización (fertilization), unión de los gametos masculino y femenino para formar un cigoto a partir del que se desarrolla un embrión. El proceso tiene lugar en la trompa de Falopio de la mujer cuando el espermatozoide que contiene el líquido seminal liberado durante el coito entra en contacto con el óvulo y penetra en él. Algunos tipos de fertilización son: **fertilización cruzada, fertilización externa** y **fertilización interna**.

fertilización *in vitro* (in vitro fertilization [IVF]), método de fertilización del óvulo humano fuera del organismo, por el que se recoge el óvulo maduro y se coloca en un recipiente con una muestra de esperma. Una vez incubado durante 48 a 72 horas, el óvulo fertilizado se inyecta en el útero a través del cuello. La técnica dura de 2 a 3 días.

férula (splint), **1.** dispositivo ortopédico para inmovilización, anclaje o sujeción de cualquier parte del cuerpo. Puede ser rígido (de metal, escayola o madera) o flexible (de fieltro o cuero). **2.** (en odontología) dispositivo para anclar los dientes o modificar la oclusión.

férula bucal (buccal splint), cualquier material, habitualmente yeso, colocado en la superficie bucal de las unidades fijadas de dentadura parcial para mantener dichas unidades en posición para su montaje.

férula con el compañero (buddy splint), técnica de colocación de férulas utilizada habitualmente después de una herida en un dedo que requiere inmovilización. Habitualmente se fijan juntos con esparadrapo el dedo lesionado y el adyacente, para limitar el margen de movilidad del primero.

férula de aire (air splint), dispositivo para la inmovilización temporal de extremidades fracturadas o con cualquier otro tipo de lesión. Consiste en un cilindro inflable que puede cerrarse por ambos extremos y queda rígido cuando se le rellena con aire a presión.

férula de brazo (arm board), **1.** tablilla utilizada para colocar el brazo paralizado de un hemipléjico. Se fija al brazo de la silla de ruedas, y mantiene el brazo del enfermo en posición correcta para la subluxación del hombro y el brazo flácido y para evitar el edema. **2.** tablilla utilizada para mantener quieto el brazo y permitir la extracción de sangre o para introducir una aguja intravenosa.

férula de Cabot (Cabot's splint), férula metálica situada como soporte bajo el muslo y la pierna.

férula de coaptación (coaptation splint), férula pequeña que se ajusta a un miembro fracturado para prevenir el acabalgamiento de los fragmentos óseos.

férula de compás (caliper splint), férula para la pierna formada por dos varillas metálicas que se extienden desde una banda que rodea al muslo o desde un anillo almohadillado que rodea la parte inferior de la pelvis. Las varillas están unidas a una placa metálica por debajo del zapato bajo el arco del pie.

férula de Denis Browne (Denis Browne splint) [Sir Denis J. W. Browne, cirujano inglés, n. 1892), férula para la corrección del pie equinovaro (pie zambo) que se compone de una barra curva ajustada a las suelas de un par de zapatos altos.

férula de Frejka (Frejka splint), dispositivo corrector formado por una almohada que se fija con un cinturón entre las piernas del lactante que presenta luxación de cadera al nacimiento, para conservar la abducción y la articulación de la cabeza del fémur con el acetábulo.

férula de Gunning (Gunning's splint) [Thomas B. Gunning, odontólogo norteamericano, n. 1813], férula maxilomandibular utilizada como soporte del maxilar y de la mandíbula en la cirugía a este nivel.

férula de incrustación (inlay splint), molde de fijación o soporte de aproximación de uno o varios dientes.

férula de marcha de Gibson (Gibson's walking splint), variante de la férula de Thomas que permite al paciente deambular.

férula de muñeca (cockup splint), férula que se utiliza para inmovilizar la muñeca y dejar libres los dedos.

férula de protección de la mordida (biteguard splint), dispositivo para cubrir las superficies oclusiva e incisiva de los dientes y para protegerlos de las fuerzas oclusivas traumáticas durante los procesos de inmovilización y estabilización.

férula de Thomas (Thomas' splint) [Hugh Owen Thomas, cirujano inglés, n. 1834], **1.** tablilla rígida construida con barras de acero curvadas para adaptarse al miembro afectado, que se sujeta mediante un yeso o un vendaje rígido. **2.** tablilla de metal rígido que se extiende desde un anillo colocado en la cadera hasta más allá del pie.

férula de Volkmann (Volkmann's splint) [Richard von Volkmann], férula que soporta e inmoviliza la parte inferior de la pierna. Tiene una pieza en el pie unida a los dos lados, que se extiende desde el pie hasta la rodilla, permitiendo la ambulación.

férula digital de Bedford (Bedford finger stall), tablilla móvil que sujeta el dedo lesionado en una abrazadera o molde junto con el dedo adyacente.

férula dinámica (dynamic splint), toda férula que lleva incorporados resortes, bandas elásticas u otros materiales que producen una fuerza activa constante para contrarrestar las fuerzas deformantes de la férula.

férula en aeroplano (airplane splint), férula utilizada para inmovilizar un húmero fracturado durante su curación. Este yeso mantiene el brazo con el hombro en abducción y el codo flexionado.

férula en espiga en uno y medio (one-and-a-half spica cast), férula ortopédica utilizada para inmovilizar el tronco por encima de la línea mamilar, una pierna hasta los dedos del pie y la otra pierna hasta la rodilla.

férula funcional (functional splint), férula que permite o ayuda al paciente en sus movimientos.

férula hinchable (inflatable splint), dispositivo tubular que se coloca alrededor de la extremidad de un paciente y se hincha con aire para mantener la rigidez.

férula nocturna (night splint), cualquier férula o dispositivo similar que se utiliza solamente por la noche.

férula temporal extraíble (temporary removable splint), dispositivo odontológico, como las placas de oclusión transitoria, que se usan cuando la estabilidad de la dentadura lo requiere. La placa metálica de Elbrecht y la **placa ortodóncica de Hawley** son dos tipos de placas transitorias.

festón (festoon), modelación realizada en el material base de una dentadura que simula los contornos de los tejidos naturales de la encía.

festón de McCall (McCall's festoon), (en odontología) cada una de las extensiones de los bordes gingivales que pueden estar asociados a traumatismo oclusal.

festón gingival (gingival festoon), crecimiento redondeado y evidente de los márgenes del tejido gingival, presente en la afectación gingival precoz.

fetiche (fetish), **1.** cualquier objeto o idea a la que se presta excesiva o irracional atención o reverencia. **2.** (en psicología) cualquier objeto inanimado o cualquier parte del organismo no de carácter sexual que produce sentimientos eróticos o una fijación erótica.

fetichista (fetishist), persona que cree en los fetiches o que obtiene gratificación erótica de los fetiches.

feticida (feticide), v. **embrioctonía**.

fétido (fetid), relativo a algo que tiene un olor pútrido o desagradable.

feto (fetus, foetus), descendiente de un animal vivíparo, antes de su nacimiento y después de haber adquirido la forma particular de la especie; más específicamente, el descendiente humano dentro del útero después del período embrionario y del comienzo del desarrollo de las principales características estructurales, normalmente desde la octava semana tras la fertilización hasta el nacimiento. Algunos tipos de fetos son: **acardio, anideo, momificado** y **parásito litopedion**.

feto acardíaco, feto acardio (fetus acardiacus, fetus acardius), v. **acardia**.

feto amorfo (fetus amorphus), producto de la concepción sin forma, en el que no existen partes reconocibles o no se han formado.

feto anideo (fetus anideus), v. **anideo**.

feto arlequín (harlequin fetus), niño cuya piel en el momento del nacimiento está completamente cubierta de escamas gruesas, córneas, semejantes a una armadura, divididas por profundas fisuras rojas.

feto calcificado (calcified fetus), v. **litopedion**.

feto en muñeca de papel (paper-doll fetus), v. **feto papiráceo**.

feto momificado (mummified fetus), feto que ha muerto dentro del útero y que se ha desecado y encogido dentro de él.

feto papiráceo (fetus papyraceus), feto gemelo muerto dentro del útero en una fase precoz de desarrollo y que ha sido presionado contra la pared del útero por el feto vivo.

feto parásito (parasitic fetus), el miembro más pequeño y habitualmente malformado de dos gemelos unidos, diferentes o asimétricos, que está unido al feto más normal y depende de él para su crecimiento y desarrollo.

feto sanguinolento (fetus sanguinolentis), feto de color oscuro, parcialmente macerado, que ha muerto intraútero.

feto sireniforme (sireniform fetus), v. **sirenomelo**.

fetocoriónico (fetochorionic), perteneciente o relativo al feto y al corion.

fetografía (fetography), radiografía del feto presente en el útero.

fetología (fetology), rama de la medicina que se ocupa del feto situado en el útero, incluido el diagnóstico de las anomalías congénitas, la prevención de las influencias teratógenas y el tratamiento de ciertos trastornos.

fetometría (fetometry), medición del tamaño fetal, especialmente del diámetro de la cabeza y de la circunferencia del tronco. La **fetometría radiológica** es un tipo de fetometría.

fetoplacentario (fetoplacental), perteneciente o relativo al feto y a la placenta.

fetoproteína (fetoprotein), antígeno presente de forma natural en los fetos y en ocasiones en los adultos como consecuencia de ciertas enfermedades. Un aumento de la **alfa-fetoproteína** en un feto es diagnóstico de defectos del tubo neural. La leucemia, el hepatoma, el sarcoma y otras neoplasias se asocian con la presencia de betafetoproteína en la sangre de los adultos.

fetor hepático (fetor hepaticus), aliento maloliente asociado a hepatopatías graves.

fetoscopia (fetoscopy), procedimiento mediante el que se puede observar directamente al feto dentro del útero, utilizando un fetoscopio introducido a través de una pequeña incisión abdominal realizada bajo anestesia local.

fetoscopio (fetoscope), estetoscopio para auscultar el latido cardíaco fetal a través de la pared abdominal de la madre.

fetotóxico (fetotoxic), relativo a cualquier cosa que resulta tóxica para un feto.

fetus in fetu (fetus in fetu), anomalía fetal en la que un gemelo pequeño, formado de forma imperfecta, está contenido en el cuerpo del gemelo normal, el autósito.

FEV (FEV), abreviatura de **volumen espiratorio forzado**.

^{18}F-FDG (^{18}F-FDG), símbolo de la ^{18}F-2-fluoro-2-desoxi-D-glucosa, análogo del azúcar utilizado en la tomografía por emisión de positrones para determinar la tasa metabólica local cerebral de glucosa como medida de la actividad neural cerebral.

FHA (PHA), abreviatura de **fitohemaglutinina**.

FHO (OHF), abreviatura de **fiebre hemorrágica de Omsk**.

fiabilidad (reliability), (en investigación) punto hasta el cual una medida de prueba o un aparato ofrecen los mismos resultados por parte de diferentes investigadores u observadores o con la realización de la prueba con el paso del tiempo.

fibras de Mahaim (Mahaim fibers), vías de conducción en el tejido cardíaco que discurren entre el nódulo AV o el haz de His y el músculo del tabique interventricular. Conducen los impulsos de excitación precoz.

fibras de Purkinje (Purkinje's fibers), fibras miocárdicas que son la continuación del haz de His y que se extienden por las paredes musculares de los ventrículos.

fibrilación (fibrillation), contracción involuntaria recurrente de una fibra muscular aislada o de un haz aislado de fibras nerviosas. La fibrilación se suele describir como la parte que se está contrayendo de forma anormal, como la fibrilación auricular o la ventricular.

fibrilación-flúter (flutter-fibrillation), tipo de fibrilación auricular en la que la línea irregular de fibrilación se parece al flúter auricular.

fibrilina (fibrillin), componente principal de las microfibrillas asociadas a la elastina relacionadas con el síndrome de Marfan por estudios inmunohistoquímicos. La fibrilina también se asocia a una enfermedad parecida al síndrome de Marfan, la aracnodactilia contractural congénita.

fibrilla (fibril), estructura filamentosa pequeña que con frecuencia forma parte de una célula, como los haces mitóticos.

fibrina (fibrin), proteína fibrosa insoluble, producto de la acción de la trombina sobre el fibrinógeno en el proceso de la coagulación. Es la responsable del carácter semisólido del coágulo sanguíneo.

fibrinasa (fibrinase), v. **factor XIII**.

fibrinogénico (fibrinogenic, fibrinogenous), relativo a la producción de fibrina.

fibrinógeno (fibrinogen), proteína plasmática esencial para el proceso de coagulación de la sangre que se convierte en fibrina por acción de la trombina en presencia de iones calcio.

fibrinogenopenia (fibrinogenopenia), trastorno en el que existe una deficiencia de fibrinógeno en la sangre.

fibrinolisina (fibrinolysin), enzima proteolítica que disuelve la fibrina.

fibrinólisis (fibrinolysis), proceso continuo de descomposición de la fibrina por la fibrinolisina, que es el mecanismo normal de eliminación de los pequeños coágulos de fibrina.

fibrinopéptido (fibrinopeptide), producto de la acción de la trombina sobre el fibrinógeno.
fibroadenoma (fibroadenoma, *pl.* **fibroadenomas, fibroadenomata**), tumor benigno compuesto por tejido epitelial denso y tejido fibroblástico.
fibroangioma (fibroangioma), v. **angiofibroma**.
fibroangioma nasofaríngeo (nasopharyngeal fibroangioma), v. **angiofibroma nasofaríngeo**.
fibroblasto (fibroblast), célula plana, alargada, indiferenciada del tejido conectivo, que origina diversas células precursoras, como el condroblasto, el colagenoblasto y el osteoblasto, que forman el tejido fibroso, de unión y soporte del cuerpo.
fibroblastoma (fibroblastoma. *pl.* **fibroblastomas, fibroblastomata**), tumor derivado de un fibroblasto, que se puede diferenciar en un fibroma o en un fibrosarcoma.
fibrocarcinoma (fibrocarcinoma), v. **carcinoma escirro**.
fibrocartílago (fibrocartilage), cartílago constituido por una matriz densa de fibras de colágeno blancas.
fibrocartílago blanco (white fibrocartilage), mezcla de tejido fibroso blanco fuerte y tejido cartilaginoso flexible.
fibrocartílago circunferencial (circumferential fibrocartilage), estructura formada por fibrocartílago en la que los bordes fibrocartilaginosos rodean los márgenes de una cavidad articular como ocurre en el cotilo de la cadera y en la cavidad glenoidea del hombro.
fibrocartílago de interposición (connecting fibrocartilage), disco de fibrocartílago presente entre muchas articulaciones, especialmente en aquellas con una movilidad limitada, como las de la columna vertebral. Cada disco está formado por anillos concéntricos de tejido fibroso separados por láminas cartilaginosas.
fibrocartílago estratiforme (stratiform fibrocartilage), estructura de fibrocartílago que forma un fino revestimiento de las ranuras óseas por las que se deslizan los tendones de determinados músculos.
fibrocartílago interarticular (interarticular fibrocartilage), uno de los cuatro tipos de fibrocartílago, que consta de unas placas fibrocartilaginosas aplanadas entre el cartílago articular de las articulaciones más activas, como la esternoclavicular, las de la muñeca o de la rodilla.
fibrocartílago intervertebral (intervertebral fibrocartilage), v. **disco intervertebral**.
fibrocito (fibrocyte), v. **fibroblasto**.
fibroelastosis endocárdica (endocardial fibroelastosis), trastorno caracterizado por la hipertrofia de la pared del ventrículo izquierdo y el desarrollo de un endocardio fibroelástico engrosado.
fibroepitelioma (fibroepithelioma, *pl.* **fibroepitheliomas, fibroepithelomata**), neoplasia constituida por componentes fibrosos y epiteliales. El **fibroepitelioma premaligno** es un tipo de fibroepitelioma.
fibroepitelioma premaligno (premalignant fibroepithelioma), neoplasia sésil, de coloración de la piel blanca, prominente, formada por bandas entrelazadas de células epiteliales sobre un estroma mesodérmico hiperplásico. El tumor aparece sobre todo en la región inferior del tronco de las personas de edad avanzada.
fibroide (fibroid), **1.** que tiene fibras. **2.** *informal,* fibroma o mioma, sobre todo en el útero.
fibroide intersticial (interstitial fibroid), tumor fibroso que se desarrolla en la pared muscular del útero y tiende a crecer hacia dentro.
fibroide uterino (uterine fibroid), crecimiento del tejido fibroso del útero, en forma de fibroma, fibromioma o leiomiofibroma.
fibroidectomía (fibroidectomy), extirpación quirúrgica de un tumor fibroso, como el fibromioma uterino.
fibrolipoma (fibrolipoma), tumor fibroso que también contiene materia grasa.
fibroma (fibroma, *pl.* **fibromas, fibromata**), neoplasia benigna constituida principalmente por tejido fibroso o conectivo totalmente desarrollado.
fibroma ameloblástico (ameloblastic fibroma), neoplasia odontogénica en la que existe una proliferación simultánea de tejidos mesenquimatoso y epitelial, pero sin que se produzca el desarrollo de dentina ni de esmalte.
fibroma blando (soft fibroma, fibroma molle), fibroma muy celular.
fibroma cavernoso (fibroma cavernosum), tumor que presenta grandes espacios vasculares, una cantidad excesiva de tejido fibroso y vasos sanguíneos o linfáticos.
fibroma cimentante (cementifying fibroma), **1.** lesión intraósea que no está asociada con los dientes, formada por tejido conjuntivo fibroso que engloba zonas de material calcificado semejante al cemento. **2.** tumor odontogénico raro compuesto por distintas cantidades de tejido conjuntivo fibroso semejante al cemento. **3.** lesión central de los maxilares.
fibroma concéntrico (concentric fibroma), tumor fibroso que rodea la cavidad uterina.
fibroma condromixoide (chondromyxoid fibroma), v. **condromixofibroma**.
fibroma cutáneo (fibroma cutis), tumor fibroso de la piel.

fibroma de irritación (irritation fibroma), excrecencia periférica localizada, seudotumoral, del tejido conectivo, producida por una irritación prolongada. Se suele desarrollar en las encías de la mucosa bucal.

fibroma de la mama (fibroma of breast), tumor del tejido conectivo de la mama. Normalmente es benigno e indoloro.

fibroma duro (hard fibroma), neoplasia formada por tejido fibroso en el que hay pocas células.

fibroma intracanalicular (intracanalicular fibroma), tumor mamario que contiene epitelio glandular y tejido fibroso.

fibroma mixomatodes (fibroma myxomatodes), v. **mixofibroma**.

fibroma mucinoso (fibroma mucinosum), tumor fibroso en el que existe material mucoide degenerado.

fibroma no osificante (nonossifying fibroma), alteración ósea que se presenta en niños y consiste en una lesión excéntrica muy bien delimitada de la metáfisis de los huesos largos. El examen microscópico revela la presencia de células fusiformes, tejido fibroso, numerosas células xantomizadas y escasas células gigantes.

fibroma no osteogénico (nonosteogenic fibroma), lesión ósea frecuente en la que existe una degeneración y proliferación del tejido medular y cortical, normalmente cerca de los extremos de la diáfisis de los grandes huesos largos.

fibroma odontogénico (odontogenic fibroma), neoplasia benigna del maxilar inferior derivada de la porción embrionaria del germen dental, del folículo dental o de la papila dental o que se desarrolla posteriormente a partir de la membrana periodontal.

fibroma odontogénico periférico (peripheral odontogenic fibroma), tumor de tejido conectivo fibroso que surge en el borde gingival y que se supone se origina en el periodontio.

fibroma osificante (ossifying fibroma), neoplasia ósea benigna, de lento crecimiento, que afecta sobre todo a los maxilares, especialmente al inferior.

fibroma parasitario (parasitic fibroma), tumor fibroide uterino pedunculado que obtiene parte de su aporte sanguíneo del epiplón.

fibroma péndulo (fibroma pendulum), tumor fibroso pedunculado de la piel.

fibroma periapical (periapical fibroma), masa de tejido conectivo benigno que se puede formar en el vértice de un diente con pulpa normal.

fibroma quístico (cystic fibroma), tumor fibroso en el que se ha producido una degeneración quística.

fibroma sarcomatoso (fibroma sarcomatosum), v. **fibrosarcoma**.

fibroma tecocelular xantomatodes (thecocellulare xanthomatodes), v. **tumor de células de la teca**.

fibroma telangiectásico (telangiectatic fibroma), v. **angiofibroma**.

fibroma uterino (uterine fibroma), tumor uterino benigno encapsulado que afecta al 20% de las mujeres por encima de los 30 años. Puede producir alteraciones menstruales, probablemente en relación con la localización del tumor. Los fibromas uterinos raramente suponen una amenaza para la vida.

fibromatosis (fibromatosis), crecimiento gingival, supuestamente hereditario, que se manifiesta en la dentición permanente y que se caracteriza por la presencia de un tejido duro hiperplásico que cubre las superficies de los dientes.

fibromioma uterino (fibromyoma uteri), v. **leiomioma uterino**.

fibromiomectomía (fibromyomectomy), procedimiento quirúrgico para eliminar un fibroma uterino u otro tipo de fibromioma.

fibromiositis (fibromyositis), cualquiera de los numerosos trastornos en los que el elemento común es la rigidez y el dolor articular o muscular, acompañado de inflamación local de los tejidos musculares y conectivos fibrosos. Algunos tipos de fibromiositis son: **lumbago, pleurodinia** y tortícolis.

fibropapiloma (fibropapilloma), tumor epitelial benigno.

fibroplasia retrolenticular (retrolental fibroplasia), formación de tejido fibroso por detrás del cristalino del ojo, ocasionando ceguera. El trastorno se debe a la administración de concentraciones excesivas de oxígeno a lactantes prematuros.

fibrosarcoma (fibrosarcoma, *pl.* **fibrosarcomas, fibrosarcomata**), sarcoma que con-

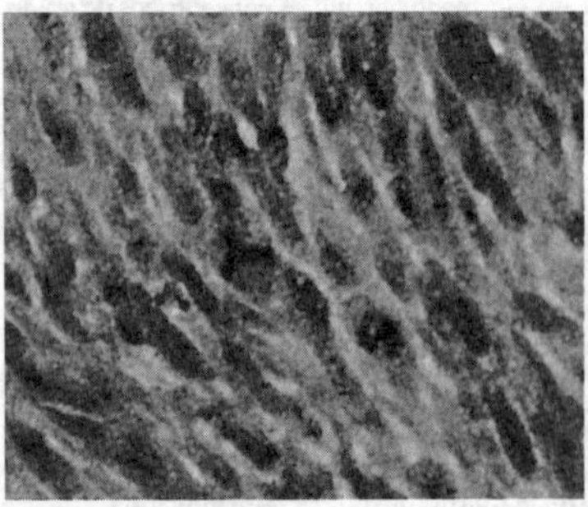

Fibrosarcoma
(Cawson, 1987)

tiene tejido conectivo. Se desarrolla repentinamente a partir de pequeños nódulos cutáneos.

fibrosarcoma odontogénico (odontogenic fibrosarcoma), neoplasia maligna del maxilar inferior que se desarrolla a partir del componente mesenquimatoso de un diente o del germen dental.

fibroscopio (fiberscope), instrumento flexible de fibra óptica diseñado para explorar determinados órganos o cavidades corporales, como el endoscopio, el broncoscopio o el gastroscopio.

fibrosis (fibrosis), **1.** proliferación del tejido conectivo fibroso. **2.** trastorno en el que el tejido conectivo fibroso se disemina sobre o reemplaza al músculo liso normal o a otros tejidos orgánicos normales. La fibrosis es más frecuente en el corazón, pulmón, peritoneo y riñón.

fibrosis miocárdica difusa (diffuse myocardial fibrosis), tipo de enfermedad cardíaca caracterizada por una distribución generalizada de tejido fibroso que reemplaza a las células normales del miocardio.

fibrosis pulmonar (fibrosis of the lungs), formación de tejido cicatricial en el tejido conectivo de los pulmones como secuela de cualquier inflamación o irritación provocada por tuberculosis, bronconeumonía o neumoconiosis. La fibrosis localizada se puede complicar con infarto pulmonar, absceso o bronquiectasia.

fibrosis pulmonar idiopática (idiopathic pulmonary fibrosis), fibrosis de los pulmones secundaria a una inflamación o enfermedad previa, como tuberculosis o neumoconiosis.

fibrosis quística (cystic fibrosis), trastorno hereditario de las glándulas exocrinas que hace que dichas glándulas produzcan una secreción anormalmente densa de moco, junto con elevación de los electrólitos del sudor, aumento de los componentes orgánicos y enzimáticos de la saliva e hiperactividad del sistema nervioso autónomo. Las glándulas más afectadas son el páncreas, el sistema respiratorio y las glándulas sudoríparas. La fibrosis quística generalmente se detecta durante el primer año de vida o en la primera infancia; las manifestaciones precoces son íleo meconial y obstrucción del intestino delgado por heces viscosas. Otros signos tempranos son la presencia de tos crónica, heces malolientes e infecciones respiratorias persistentes. La técnica diagnóstica más fiable es la prueba del sudor, que demuestra la elevación del sodio y del cloro.

fibrosis retroperitoneal (retroperitoneal fibrosis), proceso inflamatorio crónico, habitualmente de causa desconocida, en el que el tejido fibroso rodea los grandes vasos sanguíneos de la región lumbar inferior. Entre los síntomas se incluyen dolor lumbar bajo y dolor abdominal, debilidad, pérdida de peso, fiebre y, en caso de afectación de las vías urinarias, polaquiuria, hematuria, poliuria o anuria.

fibrositis (fibrositis), inflamación del tejido conectivo fibroso, normalmente caracterizada por un conjunto de síntomas poco definidos, como dolor y rigidez del cuello, de los hombros y del tronco.

fibroso (fibrous), que está constituido fundamentalmente por fibras o materiales que contienen fibras, como el tejido conectivo fibroso.

ficha médica (medcard), (en enfermería) pequeña tarjeta en la que se anotan el nombre, dosis y programa de administración de la medicación de cada paciente utilizada para dispensar dicha medicación.

ficher (file), conjunto de datos o información que guarda alguna relación, almacenada como una unidad.

ficología (phycology), rama de la ciencia que se ocupa del estudio de las algas.

ficólogo (phycologist), persona que se especializa en el estudio de las algas.

ficomicosis (phycomycosis), infección micótica producida por una especie del orden Ficomicetos.

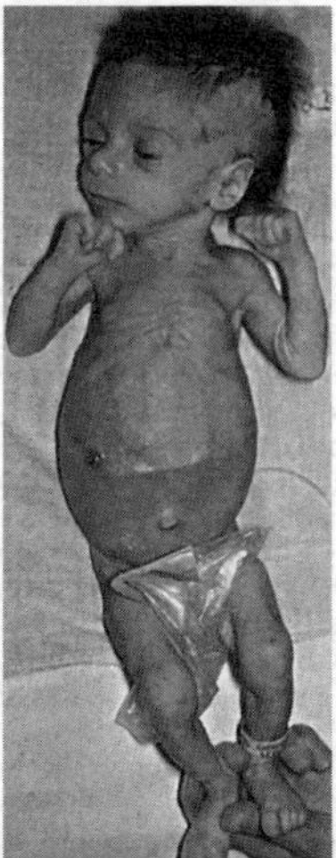

Fibrosis quística de inicio en el neonato
(C. D. Forbes/W. F. Jackson, 1994)

fiebre (fever), elevación anormal de la temperatura corporal por encima de 37 °C, como consecuencia de una enfermedad. La fiebre se produce por un desequilibrio entre la eliminación y la producción de calor. El ejercicio, la ansiedad y la deshidratación pueden aumentar la temperatura de las personas sanas. La infección, las enfermedades neurológicas, los tumores malignos, la anemia perniciosa, las enfermedades tromboembólicas, la taquicardia paroxística, la insuficiencia cardíaca congestiva, las lesiones por aplastamiento, los traumatismos graves y numerosos fármacos pueden producir fiebre. La fiebre no tiene una función conocida salvo en la infección. Aumenta la actividad metabólica un 7% por °C y aumenta los requerimientos alimenticios. Son tipos de fiebre la **fiebre intermitente** y la **fiebre recurrente**.

fiebre abortiva (abortus fever), modalidad de brucelosis, la única que es endémica en Norteamérica. Está causada por *Brucella abortus*, microorganismo cuyo nombre deriva de su capacidad de provocar abortos en las vacas. La infección en el ser humano se adquiere por contacto con vacas infectadas por *B. abortus*.

fiebre aftosa (aphthous fever), v. **glosopeda**.

fiebre amarilla (yellow fever), infección aguda por arbovirus transmitida por mosquitos y caracterizada por cefaleas, fiebre, ictericia, vómitos y hemorragias. No existe tratamiento específico, y la mortalidad es de alrededor del 5%. La recuperación se acompaña de inmunización permanente.

fiebre artificial (artificial fever), elevación de la temperatura corporal lograda a través de medidas artificiales, como la inyección de parásitos productores del paludismo o de ciertas vacunas que se sabe producen síntomas febriles o a través de la aplicación de calor sobre el cuerpo. Se puede provocar fiebre artificial en un paciente para detener una enfermedad sensible a las temperaturas corporales elevadas.

fiebre aséptica (aseptic fever), fiebre no asociada con infección. Los traumatismos mecánicos, como los que tienen lugar en las lesiones por aplastamiento, pueden ser motivo de fiebre aunque no participen microorganismos patógenos.

fiebre azul (blue fever), *informal*, fiebre manchada de las Montañas Rocosas, denominada así por la coloración cianótica oscura de la piel después de la infección inicial por rickettsia.

fiebre biduoterciana (biduotertian fever), forma de paludismo caracterizada por la superposición de paroxismos de escalofríos, fiebre y otros síntomas, causados por la infección por dos géneros de *Plasmodium*, cada uno de los cuales tiene sus propios ciclos de síntomas, tal como ocurre en el paludismoo cuartano y terciano.

fiebre botonosa (boutonneuse fever), enfermedad infecciosa causada por *Rickettsia conorii*, transmitida al ser humano por la picadura de una garrapata. El inicio de la enfermedad se caracteriza por una lesión llamada mancha negra que aparece en el lugar de la infección, fiebre que dura entre unos días y 2 semanas y un rash papular eritematoso que se extiende por todo el cuerpo, incluida la piel de las palmas de las manos y las plantas de los pies.

fiebre Candiru (Candiru fever), infección por arbovirus transmitida al ser humano por la picadura de mosquitos, caracterizada por fiebre aguda, cefalea y dolores musculares.

fiebre cuartana doble (double quartan fever), forma de paludismo en la que los paroxismos de fiebre se producen según un patrón repetitivo de dos días consecutivos seguidos de un día de remisión. Esto suele deberse a la infección concurrente por dos especies del género *Plasmodium*, de los que uno causa los paroxismos cada 72 horas y el otro cada 48 horas.

fiebre de Aden (Aden fever), v. **dengue**.

fiebre de Assam (Assam fever), v. **kala-azar**.

fiebre de Chagres (Chagres fever) [Río Chagres, Panamá], infección producida por arbovirus transmitida al hombre por la picadura de un mosquito del género Phlebotomus. La enfermedad rara vez es mortal y se caracteriza por fiebre, cefalea y dolores musculares de tórax y abdomen.

fiebre de Charcot (Charcot fever) [Jean M. Charcot], síndrome caracterizado por fiebre recurrente, ictericia y dolor abdominal en el hipocondrio derecho que se produce por la inflamación de los conductos biliares.

fiebre de Chipre (Cyprus fever), v. **brucelosis**.

fiebre de Fort Bragg (Fort Bragg fever), v. **fiebre pretibial**.

fiebre de Gibraltar (Gibraltar fever), v. **brucelosis**.

fiebre de Haverhill (Haverhill fever) [Haverhill, Massachusetts, lugar donde se diagnosticó por primera vez la enfermedad en 1925], enfermedad febril causada por la infección por *Streptobacillus moniliformis*, transmitido por la mordedura de una rata. La bacteria, similar a las espiroquetas, normalmente está presente en la saliva de la rata. Característicamente, la herida de la mordedura se cura, pero al cabo de 10 días aparecen fiebre, escalofríos, vómitos, cefalea, dolor muscular y articular y exantema.

fiebre de Ikwa (Ikwa fever), v. **fiebre de las trincheras**.

fiebre fluvial japonesa (Japanese flood fever, Japanese river fever), v. **tifus de los matorrales**.

fiebre de Junin (Junin fever), v. **fiebre hemorrágica argentina**.

fiebre de Kedani (Kedani fever), v. **tifus de los matorrales**.

fiebre de Kenia (Kenya fever), v. **fiebre de Marsella**.

fiebre de la cárcel (jail fever), v. **tifus epidémico**.

fiebre de la isla (island fever), v. **tifus de los matorrales**.

fiebre de la lactancia (milk fever), *no técnica*, fiebre del posparto que comienza al iniciar la lactancia. La temperatura materna durante el puerperio normalmente no suele superar los 37,2 ºC; elevaciones superiores normalmente indican infección.

fiebre de la mañana del lunes (monday morning fever), v. **bisinosis**.

fiebre de la rosa (rose fever), nombre común incorrecto para la rinitis alérgica estacional provocada por el polen, con mayor frecuencia de la hierba, que es transportado por el aire en la época en la que florecen las rosas.

fiebre de las inundaciones (inundation fever), v. **tifus de los matorrales**.

fiebre de las letrinas (cesspool fever), v. **fiebre tifoidea**.

fiebre de las montañas, fiebre de las garrapatas de las montañas (mountain fever, mountain tick fever), v. **fiebre por garrapatas de Colorado, fiebre manchada de las Montañas Rocosas**.

fiebre de las montañas americanas (American mountain fever), v. **fiebre por garrapatas de Colorado**.

fiebre de las trincheras (trench fever), infección autolimitada, causada por *Rochalimaea quintana*, rickettsia transmitida por el piojo corporal, caracterizada por debilidad, fiebre, exantema y dolores de piernas.

fiebre de Lassa (Lassa fever), enfermedad muy contagiosa producida por un arenavirus virulento. Se caracteriza por fiebre, faringitis, disfagia y equimosis. A menudo aparecen derrame pleural, edema y afectación renal, desorientación mental, confusión y muerte por insuficiencia cardíaca.

fiebre de los cinco días (five-day fever), *informal*, **fiebre de las trincheras**.

fiebre de los conejos (rabbit fever), v. **tularemia**.

fiebre de los fundidores (brassfounder's ague), v. **fiebre de los vapores metálicos**.

fiebre de los pantanos (swamp fever), v. **leptospirosis, paludismo**.

fiebre de los tres días (three-day fever), v. **fiebre por *Phlebotomus***.

fiebre de los vapores metálicos (metal fume fever), enfermedad profesional producida por la inhalación de vapores de óxidos metálicos, caracterizada por síntomas similares a los de la gripe.

fiebre de Malta (Malta fever), v. **brucelosis**.

fiebre de Marsella (Marseilles fever), enfermedad endémica en el Mediterráneo, África, Crimea e India producida por *Rickettsia conorii*, transmitida por la garrapata marrón del perro. Sus síntomas son escalofríos, fiebre, úlcera cubierta por una costra negra en el lugar de la picadura de la garrapata y un exantema que aparece desde el segundo al cuarto día.

fiebre de Meuse (Meuse fever), v. **fiebre de las trincheras**.

fiebre de Murchison (Murchison fever), v. **fiebre de Pel-Ebstein**.

fiebre de origen desconocido (FOD) (fever of unknown origin [FUO]), fiebre de al menos 38,3 ºC que persiste al menos durante 3 semanas sin que se descubra su causa, a pesar de estudiarla durante al menos 1 semana.

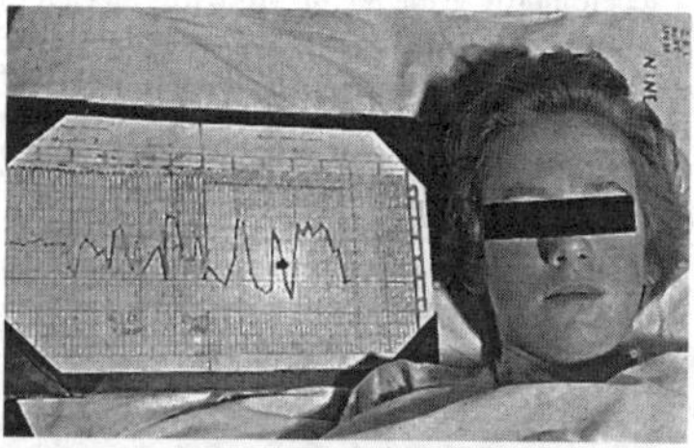

Gráfica de fiebre de amplias oscilaciones en una paciente con fiebre de origen desconocido

(C. D. Forbes/W. F. Jackson, 1994)

fiebre de Oroya (Oroya fever), v. **bartonelosis**.

fiebre de otoño (autumn fever), v. **leptospirosis**.

fiebre de Pel-Ebstein (Pel-Ebstein fever) [Pieter K. Pel, médico holandés, n. 1852; Wilhelm Ebstein, médico alemán, n. 1836], fiebre recurrente que se presenta en ciclos de varios días o semanas, característica de la enfermedad de Hodgkin o linfoma maligno.

fiebre de Pontiac (Pontiac fever), v. **enfermedad del legionario**.

fiebre de Salónica (Salonica fever), v. **fiebre de las trincheras**.

fiebre de San Joaquín (San Joaquin fever) [San Joaquin Valley, California], estadio primario de la coccidioidomicosis.

fiebre del campo (field fever), forma de leptospirosis que afecta principalmente a los agricultores. Se caracteriza por fiebre, dolor abdominal, diarrea, vómitos, estupor y conjuntivitis.

fiebre del cañaveral (canefield fever), v. **fiebre del campo**.

fiebre del desierto (desert fever), v. **coccidioidomicosis**.

fiebre del hambre (famine fever), v. **fiebre recurrente**.

fiebre del heno (hay fever), *informal,* rinitis alérgica estacional aguda estimulada por los árboles, la hierba o los pólenes de los matojos.

fiebre del loro (parrot fever), v. **psitacosis**.

fiebre del parto (childbed fever), v. **fiebre puerperal**.

fiebre del Río Grande (Rio Grande fever), v. **fiebre abortiva**.

fiebre del valle (valley fever), v. **coccidioidomicosis**.

fiebre del Valle Rift (Rift Valley fever), infección provocada por un arbovirus en Egipto y en el este de África, diseminada por mosquitos o por la manipulación de ganado vacuno o lanar. Se caracteriza por fiebre abrupta, escalofríos, cefalea y dolor generalizado, seguido de dolor epigástrico, anorexia, pérdida del sentido del gusto y fotofobia.

fiebre digestiva (digestive fever), ligera elevación de la temperatura corporal que acompaña normalmente al proceso de la digestión.

fiebre disociada de Jaccoud (Jaccoud's dissociated fever) [Sigismund Jaccoud, médico francés, n. 1830], forma de fiebre meningítica que se acompaña de un pulso de frecuencia paradójicamente lenta.

fiebre dumdum (dumdum fever), v. **kala-azar**.

fiebre efímera (ephemeral fever), cualquier proceso febril que dura sólo 24-48 horas, no complicado y de origen desconocido.

fiebre elefantoide (elephantoid fever), v. **elefantiasis, filariasis**.

fiebre entérica (enteric fever), v. **fiebre tifoidea**.

fiebre entericoide (entericoid fever), trastorno febril semejante a la fiebre tifoidea caracterizado por inflamación y disfunción intestinal.

fiebre eruptiva (eruptive fever), cualquier enfermedad caracterizada por fiebre y exantema.

fiebre esencial (essential fever), cualquier fiebre de origen desconocido.

fiebre espirilar por mordedura de rata, fiebre por *Spirillum* (spirillary rat-bite fever, spirillum fever), v. **fiebre por mordedura de rata**.

fiebre esténica (sthenic fever), temperatura corporal elevada asociada a sed, piel seca y, con frecuencia, delirio.

fiebre faringoconjuntival (pharyngoconjunctival fever), infección por adenovirus caracterizada por fiebre, dolor de garganta y conjuntivitis. El agua contaminada en lagos y piscinas constituye la fuente habitual de infección.

fiebre fluvial (flood fever), v. **tifus**.

fiebre glandular (glandular fever), v. **mononucleosis infecciosa**.

fiebre hemoglobinúrica (blackwater fever), complicación grave del paludismo crónico por *P. falciparum*, caracterizada por ictericia, hemoglobinuria, insuficiencia renal aguda y la eliminación sanguinolenta de color rojo oscuro o negro por hemólisis intravascular masiva.

fiebre hemorrágica (hemorrhagic fever), infección por arbovirus, caracterizada por fiebre, escalofríos, cefalea, malestar y síntomas respiratorios o GI, seguida de hemorragias capilares y, en las infecciones graves, oliguria, insuficiencia renal, hipotensión y, posiblemente, muerte. Muchas formas de la enfermedad aparecen en áreas geográficas específicas. Algunos tipos de fiebre hemorrágica son: **dengue, fiebre hemorrágica argentina** y **fiebre hemorrágica del lejano oriente**.

fiebre hemorrágica argentina (Argentine hemorrhagic fever), enfermedad infecciosa producida por un arenavirus, que se transmite al ser humano a través de la ingestión de alimentos contaminados con los excrementos de roedores infectados y mediante el contacto personal.

fiebre hemorrágica de Bangkok (Bangkok hemorrhagic fever), v. **dengue**.

fiebre hemorrágica boliviana (Bolivian hemorrhagic fever), enfermedad infecciosa causada por un arenavirus, generalmente transmitida desde roedores infectados al ser humano a través de la contaminación de los alimentos por la orina de estos animales, aunque también se ha observado la transmisión directa entre personas. El paciente presenta escalofríos, fiebre, cefalea, dolor muscular, anorexia, náuseas y vómitos.

fiebre hemorrágica de Crimea-Congo (Crimean-Congo hemorrhagic fever), infección por arbovirus transmitida al hombre a través de la picadura de una garrapata, que se caracteriza por fiebre, mareos, dolor muscular, vómitos, cefaleas y otros síntomas neurológicos.

fiebre hemorrágica de Omsk (FHO) (Omsk hemorrhagic fever [OHF]), infección aguda, observada en regiones de la URSS, causada por un arbovirus transmitido por la picadura de una garrapata infectada o por la manipulación de ratas almizcleras infectadas. La enfermedad se caracteriza por fiebre, cefalea, epistaxis, hemorragia GI y uterina y otras manifestaciones hemorrágicas.

fiebre hemorrágica del lejano oriente (Far Eastern hemorrhagic fever), forma de fiebre hemorrágica epidémica, originaria de Asia, transmitida por un virus cuyo vector es un roedor asiático. La infección se caracteriza por escalofríos, cefalea, dolor abdominal, náuseas, vómitos, anorexia y sed extrema.

fiebre hemorrágica epidémica (epidemic hemorragic fever), infección viral grave caracterizada por fiebre y hemorragia. El proceso se desarrolla rápidamente, presentando inicialmente fiebre y dolores musculares, a lo que se asocia hemorragia, colapso vascular periférico, shock hipovolémico e insuficiencia renal aguda. Se cree que los mosquitos, las garrapatas o los piojos transmiten los arbovirus y los demás patógenos. Algunos tipos de fiebre hemorrágica epidémica son: **dengue, fiebre amarilla, fiebre hemorrágica argentina, fiebre de Lassa** y **fiebre hemorrágica boliviana**.

fiebre inducida (induced fever), elevación deliberada de la temperatura corporal mediante la aplicación de calor o la inoculación de organismos productores de fiebre, con el fin de destruir los gérmenes patógenos sensibles al calor.

fiebre intermenstrual (intermenstrual fever), ligera elevación fisiológica de la temperatura, que marca la ovulación y suele presentarse unos 14 días antes del inicio de la menstruación.

fiebre intermitente (intermittent fever), fiebre que recidiva cíclicamente, con paroxismos y remisiones, como en el paludismo. Algunos tipos de fiebre intermitente son: **fiebre biduoterciana**, **fiebre cuartana doble** y paludismo cuartano.

fiebre manchada de Kew Gardens (Kew Gardens spotted fever), enfermedad infecciosa causada por *Rickettsia akari*.

fiebre manchada de las Montañas Rocosas (FMMR) (Rocky Mountain spotted fever [RMSF]), enfermedad infecciosa grave transmitida por garrapatas que aparece en las zonas templadas del norte y sur de América, provocada por *Rickettsia rickettsii*, que se caracteriza por escalofríos, fiebre, cefalea intensa, mialgias, confusión mental y exantema. Aparecen en primer lugar máculas eritematosas en muñecas y tobillos, que se extienden rápidamente por las extremidades, tronco, cara y, habitualmente, por las palmas de las manos y plantas de los pies. También son frecuentes las lesiones hemorrágicas, el estreñimiento y la distensión abdominal. Es preciso tener cuidado en no aplastar las garrapatas, ya que la infección se puede adquirir a través de las abrasiones de la piel.

fiebre mantenida (continuous fever), fiebre que persiste durante un período de tiempo prolongado.

fiebre medicamentosa (drug fever), fiebre causada por la acción farmacológica de un medicamento, su acción termorreguladora, la complicación local de su administración parenteral o, lo más frecuente, la reacción inmunológica mediada por anticuerpos inducidos por el fármaco. El comienzo de la fiebre suele darse de 7 a 10 días después de comenzar la medicación, con vuelta a la normalidad en los 2 días que siguen a la interrupción del tratamiento.

fiebre mediterránea (Mediterranean fever), v. **brucelosis**.

fiebre miliar (miliar fever), erupción inflamatoria de la piel causada por la retención de sudor. El sudor atrapado en la dermis o epidermis produce irritación.

fiebre negra (black fever), v. **kala-azar**.

fiebre ondulante (undulant fever), v. **brucelosis**.

fiebre papataci (pappataci fever), v. **fiebre por *Phlebotomus***.

fiebre paratifoidea (paratyphoid fever), infección bacteriana, provocada por una especie de *Salmonella* diferente a *S. typhi*, caracterizada por síntomas semejantes a los de la fiebre tifoidea, aunque algo más leves.

fiebre periódica (periodic fever), **1.** trastorno hereditario que afecta fundamentalmente a los judíos sefarditas, a los armenios y a los árabes con episodios intermitentes de fiebre acompañados de dolor abdominal o pleurítico. La edad de aparición se sitúa entre los 10 y los 20 años. Algunos casos se complican con síntomas de artritis, esplenomegalia y amiloidosis renal que pueden evolucionar hacia un trastorno renal mortal. **2.** nombre corriente de la **fiebre mediterránea familiar**.

fiebre petequial (petechial fever), cualquier proceso febril que se acompaña de pequeñas petequias en la piel, tal y como se observa en la fase final de la fiebre tifoidea.

fiebre poliléptica (polyleptic fever), fiebre que se produce de forma paroxística, como la viruela y la fiebre recurrente.

fiebre por arañazo de gato (cat scratch fever), enfermedad producida por la mordedura o arañazo de un gato sano. Aparecen inflamación y pústulas en la piel arañada y ganglios linfáticos inflamados en cuello, cabeza, ingle o axila dos semanas más tarde.

fiebre por deshidratación (dehydratation fever), fiebre que se suele producir en los neonatos, probablemente a causa de deshidratación.

fiebre por fatiga (fatigue fever), episodio benigno de fiebre y dolor muscular tras un ejercicio excesivo. Los síntomas se producen por la acumulación de los residuos metabólicos producidos en las contracciones musculares.

fiebre por garrapatas (tick fever), v. **fiebre recurrente**.

fiebre por garrapatas de Colorado (Colorado tick fever), infección autolimitada por arbovirus, relativamente leve, transmitida al hombre por la picadura de una garrapata. Los síntomas se producen en dos fases separadas por un período de remisión, e incluyen escalofríos, fiebre, cefaleas, dolor en los ojos, piernas y espalda y sensibilidad a la luz.

fiebre por garrapatas de la India (Indian tick fever), v. **fiebre de Marsella**.

fiebre por inanición (inanition fever), proceso febril temporal, leve, que se produce en el lactante durante los primeros días que siguen a su nacimiento, normalmente a causa de deshidratación.

fiebre por mordedura de rata (rat-bite fever), uno de los dos tipos diferentes de infección transmitida a los seres humanos por la mordedura de una rata o un ratón, caracterizada por fiebre, cefaleas, malestar, náuseas, vómitos y exantema. En Estados Unidos, la enfermedad está provocada con mayor frecuencia por *Streptobacillus moniliformis*, y las únicas manifestaciones son exantema en las palmas de las manos y plantas de los pies, artralgias, cicatrización inmediata de las heridas y duración de 2 semanas. La fiebre por mordedura de rata debida a la infección provocada por *Streptobacillus moniliformis* se denomina también **fiebre de Haverhill**; la infección provocada por *Spirillum minus* recibe también el nombre de **sodoku**.

fiebre por mordedura de rata estreptobacilar (streptobacillary rat-bite fever), v. **fiebre de Haverhill**.

fiebre por mordisco de gato (cat-bite fever), v. **fiebre por arañazo de gato**.

fiebre por *Phlebotomus* (phlebotomus fever), infección leve aguda, provocada por uno de cinco diferentes arbovirus transmitidos a los seres humanos por la picadura de una mosca infectada del género *Phlebotomus*, que se caracteriza por fiebre de desarrollo rápido, cefaleas, dolor ocular, conjuntivitis, mialgias y, en algunos casos, un exantema macular o urticarial.

fiebre por polvo de algodón (cotton-mill fever), v. **bisinosis**.

fiebre por zinc (zinc chill), v. **fiebre de los fundidores**.

fiebre pretibial (pretibial fever), infección aguda producida por *Leptospira autumnalis*, caracterizada por cefalea, escalofríos, fiebre, esplenomegalia, mialgias, disminución del recuento leucocitario y exantema sobre la superficie anterior de las piernas.

fiebre puerperal (puerperal fever), síndrome asociado a la infección bacteriana sistémica y a la septicemia que se producen después del parto, generalmente como consecuencia de una técnica obstétrica no estéril. Se caracteriza por endometritis, fiebre, taquicardia, hipersensibilidad uterina y loquios fétidos; si no se trata, puede aparecer postración, insuficiencia renal, shock bacteriémico y muerte. El organismo causal es, en la mayoría de los casos, un estreptococo hemolítico.

fiebre Q (Q fever), enfermedad febril aguda, habitualmente respiratoria, provocada por la rickettsia *Coxiella burnetii (Rickettsia burnetii)*. La enfermedad se propaga a través del contacto con animales domésticos infectados, mediante la inhalación de las rickettsias presentes en sus pieles, por la ingestión de leche contaminada o al sufrir la picadura de una pulga portadora del organismo.

fiebre quebrantahuesos (breakbone fever), v. **dengue**.

fiebre quintana (quintana fever), v. **fiebre de las trincheras**.

fiebre quirúrgica (surgical fever), fiebre que aparece tras la cirugía. En la actualidad es infrecuente gracias a los métodos actuales de asepsia.

fiebre recidivante (relapsing fever), una de las diferentes enfermedades infecciosas agudas, caracterizada por episodios febriles recurrentes y provocada por varias cepas de la espiroqueta *Borrelia*. La enfermedad se transmite tanto por piojos como por garrapatas, y aparece con frecuencia en guerras y en períodos de hambre. El primer episodio suele comenzar con una elevación brusca de la fiebre (40-45 ºC), acompañada de escalofríos, cefaleas, dolores neuromusculares y náuseas. Puede aparecer un exantema sobre el tronco y las extremidades, y la ictericia es frecuente durante los estadios finales. Cada episodio dura de 2 a 3 días y culmina con una crisis de fiebre elevada, sudación profusa y con la elevación de las frecuencias cardíaca y respiratoria. Se continúa con un descenso brusco de la temperatura y con la normalización de la presión arterial. Habitualmente, las personas sufren una recidiva 7-10 días después de permanecer con una temperatura normal y finalmente se recuperan por completo.

fiebre recurrente (recurrent fever), v. **fiebre recidivante**.

fiebre recurrente de Dutton (Dutton's relapsing fever) [Joseph E. Dutton, anatomopatólogo inglés, n. 1877], infección producida por una espiroqueta, *Borrelia dutonii*, y transmitida por una garrapata, *Ornithodoros moubata*, que se encuentra en el interior de las viviendas en África tropical. La espiroqueta penetra en el organismo a través de la lesión producida por la picadura de la garrapata, y causa fiebre alta, escalofríos, aceleración del latido cardíaco, cefaleas, dolores articulares y musculares, vómitos y alteraciones neurológicas.

fiebre remitente (remittent fever), variaciones diurnas de una temperatura elevada con exacerbaciones y remisiones, pero sin volver nunca a la normalidad.

fiebre reumática (rheumatic fever), enfermedad inflamatoria que se puede desarrollar como una reacción diferida a una infección de las vías respiratorias superiores por un estreptococo β-hemolítico del grupo A tratada inadecuadamente. La aparición de la fiebre reumática suele ser brusca, con frecuencia después de 1 a 5 semanas sin síntomas tras la recuperación de una amigdalitis o de una escarlatina. Los primeros síntomas suelen ser fiebre, dolores articulares, hemorragia nasal, dolor abdominal y vómitos. Las manifestaciones principales de esta enfermedad son la poliartritis migratoria, que afecta a numerosas articulaciones, y la carditis, que provoca palpitaciones, dolor torácico y, en casos graves, síntomas de insuficiencia cardíaca. La corea de Sydenham, que puede aparecer, suele ser el único signo tardío de la fiebre reumática, pudiendo manifestarse inicialmente como un aumento de la torpeza junto con una tendencia a dejar caer objetos. A medida que la corea progresa, pueden generalizarse los movimientos corporales irregulares, que en ocasiones pueden afectar a la lengua y a los músculos faciales, terminando en la incapacitación del individuo afectado.

fiebre roja (red fever), v. **dengue**.

fiebre roja del Congo (Congolese red fever), v. **tifus murino**.

fiebre séptica (septic fever), elevación de la temperatura corporal asociada a infección por microorganismos patógenos o como respuesta a una toxina secretada por un microorganismo.

fiebre sifilítica (syphilitic fever), pirexia que aparece en la infección sifilítica.

fiebre solar (solar fever), v. **dengue, insolación**.

fiebre supurativa (suppurative fever), fiebre que se acompaña de la formación de pus.

fiebre térmica (thermic fever), v. **golpe de calor**.

fiebre tifoidea (typhoid fever), infección bacteriana causada habitualmente por *Salmonella typhi*, transmitida por leche, agua o alimentos contaminados y que se caracteriza por cefalea, delirio, tos, diarrea acuosa, rash y fiebre alta. Dispersas sobre la piel del abdomen aparecen unas lesiones sonrosadas maculopapulares características. Primero se desarrollan esplenomegalia y leucopenia. La enfermedad es grave y puede ser mortal. Entre las complicaciones que se pueden producir están la hemorragia o perforación intestinal y la tromboflebitis. Algunas personas que se recuperan de la enfermedad continúan siendo portadores y excretando el microorganismo, diseminando la enfermedad. También llamada **fiebre entérica**. Compárese con **cólera, fiebre paratifoidea, salmonelosis**.

fiebre traumática (traumatic fever), elevación de la temperatura corporal que es producida por un traumatismo mecánico, especialmente por una lesión por aplastamiento. El aumento de la temperatura corporal puede reforzar la resistencia a la infección subsiguiente y el aumento de la temperatura de la herida puede acelerar la curación local.

FIGLU (FIGLU), abreviatura de **ácido formiminoglutámico**.

figura de autoridad (authority figure), persona que, en función de su estatus, de su fuerza, de sus conocimientos o de otro carácter de superioridad reconocida, ejerce influencias sobre los demás.

figura mitótica (mitotic figure), cualquier cromosoma o agregado de cromosomas durante cualquiera de las fases de la mitosis.

figura paterna (parent figure), **1.** padre, sustituto del padre o tutor que cuida del niño y cubre sus necesidades físicas, sociales y emocionales necesarias para un crecimiento y desarrollo normales. **2.** persona que, simbólicamente, representa a un padre ideal, con todos los atributos que se consideran necesarios para crear la relación paternofilial perfecta.

FII (LLQ), abreviatura de fosa ilíaca izquierda.

fijación (attachment), **1.** estado o calidad de estar fijado o unido. **2.** (en psiquiatría) modo de conducta en la que un sujeto tiene una relación de afiliación o de dependencia hacia otro. **3.** (en odontología) dispositivo, como un retenedor o una corona artificial, empleado para fijar en el interior de la boca una dentadura parcial a un diente natural.

fijación (bonding), (en odontología) técnica para unir soportes ortodónticos u otros elementos directamente a la superficie del esmalte de un diente, mediante el uso de adhesivos ortodónticos.

fijación (fixation), (en el psicoanálisis) detención en una determinada fase del desarrollo psicosexual, como la fijación anal.

fijación binocular (binocular fixation), el proceso de mantener ambos ojos sobre un mismo objeto al mismo tiempo.

fijación con bandas elásticas (elastic bandage fixation), método de tratamiento de fracturas de la mandíbula utilizando bandas de goma para conectar prótesis o filamentos metálicos que se fijan al maxilar superior y al inferior.

fijación del complemento (complement fixation), reacción inmunológica en la que un antígeno se combina con un anticuerpo y su complemento, haciendo que el factor del complemento esté inactivo o «fijado».

fijación del nitrógeno (nitrogen fixation), proceso mediante el que el nitrógeno libre de la atmósfera se convierte por medios biológicos o químicos en amoniaco y otras formas utilizables por plantas y animales.

fijación esquelética (skeletal fixation), cualquier método para mantener unidos los fragmentos de un hueso fracturado, mediante la unión con alambres, tornillos, placas o clavos.

fijación externa (external fixation), método para mantener unidos los fragmentos de un hueso fracturado mediante el empleo de agujas metálicas de transfixión, que atraviesan los fragmentos, y un dispositivo compresor externo, que se fija a las agujas sobre la superficie de la piel.

fijación freudiana (freudian fixation), interrupción del desarrollo psicosexual caracterizado por una fijación emocional firme a otra persona u objeto. La **fijación materna** y la **fijación paterna** son dos tipos de fijación freudiana.

fijación interna (internal fixation), cualquier método para mantener unidos entre sí los fragmentos de un hueso fracturado sin usar aplicadores externos sobre la piel. Para estabilizar los fragmentos, una vez realizada la reducción abierta de la fractura, se pueden utilizar clavos lisos o con rosca, alambres de Kirschner, tornillos, placas fijadas con tornillos o clavos intramedulares.

fijación materna (mother fixation), detención del desarrollo psicosexual caracterizada por una fijación emocional anormalmente persistente, continua y a menudo paralizante a la madre.

fijación maxilomandibular (maxillomandibular fixation), estabilización de las fracturas de la cara o de la mandíbula conectando de forma provisional los maxilares superior e inferior mediante alambres, bandas elásticas o férulas metálicas.

fijación nasomandibular (nasomandibular fixation), tipo de fijación maxilomandibular para estabilizar fracturas de la mandíbula, empleando férulas maxilomandibulares conectadas con un alambre, a través de un agujero taladrado en la espina nasal anterior del hueso maxilar.

fijación paterna (father fixation), detención del desarrollo psicosexual, caracterizada por una fijación emocional al padre anormalmente persistente, fija y, a menudo, paralizante.

fijación tisular (tissue fixation), proceso por el que una muestra tisular se coloca en un líquido que conserva las células lo más parecidas posible a su estado natural.

fijador (fixative), **1.** cualquier sustancia que se emplea para unir, pegar o estabilizar. **2.** cualquier sustancia utilizada para conservar las muestras histológicas de tejido, para su examen posterior.

fijador (fixer), producto químico, utilizado para procesar placas fotográficas o de rayos X. Aplicado después de la fase de revelado, neutraliza cualquier revelador que persista sobre la película, extrae los halos argénticos y endurece la emulsión.

fijador tisular (tissue fixative), líquido que conserva las células en su estado natural, de forma que se puedan identificar y examinar.

filáctico (phylactic), **1.** que sirve para proteger. **2.** algo que genera protección.

filamento (filament), estructura semejante a un hilo fino. Los filamentos se encuentran en la mayor parte de los tejidos y células del organismo y cumplen distintas funciones morfológicas y fisiológicas.

filamentoso (filamentous), perteneciente a algo que es como un hilo o que es capaz de ser estirado hasta lograr una estructura parecida a un hilo.

filariasis (filariasis), enfermedad producida por la presencia de filarias o microfilarias en los tejidos corporales. Las filarias son helmintos redondos, largos, filamentosos, que tienden a infestar los ganglios y conductos linfáticos tras penetrar en el organismo en forma de larvas microscópicas a través de la picadura de un insecto.

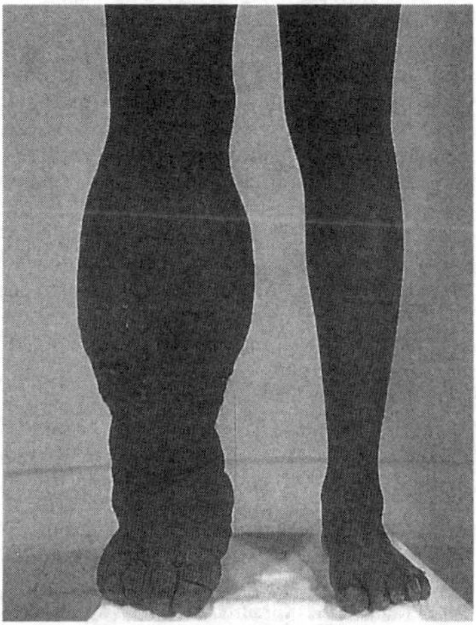

Filariasis
(A. du Vivier, 2.ª ed., 1995)

filariforme (filariform), perteneciente a una estructura u organismo filamentoso.
filo (phylum), categoría principal de clasificación de los reinos vegetal y animal, que representa a una o más clases.
filogénesis (phylogenesis), v. **filogenia**.
filogenético (phylogenetic, phylogenic), **1.** perteneciente, relativo a o adquirido durante la filogenia. **2.** basado en la evolución natural, como un sistema de clasificación.
filogenia (phylogeny), desarrollo de la estructura de una raza o especie en particular según su evolución a partir de formas de vida más simples.
filoquinona (phylloquinone), v. **vitamina** $\mathbf{K_1}$.
filtración (filtration), adición de láminas metálicas a una fuente de rayos X, lo que altera el espectro de energía y, por tanto, las características de la imagen y la capacidad de penetración de la radiación. La filtración normalmente se realiza con aluminio o cobre para energías de baja a media intensidad, y con cobre o aluminio de capa fina para haces de energía más intensos.
filtración glomerular (glomerular filtration), proceso renal mediante el que se filtra el líquido de la sangre a través de los capilares del glomérulo y del espacio urinario de la cápsula de Bowman.
filtrar (strain), separar sólidos o partículas de un líquido con un filtro o tamiz.
filtro (filter), **1.** dispositivo o material a través del que se pasa líquido o gas para separar la materia no deseada. **2.** (en radiología) dispositivo que se añade al equipo de rayos X para eliminar selectivamente los rayos X de baja energía que no tienen posibilidad de alcanzar la placa.
filtro (philtrum), surco vertical en el centro del labio superior.
filtro de aguja (needle filter), dispositivo, normalmente de plástico, utilizado para filtrar la medicación al introducirla en una jeringa antes de su administración.
filtro de compensación (compensating filter), (en radiología) aparato con forma de cuña elaborado en plástico o aluminio, que se coloca sobre una región corporal para compensar las diferencias de radiopacidad.
filtro de infusión intravenosa (intravenous infusion filter), cualquiera de los múltiples dispositivos utilizados para asegurar la pureza de una solución intravenosa. Los filtros liberan la solución de contaminantes tales como impurezas disueltas (detergentes, proteínas y polisacáridos), sales extrañas, microorganismos, partículas, precipitados y polvo de medicamento no disuelto. Cualquiera de estos contaminantes puede complicar la terapia intravenosa y la recuperación del paciente. Algunos filtros están incorporados al tubo de conexión; otros han de ser intercalados.
filtro de pajarita (bowtie filter), filtro especial con forma de pajarita que se puede utilizar en procedimientos de tomografía computadorizada para compensar la forma de la cabeza o el cuerpo del paciente.
filtro en paraguas (umbrella filter), pequeño filtro con forma de paraguas que se puede insertar en la vena cava para prevenir el paso de trombos.
filtros de Thoraeus (Thoraeus filters), combinación de metales, habitualmente estaño, cobre y aluminio, utilizada para modificar la calidad de los rayos X de ortovoltaje y mejorar la capacidad de penetración.
FIM (MIF), abreviatura de factor inhibidor de los macrófagos.
fimbria (fimbria), cualquier estructura que forma un borde o límite o que parece una franja. Algunos tipos de fimbrias son: **fimbria del hipocampo, fimbria del ovario** y **fimbrias tubáricas**.

fimbriado (fimbriated), perteneciente a o que se parece a las fimbrias de los ovarios o a las fibras nerviosas situadas a lo largo del borde del hipocampo.

fimosis (phimosis), estenosis del prepucio del pene que impide la retracción de la piel del prepucio sobre el glande. Habitualmente se trata de un proceso congénito, aunque puede deberse a una infección.

fimosis vaginal (phimosis vaginalis), estrechamiento congénito o cierre de la abertura vaginal.

finastride (finastride), fármaco empleado para tratar la hipertrofia prostática y para revertir el aumento de tamaño progresivo de la glándula.

FiO_2 (FiO_2), porcentaje del oxígeno inspirado que recibe el paciente, normalmente expresado en forma de cociente.

FIR (RIF), abreviatura de factor inductor de resistencia.

firmeza amable (kind firmness), (en psicología) abordaje directo y confidencial a un paciente, en el que se le recuerdan de forma tranquila las reglas y normas vigentes, en respuesta a infracciones y peticiones por parte de éste.

fisiatra (physiatrist), médico que examina el funcionamiento físico de un paciente y supervisa el programa de rehabilitación de dicho paciente.

fisiatría (physiatrics), diagnóstico y tratamiento de las enfermedades mediante el uso de agentes físicos como calor, frío, agua, electricidad y aparatos mecánicos.

física (physics), estudio de las leyes y propiedades de la materia y de la energía, especialmente en relación con el movimiento y la fuerza.

fisiología (physiology), **1.** estudio de los procesos y funciones del cuerpo humano. **2.** estudio de los procesos físicos y químicos que intervienen en el funcionamiento de los organismos vivos y de las estructuras que los integran. Algunos tipos de fisiología son: **fisiología comparativa, fisiología del desarrollo, fisiología humana** y **fisiopatología**.

fisiólogo (physiologist), persona especializada en la ciencia de los organismos vivos.

fisión (fission), **1.** acto o proceso de desdoblamiento o de ruptura en partes. **2.** tipo de reproducción asexual, frecuente en bacterias, protozoos y otras formas de vida inferior, en el que la célula se divide en dos o más componentes iguales, cada uno de los cuales puede desarrollarse hasta convertirse en un organismo completo. La **fisión binaria** y la **fisión múltiple** son dos tipos de fusión. **3.** (en física) desdoblamiento del núcleo de un átomo con la consiguiente liberación de energía.

fisiopatología (pathophysiology), estudio de las manifestaciones biológicas y físicas de la enfermedad en cuanto a su relación con las anomalías y las alteraciones fisiológicas subyacentes.

fisiopatológico (physiopathologic), perteneciente al enfoque fisiopatológico de una enfermedad.

fisioterapeuta (physical therapist), persona titulada para realizar la exploración, valoración y tratamiento de las personas físicamente discapacitadas o con minusvalías mediante la utilización de ejercicios especiales, la aplicación de calor o de frío, la utilización de ondas sonoras y otras técnicas. En EE.UU. el fisioterapeuta adquiere su formación a través de un curso de 4 años en un colegio con el que obtiene un título de *B.S.* en fisioterapia, o bien en un curso especial de certificación de 12 meses tras el cual obtiene el grado de licenciado en un determinado campo.

fisioterapia (physical therapy, physiotherapy), tratamiento de las enfermedades con agentes y métodos físicos, como masaje, manipulación, ejercicios terapéuticos, frío, calor (onda corta, microonda y diatermia ultrasónica), hidroterapia, estimulación eléctrica y lumínica que facilitan la rehabilitación de los pacientes y el restablecimiento de una función normal después de una enfermedad o de una lesión.

fisioterapia respiratoria (FR) (respiratory therapy [RT]), **1.** cualquier tratamiento que mantiene o mejora la función ventilatoria del aparato respiratorio. **2.** departamento de un centro sanitario que presta tratamiento respiratorio para los pacientes del mismo.

fisioterapia torácica (chest physiotherapy), v. **percusión y vibración**.

fisíparo (fissiparous), que se reproduce por fisión.

fisostigmina (physostigmine), colinérgico prescrito para el tratamiento de algunas formas de glaucoma y para revertir los efectos de los agentes bloqueantes neuromusculares.

fístula (fistula, *pl.* **fistulas, fistulae**), comunicación anormal desde un órgano interno hasta la superficie corporal o entre dos órganos internos.

fistulectomía (fistulectomy), extirpación quirúrgica de una fístula.

fisura (fissure), **1.** hendidura o surco en la superficie de un órgano, que a menudo marca la división del órgano en partes. **2.** lesión de la piel en forma de surco, como una fisura anal. **3.** defecto lineal en una superficie ósea, que se produce durante el desarrollo de una parte, como una fisura en el esmalte dental.

fisura anal (anal fissure), ulceración o laceración lineales de la piel del ano.
fisura de Henle (Henle's fissure) [Friedrich G. J. Henle, anatomista alemán, n. 1809], uno de los numerosos espacios rellenos de tejido conectivo situados entre las fibras musculares del corazón.
fisura gingival longitudinal (gingival crevice), fisura normal entre la encía libre y el esmalte dentario.
fisura interparietal (interparietal fissure), hendidura irregular en el lóbulo parietal.
fisura occipitoparietal (occipitoparietal fissure), v. **cisura parietooccipital**.
fisura orbitaria (orbital fissure), espacio situado entre el suelo y la pared externa de la órbita por el que discurren vasos sanguíneos y nervios.
fisura palatina (cleft palate), defecto congénito caracterizado por la existencia de una fisura en la línea media del paladar, ocasionada por un defecto en la fusión de ambos lados durante el desarrollo embrionario. La fisura puede ser completa, extendiéndose tanto por el paladar blando y duro hasta la cavidad nasal, o puede ser una fisura incompleta o parcial.
fisura petrosfenoidal (petrosphenoidal fissure), fisura en el suelo de la fosa craneal entre el borde posterior del ala mayor del esfenoides y la porción petrosa del hueso temporal.
fisura umbilical (umbilical fissure), surco situado en la superficie inferior del hígado que contiene el ligamento redondo y que separa los lóbulos hepáticos derecho e izquierdo.
fitogénesis (phytogenesis), origen y evolución de los organismos vegetales.
fitógeno (phytogenous), relativo a la producción por crecimiento vegetal, al origen en un vegetal o al origen o formación de los organismos vegetales.
fitohemaglutinina (FHA) (phytohemagglutinin [PHA]), hemaglutinina obtenida a partir de una planta, concretamente la lectina obtenida de la alubia roja.
fitolectina (phytolectin), v. **fitohemaglutinina**.
fitonadiona (phytonadione), v. **vitamina** $\mathbf{K_1}$.
FIV (IVF), abreviatura de **fertilización *in vitro***.
fl.dr., (fl.dr.,), abreviatura de **dracma líquido**.
fl.oz., (fl.oz.), abreviatura de **onza líquida**.
flácido (flaccid), débil, blando y fofo; aplícase a aquel músculo que ha perdido su tono normal: músculo flácido.
flagelación (flagelation), **1.** acción de azotar, golpear o dar con el látigo. **2.** tipo de masaje administrado percutiendo el cuerpo con los dedos. V. **masaje. 3.** tipo de desviación sexual en la que una persona se gratifica eróticamente azotando o siendo azotado por otro. **4.** disposición de los flagelos sobre un organismo; ex-flagelación.
flagelado (flagellate), microorganismo que se autopropulsa mediante la agitación de unos filamentos en forma de látigo o de cilios presentes en su cuerpo, como *Trypanosoma, Leishmania, Trichomonas* y *Giardia*.
flagelador (flagelant), persona que experimenta gratificación sexual practicando la flagelación.
flagelos (flagella), proyecciones en forma de pelo que se extienden desde ciertos organismos unicelulares y que ayudan a su movimiento.
flanco (flank), parte posterior del cuerpo, entre las costillas y el ilion.
flato (flatus), aire o gas en el intestino que pasa a través del recto.
flatulencia (flatulence), presencia de una cantidad excesiva de aire o gas en el estómago y en el tracto intestinal, produciendo distensión de los órganos y, a veces, un dolor entre leve y moderado.
flatulento (flatulent), relativo al gas o al aire presente en el tracto digestivo.
flavona (flavone), derivado flavonoide incoloro y cristalino, componente del bioflavonoide, que aumenta la resistencia capilar.
flebectomía (phlebectomy), extirpación quirúrgica total o parcial de una vena.
flebitis (phlebitis), v. **tromboflebitis**.
flebitis azul (blue phlebitis), v. **flegmasía *cerulea dolens***.
flebitis esclerosante (sclerosing phlebitis), inflamación de una vena que se ha endurecido y obstruido.
flebitis migratoria (migrating phlebitis), forma de flebitis caracterizada por la inflamación de una porción de una vena, y, tras la remisión de este episodio, aparece en otra parte de la vena.
flebitis obliterativa (obliterative phlebitis), forma de flebitis en la que la inflamación provoca el cierre total del vaso afectado.
flebitis puerperal (puerperal phlebitis), inflamación que comienza en una vena uterina después del parto y que se extiende a otras venas, en particular a la ilíaca y a la femoral.
flebitis supurativa (suppurative phlebitis), inflamación venosa secundaria a septicemia o a una infección piógena próxima.
flebografía (phlebography), **1.** técnica de preparación de una imagen radiográfica de las venas en las que se ha inyectado un medio de con-

traste radiopaco. **2.** técnica de preparación de un registro gráfico del pulso venoso mediante un flebógrafo.

flebógrafo (phlebograph), dispositivo para obtener un registro gráfico del pulso venoso.

flebograma (phlebogram), **1.** placa radiográfica obtenida por flebografía. **2.** representación gráfica del pulso venoso, obtenida mediante un flebógrafo.

flebotomía (phlebotomy), incisión de una vena para la salida de sangre, como en la recogida de sangre de un donante. La flebotomía es el tratamiento principal de la policitemia vera y se puede realizar cada 6 meses, o con mayor frecuencia si fuera necesario.

flebotomía incruenta (bloodless phlebotomy), técnica para atrapar la sangre en una región del cuerpo mediante la aplicación de un torniquete a una presión inferior a la necesaria para interrumpir el flujo sanguíneo arterial.

flebotomista (phlebotomist), médico u otra persona con formación especial en la práctica de abrir venas para extraer sangre.

flebotomizar (phlebotomize), abrir una vena para extraer sangre.

flebotrombosis (phlebothrombosis), anomalía venosa en la que se forma un coágulo dentro de la vena, habitualmente provocada por hemostasia, hipercoagulabilidad u oclusión. A diferencia de la tromboflebitis, la pared de la vena no está inflamada.

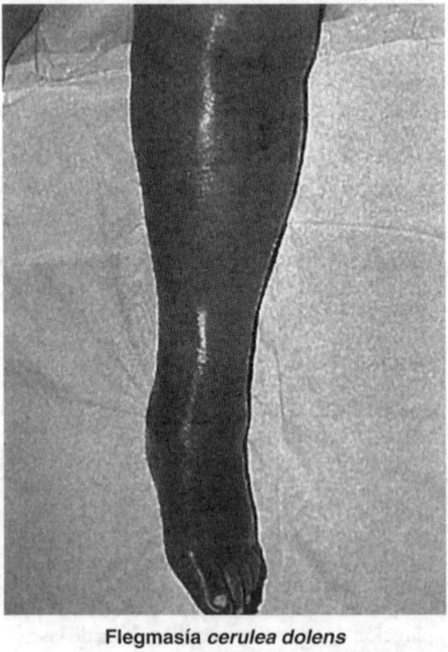

Flegmasía *cerulea dolens*
(C. D. Forbes/W. F. Jackson, 1994)

flegmasía (phlegmasia), *obsoleto*, inflamación.

flegmasía *alba dolens* (phlegmasia alba dolens), tromboflebitis de la vena femoral, que produce edema en la pierna y dolor. Puede producirse después del nacimiento o después de una enfermedad febril grave.

flegmasía *cerulea dolens* (phlegmasia cerulla dolens), forma grave de trombosis de una vena profunda, habitualmente de la vena femoral.

flegmasía trombótica (thrombotic phlegmasia), v. **flegmasía *alba dolens***.

flema (phlegm), secreción mucosa espesa de los tejidos que revisten las vías respiratorias.

flemático (phlegmatic), relativo a una persona que es apagada, apática o no fácilmente excitable.

flemón (phlegmon), inflamación del tejido conectivo.

flexibilidad cérea (cerea flexibilitas), estado cataléptico, observado con frecuencia en la esquizofrenia catatónica, en la que los miembros permanecen durante un período de tiempo indefinido en la posición en la que estaban colocados.

flexión (flexion), **1.** movimiento que permiten ciertas articulaciones del esqueleto, en el que disminuye el ángulo entre dos huesos adyacentes, como ocurre al doblar el codo. **2.** (en obstetricia) resistencia al descenso del feto por el canal del parto, que hace que el cuello se flexione de forma que la barbilla alcance el tórax.

flexor (flexor), músculo que flexiona una articulación.

flexor común superficial de los dedos de la mano (flexor digitorum superficialis), el mayor músculo superficial del antebrazo, situado en la cara cubital, debajo del palmar menor. El músculo flexiona la segunda falange de cada dedo y, por continuidad de acción, la mano.

flexura (flexure), doblez o curva normal en cualquier parte del cuerpo, como la flexura dorsal de la columna.

flictena (bleb), acumulación de líquido bajo la piel, asociada habitualmente con lesiones de menor tamaño que las ampollas normales.

floculado (flocculent), agrupado o enmarañado, como una nube, o cubierto de una superficie lanuda, peluda.

floculante (flocculant), agente o sustancia que produce floculación.

flora (flora), microorganismos que viven en o dentro del cuerpo para competir con los microorganismos productores de enfermedad y proporcionar una inmunidad natural frente a ciertas infecciones.

flora intestinal (intestinal flora), contenido bacteriano natural del interior del tubo digestivo.

floxuridina (floxuridine), agente antineoplásico prescrito para el tratamiento de las enfermedades neoplásicas malignas del cerebro, mama, hígado y vesícula biliar.

flucitosina (flucytosine), antimicótico que se prescribe para el tratamiento de ciertas infecciones micóticas graves.

fluctuación (fluctuation), **1.** movimiento ondulante de un líquido en una cavidad corporal tras sucusión. **2.** variación en un valor fijo o masa.

fluctuante (fluctuant), perteneciente a un movimiento de tipo ondulatorio que se detecta al palpar una estructura que contiene líquido.

fluidificación aérea (air fluidification), proceso que consiste en hacer pasar aire caliente a través de una serie de microesferas, con objeto de crear un entorno semejante al de los líquidos.

fluido (fluid), cualquier sustancia, líquido o gas, capaz de fluir y ajustar su forma a la de su recipiente, pues está compuesto por moléculas que pueden cambiar sus posiciones relativas sin separarse de la masa global.

fluidoterapia (fluid therapy), regulación del equilibrio hídrico de los pacientes con alteración de la función renal, cardiovascular o metabólica, mediante la determinación exacta de la ingesta de líquidos y de las pérdidas diarias.

flujo aéreo laminar (laminar air flow), sistema de aire filtrado circulante en planos paralelos que se utiliza en los hospitales y en otros medios sanitarios. Este sistema reduce el riesgo de contaminación bacteriana o de exposición a contaminantes químicos en quirófanos, zonas de elaboración de alimentos, farmacias hospitalarias y laboratorios.

flujo axoplásmico (axoplasmic flow), movimiento ondulante, con pulsaciones continuas, que se establece en el citoplasma de una neurona, entre el cuerpo celular, en donde se sintetizan las proteínas, y las fibras axónicas; esto permite el suministro de sustancias que son vitales para el mantenimiento de la actividad y para que se produzcan las reparaciones necesarias.

flujo espiratorio forzado (FEF) (forced expiratory flow [FEF]), velocidad volumétrica media en un intervalo de volumen definido mientras se realiza la capacidad vital espirada forzada. Normalmente se expresa como un porcentaje de la capacidad vital.

flujo laminar (laminar flow), flujo de aire concentrado en un trayecto estrecho.

flujo retrógrado (retrograde flow), flujo de líquido que se dirige en sentido contrario al normal, como en la regurgitación.

flujo sanguíneo cerebral local (FSCL) (local cerebral blood flow [LCBF]), (en la tomografía por emisión de positrones) imagen paramétrica del flujo sanguíneo cerebral. Se expresa en unidades de mililitros de flujo sanguíneo por minuto.

flujo sanguíneo renal total (FSRT) (total renal blood flow [TRBF]), volumen total de sangre que circula por las arterias renales. El FSRT de un adulto normal es de 1.200 ml por minuto.

flujo vaginal (vaginal discharge), cualquier secreción de la vagina. En condiciones normales se produce una secreción transparente o de color blanco nacarado. El flujo está compuesto en gran parte por secreciones de las glándulas endocervicales. Los procesos inflamatorios de la vagina y el cuello causan con frecuencia un aumento del flujo, que en tales casos puede tener mal olor y producir prurito en el periné y en los genitales externos.

fluocinonida (fluocinonide), corticoide sintético prescrito para reducir la inflamación.

flúor (F) (fluorine [F]), elemento de la familia de los halógenos y el más reactivo de los no metales. Su número atómico es 9, y su peso atómico, 19. En muchas comunidades se añaden pequeñas cantidades de fluoruro sódico al suministro de agua potable para endurecer el esmalte dental y disminuir la caries dental. El exceso de flúor puede motear el esmalte dental y producir osteosclerosis. La ingestión accidental de insecticidas y de raticidas que contengan sales de flúor pueden producir intoxicación aguda por flúor y muerte.

fluoración (fluoridation), proceso de añadir fluoruro, especialmente al suministro de agua potable, para reducir la caries dental.

fluoración (fluorination), adición de una molécula de flúor a un compuesto, como ocurre en algunos corticosteroides tópicos.

fluoración dental (fluoride dental treatment), aplicación oral directa de compuestos fluorados para reducir la caries dental.

fluorescencia (fluorescence), emisión de luz de una longitud de onda (normalmente ultravioleta) cuando se expone a una luz de distinta longitud de onda, normalmente más corta.

fluorocarburos (fluorocarbons), hidrocarburos que contienen flúor. Los fluorocarburos son generalmente gases incoloros, no inflamables, aunque algunos son líquidos a temperatura ambiente. Estos compuestos pueden producir irritación leve del tracto respiratorio superior y se ha citado la exposición excesiva como causa de depresión del sistema nervioso central.

fluorometría (fluorometry), medida de la fluorescencia que emiten los compuestos cuando se exponen a la energía ultravioleta u otras energías radiantes intensas. La fluorometría se utiliza para determinar los estrógenos urinarios, triglicéridos, catecolaminas y otras sustancias.

fluoroscopia (fluoroscopy), técnica radiológica para examinar visualmente, mediante un fluoroscopio, una parte del cuerpo o la función de un órgano.

fluoroscopia con rayos X (x-ray fluoroscopy), representación mediante imagen en tiempo real, utilizando una fuente de rayos X que se proyecta a través del paciente sobre una pantalla fluorescente o un intensificador de imagen.

fluoroscopia digital (digital fluoroscopy), método para realizar exámenes fluoroscópicos mediante un sistema de televisión intensificador de imagen combinado con un procesador digital de imágenes de video.

fluoroscopia para la colocación de un marcapasos (pacemaker installation fluoroscopy), control fluoroscópico de la inserción de un marcapasos artificial, utilizado como ayuda para la correcta colocación del aparato.

fluoroscopio (fluoroscope), instrumento empleado para la proyección inmediata de una imagen radiográfica en una pantalla fluorescente para su visualización.

fluorosis (fluorosis), trastorno que se produce por la ingestión excesiva y prolongada de flúor. La intoxicación crónica grave por flúor produce osteosclerosis y otras alteraciones óseas y articulares patológicas en los adultos.

fluorouracilo (fluorouracil), antineoplásico prescrito para el tratamiento de las enfermedades neoplásicas malignas de la piel y de órganos internos.

fluoruro (fluoride), sal del ácido fluorhídrico que se introduce en el agua potable y se aplica directamente a los dientes para reducir la caries dental.

fluoruro de litio (LiF) (lithium fluoride [LiF]), compuesto que se utiliza con frecuencia en la dosimetría termoluminiscente.

fluoruro estañoso (stannous fluoride), sal de flúor y estaño presente en los productos de higiene oral para disminuir la actividad cariogénica.

fluoximesterona (fluoxymesterone), andrógeno y esteroide anabolizante prescrito para el tratamiento de la deficiencia de testosterona, del cáncer de mama en mujeres y del retraso puberal en varones.

flurandrenólido (furandrenolide), glucocorticoide tópico prescrito como agente antiinflamatorio.

flurandrenolona (flurandrenolone), v. **flurandrenólido**.

fluxómetro (flowmeter), v. **rotámetro**.

Fm (Fm), símbolo del **fermio**.

FMET (FMET), abreviatura de **formilmetionina**.

FMMR (RMSF), abreviatura de **fiebre manchada de las Montañas Rocosas**.

FMR-1 (FMR-1), símbolo de un gen asociado a retraso mental en la enfermedad del cromosoma X frágil. No se ha determinado la función normal del gen.

FNP (PNF), abreviatura de **facilitación neuromuscular propioceptiva**.

FNT (TNF), abreviatura de **factor de necrosis tumoral**.

fobia (phobia), trastorno de ansiedad caracterizado por un temor obsesivo, irracional e intenso a un objeto específico, como un animal o la basura, a una actividad, como encontrarse con extraños o abandonar el marco familiar del hogar, o a una situación física, como las alturas o los espacios abiertos o cerrados. Las manifestaciones habituales de las fobias son fatiga, palpitaciones, sudación, náuseas, temblores y pánico. El temor, que es desproporcionado a la realidad, se suele deber a alguna experiencia dolorosa o desagradable previa en la que interviniera el objeto o la situación en particular. Algunos tipos de fobias son: **agorafobia, algofobia, claustrofobia, eritrofobia, fotofobia, ginefobia, misofobia, nictofobia, xenofobia** y **zoofobia**.

fóbico (phobiac), persona que presenta o está afectado por una fobia.

foco (focus), localización específica, como el lugar de una infección o el punto en el que se origina un impulso electroquímico.

foco ectópico (ectopic focus), impulso cardíaco anormal que produce latidos ectópicos o anormales. El foco ectópico puede aparecer tanto en corazones sanos como en enfermos y se asocia generalmente a la irritación de un área pequeña de tejido miocárdico.

focomelia (phocomelia), anomalía del desarrollo caracterizada por la ausencia de la parte superior de una o más extremidades, de forma que los pies o las manos o ambos están unidos al tronco por muñones cortos de forma irregular que recuerdan a las aletas de una foca.

focomelo (phocomelus), individuo que presenta focomelia.

FOD (FUO), abreviatura de **fiebre de origen desconocido**.

folacina (folacin), v. **ácido fólico**.

folato (folate), **1.** sal del ácido fólico. **2.** grupo de sustancias, presentes en algunos alimentos y en las células de los mamíferos, que actúan como coenzimas y facilitan la transferencia química de átomos de carbono de una molécula a otra.

foliculitis (folliculitis), inflamación de los folículos pilosos, como en la sicosis de la barba.

folículo (follicle), depresión en forma de bolsa, como los folículos dentales, que englobar al diente antes de su erupción, o los folículos pilosos presentes en la epidermis.

folículo de De Graaf (Graafian follicle) [Reijnier de Graaf, médico danés, n. 1641], vesícula ovárica madura, que mide entre 10 y 12 mm de diámetro, que se rompe durante la ovulación para liberar un óvulo. Existen muchos folículos ováricos primarios, cada uno con un óvulo inmaduro de aproximadamente 35 µ de diámetro, situados cerca de la superficie del ovario. Bajo la influencia de la hormona foliculostimulante de la adenohipófisis, un folículo ovárico madura hasta llegar a constituir un folículo de De Graaf en la fase proliferativa de cada ciclo menstrual. La cavidad del folículo se colapsa cuando se libera el óvulo y el resto de células foliculares crecen para formar el cuerpo lúteo.

folículo ovárico (ovarian follicle), cavidad o depresión en el ovario que contiene líquido que separa a las células foliculares en capas y que rodea al óvulo.

folículo piloso (hair follicle), cilindro pequeño de células epiteliales que se origina en la dermis y que contiene la raíz del cuerpo del pelo.

folículo sebáceo (sebaceous follicle), glándula sebácea que se abre en un folículo piloso.

foliculoma (folliculoma), v. **tumor de células de la granulosa**.

foliculosis (folliculosis), trastorno caracterizado por el desarrollo de un gran número de folículos linfoides, que puede estar o no asociado a una infección.

fomento (fomentation), **1.** aplicación tópica de calor húmedo para el tratamiento local del dolor o de la inflamación. **2.** sustancia utilizada para aplicar el calor húmedo.

fómite (fomite), material inerte, como la ropa de cama, que puede transportar organismos patógenos.

fonación (phonation), producción de sonidos verbales mediante la vibración de las cuerdas vocales de la laringe.

fondo (fundus, *pl.* **fundi**), base o parte más profunda de un órgano; la parte más alejada del orificio de entrada de un órgano, como el fondo uterino o el fondo de ojo.

fondo de saco (cul-de-sac, *pl.* **cul-de-sacs**), bolsa ciega como el fondo de saco conjuntival o el fondo de saco dural.

Fondo Internacional de las Naciones Unidas para la Ayuda a Infancia (UNICEF) (United Nations International Children's Emergency Fund [UNICEF]), fondo establecido por la Asamblea General de las Naciones Unidas en 1946 para ayudar a los niños de las áreas devastadas del mundo.

fonética (phonetics), ciencia que se ocupa de los sonidos empleados en el lenguaje.

fónico (phonic), relativo o perteneciente a la voz, los sonidos o el lenguaje.

fonocardiografía (phonocardiography), registro de los sonidos y soplos cardíacos mediante un aparato electromecánico.

fonocardiógrafo (phonocardiograph), dispositivo electroacústico que produce un gráfico con los registros de los sonidos cardíacos, utilizado para el diagnóstico y control de las enfermedades cardíacas. Este instrumento produce fonocardiogramas utilizando un sistema de micrófonos que se colocan sobre el tórax, unos cerca de la base del corazón y otros sobre la punta.

fonocardiograma (phonocardiogram), registro gráfico obtenido con un fonocardiógrafo.

fonoforesis (phonophoresis), técnica de tratamiento con ultrasonidos en la que se utilizan ondas de sonido de alta frecuencia para forzar la penetración de medicinas tópicas en los tejidos subcutáneos.

fonología (phonology), estudio de los sonidos verbales, especialmente de los principios que rigen la forma en que se utilizan los sonidos verbales en una determinada lengua.

fonorreceptor (phonoreceptor), instrumento para recibir los impulsos sonoros.

fontanela (fontanel, fontanelle), espacio cubierto por una membrana resistente, situada entre los huesos del cráneo del lactante.

fontículo (fonticulus), fontanela.

Food and Drug Administration (FDA) (Food and Drug Administration [FDA]), agencia federal de los EE.UU. responsable del cumplimiento de las normas federales sobre la manufacturación y distribución de alimentos, fármacos y cosméticos, así como sobre la protección contra la venta de sustancias impuras o peligrosas.

fórceps (forceps, *pl.* **forceps**), pinzas; cualquiera de los diversos y numerosos instrumentos quirúrgicos, todos ellos con dos mangos, cada uno fijado a una hoja, que se utilizan para sujetar, manipular, comprimir, tirar de o unir tejidos, equipos o materiales. V. el fórceps específico.

fórceps alto (high forceps), operación obstétrica en la que se utiliza el fórceps para sacar a un niño cuya cabeza no se ha encajado en el canal del parto. Este procedimiento se considera peligroso y generalmente se evita.

fórceps arterial (artery forceps), fórceps que se emplea para atrapar, comprimir y sujetar el extremo de una arteria cuando ésta es ligada. Generalmente se cierra por sí solo y sus brazos son semejantes a unas tijeras.

fórceps auditivo (aural forceps), fórceps especial provisto de unos extremos finos y encorvados, que se utiliza en cirugía auditiva.

fórceps bajo (low forceps), operación obstétrica en la que se utilizan fórceps para liberar al feto cuando su cabeza se encuentra en el suelo de la pelvis. Normalmente es necesario cuando la madre tiene una capacidad de expulsión limitada por la analgesia, anestesia o fatiga.

fórceps de Barton (Barton forceps), v. **fórceps obstétrico**.

fórceps de Chamberlen (Chamberlen forceps) [Peter Chamberlen, obstetra inglés, n. 1560], uno de los primeros tipos de fórceps obstétrico introducido en el siglo XVII.

fórceps de Elliot (Elliot forceps), v. **fórceps obstétrico**.

fórceps de Halsted (Halsted's forceps) [William S. Halsted, cirujano norteamericano, n. 1852], **1.** fórceps puntiagudos, pequeños, para hemostasia. **2.** fórceps de extremos delgados para pinzar arterias y otros vasos sanguíneos.

fórceps de Kielland (Kielland forceps), v. **fórceps obstétrico**.

fórceps de Piper (Piper forceps), v. **fórceps obstétrico**.

fórceps de salida (outlet forceps), v. **fórceps bajo**.

fórceps de Simpson (Simpson forceps), v. **fórceps obstétrico**.

fórceps fallido (failed forceps), procedimiento obstétrico de fórceps intermedio, que se abandona al encontrarse con un mayor grado de resistencia a la rotación o a la tracción del que se esperaba.

fórceps medio (mid forceps), intervención obstétrica en la que se aplican los fórceps a la cabeza del feto, cuando ésta alcanza el plano medio de la pelvis materna. Habitualmente se realiza una episiotomía y se administra anestesia. En algunos casos, como en el sufrimiento fetal grave, el fórceps medio puede ser el método de extracción más rápido y seguro.

fórceps obstétrico (obstetric forceps), pinzas utilizadas para facilitar la expulsión de la cabeza fetal. Los diferentes tipos de fórceps están diseñados para intervenir en distintas situaciones clínicas. Algunos tipos de forcéps son: **fórceps Barton, fórceps Elliot, fórceps Kielland** y **fórceps Simpson**.

fórceps profilácticos (prophylactic forceps), v. **fórceps bajo**.

forense (forensic), perteneciente a los juzgados.

forma física (physical fitness), capacidad para llevar a cabo las tareas diarias con viveza y energía, sin una fatiga exagerada y con la suficiente reserva de energía como para actuar ante emergencias o para disfrutar de las actividades del tiempo de ocio.

formación (formation), grupo de personas que ocupan y, por tanto, definen un espacio determinado.

formación continuada (continuing education), (en enfermería) programas educacionales oficiales diseñados para promover el conocimiento, las habilidades y las actitudes profesionales del personal de enfermería. La formación continuada es necesaria para renovar la licenciatura en muchos estados. No se debe confundir con los programas académicos, con obtención de títulos, como los programas de posgrado o de formación avanzada.

formación de imágenes (imaging), formación de una figura o representación mental de algo o alguien, por medio de la imaginación.

formación en celosía (lattice formation), estructura entrecruzada tridimensional formada por la reacción de antígenos multivalentes con anticuerpos.

formación higiénica (toilet training), proceso de enseñar a un niño a controlar las funciones vesicales e intestinales. La formación suele iniciarse entre los 18 y 24 meses de edad, cuando la mayoría de los niños alcanzan el control voluntario de los esfínteres anal y uretral. El control nocturno de la vejiga puede estar ausente hasta que el niño tenga 4 o 5 años o más.

formador de ángulos en bayoneta (bayonet angle former), instrumento cortante con forma de azada utilizado para acentuar los ángulos de la cavidad dental de clase 3.

formaldehído (formaldehyde), gas tóxico, incoloro, maloliente, soluble en agua y que se utiliza de esta forma como desinfectante, fijador o conservante.

formalina (formalin), solución transparente de formaldehído en agua. La solución al 37% se utiliza para fijar y conservar las muestras biológicas, para su examen patológico e histológico.

formato de imagen (image format), (en tomografía computadorizada) forma en la que se almacena una imagen, por ejemplo: disco blando, cinta magnética o película.

formilmetionina (FMET) (formylmethionine [FMET]), (en genética molecular) el primer aminoácido de una secuencia proteica.

formol (formol), v. **formaldehído**.

fórmula (formula), enunciado simple, que en general utiliza números y otros símbolos, que expresa los componentes de un compuesto químico, el método de preparación de una sustancia o el procedimiento para obtener un determinado valor o resultado.

fórmula de DuBois (DuBois formula), método de cálculo logarítmico del número de metros cuadrados de superficie corporal de un individuo a partir de su altura en centímetros y su peso en kilogramos y una constante: 0,007184.

fórmula de Einthoven (Einthoven's formula) [Willen Einthoven, médico holandés, n. 1860], teoría por la cual el corazón se sitúa en el centro de un triángulo equilátero (triángulo de Einthoven) en el plano frontal del cuerpo, definido por el hombro derecho, el hombro izquierdo y la sínfisis del pubis (pierna izquierda). La diferencia de potencial en la derivación bipolar electrocardiográfica II (brazo derecho-pierna izquierda) se resta de la suma de la diferencia de potenciales de las otras dos derivaciones bipolares.

fórmula de Holliday-Segar (Holliday-Segar formula), método de estimación de las necesidades calóricas diarias de un paciente hospitalario medio en situación de reposo en cama, basado en el peso en kilogramos del paciente.

fórmula de Michaelis-Menten (Michaelis-Menten kinetics) [Leonor Michaelis, bioquímica norteamericana, n. 1875; Maud R. Menten, médico norteamericano, n. 1879], método para transformar las concentraciones plasmáticas de un fármaco en una relación lineal, utilizando los valores de la concentración del fármaco y la constante K_m, que es una medida de la afinidad de la enzima por el sustrato.

formulación (formulation), **1.** sustancia farmacológica preparada según una fórmula. **2.** enunciado sistemático y preciso de un problema, teoría o método de análisis en investigación.

formulario (formulary), lista de fármacos que pretende incluir un número lo suficientemente amplio y la suficiente información sobre los mismos como para permitir a los profesionales de la salud prescribir tratamientos apropiados desde el punto de vista médico. Los hospitales poseen formularios que enumeran los fármacos que normalmente almacena la farmacia del hospital.

fornicación (fornication), (en derecho) relación sexual entre dos personas que no están casadas entre sí. La definición legal específica varía entre las distintas jurisdicciones.

fórnix (fornix, *pl.* **fornices**), estructura o espacio en forma de arco, como los fórnices conjuntivales superior o inferior o los fórnices vaginales.

fortaleza del yo (ego strength), (en psicoterapia) capacidad para mantener el yo mediante una serie de medidas que en conjunto contribuyen a una buena salud mental.

forúnculo (furuncle), infección cutánea por estafilococos, localizada y supurativa, que se origina en una glándula o folículo piloso, caracterizada por dolor, enrojecimiento y tumefacción. La necrosis del centro de la zona inflamada forma un núcleo de tejido muerto que sale espontáneamente, a veces se reabsorbe o se extirpa quirúrgicamente.

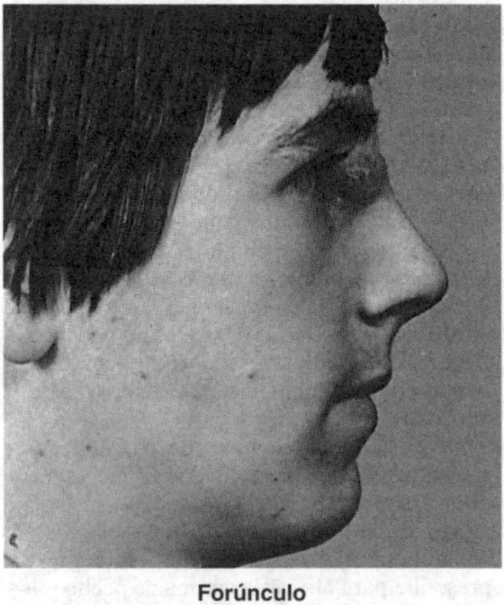

Forúnculo
(C. D. Forbes/W. F. Jackson, 1994)

forúnculo de Aleppo (Aleppo boil), v. **botón de Oriente**.

forúnculo de Delhi (Delhi boil), v. **botón de Oriente**.

forunculosis (furunculosis), enfermedad cutánea aguda caracterizada por la presencia de forúnculos o grupos sucesivos de forúnculos, causados por estreptococos o estafilococos.

fosa (fossa, *pl.* **fossae**), hueco o depresión, especialmente en la superficie del extremo de un hueso, como la fosa olecraneana o la fosa coronoidea.

fosfatasa (phosphatase), enzima que actúa como catalizadora de reacciones químicas en las que interviene el fósforo.

fosfatasa ácida (acid phosphatase), enzima que se halla en los riñones, en el suero, en el semen y en la próstata. Se eleva en el cáncer de próstata y en los traumatismos.

fosfatasa alcalina (alkaline phosphatase), enzima presente en el hueso, los riñones, el intestino, el plasma y los dientes. Pueden encontrarse niveles séricos elevados en algunas enfermedades óseas y hepáticas y en algunos otros trastornos.

fosfatasa alcalina leucocitaria (leukocyte alkaline phosphatase), enzima que se eleva en diversas enfermedades, como la cirrosis o la policitemia y en determinadas infecciones. Se determina en sangre para detectar estas enfermedades.

fosfatasa alcalina neutrófila (neutrophil alkaline phosphatase), v. **fosfatasa alcalina leucocitaria**.

fosfatemia (phosphatemia), concentración excesiva de fosfatos en la sangre.

fosfátido (phosphatide), ácido fosfatídico del que se ha eliminado la colina o la colamina. Puede existir como producto intermedio de la biosíntesis de triglicéridos y fosfolípidos.

fosfato (phosphate), sal del ácido fosfórico. Los fosfatos son sumamente importantes para las células vivas, especialmente para el almacenamiento y utilización de energía y la transmisión de información genética.

fosfato cálcico [$Ca_3(PO_4)_2$] (calcium phosphate), polvo blanco inodoro e insípido, utilizado como suplemento de calcio, laxante y antiácido.

fosfato de codeína (codeine phosphate), analgésico narcótico y antitusígeno empleado para aliviar la tos y el dolor.

fosfato de dioxilina (dioxyline phosphate), vasodilatador y espasmolítico sintético. Se prescribe para aliviar la angina de pecho y los espasmos de los vasos sanguíneos en brazos, piernas y pulmones.

fosfato de disopiramida (disopyramide phosphate), depresor cardíaco utilizado en el tratamiento de las extrasístoles ventriculares y la taquicardia ventricular.

fosfato de piridoxal (pyridoxal phosphate), enzima del organismo que actúa junto con el fosfato de piridoxamina y una transaminasa en la transferencia reversible de un grupo amino desde un ácido α-amino a un α-cetoácido, especialmente al ácido α-cetoglutárico.

fosfato de piridoxamina (pyridoxamine phosphate), enzima que participa con el fosfato de piridoxal y una transaminasa en la transferencia reversible de un grupo amino de un α-amino ácido a un α-ceto ácido.

fosfato de poliestradiol (polyestradiol phosphate), compuesto estrogénico antineoplásico. Se prescribe para el cáncer de próstata y para el cáncer de mama posmenopáusico.

fosfato de primaquina (primaquine phosphate), antipalúdico prescrito para el tratamiento del paludismo y para la prevención de las recidivas durante la recuperación de la enfermedad.

fosfato dicálcico y gluconato cálcico con vitamina D (dicalcium phosphate and calcium gluconate with vitamin D), fuente de aporte de calcio y fósforo. Se prescribe en la hipocalcemia, especialmente durante el embarazo y la lactancia.

fosfato sódico (sodium phosphate), catártico salino prescrito para conseguir una evacuación inmediata y completa del intestino y, a dosis inferiores, un efecto laxante.

fosfato sódico de estramustina (estramustine phosphate sodium), agente antineoplásico prescrito en el carcinoma de próstata metastásico o progresivo.

fosfato sódico P32 (sodium phosphate P32), agente antineoplásico, antipolicitémico y radiactivo. Se prescribe en casos de policitemia vera y de neoplasias, entre ellas la leucemia mielocítica, y para la localización de tumores en el ojo.

fosfaturia (phosphaturia), concentración excesiva de fosfatos en la orina.

fosfocreatina (creatine phosphate), enzima cuyos niveles sanguíneos aumentan cuando se ha producido daño muscular, como en la distrofia muscular seudohipertrófica.

fosfolípido (phospholipid), tipo de compuesto ampliamente distribuido en las células vivas, que contiene ácido fosfórico, ácidos grasos y una base nitrogenada. La **esfingomielina** y la **lecitina** son dos tipos de fosfolípidos.

fosforescencia (phosphorescence), **1.** destello de fósforo amarillo causado por su lenta oxidación. **2.** emisión de luz visible sin calor asociado, como se observa en el fósforo expuesto a radiación, que continúa tras cesar la radiación.

fosforilación oxidativa (oxidative phosphorylation), proceso generador de ATP en el que el oxígeno sirve como aceptor final de los electrones. Este proceso tiene lugar en la mitocondria y es la mayor fuente de generación de ATP en los organismos aerobios.

fósforo (P) (phosphorus [P]), elemento químico no metálico ampliamente distribuido en la naturaleza como componente de las rocas fosfóricas. Su número atómico es 15; su peso atómico es 30,975. El fósforo es fundamental para el metabolismo de las proteínas, del calcio y de la glucosa. El déficit nutricional de fósforo puede provocar pérdida de peso, anemia y crecimiento anormal.

fósforo inorgánico (inorganic phosphorus), fósforo que puede ser medido en la sangre en forma de iones fosfato.

fosilla glosoepiglótica (vallecula epiglottica), depresión entre los pliegues glosoepiglóticos a cada lado de la orofaringe posterior.

fosita (recess), cavidad hueca pequeña, como la fosita duodenal inferior, situada detrás del pliegue duodenal inferior, o la fosita retrocecal, que se extiende como una pequeña bolsa por detrás del ciego.

fótico (photic), relativo a la luz.

fotoalergia (photoallergy), sensibilidad a la luz como causa de reacciones alérgicas.

fotoalérgico (photoallergic), que presenta una reacción de hipersensibilidad retardada tras la exposición a la luz.

fotocentelleo (photoscan), radiografía que muestra la distribución de un radiofármaco en el cuerpo.

fotocinética (photokinetic), todo movimiento estimulado por rayos luminosos.

fotodesintegración (photodisintegration), (en radiología) interacción de un fotón de rayos X de alta energía con el núcleo de un átomo diana, dando lugar a la emisión de un nucleón o de otro fragmento nuclear.

fotoelectrón (photoelectron), todo electrón liberado al incidir la luz sobre una superficie metálica.

fotofobia (photophobia), **1.** sensibilidad anormal a la luz, especialmente en los ojos. Este trastorno es prevalente en el albinismo y en diversas enfermedades de la conjuntiva y de la córnea y puede constituir un síntoma de enfermedades tales como sarampión, psitacosis, encefalitis, fiebre manchada de las Montañas Rocosas y del síndrome de Reiter. **2.** (en psiquiatría) temor mórbido a la luz con una necesidad irracional de evitar los lugares con luz.

fotometría de llama (flame photometry), medida de la longitud de onda de los rayos de luz emitidos por electrones metálicos excitados expuestos a la energía calorífica de una llama, utilizada para identificar compuestos en muestras clínicas de los líquidos corporales.

fotómetro (photometer), instrumento que mide la intensidad de la luz.

fotomultiplicador (photomultiplier), dispositivo utilizado en muchos instrumentos para la detección de radiación que convierte los niveles bajos de luz en pulsos eléctricos.

fotón (photon), cantidad más pequeña de energía electromagnética. No tiene masa ni carga pero viaja a la velocidad de la luz. Los fotones pueden existir en forma de rayos X, rayos gamma o de un cuanto de luz.

fotoprotector (photoprotective), protección frente a los posibles efectos adversos de la luz ultravioleta.

fotoquimioterapia (photochemotherapy), tipo de quimioterapia en la que el efecto del fármaco administrado se ve potenciado por la exposición del paciente a la luz, como en el tratamiento de la psoriasis con metoxaleno oral seguido de exposición a la luz ultravioleta.

fotorreacción (photoreaction), toda reacción química estimulada por la influencia de la luz.

fotorreceptor (photoreceptor), célula nerviosa receptiva a los estímulos lumínicos.

fotosensibilidad (photosensitivity), cualquier respuesta anormal ante la exposición a la luz, y de forma más concreta, reacción cutánea que requiere la presencia de un agente sensibilizante y la exposición a la luz o a su equivalente.

fotosensibilización (photosensitization), proceso por el que un organismo se hace sensible a los efectos de los rayos lumínicos.

fotosensible (photosensitive), reactividad aumentada de la piel a la luz del sol por una enfermedad, como el albinismo o la porfiria, o lo que es más frecuente, por la utilización de determinados fármacos. Las exposiciones relativamente breves a la luz del sol o a una lámpara ultravioleta pueden provocar edema, pápulas, urticaria o quemaduras agudas en individuos con fotosensibilidad endógena o adquirida.

fotosíntesis (photosynthesis), proceso por el cual las plantas verdes que contienen clorofila sintetizan sustancias químicas, principalmente carbohidratos, a partir del anhídrido carbónico de la atmósfera y de agua, utilizando la luz como energía y liberando oxígeno en el proceso.

fotosintetizador tipo psoraleno (psoralen-type photosynthesizer), compuestos químicos que contienen psoraleno fotosensibilizante y que reaccionan con la exposición a la luz ultravioleta aumentando la melanina de la piel. Los fotosintetizadores de psoraleno naturales, como el 5- y 8-metoxipsoraleno, están presentes en ranúnculos, zanahorias frescas, apio, trébol, cadillo, eneldo, higos, limas, perejil y hierba de las praderas. Algunos fotosintetizadores tipo psoraleno elaborados como productos farmacéuticos se utilizan para aumentar la pigmentación cutánea o broncear en el tratamiento de enfermedades cutáneas como la psoriasis y el vitíligo.

fototerapia (phototherapy), tratamiento de enfermedades mediante la utilización de la luz, especialmente de la luz ultravioleta. La luz ultravioleta se puede emplear en el tratamiento del acné, en las úlceras por decúbito o en otro tipo de úlceras indoloras, psoriasis e hiperbilirrubinemia.

fototerapia en el recién nacido (phototherapy in the newborn), tratamiento de la hiperbilirrubinemia y de la ictericia del recién nacido que consiste en la exposición de la piel desnuda del lactante a una luz fluorescente intensa. El espectro azul de la luz acelera la excreción de bilirrubina en la piel, descomponiéndola por fotooxidación.

fototóxico (phototoxic), caracterizado por una reacción no inmunológica, de aparición rápida, de la piel cuando ésta es expuesta a una sustancia fotosensibilizante y a la luz.

foulage (foulage), v. **pétrissage**.

fóvea (pitting), **1.** pequeñas depresiones puntiformes en las uñas de los dedos de las manos y de los pies, con frecuencia debidas a psoriasis. **2.** depresión que se mantiene durante algún tiempo después de presionar sobre la piel edematosa con un dedo. **3.** pequeñas cicatrices deprimidas en la piel o en otros órganos del cuerpo.

fóvea central (fovea centralis), zona del centro de la retina donde se concentran los conos y no existen bastones.

fóvea primitiva (primitive pit), depresión diminuta situada en el extremo anterior del surco primitivo en la fase precoz de desarrollo del embrión.

FPI (L.F.P.), abreviatura de posición fetal frontoposterior izquierda.

FPP (EDC), abreviatura de **fecha probable de parto**.

FPR (RPF), abreviatura de flujo plasmático renal.

Fr (Fr), símbolo del **francio**.

FR (RF), abreviatura de **factor reumatoide**.

FR (RT), abreviatura de **fisioterapia respiratoria**.

fracción de eyección (FE) (ejection fraction [EF]), volumen de sangre que se expulsa durante cada contracción ventricular en comparación con el volumen total del ventrículo.

fracción de oxígeno inspirado (FiO_2) (fraction of inspired oxygen [FiO_2]), proporción de oxígeno en el aire que se inspira.

fraccionamiento (fractionation), **1.** (en neurología) mecanismo de un arco neural vertebral mediante el que sólo una parte de los nervios eferentes que inervan un músculo reaccionan ante un estímulo, incluso cuando la necesidad de reflejo es máxima, de forma que siempre existe una reserva de neuronas capaces de responder a estímulos adicionales. **2.** (en química) separación de una sustancia en sus componentes básicos, mediante procedimientos como la destilación o la cristalización fraccionadas. **3.** (en bacteriología) proceso de aislamiento de un cultivo puro mediante el cultivo sucesivo de una pequeña parte de una colonia de bacterias. **4.** (en histología) proceso de aislamiento de los distintos componentes de las células vivas mediante centrifugación. **5.** (en radiología) proceso de administración de una dosis de radiación en pequeñas cantidades durante un período de tiempo, en lugar de una única dosis mayor, para disminuir el daño tisular.

fractura (fracture), lesión traumática de un hueso en la que se interrumpe la continuidad del tejido óseo. La fractura se clasifica según el hueso implicado, la región ósea afectada y la naturaleza de la fractura, como la fractura conminuta de la cabeza de la tibia. Algunos tipos de fractura son: **fractura completa, fractura conminuta, fractura desplazada, fractura espiroidea, fractura en mariposa, fractura impactada, fractura incompleta, fractura no desplazada** y **fractura segmentaria**.

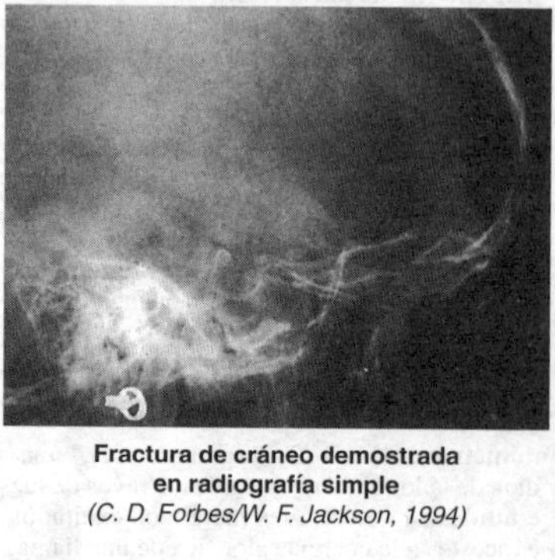

Fractura de cráneo demostrada en radiografía simple
(C. D. Forbes/W. F. Jackson, 1994)

fractura abierta (open fracture), v. **fractura compuesta**.

fractura acodada (bent fracture), fractura en tallo verde incompleta.

fractura agenésica (agenetic fracture), fractura espontánea motivada por una osteogénesis imperfecta.

fractura angulada (angulated fracture), fractura en la que los fragmentos óseos forman un ángulo.

fractura apofisaria (apophyseal fracture), fractura que origina la separación de una apófisis ósea del cuerpo principal del hueso en un punto en el que se inserta firmemente un tendón.

fractura articular (joint fracture), fractura de las superficies articulares de las estructuras óseas de una articulación.

fractura atrófica (atrophic fracture), fractura espontánea producida por atrofia, como la que puede producirse en los huesos de las personas ancianas.

fractura capilar (capillary fracture), cualquier fractura tan fina como un pelo.

fractura cerrada (closed fracture), fractura ósea que no va acompañada de rotura de la piel.

fractura compleja (complex fracture), fractura cerrada en la que los tejidos blandos que rodean al hueso están muy dañados.

fractura completa (complete fracture), rotura de un hueso que interrumpe por completo la continuidad del tejido óseo en toda la anchura del hueso implicado.

fractura compuesta (compound fracture), fractura en la que el extremo roto o los extremos distales del hueso han lacerado la piel.

fractura condílea (fracture condilar), cualquier fractura del extremo redondeado de una articulación condílea; habitualmente se produce en el extremo distal del húmero o del fémur, siendo frecuente el desprendimiento de pequeños fragmentos óseos que afectan al cóndilo.

fractura conminuta (comminuted fracture), una fractura en la que hay varias líneas de fractura en el hueso, dando lugar a numerosos fragmentos.

fractura cortical (cortical fracture), cualquier fractura que afecta a la cortical del hueso.

fractura costal (rib fracture), rotura de una costilla provocada por un choque, por una lesión por aplastamiento o por tos o estornudos violentos. Las costillas que se rompen con mayor frecuencia son de la cuarta a la octava y, si la fractura es conminuta o desplazada, se pueden clavar fragmentos puntiagudos en el pulmón, provocando hemorragias o neumotórax. El paciente con costillas fracturadas experimenta dolor, especialmente con la inspiración, y habitualmente respira rápida y superficialmente. Generalmente el lugar de la fractura es muy sensible al tacto, y en la auscultación es posible oír la crepitación de los fragmentos óseos al rozar entre ellos. Los sonidos respiratorios pueden estar ausentes, disminuidos o ir acompañados de estertores y roncus.

fractura de Barton (Barton's fracture) [John R. Barton, cirujano norteamericano, n. 1794], fractura de la superficie articular distal del radio, que se puede asociar a la luxación dorsal del carpo sobre el radio.

fractura de Barton inversa (reverse Barton's fracture) [John R. Barton, cirujano norteamericano, n. 1794], fractura de la superficie articular palmar del radio con desplazamiento asociado de los huesos del carpo y del radio.

fractura de Bennett (Bennett's fracture) [Edward H. Bennett, cirujano irlandés, n. 1837], fractura que tiene una trayectoria oblicua a través de la base del primer metacarpiano y alcanza la articulación carpometacarpiana, separando la mayor parte de la carilla articular.

fractura de chófer (chauffeur's fracture), cualquier fractura de la apófisis estiloides del radio producida por una torsión o cizallamiento.

fractura de clavícula (fracture of clavicle), rotura del hueso largo de la cintura escapular. Se acompaña habitualmente de dolor, hinchazón y una protuberancia y depresión sobre la zona de la lesión. El paciente habitualmente se sujeta el brazo lesionado por el codo. El tratamiento consiste en la aplicación de un cabestrillo o de un vendaje en forma de ocho.

fractura de Colles (Colles' fracture) [Abraham Colles], fractura de la epífisis del radio a menos de 2,5 cm de la articulación de la muñeca, reconocible con facilidad por la posición dorsal y externa que adopta la mano.

fractura de Cotton (Cotton's fracture), fractura trimaleolar que afecta al maléolo interno, externo y posterior.

fractura de De Quervain (De Quervain's fracture) [Fritz de Quervain, cirujano suizo, n. 1868], fractura del hueso escafoides de la mano, con luxación del semilunar.

fractura de defensa (parry fracture), v. **fractura de Monteggia**.

fractura de Dupuytren (Dupuytren's fracture), v. **fractura de Galeazzi**.

fractura de Duverney (Duverney's fracture) [Joseph G. Duverney, anatomista francés, n. 1648], fractura del ilion inmediatamente por debajo de la espina anterosuperior.

fractura de Galeazzi (Galeazzi's fracture) [Riccardo Galeazzi, cirujano italiano, n. 1866], fractura distal del radio, acompañada de luxación de la articulación radiocubital.

fractura de Gosselin (Gosselin's fracture) [Leon A. Gosselin, cirujano francés, n. 1815], fractura en V del extremo distal de la tibia, que se extiende hasta el tobillo.

fractura de Guérin (Guérin's fracture) [Alphonse F. M. Guérin, cirujano francés, n. 1816], fractura del maxilar superior.

fractura de Jefferson (Jefferson fracture), fractura caracterizada por el estallido del anillo del atlas.
fractura de LeFort I (LeFort I fracture), v. **fractura de Guérin**.
fractura de Lisfranc (Lisfranc's fracture) [Jacques Lisfranc, cirujano francés, n. 1790], fractura-luxación del pie, en la que se desplaza uno o todos los metatarsianos proximales.
fractura de los paracaidistas (paratrooper fracture), fractura distal de la tibia y de su maléolo, que habitualmente se produce cuando un individuo salta desde una plataforma elevada y aterriza primero con los pies, sometiendo a los tobillos a una fuerza extrema.
fractura de Monteggia (Monteggia's fracture) [Giovanni B. Monteggia, médico italiano, n. 1762], fractura del tercio proximal del cúbito asociada con luxación del radio o rotura del ligamento anular, produciendo la angulación o cabalgamiento de los fragmentos cubitales.
fractura de Montercaux (Montercaux fracture), fractura del cuello del peroné asociada con diástasis de la mortaja del tobillo.
fractura de Moore (Moore's fracture) [Edward M. Moore, cirujano norteamericano, n. 1814], fractura del extremo distal del radio, con luxación asociada de la cabeza del cúbito, lo que produce el desplazamiento de la apófisis estiloides hasta debajo de los ligamentos anulares de la muñeca.
fractura de olécranon (fracture of olecranon), fractura de la prominencia ósea del cúbito en la articulación del codo. Se pueden producir diversos tipos de fracturas de olécranon, dependiendo de las superficies articulares afectadas y del posible desplazamiento del radio. El tríceps, que normalmente extiende el codo, puede estar espástico como consecuencia de la lesión.
fractura de Pauwels (Pauwels' fracture) [Friedrich Pauwels, cirujano alemán del siglo XX], fractura de la región proximal del cuello del fémur con diversos grados de angulación.
fractura de Piedmont (Piedmont fracture), fractura oblicua del segmento distal del radio, con fragmentos de hueso que llegan hasta el cúbito.
fractura de Plafon (Plafon fracture), fractura que afecta a la zona de apoyo del maléolo de un hueso.
fractura de Pott (Pott's fracture) [Percival Pott, médico inglés, n. 1714], fractura del peroné cerca del tobillo, que con frecuencia se acompaña de la fractura del maléolo tibial o de la rotura del ligamento lateral interno.
fractura de Rolando (Rolando's fracture) [Luigi Rolando, anatomista italiano, n. 1773], fractura de la base del primer metacarpiano.
fractura de rótula (fracture of patella), rotura del hueso sesamoideo que cubre la rodilla. La fractura se suele producir en los accidentes de automóvil cuando la rodilla golpea el salpicadero. El daño se complica por la contracción refleja del músculo cuádriceps femoral que separa los fragmentos. El tratamiento consiste en suturar los fragmentos óseos y aplicar al paciente una escayola en la mitad inferior del cuerpo.
fractura de Salter (Salter fracture), v. **fractura epifisaria**.
fractura de Skillern (Skillern's fracture) [Penn G. Skillern, cirujano norteamericano, n. 1882], fractura abierta del radio distal asociada a fracturas en tallo verde del cúbito distal.
fractura de Smith (Smith fracture) [Robert W. Smith, cirujano irlandés, n. 1807], fractura de Colles inversa de la muñeca, con desplazamiento palmar y angulación de un fragmento óseo distal.
fractura de Stieda (Stieda's fracture) [Alfred Stieda, cirujano alemán, n. 1869], fractura del cóndilo interno del fémur.
fractura de Wagstaffe (Wagstaffe's fracture) [William Wagstaffe, cirujano inglés, n. 1834], fractura caracterizada por separación del maléolo interno.
fractura del ahorcado (hangman's fracture), fractura de los elementos posteriores de las vértebras cervicales con luxación de C2 o C3.
fractura del asiento de pasajero (pillion fracture), fractura en forma de T del fémur distal con desplazamiento de los cóndilos por detrás de la diáfisis femoral, provocada por un choque fuerte contra la rodilla.
fractura del boxeador (boxer's fracture), fractura de uno o más huesos metacarpianos, habitualmente el cuarto o el quinto, causada al golpear un objeto duro. Dicha fractura es a menudo distal, angulada e impactada.
fractura del corredor (sprinter's fracture), fractura de la espina anterosuperior o anteroinferior del ilion, provocada por el arrancamiento enérgico de un fragmento de hueso debido a un espasmo muscular violento.
fractura del cráneo (fracture of skull), rotura de la estructura de uno o más de los huesos craneales. La fractura de los huesos de la bóveda del cráneo suele ser una fractura compuesta que se puede complicar por la posibilidad de lesión del tejido cerebral, especialmente si las esquirlas de los huesos craneales penetran en el cerebro por la fuerza del traumatismo.
fractura del hueso temporal (temporal bone fracture), rotura del hueso temporal del crá-

neo, caracterizada en ocasiones por la presencia de hemorragia a través del oído.

fractura del labio de la cadera (lip of hip fracture), fractura del labio posterior del acetábulo, a menudo asociada al desplazamiento de la cadera.

fractura del radio (fracture of radius), fractura y luxación del extremo distal del radio, normalmente con desplazamiento de la muñeca y de la mano hacia atrás y hacia fuera. La fractura se suele producir cuando, al caer, se extiende el brazo y la mano en un intento de aminorar el impacto.

fractura dentada (dentate fracture), cualquier fractura ósea que produce fragmentos con el borde en sierra, que ajustan entre sí como los dientes de las ruedas dentadas.

fractura deprimida (depressed fracture), cualquier fractura de cráneo en la que los fragmentos quedan por debajo de la superficie normal del mismo.

fractura desplazada (displaced fracture), fractura ósea traumática en la que los dos extremos fracturados del hueso están separados uno de otro. Los extremos de los huesos fracturados en las fracturas desplazadas frecuentemente desgarran la piel que los rodea, como en las fracturas abiertas, aunque pueden quedar por debajo de la piel, como en las fracturas cerradas.

fractura diacondílea (diacondylar fracture), cualquier fractura que atraviese la línea de un cóndilo.

fractura directa (direct fracture), cualquier fractura que se produce en un determinado punto de la lesión y resulta directamente de ella.

fractura discrásica (dyscrasic fracture), cualquier fractura producida por la fragilidad de un determinado hueso como resultado de una enfermedad debilitante.

fractura doble (double fracture), fractura con roturas en dos lugares de un mismo hueso y presencia de más de dos segmentos óseos.

fractura en asa de cubo (bucket handle fracture), fractura que produce un desgarro en un cartílago semilunar a lo largo del lado interno de la articulación de la rodilla.

fractura en astilla (splinter fracture), fractura astillada con fragmentos óseos delgados y puntiagudos.

fractura en cincel (chisel fracture), cualquier fractura en la que se produce el desprendimiento oblicuo de un fragmento óseo de la cabeza del radio.

fractura en clivaje (cleavage fracture), cualquier fractura que afecta al cartílago con avulsión de un pequeño fragmento de hueso de la porción distal del cóndilo externo del húmero.

fractura en crecimiento (growing fracture), fractura, normalmente lineal, en la que las radiografías consecutivas muestran la separación gradual de los extremos de la fractura a medida que los tejidos blandos ejercen presión sobre los mismos.

fractura en cuña (wedge fracture), fractura de estructuras vertebrales con compresión anterior.

fractura en cúpula (dome fracture), cualquier fractura del acetábulo, especialmente la que afecta a una superficie que recibe peso.

fractura en dorso de tenedor (silver-fork fracture), v. **fractura de Colles**.

fractura en estallido (bursting fracture), cualquier fractura con dispersión de múltiples fragmentos óseos, habitualmente en el extremo de un hueso o cerca de él.

fractura en lágrima (teardrop fracture), fractura por arrancamiento que afecta a un hueso corto, como las vértebras, causando una fragmentación del tejido óseo en forma de lágrima.

fractura en mariposa (butterfly fracture), rotura ósea en la que el fragmento central contenido por dos grietas forma un triángulo.

fractura en martillo (mallet fracture), fractura con arrancamiento de la base de la falange distal de un dedo de la mano o del pie, que afecta al aparato extensor asociado y produce una flexión flácida del segmento distal.

fractura en ojal (buttonhole fracture), cualquier fractura causada por la perforación de un hueso por una bala.

fractura en penacho (tuft fracture), fractura de cualquiera de las falanges distales.

fractura en sauce (willow fracture), v. **fractura en tallo verde**.

fractura en T (T fracture), fractura intercondílea en la que las líneas de fractura tienen forma de T.

fractura en tallo verde (greenstick fracture, hickory stick fracture), fractura incompleta en la que se dobla el hueso, aunque sólo se fractura el arco externo. Los niños son especialmente propensos a las fracturas en tallo verde.

fractura en tubería de plomo (lead pipe fracture), fractura que afecta al tejido óseo en el punto donde recibe el impacto, creando una fractura lineal en el lado contrario del hueso afectado.

fractura en Y (Y fracture), fractura intercondílea en forma de Y.

fractura endocrina (endocrine fracture), fractura ocasionada por el debilitamiento de un hueso determinado debido a una alteración endocrina, como ocurre en el hiperparatiroidismo.

fractura epifisaria (epiphyseal fracture), fractura que afecta a la placa de crecimiento epifisario de un hueso largo, provocando la separación o fragmentación de la placa.

fractura espiroidea (spiral fracture), fractura ósea en la cual la interrupción del tejido óseo es espiral, oblicua o transversa al eje largo del hueso fracturado.

fractura espontánea (spontaneous fracture), v. **fractura neoplásica**.

fractura estrellada (stellate fracture), fractura en la que existe un punto central de impacto o lesión del que irradian numerosas fisuras en el tejido óseo circundante.

fractura extracapsular (extracapsular fracture), cualquier fractura que se produce cerca de una articulación, pero que no afecta directamente a la cápsula articular. Este tipo de fractura es muy frecuente en la cadera.

fractura fisura (fissure fracture), cualquier fractura en la que la grieta afecta a la corteza del hueso, pero no a la totalidad del hueso.

fractura fragmentada (fragmented fracture), fractura en la que se producen múltiples fragmentos óseos.

fractura impactada (impacted fracture), rotura de un hueso, en la que los extremos de los fragmentos adyacentes del hueso fracturado están encajados unos en otros.

fractura incompleta (incomplete fracture), rotura ósea en la que la solución de continuidad del tejido óseo no separa por completo en dos partes el hueso afectado, sino que forma un ángulo en una o más direcciones.

fractura inflamatorla (inflammatory fracture), fractura de un tejido óseo debilitado por la inflamación.

fractura intercondílea (intercondylar fracture), fractura del tejido situado entre dos cóndilos.

fractura interperióstica (interperiosteal fracture), fractura incompleta en la que no está interrumpido el periostio.

fractura intertrocantérea (intertrochanteric fracture), fractura caracterizada por el astillado del fémur proximal, entre los trocánteres mayor y menor.

fractura intraarticular (intraarticular fracture), fractura que afecta a las superficies articulares de una articulación.

fractura intracapsular (intracapsular fracture), fractura en el interior de la cápsula articular.

fractura intraperióstica (intraperiosteal fracture), fractura sin solución de continuidad del periostio.

fractura intrauterina (intrauterine fracture), fractura que se produce durante la vida fetal.

fractura lineal (linear fracture), fractura que se extiende paralelamente al eje mayor de un hueso, sin desplazar el tejido óseo.

fractura múltiple (multiple fracture), **1.** fractura que se extiende a lo largo de varias líneas de fractura en un hueso. **2.** fractura de varios huesos a la vez o por la misma lesión.

fractura neoplásica (neoplastic fracture), fractura debida a debilitamiento del tejido óseo, causado por una neoplasia o un crecimiento maligno.

fractura neurógena (neurogenic fracture), fractura asociada a la destrucción del aporte nervioso a un hueso determinado.

fractura no desplazada (undisplaced fracture), fractura ósea en la que las fisuras del tejido óseo pueden disponerse en varias direcciones sin separación o desplazamiento de los extremos fragmentados.

fractura oblicua (oblique fracture), fractura de un hueso en ángulo oblicuo.

fractura oculta (occult fracture), fractura que no se puede detectar inicialmente mediante exploración radiográfica, pero se hace evidente radiográficamente unas semanas más tarde. Se asocia a los signos habituales de dolor y traumatismo y puede producir edema de los tejidos blandos.

fractura patológica (pathologic fracture), v. **fractura neoplásica**.

fractura pélvica de Malgaigne (Malgaigne's fracture of pelvis) [Joseph F. Malgaigne, cirujano francés, n. 1806], traumatismo que produce múltiples fracturas en la pelvis, como la fractura del ala del ilion o sacro y de la rama pubiana ipsilateral, con el desplazamiento asociado de esa hemipelvis hacia arriba.

fractura perforante (perforating fracture), fractura abierta producida por un proyectil, que origina una pequeña herida superficial.

fractura por arma de fuego (missile fracture), fractura producida por la penetración de un proyectil, como una bala o un trozo de metralla.

fractura por avulsión (avulsion fracture), fractura producida por arrancamiento de un fragmento óseo cuando se produce tracción a partir de un ligamento o tendón firmemente fijados a esa porción del hueso.

fractura por compresión (compression fracture), rotura de un hueso, especialmente de un hueso corto, que interrumpe el tejido óseo y colapsa al hueso afectado.

fractura por disparo (gunshot fracture), fractura producida por una bala o proyectil.

fractura por distorsión (sprain fracture), fractura producida por la separación de un tendón o ligamento en el punto de inserción, asociada a la separación de un hueso en el mismo lugar de inserción.

fractura por estallido (blow-out fracture), fractura del suelo de la órbita causada por un golpe que aumenta repentinamente la presión intraocular.

fractura por fatiga (fatigue fracture), cualquier fractura que se produce como consecuencia de una actividad física excesiva y no por una lesión específica, como ocurre normalmente en los metatarsianos de los corredores.

fractura por incurvación (bending fracture), fractura causada indirectamente al incurvarse una extremidad, como el pie o el primer dedo del mismo.

fractura por infracción (infraction fracture), fractura patológica caracterizada por una pequeña línea radiotransparente, que normalmente se asocia a una alteración del metabolismo.

fractura por sobrecarga (stress fracture), fractura, especialmente de uno o más huesos metatarsianos, provocada por tensiones repetidas, prolongadas o anormales.

fractura por sobrecarga de metatarsianos (metatarsal stress fracture), fractura de un metatarsiano producida tras correr o caminar durante un período prolongado. Es un trastorno que suele ser difícil de diagnosticar mediante rayos X.

fractura por torsión (torsion fracture), fractura espiral, causada generalmente por una lesión de torsión.

fractura por tos (cough fracture), cualquier fractura de una costilla, generalmente de la quinta o séptima, producida por una tos violenta.

fractura segmentaria (segmental fracture), fractura ósea en la cual varios fragmentos óseos grandes se separan del cuerpo principal del hueso fracturado. Los extremos de dichos fragmentos pueden atravesar la piel, como sucede en una fractura abierta, o quedar detenidos en la piel, en el caso de una fractura cerrada.

fractura simple (simple fracture), fractura cerrada no complicada, en la cual el hueso no rompe la piel.

fractura subcapital (subcapital fracture), fractura inmediatamente por debajo de la cabeza de un hueso que pivota en una articulación esférica, como en la cabeza del fémur.

fractura subperióstica (subperiosteal fracture), fractura de un hueso por debajo del periostio que no interrumpe la cobertura perióstica.

fractura supracondílea (supracondylar fracture), fractura que afecta al área situada entre los cóndilos del húmero o del fémur.

fractura transcondílea (transcondylar fracture), fractura que se produce transversalmente y que es distal a los epicóndilos de cualquiera de los huesos largos.

fractura transversa (transverse fracture), fractura perpendicular al eje longitudinal del hueso afectado.

fractura trimaleolar (trimalleolar fracture), v. **fractura de Cotton**.

fractura trófica (trophic fracture), fractura producida por el debilitamiento del tejido óseo causado por alteraciones de la nutrición.

fractura-luxación (fracture-dislocation), fractura que afecta a las estructuras óseas de cualquier articulación, con luxación asociada de esa articulación.

fragilidad ósea (brittle bones), v. **osteogénesis imperfecta**.

fragilidad osmótica (osmotic fragility), sensibilidad a los cambios de presión osmótica, característica de los hematíes. La exposición de los hematíes a una solución hipotónica de sodio hace que penetren grandes cantidades de agua en el interior de las mismas, hinchándose hasta que la capacidad de la membrana celular se sobrepasa y estallan. La exposición a una solución hipertónica de sodio hace que los hematíes eliminen su líquido intracelular, se encojan y se rompan.

fragmentar (chip), romper o cortar en piezas pequeñas.

fragmento (chip), pieza relativamente pequeña de un hueso o diente.

fragmento de masa (mass fragment), fracción de una molécula con una o más cargas.

fragmento de restricción (restriction fragment), fragmento de ácido nucleico vírico o celular producido por el desdoblamiento de la molécula de ADN mediante endonucleasas específicas.

fragmento Fc (Fc fragment), parte de la molécula de un anticuerpo después de ser fragmentada por una enzima proteolítica. La porción Fc se identifica a veces como el fragmento cristalizable.

frambesia (frambesia), v. **pian**.

francio (Fr) (francium [Fr]), elemento metálico del grupo de los metales alcalinos, formado tras la descomposición del actinio. Su número atómico es 87, su peso atómico es 223.

franco (frank), clínicamente obvio o evidente, como la inequívoca presencia de un trastorno o de una enfermedad.

frecuencia (frequency), **1.** número de repeticiones de cualquier fenómeno en un determinado período de tiempo, como el número de latidos por minuto. **2.** (en biometría) porcentaje del número de personas que tienen una característica concreta con respecto al total de personas estudiadas. **3.** (en electrónica) número de ciclos de una cantidad periódica que se producen durante 1 segundo. Las frecuencias electromagnéticas se expresan en forma de hertzios (Hz).

frecuencia cardíaca (heart rate), pulso, calculado al contar el número de complejos QRS o contracciones de los ventrículos por unidad de tiempo. La taquicardia es una frecuencia cardíaca de más de 100 latidos por minuto; la bradicardia es una frecuencia cardíaca de menos de 60 latidos por minuto.

frecuencia cardíaca fetal (FCF) (fetal heart rate [FHR]), número de latidos cardíacos fetales en una determinada unidad de tiempo. La FCF varía con los ciclos de reposo y actividad fetal y está influida por muchos factores, como la fiebre de la madre, las contracciones uterinas, la hipotensión materno-fetal y numerosos fármacos. La FCF normal es superior a los 100 latidos por minuto e inferior a 160 latidos por minuto.

frecuencia cardíaca fetal basal (baseline fetal heart rate), patrón de frecuencia cardíaca fetal entre las contracciones uterinas.

frecuencia de Larmor (Larmor frequency) [Sir Joseph Larmor, físico irlandés, n. 1857], frecuencia de precesión de una partícula cargada cuando su movimiento queda bajo la influencia de un campo magnético y una fuerza central.

frecuencia respiratoria (respiration rate), número de inspiraciones por minuto, que va desde las 40-50 rpm en los neonatos, pasando por las 20-25 rpm de los niños mayores a las 15-20 rpm de los adolescentes y adultos. Se considera que una frecuencia de 25 respiraciones por minuto es elevada para un adulto, mientras que menos de 12 respiraciones por minuto es anormalmente baja.

frecuencia respiratoria (f) (breathing frecuency [f]), número de ciclos respiratorios por unidad de tiempo.

frémito (fremitus), vibración de la pared torácica, que se puede auscultar o palpar durante la exploración física. Algunos tipos de frémito son: **frémito bronquial, frémito rudo, frémito táctil** y **frémito vocal**.

frenectomía (frenectomy), procedimiento quirúrgico para la extirpación del frenillo, como la excisión del frenillo lingual de su fijación a la cubierta mucoperióstica de la apófisis alveolar, para corregir la anquiloglosia.

frenético (phrenetic), alocado, delirante, maníaco.

frenillo (frenum, *pl.* **frenums, frena**), parte o estructura que limita los movimientos de otra.

frenillo de la lengua (frenulum of tongue), pliegue longitudinal de la membrana mucosa que une el suelo de la boca con la línea media inferior de la lengua. Un defecto congénito puede originar un frenillo anormalmente corto, dando lugar a una banda lingual que puede corregirse quirúrgicamente.

frenillo lingual (lingual frenum), banda de tejido que se extiende desde el suelo de la boca a la superficie inferior de la lengua.

frenotomía (frenectomy), procedimiento quirúrgico para reparar un frenillo defectuoso, como la sección o alargamiento del frenillo lingual para corregir la anquiloglosia.

Freud, Sigmund (Freud, Sigmund) [neurólogo austriaco, n. 1856], fundador de una compleja teoría de las causas psicológicas de los trastornos mentales, algunas, como la histeria, con síntomas físicos. Los dogmas de la teoría freudiana son, entre otros: los seres humanos están motivados por el principio del placer; reciben estimulación interna a partir de un instinto sexual y de un instinto de muerte; tienen una estructura de la personalidad que se puede dividir en yo, superyo y ello, y tienen tres niveles de actividad mental, inconsciente, preconsciente y consciente.

freudianismo (freudianism), escuela de psiquiatría basada en las teorías psicoanalíticas y métodos psicoterapéuticos de tratamiento de trastornos psiconeuróticos, desarrollados por Sigmund Freud y sus discípulos.

freudiano (freudian) [Sigmund Freud, psiquiatra austríaco, n. 1856], **1.** perteneciente a las teorías y doctrinas de Freud, que consideran los años de formación de la infancia como la base de los procesos psiconeuróticos posteriores, principalmente a través de la represión inconsciente de las conductas instintivas y deseos sexuales, y al sistema de psicoanálisis para tratar dichos trastornos. **2.** perteneciente a la escuela de psiquiatría basada en las enseñanzas de Freud. **3.** relativo a alguien que se adhiere a los principios de la escuela de psiquiatría de Freud.

friable (friable), relativo a algo que fácilmente se quiebra, desmenuza o pulveriza.

fricción (friction), **1.** acción de frotar un objeto contra otro. **2.** tipo de masaje en el que los tejidos más profundos se frotan mediante movimientos circulares intensos de la mano.

frígida (frigid), mujer que no responde a estímulos o caricias sexuales, que manifiesta aversión o indiferencia anormal al coito o incapacidad para experimentar orgasmo durante el coito.

frígido (frigid), falto de calor o sentimiento; no emotivo; no imaginativo; sin pasión o ardor, y de comportamiento rígido o formal.

frío (cold), ausencia de calor.

frit (frit), porcelana parcial o totalmente fundida, de la que se hace el polvo de porcelana dental.

frotador (frotteur), persona que obtiene gratificación sexual practicando el frotamiento.

frotamiento (frôlement), **1.** sonido de rozamiento que se escucha a la auscultación torácica en las enfermedades del pericardio. **2.** tipo de masaje que utiliza un frotamiento ligero aplicado con la mano.

frotamiento (frottage), placer sexual que se experimenta frotándose (especialmente los propios genitales) contra la ropa de otras personas, como puede ocurrir en un tumulto.

frotis (smear), muestra de laboratorio para estudio microscópico preparada mediante extensión de una fina película de tejido sobre un portaobjetos de vidrio. Puede tratarse la muestra con un colorante, un tinte, un reactivo, un disolvente o un agente que favorece la lisis celular.

frotis cervical (cervical smear), pequeña cantidad de secreciones y células superficiales del cuello uterino que se recogen mediante una torunda de algodón estéril montada sobre una varilla o mediante una espátula pequeña especial, de madera o plástico, a partir del orificio externo del cuello uterino. Para realizar un frotis Pap la muestra se obtiene de la unión escamocolumnar del cuello uterino, así como del techo de la vagina y del conducto endocervical. La muestra se extiende en un porta especialmente etiquetado y se envía para realizar un examen citológico a un laboratorio especializado.

fructosa (fructose), monosacárido cetósico levógiro, blanco amarillento, cristalino, hidrosoluble, más dulce que la sacarosa, presente en la miel, algunas frutas y de forma combinada en muchos disacáridos y polisacáridos.

fructosemia (fructosemia), presencia de fructosa en la sangre.

fructosuria (fructosuria), presencia de fructosa en la orina.

frustración (frustration), sentimiento que se produce por la incapacidad de uno mismo para obtener un objetivo o satisfacción deseados.

FSC (CBF), abreviatura de flujo sanguíneo cerebral.

FSCL (LCBF), abreviatura de **flujo sanguíneo cerebral local**.

FSH (FSH), abreviatura de **hormona foliculostimulante**.

FSH-RF (FSH-RF), abreviatura de **factor liberador de hormona foliculostimulante**.

FSRT (TRBF), abreviatura de **flujo sanguíneo renal total**.

FT (PT), **1.** abreviatura de **fisioterapeuta**. **2.** abreviatura de **fisioterapia**.

FTC (TGF), abreviatura de **factor de transformación del crecimiento**.

fuente hermética (sealed source), (en radioterapia) fuente de energía radiante en la cual el material radiactivo está permanentemente encerrado en un envase o material de contención para evitar escapes.

fuerza (force), **1.** energía aplicada de tal forma que inicia un movimiento, cambia la velocidad o la dirección del movimiento o altera el tamaño o la forma de un objeto. **2.** tracción o empuje definidos en forma de masa por aceleración.

fuerza (strength), capacidad de un músculo para producir o resistir un esfuerzo físico.

fuerza electromotriz (FEM) (electromotive force [EMF]), potencial eléctrico o capacidad de la energía eléctrica para realizar un trabajo. La FEM suele medirse en julios por culombio o voltios (V). A mayor voltaje, mayor potencial de energía eléctrica.

fuga (fugue), estado de reacción disociativa caracterizado por amnesia y fuga física de una situación intolerable. Durante el episodio, la persona parece normal y actúa de forma consciente ante conductas y actividades complejas, pero, después del episodio, la persona no recuerda sus acciones ni su conducta.

fuga a la salud (flight into health), reacción anormal, aunque frecuente, ante una sensación o síntoma físicamente desagradable, en la que la persona niega la realidad del sentimiento o de la observación, insistiendo en que no existe ningún problema.

fuga de ideas (flight of ideas), (en psiquiatría) corriente continuada de palabras en las que el paciente cambia rápidamente de un tema a otro, cada frase es incoherente y sin relación con la anterior.

fuga hacia la enfermedad (flight to illness), esfuerzo de un paciente para convencer al que le trata de que está demasiado enfermo para terminar el tratamiento y de que necesita asistencia continuada.

fulcro (fulcrum), **1.** punto estable o posición en la que gira una palanca, como el radio o el fémur. Muchos movimientos habituales del cuerpo, como levantar un brazo o caminar, son combinaciones de acciones de palanca en donde intervienen fulcros. **2.** (en radiología) punto de pivotaje imaginario, alrededor del que giran el tubo de rayos X y la película.

fulguración (fulguration), v. **electrodesecación**.

fulgurante (fulgurate), relativo a un dolor agudo, intenso y repentino.

fulgurar (fulgurate), utilización de electrodos móviles para destruir tejido superficial.
fulminante (fulminating), (sobre un proceso o enfermedad) rápido, repentino, grave, como una infección, la fiebre o una hemorragia.
fumagilina, fumigacina (fumagillin, fumigacin), v. **ácido helvólico**.
función (function), acto, proceso o serie de procesos que sirven a un objeto.
función cognitiva (cognitive function), proceso intelectual por el que una persona es consciente, percibe o comprende ideas.
función de respuesta de límite (FRL) (edge response function [ERF]), capacidad de un sistema de tomografía computadorizada de reproducir con exactitud un borde de alto contraste, como al rastrear estructuras como el corazón.
función de transferencia de modulación (MTF) (modulation transfer function [MTF]), medida cuantitativa de la capacidad de un sistema de imagen para reproducir patrones que varían en frecuencia espacial.
funcional (functional), **1.** relativo a una función. **2.** que afecta a las funciones pero no a la estructura de un organismo o sistema orgánico.
funda ortocinética (othokinetic cuff), funda elástica para un músculo que le proporciona estimulación táctil, que induce la contracción del mismo, a la vez que inhibe o restringe la contracción del músculo antagonista.
fundamento (rationale), sistema de razonamiento o enunciado de las razones utilizadas para la explicación de datos o fenómenos.
fundirse (coalesce), juntarse.
funduplicatura (fundoplication), procedimiento quirúrgico que consiste en realizar pliegues en el fundus gástrico, alrededor del extremo inferior del esófago.
funduscopia (funduscopy), exploración y estudio del fondo de ojo por medio de un oftalmoscopio.
funduscopio (funduscope), v. **oftalmoscopio**.
fungemia (fungemia), presencia de hongos en la sangre.
fungicida (fungicide), fármaco que destruye hongos.
fungiforme (fungiform), en forma de hongo.
fungistático (fungistatic), que tiene un efecto inhibidor sobre el crecimiento de los hongos.
funiculitis (funiculitis), cualquier trastorno inflamatorio de una estructura corporal en forma de cordón, como la médula espinal o el cordón espermático.
funis (funis), estructura en forma de cordón.
FUR (LMP), abreviatura de fecha de la última regla.
furazolidona (furazolidone), antiinfeccioso y antiprotozoario prescrito para ciertas infecciones bacterianas o protozoarias del tracto GI.
furosemida (furosemide), diurético prescrito para el tratamiento de la hipertensión, insuficiencia renal y edema.
fusiforme (fusiform), estructura afilada en sus dos extremos.
fusimotor (fusimotor), perteneciente a las fibras nerviosas motoras o fibras eferentes gamma que inervan las fibras intrafusales del huso muscular.
fusión (fusion), **1.** reunión en un único elemento, como en la fusión óptica. **2.** acto de unir dos o más huesos en una articulación. **3.** unión quirúrgica de dos o más vértebras, realizada para estabilizar un segmento de la columna tras un traumatismo grave, hernia de disco o enfermedad degenerativa. **4.** (en psiquiatría) tendencia de dos personas que experimentan una intensa emoción por unirse.
FV (VF), **1.** abreviatura de **fibrilación ventricular**. **2.** abreviatura de **frémito vocal**.
FVIII (FVIII), símbolo del factor VIII sanguíneo recombinante, una gran glucoproteína que contiene más de 2.300 aminoácidos, 24 residuos de cisteína y 25 puntos potenciales de glucosilación. Se emplea para tratar trastornos de la coagulación sanguínea, como la **hemofilia A**, en la que este factor es deficiente o está ausente.
FVL (OTC), abreviatura aplicada a los fármacos que se expenden sin receta.

G

g (g), abreviatura de **gramo**.
g.c. (g.c.), *informal*, abreviatura de **gonococo**.
Ga (Ga), símbolo del **galio**.
GABA (GABA), abreviatura de **ácido gammaaminobutírico**.
gadolinio (Gd) (gadolinium [Gd]) [Johan Gadolin, químico finlandés, n. 1760], elemento metálico del grupo de las tierras raras. Su número atómico es 64; su peso atómico es 157,25.
gafas (eye glasses), dispositivos transparentes, con un soporte o montura de metal o plástico, que, situados delante de los ojos, sirven para corregir alteraciones de la refracción o para proteger los ojos de ondas electromagnéticas u objetos voladores nocivos.
galactocele (galactocele), quiste o hidrocele producido por el bloqueo de un conducto lácteo de la glándula mamaria.
galactóforo, lactífero (lactiferous), relativo a la estructura que produce o conduce leche, como los túbulos de las mamas.
galactorrea (galactorrhea), lactancia sin relación con el parto ni el amamantamiento. Este trastorno a veces es un síntoma de un tumor hipofisario.

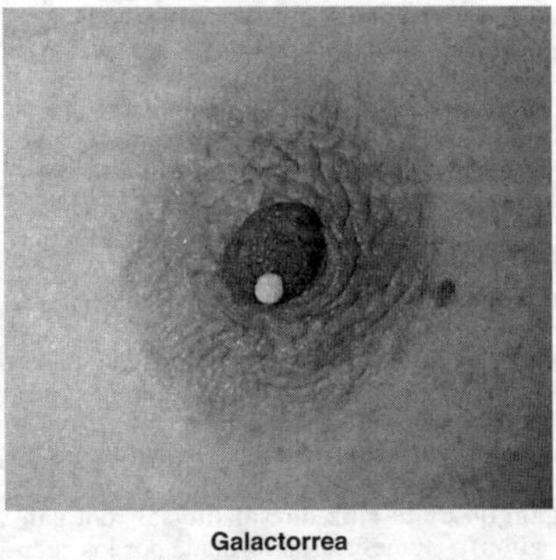

Galactorrea
(R. Hall/D. C. Evered, 2.ª ed., 1992)

galactosa (galactose), azúcar simple presente en la forma dextrógira en la lactosa, membranas de las células nerviosas, remolacha azucarera, gomas y algas marinas y, en su forma levógira, en el mucílago de linaza.
galactosemia (galactosemia), trastorno hereditario autosómico recesivo del metabolismo de la galactosa, caracterizado por la deficiencia de la enzima galactosa-1-fosfato en el segmento de unión uridiltransferasa. Poco después del nacimiento se pone de manifiesto la intolerancia a la leche. Puede aparecer hepatomegalia, cataratas y retraso mental.
galactosuria (galactosuria), presencia de galactosa en orina.
galacturia (galacturia), trastorno en el que la orina tiene un color lechoso debido a la presencia anormal de galactosa, un monosacárido.
galea aponeurótica (galea aponeurotica), recubre el cráneo entre los músculos occipital y frontal del cuero cabelludo.
galio (Ga) (galium [Ga]), elemento metálico. Su número atómico es 31; su peso atómico, 69,72. Dado su elevado punto de ebullición (1.983 ºC), se utiliza en termómetros de alta temperatura. En los procedimientos de rastreo corporal total se emplean radioisótopos del galio.
gallo (whoop), espasmo ruidoso de la inspiración que termina en un paroxismo de tos en casos de tos ferina. Se debe a un aumento brusco e intenso de la tensión en las cuerdas vocales.
galope (gallop), tercer o cuarto tono cardíaco patológico, que a determinadas frecuencias puede simular la marcha de un caballo.
galope auricular (auricular gallop), ritmo cardíaco anormal en el que durante la auscultación del corazón se percibe un extratono de baja frecuencia al final de la diástole.
galope ventricular (ventricular gallop), ritmo cardíaco anormal en el cual se escucha en la auscultación del corazón un sonido cardíaco añadido de tono bajo (S_3) al comienzo de la diástole. Cuando se escucha en una persona de edad avanzada con cardiopatía, indica insuficiencia miocárdica.
galvánico (galvanic) [Luigi Galvani, médico italiano, n. 1737], relativo a, o relacionado con la electricidad.

galvanómetro (galvanometer) [Luigi Galvani], dispositivo que indica o mide la corriente eléctrica mediante su efecto sobre una aguja o bobina en un campo eléctrico. Los galvanómetros se utilizan en ciertos instrumentos diagnósticos, como los electrocardiógrafos.

gameto (gamete), **1.** célula germinal madura masculina o femenina, capaz de intervenir en la fertilización o en la conjugación, y que contiene un número haploide de cromosomas de la célula somática. **2.** óvulo o espermatozoide.

gametocida (gametocide), cualquier agente que destruye los gametos o gametocitos, especialmente los gametocitos del paludismo.

gametocito (gametocyte), (en genética) cualquier célula capaz de dividirse o de desarrollarse hasta constituir un gameto, especialmente el ovocito y el espermatocito.

gametofito (gametophyte), célula en fase reproductora cuando los núcleos se encuentran en estado haploide.

gametogénesis (gametogenesis), origen y maduración de los gametos, que se produce a través del proceso de meiosis.

gamma, γ (gamma, γ), tercera letra del alfabeto griego, símbolo del fotón, de las inmunoglobulinas de cadena pesada, tercero en una serie de ciertos grupos químicos y origen de la G, séptima letra del alfabeto español.

gammacámara (gamma camera), dispositivo que utiliza la emisión de luz de un cristal bombardeado por rayos gamma para producir una imagen de la distribución de material radiactivo en un órgano corporal. La luz es detectada por una serie de tubos electrónicos sensibles a la luz y convertida en señales eléctricas para su posterior procesamiento.

gammaglobulina inmune (immune gamma globulin), agentes inmunizantes pasivos, obtenidos de depósitos de plasma humano. Se utiliza para inmunizar frente al sarampión, poliomielitis, varicela, hepatitis séricas debidas a transfusiones, hepatitis A, agammaglobulinemias e hipogammaglobulinemias.

gammaglutamil transpeptidasa (gamma-glutamyl transpeptidase), enzima que aparece en el plasma de los pacientes con diversos tipos de trastornos hepáticos o de la vesícula biliar, como la hepatotoxicidad por fármacos y la obstrucción del tracto biliar.

gammagrafía (scintigraph), registro fotográfico producido por un aparato de imagen que muestra la distribución e intensidad de la radiactividad en varios tejidos y órganos tras la administración de un fármaco radiactivo.

gammagrama (scintigram), en medicina nuclear, registro de la radiactividad emitida por un trazador en un organismo o en un sistema orgánico.

gammapatía (gammopathy), trastorno caracterizado por la presencia de una concentración muy elevada de gammaglobulinas en la sangre. La gammapatía monoclonal se asocia con frecuencia a un patrón electroforético que muestra una banda electroforética puntiaguda y homogénea en la región de las gammaglobulinas. Esto refleja la existencia de cantidades masivas de un tipo de inmunoglobulina segregada por un solo clon de células B. La **gammapatía policlonal** refleja la existencia de una hipergammaglobulinemia difusa, en la que están aumentados proporcionalmente todos los tipos de inmunoglobulina.

gamogénesis (gamogenesis), reproducción sexual mediante la fusión de gametos.

gamona (gamone), sustancia química segregada por el óvulo y el espermatozoide que supuestamente atrae a los gametos del sexo opuesto para facilitar la unión. La **androgamona** y la **ginogamona** son dos tipos de gamona.

gancho romo (blunthook), **1.** barra fuerte en forma de gancho utilizada en obstetricia para tracción entre el abdomen y el muslo en caso de parto de nalgas difícil. **2.** dispositivo en forma de gancho con un extremo romo utilizado en embriotomía.

ganciclovir (ganciclovir), nucleósido acrílico relacionado estructuralmente con el aciclovir. Se emplea para prevenir la enfermedad por citomegalovirus tras el trasplante alogénico de médula ósea y en aquellas personas con el síndrome de inmunodeficiencia adquirida (SIDA).

ganglio (ganglion, *pl.* **ganglia**), agrupación de células nerviosas, principalmente las que se agrupan en grupos por fuera del sistema nervioso central. Los dos tipos de ganglios existentes en el organismo son los ganglios sensitivos, en las raíces posteriores de los nervios raquídeos y en las raíces sensitivas de los nervios trigémino, facial, glosofaríngeo y vago, y los ganglios autónomos de los sistemas simpático y parasimpático.

ganglio autónomo (autonomic ganglion), grupo de cuerpos celulares de neuronas autónomas con una función común.

ganglio centinela (sentinel node), v. **ganglio de Virchow**.

ganglio de la raíz dorsal (dorsal root ganglion), tumefacción formada por los cuerpos celulares de las neuronas sensitivas lo-

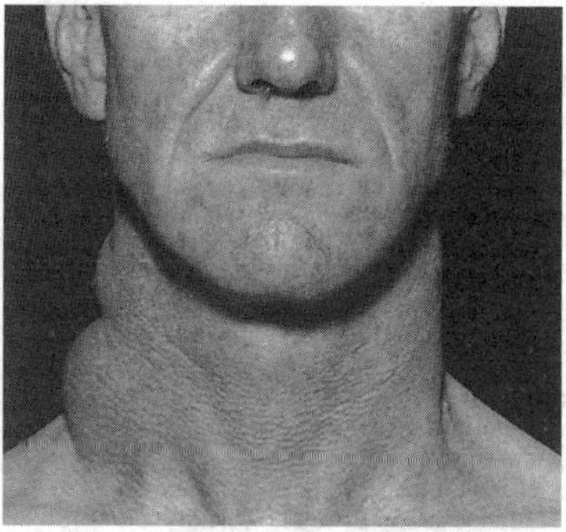

Aumento de tamaño de los ganglios linfáticos en el triángulo posterior del cuello
(C. D. Forbes/W. F. Jackson, 1994)

calizados en la raíz dorsal de un nervio raquídeo.

ganglio de Virchow (Virchow's node) [Rudolf L. K. Virchow, patólogo alemán, n. 1821], ganglio linfático supraclavicular de consistencia firme, especialmente en el lado izquierdo, que se puede palpar debido a un gran aumento de su tamaño.

ganglio estrellado (stellate ganglion), ganglio alargado e irregular situado en la parte más inferior del tronco simpático cervical fusionado con el primer ganglio dorsal. Sus ramas se comunican con los nervios cervicales séptimo y octavo.

ganglio intervertebral (intervertebral ganglion), engrosamiento ganglionar de la raíz de un nervio raquídeo entre dos vértebras adyacentes.

ganglio linfático (lymph node), cada una de las múltiples estructuras ovales que filtran la linfa y luchan contra la infección, en las que se forman los linfocitos, monocitos y células plasmáticas. Los ganglios linfáticos tienen diferentes tamaños, algunos son como cabezas de alfiler, otros como habichuelas. Cada uno está rodeado por una cápsula, y se compone de una porción cortical, de color más claro, y de una porción medular más oscura, constituida por linfocitos densamente agrupados, tejido conectivo reticular enlazado por trabéculas y tres tipos de senos: subcapsulares, corticales y medulares. La linfa fluye hacia los ganglios a través de los vasos linfáticos aferentes. La mayoría de los ganglios linfáticos están agrupados en zonas (específicas), como la boca, cuello, parte inferior del brazo, axila e ingle.

ganglio parasimpático (parasympathetic ganglion), agrupación de células nerviosas de la división parasimpática del sistema nervioso autónomo. Los nervios son funcionalmente antagonistas de los de la rama simpática.

ganglio simpático (sympathetic ganglion), grupo de células nerviosas multipolares situado a lo largo del tronco simpático. Alrededor de dos docenas de ganglios actúan como «estaciones celulares» para las vías eferentes situadas entre los segmentos cervicales y sacros del tronco simpático.

ganglión (ganglion), tumor quístico de un tendón o aponeurosis.

ganglionitis (ganglionitis), inflamación de un ganglio nervioso o linfático.

ganglios basales (basal ganglia), islotes de sustancia gris situados dentro de ambos hemisferios cerebrales, los más importantes de los cuales son el núcleo caudado, el putamen y el pálido.

gangliósido (ganglioside), glucolípido presente en el cerebro y en otros tejidos del sistema nervioso. La acumulación de gangliósidos por un error innato del metabolismo ocasiona la gangliosidosis o enfermedad de Tay-Sachs.

gangliosidosis de tipo I (gangliosidosis type I), v. **enfermedad de Tay-Sachs**.

gangliosidosis de tipo II (gangliosidosis type II), v. **enfermedad de Sandhoff**.

gangrena (gangrene), necrosis o muerte tisular, normalmente secundaria a isquemia (falta de aporte sanguíneo), invasión bacteriana y putrefacción ulterior. La gangrena húmeda puede aparecer tras una lesión por aplastamiento o tras obstrucción del flujo sanguíneo por embolismo, vendajes o torniquetes apretados. La gangrena seca es una complicación tardía de la diabetes mellitus complicada previamente con arteriosclerosis, en la que la extremidad afectada aparece fría, seca, apergaminada y, a veces, se vuelve negra.

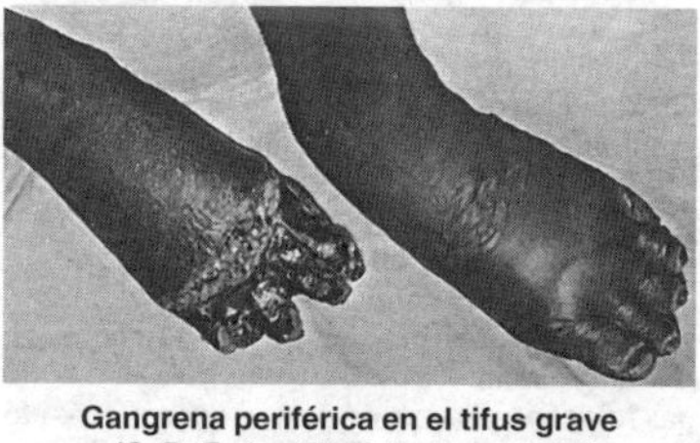

Gangrena periférica en el tifus grave
(C. D. Forbes/W. F. Jackson, 1994)

ganja (ganja), v. **cannabis**.

gap (gap), (en genética molecular) corto segmento perdido de una cadena de ADN de doble filamento.

garantía de calidad (quality assurance), (en asistencia sanitaria) cualquier evaluación de los servicios prestados y de los resultados conseguidos cuando se comparan con los niveles básicos aceptados.

Gardner, Mary Sewel (Gardner, Mary Sewel) [1871-1961], enfermera norteamericana de salud pública que escribió el clásico *Public Health Nurse*. Intervino en el desarrollo de la *National Organization for Public Healt Nursing* y en la enfermería de la sanidad pública de la Cruz Roja americana.

Gardnerella vaginalis (Gardnerella vaginalis) [Herman L. Gardner, bacteriólogo norteamericano del s. XX], género de bacilos gramnegativos presentes normalmente en el tracto genital femenino. Las bacterias, anteriormente identificadas como *Haemophylus vaginalis*, también pueden ser la causa de una vaginitis bacteriana.

garganta (throat), v. **faringe**.

gargarismo (gargle), solución utilizada para enjuagarse la boca y la orofaringe.

gargolismo (gargoylism), v. **síndrome de Hurler**.

garrapata de la madera (wood tick), miembro de la familia de los *Ioxidae* y reservorio natural de *Rickettsia rickettsii*. Una especie de la misma, *Dermacentor andersoni*, es el principal vector en el noroeste americano de la **fiebre manchada de las Montañas Rocosas**, transmitida por *R. rickettsii*.

gas (gas), fluido aeriforme que posee una movilidad molecular total y la propiedad de expandirse indefinidamente. Un gas no tiene una forma definida y su volumen está determinado por la temperatura y por la presión.

gas alveolar (alveolar gas), mezcla de gas existente en las áreas de intercambio gaseoso del pulmón, que reflejan los efectos combinados de la ventilación alveolar y del intercambio gaseoso respiratorio, o el gas espirado que procede de los alveolos y de las regiones de intercambio gaseoso.

gas disuelto (dissolved gas), gas en solución simple, a diferencia del que ha reaccionado químicamente con el solvente u otros solutos y está químicamente combinado.

gas espirado (expired gas [E]), cualquier gas que exhalan los pulmones.

gas gastrointestinal (gastrointestinal gas), v. **flatulencia**.

gas hilarante (laughing gas), *informal*, óxido nitroso, que tiene el efecto secundario de producir risa o carcajadas cuando se administra a dosis inferiores a las anestésicas.

gas inerte (inert gas), elemento gaseoso químicamente inactivo. Los gases inertes son el argón, el helio, el criptón, el neón, el radón y el xenón.

gas mostaza (mustard gas), gas venenoso utilizado como arma química de guerra en la Primera Guerra Mundial. Produce una destrucción corrosiva de la piel y de las mucosas, ocasionando con frecuencia lesión respiratoria y muerte.

gas noble (noble gas), v. **gas inerte**.

gas olefiante (olefiant gas), v. **etileno**.

gas sanguíneo (blood gas), gas disuelto en la parte líquida de la sangre. Entre los gases sanguíneos se incluyen el oxígeno, el dióxido de carbono y el nitrógeno.

gas seco (D) (dry gas [D]), (en terapia respiratoria) gas que no contiene vapor de agua.

gasa (gauze), tejido transparente, de entramado abierto y diversos grados de grosor, confeccionado habitualmente con muselina de algodón, que se utiliza en intervenciones quirúrgicas, vendajes y apósitos. Puede esterilizarse e impregnarse con un antiséptico o una loción. Algunos tipos de gasa son: **gasa absorbente, gasa absorbible** y **gasa de vaselina**.

gaseoso (gaseous), relativo a, o parecido a un gas.

gases en sangre arterial (arterial blood gas), determinación a través de diversos métodos de las concentraciones de oxígeno y de dióxido de carbono en la sangre arterial, con objeto de valorar la idoneidad de los procesos de ventilación y de oxigenación, así como del equilibrio acidobásico.

gases intestinales (intestinal gases), gas existente en el tubo digestivo, que tiene tres orígenes: aire deglutido, gas producido en los procesos digestivos y difusión de los gases de la sangre hacia la luz intestinal. Los gases producidos en el intestino y los difundidos desde la sangre son principalmente los siguientes: hidrógeno (H_2), la mayor parte del cual procede de la fermentación bacteriana de los carbohidratos ingeridos; dióxido de carbono (CO_2), y metano (CH_4).

gases venosos (venous blood gas), oxígeno y anhídrido carbónico presentes en la sangre venosa medidos por diversos métodos para evaluar la suficiencia de la oxigenación y la ventilación y determinar el estado acidobásico. La tensión de oxígeno en sangre venosa normalmente alcanza un promedio de 40 mm Hg; el oxígeno disuelto promedia un 0,1% por volumen, el contenido total de oxígeno un 15,2% y la saturación de oxígeno de la hemoglobina venosa un 75%. Normalmente, la tensión de anhídrido carbónico es por término medio de 46 mm Hg, el anhídrido carbónico disuelto del 2,9% por volumen y el contenido total de anhídrido carbónico del 50%. El pH medio normal del plasma venoso es de 7,37.

gasto cardíaco (cardiac output), volumen de sangre bombeado por los ventrículos cardíacos, equivalente a la cantidad de sangre expulsada en cada latido (volumen latido), multiplicado por el número de latidos durante el período de tiempo utilizado como cómputo. El corazón normal de un sujeto adulto en reposo genera un gasto cardíaco de 2,5 a 4 l de sangre por minuto. Una disminución del gasto cardíaco en reposo es indicativa, por lo general, de la fase final de una función cardíaca anómala; la insuficiencia que aumenta con el ejercicio se produce de forma más precoz en un corazón con una función anómala.

gasto cardíaco disminuido (cardiac output, decreased), diagnóstico de enfermería, aprobado por la NANDA, de una situación en la que la cantidad de sangre bombeada por el corazón de un individuo es lo suficientemente pequeña como para ser incapaz de cubrir las necesidades de los tejidos corporales. Las características que lo definen son variaciones de la presión arterial, arritmias, fatiga, distensión de las venas yugulares, cambios de coloración en la piel y en las mucosas, oliguria, disminución del pulso periférico, piel fría y húmeda, estertores, disnea, ortopnea e inquietud.

gastralgia (stomach ache), dolor en la zona del estómago.

gastrectasia (gastrectasia), dilatación anormal del estómago. Puede acompañarse de dolor, vómitos, taquicardia y descenso de la temperatura corporal. Sus causas pueden ser: ingesta excesiva, obstrucción de la válvula pilórica o hernia.

gastrectomía (gastrectomy), extirpación quirúrgica de todo o, con más frecuencia, de parte del estómago, que se realiza para extirpar una úlcera péptica crónica, detener la hemorragia de una úlcera perforada o para extirpar un tumor maligno. Antes de la intervención se realiza una serie radiográfica GI y se introduce una sonda nasogástrica. Bajo anestesia general se extirpan la mitad o dos tercios del estómago, incluyendo la úlcera y una amplia porción de la mucosa secretora de ácido.

gastrina (gastrin), hormona polipeptídica, segregada por la mucosa pilórica, que estimula el flujo de jugo gástrico y contribuye a estimular la secreción de bilis y de enzimas pancreáticas.

gastrinoma (gastrinoma), tumor que suele localizarse en el páncreas, aunque a veces también en el duodeno.

gastritis (gastritis), inflamación de las capas del estómago, que se presenta de dos formas. La gastritis aguda puede estar producida por quemaduras graves, cirugía mayor, aspirina u otros agentes antiinflamatorios, corticoides, fármacos o alergenos alimentarios, o por la existencia de toxinas virales, bacterianas o químicas. Los síntomas (anorexia, náuseas, vómitos y molestias después de las comidas) suelen desaparecer tras retirar el agente causante. La **gastritis crónica** suele ser un signo de enfermedad subyacente, como úlcera péptica, cáncer de estómago, síndrome de Zollinger-Ellison o anemia perniciosa. Algunos tipos de gastritis son: **gastritis antral, gastritis atrófica, gastritis hemorrágica** y **gastritis hipertrófica**.

gastrocámara (gastrocamera), pequeña cámara que puede descender hasta el estómago a través del esófago y retirarse de éste tras haber obtenido imágenes de la mucosa gástrica.

gastrocele (gastrocele), v. **arquenterón**.

gastrocopia (gastroscopy), inspección visual del interior del estómago mediante un gastroscopio introducido a través del esófago.

gastrodídimo (gastrodidymus), gemelos unidos por la región abdominal y desarrollados por igual.

gastrodisciasis (gastrodisciasis), infección por trematodos del género *Gastrodiscoides*, parásitos del tracto digestivo.

gastrodisco (gastrodisk), v. **disco embrionario**.

gastroduodenitis (gastroduodenitis), inflamación del estómago y del duodeno.

gastroenteritis (gastroenteritis), inflamación del estómago y del intestino que se asocia a numerosos trastornos GI. Sus síntomas son anorexia, náuseas, vómitos, molestias abdominales y diarrea. Se puede atribuir a enterotoxinas bacterianas, invasión bacteriana o viral, toxinas químicas o distintos trastornos, como la intolerancia a la lactosa.

gastroenterología (gastroenterology), estudio de las enfermedades que afectan al tracto GI, incluyendo estómago, intestino, vesícula y conductos biliares.

gastroenterostomía (gastroenterostomy), creación quirúrgica de una comunicación artificial entre el estómago y el intestino delgado, normalmente en el yeyuno. La intervención se realiza mediante una gastrectomía, conectando el resto del estómago con el intestino delgado, o espontáneamente, cuando se perfora una úlcera duodenal.

gastrogavaje (gastrogavage), v. **alimentación mediante gastrostomía**.

gastrointestinal (GI) (gastrointestinal [GI]), relativo o perteneciente a los órganos del tracto GI, desde la boca hasta el ano.

gastromalacia (gastromalacia), reblandecimiento anormal de las paredes del estómago.

gastromegalia (gastromegaly), aumento anormal del tamaño del estómago o del abdomen.

gastroplastia (gastroplasty), cualquier intervención quirúrgica realizada para reformar o reparar cualquier defecto o deformidad del estómago.

gastroporo (gastropore), v. **blastoporo**.

gastroscopio (gastroscope), instrumento de fibra óptica para examinar el interior del estómago.

gastrosquisis (gastroschisis), defecto congénito caracterizado por el cierre incompleto de la pared abdominal, con protrusión de las vísceras.

gastrostomía (gastrostomy), creación quirúrgica de un orificio artifical en el estómago a través de la pared abdominal, realizada para alimentar a los pacientes con cáncer de esófago o fístulas traqueoesofágicas o a aquellos que se sospecha van a permanecer inconscientes durante un período prolongado.

gastrotoracópago (gastrothoracopagus), gemelos unidos por el tórax y el abdomen.

gástrula (gastrula), estadio embrionario precoz formado por la invaginación de la blástula. La gástrula, en forma de copa, consta de una capa externa de ectodermo y de una capa interna de mesentodermo, que posteriormente se diferencia en mesodermo y endodermo.

gastrulación (gastrulation), desarrollo de la gástrula en los animales inferiores, con la formación de las tres capas germinales en el embrión humano y en los animales superiores.

GAT (ATG), abreviatura de **globulina antitimocito**.

gauss (gauss) [J. K. F. Gauss, físico alemán, n. 1777], unidad de fuerza del campo magnético. Equivale a la 110.000 parte de un tesla.

gavaje (gavage), proceso de alimentar a un paciente a través de una sonda nasogástrica.

gaznate (gullet), v. **esófago**.

GC (CO), símbolo de **gasto cardíaco**.

Gd (Gd), símbolo del **gadolinio**.

Ge (Ge), símbolo del **germanio**.

GEG (LGA), abreviatura de **lactante grande para la edad gestacional**.

gegenhalten (gegenhalten), resistencia involuntaria a la movilidad pasiva de las extremidades. El efecto puede tener un origen psicógeno o ser un signo de demencia o de deterioro cerebral.

gel (gel), coloide firme aunque contenga una cantidad elevada de líquido, utilizado en muchas medicinas como demulcente, vehículo de otros fármacos, antiácido o astringente, dependiendo del fármaco del que proceda.

gelatina de Wharton (Wharton's jelly) [Thomas Wharton, anatomista inglés, n. 1614], tejido gelatinoso que permanece cuando el tallo corporal se fusiona con el saco vitelino en el cordón umbilical.

gelatina de zinc (zinc gelatin), protector tópico para varicosidades y otras lesiones de las extremidades inferiores.

gelatinoso (gelatinous), relativo a, o parecido a una sustancia viscosa, como la jalea.

gemación (budding), tipo de reproducción asexual en el que la célula produce una proyección semejante a una yema que contiene cromatina y que eventualmente se separa del progenitor y se desarrolla como un organismo independiente. Es la forma común de reproducción en los animales inferiores y las plantas, tales como las esponjas, levaduras y mohos.

gemado (gemmate), **1.** que tiene yemas. **2.** que se reproduce por gemación.

gemelípara (gemellipara), mujer que ha dado a luz gemelos.

gemelo (twin), cualquiera de los dos descendientes nacidos de un embarazo y desarrollados a partir de un único óvulo o dos óvulos liberados simultáneamente del ovario y fertilizados al mismo tiempo. La incidencia de nacimientos gemelares es aproximadamente de 1 de cada 80 embarazos. Algunos tipos de gemelos son: **gemelos desiguales, gemelos dicigóticos, gemelos mocigóticos, gemelos siameses** y **gemelos unidos**. V. también **ley de Hellin**.

gemelología (gemellology), estudio de los gemelos y de los fenómenos relacionados con los mismos.

gemelos biovulares (binovular twins), v. **gemelos dicigóticos**.

gemelos desiguales (unequal twins), dos fetos separados nacidos del mismo embarazo, en los que sólo uno de ellos está completamente formado y el otro presenta defectos del desarrollo de diferente grado.

gemelos dicigóticos (dizygotic twins), producto doble del mismo embarazo, desarrollado a partir de dos óvulos liberados simultáneamente por el ovario y fertilizados a la vez. Pueden ser del mismo o de distinto sexo, y tienen una diferente constitución física y genética; sus placentas y membranas (amnios y corion) son diferentes y separadas.

gemelos dicoriónicos (dichorial twins, dichorionic twins), v. **gemelos dicigóticos**.

gemelos disimilares (dissimilar twins), v. **gemelos dicigóticos**.

gemelos dispares (disparate twins), gemelos que son claramente diferentes el uno del otro, en peso y otras características.

gemelos encigóticos (enzygotic twins), v. **gemelos monocigóticos**.

gemelos falsos (false twins), v. **gemelos dicigóticos**.

gemelos fraternos (fraternal twins), v. **gemelos dicigóticos**.

gemelos heterólogos (heterologous twins), v. **gemelos dicigóticos**.

gemelos idénticos (identical twins), v. **gemelos monocigóticos**.

gemelos monocigóticos (monozigotic twins), dos descendientes de un mismo embarazo que se desarrollan a partir de un solo óvulo fertilizado que se divide en dos mitades iguales en la fase de división precoz del desarrollo embrionario, originando fetos separados. Estos gemelos siempre son del mismo sexo, tienen la misma constitución genética, poseen el mismo grupo sanguíneo y se parecen enormemente entre sí en cuanto a sus características físicas, psicológicas y mentales. Los gemelos monocigóticos pueden poseer placentas y membranas compartidas o separadas según el momento del desarrollo en el que se produjo la división.

gemelos monocoriales, gemelos monocoriónicos (monochorial twins, monochorionic twins), v. **gemelos monocigóticos**.

gemelos o gastrocnemio (gastrocnemius), músculo más superficial de la región posterior de la pierna. Se origina en una cabeza externa y otra interna y constituye la mayor parte de la pantorrilla.

gemelos siameses (Siamese twins) [Chang y Eng, gemelos unidos nacidos en Siam (actualmente, Tailandia) en 1811], fetos gemelos unidos, desarrollados de forma equivalente, producto de un solo óvulo. El grado de intensidad de la alteración varía desde una fusión superficial, como la de los vasos umbilicales, a aquella en la que la unión es completa por la cabeza o el torso, con varios órganos internos compartidos.

gemelos unidos (conjoined twins), dos fetos desarrollados del mismo óvulo que están físicamente unidos en el momento del nacimiento. Los gemelos conjuntos aparecen cuando no tiene lugar la separación precoz de los blastómeros en el desarrollo embrionario hasta la fase tardía de la división y ésta es incompleta, provocando la fusión.

gemelos uniovulares (uniovular twins), v. **gemelos monocigóticos**.

gemelos verdaderos (true twins), v. **gemelos monocigóticos**.

gemfibrozil (gemfibrozil), agente antihiperlipemiante, prescrito para la hiperlipidemia.

gemífero (gemmiferous), que tiene yemas; gemíparo.

gemiforme (gemmiform), que parece una yema.

géminos (gemellus), cada uno de los dos pequeños músculos que salen del isquion. Rotan la cadera hacia fuera.

gemíparo (gemmipara), animal que produce yemas o se reproduce por gemación, como la hidra.

gemistocito (gemistocyte), astrocito con núcleo excéntrico y citoplasma edematoso, como los que se ven en las regiones de tejido nervioso afectado por edema o infarto.

gémula (gemmule), **1.** estructura reproductora asexual de pequeño tamaño producida por el progenitor durante la gemación, que en ocasiones da lugar a un organismo independiente. **2.** (según la teoría primitiva de la pangenesia) cualquiera de las partículas submicroscópicas que contienen elementos hereditarios producidos por cada célula somática del progenitor y que se transmiten a los gametos a través de la sangre.

gen (gene), unidad biológica de material genético y herencia. Se considera que es una secuencia determinada de ácidos nucleicos dentro de una molécula de ADN, que ocupa un locus preciso en un cromosoma y que es capaz de autorreplicarse mediante la codificación de una cadena polipeptídica específica. Algunos tipos de genes son: **gen dominante, gen estructural, gen letal, gen mutante, gen natural, gen operador, gen recesivo, gen regulador, gen subletal, gen complementario** y **gen suplementario**.

gen acumulativo (cumulative gene), v. **poligén**.

gen complementario (complementary gene), cada miembro de dos o más pares de genes no alelos que interactúan para producir un efecto que no se expresa en ausencia de cualquiera de los pares.

gen de control (control gene), (en genética molecular) gen, como el gen operador o el gen regulador, que controla la transcripción de la secuencia de aminoácidos en el gen estructural induciendo o reprimiendo la síntesis de proteínas.

gen de histocompatibilidad (histocompatibility gene), gen que determina la histocompatibilidad entre el donante y el receptor de un tejido trasplantado.
gen defectuoso (leaky gene), v. **hipomorfo**.
gen dominante (dominant gene), el que produce un efecto fenotípico, tanto si su alelo es idéntico como si es diferente.
gen estructural (structural gene), (en genética molecular) unidad de información genética que especifica la secuencia de aminoácidos de un polipéptido.
gen inhibidor (inhibiting gene), gen que evita la expresión de otro gen.
gen letal (lethal gene), cualquier gen que produce un efecto fenotípico que provoca la muerte del organismo en algún momento del desarrollo entre la fertilización del huevo y la edad adulta. El gen puede ser dominante, dominante incompleto o recesivo.
gen marcador (marker gene), v. **marcador genético**.
gen modificador (modifying gene), gen que altera o influye en la expresión de la función de otro gen, como la supresión o reducción de la función normal del gen modificado.
gen múltiple (multiple gen), v. **poligén**.
gen mutante (mutant gene), cualquier gen que ha sufrido un cambio, como la pérdida, ganancia o intercambio de material genético, que afecta a la transmisión y expresión normal de un rasgo. Algunos tipos de genes mutantes son: **amorfo, antimorfo, hipermorfo** e **hipomorfo**.
gen MX (MX gene), gen humano que ayuda al cuerpo a resistir las infecciones virales. Cuando se expone al interferón el gen MX inhibe la producción de las proteínas y ácidos nucleicos virales necesarios para la proliferación de nuevas partículas virales.
gen natural (wild-type gene), forma normal o estándar de un gen, en contraste con la forma mutante.
gen operador (operator gene), (en genética molecular) unidad genética que regula la transcripción de los genes estructurales en su operón.
gen pleiotrópico (pleiotropic gene), gen que produce un conjunto de efectos fenotípicos no relacionados.
gen pol (pol gene), segmento de un retrovirus, como el virus de la leucemia humana de células T (HTLV), que codifica su enzima transcriptasa inversa.
gen recesivo (recessive gene), miembro de una pareja de genes que ha perdido la capacidad para expresarse en presencia de su alelo más dominante; solamente se expresa en estado homocigótico.
gen recíproco (reciprocal gene), v. **gen complementario**.
gen regulador (regulator gene), (en genética molecular) unidad genética que regula o suprime la actividad de uno o más genes estructurales.
gen represor (repressor gene), v. **gen regulador**.
gen saltarín (jumping gene), (en genética molecular) unidad de información genética asociada a un segmento de ADN, que puede pasar de una posición a otra dentro del genoma.
gen subletal (sublethal gene), gen cuya presencia provoca anomalías o impide el funcionamiento de un organismo, pero no causa su muerte.
gen suplementario (supplementary gene), cualquiera de dos pares de genes no alélicos que interaccionan de tal modo que uno de ellos necesita la presencia del otro para expresarse, mientras que el segundo par puede producir un efecto propio e independiente del primero.
gen supresor (suppressor gene), (en genética molecular) unidad genética que es capaz de invertir el efecto de una clase específica de mutación en otros genes.
generación (generation), **1.** acto o proceso de reproducción; procreación. **2.** grupo de individuos, animales o plantas contemporáneos que se separan de un antecesor común por el mismo número de ciclos vitales. **3.** período de tiempo comprendido entre el nacimiento de un individuo u organismo y el nacimiento de sus descendientes. Algunos tipos de generación son: **generación alterna, generación asexual, generación espontánea, generación filial, generación parental** y **generación sexual**.
generador de presión constante (constant pressure generator), generador que proporciona o genera una presión de gas constante a lo largo del ciclo inspiratorio de la respiración. La presión puede oscilar desde un valor bajo, como 12 cm H_2O, hasta un valor tan alto como 3.500 cm de H_2O cuando sea necesario.
generador de Van de Graaff (Van de Graaff generator) [Robert J. Van de Graaff, físico norteamericano, n. 1901], máquina electrostática en la cual se crea un elevado potencial en un terminal aislado mediante partículas cargadas electrónicamente. El generador se utiliza con frecuencia para inyectar partículas en un acelerador de mayor tamaño.
generalización (generalitation), proceso de reducir o someter a una regla o norma general, como clasificar distintos aspectos o elementos en categorías generales.

generalización del estímulo (stimulus generalization), tipo de condicionamiento en el cual se refuerza la reacción a un estímulo para permitir el traslado de dicha reacción a otras acciones.

generalmente considerado eficaz (GRAE) (generally recognized as effective [GRAE]), uno de los criterios establecidos que debe cumplir un fármaco antes de que se apruebe como «fármaco nuevo». Para que sea reconocido como eficaz, el fármaco debe ser considerado, de acuerdo con la ley, seguro y eficaz por «expertos cualificados con formación y experiencia científica».

generativo (generative), perteneciente a la actividad que genera un nuevo desarrollo físico o mental, como la resolución creativa de problemas.

genérico (generic), **1.** relativo o perteneciente al género. **2.** relativo o perteneciente a una sustancia, producto o fármaco no protegido por un nombre comercial. **3.** relativo o perteneciente al nombre de un tipo de fármaco que también es la descripción del fármaco, como penicilina o tetraciclina.

género (gender), **1.** clasificación del sexo de una persona en masculino, femenino o intersexual. **2.** sexo particular de una persona.

género (genus, *pl.* **genera**), subdivisión de una familia de animales o plantas. Un género suele estar compuesto por varias especies íntimamente relacionadas, aunque el género *Homo sapiens* sólo tenga una: el ser humano.

genes ligados (linked genes), genes que se localizan sobre el mismo cromosoma, y cuya posición está lo suficientemente próxima como para que se tiendan a transmitir como un grupo de ligamiento.

genes Rh (Rh genes), serie de genes alélicos que determinan los distintos grupos sanguíneos Rh. Las cuatro variantes del gen Rh^+ se identifican como R^0, R^1, R^2 y R^z, mientras que los cuatro tipos de gen Rh^- se denominan r, r', r'' y r_y.

génesis (genesis), **1.** origen, generación o desarrollo evolutivo de algo. **2.** acto de producir o procrear.

genética (genetics), **1.** ciencia que estudia los principios y mecanismos de la herencia, especialmente aquellos mediante los cuales se transmiten unos determinados caracteres desde los progenitores a su descendencia y las causas de las similitudes y diferencias entre organismos emparentados. **2.** información genética total de un determinado individuo, familia, grupo o trastorno. Algunos tipos de genética son: **genética clínica, genética molecular** y **de poblaciones**.

genético (genetic), **1.** perteneciente a la reproducción, nacimiento u origen. **2.** perteneciente a la genética o a la herencia. **3.** perteneciente a, relativo a o producido por un gen; hereditario.

genetista (geneticist), especialista en el estudio o en la aplicación de la genética.

geniohioideo (geniohyoideus), uno de los cuatro músculos suprahioideos, que se origina en la sínfisis mandibular y se inserta en el cuerpo del hueso hioides. Es un músculo alargado, inervado por una rama del primer nervio cervical, y su acción es traccionar del hueso hioides y de la lengua hacia delante.

genitales (genitals), órganos sexuales o reproductores. En la mujer están constituidos por la vulva, el monte de Venus, los labios mayores, los labios menores, el clítoris, la vagina, el útero, las trompas de Falopio y los ovarios. Los genitales masculinos son el pene, el escroto, los testículos, el epidídimo, los conductos deferentes, la glándula prostática, las vesículas seminales y las glándulas de Cowper.

genitourinario (GU) (genitourinary [GU]), relativo a los aparatos genital y urinario del organismo, tanto a las estructuras orgánicas como a las funciones o a ambas.

genograma (genogram), diagrama que muestra las relaciones familiares al menos durante las tres últimas generaciones.

genoma (genome), juego completo de genes en los cromosomas de cada una de las células de un determinado organismo.

genotipo (genotype), **1.** constitución genética completa de un organismo o un grupo, determinada por la combinación y localización particulares de los genes en los cromosomas. **2.** grupo o clase de organismos que tienen la misma configuración genética; la especie tipo de un género.

genu (genu), la rodilla o cualquier estructura angular que se parezca a una rodilla flexionada.

genu recurvatum (genu recurvatum), deformidad de la articulación de la rodilla con hiperextensión y convexidad posterior.

genu valgo (genu valgum), deformidad en la que las piernas están curvadas hacia dentro, de forma que las rodillas se juntan, chocando cuando camina el individuo, quedando los tobillos muy separados.

genu varo (genu varum), deformidad en la que una o ambas piernas están dobladas hacia fuera a la altura de la rodilla.

geotricosis (geotrichosis), trastorno relacionado con el hongo *Geotrichum candidum*, que puede producir procesos orales, bronquiales, faríngeos e intestinales. La geotricosis se ha asociado a reacciones asmáticas alérgicas similares a la aspergilosis alérgica y a un tipo de trastorno intestinal caracterizado por dolor abdominal, diarrea y rectorragia.

geriatra (geriatrician), médico especialista en geriatría.

geriatría (geriatrics), rama de la medicina que se ocupa de la fisiología del envejecimiento y del diagnóstico y el tratamiento de las enfermedades que afectan a la tercera edad.

germanio (Ge) (germanium [Ge]), elemento metálico con algunas propiedades no metálicas. Su número atómico es 32; su peso atómico, 72,59.

germen (germ), **1.** cualquier microorganismo, especialmente los patógenos. **2.** unidad de materia viva capaz de evolucionar hasta un organismo autosuficiente, como una semilla, espora o huevo. **3.** (en embriología) primera fase del desarrollo, como el espermatozoide u otra célula germinal.

germen dental (tooth germ), célula primitiva del embrión que es el precursor de un diente.

germicida (germicide), fármaco que destruye microorganismos patógenos.

germinación (germination), **1.** crecimiento y desarrollo inicial de un organismo desde la fertilización hasta la formación del embrión. **2.** brote de la espora o de la semilla de una planta.

germinal (germinal), perteneciente a o característico de una célula germinal o de las fases precoces del desarrollo.

gerontología (gerontology), estudio de todos los aspectos del envejecimiento: los problemas clínicos, psicológicos, económicos y sociológicos que afrontan los ancianos y sus consecuencias tanto para el individuo como para la sociedad.

gerontoxon (gerontoxon), v. **arco senil**.

geropsiquiatría (geropsychiatry), estudio y tratamiento de los trastornos mentales en los ancianos.

gestación (gestation), período de tiempo comprendido entre la fertilización del óvulo y el nacimiento. En los seres humanos, la duración media es de 266 días, o aproximadamente 280 días desde el comienzo del último período menstrual.

Gestalt (Gestalt, *pl.* **Gestalts, Gestalten**), configuración, modelo o experiencia simple, física, psicológica o simbólica, que consta de una serie de elementos cuyo efecto como un todo es diferente al de la suma de sus partes.

gestar (gestate), **1.** llevar en el útero un feto en desarrollo. **2.** crecer y desarrollarse lentamente hacia la madurez, como el feto en el útero.

gesto suicida (suicide gesture), (en enfermería psiquiátrica) intento aparente por parte de un paciente de autolesionarse, sin consecuencias letales y generalmente sin un intento real de cometer suicidio.

GH (GH), abreviatura de **hormona del crecimiento**.

GHRF (GHRF), abreviatura de **factor liberador de hormona del crecimiento**.

GI (GI), abreviatura de **gastrointestinal**.

Giardia (Giardia) [Alfred Giard, biólogo francés, n. 1846], género de protozoos flagelados. Existen muchas especies de *Giardia* que viven normalmente en el tracto digestivo, produciendo inflamación que, junto con otros factores, permiten la rápida proliferación del organismo.

giardiasis (giardiasis), trastorno intestinal inflamatorio producido por el sobrecrecimiento del protozoo *Giardia lamblia*. La fuente de la infección suele ser agua no tratada contaminada con quistes de *G. lamblia*.

giba (gibbus), **1.** joroba, tumefacción o crecimiento sobre una superficie corporal, normalmente circunscrita a un lado. **2.** curvadura convexa de la columna, que se puede producir tras el colapso de un cuerpo vertebral, secundaria a una fractura o a la tuberculosis vertebral.

gigantismo (gigantism), trastorno caracterizado por un tamaño y talla excesivos, produ-

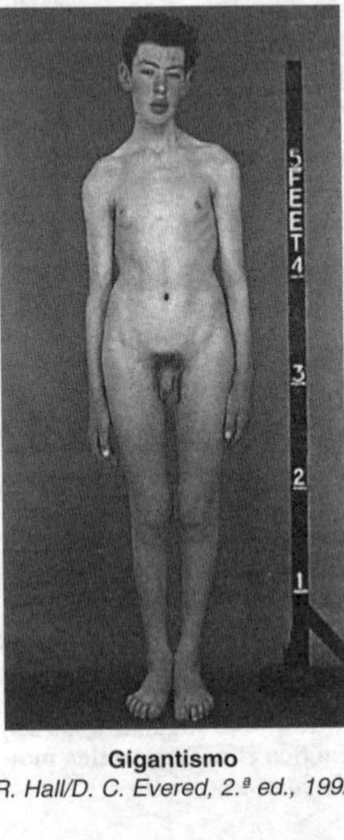

Gigantismo
(R. Hall/D. C. Evered, 2.ª ed., 1992)

cido en la mayoría de casos por la hipersecreción de la hormona de crecimiento (GH) y, con menor frecuencia, por hipogonadismo y determinados trastornos genéticos.

ginandroide (ginandrous), término con que se describe a un hombre o a una mujer cuando presenta alguna de las características físicas que habitualmente se atribuyen al sexo contrario, como una mujer seudohermafrodita.

gine (gyn), **1.** *informal*, abreviatura de **ginecólogo**. **2.** *informal*, abreviatura de **ginecología**.

ginecografía (gynecography), exploración radiológica de los órganos de la pelvis femeninos mediante la insuflación intraperitoneal de gas.

ginecología (gynecology), rama de la medicina que se ocupa de la asistencia sanitaria de las mujeres, de sus funciones sexual y reproductora y de las enfermedades de sus órganos reproductores, salvo las enfermedades de la mama que requieren cirugía.

ginecólogo (gynecologist), médico especialista en ginecología.

ginecomastia (gynecomastia), aumento anormal del tamaño de una o ambas mamas en el varón. Suele ser temporal y benigno. Puede estar producido por un desequilibrio hormonal, tumor testicular o hipofisario, tratamiento con estrógenos o compuestos esteroideos o por incapacidad del hígado para inactivar los estrógenos circulantes, como ocurre en la cirrosis alcohólica.

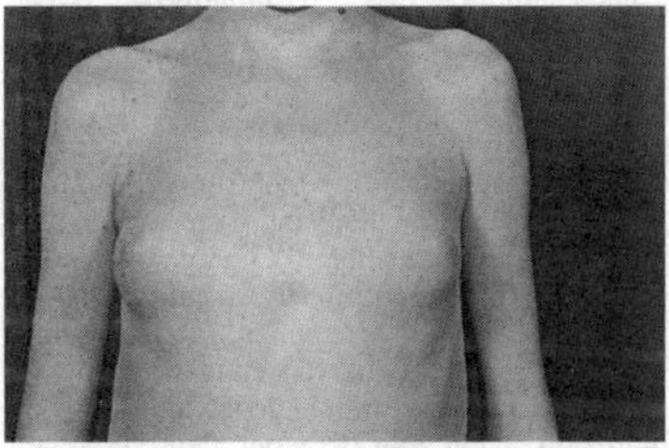

Ginecomastia
(S. Sherlock/J. A. Summerfield, 2.ª ed., 1992)

ginefobia (gynephobia), trastorno de ansiedad caracterizado por un miedo morboso hacia las mujeres o por aversión hacia la sociedad femenina.

gingivectomía (gingivectomy), extirpación quirúrgica del tejido gingival infectado y enfermo, realizada para evitar el desarrollo de piorrea.

gingivitis (gingivitis), trastorno en el que las encías están rojas y tumefactas y sangran.

gingivitis del embarazo (pregnancy gingivitis), aumento de tamaño o hiperplasia de las encías provocado por el desequilibrio hormonal que existe durante el embarazo.

gingivitis descamativa (desquamative gingivitis), inflamación gingival, caracterizada por el desprendimiento del epitelio superficial. Se asocia frecuentemente a la menopausia y también puede hacerlo al estrés biológico.

gingivitis eruptiva (eruptive gingivitis), inflamación de las encías que suele acompañar a la erupción de los dientes permanentes.

gingivitis escorbútica (scorbutic gingivitis), alteración caracterizada por encías inflamadas o hemorrágicas y provocada por un déficit de vitamina C.

gingivitis gravídica (gravidum gingivitis), tipo de inflamación de las encías que se asocia a la formación de la placa durante el embarazo. Puede estar relacionada con los cambios hormonales.

gingivitis hiperplásica (hyperplastic gingivitis), trastorno inflamatorio del tejido gingival como consecuencia del aumento del número de células, normalmente como resultado de la acumulación de la placa dentaria.

gingivitis necrotizante aguda (acute necrotizing gingivitis), infección fusoespirilar caracterizada por la aparición de ulceraciones necróticas y malolientes en las encías y en la garganta, con fiebre y grandes adenopatías cervicales. Se asocia generalmente con una higiene escasa de la cavidad oral, y aparece más a menudo en situaciones de hacinamiento y de malnutrición. El tratamiento comprende la limpieza de la boca con peróxido, la administración de antibióticos y analgésicos y los cuidados dentales.

gingivitis necrotizante ulcerativa aguda (GNUA) (acute necrotizing ulcerative gingivitis [ANUG]), enfermedad peridontal recurrente que afecta fundamentalmente a las papilas interdentarias, produciendo necrosis y ulceración.

gingivitis nefrítica (nephritic gingivitis), tipo de estomatitis y gingivitis asociadas a insuficiencia de la función renal, acompañadas de dolor, olor a amoniaco y aumento de la salivación.

gingivitis por bismuto (bismuth gingivitis), síntoma de intoxicación metálica causada por el bismuto administrado en el tratamiento de una enfermedad sistémica. Se caracteriza por la aparición de una línea azul oscura a lo largo del borde gingival.

gingivitis ulcerativa necrosante aguda (GUNA) (acute necrotizing ulcerative gingivitis [ANUG]), infección por bacilos fusiformes y espiroquetas, caracterizada por úlceras necróticas y de mal olor en encías y garganta, fiebre y aumento de tamaño de los ganglios linfáticos del cuello. Habitualmente se asocia a una mala higiene oral, siendo más frecuente en situaciones de hacinamiento y malnutrición.

gingivitis urémica (uremic gingivitis), v. **gingivitis nefrítica**.

gingivoestomatitis (gingivostomatitis), úlceras múltiples dolorosas en las encías y mucosa de la boca producidas por una infección herpética.

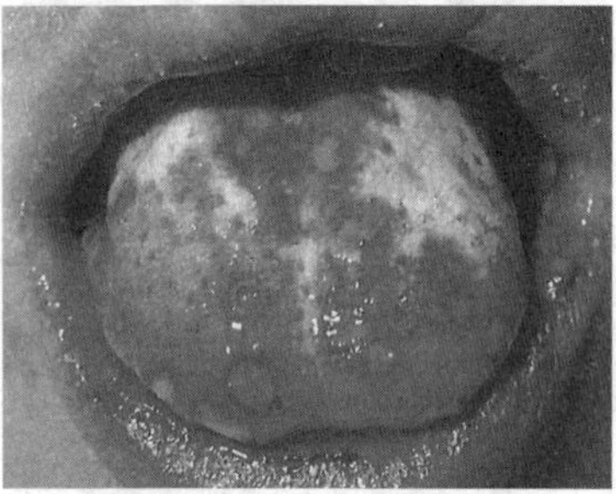

Gingivoestomatitis herpética grave
(C. D. Forbes/W. F. Jackson, 1994)

gingivoplastia (gingivoplasty), reconstrucción quirúrgica de los tejidos gingivales con el objetivo de conservarlos sanos.

gínglimo (ginglymus joint), v. **articulación en bisagra**.

ginogamona (gynogamone), gamona segregada por el gameto femenino.

ginseng (ginseng), remedio casero preparado con la raíz de cualquiera de las especies del género *Panax*. Se utiliza en algunos pueblos de Oriente como tónico cardíaco, afrodisíaco y estimulante.

gipoma (gipoma), tumor pancreático que altera la secreción del polipéptido inhibidor gástrico (GIP).

glabela (glabella), región plana triangular de hueso entre los dos arcos supraciliares de la frente. A veces se utiliza como punto de referencia para las mediciones cefalométricas.

glande (glans, *pl.* **glandes**), zona de tejido eréctil, como el situado en el extremo del clítoris o del pene.

glande del clítoris (glans of clitoris), tejido eréctil situado en el extremo del clítoris, que se continúa con la parte intermedia de los bulbos del vestíbulo de la vagina. Está constituido por dos cuerpos cavernosos rodeados por una membrana densa fibrosa, conectados al pubis y al isquion.

glande del pene (glans penis), extremo cónico del pene, que cubre el final de los cuerpos cavernosos y el cuerpo esponjoso como una caperuza. El orificio uretral se localiza normalmente en el centro del extremo distal del glande.

glándula (gland), cualquiera de los numerosos órganos del cuerpo, constituida por células especializadas que secretan o excretan productos sin relación con su metabolismo normal. Algunas glándulas lubrican; otras, como la hipófisis, producen hormonas; las glándulas hematopoyéticas intervienen en la producción de sangre.

glándula aductal (ductless gland), glándula sin conducto excretor, como una glándula endocrina, que segrega hormonas en la sangre o la linfa.

glándula areolar (areolar gland), cada una de las grandes glándulas sebáceas en la areola que rodean a los pezones de las mamas de la mujer. Las glándulas segregan un líquido graso que lubrica y protege al pezón.

glándula bulbouretral (bulbourethral gland), una de las dos pequeñas glándulas localizadas a cada lado de la próstata que drenan en la uretra. Las glándulas bulbouretrales segregan un componente líquido del líquido seminal.

glándula ciliar (ciliary gland), una de las numerosas glándulas sudoríparas modificadas de pequeño tamaño dispuestas en varias filas cerca de los bordes libres del párpado.

glándula de Bartolino (Bartholin's gland), cada una de las dos pequeñas glándulas secretoras de moco localizadas en las caras posterior y lateral del vestíbulo de la vagina.

glándula de Cowper (Cowper gland) [William Cowper, cirujano inglés, n. 1666], cualquiera de las dos glándulas redondeadas, del tamaño de un guisante, localizadas en el esfínter de la uretra masculina.

glándula de Huhn (Huhn's gland), glándula lingual anterior incluida en los tejidos de la superficie inferior, cerca del ápex y de la línea media de la lengua.

glándula de Meibomio (meibomian gland) [Heinrich Meibom, médico alemán, n. 1638], glándula sebácea múltiple que segrega sebo a través de los conductos situados en el borde posterior de cada párpado. Las glándulas están incluidas en la placa tarsal de cada párpado.

glándula de Montgomery (gland of Montgomery), v. **glándula areolar**.

glándula de Naboth (nabothian gland), cualquiera de las numerosas glándulas mucosecretadas de pequeño tamaño del cuello uterino.

glándula de Nunh (Nunh's gland) [Anton Nuhn, anatomista alemán, n. 1814], glándula lingual anterior situada en la línea media de la superficie inferior de la lengua cerca del vértice.

glándula digestiva (digestive gland), cualquiera de las muchas estructuras que segregan los agentes reactivos que actúan en el desdoblamiento de los alimentos en sus componentes absorbibles necesarios para el metabolismo. Algunos tipos de glándulas digestivas son: **glándulas gástricas**, **hígado** y **páncreas**.

glándula ecrina (eccrine gland), uno de los dos tipos de glándulas sudoríparas que se encuentran en la dermis de la piel. Estas glándulas favorecen el enfriamiento mediante la evaporación de su secreción.

glándula exocrina (exocrine gland), cualquiera de los dos tipos de glándulas multicelulares que se abren a la superficie de la piel, en la epidermis, a través de conductos, como las glándulas sudoríparas o las sebáceas.

glándula lagrimal (lacrimal gland), una de las dos glándulas situadas por encima y lateralmente al globo ocular en la fosa lagrimal. La secreción acuosa que fluye desde las glándulas son las lágrimas, ligeramente alcalinas y salinas, que humedecen la conjuntiva.

glándula mamaria (mammary gland), cada una de las dos glándulas hemisféricas discoidales del tórax de las mujeres maduras, que en niños y varones se encuentran en estado rudimentario. El tejido glandular forma un sistema radial de lóbulos que contienen alveolos; cada lóbulo posee un sistema de conductos para el paso de leche desde los alveolos al pezón. La periferia está constituida principalmente por tejido adiposo.

glándula palpebral (palpebral gland), v. **glándula de Meibomio**.

glándula paratiroides (parathyroid gland), pequeña estructura, habitualmente cuatro, adherida a la superficie dorsal de los lóbulos laterales de la glándula tiroides. Las glándulas paratiroides segregan la hormona paratiroidea, que ayuda a mantener la concentración de calcio en la sangre y garantiza una excitabilidad neuromuscular, una coagulación sanguínea y una permeabilidad de la membrana celular normales.

glándula parótida (parotid gland), glándula salivar de mayor tamaño, en número par, que se sitúa a cada lado de la cara, inmediatamente por debajo y delante del oído externo. La parte principal de la glándula es superficial, algo aplanada y con forma de cuadrilátero, y se sitúa entre la rama del maxilar inferior, la apófisis mastoides y el músculo esternocleidomastoideo.

glándula pineal (pineal body), estructura pequeña, algo aplanada y con forma de cono, suspendida de un pedículo en el epitálamo. Está constituida por células gliales y pinealocitos y, aparentemente, elabora la hormona melatonina.

glándula salival (salivary gland), cada uno de los tres pares de glándulas que vierten sus secreciones en la boca, para servir de ayuda en el proceso de la digestión. Las glándulas salivales son la parótida, la submaxilar y la sublingual. Se trata de estructuras racemosas formadas por numerosos lóbulos subdivididos en lobulillos más pequeños, conectados entre sí por un tejido areolar denso, vasos y conductos.

glándula sebácea (sebaceous gland), cualquiera de las numerosas estructuras saculares de la dermis. Se localizan por todo el cuerpo en estrecha relación con todos los tipos de pelo corporal, pero son especialmente abundantes en el cuero cabelludo, la cara, el ano, la nariz, la boca y el oído externo. Cada glándula está formada por un conducto único que surge de un grupo de alveolos ovales. Cada alveolo está formado por una membrana basal transparente que encierra células epiteliales. Los conductos de la mayor parte de las glándulas sebáceas se abren en los folículos pilosos, aunque algunos lo hacen en la superficie cutánea. El sebo segregado por esas glándulas engrasa el pelo y la piel que le rodea y ayuda a evitar la evaporación del sudor, resultando útil para la retención del calor corporal.

glándula sublingual (sublingual gland), cualquiera de dos pequeñas glándulas salivales situadas debajo de la mucosa del suelo de la boca, por debajo de la lengua. Se trata de una estructura estrecha, en forma de almendra, que segrega un líquido mucoso producido por sus alveolos.

glándula submaxilar (submandibular gland), cualquiera de dos glándulas salivales, redondas, del tamaño de una nuez, situadas en el triángulo submandibular. Esta glándula segrega a la vez moco y un líquido seroso menos denso, que sirve de ayuda en el proceso de la digestión.

glándula sudorípara (sudoriferous gland), cualquiera de los 3 millones, aproximadamente, de diminutas estructuras situadas en la dermis y que producen sudor. La cantidad media de sudor segregado en 24 horas varía entre 700 y 900 g. La mayor parte de estas glándulas son ecrinas, y por el sudor que producen se elimina cloruro sódico, productos de desecho (urea y ácido láctico) y productos de degradación de ajo, especias y otras sustancias. Cada glándula sudorípara está formada por un solo tubo compuesto de un cuerpo enrollado situado en la dermis profunda y un conducto superficial.

glándula suprarrenal (adrenal gland), cada uno de los dos órganos secretores situados sobre los riñones. Están formados por dos partes que tienen funciones independientes: la corteza y la médula. La corteza suprarrenal, en respuesta a la hormona adrenocorticotropa liberada por la adenohipófisis, segrega cortisol y andrógenos. Los andrógenos suprarrenales son precursores que se convertirán en el hígado en testosterona y en estrógenos. La renina procedente del riñón controla la producción de aldosterona por la corteza suprarrenal. La médula suprarrenal elabora catecolaminas, concretamente adrenalina y noradrenalina.

glándula tarsal (tarsal gland), cada una de las numerosas glándulas sebáceas modificadas situadas en la superficie interna de los párpados.

glándula tiroides (thyroid gland), órgano muy vascularizado, situado en la región anterior del cuello, que pesa aproximadamente 30 g y está formado por dos lóbulos bilaterales conectados en el centro por un istmo estrecho. La glándula tiroides segrega la hormona tiroxina directamente a la sangre y forma parte del sistema endocrino de las glándulas de secreción interna. Es esencial para el crecimiento normal del cuerpo en la infancia y su extirpación reduce enormemente los procesos oxidativos del cuerpo, produciendo un índice metabólico bajo característico del hipotiroidismo.

glándula tubular espiral (coiled tubular gland), alguna de las numerosas glándulas multicelulares que contienen una porción secretora tubular con forma espiral, como las glándulas sudoríparas.

glándula tubular ramificada (branched tubular gland), una de las muchas glándulas multicelulares con un conducto excretor que parte de dos o más ramas secretoras con forma de tubo, tales como algunas de las glándulas gástricas.

glándula tubular simple (simple tubular gland), cualquiera de las numerosas glándulas multicelulares con un solo conducto en forma de tubo, como diversas glándulas del epitelio del intestino.

glándula tubuloalveolar compuesta (compound tubuloalveolar gland), una de las muchas glándulas multicelulares con más de un conducto secretor que contiene segmentos con forma tubular y otros con forma sacular, como las glándulas salivares.

glándula vestibular (vestibular gland), cada una de las cuatro pequeñas glándulas situadas dos a cada lado del orificio vaginal. Las glándulas vestibulares segregan una sustancia lubricante.

glándula vestibular mayor (greater vestibular gland), v. **glándula de Bartolino**.

glándulas apocrinas (apocrine gland), glándulas exocrinas grandes y profundas, situadas en las regiones axilar, anal, genital y mamaria del cuerpo. Las glándulas apocrinas se hacen funcionales después de la pubertad, momento en el que comienzan a segregar sudor.

glándulas bucales (buccal glands), pequeñas glándulas salivales localizadas entre el músculo buccinador y la mucosa del vestíbulo de la boca.

glándulas ceruminosas (ceruminous glands), pequeñas estructuras del conducto auditivo externo que se cree que son glándulas sudoríparas modificadas. Secretan cera en lugar de sudor acuoso.

glándulas de Bowman (Bowman's glands) [Sir Willian Bowman], glándulas de la mucosa oral.

glándulas de Lieberkühn (Lieberkühn's glands) [Johann Nathanael Lieberkühn, anatomista alemán, n. 1711], glándulas tubulares que se localizan entre las bases de las vellosidades del intestino delgado y en la superficie del epitelio del intestino grueso.

glándulas de Skene (Skene's glands) [Alexander J. C. Skene, ginecólogo norteamericano, n. 1838], la mayor de las glándulas de la uretra femenina.

glándulas de Zeiss (glands of Zeiss), v. **glándula ciliar**.

glándulas gástricas (gastric glands), glándulas de la mucosa gástrica que secretan ácido clorhídrico, mucina y pepsinógeno.

glándulas haversianas (haversian glands), cojinetes grasos extrasinoviales que pueden penetrar en el espacio articular.

glándulas labiales (labial glands), pequeñas glándulas serosas o mucosas situadas en el espesor de los labios.

glándulas lactíferas (lactiferous glands), glándulas que secretan o transportan leche, como las glándulas mamarias.

glaucoma (glaucoma), trastorno caracterizado por la elevación de la presión intraocular secundaria a la obstrucción del flujo de salida del humor acuoso. El **glaucoma agudo** (de ángulo cerrado o de ángulo estrecho) se produce si la pupila de un ojo con un ángulo estrecho entre el iris y la córnea se dilata excesivamente, lo que hace que el iris replegado bloquee la salida del humor acuoso desde la cámara anterior. El glaucoma agudo se acompaña de dolor ocular extremo, visión borrosa, ojo rojo y pupila dilatada. Si no se trata, el glaucoma agudo produce una ceguera completa y permanente al cabo de 2-5 días. El **glaucoma crónico** (de ángulo abierto o de ángulo ancho) es mucho más frecuente y, a menudo, bilateral; se desarrolla lentamente y está determinado genéticamente. Se cree que la obstrucción se produce en el conducto de Schlemm. El glaucoma crónico puede ser asintomático, salvo por una pérdida gradual de la visión periférica a lo largo de los años. A veces existe cefalea, visión borrosa y dolor sordo en el ojo. La exploración oftalmoscópica puede revelar unas papilas ópticas excavadas. La presencia de halos alrededor de las luces y la ceguera central son manifestaciones tardías. Ambos tipos de glaucoma presentan una elevada presión intraocular en la tonometría.

glia (glia), v. **neuroglia**.

gliadina (gliadin), sustancia proteica obtenida a partir del trigo y del centeno. Su solubilidad en alcohol diluido la diferencia de la glutenina, otra proteína cereal.

gliburida (glyburide), antidiabético oral prescrito como adyuvante de la dieta y del ejercicio para disminuir la concentración plasmática de glucosa en los pacientes con diabetes no insulinodependiente.

glicerina (glycerin), líquido oleoso, dulce e incoloro, que es una preparación farmacéutica del glicerol.

glicerol (glycerol), alcohol que forma parte de las grasas. Es soluble en alcohol etílico y en agua.

glicina (Gly) (glycine [Gly]), aminoácido no esencial ampliamente distribuido como componente de proteínas animales y vegetales.

glicocola (glycocoll), v. **glicina**.

glioblastoma (glioblastoma), v. **espongioblastoma**.

glioblastoma multiforme (glioblastoma multiforme), tumor maligno de crecimiento rápido, pulposo o quístico, del cerebro o, en ocasiones, de la médula espinal. La lesión se disemina mediante proyecciones en forma de seudópodos.

glioma (glioma, *pl.* **gliomas, gliomata**), cualquier representante del numeroso grupo de tumores primarios del cerebro, compuesto por células gliales malignas. Algunos tipos de gliomas son: **astrocitoma, ependimoma, glioblastoma multiforme, meduloblastoma** y **oligodendroglioma**.

glioma ependimario (ependymal glioma), glioma de gran tamaño, vascular, de aspecto sólido, que aparece en el cuarto ventrículo.

glioma ganglionar (ganglionic glioma), tumor compuesto por células gliales y ganglionares próximas a su madurez.

glioma mixto (mixed glioma), tumor constituido por células gliales, que contiene más de un tipo celular, siendo las más frecuentes las células no nerviosas de origen ectodérmico.

glioma multiforme (glioma multiforme), v. **glioblastoma multiforme**.

glioma nasal (nasal glioma), neoplasia caracterizada por el crecimiento ectópico de tejido nervioso en la cavidad nasal.

glioma óptico (optic glioma), tumor formado por células gliales. Se desarrolla lentamente en el nervio óptico o en el quiasma óptico, ocasionando la pérdida de la visión y a menudo se acompaña de estrabismo secundario, exoftalmos y parálisis ocular.

glioma periférico (peripheral glioma), v. **schwannoma**.

glioma retiniano (glioma retinae), v. **retinoblastoma**.

glioma sarcomatoso (glioma sarcomatosum), v. **gliosarcoma**.

glioma telangiectásico (telangiectatic glioma), tumor formado por células gliales y por una red de vasos sanguíneos que dan a la masa una coloración rosa intensa.

glioneuroma (glioneuroma, *pl.* **glioneuromas, glioneuromata**), neoplasia constituida por células nerviosas y elementos de su tejido conectivo de sostén.

gliosarcoma (gliosarcoma, *pl.* **gliosarcomas, gliosarcomata**), tumor constituido por células fusiformes situadas en el tejido conectivo de sostén de las células nerviosas.

gliosarcoma retiniano (gliosarcoma retinae), v. **retinoblastoma**.

glipizida (glipizide), antidiabético oral prescrito como coadyuvante de la dieta y del ejercicio para disminuir los niveles plasmáticos de glucosa en los pacientes con diabetes no insulinodependiente.

Gln (Gln), abreviatura de **glutamina**.

globina (globin), elemento del grupo de moléculas proteicas globulínicas. Se unen por medio del hierro en las moléculas hemo para formar hemoglobina o mioglobina.

globo pálido (globus pallidus, pallidum), la parte más pequeña y más interna del núcleo lenticular del cerebro, separado del putamen por la lámina medular lateral.

globulina (globulin), categoría extensa de proteínas simples clasificadas por su solubilidad, movilidad electroforética y tamaño.

globulina antitimocito (GAT) (antithymocyte globulin [ATG]), fracción de gammaglobulina que se ha hecho inmune frente a los linfocitos T.

globulina inmune (immune globulin), v. **gammaglobulina inmune**.

globulina inmune humana (immune human globulin), solución estéril de globulinas, utilizada como agente de inmunización pasiva y derivada de la sangre de seres humanos adultos.

globulina ligadora de tiroxina (thyroxine-binding globulin), proteína plasmática que se une con y transporta tiroxina en la sangre.

globulina sérica (serum globulin), fracción proteica de suero sanguíneo con propiedades de anticuerpo. Los distintos tipos de fracciones, alfa, beta y gamma, tienen propiedades específicas diferentes.

globulinuria (globulinuria), presencia de proteínas de tipo globulina en la orina.

glóbulo (globule), pequeña masa esférica. Algunos tipos de glóbulos son: **glóbulo de Dobie, glóbulo de Morgagni, glóbulo dentínico, glóbulo mielínico** y **glóbulo lácteo**.

glóbulo blanco (white corpuscle, white blood cell), v. **leucocito**.

glóbulo de Dobie (Dobie's globule) [William M. Dobbie, médico inglés, n. 1828], cuerpo tingible muy pequeño del disco transparente de una fibra de músculo estriado.

glóbulo de Morgagni (Morgagni's globule) [Giovanni B. Morgagni, anatomista italiano, n. 1682], esfera opaca diminuta que puede formarse por coagulación del líquido existente entre el cristalino del ojo y su cápsula, especialmente en las cataratas.

glóbulo dentínico (dentin globule), pequeño cuerpo esférico en la dentina periférica, creada por calcificación precoz.

glóbulo espinoso (burr cell), forma de eritrocito maduro caracterizada por la presencia de espículas o minúsculas proyecciones en la superficie de las células o sus fragmentos.

glóbulo lácteo (milk globule), pequeña gota esférica de grasa en la leche que tiende a separarse de ella constituyendo la crema.

glóbulo mielínico (myelin globule), gotícula parecida a las de grasa que aparece en algunos esputos.

glomangioma (glomangioma, *pl.* **glomangiomas, glomangiomata**), tumor benigno que se desarrolla a partir de un acúmulo de células sanguíneas en la piel.

glomérulo (glomerulus, *pl.* **glomeruli**), **1.** copete o racimo. **2.** estructura constituida por vasos sanguíneos o fibras nerviosas, como el glomérulo renal.

glomerulonefritis (glomerulonephritis), inflamación del glomérulo renal, caracterizada por proteinuria, hematuria, disminución de la producción de orina y edema. Algunos tipos de glomerulonefritis son: glomerulonefritis aguda, glomerulonefritis crónica y **glomerulonefritis subaguda**.

glomerulosclerosis (glomeruloesclerosis), enfermedad renal grave en la que se pierde la función glomerular de filtración de la sangre a medida que los glomérulos son reemplazados por tejido cicatricial fibroso. La enfermedad suele producirse tras una infección o por arteriosclerosis.

glomo, glomus (glomus, *pl.* **glomera**), pequeño grupo de arteriolas que conectan directamente con venas y que poseen una inervación abundante.

glosectomía (glossectomy), extirpación quirúrgica de toda o de parte de la lengua.

glositis (glossitis), inflamación de la lengua. La glositis aguda, caracterizada por tumefacción, intenso dolor que puede irradiarse a los oídos, salivación, fiebre y aumento de tamaño de los ganglios linfáticos regionales, puede aparecer en el transcurso de una enfermedad infecciosa o tras una quemadura, picadura u otra lesión.

glosodinia (glossodynia), dolor en la lengua, producido por una inflamación aguda o crónica, un absceso o una úlcera.

glosofitia (glossophytia), trastorno de la lengua caracterizado por la presencia de una placa negruzca en la que las papilas filiformes aparecen muy alargadas y adelgazadas, como cabellos alargados.

glosolalia (glossolalia), trastorno en el que la persona afectada habla una especie de «lenguaje» nuevo desconocido, como hablar con palabras sin significado durante un estado de éxtasis religioso.

glosonco (glossoncus), tumefacción local o aumento generalizado del tamaño de la lengua.

glosopatía (glossopathy), trastorno patológico de la lengua, como una inflamación aguda producida por una quemadura, picadura, lesión o enfermedad infecciosa, un aumento de tamaño por un linfangioma congénito o un trastorno producido por una infección micótica, lesiones malignas o anomalías congénitas.

glosopeda (foot-and-mouth disease), infección aguda muy contagiosa ocasionada por rinovirus de rumiantes y cerdos. Los caballos son inmunes. Con escasa frecuencia, el virus se transmite a los seres humanos por contacto directo con los animales infectados o sus secreciones o por la leche contaminada. En los seres humanos, los síntomas y signos son cefalea, fiebre, malestar general y vesículas en lengua, mucosa oral, manos y pies.

glosopexia (glossopexy), adherencia de la lengua al labio.

glosopirosis (glossopyrosis), sensación urente en la lengua producida por inflamación crónica, exposición a alimentos muy calientes o muy especiados o por glositis psicógena.

glosoplastia (glossoplasty), procedimiento quirúrgico o intervención plástica sobre la lengua realizada para corregir anomalías congénitas, reparar lesiones o recuperar una cierta función tras la extirpación de una lesión maligna.

glosoptosis (glossoptosis), retracción o desplazamiento de la lengua hacia abajo.

glosorrafia (glossorraphy), sutura quirúrgica de una herida de la lengua.

glosotriquia (glossotrichia), trastorno lingual caracterizado por la presencia de papilas de aspecto piloso.

glotis (glottis, *pl.* **glottises, glottides**), **1.** orificio con forma de hendidura situado entre las cuerdas vocales verdaderas *(plica vocalis).* **2.** aparato fonador de la laringe, constituido por las cuerdas vocales verdaderas y el orificio situado entre ellas *(rima glottidis).*

Glu (Glu), abreviatura de **ácido glutámico**.

glucagón (glucagon), hormona producida por las células alfa de los islotes de Langerhans, que estimula la conversión del glucógeno en glucosa en el hígado. La secreción de glucagón es estimulada por la hipoglucemia y por la hormona de crecimiento de la hipófisis anterior.

glucemia (blood glucose), concentración de glucosa en la sangre.

glucobarsiol (glycobarsiol), antiamebiano que contiene arsénico y bismuto, antiguamente utilizado para tratar la amebiasis intestinal.

glucocorticoide (glucocorticoid), hormona esteroidea corticosuprarrenal que aumenta la gluconeogénesis, ejerce un efecto antiinflamatorio e interviene en numerosas funciones corporales. El más importante de los tres glucocorticoides es el cortisol (hidrocortisona); la corticosterona es menos activa y la cortisona es inactiva hasta que se convierte en cortisol. Los glucocorticoides facilitan la liberación de aminoácidos a partir del músculo, movilizan los ácidos grasos de los depósitos grasos y aumentan la capacidad para mantener las contracciones, evitando la fatiga de los músculos esqueléticos.

glucoesfingolípidos (glycosphingolipids), compuestos constituidos por carbohidratos y ceramida, una sustancia grasa, presentes en los tejidos del sistema nervioso central y también en los eritrocitos.

glucogénesis (glycogenesis), síntesis de glucógeno a partir de la glucosa.

glucógeno (glycogen), polisacárido que es el principal carbohidrato almacenado en las células animales. Se forma a partir de la glucosa y se almacena principalmente en el hígado y en menor cantidad en las células musculares.

glucogenólisis (glycogenolysis), descomposición del glucógeno en glucosa.

glucogenosis (glucogenosis), v. **enfermedad por almacenamiento de glucógeno**.

glucogenosis por deficiencia de miofosforilasa (myophosphorilase deficiency glycogenosis), v. **enfermedad de McArdle**.

glucolípido (glycolipid), compuesto constituido por un lípido y un carbohidrato, normalmente galactosa, presente principalmente en el tejido del sistema nervioso.

glucólisis (glycolysis), serie de reacciones enzimáticas mediante las que la glucosa y otros azúcares se metabolizan para generar ácido láctico o ácido pirúvico, liberando energía en forma de adenosintrifosfato. La glucólisis aeróbica produce ácido pirúvico en presencia de oxígeno suficiente. La glucólisis anaeróbica produce ácido láctico.

gluconato cálcico ($C_{12}H_{22}CaO_{14}$) (calcium gluconate), polvo o granulado blanco, inodoro e insípido que se administra por vía oral o intravenosa para reponer los depósitos corporales de calcio, como después de una transfusión.

gluconato de quinidina (quinidine gluconate), v. **quinidina**.

gluconeogénesis (gluconeogenesis), formación de glucógeno a partir de ácidos grasos y proteínas, en lugar de carbohidratos.

glucopirrolato (glycopyrrolate), anticolinérgico prescrito como coadyuvante en el tratamiento de la úlcera.

glucoproteína (glycoprotein), grupo numeroso de proteínas conjugadas en las que la sustancia no proteica es un carbohidrato. Las mucinas, los mucoides y las condroproteínas son algunos ejemplos.

glucosa (glucose), azúcar simple presente en determinados alimentos, especialmente frutas, siendo la fuente principal de energía en los líquidos corporales humanos y animales.

glucosa-1-fosfato (glucose 1-phosphate), compuesto intermediario del metabolismo de los hidratos de carbono.

glucosa-6-fosfato (glucose 6-phosphate), compuesto intermediario del metabolismo de los hidratos de carbono.

glucosano (glucosan), elemento del grupo de polisacáridos anhidros que por hidrólisis da lugar a una hexosa, fundamentalmente anhídridos de la glucosa. El almidón, la celulosa, las dextrinas y el glucógeno son glucosanos.

glucósido (glycoside), diversos carbohidratos que se desdoblan por hidrólisis en un azúcar y en una sustancia noazúcar. La planta *Digitalis purpurea* produce un glucósido utilizado para el tratamiento de las enfermedades cardíacas.

glucosuria (glucosuria), presencia anormal de glucosa en la orina, como consecuencia de la ingestión de grandes cantidades de carbohidratos o por enfermedad, como nefrosis o diabetes mellitus.

glutamato (glutamate), sal del ácido glutámico.

glutamato ácido de sodio (sodium acid glutamate), v. **glutamato sódico**.

glutamato sódico (sodium glutamate), sal del ácido glutámico utilizada en el tratamiento del coma hepático y para potenciar el sabor de los alimentos.

glutamicacidemia (glutamicacidemia), trastorno congénito del metabolismo de los aminoácidos que genera una concentración excesiva de ácido glutámico.

glutamina (Gln) (glutamine [Gln]), aminoácido no esencial presente en numerosas proteínas del organismo. Actúa como un donador de aminas en muchas reacciones y también es un transportador no tóxico del amoniaco.

glutargina (glutargin), glutamato de arginina.

glutatión (glutathione), enzima cuya deficiencia se asocia frecuentemente a anemia hemolítica.

gluten (gluten), proteína insoluble que forma parte del trigo y de otros cereales.

glúteo (gluteal), perteneciente a las nalgas o a los músculos que forman las nalgas.

glúteo (gluteus), cualquiera de los tres músculos que forman la nalga. La acción del glúteo mayor es extender el muslo. El glúteo mediano abduce y rota el muslo. El glúteo menor abduce el muslo.

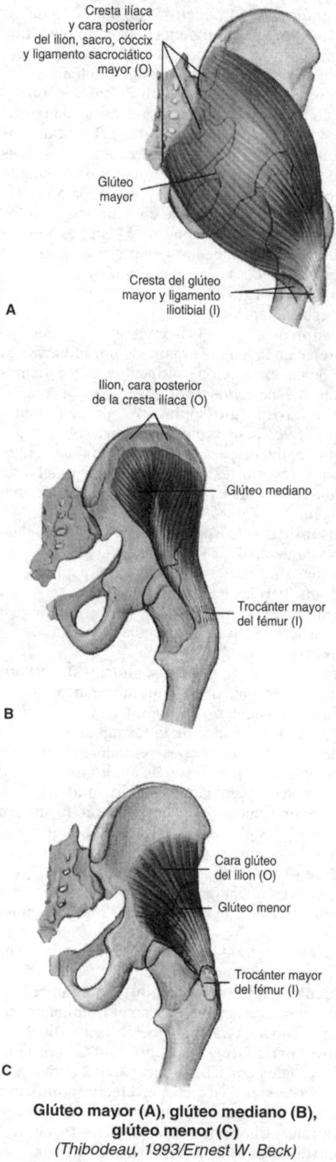

Glúteo mayor (A), glúteo mediano (B), glúteo menor (C)
(Thibodeau, 1993/Ernest W. Beck)

glutetimida (glutethimide), sedante prescrito para el tratamiento de la ansiedad y del insomnio.

Gly (Gly), abreviatura de **glicina**.

GMP (GMP), abreviatura de **guanosín monofosfato**.

GMPc (cGMP), abreviatura de **guanosín monofosfato cíclico**.

gnático (gnatic), relativo o perteneciente a la barbilla o a la mandíbula.

gnatión (gnathion), punto más bajo del borde inferior de la mandíbula en el plano medio. Es un punto de referencia habitual para el diagnóstico y tratamiento ortodóncico de diversos tipos del maloclusión.

gnatodinamómetro (gnathodynamometer), instrumento utilizado para medir la presión de mordida de los maxilares de un individuo.

gnatodinia (gnathodynia), dolor en la mandíbula, como el que se asocia con frecuencia a una muela del juicio incarcerada.

gnatología (gnathology), campo de estudio dental o médico que se ocupa de la totalidad del aparato masticador, incluyendo su anatomía, histología, morfología, fisiología, patología y terapéutica.

gnatostática (gnathostatics), técnica de diagnóstico ortodóncico basada en el análisis de las relaciones entre los dientes y determinados puntos de referencia del cráneo.

GnRH (GnRH), abreviatura de **hormona liberadora de gonadotropina.**

golpe (coup), cualquier choque o los efectos de éste sobre el cuerpo; generalmente se utiliza asociado a una palabra que identifica el tipo de golpe: **1.** contragolpe, lesión asociada fundamentalmente con un golpe en el cráneo en el que la fuerza del impacto se transmite a través de los huesos del cráneo hacia el lado opuesto de la cabeza, donde se observa contusión, fractura u otro signo de lesión. **2.** golpe de sable, lesión que se parece al corte producido por una espada.

golpe de calor (heatstroke), v. **hiperpirexia por calor**.

golpe torácico (chest thump), golpe seco que se da en el tórax, sobre el área precordial, para restablecer los latidos cardíacos normales después de una parada cardíaca.

goma (gum), secreción viscosa de algunas plantas.

goma (gumma, *pl.* **gummas, gummata**), **1.** granuloma característico de la sífilis terciaria, con un diámetro variable entre 1 mm y 1 cm. Normalmente está encapsulado y contiene una masa central necrótica rodeada por una región de tejido inflamatorio y fibrótico. **2.** lesión granulomatosa blanda que a veces aparece en la tuberculosis.

goma (rubber), *coloquial,* **condón**.

goma arábiga (acacia gum), exudado seco y de consistencia gomosa procedente del árbol de la acacia *(Acacia senegal)*, utilizado como agente de suspensión o de emulsificación en la preparación de medicamentos.

gónada (gonad), glándula productora de gametos, como el ovario o el testículo.

gonadotropina (gonadotropin), sustancia de carácter hormonal que estimula la función de los testículos y de los ovarios. La hormona gonadotrópica foliculostimulante y la hormona luteinizante son producidas y segregadas por la hipófisis anterior. Al principio de la gestación, la placenta produce gonadotropina coriónica.

gonadotropina coriónica (GC) (chorionic gonadotropin [CG]), sustancia química presente en la orina de mujeres embarazadas. Esta hormona glucoproteica es secretada por las células trofoblásticas de la placenta. Está formada por dos subunidades, las gonadotropinas coriónicas humanas alfa y beta. La subunidad alfa es casi idéntica a las subunidades correspondientes de las hormonas foliculoestimulante, luteinizante y estimulante del tiroides. Los efectos específicos de la gonadotropina coriónica están activados por la subunidad beta. Estos comprenden la estimulación del cuerpo lúteo para que segregue estrógenos y progesterona, y para que reduzca la activación linfocítica.

gonfosis (gomphosis, *pl.* **gomphoses**), articulación mediante la inserción de una apófisis cónica en un hueco, como la de la raíz de un diente en un alveolo maxilar.

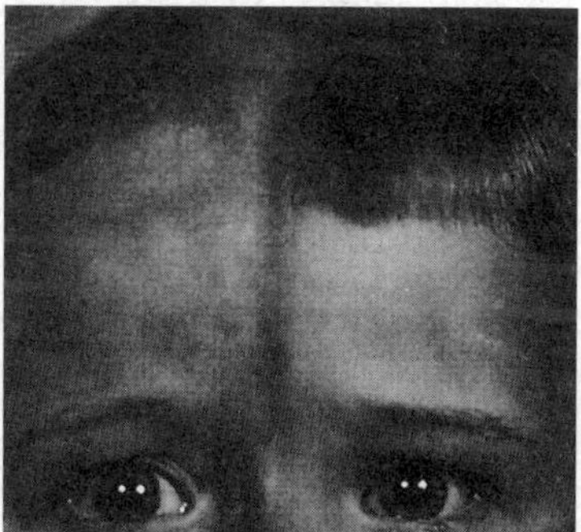

Golpe de sable
(du Vivier, 1993)

goniometría (goniometry), sistema de valoración de los distintos trastornos laberínticos que afectan al sentido del equilibrio.

goniómetro (goniometer), instrumento utilizado para medir ángulos, especialmente el rango de movimientos de una articulación.

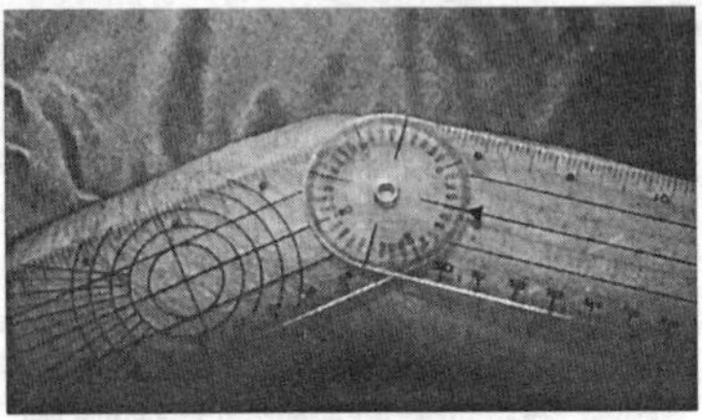

Goniómetro
(Schumacher, 1988)

goniómetro digital (finger goniometer), instrumento para medir el ángulo de una articulación de los dedos, o de un brazo o pierna.

gonioscopio (gonioscope), oftalmoscopio utilizado para examinar el ángulo de la cámara anterior del ojo y para demostrar la motilidad y rotación del ojo.

goniotomía (goniotomy), intervención ocular realizada para eliminar cualquier obstrucción al flujo del humor acuoso en la cámara anterior del ojo. Este procedimiento se suele realizar en los casos de glaucoma.

gonoblasto (gonoblast), v. **célula germinal**.

gonocito (gonocyte), v. **célula germinal**.

gonocócico (gonococcal), relativo a o parecido al gonococo.

gonococo (gonococcus, *pl.* **gonococci**), diplococo gramnegativo intracelular de la especie *Neisseria gonorrhoeae*, responsable de la gonorrea.

gonorrea (gonorrhea), enfermedad frecuente de transmisión sexual, que afecta principalmente al tracto genitourinario y, en ocasiones, a la faringe, conjuntiva o recto. La infección es el resultado del contacto con una persona infectada o con secreciones que contienen el organismo causal, *Neisseria gonorrhoeae*. Son características la uretritis, la disuria, la secreción uretral o vaginal purulenta verde-amarillenta, el meato urinario rojo o edematoso y el prurito, quemazón o dolor alrededor del orificio vaginal o uretral. La vagina puede estar completamente roja y tumefacta y la región inferior del abdomen puede estar tensa y muy dolorosa a la palpación. Al extenderse la infección, lo que es más frecuente en mujeres que en varones, pueden aparecer náuseas, vómitos, fiebre y taquicardia a medida que se desarrolla una salpingitis, ooforitis o peritonitis. La oftalmía gonocócica es la infección de la conjuntiva y puede evolucionar hacia la cicatrización y la ceguera.

Gonyaulax catanella (Gonyaulax catanella), especie de protozoos planctónicos productores de una toxina que son ingeridos por los crustáceos de las costas norteamericanas, lo que provoca una intoxicación por marisco.

Goodrich, Annie Warburton (Goodrich, Annie Warburton) [1866-1954], profesora norteamericana de enfermería. En 1952 fue nombrada decana de la recién creada *Yale School of Nursing* de la Yale University, proporcionando a la enfermería el mismo rango universitario que tenían otras profesiones.

GOT (GOT), abreviatura de **transaminasa glutamicooxalacética**.

gota (drop), pequeña masa esférica de líquido. Una gota puede variar en forma y tamaño ante diferencias de temperatura, viscosidad y otros factores. A efectos terapéuticos, se considera que una gota tiene un volumen de 0,06-0,1 ml; o bien 1-1,5 mínimos.

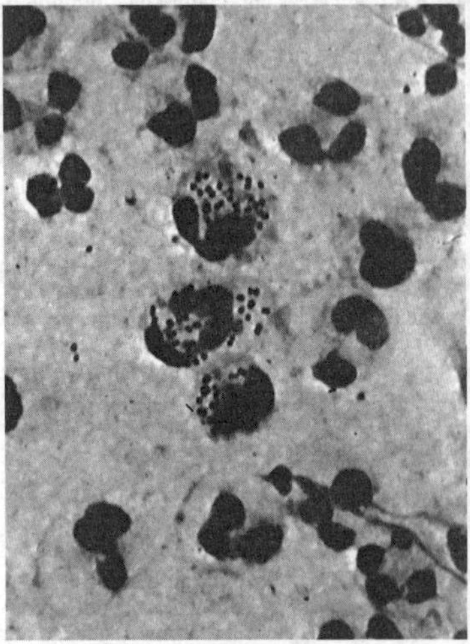

Gonococos en un frotis de exudado uretral
(C. D. Forbes/W. F. Jackson, 1994)

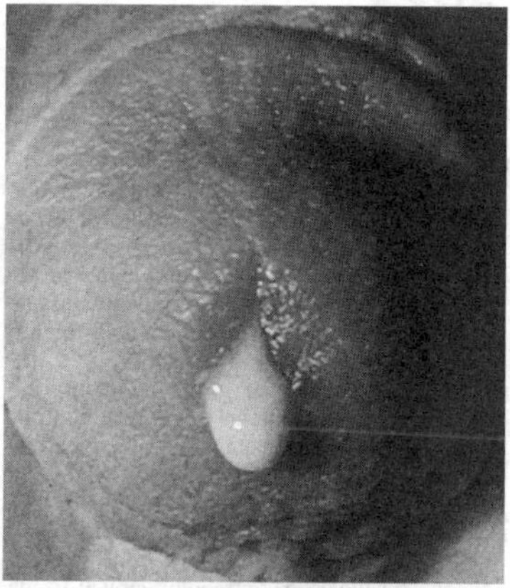

Gonorrea
(C. D. Forbes/W. F. Jackson, 1994)

gota (gout), trastorno asociado con un error innato del metabolismo del ácido úrico que aumenta la producción o interfiere en la excreción de ácido úrico. El exceso de ácido úrico se convierte en cristales de urato sódico, que precipitan y se depositan en las articulaciones y en otros tejidos. El trastorno puede provocar una tumefacción extremadamente dolorosa en una articulación, con fiebre y escalofríos. Este trastorno es discapacitante y, si no se trata, puede progresar hasta el desarrollo de tofos y alteraciones degenerativas en la articulación.

gota (gt) (gutta [gt]), cantidad equivalente a un mínimo de un fármaco, como las gotas oculares o para los oídos.

gota crónica (chronic gout), alteración persistente del metabolismo de las purinas, caracterizada por niveles anormalmente altos de ácido úrico en suero y episodios de artritis, con depósitos de uratos en las articulaciones. El trastorno puede ser familiar y, si no se trata, puede ocasionar insuficiencia renal.

gota tofácea (tophaceous gout), forma del trastorno del metabolismo de las purinas caracterizada por la formación de depósitos cretosos de biurato sódico bajo la piel y en las articulaciones. Si no se trata, los depósitos pueden llegar a destruir las articulaciones afectadas.

gotas oculares (eyedrops), fármaco líquido que se administra cayendo sobre la superficie conjuntival.

gotas óticas (ear drops), presentación líquida de fármacos, de uso tópico, para el tratamiento local de diversos procesos óticos, como la inflamación o infección de la mucosa del conducto auditivo externo o para el cerumen impactado.

goteo (drip), **1.** proceso de formación y caída de gotas de un líquido. Son tipos de goteo el **goteo nasal** y el **goteo posnasal**. **2.** infusión lenta pero continuada de un líquido en el interior del cuerpo, como en el estómago o una vena.

goteo nasal (nasal drip), método para infundir lentamente un líquido a un lactante deshidratado por medio de una sonda introducida en el esófago a través de la nariz.

goteo posnasal (GPN) (postnasal drip [PND]), secreción gota a gota de mucosidad nasal hacia la faringe posterior, que se acompaña con frecuencia de sensación de obstrucción, sabor desagradable y aliento fétido, como consecuencia de rinitis, sinusitis crónica o hipersecreción de la mucosa nasofaríngea.

goteo vaginal, manchado vaginal (vaginal spotting, vaginal staining), salida de sangre por la vagina fuera del período menstrual.

gotoso (gouty), relativo a, o parecido a la enfermedad de la gota.

gp160 (gp160), código de una glucoproteína que proporciona una capa externa al VIH (virus de la inmunodeficiencia humana). La capa externa, a su vez, está constituida por gp120, que sobresale de la superficie del virus, y por gp41, que está incluida en la capa envolvente.

GPN (PND), abreviatura de **goteo posnasal**.

GPT (GPT), abreviatura de la **transaminasa glutamicopirúvica**. V. **alanina aminotransferasa**.

gr (gr), abreviatura de **grano**.

GR (RBC), abreviatura de glóbulo rojo. V. **eritrocito**.

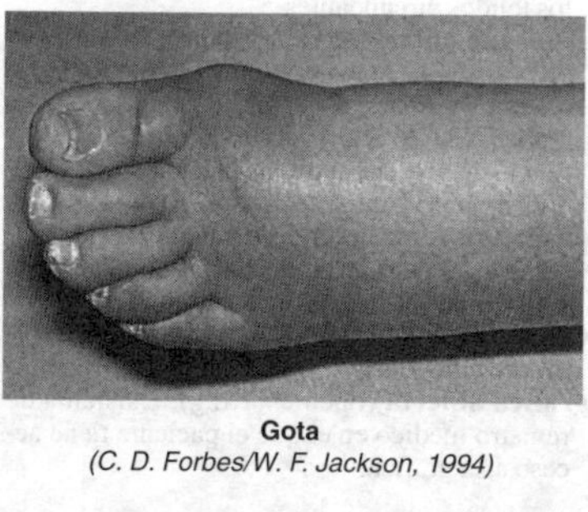

Gota
(C. D. Forbes/W. F. Jackson, 1994)

grácil (gracile), alargado, estilizado y gracioso.

gradiente (gradient), **1.** velocidad de aumento o disminución de un fenómeno medible, como la temperatura o la presión. **2.** representación visual de la velocidad de cambio de un fenómeno medible; una curva.

gradiente axial (axial gradient), **1.** variación en el ritmo metabólico entre diferentes partes del cuerpo. **2.** desarrollo hacia el eje corporal o hacia sus partes en lo que se refiere al ritmo metabólico de las diversas partes.

gradiente de concentración (concentration gradient), gradiente que existe a través de una membrana que separa una concentración elevada de un ion determinado de una concentración baja del mismo ion.

gradiente de densidad (density gradient), variación de la concentración de soluto en una solución confinada.

gradiente de potencial eléctrico (electric potential gradient), diferencia neta de carga eléctrica a través de la membrana de una célula.

gradiente de presión gaseosa alveolo-arterial (alveolar-arterial gas pressure difference), diferencia entre la presión parcial media medida o calculada de un gas, como puede ser el CO_2, en el alveolo, y la presión parcial del mismo gas medida simultáneamente en la sangre arterial sistémica. Se mide en mm Hg.

gradiente de presión gaseosa alveolo-arterial en el extremo capilar (alveolar-arterial end-capillary gas pressure difference), diferencia de presiones existente entre el gas del espacio alveolar y de la sangre del capilar pulmonar cuando ésta abandona el alveolo. Se mide en mm Hg.

gradiente de presión oncótica (oncotic pressure gradient), diferencia de presión entre la presión osmótica de la sangre y la del fluido tisular o linfoide. Es una fuerza importante en la conservación del equilibrio entre la sangre y los tejidos circundantes.

gradiente mitral (mitral gradient), diferencia de presión entre la aurícula y el ventrículo izquierdos durante la diástole.

gradiente sistólico (systolic gradient), diferencia de presión entre la aurícula izquierda y el ventrículo izquierdo durante la sístole.

gradiente ventricular (ventricular gradient), suma algebraica de las áreas del complejo QRS y de la onda T en el electrocardiograma.

GRAE (GRAE), abreviatura de **generalmente considerado eficaz**.

gráfica abierta (open charting), sistema de registro médico en el que el paciente tiene acceso a su gráfica.

gráfica de isodosis (isodose chart), (en radioterapia) representación gráfica de la distribución de la radiación en un medio, mediante el trazado de líneas que unen los puntos que reciben la misma dosis.

gráfica de temperatura basal (basal temperature chart) gráfica de temperatura diaria, que habitualmente registra la temperatura al levantarse. La gráfica de temperatura basal es utilizada en ocasiones por las mujeres para establecer la fecha de la ovulación, momento en que la temperatura puede presentar un aumento brusco.

gráfico de barras (bar graph), un gráfico en el que las frecuencias se representan por barras desde la ordenada o la abscisa, permitiendo ver a la vez la distribución de toda la muestra.

gramnegativo (gram-negative) [Hans C. J. Gram, médico danés, n. 1853], que presenta el color rosado de la contracoloración utilizada en el método de Gram de tinción de microorganismos. Esta propiedad es un método fundamental para identificar organismos en microbiología.

gramo (g) (gram [g, gm]), unidad de masa del sistema métrico equivalente a la milésima parte de un kilogramo, a 15,432 granos y a 0,0353 onzas avoirdupois. La abreviatura preferida es g.

grampositivo (gram-positive) [Hans C. J. Gram], que conserva el color violeta del tinte utilizado en el método de Gram de tinción de microorganismos. Esta propiedad es un método fundamental para identificar organismos en microbiología.

gran multípara (grand multipara), mujer que ha completado seis o más embarazos.

grano (gr) (grain [gr]), unidad de masa más pequeña de los pesos avoirdupois, troy y farmacéutico, equivaliendo en todos ellos a 4,79891 mg. Las onzas troy y farmacéutica contienen 480 granos; la onza avoirdupois contiene 437,5 granos.

granular (granular), **1.** que macroscópicamente parece o se siente como arena. **2.** que microscópicamente presenta un número variable de partículas en su interior o en su superficie, como un granulocito teñido.

granularidad (granularity), v. **granular**.

granulitis (granulitis), tuberculosis miliar aguda.

gránulo (granule), partícula, grano u otra pequeña masa seca capaz de moverse libremente. A diferencia del polvo, los gránulos normalmente se desplazan con libertad debido a las pequeñas fuerzas superficiales presentes.

granulocito (granulocyte), grupo de leucocitos caracterizado por la presencia de gránulos citoplásmicos. Los **basófilos, eosinófilos** y **neutrófilos** son tipos de granulocitos.

granulocitopenia (granulocytopenia), trastorno de la sangre caracterizado por la disminución del número total de granulocitos.

granulocitosis (granulocytosis), trastorno de la sangre caracterizado por el aumento del número total de granulocitos.

granuloma (granuloma, *pl.* **granulomas, granulomata**), masa de tejido de granulación nodular producida por inflamación, lesión o infección. Está constituido por capilares y fibroblastos en crecimiento.

granuloma anular (granuloma annulare), enfermedad crónica de la piel, autolimitada, de causa desconocida, que se caracteriza por la presencia de pápulas y nódulos rojizos dispuestos en anillo, que se observan sobre todo en las regiones distales de las extremidades de los niños.

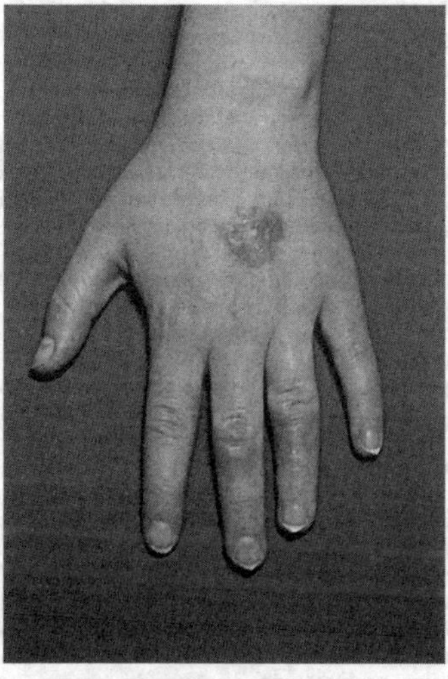

Granuloma anular
(R. Hall/D. C. Evered, 2.ª ed., 1992)

granuloma de cuerpo extraño (foreign body granuloma), masa inflamatoria crónica de tejido que se acumula alrededor de cuerpos extraños como grava, astillas o trozos de sutura.

granuloma de Majocchi (Majocchi's granuloma) [Domenico Majocchi, dermatólogo italiano, n. 1849], tipo poco frecuente de tiña corporal, que afecta principalmente a las piernas. Está producida por el hongo *Trichophyton*, que infecta los pelos de las zonas afectadas, originando granulomas esponjosos.

granuloma dental (dental granuloma), proceso caracterizado por una masa de tejido de granulación rodeada de una cápsula fibrosa fijada al ápex de un diente con lesión de la pulpa.

granuloma eosinófilo (eosinophilic granuloma), formación caracterizada por la presencia de numerosos eosinófilos e histiocitos, que normalmente se presenta como una lesión ósea única o múltiple.

granuloma glúteo infantil (granuloma gluteale infantum), trastorno cutáneo del neonato caracterizado por la presencia de grandes nódulos elevados, azulados o rojizosmarrones, en las nalgas, que con frecuencia aparecen como reacción secundaria a la aplicación de bálsamos con esteroides fuertes durante un período de tiempo prolongado.

granuloma infeccioso (infectious granuloma), lesión nodular de tejido granulomatoso que se puede desarrollar en enfermedades como tuberculosis, sífilis y actinomicosis.

granuloma inguinal (granuloma inguinale), enfermedad de transmisión sexual caracterizada por la presencia de úlceras en la piel y en los tejidos subcutáneos de las ingles y genitales. Está producida por la infección por *Calymmatobacterium granulomatis*, un pequeño bacilo alargado gramnegativo.

granuloma maligno (malignant granuloma), linfoma maligno, como la enfermedad de Hodgkin o un linfosarcoma.

granuloma piógeno (pyogenic granuloma), masa pequeña, no maligna constituida por tejido de granulación en exceso, que habitualmente se localiza en el lugar de una herida. Suele ser de color rojo mate, contiene numerosos capilares, sangra con facilidad y es muy sensible; puede estar unida por un pedículo estrecho.

granuloma telangiectásico (telangiectatic granuloma), v. **granuloma piógeno**.

granuloma tricofítico (trichophytic granuloma), v. **granuloma de Majocchi**.

granulomatosis (granulomatosis), trastorno caracterizado por el desarrollo de granulomas, como la **beriliosis**, la **granulomatosis de Wegener** o la **granulomatosis pulmonar de Wegener**.

granulomatosis de Wegener (Wegener's granulomatosis) [F. Wegener, anatomopatólogo alemán del siglo XX], proceso inflamatorio crónico poco frecuente caracterizado por la formación de nódulos o masas de tipo tumoral en las vías aéreas, vasculitis necrosante y glomerulonefritis. Los síntomas, dependiendo de los órganos afectados, incluyen dolor sinusal, secreción nasal sanguinolenta o purulenta, deformación de la nariz en silla de montar, molestias torácicas y tos, debilidad, anorexia, pérdida de peso y lesiones cutáneas.

granulomatosis pulmonar de Wegener (pulmonary Wegener's granulomatosis), enfermedad mortal, poco frecuente, que afecta a varones jóvenes o de edad media, caracterizada por la presencia de lesiones granulomatosas en el tracto respiratorio, arteritis necrosante focal y, finalmente, inflamación diseminada de los órganos corporales.

granulomatoso (granulomatous), perteneciente a, o parecido a los granulomas.

gránulos de cimógeno (zymogen granules), gránulos que se encuentran en algunas células exocrinas secretoras. Contienen los precursores de las enzimas que se activan después de que los gránulos abandonan la célula.

gránulos de Much (Much's granules) [Hans C. Much, médico alemán, n. 1880], gránulos y cilindros presentes en el esputo tuberculoso, que se tiñen con la tinción Gram y no por los métodos habituales para los bacilos ácido-alcohol resistentes.

gránulos de Schüffner (Schüffner's dots), gránulos irregulares de color rosa o rojo que se observan en los hematíes de pacientes con fiebres terciarias (paludismo). Son signos de *Plasmodium vivax* o de *P. ovale*, estando ausentes de los hematíes de los pacientes infectados por otros tipos de plasmodio.

gránulos sideróticos (siderotic granules), cuerpos de inclusión encontrados en los hematíes de pacientes esplenectomizados y en casos de síntesis de hemoglobina y anemia hemolítica. Los gránulos contienen hierro.

granulosis (granulosis), trastorno caracterizado por la acumulación de gránulos en una zona de tejido corporal.

grapa (staple), pieza de alambre de acero inoxidable utilizada para cerrar determinadas heridas quirúrgicas.

grapado (stapling), método de sutura rápida de tejidos al final de la intervención quirúrgica mediante el uso de grapas o alambre. Los extremos del alambre se doblan hacia el centro, cerrando la grapa.

GRAS (GRAS), abreviatura de **normalmente considerado seguro**.

grasa (fat), **1.** sustancia constituida por lípidos o ácidos grasos que puede presentarse con distintas formas o consistencias, desde el aceite al sebo. **2.** tipo de tejido corporal compuesto por células que contienen grasa almacenada. La grasa almacenada se identifica como grasa blanca, que se encuentra formando grandes vesículas celulares, o como grasa parda, constituida por gotículas de lípidos. La grasa almacenada contiene más del doble de calorías por gramo que los azúcares, y sirve como fuente de energía corporal de rápida movilización.

grasa de lana (wool fat), sustancia grasa obtenida de la lana de las ovejas en la que la lanolina es un componente químico habitual.

grasa de lana hidratada (hydrous wool fat), v. **lanolina**.

grasa orbitaria (orbital fat), cojinete semilíquido de grasa que reviste la órbita ósea sujetando al ojo. La pérdida traumática de la grasa causa un aspecto similar al enoftalmos.

grasa parda (brown fat), tipo de grasa presente en los niños recién nacidos y rara vez encontrada en los adultos. La grasa parda es una importante fuente de energía calórica para el lactante porque tiene mayor actividad termogénica que la grasa corriente.

gravedad (gravity), tendencia universal de atracción entre cualquier cuerpo de materia y cualquier cuerpo planetario.

grávida (gravida), mujer que está embarazada. Se puede identificar a la paciente más específicamente como **grávida I** si está embarazada por primera vez y como **grávida II** si está embarazada por segunda vez.

grávida 1 (gravida 1), v. **primigrávida**.

grávida 2 (gravida 2), v. **secundigrávida**.

gravidez (gravidity, gravidness), v. **grávida**.

gray (Gy) (gray [Gy]), absorción de un julio por kilogramo por un material expuesto a radiación ionizante. Un gray equivale a 100 rad.

GRD (DRG), abreviatura de **grupos relacionados con el diagnóstico**.

gripe (influenza), infección muy contagiosa del tracto respiratorio producida por un myxovirus y transmitida por gotitas infectadas que se transmiten por el aire. Los síntomas son: faringitis, tos, fiebre, dolores musculares y debilidad. Su comienzo suele ser súbito, con escalofríos, fiebre y malestar general. El tratamiento es sintomático, y normalmente consiste en reposo en cama, aspirina e ingesta de líquidos. La fiebre y los síntomas constitucionales distinguen la gripe del resfriado común. La recuperación se produce en 3 a 10 días, por regla general. Se reconocen tres cepas principales de virus de la gripe: los tipos A, B y C. A intervalos regulares aparecen nuevas cepas de virus, a las que se denomina según su origen geográfico. La **gripe asiática** pertenece al grupo A.

griseofulvina (griseofulvin), antimicótico prescrito para el tratamiento de determinadas infecciones de la piel, del cabello y de las uñas.

grosor del pliegue cutáneo (skinfold thickness), medida de la cantidad de tejido adiposo subcutáneo mediante la inserción de un pliegue de piel entre las pinzas de un compás. Se suele realizar en la porción superior del brazo, en el muslo o en la región superior del abdomen, comparándose los resultados con unas tablas estándar para valorar de forma indirecta la cantidad de grasa corporal del individuo.

grupo (group), (en investigación) cualquier conjunto de elementos o grupos de personas en estudio. El **grupo de control** sirve como estándar o referencia para comparar con el grupo experimental. Es similar al grupo experimental en número e idéntico en determinadas características como sexo, edad y otros factores. Un **grupo experimental** se estudia para determinar el efecto de un hecho, sustancia o técnica.

grupo sanguíneo (blood group), cada uno de los tipos en los que se ha clasificado la sangre en función de la presencia o ausencia de antígenos determinados genéticamente en la superficie de los hematíes. Se han descrito varios sistemas de clasificación, entre ellos los sistemas ABO, Auberger, Diego, Dombrock, Duffy, alta frecuencia, I, Kell, Kidd, Lewis, baja frecuencia, Lutheran, MNS, P, Rh, Sutter y Xg.

grupo sanguíneo Rh (Rh blood group), v. **factor Rh**.

grupos sanguíneos ABO (ABO blood groups), el más importante de los diversos sistemas de clasificación de la sangre humana, basado en los componentes antigénicos de los hematíes. El grupo sanguíneo ABO se identifica por la presencia o la ausencia de dos antígenos diferentes, A o B, en la superficie del hematíe. Los cuatro tipos sanguíneos que se contemplan en esta clasificación son A, B, AB y O, los cuales vienen determinados por dichos antígenos. El tipo AB presenta ambos antígenos; el tipo O carece de ambos.

GSA (ABG), abreviatura de **gases en sangre arterial**.

gt (gt), abreviatura de la palabra latina *gutta*, gota.

GTP (GTP), abreviatura de **guanosintrifosfato**.

gtt (gtt), abreviatura de la palabra latina *guttae*, gotas.

GU (GU), abreviatura de **genitourinario**.

guanina (guanine), base púrica principal presente en los nucleótidos y componente fundamental del ADN y ARN. En forma libre o no combinada está presente en cantidades mínimas en la mayoría de las células, normalmente como producto de la hidrólisis enzimática de ácidos nucleicos y nucleótidos.

guanosina (guanosine), compuesto derivado de un ácido nucleico, compuesto por guanina y un azúcar, la D-ribosa. Es un componente molecular fundamental del ADN y ARN.

guanosinmonofosfato (GMP) (guanosine monophosphate [GMP]), nucleótido que desempeña un importante papel en diversas reacciones metabólicas y en la formación de ARN a partir de los modelos de ADN.

guanosinmonofosfato cíclico (GMPc) (cyclic guanosine monophosphate [cGMP]), sustancia que media en la acción de ciertas hormonas de forma similar al adenosinmonofosfato cíclico (AMPc).

guanosintrifosfato (GTP) (guanosine triphosphate [GTP]), nucleótido de alta energía, similar al adenosintrifosfato, que participa en diversas reacciones metabólicas, como en la activación de los ácidos grasos o en la formación de enlaces peptídicos en la síntesis de proteínas.

guaranina (guaranine), cafeína.

guardería (day care), programa o instalación especializada que proporciona asistencia a los niños en edad preescolar, normalmente en grupo, ya como sustituto o como alternativo a los cuidados en casa, sobre todo para madres solteras o padres que trabajan ambos fuera de casa.

guayacol (guaiac), resina de madera, utilizada habitualmente como reactivo en pruebas de laboratorio para detectar sangre oculta.

guayacolato de glicerilo (glyceryl guaiacolate). v. **guayafenesina**.

guayafenesina (guaifenesin), guayacolato de glicerilo, polvo de color blanco grisáceo, con sabor amargo y olor débil, ampliamente utilizado como expectorante.

guía (guidewire), instrumento empleado para colocar en posición un catéter intravenoso.

guía anticipada (anticipatory guidance), preparación psicológica de un paciente para ayudarle a superar el miedo y la ansiedad asociados a un acontecimiento que se espera genere una gran tensión, como cuando se prepara a un niño para ser sometido a cirugía explicándole lo que va a suceder.

guía de biopsia de Frank (Frank biopsy guide), dispositivo que consta de una aguja larga que contiene un filamento en forma de gancho, que se usa para obtener muestras de biopsia de tejido mamario.

guiño mandibular (jaw-winking), fenómeno de movimiento facial involuntario en el que el párpado se cae cuando se cierra la mandíbula, pero se eleva cuando la mandíbula se mueve. Frecuentemente la elevación del párpado es exagerada.

GUNA (ANUG), abreviatura de **gingivitis ulcerativa necrosante aguda**.

gundú (goundou), trastorno caracterizado por la presencia de exostosis óseas en los huesos nasales y en los maxilares, que normalmente aparece como secuela tardía del pian en individuos de África y América latina.

gusano (worm), todo invertebrado de cuerpo blando y alargado de los filos Annelidos, Nematelmintos o Platelmintos. Los **oxiuros** y las **uncinarias** son dos clases de gusanos parásitos para los seres humanos.

gusano redondo (roundworm), cualquier gusano de la clase Nematodo, entre los que se incluyen *Ancylostoma duodenale, Ascaris lumbricoides, Enterobius vermicularis* y *Strongyloides stercolaris*.

gustativo (gustatory), relativo al acto o al sentido del gusto o a los órganos del gusto.

gusto (taste), sentido por el que se perciben diferentes sabores presentes en las sustancias solubles que entran en contacto con la lengua, y que dirige impulsos nerviosos a los centros especiales del gusto situados en la corteza cerebral y en el tálamo. Los cuatro gustos básicos tradicionales son: dulce, salado, ácido y amargo. La punta de la lengua es más sensible a las sustancias saladas y dulces; las zonas laterales son más sensibles a las sustancias ácidas, y la parte posterior es más sensible a las sustancias amargas. El centro de la lengua prácticamente no percibe ninguna sensación de gusto. El sentido del gusto está intrínsecamente ligado al sentido del olfato.

gut (gut), material de sutura fabricado con intestino de oveja.

gutapercha (gutta-percha), savia gomosa coagulada de distintos árboles tropicales, utilizada para el sellado temporal de los apósitos de las cavidades dentales preparadas.

gutural (guttural), relativo a, o que pertenece a la garganta, incluyendo la voz áspera, de bajo tono.

H

h (h, hr), símbolo de **hora**.
H (H), símbolo del **hidrógeno**.
H° (H°), símbolo de la concentración de hidrogeniones.
H² (²H), símbolo del **deuterio**.
H³ (³H), símbolo del **tritio**.
H_2 (H_2), abreviatura de un subtipo de receptor de histamina presente en el estómago.
H_2O (H_2O), símbolo del **agua**.
h-r (r-h), **1.** abreviatura de **humedad relativa**. **2.** abreviatura de roentjeus por hora.
Ha (Ha), símbolo del elemento químico *hahnio* (elemento 105).
HAAg (HaAg), abreviatura de antígeno de la hepatitis A.
habilidad (ability), capacidad de actuar de una forma específica gracias a poseer la experiencia adecuada junto con un buen estado de entrenamiento físico o mental.
habilidades motoras (gross motor skills), habilidades que requieren el uso de los grandes grupos musculares que coordinan los movimientos corporales necesarios para la vida normal, como caminar, correr, saltar, tirar y equilibrarse.
habilitación (habilitation), proceso de proveer a una persona de los recursos necesarios para que desarrolle con la máxima independencia las actividades diarias mediante entrenamiento o tratamiento.
hábito (habit), **1.** práctica acostumbrada o particular, manera o modo de conducta. **2.** patrón involuntario de conducta o pensamiento. **3.** *arcaico,* aspecto físico, como el hábito pícnico. **4.** uso habitual de fármacos o narcóticos.
hábito de fumar (cigarette smoking), inhalación de gases y vapores de hidrocarburos generados por la lenta combustión del tabaco de los cigarrillos. El hábito está parcialmente producido por el efecto que ejerce la nicotina contenida en el humo sobre el sistema nervioso central. Además de la nicotina, se han identificado alrededor de otros 1.000 agentes químicos en el humo del cigarrillo.
habituación (habituation), **1.** tolerancia adquirida por la exposición repetida a un estímulo determinado. **2.** disminución y eliminación de una respuesta condicionada mediante la repetición del estímulo condicionado. **3.** dependencia psicológica y emocional de una droga, tabaco o alcohol como consecuencia del uso repetido de esa sustancia pero sin la necesidad fisiológica o adicción para aumentar la dosis.
habla en espejo (mirror speech), habla anormal caracterizada por el ordenamiento inverso de las sílabas de las palabras.
hachís (hashish), v. **cannabis**.
Haemophilus (Haemophilus), género de bacterias patógenas gramnegativas, presentes con frecuencia en el tracto respiratorio del hombre y de otros animales, como *Haemophilus influenzae*, que causa resfriados y una forma de meningitis.
Haemophilus influenzae (Haemophilus influenzae), bacteria parásita pequeña, gramnegativa e inmóvil, que presenta dos formas, encapsulada y no encapsulada, y seis tipos: a, b, c, d, e y f. Casi todas las infecciones están causadas por microorganismos encapsulados del tipo b.
hafnio (Hf) (hafnium [Hf]) [Hafnia, nombre original de Copenhague, Dinamarca], elemento metálico duro, quebradizo, gris-plateado, perteneciente al primer grupo de transición. Su número atómico es 72; su peso atómico es 178,49.
halcinonida (halcinonide), glucocorticoide prescrito por vía tópica como agente antiinflamatorio.
halistéresis (halisteresis), proceso teórico de resorción ósea en el que las sales del hueso se pueden extraer por mecanismos humorales y volver a los líquidos tisulares del cuerpo, dejando tras de sí una matriz ósea descalcificada.
halitosis (halitosis), aliento desagradable secundario a una higiene oral escasa, infecciones dentales u orales, ingestión de ciertos alimentos, consumo de tabaco o a algunas enfermedades sistémicas, como el olor a acetona de la diabetes y a amoniaco de las enfermedades hepáticas.
hallux (hallux, *pl.* **halluces**), primer dedo del pie.
hallux rígido (hallux rigidus), deformidad dolorosa del primer dedo del pie que limita la movilidad de la articulación metatarsofalángica.

hallux valgo (hallux valgus), deformidad en la que el primer dedo del pie se angula desde la línea media del cuerpo hacia los demás dedos; en algunos casos este dedo monta por encima o por debajo de los demás dedos.

halógeno (halogen), cualquiera de los elementos del grupo VII de la tabla periódica: flúor, cloro, bromo, iodo y astato. Se encuentran en el agua de mar en forma de los iones haloides correspondientes.

haloperidol (haloperidol), tranquilizante derivado de la butirofenona prescrito para el tratamiento de los trastornos psicóticos y para el control del síndrome de Gilles de la Tourette.

haloprogina (haloprogin), antibacteriano y antifúngico prescrito para el tratamiento de infecciones fúngicas susceptibles, incluido el pie de atleta.

halotano (halothane), anestésico inhalatorio prescrito para la inducción y mantenimiento de la anestesia general.

haploide (haploid), que sólo tiene un juego completo de cromosomas no homólogos.

hapteno (hapten), sustancia no proteica que actúa como antígeno cuando se combina con las zonas particulares de unión de un anticuerpo. A diferencia de un antígeno verdadero no induce la formación de anticuerpos.

haptoglobina (haptoglobin), proteína plasmática cuya única función conocida es la de unirse a la hemoglobina libre.

haptología (haptics), ciencia dedicada al estudio del sentido del tacto.

haz (beam), (en radiología) rayo primario de radiación emitido por el tubo de rayos X.

haz auriculoventricular (atrioventricular bundle), v. **haz de His**.

haz de His (bundle of His) [Wilhelm His, médico alemán, n. 1863], banda de fibras del miocardio a través de las que se transmite el impulso cardíaco desde el nódulo auriculoventricular (AV) a los ventrículos. El haz de His comienza en el nódulo AV, sigue el tabique membranoso del corazón y se divide para formar las ramas fasciculares izquierda y derecha. Los extremos de ambas ramas en los ventrículos están compuestos de fibras de Purkinje.

haz en abanico (fan beam), patrón geométrico que se produce por la colimación de un haz de rayos X extendido espacialmente con una hendidura larga y estrecha.

Hb (Hb), abreviatura de **hemoglobina**.

HB (HB), abreviatura de **hepatitis B**.

Hb A (Hb A), abreviatura de **hemoglobina A**.

Hb A_2 (Hb A_2), abreviatura de **hemoglobina A_2**.

Hb C (Hb C), abreviatura de **hemoglobina C**.

Hb F (Hb F), abreviatura de **hemoglobina F**.

Hb S (Hb S), abreviatura de **hemoglobina S**.

Hb S-C (Hb S-C), abreviatura de hemoglobina S-C.

HBAg (HBAg), abreviatura de antígeno de la hepatitis B.

HBsAg (HBsAG), abreviatura de **antígeno de superficie de la hepatitis B**.

HCA (CAH), abreviatura de hepatitis crónica activa.

hCG (HCG), abreviatura de gonadotropina coriónica humana.

HCI (LUQ), abreviatura de hipocondrio izquierdo. V. **hipocondrio**.

HCM (MCH), abreviatura de **hemoglobina corpuscular media**.

HDL (HDL), abreviatura de **lipoproteína de alta densidad**.

He (He), símbolo del **helio**.

hebefrenia, esquizofrenia hebefrénica (hebephrenia, hebephrenic schizophrenia), caracterizada por su comienzo temprano.

hebetud (hebetude), estado de embotamiento o de letargia, característico de algunas formas de esquizofrenia.

heces (feces), residuo o excremento del tracto digestivo formado en el intestino y expulsado por el recto. Las heces están compuestas por agua, residuos alimenticios, bacterias y secreciones del intestino y del hígado.

hélice (helix), formación enrollada en forma de espiral característica de muchas moléculas orgánicas, como el ácido desoxirribonucleico (ADN).

hélice de Watson-Crick (Watson-Crick helix) [John Dewey Watson, biólogo norteamericano, n. 1928; Francis H. Crick, biólogo inglés, n. 1916], modelo de la molécula del ADN propuesto por Watson y Crick según el cual estaría formada por dos cadenas de polinucleótidos que giran hacia la derecha sobre un mismo eje, formando una doble hélice. Las bases purínicas y pirimidínicas de cada cadena están en el interior de la doble hélice y emparejadas según la regla de Watson-Crick. Las variaciones en el orden de estas moléculas determinan la información genética transmitida por la molécula de ADN. Ambos autores recibieron el premio Nobel en 1962.

helio (He) (helium [He]), elemento gaseoso incoloro e inodoro; es el segundo elemento más ligero después del hidrógeno. Su número atómico es 2; su peso atómico es 4. El helio es uno de los gases raros o inertes y habitualmente no se combina con otros elementos. La mayoría del helio comercial del mundo proviene de las reservas de gas natural de Texas y Louisiana, donde se recupera después de la licuefacción del gas natural. En la naturaleza se produce por la desintegración de los elementos radiactivos y en el Sol se produce a partir del hidrógeno. Está presente en la atmósfera en una proporción de cinco partes por millón. Se utiliza industrialmente en la soldadura de arcos, en el refinamiento y en otros procesos. Por su ligereza y ausencia de inflamabilidad también se utiliza para elevar aviones y globos. Los principales usos fisiológicos y médicos del helio se centran en la terapia y pruebas respiratorias, para la prevención de la narcosis por nitrógeno, para la enfermedad de los buceadores en ambientes hiperbáricos y en pruebas de función pulmonar para calcular la difusión y capacidad residual de los pulmones.

helioterapia (helium therapy), utilización de mezclas del gas helio para tratar a los pacientes con obstrucción de las vías aéreas. Dada su baja densidad, el helio puede traspasar una obstrucción con más facilidad.

helioterapia (solar therapy), uso terapéutico de la luz solar.

helmintiasis (helminthiasis), infestación parasitaria del cuerpo por helmintos que puede ser cutánea, visceral o intestinal. La anquilostomiasis, la ascariasis, la esquistosomiasis, la filariasis y la triquinosis son algunas formas comunes de helmintiasis.

helminto (helminth), gusano, especialmente uno de los parásitos patógenos de la división de los Metazoos, en la que se incluyen las duelas, las tenias y los nematodos.

hem (heme), porción no proteica de la molécula de hemoglobina, pigmentada, que contiene hierro. Existen cuatro grupos hem en una molécula de hemoglobina, cada uno de ellos formado por una estructura cíclica de cuatro residuos pirrólicos, llamada protoporfirina, y un átomo de hierro en el centro.

hemadsorción (hemadsorption), proceso en el que una sustancia o un agente, como ciertos virus y bacilos, se adhieren a la superficie de un eritrocito.

hemaglutinación (hemagglutination), coagulación de los eritrocitos.

hemaglutinina (hemagglutinin), tipo de anticuerpo que aglutina a los eritrocitos. Estas sustancias se clasifican, de acuerdo con la fuente de las células aglutinadas, como autólogas (del mismo organismo), heterólogas (de un organismo de diferente especie) y homólogas (de otro organismo de la misma especie).

hemangioblastoma (hemangioblastoma, *pl.* **hemangioblastomas, hemangioblastomata**), tumor cerebral formado por una proliferación de capilares y de racimos desorganizados de células capilares o angioblastos.

hemangioendotelioma (hemangioendothelioma, *pl.* **hemangioendotheliomas, hemangioendotheliomata**), **1.** tumor formado por células endoteliales que crece alrededor de una arteria o de una vena. Raramente se maligniza. **2.** hemangioendotelioma maligno.

hemangioendotelioma maligno (malignant hemangioendothelioma), v. **hemangiosarcoma**.

hemangiofibroma (hemangiofibroma), tumor que tiene las características del hemangioma y del fibroma.

hemangioma (hemangioma, *pl.* **hemangiomas, hemangiomata**), tumor benigno formado por una masa de vasos sanguíneos. Algunos tipos de hemangiomas son: **hemangioma capilar, hemangioma cavernoso** y **nevo flámeo**.

hemangioma ameloblástico (ameloblastic hemangioma), tumor muy vascularizado de las células que recubren la papila dental.

hemangioma capilar (capillary hemangioma), mancha sanguínea congénita o tumor benigno constituido por pequeños vasos sanguíneos agrupados. Con frecuencia se observa en niños al inicio del crecimiento, para desaparecer después espontáneamente durante la primera infancia sin tratamiento.

hemangioma cavernoso (cavernous hemangioma), tumor congénito benigno formado por grandes espacios quísticos llenos de sangre. Las zonas afectadas con más frecuencia son el cuero cabelludo, la cara y el cuello.

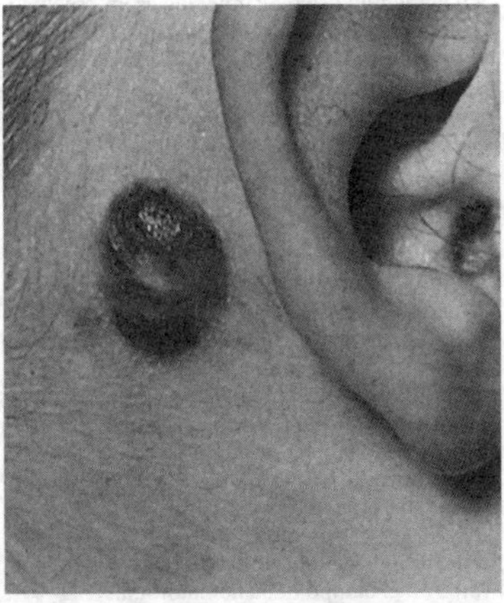

Hemangioma cavernoso
(C. D. Forbes/W. F. Jackson, 1994)

hemangioma esclerosante (sclerosing hemangioma), nódulo dérmico sólido, con células de aspecto tumoral, o masa de histiocitos, que probablemente procede de un hemangioma por proliferación de las células endoteliales y del tejido conectivo.
hemangioma infantil superficial evanescente (superficial fading infantile hemangioma), placa superficial, transitoria, de color salmón, en la línea media de la frente, la cara o el occipucio de muchos recién nacidos.
hemangioma simple (hemangioma simplex), v. **hemangioma capilar**.
hemangiosarcoma (hemangiosarcoma), v. **angiosarcoma**.
hemartros (hemarthros), extravasación de sangre en una articulación.
hemartrosis (hemarthrosis), v. **hemartros**.
hematemesis (hematemesis), vómito de sangre roja brillante, que indica la presencia de una hemorragia GI alta rápida, lo que se asocia comúnmente a varices esofágicas o a úlcera péptica.
hematinuria (hematinuria), orina de color oscuro debido a la presencia de heme o de hemoglobina.
hematocele (hematocele), acumulación de sangre en forma de quiste en el interior de la túnica vaginal del escroto. Habitualmente está producido por un traumatismo.
hematocito (hematocyte), célula sanguínea, particularmente el hematíe.
hematocitoblasto (hematocytoblast), célula reticuloendotelial grande, nucleada, presente en la médula ósea. Se cree que es un precursor común de diversas células sanguíneas.
hematócrito (hematocrit), medida del volumen del conjunto de hematíes, expresado como un porcentaje sobre el volumen de sangre total. El rango normal se sitúa entre el 43 y el 49% en los hombres, y entre el 37 y el 43% en las mujeres.
hematogénesis (hematogenesis), relativo a la formación de células sanguíneas o a un aumento en la producción de elementos sanguíneos.
hematógeno (hematogenous), originado en o transportado por la sangre.
hematólisis (hematolysis), liberación de hemoglobina a partir de los hematíes por la rotura de los mismos o por ósmosis.
hematología (hematology), ciencia que estudia la sangre y los tejidos hematopoyéticos.
hematólogo (hematologist), especialista médico en el campo de la hematología.
hematoma (hematoma, *pl.* **hematomas, hematomata**), acumulación de sangre extravasada atrapada en los tejidos de la piel o en un órgano, producida por traumatismo o por una hemostasia incompleta tras la cirugía. Inicialmente se produce una hemorragia franca en un espacio; si el espacio es limitado, la presión disminuye y puede que cese el flujo de sangre. Los coágulos de sangre, la acumulación de plasma, el coágulo endurecido y la masa son palpables para el explorador y, a menudo, es doloroso para el paciente.

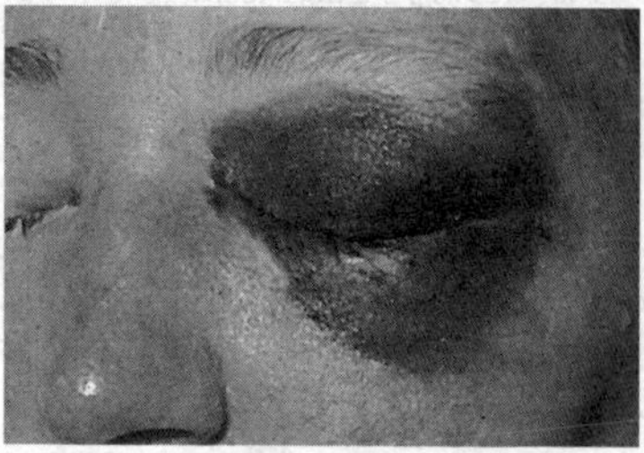

Hematoma
(S. Sherlock/J. A. Summerfield, 2.ª ed., 1992)

hematomielia (hematomyelia), aparición de una hemorragia franca en el líquido cefalorraquídeo.
hematopericardio (hematopericardium), v. **hemopericardio**.
hematoperitoneo (hematoperitoneum), v. **hemoperitoneo**.
hematopoyesis (hematopoiesis), formación y desarrollo normal de los glóbulos rojos en la médula ósea. En la anemia intensa y en otras alteraciones hematológicas, las células se pueden producir en otros órganos fuera de la médula ósea (hematopoyesis extramedular).
hematoquecia (hematochezia), salida de sangre roja a través del recto. Normalmente se produce por una hemorragia en el colon o en el recto, pero puede ser el resultado de una hemorragia en tramos superiores del tracto digestivo, dependiendo de la velocidad de tránsito. Entre las causas de hematoquecia se encuentran el cáncer, la colitis y las úlceras.
hematospermia (hematospermia), presencia de sangre en el semen. Entre las causas que la producen se incluyen la congestión vascular, infección de las vesículas seminales, el coitus interruptus, la abstinencia sexual o el coito frecuente.
hematotórax (hematothorax), v. **hemotórax**.

hematoxilina-eosina (hematoxylin-eosin), tinción utilizada con frecuencia para tratar los cortes tisulares en los portaobjetos para el examen microscópico.

hematuria (hematuria), presencia anormal de sangre en la orina. La hematuria es un síntoma de muchas enfermedades renales y de alteraciones del aparato genitourinario.

hembra (female), persona del sexo femenino.

hemeralopía (hemeralopia), alteración visual en la que la luz brillante causa una visión borrosa.

hemiacéfalo (hemiacephalus), monstruo fetal que carece del encéfalo y de la mayor parte del cráneo.

hemiacromatosia (hemiachromatosia), estado de ceguera para el color en sólo una mitad del campo visual.

hemiambliopía (hemiambliopia), déficit de visión en la mitad del campo visual normal.

hemianalgesia (hemianalgesia), pérdida de la sensación o sensibilidad al dolor que afecta a la mitad o a un lado del cuerpo.

hemianestesia (hemianesthesia), pérdida de sensibilidad en un lado del cuerpo.

hemianopsia (hemianopia), visión defectuosa o ceguera en una mitad del campo visual.

hemiartroplastia (hemiarthroplasty), procedimiento quirúrgico para la reparación de una articulación de la cadera lesionada o enferma. Consiste en la sustitución de la cabeza del fémur por una prótesis.

hemiartrosis (hemiarthrosis), articulación falsa entre dos huesos.

hemiataxia (hemiataxia), pérdida del control muscular que afecta un lado del cuerpo, habitualmente como consecuencia de un accidente cerebrovascular o de una lesión cerebelosa.

hemibalismo (hemibalismus), v. **balismo**.

hemibloqueo ventricular (ventricular hemiblock), bloqueo del impulso de una sola división de la rama fascicular izquierda, como los hemibloqueos anterosuperior o posteroinferior.

hemicarion (hemikaryon), núcleo celular que contiene un número haploide de cromosomas, o la mitad del número diploide, como ocurre en los gametos.

hemicefalia (hemicephalia), anomalía congénita caracterizada por la ausencia de un lado del cerebro, causada por una detención grave del desarrollo del cerebro en el feto.

hemicelulosa (hemicellulose), cualquier elemento de un grupo de polisacáridos que constituyen la parte principal de los componentes esqueléticos de las paredes celulares de las plantas y se parecen a la celulosa, aunque son más solubles y se extraen y descomponen con más facilidad.

hemicigoto (hemizygote), individuo, organismo o célula que tiene sólo un gen del par para una característica específica.

hemicrania (hemicrania), cefalea, habitualmente migraña, que afecta sólo a un lado de la cabeza.

hemicraniectomía (hemicraniectomy), procedimiento quirúrgico en el que se secciona parte o la totalidad de medio cráneo como paso preliminar en ciertos tipos de operaciones cerebrales.

hemidiafragma (hemidiaphragm), cada mitad funcional, izquierda o derecha, del diafragma. Aunque el diafragma es una unidad anatómica única se puede dividir por la unión de su tendón central y del pericardio. Cada hemidiafragma puede funcionar independientemente.

hemiectromelia (hemiectromelia), anomalía congénita caracterizada por el desarrollo incompleto de las extremidades de un lado del cuerpo.

hemiesfera (hemisphere), la mitad de una esfera o globo.

hemignatia (hemignathia), anomalía congénita caracterizada por el desarrollo incompleto o falta total del maxilar inferior en un lado de la cara.

hemihiperplasia (hemihyperplasia), sobredesarrollo o crecimiento excesivo de la mitad de un órgano específico o de parte o de todos los órganos y partes de un lado del cuerpo.

hemihipertonía (hemihypertonia), trastorno en el que existe una tensión exagerada en los músculos de un lado del cuerpo, lo que causa una contracción tónica. Hay una forma clínica en la que pueden aparecer espasmos tónicos en diferentes grupos musculares de un lado del cuerpo.

hemihipertrofia (hemihypertrophy), agrandamiento anormal o desarrollo excesivo de la mitad del cuerpo o de la mitad de una región corporal.

hemihipoplasia (hemihypoplasia), desarrollo parcial o incompleto de la mitad de un órgano específico o de parte o de todos los órganos y partes de un lado del cuerpo.

hemimelia (hemimelia), anomalía del desarrollo caracterizada por la ausencia o por un acortamiento llamativo del segmento inferior de uno o más miembros.

hemiopía (hemiopia), trastorno que afecta solamente a un ojo o a la mitad del campo visual.

hemipagos (hemipagus), gemelos simétricos unidos por el tórax.

hemiparesia (hemiparesis), debilidad muscular de una mitad del cuerpo.

hemiparestesia (hemiparesthesia), entumecimiento o cualquier otra sensación anormal o disminuida que se experimenta solamente en un lado del cuerpo.

hemiplejía (hemiplegia), parálisis de un lado del cuerpo. Algunos tipos de hemiplejía son: **hemiplejía cerebral, hemiplejía espástica, hemiplejía facial** y **hemiplejía infantil**.

hemisección (hemisection), mitad de un cuerpo o de otro objeto cuando se divide a lo largo de un plano longitudinal, generándose dos mitades.

hemisferio (hemisphere), mitad lateral del cerebro o del cerebelo.

hemisferio cerebral (cerebral hemisphere), cada una de las mitades del cerebro. Los dos hemisferios cerebrales están divididos por una cisura longitudinal profunda y se unen por su cara interna en el fondo de la cisura mediante el cuerpo calloso. Cada hemisferio está subdividido por surcos destacados en cuatro lóbulos principales. Los hemisferios están constituidos por sustancia gris externa, sustancia blanca interna y sustancia gris interna, estando cubiertos en la superficie por la corteza cerebral.

hemisoma (hemisomus), feto o individuo en el que un lado del cuerpo está malformado, defectuoso o ausente.

hemiteria (hemiteras, *pl.* **hemiterata**), cualquier individuo con una malformación congénita que no es tan grave o incapacitante como para ser clasificado como un monstruo o trastorno teratogénico.

hemivértebra (hemivertebra), trastorno caracterizado por el fallo congénito de una vértebra para desarrollarse completamente, causado posiblemente por el fracaso completo del centro de crecimiento de un cuerpo vertebral. Habitualmente la mitad de la vértebra afectada se desarrolla completa o parcialmente y la otra mitad está ausente.

hemocianina (hemocyanin), molécula proteica transportadora de oxígeno presente en ciertos animales inferiores, especialmente en artrópodos y moluscos.

hemocitología (hemocytology), estudio de los componentes de la sangre.

hemocitómetro para recuento celular (counting cell hemocytometer), aparato para contar el número de células existentes en un volumen de sangre o de otro líquido. Consiste en un portaobjetos de microscopio con una cámara de recuento. La cámara tiene un volumen conocido y el portaobjetos tiene un área rayada para ayudar al recuento de las células.

hemoclip (hemoclip), grapa metálica maleable empleada para ligar pequeños vasos en cirugía. También pueden usarse los hemoclips para marcar la situación de estructuras corporales en los procedimientos radiográficos.

hemoconcentración (hemoconcentration), aumento en el número de hematíes por una disminución del volumen de plasma o por un aumento de la producción de hematíes.

hemocromatosis (hemochromatosis), enfermedad rara del metabolismo del hierro, caracterizada anatomopatológicamente por un exceso de depósito de hierro por todo el cuerpo.

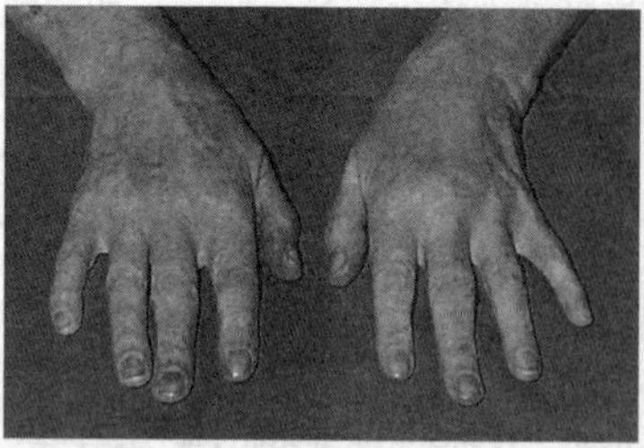

Hemocromatosis primaria
(S. Sherlock/J. A. Summerfiled, 2.ª ed., 1992)

hemodiafiltración (hemodiafiltration), técnica similar a la hemofiltración, utilizada para tratar la uremia por transporte convectivo del soluto más que por difusión.

hemodiálisis (hemodialysis), procedimiento para eliminar las impurezas y sustancias de desecho de la sangre, utilizado en el tratamiento de la insuficiencia renal y en diferentes procesos tóxicos. La sangre del paciente pasa a través de una máquina por difusión y ultrafiltración y después se devuelve a la circulación del paciente. La hemodiálisis requiere el acceso a la corriente sanguínea del paciente, un mecanismo para el transporte de la sangre hacia y desde el dializador y un dializador. El acceso se puede lograr a través de una derivación externa o de una fístula arteriovenosa. La derivación externa se crea insertando dos cánulas a través de la piel en una vena de gran calibre y en una arteria de gran calibre. La fístula arteriovenosa se crea mediante la anastomosis de una vena de gran calibre a una arteria. La diálisis dura entre 3 y 8 horas y puede ser necesaria a diario en situaciones agudas o 2 o 3 veces a la semana en la insuficiencia renal crónica.

hemodializador (hemodialyzer), v. **dializador**.

hemodilución (hemodilution), trastorno en el que desciende la concentración de hematíes o de los demás elementos sanguíneos.

hemodinámica (hemodynamics), estudio de los aspectos físicos de la circulación sanguínea, incluidas la función cardíaca y la fisiología vascular periférica.

hemofilia (hemophilia), grupo de alteraciones hemorrágicas hereditarias en las que existe una deficiencia de uno de los factores necesarios para la coagulación de la sangre. Las dos formas más comunes son la hemofilia A y la hemofilia B. En la hemofilia los problemas más frecuentes son una pérdida de sangre superior a lo normal en los procedimientos dentales, la epistaxis, los hematomas y la hemartrosis. La hemorragia interna grave y la hematuria son menos frecuentes. V. **enfermedad de von Willebrand** y los factores específicos de la sangre.

hemofilia A (hemophilia A), enfermedad hereditaria de la sangre transmitida con carácter recesivo ligado al cromosoma X, causada por la deficiencia de factor VIII de la coagulación. La hemofilia A está considerada como el tipo clásico de hemofilia.

hemofilia B (hemophilia B), enfermedad hereditaria de la sangre, transmitida con carácter recesivo ligado al cromosoma X, causada por la deficiencia de factor IX. V. **factor de coagulación, hemofilia**.

hemofilia C (hemophilia C), enfermedad hereditaria de la sangre, transmitida con carácter recesivo ligado al cromosoma X, causada por la deficiencia de factor XI.

hemofilia vascular (vascular hemophilia) v. **enfermedad de von Willebrand**.

hemófilo (hemophil), bacteria del género *Haemophilus* que crece en los medios de cultivo que contienen sangre.

hemofiltración (hemofiltration), tipo de hemodiálisis en la que se produce un transporte convectivo del soluto mediante ultracentrifugación a través de la membrana.

hemoglobina (Hb) (hemoglobin [Hb]), compuesto de proteína y hierro de la sangre que

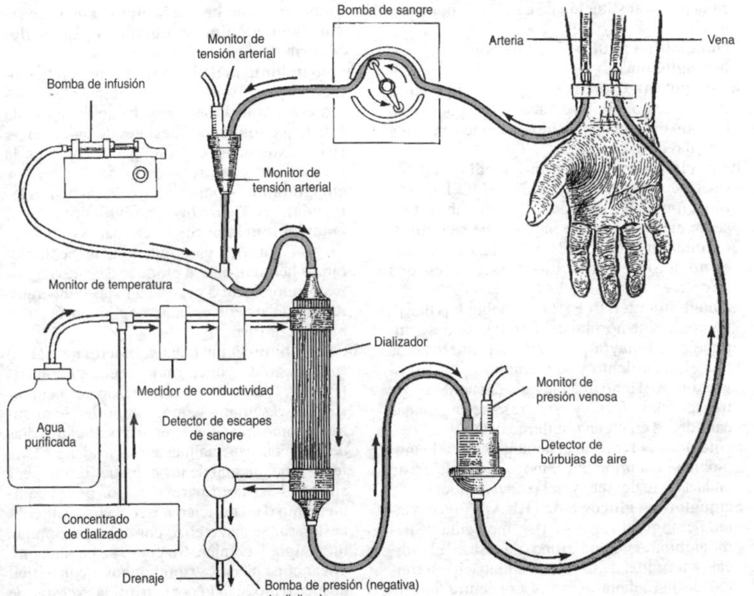

Componentes de un sistema de hemodiálisis
(Thelan, 1989)

transporta oxígeno a las células desde los pulmones y dióxido de carbono desde las células a los pulmones. Cada eritrocito contiene de 200 a 300 moléculas de hemoglobina, cada molécula de hemoglobina contiene varias moléculas hemo, y cada molécula hemo puede llevar una molécula de oxígeno. Una molécula de hemoglobina contiene cuatro cadenas polipeptídicas de globina, denominadas en los adultos cadenas alfa (α), beta (β), gamma (γ) y delta (δ). Se han identificado y clasificado más de 100 hemoglobinas con diferentes movilidades electroforéticas, tales como las hemoglobinas S, C, D y O. Las nuevas hemoglobinas se denominan por el laboratorio, ciudad u hospital donde se descubren.

hemoglobina $_{Seattle}$ (hemoglobin $_{Seattle}$), hemoglobina anormal en la que el ácido glutámico sustituye a la alanina en la posición 76 de la cadena β.

hemoglobina A (Hb A) (hemoglobin A [Hb A]), hemoglobina normal.

hemoglobina A_2 (Hb A_2) (hemoglobin A_2 [Hb A_2]), hemoglobina normal que aparece en pequeñas cantidades en el adulto, caracterizada por la sustitución de cadenas δ por cadenas β.

hemoglobina adulta (adult hemoglobin), v. **hemoglobina A**.

hemoglobina C (hemoglobin C), tipo anormal de hemoglobina caracterizado por la sustitución de lisina por ácido glutámico en la posición 6 de la cadena β.

hemoglobina corpuscular media (HCM) (mean corpuscular hemoglobin [MCH]), estimación de la cantidad de hemoglobina presente en un eritrocito medio, que se obtiene dividiendo la cantidad de hemoglobina entre el número de eritrocitos presentes en una muestra.

hemoglobina F (Hb F) (hemoglobin F [Hb F]), hemoglobina normal del feto que se descompone en su mayor parte en los primeros días tras el nacimiento y se reemplaza por hemoglobina A. Tiene una elevada capacidad para transportar oxígeno y está presente en grandes cantidades en algunas enfermedades.

hemoglobina fetal (fetal hemoglobin), hemoglobina F, la principal hemoglobina que existe en la sangre del feto y del recién nacido.

hemoglobina glucosilada (Hb A_{1c} (glycosylated hemoglobin [Hb A_{1c}]), molécula de hemoglobina A con un grupo glucosa en el radical N-terminal de la valina, aminoácido terminal de la cadena beta. La concentración de hemoglobina glucosilada representa la concentración plasmática media de la glucosa durante las semanas anteriores.

hemoglobina S (Hb S) (hemoglobin S [Hb S]), tipo anormal de hemoglobina caracterizado por la sustitución del aminoácido valina por ácido glutámico en la cadena β de la hemoglobina.

hemoglobinemia (hemoglobinemia), presencia de hemoglobina libre en el plasma sanguíneo.

hemoglobinómetro (hemoglobinometer), cualquiera de los diversos tipos de instrumentos diseñados para cuantificar el porcentaje de hemoglobina en una muestra de sangre. Algunos emplean técnicas colorimétricas, comparando el color de la muestra de sangre con un color rojo estándar.

hemoglobinopatía (hemoglobinopathy), grupo de enfermedades hereditarias caracterizadas por variaciones en la estructura de la molécula de hemoglobina. Algunos tipos de hemoglobinopatías son: **anemia drepanocítica, enfermedad de la hemoglobina C** y **enfermedad de la hemoglobina S-C**.

hemoglobinuria (hemoglobinuria), presencia anormal en la orina de hemoglobina no unida a los glóbulos rojos. Algunos tipos de hemoglobinuria son: **hemoglobinuria de la marcha, hemoglobinuria nocturna** y **hemoglobinuria por frío**.

hemoglobinuria de la marcha (march hemoglobinuria), trastorno poco frecuente caracterizado por la presencia de hemoglobina en la orina, que se produce después de un ejercicio físico extenuante o prolongado, como en la marcha o en las carreras de fondo.

hemoglobinuria palúdica (malarial hemoglobinuria), v. **fiebre hemoglobinúrica**.

hemoglobinuria paroxística (paroxysmal hemoglobinuria), paso repentino de hemoglobina a la orina, que se produce después de una exposición local o general a bajas temperaturas, como sucede en la hemoglobinuria paroxística por frío.

hemoglobinuria paroxística nocturna (HPN) (paroxysmal nocturnal hemoglobinuria [PNH]), trastorno caracterizado por hemólisis intravascular y hemoglobinuria. Se manifiesta como episodios irregulares de varios días de duración, especialmente por la noche. El defecto fundamental de los hematíes es una sensibilidad extraordinaria a la lisis por el complemento o un déficit o ausencia de acetilcolinesterasa. Se caracteriza por dolor abdominal, lumbalgia y cefalea. Su curso se puede complicar con episodios trombóticos y con déficit de hierro provocado por la pérdida excesiva de hemoglobina.

hemoglobinuria paroxística por frío (HFP) (paroxysmal cold hemoglobinuria [PCH]), trastorno autoinmunitario poco frecuente que se caracteriza por hemólisis y hematuria, y que se asocia a la exposición al frío.

hemograma (hemogram), registro escrito o gráfico del recuento sanguíneo diferencial que pone énfasis en el tamaño, la forma, las características especiales y el número de los elementos sólidos de la sangre.

hemolisina (hemolysin), cualquiera de las numerosas sustancias que lisan o disuelven los hematíes. Las hemolisinas están producidas por cepas de muchas clases de bacterias, incluidos algunos estafilococos y estreptococos. También están presentes en venenos y en ciertos vegetales.

hemólisis (hemolysis), fragmentación de los hematíes con liberación de hemoglobina. Se produce normalmente al final de la vida media de los hematíes, pero también se puede producir junto con diversas circunstancias, como ciertas reacciones antígeno-anticuerpo, alteraciones metabólicas y traumatismos mecánicos, como en las prótesis cardíacas, o tras la exposición a venenos de serpientes.

hemólisis alfa (alpha hemolysis), desarrollo de una zona verdosa alrededor de una colonia de bacterias que crece en medio de agar sangre, fenómeno que es característico del neumococo y de ciertos estreptococos y que se debe a la descomposición parcial de la hemoglobina.

hemólisis beta (beta hemolysis), desarrollo de una zona clara alrededor del crecimiento de una colonia bacteriana en agar sangre, característico de ciertas bacterias patógenas.

hemoneumopericardio (hemopneumopericardium), acumulación de sangre y aire en el pericardio.

hemoneumotórax (hemopneumothorax), acumulación de aire y sangre en la cavidad pleural.

hemoperfusión (hemoperfusion), perfusión de sangre a través de un dispositivo adsorbente, tal como el carbón activado o las bolas de resina, más que a través de un equipo de diálisis. La hemoperfusión se puede utilizar en el tratamiento de la uremia, de la insuficiencia hepática y en ciertas formas de toxicidad por fármacos.

hemopericardio (hemopericardium), acumulación de sangre dentro del saco pericárdico que rodea al corazón.

hemoperitoneo (hemoperitoneum), presencia de sangre extravasada en la cavidad peritoneal.

hemopoyesis (hemapoiesis), formación de células sanguíneas.

hemoptisis (hemoptysis), expectoración de sangre procedente del tracto respiratorio. El esputo herrumbroso aparece a menudo en infecciones leves del tracto respiratorio superior o en la bronquitis. Una hemorragia más profusa puede indicar la presencia de una infección por *Aspergillus*, un absceso de pulmón, tuberculosis o un carcinoma broncogénico.

hemorragia (hemorrhage), pérdida de una gran cantidad de sangre en un corto período de tiempo, externa o internamente. La hemorragia puede ser arterial, venosa o capilar. Los síntomas de hemorragia masiva están relacionados con el shock hipovolémico: pulso filiforme y rápido, sed, piel fría y sudorosa, respiración susurrante, mareo, síncope, palidez, aprensión, inquietud e hipotensión. Si la hemorragia se aloja en una cavidad o en una articulación, aparecerá dolor cuando la cápsula o la cavidad se distiendan por efecto de la expansión rápida del volumen de sangre.

hemorreología (hemorrheology), estudio de los efectos del flujo sanguíneo sobre los componentes celulares de la sangre y sobre las paredes de los vasos sanguíneos.

hemorroide (hemorrhoid, piles), vena varicosa en la porción inferior del recto o del ano causada por la congestión de las venas del plexo hemorroidal. Las hemorroides internas se originan por encima del esfínter interno del ano. Si son tan grandes como para sobresalir por el ano, se hacen constrictivas y dolorosas. Las hemorroides internas pequeñas pueden sangrar con la defecación. Las hemorroides externas aparecen por fuera del esfínter anal. Generalmente no son dolorosas y no sangran a menos que se rompa una vena hemorroidal o se trombose.

hemorroidectomía (hemorrhoidectomy), procedimiento para la extirpación de las hemorroides.

hemosálpinx (hemosalpinx), acumulación de sangre en las trompas de Falopio.

hemosiderina (hemosiderin), pigmento rico en hierro, producto de la hemólisis de los hematíes. El hierro se suele almacenar de esta manera.

hemosiderosis (hemosiderosis), depósito aumentado de hierro en diversos tejidos, habitualmente en forma de hemosiderina y sin producir daño tisular.

hemostasia (hemostasis), detención de la hemorragia por medios mecánicos o químicos o por el complejo proceso de la coagulación, integrado por vasoconstricción, agregación plaquetaria y síntesis de trombina y fibrina.

hemostático (hemostatic), relativo o perteneciente al procedimiento, dispositivo o sustancia que detiene el flujo de sangre. Son medidas hemostáticas mecánicas: la presión directa, los torniquetes y los pinzamientos quirúrgicos; la aplicación de frío tiene carácter hemostático, incluyéndose la colocación de una bolsa de hielo sobre el abdomen para detener la hemorragia uterina y la irrigación del estómago con soluciones heladas para controlar la hemorragia gástrica. Para detener la hemorragia en las intervenciones quirúrgicas se utilizan las esponjas de gelatina, las soluciones de trombina y el colágeno microfibrilar, que ocasionan la agregación de las plaquetas y la formación de coágulos.

hemóstato (hemostat), v. **fórceps de Halsted**.

hemotórax (hemothorax), acumulación de sangre y líquido en la cavidad pleural, entre la pleura parietal y la visceral, normalmente como resultado de un traumatismo. El hemotórax también puede estar provocado por la rotura de pequeños vasos sanguíneos como resultado de un proceso inflamatorio.

hemotrofo (hemotroph, hemotrophe), conjunto de sustancias nutritivas suministradas al embrión desde la circulación materna después del desarrollo de la placenta.

hendido (cleft), dividido.

hendidura (cleft), fisura, especialmente las que aparecen en el embrión, como la hendidura branquial o la hendidura facial.

hendidura de Bichat (fissure of Bichat), v. **cisura transversa**.

heparina (heparin), mucopolisacárido natural que actúa en el cuerpo como un factor antitrombina para prevenir la coagulación intravascular. Lo producen los basófilos y los mastocitos.

heparina sódica (heparin sodium), anticoagulante prescrito para el tratamiento y profilaxis de diversas alteraciones tromboembólicas.

hepatectomía (hepatectomy), procedimiento quirúrgico para extirpar una parte del hígado.

hepatina (hepatin), v. **glucógeno**.

hepatitis (hepatitis), enfermedad inflamatoria del hígado caracterizada por ictericia, hepatomegalia, anorexia, molestias abdominales y gástricas, función hepática anormal, heces despigmentadas y orina oscura. Puede estar ocasionada por infecciones bacterianas o virales, infestaciones parasitarias, alcohol, fármacos, toxinas o por la transfusión de sangre incompatible. La hepatitis grave puede evolucionar hacia cirrosis y disfunción crónica del hígado.

hepatitis A (hepatitis A), forma de hepatitis infecciosa viral causada por el virus de la hepatitis A, caracterizada por un inicio insidioso de los signos y síntomas. El virus se puede transmitir por contacto directo o a través de alimentos o agua contaminados por las heces.

hepatitis alcohólica (alcoholic hepatitis), lesión tóxica aguda del hígado que se asocia al consumo excesivo de etanol. Se caracteriza por necrosis, infiltración polimorfonuclear y, en muchas ocasiones, cuerpos de Mallory.

hepatitis anictérica (anicteric hepatitis), forma leve de hepatitis que cursa sin ictericia y que se observa generalmente en los niños.

hepatitis anictérica aguda (acute anicteric hepatitis), hepatitis aguda que no va acompañada de ictericia.

hepatitis B (hepatitis B), forma de hepatitis viral causada por el virus de la hepatitis B, caracterizada por un rápido inicio de los síntomas y signos. El virus se transmite a través del suero contaminado de las transfusiones sanguíneas o por el uso de agujas e instrumentos contaminados. V. **hepatitis viral**.

hepatitis colestásica (cholestatic hepatitis), inflamación hepática provocada por una hepatitis infecciosa que produce la detención del flujo de bilis en los conductos intrahepáticos.

hepatitis crónica (chronic hepatitis), hepatitis cuyos síntomas se prolongan durante varios meses, pudiendo incluso aumentar su gravedad. En algunos casos de hepatitis B, el paciente se puede convertir en portador del antígeno para toda su vida y puede presentar signos prolongados de infección.

hepatitis fulminante (fulminant hepatitis), forma rara y con frecuencia mortal de hepatitis aguda, en la que se produce un rápido deterioro del estado del paciente, con encefalopatía hepática, necrosis del parénquima hepático, alteraciones de la coagulación sanguínea, insuficiencia renal y coma. El pronóstico para el adulto suele ser desfavorable.

hepatitis inducida por tóxicos o fármacos (toxic or drug-induced hepatitis), hepatitis que se produce como consecuencia de una intoxicación química, parasitaria o metabólica.

hepatitis infecciosa (infectious hepatitis), v. **hepatitis A**.

hepatitis no-A, no-B (NANB) (non-A non-B, [NANB] hepatitis), hepatitis viral producida por un virus antigénicamente distinto de las cepas serológicas que producen las hepatitis A y B. La hepatitis NANB suele ser más leve que las de tipos A y B, aunque, por lo demás, no se pueda diferenciar clínicamente de ellas.

hepatitis por agente delta (delta agent hepatitis), infección provocada por un virus ARN (Ag δ), asociado al antígeno de superficie de la hepatitis B (HBsAg) en casos de hepatitis crónica y lesión hepática progresiva. Aparentemente, el agente delta es capaz de inducir la infección cuando está presente junto al antígeno de superficie B.

hepatitis recrudescente (recrudescent hepatitis), forma de hepatitis vírica aguda caracterizada por una recaída durante el período de recuperación.

hepatitis relacionada con el halotano (halothane-related hepatitis), reacción adversa de algunos pacientes a la inhalación de halotano, un anestésico general. La reacción se caracteriza por hepatitis y fiebre severa que se desarrolla varios días después de la exposición al anestésico.

hepatitis sérica (serum hepatitis), v. **hepatitis B**.

hepatitis vírica (viral hepatitis), enfermedad hepática inflamatoria de origen vírico, causada por uno de los virus de la hepatitis, A, B o no A no B. La transmisión, la rapidez de aparición y el curso probable de la enfermedad varían con la clase y la cepa del virus, aunque las características de la enfermedad y su tratamiento son iguales. Las características de la hepatitis vírica son anorexia, malestar general, cefaleas, dolor sobre el hígado, fiebre, ictericia, heces de color arcilloso, orina oscura, náuseas y vómitos y diarrea. Las infecciones graves, especialmente las causadas por el virus de la hepatitis B, pueden ser prolongadas y dar lugar a destrucción tisular, cirrosis y hepatitis crónica, o bien a coma hepático y muerte.

hepatización (hepatization), transformación del tejido pulmonar en una masa sólida semejante al hígado. En la neumonía neumocócica precoz, la consolidación y el derrame de hematíes en los alveolos producen la hepatización roja. En los estadios finales de la neumonía neumocócica, cuando los leucocitos llenan los alveolos, la consolidación da lugar a la hepatización gris o a una hepatización amarilla cuando los alveolos están infiltrados por depósitos grasos.

hepatoblastoma (hepatoblastoma), forma de cáncer hepático que tiende a aparecer en los niños. El hepatoblastoma también se puede asociar a la pubertad precoz.

hepatocarcinoma, carcinoma hepatocelular (hepatocarcinoma, hepatocellular carcinoma), tumor maligno primario del hígado caracterizado por hepatomegalia, dolor, hipoglucemia, pérdida de peso, anorexia, ascitis y presencia de alfafetoproteína en el plasma.

hepatocele (hepatocele), hernia de una porción del hígado a través del diafragma o de la pared abdominal.

hepatocito (hepatocyte), célula del parénquima hepático que realiza todas las funciones atribuidas al hígado.

hepatocolangitis (hepatocholangitis), inflamación del hígado y de los conductos biliares.

hepatosplenomegalia (hepatosplenomegaly), aumento de tamaño del bazo y del hígado.

hepatomegalia (hepatomegaly), aumento anormal del tamaño del hígado que habitualmente constituye un signo de enfermedad hepática. La hepatomegalia puede estar causada por hepatitis u otra infección, por infiltración grasa, como ocurre en el alcoholismo, por obstrucción biliar o por una enfermedad maligna.

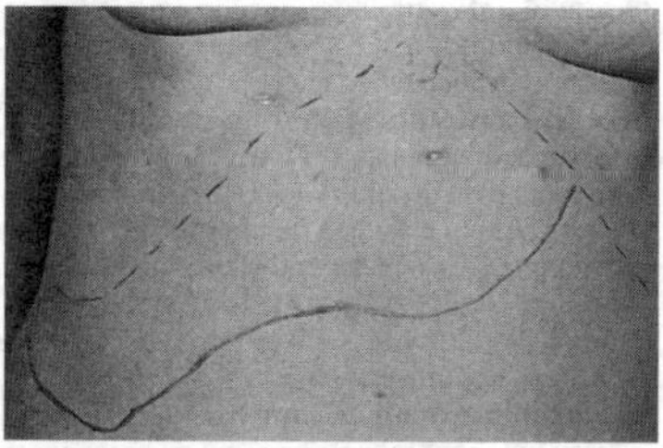

Hepatomegalia
(S. Sherlock, J. A. Summerfield, 2.ª ed., 1992)

hepatopatía (liver disease), cualquiera de las enfermedades del hígado. Las más importantes son la cirrosis, la colestasis y las hepatitis virales y tóxicas. Las características de las hepatopatías son: ictericia, anorexia, hepatomegalia, ascitis y alteración de la consciencia. El diagnóstico exacto de una enfermedad hepática se realiza mediante la combinación de pruebas de laboratorio y hallazgos clínicos.

hepatotoxicidad (hepatotoxicity), tendencia de un agente, habitualmente un fármaco o el alcohol, de ejercer un efecto destructivo sobre el hígado.

heptaploide (heptaploid), v. **poliploide**.

herbívoro (herbivorous), relativo a los animales que subsisten a base de plantas o hierbas como fuente principal o mayoritaria de alimentación.

heredabilidad (hereditability), grado en el que un rasgo determinado está controlado por la herencia.

hereditario (hereditary), perteneciente a una característica, trastorno o enfermedad transmitida desde los progenitores a la descendencia; innato; heredado.

herencia (inheritance), **1.** adquisición o expresión de rasgos o alteraciones mediante transmisión de material genético de los padres a los hijos. **2.** suma total de cualidades o rasgos genéticos que transmiten los padres a sus hijos; contenido genético total del óvulo fertilizado. Son tipos de herencia la **alternativa, anfígona, autosómica, citoplasmática, codominante, complementaria, cruzada, holándrica, hologínica, homócrona, ligada al X, materna, monofactorial** y **multifactorial**.

herencia alternativa (alternative inheritance), adquisición de todos los rasgos y características de uno de los padres, como sucede en las plantas que se autopolinizan y en los animales que se autofertilizan.

herencia anfígena (amphigenous inheritance), adquisición de rasgos genéticos y características propias de ambos padres.

herencia autosómica (autosomal inheritance), patrón de herencia en el que la transmisión de unos rasgos determinados depende de la presencia o de la ausencia de ciertos genes en los autosomas. Este patrón puede ser dominante o recesivo. Así pues, los tipos de herencia autosómica son **herencia autosómica dominante** y **herencia autosómica recesiva**.

herencia autosómica dominante (autosomal dominant inheritance), patrón de herencia en el que la transmisión de un gen dominante situado en un autosoma da lugar a que se exprese una característica determinada. Uno de los progenitores de los individuos afectados presenta dicha característica, a menos que el hecho se deba a una mutación nueva. Estarán afectados la mitad de los hijos de un padre heterocigoto afectado. Si el padre afectado es homocigoto, todos los hijos estarán afectados.

herencia autosómica recesiva (autosomal recessive inheritance), patrón de herencia en el que la transmisión de un gen recesivo situado en un autosoma da lugar a un estado de portador si la persona es heterocigota para ese rasgo, o bien da lugar a que se exprese la afectación si la persona es homocigota para ese rasgo determinado. Estará afectada la cuarta parte de los hijos de dos padres heterocigotos no afectados. Se verán afectados todos los hijos de dos padres homocigotos afectados.

herencia biparental (biparental inheritance), v. **herencia anfígena**.

herencia citoplasmática (cytoplasmic inheritance), adquisición de rasgos o alteraciones mediante la autorreplicación de sustancias dentro del citoplasma, como hacen la mitocondria o el cloroplasto, más que por los genes. Este fenómeno se produce en plantas y animales inferiores, pero aún no ha sido demostrado en humanos.

herencia codominante (codominant inheritance), transmisión de un rasgo o enfermedad en la que los dos alelos del par se expresan completamente en un heterocigoto, como ocurre con los antígenos del grupo sanguíneo AB.

herencia complementaria (complemental inheritance), adquisición o expresión de un rasgo o trastorno a partir de la presencia de dos pares independientes de genes no alelos. Ambos genes deben estar presentes para que la característica aparezca en el fenotipo.

herencia cruzada (crisscross inheritance), adquisición de características genéticas o de enfermedades a través del progenitor del sexo opuesto.

herencia cuantitativa (quantitative inheritance), v. **herencia multifactorial**.

herencia doble (duplex inheritance), v. **herencia anfígena**.

herencia dominante ligada al X (X-linked dominant inheritance), patrón de herencia en el que la transmisión de un gen dominante en el cromosoma X hace que una característica se manifieste. Todos los individuos afectados tienen un padre afectado. Resultan afectadas todas las hijas de un varón afectado, pero ninguno de los hijos varones. La mitad de los hijos varones y la mitad de las hijas de una mujer afectada resultarán afectados.

herencia holándrica (holandric inheritance), adquisición o expresión de rasgos o trastornos sólo a través de la línea paterna, transmitidos por genes situados en la porción no homóloga del cromosoma Y.

herencia hologínica (hologynic inheritance), adquisición o expresión de rasgos o trastornos sólo a través de la línea materna, transmitidos por genes localizados en cromosomas X unidos. Este fenómeno no se conoce que ocurra en humanos.

herencia homocrona (homochronous inheritance), aparición de rasgos o alteraciones en la descendencia a la misma edad en que aparecieron en los padres.

herencia ligada al X (X-linked inheritance), patrón de herencia en el que la transmisión de rasgos varía con el sexo de la persona, porque los genes del cromosoma X no tienen equivalente en el cromosoma Y. El patrón de herencia puede ser recesivo o dominante. Algunos tipos de herencia ligada al X son la **herencia dominante ligada al X** y la **herencia recesiva ligada al X**.

herencia materna (maternal inheritance), transmisión de rasgos o trastornos controlados por factores citoplásmicos del óvulo, que no son autorreplicables y que están determinados por genes del núcleo.

herencia mezclada (blending inheritance), fusión aparente en la descendencia de las diferentes características de los padres, habitualmente

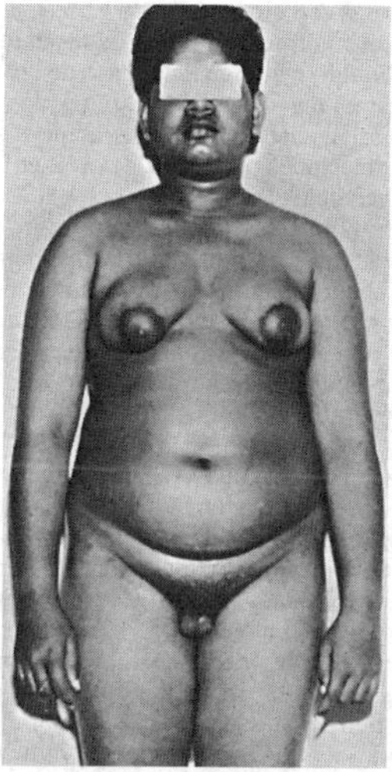

Hermafroditismo
(R. Hall/D. C. Evered, 2.ª ed., 1992)

de naturaleza cuantitativa, tales como el peso, sin que se produzca la segregación de los rasgos específicos en generaciones sucesivas.

herencia monofactorial (monofactorial inheritance), adquisición o expresión de un rasgo o trastorno que depende de la transmisión de un solo gen específico.

herencia multifactorial (multifactorial inheritance), tendencia a desarrollar un aspecto físico, enfermedad o trastorno condicionado por muchos factores genéticos y ambientales, como la estatura o la tensión arterial.

herencia poligénica (polygenic inheritance), v. **herencia multifactorial**.

herencia recesiva ligada al X (X-linked recessive inheritance), patrón de herencia en el que la transmisión de un gen recesivo anormal en el cromosoma X concede un estado de portador a las mujeres y características de la enfermedad a los varones.

herencia suplementaria (supplemental inheritance), adquisición o expresión de un rasgo o enfermedad genética a partir de la presencia de dos pares independientes de genes no alélicos que interaccionan de tal modo que uno de ellos complementa la acción del otro.

herida (wound), cualquier lesión física que conlleva la rotura de la piel, habitualmente provocada por una acción o accidente y no por una enfermedad, como por ejemplo una herida por disparo de pistola.

herir (wound), provocar una herida, especialmente aquella que rompe la piel.

hermafroditismo (hermaphroditism), trastorno poco frecuente en el que existen tejido testicular y ovárico en la misma persona; el tejido testicular contiene túbulos seminíferos o espermatozoides y el tejido ovárico contiene folículos o cuerpos lúteos.

Hermana Helen (Helen, Sister) [Helen Bowden], enfermera que recibió su formación en Inglaterra y que fue la primera directora de la recién creada *Bellevue Hospital Training School for Nurses* de Nueva York, en 1873. Aunque esta enfermera no se formó bajo la tutela de Florence Nightingale, estableció en el centro de *Bellevue* los principios de Nightingale.

hermanastros (half-sibling), uno o más niños que tienen al menos un padre en común; hermanastro o hermanastra.

hermano (sibling), uno de dos o más niños que tienen ambos padres en común.

hermético (hermetic), por su uso en la alquimia, relativo al sellado completo de un recipiente hasta hacerlo impermeable incluso para el aire.

hernia (hernia), protrusión de un órgano a través de un orificio anormal en la pared muscu-

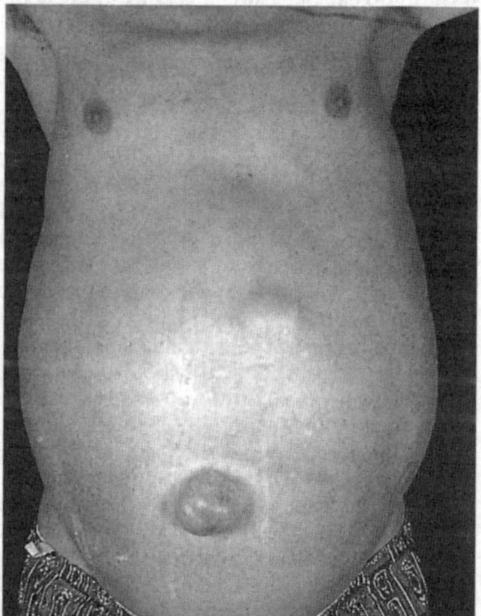

Hernias abdominales
(S. Sherlock/J. A. Summerfield, 2.ª ed., 1992)

lar de la cavidad que lo rodea. Las hernias pueden ser congénitas, ser la consecuencia de la ausencia de cierre de ciertas estructuras después del nacimiento o aparecer más tarde en la vida por obesidad, debilidad muscular, cirugía o enfermedad. Algunos tipos de hernia son: **hernia abdominal, hernia crural, hernia de hiato, hernia diafragmática, hernia inguinal** y **hernia umbilical**.

herniación (herniation), protrusión de una estructura u órgano corporal a través de un orificio anormal en una membrana, músculo u otro tejido.

herniorrafia (herniorrhaphy), reparación quirúrgica de una hernia.

herniotomía (herniotomy), procedimiento quirúrgico para reducir una hernia.

herpangina (herpangina), infección viral, habitualmente de los niños pequeños, caracterizada por dolor faríngeo, cefalea, anorexia y dolor abdominal, cervical y en las extremidades. En los lactantes pueden aparecer convulsiones febriles y vómitos. En la faringe y en la lengua, en el paladar o en las amígdalas se pueden formar pápulas o vesículas. Las lesiones evolucionan hacia úlceras superficiales que curan espontáneamente. La causa es, con frecuencia, una infección por virus Coxsackie.

herpes genital (herpes genitalis), infección causada por el virus del herpes simple tipo 2 (VHS2), habitualmente transmitida por contacto sexual, que causa una erupción vesicular dolorosa en la piel y en la mucosa de los genitales masculinos y femeninos. Cuando se adquiere durante el embarazo, el VHS2 se puede transmitir al feto a través de la placenta y por contacto directo con el tejido infectado durante el nacimiento al recién nacido. En el hombre, las infecciones por herpes genital pueden ser semejantes a las úlceras peneanas. En el glande o en el prepucio aparece un pequeño grupo de lesiones vesiculares rodeadas de tejido eritematoso. Las lesiones evolucionan a úlceras superficiales que a menudo curan en 5 o 7 días, aunque también pueden infectarse de forma secundaria. Las lesiones son dolorosas y a menudo se acompañan de una sensación quemante, disfunción urinaria, fiebre, malestar e inflamación de los ganglios linfáticos de la región inguinal. En la mujer pueden aparecer efectos sistémicos idénticos o similares, y los miembros de ambos sexos pueden quejarse de relaciones sexuales dolorosas. En la mujer, las lesiones del herpes genital se manifiestan como erupciones superficiales múltiples en la superficie del cuello uterino, de la vagina o del periné. Puede existir flujo cervical. Las lesiones vaginales pueden aparecer como manchas mucosas con ulceraciones grisáceas. Las pruebas de laboratorio a partir de las extensiones del líquido recogido en la base de las lesiones muestran una reacción de Tzanck positiva con células gigantes multinucleadas que distinguen las infecciones por VHS2 de otras enfermedades venéreas. La infección por VHS2 tiende a recurrir.

herpes gestacional (herpes gestationis), exantema generalizado, pruriginoso, vesicular o ampolloso que aparece en el segundo o tercer trimestre del embarazo y que desaparece varias semanas después del parto.

herpes labial (herpes labialis), v. **herpes simple**.

herpes menstrual (herpes menstrualis), forma de herpes simple que tiende a surgir durante los períodos menstruales.

herpes oftálmico (ocular herpes), infección ocular causada por un virus del herpes.

herpes oral (oral herpes), v. **herpes simple**.

herpes simple (herpes simplex), infección causada por el virus del herpes simple (VHS) que tiene afinidad por la piel y por el sistema nervioso y que habitualmente produce pequeñas vesículas llenas de líquido, transitorias, irritantes y a veces dolorosas. Las infecciones por VHS1 (herpes oral, herpes labial) tienden a aparecer en el área facial, especialmente alrededor de la boca y de la nariz. Las infecciones por VHS2 (herpes genital) generalmente se limitan a la región genital. Los síntomas iniciales de una infección por el virus del herpes simple consisten habitualmente en quemazón, hormigueo o sensación pruriginosa en los bordes de los labios o de la nariz en el intervalo de 1 o 2 semanas después del contacto con una persona infectada. Varias horas después se desarrollan pequeñas pápulas rojas en el área irritada, seguidas de una erupción de pequeñas vesículas, o ampollas de la fiebre, llenas de líquido. Varias vesículas pequeñas pueden confluir y formar otras mayores. Las vesículas generalmente se asocian a prurito, dolor o molestias similares. Entre los demás efectos a menudo se incluyen fiebre moderada o adenopatías cervicales. En la semana posterior al inicio de los síntomas comienza la curación, formándose una costra fina amarillenta sobre las vesículas.

herpes traumático (traumatic herpes), herpes que se desarrolla en el lugar de una herida.

herpes zoster (herpes zoster), infección aguda causada por el virus de la varicela-zoster (VVZ) que afecta fundamentalmente a adultos y que se caracteriza por el desarrollo de erupciones cutáneas vesiculares dolorosas que siguen el trayecto de los pares craneales o de los nervios raquídeos inflamados por el virus. La distribución del dolor y la erupción vesicular habitualmente es unilateral, aunque pueden estar afectados ambos lados del cuerpo. Se puede afectar cualquier nervio sensitivo, pero en la mayoría de los casos el virus tiende a invadir la raíz posterior del ganglio asociado a los nervios dorsales y trigémino. El dolor, que puede ser constante o intermitente, superficial o profundo, habitualmente precede a otros efectos y puede simular otras enfermedades como apendicitis o pleuritis. Entre los síntomas precoces se pueden incluir las alteraciones GI, el malestar, la fiebre y la cefalea. Las vesículas se desarrollan habitualmente a partir de pequeñas máculas rojas a lo largo del trayecto nervioso, y la piel de la zona es hipersensible. Todas las lesiones pueden aparecer en un período de horas, pero es más frecuente que se desarrollen gradualmente a lo largo de varios días. Las máculas se transforman en vesículas y, después de unos 3 días, se vuelven turbias, con residuos celulares. Normalmente, al final de la primera semana, se forman las costras. Los síntomas pueden persistir durante 3 a 5 semanas, pero en la mayoría de los casos disminuyen después de las 2 semanas.

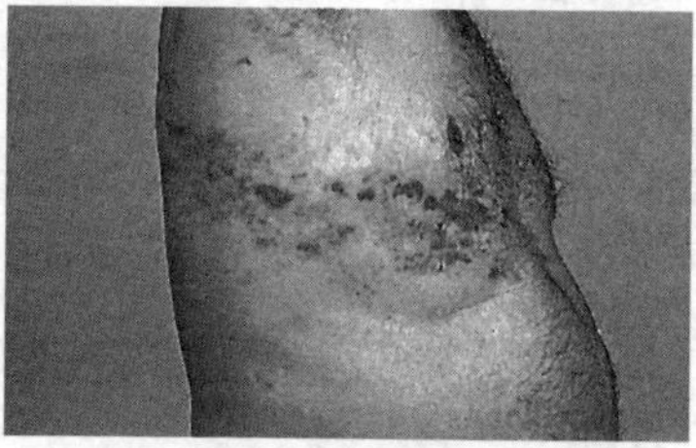

Herpes zoster
(A. du Vivier, 2.ª ed., 1995)

herpes zoster oftálmico (herpes zoster ophthalmicus), forma de herpes zoster que causa dolor y erupciones cutáneas a lo largo de la rama oftálmica del quinto par craneal. La infección produce con frecuencia una ulceración corneal y otras complicaciones oculares.

herpes zoster ótico (herpes zoster oticus), infección por herpes zoster del ganglio del octavo par cervical y del ganglio geniculado, produciéndose un dolor intenso en las estructuras del oído externo y dolor o parálisis a lo largo del nervio facial. También puede producir sordera y vértigo.

herpesvirus (herpesvirus), cualquiera de los cinco virus incluidos en este grupo, como los virus del herpes simple tipos 1 y 2, el virus de la varicela-zoster, el virus de Epstein-Barr y el citomegalovirus.

herpesvirus hominis (herpesvirus hominis), v. **herpes simple**.

herpetiforme (herpetiform), que forma racimos de vesículas; semejante a las lesiones cutáneas de algunas infecciones herpéticas.

hertz (Hz) (hertz [Hz]) [Heinrich R. Hertz, físico alemán, n. 1857], unidad de medida de la frecuencia de las ondas equivalente a un ciclo por segundo (cps).

hesperidina (hesperidin), flavona glucosídica cristalina presente en los bioflavonoides y en la mayoría de los cítricos, especialmente en la cáscara de las naranjas y de los limones.

hetaalmidón (hetastarch), expansor de volumen plasmático prescrito como coadyuvante en el shock y en la leucoféresis.

heterauxesia (heterauxesis), aumento de tamaño, a distintas velocidades, de diferentes órganos.

heteroalelo (heteroallele), uno de un par de genes localizados en un locus específico en cromosomas homólogos que difiere del otro del par, produciendo una mutación.

heteroblástico (heteroblastic), que se desarrolla a partir de diferentes capas germinales o clases de tejidos más que de un único tipo.

heterocéfalo (heterocephalus), feto malformado que tiene dos cabezas de diferente tamaño.

heterocigosis (heterozygosis), **1.** formación de un cigoto por la unión de dos gametos que tienen pares diferentes de genes. **2.** producción de híbridos mediante hibridación.

heterocigoto (heterozygous), que tiene dos genes diferentes en el locus correspondiente de cromosomas homólogos. Un individuo heterocigoto para un rasgo particular ha heredado un gen para ese rasgo de un progenitor y el gen alternativo del otro progenitor.

heterocromatina (heterochromatin), porción de material cromosómico que se inactiva en la expresión genética, pero que puede funcionar en el control de las actividades metabólicas, en la transcripción y en la división celular.

heterocromatización (heterochromatization), transformación de la eucromatina genéticamente activa en heterocromatina genéticamente inactiva; inactivación de uno de los cromosomas X de las hembras mamíferas durante los estadios precoces de la embriogénesis.

heterocromosoma (heterochromosome), cromosoma sexual.

heterodídimo (heterodidymus), feto gemelo unido, en el que los elementos parasitarios son la cabeza, el cuello y el tórax unidos a la pared torácica del autósito.

heterodúplex (heteroduplex), (en genética molecular) molécula de ADN en la que las dos cadenas derivan de individuos diferentes, con el resultado de que algunos pares de bases o bloques de bases no se pueden emparejar.

heteroerotismo (heteroeroticism), sentimiento o actividad sexual dirigida hacia otro individuo.

heterófilo (heterophil[e]), estado de afinidad por algo inusual o anormal, como la de un anticuerpo al unirse a un antígeno diferente con el que debe reaccionar.

heterogameto (heterogamete), gameto que difiere considerablemente en tamaño y estructura con el que se une, especialmente aquellos de los organismos superiores en oposición a los de las plantas y animales inferiores.

heterogamia (heterogamy), **1.** reproducción sexual en la que se produce la fusión de gametos diferentes, generalmente en tamaño y estructura. **2.** reproducción alternante de generaciones sexuales y asexuales; heterogénesis.

heterogéneo (heterogeneous), **1.** formado por elementos o partes diferentes; distinto; discordante. **2.** que no tiene una calidad uniforme.

heterogénesis (heterogenesis), **1.** reproducción que difiere en las generaciones sucesivas, como la alternancia de reproducción sexual y asexual, de forma que la descendencia tiene características diferentes a los padres. **2.** generación asexual. **3.** abiogénesis.

heterogenia (heterogeny), v. **heterogénesis**.

heteroinfección (heteroinfection), infección por un microorganismo originado fuera del cuerpo.

heteroinjerto (heterograft), v. **xenoinjerto**.

heterometropía (heterometropia), alteración visual moderada en la que un ojo tiene una capacidad de refracción diferente a la del otro, produciendo imágenes que son percibidas por los ojos derecho e izquierdo como ligeramente diferentes.

heterónimo (heteronymous), **1.** que tiene nombres diferentes; lo contrario de sinónimo. **2.** fenómeno óptico en el que aparecen dos imágenes que son procedentes de un mismo objeto.

heteroploide (heteroploid), relativo o perteneciente a un individuo, organismo, cepa o célula que tiene una variación en el número de cromosomas totales característico de las células somáticas de cada especie.

heteroploidía (heteroploidy), estado de tener un número anormal de cromosomas, mayor o menor del número que característicamente tienen las células somáticas de cada especie.

heteropolímero (heteropolymer), compuesto formado a partir de subunidades diferentes, como una proteína compuesta por varias subunidades de aminoácidos.

heterosexual (heterosexual), **1.** persona cuyo deseo o preferencia sexual está dirigida hacia personas del sexo opuesto. **2.** relativo o perteneciente al deseo o preferencia sexual por personas del sexo opuesto.

heterosis (heterosis), superioridad de las plantas y animales híbridos de primera generación con respecto a uno o más rasgos comparados con las cepas de los progenitores o con las correspondientes cepas endogámicas.

heterotípico (heterotypic), perteneciente a, o característico de, un tipo diferente al habitual o normal, considerando específicamente la primera división meiótica de las células germinales en la gametogénesis a diferencia de la segunda división o división mitótica.

heterotrasplante (heterotransplant), transferencia de tejido de un animal a otro de especie diferente.

heurístico (heuristic), **1.** que sirve para estimular el interés por la investigación. **2.** método de enseñanza en el que se estimula al estudiante a aprender a través de la investigación independiente. **3.** método de argumento que postula lo que va a ser probado.

hexaclorofeno (hexachlorophene), desinfectante y detergente tópico utilizado como un limpiador antiséptico y como desinfectante para objetos inanimados.

hexacloruro de gammabenceno (gamma-benzene hexachloride), v. **lindano**.

hexametilenamina (hexamethylenamine), v. **metenamina**.

hexametilmelamina (hexamethylmelamine), antineoplásico experimental que se ha empleado para el tratamiento de los carcinomas broncogénico, cervical y ovárico.

hexametonio (hexamethonium), bloqueante colinérgico utilizado para controlar la hemorragia y para el tratamiento de las úlceras pépticas y de la hipertensión.

hexaploide (hexaploid), v. **poliploide**.

hexilrresorcinol (hexylresorcinol), anestésico cutáneo tópico que también se administra para el tratamiento de ciertos tipos de infestaciones por gusanos.

hexoquinasa (hexokinase), enzima que cataliza la transferencia de un grupo fosfato desde el adenosín trifosfato a la D-glucosa.

hexosa (hexose), monosacárido que contiene seis átomos de carbono en la molécula. La glucosa y la fructosa son las principales hexosas presentes en la naturaleza.

Hf (Hf), símbolo del **hafnio**.

Hg (Hg), símbolo del **mercurio**.

HGF (HGF), abreviatura de **factor de crecimiento humano; factor hiperglucemicoglucogenolítico**.

HI (IH), abreviatura de hepatitis infecciosa.

hialinización (hyalinization), formación de un material homogéneo cristalino dentro de una célula.

hialino (hyaline), relativo a sustancias que son transparentes o como el cristal.

hialinuria (hyalinuria), presencia de cilindros proteicos hialinos en la orina de pH ácido.

hialoide (hyaloid), relativo a o parecido a lo hialino.

hialoplasma (hyaloplasm), porción del citoplasma que es claro y más fluido, en oposición a la parte granular y reticular.

hialoplasma nuclear (nuclear hyaloplasm), v. **cariolinfa**.

hialuronidasa (hyaluronidase), enzima que hidroliza el ácido hialurónico. Se prescribe para aumentar la absorción y la dispersión de otros fármacos parenterales, para la hipodermoclisis y para mejorar la resorción de agentes radiopacos.

hiato (hiatus), orificio normal de una membrana u otro tejido corporal.

hibakusha (hibakusha), personas que se han expuesto a las explosiones atómicas. En 1985, todavía vivían 370.000 hibakushas en Hiroshima y Nagasaki, más de 40 años después de los ataques con bomba atómica de la segunda guerra mundial. Su edad media era superior a 60 años.

hibernoma (hibernoma, *pl.* **hibernomas, hibernomata**), tumor benigno, habitualmente de las caderas o de la espalda, formado por células grasas parcial o enteramente de origen fetal.

hibridación (hibridization), **1.** proceso de producir híbridos mediante procreación cruzada. **2.** (en genética molecular) proceso de combinar ácidos nucleicos de cadena única cuya composición en bases es idéntica, pero su secuencia de bases es diferente con el fin de formar moléculas estables de doble cadena.

híbrido (hybrid), **1.** descendencia producida por el emparejamiento de plantas o animales de diferentes especies, variedades o genotipos. **2.** relativo o perteneciente a dicha planta o animal.

hibridoma (hybridoma), célula híbrida formada por la fusión de una célula del mieloma y una célula productora de anticuerpos. Los hibridomas se utilizan en la producción de anticuerpos monoclonales.

hidantoína (hydantoin), grupo de medicamentos anticonvulsivantes, similares química y farmacológicamente a los barbitúricos, que actúan limitando la actividad de las convulsiones y reducen la amplitud de la excitación eléctrica anormal desde el foco de la crisis.

hidátide (hydatid), quiste o estructura quística que habitualmente está llena de líquido, especialmente el quiste formado alrededor del escólex en desarrollo de la tenia del perro *Echinococcus granulosus*.

hidatidiforme (hydatidiform), que tiene el aspecto o forma de una **hidátide**.

hidatidosis (hydatidosis), infestación por la tenia *Echinococcus granulosus*.

hidradenitis (hydradenitis, hidradenitis), infección o inflamación de las glándulas sudoríparas.

hidralacina (hydralazine), antihipertensivo prescrito para el tratamiento de la hipertensión.

hidramnios (hydramnios), alteración del embarazo caracterizada por un exceso de líquido amniótico. Se asocia a enfermedades maternas, como la toxemia gravídica y la diabetes mellitus.

hidranencefalia (hydranencephaly), enfermedad neurológica en la que faltan los hemisferios cerebrales aunque el cerebelo, el tronco del encéfalo y los demás tejidos del sistema nervioso central pueden ser normales. El recién nacido con hidranencefalia puede presentar funciones neurológicas normales pero fracasar en el desarrollo.

hidrargirismo (hydrargyrism), v. **intoxicación por mercurio**.

hidratación (hydration), proceso químico por el que se incorpora agua sin romper el resto de la molécula.

hidratado (hydrous), relativo a una sustancia u objeto que contiene agua o está húmedo.

hidrato (hydrate), **1.** combinación de una sustancia con una o más moléculas de agua. **2.** asociación molecular de una sustancia con agua.

hidrato de amileno (amylene hydrate), líquido transparente e incoloro de olor alcanforado, miscible con el alcohol, el cloroformo, el éter y la glicerina, que se utiliza como disolvente y como hipnótico.

hidrato de carbono, carbohidrato (carbohydrate), elemento de un grupo de compuestos orgánicos en el que los más importantes son el azúcar, el almidón, la celulosa y el caucho. Se clasifican según la estructura molecular como mono-, di-, tri-, poli- y heterosacáridos. Los hidratos de carbono constituyen la principal fuente de energía de todas las funciones orgánicas y son necesarios para el metabolismo de otros nutrientes. Son sintetizados por todas las plantas verdes y en el cuerpo se absorben de inmediato o se almacenan en forma de glucógeno. También pueden ser sintetizados por el organismo a partir de algunos aminoácidos y del glicerol de las grasas.

hidrato de carbono complejo (complex carbohydrate), hidrato de carbono del tipo del almidón que está constituido por un número elevado de moléculas de glucosa y que se denominan de esta forma para distinguirlos de los azúcares simples.

hidrato de cloral (chloral hydrate), sedante e hipnótico prescrito para aliviar el insomnio, la ansiedad y la tensión.

hidroa (hydroa), enfermedad cutánea vesicular o bullosa poco frecuente de la infancia que recidiva cada verano después de la exposición a la luz del sol, algunas veces acompañada de prurito y liquenificación.

hidrobilirrubina (hydrobilirubin), pigmento biliar rojo-marrón producido por la reducción de la bilirrubina.

hidrocarbono saturado (saturated hydrocarbon), v. **saturado**.

hidrocarburo (hydrocarbon), cualquier compuesto orgánico cuyas moléculas están formadas por hidrógeno y carbono, muchos de los cuales derivan del petróleo.

hidrocarburo aromático (aromatic hydrocarbon), compuesto orgánico que tiene un anillo de benceno o quinoide, para distinguirlo de los compuestos alifáticos de cadena abierta.

hidrocarburo halogenado (halogenated hydrocarbon), líquido volátil utilizado en anestesia general, administrado en combinación con óxido nitroso, oxígeno o ambos. Cuando se utiliza esta anestesia, las náuseas, los vómitos, el laringospasmo y la irritación faríngea son menos severos y frecuentes. Algunos tipos de hidrocarburos halogenados son: enflurano, halotano, isoflurano, metoxiflurano y tricloroetileno.

hidrocarburo insaturado (unsaturated hydrocarbon), compuesto orgánico en el cual dos o más átomos de carbono están unidos mediante enlaces dobles o triples, como los ácidos grasos insaturados.

hidrocefalia (hydrocephalus), trastorno caracterizado por la acumulación anormal de líquido cefalorraquídeo, habitualmente con una presión aumentada, dentro de la bóveda craneal, con la dilatación subsiguiente de los ventrículos. La alteración del flujo normal del líquido cefalorraquídeo puede estar causada por la secreción aumentada de líquido, la obstrucción dentro del sistema ventricular (hidrocefalia no comunicante o intraventricular) o por un defecto en la reabsorción desde el espacio subaracnoideo (hidrocefalia comunicante o extraventricular), produciéndose como consecuencia de anomalías del desarrollo, infecciones, traumatismos o tumores cerebrales.

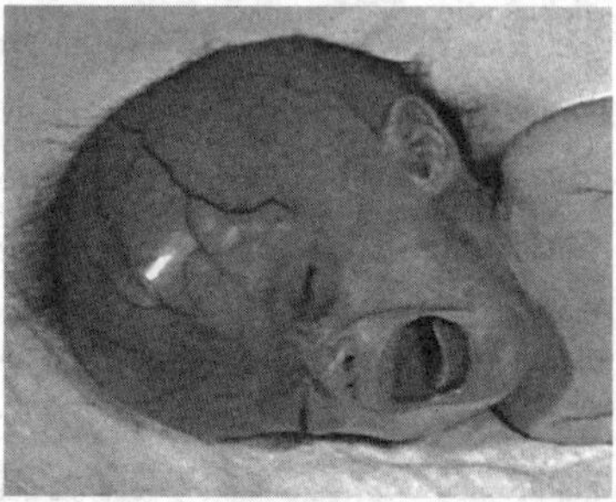

Hidrocefalia
(C. D. Forbes/W. F. Jackson, 1994)

hidrocele (hydrocele), acumulación de líquido en cualquier cavidad o conducto sacciforme, específicamente en la túnica vaginalis del testículo o a lo largo del cordón espermático. Esta enfermedad está causada por la inflamación del epidídimo o del testículo o por obstrucción linfática o venosa en el cordón.

hidrocinética (hydrokinetics), estudio del movimiento de los líquidos.

hidroclorotiacida (hydrochlorothiazide), diurético y antihipertensivo prescrito para el tratamiento de la hipertensión y del edema.

hidrocloruro de clortetraciclina (chlortetracycline hydrochloride), antibiótico prescrito para el tratamiento de numerosas infecciones.

hidrocoleréticos (hydrocholeretics), fármacos que estimulan la producción de bilis de una baja densidad o con una proporción mínima de componentes sólidos.

hidrocortisona, acetato de hidrocortisona, ciclopentilpropionato de hidrocortisona, succinato sódico de hidrocortisona (hydrocortisone, hydrocortisone acetate, hydrocortisone cyclopentylpropionate, hydrocortisone sodium succinate), v. **cortisol**.

hidrofílico (hydrophilic), relativo a la propiedad de atraer moléculas de agua que poseen los radicales polares o iones.

hidroflumetiacida (hydroflumethiazide), diurético y antihipertensivo prescrito para el tratamiento de la hipertensión y del edema.

hidrofobia (hydrophobia), **1.** *no técnico*, rabia. **2.** miedo exagerado, mórbido, al agua.

hidrofóbico (hydrophobic), relativo a la propiedad de repeler moléculas de agua o cadenas laterales que son más solubles en solventes orgánicos.

hidroftalmos (hydrophthalmos), forma poco frecuente de glaucoma que afecta a lactantes y niños.

hidrogenación (hydrogenation), v. **reducción**.

hidrogenasa (hydrogenase), enzima que cataliza la reducción de moléculas al combinarlas con hidrógeno molecular.

hidrogenión (H^+) (hydrogen ion [H^+]), núcleo del átomo de hidrógeno cargado positivamente.

hidrógeno (H) (hydrogen [H]), elemento gaseoso univalente. Su número atómico es 1; su peso atómico es 1,008. Es el más simple y el más ligero de los elementos y normalmente es incoloro, inodoro, gas diatómico altamente inflamable. Existe en forma pura en la tierra y en la atmósfera de forma muy escasa, pero es abundante en el Sol y muchas otras estrellas. El hidrógeno forma parte de numerosos compuestos, muchos de ellos producidos por el cuerpo. Como componente del agua, el hidrógeno es crucial en la interacción metabólica de los ácidos, bases y sales dentro del cuerpo y en el equilibrio hídrico necesario para la supervivencia. El hidrógeno hace posible que el agua, que sirve de base para muchas funciones del cuerpo, pueda disolver las diferentes sustancias de las que depende el cuerpo, como el oxígeno y los alimentos. El hidrógeno posibilita el proceso de hidrólisis mediante el cual diferentes compuestos se unen al agua y se escinden en compuestos más simples.

hidrógeno pesado (heavy hydrogen), v. **deuterio**.

hidrolasa (hydrolase), enzima que separa las uniones éster mediante la adición de agua.

hidrólisis (hydrolysis), alteración o descomposición química de un compuesto con agua.

hidrolizar (hydrolyze), **1.** causar o producir hidrólisis. **2.** provocar la separación de una sustancia en sus componentes mediante la adición de agua.

hidrómetro (hydrometer), dispositivo que determina la densidad de un líquido comparando su peso con el de un volumen igual de agua. Se coloca en el líquido a examinar un dispositivo de cristal hueco, calibrado y se anota la profundidad a la que se coloca el dispositivo en el líquido.

hidronefrosis (hydronephrosis), distensión de la pelvis y cálices renales producida por la orina que no puede sobrepasar una obstrucción del uréter. La obstrucción ureteral puede estar causada por un tumor, un cálculo alojado en el uréter, por inflamación de la próstata o por edema causado por una infección del tracto urinario. La persona afectada puede experimentar dolor en el flanco afectado y, en algunos casos, hematuria, piuria e hiperpirexia.

hidropenia (hydropenia), falta de agua en los tejidos corporales.

hidropesía (hydrops), acumulación anormal de líquido claro, acuoso en un tejido o cavidad corporal, como una articulación, el abdomen, el oído medio o la vesícula biliar.

hidropesía fetal (hydrops fetalis), edema masivo del feto o del recién nacido, que habitualmente se asocia a eritroblastosis fetal grave. También aparecen anemia grave y derrames en los espacios pericárdico, pleural y peritoneal.

hidroquinona (hydroquinone), agente dermatológico decolorante prescrito para disminuir la pigmentación de la piel en ciertas alteraciones cutáneas en las que un exceso de melanina produce hiperpigmentación.

hidrosálpinx (hydrosalpinx), alteración de la trompa de Falopio en la que la trompa está dilatada y llena de un líquido claro; es el resultado final de una infección que previamente ha ocluido la trompa en ambos extremos.

hidrosis (hidrosis), producción y secreción de sudor.

hidrostático (hydrostatic), relativo a los líquidos en reposo o en equilibrio y a la presión que ejercen.

hidroterapia (hydrotherapy), utilización del agua para el tratamiento de diferentes enfermedades mentales y físicas. En la hidroterapia se incluyen los baños continuos, los empaquetados con sábanas húmedas y las pulverizaciones.

hidrotórax (hydrothorax), acumulación no inflamatoria de líquido seroso en una o ambas cavidades pleurales.

hidrotropismo (hydrotropism), tendencia de una célula u organismo a girar o a moverse en una determinada dirección bajo la influencia de un estímulo de agua.

hidroxiandrosterona (hydroxyandrosterone), hormona sexual segregada por los testículos y por las glándulas suprarrenales. Su acumulación normal en la orina de 24 horas de los varones es de 0,1 a 8 mg y, en las mujeres, de 0 a 0,5 mg.

hidroxiapatito (hydroxyapatite), compuesto inorgánico formado por calcio, fosfato e hidróxido. Se encuentra en los huesos y en los dientes en forma de enrejado cristalizado que proporciona rigidez a estas estructuras.

hidroxibenceno (hydroxybenzene), v. **ácido carbólico**.

17-hidroxicorticosteroide (17-hydroxycorticosteroid), cualquiera de las hormonas segregadas por las glándulas suprarrenales, tales como el cortisol, que se pueden determinar en la orina para determinar la función adrenal y diagnosticar el hipoadrenalismo o el hiperadrenalismo.

hidróxido (hydroxide), compuesto iónico que contiene el ion OH^-, formado habitualmente por metales o por el equivalente metálico del catión amonio (NH_4^-) que inactiva un ácido.

hidróxido potásico (KOH) (potassium hydroxide [KOH]), compuesto blanco, soluble, altamente cáustico. Ocasionalmente utilizado en solución como escarificante para mordeduras de animales rabiosos, el KOH tiene numerosas aplicaciones en el laboratorio como agente alcalinizante, como en la preparación de muestras clínicas para el estudio de hongos bajo el microscopio.

11-hidroxietiocolanolona (11-hydroxyetiocholanolone), hormona sexual segregada por los testículos y las glándulas suprarrenales.

hidroxil (OH) (hydroxyl [OH]), radical que contiene un átomo de oxígeno y un átomo de hidrógeno.

hidroxiprolina (hydroxyproline), aminoácido que se eleva en la orina en enfermedades óseas y en ciertos trastornos genéticos, como el síndrome de Marfan.

5-hidroxitriptamina (5-hydroxytryptamine), v. **serotonina**.

hidroxiurea (hydroxyurea), antineoplásico prescrito para el tratamiento de numerosas neoplasias.

hielo seco (dry ice), dióxido de carbono sólido, a una temperatura aproximada de –100 °F. Se utiliza en crioterapia de diversos trastornos de la piel.

hierba (grass), v. **cannabis**.

hierro (Fe) (iron [Fe]), elemento metálico muy abundante, esencial para la síntesis de la hemoglobina. Su número atómico es 26; su peso atómico, 55,85. Se utiliza como hematógeno en forma de sales y complejos.

hierro total (total iron), concentración total de hierro en la sangre. Las concentraciones normales en el suero son de 50 a 150 μg/dl.

hifa (hypha), estructura filiforme del micelio de un hongo.

hígado (liver), la mayor glándula del cuerpo, y uno de sus órganos más complejos. Se han identificado más de 500 funciones. Se divide en cuatro lóbulos, con hasta 100.000 lobulillos, y recibe dos tipos distintos de irrigación. La arteria hepática lleva sangre oxigenada al hígado, y la vena porta lleva sangre rica en nutrientes procedentes del estómago e intestino. Algunas de las principales funciones que realiza el hígado son la producción de bilis por las células hepáticas, la secreción de glucosa, proteínas, vitaminas, grasas y la mayoría de los demás compuestos que utiliza el organismo, el procesamiento de la hemoglobina para el uso vital de su contenido en hierro y la conversión del amoniaco tóxico en urea.

higiene (hygiene), principios y ciencia de la conservación de la salud y de la prevención de la enfermedad.

higienista (hygienist), el que practica los principios y las leyes de la **higiene**.

higroma subdural (subdural hygroma), acumulación de líquido entre la duramadre y la aracnoides, provocada por la salida de líquido cefalorraquídeo a través de una rotura del tejido aracnoideo.

higrómetro (hygrometer), instrumento que mide directamente la humedad relativa de la atmósfera o la proporción de agua en un gas específico o en una mezcla de gases, sin extraer la humedad.

hijas DES (DES daughters), grupo de mujeres con susceptibilidad aumentada al cáncer vaginal y de otros órganos reproductores, por haber recibido sus madres un medicamento esteroideo, el dietilestilbestrol (DES), en los alos 40 y 60, para evitar abortos. Los hijos de las mujeres que tomaron DES tienen alto riesgo de testículos criptarquídicos y otras alteraciones genitales.

hilio (hilus, *pl.* **hili**), depresión o fosa en la región de un órgano por donde entran los vasos y nervios.

himen (hymen), pliegue de mucosa, piel y tejido fibroso situado en el introito vaginal. Puede estar ausente, ser pequeño, delgado y flexible o, raramente, duro y denso, ocluyendo completamente el orificio vaginal.

himenectomía (hymenectomy), escisión quirúrgica de una membrana, particularmente del himen.

himenotomía (hymenotomy), incisión quirúrgica del himen.

hiogloso (hyoglossus), músculo depresor de la lengua que se origina en el hueso hiodes.

hioideo (hyoid), perteneciente al hueso hiodes.

hiosciamina (hyoscyamine), anticolinérgico prescrito para el tratamiento de la hipermotilidad del tracto GI y del tracto urinario inferior.

hipema (hyphema), hemorragia en la cámara anterior del ojo, habitualmente causada por una lesión directa o percusiva. La hemorragia recurrente puede producir glaucoma.

hiperacidez (hyperacidity), cantidad excesiva de ácido, como puede ocurrir en el estómago.

hiperactividad (hyperactivity), cualquier actividad aumentada anormalmente que afecta a todo el organismo o a un órgano determinado, como el corazón o el tiroides.

hiperacusia (hyperacuity), sensibilidad excesiva a los sonidos.

hiperadenosis (hyperadenosis), trastorno caracterizado por la presencia de glándulas aumentadas de tamaño.

hiperadrenalismo (hyperadrenalism), v. **enfermedad de Cushing**.

hiperadrenocorticismo (hyperadrenocorticism), v. **síndrome de Cushing**.

hiperaldosteronismo (hyperaldosteronism), v. **aldosteronismo**.

hiperalimentación (hyperalimentation), **1.** sobrealimentación, ingestión o administración de una cantidad de nutrientes superior a la óptima y a las demandas del apetito. **2.** v. **nutrición parenteral total**.

hiperalimentación parenteral (parenteral hyperalimentation), v. **nutrición parenteral total**.

hiperamoniemia (hyperammonemia), niveles anormalmente altos de amoniaco en la sangre. Si no se trata, esta enfermedad conduce a asterixis, vómitos, letargia, coma y muerte.

hiperbarismo (hyperbarism), cualquier alteración que se produce como consecuencia de la exposición a una presión ambiental aumentada, habitualmente por la exposición brusca a una presión aumentada o por un incremento significativo de la presión.

hiperbasemia (hyperbasemia), elevación de la concentración arterial de bicarbonato, causada por factores metabólicos o no respiratorios.

hiperbetalipoproteinemia (hyperbetalipoproteinemia), hiperlipoproteinemia tipo II, alteración genética del metabolismo de los lípidos, en la que existen unos niveles anormalmente altos de colesterol en plasma, apareciendo xantomas en los tendones de los talones, rodillas y dedos de las manos.

hiperbilirrubinemia (hyperbilirubinemia), presencia de cantidades superiores a las normales del pigmento biliar bilirrubina en la sangre, caracterizada por ictericia, anorexia y malestar. La hiperbilirrubinemia se asocia sobre todo a enfermedad hepática y obstrucción biliar, pero también aparece cuando existe una destrucción excesiva de hematíes.

hipercalcemia (hypercalcemia), concentración de calcio superior a lo normal en la sangre, a menudo resultado de una resorción ósea excesiva con la consiguiente liberación de calcio, como ocurre en el hiperparatiroidismo, en los tumores óseos metastásicos, en la enfermedad de Paget y en la osteoporosis. Clínicamente, los pacientes con hipercalcemia están confusos y tienen anorexia, dolor abdominal muscular y debilidad.

hipercalciuria (hypercalciuria), presencia de cantidades anormalmente elevadas de calcio en la orina, como consecuencia de enfermedades como la sarcoidosis, el hiperparatiroidismo o ciertos tipos de artritis, caracterizadas por un aumento de la resorción ósea. La concentración de calcio en el tracto urinario puede ocasionar la formación de cálculos renales.

hipercaliemia (hyperkalemia), concentración de potasio en sangre superior a lo normal. Se observa con frecuencia en la insuficiencia renal aguda. Entre los signos precoces de esta entidad se encuentran las náuseas, la diarrea y la debilidad muscular.

hipercapnia (hypercapnia), concentración de dióxido de carbono en sangre superior a lo normal.

hipercarbia (hypercarbia), concentración anormalmente elevada de dióxido de carbono en la sangre.

hipercinesia (hyperkinesis), v. **trastorno por déficit de atención**.

hipercloremia (hyperchloremia), concentración excesiva de cloro en sangre.

hiperclorhidria (hyperchlorhydria), secreción excesiva de ácido clorhídrico por las células que recubren el estómago.

hipercoagulabilidad (hypercoagulability), tendencia de la sangre a coagular más rápidamente de lo normal.

hipercolesterolemia (hypercholesterolemia), trastorno en el que existe una concentración plasmática de colesterol superior a la normal. Los niveles elevados de colesterol y de otros lípidos pueden ocasionar el desarrollo de arteriosclerosis.

hipercromía (hyperchromia), aumento de la hemoglobina en los eritrocitos.

hipercrómico (hyperchromic), que tiene una mayor densidad de color o pigmentación.

hiperdactilia (hyperdactyly), v. **polidactilia**.

hiperdiploide (hyperdiploid), v. **hiperploide**.

hiperemesis del embarazo (hyperemesis gravidarum), trastorno del embarazo caracterizado por vómitos prolongados, pérdida de peso y desequilibrio hidroelectrolítico. Si esta enfermedad es grave e intratable, se puede producir lesión cerebral, insuficiencia hepática y renal y muerte. La deshidratación produce sequedad de las mucosas, disminución de la elasticidad de la piel, pulso rápido y descenso de la tensión arterial. El volumen de orina disminuye. El hematócrito aumenta por hemoconcentración. La pérdida de electrólitos a través del vómito produce acidosis metabólica con hipocaliemia, hipocloremia e hiponatremia. El déficit intenso de potasio altera la función miocárdica. Los vómitos forzados pueden causar hemorragias retinianas que afectan a la visión y desgarros gastroesofágicos que sangran y producen hematemesis y melenas.

hiperemia (hyperemia), aumento de la sangre en una parte del cuerpo, causada por un aumento del flujo sanguíneo, como en la respuesta inflamatoria, por relajación local de las arteriolas o por obstrucción del flujo de retorno de la sangre desde un área. La piel que cubre un área hiperémica habitualmente está roja y caliente.

hiperespadias (hyperspadias), v. **epispadias**.

hiperesplenismo (hypersplenism), síndrome constituido por esplenomegalia y deficiencia de uno o más tipos de las células sanguíneas. Entre las numerosas causas de este síndrome se incluyen los linfomas, las anemias hemolíticas, el paludismo, la tuberculosis y diversas enfermedades del tejido conectivo e inflamatorias. Los pacientes refieren dolor abdominal izquierdo y a menudo experimentan plenitud después de comer muy poco, porque el bazo agrandado presiona contra el estómago.

hiperesténico (hypersthenic), **1.** relativo a la fuerza o tonicidad excesivas del cuerpo o de una parte del cuerpo. **2.** perteneciente a un tipo corporal caracterizado por proporciones excesivas.

hiperestesia (hyperesthesia), sensibilidad extrema de uno de los órganos de los sentidos del cuerpo, como los receptores del dolor o del tacto de la piel.

hiperextensión (hyperextension), (de una articulación) posición de máxima extensión.

hiperfenilalaninemia (hyperphenylalaninemia), concentración anormalmente alta de fenilalanina en la sangre. Este síntoma puede ser el resultado de uno de los posibles defectos del metabolismo de la fenilalanina.

hiperflexia (hyperflexia), hiperflexión forzada de un miembro.

hiperforia (hyperphoria), tendencia de un ojo a desviarse hacia arriba.

hiperfunción (hyperfunction), aumento de la función de cualquier órgano o sistema.

hipergénesis (hypergenesis), crecimiento excesivo o sobredesarrollo. Este trastorno puede afectar a todo el cuerpo, como ocurre en el gigantismo, a cualquier parte determinada o puede dar lugar a la formación de partes extras, como al desarrollo de dedos adicionales en las manos o en los pies.

hipergenitalismo (hypergenitalism), presencia de genitales externos anormalmente grandes. Se asocia frecuentemente a pubertad precoz.

hipergliceridemia (hyperglyceridemia), exceso de glicéridos, en particular triglicéridos, en la sangre.

hiperglobulinemia (hyperglobulinemia), exceso de globulinas en la sangre.

hiperglucemia (hyperglycemia), concentración de glucosa en sangre superior a lo normal. Asociada frecuentemente a diabetes mellitus, esta enfermedad puede aparecer en recién nacidos, tras la administración de glucocorticoides o por un exceso de administración de soluciones intravenosas que contengan glucosa.

hipergonadismo (hypergonadism), actividad excesiva de los ovarios o testículos.

hiperhidratación (overhydration), exceso de agua en el cuerpo.

hiperhidrosis (hyperhidrosis), transpiración excesiva causada, a menudo, por calor, hipertiroidismo, emociones fuertes, menopausia o infección.

hiperinclusividad (overinclusiveness), trastorno de asociación observado en algunos pacientes esquizofrénicos. El individuo es incapaz de pensar de una forma precisa debido a la incapacidad para mantener los elementos irrelevantes fuera de los límites perceptuales.

hiperinmune (hyperimmune), característica asociada a una abundancia de anticuerpos fuera de lo normal, produciendo una inmunidad superior a la normal.

hiperinsuflación periódica (periodic hyperinflation), fenómeno normal que aparece en los suspiros o respiraciones profundas inconscientes. Dada la necesidad natural de hiperinsuflación periódica de los pulmones, en el mecanismo de los ventiladores mecánicos se suele programar un suspiro artificial.

hiperinsulinismo (hyperinsulinism), cantidad excesiva de insulina en el cuerpo, como ocurre cuando se administra una dosis mayor de la requerida.

hiperirritabilidad (hyperirritability), estado de excesiva excitabilidad, sensibilidad o respuesta exagerada a un estímulo.

hiperlipemia (hyperlipemia), concentración excesiva de grasas en la sangre, habitualmente como consecuencia de la deficiencia de una lipoproteín lipasa o por un defecto en la conversión de lipoproteínas de baja densidad (LDL) en lipoproteínas de alta densidad (HDL).

hiperlipidemia (hyperlipidemia), exceso de lípidos en el plasma, incluidos los glucolípidos, las lipoproteínas y los fosfolípidos.

hiperlipidemia tipo I (hyperlipidemia type I), elevación de los niveles de lípidos en la sangre caracterizada por el aumento del colesterol y de los triglicéridos, causada por la presencia de quilomicrones. Se hereda como un rasgo autosómico recesivo con bajo riesgo de aterosclerosis.

hiperlipidemia tipo IIA, hiperlipoproteinemia tipo IIB (hyperlipidemia type IIA, hyperlipidemia type IIB), trastorno hereditario caracterizado por concentración elevada de colesterol.

hiperlipidemia tipo IV (hyperlipidemia type IV), forma relativamente común de hiperlipoproteinemia caracterizada por una elevación ligera de los niveles de colesterol, una elevación moderada de los triglicéridos y una elevación de la VLDL, proteína transportadora normal de los triglicéridos. A veces es familiar y se asocia a un aumento de los factores de riesgo para la aterosclerosis coronaria.

hiperlipidemia tipo V (hyperlipidemia type V), elevación de los lípidos sanguíneos caracterizada por un aumento ligero del colesterol, un gran aumento de los triglicéridos, una elevación de la VLDL, proteína transportadora de los triglicéridos y de los quilomicrones. Es una enfermedad genéticamente heterogénea.

hiperlipoproteinemia (hyperlipoproteinemia), enfermedad heredada o adquirida del metabolismo de las lipoproteínas, caracterizada por la presencia superior a lo normal de ciertos lípidos unidos a proteínas y de otros productos grasos en la sangre.

hiperlipoproteinemia tipo II (type II hyperlipoproteinemia), trastorno hereditario caracterizado por concentración elevada de colesterol.

hipermagnesemia (hypermagnesemia), concentración de magnesio en plasma superior a lo normal, presente en individuos con insuficiencia renal y en aquellos que toman grandes cantidades de fármacos que contienen magnesio, como los antiácidos. Los niveles tóxicos de magnesio producen arritmias cardíacas y depresión de los reflejos tendinosos profundos y de la respiración.

hipermenorrea (hypermenorrhea), v. **menorragia**.

hipermetría (hypermetria), forma de dismetría, trastorno caracterizado por la disfunción para poder controlar la amplitud de acción muscular, produciéndose movimientos que sobrepasan el objetivo deseado por el individuo afectado.

hipermetropía (hypermetropia, hypermetropy), v. **hiperopía**.

hipermorfo (hypermorph), **1.** persona cuyos brazos y piernas son desproporcionadamente largos en relación al tronco y cuya altura sentado es desproporcionada en relación con su altura en bipedestación. **2.** (en genética) gen mutante que muestra un aumento de actividad en la expresión de un rasgo.

hipermotilidad (hypermotility), movimiento excesivo de los músculos involuntarios, especialmente en el tracto gastrointestinal.

hipermovilidad (hypermobility), forma de laxitud articular caracterizada por una amplitud de movimiento excesiva en las articulaciones. Esta situación aparece en los niños y se puede asociar al **síndrome de Marfan** o a enfermedades articulares degenerativas.

hipernatremia (hypernatremia), concentración de sodio en la sangre superior a la normal, causada por la pérdida excesiva de agua y electrólitos secundaria a poliuria, diarrea, sudoración excesiva o ingesta inadecuada de agua. Las personas con hipernatremia pueden estar confusas, tener convulsiones o entrar en coma. Se debe tener cuidado de restaurar lentamente el equilibrio hídrico porque puede producirse un desequilibrio electrolítico secundario.

hiperopía (hyperopia, farsightedness), visión larga, trastorno ocasionado por un defecto de refracción en el que los rayos de luz que entran en el ojo convergen en un foco situado detrás de la retina.

hiperornitinemia (hyperornithinemia), alteración metabólica del aminoácido ornitina, que tiende a acumularse en los tejidos produciendo convulsiones y retraso.

hiperorquidismo (hyperorchidism), exceso de actividad endocrina en los testículos.

hiperosmia (hyperosmia), aumento anormal de la sensibilidad para los olores.

hiperosmolaridad (hyperosmolarity), estado caracterizado por un aumento anormal de la osmolaridad.

hiperosmótico (hyperosmotic), relativo a un aumento de la concentración de componentes osmóticamente activos.

hiperostosis (hyperostosis), sobrecrecimiento del hueso. Puede manifestarse como una tumefacción ósea o un osteoma, o afectar al cartílago adyacente.

hiperoxaluria (hyperoxaluria), concentración excesiva de ácido oxálico o de oxalatos, fundamentalmente oxalato cálcico en la orina. El exceso de oxalatos facilita la formación de cálculos renales.

hiperoxemia (hyperoxemia), aumento del contenido de oxígeno de la sangre.

hiperoxia (hyperoxia), elevación anormal de la tensión de oxígeno en la sangre.

hiperoxigenación (hyperoxygenation), utilización de altas concentraciones de oxígeno inspirado antes y después de la aspiración endotraqueal.

hiperparatiroidismo (hyperparathyroidism), trastorno endocrino caracterizado por la hiperactividad de cualquiera de las cuatro glándulas paratiroides con secreción excesiva de la parathormona (PTH), que produce un aumento de la resorción de calcio a partir del sistema esquelético y un aumento de la absorción de calcio en el riñón y el intestino. Esta entidad puede ser primaria, originada en una o más de las glándulas paratiroides, o secundaria, por un trastorno de otra parte del cuerpo que produce hipocalcemia causando una hiperactividad compensadora de las glándulas paratiroides.

hiperperistalsis (hyperperistalis), estado de excesiva motilidad de las ondas de contracción y relajación alternantes que propulsan hacia delante el contenido del tracto digestivo.

hiperpigmentación (hyperpigmentation), oscurecimiento inusual de la piel. Entre sus causas se incluyen la herencia, los fármacos, la exposición al sol y la insuficiencia suprarrenal.

hiperpirexia (hyperpyrexia), temperatura extremadamente elevada que a veces aparece en las enfermedades infecciosas agudas, especialmente en los niños pequeños. La hiperpirexia maligna, caracterizada por una rápida elevación de la temperatura, taquicardia, taquipnea, sudoración, rigidez y cianosis, ocurre en algunos pacientes sometidos a anestesia general.

hiperpituitarismo (hyperpituitarism), hiperactividad del lóbulo anterior de la hipófisis, lo que ocasiona trastornos tales como la **acromegalia** y la **enfermedad de Cushing**.

hiperplasia (hyperplasia), aumento del número de células de una parte del cuerpo.

hiperploide (hyperploid), **1.** relativo o perteneciente a un individuo, organismo, cepa o célula que tiene uno o más cromosomas en exceso sobre el número básico haploide o un múltiplo exacto del número haploide característico de la especie. **2.** ese individuo, organismo, cepa o célula.

hiperploidía (hyperploidy), cualquier aumento del número de cromosomas que afecta a los cromosomas individuales más que grupos enteros, ocasionando un número superior al número normal haploide característico de la especie, como ocurre en el síndrome de Down.

hiperpnea (hyperpnea), respiración profunda, rápida o fatigosa. Aparece normalmente con el ejercicio y, anormalmente, con el dolor, la fiebre, la histeria o cualquier patología en la que el aporte de oxígeno es inadecuado, como en la patología cardíaca y respiratoria.

hiperprolactinemia (hyperprolactinemia), concentración excesiva de prolactina en la sangre. Esta enfermedad está causada por una disfunción hipotalamohipofisaria. En las mujeres se asocia habitualmente a ginecomastia, galactorrea y amenorrea secundaria; en los hombres puede ser un factor de disminución de la libido e impotencia.

hiperproteinemia (hyperproteinemia), nivel anormalmente alto de elementos proteicos en la sangre.

hiperptialismo (hyperptyalism), v. **ptialismo**.

hiperqueratinización (hyperkeratinization), engrosamiento córneo anormal del epitelio de las palmas y plantas de los pies.

hiperqueratosis (hyperkeratosis), sobrecrecimiento de la capa córnea de la piel.

hiperquilomicronemia (hyperchylomicronemia), hiperlipoproteinemia tipo I, deficiencia congénita rara de una enzima esencial para el metabolismo lipídico. La grasa se acumula en la sangre en forma de quilomicrones. Afecta a niños y a adultos jóvenes, que desarrollan xantomas (depósitos grasos) en la piel, hepatomegalia y dolor abdominal.

hiperreactividad (hyperreactivity), trastorno en el que las respuestas a estímulos están exageradas.

hiperreflexia (hyperreflexia), trastorno neurológico caracterizado por un aumento de las reacciones reflejas.

hiperreflexia autónoma (autonomic hyperreflexia), trastorno neurológico caracterizado por la descarga de impulsos del sistema nervioso simpático, como consecuencia de la estimulación de la vejiga, del intestino grueso o de otras vísceras.

hipersensibilidad (hypersensitivity), trastorno caracterizado por una reacción excesiva a un estímulo particular.

hipersensibilidad anafiláctica (anaphylactic hypersensitivity), hipersensibilidad humoral inmediata dependiente de IgE o de IgG, que aparece en respuesta a un antígeno exógeno. Las células cebadas liberan histamina, quininas y otras sustancias, produciendo vasodilatación y contracción muscular. Algunos tipos de hipersensibilidad anafiláctica son la anafilaxia sistémica, las alergias atópicas, la fiebre del heno y las reacciones por picadura de insectos.

hipersensibilidad citotóxica (cytotoxic hypersensitivity), respuesta humoral de IgG o IgM de hipersensibilidad inmediata dependiente del complemento, frente a células extrañas o a la alteración de los antígenos de superficie de las células.

hipersensibilidad de tipo I (type I hypersensitivity), v. **hipersensibilidad anafiláctica**.

hipersensibilidad de tipo II (type II hypersensitivity), v. **hipersensibilidad citotóxica**.

hipersensibilidad de tipo III (type III hypersensitivity), v. **hipersensibilidad por inmunocomplejos**.

hipersensibilidad de tipo IV (type IV hypersensitivity), reacción de hipersensibilidad retardada de tipo IV mediada por linfocitos T sensibilizados en vez de por anticuerpos.

hipersensibilidad inmediata (immediate hypersensitivity), reacción alérgica que se produce pocos minutos después de la exposición a un alergeno.

hipersensibilidad por inmunocomplejos (immune complex hypersensitivity), hipersensibilidad humoral de acción inmediata, por IgG o IgM, más complemento, a ciertos antígenos solubles. Se aprecia en la enfermedad del suero, el fenómeno de Arthus y la glomerulonefritis.

hipersensibilización (hypersensitization), estado de reactividad o sensibilidad aumentada a un estímulo.

hipersomnia (hypersomnia), **1.** sueño de excesiva profundidad o duración anormal, habitualmente causado por factores psicológicos más que físicos y caracterizado por un estado de confusión al despertar. **2.** somnolencia extrema, a menudo asociada con letargia. **3.** trastorno caracterizado por períodos de sueño profundo y largo.

hipertelorismo (hypertelorism), defecto del desarrollo caracterizado por la existencia de un espacio anormalmente amplio entre dos órganos o partes. El **hipertelorismo ocular** es un tipo de hipertelorismo.

hipertensión (hypertension, high blood pressure), enfermedad común, a menudo asintomática, caracterizada por un aumento de la presión arterial que excede persistentemente los 140-90 mm Hg. La hipertensión esencial, el tipo más frecuente, no tiene causas conocidas, pero el riesgo para padecerla aumenta con la obesidad, con la concentración elevada de sodio en plasma, con la hipercolesterolemia y con una historia familiar de hipertensión. Entre las causas conocidas de hipertensión arterial se incluyen las enfermedades suprarrenales, tales como el aldosteronismo, el síndrome de Cushing y el feocromocitoma, la tirotoxicosis, la toxemia del embarazo y la glomerulonefritis crónica. Las personas con hipertensión leve o moderada pueden estar asintomáticas o presentar cefaleas occipitales, especialmente al levantarse, tinnitus, aturdimiento, fatigabilidad fácil y palpitaciones. La hipertensión maligna, caracterizada por una presión diastólica superior a 120 mm Hg, cefaleas intensas, visión borrosa y confusión, puede producir uremia fatal, infarto de miocardio, insuficiencia cardíaca congestiva o un accidente cerebrovascular. Algunos tipos de hipertensión son: **hipertensión esencial, hipertensión maligna** e **hipertensión secundaria**.

hipertensivo (hypertensive), relativo a la tensión arterial elevada, a sus causas o efectos.

hipertermia (hyperthermia), **1.** temperatura corporal mucho mayor de la normal inducida terapéutica o yatrogénicamente. **2.** *no técnico*, hipertermia maligna. **3.** diagnóstico de enfermería, aprobado por la NANDA, de un estado en el que la temperatura corporal de un individuo está elevada por encima de su rango normal. Entre las características que lo definen se incluyen el aumento de la temperatura corporal, el enrojecimiento de la piel, la piel caliente al tacto, el aumento de la frecuencia respiratoria, la taquicardia y las convulsiones.

hipertermia habitual (habitual hyperthermia), trastorno de causa desconocida que afecta a mujeres jóvenes, caracterizada por temperaturas corporales comprendidas entre 37,2 °C y 38,1 °C, de aparición regular o intermitente durante años, asociadas a fatiga, malestar, dolores imprecisos, insomnio, alteraciones intestinales y cefaleas.

hipertermia intraoperatoria (intraoperative hypertermia), hipertermia que sufren los tejidos internos que han permanecido al exterior durante una intervención quirúrgica.

hipertermia maligna (HM) (malignant hyperthermia [MH]), rasgo autosómico dominante caracterizado por una hipertermia con frecuencia fatal con rigidez de los músculos que aparece en las personas que portan este rasgo expuestas a agentes anestésicos, sobre todo al halotano, a la succinilcolina y al metoxiflurano.

hipertermia regional (regional hyperthermia), elevación de la temperatura en un volumen extenso de tejido.

hipertetraploide (hypertetraploid), v. **hiperploide**.

hipertiroidismo (hyperthyroidism), enfermedad caracterizada por la hiperactividad de la glándula tiroides. La glándula habitualmente está aumentada de tamaño, segrega cantidades mayores de las normales de hormonas tiroideas y los procesos metabólicos corporales están acelerados. Pueden aparecer nerviosismo, exoftalmos, temblor, sensación constante de hambre, pérdida de peso, fatiga, intolerancia al calor, palpitaciones y diarrea.

hipertonía (hypertonia), **1.** aumento anormal del tono o de la fuerza muscular. Este trastorno se asocia en ocasiones a anomalías genéticas. **2.** situación de presión excesiva, como en la presión intraocular del glaucoma.

hipertonicidad (hypertonicity), **1.** en oftalmología, estado de presión intraocular aumentada. **2.** trastorno caracterizado por una tensión excesiva en las arterias o en los músculos.

hipertónico (hypertonic), (de una solución) que tiene una concentración de soluto mayor que otra solución, ejerciendo, por tanto, más presión osmótica que esa solución, como ocurre con un suero fisiológico hipertónico que contiene más sal que la que existe en los líquidos intra y extracelulares.

hipertricosis (hypertrichosis), v. **hirsutismo**.

hipertrigliceridemia (hypertriglyceridemia), v. **hiperquilomicronemia**.

hipertriploide (hypertriploid), v. **hiperploide**.

hipertrofia (hypertrophy), aumento del tamaño de un órgano causado por un aumento del tamaño de las células más que por el aumento del número de células. Algunos tipos de hipertrofia son: **hipertrofia de adaptación, hipertrofia compensadora, hipertrofia de Marie, hipertrofia fisiológica** e **hipertrofia unilateral**.

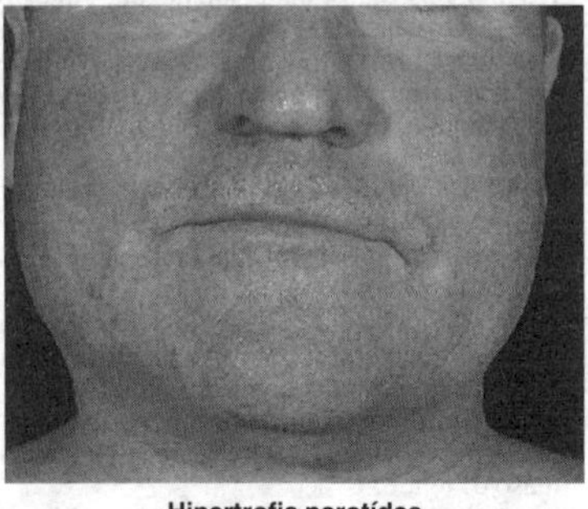

Hipertrofia parotídea
(S. Sherlock/J. A. Summerfield, 2.ª ed., 1992)

hiperuricemia (hyperuricemia), v. **gota**.

hiperuricemia hereditaria (hereditary hyperuricemia), v. **síndrome de Lesch-Nyhan**.

hiperventilación (hyperventilation), frecuencia de ventilación pulmonar mayor a la metabólicamente necesaria para el intercambio de los gases respiratorios. Es el resultado de una frecuencia respiratoria aumentada, de un aumento del volumen corriente en reposo o de una combinación de ambos factores, y produce una entrada excesiva de oxígeno con espiración de dióxido de carbono. Aparecen entonces hipocapnia y alcalosis respiratoria, produciéndose dolor torácico, vértigo, desfallecimiento, entumecimiento de los dedos de las manos y los pies y alteración psicomotora.

hiperventilación central neurógena (HVCN) (central neurogenic hyperventilation [CNHV]), patrón ventilatorio caracterizado por respiraciones rápidas y regulares con una frecuencia de 25 respiraciones por minuto. El aumento de la regularidad, más que de la frecuencia, es un signo diagnóstico importante que indica incremento de la profundidad del coma.

hiperviscosidad (hyperviscosity), perteneciente a los líquidos extremadamente viscosos o densos.

hipervitaminosis (hypervitaminosis), trastorno producido por la ingesta de cantidades tóxicas de una o más vitaminas, especialmente durante un largo período de tiempo. La sobredosis de vitaminas A, D, E o K pueden producir efectos graves, pero no así las vitaminas hidrosolubles, B y C.

hipervolemia (hypervolemia), aumento de la cantidad de líquido extracelular, especialmente del volumen de sangre circulante o sus componentes.

hipnagogo (hypnagogue), agente o sustancia que tiende a inducir sueño o una sensación de sueño, como ocurre antes de dormirse.

hipnoanálisis (hypnoanalysis), utilización de la hipnosis como coadyuvante de otras técnicas del psicoanálisis.

hipnosis (hypnosis), estado pasivo de trance que se asemeja al sueño normal durante el que la percepción y la memoria están alterados, produciéndose un aumento de las respuestas a la sugestión. La susceptibilidad a la hipnosis varía de una persona a otra. La hipnosis es empleada en determinadas formas de psicoterapia, en programas de modificación de la conducta o en medicina con el fin de reducir el dolor y facilitar la relajación.

hipnoterapia (hypnotherapy), utilización de la hipnosis como adyuvante de otras técnicas en psicoterapia.

hipnótico-sedante (sedative-hypnotic), fármaco que deprime de forma reversible la actividad del sistema nervioso central, utilizado principalmente para inducir el sueño y aliviar la ansiedad. Los barbitúricos y muchos hipnóticos sedantes no barbitúricos con diversas propiedades químicas y farmacológicas comparten la capacidad de deprimir la actividad de todo tejido excitable, aunque el centro del despertar en el tronco del encéfalo es especialmente sensible a sus efectos. Se utilizan varios hipnóticos-sedantes y tranquilizantes menores con efectos similares para el tratamiento del insomnio, los trastornos convulsivos agudos y los estados de ansiedad, así como también para facilitar la inducción de la anestesia.

hipnóticos (hypnotics), tipo de fármacos utilizados a menudo como sedantes.

hipnotismo (hypnotism), estudio o práctica de la inducción de la hipnosis.

hipnotizador (hypnotist), el que practica el hipnotismo.

hipnotizar (hypnotize), **1.** poner en estado de hipnosis. **2.** fascinar, encantar o controlar a través del atractivo personal.

hipo (hiccup, hiccough), sonido característico producido por la contracción involuntaria del diafragma, seguida por el cierre rápido de la glotis. El hipo tiene numerosas causas, incluidas la indigestión, el comer rápidamente, ciertos tipos de cirugía y la encefalitis epidémica.

hipoacidez (hypoacidity), deficiencia de ácido.

hipoactividad (hypoactivity), cualquier actividad del cuerpo o de sus órganos anormalmente disminuida, como la disminución del gasto cardíaco, de la secreción tiroidea o del peristaltismo.

hipoacusia (hypoacusis), disminución de la sensibilidad a los sonidos; puede tener carácter conductivo o neurosensorial.

hipoadrenalismo (hypoadrenalism), v. **enfermedad de Addison**.

hipoalbuminemia (hypoalbuminemia), disminución por debajo de lo normal de la concentración de albúmina en la sangre.

hipoalergénico (hypoallergenic), relativo al escaso potencial para producir una reacción alérgica.

hipoalgesia (hypalgesia), percepción de un estímulo doloroso en un grado que varía significativamente de la percepción normal del mismo estímulo.

hipoalimentación (hypoalimentation), nutrición insuficiente o inadecuada.

hipobarismo (hypobarism), presión del aire que es significativamente inferior a la presión normal de 760 mm Hg a nivel del mar.

hipobasemia (hypobasemia), disminución de la concentración arterial de bicarbonato causada por factores metabólicos o no respiratorios.

hipobetalipoproteinemia (hypobetalipoproteinemia), enfermedad hereditaria en la que existen cantidades por debajo de lo normal de betalipoproteína en el suero.

hipocalcemia (hypocalcemia), deficiencia de calcio en el suero que puede estar causada por hipoparatiroidismo, deficiencia de vitamina D, insuficiencia renal, pancreatitis aguda o por una concentración inadecuada de magnesio y proteínas en el plasma. La hipocalcemia leve es asintomática. La hipocalcemia grave se caracteriza por arritmias cardíacas y tetania con hiperparestesia de las manos, pies, labios y lengua.

hipocalcificación del esmalte (enamel hypocalcification), defecto dental hereditario en el que el esmalte de los dientes es blando y se encuentra descalcificado, cuya causa principal es una maduración defectuosa de los ameloblastos.

hipocalciuria (hypocalciuria), nivel disminuido de calcio en la orina.

hipocaliemia (hypokalemia), trastorno caracterizado por la existencia de una concentración reducida de potasio, el principal catión intracelular, en la sangre circulante. La hipocaliemia se caracteriza por alteraciones electrocardiográficas, debilidad y parálisis flácida y puede estar causada por ayuno, tratamiento de la acidosis diabética, tumor suprarrenal o tratamiento diurético.

hipocámpico (hippocampal), perteneciente al hipocampo, estructura alargada y curva que protruye en el cuerno temporal del ventrículo lateral del cerebro.

hipocampo (hippocampus, *pl.* **hippocampi**), elevación curvada y tortuosa del suelo del cuerno inferior del ventrículo lateral del cerebro.

hipocampo menor (hippocampus minor), v. **calcar avis**.

hipocapnia (hypocapnia), concentración anormalmente baja de dióxido de carbono.

hipocarbia (hypocarbia), v. **hipocapnia**.

hipocinesia (hypokinesia), actividad motora anormalmente disminuida.

hipocinético (hypokinetic), trastorno caracterizado por una disminución de la capacidad de movimiento o de la función motora. Se puede acompañar o no de una forma leve de parálisis.

hipocloremia (hypochloremia), disminución de la concentración plasmática de cloro. Esta alteración se puede producir como consecuencia de una aspiración gástrica prolongada.

hipoclorhidria (hypochlorhydria), déficit de ácido clorhídrico en el jugo gástrico.

hipocondria, neurosis hipocondriaca (hypochondria, hypochondriac neurosis), v. **hipocondriasis**.

hipocondriaco (hypochondriac), **1.** relativo a la región superior del abdomen situada bajo las costillas inferiores. **2.** persona tan preocupada por su salud que este estado mental termina por discapacitarlo.

hipocondriasis (hypochondriasis), **1.** preocupación anormal, crónica, por la salud corporal. **2.** trastorno caracterizado por ansiedad extrema, depresión y por una interpretación irreal de síntomas físicos reales o imaginarios que indican la presencia de una enfermedad grave a pesar de la evidencia médica racional de que no existe.

hipocondrio (hypochondrium, hypochondriac region), región abdominal situada en la zona superior, a ambos lados de la región epigástrica y por debajo de los cartílagos de las costillas inferiores.

hipocondroplasia (hypochondroplasia), forma hereditaria de enanismo que se asemeja a una forma leve de acondroplasia.

Hipócrates (Hippocrates), médico griego nacido alrededor del año 460 a.C. en la isla de Cos, un centro para el culto a Esculapio. Considerado como el «Padre de la Medicina», Hipócrates introdujo un planteamiento científico en la curación.

hipocrómico (hypochromic), que tiene menos color del normal. Término que se utiliza para describir los hematíes y que caracteriza las anemias asociadas a la disminución de la síntesis de hemoglobina.

hipodermatoclisis (hypodermatoclysis), v. **hipodermoclisis**.

hipodérmico (hypodermic), relativo o perteneciente a la zona situada por debajo de la piel, como una inyección hipodérmica.

hipodermoclisis (hypodermoclysis), inyección de una solución isotónica o hipotónica en el tejido subcutáneo para administrar al paciente una cantidad grande y continua de líquido, electrólitos y nutrientes. El procedimiento se utiliza para corregir la pérdida o la ingesta inadecuada de agua y sales durante la enfermedad o la cirugía o después de un shock o una hemorragia y se realiza sólo cuando el paciente es incapaz de recibir líquidos por vía intravenosa, oral o rectal. La velocidad de absorción hacia el sistema circulatorio aumenta añadiendo a la solución la enzima hialuronidasa.

hipodiploide (hypodiploid), v. **hipoploide**.

hipoestesia (hypesthesia, hypoesthesia), sensación anormalmente débil en respuesta a la estimulación de los nervios sensoriales. El tacto, el dolor, el calor y el frío se perciben débilmente.

hipofaringe (hypopharynx), región inferior de la faringe, entre la epiglotis y la laringe. Es un punto crítico de división para separar los sólidos y los líquidos del aire que entra en la región.

hipofaríngeo (hypopharyngeal), **1.** relativo a, perteneciente a o que afecta a la hipofaringe. **2.** situado por debajo de la faringe.

hipofibrinogenemia (hypofibrinogenemia), deficiencia de fibrinógeno plasmático, un factor de la coagulación de la sangre. Este trastorno puede presentarse como una complicación del desprendimiento de placenta.

hipofisectomía (hypophysectomy), extirpación quirúrgica de la hipófisis. Se puede realizar para enlentecer el crecimiento y la extensión de los tumores malignos hormonodependientes de la mama, del ovario o de la próstata, para detener el deterioro de la retina en la diabetes o para extirpar un tumor hipofisario.

hipófisis (hypophysis, pituitary gland), pequeña glándula unida al hipotálamo, que descansa sobre el hueso esfenoides, y aporta numerosas hormonas que dirigen muchos procesos vitales. Se divide en **adenohipófisis** o hipófisis anterior y **neurohipófisis** o hipófisis posterior, más pequeña. La adenohipófisis segrega hormona del crecimiento (somatotropina), hormona tirotrópica, hormona adrenocorticotropa (ACTH), dos hormonas gonadotrópicas, la hormona foliculostimulante (FSH) y la hormona luteinizante (LH), y prolactina, la hormona que estimula la secreción de leche. En la neurohipófisis se almacenan dos hormonas, oxitocina y vasopresina.

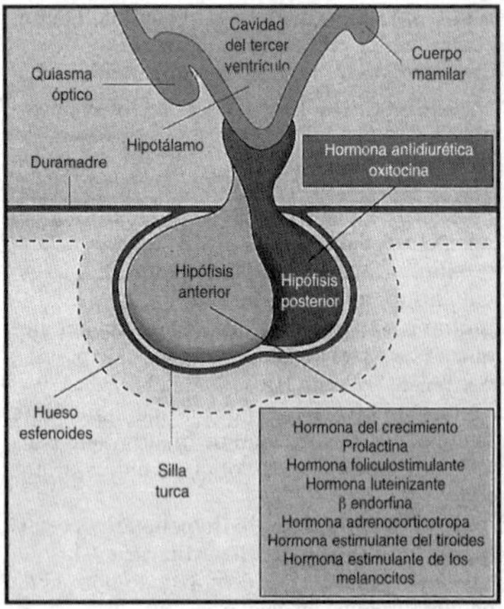

Hipófisis e hipotálamo y sus hormonas
(Stevens y Lowe, 1996)

hipófisis anterior (anterior pituitary), v. **adenohipófisis**.

hipófisis posterior, glándula hipofisaria posterior (posterior pituitary, posterior pituitary gland), v. **neurohipófisis**.

hipofonía (hypophonia), voz baja o voz susurrada.

hipoforia (hypophoria), tipo de estrabismo en el que el paciente no muestra signos de desequilibrio de los músculos oculares hasta que se tapa el ojo afectado, en cuyo caso se produce una desviación hacia abajo.

hipofosfatasia (hypophosphatasia), ausencia congénita de fosfatasa alcalina, enzima esencial para la calcificación del tejido óseo.

hipofosfaturia (hypophosphaturia), disminución del nivel normal de fosfatos en orina.

hipofunción (hypofunction), nivel de actividad disminuido o insuficiente de un sistema orgánico o de sus partes.

hipogammaglobulinemia (hypogammaglobulinemia), concentración plasmática de gammaglobulina inferior a la normal, habitualmente como consecuencia de un aumento del catabolismo de las proteínas o de la pérdida de proteínas en la orina, como en la nefrosis.

hipogastrio (hypogastrium), zona inferior del abdomen, debajo de la región umbilical.

hipogenitalismo (hypogenitalism), desarrollo sexual retrasado ocasionado por un defecto en la producción de hormonas masculinas o femeninas en los testículos o en los ovarios, respectivamente.

hipogeusia (hypogeusia), disminución del sentido del gusto.

hipogloso (hypoglossus), **1.** músculo que retrae y tracciona de la lengua hacia abajo. **2.** nervio hipogloso.

hipogloso (hypoglossal), relativo a los nervios u otras estructuras situadas bajo la lengua.

hipoglucemia (hypoglycemia), concentración de glucosa plasmática inferior a la normal causada habitualmente por la administración de insulina en exceso, por una secreción excesiva de insulina desde los islotes pancreáticos o por una deficiencia dietética. Puede producir debilidad, cefalea, hambre, alteraciones visuales, ataxia, ansiedad, cambios de la personalidad y, si no se trata, delirio, coma y muerte.

hipogonadismo (hypogonadism), déficit de la actividad secretora de los ovarios o de los testículos. Esta enfermedad puede ser primaria, causada por una disfunción gonadal que afecta a las células de Leydig en el hombre, o secundaria a una enfermedad hipotalamohipofisaria.

hipoinsulinismo (hypoinsulinism), déficit de secreción de insulina por las células del páncreas junto con signos y síntomas de diabetes.

hipolipemia (hypolipemia), v. **hipolipoproteinemia**.

hipolipoproteinemia (hypolipoproteinemia), grupo de defectos del metabolismo de las lipoproteínas que producen una gama compleja de signos. Entre las características de la hipolipoproteinemia primaria o hereditaria se incluyen el transporte anormal de triglicéridos en la sangre, los niveles bajos de lipoproteínas de alta densidad, los altos niveles de lipoproteínas de baja densidad y los depósitos anormales de lípidos en el cuerpo. Algunos tipos de hipolipoproteinemias son: **abetalipoproteinemia**, **enfermedad de Tangier** e **hipobetalipoproteinemia**.

hipomagnesemia (hypomagnesemia), concentración plasmática de magnesio anormalmente baja, que produce náuseas, vómitos, debilidad muscular, temblores, tetania y letargia. La hipomagnesemia leve habitualmente es el resultado de una absorción inadecuada de magnesio a nivel renal o intestinal. Las formas más graves se asocian con los síndromes de malabsorción, la malnutrición proteica y la patología paratiroidea.

hipometría (hypometria), forma de dismetría caracterizada por la alteración del poder de control de la amplitud de acción muscular, produciéndose movimientos que no alcanzan el objetivo deseado por el individuo afectado.

hipomorfo (hypomorph), **1.** persona cuyas piernas son extremadamente cortas en relación con el tronco y cuya altura sentada es mayor proporcionalmente a su altura estando en pie. **2.** (en genética) alelo mutante que tiene un efecto reducido sobre la expresión de un rasgo, a un nivel demasiado bajo para producir un desarrollo anormal.

hipomotilidad (hypomotility), estado de motilidad disminuida o de pérdida de la capacidad para moverse libremente.

hipomovilidad (hypomobility), pérdida de la movilidad normal de una articulación o parte del cuerpo, como la que se puede producir por la disfunción de una superficie articular o por una enfermedad o lesión que afecte a un hueso o músculo.

hiponatremia (hyponatremia), concentración de sodio plasmático inferior a la normal, causada por la excreción inadecuada de agua o por un exceso de agua circulante en el torrente sanguíneo. En los casos graves, la persona puede desarrollar una intoxicación acuosa, con confusión y letargia, lo que provoca excitabilidad muscular, convulsiones y coma.

hipoosmolaridad (hypoosmolarity), osmolaridad anormalmente disminuida.

hipoparatiroidismo (hypoparathyroidism), disminución de la función paratiroidea que puede estar provocada por una disfunción paratiroidea primaria o por la elevación de los niveles plasmáticos de calcio.

hipoperistalsis (hypoperistalsis), estado de motilidad anormalmente lento de las ondas de contracción y relajación alternantes que propulsan hacia delante el contenido del tracto digestivo.

hipopigmentación (hypopigmentation), falta inusual de color en la piel, como ocurre en el albinismo o en el vitíligo.

hipopión (hypopyon), acumulación de pus en la cámara anterior del ojo, apareciendo un líquido de color grisáceo entre la córnea y el iris. Puede aparecer como complicación de una conjuntivitis, de la queratitis herpética o de una úlcera corneal.

hipopituitarismo (hypopituitarism), trastorno causado por la disminución de la actividad de la hipófisis, caracterizado por depósitos excesivos de grasa y por la persistencia o adquisición de los caracteres del adolescente.

hipoplasia (hypoplasia), órgano o tejido incompleto o subdesarrollado, habitualmente como resultado de una disminución en el número de células. Son tipos de hipoplasia la **hipoplasia cartílago-pelo** y la **hipoplasia del esmalte**.

hipoploide (hypoploid), **1.** también denominado **hipoploídico**, hace referencia a un individuo, organismo, cepa o célula que tiene un número de cromosomas inferior al número haploide normal característico de la especie o un múltiplo exacto del número haploide. **2.** dicho individuo, organismo, cepa o célula.

hipoploidía (hypoploidy), cualquier disminución del número de cromosomas que afecta a cromosomas individuales más que a grupos enteros, dando lugar a un número inferior al número haploide normal característico de la especie, como ocurre en el síndrome de Turner.

hipopnea (hypopnea), respiración superficial o lenta. En los deportistas entrenados es normal y se acompaña de pulso lento; por otra parte, es característica de la lesión del tronco del encéfalo, en cuyo caso se acompaña de pulso rápido y débil y es un signo de gravedad.

hipopotasemia (hypopotassemia), v. **hipocaliemia**.

hipoproteinemia (hypoproteinemia), trastorno caracterizado por una disminución de la concentración de proteínas en la sangre hasta un nivel anormalmente bajo, junto con edema, náuseas, vómitos, diarrea y dolor abdominal.

hipoprotrombinemia (hypoprothrombinemia), reducción anormal de la cantidad de protrombina (factor II) en la sangre circulante, caracterizada por una formación desigual del coágulo, un tiempo de hemorragia prolongado y posibilidades de hemorragia.

hipoptialismo (hypoptyalism), disminución de la cantidad de saliva segregada por las glándulas salivares.

hiporreflexia (hyporeflexia), trastorno neurológico caracterizado por reflejos débiles.

hiposalivación (hyposalivation), disminución del flujo de saliva que puede estar asociada a deshidratación, radioterapia de la región de las glándulas salivares, ansiedad, utilización de fármacos, como la atropina y los antihistamínicos, deficiencia de vitaminas, varias formas de parotiditis o diversos síndromes, como el síndrome de Plummer-Vinson.

hiposensibilización (hyposensitization), v. **inmunoterapia**.

hipospadias (hypospadias), defecto congénito en el que el meato urinario está en la cara inferior del pene. No se produce incontinencia porque los esfínteres no están afectados.

hipostático (hypostatic), relativo a la acumulación de depósitos de sustancias o a la congestión en una región corporal como consecuencia de la ausencia de actividad.

hiposténico (hyposthenic), **1.** relativo a la falta de fuerza o tono muscular. **2.** relativo a un tipo corporal caracterizado por una constitución delgada.

hiposudoración (deficiency of sweating), incapacidad de las glándulas sudoríparas para segregar una perspiración en cantidades normales. Esta situación puede deberse a un defecto genético, al bloqueo de los conductos sudoríparos como secuela de un sarpullido, a calor excesivo o a estados de hemorragia o diarrea que provocan pérdida de líquido corporal.

hipotálamo (hypothalamus), porción del diencéfalo que forma el suelo y parte de la pared lateral del tercer ventrículo. Activa, controla e integra el sistema nervioso autónomo periférico, los procesos endocrinos y muchas funciones somáticas, como la temperatura corporal, el sueño y el apetito.

hipotelorismo (hypotelorism), defecto del desarrollo caracterizado por una distancia anormalmente disminuida entre dos órganos o partes. Es un tipo de hipoterolismo el **hipotelorismo ocular**.

hipotenar (hypothenar), eminencia o elevación carnosa en el borde cubital de la palma de la mano.

hipotensión (hypotension), enfermedad en la que la presión sanguínea no es la adecuada para la perfusión y oxigenación normal de los tejidos. Puede estar ocasionada por la expansión del espacio intravascular, por la disminución del volumen intravascular o por una contractilidad cardíaca disminuida.

hipotermia (hypothermia), **1.** trastorno anormal y peligroso en el que la temperatura del cuerpo es inferior a 35 °C, causada fundamentalmente por la exposición prolongada al frío. La respiración es superficial y lenta y la frecuencia cardíaca es débil y está enlentecida. La persona está muy pálida y puede parecer muerta. Los ancianos y las personas muy jóvenes, las personas con problemas cardiovasculares y los individuos hambrientos, cansados o bajo los efectos del alcohol son más susceptibles a la hipotermia. El tratamiento consiste en el calentamiento lento de la persona. Es necesaria la hospitalización para evaluar y tratar cualquier alteración metabólica que pueda producirse. **2.** reducción intencionada y controlada de la temperatura corporal con colchones fríos o hielo como preparación para algún procedimiento quirúrgico. **3.** diagnóstico de enfermería, aprobado por la NANDA, del estado en el que la temperatura corporal de un individuo está disminuida por debajo de su intervalo normal, pero no por debajo de los 35,5 °C (rectal) o los 36 °C (rectal del recién nacido). Entre las características que lo definen se incluyen los escalofríos leves, la piel fría, la palidez moderada, el llenado capilar lento, la taquicardia, la cianosis ungueal, la hipertensión y la piloerección.

hipotérmico (hypothermal), **1.** relativo al trastorno en el que la temperatura del cuerpo es significativamente inferior a la normal, o se ha reducido marcadamente con propósito quirúrgico o terapéutico. **2.** relativo a las temperaturas entre tibias y ligeramente calientes.

hipótesis (hypothesis), (en investigación) enunciado derivado a partir de una teoría que predice la relación entre variables que representan conceptos, construcciones o acontecimientos. Algunos tipos de hipótesis son: **hipótesis causal, hipótesis nula** e **hipótesis predictiva**.

hipótesis causal (causal hypothesis), (en investigación) hipótesis que predice la relación causa-efecto entre las variables a estudiar.

hipótesis de Lyon (Lyon hypothesis) [Mary L. Lyon, genetista inglesa, n. 1925], (en genética) hipótesis que establece que sólo uno de los dos cromosomas X de las hembras es funcional, inactivándose precozmente el otro durante el desarrollo.

hipótesis nula (H_0) (null hypothesis [Ho]), hipótesis que predice que no hay diferencia o relación entre las variables estudiadas que no pueda ser debida exclusivamente al azar.

hipótesis predictiva (predictive hypothesis), (en investigación) hipótesis que pronostica la naturaleza de una relación entre las variables a estudiar.

hipotetraploide (hypotetraploid), v. **hipoploide**.

hipotiroidismo (hypothyroidism), enfermedad caracterizada por la disminución de la actividad de la glándula tiroides. Se produce por la extirpación quirúrgica de toda o parte de la glándula, por sobredosis con tratamiento antitiroideo, por disminución del efecto de la hormona liberadora de tirosina segregada por el hipotálamo, disminución de la secreción de hormona estimulante del tiroides por parte de la hipófisis o por atrofia de la propia glándula tiroidea. Puede manifestarse por ganancia de peso, hipoactividad, sequedad de la piel, estreñimiento, artritis y enlentecimiento de los procesos metabólicos corporales. El hipotiroidismo, si no se trata, puede producir mixedema, coma y muerte.

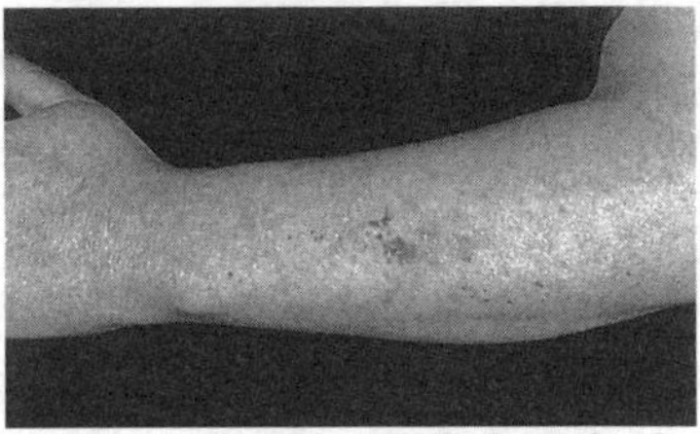

Hipotiroidismo
(A. du Vivier, 2.ª ed., 1995)

hipotonía (hypotonia), alteración caracterizada por un tono o tensión disminuidos que puede afectar a cualquier estructura corporal.

hipotónico (hypotonic), (de una solución) que tiene una concentración de soluto inferior a otra solución, ejerciendo así menos presión osmótica que esa solución, como el suero salino hipotónico que contiene menos sal que la presente en los líquidos intra o extracelulares. En una solución hipotónica las células se expanden.

hipotriploide (hypotriploid), v. **hipoploide**.

hipotrombinemia (hypothrombinemia), déficit plasmático del factor de coagulación trombina.

hipoventilación (hypoventilation), alteración del aparato respiratorio caracterizada por cianosis, dedos de las manos en palillos de tambor, policitemia, aumento de la tensión arterial de dióxido de carbono, respiración de Cheyne-Stokes y disminución generalizada de la función respiratoria. La hipoventilación puede estar causada por una distribución desigual del aire inspirado (como en la bronquitis), obesidad, enfermedad neuromuscular o esquelética que afecte al tórax, disminución de la respuesta del centro respiratorio al dióxido de carbono y reducción del tejido pulmonar funcional, como ocurre en la atelectasia, en el enfisema y en el derrame pleural. El resultado de la hipoventilación es la hipoxia, la hipercapnia, la hipertensión pulmonar con cor pulmonale y la acidosis respiratoria.

hipovitaminosis (hypovitaminosis), v. **avitaminosis**.

hipovolemia (hypovolemia), disminución anormal del volumen de sangre circulante.

hipoxemia (hypoxemia), déficit anormal de oxígeno en la sangre arterial. Algunos síntomas de hipoxemia aguda son la cianosis, la inquietud, el estupor, el coma, la respiración de Cheyne-Stokes, la apnea, la hipertensión arterial, la taquicardia y un aumento inicial en el gasto cardíaco que posteriormente se reduce, produciendo hipotensión y fibrilación ventricular o asistolia. La hipoxemia crónica estimula la producción de hematíes por la médula ósea, produciéndose una policitemia secundaria.

hipoxia (hypoxia), tensión de oxígeno celular inadecuada, disminuida, caracterizada por cianosis, taquicardia, hipertensión, vasoconstricción periférica, desvanecimiento y confusión mental. Los tejidos más sensibles a la hipoxia son el cerebro, el corazón, los vasos pulmonares y el hígado.

hipsobraquicefalia (hypsibrachycephaly), cráneo alto con una frente ancha.

hipsocefalia (hypsicephaly), v. **oxicefalia**.

hirsutismo (hirsutism), exceso de vello corporal con una distribución masculina que puede ser hereditario, o deberse a disfunción hormonal, porfiria o medicamentos. El tratamiento de la causa específica suele detener el crecimiento de más pelo.

His (His), v. **histidina**.

histamina (histamine), sustancia presente en todas las células producida por el metabolismo de la histidina. Se libera en las reacciones inflamatorias alérgicas y causa dilatación de los capilares, disminución de la presión sanguínea, aumento de la secreción de jugo gástrico y contracción de los músculos lisos de los bronquios y del útero.

histerectomía (hysterectomy), extirpación quirúrgica del útero, realizada para eliminar tumores fibromatosos del útero o para tratar la enfermedad inflamatoria pélvica crónica, la hiperplasia endometrial grave recidivante, la hemorragia uterina y las enfermedades precancerosas o cancerosas del útero. En la histerectomía radical se extirpan los ovarios, las trompas, los ganglios linfáticos y los conductos linfáticos junto con el útero y el cuello uterino. Se pueden extirpar uno o ambos ovarios y trompas al mismo tiempo. En la histerectomía total se extirpan el útero y el cuello uterino. La menstruación cesa después de cualquiera de estas intervenciones. La cesárea con histerectomía es otro tipo de histerectomía.

histéresis (hysteresis), **1.** retraso de uno o dos fenómenos asociados o fallo para actuar al unísono. **2.** influencia de la enfermedad o tratamiento corporal previo sobre la respuesta posterior a una fuerza dada.

histeria (hysteria), **1.** estado general de tensión o excitación en una persona o en un grupo, caracterizado por un miedo incontrolado y por la pérdida temporal del control sobre las emociones. **2.** *obsoleto*, psiconeurosis, actualmente denominada **neurosis histérica**.

histeria de ansiedad (anxiety hysteria), trastorno caracterizado por síntomas tanto de ansiedad como de histeria.

histeria de masas (mass hysteria), v. **histeria mayor**.

histeria mayor (major hysteria), episodio de un trastorno psicógeno que afecta a un grupo numeroso de individuos al mismo tiempo. Algunos ejemplos son los juicios por brujería del siglo XVII y la reacción irracional en masa al programa de radio de 1938 basado en la novela de ciencia ficción de H. G. Wells «La guerra de los mundos».

histeritis (hysteritis), inflamación del útero.

histeroespasmo (hysterospasm), contracción espasmódica del útero.

histerografía (hysterography), utilización de placas de rayos X y de otros instrumentos para realizar una valoración clínica del estado del útero.

histerograma (hysterogram), registro radiográfico del útero realizado tras la inyección de un medio de contraste en la cavidad uterina.

histerolaparotomía (hysterolaparotomy), histerectomía o histerotomía abdominal.

histerooforectomía (hystero-oophorectomy), extirpación quirúrgica del útero y de los ovarios.

histeropatía (hysteropathy), cualquier enfermedad del útero.

histerosalpingografía (hysterosalpingography), imagen radiográfica del útero y de las trompas de Falopio que forma parte del diagnóstico de las anomalías del tracto reproductor de una mujer no embarazada.

histerosalpingograma (hysterosalpingogram), placa radiográfica del útero y de las trompas de Falopio utilizando una sustancia gaseosa o radiopaca que se introduce a través del cuello uterino para permitir la visualización de la cavidad uterina y de la luz de las trompas.

histerosalpingooforectomía (hysterosalpingo-ophorectomy), extirpación quirúrgica de uno o ambos ovarios y trompas junto con el útero, realizada habitualmente para tratar enfermedades neoplásicas malignas del tracto reproductor y la endometriosis crónica. Para evitar la sintomatología intensa de la menopausia repentina, se deja una porción de un ovario, a menos que exista una enfermedad maligna.

histeroscopia (hysteroscopy), inspección visual directa del conducto cervical y de la cavidad uterina a través de un histeroscopio, realizada para examinar el endometrio, para obtener una muestra para biopsia, para retirar un dispositivo intrauterino o para extirpar pólipos cervicales.

histerotomía (hysterotomy), incisión quirúrgica del útero, realizada como técnica abortiva en la mujer embarazada después del primer trimestre de gestación en la que la realización del aborto mediante una inyección salina fue incompleta o en la que se quiere realizar una esterilización tubárica junto con el aborto.

histerotomo (hysterotome), escalpelo usado en ciertos procedimientos que afectan al útero.

histerovaginoenterocele (hysterovaginoenterocele), hernia que afecta al útero, a la vagina y al intestino.

histidina (His) (histidine [His]), aminoácido básico presente en muchas proteínas y precursor de la histamina. Es un aminoácido esencial en los niños.

histidinemia (histidinemia), enfermedad metabólica hereditaria que afecta al aminoácido histidina. Esta enfermedad puede producir retraso mental y alteraciones del sistema nervioso.

histiocito (histiocyte), macrófago del tejido conectivo que interviene en el sistema inmune del organismo.

histiocitoma fibroso (fibrous histiocytoma), v. **dermatofibroma**.

histiocitosis X (histiocytosis X), conjunto de enfermedades entre las que se incluyen el granuloma benigno eosinófilo y diversas enfermedades linfomatosas malignas.

histocompatibilidad (histocompatibility), compatibilidad entre los antígenos del donante y del receptor del tejido trasplantado.

histografía (histography), proceso de describir o crear visualizaciones de tejidos y células.

histograma (histogram), (en investigación) gráfica que muestra los valores de una o más variables trazadas en función del tiempo o la frecuencia de aparición.

histoincompatible (histoincompatible), relativo a los tejidos del huésped y donante cuyos genotipos son diferentes, siendo, por tanto, probable que induzcan una respuesta inmune que ocasione el rechazo de un injerto de un tejido o del trasplante de un órgano.

histología (histology), **1.** ciencia que se ocupa de la identificación microscópica de las células y de los tejidos. **2.** estructura de los órganos tisulares, incluida la composición de las células y su organización en los diferentes tejidos corporales.

histona (histone), grupo de proteínas muy básicas, de bajo peso molecular, solubles en agua, insolubles en amoniaco diluido, que se combinan con los ácidos nucleicos para formar nucleoproteínas. Se localizan en los núcleos celulares.

Histoplasma capsulatum (Histoplasma capsulatum), organismo fúngico dimórfico que es una levadura gemante a la temperatura corporal y un moho a temperatura ambiente. Es el organismo causal de la histoplasmosis.

histopatología (histopathology), estudio de las células tisulares en estado de enfermedad.

histoplasmosis (histoplasmosis), infección causada por la inhalación de esporas del hongo

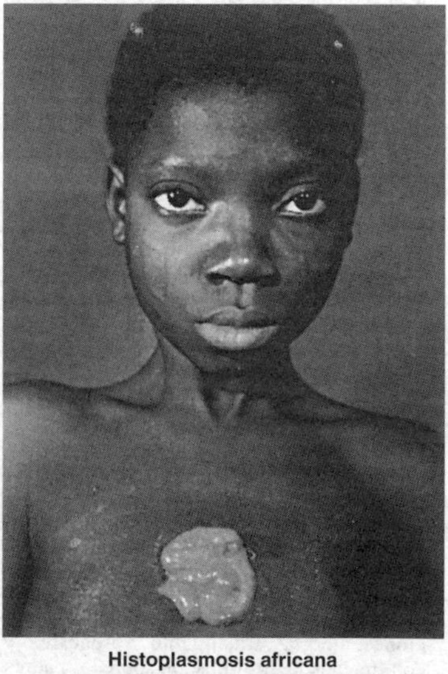

Histoplasmosis africana
(C. D. Forbes/W. F. Jackson, 1994)

Histoplasma capsulatum. La histoplasmosis primaria se caracteriza por fiebre, malestar, tos y linfadenopatía. Es habitual la recuperación espontánea; permanecen pequeñas calcificaciones en el pulmón y en los ganglios linfáticos afectados. La histoplasmosis progresiva, la forma a veces mortal y diseminada de la infección, se caracteriza por la presencia de lesiones ulceradas en la boca y en la nariz, esplenomegalia, hepatomegalia y linfadenomegalias y por infiltración extensa y grave de los pulmones.

historia (history), **1.** registro de los acontecimientos pasados. **2.** informe sistemático de los acontecimientos médicos y psicosociales de la vida de un paciente y de los factores familiares, de los antepasados y del ambiente que pueden tener una relación con la enfermedad del paciente.

historia clínica (health history), (en enfermería y medicina) recopilación de la información obtenida a partir del paciente y de otras fuentes con respecto al estado físico, psicológico, social y sexual del paciente. La historia facilita una base de datos con la que se puede hacer un plan diagnóstico, terapéutico, asistencial y de seguimiento del paciente.

historia clínica completa (complete health history), historía clínica que incluye la historia de la enfermedad actual y la historia sanitaria, social, ocupacional, sexual y familiar.

historia de la enfermedad actual (history of present illness), informe obtenido durante la entrevista con el paciente sobre el inicio, duración y carácter de la enfermedad actual, así como de cualquier hecho o factor que agrave o mejore los síntomas.

historia del paciente (patient record), conjunto de documentos que constituyen un registro de cada episodio en el que un paciente realizó una visita, solicitó tratamiento y recibió asistencia o fue derivado a un centro de asistencia sanitaria.

historia familiar (family history), parte fundamental de la historia médica de un paciente en el que se pregunta al paciente sobre salud de los demás miembros de la familia siguiendo una serie de preguntas específicas, con el fin de descubrir las enfermedades a las que un paciente puede ser especialmente vulnerable.

historia médica (medical record), parte de la historia sanitaria de un cliente realizada por los médicos, que es la descripción escrita o transcrita de las distintas enfermedades o lesiones que han requerido asistencia médica, vacunaciones, alergias, tratamiento y pronóstico y, con frecuencia, información sobre los padres, hermanos, ocupación y servicio militar. La historia puede ser revisada por el médico para establecer el diagnóstico de cada trastorno que aparezca.

historia personal y familiar (case history), registro médico completo de un paciente antes de la enfermedad o lesión actual. La historia deberá incluir todas las enfermedades infecciosas sufridas por la persona, y todas las inmunizaciones, hospitalizaciones y tratamientos recibidos, información relativa a los fallecimientos o enfermedades de padres y otros familiares próximos, alergias y defectos físicos congénitos o adquiridos.

historia profesional (occupational history), parte de la historia sanitaria centrada en la profesión de la persona, fuente de ingresos, efectos del trabajo sobre la salud del trabajador o de la salud del trabajador sobre el trabajo, la duración de la jornada laboral y el grado de satisfacción que le produce el trabajo.

historia sanitaria de enfermería (nursing health history), datos recogidos sobre el nivel de bienestar del paciente, cambios en su forma de vida, papel sociocultural y reacción mental y emocional ante la enfermedad.

historia sanitaria entre consultas (interval health history), tipo de historia sanitaria que registra el estado general de un paciente entre consultas, sin limitarse a los síntomas relativos a una enfermedad determinada. Sirve para conocer la evolución del estado de salud de una persona a lo largo del tiempo.

historia sexual (sexual history), (en la historia de un paciente) la parte de la historia personal de un paciente relacionada con la función y disfunción sexual. Puede incluir la edad de comienzo de las relaciones sexuales, tipo y frecuencia de la actividad sexual y grado de satisfacción obtenido con ella.

histotoxina (histotoxin), cualquier sustancia que es tóxica para los tejidos corporales. Generalmente tiene un origen interno más que externo.

histotrofo, nutrición histotrófica (histotroph, histotrophe, histotrophic nutrition), v. **embriotrofo**.

histriónico (histrionic), relativo a expresiones faciales, lenguaje o movimientos corporales exagerados, como los que se emplean en el escenario.

HLA (HLA), abreviatura de antígeno leucocitario humano.

HLA-A, (HLA-A), abreviatura de antígeno leucocitario humano A. V. **antígeno leucocitario humano**.

HLA-B, (HLA-B), abreviatura de antígeno leucocitario humano B. V. **antígeno leucocitario humano**.

HLA-D (HLA-D), abreviatura de antígeno leucocitario humano D. V. **antígeno leucocitario humano**.

HLH (HLH), abreviatura de hormona luteinizante humana.

HM (MH), abreviatura de **hipertermia maligna**.

HMD (IDM), abreviatura de hijo de madre diabética.

hmp (pmh), abreviatura de historia médica previa.

Ho (Ho), símbolo del **holmio**.

Hô (Hô), símbolo de **hipótesis nula**.

hoja de evolución (flow sheet), (en la historia de un paciente) resumen gráfico de las distintas variables, especialmente de los signos vitales del paciente, peso o tratamientos y medicamentos administrados. En el parto, la hoja de evolución muestra el progreso del parto.

holándrico (holandric), **1.** que designa genes localizados en la porción no homóloga del cromosoma Y. **2.** relativo o perteneciente a los rasgos o trastornos transmitidos sólo a través de la línea paterna.

holismo (holism, wholism), concepto filosófico en el que una entidad es considerada como más que la suma de sus partes.

holístico (holistic, wholistic), relativo o perteneciente al todo; que considera todos los factores, como la medicina holística.

holmio (Ho) (holmium [Ho]), elemento metálico del grupo de las tierras raras. Su número atómico es 67; su peso atómico es 164,93.

holoacardio (holoacardius), feto gemelo monocigótico separado, enormemente defectuoso, en el que falta el corazón, y la circulación *in utero* es llevada a cabo totalmente por el corazón del gemelo viable a través de una derivación vascular.

holoacardio acéfalo (holoacardius acephalus), feto gemelo separado, enormemente defectuoso, que carece de corazón, cabeza y de la mayor parte de la porción superior del cuerpo.

holoacardio acormo (holoacardius acormus), feto gemelo separado, enormemente defectuoso, en el que el tronco está malformado y se puede reconocer poco más que la cabeza.

holoacardio amorfo (holoacardius amorphus), feto gemelo separado malformado en el que no existen partes reconocibles o formadas.

holoartritis (holoarthritis), forma de artritis que involucra a todas o a la mayoría de las articulaciones.

holoblástico (holoblastic), relativo o perteneciente al óvulo que contiene poco vitelo o nada y que sufre segmentación total.

holocefálico (holocephalic), feto malformado en el que existen varias partes defectuosas, aunque la cabeza está completa.

holocrino (holocrine), relativo a una glándula con función exclusivamente secretora o cuya secreción está constituida por células desintegradas de la propia glándula.

holodiastólico (holodiastolic), v. **pandiastólico**.

holoenzima (holoenzyme), complejo formado por un cofactor y una enzima completa que tiene actividad catalítica total.

hologínico (hologynic), **1.** que designa genes localizados en cromosomas X unidos. **2.** relativo o perteneciente a los rasgos o condiciones transmitidas sólo a través de la línea materna.

holoprosencefalia (holoprosencephaly), defecto congénito caracterizado por defectos faciales múltiples en la línea media, incluyendo la ciclopía en casos graves.

holorraquisquisis (holorachischisis), v. **raquisquisis completa**.

holosistólico (holosystolic), v. **pansistólico**.

hombro (shoulder), la unión entre la clavícula y la escápula en el punto en el que el brazo se une al tronco del cuerpo.

homeodinámica (homeodynamics), interrelación en cambio constante de los componentes del cuerpo mientras se mantiene un equilibrio global.

homeópata (homeopathist), médico que practica la homeopatía.

homeopatía (homeopathy), sistema terapéutico basado en la teoría de que «lo semejante cura a lo semejante». Esta teoría ya la adelantó a finales del siglo XVIII el Dr. Samuel Hahnemann, quien creía que una gran cantidad de un fármaco determinado podía causar síntomas de una enfermedad y que una dosis moderada podía reducir los síntomas; así, algunos síntomas de enfermedades se podían tratar con dosis muy pequeñas de medicinas.

homeopático (homeopathic), perteneciente a la práctica médica de la homeopatía, un sistema basado en el concepto de que la curación de una enfermedad se consigue con los fármacos que han «demostrado» ser capaces de producir síntomas semejantes a los de la enfermedad en personas sanas. Se trata entonces al paciente con dosis diminutas del fármaco «probado». El concepto de *similia similibus curantur* fue propuesto por primera vez por Hipócrates hacia el 400 a. de C.

homeostasia (homeostasis), equilibrio relativo en el medio interno del cuerpo, mantenido de manera natural mediante respuestas adaptativas que promueven la conservación de la salud. Diversos mecanismos sensoriales, de retroalimentación y de control actúan para mantener este estado constante. Algunas de las funciones controladas por mecanismos homeostásicos son los latidos cardíacos, la hematopoyesis, la tensión arterial, la temperatura corporal, el equilibrio electrolítico, la respiración y la secreción glandular.

homeotérmico (homiothermic), relativo a la capacidad de los animales de sangre caliente para mantener una temperatura interna relativamente estable independientemente de la temperatura ambiental. Esta capacidad no está totalmente desarrollada en los recién nacidos humanos.

homeotermo (homiothermal), v. **de sangre caliente**.

homeotípico (homeotypic, homeotypical), que pertenece o es característico de un tipo regular o habitual, específicamente aplicado a la segunda división meiótica de las células germinales en la gametogénesis a diferencia de la primera división meiótica.

homínido (hominid), perteneciente a la familia de los primates, *Hominidae*, que incluye a los humanos.

Homo sapiens (Homo sapiens), término científico del género y de la especie que identifica al ser humano.

homoblástico (homoblastic), que se desarrolla de la misma capa germinal o de un único tipo de tejido.

homocigosis (homozygosis), **1.** formación de un cigoto por la unión de dos gametos que tienen uno o más pares de genes idénticos. **2.** producción de organismos o géneros de pura raza mediante endogamia.

homocigoto (homozygote), organismo cuyas células somáticas tienen genes idénticos en el mismo locus de un par de cromosomas.

homocistinuria (homocystinuria), trastorno bioquímico raro caracterizado por la presencia anormal del aminoácido homocisteína en la sangre y la orina, causada por cualquiera de los diversos déficit enzimáticos de la vía metabólica de metionina a cisteína.

homofobia (homophobia), miedo de o prejuicio contra los homosexuales.

homogeneizado (homogenized), estado que resulta de la homogeneización, es decir, el proceso de hacer que algo adquiera la misma textura o consistencia.

homogéneo (homogeneous), **1.** formado por elementos o partes similares. **2.** que tiene una calidad uniforme en toda su extensión.

homogénesis (homogenesis), reproducción por el mismo proceso en generaciones sucesivas de tal forma que los descendientes son similares a los progenitores.

homogenético (homogenetic), **1.** relativo o perteneciente a la homogénesis. **2.** homogéneo, def. 2.

homogenia (homogeny), **1.** homogénesis. **2.** semejante en estructura o forma por tener un origen ancestral común.

homoinjerto (homograft), v. **aloinjerto**.

homolateral (homolateral), perteneciente al mismo lado del cuerpo.

homólogo (homolog, homologue), **1.** cualquier órgano que se corresponde en función, origen y estructura con otro órgano, como las aletas de una foca se corresponden con las manos humanas. **2.** (en química) serie de compuestos, cada una de las cuales está formada por la adición de un elemento común; por ejemplo, el CO, monóxido de carbono, se continúa con el CO_2, dióxido de carbono, con la adición de un átomo de oxígeno.

homónimo (homonymous), que tiene el mismo nombre o sonido.

homoplastia (homoplasty), semejante en la forma o estructura adquiridas por unas condiciones ambientales similares o por una evolución paralela más que por un origen ancestral común.

homopolímero (homopolymer), compuesto formado por la misma subunidad, como un carbohidrato constituido por una serie de unidades de glucosa.

homosexual (homosexual), **1.** relativo, perteneciente o que indica el mismo sexo. **2.** persona atraída sexualmente por miembros del mismo sexo.

homosexualidad egodistónica (ego-dystonia homosexuality), alteración psicosexual en la que existe un deseo persistente de cambiar de orientación sexual de la homosexualidad a la heterosexualidad.

homúnculo (homunculus, homunculi), **1.** enano en el que todas las partes del cuerpo están desarrolladas proporcionalmente y en el que no existen deformidades ni anomalías. **2.** (en las primeras teorías del desarrollo embrionario) ser humano diminuto y completo contenido en cada una de las células germinales que, tras la fertilización, crece desde un tamaño microscópico hasta un tamaño normal. **3.** modelo anatómico pequeño de la forma del ser humano; maniquí. **4.** (en psiquiatría) hombre pequeño con poderes mágicos creado por la imaginación.

hongo (fungus, *pl.* **fungi**), parásito vegetal simple que, careciendo de clorofila, no es capaz de fabricar su propio alimento y depende de otras formas vivas. Los hongos simples se reproducen por gemación; los hongos multicelulares se reproducen mediante la formación de esporas.

hongos (fungi, *sing.* **fungus**), término general para los organismos eucarióticos formadores de talo que requieren una fuente externa de carbón. Los hongos carecen tanto de sistema clorofílico como quimiolitotrófico. Pueden ser saprófitos o parásitos y se reproducen mediante la producción de esporas. Pueden invadir los organismos vivos, incluido el ser humano, así como las sustancias orgánicas sin vida.

horizonte (horizon), estado específico del desarrollo embrionario humano basado en la aparición y formación final de ciertas características anatómicas. La clasificación abarca 23 estadios, cada uno de 2 a 3 días de duración, comenzando con la fertilización del óvulo.

horizonte clínico (clinical horizon), línea imaginaria a partir de la cual empiezan a aparecer síntomas y signos detectables de una enfermedad.

horizonte del desarrollo (developmental horizon), cualquiera de los 25 estadios del desarrollo del embrión humano desde el unicelular en el momento de la concepción hasta el complejo organismo, tanto morfológico como fisiológico, presente al final de la séptima semana de gestación.

hormigueo (tingling), sensación de picor en la piel o en una parte del cuerpo que se acompaña de disminución de la sensibilidad a la estimulación de los nervios sensoriales, que el individuo nota como una región adormecida por un anestésico local o por exposición al frío o como si por la presión de un nervio «estuviese dormida».

hormona (hormone), sustancia química compleja producida en una parte u órgano del cuerpo que inicia o regula la actividad de un órgano o grupo de células en otra parte del cuerpo. Las hormonas segregadas por las glándulas endocrinas son transportadas por la corriente sanguínea al órgano diana.

hormona adrenocorticotropa (ACTH) (adrenocorticotropic hormone [ACTH]), hormona de la adenohipófisis que estimula el crecimiento de la corteza suprarrenal y la secreción de corticosteroides. La secreción de ACTH, regulada por el factor estimulante de la corticotropina (CRF) procedente del hipotálamo, se incrementa como respuesta a los niveles bajos de cortisol circulante, y también ante el estrés, la fiebre, la hipoglucemia aguda y las intervenciones quirúrgicas mayores.

hormona antidiurética (ADH) (antidiuretic hormone [ADH]), hormona que disminuye la producción de orina aumentando la reabsorción de agua en los túbulos renales. La ADH es segregada por células del hipotálamo y se almacena en el lóbulo posterior de la hipófisis. Se libera como respuesta a una disminución del volumen sanguíneo, a un aumento de la concentración de sodio o de otras sustancias del plasma, o bien como consecuencia de dolor, estrés o de la acción de ciertos fármacos.

hormona antineoplásica (antineoplastic hormone), sustancia química producida por una glándula endocrina, o análogo sintético de la sustancia natural, que se utiliza para controlar ciertos cánceres diseminados. La terapia hormonal tiene por objeto la neutralización del efecto de una hormona endógena necesaria para que se produzca el crecimiento del tumor.

hormona corticosuprarrenal (adrenocortical hormone), cualquiera de las hormonas segregadas por la corteza de la glándula suprarrenal, es decir, glucocorticoides, mineralocorticoides y hormonas sexuales.

hormona del crecimiento (GH) (growth hormone [GH]), péptido de cadena simple segregado por el lóbulo anterior de la hipófisis en respuesta al factor liberador de hormona del crecimiento (GHRF) del hipotálamo. La hormona del crecimiento estimula la síntesis de proteínas en todas las células, aumenta la movilización de las grasas y la utilización de ácidos grasos para obtener energía y disminuye la utilización de carbohidratos. La deficiencia de GH produce enanismo; el exceso, gigantismo o acromegalia.

hormona estimulante de las células intersticiales (ICSH) (interstitial cell-stimulating hormone [ICSH]), hormona luteinizante que también estimula la producción de testosterona por las células intersticiales, o de Leydig, del testículo.

hormona estimulante de los melanocitos (MSH) (melanocyte stimulating hormone [MSH]), hormona polipeptídica segregada por la adenohipófisis, que controla la intensidad de la pigmentación de las células pigmentarias.

hormona estimulante del tiroides (TSH) (thyroid stimulating hormone [TSH]), sustancia segregada por el lóbulo anterior de la hipófisis que controla la liberación de hormona tiroidea y es necesaria para el crecimiento y función de la glándula tiroides. La secreción de TSH está regulada por el factor liberador de tirotropina, elaborado en la eminencia media del hipotálamo.

hormona foliculostimulante (FSH) (follicle stimulant hormone [FSH]), gonadotropina segregada por el lóbulo anterior de la hipófisis, que estimula el crecimiento y la maduración de los folículos de De Graff en el ovario y promueve la espermatogénesis en el varón.

hormona humana del crecimiento sintética (synthetic human growth hormone), forma sintética de la somatotropina obtenida mediante técnicas de recombinación de ADN a partir de una cepa de *E. coli*. La hormona polipeptídica consta de 191 aminoácidos con una secuencia idéntica a la de la hormona humana de crecimiento natural.

hormona inhibidora (inhibition hormone), v. **hormona**.

hormona inhibidora de la liberación de hormona del crecimiento (growth hormone release inhibiting hormone), v. **somatostatina**.

hormona lactogénica (lactogenic hormone), v. **prolactina**.

hormona liberadora (RH) (releasing hormone [RH]), cada uno de los diversos péptidos producidos por el hipotálamo y segregados directamente en la adenohipófisis a través de una vena de conexión. Cada una de las hormonas liberadoras estimula a la hipófisis para segregar una hormona trópica específica; así, la hormona liberadora de hormona corticotrópica estimula a la hipófisis para que segrege hormona adrenocorticotrópica.

hormona liberadora de gonadotropina (GnRH) (gonadotropin-releasing hormone [GnRH]), hormona decapéptida hipofisiotropa segregada por el hipotálamo. Estimula la liberación de hormona gonadotrópica por la hipófisis anterior. También estimula la liberación de la hormona luteinizante (LH) y de la hormona foliculostimulante (FSH) por la hipófisis anterior.

hormona liberadora de hormona estimulante del tiroides (thyroid releasing hormone), v. **hormona liberadora de tirotropina**.

hormona liberadora de la hormona luteinizante (LHRH) (luteinizing hormone-releasing hormone [LHRH]), neurohormona del hipotálamo que estimula y regula la liberación hipofisaria de la hormona luteinizante (LH).

hormona liberadora de tirotropina (thyrotropin releasing hormone), sustancia elaborada en la eminencia media del hipotálamo que estimula la liberación de tirotropina (hormona estimulante del tiroides) en la adenohipófisis.

hormona luteal (luteal hormone), hormona producida por el **cuerpo lúteo**. V. **progesterona**.

hormona luteinizante (LH) (luteinizing hormone [LH]), hormona glucoproteica, producida por adenohipófisis, que estimula la secreción de hormonas sexuales en el ovario y en el testículo, y que participa en la maduración de los espermatozoides y óvulos. En el hombre induce la secreción de testosterona por las células intersticiales del testículo. En la mujer, la LH, asociada a la FSH, estimula la secreción de estrógenos por el folículo en crecimiento en el ovario.

hormona neurohipofisaria (neurohypophyseal hormone), hormona segregada por el lóbulo posterior de la hipófisis. Son hormonas neurohipofisarias la **oxitocina** y la **vasopresina**.

hormona pancreática (pancreatic hormone), cada uno de los diversos compuestos químicos segregados por el páncreas, asociados con la regulación del metabolismo celular. Las principales hormonas segregadas por el páncreas son la insulina, el glucagón y el polipéptido pancreático.

hormona paratiroidea (PTH) (parathyroid hormone [PH]), hormona segregada por las glándulas paratiroides que actúa manteniendo una concentración constante de calcio en el líquido extracelular. Regula la absorción de calcio a partir del tracto GI, la movilización del calcio óseo, el depósito de calcio en los huesos y la excreción de calcio en la leche materna, en las heces, en el sudor y en la orina.

hormona placentaria (placental hormone), una de las diversas hormonas producidas por la placenta, como el lactógeno placentario humano, la gonadotropina coriónica, los estrógenos, la progesterona y una hormona similar a la tirotropina.

hormona somatotropa, somatotropina (somatotropic hormone, somatotropin), v. **hormona del crecimiento**.

hormona tiroidea (thyroid hormone), compuesto que contiene yodo segregado por la glándula tiroidea, fundamentalmente como tiroxina (T_4) y en menores cantidades, pero con una potencia cuatro veces mayor, como triyodotironina (T_3). Estas hormonas aumentan el índice metabólico, influyen en la temperatura corporal, regulan el catabolismo proteico, graso e hidrocarbonado en todas las células, mantienen la secreción de la hormona del crecimiento, la maduración del esqueleto, la frecuencia cardíaca, la fuerza y el gasto cardíaco, promueven el desarrollo del sistema nervioso central, estimulan la síntesis de muchas enzimas y son necesarias para el mantenimiento del tono y el vigor muscular. En la glándula tiroides se sintetizan derivados de la tironina, de la T_4 y de la T_3, mediante un complejo proceso que afecta a la captación, oxidación e incorporación de yodo y la producción de tiroglobulina, forma en la que se almacenan las hormonas en el coloide folicular tiroideo.

hormona tirotrópica (thyrotropic hormone), v. **hormona estimulante del tiroides**.

hormonas esteroideas (steroid hormones), hormonas con un núcleo esteroideo básico producto de la secreción de ciertas glándulas. Los esteroides naturales son los andrógenos, los estrógenos y las secreciones de la corteza suprarrenal.

hormonas hipofisarias (hypophyseal hormones), hormonas asociadas con el crecimiento del cuerpo y los efectos del ejercicio, como la hormona luteinizante, la hormona del crecimiento y la hormona antidiurética.

hormonas hipotalámicas (hypothalamic hormones), grupo de hormonas segregadas por el hipotálamo, entre las que se incluyen la vasopresina, la oxitocina y las hormonas liberadoras de tirotropina y de gonadotropina.

hormonas sexuales (sexual hormones), sustancias químicas producidas en el cuerpo que provocan efectos reguladores específicos sobre la actividad de los órganos del sistema reproductor.

hormonas tróficas (trophic hormones), hormonas segregadas por la adenohipófisis que estimulan los órganos diana.

hormonoterapia (hormone therapy), tratamiento de enfermedades con hormonas obtenidas a partir de las glándulas endocrinas o con sustancias que simulan los efectos hormonales.

horno de relajación (relaxation oven), (en mamografía) parte del sistema acondicionador de la placa xerográfica utilizado para eliminar las imágenes fantasma. Se calienta la placa en el horno de forma que se elimine cualquier carga electrostática residual presente en la superficie.

horquilla (fourchette), banda tensa de membranas mucosas situadas en el ángulo posterior de la vagina, que conecta los extremos posteriores de los labios menores. También se denomina comisura posterior de la vulva.

horripilación (horripilation), v. **reflejo pilomotor**.

hospital (hospital), institución de asistencia sanitaria que proporciona camas de ingreso, servicios de enfermería continuos y una plantilla médica organizada. El hospital proporciona diagnóstico y tratamiento tanto a pacientes quirúrgicos como médicos para multitud de enfermedades y alteraciones.

hospitalario (inpatient), perteneciente al tratamiento o cuidados de estos pacientes, o a la instalación sanitaria en la que un paciente puede ser atendido las 24 horas del día.

hospitalismo (hospitalism), efectos físicos o mentales de la hospitalización o de la institucionalización de los pacientes, especialmente lactantes y niños, en los que este trastorno se caracteriza por regresión social, alteraciones de la personalidad y retraso del crecimiento.

hospitalizado (inpatient), paciente ingresado en un hospital u otra instalación sanitaria, durante al menos una noche.

hospitalizar (institutionalize), ingresar a una persona en una institución para su tratamiento psicológico o físico, o para protegerla a ella o a la sociedad.

hostilidad (hostility), tendencia de un organismo a amenazar con daños a otro organismo o a sí mismo. La hostilidad se puede expresar pasiva o activamente.

hoyo (pockmark), cicatriz excavada en la piel, normalmente producida por la pústula de la viruela.

hoz (falx, *pl.* **falces**), **1.** estructura en forma de hoz. **2.** falciforme.

hoz del cerebelo (falx cerebelli), pequeño apéndice de la duramadre en forma de hoz unido al hueso occipital por encima y que se proyecta hacia la escotadura posterior del cerebelo, entre los dos hemisferios cerebelosos.

hoz del cerebro (falx cerebri), pliegue en forma de hoz de la duramadre que se extiende hacia el interior y en toda la longitud de la cisura perpendicular interna entre los dos hemisferios cerebrales.

hoz inguinal (inguinal falx), porción terminal inferior de la aponeurosis común de los músculos oblicuo interno y transverso del abdomen.

hoz ligamentosa (falx ligamentosa), ligamento falciforme del hígado.

HPF (PCH), abreviatura de **hemoglobinuria paroxística por frío**.

HPG (HPG), abreviatura de gonadotropina hipofisaria humana.

HPL (HPL), abreviatura de **lactógeno placentario humano**.

HPN (NPH), abreviatura de **hemoglobinuria paroxística nocturna**.

hs. h. s. (hs. h. s.), abreviatura del latín *hora somni*, o al acostarse.

HSA (SaH, SAH), abreviatura de **hemorragia subaracnoidea**.

hta (lbp), abreviatura de hipotensión arterial.

HUD (DUB), abreviatura de **hemorragia uterina disfuncional**.

huélfago (heaves), enfermedad respiratoria crónica de los caballos, similar al enfisema pulmonar humano, caracterizada por respiración sibilante, tos y disnea de esfuerzo.

huelga (strike), acción emprendida por los trabajadores de una compañía o institución, por la cual dejan de acudir al trabajo en un intento de forzar al jefe a ceder ante determinadas demandas.

huella AV (AV nicking), anomalía vascular de la retina, visible al examen con oftalmoscopio, debida a la compresión de la vena en los cruces arteriovenosos. La vena muestra una «muesca», como consecuencia de una constricción o de un espasmo.

huella de zinc (zinc finger), secuencia de transcripción de subunidades con un átomo de zinc unido a cuatro átomos de carbono en la base de la secuencia. Es un paso importante en la clonación y secuenciación de los factores generales de transcripción humana.

hueso (bone), cada uno de los 206 elementos del esqueleto humano, formados por tejido conectivo denso, duro y ligeramente elástico. Se componen de tejido óseo compacto que rodea al tejido óseo esponjoso penetrado por numerosos vasos sanguíneos y nervios y encerrado en el periostio membranoso. Los huesos largos contienen médula amarilla en las cavidades longitudinales y médula roja en sus extremos articulares. La médula roja también llena las cavidades de los huesos planos y cortos, los cuerpos de las vértebras, el diploe craneal, el esternón y las costillas. Los hematíes se producen en la médula roja activa. Los osteocitos forman tejido óseo en anillos concéntricos alrededor de un intrincado sistema haversiano de conductos interconectados que contienen vasos sanguíneos, linfáticos y fibras nerviosas.

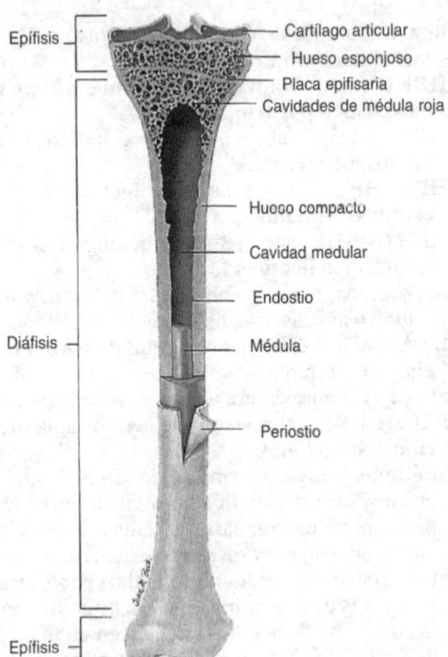

Hueso largo
(Thibodeau, 1993/Joan M. Beck)

hueso alveolar (alveolar bone), parte del maxilar o de la mandíbula que constituye la arcada dentaria, sirviendo como anclaje óseo para los dientes.

hueso basal (basal bone), **1.** (en la ciencia de las prótesis dentales) el tejido óseo de los maxilares superior e inferior, excepto la rama y los procesos alveolares, que proporciona el soporte para las dentaduras postizas. **2.** (en ortodoncia) estructura ósea fija que limita el movimiento del diente en la creación de una oclusión estable.

hueso cigomático (zygomatic bone), cada uno de los dos huesos que forman la prominencia de la mejilla, la cara inferior de la órbita del ojo y que forman parte de las fosas temporal e infratemporal.

hueso compacto (compact bone), hueso denso, duro, presente generalmente en la superficie de las estructuras esqueléticas, a diferencia del hueso esponjoso.

hueso condral (chondrial bone), relativo al hueso que se forma bajo la membrana perióstica.

hueso cortical (cortical bone), hueso que está mineralizado en un 70 a 90%.

hueso coxal (hipbone), v. **hueso innominado**.

hueso del tarso (tarsal bone), cualquiera de los siete huesos que forman el tarso del pie, constituido por el astrágalo, el calcáneo, el cuboides, el escafoides y los tres huesos cuneiformes.

hueso en mosaico (mosaic bone), tejido óseo que parece formado por muchas piezas pequeñas cementadas entre sí, según se puede apreciar en el examen microscópico o radiográfico del hueso afectado. Es típico de la enfermedad de Paget ósea.

hueso escafoides (scaphoid bone), cada uno de los dos huesos similares de manos y pies. El hueso escafoides de la mano está inclinado hacia el lado radial del carpo. El hueso escafoides del pie se localiza en el lado medial del tarso, entre el hueso astrágalo y los cuneiformes.

hueso esfenoides (sphenoid bone), hueso de la base del cráneo, situado por delante de los huesos temporales y la parte basilar del hueso occipital.

hueso esponjoso (spongy bone), estructura ósea con forma de malla constituida por placas y trabéculas, situada en los extremos de los huesos largos.

hueso etmoides (ethmoid bone), hueso muy ligero y esponjoso de la base del cráneo, que forma parte de la mayoría de las paredes de la parte superior de la cavidad nasal. Está unido a los huesos frontal, unguis, esfenoides y palatino.

hueso frontal (frontal bone), hueso impar del cráneo que forma la parte anterior del mismo, desde encima de las órbitas hasta la unión con los huesos parietales en la sutura coronal posteriormente.

hueso ganchoso (hamate bone), hueso del carpo que descansa entre el cuarto y quinto metacarpiano y proyecta una apófisis con forma de gancho desde su superficie palmar.

hueso grande (capitate bone), uno de los huesos más grandes del carpo; situado en el centro de la muñeca, posee una cabeza redondeada que se articula con la concavidad que forman los huesos escafoides y semilunar.

hueso hioides (hyoid bone), hueso único en forma de U suspendido de la apófisis estiloides de los dos huesos temporales. El hueso se une a varios músculos, como el hipogloso y el esternocleidohioideo.

hueso innominado (innominate bone), hueso coxal. Formado por el ilion, el isquion y el pubis, constituye la pelvis, junto con el sacro y el cóccix.

hueso lagrimal, unguis (lacrimal bone), pequeño hueso frágil de la cara, localizado en la región anterior de la cara interna de la órbita. Junto con el maxilar superior forma la fosa lagrimal, que contiene el conducto lagrimal.

hueso occipital (occipital bone), hueso en forma de cúpula situado en la región posterior de la cabeza, caracterizado por la presencia de un gran orificio, el agujero occipital, que comunica con el conducto vertebral. Su superficie interna se divide en cuatro fosas. El occipital se articula con los dos parietales, los dos temporales, el esfenoides y el atlas.

hueso orbicular (orbicular bone), protuberancia situada en el extremo de la apófisis lenticular del yunque que se articula con el estribo.

hueso palatino (palatine bone), hueso par del cráneo, que forma la parte posterior del paladar duro, parte de la cavidad nasal y el suelo de la órbita ocular.

hueso parietal (parietal bone), hueso par que forma las partes laterales del cráneo.

hueso pericondral (perichondrial bone), hueso que se forma a partir del pericondrio del molde cartilaginoso.

hueso piramidal (cuneiform bone, triangular bone), hueso de la primera fila del carpo situado en el lado cubital de la muñeca.

hueso pisiforme (pisiform bone), hueso pequeño y esférico del carpo situado en la fila proximal de los huesos del carpo. Se articula con el hueso piramidal y está unido al retináculo de los flexores, al músculo cubital anterior y al abductor del meñique.

hueso plano (flat bone), cualquiera de los huesos que proporcionan el contorno estructural del esqueleto. Las costillas y los huesos del cráneo son dos ejemplos.

hueso semilunar (lunate bone), hueso del carpo que se encuentra en el centro de la fila proximal de huesos carpianos, entre el escafoides y el piramidal.

hueso sesamoideo (sesamoid bone), cualquiera de las numerosas masas óseas pequeñas y redondas incluidas en ciertos tendones que pueden estar sometidos a compresión y tensión. El hueso sesamoideo de mayor tamaño es la rótula, que está incluida en el tendón del cuádriceps femoral de la rodilla.

hueso temporal (temporal bone), hueso largo par que forma parte de la porción inferior del cráneo y que contiene varias cavidades y recesos relacionados con el oído, como la cavidad timpánica y la trompa de Eustaquio.

hueso unciforme (unciform bone), v. **hueso ganchoso**.

hueso wormiano (wormian bone) [Olaus Worm, anatomista danés, n. 1588], cada uno de los huesos diminutos, segmentados y lisos que son blandos, húmedos y tibios al tacto, habitualmente presentes en los bordes dentados de las suturas entre los huesos craneales.

huesos cortos (short bones), huesos que se localizan agrupados y habitualmente permiten el movimiento de las extremidades, como los huesos del carpo y del tarso.

huesos craneales (cranial bones), los huesos del cráneo, especialmente de la parte que contiene al cerebro.

huesos ebúrneos (ivory bones), v. **osteopetrosis**.

huesos largos (long bones), huesos que contribuyen a la altura o longitud de una extremidad, sobre todo los de las extremidades superiores e inferiores.

huesos marmóreos (marble bones), v. **osteopetrosis**.

huésped (host), **1.** organismo en el que otro organismo, habitualmente parasitario, se nutre y se ampara. El **huésped primario** o **definitivo** es aquel en el que el parásito adulto vive y se reproduce. El **huésped intermediario** o **secundario** es aquel en el que el parásito existe en su estadio larvario, no sexual. Un **huésped reservorio** es un huésped animal primario para organismos que a veces son parásitos para el ser humano y a partir del cual el ser humano se puede infectar. **2.** receptor de un órgano o tejido trasplantado.

huevo de Naboth (nabothian cyst) [Morton Naboth, médico alemán, n. 1675], quiste formado en las glándulas de Naboth del cuello uterino. El quiste, sólido y blanco perlado, rara vez tiene efectos patológicos.

Humatrope (Humatrope), nombre comercial de una marca de hormona humana del crecimiento sintética producida con técnicas de ADN recombinante. Es una hormona polipeptídica con 191 aminoácidos en la misma secuencia que la **somatotropina**, la hormona del crecimiento humana producida por la hipófisis.

humectante (humectant), sustancia que facilita la retención de humedad.

humedad (humidity), relativo al nivel de vapor de agua presente en la atmósfera, cantidad que varía con la temperatura. El porcentaje se presenta normalmente en términos de **humedad relativa**, siendo el 100% el punto de saturación del aire o el nivel al que el aire ya no puede absorber más agua.

húmero (humerus, *pl.* **humeri**), el hueso más grande del brazo, constituido por un cuerpo, una cabeza y un cóndilo. La cabeza casi esférica se articula con la cavidad glenoidea de la escápula. El cóndilo, en el extremo distal, tiene varias depresiones a través de las cuales se articula con el radio y con el cúbito.

humidificación (humidification), proceso de aumentar la humedad relativa del aire que rodea a un paciente mediante el uso de generadores de aerosol o de inhaladores de vapor que ejercen un efecto antitusígeno. La humidificación actúa disminuyendo la viscosidad de las secreciones bronquiales.

humidificador (humidifier), aparato diseñado para ajustar el grado de humedad de la atmósfera de una habitación o de un dispositivo respiratorio.

humor (humor), todo líquido corporal, como la sangre o la linfa. El término se usa a menudo para referirse al **humor acuoso** o al **humor vítreo** del ojo.

humor acuoso (aqueous humor), líquido claro y acuoso que circula en las cámaras anterior y posterior del ojo.

humor vítreo (vitreous humor), sustancia transparente y semigelatinosa contenida en una fina membrana hioidea que llena la cavidad situada detrás del cristalino.

huso (spindle), **1.** figura fusiforme de acromatina en el núcleo celular durante el final de la profase y la metafase de la mitosis. **2.** cualquiera de los órganos receptores especiales, que comprenden los haces neurotendinosos y neuromusculares distribuidos por todo el cuerpo.

huso muscular (muscular spindle), órgano sensorial propioceptivo especializado compuesto por fibras musculares estriadas intrafusales inervadas por fibra nerviosa gamma. Sus núcleos se reúnen cerca del centro de cada fibra para formar un saco nuclear, el cual está rodeado por terminaciones nerviosas sensoriales anulospirales, todas rodeadas por una vaina fibrosa.

huso neuromuscular (neuromuscular spindle), cualquiera de las pequeñas y numerosas marañas de delicadas fibras musculares, encerradas en una cápsula, en las que terminan las fibras sensitivas. Las fibras nerviosas terminan como axones desnudos que rodean las fibras del huso con expansiones aplanadas o discos ovales.

huso neurotendinoso (neurotendinous spindle), cápsula que contiene fibras tendinosas de gran tamaño y se encuentra principalmente cerca de la unión de tendones y músculos.

HV (VH), abreviatura de **hepatitis viral**.

Hymenolepsis (Hymenolepsis), género de tenias intestinales que infestan a los seres humanos. La infestación grave puede causar dolor abdominal, heces sanguinolentas y alteraciones del sistema nervioso central. Las heces contaminadas diseminan la enfermedad.

Hz (Hz), abreviatura de hertzio.

I

I (I), símbolo del **yodo**.

-i (-i), elemento formador del plural de palabras latinas, tanto primitivas como científicas de adopción: *bacilli, bronchi, plumbi*; así como de términos científicos derivados del griego a través del latín: *encephali, pylori, tympani*.

^{131}I (^{131}I), símbolo del yodo radiactivo de peso atómico 131.

^{132}I (^{132}I), símbolo del yodo radiactivo de peso atómico 132.

I.P.E. (P.I.E.), abreviatura de infiltrado pulmonar con eosinofilia, reacción de hipersensibilidad caracterizada por la infiltración de los alveolos con eosinófilos y células mononucleares grandes, edema e inflamación de los pulmones. La esosinofilia pulmonar simple, en la que los infiltrados moteados migratorios provocan mínimos síntomas, es una reacción autolimitada desencadenada por infestaciones por helmintos y por determinados fármacos. Puede desarrollarse una forma más prolongada, caracterizada por fiebre, sudores nocturnos, tos, disnea, pérdida de peso y reacción tisular más grave en determinadas alergias a fármacos e infecciones por bacterias, hongos y parásitos.

I y E (I and O), abreviatura de **ingestión y excreción**.

IA (AI), **1.** abreviatura de **inseminación artificial**. **2.** abreviatura de inteligencia artificial.

IAD (AID), abreviatura de **inseminación artificial de donante**.

IAM (AMI), abreviatura de infarto agudo de miocardio.

IAM (AIH), abreviatura de **inseminación artificial del marido**.

IBC (IBC), abreviatura de capacidad de fijación de hierro.

ibuprofeno (ibuprofen), agente antiinflamatorio no esteroideo, utilizado en el tratamiento de los procesos reumatoides y osteoartríticos.

IC (CI), abreviatura de **índice colorimétrico**.

ICC (CHF), abreviatura de **insuficiencia cardíaca congestiva**.

ICP (PZI), abreviatura de insulina zinc protamina.

ICSH (ICSH), abreviatura de **hormona estimulante de las células intersticiales**. V. **hormona luteinizante**.

ictamol (ichthammol), agente antiinfeccioso tópico utilizado para tratar determinadas enfermedades cutáneas.

ictericia (jaundice), coloración amarillenta de piel, mucosas y esclerótica, producida por una cantidad de bilirrubina en sangre superior a la normal. Las personas con ictericia pueden también experimentar náuseas, vómitos y dolor abdominal, y su orina suele ser oscura. La ictericia es síntoma de múltiples procesos, como enfermedades hepáticas, obstrucción biliar o anemias hemolíticas. Los neonatos desarrollan con frecuencia una ictericia fisiológica, que desaparece en pocos días.

ictericia congénita (congenital jaundice), ictericia que se observa en el momento del nacimiento o durante las primeras 24 horas de la vida. Habitualmente se debe al desarrollo incompleto de los conductos biliares.

ictericia del neonato (icterus neonatorum), proceso ictérico del recién nacido.

ictericia fisiológica (physiologic jaundice), ictericia simple de los lactantes recién nacidos que se debe a destrucción del excesivo número de hematíes que pueden estar presentes al nacimiento.

ictericia grave del recién nacido (icterus gravis neonatorum), ictericia hemolítica del recién nacido debida a incompatibilidad entre el suero de la madre y los hematíes del niño.

ictericia hemolítica (hemolytic jaundice), coloración amarillenta de la piel causada por la fragmentación de los hematíes que da lugar a la producción de bilirrubina en exceso.

ictericia hemorrágica (hemorrhagic jaundice), forma de ictericia que aparece en el síndrome de Weil o en otras formas de leptospirosis en las que existe lesión capilar y anemia.

ictericia hepatógena (hepatogenous jaundice), tipo de ictericia causada por una enfermedad hepática.

ictericia neonatal (neonatal jaundice), exceso de bilirrubina en la sangre del neonato.

ictericia no hemolítica (nonhemolytic jaundice), forma de ictericia debida a enfermedad hepática y no a destrucción de glóbulos rojos.

ictericia obstructiva (obstructive jaundice), v. **colestasis**.

ictericia por lactancia materna (breast milk jaundice), ictericia e hiperbilirrubinemia que ocurre en los niños alimentados con leche materna en las primeras semanas de vida como resultado de un metabolito presente en la leche de la madre que inhibe la capacidad del niño de conjugar la bilirrubina con proteínas para su excreción.

ictericia por regurgitación (regurgitation jaundice), ictericia causada por la entrada de bilirrubina en la sangre y en el sistema linfático como consecuencia de una obstrucción biliar.

ictericia posthepática (posthepatic jaundice), ictericia causada por la obstrucción de los conductos biliares.

ictioide (ichthyoid), relativo a objetos o estructuras en forma de pez.

ictiosis (ichthyosis, fish skin disease), cualquiera de varios procesos dermatológicos hereditarios en los que la piel está seca, hiperqueratósica y con fisuras, lo que recuerda las escamas de un pez. Suele aparecer al nacer o inmediatamente después, y puede formar parte de distintos síndromes poco frecuentes.

Ictiosis
(A. du Vivier, 2.ª ed., 1995)

ictiosis congénita, ictiosis fetal (ichthyosis congenita, ichthyosis fetalis), trastorno congénito de la piel.

ictiosis fetal (ichthyosis fetus), v. **feto arlequín**.

ictiosis ligada al sexo (sex-linked ichthyosis), enfermedad cutánea congénita caracterizada por escamas grandes, gruesas y secas, de color oscuro y que cubren cuello, cuero cabelludo, orejas, cara, tronco y superficies flexoras del cuerpo, como los pliegues de los brazos y la parte posterior de las rodillas. Es transmitida por las mujeres como rasgo recesivo ligado al cromosoma X, y aparece sólo en los varones.

ictiosis ligada al X (X-linked ichthyosis), v. **ictiosis ligada al sexo**.

ictiosis vulgar (ichthyosis vulgaris), enfermedad cutánea hereditaria, caracterizada por grandes escamas secas y oscuras, que cubren cara, cuello, cuero cabelludo, orejas, espalda y superficies extensoras, pero no flexoras, del cuerpo.

ictus (ictus, *pl.* **ictuses, ictus**), **1.** convulsión. **2.** accidente cerebrovascular.

idea (idea), cualquier pensamiento, concepto, intención o impresión que existe en la mente como consecuencia del conocimiento, la comprensión o cualquier otra actividad mental. Algunos tipos de ideas son: **idea autóctona, idea compulsiva, idea de influencia, idea de persecusión, idea de referencia** e **idea fija**.

ideación paranoide (paranoid ideation), creencia o sospecha exagerada, en ocasiones grandiosa, que no suele ser un delirio, de estar siendo maltratado, perseguido o tratado injustamente.

identidad (identity), componente del concepto que uno tiene de sí mismo, caracterizado por la consciencia persistente de ser uno mismo, separado y diferenciado de los demás. La confusión de identidad se refiere a una alteración de este autoconcepto, por la que el individuo no mantiene una clara ni continua consciencia de sí mismo. La difusión de identidad es la pérdida de claridad y continuidad sobre la propia percepción de uno mismo, lo que provoca un elevado grado de ansiedad.

identificación (identification), mecanismo de defensa inconsciente por el que una persona adecua su personalidad a la de otra, incorporando sus cualidades, características y acciones. Son tipos de identificación la **identificación competitiva** y la **identificación positiva**.

ideofobia (ideophobia), proceso de ansiedad caracterizado por un miedo o desconfianza irracional a determinadas ideas o razonamientos.

idiograma (idiogram), diagrama o representación gráfica de un cariotipo, en el que se muestra el número, tamaño relativo y morfología de los cromosomas de una especie, individuo o célula.

idiómero (idomere), v. **cromómero**.
idiopatía (idiopathy), cualquier enfermedad primaria que aparece sin causa aparente.
idiopático (idiopathic), sin causa conocida.
idiosincrasia (idiosyncrasy), **1.** característica o forma física o de conducta exclusivas de un individuo o grupo. **2.** hipersensibilidad exclusiva de un individuo a un determinado fármaco, alimento u otra sustancia.
idiot savant (idiot savant, *pl.* **idiot savants, idiots savants**), individuo con un grave retraso mental, pero que, sin embargo, es capaz de realizar ciertas proezas mentales no habituales, fundamentalmente las relacionadas con música, solución de acertijos y rompecabezas o manipulación de números.
idiota (idiot), término anticuado para definir una persona con grave retraso mental, con un cociente intelectual inferior a 20 e incapaz de desarrollar una edad mental superior a los 3 o 4 años.
idiotipo (idiotype), porción de una molécula de inmunoglobulina que le confiere su carácter exclusivo; muy frecuentemente incluye su lugar de enlace.
idioventricular (idioventricular), que se origina en el ventrículo.
IDL (lipoproteína de densidad intermedia) (IDL [intermediate-density lipoprotein]), complejo lipoproteico cuya densidad se sitúa entre las VLDL (lipoproteínas de muy baja densidad) y las LDL (lipoproteínas de baja densidad). En una persona con hiperproteinemia de tipo III está elevada la concentración de IDL.
idoxuridina (idoxuridine), agente antivírico oftálmico utilizado en la queratitis por virus del herpes simple.
IDP (ADI), abreviatura de **ingesta diaria permisible**.
IDR (RDI), abreviatura de ingesta diaria recomendada.
Ig (Ig), abreviatura de **inmunoglobulina**.
IG (IGT), abreviatura de **intolerancia a la glucosa**.
IgA (IgA), abreviatura de **inmunoglobulina A**.
IgD (IgD), abreviatura de **inmunoglobulina D**.
IgE (IgE), abreviatura de **inmunoglobulina E**.
IgG (IgG), abreviatura de **inmunoglobulina G**.
IgHB (HBIG), abreviatura de **inmunoglobulina contra la hepatitis B**.
IgM (IgM), abreviatura de **inmunoglobulina M**.
IgRH (HRIG), abreviatura de inmunoglobulina contra la rabia humana.
IGS (ISG), abreviatura de **inmunoglobulina sérica**.
igual (peer), persona considerada igual para unos fines determinados. Suele tratarse de una «pareja de la misma edad» o de un compañero o individuo con prácticamente el mismo nivel de edad o con las mismas cualidades mentales.
IL-6 (IL-6), abreviatura de interleucina 6, compuesto antivírico utilizado también en el tratamiento de algunos tipos de cáncer.
Ile (Ile), abreviatura de **isoleucina**.
ilegítimo (illegitimate), **1.** no autorizado por la ley. **2.** nacido fuera del matrimonio.
ileítis (ileitis), inflamación del íleon.
íleo (ileus), obstrucción intestinal, como el íleo paralítico, debido a inmovilidad de las asas intestinales, y el mecánico, por bloqueo mecánico del intestino.
íleo dinámico (dynamic ileus), obstrucción intestinal con espasmos musculares continuos y recurrentes.
íleo espástico (spastic ileus), forma de obstrucción intestinal producida por espasmos del intestino.
íleo meconial (meconium ileus), obstrucción del intestino delgado del recién nacido producida por el impacto del meconio espeso, seco y adherente, normalmente en la válvula ileocecal o en sus proximidades. Sus síntomas son distensión abdominal, vómitos, imposibilidad de que pase el meconio en las primeras 24-48 horas después del nacimiento y rápida deshidratación con desequilibrio electrolítico asociado.
íleo paralítico (paralytic ileus), disminución o ausencia de peristaltismo intestinal que puede aparecer después de cirugía abdominal, tras una lesión peritoneal o asociado a pielonefritis grave, cálculos ureterales, fractura costal múltiple, infarto de miocardio, ulceración intestinal extensa, intoxicación por metales pesados, porfiria, hematomas retroperitoneales, especialmente aquellos asociados a fracturas vertebrales o enfermedades metabólicas graves. El íleo paralítico se caracteriza por hipersensibilidad y distensión abdominal, ausencia de ruidos intestinales, ausencia de flato y náuseas y vómitos. Puede haber fiebre, descenso de la diuresis, desequilibrio electrolítico, deshidratación y dificultad respiratoria.
íleo postoperatorio (postoperative ileus), parálisis de la función intestinal normal debida a la pérdida de la acción muscular peristáltica del íleo tras una intervención quirúrgica.
ileocecal (ileocecal), relativo al íleon, el ciego y la región donde ambos se unen.

ileocecostomía (ileocecostomy), v. **cecoileostomía**.

ileocistoplastia (ileocystoplasty), técnica quirúrgica en la que se reconstruye la vejiga utilizando un segmento del íleon para formar una nueva pared.

ileocistostomía (ileocystostomy), intervención quirúrgica para crear una vía de paso para la orina a través de la pared abdominal, utilizando un segmento de intestino delgado como conducto de salida de la vejiga.

íleon (ileum, *pl.* **ilea**), porción distal del intestino delgado, que se extiende desde el yeyuno hasta el ciego. Acaba en la fosa ilíaca derecha, abriéndose en la cara interna del intestino grueso.

ileostomía (ileostomy), apertura quirúrgica del íleon a la superficie del abdomen, a través de la cual se vacían las materias fecales. Esta intervención se realiza en la colitis ulcerosa avanzada o recurrente, la enfermedad de Crohn y el cáncer del colon. Para reducir la flora bacteriana se administran previamente antibióticos intestinales. Se coloca una sonda nasogástrica o intestinal. En la ileostomía permanente se extirpa la porción lesionada del intestino grueso; en ocasiones se pueden volver a conectar los segmentos distal y proximal del intestino una vez curadas las zonas ulceradas. Entonces se aflora un asa de íleon proximal al abdomen y se fija en posición, formando el estoma. Tras la operación, el paciente lleva una bolsa desechable para recoger la materia fecal semilíquida, que comienza a drenar una vez recuperado el peristaltismo y retirada la sonda.

ileostomizado (ileostomate), persona a la que se ha practicado una ileostomía.

ilíaco (iliacus), músculo plano, triangular, que cubre la superficie interna curvada de la fosa ilíaca. Su acción consiste en flexionar y rotar el muslo hacia fuera.

ilícito (ilicit), perteneciente a un acto ilegal o no permitido de alguna otra forma.

iliofemoral (iliofemoral), perteneciente o relativo al ilion y al fémur.

ilioinguinal (ilioinguinal), perteneciente o relativo a las regiones inguinal y de la cadera.

ilion (ilium, *pl.* **ilea**), uno de los tres huesos que componen el hueso innominado. El ilion forma una parte del acetábulo y sirve de fijación a diversos músculos: obturador interno, glúteos, ilíaco y sartorio.

iliopsoas, psoasilíaco (iliopsoas), cualquiera de los dos complejos musculares que flexionan el muslo y la columna lumbar.

ILT (TLI), abreviatura de **irradiación linfoide total**.

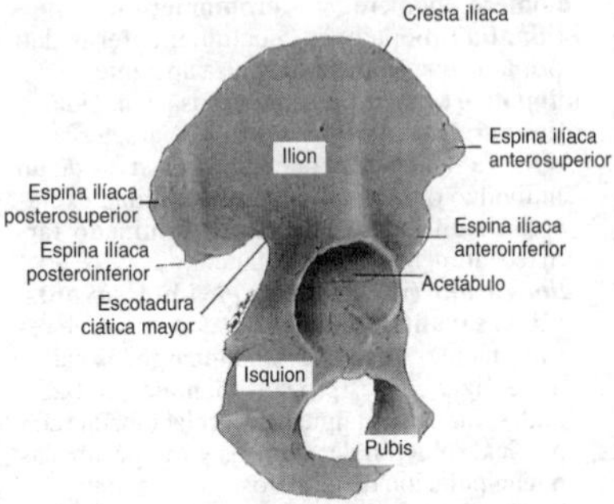

Ilion
(Thibodeau, 1993/Joan M. Beck)

iluminación (illumination), aplicación de luz sobre una parte del cuerpo o de un objeto colocados en un microscopio, con el propósito de examinarlos.

ilusión (illusion), falsa interpretación de un estímulo sensorial externo, normalmente visual o auditivo, como los espejismos del desierto o las voces del viento.

IM (I.M.), abreviatura de **intramuscular**.

IM (MI), abreviatura de **infarto de miocardio**.

IMA (AMI), abreviatura de infarto de miocardio anterior.

imagen (image), **1.** representación o reproducción visual de algo o alguien, como una pintura, fotografía o escultura. **2.** representación óptica de un objeto, como la producida por reflexión o refracción. **3.** persona u objeto que recuerda mucho a otro; parecido. **4.** descripción, representación, idea o concepto mental de una realidad objetiva. **5.** (en psicología) representación mental de algo percibido previamente y subsiguientemente modificado por otras experiencias. Algunos tipos de imagen son: **imagen corporal, imagen eidética, imagen de memoria, imagen mental, imagen motora** e **imagen táctil**.

imaginación (imagination), **1.** capacidad de formar, o acto o proceso de formación de imágenes mentales o conceptos conscientes de cosas que no son inmediatamente accesibles a los sentidos. **2.** (en psicología) capacidad de reproducir imágenes o ideas almacenadas en la memoria mediante la estimulación o la sugestión de ideas asociadas.

imaginería (imagery), (en psiquiatría) formación de conceptos, figuras e ideas mentales; cualquier producto de la imaginación. En las personas con alteraciones mentales, estas imágenes suelen ser desagradables y engañosas.

imago (imago), (en psicología analítica) imagen mental inconsciente, normalmente idealizada, de alguien importante, como la propia madre, en los primeros años, o de formación, de una persona.

imán de resistencia (resistive magnet), electroimán simple en el que la electricidad que atraviesa las espirales de alambre genera un campo magnético.

IMAO (MAOI), abreviatura de **inhibidor de la monoaminooxidasa**.

IMB (BMR), abreviatura de **índice metabólico basal**.

imbricar (imbricate), construir una superficie con capas de material superpuestas. Los cirujanos pueden imbricar capas tisulares cuando cierran una herida u otra abertura en una parte del cuerpo.

iminoglicinuria (iminoglycinuria), proceso familiar benigno, caracterizado por una excreción urinaria anormal de los aminoácidos glicina, prolina e hidroxiprolina.

imipenem-cilastatina sódica (imipenem-cilastatin sodium), antibiótico de amplio espectro usado por vía parenteral. Se utiliza en el tratamiento de infecciones causadas por organismos sensibles de las vías respiratorias o urinarias inferiores, piel, abdomen, órganos reproductores, huesos o articulaciones. También se utiliza en el tratamiento de la endocarditis y la septicemia.

impactación (impaction), **1.** obstáculo o malposición que impide la erupción de los dientes. **2.** presencia de una masa fecal grande o dura en el recto o el colon.

impactado (impacted), encajado estrecha y firmemente en un espacio limitado.

impedancia (impedance), forma de resistencia eléctrica observada en la corriente alterna, análoga a la resistencia eléctrica clásica de un circuito de corriente continua.

impedancia acústica (acoustic impedance), interferencia al paso de las ondas sonoras, como las generadas por los equipos de ultrasonidos, efecto que se produce por objetos en la vía de dichas ondas. La comprobación de la impedancia del oído medio forma parte de la batería de pruebas de audición realizadas para detectar posibles problemas en el oído medio.

imperforado (imperforate), órgano corporal o conducto que carece de la abertura normal. Un lactante puede nacer con un ano imperforado.

impermeable (impermeable), (de un tejido, membrana o película) que impide el paso de una sustancia a su través.

impétigo (impetigo), infección estreptocócica, estafilocócica o mixta de la piel, que comienza como un eritema focal y progresa a vesículas pruriginosas, erosiones y costras de color miel. Las lesiones suelen formarse en la cara y diseminarse localmente. Este proceso es muy contagioso, a través del exudado de las lesiones.

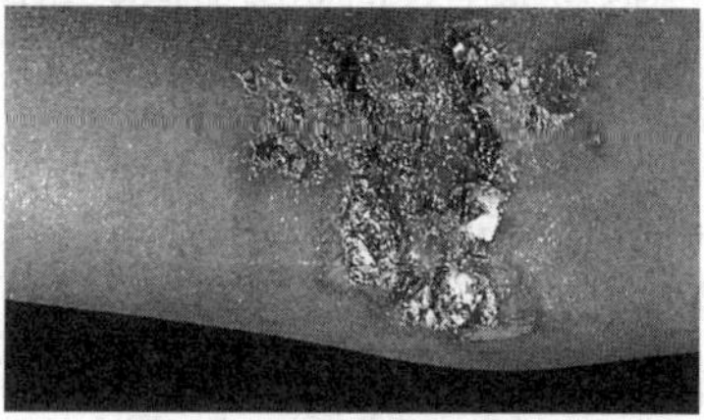

Impétigo
(A. du Vivier, 2.ª ed., 1995)

implantación (implantation), (en embriología) proceso consistente en la fijación, penetración y anidación del blastocisto en la capa que tapiza la pared uterina, durante las primeras fases del desarrollo prenatal. Algunos tipos de implantación son: **implantación excéntrica, implantación intersticial** e **implantación superficial**.

implante (implant), **1.** (en radioterapia) sustancia radiactiva encapsulada y embebida en el tejido con fines terapéuticos. Ejemplos son los implantes de iodo 125 en los tumores de la próstata o el tórax, o de iridio 192 en los cánceres de la cabeza y el cuello. **2.** (en cirugía) material introducido o injertado en un órgano o estructura corporal. El implante puede ser de tejido, como el injerto de vasos sanguíneos, o de una sustancia artificial, como la prótesis de cadera, un marcapasos cardíaco o un contenedor de material radiactivo.

implosión (implosion), **1.** estallido hacia dentro. **2.** tratamiento psiquiátrico para personas incapacitadas por fobias y ansiedad, en el que la persona es desensibilizada de los estímulos productores de ansiedad, mediante la repitición de una intensa exposición imaginaria o real, hasta que el estímulo deja de generar tensión.

impotencia (impotence), **1.** debilidad. **2.** incapacidad del varón adulto para conseguir una erección o, menos frecuentemente, para eyacular tras haber conseguido la erección. La impotencia anatómica es el resultado de defectos físicos en los genitales. La impotencia atónica es el resultado de una alteración de la función neuromuscular. La impotencia funcional tiene una base psicológica.

impregnar (impregnate), **1.** inseminar y preñar; fertilizar. **2.** saturar o mezclar con otra sustancia.

impresión (impression), **1.** (en odontología y medicina protésica) modelo de una parte de la boca o de otra parte del organismo, a partir del cual se forma el sustituto o la prótesis. **2.** (en una historia médica) valoración o diagnóstico del examinador sobre el problema, enfermedad o proceso en cuestión. **3.** fuerte sensación o efecto sobre la mente, intelecto o sentimientos.

impresión en la memoria (imprinting), (en etología) tipo especial de aprendizaje que se produce en momentos críticos durante las primeras fases del desarrollo de los animales.

impulsión (impulsion), deseo anormal e irracional de cometer un acto ilegal o socialmente inaceptable.

impulso (impulse), **1.** (en psicología) inclinación, necesidad, deseo o acción súbita, irresistible y, a menudo, irracional, debido a un determinado sentimiento o estado emocional. **2.** (en fisiología) proceso electromecánico implicado en la transmisión nerviosa.

impulsor cardíaco neumático (pneumatic heart driver), dispositivo mecánico que regula el aporte de aire comprimido a un corazón artificial, controlando la frecuencia cardíaca, el porcentaje sistólico y el retraso sistólico.

In (In), símbolo del **indio**.

in extremis (in extremis), en el último momento, o en el momento de la muerte.

in loco parentis (in loco parentis), aceptación, por parte de una persona o institución, de las obligaciones paternas del cuidado de un niño, sin adoptarlo.

in situ (in situ), **1.** en su lugar natural o habitual. **2.** describe un cáncer que no ha metastatizado ni invadido los tejidos vecinos, como el carcinoma *in situ*.

in utero (in utero), en el interior del útero.

in vitro (in vitro), (de una reacción biológica) que se produce en un aparato de laboratorio.

in vivo (in vivo), (de una reacción biológica) que se produce en un organismo viviente.

inactivación (inactivation), desnaturalización reversible de una proteína.

inactivación del complemento (inactivation of complement), pérdida de actividad de las proteínas enzimáticas de la sangre, conseguida mediante el calentamiento del suero hasta aproximadamente 55 °C. La inactivación del complemento es un paso en el proceso de **fijación del complemento**.

inanición (inanition), proceso de agotamiento por falta de alimento y agua o un defecto de asimilación; hambre.

inanimado (inanimate), sin vida, sin signos vitales.

incandescente (incandescent), que se calienta hasta brillar o emitir rayos de luz intensos, como sucede con una bombilla de luz incandescente.

incapacidad (helplessness), sentimiento de pérdida de control, habitualmente después de fallos repetidos, con el resultado de que uno es incapaz de tomar decisiones autónomas.

incapacidad para mantener la ventilación espontánea (ventilation, inability to sustain spontaneous), diagnóstico de enfermería, aprobado por la NANDA, del estado en el que el patrón de respuesta ante la disminución de las reservas energéticas provoca la incapacidad del individuo para mantener una respiración adecuada para sobrevivir. Las características que lo definen son la disnea, aumento del metabolismo y de la frecuencia cardíaca, intranquilidad creciente y utilización de músculos accesorios, disminución del volumen tidal, descenso de la PCO_2 e incremento de la PCO_2.

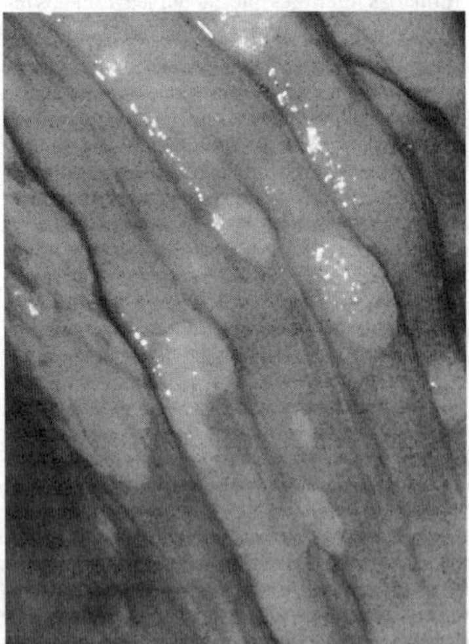

Carcinoma *in situ* de la vagina (imagen colposcópica)
(Disaia, 4.ª ed., 1993)

incarcerado (incarcerate), atrapado, aprisionado, confinado; como un asa intestinal en una hernia inguinal.

incesto (incest), relación sexual entre miembros de una misma familia con un parentesco tan próximo que su matrimonio esté prohibido legalmente debido a su consanguineidad.

incidencia (incidence), (en epidemiología) número de nuevos casos en un determinado período de tiempo.

incineración (incineration), eliminación o reducción de materiales de desecho mediante el fuego.

incipiente (incipient), que empieza a existir; en un estado inicial; que empieza a aparecer, como un síntoma o una enfermedad.

incisión (incision), **1.** corte producido quirúrgicamente con un instrumento afilado, para crear una abertura en un órgano o tejido corporal. **2.** acto de realizar una incisión.

incisivo (incisor), uno de los 8 dientes frontales, 4 en cada arcada dentaria, que aparecen como dientes de leche en la lactancia, y son sustituidos durante la infancia por los incisivos definitivos, que permanecen hasta una edad avanzada. La corona del incisivo tiene forma de cincel, con un borde cortante afilado. Los incisivos superiores son más grandes y fuertes que los inferiores, y se dirigen oblicuamente hacia abajo y hacia delante.

incisura (incisura), escotadura o muesca en un órgano o parte del cuerpo.

inclinación de la pelvis (pelvic tilt), uno de los cinco determinantes cinemáticos principales de la marcha en el que desciende la pelvis del lado del miembro inferior que gira al montar en bicicleta. Mediante la acción de la articulación de la cadera, la pelvis se inclina lateralmente hacia abajo, aduciendo el miembro inferior en la fase de bipedestación de la marcha, abduciendo la extremidad opuesta en la fase de balanceo de la marcha. La articulación de la rodilla del miembro que no soporta peso se flexiona durante su fase de balanceo para permitir la inclinación de la pelvis, lo que ayuda a disminuir el desplazamiento vertical del centro de gravedad del cuerpo, conservando así la energía durante la marcha.

inclusión (inclusion), **1.** acto de encerrar o de estar incluido. **2.** estructura en el interior de otra, como las inclusiones del citoplasma celular.

incoherente (incoherent), **1.** desordenado; sin conexión lógica, deshilvanado; sin continuidad o relevancia. **2.** incapaz de expresar sus propios pensamientos o ideas de forma ordenada inteligible, normalmente como consecuencia de una tensión emocional.

incompatibilidad (incompatibility), situación en la que no es posible estar en armonía, como sucede cuando la sangre transfundida produce efectos adversos porque los grupos sanguíneos de donante y receptor no son compatibles.

incompatible (incompatible), incapaz de coexistir. Un tejido trasplantado puede ser rechazado porque los factores de anticuerpo de donante y receptor son incompatibles.

incompetencia (incompetence), falta de capacidad. Los órganos corporales que no funcionan adecuadamente pueden ser considerados incompetentes. Algunos tipos de incompetencia son: incompetencia aórtica, incompetencia ileocecal e incompetencia valvular.

incompetencia (incompetency), estado legal de una persona declarada incapaz de cuidarse y protegerse a sí misma.

inconsciencia (unconsciousness), estado de falta de consciencia completa o parcial o de falta de respuesta a los estímulos sensoriales como resultado de hipoxia, producida por insuficiencia respiratoria o shock, por depresores metabólicos o químicos del cerebro, como fármacos, venenos, cetonas o por desequilibrios electrolíticos, o por alguna forma de lesión cerebral, como traumatismo, convulsiones, accidente cerebrovascular, tumor o infección cerebral. Durante el estupor, la fuga, la catalepsia y mientras se sueña pueden aparecer varios grados de inconsciencia.

inconsciente (unconscious), **1.** que no tiene consciencia del entorno que le rodea; insensible; incapaz para responder a estímulos sensoriales. **2.** (en psiquiatría) parte de la función mental en la que los pensamientos, las ideas, emociones o recuerdos están más allá de la consciencia y que no se pueden recordar instantáneamente.

incontinencia (incontinence), incapacidad para controlar la evacuación de orina o de heces. La incontinencia urinaria puede estar producida por la confusión cerebral del envejecimiento, lesiones cerebrales o medulares, lesiones de los nervios periféricos de la vejiga o del esfínter y las estructuras del periné, como ocurre a veces en el parto. La incontinencia de esfuerzo, precipitada por la tos, el esfuerzo o el levantamiento de grandes pesos, es más frecuente en la mujer que en el hombre. La incontinencia fecal puede ser el resultado de la relajación del esfínter anal o deberse a trastornos del sistema nervioso central o de la médula, y puede tratarse con un programa de entrenamiento intestinal.

incontinencia de esfuerzo (incontinence, stress), diagnóstico de enfermería, aprobado por la NANDA, de la emisión involuntaria de menos de 50 cc de orina cuando aumenta la presión en el abdomen. Las características que lo definen son: urgencia observada o referida al aumentar la presión abdominal, tenesmo o polaquiuria (frecuencia de micción superior a una vez cada 2 horas).

incontinencia de urgencia (incontinence, urge), diagnóstico de enfermería, aprobado por la NANDA, de la emisión involuntaria de orina, que se produce inmediatamente después de sentir la necesidad de orinar. Las características que lo definen son: urgencia de micción, polaquiuria (más de una micción cada 2 horas), contracciones o espasmos vesicales, nicturia (más de dos micciones por noche), micciones en escasa cantidad (menos de 100 cc) o en gran cantidad (superior a 500 cc), e imposibilidad de llegar a tiempo al cuarto de baño.

incontinencia fecal (incontinence, bowel), diagnóstico de enfermería, aprobado por la NANDA, de un cambio de los hábitos intestinales normales caracterizado por la emisión involuntaria de heces.

incontinencia funcional (incontinence, functional), diagnóstico de enfermería, aprobado por la NANDA, de la emisión involuntaria y no predecible de orina. Las características que la definen son: urgencia de micción o contracciones de la vejiga suficientemente intensas como para que salga la orina antes de llegar al lavabo.

incontinencia refleja (incontinence, reflex), diagnóstico de enfermería, aprobado por la NANDA, de la emisión involuntaria de orina que se produce a intervalos predecibles en alguna medida, cuando alcanza un determinado volumen en la vejiga. Las características que lo definen son: falta de percepción de la repleción vesical; falta de sensación de urgencia de micción ni de plenitud de la vejiga, o contracciones o espasmos vesicales espontáneos a intervalos regulares.

incontinencia total (incontinence, total), diagnóstico de enfermería, aprobado por la NANDA, de la emisión continua y no predecible de orina. Las características que la definen son: flujo de orina constante en momentos imprevisibles, sin contracciones o espasmos vesicales espontáneos, incontinencia que no responde al tratamiento, nicturia, pérdida de sensación perineal o vesical e inadvertencia de la incontinencia.

incoordinación cricofaríngea (cricopharyngeal incoordination), alteración del reflejo normal de deglución. El músculo cricofaríngeo generalmente actúa como un esfínter para mantener cerrado el extremo superior del esófago excepto cuando la persona deglute, vomita o eructa. La tráquea permanece abierta durante la respiración sin que exista penetración de aire en el esófago durante ésta. Cuando el conjunto de acciones neuromusculares no se coordina adecuadamente, el paciente puede experimentar ahogo, deglución de aire, regurgitación de líquidos por la nariz o sufrir molestias al deglutir alimentos.

incremento (increment), **1.** aumento o ganancia. **2.** acto de crecer o aumentar. **3.** cantidad de aumento o ganancia de la presión intrauterina cuando comienzan las contracciones de parto.

incrustación de oro (gold inlay), molde de restauración intracoronal de aleación de oro.

incubadora (incubator), aparato que se utiliza para proporcionar un ambiente controlado, especialmente una temperatura determinada.

incudectomía (incudectomy), resección quirúrgica del yunque, realizada para tratar la sordera de conducción, secundaria a la necrosis de la punta del yunque. Se excinde el yunque defectuoso y se sustituye por un pequeño injerto óseo, de forma que puedan transmitirse de nuevo las vibraciones sonoras.

incumplimiento (noncompliance), diagnóstico de enfermería, aprobado por la NANDA, de la decisión por parte del cliente (tras información detallada) de no aceptar una sugerencia terapéutica, debido a creencias sobre la salud, valores culturales o espirituales, o por problemas de relación entre el que ofrece la recomendación y el cliente. Las características que lo definen son: pruebas objetivas que muestren el incumplimiento, observación de signos físicos o psicológicos que muestren la falta de cumplimiento o falta de presentación a las citas programadas.

indentación (indentation), muesca, escotadura o depresión en la superficie de un objeto, como las marcas de los dientes en la lengua o la piel.

independencia (independence), **1.** estado o cualidad de ser independiente; autonomía; libre de influjo, dirección o control por otra persona o grupo. **2.** falta de necesidad o apoyo en otro para la existencia física o las necesidades emocionales.

indicación (indication), razón para prescribir un medicamento o realizar un tratamiento, como la infección bacteriana, que puede ser una indicación de prescripción de un determinado antibiótico, o la apendicitis, con indicación de apendicectomía.

indicador (indicator), cinta, papel, tableta o cualquier otra sustancia que se utiliza para probar una determinada reacción, al producir en ella cambios previsibles y evidentes. Algunas clases de indicador son: indicador de autoclave, papel de tornasol y tiras reactivas para orina.

indicán (indican), sustancia (indoxilsulfato potásico) producida en el intestino por descomposición del triptófano, que es absorbida por la pared intestinal y excretada por la orina.

índice (forefinger), segundo dedo de la mano.

índice cardíaco (cardiac index), determinación del gasto cardíaco de un paciente por metro cuadrado de superficie corporal. Se obtiene dividiendo el gasto cardíaco en litros por minuto entre el área de superficie corporal.

índice cefálico (cephalic index), relación entre la anchura y la longitud de la cabeza. Se calcula multiplicando por 100 la anchura máxima de la cabeza, que equivale al mayor diámetro de la bóveda craneal por encima de la cresta supramastoidea, y dividiendo por la longitud máxima, medida desde el punto más sobresaliente de la glabela hasta el opistocráneo u occipucio.

índice colorimétrico (IC) (color index [CI]), proporción entre la concentración de hemoglobina y el número de hematíes de cualquier muestra sanguínea. El índice colorimétrico se obtiene dividiendo la concentración de hemoglobina entre el número aproximado de hematíes.

índice de Barthel (IB) (Barthel Index [BI]), escala de perfil de incapacidad desarrollada por D. W. Barthel en 1965 para evaluar la capacidad para valerse por sí mismo de un paciente en 10 áreas diferentes, entre las que se encuentran el control intestinal y vesical. El paciente se clasifica con una puntuación de 0 a 15 puntos en diversas categorías de autocuidados, dependiendo de si necesita ayuda o no la necesita.

índice de frío del aire (wind chill index), tabla en la que se comparan temperaturas atmosféricas con diversas corrientes de aire, permitiendo calcular el factor de frío del aire. La comparación se expresa en kilocalorías hora por metro cuadrado de superficie de piel.

índice de natalidad (birth rate), proporción del número de nacimientos en un área específica durante un período de tiempo determinado con respecto a la población total de ese área; habitualmente se expresa como el número de nacimientos por 1.000 habitantes.

índice de refracción (refractive index), expresión numérica del poder de refracción de un medio, en comparación con el del aire, cuyo índice de refracción es 1. Está relacionado con el número, carga y masa de las partículas vibrantes del material a través del cual pasa la luz.

índice de saturación de la hemoglobina (saturation index of hemoglobin), medida de la cantidad de hemoglobina en una determinada cantidad de sangre, comparada con los valores normales.

índice de sedimentación (sedimentation rate), velocidad con que se depositan los hematíes en una columna de cristal vertical de plasma citratado. Se utiliza para monitorizar las enfermedades inflamatorias o malignas y para ayudar en la detección y el diagnóstico de enfermedades ocultas, como la tuberculosis.

índice de tiroxina libre (free thyroxine index), concentración plasmática de tiroxina (T_4) no ligada, fisiológicamente activa, determinada mediante medición directa o, lo que es más frecuente, calculada mediante una prueba de captación *in vitro*.

índice de volumen sistólico (stroke volumen index), volumen sistólico dividido por área de superficie corporal.

índice ictérico (icterus index), prueba de función hepática en la que se compara la intensidad de color del suero sanguíneo con la del dicromato potásico. Cuando existe una excesiva cantidad de bilirrubina y se hace evidente la ictericia, el índice es mayor; los valores por debajo de lo normal indican distintos tipos de anemia.

índice metabólico (metabolic rate), cantidad de energía que se libera o consume en una determinada unidad de tiempo. La energía se almacena en el cuerpo en forma de compuestos fosfóricos ricos en energía (adenosín trifosfato, adenosín monofosfato y adenosín difosfato) y en proteínas, grasas y carbohidratos complejos.

índice metabólico basal (IMB) (basal metabolic rate [BMR]), cantidad de energía utilizada en una unidad de tiempo por un sujeto en ayunas y en reposo para mantener las funciones vitales. El índice, determinado por la cantidad de oxígeno utilizado, se expresa en calorías consumidas por hora y por metro cuadrado de área superficial corporal o por kilogramo de peso corporal.

índice mitótico (mitotic index), número de células por unidad (normalmente 1.000) que sufren mitosis durante un determinado período de tiempo. El cociente se utiliza principalmente como estimación de la velocidad del crecimiento tisular.

índice terapéutico (therapeutic index), diferencia entre las concentraciones terapéutica mínima y tóxica mínima de un fármaco.

índices de hematíes (red cell indexes), conjunto de relaciones que caracterizan a la población de hematíes en cuanto a tamaño, contenido en hemoglobina y concentración de hemoglobina. Estos índices son útiles para realizar el diagnóstico diferencial entre las diversas clases de anemia.

indiferenciación (undifferentiation), pérdida o ausencia de diferenciación celular normal en un tipo celular identificable.

indígena (indigenous), nativo o que se presenta naturalmente en una determinada zona o entorno, como determinadas especies de bacterias en el tracto digestivo humano.

indigencia (indigence), situación en la que se carece de los suficientes recursos para pagar los cuidados médicos necesarios, sin privarse a sí mismo, o a los que dependen de uno, de alimentos, ropa, cobijo u otras necesidades vitales.

indigente (disadvantaged), **1.** cualquier grupo de personas que carece de dinero, educación, instrucción o cualquier tipo de ventaja social. **2.** eufemismo por «pobre».

indigerible (indigestible), término descriptivo para una sustancia alimentaria que no puede ser desdoblada por el aparato digestivo y convertida en un nutriente absorbible.

indigestión (indigestion), v. **dispepsia**.

indio (In) (indium [In]), elemento metálico plateado, con algunas propiedades químicas no metálicas. Su número atómico es 49; su peso atómico, 114,82.

indolente (indolent), relativo a un trastorno orgánico que se asocia a escaso o nulo dolor.

indometacina (indomethacin), agente antiinflamatorio no esteroideo utilizado en el tratamiento de la artritis y de otros procesos inflamatorios.

inducción (induction), (en embriología) proceso de estimulación y determinación de la diferenciación genética del embrión en desarrollo, mediante la acción de sustancias químicas transmitidas de una a otra parte del embrión.

inducción de la anestesia (induction of anesthesia), todas las partes del proceso anestésico que se realizan antes de alcanzar el nivel de anestesia deseado, es decir, la premedicación con un sedante, hipnótico, tranquilizante o adyuvante curariforme de la anestesia, la intubación, la administración de oxígeno y la administración de anestésico.

inducción del parto (induction of labor), técnica obstétrica en la que se inicia artificialmente el parto, mediante una amniotomía o la administración de oxitócicos. Se realiza de forma electiva o por indicación fetal o materna. La inducción electiva se realiza para comodidad de la madre o del obstetra, a menudo para evitar la posibilidad de parto fuera del hospital, cuando se piensa que el parto es inminente o se espera un nacimiento excesivamente rápido.

inducción electromagnética (electromagnetic induction), producción en los tejidos de campos eléctricos y corrientes circulares asociadas por los campos magnéticos generados por bobinas portadoras de una corriente eléctrica.

inducción enzimática (enzyme induction), incremento de la velocidad de síntesis de enzimas específicas desde el nivel basal al máximo debido a la presencia de un sustrato o un análogo al sustrato que actúa como un inductor. El inductor puede ser una sustancia que inactiva el represor químico de la célula.

inducir (induce), producir o estimular el comienzo de una actividad, como la enzima que induce una actividad metabólica.

inductor (inducer), (en genética molecular) sustancia, normalmente un sustrato molecular de una enzima específica, que se combina con el represor activo producido por el gen regulador y lo desactiva.

inductor (inductor), (en embriología) tejido o célula que emite una sustancia química que estimula un efecto morfogenético en el embrión en desarrollo.

induración (induration), endurecimiento de un tejido, en particular de la piel, por edema, inflamación o infiltración neoplásica.

inercia (inertia), **1.** tendencia de un cuerpo en reposo o en movimiento a permanecer en ese estado a menos que actúe sobre él una fuerza externa. **2.** proceso anómalo caracterizado por inactividad total o escasa actividad, como la inercia colónica o la inercia uterina.

inerte (inert), **1.** que no se mueve ni actúa, como la materia inerte. **2.** (de una sustancia química) que no toma parte en reacciones químicas ni actúa como catalizador, como los gases inertes o el neón. **3.** (de un componente medicamentoso) sin actividad farmacológica; que sirve sólo como excipiente, para aumentar el volumen, unir componentes, etc., en un producto farmacéutico.

inervación (innervation), distribución o suministro de fibras nerviosas o impulsos nerviosos a una parte del cuerpo.

inestable (unstable), **1.** que está en un estado excitado o activo, tal como un átomo cuyo núcleo posee un exceso de energía. **2.** que se descompone fácilmente.

infancia (childhood), período del desarrollo humano que se extiende desde el nacimiento hasta el inicio de la pubertad.

infanticidio (infanticide), acto de dar muerte a un lactante o un niño pequeño.

infantil (infantile), **1.** perteneciente o relativo a un lactante o un niño, o característico de ellos. **2.** falto de madurez, sofisticación y capacidad de razonamiento. **3.** que presenta infantilismo. **4.** que se encuentra en una fase muy precoz del desarrollo.

infantilismo (infantilism), **1.** estado en el que persisten en el adulto diversas características anatómicas, fisiológicas y psicológicas de la infancia. **2.** estado, normalmente psicológico más que orgánico, caracterizado por un patrón de voz y expresión de niño pequeño en niños mayores o en adultos.

infarto (infarct), zona de necrosis localizada en un tejido, vaso, órgano o parte del mismo debida a anoxia tisular producida por la interrupción del suministro de sangre a la zona o, menos frecuentemente, a la estasis circulatoria producida por la oclusión de una vena que normalmente drena la sangre de la zona. Algunos tipos de infarto son: infarto anémico, infarto calcáreo, infarto cicatrizado e infarto por ácido úrico.

infarto agudo de miocardio (IAM) (acute myocardial infarction [AMI]), fase crítica inicial del infarto de miocardio, caracterizada por segmentos ST elevados en las derivaciones que lo reflejan.

infarto blanco (white infarct), infarto sin hemorragia.

infarto cerebral (cerebral infarction), área de tejido cerebral que experimenta necrosis secundaria a la interrupción del riego sanguíneo, con hemorragia o sin ella. Un infarto puede deberse a una trombosis, un embolismo o un vasospasmo.

infarto de Freiberg (Freiberg's infarction) [Albert H. Freiberg, cirujano norteamericano, n. 1868], trastorno ortopédico caracterizado por la osteocondritis o necrosis aséptica del tejido óseo, que afecta principalmente a la cabeza del segundo metatarsiano.

infarto de miocardio (IM) (myocardial infarction [MI]), oclusión de una arteria coronaria producida por aterosclerosis o por un émbolo procedente de una zona necrótica del sistema vascular miocárdico. La aparición del IM se caracteriza por un dolor torácico opresivo y transfixiante que se puede irradiar al brazo izquierdo, al cuello o al epigastrio y que a veces simula la sensación de una indigestión aguda o de un cólico biliar. El paciente normalmente se pone grisáceo, frío, le falta el aliento y se muestra ansioso y a menudo siente que su muerte es inminente. Los signos típicos son taquicardia, pulso difícilmente perceptible, hipotensión y temperatura elevada, arritmia cardíaca y signos electrocardiográficos de elevación del segmento ST y onda Q. Los estudios de laboratorio suelen mostrar aumento de la velocidad de sedimentación, leucocitosis y elevación de la concentración plasmática de creatinfosfoquinasa, lactato deshidrogenasa y transaminasa glutámico-oxalacética. Las posibles complicaciones del IM son el embolismo pulmonar o sistémico, el edema pulmonar, el shock y la parada cardíaca.

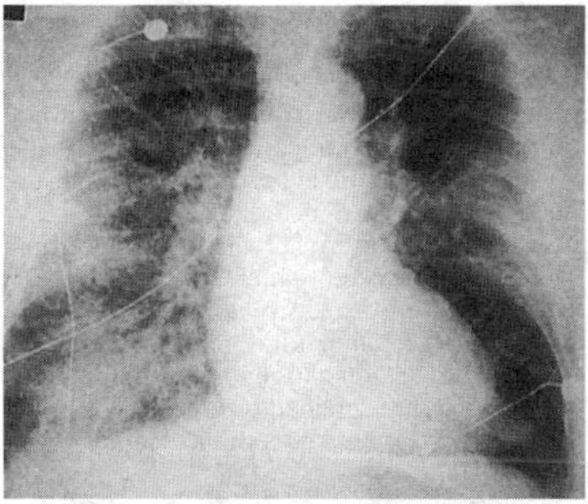

Imagen radiográfica de una insuficiencia cardíaca tras un infarto de miocardio
(C. D. Forbes/W. F. Jackson, 1994)

infarto hemorrágico (hemorrhagic infarct), infarto que ha acumulado tal cantidad de sangre que adquiere color rojo.

infarto intestinal (intestinal infarction), detención del flujo sanguíneo intestinal.

infarto pálido (pale infarct), cuña de tejido muerto, de color blanco como consecuencia de la ausencia de sangre por la obstrucción de una arteria.

infarto placentario (placental infarct), zona dura isquémica localizada en el lado fetal o materno de la placenta.

infarto pulmonar (IP) (pulmonary infarction [PI]), obstrucción de una rama de una arteria pulmonar como consecuencia de un trombo que se puede haber originado en una vena de la pierna o de la pelvis. Tras su liberación a la circulación venosa, el tromboémbolo es transportado por la corriente sanguínea hacia uno de los pulmones, siendo filtrado por el sistema vascular pulmonar.

infarto rojo (red infarct), alteración patológica que se produce en el tejido cerebral que se ha quedado isquémico por falta de sangre. Se produce diapedesis de los hematíes hacia el parénquima del cerebro, produciéndose únicamente una infiltración de eritrocitos.

infarto séptico (septic infarct), segmento de tejido necrótico e infectado.

infarto subendocárdico (subendocardial infarction), infarto de miocardio que afecta solamente a la capa más interna del miocardio, y en algunos casos a partes de la zona media, pero que no se extiende a la región epicárdica.

infarto transmural (transmural infarction), muerte del tejido miocárdico que se extiende desde el endocardio al pericardio como resultado de un infarto miocárdico.

infección (infection), **1.** invasión del organismo por gérmenes patógenos que se reproducen y multiplican, produciendo una enfermedad por lesión celular local, secreción de toxinas o reacción antígeno-anticuerpo en el huésped. **2.** enfermedad producida por la invasión del organismo por gérmenes patógenos.

infección concurrente (concurrent infection), situación en la cual una persona experimenta dos o más infecciones al mismo tiempo.

infección cruzada (cross infection), transmisión de una infección de un paciente hospitalizado a otro paciente del mismo hospital o centro sanitario.

infección endógena (endogenous infection), infección producida por la reactivación de organismos previamente latentes, como ocurre en la coccidioidomicosis, histoplasmosis o tuberculosis.

infección exógena (exogenous infection), infección que se desarrolla a partir de una bacteria que se encuentra generalmente fuera del cuerpo y que ha penetrado en el mismo.

infección extrahospitalaria (community-acquired infection), infección adquirida a partir del entorno, incluyendo las infecciones adquiridas indirectamente por el uso de medicamentos. Las infecciones extrahospitalarias se diferencian de las enfermedades nosocomiales o intrahospitalarias por los tipos de organismos que afectan a los pacientes que están recuperándose de una enfermedad o lesión.

infección fúngica (fungal infection), cualquier proceso inflamatorio producido por hongos. La mayoría de las infecciones fúngicas son superficiales y leves, aunque persistentes y difíciles de erradicar. Algunos tipos de infecciones fúngicas son: **aspergilosis, blastomicosis, candidiasis, coccidiodomicosis** e **histoplasmosis**.

infección germinal (germinal infection), infección transmitida al hijo por el óvulo o el espermatozoide de los padres.

infección leve (low-grade infection), infección subaguda o crónica con poca fiebre y escasa producción de pus.

infección local (local infection), infección de carácter bacteriano, en un punto del organismo, en la que los gérmenes permanecen y se multiplican hasta que son eliminados.

infección mixta (mixed infection), infección en la que intervienen varios microorganismos, como ocurre en algunos abscesos, neumonías o infecciones de heridas. Pueden estar implicadas numerosas combinaciones de bacterias, virus y hongos.

infección nosocomial (nosocomial infection), infección adquirida durante la hospitalización, frecuentemente producida por *Candida albicans*, *Escherichia coli*, los virus de la hepatitis y el herpes zoster, *Pseudomonas* o *Staphylococcus*.

infección oportunista (opportunistic infection), **1.** infección causada por microorganismos habitualmente no patógenos en un huésped cuya resistencia está disminuida por alteraciones tales como la diabetes mellitus, el cáncer o un procedimiento quirúrgico. **2.** infección poco habitual causada por patógeno común, como una celulitis, una meningitis o una otitis media.

infección piogénica (pyogenic infection), toda infección que genera la producción de pus.

infección polimicrobiana (polymicrobic infections), infección en la que participan más de una especie patógena.

infección por anaerobios (anaerobic infection), infección producida por microorganismos anaerobios, que suele tener lugar en heridas punzantes profundas en las que no existe aire o en tejidos cuyo potencial de reducción del oxígeno está disminuido como consecuencia de traumatismos, de necrosis o de sobrecrecimiento bacteriano. La **gangrena** y el **tétanos** son algunas formas de infección por anaerobios.

infección protozoaria (protozoal infection), cualquier enfermedad provocada por organismos unicelulares de la clase Protozoos. Algunos tipos de infecciones protozoarias son: **disentería amebiana, kala-azar, paludismo** y **tricomoniasis**.

infección psíquica (psychic infection), diseminación de efectos o influencias neuróticas o psíquicas entre los demás a pequeña escala, como en la *folie à deux*, o a gran escala, como en los bailes y manías de la brujería de la Edad Media.

infección retrógrada (retrograde infection), infección que se extiende a lo largo de un túbulo o conducto en contra del flujo de secreciones o excreciones, como sucede en los sistemas urinario y linfático.

infección secundaria (secondary infection), infección provocada por un microorganismo que se presenta tras una infección inicial provocada por otro tipo de germen patógeno.

infección sistémica (systemic infection), infección en la que el patógeno está distribuido por todo el organismo, en vez de concentrarse en una zona.

infección subaguda (subacute infection), trastorno que no es crónico y que tiene un curso rápido y grave, pero más lento que un proceso agudo.

infección transmitida por gotitas (droplet infection), infección adquirida por la inhalación de microorganismos patógenos suspendidos en partículas de líquido que se exhala, estornuda o tose por otra persona o animal infectado.

infección vírica (viral infection), cualquiera de las enfermedades causadas por uno de los aproximadamente 200 virus patógenos para el ser humano. Algunas de ellas son las enfermedades más contagiosas y peligrosas que se conocen; otras originan trastornos leves y transitorios que pasan prácticamente desapercibidos. La enfermedad tiene lugar cuando las células resultan lesionadas por el ataque de los virus. El primer paso del ciclo viral, después de entrar en el cuerpo, es la fijación del virus a una célula sensible y la adsorción del virus por parte de la célula. A continuación, se produce la penetración del ácido nucleico del virus en la célula parasitada. En este punto este virus desacoplado no produce síntomas y no es posible su recuperación de las células en una forma infecciosa. El virus comienza a madurar en el interior de la célula y, transportando su propia información genética, inicia su replicación, utilizando los bloques de material químico y la energía disponibles en la célula parasitada. En este momento, el virus ya ha tomado posesión de la célula. Tras un período de tiempo variable, aparecen masas de virus completamente desarrollados y capaces de sobrevivir fuera de la célula hasta encontrar más células susceptibles. En muchas enfermedades víricas, como la parotiditis, la varicela y el sarampión, un ataque confiere una inmunidad permanente. En otras, la inmunidad es de corta duración. El período de incubación de las infecciones víricas es corto, los virus no circulan por la circulación sanguínea, no se forman anticuerpos y, en la mayoría de los casos, no se desarrolla inmunidad.

infeccioso (infectious), **1.** capaz de producir infección. **2.** causado por una infección.

infectar (infect), transmitir un germen patógeno que puede inducir el desarrollo de una enfermedad infecciosa en otra persona.

infectividad (infectivity), capacidad de un germen patógeno para pasar rápidamente de un huésped a otro.

inferencia arbitraria (arbitrary inference), forma de distorsión cognitiva en la que un juicio, que se basa en pruebas insuficientes, lleva a una conclusión errónea.

inferior (inferior), **1.** situado debajo o en una posición más baja que un determinado punto de referencia, como los pies en posición inferior a la de las piernas. **2.** de escasa calidad o valor.

inferoexterno (inferolateral), situado por debajo y hacia fuera.

inferointerno (inferomedial), situado por debajo y hacia el centro.

infértil (infertile), relativo a la incapacidad para producir descendencia. Esta anomalía puede presentarse en ambos sexos y puede ser temporal y reversible. Se califica de primaria, si nunca se han producido embarazos, y de secundaria, cuando ha habido una o más gestaciones.

infestación (infestation), presencia de parásitos animales en el medio ambiente, la piel o el pelo del huésped.

infestar (infest), atacar, invadir y subsistir en la piel o los órganos del huésped. Compárese con **infectar**.

infiltración (infiltration), proceso por el que pasa un líquido hacia los tejidos, como cuando se administra un anestésico local.

infiltración celular (cellular infiltration), migración y agrupación de células dentro de los tejidos de todo el organismo.

infiltración grasa (fatty infiltration), fase normal del desarrollo de la mama caracterizada por el depósito de cantidades crecientes de grasa alrededor del tejido parenquimatoso de la mama.

infiltrado (infiltrate), sustancia que atraviesa un filtro.

infiltrar (infiltrate), llevar a cabo el proceso de infiltración.

inflamación (inflammation), respuesta protectora de los tejidos del organismo ante una irritación o lesión. La inflamación puede ser aguda o crónica; sus signos cardinales son enrojecimiento (rubor), calor, tumefacción (tumor) y dolor, acompañado de impotencia funcional. La histamina, las quininas y otras diversas sustancias median en el proceso inflamatorio.

inflamatorio (inflammatory), relativo a una inflamación o que se parece a ella.

influido por el sexo (sex-influenced), relativo a un rasgo o enfermedad genético autosómico, como el tipo de calvicie o la gota, que en un sexo se expresa fenotípicamente tanto en los homocigotos como en los heterocigotos, mientras que en el otro sexo se produce solamente en los homocigotos.

informe (report), (en enfermería) traspaso de información del personal de enfermería de un turno al personal del siguiente turno. El informe se pasa sistemáticamente en el momento de cambiar el turno.

Informe BEIR-III (BEIR-III Report), informe «*The Biological Effects of Low Doses of Ionizing Radiation*» (efectos biológicos de la radiación ionizante a dosis bajas), emitido por la *National Academy of Sciences* de EE.UU.; estima el riesgo de muerte por cáncer por la exposición a diferentes dosis de radiación.

informe de alta (discharge summary), informe clínico preparado por el médico u otro sanitario cuando termina un tratamiento, subrayando el principal problema del paciente, hallazgos diagnósticos, tratamiento administrado y respuesta del paciente al mismo.

informe de incidencias (incident report), documento que describe cualquier accidente o desviación de las normas respecto a una persona en el interior de una institución sanitaria.

infraorbitario (infraorbital), relativo al área situada por debajo del suelo de la cavidad ósea en que se aloja el globo ocular.

infundíbulo (infundibulum, *pl.* **infundibula**), estructura o paso en forma de embudo, como la cavidad formada por las fimbrias tubáricas en el extremo distal de las trompas de Falopio.

infundido (infusate), líquido parenteral que se infunde a un paciente en un determinado período de tiempo.

infusión (infusion), **1.** introducción de una sustancia, como un líquido, electrólito, nutriente o fármaco, directamente en el interior de una vena, o intersticialmente, utilizando la fuerza de la gravedad. **2.** sustancia introducida en el organismo por infusión. **3.** hervido de una sustancia, como un hierba, para extraer sus propiedades medicinales. **4.** extracto obtenido del proceso de hervido.

ingeniería biomédica (biomedical engineering), sistema de técnicas en el que se aplican los conocimientos de los procesos biológicos para resolver los problemas médicos prácticos y para dar solución a las preguntas surgidas en la investigación biomédica.

ingeniería genética (genetic engineering), proceso de producción de ADN recombinante de forma que se pueden alterar y controlar el genotipo y el fenotipo de los organismos. Se utilizan enzimas para romper la molécula de ADN en fragmentos, de forma que se pueden insertar genes de otros organismos y recolocar los nucleótidos en la secuencia deseada.

ingeniería médica (medical engineering), campo de estudio que emplea conceptos de tecnología e ingeniería biomédica, para desarrollar equipos e instrumentos necesarios para la prestación de la asistencia sanitaria.

ingesta (intake), cantidad de alimentos o líquidos ingerida en un determinado período de tiempo.

ingesta diaria permisible (IDP) (acceptable daily intake [ADI]), la máxima cantidad de cualquier sustancia que puede ser ingerida de manera segura por el ser humano. La ingestión superior a esta cantidad puede originar efectos tóxicos.

ingestión (ingestion), toma oral de sustancias hacia el interior del cuerpo. Generalmente se aplica tanto a nutrientes como a medicaciones.

ingle (groin), cada una de las dos zonas en las que se une el abdomen con el muslo.

ingreso (intake), proceso por el que una persona es admitida en una clínica u hospital, o es citada por un especialista. Se anotan la razón de la visita y los datos de filiación del paciente.

inguinal (inguinal), perteneciente o relativo a la ingle.

ingurgitación (engorgement), distensión o congestión vascular de los tejidos corporales, como es la ingurgitación mamaria producida por el aumento del flujo de sangre y linfa que precede a la lactancia.

INH (INH), v. **isoniacida**.

inhalación de humo (smoke inhalation), inhalación de sustancias gaseosas nocivas o de partículas irritantes que puede provocar un grave daño pulmonar. Resulta difícil diferenciar entre las quemaduras respiratorias y la simple inhalación de humo. Puede producirse neumonitis química, asfixia y traumatismos físicos de las vías respiratorias. Sus síntomas característicos son: irritación de las vías respiratorias altas, pelos de la nariz chamuscados, disnea, hipoxia, esputo grisáceo polvoriento, roncus, estertores, nerviosismo, ansiedad, tos y afonía. Se puede desarrollar edema pulmonar hasta 48 horas después de la exposición.

inhalador (inhaler), aparato para la administración de medicaciones por inhalación, en forma de vapores, polvos finos o sustancias volátiles. También se puede utilizar un inhalador para la administración de gases anestésicos.

inhalador de dosis fija (metered dose inhaller), dispositivo diseñado para suministrar una dosis fija de fármaco inhalado. Normalmente consta de un recambio de aerosol, nebulizador o polvo fino, que libera una dosis específica cada vez que se pulsa el recambio contra la válvula dispensadora. Está diseñado para reducir el riesgo de sobredosificación por parte del paciente.

inhalante (inhalant), sustancia que se introduce en el organismo por inhalación. Puede ser un medicamento, como un aerosol, o un agente químico volátil.

inhalar (inhale), inspirar o introducir con la respiración.

inherente (inherent), innato; natural de un entorno.

inhibición (inhibition), **1.** (en psicología) limitación inconsciente de un proceso de conducta, habitualmente debido a fuerzas sociales o culturales del entorno; la situación que induce tal limitación. **2.** (en psicoanálisis) proceso en el cual el superego evita la expresión consciente de impulsos, pensamientos o necesidad instintivos. **3.** (en fisiología) limitación, comprobación o detección de la acción de un órgano o célula, o reducción de una actividad fisiológica, mediante estimulación antagónica. **4.** detención o reducción de la velocidad de una reacción química.

inhibidor (inhibitor), fármaco u otra sustancia que evita o restringe una acción determinada.

inhibidor (inhibitory), que tiende a detener o hacer más lento un proceso, como una neurona que suprime la intensidad de un impulso nervioso.

inhibidor de la monoaminooxidasa (IMAO) (monoamine oxidase (MAO) inhibitor), cada uno de los fármacos de un grupo químico que se utiliza fundamentalmente para el tratamiento de la depresión. Ejercen además un efecto ansiolítico, especialmente sobre la ansiedad asociada a una fobia. Los efectos de estos fármacos varían enormemente de un paciente a otro, y las acciones específicas que producen los beneficios clínicos no son bien conocidas. Entre los efectos secundarios más importantes están la somnolencia, la sequedad de boca, la hipotensión ortostática y el estreñimiento. La sobredosis puede producir temblor, euforia o conducta maníaca. Los inhibidores de la MAO interactúan con muchos fármacos y con alimentos que contienen grandes cantidades del aminoácido tirosina.

inhibina (inhibin), hormona del sistema reproductor que inhibe la actividad de la hormona foliculostimulante.

iniciador (iniciator), factor cocarcinogénico que normalmente produce una mutación genética irreversible en una célula normal y la prepara para un crecimiento incontrolado. Algunos ejemplos de iniciador son: aflatoxinas, nitrosaminas, radiación y uretano.

inicio de la acción (onset of action), tiempo requerido después de la administración de un fármaco para observar una respuesta.

inión (inion), el punto más saliente de la parte posterior de la cabeza, donde es más prominente el hueso occipital.

injerto (graft), tejido u órgano que se toma de un determinado lugar o persona y que se introduce en otro tejido o persona, realizado para reparar un defecto estructural. El injerto puede ser temporal, como un trasplante de piel de emergencia en quemaduras extensas, o permanente, como el tejido injertado que crece hasta convertirse en una parte del cuerpo. Pueden injertarse piel, hueso, cartílago, vasos sanguíneos, nervio, músculo, córnea u órganos completos, como el riñón o el corazón.

injerto autógeno (autogenous graft), injerto de la propia piel, trasplantado de un lugar a otro del mismo individuo.

injerto autólogo (autologous graft), traslado de un tejido de un lugar a otro del mismo cuerpo.

injerto diferido (delayed graft), tipo de injerto cutáneo parcialmente elevado y sustituido para su uso en un injerto posterior.

injerto directo (onlay graft), injerto óseo que se coloca directamente sobre el hueso receptor.

injerto homólogo (homologous graft), tejido extirpado a un donante para trasplantarlo a un receptor de la misma especie.

injerto libre (free graft), injerto retirado completamente de su localización original y colocado en un nuevo destino en una única intervención de una sola fase.

injerto pellizco (pinch graft), injerto cutáneo pequeño, circular y profundo, de sólo unos milímetros de diámetro. Se corta de modo que el centro contiene piel íntegra pero los bordes sólo contienen epidermis.

inmediato (proximate), lo más cercano a un punto de origen o contacto.

inmersión (immersion), colocación de un cuerpo o un objeto en agua u otro líquido, de forma que quede totalmente cubierto por el mismo.

inmiscible (immiscible), que no se puede mezclar, como el aceite con el agua.

inmovilización con férula (splinting), proceso de inmovilización, anclaje o sujeción de una parte del cuerpo.

inmune (immune), estado de protección frente a enfermedades infecciosas o alérgicas mediante un sistema de moléculas de anticuerpos y de factores de resistencia relacionados con ellas.

inmunidad (immunity), **1.** (en derecho civil) exención de una tarea u obligación generalmente exigida por ley, como la exención de impuestos, de condenas por actos contrarios a la ley o protección frente a responsabilidad. **2.** calidad de no ser susceptible o no verse afectado por una determinada enfermedad o proceso.

Son tipos de inmunidad la **inmunidad activa** y la **inmunidad pasiva**.

inmunidad activa (active immunity), forma de inmunidad adquirida a largo plazo, que protege el cuerpo de una nueva infección, como resultado de la aparición de anticuerpos que se desarrollan de forma natural tras una infección previa o de forma artificial después de una vacunación.

inmunidad adquirida (acquired immunity), toda forma de inmunidad que no es innata y que se consigue a lo largo de la vida. Puede ser natural o artificial, y puede estar inducida de forma activa o pasiva. La inmunidad adquirida de forma natural se obtiene por el desarrollo de anticuerpos como consecuencia de una enfermedad infecciosa, o por la transmisión de anticuerpos maternos al feto a través de la placenta, o al lactante a través del calostro. La inmunidad adquirida de forma artificial se obtiene mediante la vacunación o mediante la inyección de antisueros.

inmunidad celular (cellular immunity), mecanismo de inmunidad adquirida caracterizado por el papel predominante de los linfocitos T, como en la defensa frente a enfermedades infecciosas, en reacciones de hipersensibilidad retardada, resistencia al cáncer, enfermedades autoinmunes, rechazo de injertos y ciertas alergias.

inmunidad congénita (congenital immunity), inmunidad presente en el momento del nacimiento, que se adquiere por los anticuerpos de la madre, que atraviesan la placenta.

inmunidad de especie (species immunity), forma de inmunidad natural compartida por todos los miembros de una especie.

inmunidad genética (genetic immunity), v. **inmunidad natural**.

inmunidad humoral (humoral immunity), una de las dos formas de inmunidad que responde a antígenos tales como bacterias y tejidos extraños. La inmunidad humoral es el resultado de los antígenos circulantes transportados en las inmunoglobulinas IgA, IgG e IgM.

inmunidad innata (innate immunity), v. **inmunidad natural**.

inmunidad natural (natural immunity), forma permanente, normalmente innata, de inmunidad para una determinada enfermedad. Algunos tipos de inmunidad innata son: **inmunidad de especie**, **inmunidad individual** e **inmunidad racial**.

inmunidad pasiva (passive immunity), forma de inmunidad adquirida que se consigue por medio de los anticuerpos transmitidos de forma natural al feto a través de la placenta, a través del calostro a un lactante o artificialmente mediante la inyección de antisuero para tratamiento o profilaxis.

inmunidad racial (racial immunity), forma de inmunidad natural compartida por la mayor parte de los miembros de una población relacionada genéticamente.

inmunización (immunization), proceso por el que se induce o aumenta la resistencia a una enfermedad infecciosa.

inmunoanálisis (immunoassay), análisis de unión competitiva en el que la proteína que se fija es un anticuerpo.

inmunocompetencia (immunocompetence), capacidad de un sistema inmunitario para movilizar y desplegar sus anticuerpos y otros tipos de respuesta tras la estimulación por un antígeno.

inmunocomprometido (immunocompromised), relativo a una situación o sujeto caracterizados por que la respuesta inmunitaria está debilitada por una enfermedad o por un fármaco inmunosupresor.

inmunodeficiente (immunodeficient), relativo a un trastorno del sistema inmune, en el que la inmunidad humoral o celular es infrecuente y está disminuida la resistencia a la infección. Son tipos de procesos de inmunodeficiencia la aplasia linfoide y la hipogammaglobulinemia.

inmunodiagnóstico (inmunodiagnosis), v. **diagnóstico serológico**.

inmunodiagnóstico (immunodiagnostic), relativo o perteneciente a un diagnóstico basado en una reacción antígeno-anticuerpo.

inmunodifusión (immunodiffusion), técnica para identificación y cuantificación de cualquiera de las inmunoglobulinas. Se basa en la presencia de un precipitado visible, resultado de la combinación antígeno-anticuerpo en determinadas circunstancias. La **difusión doble en gel** es una técnica que permite identificar anticuerpos en muestras mezcladas. En una placa de agar, cada combinación antígeno-anticuerpo forma una línea separada; la observación de la localización, forma y grosor de la línea permite la identificación y cuantificación del anticuerpo. La **difusión en gel** es una técnica que implica la evaluación de la reacción de precipitinas en un gel transparente. La **inmunoelectrodifusión** es una difusión en gel a la que se aplica un campo eléctrico, que acelera la reacción.

inmunoelectrodifusión (immunoelectrodiffusion), v. **inmunodifusión**.

inmunoelectroforesis (immunoelectrophoresis), técnica que combina la electroforesis y la inmunodifusión para separar e identificar proteínas complejas. Las proteínas del suero analizado se extienden en agar y se separan mediante electroforesis.

inmunofluorescencia (immunofluorescence), técnica utilizada para identificar rápidamente un antígeno, exponiéndolo a anticuerpos conocidos, marcados con fluoresceína, y observando la característica reacción de precipitación antígeno-anticuerpo.

inmunógeno (immunogen), cualquier agente o sustancia capaz de provocar una respuesta inmunitaria o producir inmunidad.

inmunoglobulina (immunoglobulin), cualquiera de los cinco tipos de anticuerpos, estructural y antigénicamente diferentes, presentes en el suero y las secreciones externas del organismo. Los tipos de inmunoglobulinas son: **IgA, IgD, IgE, IgG** e **IgM**.

inmunohematología (immunohematology), estudio de las reacciones antígeno-anticuerpo y de sus efectos sobre la sangre.

inmunología (immunology), estudio de la reacción de los tejidos del sistema inmunitario del organismo a la estimulación antigénica.

inmunomodulador (immunomodulator), sustancia que actúa alterando la respuesta inmunitaria mediante el aumento o la reducción de la capacidad del sistema inmunitario para producir anticuerpos séricos específicamente modificados. Entre las sustancias inmunomoduladoras se encuentran corticoides, agentes citotóxicos, timosina e inmunoglobulinas.

inmunopotencia (immunopotency), capacidad de un antígeno para desencadenar una respuesta inmunitaria.

inmunoselección (immunoselection), **1.** supervivencia de determinadas células gracias a la ausencia de antígenos de superficie, que de otra forma los harían vulnerables al ataque y la destrucción por los anticuerpos de un sistema inmunitario. **2.** oportunidad de supervivencia de un feto por ser su genotipo compatible con el del sistema inmunitario de su madre.

inmunosupresión (immunosuppression), **1.** administración de sustancias que alteran de forma significativa la capacidad del sistema inmunitario para responder a la estimulación antigénica, mediante la inhibición de la inmunidad humoral y celular. La inmunosupresión puede ser deliberada, como en la preparación de trasplantes, para evitar el rechazo por parte del huésped de los tejidos del donante; o accidental, como resulta frecuentemente en el tratamiento del cáncer con quimioterapia. **2.** trastorno del sistema inmunitario, caracterizado por una marcada inhibición de respuesta ante un estímulo antigénico.

inmunosupresor (immunosuppressive), **1.** perteneciente o relativo a una sustancia o técnica que disminuye o impide la respuesta inmunitaria. **2.** agente inmunosupresor, como los fármacos inmunosupresores utilizados para evitar el rechazo de homoinjertos.

inmunoterapia (immunotherapy), tratamiento especial de las respuestas alérgicas mediante la administración de dosis crecientes de los alergenos causales, con el fin de desarrollar gradualmente inmunidad frente a ellos. La inmunoterapia se basa en la premisa de que bajas dosis del alergeno en cuestión se fijarán a las IgG para evitar la reacción alérgica, al disminuir la acción de las IgE mediante la potenciación de la síntesis de los anticuerpos IgG bloqueadores.

inmunotoxina (IT) (immunotoxin [IT]), toxina animal o vegetal que se fija a un anticuerpo monoclonal, que se utiliza para destruir una determinada célula diana.

inmunovigilancia (immunosurveillance), actividad de detección y protección continua del sistema inmunitario, en guardia siempre frente a la presencia de «lo ajeno», o a proteínas extrañas a las de los tejidos corporales.

innato (innate), **1.** que existe en una persona o pertenece a ella desde que nace; heredado; congénito. **2.** característica natural y esencial de alguien o algo; inherente.

innominado (innominate), sin nombre, no nombrado. El término se aplica tradicionalmente a determinadas estructuras, como el hueso coxal.

inocente (innocent), benigno, innocuo o funcional; sin malignidad; como un soplo cardíaco inocente.

inoculación de estrés (stress inoculation), procedimiento útil para ayudar a los pacientes a controlar la ansiedad supliendo con declaraciones de actuación positivas las declaraciones que provocan ansiedad.

inocular (inoculate), introducir una sustancia (inóculo) en el cuerpo, para producir o aumentar su inmunidad ante una enfermedad o proceso asociado a dicha sustancia.

inóculo (inoculum, *pl.* **inocula**), sustancia que se introduce en el organismo para producir o aumentar su inmunidad frente a determinada enfermedad o proceso. Puede ser una toxina, un virus o una bacteria, muertos o atenuados, o un suero inmune.

inocuo (innocuous), relativo a la utilización de una sustancia o procedimiento que no provocaría efectos nocivos.

inoperable (inoperable), relativo a un trastorno médico que no mejoraría con una intervención quirúrgica o para el cual el riesgo excluye una intervención radical.

inorgánico (inorganic), (en química) compuesto químico que no lleva carbono.

inosina (inosine), nucleótido derivado de tejidos animales, especialmente el intestino, que se utilizaba antes en el procesado y sazonado de los alimentos.

inosiplex (inosiplex), forma de inosina que actúa como estimulador del sistema inmune.

inositol (inositol), isómero de la glucosa, muy abundante en las células vegetales y animales.

inotrópico, inótropo (inotropic), perteneciente a la fuerza o energía de las contracciones musculares, especialmente las del músculo cardíaco. Los agentes inotrópicos aumentan la contractilidad del miocardio.

insaciable (insatiable), relativo a un apetito por alimentos o por otras necesidades que no puede satisfacerse.

insaturado (unsaturated), **1.** característico de una solución que es capaz de disolver más de un soluto; no saturado. **2.** dícese del compuesto orgánico en el que dos o más átomos de carbono están unidos por enlaces de doble o triple valencia, como los ácidos grasos insaturados.

insecticida (insecticide), agente químico que mata insectos.

inseminación (insemination), introducción de semen en el canal uterino. Puede hacerse mediante un proceso artificial, sin relación con un acto sexual.

inseminación artificial (artificial insemination), introducción de semen dentro de la vagina o del útero a través de medios o de instrumentos mecánicos, en lugar de hacerlo mediante el contacto sexual. Este procedimiento se planifica para que coincida con el momento esperado de la ovulación, de modo que pueda producirse la fertilización. Algunos tipos de inseminación artificial son la **inseminación artificial de donante** y la **inseminación artificial del marido**.

insenescencia (insenescence), **1.** proceso de envejecimiento. **2.** estado de ser cronológicamente viejo, pero reteniendo la vitalidad de una persona con una edad biológica inferior.

insensible (insensible), **1.** relativo a una persona que está inconsciente por cualquier causa. **2.** relativo a una persona desprovista de percepciones sensitivas normales.

inserción (insertion), (en anatomía) lugar de fijación, como la de un músculo en el hueso que mueve.

inserción de pensamiento (thought insertion), creencia de algunos enfermos mentales de que los pensamientos de las demás personas pueden insertarse en sus propias mentes.

inserción de radio (radium insertion), introducción de radio (Ra) metálico en una región corporal, como el útero o el cuello, para el tratamiento del cáncer.

insidioso (insidious), perteneciente, relativo o descriptivo de un desarrollo gradual, sutil o imperceptible.

insípido (insipid), relativo a algo insulso, que no tiene sabor o viveza.

insolación (sunstroke), estado patológico provocado por la exposición exagerada al sol y caracterizado por fiebre elevada, convulsiones y coma.

insoluble (insoluble), incapaz de disolverse normalmente en un determinado solvente, como una sustancia insoluble en agua.

insomnio (insomnia), incapacidad crónica para dormir o permanecer dormido durante la noche; el acto de despertarse, de no dormirse.

inspiración (inspiration), acto de tomar aire en los pulmones, para intercambiar oxígeno por dióxido de carbono, producto final del metabolismo tisular. El principal músculo de la respiración es el diafragma, cuya contracción genera una presión negativa en el tórax y hace que los pulmones se expandan y entre el aire en ellos. La capacidad media de los pulmones durante una inspiración máxima es de 5.500 a 6.000 ml de aire.

inspiratorio (inspiratory), perteneciente o relativo a la inspiración.

inspirómetro (inspirometer), aparato utilizado para medir el volumen, la fuerza y la frecuencia de las inspiraciones de un paciente.

inspisarse (inspissate), (de un líquido) condensarse o endurecerse por la absorción o evaporación de su parte líquida, como la leche, que se espesa en los conductos galactóforos.

instilación (instillation), **1.** técnica por la que un líquido se introduce lentamente en una cavidad o conducto orgánico, dejándolo estar allí un determinado tiempo antes de drenarlo o retirarlo. **2.** solución introducida lentamente en una cavidad.

instinto (instinct), representación psicológica innata de una necesidad, como los instintos vitales de hambre, sed o el instinto sexual, o los instintos mortales destructivos y agresivos.

instructor del parto (labor coach), persona que ayuda a la mujer en el trabajo de parto y expulsión atendiendo sus necesidades emocionales, instándola a utilizar adecuadamente los patrones de respiración, técnicas de concentración, posiciones corporales y técnicas de masaje, que se integran en el programa de preparación psicofísica al parto. Normalmente, el instructor es el padre del bebé, o un amigo cercano de la madre.

instrumentación de Dwyer (Dwyer instrumentation), uno de los dos métodos quirúrgicos de uso más frecuente para corregir la curvadura espinal asociada a la escoliosis. El método del cable de Dwyer utiliza un dispositivo mecánico que se inserta para ayudar a mantener la curvadura corregida mientras se consolida la fusión.

instrumento (instrument), herramienta o dispositivo quirúrgico diseñado para realizar una determinada función, como cortar, disecar, agarrar, sujetar, separar o suturar. Algunos tipos de instrumentos son: **espéculos, pinzas, portaagujas** y **separadores**.

insuficiencia (insufficiency), incapacidad para realizar adecuadamente una función necesaria. Algunos tipos de insuficiencia son: insuficiencia aórtica, insuficiencia ileocecal, **insuficiencia pulmonar, insuficiencia suprarrenal** e **insuficiencia valvular**.

insuflador (insufflator), aparato utilizado para introducir aire o gas en una cavidad corporal.

insuflar (insufflate), soplar un gas o polvo al interior de un tubo, cavidad u órgano, con el fin de permitir su visualización, retirar una obstrucción o suministrar un medicamento.

insulina (insulin), **1.** hormona natural que segregan las células beta de los islotes de Langerhans pancreáticos en respuesta al aumento del nivel de glucosa en sangre. Esta hormona actúa regulando el metabolismo de la glucosa y los procesos necesarios para el metabolismo intermediario de grasas, carbohidratos y proteínas. La insulina disminuye los niveles de glucosa en sangre y promueve el transporte y la entrada de glucosa en las células musculares y otros tejidos. **2.** preparado farmacológico de la hormona, que se utiliza para el tratamiento de la diabetes mellitus. Los distintos preparados de insulina que están disponibles para su prescripción varían en cuanto a rapidez, intensidad y duración de acción. Se clasifican en insulinas de acción rápida, intermedia y prolongada.

insulina de acción corta (short-acting insulin), preparado acuoso del principio antidiabético del páncreas vacuno o porcino que comienza a actuar 1 hora después de la inyección y alcanza su pico de actividad en 2 a 4 horas.

insulina de acción intermedia (intermediate-acting insulin), preparado con el principio antidiabético del páncreas bovino o porcino, modificado por interacción con zinc en unas determinadas condiciones químicas, y que posee un ámbito de acción intermedio.

insulina de acción lenta (slow-acting insulin), v. **insulina de acción prolongada**.

insulina de acción prolongada (long-acting insulin), preparado insulínico de origen bovino o porcino modificado por la interacción con el zinc. La inyección del preparado surte efecto a las 8 horas, alcanza su pico de acción a las 16-24 horas y su acción se prolonga durante más de 36 horas.

insulina de acción rápida (rapid-acting insulin), v. **insulina de acción corta**.

insulina de componente único (single component insulin), forma muy purificada de insulina con menos de 10 ppm de proinsulina.

insulina humana (human insulin), producto biosintético fabricado a partir de dos formas de *Escherichia coli* utilizando tecnología de ADN recombinante. Las ventajas de la insulina humana están en la ausencia de las reacciones alérgicas que aparecen con el uso de insulinas animales.

insulina regular (regular insulin), forma amorfa, no cristalina, de la insulina de acción rápida que se usa en el tratamiento de la diabetes cuando se desea un efecto rápido, intenso y de poca duración.

insulina semilenta (semilente insulin), v. **insulina de acción intermedia**.

insulina sintética (synthetic insulin), forma de insulina sintetizada a partir de una cepa de *E. coli* no patógena o de células de levaduras que han sido alteradas genéticamente mediante la adición del gen humano que regula la producción de insulina.

insulinemia (insulinemia), nivel anormalmente elevado de insulina en la sangre.

insulinocinasa (insulin kinase), enzima que activa la insulina y que se supone presente en el hígado.

insulinógeno (insulogenic), que promueve la producción y liberación de insulina por los islotes de Langerhans del páncreas.

insulinoma (insulinoma, *pl.* **insulinomas, insulinomata**), tumor benigno de las células secretoras de insulina de los islotes de Langerhans.

insuloma (insuloma), v. **insulinoma**.

integración (integration), **1.** acto o proceso de unificación o aunamiento. **2.** (en psicología) organización de todos los elementos de la personalidad en un todo coordinado, funcional, en armonía con el entorno.

intelecto (intellect), poder o capacidad de la mente para conocer y entender, en contraste con el sentimiento o el deseo.

intelectual (intellect), persona que posee una gran capacidad de razonamiento y aprendizaje intelectual.

intelectualización (intellectualization), (en psiquiatría) mecanismo defensivo en el que se utiliza un razonamiento como medio para bloquear una confrontación entre un conflicto inconsciente y la tensión emocional asociada a él.

inteligencia (intelligence), **1.** capacidad y habilidad potencial para adquirir, retener y aplicar experiencia, entendimiento, conocimiento, raciocinio y juicio, al compararlas con nuevas experiencias o a la hora de resolver problemas. **2.** manifestación de dicha capacidad.

intemperancia (intemperance), tolerancia excesiva en el comer, beber y otras funciones de la vida.

intención (intention), tipo de proceso de cicatrización. La cicatrización **por primera intención** es la unión primaria de los bordes de la herida, que progresa a una curación completa sin que se formen cicatrices ni tejido de granulación; la cicatrización **por segunda intención** es el cierre de una herida cuyos bordes están separados y se forma un tejido de granulación para rellenar el hueco, con crecimiento posterior del epitelio sobre la granulación y formación de una cicatriz. La cicatrización **por tercera intención** es el cierre de una herida en la que se forma un tejido de granulación para rellenar el hueco, entre los bordes de la herida, con crecimiento del epitelio sobre la granulación a un ritmo más lento, lo que produce una cicatriz mayor que en el cierre por segunda intención.

intensificador de imagen (image intensifier), dispositivo electrónico utilizado para producir una imagen fluoroscópica con una baja radiación de exposición. Se convierte la fuente de rayos X en un patrón de electrones, que se aceleran y concentran en una pequeña pantalla fluorescente.

interacción enfermero-paciente (nurse-client interaction), cualquier proceso por el cual un enfermero y su paciente intercambian o comparten información, de forma verbal o no. Es fundamental para la comunicación y constituye un componente esencial del proceso de valoración de enfermería.

interacción fármaco-alimentos (drug-food interaction), efecto producido cuando algunos fármacos y determinados alimentos o bebidas se toman a la vez, como, por ejemplo, los inhibidores de la monoaminooxidasa, que pueden reaccionar de forma peligrosa con alimentos que contienen el aminoácido tiramina.

interacción medicamentosa (drug-drug interaction), modificación del efecto de un fármaco cuando se administra con otro. El efecto puede aumentar o disminuir la acción de cualquiera de las sustancias, o puede tener un efecto adverso que normalmente no se asocia a ninguna de ellas.

interacción rodilla-tobillo (knee-ankle interaction), uno de los cinco principales determinantes cinemáticos de la marcha, que ayuda a minimizar el desplazamiento del centro de gravedad del cuerpo durante el ciclo de la marcha. La rodilla y el pie actúan simultáneamente para hacer descender el centro de gravedad del organismo. Cuando el talón se pone en contacto con el suelo, el pie se dorsiflexiona y la rodilla se extiende totalmente, de forma que el miembro correspondiente se encuentra en su máxima longitud y con el centro de gravedad en el punto más bajo.

interacciones entre alimentos y fármacos (food and drug interactions), efectos adversos para la salud de ciertas combinaciones de alimentos y fármacos. Un diurético tiacídico puede ser la causa de depleción de potasio de los tejidos corporales, un déficit de vitamina C puede reducir la actividad de las enzimas que metabolizan los fármacos y la isoniacida puede interferir con la función de la piridoxina.

interalveolar (interalveolar), relativo al espacio situado entre los alveolos.

interarticular (interarticular), relativo al espacio situado entre dos articulaciones o entre las superficies opuestas de una articulación.

intercalado (intercalary), que se produce entre otros dos, como la ausencia de la porción media de un hueso cuando existen sus partes proximal y distal.

intercalar (intercalate), introducir entre superficies o estructuras adyacentes.

intercambio (interchange), cambio mutuo de material genético entre dos cromosomas no homólogos.

intercambio gaseoso alterado (gas exchange, impaired), diagnóstico de enfermería, aprobado por la NANDA, del trastorno en el que el individuo experimenta una disminución del intercambio de oxígeno y/o dióxido de carbono entre los alveolos pulmonares y el sistema vascular. Las características que lo definen son: confusión, inquietud, irritabilidad, somnolencia, hipercapnia e hipoxia.

intercelular (intercellular), entre dos o más células.

intercerebral (intercerebral), relativo al espacio situado entre los hemisferios cerebrales izquierdo y derecho.

intercinesia (interkinesis), intervalo entre la primera y la segunda división nuclear en la meiosis.

interclavicular (interclavicular), relativo al espacio existente entre las clavículas.

intercostal (intercostal), perteneciente o relativo al espacio entre dos costillas.

intercristal (intercristal), perteneciente o relativo al espacio entre dos crestas.

interespinoso (interespinous), perteneciente o relativo al espacio entre apófisis espinosas.

interfase (interphase), estado metabólico en el ciclo celular durante el cual la célula no se divide, los cromosomas no se distinguen individualizadamente y se producen fenómenos biomecánicos y fisiológicos como la síntesis de ADN.

interferencia (interferent), cualquier fenómeno químico o físico que puede interferir en una reacción o proceso o interrumpirlo.

interferencias (jitters), irregularidades en la localización de los ecos de ultrasonidos debido a perturbaciones mecánicas o electrónicas.

interferón (interferon), proteína celular natural formada cuando se exponen las células a un virus u otra partícula extraña de ácido nucleico. Induce la producción de la proteína de inhibición de traslación (TIP) en las células no infectadas. La TIP bloquea la traslación del ARN viral, y ofrece así protección a otras células contra el virus original y contra otros virus. El interferón es específico de especie.

interferón alfa-2a recombinante (interferon alpha-2a, recombinant), fármaco antineoplásico parenteral que se administra en el tratamiento de la leucemia de células peludas.

interferón alfa-2b recombinante (interferon alpha-2b, recombinant), fármaco antineoplásico parenteral similar al interferón alfa-2a recombinante.

interiorización (internalization), proceso de adoptar para sí, ya sea inconsciente o conscientemente, mediante aprendizaje y vida social, las actitudes, creencias, valores y normas de otra persona o, lo más frecuente, de la sociedad o grupo al que uno pertenece.

interleucina-1 (IL-1) (interleukin-1 [IL1]), proteína con numerosas funciones en el sistema inmunitario, como la activación de las células T en reposo y de los macrófagos y células endoteliales, mediación de la inflamación y estimulación de las síntesis de linfocinas, colágeno y colagenasas.

interleucina-2 (IL-2) (interleukin-2 [IL2]), proteína con diversas funciones en el sistema inmunitario, como la capacidad de iniciar la proliferación de las células T activadas. La IL-2 se utiliza en el laboratorio para hacer crecer clones con funciones específicas de colaborador (helper), citotóxicas y supresoras.

interleucina-3 (IL-3) (interleukin-3 [IL3]), proteína de la respuesta inmunitaria que apoya el crecimiento de las células madre pluripotenciales de la médula ósea, y actúa como factor de crecimiento de los mastocitos.

interleucina-4 (IL-4) (interleukin-4 [IL4]), proteína de la respuesta inmunitaria, factor de crecimiento para las células B activadas, células T en reposo y mastocitos.

intermediario (intermediary), plan de la *Blue Cross*, compañía norteamericana de seguros privados, o de otras instituciones privadas o públicas, seleccionado por los proveedores sanitarios para realizar los pagos dentro del sistema Medicare.

intermenstrual (intermenstrual), perteneciente o relativo al espacio de tiempo entre dos períodos menstruales.

intermitente (intermittent), que se produce a intervalos; que alterna períodos de actividad e inactividad, como la artritis reumatoide, que se caracteriza por fases con signos y síntomas seguidas de fases de remisión.

internado (internship), período de aprendizaje de un graduado en medicina que trabaja en un hospital durante un período determinado antes de comenzar la práctica de la profesión.

internamiento (commitment), **1.** ingreso o confinamiento de un individuo en un hospital especializado o en otra institución similar. **2.** procedimiento legal de admisión de una persona con enfermedad mental en una institución para tratamiento psiquiátrico.

internista (internist), especialista en medicina interna.

International Classification of Diseases (ICD) (International Classification of Diseases [ICD]), listado oficial de tipos de enfermedades, físicas y mentales, realizado por la Organización Mundial de la Salud (OMS). Se utiliza para clasificar datos de morbididad y mortalidad, principalmente con fines estadísticos.

interno (internal), en el interior, dentro.

interoceptivo (interoceptive), perteneciente a los estímulos que se originan en el interior del organismo, en relación con el funcionamiento de los órganos internos o con los receptores que activan.

interoceptor (interoceptor), terminación nerviosa sensitiva localizada en células de las vísceras, que responde a estímulos originados en el interior del organismo, en relación con el funcionamiento de los órganos internos, como digestión, excreción y tensión arterial.

interóseo (interosseous), relativo a un área situada entre huesos o a una estructura, como puede ser un ligamento, que conecta dos huesos.

interparoxísmico (interparoxysmal), relativo a algo que sucede entre paroxismos.

interpersonal (interpersonal), relativo a las interacciones entre individuos.

interpolación (interpolation), **1.** traslado de tejidos, como en cirugía plástica o en trasplantes. **2.** (en estadística) introducción de un valor intermedio estimado de una variable entre valores conocidos de la misma.

interruptor (contactor), dispositivo de encendido que forma parte del contador para el control del voltaje en un tubo de rayos X.

interruptor de exposición (exposure switch), interruptor de control diseñado para interrumpir automáticamente la corriente cuando un operador lo suelta de su mano o pie. Su propósito es evitar una exposición continuada accidental del paciente a la radiación.

intersexual (intersex), cualquier individuo que presenta características anatómicas de ambos sexos, o que posee unos genitales ambiguos o impropios del hombre o la mujer normales.

intersexualidad (intersexuality), estado en el que un sujeto posee características anatómicas tanto de hombre como de mujer, en distintos grados, o en el que los genitales externos son ambiguos o difieren del sexo gonadal o genético.

intersticial (interstitial), perteneciente o relativo al espacio entre tejidos, como el líquido intersticial.

intertrigo (intertrigo), irritación eritematosa de superficies cutáneas opuestas producida por fricción. Los lugares donde se produce con más frecuencia son las axilas, los pliegues por debajo de mamas grandes y péndulas y la cara interna de los muslos.

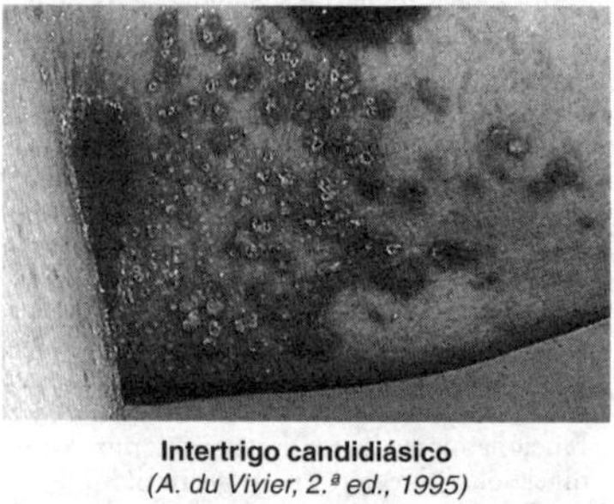

Intertrigo candidiásico
(A. du Vivier, 2.ª ed., 1995)

intervalo (interval), espacio entre cosas o acontecimientos, o rotura o interrupción en un flujo normalmente continuo.

intervalo A-V (A-V interval), tiempo o espacio que separa una sístole auricular de una sístole ventricular en un electrocardiograma.

intervalo aniónico (anion gap), diferencia entre las concentraciones séricas de cationes y de aniones, determinada midiendo las concentraciones de los cationes de sodio y las correspondientes de los aniones de cloro y de bicarbonato. Es útil para el diagnóstico y para el tratamiento de las acidosis.

intervalo de acoplamiento (coupling interval), intervalo entre el latido cardíaco dominante y una extrasístole asociada.

intervalo fijo (IF) de refuerzo (fixed interval [FI] reinforcement), (en psiquiatría) lapso específico de tiempo necesario para el refuerzo.

intervalo HV (HV interval [HBE]), (en cardiología) tiempo de conducción a lo largo del sistema His-Purkinje, medido desde el inicio más precoz del potencial de His hasta el inicio de la activación ventricular.

intervalo lúcido (lucid interval), período de relativa claridad mental entre períodos de irracionalidad, especialmente en los procesos mentales orgánicos como el delirio o la demencia.

intervalo osmolal (osmolal gap), diferencia entre las osmolalidades observadas y calculadas en el análisis sérico. Los valores osmolares calculados incluyen la concentración de sodio multiplicada por 2, la de glucosa y la del nitrógeno ureico sanguíneo.

intervalo PR (PR interval), parte del ciclo eléctrico cardíaco que en el electrocardiograma ocupa desde el comienzo de la onda P hasta la aparición de un complejo ventricular (que puede no ser una onda R). El intervalo PR es una medida del tiempo de conducción AV.

intervalo QRST (QRST interval), intervalo electrocardiográfico que representa la duración de la actividad eléctrica de los ventrículos.

intervalo QT (QT interval), porción del electrocardiograma que comprende desde el comienzo del complejo QRS hasta el final de la onda T, reflejando la duración del período refractario del corazón. Se sabe que un intervalo QT exageradamente largo provoca una taquicardia ventricular potencialmente mortal conocida como *torsades de Pointes*.

intervalo R-R (R-R interval), intervalo desde el pico de un complejo QRS hasta el pico del siguiente, tal y como aparece en un electrocardiograma.

intervalo ST (S-T interval), componente del ciclo cardíaco que aparece en el electrocardiograma representado por una línea isoeléctrica a continuación del complejo QRS, antes de la rama ascendente de la onda T. Representa la fase 2 del potencial de acción. Su elevación o depresión con respecto a la línea isoeléctrica es uno de los signos cardinales de la isquemia o lesión miocárdica y de las coronariopatías.

intervención (intervention), cualquier acto realizado para evitar que se produzcan lesiones a un paciente, o para mejorar sus funciones mentales, emocionales o físicas. Puede servir para vigilar o mejorar un proceso fisiológico, o para interrumpir o controlar un proceso patológico. La intervención independiente es una actividad sanitaria relacionada con diversos aspectos de la práctica profesional, que se ajustan a las leyes y licencias pertinentes, y no requiere supervisión o dirección alguna. La intervención interdependiente se refiere a la actividad sanitaria que es realizada por un profesional sanitario en colaboración con otros.

intervención de crisis (crisis intervention), (en psiquiatría) intervención terapéutica para ayudar a resolver un problema particular e inmediato. No se intenta realizar un análisis profundo.

intervención de enfermería (nursing intervention), acto por el que un profesional de enfermería lleva a cabo un plan de cuidados de enfermería o cualquier objetivo específico de ese plan, como mover a un paciente comatoso para evitar que desarrolle úlceras por decúbito.

intervención dependiente (dependent intervention), acción terapéutica basada en órdenes escritas o verbales de otro profesional sanitario.

interventricular (interventricular), localizado entre los ventrículos, como el septo cardíaco.

intervertebral (intervertebral), perteneciente o relativo al espacio entre dos vértebras, como los discos fibrocartilaginosos.

intestino (intestine), parte del tubo digestivo que se extiende desde el orificio pilórico del estómago hasta el ano. Consta del intestino delgado y el grueso.

intestino delgado (small intestine), la porción más larga del aparato digestivo, con una extensión aproximada de 7 m desde el píloro hasta la unión ileocecal. Se divide en duodeno, yeyuno e íleon.

intestino grueso (large intestine), segmento del tubo digestivo que comprende el ciego, apéndice, colon ascendente, transverso y descendente y el recto.

intestino medio (midgut), porción media del tubo digestivo embrionario. Está constituido por tejido endodérmico, se halla conectado con el saco vitelino durante el desarrollo prenatal precoz, y finalmente origina parte del intestino delgado y parte del intestino grueso.

intestino posterior (hindgut), porción caudal del conducto alimenticio embrionario.

intestino primitivo (primitive gut), v. **arquenterón**.

íntima (intima, *pl.* **intimae**), capa más interna de una estructura, como la membrana que tapiza una arteria, vena, linfático u órgano.

intimidad (privacy), concepto culturalmente específico que define el grado de responsabilidad personal de una persona ante los demás en la regulación de una conducta que se considera intrusa. Algunos mecanismos reguladores de la intimidad son las barreras físicas, como puertas cerradas, y las relaciones interpersonales, como los susurros.

intimidad afectiva (affective intimacy), medida del bienestar dentro de un grupo familiar, en el que los miembros se sienten próximos entre sí pero no pierden su individualidad.

intolerancia (intolerance), estado caracterizado por la incapacidad de absorber o metabolizar nutrientes o medicamentos. La exposición a la sustancia no tolerada puede producir una reacción adversa.

intolerancia a la actividad (activity intolerance), diagnóstico de enfermería, aprobado por la NANDA, que hace referencia a una falta de energía fisiológica o psicológica para llevar a cabo o para completar las actividades diarias necesarias o deseables. Entre las características definidoras se incluyen la manifestación de cansancio o debilidad, la respuesta anormal de la frecuencia cardíaca o de la tensión arterial ante la actividad, el malestar o la disnea de esfuerzo y los cambios electrocardiográficos que reflejan arritmias o signos de isquemia.

intolerancia a la fructosa (fructose intolerance), trastorno hereditario caracterizado por la ausencia de las enzimas necesarias para metabolizar la fructosa. Los síntomas comprenden: sudores, temblor, confusión y molestias digestivas, con vómitos y falta de crecimiento del lactante. Se transmite con carácter autosómico dominante.

intolerancia a la glucosa (IGT) (impaired glucose tolerance [IGT]), proceso en el que los niveles plasmáticos de glucosa en ayunas son superiores a los normales, pero inferiores a los diagnósticos de diabetes mellitus.

intolerancia a la lactosa (lactose intolerance), proceso de sensibilización provocado por la incapacidad para digerir lactosa por la deficiencia o defecto de la enzima lactasa. Los síntomas de este proceso son distensión, flato, náuseas, diarrea y cólicos abdominales.

intolerancia a la lisina (lysine intolerance), trastorno congénito que ocasiona lisinemia.

intoxicación (intoxication), **1.** estado de envenenamiento por un fármaco u otra sustancia tóxica. **2.** estado de ebriedad, por un consumo excesivo de alcohol.

intoxicación acuosa (water intoxication), incremento del volumen de agua libre en el cuerpo, debido a hiponatremia por dilución.

intoxicación alcohólica (alcoholic poisoning), intoxicación producida por la ingestión de cualquiera de los distintos tipos de alcohol, de los cuales los más comunes son el etílico, el isopropílico y el metílico. El alcohol etílico (alcohol de grano) se encuentra en el whisky, el coñac, la ginebra y en otras bebidas. El alcohol isopropílico es más tóxico: la ingesta de 8 onzas puede llevar a una insuficiencia respiratoria o circulatoria. El alcohol metílico (alcohol de madera) es extremadamente venenoso: además de producir náuseas, vómitos y dolor abdominal, puede dar lugar a ceguera, y el consumo de tan sólo 2 onzas puede llevar a la muerte.

intoxicación alimentaria (food poisoning), grupo numeroso de procesos tóxicos ocasionados por la ingesta de alimentos contaminados por sustancias tóxicas o por bacterias que contienen toxinas. Algunos tipos de intoxicaciones alimenticias son: **ciguatera, enfermedad de Minamata**, **intoxicación alimentaria bacteriana, intoxicación por marisco** e **intoxicación por setas**.

intoxicación alimentaria bacteriana (bacterial food poisoning), enfermedad producida por la ingestión de alimentos contaminados con ciertas bacterias. La gastroenteritis aguda infecciosa causada por diversas especies de *Salmonella* se caracteriza por fiebre, escalofríos, náuseas, vómitos, diarrea y malestar general que comienzan 8 a 48 horas después de la ingesta y continúan durante varios días. La intoxicación alimentaria causada por la neurotoxina de *Clostridium botulinum* se caracteriza por síntomas GI, alteraciones visuales, debilidad o parálisis muscular y, en los casos graves, insuficiencia respiratoria.

intoxicación con hipoclorito (hypochlorite poisoning), efectos tóxicos de la ingestión o contacto cutáneo con lejía o productos clorados similares. Entre los síntomas se incluyen el dolor y la inflamación de la boca y del tracto digestivo, vómitos y dificultad respiratoria.

intoxicación escombroide (scombroid poisoning), efectos tóxicos de la ingesta de peces escómbridos que han iniciado la descomposición bacteriana después de ser capturados. Los peces escómbridos contienen grandes cantidades de histidina libre en el tejido muscular, lo que produce la elevación de la concentración de histamina hasta niveles tóxicos cuando se producen alteraciones en la decarboxilación de la histidina por un grupo de doce especies bacterianas. La intoxicación escombroide no se limita al consumo de pescado fresco, sino que también puede afectar al atún enlatado comercialmente. Los síntomas, que generalmente no duran más de 24 horas, incluyen náuseas, vómitos, diarrea, dolor epigástrico y urticaria. El tratamiento es sintomático.

intoxicación nicotínica aguda (acute nicotine poisoning), efecto tóxico producido por la nicotina, habitualmente en forma de insecticida. Se caracteriza por sensación urente en la boca, náuseas y vómitos, diarrea, palpitaciones, edema pulmonar y convulsiones que pueden ocasionar la muerte.

intoxicación opiácea (opiate poisoning), intoxicación provocada por un narcótico potente que ocasiona depresión de los centros, con pérdida de consciencia. La intoxicación aguda se caracteriza por euforia, rubefacción y prurito, seguido posteriormente de bradipnea, hipotensión, hipotermia y bradicardia. El síndrome de abstinencia se manifiesta por los efectos contrarios a la intoxicación, dependiendo de la magnitud de la dosis empleada y del tiempo de dependencia.

intoxicación paralizante por marisco (paralytic shellfish poisoning), v. **intoxicación por marisco**.

intoxicación por ácido acetilsalicílico (acetylsalicylic acid poisoning), efectos tóxicos provocados por sobredosificación de aspirina, un fármaco antipirético y analgésico de uso habitual. Entre los síntomas precoces de sobredosificación se encuentran vértigos, zumbidos en los oídos, cambios de la temperatura corporal, molestias gastrointestinales e hiperventilación. La intoxicación grave se caracteriza por alcalosis respiratoria, que puede provocar acidosis metabólica. Los niños son especialmente vulnerables a los efectos potencialmente tóxicos de los salicilatos.

intoxicación por ácido carbólico (carbolic acid poisoning), v. **intoxicación por fenol**.

intoxicación por ácidos (acid poisoning), estado tóxico provocado por la ingesta de agentes tóxicos ácidos, tales como los ácidos clorhídrico, nítrico, fosfórico o sulfúrico, algunos de los cuales se utilizan como elementos de limpieza. El tratamiento de urgencias comprende la administración de abundantes cantidades de agua, leche o huevo batido, con objeto de diluir el ácido. No se debe inducir el vómito, ni tampoco se deben administrar soluciones alcalinas débiles.

intoxicación por álcalis (alkali poisoning), situación tóxica producida por la ingestión de un agente alcalino, como el amoniaco líquido, la lejía y algunos detergentes en polvo. El tratamiento de urgencias consiste en la administración de abundantes cantidades de agua o de leche con objeto de diluir el álcali. No se debe inducir el vómito, ni tampoco se deben administrar ácidos débiles.

intoxicación por alcanfor (camphor poisoning), intoxicación grave debida a la ingestión accidental de aceites alcanforados. Entre los síntomas se incluyen cefalea, alucinaciones, náuseas, vómitos, diarrea, convulsiones e insuficiencia renal.

intoxicación por almejas (clam poisoning), v. **intoxicación por marisco**.

intoxicación por anfetaminas (amphetamine poisoning), efectos tóxicos de la sobredosificación de anfetaminas. Los síntomas habituales son: excitación, temblores, taquicardia, alucinaciones, delirio, convulsiones y colapso circulatorio. Los primeros auxilios requieren lavado gástrico con agua corriente y administración de carbón activado o inducción del vómito.

intoxicación por anhídrido carbónico (carbon dioxide poisoning), efectos tóxicos producidos por la inhalación de cantidades excesivas de anhídrido carbónico. El anhídrido carbónico es un estimulante respiratorio, aunque también es asfixiante. Concentraciones del 10% o superiores pueden provocar pérdida de consciencia y muerte por insuficiencia respiratoria. Resultan especialmente vulnerables aquellas personas que trabajan en lugares cerrados con escasa circulación de aire, como pozos mineros, silos o bodegas de barcos.

intoxicación por antimonio (antimony poisoning), intoxicación producida por la ingestión o por la inhalación de antimonio o de sustancias que lo contienen, que se caracteriza por la aparición de vómitos, sudoración, diarrea y sabor metálico en la boca. Como consecuencia de la exposición externa se puede producir una irritación de la piel o de las mucosas. La intoxicación grave se parece a la intoxicación por arsénico.

intoxicación por arsénico (arsenic poisoning), intoxicación producida por la ingestión o por la inhalación de arsénico o de sustancias que contienen arsénico, que forman parte de pesticidas, herbicidas, colorantes y soluciones medicinales. La absorción de pequeñas cantidades a lo largo de un cierto período de tiempo puede dar lugar a una intoxicación crónica, produciendo náuseas, cefalea, decoloración y descamación de la piel, hiperqueratosis, anorexia y líneas blanquecinas en las uñas. La ingestión de grandes cantidades de arsénico da lugar a dolor abdominal grave, diarrea, vómitos e inflamación de las extremidades.

intoxicación por arsenito de sodio (sodium arsenite poisoning), intoxicación provocada por la ingesta de arsenito de sodio, un insecticida y herbicida. Los síntomas característicos de la intoxicación por arsenito de sodio son similares a los de la intoxicación por arsénico.

intoxicación por aspirina (aspirin poisoning), v. **intoxicación por salicilatos**.

intoxicación por benceno (benzene poisoning), enfermedad tóxica causada por la ingestión de benceno, la inhalación de gases de benceno o la exposición a productos relacionados con el benceno, tales como el tolueno o el xileno, caracterizada por náuseas, cefalea, inestabilidad e incoordinación. En los casos de insuficiencia respiratoria aguda o fibrilación ventricular puede causar la muerte.

intoxicación por cadmio (cadmium poisoning), intoxicación ocasionada por la inhalación de vapores de cadmio procedentes de fundiciones o soldaduras, u otros procesos industriales en los que se realicen soldaduras. Los síntomas consisten en vómitos, disnea, cefalea, postración, edema pulmonar y, años más tarde, posiblemente, cáncer.

intoxicación por cafeína (caffeine poisoning), intoxicación caracterizada por palpitaciones, nerviosismo, ansiedad e insomnio. Se debe a la ingesta de una cantidad exagerada de cafeína, sustancia que se encuentra en el café, el té, las bebidas de cola y determinados fármacos estimulantes.

intoxicación por cáusticos (caustic poisoning), ingestión accidental de ácidos o bases fuertes, que producen quemaduras y lesión de los tejidos de la boca, esófago y estómago. La víctima experimenta dolor inmediato, inflamación y edema. El pulso puede ser débil y rápido. La respiración se hace superficial y el edema puede obstruir las vías respiratorias. No se recomienda la administración de sustancias neutralizantes debido al riesgo de una reacción química productora de calor.

intoxicación por cianuro (cyanide poisoning), intoxicación producida por la ingestión o inhalación de cianuro procedente de sustancias como aceite de almendras amargas, jarabe de cerezas silvestres, ácido prúsico, ácido cianhídrico o cianuro sódico o potásico. Se caracteriza por taquicardia, mareo, convulsiones y cefalea; la intoxicación por cianuro puede provocar la muerte en un intervalo de 1 a 15 minutos.

intoxicación por ciguatera (ciguatera poisoning), intoxicación alimentaria no bacteriana producida por el consumo de pescado contaminado por la toxina ciguatera. Los síntomas de la intoxicación por ciguatera son vómitos, diarrea, entumecimiento o parestesias en las extremidades y en la piel que rodea la boca, prurito, debilidad muscular y dolor.

intoxicación por clordano (chlordane poisoning), v. **intoxicación por insecticidas organoclorados**.

intoxicación por clorhidrato de cocaína (cocaine hydrochloride poisoning), efectos tóxicos de la exposición al producto alcaloide cristalino incoloro obtenido de las hojas de coca. Aunque se utiliza como analgésico local desde hace un siglo, la cocaína es altamente tóxica, con actividad vasoconstrictora moderada y graves efectos psicotropos. Sus síntomas son excitación nerviosa, intranquilidad, lenguaje incoherente, fiebre, hipertensión y arritmias cardíacas, que dan lugar a convulsiones, colapso, parada respiratoria y muerte. El efecto eufórico de la cocaína dura alrededor de 30 minutos.

intoxicación por cornezuelo del centeno (ergot poisoning), efectos tóxicos por la ingesta de comida o medicamentos que contienen alcaloides del cornezuelo del centeno, particularmente la ergotamina.

intoxicación por DDT (DDT poisoning), v. **intoxicación por insecticidas organoclorados**.

intoxicación por destilados de petróleo (petroleum distillate poisoning), trastorno tóxico producido por la ingestión o inhalación de un producto destilado del petróleo, como el aceite combustible, el aceite lubricante o diversos disolventes. Se caracteriza por náuseas, vómitos, dolor precordial, vértigo y depresión grave del sistema nervioso central. En caso de aspiración de la sustancia se puede producir neumonitis grave o mortal.

intoxicación por dicloruro de etileno (ethylene dichloride poisoning), constituye el conjunto de efectos tóxicos de la exposición al cloruro de etileno, un hidrocarburo solvente, disolvente y fumigante, y uno de los agentes químicos orgánicos clorados más abundantes. Resulta irritante para ojos, oídos, nariz, garganta y piel. La inhalación o ingestión puede conducir a una enfermedad grave o a la muerte.

intoxicación por digitálicos (digitalis poisoning), efectos tóxicos de los medicamentos digitálicos prescritos para cardiopatías como la insuficiencia cardíaca y la fibrilación auricular. Se puede desarrollar toxicidad como resultado del efecto acumulativo del fármaco. Sus síntomas son vómitos, cefalea, anomalías del latido cardíaco y distorsión de la visión de los colores.

intoxicación por estricnina (strychnine poisoning), efectos tóxicos producidos por la ingestión de estricnina, un estimulante del sistema nervioso central. La sintomatología consiste en nerviosismo y aumento de la agudeza visual y auditiva. Los estímulos de poca intensidad pueden producir convulsiones, aunque puede existir relajación completa entre las crisis. Un signo típico es el arqueamiento de la espalda.

intoxicación por etilenglicol (ethylene glycol poisoning), reacción tóxica a la ingestión de etilenglicol o dietilenglicol, agentes químicos utilizados en los preparados anticongelantes para automóvil. Los síntomas de los casos leves pueden recordar a los de la intoxicación por alcohol, pero sin el olor del aliento típico de las bebidas alcohólicas. Puede haber también vómitos, espasmos carpopedales, dolor lumbar, insuficiencia renal, insuficiencia respiratoria, convulsiones y coma.

intoxicación por fenol (phenol poisoning), intoxicación corrosiva producida por la ingestión de compuestos que contienen fenol, como el ácido carbólico, la creosota, el cresol, el guayacol y el naftol. Las características de la intoxicación por fenol son las quemaduras de las mucosas, debilidad, palidez, edema pulmonar, convulsiones e insuficiencia respiratoria, circulatoria, cardíaca y renal.

intoxicación por fluoruro sódico (sodium fluoride poisoning), intoxicación crónica por flúor que aparece en algunas zonas en las que el contenido de flúor en el agua potable supera 1 ppm. Los signos de la intoxicación son osteosclerosis intensa y moteado del esmalte dental.

intoxicación por fluoruros (fluoride poisoning), efectos tóxicos del contacto con compuestos de flúor, un gas amarillo pálido sumamente tóxico. El fluoroacetato sódico es un potente veneno para roedores, mientras que al metilfluoroacetato se le considera demasiado tóxico para usarlo como pesticida. Los compuestos de fluoroacetato inhiben las enzimas del ciclo del ácido cítrico. La inhalación de fluoruro de hidrógeno puede provocar broncospasmo, laringospasmo y edema pulmonar.

intoxicación por fósforo (phosphorus poisoning), trastorno tóxico provocado por la ingestión de fósforo blanco o amarillo, en ocasiones formando parte de venenos para ratas, de determinados fertilizantes y de fuegos artificiales. Inicialmente la intoxicación se caracteriza por náuseas, dolor de garganta y de estómago, vómitos, diarrea y aliento con olor a ajo.

intoxicación por gasolina (gasoline poisoning), v. **intoxicación por destilados de petróleo**.

intoxicación por guayacol (guaiacol poisoning), v. **intoxicación por fenol**.

intoxicación por heptaclor (heptachlor poisoning), forma de intoxicación con un insecticida orgánico clorado.

intoxicación por herbicida (herbicide poisoning), intoxicación causada por la ingestión, inhalación o absorción de una sustancia destinada a ser utilizada como herbicida o desfoliante. Muchos de los herbicidas utilizados habitualmente en agricultura pueden producir síntomas que van desde la irritación de la piel hasta la hipotensión, lesión hepática y renal y coma o convulsiones.

intoxicación por hierro (iron poisoning), efectos tóxicos de la ingestión de sales de hierro, especialmente de sulfato ferroso y cloruro ferroso. Los comprimidos de sulfato ferroso, a veces confundidos con caramelos, pueden provocar vómitos, colapso y necrosis hepática. El cloruro ferroso, una sustancia corrosiva, provoca vómitos, diarrea y hemorragias cuando se ingiere. Se han dado casos de encefalopatía por hierro por la utilización exagerada de preparados de hierro.

intoxicación por insecticidas organoclorados (chlorinated organic insecticide poisoning), intoxicación producida por la inhalación, ingestión o absorción de DDT y de otros insecticidas que contienen clorofenotano, heptaclor, dieldrin y clordano. Se caracteriza por vómitos, debilidad, malestar, convulsiones, temblores, fibrilación ventricular, insuficiencia respiratoria y edema pulmonar.

intoxicación por malatión (malathion poisoning), intoxicación producida por la ingestión o absorción a través de la piel de malatión, un insecticida organofosforado. Los síntomas son vómitos, náuseas, calambres abdominales, cefalea, vértigo, debilidad, confusión, convulsiones y dificultad respiratoria.

intoxicación por marisco (shellfish poisoning), proceso neurológico tóxico producido después de comer almejas, ostras o mejillones que han ingerido unos protozoos venenosos llamados vulgarmente «marea roja». Los síntomas característicos aparecen al cabo de unos minutos, y consisten en náuseas, mareos, vómitos y hormigueo o adormecimiento alrededor de la boca, seguido de parálisis de las extremidades y, en algún caso, parálisis respiratoria. La saxitoxina, que es el agente causante, no se destruye con el calor.

intoxicación por mercurio (mercury poisoning), trastorno tóxico causado por la ingestión o inhalación de mercurio o de un compuesto de mercurio. La forma crónica, producida por la inhalación de los vapores o del polvo de los compuestos mercuriales o por ingestión repetida de cantidades muy pequeñas, se caracteriza por irritabilidad, salivación excesiva, disminución de fijación de los dientes, alteraciones en las encías, habla susurrante, temblores y espasmos. Los síntomas de la intoxicación aguda por mercurio aparecen en pocos minutos, antes de media hora, y consisten en un sabor metálico de la boca, sed, náuseas, vómitos, dolor abdominal intenso, diarrea sanguinolenta e insuficiencia renal que puede conducir a la muerte.

intoxicación por metales pesados (heavy metal poisoning), intoxicación causada por la ingestión, inhalación o absorción de algún metal pesado tóxico. Algunos tipos de intoxicación por metales pesados son: **intoxicación por antimonio, intoxicación por arsénico, intoxicación por cadmio, intoxicación por mercurio** e **intoxicación por plomo**.

intoxicación por monóxido de carbono (carbon monoxide poisoning), estado tóxico en el que el monóxido de carbono ha sido inhalado y absorbido por los eritrocitos circulantes, desplazando el oxígeno de los hematíes y disminuyendo la capacidad de la sangre para transportar oxígeno a las células corporales. Como consecuencia del aumento de los niveles sanguíneos de monóxido de carbono se producen cefalea, disnea, somnolencia, confusión, coloración rojo cereza de la piel, pérdida de consciencia y apnea. El tratamiento consiste en apartar a la víctima del entorno tóxico, reanimación y administración de oxígeno.

intoxicación por naftaleno (naphtalene poisoning), estado de intoxicación producido por la ingesta de naftaleno o paradiclorobenceno, con náuseas, vómitos, cefalea, dolor abdominal, espasmos y convulsiones.

intoxicación por naftol (naphtol poisoning), v. **intoxicación por fenol**.

intoxicación por narcóticos (narcotic poisoning), efectos tóxicos de los narcóticos, que se manifiestan sobre todo en forma de depresión del sistema nervioso central, hasta la inconsciencia o el coma. Los narcóticos se obtienen generalmente del opio y otras drogas, aunque también el alcohol puede producir efectos similares.

intoxicación por nicotina (nicotine poisoning), intoxicación caracterizada por estimulación de los sistemas nerviosos central y autónomo, seguida de depresión. En los casos letales, se produce la muerte por insuficiencia respiratoria.

intoxicación por nitrobenceno (nitrobenzene poisoning), estado tóxico producido por la absorción de nitrobenceno, líquido oleoso, de color amarillo pálido, utilizado en la fabricación de anilina, tintes de zapatos, jabón, perfumes y sabores artificiales. La exposición industrial se suele producir al inhalar sus vapores o por absorción a través de la piel. Los síntomas de intoxicación aguda son: cefalea, mareo, ataxia, cianosis y, en casos extremos, insuficiencia respiratoria.

intoxicación por paracetamol (acetaminophen poisoning), reacción tóxica tras la ingesta de dosis excesivas de paracetamol. En los adultos una dosis superior a 10 a 15 g puede producir lesión hepática, y si la dosis supera los 25 g puede causar la muerte. La producción de grandes cantidades de metabolitos del paracetamol puede sobrepasar los mecanismos detoxificadores del hígado dependientes del glutatión, lo que lleva a una necrosis progresiva del hígado en el curso de 5 días. El comienzo de los síntomas puede venir marcado por náuseas, vómito, sudoración profusa, palidez y oliguria.

intoxicación por paracuat (paraquat poisoning), trastorno tóxico provocado por la ingesta de dicloruro de paracuat, un pesticida muy venenoso. De forma característica aparecen fibrosis pulmonar progresiva y lesiones del esófago, riñones e hígado varios días después de la ingesta. Una vez que comienza la fibrosis, la muerte es inevitable, habitualmente al cabo de 3 semanas.

intoxicación por paradiclorobenzeno (paradichlorobenzene poisoning), v. **intoxicación por naftaleno**.

intoxicación por paratión (parathion poisoning), trastorno tóxico producido por la ingestión, inhalación o absorción a través de la piel de paratión, insecticida organofosforado altamente tóxico. Los síntomas son: náuseas, vómitos, calambres abdominales, confusión, cefalea, pérdida del control muscular, convulsiones y disnea.

intoxicación por pescado (fish poisoning), efectos tóxicos producidos por la ingestión de pescado que contiene sustancias que pueden producir síntomas que varían desde las náuseas y vómitos a la parálisis respiratoria. La intoxicación escombroide suele estar producida por una toxina similar a la histamina producida por bacterias de la caballa, el atún o el bonito. La intoxicación por tetraodóntidos está producida por una toxina del pez globo.

intoxicación por pesticidas (pesticide poisoning), trastorno tóxico provocado por la ingestión o inhalación de una sustancia utilizada para la eliminación de plagas. La **intoxicación por malatión** y la **intoxicación por paratión** son dos tipos de intoxicaciones por pesticidas.

intoxicación por plomo (lead poisoning), proceso tóxico producido por la ingestión o inhalación de plomo o compuestos de plomo. La intoxicación también se produce por la ingestión de agua conducida por cañerías de plomo, de sales de plomo en ciertos alimentos y vinos, por el empleo de peltre o de loza vidriada con plomo, o por el empleo de gasolina con plomo. En la industria es común la inhalación de vapores de plomo. La forma aguda de intoxicación se caracteriza por una sensación quemante en la boca y esófago, cólico, estreñimiento o diarrea, alteraciones mentales y parálisis de las extremidades, seguida, en los casos graves, de convulsiones y colapso muscular. La intoxicación crónica por plomo se caracteriza por una irritabilidad extrema, anorexia y anemia. En los niños intoxicados por plomo se debe prevenir la encefalopatía.

intoxicación por queroseno (kerosene poisoning), proceso tóxico producido por la ingesta de queroseno o la inhalación de sus vapores. Los síntomas que siguen a su ingesta son: somnolencia, taquicardia y temblor, y neumonitis grave en caso de aspiración. No se debe inducir el vómito.

intoxicación por raticida (rodenticide poisoning), estado tóxico provocado por la ingestión de una sustancia destinada al control de la población de roedores.

intoxicación por sal de zinc (zinc salt poisoning), trastorno tóxico provocado por la ingesta o inhalación de una sal de zinc. Entre los síntomas se incluyen sensación de ardor en la boca y en la garganta, vómitos, diarrea, dolor abdominal y torácico y, en casos graves, shock y coma.

intoxicación por sales de hierro (iron salts poisoning), intoxicación producida por una sobredosis de sales férricas o ferrosas, caracterizada por vómitos, diarrea sanguinolenta, cianosis y dolor gástrico e intestinal.

intoxicación por sales de plata (silver salts poisoning), intoxicación provocada por la ingesta de nitrato de plata, caracterizada por decoloración de los labios, vómitos, dolor abdominal, vértigo y convulsiones.

intoxicación por salicilatos (salicylate poisoning), intoxicación provocada por la ingesta de salicilatos, por lo general en forma de aspirina o de esencia de Wintergreen. La intoxicación se caracteriza por respiración rápida, vómitos, cefaleas, irritabilidad, cetosis, hipoglucemia y, en casos graves, convulsiones e insuficiencia respiratoria.

intoxicación por setas (mushroom poisoning), trastorno tóxico producido por la ingestión de determinadas setas, en particular de dos especies del género Amanita. La muscarina de *Amanita muscaria* produce la intoxicación en un período que varía desde pocos minutos hasta dos horas. Los síntomas son lagrimeo, salivación, sudoración, vómitos, dificultad respiratoria, calambres abdominales, diarrea y, en los casos graves, convulsiones, coma e insuficiencia circulatoria. Como tratamiento se suele administrar atropina. La faloidina, más letal aunque de acción más lenta, presente en *A. phalloides* y *A. verna*, produce síntomas similares, además de lesión hepática, insuficiencia renal y muerte en el 30 al 50% de los casos.

intoxicación por sulfato de atropina (atropine sulfate poisoning), efectos tóxicos provocados por una dosis exagerada de un fármaco que se utiliza en ocasiones como coadyuvante en la anestesia general. Provoca síntomas como taquicardia, piel enrojecida, caliente y seca, sequedad de boca y sed, intranquilidad y excitación, retención urinaria, estreñimiento y dolor urente en la garganta. El tratamiento consiste en lavado gástrico y administración de barbitúricos, así como de pilocarpina, si existe afectación ocular.

intoxicación por talio (thallium poisoning), trastorno tóxico caracterizado por la ingestión o absorción a través de la piel de sales de talio, especialmente sulfato de talio. Las características de esta entidad son el dolor abdominal, los vómitos, la diarrea sanguinolenta, el temblor, el delirio y la alopecia.

intoxicación por tetracloruro de carbono (carbon tetrachloride poisoning), efectos tóxicos de la exposición al tetracloruro de carbono, un líquido incoloro que se utiliza para la limpieza en seco comercial y también en extintores y solventes industriales. Puede atacar tanto al hígado como a los riñones. Sus síntomas son: cefaleas persistentes, náuseas, vómitos, diarreas, uremia, letargo, confusión por depresión del SNC y degeneración de hígado y riñones.

intoxicación por venerupina (venerupin poisoning), forma potencialmente mortal de intoxicación por marisco producida por la ingesta de ostras o almejas contaminadas con venerupina, una toxina que causa insuficiencia hepática, molestias GI y leucocitosis. La toxina del marisco aparece en las aguas que rodean Japón.

intoxicación por warfarina (warfarin poisoning), cuadro tóxico provocado por la ingesta de warfarina, accidentalmente en forma de raticida o por sobredosis de la sustancia en su forma farmacológica anticoagulante. El tóxico se acumula en el cuerpo provocando hemorragias nasales, equimosis, hematuria, melenas y hemorragias internas.

intoxicación por yodo (iodine poisoning), efectos tóxicos de la ingesta de yodo, que es un potente antiséptico con baja toxicidad tisular. Los síntomas son: dolor urente en boca y esófago, dolor abdominal, vómitos, diarrea, shock, nefritis, edema laríngeo y colapso circulatorio. Con el yodo, las membranas mucosas se tiñen de marrón.

intoxicación por zumaque venenoso (ivy poisoning), tipo de dermatitis provocada por el contacto con zumaque venenoso, que pertenece al género vegetal *Rhus* y contiene un aceite irritante. El contacto con cualquier parte de una planta de este género puede provocar un prurito intenso, erupciones y formación de vesículas; incluso el humo procedente de la combustión de estas plantas puede resultar tóxico.

intraarterial (intraarterial), perteneciente a una estructura o acción en el interior de una arteria.

intraarticular (intraarticular), dentro de una articulación.

intraauricular (intraatrial), que se encuentra en el interior de las aurículas.

intracardíaco (intracardiac), relativo al interior de las cámaras cardíacas.

intracatéter (intracatheter), catéter de plástico, fino y flexible, que se introduce y fija en el interior de un vaso sanguíneo para infundir sangre, líquidos o medicación.

intracavitario (intracavitary), perteneciente al espacio situado en el interior de una cavidad corporal.

intracelular (intracellular), relativo al interior de una célula.

intracerebral (intracerebral), dentro del tejido cerebral, en el interior del cráneo.

intracistrónico (intracistronic), en el interior de un cistrón.

intracraneal (intracranial), en el interior del cráneo.

intracutáneo (intracutaneous), en el interior de las capas de la piel.

intradérmico (intradermal), localizado en el tejido que forma la piel.

intramural (intramural), relativo a acontecimientos o estructuras en las paredes de un órgano, una parte del cuerpo o una cavidad.

intramuscular (intramuscular), relativo al interior del tejido muscular.

intraocular (intraocular), perteneciente a las estructuras o sustancias que hay en el interior del globo ocular.

intraoperatorio (intraoperative), perteneciente al período de tiempo que dura una técnica quirúrgica.

intraparto (intrapartum), relativo o perteneciente al período del parto y la expulsión del feto y la placenta.

intrapulmonar (intrapulmonary), relativo al interior de los pulmones.

intratecal (intrathecal), perteneciente o relativo a una estructura, proceso o sustancia situado en el interior de una vaina, como el líquido cefalorraquídeo de la teca del canal espinal.

intrauterino (intrauterine), relativo al interior del útero.

intravascular (intravascular), relativo al interior de un vaso sanguíneo.

intravenoso (IV) (intravenous [IV]), perteneciente o relativo al interior de una vena, como un trombo o una inyección, infusión o catéter.

intraventricular (intraventricular), perteneciente o relativo al espacio situado en el interior de un ventrículo.

intrínseco (intrinsic), **1.** que denota una parte o cualidad natural o inherente. **2.** que se origina en un órgano o tejido, o está situado en su interior.

introito (introitus), entrada u orificio hacia una cavidad o una estructura tubular hueca del organismo, como el introito vaginal.

intromisión (intromission), introducción de un objeto en otro, como el pene en la vagina.

intrón (intron), (en genética molecular) secuencia de pares de bases del ADN que interrumpe la continuidad de la formación genética.

introspección (introspection), **1.** acto de examinar los propios pensamientos y emociones, concentrándose en uno mismo. **2.** tendencia a mirar hacia uno mismo y observar su ser interno.

introsuscepción (introsusception), penetración de un segmento del tubo digestivo en otro, habitualmente situado por debajo. Puede ocasionar obstrucción y estrangulación del intestino.

introversión (introversion, intraversion), **1.** tendencia a dirigir los propios intereses, pensamientos y energías hacia el interior, o hacia cosas que le afectan exclusivamente a uno mismo. **2.** estado de preocupación total o principal por la propia experiencia intrapsíquica.

introvertido (introvert), persona cuyos intereses están dirigidos hacia su interior y que se muestra tímida, retirada, reservada y autoabsorta.

introyección (introjection), mecanismo inconsciente por el cual un individuo incorpora a la estructura de su propio ego las cualidades de otra persona.

intubación (intubation), paso de un tubo a través de una abertura del cuerpo, especialmente la introducción de un tubo de respiración a través de la boca o la nariz, o a través de la tráquea, con el fin de garantizar la permeabilidad de la vía aérea del paciente para administrarle gas u oxígeno. La intubación a ciegas consiste en introducir un tubo de respiración sin utilizar el laringoscopio. Son tipos de intubación la **intubación endotraqueal** y la **intubación nasogástrica**.

intubar (intubate), cateterizar o introducir un tubo en un órgano o parte del cuerpo.

intuición psicótica (psychotic insight), fase del desarrollo de una psicosis que sigue a una experiencia inicial de confusión, extrañeza y aprensión. En este punto se alcanza una intuición que permite al paciente interpretar el mundo externo como un sistema de pensamiento delirante. Los factores que antes resultaban confusos ahora forman parte del modelo sistematizado de delirios, el cual, aunque irracional para un observador, es percibido por el paciente como la consecución de un pensamiento excepcionalmente lúcido.

intususcepción (intussusception), prolapso de un segmento intestinal en la luz de otro. Este tipo de obstrucción intestinal puede implicar segmentos de intestino delgado, colon, íleon terminal y ciego.

inulina (inulin), sustancia derivada de la fructosa que se utiliza como ayuda diagnóstica en las pruebas de función renal, y especialmente de la filtración glomerular. No se metaboliza ni es absorbida por el organismo, pero es filtrada rápidamente por el riñón.

inunción (inunction), **1.** unción con fricción de la piel con un medicamento mezclado con una sustancia grasa u oleosa, para la absorción del ingrediente activo. **2.** cualquier compuesto que se aplica a la piel mezclado con una sustancia grasa u oleosa para su absorción por fricción.

inundación (flooding), técnica utilizada en la terapia conductual para reducir la ansiedad asociada a diversas fobias. La exposición a estímulos que normalmente producen ansiedad desensibilizan a la persona frente a ese estímulo.

invaginación (invagination), **1.** proceso por el que una parte de una estructura se telescopiza en otra, como el intestino durante el peristaltismo. Si la invaginación es extensa, o implica tumores o pólipos, puede producir una obstrucción intestinal. **2.** cirugía de reparación herniaria por la que se repone el contenido del saco herniario en la cavidad abdominal.

invasión (invasion), proceso mediante el cual las células malignas se trasladan hacia los tejidos más profundos a través de la membrana basal, hasta llegar a los vasos sanguíneos y los conductos linfáticos.

invasión de la intimidad (invasion of privacy), (en derecho) violación del derecho de otra persona a que le dejen solo y tranquilo, lejos de una publicidad o intromisión no justificada.

invasivo (invasive), caracterizado por su tendencia a diseminarse, infiltrar y entrometerse.

Inventario Diagnóstico de Beck (IDB) (Beck's Diagnostic Inventory [BDI]), sistema de clasificación que incluye un total de 18 criterios de enfermedad depresiva. Fue desarrollado en la década de los 70 por A. T. Beck como instrumento diagnóstico y terapéutico para el tratamiento de los trastornos afectivos de la infancia.

inversión (inversion), **1.** trastorno en el que un órgano vuelve su interior hacia fuera, como sucede en la inversión uterina. **2.** defecto cromosómico en el que dos o más segmentos del cromosoma se rompen y se separan, para reintegrarse después al cromosoma en posición errónea.

invertido (invert), homosexual.

invertir (invert), colocar algo de arriba abajo o de dentro afuera.

investigación (research), análisis o examen de datos, comunicaciones y observaciones en una búsqueda de hechos o principios.

investigación clínica (clinical research), recogida y análisis de la información obtenida en pacientes y no en el laboratorio.

investigación de enfermería (nursing research), procedimiento detallado en el que se realiza un estudio sistemático de un problema en el campo de la enfermería. Un enfoque básico conlleva los pasos siguientes: formulación del problema; revisión de la bibliografía; desarrollo de una teoría; formación de una o de varias hipótesis; definición de las variables; determinación del método de medición y recuento de variables; selección del diseño de investigación; elección de la población a estudiar; plan de análisis de datos; determinación de su interpretación, y plan de comunicación de resultados.

investigación de relación (relation searching), (en investigación de enfermería) diseño de estudio utilizado para descubrir y describir relaciones entre variables.

inviable (nonviable), relativo al feto incapaz de sobrevivir una vez nacido.

involución (involution), **1.** proceso normal caracterizado por la disminución del tamaño de un órgano y de sus células, como la involución del útero después del parto. **2.** (en embriología) proceso de desarrollo en el que un grupo de células crece sobre el borde de un órgano o parte del mismo, se desliza después hacia dentro y vuelve al órgano para formar un tubo.

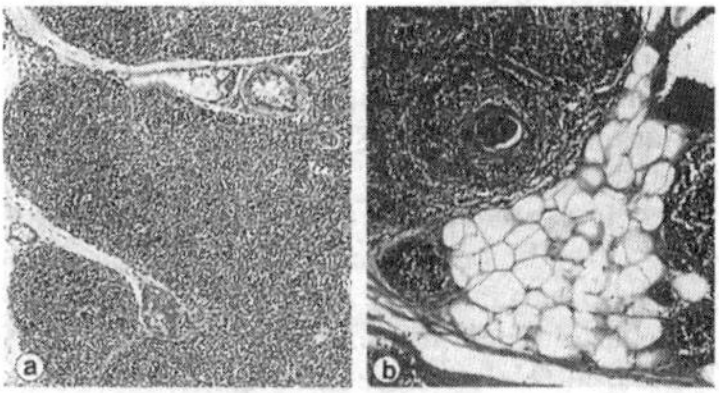

Involución del timo: *(a)* timo infantil; *(b)* timo de adulto

involución senil (senile involution), patrón de cambios retrógrados que se producen con el envejecimiento y que provocan un arrugamiento y una degeneración progresivos de tejidos y órganos.

involucro (involucrum, *pl.* **involucra**), vaina o cobertura, como la que envuelve un secuestro de hueso necrosado.

involuntario (involuntary), que sucede sin control o dirección consciente.

inyección (injection), **1.** acción de introducir un líquido en el organismo con una jeringa. Las inyecciones se denominan según el lugar anatómico implicado; las más frecuentes son: intraarterial, intradérmica, intramuscular, intravenosa y subcutánea. **2.** sustancia inyectada. **3.** enrojecimiento y tumefacción que se observa en la exploración física de una parte del cuerpo, producida por vasodilatación secundaria a procesos inflamatorios o infecciosos.

inyección de recuerdo (booster injection), administración de un antígeno, como una vacuna o toxoide, habitualmente en una cantidad menor a la de la inmunización original, para mantener la respuesta inmune a un nivel apropiado.

inyección depot (depot injection), inyección intramuscular de un fármaco en suspensión oleosa, con liberación gradual de la medicación en un período de varios días.

inyección intraarticular (intraarticular injection), inyección de una medicación dentro del espacio articular, normalmente para reducir la inflamación, como en la bursitis o la fibromiositis.

inyección intradérmica (intradermic injection), introducción en la dermis de una aguja hipodérmica, con el fin de instilar una sustancia, como un suero o una vacuna.

inyección intramuscular (intramuscular injection), introducción de una aguja hipodérmica en un músculo, con el fin de administrar una medicación.

inyección intratecal (intrathecal injection), introducción de una aguja hipodérmica en el espacio subaracnoideo, con el propósito de instilar un material para su difusión en el líquido cefalorraquídeo.

inyección intravenosa (intravenous injection), inyección hipodérmica en una vena, con el fin de instilar una sola dosis de medicación, inyectar un medio de contraste o comenzar una infusión IV de sangre, medicamento o solución líquida, como suero salino o dextrosa en agua.

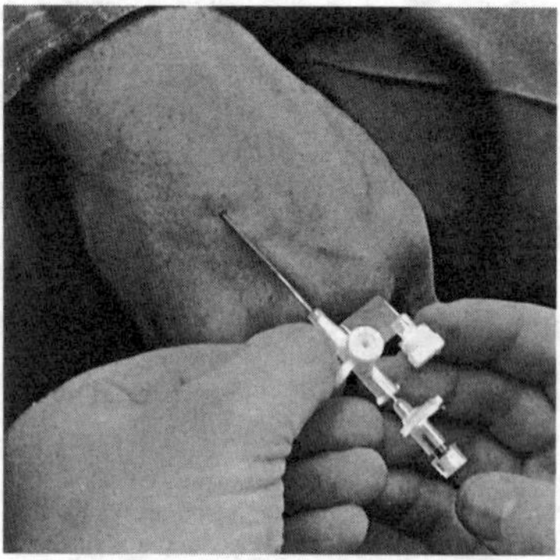

Inyección intravenosa
(C. D. Forbes/W. F. Jackson, 1994)

inyección subcutánea (subcutaneous injection), introducción de una aguja hipodérmica en el tejido subcutáneo, habitualmente en la parte superior del brazo, el muslo o el abdomen.

ion (ion), átomo o grupo de átomos que han adquirido carga eléctrica mediante la captación o la pérdida de uno o varios electrones.

ion amonio (ammonium ion), ion NH_4^+ formado por la reacción del amoniaco (NH_3) con un ion hidrógeno (H^+).

ion dipolar (dipolar ion), v. **zwitterion**.

iones espectadores (spectator ions), iones que no participan en la transferencia de protones en una reacción química.

ionización (ionization), proceso por el que un átomo o molécula neutro gana o pierde electrones, y adquiere así una carga eléctrica negativa o positiva. La ionización también puede producir mutación o muerte celular.

ionizar (ionize), separarse o disociarse en iones.

iontoforesis (iontophoresis), introducción de iones de sales solubles en los tejidos por corriente continua.

ipecacuana (ipecac), emético que se utiliza para producir emesis en determinados tipos de intoxicación y sobredosis medicamentosa.

IPOF (IPOF), abreviatura de prótesis de colocación postoperatoria inmediata.

ipomea (ipomea), resina preparada con la raíz seca de *Ipomoea orizabensis*, usada antiguamente como catártico.

ipsolateral (ipsilateral), perteneciente al mismo lado del cuerpo.

Ir (Ir), símbolo del **iridio**.

ira (anger), reacción emocional caracterizada por furia, cólera, indignación u hostilidad extremadas. Se considera que es de origen patológico cuando no refleja de forma realista las verdaderas circunstancias de la persona.

IRA (ARF), abreviatura de **insuficiencia respiratoria aguda**.

iralgia (iralgia), *anticuado*, dolor o inflamación del iris.

IRB (IRB), abreviatura de **Comité de revisión institucional**.

iridectomía (iridectomy), extirpación quirúrgica de parte del iris, que se realiza sobre todo para restablecer el drenaje del humor acuoso en el glaucoma, o para extirpar un cuerpo extraño o un tumor maligno.

iridescencia (iridescence), propiedad de interferencia de la luz o de capacidad para descomponer las ondas luminosas en los colores del espectro.

iridio (Ir) (iridium [Ir]), elemento metálico azul plateado. Su número atómico es 77; su peso atómico, 192,2.

iridología (iridology), ciencia especializada en las relaciones entre las enfermedades y la forma, el color y otras características individuales del iris.

iridoplejía (iridoplegia), parálisis del esfínter muscular del iris, de su músculo dilatador o de ambos.

iridotomía (iridotomy), incisión quirúrgica del iris que se realiza para resolver una oclusión pupilar, ensanchar la pupila en la extracción de cataratas o tratar el glaucoma postoperatorio.

iris (iris), disco circular, contráctil, suspendido en el humor acuoso, entre la córnea y el cristalino del ojo, y perforado por una pupila circular. La periferia del iris se continúa con el cuerpo ciliar, y conecta con la córnea mediante el ligamento pectíneo. El iris divide el espacio situado entre el cristalino y la córnea en las cámaras anterior y posterior. Las células con pigmento oscuro situado debajo del tejido transparente del iris se encuentran dispuestas de forma diferente en cada persona, produciendo iris de distintos colores.

iritis (iritis), proceso inflamatorio del iris, caracterizado por dolor, lagrimeo, fotofobia y, si es intenso, disminución de la agudeza visual. En la exploración oftálmica, el ojo está turbio, el iris abombado y la pupila contraída.

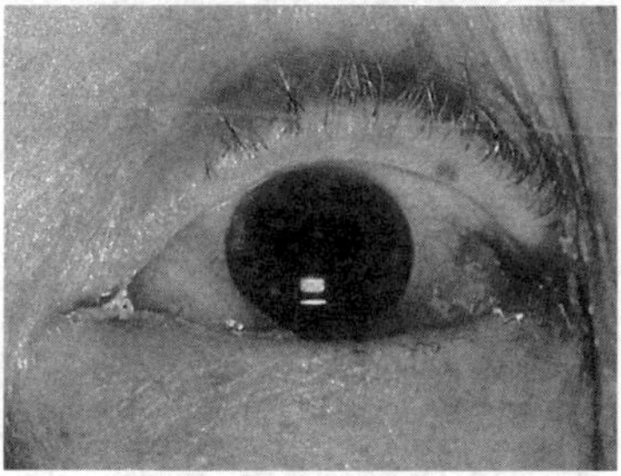

Iritis aguda
(C. D. Forbes/W. F. Jackson, 1994)

irracional (irrational), relativo a acontecimientos, situaciones o conductas que pueden considerarse como no razonables.

irradiación (irradiation), exposición a cualquier forma de energía radiante, como el calor, la luz o los rayos X. La fuentes radiactivas de energía radiante, como los rayos X o los isótopos de yodo y cobalto, se utilizan con fines diagnósticos para examinar las estructuras corporales internas o para destruir microorganismos o células tisulares que se han vuelto cancerosas. Se puede utilizar la luz ultravioleta e infrarroja para producir calor sobre los tejidos y aliviar el dolor y la inflamación, o para tratar procesos cutáneos. La luz ultravioleta también se utiliza para identificar ciertos tipos de bacterias y levaduras.

irradiación corporal total (total body radiation), irradiación que afecta a todo el cuerpo de forma que, teóricamente, todas las células del cuerpo reciben la misma radiación.

irradiación linfoide total (ILT) (total lymphoid irradiation [TLI]), método de inducción de un efecto inmunosupresor intenso en pacientes sometidos a trasplante de médula ósea, en el tratamiento de ciertos linfomas o en otros tratamientos que requieran inmunosupresión. La ILT implica la exposición de todos los ganglios linfáticos, el timo y el bazo a un total de 2.000 rads en dosis de 100 rads administradas por un acelerador lineal.

irreducible (irreducible), que no se puede hacer volver a su posición o estado normales, como la hernia irreducible.

irreversible (irreversible), describe una situación o enfermedad que no se puede invertir.

irrigación (irrigation), proceso de limpiar una cavidad corporal o herida mediante una corriente de agua u otro líquido.

irrigador (irrigator), aparato con un tubo flexible para enjuagar o lavar una cavidad corporal.

irrigar (irrigate), lavar con líquido, normalmente aplicando una presión baja y constante sobre el émbolo de una jeringa. Puede hacerse para limpiar una herida o para lavar un tubo.

irritabilidad (irritability), estado caracterizado por excitabilidad o sensibilidad anormales.

irritación simpática (sympathetic irritation), inflamación de un órgano tras la inflamación de otro cercano, como la inflamación ocular que aparece en el ojo sano tras haber sido lesionado el otro.

irritante (irritant), agente que produce inflamación o irritación.

isetionato de pentamidina (pentamidine isethionate), fármaco antiprotozoario parenteral prescrito para el tratamiento de la neumonía causada por *Pneumocystis carinii*, especialmente en pacientes con SIDA.

islote sanguíneo (blood island), uno de los grupos de células mesodérmicas que proliferan en la superficie externa del saco vitelino embrionario y le dan un aspecto grumoso.

islotes de Langerhans (islands of Langerhans) [Paul Langerhans, anatomopatólogo alemán, n. 1847], grupos de células del páncreas que producen insulina, glucagón y polipéptido pancreático. Forman la porción endocrina de la glándula, y sus secreciones hormonales liberadas directamente en la sangre sirven como reguladores importantes y equilibrados del metabolismo de los azúcares.

isoaglutinación (isoagglutination), acumulación de eritrocitos provocada por aglutininas procedentes de la sangre de otro individuo de la misma especie.

isoaglutinina (isoagglutinin), anticuerpo que provoca la aglutinación de los eritrocitos en otros miembros de la misma especie que llevan un isoaglutinógeno en sus eritrocitos.

isoaglutinógeno (isoagglutinogen), antígeno que produce la aglutinación de los eritrocitos con otros de la misma especie que llevan en el suero la isoaglutinina corrrespondiente.

isoanticuerpo (isoantibody), anticuerpo frente a los isoantígenos que se encuentran en otros miembros de la misma especie.

isoantígeno (isoantigen), sustancia que interacciona con isoanticuerpos en otros miembros de la misma especie.

isobara (isobar), **1.** línea que conecta puntos de igual presión en un gráfico. **2.** (en medicina nuclear) uno de los grupos de núclidos que tienen el mismo número de neutrones y protones en el núcleo, pero en distinta proporción, de forma que su número atómico es distinto.

isóbaro (isobaric), **1.** relacionado con dos sustancias o soluciones de la misma densidad específica. **2.** relativo a dos isótopos que tienen el mismo número de masa, pero diferente número atómico.

isocápnico (isocapnic), relativo a un nivel estable de dióxido de carbono en los tejidos, a pesar del variable nivel de la ventilación.

isocarboxazida (isocarboxazid), inhibidor de la monoaminooxidasa, utilizado en el tratamiento de la depresión mental.

isocinético (isokinetic), relativo a la contracción concéntrica o excéntrica que se produce a una velocidad predeterminada frente a una fuerza de máxima resistencia producida en todos los puntos del campo de movimiento.

isocromosoma (isochromosome), cromosoma con brazos idénticos a cada lado del centrómero.

isoeléctrico (iselectric), relativo a la línea eléctrica de base en un electrocardiograma.

isoenzima (isoenzyme), enzima que puede aparecer en múltiples formas, con características químicas o de otro tipo ligeramente diferentes, y que se producen en diferentes órganos, aunque cada enzima realiza prácticamente la misma función.

isoenzima CPK (fraction isoenzyme CPK), una de las distintas enzimas liberadas a la sangre después de la necrosis del miocardio. La isoenzima de la CPK (creatinfosfoquinasa) es un indicador diagnóstico de lesión cardíaca.

isoetarina, clorhidrato de isoetarina (isoetharine, isoetharine hydrochloride), v. **mesilato de isoetarina**.

isoflujo (isoflows), (en terapia respiratoria) medida de la disfunción precoz de las pequeñas vías respiratorias de un paciente, comparando las velocidades de flujo entre aire y helio en un determinado momento.

isoflurofato (isoflurophate), inhibidor de la colinesterasa, utilizado en el tratamiento del glaucoma de ángulo abierto y la esotropía.

isofosfamida (isophosphamide), antineoplásico derivado de la ciclofosfamida y de uso similar.

isogameto (isogamete), célula reproductora del mismo tamaño y estructura que la célula con la que se une.

isogamia (isogamy), reproducción sexual en la que se fusionan gametos de un mismo tamaño y estructura, como en algunas algas, hongos y protozoos.

isogénesis (isogenesis), desarrollo a partir de un origen común y siguiendo procesos similares.

isogénico (isogeneic), v. **singénico**.

isohemaglutinina (isohemagglutinin), v. **isoaglutinina**.

isoinjerto (isograft), trasplante quirúrgico de tejido histocompatible obtenido de individuos genéticamente idénticos, como entre un paciente y su gemelo idéntico.

isoinmunización (isoimmunization), desarrollo de anticuerpos frente a antígenos de la misma especie (isoantígenos), como el desarrollo de anticuerpos anti Rh en una persona Rh negativa.

isoleucina (Ile) (isoleucine [Ile]), aminoácido que se encuentra en la mayoría de las proteínas de la dieta, esencial para el adecuado crecimento de los lactantes y el equilibrio del nitrógeno en los adultos.

isomérico (isomeric), relativo a un fenómeno químico por el cual dos compuestos con la misma proporción de elementos y el mismo peso molecular pueden diferenciarse en sus propiedades químicas y físicas. La diferencia se debe a la disposición de los átomos en las respectivas moléculas, ya sea en las conexiones entre los átomos o en la disposición de éstos en el espacio tridimensional.

isómero nuclear (nuclear isomer), cualquiera de los dos o más núclidos con el mismo número de neutrones y de protones en el núcleo (mismo número atómico, o Z, y misma masa atómica, o A), pero que existen en diferentes estados energéticos.

isómeros (isomers), moléculas que tienen la misma fórmula y peso molecular, pero distinta estructura, por lo que sus propiedades son diferentes.

isométrico (isometric), que mantiene la misma longitud o dimensiones.

isoniacida (isoniazid), tuberculostático antibacteriano utilizado en el tratamiento de la tuberculosis, causada por una micobacteria sensible al fármaco.

isopropanol (isopropanol), v. **alcohol isopropílico**.

isosmótico (isosmotic), v. **isotónico**.

isotacoforesis (isotachophoresis), ordenamiento y clasificación de sustancias, de movilidad intermedia entre un ion de movilidad altamente eficaz y otro de movilidad mucho menos eficaz, seguida de su migración a una velocidad uniforme.

isotérmico, isotermo (isothermal), relativo a objetos o sustancias que tienen la misma temperatura.

isotónico (isotonic-isosmotic), (de una solución) que tiene la misma concentración de soluto que otra solución, de ahí que ejerza la misma cantidad de presión osmótica que esa solución.

isótonos (isotones), átomos que tienen el mismo número de neutrones, pero diferente número de protones.

isótopo (isotope), una de las dos o más formas de un elemento químico con el mismo número de protones en el núcleo atómico, pero diferente número de neutrones nucleares y de peso atómico. El carbono 12 (^{12}C) tiene 6 neutrones nucleares, mientras que su isótopo, el ^{14}C, tiene 8.

isotretinoína (isotretinoin), agente antiacné utilizado en el acné quístico.

isquemia (ischemia), disminución del aporte de sangre a una parte u órgano del cuerpo, frecuentemente marcada por dolor y disfunción orgánica, como la enfermedad isquémica cardíaca.

isquiococcígeos (coccygeus), cada uno de los dos músculos del diafragma pélvico. Se extienden a través de la cavidad pélvica con forma de hamaca triangular y están constituidos por músculo y fibras tendinosas, por detrás del elevador del ano, que se originan en la espina ciática y en el ligamento sacrociático menor. Actúan desplazando el cóccix hacia delante, ayudando a sostener el suelo de la pelvis.

isquion (ischium, *pl.* **ischia**), una de las tres partes del hueso coxal, que se une al ilion y al pubis para formar el acetábulo. El isquion abarca la parte dorsal del hueso coxal, y se divide en cuerpo, que forma 2/5 partes del acetábulo, y rama, que se une con la rama inferior del pubis.

istmo (isthmus, *pl.* **isthmuses, isthmi**), conexión estrecha entre dos cuerpos o partes más amplias, como el istmo del conducto auditivo en el oído.

IT (IT), abreviatura de **inmunotoxina**.

IT (TI), abreviatura de **índice terapéutico**.

iterbio (Yb) (ytterbium [Yb]) [Ytterby, Suecia], elemento metálico de las tierras raras. Su número atómico es 70; su peso atómico es 173,04.

iticifosis (ithycyfosis), desplazamiento angular hacia atrás de la columna sin desplazamiento lateral.

itrio (Y) (yttrium [Y]) [Ytterby, Suecia], elemento metálico grisáceo, escamoso. Su número atómico es 39; su peso atómico es 88,905. Se han utilizado isótopos radiactivos del itrio en el tratamiento del cáncer.

ITU (UTI), abreviatura de **infección del tracto urinario**.

IV (IV), abreviatura de **intravenoso**.

Ixodes (Ixodes), género de garrapatas de caparazón duro, asociado a la transmisión de diferentes infecciones por arbovirus, como la fiebre manchada de las Montañas Rocosas.

ixódido (ixodid), perteneciente o relativo a las garrapatas duras de la familia de los ixódidos.

J

J (J), abreviatura de **julio**.
jabón (soap), **1.** compuesto de ácidos grasos y un álcali. El jabón limpia porque las moléculas de grasa son atraídas por las moléculas de jabón en solución acuosa y pasan de la superficie sucia al agua. **2.** sal metálica de cualquier derivado de una grasa.
jabón mineral (mineral soap), v. **bentonita**.
jactitación (jactitation), sacudidas o espasmos de un músculo o de un grupo muscular, como los que se observan en los movimientos corporales incesantes de un paciente con fiebre alta.
jadeo (panting), patrón de ventilación caracterizado por una respiración rápida y superficial con un volumen corriente pequeño.
jalea anticonceptiva (contraceptive jelly), preparado gelatinoso que contiene un espermicida para introducir en la vagina y evitar la concepción.
jalea vaginal (vaginal jelly), producto anticonceptivo que contiene un espermicida en un medio gelatinoso. Habitualmente, se utiliza junto con un diafragma anticonceptivo o capuchón cervical. Algunos fármacos antimicrobianos también se administran en forma de jalea vaginal.
jamais vu (francés) (jamais vu), sensación de extrañeza frente a una persona conocida o un lugar familiar.
janíceps (janiceps), monstruosidad fetal de gemelos unidos, en la que las cabezas están unidas y las caras miran en direcciones opuestas.
jarabe de ipecacuana (syrup of ipecac), preparado antiemético de extracto líquido de ipecacuana, glicerina y jarabe, utilizado para el tratamiento de diversos tipos de intoxicaciones y sobredosis de fármacos.
Jarvik-7 (Jarvik-7) [Robert K. Jarvik, médico norteamericano, n. 1946], corazón artificial diseñado por R. K. Jarvik para los seres humanos. El Jarvik-7 fue uno de los primeros modelos, y dependía de la presión del aire para dirigir la contracción ventricular.
jaula de Faraday (Faraday cage), (en resonancia magnética nuclear) jaula de malla de alambre que rodea al dispositivo de RMN, protegiéndolo de las ondas de radiofrecuencia dispersas, que podrían distorsionar el resultado de la imagen de RMN.
jefe de enfermería (head nurse), jefe clínico y administrativo del personal de enfermería que trabaja en una división espacial determinada de una institución, habitualmente un piso, sala o unidad.
jefe de mantenimiento (diener), persona que mantiene el laboratorio, el equipamiento y las instalaciones de un hospital.
jerarquía de necesidades de Maslow (Maslow's hierarchy of need) [Abraham H. Maslow, psiquiatra norteamericano, n. 1908], (en psicología) clasificación jerárquica de las necesidades humanas. Las necesidades más básicas en la escala son las fisiológicas y biológicas, como la necesidad de aire, alimentos o agua. Las segundas en prioridad son las de seguridad, como la protección o la ausencia de miedo o ansiedad. Las siguientes necesidades en la escala jerárquica son la necesidad de pertenecer, de amar y de ser amado; la de autoestima, y al final, la de autoactualización.
jerga (jer.) (jargon [jar.]), lenguaje utilizado por científicos, artistas u otros miembros de una subcultura profesional y no comprendida por la población en general.
jerigonza (jargon), lenguaje incoherente o galimatías.
jeringa (syringe), aparato para extraer, inyectar o instilar líquidos. Habitualmente, una jeringa para la inyección de medicamentos consiste en un cilindro graduado de vidrio o plástico con un émbolo que ajusta bien en un extremo y una pequeña abertura en el otro, donde se ajusta la cabeza de una aguja hueca. Para poner una inyección, se aspira primero con el émbolo la cantidad de medicamento deseada, y se empuja después, haciéndola pasar a través de la aguja. Algunos tipos de jeringa son: **jeringa hipodérmica** y **jeringa Luer-Lock**.
jet lag (jet lag), trastorno caracterizado por fatiga, insomnio y funciones corporales perezosos, producido por la ruptura del ritmo circadiano normal resultante del viaje por vía aérea a través de varios husos horarios.

J-grado (J-deg), abreviatura de julios por grado.

j-kg (j-kg), abreviatura de julios por kilogramo.

joroba de búfalo (buffalo hump), acumulación de grasa en la parte posterior del cuello asociada al uso prolongado de grandes dosis de corticoides o la hipersecreción de cortisol causada por el síndrome de Cushing.

joven (juvenile), muchacho, niño, mozalbete.

juego (play), cualquier actividad espontánea u organizada que proporciona diversión, entretenimiento o distracción. Es fundamental en la infancia para el desarrollo de una personalidad normal y como medio para desarrollarse física, intelectual y socialmente. El juego proporciona una salida para liberar la tensión y el estrés. Algunos tipos de juego son: **juego activo, juego asociativo, juego cooperativo, juego de habilidad, juego de dramatización, juego paralelo, juego pasivo** y **juego solitario**.

juego activo (active play), cualquier actividad en la que adoptar un papel participativo, más que un papel pasivo, genera distracción, entretenimiento o satisfacción.

juego amoroso (foreplay), actividades sexuales, como los besos o las caricias, que preceden al coito.

juego asociativo (associative play), forma de juego en la que participa un grupo de niños en actividades similares o idénticas, sin una organización formal, sin dirección en el grupo, sin interacción con el mismo y sin un objetivo definido.

juego cooperativo (cooperative play), cualquier juego organizado entre un grupo de niños en el que las actividades se planean con el propósito de alcanzar algún objetivo.

juego de dramatización (dramatic play), actividad imitativa en la que el niño fantasea y representa distintos papeles y situaciones domésticas y sociales, como mecer una muñeca, fingir que es un médico, una enfermera o un profesor de escuela.

juego de habilidad (skill play), forma de juego en la que un niño repite de forma persistente una acción o actividad hasta que la domina, como lanzar o coger una pelota.

juego paralelo (parallel play), forma de juego entre un grupo de niños, principalmente niños pequeños, según la cual cada niño se ocupa en una actividad independiente similar a la de los otros, pero ni influida ni compartida con ellos.

juego pasivo (passive play), juego en el que una persona no participa activamente. Para los niños pequeños, esta actividad puede consistir en mirar y escuchar a los demás, observar a otros niños o animales, escuchar historias o ver dibujos.

juego solitario (solitary play), forma de juego entre un grupo de niños en la misma habitación o área, en la cual cada niño participa en una actividad independiente utilizando juguetes distintos unos de otros y sin mostrar interés por unirse o interferir con el juego de los demás.

jugo (juice), cualquier líquido secretado por tejidos de animales o plantas. Algunos tipos de jugo son: **jugo gástrico, jugo intestinal** y **jugo pancreático**.

jugo gástrico (gastric juice), secreciones digestivas de las glándulas gástricas, compuestas principalmente por pepsina, ácido clorhídrico, renina, lipasa y mucina. Su pH es muy ácido (0,9 a 1,5).

jugo intestinal (intestinal juices), secreción de las glándulas que tapizan el intestino.

jugo nuclear (nuclear sap), v. **cariolinfa**.

jugo pancreático (pancreatic juice), secreción líquida del páncreas, producida por la estimulación de los alimentos en el duodeno. El jugo es esencial para metabolizar las proteínas en sus aminoácidos, para reducir las grasas de la dieta a glicerol y ácidos grasos y para transformar el almidón en azúcares simples.

julio (joule), unidad de energía en el sistema MKS (metro-kilogramo-segundo). Equivale a 10^7 erg o 1 wat seg.

jumentoso (jumentous), que tiene un fuerte olor a animal, especialmente a caballo. Se utiliza para describir el olor de la orina en distintos procesos patológicos.

junta (yoke), conexión utilizada para unir pequeños cilindros de gases médicos, como tanques de oxígeno portátiles, al equipo de respiración.

juramento hipocrático (Hippocratic oath), juramento, atribuido a Hipócrates, que sirve como guía ética para la profesión médica. Está incorporado tradicionalmente a las ceremonias de graduación de las facultades de Medicina.

jurisprudencia (jurisprudence), ciencia y filosofía del derecho. La jurisprudencia médica trata de los enfrentamientos de la medicina con el derecho penal y el civil.

justificación científica (scientific rationale), razón, basada en el apoyo de pruebas científicas, por la cual se elige una determinada acción.

juvenil (juvenile), perteneciente, relativo, característico o adecuado para una persona joven inmadura.

K

K (K), **1.** símbolo de **constante de ionización**. **2.** símbolo de **escala de Kelvin**. **3.** símbolo de **kilo**, 1.000 o 10^3. **4.** símbolo del elemento **potasio**. **5.** abreviatura de **kilobyte**. **6.** símbolo de electrónica, 1.024 (2^{10}).

ka (ka), abreviatura de kiloamperio.

kakke (kakke disease), v. **beriberi**.

kala-azar (kala-azar), enfermedad producida por un protozoo, *Leishmania donovani*, que es transmitido a los seres humanos, especialmente a los niños, por la picadura de una mosca del género *Phlebotomus*. El kala-azar se observa en Asia, América central y del sur y la región mediterránea. Los principales órganos infectados son el hígado y el bazo y los signos y síntomas son: anemia, hepatome galia, esplenomegalia, fiebre irregular y emaciación.

kanamicina (kanamycin), sustancia antibacteriana derivada de *Streptomyces kanamyceticus*.

kaodzera (kaodzera), v. **tripanosomiasis rhodesiense**.

kappa, K, k (kappa, K, k), décima letra del alfabeto griego.

Kardex (Kardex), marca registrada de un sistema de fichas archivables, que permite una rápida referencia de las necesidades particulares de cada paciente en lo que respecta a cuidados específicos de enfermería.

katal (K, kat) (katal [K, kat]), unidad enzimática en moles por segundo, definida en el sistema SI: $1\ K = 6,6 \times 10^9$ U.

kcal (cal, kcal), abreviatura de **kilocaloría**.

kCi (kCi), abreviatura de kiloCurie.

kefir (kefir, kephir), brebaje ligeramente efervescente, ácido, preparado a partir de leche de vaca, cabra u oveja, mediante fermentación por granos de kefir, que contienen levaduras y lactobacilos.

KERMA (KERMA), abreviatura de kinetic energy released in the medium, cantidad que describe la transferencia de energía desde un fotón a un medio en forma de cociente de la energía transferida por unidad de masa en cada punto de interacción.

kernicterus (kernicterus), acumulación tóxica anómala de bilirrubina en los tejidos del sistema nervioso central, debida a hiperbilirrubinemia.

ketoprofeno (ketoprofen), fármaco antiinflamatorio no esteroideo con acción analgésica y antipirética. Se utiliza en el tratamiento de procesos reumáticos, osteoartríticos y otros similares.

KeV (keV, kev), abreviatura de kiloelectronvoltio, energía equivalente a 1.000 electronvoltios (eV).

kG (kG), abreviatura de kilogauss.

kg (kg), abreviatura de **kilogramo**.

kg cal (kg cal), abreviatura de **kilogramo caloría o kilocaloría**.

kHz (kHz), abreviatura de **kilohercio**.

kilobyte (K, Kb) (kilobyte [K, Kb]), mil (o, más exactamente, 1.024) bytes.

kilocaloría (kilocalorie), unidad de calor igual a 1.000 calorías pequeñas (c) o 4.186 julios. También denominada ***caloría grande***.

kilogramo (kg) (kilogram [kg]), unidad de medida de la masa en el sistema métrico. Equivale a 1.000 gramos o a 2,2046 libras del sistema avoirdupois.

kilohercio (kHz) (kilohertz [kHz]) [Heinrich Rudolf Hertz, físico alemán, n. 1857], número de ciclos por segundo, 1.000 hercios.

kilolitro (kl) (kiloliter [kL]), unidad de volumen equivalente a 1,057 cuartos de galón, 1.000 litros.

kilómetro (km) (kilometer [km]), medida equivalente a 39,37 pulgadas, 1.000 metros (aprox. 0,62 millas).

kilovoltio (kV) (kilovolt [kV]), unidad de potencial eléctrico equivalente a 1.000 voltios.

kl (kL), abreviatura de **kilolitro**.

Klebsiella (Klebsiella) [Theodor A. E. Klebs, bacteriólogo alemán, n. 1834], género de diplococos en forma de pequeños bastones rechonchos, con extremos redondeados. Existen varias enfermedades respiratorias, como bronquitis, sinusitis y algunas formas de neumonía, que están producidas por la infección por distintas especies de *Klebsiella*.

Klebsiella pneumoniae (Klebsiella pneumoniae) [Theodore Albretch Edwin Klebs, bacteriólogo alemán, n. 1834], especie de bacteria encontrada en el suelo, agua, granos de cereales y tubo digestivo de los seres humanos y de otros animales. Es responsable de ciertas afecciones, entre ellas neumonías.

km (km), abreviatura de **kilómetro**.

Km (Km), símbolo de la **constante de Michaelis-Menten**.

KOH (KOH), símbolo del **hidróxido potásico**.

Kosher (Kosher), relativo a la preparación y la presentación de alimentos según las leyes judías. Los alimentos Kosher *per se* son las frutas, vegetales y cereales corrientes, así como el té y el café. Los alimentos no Kosher son el cerdo, las aves de rapiña y los productos marinos que carezcan de aletas y escamas, como la langosta y la anguila. Algunos alimentos que no son Kosher *per se*, pueden serlo si son preparados de forma adecuada; esto sucede con la mayoría de las aves de corral y los productos cárnicos, a excepción del cerdo.

Kr (Kr), símbolo del elemento **critón**.

kuru (kuru), infección viral lenta, progresiva y mortal del sistema nervioso central, que se observa en las tierras altas de Nueva Guinea. Son características del kuru la ataxia y la disminución de la coordinación, que evoluciona hacia la parálisis, demencia, lenguaje con arrastre de palabras y alteraciones visuales. La transmisión de esta enfermedad parece deberse a la práctica del canibalismo, y su frecuencia ha disminuido al ir desapareciendo éste.

kV (kv), abreviatura de **kilovoltio**.

kwashiorkor (kwashiorkor), enfermedad por malnutrición, principalmente infantil, generada por una insuficiencia proteínica grave, que normalmente se produce cuando los niños son amamantados. Sus características son: retraso del crecimiento, cambios en la piel y pigmentación del cabello, diarrea, pérdida de apetito, irritabilidad nerviosa, edema, anemia, degeneración grasa, necrosis, dermatosis y fibrosis hepática, frecuentemente acompañado de infección e insuficiencias multivitamínicas.

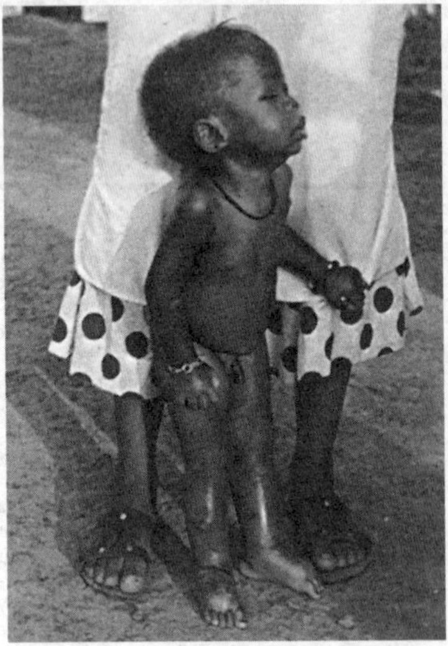

Kwashiorkor
(R. Hall/D. C. Evered, 2.ª ed., 1992)

kwashiorkor marásmico (marasmic kwashiorkor), enfermedad por malnutrición, principalmente de los niños, producida por la deficiencia de calorías y de proteínas. El trastorno se caracteriza por adelgazamiento severo de los tejidos, deshidratación, pérdida de la grasa subcutánea, letargia y retraso del crecimiento.

L

L (L), **1.** símbolo del *potencial cinético*. **2.** abreviatura de *Lactobacillus*. **3.** símbolo de *lambert*. **4.** abreviatura de *latín*. **5.** símbolo de *litro*.

La (La), símbolo del **lantano**.

lab (lab), abreviatura de **laboratorio**.

lab-dap (lubb-dupp), en la auscultación cardíaca, sonido que imita los dos tonos básicos del ciclo cardíaco. *Lab* representa el primer tono, y se genera por el cierre de las válvulas mitral y tricúspide, mientras que *dap* es el segundo tono y se genera al cerrarse las valvulas sigmoideas aórticas y pulmonares.

laberintitis (labyrinthitis), inflamación de los conductos laberínticos del oído interno, cuyo resultado es el vértigo.

laberinto (labyrinth), conjunto de conductos o cavidades que tiene comunicación entre sí.

laberinto membranoso (membranous labyrinth), estructura constituida por tres conductos semicirculares membranosos, llenos de líquido, suspendidos dentro de los conductos semicirculares óseos del oído interno, relacionada con el sentido del equilibrio.

laberinto óseo (osseous labyrinth, labyrinthus osseus), porción ósea del oído interno, formada por tres cavidades: el vestíbulo, los canales semicirculares y la cóclea, que transmiten las vibraciones sonoras desde el oído medio al nervio acústico. Las tres cavidades contienen perilinfa, en la que está suspendido el laberinto membranoso.

lábil (labile), **1.** inestable; que se caracteriza por una tendencia a cambiar o a ser modificado o alterado. **2.** (en psiquiatría) que se caracteriza por unas emociones rápidamente cambiantes o variables, como en los procesos bipolares o en determinados tipos de esquizofrenia; emocionalmente inestable.

labio (lip), **1.** una de las dos estructuras carnosas (superior o inferior) que rodean el orificio de la cavidad oral. **2.** cualquier estructura labiada que rodea una cavidad o hendidura.

labio dorsal (dorsal lip), pliegue marginal del blastóporo durante la gastrulación en las fases precoces del desarrollo embrionario de muchos animales.

labio hendido (cleft lip), anomalía congénita en la que existen dos o más hendiduras en el labio superior ocasionadas por un defecto en la unión entre las apófisis maxilar y nasal interna.

labio leporino (harelip), v. **labio hendido**.

labiodental (labiodental, **1.** perteneciente o relativo a la superficie labial de los doce dientes anteriores. **2.** en la logoterapia, tipo de sonido que requiere una coordinación especial entre la dentadura y los labios.

labios mayores (labia majora, *sing*. **labium majus**), dos pliegues cutáneos grandes, uno a cada lado del orificio vaginal, por fuera de los labios menores. El origen embriológico de los labios mayores y del escroto es homólogo.

labios menores (labia minora, *sing*. **labium minus**), dos pliegues cutáneos entre los labios mayores, que se extienden desde el clítoris hacia atrás, a ambos lados del orificio vaginal, y termina entre éste y los labios mayores.

laboratorio (laboratory), instalación, sala, edificio o parte de un edificio en el que se desarrollan investigaciones científicas, experimentos, pruebas u otras actividades de investigación.

laceración (laceration), **1.** acción de desgarrar o lacerar. **2.** herida desgarrada, dentada.

lacrimación (lachrymation), v. **lagrimación**.

lacrimal (lachrymal), v. **lagrimal**.

lactación (lactation), proceso de síntesis y secreción de leche por las mamas para amamantar al lactante.

lactam (lactam), amida cíclica que se forma mediante la eliminación de una molécula de agua de una molécula de ácido aminocarboxílico.

lactancia materna (breastfeeding), amamantar o criar; dar leche a un niño de la mama. La lactancia materna estimula la involución uterina posparto y enlentece la vuelta normal de la menstruación, proporcionando un cierto grado de contracepción.

lactancia materna eficaz (breastfeeding, effective), diagnóstico de enfermería, aceptado por la NANDA, del estado en el cual la diada madre-hijo-familia muestra suficiente capacidad y satisfacción con el proceso de la lactancia. Entre las características que lo definen se encuentra la habilidad de la madre para poner el niño al pecho de forma que facilite una buena respuesta de fijación, la succión y deglución regulares y mantenidas en la mama y la satisfacción del bebé después de mamar.

lactancia materna ineficaz (breastfeeding, ineffective), diagnóstico de enfermería, aprobado por la NANDA, sobre la insatisfacción o dificultad con el proceso de lactancia materna que experimentan la madre, el niño o la familia. La característica que lo define más importante es un proceso de lactancia insatisfactorio. Entre otras características se incluyen un suministro de leche inadecuado real o subjetivo, ausencia de signos de liberación de oxitocina, la persistencia de irritación de los pezones después de la primera semana de vida del niño y la reticencia de la madre a dar de mamar al niño cuando es necesario.

lactancia materna interrumpida (breastfeeding, interrupted), diagnóstico de enfermería, aceptado por la NANDA, de la interrupción del proceso de lactancia materna por no ser posible o conveniente alimentar al niño al pecho. Las características que lo definen son que el lactante no reciba alimento de la mama en algunas o en todas las tomas, la separación de madre e hijo, y la falta de conocimientos sobre la extracción y el almacenamiento de la leche materna.

lactante (infant), niño que se encuentra en la primera fase de su vida extrauterina, un período que se extiende aproximadamente desde el nacimiento hasta los 12 meses de edad, cuando el niño puede adoptar la posición erecta; algunos autores extienden este período hasta los 24 meses.

lactante de alto riesgo (high-risk infant), cualquier lactante, independientemente de su peso al nacer, talla o edad gestacional que, debido a enfermedades o circunstancias preconceptivas, prenatales, natales o posnatales que interfieren con el proceso normal del nacimiento o impiden la adaptación al crecimiento y desarrollo extrauterinos, tiene una probabilidad de morbididad o mortalidad superior a la media, especialmente en los primeros 28 días de vida.

lactante de bajo peso al nacimiento (BPN) (low birth weight (LBW) infant), lactante cuyo peso al nacer es inferior a 2.500 g, independientemente de su edad gestacional. Muchos de los lactantes de bajo peso al nacer no tienen problemas y se desarrollan con normalidad, su tamaño reducido es genético o idiopático, o el problema que ha producido el enlentecimiento de su crecimiento es leve o breve.

lactante grande para la edad gestacional (GEG) (large for gestational age (LGA) infant), lactante cuyo crecimiento fetal se aceleró y su peso y tamaño al nacer superan el percentil 90 para los niños de esa edad gestacional, ya sea paridos de forma prematura, a término o postérmino. Existen factores, además de las influencias genéticas, que pueden acelerar el crecimiento intrauterino, como la diabetes mellitus materna y el síndrome de Beckwith.

lactante pequeño para la edad gestacional (PEG) (small for gestational age [SGA] infant), niño cuyo peso y tamaño en el momento de nacer están por debajo del percentil 10 de niños normales para su edad gestacional, ya sea nacidos a término o antes o después de la fecha calculada. Además de la influencia genética, otros factores asociados a un menor tamaño o a retraso del crecimiento intrauterino son todas las enfermedades que se acompañan de una baja estatura, como los enanismos; la malnutrición por insuficiencia placentaria, y determinados agentes infecciosos, como el citomegalovirus, el virus de la rubéola y *Toxoplasma gondii*. Otros factores asociados al tamaño de un niño PEG son el hábito de fumar cigarrillos de la madre durante el embarazo, la adicción de la madre al alcohol o la heroína o su tratamiento con metadona.

lactante posmaduro (postmature infant), neonato nacido después de la 42 semana de gestación, portador de signos físicos de insuficiencia placentaria. De forma característica el bebé presenta piel seca y arrugada, uñas largas en los dedos de manos y pies y pliegues cutáneos en los muslos y, en ocasiones, en los brazos y las nalgas. Son frecuentes la hipoglucemia y la hipocaliemia. En algunas ocasiones parece como si los niños posmaduros hubiesen perdido peso en el útero.

lactante postérmino (postterm infant), v. **lactante posmaduro**.

lactante viable (viable infant), lactante cuyo peso al nacer es de al menos 1.000 g o que se encuentra en la semana 28 o más de gestación.

lactasa (lactase), enzima que cataliza la hidrólisis de la lactosa en glucosa y galactosa.

lactato (lactate), sal del ácido láctico.

lactato de amrinona (amrinone lactate), fármaco inotrópico cardíaco que se administra por vía intravenosa para el tratamiento a corto plazo de la insuficiencia cardíaca congestiva en los pacientes que no responden al tratamiento con digital, diuréticos y vasodilatadores.

lactato de pentazocina (pentazocine lactate), v. **clorhidrato de pentazocina**.

lactato deshidrogenasa (LDH) (lactate dehydrogenase [LDH]), enzima que se encuentra en el citoplasma de casi todos los tejidos corporales, donde su principal función es catalizar la oxidación del L-lactato a piruvato. Se utiliza para valorar el metabolismo anaeróbico de los carbohidratos, y como uno de los indicadores séricos del infarto de miocardio y de las distrofias musculares.

lácteo (lacteal), relativo a la leche.

lactina (lactin), v. **lactosa**.

lactoalbúmina (lactalbumin), proteína simple, muy nutritiva, presente en la leche. Es similar a la seroalbúmina.

Lactobacillus (Lactobacillus), género de bacterias no patógenas, grampositivas, en forma de bastón, que producen ácido láctico a partir de los carbohidratos.

Lactobacillus acidophilus (Lactobacillus acidophilus), bacteria que se encuentra en la leche y en productos frescos, en las heces de niños no alimentados con lactancia materna, y, en adultos, en saliva y dientes cariados. La cepa se emplea en la elaboración de productos lácteos fermentados.

lactógeno (lactogen), fármaco u otra sustancia que mejora la producción y secreción de leche.

lactógeno placentario humano (HPL) (human placental lactogen [HPL]), hormona placentaria que puede estar disminuida en ciertas anomalías del embarazo.

lactosa (lactose), disacárido que se encuentra en la leche de todos los mamíferos. La lactosa se descompone mediante hidrólisis en los monosacáridos glucosa y galactosa.

lactosuria (lactosuria), presencia de lactosa en orina, alteración que puede ocurrir al final del embarazo o durante la lactancia.

lactoterapia (lactotherapy), tratamiento basado en una alimentación que se basa total o casi totalmente en la leche.

lactulosa (lactulose), disacárido sintético no absorbible, la 4-0-α-D-galactopiranosil-D-fructosa, $C_{12}H_{22}O_{11}$. Es hidrolizado en el colon por bacterias.

ladilla (crab louse), especie de piojo del cuerpo, *Phthirus pubis*, que infesta el pelo de la región genital y que habitualmente se transmite entre sujetos por contacto sexual.

LADME (LADME), abreviatura del curso temporal de distribución de un fármaco, que representa los términos liberación, absorción, distribución, metabolismo y eliminación.

Laetril (Laetrile), sustancia compuesta principalmente por amigdalina, glucósido cianogénico derivado de los huesos de albaricoque. Se ha propuesto como medicación contra el cáncer, aunque los estudios clínicos no han podido mostrar las ventajas de su empleo.

lagarto (lizard), reptil con piel escamosa, cuerpo y cola largos y dos pares de patas. Los síntomas de su mordedura, así como el tratamiento recomendado, son similares a los de las serpientes moderadamente venenosas.

lago lagrimal (lacus lacrimalis), espacio triangular que separa los extremos internos de los párpados superior e inferior.

lagoftalmos (lagophthalmos), trastorno en el que no se puede cerrar completamente el ojo por algún proceso neurológico o muscular.

lagrimación (lacrimation, lachrymation), **1.** secreción normal y continua de lágrimas por las glándulas lagrimales. **2.** producción excesiva de lágrimas, como al llorar.

lagrimal (lacrimal, lachrymal), relativo a las lágrimas.

lágrimas (tears), líquido acuoso salino o alcalino segregado por las glándulas lagrimales para humedecer la conjuntiva.

lagrimeo (tearing), expulsión de agua por el ojo provocada habitualmente por la excesiva producción de lágrimas como consecuencia de una emoción fuerte, una infección o una irritación mecánica producida por un cuerpo extraño. También puede existir lagrimeo si se produce una cantidad normal de lágrimas y no se drenan por el punto lagrimal situado en el borde nasal del ojo.

laguna (lacuna, *pl.* **lacunae**), **1.** pequeña cavidad en el interior de una estructura, especialmente en el tejido óseo. **2.** hueco o defecto, como en el campo visual.

LAK (LAK), abreviatura de células destructoras activadas por linfocinas.

lalación (lallation), **1.** pronunciación balbuceante, repetitiva, ininteligible, como la de un niño o la de los esquizofrénicos, alcohólicos y los que padecen un grave retraso mental. **2.** proceso del habla caracterizado por una defectuosa pronunciación de palabras que contienen el sonido -l-.

La Leche League International (La Leche League International), organización internacional que promueve y facilita información sobre la lactancia materna.

LAM (AML), abreviatura de leucemia aguda mielocítica.

lamarquismo (lamarckism), teoría que postula que la evolución orgánica es el resultado de las alteraciones estructurales producidas por la adaptación de las plantas y animales a las condiciones medioambientales, y que estas características adquiridas se transmiten a los descendientes.

lambda (lambda), **1.** letra griega equivalente a la l mayúsculo o minúscula. **2.** fontanela posterior del cráneo, que marca el punto de encuentro entre las suturas sagital y lambdoidea.

lambdacismo (lambdacism), trastorno del habla, caracterizado por una pronunciación defectuosa de las palabras que llevan el sonido -l-, por el excesivo uso de dicho sonido o por la sustitución del sonido -r- por -l-.

lambdoideo (lambdoid), que tiene la forma de la letra griega lambda.

lámina (lamina, *pl.* **laminae**), cualquier capa fina o delgada de una membrana o un tejido. Puede no poseer estructura propia o pertenecer a otra estructura, como las láminas de los arcos vertebrales.

laminación de la membrana fascial (fascial membrane lamination), almohadilla de tejido conectivo que contiene grasa y algún vaso sanguíneo o un ganglio linfático aislado.

laminaria (laminaria), tipo de alga marina que se hincha al absorber agua.

laminectomía (laminectomy), extirpación quirúrgica de los arcos óseos de una o más vértebras, que se realiza para aliviar la compresión de la médula espinal, ocasionada por el desplazamiento óseo provocado por una lesión o como resultado de una degeneración discal, o para alcanzar y extirpar un disco intervertebral desplazado. Si se extirpan varias láminas puede ser necesaria la fusión espinal para estabilizar la columna.

laminilla (lamella, *pl.* **lamellae**), **1.** hoja o capa fina, por ejemplo de hueso. **2.** disco medicado, preparado con glicerina y un alcaloide, para insertarlo debajo del párpado, donde se disuelve y es absorbido.

lámpara catódica hueca (hollow cathode lamp), lámpara formada por un cátodo de metal y un gas inerte. Emite un espectro lineal de longitudes de onda específicas relacionadas con el metal del cátodo.

lámpara de arco de carbono (carbon arc lamp), lámpara eléctrica que produce una fuerte luz blanca de intensidad regulable a partir de un arco de corriente entre electrodos de carbono.

lámpara de hendidura (slit lamp), instrumento utilizado en oftalmología para estudiar la conjuntiva, el cristalino, el humor vítreo, el iris y la córnea. Se proyecta un rayo de luz de alta intensidad a través de una estrecha hendidura y se estudia con una lente de aumento un corte transversal de la parte del ojo iluminada.

lanceta (lancet), **1.** *obsoleto*, cuchilla quirúrgica muy pequeña, con punta, afilada en sus dos extremos. **2.** cuchilla de punta muy corta que se utiliza para obtener una muestra de sangre capilar.

lanceta con resorte (spring lancet), lanceta con una hoja accionada por un muelle. Se puede utilizar para recoger pequeñas muestras de sangre para pruebas de laboratorio.

lancinante (lancinanting), que corta o desgarra de forma aguda, como el dolor producido por una lanza.

LNLA (ANLL), abreviatura de leucemia aguda no linfocítica. V. **leucemia mielocítica aguda**.

lanolina (lanolin), sustancia grasienta obtenida de la lana de oveja. Contiene aproximadamente un 25% de agua como emulsión de agua en aceite, y se utiliza como base de pomadas y como emoliente de la piel.

lantano (La) (lanthanum [La]), elemento metálico del grupo de las tierras raras. Su número atómico es 57; su peso atómico, 138,91.

lanugo (lanugo), pelo blando, suave, que cubre al feto normal desde el quinto mes de vida, y que está casi totalmente eliminado hacia el 9.º mes.

lanuloso (lanulous), velludo o cubierto por un pelo corto y fino, lanoso, como la piel del feto.

lap (lap), abreviatura de **laparotomía**.

LAP (PAL), abreviatura de línea axilar posterior.

laparoenterostomía (laparoenterostomy), procedimiento quirúrgico que consiste en la instalación de un tubo a través de un orificio externo en el abdomen para drenar el intestino. Se usa un procedimiento similar para suministrar alimentos a pacientes con una obstrucción del tracto digestivo alto.

laparohisterectomía (laparohysterectomy), histerectomía realizada mediante una incisión en la pared abdominal.

laparoscopia (laparoscopy), examen de la cavidad abdominal con un laparoscopio a través de una pequeña incisión en la pared abdominal.

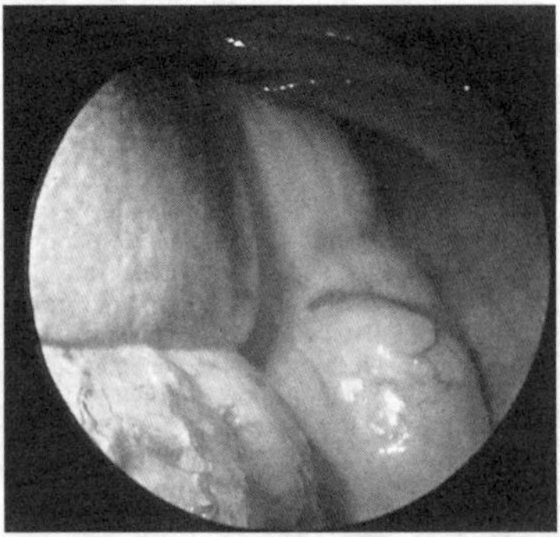

Laparoscopia
(S. Sherlock/J. A. Summerfield, 2.ª ed., 1992)

laparoscopio (laparoscope), tipo de endoscopio, que consta de un tubo iluminado con un sistema óptico, que se introduce a través de la pared abdominal con el fin de examinar la cavidad peritoneal.

laparotomía (laparotomy), cualquier incisión quirúrgica que penetre en la cavidad peritoneal, que normalmente se realiza bajo anestesia general o regional, frecuentemente con fines exploratorios. La **apendicectomía, colecistectomía** y **colotomía** son algunos tipos de laparotomía.

lápiz óptico (light pen), dispositivo electrónico, que recuerda a un lápiz, que puede utilizarse sobre un terminal de ordenador para introducir o modificar la información que muestra la pantalla.

laringe (larynx), órgano de la voz que forma parte de las vías aéreas al conectar la faringe con la tráquea. La laringe forma la porción inferior de la pared anterior de la faringe, y está recubierta por una mucosa que se continúa con la de la faringe y la de la tráquea. Está constituida por tres cartílagos simples y tres cartílagos pares, conectados mediante ligamentos y movidos por varios músculos.

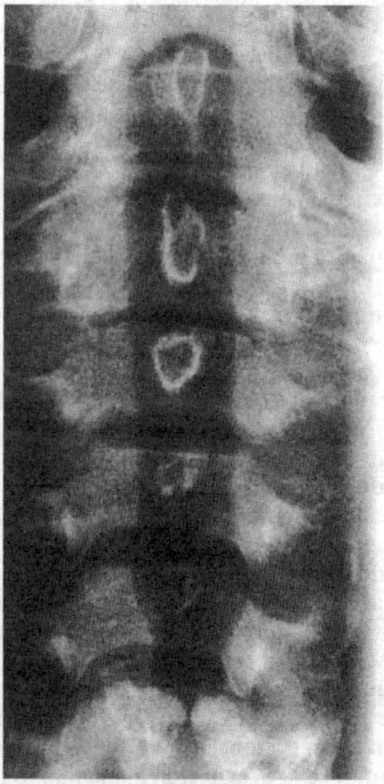

Laringe. Radiografía AP
(Fleckenstein, 1993)

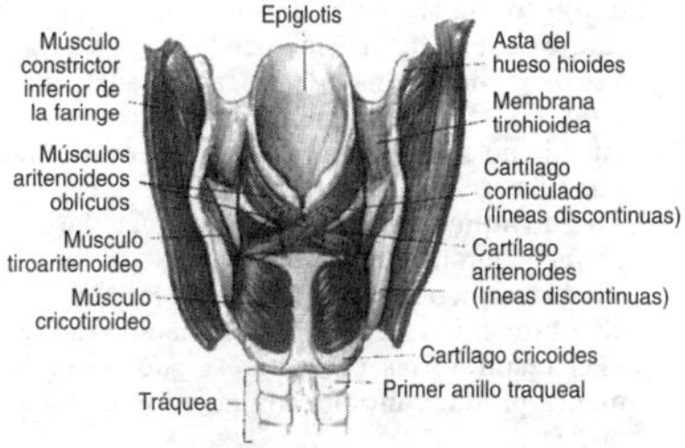

Vista posterior de la laringe
(Thibodeau, 1993/Ernest W. Beck)

laringectomía (laryngectomy), extirpación quirúrgica de la laringe, realizada para tratar el cáncer laríngeo.

laringismo (laryngismus), espasmo de la laringe. El laringismo estriduloso, un trastorno caracterizado por un espasmo laríngeo repentino con un crujido en la inspiración y desarrollo de cianosis, se produce en los procesos inflamatorios de la laringe, en el raquitismo o como enfermedad independiente.

laringitis (laryngitis), inflamación de la mucosa que tapiza la laringe, que se acompaña de edema de las cuerdas vocales con afonía o pérdida de la voz, que se produce como proceso agudo producido por el frío, humos irritantes o cambios bruscos de temperatura, o como un proceso crónico debido a un uso excesivo de la voz, a un consumo elevado de tabaco o a la exposición a vapores irritantes. En la laringitis aguda puede existir tos, y la garganta suele estar áspera y dolorosa.

laringocele (laryngocele), cavidad anormal que contiene aire, conectada al ventrículo laríngeo. Se produce por la evaginación de la mucosa ventricular, pudiendo desplazar y elongar la cuerda vocal falsa, ocasionando ronquera y obstrucción de la vía aérea. Dado que el laringocele también es un reservorio potencial de infección, suele extirparse.

laringografía (laryngography), v. **faringolaringografía**.

laringología (laryngology), rama de la medicina que estudia las causas y el tratamiento de las enfermedades de la laringe.

laringoscopia (laryngoscopy), uso de un laringoscopio para ver la laringe.

laringoscopio (laryngoscope), endoscopio para la exploración de la laringe.

laringospasmo (laryngospasm), cierre espasmódico de la laringe.

laringostasia (laryngostasis), v. **crup**.

laringotomía (laryngotomy), incisión quirúrgica que se lleva a cabo en la laringe a través de la membrana cricovocal. Se suele utilizar como procedimiento de emergencia cuando no se puede hacer una traqueostomía estándar.

laringotraqueobronquitis aguda (acute laryngotracheobronchitis), v. **crup**.

laringotraqueobronquitis (LTB) (laryngotracheobronchitis [LTB]), inflamación de las vías respiratorias principales, que normalmente produce afonía, tos no productiva y disnea.

larva (larva), forma inmadura de un animal, que sufre una metamorfosis antes de alcanzar el estado adulto.

larva migratoria cutánea (cutaneous larva migrans), trastorno cutáneo producido por la uncinaria *Ancylostoma braziliense*, parásito de gatos y perros. Sus huevos se depositan en el suelo a través de las heces de animales infectados, se convierten en larvas e invaden la piel de los seres humanos, generalmente a través de los pies descalzos, aunque pueden afectar a cualquier zona cutánea. Las infecciones secundarias son frecuentes si la piel está erosionada con lesiones de rascado.

larva migratoria visceral (visceral larva migrans),
infestación por larvas parasitarias de *Toxocara* o, a veces, *Ascaris, Strongyloides* u otros nematodos. V. **toxocariasis**.

láser (laser), acrónimo inglés de «*light amplification by stimulated emission of radiation*» (amplificación de la luz por emisión estimulada de radiación). Hace referencia a una fuente de una intensa radiación de las porciones visibles, ultravioletas o infrarrojas del espectro. En cirugía se usa para separar estructuras, para fijarlas o para destruirlas.

láser de excímero (excimer laser), láser de pequeño tamaño diseñado para desintegrar moléculas orgánicas, como los depósitos de colesterol, sin producir calor intenso.

latencia distal (distal latency), (en electroneuromiografía) intervalo de tiempo entre la estimulación de un grupo muscular y la respuesta observada.

latente (latent), dormido, que existe como posibilidad; por ejemplo: la tuberculosis puede estar latente durante períodos extensos de tiempo, y convertirse en activa en determinadas condiciones.

lateral (lateral), **1.** en un lado. **2.** por fuera del plano mediosagital. **3.** lejos del plano mediosagital. **4.** a la derecha o izquierda del plano mediosagital.

lateralización (lateralization), tendencia de ciertos procesos a desarrollarse más en un lado del cerebro que en el otro, como ocurre con el desarrollo de los pensamientos espaciales o musicales en el hemisferio derecho y los procesos verbales y lógicos en el hemisferio izquierdo en la mayoría de las personas.

látex (latex), emulsión o líquido viscoso producido por algunas células especializadas o por ciertos vegetales. Contiene resinas, proteínas y otras sustancias, y es la fuente del caucho.

Lathrop, Rose Hawthorne (Lathtrop, Rose Hawthorne [1851-1926]), hija de Nathaniel Hawthorne, que fundó la orden de las hermanas llamadas *Servants of Relief for Incurable Cancer*. La orden fundó hospitales allí donde existía una necesidad real, ofreciendo asistencia de calidad a sus pacientes.

latido (beat), fuerza de contracción del músculo cardíaco, que se puede detectar y registrar en forma de pulso.

latido cardíaco (cardiac impulse), movimiento del tórax producido por la contracción del corazón. Es fácil de palpar y de registrar.

latitud (latitude), capacidad de un sistema de imágenes radiográficas para producir imágenes aceptables en un amplio rango de exposiciones. Si un sistema tiene una amplia latitud, puede obtener imágenes de regiones corporales que varían en grosor o densidad, con sólo una exposición.

LATS (LATS), abreviatura de **estimulador tiroideo de acción prolongada**.

LATS-P (LATS-P), abreviatura de protector del estimulador tiroideo de acción prolongada.

laurencio (Lw) (lawrencium [Lw]) [Ernest O. Lawrence, físico norteamericano, n. 1901], elemento metálico transuránico sintético. Su número atómico es 103; su peso atómico, 257.

lavado (lavage), **1.** proceso de lavar un órgano, normalmante la vejiga, intestino, senos paranasales o estómago con fines terapéuticos. **2.** realizar un lavado. La **diálisis peritoneal**, el **lavado de sangre** y el **lavado gástrico** son ejemplos de lavado.

lavado (washout), eliminación o expulsión de un gas o agente anestésico volátil mediante la administración de otro.

lavado quirúrgico (surgical scrub), el acto de lavarse las uñas, manos y antebrazos con un jabón o solución bactericida antes de una intervención.

laxante (laxative), **1.** relativo a una sustancia que produce la evacuación del intestino mediante una acción suave. **2.** agente laxante que promueve la evacuación aumentando la masa fecal, ablandando las heces o lubricando la pared del intestino.

laxitud (lax), proceso de relajación o aflojamiento.
laxitud asociativa (associative looseness), tipo de trastorno del pensamiento en el que la relación entre las ideas se determina de forma autista.
laxo (lax), relajado o debilitado.
lazo (snare), aparato diseñado para sujetar un nudo corredizo de alambre, utilizado en la extirpación de pequeñas neoplasias pedunculadas. Al apretar el alambre alrededor del pedúnculo, se secciona y extirpa la neoplasia.
lb (lb), abreviatura de **libra**, como unidad de peso.
lb ap (ap lb), abreviatura de libra del sistema apotecario.
lb avdp (avdp lb), abreviatura de libra del sistema avoir-dupois.
lb cal (lb cal), abreviatura de libra-caloría.
lbf (lbf), abreviatura de libra-fuerza.
lbf-ft² (lbf-ft²), abreviatura de libra-fuerza por pie cuadrado.
lbf-in² (lbf-in²), abreviatura de libra-fuerza por pulgada cuadrada.
L-carnitina (L-carnitine), fármaco oral prescrito para el tratamiento de deficiencia sistémica primaria de carnitina.
LCAT (LCAT), abreviatura de lecitín-colesterol acetiltransferasa.
LCB (SCL), abreviatura de **lentes de contacto blandas**.
LCR (CSF), abreviatura de **líquido cefalorraquídeo**.
LD50 (LD50), (en toxicología) cantidad suficiente de sustancia para matar a la mitad de la población de los sujetos analizados.
LDH (LDH), abreviatura de **lactato deshidrogenasa**.
LDL (LDL), abreviatura de **lipoproteína de baja densidad**.
L-dopa (L-dopa), v. **levodopa**.
LE (LE), abreviatura de **lupus eritematoso**. V. **lupus eritematoso sistémico**.
LEC (ECF), abreviatura de **líquido extracelular**.
leche (milk), líquido secretado por las glándulas mamarias o por las ubres de los animales que amamantan a su prole. Después de la lactancia, las personas consumen leche de vaca, así como la de otros muchos animales, como la cabra, el camello, la yegua, el reno, la llama y el yak. La leche es un alimento básico que contiene carbohidratos (en forma de lactosa), proteínas (principalmente caseína con pequeñas cantidades de lactoalbúmina y lactoglobulina), grasas en suspensión y los minerales calcio y fósforo y las vitaminas A, riboflavina, niacina, tiamina y, cuando la leche está enriquecida, vitamina B.
leche acidófila (acidophilus milk), leche inoculada con cultivos de *Lactobacillus acidophilus*, empleada en varios trastornos entéricos para modificar la flora bacteriana del tracto GI.
leche certificada (certified milk), leche fresca que se obtiene, manipula y comercializa según las normas estatales de control sanitario. La leche debe proceder de vacas sanas que son inspeccionadas con regularidad por un veterinario y ordeñadas mediante equipos estériles en condiciones higiénicas, conteniendo un recuento bacteriano específico bajo y siendo distribuida en un plazo inferior a 36 horas.
leche condensada (condensed milk), líquido denso preparado mediante la evaporación de la mitad del agua contenida en la leche de vaca y la adición de azúcar.
leche de magnesia (milk of magnesia), laxante y antiácido que contiene hidróxido de magnesio, prescrito para aliviar el estreñimiento y la dispepsia ácida.
leche descremada (skimmed milk), leche de la cual se ha eliminado la grasa. Con la nata se elimina la mayor parte de la vitamina A, aunque se conservan el resto de los nutrientes. Está disponible en forma de leche desnatada líquida, leche desnatada reforzada, leche en polvo sin grasa y una forma de suero de leche.
leche enriquecida (fortified milk), leche pasteurizada enriquecida con uno o más alimentos, normalmente vitamina D, que se ha estandarizado en 400 unidades internaciones por litro **(leche enriquecida con vitamina D)**.
leche evaporada (evaporated milk), leche entera homogeneizada en la que se ha evaporado entre el 50 al 60% de su contenido en agua. Está suplementada con vitamina D, envasada y esterilizada.
leche homogeneizada (homogenized milk), leche pasteurizada que se ha tratado mecánicamente para reducir y emulsionar las partículas grasas de forma que no se pueda separar la crema y las proteínas sean más digestibles.
leche materna (breast milk), leche humana, alimento ideal para la mayoría de los niños. Se digiere fácilmente, limpia y templada; confiere inmunidad frente a ciertas enfermedades (la bronquiolitis y gastroenteritis son raras en los niños alimentados con leche materna) y promueve un vínculo emocional entre la madre y el niño. Los niños que se alimentan con leche materna tienen menos probabilidad de ser obesos y de desarrollar maloclusiones dentales.
leche modificada (modified milk), leche de vaca en la que se ha reducido el contenido de proteínas y se ha aumentado el contenido graso aproximándose a la composición de la leche humana.

leche no grasa (nonfat milk), v. **leche descremada**.

leche pasteurizada (pasteurized milk) [Louis Pasteur], leche que ha sido tratada con calor para destruir las bacterias patógenas. Por ley, la pasteurización requiere una temperatura de 60 a 65 °C durante no menos de 30 minutos, seguida de una temperatura de 70 °C durante 15 segundos con enfriamiento inmediatamente posterior.

leche semidesnatada (low-fat milk), leche que contiene entre el 1 y el 2% de grasa, con un contenido graso situado entre la leche entera y la desnatada.

lecho (bed), (en anatomía) matriz tisular que actúa de soporte, como el lecho ungueal de epidermis modificada sobre el que se desplazan las uñas de las manos y de los pies a medida que crecen.

lecitina (lecithin), cualquiera de un grupo de fosfolípidos frecuentes en animales y vegetales. Son esenciales para el metabolismo de las grasas, y se emplean en el procesamiento de alimentos, productos farmacéuticos, cosméticos y tintes.

lectina (lectin), sustancia proteínica, que existe en semillas y otras partes de determinadas plantas, que se une con las glucoproteínas y glucolípidos de la superficie de las células animales, ocasionando aglutinación.

lectura (reading), (en genética molecular) proceso lineal en el que se descodifica la información genética contenida en una secuencia de nucleótidos, como en la traducción de las órdenes del ARN mensajero para la secuencia de los aminoácidos en un polipéptido.

Leeuwenhoekia australiensis (Leeuwenhokeia australiensis) [Anton van Leeuwenhoek, microscopista holandés, n. 1632 en Australia], ácaro propio de la zona de Nueva Gales del Sur que penetra en la piel, produciendo una severa irritación.

Legionella pneumophila (Legionella pneumophila), bacilo pequeño, gramnegativo, agente causal de la **enfermedad del legionario**.

legra (curet), instrumento quirúrgico con forma de cuchara o pala para raspar y eliminar material o tejido de un órgano, cavidad o superficie.

legra de Hartmann (Hartmann's curet) [Arthur Hartmann, médico alemán, n. 1849], legra utilizada para extirpar las vegetaciones adenoides.

legrado, raspado (curettage), raspado del material de la pared de una cavidad u otra superficie, realizado para eliminar tumores u otros tejidos anormales o para obtener tejido para su examen microscópico. El término legrado también se aplica a la limpieza del material de desecho de fístulas y de zonas de infección crónica.

legrar (curet), eliminar tejido o restos con una legra; la legra de Hartmann es un tipo de legra.

legumbre (legume), miembro del orden de la *Fabales* de las plantas dicotiledóneas, como los guisantes, las judías y las lentejas.

leiomioblastoma (leiomyoblastoma), v. **leiomioma epitelioide**.

leiomiofibroma (leiomyofibroma, *pl.* **leiomyofibromas, leiomyofibromata**), tumor compuesto por células del músculo liso y tejido conectivo fibroso, que aparece normalmente en el útero de mujeres de mediana edad.

leiomioma (leiomyoma, *pl.* **leiomyomas, leiomyomata**), tumor benigno del músculo liso, que se produce sobre todo en el estómago, esófago e intestino delgado.

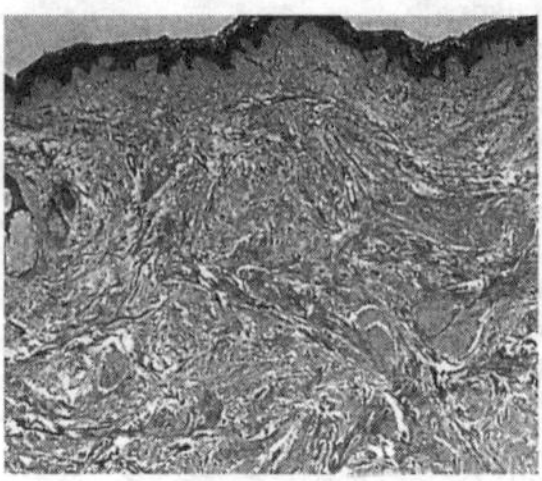

Leiomioma
(A. du Vivier, 2.ª ed., 1995)

leiomioma cutis (leiomyoma cutis), neoplasia de los músculos lisos de la piel. La lesión se caracteriza por la presencia de muchos nódulos pequeños rojizos, dolorosos a la presión.

leiomioma epitelioide (epithelioid leiomyoma), neoplasia rara del músculo liso en la que las células tienen forma poligonal. Se suele desarrollar en el estómago.

leiomioma uterino (leiomyoma uteri), neoplasia benigna del músculo liso uterino. El tumor es típicamente duro, bien circunscrito, redondeado y blanco-grisáceo. Es frecuente que estos tumores se presenten de forma múltiple en el miometrio de mujeres de 30 a 50 años de edad.

leiomioma vascular (vascular leiomyoma), neoplasia desarrollada a partir de las fibras musculares lisas de un vaso sanguíneo.

leiomiosarcoma (leiomyosarcoma), sarcoma que contiene células fusiformes del músculo liso de gran tamaño.

Leishmania (Leishmania), género de protozoos parásitos. Se transmiten a los humanos por cualquiera de las diferentes especies de los mosquitos del género *Phlebotomus*.

leishmaniasis americana (American leishmaniasis), grupo de infecciones mucocutáneas producidas por varias especies de *Leishmania*, caracterizadas por lesiones ulcerativas que desfiguran la nariz, la boca y la garganta. Algunos tipos de leishmaniasis americana son: **espundia, pian del bosque, úlcera de los chicleros** y **uta**.

leishmaniasis cutánea (cutaneous leishmaniasis), v. **botón de Oriente**.

leishmaniasis del Nuevo Mundo (New World leishmaniasis), v. **leishmaniasis americana**.

leishmaniasis del Viejo Mundo (Old World leishmaniasis), v. **botón de Oriente**.

leishmaniasis mucocutánea (mucocutaneous leishmaniasis), v. **leishmaniasis americana**.

leishmaniasis visceral (visceral leishmaniasis), v. **kala-azar**.

leishmaniosis (leishmaniasis), infección ocasionada por cualquiera de las especies de los protozoos del género *Leishmania*. Las enfermedades producidas por estos organismos pueden ser cutáneas o viscerales. El botón de Oriente, el kala-azar y la leishmaniosis americana son tipos de leishmaniosis.

lemnisco (lemniscus), banda o tracto de las fibras del sistema nervioso central, sobre todo los axones ascendentes de las neuronas sensitivas secundarias que pertenecen al tálamo.

lengua (tongue), órgano principal del sentido del gusto que también ayuda en la masticación y deglución de los alimentos. Se localiza en el suelo de la boca dentro de la curva de la mandíbula. Su raíz está conectada posteriormente al hueso hioides mediante los músculos hipogloso y geniogloso. El uso de la lengua como un órgano del lenguaje no es una característica anatómica, sino adquirida de forma secundaria.

lengua bífida (bifid tongue), lengua dividida por un surco longitudinal. También llamada **lengua hendida**.

lengua de fresa (strawberry tongue), signo clínico de la escarlatina, caracterizada por una coloración semejante a una fresa de las papilas linguales inflamadas.

lengua escrotal (scrotal tongue), alteración patológica en la que la lengua presenta profundos surcos y recuerda la superficie del escroto.

lengua fisurada (fissured tongue), lengua con surcos profundos en la superficie que se pueden irradiar hacia fuera. Este trastorno se puede heredar con carácter autosómico dominante.

lengua geográfica (geographic tongue), trastorno inflamatorio de la superficie dorsal de la lengua, que se caracteriza por la presencia de numerosas zonas en las que continuamente se pierden y vuelven a crecer papilas filiformes.

lengua hendida (cleft tongue), lengua dividida por una cisura longitudinal.

lengua negra (black tongue), micosis de la lengua caracterizada por una placa negra o marrón.

lengua saburral (coated tongue), lengua de superficie recubierta por placas de color marrón, amarillo o blanco, que representan una acumulación de micelios, bacterias, restos alimenticios o células epiteliales descamadas. Existen muchas causas posibles, que van desde una infección micótica hasta el dormir con la boca abierta.

lengua vellosa (hairy tongue), sobrecrecimiento oscuro, pigmentado, de las papilas filiformes de la lengua, que es un efecto secundario y benigno de algunos antibióticos.

lenguaje (speech), **1.** la pronunciación de sonidos vocales articulados que forman palabras para expresar las propias ideas o pensamientos. **2.** comunicación mediante palabras habladas. **3.** facultad de pronunciación de una lengua, en la que participa una compleja coordinación de los músculos y nervios de los órganos de la articulación. Algunos tipos de disfunción son: **lenguaje atáxico, lenguaje cercenado, lenguaje en staccato, lenguaje escandido** y **lenguaje explosivo**.

lenguaje afónico (aphonic speech), lenguaje anómalo en el que se habla mediante susurros.

lenguaje atáxico (ataxic speech), lenguaje anormal que se caracteriza por un fallo en la formación de los sonidos, motivado por una disfunción neuromuscular.

lenguaje automático (automatic speech), lenguaje que está compuesto o que contiene palabras o frases emitidas sin un control voluntario y que a menudo contiene interjecciones, improperios y saludos.

lenguaje cercenado (scamping speech, clipped speech), lenguaje anómalo en el cual se omiten consonantes o sílabas completas de las palabras debido a la incapacidad de la persona para emitir esos sonidos.

lenguaje cerebeloso (cerebellar speech), lenguaje anormal observado en las enfermedades del cerebelo. Se caracteriza por una pronunciación lenta, espasmódica e incomprensible que puede ser intermitente y explosiva o de tonalidad monótona e invariable.

lenguaje corporal (body languaje), conjunto de signos no verbales, tales como los movimientos del cuerpo, las posturas, los gestos, la posición espacial y el embellecimiento corporal, que dan expresión a varios estados físicos, mentales y emocionales.

lenguaje de bajo nivel (low-level languaje), lenguaje de ordenador que emplea la lógica matemática, pero que requiere la manipulación precisa de los números binarios.

lenguaje de signos (sign language), forma de comunicación que se utiliza con frecuencia entre y con personas sordas en la que se utilizan movimientos corporales y de las manos. Hay algunas variaciones, como la forma americana, la inglesa o que emplea los dedos.

lenguaje en staccato (staccato speech), lenguaje anormal en el cual la persona hace pausas entre las palabras, rompiendo el ritmo de las frases o las oraciones. Esta anomalía se encuentra a veces asociada a la esclerosis múltiple.

lenguaje escandido (scanning speech), lenguaje anormal caracterizado por una articulación a saltos, en la cual las palabras quedan cortadas y rotas porque la persona hace pausas entre las sílabas.

lenguaje esofágico (esophageal speech), sonidos laríngeos realizados al forzar el aire hacia dentro y hacia fuera del esófago, haciendo que vibre. Puede producirse por variados métodos.

lenguaje explosivo (explosive speech), lenguaje anormal caracterizado por una articulación costosa, lenta, intercalada con súbitos períodos de enunciación clara de palabras, que se aprecia con frecuencia en trastornos cerebrales.

lenguaje infantil (baby talk), **1.** patrones de lenguaje y sonidos de los niños pequeños que están aprendiendo a hablar, caracterizados por pronunciación defectuosa, sintaxis imperfecta, repeticiones y modificaciones fonéticas tales como ceceos o tartamudeos. **2.** forma intencionalmente simplificada de hablar, imitando a los niños que están aprendiendo a hablar, utilizada por los adultos cuando se dirigen a niños o a animales domésticos. **3.** patrones de lenguaje característicos de los estadios regresivos de diversas enfermedades mentales, especialmente la esquizofrenia.

lenguaje paralelo (parallel talk), forma de lenguaje utilizada durante la terapia de juego con niños según la cual el médico expresa verbalmente actividades del niño sin exigir respuestas a las preguntas.

lenguaje sensitivo (sensory-based language), la utilización de un comportamiento no verbal en la comunicación neurolingüística. Como ejemplos tenemos las expresiones jeroglíficas y el señalar con el dedo.

lenguaje seriado (serial speech), lenguaje aprendido de memoria que abarca una serie de palabras, como es contar o recitar los días de la semana.

lenguaje verbal (verbal language), sistema de sonidos vocales organizado culturalmente, que comunica significados entre individuos.

lente (lens), pieza transparente curvada de plástico o vidrio, que se conforma, moldea y pule con el fin de refractar la luz siguiendo un trayecto determinado, como en las gafas, microscopios o cámaras.

lente acromática (achromatic lens), lente con la misma longitud focal para los colores rojo y azul del espectro, lo que permite la refracción de la luz sin descomponerla en los colores que la integran.

lente esférica cóncava (concave spherical lens), lente de superficies curvas y deprimidas para provocar la divergencia de los rayos luminosos. Se utiliza para el tratamiento de la miopía.

lente trifocal (trifocal lens), lente ocular pulida para ver los objetos a tres distancias diferentes: cercana, intermedia y lejana.

lentes de contacto (contact lens), lentes pequeñas, curvas, de cristal o plástico, diseñadas para adaptarse al ojo del sujeto y corregir la refracción. Las lentes de contacto flotan sobre la película precorneal de lágrimas.

lentícono (lenticonus), protrusión anómala esférica o cónica del cristalino del ojo. Es un defecto congénito que aparece en el síndrome de Alport.

lentiforme (lentiform), que tiene forma de lenteja, como el cristalino del ojo.

lentigo (lentigo, *pl.* **lentigines**), mácula cutánea de color canela o marrón, que aparece tras la exposición al sol, normalmente en personas de edad media o avanzada. Otra variedad, denominada **lentigo juvenil**, no tiene relación con la luz del sol, y aparece en niños de 2 a 5 años de edad, antes de las pecas.

lentigo de Hutchinson (Hutchinson's freckle) [Sir Jonathan Hutchinson, cirujano inglés, n. 1828], mancha pigmentada de la piel que crece lentamente, haciéndose punteada, oscura, gruesa y nodular. Este tipo de lesión se observa con frecuencia en un lado de la cara de una persona anciana.

lentigo juvenil (juvenile lentigo), v. **lentigo**.

lentigo maligno (lentigo maligna), v. **lentigo de Hutchinson**.

lentivirus (lentivirus), subfamilia de los retrovirus en la que se incluye el VIH. Los lentivirus suelen ser virus lentos, con largos períodos de incubación, que pueden retrasar la aparición de síntomas varios años después de la exposición.

LEP (PEL), abreviatura de límites de exposición permisibles.

lepra (leprosy), enfermedad contagiosa, crónica, producida por *Mycobacterium leprae*, que puede adoptar dos formas, dependiendo del grado de inmunidad del huésped. La **lepra lepromatosa**, que se aprecia en los que tienen menor resistencia, afecta a muchos sistemas del organismo, con diseminación de placas y nódulos en la piel, iritis, queratitis, destrucción del hueso y cartílago nasal, atrofia testicular, edema periférico y afectación del sistema reticuloendotelial. Puede ocasionar ceguera. La **lepra tuberculosa**, observada en los que tienen más resistencia, se manifiesta por un engrosamiento de los nervios cutáneos, con lesiones anestésicas en forma de placas cutáneas.

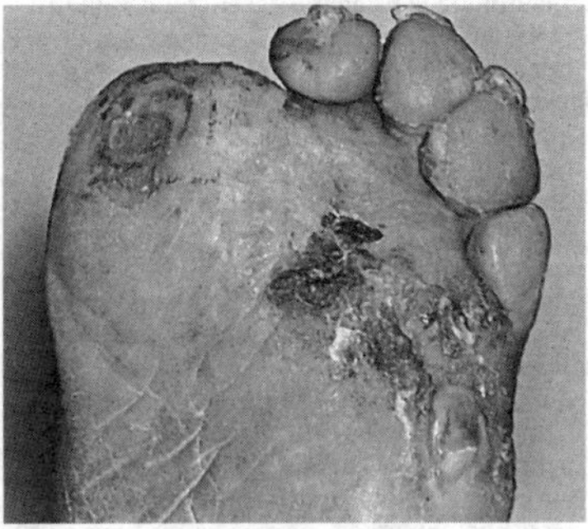

Lepra lepromatosa
(C. D. Forbes/W. F. Jackson, 1994)

leprosería (leprosarium), hospital para pacientes con la enfermedad de Hansen (lepra).

leptocito (leptocyte), v. **dianocito**.

leptocitosis (leptocytosis), trastorno sanguíneo en el que aparecen dianocitos en la sangre. La talasemia, algunas hepatopatías y la ausencia de bazo se asocian con leptocitosis.

leptomeninges (leptomeninges), aracnoides y piamadre, dos de las tres capas que cubren el sistema nervioso central.

leptonema (leptonema), formación cromosómica trenzada en la fase de leptotene de la primera profase meiótica de la gametogénesis, antes del comienzo de la sinapsis.

Leptospira (Leptospira), género de la familia de las Treponematáceas, orden Espiroquetas, de organismos enrollados, con espirales y terminados en gancho. Las espiroquetas pueden producir ictericia, hemorragias cutáneas, fiebre y enfermedades musculares.

leptospirosis (leptospirosis), enfermedad infecciosa aguda producida por varios serotipos de la espiroqueta *Leptospira interrogans*, transmitida por la orina de animales domésticos o salvajes, especialmente ratas y perros. Las infecciones humanas surgen tras el contacto directo con la orina o los tejidos de animales infectados, o indirectamente a través del agua o terrenos contaminados. Los síntomas clínicos consisten en ictericia, hemorragias cutáneas, fiebre, escalofríos y dolores musculares. La forma más grave de esta enfermedad es la **enfermedad de Weil**.

leptoten (leptotene), fase inicial de la primera profase meiótica de la gametogénesis, en la que se hacen visibles los cromosomas, en forma de finos filamentos.

LES (SLE), abreviatura de **lupus eritematoso sistémico**.

lesbiana (lesbian), mujer homosexual.

lesión (lesion), **1.** herida, daño o cambio patológico de un tejido corporal. **2.** cualquier anomalía local, visible, de los tejidos de la piel, como una herida, una llaga, una erupción o un forúnculo. La lesión puede describirse como benigna, cancerosa, grosera, oculta o primaria.

lesión de Janeway (Janeway disease) [Edward G. Janeway, médico norteamericano, n. 1841], pequeña mácula eritematosa o hemorrágica que aparece en palmas y plantas, a veces diagnóstica de endocarditis bacteriana subaguda.

lesión de parto (birth injury), traumatismo sufrido por un bebé mientras nace. Algunos tipos de lesión de parto son: **parálisis cerebral, parálisis de Bell** y **parálisis de Erb**.

letal (lethal), capaz de producir la muerte.

letalidad (lethality), probabilidad de que una persona que amenaza suicidarse lo consiga basada en el método descrito, la especificidad del plan o en la disponibilidad de medios.

letargia histérica (hysteric lethargy), sueño inducido por hipnosis.

letargo (lethargy), **1.** estado o cualidad de ser indiferente, apático o adormecido. **2.** estupor o coma ocasionado por enfermedad o hipnosis. Son tipos de letargo el **letargo inducido** y el **letargo lúcido**.

leucemia (leukemia), neoplasia maligna de los órganos hematopoyéticos que se caracteriza por la sustitución difusa de la médula ósea por precursores leucocitarios proliferantes, por un número y unas formas anormales de leucocitos inmaduros en la circulación, y por infiltración de los nódulos linfáticos, bazo, hígado y otras localizaciones. El origen de la leucemia no es claro, aunque puede ser el resultado de la exposición a radiaciones ionizantes, benzeno u otros agentes químicos tóxicos para la médula ósea. La leucemia se clasifica dependiendo de las células que predominan en la proliferación, su curso clínico y la duración de la enfermedad. La leucemia aguda suele tener un comienzo súbito, evolucionando rápidamente a partir de signos precoces como fatiga, palidez, pérdida de peso, facilidad para la aparición de hematomas, hasta fiebre, hemorragias, dolor óseo o articular e infecciones repetidas. La leucemia crónica se desarrolla lentamente y la aparición de signos similares a los de la forma aguda de la enfermedad pueden retrasarse durante años.

leucemia aguda infantil (acute childhood leukemia), enfermedad maligna y progresiva de los tejidos formadores de sangre caracterizada por la proliferación incontrolada de leucocitos inmaduros y de sus precursores, particularmente en la médula ósea, en el bazo y en los ganglios linfáticos. Es el cáncer más frecuente de la infancia y su comienzo tiene un pico entre los 2 y los 5 años de edad. La leucemia aguda se clasifica en función del tipo celular: **leucemia linfoide aguda (LLA)**, que comprende las formas linfática, linfocítica, linfoblástica y linfoblastoide; **leucemia no linfoide aguda (LNLA)**, en la que se incluyen las formas granulocítica, mielocítica, monocítica, mielógena, monoblástica y mielomonoblástica (las series mielocítica y monocítica se abrevian como **LMA**). La LLA es una enfermedad que afecta predominantemente a la infancia, mientras que la LMA aparece en todos los grupos de edad. Se desconoce la causa exacta de la enfermedad, si bien participan varios factores, entre ellos defectos genéticos, inmunodeficiencias, infecciones víricas y factores ambientales carcinogénicos, principalmente las radiaciones ionizantes.

leucemia aguda no linfocítica (acute nonlymphocytic leukemia), v. **leucemia mielocítica aguda**.

leucemia aleucémica (aleukemic leukemia), tipo de leucemia en la que el recuento total de leucocitos permanece dentro de los límites normales y la sangre periférica muestra un escaso número de formas anormales.

leucemia aleucocitémica (aleukocythemic leukemia), v. **leucemia aleucémica**.

leucemia basófila (basophilic leukemia), neoplasia maligna aguda o crónica de los tejidos hematopoyéticos, caracterizada por la presencia de un gran número de granulocitos basófilos inmaduros en la circulación periférica y en los tejidos.

leucemia cutis (leukemia cutis), proceso en el que se desarrollan en la piel lesiones nodulares marrón amarillentas, rojizas o púrpura, e infiltrados difusos o grandes acúmulos de células leucémicas.

leucemia de células de Rieder (Rieder's cell leukemia) [Hermann Rieder, médico alemán, n. 1858], neoplasia maligna de los tejidos hematopoyéticos, caracterizada por la presencia de un número elevado de mieloblastos atípicos en la sangre, con un citoplasma inmaduro y un núcleo segmentado, lobulado y relativamente maduro.

leucemia de células del linfosarcoma (lymphosarcoma cell leukemia), neoplasia maligna de tejidos hematopoyéticos caracterizada por la presencia de múltiples células linfosarcomatosas en la circulación periférica que tienden a infiltrar los tejidos circundantes.

leucemia de células indiferenciadas (undifferentiated cell leukemia), v. **leucemia de células madre**.

leucemia de células madre (stem cell leukemia), neoplasia de los órganos hematopoyéticos en la que la célula neoplásica predominante es demasiado inmadura como para ser clasificada. La enfermedad aguda tiene un curso rápido y fulminante.

leucemia de células maduras (mature cell leukemia), v. **leucemia polimorfocítica**.

leucemia de células peludas (hairy-cell leukemia), neoplasia poco frecuente de los tejidos hematopoyéticos, caracterizada por pancitopenia, esplenomegalia masiva y por la presencia en sangre y médula ósea de células reticulares con numerosas proyecciones finas en su superficie. Esta enfermedad aparece habitualmente en la quinta década de la vida, a menudo con un inicio insidioso y un curso variable caracterizado por anemia, trombocitopenia y equimosis espontáneas.

leucemia de células plasmáticas (plasma cell leukemia), neoplasia poco frecuente de los tejidos hematopoyéticos, en la que las células predominantes en la sangre periférica son células plasmáticas. Puede aparecer en el curso de un mieloma múltiple o de forma independiente.

leucemia de Naegeli (Naegeli's leukemia), v. **leucemia monocítica**.

leucemia de Schilling (Schilling's leukemia), v. **leucemia monocítica**.

leucemia eosinofílica (eosinophilic leukemia), neoplasia maligna de los leucocitos en la que el tipo celular predominante son los eosinófilos.

leucemia eritromieloblástica (erythromyeloblastic leukemia), v. **eritroleucemia**.

leucemia granulocítica (granulocytic leukemia), v. **leucemia mielocítica**.

leucemia hemoblástica (hemoblastic leukemia), v. **leucemia de células madre**.

leucemia hemocitoblástica (hemocytoblastic leukemia), v. **leucemia de células madre**.

leucemia hipocítica (hypocytic leukemia), v. **leucemia aleucémica**.

leucemia histiocítica (histiocytic leukemia), v. **leucemia monocítica**.

leucemia leucopénica (leukopenic leukemia), v. **leucemia aleucémica**.

leucemia linfática (lymphatic leukemia), v. **leucemia linfocítica aguda, leucemia linfocítica crónica**.

leucemia linfoblástica aguda (acute lymphoblastic leukemia), v. **leucemia linfocítica aguda**.

leucemia linfocítica (lymphocytic leukemia), v. **leucemia linfocítica aguda, leucemia linfocítica crónica.**

leucemia linfocítica aguda (LLA) (acute lymphocytic leukemia [ALL]), enfermedad maligna y progresiva que se caracteriza por la aparición de gran número de células inmaduras, de gran parecido a los linfoblastos, distribuidas por la médula ósea, la sangre periférica, los ganglios linfáticos, el bazo, el hígado y otros órganos. El número de células sanguíneas normales está reducido. Aproximadamente el 80% de los 2.250 casos que se dan anualmente en Estados Unidos afecta a niños, diagnosticándose la mayoría de ellos entre los 2 y los 5 años de edad.

leucemia linfocítica crónica (LLC) (chronic lymphocytic leukemia [CLL]), neoplasia de los tejidos formadores de la sangre, caracterizada por la proliferación de linfocitos pequeños de larga vida, principalmente células B, en la médula ósea, hígado y en los órganos linfoides. Ningún tratamiento es curativo, aunque se pueden inducir remisiones mediante quimioterapia con clorambucil y glucocorticoides, o mediante irradiación del timo, bazo o de todo el organismo.

leucemia linfógena (lymphogenous leukemia), v. **leucemia linfocítica aguda, leucemia linfocítica crónica**.

leucemia linfoide (lymphoid leukemia), v. **leucemia linfocítica aguda, leucemia linfocítica crónica**.

leucemia linfoidocítica (lymphoidocytic leukemia), v. **leucemia de células madre**.

leucemia mastocítica (mast cell leukemia), neoplasia maligna de los leucocitos caracterizada por la presencia de numerosos mastocitos del tejido conectivo en la sangre circulante.

leucemia megacariocítica (megakaryocytic leukemia), neoplasia maligna poco frecuente del tejido hematopoyético en la que se produce una proliferación anómala de megacariocitos en la médula ósea, con un número relativamente elevado en sangre circulante.

leucemia micromieloblástica (micromyeloblastic leukemia), neoplasia maligna de los tejidos hematopoyéticos caracterizada por la proliferación de pequeños mieloblastos, que solamente se pueden distinguir de los linfocitos mediante técnicas especiales de tinción y examen microscópico.

leucemia mieloblástica (myeloblastic leukemia), neoplasia maligna de los tejidos hematopoyéticos caracterizada por la presencia de numerosos mieloblastos en la sangre circulante y en los tejidos.

leucemia mielocítica (myelocytic leukemia), trastorno caracterizado por la producción excesiva y sin control de mielocitos de la serie granulocítica.

leucemia mielocítica aguda (LMA) (acute myelocytic leukemia [AML]), neoplasia maligna que afecta a los elementos formadores de sangre y se caracteriza por la proliferación incontrolada de granulocitos inmaduros, que generalmente poseen bastones azurófilos de Auer en su citoplasma. Los síntomas típicos, que aparecen de forma brusca o, más frecuentemente, de manera gradual, son inflamación y hemorragia gingival, anemia, fatiga, fiebre, disnea, esplenomegalia moderada, dolores osteoarticulares e infecciones de repetición. Pueden aparecer cloromas (sarcomas granulocíticos de coloración verdosa) en los huesos o en los tejidos blandos. La LMA se puede presentar a cualquier edad, pero afecta más frecuentemente a los adolescentes y a los adultos jóvenes.

leucemia mielógena (myelogenous leukemia), v. **leucemia mielocítica**.

leucemia mieloide (myeloid leukemia), v. **leucemia mielocítica.**

leucemia mieloide crónica (LMC) (chronic myelocytic leukemia [CML]), neoplasia maligna del tejido formador de sangre, caracterizada por la proliferación de granulocitoos y, con frecuencia, de megacariocitos. Se caracteriza por malestar, fatiga, intolerancia al calor, hemorragia gingival, púrpura, lesiones cutáneas, pérdida de peso, hiperuricemia, molestias abdominales y esplenomegalia masiva.

leucemia mielomonocítica (myelomonocytic leukemia), v. **leucemia monocítica**.

leucemia mixta (mixed leukemia), neoplasia maligna de los tejidos hematopoyéticos caracterizada por la proliferación de granulocitos eosinófilos, neutrófilos y basófilos, en vez de una línea celular predominante.

leucemia monoblástica (monoblastic leukemia), neoplasia maligna progresiva de los órganos hematopoyéticos, caracterizada por la proliferación de monoblastos y monocitos.

leucemia monocítica (monocytic leukemia), neoplasia maligna de los tejidos hematopoyéticos en la que las células predominantes son los monocitos. La enfermedad tiene un curso errático caracterizado por malestar general, fatiga, fiebre, anorexia, pérdida de peso, esplenomegalia, hemorragias gingivales, petequias dérmicas, anemia y falta de respuesta al tratamiento. Existen dos formas: la **leucemia de Naegeli**, más frecuente, en la que un gran número de células parecen mieloblastos, y la **leucemia de Schilling**, en la que la mayoría de las células son monocitos que probablemente se originan a partir del sistema reticuloendotelial.

leucemia neutrófila (neutrophilic leukemia), v. **leucemia polimorfocítica**.

leucemia polimorfocítica (polymorphocytic leukemia), neoplasia de los tejidos hematopoyéticos en la que predominan los granulocitos maduros segmentados.

leucemia promielocítica aguda (acute promyelocytic leukemia), enfermedad maligna de los elementos formadores de sangre que se caracteriza por hemorragias graves, equimosis dispersas, descenso del nivel de fibrinógeno y de plaquetas y proliferación en la médula ósea de promielocitos y de células blásticas con destacados bastones de Auer. V. **leucemia**.

leucemia subleucémica (subleukemic leukemia), v. **leucemia aleucémica**.

leucemoide (leukemoid), que recuerda a una leucemia.

leucina (Leu) (leucine [Leu]), aminoácido cristalino esencial para el crecimiento adecuado de los lactantes y para el equilibrio nitrogenado de los adultos. No puede ser sintetizado por el organismo, y se obtiene mediante la hidrólisis de proteínas durante la digestión pancreática.

leucinosis (leucinosis), proceso en el que están bloqueados los mecanismos de degradación de la leucina, acumulándose grandes cantidades del aminoácido en los tejidos corporales.

leucoblasto (leukoblast), leucocito inmaduro.

leucocitemia (leukocythemia), v. **leucemia**.

leucocito (leukocyte, white blood cell, white cell), célula blanca de la sangre, uno de los elementos formes del sistema sanguíneo circulante. Existen cinco tipos de leucocitos, que se clasifican según la presencia o ausencia de gránulos en el citoplasma de la célula. Los agranulocitos son los linfocitos y los monocitos. Los granulocitos son los neutrófilos, basófilos y eosinófilos.

leucocito heterófilo (heterophilic leukocyte), neutrófilo de ciertas especies animales que se tiñe con una tinción ácida.

leucocito polimorfonuclear (polymorphonuclear leukocyte), leucocito con un núcleo lobulillar segmentado; un eosinófilo, basófilo o neutrófilo.

leucocitopenia (leukocytopenia), v. **leucopenia**.

leucocitosis (leukocytosis), aumento anormal del número de leucocitos circulantes. Suele acompañar a las infecciones bacterianas, pero no a las virales. El rango normal es de 5.000 a 10.000 leucocitos por milímetro cúbico de sangre. La basofilia, la eosinofilia y la neutrofilia son tipos de leucocitosis.

leucodermia (leukoderma), pérdida localizada de la pigmentación de la piel producida por numerosas causas.

leucodistrofia (leukodistrophy), enfermedad caracterizada por la desmielinización de la sustancia blanca del cerebro.

leucodistrofia globoide (globoid leukodystrophy), v. **lipidosis galactosilceramídica**.

leucoencefalitis hemorrágica aguda (acute hemorrhagic leukoencephalitis), v. **encefalopatía necrotizante hemorrágica aguda**.

leucoféresis (leukapheresis), proceso por el que se extrae sangre de una vena, se extraen leucocitos de forma selectiva y se reinfunde el resto de sangre en el donante.

leucoflegmasía (leukophlegmasia), v. **flegmasía *alba dolens***.

leucoforesis (leukophoresis), técnica de laboratorio en la que se separan los leucocitos mediante electroforesis para identificar y evaluar los tipos celulares y sus proporciones.

leuconiquia (leukonychia), proceso congénito benigno en el que aparecen parches blanquecinos bajo las uñas. Los traumatismos, la infección y muchas enfermedades sistémicas pueden producir manchas o estrías blancas en las uñas. La presencia de burbujas aéreas debajo de las uñas es causa frecuente.

leucopenia (leukopenia), descenso anormal del número de leucocitos, por debajo de 5.000 por milímetro cúbico. Puede estar ocasionada por una reacción farmacológica adversa, una intoxicación radiactiva u otros procesos

patológicos, y puede afectar a todos los tipos de leucocitos.
leucoplaquia, leucoplasia (leukoplakia), alteración precancerosa de la mucosa, de desarrollo lento, que se caracteriza por la presencia de placas engrosadas, blancas, firmemente adheridas, ligeramente elevadas y perfectamente circunscritas.

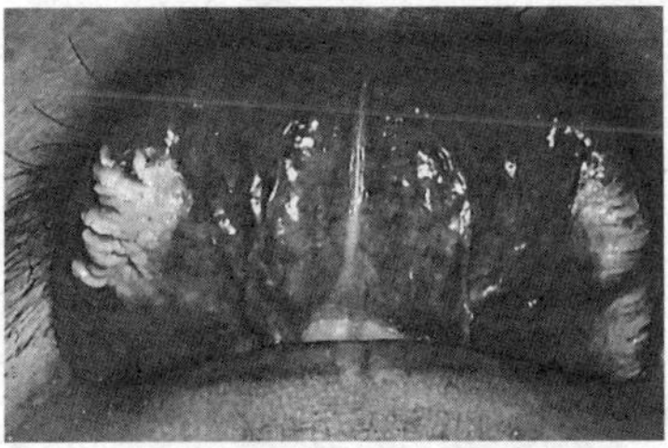

Leucoplasia vellosa en un paciente en la fase de CRS
(C. D. Forbes/W. F. Jackson, 1994)

leucopoyesis (leukopoiesis), proceso mediante el cual se forman y desarrollan los leucocitos. En el tejido mieloide de la médula ósea se producen neutrófilos, basófilos y eosinófilos. Los linfocitos y los monocitos casi siempre suelen derivar de los hemocitoblastos del tejido linfoide, aunque algunos se desarrollan en la médula ósea.
leucorrea (leukorrhea), secreción vaginal blanca. Normalmente, la secreción de la vagina presenta variaciones regulares en cantidad y consistencia durante el ciclo menstrual. Una secreción irritante, pruriginosa, abundante, de mal olor, de color verde o amarillo puede indicar infección vaginal o uterina, u otros procesos patológicos de origen ginecológico. La leucorrea es la causa más frecuente de consulta en ginecología.
leucotomía (leukotomy), v. **lobotomía**.
leucotoxina (leukotoxin), sustancia capaz de inactivar o destruir leucocitos.
leucotrienos (leukotrienes), tipo de compuestos biológicamente activos que existen de forma natural en los leucocitos y que producen las reacciones alérgica e inflamatoria. Se piensa que desempeñan un importante papel en el desarrollo de las enfermedades alérgicas y autoinmunitarias, como el asma o la artritis reumatoide.
leucovirus (leukovirus), grupo de virus ARN patógenos para los animales. Incluye, por ejemplo, al virus del sarcoma de Rous y al de la leucemia murina.
leucovorín (leucovorin), v. **ácido folínico**.
leucovorín cálcico (leucovorin calcium), antianémico que se prescribe en el tratamiento de la sobredosis de antagonistas del ácido fólico y en determinados casos de anemia megaloblástica.
levadura (yeast), todo hongo nucleado unicelular, habitualmente oval, que se reproduce por gemación. *Candida albicans* es una levadura patógena.
levadura de cerveza (brewer's yeast), preparación que contiene las células pulverizadas secas de una levadura, tal como *Saccharomyces cerevisiae*, que se utiliza como agente fermentante y como suplemento dietético. Es una fuente del complejo vitamínico B, muchos minerales y gran número de proteínas.
levamisol (levamisole), fármaco utilizado como agente antihelmíntico frente a numerosos nematodos. También se ha empleado en el tratamiento de infecciones bacterianas y virales.
levanfetamina (levamphetamine, levamfetamine), isómero de la anfetamina, originalmente utilizado como antianoréxico.
leve (mild), suave, sutil o de baja intensidad, como una infección leve.
levitación (levitation), sensación alucinatoria de flotar o elevarse en el aire.
levodopa (levodopa), antiparkinsoniano prescrito para el tratamiento de la enfermedad de Parkinson, formas juveniles de la enfermedad de Huntington y para la intoxicación crónica por magnesio.
levotiroxina sódica (levothyroxine sodium), hormona tiroidea prescrita para el tratamiento del hipotiroidismo.
levulosa (levulose), v. **fructosa**.
levulosuria (levulosuria), v. **fructosuria**.
lewisita (lewisite) [Winford L. Lewis, químico norteamericano, n. 1878], 2-clorovinil arsina, gas vesicante tóxico, utilizado en la primera guerra mundial, que produce irritación pulmonar, disnea, lesiones en los tejidos del tracto respiratorio, lagrimeo y dolor.
ley (law), **1.** (en un campo de estudio) regla, norma o principio que establece un hecho o la relación entre factores, como la ley de Dalton, sobre las presiones parciales de gases. **2.** regla, principio o norma establecida y promulgada por un gobierno para proteger o limitar a las personas afectadas.
ley biogenética (biogenetic law), v. **teoría de la recapitulación**.
ley de Avogadro (Avogadro's law), ley física que establece que volúmenes iguales de todos

los gases en las mismas condiciones de temperatura y presión contienen el mismo número de moléculas.

ley de Bell (Bell's law) [Charles Bell, cirujano escocés, n. 1774], axioma que afirma que las raíces espinales ventrales son motoras y las raíces espinales dorsales son sensitivas.

ley de Bergonié-Tribondeau (Bergonié-Tribondeau law) [Jean A. Bergonié, radiólogo francés, n. 1857; Louis Frédéric A. Tribondeau, n. 1872], (en radioterapia) regla según la cual la radiosensibilidad de un tejido depende del número de células indiferenciadas, de su actividad mitótica y del período de tiempo en el que están proliferando activamente.

ley de Bowditch (Bowditch's law), v. **ley del todo o nada**.

ley de Boyle (Boyle's law) [Robert Boyle, científico inglés, n. 1627], (en física) ley que afirma que el producto del volumen por la presión de un gas comprimido a una temperatura constante permanece constante.

ley de Charles (Charles' law), v. **ley de Gay-Lussac**.

ley de Coulomb (Coulomb's law), (en física) ley que establece que la fuerza de atracción o repulsión entre dos cuerpos cargados eléctricamente es directamente proporcional a la intensidad de las cargas eléctricas e inversamente proporcional al cuadrado de la distancia que existe entre ellas.

ley de Courvoisier (Courvoisier's law) [Ludwig Courvoisier, cirujano suizo, n. 1843], enunciado que establece que la vesícula biliar es más pequeña de lo normal si un cálculo biliar obstruye el colédoco, aunque se dilata si éste se bloquea por otra causa distinta, como un carcinoma pancreático.

ley de Dalton de las presiones parciales (Dalton's law of partial pressures, [John Dalton], (en física) ley que establece que la suma de presiones que ejerce una mezcla de gases es igual a la suma de las presiones parciales que ejercería cada uno de los gases por separado.

ley de Dalton de las presiones parciales (Dalton's law of partial pressures) [John Dalton], (en física) ley que afirma que la presión total ejercida por una mezcla de gases es igual a la suma de las presiones que podrían ser ejercidas por los gases si estuvieran presentes por separado en el envase.

ley de Dwayne-Hunt (Dwayne-Hunt law), (en radiología) principio según el cual la energía de los rayos X es inversamente proporcional a la longitud de onda de los fotones. Al aumentar la longitud de onda de éstos, disminuye su energía, y viceversa. La mínima longitud de onda se asocia a la máxima energía de rayos X.

ley de Fick (Fick's law) [Adolf E. Fick], **1.** (en química y física) ley que establece que la velocidad a la que una sustancia difunde en otra es directamente proporcional al gradiente de difusión de la sustancia que difunde. **2.** (en medicina) ley que establece que la velocidad de difusión a través de una membrana es directamente proporcional al gradiente de concentración de la sustancia a ambos lados de la membrana e inversamente proporcional al grosor de la membrana.

ley de Gay-Lussac (Gay-Lussac law) [Joseph L. Gay-Lussac, científico francés, n. 1778], (en física) ley que establece que el volumen de una determinada masa de gas aumentará a medida que lo haga su temperatura a una velocidad constante, determinada por el volumen del gas a 0 ºC si la presión permanece constante.

ley de Graham (Graham's law), ley que establece que la velocidad de difusión de un gas a través de un líquido (o a través de la membrana alveolocapilar) es directamente proporcional a su coeficiente de solubilidad e inversamente proporcional a la raíz cuadrada de su densidad.

ley de Haeckel (Haeckel's law), v. **teoría de la recapitulación**.

ley de Hellin (Hellin's law), fórmula general para calcular la proporción de nacimientos múltiples en cualquier población, afirmando que si los nacimientos gemelos aparecen con una frecuencia de 1:N, los nacimientos triples ocurrirán aproximadamente con una frecuencia de $1:N^2$; los cuádruples, $1:N^3$; los quíntuples, $1:N^4$, y así sucesivamente, siendo el exponente de N uno menos del número de nacimientos. La constante N varía con la población, aunque inicialmente se le dio un valor de 89.

ley de Henry (Henry's law) [William Henry, químico inglés, n. 1774], (en física) ley que afirma que la solubilidad de un gas en un líquido es proporcional a la presión del gas si la temperatura es constante y si el gas no reacciona químicamente con el líquido.

ley de Hill-Burton (Hill-Burton Act), enmienda de 1946 a la *U.S. Public Health Service Act* de los EE.UU. que autoriza concesiones a los estados para valorar las necesidades de sus hospitales y centros de salud pública y para proyectar y construir otros servicios.

ley de la composición definida (law of definite composition), (en química) ley que establece que un determinado compuesto siempre está elaborado con los mismos elementos y en la misma proporción.

ley de la dominancia (law of dominance), anteriormente considerada como un principio independiente de las leyes de la herencia de Mendel, en la Genética moderna forma parte de la primera ley de Mendel, la ley de la segregación.

ley de la gravitación universal (law of universal gravitation), (en física) ley que establece que la fuerza con la que se atraen dos cuerpos entre sí es directamente proporcional a sus masas respectivas, e inversamente proporcional al cuadrado de la distancia que les separa.

ley de la muerte injusta (wrongful death statute), (legalmente) ley existente en todos los estados de Norteamérica que establece que la muerte de una persona puede dar lugar a una acción legal contra la persona cuya acción premeditada o negligente provocó la muerte.

ley de la segregación genética y ley de segregación independiente de caracteres (law of independent assortment, law of segregation), v. **leyes de Mendel**.

ley de Laplace (Laplace's law) [Pierre Simon Marquis de Laplace, físico francés, n. 1749], principio de Física que establece que la tensión sobre la superficie de una esfera es el producto de la presión por el radio de la cámara, y que la tensión es inversamente proporcional al grosor de la pared.

ley de los gases ideales (ideal gas law), la ecuación $PV = nRT$, donde el producto de la presión (P) por el volumen (V) es igual al producto del número de moles del gas (n), por la temperatura (T) y por una constante del gas (R).

ley de Magendie (Magendie's law), v. **ley de Bell**.

ley de Ohm (Ohm's law) [Georg S. Ohm], principio que afirma que la fuerza o intensidad de una corriente eléctrica invariable es directamente proporcional a la fuerza electromotriz e inversamente proporcional a la resistencia del circuito.

ley del cuadrado inverso (inverse square law), ley según la cual la cantidad de radiación emitida es inversamente proporcional al cuadrado de la distancia entre la fuente y la superficie irradiada: una persona a 2 metros de un paciente en tratamiento con radio está expuesta a una radiación 4 veces mayor que si se encontrara a 4 metros.

ley del todo o nada (all-or-none law), **1.** principio neurofisiológico según el cual si un estímulo es de la intensidad suficiente como para desencadenar un impulso nervioso, este impulso se produce en su totalidad. Si el estímulo es débil no producirá una reacción débil. **2.** principio por el que el músculo cardíaco cuando se halla bajo cualquier estímulo por encima del umbral, responderá con una contracción de potencia máxima, o bien no se contraerá en absoluto.

ley natural (natural law), doctrina que mantiene que existe un orden o una ley moral natural inherente a la estructura del universo.

ley Starling del corazón (Starling's law of the heart) [Ernest H. Starling, fisiólogo inglés, n. 1866], regla según la cual la fuerza del latido cardíaco está determinada por la longitud de las fibras que forman las paredes del miocardio.

leyes de Mendel (Mendel's laws) [Gregor J. Mendel], principios básicos de la herencia basados en experimentos de hibridación con guisantes. Se establecen dos leyes, denominadas ley de la segregación genética y ley de la segregación independiente de los caracteres. Según la primera, cada característica de una especie está representada en las células somáticas por un par de unidades, actualmente conocidas como genes, que se separan durante la meiosis de forma que cada gameto recibe sólo un gen de cada rasgo. Según la segunda ley, los miembros de una pareja de genes localizados en cromosomas diferentes se segregan independientemente de las demás parejas durante la meiosis, de forma que los gametos pueden mostrar todas las posibles combinaciones de los rasgos.

LGV (LGV), abreviatura de **linfogranuloma venéreo**.

LH (LH), abreviatura de **hormona luteinizante**.

LHRH (LHRH), abreviatura de **hormona liberadora de hormona luteinizante**.

Li (Li), símbolo del **litio**.

liasas (lyases), grupo de enzimas que desdoblan de forma irreversible los enlaces del carbono con carbono, nitrógeno u oxígeno sin reacciones de hidrólisis o de reducción del oxígeno.

liberación (liberation), proceso de liberación de un fármaco a partir de su presentación farmacológica.

liberación de membranas (strip membranes), (en obstetricia) procedimiento por el cual el examinador libera con el dedo las membranas del saco amniótico de la pared del segmento inferior del útero en la pequeña zona que rodea el orificio cervical.

liberación programada (timed release), v. **liberación prolongada**.

liberación prolongada (prolonged release), término aplicado a un fármaco diseñado para liberar una dosis de medicación durante un período prolongado de tiempo. El dispositivo más frecuente para este fin es una cápsula blanda, soluble, que contiene diminutas píldoras del fármaco para que sean liberadas a diferentes velocidades en el tubo digestivo, dependiendo del grosor y naturaleza del aceite, grasa, cera o resina que recubra las píldoras.

liberación sostenida (sustained release), v. **liberación prolongada**.

libidinoso (libidinous, libidinal), **1.** relativo a la libido. **2.** que tiene o se caracteriza por el deseo sexual.

libido (libido), **1.** energía psíquica o conducta instintiva asociada con el placer, creatividad o deseo sexual. **2.** (en psicoanálisis) conductas instintivas del ello. **3.** impulso o deseo sexual. La **libido bisexual** y la **libido del yo** son tipos de libido.

libra (pound), unidad de medida equivalente a 16 onzas avoirdupoid, 0,45359 kilogramos o 7.000 gramos.

licopeno (lycopene), hidrocarburo rojo, cristalino e insaturado, que es un pigmento carotenoide de los tomates, bayas y frutas. Está considerado como la sustancia principal de la que derivan todos los pigmentos carotenoides naturales.

Liendre
(A. du Vivier, 2.ª ed., 1995)

licuefacción (liquefaction), proceso por el que un sólido o gas se transforma en líquido.

LID (RLL), abreviatura de lóbulo inferior derecho del pulmón.

liderazgo (leadership), capacidad para influir en los demás en la consecución de objetivos.

liendre (nit), huevo de un insecto parásito, particularmente el de los piojos. Puede encontrarse fijado al cabello humano, al pelo animal o a las fibras de la ropa.

ligado al sexo (sex-linked), relativo a los genes o a la característica normal o anormal o la enfermedad que transmiten. Los genes son transportados por los cromosomas sexuales, en concreto por el cromosoma X.

ligado al X (X-linked), relacionado con genes o con las características o enfermedades que transmiten y que son transportadas por el cromosoma X. Las mujeres pueden heredar los genes, pero los efectos recesivos suelen estar enmascarados por los alelos normales dominantes transportados en el segundo cromosoma X.

ligado al Y (Y-linked), relacionado con genes o con las características o enfermedades que transmiten, y que son portadas en el cromosoma Y.

ligador (linker), (en genética molecular) pequeño segmento de ADN sintético que tiene una región en su superficie capaz de unirse a fragmentos de ADN durante la clonación.

ligadura (ligation), acto de suturar un vaso sanguíneo o un conducto, con el fin de detener o evitar la hemorragia durante una intervención quirúrgica, para detener una hemorragia traumática o para impedir el paso de material a través del conducto, como ocurre en la ligadura de trompas o en el tratamiento de las varices.

ligamento (ligament), **1.** cada una de las múltiples bandas de tejido fibroso, blancas, brillantes, que unen articulaciones y conectan diversos huesos y cartílagos. **2.** capa serosa con escasa o nula fuerza tensil, que se extiende de un órgano a otro, como los ligamentos peritoneales.

ligamento accesorio (accessory ligament), ligamento que ayuda a reforzar la unión entre dos huesos, aunque no forma parte de la cápsula articular.

ligamento alar (alar ligament), cada uno de los dos ligamentos que conectan con el eje del hueso occipital limitando la rotación del cráneo.

ligamento ancho (broad ligament), hoja plegada del peritoneo colocada sobre las trompas uterinas, el útero y los ovarios.

ligamento ancho del hígado (broad ligament of the liver), pliegue del peritoneo en forma de media luna, fijado a la superficie inferior del diafragma y que conecta el hígado con la pared abdominal anterior.

ligamento anular del radio (anular ligament), ligamento que rodea la cabeza del radio y la mantiene en la cavidad sigmoidea menor del cúbito. En sentido distal a dicha cavidad el ligamento anular forma un anillo fibroso completo.

ligamento atloidoaxoideo anterior (anterior atlantoaxial ligament), uno de los cinco ligamentos que unen el atlas con el axis. Está fijado al borde inferior del arco anterior del atlas y a la cara anterior del cuerpo del axis.

ligamento atloidoaxoideo posterior (posterior atlantoaxial ligament), uno de los cinco ligamentos que conectan el atlas con el axis. Compárese con el **ligamento atloidoaxoideo anterior**.

ligamento cardinal (cardinal ligament), fascia subserosa que se extiende a través del suelo de la pelvis femenina como continuación del ligamento ancho. Está incluida en el tejido adiposo situado a cada lado de la vagina y está formada por las fascias de la vagina, del cuello uterino que convergen en los bordes externos de estos órganos.

ligamento cervical posterior (nuchal ligament), ancho ligamento mediosagital posterior del cuello, que se extiende desde la base del cráneo hasta la séptima vértebra cervical.

ligamento común posterior (posterior common ligament), v. **ligamento longitudinal posterior**.

ligamento costotransverso interóseo (middle costotransverse ligament), v. **ligamento del cuello costal**.

ligamento costotransverso posterior (posterior costotransverse ligament), uno de los cinco ligamentos de cada articulación costotransversa, formado por una banda fibrosa que va del cuello de cada costilla a la base de la vértebra superior.

ligamento costotransverso superior (superior costotransverse ligament), cualquiera de los cinco ligamentos asociados a cada articulación costotransversa, excepto el de la primera costilla. Va desde el cuello de cada costilla a la apófisis transversa de la vértebra inmediatamente superior.

ligamento cruciforme del atlas (cruciate ligament of the atlas), ligamento con forma de cruz que une el atlas a la base del hueso occipital por arriba, y por debajo a la superficie posterior del cuerpo del axis.

ligamento de la tuberosidad costal (ligament of the tubercle of the rib), uno de los cinco ligamentos de cada articulación costotransversa, formado por un fascículo grueso y corto que se dispone oblicuamente desde la apófisis transversa de una vértebra a la tuberosidad de la costilla asociada.

ligamento del cuello costal (ligament of the neck of the rib), uno de los cinco ligamentos de cada articulación costotransversa, formado por fascículos gruesos y cortos que unen el cuello de la costilla con la apófisis transversa de la vértebra adyacente.

ligamento deltoideo (deltoid ligament), ligamento lateral interior de la articulación del tobillo.

ligamento esfenomaxilar (sphenomandibular ligament), cualquiera de los dos ligamentos delgados y planos que forman parte de la articulación temporomandibular, entre la rama del maxilar inferior y el hueso temporal del cráneo.

ligamento estilohioideo (stylohyoid ligament), el que une el extremo de la apófisis estiloides del hueso temporal y el asta menor del hueso hioides.

ligamento estilomandibular (stylomandibular), cualquiera de las dos bandas diferenciadas de la fascia cervical que forman parte de la articulación temporomandibular. Se extiende desde la apófisis estiloides del hueso temporal hasta la rama del maxilar inferior, entre los músculos masetero y pterigoideos, y separa la glándula parótida de la submaxilar.

ligamento falciforme (falciform ligament), ligamento en forma de triángulo u hoz.

ligamento gastrohepático (hepatogastric ligament), porción del epiplón menor situada entre el hígado y el estómago.

ligamento hepatoduodenal, borde derecho del epiplón menor (hepatoduodenal ligament), porción del epiplón menor situada entre el hígado y el duodeno que contiene la arteria hepática, el conducto colédoco, la vena porta, los vasos linfáticos y el plexo nervioso hepático.

ligamento iliofemoral (iliofemoral ligament), banda triangular de tejido conectivo unida por su vértice a la espina ilíaca anteroinferior y al reborde acetabular, y por su base a la línea intertrocantérea del fémur.

ligamento iliolumbar (iliolumbar ligament), cualquiera de los dos ligamentos que forman parte de la conexión entre la columna vertebral y la pelvis. Cada ligamento iliolumbar se fija a una apófisis transversa de la quinta vértebra lumbar y desciende a la base del sacro.

ligamento interespinal (interspinal ligament), uno de los múltiples y delgados ligamentos membranosos que conectan las apófisis espinosas adyacentes entre sí y se extienden desde la raíz al vértice de cada apófisis.

ligamento intertransverso (intertransverse ligament), cualquiera de las muchas bandas fibrosas que conectan las apófisis transversas vertebrales entre sí.

ligamento intraarticular (intraarticular ligament), ligamento que forma parte de las articulaciones entre 16 de las 24 costillas, y que las divide en dos cavidades, cada una de ellas con una membrana sinovial.

ligamento longitudinal común anterior (anterior common ligament), v. **ligamento vertebral común anterior**.

ligamento longitudinal posterior (posterior longitudinal ligament), ligamento grueso y fuerte unido a las superficies dorsales de los cuerpos vertebrales, que se extiende desde el hueso occipital hasta el cóccix.

ligamento nucal (ligamentum nuchae), membrana fibrosa que se extiende desde la cresta occipital externa hasta la apófisis espinosa de la séptima vértebra.

ligamento occipitoaxial (occipitoaxial ligament), v. **órgano de Corti**.

ligamento occipitoodontoideo (check ligament), v. **ligamento alar**.

ligamento occipitoodontoideo medio (ligamento suspensorio de la apófisis odontoides) (apical odontoid ligament), ligamento que une el axis con el hueso occipital. Se extiende desde la apófisis odontoides del axis hasta el borde anterior del agujero occipital.

ligamento odontoideo (odontoid ligament), v. **ligamento alar**.

ligamento periodontal (LPD) (periodontal ligament [PDL]), tejido fibroso que fija los dientes a los alveolos, formado por numerosos haces de fibras colágenas dispuestas en grupos, entre los que se sitúa tejido conectivo laxo intercalado con vasos sanguíneos, vasos linfáticos y nervios. Reviste y sujeta el diente.

ligamento radiado (radiate ligament), ligamento que conecta la cabeza de una costilla con una vértebra y con el disco intervertebral asociado.

ligamento rectovaginal (rectovaginal ligament), uno de los cuatro principales ligamentos de apoyo del útero. Ayuda a mantener la posición del útero realizando tracción sobre el cuello.

ligamento redondo (round ligament), **1.** banda fibrosa curva unida por un extremo a la fóvea de la cabeza del fémur y por el otro al ligamento transverso del acetábulo. **2.** cordón fibroso que se extiende desde el ombligo hasta la región anterior del hígado. **3.** en la mujer, banda fibromuscular que se extiende desde la superficie anterior del útero, atravesando el conducto inguinal, hasta los labios mayores. La estructura es homóloga al cordón espermático del varón.

ligamento rotuliano (patellar ligament), parte central del tendón común del cuádriceps femoral. Sus fibras superficiales se continúan por delante de la rótula con las del tendón del cuádriceps femoral.

ligamento suprascapular (suprascapular ligament), ligamento que se extiende desde la base de la apófisis coracoides hasta el extremo interno de la escotadura suprascapular.

ligamento supraspinoso (supraspinal ligament), ligamento que enlaza los vértices de las apófisis espinosas, desde la séptima vértebra cervical hasta el sacro. Entre las apófisis espinosas se continúa con los ligamentos interespinosos.

ligamento suspensorio del cristalino (suspensory ligament of the lens), v. *zonula ciliaris*.

ligamento temporomandibular (temporomandibular ligament), banda oblicua de tejido que se extiende hacia atrás y abajo desde el arco cigomático hasta el cuello de la mandíbula.

ligamento transverso del atlas (transverse ligament of the atlas), ligamento grueso y fuerte, que se extiende a través del anillo del atlas y sujeta la apófisis odontoides contra el arco anterior.

ligamento vertebral común anterior (anterior longitudinal ligament), ligamento ancho y robusto que se fija a la cara anterior de los cuerpos vertebrales. Se extiende desde el hueso occipital y el tubérculo anterior del atlas hasta el sacro.

ligamentos amarillos (ligamenta flava), bandas de tejido elástico amarillo que conectan las láminas de las vértebras adyacentes desde el axis hasta la primera vértebra sacra.

ligamentos glenohumerales (glenohumeral ligaments), tres bandas gruesas de tejido conectivo unidas proximalmente al borde anterior de la cavidad glenoidea y al labrum y distalmente al troquín y cuello del húmero.

ligamentos suspensorios (suspensory ligaments), ligamentos que ayudan a sostener un órgano o una estructura corporal, como los ligamentos suspensorios del ojo que mantienen el cristalino en tensión.

ligamentum latum uteri (ligamentum latum uteri), v. **ligamento ancho**.

ligamiento (linkage), (en genética) localización de dos o más genes en el mismo cromosoma, de forma que no se separan independientemente durante la meiosis, sino que tienden a transmitirse como una unidad. Cuanto más próximos estén los loci de los genes, más probabilidad existirá de que se hereden como grupo, asociados a un cierto rasgo.

ligando (ligand), **1.** molécula, ion o grupo unido al átomo central de un compuesto químico, como el oxígeno en la molécula de hemoglobina, que se une al átomo de hierro central. **2.** molécula orgánica unida a un punto específico de una superficie o a un elemento trazador.

lígneo (ligneous), leñoso, que recuerda a la madera por su textura o demás características.

lignina (lignin), polisacárido que junto con la celulosa y la hemicelulosa forma la parte principal de las sustancias esqueléticas de la pared celular de las plantas.

lignocaína (lignocaine), v. **clorhidrato de lidocaína**.

lima (lime), fruta cítrica que da un zumo con alto contenido en ácido ascórbico. El zumo de lima es uno de los agentes más efectivos en el tratamiento del escorbuto.

límbico (limbic), perteneciente o relativo al margen o a la unión entre estructuras.

limitación de la cadera (observation hip), trastorno en el que el paciente experimenta debilidad, dolor y limitación de movimientos en la cadera. Entre sus causas están la sinusitis tóxica, la infección y la necrosis avascular.

limitación del movimiento (limitation of motion), restricción o reducción del grado normal de movilidad de una parte del organismo por una lesión o una enfermedad.

limitado a un sexo (sex-limited), relativo a un rasgo o enfermedad genética autosómica que se expresa fenotípicamente sólo en un sexo, aunque los genes causantes pueden ser transportados por ambos sexos.

limitadores del haz (beam restrictors), dispositivos que reducen la dispersión de la radiación de un equipo de rayos X.

límite del yo (ego-boundary), (en psiquiatría) sensación de consciencia que distingue al propio individuo de los demás.

limítrofe, *borderline* (borderline), relativo a un estado de salud en el cual el paciente presenta algunos de los signos y síntomas que presenta una enfermedad, aunque no los suficientes para llegar a justificar un diagnóstico definitivo.

limpieza con seda dental (flossing), limpieza mecánica de la superficies dentales mediante un hilo de seda, encerado o no.

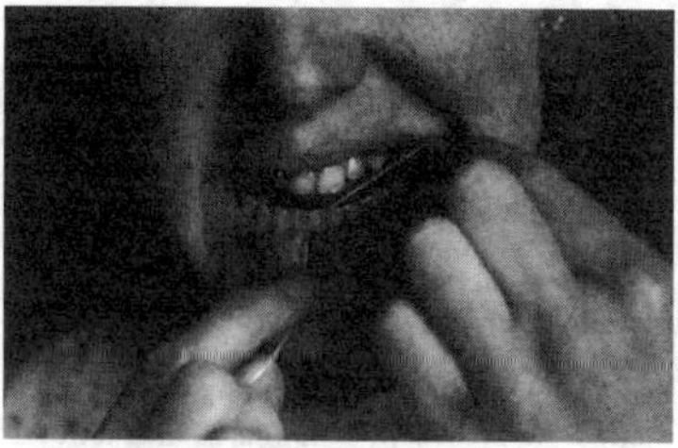

Limpieza con seda dental
(Potter, 1993)

limpieza ineficaz de la vía aérea (airway clearance, ineffective), diagnóstico de enfermería, aprobado por la NANDA, que hace referencia a la incapacidad de un sujeto para eliminar las secreciones o las obstrucciones del tracto respiratorio con objeto de mantener la vía aérea libre. Las características que la definen son ruidos respiratorios anormales, variaciones en la velocidad o en la profundidad de las respiraciones, taquipnea, tos, cianosis y disnea.

LINAC (LINAC), abreviatura de **acelerador lineal**.

lindano (lindane), hexacloruro de gammabenceno prescrito para el tratamiento de la pediculosis y de la sarna.

línea (line), **1.** conexión entre dos puntos. **2.** banda, raya, generalmente imaginaria, que se usa para separar o conectar diversos puntos de referencia del organismo, como la línea del pelo o la línea mamilar. **3.** línea negra de absorción de un espectro continuo que pasa a través de un medio. **4.** línea de crecimiento en el esmalte del diente, que indica las sucesivas capas de calcificación. **5.** línea basal del electrocardiograma, donde no se registran potenciales negativos ni positivos. **6.** línea de visión. **7.** línea límite que define estructuras anatómicas, como la línea alba del abdomen, la línea de la vida que cruza la palma de la mano hasta la base del pulgar y la línea negra o las líneas albicantes que aparecen durante el embarazo en la cara anterior del abdomen.

linealidad (linearity), (en radiología) capacidad de obtener la misma exposición con los mismos miliamperios-segundo (mAs), independientemente de los mA y del tiempo de exposición utilizados.

líneas albicantes (linea albicantes), líneas de color blanco, rosado o gris, que aparecen en el abdomen, nalgas, mamas o muslos, producidas por el estiramiento de la piel y debilitamiento o ruptura del tejido elástico subyacente.

líneas de Kerley (Kerley lines), (en radiología) líneas que recuerdan a un infiltrado intersticial, que aparecen en las radiografías de tórax asociadas a ciertos procesos morbosos, como la insuficiencia cardíaca congestiva o la ingurgitación linfática pleural.

líneas magnéticas de fuerza (magnetic lines of force), líneas teóricas de magnetismo que rodean a un imán o que ocupan un campo magnético. La presencia de la fuerza magnética a lo largo de las líneas imaginarias se puede demostrar con la colocación de un material sensible, como las limaduras de hierro, en las líneas del efecto magnético.

líneas pi (pi lines), artefactos en las placas radiográficas que aparecen si se introduce suciedad o colorantes químicos en el proceso de revelado.

linfa (limph), líquido claro opalescente que se origina en muchos órganos y tejidos del cuerpo, que circula a través de los vasos linfáticos y que es filtrado por los ganglios linfáticos. Contiene quilo, algunos eritrocitos y un número variable de leucocitos, la mayoría linfocitos. Por lo demás, es similar al plasma.

linfadenitis (lymphadenitis), proceso inflamatorio de los ganglios linfáticos, normalmente como resultado de enfermedad neoplásica sistémica, infección bacteriana u otros procesos inflamatorios. Los ganglios pueden estar aumentados de tamaño, duros, lisos o irregulares, rojos, y pueden notarse calientes.

linfadenopatía (lymphadenopathy), cualquier proceso que afecte a los ganglios o vasos linfáticos.

linfangiectasia (lymphangiectasia), dilatación de los vasos linfáticos de menor calibre, caracterizada por diarrea, esteatorrea y malabsorción de proteínas. Normalmente es el resultado de una obstrucción de los vasos de mayor calibre.

linfangiectasia intestinal (intestinal lymphangiectasia), v. **hipoproteinemia**.

linfangiografía (lymphangiography), examen radiográfico de los ganglios linfáticos y vasos linfáticos tras la inyección de un medio de contraste.

linfangiograma (lymphangiogram), visualización radiológica de parte del sistema linfático.

linfangioma (lymphangioma, *pl.* **lymphangiomas, lymphangiomata**), tumor benigno de la piel, de color naranja amarillento, constituido por una masa de vasos linfáticos dilatados.

linfangioma cavernoso (lymphangioma cavernosum), tumor formado por vasos linfáticos dilatados y llenos de linfa, que con frecuencia está mezclada con sangre coagulada.

linfangioma circunscrito (lymphangioma circumscriptum), lesión cutánea benigna que se desarrolla a partir de vasos linfáticos superficiales hipertróficos.

linfangioma quístico (cystic lymphangioma), crecimiento quístico formado por vasos linfáticos; generalmente es congénito y aparece con más frecuencia en el cuello, axila e ingle de los niños.

linfangioma simple (lymphangioma symplex), excrecencia formada por vasos linfáticos moderadamente dilatados en una zona circunscrita, principalmente en la piel.

linfangiosarcoma (lymphangyosarcoma), tumor de los vasos linfáticos.

linfangitis (lymphangitis), inflamación de uno o más vasos linfáticos, normalmente como resultado de una infección estreptocócica aguda de una extremidad. Se caracteriza por la presencia de unos trayectos finos rojos que se extienden desde la zona infectada hasta la axila o la ingle, y por fiebre, escalofríos, cefalea y mialgias. La infección se puede diseminar hacia el torrente circulatorio.

linfático (lymphatic), **1.** perteneciente o relativo al sistema linfático del organismo, compuesto por una gran red de conductos que transportan linfa. **2.** cualquiera de los vasos asociados con la red linfática.

linfedema (lymphedema), trastorno primario o secundario caracterizado por la acumulación de linfa en los tejidos blandos y por tumefacción, producida por la inflamación, obstrucción o extirpación de conductos linfáticos. El linfedema congénito (enfermedad de Milroy) es un proceso hereditario caracterizado por la obstrucción linfática crónica. El linfedema precoz se produce en la adolescencia, principalmente en mujeres, y ocasiona el abotargamiento y tumefacción de las extremidades inferiores. El linfedema secundario puede aparecer tras la extirpación quirúrgica de los conductos linfáticos en las mastectomías, por obstrucción del drenaje linfático como consecuencia de tumores malignos, o tras la infestación de los vasos linfáticos por filarias adultas (parásitos).

linfocina (lymphokine), uno de los factores químicos producido y liberado por los linfocitos T que atrae a los macrófagos al lugar de la infección o inflamación y los prepara para el ataque. El **factor inhibidor del macrófago**, el **factor mitogenético** y la **linfotoxina** son algunos ejemplos de linfocinas.

linfocito (lymphocyte), uno de los dos tipos de leucocitos agranulocitos, de pequeño tamaño, que se originan a partir de las células madre fetales y que se desarrollan en la médula ósea. Los linfocitos normalmente representan el 25% del recuento total de leucocitos, aunque aumentan en número en respuesta a la infección. Existen dos tipos: **células B** y **células T**. Las células B circulan en forma inmadura y sintetizan anticuerpos que incluyen en sus propias membranas citoplásmicas. Se reproducen por mitosis, y cada uno de los clones exhibe en sus membranas superficiales anticuerpos idénticos. Cuando se expone una célula B inmadura a un anticuerpo específico, la célula se activa, viaja desde el bazo o ganglio linfático, se diferencia y produce rápidamente **células plasmáticas** y **células de memoria**. Las células plasmáticas sintetizan y secretan ingentes cantidades de anticuerpos. Las células de memoria no secretan anticuerpos, pero si se vuelve a producir una exposición a ese antígeno, se convierten en células plasmáticas productoras de anticuerpos. Las células T son linfocitos que han atravesado el timo y se han diferenciado en timocitos. Cuando se exponen a un antígeno, se dividen con rapidez y producen grandes cantidades de nuevas células T sensibilizadas al antígeno. Las células T se denominan con frecuencia «células asesinas» («killer cells»), pues secretan compuestos químicos inmunológicos esenciales, que ayudan a las células B a destruir proteínas extrañas.

linfocito B (B lymphocyte), v. **célula B**.

linfocitoma (lymphocytoma), dermatosis benigna, de histología similar a la de los linfomas.

linfocitopenia (lymphocytopenia), número de linfocitos inferior al normal en la circulación periférica, que se produce como proceso hematológico primario o asociado a deficiencias dietéticas, tumores malignos o mononucleosis infecciosa.

linfocitosis (lymphocytosis), proliferación de linfocitos, como la que se produce en determinadas enfermedades crónicas o en la convalecencia de infecciones agudas.

linfodermia pernicioso (lymphoderma perniciosa), v. **leucemia cutis**.

linfoepitelioma (lymphoepithelioma), neoplasia poco diferenciada que se desarrolla a partir del epitelio que tapiza el tejido linfoide de la nasofaringe.

linfografía (lymphography), v. **linfangiografía**.

linfogranuloma venéreo (LGV) (lymphogranuloma venereum [LGV]), enfermedad de transmisión sexual producida por una cepa de la bacteria *Chlamydia trachomatis*. Se caracteriza por lesiones genitales ulceradas, tumefacción marcada de los ganglios linfáticos de la ingle, cefalea, fiebre y malestar general. Con menos frecuencia se producen ulceraciones en la pared rectal.

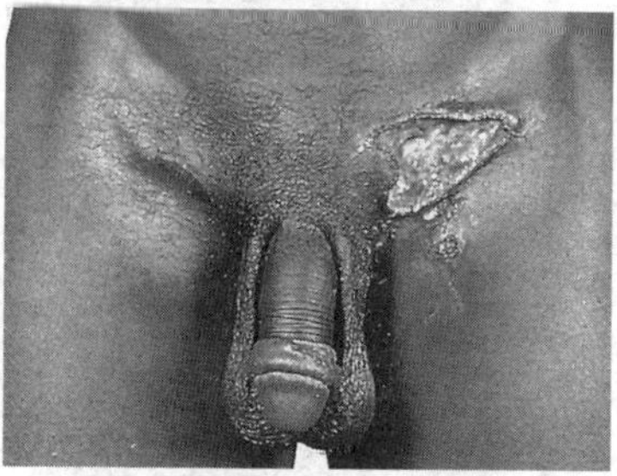

Linfogranuloma venéreo
(C. D. Forbes/W. F. Jackson, 1994)

linfogranulomatosis (lymphogranulomatosis), granuloma infeccioso del sistema linfático. El término se emplea para definir varios granulomas inflamatorios, como los que aparecen en la enfermedad de Hodgkin, en el linfadenoma, en la linfadenomatosis venérea y en la sarcoidosis.

linfoide (lymphoid), perteneciente o relativo a la linfa o a los linfáticos.

linfólisis (lympholysis), destrucción celular de linfocitos, en especial de ciertos linfocitos en el proceso de la respuesta inmune.

linfoma (lymphoma, *pl.* **lymphomas, lymphomata**), neoplasia del tejido linfoide que normalmente es maligna, pero que en raras ocasiones puede ser benigna. Los distintos linfomas se distinguen por el grado de diferenciación y el contenido celular, aunque las manifestaciones son similares en todos los tipos. Lo característico es que aparezca uno o varios ganglios linfáticos indoloros y aumentados de tamaño en el cuello y, después, debilidad, fiebre, pérdida de peso y anemia. Cuando existe una afectación diseminada del tejido linfático, el hígado y el bazo suelen aumentar de tamaño, y aparecen alteraciones GI, malabsorción y lesiones óseas. Algunos tipos de linfoma son la **enfermedad de Hodgkin**, el **linfoma de Burkitt**, el **linfoma folicular gigante**, el **linfoma histiocítico maligno** y el **linfoma maligno de células mixtas**.

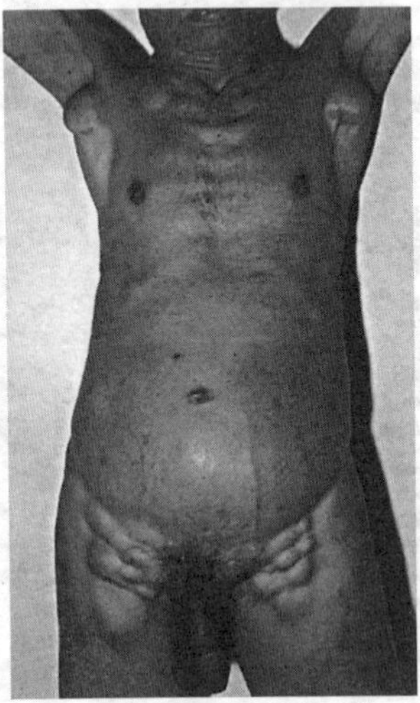

Linfoma no Hodgkin
(C. D. Forbes/W. F. Jackson, 1994)

linfopatía venérea (lymphopathia venerum), v. **linfogranuloma venéreo**.

linfopenia (lymphopenia), v. **linfocitopenia**.

linfopoyesis (lymphopoiesis), formación de los linfocitos.

linfoproliferativo (lymphoproliferative), relativo a la proliferación abundante del tejido linfoide.

linforreticulosis (lymphoreticulosis), inflamación granulomatosa subaguda del tejido linfoide, con proliferación de células reticuloendoteliales, que normalmente se produce como consecuencia de un arañazo de gato. El proceso se caracteriza por la formación de pápulas ulceradas en el lugar del arañazo, fiebre y linfadenopatía, que a veces evoluciona a supuración.

linfosarcoma (lymphosarcoma), linfoma no hodgkiniano.

língula (lingula), cualquier estructura anatómica que recuerda a una lengua.

linimento (liniment), preparado, que normalmente contiene un excipiente alcohólico, oleoso o jabonoso, que se aplica sobre la piel como antiirritante.

linina (linin), filamento que se tiñe débilmente y se observa en los núcleos de las células; los gránulos de cromatina se fijan a los filamentos.

linitis (linitis), inflamación del tejido celular del estómago, como en la linitis plástica, que se aprecia frecuentemente en el adenocarcinoma de estómago.

linitis plástica (linitis plastica, leather-bottle stomach), fibrosis difusa y engrosamiento de la pared del estómago, lo que origina un órgano rígido, no elástico. La capa del tejido conectivo gástrico se fibrosa y aumenta de grosor, a la vez que aparecen pliegues en las paredes del estómago, lo que aumenta su rigidez. Entre las causas de este proceso se encuentran el carcinoma infiltrante indiferenciado, la sífilis y la enfermedad de Crohn.

liofílico (lyophilic), relativo a las sustancias que poseen afinidad o una capacidad especial para permanecer estables en solución. Se emplean para estabilizar coloides.

lionización (lyonization), proceso de inactivación aleatoria de uno de los cromosomas X en los gametos femeninos para compensar la existencia de un doble complemento genético X.

liotironina sódica (liothyronine sodium), hormona tiroidea sintética prescrita para el tratamiento del hipotiroidismo primario, mixedema, bocio simple, cretinismo e hipotiroidismo secundario.

liotrix (liotrix), mezcla uniforme de hormonas tiroideas T3 y T4. Se prescribe para el tratamiento de trastornos hipotiroideos.

lipectomía (lipectomy), extirpación de la grasa subcutánea, por ejemplo, de la pared abdominal.

lipectomía por succión (suction lipectomy), v. **liposucción**.

lipedema (lipedema), trastorno caracterizado por el depósito de grasa en las extremidades inferiores, desde la cadera hasta el tobillo, junto con sensibilidad a la palpación en las zonas afectadas.

lipemia (lipemia), concentración de lípidos en la sangre.

lípido (lipid), cualquiera de las fracciones de ácidos grasos libres en la sangre. Se almacenan en el cuerpo y constituyen la reserva de energía, aunque se elevan en distintas enfermedades, como en la arteriosclerosis. Son tipos de lípidos los **ácidos grasos**, el **colesterol**, los **fosfolípidos** y los **triglicéridos**.

lipidosis (lipidosis), término genérico que agrupa a varios trastornos familiares del metabolismo graso. La característica principal de estos procesos es la acumulación en el organismo de niveles anormales de determinados lípidos. La **enfermedad de Gaucher**, la de **Krabbe**, la de **Niemann-Pick** y la de **Tay-Sachs** son algunos ejemplos de lipidosis.

lipidosis de cerebrósidos glucosílicos (glucosyl cerebroside lipidosis), v. **enfermedad de Gaucher**.

lipidosis galactosilceramídica (galactosyl ceramide lipidosis), trastorno hereditario raro del metabolismo lipídico, mortal, que se manifiesta al nacimiento. El neonato está paralizado, ciego, sordo y progresivamente disminuyen sus funciones vitales, muriendo por parálisis bulbar.

lipidosis por esfingomielina (sphingomyelin lipidosis), perteneciente a un grupo de enfermedades caracterizadas por una anomalía en la capacidad del cuerpo para almacenar esfingolípidos. Algunos tipos de lipidosis por esfingomielina son: **enfermedad de Gaucher, enfermedad de Niemann-Pick** y **enfermedad de Tay-Sachs**.

lipidosis por sulfátidos (sulfatide lipidosis), trastorno hereditario del metabolismo de los lípidos, que se produce en la infancia por falta de una enzima, la cerebrósido sulfatasa. Ello provoca una acumulación de lípidos metacromáticos en los tejidos del sistema nervioso central, riñón, bazo y otros órganos, dando lugar a demencia y parálisis, sobreviniendo la muerte alrededor de los 10 años de edad.

lipiduria (lipiduria), presencia de lípidos (cuerpos grasos) en la orina.

lipoatrofia (lipoatrophy), destrucción de la grasa subcutánea en el punto de inyección de la insulina. Suele producirse después de varias inyecciones en el mismo lugar.

lipocele (lipocele), v. **adipocele**.

lipocondrodistrofia (lipochondrodystrophy), v. **síndrome de Hurler**.

lipocromo (lipochrome), cada uno de los pigmentos naturales presentes en un lípido y que dan color amarillo a la grasa como el caroteno.

lipodistrofia (lipodystrophy), cualquier alteración del metabolismo o en el depósito de las grasas. Son tipos de lipodistrofia la **lipodistrofia bitrocantérea** y la **lipodistrofia insulínica**.

lipofagia granulomatosa (granulomatous lipophagia), enfermedad en la que los espacios linfáticos intestinales y mesentéricos de gran tamaño se llenan de grasas y ácidos grasos.

lipofilia (lipophilia), tendencia a atraer o absorber grasas.

lipofucsina (lipofuscin), tipo de pigmento graso, compuesto fundamentalmente por grasas oxidadas, que aparece de forma abundante en las células de los adultos.

lipogénesis (lipogenesis), producción y acumulación de grasa.

lipogranuloma (lipogranuloma, *pl.* **lipogranulomas, lipogranulomata**), nódulo de tejido graso necrótico asociado a una inflamación granulomatosa o a una reacción de cuerpo extraño que rodea al depósito de un material inyectado que contiene una sustancia oleosa.

lipohipertrofia (lipohypertrophy), proliferación de tejido subcutáneo graso en el punto de inyección de insulina.

lipoide (lipoid), cualquier sustancia que parece un lípido.

lipólisis (lipolysis), desintegración o destrucción de lípidos o grasas.

lipolítico (lipolytic), relacionado con la degradación química de las grasas.

lipoma (lipoma, *pl.* **lipomas, lipomata**), tumor benigno formado por células grasas maduras.

lipoma cavernoso (lipoma cavernosum), v. **angiolipoma**.

lipoma de células grasas (fat cell lipoma), v. **hibernoma**.

lipoma difuso, lipomatosis difusa (diffuse lipoma, diffuse lipomatosis), v. **lipomatosis múltiple**.

lipoma doloroso (lipoma dolorosa), v. **lipomatosis**.

lipoma fetal (fetal lipoma), v. **hibernoma**.

lipoma mixomatoide (lipoma myxomatodes), v. **lipomixoma**.

lipoma renal difuso (lipoma diffusum renis), v. **nefritis lipomatosa**.

lipoma sarcomatoso (lipoma sarcomatodes), v. **liposarcoma**.

lipoma telangiectásico (telangiectatic lipoma), v. **angiolipoma**.

lipomatosis (lipomatosis), trastorno caracterizado por la presencia de depósitos patológicos de grasa de aspecto seudotumoral en los tejidos corporales.

lipomatosis atrófica (lipomatosis atrophicans), v. **lipomatosis**.

lipomatosis renis (lipomatosis renis), v. **nefritis lipomatosa**.

lipometabolismo (lipometabolism), procesos químicos relacionados con la síntesis y degradación de moléculas grasas.

lipomioma (lipomyoma), tumor que tiene características comunes al lipoma y al mioma.

lipomixoma (lipomyxoma, *pl.* **lipomyxomas, lipomyxomata**), mixoma que contiene células grasas.

lipoproteína (lipoprotein), proteina conjugada en la que los lípidos forman parte de la molécula. Se sintetizan principalmente en el hígado, y se clasifican según su composición y densidad en: **lipoproteínas de alta densidad, lipoproteínas de baja densidad, lipoproteínas de muy baja densidad** y quilomicrones.

lipoproteína de alta densidad (HDL) (high-density lipoprotein [HDL]), proteína plasmática que contiene aproximadamente un 50% de proteínas (apoproteína) con colesterol y triglicéridos. Puede servir para estabilizar las lipoproteínas de muy baja densidad y está involucrada en el transporte del colesterol y de otros lípidos desde el plasma a los tejidos.

lipoproteína de baja densidad (LDL) (low-density lipoprotein [LDL]), proteína plasmática que contiene proporcionalmente más colesterol y triglicéridos que proteínas. Procede en parte, si no totalmente, de la metabolización intravascular de las lipoproteínas de muy baja densidad.

lipoproteína de muy baja densidad (VLDL) (very-low-density lipoprotein [VLDL]), proteína plasmática compuesta fundamentalmente por triglicéridos con pequeñas cantidades de colesterol, fosfolípidos y proteína. Transporta principalmente triglicéridos desde el hígado hacia los tejidos periféricos para su uso o almacenamiento.

liposarcoma (liposarcoma, *pl.* **liposarcomas, liposarcomata**), crecimiento maligno de las células grasas primitivas.

liposis (liposis), v. **lipomatosis**.

liposoluble (liposoluble), soluble en grasa.

liposoma (liposome), partícula lipídica esférica con múltiples capas presente en el medio acuoso de la célula. Se forma cuando un fosfolípido entra en contacto con el agua y se convierte en una esfera compuesta por capas sucesivas de moléculas hidrofílicas e hidrofóbicas.

liposucción (liposuction), técnica de extracción de tejido adiposo para pacientes obesos mediante una bomba de aspiración. Se utiliza principalmente para reducir zonas de grasa localizadas alrededor del abdomen, mamas, piernas, cara y brazos, donde la piel es suficientemente contráctil como para adaptarse con normalidad al nuevo contorno.

lipresina (lypressin), antidiurético y vasoconstrictor que se prescribe en la diabetes insípida para disminuir las pérdidas de agua por la orina.

liquen escleroatrófico (lichen sclerosis et atrophicus), enfermedad crónica de la piel caracterizada por pápulas blancas, planas, con un halo eritematoso y clavos negros foliculares duros. En los casos avanzados, las pápulas tienden a confluir en placas blancas grandes de piel delgada y pruriginosa.

liquen nítido (lichen nitidus), proceso raro de la piel caracterizado por numerosas pápulas planas, pálidas, brillantes, que miden 2-3 mm de diámetro.

liquen plano (lichen planus), enfermedad crónica de la piel, no maligna, de causa desconocida, caracterizada por pápulas o placas pequeñas, planas, de color púrpura, con líneas finas grises en la superficie.

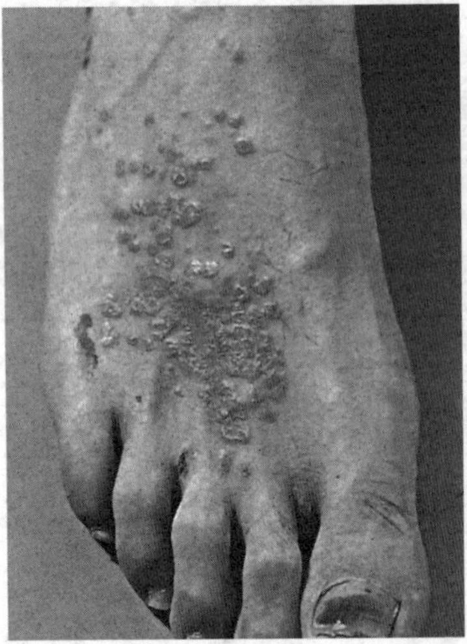

Liquen plano
(C. D. Forbes/W. F. Jackson, 1994)

liquen simple crónico (lichen simplex chronicus), forma de neurodermatitis caracterizada por placas formadas por pápulas pruriginosas confluentes.

liquenificación (lichenification), engrosamiento y endurecimiento de la piel, con frecuencia como resultado de la irritación producida por el rascado repetido de una lesión pruriginosa.

líquido (liquid, liquor), estado de la materia, intermedio entre sólido y gaseoso, en el que la sustancia fluye libremente aplicando una pequeña fuerza y adopta la forma del recipiente que lo contiene.

líquido amniótico (amniotic fluid), líquido producido por las membranas fetales y por el feto. Rodea al feto durante todo el embarazo, y su volumen a término es de aproximadamente 1.000 ml. Además de constituir una protección física para el feto, el líquido amniótico es un medio de intercambios químicos activos. El líquido amniótico es en sí mismo claro, pero las células fetales descamadas y los lípidos le confieren un aspecto opaco.

líquido ascítico (ascitic fluid), líquido acuoso que contiene albúmina, glucosa y electrólitos, que se acumula en la cavidad peritoneal en determinados trastornos como las enfermedades hepáticas o la insuficiencia cardíaca congestiva. Se trata de un escape de líquido venoso y linfático al espacio extravascular.

líquido cefalorraquídeo (LCR) (cerebrospinal fluid [CSF]), líquido que protege y circula a través del cuarto ventrículo del encéfalo, espacio subaracnoideo y conducto del epéndimo. Está formado principalmente por las secreciones de los plexos coroideos de los ventrículos laterales y del tercer y cuarto ventrículos. Los orificios del techo del cuarto ventrículo permiten al líquido fluir hacia los espacios subaracnoideos que rodean al encéfalo y a la médula espinal. La obtención de muestras de líquido cefalorraquídeo se puede realizar mediante punción lumbar entre la tercera y cuarta vértebras lumbares.

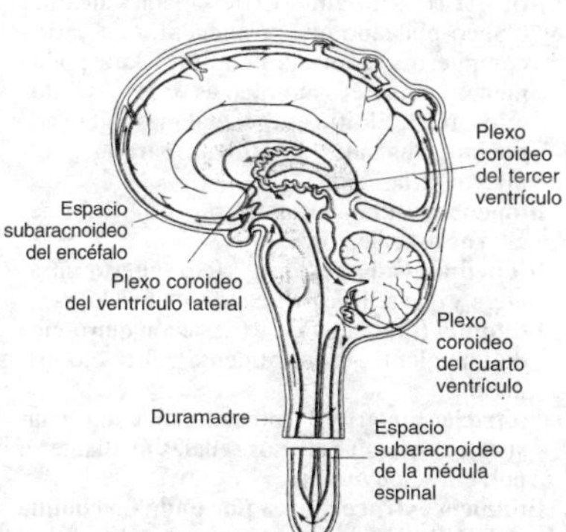

Circulación del líquido cefalorraquídeo
(Seeley, 1989)

líquido circulatorio (circulatory fluid), v. **sangre, linfa**.

líquido corporal (body fluid), líquido contenido en los tres espacios corporales: el plasma sanguíneo de la sangre circulante, el líquido intersticial entre las células y el líquido celular del interior de las células. El plasma sanguíneo y el líquido intersticial componen el líquido extracelular; el líquido de las células es el líquido intracelular. Los componentes químicos de los líquidos son muy variables; por ejemplo, el sodio está presente en grandes cantidades en ambos compartimientos del líquido extracelular, pero casi está ausente en el líquido intracelular; las proteínas están presentes en el plasma sanguíneo y en el líquido celular, pero no en el líquido intersticial.

líquido dializador (dialysis fluid), solución que fluye al otro lado de una membrana semipermeable.

líquido espinal (spinal fluid), v. **líquido cefalorraquídeo (LCR)**.

líquido extracelular (LEC) (extracellular fluid [ECF]), parte del líquido corporal compuesta por el líquido intersticial y el plasma sanguíneo. El cuerpo de un adulto contiene aproximadamente 11,2 l de líquido intersticial, lo que supone un 16% del peso corporal, y aproximadamente 2,8 l de plasma, que suponen aproximadamente el 4% del peso corporal.

líquido extravascular (extravascular fluid), líquido corporal que está fuera de los vasos sanguíneos. Por ejemplo, la linfa y el líquido cefalorraquídeo.

líquido intersticial (interstitial fluid), líquido extracelular que llena los espacios entre la mayoría de las células del organismo y representa una parte importante del componente líquido del organismo. Se forma por filtración a través de los capilares sanguíneos y es drenado como linfa.

líquido intracelular (intracellular fluid), líquido del interior de las membranas celulares, prácticamente de todo el organismo, con solutos en disolución esenciales para el equilibrio electrolítico y el metabolismo normal.

líquido peritoneal (peritoneal fluid), líquido que se produce de forma natural en la cavidad abdominal y que lubrica las superficies, evitando así el roce entre la membrana peritoneal y los órganos internos.

líquido seminal (seminal fluid), v. **semen**.

líquido seroso (serous fluid), líquido que tiene las características del suero.

líquido sinovial (synovial fluid), v. **sinovia**.

líquidos metacromáticos (metachromatic lipids), moléculas lipídicas que se acumulan en el sistema nervioso central, en los nervios periféricos y en los órganos internos de los lactantes que han heredado un trastorno de los lípidos.

líquidos parenterales (parenteral fluids), soluciones empleadas para mantener una adecuada hidratación.

lisergida (lysergide), psicotomimético, derivado ergotínico semisintético que actúa a múltiples niveles del sistema nervioso central, desde la corteza a la médula espinal. El fármaco puede producir dilatación pupilar, aumento de la tensión arterial, hiperreflexia, temblor, debilidad muscular, piloerección, aumento de la temperatura corporal, vértigo, mareo, parestesias, euforia o disforia y sinestesias; se pueden oír los colores o visualizar los sonidos, y notar que el tiempo pasa lentamente. Puede generar una dependencia psicológica; el empleo de lisergida se asocia a riesgos significativos.

lisina (Lys) (lysine [Lys]), aminoácido esencial necesario para el adecuado crecimiento de los lactantes y para el mantenimiento del balance nitrogenado en los adultos.

lisinemia (lysinemia), trastorno congénito del metabolismo que se traduce en la incapacidad para utilizar el aminoácido esencial lisina debido a una ausencia o deficiencia enzimática. Se caracteriza por debilidad muscular y retraso mental.

lisis (lysis), **1.** destrucción o disolución de una célula o molécula mediante la acción de un agente específico. La lisis celular está producida con frecuencia por una lisina. **2.** disminución gradual de los síntomas de una enfermedad.

lisogénesis (lysogenesis), formación de lisinas o anticuerpos que producen una destrucción parcial o total de la célula diana.

lisosoma (lysosome), partícula citoplásmica unida a la membrana que contiene enzimas hidrolíticas que actúan en los procesos digestivos intracelulares. Si se liberan las enzimas hidrolíticas hacia el interior del citoplasma se produce la autodigestión de la célula, de forma que los lisosomas desempeñan un importante papel en determinadas enfermedades autodestructivas caracterizadas por el debilitamiento de tejidos, como la distrofia muscular.

lisozima (lysozyme), enzima con acciones antisépticas que destruye algunos organismos extraños. Se encuentra en los granulocitos y monocitos, así como en la saliva, el sudor, la leche materna y en las lágrimas.

Lister, Barón Joseph (Lister, Baron Joseph) [cirujano escocés, n. 1827], introdujo la asepsia en los hospitales londinenses en 1867. Llevaba a cabo sus operaciones con un nebulizador de ácido carbólico diluido, a la vez que sumergía los instrumentos en ácido carbólico mientras que la heridas se tapaban con gasas empapadas en el mismo.

listeriosis (lysteriosis), enfermedad infecciosa producida por el género *Lysteria*, constituido por bacterias móviles grampositivas no esporuladas. Se transmite por contacto directo desde los animales infectados al hombre, al inhalar el polvo o por contacto con lodo, aguas residuales o suelo contaminado por el organismo; se caracteriza por la aparición de shock, endocarditis, hepatoesplenomegalia y un exantema rojo oscuro en tronco y piernas. Con frecuencia se acompaña de fiebre, bacteriemia, malestar general y letargo.

listesis (olisthy), desplazamiento de un hueso desde su posición anatómica, como ocurre en el desplazamiento de los discos intervertebrales.

litiasis (lithiasis), formación de cálculos en órganos o conductos huecos del organismo. Los cálculos están formados por sales minerales y pueden irritar, inflamar u obstruir el órgano en el que se forman o acumulan. La litiasis se produce con mucha frecuencia en la vesícula biliar, en el riñón y en el tracto urinario inferior. La litiasis puede ser asintomática, aunque con mucha frecuencia el proceso es extremadamente doloroso.

litiasis vesical (bladder stone), concreción que se desarrolla en la vejiga.

litigante (litigant), (en derecho) una de las partes de un pleito.

litigar (litigate), (en derecho) interponer un pleito o disputa.

litio (Li) (lithium [Li]), metal alcalino blanco-plateado que se encuentra en varios compuestos, como la petalifa y la espodumena. Su número atómico es 3; su peso atómico, 6,94. El litio es el metal más ligero conocido. Sus sales se utilizan para el tratamiento de las manías.

litogénesis (lithogenesis), proceso de formación de los cálculos.

litopedion (lithopedion), feto muerto intraútero y que se ha calcificado u osificado.

litotomía (lithotomy), extirpación quirúrgica de un cálculo, especialmente del tracto urinario.

litotricia (lithotrity), procedimiento que consiste en destruir cálculos renales mediante su pulverización *in situ*.

litotricia extracorpórea por onda de choque (LEOC) (extracorporeal shock-wave lithotripsy [ESWL]), descomposición de cálculos renales mediante ondas de choque generadas fuera del organismo, en partículas lo suficientemente pequeñas como para pasar a la orina.

litotriptor extracorpóreo de onda de choque (LEOC) (extracorporeal shock-wave lithotriptor [ESWL]), aparato que emplea las vibraciones de potentes ondas sonoras para romper un cálculo en el tracto urinario.

litotritor (lithotrite), instrumento utilizado para fragmentar un cálculo en la vejiga urinaria.

litotritor de Bigelow (Bigelow's lithotrite) [Henry J. Bigelow, cirujano norteamericano, n. 1818], litotritor de ramas largas que se pasa a través de la uretra para destruir un cálculo en la vejiga.

litro (l) (liter [L]), unidad de volumen equivalente a 1,057 cuartos y que se define como el volumen que ocupa una masa de un kilogramo de agua en condiciones estándar de presión y temperatura.

livedo (livedo), moteado azul o rojizo de la piel, que empeora en agua fría y que probablemente está producido por espasmo arteriolar. La *cutis marmorata* es una forma transitoria de livedo.

livedo reticularis (livedo reticularis), proceso vasoespástico acentuado por la exposición al frío, que se manifiesta por un moteado azul-rojizo característico, con un aspecto típico en «red de pesca», que afecta a toda la pierna y con menos frecuencia a los brazos.

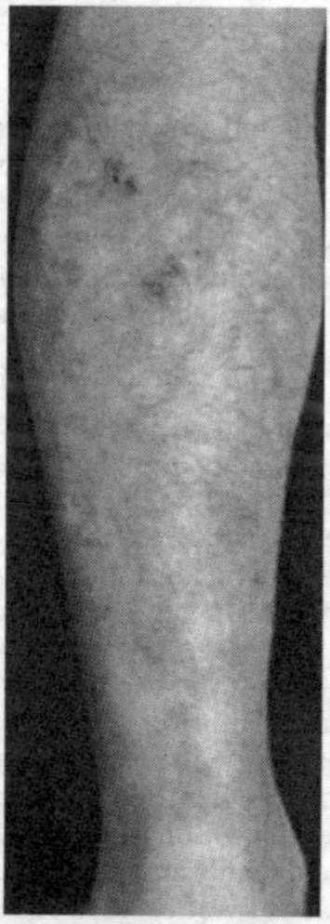

Livedo reticularis
(C. D. Forbes/W. F. Jackson, 1994)

lividez (lividity), alteración tisular en la que aparece una coloración rojiza o azulada debido a la congestión venosa, como ocurre tras una contusión.

lividez cadavérica (livor mortis), coloración violácea de la piel en determinadas zonas declives del cuerpo, después de la muerte, que aparece como consecuencia de la destrucción de las células sanguíneas.

lívido (livid), dícese de las lesiones con aspecto congestivo y decolorado.

LLA (ALL), abreviatura de **leucemia linfocítica aguda**.

llaga (sore), herida, úlcera o lesión.

llamas capilares (capillary flames), v. **nevo telangiectásico**.

llave de paso (stopcock), válvula que se emplea para controlar el flujo de líquido o aire a través de un tubo.

LLC (CLL), abreviatura de **leucemia linfoide crónica**.

lluvia ácida (acid rain), precipitación húmeda en forma de lluvia de elevado grado de acidez, causada por la liberación a la atmósfera de contaminaciones procedentes de la industria, de las eliminaciones de los vehículos a motor y de otras fuentes.

lluvia radiactiva (fallout), depósito de los residuos nucleares tras una explosión nuclear.

LMC (CML), abreviatura de **leucemia mieloide crónica**.

LMD (LMD), v. **preparado de dextrano**.

ln (nl), abreviatura de logaritmo natural.

Loa loa (Loa loa), helminto parásito de las regiones de África central y occidental, que produce la loaiasis.

loaiasis (loiasis), forma de filariasis producida por el gusano *Loa loa*, que puede migrar durante 10-15 años por el tejido subcutáneo, produciendo una inflamación local conocida como tumores de Calabar. La enfermedad se adquiere por la picadura de una mosca del género *Chrysops*.

lobectomía (lobectomy), técnica quirúrgica torácica en la que se escinde un lóbulo pulmonar, realizada para extirpar un tumor maligno o para tratar bronquiectasias incontroladas, traumatismos con hemorragia o tuberculosis intratable. Es frecuente que se produzca un enfisema compensador al hiperexpandirse el tejido pulmonar restante para llenar el nuevo espacio.

lobotomía (lobotomy), técnica neuroquirúrgica en la que se seccionan las fibras nerviosas del haz de sustancia blanca del lóbulo frontal del cerebro, para interrumpir la transmisión de diversas respuestas afectivas. Entre las indicaciones de la intervención se encuentran la depresión grave intratable y el dolor. Se realiza muy rara vez, pues tiene muchos efectos impredecibles e indeseables.

lobulillo (lobule), lóbulo de pequeño tamaño.

lóbulo (lobe), **1.** proyección redondeada de cualquier estructura. **2.** parte de cualquier órgano, delimitada por surcos, fisuras o tejido conectivo, como los lóbulos del cerebro, hígado o pulmón.

local (local), **1.** relativo a una pequeña zona circunscrita del cuerpo. **2.** relativo a un fármaco aplicado localmente.

localización (localization), **1.** designación del sitio de una lesión o de un órgano. **2.** determinación del sitio de una función biológica. **3.** asignación de posición a un objeto detectado radiológicamente.

loción (lotion), preparado líquido que se aplica externamente para proteger la piel o para tratar procesos dermatológicos.

locomoción (locomotion), movimiento o habilidad para variar de posición.

locomotor (locomotor), perteneciente o relativo a la locomoción.

loculado (loculate), dividido en pequeños espacios o cavidades.

lóculo (loculus), cámara, bolsa o cavidad de pequeño tamaño, como la que existe en el interior de un pólipo.

locura (insanity), *coloquial*, grave defecto o proceso mental, como la psicosis (pero no la neurosis). Se usa más en términos legales o sociales que médicos. Cuando una persona es catalogada de loca, puede procederse a distintas acciones legales, como su ingreso en una institución, su vigilancia por parte de un cuidador o la disolución de un contrato.

locus (locus), lugar o posición determinado, como el locus de un determinado gen o cromosoma.

locus ceruleus (locus ceruleus), grupo constituido por varios miles de neuronas muy pigmentadas que se encuentra en el suelo del cuarto ventrículo. Forma parte de la vía adrenérgica principal del sistema nervioso central.

locus de histocompatibilidad (histocompatibility locus), grupo de posiciones en un cromosoma ocupadas por un complejo de genes que gobiernan a varios antígenos tisulares.

logopeda (speech-language pathologist), individuo con formación profesional de graduado en comunicación humana, su desarrollo y sus trastornos. Este especialista puede medir y evaluar las capacidades lingüísticas, los procesos auditivos y la producción de lenguaje, realizar el tratamiento clínico de niños y adultos con trastornos del lenguaje, del habla y de la audición, aplicar métodos de investigación para el estudio de los procesos de comunicación.

logopedia (speech pathology), **1.** estudio de las anomalías o de los órganos del lenguaje. **2.** diagnóstico y tratamiento de las anomalías del lenguaje por parte de un logopeda o de un logoterapeuta.

logoterapia (logotherapy), modalidad terapéutica basada en la aplicación de la psicología humanista y existencialista con el fin de ayudar al paciente a encontrar el significado y objetivo de su vida y de sus propias experiencias vitales.

lomo (loin), región corporal situada a cada lado de la columna vertebral, entre las costillas falsas y los huesos de la cadera.

lomustina (lomustine), agente alquilante antineoplásico. Se prescribe para el tratamiento de diversas enfermedades neoplásicas malignas.

longevidad (longevity), número de años que una persona de una determinada edad puede esperar seguir viviendo. Se determina mediante tablas estadísticas basadas en las tasas de mortalidad de diferentes grupos de población.

longitud de arcada disponible (available arch length), longitud o espacio dentro de una arcada dental que se halla disponible para alojar todos los dientes propios de un sujeto.

longitud de la arcada (arch length), longitud de una arcada dentaria, que generalmente se mide mediante los puntos de contacto existentes entre los dientes adyacentes.

longitud de onda (wavelength), distancia entre un determinado punto en un ciclo de ondas y el punto correspondiente en el siguiente ciclo sucesivo de ondas.

longitud necesaria de arcada (required arch length), suma de la anchura mesiodistal de todos los dientes naturales de la arcada dentaria.

longitud vértice-nalgas (crown-rump length), longitud de un embrión, feto o recién nacido, medida desde el vértice de la cabeza hasta la parte más sobresaliente de las nalgas.

longitud vértice-talón (crown-heel length), longitud de un embrión, feto o recién nacido, medida desde el vértice de la cabeza hasta los talones. Se compara con la altura en bipedestación de un individuo de más edad.

longitudinal (longitudinal), **1.** medida en la dirección del eje mayor de un objeto, cuerpo u órgano, como el arco longitudinal del pie. **2.** estudio científico que se lleva a cabo en un período de tiempo prolongado.

loquios (lochia), secreción vaginal que aparece después del parto. Durante los 3 o 4 días que siguen al parto los loquios son rojos (***lochia rubra***) y están compuestos por sangre, decidua endometrial, lanugo, vérnix y, a veces, meconio fetal, pequeñas porciones de tejido y membranas placentarias. Después del tercer día disminuye la cantidad de sangre, la zona de implantación de la placenta exuda un material seroso y linfa, y los loquios se hacen más oscuros y menos espesos (***lochia fusca***), pasando más tarde a ser serosos (***lochia serosa***), al finalizar la evacuación. Durante la segunda semana presentan un número elevado de glóbulos blancos y bacterias junto con un material mucinoso decidual, lo que hace que los loquios sean de color amarillento (***lochia flava*** o ***lochia purulenta***). Durante la tercera semana y a partir de ese momento, al progresar la epitelización del endometrio, disminuye de forma marcada la cantidad de loquios, que adquieren una consistencia seromucosa y un color blanco grisáceo (***lochia alba***). Lo habitual es que cesen al cabo de 6 semanas.

lorazepam (lorazepam), tranquilizante benzodiacepínico prescrito como tranquilizante menor para el tratamiento de la ansiedad, la tensión nerviosa y el insomnio.

lordoescoliosis (lordoscoliosis), combinación de lordosis y escoliosis.

lordosis (lordosis), **1.** curvatura normal de la columna lumbar y cervical, que se aprecia como una concavidad anterior si se observa desde el lateral. **2.** grado de curvatura anormal, aumentado, en cualquier parte de la espalda.

loxapina (loxapine), tranquilizante prescrito para el tratamiento de la esquizofrenia.

LPD (PDL), abreviatura de **ligamento periodontal**.

lpm (lpm), abreviatura de litros por minuto.

Lr (Lr), símbolo del **lawrencio**.

LSD (LSD), abreviatura de dietilamida del ácido lisérgico.

LSD (RUL), abreviatura de lóbulo superior derecho del pulmón.

LSP (PBL), abreviatura de linfocitos de sangre periférica.

LTB (LTB), abreviatura de **laringotraqueobronquitis**. V. **crup**.

LTF (TDD), abreviatura de liberación transdérmica de fármacos.

LTH (LTH), abreviatura de hormona luteotrópica. V. **LH**.

L-Trp (L-Trp), abreviatura de L-triptófano.

Lu (Lu), símbolo del **lutecio**.

lubricación exudativa (weeping lubrication), forma de lubricación hidrostática en la cual el líquido intersticial del cartílago articular hidratado fluye hacia su superficie cuando se aplica una carga.

lubricación limitante (boundary lubrication), fina capa de moléculas que reviste cada superficie articular de una articulación de carga para facilitar la acción deslizante de las superficies óseas opuestas.

lubricación por capa de presión (squeeze-film lubrication), exudado de líquido del cartílago de las articulaciones, que forma una película en el área transitoria de contacto inminente.

lubricante (lubricant), líquido, linimento u otro agente capaz de disminuir la fricción y conseguir una superficie más deslizante.

lucha o huida (fight or flight), v. **reacción de lucha o huida**.

lucidez (lucidity), claridad mental, perceptiva o inteligibilidad.

lúcido (lucid), claro, racional, que se puede entender.

lúes (lues), v. **sífilis**.

lugar (spot), (en psicoterapia) pequeño quantum de espacio que se convierte en objeto territorial y extensión de la conducta puntual.

lumbago (lumbago), dolor en la región lumbar producido por una distensión muscular, artritis reumatoide, osteoartritis o hernia de disco intervertebral. El lumbago isquémico, caracterizado por dolor en la parte inferior de la espalda y glúteos, está producido por insuficiencia vascular, como ocurre en la oclusión de la aorta terminal.

lumbar (lumbar), perteneciente o relativo a la parte del cuerpo situada entre el tórax y la pelvis.

lumbosacro (lumbosacral), relativo a las vértebras lumbares y al sacro.

lumbrical (lumbrical), con forma de gusano.

lumen (lumen), unidad de flujo luminoso equivalente al flujo que emite una fuente puntual de una candela de intensidad por unidad de ángulo.

luminífero (luminiferous), relativo a los medios que transmiten la luz.

luminiscencia (luminescence), emisión de luz por un material después de excitarlo con algún estímulo.

lunar (mole), *informal*, nevo pigmentado.

lúnula (lunula, *pl.* **lunulae**), estructura semilunar, como la zona pálida en forma de media luna de la base de las uñas de dedos de manos y pies.

lupa (loupe), **1.** lente de aumento montada en un soporte para la cabeza, que se emplea para examinar los ojos. **2.** lente circular dotada de luz montada sobre un pie portátil que se emplea en la exploración minuciosa de detalles a diferentes niveles (ocular, dermatológico...).

lúpico (lupoid), v. **lupus**.

lupus (lupus), **1.** *no técnico*, lupus eritematoso. **2.** *obsoleto*, cualquier proceso cutáneo en el que se diseminan lesiones ulcerativas sobre el cuerpo en un período de tiempo prolongado.

lupus eritematoso (lupus erythematosus), v. **lupus eritematoso sistémico (LES)**.

lupus eritematoso cutáneo (cutaneous lupus erythematosus), v. **lupus eritematoso discoide (LED)**.

lupus eritematoso discoide (LED) (discoid lupus erythematosus [DLE]), enfermedad crónica recurrente, principalmente de la piel, caracterizada por máculas rojas cubiertas de escamas que se extienden a los folículos. Las lesiones se distribuyen típicamente siguiendo un patrón en alas de mariposa, cubriendo las mejillas y el puente de la nariz, aunque también se presentan en otras partes del cuerpo. La causa de la enfermedad no está establecida, aunque existen pruebas de que podría tratarse de un proceso autoinmune, que en algunos casos parecen inducir ciertos fármacos.

lupus eritematoso diseminado (disseminated lupus erythematosus), v. **lupus eritematoso sistémico (LES)**.

lupus eritematoso sistémico (LES) (systemic lupus erythematosus [SLE]), enfermedad inflamatoria crónica que afecta a numerosos sistemas del organismo. En la fisiopatología de la enfermedad se incluyen vasculitis grave, afección renal y lesiones de la piel y del sistema nervioso. No se ha determinado la causa primaria de la enfermedad; se han sugerido infecciones víricas o disfunciones del sistema inmunitario. Las reacciones adversas a determinados fármacos pueden provocar también un síndrome lupoide. La frecuencia del LES es cuatro veces mayor en la mujer que en el hombre. Con frecuencia, la manifestación inicial es una artritis. También se encuentra en el período inicial de la enfermedad una erupción eritematosa sobre la nariz y las eminencias malares, debilidad, fatiga y pérdida de peso. Se puede producir fotosensibilidad, fiebre, lesiones cutáneas en el cuello y alopecia allí donde las lesiones se extienden más allá de la línea capilar. Las lesiones cutáneas se pueden extender a las mucosas y otros tejidos del cuerpo. No se ulceran, pero provocan degeneración de los tejidos afectados. Dependiendo de los órganos afectados, el paciente puede presentar también glomerulonefritis, pleuritis, pericarditis, peritonitis, neuritis o anemia. La insuficiencia renal y las alteraciones neurológicas graves se encuentran entre las manifestaciones más graves de la enfermedad.

lupus vulgar (lupus vulgaris), forma rara de tuberculosis cutánea en la que se ulceran zonas de la piel, curan lentamente y dejan un tejido cicatricial profundo. La enfermedad no tiene relación con el lupus eritematoso.

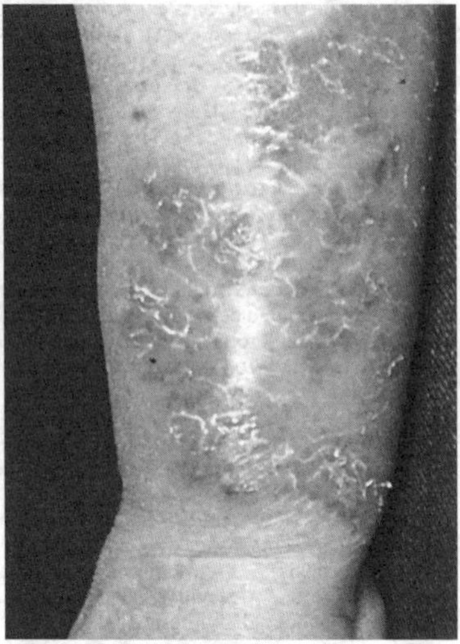

Lupus vulgar
(A. du Vivier, 2.ª ed., 1995)

lutecio (Lu) (lutetium [Lu]), elemento metálico del grupo de las tierras raras. Su número atómico es 71; su peso atómico, 174,97.

luteína (lutein), pigmento carotenoide amarillo-rojizo, cristalino, que se encuentra en las plantas ricas en carotenos y clorofilas, y también en las grasas animales, yema de huevo, cuerpo lúteo y en los lipocromos.

luteinización (luteinization), formación del cuerpo lúteo en un ovario a partir de un óvulo. Consiste en la hipertrofia de las células foliculares luteínicas y el desarrollo de vasos sanguíneos y tejido conectivo *in situ*.

lúteo (luteal), perteneciente o relativo al cuerpo lúteo, a su función o a sus efectos.

luteoma (luteoma, *pl.* **luteomas, luteomata**), **1.** tumor de las células de la granulosa o de la teca, cuyas células recuerdan a las del cuerpo lúteo. **2.** hiperplasia nodular uni o bilateral de las células luteínicas del ovario, que en ocasiones se desarrolla durante el último trimestre del embarazo.

luteotropina (luteotropin), v. **prolactina**.

luxación (dislocation), desplazamiento de cualquier parte del cuerpo de su posición normal, y en particular el de un hueso de su cavidad articular normal.

luz (light), radiación electromagnética con longitudes de onda más cortas que la luz ultravioleta y más largas que la infrarroja (el rango de la luz visible suele oscilar entre 400 y 800 nm) que estimula las células receptoras visuales de la retina, produciendo impulsos nerviosos que se perciben como visión.

luz (lumen, *pl.* **lumina, lumens**), cavidad o conducto dentro de un órgano o estructura corporal.

luz de Wood (Wood's light) [Robert Williams Wood], luz ultravioleta de 365 nm de longitud de onda, aproximadamente, utilizada para diagnosticar algunas enfermedades del cuero cabelludo y de la piel. La luz provoca que los pelos infectados por un hongo, como el de la tiña del cuero cabelludo, adquieran una fluorescencia brillante.

luz difusa (stray light), energía radiante que llega a un fotodetector, y que consta de longitudes de onda diferentes a las definidas por el filtro o monocromator.

luz negra (black light), v. **luz de Wood**.

luz polarizada (polarized light), luz que se propaga de modo que las ondas de la radiación se desplazan en una sola dirección en el plano de vibración y no de forma aleatoria.

luz transmitida (transmitted light), luz que se ha transmitido a través de un medio transparente, como cuando se produce un cambio importante durante la evolución.

luz visible (visible light), radiación del espectro electromagnético que es visible para el ojo humano. La longitud de onda cubre un intervalo desde 390 a 780 mm, aproximadamente.

LVP interpolado (interpolated VPB), extrasístole ventricular que se produce entre dos latidos del ritmo cardíaco dominante.

Lys (Lys), abreviatura de **lisina**.

Lysteria monocytogenes (Lysteria monocytogenes) [Barón Joseph Lister, cirujano escocés, n. 1827], especie común de bacilo grampositivo móvil, que produce la listeriosis.

M

m (m), abreviatura de **metro**.

M. (M.) **1.** abreviatura de mega. **2.** abreviatura de **molar**. **3.** abreviatura de **metástasis** en el sistema TNM (tumor, ganglios, metástasis) de estadiaje de enfermedades neoplásicas malignas.

M.D. (M.D.), abreviatura de *Doctor en Medicina*. V. **médico**.

M-B (W-F), símbolo de *mujer blanca*, utilizado con frecuencia en la identificación inicial de la historia de un paciente.

mA (ma), abreviatura de **miliamperio**.

Maass, Clara (Maass, Clara) [1876-1901], enfermera norteamericana que trabajó como voluntaria en el ejército durante el estallido de la guerra entre España y Estados Unidos. Después de trabajar en los campamentos militares donde fallecían los soldados por fiebre amarilla, se fue voluntaria a La Habana para participar en los experimentos que se estaban realizando para determinar la causa de la enfermedad. La picó un mosquito y murió 10 días después de fiebre amarilla. Fue una de las primeras enfermeras incluidas en el Hall of Fame de la American Nurses' Association.

maceración (maceration), reablandamiento y fragmentación de la piel por la exposición prolongada a la humedad.

macerar (macerate), ablandar algo sólido humedeciéndolo.

machismo (machismo), (en psicología) concepto del hombre que incluye tanto los rasgos de valor deseables culturalmente como las conductas disfuncionales de bebedor importante, seductor y de malos tratos de la esposa.

Machupo (Machupo), v. **fiebre hemorrágica boliviana**.

macrobiosis (macrobiosis), vida prolongada.

macroblefaria (macroblepharia), trastorno en el que se tienen unos párpados excesivamente grandes.

macrocefalia (macrocephaly), anomalía congénita caracterizada por un tamaño excesivo de la cabeza y del cerebro con relación al resto del cuerpo, existiendo cierto grado de retraso mental y del crecimiento. El perímetro cefálico supera en más de dos desviaciones estándar a la media para la edad, sexo, raza y período de gestación, con unas fontanelas excesivamente anchas; las características faciales suelen ser normales. Se produce un hipercrecimiento simétrico de la cabeza, sin elevación de la presión intracraneal, a diferencia de la hidrocefalia, en la que se produce un crecimiento asimétrico y lateral de la cabeza por la acumulación excesiva de líquido cefalorraquídeo, normalmente a alta presión.

macrocítico (macrocytic) (de una célula), mayor de lo habitual, como los eritrocitos de la anemia macrocítica.

macrocito (macrocyte), eritrocito maduro de tamaño excesivamente grande. Aparece sobre todo en la anemia megaloblástica.

macrocitosis (macrocytosis), proliferación anormal de macrocitos en la sangre periférica.

macroelemento (macroelement), v. **macronutriente**.

macroencefalia (macrencephaly), anomalía congénita caracterizada por un tamaño excesivamente grande del encéfalo.

macrófago (macrophage), células fagocíticas del sistema reticuloendotelial, como las células de Kupffer del hígado, los esplenocitos del bazo y los histiocitos del tejido conectivo laxo.

macrogameto (macrogamete), gameto femenino grande, inmóvil, de ciertas talofitas y esporozoos, en concreto, *Plasmodium*, el parásito del paludismo.

macrogametocito (macrogametocyte), merozoíto agrandado que sufre meiosis para formar un gameto femenino maduro durante la fase sexual del ciclo vital de ciertas talofitas y esporozoos, como *Plasmodium*, el parásito del paludismo.

macrogenitosomía (macrogenitosomia), trastorno congénito en el que los genitales son anómalos por un exceso de andrógenos durante el desarrollo fetal. Se caracteriza, en los niños, por unos genitales externos grandes, y en las niñas por un seudohermafroditismo.

macroglobulinas totales (total macroglobulins), macroglobulinas pesadas del suero que están elevadas en varias enfermedades, como el cáncer y las infecciones.

macroglobulinemia (macroglobulinemia), forma de gammapatía monoclonal en la que existe una hiperproducción de una inmunoglobulina de gran tamaño (IgM) por clones de células plasmáticas como respuesta a una señal antigénica.

macroglosia (macroglossia), anomalía congénita caracterizada por una lengua excesivamente grande, que se observa en algunos síndromes congénitos, como el síndrome de Down.

macrognatia (macrognathia), crecimiento anormal de la mandíbula.

macrogotero (macrodrip), (en fluidoterapia intravenosa) aparato que se utiliza para suministrar cantidades medidas de soluciones IV a velocidades de flujo específicas, basándose en el tamaño de las gotas de la solución. El tamaño de las gotas es controlado por el diámetro fijo del tubo plástico del sistema. Las gotas que suministra un macrogotero son mayores de las de un microgotero.

macrólido (macrolide), grupo de antibióticos producidos por actinomicetos. Incluyen a la eritromicina y a la troleandomicina. Los macrólidos se suelen emplear frente a bacterias grampositivas y en pacientes alérgicos a las penicilinas.

macromolécula (macromolecule), molécula de tamaño coloidal, como las proteínas, ácidos nucleicos o polisacáridos.

macronúcleo (macronucleus), **1.** núcleo grande. **2.** (en protozoos) el mayor de los dos núcleos de cada célula, que gobierna el metabolismo y el crecimiento celular, al contrario que el micronúcleo, que interviene en la reproducción sexual.

macronutriente (macronutrient), elemento químico necesario en cantidades relativamente elevadas para los procesos fisiológicos normales del organismo.

macropsia (macropsia), trastorno visual en el que los objetos parecen de mayor tamaño del que realmente poseen.

macrorreentrada (macroreentry), (en cardiología) circuito de reentrada con conducción anterógrada descendente en una de las ramas del haz y retrógrada ascendente en la otra. Genera taquicardia ventricular con un patrón de BR y un QRS relativamente estrecho.

macroscópico (macroscopic), suficientemente grande para poder ser examinado a simple vista.

macrosis (macrosis), incremento de las dimensiones o del volumen de un objeto.

macrosomía (macrosomia), v. **gigantismo**.

mácula (macula, *pl.* **maculae**), **1.** pequeña zona pigmentada o mancha que parece separada o diferente del tejido que la rodea. **2.** V. **mácula lútea**.

mácula álbida (macula albidae), pequeñas regiones blanquecinas en las membranas serosas del pericardio, del peritoneo o de la pleura.

mácula cerúlea (macula cerulea), v. **mancha azul**.

mácula densa (macula densa), engrosamiento de la pared del túbulo distal de la nefrona renal en el punto donde entra en contacto con el glomérulo aferente. Puede formar parte de un sistema de retroalimentación para el sodio.

mácula lútea (macula lutea), mancha oval amarilla situada en el centro de la retina, a 2 mm del nervio óptico. Contiene una fosa sin vasos y la fóvea central. La visión central se produce cuando se enfoca una imagen directamente sobre la fóvea central de la mácula lútea.

mácula solar (macula solaris), v. **peca**.

maculopatía (maculopathy), forma de degeneración macular que afecta fundamentalmente a la mácula lútea de la retina.

madre de alquiler (surrogate parenting), forma de inseminación artificial en la que una mujer fértil que no es la mujer del donante del semen acepta ser inseminada con el semen del marido y llevar el embarazo a término, momento en el que el producto de la concepción pasa al cuidado de la mujer no fértil. Habitualmente la madre de alquiler recibe una compensación económica por el embarazo.

madre de nacimiento (birth mother), madre biológica o mujer que gesta a un niño. El niño puede haber sido concebido en una madre vicariante con esperma del padre biológico.

maduración (maturation), **1.** proceso o trastorno por el que se adquiere un desarrollo completo. En los seres humanos, es el despliegue de todas las capacidades físicas, emocionales e intelectuales que permiten a una persona actuar con un mayor nivel de competencia y adaptación dentro de su entorno. **2.** fases finales de la formación meiótica de las células germinales, en las que se reduce el número de cromosomas de cada célula al número haploide característico de la especie. **3.** supuración.

madurar (mature), alcanzar el pleno desarrollo.

madurez (maturity), **1.** estado de crecimiento y desarrollo completo, considerado normalmente como el período de vida entre la adolescencia y la tercera edad. **2.** fase en la que el organismo es capaz de reproducirse.

maduro (mature), totalmente desarrollado o maduro.

MAEC (BEAM), abreviatura de **mapa de actividad eléctrica cerebral**.

magladrato (magladrate), antiácido prescrito para el tratamiento de la hipersensibilidad y molestias gástricas asociadas con la pirosis, la acidez de estómago o la dispepsia ácida.

magma de magnesia (magnesia magma), v. **leche de magnesia**.

magnesemia (magnesemia), presencia de magnesio en la sangre.

magnesio (Mg) (magnesium [Mg]), elemento mineral blancoplateado. Su número atómico es 12; su peso atómico es 24,32. El magnesio es el segundo catión más abundante en el líquido intracelular corporal y es esencial para muchas actividades enzimáticas. Es importante para la transmisión neuroquímica y la excitabilidad muscular. El exceso de magnesio también produce vasodilatación por acción directa sobre los vasos sanguíneos y mediante un bloqueo ganglionar. La hipomagnesemia puede generar cambios en el músculo cardíaco y esquelético, y puede producir nefrocalcinosis.

magnetización (magnetization), polarización magnética de un material, producida por un campo magnético (momento magnético por unidad de volumen).

magnetrón (magnetron), fuente de energía de microondas utilizada en los aceleradores lineales de uso médico para acelerar los electrones hasta energías terapéuticas.

magnificación (magnification), (en psicología) distorsión cognitiva en la que se magnifican los efectos de la propia conducta.

magnificación radiográfica (radiographic magnification), procedimiento radiográfico que se usa para mejorar la visualización de los vasos sanguíneos de pequeño calibre y las estructuras óseas de pequeñas dimensiones. Se consigue incrementando la distancia entre el objeto y el receptor de la imagen radiográfica.

magulladura (bruise), v. **contusión, equimosis**.

Mahoney, Mary Eliza (Mahoney, Mary Eliza) [1845-1926], la primera enfermera norteamericana de color. Tras su muerte, se estableció la entrega de una medalla con su nombre a los profesionales de la enfermería de raza negra en reconocimiento a su contribución al desarrollo de la profesión.

MAI (LMA), abreviatura de posición fetal mentoanterior izquierda.

mal (mal), proceso o enfermedad, como el gran mal o el pequeño mal.

malabsorción (malabsorption), alteración de la absorción de nutrientes desde el tracto GI. Se produce en la enfermedad celíaca, el esprúe, la disentería, la diarrea y otros procesos. V. **error innato del metabolismo, malnutrición**.

malacia (malacia), **1.** reblandecimiento o esponjamiento patológico de cualquier parte o tejido del cuerpo. **2.** deseo de alimentos condimentados, con mostaza, pimienta o salmuera.

maladaptación (maladaptation), adaptación intrapersonal defectuosa a la tensión o a los cambios. Se puede deber a la incapacidad para realizar los cambios necesarios en los deseos, valores, necesidades y actitudes para realizar los ajustes necesarios en el mundo exterior.

maladaptado (maladjusted), estado en el que un individuo parece incapaz de mantener de forma eficaz las relaciones necesarias para adaptarse al entorno y muestra irritabilidad, depresión y otros efectos psicógenos.

malar (malar), relativo o perteneciente a la mejilla o al hueso malar.

Malassezia (Malassezia) [Louis C. Malassez, fisiólogo francés, n. 1842], género de hongos. *M. furfur* produce la tiña versicolor (nombre antiguo: *Pityrosporum oviculare*). *M. ovalis* es un organismo no patógeno que se localiza en las zonas sebáceas (nombre antiguo: *Pityrosporum ovale*).

malaxación (malaxation), v. ***pétrissage***.

maleable (malleable), que puede ser presionado, golpeado o forzado por cualquier otro medio para adoptar una forma sin romperse.

maleato de azatadina (azatadine maleate), antihistamínico con efectos antiserotonínicos, anticolinérgicos y sedantes, que se utiliza en el tratamiento de las rinitis alérgicas y de la urticaria crónica.

maleato de bromofeniramina (brompheniramine maleate), antihistamínico prescrito en el tratamiento de diversas reacciones de hipersensibilidad, incluyendo la rinitis, las reacciones cutáneas y el prurito.

maleato de butaperacina (butaperazine maleate), antipsicótico utilizado en el tratamiento de la esquizofrenia y del síndrome cerebral crónico.

maleato de carbinoxamina (carbinoxamine maleate), antihistamínico prescrito para el tratamiento de diversas reacciones de hipersensibilidad, entre las que se incluyen la rinitis, reacciones cutáneas y el prurito.

maleato de clorfeniramina (chlorpheniramine maleate), antihistamínico prescrito para el tratamiento de diversas reacciones de hipersensibilidad, como la rinitis, las erupciones cutáneas y el prurito.

maleato de dexclorfeniramina (dexchlopheniramine maleate), antihistamínico que se usa en el tratamiento de diferentes reacciones de hipersensibilidad, como rinitis, exantemas cutáneos y pruritos.

maleato de dimetindeno (dimethindene maleate), antihistamínico que se prescribe en el tratamiento de diversas reacciones de hipersensibilidad, como rinitis, reacciones cutáneas y prurito.

maleato de enalapril (enalapril maleate), inhibidor del enzima conversor de la angiotensina (IECA) utilizado como fármaco antihipertensivo oral.

maleato de ergonovina (ergonovine maleate), alcaloide ergotónico oxitócico prescrito para provocar la contracción del útero en el tratamiento o en la prevención de las hemorragias posparto o postaborto.

maleato de feniramina (pheniramine maleate), antihistamínico prescrito para el tratamiento de diversas reacciones de hipersensibilidad, como rinitis, exantemas y prurito.

maleato de metilergonovina (methylergonovine maleate), alcaloide ergotínico sintético prescrito como oxitócico para prevenir o tratar la atonía, hemorragia o hipoinvolución uterina posparto.

maleato de metisergida (methysergide maleate), vasoconstrictor prescrito para el tratamiento de la cefalea que acompaña a la migraña.

maleato de pirilamina (pyrilamine maleate), antihistamínico prescrito para el tratamiento de diversas reacciones de hipersensibilidad, entre ellas rinitis, exantema y prurito.

maleato de proclorperacina (prochlorperazine maleate), v. **proclorperacina**.

maleato de timolol (timolol maleate), agente bloqueante de los receptores betaadrenérgicos. Se prescribe para reducir la presión intraocular en el glaucoma crónico de ángulo abierto, afáquico y secundario.

maleato de trimipramina (trimipramine maleate), antidepresivo prescrito para el tratamiento de la ansiedad, de la depresión y del insomnio.

maléolo (maleolus, *pl.* **malleoli**), apófisis ósea redondeada, como las protuberancias que existen a cada lado del tobillo.

malestar general (malaise), sentimiento vago de debilidad o molestias en todo el cuerpo, que con frecuencia marca el comienzo de una enfermedad.

malestar gravídico matutino (morning sickness), v. **náuseas y vómitos del embarazo**.

malformación (malformation), estructura anormal del organismo.

malformación de Arnold-Chiari (Arnold-Chiari malformation) [Julius Arnold, anatomopatólogo alemán, n. 1835; Hans Chiari, anatomopatólogo francés, n. 1851], herniación congénita del tronco del encéfalo y de la parte inferior del cerebelo hacia el conducto vertebral cervical a través del agujero magno.

maligno (malignant), **1.** también **virulento**, que tiende a empeorar o a causar la muerte. **2.** (en la descripción de un cáncer) anaplásico, invasivo y metastásico.

malla gingival (gingival mat), tejido conectivo de la encía compuesto por fibras colágenas gruesas, anchas, que fija la encía a los dientes y que mantiene la encía libre cerca de los dientes.

malnutrición (malnutrition), cualquier trastorno que afecta a la nutrición. Puede ser el resultado de una dieta desequilibrada, insuficiente o excesiva, o de una alteración en la ab-

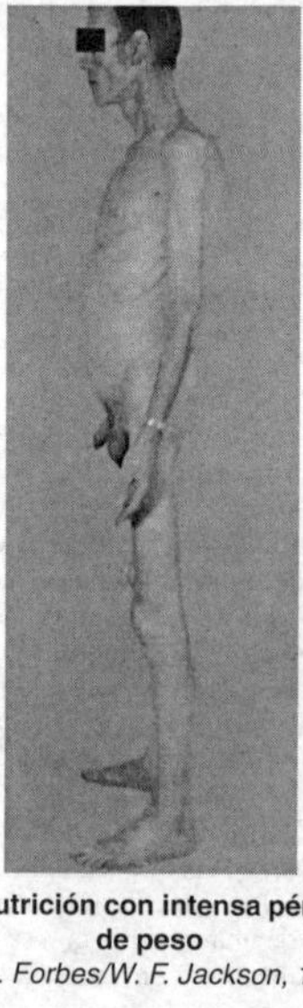

Malnutrición con intensa pérdida de peso
(C. D. Forbes/W. F. Jackson, 1994)

sorción, asimilación o utilización de los alimentos.

malnutrición maligna (malignant malnutrition), v. **kwashiorkor**.

malnutrición proteicocalórica (energy-protein malnutrition), trastorno resultante de una dieta escasa en calorías y en proteínas.

maloclusión (malocclusion), contacto anormal de los dientes del maxilar superior con los del maxilar inferior.

malos tratos (abuse), agresión física o psíquica. Un tipo de malos tratos son los **malos tratos a menores**.

malos tratos al anciano (abuse of the elderly), trato deshonesto, ya sea físico, psicológico o material, así como violación de los derechos de los ancianos sobre seguridad y cuidados sanitarios adecuados. La víctima de los malos tratos suele ser una mujer anciana con un trastorno físico o mental, que vive con un hijo adulto o con otro pariente.

malos tratos a menores (child abuse), malos tratos físicos, sexuales o emocionales practicados a un niño. Pueden ser evidentes o encubiertos y con frecuencia producen perjuicio físico o psíquico permanente, deterioro mental o, en algunas ocasiones, muerte. Los malos tratos a menores son el resultado de factores múltiples y complejos, que afectan tanto a los padres como a los niños, constituidos por diversas circunstancias estresantes del entorno, como una situación socioeconómica mala, un apoyo físico y emocional inadecuados dentro de la familia, y por cualquier cambio importante de vida o crisis, especialmente aquellas crisis que tienen su base en conflictos matrimoniales. Los padres con alto riesgo de ejercer malos tratos se caracterizan por presentar necesidades insatisfechas, dificultad para establecer relaciones interpersonales adecuadas, expectativas irreales acerca del niño y falta de experiencia educativa, junto con el hecho frecuente de haber padecido negligencia o malos tratos en su infancia. La presencia de marcas físicas obvias en el cuepo de un niño, como quemaduras, palizas o magulladuras, y signos de tensión emocional, incluidos los síntomas de retraso del crecimiento, son indicadores habituales de algún grado de negligencia o malos tratos. Con frecuencia es necesario realizar una placa de rayos X para detectar fracturas recientes o consolidadas en las extremidades o pruebas diagnósticas para identificar malos tratos sexuales.

malos tratos emocionales (emotional abuse), destrucción de los sentimientos de una persona, que se ve a sí misma como inepta, no querida e inútil.

malos tratos físicos (physical abuse), uno o más episodios de comportamiento agresivo, que habitualmente producen lesiones físicas con posibles daños en órganos internos, órganos de los sentidos, en el sistema nervioso central o en el sistema musculosquelético de otra persona.

malos tratos sexuales (sexual abuse), actos sexuales a los que se ve sometida una persona sin su consentimiento, tales como tocamientos, violación o participación forzada en actividades sexuales antinaturales u otros comportamientos pervertidos.

malpraxis (malpractice), (en derecho) negligencia profesional que es la causa inmediata de un daño o lesión para el paciente, ocasionada por una falta de conocimientos profesionales, experiencia o habilidad que cabría esperar en otros profesionales, o por un fallo al establecer el tratamiento o el diagnóstico en la aplicación de los conocimientos profesionales, experiencia o habilidad.

malrotación (malrotation), **1.** cualquier rotación anómala de un órgano o parte del cuerpo, como la de la columna o la de un diente. **2.** fallo en la rotación normal del tracto gastrointestinal u otras vísceras durante el desarrollo embrionario.

mama (breast), glándula mamaria.

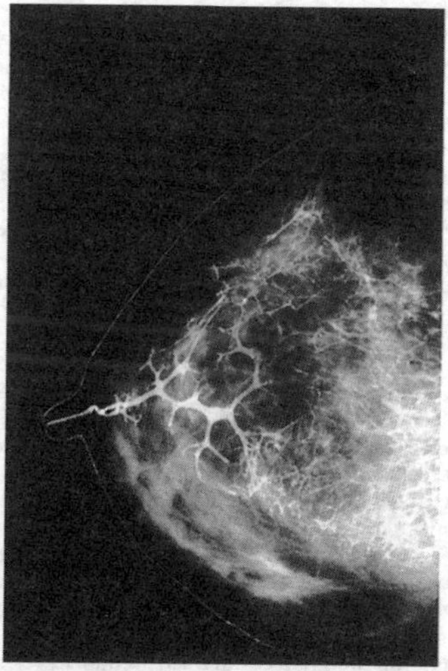

Mama. Galactografía en proyección lateral
(Fleckenstein, 1993)

mamografía (mammography), radiografía de los tejidos blandos de la mama que permite identificar diversos procesos neoplásicos benignos y malignos.

Mamografía
(Belcher, 1992)

mamograma (mammogram), radiografía de los tejidos blandos de la mama.

mamoplastia (mammoplasty), reforma plástica de las mamas, realizada para reducir o levantar mamas voluminosas o péndulas, para aumentar el tamaño de las mamas pequeñas o para reconstruir la mama tras haber extirpado un tumor.

mamotermografía (mammothermography), técnica diagnóstica en la que se utiliza la termografía para examinar la mama en busca de crecimientos anómalos.

mancha (stain), área de pigmentación anormal.

mancha azul (blue spot), **1.** una de las numerosas manchas azul-grisáceas pequeñas que pueden aparecer cerca de las axilas o alrededor de las ingles de los individuos parasitados por piojos, como ocurre en la pediculosis corporis y en la pediculosis pubis. **2.** una de las numerosas manchas azul oscuras o redondeadas, angiomatosa u ovalada, que puede aparecer como un trastorno congénito en la región sacra de ciertos niños y habitualmente desaparece espontáneamente cuando el individuo afectado madura.

mancha café con leche (café-au-lait spot), mácula marrón pálido del color del café con leche. El desarrollo simultáneo de varias manchas café con leche se asocia a neurofibromatosis, aunque en ocasiones aparecen en sujetos sanos.

mancha de Mittendorf (Mittendorf's dot), anomalía ocular caracterizada por la presencia de una pequeña opacidad densa que flota por detrás de la cápsula del cristalino. Es un vestigio de la arteria hialoidea, presente durante el desarrollo embrionario. No suele afectar a la visión.

mancha de Tay (Tay's spot), v. **mancha rojo cereza**.

mancha focal (focal spot), zona del cátodo de un tubo de rayos catódicos o diana de un acelerador donde golpean los electrones y desde donde se emiten los rayos X resultantes. La forma y el tamaño de la mancha focal influyen en la resolución de la imagen diagnóstica.

mancha germinal (germinal spot), nucléolo de un ovocito maduro, antes de la fertilización.

mancha mongólica (Mongolian spot), mácula benigna de color azul oscuro, que se localiza en el sacro y nalgas de algunos recién nacidos. Normalmente desaparece durante la primera infancia.

mancha negra (tache noire), lesión ulcerosa local que establece el punto de infección en ciertas enfermedades por rickettsias, como el tifus de la garrapata africana y el tifus de los matorrales.

mancha rojo cereza (cherry red spot), área circular rojiza anormal de la coroides, rodeada por un edema blanquecino que se observa a través de la fóvea central del ojo. Se asocia a casos de esfingolipidosis cerebral infantil y en ocasiones aparece en la forma infantil tardía de la idiocia amaurótica familiar.

manchado (spotting), aparición de una secreción teñida de sangre procedente de la vagina entre los períodos menstruales, durante el embarazo o al comienzo del parto.

manchas de Bitot (Bitot's spots) [Pierre Bitot, cirujano francés, n. 1822], depósitos triangulares blancos o grises en la conjuntiva bulbar adyacente al borde lateral de la córnea, signo clínico de deficiencia de vitamina A.

manchas de Brushfield (Brushfield's spots) [Thomas Brushfield, médico inglés, n. 1858], manchas del tamaño de la punta de un alfiler, blancas o amarillo claras, en el iris de un niño con síndrome de Down.

manchas de De Morgan (De Morgan spots), v. **angioma cereza**.

manchas de Koplik (Koplik's spots), pequeñas manchas rojas con centro blanco azulado de la mucosa lingual o bucal, características del sarampión. El exantema del sarampión suele aparecer uno o dos días después de las manchas de Koplik.

manchas rosadas (rose spots), pequeñas máculas eritematosas que aparecen en la parte superior del abdomen y anterior del tórax y que duran de 2 a 3 días, siendo características de las fiebres tifoidea y paratifoidea.

mandíbula (mandible), hueso largo que constituye el maxilar inferior. Contiene los dientes inferiores y está constituida por una porción horizontal, el cuerpo, y dos ramas perpendiculares, que se unen con el cuerpo prácticamente en ángulo recto. El cuerpo de la mandíbula es curvo, parecido a una herradura, y tiene dos caras y dos bordes.

mandril (mandrel), filamento unido a una pieza de mano o torno que facilita la rotación de un objeto, como un disco para pulido dental o un instrumento de corte.

manganeso (Mn) (manganese [Mn]), elemento metálico común que se encuentra en mínimas cantidades en los tejidos del organismo, donde facilita la acción de varias enzimas. Su número atómico es 25; su peso atómico es 54,938.

manguito de Dacron (Dacron cuff), vaina de Dacron que rodea a un catéter auricular o venoso, para evitar las infecciones ascendentes y el desplazamiento accidental del catéter.

manguito de presión (cuff), cámara elástica inflable que se coloca alrededor de una extremidad superior y que se infla con aire para limitar la circulación arterial durante la exploración de la tensión arterial.

manía (mania), trastorno que se caracteriza por un estado emocional activo, excitación extrema, exaltación excesiva, hiperactividad, agitación, verborrea, fuga de ideas, intensa actividad psicomotora, atención inestable y, algunas veces, comportamiento violento, destructivo y autodestructivo.

maníaco depresivo (manic depressive), persona que tiene o presenta síntomas de un trastorno bipolar.

maniobra (maneuver), **1.** procedimiento o manipulación que requiere destreza o habilidad. **2.** (en obstetricia), manipulación del feto con el fin de facilitar el parto.

maniobra de Brandt-Andrews (Brandt-Andrews maneuver), [M. L. Brandt, obstetra norteamericano, n. 1894; C. J. Andrews, cirujano norteamericano], método para la extracción de la placenta del útero en el tercer estadio del parto.

maniobra de Heimlich (Heimlich maneuver) [Harry J. Heimlich, cirujano norteamericano, n. 1920], procedimiento de urgencia para desalojar un bolo de alimento u otra obstrucción de la tráquea para prevenir la asfixia. El reanimador sujeta desde atrás a la persona que se está ahogando y le coloca el puño, con el pulgar en el interior, justo por debajo del esternón, con la otra mano colocada firmemente sobre el puño. A continuación, el reanimador presiona con el puño brusca y firmemente sobre el epigastrio forzando a que la obstrucción ascienda por la vía respiratoria. Si los intentos repetidos no liberan la vía aérea, puede que sea necesaria una traqueostomía de urgencia.

maniobra de Jendrassik (Jendrassik's maneuver) [Ernst Jendrassik, médico húngaro, n. 1858], (en neurología) técnica diagnóstica en la que el paciente entrecruza los dedos flexionados de ambas manos e intenta separarlos. Mientras se ejerce esta tracción, se comprueban los reflejos de las extremidades inferiores.

maniobra de Leopold (Leopold's maneuver) [Christian Gerhard Leopold, médico alemán, n. 1846], exploración del abdomen de una embarazada que consta de cuatro fases y sirve para determinar la posición y la presentación del feto.

maniobra de Müller (Müller's maneuver), esfuerzo inspiratorio contra la glotis o contra la vía aérea cerrada. El esfuerzo disminuye las presiones intrapulmonar e intratorácica y expande el gas pulmonar.

maniobra de Ritgen (Ritgen maneuver), procedimiento obstétrico utilizado para controlar el parto de la cabeza. Consiste en aplicar una presión hacia arriba desde la región coccígea para extender la cabeza durante el parto real.

maniobra de Valsalva (Valsalva's maneuver) [Antonio M. Valsalva, cirujano italiano, n. 1666], cualquier esfuerzo espiratorio forzado contra una vía aérea cerrada, como sucede cuando un individuo contiene la respiración y pone en tensión los músculos en un esfuerzo coordinado y enérgico por mover un objeto pesado o para cambiar de posición en la cama. La mayoría de los individuos sanos realiza maniobras de Valsalva durante las actividades de la vida diaria sin ninguna consecuencia perjudicial.

manipulación (manipulation), utilización habilidosa de las manos en procedimientos terapéuticos o diagnósticos, como la palpación, en la reducción de una luxación, al modificar la posición fetal o en distintos tratamientos de fisioterapia. La **manipulación conjunta** es un tipo de manipulación.

manitol (mannitol), azúcar que apenas se metaboliza, utilizado como diurético osmótico y en pruebas de función renal. Se prescribe para facilitar la diuresis, disminuir la presión intraocular e intracraneal, para facilitar la excreción de sustancias y residuos tóxicos y para evaluar la función renal.

mano (hand), parte del miembro superior distal al antebrazo. Es la parte más flexible del esqueleto y tiene un total de 27 huesos, 8 formando el carpo, 5 formando el metacarpo y 15 en las falanges.

mano en garra (clawhand), trastorno de la mano caracterizado por la flexión extrema de las falanges media y distal con hiperextensión de las articulaciones metacarpofalángicas.

mano zamba (clubhand), malformación congénita en la que la mano se desarrolla de forma anormal como un gran muñón al extremo de la muñeca con dedos atróficos.

manómetro aneroide (aneroid manometer), dispositivo compuesto de un resorte contenido en una caja de metal sellada al vacío, que se emplea para medir la presión atmosférica.

Mansonella ozzardi (Mansonella ozzardi), helminto parásito endémico en Latinoamérica y en las islas del Caribe. Es un nematodo, relativamente benigno, que infecta a los humanos. Sus larvas viven en el torrente sanguíneo y los gusanos adultos se localizan en los mesenterios viscerales.

manta de baño (bath blanket), una manta delgada y ligera para cubrir al paciente durante el baño.

manta de hipotermia (hypothermia blanket), cobertor utilizado para conservar el calor en el cuerpo de un paciente que sufre hipotermia.

mantenimiento de la salud (health maintenance), programa o procedimiento planeado para prevenir la enfermedad, para mantener la máxima función y para promover la salud.

mantenimiento de la salud alterado (health maintenance, altered), diagnóstico de enfermería, aprobado por la NANDA, del trastorno en el que el paciente es incapaz de identificar, manejar o solicitar ayuda para mantener su salud. Entre las características que lo definen se incluyen una ausencia demostrada de conocimiento en cuanto a las prácticas básicas de salud o la incapacidad de asumir la responsabilidad de satisfacer esas necesidades, la incapacidad de adaptarse a los cambios del entorno interno o externo, la ausencia de recursos económicos o de otros sistemas de ayuda, una historia de ausencia de una conducta de búsqueda de la salud o de un interés considerable en mejorar las conductas saludables.

mantenimiento del hogar alterado (home maintenance management, impaired), diagnóstico de enfermería, aprobado por la NANDA, de una situación en la que una persona es incapaz de mantener sin ayuda un entorno doméstico seguro y saludable. Entre las características que lo definen se incluyen la dificultad para mantener la casa confortable, lo que se traduce en la existencia de utensilios de cocina, trapos o ropa de cama sucios o no disponibles, o en la acumulación de suciedad, alimentos, desperdicios y basuras, y en la aparición de infecciones e infestaciones repetidas por la carencia de higiene; en la necesidad de ayuda externa para el mantenimiento de la casa, con agotamiento o angustia de los miembros de la familia, y en la existencia de deudas o de una crisis financiera.

manubrio (manubrium), uno de los tres huesos que forman el esternón, que presenta una forma cuadrangular ancha que se estrecha en dirección caudal, la que se articula con el extremo superior del cuerpo del esternón.

MAO (MAO), abreviatura de **monoaminooxidasa**.

MAPA (ABPM), abreviatura de **monitorización ambulatoria de la presión arterial**.

mapa citológico (cytologic map), representación gráfica de la localización de los genes sobre un cromosoma, basada en la correlación de los resultados de pruebas cruzadas de recombinación genética con el análisis estructural de cromosomas que han sufrido cambios como deleciones o translocaciones detectadas por técnicas de bandaje.

mapa de actividad eléctrica cerebral (MAEC) (brain electric activity map [BEAM]), mapa topográfico de las áreas cerebrales que muestran potenciales eléctricos evocados por un flash de luz. Los potenciales, registrados a intervalos de 4 milisegundos, se convierten en un mapa de varios colores del cerebro, demostrando positividad o negatividad.

mapa de ligamiento (linkage map), v. **mapa genético**.

mapa genético (genetic map), representación gráfica de la disposición lineal de los genes en un cromosoma y la distancia relativa entre ellos, expresada en un mapa o en unidades morgan.

mapeo (mapping), (en genética) proceso de localización de la posición relativa de los genes en un cromosoma mediante el análisis de la recombinación genética.

máquina de anestesia (anesthesia machine), aparato para administrar agentes anestésicos inhalados.

máquina renal (kidney machine), v. **dializador**.

marasmo (marasmus), estado de extrema malnutrición y emaciación, que se produce principalmente en niños pequeños, caracterizado por una pérdida progresiva de tejido subcutáneo y muscular. Se produce por falta de las calorías y proteínas adecuadas, y se puede observar en niños que no crecen y en situaciones de hambre.

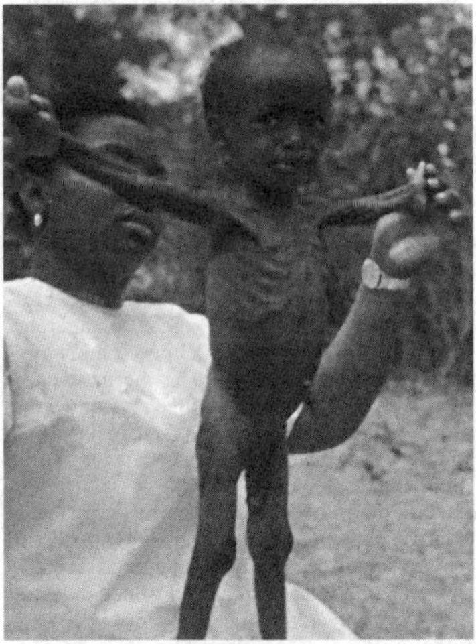

Marasmo
(R. Hall/D. C. Evered, 2.ª ed., 1992)

marca (marc), cualquier nevo o marca de nacimiento.
marca de nacimiento (birthmark), v. **nevo**.
marca de zapata (guide-shoe marks), artefacto de las imágenes radiográficas producido por la presión de las zapatas, labios metálicos curvados que guían la placa radiográfica en los sistemas de revelado automático.
marca registrada (trademark), palabra, símbolo o dispositivo asignado a un producto por su fabricante y registrado como parte de su identidad.
marcador (label), **1.** sustancia con especial afinidad por un órgano, un tejido, una célula o un microorganismo, en los cuales se deposita y se fija. **2.** átomo o molécula fijada a un ligando o a una proteína capaz de generar una señal para monitorizar la reacción de unión.
marcador bioquímico (biochemical marker), cualquier hormona, enzima, anticuerpo u otra sustancia detectada en la orina u otros líquidos corporales o tejidos que puede servir como signo de una enfermedad u otro tipo de anomalía.
marcador genético (genetic marker), gen específico que produce un carácter genético rápidamente reconocible, que se puede emplear en estudios familiares y de población o en el análisis de acoplamiento.
marcador tumoral (tumor marker), sustancia corporal que se asocia a la presencia de un cáncer.
marcadores (markers), movimientos del lenguaje corporal que sirven como indicadores y marcas de puntuación en la comunicación interpersonal.
marcaje (label), **1.** proceso de depositar y fijar una sustancia en un órgano, tejido, célula o microorganismo. **2.** proceso de unión de un radioisótopo a un compuesto para trazar su trayectoria por el organismo.
marcapasos (pacemaker, pacer), **1.** nódulo sinoauricular de tejido nervioso especializado localizado en la unión de la vena cava superior con la aurícula derecha. Origina las contracciones de la aurícula, la cual transmite el impulso al nódulo auriculoventricular, iniciando así la contracción de los ventrículos. **2.** aparato eléctrico utilizado para el mantenimiento del ritmo sinusal normal de la contracción miocárdica mediante la estimulación eléctrica del músculo cardíaco. El marcapasos puede ser permanente, emitiendo los estímulos con una frecuencia constante y fija, o puede descargar sólo a demanda, cuando el corazón no se contrae espontáneamente a una frecuencia mínima.
marcapasos auricular errante (wandering atrial pacemaker), arritmia cardíaca originada por el desplazamiento del foco marcapasos. En el ECG se observan variaciones morfológicas en la onda P y en el intervalo PR.
marcapasos de demanda (demand pacemaker), dispositivo utilizado para estimular eléctricamente el corazón cuando el propio impulso del corazón no es suficiente. Pueden colocarse marcapasos para producir latidos cardíacos cuando los propios impulsos del corazón no son lo suficientemente rápidos.
marcapasos de ritmo fijo (fixed rate pacemaker), marcapasos cardíaco artificial que libera impulsos al músculo cardíaco a un ritmo preestablecido independientemente de la propia actividad del corazón.
marcapasos ectópico (ectopic pacemaker), grupo de células nerviosas cardíacas localizadas anormalmente que inician el impulso cardíaco y anulan el nódulo sinoauricular. La ectopia se puede localizar en la aurícula, en el ventrículo o en el nódulo auriculoventricular.
marcapasos externo (external pacemaker), **1.** aparato que se usa para estimular el latido car-

díaco eléctricamente por la descarga de impulsos a través de la pared del tórax, tal como se emplea en los cuidados de urgencias de las bradiarritmias significativas. **2.** marcapasos cardíaco en el que el impulso generador está fuera del pecho, pero conectado con el corazón por un cable bajo la piel.

marcapasos natural (natural pacemaker), cualquier marcador cardíaco situado en el corazón.

marcapasos permanente (permanent pacemaker), cualquier marcapasos implantado dentro del cuerpo de un paciente para uso permanente, a largo plazo.

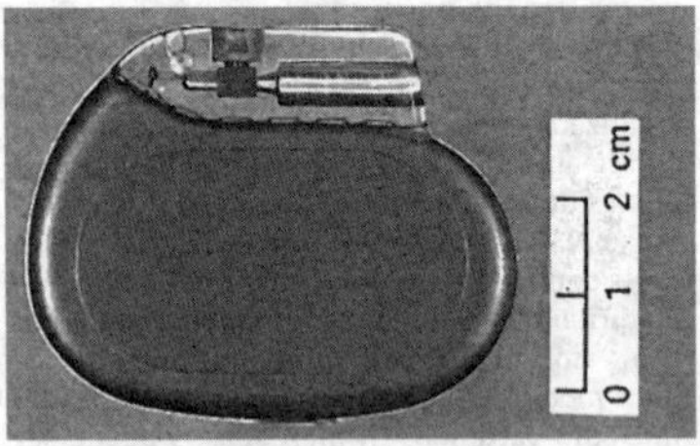

Marcapasos permanente
(C. D. Forbes/W. F. Jackson, 1994)

marcapasos programable (programmable pacemaker), marcapasos electrónico con múltiples variables que se pueden cambiar después de la implantación.

marcapasos sinusal (sinus pacemaker), v. **nódulo sinusal**.

marcapasos transitorio (temporary pacemaker), marcapasos electrónico artificial que se coloca en la superficie externa del enfermo y que se conecta a unos cables transvenosos que se localizan en el interior del corazón. Se usa como medida preventiva ante frecuencias cardíacas demasiado bajas.

marcapasos transtorácico (transthoracic pacemaker), marcapasos permanente en el que la batería está situada en la pared abdominal y con los cables conectados directamente al corazón.

marcha (gait), forma o estilo de caminar, es decir, el ritmo, la cadencia y la velocidad.

marcha cerebelosa (cerebellar gait), marcha bamboleante en la cual la persona anda sobre una base amplia y tiene dificultad para darse la vuelta. Los pies son lanzados hacia fuera y el paciente apoya en primer lugar los talones y después los dedos de los pies. Este trastorno se debe a una lesión del cerebelo o de las vías cerebelosas.

marcha con muletas (crutch gait), forma de andar de una persona con muletas que soporta el peso alternativamente sobre una o ambas piernas y sobre las muletas. En la deambulación sobre tres puntos de apoyo, el peso se soporta sobre la pierna no afectada, luego sobre las muletas, después sobre la pierna no afectada. La deambulación sobre cuatro puntos de apoyo proporciona estabilidad pero precisa el apoyo del peso sobre las dos piernas. Cada pierna se usa de forma alternativa con cada muleta. La deambulación sobre dos puntos de apoyo utiliza de forma característica cada muleta con la pierna opuesta. La deambulación oscilante o con balanceo la utilizan generalmente los pacientes parapléjicos con aparatos ortopédicos que soportan el peso en las piernas. El peso se ejerce sobre las piernas de sostén; las muletas se colocan un paso por delante del sujeto que entonces se balancea hasta éste punto o mediante las muletas hasta un punto por delante de ellas.

marcha de ánade (waddling gati), forma de marcha que se observa en pacientes con distrofia muscular progresiva y que se caracteriza por movimientos laterales del tronco exagerados y por elevaciones de la cadera.

marcha de arrastre (drag-to gait), método de andar con muletas según el cual los pies son arrastrados en lugar de levantados a cada paso.

marcha de dorsiflexión (dorsiflexor gait), marcha anormal producida por la debilidad de los dorsiflexores del tobillo. Se caracteriza por la caída del pie durante todo el ciclo de la marcha, junto con una flexión excesiva de rodilla y cadera, para permitir la retirada de la extremidad afectada durante la fase de balanceo.

marcha de dos apoyos (two-point gait), tipo de marcha con muletas en el que el pie derecho y la muleta izquierda avanzan primero, completándose el paso con el avance del pie izquierdo y de la muleta derecha.

marcha de pato (duck walk), v. **metatarso valgo**.

marcha de Petren (Petren's gait), forma vacilante de caminar en la que el paciente anda unos cuantos pasos, se detiene y continúa después algunos pasos más. En algunos casos, es necesario animar al paciente a que comience el siguiente breve período de marcha. Aparece en pacientes ancianos y en aquellos con afectación parietal.

marcha de Trendelenburg (Trendelenburg gait) [Friederich Trendelenburg, cirujano alemán, n. 1844], marcha anormal asociada a la debilidad de los glúteos medianos. Se caracteriza por la caída de la pelvis del lado no afectado del cuerpo en el momento del golpe de talón del lado afectado. Compárese con **marcha glútea compensada**.

marcha en estepaje (steppage gait), forma de marcha en la que las piernas se elevan excesivamente, como en los casos del pie péndulo.

marcha en pequeños pasos (petit pas gait), forma de marcha con pasos cortos y pequeños, arrastrando los pies, con pérdida de los movimientos asociados. Se observa en el parkinsonismo, así como en pacientes con enfermedad cerebral difusa secundaria a pequeños infartos múltiples.

marcha en tijeras (scissor gait), forma de caminar cruzando las piernas, como se observa en la paraplejía espástica.

marcha en tres apoyos (three-point gait), modelo de la marcha con muletas que consiste en avanzar primero las muletas y la pierna afectada en cada paso.

marcha equina (equine gait), forma de andar caracterizada por presentar el pie caído o péndulo. El cuadro aparece tras la lesión del nervio ciático poplíteo externo, haciendo que el pie cuelgue con la punta hacia abajo.

marcha espástica (spastic gait), tipo de marcha en el que las piernas están rígidas, los pies en flexión plantar y los movimientos se realizan en sentido circular. Al caminar es posible que se arrastren los pies.

marcha festinante (festinating gait), tipo de marcha en la que la velocidad de la persona aumenta en un esfuerzo inconsciente de compensar el desplazamiento anterior del centro de gravedad. Es una característica frecuente de la enfermedad de Parkinson.

marcha gemelar (gastrocnemius gait), marcha anormal asociada con la debilidad de los gemelos. Se caracteriza por la caída de la pelvis en el lado afecto en el último momento de la fase de apoyo del ciclo de la marcha, acompañada de un retraso o enlentecimiento del movimiento de la pelvis hacia delante.

marcha glútea (gluteal gait), v. **marcha de Trendelenburg**.

marcha glútea compensada (compensated gluteal gait), una de las formas de deambulación anormal más frecuente asociada a una debilidad del glúteo mediano. Es una variación de la marcha de Trendelenburg y consiste en la caída de la pelvis hacia el lado no afectado durante el ciclo de la deambulación entre el momento en que se apoya el talón del lado afecto y en el que se apoya el talón del no afectado.

marcha glútea descompensada (uncompensated gluteal gait), v. **marcha de Trendelenburg**.

marcha hemipléjica (hemiplegic gait), forma de deambulación en la que el miembro afectado describe un semicírculo en cada paso.

marcha tabética (tabetic gait), marcha en estepaje que se asocia a la forma terciaria de la tabes. Se produce por la degeneración de las columnas posteriores de la médula espinal y de los troncos nerviosos sensitivos.

marea (tide), variación, aumento o disminución en la concentración de un componente particular de los líquidos corporales, como la marea ácida o la marea grasa.

marea roja (red tide), v. **intoxicación por marisco**.

mareo (seasickness), v. **cinetosis**.

margen ciliar (ciliary margin), borde periférico del iris que se continúa con el cuerpo ciliar.

marihuana (marijuana), v. **cannabis**.

marsupializar (marsupialize), crear quirúrgicamente una bolsa para tratar un quiste cuando su simple extracción no resultaría eficaz, como ocurre en los quistes pancreáticos o pilonidales.

martillo (malleus, *pl.* **mallei**), uno de los tres huesecillos del oído medio, que parece un martillo con cabeza, cuello y tres apófisis. Está conectado a la membrana timpánica y transmite las vibraciones sonoras al yunque.

martillo de reflejos (reflex hammer), mazo de percusión con una cabeza de goma usado para percutir los tendones, nervios y músculos con el fin de obtener una reacción refleja.

masa (mass), **1.** propiedad física de la materia que le confiere peso e inercia. **2.** (en farmacología) mezcla con la que se fabrican píldoras. **3.** agregado de células unidas entre sí, como un tumor.

masa celular (cell mass), acumulación embrionaria de células que se desarrolla dentro de un individuo o de una parte de un organismo.

masa celular intermedia (intermediate cell mass), v. **nefrotoma**.

masa celular interna (inner cell mass), grupo de células localizadas alrededor del polo animal del blastocisto de los animales placentarios, a partir del cual se desarrolla el embrión.

masa interfibrilar de Flemming, masa interfilar (interfibrillar mass of Flemming, interfilar mass), v. **hialoplasma**.

masaje (massage), manipulación de los tejidos blandos del cuerpo mediante percusión, fricción o amasamiento para aumentar la circulación, mejorar el tono muscular y relajar al paciente. Se realiza con las manos desnudas o mediante métodos mecánicos, como vibradores. Los lugares donde se aplican masajes con más frecuencia son la espalda, las rodillas, los codos y los tobillos. Algunos tipos de masaje son: **flagelación, fricción, frotamiento, masaje cardíaco**, ***pétrissage***, ***tapotement*** y **vibración**.

mascar tabaco (snuff dipping), práctica masticatoria para extraer el jugo de una pastilla de tabaco colocada en el pliegue mucobucal. Esta práctica se ha asociado a una mayor frecuencia de leucoplasia, trastornos dentales y gingivales y posible cáncer oral.

máscara de Parkinson (Parkinson's mask), cara inexpresiva con las cejas elevadas, aunque con inmovilidad de los músculos de la cara.

máscara del embarazo (mask of pregnancy), v. **cloasma**.

máscara equimótica (ecchymotic mask), coloración cianótica o azulada de la cara de una víctima de asfixia traumática, como en una estrangulación o en un ahogamiento. El color es el resultado de las hemorragias petequiales.

máscara mortuoria (death mask), mascarilla hecha con un molde de yeso blanco de la cara de una persona muerta.

mascarilla (mask), cubierta que se lleva sobre la nariz y la boca para evitar la inhalación de materiales tóxicos o irritantes, para controlar el aporte de oxígeno o gases anestésicos o (en el personal sanitario), para proteger al paciente durante los procedimientos asépticos de organismos patógenos que normalmente se exhalan desde el tracto respiratorio.

mascarilla BLB (BLB mask), abreviatura de **mascarilla Boothby-Lovelace-Bulbulian**.

mascarilla de Boothby-Lovelace-Bulbulian (BLB) (Boothby-Lovelace-Bulbulian [BLB] mask), dispositivo para la administración de oxígeno, consistente en una mascarilla adaptada a una válvula de inspiración-espiración y a una bolsa de respiración.

mascarilla de oxígeno (oxygen mask), dispositivo utilizado para administrar oxígeno. Está diseñado para que se ajuste sobre la boca y la nariz y se puede fijar con una correa o mediante la mano.

mascarilla de Venturi (Venturi mask), mascarilla facial de terapia respiratoria diseñada para permitir que el aire de entrada se mezcle con oxígeno, el cual se suministra a través de un flujo con una concentración fija.

masculinización (masculinization), desarrollo normal o inducción de las características del sexo masculino.

masculino (male), relativo o perteneciente al sexo que produce células espermáticas y fertiliza a la hembra para que nazcan descendientes.

MASER (MASER), acrónimo de **amplificación de microondas por emisión estimulada de radiación**.

máser óptico (optic maser), v. **láser**.

masetero (masseter), músculo grueso rectangular de la mejilla cuya acción es cerrar la mandíbula. Es uno de los cuatro músculos de la masticación.

masoquismo (masochism) [Leopold von Sacher-Masoch, autor austriaco, n. 1836], placer o gratificación obtenido al sufrir malos tratos físicos, mentales o emocionales.

masoquista (masochist), persona que experimenta placer o gratificación al recibir malos tratos o realizar actos masoquistas.

MAST (MAST), abreviatura de **pantalones militares antishock**.

mastalgia (mastalgia), dolor de la mama producido por la congestión o «induración» que aparece durante la lactancia, una infección, enfermedad fibroquística, especialmente durante o antes de la menstruación, o cáncer avanzado. Las primeras fases del cáncer de mama rara vez se acompañan de dolor.

mastectomía (mastectomy), extirpación quirúrgica de una o ambas mamas, realizada para eliminar un tumor maligno. En la mastectomía simple sólo se extirpa el tejido mamario. En la mastectomía radical, junto con la mama se extirpan algunos músculos de la pared torácica y todos los ganglios linfáticos de la axila. En la mastectomía radical modificada, se conservan los músculos torácicos que mueven el brazo. Son fundamentales el apoyo emocional y el asesoramiento.

masticación (mastication), masticar, desgarrar o deshacer los alimentos con los dientes a la vez que se mezclan con la saliva.

mastitis (mastitis), trastorno inflamatorio de las mamas, producido habitualmente por una infección estreptocócica o estafilocócica. La mastitis aguda, más frecuente en los dos primeros meses de lactancia, se caracteriza por dolor, tumefacción, enrojecimiento, linfadenopatía axilar, fiebre y malestar general. Si no se trata o se trata de forma inadecuada se pueden formar abscesos. La mastitis tuberculosa crónica es rara; cuando se produce es por la extensión de una tuberculosis desde los pulmones y costillas situadas bajo las mamas.

mastocito (mast cell), componente del tejido conectivo que presenta grandes gránulos basófilos que contienen heparina, serotonina, bradicinina e histamina.

mastocitoma (mast cell tumor), tumor del tejido conectivo compuesto por mastocitos. Los gránulos de las células se tiñen metacromáticamente con azul de toluidina.

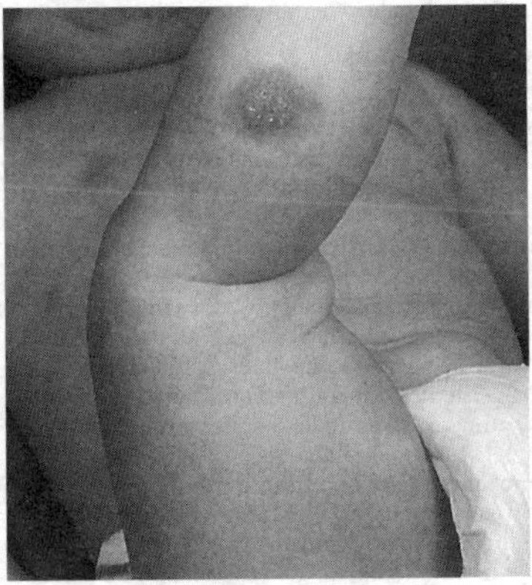

Mastocitoma localizado
(A. du Vivier, 2.ª ed., 1995)

mastocitosis (mastocytosis), hiperproducción local o sistémica de mastocitos, que en raras ocasiones pueden infiltrar el hígado, el bazo, los huesos, el aparato GI y la piel.

mastoidectomía (mastoidectomy), extirpación quirúrgica de una parte de la región mastoidea del hueso temporal, realizada para tratar una otitis media crónica supurativa o una mastoiditis cuando los antibióticos sistémicos resultan ineficaces. En la mastoidectomía simple, se extirpan las celdas óseas infectadas y se realiza una incisión en el tímpano para drenar el oído medio.

mastoideo (mastoid), **1.** perteneciente o relativo a la apófisis mastoides del hueso temporal. **2.** con forma de mama.

mastoiditis (mastoiditis), infección de una de las apófisis mastoides, normalmente por extensión de una infección del oído medio, caracterizada por otalgia, fiebre, cefalea y malestar general. La infección es difícil de tratar y con frecuencia es necesaria la administración de antibióticos por vía intravenosa durante varios días.

mastopatía fibroquística (fibrocystic disease), presencia de uno o múltiples quistes en las mamas. Los quistes son benignos y bastante frecuentes, pero deben considerarse potencialmente malignos y ha de observarse cuidadosamente su crecimiento y variaciones.

masturbación (masturbation), actividad sexual en la que se estimulan, generalmente hasta alcanzar el orgasmo, el pene o el clítoris, por mecanismos distintos al coito.

mat. méd. (mat. med.), abreviatura de **materia médica**.

materia (materia), contenido o material, como la **materia médica**.

materia (matter), **1.** cualquier objeto que tenga masa y ocupe espacio. **2.** cualquier sustancia no identificada de otra forma salvo por sus componentes, como la sustancia gris, el pus o el exudado seroso de una herida.

materia médica (materia medica), **1.** estudio de los fármacos y otras sustancias empleadas en medicina, sus orígenes, preparación, usos y efectos. **2.** sustancia o fármaco utilizado para el tratamiento médico.

material de impresión (impression material), cualquier material utilizado para hacer impresiones de los dientes y las estructuras bucales, con el fin de llevar a cabo reparaciones dentales.

material de sutura (suture), material utilizado para dar puntos quirúrgicos, como seda absorbible o no absorbible, catgut, alambre o material sintético.

material punzante (sharps), cualquier tipo de aguja, escalpelo u otro artículo que pueda causar heridas o pinchazos en el personal que lo maneja.

maternidad (maternity [mat., matern]), característica y condición de ser madre.

materno (maternal), **1.** heredado, derivado o procedente de una madre. **2.** relacionado con la parte materna de la familia, como el abuelo materno.

matriz (matrix), **1.** sustancia intracelular. **2.** sustancia básica a partir de la que se desarrolla un determinado tipo de órgano o tejido. **3.** material que se utiliza para dar forma a una superficie dental en las técnicas odontológicas.

matriz (womb), v. **útero**.

matriz ungueal (nail matrix), corión situado debajo de la uña.

matrona (midwife), **1.** (en sentido tradicional) persona (del sexo femenino) que ayuda a la mujer en el parto. **2.** (según la *International Confederation of Midwifes*, la *Organización Mundial de la Salud* y la *Federation of International Gynecologists and Obstetritians*) persona que, habiendo asistido a un programa de formación para matronas reconocido por el país donde se localiza, ha completado con éxito los estudios de matrona y cumple los requisitos necesarios para registrarse y/o licenciarse legalmente para ejercer como matrona. Entre las responsabilidades de la matrona están la supervisión del embarazo, el parto y el puerperio. La matrona puede dirigir un parto de forma independiente. **3.** matrona lega o comadrona. **4.** en EE.UU., enfermera matrona certificada.

máx. (max), **1.** abreviatura de **máxima** de las máximas. **2.** abreviatura de **máximo**.

maxilar (maxillary), relativo al maxilar superior.

maxilar inferior (inferior maxillary bone), v. **mandíbula**.

maxilar superior (maxilla, *pl.* **maxillae**), pareja de huesos largos, constituidos por un cuerpo piramidal y cuatro apófisis: cigomática, ascendente, alveolar y palatina.

maxilofacial (maxillofacial), que pertenece al maxilar y a la cara.

mazindol (mazindol), anoréxico prescrito para disminuir el apetito en el tratamiento de la obesidad exógena.

mb; mbar (mb; mbar), abreviatura de milibar.

mc (mc), abreviatura de **milicurio**.

mC (mC), abreviatura de miliculombio.

MC (MZ), abreviatura de **monocigótico**.

mc. (mc.), **1.** abreviatura de miliciclo. **2.** abreviatura de **milicurio**.

Mc (Mc), abreviatura de megaciclo.

mc h (mc hr), abreviatura de milicurio hora.

MCF (MCP), abreviatura de articulación metacarpofalángica.

mcg (mcg), abreviatura de **microgramo**.

mCi (mCi), abreviatura de **milicurio**.

McManus, R. Louise (McManus, R. Louise [1855]), enfermera y escritora norteamericana que creó el primer servicio nacional de convalidación para los profesionales de la enfermería.

mct (lbm), abreviatura de masa corporal total.

Md (Md), símbolo del **mendelevio**.

Me (Me), abreviatura del radical metilo -CH3.

ME (OEM), abreviatura de **microscopio electrónico**.

Meals on Wheels (Meals on Wheels), en EE.UU., programa diseñado para proporcionar comidas calientes a ancianos, discapacitados físicos y a otras personas que carecen de recursos para proporcionarse ellos mismos una nutrición adecuada con alimentos calientes a diario.

meato (meatus, *pl.* **meatuses, meatus**), orificio o túnel a través de cualquier parte del organismo, como el orificio auditivo externo, que comunica el oído externo con la membrana timpánica.

meato urinario (urinary meatus), orificio externo de la uretra.

meatorrafia (meatorrhaphy), sutura del extremo abierto de la uretra al glande del pene tras la intervención quirúrgica para agrandar el meato urinario.

meatoscopia (meatoscopy), exploración visual de cualquier meato, especialmente el uretral, realizada generalmente con la ayuda de un espéculo.

MEB (TSEM), abreviatura de **microscopia electrónica de barrido**.

mebendazol (mebendazole), antihelmíntico prescrito para el tratamiento de infestaciones por áscaris, trichiuros, nematodos y anquilostomas.

mecánica cuántica (quantum mechanics), v. **teoría cuántica**.

mecanismo (mechanism), **1.** instrumento o proceso por el que se hace algo, se produce algo o hace que después se produzca algo. **2.** sistema de maquinaria o parecido a una máquina. **3.** sistema de respuesta a un estímulo. **4.** hábito o conducta.

mecanismo de afrontamiento (coping mechanism), cualquier esfuerzo dirigido hacia la superación de la tensión, incluyendo mecanismos de orientación de problemas y de defensa del ego; representan los factores que permiten a un individuo recuperar el equilibrio emocional tras una experiencia estresante.

mecanismo de compuerta (gating mechanism), (en cardiología) duración creciente de un potencial de acción, desde el nódulo AV hasta un punto distal en la red de Purkinje, más allá del cual vuelve a disminuir.

mecanismo de defensa (defense mechanism), reacción inconsciente, intrapsíquica, que ofrece autoprotección ante una situación de tensión. Los mecanismos defensivos son: compensación, conversión, disociación, desplazamiento y sublimación.

mecanismo de Duncan (Duncan's mechanism) [James M. Duncan, obstetra inglés, n. 1826], técnica de alumbramiento de la placenta con presentación de la superfice materna y no de la fetal.

mecanismo de ejecución (implementation mechanism), medio por el que se transfieren las innovaciones de los planificadores a las unidades de servicio.

mecanismo de Schultze (Schultze's mechanism), parto de una placenta con presentación de las superficies fetales.

mecanismo del dolor (pain mechanism), red psicosomática que comunica las sensaciones desagradables y las percepciones de estímulos perjudiciales que se detectan en el organismo, especialmente las asociadas a enfermedades físicas y a traumatismos con lesión tisular. Algunas de las teorías que se han desarrollado sobre el mecanismo del dolor son las teorías de la puerta de control y las teorías del patrón. La teoría de la puerta de control del dolor afirma que las señales dolorosas que alcanzan el sistema nervioso excitan un grupo de pequeñas neuronas que forman un «grupo del dolor». Cuando la actividad total de estas neuronas alcanza un nivel mínimo, se abre una puerta teórica que permite el paso de las señales dolorosas hacia centros cerebrales superiores. Se considera que las zonas en las que funcionan estas puertas son el asta posterior de la médula espinal y el tronco del encéfalo. La teoría del patrón sostiene que la intensidad de un estímulo desencadena un patrón específico, que es interpretado por el cerebro como dolor. Esta percepción es el resultado de la intensidad y de la frecuencia de la estimulación de un órgano terminal inespecífico. Algunos expertos consideran que la bradicinina y la histamina, dos sustancias químicas elaboradas por el organismo, provocan dolor.

mecanismo del parto (mechanism of labor), proceso del alumbramiento.

mecanismos de defensa del huésped (host defense mechanisms), conjunto de sistemas de protección corporal, incluidas las barreras físicas y la respuesta inmune, que normalmente protegen contra los organismos infecciosos.

mecanismos de mantenimiento de los límites (boundary maintenance mechanisms), (en psicología) conducta y práctica que excluye a los miembros de algunos grupos de las costumbres y valores de otro grupo.

mecanismos protectores alterados (protective mechanisms, alterations in), diagnóstico de enfermería, aprobado por la NANDA, de una alteración en los mecanismos que mantienen la integridad física a través de los sistemas hematopoyético e inmunitario. Las características que lo definen son: perfil sanguíneo anormal, perfil de la coagulación anormal, reacción cutánea de hipersensibilidad retardada, signos y síntomas de infección, hemorragia, anemia o déficit inmunitarios, edades extremas, estrés, nutrición inadecuada y alcohol y presencia de drogas y tratamientos.

mecanorreceptor (mechanoreceptor), cualquier terminación nerviosa sensitiva que responde a estímulos mecánicos como el tacto, la presión, el sonido o las contracciones musculares.

meclofenamato sódico (meclofenamate sodium), agente antiinflamatorio prescrito para el tratamiento de la artritis reumatoide y de la artrosis.

mecocefalia (mecocephaly), v. **escafocefalia**.

meconio (meconium), material que se acumula en el intestino fetal y constituye las primeras heces del neonato. Es espeso y pegajoso, de color verdoso a negro, y está compuesto por secreciones de las glándulas intestinales, líquido amniótico y restos intrauterinos como pigmentos biliares, ácidos grasos, células epiteliales, moco, lanugo y sangre.

media (mean), que ocupa una posición intermedia entre los dos extremos de una serie de valores o datos. La **media aritmética** es el valor que se obtiene dividiendo la suma de un grupo de valores entre el número de elementos del grupo. La **media geométrica** es el valor que se encuentra entre el primer y último elemento de un conjunto de elementos organizados en progresión geométrica.

mediador químico (chemical mediator), neurotransmisor químico, como la acetilcolina.

medial (medial), **1.** situado u orientado hacia la línea media del cuerpo. **2.** perteneciente a la túnica media, la capa media de la pared de un vaso sanguíneo.

mediana (median), (en estadística) número que representa el valor medio de los valores de una muestra. En un número impar de valores dispuestos en orden ascendente, es el valor medio; en un número par de valores, es la media de los dos valores centrales.

mediar (mediate), **1.** hacer que se produzca un cambio, como la estimulación producida por una hormona. **2.** actuar en una disputa, como un conflicto colectivo.

medias antiembolia (antiembolism hose), medias elásticas que se utilizan para prevenir la formación de émbolos y trombos, especialmente en los pacientes que han sido sometidos a cirugía o en aquellos que se hallan encamados. Facilitan el flujo de retorno de la circulación venosa, evitando la estasis venosa y la dilatación de las venas, circunstancias que predisponen a la formación de varicosidades y al desarrollo de trastornos tromboembólicos.

mediastinitis (mediastinitis), inflamación del mediastino.

mediastino (mediastinum, *pl.* **mediastina**), región de la cavidad torácica, en el centro del tórax, situada entre los sacos pleurales que contienen a los dos pulmones. Se extiende desde el esternón hasta la columna vertebral y contiene todas las vísceras torácicas, salvo los pulmones. Está rodeado por una extensión gruesa de la fascia endotorácica.

medicación (medication), **1.** fármaco u otra sustancia utilizada como medicina. **2.** administración de una medicina.

Medicaid (Medicaid), en EE.UU., programa estatal de financiación federal para la asistencia médica de las personas con escasos recursos económicos, autorizado por el Título XIX de la *Social Security Act*. Bajo unas amplias pautas federales, cada estado determina individualmente los beneficiarios, la elegibilidad, las tasas de pago y los métodos de administración.

medicamentoso (medicamentous), relativo a un fármaco, particularmente a la reacción adversa atribuida a la medicación.

Medicare (Medicare), en EE.UU., seguro sanitario nacional, con financiación federal, para determinadas personas mayores de 65 años de edad. El programa consta de dos partes. La parte A proporciona una protección básica frente a los costes de asistencia hospitalaria médica, quirúrgica o psiquiátrica. La parte B es un programa de seguro médico voluntario, financiado en parte con fondos federales y en parte con contribuciones de las personas integradas en el programa. La suscripción del programa se oferta a personas de 65 años o mayores con derecho a recibir las prestaciones de la Seguridad Social o de los ferroviarios por jubilación.

medicina (medicine), **1.** fármaco o remedio para una enfermedad. **2.** arte y ciencia del diagnóstico, tratamiento y prevención de la enfermedad y de la conservación de un estado correcto de salud. **3.** arte o técnica de tratar la enfermedad sin cirugía. Algunas de las numerosas ramas de la medicina son: **medicina de familia, medicina física** y **medicina interna**.

medición (measurement), determinación, expresada numéricamente, de la extensión o cantidad de una sustancia, energía o tiempo.

médico (physician), profesional de la salud que, en EE.UU., consigue el grado de Doctor en Medicina (*M.D.*) tras finalizar un programa aprobado de estudios en una facultad de medicina autorizada. También es necesario completar con éxito los *National Board Examinations*, que habitualmente se realizan en el segundo y en el último año de la facultad de medicina y después de la graduación. Habitualmente, un *M.D.* suele participar en un programa de internado hospitalario durante 1 año de formación posgraduada antes de comenzar su ejercicio o de continuar su formación en una especialidad. Para la práctica de la medicina, es necesario que el *M.D.* obtenga una autorización del estado en la que se van a prestar los servicios profesionales.

medicolegal (medicolegal), relativo o perteneciente tanto a la medicina como al derecho. Las consideraciones, decisiones, definiciones y políticas medicolegales proporcionan el marco para el consentimiento informado, la responsabilidad profesional y otros muchos aspectos de la práctica profesional en el ámbito de la asistencia sanitaria.

medida de comodidad (comfort measure), cualquier acción que se realiza para potenciar el bienestar del paciente, como un masaje en la espalda, un cambio de postura, el calentamiento previo del estetoscopio o una cuña.

medida de los boticarios (apothecaries' measure), sistema de graduación de los volúmenes de líquido, basado en sus orígenes en el mínimo, que inicialmente equivalía a una gota de agua, pero que en la actualidad se ha acordado convencionalmente igualarlo a 0,06 ml; 60 mínimos equivalen a 1 dracma de líquido, 8 dracmas de líquido equivalen a 1 onza de líquido, 16 onzas de líquido equivalen a 1 cuartillo, 2 cuartillos equivalen a 1 cuarto y 4 cuartos equivalen a 1 galón.

medida de resultados (outcome measure), medida de la calidad de la asistencia médica, nivel general sobre el que se hace el cálculo del resultado final esperado con la intervención empleada.

medida de salvación (lifesaving measure), cualquier actuación de enfermería independiente, interdependiente o dependiente, que se ejecuta cuando existe una amenaza para el estado físico o psicológico del paciente.

medidas de valoración de la calidad (quality assessment measures), evaluación organizada, formal, sistemática de modelos o programas globales de asistencia, a nivel clínico, del consumidor y de los sistemas.

medidor de ritmo de dosis (dose ratemeter), (en radioterapia) instrumento para medir la proporción de dosis de radiación.

medio (medium, *pl.* **media**), sustancia a través de la que se mueve o actúa algo. Un **medio de contraste** es una sustancia que tiene una densidad diferente a la de los tejidos corporales, lo que permite la comparación de estructuras cuando se emplea en técnicas de imagen, como las radiografías. Un medio de cultivo es una sustancia que proporciona un ambiente nutritivo para el crecimiento de microorganismos o células. Un **medio de dispersión** es una sustancia en la que se dispersa un coloide. Un medio de refracción es el conjunto de tejidos y líquidos transparentes del ojo que refractan la luz.

medio (milieu, *pl.* **milieus, milieux**), entorno, ambiente, lo que rodea o la propia institución. Son tipos de medios el **medio externo** y el **medio interno**.

meditación (meditation), estado de consciencia en el que el individuo elimina la atención hacia los estímulos ambientales de forma que la mente se centra solamente en una cosa, generando un estado de relajación y de alivio del estrés.

MEDLARS (MEDLARS), abreviatura del *Medical Literature Analysis and Retrieval System*, servicio informatizado de recuperación de literatura de la *National Library of Medicine* en Bethesda, Maryland. Las referencias se encuentran en 15 bases de datos, como *MEDLINE, TOXLINE, CHEMLINE, RTECS, CANCERLIT* y *EPIPEPSYLINE*.

MEDLINE (MEDLINE), base de datos de la *National Library of Medicine*, con aproximadamente 600.000 referencias de artículos de las revistas que se publican en la actualidad y en los dos años previos. Los archivos duplican el contenido del ***Unabridged Index Medicus***, también publicado por la *National Library of Medicine*, que abarca artículos médicos de 3.000 publicaciones periódicas profesionales de más de 70 países.

médula (marrow), v. **médula ósea**.

médula (medulla, *pl.* **medullas, medullae**), la parte más interna de una estructura u órgano, como la médula espinal.

médula amarilla (yellow marrow), v. **médula ósea**.

médula espinal (spinal cord), estructura larga casi cilíndrica, alojada en el conducto vertebral y que se extiende desde el agujero magno en la base del cráneo hasta la parte superior de la región lumbar. Componente importante del sistema nervioso central, la médula del adulto tiene un diámetro aproximado de 1 cm, con una longitud media de 42 a 45 cm y un peso de 30 g. La médula conduce impulsos sensitivos y motores al encéfalo y desde el encéfalo y controla numerosos reflejos. En la médula tienen su origen 31 nervios raquídeos: 8 cervicales, 12 dorsales, 5 lumbares, 5 sacros y 1 coccígeo. Tiene un núcleo central de sustancia gris formado principalmente por células nerviosas, y está rodeada por tres membranas protectoras (meninges): duramadre, aracnoides y piamadre. La médula es una prolongación del bulbo raquídeo y termina cerca de la tercera vértebra lumbar.

médula ósea (bone marrow), tejido blando especializado lleno de espacios en el hueso esponjoso de las epífisis. La **médula amarilla** grasa se encuentra en el hueso compacto de la mayoría de las epífisis de los adultos. La **médula roja** se encuentra en muchos huesos de lactantes y niños y en el hueso esponjoso de la epífisis proximal del húmero y el fémur y en el esternón, las costillas y los cuerpos vertebrales de los adultos. Está compuesta de tejido mieloide y es esencial para la síntesis y maduración de las células sanguíneas de la serie roja.

médula renal (medulla of the kidney), región del parénquima renal, situada bajo la corteza, constituida por las pirámides y las columnas renales. Los glomérulos prácticamente no están presentes. La capa interna contiene las papilas y en la capa externa, que se extiende hasta los vasos arciformes, se sitúa el segmento grueso ascendente del asa de Henle.

médula roja (red marrow), sustancia vascular roja formada por tejido conectivo y vasos sanguíneos con células sanguíneas primitivas, macrófagos, megacariocitos y células grasas. Se encuentra en las cavidades de muchos huesos, especialmente en los huesos planos y cortos, en los cuerpos de las vértebras, en el esternón, en las costillas y en las epífisis de los huesos largos.

médula suprarrenal (adrenal medulla), porción más interna de la glándula suprarrenal. Las células de la médula suprarrenal segregan adrenalina y noradrenalina. V. **corteza suprarrenal**.

medulado (medullated), rodeado por una sustancia de aspecto medular, como la vaina de mielina de la fibra nerviosa.

medular (medullar, medullary), **1.** perteneciente o relativo a la médula ósea. **2.** perteneciente o relativo a la médula espinal y al sistema nervioso central.

meduloblastoma (medulloblastoma), neoplasia maligna escasamente diferenciada constituida por la agrupación de células de estirpe espongioblástica y neuroblástica. Este tumor suele localizarse en el cerebelo.

meduloepitelioma (medulloepithelioma), v. **neurocitoma**.

mefenesina (mephenesin), relajante del músculo esquelético similar al curare que se prescribe en algunas ocasiones para aliviar los espasmos musculares.

mefenitoína (mephenytoin), anticonvulsivante prescrito para el control de las crisis epilépticas cuando otros fármacos menos tóxicos no han sido eficaces.

mefloquina (mefloquine), antipalúdico que ha demostrado ser eficaz en la profilaxis y el tratamiento del paludismo falciparum y vivax resistente a la cloroquina.

mefobarbital (mephobarbital), anticonvulsivante y sedante prescrito para el tratamiento de la ansiedad, la tensión nerviosa, el insomnio y la epilepsia.

MEFR (MEFR), abreviatura de velocidad máxima de flujo espiratorio.

megacariocito (megacaryocyte), célula de la médula ósea extremadamente grande que tiene un núcleo multilobulado. Los megacariocitos son esenciales para la producción y proliferación de las plaquetas en la médula ósea, y normalmente no están presentes en la sangre circulante.
megacolon (megacolon), dilatación masiva y anormal del colon que puede ser congénita, tóxica o adquirida. El **megacolon adquirido** es el resultado de la negativa crónica a la defecación, que normalmente se produce en niños psicóticos o con retraso mental. El colon se dilata por la acumulación de heces impactadas. El **megacolon congénito** (enfermedad de Hirschsprung) está producido por la ausencia de ganglios autónomos en la capa de músculo liso del colon. El megacolon tóxico es una complicación grave de la colitis ulcerosa, y puede producir la perforación del colon, septicemia y muerte.
megadosis (megadose), dosis que supera con creces la normalmente prescrita o recomendada.
megaesófago (megaesophagus), dilatación anormal del segmento inferior del esófago producida por la distensión secundaria a la imposibilidad de relajación del cardias impidiendo el paso de los alimentos hacia el estómago.
megahertzio (MHz) (megahertz [MHz]), unidad de frecuencia que equivale a un millón de ciclos por segundo.
megaloblasto (megaloblast), eritrocito inmaduro con núcleo voluminoso que aparece en grandes cantidades en la médula ósea y en número elevado en la circulación en numerosas anemias asociadas a un déficit de vitamina B_{12}, ácido fólico o factor intrínseco.
megalocefalia (megalocephaly), v. **macrocefalia**.
megaloencefalia (megalencephaly), trastorno caracterizado por el crecimiento patológico del parénquima cerebral. En algunos casos la hiperplasia cerebral generalizada se asocia con retraso mental o con alteraciones cerebrales.
megalomanía (megalomania), trastorno mental caracterizado por delirios de grandeza, en el que el paciente se cree que es una persona de gran importancia, poder, fama o riqueza.
megaloquiste (megalocystis), proceso patológico caracterizado por la presencia de una vejiga de grandes dimensiones, con una pared adelgazada.
megalouréter (megaloureter), trastorno caracterizado por la dilatación marcada de uno o ambos uréteres, secundaria a la alteración de la acción peristáltica del músculo liso ureteral. Su tratamiento puede requerir la resección quirúrgica.
meiocito (meiocyte), cualquier célula que sufre meiosis.
meiogénico (meiogenic), que produce o causa meiosis.
meiosis (meiosis), división de una célula sexual, cuando es madura, en dos, y después en cuatro gametos, recibiendo el núcleo de cada uno la mitad del número de cromosomas que poseen las células somáticas de la especie.
mejilla (cheek), prominencia carnosa, especialmente las prominencias carnosas situadas a ambos lados de la cara entre los ojos, la mandíbula y las orejas, y la oreja, la nariz y la boca.
mejoría (amelioration), evolución favorable de un trastorno.
melancolía (melancholia), **1.** tristeza extrema. **2.** *obsoleto,* el principal trastorno afectivo depresivo.
melanífero (melaniferous), relativo a un pigmento negro.
melanina (melanin), pigmento de color negro o marrón oscuro que existe normalmente en el pelo, en la piel, en el iris y en la coroides del ojo.
melanoblasto (melanoblast), célula del tejido epitelial que contiene gránulos negros. Se transforma en un melanocito.
melanocito (melanocyte), célula capaz de producir melanina. Se distribuyen a lo largo de la capa basal de la epidermis y elaboran el pigmento melanina a partir de la tirosina, un aminoácido.

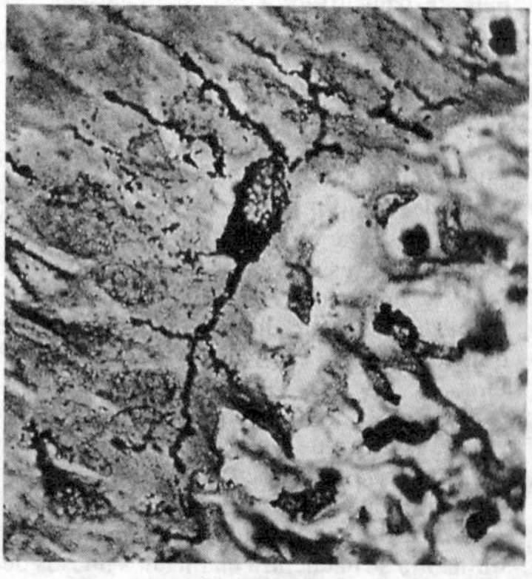

Melanocito
(A. du Vivier, 2.ª ed., 1995)

melanodermia (melanoderma), oscurecimiento patológico de la piel producido por el depósito excesivo de melanina o de sales de hierro o plata.

melanoma (melanoma), neoplasia maligna, principalmente de la piel, constituida por melanocitos. La mayoría de los melanomas se desarrollan a partir de un nevus pigmentado durante un período de varios meses o años y aparecen sobre todo en personas de piel clara con ojos de color claro. Cualquier mancha negra o marrón con borde irregular, cuya pigmentación parece que se irradia más allá de su borde, de color rojo, negro o azul si se examina de cerca, o que tenga una superficie nodular, puede sugerir la existencia de un melanoma y se debe biopsiar. Algunos tipos de melanomas son: **lentigo maligno, melanoma amelánico, melanoma cutáneo primario, melanoma de extensión superficial, melanoma benigno juvenil** y **melanoma nodular**.

melanosis coli (melanosis coli), trastorno en el que la mucosa del colon está pigmentada con melanina.

melanosis pustulosa neonatal (neonatal pustular melanosis), trastorno cutáneo transitorio del neonato caracterizado por vesículas presentes ya en el nacimiento y que se vuelven pustulosas. Las lesiones contienen neutrófilos en lugar de eosinófilos y desaparecen en un período de72 horas.

melasma (melasma), v. **cloasma**.

melasma gravídico (melasma gravidarum), pigmentación oscura o anormal que puede aparecer en la piel de la mujer gestante.

melatonina (melatonin), la única hormona segregada a la sangre circulante por la glándula pineal. La hormona parece que inhibe numerosas funciones endocrinas, como las hormonas gonadotrópicas, y que disminuye la pigmentación de la piel.

melena (melena), heces negras, como alquitrán, patológicas, que contienen sangre digerida. Normalmente se producen como consecuencia de un sangrado del tracto GI superior, y con frecuencia son un signo de úlcera péptica o de alteración del intestino delgado.

melfalán (melphalan), agente alquilante antineoplásico prescrito para el tratamiento de enfermedades neoplásicas malignas, como el mieloma múltiple.

melioidosis (melioidosis), infección poco frecuente en seres humanos producida por el bacilo gramnegativo *Malleomyces pseudomallei*. La **melioidosis aguda** es fulminante y suele estar caracterizada por neumonía, empiema, absceso pulmonar, septicemia y afectación del hígado o del bazo. La **melioidosis crónica** se asocia con osteomielitis, abscesos múltiples de órganos internos y con el desarrollo de fístulas desde los abscesos. La enfermedad se adquiere por contacto directo con animales infectados.

membrana (membrane), capa fina de tejido que cubre una superficie, tapiza una cavidad o divide un espacio, como la membrana abdominal que tapiza la pared abdominal. Los principales tipos de membranas son: **membrana cutánea, membrana mucosa, membrana serosa** y **membrana sinovial**.

memoria (memory), **1.** facultad o poder mental que permite retener y recordar, mediante procesos asociativos inconscientes, sensaciones, impresiones, ideas y conceptos previamente experimentados, así como toda la información que se ha aprendido conscientemente. **2.** reservorio de todas las experiencias y conocimientos pasados, que se pueden recuperar a voluntad. Algunos tipos de memoria son: **memoria a corto plazo, memoria a largo plazo, memoria afectiva, memoria anterógrada, memoria cinestésica** y **memoria visual**.

menarquia (menarche), primera menstruación que supone el comienzo de la función menstrual cíclica. Suele aparecer entre los 9 y 17 años de edad.

mendelevio (Md) (mendelevium [Md]) [Dimitri I. Mendeleyev, químico ruso, n. 1834], elemento sintético del grupo de los actínidos. Su número atómico es 101. El peso atómico de su isótopo más estable es 256. Es el noveno elemento transuránico.

mendelismo (mendelism) [Gregor J. Mendel, genetista austriaco, n. 1822], concepto de la herencia derivado de la aplicación de las leyes de Mendel.

meninges (meninges, *sing.* **meninx**), cada una de las tres membranas que rodean el cerebro y la médula espinal: duramadre, piamadre y aracnoides.

meningioma (meningioma, *pl.* **meningiomas, meningiomata**), tumor mesenquimatoso fibroblástico de las membranas que rodean el encéfalo y la médula espinal. Los tumores pueden ser nodulares, formar placas o ser lesiones difusas que invaden el cráneo, produciendo erosión del tejido óseo y compresión del tejido cerebral.

meningioma angioblástico (angioblastic meningioma), tumor de los vasos sanguíneos de las meninges que recubren la médula espinal o el encéfalo.

meningismo (meningism), trastorno caracterizado por irritación del encéfalo y de la médula espinal con síntomas que simulan los de la meningitis. Sin embargo, en el meningismo no existe inflamación real de las meninges.

meningitis (meningitis, *pl.* **meningitides**), cualquier infección o inflamación de las membranas que envuelven el cerebro y la médula espinal. Normalmente es purulenta y afecta al líquido del espacio subaracnoideo. Se caracteriza por cefalea intensa, vómitos y dolor y rigidez de nuca. Su causa más frecuente es la infección bacteriana por *Streptococcus pneumoniae, Neisseria meningitidis* o *Haemophylus influenzae*. La meningitis aséptica puede estar provocada por otros tipos de bacterias, irritación química, neoplasias o virus. Muchas de estas enfermedades son benignas y autolimitadas, como las meningitis producidas por cepas de virus Coxsackie o ECHO. Otras son más graves, como en las que participan arbovirus, virus del herpes o de la poliomielitis. Levaduras como *Candida* u hongos como *Cryptococcus* pueden producir meningitis graves, con frecuencia mortales. La **meningitis tuberculosa**, siempre fatal si no se trata, puede producir distintas anomalías neurológicas, incluso con los mejores tratamientos disponibles.

meningocele (meningocele), protrusión en forma de saco de las meninges tanto a nivel cerebral como espinal que se produce a través de un defecto congénito en el cráneo o en la columna vertebral. Se forma un quiste herniario que está lleno de líquido cefalorraquídeo, sin contener tejido nervioso. La anomalía se denomina meningocele craneal o meningocele raquídeo dependiendo de la localización del defecto; puede repararse fácilmente mediante cirugía.

meningococemia (meningococcemia), enfermedad producida por *Neisseria meningitidis* en el torrente sanguíneo. Su comienzo es súbito, con escalofríos, dolores musculares y articulares, cefalea, petequias, faringitis y postración intensa. Existe taquicardia y taquipnea con fiebre intermitente.

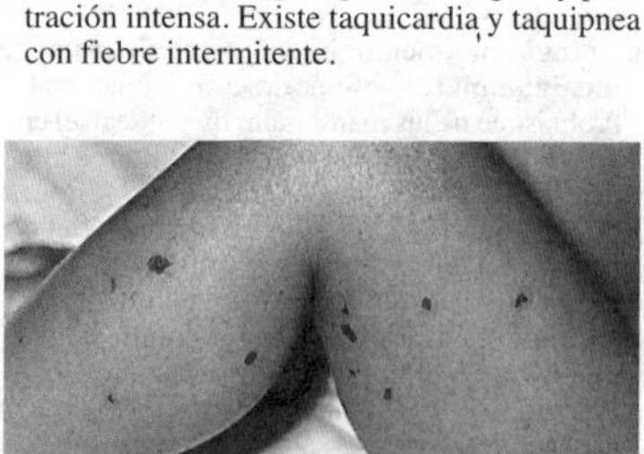

Meningococemia
(A. du Vivier, 2.ª ed., 1995)

meningococo (meningococcus, *pl.* **meningococci**), bacteria del género *Neisseria meningitidis*, diplococo inmóvil gramnegativo presente habitualmente en la nasofaringe de portadores asintomáticos, que puede producir septicemia o meningitis cerebrospinal epidémica.

meningoencefalitis (meningoencephalitis), inflamación del encéfalo y de las meninges, habitualmente provocada por una infección bacteriana.

meningoencefalitis sifilítica (syphilitic meningoencephalitis), v. **parálisis general**.

meningoencefalocele (meningoencephalocele), quiste en forma de saco que contiene tejido cerebral, líquido cefalorraquídeo y meninges, que protruye a través de un defecto congénito del cráneo.

meningomielitis (meningomyelitis), inflamación de la médula espinal y de sus membranas circundantes.

meningomielocele (meningomyelocele), v. **mielomeningocele**.

meniscectomía (meniscectomy), extirpación quirúrgica de uno de los cartílagos en forma de media luna de la articulación de la rodilla, realizada cuando se produce un desgarro del cartílago que ocasiona dolor crónico e inestabilidad o bloqueo de la articulación.

menisco (meniscus), **1.** interfase entre un líquido y el aire. **2.** lente con caras cóncavas y convexas. **3.** cartílago semicircular fibroso de las rodillas y de otras articulaciones.

menisco discoide (discoid meniscus), trastorno caracterizado por la forma discoide y no semilunar de los meniscos cartilaginosos de la rodilla. Los síntomas más frecuentes son la producción de un «clic» en la articulación de la rodila o la sensación de que la rodilla cede. Estas características se asocian frecuentemente a lesiones de la rodilla, aunque también pueden presentarse sin historia previa de traumatismo.

meniscocitosis (meniscocytosis), v. **anemia drepanocítica**.

menometrorragia (menometrorrhagia), hemorragia menstrual y uterina excesiva, distinta a la provocada por la menstruación.

menopausia (menopause), estrictamente, cese de las menstruaciones, aunque normalmente se utiliza para referirse al período climatérico femenino. Las menstruaciones cesan de forma natural al declinar la producción y la función hormonal cíclica entre los 45 y 60 años de edad, aunque pueden detenerse antes como consecuencia de enfermedades o por la resección quirúrgica del útero o de ambos ovarios. Al disminuir la producción de estrógenos en el ovario y de gonadotropinas hipofisarias, la ovulación y las menstruaciones se hacen menos frecuentes, hasta cesar. La disminución de la producción se acompaña de fluctuaciones en sus concentraciones plasmáticas. Los sofocos son el único síntoma casi universal de la menopausia. En ocasiones puede aparecer una hemorragia intensa e irregular, que se asocia habitualmente con miomas (fibroides) u otros trastornos patológicos del útero.

menor (minor), (en derecho) persona que no tiene la edad legal, persona por debajo de la mayoría de edad. Un tipo de menor es el **menor emancipado**.

menorragia (menorrhagia), menstruaciones anormalmente intensas o prolongadas. La menorragia aparece de forma ocasional durante los años reproductivos de la mayoría de las mujeres. Si el proceso se hace crónico, puede aparecer anemia por las pérdidas hemáticas excesivas y recurrentes. La presencia de una hemorragia anormal después de la menopausia siempre exige investigar para descartar neoplasias malignas.

menorrea (menorrhea), expulsión normal de sangre y tejido procedentes del útero.

menostasis (menostasis), trastorno en el que los productos de la menstruación no pueden salir del útero o de la vagina por estenosis, oclusión del cuello o del introito vaginal. El himen imperforado es una causa poco frecuente de menostasis.

menotropinas (menotropins), preparado de hormonas gonadotrópicas a partir de la orina de mujeres posmenopáusicas. Se prescribe junto con la gonadotropina coriónica para inducir la ovulación.

menoxenia (menoxenia), cualquier anomalía relacionada con la menstruación.

menstruación (menstruation), eliminación periódica a través de la vagina de una secreción sanguinolenta que contiene restos tisulares procedentes del desprendimiento del endometrio del útero no grávido. La duración media de la menstruación es de 4-5 días, y se repite aproximadamente cada 4 semanas durante la vida reproductiva de la mujer no gestante. Algunos tipos de menstruación son: **menstruación anovular, menstruación retrógrada** y **menstruación vicariante**.

mentación (mentation), cualquier actividad mental, incluidos los procesos conscientes e inconscientes.

mental (mental), **1.** perteneciente, relativo o característico de la mente o psique. **2.** que existe en la mente; realizado o ejecutado por la mente. **3.** perteneciente, relativo o caracterizado por un trastorno mental.

mentalidad (mentality), **1.** poder funcional y capacidad de la mente. **2.** carácter intelectual.

mente (mind), **1.** parte del cerebro donde se sitúa la actividad mental que permite conocer, razonar, entender, recordar, pensar, sentir y reaccionar y adaptarse al entorno y a todos los estímulos externos e internos. **2.** conjunto de todos los procesos conscientes e inconscientes del individuo que influyen y dirigen su conducta mental y física. **3.** facultad del intelecto o del entendimiento a diferencia de la emoción o la voluntad.

mentol (menthol), antipruriginoso tópico con efecto criogénico que alivia el prurito. Es un ingrediente frecuente de numerosas cremas y pomadas.

mentón (mentum), **1.** la barbilla, especialmente la del feto. **2.** punto de referencia para designar la posición del feto con respecto a la pelvis materna, de forma que la posición mentoniana anterior izquierda (MAI) indica que la barbilla del feto se sitúa en el cuadrante anterior izquierdo de la pelvis.

meprednisona (meprednisone), glucocorticoide oral prescrito para el tratamiento de numerosos trastornos inflamatorios.

meprobamato (meprobamate), sedante prescrito para el tratamiento de la ansiedad y de la tensión y como relajante muscular.

mEq (mEq), abreviatura de **miliequivalente**.

mEq-l (mEq-L), abreviatura de **miliequivalente por litro**.

meralgia (meralgia), presencia de dolor en el muslo.

mercaptopurina (mercaptopurine), antineoplásico e inmunodepresor prescrito para el tratamiento de diversas enfermedades neoplásicas malignas, como la leucemia linfocítica aguda.

mercurial (mercurial), **1.** relativo o perteneciente al mercurio, sobre todo a los fármacos que contienen mercurio. **2.** efecto adverso asociado con la administración de medicación mercurial, como el temblor mercurial que aparece en la intoxicación por mercurio.

mercurialismo (mercurialism, mad hatter's disease), v. **intoxicación por mercurio**.

mercurio (Hg) (mercury [Hg]), elemento metálico. Su número atómico es 80; su peso atómico, 200,6. Es el único metal común que permanece líquido a temperatura ambiente, y se encuentra en la naturaleza casi siempre en forma de su sulfuro: el cinabrio. El mercurio se obtiene con fines comerciales, empleándose en amalgamas dentales, termómetros, barómetros y otros instrumentos de medida. Forma muchos compuestos tóxicos. El mercurio elemental sólo es moderadamente tóxico cuando se ingiere, ya que su absorción es escasa. Sin embargo, el vapor del mercurio elemental se absorbe rápidamente a través de los pulmones y penetra en el cerebro antes de oxidarse. Los riñones son la estructura corporal que retiene mercurio durante más tiempo.

merergasia (merergasia), discapacidad mental leve caracterizada por cierto grado de inestabilidad emocional y ansiedad.

meretoxilina procaína (merethoxilline procaine), un tipo de diurético.

merisis (merisis), aumento de tamaño como consecuencia de la división celular y de la adición de material nuevo más que de la expansión de la célula.

meroblástico (meroblastic), perteneciente o característico de un óvulo que contiene una gran cantidad de vitelo y en el que la división está restringida a una parte del citoplasma.

merocigoto (merocygote), cigoto incompleto que sólo contiene parte del material genético de uno de los padres. Se produce en la genética bacteriana.

meromelia (meromelia), denominación general para la ausencia congénita de cualquier parte de una extremidad. Se utiliza para referirse a trastornos, como la adactilia, helimelia o focomelia.

merozoíto (merozoite), organismo producido por segmentación de un esquizonte durante la fase de reproducción asexual del ciclo vital de los esporozoos, concretamente del parásito del paludismo *Plasmodium*.

mesa basculante (tilt table), mesa de exploración que puede bascular hacia delante y hacia atrás, como un balancín, durante el estudio de la respuesta del sistema circulatorio del paciente a las fuerzas gravitatorias.

mesa de laparotomía (lap-board), tablero liso que se sitúa cerca de la laparotomía y que se utiliza como mesa auxiliar.

mesangio (mesangium), red celular presente en el glomérulo renal en la que se sitúan las asas capilares.

mescalina (mescaline), alcaloide tóxico psicoactivo, obtenido a partir del aceite alcalino incoloro de las inflorescencias del cactus *Lophophora williamsii*. Estrechamente relacionada con la adrenalina desde el punto de vista químico, la mescalina produce palpitaciones cardíacas, diaforesis, dilatación pupilar y ansiedad. El fármaco, ingerido como cápsulas o disuelto en las bebidas, produce alucinaciones visuales.

mescalismo (mescalism), tipo de dependencia química de los efectos de la mescalina, una sustancia de carácter alcohólico volátil que se obtiene de una especie de cactus.

mesencéfalo (mesencephalon), una de las tres partes del tronco del encéfalo, inmediatamente por debajo del cerebro e inmediatamente por encima de la protuberancia. Está constituido principalmente por sustancia blanca, con sustancia gris alrededor del acueducto cerebral. Dentro de la formación reticular mesencefálica se sitúa el núcleo rojo que contiene las terminaciones de las fibras nerviosas procedentes del cerebelo y del lóbulo frontal de la corteza cerebral. En la profundidad del mesencéfalo se sitúan los núcleos de los pares craneales III y IV, y la parte anterior del núcleo del V par. El mesencéfalo contiene además los núcleos de algunos reflejos auditivos y visuales.

mesénquima (mesenchyme), red difusa de tejido que deriva del mesodermo embrionario. Está constituido por células estrelladas contenidas en una matriz cartilaginosa con fibras reticulares.

mesenquimoma (mesenchymoma), neoplasia mesenquimatosa mixta compuesta por dos o más tipos celulares que no se suelen asociar y por tejido fibroso.

mesenterio (mesentery proper), pliegue ancho del peritoneo, en forma de abanico, que conecta el yeyuno y el íleon con la pared posterior del abdomen. La raíz del mesenterio está unida a diversas estructuras situadas por delante de la columna vertebral. El borde intestinal del mesenterio se abre para envolver al intestino. La parte craneal del mesenterio sirve de soporte para el intestino delgado y para distintos nervios y arterias.

mesial (mesial), v. **medial**.

mesilato de benzatropina (benztropine mesylate), agente anticolinérgico y antihistamínico prescrito como terapia coadyuvante en el tratamiento de todas las formas de parkinsonismo.

mesilato de bitolterol (bitolterol mesylate), broncodilatador inhalado por vía oral utilizado en el tratamiento del asma bronquial y el broncospasmo reversible.

mesilato de bromocriptina (bromocriptine mesylate), receptor agonista de la dopamina prescrito para el tratamiento de la amenorrea y la galactorrea asociadas con hiperprolactinemia, la infertilidad femenina y la enfermedad de Parkinson.

mesilato de desferroxamina (deferoxamine mesylate), agente quelante que se prescribe para el tratamiento de la intoxicación aguda por hierro y en la sobrecarga crónica de hierro.

mesilato de dihidroergotamina (dihydroergotamine mesylate), agente bloqueante alfaadrenérgico, que se prescribe en la migraña y en las cefaleas vasculares.

mesilato de isoetarina (isoetharine mesylate), broncodilatador betaadrenérgico, utilizado en el tratamiento del asma bronquial, la bronquitis y el enfisema.

mesilato ergoloide (ergoloid mesylate), adrenérgico con acciones psicotrópicas. Se prescribe para el tratamiento de los síntomas del deterioro de la capacidad mental de causa desconocida, como ocurre en la demencia senil.

mesiobucooclusal (mesiobuco-occlusal), relativo al ángulo formado por las superficies mesial, bucal y oclusal de un diente.

mesioclusión (mesiocclusion), relación oclusiva en la que los dientes inferiores se sitúan medialmente.

mesiodiente (mesiodens), diente supernumerario surgido o no, que se desarrolla entre los dos incisivos centrales.

mesiolinguooclusal (mesiolinguo-occlusal), relativo al ángulo formado por las superficies mesial, lingual y oclusal de un diente.

mesioversión (mesioversion), **1.** trastorno en el que uno o más dientes están más próximos de lo normal a la línea media. **2.** trastorno en el que el maxilar superior o inferior está situado más anteriormente de lo normal.

mesmerismo (mesmerism) [Franz Anton Mesmer, médico austriaco, n. 1734], práctica del hipnotismo introducida por Mesmer, quien creía que la salud estaba influida por «fuerzas celestiales magnéticas». Algunos pacientes se curaron o experimentaron una disminución de sus síntomas tras sufrir una «gran crisis», o ataque, bajo hipnosis. Mesmer fue considerado un fraude por la clase médica, pero su trabajo llevó a la realización de estudios rigurosos de los efectos sobre la salud del poder de la sugestión.

mesocolon sigmoide (sigmoid mesocolon), pliegue del peritoneo que conecta el colon sigmoide con la pared de la pelvis.

mesocolon transverso (transverse mesocolon), pliegue amplio del peritoneo que conecta el colon transverso a la pared posterior del abdomen. Compárese con **mesenterio, mesocolon sigmoide**.

mesocolopexia (mesocolopexy), suspensión o fijación del mesocolon.

mesodermo (mesoderm), (en embriología) capa intermedia de las tres que tiene el embrión en desarrollo. Se sitúa entre el ectodermo y el endodermo. El hueso, el tejido conectivo, el músculo, la sangre, el tejido vascular y linfático, la pleura, el pericardio y el peritoneo derivan del mesodermo.

mesodermo extraembrionario (extraembryonic mesoderm), cualquier desarrollo mesodérmico en el útero que no está incluido en el propio embrión. Están incluidos en el mesodermo el amnios, el corión y el saco vitelino.

mesodermo intermedio (intermediate mesoderm), v. **nefrotoma**.

mesoduodeno (mesoduodedum), pliegue de tejido que une el duodeno a la pared del abdomen del feto. La membrena persiste algunas veces en la vida adulta como el mesenterio duodenal.

mesoesternón (midsternum), cuerpo del esternón.

mesogástrico (mesogastric), perteneciente al **mesogastrio**, mesenterio del estómago embrionario.

mesoglia (mesoglia), v. **microglia**.

mesómera (mesomere), fila de células mesodérmicas entre el mesotelio y cada epímero del embrión. Evoluciona para formar los túbulos renales.

mesometritis (mesometritis), v. **miometritis**.

mesomorfo (mesomorph), persona caracterizada por el predominio de músculo, hueso y tejido conectivo, estructuras derivadas de la capa mesodérmica embrionaria.

mesón pi negativo (pion) (negative pi meson [pion]), forma de radiación electromagnética emitida por un acelerador lineal de protones.

mesonefros (mesonephros, *pl.* **mesonephri, mesonephra**), segundo tipo de órgano excretor que se desarrolla en el embrión de los vertebrados. Está constituido por una serie de túbulos retorcidos que se originan a partir del cordón nefrogénico por debajo del pronefros, y que en uno de sus extremos forman el glomérulo, y en el otro conectan con el conducto mesonéfrico excretor.

mesoridazina (mesoridazine), tranquilizante fenotiazínico prescrito para el tratamiento de trastornos psicóticos, problemas de conducta en el retraso mental y en el alcoholismo.

mesosálpinx (mesosalpinx), borde superior libre del ligamento ancho sobre el que se sitúan las trompas de Falopio.

mesotelio (mesothelium), capa de células que tapiza las cavidades corporales del embrión y que persiste como una capa de células epiteliales escamosas que cubren las membranas serosas en el adulto.

mesotelioma (mesothelioma, *pl.* **mesotheliomas, mesiotheliomata**), tumor maligno

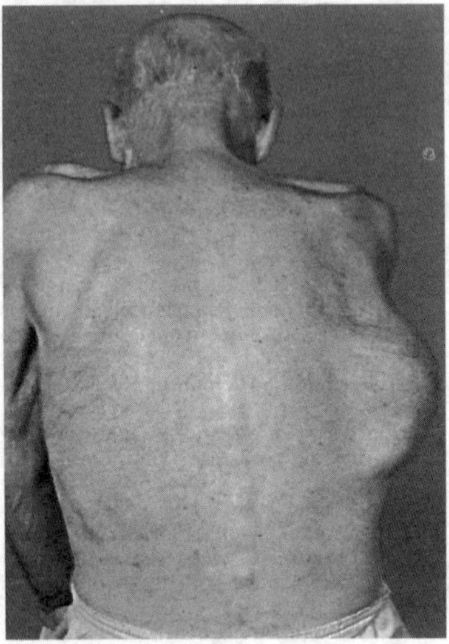

Mesotelioma
(C. D. Forbes/W. F. Jackson, 1994)

poco frecuente del mesotelio de la pleura o del peritoneo, que se asocia a una exposición previa al asbesto.

Met (Met), abreviatura de **metionina**.

MET (MET), abreviatura de **equivalente metabólico**.

metabolismo (metabolism), conjunto de todos los procesos químicos que tienen lugar en los organismos vivos cuyos objetivos son el crecimiento, la generación de energía, la eliminación de desechos y otras funciones corporales relacionadas con la distribución de nutrientes en la sangre después de la digestión. El metabolismo tiene lugar en dos fases: el anabolismo o fase constructiva, en la que las moléculas más pequeñas (como los aminoácidos) se transforman en moléculas mayores (como las proteínas); y el catabolismo o fase destructiva, en la que las moléculas mayores (como el glucógeno) se transforman en otras más pequeñas (como el ácido pirúvico). El índice metabólico se expresa normalmente (en calorías) como la energía que se libera durante el metabolismo.

metabolito (metabolite), sustancia producida por acción del metabolismo o que es necesaria para un proceso metabólico. Un metabolito esencial es aquel que es necesario para un proceso metabólico vital.

metacarpo (metacarpus), porción media de la mano, constituida por cinco huesos largos numerados desde el pulgar como metacarpianos I al V. Cada metacarpiano consta de un cuerpo y dos extremidades.

metacarpofalángico (metacarpophalangeal), relativo a los huesos metacarpianos de la mano y a las falanges de los dedos, como las articulaciones metacarpofalángicas.

metacéntrico (metacentric), perteneciente a un cromosoma en el que el centrómero está situado cerca del centro, de forma que los brazos de las cromátides son prácticamente de la misma longitud.

metacomunicación (metacommunication), comunicación que indica cómo se debe interpretar la comunicación verbal. Puede ratificar o contradecir la comunicación verbal.

metacromasia (methacromasia), fenómeno tintorial de un tejido en el que las células que se están examinando adquieren un color distinto al del tinte empleado. Las células cartilaginosas, por ejemplo, pueden parecer de color rojizo después de haber sido teñidas con un tinte azul. La causa es una interacción entre las moléculas del tinte y los radicales ácidos de las células del tejido.

metacualona (methaqualone), hipnótico sedante prescrito para el tratamiento de la ansiedad y del insomnio.

metadona (methadone), analgésico narcótico sintético prescrito para aliviar el dolor intenso, para el tratamiento de la desintoxicación y para los programas de tratamiento de pacientes adictos a opiáceos.

metafase (metaphase), la segunda de las cuatro fases de la división nuclear en la mitosis, y en cada una de las dos fases de la meiosis, durante la que los cromosomas se disponen en el plano ecuatorial del huso para formar la placa ecuatorial, con los centrómeros unidos a las fibras del huso en espera de la separación.

metáfisis (metaphysis), región del hueso en la que se unen la diáfisis y la epífisis.

metagénesis (metagenesis), alternancia regular de métodos sexual y asexual de reproducción dentro de la misma especie.

metahemoglobina (methemoglobin), forma de hemoglobina en la que el ion hierro se ha oxidado de ferroso a férrico. La metahemoglobina no puede transportar oxígeno, por lo que no contribuye en absoluto a la capacidad de transporte de oxígeno de la sangre.

metahemoglobinemia (methemoglobinemia), presencia de metahemoglobina en la sangre, lo que produce cianosis dada la incapacidad de los eritrocitos para liberar el oxígeno.

metahemoglobinuria (methahemoglobinuria), presencia de metahemoglobina en la orina.
metal (metal), cualquier elemento que conduce el calor y la electricidad, es maleable y dúctil, y que en solución genera iones de carga positiva (cationes).
metal pesado (heavy metal), elemento metálico con una gravedad específica superior en cinco veces o más a la del agua. Los metales pesados son el antimonio, el arsénico, el bismuto, el cadmio, el cerio, el zinc, el cromo, el cobalto, el cobre, el estaño, el galio, el oro, el hierro, el plomo, el manganeso, el mercurio, el níquel, el platino, la plata, el telurio, el talio, el uranio y el vanadio.
metalestesia (metallesthesia), habilidad para reconocer un metal por el sentido del tacto.
metalurgia (metallurgy), ciencias teóricas y aplicadas de la naturaleza y usos de los metales.
metamielocito (metamyelocyte), fase de desarrollo de la serie granulocítica de los leucocitos. Se sitúa entre la fase de mielocito y de granulocito maduro.
metamorfopsia (metamorphopsia), defecto visual en el que los objetos se ven con formas distorsionadas, producido por una enfermedad de la retina o por una alteración de los medios.
metamorfosis (metamorphosis), cambio en la forma o estructura, especialmente el cambio de una fase de desarrollo a otra, como la transición de la fase larvaria a la fase adulta.
metandriol (methandriol), hormona anabolizante utilizada como tratamiento coadyuvante en la osteoporosis senil y posmenopáusica.
metanefrina (metanephrine), uno de los dos metabolitos urinarios principales de la adrenalina y noradrenalina, siendo el otro el ácido vanilmandélico.
metanefrogénico (metanephrogenic), capaz de formar el metanefros o riñón fetal.
metanefros (metanephros, *pl.* **metanephroi, metanephra**), el tercer órgano excretor, permanente, que se desarrolla en el embrión vertebrado. Está constituido por una estructura compleja de túbulos secretores y colectores que evolucionan hasta constituir el riñón.
metanol (methanol), líquido transparente incoloro tóxico, obtenido por la destilación de la madera, miscible en agua, alcohol y éter. Se emplea ampliamente como solvente y en la producción de formaldehído. La ingestión de metanol paraliza el nervio óptico y puede provocar la muerte.
metaplasia (metaplasia), transformación de las células de tejidos normales en otras anormales, como respuesta a una tensión o lesión crónica.
metaplasia mieloide (myeloid metaplasia), trastorno en el que se desarrolla tejido de la médula ósea en localizaciones anormales.
metarbital (metharbital), anticonvulsivante prescrito para el tratamiento de la epilepsia.
metarrubricito (metarubricyte), eritrocito que posee núcleo. Estas células, habitualmente normoblastos en su fase final, no suelen estar presentes en la sangre de los adultos.
metástasis (metastasis, *pl.* **metastases**), **1.** proceso por el que las células tumorales se diseminan hacia localizaciones distantes del organismo. Dado que los tumores malignos no están encapsulados, las células pueden escaparse y ser transportadas por la circulación linfática o sanguínea a otros órganos alejados del tumor primario. **2.** el tumor que se desarrolla de esta forma.
metatálamo (metathalamus), una de las cinco partes del diencéfalo. Está constituido por el cuerpo geniculado interno y el cuerpo geniculado externo en cada lado. El cuerpo geniculado interno actúa como una estación de retransmisión de los impulsos nerviosos entre el pedúnculo inferior y la corteza auditiva. El cuerpo geniculado externo acomoda las terminaciones de las fibras de la vía óptica.
metatarsalgia (metatarsalgia), trastorno doloroso de los metatarsianos producido por una anomalía del pie o por la recalcificación de las cabezas degeneradas de los metatarsianos.
metatarsiano (metatarsal), **1.** relativo o perteneciente al metatarso del pie. **2.** cada uno de los cinco huesos que componen el metatarso.
metatarso (metatarsus), parte del pie constituida por cinco huesos numerados del I al V desde el lado interno. Cada hueso tiene un cuerpo largo y delgado, un extremo proximal en forma de cuña y un extremo distal convexo con dos caras aplanadas, con surcos donde se insertan ligamentos. El **metatarso valgo** y el **metatarso varo** son dos tipos de metatarso.
metatarso aducido (metatarsus adductus), v. **metatarso varo**.
metatarso valgo (metatarsus valgus), deformidad congénita del pie en la que la parte anterior rota hacia fuera, alejándose de la línea media del cuerpo, mientras el tobillo permanece recto.
metatarso varo (metatarsus varus), deformidad congénita del pie en la que la parte anterior rota hacia dentro, acercándose a la línea media del cuerpo, mientras el tobillo permanece recto.
metaxalona (metaxalone), relajante del músculo esquelético prescrito como adyuvante para el tratamiento de los espasmos agudos del mismo.

metazolamida (metazolamide), inhibidor de la anhidrasa carbónica prescrito para el tratamiento del glaucoma.
metazoos (metazoa), clase de animales multicelulares cuyas células se han diferenciado en tejido y órganos, sobre todo los que poseen un tracto digestivo.
metdilazina (methdilazine), antihistamínico fenotiacínico prescrito para aliviar el prurito.
metenamina (methenamine), antibacteriano urinario prescrito para el tratamiento de las infecciones del tracto urinario.
metencéfalo (hindbrain), parte del cerebro de un embrión que posteriormente se transformará en la protuberancia, bulbo raquídeo y cerebelo.
meteorismo (meteorism), acumulación de gas en el abdomen o en el intestino, normalmente con distensión.
meteorotropismo (meteorotropism), reacción a las influencias meteorológicas que aparece en distintos trastornos biológicos, como la muerte súbita, los ataques de artritis o la angina.
meticlotiacida (methyclothiazide), diurético y antihipertensor prescrito para el tratamiento de la hipertensión y del edema.
metil (Me) (methyl [Me]), el radical químico $-CH_3$.
3-metil-fentanil (3-methyl fentanyl), sustituto potente de la heroína denominado droga de diseño. Es un análogo del fentanil.
metil salicilato (methyl salicylate), aceite casi incoloro y volátil de carácter aromático preparado a partir de las hojas de *Gaultheria procumbens* o dc la corteza de *Betula lenta*. Se utiliza ampliamente en linimentos como irritantes locales y rubefaciente.
metilación (methylation), **1.** introducción de un grupo metilo, CH_3, en un compuesto químico. **2.** adición de metil alcohol y nafta al etanol para elaborar alcohol desnaturalizado.
metilar (methylate), añadir un grupo metilo, $-CH_3$, a un compuesto químico.
metilbromuro de anisotropina (anisotropine methylbromide), fármaco anticolinérgico que se prescribe como coadyuvante en el tratamiento de la úlcera péptica.
metildopa (methyldopa), antihipertensivo prescrito para reducir la hipertensión arterial.
metilprednisolona (methylprednisolone), glucocorticoide prescrito para el tratamiento de procesos inflamatorios, como la fiebre reumática o la artritis reumatoide.
metilprilón (methyprylon), sedante e hipnótico prescrito para el tratamiento del insomnio.
metilsulfato de difemanil (diphemanil methylsulfate), anticolinérgico utilizado como medicamento auxiliar en el tratamiento de la úlcera.
metilsulfato de hexociclio (hexocyclium methylsulfate), anticolinérgico prescrito como coadyuvante en el tratamiento de la úlcera.
metiltestosterona (methyltestosterone), andrógeno prescrito en el tratamiento de la deficiencia de testosterona, la osteoporosis y el cáncer de mama femenino, y para estimular el crecimiento, la ganancia de peso y la producción de eritrocitos.
metionina (Met) (methionine [Met]), aminoácido esencial necesario para el crecimiento adecuado de los lactantes y para el mantenimiento del equilibrio nitrogenado en los adultos. Es una fuente de grupos metilo y sulfuro en el organismo.
metirapona (metyrapone), fármaco que se emplea en pruebas diagnósticas. Se utiliza para valorar la función hipotalamohipofisaria.
metirosina (metyrosine), antihipertensivo prescrito para el tratamiento del feocromocitoma.
metocarbamol (methocarbamol), relajante del músculo esquelético que se prescribe para el tratamiento de espasmos del mismo.
método (method), técnica o procedimiento para producir un efecto deseado, como un procedimiento quirúrgico, una prueba de laboratorio o una técnica diagnóstica.
método científico (scientific method), método sistemático y ordenado de recopilación de datos y resolución de problemas. El enfoque básico es el planteamiento del problema seguido del establecimiento de la hipótesis. El método experimental se utiliza para ayudar a demostrar o descartar una hipótesis. Se observan los resultados del experimento y se sacan conclusiones a partir de dichos resultados.
método comparativo (comparative method), método analítico mediante el cual se compara el método de una prueba mediante la comparación con otros métodos.
método contraceptivo (contraceptive method), cualquier acción, dispositivo o medicamento que evita la fecundación o un embarazo viable.
método de alineación controlada del contorno trocantérico en aducción (CAT-CAM) (contoured adducted trochanteric controlled alignment method) [CAT-CAM]), diseño de una pierna artificial para personas con amputaciones por debajo de la rodilla.
método de Barsony-Koppenstein (Barsony-Koppenstein's method), procedimiento para obtener imágenes radiográficas del agujero intervertebral cervical. Consiste en rotar el

cuerpo del paciente a un ángulo de aproximadamente 45 grados con la columna cervical centrada en la línea media, mientras mantiene una posición erecta o semiprona.

método de Baudelocque (Baudelocque's method) [Jean L. Baudelocque, obstetra francés, n. 1746], (en obstetricia) una maniobra utilizada para convertir una presentación de cara en una presentación de vértice. El jefe del equipo flexiona la cabeza fetal por vía vaginal y aplica una contrapresión por detrás de la cabeza por vía abdominal, mientras un ayudante rota al feto en la dirección de flexión hasta que el vértice queda fijado en la pelvis.

método de Benassi (Benassi method), procedimiento de colocación para producir imágenes radiográficas del hígado.

método de Bertel (Bertel method), procedimiento de colocación para producir imágenes radiográficas de las fisuras inferiores de la órbita.

método de Billings (Billings method), método para estimar el período de ovulación en función de los cambios que tienen lugar en el moco cervical durante el ciclo menstrual.

método de Blackett-Healy (Blackett-Healy method), procedimiento de colocación de un paciente para realizar radiografías del área subescapular. La articulación del hombro afectada se centra en la línea media de la película, el brazo se abduce y el codo se flexiona.

método de Bradley (Bradley method), método de preparación psicofísica para el parto desarrollado por Robert Bradley, M.D.; comprende la educación sobre la fisiología del parto, sobre ejercicios y nutrición durante el embarazo y técnicas de respiración y relajación para el control y el bienestar durante el parto. El padre participa ampliamente en las clases y actúa como el «entrenador» de la madre durante el parto. Ayuda a la madre a relajarse recordándole repetidamente que relaje diferentes partes del cuerpo, masajeándola y tocándola de la forma que él sabe la relaja y arreglando las almohadas para mantenerla en una posición semisentada. Durante las contracciones, ella respira profunda y lentamente, tomando el aire por la nariz y expulsándolo por la boca. Cuando nace el niño, con la madre todavía en posición semisentada, se le coloca sobre su abdomen y se le amamanta tan pronto como él o ella quieran. La madre toma un vaso de zumo de naranja y a menudo regresa andando a su habitación con el padre y el niño.

método de condensación lateral (lateral condensation method), técnica para llenar y sellar conductos radiculares dentarios. Al vértice de la raíz se sella un cono de gutapercha previamente seleccionado, introduciéndose a continuación, con la ayuda de un separador y de forma lateral, otros conos hasta llenar el conducto.

método de Credé (Credé's method) [Karl. S. Credé, médico alemán, n. 1819], técnica para facilitar la emisión de orina mediante la compresión manual de la vejiga aplicando presión sobre la región inferior de la pared abdominal.

método de cultivo (culture procedure), (en bacteriología) distintas técnicas utilizadas para conseguir el crecimiento de colonias de microorganismos para identificar un patógeno y para determinar qué antibióticos son eficaces frente a la infección originada por el microorganismo.

método de Dick-Read (Dick-Read method), v. **método de Read**.

método de dilución de helio en sistema cerrado (closed-system helium dilution method), método para la determinación de la capacidad funcional residual y el volumen residual.

método de dosificación de fluctuación limitada (limited fluctuation method of dosing), método de administración de medicamentos en el que no se permite que la dosis ascienda o disminuya sobrepasando unos límites máximos y mínimos establecidos.

método de dosificación máxima (peak method of dosing), administración de la dosis de un fármaco de forma que se alcance una determinada concentración máxima para producir un efecto deseado, como en la reducción de la tensión arterial.

método de expulsión de Leboyer (Leboyer method of delivery), forma de abordar el parto formulada por el obstetra francés Charles Leboyer. Tiene cuatro partes: expulsión suave, controlada, en una habitación tranquila y con luz tenue, no tirar de la cabeza, impedir la hiperestimulación sensorial del feto y afianzar la unión maternoinfantil. El objetivo del método es reducir al mínimo el trauma del nacimiento mediante la introducción suave y plácida del niño en la vida fuera del claustro materno.

método de Fleischer (Fleischer method), técnica para producir proyecciones radiológicas lordóticas de los pulmones. Se coloca al paciente en proyección PA, y a la vez se flexiona hacia atrás la cintura formando un ángulo de unos 45 grados de inclinación posterior.

método de Fone (Fone's method), técnica de cepillado de dientes que emplea grandes círculos rotatorios sobre la dentadura ocluida, manteniendo el cepillo perpendicular a las superficies dentarias.

método de Greulich-Pyle (Greulich-Pyle method), técnica de evaluación de la edad ósea de los niños, utilizando una radiografía anteroposterior simple de la mano y muñeca izquierdas.

método de Haas (Haas method), técnica para producir imágenes radiográficas del interior del cráneo colocando al paciente con la cabeza en reposo, con la frente y la nariz apoyadas en la mesa, de forma que el rayo penetre en el cráneo cerca de la base del hueso occipital y salga 2,5 cm por encima del nasión.

método de Henschen (Henschen method), (en radiología) técnica para colocar la cabeza del paciente en una posición lateral verdadera para generar una imagen radiográfica de las regiones mastoidea y petrosa de la cabeza.

método de Hirschfeld (Hirschfeld's method) [Isador Hirschfeld, odontólogo norteamericano, n. 1881], técnica de cepillado de dientes en la que se colocan las cerdas del cepillo contra la superficie axial de los dientes con un ligero ángulo inciso u oclusivo y en contacto con los dientes y la encía, después se rotan vigorosamente en círculos muy pequeños.

método de infusión con torniquete (tourniquet infusion method), técnica de quimioterapia intraarterial regional utilizada para el tratamiento del sarcoma osteogénico. Esta técnica utiliza uno o dos torniquetes externos, dependiendo de la localización del tumor, que enlentecen o interrumpen temporalmente el flujo sanguíneo que llega a un miembro mientras se infunde en esa región un fármaco antineoplásico, como la adriamicina.

método de Johnson (Johnson's method), (en odontología) técnica para llenar los conductos radiculares, en la que se disuelven conos de gutapercha en una solución de resina de cloroformo dentro del conducto, para formar una masa de plástico.

método de Judd (Judd method), (en radiología) técnica de colocación de un paciente para la exploración radiográfica del atlas y la apófisis odontoides.

método de Kasabach (Kasabach method), (en radiología) técnica de colocación de un paciente para el examen radiográfico de la apófisis odontoides.

método de Kite (Kite method), (en radiología) técnica de colocación de la pierna de un paciente con un pie zambo congénito para su exploración radiográfica.

método de Kuchendorf (Kuchendorf method), (en radiología) técnica de colocación del paciente para realizar una radiografía de la rótula.

método de la ovulación para planificación familiar (ovulation method of family planning), método natural de planificación familiar que se basa en la observación de los cambios en el aspecto y en la cantidad del moco cervical como medio para determinar el momento de la ovulación durante el ciclo menstrual. Los cambios cíclicos en las hormonas gonadotrópicas, especialmente en los estrógenos, producen cambios en la cantidad y en el aspecto del moco cervical. En los primeros días después de la menstruación el cérvix segrega un moco escaso y espeso. Estos «días secos» son «días seguros». Después aumenta la cantidad de moco; se hace blanco perlado y pegajoso, haciéndose más claro y menos pegajoso a medida que se acerca la ovulación; estos «días húmedos» son «días inseguros». Durante la ovulación y justo después de ella el moco es claro, resbaladizo y elástico; se asemeja a la clara de huevo no cocinada. El día en que este signo es más aparente es el «día pico», probablemente el día anterior a la ovulación. Los cuatro días que siguen a ese «día pico» son «inseguros»: se puede producir la fertilización. La eficacia del método para identificar los días más fértiles del ciclo aumenta utilizando el método de la temperatura basal corporal.

método de la parafina (paraffin method), (en patología quirúrgica) método utilizado para la preparación de una parte de tejido seleccionado para estudio anatomopatológico. El tejido es fijado, deshidratado e infiltrado e incluido en parafina, formando un bloque que se corta en muestras con un microtomo.

método de la precipitación de plata de Home (Home's silver precipitation method), (en odontología) técnica para depositar plata en el esmalte y en la dentina mediante la aplicación de una solución de nitrato amónico de plata y su posterior reducción con formalina y con eugenol.

método de la retirada (withdrawal method), técnica anticonceptiva durante el coito, en la que se retira el pene de la vagina antes de la eyaculación.

método de Lamaze (Lamaze method), método de preparación psicosocial para el parto desarrollado en los años 50 por Fernand Lamaze, obstetra francés. Requiere clases, prácticas en casa e instrucción durante el parto y la expulsión, frecuentemente por un instructor entrenado denominado «monitor». Las clases, que se dan durante el embarazo, enseñan la fisiología del embarazo y el parto, ejercicios para fortalecer los músculos abdominales y para controlar los músculos de la vagina y del periné, y técnicas de respiración y relajación para promover el control y la relajación durante el parto. El tipo y la frecuencia de la respiración cambia con las diferentes fases del parto.

método de Lauenstein (Lauenstein method), (en radiología) técnica de colocación del paciente para realizar una radiografía de la articulación de la cadera, especialmente de la relación del fémur con el acetábulo. Se flexiona la rodilla de la pierna afectada y se levanta el muslo hasta formar prácticamente un ángulo recto.

método de Law (Law method), (en radiología) cualquiera de las diversas técnicas de colocación de un paciente para el examen radiológico de sus huesos faciales, senos y la unión entre los dientes con los maxilares.

método de Lee-White (Lee-White method) [Roger J. Lee, médico norteamericano, n. 1881; Paul D. White, médico norteamericano, n. 1886], método para la determinación del tiempo necesario para que se forme un coágulo de sangre venosa en un tubo de ensayo.

método de localización de Sweet (Sweet localization method), técnica radiográfica para la localización de un cuerpo extraño en el ojo mediante la realización de dos radiografías de éste al tiempo que se inmoviliza la cabeza del paciente. Se coloca una pequeña bola metálica y un cono a distancias precisas del centro de la córnea como marcas de referencia al tiempo que se hace una proyección radiológica lateral y otra perpendicular del ojo. A partir de las dos radiografías se construye una proyección tridimensional del ojo y se obtiene la localización gráfica del cuerpo extraño a partir de la intersección de las líneas que atraviesan la bola y el cono.

método de Lysholm (Lysholm method), (en radiología) cualquiera de las distintas técnicas para colocar a un paciente para el examen radiográfico de la base del cráneo, de las regiones mastoidea y petrosa del hueso temporal y del agujero óptico y de la cisura orbitaria.

método de Marchi (Marchi's method) [Vittoria Marchi, médica italiana, n. 1851], técnica de tinción de laboratorio para demostrar la presencia de fibras nerviosas degeneradas.

método de planificación familiar del moco cervical (cervical mucus method of family planning), v. **método de la ovulación para planificación familiar**.

método de planificación familiar mediante la temperatura basal (basal-body-temperature method of family planning), método natural de planificación familiar que se basa en la identificación del período fértil del ciclo menstrual mediante la detección del aumento de temperatura basal mediado por progesterona de 0,5 °F a 1 °F que ocurre con la ovulación. Se considera que el período fértil continúa hasta que la temperatura está por encima de la basal durante 5 días; la elevación ocurre lentamente esos 5 días o aumenta rápidamente, alcanzando una meseta en la que se mantiene durante 3 o 4 días. Los días que siguen a ese período se consideran días no fértiles «seguros».

método de planificación familiar natural (natural family planning method), cualquiera de los distintos métodos de planificación familiar que no dependa de medicación ni de dispositivos para evitar el embarazo. Algunos de esos métodos se emplean también para concretar el momento de la ovulación, aumentar las posibilidades de fertilización cuando se va a practicar una inseminación artificial o la extracción de un ovocito para fertilización *in vitro*; algunos tipos de planificación familiar natural son: **método de planificación familiar basado en la ovulación**, **método de planificación familiar mediante calendario**, **método de planificación familiar mediante temperatura corporal** y **método de planificación familiar sintomatotérmico**.

método de prueba (test method), método elegido para análisis o estudio experimental a través de un método de evaluación.

método de Read (Read method), método de preparación psicofísica para el parto diseñado por el Dr. Grantly Dick-Read. Fue el primer programa para el «parto natural», término acuñado por el Dr. Read. Básicamente, Read sostenía que el parto es un procedimiento fisiológico normal y que el dolor del trabajo de parto y del parto tienen un origen psicológico: el síndrome de dolor por tensión y miedo. Él contrarrestaba los temores de las mujeres con educación sobre los procesos fisiológicos, animaba a mantener una actitud positiva y acogedora, corregía la información errónea y organizaba visitas al hospital antes del parto. Para reducir la tensión, desarrolló una serie de ejercicios respiratorios a utilizar durante las distintas fases del parto. Para favorecer la relajación y la función física óptima en el trabajo de parto y en la recuperación después del parto, incorporó una serie de ejercicios físicos que se realizaban regularmente en las clases y que se practicaban en el hogar durante el embarazo.

método de restauración indirecta (indirect restorative method), técnica para fabricar una restauración sobre un modelo del original, como la construcción indirecta de una incrustación.

método de sección congelada (frozen section method), (en anatomopatología quirúrgica) método utilizado para preparar una determinada porción de tejido para examen anatomopatológico. Se humedece el tejido y se congela rápidamente, y se corta con un microtomo en un criostato.

método de segmentación (segmentation method), técnica de obturación de conductos radiculares dentales en la cual se corta en segmentos un cono de gutapercha previamente seleccionado y se cierra herméticamente el corte de la punta en el vértice de una raíz. Habitualmente, los otros cortes se calientan y condensan sobre la primera pieza con un obturador.

método del calendario de planificación familiar (calendar method of family planning), v. **método del ritmo**.

método del cono de plata (silver cone method), técnica de obturación de conductos radiculares dentales. Se fija un cono de plata preajustado en el vértice de un conducto radicular, y se rellena el espacio restante del mismo con gutapercha o un material de sellado.

método del ritmo (rhythm method), v. **método de planificación familiar natural**.

método del trazador depot (tracer depot method), (en medicina nuclear) técnica utilizada para determinar el flujo sanguíneo local cutáneo o muscular, basada en la velocidad a la que un trazador radiactivo depositado en un tejido es eliminado por difusión hacia los capilares y lavado por la irrigación local de sangre.

método Gunson (Gunson method), (en radiología) método de exploración radiológica de la faringe y del esófago superior durante el acto de la deglución.

método inductivo (inductive approach), análisis de datos y examen de los problemas prácticos en su propio contexto, en vez de hacerlo a partir de una base teórica predeterminada.

método sintotérmico de planificación familiar (symptothermal method of family planning), método natural de planificación familiar que incorpora la ovulación y la temperatura corporal basal a los métodos de planificación familiar.

metodología (methodology), **1.** sistema de principios o métodos de actuación en cualquier disciplina, como la formación, la investigación, el diagnóstico o el tratamiento. **2.** sección de un trabajo de investigación en la que se describen los métodos a utilizar.

metohexital sódico (methohexital sodium), barbitúrico intravenoso prescrito para la inducción de la anestesia en técnicas quirúrgicas de poca duración como suplemento de otros anestésicos.

metolazona (metolazone), diurético y antihipertensivo prescrito para el tratamiento del edema y de la hipertensión arterial.

metópico (metopic), relativo o perteneciente a la frente.

metosalen (methoxsalen), agente pigmentario que se utiliza de forma tópica para intensificar la pigmentación o para la repigmentación en el vitíligo.

metotrexato (methotrexate), antimetabolito antineoplásico prescrito para el tratamiento de la psoriasis grave y para diversas enfermedades neoplásicas malignas.

metralgia (metralgia), dolor o molestias en el útero.

métrico (metric), relativo o perteneciente al sistema de medida que se basa en el metro.

metritis (metritis), inflamación de las paredes del útero. La **endometritis** y la **parametritis** son dos tipos de metritis.

metritis puerperal (puerperal metritis), v. **fiebre puerperal**.

metro (m) (meter, metre [m]), unidad métrica de longitud equivalente a 39,37 pulgadas.

metrocarcinoma (metrocarcinoma), cáncer de útero.

metrodinia (metrodynia), v. **metralgia**.

metronidazol (metronidazole), antimicrobiano prescrito para el tratamiento de la amebiasis, tricomoniasis y determinadas infecciones bacterianas.

metronoscopio (metronoscope), **1.** dispositivo que expone una pequeña cantidad del texto de lectura ante los ojos durante pequeños intervalos de tiempo preestablecidos. Se utiliza para valorar y ayudar a aumentar la velocidad de lectura. **2.** aparato que ejercita los ojos rítmicamente con el fin de mejorar la coordinación binocular.

metrorragia (metrorrhagia), hemorragia uterina diferente a la menstruación. Puede estar ocasionada por lesiones uterinas y puede ser un signo de la existencia de una neoplasia maligna urogenital.

metsuximida (methsuximide), anticonvulsivante prescrito en el tratamiento de la epilepsia de pequeño mal resistente al tratamiento.

mev, MeV (mev, MeV), abreviatura de megaelectronvoltio, que equivale a $3{,}82 \times 10^{-14}$ calorías o $1{,}6 \times 10^{-16}$ ergios.

mevalonatocinasa (mevalonate kinase), enzima del hígado y de las levaduras que cataliza la transferencia de un grupo fosfato del adenosín trifosfato para producir adenosín difosfato y 5-fosfomevalonato.

mezlocilina sódica (mezlocillin sodium), penicilina semisintética prescrita en infecciones del tracto respiratorio inferior, intraabdominales, del tracto urinario, ginecológicas y cutáneas, y en septicemias bacterianas producidas por cepas sensibles de múltiples microorganismos.

MF (EMF), abreviatura de **monitor fetal**.

mF (mF), abreviatura de milifaradio.

μF (mfd), abreviatura de **microfaradio**.

μg (microgramo) (μg [microgram]), unidad de peso equivalente a la millonésima parte de un gramo.

mg (mg), abreviatura de **miligramo**.

Mg (Mg), símbolo del **magnesio**.

MHz (MHz), abreviatura de **megahertzio**.

mialgia (myalgia), dolor muscular difuso, que habitualmente se acompaña de malestar general, que aparece en numerosas enfermedades infecciosas, como la brucelosis, el dengue, la gripe, la leptospirosis, el sarampión, el paludismo, la fiebre recurrente, la fiebre reumática, las fiebres hemorrágicas transmitidas por garrapatas, la toxoplasmosis, la triquinosis, la tularemia y la poliomielitis. La mialgia también aparece en trastornos como la arteriosclerosis obliterante, la fibrositis, la fibromiositis, el síndrome de Guillain-Barré, el hiperparatiroidismo, la hipoglucemia, el hipotiroidismo, los tumores musculares, la mioglobinuria, la miositis y la acidosis tubulorrenal. También puede estar provocada por diversos fármacos.

miasma (miasma), atmósfera o entorno insano, contaminado, como un pantano o ciénaga con materia orgánica podrida.

miastenia (myasthenia), trastorno caracterizado por la debilidad anormal de un músculo o de un grupo de músculos, que puede ser el resultado de una alteración neuromuscular sistémica, como la miastenia grave o la miastenia laríngea que afecta a los músculos tensores de las cuerdas vocales.

miastenia grave (myasthenia gravis), trastorno caracterizado por la fatigabilidad crónica y debilidad de los músculos, especialmente de la cara y garganta, como resultado de un defecto en la conducción de los impulsos nerviosos a nivel de la unión neuromuscular. La fatigabilidad muscular de la miastenia grave se produce por la incapacidad de los receptores de la unión neuromuscular para despolarizarse debido a la deficiencia de acetilcolina; de ahí que el diagnóstico se realice administrando un fármaco anticolinesterásico y observando la mejoría de la fuerza y resistencia musculares. La aparición de los síntomas suele ser gradual, con ptosis de los párpados superiores, diplopía y debilidad de los músculos faciales. La debilidad puede extenderse después a otros músculos inervados por los pares craneales, especialmente a los músculos respiratorios. El ejercicio muscular agrava los síntomas.

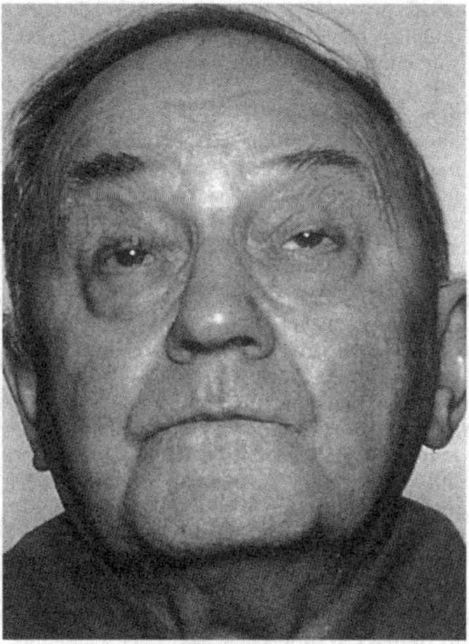

Miastenia grave
(R. Hall/D. C. Evered, 2.ª ed., 1992)

micción (micturation, urination), acto de evacuar la orina.

micelio (mycelium, *pl.* **mycelia**), masa de filamentos ramificados interconectados, formando una trama que elaboran la mayoría de los hongos.

micetismo (mycetismus), intoxicación por setas.

micetoma (mycetoma), infección micótica grave que afecta a la piel, al tejido subcutáneo, a la fascia y al hueso. Un tipo de micetoma es el **pie de Madura**.

micobacterias (mycobacteria), microorganismos ácido resistentes que pertenecen al género *Mycobacterium*.

micobacterias atípicas (atypical *mycobacteria*), grupo de micobacterias, que incluye tanto formas patógenas como no patógenas, clasificadas de acuerdo con su capacidad para producir pigmentos, sus características de crecimiento y su reacción a pruebas químicas.

micobacteriosis (mycobacteriosis), enfermedad seudotuberculosa producida por una micobacteria distinta a *Mycobacterium tuberculosis*.

micología (mycology), estudio de los hongos y de las enfermedades micóticas.

micomiringitis (mycomyringitis), v. **miringomicosis**.

micosis (mycosis), cualquier enfermedad producida por hongos. Algunos tipos de micosis son: **candidiasis, coccidiodomicosis** y **pie de atleta**.

micosis fungoide (mycosis fungoides), neoplasia cutánea linfomatosa poco frecuente que parece un eccema o un tumor cutáneo en el que aparecen microabscesos en la epidermis y lesiones que simulan a las de la enfermedad de Hodgkin en los ganglios linfáticos y en las vísceras.

micótico (mycotic), relativo o perteneciente a una enfermedad producida por hongos.

micotoxicosis (mycotoxicosis), intoxicación sistémica producida por las toxinas elaboradas por los organismos fúngicos.

micra (μ, mu) (micron [μ, mu]), unidad de longitud del sistema métrico, equivalente a la millonésima parte de un metro; micrómetro.

micrencefalia (micrencephalia, micrencephaly), v. **microcefalia**.

micrencéfalo (micrencephalon), **1.** cerebro anormalmente pequeño. **2.** *obsoleto,* el cerebelo.

microabsceso (microabscess), absceso muy pequeño.

microabsceso de Pautrier (Pautrier microabscess) [Lucien M. A. Pautrier, dermatólogo francés, n. 1876], acumulación de células mononucleares intensamente pigmentadas en la epidermis, que es característico de un linfoma maligno cutáneo, especialmente de la micosis fungoide.

microaerófilo (microaerophile), microorganismo que necesita oxígeno libre para crecer, pero a una concentración inferior a la que se encuentra en la atmósfera.

microaerotonómetro (microaerotonometer), instrumento que mide el volumen de los gases en la sangre y en otros líquidos.

microamperio (microampere), millonésima parte de un amperio.

microaneurisma (microaneurysm), aneurisma microscópico característico de la púrpura trombótica.

microangiopatía (microangiopathy), enfermedad de los vasos sanguíneos de pequeño calibre, como la microangiopatía diabética en la que se engrosa la membrana basal de los capilares, o como la microangiopatía trombótica, en la que se forman trombos en arteriolas y capilares.

microbicida (microbicide), todo fármaco, producto químico u otro agente que pueda matar microorganismos.

microbio (microbe), microorganismo.

microbiología (microbiology), rama de la biología que se ocupa del estudio de los microorganismos como algas, bacterias, virus, protozoos, hongos y rickettsias.

microblasto (microblast), hematíe muy pequeño e inmaduro.

microbraquia (microbrachia), defecto del desarrollo caracterizado por una cortedad anormal de los brazos.

microcapsulación (microencapsulation), técnica de laboratorio utilizada en el bioanálisis de hormonas en la que ciertos anticuerpos se encuentran encapsulados por una membrana perforada. Los anticuerpos no pueden escapar a través de las pequeñas perforaciones, pero las hormonas que se unen a los anticuerpos pueden atravesar la estructura para fijarse a ellos.

microcefalia (microcephaly), anomalía congénita caracterizada por las dimensiones anormalmente reducidas de la cabeza en relación al resto del cuerpo, y por el hipodesarrollo del cerebro, produciendo cierto grado de retraso mental. El perímetro cefálico está más de dos desviaciones estándar por debajo de la media para esa edad, sexo, raza y período de gestación. Las características faciales suelen ser normales.

microcentro (microcentrum), v. **centrosoma**.

microcirculación (microcirculation), flujo de sangre a través de los vasos más pequeños del organismo, aquellos con un diámetro de 100 μm o inferior.

microcircunvolución (microgyrus, *pl.* **microgyri**), circunvolución cerebral infradesarrollada o malformada.

microcirugía (microsurgery), cirugía en la que se aplica la microdisección y micromanipulación de los tejidos.

microcitemia (microcytemia), cantidad excesiva de microcitos en la sangre.

microcítico (microcytic), (de una célula) más pequeño de lo normal, como los eritrocitos en la anemia microcítica.

microcito (microcyte), eritrocito anormalmente pequeño, que suele aparecer en la deficiencia de hierro y otras anemias.

microcitosis (microcytosis), trastorno sanguíneoo caracterizado por eritrocitos más pequeños de lo normal. La microcitosis y la hipocromatosis son habituales en las anemias ferropénicas.

microcurio (μCi, μc) (microcurie [μCi, μc]), unidad de radiación equivalente a la millonésima (10^{-6}) parte de un curio.

microdactilia (microdactily), defecto del desarrollo caracterizado por unos dedos de las manos y de los pies anormalmente pequeños. Se suele asociar a alteraciones óseas musculares.

microdrepanocítico (microdrepanocytic), relativo al trastorno sanguíneo caracterizado por la presencia de microcitos y drepanocitos, como ocurre en la talasemia de células falciformes.

microelemento (microelement), v. **micronutriente**.

microencefalia (microencephaly), trastorno que presenta un lactante nacido con un cerebro anormalmente pequeño.

micrófago (microphage), neutrófilo que puede ingerir objetos pequeños, como bacterias.

microfalo (microphallus), pene anormalmente pequeño. Cuando se observa en el neonato, el personal de enfermería ha de examinarle en busca de otros signos de ambigüedad genital.

microfaradio (µF) (microfarad [µfd]), unidad de capacitancia equivalente a la millonésima de un faradio.

microficha (microfiche), lámina de microfilm que contiene distintas reproducciones fotográficas. La lámina tiene el tamaño adecuado como para almacenar grandes cantidades de datos en un espacio relativamente pequeño.

microfilamento (microfilament), cualquiera de los filamentos celulares submicroscópicos, como las tonofibrillas presentes en el citoplasma de la mayor parte de las células, que actúan principalmente como un sistema de soporte.

microfilaria (microfilaria, *pl.* **microfilariae**), forma prelarvaria de cualquier filaria.

microfilm (microfilm), tira de película de 16 mm o 35 mm que contiene las reproducciones fotográficas de páginas de libros, documentos u otro documento médico o bibliográfico en un tamaño muy reducido. La película se puede visualizar mediante unas máquinas especiales que amplían las imágenes fotográficas.

microfluorometría (microfluorometry), v. **citofotometría**.

microftalmos (microphtalmos), anomalía del desarrollo caracterizada por la presencia de un ojo o ambos de pequeñas dimensiones. Cuando aparece esta anomalía en ausencia de otros defectos oculares se denomina microftalmos puro o nanoftalmos.

microgameto (microgamete), gameto masculino, pequeño y móvil, de ciertas talofitas y esporozoos, especialmente de *Plasmodium*, el parásito del paludismo. Equivale al espermatozoide de los animales superiores.

microgametocito (microgametocyte), merozoíto de gran tamaño que sufre meiosis para formar el gameto masculino maduro durante la fase sexual del ciclo vital de ciertas talofitas y esporozoos.

microgenitalismo (microgenitalia), trastorno caracterizado por la existencia de unos genitales externos anormalmente pequeños.

microgiria (microgyria), defecto del desarrollo del cerebro en el que las circunvoluciones son anormalmente pequeñas, lo que ocasiona una malformación estructural de la corteza. Suele estar asociado normalmente a retraso mental y defectos físicos.

microglia (microglia), pequeñas células intersticiales migratorias que forman parte del sistema nervioso central. Actúan como fagocitos que recogen los productos de desecho del tejido nervioso.

micrognatia (micrognathia), hipoplasia del maxilar, especialmente de la mandíbula.

microgotero (microdrip), (en terapia intravenosa) aparato para administrar cantidades precisas relativamente pequeñas de soluciones intravenosas a un flujo específico. Los microgoteros se suelen utilizar para suministrar pequeños volúmenes de solución en unos períodos prolongados de tiempo. En el microgotero, 60 microgotas equivalen a 1 ml de solución.

microgramo (mcg, µg) (microgram [mcg, µg]), unidad de medida de masa equivalente a la millonésima parte (10^{-6}) de un gramo.

microlitiasis alveolar (alveolar microlithiasis), enfermedad que se caracteriza por la presencia de depósitos de fosfato cálcico en los alveolos y conductos alveolares. En aproximadamente la mitad de los casos tiene una incidencia familiar.

microlito (microlith), pequeña masa redondeada de materia mineral o cálculo calcificado.

microlitro (µL) (microliter [µl]), unidad de volumen líquido equivalente a la millonésima parte de un litro.

micrómetro (micrometer), **1.** instrumento utilizado para medir pequeños ángulos o distancias entre objetos que se observan a través de un microscopio o telescopio. **2.** unidad de medida, normalmente denominada *micra*, que es la milésima parte (10^{-3}) de un milímetro.

micromilímetro (micromillimeter), nanómetro.

micrón (micron), (en química física) partícula coloidal con un diámetro de 0,2 a 10 micras.

micronúcleo (micronucleus), **1.** núcleo pequeño o diminuto. **2.** (en protozoos) el menor de los dos núcleos de cada célula; interviene en la reproducción sexual, al contrario que el macronúcleo, que dirige el metabolismo y el crecimiento celular. **3.** V. **nucléolo**.

micronutriente (micronutrient), compuesto orgánico, como una vitamina, o un elemento químico, como el zinc o el yodo, necesarios sólo en mínimas cantidades para los procesos fisiológicos del organismo.
microohmio (microhm), unidad de resistencia eléctrica equivalente a la millonésima parte de un ohmio.
microondas (microwaves), radiación electromagnética con un rango de frecuencia que oscila entre 300 y 2.450 MHz.
microorganismo (microorganism), cualquier estructura pequeña, normalmente microscópica, capaz de desarrollar procesos vitales. Algunos tipos de microorganismos son: **bacterias, hongos, protozoos** y **virus**.
micropene (micropenis), v. **microfalo**.
microplasia (microplasia), v. **enanismo**.
micropodia (micropodia), anomalía del desarrollo caracterizada por la presencia de unos pies anormalmente pequeños. Suele estar asociada a otras malformaciones congénitas o a trastornos óseos o esqueléticos.
microprósopo (microprosopus), feto con una cara anormalmente pequeña o infradesarrollada.
micropsia (micropsia), trastorno visual en el que la persona percibe los objetos más pequeños de lo que en realidad son.
microquiria (microcheiria), defecto del desarrollo caracterizado por las dimensiones anormalmente reducidas de las manos. Suele estar asociado a otras anomalías congénitas o trastornos óseos y musculares.
microrreentrada (microreentry), (en cardiología) reentrada de un impulso que afecta a un circuito muy pequeño, como los que existen dentro de las fibras de Purkinje.
microscopia (microscopy), técnica para observar materiales diminutos utilizando un microscopio. Algunos tipos de microscopía son: **microscopia de campo oscuro, microscopia de inmunofluorescencia** y **microscopia electrónica**.

Microscopia de luz polarizada
(C. D. Forbes/W. F. Jackson, 1994)

microscópico (microscopic), **1.** relativo o perteneciente a un microscopio. **2.** muy pequeño; sólo visible cuando se amplia e ilumina con un microscopio.
microscopio (microscope), instrumento dotado de lentes para visualizar objetos muy pequeños. Un microscopio electrónico utiliza un rayo de electrones en lugar de la luz visible.
microscopio acústico (acoustic microscope), microscopio en el que el objeto que debe ser visualizado se busca mediante ondas sonoras, reconstruyéndose su imagen con ondas luminosas.
microscopio compuesto (compound microscope), microscopio con dos o más sistemas de lentes sencillas o compuestas.
microscopio de fase (phase microscope), microscopio con un condensador especial y con un objetivo que contiene un anillo modificador de fase que permite al examinador ver las pequeñas diferencias de los índices de refracción como diferencias de la intensidad de imagen o del contraste.
microscopio de Greenough (Greenough microscope), v. **microscopio estereoscópico**.
microscopio de lámpara de hendidura (slit lamp microscope), microscopio para exploración oftálmica. Permite al observador estudiar el endotelio de la superficie posterior de la córnea en una banda de luz proyectada que tiene la forma de una hendidura.
microscopio de luz (light microscope), microscopio que usa la luz visible para visualizar objetos demasiado pequeños para el ojo humano.
microscopio de polarización (polarization microscope), microscopio que utiliza luz polarizada con fines diagnósticos especiales, como el examen de los cristales de las sustancias químicas presentes en los pacientes con gota y en trastornos relacionados.
microscopio de rayos X (x-ray microscope), microscopio que produce imágenes mediante rayos X y las registra en placas de grano fino o las proyecta como aumentos.
microscopio electrónico (electron microscope), instrumento similar al microscopio óptico que rastrea las superficies celulares con un haz de electrones en vez de con luz visible.
microscopio electrónico de barrido (MEG) (scanning electron microscope [SEM]), instrumento similar a un microscopio electrónico en el cual se utiliza un haz de electrones en lu-

gar de la luz visible para estudiar la superficie de una muestra. La imagen producida es de menos aumento que la conseguida con el microscopio electrónico, pero parece tridimensional y natural.

microscopio electrónico de barrido de transmisión (transmission scanning electron microscope), instrumento que transmite una imagen tridimensional muy aumentada, de buena resolución, a una pantalla de televisión, combinando las ventajas de los microscopios electrónicos y de los microscopios electrónicos de barrido. Compárese con **microscopio electrónico** y **microscopio electrónico de barrido**.

microscopio estereoscópico (stereoscopic microscope), microscopio que produce imágenes tridimensionales mediante la utilización de un doble ocular y un doble objetivo.

microscopio quirúrgico (operating microscope), microscopio binocular utilizado en la microcirugía, especialmente en la cirugía del ojo o del oído. El microscopio quirúrgico está unido a la cabeza del cirujano y tiene oculares intercambiables con diferentes aumentos.

microshock (microshock), paso de corriente directamente al tejido cardíaco.

microsomía (microsomia), trastorno por el que se tiene un cuerpo anormalmente pequeño e infradesarrollado, aunque perfectamente formado y que mantiene proporciones normales entre sus diferentes partes.

Microsporum (Microsporum), género de dermatofitos de la familia de las Moniliáceas. La especie tipo es *M. audouinii*, que produce la tinea capitis epidémica en niños. Antiguamente se denominaba *Microsporon*.

microtermia (microthermy), forma de terapia en la que el calor generado por la conversión de ondas de radio se utiliza en fisioterapia.

microtomo (microtome), dispositivo que realiza cortes extremadamente finos de muestras de tejido preparadas en bloques de parafina para su estudio microscópico.

microtúbulo (microtubule), estructura cilíndrica hueca ampliamente difundida en las células vegetales y animales. Aumentan de número durante la división celular y se asocian al desplazamiento del material de ADN.

microvascular (microvascular), perteneciente a la parte del sistema circulatorio que constituye la red capilar.

microvellosidades (microvilli), proyecciones delgadas similares a los pelos que se extienden desde la superficie de muchas células. Son visibles con el microscopio electrónico.

MID (RLE), abreviatura de miembro inferior derecho.

midriasis (mydriasis), **1.** dilatación de la pupila del ojo producida por la contracción del músculo dilatador del iris, una capa muscular que se irradia hacia fuera como los radios de una rueda desde el centro del iris, alrededor de la pupila. **2.** trastorno caracterizado por la contracción del músculo dilatador, apareciendo unas pupilas ampliamente dilatadas.

miedo (fear), diagnóstico de enfermería, aprobado por la NANDA, sobre el sentimiento de terror relacionado con una fuente identificable, que el paciente puede concretar. Las características que lo definen pueden ser subjetivas u objetivas. Las subjetivas son: tensión intensa, aprensión, impulsividad, terror, pánico y disminución de la autoseguridad. Las características objetivas son: aumento del estado de alerta y concentración en la fuente del miedo, conducta agresiva, atacante, con los ojos muy abiertos, o la retirada del origen del miedo, y excitación cardiovascular, vasoconstricción superficial y dilatación pupilar.

miel (mel), mezcla de azúcares y polisacáridos invertidos elaborada a partir del néctar de las flores por las enzimas segregadas por la abeja de la miel, *Apis mellifica*.

mielatelia (myelatelia), cualquier anomalía del desarrollo que afecta a la médula espinal.

mielauxa (myelauxe), cualquier anomalía del desarrollo que se caracteriza por la hipertrofia de la médula espinal.

mielencéfalo (myelencephalon), parte más inferior del encéfalo primitivo embrionario a partir de la cual se desarrolla el bulbo raquídeo.

mielina (myelin), sustancia que constituye las vainas de numerosas fibras nerviosas en todo el organismo. Se compone en gran parte de grasa, que da a las fibras un aspecto blanco cremoso.

mielinización (mielinization), desarrollo de la vaina de mielina alrededor de una fibra nerviosa.

mielinizado (myelinated), (de un nervio) que tiene una vaina de mielina.

mielinólisis (myelinolysis), trastorno en el que se disuelven las vainas de mielina que rodean a determinadas fibras nerviosas, como las de la protuberancia en alcohólicos y personas malnutridas que padecen mielinólisis pontina central.

mielitis (myelitis), trastorno caracterizado por la inflamación de la médula espinal con disfunción motora o sensitiva asociada. Algunos tipos de mielitis son: leucomielitis, mielitis aguda transversa y poliomielitis.

mieloblastemia (myeloblastemia), v. **mieloblastosis**.

mieloblasto (myeloblast), uno de los primeros precursores de los leucocitos granulocíticos. El citoplasma tiene un aspecto de color azul claro y no muestra gránulos cuando se observa al microscopio en una extensión de sangre teñida.
mieloblastomatosis (myeloblastomatosis), grupos anormales y localizados de mieloblastos en la circulación periférica.
mieloblastosis (myeloblastosis), presencia anormal de mieloblastos en la circulación.
mielocéfalo (myelacephalus), monstruo fetal, habitualmente un gemelo monocigótico separado, cuya forma y partes son difícilmente reconocibles; es una masa amorfa escasamente diferenciada.
mielocele (myelocele), protrusión sacular de la médula espinal a través de un defecto congénito de la columna vertebral.
mielocistocele (myelocystocele), protrusión de un tumor quístico que contiene material de la médula espinal a través de un defecto congénito de la columna vertebral.
mielocistomeningocele (myelocystomeningocele), protrusión de un tumor quístico que contiene material de la médula espinal y meníngeo a través de un defecto congénito de la columna vertebral.
mielocitemia (myelocythemia), presencia anormal de mielocitos en la sangre circulante, como en la leucemia mielocítica.
mielocito (myelocyte), leucocito inmaduro que se encuentra normalmente en la médula ósea y que es el primero de los estados de maduración de los leucocitos granulocíticos. Estas células aparecen en la sangre circulante sólo en determinados tipos de leucemia.
mielocitoma (myelocytoma), acumulación localizada de mielocitos en la circulación periférica que puede aparecer en la leucemia mielocítica.
mielocitosis (myelocytosis), v. **mielocitemia**.
mieloclasto (myeloclast), célula que destruye las vainas de mielina de los nervios del sistema nervioso central.
mielodiástasis (myelodiastasis), desintegración y necrosis de la médula espinal.
mielodisplasia (myelodysplasia), término genérico para designar el desarrollo defectuoso de cualquier parte de la médula espinal.
mielofibrosis (myelofibrosis), v. **metaplasia mieloide**.
mielogénesis (myelogenesis), **1.** formación y diferenciación del sistema nervioso durante el desarrollo prenatal. **2.** desarrollo de la vaina de mielina alrededor de una fibra nerviosa.
mielogenia (myelogeny), formación y diferenciación de las vainas mielínicas de las fibras nerviosas durante el desarrollo prenatal del sistema nervioso central.
mielógeno (myelogenous), perteneciente a las células producidas en la médula ósea o al tejido a partir del cual se originan dichas células.
mielografía (myelography), procedimiento radiográfico por el que se observan y fotografían la médula espinal y el espacio subaracnoideo tras la introducción de un medio de contraste, como aire o una sustancia de contraste absorbible.
mielograma (myelogram), **1.** película radiográfica obtenida tras la inyección de un medio radiopaco en el espacio subaracnoideo para mostrar cualquier distorsión de la médula espinal, de las raíces de los nervios raquídeos y de los espacios subaracnoideos. **2.** representación gráfica del recuento de los diferentes tipos de células presentes en una preparación teñida de médula ósea.
mieloide (myeloid), **1.** relativo o perteneciente a la médula ósea. **2.** relativo o perteneciente a la médula espinal. **3.** relativo o perteneciente a las formas mielocíticas que no necesariamente se originan en la médula ósea.
mieloidosis (myeloidosis), trastorno caracterizado por la hiperplasia generalizada del tejido mieloide.
mieloma (myeloma), neoplasia osteolítica constituida por la proliferación de células típicas de médula ósea. Se puede desarrollar simultáneamente en numerosas localizaciones generando amplias zonas de destrucción ósea en parches. Algunos tipos de mieloma son: **mieloma de células gigantes, mieloma endotelial, mieloma extramedular** y **mieloma múltiple**.
mielomalacia (myelomalacia), reblandecimiento patológico de la médula espinal producido fundamentalmente por un aporte inadecuado de sangre.
mielomeningocele (myelomeningocele), defecto del desarrollo del sistema nervioso central en el que un saco herniario que contiene una porción de la médula espinal, sus meninges y líquido cefalorraquídeo, protruye a través de un defecto congénito de columna vertebral. Este trastorno está producido principalmente por la ausencia de cierre del tubo neural durante el desarrollo embrionario, aunque en algunos casos se puede producir por la reapertura del tubo secundaria a un aumento anormal de la presión del líquido cefalorraquídeo.
mielómero (myelomere), cada uno de los segmentos embrionarios del encéfalo o de la médula espinal durante el desarrollo prenatal.

mielopatía (myelopathy), **1.** cualquier enfermedad de la médula espinal. **2.** cualquier enfermedad de los tejidos mielopoyéticos.

mielopoyesis (myelopoiesis), formación y desarrollo de la médula ósea o de las células que se origina a partir de la misma. Un tipo de mielopoyesis es la **mielopoyesis extramedular**.

mieloquiste (myelocyst), cualquier quiste benigno formado a partir de los conductos medulares rudimentarios que dan lugar al conducto vertebral durante el desarrollo embrionario.

mielorradiculodisplasia (myeloradiculodysplasia), cualquier anomalía del desarrollo de la médula espinal y de las raíces de los nervios raquídeos.

mielosis aleucémica (aleukemic myelosis), v. **metaplasia mieloide**.

mielosquisis (mieloschisis), defecto del desarrollo caracterizado por la existencia de una hendidura en la médula espinal secundaria a un defecto de la fusión de la placa neural para formar un tubo neural completo.

mielosupresión (myelosuppression), inhibición del proceso de producción de células sanguíneas y de plaquetas en la médula ósea.

miestesia (myesthesia), percepción de cualquier sensación en un músculo, como el tacto, la dirección, propiocepción, contracción, relajación o extensión.

migración (migration), paso del óvulo desde el ovario hacia la trompa de Falopio y de allí hacia el útero.

migraña (migraine), cefalea vascular recurrente caracterizada por la presencia de un aura prodrómica, comienzo unilateral y dolor intenso, fotofobia y trastornos del sistema nervioso autónomo durante la fase aguda que puede durar horas o días. Afecta con más frecuencia a mujeres que a hombres, pudiendo ser hereditaria la predisposición a la migraña. El dolor de cabeza está relacionado con la dilatación de los vasos sanguíneos extracraneales, que a su vez puede ser el resultado de una serie de cambios químicos que producen espasmos en los vasos intracraneales. La inminencia del ataque viene precedida por alteraciones visuales como luces intermitentes o líneas onduladas, o por algún sabor u olor extraño, acorchamiento de extremidades, vértigo, tinnitus o sensación de que cambia de forma o tamaño una parte del cuerpo. La fase aguda puede acompañarse de náuseas, vómitos, escalofríos, poliuria, sudoración, edema facial, irritabilidad y fatiga extrema.

MII (LEE), abreviatura de miembro inferior izquierdo.

miiasis (myasis), infección o infestación del organismo por larvas de moscas, habitualmente a través de una herida o úlcera y también, aunque raramente, a través de la piel intacta.

miítis (myitis), v. **miositis**.

milia neonatorum (milia neonatorum), trastorno cutáneo no patológico caracterizado por la existencia de quistes epidérmicos diminutos constituidos por restos queratínicos que aparecen en la cara y a veces en el tronco de los recién nacidos.

miliamperio (mA) (milliampere [mA]), unidad de corriente eléctrica equivalente a la milésima parte de un amperio.

miliamperio segundo (mAs) (milliampere seconds [mAs]), producto obtenido multiplicando la cantidad de electricidad expresada en miliamperios por el tiempo en segundos.

miliar (miliary), relativo al trastorno caracterizado por la aparición de lesiones muy pequeñas, del tamaño de las semillas de mijo, como la tuberculosis miliar, que se caracteriza por la aparición de tubérculos diminutos distribuidos por todo el organismo.

miliaria (miliaria), vesículas y pápulas diminutas, habitualmente con eritema periférico, que aparecen por la oclusión de los conductos de las glándulas sudoríparas tras la exposición al calor y a una humedad elevada.

miliculombios (mC) (millicoulomb [mC]), unidad de carga eléctrica equivalente a la milésima parte de un culombio.

milicurio (mCi, mc) (millicurie [mCi, mc]), unidad de radiactividad equivalente a una milésima de curio o a $3{,}70 \times 10^7$ desintegraciones por segundo.

miliequivalente (mEq) (milliequivalent [mEq]), **1.** número de gramos de soluto disueltos en 1 ml de solución normal. **2.** milésima de un equivalente gramo.

miliequivalente por litro (mEq-l) (milliequivalent per liter [mEq-L]), milésima parte de un gramo de una sustancia específica disuelta en 1 l de plasma.

miligramo(mg) (milligram [mg]), unidad métrica de peso equivalente a la milésima (10^{-3}) parte de un gramo.

mililitro (ml) (milliliter [ml]), unidad métrica de volumen equivalente a la milésima (10^{-3}) parte de un litro.

milímetro (mm) (millimeter [mm]), unidad métrica de longitud equivalente a la milésima (10^{-3}) parte de un metro.

milimol (mM) (millimole [mmol]), unidad métrica de medida de masa equivalente a la milésima (10^{-3}) parte de un mol.

miliosmol (milliosmol), unidad de medida que representa la concentración de un ion en una solución, expresada en miligramos por litro dividido entre el peso atómico.

milirad (millirad), milésima (10^{-3}) parte de un rad, unidad de medida de la dosis absorbida de radiación ionizante.
miliroentgen (mR, mr) (milliroentgen [mR, mr]), unidad de radiación equivalente a la milésima (10^{-3}) parte de un roentgen.
milisegundo (millisecond), milésima parte de un segundo.
milium (milium, *pl.* **milia**), quiste blanquecino de pequeñas dimensiones, que aparece en la epidermis, producido por la obstrucción de los folículos pilosos y las glándulas sudoríparas ecrinas. En los neonatos aparece una de sus variedades, que desaparece en varias semanas. Otro tipo es el que se encuentra principalmente en la cara de mujeres de mediana edad.
milivoltio (mV, mv) (millivolt [mV, mv]), unidad de fuerza electromotriz equivalente a la milésima parte de un voltio.
milohioideo (mylohyoideus), uno de los dos músculos triangulares planos que forman el suelo de la cavidad bucal.
mín (min), abreviatura de **mínimo**.
mineral (mineral), **1.** sustancia inorgánica que existe de forma natural en la corteza terrestre con una composición química y (normalmente) una estructura cristalina características. **2.** (en nutrición) mineral denominado normalmente por el nombre del metal, no metal, radical o fosfato en lugar de por el nombre del compuesto del que forma parte.
mineralización (mineralization), adición de cualquier mineral al organismo.
mineralocorticoide (mineralocorticoid), hormona segregada por la corteza suprarrenal que mantiene el volumen sanguíneo normal, facilita la retención de sodio y agua y aumenta la excreción urinaria de los iones potasio e hidrógeno. La aldosterona, el mineralocorticoide más potente en cuanto al equilibrio electrolítico, y la corticosterona, un gluco y mineralocorticoide, actúan sobre los túbulos distales del riñón potenciando la reabsorción de sodio hacia el plasma.
Mini-examen estado mental (Mini-Mental State Examination), prueba psicológica reducida diseñada para diferenciar entre demencia, psicosis y trastornos afectivos. Puede incluir la capacidad para identificar objetos cotidianos como un lápiz o un reloj, escribir una frase o demostrar la orientación identificando el día, el mes y el año, así como la ciudad y el país.
minilaparotomía pélvica (pelvic minilaparotomy), intervención quirúrgica en la que se penetra en la región inferior del abdomen a través de una pequeña incisión suprapúbica, practicada sobre todo para la realización de una esterilización tubárica, pero también para el diagnóstico y tratamiento de un embarazo extrauterino, de un quiste ovárico, endometriosis e infertilidad. Se puede realizar como una alternativa a la laparoscopia y con frecuencia de forma ambulatoria.
minimización (minimization), (en psicología) distorsión cognitiva en la que se minimizan los efectos de la propia conducta.
mínimo (mín) (minim [min]), medida de volumen en el sistema farmacéutico que originalmente era una gota (de agua). Un mínimo equivale a 0,06 ml.
minoxidil (minoxidil), vasodilatador prescrito para el tratamiento de la hipertensión grave resistente al tratamiento.
minusvalía mental (mental handicap), cualquier defecto o característica mental producido por una anomalía congénita, lesión traumática o enfermedad que afecta al funcionamiento intelectual normal e impide que la persona participe normalmente en actividades propias de su grupo de edad.
minusválido (handicapped), referido a una persona con un defecto mental o físico congénito o adquirido, que interfiere con el funcionamiento normal del cuerpo o con la capacidad para ser autosuficiente en la sociedad.
miocardio (myocardium), capa media, gruesa y contráctil de células musculares con una construcción y disposición exclusivas, que constituye el grosor de la pared cardíaca. El miocardio contiene una mínima proporción de otros tejidos, salvo vasos sanguíneos, y está cubierto interiormente por el endocardio. El tejido contráctil del miocardio está constituido por fibras con las características estrías cruzadas del tejido muscular. Las fibras con un diámetro aproximadamente de la tercera parte del que tienen las del músculo esquelético y con más sarcoplasma, se ramifican en múltiples ocasiones y están interconectadas para formar una red continua excepto en donde se fijan a sus orígenes e inserciones en el trígono fibroso del corazón. La mayoría de las fibras miocárdicas actúa para contraer el corazón. La contracción implica la intervención de los iones calcio e iones sodio y de un complejo proceso electroquímico.
miocardiopatía (myocardiopathy), cualquier enfermedad del miocardio.
miocarditis (myocarditis), trastorno inflamatorio del miocardio producido por una infección viral, bacteriana o micótica, enfermedad del suero, fiebre reumática por un agente químico o como complicación de una enfermedad

del colágeno. La miocarditis casi siempre se manifiesta en la forma viral aguda y es autolimitada, aunque puede desencadenar insuficiencia cardíaca aguda.

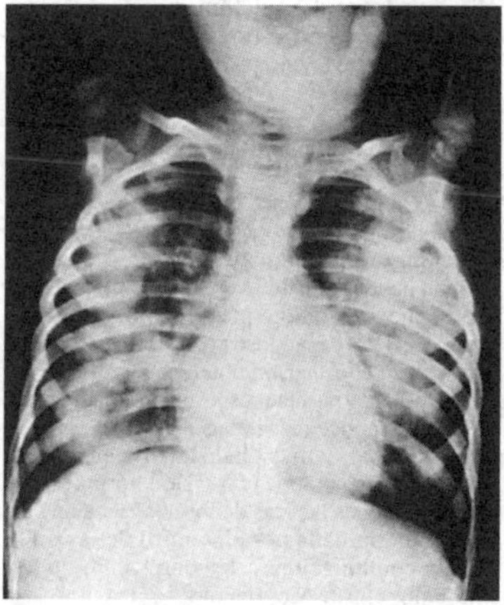

Miocarditis diftérica
(C. D. Forbes/W. F. Jackson, 1994)

mioclono (myoclonus), espasmo de un músculo o de un grupo de músculos.
miodiástasis (myodiastasis), trastorno en el que se produce la separación de los haces musculares.
mioedema (myoedema, *pl.* **myoedemas, myoedemata**), edema muscular.
miofibrilla (myofibril), banda alargada estriada de tejido muscular. Las miofibrillas se sitúan constituyendo grupos con un trayecto paralelo al eje mayor de la célula.
miogelosis (myogelosis), trastorno en el que existen zonas endurecidas o nódulos dentro de los músculos, especialmente en los glúteos.
miogénico (myogenic), perteneciente a los músculos y en particular a los músculos cardíaco y liso que no requieren inervación para iniciar y mantener las contracciones.
mioglobina (myoglobin), complejo de globina ferrosa constituida por una molécula hemo que contiene una molécula de hierro unida a una cadena de globina sencilla. La mioglobina está presente en el músculo y es la responsable del color rojo de este tejido y de su capacidad para almacenar oxígeno.
mioglobinuria (myoglobinuria), presencia de mioglobina, el pigmento respiratorio del tejido muscular, en la orina.
mioma (myoma *pl.* **myomas, myomata**), tumor fibroide benigno frecuente del músculo uterino. Aparecen menorragia, dolor de espalda, estreñimiento, dismenorrea, dispareunia y otros síntomas en función del tamaño, localización y velocidad de crecimiento del tumor.
mioma estriocelular (myoma striocellulare), v. **rabdomioma**.
mioma previo (myoma previum), v. **leiomioma uterino**.
miomectomía (myomectomy), resección quirúrgica de tejido muscular.
miómero (myomere), v. **miotoma**.
miometrio (myometrium, *pl.* **myometria**), capa muscular de la pared del útero. Las fibras del miometrio siguen un trayecto que rodea al útero en los sentidos horizontal, vertical y diagonal.
miometritis (myometritis), inflamación o infección del miometrio uterino.
mionecrosis (myonecrosis), muerte de fibras musculares. La **mionecrosis progresiva** o **por clostridios** está producida por bacterias anaerobias del género *Clostridium*. Puede observarse en infecciones de heridas profundas, se acompaña de dolor espontáneo y a la palpación, exudado seroso de color marrón, con una rápida acumulación de gas dentro del tejido muscular.
miopatía (myopathy), trastorno del músculo esquelético caracterizado por debilidad y pérdida de masa muscular y alteraciones histológicas del tejido muscular, como las que se observan en las distrofias musculares.
miopatía miotónica (myotonic myopathy), grupo de trastornos caracterizados por el aumento del tono del músculo esquelético y la disminución de relajación muscular tras la contracción. La **distrofia muscular miotónica** y la **miotonía congénita** son dos tipos de miopatía miotónica.
miopatía ocular (ocular myopathy), debilidad lentamente progresiva de los músculos oculares, caracterizada por la disminución de la movilidad ocular y por la caída del párpado superior. La alteración puede ser unilateral o bilateral y puede estar causada por una lesión del nervio motor ocular común, un tumor intracraneal o una enfermedad neuromuscular.
miope (myope), individuo que es corto de vista o padece miopía.
miopía (myopia), trastorno de la visión producido por la elongación del globo ocular o por

un defecto de refracción, de forma que los rayos paralelos quedan enfocados por delante de la retina. Algunos tipos de miopía son: **miopía cromática, miopía de curvatura, miopía de índice** y **miopía patológica**.

miorrafia (myorrhaphy), sutura de una herida muscular.

miorrexia (myorrhexis), desgarro de cualquier músculo.

miosarcoma (myosarcoma), tumor maligno de tejido muscular.

miosina (myosin), proteína del músculo cardíaco y esquelético que representa aproximadamente la mitad del contenido proteico del tejido muscular. La interacción entre la miosina y la actina es fundamental para la contracción muscular.

miosis (miosis), **1.** contracción del esfínter muscular del iris, que hace que la pupila se haga más pequeña. **2.** trastorno caracterizado por la contracción excesiva del esfínter muscular del iris, que da lugar a unas pupilas muy pequeñas, puntiformes.

miositis (myositis), inflamación del tejido muscular, habitualmente de los músculos voluntarios. Son causas de miositis la infección, el traumatismo y la infestación por parásitos. Son tipos de miositis la **miositis epidémica** y la **miositis traumática**.

miostasia (myostasis), proceso de debilitamiento muscular en el que existe una longitud relativamente fija de las fibras musculares en estado de relajación.

miostroma (myostroma), retícula de sostén del tejido muscular.

miotenotomía (myotenotomy), división quirúrgica de la totalidad o parte de un músculo cortando a través de su principal tendón.

mioterapia (myotherapy), técnica de ejercicios musculares correctivos que consiste en ejercer presión sobre los dedos y las articulaciones para aliviar el dolor o los espasmos.

miótico (miotic), **1.** relativo o perteneciente a la miosis. **2.** que produce la contracción de la pupila ocular. **3.** cualquier sustancia o fármaco que produce la contracción de la pupila ocular. Estos agentes se utilizan para el tratamiento del glaucoma.

miotoma (myotome), **1.** placa muscular del somita embrionario a partir del cual se desarrolla un músculo voluntario. **2.** grupo de músculos inervados por un solo segmento raquídeo.

miotomía (myotomy), sección de un músculo realizada para acceder a los tejidos subyacentes o para aliviar la constricción de un esfínter, como en la esofagitis grave o en la estenosis pilórica.

miótomo (myotome), instrumento para cortar o disecar un músculo.

miotonía (myotony), cualquier trastorno en el que un músculo o grupo de músculos no se relaja rápidamente después de contraerse.

miotonía atrófica (myotonia atrophica), v. **distrofia muscular miotónica**.

miotonía congénita (myotonia congenita), forma rara, leve y no progresiva de miopatía miotónica presente desde los primeros momentos de vida. Los únicos efectos de este trastorno son la hipertrofia y la rigidez de los músculos.

MIR (Res. Phys.), abreviatura de médico residente.

miracidio (miracidium, *pl.* **miracidia**), larva ciliada de los trematodos parásitos procedente de un huevo, que sólo puede sobrevivir penetrando y desarrollándose posteriormente en un caracol, su huésped, en donde la larva se sigue desarrollando hasta un esporozoíto madre, que a su vez produce más larvas.

mirada (gaze), fijación de la vista en una dirección. Una persona con visión normal tiene seis posiciones básicas de mirada, cada una de ellas determinada por el control de las diferentes combinaciones de contracción de los músculos extrínsecos del ojo.

miringectomía (myringectomy), extirpación de la membrana timpánica.

miringitis (myringitis), inflamación o infección de la membrana timpánica.

miringomicosis (myringomycosis), infección micótica de la membrana timpánica.

miringotomía (myringotomy), incisión quirúrgica en el tímpano, realizada para disminuir la presión y para liberar pus del oído medio. Se incide el tímpano y se toman cultivos aspirando suavemente el líquido del oído medio. Para mejorar el drenaje pueden instilarse gotas óticas.

miscible (miscible), capaz de ser mezclado o confundido con otras sustancias.

misofobia (mysophobia), trastorno de ansiedad caracterizado por una reacción excesiva a una ligera falta de limpieza, o un miedo irracional a la suciedad, a la contaminación o a ensuciarse.

misogamia (misogamy), aversión al matrimonio.

misoginia (misoginy), aversión a las mujeres.

misopedia (misopedia), aversión a los niños.

misticismo religioso (religiosity), síntoma psiquiátrico caracterizado por la demostración de piedad exagerada o afectada.

mitad (moiety), parte de una molécula que muestra un conjunto determinado de características químicas y farmacológicas.

mitigar (temper), moderar o disminuir los efectos.
mitocondria (mitochondrion, *pl.* **mitochondria**), orgánulo pequeño cilíndrico filamentoso o granular situado en el citoplasma, que interviene en el metabolismo y en la respiración celular, que está presente en número variable en todas las células vivas salvo en bacterias, virus, algas azul-verdosas y eritrocitos maduros. Las mitocondrias proporcionan la principal fuente de energía celular mediante la fosforilación oxidativa y la síntesis de adenosín trifosfato. También contienen las enzimas implicadas en el transporte de electrones y en los ciclos del ácido cítrico y de los ácidos grasos.
mitogenesia (mitogenesia), producción por o formación a través de la mitosis.
mitogénesis (mitogenesis), inducción de la mitosis de una célula.
mitógeno (mitogen), agente que desencadena la mitosis.
mitoma (mitome), red reticular que se observa en algunas ocasiones dentro del citoplasma y nucleoplasma de células fijadas.
mitomicina (mitomycin), antibiótico antineoplásico prescrito para el tratamiento de diversas enfermedades neoplásicas malignas.
mitos familiares (family myths), mitos construidos para negar la realidad de las situaciones familiares.
mitosis (mitosis), tipo de división celular que tiene lugar en las células somáticas que da lugar a la formación de dos células hijas genéticamente idénticas que contienen un número diploide de cromosomas característico de la especie. La mitosis es el proceso por el que el organismo produce nuevas células, tanto para el crecimiento como para la reparación de los tejidos lesionados. Algunos tipos de mitosis son: **mitosis heterotípica, mitosis homeotípica, mitosis multipolar** y **mitosis patológica**.
mitotano (mitotane), antineoplásico que destruye las células normales y anormales de la corteza suprarrenal. Se prescribe para el tratamiento del carcinoma de la corteza suprarrenal.
mitral (mitral), **1.** relativo o perteneciente a la válvula mitral del corazón. **2.** con forma de mitra.
mitramicina (mithramycin), v. **plicamicina**.
mitridatismo (mithridatism), v. **taquifilaxia**.
mittelschmerz (mittelschmerz), dolor abdominal en la región ovárica durante la ovulación, que normalmente se produce en el centro del ciclo menstrual. El *mittelschmerz*, que presentan muchas mujeres, es útil para identificar la ovulación, indicando el período fértil del ciclo.
mixedema (myxedema), la forma más grave de hipotiroidismo. Se caracteriza por tumefacción de las manos, cara y pies y de los tejidos periorbitarios. En esta fase la enfermedad puede conducir al coma y a la muerte.

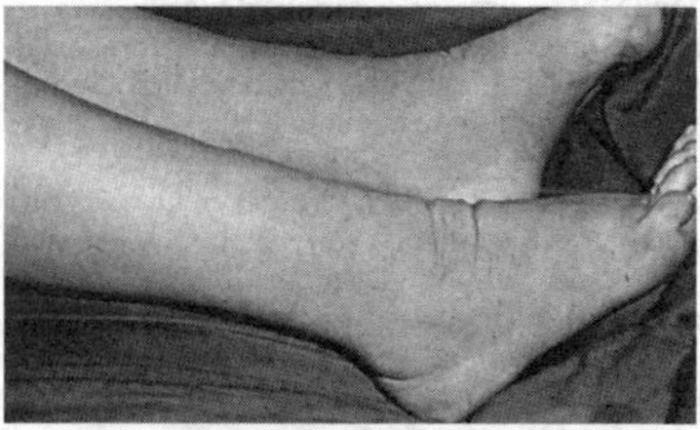

Mixedema localizado
(R. Hall/D. C. Evered, 2.ª ed., 1992)

mixofibroma (myxofibroma), tumor fibroso que contiene tejido mixomatoso.
mixoide (myxoid), v. **mucoide**.
mixoma (myxoma), neoplasia del tejido conectivo que está típicamente constituida por células estrelladas en una matriz mucoide laxa, cruzada por un delicado retículo de fibras. Estos tumores pueden alcanzar tamaños enormes y suelen ser de color gris pálido, blandos y gelatinosos. Algunos han superado los 30 cm de diámetro.
mixopoyesis (myxopoiesis), producción de moco.
mixosarcoma (myxosarcoma), sarcoma que contiene una cierta cantidad de tejido mixomatoso.
mixovirus (myxovirus), cualquiera de los virus ARN de tamaño medio que a su vez se dividen en ortomixovirus y paramixovirus. Algunos tipos de mixovirus son los causantes de la gripe, las parotiditis y los cuadros catarrales.
mixtura (mixture), **1.** sustancia compuesta por ingredientes que no están combinados químicamente, y que no necesariamente han de guardar una proporción fija. **2.** (en farmacología) líquido que contiene uno o más medicamentos en suspensión. Las proporciones de los ingredientes son específicas para cada mixtura.
mixtura de regaliz (brown mixture), diaforético, expectorante y antipirético utilizado en el tratamiento del resfriado, la tos y la fiebre.
ml (ml), abreviatura de **mililitro**.

MLC (MLC), abreviatura de cultivo mixto de linfocitos.
mm (mm), abreviatura de **milímetro**.
mM (mmol), abreviatura de **milimol**.
MMEF (MMEF), abreviatura de flujo espiratorio medio máximo.
Mn (Mn), símbolo del **manganeso**.
mnv (nvm), abreviatura de material no volátil.
Mo (Mo), símbolo del **molibdeno**.
moco (mucus), secreciones viscosas resbaladizas de las membranas y de las glándulas mucosas que contienen mucina, leucocitos, agua, sales inorgánicas y células descamadas.
moda (mode), valor o término en un conjunto de datos que aparece con más frecuencia que los demás valores o términos.
modelación (modeling), técnica empleada en terapia conductual en la que la persona aprende una determinada respuesta deseada observando cómo se realiza.
modelado (shaping), procedimiento utilizado para condicionar a una persona que va a someterse a una terapia de conducta para desarrollar nuevas respuestas de comportamiento.
modelo (cast), positivo en escayola de una impresión previa de toda o parte de la dentadura y de la región interna del maxilar de un paciente para ajustar prótesis o dentaduras postizas.
modelo (model), (en investigación de enfermería), representación simbólica de las interrelaciones que presenta un fenómeno dentro de un sistema o proceso. El modelo se presenta como un sistema conceptual o teoría que explica un fenómeno y que permite realizar predicciones.
modelo de procedimiento de enfermería (nursing process model), marco conceptual en el cual la relación entre el profesional de enfermería y paciente forma la base del procedimiento de enfermería. Éste se representa como dinámico e interpersonal, y tanto el enfermero como el paciente están afectados por la conducta del otro y por el entorno que les rodea. Cada comunicación bidireccional con éxito se denomina «transferencia», y puede analizarse para descubrir los factores que la promueven.
modem, MODEM (modem, MODEM), abreviatura de *modulate-demodulate*. Es un dispositivo para transformar series de números binarios en tonos audibles y viceversa para transmitirlas a otro ordenador por vía telefónica. Las velocidades habituales de transferencia de datos son de 1.200 y 2.400 baudios.
modificación artefactual (artifactual modification), cambio producido en la estructura de una proteína como consecuencia de una manipulación *in vitro*.
modo A (A-mode), pantalla de visualización de la modulación de la amplitud en la ecografía diagnóstica. Representa el tiempo empleado por el haz de ultrasonidos en alcanzar una interfase en los tejidos y devolver la señal hasta el transductor.
modo asistido-controlado (assist-control mode), sistema de ventilación mecánica que permite al paciente establecer una frecuencia respiratoria aceptable, proporcionando el ventilador un volumen establecido en cada respiración.
modo B (B-mode), modulación del brillo, técnica de imagen utilizada en la exploración ecográfica en la que los puntos brillantes en la pantalla del osciloscopio representan ecos y la intensidad del brillo indica la longitud del eco.
modo entrelazado (interlace mode), (en radiología) proceso por el que una cámara de TV convencional da la lectura de su montaje diana, de forma que cada uno de dos campos representa trazados adyacentes activos repetidos y retrazados horizontales del haz de electrones sobre una pantalla de TV.
modo M (M-mode), abreviatura de modo en movimiento, una variante del modo B de rastreo ecográfico. Se utiliza en ecocardiografía.
modo paratáxico (parataxic mode), término introducido por H. S. Sullivan para identificar una percepción infantil del entorno físico y social como ilógico, inconexo e inconsecuente.
modo protáxico de experiencia (protaxic mode of experience), tipo de experiencia primitiva caracterizada por sensaciones, sentimientos e imágenes fragmentadas de corta duración, que no están conectadas con lógica.
modo sintáctico (syntaxic mode), capacidad para percibir imágenes completas, lógicas y coherentes, tal y como ocurren en la realidad, según la teoría de la psicología de Sullivan.
mohel (mohel), circuncidador judío ordenado.
moho (mold), **1.** hongo. **2.** crecimiento de hongos.
mol (mole), unidad estándar empleada para medir la cantidad de una sustancia. Un mol de una sustancia es la cantidad que contiene el mismo número de partículas elementales (átomos, electrones, iones, moléculas u otras partículas), como ocurre con los átomos presentes en 12 g de carbono 12.
mola (mole), (en obstetricia) mola hidatídica.
mola hidatídica o hidatiforme (hydatid mole), masa neoplásica intrauterina formada por las

vellosidades coriónicas aumentadas de tamaño, adoptando forma de uvas. Algunos signos característicos de esta enfermedad son náuseas extremas, hemorragia uterina, anemia, hipertiroidismo, útero inusualmente aumentado de tamaño para la edad de gestación, ausencia de sonidos cardíacos fetales, edema e hipertensión.

molalidad (molality), número de moles de soluto por kilogramo de agua o de otro solvente.

molar (molar), **1.** cada uno de los 12 dientes molares, seis en cada arcada dentaria, tres localizados por detrás de los premolares. La corona de los molares es prácticamente cúbica, convexa en su superficie bucal y lingual y aplanada en sus superficies de contacto, donde presentan cuatro o cinco cúspides separadas por surcos cruzados; asimismo, poseen un cuello largo redondeado. **2.** relativo o perteneciente al peso molecular gramo de una sustancia.

molaridad (molarity), número de moles de soluto por litro de agua o de otro solvente.

molde (mold), forma hueca para moldear o dar forma a un objeto, como una prótesis.

moldeado en pasta de la mordida (mush bite), procedimiento empleado para conseguir impresiones dentales, con el fin de construir prótesis dentarias totales o parciales. El paciente coloca sus maxilares superior e inferior dentro de un molde de cera blanda, con lo que se obtiene la relación espacial que existe entre ambos.

moldeador de ángulos (angle former), (en odontología) serie de instrumentos cortantes apareados, que tienen sus bordes cortantes en disposición oblicua en relación con el eje de la cuchilla.

molécula (molecule), la unidad más pequeña que muestra las propiedades de un elemento o compuesto. Una molécula está constituida por dos o más átomos químicamente combinados.

molibdeno (Mo) (molybdenum [Mo]), elemento metálico grisáceo. Su número atómico es 42; su peso atómico es 95,94. El molibdeno es tóxico si se ingiere en grandes cantidades.

molibdeno 99 (molybdenum 99), radionúclido padre del tecnecio 99, estado en el que se encuentra como generador en los servicios de medicina nuclear.

molusco (molluscum), cualquier enfermedad cutánea con masas o nódulos blandos y redondeados.

molusco contagioso (molluscum contagiosum), enfermedad de la piel y de las mucosas, producida por un poxvirus. Se caracteriza por la presencia de pápulas blancas dispersas. No se afectan las palmas de las manos ni las plantas de los pies. La enfermedad es más frecuente en niños y adultos con una alteración de la respuesta inmune. La transmisión interpersonal se realiza por contacto directo o indirecto.

momento magnético (magnetic moment), medida del campo magnético neto producido por una partícula elemental o por un núcleo atómico girando sobre su propio eje. Es la base de las imágenes de resonancia magnética nuclear.

momificación (mummification), estado de deshidratación intensa, como el que se produce en la gangrena seca o el que experimenta un feto muerto dentro del útero.

mongolismo, idiocia mongólica (mongolism, mongoloid idiocy), v. **síndrome de Down**.

Monilia (Monilia), v. ***Candida albicans***.

monitor (monitor), dispositivo mecánico que proporciona una señal visual o audible o un registro gráfico de una determinada función, como un monitor cardíaco o un monitor fetal.

monitor Holter (Holter monitor), aparato para realizar registros electrocardiográficos prolongados por medio de un sistema de registro portátil mientras que el paciente realiza sus actividades diarias normales. Se puede también llevar un diario de actividades con el propósito de comparar los acontecimientos del día con el trazado del ECG.

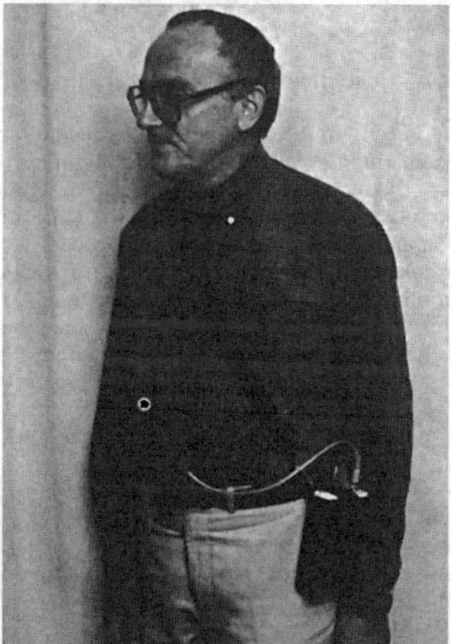

Monitor Holter
(Canobbio, 1990)

monitorización ambulatoria de la presión arterial (MAPA) (ambulatory blood pressure monitoring [ABPM]), dispositivo que permite registrar la tensión arterial de un paciente en condiciones de vida y trabajo normales.

monitorizar (monitor), observar y evaluar continuamente una función corporal.

monoamina (monoamine), amina que contiene un grupo amino.

monoaminooxidasa (MAO) (monoamine oxidase [MAO]), enzima que cataliza la oxidación de las aminas.

monoarticular (monoarticular), relativo a una sola articulación.

monoartritis (monoarthritis), artritis que afecta sólo a una articulación.

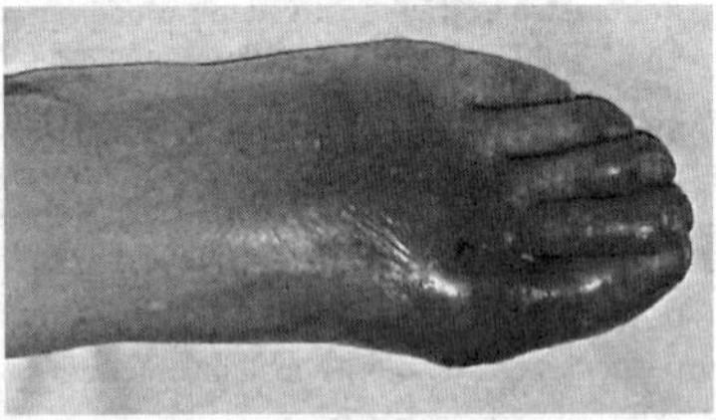

Monoartritis
(C. D. Forbes/W. F. Jackson, 1994)

monoauricular (monoaural), relativo a un oído.

monobenzona (monobenzone), agente despigmentante prescrito para el tratamiento de los trastornos de la pigmentación de la piel, como el vitíligo diseminado. No se debe utilizar en procesos banales como las pecas.

monoblasto (monoblast), monocito grande e inmaduro. Algunas leucemias se caracterizan por una producción muy elevada de monoblastos en la médula ósea y por la presencia anormal de estas formas en la circulación periférica.

monocéfalo (monocephalus), v. **sincéfalo**.

monocigótico (MC) (monozygotic [MZ]), perteneciente a o que se desarrolla a partir de un óvulo fertilizado o cigoto, como en el caso de los gemelos idénticos.

monocito (monocyte), leucocito mononuclear de gran tamaño con un núcleo oval o arriñonado, que contiene escaso material cromatínico y un citoplasma grisazulado con abundantes gránulos azurófilos pequeños y rojizos.

monocitosis (monocytosis), aumento de la proporción de monocitos en la circulación.

monoclonal (monoclonal), relativo, perteneciente o que designa un grupo de células u organismos idénticos derivados de una única célula.

monoclorhidrato de lisina (lysine monohydrochloride), sal del aminoácido lisina, utilizada como suplemento dietético para aumentar la utilización de las proteínas vegetales, como el maíz, el arroz o el trigo.

monodactilismo (monodactylism), defecto congénito en el que la persona nace con un único dedo en la mano o un solo dedo en el pie.

monoespecífico (monoespecific), anticuerpo que reacciona sólo con un tipo de antígeno.

monoetanolamina (monoethanolamine), alcohol amínico formado por descarboxilación de la serina. Se utiliza como surfactante en productos farmacéuticos.

monofásico (monophasic), que tiene una fase, parte, período o estadio.

monohíbrido (monohybrid), perteneciente o que describe a un individuo, organismo o cepa que es heterocigoto sólo para un rasgo específico o que es heterocigoto para un solo rasgo o locus del gen que se considera.

monómero (monomer), molécula que se repite a sí misma para formar un polímero, como las moléculas del monómero de fibrina que se polimerizan para formar fibrina en el proceso de la coagulación sanguínea.

mononeuropatía (mononeuropathy), enfermedad o trastorno que afecta sólo a un tronco nervioso. Algunas de las principales causas de trastornos que afectan a troncos nerviosos individuales son: shock eléctrico, radiación o fracturas óseas que comprimen o laceran las fibras nerviosas. Las férulas o los torniquetes excesivamente apretados pueden también lesionar los nervios por compresión o isquemia.

monónfalo (monomphalus), gemelos unidos por el ombligo.

mononuclear (mononuclear), relativo a un núcleo, como el monocito.

mononucleosis (mononucleosis), **1.** aumento anormal del número de leucocitos mononucleares en la sangre. **2.** V. **mononucleosis infecciosa**.

mononucleosis infecciosa (infectious mononucleosis), infección aguda por herpesvirus, producida por el virus de Epstein-Barr (VEB). Se caracteriza por fiebre, faringitis, tumefacción de ganglios linfáticos, linfocitos atípicos, esplenomegalia, hepatomegalia, función hepática anormal y equimosis. Puede producirse rotura del bazo, lo que requiere intervención quirúrgica inmediata y transfusión sanguínea.

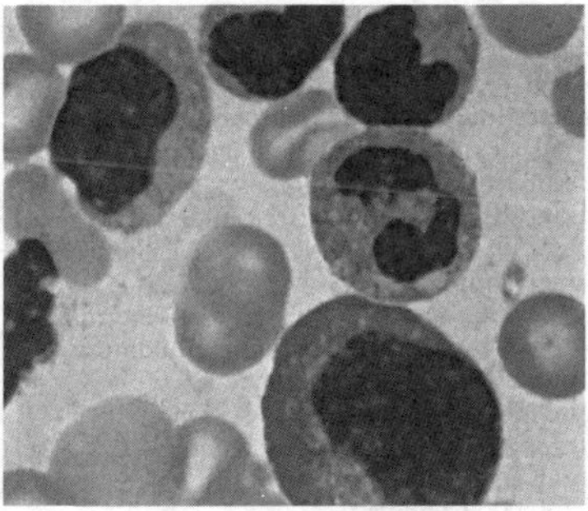

Frotis de sangre en la mononucleosis infecciosa
(C. D. Forbes/W. F. Jackson, 1994)

monooctanoína (monooctanoin), agente que disuelve los cálculos biliares utilizado para disolver los cálculos de colesterol.
monoovular (monoovular), v. **uniovular**.
monoploide (monoploid), haploide.
monópodo (monopus), feto o individuo con ausencia congénita de un pie o pierna.
monorque (monorchid), varón que presenta monorquidia.
monorquidia (monorchism), trastorno en el que sólo ha descendido un testículo al escroto.
monosacárido (monosaccharide), carbohidrato constituido por una sola unidad básica con la fórmula general $C_n(H_2O)_n$, donde *n* oscila entre 3 y 8.
monosoma (monosome), **1.** cromosoma sexual X o Y sin pareja. **2.** cromosoma simple, sin pareja, de una monosomía.
monosomía (monosomy), aberración cromosómica caracterizada por la ausencia de un cromosoma del complemento diploide normal.
monosomía X (monosomy X), v. **síndrome de Turner**.
monotonía perceptual (perceptual monotony), estado mental caracterizado por la ausencia de variedad en el patrón normal de estímulos diarios.
monotropía (monotropy), fenómeno en el que la madre parece que sólo es capaz de sentirse unida a un lactante en cada momento. Cuando se lleva a casa a un gemelo antes que al otro, la madre con frecuencia dice que siente que el niño que se da de alta posteriormente no es suyo. Es mucho más probable que el segundo niño se desarrolle mal, sufra malos tratos o se cometan negligencias con él. La monotropía también explica la frecuente tendencia de la madre a vestir de forma similar a los gemelos, pues en realidad los considera uno solo.
monovular (monovular), v. **uniovular**.
monovulatorio (monovulatory), que libera habitualmente un óvulo en cada ciclo ovárico.
monóxido de carbono (carbon monoxide), gas tóxico inodoro e incoloro producido por la combustión del carbono o de carburantes orgánicos con un aporte limitado de oxígeno. El monóxido de carbono se combina de forma irreversible con la hemoglobina, impidiendo la formación de oxihemoglobina y reduciendo el aporte de oxígeno a los tejidos.
monstruo (monster), feto con malformaciones macroscópicas evidentes, normalmente inviable. Algunos tipos de monstruos son: **monstruo compuesto, monstruo doble** y **monstruo unitario**.
monstruosidad (monstrosity), **1.** estado o trastorno en el que se presentan graves defectos congénitos. **2.** todo lo que se desvía en gran medida de lo normal; monstruo o teras.
montaje (setup), **1.** colocación de unos dientes sobre una base de dentadura provisional. **2.** procedimiento de laboratorio en el cual son retirados los dientes de un modelo de yeso y colocados de nuevo en cera, utilizado como procedimiento diagnóstico o para conseguir un modelo para colocar un aparato.
montaje de pórtico (gantry assembly), (en tomografía computadorizada) subsistema constituido por el tubo de rayos X, el conjunto de detectores, el generador de alto voltaje, el asiento y el soporte posicionador del paciente, así como el soporte mecánico de ambos.
monte (mons), montículo o ligera elevación.
monte de Venus (mons veneris), almohadilla de tejido graso y piel gruesa que se sitúa por encima de la sínfisis del pubis en la mujer.
monte pubiano (mons pubis), v. **monte de Venus**.
MOPP (MOPP), abreviatura de un protocolo terapéutico utilizado para el tratamiento del cáncer, que contiene tres antineoplásicos: Mustargen (mecloretamina), Oncovin (sulfato de vincristina), Matulan (clorhidrato de procarbazina) y prednisona (un glucocorticoide). El MOPP se prescribe para el tratamiento de la enfermedad de Hodgkin.
moquillo (distemper), enfermedad vírica potencialmente mortal de los animales, caracterizada por rinitis, fiebre y pérdida del apetito.

morbididad (morbidity), **1.** enfermedad, proceso o cualidad anormal. **2.** (en estadística) tasa con la que aparece una enfermedad o anomalía, calculada dividiendo el número total de personas de un grupo entre el número de personas de ese grupo que están afectadas por esa enfermedad o anomalía. **3.** tasa con la que aparece una enfermedad o anomalía en una determinada zona o población.

mórbido (morbid), relativo a una situación patológica o anormal, tanto física como mental.

morbiliforme (morbilliform), que describe un trastorno cutáneo que recuerda el exantema eritematoso maculopapular del sarampión.

mordedor (teether), objeto, como un anillo mordedor, que un niño puede morder o masticar durante el proceso de dentición.

mordida (bite), registro o relación de oclusión entre los dientes.

mordida cerrada (closed bite), **1.** sobremordida anormal. **2.** disminución de la dimensión vertical de oclusión debida a diversos factores, como la abrasión de un diente y una erupción insuficiente de los dientes posteriores de apoyo.

morfea (morphea), esclerodermia localizada constituida por placas de piel lisa de color amarillento o marmóreo, rígidas y secas.

morfogénesis (morphogenesis), desarrollo y diferenciación de las estructuras y de la forma de un organismo, específicamente los cambios que se producen en las células y en los tejidos durante el desarrollo embrionario.

morfogenético (morphogenetic), (en embriología) relativo o perteneciente a una sustancia u hormona que actúa como estimulante de la diferenciación.

morfogenia (morphogenia), v. **morfogénesis**.

morfología (morfophology), estudio de la forma física y del tamaño de una muestra, planta o animal.

morgan (morgan) [Thomas H. Morgan, biólogo norteamericano, n. 1896], (en genética) unidad de medida utilizada en el mapeo de las distancias relativas entre los genes de un cromosoma.

moribundo (moribund), relativo a una persona cercana a la muerte o que se está muriendo.

«morir con dignidad» («death with dignity»), concepto filosófico según el cual debe permitirse que un paciente con una enfermedad terminal muera de forma natural, en lugar de experimentar una vida vegetativa en coma, innecesariamente prolongada mediante sistemas mecánicos de apoyo.

mortal (mortal), **1.** con tendencia a morir. **2.** que causa la muerte.

mortalidad (mortality), **1.** condición de ser mortal. **2.** tasa de fallecimiento, que refleja el número de muertes por unidad de población en una determinada región, grupo de edad, enfermedad u otra clasificación, normalmente expresada como muertes por 1.000, 10.000 o 100.000.

mortalidad fetal (fetal mortality), número de muertes fetales por 1.000 nacimientos o por 1.000 nacidos vivos.

mortalidad infantil (infant mortality), tasa estadística de muertes infantiles durante el primer año de la vida, expresada en tanto por 1.000 de nacidos vivos en una determinada zona geográfica o institución, durante un determinado período de tiempo.

mortalidad materna (maternal mortality), **1.** muerte de una mujer como consecuencia del embarazo. **2.** número de muertes maternas por 100.000 nacimientos.

mortalidad neonatal (neonatal mortality), tasa estadística de muerte neonatal en los primeros 28 días después del nacimiento, expresada en forma de número de muertes por cada 1.000 nacidos vivos en una determinada zona geográfica o institución y en un tiempo determinado.

mortalidad perinatal (perinatal mortality), tasa estadística de muertes de fetos y lactantes, incluidos los nacidos muertos, desde las 28 semanas de gestación hasta el final del período neonatal, es decir, 4 semanas después del nacimiento.

mortalidad proporcional (proportional mortality), método estadístico que relaciona el número de muertes por un trastorno en particular con el de todas las muertes dentro del mismo grupo de población durante el mismo período de tiempo.

mortero (mortar), vaso en forma de copa en el que se mezclan o trituran materiales con un mango en la preparación de fármacos.

mortinatalidad (mortinatality), tasa de recién nacidos muertos. Se calcula multiplicando el número de neonatos muertos por 1.000, dividiendo entre el número total de nacimientos por año.

mortinato (stillborn), lactante que ha nacido muerto.

mórula (morula, *pl.* **morulas, morulae**), masa sólida y esférica de células producto de la división del óvulo fertilizado en las fases precoces del desarrollo embrionario.

mosaicismo (mosaicism), (en genética) trastorno en el que un individuo u organismo que se desarrolla a partir de un solo cigoto tiene dos o más poblaciones celulares, con diferente constitución genética.

mosaico (mosaic), **1.** (en genética) individuo u organismo desarrollado a partir de un solo cigoto, pero que tiene dos o más tipos de poblaciones celulares diferentes. Este trastorno es el resultado de una mutación, de un entrecruzamiento o, lo que es más frecuente en los humanos, de una ausencia de disyunción cromosómica en la embriogénesis precoz, que produce una variación en el número de cromosomas presentes en las células. **2.** (en embriología) óvulo fertilizado que sufre una determinada división.

mosaico de cromosomas sexuales (sex chromosome mosaic), individuo u organismo cuyas células contienen variantes en el número de cromosomas que afectan a los cromosomas X e Y. Estas variaciones se encuentran en la mayor parte de los síndromes asociados a aberraciones de los cromosomas sexuales, principalmente el síndrome de Turner, pudiendo deberse a la falta de disyunción de los cromosomas durante la segunda división meiótica de la gametogénesis o a algún error en la distribución de los cromosomas durante la división celular del huevo fecundado.

mosaico sexual (sex mosaic), v. **mosaico de cromosomas sexuales**.

mosca (fly), insecto con dos alas del orden de los dípteros, algunas de cuyas especies transmiten arbovirus a los seres humanos.

mosca de España (Spanish fly), v. **cantárida**.

mosca tsetsé (tsetse fly), mosca hematófaga que habita en África. Es un insecto del género *Glossina* y huésped secundario de los tripanosomas, que causan la enfermedad del sueño africana.

mosca volante (muscae volitantes, floater), una o más manchas que aparecen en movimiento delante del ojo, producida por la sombra sobre la retina de una mancha del vítreo. La mayoría de las moscas volantes son benignas y representan pequeños restos de la red de pequeños vasos sanguíneos que existen en la cavidad vítrea antes del nacimiento. La aparición súbita de varias moscas volantes puede indicar una enfermedad grave.

mostaza nitrogenada (nitrogen mustard), v. **clorhidrato de mecloretamina**.

moteado (mottle), efecto que se observa en las imágenes radiográficas cuando la dosis de radiación empleada se reduce a un nivel en el que pueden observarse los efectos cuánticos individuales.

motilidad gástrica (gastric motility), movimientos peristálticos espontáneos del estómago, que facilitan la digestión, moviendo los alimentos dentro del estómago y pasándolos al duodeno a través del esfínter pilórico.

motivación (motivation), necesidades, intereses, recuerdos u otros incentivos conscientes e inconscientes que inician, canalizan o mantienen un comportamiento particular.

motoneurona (motor neurone), una de las diferentes células nerviosas eferentes que transmite impulsos nerviosos desde el cerebro o la médula espinal al tejido muscular o glandular.

motoneurona periférica (peripheral motor neuron), neurona efectora situada fuera del sistema nervioso central, generalmente en un ganglio del sistema nervioso simpático o parasimpático.

motor (motor), **1.** relativo o perteneciente al movimiento, al aparato corporal implicado en el movimiento o a las funciones cerebrales que dirigen las actividades voluntarias. **2.** relativo o perteneciente al músculo, nervio o centro cerebral que produce o facilita el movimiento.

móvil (motile), capaz de realizar un movimiento espontáneo, aunque inconsciente o involuntario.

movilidad (mobility), velocidad que adquiere una partícula o ion cuando se aplica un determinado voltaje y medida relativa de la rapidez con la que se puede mover un ion en un campo eléctrico.

movimiento corporal (body movement), movimiento de todo o parte del cuerpo, especialmente de una o varias articulaciones. Algunos tipos de movimientos del cuerpo son la **abducción**, la **aducción**, la **extensión**, la **flexión** y la **rotación**.

moxibustión (moxibustion), método para producir analgesia o para alterar la función de un sistema corporal mediante la ignición de moxa, ajenjo u otros combustibles o sustancias que se queman lentamente, manteniéndolas lo más cerca posible de la piel sin que se produzcan dolor ni quemaduras. A veces se emplea junto con la acupuntura.

MPD (RMP), abreviatura de presentación mentoposterior derecha.

MPI (LMP), abreviatura de posición fetal mentoposterior izquierda.

MPL + PRED (MPL + PRED), combinación de fármacos antineoplásicos, melfalán y prednisona.

MPS (MPS), abreviatura de **mucopolisacaridosis**.

MPS I (MPS I), abreviatura de mucopolisacaridosis I. V. **síndrome de Hurler**.

MPS II (MPS II), abreviatura de mucopolisacaridosis II. V. **síndrome de Hunter**.

MPS IV (MPS IV), abreviatura de mucopolisacaridosis IV. V. **enfermedad de Morquio**.

mr, mR (mr, mR), abreviatura de milliroentgen.
mrad (mrad), abreviatura de **milirad**.
mrem (mrem), abreviatura de milirem.
ms (msec), abreviatura de **milisegundo**.
MSH (MSH), abreviatura de **hormona estimulante de los melanocitos**.
MSI (LUE), abreviatura de miembro superior izquierdo.
MTD (RMT), abreviatura de presentación mentotransversa derecha.
MTI (LMT), abreviatura de posición fetal mentotransversa izquierda.
MTX + MP + CTX (MTX + MP + CTX), combinación de los fármacos antineoplásicos metotrexato, mercaptopurina y ciclofosfamida.
mu (mu), abreviatura de micra.
mucina (mucin), mucopolisacárido, ingrediente principal del moco. La mucina se encuentra en la mayoría de las glándulas secretoras de moco y es el lubricante que protege las superficies corporales de la fricción o erosión.
mucina gástrica (gastric mucin), secreción viscosa de glucoproteínas producida por la mucosa del estómago de cerdo y empleada antiguamente para el tratamiento de las úlceras pépticas.
mucinoide (mucinoid), parecido a la mucina.
mucocutáneo (mucocutaneous), relativo o perteneciente a las mucosas y a la piel.
mucoide (mucoid), **1.** que parece moco. **2.** también **mucinoide**, grupo de glucoproteínas, incluido el coloides y el ovomucoide, similares a las mucinas, que se diferencian principalmente por la solubilidad.
mucolítico (mucolytic), **1.** que ejerce una acción destructiva sobre el moco. **2.** cualquier agente que disuelve o destruye el moco.
mucomembranoso (mucomembranous), relativo o perteneciente a una membrana mucosa, como la del intestino delgado o de la vejiga.
mucopolisacárido (mucopolysaccharide), polisacárido que contiene hexosamina y algunas veces tiene proteínas, como las mucinas.
mucopolisacaridosis (MPS) (mucopolysaccharidosis (MPS), *pl.* **mucopolysaccharidoses**), cualquiera de los trastornos genéticos caracterizados por la acumulación superior a la normal de mucopolisacáridos en los tejidos con síntomas diversos, dependiendo de cada tipo específico. Los trastornos se numeran desde MPS I hasta MPS VII, y cada tipo tiene un epónimo específico. En todos los tipos existe una deformidad esquelética pronunciada (especialmente de la cara), retraso mental y físico y disminución de la esperanza de vida. Algunos tipos de mucopolisacaridosis son: **enfermedad de Morquio (MPS IV), síndrome de Hurler (MPS I)** y **síndrome de Hunter (MPS II)**.

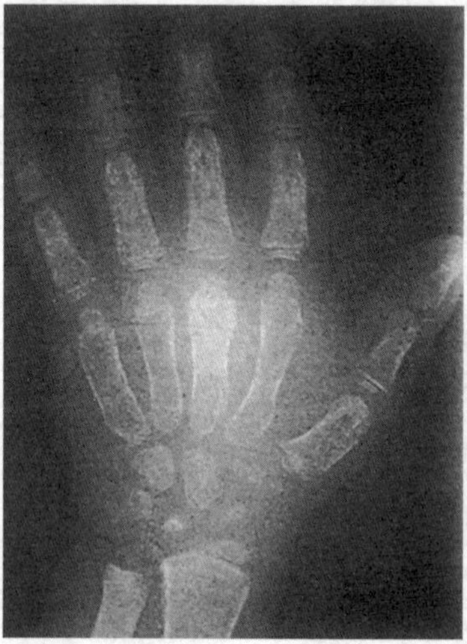

Mucopolisacaridosis
(R. Hall/D. C. Evered, 2.ª ed., 1992)

mucopolisacaridosis ligada al X (X-linked mucopolysaccharidosis), v. **síndrome de Hunter.**
mucoproteína (mucoproteine), compuesto presente en todos los tejidos conectivos y de sostén que contiene polisacáridos combinados con proteínas, y que es relativamente resistente a la desnaturalización.
mucopurulento (mucopurulent), característico de una combinación de moco y pus.
mucormicosis (mucormycosis), v. **cigomicosis**.
mucosa (mucosa, *pl.* **mucosae**), membrana mucosa.
mucositis (mucositis), cualquier inflamación de una membrana mucosa, como la de la boca o la de la garganta.
mucoviscidosis (mucoviscidosis), v. **fibrosis quística**.
muela del juicio (wisdom tooth), última muela de cada lado del maxilar superior e inferior. Son los terceros molares y los últimos dientes en salir, generalmente entre los 17 y los

21 años, acompañándose habitualmente de bastante dolor, problemas dentales y necesidad de extracción.

muermo (glanders), infección producida por el bacilo *Pseudomonas mallei*, transmitida a los seres humanos por caballos y otros animales domésticos. Se caracteriza por la inflamación purulenta de las mucosas y el desarrollo de nódulos cutáneos que se ulceran.

muerte (death), **1. muerte aparente**, cese de la vida indicado por la ausencia de latido cardíaco o respiración. **2. muerte legal**, ausencia total de toda actividad cerebral y de los sistemas nervioso central, cardiovascular y respiratorio, observada y certificada por un médico.

muerte asistida (assisted death), forma de eutanasia en la cual una persona ayuda a otra a conseguir su objetivo de morir prematuramente, ya sea mediante asesoramiento o proporcionándole un veneno u otro instrumento mortal. La muerte asistida puede ser considerada como homicidio o suicidio por las autoridades locales, y la persona que presta dicha ayuda puede ser considerada responsable de la muerte. En la mayor parte de los casos se trata de pacientes con una enfermedad terminal.

muerte celular (cell death), **1.** incapacidad terminal de una célula para mantener las funciones vitales esenciales. **2.** punto en el proceso de la muerte en el que las funciones vitales han cesado en el nivel celular del organismo.

muerte cerebral (brain death), forma irreversible de inconsciencia caracterizada por la pérdida completa de función cerebral mientras el corazón continúa latiendo. Su definición legal varía en los diferentes países. Los criterios clínicos habituales de muerte cerebral son la ausencia de actividad refleja, de movimientos y de respiración. Las pupilas están dilatadas y fijas. Para establecer el diagnóstico de muerte cerebral es necesario que la actividad eléctrica del cerebro sea evaluada y se demuestre su ausencia en dos electroencefalogramas separados por un intervalo de 12 a 24 horas.

muerte en la cuna (cot death), v. **síndrome de muerte súbita del lactante**.

muerte fetal (fetal death), muerte intrauterina de un feto, o muerte del feto que pese al menos 500 g o que tenga más de 20 semanas de gestación.

muerte genética (genetic death), **1.** fallo en la supervivencia de un organismo como consecuencia de su configuración genética. **2.** eliminación de un gen o de un genotipo del conjunto genético de una población o de un descendiente familiar determinado, debido a esterilidad, imposibilidad de reproducción del individuo u organismo o muerte antes de la madurez sexual.

muerte infantil (infant death), muerte de un niño nacido vivo antes del año de edad.

muerte materna (maternal death), muerte de una mujer durante el embarazo.

muerte neonatal (neonatal death), muerte de un neonato nacido vivo en los primeros 28 días que siguen al nacimiento. Suele considerarse muerte neonatal precoz la que se produce en los primeros 7 días.

muerte perinatal (perinatal death), **1.** muerte de un feto con un peso superior a 1.000 g a las 28 semanas o más de gestación. **2.** muerte de un lactante en el período comprendido entre el nacimiento y el final del período neonatal.

muerte por piedad (mercy killing), v. **eutanasia**.

muerte súbita (sudden death), muerte que sucede de forma inesperada y dentro de la primera hora tras la aparición de los síntomas, con o sin trastornos previos conocidos.

muesca (nick), (en genética molecular) fisura o hendidura en una cadena simple de ADN, que se puede realizar con la enzima desoxirribonucleasa o con bromuro etídico.

muestra (sample), en investigación, grupo o porción de la totalidad que puede ser utilizado para demostrar las características de la totalidad. Algunos tipos de muestras son: aleatoria, de conveniencia, de grupo y estratificada.

muguet (thrush), candidiasis de los tejidos de la boca.

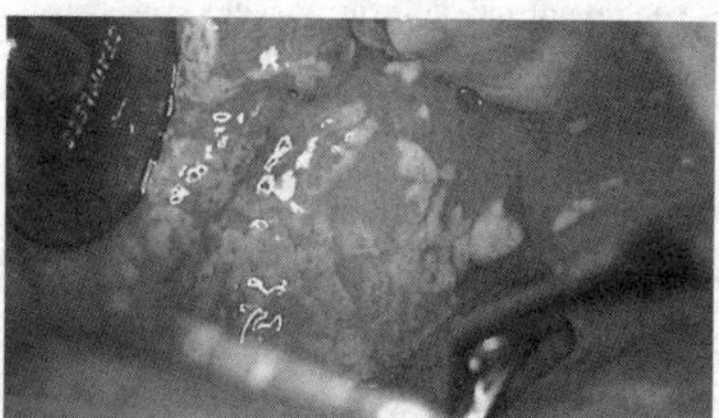

Muguet oral
(C. D. Forbes/W. F. Jackson, 1994)

muleta (crutch), bastón de madera o metal, cuyo modelo más frecuente se extiende desde el suelo casi hasta la axila, para ayudar a una persona a andar. Debajo del brazo se ajusta una superficie curva almohadillada; el mango en forma de travesaño sujetado con la mano sirve para soportar el cuerpo. Las muletas axilares y las muletas de antebrazo son dos tipos de muletas.

multifactorial (multifactorial), relativo, perteneciente o característico de cualquier proceso o enfermedad producido por la interacción de muchos factores; en especial, la interacción de varios genes, normalmente poligenes, con o sin la implicación de factores ambientales. Muchos procesos, como la espina bífida, son considerados multifactoriales.

multifocal (multifocal), acción, tal como la transmisión de un impulso, que parte de más de dos focos.

multiforme (multiform), órgano, tejido u otro objeto que puede adoptar más de una forma.

multigrávida (multigravida), mujer que ha estado embarazada más de una vez.

multípara (multipara, *pl.* **multiparae**), mujer que ha dado a luz más de un niño viable.

multípara (multiparous), que ha parido más de un hijo.

multipenniforme (multipenniform) (de una estructura corporal), que tiene una forma que recuerda un patrón de muchas plumas.

multisináptico (multisynaptic), perteneciente a la prolongación nerviosa o al sistema de células nerviosas que requieren múltiples sinapsis.

multivalente (multivalent), **1.** (en química) que denota la capacidad de un elemento para combinarse con tres o más átomos univalentes. **2.** (en inmunología) capaz de actuar contra más de una cepa del organismo.

mural (mural), algo que se localiza sobre o contra la pared de una cavidad, como los trombos murales que se sitúan en la pared anterior del corazón.

murmullo vesicular (vesicular breath sound), sonido normal de susurro o silbido escuchado con el estetoscopio al aplicarlo sobre la periferia pulmonar, que de forma característica es de tono alto durante la inspiración y se apaga rápidamente durante la espiración.

muromonab-CD3 (muromonab-CD3), fármaco inmunosupresor parenteral que se utiliza para controlar el rechazo agudo de los trasplantes renales.

muscarina (muscarine), alcaloide relacionado con la colina presente en la seta venenosa *Amanita muscaria*. Farmacológicamente es similar a la acetilcolina, aunque no se usa en terapéutica.

muscarínico (muscarinic), que estimula los receptores parasimpáticos posganglionares.

muscular (muscular), **1.** relativo o perteneciente al músculo. **2.** característico de una musculatura bien desarrollada.

musculatura (musculature), disposición y estado de los músculos.

músculo (muscle), tipo de tejido constituido por fibras capaces de contraerse, produciendo y permitiendo el movimiento de las regiones y órganos del cuerpo. Las fibras musculares están muy vascularizadas, son muy excitables, conductoras y elásticas. Existen dos tipos básicos, el músculo estriado y el liso. El músculo estriado, que constituye todos los músculos esqueléticos salvo el miocardio, es largo y voluntario; responde rápidamente a los estímulos y se paraliza al interrumpir su inervación. El músculo liso, que constituye todos los músculos viscerales, es corto e involuntario; reacciona lentamente a los estímulos y no pierde completamente su tono si se interrumpe la inervación. El miocardio se clasifica a veces como un tercer tipo de músculo (cardíaco), aunque básicamente es un músculo estriado que no se contrae tan rápidamente como el músculo estriado del resto del organismo y que no se paraliza completamente cuando pierde su estimulación nerviosa.

músculo accesorio (accessory muscle), duplicación anatómica relativamente infrecuente de un músculo, que puede darse en cualquier parte del sistema muscular.

músculo de fijación (fixation muscle), aquel músculo que actúa sosteniendo una parte del cuerpo en la posición adecuada.

músculo de la expresión (muscle of expression), v. **músculo facial**.

músculo deltoides (deltoid muscle), músculo grande, triangular, grueso, que cubre la articulación del hombro y abduce, flexiona, extiende y rota el brazo.

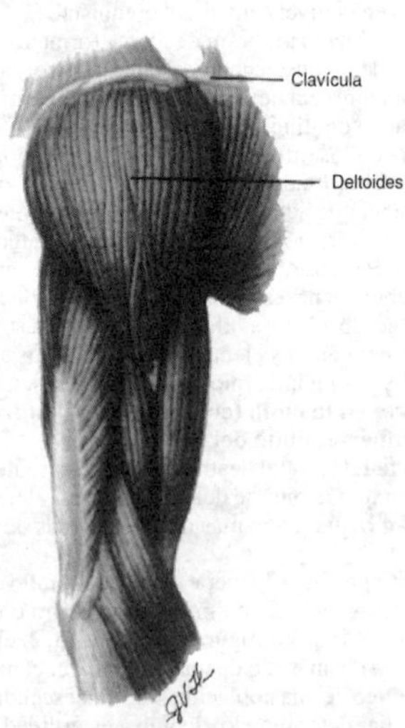

Músculo deltoides
(Thibodeau, 1993/John V. Hagen)

músculo esquelético (skeletal muscle), v. **músculo estriado**.

músculo estriado (striated muscle), tejido muscular, incluidos todos los músculos esqueléticos, que microscópicamente parecen estar constituidos por miofibrillas con bandas transversales. Los músculos estriados están formados por haces de fibras paralelas y estriadas de control voluntario; el corazón, un músculo involuntario estriado, constituye una excepción. Cada miofibrilla está formada por filamentos gruesos que consisten en moléculas de miosina y filamentos finos que consisten en actina y otros dos compuestos proteicos. La contracción muscular se produce cuando un impulso electroquímico cruza la unión mioneural y provoca el acortamiento de los filamentos finos.

músculo facial (facial muscle), uno de los cinco grupos musculares de la cara, constituidos por los músculos del cuero cabelludo, los músculos extrínsecos del oído, los músculos de la nariz, los músculos de los párpados y los músculos de la boca.

músculo iliopsoas (iliopsoas muscle), complejo muscular que flexiona el muslo y la columna lumbar.

músculo intrafusal (intrafusal muscle), tejido de músculo estriado en el interior de un huso muscular.

músculo involuntario (involuntary muscle), v. **músculo liso**.

músculo isométrico (isometric muscle), el músculo que puede aumentar su tensión sin acortarse.

músculo liso (smooth muscle), uno de los dos tipos de músculo, formado por células alargadas, fusiformes, que no son controladas voluntariamente, como los músculos lisos de los órganos viscerales. El músculo cardíaco es una excepción, ya que se trata de un músculo estriado no voluntario. Las células nucleadas del músculo liso están dispuestas entre sí en paralelo y siguiendo el eje longitudinal del músculo que forman. Las fibras del músculo liso son más cortas que las del estriado y solamente tienen un núcleo por fibra.

músculo miotómico (myotomic muscle), cualquiera de los numerosos músculos del tronco del cuerpo que deriva de los miotomas que se dividen en los músculos profundos de la espalda y en los músculos toracoabdominales.

músculo papilar (papillary muscle), cada una de las prolongaciones musculares redondeadas o coniformes unidas a las cuerdas tendinosas de los ventrículos del corazón. Los músculos papilares están asociados con las válvulas auriculoventriculares, a las que ayudan a abrir y cerrar.

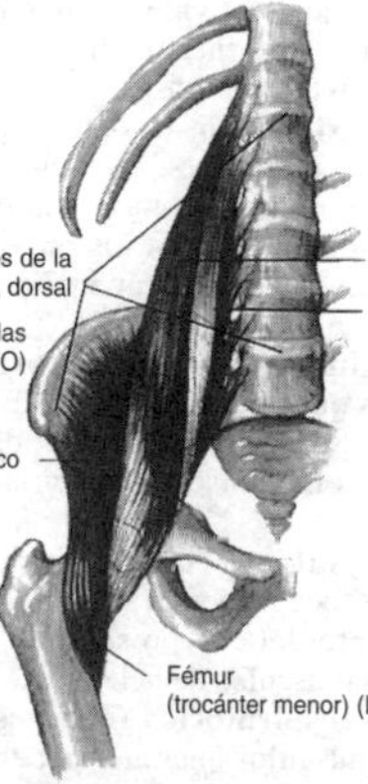

Músculo iliopsoas
(Thibodeau, 1993/Ernest W. Beck))

músculo posterior del muslo (hamstring muscle), cualquiera de los tres músculos de la región posterior del muslo; en la zona interna, el semimembranoso y el semitendinoso y, en la externa, el bíceps crural.

músculo principal (prime mover), músculo que actúa directamente para producir un movimiento deseado junto con otros músculos que actúan de forma simultánea para producir indirectamente el mismo movimiento. La mayor parte de los movimientos del cuerpo requieren la acción combinada de numerosos músculos.

músculo recto (rectus muscle), músculo del cuerpo que tiene una forma relativamente recta. Algunos músculos rectos son: **recto anterior mayor del abdomen**, **recto externo del ojo** y **recto interno del muslo**.

músculo voluntario (voluntary muscle), v. **músculo estriado**.

músculos antigravitatorios (antigravity muscles), grupos musculares que participan en la estabilización de las articulaciones o de otras partes del cuerpo, al oponerse a los efectos de la gravedad.

músculos auxiliares de la respiración (accessory muscles of respiration), músculos adicionales o de refuerzo, como los músculos del cuello, la espalda y el abdomen, que pueden desempeñar un papel más importante en la respiración durante un trastorno respiratorio o al hacer ejercicio.

músculos espinales o de la masa común (sacrospinalis), conjunto muscular carnoso de la espalda que se divide en un músculo lateral (iliocostal), otro intermedio (dorsal largo) y otro medial (epiespinoso).

músculos extrínsecos (me) (extrinsic muscles [em]), **1.** músculos que están fuera del órgano que controlan, como los músculos extraoculares que controlan los movimientos del ojo. **2.** músculos que unen un miembro al tronco.

músculos intercostales (intercostal muscles), músculos que se encuentran entre costillas adyacentes. Se clasifican en internos y externos, y actúan como músculos respiratorios secundarios.

músculos intrínsecos (intrinsic muscles), músculos localizados en su totalidad en la parte o segmento del cuerpo sobre el que actúan, como los músculos de la lengua.

músculos respiratorios (muscles of respiration), músculos que intervienen en la inspiración, en parte por el incremento de volumen de la cavidad torácica, de modo que el aire penetre en los pulmones; son el diafragma y los intercostales externos. Están ayudados durante la respiración forzada por los escalenos, los supracostales, el esternocleidomastoideo, el pectoral mayor, el cutáneo del cuello y el serrato menor porterosuperior. Los músculos de la espiración forzada son los oblicuos mayor y menor, el recto anterior del abdomen y el transverso del abdomen.

músculos sinérgicos (synergitic muscles), grupos de músculos que se contraen juntos para conseguir el mismo movimiento corporal.

musculosquelético (musculoskeletal), relativo o perteneciente a los músculos y al esqueleto.

musicoterapia (music therapy), forma de psicoterapia coadyuvante en la que se emplea la música como método de recreación y comunicación, especialmente en los niños autistas, y para mejorar el estado de ánimo de pacientes deprimidos y psicóticos.

muslo (thigh), región del miembro inferior situada entre la cadera y la rodilla.

mutación (mutation), cambio poco habitual en el material genético que se produce de forma espontánea o inducida. La alteración modifica la expresión original del gen. Los genes son unidades estables, pero cuando se produce una mutación, suele transmitirse a las generaciones futuras.

mutacismo (mutacism), mimmación o uso incorrecto de los sonidos «m».

mutagénesis (mutagenesis), inducción o aparición de una mutación genética.

mutágeno (mutagen), cualquier agente medioambiental químico o físico, que indique una mutación genética o aumente la velocidad de mutación.

mutante (mutant), **1.** cualquier individuo u organismo con material genético que ha sufrido mutación. **2.** relacionado con o producido por mutación.

mutismo (mutism), incapacidad o rechazo a hablar. Este trastorno puede ser el resultado de una respuesta inconsciente a un conflicto emocional o un estado de confusión, y se observa mayoritariamente en pacientes catatónicos, estuporosos, histéricos o deprimidos. Un tipo de mutismo es el **mutismo acinético**.

mutón (muton), (en genética molecular) el fragmento más pequeño de ADN cuya alteración puede producir una mutación.

muñeca (wrist), v. **carpo**.

muñón (stump), parte proximal de una extremidad que queda después de una amputación parcial.

mv, mV (mv, mV), abreviatura de **milivoltio**.

mVO_2 (mVO_2), símbolo de **consumo miocárdico de oxígeno**.

MVV (MVV), abreviatura de **ventilación voluntaria máxima**. V. **capacidad respiratoria máxima**.

Mycobacterium (Mycobacterium), género de bacterias cilíndricas ácido resistentes al que pertenecen dos importantes especies patógenas: *Mycobacterium leprae*, que produce la lepra, y *M. tuberculosis*, que produce la tuberculosis.

Mycoplasma (Mycoplama), género de organismos ultramicroscópicos que carecen de paredes celulares rígidas y que son considerados los organismos vivos más pequeños. Algunos son saprófitos, otros parásitos y muchos de ellos patógenos.

N

N (N), **1.** símbolo del **nitrógeno**. **2.** abreviatura de **normal**. **3.** abreviatura de node (ganglio linfático) en el sistema TNM de clasificación de las neoplasias malignas.

n, 2n, 3n, 4n (n, 2n, 3n, 4n), símbolos para el número haploide, diploide, triploide y tetraploide de cromosomas en una célula, organismo, cepa o individuo.

n-1 (n-1), símbolo de **solución normal**.

n.b. (n.b.), abreviatura latina de *nota bene*, o nótese bien.

N-m (N-m), abreviatura de Newton-metro.

N-m^2 (N-m^2), abreviatura de Newton-metro cuadrado.

n-s-m^2 (n-s-m^2), newton por segundo por metro cuadrado.

N_2O (N_2O), símbolo del **óxido nitroso**.

Na (Na), símbolo químico del **sodio**.

nA (nA), abreviatura de nanoamperio.

nacido sin asepsia (NSA) (born out of asepsis [BOA]), (en un hospital) referido a un recién nacido que no vino al mundo en el lugar habitual de una unidad obstétrica. Dependiendo de la política de la institución, un niño denominado NSA puede haber nacido en el camino al hospital o en el hospital, o de camino a la sala de partos o en una sala de partos.

naciente (nascent), **1.** recién nacido; que comienza a existir; incipiente. **2.** (en química) perteneciente a cualquier sustancia liberada en una reacción química, que, por su estado no combinado, es más reactiva.

nacimiento (birth), **1.** el acontecimiento de nacer, la llegada al mundo de una nueva persona desde el útero materno. **2.** el acontecimiento del parto, el acto materno de traer al mundo a un niño. **3.** el acontecimiento médico, el parto de un feto por la asistencia de un obstetra. Algunos tipos de parto son **parto de feto muerto, parto de feto vivo** y **parto de nalgas**.

nacimiento natural (natural childbirth), parto y alumbramiento que se desarrollan con escasa o nula intervención del médico. Los requisitos previos son: gestación normal, un canal del parto normal, fuerte motivación materna, preparación física y emocional y apoyo constante e intensivo de la madre durante el parto y el nacimiento.

nacimiento pretérmino (preterm birth), todo nacimiento que tiene lugar antes de la trigesimoséptima semana de gestación.

nacimiento programado (prepared chilbirth), v. **nacimiento natural**.

nada por boca (NPO) (nothing per os [NPO]), instrucción escrita para advertir al personal auxiliar de que un paciente no puede ingerir alimentos, bebidas o medicamentos. Suele ponerse a la cabecera de la cama cuando un paciente va a ser sometido a ciertos procedimientos quirúrgicos o diagnósticos que requieren que el tracto digestivo esté vacío.

NADH (NADH), abreviatura de dinucleótido de nicotinamida-adenina, reducido.

nadir (nadir), punto más bajo, como el del recuento sanguíneo después de haber sido deprimido por quimioterapia.

nadolol (nadolol), agente bloqueante betaadrenérgico utilizado en el tratamiento a largo plazo de la angina de pecho y la hipertensión.

NADPH (NADPH), abreviatura de dinucleótido de nicotinamida-adenina-fosfato, reducido.

nafcilina sódica (nafcillin sodium), antibacteriano prescrito en el tratamiento de las infecciones producidas por estafilococos productores de penicilinasa.

naftolcanfor (naphtol camphor), mezcla siruposa de dos partes de alcanfor y una de betanaftol, utilizado externamente como antiséptico.

Nahrungs-Einheit-Milch (nem) (Nahrungs-Einheit-Milch [nem]), unidad nutritiva en el sistema de alimentación de Pirquet, equivalente a 1 g de leche materna.

nalga (buttock), las dos masas carnosas localizadas debajo de la espalda formadas por grasa y por los músculos glúteos.

nalgas completas (complete breech), presentación fetal en la que el feto se presenta con las piernas flexionadas sobre los muslos y los muslos sobre el abdomen.

nalgas francas (frank breech), posición intrauterina de un feto en la que las nalgas se presentan en el estrecho superior de la pelvis materna, las piernas están estiradas sobre el cuerpo y los pies a la altura de los hombros.

NANB (NANB), abreviatura de **hepatitis no-A no-B**.

NANDA (NANDA), abreviatura de ***North American Nursing Diagnosis Association***.

nanismo (nanism), pequeñez anormal o escaso desarrollo del cuerpo; enanismo. Algunos tipos de nanismo son: **nanismo de Paltauf**, **nanismo hipofisario**, **nanismo renal**, **nanismo senil** y **nanismo sintomático**.

nanismo de Paltauf (Paltauf's nanism) [Arnold Paltauf, médico checoslovaco, n. 1860], enanismo asociado a una producción o crecimiento exagerados de tejido linfoide.

nanismo hipofisario (pituitary nanism), tipo de enanismo que se asocia a infantilismo hipofisario.

nanismo renal (renal nanism), enanismo asociado a osteodistrofia renal infantil.

nanismo senil (senile nanism), enanismo asociado a la progeria.

nanismo sintomático (symptomatic nanism), enanismo asociado a defectos del crecimiento óseo, la formación de los dientes y el desarrollo sexual.

nanocefalia (nanocephaly), defecto del desarrollo caracterizado por una pequeñez anormal de la cabeza.

nanocormia (nanocormia), pequeñez anormal y desproporcionada del tronco en comparación con la cabeza y las extremidades.

nanocurio (nc, nC) (nanocurie [nc, nC]), unidad de radiación equivalente a la milmillonésima parte de un curio.

nanoftalmos (nanophtalmos), estado en el que uno o ambos ojos son anormalmente pequeños, sin que haya otros defectos oculares.

nanogramo (ng) (nanogram [ng]), unidad de masa equivalente a la milmillonésima parte de un gramo.

nanomelia (nanomelia), defecto del desarrollo caracterizado por extremidades anormalmente pequeñas, en comparación con el tamaño de la cabeza y el tronco.

nanómetro (nm) (nanometer [nm]), unidad de longitud equivalente a la milmillonésima parte de un metro.

nanosegundo (nanosecond), milmillonésima parte de un segundo (10^{-9}).

nanosómico (nanosomus), persona de estatura muy baja; enano.

nanukayami (nanukayami), enfermedad infecciosa aguda producida por uno de los serotipos de la espiroqueta *Leptospira*, endógena en Japón.

napalm (napalm), abreviatura de palmitato de naftenato, una forma de gasolina gelificada que se usa como arma de guerra.

naproxeno (naproxen), agente antiinflamatorio no esteroideo, utilizado para aliviar los síntomas inflamatorios de la artritis.

napsilato de levopropoxifeno (levopropoxyphene napsylate), fármaco antitusivo.

narcisismo (narcissism), **1.** interés patológico por uno mismo, especialmente por sus características corporales y sexuales; amor a uno mismo. **2.** (en psicoanálisis) interés sexual por uno mismo, característica normal de la fase fálica del desarrollo psicosexual, y que ocurre cuando el ego infantil adquiere la libido.

narcoanálisis (narcoanalysis), entrevista desarrollada mientras el paciente está profundamente sedado con medicamentos, de forma que se reducen las inhibiciones y las respuestas son más verídicas.

narcohipnosis (narcohypnosis), hipnosis inducida con la ayuda de narcóticos, como el amobarbital sódico o el pentotal sódico.

narcolepsia (narcolepsia), síndrome caracterizado por súbitos ataques de sueño, cataplejía, parálisis durante el sueño y alucinaciones visuales o auditivas al quedarse dormido. Las personas con narcolepsia experimentan un deseo incontrolable de dormir, a veces varias veces al día. Las crisis pueden durar desde unos pocos minutos a varias horas. Se producen pérdidas momentáneas del tono muscular durante las horas de vigilia (cataplejía) o mientras la persona está despierta.

narcoléptico (narcoleptic), **1.** perteneciente o relativo a un proceso o sustancia que produce un incontrolable deseo de dormir. **2.** fármaco narcoléptico. **3.** persona que padece narcolepsia.

narcosis (narcosis), estado de insensibilidad o estupor producido por fármacos estupefacientes.

narcosis basal (basal narcosis), inconsciencia completa inducida en un paciente quirúrgico antes de administrar la anestesia general. El estado de inconsciencia inducida es menos profundo que el de la anestesia general. El paciente no responde a estímulos verbales, aunque es capaz de responder a estímulos molestos.

narcosis por dióxido de carbono (carbon dioxide narcosis), estado de hipercapnia grave con síntomas de confusión, temblores, convulsiones y coma que puede producirse si la tensión sanguínea de dióxido de carbono es mayor o igual a 70 mm Hg.

narcosis por nitrógeno (nitrogen narcosis), proceso de depresión de las funciones del sistema nervioso central por presencia de una presión parcial de nitrógeno elevada.

narcótico (narcotic), **1.** perteneciente o relativo a una sustancia que produce insensibilidad o estupor. **2.** fármaco narcótico. Los analgésicos derivados del opio o sintéticos alteran la percepción del dolor, inducen euforia, cambios de comportamiento, obnubilación mental y sueño profundo; deprimen la respiración y el reflejo de la tos, producen miosis ocular y ocasionan espasmos musculares, disminución del peristaltismo, emesis y náuseas. Su empleo repetido puede producir dependencia física y psicológica.

nares (nares, *sing*. **naris**), par de orificios anteriores y posteriores de la nariz, que permiten el paso de aire de la nariz a la faringe y los pulmones durante la respiración.

nariz (nose), estructura saliente de la porción anterior del cráneo, que sirve para el paso del aire hacia los pulmones. La nariz filtra el aire, lo calienta y humedece y lo examina químicamente en busca de impurezas que puedan irritar la mucosa que tapiza el tracto respiratorio. También contiene el órgano del olfato, y sirve de ayuda para hablar. Su porción externa es considerablemente menor que la interna, que descansa sobre el techo de la boca. La porción interior, hueca, está dividida por un tabique en cavidad derecha e izquierda. Cada cavidad está dividida en meatos superior, medio e inferior, por la prolongación de los cornetes nasales. La porción externa de la nariz está perforada por los dos orificios nasales, y la porción interna por los dos orificios posteriores o coanas.

nasal (nasal), perteneciente o relativo a la nariz y la cavidad nasal.

nasión (nasion), **1.** punto de referencia antropométrica de la parte frontal del cráneo, donde el plano mediosagital corta una línea tangencial al punto más alto de los surcos palpebrales superiores. **2.** depresión en la raíz de la nariz, que indica la unión de las suturas intranasal y frontonasal.

nasofaringe (nasopharynx), una de las tres regiones de la garganta, situada detrás de la nariz y que se extiende desde las ventanas nasales posteriores hasta la altura del paladar blando. Las amígdalas tumefactas o aumentadas de tamaño pueden llenar el espacio detrás de las coanas y bloquear completamente el paso del aire desde la nariz a la garganta.

nasofaringografía (nasopharyngography), radiografía exploratoria de la nasofaringe.

nasofaringoscopia (nasopharyngoscopy), técnica de exploración física en que se examinan visualmente la nariz y la garganta mediante un laringoscopio, un dispositivo fibroóptico, una luz intensa y un dilatador de las ventanas nasales.

nasolabial (nasolabial), relativo a la nariz y los labios.

nasolagrimal (nasolacrimal), perteneciente o relativo a la cavidad nasal y los conductos lagrimales asociados.

natal (natal), perteneciente o relativo al nacimiento.

natriuresis (natriuresis), excreción de una cantidad de sodio en orina superior a la normal, como la derivada de la administración de fármacos diuréticos natriuréticos o de distintos procesos metabólicos o endocrinos.

natriurético (natriuretic), **1.** perteneciente o relativo al proceso de natriuresis. **2.** sustancia que inhibe la reabsorción de iones sodio del filtrado glomerular renal, permitiendo así una mayor excreción de sodio por la orina.

naturaleza o ambiente (nature versus nurture), expresión con la que se alude a la larga controversia sobre la influencia de la naturaleza frente a la del medio ambiente en el desarrollo de la personalidad. La naturaleza está representada por los instintos y factores genéticos, y la nutrición, por las influencias sociales.

naturopatía (naturopathy), sistema de tratamiento basado en alimentos naturales, luz, calor, masaje, aire puro, ejercicio regular y evitación de medicamentos. Sus defensores creen que las enfermedades pueden ser curadas por los procesos naturales del organismo.

náuseas (nausea), sensación que frecuentemente conduce al vómito. Son causas frecuentes el mareo, ya sea en el mar o por cualquier otro tipo de movimiento, el inicio del embarazo, un dolor intenso, una tensión emocional, las enfermedades de la vesícula, las intoxicaciones alimentarias y distintos enterovirus.

náuseas y vómitos del embarazo (nausea and vomiting of pregnancy), proceso frecuente al comenzar la gestación, caracterizado por náuseas recurrentes o persistentes, frecuentemente por la mañana, que pueden originar vómitos, pérdida de peso, anorexia, debilidad general y malestar general. Las causas de este proceso están poco claras. Normalmente, no comienzan antes de la sexta semana después del último período menstrual, y terminan entre la semana 12.ª y la 14.ª de la gestación.

navicular (navicular), que tiene la forma de una nave, como el hueso escafoides de la muñeca.

Nb (Nb), símbolo del **niobio**.

nc, nC (nc, nC), abreviatura de nanocurie.

Nd (Nd), símbolo del **neodimio**.

Ne (Ne), símbolo de **neón**.

nébula (nebula, *pl*. **nebulae**), **1.** ligera opacidad o cicatriz corneal que se aprecia sólo mediante iluminación oblicua. **2.** turbidez de la orina. **3.** cocimiento oleoso que se aplica con un atomizador.

nebulización (nebulization), método de administración de medicamentos, mediante su vaporización e introducción por las vías respiratorias del paciente.

nebulizador (nebulizer), dispositivo para producir una fina pulverización. La medicación intranasal se administra con frecuencia mediante un nebulizador.

nebulizador de chorro (jet nebulizer), humidificador respiratorio que utiliza el efecto Bernouilli para convertir la fuente de líquido en una fina mezcla de partículas de aerosol.

nebulizador ultrasónico (ultrasonic nebulizer), humidificador en el que se utiliza una corriente eléctrica para producir vibraciones de alta frecuencia en un contenedor de líquido. Las vibraciones transforman el líquido en las partículas del aerosol.

nebulizar (nebulize), vaporizar o dispersar un líquido en una fina pulverización.

Necator (Necator), género de nematodos, parásitos intestinales que producen la uncinariasis.

necatoriasis (necatoriosis), uncinariasis, específicamente la producida por el *Necator americanus*, la uncinaria más común en América del Norte. Las larvas viven en el suelo y llegan al tracto digestivo humano a través de alimentos y aguas contaminadas o atravesando la piel del pie o la pierna. Los síntomas son diarrea, náuseas y dolor abdominal, así como anemia en los casos más graves.

necesidad compulsiva (compulsion need), alteración caracterizada por un impulso irresistible para realizar repetidamente determinados actos, a pesar del reconocimiento consciente de que se trata de una conducta anormal. El acto compulsivo puede tener significación simbólica para el paciente.

necesidad emocional (emotional need), necesidad psicológica o mental, de origen intrapsíquico, normalmente centrada en sentimientos básicos como el amor, el miedo, la cólera, la tristeza, la ansiedad, la frustración y la depresión, que afecta al entendimiento, a la empatía y al apoyo de una persona a otra. Estas necesidades suelen presentarse en todas las personas, pero normalmente aumentan en períodos de excesiva tensión o en enfermedades físicas o mentales, y en distintos estadios de la vida, como en la infancia y en la tercera edad. Si no se cubren de forma sistemática estas necesidades por métodos apropiados y socialmente aceptados, pueden desencadenar trastornos fisiopatológicos.

necesidades básicas (basic human needs), los elementos requeridos para la supervivencia y el mantenimiento de una salud mental y física normales, tales como los alimentos, el agua, el refugio y el amor.

necesidades de dependencia (dependency needs), suma de los requerimientos físicos y emocionales para que sobreviva un niño, como son: padres, amor, afecto, abrigo, protección, alimentación y calor humano. Normalmente, esta necesidad de apoyarse en otras personas va desapareciendo con la edad y la madurez.

necesidades diarias mínimas (NDM) (minimum daily requirements [MDR]), necesidades diarias humanas de nutrientes, para la salud y como necesidad para prevenir las enfermedades por deficiencia. Las cifras, establecidas por la *Food & Drug Administration* de EE.UU., generalmente se extrapolan a partir de los estudios de experimentación animal, y proporcionan un pequeño margen suplementario de seguridad.

necrobiosis lipoídica (necrobiosis lipoidica), enfermedad de la piel caracterizada por placas delgadas y brillantes de color amarillo o rojo, en las espinillas y los antebrazos. Sobre estas placas pueden producirse telangiectasias, costras y úlceras.

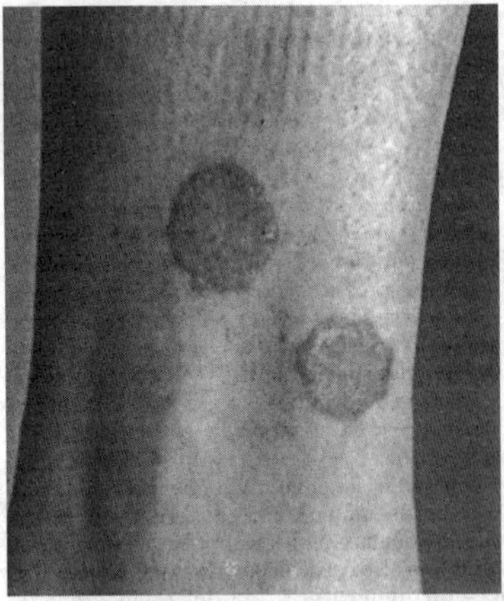

Necrobiosis lipoídica
(R. Hall/D. C. Evered, 2.ª ed., 1992)

necrofilia (necrophilia), **1.** apetencia morbosa por estar junto a cuerpos muertos. **2.** deseo morboso de tener contacto sexual con un cuerpo muerto, normalmente de hombres con mujeres muertas.

necrofobia (necrophobia), miedo patológico

a la muerte y a los muertos.

necrogénico, necrógeno (necrogenic, necrogenous), relativo a algo que se origina en un tejido o sustancia muerta.

necrólisis (necrolysis), desintegración o exfoliación de los tejidos muertos.

necrólisis epidérmica tóxica (NET) (toxic epidermal necrolysis [TEN]), enfermedad cutánea poco frecuente, caracterizada por eritema epidérmico, necrosis superficial y erosiones cutáneas. La piel parece escaldada, dejando a menudo cicatrices. La NET puede ser el resultado de reacciones tóxicas o de hipersensibilidad. Se asocia fundamentalmente a reacciones farmacológicas y también se ha asociado con tóxicos transportados por vía aérea, como el monóxido de carbono. La NET puede también indicar una respuesta inmune o puede estar asociada a estrés psicológico grave. Entre los signos precoces de la enfermedad están la inflamación de las mucosas, la fiebre, el malestar, sensación de quemazón en la conjuntiva y sensibilidad penetrante en la piel. La primera fase de la NET se manifiesta por eritema difuso; en la segunda fase se producen vesículas y flictenas; la tercera fase se caracteriza por necrólisis epidérmica extensa y descamación. A medida que progresa la enfermedad se desarrollan grandes ampollas flácidas que se rompen, quedando expuestas amplias regiones sin piel. Como consecuencia se pierden los líquidos tisulares y electrólitos, produciéndose complicaciones sistémicas, como edema pulmonar, bronconeumonía, hemorragia GI y esofágica, sepsis, shock, insuficiencia renal y coagulación intravascular diseminada. Estos trastornos extremos contribuyen a la elevada mortalidad asociada a la NET.

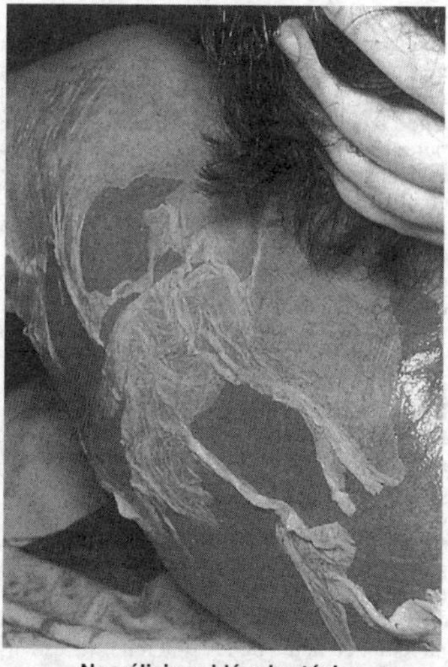

Necrólisis epidérmica tóxica
(C. D. Forbes/W. F. Jackson, 1994)

necrología (necrology), estudio de las causas de muerte, junto con la preparación y la interpretación de estadísticas de mortalidad.

necropsia (necropsy, necroscopy), v. **autopsia**.

necrosis (necrosis), muerte tisular local que se produce en grupos de células como respuesta a enfermedades o lesiones. En la necrosis coagulativa, coágulos sanguíneos bloquean el flujo de sangre y producen isquemia tisular distal al trombo; en la necrosis gangrenosa, la isquemia, combinada con la acción bacteriana, hacen que se produzca la putrefacción.

necrosis aséptica (aseptic necrosis), alteraciones quísticas y escleróticas degenerativas de los tejidos, como en el caso de una lesión sin infección concomitante.

necrosis caseosa (caseation necrosis), necrosis que transforma el tejido en una masa seca parecida al queso.

necrosis central (central necrosis), muerte de la parte central de un órgano o tejido.

necrosis grasa (fat necrosis), trastorno provocado por traumatismo o infección en el que las grasas neutras tisulares se desdoblan en ácidos grasos y glicerol. La necrosis grasa es más frecuente en las mamas y las regiones subcutáneas. También puede desarrollarse en la cavidad abdominal tras un ataque de pancreatitis que produzca una liberación de enzimas pancreáticas.

necrosis grasa subcutánea (subcutaneous fat necrosis), v. **adiponecrosis subcutánea neonatal**.

necrosis hipofisaria posparto (postpartum pituitary necrosis), cuadro de hipopituitarismo producido por hipovolemia y shock en el período inmediatamente posterior al parto. Puede ser que las pacientes no lleguen a tener leche, que pierdan el vello axilar y pubiano y que experimenten síntomas de hipoglucemia y amenorrea.

necrótico (necrotic), perteneciente a la muerte tisular como respuesta a una enfermedad o lesión.

necrotizante (necrotizing), que causa la muerte de organismos o tejidos.

nefelometría (nephelometry), técnica de determinación de la concentración de sólidos suspendidos en un líquido o gas, utilizando un nefelómetro.

nefelómetro (nephelometer), aparato fotométrico utilizado para determinar la concentración de sólidos suspendidos en un líquido o gas, que puede emplearse para determinar el número de bacterias en un espécimen.

nefrectomía (nephrectomy), resección quirúrgica de un riñón, realizada para extirpar un tumor, drenar un absceso o tratar una hidronefrosis.

nefrectomía abdominal (abdominal nephrectomy), extirpación quirúrgica de un riñón a través de una incisión en el abdomen.

nefrectomía paraperitoneal (paraperitoneal nephrectomy), intervención quirúrgica para extirpar el riñón mediante una incisión extraperitoneal.

nefrítico (nephritic), relativo a inflamación renal.

nefritis (nephritis), uno de los grandes grupos de enfermedades del riñón, caracterizado por inflamación y función anormal. Algunos tipos de nefritis son: glomerulonefritis, nefritis aguda, nefritis hereditaria, nefritis parenquimatosa y nefritis supurativa.

nefritis aguda (acute nephritis), inflamación repentina del riñón, caracterizada por albuminuria y hematuria, pero sin edema ni retención de orina. Se observa con mayor frecuencia en niños, y suele afectar sólo a unos pocos glomérulos.

nefritis crónica (chronic nephritis), forma de inflamación renal habitualmente secundaria a otra enfermedad, como la pielonefritis crónica. En la nefritis intersticial crónica, el riñón se reduce de tamaño y se vuelve granuloso, con engrosamiento de arterias y arteriolas y proliferación del tejido intersticial. Pueden presentarse anomalías funcionales, como retención de urea, hematuria y cilindruria.

nefritis intersticial (interstitial nephritis), inflamación del tejido intersticial renal, incluidos los túbulos. El proceso puede ser agudo o crónico. La **nefritis intersticial aguda** es una reacción inmunológica a determinados fármacos, frecuentemente sulfonamida o meticilina. Son característicos en este proceso el fracaso renal agudo, fiebre, rash y proteinuria. La **nefritis intersticial crónica** es un síndrome de inflamación intersticial y cambios estructurales, a veces asociado a procesos como obstrucción ureteral, pielonefritis, exposición del riñón a toxinas, rechazo de trasplantes y determinadas enfermedades generalizadas. Gradualmente se desarrolla insuficiencia renal, náuseas, vómitos, pérdida de peso, fatiga y anemia. Posteriormente pueden aparecer acidosis e hiperpotasemia.

nefritis lipomatosa (lipomatous nephritis), trastorno infrecuente en el que las nefronas renales son sustituidas por tejido graso.

nefroangiosclerosis (nephroangiosclerosis), necrosis de las arteriolas renales, asociada a hipertensión. Los signos precoces del proceso son: cefaleas, visión borrosa y una tensión sistólica superior a 120 mm Hg. El examen de la retina muestra hemorragias, exudados vasculares y papiledema. El corazón suele estar aumentado de tamaño, especialmente el ventrículo izquierdo. En la orina se encuentran proteínas y hematíes. Si la enfermedad no se trata puede producirse insuficiencia cardíaca y renal.

nefrocalcinosis (nephrocalcinosis), trastorno renal en el que se forman depósitos de calcio en las zonas del parénquima que han sufrido inflamaciones previas o cambios degenerativos.

nefrógeno (nephrogenic), **1.** que produce tejido renal. **2.** que se origina en el riñón.

nefrohipertrofia (nephrohypertrophy), incremento de tamaño del riñón.

nefrolitiasis (nephrolitiasis), proceso caracterizado por la existencia de cálculos en el riñón.

nefrolítico (nephrolytic), perteneciente o relativo a la destrucción de la función y estructura del riñón.

nefrolito (nephrolith), cálculo formado en el riñón.

nefrolitotomía percutánea (percutaneous nephrolithotomy), técnica urorradiológica realizada para extraer cálculos del interior del riñón o del uréter proximal mediante cirugía percutánea una vez se han visualizado radiológicamente los cálculos.

nefrología (nephrology), estudio de la anatomía, fisiología y patología del riñón.

nefrona (nephron), unidad estructural y funcional del riñón, que recuerda un embudo microscópico con un eje largo y dos secciones enrolladas. Cada riñón contiene 1,25 millones de nefronas, cada una de ellas compuesta por corpúsculo renal, asa de Henle y túbulos renales. El corpúsculo renal, a su vez, consta de un glomérulo de capilares renales incluido en la cápsula de Bowman.

nefronoptisis (nephronophtisis), v. **enfermedad quística medular**.

nefronoptisis juvenil familiar (familial juvenile nephronophthisis), v. **enfermedad quística medular**.

nefroparálisis (nephroparalysis), parálisis renal con detención de las funciones de ese órgano.

nefropatía (kidney disease, nephropathy),

cualquiera de un gran grupo de procesos infecciosos, inflamatorios, obstructivos, vasculares o neoplásicos, que afectan al riñón. Características de las enfermedades renales son: hematuria, proteinuria persistente, piuria, edema, disuria y dolor en el flanco. Los síntomas específicos varían según el tipo de proceso. Por ejemplo: hematuria con dolor cólico grave sugiere un cálculo renal; hematuria sin dolor puede indicar un carcinoma renal; la proteinuria es generalmente un signo de enfermedad del glomérulo o unidad filtradora del riñón; la piuria indica una enfermedad infecciosa, y el edema es típico del síndrome nefrótico.

nefropexia (nephropexia), operación quirúrgica para fijar un riñón flotante o ptósico.

nefroptosis (nephroptosis), desplazamiento hacia abajo o caída de un riñón.

nefrorrafia (nephrorrhaphy), sutura quirúrgica de un riñón flotante para mantenerlo en su sitio.

nefrosclerosis (nephrosclerosis), v. **nefroangiosclerosis.**

nefroscopio (nephroscope), instrumento de fibra óptica utilizado específicamente para desintegrar y extraer cálculos renales. El nefroscopio se introduce por vía percutánea, y los cálculos se localizan mediante placas radiográficas de la pelvis renal. Con una sonda ultrasónica, emisora de ondas de sonido de alta frecuencia, se deshacen los cálculos, que se extraen por aspiración a través del endoscopio.

nefroscopio percutáneo (percutaneous nephroscope), sonda fina de fibra óptica que puede ser introducida en el riñón a través de una incisión de la piel. Está equipada con un instrumento que puede ser utilizado para coger y extraer pequeños cálculos.

nefrosis (nephrosis), v. **síndrome nefrótico**.

nefrostoma (nephrostoma, *pl.* **nephrostomas, nephrostomata**), abertura ciliada en forma de embudo de los túbulos excretores del celoma en la fase embrionaria precoz de los vertebrados.

nefrostomía (nephrostomy), técnica quirúrgica en la que se realiza una incisión en el flanco, a cuyo través se puede introducir un catéter en la pelvis renal, con fines de drenaje.

nefrotoma (nephrotome), zona del tejido mesodérmico segmentado del embrión de los vertebrados en desarrollo. Es el tejido primordial del sistema urogenital y da origen al cordón nefrógeno.

nefrotomía (nephrotomy), técnica quirúrgica en la que se realiza una incisión en el riñón.

nefrotomografía (nephrotomography), examen radiográfico de los riñones por planos.

nefrotóxico (nephrotoxic), tóxico o destructivo para el riñón.

nefrotoxina (nephrotoxin), toxina con propiedades especialmente tóxicas para el riñón.

nefroureterolitiasis (nephroureterolithyasis), presencia de cálculos en riñones y uréteres.

negación (denial), **1.** rechazo total o parcial de algo solicitado, pedido o necesario, a menudo como resultado de deficiencias físicas o emocionales. **2.** mecanismo de defensa inconsciente en el que se evita el conflicto emocional y la ansiedad mediante el rechazo del reconocimiento de estos pensamientos, sentimientos, deseos, impulsos o hechos externos que resultan intolerables para la consciencia.

negación ineficaz (denial, ineffective), diagnóstico de enfermería aprobado por la NANDA, del intento consciente o inconsciente de repudiar el conocimiento o significado de un hecho, para reducir la ansiedad o el miedo, en detrimento de la salud. El individuo posterga o rechaza la asistencia médica y no da importancia personal a síntomas peligrosos. Las características que lo definen son: autotratamiento para aliviar los síntomas, desplazamiento del origen de los síntomas a otros órganos y desplazamiento del miedo al impacto de la enfermedad.

negativismo (negativism), forma de comportamiento caracterizada por oposición, resistencia, rechazo a cooperar incluso con las peticiones más razonables y tendencia a actuar de la forma contraria.

negativo (negative), **1.** (de una prueba de laboratorio) indicación de que no existe una sustancia o reacción determinada. **2.** (de un signo) indicación de que en la exploración física no existe un hallazgo, lo que a menudo significa que no existen alteraciones patológicas. **3.** (de una sustancia) que tiende a llevar o lleva una carga química negativa.

negligencia (negligence), (en derecho) comisión de un acto que una persona prudente no habría realizado, u omisión de una tarea que una persona prudente habría realizado, con resultado de lesión o daño a otra persona.

negligencia *per se* (negligence per se), (en derecho) reconocimiento de negligencia durante el juicio de una acción u omisión profesional, en clara violación de su estatuto, o tan opuesta a lo que dicta el sentido común que, sin duda alguna, ninguna persona prudente habría obrado de esa forma.

Neisseria gonorrhoeae (Neisseria gonorrhoeae) [Albert L. S. Neisser, dermatólogo polaco, n. 1855], diplococo inmóvil gramnegativo, que se presenta al microscopio en forma de parejas aplanadas en el interior del citoplasma de los neutrófilos. Es el microorganismo causante de la gonorrea.

Neisseria meningitidis (Neisseria meningitidis), v. **meningococo**.

nem (nem), abreviatura de **Nahrungs-Einheit-Milch**.

nematocidas (nematocides), pesticidas químicos que se utilizan para matar nematodos.

nematocisto (nematocyst), prolongación filiforme de la superficie de algunos celentéreos en conexión con un saco de veneno. El aguijón que poseen los representantes del género *Physalia* y algunos otros tipos de medusas puede penetrar en la piel del hombre o de los animales y causar una lesión dolorosa y potencialmente mortal.

nematodiasis (nematodiasis), infestación por larvas de nematodos.

nematodo (nematode), animal parásito pluricelular del filo Nematoda. Todas las especies de gusanos redondos pertenecen a este filo.

nemotecnia (mnemonics), sistema de entrenamiento de la memoria mediante la vinculación de un concepto o imagen nueva con una establecida previamente en la memoria, como la asociación de los números de la combinación de una cerradura con un cumpleaños o con un número de teléfono.

neoantígeno (neoantigen), antígeno nuevo específico que se desarrolla en una célula infectada por un virus oncogénico; aparece después de la infección por SV40.

neoblástico (neoblastic), perteneciente o relativo a los tejidos nuevos o al desarrollo de un tejido nuevo.

neocerebelo (neocerebellum), partes del cerebelo que reciben impulsos nerviosos a través de la vía corticopontocerebelosa.

neoconductismo (neobehaviorism), escuela de psicología basada en los principios generales del conductismo, pero con un concepto más amplio y flexible que éste. Hace hincapié en la investigación experimental y en los análisis de laboratorio para el estudio de conductas obvias y de diversos fenómenos subjetivos que no pueden observarse ni medirse directamente.

neoconductista (neobehaviorist), discípulo de la escuela del neoconductismo.

neocórtex (neocortex), parte del cerebro de desarrollo evolutivo más reciente. En el hombre, el neocórtex incluye toda la corteza cerebral, excepto las áreas piriformes e hipocampales.

neodimio (Nd) (neodymium [Nd]), elemento perteneciente al grupo de las tierras raras. Su número atómico es 60; su peso atómico, 144,27.

neoglotis (neoglottis), estructura vibrátil que sustituye a la glotis en el lenguaje no laríngeo, como después de una laringectomía.

neologismo (neologism), **1.** término o palabra de nuevo cuño. **2.** (en psiquiatría) palabra acuñada por un paciente psicótico o delirante y que sólo tiene significado para ese paciente.

neón (Ne) (neon [Ne]), elemento gaseoso, incoloro e inodoro, y uno de los gases nobles. Su número atómico es 10; su peso atómico, 20,2. El neón no forma compuestos y se encuentra en la atmósfera aproximadamente a razón de 18 partes por millón.

neonatal (neonatal), período de tiempo que cubre los primeros 28 días siguientes al nacimiento.

neonato (neonate), lactante desde el nacimiento hasta las 4 semanas de edad.

neonato prematuro (premature infant), cualquier recién nacido, independientemente del peso al nacer, nacido antes de las 37 semanas de gestación. Los factores predisponentes asociados a la prematuridad son: embarazos múltiples, toxemia, enfermedades crónicas, infecciones agudas, sensibilización por incompatibilidad sanguínea y cualquier traumatismo grave que pueda interferir con el desarrollo fetal normal. En la mayor parte de los casos se desconoce la causa. Habitualmente, el neonato prematuro tiene un aspecto pequeño y escuálido, con una cabeza muy grande en relación al tamaño del cuerpo, siendo su peso inferior a los 2.500 g. La piel es rosa brillante, lisa, lustrosa y transparente, observándose claramente los vasos subyacentes. Los brazos y piernas están extendidos, no flexionados, como en el lactante a término. La grasa subcutánea está prácticamente ausente, el pelo es escaso, hay pocas líneas en las plantas de los pies y palmas de las manos y el cartílago auricular está poco desarrollado. En los niños, el escroto tiene escasos pliegues y los testículos pueden no haber descendido; en las niñas, el espacio interlabial y el clítoris son muy prominentes.

neonato pretérmino (preterm infant), v. **neonato prematuro**.

neonatología (neonatology), rama de la medicina que se centra en el cuidado del neonato especializada en el diagnóstico y el tratamiento de los trastornos del recién nacido.

neoplasia (neoplasia), desarrollo de células nuevas y anormales, que pueden ser benignas o malignas.

neoplasia benigna (benign neoplasm), tumor, característicamente localizado, que tiene una cápsula fibrosa, de crecimiento potencialmente limitado, forma regular y células bien diferenciadas. Una neoplasia benigna no invade el tejido adyacente ni metastatiza a distancia. Sólo causa daño por compresión y habitualmente no recurre después de la extirpación quirúrgica. Algunos tipos de neoplasias benignas son: **adenoma, fibroma, hemangioma** y **lipoma**.

neoplasia histoide (histoid neoplasm), crecimiento que se asemeja a los tejidos en los que se origina.

neoplasia maligna (malignant neoplasm), tumor que tiende a crecer, invadir y metastatizar. Normalmente tiene una forma irregular y está constituido por células escasamente diferenciadas. Si no se trata puede producir la muerte del organismo. El grado de malignidad de las neoplasias depende del tipo de tumor y del estado del paciente.

neoplasia mixta (mixed neoplasm), tumor o crecimiento que afecta a dos hojas de tejido germinal.

neoplasia organoide (organoid neoplasm), crecimiento semejante a un órgano corporal.

neoplastia (neoplasty), cirugía plástica que consiste en restaurar o añadir algo.

neotenia (neoteny), adquisición de la madurez sexual durante el estadio larvario del desarrollo, especialmente las salamandras.

neptunio (Np) (neptunium [Np]), elemento metálico transuránico. Su número atómico es 93; su peso atómico, 237.

nervio (nerve), uno o más haces de fibras conductoras de impulsos, que conectan el cerebro y la médula espinal con otras partes del cuerpo. Los nervios transmiten impulsos aferentes desde los órganos receptores hacia el encéfalo y la médula espinal y los impulsos eferentes hacia la periferia, a los órganos efectores. Cada nervio consta de un epineurio que rodea los fascículos de fibras nerviosas, cada uno de ellos rodeado a su vez por una vaina propia de tejido conectivo.

nervio accesorio (accessory nerve), nervio craneal esencial para el lenguaje y la deglución y para realizar ciertos movimientos de la cabeza y de los hombros. Cada nervio tiene una porción craneal y una porción raquídea, se comunica con ciertos nervios cervicales y conecta con el núcleo ambiguo del cerebro.

nervio accesorio del braquial cutáneo interno (medial brachial cutaneous nerve), nervio del brazo que se origina en el cordón interno del plexo braquial y que discurre por la cara interna del brazo.

nervio acústico (acoustic nerve), v. **nervio auditivo**.

nervio adrenérgico (adrenergic nerve), nervio del sistema nervioso autónomo que controla la liberación de noradrenalina en sus sinapsis.

nervio auditivo (auditory nerve), nervio craneal, uno de los pares craneales, compuesto por fibras que proceden en el oído interno de los nervios coclear y vestibular, conduciendo impulsos relacionados con el sentido de la audición y con el sentido del equilibrio.

nervio autónomo (autonomic nerve), nervio del sistema nervioso autónomo, formado por los sistemas nerviosos simpático y parasimpático, con capacidad para actuar de forma independiente y espontánea, según lo requiera el mantenimiento de las actividades corporales de forma óptima.

nervio braquial cutáneo interno (medial antebrachial cutaneous nerve), nervio del brazo que se origina en el cordón interno del plexo braquial, por dentro de la arteria axilar.

nervio ciático (sciatic nerve), nervio largo que tiene su origen en el plexo sacro y se extiende por los músculos del muslo, la pierna y el pie, con numerosas ramificaciones.

nervio circunflejo (axillary nerve), una de las dos últimas ramas del fascículo posterior del plexo braquial, antes de que este fascículo constituya el nervio radial.

nervio coclear (cochlear nerve), una de las principales divisiones del octavo par craneal, con fibras que tienen su origen en las células ganglionares espirales y terminan en los núcleos cocleares dorsal y ventral del tronco del encéfalo.

nervio colinérgico (cholinergic nerve), nervio que libera el neurotransmisor acetilcolina en sus sinapsis. Los nervios colinérgicos están integrados por todas las fibras nerviosas preganglionares simpáticas y parasimpáticas, las fibras nerviosas posganglionares parasimpáticas, las fibras nerviosas somáticas motoras de los músculos esqueléticos y por algunas fibras nerviosas de las glándulas sudoríparas y de ciertos vasos sanguíneos.

nervio crural (femoral nerve), la mayor de las siete ramas del plexo lumbar y el nervio principal de la superficie anterior del muslo.

nervio cubital (ulnar nerve), una de las ramas terminales del plexo braquial que se origina en cada lado a partir del cordón interno del plexo. Recibe fibras de las raíces nerviosas cervicales y dorsales e inerva los músculos y la piel del lado cubital del antebrazo y de la mano. Se puede palpar fácilmente como el «nervio del dolor de la suegra» del codo.

nervio cutáneo (cutaneous nerve), nervio que penetra en la piel.

nervio cutáneo dorsal (dorsal cutaneous nerve), nervio superficial, del pie o el tobillo, donde puede ser visible y palpable.

nervio del pectoral mayor, nervio torácico anterior mayor (lateral pectoral nerve), una de las dos ramas del plexo braquial que, junto con el nervio del pectoral menor, inerva los músculos pectorales.

nervio del pectoral menor, nervio torácico anterior menor (medial pectoral nerve), rama del plexo braquial que, junto con el nervio del pectoral mayor, inerva los músculos pectorales.

nervio dorsal de la escápula (dorsal scapular nerve), cualquiera de las dos ramas supraclaviculares de las raíces del plexo braquial. Inerva los músculos romboides mayor y menor, y emite una rama para el elevador de la escápula.

nervio eferente (efferent nerve), nervio que transmite los impulsos alejándolos, hacia afuera, desde un centro nervioso como el cerebro o la médula espinal, lo que normalmente se traduce en una contracción muscular, la liberación de una secreción glandular u otra actividad.

nervio espinal accesorio (spinal accessory nerve), v. **nervio accesorio**.

nervio facial (facial nerve), uno de los pares craneales mixtos, sensitivo y motor, que se origina en el tronco del encéfalo, en la base de la protuberancia, y se divide justo por delante del oído en sus seis ramas, inervando el cuero cabelludo, la frente, los párpados, los músculos de la expresión facial, las mejillas y la mandíbula.

nervio frénico (phrenic nerve), una de las dos ramas musculares del plexo cervical, que procede del cuarto nervio cervical. Contiene más fibras sensitivas que motoras, y generalmente se le considera el nervio motor del diafragma, aunque los nervios dorsales inferiores también colaboran en la inervación del diafragma.

nervio frénico accesorio (accessory phrenic nerve), nervio que se une al frénico en la base del cuello o en el interior del tórax, formando un asa alrededor de la vena subclavia.

nervio glosofaríngeo (glossopharyngeal nerve), nervio craneal, par esencial para el sentido del gusto, para la sensibilidad de algunas vísceras y para la secreción de ciertas glándulas.

nervio hipogloso (hypoglossal nerve), par craneal esencial para la deglución y para la movilidad de la lengua.

nervio inferior del subescapular (inferior subscapular nerve), cualquiera de los dos pequeños nervios que corren a ambos lados de la espalda e inervan la parte distal del subescapular, para terminar en el redondo mayor.

nervio mediano (median nerve), una de las ramas terminales del plexo braquial que se distribuye por la región radial del antebrazo y de la mano e inerva distintos músculos y la piel de esta zona.

nervio mixto (mixed nerve), nervio que contiene fibras sensoriales y motoras.

nervio motor (motor nerve), v. **motoneurona**.

nervio motor ocular común (oculomotor nerve), tercer par de nervios craneales, esenciales para los movimientos de los ojos, que inervan algunos de los músculos oculares extrínsecos e intrínsecos.

nervio motor ocular externo (abducens nerve), sexto par craneal. Controla al músculo recto externo, desplazando el ojo hacia fuera.

nervio musculocutáneo (musculocutaneous nerve), una de las ramas terminales del plexo braquial. Está formado en cada lado por la división del cordón lateral del plexo en dos ramas. Las diferentes ramas y filamentos inervan distintas estructuras, como el bíceps, el braquial anterior, el húmero y la piel del antebrazo.

nervio neumogástrico (pneumogastric nerve), v. **nervio vago**.

nervio oftálmico (ophthalmic nerve), primera división del nervio trigémino (V par craneal), que inerva el globo ocular a través de su rama nasal. Aporta ramas que inervan la frente, el cuero cabelludo, las glándulas lacrimales y la duramadre.

nervio olfatorio (olfactory nerve), par de nervios asociados con el sentido del olfato. El nervio olfatorio es el primer par craneal y está compuesto por numerosos filamentos finos que se ramifican en la mucosa del área olfatoria. El área en la que se originan los nervios olfatorios está situada en la región más superior de la mucosa que cubre el cornete nasal superior. Los nervios olfatorios conectan con el bulbo olfatorio y con la vía olfatoria, que forman parte de la porción del encéfalo asociada con el sentido del olfato.

nervio óptico (optic nerve), par craneal formado fundamentalmente por fibras gruesas, mielinizadas, que se originan en la capa ganglionar de la retina, atraviesan el tálamo y conectan con la corteza visual. En el quiasma óptico las fibras de la mitad interna o nasal de la retina se cruzan a la vía óptica del lado contrario. Las fibras restantes del lado temporal o mitad externa de cada retina no se cruzan y continúan hacia la corteza visual por el mismo lado.

nervio pudendo interno (pudendal nerve), una de las ramas del plexo pudendo que se origina en el segundo, tercer y cuarto nervio sacro, pasa entre el músculo piramidal de la pelvis y el isquiococcígeo y abandona la pelvis a través del agujero ciático mayor.

nervio radial (radial nerve), rama más larga

del plexo braquial, que se origina de forma bilateral como continuación del cordón posterior. Inerva la piel del brazo y antebrazo y a sus músculos extensores.

nervio respiratorio interno de Bell (internal respiratory nerve of Bell), v. **nervio frénico**.

nervio safeno interno (saphenous nerve), la rama más larga y de mayor tamaño del nervio crural, que inerva la piel del lado interno de la pierna.

nervio sensitivo (sensory nerve), nervio formado por fibras aferentes que conducen impulsos sensitivos desde la periferia del cuerpo hasta el encéfalo o la médula espinal a través de las raíces raquídeas dorsales. Compárese con **nervio motor**.

nervio simpático (sympathetic nerve), nervio que pertenece a la rama simpática del sistema nervioso autónomo.

nervio superior del subcapsular (superior subcapsular nerve), pequeño nervio bilateral que inerva la parte superior del músculo subescapular.

nervio suprascapular (suprascapular nerve), cualquiera de las dos ramas procedentes de los troncos del plexo braquial.

nervio terminal (terminal nerve), nervio pequeño que se origina en el hemisferio cerebral en la región del trígono olfatorio, clasificado por la mayoría de los anatomistas como una parte del primer par craneal o nervio olfatorio.

nervio torácico largo (long thoracic nerve), una de las dos ramas supraclaviculares de las raíces nerviosas del plexo braquial.

nervio toracodorsal (thoracodorsal nerve), rama del plexo braquial que se origina normalmente entre los dos nervios subescapulares. Recorre la pared posterior de la axila y termina en ramas que inervan el dorsal ancho.

nervio trifacial (trifacial nerve), v. **nervio trigémino**.

nervio trigémino (trigeminal nerve), par craneal de mayor longitud, esencial para la masticación, la sensibilidad general de la cara y la sensibilidad muscular del oblicuo superior.

nervio troclear (trochlear nerve), par craneal de menor tamaño, esencial para los movimientos del ojo y para la sensibilidad muscular del ojo.

nervio vago (vagus nerve), el par craneal de mayor longitud, esencial para el habla, la deglución y las sensibilidades y funciones de numerosas partes del cuerpo. El nervio vago se comunica a través de trece ramas principales que conectan con cuatro áreas del cerebro.

nervio vestibular (vestibular nerve), rama del octavo nervio craneal asociada al sentido del equilibrio. Parte del ganglio vestibular del oído (ganglio de Scarpa).

nervio vestibulococlear (vestibulocochlear nerve), v. **nervio acústico**.

nervios aferentes (afferent nerves), fibras nerviosas que transmiten impulsos desde la periferia al sistema nervioso central.

nervios cerebroespinales (cerebrospinal nerves), grupo constituido por los 12 pares craneales y los 31 pares de nervios raquídeos que se originan en el encéfalo y médula espinal.

nervios cervicales (cervical nerves), 8 pares de nervios raquídeos que surgen en la zona cervical de la médula espinal, desde encima del atlas hasta la séptima vértebra cervical. Los cuatro primeros inervan la cabeza y el cuello, y los otros cuatro inervan principalmente los miembros superiores, el cuero cabelludo y la espalda.

nervios esplácnicos (splanchnic nerves), red de nervios, fundamentalmente fibras preganglionares, con filamentos que inervan el pene y el clítoris, así como el útero, el recto y otras estructuras de la cavidad abdominal.

nervios lumbares (lumbar nerves), cinco pares de nervios raquídeos que nacen en la región lumbar. Aumentan progresivamente de tamaño a medida que su localización es más caudal, y pasan lateralmente y hacia abajo por debajo de la vaina del psoas mayor o también entre sus fascículos.

nervios raquídeos o espinales (spinal nerves), los 31 pares de nervios sin nombres especiales que están conectados con la médula espinal y numerados según el nivel de la médula del que emergen. Son 8 pares cervicales, 12 dorsales, 5 lumbares y 1 coccígeo. El primer par cervical sale de la médula espinal por el espacio comprendido entre la primera vértebra cervical y el hueso occipital. El resto de los pares cervicales y todos los pares dorsales salen horizontalmente por el agujero intervertebral de sus respectivas vértebras. Los pares de nervios lumbares, sacros y el coccígeo descienden desde sus puntos de origen en el extremo inferior de la médula antes de llegar al agujero intervertebral de sus respectivas vértebras. Cada nervio raquídeo o espinal está unido a la médula espinal por una raíz ventral y otra dorsal. Las raíces dorsales acompañan a un ganglio espinal en los agujeros de conjunción. Al salir de la médula, cada nervio espinal se divide en ramos anterior, posterior y blanco, correspondiendo los ramos anterior y posterior al sistema nervioso voluntario, y los blancos al sistema nervioso autónomo.

nervios sacros (sacral nerves), cinco nervios segmentarios procedentes de la porción sacra de la médula espinal; los cuatro primeros emergen a través de los agujeros sacros anteriores y el quinto del espacio situado entre el agujero sacro y el coxis.

nervios torácicos (thoracic nerves), conjunto formado por los 12 nervios espinales a cada lado del tórax, que son los 11 nervios intercostales y un nervio subcostal. Se distribuyen fundamentalmente por las paredes del tórax y del abdomen. Los dos primeros nervios intercostales inervan el miembro superior y el tórax; los cuatro nervios siguientes inervan sólo el tórax, y los cinco inferiores inervan las paredes del tórax y del abdomen.

nerviosismo (jitters), sensación de gran intranquilidad e inquietud.

NET (TEN), abreviatura de necrólisis epidérmica tóxica.

neumático (pneumatic), relativo al aire o a un gas.

neumatocele (pneumatocele), cavidad de paredes delgadas situada en el parénquima pulmonar que se origina por la obstrucción parcial de las vías aéreas.

neumatograma (pneumatogram), registro realizado por un neumógrafo de los movimientos del tórax durante la respiración.

neumocentesis (pneumocentesis), procedimiento en el que se realiza la punción de un pulmón para drenar el contenido líquido.

neumocistosis (pneumocystosis), infección por el parásito *Pneumocystis carinii*, habitualmente en enfermos con SIDA, lactantes, individuos inmunosuprimidos o debilitados, particularmente con linfomas, y que se caracteriza por fiebre, tos, taquipnea y, con frecuencia, cianosis. El diagnóstico es difícil de establecer y generalmente requiere broncoscopia y técnicas especiales de tinción. La mortalidad se aproxima al 100% en los pacientes no tratados.

neumococo (pneumococcus, *pl.* **pneumococci**), bacteria diplocócica grampositiva de la especie *Diplococcus pneumoniae*, la causa más frecuente de neumonía bacteriana.

neumoconiosis (pneumoconiosis), cualquier enfermedad del pulmón provocada por la inhalación crónica de polvo, generalmente polvos minerales de origen laboral o ambiental. Algunos tipos de neumoconiosis son: **antracosis, asbestosis** y **silicosis**.

neumoconstricción (pneumoconstriction), depresión del tejido pulmonar colapsado que se produce por la estimulación mecánica de una parte expuesta del pulmón. Se produce por el cierre muscular reflejo localizado de los conductos alveolares y de los alveolos.

neumodermia (pneumoderma), v. **enfisema subcutáneo**.

neumoencefalografía (pneumoencephalography), procedimiento para la visualización radiográfica del espacio ventricular, las cisternas basales y el espacio subaracnoideo situado sobre los hemisferios cerebrales. Se inyecta aire, helio u oxígeno en el espacio subaracnoideo lumbar después de la extracción intermitente del líquido cefalorraquídeo mediante punción lumbar.

neumoencefalograma (pneumoencephalogram), radiografía del encéfalo realizada durante la neumoencefalografía.

neumógrafo (pneumograph), aparato que registra los movimientos respiratorios mediante una espiral hinchable que rodea el tórax.

neumohemopericardio (pneumohemopericardium), v. **hemoneumopericardio**.

neumohemotórax (pneumohemothorax), acumulación de aire y sangre en la cavidad pleural.

neumomediastino (pneumomediastinum), presencia de aire o gas en los tejidos mediastínicos. Puede ser secundario a bronquitis, asma agudo, tos ferina, fibrosis quística o perforación bronquial por tos o traumatismos.

neumonectomía (pneumonectomy), extirpación quirúrgica total o parcial de un pulmón.

neumonía (pneumonia), inflamación aguda de los pulmones, habitualmente producida por la inhalación de neumococos de la especie *Diplococcus pneumoniae*. Los alveolos y los bronquiolos de los pulmones se taponan con un exudado fibroso. La neumonía puede estar producida por otras bacterias, así como por virus, rickettsias y hongos, pero en el 85% de los casos, la causa es una infección neumocócica. Los síntomas característicos de la neumonía son escalofríos intensos, fiebre elevada (que puede llegar a los 40,5 °C), cefalea, tos y dolor torácico. La inflamación del lóbulo inferior del pulmón derecho puede originar un dolor que sugiera apendicitis. El derrame de hematíes en los espacios alveolares, como consecuencia de la lesión tisular producida por los microorganismos, origina un esputo herrumbroso que puede ser un signo diagnóstico de infección neumocócica. A medida que la enfermedad progresa, el esputo se puede ir haciendo más espeso y purulento, y la persona puede experimentar accesos dolorosos de tos. Habitualmente la respiración se vuelve más difícil, dolorosa, superficial y rápida. La frecuencia cardíaca aumenta progresivamente, alcanzando los 120 latidos por minuto o más. Otros signos que aparecen son la sudoración profusa y la cianosis. También pueden aparecer trastornos GI y brotes de herpes simple en la cara. En los niños, la neumonía puede ir acompañada de convulsiones. A medida que los alveolos se llenan de exudado, la región afectada del lóbulo se vuelve cada vez más firme y consolidada. En la auscultación se escucha un tipo característico de estertor. Algunos tipos de neumonía son: **bronconeumonía, neumonía eosinofílica, neumonía intersticial, neumonía lobar, neumonía por aspiración, neumonía por micoplasma** y **neumonía vírica**.

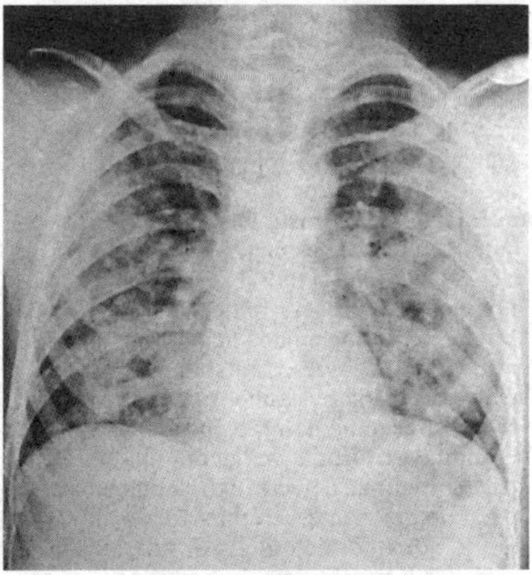

Neumonía por varicela
(C. D. Forbes/W. F. Jackson, 1994)

neumonitis (pneumonitis, *pl.* **pneumonitides**), inflamación del pulmón. La neumonitis puede estar provocada por un virus o bien puede tratarse de una reacción de hipersensibilidad a productos químicos o polvos orgánicos, como bacterias, excrementos de pájaros o mohos. Habitualmente se trata de una inflamación fibrosante, intersticial, granulomatosa del pulmón, especialmente de los bronquiolos y alveolos. Un síntoma frecuente es la tos seca. El pulmón del humidificador es un tipo de neumonitis.

neumonitis intersticial alérgica (allergic interstitial pneumonitis), reacción inflamatoria de los pulmones.

neumonitis por hipersensibilidad (hypersensitivity pneumonitis), forma inflamatoria de neumonía intersticial producida por una reacción inmunológica en una persona hipersensible. Esta reacción puede estar provocada por numerosos polvos orgánicos inhalados, sobre todo aquellos que contienen esporas micóticas. Puede aparecer una amplia variedad de síntomas, entre los que se incluyen fiebre, escalofríos, malestar y dolores musculares, que habitualmente aparecen 4 a 6 horas después de la exposición. Algunos tipos de neumonitis intersticial son: **bagazosis, pulmón de granjero** y **pulmón húmedo**.

neumoperitoneo (pneumoperitoneum), presencia de aire o gas en la cavidad peritoneal del abdomen. Puede ser espontáneo, como en el caso de la rotura de un órgano hueco que contiene gas, o inducido con fines diagnósticos o terapéuticos.

neumotacómetro (pneumotachometer), dispositivo que mide el flujo de los gases respiratorios. El gradiente de presión es directamente proporcional al flujo, lo que permite a un ordenador establecer la curva de presión medida en litros por minuto.

neumotórax (pneumothorax), acumulación de aire o de gas en el espacio pleural que provoca el colapso del pulmón. El neumotórax puede ser secundario a un traumatismo abierto del tórax que permite la entrada de aire, a la rotura de una bulla enfisematosa en la superficie pulmonar o a un acceso intenso de tos, aunque también puede producirse espontáneamente sin causa aparente. La aparición de un neumotórax se acompaña de un dolor torácico brusco, agudo, seguido de respiración dificultosa y rápida, cese de los movimientos normales del tórax en el lado afectado, taquicardia, pulso débil, hipotensión, diaforesis y fiebre, palidez, vértigo y ansiedad.

neumotórax a tensión (tension pneumothorax), presencia de aire en el espacio intrapleural del tórax causado por la rotura de la pared torácica o del parénquima pulmonar asociado a la apertura de una válvula. El aire pasa por esta válvula durante la tos pero no durante la espiración.

neumotórax abierto (opening pneumothorax), presencia de gas o aire en el tórax como consecuencia de una herida abierta en la pared torácica.

neumotórax espontáneo (spontaneous pneumothorax), presencia de aire o gas en el espacio intrapleural como consecuencia de la ruptura del parénquima pulmonar y de la pleura visceral sin causa demostrada.

neumotórax terapéutico (therapeutic pneumothorax), introducción intencionada de aire en el espacio intrapleural, produciendo el colapso parcial del pulmón. Se usaba en los años 40 como tratamiento de algunos casos de tuberculosis.

neural (neural), perteneciente o relativo a las células nerviosas y sus prolongaciones.

neuralgia (neuralgia), trastorno caracterizado por un intenso dolor lancinante y producido por diversos procesos que afectan al sistema nervioso.

neurastenia (neurasthenia), **1.** trastorno caracterizado por extenuación nerviosa y fatiga funcional vaga, que frecuentemente sigue a la depresión. **2.** (en psiquiatría) estadio de la recuperación de una experiencia esquizofrénica, durante la cual el paciente está apático y es aparentemente incapaz de abordar sus actividades y relaciones habituales.

neurectomía (neurectomy), escisión quirúrgica de un segmento nervioso.

neurilema (neurilemma, neurolemma), capa celular compuesta por una o más células de Schwann, que engloba las vainas mielínicas segmentadas de las fibras nerviosas periféricas. Cada fibra nerviosa mielínica tiene una célula del neurilema para cada segmento internodal (entre dos nódulos de Ranvier). Las fibras nerviosas del encéfalo y la médula espinal no están recubiertas por el neurilema.

neurilemoma (neurilemoma), v. **schwannoma**.

neurinoma (neurinoma, *pl.* **neurinomas, neurinomata**), **1.** tumor de la vaina nerviosa. Suele ser benigno, pero puede experimentar una transformación maligna. Un tipo de neurinoma es el **neurinoma del acústico**. **2.** neuroma.

neuritis (neuritis, *pl.* **neuritides**), trastorno caracterizado por la inflamación de un nervio. Algunos de los signos de este proceso son: neuralgia, hiperestesia, anestesia, parálisis, atrofia muscular y falta de reflejos.

neuroapraxia (neurapraxia), interrupción de la conducción nerviosa sin que exista solución de continuidad en el axón.

neuroartropatía (neuroarthropathy), trastorno en el que una enfermedad articular es secundaria a una enfermedad del sistema nervioso.

neuroblasto (neuroblast), cualquier célula embrionaria que evoluciona a neurona funcionante; célula nerviosa inmadura.

neuroblastoma (neuroblastoma, *pl.* **neuroblastomas, neuroblastomata**), tumor muy maligno, compuesto por células ectodérmicas primitivas derivadas de la placa neural durante la vida embrionaria. Entre sus síntomas se encuentran: masa abdominal, dificultad respiratoria y anemia, dependiendo de la localización del tumor primario y las metástasis. Las lesiones suprarrenales con actividad hormonal pueden producir irritabilidad, rubor, sudoración, hipertensión y taquicardia. Un tipo de neuroblastoma es el **síndrome de Pepper**.

neuroblastoma tipo Hutchison (Hutchison-type neuroblastoma) [Sir Robert G. Hutchison, médico inglés, n. 1871], neuroblastoma que ha metastatizado en el cráneo.

neurocele (neurocoele, neurocele, neurocel), sistema de cavidades del sistema nervioso central de los seres humanos y otros animales vertebrados. Consta de los ventrículos cerebrales y el conducto central de la médula espinal.

neurocentral (neurocentral), relativo al centro y a las vértebras en desarrollo en los primeros estadios embriológicos.

neurocentro (neurocentrum), tejido embrionario mesodérmico que ulteriormente da origen a las vértebras.

neurociencia (neuroscience), estudio de la neurología y temas asociados, como la neuroanatomía, la neurofisiología, la neurofarmacología y la neurocirugía.

neurocirugía (neurosurgery), cirugía del encéfalo, la médula espinal o los nervios periféricos. La cirugía cerebral se realiza para tratar una herida, extirpar un tumor o cuerpo extraño, liberar la presión en una hemorragia intracraneal, abrir un absceso, tratar el parkinsonismo o aliviar un dolor. Algunos tipos de cirugía cerebral son: craneotomía, hipofisectomía y lobotomía. La cirugía de la columna se realiza para corregir un defecto, extirpar un tumor, reparar un disco intervertebral roto o aliviar un dolor. Son tipos de cirugía de columna la fusión y la laminectomía. La cirugía de los nervios periféricos se realiza para extirpar tumores, aliviar un dolor o volver a conectar un nervio cortado. Un tipo de cirugía nerviosa es la **simpatectomía**.

neurocitoma (neurocytoma), tumor compuesto por células nerviosas indiferenciadas, generalmente ganglionares.

neurodermatitis (neurodermatitis), trastorno cutáneo pruriginoso inespecífico, que se aprecia en individuos nerviosos y ansiosos. Se aprecian excoriaciones y liquenificación en zonas expuestas, fácilmente accesibles del cuerpo, como los antebrazos o la frente. A veces se aplica este término (incorrectamente) a la **dermatitis atópica**.

neurodermo (neuroderm), v. **neuroectodermo**.

neuroectodermo (neuroectoderm), parte del ectodermo embrionario que origina los sistemas nerviosos central y periférico, incluidas algunas células gliales.

neuroendocrino (neuroendocrine), relativo a los efectos producidos por glándulas endocrinas estrechamente relacionadas con el sistema nervioso, o que se asemeja a ellos.

neuroepitelioma (neuroepithelioma), rara neoplasia del neuroepitelio de un nervio sensitivo.

neuroesqueleto (neuroskeleton), partes del

esqueleto que rodean o brindan protección de otra manera al sistema nervioso, en particular el cráneo y las vértebras.

neurofibroma (neurofibroma, *pl.* **neurofibromas, neurofibromata**), tumor fibroso del tejido nervioso que resulta de la proliferación anormal de células de Schwann.

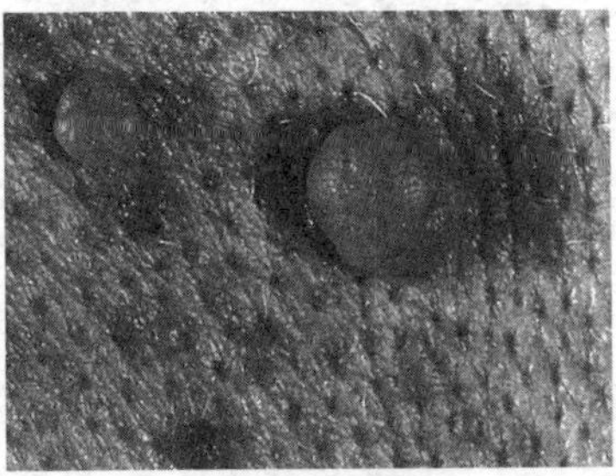

Neurofibroma
(A. du Vivier, 2.ª ed., 1995)

neurofibromatosis (neurofibromatosis), trastorno congénito, caracterizado por numerosos fibromas en nervios y piel, manchas de café con leche en la piel y, en algunos casos, anomalías del desarrollo de músculos, huesos y vísceras. Pueden formarse grandes tumores pedunculados en los tejidos blandos, como en el típico ejemplo del famoso caso del «hombre elefante», en la Inglaterra del siglo XIX.

neurogénesis (neurogenesis), desarrollo del tejido del sistema nervioso.

neurógeno (neurogenic), **1.** perteneciente a la formación del tejido nervioso. **2.** originado en el sistema nervioso.

neuroglia (neuroglia), células de tejido conectivo o de sostén del sistema nervioso central. Son tipos de neuroglia: astrocitos, microglia y oligodendroglia.

neurografía (neurography), estudio de los potenciales de acción de los nervios.

neurohipófisis (neurohypophysis), lóbulo posterior de la hipófisis, que produce la hormona antidiurética (ADH) y la oxitocina. La estimulación nerviosa controla la liberación de ambas sustancias a la sangre. La neurohipófisis libera ADH estimulada por el hipotálamo al aumentar la presión osmótica del líquido extracelular del organismo. La neurohipófisis libera oxitocina cuando es estimulada adecuadamente por el hipotálamo.

neurohumor (neurohumor), cualquiera de las sustancias químicas formadas y transmitidas por una neurona, esencial para la actividad de las neuronas adyacentes o de los órganos o músculos cercanos. Algunos tipos de sustancias neurohumorales son: **acetilcolina**, **adrenalina**, **dopamina**, **noradrenalina** y **serotonina**.

neuroinmunología (neuroimmunology), estudio de las relaciones entre los sistemas inmunitario y nervioso, como la actividad autoinmunitaria en enfermedades nerviosas.

neurolema (neurolemma), v. **neurilema**.

neurolepsia (neurolepsis), alteración del estado de consciencia, como la inducida por un agente neuroléptico, y caracterizada por quiescencia, reducción de la actividad motora, ansiedad e indiferencia por lo que rodea al paciente. Éste puede quedarse dormido, pero normalmente es fácil de despertar y obedece a órdenes sencillas.

neuroléptico (neuroleptic), **1.** perteneciente a la neurolepsia. **2.** fármaco que produce neurolepsia, como el droperidol, que es un derivado de las butirofenonas.

neuroleptoanalgesia (neuroleptoanalgesia), forma de analgesia conseguida mediante la administración concurrente de un neuroléptico y un analgésico. Se reduce la ansiedad, la actividad motora y la sensibilidad a estímulos dolorosos; la persona está quieta e indiferente al entorno y a lo que la rodea. El paciente puede quedarse dormido, pero no está inconsciente y puede obedecer órdenes sencillas.

neuroleptoanestesia (neuroleptoanesthesia), forma de anestesia obtenida con la administración de un agente neuroléptico, un analgésico narcótico y óxido nitroso en oxígeno. La in-

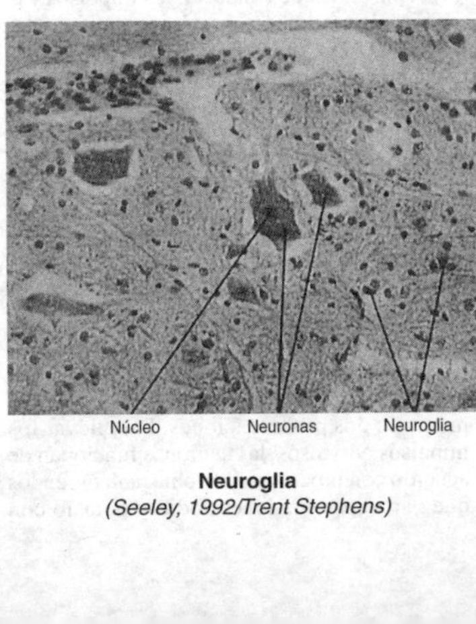

Neuroglia
(Seeley, 1992/Trent Stephens)

ducción de la anestesia es lenta, aunque la recuperación de la consciencia es rápida al interrumpirse la inhalación del óxido nitroso.

neurología (neurology), campo de la medicina que trata del sistema nervioso y sus alteraciones.

neurólogo (neurologist), médico especialista en neurología.

neuroma (neuroma, *pl.* **neuromas, neuromata**), neoplasia benigna compuesta principalmente por neuronas y fibras nerviosas, que normalmente se origina en el tejido nervioso. Puede ser relativamente blanda o extremadamente dura, y de tamaño variable. El dolor irradiado desde la lesión a la periferia del nervio afectado suele ser intermitente, aunque se puede hacer continuo e intenso. Algunos tipos de neuroma son: **neuroma cutis, neuroma del acústico, neuroma falso, neuroma mielínico, neuroma múltiple, neuroma nevoide, neuroma quístico** y **neuroma traumático**.

neuromatosis (neuromatosis), enfermedad neoplásica caracterizada por la presencia de numerosos neuromas.

neuromielitis (neuromielitis), trastorno caracterizado por la inflamación de la médula espinal y los nervios periféricos.

neuromodulador (neuromodulador), sustancia que altera la transmisión de los impulsos nerviosos.

neuromotor (neuromotor), perteneciente o relativo a los músculos y nervios, o también a los impulsos nerviosos transmitidos a los músculos.

neurona (neuron, neurone), célula nerviosa básica del sistema nervioso, formada por un cuerpo celular, un núcleo y una o más prolongaciones. Las neuronas se clasifican según la dirección en la que conducen los impulsos y el número de prolongaciones. Las neuronas sensitivas transmiten los impulsos nerviosos hacia la médula espinal y el encéfalo. Las neuronas motoras transmiten los impulsos nerviosos desde el encéfalo y la médula espinal a los músculos y los tejidos glandulares. Las neuronas multipolares tienen un axón y varias dendritas, como la mayoría de las neuronas del encéfalo y la médula espinal. Las neuronas bipolares sólo tienen un axón y una dendrita. Las neuronas unipolares son estructuras embrionarias, originadas como cuerpos bipolares, pero que fusionan dendritas y axones en una sola fibra que se extiende a una corta distancia del cuerpo celular, separándose después nuevamente en dos prolongaciones. Para llevar los impulsos nerviosos, las neuronas funcionan de acuerdo con procesos electromecánicos, en los que participan los iones sodio y potasio con carga positiva, y cambios del potencial eléctrico del líquido intra y extracelular de la neurona.

neurona internuncial (internuncial neuron), neurona de conexión en una vía nerviosa, que normalmente sirve de unión entre otras dos neuronas.

neurona posganglionar (postganglionic neuron), neurona que es distal o se sitúa más allá de un ganglio.

neurona preganglionar (preganglionic neuron), neurona cuyo axón establece contacto con otra célula nerviosa situada en un ganglio periférico.

neuronitis (neuronitis), trastorno caracterizado por la inflamación de un nervio o una célula nerviosa, especialmente las células y las raíces de los nervios raquídeos.

neuropatía (neuropathy), trastorno caracterizado por inflamación y degeneración de los nervios periféricos, como la asociada a la intoxicación por plomo.

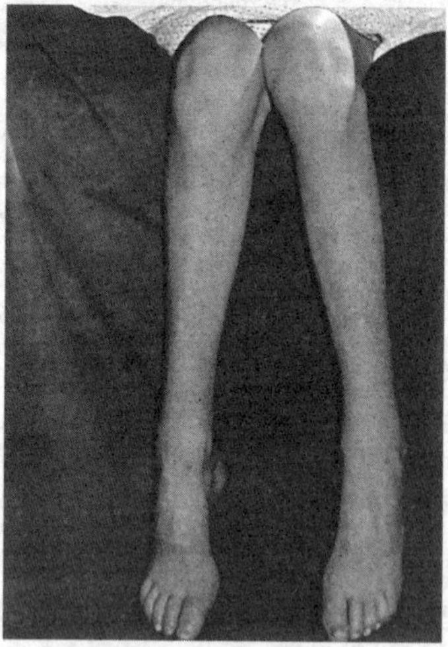

Neuropatía alcohólica
(S. Sherlock/J. A. Summerfield, 2.ª ed., 1992)

neuroplastia (neuroplasty), cirugía plástica para reparar un nervio.

neuroplejía (neuroplegia), parálisis nerviosa producida por enfermedad, lesión o efecto de fármacos neurolépticos, administrados para conseguir **neuroleptoanalgesia** o **neurolep-**

toanestesia.

neuroporo (neuropore), abertura a cada extremo del tubo neural durante el desarrollo embrionario precoz. Son tipos de neuroporos el **neuroporo anterior** y el **neuroporo posterior**.

neuropraxia (neuropraxia), estado en el que un nervio sigue intacto tras una lesión grave, pero deja de transmitir impulsos.

neurorradiografía estereotáxica (stereotaxic neuroradiography), procedimiento radiográfico realizado habitualmente durante la neurocirugía para guiar la introducción de una aguja en un área específica del cerebro.

neurorrafia (neurorrhaphy), técnica quirúrgica para la reparación de nervios seccionados.

neurosarcoma (neurosarcoma), neoplasia maligna compuesta por tejidos nervioso, conjuntivo y vascular.

neurosensorial (sensorineural), perteneciente a los nervios sensitivos.

neurosífilis (neurosyphilis), infección del sistema nervioso central por la espiroqueta de la sífilis, que invade las meninges y el sistema cerebrovascular.

neurosis (neurosis), **1.** forma inadecuada o ineficaz de comportarse ante ansiedad o conflicto interno, que normalmente conlleva el uso de un mecanismo defensivo inconsciente, y que finalmente puede conducir a procesos neuróticos. **2.** *coloquial*, alteración emocional distinta a la de la psicosis.

neurosis de ansiedad (anxiety neurosis), trastorno neurótico que se caracteriza por un estado de ansiedad persistente. Puede manifestarse por un estado de tensión crónica leve asociado a timidez, cansancio, aprensión e indecisión o llegar a ser un estado de intranquilidad e irritabilidad más intensas, que puede dar paso a un comportamiento agresivo o indeciso.

neurosis de compensación (compensation neurosis), proceso inconsciente mediante el cual un sujeto prolonga los síntomas producidos por una lesión o enfermedad para obtener beneficios secundarios, especialmente dinero.

neurosis de guerra (shell shock), cualquiera de diversos trastornos mentales, que van desde un temor exagerado hasta la demencia, debidos a una reacción traumática ante el estrés del combate.

neurosis del carácter (character neurosis), v. **trastorno del carácter**.

neurosis ocupacional (occupational neurosis), trastorno neurótico en el que los síntomas que aparecen impiden las actividades requeridas para desempeñar el trabajo, como el calambre del escribiente.

neurotendinoso (neurotendinous), relativo a nervios y tendones de forma conjunta.

neurótico (neurotic), **1.** perteneciente o relativo a la neurosis o los procesos neuróticos. **2.** persona enferma de neurosis. **3.** *coloquial*, persona emocionalmente inestable.

Neuróticos Anónimos (Neurotics Anonymous), grupo de ayuda mutua entre personas con problemas emocionales, basado en el esquema de Alcohólicos Anónimos.

neurotmesis (neurotmesis), lesión de un nervio periférico en el que éste queda completamente roto por laceración o tracción.

neurotomía (neurotomy), escisión quirúrgica de uno o varios nervios.

neurotoxicidad (neurotoxicity), capacidad de un medicamento u otra sustancia para destruir o lesionar el tejido nervioso.

neurotóxico (neurotoxic), que tiene un efecto venenoso sobre los nervios y las células nerviosas, como cuando la ingesta de plomo provoca la degeneración de los nervios periféricos.

neurotoxina (neurotoxin), toxina que actúa directamente sobre los tejidos del sistema nervioso central, desplazándose por el cilindroeje de los nervios motores del encéfalo. Estas toxinas pueden encontrarse en el veneno de las serpientes, las espinas de conchas marinas o la carne de peces o mariscos, o ser producidas por bacterias.

neurotransmisor (neurotransmitter), cualquiera de los numerosos agentes químicos que modifican o producen impulsos nerviosos entre las sinapsis. Los neurotransmisores son liberados por los botones sinápticos en las hendiduras sinápticas, y pasan por el espacio existente entre las neuronas presinápticas y las postsinápticas. Cuando el impulso nervioso alcanza el botón sináptico, las moléculas del neurotransmisor fluyen por las hendiduras sinápticas y se fijan a los receptores específicos. Este flujo permite la difusión asociada de iones sodio y potasio, lo que produce un potencial de acción. Algunos tipos de neurotransmisores son: ácido gamma-aminobutírico, cloruro de acetilcolina y noradrenalina.

neurotripsia (neurotripsy), aplastamiento quirúrgico de un nervio.

neurotropismo (neurotropism), **1.** tendencia de ciertos microorganismos, venenos y nutrientes a ser atraídos hacia el tejido nervioso. **2.** apetencia de ciertos colorantes básicos por el tejido nervioso.

néurula (neurula, *pl.* **neurulas, neurulae**), embrión primitivo durante el período de neurulación, cuando comienza a diferenciarse el tejido del sistema nervioso.

neurulación (neurulation), desarrollo de la placa neural y procesos implicados en su cierre ulterior para formar el tubo neural durante las fases precoces del desarrollo embrionario.

neutralización (neutralization), interacción entre un ácido y una base, lo que produce una solución que no es ácida ni básica. Los productos habituales de la neutralización son una sal y el agua.

neutro (neutral), estado que se encuentra exactamente entre dos valores, cualidades o propiedades opuestos; por ejemplo, en electricidad un estado neutro es aquel en el que no existen cargas positivas ni negativas.

neutrófilo (neutrophil), leucocito polimorfonuclear que se tiñe fácilmente con colorantes neutros. Los neutrófilos son los leucocitos circulantes esenciales para la fagocitosis y la proteólisis, en las que se eliminan y destruyen bacterias, detritus celulares y partículas sólidas.

neutrófilo segmentado (segmented neutrophil), neutrófilo con un filamento entre los lóbulos de su núcleo.

neutrón (neutron), (en física) partícula elemental que forma parte del núcleo de todos los elementos, excepto el hidrógeno. No posee carga eléctrica y tiene aproximadamente el mismo tamaño que el protón.

neutropenia (neutropenia), descenso anormal del número de neutrófilos de la sangre. La neutropenia se asocia a leucemia aguda, infección, artritis reumatoide, insuficiencia de vitamina B_{12} y esplenomegalia crónica.

nevo (nevus), marca cutánea, congénita, pigmentada y normalmente benigna, que puede convertirse en cancerosa.

nevo arácneo (spider nevus), v. **angioma arácneo**.

nevo azul (blue nevus), nódulo cutáneo marcadamente circunscrito, generalmente benigno, de color azul acerado. Se encuentra en la cara o extremidades superiores, crece muy lentamente y persiste a lo largo de toda la vida. Cualquier cambio repentino en el tamaño de dicha lesión requiere cirugía y estudio anatomopatológico. El color oscuro está causado por melanocitos grandes y muy condensados en la profundidad de la dermis.

nevo cutáneo (cutaneous nevus), coloración congénita de un área de piel, como las manchas en frambuesa del nacimiento.

nevo de la unión (junction nevus), excrecencia de piel sin pelo, plana o ligeramente elevada, de color marrón pálido, que procede de las células pigmentarias de la zona de unión dermoepidérmica. Los cambios malignos pueden venir marcados por el aumento de tamaño, endurecimiento u oscurecimiento, hemorragia o aparición de un cambio de color satélite alrededor del nevo.

nevo epidérmico (epidermal nevus), lesión aislada de coloración específica originada por un sobrecrecimiento de la epidermis. Puede aparecer en recién nacidos.

nevo flámeo (nevus flammeus), hemangioma capilar plano presente en el nacimiento y que varía de color y forma, de rojo pálido a violáceo rojizo intenso. Las lesiones se suelen ver en la cara. La intensidad de su color depende de que estén afectados los vasos de la dermis superficial, media o profunda.

nevo piloso (hairy nevus), lunar, generalmente pigmentado, del que crecen pelos.

nevo telangiectásico (telangiectatic nevus), trastorno común de la piel de los neonatos, caracterizado por la existencia de regiones localizadas planas, rosa oscuro, de dilatación capilar, que aparecen predominantemente en la zona posterior del cuello, región occipital interna, párpados superiores, labio superior y en el puente de la nariz.

nevo vascular (nevus vascularis), v. **hemangioma capilar**.

Newman, Margaret A. (Newman, Margaret A.), estudiosa de la enfermería que contribuyó al estudio de las teorías y modelos de enfermería en la definición de tres métodos para el descubrimiento de la teoría de la enfermería. Son: «préstamo» de las teorías de disciplinas relacionadas con ella, análisis de las situaciones de la enfermería práctica en busca de relaciones conceptuales y creando nuevos sistemas conceptuales de los que puedan derivarse las teorías.

newton (newton) [Sir Isaac Newton, científico inglés, n. 1642], unidad de fuerza del SI, que provoca una aceleración de un metro por segundo a una masa de un kilogramo.

nF (nF), abreviatura de nanofaradio.

NF1 (NF1), gen asociado a la neurofibromatosis. Forma parte de una familia de genes que en condiciones normales regulan la duración de la división celular. Puede volverse defectuoso y dar lugar a la neurofibromatosis, cuando se introduce en él una secuencia itinerante de una molécula de ADN. Se cree que otras alteraciones genéticas ocurren de la misma manera, es decir, por dislocación en un gen de una secuencia de «relleno» de una molécula de ADN.

NFI (IND), abreviatura de **nuevo fármaco de investigación**.

ng (ng), abreviatura de **nanogramo**.

NGF (NGF), abreviatura de **factor de crecimiento nervioso**.

Ni (Ni), símbolo del **níquel**.

niacina (niacin), vitamina hidrosoluble, blanca y cristalina del grupo B, presente normalmente en distintos tejidos animales y vegetales en forma de nicotinamida. Actúa como coenzima, necesaria para el desdoblamiento y la utilización de los principales nutrientes, y es esencial para una piel sana, un funcionamiento normal del tracto GI, el mantenimiento del sistema nervioso y la síntesis de las hormonas sexuales. Los síntomas de insuficiencia son: debilidad muscular, pérdida de apetito, diversas erupciones cutáneas, halitosis, estomatitis, insomnio, irritabilidad, vómitos, cefaleas recidivantes, encías dolorosas a la palpación, tensión y depresión. La insuficiencia grave da lugar a pelagra.

niacinamida (niacinamide), vitamina del grupo B. Está íntimamente relacionada con la niacina, pero no posee el efecto vasodilatador de ésta.

niclosamida (niclosamide), antihelmíntico utilizado en el tratamiento de las infestaciones por tenia del buey (*Tenia saginata*) y de los peces (*Diphyllobothrium latus*).

nicotina (nicotine) [Jean Nicot Villemain, embajador de Francia en Portugal, n. 1530], sustancia tóxica de acción rápida, incolora, componente del tabaco, y una de las causas principales de su toxicidad. Se utiliza como insecticida en agricultura y como parasiticida en veterinaria. La ingesta de grandes cantidades de nicotina produce salivación, náuseas, vómitos, diarrea, cefalea, vértigo, reducción del ritmo cardíaco y, en casos agudos, parálisis de los músculos respiratorios.

nicotina polacrílica (nicotine polacrilex), chicle (complejo de resina de nicotina) de nicotina, que sirve de ayuda en el tratamiento de la deshabituación al tabaco.

nicotinamida (nicotinamide), v. **niacinamida**.

nictalopía (nyctalopia), mala visión de noche o con escasa luz, debido a una menor síntesis de rodopsina, insuficiencia de vitamina A, degeneración retiniana o defecto congénito.

nictofobia (nyctophobia), reacción de ansiedad caracterizada por un miedo obsesivo e irracional a la oscuridad.

nicturia (nocturia), micción nocturna, especialmente cuando es excesiva. Aunque puede ser síntoma de nefropatía, también aparece en ausencia de enfermedad en personas que beben una cantidad excesiva de líquidos, especialmente alcohol o café, antes de acostarse, o en aquellas que padecen una enfermedad prostática.

NID (DIP), abreviatura de neumonía intersticial descamativa.

nidación (nidation), proceso por el que el embrión se fija al endometrio uterino.

nido (nidus), punto de origen, foco o núcleo de un proceso patológico.

niebla ácida (acid mist), niebla que contiene una concentración elevada de ácido o de partículas de cualquier sustancia química tóxica, tales como el tetracloruro de carbono o el tetracloruro de silicona.

nifedipino (nifedipine), bloqueante de los canales de calcio utilizado en el tratamiento de la angina vasospástica y de esfuerzo.

Nightingale, Florence (Nightingale, Florence) (1820-1910), fundadora de la enfermería moderna. Tras un limitado período de estudios formales en enfermería, se convirtió, en 1853, en superintendente de un hospital de Londres. Su éxito en la reorganización del hospital hizo que el gobierno inglés solicitara sus servicios para una misión en Crimea, en donde los británicos estaban en guerra con Rusia. Llegó, junto con 38 enfermeras, en noviembre de 1854, y se encontraron con 5.000 heridos que carecían de alimentos adecuados y de material sanitario. Trabajando muchas horas en los pabellones hospitalarios y enviando cartas a Inglaterra para obtener dinero y material, y para conseguir que actuara el gobierno, puso orden en el caos. Tras su vuelta a Londres, en 1856, fundó una escuela de formación de enfermeras en el St. Thomas' Hospital, cuyas graduadas se convirtieron en las supervisoras de los hospitales más importantes de Gran Bretaña, elevando de esa manera el nivel de la enfermería en todo el mundo. Aunque posteriormente quedó postrada en cama, llevó a cabo su trabajo de reforma sanitaria en la India, dirigió un estudio de obstetricia, contribuyó a la formación de los servicios de enfermeras visitadoras y propuso la diferenciación de instituciones para enfermos mentales, enfermos incurables y niños. Cuando Longfellow escribió «Santa Filomena», empezó a ser conocida como *The Lady with the Lamp*. El Compromiso Nightingale, que debe a ella su nombre, resume sus ideales y ha inspirado a miles de enfermeras.

nightingalismo (nightingalism), ideología que hace hincapié en el autosacrificio de la enfermera, cuya principal preocupación es el bienestar del paciente, con una mínima atención a su persona y necesidades.

nigua (jigger), v. **chigoe**.

niketamida (nikethamide), estimulante del sistema nervioso central utilizado como analéptico en el tratamiento de la depresión de los sistemas nervioso central y respiratorio.

ninfomanía (nymphomania), trastorno sexual

de la mujer, caracterizado por un deseo insaciable de satisfacción sexual, que a menudo es el resultado de un conflicto sobre la valía personal.

ninfómano (nymphomaniac), perteneciente, relativo o que exhibe ninfomanía.

niño (child), **1.** persona de cualquier sexo desde el nacimiento hasta la adolescencia. **2.** ser humano no nacido o recién nacido; feto, neonato, lactante. **3.** hijo o descendiente; hijo o hija, o miembro de una tribu o clan particular. **4.** aquel que es como un niño o inmaduro.

niobio (Nb) (niobium [Nb]), elemento metálico gris plateado. Su número atómico es 41; su peso atómico, 92,906. Anteriormente fue denominado colombio.

níquel (Ni) (nickel [Ni]), elemento metálico blanco plateado. Su número atómico es 28; su peso atómico, 58,71. Muchas personas son alérgicas al níquel.

niridazol (niridazole), antiesquistosomiásico. En EE.UU. se puede disponer de él a través de los *Centers for Disease Control*.

nistagmo (nystagmus), movimientos rítmicos involuntarios de los ojos; las oscilaciones pueden ser horizontales, verticales, giratorias o mixtas. El nistagmo rítmico, caracterizado por movimientos más rápidos en una dirección que en la contraria, pueden ser signo de intoxicación por barbitúricos o de enfermedades del vestíbulo del laberinto, vasculares o neurológicas. El nistagmo vestibular laberíntico, que suele ser rotatorio, suele acompañarse de vértigo y náuseas. El nistagmo vertical se considera patognomónico de enfermedad de la calota peduncular, y se dice que el nistagmo que sólo se produce cuando se lleva el ojo hacia fuera es debido a esclerosis múltiple. El nistagmo en balancín, en el que un ojo sube mientras el otro baja, se puede observar en la hemianopsia bilateral. El nistagmo oscilatorio se produce en el albinismo, en diversas enfermedades de la retina y de los humores intraoculares refractantes y en los mineros, después de trabajar muchos años en la oscuridad; en éstos los movimientos oculares son muy rápidos, aumentan al mirar hacia arriba y se asocian a menudo con vértigo, temblor de la cabeza y fotofobia.

nistagmo lateral (lateral nystagmus), movimiento involuntario de los ojos en el que éstos se mueven de un lado al otro.

nistagmo oscilatorio (pendular nystagmus), movimiento involuntario oscilatorio del globo ocular.

nistagmo rotatorio (rotatory nystagmus), forma de nistagmo en la que el globo ocular gira alrededor de un eje.

nistatina (nystatin), antibiótico antifúngico utilizado en el tratamiento de las infecciones fúngicas del tracto GI, la vagina y la piel.

nistaxis (nystaxis), v. **nistagmo**.

nitr. (nitr.), **1.** abreviatura de **nitrocelulosa**. **2.** abreviatura de **nitroglicerina**.

nitrato de butaconazol (butaconazole nitrate),

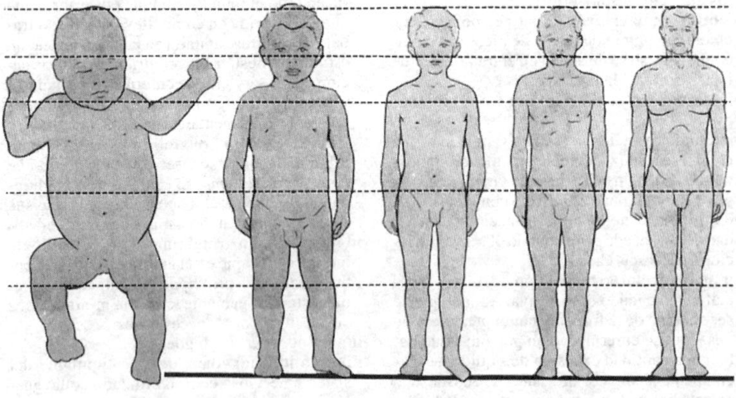

Desarrollo y proporciones del niño (comparación con el adulto)

crema antifúngica intravaginal utilizada en el tratamiento de las infecciones fúngicas vulvovaginales causadas por *Candida*.

nitrato de cerio (cerium nitrate), antiséptico tópico utilizado para controlar las infecciones bacterianas y micóticas en el tratamiento de quemaduras.

nitrato de miconazol (miconazole nitrate), antifúngico utilizado por vía tópica para tratar determinadas infecciones micóticas de la piel y de la vagina, y por vía parenteral para tratar infecciones micóticas sistémicas.

nitrato de plata (silver nitrate), antiinfeccioso tópico. Se prescribe en solución al 1% para la prevención de la oftalmía gonocócica en el recién nacido, y en concentraciones más elevadas para su empleo en apósitos húmedos.

nitrito (nitrite), éster o sal del ácido nitroso, utilizado como vasodilatador y antiespasmódico. Entre los nitritos más ampliamente utilizados están los de amilo, etilo, potasio y sodio.

nitrito de amilo (amyl nitrite), vasodilatador que se prescribe para mejorar el vasoespasmo en la angina de pecho.

nitrocelulosa (nitr) (nitrocellulose [nitr]), mezcla de ésteres de nitrato de celulosa que se obtiene tratando el algodón con ácido nítrico y sulfúrico. Las soluciones en una mezcla de éter y alcohol, se usan como «piel plástica» con el nombre de **colodión**.

nitrofurano (nitrofuran), grupo de medicamentos antimicrobianos sintéticos para tratar infecciones por protozoos y por ciertas bacterias grampositivas y gramnegativas.

nitrofurantoína (nitrofurantoin), medicamento antibacteriano urinario utilizado en el tratamiento de determinadas infecciones del tracto urinario.

nitrofurazona (nitrofurazone), medicamento antibacteriano tópico utilizado en la profilaxis y el tratamiento de la infección de las quemaduras de segundo y tercer grado, y en el tratamiento de las infecciones de la piel y las mucosas.

nitrógeno (N) (nitrogen [N]), elemento gaseoso no metálico. Su número atómico es 7; su peso atómico, 14,008. El nitrógeno constituye aproximadamente el 78% de la atmósfera, forma parte de todas las proteínas y es el principal componente de la mayoría de las sustancias orgánicas. Los compuestos de nitrógeno son componentes esenciales de los organismos vivientes, y las proteínas y los ácidos nucleicos son especialmente fundamentales para todas las formas de vida.

nitrógeno no proteico (NNP) (nonprotein nitrogen [NPN]), nitrógeno de la sangre que no forma parte de proteínas, como el nitrógeno asociado a urea, ácido úrico, creatina y polipéptidos.

nitrógeno total (total nitrogen), contenido de nitrógeno de las heces, medido para detectar diferentes enfermedades, tales como la insuficiencia pancreática y la digestión alterada de proteínas. La cantidad normal en una muestra de 24 horas es del 10% de la ingesta o de 1 a 2 g.

nitrógeno ureico sanguíneo (BUN) (blood urea nitrogen [BUN]), cantidad de sustancia nitrogenada presente en la sangre en forma de urea. El BUN es un indicador aproximado de la función renal.

nitroglicerina (nitroglycerin), vasodilatador coronario utilizado en la prevención o el alivio de la angina de pecho.

nitromersol (nitromersol), medicamento antiséptico mercurial orgánico, poco eficaz como germicida, utilizado a veces para desinfectar instrumentos quirúrgicos y como antiséptico de piel y mucosas.

nitroprusiato sódico (NPS) (sodium nitroprusside [SNP]), vasodilatador prescrito principalmente en el tratamiento de urgencia de las crisis hipertensivas y en la insuficiencia cardíaca.

nitrosaminas (nitrosamines), compuestos potencialmente carcinógenos, producidos por la reacción de nitritos con aminas o amidas normalmente presentes en el organismo. Los nitritos están producidos por bacterias de la saliva, y en el intestino proceden de nitratos normalmente presentes en los vegetales y en pescados, pollo y carne tratados con nitratos.

nitrosurea (nitrosourea), grupo de agentes alquilantes utilizados como fármacos antineoplásicos en la quimioterapia de tumores cerebrales, mieloma múltiple, enfermedad de Hodgkin, adenocarcinomas, hepatomas, leucemias crónicas, linfomas, mielomas y cánceres de la mama y el ovario.

nivel de actividades (level of activities), relativo a la jerarquía de actividades del sistema nervioso central que determinan el nivel necesario para ciertas funciones que también están controladas por otro nivel superior, tal como ocurre en la secuencia de hechos que constituyen una acción refleja.

nivel de consciencia (NC) (level of consciousness [L.O.C.]), **1.** grado de función cognitiva de los mecanismos que parten de la formación reticular del cerebro. Su disminución se traduce en una reducción del nivel de alerta, estupor, síncope o arreflexia. **2.** nivel de respuesta de la mente a los estímulos, que varía desde una respuesta vaga a la atención plena. Los niveles estándar son el coma, en el cual el paciente está desconectado del medio ambiente; el estupor, en el que está parcialmente desconectado; la somnolencia, en la cual el paciente responde a los estímulos, pero de manera muy lenta, y el estado de alerta completa.

nivel de creatinina en suero (serum creatinin level), concentración de creatinina en suero, utilizada como signo diagnóstico de posible insuficiencia renal.

nivel de decisión médica (medical decision level), concentración del análisis a partir de la cual se indica una actuación médica para la asistencia correcta del paciente.

nivel de formación (achievement age), nivel de desarrollo educativo de una persona, medido a través de un test de formación y comparado con la puntuación normal correspondiente a su edad cronológica.

nivel de interrogatorio (level of inquiry), (en investigación de enfermería) uno de los niveles del sistema ordenado en rangos para clasificar y organizar las preguntas que se deben responder en un estudio de investigación.

nivel de intervención (action level), nivel de concentración de un componente tóxico indeseable de un alimento que se considera lo suficientemente peligroso para la salud pública como para que las autoridades gubernamentales prohíban la venta de dicho alimento. La Food and Drug Administration norteamericana investiga los niveles de intervención de los alimentos.

nivel máximo (peak level), concentración más elevada, habitualmente en la sangre, que una sustancia alcanza durante el período de tiempo que se está considerando, como la concentración plasmática máxima de glucosa alcanzada durante una prueba de tolerancia a la glucosa.

nivel operativo (operant level), frecuencia o forma de realización de un acto bajo condiciones basales antes de haber introducido cualquier procedimiento de condicionamiento sistemático.

nivel plasmático de fenobarbitalfenitoína (phenobarbital-phenytoin serum levels), concentración de fenobarbital y de fenitoína en plasma, monitorizada para mantener concentraciones que permitan controlar las convulsiones, pero no tan elevadas como para provocar reacciones tóxicas.

nivel sanguíneo (blood level), concentración de un fármaco u otra sustancia en una cantidad medida de plasma, suero o sangre total.

nivel sanguíneo de glucosa (blood level of glucose), cantidad de glucosa encontrada en el torrente sanguíneo, normalmente de unos 80 a 120 mg-dl. Concentraciones superiores o inferiores a la normal pueden ser signo de diversas enfermedades, como diabetes mellitus o cáncer del páncreas.

nivel socioeconómico (socioeconomic status), posición de un individuo en una escala socioeconómica que mide factores tales como la educación, los ingresos, el tipo de profesión, el lugar de residencia y, en algunas poblaciones, el patrimonio y la religión.

niveles de atención (levels of care), clasificación de los servicios sanitarios según el tipo de asistencia prestada, número de personas a las que atienden y número de profesionales de atención primaria. La **atención primaria**, la **atención secundaria** y la **atención terciaria** son los tres niveles de los servicios sanitarios.

niño (child), **1.** persona de cualquier sexo desde el nacimiento hasta la adolescencia. **2.** ser humano no nacido o recién nacido; feto, neonato, lactante. **3.** hijo o descendiente; hijo o hija, o miembro de una tribu o clan particular. **4.** aquel que es como un niño o inmaduro.

niño a término (term infant), cualquier neonato, independientemente de su peso, nacido tras finalizar la semana treinta y siete y antes del comienzo de la semana cuarenta y tres de gestación.

niño lácteo (milk baby), lactante con anemia ferropénica producida por la ingesta de excesivas cantidades de leche y por la adición tardía o inadecuada de alimentos ricos en hierro a la dieta.

niño nube (cloud baby), recién nacido que parece estar sano, pero que es portador de un organismo infeccioso bacteriano o viral. El lactante puede contaminar el entorno con gotas procedentes del aparato respiratorio formando nubes de microorganismos.

niño que comienza a andar (toddler), niño entre 12 y 36 meses de edad. Durante este período de desarrollo el niño adquiere el sentido de autonomía e independencia mediante el aprendizaje de varias tareas especializadas, como el control de las funciones corporales, el refinamiento de las habilidades motoras y del lenguaje y la adquisición de una conducta socialmente aceptable.

niño viable (viable infant), niño que pesa al nacer como mínimo 500 g o nacido tras 24 o más semanas de gestación.

niños llavero (latchkey children), niños que suelen estar en casa solos porque sus padres trabajan. Suelen llevar la llave de sus casas siempre y sufren accidentes o tienen una conducta antisocial con más probabilidad que los niños supervisados por adultos cuando no están en el colegio.

NLI (LIP), abreviatura de **neumonía linfoide**

intersticial.

NNP (NPN), abreviatura de **nitrógeno no proteico**.

No (No), símbolo químico del **nobelio**.

no disyunción (nondisjunction), falta de separación de los pares de cromosomas homólogos o de las dos cromátides de un cromosoma en la anafase de la mitosis o en la segunda división meiótica. El resultado es un número anormal de cromosomas en las células hijas.

no intentar la reanimación (NIR) (do not attempt resuscitation [DNAR]), indica que no debe siquiera intentarse la reanimación de un paciente. La orden queda definida de forma más estricta que la de **NR** (no reanimar), que puede ser interpretada como una autorización para realizar un intento de reanimación.

no invasivo (noninvasive), relativo a la técnica de diagnóstico o tratamiento que no requiere atravesar la piel o penetrar en una cavidad u órgano, como obtener la tensión arterial mediante la auscultación con el fonendoscopio y un esfigmomanómetro.

no iónico (nonionic), perteneciente a compuestos sin carga positiva ni negativa.

no polar (nonpolar), relativo a las moléculas con afinidad hidrofóbica, que «odian el agua». Las sustancias no polares tienden a disolverse en solventes no polares.

no RCP (no code), nota escrita en la historia de un paciente, firmada por el médico encargado, generalmente de plantilla, en la que se advierte al personal de la institución que no intente reanimar a un determinado paciente en caso de parada cardíaca o respiratoria.

no respuesta (NR) (no response [NR]), proceso por el que la máxima disminución del volumen de un tumor tratado es inferior al 50%.

no secretor (nonsecretor), persona que no segrega sustancias del grupo sanguíneo ABO en las secreciones mucosas de la saliva o el jugo gástrico. Es de origen genético.

no tóxico (nontoxic), no venenoso. También, **atóxico**.

nobelio (No) (nobelium [No]), elemento transuránico metálico sintético. Su número atómico es 102. El peso atómico de su isótopo más estable es 259.

Nocardia (Nocardia) [Edmund I. E. Nocard, veterinario francés, n. 1850], género de bacterias aerobias grampositivas, algunas de cuyas especies son patógenas, como *Nocardia asteroides*, que produce la maduromicosis.

nocardiosis (nocardiosis) [Edmund I. E. Nocard], infección por *Nocardia asteroides*, especie aerobia grampositiva de actinomiceto, caracterizada por neumonía, a menudo cavitada, y por abscesos crónicos en el cerebro y tejidos subcutáneos. Los microorganismos penetran por el tracto respiratorio y se diseminan por el torrente sanguíneo, especialmente en el síndrome de Cushing.

nociceptivo (nociceptive), perteneciente a un receptor nervioso para estímulos dolorosos.

nociceptor (nociceptor), terminación nerviosa libre, somática y visceral, de fibras amielínicas o con una fina capa de mielina. Suelen reaccionar a lesiones tisulares, aunque también pueden ser excitadas por sustancias químicas endógenas.

nocivo (noxious), dañino, lesivo o que afecta negativamente a la salud.

noct. (noct), abreviatura de nocturno.

noctambulismo (noctambulation), v. **sonambulismo**.

nocturno (nocturnal), **1.** relativo a la noche o que ocurre durante la noche. **2.** adjetivo que describe un individuo o un animal que es activo de noche y que duerme durante el día.

nodo (node), **1.** terminal simple de ordenador en una red de terminales y ordenadores. **2.** masa pequeña y redonda.

nodriza (wet nurse), mujer que cuida y amamanta a niños ajenos.

nodular (nodular), (de una masa o estructura) pequeño, duro y nudoso.

nódulo (nodule), **1.** nodo pequeño. **2.** pequeña estructura similar a un nodo.

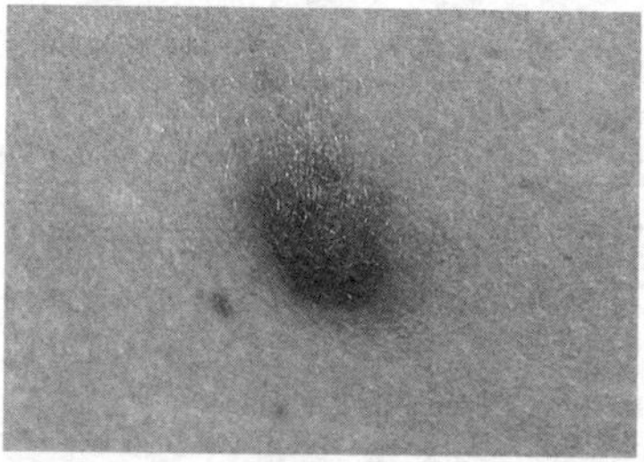

Nódulo
(A. du Vivier, 2.ª ed., 1995)

nódulo auriculoventricular (AV) (atrioventricular [AV] node), área de músculo cardíaco especializado que recibe el impulso cardíaco procedente del nódulo sinoauricular (SA), conduciéndolo hacia el haz de His auriculoventricular y desde este punto a las paredes de los ventrículos. El nódulo AV se localiza en la pared septal de la aurícula derecha.

nódulo de Bouchard (Bouchard's node) [Charles J. Bouchard, médico francés, n. 1837], tumefacción o protuberancia anormal de tejido cartilaginoso u óseo localizada en una articulación interfalángica proximal de un dedo, que ocurre habitualmente en las enfermedades degenerativas de las articulaciones.

nódulo de Heberden (Heberden's node) [William Heberden, médico inglés, n. 1710], crecimiento anormal cartilaginoso u óseo en la articulación interfalángica distal de un dedo que aparece habitualmente en las enfermedades degenerativas de las articulaciones.

nódulo de Keith-Flack (Keith-Flack node), v. **nódulo sinoauricular**.

nódulo de las cuerdas vocales (vocal cord nodule), crecimiento inflamatorio o fibroso de pequeño tamaño que se desarrolla en las cuerdas vocales de los sujetos que fuerzan constantemente sus voces.

nódulo de lechero (milker's nodule), papiloma liso de color marrón rojizo en los dedos o en la palma de las manos que se inicia como una mácula y se convierte en un nódulo pasando por un estado de vesícula. La enfermedad se adquiere a partir de las lesiones pustulosas presentes en las ubres de las vacas infectadas con poxvirus.

nódulo de los cantantes (singer's nodule), v. **nódulo de las cuerdas vocales**.

nódulo de Meynet (Meynet's node), cada uno de los numerosos nódulos que se pueden desarrollar en el interior de las cápsulas que rodean a las articulaciones y en los tendones afectados por enfermedades reumáticas, especialmente en niños.

nódulo del profesor (teacher's nodule), v. **nódulo de las cuerdas vocales**.

nódulo linfático (lymph nodule), nódulos esféricos pequeños y compactos formados por agregados celulares incluidos en la red del sistema linfático, que se hallan sobre todo en las amígdalas, en el bazo y en el timo.

nódulo primitivo (primitive node), grupo de células en forma de botón situado en el extremo cefálico de la línea primitiva en las fases precoces del desarrollo embrionario de los seres humanos y de los animales superiores.

nódulo SA (SA node), v. **nódulo sinoauricular**.

nódulo sinoauricular (SA) (sinoatrial [SA] node), grupo de cientos de células localizadas en la pared auricular derecha del corazón, cerca del origen de la vena cava superior. Está formado por un nudo de músculo cardíaco modificado que genera impulsos que viajan velozmente a través de las fibras musculares de ambas aurículas, provocando su contracción. Células marcapasos especializadas del nódulo tienen un ritmo intrínseco que es independiente de cualquier estimulación por impulsos nerviosos procedentes del encéfalo y de la médula espinal. Normalmente, el nódulo sinoauricular *descargará* a una frecuencia rítmica de 70 o 75 latidos por minuto. Si el nódulo no consigue generar un impulso, la función de marcapasos se trasladará a otro componente excitable del sistema de conducción cardíaco, como el nódulo auriculoventricular o las fibras de Purkinje.

nódulo sinusal (sinus node), área de tejido cardíaco especializado cerca de la entrada de la vena cava superior que genera el impulso eléctrico cardíaco y es a su vez controlado por el sistema nervioso autónomo.

nódulo subcutáneo (subcutaneous nodule), nódulo o protuberancia pequeño y sólido, situado por debajo de la piel y que se puede detectar mediante el tacto.

nódulos de Osler (Osler's nodes) [Sir William Osler, médico norteamericano-británico, n. 1849], nódulos subcutáneos sensibles, eritematosos o violáceos que se forman a partir de los tejidos blandos de los extremos de los dedos de las manos o los pies; aparecen en la endocarditis bacteriana subaguda y habitualmente duran sólo 1 o 2 días.

nódulos de Ranvier (Ranvier's nodes) [Louis A. Ranvier, patólogo francés, n. 1835], constricciones de la sustancia blanca de una fibra nerviosa a intervalos más o menos regulares.

nódulos del surfista (surfer's nodules), nódulos que aparecen en la piel de rodillas, tobillos, pies o dedos de los pies de una persona que practica el surf, provocados por el contacto repetido de la piel con una tabla de surf abrasiva y arenosa.

nódulos reumáticos (rheumatic nodules), conjunto de fibroblastos y células linfoides que se acumulan en tejidos blandos o sobre prominencias óseas en pacientes que padecen artritis reumatoide o fiebre reumática.

nódulos tifoideos (typhoid nodules), nódulos hepáticos constituidos por una agrupación de monocitos y linfocitos que rodean al agente de la fiebre tifoidea, *Salmonella typhi*.

noma (noma), proceso agudo, necrotizante y ulcerativo, que afecta a las mucosas de boca y genitales, con rápida diseminación y destrucción indolora de hueso y tejidos blandos, acompañada de un olor pútrido.

nombre farmacológico (nonpropietary name), nombre genérico de un producto, a diferencia del nombre comercial o de la marca registrada. El nombre farmacológico puede ir indicado por las letras *USAN* o *United States Adopted*

Name.

nombre genérico (generic name), nombre oficial, no registrado, asignado a un fármaco. La licencia de un fármaco se basa en el nombre genérico, aunque normalmente se comercializa bajo un nombre comercial elegido por el fabricante.

nombre oficial (established name), nombre asignado a un fármaco por el *US Adopted Names Council*. El nombre oficial, generalmente más corto que el nombre químico, es el nombre por el que los sanitarios conocen al fármaco.

nombre químico (chemical name), designación exacta de la estructura química de una sustancia según lo establecen las normas de los sistemas aceptados de nomenclatura química. Por ejemplo, ácido cíclico N,N-bis-(cloroetil)-N'-(3hidroxipropil) fosfodiamídico monohidrato es el nombre químico de la ciclofosfamida, fármaco utilizado para el tratamiento quimioterápico del cáncer.

nomenclatura (nomenclature), método sistemático y uniforme para asignar nombres, utilizado en las disciplinas científicas para hacer clasificaciones, y evitar ambigüedades en los nombres, como la nomenclatura binomial en biología o la nomenclatura química.

nomenclatura binomial (binomial nomenclature), sistema de clasificación de animales y plantas en el que se asigna nombres latinos para la especie y el género de cada uno, como *Homo sapiens* para los seres humanos.

nomenclatura cromosómica (chromosomal nomenclature), modelo de nomenclatura que se utiliza para identificar la dotación cromosómica de un individuo en función del número de cromosomas, sexo, y de la presencia de deleción o adición de un cromosoma específico o de parte de un cromosoma. La dotación en una mujer normal es 46,XX, y para el hombre normal, 47,XY. Las aberraciones cromosómicas se designan indicando el número de cromosomas total, la dotación sexual y el grupo o cromosoma específico en el que se produce la adición o deleción. El brazo corto del cromosoma se denomina «p», el brazo largo es «q» y una traslocación, «t».

nomenclatura del interferón (interferon nomenclature), sistema recomendado por el *International Interferon Nomenclature Committee*, para identificar compuestos de interferón. Para un determinado producto aislado, la primera palabra del nombre será «interferón». A ésta seguirá una letra griega deletreada y, después de un guión, un número arábigo y una letra minúscula: el interferón alfa-2a es un ejemplo de ello.

Nómina Anatómica (Nomina Anatomica), libro de nomenclatura anatómica oficial internacional, establecida por el Congreso Internacional de Anatomistas.

Nómina Anatómica de Basilea (BNA) (*Basel Nomina Anatomica [BNA]),* sistema internacional de terminología anatómica adoptado en Basilea, Suiza.

nomograma (nomogram), **1.** representación gráfica de una relación numérica establecida por cualquiera de los diversos métodos existentes. **2.** gráfico en el que se representa un cierto número de variables, de forma que el valor de la variable dependiente se puede leer en la línea correspondiente, cuando se dan los valores de las otras variables.

nomograma de Radford (Radford nomogram), dispositivo gráfico matemático utilizado en terapia respiratoria para calcular volúmenes y frecuencias respiratorios de forma combinada para la ventilación mecánica. Se basa en tres parámetros: peso corporal, sexo y frecuencia respiratoria.

nomograma de West (West nomogram), nomograma utilizado para calcular la superficie corporal.

nomograma respiratorio (breathing nomogram), gráfica que presenta escalas de datos para el peso corporal, frecuencia respiratoria y volumen corriente basal previsto organizados en un patrón. Permite calcular un valor desconocido en una escala trazando una línea que conecta los valores conocidos en otras dos escalas.

non compos mentis (non compos mentis), término legal aplicado a una persona declarada mentalmente incompetente.

nonigrávida (nonigravida), mujer embarazada por novena vez.

nonípara (nonipara), mujer que ha parido nueve hijos.

noradrenalina (noradrenalin), v. **norepinefrina**.

norepinefrina (norepinephrine), hormona adrenérgica cuya acción es aumentar la tensión sanguínea mediante vasoconstricción, pero que no afecta al gasto cardíaco. Se sintetiza normalmente en la médula suprarrenal, y también está disponible como fármaco, el levarterenol, que se administra para mantener la tensión arterial en la hipotensión aguda producida por traumatismos, cardiopatías o colapso vascular.

noretindrona (norethindrone), progestina utilizada en el tratamiento de la hemorragia uterina anormal y en la endometriosis. También se usa como componente de los medicamentos anticonceptivos orales.

norfloxacina (norfloxacin), fármaco antibacteriano oral utilizado en el tratamiento de las infecciones del tracto urinario.

norgestrel (norgestrel), fármaco progestínico utilizado como anticonceptivo, solo o combinado con estrógeno.

norma (norm), medida de un fenómeno que se acepta de forma general como estándar ideal al que referirse cada vez que se hagan nuevas mediciones del mismo fenómeno.

norma basilar (norma basalis), superficie inferior del cráneo, una vez extirpado el maxilar inferior, formada por los huesos palatinos, el vómer, los apófisis pterigoides y parte del esfenoides y los temporales.

normal (normal), **1.** que describe un estándar, media o ejemplo típico de una serie de objetos o valores. **2.** que describe una solución química en la que 1 l contiene 1 g de sustancia o el equivalente en hidrogeniones sustituibles. **3.** distribución de Gauss.

normas asistenciales (standard of care), texto escrito que describe las normas, acciones o estudios que dirigen la asistencia sanitaria del paciente. Las normas asistenciales guían la actividad profesional y se pueden utilizar a la hora de evaluar la asistencia.

normas de la práctica de enfermería (standards of nursing practice), conjunto de normas y líneas de actuación sobre la asistencia de enfermería y criterios para evaluar la asistencia. Estas normas garantizan al paciente que la asistencia que recibe es de gran calidad. Son importantes en caso de conflicto legal sobre la calidad asistencial prestada al paciente.

normativa de Baby Jane Doe (Baby Jane Doe regulations), conjunto de reglas establecidas en 1984 por el *U. S. Health and Human Services Department* según las cuales el gobierno debía investigar las quejas sobre las decisiones paternas respecto al tratamiento de los niños con minusvalías. Estas controvertidas regulaciones se han catalogado como ilegales en un juzgado federal. El nombre popular de estas reglas federales procede del nombre de «Jane Doe» dado a una niña nacida en Nueva York que fue objeto de una campaña para que se la sometiera a cirugía salvadora en contra de las objeciones de sus padres.

normoblasto (normoblast), célula nucleada precursora del eritrocito adulto circulante. Tras la expulsión del núcleo, el eritrocito joven recibe el nombre de reticulocito.

normocito (normocyte), eritrocito adulto normal, de tamaño medio, cuyo diámetro es de 7 μm.

normocrómico, normocromo (normochromic), perteneciente a los eritrocitos que tienen un color normal, generalmente por contener una cantidad adecuada de hemoglobina.

normoglucémico (normoglycemic), perteneciente al nivel normal de glucosa en sangre.

normotenso (normotensive), perteneciente al estado en el que la tensión sanguínea es normal.

normoventilación (normoventilation), velocidad de ventilación alveolar que produce una presión alveolar de dióxido de carbono de aproximadamente 40 mm Hg, a cualquier ritmo metabólico.

normoxia (normoxia), presión de oxígeno medioambiental de aproximadamente 150 (±10) mm Hg, o presión parcial del oxígeno en el aire atmosférico al nivel del mar.

North American Nursing Diagnosis Association (NANDA) (North American Nursing Diagnosis Association [NANDA]), organización profesional de enfermeros registrados, creada en 1982. El propósito de esta organización es «desarrollar, depurar y promover una taxonomía de la terminología diagnóstica de enfermería, de uso general para los profesionales».

NOSIE (NOSIE), abreviatura de **escala de observación de enfermería para el paciente hospitalizado**.

nosocomial (nosocomial), perteneciente o relativo al hospital.

nosología (nosology), ciencia de clasificación de las enfermedades.

notocorda (notochord), tira elongada de tejido mesodérmico que se origina a partir del nodo primitivo y se extiende sobre la superficie dorsal del embrión en desarrollo, por debajo del tubo neural, para formar el eje esquelético longitudinal primario del cuerpo de to-

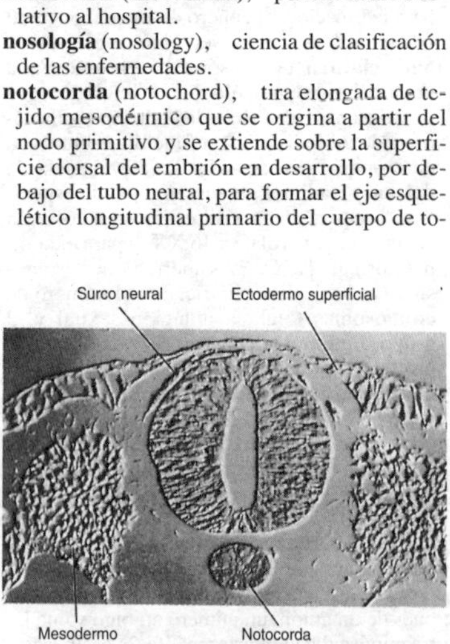

Notocorda (embrión de pollo)
(Norte, 3.ª ed., 1993)

dos los cordados.

notogénesis (notogenesis), formación de la notocorda.

notomelo (notomelus), malformación congénita con una o más extremidades accesorias fijadas a la espalda.

noveno par craneal (ninth nerve), v. **nervio glosofaríngeo**.

Np (Np), símbolo del **neptunio**.

NPO (NPO), abreviatura de la frase latina: *non per os*, que significa «nada por boca».

NPS (SNP), abreviatura de **nitroprusiato sódico**.

NPT (TPN), abreviatura de **nutrición parenteral total**.

NREM (NREM), abreviatura de **movimientos oculares no rápidos**. V. **sueño**.

NSA (BOA), abreviatura de **nacido sin asepsia**.

NTA (ATN), abreviatura de **necrosis tubular aguda**.

nube del revelado (developmental fog), (en radiología) radiografía deslustrada como lavada, con falta de contraste. Sus causas son el calor, el tiempo de exposición y la concentración del revelador.

nuca (nucha, *pl.* **nuchae**), cogote o parte posterior del cuello.

nucl. (nuc), abreviatura de nuclear.

núcleo (nucleus), **1.** cuerpo central de control en el interior de las células vivas, que normalmente es una unidad esférica encerrada en una membrana que contiene los códigos genéticos para el mantenimiento de los sistemas vitales del organismo y establecer órdenes para el crecimiento y la reproducción. **2.** grupo de células nerviosas del sistema nervioso central con una función común, como la del sentido de la audición o del olfato. **3.** centro de un átomo, alrededor del cual giran los electrones. **4.** (en química orgánica) elemento central de un compuesto o grupo de compuestos.

núcleo amigdalino (amygdaloid nucleus), núcleo basal localizado en el asta inferior del ventrículo lateral.

núcleo caudado (caudate nucleus), masa de sustancia gris en forma de media luna, situada externamente en relación con el tálamo, en el suelo del asta anterior y del cuerpo del ventrículo lateral.

núcleo de amalgama (amalgam core), base rígida para retener el molde de restauración de una corona, utilizado para efectuar la sustitución de una corona dentaria dañada.

núcleo de clivaje (cleavage nucleus), v. **núcleo de segmentación**.

núcleo de composite (composite core), con-

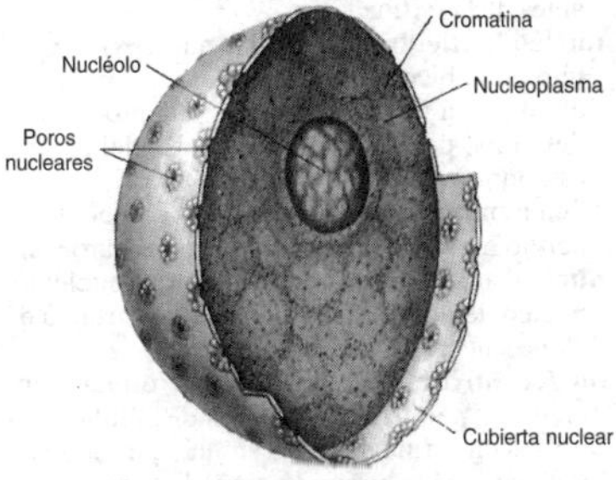

Núcleo celular
(Thibodeau, 1993/William Ober)

centrado de resina de composite diseñada y dispuesta para sujetar la corona artificial de un diente.

núcleo de condensación (condensation nuclei), partículas neutras atmosféricas, como el polvo, que son capaces de absorber o adsorber agua y aumentar de tamaño. Con una humedad relativamente alta forman bruma o neblina. Los núcleos de condensación de vapores de ácido nítrico o sulfúrico o de óxidos de nitrógeno pueden actuar como irritantes respiratorios.

núcleo de Deiter (Deiter's nucleus) [Otto F. C. Deiters, anatomista alemán, n. 1834], uno de los núcleos vestibulares del tronco del encéfalo.

núcleo de segmentación (segmentation nucleus), el núcleo del cigoto que resulta de la fusión de los pronúcleos masculino y femenino en el huevo fecundado. Es la fase final de la fecundación.

núcleo dentado (dentate nucleus), núcleo cerebelar profundo que recibe fibras de la zona externa de la corteza cerebelosa y parece actuar como disparador de la corteza cerebral, rigiendo los movimientos voluntarios y las propiedades de los movimientos durante su ejecución.

núcleo fibroso central del periné (perineal body), masa de tejido compuesto por músculo y fascia situado entre la vagina y el recto en las mujeres y entre la uretra y el recto en los varones.

núcleo germinativo (germinal nucleus), v. **pronúcleo**.

núcleo haploide (haploid nucleus), núcleo que posee sólo la mitad del número de cromosomas somáticos. Puede aparecer en una célula germinal tras la división de reducción y antes de la fertilización.

núcleo lenticular (lenticular nucleus), ganglio basal biconvexo del cerebro, formado por el putamen lateral y por el segmento interno del globo pálido, que forma parte del cuerpo estriado.

núcleo motor (motor nucleus), núcleo de un nervio motor o agrupación de motoneuronas.

núcleo oculomotor (oculomotor nucleus), núcleo del tercer par craneal que se origina en el mesencéfalo.

núcleo olivar inferior (inferior olivary nucleus), pequeña agrupación de células nerviosas en forma de bolsa situada por detrás y por fuera de la pirámide, inmediatamente por debajo del nivel de la protuberancia. En él se originan fibras cerebelosas trepadoras.

núcleo olivar superior (superior olivary nucleus), conjunto de células nerviosas que se presentan como racimos de materia gris en la protuberancia. Colabora en la localización del sonido comparando la diferencia de tiempo entre el sonido recibido por el oído derecho y el izquierdo.

núcleo piramidal (pyramidal nucleus), banda de sustancia gris que se extiende entre el núcleo de la oliva y la línea media que proyecta fibras contralateralmente al vermis del cerebelo.

núcleo pontino (pontine nucleus), células nerviosas situadas en la porción basilar de la protuberancia, donde se transmiten los impulsos entre el cerebro y el cerebelo.

núcleo pulposo (nucleus pulposus), porción central de cada disco intervertebral, compuesto de una sustancia elástica pulposa que pierde parte de su elasticidad con la edad.

núcleo sensitivo del nervio trigémino (sensory nucleus of trigeminal nerve), grupo de células nerviosas situadas en la protuberancia que actúan como el núcleo principal para la recepción de las fibras táctiles de la región que inerva el trigémino.

núcleo supraóptico (supraoptic nucleus), núcleo hipotalámico que descansa en el quiasma óptico con fibras que se extienden hasta el lóbulo posterior de la hipófisis.

nucleocápside (nucleocapsid), cubierta viral que consta de una cápside o cubierta proteica, que encierra el ácido nucleico.

nucleocitoplásmico (nucleocytoplasmic), perteneciente o relativo al núcleo y el citoplasma celulares.

nucleofílica (nucleophilic), relativo a la propiedad de algunas moléculas, sobre todo ácidos nucleicos y proteínas, con electrones que pueden ser compartidos y así formar enlaces con los agentes alquilantes.

nucleohistona (nucleohistone), nucleoproteína compleja que consta de ácido desoxirribonucleico y una histona. Es el componente básico de la cromatina del núcleo celular.

nucléolo (nucleolus, *pl.* **nucleoli**), cualquiera de las pequeñas estructuras densas, compuestas principalmente por ácido ribonucleico, situadas en el interior del citoplasma celular. Los nucléolos son esenciales para la formación de los ribosomas que sintetizan las proteínas celulares.

nucléolo falso (false nucleolus), v. **cariosoma**.

nucleón (nucleon), término colectivo aplicado a los protones y neutrones del núcleo.

nucleoplasma (nucleoplasm), protoplasma nuclear, en contraste con el de la célula.

nucleoproteína (nucleoprotein), molécula de proteína combinada con ácido nucleico y situada en el núcleo celular.

nucleoquilema (nucleochylema), sustancia de fondo del núcleo, para distinguirla de la del citoplasma.

nucleoquimo (nucleochyme), v. **cariolinfa**.

nucleósido monofosfato quinasa (nucleoside monophosphate kinase), enzima hepática que cataliza la transferencia de un grupo fosfato del adenosintrifosfato, produciendo adenosindifosfato y un nucléosido difosfato.

nucleosoma (nucleosome), cualquiera de la unidades nucleoproteicas repetidoras, compuestas de histonas, que forman un complejo con el ácido desoxirribonucleico y forman las estructuras arrosariadas que aparecen a diferentes intervalos a lo largo de los cromosomas.

nucleótido (nucleotide), cualquiera de los compuestos en los que se desdobla un ácido nucleico por acción de las nucleasas. Un nucleótido consta de un grupo fosfato, una pentosa y una base nitrogenada.

núclido (nuclide), tipo de átomo caracterizado por la constitución de su núcleo, en particular por el número de protones y neutrones. Por tanto, el Co 59 y el Co 60 son núclidos, isótopos del cobalto.

nudo (knot), (en cirugía) entrelazado de los extremos de una ligadura o sutura, de forma que permanezcan en su lugar sin deslizarse ni soltarse. Para realizar un nudo de cirujano simple, los extremos de la sutura se pasan dos veces alrededor del otro antes de apretarse.

nudo de Hensen, nódulo de Hensen (Hensen's knot, Hensen's node), v. **nódulo primitivo**.

nueva tuberculina (new tuberculin), extracto del bacilo tuberculoso del cual se han extraído todos los materiales solubles y se ha añadido glicerina.

nuevo fármaco (new drug), fármaco para el que la *Food and Drug Administration* solicita una aprobación previa a su comercialización. Generalmente se considera nuevo un fármaco cuando su seguridad y eficacia para el uso previsto aún no ha sido demostrado.

nuevo fármaco de investigación (NFI) (investigational new drug [IND]), fármaco pendiente de aprobación de la FDA para su comercialización, y que sólo se puede utilizar en experimentos para determinar su seguridad y eficacia.

nuez de Adán (Adam's apple), *informal.* abultamiento localizado en la cara anterior del cuello, producido por el cartílago tiroides de la laringe.

nuez vómica (nux vomica), semillas secas de un pequeño árbol asiático, el *Strychnos nux-vomica*, de las que se obtienen alcaloides, como la estricnina y la brucina. Las semillas se pulverizan y el contenido de estricnina se reduce mediante adición de lactosa, para su uso como tónico amargo y estimulante nervioso.

nuligrávida (nulligravida), mujer que no ha estado nunca embarazada.

nulípara (nullipara, *pl.* **nulliparae**), mujer que no ha parido ningún feto viable. El término «para 0» indica nuliparidad.

núm. (num.), abreviatura de número.

número atómico (atomic number), número de protones o cargas positivas en el núcleo de un átomo de un elemento determinado. El número atómico es igual al número de electrones, y su número y distribución determinan las características químicas del átomo, con la excepción de su peso atómico y de la radiactividad.

número binario (binary number), número representado en el sistema binario, y habitualmente representado mediante los números 0 y 1. V. **sistema binario**.

número de Avogadro (Avogadro's number), el número de átomos presentes en 12 gramos exactos del isótopo de carbono C_{12}, o $6{,}02 \times 10^{23}$. Un mol de cualquier elemento monoatómico contiene este número de átomos, y un mol de cualquier elemento poliatómico o molécula contiene este número de moléculas. La masa de un mol de cualquier elemento o compuesto es una masa numéricamente igual en gramos a la masa atómica relativa de los átomos o las moléculas.

número teórico de placa (N) (theoretic plate number [N]), número que define la eficiencia de una columna de cromatografía.

nutación (nutation), acto de cabecear, especialmente el cabeceo involuntario que se produce en distintos procesos neurológicos.

nutrición (nutrition), **1.** nutrición. **2.** suma de procesos implicados en la toma de nutrientes y su asimilación y uso para el adecuado funcionamiento del organismo y el mantenimiento de la salud. **3.** estudio de los alimentos y bebidas en relación con el crecimiento y mantenimiento de los seres vivos.

nutrición alterada: alto riesgo de ingesta superior a los requerimientos corporales (nutrition, altered: high risk for more than body requirements), diagnóstico de enfermería, aprobado por la NANDA, del riesgo de ingesta de nutrientes por encima de las necesidades metabólicas. Las características que lo definen son: obesidad referida u observada en uno o ambos padres, rápido aumento del percentil de peso del lactante o niño pequeño, en comparación con otros de la misma edad, consumo de alimentos sólidos como parte significativa de la dieta antes de los 5 años, oferta de comida como recompensa, aumento del peso de base al comenzar las gestaciones o patrones de alimentación disfuncionales.

nutrición alterada: inferior a los requerimientos corporales (nutrition, altered: less than body requirements), diagnóstico de enfermería, aprobado por la NANDA, de la incapacidad, basada en factores psicológicos, biológicos o económicos, de ingerir o digerir alimentos o de absorber nutrientes en cantidad suficiente para mantener la salud. Las características que lo definen son: pérdida de peso, informe de que la ingesta de alimentos es inferior a la recomendada, pruebas o constatación de falta de alimentos, falta de interés por la comida, rechazo de la comida, alteración del sabor de los alimentos, sensación de plenitud inmediatamente después de tomar pequeñas cantidades, dolor abdominal que no tenga otra explicación, llagas en la boca, diarrea o esteatorrea, palidez, debilidad y pérdida de cabello.

nutrición alterada: superior a los requerimientos corporales (nutrition, altered: more than body requirements), diagnóstico de enfermería, aprobado por la NANDA, de la ingesta excesiva de alimentos, en relación con las necesidades metabólicas. Las características que lo definen son: sobrepeso (aumento de peso 20% por encima del peso ideal para la talla y constitución del paciente), nivel de actividad sedentario y hábitos de comida disfuncionales, como la ingesta de alimentos en respuesta a impulsos distintos al hambre.

nutrición enteral con sonda (enteral tube feeding), introducción del alimento o de las sustancias nutritivas directamente al tracto digestivo por una sonda nasogástrica o gástrica.

nutrición infantil (pediatric nutrition), mantenimiento de una dieta adecuada y equilibrada, constituida por nutrientes esenciales y por las calorías necesarias para favorecer el crecimiento y cubrir las necesidades fisiológicas en las diversas fases del desarrollo. Las necesidades nutricionales varían considerablemente con la edad, el nivel de actividad y las enfermedades del medio, y están directamente relacionadas con la velocidad de crecimiento.

nutrición parenteral (parenteral nutrition), administración de nutrientes por una vía diferente a la del tubo digestivo, como la subcutánea, la intravenosa, la intramuscular o la intradérmica. Habitualmente, los líquidos parenterales están constituidos por suero fisiológico con glucosa, aminoácidos, electrólitos, vitaminas y fármacos.

nutrición parenteral total (NPT) (total parenteral nutrition [TPN]), administración de una solución hipertónica nutricionalmente adecuada, constituida por glucosa, proteínas hidrolizadas, minerales y vitaminas, a través de un catéter permanente colocado en la vena cava superior. Este procedimiento se utiliza en el coma prolongado, en la malabsorción grave incontrolada, en las quemaduras extensas, en las fístulas GI y en otras enfermedades en las que la alimentación por boca no puede facilitar las cantidades adecuadas de los nutrientes esenciales.

nutricional (nutritional), relativo a la calidad de la comida o a las costumbres alimentarias que proporciona la nutrición a través de la asimilación de la comida por los tejidos.

nutriente (nutrient), sustancia que proporciona nutrición y afecta a los procesos nutritivos y metabólicos del cuerpo.

nutriente esencial (essential nutrient), los hidratos de carbono, proteínas, grasas, minerales y vitaminas necesarios para el crecimiento, funcionamiento normal y mantenimiento del organismo.

nutriente secundario (secondary nutrient), sustancia que actúa como estimulante para activar la flora GI y hacer que ésta sintetice otros nutrientes.

nutrimento (nutriment), cualquier sustancia que nutre y ayuda al crecimiento y desarrollo del cuerpo.

nutrir (nourish), proveer o administrar los alimentos esenciales para el mantenimiento de la vida.

Nutting, Mary Adelaide (Nutting, Mary Adelaide) (1858-1947), educadora y reformadora de la enfermería norteamericana, nacida en Canadá. Creó y desarrolló el *Department of Nursing and Health*, en el *Teachers College* de la *Columbia University*, convirtiéndose en la primera profesora de enfermería del mundo. Con Lavinia Dock, escribió *History of Nurs-*

O

o. (o.), abreviatura de **ohmio**.

O (O), **1.** abreviatura del **oxígeno**. **2.** símbolo del **átomo de oxígeno**.

O_2 (O_2), abreviatura de la **molécula de oxígeno**.

O.D. (O.D.), abreviatura de *oculus dexter,* frase latina que significa «ojo derecho».

o.h. (o.h.), abreviatura del término latino *omni hora* o «cada hora».

O.L. (O.L.), abreviatura del término latino *occulus laevus* «ojo izquierdo».

o.m. (o.m.), abreviatura del término latino *omni mane* o «cada mañana».

o.n. (o.n.), abreviatura del término latino *omni nocte* o «todas las noches».

o-f (o-f), símbolo de **oxidación-fermentación**.

OACA (OAWO), abreviatura de **osteotomía abductora en cuña de apertura**.

OAD (ROA), abreviatura de posición occipitoanterior derecha.

OAI (LOA), abreviatura de posición fetal occipitoanterior izquierda.

ob. (ob.), abreviatura del término latino *óbito*.

obducción (obduction), autopsia medicolegal.

obesidad (obesity), aumento anormal de la proporción de células grasas, especialmente en las vísceras y en el tejido subcutáneo del cuerpo. La **obesidad hiperplásica** está causada por el aumento del número de adipocitos en un tejido adiposo abundante. La **obesidad hipertrófica** se produce por un aumento del tamaño de los adipocitos en un tejido adiposo abundante.

obeso (obese), individuo corpulento cuyo peso es desproporcionadamente elevado. Desde el punto de vista médico, se dice que una persona es obesa si su peso corporal supera en un 20% el peso ideal para su edad, sexo, talla y hábito corporal. Considerando que el cuerpo humano «normal» contiene un 25% de grasa, este porcentaje se dobla para un paciente considerado obeso desde el punto de vista médico.

objetivo (goal), propósito hacia el que se dirige un esfuerzo, como el planteamiento diagnóstico, terapéutico o educacional de un problema de salud del paciente.

objetivo (objective), **1.** meta. **2.** relativo o perteneciente a un fenómeno o hallazgo clínico que se puede observar; no subjetivo.

objetivo (objective lens), (en radiología) lente que acepta la luz emitida por un tubo intensificador de imagen y la convierte en un rayo paralelo para registrar la imagen en la película.

objetivo conductual (behavioral objective), meta del tratamiento o de la investigación que concierne a un acto, a una conducta específica o a un patrón de conductas.

objetivo de enfermería (nursing objective), finalidad específica planteada por un profesional de enfermería para reducir el estrés de un paciente. El objetivo de enfermería puede ser físico, emocional, social o cultural, y afectar a

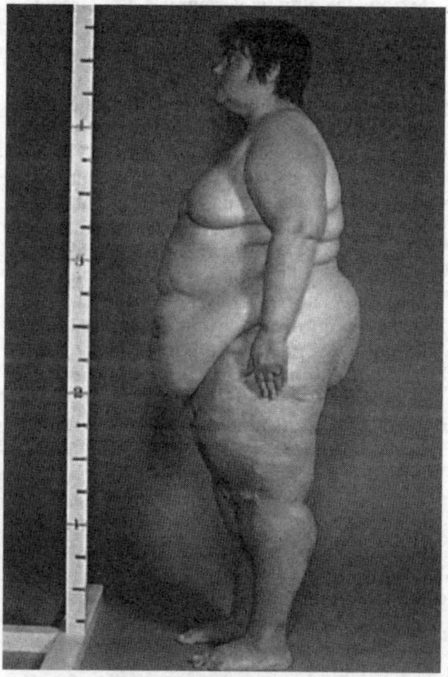

Obesidad hipotalámica
(R. Hall/D. C. Evered, 2.ª ed., 1992)

la familia y los amigos del paciente, así como a otros pacientes.

objeto (object), (en psicología) aquello a través de lo cual un instinto puede alcanzar su objetivo.

objeto transicional (transitional object), objeto utilizado por un niño para conseguir confort y seguridad mientras se encuentra fuera de una base segura, como su madre o su hogar.

oblicuidad de Litzmann (Litzmann's obliquity), v. **asinclitismo**.

oblicuidad de Nägele (Nägele's obliquity), v. **asinclitismo**.

oblicuo (oblique), dirección inclinada o cualquier variación respecto a la perpendicular o a la horizontal.

oblicuo mayor del abdomen (obliquus externus abdominis), músculo, en número par, que es el más largo y superficial de los cinco músculos anteroexternos del abdomen. Es un músculo amplio, delgado, con cuatro superficies, que se origina a partir de ocho digitaciones que surgen de la parte inferior de las ocho costillas inferiores y que se inserta en la cresta ilíaca y en la línea alba. Comprime el contenido del abdomen y participa en la micción, en la defecación, en los vómitos, en el parto y en la espiración forzada. La contracción bilateral flexiona la columna vertebral. La contracción unilateral inclina la columna vertebral en sentido lateral y la rota, desplazando el hombro del mismo lado hacia adelante.

oblicuo menor del abdomen (obliquus internus abdominis), músculo anteroexterno del abdomen, en número par, que se sitúa bajo el oblicuo externo del abdomen en la región externa y anterior de la pared abdominal. Comprime el contenido abdominal y participa en la micción, en la defecación, en los vómitos, en el parto y en la espiración forzada. La contracción bilateral flexiona la columna vertebral. La contracción unilateral inclina la columna vertebral lateralmente y la rota, desplazando el hombro del lado opuesto hacia abajo.

obliquus internus abdominis (obliquus internus addominis), v. **oblicuo menor del abdomen**.

obliteración (obliteration), eliminación o pérdida de la función de una parte del organismo por medios quirúrgicos, patológicos o degenerativos.

obnubilación mental (clouding of consciousness), estado mental en el cual un paciente está confuso y no sabe si está totalmente consciente o no.

observación (observation), **1.** acción de examinar cuidadosa y atentamente. **2.** informe de lo que se ha visto o notificado, como, por ejemplo, una observación de enfermería.

observación de enfermería (nursing observation), evaluación objetiva, holística, realizada por un profesional de enfermería, de los diversos aspectos del estado de un paciente. Incluye el aspecto general de la persona, los efectos emocionales, su estado de nutrición, hábitos y preferencias, así como la temperatura corporal, estado de la piel y cualquier proceso patológico evidente.

obsesión (obsession), pensamiento o idea persistente con el que la mente está continua e involuntariamente preocupada y que sugiere un acto irracional.

obsesivo-compulsivo (obsessive-compulsive), caracterizado o relacionado con la tendencia a realizar actos repetitivos o rituales, habitualmente como medio para liberar la tensión o la ansiedad.

obstetra (obstetrician), médico especializado en obstetricia.

obstetricia (obstetrics), rama de la medicina que se ocupa del embarazo y del parto, incluyendo el estudio de la fisiología y de las enfermedades del aparato reproductor de la mujer y la asistencia a la madre y al feto durante todo el embarazo, el parto y el posparto inmediato.

obstipación (obstipation), estreñimiento extremo y persistente causado por la obstrucción del intestino.

obstrucción (obstruction), bloqueo o impedimento para el paso.

obtunción (obtundation), utilización de un agente que alivia y reduce la irritación o dolor mediante el bloqueo de la sensibilidad en algún nivel del sistema nervioso central, como ocurre con el uso preoperatorio de anestesia.

obtundir (obtund), **1.** aliviar el dolor. **2.** volverse insensible a un estímulo desagradable o doloroso reduciendo el nivel de consciencia, lo que se consigue con anestesia o con un potente analgésico narcótico.

obturador (obturator), **1.** dispositivo utilizado para bloquear un paso o conducto o para ocupar un espacio, como ocurre con una prótesis implantada para crear un puente sobre el techo de la boca ante una fisura palatina. **2.** *no técnico,* músculo o membrana obturadora.

occ (occ), abreviatura de **occipital**.

occipital (occipital), **1.** relativo o perteneciente al occipucio. **2.** situado cerca del hueso occipital, como el lóbulo occipital del cerebro.

occipitobregmático (occipitobregmatic), relativo o perteneciente al occipucio y al bregma.

occipitofrontal (occipitofrontal), relativo o perteneciente al occipucio y al hueso frontal del cráneo.

occipucio (occiput, *pl.* **occiputs, occipita**), región posterior de la cabeza.

ocena (ozena), alteración de la nariz caracterizada por atrofia de los cornetes nasales y de la mucosa. Entre los síntomas se incluyen formación de costras a partir de las secreciones nasales, secreción y, especialmente, un olor muy desagradable.

ocluido (occluded), cerrado, taponado u obstruido.

oclusal (occlusal), relativo al cierre, como el contacto que existe entre los dientes de los maxilares superior e inferior.

oclusión (occlusion), **1.** (en anatomía) bloqueo de un canal, vaso o conducto del cuerpo. **2.** (en odontología) cualquier contacto entre las superficies de incisión y masticación de los dientes de los maxilares superior e inferior.

oclusivo (occlusive), que realiza una oclusión o cierre, como un apósito oclusivo.

oclusómetro (occlusometer), v. **gnatodinamómetro**.

ocronosis (ochronosis), trastorno caracterizado por el depósito de un pigmento marrón-negruzco en el tejido conectivo y en el cartílago, causado a menudo por alcaptonuria o por intoxicación con fenol. La orina puede tener un color oscuro.

octaploide, octaploídico (octaploid, octaploidic), v. **poliploide**.

octavo par craneal (eight cranial nerve), v. **nervio auditivo**.

octigrávida (octigravida), relativo a la mujer que ha quedado embarazada por octava ocasión.

ocul. (ocul.), abreviatura del término latino *oculis*, relativo al «ojo».

ocular (ocular), **1.** relativo o perteneciente al ojo. **2.** cualquier pieza de un instrumento óptico.

oculomotor (oculomotor), relativo a los movimientos del globo ocular.

oculto (occult), escondido o difícil de observar directamente, tal como el prolapso oculto del cordón umbilical o la sangre oculta.

OD (OD), abreviatura del término latino *oculus dexter,* que significa «ojo derecho».

odinofagia (odynophagia), sensación intensa de dolor urente asociada a la presión generada durante la deglución, causada por la irritación de la mucosa o por una alteración muscular del esófago, como el reflujo gastroesofágico, la infección bacteriana o micótica, un tumor, acalasia o una irritación química.

odontalgia (odontalgia), dolor de dientes.

odontectomía (odontectomy), extracción de un diente.

odontiasis (odontiasis), proceso de la dentición.

odontitis (odontitis), aumento anormal del tamaño de un diente, habitualmente como consecuencia de la inflamación de los odontoblastos (células responsables de la formación de la dentina) más que de la de un diente maduro.

odontoblasto (odontoblast), célula del tejido conectivo situada en la periferia de la pulpa dental que da lugar a la dentina primaria y secundaria del diente.

odontodisplasia (odontodysplasia), alteración del desarrollo de los dientes, caracterizada por la formación deficiente del esmalte y de la dentina.

odontogénesis (odontogenesis), origen y formación de los dientes.

odontogénesis imperfecta (odontogenesis imperfecta), v. **dentinogénesis imperfecta**.

odontogénico (odontogenic), **1.** que genera dientes. **2.** desarrollado en los tejidos que producen los dientes.

odontología (dentistry), arte de practicar la prevención y el tratamiento de las enfermedades y los trastornos de los dientes y las estructuras de la cavidad oral contiguas a estos. Sus competencias abarcan a la reparación y restauración de dientes y la restitución de los dientes perdidos, así como la detección de signos de enfermedades como tumores, que podrían requerir tratamiento médico. En Estados Unidos, existen ocho especialidades reconocidas, siendo necesario para cada una de ellas un período de formación adicional en una Escuela de Odontología: cirugía oral, endodoncia, odontología de la salud pública, ortodoncia, patología oral, pedodoncia, periodoncia y prótesis dental.

odontólogo (dentist), en EE.UU., persona proofesionalmente cualificada y provista de un diploma estatal para practicar la dodontología. Su formación consta de unos años de escuela preparatria, seguida de 3-4 años en una escuela oficial de odontología. Tras completar la colegiación dental, el odontólogo obtiene el grado de Doctor en Cirugía Dental (DDS) o Doctor en Medicina Dental (DMD), que son graduaciones equivalentes. No se requieren internados o residencias previas para la práctica general, aunque para obtener el diploma estatal hay que superar exámenes escritos y prácticos.

odontoma (odontoma), anomalía de los dientes que parece un tumor sólido, como el dens in dente, las perlas de esmalte y el odontoma complejo o compuesto.

odontomía profiláctica (prophylactic odontomy), (en odontología) extirpación quirúrgica de las fóveas y fisuras dolorosas presentes en los molares primarios posteriores y en los molares permanentes.

odorífero (odoriferous), relativo a algo que produce olor, sobre todo si es intenso o desagradable.

ofloxacino (ofloxacin), antibiótico del tipo de las carboxifluoroquinolonas.

oftalmía (ophtalmia), inflamación intensa de la conjuntiva o de las estructuras profundas del ojo. Algunos tipos de oftalmía son: **oftalmía neonatorum, oftalmía simpática** y **tracoma**.

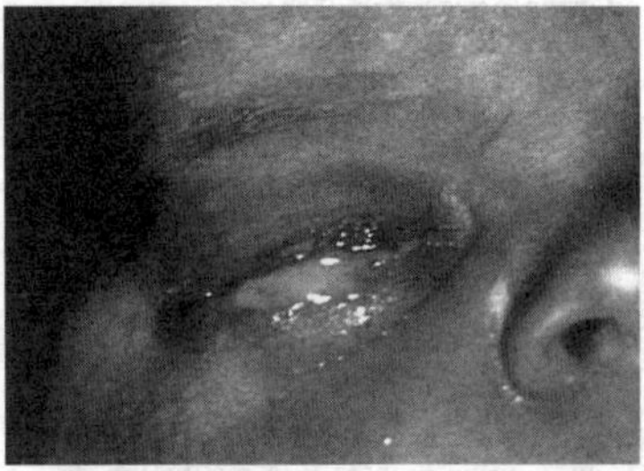

Oftalmía neonatorum
(C. D. Forbes/W. F. Jackson, 1994)

oftalmitis (ophtalmitis), inflamación del ojo.

oftalmodinamómetro (ophthalmodynamometer), instrumento usado para la medición de la presión de la esclerótica mientras el fondo de ojo se estudia con la ayuda del oftalmoscopio. Se puede usar también para medir la tensión arterial de la arteria oftálmica.

oftalmodinia (ophthalmodynia), dolor ocular.

oftalmología (ophthalmology), rama de la medicina que se dedica al estudio de la fisiología, anatomía e histología del ojo y del diagnóstico y tratamiento de las alteraciones oculares.

oftalmólogo (ophthalmologist), médico especialista en oftalmología.

oftalmoplastia (ophthalmoplasty), cirugía plástica del ojo o de la región periocular.

oftalmoplejía (ophthalmoplegia), alteración caracterizada por la parálisis de los nervios motores del ojo. La oftalmoplejía bilateral de rápida aparición se asocia con miastenia aguda grave, deficiencia aguda de tiamina, botulismo y polineuropatía craneal inflamatoria aguda. La oftalmoplejía también se asocia con distrofia ocular.

oftalmoplejía progresiva (progressive ophthalmoplegia), forma de parálisis de la musculatura ocular que habitualmente se inicia con ptosis y que gradualmente afecta a todos los músculos extraoculares.

oftalmoscopia (ophthalmoscopy), técnica de empleo de un oftalmoscopio para el examen del ojo.

oftalmoscopio (ophthalmoscope), dispositivo para el examen del interior del ojo. Consta de una luz, un espejo con un único agujero a través del cual el examinador observa las estructuras oculares y un disco con varias lentes de diferentes potencias.

oftalmospasmo (ophthalmospasm), contracción involuntaria repentina del globo ocular.

ofuscación (obfuscation), turbación, confusión.

OH (OH), símbolo del **hidroxilo**.

ohmio (ohm) [Georg S. Ohm, médico alemán, n. 1787], unidad de medida de la resistencia eléctrica. Un ohmio es la resistencia de un conductor en el que un potencial eléctrico de 1 V produce una corriente de 1 amperio.

oi (le), abreviatura de ojo izquierdo.

oído (ear), órgano de la audición, que consta del oído interno, medio y externo. El oído externo está constituido por el pabellón auricular, cartílago cubierto de piel a cada lado de la cabeza, y por la porción externa del conducto auditivo, que se encuentra fuera del cráneo. El oído medio contiene tres huesecillos: martillo, yunque y estribo, que transmiten las vibraciones generadas por las ondas sonoras que alcanzan la membrana del tímpano hacia la ventana oval del oído interno. El oído interno consta de dos órganos diferentes: el aparato vestibular, que proporciona el sentido del equilibrio, y el órgano de Corti, que recibe las vibraciones

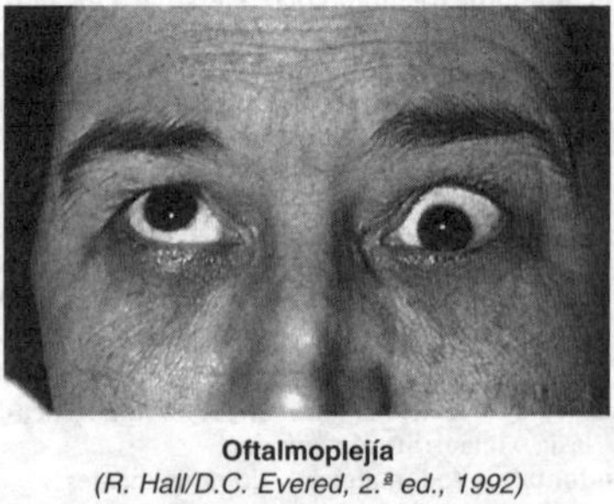

Oftalmoplejía
(R. Hall/D.C. Evered, 2.ª ed., 1992)

desde el oído medio y las transforma en impulsos nerviosos, que a su vez son interpretados por neuronas cerebrales como los sonidos específicos.

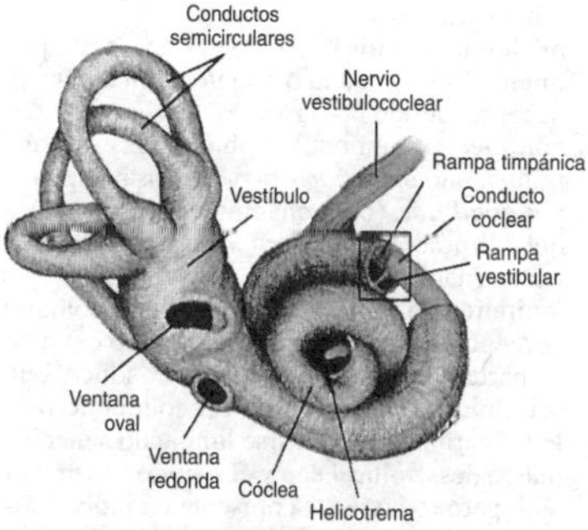

Oído interno
(Seeley, 1992/Lisa Church/Michael Schenk)

ojal (buttonhole), pequeño agujero en forma de corte en la pared de una estructura o una cavidad del cuerpo.

ojo (eye), uno de los dos órganos de la visión, contenido en la órbita ósea, en la parte anterior del cráneo, con un lecho de la grasa orbitaria, e inervado por el nervio óptico, procedente de la parte anterior del cerebro. El cristalino lo divide en dos cavidades internas. La anterior al cristalino está dividida por el iris en dos cámaras, ambas llenas de humor acuoso. La cámara posterior es mayor que la anterior, y contiene el humor vítreo, gelatinoso. La túnica externa del bulbo constituye por delante la córnea, transparente, y por detrás la esclerótica, opaca. La túnica interna de tejido nervioso constituye la retina. Las ondas de luz que pasan a través del cristalino chocan contra la capa de conos y bastones de la retina, generando impulsos que se transmiten al cerebro a través del nervio óptico.

oleandomicina (oleandomycin), v. **troleandomicina**.

olécranon (olecranon), proyección proximal del cúbito que forma el vértice del codo y que encaja en la fosa olecraneana del húmero cuando se extiende el antebrazo.

olefina (olefin), cualquier elemento de un grupo de hidrocarbonos alifáticos insaturados que contienen uno o más dobles enlaces en la cadena de carbonos. El grupo está representado por la fórmula C_nH_{2n}.

oleovitamina (oleovitamin), preparación de aceite de hígado de pescado o de aceite vegetal comestible que contiene una o más de las vitaminas liposolubles o sus derivados.

oleovitamina A (oleovitamin A), preparación oleosa, habitualmente aceite de hígado de pescado puro o diluido con un aceite vegetal comestible, que contiene la forma natural o sintética de la vitamina A.

oleovitamina D sintética (synthetic oleovitamin D), v. **viosterol**.

oleovitamina D_2 (oleovitamin D_2), v. **calciferol**.

olfacción (olfaction), acto de oler.

olfato (smell), el sentido especial que permite percibir los olores a través de la estimulación de los nervios olfatorios.

olfatorio (olfactory), relativo o perteneciente al sentido del olfato.

oligodactilia (oligodactyly), anomalía congénita caracterizada por la ausencia de uno o más de los dedos de las manos o de los pies.

oligodendroblastoma (oligodendroblastoma), v. **oligodendroglioma**.

oligodendrocito (oligodendrocyte), tipo de célula de la neuroglia que presenta proyecciones dendríticas que se enrollan alrededor de los axones de las células neuronales.

oligodendroglia (oligodendroglia), células del sistema nervioso central que producen mielina.

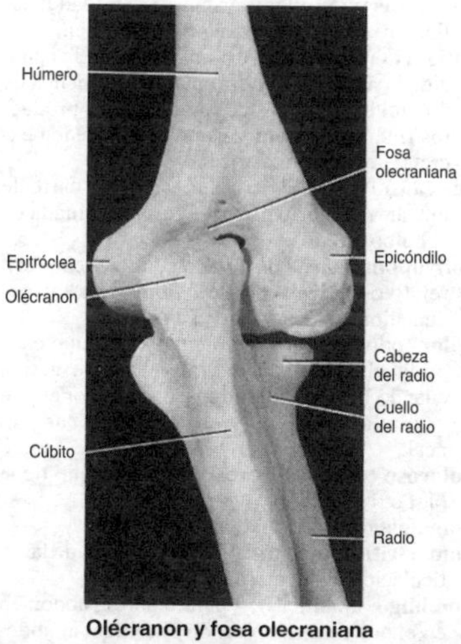

Olécranon y fosa olecraniana
(Vidic, 1984)

oligodendroglioma (oligodendroglioma, *pl.* **oligodendrogliomas, oligodendrogliomata**), tumor cerebral poco frecuente formado por células ectodérmicas no neurales que habitualmente forman parte del tejido conectivo de soporte que rodea a las células nerviosas.

oligodontia (oligodontia), defecto dental determinado genéticamente y caracterizado por el desarrollo de un número de dientes inferior al normal.

oligoelemento (trace element), elemento esencial para la nutrición o para los procesos fisiológicos, presente en tan pequeñas cantidades que los análisis prácticamente no lo pueden detectar.

oligogénico (oligogenic), relativo o perteneciente a las características hereditarias producidas por uno o sólo unos pocos genes.

oligohemia (oligemia), situación de hipovolemia o disminución del volumen intravascular circulante.

oligohidramnios (oligohydramnios), cantidad anormalmente pequeña o ausencia de líquido amniótico.

oligomeganefronia (oligomeganephronia), tipo de hipoplasia renal congénita que se asocia con insuficiencia renal crónica en los niños.

oligomenorrea (oligomenorrhea), menstruación anormalmente escasa o infrecuente.

oligopnea (oligopnea, oligopnoea), v. **bradipnea**.

oligospermia (oligospermia), cantidad insuficiente de espermatozoides en el semen.

oliguria (oliguria), diseminación de la capacidad para formar y eliminar orina, menos de 500 ml en 24 horas, de forma que los productos finales del metabolismo no se pueden excretar de una forma eficaz.

oliva (olivary body), núcleo olivar, parte de una agrupación densa de neuronas situada en el bulbo raquídeo.

olivopontocerebeloso (olivopontocerebellar), relativo o perteneciente a la oliva, a los pedúnculos medios y al cerebelo.

olor (odor), perfume o emanación que estimula el sentido del olfato. Éste se activa cuando las moléculas transportadas por el aire estimulan los receptores del primer par craneal.

oloroso (odorous), relativo a algo que tiene olor o fragancia.

omalgia (omalgia), dolor del hombro.

omartritis (omarthritis), inflamación de la articulación del hombro.

ombligo (umbilicus), punto sobre el abdomen en el que se une el cordón umbilical al abdomen fetal. En la mayoría de los adultos está marcado por una depresión; en algunos se encuentra marcado por una pequeña protrusión de la piel.

omega, Ω, ω (omega, Ω, ω), letra 24 del alfabeto griego.

ómicron, O, o (omicron, O, o), letra 15 del alfabeto griego.

omisión (omission), (en derecho) incumplimiento intencionado o no intencionado de un deber requerido por la ley.

omn.noct. (omn.noct.), abreviatura del término latino *omni nocte* o «todas las noches».

omn.quad.hor. (omn.quad.hor.), abreviatura del término latino *omni quadrante hora* o «cada cuarto de hora».

omnipotencia (omnipotence), (en psicología) percepción infantil de que el mundo exterior es parte del organismo, lo que conduce a un sentimiento primitivo de ser todopoderoso. Este sentimiento suele irse limitando a medida que se desarrolla el ego y el sentido de la realidad, pero todavía está presente en individuos perturbados que pierden el contacto con la realidad.

omnívoro (omnivorous), que se alimenta tanto de plantas como de animales.

omofagia (omophagia), ingesta de alimentos crudos, sobre todo pescado o carne.

omóplato (shoulder blade), v. **escápula**.

OMS (OMS), abreviatura de **Organización Mundial de la Salud**.

onanismo (onanism), v. **masturbación**.

oncocercosis (onchocerciasis), forma de filariasis común en América Central y del Sur y en África, caracterizada por la presencia de nódulos subcutáneos, rash pruriginoso y lesiones oculares. Se transmite por la picadura de moscas de la familia Simuliidae que depositan las microfilarias de *Onchocerca volvulus* bajo la piel. Las microfilarias migran al tejido subcutáneo y a los ojos, y se desarrollan nódulos fibrosos alrededor de los gusanos adultos en crecimiento. Entre las reacciones de hipersensibilidad a la microfilaria moribunda se incluyen el prurito extremo, un rash similar al de la celulitis, liquenificación, despigmentación y, raramente, elefantiasis.

oncogén (oncogene), gen potencialmente inductor de cáncer. En condiciones normales, dichos genes participan en el crecimiento y en la proliferación de las células, pero cuando se alteran de alguna forma por un agente carcinogénico, pueden provocar una transformación maligna de la célula.

oncogénesis (oncogenesis), proceso que inicia y facilita el desarrollo de una neoplasia mediante la acción de agentes biológicos, químicos o físicos.

oncología (oncology), **1.** rama de la medicina que se dedica al estudio de los tumores. **2.** estudio de las enfermedades neoplásicas.

oncólogo (oncologist), médico que se especializa en el estudio y en el tratamiento de las enfermedades neoplásicas, especialmente el cáncer.

oncótico (oncotic), relativo a la presencia de un tumor.

oncovirus (oncovirus), miembro de una familia de virus asociados a la leucemia y al sarcoma en animales y, posiblemente, en humanos.

onda (wave), alteración periódica en la cual la energía se desplaza a través de un medio sin alterar de forma permanente los componentes del medio.

onda alfa (alpha wave), uno de los cuatro tipos de ondas cerebrales, que se caracteriza por un voltaje o amplitud relativamente elevado y una frecuencia de 8 a 13 Hz. Las ondas alfa son las «ondas de relajación» del cerebro.

onda beta (beta wave), uno de los cuatro tipos de ondas cerebrales, caracterizada por un voltaje relativamente bajo y una frecuencia superior a 13 Hz. Las ondas beta son las «ondas de actividad» del cerebro, registradas mediante electroencefalografía de las áreas frontal y central del cerebro cuando el paciente está despierto y alerta con los ojos abiertos.

onda cañón (cannon wave), potente onda «a» en el pulso yugular, característica de un bloqueo cardíaco completo y de las extrasístoles ventriculares. Las ondas cañón están causadas por la contracción de la aurícula derecha inmediatamente después de que la contracción del ventrículo derecho haya cerrado la válvula tricúspide.

onda cerebral (brain wave), cualquiera de los diversos patrones de impulso eléctrico rítmico producidos en diferentes partes del cerebro. La mayor parte de los patrones, identificados por las letras griegas α, β, δ, τ, κ y Θ, son similares en todas las personas normales, y relativamente estables en cada individuo. Las ondas α se producen cuando la persona está despierta pero descansando, mientras que las ondas β señalan una fase activa de la función cerebral y las ondas δ son emitidas durante el sueño profundo. Las ondas cerebrales también resultan útiles en el diagnóstico de determinados trastornos neurológicos, como epilepsia o tumores cerebrales.

onda del pulso (pulse wave), cambio de la tensión arterial local producido por el paso de sangre desde el ventrículo izquierdo a la aorta. Se acompaña de una onda a través de la arteria.

onda delta (delta wave), **1.** el más lento de los cuatro tipos de ondas cerebrales, caracterizado por una frecuencia de 4 Hz y un voltaje relativamente elevado. Las ondas delta son «ondas de sueño profundo», asociadas a un estado sin sueño. **2.** (en cardiología) borrosidad de la porción QRS de un trazado ECG producida por preexcitación.

onda F (F wave), onda registrada en las pruebas electroneuromiográficas y de conducción nerviosa. Aparece ante la estimulación supramáxima de un nervio motor y está producida por la transmisión antidrómica del estímulo. La onda F se utiliza en los estudios de la función motora nerviosa de brazos y piernas.

onda P (P wave), componente del ciclo cardíaco que aparece en un electrocardiograma como una curva en forma de U invertida que aparece al final de la onda T y que precede al complejo QRS. Representa la despolarización auricular.

onda P' (onda P prima) (P' wave [P prime wave]), onda P generada en otro tejido diferente al nódulo sinusal; onda P ectópica.

onda Q (Q wave), componente del ciclo cardíaco que aparece en el electrocardiograma como un descenso brusco y corto de la línea basal desde el final de la cola de la onda P hasta antes del brusco ascenso de la onda R. Representa la primera parte del complejo QRS.

onda R (R wave), v. **complejo QRS**.

onda S (S wave), componente del ciclo cardíaco que aparece en un electrocardiograma como una línea fuertemente inclinada hacia abajo que va desde el pico de la onda R hasta el comienzo de la curva ascendente de la onda T. Es la fase final del complejo QRS.

onda T (T wave), componente del ciclo cardíaco que aparece en un electrocardiograma como una curva corta, en forma de U invertida que sigue al segmento ST.

onda theta (theta wave), uno de los diversos tipos de ondas cerebrales, caracterizado por una frecuencia relativamente baja, de 4 a 7 Hz, y una amplitud baja, de 10 μV. Las ondas theta son las «ondas adormecidas» de los lóbulos temporales del cerebro.

onda U (U wave), onda redondeada positiva de dimensiones reducidas que sigue a la onda T.

onda ultrasónica (ultrasonic wave), onda de sonido transmitida a una frecuencia mayor de 20.000 por segundo, o por debajo de la frecuencia auditiva normal en humanos. La longitud de onda específica es igual a la velocidad dividida por la frecuencia.

ondas f (f waves), (en cardiología) ondas que representan la fibrilación o el flúter.

ondas pospotenciales (afterpotential wave), cada una de las dos pequeñas ondas, positiva o negativa, que siguen a la onda principal del potencial de acción que genera el impulso nervioso, según puede registrarse en un oscilógrafo.

ondas sonoras longitudinales (longitudinal sound waves), ondas de presión formadas por la oscilación de partículas o moléculas paralelas al eje de propagación de las ondas. La compresión y expansión de estas ondas longitudinales a altas frecuencias es el principio en que se basa la ecografía.

ondulante (undulant), con forma de onda, como una vibración, una fluctuación o una oscilación.

onfalitis (omphalitis), inflamación del muñón umbilical, caracterizado por enrojecimiento, hinchazón y exudado purulento en los casos graves.

onfalocele (omphalocele), hernia congénita de las vísceras intraabdominales a través de un defecto de la pared abdominal que rodea al ombligo.

onfalodídimo (omphalodidymus), v. **gastrodídimo**.

onfalogénesis (omphalogenesis), formación del ombligo o del saco vitelino durante el desarrollo embrionario.

onfalópago (omphalopagus), v. **monónfalo**.

onfalósito (omphalosite), el menos desarrollado de dos gemelos desiguales unidos por los vasos del cordón umbilical.

ONG (ENT), abreviatura de **oído, nariz y garganta**.

onicodistrofia (onychodystrophy), trastorno caracterizado por la coloración anormal o malformación de las uñas de los dedos de las manos o de los pies.

onicogriposis (onychogryphosis), sobrecrecimiento engrosado, curvado, en forma de garfio de las uñas de las manos o de los pies.

onicólisis (onycholysis), separación de una uña de su lecho, comenzando en el margen libre, asociada a psoriasis, dermatitis de la mano, infección micótica, infección por *Pseudomonas* y muchas otras enfermedades.

onicomicosis (onychomycosis), cualquier infección micótica de las uñas.

oniquia (onychosis), atrofia o distrofia de las uñas, generalmente secundaria a dermatosis tales como las infecciones micóticas.

onicotomía (onychotomy), incisión quirúrgica del lecho ungueal.

onicosis (onychia), inflamación del lecho ungueal.

onlay (onlay), **1.** tipo de molde de restauración que se fija mediante fuerzas de fricción y mecánicas a un diente preparado, para restaurar una o más cúspides y aproximar las superficies oclusivas de ese diente. **2.** porción oclusiva de una dentadura parcial removible, ampliada para cubrir la totalidad de la superficie oclusiva de un diente.

ontogénesis (ontogenesis), v. **ontogenia**.

ontogenético (ontogenetic), **1.** perteneciente, relativo a o adquirido durante la ontogenia. **2.** asociación basada en las características morfológicas visibles y que no indica necesariamente una relación natural evolutiva.

ontogenia (ontogeny), la historia de la vida de un organismo desde el óvulo como célula única hasta el momento del nacimiento, incluidas todas las fases de diferenciación y crecimiento.

onza (oz) (ounce [oz]), unidad de peso equivalente a 1-16 de una libra del sistema estándar de pesos británico.

onza líquida (fluid ounce), medida de volumen para líquidos en el sistema farmacéutico que equivale a 8 drams para líquidos o a 29,57 ml.

ooblasto (ooblast), célula germinal femenina a partir de la que se desarrolla el óvulo maduro.

oocentro (oocenter), v. **ovocentro**.

oociesis (oocyesis), embarazo ectópico ovárico.

oocinesis (ookinesis), fenómenos mitóticos que ocurren en el núcleo del óvulo durante la maduración y la fecundación.

oocineto (ookinete), cigoto elongado móvil formado por la fecundación del macrogameto

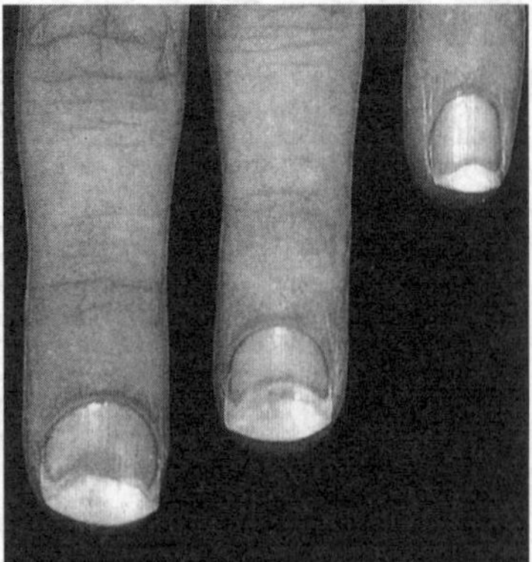

Onicólisis
(A. du Vivier, 2.ª ed., 1995)

durante la fase reproductiva sexual del ciclo vital de los esporozoos, específicamente en el parásito del paludismo *Plasmodium*.

oocisto (oocyst), estado del desarrollo de cualquier esporozoo en el que después de la fertilización se produce un cigoto que se desarrolla sobre sí mismo y se encierra en una pared quística.

oocitina (oocytin), sustancia del espermatozoide que estimula la formación de la membrana de fertilización después de la penetración de un óvulo.

oocito (oocyte), óvulo primordial o desarrollado de forma incompleta.

ooforalgia (oophoralgia), dolor ovárico.

ooforectomía (oophorectomy), extirpación quirúrgica de uno o ambos ovarios, realizada para eliminar un quiste o un tumor, abrir un absceso, tratar una endometriosis o, en el cáncer de mama, eliminar la fuente de estrógenos que estimula algunas clases de cáncer. En las mujeres premenopáusicas se puede dejar intacto un ovario o una porción de uno de los ovarios a menos que exista un tumor maligno. Esta operación a menudo se acompaña de una histerectomía.

ooforitis (oophoritis), trastorno inflamatorio de uno o ambos ovarios, habitualmente asociado a salpingitis.

ooforosalpingectomía (oophorosalpingectomy), extirpación quirúrgica de uno o ambos ovarios y de la trompa correspondiente, realizada para extirpar un quiste o un tumor, abrir un absceso o tratar una endometriosis. En el procedimiento bilateral se esteriliza a la paciente y se le induce la menopausia.

ooforosalpingitis (oophorosalpingitis), inflamación de los ovarios y las trompas de Falopio.

oogamia (oogamy), **1.** reproducción sexual por la fertilización del gameto femenino, inmóvil, por un gameto masculino muy móvil y de menor tamaño, como ocurre en ciertas algas y el parásito del paludismo *Plasmodium*. **2.** heterogamia.

oogénesis (oogenesis), proceso de crecimiento y maduración de los gametos femeninos u óvulos.

oogonio (oogonium, *pl.* **oogonia**), célula precursora a partir de la que se desarrolla un ovocito en el feto durante la vida intrauterina.

oolema (oolemma), v. **zona pelúcida**.

OONG (EENT), abreviatura de **ojos, oídos, nariz y garganta**.

ooplasma (ooplasm), citoplasma del huevo u óvulo, incluido el vitelo en los animales inferiores.

oosperma (oosperm), óvulo fecundado; célula resultante de la unión del pronúcleo del espermatozoide y del óvulo después de la fecundación; un cigoto.

oótide (ootid), óvulo maduro después de la penetración del espermatozoide y de completarse la segunda división meiótica, pero antes de la fusión del pronúcleo para formar el cigoto.

opacidad (opacity), cualidad opaca de una sustancia u objeto, tal como la opacidad de una catarata.

opaco (opaque), **1.** relativo o perteneciente a una sustancia o superficie que no transmite la luz ni permite su paso. **2.** ni transparente ni translúcido.

operable (operable), que puede ser sometido a intervención quirúrgica.

operación (operation), cualquier procedimiento quirúrgico, como una apendicectomía o una histerectomía.

operación de Abbé-Estlander (Abbé-Estlander operation) [Robert Abbé, cirujano norteamericano, n. 1851; Jakob A. Estlander, cirujano finlandés n. 1831], procedimiento quirúrgico mediante el cual se traslada una sección completa de un labio de la boca al otro labio.

operación de Babcock (Babcock's operation) [William W. Babcock, cirujano norteamericano, n. 1872], extirpación de una vena safena varicosa mediante la inserción de una sonda olivar, atando la vena a la sonda y traccionando de ella.

operación de Billroth I (Billroth's operation I) [Christian A. Billroth, cirujano austríaco, n. 1829], extirpación quirúrgica del píloro en el tratamiento del cáncer gástrico. El extremo proximal del duodeno se anastomosa al estómago.

operación de Billroth II (Billroth's operation II), extirpación quirúrgica del píloro y el duodeno. El extremo seccionado del estómago se anastomosa al yeyuno a través del mesocolon transverso.

operación de Emmet (Emmet's operation), técnica quirúrgica para reparar laceraciones del periné o la rotura del cuello uterino.

operación de Fredet-Ramstedt (Fredet-Ramstedt operation), v. **piloromiotomía**.

operación de Gillies (Gillies' operation) [Harold D. Gillies, cirujano inglés, n. 1882], procedimiento quirúrgico para la reducción de fracturas del pómulo y del arco cigomático mediante la realización de una incisión en la línea temporal del cabello.

operación de Kasai (Kasai operation), v. **portoenterostomía**.

operación de Kazanjian (Kazanjian's operation) [Varstad J. Kazanjian, médico norteamericano, n. 1879], técnica quirúrgica para ampliar el surco vestibular y mejorar la base protésica de la cresta edentada.

operación de Marshall-Marchetti (Marshall-Marchetti operation) [Victor F. Marshall, urólogo norteamericano, n. 1913; Andrew A. Marchetti, obstetra norteamericano, n. 1901], técnica quirúrgica realizada para corregir un trastorno de incontinencia por esfuerzo. La técnica, una vesicouretropexia, consiste en una incisión retropúbica con sutura de uretra, cuello vesical y vejiga a la superficie posterior del pubis.

operación de Shirodkar (Shirodkar's operation), intervención quirúrgica denominada cerclaje, por la que se cierra el conducto cervical mediante una sutura en bolsa de tabaco fijada en el cuello uterino que rodea el conducto. Se realiza para corregir un cuello incompetente que no ha conseguido retener embarazos anteriores. Si el trabajo del parto comienza con la sutura colocada, será preciso retirarla inmediatamente o realizar una cesárea para que el niño nazca, de lo contrario se producirá la rotura del útero.

operación de Sorrin (Sorrin's operation), técnica quirúrgica para el tratamiento de un absceso periodontal, utilizada especialmente cuando la encía marginal tiene un aspecto sano y no ofrece acceso al absceso. Se practica una incisión semilunar por debajo del área del absceso en la encía adyacente, dejando intacto el margen gingival. Se levanta el colgajo de tejido conseguido con la incisión, dejando vía libre a la zona abscesificada para su raspado, tras lo cual se sutura la herida.

operación de Trendelenburg (Trendelenburg's operation), ligadura de varias venas cuyas válvulas son ineficaces, realizada para extirpar las porciones debilitadas de las venas y las bolsas en las que pueden estar alojados trombos. La vena safena se liga a la altura de la ingle, donde se une a la vena femoral. A través de la luz de la vena se introduce un dispositivo de alambre, llamado fleboextractor, desde la ingle hasta el tobillo; posteriormente se tira del alambre y de la vena desde la incisión de la ingle.

operación exploradora (exploratory operation), intervención quirúrgica para encontrar la causa de un trastorno mediante la apertura de una cavidad corporal o un órgano y el examen de su interior.

operacionalización de la conducta (operationalization of behavior), (en psicología) planteamiento de las quejas o problemas de un paciente en términos conductuales específicos y observables.

opérculo (operculum, *pl.* **opercula, operculums**), tapón o cubierta, como el tapón mucoso que bloquea el cérvix del útero grávido.

opérculo dental (hood operculum), caperuza o colgajo de tejido gingival que cubre la corona de un diente en proceso de erupción. Este tejido desaparece al salir el diente, al ser masticado y deglutido.

operón (operon), (en biología molecular) segmento de ADN formado por un gen operador y uno o más genes estructurales con funciones relacionadas, controlado por el gen operador junto con un gen regulador.

OPI (LOP), abreviatura de posición fetal occipitoposterior izquierda.

OPI (LPO), abreviatura de posición fetal oblicuoposterior izquierda.

opiáceo (opiate), **1.** fármaco narcótico que contiene opio, derivados del opio o cualquiera de los diversos fármacos semisintéticos o sintéticos con actividad similar a la del opio. **2.** *informal,* cualquier fármaco soporífero o narcótico. **3.** relativo o perteneciente a una sustancia que causa sueño o alivio del dolor.

opinión (opinion), **1.** (en derecho) valoración del tribunal, habitualmente por escrito, sobre los argumentos que apoyan su decisión o juicio en un caso particular. **2.** valoración preparada por un abogado para su cliente que representa la interpretación que hace el abogado de la ley cuando pertenece a una cuestión legal planteada por el cliente.

opio (opium), exudado lechoso de las cápsulas inmaduras de *Papaver somniferum* y de *Papaver album* que genera un 9,5% o más de morfina anhidra. Es un analgésico narcótico, un hipnótico y un astringente. El opio contiene varios alcaloides, entre los que se incluyen la codeína, la morfina y la papaverina.

opioide (opioid), relativo a los compuestos químicos naturales o sintéticos que poseen efectos parecidos a los del opio, aunque no deriven de éste directamente. Son ejemplos las endorfinas o las encefalinas producidas por los tejidos corporales o la metadona sintética.

Opisthorchis sinensis (Opisthorchis sinensis), v. ***Clonorchis sinensis***.

opistorquiasis (opisthorchiasis), infección por una de las especies de duela hepática *Opisthorchis,* que se encuentran con frecuencia en Filipinas, India, Tailandia y Laos.

opistótonos (opisthotonos), espasmo muscular intenso y prolongado que hace que la espalda se arquee de forma marcada, la cabeza se desplace hacia atrás sobre el cuello, los talones se inclinen hacia atrás sobre las piernas y los brazos y las manos se flexionen rígidamente en las articulaciones.

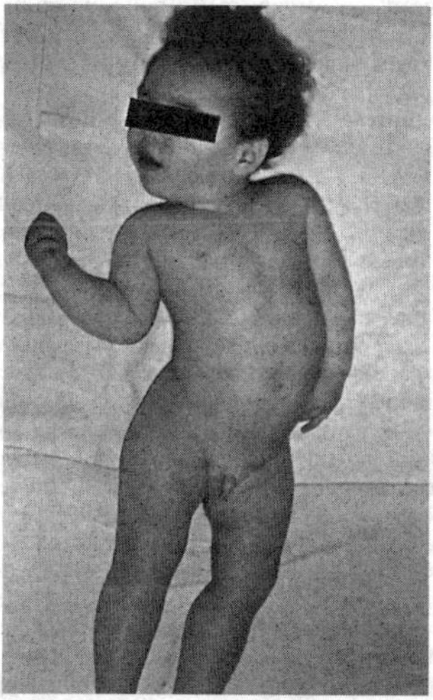

Opistótonos en un lactante
(C. D. Forbes/W. F. Jackson, 1994)

oposición (opposition), relación que existe entre el pulgar y los demás dedos de la mano con el propósito de sujetar objetos entre estos dedos.

opsina (opsin), proteína que se combina con el retinol para formar la rodopsina o pigmento visual en las células fotorreceptoras de la retina.

opsonina (opsonin), anticuerpo o producto de la degradación del complemento que, cuando se une a una sustancia extraña, a un microorganismo o a otro antígeno, facilita la fagocitosis de esa sustancia por los leucocitos y otros macrófagos.

opsonización (opsonization), proceso por el que las opsoninas hacen a la bacteria más susceptible a la fagocitosis por parte de los leucocitos.

óptica (optics), **1.** (en física) campo de estudio que se ocupa de la radiación electromagnética de longitud de onda más corta que las ondas de radio y más larga que los rayos X. **2.** (en fisiología) campo de estudio que se ocupa de la visión y de los procesos por los que las funciones del ojo y el cerebro se integran en la percepción de formas, patrones, movimientos, relaciones espaciales y colores.

óptico (optic, optical), relativo o perteneciente a los ojos o a la vista.

óptico (optician), persona que ajusta y adapta gafas y lentes de contacto por prescripción. En EE.UU. es necesario haber completado los estudios escolares y realizar un período de aprendizaje de 4 o 5 años para obtener el título.

optocinética (optokinetic), relativo al movimiento del globo ocular en respuesta al movimiento de objetos a través del campo visual, como ocurre en el nistagmo optocinético.

optometría (optometry), valoración de la agudeza visual, prescribiendo lentes correctoras y recomendando ejercicios oculares si fueran necesarios.

optometrista (optometrist), persona que practica la optometría. En EE.UU., un optometrista obtiene el grado de Doctor en Optometría (D.O.) después de completar al menos dos años de universidad, seguido de cuatro años en una escuela oficial de optometría. También se requiere un examen y una licencia.

optotipo de Snellen (Snellen chart) [Hermann Snellen, oftalmólogo holandés, n. 1834], cualquiera de los diversos cartelones utilizados para probar la agudeza visual. En los cartelones se encuentran letras, números o símbolos colocados por tamaños decrecientes de arriba abajo.

oral (oral), relativo o perteneciente a la boca.

orbicular (orbicular), que tiene forma redondeada.

orbicular de los labios (orbicularis oris), músculo que rodea la boca, formado parcialmente por fibras procedentes de otros músculos faciales, como el buccinador, que se insertan en los labios, y por fibras propias que también se dirigen hacia los labios. Sirve para cerrar y fruncir los labios.

orbicular de los párpados (orbicularis oculi), cuerpo muscular del párpado que comprende los fascículos palpebral, orbitario y lacrimal. El fascículo palpebral actúa cerrando suavemente el párpado; el fascículo orbitario actúa cerrándolo más enérgicamente, como en el guiño.

orbicularis palpebrarum (orbicularis palpebrarum), v. **orbicular de los párpados**.

órbita (orbit), par de cavidades óseas cónicas situadas en el cráneo que alojan los globos oculares y las estructuras asociadas como los músculos, los nervios y los vasos sanguíneos del ojo.

orden de tratamiento (medication order), orden escrita por un médico, odontólogo u otro profesional sanitario para que la farmacia del hospital dispense una medicación para el tratamiento de un paciente ingresado.

órdenes de enfermería (nursing orders), instrucciones específicas para llevar a cabo un plan de cuidados de enfermería, que incluye las preferencias del paciente, secuencia de actividades, detalles sobre la educación sanitaria que requiere el paciente, papel de la familia y planes de cuidados sanitarios después del alta. Las órdenes de enfermería deben estar firmadas por el profesional de enfermería que las escribe.

ordeño (milking), técnica empleada para exprimir el contenido de un conducto o tubo, para comprobar la sensibilidad dolorosa a la palpación o para obtener una muestra para estudio. El explorador comprime la estructura con un dedo y mueve con firmeza el dedo a lo largo del conducto o tubo hasta su orificio.

oreja en coliflor (cauliflower ear), oreja engrosada, deformada, como consecuencia de traumatismos repetidos como los sufridos por los boxeadores.

Orem, Dorothea E. (Orem, Dorothea E.), autora del Modelo de autocuidados de enfermería, teoría de enfermería introducida en 1959 que describe el papel del personal de enfermería a la hora de prestar ayuda a la persona que experimenta discapacidades para el autocuidado. El objetivo del sistema es satisfacer las necesidades de autocuidado del paciente hasta que la familia sea capaz de proporcionar la asistencia. El proceso se divide en tres categorías: universal, que consiste en el autocuidado para satisfacer las necesidades fisiológicas y psicológicas; de desarrollo, el autocuidado que se necesita al pasar por los diferentes estadios del desarrollo, y de la desviación de la salud, el autocuidado requerido en la enfermedad.

orexia (orexis), **1.** deseo, apetito. **2.** aspecto de la mente relacionado con los sentimientos y los impulsos en contraposición al aspecto intelectual.

orexigénico (orexigenic), sustancia que incrementa o estimula el apetito.

oreximanía (oreximania), trastorno caracterizado por un incremento intenso del apetito y por una ingestión excesiva de alimentos como consecuencia del miedo irreal o exagerado a estar delgado.

organela (organelle), **1.** cada una de las diferentes partículas de la sustancia viva presentes en la mayoría de las células, como las mitocondrias, el complejo de Golgi, el retículo endoplásmico, los lisosomas y los centriolos. **2.** cualquiera de los diminutos órganos de los protozoos asociados con la locomoción, el metabolismo y otros procesos.

orgánico (organic), **1.** cualquier compuesto químico que contiene carbono. **2.** relativo o perteneciente a un órgano.

organismo (organism), individuo animal o vegetal vivo individual capaz de realizar funciones vitales a través de órganos u organelas interdependientes.

Organización Mundial de la Salud (OMS) (World Health Organization [WHO]), agencia de las Naciones Unidas, afiliada a la Organización para la Alimentación y la Agricultura de las NU, a la Oficina para la Energía Atómica Internacional, a la Organización para la Salud Pan Americana y a la UNESCO. La OMS se ocupa principalmente de problemas sanitarios a nivel mundial o regional, aunque en casos de urgencia está autorizada para prestar asistencia local. Sus funciones incluyen suministrar ayuda técnica, estimular y favorecer la investigación epidemiológica de las enfermedades, recomendar medidas sanitarias, favorecer la cooperación entre científicos y grupos de profesionales sanitarios y prestar información y consejo sobre cuestiones sanitarias. Su sede se encuentra en Ginebra, Suiza. Su nombre francés es **Organisation Mondiales de la Santé (OMS)**.

organizador (organizer), (en embriología) cualquier parte del embrión que induce la diferenciación morfológica de alguna otra parte. Son clases de organizadores el **organizador nucleolar** y el **organizador primario**.

órgano (organ), parte estructural de un sistema del cuerpo formado por tejidos y células que le capacitan para realizar una función determinada, como el hígado, el bazo, los órganos digestivos, los órganos reproductores o los órganos de los sentidos especiales.

órgano de Corti (organ of Corti) [Alfonso Corti, anatomista italiano, n. 1822], verdadero órgano de la audición, es una estructura espiral situada en el interior de la cóclea que contiene células ciliadas que son estimuladas por las vibraciones del sonido. Las células ciliadas convierten las vibraciones en impulsos nerviosos que son transmitidos por el nervio auditivo hasta el cerebro.

órgano de Giraldès (organ of Giraldès), v. **paradídimo**.

órgano de Golgi (organ of Golgi), v. **huso neurotendinoso**.

órgano de Rosenmüller (Rosenmüller's organ), v. **epoóforo**.

órgano diana (target organ), **1.** (en radioterapia) órgano que recibe una dosis terapéutica de irradiación. **2.** (en medicina nuclear) órgano sobre el que se intenta que reciba la concentración mayor de un trazador diagnóstico radiactivo. **3.** (en endocrinología) el órgano más afectado por una hormona específica.

órgano espiral de Corti (spiral organ of Corti), v. **órgano de Corti**.

órgano linfático (lymphatic organ), cualquier estructura corporal de tejido linfático.

órgano tendinoso de Golgi (Golgi tendon organ), terminación nerviosa sensible tanto a la tensión como al estiramiento pasivo excesivo del músculo esquelético.

organofosfatos (organophosphates), clase de productos químicos anticolinesterásicos utilizados en ciertos pesticidas y medicamentos. Actúan provocando la inhibición irreversible de la colinesterasa.

organogénesis (organogenesis), (en embriología) formación y diferenciación de los órganos y de los sistemas orgánicos durante el desarrollo embrionario. En el ser humano el período se extiende desde aproximadamente el final de la segunda semana hasta la octava semana de gestación.

organoide (organoid), **1.** semejante a un órgano. **2.** cualquier estructura semejante a un órgano en aspecto o función, especialmente una masa tumoral anormal. **3.** V. **organela**.

organomegalia (organomegaly), aumento de tamaño anormal de un órgano, en especial de los órganos de la cavidad abdominal.

organoterapia (organotherapy), tratamiento de una enfermedad mediante administración de sustancias glandulares animales.

orgasmo (orgasm), clímax sexual, serie de contracciones intensas e involuntarias de los músculos genitales experimentadas como sumamente placenteras, causadas por una excitación sexual de gran intensidad.

ori gene (ori gene), (en genética molecular) punto o región en el que comienza la replicación del ADN.

orientación (orientation), **1.** (en genética molecular) inserción de un fragmento de material genético en un vector de forma que la disposición del fragmento se realiza en la misma dirección del mapa genético del vector (orientación n) o en la dirección opuesta (orientación u). **2.** (en psiquiatría) consciencia de un entorno físico en relación con el tiempo, el espacio y la identificación de las demás personas.

orientar (orient), **1.** hacer que alguien sea consciente de un nuevo entorno, incluidas las personas y sus funciones, la disposición de un servicio y sus rutinas, reglas y servicios. **2.** ayudar a una persona a ser consciente de una situación o simplemente de la realidad, como cuando un paciente se recupera de la anestesia.

orificio (orifice), entrada o salida de cualquier cavidad corporal.

orificio de salida (outlet), orificio a través del que puede salir algo, como la salida pélvica.

origen (origin), extremo más fijo de fijación de un músculo en un hueso.

orina (urine), líquido segregado por los riñones, transportado por los uréteres, almacenado en la vejiga y evacuado a través de la uretra. La orina normal es clara, de color pajizo, ligeramente ácida y tiene un olor característico a urea. Sus constituyentes normales son: agua, urea, cloruro sódico y cloruro potásico, fosfatos, ácido úrico, sales orgánicas y el pigmento urobilina.

orinal (urinal), receptáculo de plástico o metal para recoger la orina.

orinar (urinate), expulsar la orina contenida en la vejiga.

Ornithodoros (Ornithodoros), género de garrapatas, algunas de cuyas especies son vectores de las espiroquetas causantes de las fiebres recurrentes.

ornitina (ornithine), aminoácido que forma parte de las proteínas y que es producido como una sustancia intermediaria importante en el ciclo de la urea.

ornitosis (ornithosis), v. **psitacosis**.

oro (Au) (gold [Au]), elemento metálico amarillento, blando, presente en la naturaleza como metal libre y en forma de telurato ($AuAgTe_4$). Su número atómico es 79; su peso atómico es 197. Las sales de oro, en las que el oro está unido al azufre, se utilizan con frecuencia para el tratamiento o crisoterapia de los pacientes con artritis reumatoide, aunque provocan una toxicidad grave en aproximadamente el 10% de los pacientes y algún tipo de toxicidad en el 25 al 50%.

oro 198 (gold 198), oro radiactivo antineoplásico prescrito para el cáncer de próstata, cuello uterino y vegija, y para reducir la acumulación de líquido secundaria al cáncer.

orofacial (orofacial), perteneciente a la boca y a la cara.

orofaringe (oropharynx), una de las tres divisiones anatómicas de la faringe. Se extiende por detrás de la boca desde el paladar blando hasta la altura del hueso hioides y contiene las amígdalas palatinas y linguales.

orquidectomía (orchidectomy), procedimiento quirúrgico para extirpar uno o ambos testículos. Puede estar indicado en enfermedades o lesiones graves de los testículos o para controlar el cáncer de próstata, eliminando una fuente de hormonas androgénicas.

orquiectomía (orchiectomy), v. **orquidectomía**.

orquiopexia (orchiopexy), operación para movilizar un testículo no descendido, desplazándolo hasta el escroto y fijándolo de forma que no pueda retraerse.

orquioplastia (orcheoplasty, orchioplasty), intervención quirúrgica de los testículos.

orquitis (orchitis), inflamación de uno o ambos testículos, caracterizada por hinchazón y dolor, causada con frecuencia por parotiditis, sífilis o tuberculosis.

ortésico (orthotist), persona que diseña, fabrica y coloca correctores u otros dispositivos ortopédicos prescritos por los médicos. En EE.UU., un ortésico diplomado es la persona que ha completado con éxito los exámenes de la American Orthotist and Prosthetic Association.

ortesis (orthosis), sistema de fuerzas diseñado para controlar, corregir o compensar una deformidad ósea, las fuerzas deformantes o la ausencia de fuerza en el cuerpo. La ortesis suele requerir el uso de correctores especiales.

ortocinética (orthokinetics), **1.** tratamiento empleado en la osteoartritis hipertrófica en el que se intenta intercambiar la acción entre dos grupos musculares para proteger una articulación. **2.** terapia empleada en la espasticidad mediante el uso de un dispositivo ortótico que permite la contracción de un músculo al tiempo que inhibe la de su antagonista. **3.** efecto de la gravedad sobre el movimiento browniano que se manifiesta por el movimiento de las partículas de un sedimento en la misma dirección.

ortodoncia (orthodontia, orthodontics), especialidad de la odontología que se ocupa del diagnóstico y del tratamiento de la maloclusión y de las irregularidades de los dientes.

ortodoncista (orthodontist), especialista de la rama de la odontología que se ocupa del diagnóstico, prevención y corrección de la maloclusión dental.

ortogénesis (orthogenesis), teoría según la cual la evolución está controlada por factores intrínsecos presentes en el interior del organismo y progresa según un curso predeterminado más que en diferentes direcciones como resultado de la selección natural y de otros factores ambientales.

ortogénico (orthogenic), relativo o perteneciente a la ortogénesis.

ortomixovirus (orthomyxovirus), familia de virus constituida por varios organismos responsables de la infección gripal humana.

ortopantografía (orthopantogram), película de rayos X que muestra una vista panorámica de todos los dientes, alveolos dentarios y demás estructuras contiguas en una única película realizada desde fuera de la boca.

ortopeda (orthopedist, orthopod), especialista en ortopedia.

ortopedia (orthopedics), rama de la medicina que estudia la prevención y corrección de las alteraciones del sistema locomotor, es decir, el esqueleto, los músculos, las articulaciones y los tejidos adyacentes.

ortopnea (orthopnea), alteración en la que una persona debe sentarse o ponerse en pie para poder respirar profundamente o con comodidad. Aparece en muchos trastornos de los aparatos cardíaco y respiratorio, como el asma, el edema pulmonar, el enfisema, la neumonía y la angina de pecho.

ortopsiquiatría (orthopsychiatry), rama de la psiquiatría especializada en la corrección de los trastornos mentales y de conducta incipientes o limítrofes, especialmente en niños, así como en la creación de técnicas preventivas para promover la salud mental y el crecimiento y desarrollo emocionales.

ortóptico (orthoptic), **1.** relativo o perteneciente a la visión binocular normal. **2.** relativo o perteneciente a un procedimiento o técnica para corregir las desviaciones de los ejes visuales para la visión binocular.

ortoptista (orthoptist), en EE.UU., persona que, habiendo realizado una formación de posgrado y superado con éxito un examen realizado por el American Orthoptist Council, examina los músculos oculares bajo la supervisión de un oftalmólogo y enseña programas de ejercicios diseñados para corregir los defectos de coordinación de los ojos.

ortoscopia (orthoscopy), uso de un ortoscopio para el examen del fondo del ojo.

ortostático (orthostatic), perteneciente a una posición erecta o de pie.

ortótica (orthotics), diseño y aplicación de dispositivos externos para la sujeción de músculos paralizados, para facilitar un determinado movimiento o para la corrección de deformidades musculosqueléticas.

ortótonos (orthotonos), postura corporal, rígida y en línea recta, causada por un espasmo tetánico, habitualmente como consecuencia de la intoxicación por estricnina o de una infección tetánica. El cuello y las demás regiones corporales están en posición de extensión, aunque no de una forma tan marcada como en el opistótonos.

ortovoltaje (orthovoltage) [Count Alessandro Volta], voltaje comprendido entre los 100 y los 350 KeV suministrado por algunos generadores de rayos X utilizados en radioterapia.

orzuelo (hordeolum, sty), forúnculo del margen del párpado que se origina en la glándula sebácea de una pestaña.
os (os), v. **hueso**.
Os (Os), símbolo del **osmio**.
OS (OS), abreviatura de *oculus sinister*, frase latina que significa «ojo izquierdo».
oscilación (oscillation), **1.** movimiento de un lado a otro. **2.** vibración de un objeto por medios mecánicos o eléctricos.
oscilador (oscillator), aparato eléctrico u otro dispositivo que produce oscilaciones, vibraciones o fluctuaciones, como un generador de corriente eléctrica alterna.
osciloscopio (oscilloscope), aparato que muestra una representación visual de las variaciones eléctricas en la pantalla fluorescente de un tubo de rayos catódicos. La representación gráfica se produce por un rayo de electrones centrados o dirigidos por un campo magnético que está influido de forma cíclica por una fuente, como una corriente amplificada producida por las contracciones cardíacas.
óseo (osseous), que está formado o es semejante al hueso.
osféresis (ospheresis), olfacción; sentido del olfato.
osículo (ossicle), hueso de pequeño tamaño, como el martillo, el yunque o el estribo, osículos del oído interno.
osífero (ossiferous), relativo a la formación ósea.
osificación (ossification), desarrollo de los huesos. La **osificación endocaudal** se inicia en las columnas cartilaginosas, como la que tiene lugar en los huesos de las extremidades. La **osificación intramembranosa** es la que se inicia en una membrana, como ocurre en el proceso de formación inicial de la bóveda y caras laterales del cráneo.
osificación heterotópica (heterotopic ossification), sobrecrecimiento óseo no maligno que aparece con frecuencia después de una fractura, que en algunas ocasiones se confunde con ciertos tumores óseos cuando se valora radiográficamente.
osmestesia (osmethesia), capacidad para percibir y distinguir los olores; sentido del olfato.
ósmica (osmology), ciencia que estudia el sentido del olfato y la producción y composición de los olores.
osmio (Os) (osmium [Os]), elemento metálico duro, grisáceo, de olor acre. Su número atómico es 76; su peso atómico es 190,2.
osmol (osmole), cantidad de una sustancia en solución en forma de moléculas, iones o ambos (habitualmente expresada en gramos), que ejerce la misma presión osmótica que un mol de una sustancia ideal no electrolítica.
osmolalidad (osmolality), presión osmótica de una solución expresada en osmoles o miliosmoles por kilogramo de agua.
osmolar (osmolar), relativo o perteneciente a las características osmóticas de una solución de una o más sustancias moleculares, sustancias iónicas, o ambas, expresada en osmoles o miliosmoles.
osmolaridad (osmolarity), presión osmótica de una solución expresada en osmoles o miliosmoles por kilogramo de la solución.
osmología (osmology), rama de la ciencia que se ocupa de la ósmosis.
osmometría (osmometry), área de estudio que se ocupa del fenómeno de la ósmosis y de la medida de las fuerzas osmóticas.
osmorreceptor (osmoreceptor), **1.** neurona situada en el hipotálamo que es sensible a los cambios en la concentración plasmática de los líquidos y regula la secreción de hormona antidiurética. **2.** receptor de estímulos olfativos.
osmorreceptores (osmoceptors), receptores situados en el hipotálamo que responden a la presión osmótica, regulando de este modo la producción de hormona antidiurética.
osmorregulación (osmoregulation), regulación de la velocidad y magnitud de la ósmosis.
ósmosis (osmosis), movimiento de un solvente puro, como el agua, a través de una membrana semipermeable desde una solución que tiene una menor concentración de solutos a una con una mayor concentración de solutos. El movimiento a través de la membrana continúa hasta que las concentraciones de las soluciones se igualan.
ostealgia (ostealgia), cualquier dolor asociado a una enfermedad ósea, como la osteomielitis.
osteítis (osteitis), inflamación de un hueso ocasionada por infección, degeneración o traumatismo. Se caracteriza por inflamación, sensibilidad, dolor sordo y enrojecimiento de la piel situada sobre el hueso afectado. Son tipos de osteítis la **osteítis deformante** y la **osteítis fibrosa quística**.
osteítis fibrosa diseminada (osteitis fibrosa disseminata), v. **síndrome de Albright**.
osteítis fibrosa quística (osteitis fibrosa cystica), proceso degenerativo inflamatorio en el que el hueso normal es reemplazado por quistes y tejido fibroso.
ostembrión (ostembryon), v. **litopedion**.
ostemia (ostemia), acumulación anormal de sangre en el hueso.
osteoanagénesis (osteoanagenesis), regeneración o formación de tejido óseo.

osteoaneurisma (osteoaneurysm), aneurisma situado en el interior de un hueso.

osteoarticular (osteoarticular), relativo o que afecta a los huesos y a las articulaciones.

osteoartritis (osteoarthritis), forma de artritis en la que una o más articulaciones sufren cambios degenerativos, entre los que se incluyen la esclerosis ósea subcondral, la pérdida de cartílago articular y la proliferación de hueso y cartílago en la articulación, formando osteofitos. La inflamación de la membrana sinovial de la articulación es un dato habitual en las etapas tardías de la enfermedad. Es la forma más frecuente de artritis y entre sus causas se incluyen factores químicos, mecánicos, genéticos, metabólicos y endocrinos. La tensión emocional a menudo agrava el proceso. Habitualmente comienza con dolor después del ejercicio o del uso de la articulación. Se desarrollan rigidez, sensibilidad al tacto, crepitación y aumento de tamaño y, con el tiempo, pueden aparecer deformidad, subluxación y derrame sinovial.

osteoartritis erosiva (erosive ostheoarthritis), v. **síndrome de Kellgren**.

osteoartropatía (osteoarthropathy), alteración que afecta a los huesos y a las articulaciones.

osteoartropatía hipertrófica secundaria (secondary hypertrophic osteoarthropathy), síndrome inflamatorio perióstico.

osteoartrosis (osteoarthrosis), forma de artritis crónica, generalmente mecánica, sin inflamación.

osteoblasto (osteoblast), célula que se origina en el mesénquima embrionario y que, durante el desarrollo precoz del esqueleto, se diferencia a partir de un fibroblasto para participar en la formación del tejido óseo.

osteoblastoma (osteoblastoma, *pl.* **osteoblastomas, osteoblastomata**), tumor benigno pequeño, bastante vascularizado, compuesto por hueso escasamente formado y tejido fibroso. La lesión causa dolor, erosión y reabsorción del hueso original.

osteocaquexia (osteocachexia), enfermedad crónica que produce atrofia ósea, generalmente debida a malnutrición.

osteocarcinoma (osteocarcinoma), cáncer del hueso.

osteocistoma (osteocystoma), tumor quístico del hueso.

osteocito (osteocyte), célula ósea; osteoblasto maduro que está incluido en la matriz ósea. Ocupa una pequeña cavidad y emite proyecciones protoplasmáticas que se anastomosan con las de otros osteoblastos para formar un sistema de canales diminutos dentro de la matriz ósea.

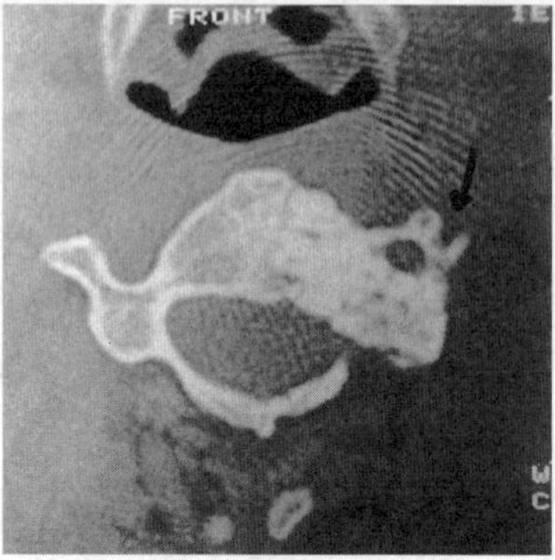

Osteoblastoma
(Hochschuler, 1.ª ed., 1993))

osteoclastia (osteoclasia, osteoclasis), **1.** destrucción y absorción del tejido óseo por los osteoclastos, como ocurre durante el crecimiento o durante la consolidación de las fracturas. **2.** degeneración ósea por enfermedad. **3.** fractura quirúrgica intencionada de un hueso para corregir una deformidad.

osteoclástico (osteoclastic), **1.** perteneciente a los osteoclastos o relativo a su naturaleza. **2.** destructivo para el hueso.

osteoclasto (osteoclast), **1.** célula ósea grande y multinucleada que interviene en el desarrollo y en períodos de crecimiento o reparación, como en la fragmentación y resorción de tejido óseo. Durante la consolidación de las fracturas o durante ciertas enfermedades, los osteoclastos excavan canales a través del tejido circundante mediante acción enzimática. **2.** instrumento quirúrgico utilizado en la frac-

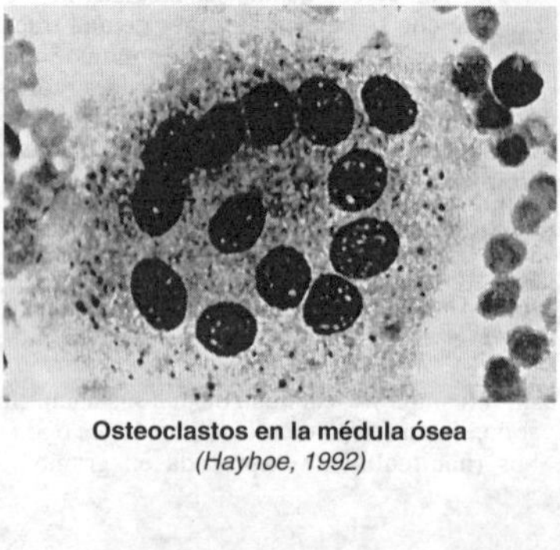

Osteoclastos en la médula ósea
(Hayhoe, 1992)

turación o refracturación de huesos con propósitos terapéuticos, como la corrección de una deformidad.

osteoclastoma (osteoclastoma, *pl.* **osteoclastomas, osteoclastomata**), tumor de células gigantes del hueso que afecta con más frecuencia a la epífisis de los huesos largos; aparece como una masa rodeada por una delgada capa de hueso perióstico nuevo. La lesión puede ser benigna, pero resulta maligna con más frecuencia. Causa dolor local, impotencia funcional y, en algunos casos, debilidad seguida de fractura patológica.

osteocondritis (osteochondritis), enfermedad de las epífisis o de los centros formadores de hueso, que comienza con la necrosis y fragmentación del tejido y se sigue de reparación y regeneración. Algunos tipos de osteocondritis son: osteocondritis deformante juvenil, osteocondritis isquiopubiana, osteocondritis juvenil y osteocondritis necrotizante.

osteocondritis disecante (osteochondritis dissecans), trastorno articular en el que se separa un fragmento de cartílago del tejido óseo adyacente de la superficie articular.

osteocondrodistrofia (osteochondrodystrophy), v. **enfermedad de Morquio**.

osteocondrodistrofia familiar (familial osteochondrodystrophy), v. **enfermedad de Morquio**.

osteocondrofibroma (osteochondrofibroma), tumor que contiene tejidos del osteoma, condroma y fibroma.

osteocondrolisis (osteochodrolysis), v. **osteocondrosis disecante**.

osteocondroma (osteochondroma), tumor benigno formado por hueso y cartílago.

osteocondromatosis (osteochondromatosis), transformación de las vellosidades sinoviales en masas óseas cartilaginosas, generando cuerpos extraños en las articulaciones. Afecta generalmente a las articulaciones previamente lesionadas o con enfermedades degenerativas.

osteocondropatía (osteochondropathy), enfermedad que afecta a los huesos y al cartílago y que se caracteriza por una osificación endocondral anormal.

osteocondrosarcoma (osteochondrosarcoma), sarcoma que afecta al hueso y al cartílago.

osteocondrosis (osteochondrosis), enfermedad que afecta a los centros de osificación de los huesos de los niños, caracterizada inicialmente por degeneración y necrosis, seguidas de regeneración y recalcificación. Algunos tipos de osteocondrosis son: **enfermedad de Legg-Calvé-Perthes, enfermedad de Osgood-Schlatter** y **enfermedad de Scheuermann**.

osteocondrosis disecante (osteochondrosis dissecans), formación de un centro aislado de hueso y cartílago sobre la placa epifisaria. El fragmento puede permanecer fijado a la superficie, ser reabsorbido posteriormente o fragmentarse, dando lugar a un cuerpo extraño.

osteócopo (osteocope), forma dolorosa de afectación ósea sifilítica.

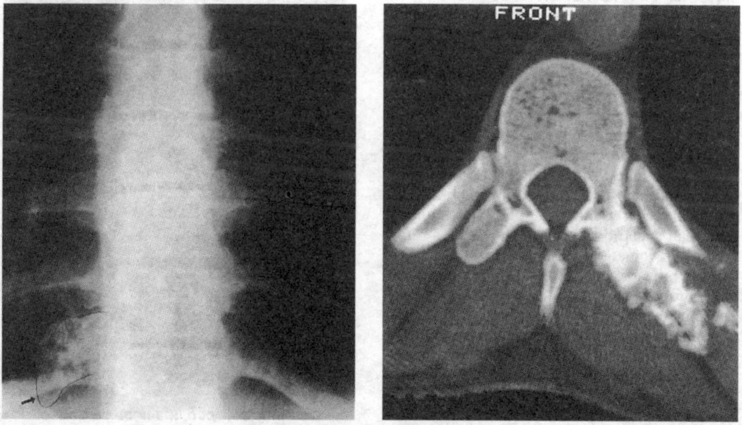

Osteocondroma en un varón de 27 años
(Hochschuler, 1.ª ed., 1993)

osteodensitómetro (osteodensitometer), aparato que mide la densidad ósea.
osteodiástasis (osteodiastasis), separación anormal de los huesos.
osteodinia (osteodynia), dolor óseo.
osteodistrofia (osteodystrophy), cualquier defecto generalizado del desarrollo óseo, habitualmente asociado a alteraciones del metabolismo fosfocálcico y a insuficiencia renal, como la osteodistrofia renal.
osteodistrofia renal (renal osteodystrophy), trastorno debido a insuficiencia renal crónica, caracterizado por crecimiento óseo irregular y desmineralización.
osteoencondroma (osteoenchondroma), tumor benigno cartilaginoso y óseo situado en el interior de un hueso.
osteofago (osteophage), v. **osteoclasto**.
osteofibrocondrosarcoma (osteochondrofibrosarcoma), tumor maligno que contiene tejido óseo, cartilaginoso y fibroso.
osteofibroma (osteofibroma), tumor compuesto por tejido óseo y fibroso.
osteófito (osteophyte), deformidad ósea que aparece en las proximidades de la zona articular.
osteogénesis (osteogenesis), origen y desarrollo del tejido óseo.
osteogénesis estimulada eléctricamente (electrically stimulated osteogenesis), proceso de regeneración ósea inducida por la implantación quirúrgica de electrodos que conducen una corriente eléctrica, especialmente en zonas de fractura no consolidadas. Este proceso es eficaz debido a los distintos potenciales eléctricos presentes en el interior del tejido óseo.
osteogénesis imperfecta (osteogenesis imperfecta), alteración genética caracterizada por el desarrollo defectuoso del tejido conectivo. Se hereda como un rasgo autosómico dominante y se manifiesta por la presencia de huesos anormalmente quebradizos y frágiles que se fracturan fácilmente con el más ligero traumatismo. En su forma más severa, la enfermedad puede manifestarse en el nacimiento, denominándose **osteogénesis imperfecta congénita**. El recién nacido tiene múltiples fracturas que han sucedido intraútero y está habitualmente gravemente deformado por la formación y mineralización imperfectas de los huesos. Si la enfermedad se origina posteriormente se denomina **osteogénesis imperfecta tardía** y habitualmente tiene un curso más leve. Los síntomas generalmente aparecen cuando el niño comienza a andar, aunque disminuye con la edad. La enfermedad se expresa de una forma muy amplia, de modo que la extensión y el número de los rasgos patológicos pueden variar desde una afectación mínima a otra grave.
osteogenia (osteogeny), v. **osteogénesis**.
osteogénico (osteogenic), compuesto de u originado a partir de cualquier tejido que participa en el desarrollo, crecimiento o reparación de un hueso.
osteohalistéresis (osteohalisteresis), trastorno en el que los huesos tienen una consistencia blanda debido a la pérdida o deficiencia de minerales.
osteoide (osteoid), relativo, perteneciente o semejante a un hueso.
osteolipocondroma (osteolipochondroma), tumor cartilaginoso con hueso y tejido graso.
osteolipoma (osteolipoma), tumor graso con elementos óseos.
osteólisis (osteolysis), degeneración y disolución del hueso, causada por enfermedad, infección o isquemia. Esta alteración comúnmente afecta a los huesos terminales de las manos y de los pies, como la acroosteólisis.
osteología (osteology), rama de la medicina que estudia el desarrollo y las enfermedades del tejido óseo.
osteoma (osteoma), tumor de tejido óseo.
osteomalacia (osteomalacia), trastorno del hueso laminar, caracterizado por la pérdida de

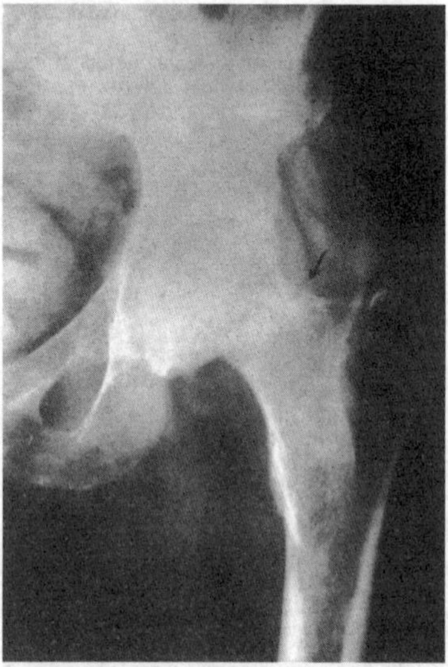

Osteomalacia con una línea de Looser en el cuello del fémur
(C. D. Forbes/W. F. Jackson, 1994)

la calcificación de la matriz, dando lugar al reblandecimiento del hueso, que se acompaña de debilidad, fracturas, dolor, anorexia y pérdida de peso. Es consecuencia de una concentración sérica inadecuada de fósforo y calcio para la mineralización de los huesos y puede estar provocada por una dieta deficitaria en estos minerales o en vitamina D, o por una falta de exposición a la luz del sol.

osteomesopicnosis (osteomesopyknosis), enfermedad genética de carácter autosómico que se caracteriza por la osteosclerosis de la columna vertebral, de la pelvis y de las zonas proximales de los huesos largos.

osteomielitis (osteomielitis), infección local o generalizada del hueso y de la médula ósea, causada habitualmente por la introducción de bacterias a través de un traumatismo o cirugía, por extensión directa desde una infección próxima o por vía hematógena. Los estafilococos son los agentes causales más frecuentes. Los huesos largos en los niños y las vértebras en los adultos son las localizaciones más frecuentes de la infección por diseminación hematógena. El dolor óseo persistente, severo y en aumento, la sensibilidad, la dificultad muscular para los movimientos, el espasmo muscular regional y la fiebre sugieren este diagnóstico.

osteomielodisplasia (osteomyelodysplasia), pérdida de tejido óseo por absorción de los minerales. Se asocia generalmente a leucopenia y a febrícula, y puede ser la consecuencia de un exceso de hormona paratiroidea.

osteona (osteon), unidad estructural básica del hueso compacto formada por el canal haversiano y sus anillos concéntricos de 4 a 20 láminas.

osteonecrosis (osteonecrosis), destrucción y muerte del tejido óseo por isquemia, infección, enfermedad neoplásica maligna o traumatismo.

osteópata (osteopath), médico especialista en osteopatía.

osteopatía (osteopathy), enfoque terapéutico de la práctica médica que utiliza todas las formas habituales de tratamiento y diagnóstico médico, incluidos fármacos, cirugía y radiación, pero que pone un mayor énfasis en el papel de las relaciones entre los órganos y el sistema musculosquelético que lo que lo hace la medicina convencional. Los médicos osteópatas reconocen y corrigen problemas estructurales utilizando la manipulación. El método es importante en el diagnóstico y tratamiento de los problemas de salud.

osteopatología (osteopathology), estudio de las enfermedades óseas.

osteopedion (osteopedion), v. **litopedion**.

osteopenia (osteopenia), alteración caracterizada por una mineralización anormal del hueso, habitualmente por un descenso en la síntesis de la matriz ósea para compensar la lisis ósea.

osteopetrosis (osteopetrosis), trastorno hereditario caracterizado por un aumento generalizado de la densidad ósea, probablemente causado por un defecto en la resorción ósea debido a un déficit de osteoclastos. En su forma más grave se produce obliteración de la cavidad de la médula ósea, provocando anemia severa, deformidades marcadas del cráneo y compresión de los nervios craneales, lo que puede producir sordera y ceguera y conducir a la muerte precoz.

osteoplasia (osteoplasia), forma de inflamación ósea asociada a la fibrosis quística.

osteoplastia (osteoplasty), cirugía plástica realizada sobre tejido óseo.

osteoplasto (osteoplast), v. **osteoblasto**.

osteopoiquilosis (osteopoikilosis), trastorno hereditario de los huesos caracterizado por la presencia de múltiples áreas de calcificación densa a lo largo del tejido óseo, ocasionando una apariencia moteada en el examen radiológico.

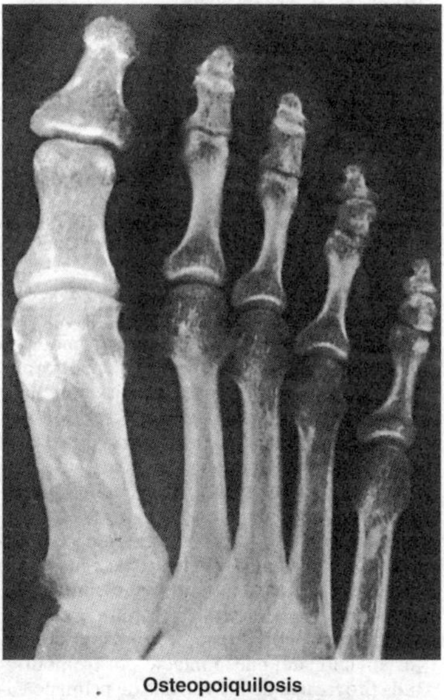

Osteopoiquilosis
(A. du Vivier, 2.ª ed., 1995)

osteoporosis (osteoporosis), enfermedad caracterizada por una rarefacción anormal del hueso, que se produce con más frecuencia en las mujeres posmenopáusicas, en los individuos sedentarios o inmovilizados y en los pacientes sometidos a tratamiento esteroideo de larga duración. Puede causar dolor, especialmente en la región inferior de la espalda, fracturas patológicas, pérdida de estatura y diversas deformidades. La osteoporosis puede ser idiopática o secundaria a otras alteraciones, como la tirotoxicosis o la desmineralización ósea causada por el hiperparatiroidismo.

osteopsatirosis (osteopsathyrosis), v. **osteogénesis imperfecta**.

osteosarcoma (osteosarcoma), tumor óseo maligno formado por células anaplásicas derivadas del mesénquima.

osteosclerosis (osteosclerosis), aumento anormal de la densidad del tejido óseo. Esta enfermedad se asocia comúnmente con isquemia, infección crónica y formación tumoral, y puede estar provocada por una resorción ósea defectuosa como resultado de algunas anomalías en los osteoclastos.

osteosinovitis (osteosynovitis), inflamación de la membrana sinovial de una articulación y del tejido óseo adyacente.

osteosíntesis (osteosynthesis), fijación quirúrgica de un hueso mediante medios mecánicos internos. Se lleva a cabo generalmente en la reparación de fracturas.

osteotabes (osteotabes), enfermedad, que afecta sobre todo a lactantes, en la que las células de la médula ósea se destruyen y ésta desaparece.

osteotelangiectasia (osteotelangiectasia), sarcoma óseo caracterizado por la presencia de capilares dilatados.

osteotomía (osteotomy), sección o corte de un hueso. Algunas clases de osteotomía son la osteotomía en bloque, en la que se escinde una sección de hueso; la osteotomía cuneiforme, para extirpar una cuña ósea, y la osteotomía de desplazamiento, en la que se rediseña quirúrgicamente un hueso para alterar la alineación o las zonas que soportan el peso.

osteotomo (osteotome), instrumento quirúrgico para seccionar hueso.

osteotripsia (osteotripsy), método de tratamiento de las callosidades o para la reducción percutánea de cualquier prominencia ósea.

osteotromboflebitis (osteothrombophlebitis), inflamación del hueso intacto por tromboflebitis progresiva de las vénulas de pequeño calibre.

osteotrombosis (osteothrombosis), obstrucción de los vasos sanguíneos en el tejido óseo.

ostium (ostium), v. **orificio**.

ostium primum, ostium secundum (ostium primum defect, ostium secundum defect), defecto congénito del tabique interauricular.

ostomía (ostomy), procedimiento quirúrgico en el que se hace un orificio para permitir el paso de orina desde la vejiga o del contenido intestinal desde el intestino a una incisión o estoma creado quirúrgicamente en la pared del abdomen. La ostomía se puede realizar para corregir un defecto anatómico, para aliviar una obstrucción o para permitir el tratamiento de una infección o lesión graves del tracto urinario o intestinal. Cada procedimiento se denomina según la localización anatómica de la ostomía, como, por ejemplo, colostomía, cecostomía o cistostomía.

ostomizado (ostomate), paciente que ha sufrido una ostomía.

otalgia (otalgia), dolor de oído, sentido como agudo, sordo, urente, intermitente o constante. No está causado necesariamente por una enfermedad del oído, pues las infecciones y otros procesos de la nariz, cavidad oral, laringe o articulación temporomandibular pueden producir un dolor referido en el oído.

OTD (ROP), abreviatura de presentación occipitotransversa derecha.

OTI (LOT), abreviatura de posición fetal occipitotransversa izquierda.

otitis (otitis), inflamación o infección del oído. Son clases de otitis la **otitis externa** y la **otitis media**.

otocefalia (otocephaly), malformación congénita caracterizada por la ausencia del maxilar inferior, la formación defectuosa de la boca y la unión o aproximación de las orejas a la cara anterior del cuello.

otocéfalo (otocephalus), feto con otocefalia.

otodinia (otodynia), v. **otalgia**.

otolito (otolith), **1.** cálculo presente en el oído medio. **2.** cristales de carbonato cálcico unidos a las células ciliadas del oído interno y que actúan como receptores de orientación gravitatoria.

otología (otology), estudio del oído, incluido el diagnóstico y tratamiento de sus enfermedades y alteraciones.

otólogo (otologist), médico formado para el diagnóstico y tratamiento de las enfermedades y alteraciones de los oídos.

otoneuralgia (otoneuralgia), v. **otalgia**.

otoplastia (otoplasty), procedimiento habitual en la cirugía plástica reconstructora en el que, por razones estéticas, se extirpa alguno de los cartílagos del oído para aproximar el pabellón auricular hacia la cabeza.

otorrea (otorrhea), cualquier secreción procedente del oído externo. La otorrea puede ser serosa, sanguinolenta, purulenta o contener líquido cefalorraquídeo.

otorrinolaringólogo (otolaryngologist), médico especialista en el diagnóstico y tratamiento de las enfermedades y lesiones de los oídos, nariz y garganta.

otorrinolaringología (otolaryngology), rama de la medicina que se ocupa del diagnóstico y tratamiento de las enfermedades y alteraciones de los oídos, nariz y garganta, y las estructuras adyacentes de la cabeza y del cuello.

otosclerosis (otosclerosis), trastorno hereditario de causa desconocida en el que se produce osificación irregular del laberinto óseo, especialmente del estribo, causando tinnitus y sordera.

otoscopia (otoscopy), inspección de la membrana timpánica y de las demás estructuras del oído externo con la ayuda de un otoscopio.

otoscopio (otoscope), instrumento utilizado para examinar el oído externo, el tímpano y, a través de éste, los huesecillos del oído medio. Consta de una luz, lentes de aumento y un dispositivo para insuflación.

ototóxico (ototoxic), (relativo a una sustancia) que ejerce un efecto perjudicial sobre el octavo par craneal o sobre los órganos auditivos y del equilibrio. Entre los fármacos ototóxicos habituales se incluyen los aminoglucósidos, la aspirina, la furosemida y la quinina.

OTP (AFO), abreviatura de **ortesis tobillo-pie**.

OU (OU), abreviatura de *oculus uterque*, frase latina que significa «cada ojo».

ovalocitos (ovalocytes), hematíes de forma rectangular u ovalada con un centro pálido que se identifican en ocasiones en pacientes con anemias hemolíticas, en otros tipos de anemias, talasemias y en la eliptocitosis hereditaria.

ovalocitosis (ovalocytosis), v. **eliptocitosis**.

ovariectomía (ovariectomy), v. **ooforectomía**.

ovario (ovary), par de gónadas femeninas situadas a cada lado de la región inferior del abdomen, junto al útero, en un pliegue del ligamento ancho. En la ovulación, un óvulo es expulsado a partir de un folículo situado en la superficie del ovario bajo el estímulo de las hormonas gonadotrópicas, la hormona foliculostimulante (FSH) y la hormona luteinizante (LH). El folículo ovárico maduro segrega estrógenos y progesterona que regulan el ciclo menstrual mediante un sistema de retroalimentación negativo en el que el aumento de los estrógenos disminuye la secreción de FSH por la hipófisis y un aumento de la progesterona disminuye la secreción de LH. En condiciones normales cada ovario es sólido y liso y se parece a una almendra en tamaño y forma. Los ovarios son homólogos de los testículos.

oviducto (oviduct), v. **trompa de Falopio**.

ovífero (oviferous), que tiene o es capaz de producir óvulos (células huevo).

ovíparo (oviparous), que se reproduce mediante la puesta de huevos.

oviposición (oviposition), acto de poner o depositar huevos por el miembro femenino de los animales ovíparos.

ovipositor (ovipositor), órgano especializado, presente fundamentalmente en los insectos, para depositar huevos en las plantas o en el suelo.

ovocentro (ovocenter), centrosoma de un óvulo fertilizado.

ovoflavina (ovoflavin), riboflavina derivada del vitelo de los huevos.

ovogénesis (ovogenesis), v. **oogénesis**.

ovoglobulina (ovoglobulin), globulina derivada de la clara de los huevos.

ovomucina (ovomucin), glucoproteína derivada de la clara de los huevos.

ovomucoide (ovomucoid), relativo o perteneciente a una glucoproteína, similar a la mucina, derivada de la clara de los huevos.

ovoplasma (ovoplasm), v. **ooplasma**.

ovotestículo (ovotestis), gónada que contiene tejido ovárico y testicular; gónada hermafrodita.

ovovivíparo (ovoviviparous), que genera descendencia a partir de huevos incubados dentro del cuerpo, como algunos reptiles y peces.

ovulación (ovulation), expulsión de un óvulo desde el ovario por la rotura espontánea de un folículo maduro como resultado de las funciones cíclica endocrina del ovario y de la hipófisis. Habitualmente se produce en el decimocuarto día después del primer día del último período menstrual y a menudo causa dolor abdominal bajo, breve e intenso en el lado del ovario que está ovulando.

ovulatorio (ovulatory), relativo a la ovulación.

óvulo (ovum), **1.** huevo. **2.** célula germinal femenina expulsada a partir del ovario en el momento de la ovulación.

oxacilina sódica (oxacillin sodium), penicilina resistente a la penicilinasa prescrita para el tratamiento de infecciones graves causadas por estafilococos productores de penicilinasa.

oxamniquina (oxamniquine), antiesquistosomiásico prescrito para el tratamiento de la infección causada por *Schistosoma mansoni*.

oxandrolona (oxandrolone), andrógeno prescrito para el tratamiento de la deficiencia de testosterona, la osteoporosis y el cáncer de mama femenino, y para la estimulación del crecimiento, ganancia de peso y producción de hematíes.

oxazepam (oxazepam), tranquilizante menor prescrito para aliviar la ansiedad y la tensión nerviosa.

oxibenceno (oxybenzene), v. **ácido carbólico**.

oxicefalia (oxycephaly), malformación congénita del cráneo en la que el cierre prematuro de las suturas coronal y sagital produce un crecimiento acelerado de la cabeza hacia arriba, confiriéndole una apariencia estrecha, con una forma alargada o cónica.

oxidación (oxidation), **1.** cualquier proceso en el que aumenta el contenido de oxígeno de un compuesto. **2.** cualquier reacción en la que aumenta la valencia positiva de un compuesto o un radical por la pérdida de electrones.

oxidante (oxidant), agente que oxida.

oxidar (oxidize), (relativo a un elemento o compuesto) combinar o provocar la combinación con oxígeno, eliminar hidrógeno o aumentar la valencia de un elemento mediante la pérdida de electrones.

óxido de etileno (ethylene oxide), gas utilizado para esterilizar instrumentos quirúrgicos y otros materiales.

óxido de etilo (ethyl oxide), solvente líquido incoloro, muy volátil, similar al dietiléter. Se utiliza ampliamente en diversos procesos farmacéuticos.

óxido de zinc (zinc oxide), protector tópico prescrito para una amplia gama de irritaciones cutáneas menores.

óxido de zinc y eugenol (OZE) (zinc oxide and eugenol [ZOE]), cemento dental compuesto fundamentalmente por sales de zinc, eugenol y colofonia, que se usa principalmente para empastes dentales temporales. Tiene una fuerza y una capacidad de abrasión relativamente bajas, ya que su pH próximo al neutro causa una mínima irritación de la pulpa dental. Se utiliza como apósito sedante hasta que ceda el dolor y se pueda realizar una obturación definitiva.

óxido nitroso (N_2O) (nitrous oxide [N_2O]), gas utilizado como anestésico en odontología, cirugía y obstetricia. Produce una ligera anestesia y se suministra a varias concentraciones junto con oxígeno. El óxido nitroso solo no produce una anestesia suficientemente profunda para la cirugía mayor, por lo que se debe suplementar con otros agentes anestésicos.

oxidorreductasa (oxidoreductase), enzima que cataliza una reacción en la que una sustancia se oxida mientras que otra se reduce. Un ejemplo es la alcohol deshidrogenasa.

oxigenación (oxygenation), proceso de combinar o tratar con oxígeno.

oxigenación apneica (apneic oxygenation), mantenimiento del flujo de oxígeno en las vías respiratorias superiores de pacientes con dificultad respiratoria.

oxigenación extracorpórea (extracorporeal oxygenation), utilización de una membrana artificial, externa al organismo, para aportar oxígeno a los pacientes con enfermedades pulmonares graves.

oxigenación hiperbárica (hyperbaric oxygenation), administración de oxígeno a una presión superior a la presión atmosférica normal. Este procedimiento se realiza en campanas diseñadas especialmente que permiten la liberación de oxígeno al 100% a una presión atmosférica que es tres veces superior a la normal. Esta técnica se emplea para superar el límite natural de solubilidad del oxígeno en la sangre. La oxigenación hiperbárica se ha utilizado para tratar la intoxicación por monóxido de carbono, el embolismo gaseoso, la inhalación de humo de tabaco, la intoxicación aguda por cianuro, la enfermedad de los buceadores, la mionecrosis por clostridios y ciertos casos de pérdida de sangre o anemia en que el aumento de transporte de oxígeno puede compensar en parte la deficiencia de hemoglobina.

oxigenador de burbuja (bubble oxygenator), dispositivo corazón-pulmón que oxigena la sangre mientras es desviada fuera del cuerpo del paciente.

oxigenador de membrana extracorpóreo (OMEC) (extracorporeal membrane oxygenator [ECMO]), dispositivo que oxigena la sangre de un paciente fuera del organismo, devolviéndola de nuevo al sistema circulatorio del paciente. La técnica se usa como soporte para un sistema respiratorio dañado.

oxígeno (O) (oxygen [O]), gas insípido, inodoro e incoloro esencial para la respiración humana. Su peso atómico es 16; su número atómico es 8. En anestesia, el oxígeno funciona como transportador para la liberación de agentes anestésicos hacia los tejidos del cuerpo. En terapia respiratoria, el oxígeno se administra para aumentar su concentración y así disminuir la de los demás gases circulantes en la sangre. La sobredosis de oxígeno puede causar una toxicidad irreversible en personas con anomalías pulmonares, especialmente cuando se complica con retención crónica de dióxido de carbono.

oxigenoterapia (oxygen therapy), cualquier procedimiento en el que se administra oxígeno a un paciente para aliviar la hipoxia.

oxigenoterapia controlada (controlled oxygen therapy), administración de oxígeno a un paciente según una pauta dosis-respuesta en la que el oxígeno se considera un fármaco, utilizándose la mínima cantidad de gas para producir los efectos terapéuticos deseados.

oxigenoterapia hiperbárica (hyperbaric oxygen therapy), v. **oxigenación hiperbárica**.

oxihemoglobina (oxyhemoglobin), producto de la combinación de la hemoglobina con el oxígeno. Forman un complejo muy débil que se disocia fácilmente cuando hay una concentración baja de oxígeno.

oximetolona (oxymetholone), andrógeno prescrito para el tratamiento de la deficiencia de testosterona, osteoporosis y cáncer de mama femenino y para estimular el crecimiento, la ganancia de peso y la producción de hematíes.

oxímetro (oximeter), cualquiera de los diferentes dispositivos utilizados para cuantificar la oxihemoglobina de la sangre.

oxiopía (oxyopia), agudeza visual inusual. Una persona con visión normal (20-20) cuando se encuentra de pie a unos 6 metros de la gráfica óptica estándar de Snellen puede leer la séptima línea de letras, cada una de las cuales tiene una altura de un octavo de pulgada, mientras que un individuo con oxiopía puede leer letras más pequeñas a esa distancia.

oxitetraciclina (oxytetracycline), tetraciclina prescrita para el tratamiento de las infecciones producidas por bacterias y por rickettsias.

oxitetraciclina cálcica (oxytetracycline calcium), antibiótico tetraciclínico.

oxitócico (oxytocic), **1.** relativo o perteneciente a una sustancia similar a la hormona oxitocina. **2.** cualquiera de los numerosos fármacos que estimulan la contracción del músculo liso del útero. Estos fármacos a menudo se utilizan para iniciar el parto al final del embarazo. Entre los agentes oxitócicos más comúnmente utilizados se incluyen la oxitocina, ciertas prostaglandinas y los alcaloides del cornezuelo de centeno.

oxitocina (oxytocin), oxitócico prescrito para estimular las contracciones en la inducción o aceleración del parto y para contraer el útero con el objetivo de controlar la hemorragia posparto.

oxiuriasis (oxyuriasis), v. **enterobiasis**.

OxN (NOx) , abreviatura del **óxido nitroso** o de cualquier mezcla de óxido de nitrógeno.

oxtrifilina (oxtriphylline), broncodilatador prescrito para el tratamiento del asma bronquial, bronquitis y enfisema.

Oxyuris vermicularis (Oxyuris vermicularis), v. ***Enterobius vermicularis***.

oz (oz), abreviatura de **onza**.

oz ap (oz ap), abreviatura de onza farmacéutica. Equivalente a 31,1035 gramos.

oz t. (oz t.), abreviatura de onza troyana. Equivalente a 31,103 gramos.

ozono (ozone), molécula de oxígeno caracterizada por contener tres átomos. El ozono se forma cuando el oxígeno está cargado eléctricamente, como ocurre en una tormenta eléctrica.

P

P (P), **1.** símbolo del **fósforo**. **2.** símbolo de *presión parcial de un gas*. V. **presión parcial**.
p. (wt.), abreviatura de **peso**.
P_1 (P_1), **1.** (en genética) símbolo de **primera generación parental**. **2.** símbolo de **primer sonido pulmonar**.
P_2 (P_2), símbolo de **segundo sonido pulmonar**.
P_{50} (P_{50}), presión parcial de oxígeno a la que la hemoglobina está saturada en un 50%.
P&A (P&A), **1.** abreviatura de percusión y auscultación. **2.** abreviatura de posterior y anterior.
p.ae (p.ae), símbolo de **partes iguales**.
p.at. (at.wt.), abreviatura de **peso atómico**.
P.C. (C.P.), abreviatura de **parálisis cerebral**.
P.L. (C.P.), abreviatura de potencia luminosa.
p.r.n. (p.r.n.), (en las recetas) abreviatura de *pro re nata,* expresión latina que significa «según las necesidades». La cronología de la administración vendrá determinada por las necesidades del paciente.
p y a (p and a), abreviatura de *percusión* y *auscultación*, tal y como se anota en la historia del paciente después de la exploración física del tórax. V. **auscultación** y **percusión**.
p-p (w-w), abreviatura de peso-peso.
p-v (w-v), abreviatura de peso-volumen.
p17 (p17), símbolo de una proteína que reviste el interior de la cubierta del VIH.
p24 (p24), símbolo de una proteína que rodea al ARN y a la transcriptasa inversa del VIH.
PA (ABP), abreviatura de **presión arterial**.
pA (pA), símbolo de **picoamperio**.
Pa (Pa), **1.** símbolo del **pascal**. **2.** símbolo del **protactinio**.
PA, pa (P-A, p-a), abreviatura de **posteroanterior**.
PABA (PABA), abreviatura de **ácido para-aminobenzoico**, un protector solar tópico.
pabellón Nightingale (Nightingale ward), tipo de pabellón hospitalario, diseñado por Florence Nightingale, que revolucionó el diseño hospitalario. El número de camas permitidas en un pabellón de un determinado tamaño está limitado al que permita la circulación del aire, la limpieza general y la comodidad de los pacientes. Tres lados de la sala tienen que tener ventanas, para que entre luz y aire fresco.
púbulo (pabulum), cualquier sustancia que sea alimento o nutriente.
PAC (APC), abreviatura de **poliposis adenomatosa del colon**.
PAC (CAP), (en genética molecular) abreviatura de **proteína activadora del catabolismo**. La PAC participa en la iniciación de la transcripción del ARN en organismos carentes de núcleo verdadero, como las bacterias.
paciente (patient), **1.** el receptor de un servicio de asistencia sanitaria. **2.** el receptor de asistencia sanitaria que está enfermo u hospitalizado. **3.** paciente de un servicio de asistencia sanitaria.
$PaCO_2$ ($PaCO_2$), abreviatura de *presión parcial de anhídrido carbónico en sangre arterial*.
padrastro (hangnail), trozo de epidermis parcialmente desconectada de la cutícula o del borde de las uñas. El desgarro del fragmento de piel causa una úlcera roja, dolorosa y que se infecta fácilmente.
padres reales (birth parents), padres biológicos, o el origen combinado de la información genética completa de un niño.
PAETE (BAEP), abreviatura de potenciales auditivos evocados del tronco del encéfalo.
pagofagia (pagophagia), trastorno caracterizado por el ansia de comer enormes cantidades de hielo. Se asocia a una deficiencia de hierro.
pai (lap), abreviatura de presión de la aurícula izquierda.
paladar (palate), estructura que forma el techo de la boca. Se divide en paladar duro y paladar blando.
paladar blando (soft palate), estructura formada por una mucosa, fibras musculares y glándulas mucosas, suspendida del borde posterior del paladar duro, que forma el techo de la boca. Cuando el paladar blando se eleva, como sucede al tragar o succionar, separa la cavidad nasal y la nasofaringe de la parte posterior de la cavidad oral y de la porción oral de la faringe.
paladar duro (hard palate), porción ósea del techo de la boca que se continúa en sentido

posterior con el paladar blando y que limita anterior y lateralmente con los arcos alveolares y las encías.

paladar hendido (cleft palate), defecto congénito caracterizado por una fisura en la línea media del paladar.

paladio (Pd) (palladium [Pd]), elemento metálico plateado pesado. Su número atómico es 46; su peso atómico es 106,4. Muy resistente al deslustramiento y a la corrosión, el paladio se utiliza en instrumentos quirúrgicos de gran calidad y en empastes dentales, prótesis dentales y aparatos de ortodoncia.

palanca (lever), (en fisiología) cualquiera de los numerosos huesos y articulaciones asociadas del cuerpo que actúa en conjunto como una palanca, de forma que la fuerza aplicada al extremo de un hueso para levantar un peso en otro punto tiende a desplazar al hueso en dirección opuesta a la de la fuerza aplicada.

palanca de boca (mouthstick), dispositivo que puede manipularse con la boca y que puede emplearse para escribir a máquina, pulsar botones, pasar páginas o dirigir sillas de ruedas eléctricas y otros equipos para pacientes paralíticos.

palatino (palatal), **1.** relativo o perteneciente al paladar. **2.** relativo o perteneciente a la superficie lingual de un diente del maxilar superior.

palatitis (palatitis), inflamación del paladar duro.

paleogenesia (paleogenesis), v. **palingénesis**.

paleogenético (paleogenetic), **1.** rasgo o estructura de un organismo o especie originado en una generación anterior. **2.** relativo al desarrollo de dicho rasgo o estructura.

paliar (palliate), calmar o aliviar.

palidez (pallor), palidez no natural o ausencia de color de la piel.

palidez perioral (circumoral pallor), área de palidez de la piel alrededor de la boca, signo inconstante de escarlatina.

pálido (pallid), sin color.

palilalia (palilalia), trastorno caracterizado por la repetición cada vez más rápida de la misma palabra o expresión, habitualmente al final de una frase.

palíndromo (palindrome), (en genética molecular) segmento de ADN en el que se suceden secuencias de bases idénticas o casi idénticas en direcciones opuestas.

palingénesis (palingenesis), **1.** regeneración de una parte perdida. **2.** transmisión hereditaria de las características estructurales ancestrales.

palio (pallium), v. **corteza cerebral**.

palma (palm), cara inferior de la mano, entre la muñeca y las bases de los dedos, cuando se mantiene la mano en posición horizontal, con el pulgar en posición interna.

palmar menor (palmaris longus), músculo fusiforme, superficial, delgado y largo del antebrazo. Actúa flexionando la mano.

palmatura (palmature), trastorno en el que los dedos de la mano presentan pliegues interdigitales.

palmoteo (clapping), (en masaje) procedimiento de realizar movimientos de percusión sobre el cuerpo del paciente con las palmas de las manos huecas, golpeando de forma alternativa con golpes rápidos y estimulantes.

palpable (palpable), que se percibe por el tacto.

palpación (palpation), técnica utilizada en la exploración física a través de la que el explorador nota con las manos la textura, el tamaño, la consistencia y la localización de determinadas partes del cuerpo.

palpación bimanual (bimanual palpation), examen de los órganos pélvicos de la mujer llevado a cabo por el examinador colocando una mano en el abdomen y uno o dos dedos de la otra en la vagina.

palpación superficial (light-touch palpations), método de exploración en el que se deprime suavemente el abdomen 1-2 cm para ver la forma y la situación de los órganos abdominales.

palpar (palpate), utilizar las manos o los dedos de las manos para explorar.

palpebra (palpebra), v. **párpado**.

palpebra superior (palpebra superior, *pl.* **palpebrae superiores**), párpado superior, más grande y más móvil que el párpado inferior y dotado de un músculo elevador.

palpebrado (palpebrate), dotado de párpados.

palpebral (palpebrate), pestañear o guiñar.

palpitación (palpitation), latido acelerado del corazón, que se asocia a respuestas emocionales normales o a ciertos trastornos cardíacos.

palpitar (palpitate), latir rápidamente, como cuando el corazón late inusualmente rápido ante distintas situaciones de estrés y en pacientes con determinados problemas cardíacos.

paludismo (malaria), enfermedad infecciosa grave producida por una o más de las al menos cuatro especies del género de protozoos *Plasmodium*, caracterizada por escalofríos, fiebre, anemia y esplenomegalia, con tendencia a recidivar. La enfermedad se transmite entre los seres humanos por la picadura del *Anopheles* infectado. El paludismo también se puede diseminar por transfusión de sangre procedente de un paciente infectado o por el uso de agujas hipodérmicas infectadas. Los parásitos *Plasmodium* penetran en los eritrocitos del huésped humano, donde maduran, se reproducen y de donde, periódicamente, salen mediante estallido celular. Los paroxismos del paludismo se producen a intervalos regulares, coincidiendo con el desarrollo de una nueva generación de parásitos en el organismo.

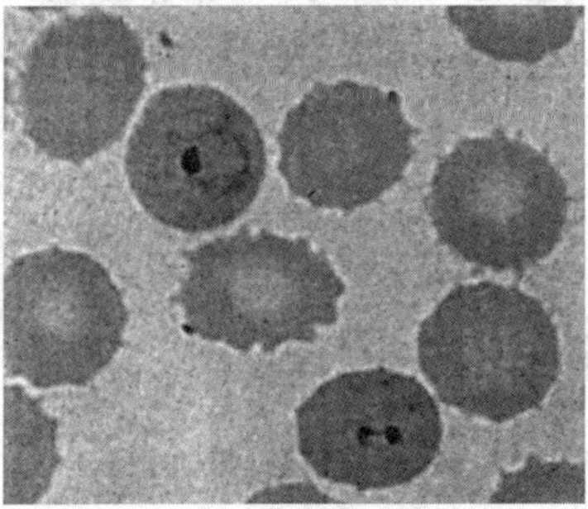

***Plasmodium malariae,* agente del paludismo**
(C. D. Forbes/W. F. Jackson, 1994)

paludismo álgido (algid malaria), forma de paludismo producida por el protozoo *Plasmodium falciparum*, que se caracteriza por la aparición de frialdad en la piel, debilidad profunda y diarrea grave.

paludismo cuartano (quartan malaria), forma de paludismo provocada por el protozoo *Plasmodium malariae*, caracterizada por paroxismos febriles que se producen cada 72 horas.

paludismo falciparum (falciparum malaria), la forma más grave de paludismo, producido por el protozoo *Plasmodium falciparum*, caracterizado por síntomas sistémicos extremadamente graves, confusión mental, esplenomegalia, edema, síntomas GI y anemia.

paludismo latente (latent malaria), infección continua sin sintomatología clínica debido al equilibrio que se establece entre el parásito y el sistema inmune del organismo.

paludismo ovale (ovale malaria), v. **paludismo terciano**.

paludismo terciano (tertian malaria), forma de paludismo causada por el protozoo *Plasmodium vivax* o *Plasmodium ovale*, caracterizada por paroxismos febriles que aparecen cada 48 horas. El **paludismo vivax**, causado por *Plasmodium vivax*, es la forma más frecuente de paludismo y, aunque raramente es mortal, es la que tiene más difícil curación. Las recaídas son frecuentes. El **paludismo ovale**, causado por *Plasmodium ovale*, habitualmente es leve y sólo causa unos cuantos ataques cortos.

paludismo vivax (vivax malaria), v. **paludismo terciano**.

pamoato de pirantel (pyrantel pamoate), antihelmíntico prescrito para el tratamiento de la infestación por áscaris u oxiuros.

PAMP (PAMP), abreviatura de presión arterial media pulmonar.

pampiniforme (pampiniform), que tiene forma de zarcillo.

panacea (panacea), **1.** remedio universal. **2.** nombre antiguo de una hierba o poción líquida con propiedades curativas.

panadizo (whitlow), inflamación del extremo de un dedo de la mano o del pie que produce supuración.

panarteritis (panarteritis), inflamación que afecta a todas las capas tisulares de una arteria.

panartritis (panarthritis), trastorno caracterizado por la inflamación de numerosas articulaciones.

pancarditis (pancarditis), trastorno caracterizado por la inflamación de la totalidad del corazón, es decir, del endocardio, miocardio y pericardio.

pancitopenia (pancytopenia), trastorno caracterizado por una notable reducción del número total de elementos celulares de la sangre, hematíes, leucocitos y plaquetas.

pancolectomía (pancolectomy), extirpación de todo el colon, lo que requiere una ileostomía.

páncreas (pancreas), glándula en forma de pez, nodular, de color rosado grisáceo, que se dispone transversalmente a lo largo de la pared posterior del abdomen, en el epigastrio y en el hipocondrio y que segrega varias sustancias, como enzimas digestivas, insulina y glucagón. Es una glándula compuesta constituida por tejidos exocrino y endocrino, que posee un conducto principal que recorre todo el órgano, drenando unos conductos más pequeños, y que desemboca en el duodeno.

páncreas accesorio (accessory pancreas), pequeños grupos de células pancreáticas separadas del páncreas, que se encuentran en ocasiones en la pared del estómago o del intestino.

pancreatectomía (pancreatectomy), extirpación quirúrgica total o parcial del páncreas, para eliminar un quiste o un tumor, para tratar pancreatitis o para reparar un traumatismo.

pancreatina (pancreatin), concentrado de enzimas pancreáticas de ganado porcino y vacuno. Se prescribe para facilitar la digestión al sustituir a las enzimas pancreáticas endógenas en los casos de fibrosis quística y después de la pancreatectomía.

pancreatitis (pancreatitis), trastorno inflamatorio del páncreas que puede ser agudo o crónico. La **pancreatitis aguda** con frecuencia es el resultado de lesión de la vía biliar provocada por alcohol, traumatismos, enfermedades infecciosas o determinados fármacos. Se caracteriza por dolor abdominal intenso que se irradia a la espalda, fiebre, anorexia, náuseas y vómitos. Puede haber ictericia si se obstruye el colédoco. Las causas de **pancreatitis crónica** son similares a las de la forma aguda. Cuando la causa es el consumo crónico de alcohol, pueden existir calcificaciones y cicatrices de los conductos pancreáticos más pequeños. Existe dolor abdominal, náuseas y vómitos, así como esteatorrea y creatorrea provocada por la reducida secreción de enzimas pancreáticas.

pancreatitis aguda (acute pancreatitis), inflamación repentina del páncreas marcada por síntomas de abdomen agudo y salida de las enzimas pancreáticas al tejido pancreático. Este proceso se asocia a enfermedad biliar o a alcoholismo.

pancreatitis crónica (chronic pancreatitis), inflamación crónica del páncreas con fibrosis y calcificación de la glándula. Se puede producir después de episodios agudos repetidos y terminar en diabetes.

pancreatitis hemorrágica aguda (acute hemorrhagic pancreatitis), inflamación potencialmente mortal del páncreas, caracterizada por hemorragia, necrosis hística y parálisis del tubo digestivo.

pancreatitis purulenta (purulent pancreatitis), inflamación del páncreas que se acompaña de la formación de pus.

pancreatitis supurativa (suppurative pancreatitis), forma de inflamación pancreática que se acompaña de la aparición de pequeños abscesos.

pancreatoduodenectomía (pancreatoduodenectomy), intervención quirúrgica en la que se extirpan la cabeza del páncreas y el asa del duodeno que le rodea.

pancreatografía (pancreatography), visualización del páncreas o de sus conductos mediante rayos X y medios de contraste inyectados en los conductos en el momento de la cirugía, a través de un endoscopio o mediante ecografía, tomografía computadorizada o representación por imagen mediante radionúclidos.

pancreatolito (pancreatolith), piedra o cálculo del páncreas.

pandemia (pandemia), enfermedad epidémica que afecta a toda o a la mayor parte de un grupo de población.

pandiastólico (pandiastolic), relativo o perteneciente a la totalidad de la diástole.

panencefalitis (panencephalitis), inflamación de la totalidad del encéfalo caracterizada por un comienzo insidioso, un curso progresivo con deterioro de las funciones motora y mental y pruebas de una etiología vírica. La panencefalitis esclerosante subaguda es una enfermedad poco frecuente de la infancia que se cree está causada por un virus del sarampión latente «lento» después de la recuperación de una infección previa. La enfermedad provoca ataxia, mioclonías, atrofia, ceguera cortical y deterioro mental. La panencefalitis de la rubéola, una enfermedad rara de la adolescencia, sigue un curso progresivo crónico caracterizado por deterioro motor y mental, recordando en ocasiones a la paresia juvenil.

panendoscopio (panendoscope), cistoscopio que permite una visión más amplia del interior de la vejiga.

panestesia (panesthesia), totalidad de las sensaciones experimentadas por un individuo en un momento determinado.

panfobia (panphobia), trastorno de ansiedad caracterizado por temor o aprensión irracional hacia un mal extendido o desconocido; miedo generalizado.

pangénesis (pangenesis), teoría darwiniana de que cada célula y partícula de un progenitor se reproduce a sí misma en la descendencia.

panhipopituitarismo (panhypopituitarism), insuficiencia generalizada de las hormonas hipofisarias producida por lesiones o insuficiencia de la glándula. El **panhipopituitarismo prepuberal**, enfermedad rara generalmente asociada a un quiste supraselar o a un craneofaringioma, se caracteriza por enanismo de proporciones corporales normales, desarrollo sexual por debajo de lo normal e insuficiencia de las funciones tiroidea y suprarrenal. El **panhipopituitarismo pospuberal** puede ser secundario a una necrosis hipofisaria posparto, producida por la trombosis de la circulación hipofisaria durante o después del parto. Los signos característicos de este trastorno son incapacidad para la lactancia, amenorrea, debilidad, intolerancia al frío, letargo y pérdida de la libido y del vello axilar y púbico.

panhisterectomía (panhysterectomy), extirpación quirúrgica completa del útero y del cuello.

pánico (panic), temor o sensación de ansiedad intensa, súbita e irresistible que produce terror y alteraciones fisiológicas inmediatas que provocan inmovilidad paralizante o comportamientos histéricos e insensatos.

paniculitis (panniculitis), inflamación crónica de la grasa subcutánea en la que la piel aparece endurecida, sobre todo en el abdomen y en el tórax. En las zonas afectadas aparecen pequeñas masas subcutáneas de tejido duro.

panículo (panniculus, *pl.* **panniculi**), capa membranosa constituida por las numerosas láminas de fascia que cubren distintas estructuras corporales.

panívoro (panivorous), relativo o perteneciente a la práctica de alimentarse exclusivamente de pan.

pannus (pannus), trastorno de la córnea en el que ésta se ha vascularizado y existe infiltración por tejido granular bajo su superficie.

panoftalmitis (panophthalmitis), inflamación de la totalidad del ojo, habitualmente provocada por organismos piógenos virulentos, como cepas de meningococos, neumococos, estreptococos, bacilos del carbunco y clostridios. Los síntomas iniciales son dolor, fiebre, cefaleas, mareos, edema e inflamación. A medida que la infección progresa, el iris adquiere un aspecto sucio y gris, el humor acuoso se vuelve turbio y se forman precipitados en la superficie posterior de la córnea.

panografía (panography), método de tomografía que visualiza las superficies curvas del cuerpo a cualquier profundidad. En odontología se consigue mediante radiografías de las arcadas dentarias de los maxilares superior e inferior y de las estructuras vecinas empleando dos ejes de rotación para captar dichas estructuras. Un soporte con una pantalla de intensificación y una película de 12 × 30 cm gira sobre un tambor al mismo tiempo que la unidad de radiación gira alrededor de la cabeza del paciente para captar las estructuras antes del revelado.

pansistólico (pansystolic), relativo o perteneciente a la totalidad de la sístole.

pantalla con escala de grises (gray scale display), (en ecografía) método de procesamiento de señales que amplifica y muestra selectivamente en la pantalla los niveles de los ecos procedentes de los tejidos blandos a expensas de los ecos de mayor intensidad.

pantalla de anestesia (anesthesia screen), accesorio de metal con forma de U invertida que se fija a ambos lados de la mesa de operaciones, 30 a 45 centímetros por encima de la parte superior del tórax del paciente. Se cubre con una sábana para evitar la contaminación del campo quirúrgico en el tórax o en el abdomen como consecuencia de una infección transmitida por el aire procedente del enfermo o del anestesista, proporcionando así un amplio campo estéril para el cirujano.

pantalla de intensificación (intensifying screen), dispositivo compuesto de material fluorescente, que se pone en contacto con la película de una placa radiográfica. La radiación de un proceso terapéutico interacciona con el fósforo fluorescente, lo que libera fotones lumínicos. Éstos permiten una exposición más eficaz de la película a la radiación aislada, por lo que puede reducirse la radiación que recibe el paciente.

pantalla de tierras raras (rare earth screen), material fluorescente, como el tungstato cálcico, utilizado como base de las pantallas intensificadoras de rayos X. Las tierras raras permiten utilizar dosis de radiación más bajas, a la vez que producen densidades de placa aceptables.

pantalones antishock (shock trousers), pantalones neumáticos diseñados para contrarrestar la hipotensión debida a hemorragia interna o externa y la hipovolemia. Los pantalones antishock pueden estar contraindicados en pacientes con edema pulmonar, shock cardiogénico, aumento de la presión intracardíaca o evisceraciones. Son necesarios cuando el paciente pierde la consciencia, presenta un descenso de la presión arterial y muestra signos de dificultad respiratoria, como disnea, respiración rápida, tos y esputo rosado y espumoso. El pulso puede estar disminuido o ausente en las piernas y los pies pálidos, con manchas y fríos.

pantalones militares anti shock (MAST) (military antishock trousers [MAST]), prenda diseñada para producir presión en la parte inferior del cuerpo, con lo que se previene la acumulación de sangre en las piernas y en el abdomen durante las maniobras de aviación o las experiencias de ausencia de gravedad en los viajes espaciales. Los pantalones se han usado también para tratar la hipotensión postural y para controlar las hemorragias internas.

pantenol (panthenol), alcohol que en el organismo se convierte en ácido pantoténico, una vitamina del complejo B.

pantógrafo (pantograph), **1.** dispositivo articulado para copiar una figura plana a cualquier escala deseada. **2.** dispositivo que incorpora dos arcos faciales que se fijan a los maxilares, que se emplea para señalar puntos desde un punto central y sus arcos correspondientes sobre los segmentos relacionados con los tres planos craneofaciales.

pantomografía (pantomography), radiografía panorámica para obtener imágenes de las arcadas dentales del maxilar superior e inferior y de las estructuras anexas.

pantorrilla (calf, *pl.* **calves**), parte carnosa de la cara posterior de la pierna por debajo de la rodilla, formada principalmente por los músculos gemelos.

paño (drape), trozo de tela o de papel, normalmente del tamaño de una sábana de cama pequeña, que cubre todo o parte del cuerpo de una persona durante una exploración o tratamiento.

PaO_2 (PaO_2), símbolo de *presión parcial arterial de oxígeno*.

PAO_2 (PAO_2), símbolo de **presión alveolar de oxígeno**.

papaína (papain), enzima obtenida del fruto de *Carica papaya*. Se ha prescrito para el desbridamiento enzimático de las heridas y para favorecer la cicatrización.

papel de nitrazina (nitrazine paper), tira de papel absorbente que cambia de color según se exponga a soluciones de alcalinidad o acidez variable.

papel de pH (pH paper), v. **papel de nitrazina**.

papel de tornasol (litmus paper), papel absorbente cubierto de tornasol, un tinte azul, que se utiliza para determinar el pH. Las sustancias o soluciones ácidas lo pasan de azul a rojo. Las sustancias o soluciones alcalinas no producen cambios de color en el tornasol azul.

paperas (mumps), enfermedad viral aguda caracterizada por la tumefacción de las glándulas parótidas, producida por un paramixovirus. Afecta sobre todo a niños entre 5 y 15 años, aunque se puede producir a cualquier edad. En los adultos la infección puede ser grave. La incidencia de parotiditis es máxima al final del invierno y al inicio de la primavera. Los paramixovirus de la parotiditis habitan en la saliva del individuo infectado, y se transmite por gotículas o por contacto directo. El virus se encuentra en la saliva desde 6 días antes a 9 días después del comienzo de la tumefacción de la glándula parótida. El pronóstico es bueno, aunque a veces presenta complicaciones, como artritis, pancreatitis, miocarditis, ooforitis y nefritis. Cerca de la mitad de los varones con orquitis sufren atrofia testicular, aunque como el proceso suele ser unilateral, es raro que produzca esterilidad. Los síntomas comunes son anorexia, cefalea, malestar general y febrícula, seguidos de dolor de oído, tumefacción de la glándula parótida y fiebre de 38,3 a 40 ºC. El paciente también experimenta dolor cuando bebe líquidos ácidos o cuando mastica. Las glándulas salivares también pueden estar inflamadas.

papila (papilla, *pl.* **papillae**), **1.** pequeña prominencia en forma de pezón, como las papilas coniformes de la lengua y las papilas de la dermis que se extienden desde las fibras de colágeno, los vasos sanguíneos capilares y, en ocasiones, los nervios de la dermis. **2.** papila óptica, disco redondo blanco situado en el fondo del ojo, que corresponde a la entrada del nervio óptico.

papilado (papillate), caracterizado por la presencia de papilas o prolongaciones en forma de pezón.

papilar (papillary), relativo o perteneciente a las papilas.

papiledema (papilledema, *pl.* **papilledemas, papilledemata**), inflamación de la papila óptica producida por un aumento de la presión intracraneal. Las meninges que rodean a los nervios ópticos desde la papila óptica se continúan con las meninges del cerebro; por lo tanto, el aumento de la presión intracraneal se transmite hacia delante desde el cerebro hasta la papila óptica del ojo, provocando su inflamación.

papiliforme (papilliform), con forma de papila.

papilitis (papillitis), **1.** trastorno caracterizado por la inflamación de una papila, como la papila lagrimal. **2.** trastorno caracterizado por la inflamación de una papila renal.

papilla de bario (barium meal), ingestión de sulfato de bario, un medio de contraste radiopaco, para el examen radiográfico del esófago, el estómago y el tracto intestinal en el diagnóstico de enfermedades tales como la disfagia, la úlcera péptica y las fístulas.

papilocarcinoma (papillomacarcinoma), cáncer de aspecto verrugoso que crece hacia el interior de una cavidad o hacia fuera desde una superficie.

papiloma (papilloma), neoplasia epitelial benigna que presenta una disposición ramificada o lobulillar. Algunos tipos de papilomas son: **papiloma cutáneo, papiloma de células basales, papiloma en cresta de gallo, papiloma fibroepitelial, papiloma hirsutoide del pene, papiloma intracanalicular, papiloma intraquístico** y **papiloma velloso**.

papiloma cutáneo (cutaneous papilloma), excrecencia pequeña de color marrón o carne, que generalmente se observa en el cuello de ancianos.

papiloma de células basales (basal cell papilloma), neoplasia epidérmica benigna caracterizada por la presencia de múltiples lesiones ovaladas y elevadas de color amarillo o marrón que aparecen generalmente en los sujetos de mediana edad.

papiloma en cresta de gallo (cockscomb papilloma), pequeña lesión rojiza, benigna, que

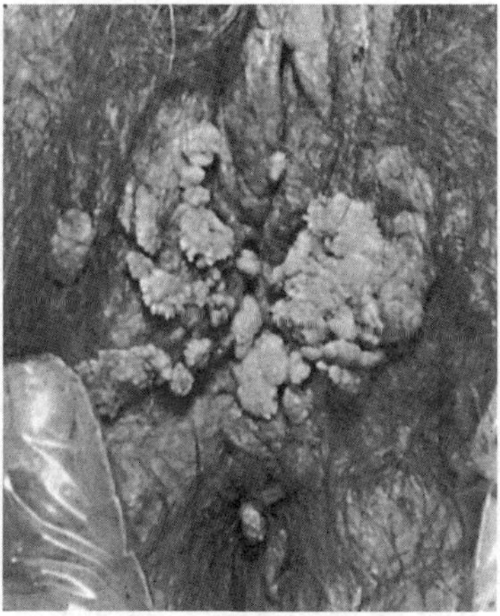

Papilomas labiales, perineales y perianales floridos
(C. D. Forbes/W. F. Jackson, 1994)

puede proyectarse desde el cuello uterino durante el embarazo, pero que regresa tras el parto.

papiloma fibroepitelial (fibroepithelial papilloma), tumor epitelial benigno que contiene abundante tejido fibroso.

papiloma hirsutoide del pene (hirsutoid papilloma of the penis), trastorno caracterizado por racimos de pápulas pequeñas y blancas situadas en el borde coronal del glande.

papiloma intracanalicular (intracanalicular papilloma), excrecencia verrucosa benigna de determinadas glándulas, y especialmente de la mama.

papiloma intraquístico (intracystic papilloma), tumor epitelial benigno formado dentro de un adenoma quístico.

papiloma velloso (villous papilloma), tumor benigno con prolongaciones largas y delgadas, que aparece con mayor frecuencia en vejiga, mama o en un ventrículo cerebral.

papilomatosis (papillomatosis), trastorno en el que se produce un desarrollo diseminado de excrecencias en forma de pezón.

papilomatosis de la corona del pene (papillomatosis coronae penis), v. **papiloma hirsutoide del pene**.

papilorretinitis (papilloretinitis), oclusión inflamatoria de la vena de la retina.

papiráceo (papyraceous), que tiene un aspecto similar al papel.

papovavirus (papovavirus), grupo de pequeños virus ADN, algunos de los cuales pueden ser potencialmente productores de cáncer. La verruga humana está producida por un tipo de papovavirus. Algunos tipos de papovavirus son: papovavirus del papiloma, papovavirus del polioma y papovavirus SV-40.

pappus (pappus), crecimiento inicial de la barba, caracterizado por la presencia de un vello suave.

pápula (papule), lesión cutánea elevada, sólida, pequeña, de menos de 1 cm de diámetro, como las lesiones de liquen plano y del acné no pustuloso.

papulación (papulation), desarrollo de pápulas.

papuloescamoso (papulosquamous), relativo a una erupción cutánea que es papular y escamosa.

paquicefalia (pachycephaly), engrosamiento anormal del cráneo, como en la acromegalia.

paquidactilia (pachydactyly), engrosamiento anormal de los dedos de las manos o de los pies.

paquidermia alba (pachyderma alba), trastorno de la mucosa bucal con un aspecto que recuerda a la piel blanquecina del elefante.

paquinema (pachynema), formación postsináptica de cromosomas tetrádicos que tiene lugar en la fase de paquitene de la primera profase meiótica de la gametogénesis.

paquioniquia congénita (pachyonychia congenita), deformidad congénita caracterizada por el engrosamiento anormal y la elevación de las uñas en los dedos de las manos y de los pies, y por hiperqueratosis de las palmas de las manos y de las plantas de los pies.

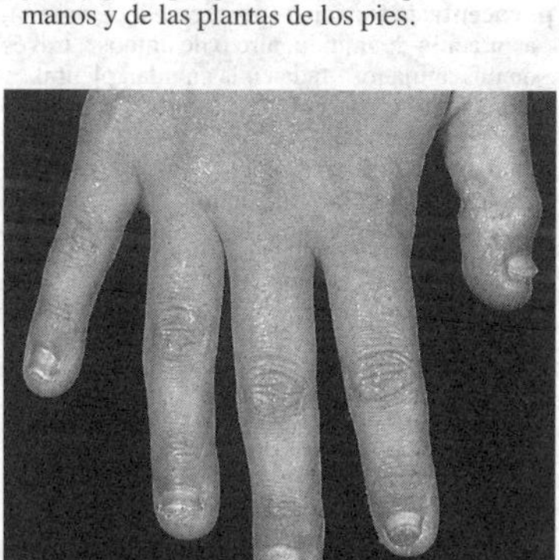

Paquioniquia congénita
(A. du Vivier, 2.ª ed., 1995)

paquitene (pachytene), tercera fase de la primera profase meiótica de la gametogénesis en la que los pares de cromosomas homólogos constituyen tétradas. Los pares bivalentes se acortan y engruesan y se entrelazan entre sí de modo que resultan visibles cuatro cromátidas.

par (pair), una pareja, de forma específica, un par de nervios craneales, como el noveno par.

par de bases (base pair), un par de nucleótidos de un ácido nucleico. Una de las bases debe ser una purina y la otra una pirimidina.

par de línea (line pair [lp]), (en tomografía computadorizada) factor que determina la frecuencia espacial. Consta de una línea y de su interespacio adyacente con idéntica anchura. Al aumentar los pares de línea por centímetro, disminuye la fidelidad de la imagen del par de línea.

para (para), relativo a la mujer que ha parido un neonato viable, independientemente de si el niño estaba vivo o mortinato. El término se emplea con números para indicar el número de embarazos llevados a término o de más de 20 semanas, como para 2, que indica dos embarazos, independientemente del número de descendientes obtenidos en cada embarazo.

paracentesis (paracentesis), procedimiento por el que se extrae líquido de una cavidad corporal. La paracentesis se realiza sobre todo para eliminar la acumulación excesiva de líquido ascítico en el abdomen.

paracentesis abdominal (abdominal paracentesis), punción quirúrgica de la cavidad abdominal para extraer líquido con fines diagnósticos o terapéuticos.

paracentesis torácica (paracentesis thoracis), aspiración de líquido, aire o de ambos a través de una aguja insertada en la cavidad pleural.

paracentral (paracentral), junto al centro o a una parte central.

paracervical (paracervical), perteneciente a los tejidos próximos al cuello.

paracetamol (paracetamol), v. **acetaminofén**.

paracinesia (parakinesia), anomalía del movimiento debida a un trastorno nervioso en un músculo, como la alteración de uno de los músculos oculares.

paracoccidioidomicosis (paracoccidioidomycosis), infección micótica crónica, en algunas ocasiones mortal, producida por *Paracoccidioides brasiliensis*, caracterizada por úlceras en la cavidad oral, laringe y nariz. Otros efectos son: ganglios linfáticos grandes y supurativos, tos, disnea, pérdida de peso y lesiones cutáneas, genitales e intestinales. La enfermedad se adquiere por la inhalación de las esporas del hongo.

paradidimal (paradidymal), **1.** perteneciente al paradídimo. **2.** cerca del testículo.

paradídimo (paradidymis), estructura rudimentaria del varón, situada en el cordón espermático del epidídimo, constituido por restos vestigiales de la región inferior de los túbulos mesonéfricos embrionarios. En la mujer existe una estructura vestigial similar, el paroóforon.

paradigma (paradigm), patrón que puede servir como modelo o ejemplo.

paradójico (paradoxic), relativo a una persona, situación, enunciado o acto que parece tener cualidades incoherentes o contradictorias, o que pueden ser verdad pero que parecen absurdas o increíbles.

parafasia literal, jargonofasia (jargon aphasia), forma de lenguaje en la cual varias palabras son combinadas en una sola, pero de forma confusa, con acentos incorrectos o palabras mezcladas con neologismos. Aunque aparentemente incomprensible, el lenguaje puede tener significado al ser analizado por un psicoterapeuta.

parafilia (paraphilia), aberración o desviación sexual; trastorno en el que el instinto sexual se expresa en formas que están socialmente prohibidas o que resultan inaceptables, o bien son biológicamente indeseables, como puede ser la utilización de un objeto inanimado para la estimulación sexual. Algunos tipos de parafilia son: **exhibicionismo, fetichismo, pedofilia, travestismo, voyeurismo** y **zoofilia**.

parafimosis (paraphimosis), trastorno caracterizado por la imposibilidad para volver a colocar el prepucio en su posición normal una vez replegado por detrás del glande del pene. Producido por un prepucio estenosado o inflamado, puede evolucionar hasta la gangrena. En ocasiones es necesaria la circuncisión.

parafina (paraffin), grupo de hidrocarburos o de mezclas de hidrocarburos de la serie de la parafina según la fórmula $C_nH_{(2n \times n)}$. Algunos ejemplos son el gas metano, el queroseno y la cera de parafina.

parafrasia (paraphrasia), lenguaje incoherente, ininteligible y aparentemente incomprensible. Sin embargo, puede tener sentido si es interpretado cuidadosamente por un psicoterapeuta.

paraganglio (paraganglion, *pl.* **paraganglia**), cualquiera de los pequeños grupos de células cromafines asociados a los ganglios de la cadena del sistema nervioso simpático situados fuera de la médula suprarrenal. Los paraganglios segregan las hormonas adrenalina y noradrenalina.

paragonimiasis (paragonimiasis), infección crónica por el trematodo pulmonar *Paragoni-*

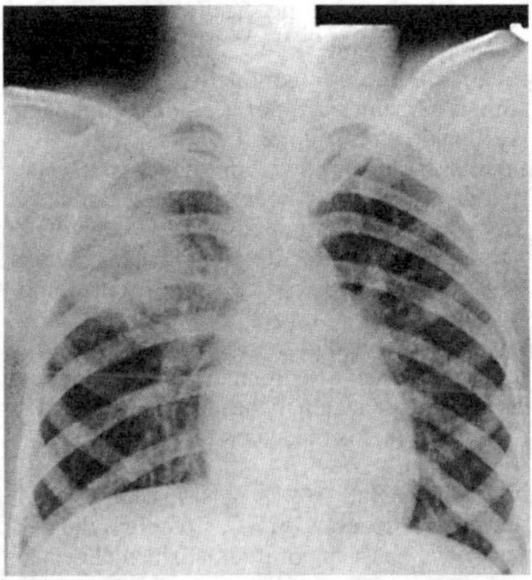

Bronquitis por paragonimiasis
(C. D. Forbes/W. F. Jackson, 1994)

mus westermani. Se caracteriza por hemoptisis, bronquitis y, en algunos casos, masas abdominales, dolor y diarrea o afectación cerebral con parálisis, alteraciones oculares o convulsiones. La enfermedad se adquiere al ingerir quistes contenidos en cangrejos de agua dulce, que son los huéspedes intermediarios.

parahipnosis (parahypnosis), forma de trastorno del sueño que se observa en la hipnosis y en la narcosis.

paralaje (parallax), desplazamiento aparente de un objeto a diferentes distancias de los ojos cuando es observado con ambos. Es la base de la visión estereoscópica y de la visión en profundidad.

paralaje binocular (binocular parallax), diferencia en los ángulos formados por las líneas visuales sobre dos objetos situados a diferentes distancias de los ojos. El paralaje binocular es uno de los factores más importantes en la percepción profunda.

paralaje estereoscópico (stereoscopic parallax), v. **paralaje binocular**.

paraldehído (paraldehyde), líquido claro, incoloro muy oloroso, obtenido mediante la polimerización de acetaldehído con una pequeña cantidad de ácido sulfúrico. El paraldehído se utiliza como disolvente y puede ser administrado por vía oral, intravenosa, intramuscular o rectal para inducir estados de hipnosis o sedación.

parálisis (paralysis, *pl.* **paralyses**), trastorno caracterizado por la pérdida de la función muscular, por la pérdida de sensibilidad o de ambas. Se puede producir por diversos problemas, como traumatismos, enfermedades e intoxicaciones. Las parálisis se pueden clasificar de acuerdo con su causa, tono muscular, distribución o parte del cuerpo afectada. Algunos tipos de parálisis son: **parálisis cerebral, parálisis de Bell** y **parálisis de Erb**.

parálisis agitante (paralysis agitans), v. **enfermedad de Parkinson**.

parálisis aguda del nervio radial (acute radial nerve palsy), tipo de mononeuropatía que se caracteriza por la lesión del nervio radial con el consiguiente debilitamiento de los músculos del antebrazo. Puede estar motivada por una compresión excesiva del nervio radial contra una superficie dura en sujetos que han perdido la sensibilidad por haber ingerido alcohol o sedantes.

parálisis alcohólica (alcoholic paralysis), parálisis que afecta a los nervios periféricos, provocada por el consumo de alcohol.

parálisis ascendente (ascending paralysis), enfermedad en la que se produce una parálisis flácida que comienza en las piernas, asciende al tronco y los brazos y alcanza finalmente los músculos de la respiración. Puede ser debida a poliomielitis, polineuritis infecciosa o exposición a productos químicos tóxicos.

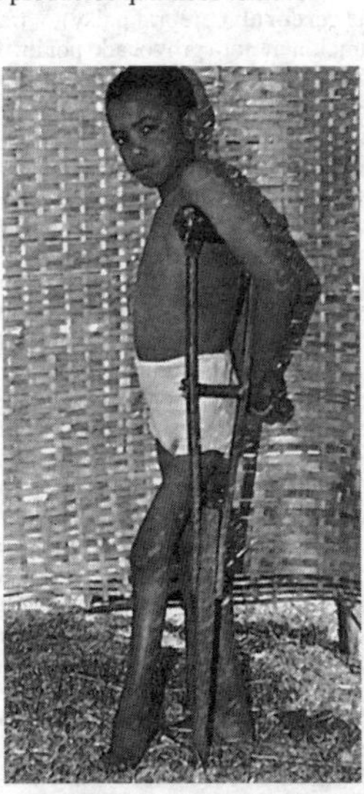

Parálisis de la pierna izquierda
(C. D. Forbes/W. F. Jackson, 1994)

parálisis atáxica cerebral infantil (infantile cerebral ataxic paralysis), forma de diplejía congénita. Se caracteriza por desarrollo cerebral defectuoso, ataxia, espasticidad de las piernas y posible retraso mental.

parálisis atrófica aguda (acute atrophic paralysis), poliomielitis aguda que afecta a las astas anteriores de la médula espinal, provocando parálisis flácida de los grupos musculares afectados y, con el tiempo, atrofia.

parálisis braquial (brachial paralysis), parálisis de un brazo o de una mano.

parálisis bulbar (bulbar paralysis), trastorno nervioso degenerativo caracterizado por la parálisis progresiva de los labios, la lengua, la boca, la faringe y la laringe.

parálisis bulbar infecciosa (infectious bulbar paralysis), enfermedad por herpesvirus de los animales, que puede provocar un prurito leve cuando es transmitida al ser humano.

parálisis bulbar progresiva (progressive bulbar paralysis), enfermedad de la motoneurona caracterizada por debilidad de los músculos laríngeos, faríngeos, linguales y faciales. El paciente sufre disartria y disfagia progresivas.

parálisis central (central paralysis), parálisis provocada por una lesión del sistema nervioso central.

parálisis cerebral (cerebral palsy), trastorno de la función motora provocado por un defecto o lesión cerebral permanente, no progresivo, presente en el nacimiento o poco después de éste. El déficit neurológico puede producir hemiplejía, monoplejía, diplejía o cuadriplejía, atetosis o ataxia, convulsiones, parestesias, distintos grados de retraso mental y alteraciones del lenguaje, visuales y auditivas. Generalmente se asocia a parto prematuro o distócico y asfixia intraparto, que origina lesiones en el sistema nervioso central. Habitualmente existe un retraso de locomoción y cuando el niño trata de andar presenta una marcha en tijeras característica. Los brazos pueden estar afectados sólo de forma leve, aunque los dedos suelen presentar espasticidad. Los reflejos tendinosos profundos están exaltados y puede existir lenguaje cercenado, retraso en la adquisición del control de los esfínteres y movimientos atetósicos de la cara y las manos. El tratamiento ha de ser individualizado e incluye la utilización de ortesis, corrección quirúrgica de las deformidades, logoterapia y distintos relajantes musculares y anticonvulsivantes.

parálisis cerebral coreoatetósica (choreoathetoid cerebral palsy), forma de parálisis cerebral caracterizada por movimientos coreiformes (irregulares, como tics) y atetósicos (lentos y extravagantes).

parálisis completa (complete paralysis), parálisis caracterizada por pérdida completa de la función motora.

parálisis conjugada (conjugate paralysis), parálisis de los movimientos conjugados de los dos ojos, arriba o abajo, o a la derecha o a la izquierda. No existe diplopía. Su causa es una lesión de uno de los pares craneales oculomotores.

parálisis de asociación (association paralysis), enfermedad de la neurona motora en la cual se produce emaciación, debilidad y fasciculación de la lengua, los músculos faciales, la faringe y la laringe.

parálisis de Bell (Bell's palsy) [Charles Bell, cirujano escocés, n. 1774], parálisis del nervio facial causada por traumatismo del nervio, compresión del nervio por un tumor o, posiblemente, por una infección desconocida. La persona afectada puede no ser capaz de abrir un ojo o de cerrar la boca. La cirugía plástica puede reducir la deformidad.

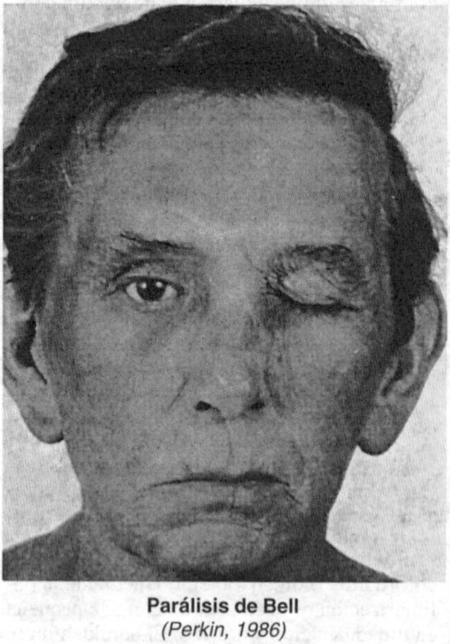

Parálisis de Bell
(Perkin, 1986)

parálisis de Duchenne (Duchenne's paralysis) [Guillaume B. A. Duchenne], enfermedad de la neurona motora caracterizada por atrofia y debilidad de los músculos laríngeos, faríngeos, linguales y faciales, que provoca disartria y disfagia. Puede haber también afectación del tracto piramidal.

parálisis de Duchenne-Erb (Duchenne-Erb paralysis), v. **parálisis de Erb**.

parálisis de Erb (Erb's palsy) [Wilhelm H. Erb], tipo de parálisis producida por la lesión traumática del plexo braquial. Se produce principalmente durante el nacimiento por una excesiva tracción durante el parto, con lesión de una o más raíces nerviosas cervicales.

parálisis de Erb-Duchenne (Erb-Duchenne paralysis), v. **parálisis de Erb**.

parálisis de Klumpke (Klumpke's palsy), parálisis atrófica del antebrazo. Se presenta en el nacimiento y afecta al séptimo y octavo pares nerviosos cervicales y al primero torácico. Puede acompañarse de síndrome de Horner, ptosis y miosis, debido a la implicación de los nervios simpáticos.

parálisis de la mirada (gaze palsy), incapacidad parcial o completa para mover los ojos en todas las direcciones de la mirada. La parálisis de la mirada suele denominarse por la dirección ausente de la mirada, como la parálisis lateral derecha de la mirada.

parálisis de la motoneurona (motor neurone paralysis), lesión de la médula espinal que afecta a las motoneuronas y provoca diversos grados de deterioro funcional, dependiendo del lugar de la lesión. V. **parálisis de la motoneurona inferior, parálisis de la motoneurona superior**.

parálisis de la motoneurona inferior (lower motor neuron paralysis), lesión de la médula espinal que afecta a los cuerpos celulares y/o a los axones de las motoneuronas inferiores, localizadas en el asta anterior y en los nervios raquídeos y periféricos. Si se produce una sección transversal completa de la médula espinal, se pierde por completo el control de los músculos voluntarios. En la sección transversal parcial, la función se afecta en grados variables, dependiendo de las zonas inervadas por los nervios afectados.

parálisis de la motoneurona superior (upper motor neuron paralysis), lesión del cerebro o de la médula espinal que deteriora los cuerpos celulares, los axones o ambos, de las motoneuronas superiores que se extienden desde los centros cerebrales a las células de la columna vertebral. Las manifestaciones clínicas son aumento del tono muscular y de la espasticidad de los músculos afectados con atrofia ligera o sin ella, reflejos tendinosos profundos hiperactivos, reflejos superficiales disminuidos o ausentes, presencia de reflejos patológicos, como los reflejos de Babinski y Hoffmann, y ausencia de contracciones localizadas de grupos musculares.

parálisis de los músculos extraoculares (extraocular muscle palsy), trastorno caracterizado por la parálisis de los músculos extrínsecos del ojo, como el recto superior, inferior, interno y externo, y los músculos oblicuos inferior y superior.

parálisis de Todd (Todd's paralysis) [Robert Bentley Todd, médico inglés, n. 1809], parálisis postepiléptica transitoria de un brazo o de una pierna.

parálisis del nervio radial (radial nerve palsy), neuropatía por compresión o atrapamiento que afecta al nervio radial. Los síntomas de debilidad muscular y pérdida sensitiva se deben a la compresión del nervio radial contra el húmero.

parálisis del parto (birth paralysis), parálisis, habitualmente de un brazo, debido a lesión del plexo braquial durante el proceso del parto.

parálisis del plexo braquial (brachial plexus paralysis), v. **parálisis de Erb**.

parálisis del sábado noche (saturday night palsy), parálisis del nervio radial producida por la presión ejercida sobre el brazo tras caer dormido, generalmente durante una borrachera. Se puede producir un tipo similar de parálisis en las piernas durante un sueño inducido por el alcohol en un sofá.

parálisis espástica (spastic paralysis), trastorno caracterizado por la contracción involuntaria de uno o más músculos, con pérdida asociada de la función muscular.

parálisis espinal ascendente aguda (acute ascending spinal paralysis), parálisis espinal progresiva que se extiende en sentido ascendente hacia el cerebro.

parálisis espinal infantil (infantile spinal paralysis), poliomielitis anterior aguda, infección vírica caracterizada por molestias inespecíficas, meningitis aséptica y debilidad flácida de grupos musculares.

parálisis facial (facial paralysis), trastorno caracterizado por la pérdida parcial o total de las funciones de los músculos de la cara o la pérdida de sensibilidad facial.

parálisis flácida (flaccid paralysis), trastorno caracterizado por la pérdida o debilitamiento del tono muscular.

parálisis general (general paresis), trastorno mental orgánico producido por una infección sifilítica crónica, caracterizado por degeneración de las neuronas corticales, demencia progresiva, temblor y alteraciones del lenguaje, debilidad muscular y, al final, parálisis generalizada.

parálisis histérica (hysteric paralysis), pérdida de movimiento o debilidad muscular que se debe a histeria más que a un defecto orgánico identificable.

parálisis histriónica (histrionic paralysis), trastorno, tal como la **parálisis de Bell**, en el que la parálisis de los músculos faciales provocan un efecto histriónico.

parálisis infantil (infantile paralysis), v. **poliomielitis**.

parálisis infecciosa aguda (acute infectious paralysis), **1.** término alternativo para la poliomielitis anterior aguda. **2.** polineuritis infecciosa.

parálisis labioglosolaríngea (labioglossolaryngeal paralysis), v. **parálisis bulbar**.

parálisis oculofacial congénita (congenital oculofacial paralysis), v. **síndrome de Möbius**.

parálisis periódica familiar (familial periodic paralysis), trastorno hereditario poco frecuente que cursa con ataques de parálisis flácida generalizada tras crisis hipopotasémicas o depleción de potasio. Los ataques pueden producirse tras la administración de glucosa y se corrigen con la administración de sales de potasio.

parálisis periódica hipercaliémica (hyperkalemic periodic paralysis), v. **adinamia episódica hereditaria**.

parálisis periódica hipocaliémica (hypokalemic periodic paralysis), estado de episodios recurrentes de debilidad muscular asociado a una concentración disminuida de potasio en sangre.

parálisis por anestesia (anesthesia paralysis), parálisis que se puede desarrollar después de la administración de un anestésico general.

parálisis por compresión (compression paralysis), parálisis provocada por una presión mantenida sobre un nervio periférico. La lesión puede ser temporal o permanente, según la duración e intensidad de la presión.

parálisis por garrapata (tick paralysis), enfermedad rara, progresiva, reversible, causada por varias especies de garrapatas que liberan una neurotoxina que causa debilidad, incoordinación y parálisis. La garrapata debe alimentarse en el huésped durante varios días antes de que aparezcan los síntomas.

parálisis por muletas (crutch palsy), pérdida temporal o permanente de la sensibilidad o del control muscular ocasionada por la presión producida por la muleta sobre el nervio radial.

parálisis radial (radial paralysis), parálisis musculospiral que afecta a los músculos inervados por el nervio radial, sobre todo los extensores del codo y de los dedos.

parálisis seudobulbar (pseudobulbar paralysis), trastorno que se asemeja a la parálisis bulbar progresiva, con disartria y disfagia, aunque la debilidad de los músculos bulbares es del tipo de la motoneurona superior y el trastorno puede ser, en algunos casos, el resultado de múltiples infartos bilaterales en la corteza cerebral.

parálisis supranuclear progresiva (progressive supranuclear palsy), forma leve de parálisis de los músculos inervados por los pares craneales y que afecta fundamentalmente a la cara, garganta y lengua.

parálisis tabética (taboparesis), forma de parálisis asociada a la sífilis cerebral.

parálisis tardía del nervio cubital (tardy ulnar nerve palsy), trastorno caracterizado por atrofia del primer músculo interóseo dorsal y por dificultad para la realización de movimientos manipulativos finos. Puede estar causada por la lesión del nervio cubital a nivel del codo y con frecuencia afecta a individuos con un surco cubital poco profundo o a aquellos que persistentemente se apoyan sobre los codos. Entre los signos y síntomas de esta enfermedad están el entumecimiento del dedo meñique, de la mitad contigua de las falanges proximal y media del dedo anular y del borde cubital de la mano.

parálisis unilateral (unilateral paralysis), v. **hemiplejía**.

paralizar (paralize), **1.** producir o entrar en un estado de parálisis. **2.** producir la pérdida de poder muscular.

parametadiona (paramethadione), anticonvulsivante prescrito para la prevención de las crisis de epilepsia de pequeño mal.

parametrio (parametrium, *pl.* **parametria**), prolongación lateral del tejido conectivo subseroso uterino en el ligamento ancho.

parametritis (parametritis), trastorno inflamatorio del tejido uterino o de las estructuras que rodean al útero.

parámetro (parameter), **1.** valor o constante utilizado para describir o medir una serie de datos que representan una función o sistema fisiológico. **2.** valor estadístico de un grupo de población. **3.** *informal,* límites o fronteras.

paramitoma (paramitome), v. **hialoplasma**.

paramixovirus (paramyxovirus), miembro de una familia de virus que abarca a los organismos causantes de la gripe, de las paperas y de algunas infecciones respiratorias.

paramnesia (paramnesia), **1.** trastorno de la memoria por la que uno cree recordar hechos y circunstancias que nunca han ocurrido realmente. **2.** trastorno en el que se recuerdan y utilizan palabras sin comprender su significado.

paranasal (paranasal), situado cerca o a lo largo de la nariz, como los senos paranasales.

parangi (parangi), v. **pian**.

paranoia (paranoia), (en psiquiatría) trastorno caracterizado por un sistema de pensamiento elaborado y excesivamente suspicaz, con delirios de persecución y grandeza generalmente centrados en un tema principal, como un asunto financiero, una situación de trabajo, una esposa infiel u otro problema.

paranoico (paranoiac), **1.** persona que padece paranoia o que presenta características de la misma. **2.** relativo o perteneciente a la paranoia.

paranoide (paranoid), **1.** relacionado con la paranoia o que se parece a ella. **2.** persona, o relativo a esa persona, afectada por un trastorno paranoide. **3.** *informal*, persona exageradamente recelosa o que presenta tendencias o actitudes persecutorias.

paranormal (paranormal), relativo a fenómenos que no pueden ser explicados a través de una investigación científica normal.

paraparesia (paraparesis), parálisis parcial que afecta generalmente tan sólo a las extremidades inferiores.

parapertussis (parapertussis), infección respiratoria bacteriana aguda provocada por *Bordetella parapertussis*, que presenta síntomas que se parecen mucho a los de la tos ferina. Habitualmente es más leve que la tos ferina, aunque puede ser mortal.

paraplásico (paraplastic), **1.** deforme o malformado. **2.** que muestra una capacidad formativa anómala; de la naturaleza de un paraplasma.

paraplasma (paraplasm), cualquier crecimiento anormal o malformación.

paraplejía (paraplegia), trastorno caracterizado por una pérdida sensitiva o motora en las extremidades inferiores. También pueden estar afectados los músculos de la espalda y los abdominales, por lo que la parálisis puede ser completa o incompleta. Estas lesiones suelen ser el resultado de accidentes de automóvil o moto, accidentes deportivos, caídas y heridas por arma de fuego. Con menor frecuencia es secundaria a lesiones no traumáticas, como escoliosis, espina bífida y alcoholismo. Los signos y síntomas de la paraplejía pueden aparecer inmediatamente después del traumatismo y consisten en la pérdida de la sensibilidad, movilidad y de los reflejos por debajo del nivel de la lesión. Dependiendo del nivel de la lesión y de si la lesión de la médula espinal es completa o incompleta, el paciente puede perder el control vesical e intestinal y presentar disfunciones sexuales. Una lesión incompleta de la médula espinal no suele inhibir la sensibilidad periférica, la flexión voluntaria de los dedos de los pies ni el control de los esfínteres.

paraplejía espástica (spastic paraplegia), forma de parálisis parcial que afecta sobre todo a los ancianos y que se caracteriza por irritabilidad y por la presencia de contracciones espásticas de los músculos de la pierna.

parapléjico (paraplegic), relativo a una persona con paraplejía o con un trastorno que parezca paraplejía.

parapraxia (parapraxia), **1.** realización anormal de acciones intencionales, como el movimiento que tiene lugar cuando se intenta hacer otro. **2.** falta de memoria con tendencia a extraviar las cosas.

paraproteína (paraprotein), cualquiera de las inmunoglobulinas monoclonales incompletas que aparecen en trastornos de las células plasmáticas.

parapsicología (parapsychology), rama de la psicología relacionada con el estudio de supuestos fenómenos psíquicos, como la clarividencia, la percepción extrasensorial y la telepatía.

parapsoriasis (parapsoriasis), grupo de trastornos cutáneos crónicos semejantes a la psoriasis, caracterizados por erupciones maculopapulosas, eritematosas, descamativas sin síntomas sistémicos. La parapsoriasis es resistente a todos los tratamientos.

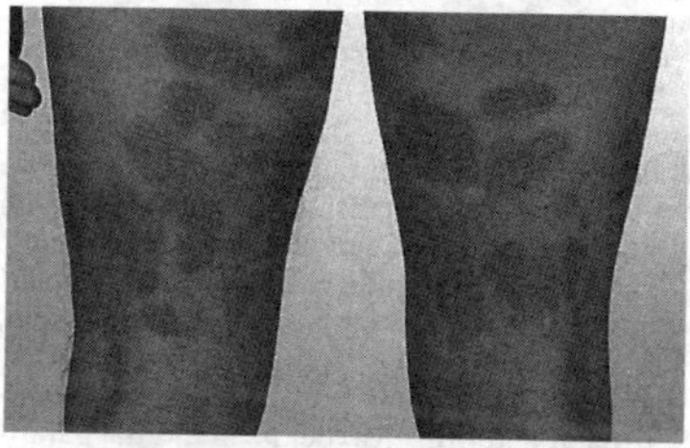

Parapsoriasis
(A. du Vivier, 2.ª ed., 1995)

parasacro (parasacral), relativo a la zona que rodea al sacro.

parasimpático (parasympathetic), relativo o perteneciente a la división encefalosacra del sistema nervioso autónomo, formado por los nervios motor ocular común, facial, glosofaríngeo, vago y por los nervios pélvicos. Las acciones de la rama parasimpática están mediadas por la liberación de acetilcolina y están relacionados principalmente con la protección, conservación y restablecimiento de los recursos del organismo. Las fibras parasimpáticas enlentecen el corazón, estimulan el peristaltismo, favorecen la secreción de las glándulas lagrimales, salivares y digestivas, estimulan la liberación de bilis e insulina, dilatan los vasos sanguíneos periféricos y viscerales, contraen las pupilas, el esófago y los bronquiolos y relajan los esfínteres durante la micción y la defecación.

parasimpaticolítico, fármaco parasimpaticolítico (parasympatholytic, parasympatholytic drug), v. **anticolinérgico**.

parasimpaticomimético (parasympathomimetic), **1.** relativo o perteneciente a una sustancia que produce efectos similares a los provocados por la estimulación de un nervio parasimpático. **2.** agente cuyos efectos son semejantes a los conseguidos con la estimulación de los nervios parasimpáticos, especialmente los efectos conseguidos con la acetilcolina.

parasístole (parasystole), ritmo ectópico independiente cuyo marcapasos no puede emitir descargas a partir de los impulsos del ritmo dominante, habitualmente el sinusal, como consecuencia de la existencia de una zona de conducción deprimida que rodea al foco parasistólico. En la parasistolia clásica, los intervalos interectópicos son múltiplos exactos de un denominador común que refleja la protección del foco parasistólico.

parasitemia (parasitemia), presencia de parásitos en la sangre.

parasitismo (parasitism), infestación o presencia de parásitos.

parásito (parasite), **1.** organismo que vive dentro o sobre otro organismo, nutriéndose de él. Un **parásito facultativo** puede vivir en un huésped, pero es capaz de vivir independiente. Un **parásito obligado** es el que depende totalmente de su huésped para su supervivencia. **2.** v. **feto parásito**.

paratiroidectomía (parathyroidectomy), extirpación quirúrgica de la glándula paratiroides.

paratiroides parenteral (parathyroid injection), hormona paratiroidea bovina prescrita para regular los niveles sanguíneos de calcio, especialmente en el tratamiento del hipoparatiroidismo con tetania.

paratonía (paratonia), v. ***gegenhalten***.

paravertebral (paravertebral), relativo a la región situada a lo largo de la columna vertebral o próxima a una vértebra.

paraxial (paraxial), relativo a un órgano u otra estructura localizada cerca del eje del cuerpo.

parche hemático epidural (epidural blood patch), parche que ocluye un desgarro u orificio de la duramadre que rodea la médula espinal. El desgarro suele ser el resultado de una punción con aguja durante una anestesia raquídea o punción lumbar.

pared (wall), estructura limitante del cuerpo, como la pared de las cavidades abdominal, torácica o pélvica, o la pared de una célula.

pared arterial (arterial wall), estructura fibrosa que configura unos tubos cilíndricos que son las arterias, y que consta de diversas láminas de diferentes tipos de tejidos. La lámina más interna está compuesta de una membrana de endotelio, una capa subendotelial de tejido conectivo fino y una membrana elástica interna. El endotelio de la lámina más interna está compuesto de una única capa de células escamosas simples, y se continúa con el endotelio de los capilares y con el endocardio del corazón. La lámina intermedia que rodea cada arteria representa la mayor parte del grosor de la pared arterial, y está compuesta de vainas circulares de células musculares lisas y de tejido elástico. La lámina más externa consta de tejido conectivo areolar y está provista de una fina red de fibras de colágeno y de tejido elástico.

pared celular (cell wall), estructura que cubre y protege la membrana celular en algunos tipos de células, como en ciertas bacterias y en todas las células de las plantas.

paregórico (paregoric), tintura alcanforada de opio prescrita para el tratamiento de la diarrea y como analgésico.

parénquima (parenchyma), tejido de un órgano diferente al tejido de sostén o conectivo.

parenquimatoso (parenchymatous), relativo a o parecido a los tejidos funcionales de un órgano o glándula.

parenteral (parenteral), ni en el sistema digestivo ni a través de él.

parepidídimo (parepididymis), v. **paradídimo**.

pares craneales (cranial nerves), doce pares de nervios que salen de la cavidad craneal a través de diferentes agujeros del cráneo. Se denominan mediante números romanos empezando por el más anterior y son el (I) olfatorio, (II) óptico, (III) oculomotor, (IV) ocular interno o patético, (V) trigémino, (VI) ocular externo, (VII) facial, (VIII) acústico, (IX) glosofaríngeo, (X) vago, (XI) accesorio o espinal y (XII) hipogloso. Los pares craneales se originan en el tronco del encéfalo y transmiten los impulsos para funciones como el olfato, vista, movimientos oculares, contracción pupilar, sensibilidad muscular, sensibilidad general, masticación, expresión facial, secreción glandular, gusto, sensibilidad cutánea, audición, equilibrio, deglución, fonación, movilidad de la lengua, de la cabeza y del hombro.

pares de coordenadas (ordered pairs), coordenadas gráficas en las que el primer número del par representa una distancia a lo largo del eje x (horizontal) y el segundo número está trazado a lo largo del eje y (vertical).

paresia (paresis), **1.** parálisis parcial, relacionada en algunos casos con una neuritis local. **2.** manifestación tardía de la neurosífilis, caracterizada por parálisis generalizada, incoordinación temblorosa, convulsiones transitorias, pupilas de Argyll Robertson y demencia progresiva provocada por la degeneración de las neuronas corticales.

parestesia (paresthesia), cualquier sensación subjetiva, experimentada como entumecimiento, hormigueo o sensación de «pinchazos». Cuando se experimenta en las extremidades, a veces se denomina acroparestesia.

parestesia de Berger (Berger's paresthesia) [Oskar Berger, neurólogo alemán, n. 1844], trastorno caracterizado por hormigueo, escozor o debilidad y pérdida de sensibilidad en las piernas, sin signos de enfermedad orgánica. El trastorno afecta a personas jóvenes.

pareunia (pareunia), v. **coito**.

paridad (parity), **1.** (en obstetricia) clasificación de una mujer por el número de niños nacidos vivos y de nacidos muertos con más de 28 semanas de gestación. Habitualmente, la paridad se designa con el número total de embarazos y se representa por la letra «P» o la palabra «para». Una mujer para 4 (P4) grávida 5 (G5) ha tenido cuatro embarazos de más de 28 semanas y un aborto antes de las 28 semanas. **2.** (en epidemiología) clasificación de una mujer por el número de niños nacidos vivos que ha parido. **3.** (en el procesamiento por ordenador) situación de una serie de elementos, ya sean en número par o impar, utilizados como medio para comprobar errores, como en la transmisión de información entre varios elementos del mismo ordenador.

parietal (parietal), **1.** relativo o perteneciente a la pared externa de una cavidad u órgano. **2.** relativo o perteneciente al hueso parietal del cráneo o al lóbulo parietal del cerebro.

pari passu (pari passu), a la vez o en iguales proporciones.

parir (parturition), proceso de dar a luz.

parkinsoniano (parkinsonian) [James Parkinson, médico inglés, n. 1755], relativo o parecido a la enfermedad de Parkinson.

parkinsonismo (parkinsonism) [James Parkinson], trastorno neurológico caracterizado por temblor, rigidez muscular, hipocinesia, marcha torpe lenta, dificultad para masticar, tragar y hablar, provocado por diversas lesiones en el sistema motor extrapiramidal. Los signos y síntomas del parkinsonismo se parecen a los de la enfermedad de Parkinson idiopática, y pueden aparecer durante o después de una encefalitis aguda, así como en la sífilis, paludismo, poliomielitis e intoxicación por monóxido de carbono. El parkinsonismo aparece con frecuencia en los pacientes tratados con fármacos antipsicóticos.

paroniquia (paronychia), infección del pliegue cutáneo situado en el borde de la uña. El tratamiento consiste en la aplicación de compresas o baños calientes, antibióticos y, posiblemente, incisión quirúrgica y drenaje.

parooforitis (paroophoritis), **1.** inflamación del paroóforo. **2.** inflamación de los tejidos que rodean al ovario.

paroóforo (paroophoron), pequeño resto vestigial del mesonefros, constituido por algunos túbulos rudimentarios situados en el ligamento ancho entre el epoóforon y el útero. En el varón existe una estructura vestigial semejante, el conducto aberrante.

parosmia (parosmia), cualquier disfunción o alteración relacionada con el sentido del olfato.

parótico (parotid), cerca del oído.

parotidectomía (parotidectomy), extirpación quirúrgica de la glándula parótida.

parotiditis (parotitis), inflamación o infección de una o de ambas glándulas parótidas.

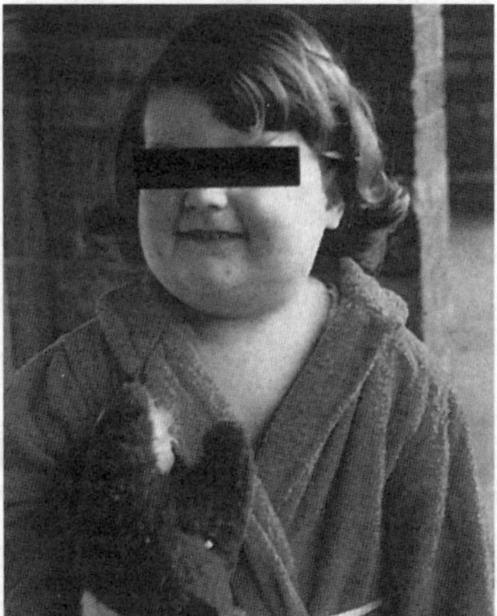

Parotiditis
(C. D. Forbes/W. F. Jackson, 1994)

parotiditis epidémica (epidemic parotitis), v. **paperas**.

parotiditis infecciosa (infectious parotitis), v. **paperas**.

parovárico (parovarian), perteneciente a los tejidos residuales presentes en la región próxima a las trompas de Falopio y al ovario.

parovario (parovarium), v. **epoóforo**.

paroxismo (paroxysm), **1.** aumento notable, habitualmente episódico, de los síntomas. **2.** convulsión, crisis, acceso o espasmo.

párpado (eyelid), pliegue móvil de la piel que cubre el ojo, con pestañas y glándulas ciliares y de meibomio en su borde. El músculo orbicular de los párpados y el nervio motor ocular común controlan la abertura y cierre del párpado.

parrilla de Amsler (Amsler grid), parrilla de exploración, formada por líneas negras horizontales y verticales que se cruzan, con una mancha negra en el centro. Para detectar un defecto en el campo visual, la persona se cubre o cierra un ojo y mira la mancha con el otro.

parrilla inmóvil (stationary grid), (en radiografía) parrilla de rayos X que no se mueve ni oscila durante la exposición de una placa radiográfica.

pars (pars), v. **parte**.

part. aeq. (part. aeq.), abreviatura de la expresión latina *partes aequales*, «a partes iguales».

parte (part), porción de una región mayor, como el cóndilo del hueso occipital.

parte de presentación (presenting part), la parte del feto situada más cerca del orificio interno del cuello uterino.

partenogénesis (parthenogenesis), tipo de reproducción asexual en la que un organismo se desarrolla a partir de un óvulo no fecundado, como sucede en muchos animales inferiores.

partera (obstetrix), v. **matrona**.

partes por millón (PPM, ppm) (parts per million [PPM, ppm]), proporción de la concentración de una sustancia con respecto a la concentración de otra, como una unidad de soluto disuelta en un millón de unidades de disolvente. Se puede expresar también en términos de peso-peso, volumen-volumen o en cualquier otra relación de unidades de medida.

partición gástrica (gastric partitioning), procedimiento quirúrgico en el que se cierra una parte del estómago, reduciendo así su volumen. Se emplea para el tratamiento de determinados casos de obesidad.

partícula alfa (alpha particle), partícula emitida por un átomo durante cierto tipo de desintegración radiactiva. Consta de dos protones y de dos neutrones, el equivalente a un núcleo de helio.

partícula beta (beta particle), electrón o positrón emitido desde el núcleo de un átomo durante la desintegración radiactiva del átomo. Las partículas beta tienen un alcance de 10 metros en el aire y 1 mm en tejidos blandos.

particulado (particulate), relativo a una partícula diminuta o fragmento de una sustancia o material.

parto (delivery), (en obstetricia) nacimiento de un niño.

parto abdominal (abdominal delivery), nacimiento de un niño a través de una incisión quirúrgica practicada en el abdomen. El método utilizado puede ser cualquiera de los diversos tipos de cesárea.

parto activo (active labor), desarrollo normal del proceso del parto, con contracciones uterinas, dilatación del cuello y descenso del feto al canal del parto.

parto anormal (abnormal labor), v. **distocia**.

parto artificial (artificial labor), parto inducido, como el provocado con fármacos o ayudas mecánicas.

parto complicado (complicated labor), todo parto complicado por una desviación del procedimiento normal.

parto con fórceps (forceps delivery), intervención obstétrica en la que se utilizan instrumentos para extraer al feto. Se realiza para solventar distocias o acelerar partos en los que existe sufrimiento fetal o, lo que es más frecuente, para acortar un parto normal. Algunos tipos de partos con fórceps son: **fórceps alto, fórceps bajo** y **fórceps medio**.

parto con padre como preparador (husband-coached childbirth), v. **método de Bradley**.

parto de feto muerto (stillbirth), nacimiento de un feto que murió antes o durante el parto.

parto de feto vivo (live birth), nacimiento de un lactante independientemente de la duración de la gestación, que muestre cualquier signo de vida, como respiración, latido cardíaco, pulso umbilical o movimientos de los músculos voluntarios.

parto de nalgas (breech birth), parto en el que el niño emerge primero por los pies, rodillas o nalgas. Se trata de un parto a menudo peligroso: el cuerpo puede salir fácilmente, pero la cabeza, que viene detrás, puede quedar atrapada por un cuello incompletamente dilatado, dado que las cabezas de los recién nacidos son habitualmente más grandes que sus cuerpos.

parto de nalgas asistido (assisted breech), operación obstétrica en la que se permite que una presentación podálica o de nalgas progrese espontáneamente hasta llegar al nivel umbilical, procediendo posteriormente a la extracción.

parto detenido (arrested labor), interrupción del proceso del parto que puede deberse a una obstrucción pélvica o a falta de contracciones uterinas.

parto espontáneo (spontaneous delivery), nacimiento vaginal que se produce sin la ayuda mecánica de fórceps obstétricos o de ventosas.

parto falso (false labor), v. **contracciones de Braxton Hicks**.

parto instrumental (instrumental labor), nacimiento de un niño para el cual es necesaria la utilización de instrumentos, como fórceps o perforadores.

parto precipitado (precipitate delivery), nacimiento que se produce a tal velocidad o en una situación tal que no se pueden hacer los preparativos habituales.

parto prematuro (premature labor), parto que se produce antes de lo normal, ya sea antes de que el feto haya alcanzado los 2.000 a 2.500 g o antes de la 37 a 38 semana de gestación. No existe una medida única del peso fetal o de la edad gestacional que se utilice universalmente con el fin de considerar un nacimiento como prematuro; la política local o institucional dictará cuáles de las distintas normas serán de aplicación.

parto pretérmino (preterm labor), v. **parto prematuro**.

parto prodrómico (prodromal labor), período inicial del parto antes de que las contracciones uterinas sean enérgicas y lo suficientemente frecuentes como para provocar la dilatación progresiva del cuello uterino.

parto repentino (emergency childbirth), nacimiento que se produce de forma accidental o precipitada, dentro o fuera del hospital, sin la adecuada preparación técnica ni obstétrica. Los signos y síntomas de un parto inminente son: pérdida sanguínea creciente, contracciones frecuentes y fuertes, deseo por parte de la madre de agacharse, como si tuviera ganas de defecar, abombamiento visible de la bolsa de aguas o coronación de la cabeza del niño en el introito vaginal.

parto seco (dry labor), *coloquial,* parto en el que ya ha salido el líquido amniótico.

parto verdadero (true labor), contracciones uterinas que generan un cambio del cuello uterino y el nacimiento de un niño.

parturienta (parturient), relativo a la mujer en el acto del parto.

parvovirus humano (PVH) (human parvovirus [HPV]), virión pequeño de cadena única de ADN que se ha asociado con diversas enfermedades, incluido el eritema infeccioso y las crisis aplásicas de las anemias hemolíticas crónicas.

PAS, PASA (PAS, PASA), abreviatura de **ácido paraaminosalicílico**.

pasador de oro laminar (foil passer), instrumento con punta o en tenedor para llevar bolitas de oro laminar a través de una llama templada o desde una bandeja templada a la cavidad dental ya preparada.

pasividad (passivity), estado mental de sumisión, dependencia o inactividad, como una forma de maladaptación.

pasivo (passive), relativo a una conducta que subordina los propios intereses del individuo a las necesidades de los demás.

paso en banda (bandpass), (en radiología) medida del número de veces por segundo que un haz de electrones se puede modular. Es un factor que influye en la resolución horizontal de un tubo de rayos catódicos.

pasta (paste), fórmula tópica semisólida que contiene un ingrediente farmacológicamente activo en una base grasa, en una base viscosa o mucilaginosa o en una mezcla de almidón y vaselina.

Pasteur, Louis (1822-1895) (Pasteur, Louis [1822-1895]), químico francés que propuso la «teoría germinal» de la infección y desarrolló el proceso de «pasteurización» para eliminar los organismos patógenos de la leche. Pasteur también desarrolló diversas vacunas y fue pionero en el desarrollo de la estereoquímica al separar los isómeros en imagen especular.

Pasteurella (Pasteurella) [Louis Pasteur, bacteriólogo francés, n. 1822], género de bacilos o cocobacilos gramnegativos, que abarca especies patógenas para el ser humano y para los animales domésticos. Las infecciones por *Pasteurella* pueden ser transmitidas al ser humano a través de mordiscos de animales.

pasteurización (pasteurization) [Louis Pasteur], proceso que consiste en la aplicación de calor, habitualmente a la leche o el queso, durante un período determinado de tiempo, con el fin de destruir o retrasar el desarrollo de las bacterias patógenas.

pastilla (lozenge), v. **trocisco**.

pastinaca (stingray), pez plano de cola larga (familia *Dasyatidae*), portador de una hilera de púas en su espalda que están conectadas con sacos de veneno. Si las púas rompen la piel se pueden producir espasmos de los músculos esqueléticos, dolor local intenso, convulsiones y disnea.

patelectomía (patellectomy), extirpación quirúrgica de la rótula.

paternal (paternal), relativo a la paternidad, característico del padre o relacionado con un padre.

paternidad alterada (parenting, altered), diagnóstico de enfermería, aprobado por la NANDA, sobre los cambios en las personas encargadas del cuidado para crear un entorno que favorezca el desarrollo y crecimiento óptimos de otro ser humano. Las características que lo definen son la ausencia observada de acciones que demuestren vinculación con el niño, desatención de las necesidades del niño, conducta de prestación de cuidados inadecuada, historia de malos tratos o de abandono del niño, quejas constantes sobre el sexo o el aspecto del niño, autovaloración verbal de la incapacidad para ejercer el papel de padre, expresiones de disgusto por las funciones corporales del niño, incapacidad para asistir a las citas de control sanitario del niño, actitudes disciplinarias incoherentes, crecimiento y desarrollo lentos del niño, y la necesidad evidente, para el padre, de recibir la aprobación de los demás.

paternidad planificada (planned parenthood), esquema filosófico central para el desarrollo de métodos anticonceptivos, asesoramiento anticonceptivo y programas y clínicas de planificación familiar. Los partidarios mantienen que cada mujer tiene derecho a decidir cuándo concebir y tener a sus hijos y que debe existir asistencia e información sobre anticonceptivos y ginecológica para ayudarla a quedarse embarazada o a evitar el embarazo.

patogenia (pathogenesis), fuente o causa de una enfermedad o trastorno.

patogenicidad (pathogenicity), relativo a la capacidad de un agente patógeno para producir una enfermedad.

patógeno (pathogen), todo microorganismo capaz de producir enfermedad.

patognomónico (pathognomonic), (signo o síntoma) específico de una enfermedad o trastorno, como las manchas de Koplik en la mucosa bucal y lingual, que indican sarampión.

patología (pathology), estudio de las características, causas y efectos de las enfermedades, tal y como se observan en la estructura y función del cuerpo. La **patología celular** es el estudio de los cambios celulares de la enfermedad. La **patología clínica** es el estudio de la enfermedad mediante la utilización de pruebas y métodos de laboratorio.

patológico (pathologic), relativo a un trastorno que está causado por o en el que interviene una enfermedad.

patomimesis (pathomimicry), v. **síndrome de Munchausen**.

patosis (pathosis), estado de enfermedad.

patrón capsular (capsular pattern), conjunto de limitaciones de los movimientos articulares que aparecen cuando la cápsula articular es una estructura limitante. Se produce exclusivamente en articulaciones sinoviales controladas por músculos.

patrón de alimentación infantil ineficaz (infant feeding pattern, ineffective), diagnóstico de enfermería, aprobado por la NANDA, acerca del estado en el cual un lactante es incapaz de succionar o de coordinar la respuesta entre succión y deglución. Entre las características que lo definen se encuentran la incapacidad para iniciar o mantener una succión eficaz y la incapacidad para coordinar succión, deglución y respiración. Como factores relacionados se encuentran la prematuridad, la insuficiencia o el retraso neurológicos, la hipersensibilidad oral, la falta de ingesta por boca durante bastante tiempo y las anomalías anatómicas.

patrón de flujo aéreo (airflow pattern), patrón de movimiento de los gases respiratorios a través del tracto respiratorio. El patrón se ve afectado por factores tales como la densidad y la viscosidad del gas.

patrón de inhibición refleja (PIR) (reflex inhibiting pattern [RIP]), serie consciente de acciones neuromusculares dirigidas a la inhibición de un reflejo natural, como ocurre en la supresión de un estornudo.

patrón de respiración ineficaz (breathing pattern, ineffective), diagnóstico de enfermería, aprobado por la NANDA, de un patrón de inhalación, de exhalación o de ambos que no permite el llenado o vaciado pulmonar adecuado. Entre las características que lo definen se incluyen la disnea, la taquipnea, el frémito, concentraciones anormales de gases arteriales, cianosis, tos, aleteo nasal, cambio en la profundidad de las respiraciones, respiración con los labios fruncidos o una fase espiratoria prolongada, aumento del diámetro anteroposterior del tórax, uso de los músculos accesorios de la respiración y alteración de la expansión de la pared torácica con la respiración.

pausa compensadora (compensatory pause), período entre latidos cardíacos mayor de lo normal. Este aumento del período refractario puede estar asociado a contracciones ventriculares prematuras. Dado que el estímulo está fuera de fase, éste interfiere con la secuencia habitual de excitabilidad y refractariedad, lo que produce un retraso antes de la contracción siguiente.

pausas apneicas (breath-holding), forma de apnea voluntaria realizada generalmente con la glotis cerrada. Aunque puede contenerse la respiración durante varios minutos, termina invariablemente al llegar a un punto que es independiente de la voluntad.

Pavlov, Ivan Petrovich (1849-1936) (Pavlov, Ivan Petrovich [1849-1936]), fisiólogo ruso que descubrió un modelo de aprendizaje reflejo condicionado a un estímulo, forma por la que el sistema nervioso controla la fisiología de la digestión, y una teoría de las causas y tratamiento de las neurosis humanas.

pavor (pavor), reacción ante un estímulo aterrador caracterizada por un miedo exagerado. Algunos tipos de pavor son: **pavor diurno** y **pavor nocturno**.

Pb (Pb), símbolo del **plomo**.

PBA (BAO), abreviatura de **producción basal ácida**.

PBI (PBI), abreviatura de yodo ligado a proteínas.

PBM (MAC), abreviatura de **perímetro braquial medio**.

p.c. (p.c.), abreviatura de la expresión latina *post cibum*, «después de la comida».

PC (PK), abreviatura de **psicocinesis**.

PC (PKA), abreviatura de **proteincinasa**.

PCI (IBW), abreviatura de peso corporal ideal.

PCO_2 (PCO_2), símbolo de **presión parcial de anhídrido carbónico**. V. **presión parcial**.

PCR (CRP), abreviatura de **proteína C reactiva**.

PCR (PCR), abreviatura de **reacción en cadena de la polimerasa**.

Pd (Pd), símbolo del **paladio**.

p.d. (p.d.), abreviatura de la expresión latina *per diem*, «por el día».

PE (EP), abreviatura de **potencial evocado**.

peca (freckle), mácula cutánea de color marrón que normalmente aparece tras la exposición a la luz del sol. Existe una tendencia hereditaria a tener pecas.

pecho (chest), v. **tórax**.

pectina (pectin), carbohidrato gelatinoso presente en las frutas y verduras carnosas que se utiliza como gelificante en mermeladas y jaleas y como emulsionante y estabilizante en muchos alimentos. También se añade a la dieta como agente inerte necesario para un adecuado funcionamiento GI.

pectíneo (pectineus), el más anterior de los cinco músculos femorales internos. Su función es la flexión, aducción y rotación interna del muslo.

pectoral (pectoral), perteneciente al tórax o al pecho.

pectoral mayor (pectoralis major), músculo grande de la región superior del tórax que actúa sobre la articulación del hombro. El pectoral mayor sirve para flexionar, aducir y rotar internamente el brazo a través de la articulación del hombro.

pectoral menor (pectoralis minor), músculo triangular delgado de la región superior del tórax, situado por debajo del pectoral mayor. Actúa rotando la escápula, traccionando de ella hacia abajo y hacia delante, y eleva la tercera, cuarta y quinta costillas en inspiración forzada.

pectoriloquia (pectoriloquy), fenómeno por el cual los sonidos vocales, y también el cuchicheo, son transmitidos claramente a través de las estructuras pulmonares, siendo claramente audibles a través del estetoscopio. Con frecuencia es un signo de consolidación pulmonar.

pectus excavatum (pectus excavatum), v. **tórax en embudo**.

pedagogía (pedagogy), arte y ciencia de enseñar a los niños, basada en la creencia de que el objetivo de la educación es la transmisión de conocimientos.

pedal (pedal), perteneciente al pie.

pederosis (pederosis), v. **pedofilia**.

pedes (pedes), v. **pedal**.

pediatra (pediatrician), médico especialista en pediatría.

pediatría (pediatrics), rama de la medicina que se ocupa del desarrollo y cuidado de los niños. Está especializada en las enfermedades particulares de los niños y en su tratamiento y prevención.

pediátrico (pediatric), relativo a la asistencia sanitaria primaria y preventiva, tratamiento de los niños y al estudio de las enfermedades infantiles.

pediculicida (pediculicide), fármaco que mata los piojos.

pedículo (pedicle), conducto, tallo o tubo estrecho de tejido unido a un tumor, colgajo cutáneo u órgano.

pediculosis (pediculosis), infestación por piojos hematófagos. La ***pediculosis capitis*** es la infestación del cuero cabelludo por piojos. La

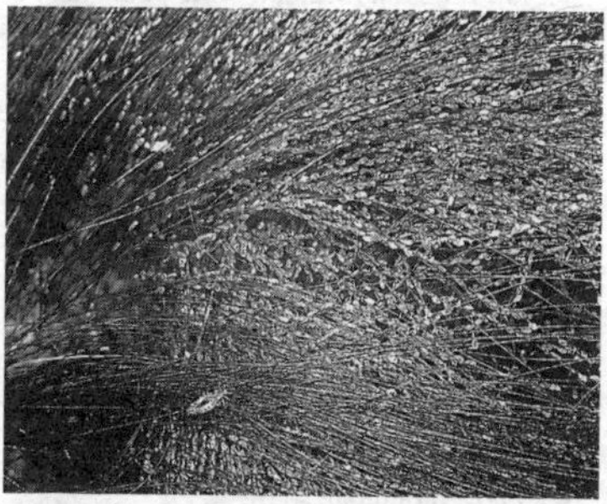

Pediculosis capitis
(A. du Vivier, 2.ª ed., 1995)

pediculosis palpebrarum es la infestación de los párpados y pestañas por piojos. La ***pediculosis pubis*** es la infestación del vello púbico por piojos. La infestación por piojos provoca un prurito intenso que con frecuencia origina excoriaciones en la piel e infecciones bacterianas secundarias.

Pediculus humanus capitis (Pediculus humanus capitis), especie de piojo de la cabeza.

Pediculus humanus corporis (Pediculus humanus corporis), especie de piojo corporal.

Pediculus pubis (Pediculus pubis), v. **ladilla**.

pedodoncia (pedodontics), campo de la odontología dedicado al diagnóstico y tratamiento de los problemas dentales que afectan a los niños.

pedofilia (pedophilia), **1.** interés anormal por los niños. **2.** (en psiquiatría) trastorno psicosexual en el que la fantasía o el hecho de mantener relaciones sexuales con niños en edad prepuberal es el medio preferido o exclusivo para conseguir excitación y satisfacción sexual.

pedogénesis (pedogenesis, paedogenesis), producción de descendencia por parte de las formas jóvenes o larvarias de los animales, con frecuencia mediante partenogénesis, como en ciertos anfibios.

pedunculado (pedunculated), relativo a una estructura con tallo o pedúnculo.

pedúnculo (peduncle), parte con forma de tallo que conecta con algo, como el pedúnculo pineal o un injerto pedunculado.

pedúnculo cerebeloso inferior (cerebellar inferior peduncle), banda de fibras nerviosas que forma el límite lateral de la parte inferior del cuarto ventrículo, y transporta las fibras aferentes hacia el cerebelo.

pedúnculo cerebeloso medio (cerebellar middle peduncle), prolongación lateral de las fibras nerviosas transversas del puente de Varolio. Está formado principalmente por las fibras que van de los núcleos del puente al neocerebelo.

pedúnculo cerebeloso superior (cerebellar superior peduncle), banda de fibras nerviosas que parten del cerebelo, a cualquiera de los dos lados del velo medular superior. Incluye las vías nerviosas que unen el núcleo dentado con el núcleo rojo del cerebro medio y con el tálamo.

pedúnculo cerebral (cerebral peduncle), par de masas cilíndricas de fibras nerviosas situado en el borde superior de la protuberancia, y que desaparecen en los hemisferios izquierdo y derecho. Incluye las fibras de los tractos corticopontino y piramidal.

pedúnculo epifisario (pineal peduncle), pedículo de la epífisis.

pedúnculo talámico (thalamic peduncle), grupo de fibras que unen el tálamo con el hipotálamo.

pedunculoso (pedunculus), cualquier estructura anatómica con forma de tallo o pedículo.

PEFN (NEEP), abreviatura de **presión espiratoria final negativa**.

PEFP (PEEP), abreviatura de **presión espiratoria final positiva**.

PEFP espontánea (PEFPe) (spontaneous PEEP [sPEEP]), sistema de respiración espontánea con presión espiratoria final.

PEG (SGA), abreviatura de **lactante pequeño para la edad gestacional**.

pelagra (pellagra), enfermedad producida por un déficit de niacina o triptófano o por un defecto metabólico que inaltera la conversión del precursor triptófano en niacina. Se caracteriza por dermatitis descamativa, especialmente de la piel expuesta al sol, glositis, inflamación de las mucosas, diarrea y trastornos mentales, como depresión, confusión, desorientación, alucinaciones y delirios. La **pelagra sin pelagra** y la **pelagra tifoidea** son dos tipos de pelagra.

película (film), **1.** hoja delgada de cualquier material, como el recubrimiento de aceite sobre una parte metálica. **2.** (en fotografía y radiología) capa delgada, flexible y transparente de acetato de celulosa o de material similar cubierta por una emulsión fotosensible, utilizada para registrar imágenes.

pellizco (pinch), compresión o apretón con el extremo del pulgar opuesto al extremo de uno o más dedos.

pellizcómetro (pinch meter), tipo de dinamómetro que mide la fuerza de un pellizco realizado con los dedos.

pelo (hair), filamento de queratina que contiene una raíz y un cuerpo formados en un folículo especializado de la epidermis. Existen tres fases de desarrollo en el pelo: **anágeno**, fase de crecimiento activo; **catágeno**, período breve entre las fases de crecimiento y reposo, y **telógeno**, fase de reposo antes de la caída. El pelo de la cabeza crece un promedio de 1 mm cada 3 días, mientras que el del cuerpo y las cejas lo hace a un ritmo mucho más lento.

peloteo (ballottement), técnica de palpación de un órgano o estructura flotante impulsándola suavemente y notando el rebote.

pelvifemoral (pelvifemoral), relativo o perteneciente a las estructuras de la articulación de la cadera, especialmente a los músculos y a la zona que rodea a la pelvis ósea y a la cabeza del fémur, que constituyen la cintura pélvica.

pelvimetría (pelvimetry), acto o proceso de determinar las dimensiones del canal óseo del parto. La **pelvimetría clínica** y la **pelvimetría con rayos X** son dos tipos de pelvimetría.

pelvimetría clínica (clinical pelvimetry), procedimiento utilizado para determinar el tamaño del canal del parto mediante la palpación vaginal sistemática de puntos óseos específicos en la pelvis y la determinación de las distancias entre ellos. Los hallazgos generalmente se denominan «adecuado», «limítrofe» o «inadecuado» más que en centímetros o pulgadas.

pelvimetría con rayos X (x-ray pelvimetry), exploración radiográfica utilizada para determinar las dimensiones de los huesos de la pelvis en una mujer embarazada y, si es posible, el diámetro biparietal de la cabeza del niño. Se realiza cuando existen dudas sobre el paso de la cabeza con seguridad a través de la pelvis durante el parto.

pelvímetro (pelvimeter), dispositivo para medir los diámetros y la capacidad de la pelvis.

pelvis (pelvis, *pl.* **pelves**), región inferior del tronco del cuerpo, formada por cuatro huesos, los dos huesos coxales que se sitúan lateral y ventralmente y el sacro y cóccix en la zona posterior. Se divide en la pelvis mayor o falsa y la pelvis menor o verdadera por un plano oblicuo que atraviesa el sacro y la sínfisis del pubis. La pelvis mayor es la porción situada por encima y delante del borde del estrecho superior de la pelvis. La pelvis menor se sitúa por debajo del borde del estrecho superior de la pelvis, y sus paredes óseas son más grandes que las de la pelvis mayor. Los estrechos superior e inferior de la pelvis tienen tres diámetros importantes, el anteroposterior, el oblicuo y el transverso.

pemolina (pemoline), estimulante del sistema nervioso central prescrito para el tratamiento de la disfunción cerebral mínima y para el trastorno por déficit de atención de los niños.

penacho (tuft), objeto que se parece a una borla, como un mechón de pelo.

penachos capilares (capillary tufting), trastorno en el que los capilares pulmonares se proyectan como penachos o pequeñas masas dentro de los alveolos.

pendular (pendulous), que cuelga libremente o que carece de la sujeción adecuada.

pene (penis), órgano reproductor externo del varón, homólogo al clítoris de la mujer. Está fijado por ligamentos a las partes anterior y laterales del arco púbico, y está constituido por tres masas cilíndricas de tejido cavernoso recubiertas de piel. Los cuerpos cavernosos del pene rodean a una masa interna llamada cuerpo esponjoso del pene, que contiene la mayor parte de la uretra.

penetración termoterapéutica (thermotherapeutic penetration), profundidad que probablemente alcanza el calentamiento a temperaturas terapéuticas.

penetrancia (penetrance), (en genética) factor variable que modifica los patrones fundamentales de la herencia. Es la periodicidad con la que un rasgo hereditario se manifiesta en la persona portadora del gen.

penetrar (penetrate), **1.** entrar o atravesar una barrera. **2.** relativo al grado en el que los rayos X atraviesan la materia.

pénfigo (pemphigus), enfermedad grave, poco frecuente, de la piel y de las mucosas, caracterizada por la presencia de ampollas de pared fina que aparecen en piel o mucosas aparentemente normales. Las ampollas se rompen con facilidad, dejando placas en carne viva. La persona pierde peso, se debilita y padece infecciones importantes.

penfigoide (pemphigoid), trastorno caracterizado por la presencia de ampollas semejantes al pénfigo, del que se distingue porque la pared de las ampollas es más gruesa y porque las ampollas surgen a partir de máculas eritematosas o de una lesión urticariforme. Las lesiones orales son poco frecuentes.

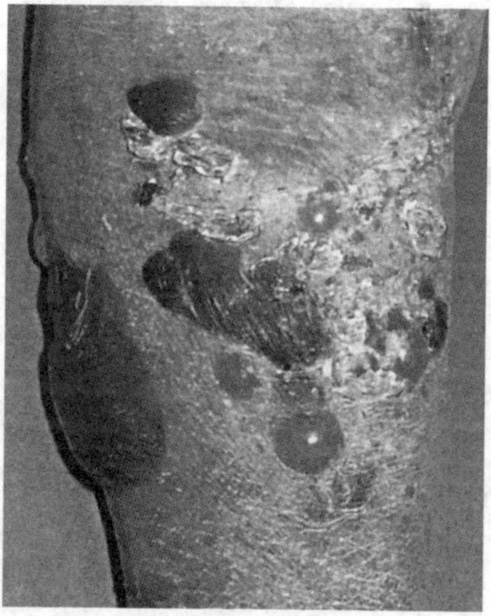

Penfigoide
(C. D. Forbes/W. F. Jackson, 1994)

penfigoide bulloso (bullous pemphigoid), trastorno caracterizado por erupciones crónicas de vesículas cutáneas en numerosas zonas del cuerpo.

penfluridol (penfluridol), fármaco antipsicótico, químicamente similar a la pimozida.

penicilamina (D-penicilamina) (penicillamine [D-penicillamine]), agente quelante. Se prescribe para que se una a los metales y los elimine de la sangre en el tratamiento de la intoxicación por metales pesados (especialmente por plomo), en la cistinuria y en la enfermedad de Wilson. Se prescribe también como paliativo en el tratamiento de la esclerosis y la artritis reumatoide cuando han fracasado otras medicaciones.

penicilina (penicillin), grupo de antibióticos obtenidos de cultivos de especies del hongo *Penicillium* o producidos semisintéticamente. Las penicilinas que se administran por vía oral o parenteral para el tratamiento de infecciones bacterianas ejercen su acción antimicrobiana inhibiendo la biosíntesis de los mucopéptidos de la pared celular durante la multiplicación activa de los organismos.

penicilina G benzatina (penicillin G benzathine), forma depot de acción prolongada de la penicilina. Se utiliza para el tratamiento de la faringitis por estreptococos β-hemolíticos del grupo A, del pioderma por estreptococos β-hemolíticos del grupo A y de las infecciones sifilíticas producidas fuera del sistema nervioso central. Se administra mediante inyección intramuscular profunda para conseguir concentraciones estables en plasma y para enlentecer la absorción sistémica a partir del depósito muscular durante un período que oscila entre 12 horas y varios días.

penicilina G potásica (penicillin G potassium), antibacteriano prescrito para el tratamiento de numerosas infecciones, como sífilis, fiebre reumática y glomerulonefritis.

penicilina resistente a la penicilinasa (penicillinase-resistant penicillin), penicilina semisintética obtenida del *Penicillium*, un género de moho. No son inactivadas por la enzima penicilinasa (una betalactamasa). Estos antibióticos resistentes se utilizan para el tratamiento de las infecciones producidas por organismos que elaboran dicha enzima.

penicilina V (penicillin V), antibacteriano prescrito para el tratamiento de infecciones sensibles.

penicilinasa (penicillinase), enzima elaborada por ciertas bacterias, entre ellas numerosas cepas de estafilococos, que inactiva la penicilina, favoreciendo así la resistencia al antibiótico. Existe un preparado purificado de penicilinasa que se utiliza para el tratamiento de las reacciones adversas a la penicilina.

peniciliosis (penicilliosis), infección pulmonar producida por hongos del género *Penicillium*.

Penicillium (Penicillium), género de hongos, algunas especies de las cuales han estado provisionalmente ligadas a enfermedades humanas. La penicilina G se obtiene a partir de *Penicillium chrysogenum* y de *P. notatum*.

penniforme (penniform), relativo o perteneciente a la forma de una pluma, especialmente la disposición de los fascículos musculares, que se correlacionan con el arco de movilidad y la potencia de los músculos.

pensamiento (thinking), **1.** proceso cognitivo de formar imágenes o conceptos mentales. **2.** proceso de resolución de los problemas cognitivos mediante la clasificación y organización de los hechos. Algunos tipos de pensamiento son: **pensamiento abstracto, pensamiento autista, pensamiento concreto, pensamiento mágico** y **pensamiento sincrético**.

pentadáctilo (pentadactyl), que tiene cinco dedos en cada mano, así como cinco dedos en cada pie.

pentamidina (pentamidine), antiprotozoario disponible solamente en los *Centers for Disease Control*. Se prescribe para el tratamiento de la tripanosomiasis y de la leishmaniasis, aunque, debido a su gran toxicidad, se suelen recetar otros fármacos.

pentaploide (pentaploid), v. **poliploide**.

pentavalente (pentavalent), **1.** radical o elemento químico que tiene una valencia cinco. **2.** cuerpo formado por la asociación de cinco cromosomas que se mantienen unidos por quiasmas en la primera división de la meiosis.

pentilenotetrazol (pentylenetetrazol), estimulante del sistema nervioso central prescrito como analéptico para estimular el centro respiratorio, vagal y vasomotor del cerebro, para contrarrestar los efectos de los depresores y para incrementar el flujo sanguíneo cerebral, especialmente en pacientes geriátricos.

pentobarbital (pentobarbital), sedante e hipnótico prescrito como sedante preoperatorio, para el tratamiento del insomnio y para el control de los trastornos convulsivos agudos.

pentosa (pentose), monosacárido constituido por moléculas de carbohidratos que contienen cinco átomos de carbono cada una de ellas. Es elaborado por el organismo y aumenta su concentración tras la ingesta de determinadas frutas, tales como las ciruelas y las cerezas, y en algunas enfermedades de carácter poco frecuente.

pentosuria (pentosuria), trastorno poco frecuente que se caracteriza por la presencia de pentosas en la orina. La pentosuria esencial o idiopática está producida por un error del metabolismo transmitido genéticamente.

pentoxifilina (pentoxifylline), fármaco oral prescrito para el tratamiento de la claudicación intermitente asociada a enfermedad arterial oclusiva crónica de una extremidad.

PEP (PWP), abreviatura de **presión de enclavamiento pulmonar**.

Peplau, Hildegard E. (Peplau, Hildegard E.), una de las pioneras en el desarrollo de la teoría de la enfermería y una de las que propuso en los años 50 el concepto de que la enfermería es un proceso interpersonal. Peplau escribió que la relación enfermero-paciente tiene lugar en fases durante las cuales el profesional de enfermería actúa como una fuente de recursos, un consejero y sustituto. Las cuatro fases del proceso fueron denominadas orientación, identificación, explotación y resolución.

PEPS (EPSP), abreviatura de potencial excitador postsináptico.

pepsina (pepsin), enzima segregada en el estómago que cataliza la hidrólisis de las proteínas. En algunas ocasiones se utilizan preparados de pepsina obtenidos del estómago de cerdo y de vaca como facilitadores de la digestión.

pepsinógeno (pepsinogen), sustancia cimogénica segregada por células principales del píloro y del estómago, que se convierte en la enzima pepsina en un medio ácido, como sucede en presencia del ácido clorhídrico producido por el estómago.

pepsinuria (pepsinuria), presencia de la enzima pepsina en la orina.

péptico (peptic), relativo o perteneciente a la digestión o a las enzimas y secreciones esenciales para la digestión.

peptidasa (peptidase), enzima proteolítica que fragmenta los péptidos en aminoácidos. Existe de forma natural en las plantas, levaduras, ciertos microorganismos y en los jugos digestivos.

péptido (peptide), cadena molecular constituida por dos o más aminoácidos unidos por enlaces peptídicos.

péptido C (C-peptide), residuo biológicamente inactivo de la síntesis de insulina en las células beta del páncreas.

peptona (peptone), derivado proteico, que se puede generar por hidrólisis de una proteína nativa mediante un ácido o una enzima.

pera de goma (bulb syringe), jeringa de punta roma flexible hecha habitualmente de goma o plástico. Las peras de goma se utilizan fundamentalmente para irrigar orificios externos, como el conducto auditivo.

peracéfalo (peracephalus, *pl.* **peracephali**), feto o individuo con la cabeza malformada.

perborato sódico (sodium perborate), antiséptico liberador de oxígeno ($NaBO_2.H_2O_2.3H_2O$) que se puede utilizar en el tratamiento de la gingivitis ulcerosa necrosante y en otras clases de inflamación gingival, así como para el blanqueado de dientes sin pulpa.

percentil (percentile), la centésima parte de una distribución estadística. Un percentil 80 indica que el 20% del número total de casos obtuvieron una puntuación superior y que el 80% obtuvieron una puntuación inferior en las características estudiadas.

percepción (perception), **1.** reconocimiento e interpretación conscientes de los estímulos sensitivos mediante asociaciones inconscientes, especialmente la memoria. **2.** resultado o producto final del hecho de percibir. Algunos tipos de percepción son: **percepción estereognóstica, percepción extrasensorial, percepción facial** y **percepción de la profundidad**.

percepción estereognósica (stereognostic perception), capacidad de reconocer objetos mediante el sentido del tacto.

percepción extrasensorial (PES) (extrasensory perception [ESP]), conocimiento alegado que se adquiere sin utilizar los sentidos físicos.

perceptividad (perceptivity), capacidad para recibir impresiones sensitivas.

perclorometano (perchloromethane), v. **tetracloruro de carbono**.

percolación (percolation), **1.** acto de filtrar cualquier líquido a través de un medio poroso. **2.** (en farmacología) eliminación de las partes solubles de un fármaco puro pasando un solvente líquido a través del mismo.

percusión (percussion), técnica de la exploración física utilizada para evaluar el tamaño, los bordes y la consistencia de algunos órganos internos y para descubrir la presencia y evaluar la cantidad de líquido en una cavidad corporal. La **percusión indirecta, mediata o digital** consiste en golpear con los dedos de una mano sobre un dedo de la otra mano mientras esta última se coloca sobre el órgano; la **percusión inmediata o directa** se refiere a la percusión realizada golpeando directamente con los dedos sobre la superficie corporal.

percusión y vibración (cupping and vibrating), procedimientos que facilitan la eliminación de moco y fluidos de los pulmones mediante el uso de las técnicas de enfermería clínica de percusión y vibración manual para desprender y movilizar las secreciones. La percusión se realiza de forma rítmica sobre los segmentos de los pulmones o bronquios afectados manteniendo ahuecadas las manos del profesional. La vibración se realiza colocando las manos sobre la región afectada y tensando y contrayendo los músculos de la mano, brazo y, principalmente, hombro, como si sufriese un escalofrío. Los movimientos se transmiten al tórax del paciente, lo que aumenta la velocidad y la turbulencia de aire espirado a nivel de los bronquios de pequeño calibre.

percusor (percussor), instrumento diagnóstico pequeño, en forma de martillo, con la cabeza de goma, que se utiliza para golpear suavemente el cuerpo en la percusión.

percutáneo (percutaneous), realizado a través de la piel, como una biopsia o la aspiración de líquido de un espacio situado bajo la piel utilizando una aguja, un catéter y una jeringa o la instilación de un líquido en una cavidad o espacio a través de un medio similar.

percutir (percuss), realizar percusión golpeando la pared torácica o abdominal, produciendo así vibraciones sonoras que facilitan el diagnóstico.

perfeccionismo (perfectionism), estado subjetivo en el que una persona persigue un grado elevado imposible de realizar y que, en muchos casos, exige de los demás los mismos niveles. El fracaso en la consecución de los objetivos genera sentimientos de derrota y otras consecuencias psicológicas adversas.

perfenacina (perphenazine), antipsicótico prescrito para el tratamiento de los trastornos psicóticos y para el control de las náuseas y vómitos graves en adultos.

perfil (profile), breve boceto, diagrama o resumen relacionado con una persona o cosa.

perfil de desarrollo neonatal (neonatal developmental profile), evaluación del estado de desarrollo de un neonato, basada en tres exploraciones: edad gestacional, exploración neurológica y Escala de valoración del comportamiento neonatal.

perfil de propensión (proneness profile), proceso de exploración selectiva que evalúa la probabilidad de que se produzcan problemas en el desarrollo durante los primeros años de la vida de un niño. Algunas de las variables del perfil de propensión que parecen ser importantes a la hora de seleccionar a los niños con riesgo son el estado de salud perinatal de la madre y del lactante, especialmente las complicaciones del embarazo, el parto, el período neonatal y el puerperio; las características de la madre; características del lactante, incluidas estado de alerta, patrón de actividad y grado de respuesta, y conductas del lactante y de su cuidador en su relación.

perfil de propensión a los ictus (stroke prone profile), índice pronóstico que utiliza un complejo de factores de riesgo que indican la susceptibilidad de una persona a accidentes cerebrovasculares (ACV). Estos factores son: edad avanzada, hipertensión, historia de episodios isquémicos transitorios, hábito de fumar cigarrillos, cardiopatías, embolismo asociado, historia familiar de ACV, utilización de anticonceptivos orales, diabetes mellitus, inactividad física, obesidad, hipercolesterolemia e hiperlipidemia.

perfloxacino (perfloxacin), antibiótico del tipo de las carboxifluoroquinolonas.

perfluorocarburos (perfluorocarbons), grupo de productos químicos con cierta capacidad para realizar la función de la hemoglobina en los hematíes, transportando el oxígeno por el sistema circulatorio. Pueden utilizarse en determinadas ocasiones como sustitutos de la sangre, independientemente del tipo de sangre del paciente.

perforación (perforation), orificio o abertura realizada a través de todo el grosor de una membrana o de otro tejido o material.

perforación del estómago o intestino (perforation of stomach or intestines), trastorno en el que la enfermedad o la lesión ha dado lugar a una fuga del contenido del tracto digestivo hacia la cavidad peritoneal. Son causas frecuentes la rotura del apéndice o la úlcera péptica perforada. Es necesaria una intervención quirúrgica inmediata para evitar la peritonitis.

perforación del útero (perforation of the uterus), punción accidental del útero, como puede suceder en un legrado o por un dispositivo anticonceptivo intrauterino.

perforación intestinal (intestinal perforation), escape del contenido del tubo digestivo hacia la cavidad peritoneal debido a un traumatismo o a un proceso patológico, como una rotura apendicular o una úlcera perforada. Es inevitable que se produzca una peritonitis.

perforado (perforate), (del ano) que tiene un orificio normal; que no está imperforado.

perforante (perforans), relativo a los nervios, músculos u otras estructuras anatómicas que penetran otras estructuras.

perforar (perforate), **1.** atravesar, taladrar, pinchar o cualquier otra forma de hacer un agujero. **2.** llenar de pequeños agujeros.

perfusión (perfusion), **1.** el paso de un líquido a través de un órgano o área determinada del cuerpo. **2.** medida terapéutica con la que se introduce un fármaco a través del torrente sanguíneo dirigido a una zona aislada del organismo.

perfusionista (perfusionist), profesional sanitario que interviene en la realización de procedimientos que implican circulación extracorpórea, como durante la cirugía a corazón abierto o en la hipotermia.

peri-lenguaje (circum-speech), (en psiquiatría) características conductuales asociadas a la conversación. Se incluyen el lenguaje corporal, el mantenimiento de un espacio personal entre individuos, los movimientos de las manos y de la cabeza y actividades laboriosas, como andar o hacer punto mientras se mantiene una conversación.

perianal (perianal), situado alrededor del ano.

periaórtico (periaortic), perteneciente a la región situada alrededor de la aorta.

periapendicular (periappendicular), relativo a la región situada alrededor del apéndice.

periapical (periapical), relativo o perteneciente a los tejidos que rodean el vértice de un diente, como la membrana periodontal y el hueso alveolar.

periarterial (periarterial), relativo a la región situada alrededor de una arteria.

periarteritis (periarteritis), trastorno inflamatorio de la capa externa de una o más arterias y del tejido que rodea al vaso. La **periarteritis nodosa** y la **periarteritis sifilítica** son dos tipos de periarteritis.

periarticular (periarticular), relativo a la región situada alrededor de una articulación.

peribronquiolar (peribronchiolar), relativo a la región situada alrededor de los bronquiolos.

pericárdico (pericardiac), **1.** relativo al pericardio. **2.** relativo a la región situada alrededor del corazón.

pericardio (pericardium, *pl.* **pericardia**), saco serofibroso que rodea el corazón y las raíces de los grandes vasos. Está constituido por el pericardio seroso y el pericardio fibroso. Entre las dos capas se encuentra el espacio pericárdico que contiene algunas gotas de líquido pericárdico, que lubrifica las superficies internas del espacio y permite que el corazón se mueva con facilidad durante la contracción. El pericardio fibroso, que forma la capa más externa y que está constituido por tejido fibroso blanco duro, revestido por la capa parietal del pericardio seroso, se ajusta laxamente al corazón, fijándose a los grandes vasos sanguíneos que surgen de la parte superior del mismo, pero no al corazón en sí.

pericardiocentesis (pericardiocentesis), procedimiento para extraer líquido del espacio pericárdico, entre las membranas serosas, mediante punción quirúrgica y aspiración del saco pericárdico.

pericarditis (pericarditis), inflamación del pericardio asociada a traumatismos, enfermedades neoplásicas malignas, infecciones, uremia, infarto de miocardio, enfermedades del colágeno o de causa idiopática. Se observan dos fases. La primera fase se caracteriza por fiebre, dolor torácico subesternal que se irradia al hombro o al cuello, disnea y tos seca y no productiva. En la exploración se observa pulso rápido y vigoroso, roce pericárdico por fricción y un latido cardíaco apagado en la punta. El paciente presenta ansiedad, cansancio y ortopnea progresiva. Durante la segunda fase, se desarrolla un derrame serofibrinoso en el pericardio, limitando la actividad cardíaca; los sonidos cardíacos se hacen más sordos, débiles y distantes a la auscultación. Se observa un abombamiento del tórax sobre la región precordial. Si el derrame es secundario a una infección bacteriana, aparecen también fiebre elevada, sudoración, escalofríos y postración.

pericarion (perikaryon), citoplasma de un cuerpo celular que rodea al núcleo y a cualquier prolongación; específicamente, el cuerpo celular de una neurona.

pericolangitis (pericholangitis), trastorno inflamatorio de los tejidos que rodean a los conductos biliares del hígado. La pericolangitis es una complicación de la colitis ulcerosa y se caracteriza por fiebre recurrente, escalofríos, ictericia y, posiblemente, hipertensión portal.

pericoronitis (pericoronitis), inflamación del pliegue gingival (tejido de la encía) que rodea la corona de un diente, habitualmente asociada a la erupción de un tercer molar.

periestomal (peristomal), perteneciente a la zona de piel que rodea un estoma u orificio creado quirúrgicamente en la pared abdominal.

periferia (periphery), **1.** partes o regiones próximas o situadas por fuera de un perímetro o limitación. **2.** las partes externas del cuerpo, como la piel o los miembros.

periférico (peripheral), relativo o perteneciente a la zona externa, superficial o que rodea a un órgano o a cualquier otra estructura.

perifolicular (perifollicular), relativo a la región que rodea al folículo.

perifoliculitis (perifolliculitis), inflamación del tejido que rodea al folículo piloso.

perilinfa (perilymph), líquido transparente que separa el laberinto óseo del laberinto membranoso en el oído interno.

perimetrio (perimetrium), membrana serosa que recubre el útero.

perímetro (perimeter), **1.** circunferencia, borde externo o periferia de un objeto. **2.** instrumento para medir los campos visuales. **3.** instrumento para medir la circunferencia de los dientes.

perímetro abdominal (abdominal girth), circunferencia del abdomen, que se suele medir a la altura del ombligo.

perímetro braquial medio (PBM) (midupper arm circumference [MAC]), indicador de la pérdida de masa muscular del brazo que se basa en la medida de la circunferencia del brazo en el punto medio situado entre el extremo del acromion de la escápula y el olécranon del cúbito.

perímetro muscular braquial medio (midarm muscle circumference), indicador de la pérdida de masa muscular del brazo que se calcula restando el pliegue cutáneo tricipital (PCT) del perímetro braquial medio (PBM).

perimisio externo (external perimysium), v. **epimisio**.

perinatal (perinatal), relativo o perteneciente al momento y al proceso del parto y del nacimiento.

perinatología (perinatology), rama de la medicina que se ocupa del estudio de la anatomía y fisiología de la madre y de su hijo no nacido y del recién nacido, y del diagnóstico y tratamiento de las enfermedades que aparecen durante la gestación, el parto y el puerperio.

perinatólogo (perinatologist), médico especializado en el ejercicio de la perinatología.

periné (perineum), parte del cuerpo situada por detrás del arco púbico y de los ligamentos arqueados, por delante del extremo del cóccix y a cada lado de las ramas inferiores del pubis, del isquion y de los ligamentos sacrociáticos mayores. El periné sostiene y rodea los segmentos distales de los aparatos urogenital y GI del organismo.

perineorrafia (perineorrhaphy), procedimiento quirúrgico en el que se repara mediante sutura una incisión, un desgarro o un defecto del periné.

perineotomía (perineotomy), incisión quirúrgica en el periné.

periodicidad (periodicity), tendencia de algunos sucesos o episodios a repetirse a intervalos predecibles, como la de las filarias, que aparecen en los vasos sanguíneos de la piel por la noche, pero no durante el día, y la de algunos tipos de paludismo, que causan paroxismos a intervalos de 24, 48 o 72 horas, dependiendo de la especie del patógeno.

periódico (periodic), (episodio o fenómeno) que vuelve a suceder a intervalos regulares o irregulares.

período (period), *no técnico*, menstruación.

período (stadium, *pl.* **stadia**), fase específica de una fiebre o enfermedad, como el acmé de una enfermedad febril o el período prodrómico de una infección vírica.

período crítico (critical period), período crítico durante una crisis de desarrollo o rehabilitación. Como ejemplo tenemos el breve período en el cual puede formarse un cigoto, o puede sobrevivir un paciente con un infarto de miocardio, o el momento en el que un embrión es más vulnerable a los efectos de los medicamentos que toma la madre.

período crítico del desarrollo (critical period of development), espacio de tiempo específico durante el cual el entorno ejerce su mayor impacto sobre el desarrollo del individuo.

período de eyección sistólico (systolic ejection period), período de tiempo consumido por la sístole por minuto.

período de fecundidad (childbearing period), período reproductivo de la vida de una mujer, desde la pubertad hasta la menopausia. Es el tiempo durante el cual la mujer está capacitada fisiológicamente para concebir un niño.

período de incubación (incubation period), **1.** tiempo entre la exposición a un organismo patógeno y el comienzo de los síntomas de la enfermedad. **2.** tiempo necesario para inducir el desarrollo del embrión a partir de un huevo o el desarrollo y la replicación de células tisulares o microorganismos en un medio de cultivo. **3.** tiempo de demora en la aparición de una reacción o proceso químico.

período de latencia (latency period), **1.** período que transcurre entre el contacto con el patógeno y el desarrollo de los síntomas. **2.** período que transcurre entre un estímulo y su respuesta. **3.** período que transcurre entre la infancia y la pubertad en el que no existe prácticamente interés por el sexo opuesto.

período de seguridad (safe period), v. **método de planificación familiar natural**.

período de Wenckebach (Wenckebach periodicity) [Karel F. Wenckebach, médico austriaco-holandés, n. 1864], forma de bloqueo auriculoventricular de segundo grado en el que existe una prolongación progresiva del intervalo PR, que finalmente termina con la aparición de una onda P no conductora.

período expulsivo del parto (expulsive stage of labor), segunda fase del parto durante la que las contracciones del útero materno se acompañan del reflejo de expulsión. Comienza tras la dilatación total del cuello y continúa con la expulsión completa del feto.

período fértil (fertile period), tiempo dentro del período menstrual durante el que se puede producir la fertilización. Los espermatozoides pueden sobrevivir de 48 a 72 horas; el óvulo 24 horas. Por tanto, el período fértil comienza 2-3 días antes de la ovulación y dura hasta 2-3 días después de ésta.

período gestacional (gestational period), tiempo transcurrido entre la concepción y el parto en los seres humanos. Es aproximadamente de 40 semanas.

período infectocontagioso (communicability period), período de tiempo durante el que es más probable que el contacto con un sujeto infectado produzca el contagio de la enfermedad.

período intraparto (intrapartal period), período que abarca el parto y el nacimiento.

período menstrual (menstrual period), eliminación periódica de sangre y restos celulares procedentes del útero.

período neonatal (neonatal period), intervalo entre el nacimiento y los 28 días de edad. Es el período en el que el lactante corre más riesgo.

período perinatal (perinatal period), período que se extiende, aproximadamente, desde la 28 semana de gestación hasta los 28 días después del nacimiento.

período placentario del parto (placental stage of labor), tercera etapa del parto en la que se expulsan del útero la placenta y las membranas tras el nacimiento del niño.

período refractario (refractory period), intervalo que sigue a la excitación de una neurona o a la contracción de un músculo durante el cual se produce la repolarización de la membrana celular.

período refractario eficaz (effective refractory period), período después de la emisión de un impulso durante el que la fibra puede responder, a nivel celular, al estímulo, aunque la respuesta no se propagará.

período supranormal (supernormal period), período al final de la fase 3 del ciclo cardíaco en el que puede iniciarse la activación con menos estímulo del necesario con la máxima repolarización.

período vulnerable (vulnerable period), período breve del ciclo cardíaco de las aurículas o de los ventrículos durante el cual la activación puede provocar taquicardia o fibrilación.

periodoncia (periodontics), rama de la odontología que se ocupa del diagnóstico, tratamiento y prevención de las enfermedades del periodontio.

periodontal (periodontal), relativo o perteneciente a la región que rodea a un diente, como el periodontio.

periodontista (periodontist), odontólogo especializado en periodoncia.

periodontitis (periodontitis), inflamación del periodontio, que afecta al ligamento periodontal, a las encías y al alveolo óseo.

periodontoclasia (periodontoclasia), pérdida de los dientes permanentes.

periodontosis (periodontosis), enfermedad poco frecuente que afecta a personas jóvenes, especialmente mujeres, y que se caracteriza por la destrucción idiopática del periodontio.

perioperatorio (perioperative), relativo al momento de la cirugía.

periórbita (periorbita), periostio de la órbita ocular. Se continúa con la duramadre y con la vaina del nervio óptico.

periorbitario (periorbital), perteneciente a la región que rodea la cavidad ocular.

periostio (periosteum), membrana fibrosa vascular que recubre los huesos, excepto en sus extremos. Está constituido por una capa externa de tejido rico en fibras colágenas que contiene algunas células grasas y por una capa interna de fibras elásticas finas. El periostio está perforado por nervios y vasos sanguíneos que inervan y nutren el hueso subyacente. La membrana es gruesa y está muy vascularizada sobre los huesos jóvenes y más fina y menos vascularizada en épocas posteriores de la vida.

periostitis (periostitis), inflamación del periostio. Está provocada por infecciones crónicas o agudas o por traumatismos, y se caracteriza por hipersensibilidad e inflamación del hueso afectado, dolor, fiebre y escalofríos.

peripatético (peripatetic), relativo a un paciente ambulatorio.

perirrectal (perirectal), relativo a la región que rodea al recto.

perisinusitis (perisinusitis), inflamación de las estructuras situadas alrededor de un seno.

peristalsis inversa (reverse peristalsis), peristalsis que impulsa el contenido en sentido contrario al normal.

peristaltismo (peristalsis), contracción coordinada, rítmica y en series de la musculatura lisa que obliga a los alimentos a avanzar por el tubo digestivo, a la bilis a través del conducto biliar y a la orina a circular por los uréteres.

peritoneo (peritoneum), membrana serosa extensa que cubre toda la pared abdominal del cuerpo y se refleja en las vísceras contenidas en él. Se divide en peritoneo parietal y peritoneo visceral. En el varón, el peritoneo es un saco membranoso cerrado. La superficie libre del peritoneo es mesotelio liso, lubrificado con un líquido seroso que permite a las vísceras deslizarse con facilidad contra la pared abdominal y entre ellas. El mesenterio del peritoneo se abre en abanico desde la membrana principal para sostener el intestino delgado. Otras partes del peritoneo son el mesocolon transverso, el epiplón mayor y el epiplón menor.

peritoneoscopia (peritoneoscopy), empleo de un endoscopio para inspeccionar el peritoneo a través de una incisión en la pared abdominal.

peritoneoscopio (peritoneoscope), v. **laparoscopio**.

peritoneostomía lumbar subaracnoidea (lumbar subarachnoid peritoneostomy), técnica quirúrgica para drenar líquido cefalorraquídeo en la hidrocefalia, que se realiza normalmente en el neonato. Primero se realiza una laminectomía lumbar y después se pasa un tubo de polietileno desde el espacio subaracnoideo, por el flanco hacia el peritoneo.

peritonitis (peritonitis), inflamación del peritoneo producida por bacterias o sustancias irritantes introducidas en la cavidad abdominal por una herida penetrante o por la perforación de un órgano del aparato digestivo o del aparato reproductor. La peritonitis está producida, sobre todo, por perforación del apéndice vermiforme, aunque también aparece tras la perforación de divertículos intestinales, úlceras pépticas, vesículas biliares gangrenadas, obstrucciones gangrenosas del intestino delgado o hernias incarceradas, así como también tras la rotura del bazo, hígado, quistes ováricos o de la trompa de Falopio, especialmente en el embarazo ectópico. Los signos y síntomas característicos de la peritonitis son distensión abdominal, rigidez y dolor, dolor a la descompresión, disminución o ausencia de los ruidos intestinales, náuseas, vómitos y taquicardia. El paciente tiene escalofríos y fiebre, la respiración es rápida y superficial, presenta ansiedad, deshidratación e imposibilidad para defecar, experimentan en ocasiones vómitos de materia fecal. Es habitual encontrar leucocitosis, desequilibrios electrolíticos e hipovolemia, que en ocasiones evolucionan hasta el shock y la insuficiencia cardíaca.

peritonsilar (peritonsillar), relativo a la región que rodea a las amígdalas.

periumbilical (periumbilical), relativo a la región que rodea al ombligo.

periungueal (periungual), relativo o perteneciente a la zona que rodea las uñas de los dedos de las manos y de los pies.

perivertebral (perivertebral), relativo a la región que rodea una vértebra.

perivitelino (perivitelline), alrededor de la masa vitelina o yema.

perla (perle), cápsula blanda llena de medicamento.

perlas de Epstein (Epstein pearls) [Alois Epstein, médico checoslovaco, n. 1849], quistes epiteliales pequeños blancos, perlados, que aparecen a ambos lados de la línea media del paladar duro del neonato.

perlèche (perlèche), v. **queilosis**.

perlingual (perlingual), relativo a la administración de fármacos a través de la lengua, que absorbe sustancias por su superficie.

permanencia de un objeto (object permanence), capacidad para percibir que algo existe incluso cuando no se ve.

permeabilidad (permeability), grado en el que una sustancia permite a otra pasar a través de ella. La permeabilidad **capilar** y **magnética** son dos tipos de permeabilidad.

permeable (patent), que está abierto y no bloqueado, como la vía aérea permeable o un ano permeable.

permetrina (permethrin), pediculicida tópico utilizado para el tratamiento de los piojos y de las liendres de la cabeza.

pernicioso (pernicious), potencialmente lesivo, destructivo o mortal a menos que se trate, como la anemia perniciosa.

pernio (pernio), v. **sabañón**.

perobraquio (perobrachius), feto o individuo con los brazos deformados.

perocormo (perocormus), v. **perosomo**.

perodactilia (perodactyly), anomalía congénita caracterizada por una deformidad de los dedos, principalmente la ausencia completa o parcial de uno o más dedos de las manos o de los pies.

perodáctilo (perodactylus), feto o individuo con una deformidad de los dedos de las manos o de los pies, especialmente con ausencia de uno o más dedos.

peromelia (peromelia), anomalía congénita caracterizada por la malformación de una o más extremidades.

peroné (fibula), hueso de la pierna, situado por fuera de la tibia y de menor tamaño que ésta. En proporción a su longitud, es el más estilizado de los huesos largos.

peroneo (fibular), perteneciente al peroné.

peroneo lateral corto (peroneus brevis), el más pequeño de los dos músculos laterales de la pierna, situado por debajo del peroneo lateral largo. Su acción consiste en la pronación y flexión plantar del pie.

peroneo lateral largo (peroneus longus), el más superficial de los dos músculos laterales de la pierna. Produce la pronación y flexión plantar del pie.

peronia (peronia), malformación congénita o anomalía del desarrollo.

peropus (peropus), feto o individuo con pies malformados, que se asocia con frecuencia a algún defecto de las piernas.

peróquiro (perochirus), feto o individuo con las manos malformadas.

perosomo (perosomus), feto o individuo cuyo cuerpo, especialmente el tronco, presenta graves malformaciones.

perosplacnia (perosplanchnia), anomalía congénita caracterizada por la malformación de las vísceras.

peróxido (peroxide), v. **peróxido de hidrógeno**.

peróxido de benzoilo (benzoyl peroxide), un agente secante, antibacteriano y queratolítico prescrito para el tratamiento del acné.

peróxido de carbamida (carbamide peroxide), agente tópico desinfectante y ceruminolítico prescrito para el tratamiento de las aftas dolorosas y de otros procesos inflamatorios menores de las encías y de la boca, y para reblandecer la cera impactada en los oídos.

peróxido de hidrógeno (hydrogen peroxide), desinfectante tópico prescrito para limpiar heridas abiertas, como colutorio y para ayudar a extraer el cerumen del oído externo.

perro lazarillo (guide dog), perro entrenado para ayudar a la movilidad de una persona ciega. Los perros lazarillos se reclutan normalmente entre ciertas razas compatibles y se prueban a la edad de 13 semanas. Si se consideran cualificados, el perro es entrenado especialmente por particulares durante un año y vuelto a probar. La mayoría de los perros seleccionados para el entrenamiento supera la prueba final. Los perros lazarillos pueden también ser entrenados para servir como «oídos» para los sordos.

perseveración (perseveration), persistencia involuntaria y patológica de una idea o respuesta.

persona (persona, *pl.* **personae**), (en psicología analítica) personalidad aparente o papel que una persona adopta y presenta al mundo exterior para satisfacer las exigencias del entorno o de la sociedad, o bien como expresión de algún conflicto intrapsíquico.

persona año (person year), medida estadística que representa a una persona con riesgo de desarrollar una enfermedad durante un período de 1 año.

personalidad (personality), **1.** conjunto de rasgos conductuales y actitudes mediante las que una persona es reconocida como un individuo. **2.** patrón de comportamiento que desarrolla cada persona, tanto de forma consciente como inconsciente, como medio para adaptarse a un entorno particular y a sus normas culturales, étnicas, nacionales y provinciales.

personalidad adictiva (addictive personality), personalidad marcada por rasgos propios del uso compulsivo y habitual de una sustancia o una práctica para superar el dolor psíquico generado por un conflicto determinado o por la ansiedad.

personalidad agresiva (aggresive personality), personalidad cuyos patrones de conducta se caracterizan por irritabilidad, accesos de cólera, violencia o capacidad destructiva en respuesta a las frustraciones.

personalidad antisocial (antisocial personality), tipo de personalidad caracterizada por unas actitudes y una conducta claramente contraria a las costumbres, convenciones y principios morales aceptados por la sociedad.

personalidad asténica (asthenic personality), personalidad que se caracteriza por una baja energía, por pérdida de entusiasmo y por un exceso de sensibilidad frente a las situaciones de tensión física y emocional.

personalidad autoritaria (authoritarian personality), conjunto de rasgos de conducta que son característicos de quien aconseja obediencia y una adherencia estricta a las normas.

personalidad ciclotímica (cyclothymic personality), personalidad caracterizada por oscilaciones extremas del estado de ánimo, desde el júbilo a la depresión.

personalidad compulsiva (compulsive personality), tipo de estructura del carácter en la que existe un patrón de adhesión crónico y obsesivo a modelos rígidos de conducta. Es frecuente que la personalidad compulsiva siga modelos repetitivos de conducta, como castañetear los dedos, cruzar las piernas, rechazar el andar sobre las grietas de una acera.

personalidad de evitación (avoidant personality), trastorno de la personalidad caracterizado por una hipersensibilidad frente al rechazo, así como por una reticencia a iniciar cualquier relación, por miedo a no ser aceptado sin reservas.

personalidad de tipo A (type A personality), patrón de conducta que se asocia a individuos muy competitivos y que trabajan compulsivamente para conseguir sus objetivos. Esta conducta se asocia con una incidencia mayor de lo normal de cardiopatía coronaria.

personalidad de tipo B (type B personality), forma de conducta que se asocia a personas sin hostilidad ni agresión y que carecen de compulsión para lograr sus objetivos, no son muy competitivos en el trabajo ni en el juego y tienen un riesgo bajo de ataques cardíacos.

personalidad de tipo E (type E personality), término utilizado para describir mujeres profesionales que no encajan ni en el tipo A ni en el tipo B de las categorías de personalidad, pero que tienen un marcado sentido de inseguridad y se esfuerzan en convencerse a sí mismas de que su actividad vale la pena.

personalidad dependiente (dependent personality), conducta caracterizada por una necesidad excesiva o compulsiva de atención, aceptación o aprobación por parte de otras personas, para mantener su seguridad y autoestima.

personalidad dual (dual personality), v. **doble personalidad**.

personalidad esquizoide (schizoid personality), la de una persona mentalmente normal pero mal adaptada, cuya conducta se caracteriza por timidez exagerada, hipersensibilidad, introversión, tendencia a vivir aislada y a evitar relaciones interpersonales estrechas.

personalidad explosiva (explosive personality), conducta caracterizada por episodios de ira incontrolada y agresividad física en respuesta a factores de tensión mínimos.

personalidad extrovertida (extroverted personality), persona que se dirige en gran medida a la gente de fuera y eso sucede con más frecuencia que las experiencias subjetivas del mundo interior.

personalidad histriónica (histrionic personality), personalidad caracterizada por patrones y actitudes conductuales hiperreactivos, emocionalmente inestables, dramáticas y egocéntricas, exhibidas como un medio de atraer la atención, consciente o inconscientemente.

personalidad inadecuada (inadecuate personality), personalidad caracterizada por la falta de fuerza vital, inmadurez emocional, inestabilidad social, escaso juicio, escasa motivación, ineptitud (especialmente para las relaciones interpersonales) e incapacidad para adaptarse o reaccionar de forma eficaz a situaciones nuevas o de tensión.

personalidad introvertida (introverted personality), personalidad preocupada por sus pensamientos y fantasías interiores en lugar de hacerlo por el mundo exterior de personas y cosas.

personalidad limítrofe (borderline personality), personalidad que resulta difícil de clasificar porque presenta a la vez características de una personalidad normal y anormal. La personalidad límite, por ejemplo, puede presentar un estado de humor estable constante, aunque también puede cambiar de repente al de una personalidad irritante, impulsiva y antisocial.

personalidad múltiple (multiple personality), trastorno en el que está fragmentada la organización de la personalidad. Se caracteriza por la presencia de dos o más subpersonalidades.

personalidad narcisista (narcissistic personality), personalidad caracterizada por comportamientos o actitudes que indican un amor anormal a uno mismo.

personalidad neurótica (neurotic personality), personalidad caracterizada por ciertos rasgos o tendencias que aumentan la probabilidad de padecer un comportamiento neurótico específico. Por ejemplo, una persona metódica, cuidadosa y meticulosa puede desarrollar una enfermedad obsesivo-compulsiva.

personalidad paranoide (paranoid personality), personalidad caracterizada por paranoia.

personalidad pasiva-agresiva (passive-aggressive personality), personalidad caracterizada por pasividad y agresividad, en la que las acciones o actitudes de fuerza son expresadas de forma indirecta y no violenta, como poniendo mala cara, con obstruccionismo, dilación, ineficacia, testarudez y descuido.

personalidad pasiva-dependiente (passive-dependent personality), personalidad caracterizada por desamparo, indecisión y tendencia a no separarse de alguien y a buscar apoyo en los demás.

personalidad premórbida (premorbid personality), personalidad caracterizada por signos o síntomas precoces de un trastorno mental. Los defectos específicos pueden indicar si el trastorno progresará hacia una esquizofrenia, un trastorno bipolar o cualquier otro tipo de enfermedad.

personalidad psicopática (psychopathic personality), v. **personalidad antisocial**.

personalidad sexualmente desviada (sexually deviant personality), comportamiento sexual que se diferencia significativamente de lo considerado normal por la sociedad.

personalidad sociopática (sociopathic personality), v. **personalidad antisocial**.

personificación falsa (false personification), (en psiquiatría) calificación y juicio previo de los demás, sin impresiones que validen estos datos.

perspectiva culturalmente relativista (culturally relativistic perspective), capacidad para entender la conducta de pacientes transculturales (aquellos que se desplazan de una cultura a otra) dentro del contexto de su propia cultura.

perspiración (perspiration), **1.** hecho o proceso de transpirar; excreción de líquido por las glándulas sudoríparas a través de los poros de la piel. **2.** líquido excretado por las glándulas sudoríparas. Está compuesto por agua, cloruro sódico, fosfato, urea, amoniaco y otros productos de desecho. La transpiración actúa como mecanismo excretor y regulador de la temperatura corporal. La perspiración insensible y la perspiración sensible son dos tipos de perspiración.

perspiración insensible (insensible perspiration), pequeña cantidad de perspiración que excretan continuamente las glándulas sudoríparas de la piel, y que se evapora antes de poderse observar.

perspirar (perspire), sudar o excretar sudor.

perturbación (perturbation), causa o estado de alteración, trastorno o confusión.

pertussis (pertussis), v. **tos ferina**.

perversión (perversion), **1.** cualquier desviación de lo que se considera normal o natural. **2.** acto de provocar un cambio en lo que es normal o natural. **3.** *informal,* (en psiquiatría) grupo de prácticas sexuales que se desvían de lo que se considera una conducta normal en el adulto.

pervertido (pervert), **1.** *informal,* persona que obtiene placer sexual a través de estímulos considerados de forma prácticamente universal como antinaturales, como el fetichismo y el sadomasoquismo; parafílico. **2.** individuo cuya conducta sexual se aparta de las normas sociales o estadísticas, pero que no es necesariamente patológica.

pes (pes, *pl.* **pedes**), pie o estructura en forma de pie.

PES (ESP), abreviatura de **percepción extrasensorial**.

PES (SEP), abreviatura de **potencial evocado somatosensorial**.

PES (SPE), abreviatura de **poliéster de sacarosa**.

pesadilla (nightmare), ensueño que se produce en la fase de movimientos oculares rápidos del sueño, con sentimientos de intenso miedo, terror, angustia o ansiedad extrema, y que normalmente despierta al durmiente.

pesario (pessary), dispositivo que se introduce en la vagina para el tratamiento del prolapso uterino, la retroversión uterina o la incompetencia cervical. Se utiliza para el tratamiento de mujeres cuya edad avanzada o mal estado general impiden llevar a cabo los procedimientos necesarios para la reparación quirúrgica. Los pesarios también se utilizan en mujeres más jóvenes para valorar la retroversión uterina sintomática. El **pesario anular** es un anillo de goma flexible permanentemente inflado que se introduce para sujetar el útero mediante el bloqueo del canal vaginal. El **pesario diafragma** es un diafragma anticonceptivo utilizado como soporte uterovaginal. El **pesario celular** es un cubo de goma blando; en cada cara del cubo hay una depresión cónica que actúa como una copa de succión cuando el pesario se sitúa en la vagina. El **pesario de tallo** es un cilindro delgado curvo que se sitúa en el interior del canal cervical para situar el útero en posición. Rara vez se utiliza en la actualidad. El **pesario de Gellhorn** es un dispositivo no flexible hecho de Lucite en forma de un gran botón de camisa. Tiene un canal que atraviesa el pedículo que permite el drenaje de las secreciones vaginales. El **pesario hinchable** consiste en un anillo de goma que se puede deshinchar al que se fija un tallo flexible que contiene una válvula de goma. El pesario se introduce desinflado, se hincha con una pera similar a la del esfigmomanómetro, desinflándose de nuevo para su retirada. El **pesario de Smith-Hodge** es un alambre de forma rectangular recubierto de goma o de vinilo que se sitúa entre el pubis y el fondo de saco vaginal posterior, sujetando el útero y manteniendo el cuello en una posición posterior.

pesimismo (pessimism), inclinación a esperar los peores resultados posibles de una acción o situación, o a resaltar las condiciones desfavorables, incluso cuando es razonable esperar progresos o ganancias.

peso (weight), fuerza ejercida sobre un cuerpo por la gravedad de la tierra. En ocasiones el peso se mide en unidades de fuerza, como newtons o poundals, aunque habitualmente se expresa en kilogramos o libras, puesto que se trata de una masa.

peso al nacimiento (birth weight), la medida del peso de un bebé al nacer, que es habitualmente de unos 3.500 g. En Estados Unidos, el 97% de los recién nacidos pesa entre 2.500 g y 4.500 g.

peso atómico (A) (atomic weight [A]), masa relativa media de un átomo, basada en la masa del isótopo del carbono 12.

peso de los boticarios (apothecaries' weight), sistema de graduación de cantidades ordenado en función del peso y basado en el grano, que inicialmente correspondía al peso de un grano de trigo, pero que en la actualidad se ha convenido en igualarlo a 65 mg; 20 granos equivalen a un escrúpulo, 3 escrúpulos equivalen a 1 dracma, 8 dracmas equivalen a 1 onza y 12 onzas equivalen a 1 libra.

peso equivalente (equivalent weight), **1.** peso de un elemento en una unidad dada (tal como gramos) que desplaza, se combina con o sustituye a una unidad de peso de hidrógeno de un compuesto. **2.** peso de un ácido o una base que produce o reacciona con 1.008 gramos del ion hidrógeno. **3.** peso de un agente oxidante o reductor que acepta o rechaza un electrón en una reacción química.

peso equivalente en gramos (gEq) (gram-equivalent weight [gEq]), peso equivalente de una sustancia calculado como los gramos de masa que contiene, reemplaza o reacciona (directa o indirectamente) con el número de Avogadro de átomos de hidrógeno.

peso molecular (molecular weight), suma de los pesos atómicos de los átomos de una molécula.

peso molecular en gramos (gmEq) (gram-molecular weight [gmW]), cantidad de gramos equivalente al peso molecular de una sustancia o a la suma de todos los pesos atómicos de su fórmula molecular.

pesos y medidas (weights and measures), sistema que establece unidades o porciones sobre la cantidad de las sustancias, incluyendo las relativas a masa o volumen.

pestaña (eyelash), uno de los muchos cilios, en filas dobles o triples, que discurren por el borde de los párpados, delante de las glándulas ciliares que se encuentran delante de una fila de glándulas de meibomio.

peste (plague), enfermedad infecciosa transmitida por la picadura de una pulga de un roedor infectado por el bacilo *Yersinia pestis*. La peste es fundamentalmente una enfermedad infecciosa de las ratas: las pulgas de la rata se alimentan del ser humano solamente cuando sus huéspedes roedores preferidos, habitualmente ratas, han resultado eliminadas por la peste en una epizootia de ratas. Algunos tipos de peste son: **peste bubónica, peste neumónica** y **peste septicémica**.

peste bubónica (bubonic plague), la forma más común de peste, caracterizada por la presencia de bubones dolorosos en la axila, ingle o cuello, fiebre que a menudo alcanza los 41 °C, postración con pulso fino y rápido, hipotensión, delirio y hemorragia cutánea por rotura de los vasos superficiales. Los síntomas están causados por una endotoxina liberada por un bacilo, *Yersinia pestis*, habitualmente introducido en el cuerpo por la picadura de una pulga de rata que ha mordido a una rata infectada. La inoculación de la vacuna contra la peste confiere una inmunidad parcial; la infección confiere inmunidad durante toda la vida. Ciertas condiciones favorecen una epidemia de peste, como una gran población de roedores infectados que convive con una población no inmune en un clima húmedo y templado.

peste hemorrágica (hemorrhagic plague), forma grave de peste bubónica en la que aparecen hemorragias subcutáneas.

peste negra (Black Death), *informal*, peste bubónica, especialmente la epidémica del siglo XIV que causó la muerte de alrededor de 25.000.000 de personas en Europa. V. **peste bubónica**.

peste neumónica (pneumonic plague), forma muy virulenta y rápidamente mortal de peste caracterizada por bronconeumonía. Existen dos formas: **peste neumónica primaria** que se debe a la afectación de los pulmones en el curso de la **peste bubónica; y peste neumónica secundaria,** debida a la inhalación de partículas de esputo infectadas procedentes de una persona que padece peste neumónica.

peste selvática (sylvatic plague), enfermedad endémica de roedores salvajes provocada por *Yersinia pestis* y transmisible a los seres humanos por la picadura de una pulga infectada. Se encuentra en todos los continentes, excepto en Australia.

peste septicémica (septicemic plague), forma rápidamente mortal de la peste bubónica en la cual se produce septicemia y meningitis antes de que hayan podido formarse los bubones.

pestilencia (pestilence), toda epidemia de enfermedad virulenta infecciosa o contagiosa.

petequia (petechiae, *sing*. **petechia**), manchas diminutas de color violáceo o rojo que aparecen en la piel como consecuencia de mínimas hemorragias en la dermis o en la submucosa.

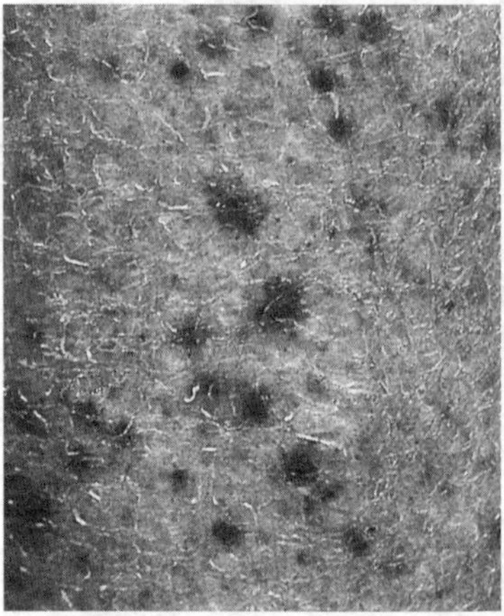

Petequias
(A. du Vivier, 2.ª ed., 1995)

petidina (pethidine), v. **clorhidrato de meperidina**.

pétreo (petrous), parecido a la piedra o a la roca.

petrificación (petrification), proceso de calcificación o de conversión en una sustancia similar a la piedra.

pétrissage (pétrissage), técnica de masaje en la que la piel se levanta y presiona suavemente. El pétrissage favorece la circulación y relaja los músculos.

PEV (VEP), abreviatura de **potencial evocado visual**.

peyote (peyote), **1.** cactus del que se obtiene un fármaco alucinógeno, la mescalina. **2.** mescalina.

pezón (nipple), pequeña estructura cilíndrica pigmentada que se proyecta justo por debajo del centro de la mama. El extremo del pezón tiene aproximadamente 20 finos orificios en los que desembocan los conductos galactóforos. La piel del pezón está rodeada por la piel menos pigmentada de la aréola. La estimulación del pezón, tanto en el hombre como en la mujer, provoca su erección, al contraerse los haces musculares radiales de la areola circundante.

pF (pF), abreviatura de picofaradio.

PFH (LFT), abreviatura de **prueba de función hepática**.

PFP (PFT), abreviatura de **prueba de función pulmonar**.

PG (PG), abreviatura de **prostaglandina**.

PGI_2 (PGI_2), abreviatura de **prostaciclina**.

pH (pH), abreviatura de potencial de hidrógeno, escala que representa la acidez relativa (o alcalinidad) de una solución, en la que un valor de 7,0 es neutro, por debajo de 7,0 es ácido y por encima de 7.0 es alcalino. El valor numérico del pH es igual al logaritmo negativo de la concentración de hidrogeniones expresada en moles por litro.

Ph. (Ph.), símbolo de **fenil**.

Ph^1 (Ph^1), símbolo del **cromosoma Filadelfia**.

PHA (PHA), abreviatura de **ácido paraaminohipúrico**.

pH arterial (arterial pH), concentración de los iones de hidrógeno de la sangre arterial, cuyos valores oscilan en condiciones normales entre 7,35 y 7,45. Esta cifra representa una relación de 20:1 entre los iones de bicarbonato y el dióxido de carbono disuelto en la sangre.

pH sanguíneo (blood pH), concentración de hidrogeniones en la sangre, o medida de su acidez o alcalinidad. Los valores de pH normal de sangre arterial total oscilan entre 7,38 y 7,44; de sangre venosa total, entre 7,36 y 7,41; de suero o plasma venosos, entre 7,35 y 7,45.

pH urinario (urine pH), concentración de hidrogeniones en la orina, o medida de su acidez o alcalinidad. Los valores normales del pH de la orina oscilan entre 4,6 y 8,0.

PHE (EBP), abreviatura de **parche hemático epidural**.

PHT (PTH), abreviatura de **hormona paratiroidea**.

Phthirus (Phthirus), género de piojos hematófagos en el que está incluida la especie *Phthirus pubis*, el piojo del pubis o ladilla.

PI (PI), abreviatura de la Farmacopea Internacional.

pia (pia), abreviatura de **piamadre**.

piaaracnoideo (piaarachnoid), perteneciente tanto a la meninge piamadre como a la aracnoides, que envuelven el encéfalo y la médula espinal.

piamadre (pia mater), la más interna de las tres meninges que cubren el encéfalo y la médula espinal. Está íntimamente unida a ambas estructuras y contiene un rico aporte de vasos sanguíneos, que nutren al sistema nervioso. La piamadre craneal cubre la superficie del cerebro y penetra en profundidad en las cisuras y en los surcos de los hemisferios cerebrales. La piamadre medular es más gruesa, más firme y menos vascularizada que la piamadre craneal.

pian (pian), v. **yaws**.

pian del bosque (forest yaws), forma cutánea de la leishmaniasis americana, producida por *Leishmania guyanensis*. Es una enfermedad crónica, con múltiples úlceras cutáneas profundas, que en algunas ocasiones se diseminan a la mucosa nasal.

PIC (ICP), abreviatura de **presión intracraneal**.

pica (pica), ansia por comer sustancias que no son alimentos, como tierra, arcilla, tiza, pegamento, hielo, almidón o pelos. Este trastorno del apetito puede producirse en algunos déficit nutricionales, en el embarazo y en algunas formas de enfermedad mental.

picadura (sting), lesión provocada por una herida penetrante aguda y dolorosa de la piel, con frecuencia acompañada de exposición a un irritante químico o al veneno de un insecto o de otro animal. Algunos tipos de picaduras son: de abeja, erizo, escorpión y medusa.

pícnico (pyknic), relativo a una estructura corporal caracterizada por miembros cortos y redondos, cara llena, cuello corto, rechoncho y con tendencia a la obesidad.

pico (peak), cantidad de medicación en la sangre que representa la concentración más elevada durante un ciclo de administración del fármaco.

picogramo (pg) (picogram [pg]), unidad de medida equivalente a la billonésima parte de un gramo o 10^{12} g.

picor (itch), **1.** sensación, normalmente en la piel, que provoca el rascado. **2.** sensación de escozor, desagradable, en una zona de la piel, que provoca el rascado.

picornavirus (picornavirus), miembro de un grupo de pequeños virus ARN resistentes al éter. Producen poliomielitis, herpangina, meningitis aséptica, encefalomiocarditis y enfermedad pie-boca.

picosegundo (ps) (picosecond [ps]), unidad de medida equivalente a la billonésima parte de un segundo.

picrato de butamben (butamben picrate), anestésico local para el alivio temporal del dolor producido por quemaduras leves.

picrotoxina (picrotoxin), estimulante del sistema nervioso central obtenido de las semillas de *Anamirta cocculus*, utilizado antiguamente como antídoto para la intoxicación aguda por barbitúricos.

pie (foot), extremidad distal de la pierna, formada por el tarso, el metatarso y las falanges.

piebaldismo (piebaldism), presencia de placas de pelo o piel blancas que se deben a la ausencia de melanocitos en dichas zonas. Es una enfermedad hereditaria.

piedra (stone), v. **cálculo**.

piel (skin), membrana cutánea resistente, flexible, que cubre toda la superficie del cuerpo. Es el órgano más grande del mismo y está formada por cinco capas de células. La capa más profunda es el estrato basal. Fija las capas más superficiales a los tejidos subyacentes y proporciona nuevas células para mantener las pérdidas por abrasión de la capa más externa. Las células de cada capa emigran hacia arriba a medida que maduran. Por encima del estrato basal se encuentra el estrato espinoso. Las células de esta capa son poligonales, con diminutas espinas en su superficie. A medida que las células emigran hacia la siguiente capa, el estrato granuloso, se hacen más planas, situándose paralelas a la superficie de la piel. Sobre esta capa se sitúa una banda delgada y transparente de tejido homogéneo que recibe el nombre de estrato lúcido. La capa más externa, el estrato córneo, está formada por placas escamosas de células muertas que contienen queratina. Esta capa callosa es gruesa sobre áreas del cuerpo sometidas a abrasión, como las palmas de la mano. El color de la piel varía de acuerdo con la cantidad de melanina de la epidermis. La cantidad de melanina viene determinada por diferencias genéticas.

pielitis (pyelitis), inflamación de la pelvis renal. V. **pielonefritis**.

pielografía (pyelography), v. **pielografía intravenosa (PIV)**.

pielografía intravenosa (PIV) (intravenous pyelography [IVP]), técnica radiológica para examinar las estructuras y evaluar la función del sistema urinario. Se inyecta un medio de contraste por vía IV, y se obtienen radiografías seriadas, según se va eliminando el contraste de la sangre por la filtración glomerular. En las placas radiográficas se pueden ver los cálices renales, la pelvis renal, los uréteres y la vejiga.

pielografía retrógrada (retrograde pyelography), técnica radiológica para el estudio de las estructuras del sistema colector de los riñones, especialmente útil en la localización de las obstrucciones de las vías urinarias. Se inyecta un medio de contraste radiopaco a través de una sonda urinaria en los uréteres y en los cálices de las pelvis renales.

pielograma (pyelogram), radiografía de los riñones y uréteres. Un pielograma intravenoso (PIV), obtenido tras la inyección de un contraste radiopaco, muestra el tamaño y la localización de los riñones, el contorno de los uréteres y de la vejiga, el llenado de las pelvis renales, la permeabilidad de las vías urinarias y cualquier quiste o tumor situado en los riñones.

pielolitotomía (pyelolithotomy), intervención quirúrgica en la que se extraen los cálculos renales localizados en la pelvis del uréter.

pielonefritis (pyelonephritis), infección piógena difusa de la pelvis y del parénquima renal. La **pielonefritis aguda** se suele producir como consecuencia de una infección que asciende desde el tracto urinario inferior hasta el riñón. La **pielonefritis crónica** se desarrolla lentamente después de una infección bacteriana del riñón, pudiendo evolucionar hacia una insuficiencia renal. La mayor parte de los casos se asocia a alguna forma de obstrucción, como un cálculo o una estenosis del uréter.

pierna artificial (pylon), miembro inferior artificial, con frecuencia un soporte vertical estrecho formado por una cavidad con soportes laterales de madera y un extremo en clavija revestido de goma. Se puede utilizar como prótesis temporal.

pierna blanca (white leg), v. **flegmasia *alba dolens***.

pierna láctea (milk leg), v. **flegmasia *alba dolens***.

piernas en O (bowleg), v. **genu varo**.

piezoquímica (piezochemistry), rama de la química relacionada con las reacciones que tienen lugar por efecto de la presión.

pigmalionismo (pygmalianism), trastorno psicosexual en el que el individuo dirige fantasías eróticas hacia un objeto creado por él.

pigmentación cutánea (skin pigment), coloración de la piel producida por los depósitos de melanina en la piel y en el cabello. Se puede modificar por sustancias presentes en la sangre, como algunos purgantes sanguíneos, la bilis o los parásitos del paludismo.

pigmento (pigment), **1.** cualquier material colorante orgánico producido en el cuerpo, como la melanina. **2.** cualquier preparado comercial coloreado, a modo de pintura, aplicado a la superficie cutánea.

pigmeo (pygmy, pigmy), persona extremadamente pequeña cuyos elementos corporales están bien proporcionados; enano primordial.

pigoamorfo (pygoamorphus), gemelos asimétricos unidos, en los que el miembro parásito está representado por una masa amorfa indiferenciada unida al autósito por la región sacra.

pigodídimo (pygodidymus), **1.** feto malformado que tiene pelvis y caderas dobles. **2.** gemelos unidos fusionados en la región cefalotorácica pero separados en la pelvis.

pigomelo (pygomelus), feto malformado que tiene uno o varios miembros extras unidos a las nalgas.

pigópago (pygopagus), gemelos unidos, con dos fetos completamente formados o casi formados, unidos a nivel sacro de forma que están situados espalda con espalda.

pilar (abutment), diente, raíz o implante destinado al apoyo y retención de una prótesis fija o móvil.

pilares del istmo de las fauces (palatine arch), estructura muscular en forma de bóveda que forma el paladar blando entre la boca y la nasofaringe.

píldora (pill), v. **comprimido**.

píldora del día siguiente (morning after pill), *informal,* dosis elevada de un estrógeno, administrada por vía oral y durante un corto período de tiempo a una mujer en las 24-72 horas después del coito para evitar la concepción, que se utiliza sobre todo en situaciones de emergencia como la violación o el incesto.

piliforme (piliform), con forma de pelo.

pilocarpina y adrenalina (pilocarpine and epinephrine), preparado de combinación fija utilizado para el tratamiento del glaucoma, que contiene un colinérgico (clorhidrato de pilocarpina) y un vasoconstrictor adrenérgico (bitartrato de adrenalina).

pilocarpina y fisostigmina (pilocarpine and physostigmine), preparado de combinación fija utilizado para el tratamiento del glaucoma, que contiene un colinérgico (clorhidrato de pilocarpina) y un inhibidor de la colinesterasa de acción corta (salicilato de fisostigmina). Ambos componentes reducen la presión intraocular.

pilonidal (pilonidal), relativo a crecimiento de vello en un quiste o en otra estructura interna.

píloro (pylorus, *pl.* **pylori, pyloruses**), porción tubular del estómago que se curva en ángulo hacia la derecha desde el cuerpo del estómago hacia el duodeno.

piloromiotomía (pyloromyotomy), incisión de la musculatura longitudinal y circular del píloro, que deja la mucosa intacta pero que separa las fibras musculares seccionadas.

piloroplastia (pyloroplasty), intervención quirúrgica realizada para aliviar la estenosis pilórica.

pilorospasmo (pylorospasm), espasmo del esfínter pilórico del estómago, como sucede en la estenosis pilórica.

pilorotomía (pylorotomy), incisión quirúrgica del píloro, realizada generalmente para eliminar una obstrucción.

pilosebáceo (pilosebaceous), relativo o perteneciente a un folículo piloso y su glándula sebácea.

PIM (MIP), abreviatura de **presión inspiratoria máxima**.

pimozida (pimozide), agente neuroléptico oral prescrito para la supresión de los tics motores y fónicos asociados a la enfermedad de Tourette.

pincelación (paint), solución de un medicamento aplicado sobre la piel. Algunos tipos de pincelaciones son: **antisépticos, esporicidas** y **germicidas**.

pindolol (pindolol), bloqueante β-adrenérgico con actividad simpaticomimética. Se prescribe para el tratamiento de la hipertensión, solo o junto a un diurético.

pineal (pineal), **1.** perteneciente a la epífisis. **2.** con forma de copa de pino.

pinealoma (pinealoma, *pl.* **pinealomas, pinealomata**), neoplasia poco frecuente de la glándula pineal, que se caracteriza por hidrocefalia, alteraciones pupilares, trastornos de la marcha, cefaleas, náuseas y vómitos.

pinocítico (pinocytic), perteneciente a un pinocito, especialmente a su capacidad para absorber líquidos mediante fagocitosis en los procesos metabólicos celulares.

pinocitosis (pinocytosis), proceso por el que el líquido extracelular es captado por la célula. La membrana celular desarrolla una invaginación sacular llena de líquido extracelular, que posteriormente cierra, formando una vesícula o vacuola de líquido dentro de la célula.

pinta (pinta), infección de la piel producida por *Treponema carateum*, organismo frecuente en América del Sur y Central. La bacteria consigue entrar en el cuerpo a través de alguna herida de la piel. La lesión principal es una pápula que aumenta lentamente de tamaño, con aumento de tamaño de los ganglios linfáticos regionales, seguido durante 1 a 12 meses de una erupción macular generalizada cuya coloración oscila entre el rojo y el azul pizarra.

pinza corredera (slide clamp), dispositivo, habitualmente de plástico, utilizado para regular el flujo de una solución intravenosa. La pinza corredera tiene una abertura graduada, a través de la cual pasa el tubo intravenoso. Si se empuja éste al extremo estrecho de la abertura, queda comprimido y se reduce la velocidad del flujo.

pinza de Kelly (Kelly clamp) [Howard A. Kelly, ginecólogo norteamericano, n. 1858], pinza de hemostasia curva, sin dientes, utilizada principalmente para sujetar tejidos vascularizados en técnicas ginecológicas.

pinza de Payr (Payr's clamp) [Erwin Payr, cirujano alemán, n. 1871], pinza gruesa utilizada en cirugía GI.

pinza de pedículo (pedicle clamp), pinza quirúrgica de cierre utilizada para comprimir vasos sanguíneos o pedículos de tumores durante la cirugía.

pinza de rosca (screw clamp), dispositivo, habitualmente hecho de plástico, equipado con una rosca que puede manipularse para abrir y cerrar el sistema IV primario, con el fin de regular el flujo de la solución intravenosa.

pinza de rueda (roller clamp), dispositivo, habitualmente fabricado de plástico, que contiene una pequeña rueda que se desplaza en contra de las agujas del reloj para cerrar un sistema de goteo intravenoso, o en el sentido de las agujas del reloj para abrirlo.

pinza Flo-Trol (Flo-Trol clamp), marca de un interruptor en gatillo, con posiciones on-off, para vías intravenosas y de otro tipo.

pinza palmar (palmar pinch), prensión realizada sin el pulgar, en la que las puntas de los demás dedos ejercen presión contra la palma de la mano.

pinzas bulldog (bulldog forceps), pinzas cortas, flexibles, utilizadas para la hemostasis de arterias o venas. Las pinzas pueden estar acolchadas para evitar lesionar el tejido vascular.

pinzas de cocodrilo (alligator forceps), **1.** pinzas provistas de unos dientes fuertes y sistema de doble clampaje, que se emplean en cirugía ortopédica. **2.** pinzas con brazos largos, finos y angulados, que están provistas de dientes de cierre.

pinzas de curas (dressing forceps), tipo de pinza con ramas estrechas y dientes romos o ranurados, diseñadas para limpiar heridas, retirar tubos de drenaje o extraer fragmentos de tejido necrótico.

pinzas de depilación (epilating forceps), pequeñas pinzas de resorte que se utilizan para extraer pelos o cabellos no deseados.

pinzas de dientes de ratón (mouse-tooth forceps), tipo de pinzas de campo con una o varias puntas afiladas en el extremo de cada hoja. Las puntas se vuelven hacia dentro, intercalándose entre sí.

pinzas de disección (thumb forceps), instrumento quirúrgico utilizado para agarrar tejido blando, especialmente mientras se sutura.

pinzas de extracción dental (dental extracting forceps), clase de pinzas para agarrar los dientes en las extracciones.

pinzas de forcipresión para dique de goma (rubber dam clamp forceps), (en odontología) tipo de pinzas con dientes pensada para adaptar los orificios en una pinza para dique de goma para facilitar su colocación.

pinzas de inserción (insertion forceps), v. **pinzas de punta**.

pinzas de Kocher (Kocher's forceps), tipo de pinzas quirúrgicas con dientes en la punta que se imbrican entre sí y unos brazos potentes y gruesos, curvos o rectos.

pinzas de Liston (Liston's forceps) [Robert Liston, cirujano escocés, n. 1794], pinzas para la sección del hueso.

pinzas de litotomía (lithotomy forceps), pinzas para extraer cálculos, normalmente del tracto urinario.

pinzas de osteotomía (bone cutting fórceps), tipo de pinzas de brazos largos, articulación única o doble y hojas pesadas.

pinzas de Péan (Péan's forceps) [Jules E. Péan, cirujano francés, n. 1830), *obsoleto,* pinza de hemostasia básica.

pinzas de punta (point forceps), instrumento dental utilizado para el llenado de los canales radiculares. Sujeta los conos de llenado durante su colocación.

pinzas de resorte (spring forceps), tipo de pinzas que incluyen un mecanismo de resorte, utilizadas para comprimir una arteria y detener o evitar una hemorragia.

pinzas de secuestro (sequestrum forceps), pinzas con dientes pequeños y potentes utilizadas para la extracción de fragmentos necróticos o cortantes de hueso de los tejidos que le rodean.

pinzas de sutura (suture forceps), v. **portaagujas**.

pinzas de tenáculo (forceps tenaculum), v. **tenáculo**.

pinzas de vulsela (volsella forceps), tipo de pinzas dotado de un pequeño gancho afilado en el extremo de cada rama.

pinzas gubias (rongeur forceps), tipo de pinzas cortantes fuertes y pesadas, utilizadas para cortar hueso.

pinzas mosquito (mosquito forceps), pequeñas pinzas de hemostasia.

pinzas sacabalas (bullet forceps), tipo de pinzas que tienen unas hojas delgadas y curvadas diseñadas para extraer un objeto extraño, como una bala, desde la base de una herida punzante.

pinzas sacabocados (punch forceps), instrumento quirúrgico utilizado para cortar un disco de tejido denso o resistente, como hueso o cartílago. Los extremos de las hojas de las pinzas están perforados para pinzar el tejido deseado.
PIO_2 (PIO_2), presión parcial de oxígeno inspirado.
piodermia (pyoderma), cualquier enfermedad cutánea purulenta, como el impétigo.

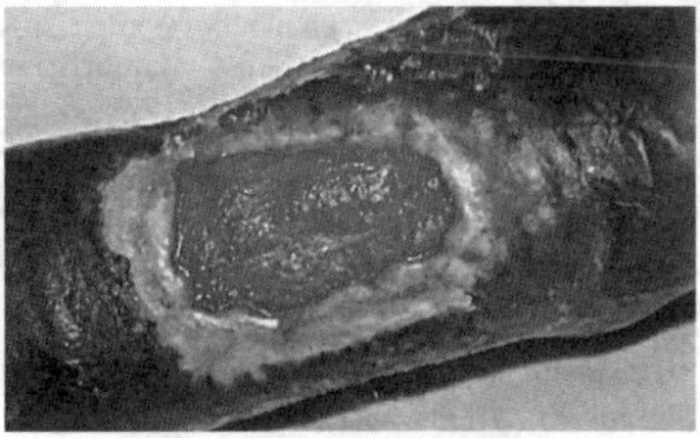

Piodermia gangrenosa
(C. D. Forbes/W. F. Jackson, 1994)

piofiláctico (pyophylactic), que proporciona protección frente a las infecciones purulentas, como el tomar un antibiótico antes del inicio de una infección.
piógeno (pyogenic), que produce pus.
piohemotórax (pyohemothorax), acumulación de sangre y pus en la cavidad pleural.
piojo (louse, *pl.* **lice**), insectos pertenecientes al orden *Anoplura*. Son ectoparásitos de los pájaros y de los mamíferos y pueden permanecer durante todo su ciclo vital en un único huésped, liberando huevos sobre la porción libre del pelo o sobre las plumas. Se transmiten al hombre por contacto directo. Las tres formas que afectan al hombre son la ladilla o *Phthrius pubis*, el piojo corporal o *Pediculus humanus corporis* y el piojo del pelo o *Pediculus humanus capitis*.
piomiositis gonocócica (gonococcal pyomyositis), trastorno inflamatorio agudo de un músculo producido por la infección por *Neisseria gonorrhoeae*, caracterizado por la formación de abscesos y dolor. Se distingue del sarcoma por la presencia de diplococos gonocócicos en el interior de los abscesos.
piones (pions), familia de partículas que se pueden crear en las reacciones nucleares. Los piones son inestables, pero pueden sobrevivir la cantidad de tiempo suficiente como para constituir rayos y ser utilizados en determinados tipos de terapia, como en el tratamiento de los tumores cerebrales.
pioquiste (pyocyst), quiste lleno de pus.
piorrea (pyorrhea), **1.** secreción de pus. **2.** inflamación purulenta de los tejidos que rodean los dientes.
piosálpinx (pyosalpinx), acumulación de pus en una trompa de Falopio.
pipeta (pipette), tubo transparente, calibrado y con un extremo abierto, de vidrio o plástico, que se utiliza para medir o trasladar pequeñas cantidades de un líquido o gas.
pipetear (pipette), utilización de una pipeta para dispensar líquidos.
PIR (RIP), abreviatura de **patrón de inhibición refleja**.
piracinamida (pyrazinamide), antimicobacteriano prescrito en la quimioterapia de combinación para el tratamiento de la tuberculosis de pacientes hospitalizados que no responden a otras medicaciones.
piramidal (pyramidal), relativo o perteneciente a la forma de una pirámide.
piramidal (triangular bone), hueso triangular del carpo situado en la hilera proximal del lado cubital de la muñeca.
piramidal de la pelvis (piriformis), músculo piramidal, aplanado, situado casi paralelo al borde posterior del glúteo mediano. Su función es rotar el muslo externamente, abducirlo y facilitar su extensión.
piramidal del abdomen (pyramidalis), uno de los dos músculos anterolaterales del abdomen, situado en el extremo inferior de la vaina del recto abdominal. Su función es tensar la línea alba.
pirámide (pyramid), masa de tejido que se eleva hasta un vértice, como las pirámides del cerebelo y de los riñones.
pirámide de alimentos (food pyramid), representación mediante un diagrama de las necesidades nutricionales humanas diseñada por el US Department of Agriculture en 1992. Ha reemplazado al gráfico de sectores de los «cuatro grupos de alimentos» usado desde la década de los 50. La «Pirámide de Alimentos» del USDA presenta una base relativamente ancha de 6 a 11 raciones diarias de granos y cereales por debajo de una capa que representa 5 a 9 raciones diarias de frutas y hortalizas. Un tercer nivel más estrecho representa 4 a 6 raciones de carne y productos frescos. En la punta de la pirámide están las grasas y los dulces, que se han de ingerir con precaución.
pirético (pyrectic, pyretic), perteneciente a o caracterizado por la presencia de fiebre.
piretogénico (pyretogenic), que induce, causa o se produce por la fiebre.
piretrina y butóxido de piperonilo (pyrethrin and piperonyl butoxide), combinación fija

de escabicida y pediculicida. Se prescribe para el tratamiento de las infestaciones por el piojo del cuero cabelludo, corporal y púbico.

pirexia (pyrexia), v. **fiebre**.

piridoxina (pyridoxine), vitamina cristalina, blanca, hidrosoluble que forma parte del complejo B, que deriva de la piridina y se convierte en el cuerpo en piridoxal y piridoxamina para la síntesis. Actúa como una coenzima esencial para la síntesis y degradación de aminoácidos, la conversión de triptófano en niacina, la degradación de glucógeno a glucosa 1-fosfato, la producción de anticuerpos, la formación del grupo hemo de la hemoglobina, la formación de hormonas importantes para la función cerebral, la absorción adecuada de vitamina B_{12}, la producción de ácido clorhídrico y magnesio y el mantenimiento del equilibrio de sodio y potasio, que regula los líquidos corporales y el funcionamiento de los sistemas nervioso y musculoesquelético.

piriforme (piriform), con forma de pera.

pirimetamina (pyrimethamine), antipalúdico prescrito para el tratamiento del paludismo y de la toxoplasmosis.

pirimetamina y sulfadoxina (pyrimethamine and sulfadoxine), fármacos antipalúdicos en combinación fija prescritos para la profilaxis y para el tratamiento de los ataques de paludismo.

pirimidina (pyrimidine), compuesto orgánico de nitrógeno heterocíclico presente en ácidos nucleicos y en numerosos fármacos, como los antivíricos aciclovir, ribavirina y trifluridina.

pirógeno (pyrogen), cualquier sustancia o agente que tiende a provocar elevación de la temperatura corporal, como sucede con algunas toxinas bacterianas.

pirolagnia (pyrolagnia), estimulación o satisfacción sexual al observar o provocar incendios.

piromanía (pyromania), neurosis impulsiva caracterizada por una necesidad incontrolable de provocar incendios. La enfermedad afecta de forma predominante a los varones y se suele asociar a intoxicación alcohólica, frustraciones personales crónicas, resentimiento ante figuras autoritarias o alguna otra alteración psicológica o disfunción psicosexual.

pirómano (pyromaniac), **1.** persona que presenta las características de la piromanía. **2.** perteneciente a, relativo a o que presenta piromanía.

pirosis (heartburn, pyrosis), sensación urente dolorosa en el esófago justo por debajo del esternón. Habitualmente está causada por el reflujo del contenido gástrico hacia el esófago pero puede estar provocada por hiperacidez gástrica o por úlcera péptica.

PIRRLA (PERRLA), abreviatura de pupilas, iguales, redondas, reactivas a la luz, acomodación. En el proceso de valoración de los ojos, hay que evaluar el tamaño y forma de las pupilas, su reacción a la luz y su capacidad de acomodación. En caso de que todos los hallazgos sean normales, se anota esta abreviatura en el resumen de la exploración física.

pirrol (pyrrole), sustancia heterocíclica presente de forma natural en muchos compuestos del organismo. El grupo hemo y la porfirina son derivados pirrólicos.

piruvatocinasa (pyruvate kinase), enzima esencial para la glucólisis anaeróbica de los hematíes. Cataliza el paso de un grupo fosfato del adenosintrifosfato para producir adenosindifosfato.

pisiforme (pisiform), con forma de guisante.

PIT (ITP), abreviatura de púrpura idiopática trombocitopénica.

pitiriasis (pityriasis), grupo de enfermedades de la piel que tienen en común lesiones que se parecen a las escamas de la caspa sin que existan signos evidentes de inflamación.

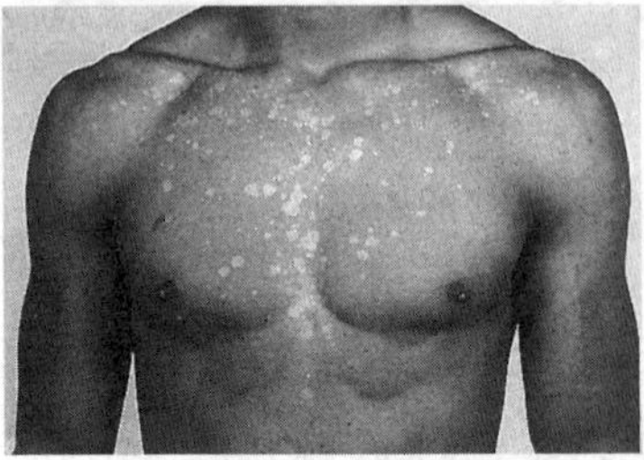

Pitiriasis versicolor
(A. du Vivier, 2.ª ed., 1995)

pitiriasis alba (pityriasis alba), dermatosis idiopática común caracterizada por la presencia de placas de hipopigmentación redondas u ovales, con descamación fina, generalmente en las mejillas.

pitiriasis rosada (pityriasis rosea), trastorno cutáneo autolimitado en el que una erupción macular, rosa, ligeramente descamativa, se extiende por el tronco y otras zonas no expuestas del cuerpo. Un rasgo característico es la placa heraldo, una lesión de mayor tamaño y más descamativa que precede a la erupción difusa en unos días. Las lesiones de menor tamaño tienden a alinearse con el eje mayor paralelo a las líneas normales de tensión de la piel. El único síntoma es un prurito leve.

pituicito (pituicyte), célula de la neurohipófisis.

pituitaria (pituitary), v. **hipófisis**.

pituitarismo (pituitarism), cualquier trastorno generado por un defecto o una insuficiencia de la hipófisis.

Pityrosporum (Pityrosporum), v. ***Malassezia***.

piuria (pyuria), presencia de leucocitos en la orina, constituyendo habitualmente un signo de infección de las vías urinarias. Aparece con frecuencia en cistitis, pielonefritis, uretritis y tuberculosis renal.

PIV (IVP), abreviatura de **pielografía intravenosa**.

pivalato de clocortolona (clocortolone pivalate), corticosteroide tópico utilizado de forma tópica como agente antiinflamatorio.

píxel (pixel), abreviatura de *elemento de imagen* (picture element), la parte discreta más pequeña de una representación por imagen digital.

pK_a (pK_a), logaritmo negativo de la constante de ionización de un ácido que se encuentra semidisociado, que se utiliza como medida de la fuerza de un ácido.

PL (LP), abreviatura de **punción lumbar**.

placa (plaque), **1.** placa plana, con frecuencia prominente, en la piel o en cualquier otro órgano del cuerpo. **2.** placa de aterosclerosis. **3.** lámina delgada que aparece sobre los dientes formada por mucina y material coloidal presente en la saliva y que con frecuencia, es invadida de forma secundaria por bacterias.

placa (plate), **1.** estructura o capa plana, como una capa fina de hueso o la placa frontal situada entre el cartílago etmoides y el hueso esfenoides en el feto. **2.** unidad divisoria de un sistema cromatográfico.

placa ateromatosa (atheromatous plaque), área amarillenta prominente de la pared arterial, formada por depósitos de grasa.

placa bacteriana (bacterial plaque), capa compuesta de microorganismos que se fijan a los dientes y con frecuencia causan caries e infecciones de las encías. La mucina segregada por las glándulas salivares también es un componente de la placa.

placa base (baseplate), estructura provisional que representa la base de una dentadura, utilizada para registrar las relaciones maxilomandibulares, arreglar los dientes postizos o para colocar como prueba en la boca para asegurar una adaptación perfecta de la dentadura.

placa coriónica (chorionic plate), parte de la placenta fetal que da lugar a las vellosidades coriónicas, que se fijan al útero durante los primeros estadios de la formación de la placenta.

placa de mordida (biteplate), dispositivo utilizado en odontología como ayuda diagnóstica o terapéutica para las prostodoncias o las ortodoncias.

placa de Ogden (Ogden plate), placa alargada de metal con orificios que alojan bandas circulares. Se usa para fijar fracturas de huesos largos junto con dispositivos intramedulares como clavos o prótesis.

placa de Petri (Petri dish) [Richard Julius Petri, bacteriólogo alemán, n. 1852], placa de cristal circular poco profunda que contiene medios de cultivo sólidos.

placa dental (dental plaque), v. **placa bacteriana**.

placa ecuatorial (equatorial plate), formación en plataforma que adoptan los cromosomas en el centro del huso en la fase de metafase de la mitosis y de la meiosis.

placa epifisaria (epiphyseal plate), delgada lámina de cartílago entre la epífisis, un centro secundario formador de hueso, y la diáfisis. El hueso nuevo se forma a lo largo de la placa.

placa heraldo (herald patch), v. **pitiriasis rosada**.

placa inversa (reversal film), (en radiología) duplicado en tono inverso de una imagen de rayos X en la que se muestra lo negro en blanco y lo blanco en negro. Se produce exponiendo una placa de emulsión simple a través de una placa de rayos X estándar.

placa media (middle plate), v. **nefrotoma**.

placa medular (medullary plate), v. **placa neural**.

placa motora terminal (motor end plate), fascículo grueso de fibras terminales de los nervios motores de los músculos voluntarios. Los nervios motores procedentes de los pares craneales y nervios raquídeos penetran en las vainas de las fibras musculares estriadas, pierden sus vainas de mielina y se ramifican como las raíces de un árbol. El neurilema de la fibra nerviosa se une con el sarcolema del músculo y el axón sinapsa con las fibras musculares.

placa neural (neural plate), gruesa capa de tejido ectodérmico situada a lo largo del eje central del embrión en fase de desarrollo precoz, que origina el tubo neural y subsiguientemente el cerebro, la médula espinal y otros tejidos del sistema nervioso central.

placa ósea (bone plate), placa metálica utilizada para reconstruir un hueso que se ha fracturado. La placa está pensada para mantener juntos los fragmentos.

placa terminal (end plate), en el sistema nervioso, la placa motora terminal que se localiza en la membrana terminal de un axón y en la membrana postsináptica del tejido muscular adjunto.

placa ungueal (nail plate), porción dura del dorso de los dedos, en forma de cubierta externa rígida, que surge del lecho ungueal y se extiende unos 8 mm por debajo del pliegue ungueal.

placebo (placebo), sustancia inactiva, como suero fisiológico, agua destilada o azúcar, o bien una dosis inferior a la eficaz de una sustancia inofensiva, como una vitamina hidrosoluble, prescrita como si se tratara de una dosis eficaz de una medicación necesaria. Los placebos se prescriben a pacientes a los que no se les puede administrar la medicación que requieren o a quienes, en opinión del profesional sanitario, no necesitan dicha medicación.

placenta (placenta), órgano fetal muy vascularizado a través del cual el feto absorbe oxígeno, nutrientes y otras sustancias y excreta anhídrido carbónico y otros productos de desecho. Comienza a formarse aproximadamente al octavo día de la gestación, cuando los blastocistos se ponen en contacto con la pared del útero y se adhieren a ella. A término, la placenta normal pesa entre una séptima y una quinta parte del peso del niño. La superficie materna es lobulada y está dividida en cotiledones. Tiene un aspecto rojo oscuro, rugoso, parecido al hígado. La superficie fetal es lisa y brillante, está cubierta por las membranas fetales, donde destacan los grandes vasos sanguíneos blancos situados por debajo de las membranas que se dispersan desde la inserción central del cordón umbilical. El tiempo transcurrido entre el parto del niño y la expulsión de la placenta es la tercera y última fase del parto.

placenta accreta (placenta accreta), placenta que invade el músculo uterino, haciendo difícil su separación del mismo.

placenta previa (placenta previa), complicación del embarazo en la que se produce una implantación anormal de la placenta en el útero que afecta o cubre el orificio interno del cuello uterino. Es la causa más frecuente de hemorragia no dolorosa en el tercer trimestre del embarazo. Incluso una ligera dilatación del orificio interno puede provocar un desprendimiento local suficiente en una placenta anormalmente implantada como para provocar una hemorragia. Algunos tipos de placenta previa son: **placenta previa central, placenta previa marginal** y **placenta previa parcial**.

plagiocefalia (plagiocephaly), malformación congénita del cráneo en la que el cierre prematuro o irregular de las suturas coronal o lambdoidea produce un crecimiento asimétrico de la cabeza, dándole un aspecto torcido o desproporcionado.

plan de atención (care plan), v. **plan de cuidados de enfermería**.

plan de cuidados de enfermería (nursing care plan), plan realizado por un profesional de enfermería sobre la base de la valoración y el diagnóstico de enfermería. Tiene cuatro componentes fundamentales: identificación de los problemas de cuidados de enfermería y constatación del enfoque del enfermero para solucionarlos; determinación de los beneficios esperados para el paciente; indicación de las acciones específicas de la enfermera que reflejen el criterio de enfermería y obtengan los objetivos especificados, y evaluación de la respuesta del paciente a los cuidados de enfermería, y reajuste de éstos, si fuera necesario.

plancton (plankton), partículas casi microscópicas de vida animal y vegetal que existen en los lagos y los océanos y que constituyen la alimentación básica de los animales acuáticos.

planificación (planning), (en las cinco fases del proceso de enfermería) categoría de conducta de enfermería en la que se diseña una estrategia para la consecución de los objetivos asistenciales para un determinado paciente, según se establece en la evaluación y el análisis. La planificación consiste en el desarrollo y modificación de un plan de asistencia para el paciente, la cooperación con el resto del personal y el registro de la información importante.

planificación del alta hospitalaria (discharge planning), programa de acontecimientos a menudo planificado por un equipo multidisciplinario, con vistas al regreso a casa, de un paciente hospitalizado para reanudar su vida normal.

planificación familiar (family planning), v. **contracepción**.

plano (plane), **1.** superficie plana determinada por tres puntos en el espacio. **2.** extensión de un corte longitudinal a través de un eje, como los planos coronal, horizontal y sagital utilizados para identificar la posición de varias partes del cuerpo en el estudio de la anatomía. **3.** incisión superficial en la pared de una cavidad o entre las capas de tejido, especialmente en cirugía plástica.

planos de anestesia (planes of anesthesia), v. **signos de Guedel**.

planta (sole), superficie plantar del pie.

plantar (plantar), relativo o perteneciente a la planta del pie.

plantar delgado (plantaris), uno de los tres músculos superficiales de la parte posterior de la pierna, entre el sóleo y el gastrocnemio. Flexiona el pie y la pierna.

plantígrado (plantigrade), relativo o perteneciente o que caracteriza a la marcha humana; que camina sobre la planta del pie, con el talón tocando el suelo.

plantilla (template), (en genética) cadena de ADN que actúa como molde para la síntesis de ARN mensajero.

plantilla médica honoraria (medical staff, honorary), médicos y odontólogos, normalmente jubilados, que son reconocidos por el personal médico del hospital para poder realizar contribuciones notables, pero que no ingresan pacientes en el hospital ni participan en las actividades de la plantilla médica.

plaqueta (platelet), la más pequeña de las células de la sangre. Las plaquetas tienen forma de disco y no contienen hemoglobina. Son esenciales para la coagulación de la sangre.

plaquetoféresis (plateletpheresis), eliminación de las plaquetas de la sangre extraída, procediendo a la infusión en el donante del resto de la sangre.

plasma (plasma), parte líquida, incolora y acuosa de la linfa y de la sangre en la que se hallan suspendidos los leucocitos, los eritrocitos y las plaquetas. No contiene células y está constituido por agua, electrólitos, proteínas, glucosa, grasas, bilirrubina y gases. Es fundamental para el transporte de los elementos celulares de la sangre a través del sistema circulatorio, para el transporte de nutrientes, para el mantenimiento del equilibrio acidobásico del cuerpo y para el transporte de productos de desecho procedentes de los tejidos.

plasma almacenado (pooled plasma), componente líquido de la sangre completa, recogido y almacenado para preparar varios productos plasmáticos o para ser utilizado directamente como expansor del plasma cuando la sangre completa no está disponible o está contraindicada.

plasma con factor antihemofílico (antihemophilic factor plasma), factor plasmático que contiene el factor VIII o antihemofílico.

plasma fresco congelado (fresh frozen plasma), forma de plasma sanguíneo no concentrado que contiene todos los factores de la coagulación salvo las plaquetas. Se puede usar como suplemento de los hematíes cuando no hay sangre completa disponible para transfusiones o para corregir un problema hemorrágico de etiología desconocida.

plasma germinal (germ plasm), **1.** protoplasma de las células germinales que contiene el material reproductivo y hereditario básico; la suma total del ADN de una célula u organismo particular. **2.** *no técnica*, células germinales en cualquier fase de desarrollo, junto con los tejidos a partir de los que se originan.

plasma humano normal (normal human plasma), sangre estéril, que no está contaminada, preparada a partir de un depósito de donantes.

plasma sanguíneo (blood plasma), porción líquida de la sangre, libre de elementos formes y partículas. El plasma representa aproximadamente el 50% del volumen total de la sangre y contiene glucosa, proteínas, aminoácidos y otros materiales nutritivos, urea y otros productos de excreción, así como hormonas, enzimas, vitaminas y minerales.

plasmacitoma (plasmacytoma, *pl.* **plasmacytomas, plasmacytomata**), neoplasia focal que contiene células plasmáticas. Puede aparecer en la médula ósea, como sucede en el mieloma múltiple, o bien fuera de la médula, como ocurre en determinados tumores de las vísceras.

plasmaféresis (plasmapheresis), eliminación del plasma de la sangre extraída mediante centrifugación, reconstitución de los elementos celulares en una solución isotónica y reinfusión de esta solución en el donante.

plásmido (plasmid), (en bacteriología) cualquier tipo de inclusión intracelular que se considera tiene una función genética, especialmente una molécula de ADN procedente del cromosoma bacteriano que determina rasgos no fundamentales para la viabilidad del organismo, aunque de algún modo cambia la capacidad del organismo para adaptarse.

plasmina (plasmin), v. **fibrinolisina**.

plasminógeno (plasminogen), v. **fibrinógeno**.

Plasmodium (Plasmodium), género de protozoos, varias de cuyas especies producen el paludismo, transmitidos a los seres humanos por la picadura del mosquito *Anopheles* infectado. ***Plasmodium falciparum*** produce el palu-

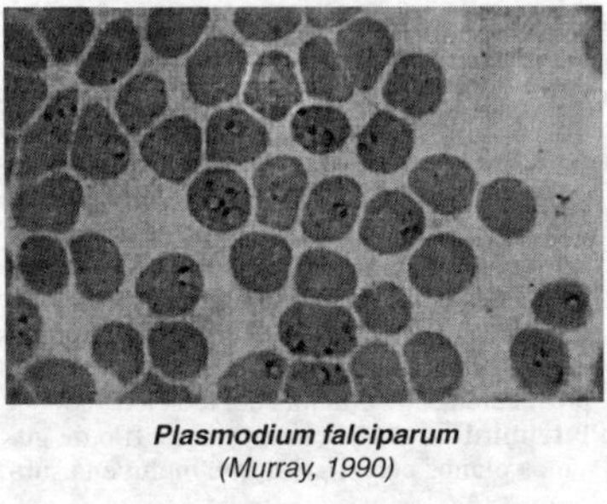

Plasmodium falciparum
(Murray, 1990)

dismo falciparum, la forma más grave de la enfermedad; ***P. malariae*** produce el paludismo cuartano; ***P. ovale*** produce un paludismo terciario leve con hematíes ovales, y ***P. vivax*** produce el paludismo terciario común.

plasmosoma (plasmosome), verdadero nucléolo de una célula que se diferencia de los cariosomas del núcleo.

plastia en S (S-plasty), técnica de cirugía plástica en la que se realiza una incisión en forma de S en lugar de en línea recta, para reducir la tensión y mejorar la cicatrización en áreas de piel laxa.

plastia en Y (Y-plasty), método de revisión quirúrgica de una cicatriz, utilizando una incisión en forma de Y para reducir las contracturas de la cicatriz.

plastia en Z (Z-plasty), método de revisión quirúrgica de una cicatriz o cierre de una herida utilizando una incisión en forma de Z para reducir contracturas de la piel adyacente.

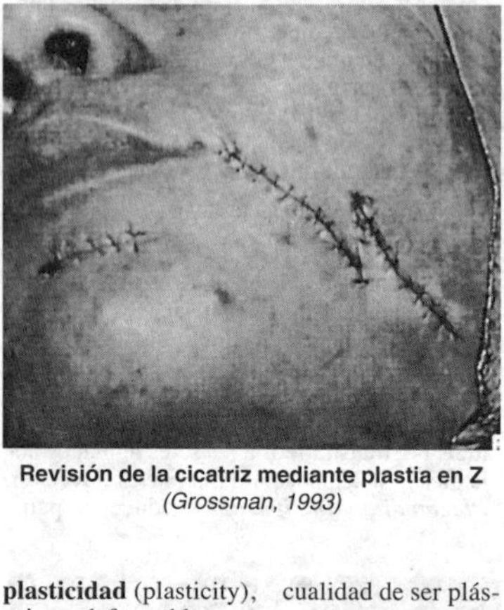

Revisión de la cicatriz mediante plastia en Z
(Grossman, 1993)

plasticidad (plasticity), cualidad de ser plástico o deformable.

plata (Ag) (silver [Ag]), metal precioso blanquecino que se presenta principalmente en forma de sulfuro. Su número atómico es 47; su peso atómico, 107,88. Se utiliza ampliamente como componente de amalgamas para empastes dentales y en numerosos medicamentos, especialmente antisépticos y astringentes. El nitrato de plata se utiliza de forma tópica como antiséptico y astringente, especialmente en la prevención de la oftalmía del recién nacido.

Platelmintos (Platyhelminthes), filo de gusanos planos parasitarios que incluye la subclase Cestoda de tenias y la clase Trematoda de duelas.

platino (Pt) (platinum [Pt]), elemento metálico plateado blanco, blando. Su número atómico es 78; su peso atómico es 195,09. El platino se utiliza en odontología.

PLE (LE prep), abreviatura de **preparación de lupus eritematoso**.

pleiotropía (pleiotropy), (en genética) producción por parte de un solo gen de una manifestación múltiple, diferente y aparentemente no relacionada con una enfermedad determinada, como el conjunto de síntomas del síndrome de Marfan, aneurisma aórtico, luxación del cristalino, deformidades esqueléticas y aracnodactilia, pudiendo estar presentes una o todas ellas.

plesímetro (plessimeter), v. **plexímetro**.

pletismografía (plethysmography), registro de los cambios del volumen de los órganos o de otras partes del cuerpo, particularmente los debidos al flujo sanguíneo.

pletismógrafo (plethysmograph), instrumento para medir y registrar cambios en los tamaños y volúmenes de las extremidades y de los órganos mediante la determinación de las variaciones en sus volúmenes sanguíneos.

pletismograma (plethysmogram), trazado elaborado por un pletismógrafo.

plétora (plethora), término aplicado a la coloración rojo oscuro del recién nacido. El tono de «langosta hervida» de la piel del niño se debe a una proporción excesivamente elevada de eritrocitos por volumen de sangre.

pleura (pleura, *pl.* **pleurae**), membrana serosa delicada que rodea el pulmón, constituida por una capa única de células mesoteliales planas situadas sobre una fina membrana de tejido conectivo. La pleura se divide en pleura visceral, que reviste el pulmón y se introduce en las cisuras entre los lóbulos, y pleura parietal, que reviste la pared del tórax, cubre el diafragma y se refleja sobre las estructuras del mediastino.

pleuresía (pleurisy), inflamación de la pleura parietal de los pulmones, caracterizada por disnea y dolor agudo, limitando la respiración normal, con espasmo del tórax del lado afectado. En la auscultación se puede oír un roce por fricción. Las causas más frecuentes de pleuresía son: carcinoma bronquial, abscesos pulmonares o de la pared torácica, neumonías, infartos pulmonares y tuberculosis.

pleuresía adhesiva (adhesive pleurisy), inflamación exudativa de la pleura, que da lugar a la obliteración del espacio pleural como consecuencia de la fusión de la pleura visceral que recubre los pulmones con la pleura parietal que recubre la pared de la cavidad torácica.

pleuresía aguda (acute pleurisy), inflamación de la pleura, con frecuencia secundaria a una enfermedad del pulmón. Se caracteriza por irritación localizada sin derrame apreciable.

pleuresía húmeda (wet pleurisy), pleuritis en la que la inflamación ha evolucionado hacia un estado exudativo, con un líquido que posee una densidad elevada debido a la presencia de coágulos de sangre y fibrina.

pleuresía seca (dry pleurisy), inflamación de la pleura sin derrame importante. La causa puede ser una lesión localizada o un signo precoz de tuberculosis.

pleuritis (pleuritis), v. **pleuresía**.

pleurodinia (pleurodynia), inflamación aguda de los músculos intercostales y de la unión muscular del diafragma a la pared torácica. Se caracteriza por dolor brusco intenso, hipersensibilidad, fiebre, cefaleas y anorexia. Estos síntomas se agravan con los movimientos y con la respiración.

pleurodinia epidémica (epidemic pleurodynia), infección producida por un virus *Coxsackie*, que afecta principalmente a los niños. Se caracteriza por un intenso dolor intermitente en el abdomen o en la región inferior del tórax, cefalea, dolor de garganta, malestar general y mialgia extrema.

pleuroneumonía (pleuropneumonia), **1.** combinación de pleuresía y neumonía. **2.** infección del ganado vacuno que produce inflamación tanto de la pleura como de los pulmones, provocada por microorganismos del grupo *Mycoplasma*.

pleurotótonos (pleurothotonos), contracción involuntaria, grave y prolongada de los músculos de un lado del cuerpo, creando un ángulo agudo en ese lado.

plexectomía coroidea (choroid plexectomy), procedimiento quirúrgico para reducir la producción de líquido cefalorraquídeo en los ventrículos cerebrales del cerebro hidrocefálico, habitualmente en el recién nacido.

plexímetro (pleximeter), dispositivo ejecutor, como un percusor o un dedo, utilizado para recibir ligeros golpes en la percusión.

plexo (plexus, *pl.* **plexuses**), red de nervios y vasos sanguíneos que se cruzan o de vasos linfáticos.

plexo basilar (basilar plexus), red venosa entrelazada entre las capas de la duramadre sobre la porción basilar del hueso occipital.

plexo braquial (brachial plexus), red nerviosa del cuello que pasa bajo la clavícula y por la axila, que da origen a los nervios espinales cervicales quinto, sexto, séptimo y octavo y los dos primeros dorsales, e inerva los músculos y piel del tórax, espalda y brazos.

plexo cardíaco (cardiac plexus), uno de los diversos complejos nerviosos situado cerca del cayado aórtico. Los plexos cardíacos contienen fibras simpáticas y parasimpáticas que abandonan los plexos acompañando a las arterias coronarias derecha e izquierda introduciéndose en el corazón para finalizar en los nódulos sinoauricular y auriculoventricular y en el miocardio auricular.

plexo carotídeo (carotid plexus), cada uno de los tres plexos nerviosos asociados a las arterias carótidas.

plexo carotídeo externo (external carotid plexus), red de nervios que rodea la arteria carótida externa, formada por los nervios carotídeos externos procedentes del ganglio cervical superior y por las fibras simpáticas asociadas a las ramas de la arteria carótida externa.

plexo carotídeo interno (internal carotid plexus), red de nervios de la arteria carótida interna, formada por el nervio carotídeo interno.

plexo celíaco (celiac plexus), v. **plexo solar**.

plexo cervical (cervical plexus), red nerviosa formada por las divisiones primarias anteriores de los cuatro primeros nervios cervicales. El plexo se localiza junto a la cara superior de las cuatro vértebras cervicales. Está comunicado con diversos nervios craneales y con numerosas ramas musculares y cutáneas.

plexo coroideo (choroid plexus), cada una de las masas constituidas por pequeños vasos sanguíneos que existen dentro de los ventrículos cerebrales.

plexo coronario (coronary plexus), red de fibras nerviosas autónomas localizadas cerca de la base del corazón.

plexo de Auerbach (Auerbach's plexus) [Leopold Auerbach, anatomista polaco, n. 1828], plexo mientérico, grupo de fibras nerviosas y ganglios vegetativos localizados en el tejido muscular del tubo digestivo.

plexo de Kiesselbach (Kiesselbach's plexus), grupo de pequeñas y frágiles arterias y venas, localizado en la superficie de la parte anterosuperior del tabique nasal.

plexo de la carótida primitiva (common carotid plexus), red nerviosa situada sobre la arteria carótida primitiva que suministra fibras simpáticas para la cabeza y el cuello, con ramas que acompañan a los vasos sanguíneos intracraneales.

plexo de Meissner (Meissner's plexus) [Georg Meissner, anatomista alemán, n. 1829], pequeñas agregaciones de células ganglionares que están situadas en la submucosa del intestino.

plexo linfático capilar (lymphatic capillary plexus), cada una de las numerosas redes de capilares linfáticos que recogen linfa desde el líquido intercelular y constituyen el comienzo del sistema linfático. Los vasos linfáticos nacen de los plexos capilares, que varían en tamaño y número según las diferentes regiones y órganos del cuerpo.

plexo lumbar (lumbar plexus), red de nervios formada por las divisiones anteriores primarias de los tres primeros y gran parte del cuarto nervio lumbar. Se localiza dentro de la pared abdominal posterior, por detrás del psoas mayor, o entre sus fibras, y por delante de las apófisis transversas de las vértebras lumbares.

plexo lumbosacro (lumbosacral plexus), combinación de todas las divisiones anteriores primarias de los nervios lumbares, sacros y coccígeos. Los plexos lumbar y sacro inervan el miembro inferior. Los nervios sacros también inervan el periné a través del plexo pudendo y la región coccígea mediante el plexo coccígeo.

plexo mioentérico (myenteric plexus), grupo de fibras nerviosas autonómicas y células ganglionares presentes en la capa muscular del intestino.

plexo nervioso (nerve plexus), red de fibras nerviosas, como el plexo lumbar, que está formado por las ramas anteriores de los cuatro primeros nervios lumbares.

plexo pampiniforme (pampiniform plexus), red de venas del cordón espermático que drena los testículos en la vena espermática, en el abdomen inferior.

plexo pterigoideo (pterygoid plexus), una de las dos extensas redes de venas situadas entre el músculo temporal y el pterigoideo externo, que se extienden entre las estructuras adyacentes de la fosa infratemporal.

plexo pudendo (pudendal plexus), red de nervios motores y sensitivos formada por las ramas anteriores del segundo y tercer nervio sacro y por todas las ramas del cuarto nervio sacro.

plexo sacro (sacral plexus), red de nervios motores y sensitivos formada por el tronco lumbosacro del cuarto y quinto nervio lumbar y el primero, segundo y tercer nervios sacros. Estos nervios convergen hacia la porción caudal del agujero sacrociático mayor y se unen para convertirse en una gran banda aplanada, cuya mayor parte desciende por el muslo con el nombre de nervio ciático.

plexo solar (solar plexus), densa red de fibras y ganglios nerviosos que rodea las raíces de las arterias celíaca y mesentérica superior a nivel de la primera vértebra lumbar. Es uno de los grandes plexos vegetativos del cuerpo, en el cual se combinan las fibras nerviosas del sistema simpático y el parasimpático.

plexor (plexor), v. **percusor**.

plica (plica, *pl*. **plicae**), pliegue de tejido dentro del organismo, como los pliegues transversales del recto y los pliegues circulares del intestino delgado.

plicación, plicatura (plication), cualquier operación consistente en el plegamiento, acortamiento o disminución del tamaño de un músculo o de un órgano hueco, como el estómago, mediante la formación de pliegues.

plicación o plicatura gástrica (plication of stomach), tratamiento quirúrgico de la obesidad por el que se crean pliegues en la pared del estómago.

plicamicina (plicamycin), agente antineoplásico prescrito principalmente para el tratamiento de los tumores malignos de los testículos. También se prescribe para el tratamiento de la hipercalcemia e hipercalciuria asociadas al cáncer. Antes se denominaba **mitramicina**.

pliegue (crease), muesca o margen formado por una vuelta del tejido, como los pliegues o arrugas de las palmas de las manos o de las plantas de los pies.

pliegue caudal (tail fold), cresta curvada que se forma en el extremo caudal del embrión al inicio del desarrollo.

ploidía (ploidy), estado del núcleo celular en relación con el número de series completas de cromosomas que contiene.

plomo (Pb) (lead [Pb]), elemento metálico común, blando, de color gris azulado. Su número atómico es 82, su peso atómico, 207,18. En su forma metálica, el plomo se utiliza como protector frente a los rayos X. También es tóxico, motivo por el que se ha reducido el empleo de los compuestos de plomo.

plurípara (pluripara), mujer que ha parido varios hijos.

plutonio (Pu) (plutonium [Pu]), elemento metálico transuránico sintético. Su número atómico es 94; su peso atómico es 242.

pm (pm), abreviatura de picometro.

Pm (mol. wt.), abreviatura de **peso molecular**.

PMI (PMI), abreviatura de **punto de máximo impulso**.

PMN (PMN), abreviatura de **célula polimorfonuclear**.

Pneumocystis carinii (Pneumocystis carinii), microorganismo que produce la neumocistosis, un tipo de neumonitis de células intersticiales.

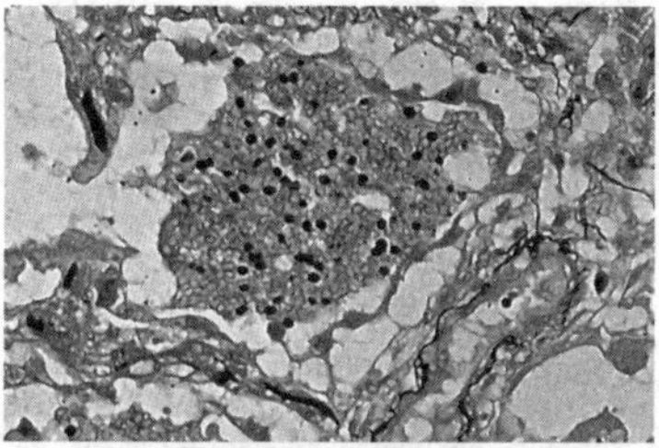

Pneumocystis carinii
(C. D. Forbes/W. F. Jackson, 1994)

Po (Po), símbolo del **polonio**.

p.o. (p.o), abreviatura de la expresión latina *per os*, por boca, una vía de administración de los medicamentos.

PO_2 (PO_2), símbolo de la *presión parcial de oxígeno*. V. **presión parcial**.

población (population), **1.** (en genética) grupo cruzado de individuos, organismos o plantas, caracterizado por la continuidad genética a través de varias generaciones. **2.** grupo de individuos que ocupa colectivamente una zona geográfica concreta. **3.** cualquier grupo que se distingue por un rasgo o situación particular. **4.** cualquier grupo en el que se mide alguna característica variable y del que pueden tomarse muestras con fines estadísticos.

población de pacientes (patient mix), **1.** distribución de las variables demográficas en una población de pacientes, representada con frecuencia por el porcentaje de una determinada raza, edad, sexo o etnia. **2.** distribución de las indicaciones de ingreso en una población de pacientes, como quirúrgica, obstétrica o traumatológica.

población de riesgo (population at risk), grupo de personas que comparten una característica que hace a cada miembro vulnerable a un hecho en particular, como los niños no inmunizados que están expuestos al virus de la polio.

pobreza (poverty), **1.** ausencia de la riqueza material necesaria para conservar la existencia. **2.** relativo a un estado corporal deteriorado; flaco o débil. **3.** pérdida de la capacidad emocional de sentir amor o simpatía.

podálica (footling breech), posición intrauterina del feto en la que uno o los dos pies están plegados bajo las nalgas, a la altura del estrecho superior de la pelvis materna; un pie: podálica simple; los dos pies: podálica doble.

podálico (podalic), perteneciente a los pies.

poder (power of attorney), documento que autoriza a una persona a tomar decisiones legales en nombre de otra, actuando como un agente.

poder de resolución (resolving power), capacidad para separar sustancias que emigran muy próximas, como en la electroforesis.

poder dióptrico (dioptric power), poder de refracción de una lente óptica, medido en dioptrías.

podiatra (podiatrist), v. **quiropodista**.

podiatría (podiatry), diagnóstico y tratamiento de las en fermedades y de los demás trastornos del pie.

Podophyllum (Podophyllum), rizoma y raíces desecadas de *Podophyllum peltatum*, de las que se obtiene una resina cáustica que se utiliza para la eliminación de ciertas verrugas.

podofilotoxina (podophyllotoxin), grupo de sustancias obtenidas de las raíces de *Podophyllum peltatum*, especie de una planta común conocida como mandrágora americana. Se prescribe en forma de preparación resinosa de podofilotoxina para el tratamiento tópico del condiloma acuminado y de otros tipos de verruga. Se han utilizado varios derivados de podofilotoxina como purgantes.

poiquilocitosis (poikilocytosis), grado anormal de variación en la forma de los eritrocitos de la sangre.

poiquilodermia atrófica vascular (poikiloderma atrophicans vasculare), trastorno cutáneo caracterizado por hiper o hipopigmentación, telangiectasias y atrofia de la epidermis.

poiquilodermia de Civatte (poikiloderma de Civatte), dermatitis benigna progresiva frecuente caracterizada por la presencia de placas eritematosas en la cara y el cuello que se terminan secando y descamando. A medida que la enfermedad avanza, se deposita pigmento alrededor de los folículos pilosos, extendiéndose hacia abajo por las caras laterales del cuello.

poiquilotermo (poikilothermic), v. **de sangre fría**.

poise (poise) [Jean L. M. Poiseuille, fisiólogo francés, n. 1799], unidad de viscosidad de un líquido o gas (líquido) expresada en g $\times$ cm^{-1} $\times$ seg^{-1}.

polaquiuria (pollakiuria), trastorno caracterizado por la micción excesivamente frecuente de orina.

polar (polar), perteneciente a las moléculas que son hidrófilas, o que «son atraídas por el agua». Las sustancias polares se suelen disolver en solventes polares.
polaridad (polarity), **1.** existencia o manifestación de cualidades, tendencias o emociones opuestas, como placer y dolor, amor y odio, fuerza y debilidad, dependencia e independencia, masculinidad y feminidad. **2.** (en física) diferencia entre una carga eléctrica negativa y una positiva.
polarización (bias), (en electrónica) voltaje aplicado a un dispositivo electrónico, como un tubo de vacío o un transistor, para controlar los límites operantes.
polarización (polarization), concentración, en una población o grupo, de los intereses, creencias y lealtades de sus miembros en torno a dos posiciones en conflicto.
poliacrilamida (polyacrylamide), polímero de acrilamida y, generalmente, de algún derivado con enlaces cruzados.
poliamina (polyamine), cualquier compuesto que contenga dos o más grupos amino, como la espermidina y la espermina, que son dos componentes tisulares presentes normalmente en el ser humano.
polianiónico (polyanionic), relativo a las cargas eléctricas negativas múltiples.
poliarteritis (polyarteritis), trastorno inflamatorio que afecta a varias arterias.
poliarteritis nodosa (polyarteritis nodosa), enfermedad vascular del colágeno, grave y mal conocida, en la que existe inflamación y necrosis diseminada de las arterias de pequeño y mediano calibre e isquemia de los tejidos que irrigan. Se caracteriza por fiebre, dolor abdominal, pérdida de peso, neuropatía y, si los riñones están afectados, hipertensión, edema y uremia. Algunos síntomas pueden simular trastornos GI o cardíacos.
poliarticular (polyarticular), perteneciente a varias articulaciones.
poliartritis (polyarthritis), inflamación que afecta a una o más articulaciones. La inflamación puede migrar de una articulación a otra, o bien presentarse una afectación simultánea de dos o más articulaciones.
poliartritis gonorreica migratoria (migratory gonorrheal polyarthritis), v. **poliartritis migratoria**.
poliartritis migratoria (migratory polyarthritis), artritis que afecta progresivamente a una serie de articulaciones, fijándose definitivamente en una o más de ellas, que aparece en pacientes con gonorrea y que se desarrolla pocos días o semanas después tras la aparición de una uretritis gonorreica. El paciente suele tener fiebre moderada. Las más afectadas suelen ser las grandes articulaciones; una vez que cede la tumefacción, la piel suprayacente puede descamarse.
policitemia (polycythemia), aumento anormal del número de eritrocitos en la sangre. Puede ser secundaria a una enfermedad pulmonar, cardiopatía o a la exposición prolongada a grandes altitudes.
policlonal (polyclonal), **1.** relativo, perteneciente a o que designa un grupo de células u organismos idénticos procedentes de varias células idénticas. **2.** relativo, perteneciente a o que designa varios grupos de células u organismos idénticos (clones) obtenidos a partir de una sola célula.
policloruro de vinilo (PVC) (polyvinyl chloride [PVC]), material termoplástico sintético frecuente que libera ácido clorhídrico al quemarse, el que a su vez puede contener moléculas carcinógenas de cloruro de vinilo como contaminantes.
policondritis recidivante (relapsing polychondritis), enfermedad rara de causa desconocida que ocasiona la inflamación y destrucción del cartílago con reemplazamiento por tejido fibroso. Posiblemente tenga una etiología autoinmune. Los oídos y nariz de personas de edad mediana son las localizaciones que se afectan con más frecuencia, con episodios de inflamación dolorosa, generalmente acompañada de fiebre, artralgias y episcleritis.

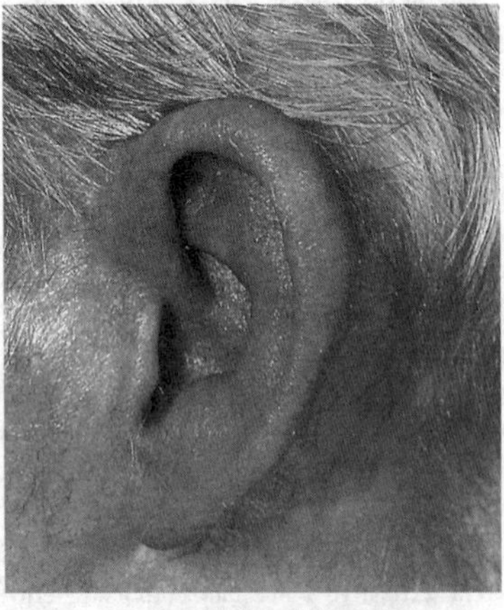

Policondritis recidivante
(A. du Vivier, 2.ª ed., 1995)

policromasia (polychromasia), v. **policromatofilia**.

policromático (polychromatic), luz de muchos colores o longitudes de onda. El término se suele aplicar a la luz blanca, aunque puede referirse también a una porción definida del espectro.

policromatofilia (polychromatophilia), tendencia anormal de una célula, especialmente de un eritrocito, a ser teñida por diversas tinciones de laboratorio.

policromatófilo (polychromatophil), cualquier célula que pueda ser teñida por varios colorantes diferentes.

polidactilia (polydactyly), anomalía congénita caracterizada por la presencia de un número de dedos en la mano o en el pie superior a lo normal. Por lo general, se trata de una anomalía hereditaria.

polidipsia (polydipsia), sed excesiva característica de varios trastornos diferentes, como la diabetes mellitus, en la que la concentración excesiva de glucosa en la sangre aumenta osmóticamente la excreción de líquido mediante el incremento de las micciones, lo que produce hipovolemia y sed.

polidipsia compulsiva (compulsive polydipsia), impulso neurótico e irresistible de beber cantidades excesivas de líquido. Los casos extremos pueden conducir a la muerte por intoxicación acuosa y desequilibrio electrolítico.

polielectrólito (polyelectrolyte), sustancia con muchos grupos cargados o potencialmente cargados.

poliéster de sacarosa (PES) (sucrose polyester [SPE]), grasa sintética no absorbible que, cuando es añadida a la dieta, reduce los niveles de colesterol plasmático al aumentar su excreción por las heces.

poliestesia (polyesthesia), trastorno sensitivo que afecta al sentido del tacto en el que la estimulación de una zona de la piel es sentida en otros lugares además del estimulado.

polifagia (polyphagia), comer en un grado próximo a la glotonería.

polifarmacia (polypharmacy), término aplicado a la utilización de diferentes fármacos por parte de un paciente que puede tener uno o varios problemas de salud.

poligén (polygene), grupo de genes no alélicos que de forma individual ejercen un efecto reducido, pero que juntos interaccionan de modo acumulativo para producir un rasgo particular en un individuo, habitualmente de naturaleza cuantitativa, como tamaño, peso o pigmentación de la piel.

poliglucosano (polyglucosan), molécula de gran tamaño formada por varios polisacáridos anhidros.

polígono de Willis (circle of Willis) [Thomas Willis, médico inglés, n. 1621], red vascular de la base del cerebro formada por las conexiones entre las arterias carótida interna, cerebral anterior, cerebral posterior, comunicante anterior y comunicante posterior.

polihíbrido (polyhybrid), (en genética) perteneciente a o que describe a un individuo, organismo o cepa que es heterocigoto para más de tres rasgos específicos.

polihidramnios (polyhydramnios), v. **hidramnios**.

poliinsaturado (polyunsaturated), relativo a los compuestos químicos que contienen enlaces de valencia doble o triple que pueden estar abiertos para aceptar más átomos en la molécula, transformándose entonces en saturados. Un ácido graso poliinsaturado es aquel que posee dos o más enlaces en la cadena de átomos de carbono, que pueden estar abiertos para aceptar átomos de hidrógeno.

poliléptico (polyleptic), que describe cualquier enfermedad o trastorno caracterizado por numerosas remisiones y exacerbaciones.

polimerizar (polymerize), convertir dos o más moléculas en un polímero.

polímero (polymer), compuesto formado por la combinación o unión de varios monómeros o pequeñas moléculas. Un polímero puede estar constituido por diversos monómeros diferentes o por muchas unidades del mismo monómero.

polimialgia reumática (polymyalgia rheumatica), enfermedad inflamatoria, episódica y crónica de las grandes arterias que suele aparecer en personas de más de 60 años. La polimialgia reumática afecta fundamentalmente a los músculos y se caracteriza por dolor y rigidez de espalda, hombros o cuello, que habitualmente empeora al levantarse por la mañana. Puede haber también una cefalea como en la arteritis craneal, que afecta a las arterias temporal y occipital, provocando una cefalea pulsátil intensa.

polimicrobiano (polymicrobial), relativo a varias especies de microbios.

polimicrogiria (polymicrogyria), v. **microgiria**.

polimiositis (polymyositis), inflamación de numerosos músculos, que habitualmente se acompaña de deformidad, edema, insomnio, dolor, sudoración y tensión.

polimixina (polymyxin), antibiótico que se utiliza por vía tópica y sistémica para el tratamiento de infecciones causadas por bacterias gramnegativas, como meningitis, úlceras corneales y otitis medias.

polimorfismo (polymorphism), **1.** estado o cualidad de lo que existe o se manifiesta de varias formas diferentes. **2.** estado o cualidad de manifestarse de diferentes formas en diferentes fases del desarrollo. El **polimorfismo equilibrado** y el **polimorfismo genético** son dos tipos de polimorfismo.

polimorfo (polymorphous), que se manifiesta de muchas formas diferentes, posiblemente cambiando de estructura o aspecto en las diferentes fases.

polimorfonuclear (polymorphonuclear), que tiene un núcleo con varios lóbulos o segmentos conectados por un filamento.

polineuralgia (polyneuralgia), tipo de neuralgia que afecta a varios nervios al mismo tiempo.

polineuritis (polyneuritis), inflamación que afecta a varios nervios.

polineuritis febril aguda (acute febrile polyneuritis), v. **síndrome de Guillain-Barré**.

polineuritis idiopática aguda (acute idiopathic polyneuritis), v. **síndrome de Guillain-Barré**.

polineuritis infecciosa (infectious polyneuritis), v. **síndrome de Guillain-Barré**.

polineuropatía (polyneuropathy), trastorno en el que están afectados varios nervios periféricos.

polinosis (pollinosis), v. **fiebre del heno**.

polio (polio), v. **poliomielitis**.

polioencefalitis (polioencephalitis), inflamación de la sustancia gris del cerebro como consecuencia de la infección del cerebro causada por un poliovirus.

polioencefalitis hemorrágica superior (superior hemorrhagic polioencephalitis), v. **encefalopatía de Wernicke**.

polioencefalomeningomielitis (polioencephalomeningomyelitis), trastorno inflamatorio que afecta a la sustancia gris del encéfalo y de la médula espinal y a las meninges.

polioencefalomielitis (polioencephalomyelitis), inflamación de la sustancia gris del encéfalo y de la médula espinal, secundaria a la infección por un virus de la polio.

poliomielitis (poliomyelitis), enfermedad infecciosa provocada por uno de los tres virus de la polio. Existen tres formas de la enfermedad, asintomática, leve y paralítica. Se transmite de persona a persona por contaminación fecal o por secreciones orofaríngeas. La infección asintomática no tiene manifestaciones clínicas, pero confiere inmunidad. La poliomielitis abortiva dura solamente unas horas y se caracteriza por molestias menores con fiebre, malestar, cefaleas, náuseas, vómitos y ligeras molestias abdominales. La poliomielitis no paralítica tiene una duración mayor y se caracteriza por irritación meníngea con dolor y rigidez en la espalda y por todos los signos de la poliomielitis abortiva. La poliomielitis paralítica comienza como una poliomielitis abortiva. Ceden los síntomas, y durante unos días la persona se encuentra aparentemente bien. Vuelven a aparecer el malestar, las cefaleas y la fiebre; se desarrollan dolor, debilidad y parálisis. La parálisis máxima se alcanza en la primera semana. En la poliomielitis medular, la replicación vírica tiene lugar en las células del asta anterior de la médula provocando inflamación y, si es grave, destrucción de las neuronas. Los grandes músculos proximales de los miembros son los que se afectan con mayor frecuencia. La poliomielitis bulbar se debe a la multiplicación de los virus en el tronco del encéfalo. Es frecuente que las poliomielitis bulbar y espinal se produzcan conjuntamente.

poliomielitis ascendente (ascending poliomyelitis), poliomielitis que comienza en las piernas y se extiende hacia arriba, hasta alcanzar el tronco y los músculos respiratorios.

poliomielitis bulbar (bulbar poliomyelitis), forma de poliomielitis que afecta al bulbo raquídeo y avanza progresivamente hacia una parálisis bulbar, con insuficiencia respiratoria y circulatoria.

poliomielitis paralítica (paralytic poliomyelitis), parálisis flácida de los miembros producida por la lesión de las motoneuronas inferiores. Cuando se afectan los núcleos del tronco del encéfalo se produce parálisis bulbar progresiva con insuficiencia vasomotora y respiratoria.

poliopía (polyopia), defecto visual en el que se perciben muchas imágenes de un único objeto; visión múltiple. El defecto puede afectar a uno o a ambos ojos.

poliosis (poliosis), despigmentación del pelo del cuero cabelludo, cejas, pestañas, bigote, barba o cuerpo. La enfermedad puede ser hereditaria y generalizada o adquirida y localizada en placas. La poliosis localizada adquirida aparece con frecuencia en la alopecia areata.

polipapiloma (polypapilloma), papilomas o tumores arboriformes múltiples.

polipéptido (polypeptide), cadena de aminoácidos unidos entre sí mediante enlaces peptídicos. Un polipéptido tiene un peso molecular mayor que un péptido pero menor que una proteína.

polipéptido de trietanolamina oleatocondensado (triethanolamine polypeptide oleatecondensate), agente cerumenolítico prescrito para reducir el exceso de cerumen, utilizado como una solución de propilenglicol.

polipéptido inhibidor gástrico (GIP) (gastric inhibitory polypeptide [GIP]), hormona gastrointestinal presente en la mucosa del intestino delgado. La liberación de la hormona, mediada por la presencia de glucosa o ácidos grasos en el duodeno, produce la liberación de insulina desde el páncreas y la inhibición de la secreción de ácido gástrico.

polipéptido intestinal vasoactivo (VIP) (vasoactive intestinal polypeptide [VIP]), hormona que se localiza en el páncreas, intestino y sistema nervioso central. Forma parte del grupo de hormonas glucagón-secretina, y tiene numerosas acciones, entre ellas la estimulación de la liberación de insulina y glucagón.

poliploide (polyploid), **1.** relativo o perteneciente a un individuo, organismo, cepa o célula que tiene más de dos series completas de cromosomas normales para la célula somática. El múltiplo del número haploide característico de la especie se indica mediante el prefijo adecuado, como triploide, tetraploide, pentaploide y así sucesivamente. **2.** individuo, organismo, cepa o célula con dichas características.

poliploidía (polyploidy), estado o trastorno caracterizado por poseer más de dos series completas de cromosomas.

pólipo (polyp), pequeño crecimiento de aspecto tumoral que sobresale de una mucosa superficial.

polipoide (polypoid), como un pólipo o tumor pediculado.

poliposis (polyposis), trastorno caracterizado por la presencia de numerosos pólipos en una región.

poliposis adenomatosa del colon (PAC) (adenomatous polyposis coli [APC]), gen asociado a la **poliposis adenomatosa familiar**, trastorno hereditario caracterizado por el desarrollo de abundantes pólipos en el colon, que comienza al final de la adolescencia o al principio de la edad adulta. Si no se trata, la enfermedad puede terminar en un cáncer del colon.

poliposis del colon (polyposis coli), trastorno en el que existen numerosos pólipos en el colon.

poliposis familiar (familial polyposis), trastorno caracterizado por la existencia de múltiples pólipos en el colon y en el recto. La enfermedad, que tiene una elevada capacidad de malignización, es hereditaria. El síndrome de Gardner es un tipo de poliposis familiar.

poliquístico (polycystic), caracterizado por la presencia de numerosos quistes.

polirradiculitis (polyradiculitis), inflamación de numerosas raíces nerviosas, como ocurre en el síndrome de Guillain-Barré.

polirribosoma (polyribosome), v. **polisoma**.

polisacárido (polysaccharide), carbohidrato que contiene tres o más moléculas de carbohidratos simples. Las dextrinas, almidones, glucógenos y pentosas son ejemplos de polisacáridos.

polisináptico (polysynaptic), relativo a las células nerviosas que terminan en múltiples sinapsis.

polisindactilia (polysyndactyly), presencia de múltiples membranas o fusiones entre los dedos de las manos o de los pies.

polisoma (polysome), (en genética) grupo de ribosomas unidos por una molécula de ARN mensajero que contiene el código genético.

polisomía (polysomy), presencia de un cromosoma al menos triplicado en células somáticas diploides por lo demás normales, como consecuencia de la falta de disyunción cromosómica durante la división meiótica en la maduración de los gametos. El cromosoma puede estar duplicado tres veces (trisomía), cuatro veces (tetrasomía) o más veces.

politiacida (polythiazide), diurético y antihipertensivo prescrito para el tratamiento de la hipertensión y del edema.

política (policy), principios o normas que rigen una actividad y que se espera sean cumplidas por los empleados o miembros de una institución u organización.

política de enfermería (political nursing), la utilización del conocimiento sobre los procesos y estrategias del poder para influir en la naturaleza y dirección de la asistencia sanitaria y de la enfermería profesional.

política sanitaria (health policy), **1.** declaración de una decisión en cuanto a un objetivo de asistencia sanitaria y al plan para lograr ese objetivo. **2.** campo de estudio y práctica en el que se determinan las prioridades y los valores en función de la asignación de los recursos sanitarios.

poliuria (polyuria), excreción de una cantidad anormalmente elevada de orina. Algunas de las causas de poliuria son la diabetes insípida, la diabetes mellitus, los diuréticos, la ingesta exagerada de líquidos y la hipercalcemia.

pollex (pollex), pulgar.

polo (pole), **1.** (en biología) extremo de un eje imaginario trazado a través de las partes simétricamente dispuestas de una célula, órgano, huevo o núcleo. **2.** (en anatomía) punto de una célula nerviosa donde se origina una dendrita.

polonio (Po) (polonium [Po]), elemento radiactivo que es uno de los productos de desintegración del uranio. Su número atómico es 84; su peso atómico aproximado es de 210.

polos renales (poles of kidney), cualquiera de los extremos del eje longitudinal del riñón. Se denominan polo inferior renal *(extremitas inferior renis)* y polo superior renal *(extremitas superior renis)*.

polución nocturna (nocturnal emission), emisión seminal involuntaria durante el sueño, normalmente asociada a un sueño erótico.

polvo (dust), cualquier materia en forma de partículas finas y secas. Son tipos de polvo el **polvo inorgánico** y el **polvo orgánico**.

polvo ácido (acid dust), acumulación de partículas de polvo con fuerte poder ácido en la atmósfera.

polvo de ángel (angel dust), v. **clorhidrato de fenciclidina (PCP)**.

polvo de karaya (karaya powder), extracto seco de *Sterculia urens* o de otras especies de *Sterculia*, utilizado como catártico de masa. Reduce la presión intraluminal rectosigmoidea y ayuda a aliviar los síntomas de pacientes con la enfermedad del colon irritable y la enfermedad diverticular del colon. Exteriormente se utiliza como agente secante de úlceras por decúbito.

polvo de oro (powdered gold), granulación fina de oro puro, conseguida mediante la pulverización del metal fundido o mediante precipitación química. Se utiliza en algunas reconstrucciones dentales, como en las cavidades dentales preparadas.

polvo inorgánico (inorganic dust), partículas finamente polvoreadas de una sustancia inorgánica, especialmente el polvo que, inhalado, puede producir procesos patológicos en los pulmones.

polvo orgánico (organic dust), partículas secas procedentes de las plantas, animales, hongos o bacterias que son lo suficientemente finas como para ser transportadas por el viento.

pomada (ointment), preparación semisólida, que se aplica externamente y que contiene habitualmente un fármaco. Las pomadas se utilizan como agentes analgésicos locales, anestésicos, desinfectantes, astringentes, despigmentantes y queratolíticos.

POMP (POMP), abreviatura de una combinación de fármacos utilizada en el tratamiento del cáncer, que contiene tres antineoplásicos, Purinethol (mercaptopurina), Oncovin (sulfato de vincristina), metotrexato y prednisona (un glucocorticoide).

pómulo (cheekbone), v. **hueso cigomático**.

ponfólix (pompholyx), v. **dishidrosis**.

ponos (ponos), v. **kala-azar**.

póntico (pontic), elemento suspendido de una prótesis dental parcial fija, como un diente artificial, que suele ocupar el espacio ocupado anteriormente por la corona natural del diente.

pontino (pontine), perteneciente a la protuberancia o puente de Varolio.

pool genético (gene pool), conjunto total de rasgos genéticos de un sujeto o de una especie. En una población que se reproduce por selección sexual aleatoria, la distribución de rasgos genéticos sigue una curva normal de campana.

poplíteo (popliteal), perteneciente a la región situada por detrás de la rodilla.

porcentaje de dosis profunda (percentage depth dose), (en radioterapia) cantidad de radiación liberada con una dosis determinada, expresada como un porcentaje de la dosis cutánea.

porcentaje molar (mole percent), cálculo porcentual expresado en moles de una sustancia presente en una mezcla o solución en vez de en función del peso molecular.

porcentaje sistólico (percent systole), cantidad de tiempo de cada latido cardíaco dedicado a la eyección de sangre fuera del ventrículo.

porcino (porcine), obtenido de o relacionado con los cerdos, como la insulina porcina.

porción secretora (secretory piece), cadena polipéptida unida a una molécula de IgA. La porción secretora es necesaria para la secreción de la molécula de inmunoglobulina a los espacios de la mucosa.

porfiria (porphyria), grupo de trastornos hereditarios en los que existe un incremento anormal de la producción de las sustancias llamadas porfirinas. Los dos grupos principales de porfirias son la **porfiria eritropoyética,** caracterizada por la producción de grandes cantidades de porfirina en los tejidos hematopoyéticos de la médula ósea, y la **porfiria hepática,** en la cual se producen grandes cantidades de porfirinas en el hígado. Los signos clínicos comunes a ambos tipos de porfiria son fotosensibilidad, dolor abdominal y neuropatía.

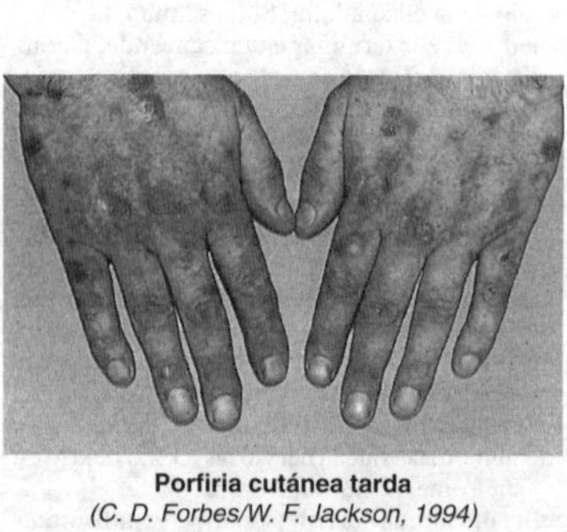

Porfiria cutánea tarda
(C. D. Forbes/W. F. Jackson, 1994)

porfiria aguda intermitente (PAI) (acute intermittent porphyria [AIP]), trastorno metabólico de transmisión genética que se caracteriza por ataques agudos de disfunción neurológica que pueden ser desencadenados por factores tanto ambientales como endógenos. Las mujeres se afectan más frecuentemente que los hombres, y los ataques son precipitados a menudo por el tratamiento con hormonas sexuales femeninas. Otros factores precipitantes son el ayuno o las dietas extremas, las infecciones bacterianas o víricas y un amplio grupo de fármacos. Se puede ver afectada cualquier parte del sistema nervioso, siendo frecuente la aparición de dolor abdominal leve o grave, en relación con una neuropatía autonómica.

porfiria eritropoyética congénita (congenital erythropoietic porphyria), rasgo autosómico recesivo infrecuente, provocado por un defecto en la síntesis de la hemoglobina en los eritrocitos y la liberación de porfirina por los normoblastos de la médula ósea. La porfirina es excretada por la orina. Los síntomas pueden incluir dermatitis, aumento de tamaño del bazo y anemia hemolítica.

porfiria genética sudafricana (South African genetic porphyria), v. **porfiria variegata**.

porfiria mixta (mixed porphyria), v. **porfiria variegata**.

porfiria variegata (variegate porphyria), forma poco frecuente de porfiria hepática, caracterizada por lesiones cutáneas y fotosensibilidad. La enfermedad puede ser congénita o adquirida.

porfirina (porphyrin), derivado pirrólico sin hierro ni magnesio producido por numerosas plantas y tejidos de animales.

porfobilinógeno (porphobilinogen), sustancia cromógena que constituye un producto intermediario en la biosíntesis del grupo hemo y de las porfirinas. Aparece en la orina de personas con porfiria.

poriomanía (poriomania), tendencia a abandonar el hogar de forma impulsiva o a convertirse en vagabundo.

porosis (porosis), trastorno por el que el tejido óseo pierde densidad, en particular, su tejido conectivo de soporte, como en la osteoporosis.

poroso (porous), relativo a algo con poros u orificios.

porro (reefer), v. **cannabis**.

porta hoja (foil carrier), v. **pasador de oro laminar**.

portaagujas (needle holder), pinza quirúrgica utilizada para sujetar y hacer pasar una aguja de sutura a través de un tejido.

portador (carrier), **1.** persona o animal que alberga y transmite un organismo que produce una enfermedad en otros sin padecerla él mismo. **2.** persona cuyos cromosomas poseen un gen recesivo.

portador activo (active carrier), persona sin signos ni síntomas de una enfermedad infecciosa, pero que es portadora del microorganismo que la causa.

portador crónico (chronic carrier), individuo que actúa como huésped de organismos patógenos durante un período prolongado de tiempo sin mostrar ningún signo de enfermedad.

portador pasivo (passive carrier), **1.** persona sana cuyo cuerpo porta los organismos causales de una enfermedad infecciosa, aunque la persona no haya contraído la enfermedad y se mantenga asintomática. **2.** persona portadora de un gen asociado a un rasgo hereditario, aunque el rasgo no se exprese en esa persona.

portoenterostomía (portoenterostomy), procedimiento para corregir la atresia biliar, en el que se anastomosa el yeyuno, mediante un asa en Y de Roux, con la región del hilio hepático para establecer un flujo de bilis desde los conductos biliares hasta el intestino.

poscarga (afterload), carga o resistencia contra la que el ventrículo izquierdo debe proyectar el volumen de sangre de cada contracción.

poscarga (afterloading), (en radioterapia) técnica en la que, durante un procedimiento quirúrgico, se coloca en el interior de un enfermo un aplicador o aguja descargados que se cargan posteriormente a partir de una fuente radiactiva en unas condiciones controladas en las que el personal sanitario está protegido de la radiación. Un tipo de poscarga es la **poscarga a distancia**.

poscoital (postcoital), relativo al momento posterior a una relación sexual.

posdespolarización (afterdepolarization), despolarización de canales lentos que sigue a un potencial de acción. Se cree que es responsable de los latidos ectópicos auriculares y ventriculares, especialmente en el marco de una intoxicación digitálica.

posganglionar (postganglionic), distal a un ganglio.

posición (position), **1.** cualquiera de las numerosas posturas que puede adoptar el cuerpo, como la posición en decúbito lateral o la posición semi-Fowler. V. las posiciones específicas. **2.** (en obstetricia) relación de un punto de referencia fetal elegido arbitrariamente, como el occipucio, el sacro, el mentón o el acromion, en la parte que constituye la presentación del feto, con respecto a su localización en la pelvis materna.

posición alta de Fowler (high-Fowler's position) [George R. Fowler, cirujano norteamericano, n. 1848], colocación del paciente en posición semisentada elevando la cabecera de la cama más de 50 cm.

posición anatómica (anatomic position), posición corporal en la que la persona se halla de pie en posición erecta mirando al frente con los pies ligeramente separados y dirigidos hacia adelante y con los brazos colgando a ambos lados del cuerpo y las palmas dirigidas hacia adelante.

posición corporal (body position), actitud o postura del cuerpo. Algunos tipos de posición corporal son: **decúbito, decúbito prono, decúbito supino, posición anatómica, posición de Fowler** y **posición de Trendelenburg**.

posición de decorticación (decortication posture), posición de un paciente en coma con sus extremidades superiores en flexión rígida en codos y muñecas. Indica una lesión en la región mesencefálica del cerebro.

posición de decúbito dorsal (dorsal recumbent position), posición supina con la persona tendida y descansando sobre nalgas, espalda, cabeza y hombros.

posición de decúbito lateral (decubitus posture), posición de costado que adopta el paciente encamado para aliviar la presión que ejerce el peso de su cuerpo sobre el sacro, los talones u otras zonas vulnerables a las úlceras por decúbito.

posición de descerebración (decerebrate posture), posición de un paciente, normalmente en coma, en la que los brazos están extendidos y en rotación interna y las piernas están extendidas y con los pies en flexión plantar forzada. Esta postura se suele ver en pacientes que sufren compresión del tronco del encéfalo a un nivel bajo.

posición de Elliot (Elliot position) [John W. Elliot, cirujano norteamericano, n. 1852], decúbito supino que adopta el paciente en la mesa de operación, con un soporte colocado debajo del reborde costal inferior para elevar el tórax. Se emplea en la cirugía de la vesícula biliar.

posición de Fowler (Fowler's position) [George R. Fowler, cirujano norteamericano, n. 1848), postura que adopta el paciente cuando eleva la cabeza 45-50 centímetros sobre la cama y eleva las rodillas.

posición de Kraske (Kraske position) [Paul Kraske, cirujano suizo, n. 1851], posición anatómica en la que el paciente se encuentra en decúbito prono, con las caderas flexionadas y elevadas y la cabeza y los pies bajos. Se utiliza para la cirugía renal.

posición de litotomía (lithotomy position), posición que adopta el paciente en decúbito supino con las caderas y rodillas flexionadas, y los muslos en abducción y rotación externa.

posición de los cuatro (all fours position), sexto estadio en los patrones motores ontogénicos del sistema de Rood. La parte inferior del tronco y las extremidades inferiores inician una contracción conjunta cuando se extiende el tronco, y en las cinturas se produce una contracción coordinada de los músculos flexores y extensores del tronco.

posición de referencia (landmark position), colocación correcta de las manos sobre el tórax en reanimación cardiopulmonar.

posición de reposo articular (rest joint position), posición de una articulación en la que las superficies articulares no coinciden totalmente y las estructuras de apoyo están relativamente relajadas. La posición se utiliza profusamente en los procedimientos de movilización pasiva.

posición de semi-Fowler (semi-Fowler's position), colocación del paciente en posición inclinada, con la mitad superior del cuerpo levantada mediante elevación de la cabecera de la cama.

posición de Sims (Sims' position) [James M. Sims, ginecólogo norteamericano, n. 1813], posición en la cual la paciente se recuesta sobre el lado izquierdo con la rodilla y el muslo derechos doblados hacia el tórax. Se deja que tórax y abdomen se inclinen hacia delante.

posición de Trendelenburg (Trendelenburg's position), posición en la que la cabeza está baja y el cuerpo y las piernas se encuentran en un plano inclinado. A veces se utiliza en cirugía pélvica para desplazar los órganos abdominales hacia arriba, fuera de la pelvis, o para aumentar el flujo de sangre al cerebro en la hipotensión y en el shock.

posición diagnóstica de la mirada (diagnostic position of gaze), v. **posiciones cardinales de la mirada**.

posición dorsosacra (dorsosacral position), v. **posición de litotomía**.

posición en navaja de bolsillo (jackknife position), posición anatómica en la que el paciente se coloca sobre su espalda en una postura semisentada, con los hombros elevados y los muslos flexionados en ángulo recto con relación al abdomen. Esta posición facilita el examen y la exploración instrumental de la uretra masculina.

posición fetal (fetal position), relación de la parte del feto que se presenta en la pelvis con los cuatro cuadrantes de la pelvis materna, identificados por la inicial I (izquierda), D (derecha), A (anterior) y P (posterior). La parte presentada también se identifica con la inicial O (occipucio), M (mentón) y S (sacro). Si el feto se presenta con el occipucio dirigido hacia la cara posterior del lado derecho materno, la posición es occipital posterior derecha (OPD).

posición funcional de la mano (functional position of the hand), posición para colocar en la mano una férula que incluya la muñeca y los dedos. El dedo pulgar está abducido, en oposición y alineado con los demás dedos.

posición genupectoral (genupectoral position, kneechest position), posición rodilla-tórax. Para adoptar la posición genupectoral, la persona se arrodilla de forma que el peso del cuerpo sea soportado por las rodillas y el tórax, quedando el abdomen elevado.

posición gingival (gingival position), nivel del borde gingival con respecto a los dientes.

posición inglesa (English position), v. **decúbito lateral**.

posición laxa de la articulación (loose-pack joint position), punto en el arco de movilidad de una articulación en el que las superficies articulares coinciden en menor medida y las estructuras de apoyo están más laxas.

posición media (midposition), volumen espiratorio final o corriente final o posición del sistema toracopulmonar en determinados trastornos, que define la capacidad funcional residual del paciente.

posición obstétrica (obstetric position), v. **posición de Sims**.

posición ortopneica (orthopneic position), posición corporal que permite al paciente la respiración más confortable. Generalmente es aquella en la cual el paciente está sentado inclinado hacia adelante, con los brazos apoyados en una mesa o en los brazos de una silla.

posición reclinada (reclining position), v. **posición en navaja de bolsillo**.

posición rodilla-codo (knee-elbow position), posición exploratoria en la cual el paciente descansa sobre las rodillas y los codos, con la cabeza apoyada en las manos.

posición terminal (terminal stance), uno de los cinco estadios de la postura para andar, asociado directamente con la fase que sigue a la de apoyo en un único miembro o el período durante el que el cuerpo avanza hacia el pie de apoyo.

posición y fijación antideformidad (antideformity positioning and splinting), utilización de férulas, corsés o dispositivos similares para prevenir o controlar las contracturas u otras deformidades musculoesqueléticas que pueden aparecer por desuso, quemaduras u otro tipo de lesiones.

posiciones cardinales de la mirada (cardinal position of gaze), (en oftalmología) una de las seis posiciones hacia las que puede girar el ojo normal. Cada posición precisa la acción de un músculo ocular específico y de un par craneal.

positivo (positive), **1.** (en una prueba de laboratorio) que indica la presencia de una sustancia o reacción. **2.** (signo) en la exploración física indica la presencia de un hallazgo, lo que a su vez significa generalmente, la existencia de cambios patológicos. **3.** (sustancia) que suele transportar o que transporta una carga química positiva.

positrón (positron), electrón positivo o partícula cargada positivamente emitida desde núcleos radiactivos con déficit de neutrones.

poslectura (readthrough), (en genética molecular) transcripción del ARN más allá de la secuencia de terminación normal presente en el modelo de ADN, provocada por una falta de respuesta de la ARN polimerasa a la señal de finalización.

posmaduro (postmature), **1.** desarrollado o maduro en exceso. **2.** relativo o perteneciente a un lactante posmaduro.

posmenopáusico (postmenopausal), relativo o perteneciente al período de vida que sigue a la menopausia.

posmortem (postmortem), **1.** después de la muerte. **2.** *informal,* exploración posmortem.

posnasal (postnasal), relativo a la región situada por detrás de la nariz o a la parte posterior de las fosas nasales.

posparalítico (postparalytic), relativo a algo que ha aparecido después de la parálisis.

posparto (postpartum), después del nacimiento del niño.

posprandial (postprandial), después de una comida.

pospubertad (postpuberty), período de aproximadamente 1 o 2 años después de la pubertad durante el que el crecimiento esquelético es más lento y se establecen las funciones fisiológicas de los años reproductivos.

posterior (posterior), **1.** relativo, perteneciente a o situado en la parte posterior de una estructura, como la superficie dorsal del cuerpo humano. **2.** parte posterior de algo. **3.** hacia la espalda.

posteroanterior (posteroanterior), dirección desde detrás hacia delante.

posteroexterno (posterolateral), relativo a la posición que está por detrás y hacia un lado.

posteroinferior (posteroinferior), relativo a la posición que está por debajo y detrás.

postictal (postictal), relativo o perteneciente al período que sigue a una convulsión.

postinfeccioso (postinfectious), que se produce después de una infección.

postoperatorio (postoperative), relativo o perteneciente al período de tiempo tras la cirugía. Comienza con la salida del paciente de la anestesia y continúa durante el tiempo necesario para que desaparezcan los efectos inmediatos de la anestesia o de la intervención quirúrgica.

postración (prostration), situación de agotamiento e incapacidad extremas para continuar con la actividad habitual como ocurre en la postración por calor o en la postración nerviosa.

postraumático (post-traumatic), relativo a las consecuencias emocionales, mentales o fisiológicas que aparecen tras una lesión o enfermedad grave.

postsináptico (postsynaptic), **1.** situado después de una sinapsis. **2.** que ocurre después de que se ha cruzado una sinapsis.

postulado (postulate), hipótesis que se presenta como verdadera sin pruebas o como base para la argumentación o debate.

postulados de Koch (Koch's postulates) [Robert Koch, bacteriólogo alemán, n. 1843], requisitos para establecer que un determinado microorganismo produce una determinada enfermedad. Las condiciones son las siguientes: 1) el microorganismo debe estar presente en todos los casos de la enfermedad, 2) el microorganismo debe poder ser aislado y crecer en un medio de cultivo puro, 3) los microorganismos del cultivo puro, inoculado a un animal sensible, deben reproducir la enfermedad, 4) el microorganismo debe ser reconocible y aislable a partir del animal enfermo.

póstumo (posthumous), relativo al tiempo posterior a la muerte de una persona.

postura (posture), posición del cuerpo con respecto al espacio que le rodea. La postura se determina y mantiene mediante la coordinación de los diferentes músculos que mueven los miembros, mediante la propiocepción y mediante el sentido del equilibrio.

postura de inclinación anterior (forward-leaning posture), técnica de terapia respiratoria, que intenta reducir o eliminar la actividad de los músculos accesorios en pacientes ambulatorios con dificultad respiratoria. Consiste en caminar en una posición ligeramente inclinada hacia adelante.

postura de inercia dorsal (dorsal inertia posture), tendencia de una persona debilitada o débil a deslizarse hacia abajo en la cama cuando se eleva la cabecera de la misma.

postura de rigidez dorsal (dorsal rigid posture), postura en la que el paciente encamado mantiene una o ambas piernas recogidas y dobladas sobre el pecho. Normalmente sólo es la pierna derecha, y se adopta esa postura para intentar aliviar el dolor abdominal.

postura escorbútica (scorbutic pose), postura característica de un niño con escorbuto, con los muslos y las piernas semiflexionados y las caderas rotadas hacia fuera. Habitualmente, el niño yace inmóvil, sin realizar movimientos voluntarios de las extremidades, debido al dolor que acompaña cualquier movimiento.

postura prona (prone posture), postura que se adopta al permanecer en decúbito prono en ciertos trastornos vertebrales o viscerales.

potable (potable), apto para beber.

potasemia (potassemia), exceso de potasio en la sangre.

potasio (K) (potassium [K]), elemento metálico alcalino, el séptimo elemento más abundante en la corteza terrestre. Su número atómico es 19; su peso atómico es 39,1. Las sales de potasio son necesarias para la vida de todas las plantas y animales. El potasio es el principal catión intracelular del organismo, colaborando en la regulación de la excitabilidad neuromuscular y de la contracción muscular.

potencia (potency), (en embriología) rango de posibilidades de desarrollo de que es capaz una célula o región embrionaria, independientemente de si el estímulo para el crecimiento o diferenciación es natural, artificial o experimental.

potenciación (potentiation), acción sinérgica en la que el efecto de dos fármacos administrados simultáneamente es mayor que el efecto de los fármacos administrados por separado.

potencial (potential), expresión de la energía que participa en la transferencia de una unidad de carga eléctrica. El gradiente o la pendiente de un potencial provoca el movimiento de la carga.

potencial auditivo evocado del tronco del encéfalo (PAETC) (brainstem auditory evoked potential [BAEP]), el potencial evocado más seguro para predecir una lesión nerviosa producida durante la cirugía en la región del nervio acústico. Se produce un sonido chasqueante y se estudian las ondas del EEG del área auditiva del cerebro del paciente. El cese o la ausencia de actividad eléctrica pueden indicar lesión o destrucción.

potencial biótico (biotic potential), el índice posible de crecimiento de una población de organismos bajo condiciones ideales, incluyendo la ausencia de depredadores y un máximo de nutrientes y de espacio para la expansión.

potencial cero (zero potential), potencial producido por la carga efectiva de una macromolécula, habitualmente medido en el límite entre lo que se mueve en una solución con la macromolécula y el resto de la solución.

potencial de acción (action potential), impulso eléctrico caracterizado por una serie de polarizaciones y despolarizaciones autopropagables, que se transmite a través de las membranas celulares de las fibras nerviosas durante la transmisión de un impulso nervioso y a través de las membranas celulares de las células musculares durante una contracción u otro tipo de actividad celular.

potencial de acción de respuesta lenta (slow response action potential), (en cardiología) potencial de acción que se genera cuando ninguno de los canales rápidos del sodio está preparado para la despolarización y la fibra se activa a través de los canales lentos del calcio, generando un potencial de acción con una menor amplitud, menor velocidad ascendente y, por lo tanto, menor conducción.

potencial de membrana (membrane potential), diferencia de la polarización o carga entre las dos caras de una membrana o pared celular.

potencial de membrana diastólico máximo (maximal diastolic membrane potential), (en cardiología) grado mayor de potencial negativo transmembrana que alcanza una célula durante la diástole.

potencial de membrana en reposo (resting membrane potential), voltaje que existe a través de la membrana cuando el músculo cardíaco está en reposo.

potencial de reposo (resting potential), diferencia de potencial que existe en la membrana de una neurona antes de que sea estimulada. El potencial de reposo de una neurona es de 50 a 100 milivoltios, con el exceso de iones cargados negativamente situado en el interior de la membrana celular.

potencial diastólico máximo (maximum diastolic potential), v. **potencial de membrana diastólico máximo**.

potencial evocado auditivo del tronco del encéfalo (PEATE) (brainstem auditory evoked potential [BAEP]), actividad eléctrica que puede registrarse en el tronco cerebral durante los primeros 10 mseg después de la presentación de un estímulo auditivo. Un patrón de ondas de forma normal, pero retrasado, puede indicar pérdida auditiva provocada por un proceso morboso del oído medio o interno, mientras que la ausencia de uno o más picos puede indicar una lesión neural.

potencial evocado (PE) (evoked potential [EP]), trazado de una onda cerebral registrada en distintos lugares de la superficie de la cabeza. El PE, a diferencia de las ondas que se ven en el electroencefalograma, está provocado por un estímulo específico. El estímulo puede afectar a las vías visuales, auditivas o somatestésicas, produciendo un patrón de onda cerebral característico. Algunos tipos de potenciales evocados son: **potencial evocado auditivo del tronco del encéfalo, potencial evocado somatosensorial** y **potencial evocado visual**.

potencial evocado somatosensorial (PES) (somatosensory evoked potential [SEP]), potencial evocado desencadenado por la estimulación repetida de los sistemas del dolor y el tacto. Es el menos fiable de los potenciales evocados estudiados como controles de la función neurológica durante la cirugía.

potencial evocado visual (PEV) (visual evoked potential [VEP]), potencial evocado desencadenado por una luz parpadeante repetidamente. Los lactantes de alto riesgo son vigilados con PEV para evaluar la función visual.

potencial relacionado con un acontecimiento (PRE) (event-related potential [ERP]), tipo de onda cerebral asociada a la respuesta ante un determinado estímulo, como un patrón de onda particular observado cuando el paciente escucha un sonido tipo clic.

potenciar (potentiate), aumentar la fuerza o el grado de actividad de algo.

potenciómetro (potentiometer), dispositivo para medir el voltaje.

potente (potent), poderoso o fuerte.

povidona (povidone), forma polimerizada de la vinilpirrolidona, un polvo blanco higroscópico fácilmente soluble en agua, empleado como agente dispersante y disolvente de los fármacos. También se ha utilizado como expansor del volumen sanguíneo y, formando un compuesto con iodo, como antiséptico tópico.

povidona yodada (povidone-iodine), antiséptico microbicida prescrito para la desinfección de heridas, como lavado quirúrgico preoperatorio, para infecciones vaginales y para el tratamiento antiséptico de las quemaduras.

poxvirus (poxvirus), miembro de una familia de virus que incluye a los organismos que producen el molusco contagioso, la viruela y la vacuna.

PPCVR (CPAP), abreviatura de **presión positiva continua de las vías respiratorias**.

PPD (PPD), abreviatura de **derivado proteico purificado**, material utilizado en la prueba de sensibilidad a la tuberculina.

PPE (SFD), abreviatura de pequeño para su edad. V. **lactante pequeño para la edad gestacional**.

PPLO (PPLO), abreviatura de **microorganismo similar al de la pleuroneumonía**. V. ***Mycoplasma***.

ppm (ppm), abreviatura de **partes por millón**.
PPO (OCT), abreviatura de **prueba de provocación con oxitocina**.
PPSI (IPSP), abreviatura de potencial postsináptico inhibidor.
PQ (OP), abreviatura de procedimiento quirúrgico.
Pr (Pr), símbolo del **praseodimio**.
pragmático (pragmatic), relativo a la creencia de que las ideas son valiosas únicamente por sus consecuencias.
pragmatismo (pragmatism), filosofía que se ocupa de la práctica real y de los resultados prácticos en contraposición a la teoría y la especulación.
prandial (prandial), perteneciente a una comida. El término se utiliza con relación al tiempo, es decir, posprandial o preprandial.
praseodimio (Pr) (praseodymium [Pr]), elemento metálico del grupo de las tierras raras. Su número atómico es 59; su peso atómico es 140,91.
praxis (praxis), concepto que define acciones y conductas manifiestas, o la realización de una acción para la exclusión del pensamiento metafísico.
prazepam (prazepam), fármaco ansiolítico que deriva de las benzodiacepinas. Se prescribe para el tratamiento de los trastornos de ansiedad o para el alivio a corto plazo de los síntomas provocados por la ansiedad.
pre-op (pre-op), abreviatura de preparación para la operación.
precanceroso (precancerous), relativo a un estado de crecimiento anormal de un tejido que es probable que se transforme en un tumor maligno.
precarga (preload), estiramiento inicial de la fibra miocárdica al final de la diástole. La presión y el volumen diastólico final ventricular reflejan este parámetro.
precauciones universales (universal precautions), conjunto de normas y actuaciones encaminadas a prevenir determinadas enfermedades como el SIDA y la hepatitis B. Estas normas fueron trazadas por primera vez en 1987 por los *Centers for Disease Control* de los EE.UU. y en 1989 por el *Bureau of Communicable Epidemiology* canadiense, e incluyen recomendaciones específicas sobre el uso de guantes, mascarillas y gafas protectoras.
precedente (precedent), decisión valorada previamente que sirve como autoridad en un caso similar.
preceptoría (preceptorship), dependencia del profesor o instructor, habitualmente el director o decano de una escuela.
precesión (precession), giro comparativamente lento del eje de un cuerpo rotante, como si fuera a trazar un cono, provocado por la aplicación de una fuerza rotatoria.
precipitación (precipitation), proceso por el que las partículas sólidas se depositan en una solución de modo que puedan separarse de las demás sustancias disueltas.
precipitado (precipitate), hacer que una sustancia se separe de una solución o se sedimente.
precipitado corneal (keratic precipitate), grupo de células inflamatorias depositadas en la superficie endotelial de la córnea tras un traumatismo o inflamación, que a veces nubla la visión.
precipitante (precipitant), sustancia que hace que otra se deposite, separe o precipite a partir de una solución, como los reactivos que hacen precipitar a ciertos metales.
precipitar (precipitate), **1.** sustancia que se ha separado de una solución o que ha sedimentado. **2.** que se produce de forma precipitada o inesperada.
precipitina (precipitin), anticuerpo que provoca la formación de un complejo insoluble cuando se combina con un antígeno soluble específico.
preclínico (preclinical), fase de una enfermedad en la que no se puede establecer un diagnóstico específico porque los signos y síntomas adecuados aún no se han desarrollado.
precognición (precognition), conocimiento de los acontecimientos con antelación.
preconsciente (preconscious), **1.** antes del desarrollo de la propia consciencia y del propio conocimiento. **2.** (en psiquiatría) función mental en la que los pensamientos, ideas, emociones o memorias que no se reconocen de inmediato pueden ser llevados al plano consciente sin encontrar resistencia intrapsíquica ni represión alguna. **3.** relativo a fenómenos mentales capaces de ser recordados, aunque no estén presentes en la mente consciente.
precordio (precordia), perteneciente a la región frontal del tórax que se sitúa sobre el corazón.
precoz (precocious), relativo al desarrollo temprano, con frecuencia prematuro, de cualidades físicas o mentales.
precursor (precursor), característica o rasgo pronóstico de los datos sobre la salud de un paciente, como un hallazgo radiológico o de laboratorio que se asocia a un mayor o menor riesgo de muerte que la media.
prediabetes (prediabetes), v. **anomalía potencial de la tolerancia a la glucosa, anomalía previa de la tolerancia a la glucosa**.

prediástole (prediastole), parte del ciclo cardíaco entre la fase final de la sístole y la fase inicial de la diástole.

predicado (predicate), (en la programación neurolingüística) parte de una frase que dice algo sobre el sujeto. Puede hacer referencia a una experiencia sensitiva directa o puede ser neutra.

predisposición (predisposition), estado de ser particularmente susceptible.

prednisolona (prednisolone), glucocorticoide prescrito como tratamiento para la inflamación de la piel, conjuntiva y córnea y para la inmunosupresión.

prednisona (prednisone), glucocorticoide prescrito en la inflamación e inmunosupresión graves.

preeclampsia (preeclampsia), complicación del embarazo caracterizada por la aparición de hipertensión aguda después de la 24 semana de gestación. La tríada clásica de la preeclampsia es hipertensión, proteinuria y edema. Se establece el diagnóstico de preeclampsia leve ante la aparición de uno o más de los siguientes signos después de la 24 semana de gestación: tensión arterial sistólica de 140 mm Hg o más o una elevación de 30 mm Hg o más por encima de la tensión arterial sistólica habitual de la mujer; tensión arterial diastólica de 90 mm Hg o más o una elevación de 15 mm Hg o más por encima de la tensión arterial diastólica habitual en la mujer; edema. Se establece el diagnóstico de preeclampsia grave ante la presencia de uno o más de los siguientes signos: tensión arterial sistólica de 160 mm Hg o más o una tensión diastólica de 110 mm Hg o más en dos ocasiones, con 6 horas de diferencia y con la mujer en reposo; proteinuria de 5 g o más en 24 horas; oliguria de menos de 400 ml en 24 horas; trastornos vasculares oculares o cerebrales; cianosis o edema pulmonar.

preemie (preemie), en inglés, abreviatura de **neonato prematuro**.

preexcitación (preexcitation), activación de parte del miocardio ventricular antes de lo que sería de esperar si los impulsos activadores viajasen solamente hacia abajo por las vías normales o hubiesen experimentado un retraso normal en el nódulo AV. El grado de preexcitación está determinado por la rapidez con que el impulso atraviesa el tejido auricular y la vía accesoria del nódulo AV.

preferencia manual (handedness, laterality), preferencia voluntaria o involuntaria para utilizar la mano derecha o la izquierda. Esta preferencia está relacionada con la dominancia cerebral; los zurdos presentan una dominancia del lado derecho del cerebro y viceversa.

preformación (preformation), teoría embriológica antigua según la cual el organismo está contenido de forma diminuta y completa dentro de la célula germinal y después de la fecundación crece desde un tamaño microscópico hasta alcanzar un tamaño normal.

pregnanediol (pregnanediol), compuesto biológicamente inactivo, cristalino, presente en la orina de las mujeres durante el embarazo o en la fase secretora del ciclo menstrual.

pregrávida (progravid), antes del embarazo.

prematuridad (prematurity), relativo a lo que sucede antes del momento normal o esperado, como un parto prematuro.

prematuro (premature), **1.** sin desarrollo o madurez completa. **2.** que aparece antes del momento adecuado o habitual.

premedicación (premedication), **1.** cualquier medicación sedante, tranquilizante, hipnótica o anticolinérgica administrada antes de la anestesia. La elección del fármaco depende de variables tales como la edad y el estado físico del paciente y de la intervención quirúrgica específica. **2.** administración de dichas medicaciones.

premenárquico (premenarchal), relativo al período previo al comienzo de la menstruación.

premenopáusico (premenopausal), relativo o perteneciente a la etapa de la vida que precede a la menopausia.

premenstrual (premenstrual), relativo al período previo al comienzo de la menstruación.

premisa (premise), proposición establecida como base de un argumento generalmente de antemano.

premolar (premolar), cada uno de los ocho dientes, cuatro en cada arcada dental, situados por fuera y detrás de los dientes caninos. Los premolares aparecen durante la infancia y permanecen hasta la vejez. Son más pequeños y más cortos que los dientes caninos.

premonición (premonition), sensación de un hecho inminente sin conocimiento previo del mismo.

premonitorio (premonitory), síntoma o signo precoz de una enfermedad. El término se utiliza habitualmente para describir los síntomas menores que preceden a un problema importante de salud.

prenatal (prenatal), antes del nacimiento; que se produce o existe antes del nacimiento, refiriéndose tanto a la atención de la mujer durante el embarazo como al crecimiento y desarrollo del feto.

prenda de Jobst (Jobst garment), tipo de vendaje a presión que se aplica para evitar la formación de cicatrices hipertróficas.

prénsil (prehensile), capaz de agarrar.
prensión (prehension), utilización de las manos y dedos de las manos para agarrar o coger objetos.
preocupación (preoccupation), estado caracterizado por estar obsesionado o absorbido por los propios pensamientos hasta un grado que impide el contacto eficaz o la relación con la realidad exterior.
preoperatorio (preoperative), relativo o perteneciente al período de tiempo que precede a una intervención quirúrgica. Habitualmente, el período preoperatorio comienza con la primera preparación del paciente para la cirugía, como sucede cuando, 12 horas antes de la intervención programada, se prohíbe la ingesta de alimentos o líquidos. Termina con la inducción de la anestesia quirúrgica en el quirófano.
prep (prep), abreviatura de preparar, o **preparación**, en particular cuando se refiere a la preparación para la cirugía.
preparación (preparation), **1.** preparar un sitio para realizar un procedimiento, como eliminar los restos de una cavidad dentaria antes del empaste. **2.** medicación u otro tratamiento preparado para su uso. **3.** muestra.
preparación de la piel (skin prep), procedimiento para la limpieza de la piel con un antiséptico antes de la cirugía o de la punción venosa. El objetivo de la preparación de la piel es la destrucción de bacterias y gérmenes patológicos y la reducción del riesgo de infección. Se dispone de varios dispositivos para la preparación de la piel, habitualmente de plástico, rellenados con un determinado antiséptico y equipados con un aplicador. El antiséptico se aplica frotando el aparato con un movimiento circular sobre la piel.
preparación de lupus eritematoso (PLE) (lupus erythematosus preparation [LE prep]), prueba de laboratorio del lupus eritematoso en la que se incuban neutrófilos normales con una muestra del suero del paciente, provocando la aparición de unas inclusiones esféricas de gran tamaño fagocitadas dentro de los neutrófilos si el paciente presenta un lupus eritematoso.
preparación doble (double setup), técnica de enfermería en la que se prepara la sala de partos tanto para parto vaginal como para cesárea. Las enfermeras circulante e instrumentista preparan el equipo necesario para ambas técnicas.
preparación en gota pendiente (hanging drop preparation), técnica utilizada para el examen e identificación de ciertos microorganismos, como espiroquetas o tricomonas. La muestra sospechosa de contener el microorganismo se diluye con una solución estéril isotónica. Se coloca una gota de esta mezcla líquida en un cubreobjetos de cristal que, después, se invierte con cuidado y se coloca sobre el portaobjetos de forma que la gota cuelga desde el cubreobjetos sobre la concavidad del portaobjetos especial.
preparación psicofísica al parto (psychophysical preparation for childbirth), programa que prepara a las mujeres para dar a luz mediante la enseñanza de la fisiología del proceso, de ejercicios para mejorar el tono muscular y la resistencia física, y de diversas técnicas de respiración y relajación para favorecer el control y la comodidad durante el trabajo de parto y el mismo parto. Algunos métodos de preparación psicofísica para el parto son: **método de Bradley, método de Lamaze** y **método de Read**.
preparación psicoprofiláctica al parto (psychoprophylactic preparation for childbirth), sistema de educación prenatal para el parto utilizando el método de Lamaze de parto natural.
preparado de dextrano (dextran preparation), cualquiera de las soluciones formadas por polisacáridos, agua y, en algunos preparados, electrólitos. Estas soluciones se utilizan como expansores de volumen plasmático en casos de hipovolemia por hemorragia, deshidratación u otra causa.
preparto (prepartum), relativo a los acontecimientos que tienen lugar antes del nacimiento del niño.
preprandial (preprandial), antes de una comida.
prepubertad (prepuberty), período inmediatamente anterior a la pubertad, que dura alrededor de 2 años y se caracteriza por los cambios físicos preliminares, como la aceleración del crecimiento y la aparición de los caracteres sexuales secundarios, que conducen a la madurez sexual.
prepubescencia (prepubescence), fase prepuberal.
prepucio (prepuce), pliegue de piel que forma una cobertura retráctil, como el prepucio del pene o el pliegue que rodea el clítoris.
prerrenal (prerenal), **1.** localizado delante del riñón. **2.** que ocurre antes de llegar al riñón.
prerrotuliano (prepatellar), situado delante de la rótula.
presbiacusia (presbycusis), pérdida normal de la agudeza auditiva, de la inteligibilidad del lenguaje, del umbral de audición y del tono asociada al envejecimiento.
presbicardia (presbycardia), trastorno cardíaco que afecta especialmente a individuos de edad avanzada y que se asocia a insuficiencia cardíaca en presencia de otras complicaciones, como cardiopatías, fiebre, anemia, hipertiroi-

dismo leve y administración exagerada de líquidos. La presbicardia puede ir asociada a una disminución de la elasticidad de la musculatura del corazón y a alteraciones fibróticas leves de las válvulas cardíacas, aunque se desconocen las razones fundamentales de estos cambios y de la pigmentación que aparece en el corazón.

presbiopía (presbyopia), disminución de la capacidad para ver de cerca producida por la pérdida de elasticidad del cristalino. Habitualmente esta alteración se desarrolla en edades avanzadas.

prescribir (prescribe), **1.** escribir una orden para un fármaco, un tratamiento o un procedimiento. **2.** recomendar o aconsejar el seguimiento de una determinada acción.

prescripción (prescription), orden para una medicación, un tratamiento o un dispositivo terapéutico dada por una persona con la debida autorización a otra persona con la debida autorización también para dispensar o llevar a cabo la orden. Habitualmente la receta se hace por escrito e incluye el nombre y la dirección del paciente, la fecha, el signo D (superscripción), la medicación recetada (inscripción), las indicaciones para el farmacéutico u otro dispensador (subscripción), las indicaciones para el paciente que deben aparecer en el prospecto, la firma del que prescribe y, en algunos casos, un número de identificación.

preselección (prescreen), **1.** evaluación de un paciente o grupo de pacientes para identificar a aquellos que presentan un mayor riesgo de desarrollar una enfermedad particular y seleccionar a los que presentan una necesidad especial de procedimientos diagnósticos o de asistencia sanitaria. **2.** *informal,* exploración rápida y superficial de una persona que no parece presentar una enfermedad aguda. Puede incluir el registro de la historia clínica.

presencia (presence), modo de estar en una situación con la totalidad del ser; don de uno mismo que puede darse libremente, ser invocado o evocado.

presenil (presenile), relativo al trastorno en el que una persona manifiesta signos de envejecimiento a una edad temprana o media.

presentación anormal (malpresentation), posición anormal del feto en el canal del parto.

presentación cefálica (cephalic presentation), presentación fetal en la que la cabeza del feto se localiza en el cuello uterino. La presentación cefálica se describe de forma más precisa indicando la parte de la cabeza que se observa en la presentación, como el occipucio, el bregma o el mentón.

presentación de cara (face presentation), presentación obstétrica en la que el mentón del feto es el punto de dirección.

presentación de frente (brow presentation), tipo de presentación obstétrica en la que las cejas o la frente del feto son la primera parte del cuerpo que entra en el canal del parto. Ya que el diámetro de la cabeza fetal en este ángulo puede ser mayor que el estrecho inferior de la pelvis materna, puede recomendarse la cesárea.

presentación de hombros (shoulder presentation), parte del feto que ocupa el centro del canal del parto cuando la presentación se asocia a una posición transversa u oblicua.

presentación de nalgas (breech presentation), posición intrauterina del feto en la que se presentan las nalgas o pies, que ocurre aproximadamente en el 3% de los partos. Las clases de presentación de nalgas son **nalgas completas**, **podálica** y**nalgas francas**.

presentación de vértice (vertex presentation), (en obstetricia) presentación fetal en la cual el vértice del feto es la parte más cercana al orificio cervical y la que se espera que salga en primer lugar.

presentación fetal (fetal presentation), parte del feto que aparece primero en la pelvis. Las presentaciones cefálicas son las de vértice, frente y mentón; las de nalgas son la de nalgas franca y las podálicas simple y doble.

presentación funicular (funic presentation), en obstetricia, aparición del cordón umbilical antes de la parte principal de presentación del feto.

presentación longitudinal (longitudinal presentation), presentación normal del feto, con el eje mayor paralelo al de la madre.

presentación oblicua (oblique presentation), presentación en la cual el eje longitudinal del feto tiene una disposición oblicua respecto al eje longitudinal de la madre.

presentación pélvica (pelvic presentation), presentación de nalgas.

presentación placentaria (placental presentation), complicación del parto en la que la placenta se localiza en o cerca del segmento uterino inferior.

presentación transversa (transverse presentation), presentación del cuerpo fetal en una posición transversa u oblicua en el canal del parto.

preservativo (condom), funda flexible y blanda que cubre el pene y evita que el semen se introduzca en la vagina durante el acto sexual, que se utiliza para evitar el contagio de infecciones y para prevenir el embarazo.

presináptico (presynaptic), **1.** situado cerca o antes de la sinapsis. **2.** que se produce antes de la sinapsis.

presión (pressure), fuerza o tensión aplicada a una superficie por un líquido o un objeto, habitualmente medida en unidades de masa por unidades de superficie, como kilogramos por centímetro cuadrado.

presión arterial (arterial pressure), tensión ejercida por la sangre circulante sobre las paredes de las arterias. La presión arterial de un sujeto determinado es el producto del gasto cardíaco por la resistencia vascular periférica.

presión arterial diastólica (diastolic blood pressure), nivel mínimo de presión arterial medida entre dos contraccio nes cardíacas. Las presiones diastólicas de un individuo pueden variar según edad, sexo, peso corporal, estado emocional y otros factores.

presión atmosférica (atmospheric pressure), presión ejercida por el peso de la atmósfera. La presión atmosférica a nivel del mar es de aproximadamente 760 mm de mercurio (1 $kgcm^2$). Al aumentar la altitud, la presión disminuye.

presión de enclavamiento (wedge pressure), presión capilar en la aurícula izquierda, que se determina midiendo la presión en un catéter cardíaco enclavado en el segmento más distal de la arteria pulmonar.

presión de enclavamiento de la arteria pulmonar (pulmonary artery wedge pressure), tensión arterial medida por un transductor cuando se sitúa un catéter en una rama distal de la arteria pulmonar. La presión medida es la de la vena pulmonar e, indirectamente, la de la aurícula izquierda y ventrículo izquierdo durante la diástole.

presión de enclavamiento pulmonar (PEP) (pulmonary wedge pressure [PWP]), presión ejercida contra la arteria pulmonar por un balón de látex inflado, como parte de un procedimiento utilizado para el diagnóstico de la insuficiencia cardíaca congestiva, del infarto de miocardio y de otros trastornos. Se introduce un catéter dotado de un balón en el extremo, a través de la vena subclavia, de la yugular o de la femoral hasta la vena cava, llegando a través de la aurícula y ventrículo derechos hasta la arteria pulmonar.

presión de perfusión cerebral (PPC) (cerebral perfusion pressure [CPP]), determinación del flujo sanguíneo que recibe el cerebro. Se calcula restando la presión intracraneal a la presión arterial media sistémica.

presión del pulso (pulse pressure), diferencia entre las presiones sistólica y diastólica, normalmente de 30 a 40 mm Hg.

presión espiratoria final cero (ZEEP) (zero-end expiratory pressure [ZEEP]), presión que iguala de nuevo a la presión ambiental o atmosférica al final de la espiración.

presión espiratoria final negativa (PEFN) (negative end-expiratory pressure [NEEP]), técnica utilizada para contrarrestar el aumento de la presión intratorácica media producido por la ventilación con presión positiva intermitente (VPPI), en un esfuerzo por recuperar una presión intratorácica negativa para que se produzca el retorno venoso hacia la aurícula derecha. Generalmente, la presión negativa se aplica al circuito durante la espiración mediante un chorro o sistema Venturi, y la presión subatmosférica resultante se aplica a las vías aéreas del paciente.

presión espiratoria final positiva (PEFP) (positive end expiratory pressure [PEEP]), (en terapia respiratoria) ventilación controlada por un flujo de aire liberado en ciclos de presión constante mediante el ciclo respiratorio. La PEEP se utiliza para aliviar la dificultad respiratoria secundaria a prematuridad, pancreatitis, shock, edema pulmonar, traumatismos, cirugía y otras enfermedades en las que los movimientos respiratorios espontáneos son insuficientes y la concentración arterial de oxígeno es deficiente.

presión inspiratoria máxima (PIM) (maximum inspiratory pressure [MIP]), presión máxima que existe dentro de los alveolos pulmonares durante la fase inspiratoria de la respiración.

presión negativa (negative pressure), presión inferior a la atmosférica, como la del vacío, de una altura por encima del nivel del mar o de una cámara hipobárica.

presión oncótica (oncotic pressure), presión osmótica de un coloide en solución, como la que existe cuando la concentración de proteínas plasmáticas a un lado de la membrana celular es mayor que la del líquido intersticial adyacente.

presión osmótica (osmotic pressure), **1.** presión ejercida sobre una membrana semipermeable que separa una solución de un solvente, siendo la membrana impermeable a los solutos en solución y sólo permeable al solvente. **2.** presión ejercida sobre una membrana semipermeable por una solución que contiene uno o más solutos que no pueden traspasar la membrana, que sólo es permeable al solvente que la rodea.

presión parcial (partial pressure), presión ejercida por cualquier gas en una mezcla de gases o en un líquido, que es directamente proporcional a la concentración de dicho gas en la presión total de la mezcla. La concentración del oxígeno en la atmósfera representa el 21% de la presión atmosférica total, considerada como de 760 mm Hg en condiciones normales. Por tanto, la presión parcial del oxígeno atmosférico es 160 mm Hg (760 × 0,21).

presión parcial de anhídrido carbónico (partial pressure of carbon dioxide), porción de la presión gaseosa sanguínea total ejercida por el anhídrido carbónico. Las presiones normales de anhídrido carbónico en sangre arterial oscilan entre 35 y 45 mm Hg; en sangre venosa, entre 40 y 45 mm Hg.

presión positiva (positive pressure), **1.** presión superior a la atmosférica ambiental. **2.** (en terapia respiratoria) toda técnica en la que se envía aire o gas comprimido a las vías respiratorias con una presión superior a la ambiental.

presión positiva constante de las vías respiratorias (constant positive airway pressure), v. **presión positiva continua de las vías respiratorias (PPCVR).**

presión positiva continua de las vías respiratorias (PPCVR) (continuous positive airway pressure [CPAP]), (en terapia respiratoria) ventilación asistida por un flujo de aire liberado a una presión constante a lo largo del ciclo respiratorio. Se utiliza en pacientes que pueden iniciar sus propias respiraciones pero que no son capaces de mantener unos niveles adecuados de oxigenación arterial sin asistencia. La PPCVR se puede administrar mediante un ventilador conectado a un tubo endotraqueal, a través de una cánula nasal o de una campana sobre la cabeza del paciente.

presión sistólica (systolic pressure), la presión arterial medida durante el período de contracción ventricular (sístole). En las determinaciones de la presión arterial, normalmente es la más alta de las dos medidas.

presión venosa (venous pressure), tensión ejercida por la sangre circulante sobre las paredes de la venas; normalmente es de 60 a 120 mm de agua en las venas periféricas, pero se eleva en la insuficiencia cardíaca congestiva, en la pericarditis constrictiva aguda y crónica y en la obstrucción venosa causada por coágulos o por una presión externa sobre una vena. La presión venosa central, normalmente de 40 a 100 mm de agua, se determina introduciendo un catéter en una vena principal y haciéndolo pasar por la vena cava superior hasta la aurícula derecha. El catéter se fija mediante una llave de paso de tres vías a un manómetro de agua.

presión venosa central (PVC) (central venous pressure [CVP]), presión sanguínea en las grandes venas del organismo diferenciada de la presión venosa periférica en una extremidad. Se determina con un manómetro de agua que puede sujetarse en la cabecera de la cama del paciente y a un catéter venoso central situado en la vena cava.

presión venosa yugular (PVY) (jugular venous pressure [JVP]), presión de la sangre en la vena yugular, que refleja el volumen y la presión de la sangre venosa en el lado derecho del corazón. Con una PVY elevada se distienden las venas del cuello hasta el ángulo del maxilar inferior.

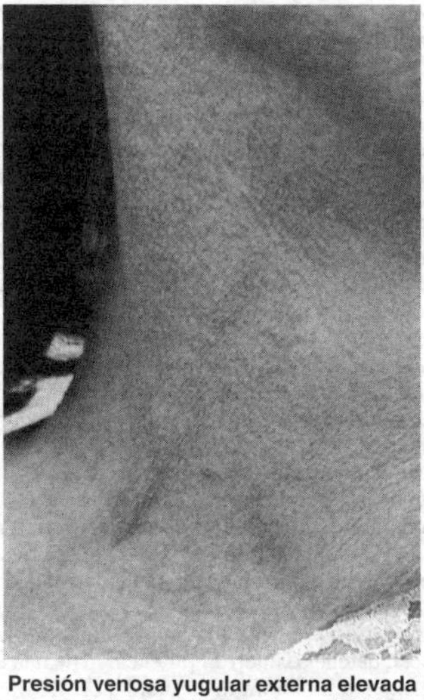

Presión venosa yugular externa elevada
(C. D. Forbes/W. F. Jackson, 1994)

presístole (presystole), intervalo del ciclo cardíaco inmediatamente previo a la sístole.

presor (pressor), sustancia que suele provocar una elevación de la tensión arterial.

presorreceptor (pressoreceptor), terminación nerviosa sensible a los cambios de la tensión arterial.

prestador (provider), profesional hospitalario, clínico o de asistencia sanitaria o grupo de profesionales de asistencia sanitaria que prestan un servicio a los pacientes.

pretérmino (preterm), **1.** relativo a los hechos previos a una fecha específica. **2.** relativo a un período de gestación más corto de lo normal.

pretibial (pretibial), relativo o perteneciente a la zona de la pierna situada por delante de la tibia.
prevalencia (prevalence), (en epidemiología) número de todos los casos nuevos y antiguos de una enfermedad o manifestaciones de un hecho durante un período determinado de tiempo.
prevención (prevention), (en asistencia de enfermería) cualquier acción dirigida a prevenir la enfermedad y a favorecer la salud para evitar la necesidad de una asistencia sanitaria primaria, secundaria o terciaria.
prevención de la enfermedad (disease prevention), actividades destinadas a proteger a los pacientes u otros miembros de la población posibles o reales para su salud y de sus consecuencias lesivas.
prevención primaria (primary prevention), programa de actividades dirigido a la mejora del bienestar general, a la vez que incluye protección específica frente a determinadas enfermedades, como la inmunización frente al sarampión.
prevención secundaria (secondary prevention), nivel de medicina preventiva que se centra en el diagnóstico precoz, la utilización de servicios de consulta y el rápido inicio del tratamiento para detener el progreso del proceso patológico o de una enfermedad incapacitante.
prevención terciaria (tertiary prevention), nivel de la medicina preventiva que se ocupa de la rehabilitación y de la vuelta de un paciente a un estado de máxima utilidad con un riesgo mínimo de recurrencia de una enfermedad física o mental.
preventivo (preventive), que pretende enlentecer, detener o interrumpir el curso de una enfermedad o disminuir la incidencia de dicha enfermedad.
previo (praevia, praevius), relativo a algo que ocurrió en un tiempo o lugar anterior.
previtamina (previtamin), v. **provitamina**.
priapismo (priapism), trastorno caracterizado por la presencia de una erección prolongada o constante del pene, con frecuencia dolorosa y rara vez asociada a estimulación sexual. Puede ser secundaria a cálculos urinarios o a una lesión del pene o del sistema nervioso central.
priapitis (priapitis), inflamación del pene.
priapo (priapus), v. **pene**.
primario (primary), **1.** primero en cuanto a tiempo, espacio, desarrollo o importancia. **2.** que no procede de ninguna otra fuente o causa, específicamente el trastorno original o el conjunto de síntomas originales del proceso de la enfermedad, como una infección primaria o un tumor primario. **3.** (en química) el primer y más simple compuesto observado de un ciclo formado por la sustitución de uno o más átomos o de un grupo en una molécula.
primate (primate), miembro del orden biológico animal, de la clase mamíferos de los cordados. El orden primates incluye a los lemures, monos, simios y seres humanos. La mayoría de los primates tienen grandes cerebros, visión estereoscópica y manos y pies desarrollados para la prensión.
primer par (first nerve), v. **nervio olfatorio**.
primera cuña (first cuneiform), v. **cuneiforme mayor**.
primera generación filial (first filial generation), v. $\mathbf{F_1}$.
primera infancia (toddlerhood), fase en la que se encuentra un niño de 1 a 3 años.
primeros auxilios (first aid), asistencia inmediata que se presta a una persona herida o enferma antes de ser tratada por personal médico. La asistencia se dirige en primer lugar a los problemas más graves: valoración de la permeabilidad de las vías respiratorias, presencia de hemorragia e idoneidad de la función cardíaca.
primeros movimientos (quickening), las primeras sensaciones de movimiento del niño en el útero que experimenta la mujer embarazada, que habitualmente se producen entre la 16 y 20 semana de gestación.
primidona (primidone), anticonvulsivante prescrito para el tratamiento de trastornos epilépticos, como convulsiones de gran mal, psicomotoras y del tipo de la epilepsia focal.
primigrávida (primigravida), mujer embarazada por primera vez.
primípara (primipara, *pl.* **primiparae**), mujer que ha dado a luz un niño viable, anotándose «para 1» en la historia clínica de la paciente.
primiparidad (primiparity), estado de haber dado a luz un hijo.
primitivo (primitive), **1.** no desarrollado; no diferenciado; rudimentario; que muestra escasa o nula evolución. **2.** embrionario; formado al comienzo del desarrollo; que existe en una forma precoz o simple.
primordial (primordial), **1.** característico del estado menos desarrollado o más primitivo, específicamente aquellas células o tejidos que se forman en las fases precoces del desarrollo embrionario. **2.** primero u original; primitivo.
primordio (primordium, *pl.* **primordia**), primera fase reconocible en el desarrollo embrionario y en la diferenciación de un determinado órgano, tejido o estructura.

principal (principal), primero en autoridad e importancia.

principio (principle), **1.** verdad general o regla establecida de actuación. **2.** fuente o elemento principal del que procede todo lo demás. **3.** ley en la que se basan las demás o de la que derivan las demás.

principio de Bernoulli (Bernoulli's principle) [Daniel Bernoulli, científico suizo, n. 1700], (en física) principio que afirma que la suma de la velocidad y la energía cinética de un líquido que fluye a través de un tubo es constante. Cuanto mayor es la velocidad, menor es la presión lateral en la pared del tubo. Por tanto, si la luz de una arteria está estrechada por una placa de ateroma, el flujo de sangre a través de la constricción aumentará su velocidad y disminuirá su presión lateral.

principio de equilibrio de Hardy-Weinberg (Hardy-Weinberg equilibrium principle) [G. H. Hardy, matemático inglés del siglo XX; Wilhelm Weinberg, médico alemán, n. 1862], relación matemática entre la frecuencia de genes y los genotipos resultantes en las poblaciones.

principio de Fick (Fick principle) [Adolf E. Fick, fisiólogo alemán, n. 1829), método para realizar mediciones indirectas, basado en el principio de conservación de la masa. Se utiliza específicamente para determinar el gasto cardíaco, en el que la cantidad de oxígeno captado por cada unidad de sangre al pasar por los pulmones es igual a la diferencia de concentración de oxígeno entre la sangre arterial y venosa mezclada.

principio de Grossman (Grossman principle), (en tomografía) principio por el que cuando el fulcro o eje de rotación permanece a una altura fija, el nivel de posición del foco se modifica elevando o bajando la parte superior de la mesa a través de este punto fijo hasta alcanzar la altura deseada.

principio de inclusión (inclusiveness principle), regla según la cual la respuesta a varios objetos del entorno es proporcional a la cantidad de estímulos proporcionados por cada objeto.

principio de Pascal (Pascal's principle) [Blaise Pascal], (en física) ley que afirma que un líquido encerrado transmite la presión ejercida sobre él desde una fuente externa en todas direcciones por igual. El principio de Pascal proporciona las bases para todos los dispositivos hidráulicos.

principio de proximidad (proximity principle), regla según la cual cuando dos o más objetos están cerca, pueden considerarse como una unidad perceptiva.

principio de realidad (reality principle), conocimiento de las exigencias del entorno y de la necesidad de adecuar la conducta para satisfacer a dichas exigencias, que se expresa principalmente por la renuncia a la satisfacción inmediata de los placeres instintivos para obtener objetivos a largo plazo y futuros.

principio de universalidad (universalizability principle), principio según el cual una acción es buena si cualquier persona sin excepción debería realizar el mismo acto en circunstancias similares.

principio del placer (pleasure principle), (en psicoanálisis) necesidad de gratificación inmediata de los impulsos instintivos.

principio planigráfico (planigraphic principle), regla de la tomografía en la que se eleva o desciende el fulcro o eje de rotación para alterar el nivel del plano focal, aunque la altura de la mesa permanece constante.

principios de conservación de la enfermería (conservation principles of nursing), marco conceptual de la enfermería que se dirige hacia el mantenimiento de la integridad del paciente cuando la capacidad normal de afrontamiento de un enfermo está alterada o sobrepasada por el estrés. La actuación de enfermería está determinada por la necesidad del paciente de conservar la energía y de mantener la integridad estructural, personal y social. El personal de enfermería actúa como «conservador».

principios de instrumentación (principles of instrumentation), en odontología, los seis principios para el uso de espéculos y otros instrumentos manuales o a motor: 1, prensión; 2, fulcro; 3, inserción; 4, adaptación y angulación; 5, activación (presión lateral y golpe de trabajo); 6, descanso.

prioridad (priority), acciones establecidas en orden de importancia o urgencia para el bienestar o los objetivos de la organización, del paciente o de otra persona en un determinado momento.

prisma (prism), **1.** figura sólida, con una sección transversa triangular o poligonal, limitada de paralelogramos. **2.** prismas del esmalte, o cilindros calcificados, rodeados por las cutículas orgánicas de los prismas unidas entre sí para formar el esmalte dentario. **3.** prisma adverso o prisma de inclinación empleado para probar y entrenar los músculos oculares.

privación de los efectos del sueño (deprivation of sleep effects), evitación intencionada del sueño, que provoca aberraciones mentales progresivas al cabo de 30 a 60 horas de vigilia continuada. Después de este momento, resulta imposible realizar tareas aburridas, el lenguaje se vuelve confuso y el rendimiento es cada vez peor. Al cabo de una semana de privación del sueño pueden comenzar a aparecer síntomas de psicosis.

privación emocional (emotional deprivation), falta del afecto adecuado e interés, especialmente por parte de los padres o de una persona allegada. Es un problema relativamente común en los individuos ingresados o niños que provienen de hogares rotos.

privación perceptual (perceptual deprivation), ausencia o disminución de grupos significativos de estímulos, que puede deberse a un ruido de fondo constante o a una iluminación insuficiente constante.

privación por confinamiento (confinement deprivation), trastorno emocional que se puede producir cuando un individuo es separado de su entorno familiar o se le priva del contacto con personas u objetos familiares.

privación sensorial (sensory deprivation), pérdida involuntaria de la consciencia física provocada por el alejamiento de los estímulos sensitivos externos. Dicha carencia provoca con frecuencia trastornos psicológicos, como pánico, confusión mental, depresión y alucinaciones.

privación táctil (touch deprivation), ausencia de estimulación táctil, especialmente en la primera infancia, que si continúa durante un período de tiempo suficiente puede producir graves alteraciones del desarrollo y emocionales, tales como enanismo, alteraciones de la personalidad y regresión social.

PRL (PRL), abreviatura de **prolactina**.

Pro (Pro), abreviatura de **prolina**.

proacelerina (proaccelerin), v. **factor V**.

probabilidad (probability), **1.** medida de la posibilidad elevada que existe de que algo suceda. **2.** cociente matemático entre el número de veces en que algo ocurre y el número total de hechos posibles.

probando (proband), v. **propositus**.

probenecid (probenecid), uricosúrico y coadyuvante de los antibióticos. Se prescribe para el tratamiento de la gota y como coadyuvante para prolongar la actividad de la penicilina o de las cefalosporinas en algunas infecciones, como la gonorrea.

problema (problem), cualquier alteración de la asistencia sanitaria que requiere una acción diagnóstica, terapéutica o educativa. Un problema activo requiere una acción inmediata, mientras que un problema inactivo es algo ya pasado. Un problema subjetivo es el comunicado por el paciente, mientras que el percibido por un observador se considera un problema objetivo.

probucol (probucol), anticolesterolémico prescrito para el tratamiento de la hipercolesterolemia primaria en pacientes que no han respondido a la dieta, al control del peso o a otros tratamientos.

procariocito (procaryocyte, prokaryocyte), célula que carece de núcleo verdadero y que posee material nuclear disperso por el citoplasma.

procarión (procaryon, prokaryon), **1.** elementos nucleares que no están limitados por una membrana, sino que están diseminados por el citoplasma. **2.** organismo que contiene dichos elementos nucleares dispersos.

procariosis (procaryosis, prokaryosis), caracterizado por no contener un núcleo verdadero rodeado por una membrana nuclear.

procariota (procaryote, prokaryote), organismo que no contiene un núcleo verdadero rodeado por una membrana nuclear, característico de formas inferiores, como bacterias, virus y bacterias verdeazuladas. La división se produce mediane fisión simple.

Procariotas (Procaryotae), (en bacteriología) reino de plantas que incluye a todos los microorganismos en los que el nucleoplasma no tiene ninguna proteína básica y que no está rodeado por una membrana nuclear. El reino tiene dos divisiones: Cianobacterias, que incluye a las bacterias azul-verdosas, y Bacterias.

procedimiento (procedure), secuencia de pasos a seguir para establecer algún curso de acción.

procedimiento de Blalock-Taussig (Blalock-Taussig procedure) [Alfred Blalock, cirujano norteamericano, n. 1899; Helen B. Taussig, física norteamericana, n. 1898], construcción quirúrgica de un cortocircuito como medida temporal para superar una estenosis pulmonar congénita y un defecto congénito del tabique auricular, como ocurre en el lactante nacido con tetralogía de Fallot. La arteria subclavia se une extremo a extremo con la arteria pulmonar, conduciendo sangre desde la circulación sistémica a los pulmones. La complicación postoperatoria más importante es la trombosis del cortocircuito.

procedimiento de enfermería (nursing process), procedimiento que sirve como marco de organización para la práctica de la enfermería. Abarca todos los pasos emprendidos por el profesional para el cuidado del paciente: recogida de datos, diagnóstico, planificación, tratamiento y evaluación.

procedimiento de Nicholas (Nicholas procedure), técnica quirúrgica para la reparación de lesiones ligamentosas graves de la rodilla.

Consta de cinco fases: meniscectomía interna, reparación del ligamento lateral interno, desplazamiento hacia delante del vasto interno, desplazamiento hacia delante del semitendinoso y transposición de la pata de ganso.

procedimiento de Nicola (Nicola procedure), procedimiento quirúrgico que consiste en la transposición de la cabeza larga del tendón del bíceps a través de la cabeza humeral, y se usa en la luxación crónica anterior del hombro.

procedimiento de Rashkind (Rashkind procedure) [William J. Rashkind, médico norteamericano, n. 1922], aumento del tamaño de un orificio existente en el tabique cardíaco entre la aurícula derecha e izquierda, realizado para aliviar la insuficiencia cardíaca congestiva en recién nacidos con determinados defectos cardíacos congénitos para mejorar la oxigenación de la sangre.

procedimiento de restricción (retention procedure), método establecido por leyes estatales o por códigos de salud mental para confinar a una persona en una institución psiquiátrica.

procedimiento de Torkildsen (Torkildsen's procedure), v. **ventriculocisternostomía**.

procedimiento invasivo (invasive procedure), técnica diagnóstica o terapéutica que requiere la apertura de una cavidad corporal o la interrupción de funciones corporales normales. Ejemplos de ello son la prueba de Papanicolaou y la colonoscopia.

procedimiento quirúrgico ginecológico (gynecologic operative procedures), intervención quirúrgica en el sistema reproductor femenino. Los problemas ginecológicos y obstétricos representan el 20% de todas las consultas femeninas al médico; muchas requieren corrección quirúrgica. La asistencia básica postoperatoria exige mantener a la paciente caliente y tranquila. Dado el riesgo de shock o de hemorragia, la paciente debiera estar vigilada estrechamente a intervalos frecuentes durante las primeras horas. Se pueden administrar líquidos si se toleran. La orina debe recogerse y medirse periódicamente. Se recomienda el uso de medias elásticas y ejercicios adecuados para disminuir el riesgo de tromboflebitis.

prócero, procerus (procerus), uno de los tres músculos de la nariz. Su función es bajar las cejas y arrugar la nariz.

procesar (process), pasar por una serie determinada de pasos interdependientes, como la preparación de un compuesto químico.

proceso (process), **1.** serie de acontecimientos relacionados entre sí que se suceden consecutivamente desde un estado o situación determinados hasta la conclusión o la resolución. **2.** crecimiento natural que sobresale de un hueso o de otra parte.

proceso cefálico (head process), cordón de células que avanzan hacia adelante desde el nódulo primitivo en los estadios precoces del desarrollo embrionario de los vertebrados. Es el precursor de la notocorda.

proceso ciliar (ciliary process), cada una de las cerca de 80 pequeñas proyecciones carnosas de la superficie posterior del iris que forman pliegues alrededor del borde del cristalino del ojo.

proceso de enfermería de cinco fases (five-steps nursing process), proceso de enfermería que comprende las cinco grandes categorías de la conducta de enfermería: valoración, análisis, planificación, ejecución y evaluación.

proceso diagnóstico (diagnostic process), acto de determinación del estado de salud del paciente y de evaluación de los factores que influyen en ese estado.

proceso mandibular (mandibular process), **1.** región alveolar superior de la mandíbula. **2.** proyección de la región posterosuperior de la rama de la mandíbula que se relaciona con el cóndilo.

proceso neurótico (neurotic process), (en psicología) proceso en el que conflictos inconscientes conducen a sentimientos de ansiedad. Para evitar estos sentimientos desagradables el enfermo emplea mecanismos defensivos, que dan lugar a alteraciones de la personalidad y a síntomas de neurosis.

proceso vaginal del peritoneo (processus vaginalis peritonei), divertículo de la membrana peritoneal que se extiende durante el desarrollo embrionario a través del canal inguinal. En los varones desciende al escroto para formar el proceso o divertículo vaginal de Hertwig; en la mujer suele estar completamente cerrado.

procesos de interacción (interaction processes), componente de la teoría de la práctica eficaz. El proceso consiste en una serie de interacciones entre enfermero y paciente según una secuencia de acciones y reacciones, hasta que paciente y enfermero comprenden lo que se necesita y realizan el acto deseado.

procesos del pensamiento alterados (thought processes, altered), diagnóstico de enfermería, aprobado por la NANDA, del estado en el que un individuo experimenta alteraciones en las operaciones y actividades cognitivas. Las características que lo definen son la distracción, el egocentrismo, la función cognitiva anormal, las interpretaciones anormales del entorno, la disminución de la capacidad de comprensión, la alteración de la capacidad de razonamiento, de resolución de problemas, de cálculo, de conceptualización o de toma de decisiones, la desorientación, la conducta social inadecuada, la alteración de los patrones de sueño, los delirios o alucinaciones, y una atención a las indicaciones del entorno más o menos aguda de lo que normalmente se podría esperar.

procesos primarios (primary processes), procesos inconscientes que tienen su origen en el ello, que obedecen a leyes diferentes a las del ego. Estos procesos aparecen en los sueños del adulto. Gran parte del pensamiento distorsionado de una persona con una psicosis aguda se basa en los procesos primarios.

procidencia (procidentia), prolapso de un órgano. El término se suele aplicar al prolapso de útero.

proclorperacina (prochlorperazine), antipsicótico fenotiacínico y antiemético prescrito para el tratamiento de los trastornos psicóticos y para el control de las náuseas y vómitos.

procoagulante (procoagulant), precursor u otro agente que interviene en la coagulación de la sangre. El fibrinógeno y la protrombina son dos ejemplos.

proconvertina (proconvertin), v. **factor VII**.

procreación (procreation), proceso reproductor completo para la generación de descendencia.

procromosoma (prochromosome), v. **cariosoma**.

proctalgia (proctalgia), dolor neurológico en el ano o en el recto inferior.

proctalgia fugaz (proctalgia fugax), dolor periódico en el ano, posiblemente de origen muscular, que sigue un patrón y que a veces se alivia con la comida y la bebida.

proctitis (proctitis), inflamación del recto y del ano provocada por infecciones, traumatismos, fármacos, alergia o lesiones por radiación. Ya sea aguda o crónica, se acompaña de molestias rectales y deseo repetido de defecar con imposibilidad para hacerlo (tenesmo). Puede existir pus, sangre o moco en las heces.

proctocele (proctocele), v. **rectocele**.

proctocolectomía (proctocolectomía), procedimiento quirúrgico en el que se extirpan ano, recto y colon. Esta técnica constituye un tratamiento habitual para la colitis ulcerosa grave resistente al tratamiento.

proctodeo (proctodeum, *pl.* **proctodea**), invaginación del ectodermo, por detrás del tabique urorrectal del embrión en desarrollo, que forma el ano y el canal anal al romperse la membrana cloacal.

proctodinia (proctodynia), dolor en o alrededor del ano.

proctología (proctology), rama de la medicina que se ocupa del tratamiento de las enfermedades del colon, recto y ano.

proctólogo (proctologist), médico especialista en proctología.

proctoplastia (proctoplasty), procedimiento de cirugía plástica sobre el ano y el recto.

proctoscopia (proctoscopy), exploración del recto con un endoscopio introducido a través del ano.

proctoscopio (proctoscope), instrumento que se utiliza para explorar el recto y la región distal del colon. Está constituido por un sistema luminoso montado sobre un tubo o espéculo.

proctosigmoidoscopia (proctosigmodoscopy), utilización de un sigmoidoscopio para examinar el recto y el colon pelviano.

pródromo (prodrome), **1.** signo precoz de un proceso o enfermedad en evolución. **2.** fase más precoz de un proceso o enfermedad en evolución.

producción basal ácida (PBA) (basal acid output [BAO]), volumen mínimo de jugo gástrico producido por un sujeto en un período de tiempo determinado, utilizado en el diagnóstico de diversas enfermedades del estómago e intestino.

producto (chemical), sustancia constituida por elementos químicos producidos o utilizados en procesos químicos.

producto de emisión (decay product), (en radiología) núclido estable o radiactivo formado directamente por la desintegración de un radionúclido o como resultado de transformaciones sucesivas de una serie radiactiva.

producto frecuencia-tensión (rate-pressure product), es el resultado de multiplicar la frecuencia cardíaca por la tensión arterial sistólica. Es un indicador clínico de la demanda miocárdica de oxígeno.

producto hijo (daughter product), v. **producto de emisión**.

producto radiolítico único (unique radiolytic product), producto, como un alimento, que ha sufrido cambios químicos como resultado de su exposición a la radiación ionizante.

productos metabólicos de desecho (metabolic waste products), productos residuales de la actividad metabólica después que el oxígeno y los nutrientes hayan sido suministrados a la célula. Están constituidos principalmente por agua y dióxido de carbono, junto con cloruro sódico y sales solubles de nitrógeno, que se excretan en la orina, en las heces y en el aire espirado.

profármaco (prodrug), fármaco inactivo o parcialmente activo que se transforma metabólicamente en el cuerpo para formar un fármaco activo.

profase (prophase), la primera de las cuatro fases de división nuclear de la mitosis y de cada una de las dos divisiones de la meiosis.

profesional (practitioner), persona cualificada para el ejercicio de su profesión en un determinado campo profesional, como un profesional de la enfermería.

profibrinolisina (profibrinolysin), v. **fibrinógeno**.

profiláctico (prophylactic), **1.** que previene la diseminación de la enfermedad. **2.** agente que evita la diseminación de la enfermedad.

profilaxis (prophylaxis), prevención o protección frente a la enfermedad, que con frecuencia implica la utilización de un agente biológico, químico o mecánico para destruir o evitar la entrada de organismos infecciosos.

profilaxis de Credé (Credé's prophylaxis) [Karl S. Credé], instilación de una solución de nitrato de plata al 1% en la conjuntiva del recién nacido para prevenir la oftalmía del recién nacido.

profilaxis oral (oral prophylaxis), ciencia y práctica de la prevención del desarrollo de enfermedades de los dientes y de los tejidos adyacentes.

profundo (profunda), relativo a las estructuras, especialmente los vasos sanguíneos, que están profundamente enclavados en los tejidos.

progenie (progeny), **1.** descendencia; individuo u organismo resultado de una determinada unión. **2.** descendientes de un antepasado conocido o común.

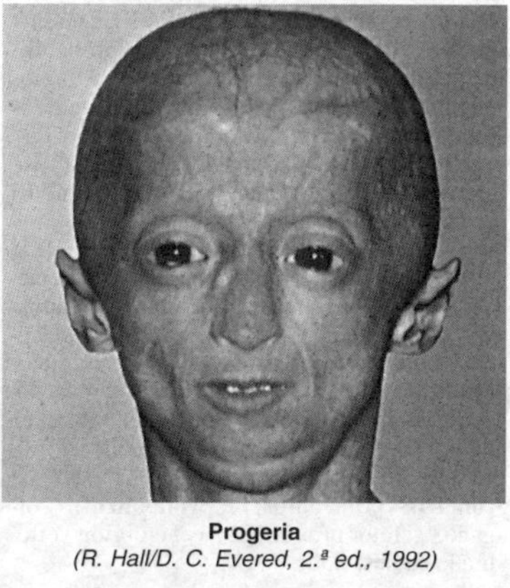

Progeria
(R. Hall/D. C. Evered, 2.ª ed., 1992)

progenitivo (progenitive), capaz de producir descendencia; reproductivo.

progenitor (progenitor), **1.** padre o antepasado. **2.** alguien o algo que origina o precede; precursor.

progeria (progeria), anomalía congénita caracterizada por envejecimiento prematuro y aparición en la infancia de cabello gris, piel arrugada, estatura pequeña, ausencia de vello pubiano y facial y adopción de posturas y hábitos de una persona mayor. La muerte sobreviene habitualmente antes de los 20 años de edad.

progestacional (progestational), relativo o perteneciente al fármaco que tiene efectos similares a los de la progesterona, la hormona producida por el cuerpo lúteo y la corteza suprarrenal durante la fase luteínica del ciclo menstrual que prepara al útero para recibir el huevo fecundado.

progestágeno (progestagen, progestogen), cualquier hormona progestacional natural o sintética.

progesterona (progesterone), hormona progestacional natural prescrita para el tratamiento de diversos trastornos menstruales, infertilidad asociada a la disfunción de la fase luteínica y ante abortos espontáneos repetidos.

progestina (progestin), **1.** progesterona. **2.** grupo de hormonas, naturales o sintéticas, segregadas por el cuerpo lúteo, la placenta o la corteza suprarrenal que tienen un efecto similar al de la progesterona sobre el útero.

proglótide (proglottid), segmento sexual de una tenia adulta, que contiene órganos reproductores tanto masculinos como femeninos.

prognatismo (prognathism), configuración facial anormal en la que uno o ambos maxilares sobresalen hacia delante. Se considera real o imaginario, dependiendo de los factores anatómicos y evolutivos que están involucrados.

programa (program), secuencia de instrucciones, escritas en lenguaje informático de programación, que controla la función de un ordenador.

programación biológica predeterminada (deliberate biologic programing), teoría del envejecimiento de Hayflick basada en estudios que muestran que las células humanas contienen relojes biológicos que predeterminan su muerte una vez que han sufrido un determinado número de mitosis.

programación neurolingüística (neurolinguistic programming), método de comunicación basado en la conceptualización de niveles de experiencia dentro de la persona y los niveles del ser. Implica mensajes verbales y no verbales, experiencia sensorial y concienciación o percepción mediante patrones de comportamiento que pueden ser observados y percibidos.

progresión (progression), proceso carcinógeno por el que algunas células alteradas por iniciadores experimentan una segunda mutación genética que les permite crecer de forma incontrolada sin el estímulo de facilitadores. Evolucionan hacia células totalmente malignas.

progresión funcional (functional progression), secuencia de rehabilitación de lesiones musculosqueléticas o similares. La progresión suele ser desde la inmovilización para la curación inicial hasta las actividades de entrenamiento y fortalecimiento.

progresivo (progressive), curso de una enfermedad o trastorno en el que los signos y síntomas son más llamativos y graves, como en la atrofia muscular progresiva.

proinsulina (proinsulin), molécula proteica de cadena única precursora de la insulina.

prolactina (PRL) (prolactin [PRL]), hormona producida y segregada a la circulación sanguínea por la hipófisis anterior. La prolactina, junto con los estrógenos, progesterona, tiroxina, insulina, hormona del crecimiento, glucocorticoides y lactógeno placentario humano, estimula el desarrollo y crecimiento de las glándulas mamarias. Después del parto, la prolactina, junto con los glucocorticoides, es esencial para el inicio y mantenimiento de la producción de leche.

prolapso (prolapse), caída, hundimiento o deslizamiento de un órgano con respecto a su posición o localización normal en el organismo, como ocurre en el prolapso uterino.

prolapso anal (prolapse of anus), protrusión de la mucosa del ano a través del esfínter externo.

prolapso de la válvula mitral (PVM) (mitral valve prolapse [MVP]), protrusión de una o ambas cúspides de la válvula mitral hacia atrás, hacia la aurícula izquierda, durante la sístole ventricular, produciendo el cierre incompleto de la válvula y el reflujo de sangre. La mayoría de los pacientes están asintomáticos, aunque algunos pueden experimentar dolor torácico, palpitaciones, fatiga o disnea. El trastorno puede evolucionar hasta insuficiencia mitral, con dilatación de la aurícula y del ventrículo izquierdos.

prolapso del cordón (prolapsed cord), cordón umbilical que sobresale junto a la presentación del feto o delante de ella.

prolapso rectal (prolapse of rectum), protrusión de la mucosa de la porción inferior del recto a través del orificio anal.

prolapso uterino (uterine prolapse), caída, hundimiento o deslizamiento del útero desde su localización normal.

proliferación (proliferation), reproducción o multiplicación de formas similares. Se suele aplicar a células o quistes.

proliferar (proliferate), crecer por multiplicación de las células, de las partes o de los organismos.

prolífico (prolific), muy productivo.

prolina (Pro) (proline [Pro]), aminoácido no esencial presente en numerosas proteínas del cuerpo, especialmente en el colágeno.

promecio (Pm) (promethium [Pm]), elemento metálico del grupo de las tierras raras, radiactivo. Su número atómico es 61; su peso atómico es 145.

promielocito (promyelocyte), célula sanguínea mononuclear grande que contiene un núcleo único, regular y simétrico y algunos gránulos citoplásmicos indiferenciados. Constituye un eslabón intermedio en el desarrollo entre un mieloblasto y un mielocito; su presencia indica leucemia.

prominencia (prominence), toda elevación o proyección de una estructura.

prominencia laríngea (laryngeal prominence), v. **nuez de Adán**.

promontorio del sacro (promontory of the sacrum), zona superior sobresaliente del sacro en su unión con la vértebra L5.

promotor (promoter), **1.** (en genética molecular) secuencia de ADN que inicia la transcripción del código genético. **2.** factor carcinógeno que estimula a las células alteradas por iniciadores para reproducirse a una velocidad más rápida de lo normal, aumentando las probabilidades de transformación maligna. Algunos ejemplos son el DDT, el fenobarbital y ciertos productos químicos del humo de los cigarrillos.

pronación (pronation), **1.** adopción de una posición prona, en la que la superficie ventral del cuerpo se sitúa hacia abajo. **2.** (del brazo) rotación del antebrazo de modo que la palma de la mano queda hacia abajo y hacia atrás. **3.** (del pie) descenso del borde interno del pie volviéndolo hacia afuera junto a los movimientos de abducción de las articulaciones tarsiana y metatarsiana.

pronador redondo (pronator teres), músculo superficial del antebrazo, que tiene su origen en la cabeza humeral y en la cubital. Su función es pronar la mano.

pronefros (pronephros, *pl.* **pronephroi**), órgano excretor primordial en el embrión vertebrado en desarrollo.

prono (prone), (cuerpo) relativo a la posición horizontal mirando hacia abajo.

pronóstico (prognosis), predicción de la posible evolución de una enfermedad basándose en el estado de la persona y en el curso habitual de la enfermedad observado en situaciones similares.

pronúcleo (pronucleous, *pl.* **pronuclei**), núcleo del óvulo o del espermatozoide después de la fecundación pero antes de la fusión de los cromosomas para formar el núcleo del cigoto.

propagación (propagation), proceso de incrementar o de causar un incremento.

propilenglicol (propylene glycol), líquido viscoso e incoloro que se usa como disolvente en la preparación de algunos medicamentos. También inhibe el crecimiento de hongos y microorganismos y se usa comercialmente como anticongelante.

propiltiouracilo (propylthiouracil), inhibidor de la biosíntesis de hormona tiroidea. Se prescribe para el tratamiento del hipertiroidismo, de las crisis tirotóxicas y en la preparación para la tiroidectomía.

propiocepción (proprioception), sensación relacionada con estímulos que tienen su origen en el organismo en relación con la posición espacial y la actividad muscular o con los receptores sensoriales que activan.

propioceptivo (proprioceptive), relativo a las sensaciones de generar los movimientos del cuerpo y a la consecuencia de la postura, permitiendo al organismo orientarse en el espacio sin puntos de referencia visuales.

propioceptor (proprioceptor), cualquier terminación nerviosa sensitiva, como las localizadas en los músculos, tendones, articulaciones y en el aparato vestibular, que responde a estímulos originados dentro del organismo relacionados con el movimiento y con la posición espacial.

propionato de clobetasol (clobetasol propionate), corticosteroide tópico empleado para el tratamiento a corto plazo de la inflamación y el prurito asociados con ciertos tipos de dermatitis moderadas a severas.

propionato de dromostanolona (dromostanolone propionate), andrógeno de síntesis utilizado en el cáncer de mama femenino.

propionato de testosterona (testosterone propionate), andrógeno que se administra por vía intramuscular.

Propionibacterium (Propionibacterium), género de bacterias no móviles, anaerobias y grampositivas, presentes en la piel de los seres humanos, en el tracto intestinal de los seres humanos y de animales y en productos lácteos. ***P. acnes*** es frecuente en las pústulas del acné (antiguamente se llamaba ***Corynebacterium acnes***).

propionicacidemia (propionicacidemia), defecto metabólico hereditario poco frecuente provocado por la incapacidad del organismo para metabolizar los aminoácidos treonina, isoleucina y metionina, que se caracteriza por letargo y retraso mental y físico. Aparece acidosis por la acumulación de ácido propiónico en el organismo.

proporción corona-raíz (crown-root-ratio), relación entre la corona clínica y la raíz clínica de un diente.

proporción lecitina-esfingomielina (lecithin/sphingomyelin ratio), relación entre dos componentes del líquido amniótico, utilizada para predecir la madurez de los pulmones del feto. El cociente normal en el líquido amniótico es 2:1 o superior.

proposición (proposition), declaración de una verdad que tiene que ser demostrada o de una operación que tiene que ser realizada.

propositus (propositus), persona a partir de la que se traza el árbol genealógico, como se hace para descubrir el patrón de herencia de una enfermedad familiar o de un rasgo físico.

propoxifeno (propoxyphene), analgésico narcótico de acción central suave prescrito para el alivio del dolor leve a moderado.

proptosis (proptosis), abombamiento, protuberancia o desplazamiento hacia delante de un órgano o zona del cuerpo.

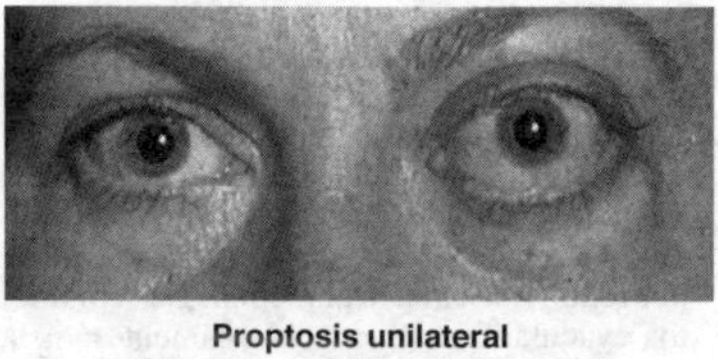

Proptosis unilateral
(C. D. Forbes/W. F. Jackson, 1994)

propulsión (propulsion), **1.** proceso de empujar hacia delante. **2.** tendencia de algunos pacientes, en particular aquellos afectados por trastornos nerviosos, a empujar o a caerse hacia delante mientras caminan a medida que su centro de gravedad se desplaza.

pro re nata (prn) (pro re nata [prn]), expresión latina que significa «de acuerdo con las circunstancias» o «según necesidades».

proscribir (proscribe), prohibir.

prosector (prosector), persona que, bajo la supervisión de un anatomopatólogo, lleva a cabo disecciones macroscópicas y prepara muestras de autopsia para realizar el estudio anatomopatológico.

prosencéfalo (prosencephalon), parte del cerebro que abarca el diencéfalo y el telencéfalo.

prosoposternodídimo (prosoposternodidymus), monstruo fetal formado por dos gemelos unidos lateralmente desde la cabeza hasta el esternón.

prosopotoracópago (prosopothoracopagus), gemelos simétricos unidos lateralmente en el plano frontal desde el tórax hasta la mayor parte de la cabeza.

prospecto (package insert), folleto que debe estar incluido en el interior del envase de los medicamentos. En él, el fabricante debe describir el fármaco, indicar su nombre genérico y exponer las indicaciones de uso, contraindicaciones, advertencias, precauciones, efectos adversos, forma, dosificación y administración.

prostaciclina (PGI_2) (prostacyclin [PGI_2]), producto biológicamente activo del metabolismo del ácido araquidónico en las paredes de los vasos de los seres humanos y potente inhibidor de la agregación plaquetaria.

prostaglandina (PG) (prostaglandin [PG]), uno de los diversos potentes ácidos grasos no saturados de tipo hormonal que actúan en concentraciones sumamente pequeñas sobre órganos diana locales. Se producen en pequeñas cantidades y tienen una gama amplia de efectos importantes. Algunos de los usos farmacológicos de las prostaglandinas son la terminación del embarazo y el tratamiento del asma y de la hiperacidez gástrica.

próstata (prostate), glándula masculina que rodea el cuello de la vejiga y la uretra y elabora una secreción que licua el semen coagulado. Se trata de una estructura firme, de un tamaño aproximado similar al de una castaña, formada por tejido muscular y glandular. Los conductos eyaculadores pasan oblicuamente por la parte posterior de la glándula. La secreción prostática está formada por una mezcla de fosfatasa alcalina, ácido cítrico y varias enzimas proteolíticas.

prostatectomía (prostatectomy), extirpación quirúrgica de una porción de la glándula prostática, como la que se realiza en la hipertrofia prostática benigna, o extirpación completa de la glándula, como en el caso de procesos malignos. Entre los tipos de abordaje se encuentran el transuretral, el más común, en el que se introduce un resectoscopio a través del que se obtienen cortes de tejido prostático a nivel del orificio vesical con un asa, el suprapúbico y el retropúbico. El abordaje perineal se utiliza para biopsias cuando se sospecha un cáncer incipiente o para la extirpación de cálculos.

prostatismo (prostatism), trastorno de la glándula prostática, en concreto, el aumento de tamaño de la misma produciendo una obstrucción al flujo urinario.

prostatitis (prostatitis), inflamación aguda o crónica de la glándula prostática, habitualmente como consecuencia de una infección. El paciente se queja de quemazón, polaquiuria y urgencia.

prostatitis aguda (acute prostatitis), inflamación grave y repentina de la glándula prostática.

prostatitis crónica (chronic prostatitis), trastorno inflamatorio persistente de la glándula prostática, caracterizado por un dolor sordo en la parte inferior de la espalda o en el área perineal, disuria, fiebre y secreción por el pene.

prostatomegalia (prostatomegaly), hipertrofia o aumento de tamaño de la glándula prostática.

prostodoncia (prosthodontics), rama de la odontología dedicada a la construcción de aparatos artificiales para sustituir dientes perdidos o a restaurar partes de la cara.

protactinio (Pa) (protactinium [Pa]), elemento radiactivo. Su número atómico es 91; su peso atómico es 231.

protanopía (protanopia), forma de ceguera para los colores en la que la persona es incapaz de distinguir los tonos del rojo.

protección alterada (protection altered), diagnóstico de enfermería, aprobado por la NANDA, de un estado en el que el individuo experimenta una disminución de la capacidad para protegerse a sí mismo de las amenazas internas y externas, como las enfermedades o las lesiones. Las características que lo definen son: inmunidad deficiente, cicatrización deteriorada, coagulación alterada, respuesta de maladaptación al estrés, alteración neurosensorial, inmovilidad, desorientación y úlceras por decúbito. Entre los factores relacionados están las edades extremas de la vida, farmacoterapias, tratamientos como cirugía y radiaciones y enfermedades como cáncer y trastornos inmunológicos.

protección compartida (joint protection), empleo de ortesis y ejercicios terapéuticos para evitar lesiones o deformidades de una articulación durante la rehabilitación para recuperar la fuerza y la amplitud de los movimientos. Un ejemplo es la ortesis metálica de tobillo y pie, que permite sostener un peso sobre una rodilla extendida.

protección con plomo (lead shielding), utilización de delantales y otros dispositivos con plomo como protección contra la radiación. Una capa de plomo de 1,0 mm de espesor atenúa el 99% de los rayos X de 50 kVp y el 94% de los rayos X de 100 kVp.

protección frente a la radiación (radiation protection), empleo de dispositivos, aparatos, distancia y barreras para disminuir el riesgo de exposición a la radiación ionizante en centros sanitarios, de investigación o industrias donde se utilizan instrumentos que emitan radiactividad. El riesgo también varía con la intensidad y el tipo de radiación.

protector (protective), relativo a un individuo que protege a otro de un peligro o lesión y que le proporciona un entorno seguro.

protector bucal (mouth guard), dispositivo intrabucal de plástico blando que cubre todas las superficies oclusivas y el paladar. Se lleva en los deportes de contacto para limitar las lesiones de los tejidos de la cavidad bucal.

protector de la mordida (biteguard), aparato de resina que cubre las superficies oclusiva e incisiva de los dientes. Se diseña para estabilizar los dientes y suministrar una plataforma para el desplazamiento del maxilar inferior.

protector de pezón (nipple shield), dispositivo que protege el pezón de las mujeres lactantes. El protector suele estar fabricado con látex blando y en un lateral lleva una solapa para que la madre lo pueda sujetar. El bebé se alimenta del pezón a través del centro del protector. Se usa sobre todo para permitir que se curen los pezones con grietas o llagas sin interrumpir la lactación.

proteína (protein), grupo numeroso de compuestos nitrogenados orgánicos complejos que existen de forma natural. Cada proteína está constituida por grandes combinaciones de aminoácidos que contienen los elementos carbono, hidrógeno, nitrógeno, oxígeno, habitualmente azufre y, en algunos casos, fósforo, hierro, yodo u otros componentes esenciales de las células vivas. Se han identificado veintidós aminoácidos que se consideran fundamentales para un crecimiento, desarrollo y mantenimiento de la salud adecuados. El organismo es capaz de sintetizar 14 de estos aminoácidos, los llamados no esenciales, mientras que los ocho restantes deben proceder de la dieta, recibiendo el nombre de esenciales. Las proteínas constituyen la principal fuente de material de construcción para los músculos, la sangre, la piel, el pelo, las uñas y los órganos internos. Son necesarias para la formación de hormonas, enzimas y anticuerpos y como fuente de calor y energía, e intervienen como un elemento esencial en la eliminación adecuada de los productos de desecho. En algunas situaciones, la ingesta exagerada de proteínas puede provocar un desequilibrio líquido.

proteína activadora del catabolismo (catabolic activator protein), v. **PAC**.

proteína bacteriana (bacterial protein), proteína producida por una bacteria.

proteína C humana (human protein C), anticoagulante producido por ingeniería genética de bacterias, que inactiva los cofactores de la coagulación 5 y 8c, y que interviene en la lisis del coágulo mediante el activador de plasminógeno tisular (AP-t).

proteína C reactiva (PCR) (C-reactive protein [CRP]), proteína que no se detecta habitualmente en el suero pero que está presente en muchas enfermedades inflamatorias agudas y con necrosis. La PCR aparece en el suero a las 24-48 horas de iniciarse el proceso inflamatorio. Después de un infarto de miocardio se detecta a las 24 horas. La PCR desaparece cuando el proceso inflamatorio se interrumpe por salicilatos o esteroides, o ambos.

proteína compleja (complex protein), proteína formada por una proteína simple y, al menos, una molécula de otra sustancia, como una glucoproteína, una nucleoproteína o la hemoglobina.

proteína conjugada (conjugated protein), compuesto que contiene una molécula proteica unida a una sustancia no proteica.

proteína de Bence Jones (Bence Jones protein) [Henry Bence Jones, médico inglés, n. 1813], proteína encontrada casi exclusivamente en la orina de los pacientes con mieloma múltiple.

proteína de Tamm-Horsfall (PTH) (Tamm-Horsfall protein [THP]), mucoproteína presente en la matriz de los cilindros de los túbulos renales. La PTH se segrega en el asa de Henle.

proteína desnaturalizada (denatured protein), proteína que ha experimentado cambios, de forma que se pierden sus propiedades originales. Una proteína puede desnaturalizarse por radiación, calor, ácidos fuertes o alcohol.

proteína oncofetal (oncofetal protein), proteína producida por un tumor celular o asociada a él, especialmente un tumor embriológico. Un ejemplo es la alfafetoproteína.

proteína plasmática (plasma protein), cualquiera de las diferentes proteínas, entre ellas la albúmina, el fibrinógeno, la protrombina y las gammaglobulinas, que constituyen el 6-7% del plasma sanguíneo del cuerpo.

proteína ribonuclear (ribonuclear protein), proteína conjugada constituida por una molécula de proteína y un ácido nucleico.

proteína sérica (serum protein), cada una de las proteínas del suero sanguíneo.

proteína simple (simple protein), proteína que libera aminoácidos como producto único o principal en la hidrólisis. A esta clase pertenecen albúminas, globulinas, glutelinas, proteínas solubles en alcohol, albuminoides, histonas y protaminas.

proteínas inmunitarias (immune proteins), proteínas en forma de anticuerpos o antitoxinas que contribuyen a la inmunidad de un huésped.

proteínas sanguíneas (blood proteins), proteínas normales de la sangre, como albúmina, globulinas, hemoglobina, proteínas ligadas a hormonas u otros compuestos.

proteinasa (proteinase), enzima proteolítica que fragmenta las moléculas proteicas a nivel de sus enlaces centrales.

proteincinasa (protein kinase), proteína que cataliza la transferencia de un grupo fosfato del adenosintrifosfato para la producción de una fosfoproteína.

proteinemia (proteinemia), concentración excesiva de proteínas en la sangre.

proteinosis alveolar (alveolar proteinosis), enfermedad que se caracteriza por el depósito de proteínas plasmáticas, lipoproteínas y otros componentes sanguíneos dentro de los alveolos pulmonares.

proteinosis alveolar pulmonar (pulmonary alveolar proteinosis), trastorno en el que los alveolos pulmonares se llenan de proteínas y lípidos. La causa es desconocida y la enfermedad progresa hasta la insuficiencia respiratoria.

proteinuria (proteinuria), presencia en la orina de cantidades anormalmente elevadas de proteínas, habitualmente albúmina. La proteinuria persistente suele ser un signo de enfermedad renal o de complicación renal de otra enfermedad. Sin embargo, la proteinuria puede estar ocasionada por ejercicio intenso o fiebre.

proteinuria ortostática (orthostatic proteinuria), presencia de proteínas en la orina de algunas personas, especialmente adolescentes, que han estado de pie. Desaparece cuando se tumban y no tiene significado patológico.

proteinuria postural (postural proteinuria), v. **proteinuria ortostática**.

proteolípido (proteolipid), tipo de lipoproteína en la que el material lipídico forma más de la mitad de la molécula. Es insoluble en agua y se origina principalmente en el cerebro.

proteólisis (proteolysis), proceso en el que la adición de agua a los enlaces peptídicos de las proteínas fragmenta la molécula proteica. Este proceso puede estar catalizado por numerosas enzimas.

proteolítico (proteolytic), relativo o perteneciente a cualquier sustancia que favorezca la degradación de las proteínas.

protésico (prosthetist), persona que fabrica y ajusta miembros artificiales y aparatos similares prescritos por un médico. En EE.UU., un protésico titulado es aquel que ha aprobado con éxito el examen de la American Orthotic and Prosthetic Association.

prótesis (prosthesis, *pl.* **prostheses**), **1.** sustitución artificial de una parte del cuerpo que falta, como un miembro artificial o una sustitución articular completa. **2.** dispositivo pensado y aplicado para mejorar la función, como las prótesis auditivas.

prótesis de ajuste postoperatorio inmediato (IPOF) (immediate postoperative fit prosthesis [IPOF]), prótesis temporal o preparatoria, como una pierna artificial simple.

prótesis de Niebauer (Niebauer prothesis), prótesis de silastic para la sustitución de la articulación interfalángica y el pulgar.

prótesis de pene (penile prosthesis), dispositivo que se puede implantar quirúrgicamente en el pene, algunos con mecanismos que controlan la erección. Se emplean para tratar la impotencia. Pueden estar constituidos por cilindros con forma similar a los cuerpos hinchables de plástico cavernosos unidos a un reservorio de líquido y a un mecanismo de bomba. La bomba hace que el líquido penetre en los cilindros para producir la erección.

prótesis de soporte del tendón rotuliano (STR) (patellar tendon-bearing prosthesis [PTB]), ortesis de tobillo-pie (OTP) que proporciona un estiramiento prolongado a la musculatura posterior de la pierna y que puede crear una fuerza de extensión en la articulación de la rodilla.

prótesis de Starr-Edwards (Starr-Edwards prosthesis) [A. Starr, médico norteamericano del siglo XX], válvula cardíaca artificial, en forma de bola enjaulada, obstruye la abertura de la válvula y evita el flujo retrógrado de la sangre.

prótesis definitiva (definitive prosthesis), dispositivo protésico definitivo que sustituye a uno transitorio, como un soporte.

prótesis dental (dental prosthesis), aparato fijo o extraíble para sustituir la pérdida de uno o más dientes naturales.

prótesis dental parcial (partial denture), prótesis dental fija o extraíble empleada para reemplazar uno o más dientes perdidos. Algunos tipos de prótesis dentales parciales son: articulada, de extensión, de sección, fija, fija en voladizo, puente, extraíble y unilateral.

prótesis endosquelética (endoskeletal prothesis), dispositivo protésico en el que el soporte del cuerpo lo proporciona un pilón interno.

prótesis exosquelética (exoskeletal prosthesis), prótesis en la que el apoyo lo proporciona una estructura externa.

prótesis maxilofacial (maxillofacial prosthesis), sustitución protésica de parte o de la totalidad del maxilar superior, nariz o pómulo. Se aplica cuando la reparación quirúrgica aislada es insuficiente.

prótesis ortodóncica de fijación marginal (edgewise fixed orthodontic appliance), prótesis ortodóncica caracterizada por presentar unas abrazaderas de fijación a los dientes con una ranura rectangular que se fija en un filamento en forma de arco redondeado o rectangular. Se utiliza para corregir o disminuir la maloclusión.

prótesis preparatoria (preparatory prosthesis), miembro artificial temporal que se ajusta al muñón inmediatamente después de la amputación. Facilita la deambulación y la adaptación biomecánica durante las primeras semanas tras la intervención quirúrgica.

protética (prosthetics), rama de la cirugía relacionada con el diseño, construcción y aplicación de miembros artificiales u otros sistemas para reemplazar la función de una región corporal ausente.

Proteus (Proteus), género de bacilos gramnegativos móviles que con frecuencia se asocian a infecciones nosocomiales y que se encuentran habitualmente en las heces, en el agua y en el suelo. *Proteus* puede provocar infecciones de vías urinarias, pielonefritis, infecciones de heridas, diarrea, bacteriemia y shock endotóxico.

Proteus morgani (Proteus morgani), especie bacteriana que se asocia a la diarrea infecciosa de los lactantes.

Proteus vulgaris (Proteus vulgaris), especie bacteriana que constituye una causa frecuente de infecciones de vías urinarias. Las bacterias se localizan en las heces, en el agua y en el suelo.

protocolo (protocol), programa escrito en el que se especifican los procedimientos a seguir para la realización de una determinada exploración, en el curso de una investigación o en la prestación de asistencia por una determinada enfermedad.

protocolo básico (critical pathway), esquema de procedimientos médicos y de enfermería de asistencia básica, que incluye pruebas diagnósticas, medicaciones y consultas diseñados para llevar a cabo un programa de tratamiento eficaz y coordinado.

protón (proton), partícula cargada positivamente que constituye un componente fundamental del núcleo de todos los átomos. El número de protones del núcleo de un átomo es igual al número atómico del elemento.

protopático (protopathic), relativo a las sensaciones somáticas de dolor localizado rápido, del dolor mal localizado lento y de la temperatura.

protoplasma (protoplasm), sustancia viva de una célula, habitualmente formada por miles de moléculas de agua, minerales y compuestos orgánicos.

protoplasto (protoplast), **1.** (en biología) protoplasma de una célula sin la membrana que lo delimita. **2.** primera entidad u original.

protoporfiria (protoporphyria), concentración elevada de protoporfirina en sangre y heces.

protoporfiria hereditaria (hereditary protoporphyria), v. **porfiria**.

protoporfirina (protoporphyrin), tipo de porfirina que se combina con hierro y proteínas para formar un grupo de moléculas orgánicas importantes, entre ellas catalasa, hemoglobina y mioglobina.

protostoma (protostoma), v. **blastoporo.**

prototipo (prototype), forma primaria u original de un objeto u organismo.

protozoos (protozoa, *sing.* **protozoon**), microorganismos unicelulares de la clase Protozoos que constituyen la forma más inferior de vida animal. Los protozoos son más complejos que las bacterias, forman una unidad íntegra con organelos que desarrollan funciones de locomoción, nutrición, excreción, respiración y fijación a otros objetos u organismos. Aproximadamente 30 protozoos son patógenos para los seres humanos.

protrombina (prothrombin), proteína plasmática precursora de la trombina. Forma trombina, el primer paso de la coagulación de la sangre cuando queda expuesta a la tromboplastina y al calcio. Se sintetiza en el hígado, siempre que exista una cantidad suficiente de vitamina K.

protrombinemia (prothrombinemia), presencia de protrombina en la sangre.

protrusio bulbi (protrusio bulbi), v. **exoftalmia**.

protrusión (protrusion), estado o trastorno de estar situado hacia delante o de sobresalir.

protuberancia (protuberance), punto de referencia anatómica que aparece como una proyección o tumefacción roma, como la barbilla, las nalgas o la prominencia del hueso frontal por encima de las cejas.

protuberancia, puente de Varolio (pons), prominencia de la superficie anterior del tronco del encéfalo, entre el bulbo raquídeo y los pedúnculos cerebrales del mesencéfalo. La protuberancia está constituida por sustancia blanca y algunos núcleos y está dividida en una región anterior y otra posterior. La región posterior está formada por la calota peduncular, que contiene el núcleo del nervio motor ocular externo, el núcleo del nervio facial, el núcleo motor del nervio trigémino, el núcleo sensitivo del nervio trigémino, el núcleo de la rama coclear del octavo par, la oliva superior y los núcleos de la rama vestibular del octavo par.

proveedor de salud (health provider), cualquier individuo que proporciona servicios asistenciales a los consumidores de asistencia sanitaria.

provirus (provirus), fase de la replicación vírica en la que la información genética del virus se ha integrado en el genoma de la célula del huésped.

provisional (tentative), que no es final o definitivo, como un hallazgo experimental que todavía no ha sido validado.

provitamina (provitamin), precursor de una vitamina; sustancia presente en ciertos alimentos que una vez en el organismo puede convertirse en una vitamina.

prox (prox), abreviatura de **proximal**.

proxemia (proxemics), estudio de las distancias espaciales entre las personas y su efecto sobre el comportamiento interpersonal, especialmente en relación con la densidad de población, la situación de las personas dentro de una zona y la posibilidad de intimidad.

proximal (proximal), situado más cerca de un punto de referencia, habitualmente el tronco del cuerpo, que de otras partes del cuerpo. Las articulaciones interfalángicas proximales son las más cercanas a la mano.

proximetacaína (proxymetacaine), v. **clorhidrato de proparacaína**.

proyección (projection), **1.** protuberancia; cualquier elemento que empuja o sobresale hacia fuera. **2.** percepción de una idea o pensamiento como una realidad objetiva. **3.** (en psicología) mecanismo de defensa inconsciente mediante el cual un individuo atribuye a otro sus propios rasgos, ideas o impulsos inaceptables.

proyección apical lordótica (apical lordotic view), radiografía realizada con el paciente inclinado hacia atrás en un ángulo de aproximadamente 45 grados.

proyección de decúbito (decubitus projection), (en radiología) posición para realizar una radiografía de tórax o abdomen de un paciente tendido, con el rayo central paralelo a la horizontal. Variantes de esta posición son la oblicua AP derecha, el decúbito dorsal, el decúbito ventral y los decúbitos laterales, izquierdo y derecho.

proyección en abanico lateral (fan lateral projection), técnica para realizar una radiografía de la mano sin que se superpongan las falanges. El paciente coloca sus dedos alrededor de una cuña de esponja, diseñada de forma que cada dedo aparezca separado, en forma de abanico, en la placa.

proyección lateral (lateral projection), (en radiología) posición del paciente entre el tubo de rayos X y la placa, de forma que el haz pasa del lado izquierdo al derecho del cuerpo, o viceversa.

PrP (PrP), abreviatura de la proteína prion, un agente infeccioso parecido a un virus asociado a la enfermedad de Creutzfeltd-Jacob.

prueba (test), **1.** examen o ensayo realizado para establecer un principio o determinar un valor. **2.** reacción o reactivo químico que tiene significado clínico.

prueba antiglobulina (antiglobulin test), prueba que se realiza para detectar la presencia de anticuerpos que revisten y lesionan los glóbulos rojos como consecuencia de diversas enfermedades o trastornos. Esta prueba puede identificar anticuerpos Rh en la sangre materna, por lo que se utiliza para prevenir la enfermedad hemolítica del recién nacido.

prueba azul Diagnex (Diagnex blue test), marca registrada de una prueba para detectar la presencia de ácido clorhídrico en las secreciones gástricas.

prueba calórica (caloric test), prueba para determinar si existe afectación o no del oído. Durante la prueba se irriga de forma alternativa el oído con agua fría y caliente. Si el oído es normal, la irrigación con agua caliente produce un nistagmo rotatorio hacia el lado irrigado. La irrigación con agua fría produce un nistagmo rotatorio hacia el lado opuesto al irrigado. Si existe una afección del oído, la irrigación no produce nistagmo.

prueba calórica de Hallpike (Hallpike caloric test), método para evaluar el vestíbulo del oído en pacientes con vértigo o pérdida auditiva. La irrigación de los oídos con agua fría y templada o con aire simula el estímulo del cambio de posición en el aparato vestibular, causando nistagmo.

prueba con fórceps (trial forceps), operación obstétrica que consiste en intentar ayudar a nacer a un niño con fórceps obstétrico. Se coloca el fórceps en la cabeza del niño y se aplica una tracción moderada. Este procedimiento se continúa sólo si la prueba indica que el parto puede tener lugar con seguridad. Compárese con **fórceps suspendido**.

prueba conjuntival (conjunctival test), procedimiento utilizado para identificar alergenos nocivos mediante la instilación en el ojo de una solución del extracto alergénico.

prueba cruzada (testcross), (en genética) cruce de un fenotipo dominante con un fenotipo recesivo para determinar el grado de vínculo genético o si el fenotipo dominante es homocigoto o heterocigoto.

prueba cualitativa (qualitative test), prueba que determina la presencia o ausencia de una sustancia.

prueba cualitativa de Benedict (Benedict's qualitative test) [Stanley R. Benedict, bioquímico norteamericano, n. 1884], prueba para determinar el azúcar en orina, basada en la reducción por glucosa de los iones de cobre. La formación de un precipitado naranja o rojo indica más del 2% de azúcar (índice 4+), amarillo indica del 1 al 2% (índice 3+), verde oliva indica 0,5 a 1% (índice 2+) y verde indica menos del 0,5% (índice 1+).

prueba cualitativa de la melanina (qualitative melanin test), prueba para la detección de melanina en la orina de pacientes con melanomas malignos.

prueba cuantitativa (quantitative test), prueba que determina la cantidad de una sustancia por unidad de volumen o unidad de peso.

prueba cuantitativa de Carroll de la función de la extremidad superior (Carrol Quantitative Test of Upper Extremity Function), prueba de seis fases que valora la capacidad del paciente para sujetar y elevar objetos de formas y tamaños diferentes.

prueba cutánea (skin test), prueba para determinar la reacción del cuerpo a una sustancia, observando los resultados producidos al inyectar la sustancia por vía intradérmica o aplicarla de forma tópica sobre la piel. Las pruebas cutáneas se utilizan para detectar alergenos, determinar la inmunidad y diagnosticar enfermedades. Algunos tipos de pruebas cutáneas son: **prueba de la tuberculina, prueba del parche** y **prueba de Schick**.

prueba de absorción de anticuerpos treponémicos fluorescentes (prueba FTA-ABS) (Fluorescent Treponemal Antibody Absorption Test) [FTA-ABS test]), prueba serológica para la sífilis.

prueba de acetona en orina (acetone in urine test), prueba para detectar la presencia de dimetilcetona en la orina de los pacientes, utilizada como indicador analítico de cetosis y de la gravedad de la diabetes. La prueba consiste en introducir en la orina unas tiras de papel o unos bastoncitos químicamente tratados. Ante la presencia de acetona en la orina, por degradación incompleta de los ácidos grasos y los aminoácidos en el cuerpo, las tiras analíticas cambian de color. Una prueba similar utiliza un compuesto añadido directamente a una muestra de orina.

prueba de aglutinación de células de carnero (SCAT) (sheep cell agglutination test [SCAT]), prueba para detectar la presencia de factor reumatoide en el suero sanguíneo, utilizando hematíes de carnero que han sido sensibilizados con inmunoglobulinas de conejo antieritrocito de carnero. Se producirá la aglutinación de la globulina si el suero contiene factor reumatoide.

prueba de Allen (Allen test), prueba realizada para comprobar la permeabilidad de la arteria radial, una vez que se ha insertado un catéter de monitorización en el interior de la misma.

prueba de Allen-Doisy (Allen-Doisy test) [Edgar Allen, anatomista norteamericano, n. 1892; Edward Doisy, fisiólogo norteamericano, n. 1893], prueba de bioanálisis para estrógenos y gonadotropinas mediante la inyección de una sustancia estrogénica a ratones ovariectomizados. La aparición de células queratinizadas en los frotis vaginales es considerada como positiva.

prueba de Ames (Ames test), método empleado para comprobar el potencial carcinogénico de las sustancias, exponiendo una muestra de éstas a una cepa de bacterias de *Salmonella*.

prueba de análisis de inhibición bacteriana de Guthrie (Guthrie test), prueba de detección selectiva de la fenilcetonuria empleada para detectar la presencia anormal de metabolitos de fenilalanina en la sangre. Se obtiene una pequeña muestra de sangre y se coloca en un medio con una cepa de *Bacillus subtilis*, bacteria que no puede crecer sin fenilalanina.

prueba de análisis de radioinmunosorbencia (radioimmunosorbent assay test), prueba que utiliza la inmunoglobulina E sérica para detectar alergias a diversas sustancias, como determinados cosméticos, pieles de animales, polvo y hierbas.

prueba de anticuerpos fluorescentes (prueba AF) (fluorescent antibody test [FA test]), prueba en la que se utiliza una tinción fluores-

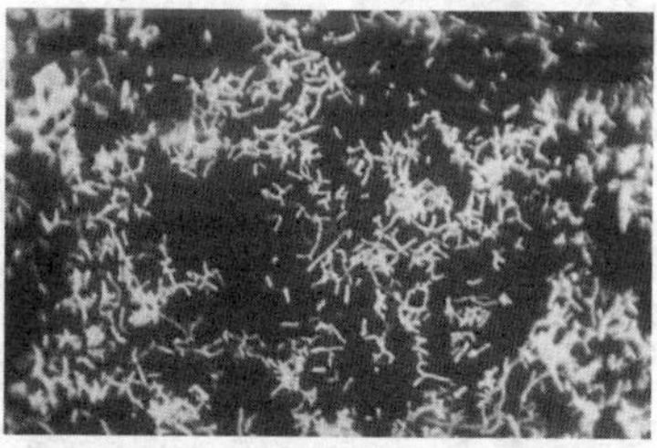

Prueba de anticuerpos fluorescentes con auramina
(D. Geraint James/Peter R. Studdy, 1991)

cente para teñir un anticuerpo con el objetivo de identificar muestras clínicas. Los tintes fluorescentes hacen que los organismos teñidos sean visibles cuando se examinan con un microscopio de fluorescencia. La prueba FTA-ABS es un tipo de prueba de anticuerpos fluorescentes.

prueba de anticuerpos heterófilos (heterophil antibody test), prueba para detectar la presencia de anticuerpos heterófilos en el suero de los pacientes en los que se sospecha padecen mononucleosis infecciosa, basada en una reacción de aglutinación entre los anticuerpos heterófilos del suero de la persona y el antígeno heterófilo.

prueba de antiestreptolisina O (ASLO) (antistreptolysin-O test [ASOT, ASLT]), prueba de anticuerpos estreptocócicos cuya finalidad es detectar y cuantificar los anticuerpos séricos frente a la estreptolisina O, una exotoxina producida por la mayoría de los estreptococos del grupo A y por algunos estreptococos de los grupos C y G. Esta prueba se utiliza a menudo como método de ayuda para el diagnóstico de la fiebre reumática.

prueba de aptitud (aptitude test), modalidad de prueba estandarizada de diversos tipos, que se realiza con el fin de determinar la capacidad de un individuo para aprender ciertas habilidades.

prueba de arborización (arborization test), v. **prueba del helecho**.

prueba de Ascheim-Zondek (Ascheim-Zondek test), prueba biológica obsoleta para el diagnóstico del embarazo.

prueba de asociación (association test), técnica empleada en el diagnóstico psiquiátrico y en la evaluación educativa y psicológica, según la cual se pide a la persona que, ante una palabra estimulante, responda con la primera palabra que venga a su mente.

prueba de AZ (AZ test), v. **prueba de Ascheim-Zondek**.

prueba de Bárány (Bárány's test), v. **prueba calórica**.

prueba de Boas (Boas' test) [Ismar I. Boas, médico alemán, n. 1858], **1.** prueba para la determinación del ácido clorhídrico del contenido gástrico. **2.** prueba para determinar el ácido clorhídrico libre del contenido gástrico, en la cual se hierve éste con un reactivo especial. **3.** prueba para determinar el ácido láctico presente en una muestra de jugo gástrico, que depende de la oxidación del ácido láctico a aldehído y ácido fórmico mediante ácido sulfúrico y manganeso. **4.** prueba para determinar la motilidad gástrica, en la cual un paciente en ayunas bebe 400 ml de agua teñida de verde con 20 gotas de solución de clorofila.

prueba de coagulación intravascular (intravascular coagulation test), prueba utilizada para determinar la coagulación interna de la sangre.

prueba de concentración de Fishberg (Fishberg concentration test), prueba de la capacidad de los riñones para concentrar la orina, desarrollada por el médico norteamericano Arthur M. Fishberg. La prueba consiste en medir la densidad de una muestra de orina de la mañana tras la privación de ingesta de líquidos durante la noche.

prueba de conducción nerviosa (nerve conduction test), prueba de electrodiagnóstico para determinar la integridad de los nervios periféricos. Se coloca un aparato de estimulación eléctrica sobre un nervio y se mide el tiempo que tarda un impulso en recorrer un segmento determinado de ese nervio. Esta prueba se utiliza para el diagnóstico del síndrome de compresión nerviosa y de polineuropatías.

prueba de confrontación (confrontation test), método que se emplea para efectuar la evaluación del campo visual de un paciente mediante el desplazamiento de un objeto hacia la periferia de cada uno de los cuadrantes visuales. La prueba se realiza con un ojo tapado y la visión del otro fijada en un punto. El paciente señala cuando visualiza por primera vez el objeto en movimiento.

prueba de contraste (contrast examination), utilización de materiales radiopacos, como el yodo y el bario, para poder visualizar órganos en una película de rayos X.

prueba de dibujo de una persona (Draw-a-Person Test [DAP]), prueba desarrollada por Karen Machover [psicóloga norteamericana, n. 1902] basada en la interpretación del dibujo de figuras humanas de ambos sexos. La interpretación depende de las manifestaciones del sujeto, la propia imagen, la ansiedad, los conflictos sexuales y otros factores.

prueba de Dick (Dick test) [George F. Dick, n. 1881; Gladys R. H. Dick, n. 1881, médicos norteamericanos], prueba cutánea para determinar la sensibilidad a una eritrotoxina producida por los estreptococos del grupo A que producen la escarlatina.

prueba de discriminación entre dos puntos (two-point discrimination test), prueba que demuestra la capacidad de una persona para diferenciar estímulos táctiles en dos puntos cercanos del cuerpo, al mismo tiempo. Se utiliza para estudiar la posibilidad de lesión en las regiones cerebrales parietales.

prueba de Draize (Draize test), método controvertido para comprobar la toxicidad de productos farmacéuticos y de otro tipo para los seres humanos colocando pequeñas cantidades de estos productos en ojos de conejos. El potencial irritativo de los ojos da la medida del posible efecto que podría tener el producto en tejidos humanos similares.

prueba de dureza de Brinnell (Brinnell hardness test), prueba cuya finalidad es determinar la dureza de la superficie de un material midiendo la resistencia al impacto de una bala de acero. El resultado se registra como el número de dureza de Brinnell (NDB). Se utiliza habitualmente para medir esta cualidad en diferentes materiales utilizados en restauraciones dentales, como amalgamas, cementos y porcelanas.

prueba de dureza de Knoop (Knoop hardness test), método para medir la dureza de la superficie de los dientes mediante la resistencia a la penetración de una herramienta para indentación fabricada con diamante.

prueba de ejercicio gradual (PEG) (graded exercise test [GXT]), prueba a la que se somete a un paciente cardiópata en la fase de rehabilitación para valorar su pronóstico y cuantificar su capacidad funcional máxima.

prueba de embarazo (pregnancy test), v. **análisis de radiorreceptores de HCG**.

prueba de estimulación con clomifeno (clomiphene stimulation test), prueba utilizada para evaluar la función gonadal en hombres que presentan signos de un desarrollo puberal anormal. El clomifeno, un análogo no esteroideo de los estrógenos, estimula el sistema hipotálamo-hipofisario elevando los niveles sanguíneos de FSH y LH.

prueba de estrés (stress test), prueba que mide la función de un sistema del cuerpo cuando se le somete a cantidades cuidadosamente controladas de estrés. Los datos ofrecidos permiten al examinador evaluar el estado del sistema que se está probando.

prueba de excreción de yodo radiactivo (radioactive iodine excretion test), método de evaluación de la función tiroidea midiendo la cantidad de yodo radiactivo (RAI) presente en orina después de que el paciente reciba una dosis oral del radioisótopo I^{131}. Tras la administración del marcador, se coloca un detector de centelleo sobre el cuello del paciente a las 2, 6 y 24 horas para medir el RAI acumulado por el tiroides.

prueba de Fabere (Fabere's test), prueba del dolor o de la disfunción de las articulaciones de la cadera y sacroilíacas mediante la aplicación de presión sobre la rodilla durante la flexión, abducción y rotación externa de la cadera.

prueba de Farber (Farber test), examen microscópico del meconio del recién nacido para la identificación de lanugo y células escamosas. La ausencia de pelo o de células cutáneas sugiere obstrucción intestinal o atresia, siendo necesaria una evaluación posterior.

prueba de FC (CF test), abreviatura de **prueba de fijación del complemento**.

prueba de fijación de látex (latex fixation test), prueba serológica utilizada en el diagnóstico de la artritis reumatoide en la que partículas de látex cubiertas de antígeno aglutinan con los factores reumatoides en una extensión de una muestra de suero o líquido sinovial.

prueba de fijación del complemento (prueba FC) (complement-fixation test) [C-F test]), cualquier prueba serológica en la que se detecta fijación del complemento, lo que indica la presencia de un antígeno particular. Las pruebas específicas de FC se utilizan como pruebas adicionales en el diagnóstico de amebiasis, fiebre de la Montañas Rocosas, tripanosomiasis y tifus.

prueba de FL (RF test), v. **prueba de fijación de látex**.

prueba de floculación (flocculation test), prueba serológica cuyo resultado positivo depende del grado de precipitación por floculación que se produce en el material que se analiza. Muchas pruebas para la sífilis son pruebas de floculación.

prueba de formación (achievement test), prueba normalizada para medir y comparar los conocimientos y la capacitación lograda en varias áreas de estudio profesional y académico.

prueba de Frei (Frei test) [William S. Frei, dermatólogo alemán, n. 1885], prueba que se realiza para confirmar el diagnóstico de linfogranuloma venéreo.

prueba de Friedman (Friedman test) [Maurice H. Friedman, fisiólogo norteamericano, n. 1903], modificación de la prueba de embarazo de Ascheim-Zondek. Se inyecta una muestra de orina de la mujer en una coneja madura no preñada. Si, días después, los ovarios de la coneja contienen cuerpos lúteos nuevos o cuerpos hemorrágicos, la prueba es positiva y es signo de que la mujer está embarazada.

prueba de función hepática (liver function test), prueba para valorar diversas funciones del hígado; por ejemplo, metabolismo, almacenamiento, filtrado o excreción. Entre las pruebas de la función hepática se incluyen la determinación de la fosfatasa alcalina, bilirrubina sérica y transaminasa glutámico pirúvica sérica, así como la prueba de la bromosulftaleína.

prueba de función manual de Bennett (Bennett hand tool test), prueba utilizada en terapia ocupacional y estudios prevocacionales para evaluar la función de la mano y la coordinación y velocidad de actuación.

prueba de función pulmonar (PFP) (pulmonary function test [PFT]), procedimiento para determinar la capacidad de los pulmones para intercambiar oxígeno y anhídrido carbónico de forma eficaz. Existen dos tipos generales de pruebas de función respiratoria. Unas miden la ventilación, es decir, la capacidad del efecto fuelle del tórax y de los pulmones para desplazar el gas hacia fuera y hacia el interior de los alveolos; las otras miden la difusión de los gases a través de las membranas capilares alveolares y la perfusión sanguínea de los pulmones. El intercambio gaseoso eficaz en los pulmones requiere una relación equilibrada entre la ventilación y la perfusión, con zonas que reciben ventilación bien perfundidas y zonas que reciben flujo sanguíneo con capacidad de ventilación.

prueba de función tiroidea (thyroid function test), cualquiera de las diferentes pruebas de laboratorio realizadas para evaluar la función de la glándula tiroides. Entre las pruebas de función tiroidea se incluyen la del yodo unido a proteínas, la del yodo extraíble con butanol, la determinación de T_3 y T_4, el índice de tiroxina libre, la de la globulina ligadora de tiroxina, la de la hormona estimulante del tiroides, la del estimulante del tiroides de acción prolongada, la de la captación de yodo radiactivo y la de la excreción de yodo radiactivo.

prueba de Gubbay de la habilidad muscular (Gubbay test of motor proficiency), prueba de detección selectiva para identificar la dispraxia del desarrollo.

prueba de Heaf (Heaf test) [Frederick R. G. Heaf, médico inglés, n. 1894], prueba cutánea de la tuberculina que emplea una técnica de punciones múltiples.

prueba de Heller (Heller's test), prueba de laboratorio para la determinación de proteinuria en la que la orina se coloca en capa sobre ácido nítrico. La aparición de un anillo de precipitado proteico en la interfase de los dos líquidos es un signo positivo.

prueba de Huhner (Huhner test), prueba de la fertilidad masculina en la que se examina una muestra de semen para determinar la actividad de los espermatozoides.

prueba de inhibición de la aglutinación (agglutination-inhibition test), técnica serológica que resulta de utilidad para detectar ciertos antígenos solubles no conocidos.

prueba de inmunofluorescencia (immunofluorescence test), v. **prueba de anticuerpos fluorescentes (prueba AF)**.

prueba de inteligencia (intelligence test), cualquiera de las pruebas estandarizadas diseñadas para determinar la edad mental de un sujeto, midiendo la capacidad relativa para absorber información y resolver problemas. Dos tipos de pruebas de inteligencia son las escalas de Stanford-Binet y de Wechsler-Bellevue.

prueba de Kahn (Kahn test) [Reuben L. Kahn, bacteriólogo norteamericano, n. 1887], **1.** prueba serológica de la sífilis. Se considera positiva si aparece un precipitado blanco en una muestra de suero que se deja en reposo toda la noche mezclada con antígenos sensibilizados. **2.** prueba de presencia de un cáncer, por la proporción de albúmina A en una muestra de sangre.

prueba de la acetona en la orina (test for acetone in urine), parte de un análisis rutinario de orina. Lo normal es que no se detecte ni acetona ni otras cetonas en la orina, salvo en pacientes diabéticos mal controlados, alcohólicos o personas que realizan una dieta rica en proteínas.

prueba de la albúmina (albumin test), una de las diferentes pruebas realizadas para detectar la presencia de albúmina, una clase de proteínas simples, en la orina, signo habitual de trastornos renales o funcionales. Un tipo de prueba de la albúmina es el que depende del cambio de color de una tira de papel químicamente tratada en presencia de albúmina. La **prueba de Heller** consiste en añadir una capa fina de orina a una pequeña cantidad de ácido nítrico concentrado, y se considera positiva si se forma una línea opaca en la unión de los dos líquidos. En la **prueba del ácido acético**, se calienta un tubo de ensayo con orina hasta que ésta se enturbia. Se considera positiva la prueba cuando aumenta el enturbiamiento al añadir tres gotas de ácido acético.

prueba de la arruga (wrinkle test), prueba para estudiar la función nerviosa en la mano observando la presencia de arrugas cutáneas después de sumergir la mano en agua caliente durante 20 a 30 minutos. La piel desnervada no se arruga.

prueba de la bentonita (bentonite test), prueba de floculación para detectar la presencia de factor reumatoide en las muestras de sangre de un paciente. Después de añadir al suero las partículas sensibilizadas de bentonita, este estudio se considera positivo para la artritis reumatoide si se produce la adsorción del 50% de las partículas.

prueba de la cinta de kVp (kVp test cassette), (en radiología) cinta con un filtro de cobre, una serie de cuñas en fase y un atenuador óptico, que se utiliza para analizar la exactitud de los ajustes de kVp de los picos de potencial eléctrico que cruzan los tubos de rayos X.

prueba de la clorofila (chlorophyll test), v. **prueba de Boas**.

prueba de la coneja (rabbit test), v. **prueba de Friedman**.

prueba de la espuma (shake test), prueba realizada para determinar la madurez pulmonar fetal. Es más rápida que la determinación de la relación L-E.

prueba de la fitohemaglutinina (phytohemagglutinin test), prueba para identificar a los portadores genéticos de fibrosis quística, realizada mediante la exposición de los leucocitos a la fitohemaglutinina. Una reacción normal implica un aumento notable de la proteína celular.

prueba de la histamina (histamine test), prueba para la aquilia gástrica, o ausencia de ácido clorhídrico en el estómago. Se vacía y lava el estómago previamente a la inyección subcutánea de histamina al 1% para estimular la secreción gástrica ácida. Se aspira el contenido gástrico de forma continua. La ausencia de obtención de ácido se considera como prueba de que el estómago no produce ácido clorhídrico.

prueba de la lepromina (lepromin test), prueba de sensibilidad cutánea que se utiliza para distinguir entre las formas lepromatosa y tuberculosa de la lepra. La prueba consiste en la inyección intradérmica de lepromina.

prueba de la perforación (pinhole test), prueba que se realiza durante la exploración de una persona con disminución de la agudeza visual para diferenciar un defecto de refracción de una enfermedad orgánica. Se perforan varios agujeros en una tarjeta; el paciente selecciona uno y mira a través de él cada vez con un ojo, sin gafas. Si la agudeza visual mejora, el defecto será de refracción; en caso contrario, será orgánico.

prueba de la permeabilidad del conducto lacrimal (test of patency of lacrimal duct), prueba en la que se colocan una gotas de solución azucarada en el ojo; si el paciente detecta un sabor dulce es que el conducto es permeable.

prueba de la producción de lágrimas (test for lacrimation), prueba que se utiliza para el diagnóstico de la queratoconjuntivitis seca, en la que se coloca un papel de filtro de 35 mm de longitud en el fondo de saco conjuntival inferior durante co minutos. Si no se moja más de 10 mm, indica la existencia de una queratoconjuntivitis seca.

prueba de la secretina (secretin test), prueba de la función pancreática tras la estimulación con una hormona, la secretina. La prueba mide el volumen y la concentración de bicarbonato de las secreciones pancreáticas.

prueba de la tuberculina (tuberculin test), prueba que se realiza para determinar la existencia de una infección tuberculosa pasada o presente basándose en una reacción cutánea positiva, utilizando uno de los diferentes métodos que existen. Se introduce en la piel mediante una excoriación, punción o inyección intradérmica un derivado proteico purificado (PPD) del bacilo tuberculoso, llamado **tuberculina**. Si se forma una zona elevada, roja o indurada alrededor del punto de la prueba, se dice que la persona es sensible a la tuberculina y la prueba se lee como positiva. Algunos tipos de pruebas tuberculínicas son: **prueba de Heaf, prueba de Mantoux** y **prueba de Pirquet**.

prueba de laboratorio (laboratory test), técnica, que normalmente se realiza en las dependencias de un laboratorio, que pretende detectar, identificar o cuantificar una o más sustancias importantes, evaluar las funciones de un órgano, o establecer la naturaleza de un proceso o enfermedad.

prueba de látex para AR (RA latex test), abreviatura de **prueba de látex para la artritis reumatoide**. V. **prueba de fijación de látex**.

prueba de Lee-Davidsohn (Lee-Davidsohn test), prueba de anticuerpos heterófilos para la mononucleosis infecciosa, que emplea eritrocitos de caballo.

prueba de los colores de Ishihara (Ishihara color test) [Shinolu Ishihara, oftalmólogo japonés, n. 1879], prueba de la visión de los colores mediante una serie de placas en las que hay puntos redondos con diversos colores y figuras. Las personas con una visión normal pueden distinguir un número determinado de figuras en las placas; la imposibilidad de observar determinadas formas es sintomática de insuficiencias específicas en la percepción de los colores.

prueba de los gemelos (gastrocnemius test), prueba del funcionamiento de los músculos gemelos mediante la flexión plantar del tobillo mientras el paciente está en decúbito prono. El examinador sitúa los dedos para palpar la región posterior de la pantorrilla mientras el paciente tira de su talón hacia arriba.

prueba de los géminos (gemellus test), prueba para valorar la función de los géminos, que rotan externamente la cadera mientras el paciente está sentado con las rodillas flexionadas. El examinador coloca una mano en la cara externa de la rodilla, para evitar la flexión o abducción de la cadera mientras el paciente rota el muslo hacia afuera moviendo el pie hacia adentro.

prueba de los hematíes de carnero (sheep cell test), método que mezcla células sanguíneas humanas con hematíes de carnero para determinar la ausencia o el déficit de linfocitos T humanos. Cuando se mezclan con células sanguíneas humanas, los hematíes de carnero se agrupan alrededor de los linfocitos T, formando unas rosetas características.

prueba de Lundh (Lundh test), prueba de la función pancreática en la que se estimula el páncreas mediante la ingestión por vía oral de una dieta especial, midiéndose los valores de lipasa en el aspirado duodenal.

prueba de Mantoux (Mantoux test) [Charles Mantoux, médico francés, n. 1877], prueba cutánea de la tuberculina que consiste en la inyección intradérmica de un derivado proteínico purificado del bacilo tuberculoso. La aparición de una zona indurada, elevada y eritematosa de 8 a 10 mm entre 24 y 72 horas tras la inyección hace que la prueba se considere positiva.

prueba de movilidad (clearing test), prueba de la amplitud de movimientos en la que se mueve la articulación hasta sus límites, tensando la cápsula y los demás tejidos blandos en un intento de reproducir los síntomas. Si no aparecen síntomas, se descarta que la articulación sea la causa de un trastorno musculoesquelético.

prueba de Noyes (Noyes test), prueba ortopédica con la rodilla extendida y el muslo relajado, para la subluxación tibial anterolateral. Se flexiona gradualmente la rodilla hasta reducir la subluxación, lo que tiene lugar generalmente a los 30 grados de flexión.

prueba de Ober (Ober test), exploración del tensor de la fascia lata. El paciente yace en decúbito lateral, con la cadera y la rodilla de ese lado flexionadas y la cadera contralateral en extensión mientras se flexiona la rodilla. La imposibilidad de apoyar la rodilla estudiada sobre la superficie de la mesa de exploración indica la contractura de la fascia lata.

prueba de Ortolani (Ortolani's test) [Marius Ortolani, cirujano italiano del siglo XX], procedimiento utilizado para evaluar la estabilidad de la articulación de la cadera de los recién nacidos y lactantes. Se coloca al niño sobre su espalda con las caderas y las rodillas flexionadas en ángulo recto y abducidas hasta que la cara externa de las rodillas hace contacto con la mesa. Se intentan realizar movimientos de rotación interna y externa y se evalúa la simetría de la movilidad. Si la articulación es inestable se puede notar un chasquido o ruido seco (signo de Ortolani).

prueba de Pap (Pap test), v. **prueba de Papanicolaou**.

prueba de Papanicolaou (Papanicolaou test) [George N. Papanicolaou, médico norteamericano, n. 1883], método de extensión sencillo para estudiar células exfoliativas teñidas. Se utiliza sobre todo para detectar cáncer del cuello uterino, aunque también se puede utilizar en muestras de tejidos procedentes de cualquier órgano. Habitualmente la extensión se obtiene durante una exploración pélvica de rutina. Los hallazgos se suelen comunicar de forma descriptiva, agrupándose en las siguientes categorías: Clase I, sólo se observan células normales; Clase II, células atípicas compatibles con inflamación; Clase III, displasia leve; Clase IV, displasia grave, células sospechosas; Clase V, presencia de células cancerosas.

prueba de paternidad (paternity test), prueba basada en los grupos sanguíneos genéticos, empleada principalmente para excluir la posibilidad de que un hombre determinado pueda ser el padre de un determinado hijo. Por ejemplo, un hombre con el grupo sanguíneo AB no puede ser el padre de un hijo con el grupo O, o viceversa.

prueba de Paul-Bunnell (Paul-Bunnell test) [John R. Paul, médico norteamericano, n. 1893; Walls W. Bunnell, médico norteamericano, n. 1902], prueba sanguínea para la detección de anticuerpos heterófilos, que se utiliza para confirmar el diagnóstico de mononucleosis infecciosa.

prueba de personalidad (personality test), cualquiera de las numerosas pruebas estandarizadas, utilizadas para la evaluación o valoración de las diversas facetas de la estructura de la personalidad, del estado emocional y de los rasgos del comportamiento.

prueba de Pirquet (Pirquet's test) [Clemens P. von Pirquet, médico austriaco, n. 1874], prueba de tuberculina cutánea que consiste en aplastar el material de la tuberculina sobre la piel.

prueba de PK (PK test), abreviatura de **prueba de Prausnitz-Küstner**.

prueba de Prausnitz-Küstner (PK) (Prausnitz-Küstner (PK) test) [Otto C.W. Prausnitz, bacteriólogo polaco, n. 1876; Heinz Küstner, ginecólogo polaco, n. 1897], prueba cutánea en la cual se traspasa una respuesta alérgica a una persona no alérgica que actúa como sustituto para permitir la identificación del alergeno. Esta prueba sólo se realiza cuando no es posible realizar la prueba de sensibilidad cutánea directamente en el paciente alérgico.

prueba de provocación (challenge), método de estudio de la sensibilidad de un individuo a una hormona, alergeno u otra sustancia mediante la administración de una muestra. Para provocar la sensibilidad de un individuo a un antígeno particular puede inyectarse una pequeña cantidad del mismo para determinar si el sistema inmune reaccionará produciendo los anticuerpos apropiados.

prueba de provocación con metacolina (metacholine challenge), método para medir la actividad de las vías aéreas realizando una prueba de provocación mediante inhalación. Consiste en inhalar un aerosol de suero fisiológico como control y después concentraciones crecientes de cloruro de metacolina, un fármaco colinérgico. Se emplea para confirmar el diagnóstico de asma cuando existen síntomas.

prueba de provocación con oxitocina (oxytocin challenge test), prueba de estrés para valorar la función intrauterina del feto y de la placenta. Se realiza para evaluar la capacidad del feto para tolerar la continuación del embarazo o para anticipar el estrés del parto. Se inicia con una perfusión intravenosa diluida de oxitocina, se monitoriza con un dosificador o se regula con una bomba de perfusión. La actividad uterina se monitoriza con un tocodinamómetro y la frecuencia cardíaca fetal se vigila con un sensor de ultrasonidos cuando el útero se contrae por la acción de la oxitocina. La desaceleración de la frecuencia cardíaca fetal adoptando ciertos patrones de repetición puede indicar distrés fetal.

prueba de Q (Q's test), v. **prueba de Queckenstedt**.

prueba de Queckenstedt (Queckenstedt's test) [Hans H. G. Queckenstedt, médico alemán, n. 1876], prueba para determinar la obstrucción del conducto raquídeo en la que se comprimen alternativamente las venas yugulares de cada lado del cuello. Normalmente, la oclusión de las venas del cuello provoca una elevación inmediata de la presión del líquido cefalorraquídeo; si existe un bloqueo en el conducto vertebral, dicha elevación no se produce.

prueba de Quick (Quick's test) [Armand J. Quick, médico norteamericano, n. 1894], **1.** prueba para la ictericia. El paciente recibe una dosis oral de benzoato sódico, que se conjuga en el hígado con la glicina para formar ácido hipúrico. La cantidad de ácido hipúrico excretado por la orina es inversamente proporcional al grado de lesión hepática. **2.** prueba para la hemofilia. Se añade una solución de tromboplastina a una muestra de plasma sanguíneo que contiene oxalato y cloruro cálcico. El tiempo necesario para la formación de un coágulo estable es inversamente proporcional a la cantidad de protrombina presente en el plasma.

prueba de radioalergoabsorbencia (RAST) (radioallergosorbent test [RAST]), prueba en la que se utiliza un radioinmunoanálisis para identificar y cuantificar la IgE presente en un suero que se ha mezclado con cualquiera de los 45 alergenos conocidos. Ante la existencia de una alergia atópica a una sustancia, se produce una reacción antígeno-anticuerpo con conjugación y aglutinación características.

prueba de radioinmunoabsorbencia en papel (PRIST) (paper radioimmunosorbent test [PRIST]), técnica para determinar la concentración total de IgE en pacientes con reacciones de hipersensibilidad tipo I.

prueba de Rorschach (Rorschach test) [Hermann Rorschach, psiquiatra suizo, n. 1884], prueba de valoración proyectiva de la personalidad desarrollada por el psiquiatra suizo Hermann Rorschach. Consta de 10 láminas de manchas, cinco en blanco y negro, tres en negro y rojo y dos en varios colores, a las que el sujeto responde diciendo, en tantas interpretaciones como desee, qué imágenes y emociones le suscita cada dibujo. La prueba está diseñada para evaluar el grado de integración de los factores intelectuales y emocionales en la percepción que el sujeto hace del entorno.

prueba de rotura (break test), prueba cuya finalidad es determinar la fuerza muscular de un paciente aplicando una resistencia después de que el paciente ha alcanzado el tope de una amplitud de movimiento. La resistencia se aplica gradualmente en dirección opuesta a la línea de tracción del músculo o grupo muscular que se está estudiando.

prueba de Rubin (Rubin's test) [Isador C. Rubin, ginecólogo norteamericano, n. 1883], prueba realizada en el proceso de determinación de la causa de infecundidad mediante el estudio de la permeabilidad de las trompas de Falopio. Se introduce gas anhídrido carbónico (CO_2) en las trompas, a través de una cánula introducida en el cuello, con una jeringa conectada a un manómetro a presiones de hasta 200 mm Hg. Si las trompas están abiertas, el gas pasará a la cavidad abdominal y la presión registrada descenderá por debajo de 180 mm Hg.

prueba de S (S's test), v. **prueba de Sulkowitch**.

prueba de Sabin-Feldman (Sabin-Feldman dye test) [Albert B. Sabin, virólogo norteamericano, n. 1906; H. A. Feldman], prueba diagnóstica de la toxoplasmosis que depende de la presencia de anticuerpos específicos que bloquean la captación del azul de metileno por el citoplasma del germen patógeno, o *Toxoplasma*.

prueba de sangre oculta (occult blood test), prueba que detecta la presencia de cantidades microscópicas de sangre en heces, secundaria a una hemorragia del tracto digestivo.

prueba de Schick (Schick test) [Bela Schick, médico austronorteamericano, n. 1877], prueba cutánea para determinar la inmunidad frente a la difteria, en la cual se inyecta toxina diftérica por vía intradérmica. Una reacción positiva, que indica sensibilidad, vendrá marcada por enrojecimiento e inflamación en el lugar de la inyección.

prueba de Schiller (Schiller's test) [Walter Schiller, anatomopatólogo norteamericano, n. 1887], procedimiento para señalar las áreas de epitelio anormal en la vagina o en el cuello del útero que sirvan de guía en la selección de las zonas de biopsia para la detección del cáncer. Se pintan las paredes de la vagina y del cuello con una solución de yoduro potásico o de yodo en agua bajo visualización directa. El epitelio normal contiene glucógeno y se tiñe de color marrón oscuro; el epitelio anómalo no contiene glucógeno y, por lo tanto, no se tiñe, lo que ayuda a reconocer las zonas apropiadas para hacer la biopsia.

prueba dc Schilling (Schilling test) [Robert Schilling, médico norteamericano, n. 1919], prueba diagnóstica para la anemia perniciosa, en la cual se administra vitamina B_{12} marcada con cobalto radiactivo por vía oral, midiéndose la absorción GI mediante la determinación de la radiactividad en muestras de orina recogidas durante un período de 24 horas.

prueba de sensibilidad (sensitivity test), método de laboratorio para probar la eficacia de los antibióticos. Habitualmente se realiza con organismos conocidos como potencialmente resistentes al tratamiento antibiótico *in vitro*. Un informe de «resistente» significa que el antibiótico no es eficaz para inhibir el crecimiento de un organismo patógeno, mientras que la utilización de un antibiótico eficaz dará lugar a un informe de «sensible».

prueba de sensibilidad a la angiotensina (TSA) (angiotensin sensitivity test [AST]), prueba cuya finalidad es estudiar la sensibilidad a la angiotensina II, perfundiendo angiotensina II-amida en la vena cubital derecha.

prueba de significación no paramétrica (nonparametric test of significance), (en estadística) cualquiera de las distintas pruebas que emplean un enfoque cualitativo para analizar datos de orden de rango y de incidencia, en los que no es seguro que tengan una distribución normal. Son tipos de prueba de significación no paramétrica la de **chi cuadrado** y la de **rho de Spearman**.

prueba de Snellen (Snellen test), prueba para determinar la agudeza visual utilizando un cartelón de Snellen. La persona sometida a la prueba se coloca a 6 metros del cartelón y lee la mayor cantidad de símbolos que le sea posible, línea a línea y de arriba a abajo. Se asigna una puntuación en forma de proporción, comparando los resultados del paciente con los resultados de un sujeto estadísticamente normal. Una persona capaz de leer lo mismo que la media a 6 metros, tiene una visión de 20-20.

prueba de solubilidad de la bilis (bile solubility test), prueba bacteriológica utilizada en el diagnóstico diferencial de las infecciones neumocócica y estreptocócica.

prueba de Sulkowitch (Sulkowitch's test) [Hirsh W. Sulkowitch, médico norteamericano, n. 1906], análisis de orina para detectar la presencia de calcio. Se mezcla la orina con un reactivo formado por ácido oxálico, oxalato de amonio y ácido acético glacial, lo que provoca la precipitación del calcio de la orina.

prueba de tolerancia a la glucosa (glucose tolerance test), prueba de la capacidad del organismo para metabolizar carbohidratos administrando una dosis estándar de glucosa, midiendo la concentración de glucosa en sangre y orina a intervalos regulares tras su administración.

prueba de tolerancia a la insulina (insulin tolerance test), prueba de la capacidad de utilización de la insulina por el organismo, en la que se administra insulina y se mide la glucosa en sangre a intervalos regulares.

prueba de transferencia pasiva (passive transfer test), v. **prueba de Prausnitz-Küstner**.

prueba de Trendelenburg (Trendelenburg's test), prueba sencilla para valorar la incompetencia de las válvulas en una persona que tiene venas varicosas. La persona se tumba y eleva la pierna para vaciar la vena, después se pone de pie y se observa cómo se llena la vena. Si las válvulas son incompetentes, la vena se llena desde arriba; si las válvulas son normales, no permiten el flujo retrógrado de sangre y la vena se llena desde abajo.

prueba de tumefacción capsular (capsular swelling test, quellung test), prueba que pone de manifiesto la inflamación de la cápsula de una bacteria cuando ésta es expuesta a un antisuero específico. Se utiliza como prueba de laboratorio en la identificación del género, especie y subespecies de las bacterias responsables de una enfermedad.

prueba de Tzanck (Tzanck test) [Arnault Tzanck, dermatólogo francés, n. 1886], examen microscópico de material celular obtenido a partir de lesiones cutáneas para diagnosticar ciertas enfermedades vesiculares.

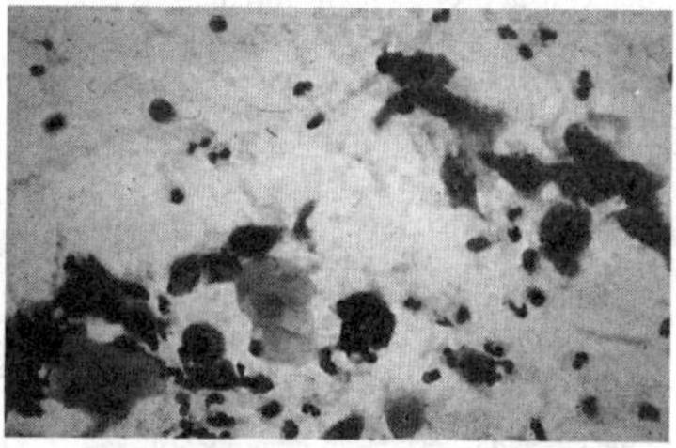

Prueba de Tzanck en pénfigo vulgar
(C. D. Forbes/W. F. Jackson, 1994)

prueba de usos (use test), procedimiento utilizado para identificar los alergenos presentes en alimentos, cosméticos o fábricas mediante la eliminación sistemática y la adición de elementos específicos asociados al estilo de vida del paciente afectado.

prueba de Valsalva (Valsalva's test) [Antonio Valsalva], método para comprobar la permeabilidad de las trompas de Eustaquio. Con la boca y la nariz firmemente cerradas, se realiza un esfuerzo espiratorio forzado; si las trompas de Eustaquio están abiertas, entrará aire en las cavidades del oído medio.

prueba de van den Bergh (van den Bergh's test) [Albert A. H. van den Bergh, médico holandés, n. 1869], prueba para detectar la presencia de bilirrubina en el suero sanguíneo. Se extrae una muestra de sangre por la mañana en ayunas, y se añade el suero diluido al diazorreactivo. Un color azul o violeta indica la presencia de bilirrubina.

prueba de Wassermann (Wassermann test) [August P. von Wassermann, bacteriólogo alemán, n. 1866], prueba sanguínea diagnóstica de la sífilis, basada en una reacción de fijación del complemento.

prueba de Widal (Widal's test) [Georges F. I. Widal, médico francés, n. 1862], prueba de aglutinación utilizada para facilitar el diagnóstico de las infecciones por salmonella, como la fiebre tifoidea.

prueba de Ziehl-Neelsen (Ziehl-Neelsen test) [Franz Ziehl, médico alemán, n. 1859; Friedrich K. A. Neelsen, anatomopatólogo alemán, n. 1854], uno de los métodos de tinción ácido resistente más ampliamente utilizado, empleado habitualmente en el estudio microscópico de una preparación de esputo sospechosa de contener *Mycobacterium tuberculosis*.

prueba de Zondek-Ascheim (Zondek-Ascheim test), v. **prueba de Ascheim-Zondek**.

prueba dedo-nariz (finger-nose test), prueba de la coordinación de los brazos. Se pide al paciente que lleve la punta del dedo índice rápidamente a la nariz, primero con los ojos abiertos, luego con los ojos cerrados. La incapacidad para realizar la prueba con precisión puede ser indicativa de afectación cerebelosa.

prueba del 4 (figure 4 test), v. **prueba de Fabere**.

prueba del ácido acético (acetic acid test), v. **prueba de la albúmina**.

prueba del aclaramiento de creatinina (creatinine clearance test), prueba diagnóstica para determinar la función renal, a partir de la velocidad de filtración de la creatinina, el producto final del metabolismo muscular. Se calcula tomando como base un volumen de orina en mililitros por minuto por la cantidad de miligramos por litro de creatinina urinaria excretada en 24 horas. La cifra resultante se divide por la cantidad de creatinina en suero en miligramos por decilitro.

prueba del aclaramiento del PAHA sódico (PAHA sodium clearance test), prueba para detectar lesión renal o determinadas enfermedades musculares. La prueba utiliza la sal sódica del ácido paraaminohipúrico para determinar la velocidad a la que los riñones eliminan esta sal de la sangre y de la orina.

prueba del alfiler (pinprick test), prueba de la habilidad de una persona para detectar una sensación dolorosa cutánea y diferenciarla de los estímulos táctiles. Se realiza con un alfiler o con una aguja que se aplica suavemente sobre una zona de la piel sin que lo advierta el sujeto.

prueba del bario (barium test), administración de sulfato de bario, que es opaco a los rayos X, por vía oral o rectal para estudios radiográficos del aparato digestivo.

prueba del biuret (biuret test), un método para detectar la urea y otras proteínas solubles en el suero.

prueba del blanqueo (blanch test), prueba de la circulación sanguínea en los dedos de las manos o de los pies. Se aplica presión sobre una uña hasta la pérdida del color normal. Se retira entonces la presión y, si la circulación es normal, el color se recupera en unos cinco segundos.

prueba del brazo caído (drop arm test), prueba diagnóstica del desgarro del tendón del supraespinoso. Es positiva si el paciente no es capaz de bajar lenta y suavemente el brazo afectado desde una posición de 90 grados en abducción.

prueba del diapasón de Rinne (Rinne tuning fork test) [Heinrich A. Rinne, otólogo alemán, n. 1819], método de valoración de la agudeza auditiva, útil para distinguir el déficit auditivo de conducción de los neurosensoriales. La prueba se realiza con diapasones de 256, 512 y 1.024 ciclos, y mientras se explora un oído se tapa el otro. Se coloca el mango del diapasón vibrante de forma alternativa a 1,25 cm del orificio auditivo externo y sobre la apófisis mastoides adyacente hasta que desaparezca el sonido en cada uno de estos puntos.

prueba del diapasón de Weber (Weber's tuning fork test), método para valorar la agudeza auditiva, especialmente útil para determinar si la pérdida de audición en un oído es una pérdida de conducción debida a un problema del oído medio o bien se trata de una pérdida neurosensorial. La prueba se realiza colocando el mango de un diapasón de 256 Hz vibrando en el centro de la frente de la persona o sobre los incisivos del maxilar superior. Si la audición en normal, la intensidad del sonido será igual en ambos oídos.

prueba del edrofonio (edrophonium test), prueba para la miastenia gravis que se realiza mediante la inyección IV de una solución de cloruro de edrofonio.

prueba del guayaco (guaiac test), prueba en la que se utiliza guayaco como reactivo en las heces u orina para determinar sangre oculta en los tractos intestinal o urinario.

prueba del helecho (ferning test), técnica utilizada para determinar la presencia de estrógenos en el moco del cuello del útero. Normalmente se utiliza como prueba de la ovulación; los niveles elevados de estrógenos hacen que el moco cervical se seque en el portaobjetos con un patrón semejante a helechos.

prueba del líquido seminal (seminal fluid test), cualquiera de las diversas pruebas del semen para detectar anomalías del sistema reproductor masculino y determinar la fertilidad. Algunos factores generalmente considerados son: tiempo de licuefacción del líquido seminal, cantidad, morfología, motilidad, volumen y pH espermáticos.

prueba del manchado de Southern (Southern blot test), método de análisis genético utilizado para identificar fragmentos de ADN específicos y para el diagnóstico de cánceres y hemoglobinopatías.

prueba del manchado Northern (Northern blot test), prueba electroforética para identificar la presencia o ausencia de determinadas moléculas de ARNm y de hibridación de ácidos nucleicos.

prueba del manchado Western (Western blot test), prueba sanguínea de laboratorio para detectar la presencia de anticuerpos frente a antígenos específicos. Se considera más precisa que el análisis de inmunoabsorción ligado a enzimas (ELISA), utilizándose en ocasiones para comprobar la validez de las pruebas de ELISA.

prueba del parche (patch test), prueba cutánea para identificar alergenos, especialmente aquellos que provocan dermatitis de contacto. La sustancia sospechosa se aplica (alimento, polen, pelo de animales) a un parche adhesivo que se coloca en la piel del paciente. Otro parche, sin nada, servirá como control.

prueba del resorcinol (resorcinol test), v. **prueba de Boas**.

prueba del sexo (gender testing), procedimiento para confirmar el sexo de un individuo mediante el examen de una muestra de tejido, obtenido normalmente a partir de las células de la mucosa oral, para detectar la presencia del cromosoma Y.

prueba del sudor (sweat test), método para la evaluación de la excreción de sodio y cloro por las glándulas sudoríparas; con frecuencia, ésta es la prueba que se realiza en primer lugar para el diagnóstico de la fibrosis quística. Se estimulan las glándulas sudoríparas con un fármaco, como la pilocarpina, y se analiza la transpiración producida. Las glándulas ecrinas de pacientes con fibrosis quística producen concentraciones de sodio y cloro de tres a seis veces superiores a lo normal.

prueba del tiempo de hemorragia simplate (simplate bleeding time test), prueba sanguínea para determinar con qué rapidez forman las plaquetas un tapón al quedar expuestas al aire. La formación del tapón de plaquetas es el primer paso de la coagulación.

prueba del torniquete (tourniquet test), prueba de la fragilidad capilar en la que se aplica un manguito de tensión arterial en el brazo de una persona durante 5 minutos y se insufla a una presión media entre las tensiones diastólica y sistólica. Se deben contar el número de petequias que aparecen en una región circunscrita de la piel.

prueba doble ciego (double-blind test), diseño de un experimento para estudiar un fármaco según el cual ni los pacientes que reciben el fármaco ni las personas que dirigen la prueba conocen quiénes están recibiendo el nuevo fármaco y quiénes un placebo o comprimido de azúcar.

prueba FA (FA test), v. **prueba de anticuerpos fluorescentes (prueba AF)**.

prueba FTA-ABS (FTA-ABS test), v. **prueba de absorción de anticuerpos treponémicos fluorescentes (prueba FTA-ABS)**.

prueba gestaltiana visual motora de Bender (Bender's Visual Motor Gestalt test) [Lauretta Bender, psiquiatra norteamericana, n. 1897], prueba psicológica estándar en la cual el sujeto copia una serie de patrones.

prueba intradérmica (intradermal test), técnica utilizada para identificar posibles alergenos mediante la inyección al paciente por vía subcutánea de pequeñas cantidades de extractos de dichos alergenos sospechosos.

prueba iontoforética de la pilocarpina (iontophoretic pilocarpine test), prueba de sudor utilizada para el diagnóstico de la fibrosis quística. La iontoforesis de la pilocarpina se utiliza para estimular la producción de sudor, en el que se analizan las concentraciones de los electrólitos sodio y cloro.

prueba no estresante (PNE) (nonstress test [NST]), evaluación de la respuesta de frecuencia cardíaca fetal ante una actividad contráctil natural o ante el aumento de la actividad fetal.

prueba por escarificación (scratch test), prueba cutánea para la identificación de un alergeno, que se realiza colocando una pequeña cantidad de una solución que contiene el alergeno sospechoso en un área ligeramente escarificada de la piel. La formación de una roncha en los primeros 15 minutos indica alergia a esa sustancia.

prueba presora al frío (cold-pressor test), prueba para valorar la tendencia a desarrollar hipertensión esencial. Se introduce una mano del individuo en agua helada durante unos 60 segundos. Una elevación excesiva de la tensión arterial o un retraso anormal en el retorno a la tensión arterial normal cuando se retira la mano del frío pueden ser indicativos de que el individuo tiene riesgo de sufrir hipertensión.

prueba proyectiva (projective test), tipo de prueba diagnóstica, psicológica o de personalidad que utiliza estímulos no estructurados o ambiguos, como manchas de tinta, series de cuadros, pinturas abstractas o frases incompletas, para obtener respuestas que reflejen una proyección de diversos aspectos de la personalidad del individuo.

prueba psicológica (psychologic test), grupo de pruebas estandarizadas dirigidas a medir o determinar algunas características de un individuo, como capacidad intelectual, motivación, percepción, conducta, valores, nivel de ansiedad o depresión, mecanismos de afrontamiento e integración general de la personalidad.

prueba sanguínea (blood test), cualquier prueba que determina algún parámetro sobre las características o propiedades de la sangre.

prueba serológica (serologic test), toda prueba diagnóstica realizada con suero.

prueba subcutánea (subcutaneous test), v. **prueba intradérmica**.

prueba t (t test), prueba estadística que se utiliza para determinar si existen diferencias entre dos medias o entre un valor diana y una media calculada.

prueba talón-espinilla (heel-shin test), método para valorar la coordinación de los movimientos de las extremidades. En esta prueba se pide al paciente, colocado en decúbito prono, que pase el talón de una pierna lentamente sobre la espinilla de la otra pierna desde la rodilla al tobillo.

prueba talón-rodilla (heel-knee test), método para valorar la coordinación de los movimientos de las extremidades. En esta prueba se pide al paciente, colocado en decúbito prono, que se toque la rodilla de una pierna con el talón de la otra.

prueba VDRL (VDRL test), abreviatura de prueba de *Venereal Disease Research Laboratory*, prueba de floculación serológica para la sífilis. También es positiva en otras enfermedades por treponemas, como el pian.

pruebas cruzadas sanguíneas (crossmatching of blood), procedimiento utilizado por los bancos de sangre para determinar la compatibilidad de la sangre de un donante con la del receptor después de que han sido determinados los grupos sanguíneos principales en las muestras. El suero de la sangre del donante se mezcla con hematíes de la sangre del receptor, y células del donante se mezclan con suero del receptor. Si se produce aglutinación, existe una sustancia antigénica y las muestras de sangre no son compatibles.

pruebas de alergia (allergy testing), diversos procedimientos que se emplean para identificar los alergenos específicos a los que son sensibles los pacientes afectados. Estas pruebas son útiles para prescribir un tratamiento que prevenga las reacciones alérgicas o que reduzca su intensidad. Los tipos más frecuentes de pruebas alérgicas son las pruebas intradérmicas, de escarificación, de parche y conjuntival, así como las pruebas de utilización.

pruebas de sensibilidad a antibióticos (antibiotic sensitivity tests), método de laboratorio utilizado para determinar la sensibilidad de las infecciones bacterianas al tratamiento con antibióticos. Una vez recogido el microorganismo infectivo a partir de una muestra se cultiva y posteriormente se le expone a diversos antibióticos. Si el fármaco logra inhibir el crecimiento del microorganismo, se considera que éste es sensible a dicho antibiótico.

pruebas inmunológicas (immunologic test), pruebas basadas en los principios de las reacciones antígeno-anticuerpo.

prurigo (prurigo), grupo de enfermedades inflamatorias crónicas de la piel caracterizadas por prurito intenso y múltiples pápulas pequeñas, en forma de cúpula, que terminan formando diminutas vesículas. Más adelante (debido al rascado continuado) se produce la formación de costras y la liquenificación. Algunas causas de prurigo son las alergias, fármacos, trastornos endocrinos, enfermedades malignas y parásitos. Una forma leve de la enfermedad es el denominado ***prurigo mitis*** y una forma más grave el ***prurigo agrio*** o ***prurigo ferox***.

prurito (pruritus), síntoma consistente en picor, sensación incómoda que provoca la necesidad urgente de rascarse. Con frecuencia el rascado provoca infecciones secundarias.

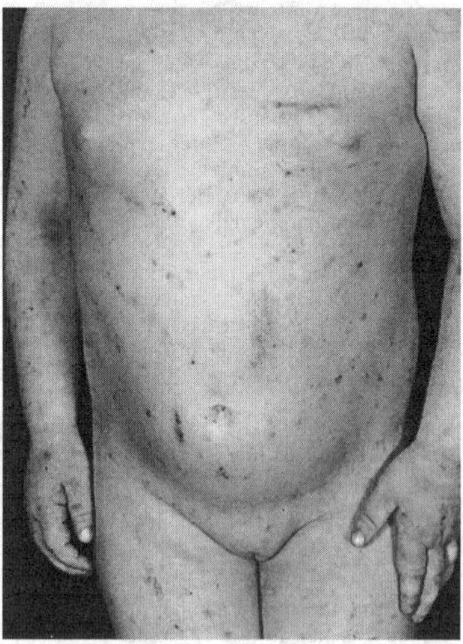

Prurito
(S. Sherlock/J. A. Summerfield, 2.ª ed., 1992)

Algunas causas de prurito son las alergias, infecciones, ictericia, linfomas y la irritación cutánea.

prurito anal (pruritus ani), trastorno crónico frecuente caracterizado por picor de la piel situada alrededor del ano. Algunas de las causas son las infecciones por candida, dermatitis de contacto, hemorroides externas, oxiuros, psoriasis y enfermedades psicógenas.

prurito de los panaderos (baker's itch), erupción que puede desarrollarse en las manos y los antebrazos de los obreros que trabajan en hornos de pan, posiblemente como reacción alérgica a la harina o a otros ingredientes utilizados por ellos.

prurito del tendero (grocer_s itch), dermatitis parasitaria causada por el contacto con los del género ácaros *Glyciphagus domesticus* que se encuentran en las semillas de los cereales, el queso o en los alimentos secos.

prurito esencial (essential pruritus), prurito local o generalizado que comienza sin alteración cutánea previa alguna.

prurito invernal (winter itch), prurito que aparece cuando hace frío en personas de piel seca, especialmente en aquellas con dermatitis atópica.

prurito vulvar (pruritus vulvae), picor de los genitales externos femeninos. Puede cronificarse y evolucionar hasta la liquenificación, atrofia y en ocasiones malignización. Algunas causas de prurito vulvar son las dermatitis de contacto, el liquen escleroso y atrófico, el prurito psicógeno, las tricomoniasis y la candidiasis vaginal.

ps (ps), abreviatura de **picosegundo**.

PSA (AST), abreviatura de **prueba de sensibilidad a la angiotensina**.

PSA (PSA), abreviatura de **antígeno prostático específico**.

psamoma (psammoma, *pl.* **psammomas, psammomata**), neoplasia que contiene pequeños gránulos calcificados (cuerpos de psamoma) y aparecen en las meninges, plexo coroideo, glándula pineal y ovarios.

pseudomona (pseudomonad), bacteria del género *Pseudomonas*.

Pseudomonas (Pseudomonas), género de bacterias gramnegativas que incluye varias especies que viven libremente en el suelo y en el agua y algunos patógenos oportunistas, como *Pseudomonas aeruginosa*, que se aísla en heridas, quemaduras e infecciones de vías urinarias. Las pseudomonas llaman la atención por sus pigmentos fluorescentes y su resistencia a los desinfectantes y antibióticos.

Pseudomonas aeruginosa (Pseudomonas aeruginosa), especie de bacilo móvil gramnegativo, no esporulado, que puede causar diversas enfermedades en los seres humanos, desde meningitis purulenta a infección nosocomial de las heridas.

pseudotumor orbitario (orbital pseudotumor), reacción inflamatoria específica de los tejidos orbitarios caracterizada por exoftalmos y congestión edematosa de los párpados. La causa es desconocida.

psia (psia), abreviatura, en inglés, de libras por pulgada cuadrada, absoluto.

psicoactivo (psychoactive), relativo a un fármaco u otro agente que afecta a aspectos del funcionamiento mental normal como el humor, conducta o los procesos del pensamiento. Algunos ejemplos son los estimulantes, los sedantes y los alucinógenos.

psicoanálisis (psychoanalysis), rama de la psiquiatría creada por Sigmund Freud que se dedica al estudio de la psicología del desarrollo y de la conducta humana. A partir de su método sistematizado para investigar los procesos de la mente, desarrolló un sistema de psicoterapia basado en los conceptos de un subconsciente dinámico utilizando técnicas como la libre asociación y la interpretación de los sueños, y en el análisis de los mecanismos de defensa, especialmente la resistencia y la transferencia. A través de estos mecanismos, se averiguan las emociones y conductas que proceden de la influencia de los impulsos instintivos reprimidos en el subconsciente.

psicoanalista (psychoanalyst), psicoterapeuta, habitualmente un psiquiatra, que ha tenido una formación especial en psicoanálisis y que aplica las técnicas de la teoría psicoanalítica.

psicobiología (psychobiology), **1.** estudio de los fundamentos bioquímicos del pensamiento, del estado de ánimo, de la emoción, del afecto y de la conducta. **2.** desarrollo y funcionamiento de la personalidad en términos de interacción entre el cuerpo y la mente. **3.** escuela de pensamiento psiquiátrico fundada por Adolf Meyer que centra la experiencia total de la vida, incluidos los factores biológicos, emocionales y socioculturales, en el análisis de la estructura psicológica o del estado mental de un individuo.

psicocatarsis (psychocatharsis), v. **catarsis**.

psicocinesia (psychokinesia), **1.** conducta impulsiva, maníaca que se debe a inhibiciones deficientes o defectuosas. **2.** (en parapsicología) psicocinesis.

psicocinesis (PC) (psychokinetics [PK]), supuesta influencia directa de la mente o de la voluntad sobre la materia que ocasionaría el movimiento en objetos sin intervención de sentidos o fuerzas físicas.

psicocinética (psychokinetics), estudio de la psicocinesis.

psicocirugía (psychosurgery), interrupción quirúrgica de ciertas vías nerviosas en el cerebro, que se realiza para tratar casos seleccionados de ansiedad crónica, que no remite, de agitación o neurosis obsesivas cuando la enfermedad es grave y cuando los tratamientos alternativos, como la psicoterapia, los fármacos y el electroshock han demostrado su ineficacia.

psicodélico (psychedelic), **1.** relativo a o que describe un estado mental caracterizado por una alteración de la percepción sensorial con alucinaciones que se acompaña de euforia o miedo, y que habitualmente está provocado por la ingesta deliberada de drogas u otras sustancias que se sabe producen este efecto. **2.** relativo a o que describe cualquier fármaco o sustancia que provoca este estado, como la mescalina o la psilocibina.

psicodiagnóstico (psychodiagnosis), estudio de la personalidad a través de observaciones de la conducta y de las maneras, combinadas con diversas pruebas.

psicodinámica (psychodynamics), estudio de las fuerzas que motivan la conducta.

psicodrama (psychodrama), forma de terapia de grupo, ideada por J. L. Moreno, en la que cada persona representa sus problemas emocionales mediante la dramatización e interpretación de un papel.

psicofarmacología (psychopharmacology), estudio científico de los efectos de los fármacos sobre la conducta y sobre las funciones mentales normales y anormales.

psicofísica (psychophysics), rama de la psicología que se ocupa de las relaciones que se establecen entre los estímulos físicos y las respuestas sensoriales.

psicofisiología (psychophysiology), **1.** estudio de la fisiología en relación con los diversos aspectos de la función psicológica o conductual. **2.** estudio de la actividad mental mediante la exploración física y la observación.

psicofisiológico (psychophysiologic), **1.** relativo o perteneciente a la psicofisiología. **2.** que tiene síntomas físicos de origen psicógeno; psicosomático.

psicogénesis (psychogenesis), **1.** desarrollo de la mente o de una función o proceso mental. **2.** desarrollo o producción de un síntoma o de una enfermedad física a partir de factores mentales o psíquicos en vez de orgánicos. **3.** desarrollo de estados emocionales, ya sean normales o anormales, a partir de la interacción de las fuerzas psicológicas conscientes e inconscientes.

psicógeno (psychogenic, psychogenetic), **1.** que tiene su origen en la mente. **2.** relativo a cualquier síntoma físico, proceso patológico o estado emocional de origen psicológico en lugar de físico.

psicología (psychology), **1.** estudio del comportamiento y de las funciones y procesos de la mente, especialmente en relación con el entorno social y físico. **2.** profesión que implica la aplicación práctica del conocimiento, habilidades y técnicas para el conocimiento, prevención o solución de problemas individuales o sociales, especialmente en cuanto a la interacción entre el individuo y el entorno físico y social. **3.** características y actitudes mentales, de motivación y conductuales de un individuo o grupo de individuos. Algunos tipos de psicología son: **conductismo, psicología analítica, psicología clínica, psicología cognitiva, psicología experimental, psicología humanística** y **psicología social**.

psicología analítica (analytic psychology), **1.** sistema a través del cual se analizan fenómenos tales como las sensaciones y los sentimientos, clasificándolos de forma introspectiva más que siguiendo métodos experimentales. **2.** también denominada **psicología de Jung**, sistema para analizar la psique siguiendo los conceptos desarrollados por Carl Gustav Jung. Difiere del psicoanálisis de Sigmund Freud en el hecho de que destaca la importancia del inconsciente «racial» o colectivo, reforzando el efecto de un factor religioso o místico en el desarrollo del inconsciente personal y minimizando la importancia de las influencias sexuales en el desarrollo inicial emocional y psicológico.

psicología anormal (abnormal psychology), el estudio de los trastornos mentales y de las conductas de maladaptación, incluidas las neurosis y las psicosis, así como de los fenómenos normales que no se comprenden por completo, tales como los sueños y los estados de alteración de la consciencia.

psicología aplicada (applied psychology), **1.** interpretación de los datos históricos, literarios, médicos o de otra índole, de acuerdo con los principios psicológicos. **2.** toda rama de la psicología que pone de relieve las formas de abordaje y los objetivos desde un punto de vista práctico más que teórico, como la psicología clínica, la psicología infantil, la psicología industrial y la psicología educativa.

psicología clínica (clinical psychology), rama de la psicología que se ocupa del diagnóstico, tratamiento y prevención de los trastornos de la personalidad y de la conducta.

psicología cognitiva (cognitive psychology), estudio del desarrollo del pensamiento, lenguaje e inteligencia en lactantes y en niños.

psicología comparativa (comparative psychology), **1.** estudio de la conducta humana en cuanto a sus similitudes o diferencias con la conducta animal. **2.** estudio de las diferencias psicológicas y conductuales entre distintos sujetos.

psicología constitucional (constitutional psychology), estudio de la relación entre la estructura psicológica de un individuo y la morfología corporal y el funcionamiento orgánico.

psicología criminal (criminal psychology), estudio de los procesos mentales, modelos de motivaciones y conducta de criminales.

psicología de Jung (jungian psychology), v. **psicología analítica**.

psicología de la Gestalt (Gestalt psychology), escuela de psicología, originaria de Alemania, que mantiene que un fenómeno psicológico se percibe como un modelo o configuración total, que emana de la relación existente entre sus elementos constitutivos y no como elementos aislados que poseen sus propios atributos.

psicología educacional (educational psychology), aplicación de los principios, técnicas y pruebas de la psicología a problemas educacionales.

psicología en profundidad (depth psychology), cualquier enfoque de la psicología que hace hincapié en el estudio de la personalidad y la conducta en relación con la motivación inconsciente.

psicología experimental (experimental psychology), estudio de los procesos y fenómenos mentales mediante observación en un entorno controlado, utilizando diversas pruebas, manipulaciones y experimentos.

psicología fisiológica (physiologic psychology), estudio de las interrelaciones entre los procesos fisiológicos y psicológicos, especialmente los efectos de un cambio de normal a anormal.

psicología hórmica (hormic psychology), (en psicología) escuela que resalta la naturaleza dirigida por objetivos o propósitos de la conducta humana.

psicología humanística (humanistic psychology), rama de la psicología que se centra en la lucha de una persona para desarrollar y mantener una personalidad integrada, armoniosa, como la principal fuerza de motivación en la conducta humana.

psicología individual (individual psychology), sistema de psicoanálisis modificado, desarrollado por Alfred Adler, que enfoca la conducta de mala adaptación y los problemas de la personalidad como resultado de un conflicto entre el deseo de dominar y los sentimientos de inferioridad.

psicología industrial (industrial psychology), aplicación de los principios y técnicas de la psicología a los problemas de los negocios y la industria, como selección de personal, motivación de los trabajadores y desarrollo de programas de entrenamiento.

psicología infantil (child psychology), estudio del desarrollo mental, emocional y conductual en los lactantes y en los niños.

psicología social (social psychology), estudio de los efectos de los miembros del grupo sobre la conducta, las actitudes y las creencias del individuo.

psicólogo (psychologist), persona especializada en el estudio de la estructura y función del cerebro y de los procesos mentales asociados en animales y seres humanos. Un psicólogo clínico es un licenciado en psicología con formación en psicología clínica que presta servicios de valoración y asesoramiento a pacientes con trastornos mentales y emocionales.

psicometría (psychometrics), desarrollo, realización o interpretación de pruebas psicológicas y de inteligencia.

psicomotor (psychomotor), perteneciente a o causante de los movimientos voluntarios que habitualmente se asocian a la actividad neural.

psiconeuroinmunología (psychoneuroimmunology), disciplina que estudia las relaciones entre estados psicológicos y la respuesta inmunitaria.

psiconeurosis (psychoneurosis), v. **neurosis**.

psiconeurótico (psychoneurotic), v. **neurótico**.

psicópata (psychopath), persona que tiene un trastorno antisocial de la personalidad.

psicopatía (psychopathy, psychopathia), cualquier trastorno de la mente, congénito o adquirido, que no se asocia necesariamente a una inteligencia subnormal.

psicopatía sexual (psychopathia sexualis), trastorno mental caracterizado por una perversión sexual.

psicopático (psychopathic), relativo o perteneciente a una conducta antisocial.

psicopatología (psychopathology), **1.** estudio de las causas, procesos y manifestaciones de los trastornos mentales. **2.** manifestación conductual de cualquier trastorno mental.

psicopatólogo (psychopathologist), profesional especializado en el estudio y tratamiento de los trastornos mentales.

psicosexual (psychosexual), relativo o perteneciente a los aspectos psicológicos y emocionales del sexo.

psicosíntesis (psychosynthesis), forma de psicoterapia centrada en tres niveles del inconsciente (inconsciente inferior, medio y superior). El objetivo es la recreación o integración de la personalidad.

psicosis (psychosis), todo trastorno mental mayor de origen orgánico o emocional caracterizado por un deterioro importante de la percepción de la realidad, por lo que el individuo evalúa incorrectamente la exactitud de sus percepciones y pensamientos y hace comentarios incorrectos sobre la realidad externa, aún con pruebas en contra.

psicosis afectiva (affective psychosis), reacción psicótica cuyo signo clínico esencial es un grave trastorno del estado de ánimo o de las emociones.

psicosis agudas (acute psychosis), grupo de trastornos en los que está disminuida y alterada la capacidad para procesar la información. La causa de un trastorno concreto puede residir en una alteración fisiológica conocida. En otros casos esa alteración fisiológica puede no haber sido identificada, pero sí existir un claro defecto de función. El delirio y el síndrome cerebral agudo se asocian con una fisiopatología cerebral conocida, y se caracterizan por desorientación, distorsión de la memoria y alteraciones intermitentes de la consciencia. La psicosis funcional aguda tiene una base fisiopatológica desconocida y se asocia con signos y síntomas diversos, desde el insomnio y la agitación a las ilusiones paranoides o de grandeza, al estado maníaco con compromiso emocional y a las alucinaciones.

psicosis alcohólica (alcoholic psychosis), cualquiera de las formas que integran un grupo de trastornos mentales graves, tales como la intoxicación patológica, el delirium tremens, la psicosis de Korsakoff y la alucinosis aguda, caracterizadas por una lesión o disfunción cerebral que aparece a consecuencia del consumo excesivo de alcohol.

psicosis circunstancial (situational psychosis), (en psiquiatría) episodio psicótico provocado por una serie específica de circunstancias externas.

psicosis de agotamiento (exhaustion psychosis), estado mental anormal atribuido al agotamiento físico. El síntoma principal, un estado delirante, puede aparecer en los exploradores, los escaladores, personas perdidas en el desierto y en algunos pacientes terminales.

psicosis de desintegración (disintegrative psychosis), proceso mental de la infancia que normalmente comienza después de los 3 años de edad, tras el desarrollo normal de la palabra, el comportamiento social y otras características. Después de una enfermedad poco definida, el niño sufre un deterioro mental, alcanzando en ocasiones un estado de retraso mental importante.

psicosis de Korsakoff (Korsakoff's psychosis) [Sergei Korsakoff, psiquiatra ruso, n. 1854], forma de amnesia que se observa frecuentemente en alcohólicos crónicos y que se caracteriza por la pérdida de la memoria reciente y la incapacidad para aprender nuevas habilidades. El enfermo suele encontrarse desorientado y trata de disimular el proceso.

psicosis farmacológica (drug psychosis), estado psicótico inducido por una dosis exagerada de determinados productos terapéuticos, así como también por drogas que provocan adicción. Son productos terapéuticos asociados con frecuencia a este tipo de psicosis el hidrato de cloral, el paraldehído, la isoniazida, la belladona y los esteroides.

psicosis funcional (functional psychosis), trastorno emocional grave caracterizado por desestructuración de la personalidad y pérdida de la capacidad para actuar en la realidad, pero sin pruebas de que este proceso esté relacionado con algún proceso físico del cerebro.

psicosis gestacional (gestational psychosis), todo trastorno mental que pueda ser atribuible al embarazo.

psicosis orgánica (organic psychosis), trastorno caracterizado por la pérdida del contacto con la realidad como consecuencia de una alteración en la función del tejido cerebral.

psicosis polineurítica (polyneuritic psychosis), v. **psicosis de Korsakoff**.

psicosis posparto (postpartum psychosis), episodio de psicosis, depresivo o esquizofrénico, tras el parto. Se piensa que están involucrados factores endocrinológicos, ya que el trastorno tiende a desarrollarse generalmente en el primer mes tras el parto.

psicosis postinfecciosa (postinfectious psychosis), conducta psicótica que aparece tras una infección grave, como neumonía, escarlatina, paludismo o fiebre tifoidea.

psicosis puerperal (puerperal psychosis), v. **psicosis posparto**.

psicosis reactiva breve (brief reactive psychosis), episodio corto, habitualmente inferior a dos semanas, de conducta psicótica que ocurre en respuesta a un acontecimiento psicosocial estresante significativo.

psicosis senil (senile psychosis), trastorno mental orgánico de la persona de edad avanzada, provocado por una atrofia generalizada del cerebro, pero sin signos de enfermedad vasculocerebral. Sus síntomas son: pérdida de memoria, alteraciones del juicio, reducción de los valores morales y estéticos, incapacidad para el pensamiento abstracto, períodos de confusión, confabulación e irritabilidad. Todos estos síntomas oscilan entre grados leves y graves.

psicosis tóxica (toxic psychosis), psicosis que se produce por los efectos de sustancias químicas o fármacos, incluidas las producidas por el propio cuerpo.

psicosis traumática (traumatic psychosis), forma de psicosis que se produce por una lesión en la cabeza, con síntomas que generalmente indican lesión cerebral. Es diferente del trauma psíquico, en el que el daño de la personalidad se produce por una desagradable experiencia, como una agresión sexual.

psicosocial (psychosocial), relativo a la combinación de factores psicológicos y sociales.

psicosomático (psychosomatic), **1.** relativo o perteneciente a la medicina psicosomática. **2.** relacionado con, caracterizado por o que se produce por la interacción de la mente o psique con el cuerpo. **3.** relativo a la expresión de un conflicto emocional a través de síntomas físicos.

psicosomatógeno (psychosomatogenic), relativo a los factores que causan o conducen al desarrollo de medidas de afrontamiento psicofisiológico como las respuestas aprendidas ante los factores estresantes.

psicoterapeuta (psychotherapist), profesional que ejerce la psicoterapia, como psiquiatras, psicólogos, personal de enfermería psiquiátrica, trabajadores sociales psiquiátricos y personas que realizan labores de asesoramiento.

psicoterapia (psychotherapy), grupo numeroso de métodos para el tratamiento de los trastornos mentales y emocionales mediante técnicas psicológicas en lugar de utilizar medios físicos. Algunos de los objetivos de la psicoterapia son cambiar los modelos conductuales de inadaptación, mejorar las relaciones interpersonales, resolver los conflictos internos que provocan sufrimiento personal, modificar las ideas inexactas sobre el yo y sobre el entorno y potenciar un sentimiento definido de autoidentidad que favorezca el desarrollo individual para lograr una existencia plena y llena de significado. Algunos tipos de psicoterapia son: **psicoanálisis, terapia conductual, terapia de grupo, terapia existencial humanística** y **terapia interpersonal**.

psicoterapia complementaria (adjunctive psychotherapy), modalidad de psicoterapia cuya finalidad es mejorar el perfil general, tanto mental como físico, de una persona, sin tratar de resolver los problemas emocionales básicos. Algunas modalidades de psicoterapia complementaria son la **musicoterapia**, la **terapia ocupacional**, la **fisioterapia** y la **terapia recreativa**.

psicoterapia existencial humanística (humanistic existential therapy), tipo de psicoterapia que promueve el autoconocimiento y crecimiento personal resaltando la realidad actual y analizando y alterando los patrones específicos de respuesta para ayudar a lograr el potencial de una persona. Algunos tipos de psicoterapia existencial humanística son: **terapia de la Gestalt, terapia existencial** y **terapia orientada al paciente**.

psicótico (psychotic), **1.** relativo o perteneciente a las psicosis. **2.** persona que muestra las características de una psicosis.

psicoticomimético (psychotomimetic), fármaco o cualquier otra sustancia cuyos efectos simulan los síntomas de las psicosis, como las alucinaciones.

psicotropo, psicotrópico (psychotropic), que ejerce un efecto sobre la mente o modifica la actividad mental.

psig (psig), abreviatura, en inglés, de libras por pulgada cuadrada, calibrado.

psilocibina (psilocybin), fármaco psicodélico y sustancia activa de varios hongos mejicanos alucinógenos del género *Psilocybe mexicana*. Puede provocar alteraciones en el estado de ánimo y de consciencia y no tiene ninguna aplicación médica aprobada en Estados Unidos.

psilocina (psilocin), uno de los diversos fármacos psicomiméticos derivados del indol. Está relacionado químicamente con la psilocibina.

psique (psyche), **1.** aspecto de las facultades mentales de una persona que abarca los procesos conscientes e inconscientes. **2.** entidad espiritual o mental vital del individuo en oposición al cuerpo o soma. **3.** (en psicoanálisis) componentes totales del ello, ego y superego, incluyendo todos los aspectos conscientes e inconscientes.

psiquiatra (psychiatrist), médico con formación médica adicional y con experiencia en el diagnóstico, prevención y tratamiento de los trastornos mentales.

psiquiatría (psychiatry), rama de la medicina que se ocupa de las causas, tratamiento y prevención de los trastornos mentales, emocionales y de la conducta. Algunos tipos de psiquiatría son: **psiquiatría comunitaria, psiquiatría descriptiva, psiquiatría dinámica, psiquiatría existencial, psiquiatría forense** y **ortopsiquiatría**.

psiquiatría biológica (biologic psychiatry), escuela de pensamiento psiquiátrico que destaca el papel de las causas físicas, químicas y neurológicas de las enfermedades mentales y emocionales y sus tratamientos.

psiquiatría comunitaria (community psychiatry), rama de la psiquiatría relacionada con el desarrollo de un programa adecuado y coordinado de asistencia de salud mental para los residentes de áreas específicas de captación.

psiquiatría descriptiva (descriptive psychiatry), estudio de la conducta externa, fácilmente observable.

psiquiatría dinámica (dynamic psychiatry), estudio de los factores de motivación, emocionales y biológicos como determinantes del comportamiento humano.

psiquiatría existencial (existential psychiatry), escuela de psiquiatría basada en la filosofía del existencialismo, que se basa en un enfoque analítico, holístico de los procesos mentales, a los que considera desviaciones dentro de la estructura total del individuo y no como causados por factores relacionados con la biología o la cultura.

psiquiatría forense (forensic psychiatry), rama de la psiquiatría que se ocupa de la aplicación de la psiquiatría a la ley, como la responsabilidad criminal, la tutoría y la capacidad para someterse a juicio.

psiquiatría interpersonal (interpersonal psychiatry), teoría psiquiátrica, introducida por Sullivan, que insiste en la naturaleza y calidad de las relaciones con otras personas significativas, como el factor más crítico para el desarrollo de la personalidad.

psiquiatría preventiva (preventive psychiatry), utilización del conocimiento teórico y habilidades para planificar y realizar los programas diseñados para lograr una prevención primaria, secundaria y terciaria.

psiquiatría social (social psychiatry), rama de la psiquiatría basada en el estudio de las influencias sociales sobre el desarrollo y el curso de las enfermedades mentales.

psitacosis (psittacosis), enfermedad infecciosa causada por la bacteria *Chlamydia psittaci*, que se caracteriza por síntomas respiratorios, como los de la neumonía y que se transmite a los seres humanos por pájaros infectados, especialmente loros. Las manifestaciones clínicas de la enfermedad son sumamente variables y recuerdan a un gran número de enfermedades infecciosas, aunque casi siempre están presentes la fiebre, tos, anorexia y cefalea intensa.

psoas mayor (psoas major), músculo largo que se origina en las apófisis transversas de las vértebras lumbares y en los fibrocartílagos y caras laterales de los cuerpos vertebrales de las vértebras dorsales inferiores y de las lumbares. Flexiona y rota externamente el muslo y flexiona e inclina lateralmente la columna.

psoas menor (psoas minor), músculo largo y delgado de la pelvis, situado por delante del psoas mayor. Su acción consiste en flexionar la columna.

psoriasis (psoriasis), enfermedad hereditaria, crónica y frecuente de la piel, caracterizada por la presencia de placas rojas circunscritas cubiertas de escamas gruesas, secas, plateadas y adherentes secundarias al excesivo desarrollo de las células epiteliales. Son típicas las exacerbaciones y remisiones. Las lesiones pueden localizarse en cualquier parte del cuerpo, aunque son más frecuentes en las superficies de extensión, en las prominencias óseas, en el cuero cabelludo, en las orejas, en los genitales y la región perianal. La afectación cutánea se puede acompañar de artritis, especialmente de las pequeñas articulaciones distales. La psoriasis **gotosa** y la **psoriasis pustulosa** son dos subtipos de psoriasis.

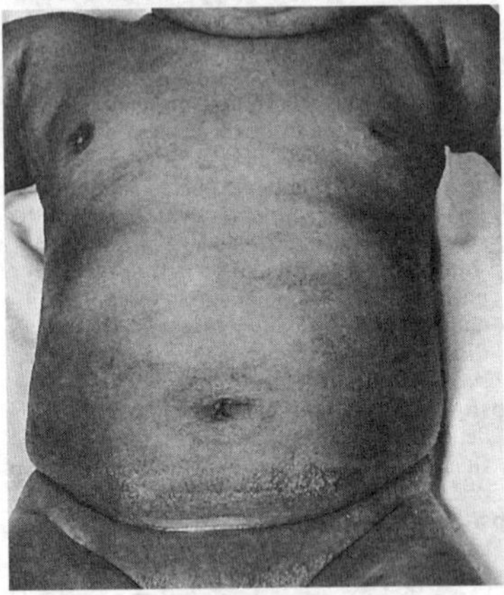

Psoriasis
(A. du Vivier, 2.ª ed., 1995)

psych (psych), en inglés, abreviatura de **psicología**.

Pt (Pt), símbolo del **platino**.

pt. (pt.), **1.** abreviatura de **pinta**. **2.** en inglés, abreviatura de **paciente**.

pterigion (pterygium), segmento triangular grueso de tejido pálido que se extiende desde el borde nasal de la córnea hasta el canto interno del ojo.

pterigoideo (pterygoid), perteneciente a una estructura con forma de ala.

pterigoideo externo (external pterygoid muscle), uno de los cuatro músculos de la masticación. Su función consiste en abrir los maxilares, protruye el maxilar inferior y lo mueve de un lado al otro.

pterigoideo interno (internal pterygoid muscle), uno de los cuatro músculos de la masticación. Actúa cerrando los maxilares.

pterigomandibular (pterygomandibular), relativo a la apófisis pterigoides y a la mandíbula.

pterigomaxilar (pterygomaxillary), relativo al esfenoides y al maxilar superior.

pterygoideus lateralis (pterygoideus lateralis), v. **pterigoideo externo**.

pterygoideus medialis (pterygoideus medialis), v. **pterigoideo interno**.

PTH (PH), abreviatura de **hormona paratiroidea**.

ptialina (ptyalin), enzima presente en la saliva que digiere el almidón.

ptialismo (ptyalism), salivación excesiva, como sucede ocasionalmente en los primeros meses del embarazo. También es un signo de intoxicación por mercurio.

ptomaína (ptomaine), término impreciso introducido en el siglo XIX para identificar a un grupo de sustancias nitrogenadas presentes en las proteínas putrefactas.

ptosis (ptosis), trastorno de uno o ambos párpados superiores en el que se produce la caída del párpado por una debilidad congénita o adquirida del músculo elevador o por parálisis del tercer par craneal.

PTT (TTP), abreviatura de **púrpura trombocitopénica trombótica**.

Pu (Pu), símbolo del **plutonio**.

púa (tine), punta aguda, que se proyecta, como los dientes de un tenedor.

pubarquia (pubarche), aparición de la pubertad, caracterizada por el comienzo del desarrollo de los caracteres sexuales secundarios.

pubertad (puberty), período de la vida en el que comienza la capacidad de reproducción.

pubescente (pubescent), que tiene la edad de la pubertad.

pubis (pubis, *pl.* **pubes**), hueso del pubis en número de dos que, con el isquion y el ilion, forman el hueso coxal y que se articula con el hueso del pubis del otro lado en la sínfisis del pubis. La superficie interna del pubis es lisa; forma parte de la pared anterior de la pelvis.

pubococcígeo (pubococcygeal), perteneciente al pubis y al cóccix.

pudendum (pudendum, *pl.* **pudenda**), genitales externos, especialmente los de la mujer. En una mujer comprende el monte de Venus, los labios mayores, los labios menores, el vestíbulo de la vagina y las glándulas vestibulares. En el hombre comprende el pene, el escroto y los testículos.

pudrirse (putrefy), descomponerse, produciendo sustancias de olor fétido, especialmente putrescina y mercaptanos que se asocian a la descomposición de los tejidos animales y de las proteínas.

puente (pons, *pl.* **pontes**), cualquier banda de tejido que conecta dos partes de una estructura o de un órgano corporal.

puente de Varolio (bridge of Varolius), v. **protuberancia**.

puericultura (puericulture), crianza y orientación de los niños.

pueril (puerile), relativo a los niños o a la infancia; propio de un niño.

puerilidad (puerilism), infantilismo, en particular cuando se manifiesta en un adulto.

puérpera (puerpera), mujer que acaba de dar a luz o que está de parto.

puerperal (puerperal), **1.** relativo o perteneciente al período inmediatamente posterior al parto. **2.** relativo o perteneciente a una mujer (puérpera) que acaba de dar a luz un hijo.

puerperio (puerperium), período que sigue al parto, con una duración aproximada de 6 semanas, durante las cuales remiten los cambios anatómicos y fisiológicos provocados por el embarazo, y la mujer se adapta a la responsabilidad nueva o ampliada de la maternidad y de la vida sin embarazo.

puerta de entrada (portal of entry), vía por la que entra un agente infeccioso en el cuerpo.

puerto de fusión implantado (implanted fusion port), tabique de silicona autosellante introducido en una cápsula de metal o de plástico, con un catéter de silicona incorporado.

puff (puff), sonido soplante corto y suave que se escucha en la auscultación.

puff cromosómico (chromosome puff), banda de material cromático acumulado que se localiza en un lugar específico de un cromosoma gigante. Indica actividad genética, específicamente síntesis de ADN y ARN, en un locus determinado.

Pulex (Pulex), género de pulgas, algunas de cuyas especies transmiten infecciones transportadas por artrópodos, como la peste y el tifus epidémico.

pulga (flea), insecto no alado, hematófago, del orden *Syphonaptera*, algunas de cuyas especies transmiten arbovirus al ser humano, actuando como huéspedes o vectores del organismo.

pulimento selectivo (selective grinding), cualquier modificación de las formas oclusales de los dientes, conseguida mediante el pulimento corrector en lugares seleccionados para mejorar la oclusión y la función dentaria.

pulmón (lung), cada uno de los dos órganos ligeros y esponjosos del tórax, que constituyen la parte principal del sistema respiratorio. Los dos pulmones, muy elásticos, son los mecanismos principales que tiene el cuerpo para inspirar aire del que extraer oxígeno que pasa al sistema de sangre arterial, y para expulsar el dióxido de carbono recogido por el sistema venoso. Los pulmones están constituidos por lóbulos, de superficie lisa y brillante. El pulmón derecho tiene tres lóbulos, el izquierdo dos. Cada pulmón está recubierto por una capa serosa externa, una capa subserosa de tejido intersticial y el parénquima. La capa serosa está formada por múltiples fibras elásticas que cubren toda la superficie del órgano. El parénquima se compone de lobulillos primarios divididos en lobulillos secundarios, cada uno de ellos constituido por vasos sanguíneos, linfáticos, nervios y un conducto alveolar que comunica con los espacios aéreos.

pulmón artificial (artificial lung), v. **respirador de Drinker**.

pulmón de acero (iron lung), v. **respirador de Drinker**.

pulmón de granjero (farmer's lung), trastorno respiratorio causado por la inhalación de actinomicetos u otros polvos orgánicos procedentes del heno mohoso. Es una forma de neumonitis por hipersensibilidad.

pulmón de shock (shock lung), v. **síndrome de dificultad respiratoria del adulto (SDRA)**.

pulmón del criador de pájaros (bird breeder's lung), v. **pulmón del criador de palomas**.

pulmón del criador de palomas (pigeon breeder's lung), enfermedad respiratoria producida por una hipersensibilidad adquirida a los antígenos presentes en los excrementos de los pájaros.

pulmón del cuidador de gallinas (hen worker's lung), v. **pulmón del criador de palomas**.

pulmón del esnifador de hipófisis (pituitary snuff lung), tipo de neumonitis por hipersensibilidad que en ocasiones aparece entre los consumidores de hipófisis por aspiración nasal. Los antígenos contra los que se produce la reacción de hipersensibilidad se localizan en las proteínas séricas de vacas y cerdos y en el tejido hipofisario. Los síntomas que denotan la forma aguda de la enfermedad son escalofríos, tos, fiebre, disnea, anorexia, náuseas y vómitos.

pulmón húmedo (wet lung), anomalía de los pulmones, caracterizada por tos persistente y estertores en las bases pulmonares. Se produce en trabajadores expuestos a irritantes pulmonares.

pulpa (pulp), cualquier tejido blando, esponjoso, como el que contiene el bazo, la cavidad pulpar de los dientes o las falanges distales de los dedos de las manos y de los pies.

pulpa dental (dental pulp), pequeña masa de tejido conectivo, vasos sanguíneos y nervios, localizada por debajo de las capas de dentina y esmalte de un diente.

pulpa desvitalizada (nonvital pulp), pulpa dental en la cual el conducto del diente se ha necrosado por una enfermedad o un traumatismo que interrumpe el aporte sanguíneo.

pulpa expuesta (exposed pulp), pulpa dentaria que ha quedado expuesta al medio externo y a la infección bacteriana potencial. Las causas son la fractura de la corona por un traumatismo, la pérdida de la corona de un diente o la penetración de la dentina durante la preparación para la restauración.

pulpa muerta (dead pulp), v. **pulpa desvitalizada.**

pulpectomía (pulpectomy), extirpación quirúrgica completa o parcial de la pulpa de un diente.

pulpitis (pulpitis), infección o inflamación de la pulpa dental.

pulsar (pulsate), hacer latir o vibrar rítmicamente, como el ritmo de contracción y expansión del corazón.

pulsátil (pulsatile), relativo a una actividad caracterizada por una pulsación rítmica.

pulsión (drive), necesidad compulsiva básica. Una pulsión primaria es algo innato, en íntimo contacto con procesos psicológicos. Una pulsión secundaria es la que se desarrolla durante el período de crecimiento e incita y dirige la conducta.

pulso (pulse), **1.** latido o movimiento vibratorio rítmico. **2.** onda electromagnética breve. **3.** expansión y contracción regulares y repetitivas de una arteria provocadas por la eyección de sangre desde el ventrículo izquierdo del corazón al contraerse. El fenómeno se detecta fácilmente en las arterias superficiales, como las arterias radial y carótida, correspondiéndose con cada latido del corazón. El número normal de pulsaciones por minuto en un adulto medio oscila entre 60 y 80, apareciendo variaciones con el ejercicio, los traumatismos, las enfermedades y las reacciones emocionales.

pulso *parvus et tardus* (pulsus parvus et tardus), pulso débil y de baja tensión que sube y baja lentamente. Aparece en la estenosis aórtica.

pulso *tardus* (pulsus tardus), pulso cuya amplitud asciende y desciende gradualmente.

pulso abdominal (abdominal pulse), pulso de la aorta abdominal.

pulso alternante (pulsus alternans), pulso caracterizado por la alternancia periódica de latidos débiles y fuertes sin cambios en la duración del ciclo.

pulso anácroto (anacrotic pulse), (en un trazado esfigmográfico) pulso caracterizado por un descenso transitorio de la amplitud en la rama ascendente primaria de la curva. Se ve en la estenosis de la válvula aórtica.

pulso anadícroto (anadicrotic pulse), (en un trazado esfigmográfico) pulso que se caracteriza por dos descensos transitorios de amplitud en la rama ascendente primaria de la curva.

pulso apical (apical pulse), latido cardíaco que se percibe con la campana o con la membrana de un estetoscopio, situado en el ápex o punta del corazón.

pulso bigémino (bigeminal pulse), alteración del pulso en la que dos latidos muy próximos se siguen de una pausa en la que no se detecta el pulso.

pulso bisferiens (bisferious pulse), pulso arterial que tiene dos picos palpables, siendo el segundo ligeramente más fuerte que el primero.

pulso capilar (capillary pulse), v. **pulso de Quincke**.

pulso carotídeo (carotid pulse), pulso de la arteria carótida, palpable en el cuello si se ejerce una leve presión con el dedo sobre el surco entre la laringe y el esternocleidomastoideo.

pulso cuadrigémino (quadrigeminal pulse), pulso en el que se produce una pausa cada cuatro latidos.

pulso de Corrigan (Corrigan pulse) [Dominic J. Corrigan, médico irlandés, n. 1802], pulso en el que se palpa una gran expansión seguida de un colapso súbito y completo de la arteria. Se produce en estados de excitación emocional, en distintas anomalías cardíacas y como consecuencia de arteriosclerosis sistémica.

pulso de Quincke (Quincke's pulse) [Heinrich I. Quincke, médico alemán, n. 1842], palidez y enrojecimiento alternativo de la piel, anormal, que puede observarse de varias formas como, por ejemplo, presionando el borde anterior de las uñas de los dedos de las manos y observando el retroceso y la vuelta de la sangre en el lecho ungueal.

pulso de RM (pulse MR), técnicas de RM que emplean pulsos de radiofrecuencia y la transformación de Fourier de la señal de RM.

pulso desigual (unequal pulse), pulso en el que los latidos varían de intensidad.
pulso dícroto (dicrotic pulse), pulso con dos picos separados, por lo general el segundo más débil que el primero.
pulso duro (wiry pulse), pulso anormal que es intenso y breve.
pulso en martillo de agua (water-hammer pulse), pulso asociado a regurgitación aórtica. Se caracteriza por un impulso pleno y enérgico que se colapsa inmediatamente, provocando una sensación de sacudida.
pulso femoral (femoral pulse), pulso de la arteria femoral, palpable en la ingle.
pulso filiforme (thready pulse), pulso anormal débil y a menudo bastante rápido; no se palpa el llenado de la arteria y la frecuencia puede ser difícil de contar.
pulso humeral (brachial pulse), pulso de la arteria humeral palpado en el espacio antecubital.
pulso intermitente (intermittent pulse), pulso en el cual falta en ocasiones un latido. Suele ocurrir en casos de bloqueo cardíaco de segundo grado o de extrasístoles.
pulso irregular (irregular pulse), cualquier pulso de fuerza o ritmo irregulares.
pulso lento (slow pulse), pulso inferior a 60 latidos por minuto. Es normal en ancianos, deportistas y pacientes que reciben medicación betabloqueante.
pulso lleno (full pulse), pulso de gran volumen y baja presión.
pulso paradójico (pulsus paradoxus), descenso anormal de la presión sistólica y de la amplitud de la onda del pulso durante la inspiración.
pulso pedio (dorsal pedis pulse), pulso de la arteria pedia, palpable entre el primero y segundo metatarsianos, en la parte superior del pie.
pulso periférico (peripheral pulse), serie de ondas de la tensión arterial generadas por las sístoles del ventrículo izquierdo tal y como se registran en los miembros.
pulso poplíteo (popliteal pulse), pulso de la arteria poplítea, palpado por detrás de la rodilla de una persona en decúbito prono con la rodilla flexionada.
pulso radial (radial pulse), pulso de la arteria radial palpado en la muñeca sobre el radio. El pulso radial es el que se toma con mayor frecuencia debido a la facilidad con la que se palpa.
pulso rápido (rapid pulse), pulso más rápido de lo normal.
pulso saltón (bounding pulse), pulso que, mediante palpación, se percibe lleno y elástico por un aumento del empuje de la contracción cardíaca o un aumento del volumen de sangre circulante en las estructuras elásticas del sistema vascular.
pulso tibial posterior (posterior tibialis pulse), pulso de la arteria tibial posterior palpado en la cara interna del tobillo, inmediatamente por detrás de la prominencia del astrágalo.
pulso trémulo (tremulous pulse), pulso débil y palpitante.
pulso tricrótico (tricrotic pulse), pulso anormal que tiene tres picos de elevación sobre un esfigmograma, representando la onda de presión del corazón en la sístole seguida de dos ondas de presión en la diástole.
pulso trigeminal (trigeminal pulse), pulso anormal en el que el tercer latido está ausente.
pulso vagal (vagus pulse), pulso regular y lento que se debe a hiperactividad del nervio vago.
pulso venoso (venous pulse), pulso de una vena palpado generalmente sobre las venas yugular interna o externa del cuello. El pulso en la vena yugular se toma para evaluar la presión del pulso y la forma de la onda de presión.
pulso yugular (jugular pulse), pulsación de la vena yugular producida por la transmisión de las ondas transmitidas por la sangre circulante procedente de la parte derecha del corazón.
pulvule (pulvule), cápsula patentada que contiene una dosis de un fármaco en forma de polvo.
punción (puncture), herida u orificio realizado al puncionar.
puncionar (puncture), pinchar o atravesar una superficie como se hace con una aguja o un bisturí.
punta de gutapercha (gutta-percha point), cilindro fino cónico de gutapercha que se emplea para rellenar un canal radicular.
punteado (stippling), aparición de puntos coloreados en algunas células al ser teñidas. La aparición de punteado rojizo en los hematíes teñidos con hematoxilina-eosina es un signo de paludismo.
punto (point), mancha pequeña o zona señalada.
punto de McBurney (McBurney's point) [Charles McBurney, cirujano norteamericano, n. 1845], zona de sensibilidad extrema en la apendicitis aguda, localizada en la región apendicular, aproximadamente a 5 cm de la espina ilíaca anterosuperior derecha, en una línea que discurre desde esta espina hasta el ombligo.
puntuación de Apgar (Apgar score), valoración del estado físico de un lactante, que se suele realizar pasado 1 minuto del nacimiento y se repite pasados 5 minutos del mismo. Se basa en las puntuaciones alcanzadas por cinco

factores, que reflejan la capacidad del recién nacido para adaptarse a la vida extrauterina. Se valoran la frecuencia cardíaca, el trabajo respiratorio, el tono muscular, la irritabilidad refleja y el color. Cada uno de ellos recibe una puntuación que oscila entre el valor más bajo, que es 0, y el valor normal, que es 2. Se suman los cinco valores, anotando el total de los mismos en el minuto 1 y en el minuto 5. Por ejemplo, un Apgar de 9-10 significa que se ha alcanzado una puntuación de 9 en el minuto 1 y de 10 a los 5 minutos.

puntuación de Silverman-Anderson (Silverman-Anderson score), sistema de valoración del grado de dificultad respiratoria.

puntuación de traumatismo (Trauma Score), sistema que combina la valoración cardiovascular con la Escala de coma de Glasgow para calcular el grado de lesión y el pronóstico del paciente que ha sufrido una herida en la cabeza. Los factores cardiopulmonares son la frecuencia respiratoria y la expansión torácica, la tensión arterial sistólica y el llenado capilar. Los factores neurológicos son la apertura de los ojos, la respuesta verbal y la respuesta motora.

punzada (twinge), dolor repentino, breve, semejante a un flechazo.

pupa (pupa), segunda fase del ciclo vital de ciertos insectos (*endopterytgote*), entre la fase de larva y la de adulto. Muestra las características externas básicas de la forma adulta, pero sin las alas extendidas.

pupila (pupil), orificio circular en el iris del ojo, desplazado del centro del iris ligeramente hacia el lado nasal. La pupila se sitúa por detrás de la cámara anterior del ojo y de la córnea y por delante del cristalino. Su diámetro varía con la contracción y relajación de las fibras musculares del iris cuando el ojo responde a cambios de luz, estados emocionales y otras clases de estímulos. La pupila es la ventana del ojo a través de la cual pasa la luz al cristalino y a la retina.

pupila de Adie (Adie's pupil), trastorno ocular caracterizado por la existencia de una pupila que reacciona con mucha mayor lentitud ante los cambios de luz, la acomodación o la convergencia que la pupila del otro ojo.

pupila de Argyll Robertson (Argyll Robertson pupil) [Douglas M. C. L. Argyl Robertson, médico escocés, n. 1837], pupila que se contrae durante la acomodación, pero no lo hace en respuesta a la luz. Suele verse más a menudo en miosis y en la neurosífilis avanzada.

pupila fija (fixed pupil), trastorno en el que las pupilas no se dilatan o contraen cuando son estimuladas. La causa suele ser la presencia de adherencias que unen el iris a la cápsula del cristalino, o bien una alteración en la inervación del iris en el glaucoma agudo.

pupila puntiforme (pinhole pupil), pupila muy pequeña, que puede ser congénita, secundaria al uso de mióticos o producto de una inflamación del iris.

pupilla (pupilla), v. **pupila**.

pureza (fineness), (en odontología) medio para graduar las aleaciones según su contenido en oro. La pureza de una aleación se mide en partes por mil de oro puro.

purga (purge), **1.** catártico. **2.** liberar de una sustancia indeseable.

purgación (purgation), v. **catarsis**.

purgante (purgative), medicación potente, que se suele administrar por vía oral para favorecer la evacuación del intestino.

purgar (purge), evacuar el intestino, como con un catártico.

purina (purine), grupo numeroso de compuestos nitrogenados, productos finales de la digestión de las proteínas de la dieta, o sintetizados como tal por el organismo. Las purinas también están presentes en muchas medicaciones y en sustancias como cafeína, teofilina, diversos diuréticos, relajantes musculares y estimulantes del miocardio.

púrpura (purpura), trastorno hemorrágico grave caracterizado por hemorragias en los tejidos, especialmente bajo la piel o las mucosas, provocando la aparición de equimosis o petequias. Los dos tipos principales son la púrpura trombocitopénica y la no trombocitopénica.

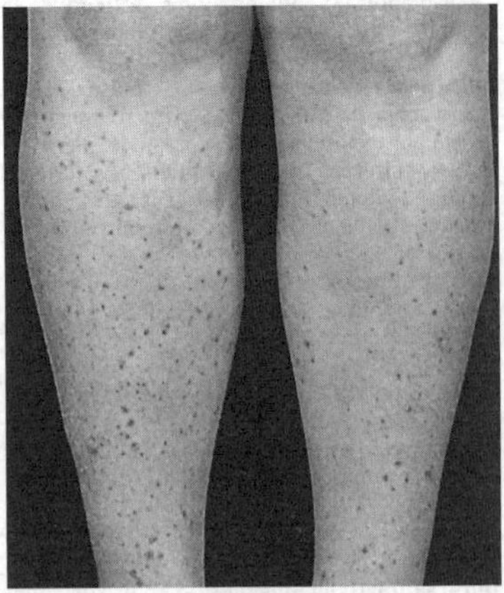

Púrpura
(A. du Vivier, 2.ª ed., 1995)

púrpura trombocitopénica idiopática (PTI) (idiopathic thrombocytopenic purpura [ITP]), hemorragias de la piel y otros órganos producida por déficit de plaquetas. La **PTI aguda** es una enfermedad de la infancia, que puede aparecer tras una infección viral, dura varias semanas o varios meses y no suele dejar secuelas. La **PTI crónica** es más frecuente en adolescentes y adultos, comienza de forma más insidiosa y dura más. En los pacientes con PTI se encuentran anticuerpos antiplaquetarios.

púrpura trombocitopénica trombótica (PTT) (thrombotic thrombocytopenic purpura [TTP]), trastorno caracterizado por trombocitopenia, anemia hemolítica y anomalías neurológicas. Se acompaña de púrpura generalizada asociada al depósito de microtrombos dentro de los capilares y pequeñas arteriolas.

purulencia (purulence), hecho de producir o liberar pus.

purulento (purulent), que produce o contiene pus.

pus (pus), exudado líquido cremoso, viscoso, de color amarillo claro o amarillo verdoso, producto de una necrosis por licuefacción. Está constituido fundamentalmente por leucocitos polimorfonucleares, y lo generan, sobre todo, las infecciones bacterianas.

pústula (pustule), pequeña elevación circunscrita de la piel que contiene líquido, habitualmente purulento.

pústula maligna (malignant pustule), v. **carbunco**.

putamen (putamen), parte del núcleo lentiforme que se sitúa por fuera del globo pálido. Está relacionada con el cuerpo estriado y recibe conexiones de los centros supresores de la corteza cerebral.

putrefacción (putrefaction), descomposición de las enzimas, especialmente proteicas, que generan compuestos de olor fétido, como amoniaco, sulfuro de hidrógeno y mercaptanos.

putrescina (putrescine), ptomaína tóxica, de olor fétido, generada por la descomposición del aminoácido ornitina durante la descomposición de los tejidos animales, cultivos de bacilos y bacterias fecales.

pútrido (putrid), descompuesto.

putromaína (putromaine), cualquier toxina generada por la descomposición de alimentos dentro de un organismo vivo.

PVC (CVP), abreviatura de **presión venosa central**.

PVC (PVC), abreviatura de **policloruro de vinilo**.

PVH (HPV), abreviatura de **parvovirus humano**.

pW (pW), abreviatura de picowatio.

Q

Q (Q), símbolo de **volumen sanguíneo**.
q.2h. (q.2h.), (en las recetas) abreviatura de *quaque secunda hora*, expresión latina que significa «cada 2 horas».
q.3h. (q.3h.), (en las recetas) abreviatura de *quaque tertia hora*, expresión latina que significa «cada 3 horas».
q.4h. (q.4h.), (en las recetas) abreviatura de *quaque quarta hora*, expresión latina que significa «cada 4 horas».
q.6h. (q.6h.), (en las recetas) abreviatura de *quaque sex hora*, expresión latina que significa «cada 6 horas».
q.8h. (q.8h.), (en las recetas) abreviatura de *quaque octa hora*, expresión latina que significa «cada 8 horas».
quadratus labii superioris (quadratus labii superioris), v. **cigomático menor**.
q.d. (q.d.), (en las recetas) abreviatura de *quaque die*, expresión latina que significa «cada día».
q. diem (q. diem), v. ***q.d.***
q.h. (q.h.), (en las recetas) abreviatura de *quaque hora*, expresión latina que significa «cada hora».
q.i.d. (q.i.d.), (en las recetas) abreviatura de *quater in die*, expresión latina que significa «cuatro veces al día».
q.l. (q.l.), abreviatura de la expresión latina *quantum libet*, que significa «tanto como quiera».
Q.P. (C.P.), abreviatura de químicamente puro.
q.s. (q.s.), (en las recetas) abreviatura de *quantum sufficit*, expresión latina que significa «cantidad necesaria».
q.v. (q.v.), **1.** abreviatura de la frase latina *quantum vis* o «tanto como desee». **2.** abreviatura de la frase latina *quod vide* o «lo que ve».
QCE (EKC), abreviatura de **queratoconjuntivitis epidémica**.
queilitis (cheilitis), trastorno de los labios caracterizado por inflamación y agrietamiento de la piel.
queilocarcinoma (cheilocarcinoma, *pl.* **cheilocarcinomas, cheilocarcinomata**), tumor epitelial maligno del labio.
queiloplastia (cheiloplasty), corrección quirúrgica de un defecto de los labios.
queilorrafia (cheilorrhapy), procedimiento quirúrgico de sutura de los labios, como la reparación de un labio leporino congénito o de un labio lacerado.
queilosis (cheilosis), trastorno de los labios y de la boca caracterizado por formación de escamas y fisuras provocadas por una dieta deficiente en riboflavina.
quejido (grunting), gruñidos anormales audibles, cortos, que suelen acompañar al dolor torácico intenso. El quejido se produce porque la glotis interrumpe brevemente el flujo de aire, deteniendo el movimiento de los pulmones y de las estructuras que les rodean y sirven de sostén.
quelación (chelation), reacción química en la que se produce una combinación con un metal para formar un complejo molecular en forma de anillo en el que el metal está firmemente unido y atrapado.
quelante (chelating agent), sustacia que produce quelación. Los quelantes se utilizan en el tratamiento de las intoxicaciones por metales.
quelar (chelate), (de un ion metálico y de dos o más grupos polares de una única molécula) formar un enlace, como un complejo en anillo.
quelato (chelate), (en medicina) compuesto formado por un ion metálico central y una molécula orgánica con múltiples enlaces, dispuestos en anillos, utilizados especialmente en tratamientos quimioterápicos para intoxicaciones por metales.
queloide (keloid, cheloid), excrecencia de tejido colágeno cicatrizal en el lugar de una he-

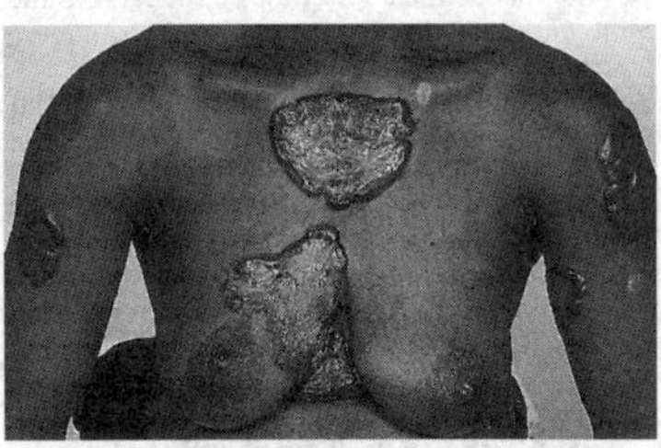

Queloides
(A. du Vivier, 2.ª ed., 1995)

rida en la piel. El tejido nuevo es elevado, redondeado, duro y tiene bordes irregulares dentados.

queloide de Addison (Addison's keloid), v. **morfea**.

queloidosis (keloidosis, cheloidosis), formación habitual o múltiple de queloides.

quelpo (kelp), **1.** una de las especies de algas marinas marrones del género *Laminaria* que abundan en la costa atlántica europea. **2.** cenizas de las algas marinas del género *Laminaria* quemadas durante el proceso de extracción de yodo y sales de potasio de las mismas.

quemadura (burn), cualquier lesión de los tejidos corporales causada por calor, electricidad, sustancias químicas, radiación o gases en los que la extensión de la lesión está determinada por el grado de exposición de la célula al agente causante y por la naturaleza de éste. El tratamiento de las quemaduras consiste en el alivio del dolor, una asepsia cuidadosa, la prevención de la infección, el mantenimiento del equilibrio hidroelectrolítico corporal y una buena nutrición.

quemosis (chemosis), edema inflamatorio anormal de la mucosa que recubre el globo ocular y reviste los párpados; habitualmente se produce por traumatismo o infección local.

querasina (kerasin), cerebrósido que se encuentra en el tejido cerebral y consta de un ácido graso, galactosa y esfingosina.

queratectomía (kerastectomy), resección quirúrgica de una parte de la córnea, realizada para escindir una pequeña lesión superficial que no requiere un injerto de córnea. El epitelio corneal crece con rapidez, llenando la pequeña zona quirúrgica aproximadamente en 60 horas.

queratina (keratin), proteína fibrosa, que contiene azufre, principal componente de la epidermis, el pelo, las uñas, el esmalte dentario y el tejido córneo de los animales.

queratinización (keratinization), proceso por el que las células epiteliales expuestas al medio ambiente pierden su humedad y son reemplazadas por tejido córneo.

queratinocito (keratinocyte), célula epidérmica que sintetiza queratina y otras proteínas y esteroles. Estas células constituyen aproximadamente el 95% de la epidermis y se forman como células indiferenciadas o basales en la zona de unión dermoepidérmica.

queratitis (keratitis), inflamación de la córnea. Algunos tipos de queratitis son: **queratitis dendrítica, queratitis intersticial, queratonconjuntivitis seca** y **tracoma**.

queratitis dendrítica (dendritic keratitis), infección grave del ojo por virus del herpes, caracterizada por una ulceración en la superficie de la córnea que recuerda a un árbol, con botones en el extremo de sus ramas. La queratitis dendrítica no tratada puede producir cicatrices permanentes en la córnea, con pérdida parcial o total de la visión.

queratitis discoide (disciform keratitis), proceso inflamatorio del ojo que suele seguir a una queratitis dendrítica, y que se piensa es la respuesta inmunológica a una infección por el virus del herpes simple. El proceso se caracteriza por opacidades discoidales en la córnea, normalmente con inflamación del iris.

queratitis esclerosante (sclerosing keratitis), **1.** forma de inflamación corneal en la que aparecen infiltrados nodulares cerca del borde corneal junto a un anillo de escleritis anterior. **2.** forma de inflamación corneal caracterizada por la presencia de un triángulo opaco en las capas profundas de la córnea, con la base del triángulo próxima a la zona de esclerosis.

queratitis herpética (herpetic keratitis), inflamación de la córnea causada por un virus del herpes.

queratitis intersticial (interstitial keratitis), inflamación infrecuente de las capas corneales, cuyo primer síntoma es una borrosidad difusa de la imagen. Pueden crecer vasos sanguíneos en la zona y producir opacidades permanentes. Sus causas son sífilis, tuberculosis, lepra e hipersensibilidad vascular.

queratitis purulenta (purulent keratitis), forma grave de queratitis que si no se trata lleva a la desintegración de la córnea. El trastorno empieza normalmente con una infección bacteriana del saco lacrimal, aparece sobre todo en pacientes ancianos con una pobre nutrición y se extiende hasta formar una úlcera que produce pus.

queratitis serosa (xerotic keratitis), inflamación de la córnea debida a la sequedad de la conjuntiva. Puede estar originada por malnutrición, déficit de vitamina A o enfermedades autoinmunes.

queratoacantoma (keratoacanthoma, *pl.* **keratoacanthomas, kerathoacanthomata**), pápula benigna de crecimiento rápido y de color carne, con un tapón central de queratina. La lesión es más frecuente en la cara y el dorso de manos y brazos.

queratoconjuntivitis (keratoconjunctivitis), inflamación de la córnea y la conjuntiva. Algunos tipos de queratoconjuntivitis son: **conjuntivitis eccematosa, queratoconjuntivitis epidémica** y **queratoconjuntivitis seca**.

queratocono (keratoconus), protrusión no inflamatoria de la parte central de la córnea. Más frecuente en mujeres, puede producir un astigmatismo marcado.

queratodermia blenorrágica (keratoderma blennorrhagica), lesiones hiperqueratósicas de la piel que se presentan en palmas, plantas y uñas. Este proceso tiende a presentarse en algunos pacientes con síndrome de Reiter.

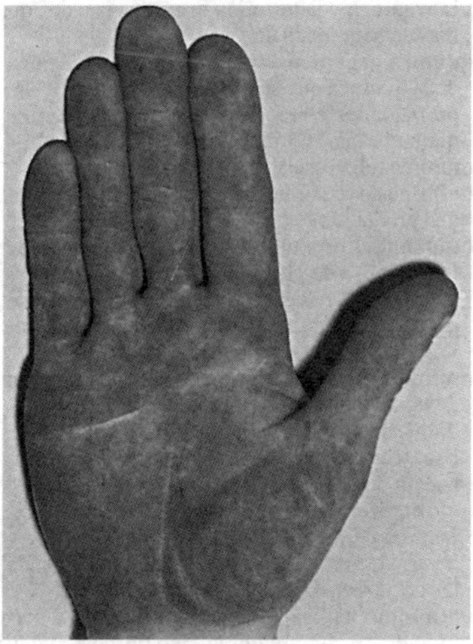

Queratodermia palmar
(C. D. Forbes/W. F. Jackson, 1994)

queratohialina (keratohyalin), sustancia presente en los gránulos de los queratinocitos de la epidermis.

queratólisis (keratholysis), pérdida de cohesión y desprendimiento de la capa más externa de la piel, que se produce normalmente por exfoliación o por un trastorno congénito en el que la piel se descama periódicamente.

queratomalacia (keratomalacia), proceso caracterizado por xerosis y ulceración de la córnea, producidas por insuficiencia de vitamina A. Los síntomas precoces son ceguera nocturna, fotofobia, tumefacción y enrojecimiento de los párpados, y sequedad, enrojecimiento, dolor y rugosidad de la conjuntiva. En las avitaminosis avanzadas aparecen las manchas de Bitot, la córnea se vuelve mate, deslustrada y turbia, y si no se trata adecuadamente, puede ablandarse y perforarse, dando lugar a ceguera.

queratopatía (keratopathy), cualquier enfermedad no inflamatoria de la córnea.

queratoplastia (queratoplasty), técnica de cirugía oftalmológica en la que se escinde una porción opaca de la córnea.

queratosis (keratosis), cualquier enfermedad de la piel con hiperplasia y engrosamiento del epitelio cornificado. Algunos tipos de queratosis son: **queratosis actínica, queratosis seborreica** y **queratosis senil**.

queratosis actínica (actinic keratosis), engrosamiento localizado de los estratos más externos de la piel, de curso lento y resultado de la exposición excesiva y crónica al sol. El tratamiento de esta lesión potencialmente maligna consiste en la escisión quirúrgica, en la aplicación de crioterapia y en la administración de quimioterapia tópica.

queratosis folicular (keratosis follicularis), nombre que se da a determinados procesos de la piel caracterizados por pápulas queratósicas coalescentes, que forman parches verrucosos costrosos marrones o negros.

queratosis seborreica (seborrheic keratosis), lesión verrucosa benigna, bien delimitada, ligeramente prominente, de coloración negruzca, que se encuentra en la piel de cara, cuello, tórax o parte superior de la espalda. Las máculas están cubiertas por una costra grisácea laxa que al ser retirada deja una base de pulpa carnosa. Es frecuente el prurito.

queratosis senil (senile keratosis), v. **queratosis actínica**.

queratosis solar (solar keratosis), v. **queratosis actínica**.

queratotomía radial (radial keratotomy), procedimiento quirúrgico en el que se realiza una serie de pequeñas incisiones en la córnea, provocando un ligero abombamiento de la misma para corregir la miopía.

querato- (cerato-, kerato-), prefijo que hace referencia a la córnea o al tejido córneo: *queratocricoideo, queratohioide, queratofaríngeo*.

quercetina (quercetin), pigmento flavonoide, cristalino, amarillo, presente en la corteza del roble, en el zumo de los limones, en los espárragos y en otras plantas. Se utiliza para reducir la fragilidad capilar anormal.

querión (kerion), granuloma inflamatorio, edematoso, que se desarrolla como respuesta inmunitaria a infecciones fúngicas superficiales, generalmente asociado a *tiña de la cabeza* del cuero cabelludo.

querubismo (cherubism), trastorno hereditario caracterizado por la inflamación bilateral progresiva del ángulo mandibular especialmente en niños.

quetoconazol (ketoconazole), agente antifúngico utilizado en el tratamiento de la candidiasis, coccidiodomicosis, histoplasmosis y otras enfermedades fúngicas.

quiasma (chiasm), 1. cruce de dos líneas o vías, como los nervios ópticos en el quiasma óptico. 2. (en genética) cruce de dos cromátides en la profase de la meiosis.

quiasma celular (chiasma, *pl.* **chiasmata**), (en genética), punto visible de conexión entre cromosomas homólogos durante la primera división meiótica de la gametogénesis. La configuración en forma de X se origina durante la fase tardía de la profase y proporciona la razón de por qué se produce un intercambio de material genético.

quiasma óptico (optic chiasm), punto situado cerca del tálamo y del hipotálamo donde se produce el cruce de determinadas porciones de los nervios ópticos.

quiasmatipia (chiasmatypy), v. **entrecruzamiento**.

quilla (keel), (en prótesis) dispositivo de las prótesis de pie con almacenamiento de energía que funciona como un resorte voladizo, que dobla el pie hacia arriba cuando se aplica un peso sobre los dedos.

quilo (chyle), líquido turbio producto de la digestión que se absorbe a partir del intestino delgado. Formado principalmente por grasas emulsionadas, el quilo pasa a través de las proyecciones digitiformes del intestino delgado.

quiloide (chyloid), que se parece al quilo que ocupa los vasos quilíferos del intestino delgado durante la digestión de alimentos grasos.

quilomediastino (chylomediastinum), presencia de quilo en el mediastino.

quilomicrón (chylomicron), gota diminuta de lipoproteínas con un diámetro inferior a 0,5 μm. Los quilomicrones están constituidos por triglicéridos en cerca del 90% con pequeñas cantidades de colesterol, fosfolípidos y proteínas. Se sintetizan en el tracto gastrointestinal y transportan los glicéridos de la dieta desde la mucosa intestinal al plasma.

quilotórax (chylothorax), trastorno caracterizado por el derrame de quilo desde el conducto torácico hacia el espacio pleural.

quiluria (chyluria), trastorno caracterizado por el aspecto lechoso de la orina debida a la presencia de quilo.

quimera (chimera), organismo cuyas células derivan de dos o más cigotos distintos de especies iguales o diferentes. Puede ser un fenómeno natural, como ocurre en el injerto de médula ósea.

quimera de ADN (DNA chimera), (en genética molecular) molécula recombinante de ADN compuesta por segmentos de más de un origen.

quimerismo (chimerism), fase del trasplante de médula ósea en la que la médula ósea y las células huésped coexisten sin signos de enfermedad de injerto contra huésped.

química (chemistry), ciencia que trata de los elementos, sus compuestos y de la estructura química e interacciones de éstos. La **química inorgánica** y la **química orgánica** son dos ramas de la química.

química orgánica (organic chemistry), rama de la química que se ocupa de la composición, propiedades y reacciones de los compuestos químicos que contienen carbono.

químico (chemical), relativo a la química.

quiminosis (cheminosis), cualquier enfermedad producida por una sustancia química.

quimioabrasión (chemabrasion), método de tratamiento de cicatrices, cromatosis u otras afecciones cutáneas mediante la aplicación de productos químicos que eliminan las capas celulares superficiales de la piel.

quimiocirugía (chemosurgery), destrucción de tejido maligno, infectado o gangrenoso mediante la aplicación de productos químicos. Esta técnica se utiliza con éxito para la eliminación de procesos cancerosos cutáneos.

quimiodiferenciación (chemodifferentiation), fase del desarrollo embrionario que precede y controla la especialización y diferenciación de las células en órganos rudimentarios.

quimionucleólisis (chemonucleolysis), método de disolución del núcleo pulposo de un disco intervertebral mediante la inyección de un agente quimiolítico, como la enzima quimiopapaína.

quimioprofilaxis (chemoprophylaxis), utilización de fármacos antimicrobianos para prevenir la adquisición de microorganismos patógenos en un área endémica o para evitar su propagación de una zona corporal a otra.

quimiorreceptor (chemoreceptor), célula nerviosa sensorial activada mediante estímulos químicos, como el quimiorreceptor carotídeo que es sensible a la PCO_2 sanguínea, que informa al centro respiratorio encefálico para que aumente o disminuya la frecuencia respiratoria.

quimiorreflejo (chemoreflex), cualquier reflejo desencadenado por la estimulación de receptores químicos, como los cuerpos carotídeos y aórticos, que responden a cambios en la concentración sanguínea de dióxido de carbono, de hidrogeniones y de oxígeno.

quimiostato (chemostat), aparato que garantiza una frecuencia constante de multiplicación celular de una población bacteriana mediante el mantenimiento de unas condiciones estables en el entorno.

quimiotaxis (chemotaxis), respuesta que implica el movimiento positivo (hacia) o negativo (alejándose de) frente a un estímulo químico.
quimioterapia (chemotherapy), tratamiento de infecciones y de otras enfermedades con agentes químicos. Actualmente el término quimioterapia se emplea para referirse al uso de productos químicos para destruir selectivamente las células cancerosas. Los agentes citotóxicos utilizados para el tratamiento de neoplasias actúan por lo general del mismo modo que las radiaciones ionizantes; no destruyen las células cancerosas de forma directa sino que dañan su capacidad de replicación. Los agentes quimioterápicos se utilizan frecuentemente junto con un tratamiento radiactivo debido a su efecto sinérgico.
quimioterapia (radiactiva) (chemotherapy [unsealed radioactive]), administración oral o parenteral de un radioisótopo, como el yodo 131 (I^{131}) para el tratamiento del hipertiroidismo o del cáncer de tiroides, de fósforo 32 (P^{32}) para la leucemia o policitemia vera, o del oro 198 (Au^{198}) para el cáncer de pulmón o la ascitis peritoneal provocada por la extensión de un carcinoma diseminado.
quimo (chyme), contenido viscoso, semilíquido presente en el estómago durante la digestión de la comida.
quimopapaína (chymopapain), enzima proteolítica aislada a partir de la fruta de *Carica papaya* y relacionada con la papaína.
quimosina (chymosin), v. **renina**.
quimotripsina (chymotrypsin), **1.** enzima proteolítica producida por el páncreas que cataliza la hidrólisis de caseína y de gelatina. **2.** polvo cristalino amarillento preparado a partir de un extracto de páncreas de buey, utilizado para el tratamiento de alteraciones digestivas.
quimotripsinógeno (chymotrypsinogen), sustancia producida en el páncreas que es el cimógeno precursor de la enzima quimotripsina. Se transforma en quimotripsina mediante la tripsina.
quinetazona (quinethazone), diurético y antihipertensivo prescrito para el tratamiento de la hipertensión y del edema.
quinidina (quinidine), fármaco antiarrítmico utilizado en forma de bisulfato, gluconato, poligalacturonato o sulfato. Se prescribe para el tratamiento del flúter auricular, de la fibrilación auricular, de las contracciones ventriculares prematuras y de las taquicardias.
quinina (quinine), alcaloide cristalino, amargo, blanco, obtenido a partir de la corteza de la chinchona, utilizado en los fármacos antipalúdicos.
quinolona (quinolone), clase de antibióticos que actúan interrumpiendo la replicación de las moléculas de ADN en la bacteria.
quinta enfermedad (fifth disease), v. **eritema infeccioso**.
quintaesencia (quintessence), **1.** sustancia muy concentrada. **2.** tinción o extracto que contiene los componentes más esenciales de una planta.
quintana (quintan), que recurre al quinto día, o a intervalos aproximados de 96 horas.
quintillizo (quintuplet), cada uno de los cinco descendientes nacidos del mismo embarazo.
quinto par (fifth nerve), v. **nervio trigémino**.
quir- (chir-), v. **quiro-**.
quiralgia (cheiralgia), dolor de la mano, especialmente el dolor asociado a la artritis.
quiromegalia (cheiromegaly), trastorno caracterizado por unas manos excesivamente grandes.
quiroplastia (chiroplasty), intervención quirúrgica para restablecer la función normal de una mano con una lesión o una deformidad congénita.
quiropodia (chiropody), estudio de los trastornos menores de los pies y de su tratamiento. En EE.UU., los quiropodistas están autorizados para ejercer su profesión en diversos estados.
quiropodista (chiropodist), profesional de la salud cuya formación se centra en el diagnóstico y tratamiento de las enfermedades y demás alteraciones de los pies. En EE.UU., el quiropodista puede poseer el grado de D.S.C. (Doctor of Surgical Chiropodist) o ser Pod.D. (Doctor of Podiatry) después de completar 4 años de estudio en una escuela acreditada de podiatría. Tras un curso de perfeccionamiento, el D.S.C. o Pod.D. puede obtener el grado de posgraduado en D.P.M. (Doctor of Podiatric Medicine).
quiropráctica (chiropractic), sistema terapéutico basado en la teoría de que el estado de salud de un individuo está determinado generalmente por el estado de su sistema nervioso. En la mayoría de los casos el tratamiento proporcionado por un quiropráctico implica la manipulación mecánica de la columna vertebral. Algunos profesionales emplean la radiología para el diagnóstico y utilizan la fisioterapia y las dietas junto con la manipulación de la columna. La quiropráctica no utiliza fármacos ni cirugía, las bases principales de los tratamientos utilizados por los médicos. En EE.UU., un quiropractor posee el grado de Doctor of Chiropractic o D.C. después de completar 4 años de formación en una escuela de quiropráctica.

quiropractor (chiropractor), que practica la **quiropráctica**.

quiste (cyst), saco cerrado en o debajo de la piel revestido de epitelio y que contiene un material fluido o semisólido, como el **quiste sebáceo**.

quiste branquial (branchial cyst), quiste originado en un resto branquial del cuello.

quiste cervical (cervical cyst), quiste mucoso del cuello uterino.

quiste coloideo (colloid cyst), **1.** folículo distendido de la glándula tiroides, con secreción tiroidea. **2.** quiste del tercer ventrículo, que provoca hidrocefalia.

quiste congénito (congenital cyst), quiste presente en el momento del nacimiento, como un quiste dermoide provocado por un defecto embrionario de la piel o de las estructuras de la línea media.

quiste de Baker (Baker's cyst), quiste que se forma en la parte posterior de la rodilla. A menudo se asocia con artritis reumatoide y puede aparecer sólo cuando se estira la pierna.

quiste de Bartolino (Bartholin's cyst) [Caspar T. Bartholin, anatomista danés, n. 1655], quiste originado en una de las glándulas vestibulares o en sus conductos, llenándose de un líquido claro que reemplaza el exudado supurativo característico de la inflamación crónica.

quiste de chocolate (chocolate cyst), quiste pigmentado de coloración oscura que se encuentra en ocasiones en la endometriosis.

quiste de Dandy-Walker (Dandy-Walker cyst) [Walter E. Dandy, neurocirujano norteamericano, n. 1886; Arthur E. Walker, cirujano norteamericano, n. 1907], malformación quística del IV ventrículo cerebral, secundario a hidrocefalia.

quiste de Meibomio (meibomian cyst), v. **calacio**.

quiste de ovario (ovarian cyst), saco globular lleno de líquido o material semisólido que se desarrolla en el ovario. Puede ser transitorio y fisiológico o patológico. Algunos tipos de quistes de ovario son: **quiste de chocolate, quiste de cuerpo lúteo** y **quiste dermoide**.

quiste de raíz dental (dental root cyst), v. **quiste periodontal**.

quiste dentígero (dentigerous cyst), una de las tres clases de quiste folicular, compuesto por un saco epitelial, lleno de material líquido o viscoso, que rodea la corona de un diente que no ha salido o un odontoma.

quiste dentoalveolar (dentoalveolar cyst), v. **quiste periodontal**.

quiste dermoide (dermoid cyst), tumor derivado de tejidos embrionarios. Consta de una pared fibrosa tapizada por epitelio y una cavidad que contiene material graso y, frecuentemente pelo, dientes, trocitos de hueso y cartílago. Algunos tipos de quiste dermoide son: **quiste dermoide de implantación, quiste dermoide de inclusión, quiste dermoide tiroideo** y **quiste dermoide tubárico**.

quiste dermoide de implantación (implantation dermoid cyst), tumor derivado de tejidos embrionarios, producido por una lesión que empuja una parte del ectodermo al interior del organismo.

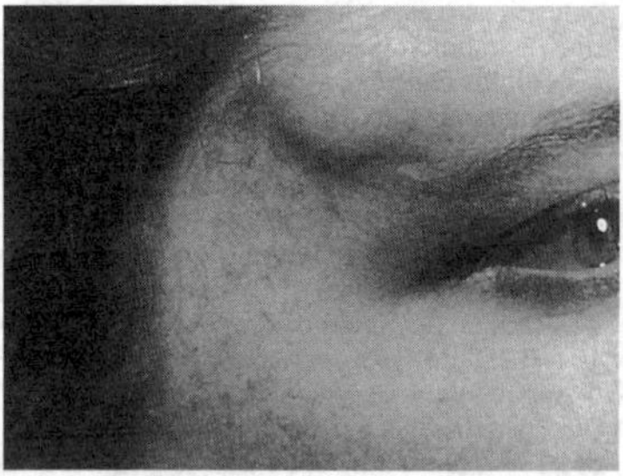

Quiste dermoide de implantación
(A. du Vivier, 2.ª ed., 1995)

quiste dermoide de inclusión (inclusion dermoid cyst), tumor derivado de los tejidos embrionarios, producido por la inclusión de un tejido extraño cuando se cierra la cresta de desarrollo.

quiste dermoide tiroideo (thyroid dermoid cyst), tumor derivado de los tejidos embrionarios que se supone se ha desarrollado en la glándula tiroidea o en el conducto tirolingual.

quiste dermoide tubárico (tubal dermoid cyst), tumor derivado de los tejidos embrionarios que se desarrolla en un oviducto.

quiste endometrial (endometrial cyst), **1.** tumor endometrial. **2.** quiste de ovario que se desarrolla tal como una distensión de una glándula endometrial.

quiste epidermoide (epidermoid cyst), tumefacción subcutánea, benigna, variable, frecuente, limitada por epitelio queratinizado y rellena de un material caseoso formado por sebo y restos epiteliales.

quiste folicular (follicular cyst), quiste odontogénico que procede del epitelio de una yema dental y de la lámina dental. Los quistes foliculares pueden ser dentígeros, primordiales y multiloculares.

quiste hidatídico (hydatid cyst), quiste hepático que contiene larvas de la tenia *Echinococcus granulosus*. Los pacientes generalmente están asintomáticos, excepto por la presencia de hepatomegalia y un dolor sordo en el hipocondrio derecho.

quiste mucoide (mucoid cyst), quiste formado por el sobrecrecimiento de una glándula mucosa o por la diseminación del moco en el tejido intersticial.

quiste multilocular (multilocular cyst), uno de los tres tipos de quistes foliculares que contiene muchos espacios y que no se asocian a dientes.

quiste óseo (bone cyst), **1.** quiste óseo vascular aneurismático, habitualmente de localización excéntrica. **2.** osteítis fibrosa quística, trastorno paratiroideo caracterizado por la formación de quistes y la sustitución de hueso por tejido fibroso.

quiste óseo aneurismático (aneurysmal bone cyst), lesión ósea quística que tiende a desarrollarse en la región metafisaria de los huesos largos, pero que puede aparecer en cualquier hueso, incluidas las vértebras. Da lugar a dolor y tumefacción.

quiste periapical (periapical cyst), v. **quiste radicular**.

quiste periodontal (periodontal cyst), saco revestido de epitelio que contiene líquido, que aparece sobre todo en el vértice del diente con afectación de la pulpa. Los quistes periodontales que se localizan por fuera de la raíz dental son menos frecuentes.

quiste pilonidal (pilonidal cyst), quiste piloso que se desarrolla con frecuencia en la región sacra de la piel. En ocasiones se identifican en el momento del nacimiento por la presencia de una depresión, a veces una fóvea vellosa, en la línea media de la espalda, en la región sacrococcígea.

quiste piloso (pilar cyst), quiste epidermoide del cuero cabelludo. Se origina en la porción media del epitelio de un folículo piloso.

quiste primordial (primordial cyst), quiste folicular que aparece radiográficamente como una zona clara en el maxilar inferior afectado. Se desarrolla a partir de un órgano del esmalte dental antes de la formación del tejido duro.

quiste radicular (radicular cyst), (en odontología) quiste con una pared de tejido conectivo fibroso y un revestimiento de epitelio escamoso estratificado unido a la cúpula de la raíz de un diente por pulpa muerta o por un defecto de llenado del conducto radicular.

quiste residual (residual cyst), quiste odontogénico que permanece en el maxilar después de la extracción de un diente.

quiste sebáceo (sebaceous cyst), nombre incorrecto del quiste epidermoide o del piloso.

quiste tuboovárico (tubo-ovarian cyst), quiste que se forma por la adherencia del ovario a las fimbrias de la trompa de Falopio.

quiste vaginal (vaginal cyst), saco cerrado o protuberancia anormal en la vagina.

quiste wolffiano (wolffian cyst) [Kaspar Friedrich Wolff, anatomista alemán; n. 1733], **1.** quiste del conducto wolffiano. **2.** quiste del ligamento ancho del útero.

quistes hepáticos (cysts of liver), pequeños quistes acuosos simples y aislados habitualmente secundarios a otra enfermedad, como la enfermedad renal quística.

quístico (cystic), relativo a un quiste.

quotid (quotid), v. ***q.d.***

R

r (r.), símbolo de **resistencia**.

R (R), **1.** abreviatura de cociente respiratorio metabólico. **2.** abreviatura de **resolución**. **3.** abreviatura de **cociente de intercambio respiratorio**. **4.** abreviatura de **roentgen**. **5.** símbolo de la **constante de un gas**.

R_f (R_f), símbolo utilizado en cromatografía en papel y en cromatografía de capa fina, que representa el cociente entre la distancia desde el origen al centro de la zona separada y la distancia desde el origen al frente del solvente.

R_i (R_i), símbolo de la molécula del **receptor inhibidor**.

R_s (R_s), símbolo de la molécula del **receptor estimulador**.

RTL (TLR), abreviatura de reflejo tónico del laberinto.

r-HuEPO (r-HuEPO), abreviatura de eritropoyetina humana recombinante.

Ra (Ra), símbolo del **radio**.

rabdomioma (rhabdomyoma, *pl.* **rhabdomyomas, rhabdomyomata**), tumor del músculo estriado que puede aparecer en el útero, la vagina, faringe, lengua o en el corazón en forma de nódulos neoplásicos congénitos.

rabdomiosarcoma (rhabdomyosarcoma, *pl.* **rhabdomyosarcomas, rhabdomyosarcomata**), tumor de elevada malignidad, derivado de las células musculares estriadas primitivas, que aparece con frecuencia en la cabeza y en el cuello y que se encuentra también en el aparato genitourinario, en las extremidades, en las paredes del cuerpo y en el retroperitoneo. En algunos casos, la aparición se asocia a un traumatismo. Los síntomas iniciales dependen de la localización y revelan la destrucción de órganos o tejidos locales, como disfagia, hemorragia vaginal, hematuria u obstrucción del flujo urinario.

rabdovirus (rhabdovirus), miembro de una familia de virus en la que se incluyen los organismos causantes de la rabia.

rabia (rabies), enfermedad vírica aguda y habitualmente mortal que afecta al sistema nervioso central de los animales. Se transmite desde los animales a las personas mediante sangre, tejidos o, más habitualmente, saliva infectada. El reservorio del virus está constituido principalmente por animales salvajes, como mofetas, murciélagos, zorros, perros, mapaches y gatos. Tras la introducción en el cuerpo humano, generalmente por una mordedura de un animal infectado, el virus se desplaza a lo largo de las vías nerviosas hasta el cerebro y, más adelante, a los demás órganos. El período de incubación oscila entre 10 días y 1 año y se sigue de un período prodrómico caracterizado por fiebre, malestar, cefaleas, parestesias y mialgias. Al cabo de varios días se produce una encefalitis grave, con delirio, espasmos musculares muy dolorosos, convulsiones, parálisis, coma y muerte.

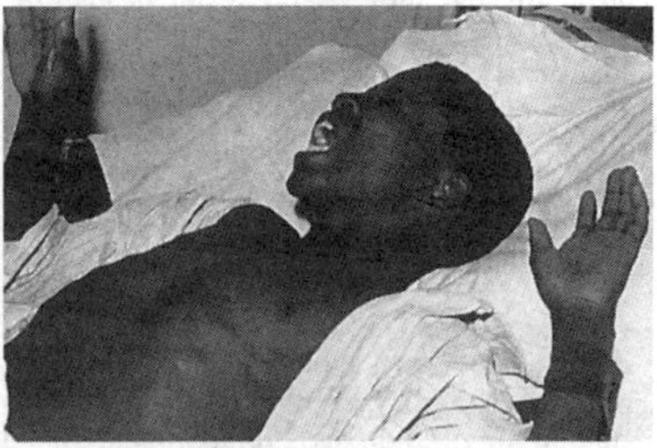

Espasmos en rabia «furiosa»
(C. D. Forbes/W. F. Jackson, 1994)

racémico (racemic), relativo a un compuesto formado por isómeros levógiros, que le convierten en ópticamente inactivo bajo luz polarizada.

racemoso (racemose), parecido a un racimo de uvas. Se utiliza para describir una estructura en la que numerosas ramas terminan en formas nodulares, de tipo quístico, como los alveolos pulmonares.

-racetam (-racetam), sufijo para las sustancias nootropas del tipo del piracetam.

racional (rational), **1.** relativo o perteneciente a una medida, método o procedimiento basado en la razón. **2.** relativo o perteneciente a un método terapéutico basado en el conocimiento de la causa y de los mecanismos de una determinada enfermedad y de los posibles efectos de los fármacos o procedimientos utilizados en el tratamiento del trastorno. **3.** sensato; capaz de un razonamiento o comportamiento normal.

racionalización (rationalization), mecanismo de defensa más común en el que un individuo justifica las ideas, acciones o sentimientos con razones o explicaciones aparentemente aceptables. Se usa con frecuencia para proteger el respeto por uno mismo, para reducir los sentimientos de culpa o para lograr la aceptación o aprobación social.

rad (rad), abreviatura de **dosis de radiación absorbida**; es la unidad básica de la dosis de radiación ionizante absorbida. Un rad es igual a la absorción de 100 ergios de energía de radiación por gramo de materia.

radarquimografía (radarkymography), técnica de radar (radiodetección y clasificación) para demostrar el tamaño y contorno del corazón, utilizando un aparato de exploración con radar y una pantalla fluoroscópica para mostrar las imágenes producidas por los impulsos eléctricos transmitidos sobre la superficie del tórax.

radiación (radiation), **1.** emisión de energía, rayos u ondas. **2.** (en medicina) utilización de una sustancia radiactiva para el diagnóstico o tratamiento de una enfermedad.

radiación blanca (white radiation), forma de radiación producida por la rápida desaceleración de electrones que viajan a alta velocidad al estrellarse contra un objetivo, como ocurre cuando un haz de electrones de un cátodo de tungsteno golpea el objetivo de tungsteno o de molibdeno del ánodo en un tubo de rayos X.

radiación blanda (soft radiation), radiación de una longitud de onda relativamente larga con poco poder de penetración.

radiación característica (characteristic radiation), radiación producida cuando se proyecta un electrón que interactúa con un electrón de la capa interna de un átomo diana provocando la eliminación total del electrón. Es uno de los principios de la producción de rayos X.

radiación corpuscular (corpuscular radiation), radiación asociada con partículas subatómicas, como electrones, protones, neutrones o partículas alfa, que viajan en corrientes a distintas velocidades.

radiación cósmica (cosmic radiation), partículas de alta energía con gran poder de penetración que se originan en el espacio exterior y alcanzan la tierra como radiaciones de fondo. Los rayos están formados en parte por núcleos atómicos de alta energía.

radiación de bajo grado (low-level radiation), radiación que generalmente no es ionizante. Los campos magnéticos generados por los electrodomésticos habituales son un ejemplo de la misma.

radiación de fondo (background radiation), radiación natural emitida por materiales del suelo, tierra, agua, material de construcción, sustancias radiactivas del cuerpo, especialmente el potasio 40 (^{40}K), y los rayos cósmicos del espacio exterior. Cada año el ser humano está expuesto a una media de 44 milirads (mrad) de radiación cósmica, 44 mrads de radiación terrestre externa y 18 mrads de las fuentes radiactivas internas naturales.

radiación de retrodispersión (backscatter radiation), v. **radiación dispersa**.

radiación dispersa (scattered radiation), radiación que se desplaza en una dirección distinta a la de su fuente de energía, como es el caso de la radiación secundaria y de la radiación difusa.

radiación dura (hard radiation), v. **dureza de los rayos X**.

radiación electromagnética (electromagnetic radiation), cualquier tipo de radiación eléctrica y magnética, considerada como un espectro continuo de energía que incluye la de menor longitud de onda (rayos gamma, con una longitud de onda de 0,0011 Å) hasta la de mayor longitud de onda (ondas largas de radio, con longitudes de onda de más de 1 millón de kilómetros).

radiación fotónica de frenado electromagnético (bremsstrahlung radiation), tipo de rayos X en los que hay una pérdida de energía cinética por la interacción con el núcleo de un átomo diana, dando lugar a un fotón de rayos X.

radiación fuera de foco (off-focus radiation), (en radiología) artefactos de los rayos X causados por electrones perdidos que interaccionan en zonas del ánodo diferentes al punto focal.

radiación gamma (gamma radiation), emisión electromagnética de fotones de muy alta frecuencia a partir de determinados elementos radiactivos, en el curso de una transformación nuclear o de reacciones nucleares. La radiación gamma es más penetrante que la radiación alfa y que la beta, pero tiene menor poder ionizante y no se desvía en los campos eléctricos y magnéticos. Las longitudes de onda de los rayos gamma emitidas por las sustancias radiactivas son características de los radioisótopos implicados, y oscilan entre 4×10^{-10} y 5×10^{-13} m. La profundidad a la que penetran los rayos gamma depende de su longitud de onda y energía. La radiación gamma y otras formas de radiación pueden lesionar, distorsionar o destruir células corporales, especialmente los núcleos celulares, aunque la radiación controlada se utiliza para el diagnóstico y tratamiento de ciertas enfermedades. La radiación gamma puede penetrar miles de metros en el aire y varios centímetros en los tejidos blandos y huesos.

radiación Gurvich (Gurvich radiation), v. **radiación mitogenética**.

radiación infrarroja (infrared radiation), radiación electromagnética en la que las longitudes de onda se encuentran entre 10^{-5} y 10^{-4} m, y son más largas, por tanto, que las ondas de luz visible, pero más cortas que las ondas de radio. El choque de la radiación infrarroja con la superficie corporal se percibe como calor.

radiación ionizante (ionizing radiation), ondas electromagnéticas de alta energía (como los rayos X o gamma) y rayos particulados (como partículas alfa y beta, electrones, neutrones, positrones, protones y núcleos pesados), que disocian en iones las sustancias que encuentran a su paso. Los rayos X de alta energía penetran en profundidad, la mayoría de las partículas beta sólo penetran unos pocos milímetros y las alfa sólo una fracción de milímetro, pero todas ellas producen una intensa ionización en su trayecto.

radiación mitogenética (mitogenetic radiation), fuerza o energía específica que supuestamente desprenden las células que experimentan división.

radiación mitogénica (mitogenic radiation), v. **radiación mitogenética**.

radiación natural (natural radiation), radiactividad que emana del suelo y las rocas, o partículas y rayos que alcanzan la tierra desde fuentes cósmicas, como la radiación actínica del sol.

radiación no ionizante (nonionizing radiation), radiación cuyo mecanismo de acción sobre el tejido no ioniza directamente los sistemas atómicos o moleculares mediante una simple interacción.

radiación no utilizada (stray radiation), v. **radiación por fugas**.

radiación óptica (optic radiation), sistema de fibras que parten del cuerpo geniculado externo del tálamo y que pasan por la porción sublenticular de la cápsula interna hasta la corteza visual.

radiación por fugas (leakage radiation), radiación, exclusiva del haz primario, que se emite a través de la carcasa del equipo utilizado en radioterapia.

radiación residual (remnant radiation), radiación cuantificable que atraviesa un objeto y puede producir una imagen en una placa radiográfica.

radiación secundaria (secondary radiation), radiación producida por la dispersión de los rayos X primarios. La radiación secundaria muchas veces es la responsable de la veladura de la placa de rayos X.

radiación secundaria (secondary radiation), placas de rayos X producidas por sustancias que absorben rayos X primarios y emiten un fulgor a medida que los electrones de la capa interna de los átomos de esas sustancias son lanzados por la energía de los rayos X primarios. La radiación secundaria puede deberse también a la dispersión de los rayos X primarios.

radiación solar (solar radiation), emisión y difusión de rayos actínicos a partir del sol. La sobreexposición puede provocar quemaduras solares, queratosis, cánceres de la piel o lesiones asociadas a fotosensibilidad.

radiación térmica (thermal radiation), emisión de energía en forma de calor.

radiación ultravioleta (ultraviolet radiation), rango de ondas electromagnéticas que se extienden desde el violeta o el extremo de corta longitud de onda del espectro hasta el comienzo del espectro de rayos X. La radiación próxima al ultravioleta cubre un rango de longitudes de onda comprendido entre 380 y 320 mμ; la radiación ultravioleta media cubre un rango entre 320 y 280 mμ, y la radiación ultravioleta lejana se extiende desde los 280 hasta aproximadamente 10 mμ. Aproximadamente el 5% de la radiación del sol está en el rango ultravioleta, pero poca de esta energía alcanza la tierra, porque la mayoría es absorbida por el oxígeno y el ozono de la atmósfera. En medicina, la radiación ultravioleta se utiliza para el tratamiento del raquitismo y de algunos trastornos cutáneos. La leche y algunos otros alimentos se activan con vitamina D cuando se exponen a este tipo de energía.

radiación útil (useful radiation), porción de radiación directa que se permite pasar desde un tubo de rayos X a través del puerto, orificio o colimador de la porción superior del tubo.

radiación visible (visible radiation), radiación electromagnética con longitudes de onda comprendidas entre los infrarrojos y los ultravioleta, que puede ser percibida por la mayoría de las personas normales.

radiación X (x-radiation), radiación de energía electromagnética con longitudes de onda de 10^{-8} m, más larga que los rayos gamma, pero más corta que los ultravioletas.

radiactividad (radioactivity), emisión de radiaciones corpusculares alfa o γ o de radiaciones electromagnéticas gamma como consecuencia de la desintegración nuclear.
radiactivo (radioactive), que emite radiación como resultado de la desintegración del núcleo de un átomo.
radial (radial), perteneciente al radio.
radiante (radiant), relativo a los objetos que emiten rayos o que es el centro de los rayos que se diseminan.
radiar (radiate), divergir o diseminarse a partir de un punto común.
radical (radical), **1.** grupo de átomos que actúa conjuntamente y forma un componente a partir de un compuesto. El grupo suele permanecer unido cuando una reacción química lo elimina de un compuesto y lo une a otro. Un radical no existe libremente en la naturaleza. **2.** relativo a tratamientos drásticos, como la extirpación quirúrgica de un órgano, un miembro u otra parte del cuerpo.
radicular (radicular), relativo a una raíz, como la raíz de un nervio raquídeo.
radiculitis (radiculitis), inflamación de la raíz de un nervio raquídeo que se manifiesta por dolor e hiperestesia.
radiculopatía (radiculopathy), enfermedad que afecta a la raíz de un nervio raquídeo.
radio (radius, *pl.* **radii**), uno de los huesos del antebrazo, paralelo al cúbito. Su extremo proximal es pequeño y forma parte de la articulación del codo. El extremo distal es más grande y forma parte de la articulación de la muñeca.
radio (Ra) (radium [Ra]), elemento metálico radiactivo del grupo de las tierras alcalinas. Su número atómico es 88. Se producen cuatro isótopos del radio de forma natural, que tienen diferentes pesos atómicos: 223, 224, 226 y 228.
radio 226 (radium 226), sustancia radiactiva utilizada para rellenar las agujas y tubos necesarios para la braquiterapia.
radiobiología (radiobiology), rama de las ciencias naturales que estudia los efectos de la radiación sobre los sistemas biológicos.
radiocurable (radiocurable), relativo a las células tumorales sensibles a la destrucción por radiación ionizante.
radiofarmacéutico (radiopharmacist), profesional responsable de la formulación y dispensación de los marcadores radiactivos prescritos y de los aspectos clínicos de la radiofarmacia. En EE.UU., algunos estados exigen que los fármacos radiactivos sean dispensados exclusivamente por farmacéuticos autorizados; otros reconocen a los especialistas radiofarmacéuticos que no proceden necesariamente de una facultad de farmacia.
radiofarmacia (radiopharmacy), instalación para la preparación y dispensación de fármacos radiactivos y para el almacenamiento de materiales radiactivos, de los registros de inventario y de las prescripciones de sustancias radiactivas.
radiofármaco (radiopharmaceutic), fármaco que presenta una desintegración espontánea de núcleos inestables con la emisión de partículas nucleares o fotones. Algunos tipos de radiofármacos son: **radiofármacos diagnósticos, radiofármacos de investigación** y **radiofármacos terapéuticos**.
radiofármaco de investigación (research radiopharmaceutic), fármaco marcado con una pequeña cantidad de marcador radiactivo para estudiar su biodistribución; más tarde se puede utilizar en una forma no radiactiva.
radiofármaco diagnóstico (diagnostic radiopharmaceutical), fármaco radiactivo que se administra a un paciente como marcador diagnóstico para diferenciar las estructuras anatómicas o las funciones bioquímicas o fisiológicas normales de las anormales. La mayoría de los marcadores radiactivos diagnósticos indica su posición en el cuerpo emitiendo radiación gamma. Los preparados con tritio, carbono 14 o fósforo 32, que no emiten rayos gamma, se emplean con fines diagnósticos analizando la concentración del isótopo en un producto metabólico final, en sangre, orina, aire respirado o muestra biópsica del paciente.
radiofármaco terapéutico (therapeutic radiopharmaceutic), fármaco radiactivo administrado a un paciente para liberar radiación internamente en los tejidos corporales, como el yodo 131, que se utiliza para producir la ablación del tejido tiroideo en los pacientes hipertiroideos.
radiofrecuencia (rf) (radiofrequency [rf]), porción del espectro electromagnético con frecuencias inferiores a 10^{10} Hz.
radiografía (radiography), producción de imágenes sombreadas sobre una emulsión fotográfica mediante la acción de la radiación ionizante.
radiografía de detalle (spot film), radiografía hecha al instante durante la fluoroscopia.
radiografía de una sección corporal (body-section radiography), técnica radiográfica empleada para producir una imagen más clara de un plano seleccionado del cuerpo moviendo la película y el tubo de rayos X en direcciones opuestas.
radiografía dental (dental radiograph), radiografía intraoral o extraoral de los dientes y los huesos que los rodean.

radiografía digital (RD) (digital radiography [RD], cualquier método de formación de imágenes radiográficas en el que se utilice un ordenador para almacenar y manipular los datos.

radiografía estereoscópica (stereoscopic radiograph), composición de dos radiografías, hechas desviando la posición del tubo de rayos X pocos centímetros entre cada una de las dos exposiciones. El resultado es una presentación tridimensional de la radiografía cuando se ve a través de unas lentes estereoscópicas.

radiografía oclusiva (occlusal radiograph), radiografía intraoral realizada colocando la película sobre las superficies de oclusión de una de las arcadas dentarias.

radiografía panorámica (panoramic radiograph), método de tomografía para la visualización de las superficies curvas del organismo, como los maxilares superior e inferior, en una sola placa.

radiografía periapical (periapical radiograph), proyección radiográfica dental empleada para detectar cambios en el soporte óseo que rodea las raíces de los dientes.

radiografía por barrido de hendidura (slit scan radiography), técnica para la producción de rayos X de estructuras corporales sin distorsión de la longitud mediante barrido con un rayo en forma de abanico a través de un colimador de hendidura estrecha. La divergencia del rayo perpendicular al barrido provoca cierta distorsión de la anchura.

radiografía portátil AP (AP portable view), examen radiológico de un paciente inmovilizado, que se realiza colocando el chasis de la película por debajo del enfermo situado en posición supina y el tubo de rayos frente a él.

radiografía torácica AP portátil (AP portable chest radiograph), exploración radiológica del tórax realizada en la habitación de un paciente inmovilizado con una máquina portátil de rayos X. El portaplacas se coloca detrás del paciente y el tubo de rayos X enfrente.

radiografiar (x-ray), hacer una radiografía.

radioinmunoanálisis (RIA) (radioimmunoassay [RIA]), técnica utilizada para determinar la concentración de un antígeno, anticuerpo u otra proteína del suero.

radioisótopo (radioisotope), isótopo radiactivo de un elemento, utilizado con fines terapéuticos y diagnósticos.

radiología (radiology), rama de la medicina que se ocupa de las sustancias radiactivas y, utilizando diversas técnicas de visualización, del diagnóstico y tratamiento de enfermedades utilizando cualquiera de las diversas fuentes de energía radiante. Son subramas de la radiología la **medicina nuclear**, que se dedica a la representación por imagen mediante materiales radiactivos situados en órganos corporales; la **radiología diagnóstica**, que se ocupa de la representación por imagen utilizando fuentes externas de radiación, y la **radiología terapéutica**, que se encarga del tratamiento del cáncer mediante la utilización de radiación.

radiólogo (radiologist), médico especializado en radiología. En EE.UU., se considera radiólogo titulado a aquel cuya competencia ha sido examinada y aprobada por la *American Board of Radiology*.

radionecrosis (radionecrosis), muerte tisular provocada por la radiación.

radionúclido (radionuclide), **1.** isótopo (o núclido) que sufre desintegración radiactiva. **2.** cualquiera de los isótopos radiactivos del cobalto, yodo, fósforo, estroncio y otros elementos, utilizados en medicina nuclear para el tratamiento de tumores y cánceres y para la representación por imagen de estructuras corporales internas.

radiopacidad (radiopacity), cualidad de ser radiopaco o de tener la capacidad para detener o reducir el paso de los rayos X.

radiopaco (radiopaque), que no permite el paso de los rayos X o de otra energía radiante. Los huesos son relativamente radiopacos y, por tanto, aparecen como áreas blancas en una placa de rayos X.

radioquímica (radiochemistry), rama de la química que estudia las propiedades y el comportamiento de los materiales radiactivos y la utilización de radionúclidos en el estudio de problemas químicos y biológicos.

radiorresistencia (radioresistance), resistencia relativa de células, tejidos, órganos, organismos, compuestos químicos o cualquier otra sustancia a los efectos de la radiación.

radiorresistente (radioresistant), que no se altera o que está protegido frente al daño causado por las emisiones radiactivas como los rayos X, las partículas alfa o los rayos gamma.

radiosensibilidad (radiosensitivity), sensibilidad relativa de células, tejidos, órganos, organismos o cualquier otra sustancia viviente a los efectos de la radiación. Las células de los sistemas de autorrenovación, como las de las criptas intestinales, son las más radiosensibles. Las células que se dividen periódicamente, pero que maduran entre divisiones, como las espermatogonias y los espermatocitos, ocupan el siguiente lugar en cuanto a radiosensibilidad. Entre las células de vida larga que no suelen experimentar mitosis a menos que exista un estímulo adecuado, se encuentran las células menos radiosensibles del hígado, riñón y tiroides. Las menos sensibles son las células posmitóticas que han perdido su capacidad para dividirse, como las neuronas.

radiosensibilizantes (radiosensitizers), fármacos que potencian el efecto destructor de la radiación sobre las células. Si se pudieran introducir selectivamente los radiosensibilizantes en las células de un tumor, al mismo tiempo que permanecen ausentes del tejido normal que le rodea, se aumentaría el efecto de la irradiación sobre el tumor.

radiosensible (radiosensitive), que puede ser modificado o puede reaccionar ante emisiones radiactivas como los rayos X, las partículas alfa o los rayos gamma.

radioterapia (radiotherapy, radiation therapy), tratamiento de las enfermedades neoplásicas mediante la utilización de rayos X o gamma, habitualmente a partir de una fuente de cobalto, para detener la proliferación de células malignas disminuyendo la tasa de mitosis o impidiendo la síntesis de ADN.

radioterapia con mesones pi negativos (piones) (negative pi meson [pion] radiotherapy), forma de radioterapia que utiliza un haz de mesones pi negativos (piones) emitidos por un acelerador lineal de protones. En el tratamiento de determinados tumores se bombardean éstos con partículas mesones pi negativos; el núcleo del átomo de las células malignas capta las partículas radiactivas y estalla, dispersando partículas subatómicas intensamente radiactivas sobre los tejidos malignos adyacentes.

radioterapia externa (RTE) (external radiation therapy [ERT]), aplicación terapéutica de la radiación ionizante a partir de un haz externo de un aparato de rayos X de alto kilovoltaje, de un aparato de cobalto 60 de megavoltaje o de un acelerador lineal de supervoltaje, ciclotrón o betatrón.

radioterapia profunda (deep x-ray therapy), tratamiento de neoplasias internas, como el tumor de Wilms del riñón, la enfermedad de Hodgkin y otros tumores malignos con radiaciones ionizantes procedentes de una fuente externa. La radioterapia profunda se aplica directamente sobre la zona enferma, lo que reduce la dispersión de las radiaciones.

radiotransparencia (radiolucency), característica de los materiales de número atómico relativamente bajo que atenúan los rayos X que les atraviesan y producen imágenes relativamente oscuras.

radioyodo (radioiodine), isótopo radiactivo del yodo utilizado en radioterapia. Una forma común de radioyodo es el I^{131}.

radix (radix), v. **raíz.**

radón (Rn) (radon [Ra]), elemento no metálico, radiactivo, inerte, gaseoso. Su número atómico es 86; su peso atómico es 222. El radón, un producto de la desintegración del radio, se utiliza para la radioterapia del cáncer.

radón 222 (radon 222), derivado radiactivo del radio 226 que se utiliza para rellenar semillas destinadas a la implantación permanente en tumores.

rafe (raphe, rhaphe), línea de unión de las mitades de varias partes simétricas, como el rafe abdominal de la línea alba o el rafe del pene, que tiene el aspecto de una línea delgada estrecha y oscura en la superficie inferior del pene.

rágades (rhagades), grietas o fisuras en la piel que ha perdido su elasticidad, especialmente frecuentes alrededor de la boca.

RAI (RAI), abreviatura de **yodo radiactivo**.

RAIU (RAIU), abreviatura de **captación de yodo radiactivo**.

raíz (root), parte más baja de un órgano o estructura mediante la cual algo está firmemente unido, como en el caso de la raíz anatómica del diente.

RAM (ARM), abreviatura de rotura artificial de las membranas (fetales).

RAM (RAM), abreviatura de **memoria de acceso aleatorio**.

rama (ramus, *pl.* **rami**), estructura pequeña, como una rama de árbol, que se prolonga desde una más grande o se divide en dos o más partes, como en el caso de la rama de un nervio o arteria o de una de las ramas del pubis.

ramificación (ramification), división en ramas, distribución de algo.

rango (range), intervalo entre el valor más bajo y más alto de una serie de datos.

rango de acomodación (range of accommodation), distancia entre el punto más lejano que un ojo puede ver correctamente con la acomodación completamente relajada y la distancia más corta a la cual puede ser visto un objeto con la máxima acomodación, medida en pulgadas o en centímetros.

rango dinámico (dynamic range), **1.** (en radiología) intervalo de voltaje de señales de entrada que tiene como resultado una salida digital. **2.** (en audiología) intervalo de decibelios, desde el sonido más débil que puede oír una persona hasta el nivel de ruido que produce dolor.

ranitidina (ranitidine), antagonista de los receptores de la histamina H_2 prescrito para el tratamiento de las úlceras duodenales y gástricas y de los trastornos de hipersecreción gástrica.

ránula (ranula, *pl.* **ranulae**), mucocele de gran tamaño en el suelo de la boca, habitualmente provocado por la obstrucción de los conductos de las glándulas salivares sublinguales y con menos frecuencia por la obstrucción de los conductos de las glándulas salivares submandibulares.

RAP (PAR), abreviatura de **resistencia arteriolar pulmonar**.

rapto (raptus), **1.** estado de intensa excitación emocional o mental, con frecuencia caracterizado por una actividad incontrolada o por una conducta provocada por un impulso irresistible; éxtasis; arrebato. **2.** cualquier convulsión o ataque brusco o violento. Algunas clases de arrebato son: rapto hemorrágico, rapto maníaco, rapto melancólico y rapto nervioso.

raquiópago (rachiopagus), gemelos simétricos unidos por la espalda a lo largo de la columna vertebral.

raquisquisis (rachischisis), fisura congénita de una o más vértebras.

raquisquisis completa (complete rachischisis), fisura congénita poco frecuente de toda la columna vertebral y de la médula espinal debida al fracaso en el cierre del tubo neural embrionario.

raquisquisis total (rachischisis totalis), v. **raquisquisis completa**.

raquitis (rachitis), **1.** raquitismo. **2.** enfermedad inflamatoria de la columna vertebral.

raquitismo (rickets), enfermedad provocada por el déficit de vitamina D, calcio y, habitualmente, fósforo, observada principalmente en lactantes y niños, caracterizada por un desarrollo óseo anormal. Entre los síntomas aparecen huesos flexibles blandos que provocan deformidades como genu varo y genu valgo, formaciones nodulares en los extremos y en las superficies de los huesos, dolor muscular, aumento del tamaño del cráneo, deformidad del tórax y de la columna vertebral, aumento del tamaño del hígado y del bazo, sudoración profusa e hipersensibilidad generalizada del cuerpo al tacto. Algunos tipos de raquitismo son: **raquitismo del adulto, raquitismo celíaco, raquitismo renal** y **raquitismo resistente a la vitamina D**.

rasgar (tear), desgarrar, rajar o separar por la fuerza.

rasgo (trait), **1.** modo característico de conducta o cualquier peculiaridad o característica física que distingue a un individuo o cultura de otro u otra. **2.** cualquier cualidad o alteración característica determinada genéticamente y heredada como un genotipo específico.

rasgo adquirido (acquired trait), característica física que no es hereditaria, sino que puede ser un efecto del entorno o de una mutación.

rasgo dominante (dominant trait), característica dominante, como el color de los ojos, que es probable que aparezca en la descendencia aunque sólo se encuentre en uno de los padres.

rasgo drepanocítico (sickle cell trait), forma heterocigótica de la anemia drepanocítica, caracterizada por la presencia a la vez de hemoglobina S y hemoglobina A en los hematíes. No se produce anemia ni otros signos de anemia drepanocítica. Las personas que tienen ese rasgo son informadas y aconsejadas en relación con la posibilidad de tener un niño con drepanocitosis si ambos padres lo presentan. V. **hemoglobina S**.

rasgo hereditario (inherited trait), cualidad o característica específica transmitida genéticamente de una generación a la siguiente.

rasgo recesivo (recessive trait), característica genéticamente determinada que solamente se expresa cuando está presente en estado homocigótico.

rash (rash), v. **exantema**.

raspado apical (apical curettage), (en odontología) desbridamiento de la superficie apical de un diente, con extirpación de los tejidos blandos enfermos en los alrededores de la cripta del hueso.

raspado por aspiración (suction curettage), método de raspado por el cual se extrae por as-

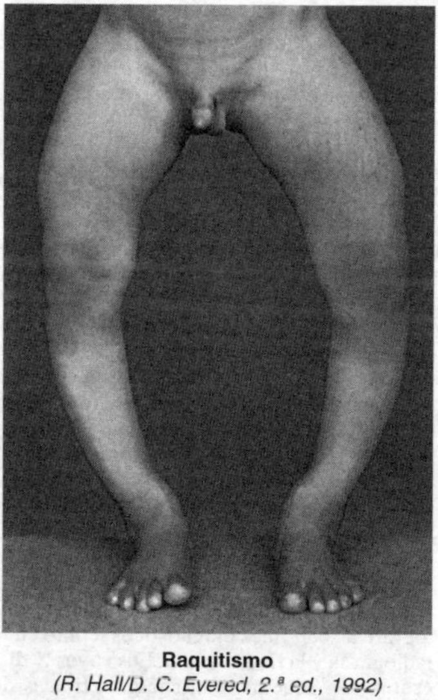

Raquitismo
(R. Hall/D. C. Evered, 2.ª ed., 1992)

piración una muestra de endometrio o de los productos de la concepción.

raspado radicular (root curettage), desbridamiento y preparación de la superficie radicular de un diente para eliminar acreciones e inducir el desarrollo de tejidos gingivales sanos.

raspado subgingival (subgingival curettage), desbridamiento de una adherencia epitelial ulcerada y del corion gingival subyacente para eliminar la inflamación y reducir y restaurar el tejido gingival.

RAST (RAST), v. **prueba de radioalergoabsorbencia**.

rastreo cromosómico (chromosome walking), proceso mediante el que se aíslan clones moleculares superpuestos que comprenden grandes intervalos cromosómicos.

rastreo lineal (linear scan), (en ecografía) movimiento del transductor a velocidad constante siguiendo una línea recta, formando un ángulo perpendicular con respecto al haz del rayo.

ratón articular (joint mouse), pequeño cálculo móvil situado cerca o en el interior de una articulación, generalmente la rodilla.

rauwolfia (rauwolfia) [Leonhard Rauwolf, botánico alemán del siglo XVI], raíces desecadas de *Rauwolfia serpentina* que proporcionan los extractos para fármacos hipotensores y alcaloides tranquilizantes, como la reserpina.

rauwolfia serpentina (rauwolfia serpentina), raíz desecada de *Rauwolfia serpentina*, utilizada como antihipertensivo. Se prescribe para el tratamiento de la hipertensión leve y de las urgencias hipertensivas.

rayo (ray), haz de radiación, como el calor o la luz, que se emite desde una fuente.

rayo roentgen (roentgen ray), v. **rayos X**.

rayos Grenz (Grenz rays), rayos X de baja energía utilizados para tratar trastornos cutáneos.

rayos ultravioleta (ultraviolet rays), v. **radiación ultravioleta**.

rayos X (x-ray), radiación electromagnética de longitud de onda más corta que la longitud de onda de la luz visible. Los rayos X se producen cuando electrones què viajan a alta velocidad chocan contra determinados materiales, como el tungsteno. Pueden atravesar la mayor parte de las sustancias y se utilizan para investigar la integridad de determinadas estructuras, para destruir con fines terapéuticos tejidos enfermos y para conseguir imágenes fotográficas con fines diagnósticos, como en la radiografía y la fluoroscopia. Los **rayos X discretos** son aquellos con energías fijadas de forma muy precisa, características de las diferencias entre energías de unión a electrones de un elemento determinado. El tungsteno, por ejemplo, tiene 15 energías eficaces diferentes, representando emisiones de 5 capas de electrones diferentes.

raza (race), término vago, no científico, para designar a un grupo de personas genéticamente relacionadas que comparten determinadas características físicas.

razón de bases (base ratio), proporción de la cantidad molar de las bases en los ácidos ribonucleico y desoxirribonucleico.

Rb (Rb), símbolo del **rubidio**.

RC (CR), abreviatura de respiración controlada.

RCG (GSR), abreviatura de **respuesta cutánea galvánica**.

RCP (CPR), abreviatura de **reanimación cardiopulmonar**.

RCS (CSR), abreviatura de **respiración de Cheyne-Stokes**.

RDS (ROS), abreviatura de **revisión de sistemas**.

Re (Re), símbolo del **renio**.

REA (SAR), abreviatura de **relación estructura-actividad**.

reabsorbente (reabsorbent), material o agente que se emplea para reabsorber sangre u otras sustancias.

reabsorber (resorb), absorber de nuevo.

reabsorción (reabsorption), proceso por el que se absorbe algo de nuevo, como en el caso del desplazamiento del calcio desde el hueso hacia la sangre.

reacción (reaction), respuesta a una sustancia, tratamiento o cualquier otro estímulo, como una reacción antígeno-anticuerpo en inmunología, una reacción de hipersensibilidad en alergología o una reacción adversa en farmacología.

reacción antígeno-anticuerpo (antigen-antibody reaction), proceso del sistema inmune en el que las células B revestidas de inmunoglobulinas reconocen a un intruso o antígeno, estimulando la síntesis de anticuerpos para proteger al organismo contra la infección. Las células T contribuyen a la reacción antígeno-anticuerpo, pero son las células B quienes desempeñan el papel principal. Las reacciones antígeno-anticuerpo activan el sistema del complemento, amplificando la respuesta de inmunidad humoral de las células B y produciendo la lisis de las células antigénicas. Las reacciones antígeno-anticuerpo consisten en la unión de los antígenos con los anticuerpos para formar complejos antígeno-anticuerpo. La formación de estos complejos puede hacer desaparecer la toxicidad del antígeno, puede originar la aglutinación de los antígenos en la superficie de los microorganismos o bien activar el sistema del complemento al exponer en la molécula del anticuerpo los lugares de fijación del complemento. Generalmente las reacciones antígeno-anticuerpo dan lugar a inmunidad, pero también pueden producir alergia, autoinmunidad e incompatibilidad sanguínea maternofetal. En las reacciones alérgicas inmediatas los antígenos dan lugar a la producción de anticuerpos específicos, que pueden circular libremente por el suero o unirse a células específicas. El fenómeno de la autoinmunidad hace que el sistema inmune no pueda distinguir las sustancias propias de las extrañas.

reacción de Arthus (Arthus reaction), reacción de hipersensibilidad inmediata grave y poco frecuente, en respuesta a la exposición a una sustancia extraña que no suele ser en sí irritante, pero que en ciertos sujetos tiene poder antigénico.

reacción de duelo (grief reaction), conjunto de síntomas somáticos y psicológicos asociados con determinadas penas o pérdidas extremas, específicamente la muerte de un ser querido. Los síntomas somáticos son sensación de opresión en la garganta y en el tórax con ahogo y falta de aire, molestias abdominales, pérdida de fuerza muscular y cansancio y letargo intensos. Las reacciones psicológicas son: sensación general de angustia y malestar, con sentimientos de culpa, cólera, hostilidad, inquietud extrema, incapacidad para concentrarse y para mantener modelos organizados de actividad.

reacción de Herxheimer (Herxheimer's reaction), aumento de los síntomas tras la administración de un fármaco. Esta reacción se descubrió originalmente en el tratamiento de la sífilis con penicilina, pero se ha visto que también ocurre con otras enfermedades.

reacción de hipersensibilidad (hypersensitivity reaction), respuesta inapropiada y excesiva del sistema inmune ante un antígeno sensibilizante. El estimulante antigénico es un alergeno. Las reacciones de hipersensibilidad se clasifican por los componentes del sistema inmune implicados en su mediación. Las reacciones humorales, mediadas por los linfocitos B circulantes, son inmediatas e incluyen tres tipos: hipersensibilidad anafiláctica, hipersensibilidad citotóxica e hipersensibilidad del sistema inmune. Las reacciones celulares, mediadas por los linfocitos T, son las reacciones de hipersensibilidad tardía mediadas por células.

reacción de injerto-contra-huésped (graft-versus-host reaction), respuesta de rechazo de ciertos injertos, especialmente por el de médula ósea. Implica una incompatibilidad producida por un defecto de la respuesta inmune de algunos pacientes, que se asocia habitualmente a un tratamiento inmunosupresor incorrecto. Los signos característicos son: lesiones cutáneas con edema, eritema, ulceración, descamación y pérdida del cabello.

reacción de Jarisch-Herxheimer (Jarisch-Herxheimer reaction) [Adolph Jarish, dermatólogo austriaco, n. 1850; Karl Herxheimer, dermatólogo alemán, n. 1861], fiebre repentina y transitoria, con exacerbación de lesiones cutáneas, que se aprecia varias horas después de administrar penicilina u otros antibióticos en el tratamiento de la sífilis, leptospirosis o fiebre recurrente.

reacción de Kveim (Kveim reaction), reacción utilizada como prueba diagnóstica de la sarcoidosis, que se basa en la inyección intradérmica de un antígeno derivado de un ganglio linfático identificado como sarcoide.

reacción de lucha o huida (flight-or fight-reaction), **1.** (en psicología) reacción del organismo ante el estrés, en la que el sistema nervioso simpático y la médula suprarrenal actúan provocando un aumento del gasto cardíaco, dilatación pupilar, aumento de la frecuencia cardíaca, constricción de los vasos sanguíneos de la piel, aumento de la glucosa y los ácidos grasos circulantes, induciendo así un estado mental de alerta. **2.** (en psiquiatría) reacción de una persona ante el estrés, con huida de la situación o sin huida, intentando afrontarla.

reacción de oxidación-reducción (oxidation-reduction reaction), modificación química en la que se eliminan electrones de un átomo o molécula (oxidación) mediante la transferencia simultánea de estos electrones (reducción) a otro átomo o molécula.

reacción de Porter-Silber (Porter-Silber reaction) [Curt C. Porter, bioquímico norteamericano, n. 1914; Robert H. Silber, bioquímico norteamericano, n. 1915], reacción, visible en forma de cambio de coloración a amarillo, que indica la cantidad de esteroides suprarrenales (17-hidroxicorticosteroides) excretados por día en la orina. Se utiliza para evaluar la función adrenocortical.

reacción en cadena de la polimerasa (PCR) (polymerase chain reaction [PCR]), proceso por el que se puede clonar una cadena de ADN millones de veces en pocas horas. Este proceso se puede usar para el diagnóstico prenatal de las enfermedades genéticas y para identificar a un individuo mediante el análisis de una sola célula de sus tejidos.

reacción en llamarada (wheal and flare reaction), erupción cutánea que surge tras lesión o inyección de antígeno. Se caracteriza por hinchazón y eritema secundarios a la liberación de histamina. Suele producirse en tres fases, comenzando por la aparición de una zona eritematosa en la zona de lesión, con enrojecimiento perilesional y finalmente con la formación de ampollas en la zona a medida que el líquido liberado a partir de los capilares próximos se acumula bajo la piel.

reacción transfusional (transfusion reaction), respuesta corporal sistémica a la administración de sangre incompatible con la del receptor. Entre las causas se incluyen la incompatibilidad de los hematíes o la sensibilidad alérgica a los leucocitos, a las plaquetas o a los componentes proteicos del plasma de la sangre transfundida o a los conservantes, potasio o citrato, de la sangre del banco de sangre. La reacción transfusional más común es la fiebre; la urticaria también representa una respuesta alérgica relativamente frecuente. Con menos frecuencia se producen asma, colapso vascular e insuficiencia renal. La reacción hemolítica por incompatibilidad de los hematíes es muy grave y se debe diagnosticar y tratar precozmente. Los síntomas se desarrollan pronto después del comienzo de la transfusión, antes de la administración de 50 ml, y consisten en cefalea pulsátil, repentina, profunda, dolor lumbar intenso, dolor precordial, disnea e inquietud. Como signos objetivos aparecen congestión facial seguida de cianosis y distensión de las venas del cuello, pulso rápido y filiforme, diaforesis y piel fría y viscosa. En el transcurso de una hora se puede producir un shock profundo.

reacciones anafilácticas (anaphylactic reactions), trastorno de hipersensibilidad provocado por el contacto con determinados antígenos. El segundo contacto con el mismo antígeno puede provocar disnea, convulsiones graves, shock y, en algunos casos, muerte. La reacción es particularmente grave si el contacto con el antígeno tiene lugar por inyección.

reactivar (reactivate), hacer activo algo de nuevo, como ocurre al añadir suero fresco para recuperar la capacidad de una muestra original de suero.

reactivo (reagent), sustancia química que se sabe reacciona de un modo específico. Los reactivos se utilizan para detectar o sintetizar otra sustancia en una reacción química.

reactor (reactor), **1.** (en psicología) terapeuta familiar que permite que la familia a la que atiende tome la iniciativa para después seguir en esa dirección. **2.** (en radiología) cubículo donde se producen artificialmente los isótopos radiactivos.

reagina (reagin), **1.** anticuerpo asociado a la atopia humana, como asma y fiebre del heno. En las reacciones antígeno-anticuerpo desencadena la liberación de histamina y de otros mediadores que provocan síntomas atópicos. **2.** sustancia inespecífica semejante a un anticuerpo no treponémico, presente en el suero de individuos con sífilis.

realce (enhancement), mejorar, dar mayor intensidad o aumentar.

realidad (reality), mundo de percepción, significado y conducta construido culturalmente, que los miembros de una cultura consideran como algo absoluto.

realización (fulfillment), percepción de armonía vital que se produce cuando un individuo encuentra sentido y utilidad a su vida.

realizarse (actualize), desarrollar plenamente las capacidades propias, por ejemplo, a través de la experiencia y de la educación.

reanimación (resuscitation), proceso de mantenimiento de las funciones vitales en una persona con insuficiencia respiratoria o cardíaca, mientras se le intenta revivir utilizando técnicas de respiración artificial y de masaje cardíaco, corrigiendo el desequilibrio acidobásico y tratando la causa de la insuficiencia.

reanimación boca-boca (mouth-to-mouth resuscitation), procedimiento de reanimación artificial realizado en la inmensa mayoría de veces junto con el masaje cardíaco. Se sella la nariz de la víctima tapando las ventanas nasales, se extiende la cabeza y el reanimador insufla aire en los pulmones a través de la boca.

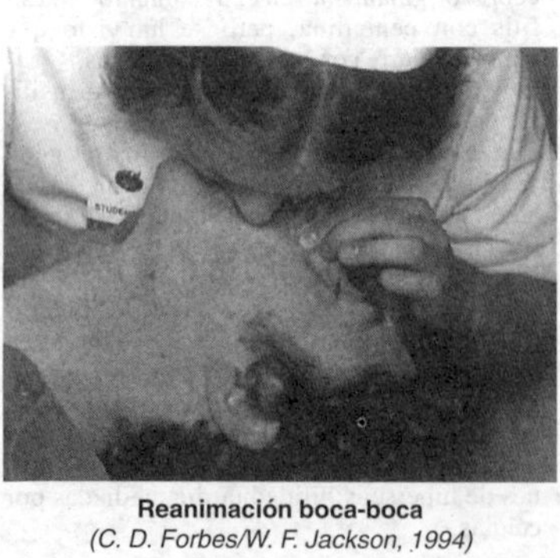

Reanimación boca-boca
(C. D. Forbes/W. F. Jackson, 1994)

reanimación boca-nariz (mouth-to-nose resuscitation), procedimiento de reanimación artificial en el que se tapa la boca de la víctima manteniéndola cerrada y el aire se insufla a través de la nariz de la víctima.

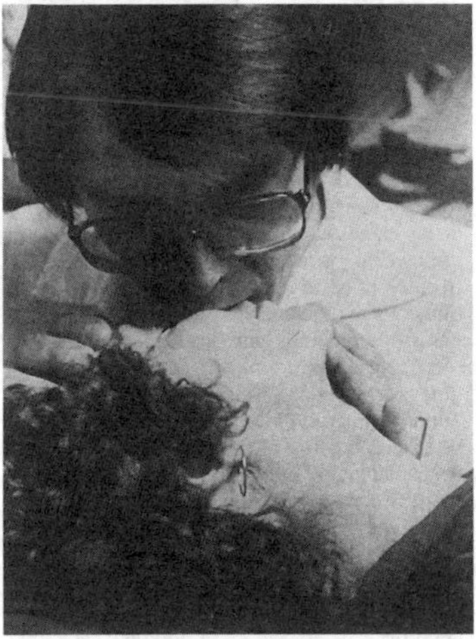

Reanimación boca-nariz
(Malamed, 4.ª ed., 1993)

reanimación cardiopulmonar (RCP) (cardiopulmonary resuscitation [CPR]), procedimiento básico de soporte vital que consiste en suministrar respiración artificial y masaje cardíaco externo manual. Se utiliza en casos de paro cardíaco para establecer una circulación y ventilación eficaces que eviten una lesión cerebral irreversible a consecuencia de la anoxia. El masaje cardíaco externo comprime el corazón entre la región inferior del esternón y la columna vertebral dorsal. Durante las compresiones, la sangre se dirige hacia la circulación sistémica y pulmonar y, cuando se libera la compresión, la sangre venosa regresa al corazón. La respiración boca a boca o la ventilación mecánica se utilizan simultáneamente con la RCP para oxigenar la sangre que está siendo bombeada a través del sistema circulatorio.

reanimador (resuscitator), aparato para bombear aire hacia los pulmones. Está formado por una mascarilla que se ajusta perfectamente sobre boca y nariz, y una bomba que funciona manual o eléctricamente.

reanimador de bolsa-válvula-mascarilla (bag-valvemask resuscitator), aparato consistente en un recipiente de compresión manual con una bolsa de plástico de oxígeno en un extremo y en el otro una válvula unidireccional y una mascarilla que se ajusta sobre la boca y nariz de la persona que debe ser reanimada.

reaproximar (reapproximate), unir de nuevo tejidos separados por cirugía o traumatismo, para restablecer su relación anatómica.

rebase (rebase), proceso de reajuste de una dentadura sustituyendo el material de su base sin variar las relaciones de oclusión de los dientes.

reblandecedor de heces (stool softener), v. **ablandador fecal**.

reblandecimiento óseo (softening of bones), cualquier enfermedad que provoca la pérdida del contenido mineral óseo.

reborde (ridge), protuberancia o estructura sobresaliente, como los rebordes grastrocnémicos de la superficie posterior del fémur, que sirven de inserción a los músculos gemelos.

rebosamiento (overflow), desbordamiento o eliminación excesiva de un líquido, como la orina, saliva o bilis.

rebote (rebound), contracción brusca de un músculo después de un período de relajación, observado con frecuencia en enfermedades en las que se pierden los reflejos inhibidores.

rebote ácido (acid rebound), estado de hipersecreción de ácido gástrico que puede producirse después del efecto tampón logrado por un antiácido.

rebote de heparina (heparin rebound), fenómeno de reactivación del efecto de la heparina que ocurre entre 5 minutos y 5 horas después de la neutralización con sulfato de protamina.

recalcificación (recalcification), remplazamiento de las sales de calcio empleadas en las necesidades corporales de la excitabilidad

Reanimador manual de oxígeno
(Judd, 1988)

neuromuscular normal, el acoplamiento excitación-contracción de la estimulación del músculo liso y cardíaco, en el mantenimiento de las uniones intercelulares, en la coagulación de la sangre y en la compresión de los huesos.

recalificación sexual (sexual reassignment), cambio en la identidad del género de una persona por medios legales, quirúrgicos, hormonales o sociales.

recanalizar (recannulate), realizar una nueva abertura a través de un órgano o tejido, como abrir paso a través de un vaso sanguíneo obstruido.

receptor (acceptor), organismo que recibe tejidos vivos, tales como sangre transfundida o un órgano trasplantado, procedentes de otra persona u organismo.

receptor (receiver), (en la teoría de la comunicación) la persona o personas a las cuales se envía un mensaje.

receptor (receptor), **1.** estructura química situada en la superficie de una célula que se combina con un antígeno para producir un elemento inmunológico concreto. **2.** terminación nerviosa sensitiva que responde a diversos tipos de estimulación. **3.** proteína celular específica a la que se debe unir una hormona antes de desencadenar la respuesta celular.

receptor adrenérgico (adrenergic receptor), lugar de una célula efectora simpática que reacciona a la estimulación adrenérgica. Se conocen dos tipos de receptores adrenérgicos: los receptores alfa-adrenérgicos y los receptores beta-adrenérgicos. En general, la estimulación de los receptores alfa provoca la excitación de la función de los órganos o tejidos del sujeto y la estimulación de los receptores beta provoca su inhibición.

receptor alfa (alpha receptor), cada uno de los componentes adrenérgicos que se postula existen en los tejidos receptores y que responden a la noradrenalina y a varios agentes bloqueantes. La activación de los receptores alfa da lugar a respuestas fisiológicas tales como el incremento de la resistencia vascular periférica, la dilatación de las pupilas y la contracción de los músculos pilomotores.

receptor alfa-adrenérgico (alpha-adrenergic receptor), v. **receptor alfa**.

receptor beta (beta receptor), cualquiera de los componentes adrenérgicos de los receptores tisulares que responden a la adrenalina. La activación de los receptores beta causa diversas reacciones fisiológicas, tales como la relajación de los músculos bronquiales y el aumento del índice y fuerza de la contracción cardíaca.

receptor beta-adrenérgico (beta-adrenergic receptor), v. **receptor beta**.

receptor del dolor (pain receptor), cualquiera de las numerosas terminaciones nerviosas libres situadas por todo el organismo que avisan de las variaciones potencialmente peligrosas en el entorno, como la presión o la temperatura excesivas. Las terminaciones nerviosas libres que constituyen la mayor parte de los receptores del dolor se localizan principalmente en la epidermis y en el revestimiento epitelial de ciertas mucosas. También están presentes en el epitelio escamoso estratificado de la córnea, en las vainas de las raíces y en las papilas de los pelos, así como alrededor de los cuerpos de las glándulas sudoríparas. Los extremos terminales de los receptores del dolor están constituidos por fibras nerviosas no mielinizadas que con frecuencia se anastomosan en pequeñas protuberancias entre las células epiteliales.

receptor del fármaco (drug receptor), cualquier parte de una célula, normalmente una enzima o una gran molécula proteica, con la que interacciona una molécula de fármaco para desencadenar el efecto o respuesta deseados.

receptor opiáceo (opiate receptor), grupo de células cerebrales que poseen receptores para los opiáceos, como la morfina. Las que se localizan en el acueducto de Silvio y en el centro mediano han sido identificadas como receptoras asociadas al dolor; también están presentes en el cuerpo estriado.

receptor sensitivo (sensory receptor), terminación nerviosa especializada que, al ser estimulada, inicia un impulso nervioso aferente o sensitivo.

receptor universal (universal recipient), individuo del grupo sanguíneo AB que puede recibir una transfusión sanguínea de cualquier grupo sin que aparezcan efectos derivados de la aglutinación o de la precipitación.

receptores de estiramiento (stretch receptors), terminaciones nerviosas sensitivas especializadas en los husos musculares o en los tendones que son estimuladas por los movimientos de estiramiento.

receptores olfatorios (olfactory receptors), neuronas bipolares localizadas en el epitelio nasal. Los axones de las células forman el nervio olfativo.

receptores propioceptivos (proprioceptive receptors), terminales nerviosas sensitivas, presentes en los músculos, articulaciones, tendones y en el oído interno, que son sensibles al cuerpo y a los cambios de posición.

receptores táctiles (touch receptors), terminaciones nerviosas sensitivas especializadas que son sensibles a los estímulos táctiles.

recesión ósea (bone recession), desarrollo apical del nivel de la cresta alveolar, asociado con enfermedad periodontal inflamatoria o distrófica, responsable de la disminución del soporte óseo para los dientes.

recesivo (recessive), relativo, perteneciente a o que describe a un gen cuyo efecto queda enmascarado u oculto si existe un gen dominante en el mismo locus.

receso esfenoetmoidal (sphenoethmoid recess), abertura estrecha situada en la pared lateral de la cavidad nasal limitada en su parte superior por la lámina cribosa del etmoides y por el cuerpo del esfenoides y por debajo por el cornete nasal superior. Se abre al seno esfenoidal del cráneo.

rechazo (rejection), **1.** (en medicina) respuesta inmunológica a organismos o sustancias que el organismo reconoce como extrañas, entre los que se incluyen injertos y trasplantes. **2.** (en psiquiatría) acto de excluir o negar afecto a otra persona.

rechazo agudo (acute rejection), reacción rápida contra un tejido de aloinjerto o xenoinjerto incompatible, al cabo de una semana, al mismo tiempo que la respuesta inmunitaria aumenta de intensidad.

recidiva (relapse), **1.** presentar de nuevo los síntomas de una enfermedad de la que un paciente parecía haberse recuperado. **2.** recurrencia de una enfermedad después de una aparente recuperación.

recidivante (relapsing), relativo al retorno de una enfermedad después de un período de curación aparente.

recién nacido (newborn), **1.** v. **neonato**. **2.** niño que acaba de nacer.

recién nacido adecuado para la edad gestacional (AEG) , neonato cuyo tamaño, crecimiento y maduración son adecuados para la edad gestacional, con independencia de si el parto fue pretérmino, a término o postérmino.

recién nacido colodión (collodion baby), niño cuya piel al nacer está cubierta por una membrana escamosa apergaminada.

reciprocidad (reciprocity), acuerdo mutuo para intercambiar privilegios, dependencias o relaciones, como el acuerdo que existe entre dos órganos gubernativos para aceptar las credenciales de los médicos licenciados en cada comunidad.

recíproco (reciprocal), relativo al tipo de movimiento corporal que ayuda en la comunicación, como el lenguaje corporal que indica relación entre las personas.

reclinado (reclining), inclinado hacia atrás.

reclusión (seclusion), (en enfermería psiquiátrica) el aislamiento de un paciente en una sala especial para disminuir los estímulos que pudieran causar o exacerbar el sufrimiento emocional del paciente.

reclutamiento (recruitment), **1.** aumento rápido en la percepción de la sonoridad, que se observa con frecuencia en las hipoacusias neurosensoriales que afectan a la cóclea. El oído lesionado no puede oír sonidos débiles, pero oye los sonidos fuertes más intensamente, como el oído normal. **2.** en la contracción muscular, capacidad para reclutar unidades motoras adicionales a medida que aumenta la resistencia.

recogida de datos (data collection), (en investigación) fase de un estudio que incluye la recogida de información y la identificación de muestras unitarias, según lo marcado en el diseño de la investigación.

recogida subjetiva de datos (subjective data collection), proceso por el cual se obtienen del propio paciente los datos relacionados con su problema. El entrevistador anima a ofrecer una descripción completa del comienzo, curso y carácter del problema y de cualquier factor que lo agrava o mejora.

recolocación (repositioning), devolución de un órgano o región corporal a su posición original, como ocurre en la recolocación del útero invertido o al modificar la posición de los maxilares.

recombinación (recombination), **1.** (en genética) formación de nuevas combinaciones y disposiciones de los genes dentro del cromosoma como resultado de la correspondencia independiente de genes no ligados, del sobrecruzamiento de genes ligados o del cruzamiento intracistrónico de nucleótidos. **2.** método de medición de la radiación mediante técnicas ionométricas en el que es necesario recoger las cargas liberadas para alcanzar un valor de carga total por unidad de masa de aire. La recombinación de iones reducirá el valor recogido.

recombinante (recombinant), **1.** célula u organismo generado a partir de la recombinación de genes dentro de una molécula de ADN, independientemente de que se haya inducido de forma natural o artificial. **2.** relacionado con dicho organismo o célula.

recón (recon), (en genética molecular) unidad genética más pequeña que es capaz de recombinarse, que se piensa es un triplete de nucleótidos.

reconstitución (reconstitution), reparación continua de los tejidos lesionados.

reconstituyente (restorative), perteneciente al poder o capacidad para restaurar o renovar a una persona a su estado normal de salud o de consciencia.

reconstrucción holográfica (holographic reconstruction), método de producción de imágenes tridimensionales con un equipo diagnóstico de ultrasonidos.

reconstructor espacial dinámico (RED) (dynamic spatial reconstructor [DSR]), tipo de máquina radiográfica utilizado en investigación, que permite el desplazamiento de imágenes tridimensionales de los órganos humanos para su visualización en cualquier dirección.

recontorneo oclusivo (occlusal recontouring), nuevo diseño de una superficie oclusiva de un diente natural o artificial.

recopilación de datos objetivos (objective data collection), proceso por el que un observador recoge datos relacionados con el trastorno del paciente mediante la exploración física directa, es decir, mediante la observación, palpación y auscultación, y a través de análisis de laboratorio, radiológicos y demás estudios.

recostado (recumbent), echado hacia atrás o acostado sobre la espalda.

recrudecimiento (recrudescence), reaparición de los síntomas de una enfermedad después de un período de recuperación.

rectificador (rectifier), dispositivo eléctrico que convierte la corriente alterna (CA) en corriente continua (CC).

rectitis (rectitis), v. **proctitis**.

recto (rectum, *pl.* **rectums, recta**), porción del intestino grueso, de unos 12 cm de longitud, que se continúa con el colon sigmoideo, inmediatamente proximal al canal anal. Sigue la curva sacrococcígea y termina en el canal anal.

recto anterior del muslo (rectus femoris), músculo fusiforme de la cara anterior del muslo, uno de los cuatro componentes del cuádriceps femoral. Su función es la flexión de la pierna.

recto mayor del abdomen (rectus abdominis), cada uno de los dos músculos anterolaterales del abdomen, que se extiende a todo lo largo de la cara anterior del abdomen. Su función es flexionar la columna vertebral, tensar la pared anterior del abdomen y facilitar la compresión del contenido abdominal.

rectocele (rectocele), protrusión del recto y de la pared posterior de la vagina hacia la vagina. Este trastorno se debe al debilitamiento de los músculos de la vagina y del suelo de la pelvis como consecuencia de los embarazos, de la edad avanzada o de intervenciones quirúrgicas.

rectosigmoide (rectosigmoid), porción de la anatomía que abarca la región inferior del colon sigmoide y la zona superior del recto.

rectosigmoidoscopia (rectosigmoidoscopy), exploración del recto y del colon pelviano con un sigmoidoscopio.

rectovesical (rectovesical), relativo al recto y a la vejiga.

recuento (count), cálculo del número de objetos o elementos presentes por unidad de medida. Algunos tipos de recuentos son: **recuento de Addis, recuento de reticulocitos** y **recuento sanguíneo**.

recuento de Addis (Addis count), método utilizado para determinar la cantidad de glóbulos rojos, glóbulos blancos, células epiteliales, cilindros y contenido de proteínas en una muestra de orina sedimentada de 12 horas. Los resultados se expresan como el número de cada uno de los elementos formes excretados al cabo de 24 horas. Este recuento es útil para el diagnóstico y tratamiento de las enfermedades renales.

recuento de células CD4 (CD4 cell count), método para analizar el pronóstico de los pacientes infectados por el VIH. Como el virus se fija al CD4 y destruye las células T portadoras de este antígeno, el nivel de células T colaboradoras CD4 en la sangre es un indicador del progreso de la infección. El recuento de células CD4 también es útil para medir la eficacia de los ensayos clínicos con fármacos antivirales. También es posible reforzar el número de células CD4 en un paciente administrando dosis del antígeno.

recuento de hematíes (red blood cell count), recuento de hematíes en una muestra de sangre completa, habitualmente realizada con un aparato de recuento electrónico. La concentración normal de hematíes en sangre total en el hombre es de 4,6 a 6,2 millones-mm^3; en la mujer, la concentración es de 4,2 a 5,4 millones-mm^3.

recuento de reticulocitos (reticulocyte count), recuento del número de reticulocitos en una muestra de sangre total, utilizado para determinar la actividad de la médula ósea. El recuento de reticulocitos está disminuido en las enfermedades hemolíticas; está elevado después de una hemorragia o durante la recuperación de una anemia.

recuento leucocitario diferencial (differential white blood cell count), examen y enumeración de la distribución de los leucocitos en un frotis de sangre teñida. Se cuentan los diferentes tipos de leucocitos y se dan los porcentajes sobre el total examinado.

recuento sanguíneo (blood count), v. **recuento sanguíneo completo**.

recuento sanguíneo completo (RSC) (complete blood count [CBC]), determinación del número de hematíes y leucocitos por milímetro cúbico de sangre. Muchos contadores electrónicos de sangre determinan automáticamente la hemoglobina y el hematócrito e incluyen estos valores en el recuento sanguíneo total.

recuperación (recuperation), proceso por el que se recobra la salud y la fuerza.

recuperador de espacio (space regainer), aparato fijo o extraíble para devolver a un diente permanente desplazado su posición normal en la arcada dental.

recuperarse (recuperate), recuperar la salud y la fuerza.

recurrencia (recurrence), reaparición de un signo o un síntoma de una enfermedad tras un período de remisión.

recurrente (recurrent), signo o síntoma que se vuelve a manifestar periódicamente.

recursos de afrontamiento (coping resources), características de una persona, grupo o ambiente que son útiles en la adaptación de los individuos al estrés.

recursos sanitarios (health resources), todos los materiales, personal, servicios, fondos y cualquier otra cosa que se pueda utilizar para proporcionar asistencia sanitaria.

red (network), sistema de terminales de ordenador y equipos periféricos intercomunicados, en el que cada usuario tiene cierto acceso a otros que utilicen el sistema, con los que comparte datos, memoria y otras capacidades.

red de Purkinje (Purkinje's network), red compleja de fibras musculares que se extienden por los ventrículos derecho e izquierdo del corazón y que transportan los impulsos que producen la contracción casi simultánea de dichas cámaras.

redón (redon), la unidad más pequeña de la molécula de ADN capaz de recombinarse; se puede tratar de algo tan pequeño como una pareja de desoxirribonucleótidos.

redondo (teres, *pl.* **teretes**), músculo largo, cilíndrico, como el redondo menor o el redondo mayor.

redondo mayor (teres major), músculo plano y grueso del hombro. Su contracción produce la aducción, extensión y rotación interna del brazo.

redondo menor (teres minor), músculo cilíndrico y alargado del hombro. Actúa rotando externamente el brazo, aduciendo débilmente el brazo y atrayendo el húmero hacia la fosa glenoidea de la escápula, reforzando la articulación del hombro.

redox (redox), abreviatura de reducción-oxidación (reacción).

reducción (reduction), **1.** adición de hidrógeno a una sustancia. **2.** eliminación del oxígeno de una sustancia. **3.** disminución de la valencia de la parte electronegativa de un compuesto. **4.** adición de uno o más electrones a una molécula o átomo de una sustancia. **5.** corrección de una fractura, hernia o luxación. **6.** reducción de datos, como al convertir datos de intervalos a una escala ordinal o nominal de medida.

reducción abierta (open reduction), técnica quirúrgica para la reducción de fracturas o luxaciones mediante la exposición directa de los elementos esqueléticos afectados.

reducción cerrada de fracturas (closed reduction of fractures), reducción manual de una fractura, sin incisión.

reducción de la imagen (image foreshorting), (en radiología) distorsión de la imagen radiográfica producida por la inadecuada posición de un objeto en el tubo de rayos X. Su resultado es la obtención de una imagen más pequeña que la del objeto en sí.

reducción gingival (gingival shrinkage), reducción del tamaño del tejido gingival, especialmente como resultado de la eliminación terapéutica de los depósitos subgingivales y el curetaje de los tejidos blandos de la pared de la bolsa gingival.

reducción univalente (univalent reduction), fenómeno producido durante el metabolismo intracelular que afecta a las reacciones de óxido-reducción en las que se producen radicales superóxido.

reduccionismo (reductionism), enfoque que intenta explicar una forma de conducta o un acontecimiento en términos de una categoría específica de fenómenos, como biológicos, psicológicos o culturales, negando la posibilidad de una interrelación entre los fenómenos causales.

reducir (reduce), **1.** (en cirugía) restablecer una parte a su posición original después de un desplazamiento, como ocurre en la reducción de un hueso fracturado alineando de nuevo los extremos o fragmentos. **2.** reducir la cantidad, tamaño, extensión o número de algo, como del peso corporal.

reenmascaramiento (remasking), (en fluoroscopia digital) producción de una o más imágenes encubiertas adicionales, si la primera fue inadecuada como consecuencia de un movimiento del paciente, de ruidos o de otros factores.

reentrada (reentry), (en cardiología) reactivación del tejido miocárdico por segunda o posterior vez con el mismo impulso. La reentrada es uno de los mecanismos arritmógenos más comunes.

reestructuración cognitiva (cognitive restructuring), cambio en las actitudes, valores o creencias que limitan la expresión particular de una persona. Se produce como resultado de la introspección o de un logro conductual.

refijación (reattachment), **1.** reagrupación de estructuras corporales separadas accidentalmente. **2.** reunión de las fibras de la membrana periodontal al cemento del diente y al hueso alveolar para recuperar una pieza dental perdida.

reflejamiento (reflecting), técnica de comunicación en la que la persona que escucha capta el tono de los sentimientos contenidos en el mensaje del paciente y se los repite al paciente. Esto le anima a continuar realizando comentarios aclaratorios.

reflejo (reflex), **1.** retorno o desplazamiento hacia atrás de un flujo de energía o de una imagen, como en la reflexión. **2.** acción refleja, especialmente una acción o movimiento involuntario.

reflejo abdominal (abdominal reflex), reflejo neurológico superficial que se obtiene pellizcando con firmeza la piel del abdomen, lo cual da lugar en condiciones normales a una contracción brusca de los músculos abdominales, de manera que el ombligo se mueve hacia el punto del que procede el estímulo. Este reflejo desaparece en las enfermedades de la vía piramidal.

reflejo acústico (acoustic reflex), contracción del músculo estapedio del oído medio en respuesta a un ruido fuerte. El umbral del reflejo acústico es el nivel más bajo de sonido que lo desencadena y es del orden de 85 a 90 dB HL en individuos con audición normal.

reflejo adquirido (acquired reflex), v. **reflejo condicionado**.

reflejo anal (anal reflex), reflejo neurológico superficial que se obtiene al acariciar la piel o la mucosa de la vecindad del ano, acción que origina en condiciones normales una contracción del esfínter externo del ano.

reflejo aquíleo (ankle reflex), v. **reflejo del tendón de Aquiles**.

reflejo autonómico (autonomic reflex), cada uno de los numerosos reflejos normales que dirigen y regulan las funciones viscerales. Los reflejos autonómicos controlan ciertas actividades del cuerpo, como la presión arterial, la frecuencia cardíaca, el peristaltismo, la sudoración y la producción de orina.

reflejo axónico (axon reflex), reflejo neuronal en el cual un impulso aferente viaja a lo largo de una fibra nerviosa alejándose del cuerpo celular, hasta que llega a una ramificación, donde es desviado a un órgano terminal sin entrar en el cuerpo celular. No es un arco reflejo completo y, por tanto, no se trata de un verdadero reflejo (la vasodilatación que se produce al ser estimulada la piel).

reflejo bicipital (biceps reflex), contracción del músculo bíceps producida cuando su tendón es golpeado con un percusor para estudiar los reflejos tendinosos profundos.

reflejo cardíaco (cardiac reflex), estímulo doble que incrementa o reduce la frecuencia cardíaca de forma automática. La estimulación de las fibras del vago en el lado derecho del corazón acelera la frecuencia cardíaca por el incremento del retorno venoso, mientras que el aumento de la presión sanguínea arterial estimula las terminaciones nerviosas del seno carotídeo para reducir la frecuencia cardíaca.

reflejo cigomático (zygomatic reflex), movimiento del maxilar inferior hacia el lado percutido cuando se golpea el cigoma ligera pero bruscamente.

reflejo ciliar (ciliary reflex), v. **reflejo de acomodación**.

reflejo ciliospinal (ciliospinal reflex), reflejo normal del tronco del encéfalo que se desencadena al pellizcar o retorcer la piel del dorso del cuello, produciendo una dilatación de las pupilas.

reflejo cinético (kinetic reflex), respuesta postural debida a la estimulación del aparato vestibular.

reflejo condicionado (conditioned reflex), reflejo que se desarrolla gradualmente mediante entrenamiento asociado a un estímulo externo específico repetido.

reflejo conjuntival (conjunctival reflex), mecanismo de protección ocular en el que los párpados se cierran siempre que se toca la conjuntiva.

reflejo coordinado (coordinate reflex), secuencia de acciones musculares que se producen de forma ordenada, voluntaria, como en el acto de la deglución.

reflejo corneal (corneal reflex), mecanismo protector del ojo en el que se produce la oclusión de los párpados siempre que se toca la córnea.

reflejo cremastérico (cremasteric reflex), reflejo nervioso superficial que se desencadena al estimular la piel de la cara interna de la zona superior del muslo en un varón. El reflejo normal da lugar a la retracción enérgica del testículo del lado estimulado.

reflejo cruzado (crossed reflex), cualquier reflejo nervioso en el que la estimulación de un lado del cuerpo produce una respuesta en el otro lado, como el reflejo luminoso consensuado.

reflejo cutáneo pupilar (pupillary skin reflex), v. **reflejo ciliospinal**.

reflejo darwiniano (darwinian reflex), v. **reflejo de prensión**.

reflejo de acomodación (accommodation reflex), ajuste de los ojos para la visión de objetos cercanos, consistente en la contracción de las pupilas, con convergencia de los ojos y aumento de convexidad del cristalino.

reflejo de actitud (attitudinal reflex), todo reflejo iniciado por un cambio en la posición de la cabeza, o por un cambio en la posición de la cabeza en relación a la posición del cuerpo. Un tipo de reflejo de actitud es el **reflejo tónico del cuello**.

reflejo de alarma (startle reflex), v. **reflejo de Moro**.

reflejo de Babinski (Babinski's reflex) [Josef F. F. Babinski, neurólogo francés, n. 1857], extensión del primer dedo del pie, junto con apertura en abanico de los otros dedos, provocada al rozar con firmeza el borde externo de la planta del pie. Este reflejo es normal en los recién nacidos, pero es patológico en los niños más mayores y los adultos.

reflejo de Bainbridge (Bainbridge reflex) [Francis A. Bainbridge, fisiólogo inglés, n. 1874], reflejo cardíaco caracterizado por el aumento de la frecuencia del pulso producido por la estimulación de los receptores de estiramiento situados en la pared de la aurícula izquierda.

reflejo de Brain (Brain's reflex) [Walter Russell Brain, médico inglés, n. 1895], extensión refleja del brazo paralizado flexionado de un paciente hemipléjico, tras adoptar éste una postura cuadripedal.

reflejo de Chaddok (Chaddock reflex) [Charles G. Chaddock, neurólogo norteamericano, n. 1861], reflejo anormal, inducido al rozar con firmeza la superficie cubital del antebrazo, caracterizado por la flexión de la muñeca y por la extensión de los dedos en abanico.

reflejo de cierre de navaja (clasp-knife reflex), signo anormal en el que el miembro espástico resiste el movimiento pasivo y, repentinamente, se dispara como la hoja de una navaja.

reflejo de danza (dance reflex), respuesta normal del neonato que simula la marcha mediante flexión y extensión recíprocas de las piernas cuando se le mantiene en posición erecta con las plantas apoyadas en una superficie dura.

reflejo de defecación (defecation reflex), v. **reflejo rectal**.

reflejo de deglución (swallowing reflex), secuencia de reflejos que comienzan cuando el bolo alimentario es manipulado por contacto con la lengua y los demás músculos de la cavidad bucal desplazándolo hacia el paladar o hacia la faringe.

reflejo de enderezamiento (righting reflex), cualquier reflejo que tiende a devolver a un animal a su posición corporal normal en el espacio cuando ha sido desplazado desde dicha posición y que ajusta la cabeza a la posición del cuerpo o al contrario. De este modo, la cabeza y el tronco se mantienen alineados.

reflejo de enderezamiento del cuello (neck righting reflex), **1.** respuesta involuntaria de los neonatos, en la que, al ladearles la cabeza hacia un lado mientras están en decúbito supino, rotan los hombros y el tronco en la misma dirección. Este reflejo permite al niño rodar de la posición supina a la prona. **2.** cualquier reflejo tónico asociado con el cuello que mantenga la orientación del cuerpo en relación con la cabeza.

reflejo de estiramiento (stretch reflex), contracción múscular refleja tras el estiramiento del mismo debido a la estimulación de los receptores propioceptivos presentes en el músculo. Los reflejos tendinosos funcionan de una manera semejante.

reflejo de extensión cruzada (crossed extension reflex), uno de los reflejos medulares normales presentes en el segundo mes de vida. Se demuestra mediante la flexión, aducción y extensión de una pierna cuando se estimula el pie de la otra.

reflejo de extrusión (extrusion reflex), respuesta normal del lactante, que saca la lengua cuando se le toca o deprime. El reflejo comienza a desaparecer aproximadamente a los 3-4 meses de edad.

reflejo de eyección de leche (milk ejection reflex), reflejo normal en la mujer lactante desencadenado por la estimulación táctil del pezón, produciendo la salida de leche de las glándulas mamarias.

reflejo de Ferguson (Ferguson's reflex), contracción del útero tras la estimulación del cuello. El reflejo tiene una función importante durante el parto.

reflejo de Galant (Galant reflex), respuesta normal del recién nacido, que mueve las caderas hacia el lado estimulado cuando se roza la espalda a lo largo de la columna vertebral.

reflejo de Gordon (Gordon's reflex) [Alfred Gordon, neurólogo norteamericano, n. 1874], **1.** variante anormal del reflejo de Babinski, desencadenado por la compresión de los músculos de la pantorrilla, caracterizado por la extensión del primer dedo del pie y la extensión en abanico del resto de los dedos. Su presencia es un signo de alteración de la vía piramidal. **2.** reflejo anormal, desencadenado por la compresión de los músculos del antebrazo, caracterizado por la flexión de los dedos de la mano o del pulgar y del índice. Se observa en las enfermedades de la vía piramidal.

reflejo de Grünfelder (Grünfelder's reflex), flexión dorsal involuntaria del primer dedo del pie, con extensión en abanico del resto de los dedos, producida por la presión continua sobre la fontanela posterior o lateral.

reflejo de Hirschberg (Hirschberg's reflex), prueba diagnóstica para las enfermedades de la vía piramidal. La prueba es positiva si se produce la inversión del pie cuando se golpea la planta del pie en la base del dedo gordo.

reflejo de Hoffmann (Hoffmann's reflex) [Johann Hoffmann, neurólogo alemán, n. 1857], reflejo anormal provocado al golpear con fuerza y de repente en la uña de los dedos índice, medio o anular, produciéndose la flexión del pulgar y de las falanges media y distal de uno de los demás dedos.

reflejo de incurvación del tronco (trunk incurvation reflex), v. **reflejo de Galant**.

reflejo de inmersión (diving reflex), cambio automático en el sistema cardiovascular que se produce cuando se sumergen en el agua la boca y la nariz. La frecuencia cardíaca disminuye y la presión arterial sigue estable o aumenta ligeramente, mientras que se reduce el flujo sanguíneo a todas las partes del cuerpo, excepto al cerebro.

reflejo de Landau (Landau reflex), respuesta normal de los lactantes cuando se mantienen en decúbito prono para mantener un arco convexo con la cabeza elevada y las piernas ligeramente flexionadas.

reflejo de los músculos espinales (erector spinae reflex), reflejo caracterizado por la contracción de los músculos espinales o de la masa común y de otros músculos de la espalda al estimular la parte más externa de la piel.

reflejo de masticación (chewing reflex), signo patológico de lesión cerebral en adultos, caracterizado por movimientos repetitivos de masticación cuando se estimula la boca.

reflejo de Mayer (Mayer's reflex) [Karl Mayer, neurólogo austriaco, n. 1862], reflejo normal que se desencadena al agarrar el dedo anular y flexionarlo por la articulación metacarpofalángica en una persona cuya mano está relajada y el dedo pulgar abducido. La respuesta normal es la aducción y oposición del pulgar.

reflejo de micción (micturition reflex), reacción anormal ante una elevación de la presión intravesical, que produce la contracción de la pared de la vejiga y la relajación del esfínter uretral. La inhibición voluntaria normalmente evita la incontinencia.

reflejo de mordida (bite reflex), acción rápida e involuntaria de morder que puede ser desencadenada por la estimulación de la cavidad bucal.

reflejo de Moro (Moro reflex) [Ernst Moro, pediatra alemán, n. 1874], reflejo normal del lactante joven provocado por un ruido súbito y agudo, como al golpear una mesa próxima al niño, que produce la flexión de las piernas, una postura de abrazo en los brazos y, generalmente, llanto breve.

reflejo de ojos de muñeca (doll's eye reflex), respuesta normal del neonato, que mantiene los ojos fijos cuando se le mueve la cabeza a la derecha o la izquierda. Este reflejo desaparece al desarrollarse la fijación ocular.

reflejo de Oppenheim (Oppenheim reflex) [Herman Oppenheim, neurólogo alemán, n. 1858], variante del reflejo de Babinski, provocado al frotar con firmeza las superficies anterior y medial de la tibia en sentido distal, que se caracteriza por la extensión del primer dedo del pie y la apertura en abanico de los demás dedos. Es un signo de afectación de la vía piramidal.

reflejo de parpadeo (blink reflex), cierre automático del párpado cuando se percibe la aproximación rápida de un objeto al ojo.

reflejo de Perez (Perez reflex) [Bernard Perez, médico francés, n. 1836)], respuesta normal de un lactante de llanto, con flexión de los miembros y elevación de la cabeza y de la pelvis cuando es sostenido en posición de decúbito prono y se presiona con un dedo a lo largo de la columna, desde el sacro hasta el cuello.

reflejo de prensión (grasp reflex), reflejo patológico inducido al golpear la palma o la planta, lo que hace que los dedos se muevan flexionándose, en un movimiento de prensión. En los lactantes muy jóvenes el reflejo tónico de prensión es normal.

reflejo de prensión palmar (palmar grasp reflex), flexión de los dedos producida por la estimulación de la palma de la mano. Este reflejo está presente al nacimiento y desaparece generalmente a los seis meses de edad.

reflejo de prensión plantar (plantar grasp reflex), reflejo caracterizado por flexión de los dedos del pie cuando se roza levemente la planta del pie. Está presente en los recién nacidos, pero debe desaparecer a las seis semanas.

reflejo de succión (sucking reflex), movimientos de succión involuntarios del área perioral en los recién nacidos en respuesta a la estimulación. El reflejo se mantiene durante toda la lactancia y con frecuencia se produce sin estimulación, como durante el sueño.

reflejo del chorro de leche (let-down reflex), v. **reflejo de eyección de leche**.

reflejo del codo (elbow reflex), v. **reflejo tricipital**.

reflejo del cuádriceps (quadriceps reflex), v. **reflejo rotuliano**.

reflejo del cuerpo aórtico (aortic body reflex), reflejo químico fisiológico que se inicia por un descenso de la concentración de oxígeno de la sangre y, en menor medida, por un aumento de la concentración de dióxido de carbono y de hidrogeniones. Estas alteraciones son captadas por los quimiorreceptores de la pared del cayado aórtico, dando lugar a impulsos nerviosos que estimulan el centro respiratorio del bulbo raquídeo para aumentar la actividad respiratoria.

reflejo del cuerpo aórtico (aortic body reflex), v. **reflejo del cuerpo carotídeo**.

reflejo del cuerpo carotídeo (carotid-body reflex), reflejo químico normal que se produce cuando la concentración sanguínea de oxígeno disminuye y, en menor grado, cuando se produce un aumento de las concentraciones de dióxido de carbono e hidrogeniones que actúan sobre los quimiorreceptores de la bifurcación de la arteria carótida primitiva produciendo impulsos nerviosos que provocan que el centro respiratorio del bulbo raquídeo aumente la actividad respiratoria.

reflejo del hociqueo (snout reflex), signo anormal desencadenado al golpear suavemente la nariz, lo que provoca una marcada mueca facial. Habitualmente, indica lesiones corticobulbares bilaterales.

reflejo del llanto (cry reflex), reacción infantil normal al dolor, hambre o a la necesidad de atención. El reflejo puede estar ausente en lactantes prematuros o en aquellos con un estado de salud deficiente.

reflejo del paracaídas (parachute reflex), variante del **reflejo de Moro** o **reflejo de sobresalto**, por el que se comprueba el desarrollo nervioso motor de un lactante suspendiéndolo en decúbito prono y dejándolo caer desde una corta distancia sobre una superficie blanda. Si el desarrollo nervioso motor es normal, el lactante con nueve meses extenderá los brazos, las manos y dedos de ambos lados del cuerpo en un movimiento protector.

reflejo del seno carotídeo (carotid sinus reflex), disminución de la frecuencia cardíaca como reacción refleja a la presión sobre o dentro de la arteria carótida a nivel de su bifurcación.

reflejo del sobresalto (startle reflex), reflejo que se desencadena ante un estímulo inesperado o repentino. Puede acompañarse de efectos fisiológicos como taquicardia, taquipnea, cierre de los ojos y flexión de los músculos del tronco. La reacción suele ser rápida, persistente e incontrolable, independientemente del estímulo que lo desencadena, que puede ser tan simple como el tacto. Sin embargo, no suele aparecer en niños prematuros o inmaduros.

reflejo del supinador largo (brachioradialis reflex), reflejo tendinoso profundo que se produce al golpear la superficie lateral del antebrazo proximal a la cabeza distal del radio, caracterizado por una flexión ligera normal del codo y la supinación del antebrazo.

reflejo del tendón de Aquiles (Achilles tendon reflex), reflejo tendinoso profundo que consiste en la flexión plantar del pie tras la percusión directa del tendón del músculo gastrocnemio en la parte posterior del tobillo. Este reflejo suele estar ausente en los diabéticos y en las personas con neuropatías periféricas.

reflejo depresor (depressor reflex), vasodilatación refleja o descenso de la presión arterial, como puede suceder tras la estimulación del seno carotídeo.

reflejo en masa (mass reflex), trastorno que se aprecia en pacientes con sección transversa de la médula, caracterizado por una descarga nerviosa diseminada, produciendo espasmos de los músculos flexores, incontinencia urinaria y fecal, priapismo, hipertensión y sudoración profusa. El reflejo de masa puede estar desencadenado por el rascado o cualquier estímulo doloroso de la piel, hiperdistensión de la vejiga o intestinos, ambiente frío, permanecer sentado durante períodos prolongados o por estrés emocional.

reflejo entrenado (trained reflex), v. **reflejo condicionado**.

reflejo epigástrico (epigastric reflex), contracción del músculo recto del abdomen que ocurre al estimular las porciones superior y media del abdomen. El reflejo puede ser inducido también al estimular la región axilar de los nervios dorsales 5º y 6º.

reflejo escapulohumeral (scapulohumeral reflex), respuesta normal al golpeteo del borde vertebral de la escápula, que provoca la aducción del brazo.

reflejo espinal (spinal reflex), cualquier reflejo que se transmite a través de las fibras de la médula espinal, sin llegar al cerebro.

reflejo estático (static reflex), reflejo que contribuye a mantener la postura normal y el tono muscular cuando el cuerpo está en reposo.

reflejo estatotónico (statotonic reflex), v. **reflejo postural**.

reflejo extensor (extensor thrust), reflejo medular que presentan los humanos en los dos primeros meses de vida. Es una exageración del reflejo positivo de apoyo y consiste en una extensión incontrolada de la pierna flexionada cuando se estimula la planta del pie.

reflejo faríngeo (pharyngeal reflex), v. **reflejo nauseoso**.

reflejo femoral (femoral reflex), reflejo que da lugar a la extensión de la rodilla y a flexión plantar del pie cuando se estimula la piel de la región anterior del tercio superior del muslo.

reflejo flexor de retirada (flexor withdrawal reflex), reflejo cutáneo frecuente, que consiste en la contracción diseminada de los músculos fisiológicamente flexores y la relajación de los músculos fisiológicamente extensores. Se caracteriza por la retirada brusca de una parte del cuerpo en respuesta a un estímulo doloroso o nocivo.

reflejo gastrocólico (gastrocolic reflex), movimiento peristáltico masivo del colon que se produce con frecuencia cuando los alimentos entran en el estómago.

reflejo genital (genital reflex), v. **reflejo sexual**.

reflejo innato (inborn reflex), v. **respuesta no condicionada**.

reflejo instintivo (instinctive reflex), v. **respuesta no condicionada**.

reflejo laberíntico tónico (tonic labyrinthine reflex), reflejo postural normal en los animales, acentuado de forma anormal en los seres humanos descerebrados, caracterizado por la extensión de los cuatro miembros cuando la cabeza está colocada en el espacio formando un ángulo por encima de la horizontal en los cuadrúpedos o en una posición erecta neutra en los humanos.

reflejo lagrimal (lacrimal reflex), liberación de lágrimas en respuesta a la estimulación o irritación de la conjuntiva corneal.

reflejo laríngeo (laryngeal reflex), reflejo de tos que se produce al irritarse las fauces y la laringe.

reflejo luminoso consensual (consensual light reflex), reflejo cruzado normalmente presente, en el cual la luz dirigida hacia un ojo provoca la contracción de la pupila opuesta. En la ceguera monocular, la pupila del ojo ciego reacciona de forma consensual con la estimulación del ojo vidente, pero no provoca la contracción pupilar de ninguno de los dos ojos.

reflejo mandibular (mandibular reflex), contracción refleja del músculo masetero después de percutir hacia abajo en un punto de la mandíbula cuando la boca está abierta.

reflejo miotático (myotatic reflex), v. **reflejo tendinoso profundo (RTP)**.

reflejo monosináptico (monosynaptic reflex), reflejo que sólo requiere una neurona aferente y otra eferente.

reflejo nasolabial (nasolabial reflex), movimiento brusco de la cabeza hacia atrás, arqueando la espalda y extendiendo y estirando las extremidades, que se produce en los lactantes en respuesta a un suave toque en la punta de la nariz con un movimiento de empuje hacia arriba.

reflejo nasomental (nasomental reflex), reflejo que aparece al golpear un lado de la nariz y produce la contracción del músculo borla del mentón con elevación del labio inferior y formación de arrugas en la piel de la barbilla.

reflejo nauseoso (gag reflex), reflejo nervioso normal que se desencadena al tocar el paladar blando o la faringe posterior, siendo la respuesta la elevación del paladar, la retracción de la lengua y la contracción de los músculos faríngeos.

reflejo nociceptivo (nociceptive reflex), reflejo causado por un estímulo doloroso.

reflejo nucocefálico (nuchocephalic reflex), prueba de la disfunción cerebral difusa, como en la senilidad. Cuando se giran los hombros a derecha e izquierda, la cabeza tarda medio segundo en hacerlo en la misma dirección.

reflejo oculocefálico (oculocephalic reflex), prueba de la integridad de la función del tronco del encéfalo. Cuando el paciente mueve rápidamente su cabeza de un lado al otro, normalmente los ojos van por detrás del movimiento de la cabeza y después se sitúan lentamente en la línea media. La incapacidad de los ojos de retrasarse apropiadamente o de volver a la línea media indica una lesión del lado ipsolateral localizada en el tronco del encéfalo.

reflejo óptico de enderezamiento (optical righting reflex), reflejo que estabiliza la posición y la postura normales de la cabeza con la ayuda de pistas visuales.

reflejo palma-barbilla (palm-chin reflex), v. **reflejo palmomentoniano**.

reflejo palmar (palmar reflex), reflejo por el que se cierran los dedos de la mano al estimular la palma.

reflejo palmomentoniano (palmomental reflex), signo neurológico anormal desencadenado al rascar la palma de la mano, en la base del pulgar, que se caracteriza por la contracción de los músculos del mentón y de la comisura bucal del mismo lado del cuerpo de donde procede el estímulo.

reflejo papilar (papillary reflex, light reflex), mecanismo por el que se contrae más o menos la pupila respondiendo a la estimulación directa o consensual de la misma con luz.

reflejo patológico (pathologic reflex), cualquier reflejo anormal causado por una lesión o por una enfermedad orgánica del sistema nervioso.

reflejo perioral (rooting reflex), respuesta normal en los recién nacidos cuando al tocar o golpear la mejilla junto al borde de la boca, vuelven la cabeza hacia el lado estimulado y comienzan a succionar.

reflejo pilomotor (pilomotor reflex), erección de los pelos de la piel como respuesta a un ambiente frío, a estímulos emocionales o a irritación de la piel.

reflejo plantar (plantar reflex), respuesta normal desencadenada al rozar firmemente la superficie externa de la planta desde el talón a los dedos, que se caracteriza por flexión de los dedos de los pies.

reflejo pneopneico (pneopneic reflex), modificación en el ritmo normal de respiración que se produce cuando se introduce gas irritante en los pulmones.

reflejo poplíteo (hamstring reflex), reflejo tendinoso profundo normal provocado al golpear uno de los tendones poplíteos por detrás de la rodilla, produciéndose la contracción del tendón y la flexión de la rodilla.

reflejo postural (postural reflex), cualquiera de los diferentes reflejos asociados con el mantenimiento de la postura corporal normal.

reflejo primitivo (primitive reflex), todo reflejo normal en un lactante o feto. Su presencia en un adulto suele indicar enfermedad neurológica grave. Algunos tipos de reflejos primitivos son: **reflejo de Moro, reflejo de prensión** y **reflejo de succión**.

reflejo pronador (pronator reflex), reflejo desencadenado al mantener vertical la mano del paciente y golpear con los dedos el extremo distal del radio o del cúbito, lo que provoca la pronación del antebrazo.

reflejo propioceptivo (proprioceptive reflex), cualquier reflejo iniciado por la estimulación de receptores propioceptivos, como el incremento de la frecuencia y del volumen respiratorios inducido por los impulsos originados en los músculos y en las articulaciones durante el ejercicio.

reflejo pupilar orbicular (orbicularis pupillary reflex), fenómeno normal provocado por el cierre enérgico de los párpados o por el intento de cerrarlos mientras se les mantiene separados, produciéndose primero una contracción de la pupila y a continuación una dilatación.

reflejo radial (radial reflex), reflejo normal desencadenado al golpear ligeramente sobre la región distal del radio, produciéndose la flexión del antebrazo.

reflejo rectal (rectal reflex), respuesta normal (defecación) a la acumulación de heces en el recto.

reflejo rotuliano (patellar reflex), reflejo tendinoso profundo, desencadenado por un golpe seco sobre el tendón por debajo de la rótula, que normalmente se caracteriza por la contracción del músculo cuádriceps y la extensión de la pierna y de la rodilla.

reflejo segmentario (segmental reflex), reflejo que afecta a toda una vía nerviosa a través de un único segmento de la médula espinal.

reflejo sexual (sexual reflex), (en los varones) reflejo por el cual la estimulación táctil o cerebral provoca erección del pene, priapismo o eyaculación.

reflejo simple (simple reflex), reflejo con un componente nervioso motor que sólo afecta a un músculo.

reflejo solar de estornudo (solar sneeze reflex), estornudo que se desencadena por la exposición a la luz solar brillante.

reflejo superficial (superficial reflex), cualquier reflejo nervioso desencadenado por la estimulación de la piel. Algunos tipos de reflejo superficial son: **reflejo abdominal, reflejo anal** y **reflejo cremastérico**.

reflejo tendinoso profundo (RTP) (deep tendon reflex [DTR]), contracción brusca de un músculo en respuesta al estiramiento repentino inducido por un golpe seco sobre su inserción tendinosa. La ausencia del reflejo puede estar producida por lesión del músculo, el nervio periférico, las raíces nerviosas o la médula espinal a ese nivel. Los RTP son: reflejo aquíleo, reflejo bicipital, reflejo del supinador largo, reflejo rotuliano y reflejo tricipital.

reflejo timpánico (tympanic reflex), reflejo de un rayo de luz que reluce en la membrana del tímpano. En un oído normal se ve un reflejo brillante con forma de cuña; su vértice está a la altura del extremo del martillo y su base está en el borde anteroinferior de la membrana timpánica. También llamado reflejo luminoso.

reflejo tónico del cuello (tonic neck reflex), respuesta normal de los recién nacidos que consiste en extender el brazo y la pierna del lado del cuerpo hacia el que se vuelve rápidamente la cabeza mientras el niño está en posición supina, flexionando los miembros del lado opuesto.

reflejo tónico simétrico del cuello (symmetric tonic neck reflex), respuesta normal de los lactantes que consiste en adoptar la posición de gateo extendiendo los brazos y doblando las rodillas cuando se le extienden la cabeza y el cuello.

reflejo tricipital (triceps reflex), reflejo tendinoso profundo provocado por un golpe intenso en el tendón del tríceps, próximo al codo, con el antebrazo situado en una posición relajada.

reflejo vagovagal (vagovagal reflex), estimulación del nervio vago por un reflejo a través del cual la irritación de la laringe o de la tráquea produce un enlentecimiento de la frecuencia del pulso.

reflejo vasomotor (vasomotor reflex), cualquier respuesta refleja del sistema circulatorio provocada por la estimulación de las vías nerviosas vasodilatadoras o vasoconstrictoras.

reflejo vesical (vesical reflex), sensación de necesidad de orinar cuando la vejiga está moderadamente distendida.

reflejo vestibuloocular (vestibuloocular reflex), reflejo normal en el cual la posición del ojo compensa el movimiento de la cabeza. Se induce por la excitación del aparato vestibular.

reflejos antagonistas (antagonistic reflexes), dos o más reflejos iniciados al mismo tiempo y que producen efectos opuestos. La respuesta más adaptativa o persistente es la que prevalece.

reflejos contralaterales (contralateral reflexes), fenómeno de desbordamiento del sistema nervioso en el cual se desencadena un reflejo a un lado del cuerpo por un estímulo aplicado al lado opuesto.

reflejos de Hering-Breuer (Hering-Breuer reflexes) [Karl E. K. Hering, fisiólogo austriaco, n. 1834; Joseph Breuer, psiquiatra austriaco, n. 1842], impulsos inhibidores y excitadores que mantienen el ritmo de respiración y previenen la sobredistensión de los alveolos.

reflejos en cadena (chain reflex), serie de reflejos en los que cada uno es estimulado por el anterior.

reflejos profundos (deep reflexes), cualquier reflejo provocado por estimulación de una estructura corporal profunda, como un reflejo tendinoso.

reflexión (reflection), **1.** (en cardiología) forma de reentrada en la que un impulso, tras encontrar un retraso en la respuesta de una fibra, entra en una fibra paralela y vuelve de forma retrógrada hacia su fuente. **2.** (en ecografía) reentrada de la energía acústica donde existe una discontinuidad en la impedancia acústica característica a lo largo de la vía de propagación.

reflexología (reflexology), sistema de tratamiento de determinadas enfermedades mediante el masaje de las plantas de los pies, utilizando principios similares a los de la acupuntura.

reflujo (reflux), flujo retrógrado anómalo de un líquido. Algunos tipos de reflujo son: **reflujo gastroesofágico, reflujo hepatoyugular** y **reflujo vesicoureteral**.

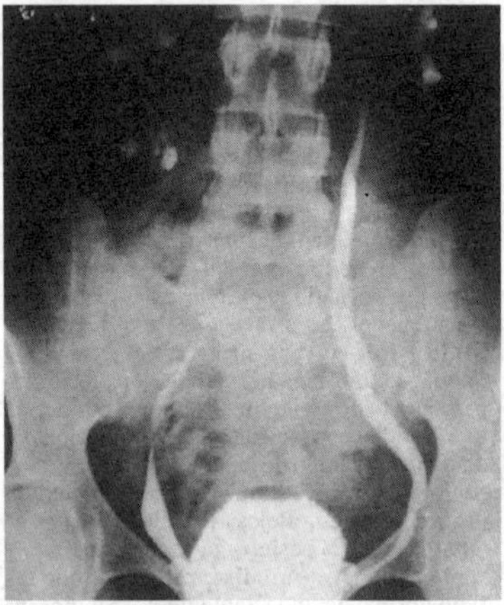

Cistografía miccional que muestra reflujo uretérico bilateral
(C. D. Forbes/W. F. Jackson, 1994)

reflujo gastroesofágico (gastroesophageal reflux), flujo retrógrado del contenido del estómago hacia el esófago, que normalmente se produce por la incompetencia del esfínter esofágico inferior. Los jugos gástricos son ácidos y, por tanto, producen un dolor urente en el esófago.

reflujo hepatoyugular (hepatojugular reflux), aumento de la presión venosa yugular cuando se presiona el abdomen durante 30-60 segundos que sugiere la existencia de insuficiencia cardíaca derecha.

reflujo vesicoureteral (vesicoureteral reflux), reflujo anormal de orina desde la vejiga al uréter, debido a un defecto congénito, obstrucción del orificio de salida vesical o infección de las vías urinarias inferiores. El reflujo incrementa la presión hidrostática en los uréteres y los riñones. El trastorno se caracteriza por dolor abdominal o en el costado, enuresis, piuria, hematuria, proteinuria y bacteriuria, y se acompaña de infecciones persistentes o recurrentes de las vías urinarias.

reforzador (reinforcer), (en psicología) consecuencia que aumenta las probabilidades de que un operante recurra.

reforzamiento de relación variable (RV) (variable ratio [VR] reinforcement), reforzamiento que requiere números variables de respuestas.

reforzamiento del intervalo variable (IV) (variable interval [VI] reinforcement), refuerzo que se ofrece después de un período de tiempo determinado.

refracción (refraction), **1.** cambio de dirección de la energía al pasar de un medio a otro de diferente densidad. **2.** exploración para determinar y corregir errores de refracción del ojo. **3.** (en ecografía) fenómeno de inclinación de los frentes de ondas a medida que la energía acústica se propaga desde un medio con una velocidad acústica determinada a un segundo medio con diferente velocidad acústica.

refracción ocular (refraction of the eye), deflexión de la luz cuando atraviesa las distintas estructuras oculares como la córnea, el cristalino, el humor acuoso y el humor vítreo.

refractariedad (refractoriness), propiedad de los tejidos excitables que determina la proximidad con la que pueden producirse dos potenciales de acción.

refractario (refractory), relativo a un trastorno resistente al tratamiento.

refractómetro (refractometer), instrumento para medir el índice de refracción de una sustancia, que se utiliza principalmente para medir la capacidad de refracción de las soluciones.

refuerzo (reinforcement), (en psicología) proceso en el cual una respuesta se ve reforzada por el temor al castigo o por la espera de una recompensa. El **refuerzo negativo** hace referencia al procedimiento por el cual la eliminación de un estímulo negativo va seguida de la emisión de una respuesta y ocasiona un incremento en la tasa de respuestas. El **refuerzo positivo** es la presentación de un acontecimiento como consecuencia de un operante (conducta), aumentando la probabilidad de recurrencia del operante.

refuerzo-extinción (reinforcement-extinction), proceso de socialización en el que se aprende a seguir determinadas conductas (refuerzo) o a evitar ciertas otras (extinción).

regaliz (liquorice, licorice), raíz seca de textura gomosa de la planta leguminosa *Glycyrrhiza glabra*. Tiene sabor dulce y astringente, y se utiliza como agente saborizante.

régimen (regimen), programa terapéutico estrictamente regulado, como una dieta o un programa de ejercicios.

región de interés (RDI) (region of interest [ROI]), (en la tomografía por emisión de positrones) área que delimita una localización anatómica deseada. Los sistemas de procesamiento de imágenes permiten el trazado de la RDI sobre las imágenes.

región de recombinación (region of recombination), primera fase de la amplitud de una señal eléctrica en un detector de radiación lleno de gas, cuando el voltaje es muy bajo. Ningún electrón es atraído al electrodo central, con lo que los pares de iones producidos en la cámara se recombinarán.

región epigástrica (epigastric region), región del abdomen situada en la zona superior entre el hipocondrio derecho y el izquierdo.

región variable (variable region), porción N-terminal de una cadena polipeptídica de inmunoglobulina cuya secuencia de aminoácidos puede variar. Esta región incluye el lugar de combinación con el antígeno.

regional (regional), perteneciente o relativo a un área geográfica, como una institución médica regional, o como una parte del cuerpo, como en el caso de la anestesia regional.

regionalización (regionalization), (en la programación de la asistencia sanitaria) organización de un sistema para la prestación de asistencia sanitaria en una región, con lo que se evita la costosa duplicación de servicios, asegurando la disponibilidad de los servicios esenciales.

regiones abdominales (abdominal regions), las nueve subdivisiones topográficas del abdomen, que vienen determinadas por cuatro líneas imaginarias trazadas en un patrón en tres en raya sobre su superficie anterior. La línea horizontal superior discurre por los cartílagos de las novenas costilllas; la inferior se localiza a la altura de ambas crestas ilíacas. Las dos líneas verticales se dirigen a ambos lados del cuerpo desde el cartílago de la octava costilla hasta el centro del ligamento inguinal. Estas líneas dividen el abdomen en tres áreas superiores, tres áreas intermedias y tres áreas inferiores, que son: hipocondrio derecho, epigastrio e hipocondrio izquierdo (áreas superiores); flanco derecho, mesogastrio y flanco izquierdo (áreas intermedias), y fosa ilíaca derecha, hipogastrio o región suprapúbica y fosa ilíaca izquierda (áreas inferiores).

registrar (chart), anotar datos en el archivo de un paciente, generalmente en los momentos de prescripción.

registro (record), forma escrita de comunicación que documenta de forma permanente la información importante para la asistencia de un paciente.

registro (register), (en tomografía computadorizada) dispositivo situado en la unidad de procesamiento central (UPC) que almacena información para su uso futuro.

registro (registration), **1.** registro de aprendizaje o memoria realizado en el sistema nervioso central de una impresión originada a partir de un estímulo. **2.** recogida de los datos vitales de una persona, como son los datos sanitarios. **3.** registro de la información de cualificación profesional significativa para las normas estatales de licenciatura.

registro (registry), **1.** oficina o agencia en la que existen listas y currículums de profesionales de la enfermería en busca de empleo. **2.** (en epidemiología) servicio de inscripción de los datos sobre la incidencia de aparición de enfermedades o trastornos específicos, como puede ser un registro de tumores.

registro bipolar (bipolar lead), trazado producido por un conductor bipolar en un electrocardiógrafo.

registro de enfermería (nurses' registry), en EE.UU., agencia de empleo o servicio de registro del personal de enfermería que pretende trabajar en un área específica de enfermería, normalmente durante un corto período de tiempo o por días.

registro de traumatismos (trauma registry), depósito de datos sobre la incidencia, diagnóstico y tratamiento de las víctimas de traumatismos agudos tratadas por personal del servicio de urgencia.

registro de tumores (tumor registry), conjunto de datos extraídos de las historias clínicas sobre la incidencia de cánceres y características personales, tratamiento y resultados del tratamiento de los pacientes con cáncer.

registro interoclusal (interocclusal record), registro de la relación posicional de dientes o maxilares opuestos entre sí, que se hace colocando sobre la superficie de los bordes oclusales de los dientes un material plástico que se endurece (yeso mate, cera, pasta de óxido de zinc-eugenol o resina acrílica).

registro médico orientado al problema (RMOP) (problemoriented medical record [POMR]), método de registro de datos sobre el estado de salud de un paciente en un sistema de resolución de problemas. El RMOP conserva los datos de forma que resulte fácil su acceso, favoreciendo así la evaluación continua y la revisión del programa de asistencia sanitaria por parte de todos los miembros del equipo de asistencia sanitaria. La base de datos está integrada por toda la información recogida en la entrevista con el paciente y con la familia, por la información obtenida de la evaluación del estado de salud o de una exploración física del paciente, y por la información obtenida a través de las diversas pruebas de laboratorio.

regla de Clark (Clark's rule), método para calcular de forma aproximada la dosificación pediátrica de un fármaco para un niño utilizando la siguiente fórmula: peso en libras-150 × dosis del adulto.

regla de Cowling (Cowling's rule), método para calcular la dosis pediátrica aproximada de un fármaco utilizando la siguiente fórmula: (edad en el cumpleaños próximo-24) × (dosis para adulto).

regla de Fried (Fried's rule), método para estimar la dosis de fármacos para un niño, multiplicando la dosis de adulto por la edad del niño en meses y dividiendo el producto entre 150.

regla de la confidencialidad (rule of confidentiality), principio por el que la información personal sobre los demás, especialmente pacientes, no debe ser revelada a personas no autorizadas para recibir dicha información.

regla de la coocurrencia (rule of co-occurrence), mandato por el que una persona utiliza el mismo nivel de léxico y estructura sintáctica cuando habla.

regla de la mano derecha (right-hand rule), principio de la física según el cual la dirección del flujo de corriente en un filamento está relacionada con la posición de las líneas de fuerza imaginarias del campo magnético sobre el alambre.

regla de los nueves (rule of nines), fórmula para calcular la cantidad de superficie corporal cubierta por quemaduras asignando 9% a la cabeza y a cada brazo, dos veces 9% (18%) a cada pierna y a la parte anterior y posterior del tronco y un 1% al periné. Esto se modifica en lactantes y niños pequeños debido a las diferencias en las proporciones corporales.

regla de los tres (rule of three), (en terapia respiratoria) tensión arterial de oxígeno que es tres veces el valor de la concentración de oxígeno inspirado. Se considera una guía empírica para la oxigenación mínima temporalmente aceptable o como una expresión de la observación clínica.

regla de Nägele (Nägele's rule) [Franz K. Nägele, obstetra alemán, n. 1778], método para calcular la fecha probable de parto basada en la duración media de la gestación. Se restan tres meses al primer día del último período menstrual normal, y se añade a esa fecha 1 año más 7 días.

regla de Young (Young's rule) [Thomas Young, médico inglés, n. 1773], método para el cálculo de la dosis apropiada de un fármaco para un niño de 2 o más años de edad, utilizando la fórmula (edad en años) ÷ (edad × 12) = dosis de adulto.

regla del bigeminismo (rule of bigeminy), (en cardiología) tendencia de un ciclo ventricular alargado a precipitar un latido ventricular prematuro.

reglamento (standing orders), documento escrito en el que se contienen reglas, normas de conducta, procedimientos, regulaciones y órdenes a seguir en la conducta de asistencia al paciente en diferentes situaciones clínicas estipuladas. Habitualmente, en el reglamento se señala la enfermedad y se prescribe la actuación a seguir en la atención del paciente, incluyendo la dosis y vía de administración de un fármaco o la pauta de administración de un procedimiento terapéutico.

regresión (regression), **1.** retirada o desaparición de enfermedades, signos o síntomas. **2.** vuelta a una forma previa, más primitiva, de conducta. **3.** tendencia del desarrollo físico a parecerse más a la población que a los padres.

regresión lineal (linear regression), método estadístico en el que se marca una línea recta en torno a una serie de datos, la que mejor representa la relación entre dos subgrupos o métodos.

regulador Bourdon (Bourdon regulator), regulador ajustable que lleva unido un indicador de presión para los cilindros de oxígeno u otros gases médicos.

regurgitación (regurgitation), **1.** vuelta del alimento deglutido hacia la boca. **2.** flujo retrógrado de la sangre a través de una válvula cardíaca defectuosa.

rehabilitación (rehabilitation), restablecimiento total o parcial de la normalidad de la función en un individuo o en una de sus partes, después de una enfermedad incapacitante, lesión, adicción o encarcelamiento.

rehidratación (rehydration), restauración del equilibrio hídrico normal de un paciente mediante la administración oral o intravenosa de líquidos.

rehidratación oral (RO) (oral rehydratation therapy [ORT]), reposición del agua, electrólitos y glucosa en el paciente deshidratado mediante la administración de líquidos con cantidades determinadas de estos ingredientes esenciales.

reinspiración (rebreathing), respiración en un sistema cerrado. El gas espirado se mezcla con el gas presente en un sistema cerrado, inhalándose de nuevo parte de esta mezcla. La reinspiración puede dar lugar a concentraciones progresivamente más pequeñas de oxígeno y a concentraciones progresivamente mayores de anhídrido carbónico.

reintegración en la comunidad (community reintegration), integración y aceptación de una persona incapacitada como miembro activo de la comunidad.

rejilla (grid), (en radiología) dispositivo utilizado para absorber la radiación dispersa generada durante una exploración radiográfica. La rejilla absorbe selectivamente la radiación que no sigue una trayectoria recta entre la fuente de rayos X y la placa. La **rejilla lineal** es una sencilla rejilla de rayos X formada por varias bandas paralelas de plomo.

rejilla de Potter-Bucky (Potter-Bucky grid) [Hollis E. Potter, radiólogo norteamericano, n. 1880; Gustav Bucky, radiólogo norteamericano, n. 1880], (en radiología) rejilla radiológica diseñada para ser móvil, oscilando durante la exposición de una placa radiográfica.

rejilla descentrada (off-center grid), (en radiología) rejilla enfocada que es perpendicular al eje central del haz de rayos X, pero que está desplazada lateralmente, produciendo una interrupción en toda la rejilla.

rejilla desnivelada (off-level grid), (en radiología) rejilla que no se sitúa perpendicular al eje central del haz de rayos X. Con frecuencia se debe a una posición errónea del tubo de rayos X más que a una posición incorrecta de la rejilla.

rejilla enfocada (focused grid), (en radiología) rejilla de rayos X que lleva láminas de plomo situadas en ángulo, de tal forma que todas ellas apuntan hacia un foco situado a una determinada distancia.

rejilla móvil (moving grid), (en radiología) rejilla de rayos X que se mueve u oscila continuamente durante la exposición de la placa radiográfica.

rejilla paralela (parallel grid), (en radiología) rejilla de rayos X que tiene varillas de plomo orientadas de forma paralela.

rejilla radiográfica (radiographic grid), dispositivo empleado para reducir la cantidad de radiación dispersa que alcanza la película. Las rejillas se fabrican empleando bandas paralelas de material radiopaco, alternando con bandas de material radiotransparente.

rejillas cruzadas (crossed grid), (en radiología) montaje de dos rejillas paralelas de rayos X que pueden rotarse una hacia otra en ángulo recto.

rejuvenecimiento (rejuvenation), restauración de la salud y vitalidad juvenil.

relación (ratio), proporción entre una cantidad y otra o más cantidades, expresada como la proporción de una en relación con las demás en forma de fracción (8-3) o en forma lineal (8:3).

relación A:G (A:G ratio), relación existente en el suero sanguíneo entre la albúmina y la globulina. Sobre la base de la diferente solubilidad con soluciones salinas neutras, los valores normales son de 3,5 a 5 g/dl para la albúmina y de 2,5 a 4 g/dl para la globulina.
relación CA-A (AC-A ratio), (en oftalmología) proporción entre convergencia acomodativa (CA) y acomodación (A), o cantidad de convergencia que resulta de forma automática en el enfoque dióptrico de los ojos a una distancia determinada. Habitualmente la relación entre convergencia acomodativa y acomodación se expresa como el cociente de convergencia acomodativa en dioptrías prismáticas dividido por la respuesta acomodativa en dioptrías.
relación corona clínica-raíz clínica (clinical-crown/clinical-root ratio), proporción entre la longitud de la parte del diente que está situada por encima de la inserción epitelial y la longitud de la raíz que está por encima de la inserción epitelial. Esta relación resulta útil para el diagnóstico y pronóstico de la enfermedad periodontal.
relación coste-beneficio (cost-benefit ratio), cociente que representa la relación del coste de una actividad con respecto al beneficio de su resultado o producto.
relación de Frank-Starling (Frank-Starling relationship) [Otto Frank, fisiólogo alemán, n. 1865; Ernest Starling, fisiólogo inglés, n. 1866], índice para determinar el gasto cardíaco basado en la longitud de las fibras del miocardio al comenzar la contracción. La fuerza que ejerce cada latido cardíaco es directamente proporcional a la longitud o grado de estiramiento de las fibras del miocardio.
relación de intensificación por oxígeno (RIO) (oxygen enhancement ratio [OER]), medida de la sensibilidad tumoral a la presencia o ausencia de oxígeno, expresada como el cociente entre la dosis de radiación necesaria para producir un efecto determinado sin oxígeno y la dosis requerida para producir el mismo efecto en una atmósfera con aire.
relación dinámica enfermero-paciente (dynamic nurse-patient relationship), marco conceptual en el que se analizan los aspectos interpersonales de la relación enfermero-enfermo. La relación se ve afectada por la conducta del paciente, la reacción del enfermero y la actuación de éste para intentar ayudar al paciente.
relación directa (direct relationship), v. **relación positiva**.
relación dosis-respuesta (dose-response relationship), (en radiología) relación matemática entre la dosis de radiación y la reacción del organismo a ella. En una relación lineal dosis-respuesta, ésta es proporcional a aquélla.
relación enfermero-paciente (nurse-client relationship), relación terapéutica entre el profesional de enfermería y el paciente, basada en una serie de interacciones que se van desarrollando con el tiempo. En la primera fase, o de establecimiento, el enfermero determina la estructura, propósito, secuencia y contexto de la relación, y expresa su interés en comentar esta estructura inicial con el paciente. En la fase intermedia, o de desarrollo, enfermero y paciente se van conociendo mejor el uno al otro, y ponen a prueba la estructura de esa relación, para ser capaces de confiar uno en el otro. La última fase, de finalización, se produce en forma ideal cuando se han cumplido todos los objetivos de la relación, cuando paciente y enfermero tienen la sensación de resolución y satisfacción.
relación estructura-actividad (REA) (structure-activity relationship [SAR]), relación entre la estructura química de un fármaco y su actividad.
relación figura-fondo (figure-ground relationship), campo de percepción que se divide en una figura, que es el centro de atención, y un fondo difuso.
relación inversa (inverse relationship), v. **relación negativa**.
relación mandibular (jaw relation), cualquier relación entre el maxilar superior y el inferior.
relación mandibular excéntrica (eccentric jaw relation), (en odontología) cualquier relación mandibular que no sea céntrica.
relación mandibular media (median jaw relation), (en odontología) cualquier relación mandibular que existe cuando la mandíbula se encuentra en el plano sagital medio.
relación maxilar en reposo (rest jaw relation), (en odontología) relación postural entre los maxilares superior e inferior cuando el paciente descansa cómodamente en posición erguida.
relación negativa (negative relationship), (en investigación) relación inversa entre dos variables; al aumentar una, disminuye la otra.
relación oclusiva (occlusal relationship), relación entre los dientes del maxilar superior y los del inferior cuando adoptan una posición oclusiva de contacto específica.
relación paternofilial (parent-child relationship), v. **vinculación maternoinfantil**.
relación positiva (positive relationship), (en investigación) relación directa entre dos variables; a medida que una aumenta, se espera que aumente la otra.

relación sexual (sexual intercourse), v. **coito**.

relación señal-ruido (RSR) (signal-to-noise ratio [SNR]), número utilizado para describir ante una señal detectada la contribución relativa de la señal verdadera y de las señales aleatorias superpuestas o «ruido».

relación tejido-base (tissue-base relationship), (en odontología) relación de la base de una prótesis extraíble con las estructuras subyacentes.

relación ventilación-perfusión (V-Q) (ventilation-perfusion [V-Q] ratio), relación entre la ventilación alveolar pulmonar y la perfusión capilar pulmonar, expresándose ambas cantidades en las mismas unidades.

relaciones de objeto (object relations), lazos afectivos entre una persona y otra, a diferencia del interés y el amor por uno mismo.

relaciones espaciales (spatial relationships), **1.** orientación en el espacio; capacidad para localizar objetos en el mundo exterior tridimensional utilizando el reconocimiento visual o táctil y haciendo un análisis espacial de la información observada. **2.** localización relativa de las distintas personas y el equipamiento de un quirófano, con especial énfasis en lo que es estéril, limpio o contaminado.

relaciones espaciales complejas (complex spatial relations), relación de percepción de una figura o de parte de una figura con otra.

relaciones primarias (primary relationships), relaciones con personas de confianza, amigos íntimos y familiares.

relaciones secundarias (secondary relationships), relaciones con personas que prestan o aceptan servicios, o con conocidos y amigos, a diferencia de las establecidas con miembros de la familia y amigos íntimos.

relaciones sexuales homosexuales (homosexual sexual intercourse), actividad sexual entre miembros del mismo sexo, desde sensaciones y fantasías a besos y contacto genital, oral o anal.

relajación (relaxation), **1.** disminución de la tensión, como cuando un músculo se relaja entre contracciones. **2.** reducción del dolor. **3.** (en representación por imagen mediante resonancia magnética) retorno de los núcleos excitados a su estado no excitado normal gracias a la liberación de energía.

relajante (relaxant), fármaco u otro agente que disminuye la tensión, como los relajantes musculares o intestinales.

relajante muscular (muscle relaxant), agente farmacológico que reduce la contractilidad de las fibras musculares. Los derivados del curare y la succinilcolina compiten con la acetilcolina y bloquean la transmisión en la unión neuromuscular. El sulfato de quinina reduce la tensión muscular aumentando el período refractario de las fibras musculares y disminuyendo la excitabilidad de la placa motora terminal. El baclofeno inhibe los reflejos mono y polisinápticos en la médula espinal. La ciclobenzaprina actúa principalmente en el tronco del encéfalo. La clorzoxazona inhibe los arcos multisinápticos en la médula espinal y en las regiones subcorticales del cerebro. Las benzodiacepinas reducen la tensión muscular, actuando principalmente sobre los mecanismos neuronales reticulares que controlan el tono muscular. El dantroleno aparentemente consigue su efecto interfiriendo en la liberación de calcio desde el retículo sarcoplasmático.

relativismo (relativism), actitud que se basa en la creencia de que todas las culturas tienen una coherencia y viabilidad lógicas y que deben ser entendidas considerando sus propias normas, actitudes, valores y creencias.

relax (relax), disminución de la tensión.

relaxina (relaxin), hormona que se obtiene del cuerpo lúteo de cerdas y que se emplea para relajar los ligamentos pélvicos y para dilatar el cérvix durante el parto. Se ha usado también para el tratamiento de la dismenorrea.

relieves endocárdicos (endocardial cushions), conjunto de relieves gruesos de tejido en el canal auricular embrionario.

rem (rem), abreviatura de roentgen equivalent man. Una dosis de radiación ionizante que produce en los seres humanos el mismo efecto que un roentgen de radiacion X o de radiación gamma.

REM (REM), abreviatura de **movimientos oculares rápidos**.

REM de rebote (REM rebound), producción de actividad REM superior a la normal que sigue al cese de la administración de un fármaco que suprime la fase REM.

remedio (remedial), dirigido a mejorar o curar.

reminiscencia (reminiscence), recopilación de experiencias personales pasadas y de acontecimientos importantes.

remisión (remission), desaparición parcial o completa de las características clínicas y subjetivas de una enfermedad crónica o maligna. La remisión puede ser espontánea o resultado del tratamiento.

remisión completa (complete response [CR]), desaparición total de un tumor.

remodelación ventricular (ventricular remodeling), dilatación progresiva del miocardio ventricular, hipertrofia excéntrica y distorsión de la geometría ventricular izquierda que persiste en el miocardio no infartado después de la cicatrización de un infarto de miocardio. Se asocia con un deterioro de la capacidad funcional, insuficiencia cardíaca congestiva y muerte prematura.

remodelamiento (remodeling), proceso de modificación de una parte o zona corporal, como ocurre en la cirugía reconstructiva.

remotivación (remotivation), utilización de técnicas especiales que estimulan a los pacientes para que se motiven a aprender e interaccionar.

renacimiento (rebirthing), forma de psicoterapia que se centra en la respiración y en el aparato respiratorio. El objetivo del tratamiento es superar el trauma del aparato respiratorio dañado en el nacimiento, de forma que la persona sea capaz de utilizar la respiración como una parte de ayuda y creativa de la vida.

renina (renin), enzima proteolítica, producida y almacenada en el aparato yuxtaglomerular que rodea a cada arteriola en su entrada al glomérulo. La enzima actúa sobre la tensión arterial catalizando la conversión de angiotensinógeno en angiotensina.

rennina (rennin), enzima que produce la coagulación de la leche, presente en el jugo gástrico de los lactantes y en el cuajo producido en el estómago de terneras y de otros rumiantes. Se trata de una endopeptidasa que convierte la caseína en paracaseína.

renio (Re) (rhenium [Re]), elemento metálico sólido y quebradizo. Su número atómico es 75; su peso atómico es 186,2. El renio tiene un elevado punto de ebullición y se utiliza en termómetros para medir temperaturas elevadas.

renograma (renogram), imagen gráfica obtenida mediante una gammagrafía de los riñones tras la inyección de un radiofármaco. Representa la radiactividad frente al tiempo y se utiliza para evaluar la función renal.

-renona (-renone), sufijo para los antagonistas de la aldosterona del tipo de la espironolactona.

reóstato (rheostat), dispositivo eléctrico de resistencia variable que se puede ajustar para controlar la fuerza de una corriente.

reovirus (reovirus), grupo de tres virus de doble cadena de ARN presentes en todas partes, identificados en los aparatos respiratorio y digestivo tanto de personas sanas como de enfermas. Los reovirus han sido implicados en algunos casos de enfermedades de vías respiratorias superiores y de gastroenteritis infantiles.

repleción capilar (capillary refilling), proceso de retorno de la sangre a una parte del sistema capilar tras haber sido interrumpido brevemente el flujo. Un tiempo de repleción capilar superior a tres segundos se considera como un signo de enlentecimiento de la circulación digital, y un tiempo superior a cinco segundos se considera anormal.

replicación (replication), **1.** proceso de duplicación, reproducción o copia. **2.** (en investigación) repetición exacta de un experimento realizada para confirmar los hallazgos iniciales. **3.** (en genética) duplicación de las cadenas de polinucleótidos del ADN o síntesis del ADN.

replicador (replicator), (en genética) segmento de la molécula del ADN que inicia y controla la replicación de las cadenas de polinucleótidos.

replicón (replicon), (en genética) unidad de replicación; segmento de la molécula del ADN que está en replicación.

repolarización (repolarization), (en cardiología) proceso por el cual la célula recupera su potencial de reposo. Abarca los períodos refractarios eficaz y relativo y se mide por el intervalo QT.

reposo en cama (bed rest), restricción de un paciente a permanecer en la cama por razones terapéuticas durante un período prescrito.

representación de un rol (role playing), técnica psicoterapéutica en la que una persona representa una situación real o simulada como medio para comprender los conflictos intrapsíquicos.

representación gráfica (graphing), organización de los datos de dos o más variables a lo largo de los ejes horizontal y vertical de un gráfico, para mostrar las relaciones entre cantidades específicas u otros factores específicos.

representación por imagen con radionúclidos (radionuclide imaging), exploración no invasiva de diversas regiones corporales, especialmente del corazón, utilizando un radiofármaco, como el talio 201, y un aparato detector, como una gammacámara, un escáner lineal o una cámara de positrones.

representación por imagen de volumen (volume imaging), técnica de representación por imagen mediante RMN en la cual se recogen las señales de RMN procedentes del volumen completo del objeto para ser representado de una sola vez. Muchas técnicas de representación por imagen en planos secuenciales pueden ser generalizadas a una representación por imagen de volumen, al menos en principio.

representación por imagen en línea secuencial (sequential line imaging), (en representación por imagen mediante RMN) técnicas en las cuales se construye la imagen a partir de líneas sucesivas que pasan a través del objeto.

representación por imagen en planos secuenciales (sequential plane imaging), (en la representación por imagen mediante RMN) técnica en la cual la imagen de un objeto es construida a partir de planos sucesivos en el objeto.

representación por imagen en puntos secuenciales (sequential point imaging), (en la representación por imagen mediante RMN) técnicas en las cuales se construye la imagen a partir de la posición de puntos sucesivos en el objeto.

representación por imagen estática (static imaging), (en medicina nuclear) procedimiento diagnóstico en el cual se administra una sustancia radiactiva a un paciente para visualizar un órgano interno o un compartimiento corporal. Se construye una imagen o una serie de imágenes a partir de la distribución fija o lentamente cambiante de la radiactividad.

representación por imagen mediante reconstrucción de la proyección (projection reconstruction imaging), técnicas utilizadas en la representación por imagen mediante RMN para obtener una imagen transversal de un objeto. Dicha imagen se reconstruye por ordenador a partir de una serie de perfiles de RMN.

representación por imagen paramétrica (parametric imaging), (en medicina nuclear) procedimiento diagnóstico en el que la imagen de un trazador radiactivo que se ha administrado previamente se obtiene según una regla matemática, como la división de una imagen por otra.

representación por imagen secuencial (sequential imaging), (en medicina nuclear) procedimiento diagnóstico en el cual se utiliza una serie de imágenes sucesivas de la rápida distribución de un marcador radiactivo administrado, para determinar un proceso o procesos fisiológicos del organismo.

represión (repression), **1.** acción de reprimir, inhibir o suprimir. **2.** (en psicoanálisis) mecanismo de defensa inconsciente por el cual se eliminan de la consciencia pensamientos, sentimientos, ideas, impulsos o recuerdos inaceptables, especialmente los relacionados con algún acontecimiento pasado traumático, debido a la asociación con una culpabilidad dolorosa o a su contenido desagradable, y son enterrados en el subconsciente, donde permanecen inactivos pero operativos y dinámicos.

represor (repressor), (en genética molecular) proteína producida por el gen regulador. Se une a una secuencia de nucleótidos en el gen operador, que regula al gen estructural.

reproducción (reproduction), **1.** proceso por el cual animales y plantas generan descendencia; procreación; suma total de los fenómenos celulares y genéticos que participan en la transmisión de vida orgánica desde un organismo a las generaciones sucesivas, de forma similar a los padres, de forma que se mantenga la perpetuación y continuidad de la especie. Algunos tipos de reproducción son: **reproducción asexual, reproducción citogénica** y **reproducción sexual**. **2.** creación de una estructura, situación o fenómeno similar; duplicación; replicación.

repulsión (repulsion), **1.** acto de repeler, separar. **2.** fuerza que separa dos cuerpos o cosas. **3.** (en genética) situación en la herencia ligada en la que los alelos de dos o más genes mutantes están localizados en cromosomas homólogos, de forma que cada cromosoma de la pareja transporta uno o más genes mutantes y salvajes, que se localizan lo suficientemente cerca como para ser heredados juntos.

resaca (hangover), término popular aplicado a un grupo de síntomas entre los que se incluyen náuseas, sed, fatiga, cefalea e irritabilidad, asociados a la ingesta de alcohol y ciertas drogas.

rescinamina (rescinnamine), alcaloide antihipertensivo y sedante. Se prescribe para el tratamiento de la hipertensión leve que afecta al sistema cardiovascular, al sistema nervioso central o a ambos.

resecar (resect), extirpar tejidos del cuerpo mediante cirugía.

resección (resection), extirpación de una porción significativa de un órgano o estructura. La resección de un órgano puede ser parcial o completa. Un tipo de resección es la **resección en cuña**.

resección en cuña (wedge resection), extirpación quirúrgica de una parte de un órgano, como puede ser la región de un ovario que contiene un quiste. El segmento extirpado puede tener forma de cuña.

resección gástrica (gastric resection), extirpación quirúrgica de parte o de todo el estómago, realizada normalmente para el tratamiento del cáncer de estómago o de la úlcera péptica.

resección radicular (root resection), v. **apicectomía**.

resección segmentaria (segmental resection), intervención quirúrgica en la cual se extirpa una parte de un órgano, una glándula u otra parte del cuerpo, como sucede en la extirpación segmentaria de un ovario, realizada para disminuir la secreción hormonal de la glándula al disminuir la cantidad de tejido secretor de la glándula.

resección submucosa (RSM) (submucous resection [SMR]), técnica quirúrgica para la corrección de la desviación del tabique nasal, manteniendo intacta la mucosa nasal del tabique.

resección transuretral (RTU) (transurethral resection [TUR]), procedimiento quirúrgico realizado a través de la uretra, como la prostatectomía transuretral. Compárese con **suprapúbico**.

reserpina (reserpine), antihipertensivo prescrito para el tratamiento de la hipertensión arterial grave y para determinados trastornos neuropsiquiátricos.

reserva (reserve), capacidad potencial para mantener las funciones vitales del cuerpo de forma homeostásica, ajustándose al aumento de las necesidades, como sucede con la reserva cardíaca, la reserva pulmonar y la reserva alcalina.

reservorio (reservoir), cámara o receptáculo para contener o almacenar un líquido.

reservorio de infección (reservoir of infection), fuente continua de enfermedad infecciosa. Las personas, los animales o las plantas pueden actuar como reservorios de una infección.

resfriado (cold), infección viral contagiosa del tracto respiratorio superior, producida habitualmente por una cepa de rinovirus. Se caracteriza por rinitis, lagrimeo, febrícula y malestar general, y se trata de forma sintomática mediante reposo en cama, analgésicos moderados, descongestionantes y aumento de la ingesta de líquidos.

residente (resident), médico que se encuentra en el período posgraduado de formación clínica. La duración de la residencia varía según la especialidad.

residual (residual), relativo a la parte de algo que permanece después de una actividad que elimina la mayor parte de la sustancia.

residuo extraíble con metanol (methanol extractable residue), sustancia inmunoterapéutica elaborada a partir de una fracción extraída con metanol a partir del bacilo Calmette-Guérin (BCG). Se administra para evitar o retrasar las recidivas del melanoma maligno en fase II después de la cirugía y para prolongar las remisiones inducidas por fármacos en la leucemia mielocítica aguda.

residuos clínicos (medical waste), todo producto biológico de desecho, como sangre o tejidos recogidos de los quirófanos, depósito de cadáveres, laboratorios u otros servicios médicos. El término se puede aplicar también a la ropa de cama, vendas, jeringas y demás material similar que se usa para el tratamiento de los pacientes, así como los cadáveres o regiones corporales de los animales que se usan en investigación.

resina de colestiramina (cholestyramine resin), resina intercambiadora de iones y agente antihiperlipoproteinémico prescrito para el tratamiento de las hiperlipoproteinemias y del prurito provocado por una obstrucción biliar parcial.

resina de intercambio aniónico (anion exchange resin), cualquiera de los polímeros orgánicos simples de peso molecular elevado, que intercambian aniones con otros iones que se hallan en disolución. Las resinas de intercambio aniónico se utilizan como antiácidos para el tratamiento de las úlceras.

resina de intercambio de cationes (cation-exchange resin), cualquiera de los distintos polímeros orgánicos insolubles de alto peso molecular que intercambian sus cationes por otros iones en una solución.

resistencia (endurance), capacidad para continuar una actividad independientemente de la sobrecarga física o psicológica. Aunque resistencia y fuerza son cualidades distintas, los músculos más débiles tienden a aguantar menos que los músculos fuertes.

resistencia (resistance), **1.** oposición a una fuerza, como la resistencia ofrecida al flujo sanguíneo por la constricción de los vasos periféricos del sistema circulatorio. **2.** oposición de un dispositivo o material al flujo de una carga eléctrica, medida en ohmios. **3.** (en terapia respiratoria) proceso de actuación contra una fuerza ejercida sobre el aparato respiratorio en relación con la resistencia torácica, la resistencia tisular y la resistencia de las vías aéreas.

resistente (fast), resistente al cambio, especialmente a la acción de un fármaco o agente químico, como un colorante.

resistente al tratamiento (intractable), que no se alivia, como un síntoma o una enfermedad que no mejora con las medidas terapéuticas empleadas.

resocialización (resocialization), reintegración de un paciente a la vida familiar y a la comunidad después de una hospitalización grave o prolongada.

resolución (resolution), **1.** capacidad de un proceso de representación por imagen para distinguir estructuras adyacentes en el objeto. **2.** hecho de tomar una determinación o decisión firme en el curso de una acción. **3.** capacidad de un sistema cromatográfico para separar dos picos adyacentes.

resolución de la crisis (crisis resolution), (en psiquiatría), desarrollo de dispositivos eficaces de adaptación y de afrontamiento para resolver una crisis.

resolución lateral (lateral resolution), (en ecografía) resolución de objetos en un plano perpendicular al eje del haz. Es una medida de la capacidad del sistema para detectar objetos diferentes muy cercanos, como por ejemplo, los vasos sanguíneos adyacentes.

resolución limitada (limiting resolution), (en tomografía computadorizada) frecuencia espacial en una función de transferencia de modulación (MTF) igual a 0,1. El tamaño absoluto del objeto que puede resolver el escáner es inversamente proporcional a la frecuencia espacial.

resonancia (resonance), **1.** eco o cualquier otro sonido producido por la percusión de un órgano o cavidad corporal durante la exploración física. **2.** proceso de absorción de energía por un objeto preparado para absorber energía solamente de una frecuencia específica. Las demás frecuencias no afectan al objeto. Un ejemplo es el efecto de la vibración de un diapasón, que hace que otros diapasones de la misma frecuencia también vibren.

resonancia magnética (RM) (magnetic resonance [MR]), **1.** fenómeno por el que los núcleos atómicos de ciertos materiales situados en un campo magnético estático intenso absorben las ondas de radio suministradas por un transmisor a determinadas frecuencias. **2.** espectro emitido por el fósforo en los tejidos corporales tal y como se cuantifica y representa en los instrumentos de resonancia nuclear magnética de fósforo.

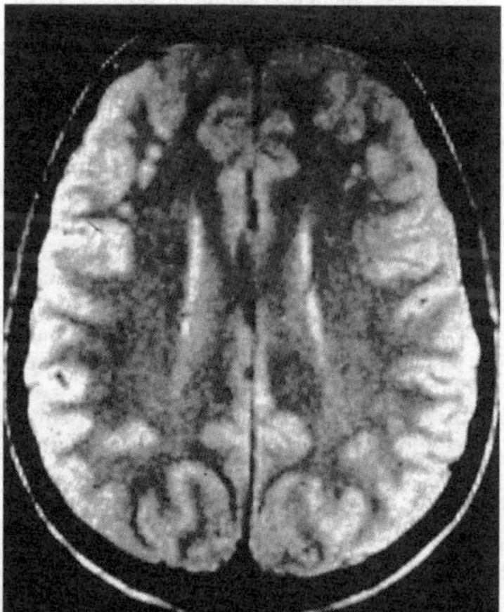

Resonancia magnética cerebral superior
(C. D. Forbes/W. F. Jackson, 1994)

resonancia magnética nuclear (RMN) (nuclear magnetic resonance [NMR]), **1.** fenómeno por el que los núcleos atómicos de algunos materiales, colocados en un campo magnético fuerte y estático, absorben las ondas de radio liberadas por un transmisor a determinadas frecuencias. **2.** espectros emitidos por el fósforo en los tejidos corporales, medido y convertido en imagen sobre instrumentos de resonancia magnética nuclear de fósforo.

resonancia timpánica (tympanitic resonance), sonido hueco o semejante al de un tambor que se oye sobre un gran espacio aéreo del cuerpo, como en un neumotórax.

resonancia vocal (vocal resonance), **1.** auscultación. **2.** modificación del tono laríngeo según pasa a través de la garganta y de la cavidad oral, de tal forma que produce un incremento en la intensidad y en la cualidad del sonido.

resonante (resonating), relativo a las vibraciones o pulsaciones que son sincrónicas con una fuente de ondas sonoras u oscilaciones electromagnéticas.

resoplar (huffing), tipo de espiración forzada con la glotis abierta para sustituir a la tos cuando el dolor limita la tos normal.

resorcinol (resorcinol), sustancia antiséptica utilizada como queratolítica en las dermatosis.

resorción (resorption), **1.** pérdida de sustancia o de hueso por medios fisiológicos o patológicos. **2.** acción cementoclástica o dentinoclástica que puede producirse en una raíz dental.

resorción de las raíces dentarias (root resorption of teeth), destrucción del cemento de la dentina o del hueso por células con actividad cementoclástica u osteoclástica. Si sólo afecta al ápex, se forman raíces cortas y poco afiladas. Si la resorción tiene lugar en el centro de la raíz, se produce la perforación del conducto pulpar.

resorción vertical (vertical resorption), patrón de pérdida ósea en el cual resulta destruido el hueso alveolar adyacente al diente afectado sin pérdida simultánea de la cresta.

respiración (respiration), proceso de intercambio molecular de oxígeno y anhídrido carbónico en los tejidos corporales, desde los pulmones a los procesos de oxidación celular. Algunos tipos de respiración son: **respiración de Biot, respiración de Cheyne-Stokes** y **respiración de Kussmaul**.

respiración abdominal (abdominal breathing), respiración en la que el diafragma y los músculos abdominales realizan la mayor parte del trabajo respiratorio.

respiración abdominal de inhalación forzada (forcedinhalation abdominal breathing), técnica de terapia respiratoria en la que se enseña al paciente a que inhale por la nariz, con la suficiente fuerza como para levantar pequeños pesos, tipo saco de arena, colocados sobre el abdomen.

respiración agónica (agonal respiration), tipo de respiración generalmente boqueante que se sigue de apnea. Suele indicar el comienzo de una parada respiratoria.

respiración apnéustica (apneustic breathing), patrón de respiración que se caracteriza por una fase inspiratoria prolongada seguida de apnea espiratoria.

respiración artificial (artificial respiration), proceso que se sigue para mantener la respiración a través de medidas manuales o mecánicas, cuando la respiración normal se ha interrumpido. La ventilación eficaz de los pulmones puede fracasar por existir una obstrucción bronquial motivada por inflamación, por un cuerpo extraño, por aumento de las secreciones, debilidad neuromuscular, un estado asmático, agotamiento físico, depresión farmacológica o por un traumatismo en la pared torácica. Antes de poner en práctica la respiración artificial, es preciso comprobar que la vía aérea esté permeable, eliminando previamente cualquier posible obstrucción; se debe palpar el pulso, valorando la necesidad de iniciar la reanimación cardiopulmonar.

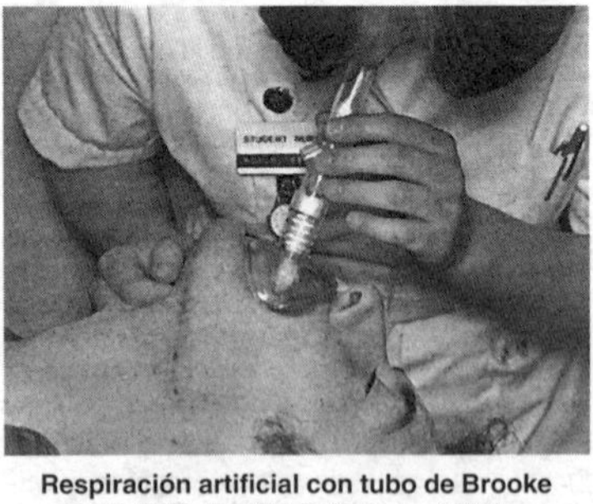

Respiración artificial con tubo de Brooke
(C. D. Forbes/W. F. Jackson, 1994)

respiración asmática (asthmatic breathing), respiración caracterizada por jadeo prolongado después de la espiración, debido a contracciones espasmódicas de los bronquios.

respiración atáxica (ataxic breathing), tipo de respiración que se asocia con una lesión en los centros respiratorios del tronco del encéfalo y que se caracteriza por inspiraciones y espiraciones seriadas.

respiración con los labios fruncidos (pursed-lip breathing), respiración caracterizada por inspiraciones profundas seguidas de espiraciones profundas a través de los labios fruncidos.

respiración de Biot (Biot's respiration) [Camille Biot, médico francés, n. 1878], patrón respiratorio anormal caracterizado por una respiración irregular con períodos de apnea.

respiración de Cheyne-Stokes (RCS) (Cheyne-Stokes respiration) [John Cheyne, médico escocés, n. 1777; William Stokes, médico irlandés, n. 1804], patrón respiratorio anormal caracterizado por períodos alternantes de apnea y de respiración profunda rápida. El ciclo respiratorio comienza con respiraciones lentas y superficiales que gradualmente adquieren profundidad y rapidez. La respiración se hace profunda progresivamente, se enlentece y se convierte en menos superficial, culminando en un período de 10 a 20 segundos de apnea antes de repetirse de nuevo el ciclo.

respiración de Kussmaul (Kussmaul breathing), respiración anormalmente profunda, muy rápida, jadeante, característica de la acidosis diabética.

respiración del lactante (respiration of infants), frecuencia respiratoria de 40 a 50 respiraciones por minuto en el neonato y que disminuye hasta 15-20 respiraciones por minuto en la pubertad.

respiración diafragmática (diaphragmatic breathing), utilización intencionada del diafragma para controlar la respiración. Se enseña esta técnica a pacientes con EPOC para facilitar su respiración.

respiracion en accesos (cluster breathing), patrón respiratorio en el que grupos de series de respiraciones próximos entre sí se continúan con un período de apnea. Se asocia con una lesión de la región inferior de la protuberancia del tronco del encéfalo.

respiración en circuito cerrado (closed-circuit breathing), cualquier sistema respiratorio en el que la mezcla de gases contenida vuelve a respirarse, bien directamente o después de recircular a través de una unidad de absorción de agua o dióxido de carbono. Un ejemplo es el espirómetro.

respiración neonatal (neonatal breathing), respiración del recién nacido que comienza cuando el líquido intrapulmonar se expulsa mediante compresión mecánica del tórax durante el parto o se reabsorbe por los alveolos a la sangre y los linfáticos. Cuando el aire entra en los pulmones, tanto éstos como el tórax retroceden a su posición de reposo, pero son necesarias inspiraciones forzadas para mantenerlos insuflados.

respiración paradójica (paradoxical breathing), trastorno en el que una parte del pulmón se colapsa durante la inspiración y se expande durante la espiración. Habitualmente se asocia a un traumatismo torácico, como una herida torácica abierta o una lesión costal.

respiración periódica (periodic breathing), v. **respiración de Cheyne-Stokes**.

respiración superficial (shallow breathing), patrón de respiración compuesto de inspiraciones y espiraciones lentas, superficiales y generalmente ineficaces. Por lo general está causada por medicamentos e indica depresión de los centros respiratorios bulbares.

respiración trabajosa (labored breathing), respiración anormal caracterizada por signos de un esfuerzo intenso para realizarla, con utilización de los músculos accesorios de la respiración de la pared torácica, estridor, gruñidos o aleteo nasal.

respirador (respirator), aparato utilizado para modificar el aire durante la inspiración o mejorar la ventilación pulmonar.

respirador de circuito abierto (open-circuit breathing system), tipo de respirador utilizado en el tratamiento cardiopulmonar en el que no se produce una rerrespiración. El gas es inspirado a través de un tubo respiratorio conectado a una fuente de gas o abierto a la atmósfera ambiental y espirándolo después en un reservorio o es devuelto a la atmósfera.

respirador de Drinker (Drinker respirator) [Philip Drinker, ingeniero norteamericano, n. 1893], respirador hermético formado por un tanque metálico que encierra todo el cuerpo excepto la cabeza. Se utiliza para tratamientos a largo plazo, con alternancia de presiones positivas y negativas en su interior, para crear una respiración artificial.

respiratorio (respiratory), relativo o perteneciente a la respiración.

respirómetro (respirometer), instrumento que se emplea para analizar la calidad de las respiraciones de un paciente.

responsabilidad (accountability), condición de responsable de los requerimientos morales y legales necesarios para llevar a cabo los cuidados adecuados del paciente.

responsabilidad (liability), algo que un individuo está obligado a hacer u obligación requerida por la ley, normalmente de carácter financiero.

respuesta disfuncional a la supresión de la ventilación mecánica (RDSVM) (ventilatory weaning process, dysfuntional [DVWR]), diagnóstico de enfermería, aprobado por la NANDA, del estado en el cual un individuo no se puede adaptar a unos niveles inferiores de soporte ventilatorio mecánico, lo que interrumpe y prolonga el proceso de supresión. El RDSVM se puede clasificar en leve, moderado y severo. La principal característica que define el RDSVM severo es la agitación ante la disminución del soporte ventilatorio mecánico, el deterioro de los niveles de gases en sangre arterial respecto a los niveles basales, el incremento sobre las cifras basales de la presión sanguínea en más de 20 mm Hg, un incremento mayor de 20 latidos por minuto sobre la frecuencia cardíaca basal y un incremento significativo de la frecuencia respiratoria. Los factores asociados pueden ser físicos, como una limpieza ineficaz de la vía aérea; o psicológicos, como una disminución de la motivación; o de situación, como un entorno adverso.

respuesta inmunitaria (immune response), función defensiva del organismo, con producción de anticuerpos para destruir antígenos y tumores invasores. Importantes componentes del sistema y la respuesta inmunitaria son: inmunoglobulinas, linfocitos, fagocitos, complemento, properdina, factor inhibidor de la migración e interferón. Los tipos de respuesta inmunitaria son la humoral, en la que intervienen los linfocitos B o células B, y las mediadas por células, que afecta a los linfocitos T, o células T. Las células B y T derivan de las células hematopoyéticas indiferenciadas (stem cells). Los sitios receptores de las membranas superficiales de las células B son aquellos donde se combinan las moléculas de inmunoglobulinas, que se identifican con las letras M, G, A, E y D. La inmunoglobulina M, el anticuerpo que sintetizan e incorporan a sus membranas citoplásmicas las células B inmaduras, es el anticuerpo predominante. Las células T, desarrolladas en el timo, proliferan con receptores antigénicos en su membrana de superficie. Las células T ayudan a la reacción antígeno-anticuerpo de las células B y controlan la respuesta mediada por células. Esta última también es eficaz frente a hongos, virus y tumores, y constituye la principal reacción de rechazo en los trasplantes de órganos.

respuesta no condicionada (unconditioned response), reacción normal, instintiva, no aprendida frente a un estímulo.

respuesta postraumática (posttrauma response), diagnóstico de enfermería, aprobado por la NANDA, de una respuesta dolorosa mantenida ante acontecimientos de la vida extraordinarios e inesperados. Las características que lo definen son: reexperimentación del episodio traumático (escenas retrospectivas, pensamientos extraños, sueños o pesadillas repetitivos, verbalización exagerada del episodio traumático o expresión de culpa de supervivencia o de culpa por la conducta necesaria para sobrevivir), parálisis física o emocional y alteración del estilo de vida con actitudes autodestructivas, como consumo exagerado de sustancias, intentos de suicidio u otras conductas de fuga, dificultad para las relaciones interpersonales, desarrollo de una fobia relacionada con el trauma, escaso control de los impulsos o irritabilidad y estallidos de violencia.

rest fetal (fetal rest), v. **resto embrionario**.

restauración (restoration), cualquier empaste dental, incrustación, corona, dentadura completa o parcial o prótesis que restaura o repone una estructura dental, dientes o tejidos orales perdidos.

restitución (restitution), retorno espontáneo de la cabeza fetal a la derecha o a la izquierda una vez que ha salido por la vulva.

resto embrionario (embryonic rest), parte de tejido embrionario que permanece en el organismo adulto. Este tejido puede actuar como un indicador —órgano específico— de ciertos tipos de cáncer.

resto epitelial (epithelial rest), v. **resto embrionario**.

restricción (restraint), cualquiera de los numerosos aparatos utilizados para facilitar la inmovilización de los pacientes, especialmente de niños sometidos a tracción. Algunos tipos de restricción son los cabestrillos, los corsés o los pañales especialmente diseñados.

resultado (outcome), estado de un paciente al final del tratamiento o de un proceso de enfermedad, en el que se incluyen el grado de bienestar y la necesidad de continuar siendo cuidado, medicado, apoyado, aconsejado o educado.

resumen de alta (discharge abstract), datos de información recopilados a partir de los registros médicos de los pacientes dados de alta de un hospital, organizados y registrados en formato uniforme, para poder ser utilizados en estudios estadísticos, informes o investigación.

rete (rete), red, especialmente de arterias o venas.

retención (retention), **1.** resistencia al movimiento o al desplazamiento. **2.** capacidad del aparato digestivo para conservar los alimentos sólidos y líquidos. **3.** incapacidad para orinar o defecar. **4.** capacidad de la mente para recordar información adquirida durante la lectura, la observación u otros procesos. **5.** propiedad innata de una restauración dental para mantener su posición sin desplazamiento bajo una tensión axial. **6.** característica de la preparación correcta de una cavidad dental en la que se toman medidas para evitar el desplazamiento vertical del empaste de la cavidad. **7.** período de tratamiento durante el cual un individuo lleva un aparato para mantener los dientes en la posición a la que han sido desplazados mediante procedimientos ortodóncicos.

retención con rebosamiento (retention with overflow), complicación de la retención urinaria en la que la presión de la orina retenida provoca su eliminación gota a gota.

retención de dióxido de carbono (carbon dioxide retention), cualquier incremento de la presión parcial o de las reservas corporales de dióxido de carbono producido por un trastorno en la eliminación del mismo. La acidosis respiratoria puede originarse como consecuencia de la retención de dióxido de carbono.

retención de líquidos (fluid retention), fallo en la excreción del exceso de líquidos del organismo. Las causas pueden ser renales, vasculares o metabólicas.

retención de orina (retention of urine), acumulación anormal e involuntaria de orina en la vejiga como resultado de la pérdida del tono muscular en la vejiga, de una disfunción neurológica, de una lesión de la vejiga, de la obstrucción de la uretra o de la administración de un analgésico narcótico.

retención perforada (pinhole retention), retención que se logra perforando uno o más agujeros, de 2 a 3 mm de profundidad, en zonas adecuadas de una cavidad para aumentar la resistencia y el sistema de retención.

retención radicular (radicular retention), fijación elaborada situando estructuras metálicas en los conductos radiculares de los dientes sin pulpa.

retención urinaria (urinary retention), diagnóstico de enfermería, aprobado por la NANDA, del vaciamiento incompleto de la vejiga. Entre las características que lo definen están la distensión de la vejiga, el escaso volumen de la micción y la infrecuencia de ésta o la ausencia de eliminación de orina, la sensación de vejiga llena, el goteo, la orina residual, la disuria y la incontinencia por desbordamiento.

retenedor (retainer), **1.** parte de una prótesis dental que conecta un diente de sostén con la porción suspendida de un puente. **2.** aparato para conservar la posición de los dientes y de los maxilares logradas mediante procedimientos de ortodoncia. **3.** la porción de una prótesis fija que conecta un póntico al diente de sostén. **4.** cualquier gancho, fijación o aparato para fijar o estabilizar una prótesis dental.

retenedor de matriz (matrix retainer), dispositivo mecánico que se utiliza para fijar los extremos de la matriz alrededor de un diente y facilitar la compactación de la restauración de una cavidad dentaria.

reticular (reticular), (de un tejido o superficie) que tiene un patrón o estructura similar a la red venosa.

reticulina (reticulin), sustancia albuminoide presente en las fibras conectivas del tejido reticular.

retículo endoplásmico (endoplasmic reticulum), red externa de túbulos rodeados de membrana presente en el citoplasma de la célula. Interviene en la síntesis de proteínas y lípidos y en el transporte de estos metabolitos al interior de la célula.

retículo sarcoplásmico (sarcoplasmic reticulum), red de túbulos y sacos de los músculos esqueléticos que desempeñan un importante papel en la contracción y la relajación muscular mediante la liberación y el almacenamiento de iones calcio.

reticulocito (reticulocyte), eritrocito inmaduro caracterizado por la presencia de una especie de malla formada por filamentos y partículas en la antigua localización del núcleo.

reticulocitopenia (reticulocytopenia), descenso del número de reticulocitos en una muestra de sangre por debajo de los límites normales del 0,5 al 1,5%.

reticulocitosis (reticulocytosis), aumento del número de reticulocitos en la sangre circulante.

reticuloendoteliosis (reticuloendotheliosis), trastorno caracterizado por un crecimiento y proliferación excesivos de las células del sistema reticuloendotelial. V. **sistema reticuloendotelial**.

reticuloendoteliosis leucémica (leukemic reticuloendotheliosis), v. **leucemia de células peludas**.

reticulogranular (reticulogranular), relativo al aspecto turbio de los pulmones en una radiografía de tórax de un paciente con un síndrome de dificultad respiratoria.

reticulosis histiocítica familiar (familial histiocytic reticulosis), enfermedad hereditaria, transmitida con carácter autosómico recesivo, caracterizada por anemia, granulocitopenia y trombocitopenia. La fagocitosis de los hematíes y la infiltración de la médula ósea por histiocitos generalmente produce la muerte durante la infancia.

retina (retina), membrana delicada de tejido nervioso presente en el ojo, formada por 10 capas, que se continúa con el nervio óptico que recibe imágenes de objetos externos y transmite los impulsos visuales al cerebro a través del nervio óptico. La retina es blanda, semitransparente y contiene rodopsina, que le confiere un tinte violáceo. La retina se vuelve turbia y opaca cuando es expuesta directamente a la luz solar. La superficie externa de la retina está en contacto con la coroides y la superficie interna con el cuerpo vítreo.

retina comprimida (coarctate retina), retina en forma de embudo por paso de líquido entre ella y la coroides.

retináculo (retinaculum, *pl.* **retinacula**), **1.** estructura que sostiene un órgano o tejido. **2.** instrumento utilizado para separar tejidos durante la cirugía.

retináculo de los extensores de la mano (retinaculum extensorum manus), banda gruesa de la aponeurosis del antebrazo que rodea a los tendones de los músculos extensores del antebrazo y los extremos distales del radio y del cúbito.

retináculo de los flexores de la mano (retinaculum flexorum manus), banda fibrosa gruesa de la aponeurosis del antebrazo que envuelve el canal del carpo rodeando los tendones de los músculos flexores del antebrazo en los extremos distales del radio y del cúbito.

retinal (retinal), precursor aldehído de la vitamina A producido por la deshidratación enzimática del retinol.

retineno (retinene), cualquiera de los dos pigmentos carotenoides presentes en los bastones de la retina que son precursores de la vitamina A y que son activados por la luz.

retiniano (retinal), relacionado con la retina.

retinitis (retinitis), inflamación de la retina.

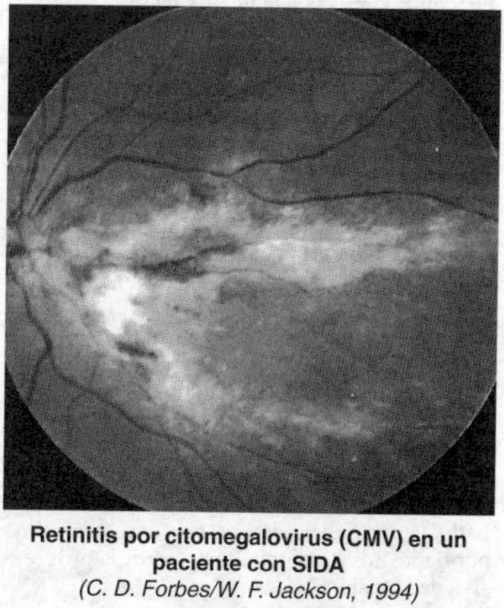

Retinitis por citomegalovirus (CMV) en un paciente con SIDA
(C. D. Forbes/W. F. Jackson, 1994)

retinitis pigmentaria (retinitis pigmentosa), grupo de enfermedades, generalmente hereditarias, que se caracterizan por una degeneración bilateral primaria de la retina, que se inicia en la infancia y que progresa hasta la ceguera en la edad madura. La sintomatología incluye ceguera nocturna, disminución de los campos visuales, pigmentación de la retina, degeneración macular y ceguera final.

retinoblastoma (retinoblastoma, *pl.* **retinoblastomas, retinoblastomata**), neoplasia congénita, hereditaria, que se desarrolla a partir de las células germinales de la retina. Son signos característicos la disminución de la visión, el estrabismo, el desprendimiento de retina y un reflejo pupilar anormal. El tumor, de rápido crecimiento, puede invadir el cerebro y metastatizar a distancia.

retinocoroiditis (retinochoroiditis), inflamación de la retina y de la capa coroides del ojo.

retinodiálisis (retinodialysis), separación o desgarro de la retina en su región anterior, en la zona de la ora serrata, inmediatamente por detrás del cuerpo ciliar.

retinoide (retinoid), perteneciente a una estructura que se parece a la retina.

retinol (retinol), forma cis-trans de la vitamina A. Se localiza en la retina de los mamíferos.

retinopatía (retinopathy), enfermedad ocular no inflamatoria provocada por la alteración en los vasos sanguíneos retinianos.

retinopatía arteriosclerótica (arteriosclerotic retinopathy), trastorno de la retina asociado al endurecimiento y el engrosamiento de las arterias que irrigan dicha parte del ojo. Con frecuencia acompaña a la hipertensión.

retinopatía diabética (diabetic retinopathy), alteración de los vasos sanguíneos retinianos caracterizada por microaneurismas capilares, hemorragias, exudados y neoformación de vasos sanguíneos y tejido conectivo. Este proceso se presenta sobre todo en pacientes con una diabetes de larga evolución y mal controlada. Las hemorragias repetidas pueden dar como resultado la opacidad permanente del humor vítreo, para terminar finalmente en ceguera.

retinopatía hipertensiva (hypertensive retinopathy), alteración en la que aparecen cambios en la retina asociados a hipertensión arterial. Entre estos cambios se suelen incluir alteraciones de los vasos sanguíneos, hemorragias, exudados y edema de retina.

retinopatía pigmentaria (pigmentary retinopathy), trastorno de la retina caracterizado por depósitos de pigmentos y pérdida progresiva de la visión.

retinopatía sifilítica (syphilitic retinopathy), invasión de la retina y del nervio óptico por la diseminación de la infección sifilítica. Las lesiones retinianas primarias afectan a los vasos sanguíneos, y la coroides a menudo es la primera afectada. Puede llegar a producirse la obstrucción de los vasos retinianos.

retinoscopia (retinoscopy), exploración ocular para determinar posibles errores de refracción. El examinador ilumina el globo ocular y observa los movimientos del reflejo procedente del fondo del ojo. Con esta maniobra se identifica el tipo de lentes necesarias para neutralizar los errores de refracción.

retinoscopio (retinoscope), instrumento empleado en la retinoscopia para determinar los errores de refracción.

retortijón (gripes), dolor intenso, generalmente de carácter espasmódico, de la región abdominal producido por un trastorno intestinal.

retracción (retraction), **1.** desplazamiento de tejidos para exponer una parte o estructura del cuerpo. **2.** movimiento distal de los dientes. **3.** posición distal o retrusiva de los dientes, de la arcada dental o del maxilar inferior.

retractor (retractor), instrumento para separar los bordes de tejidos y órganos para mantener la exposición de las zonas anatómicas subyacentes, especialmente durante la cirugía, como el retractor militar o el retractor doble de Richardson.

retraer (retract), encoger, hacer más corto o tirar hacia atrás.

retraimiento (withdrawal), respuesta común a un peligro físico o al estrés intenso, caracterizada por un estado de apatía, letargo, depresión, retraimiento sobre sí mismo y, en casos graves, catatonia y estupor.

retrasado (retarded), desarrollo físico, intelectual, social o emocional anormalmente lento.

retraso (retardation), enlentecimiento de cualquier actividad física o mental o fracaso en el desarrollo normal de las aptitudes intelectuales. El retraso psicomotor puede aparecer en la depresión, con retraso en la aparición de respuesta condicionada a un estímulo no condicionado.

retraso constitucional (constitutional delay), período en el desarrollo de un niño durante el cual se detiene el crecimiento. En algunos casos el retraso constitucional puede estar asociado a una enfermedad o a un acontecimiento estresante.

retraso de crecimiento intrauterino (intrauterine growth retardation), proceso patológico en el que el desarrollo y la maduración fetales están impedidos o retrasados por factores genéticos, enfermedad materna o malnutrición fetal debida a insuficiencia placentaria.

retraso del crecimiento (growth failure), lentitud de desarrollo físico y psicológico normal como consecuencia de factores genéticos, nutritivos, patológicos o psicosociales.

retraso del desarrollo (failure to thrive), retraso anormal del crecimiento y del desarrollo del lactante como consecuencia de la existencia de una serie de trastornos que interfieren con el metabolismo, apetito y actividad normales.

retraso espiratorio (expiratory retard), (en asistencia respiratoria) forma de ventilación mecánica que imita la fase espiratoria prolongada y la respiración de labios fruncidos del enfisema. Este método aumenta la resistencia a la espiración.

retraso mental (mental retardation), trastorno caracterizado por una función intelectual general inferior a la media, con defectos o alteraciones en la capacidad de aprendizaje y de adaptación social. Puede ser de origen genético, biológico, psicosocial o sociocultural. Se clasifica según el cociente intelectual: límite: CI 71 a 84; leve: CI de 50 a 70; moderado: CI de 35 a 49; severo: CI de 20 a 34, y profundo: CI por debajo de 20.

retraso psicomotor (psychomotor retardation), enlentecimiento de la actividad motora relacionado con un estado de depresión grave.

retroalimentación (feedback), (en teoría de la comunicación) información producida por un receptor y percibida por el emisor, que informa al emisor sobre la reacción del receptor al mensaje.

retroalimentación negativa (negative feedback), (en psicología) disminución de la función en respuesta a un estímulo; por ejemplo, la secreción de hormona foliculoestimulante disminuye, aunque aumente la cantidad de estrógeno circulante.

retroalimentación positiva (positive feedback), (en fisiología) aumento de la función como respuesta a un estímulo; por ejemplo, la micción aumenta una vez que ha comenzado el flujo de orina.

retroauricular (retroauricular), situado detrás de la oreja.

retrobulbar (retrobulbar), **1.** perteneciente a la región situada por detrás de la protuberancia. **2.** perteneciente a la región situada tras el globo ocular.

retrocecal (retrocecal), perteneciente a la región situada por detrás del ciego.

retroceso elástico (elastic recoil), diferencia entre la presión intrapleural y la presión intraalveolar con un determinado volumen pulmonar en condiciones de reposo.

retroceso pasivo (passive recoil), acto normal y pasivo de espirar producido por el efecto de rebote del tejido elástico de los pulmones, ayudado por la fuerza de la tensión superficial.

retroclusión (retroclusion), método para controlar la hemorragia de una arteria comprimiéndola entre los tejidos situados a cada lado. Se introduce una aguja a través de los tejidos por encima del vaso sangrante, se rodea el vaso y se sigue hacia abajo pasando a través de los tejidos situados debajo de la arteria.

retroflexión (retroflexion), posición anormal de un órgano en la que éste se inclina hacia atrás de forma aguda, doblándose sobre sí mismo.

retrognatia (retrognathia), alteración en la que uno o los dos maxilares retroceden con respecto al plano frontal de la frente. Según la clasificación de Angle de la maloclusión, el perfil facial de una persona de clase II o distoclusión es retrognático.

retrognatismo (retrognathism), anomalía facial en la que uno o ambos maxilares, habitualmente el inferior, se encuentran en una situación posterior con respecto a la posición facial normal.

retrognatismo con cara de pájaro (bird face retrognathism), perfil facial anormal con una mandíbula subdesarrollada, que puede estar causado por una alteración del crecimiento de los cóndilos asociada a un traumatismo o una infección de los mismos.

retrógrado (retrograde), **1.** que se mueve hacia atrás; que se mueve en dirección opuesta a la que se considera normal. **2.** que degenera; que retrocede a un estado anterior o a una situación peor. **3.** catabólico.

retrogresión (retrogression), vuelta a un estado, situación o adaptación de la conducta menos complejo; degeneración; deterioro.

retroperitoneal (retroperitoneal), relativo o perteneciente a los órganos estrechamente unidos a la pared abdominal y parcialmente cubiertos por peritoneo, en lugar de estar fijados por dicha membrana.

retroperitoneo (retroperitoneum), espacio situado por detrás del peritoneo.

retroplacentario (retroplacental), por detrás de la placenta.

retroproyección filtrada (filtered back projection), técnica matemática empleada en RMN y en tomografía computadorizada para generar imágenes a partir de un conjunto de múltiples proyecciones.

retrosternal (retrosternal), por detrás del esternón.

retrouterino (retrouterine), por detrás del útero.

retroversión (retroversion), **1.** trastorno frecuente en el cual un órgano se inclina hacia atrás, generalmente sin flexión ni deformación. La retroversión uterina se considera como de primer, segundo o tercer grado, en función del ángulo de inclinación con respecto a la vagina. **2.** anomalía en la cual los dientes u otras estructuras maxilares superiores e inferiores presentan una situación posterior con respecto a sus posiciones normales.

retrovirus (retrovirus), miembros de una familia de virus ARN que contienen transcriptasa inversa en el virión. Durante la replicación el ADN viral se integra en el ADN de la célula huésped. Los retrovirus tienen cubierta y ensamblan sus componentes en el citoplasma de la célula huésped. El VIH, que causa el SIDA, es un retrovirus.

retrusión (retrusion), v. **retroversión**.

reumático (rheumatic), relativo o perteneciente al reumatismo.

reumátide (rheumatid), erupción cutánea que aparece en algunas ocasiones en las enfermedades reumáticas.

reumatismo (rheumatism), **1.** cualquiera de un gran número de procesos inflamatorios de las bolsas, articulaciones, ligamentos o músculos, caracterizados por dolor, limitación de los movimientos y degeneración estructural de partes aisladas o múltiples del sistema musculosquelético. **2.** el síndrome de dolor, limitación de movimientos y degeneración de los elementos del sistema musculosquelético, como sucede en la gota, artritis reumatoide, lupus eritematoso sistémico, espondilitis anquilosante y otras muchas enfermedades.

reumatología (rheumatology), estudio de las enfermedades caracterizadas por inflamación, degeneración o por alteraciones metabólicas del tejido conectivo y de las estructuras corporales relacionadas.

revascularización (revascularization), restablecimiento por medios quirúrgicos del flujo sanguíneo a un órgano o tejido que está siendo sustituido, como en la cirugía de derivación.

reverberación (reverberation), fenómeno consistente en múltiples reflexiones dentro de un sistema cerrado.

reversión de vasectomía (vasectomy reversal), técnica quirúrgica de unión de los conductos deferentes previamente seccionados con el fin de restaurar la fertilidad en el varón. El éxito de la reanastomosis varía entre un 45 y un 60% y en algunos casos los extremos seccionados de los conductos se unen espontáneamente.

revestir (reline), recubrimiento de la superficie tisular de una dentadura con un material de base nuevo.

revisión de sistemas (RDS) (review of systems [ROS]), (en una historia clínica) revisión, sistema por sistema, de las funciones del cuerpo. La RDS se inicia durante la entrevista inicial con el paciente y se completa durante la exploración física, ya que los hallazgos físicos suscitarán nuevas preguntas.

rf (rf), abreviatura de **radiofrecuencia**.

Rh (Rh), **1.** abreviatura de **factor Rhesus** (factor sanguíneo). **2.** símbolo químico del rhodio.

Rh negativo (Rh negative), v. **factor Rh**.

Rh positivo (Rh positive), v. **factor Rh**.

rho de Spearman (Spearman's rho) [Charles E. Spearman, psicólogo inglés, n. 1863], prueba estadística para la correlación entre dos escalas ordenadas en hileras. Proporciona información sobre el grado de interdependencia de las puntuaciones de las dos escalas.

RIA (RIA), v. **radioinmunoanálisis**.

ribavirina (ribavirin), fármaco antivírico en aerosol prescrito para el tratamiento de las infecciones por el virus sincitial respiratorio (VSR) de las vías respiratorias inferiores en lactantes y niños pequeños.

riboflavina (riboflavin), pigmento hidrosoluble, amarillo, cristalino, que constituye uno de los componentes estables al calor del complejo de la vitamina B. Se combina con flavoproteínas específicas y actúa como coenzima en los procesos oxidativos de carbohidratos, grasas y proteínas. El déficit de riboflavina produce queilosis, inflamación local, descamación, formación de costras, glositis, fotofobia, opacidades corneales, proliferación de los vasos corneales, dermatitis seborreica alrededor de nariz y boca, en la frente, orejas y escroto, temblor, laxitud, vértigo, edema, incapacidad para orinar y prurito vaginal. No existe toxicidad conocida por riboflavina.

ribonucleótido (ribonucleotide), tipos de nucleótidos en los que la pentosa es la D-ribosa.

ribosa (ribose), azúcar pentosa de 5 carbonos que es un componente del ácido ribonucleico.

ribosoma (ribosome), organelo citoplásmico compuesto por ácido ribonucleico y proteínas que interviene en la síntesis de proteínas. Los ribosomas interaccionan con el ARN mensajero, transfiriéndolo para unir moléculas de aminoácidos a una cadena de polipéptidos siguiendo la secuencia determinada por el código genético.

RICE (RICE), abreviatura de reposo, hielo, compresión y elevación, las reglas básicas del tratamiento de los esguinces y torceduras.

Richards, Linda (Richards, Linda) [1841-1930], enfermera considerada como la primera enfermera norteamericana titulada, habiéndose graduado en la primera promoción del *New England Hospital for Women and Children*. Se considera que fue la primera en recoger por escrito datos sobre los pacientes, práctica que inició cuando trabajaba como supervisora de noche en el *Bellevue Hospital* de Nueva York, con el nombre de Hermana Helen.

Rickettsia (Rickettsia) [Howard Taylor Ricketts, anatomopatólogo norteamericano; n. 1871], género de microorganismos que tienen características comunes a los virus y a las bacterias. Son visibles con microscopio óptico, se dividen por fisión y responden a antibióticos. También existen como parásitos similares a los virus, viviendo en el intestino de insectos, como por ejemplo en los piojos. Por ello, si un hombre está infestado por piojos es probable que también esté infectado por una forma de tifus transmitido por *Rickettsia prowazeki*. Las enfermedades producidas por rickettsias han sido responsables de muchas de las peores epidemias de la humanidad. Las diferentes especies se clasifican en función de la similitud de las enfermedades que ocasionan. El grupo de la fiebre manchada incluye la fiebre de las Montañas Rocosas, la rickettsiasis pustulosa y otras; el grupo del tifus incluye el tifus epidémico, el tifus de los matorrales y el tifus murino, y un grupo misceláneo que incluye la fiebre Q y la fiebre de las trincheras. Las enfermedades por rickettsias son poco frecuentes en los países donde se controlan las poblaciones de insectos y roedores.

rickettsiosis (rickettsiosis, *pl*. **rickettsioses**) [Howard T. Ricketts], grupo de enfermedades infecciosas provocadas por microorganismos del género *Rickettsia*. Algunas clases de rickettsiosis son el grupo de la fiebre manchada (**fiebre botonosa, rickettsiosis pustulosa, fiebre manchada de las Montañas Rocosas**), grupo del tifus (**tifus epidémico, tifus murino, tifus de los matorrales**) y un grupo mixto (**fiebre Q, fiebre de las trincheras**).

rickettsiosis del Asia septentrional transmitida por garrapatas (North Asian tick-borne rickettsiosis), infección del hemisferio oriental causada por *Rickettsia siberica* y transmitida por garrapatas, que recuerda la fiebre manchada de las Montañas Rocosas. Los signos clínicos habituales son: exantema maculopapular generalizado, que afecta también a palmas de las manos y plantas de los pies, fiebre y adenopatías.

rickettsiosis pustulosa (rickettsialpox) [Howard T. Ricketts], enfermedad infecciosa aguda leve provocada por *Rickettsia akari* y transmitida de los ratones a los seres humanos por los ácaros. Se caracteriza por una lesión primaria costrosa asintomática, escalofríos, fiebre, cefaleas, malestar, mialgias y un exantema semejante a la de la varicela. Alrededor de 1 semana después del inicio de los síntomas, aparecen unas lesiones maculopapulosas, aisladas y pequeñas, en cualquier parte del cuerpo.

rickettsiosis transmitida por la garrapata (tick-borne rickettsiosis), cualquier enfermedad transmitida por las garrapatas *Ixodes* portadoras de *Rickettsia*, microorganismos menores que las bacterias pero mayores que los virus. *Rickettsia rickettsii*, es una especie infecciosa frecuente en América del Norte, causante de la fiebre manchada de las Montañas Rocosas.

riesgo (hazard), alteración o fenómeno que aumenta la probabilidad de una pérdida derivada de algún peligro que puede producir lesión o enfermedad.

riesgo elevado de alteración de la temperatura corporal (body temperature, altered, high risk for), diagnóstico de enfermería, aprobado por la NANDA, del riesgo que presenta un individuo de no mantener la temperatura corporal dentro de unos límites normales. Entre los factores de riesgo se incluyen los extremos de edad o peso; la exposición a ambientes fríos o templados/calientes; la deshidratación; la inactividad o la actividad vigorosa; los medicamentos que causan vasoconstricción o vasodilatación; la alteración del índice metabólico; la sedación; prendas de vestir inapropiadas para la temperatura ambiente, y enfermedades o traumatismos que afectan la regulación de la temperatura.

riesgo elevado de aspiración (aspiration, high risk for), diagnóstico de enfermería, aprobado por la NANDA, sobre el riesgo de que puedan penetrar secreciones gástricas, secreciones orofaríngeas o alimentos o líquidos exógenos en el árbol traqueobronquial, como consecuencia de una disfunción o ausencia de los mecanismos normales de protección. Entre los factores de riesgo se incluyen la disminución del nivel de consciencia, la depresión de los reflejos de la tos y de la deglución, la presencia de una sonda endotraqueal o de un tubo de traqueostomía, la presión excesiva o insuficiente en el manguito de neumotaponamiento de las sondas endotraqueales o de los tubos de traqueostomía, las sondas gastrointestinales y la administración en bolo de alimentos o de medicamentos a través de las sondas.

riesgo relativo (relative risk), cociente entre la frecuencia de una determinada enfermedad en un grupo expuesto y la de otro no expuesto a un factor hereditario o ambiental particular.

rifampicina (rifampin), antibiótico prescrito para el tratamiento de la tuberculosis, para la profilaxis meningocócica y como antileproso.

rigidez (rigidity), alteración caracterizada por endurecimiento, entumecimiento o inflexibilidad.

rígido (stiff), caracterizado por rigidez o falta de flexibilidad muscular.

rigor (rigor), **1.** rigidez de los tejidos del cuerpo, como sucede en el rigor mortis. **2.** acceso violento de temblor que puede ir asociado a escalofríos y fiebre.

rigor mortis (rigor mortis), endurecimiento rígido de los músculos esquelético y cardíaco inmediatamente después de la muerte.

rinencéfalo (rhinencephalon, *pl.* **rhinencephala**), porción de cada hemisferio cerebral que contiene el sistema límbico, que está asociado a las emociones.

rinitis (rhinitis), inflamación de la mucosa de la nariz, junto con tumefacción de la misma y secreción nasal. La rinitis puede ser aguda, alérgica, atrófica o vasomotora.

rinoficomicosis (rhinophycomycosis), infección de los senos nasales y paranasales provocada por el ficomiceto *Entomophthora coronata*. Con frecuencia, la infección se extiende a los tejidos adyacentes, como ojos y cerebro.

rinofima (rhinophyma), forma de rosácea en la que existe hiperplasia sebácea, enrojecimiento, vascularización intensa, tumefacción y deformación de la piel de la nariz.

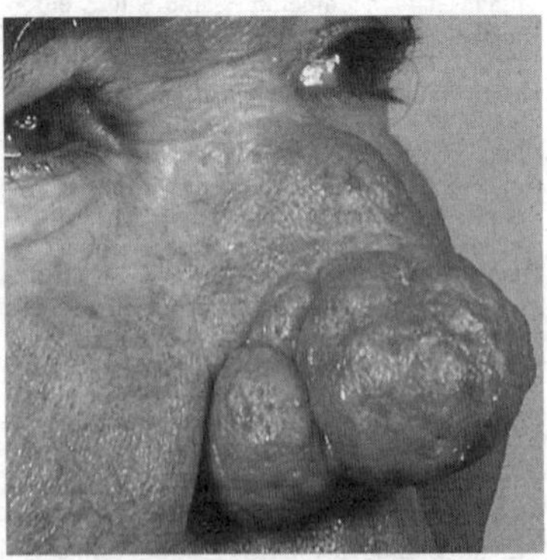

Rinofima
(A. du Vivier, 2.ª ed., 1995)

rinolaringitis (rhinolaryngitis), inflamación de las mucosas de la nariz y de la garganta.

rinopatía (rhinopathy), cualquier enfermedad o malformación de la nariz.

rinoplastia (rhinoplasty), procedimiento de cirugía plástica en el que se altera la estructura de la nariz. Se puede extirpar cartílago o hueso, trasplantar tejido de otra parte del cuerpo o implantar material sintético para modificar la forma. Lo más frecuente es que esta intervención se realice por motivos estéticos.

rinorragia (rhinorrhagia), sangrado profuso por la nariz.

rinorrea (rhinorrhea), **1.** secreción de una fina mucosidad nasal. **2.** flujo de líquido cefalorraquídeo por la nariz tras una lesión craneal.

rinorrea cefalorraquídea (cerebrospinal rhinorrhea), secreción de líquido cefalorraquídeo por la nariz.

rinoscopia (rhinoscopy), exploración de las fosas nasales para inspeccionar la mucosa y detectar la presencia de inflamación, deformidades, asimetría o desviaciones del tabique. Las fosas nasales se pueden explorar por la parte anterior, introduciendo un espéculo en las ventanas nasales, o por la parte posterior, introduciendo un rinoscopio a través de la nasofaringe.

rinoscopio (rhinoscope), instrumento para explorar las fosas nasales a través de las ventanas nasales o a través de la nasofaringe.

rinosporidiosis (rhinosporidiosis), infección provocada por el hongo *Rhinosporidium seeberi*, caracterizada por pólipos de color rojo carnoso en las mucosas de la nariz, conjuntiva, nasofaringe y del paladar blando. La enfermedad puede adquirirse nadando o bañándose en aguas infectadas.

rinotomía (rhinotomy), intervención quirúrgica en la que se practica una incisión a lo largo de un lado de la nariz, para drenar el pus acumulado en un absceso o una infección sinusal.

rinovirus (rhinovirus), cada uno de los cerca de 100 pequeños virus ARN serológicamente diferentes que provocan alrededor del 40% de las infecciones respiratorias agudas. La infección se caracteriza por sequedad e irritación de garganta, congestión nasal, malestar y cefalea. La fiebre es mínima. La secreción nasal dura de 2 a 3 días. Lo habitual es una recuperación completa.

rinovirus humano 14 (human rhinovirus 14), virus del resfriado común. Tiene una cubierta proteica compleja que contiene «puntos adhesivos» que facilitan la adhesión del virus a los receptores celulares en el tracto respiratorio superior. Se conocen más de 100 cepas del virus, haciendo difícil encontrar una vacuna que proteja contra todas las variantes.

riñón (kidney), órgano urinario par en forma de habichuela, que se encuentra en la parte dorsal del abdomen, a cada lado de la columna vertebral, entre los niveles de la 12.ª vértebra dorsal y la 3.ª lumbar. En la mayoría de las personas, el riñón derecho es más caudal que el izquierdo. Cada riñón mide aproximadamente 11 cm de largo por 6 de ancho y 2,5 de grosor. Los riñones producen y eliminan orina a través de un complejo sistema reticular de filtrado y reabsorción, que consta de más de 2 millones de nefronas, compuestas por glomérulos y túbulos renales, que filtran la sangre a alta presión, extraen urea, sales y otros desechos solubles del plasma sanguíneo y devuelven el filtrado purificado a la sangre. Diariamente atraviesan el riñón más de 1.300 litros de sangre.

risa sardónica (risus sardonicus), risa irónica, como de máscara, provocada por el espasmo de los músculos faciales, tal y como se observa en el tétanos.

risorio (risorius), uno de los 12 músculos de la boca. Tiene su origen en la fascia que cubre el masetero y se inserta en la piel, en el ángulo de la boca. Actúa traccionando del ángulo de la boca, como sucede al sonreír.

ritidoplastia (rhytidoplasty), procedimiento de cirugía plástica reconstructiva por el cual se estira la piel de la cara, se eliminan las arrugas y se da a la piel un aspecto firme y liso.

ritidosis (rhitidosis, rhytidosis), presencia de arrugas, especialmente en la córnea.

ritmo (rhythm), relación de un impulso con los impulsos siguientes medidos en cuanto al tiempo, movimiento o regularidad de acción.

ritmo circadiano (circadian rhythm), patrón basado en un ciclo de 24 horas, especialmente la repetición de ciertos fenómenos fisiológicos como el sueño y la alimentación.

ritual compulsivo (compulsive ritual), serie de actos que un sujeto piensa que debe llevar a cabo incluso aunque reconozca que la conducta es inútil e inapropiada.

rizomélico (rhizomelic), perteneciente a las articulaciones de la cadera y del hombro.

rizotomía (rhizotomy), extirpación quirúrgica de la raíz dorsal de un nervio raquídeo, realizada para aliviar el dolor.

rlc (sfc), abreviatura de recuento de líquido cefalorraquídeo.

RM (MRI), abreviatura de **resonancia magnética**.

RMN (NMR), siglas de **resonancia magnética nuclear**.

RMN de pulsos (pulse NMR), técnicas de RMN que utilizan pulsos de radiofrecuencia y la transformación de Fourier de la señal de la RMN.

RMOP (POMR), abreviatura de **registro médico orientado al problema**.

Rn (Rn), símbolo del **radón**.

RN (NR), abreviatura de **ritmo nodal**.

RO (ORT), abreviatura de **rehidratación oral**.

Robb, Isabel Hampton (Robb, Isabel Hampton) [1860-1910], enfermera docente y escritora norteamericana, nacida en Canadá. Fue la primera en instituir un curso sistemático, progresivo, para los estudiantes de enfermería, que integraba experiencia clínica y clases teóricas, y fue también la primera educadora en disponer que sus estudiantes acudieran a otros hospitales para recibir formación especializada. Fue una de las fundadoras de *The American Journal of Nursing* y de la precursora de la *American Nurses' Association*.

roce (rub), movimiento de fricción de una superficie sobre otra, como el roce que se produce entre las paredes de la pleura.

rodete palatino (torus palatinus), puente óseo a lo largo del paladar duro, en la línea de fusión de los segmentos de los maxilares superiores izquierdo y derecho. Tiene carácter hereditario.

rodilla (knee), articulación compleja que une el muslo con la pierna. Se compone de 3 articulaciones condíleas, 12 ligamentos, 13 bolsas y la rótula.

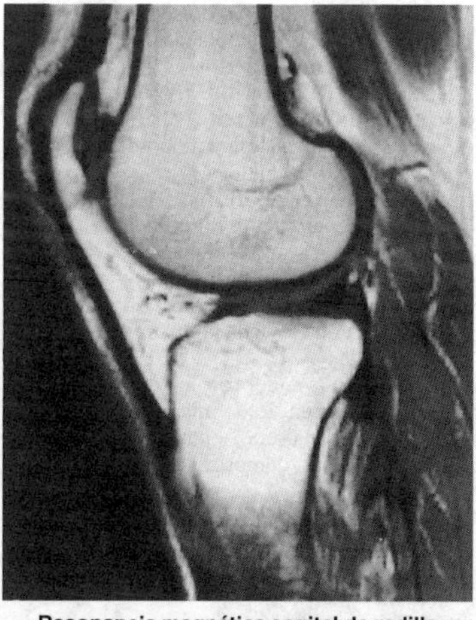

Resonancia magnética sagital de rodilla
(Fleckenstein, 1993)

rodio (Rh) (rhodium [Rh]), elemento metálico blanco grisáceo. Su número atómico es 45; su peso atómico es 102,91.

rodopsina (rhodopsin), compuesto pigmentado de color violáceo presente en los bastones de la retina, formado por una proteína, la opsina, y un derivado de la vitamina A, el retinal. La rodopsina confiere a los segmentos externos de los bastones un color violáceo y adapta el ojo a la luz de baja densidad. El compuesto se destruye al incidir la luz sobre él, mediante un cambio químico que desencadena la conducción de impulsos nerviosos.

roentgen (R) (roentgen [R]) [William K. Roentgen, físico alemán, n. 1845], cantidad de radiación X o gamma que crea una unidad electrostática de iones en 1 ml de aire a 0 ºC y 760 mm de presión. En radioterapia o radiodiagnóstico, el roentgen es la unidad de la dosis emitida.

roentgenología (roentgenology), estudio de los usos tanto diagnósticos como terapéuticos de los rayos X.

roentgens recíprocos (reciprocal roentgens), (en radiología) medida de la velocidad de la placa de rayos X, utilizada en la fórmula velocidad = 1-número de roentgens necesarios para producir una densidad de 1.

Rogers, Martha (Rogers, Martha), autora de la *Roger's Science of Unitary Man*, teoría de enfermería introducida en el año 1970. La teoría de Rogers está muy vinculada a la hipótesis de los sistemas generales con elementos de un modelo evolutivo. Considera cuatro «pilares básicos»: los campos de energía, el universo de sistemas abiertos, el modelo y la organización y la cuarta dimensionalidad.

rojo escarlata (scarlet red), colorante azoico que ha sido utilizado para proporcionar color a preparados farmacéuticos.

rol (role), patrón de conducta socialmente esperado asociado a una función de los individuos de varios grupos sociales. Los roles proporcionan un medio para la participación social y una forma de probar identidades para la validación consensuada por parte de las personas allegadas.

rol de género (gender role), expresión de la identidad de género de una persona; imagen que una persona representa hacia sí misma y hacia los demás, demostrando masculinidad o femineidad.

rol expandido (expanded role), papel del personal de enfermería más allá de los límites de la legislación sobre la práctica de la enfermería tradicional.

romadizo (snuffles), secreción nasal de la infancia característica de la sífilis congénita.

romboide (rhomboid), que tiene la forma de un paralelogramo oblicuo equilateral, como el músculo romboides.

romboides mayor o inferior (rhomboideus major), músculo de la parte superior de la espalda que se sitúa por debajo del romboides menor y paralelo a él. Su función es traccionar de la escápula hacia la columna vertebral, al mismo tiempo que le sirve de apoyo y tira ligeramente de ella hacia arriba.

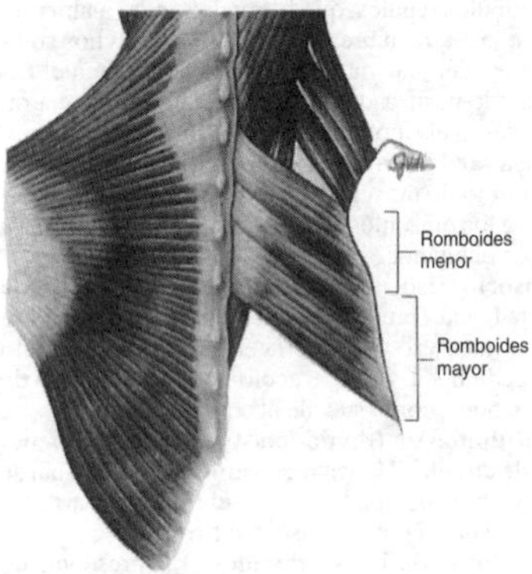

Romboides mayor y romboides menor
(Thibodeau, 1993/John V. Hagen)

romboides menor o superior (rhomboideus minor), músculo de la parte superior de la espalda, situado por encima del romboides mayor y paralelo a él. Su función es traccionar de la escápula hacia la columna vertebral, al mismo tiempo que le sirve de apoyo y tira ligeramente de ella hacia arriba.

romper (rupture), provocar una rotura o desgarro.

roncha (wheal), lesión individual de la urticaria.

roncus (rhonchus, *pl.* **rhonchi**), ruidos anormales que se escuchan en la auscultación como consecuencia de la obstrucción de una vía aérea por secreciones densas, espasmos musculares, neoplasias o presión externa. Son más pronunciados durante la espiración y disminuyen de forma característica con la tos.

rosácea (rosacea), forma crónica de acné observada en adultos de todas las edades, asociada a telangiectasias, especialmente de la nariz, frente y mejillas.

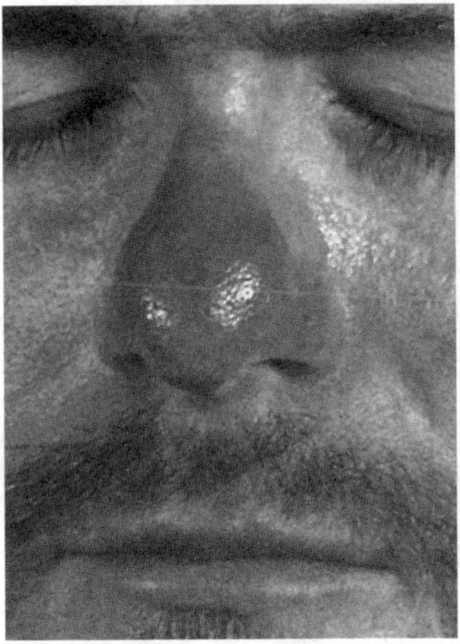

Rosácea
(A. du Vivier, 2.ª ed., 1995)

roséola (roseola), cualquier exantema de coloración rosa.

roséola infantil (roseola infantum), enfermedad endémica benigna, posiblemente vírica, de lactantes y niños pequeños, caracterizada por fiebre brusca elevada de forma mantenida o en picos, faringitis leve y aumento de tamaño de los ganglios linfáticos. Se pueden producir convulsiones febriles. Al cabo de 4 o 5 días la fiebre desaparece bruscamente, apareciendo una erupción maculopapular rosa pálido en el cuello, tronco y muslos. La erupción puede durar desde unas pocas horas hasta 2 días.

rostral (rostral), en forma de pico.

rostro (rostrum), proyección en forma de pico, como el rostro del esfenoides.

rotación (rotation), **1.** giro alrededor de un eje. **2.** uno de los cuatro tipos fundamentales de movilidad permitida por diversas articulaciones: la rotación de un hueso alrededor del eje central, que puede residir en un hueso diferente, como en el pivote formado por la apófisis odontoides del axis, alrededor de la cual gira el atlas. Un hueso, como el húmero, puede rotar también alrededor de su propio eje longitudinal, o bien el eje de rotación puede que no sea completamente paralelo al eje principal del hueso que rota, como ocurre en el movimiento del radio sobre el cúbito durante la pronación y supinación de la mano. **3.** (en obstetricia) rotación de la cabeza fetal para descender a través de la pelvis.

rotación articular (spin), movimientos articulares intrínsecos alrededor de un eje perpendicular a la superficie articular.

rotación con fórceps (forceps rotation), intervención obstétrica en la que se emplea un fórceps para rotar la cabeza del feto, atrapada en el canal del parto en posición transversa o posterior. La **rotación de Kielland** y la **rotación de Scanzoni** son dos tipos de rotación con fórceps.

rotación de Kielland (Kielland rotation) [Christian Kielland, obstetra noruego, n. 1871], operación obstétrica en la que se utilizan los fórceps de Kielland para girar la cabeza del feto desde una posición occipital posterior u occipital transversa a una occipital anterior.

rotación de Scanzoni (Scanzoni rotation) [Friedrich W. Scanzoni, ginecólogo alemán, n. 1821], intervención obstétrica en la cual se aplican a la cabeza fetal unos fórceps con mango curvo, mientras todavía está alta en la pelvis. Se desplaza la cabeza hacia arriba y se rota hasta la posición occipitoanterior.

rotación dental (tooth rotation), **1.** malposición de un diente que ha girado sobre su eje longitudinal, o que ha sido desplazado mediante técnicas ortodóncicas hasta su posición normal. **2.** proceso mediante el cual se rota el diente.

rotación externa (external rotation), giro hacia fuera o lejos de la línea media del cuerpo, como cuando se rota externamente una pierna con los dedos de los pies ladeados hacia fuera o lejos de la línea media del cuerpo.

rotación fetal (fetal rotation), giro de la cabeza del feto cuando comienza a descender por el canal del parto. La cabeza fetal se puede rotar con la mano o con un fórceps si fuera necesario para colocar el cuerpo en una correcta posición para el parto.

rotación interna (internal rotation), giro de una extremidad del cuerpo hacia la línea media.

rotación lateral (lateral rotation), separación de la línea media del cuerpo.

rotación manual (manual rotation), maniobra obstétrica en la que se gira la cabeza del feto desde una posición transversa a otra anteroposterior en el canal del parto para facilitar la salida.

rotación neutra (neutral rotation), posición de una extremidad cuando no ha girado para acercarse ni para alejarse de la línea media del cuerpo.

rotación pélvica (pelvic rotation), uno de los cinco determinantes cinemáticos principales de la marcha, que hace referencia a la rotación alternativa de la pelvis a la derecha y a la izquierda del eje central del cuerpo. La rotación pélvica habitual que se produce en cada articulación de la cadera en la mayoría de los individuos sanos es de aproximadamente 4 grados a cada lado del eje central. La rotación pélvica se produce durante la fase de bipedestación de la marcha y consiste en un movimiento circular desde dentro hacia afuera.

rotacismo (rhotacism), trastorno del lenguaje caracterizado por una pronunciación defectuosa de palabras que contienen el sonido -r-, o por la utilización exagerada del sonido -r- o bien por la sustitución de otro sonido por el sonido -r-.

rotador (rotator), músculo que rota alrededor de un eje, como los músculos rotadores cervicales, dorsales o lumbares, cuya función es extender y rotar la columna vertebral hacia el lado opuesto.

rotámetro (rotameter), instrumento que funciona mediante una válvula con aguja situada en una máquina de gases anestésicos, que mide los gases a través de la velocidad de flujo, según su viscosidad y densidad.

rotavirus (rotavirus), molécula de ARN de doble cadena que tiene el aspecto de una diminuta rueda, con una capa externa claramente definida, o llanta, y una capa interna de radios. Este organismo es uno de los responsables de la gastroenteritis aguda con diarrea.

rotavirus del adulto (RVAD) (adult rotavirus [ADRV]), cierta forma de rotavirus causante de una especie de diarrea grave en los adultos.

rótula (patella), hueso plano triangular situado delante de la articulación de la rodilla, con un vértice puntiagudo al que se une el ligamento rotuliano.

rotura (rupture), desgarro o pérdida de la continuidad o de la configuración de un órgano o tejido corporal, incluyendo aquellos casos en los que otros tejidos sobresalen a través de un orificio.

rotura de membranas (rupture of membranes), rotura de la bolsa amniótica cuando se inicia el parto.

rotura prematura de membranas (premature rupture of membranes), rotura espontánea de la bolsa amniótica antes del comienzo del parto.

rotura uterina durante el embarazo (rupture of the uterus in the pregnancy), desgarro o fisura del útero como consecuencia de un traumatismo o de otras causas, que se puede acompañar del desplazamiento del feto y de la bolsa amniótica a la cavidad peritoneal. La paciente experimenta dolor agudo debido a la lesión tisular e irritación del tejido peritoneal. Se debe sospechar una pérdida hemática importante cuando aparezca hipotensión, déficit de volumen líquido y alteración del gasto cardíaco.

ROV (RVC), abreviatura de respuestas a órdenes verbales.

Roy, Hermana Callista (Roy, Sor Callista), teórica de la enfermería que introdujo el modelo de adaptación de enfermería en 1970 como esquema conceptual para el plan de estudios, ejercicio profesional e investigación de la enfermería. En el modelo de Roy, se considera que el ser humano es un sistema adaptativo. El sistema experimenta cambios en respuesta a estímulos. Si el cambio favorece la integridad del individuo, se trata de una respuesta adaptativa. De lo contrario, se trataría de una respuesta de maladaptación.

rozadura (chafing), irritación superficial de la piel por fricción.

rpm (rpm), abreviatura de revoluciones por minuto.

RPPC (CPPB), abreviatura de **ventilación con presión positiva continua**.

RPPI (respiración con presión positiva intermitente) (IPPB [intermittent positive pressure breathing]), forma de respiración asistida o controlada, producida por un aparato ventilador en el que el gas comprimido se libera a una presión positiva en las vías respiratorias del paciente, hasta alcanzar una presión preestablecida. A través de una válvula se permite la espiración pasiva.

RR (KJ), abreviatura de **reflejo rotuliano**.

RSC (CBC), abreviatura de **recuento sanguíneo completo**.

RSM (SMR), abreviatura de **resección submucosa**.

RSN (NSR), abreviatura de **ritmo sinusal normal**.

RTE (ERT), abreviatura de radioterapia externa.

RTU (TUR), abreviatura de **resección transuretral**.

Ru (Ru), símbolo del **rutenio**.

RU (UR), abreviatura de **revisión de utilización**.

rubefacción (rubefacient), aumento de la coloración rojiza de la piel.

rubefaciente (rubefacient), sustancia o agente que aumenta la coloración de tono rojizo de la piel.

rubéola (rubella, German measles), enfermedad vírica contagiosa caracterizada por fiebre, síntomas de infección leve de vías respiratorias superiores, aumento de tamaño de los ganglios linfáticos, artralgias y una erupción maculopapulosa difusa, fina, de color rojo. El virus se disemina a través de las gotitas y el tiempo de incubación oscila entre 12 y 23 días. Habitualmente, los síntomas duran sólo 2 o 3 días, excepto en el caso de las artralgias, que pueden durar más tiempo o recurrir. Un episodio confiere inmunidad permanente. Si una mujer contrae la rubéola en el primer trimestre del embarazo, se pueden producir anomalías fetales, como defectos cardíacos, cataratas, sordera y retraso mental. El lactante expuesto al virus en el útero en cualquier momento de la gestación puede contagiar el virus hasta durante 30 meses después del nacimiento. Las complicaciones de la rubéola posnatal son raras.

rubescente (rubescent), que sonroja.

rubidio (Rb) (rubidium [Rb]), elemento metálico blando del grupo de los metales alcalinos. Su número atómico es 37; el peso atómico es 85,47. Ligeramente radiactivo, se utiliza en la gammagrafía con isótopos.

rubivirus (rubivirus), miembro de la familia de los togavirus, entre los que se incluye el virus de la rubéola.

rubor (flush), **1.** sonrojamiento o enrojecimiento súbito de la cara y del cuello. **2.** enrojecimiento prolongado de la cara, como ocurre en la fiebre, con el uso de ciertos fármacos y en el hipertiroidismo.

rubor (rubor), enrojecimiento, especialmente cuando va acompañado de inflamación.

rubricito (rubricyte), v. **normoblasto**.

rudimento (rudiment), órgano o tejido que no se ha desarrollado completamente o que no es funcional.

ruga (ruga, *pl.* **rugae**), arruga o pliegue, como los pliegues de la mucosa del estómago.

ruidos de Korotkoff (Korotkoff sounds), sonidos que se escuchan durante la toma de presión sanguínea utilizando un esfigmomanómetro y un estetoscopio. Al soltar aire del manguito, se reduce la presión sobre la arteria humeral y se percibe el latido de la sangre en el vaso.

rumiación (rumination), regurgitación habitual de pequeñas cantidades de alimentos no digeridos sin esfuerzo después de cada comida, alteración que se produce con frecuencia en los lactantes. Puede ser un síntoma de sobrealimentación, de comer demasiado deprisa o de tragar demasiado aire.

rumiante (ruminant), perteneciente a los animales que mastican la comida y la regurgitan. También se aplica a los lactantes que regurgitan y vuelven a tragar una comida.

Rural Clinics Assistance Act (Rural Clinics Assistance Act), ley del Congreso Norteamericano que permite el establecimiento de clínicas en determinadas áreas consideradas rurales y sin servicios y en algunas ciudades del interior. Las clínicas están pensadas para prestar asistencia primaria mediante equipos de médicos y personal de enfermería titulado.

rutenio (Ru) (ruthenium [Ru]), elemento metálico duro, quebradizo. Su número atómico es 44; su peso atómico es 101,07.

rutina (rutin), bioflavinoide obtenido del alforfón y utilizado en el tratamiento de la fragilidad capilar.

RUV (KUB), abreviatura de **riñón, uréter y vejiga**, término utilizado en la exploración radiográfica para determinar la localización y el tamaño de los riñones.

RVAD (ADRV), abreviatura de **rotavirus del adulto**.

RVP (PVR), abreviatura de **resistencia vascular pulmonar**.

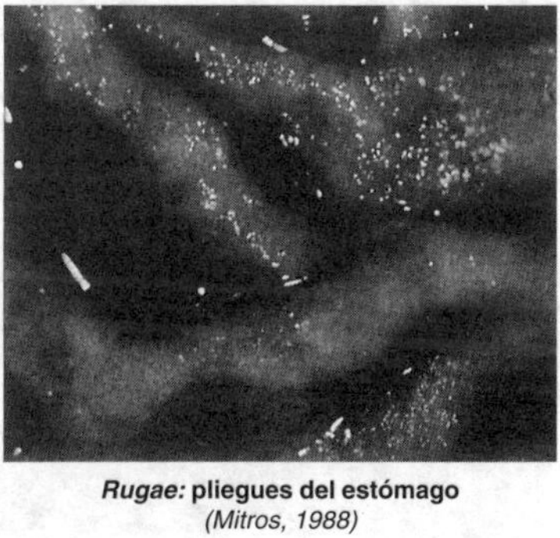

Rugae: **pliegues del estómago**
(Mitros, 1988)

S

S (S), **1.** símbolo del **azufre** (sulfur). **2.** símbolo de «saturación de hemoglobina».

S, s (S, s), símbolo del término latino *sine*, «sin».

S_1 (S_1), primer ruido del ciclo cardíaco, que se produce con la sístole ventricular. Va asociado al cierre de las válvulas mitral y tricúspide y es sincrónico con el pulso apical.

S_2 (S_2), segundo ruido del ciclo cardíaco. Va asociado al cierre de las válvulas aórtica y pulmonar, que es inmediatamente anterior a la diástole ventricular.

S_3 (S_3), tercer ruido del ciclo cardíaco. Normalmente sólo es audible en niños y adultos jóvenes físicamente activos. En personas de edad más avanzada, es un hallazgo anormal y suele indicar insuficiencia del miocardio.

S_4 (S_4), cuarto ruido del ciclo cardíaco. Se produce al final de la diástole, al contraerse la aurícula. Rara vez se escucha en sujetos normales, e indica una resistencia anormalmente elevada al llenado ventricular.

S1, S2, ... (S1, S2, ...), símbolos de los nervios sacros.

s.r. (w.c.), abreviatura de **silla de ruedas**.

SA (SA), abreviatura de **sinoauricular**.

sábana de algodón (sheet wadding), almohadillado con sábanas de algodón elástico, utilizado para cubrir la piel antes de aplicar un yeso. Su elasticidad permite la formación de algo de edema en la extremidad sin que la escayola apriete demasiado.

sábana extensible (drawsheet), sábana más pequeña que las de una cama, normalmente utilizada para mantener secas las sábanas inferiores y el colchón, o para mover o girar al paciente.

sábana húmeda fría (cold-wet-sheet pack), forma de terapia somática para pacientes agitados. El paciente es envuelto en sábanas frías y húmedas que se calientan por el calor corporal.

sabañón (chilblain), enrojecimiento e inflamación de la piel provocada por una excesiva exposición al frío. Puede acompañarse de quemazón, prurito, ampollas y úlceras, muy semejantes a la quemadura por calor. El tratamiento consiste en proteger la zona del frío y de las lesiones, calor suave y evitar el tabaco.

saburra (sordes), suciedad o residuos, especialmente las costras formadas por alimentos, microorganismos y células epiteliales, que se acumulan en los dientes y labios durante una enfermedad febril. La saburra gástrica consiste en alimentos no digeridos y moco en el estómago.

SAC (FAS), abreviatura de **síndrome de alcoholismo fetal**.

sacárido (saccharide), cualquier componente del gran grupo de carbohidratos que incluye todos los azúcares y almidones. Casi todos los carbohidratos son sacáridos.

sacarina (saccharin), edulcorante sintético cristalino, de color blanco.

sacaromicosis (saccharomycosis), **1.** infección por levaduras, como las pertenecientes a los géneros *Candida* o *Cryptococcus*. **2.** *obsoleto,* criptococosis o blastomicosis europea.

sacarosa (sucrose), azúcar obtenido de la caña de azúcar, de la remolacha azucarera y del sorgo.

Saccharomyces (Saccharomyces), género de levaduras, en el que se incluyen las de la cerveza y el pan, así como también algunos hongos patógenos, causantes de enfermedades como bronquitis, moniliasis y faringitis.

saciedad (satiety), sentimiento satisfactorio de plenitud después de comer.

saco (sac), bolsa, u órgano en forma de bolsa, como el saco abdominal del embrión, que da lugar a la cavidad abdominal.

saco alveolar (alveolar sac), saco de aire en cada una de las cavidades terminales del tejido pulmonar.

saco conjuntival (conjunctival sac), espacio formado por la conjuntiva y los párpados.

saco coriónico (chorionic sac), membrana en forma de saco que se desarrolla a partir de la pared del blastocisto para envolver al embrión.

saco de Douglas (pouch of Douglas), pliegue que se extiende entre el recto y el útero.

saco dural (dural sac), saco ciego formado por el extremo inferior de la duramadre, a la altura del segundo segmento sacro.

saco herniario (hernial sac), bolsa del peritoneo a la que pasan los órganos o tejidos para formar una hernia.

saco lagrimal (lacrimal sac), extremo dilatado a cada lado de los dos conductos nasolagrimales. Los sacos lagrimales se llenan de lágrimas secretadas por las glándulas lagrimales, y las expulsan a través de los conductos lagrimales.

saco vitelino (yolk sac), estructura que se desarrolla en la masa celular interna del embrión y que se expande formando una vesícula con una parte gruesa que se convierte en el intestino primitivo y una parte más fina que crece formando la cavidad del corion. Después de nutrir al embrión, el saco vitelino suele desaparecer alrededor de la séptima semana de embarazo.

sacro (sacral), relativo al sacro.

sacro (sacrum), gran hueso triangular situado en la parte dorsal de la pelvis, que se inserta como una cuña entre los dos huesos de la cadera. La base del sacro se articula con la última vértebra lumbar, y su vértice con el cóccix.

sacrococcígeo (sacrococcygeal), perteneciente al sacro y al cóccix.

sacroilíaco (sacroiliac), relacionado con la parte del sistema esquelético que incluye el sacro y los huesos ilíacos de la pelvis.

sacudida costal (rib shaking), procedimiento de fisioterapia que consiste en la aplicación constante de presión hacia abajo con un movimiento de sacudidas intermitentes de las manos sobre la caja costal por encima de la zona que se desea drenar. Se hace con la parte plana de la palma de la mano sobre el segmento pulmonar que se desea drenar.

sacular (saccular), relativo a una bolsa o que tiene la forma de un saco.

sáculo (sacculus, *pl.* **sacculi**), pequeño saco o bolsa, especialmente la menor de las dos divisiones del laberinto membranoso del vestíbulo, que comunica con el conducto coclear a través del conducto de Hensen del oído interno.

sadismo (sadism) [Donatien A. F. de Sade, marqués francés, n. 1740], **1.** placer anormal obtenido cuando se inflige un dolor físico o psicológico a otra persona o se la ultraja; crueldad. **2.** (en psiquiatría) trastorno psicosexual caracterizado por la imposición de dolor físico o psicológico o humillación a otra persona, ya sea con su consentimiento o sin él, para conseguir excitación o placer sexual. Son tipos de sadismo el **sadismo anal** y el **sadismo oral**.

sadomasoquismo (sadomasochism) [Marqués de Sade; Leopold von Sacher-Masoch, escritor austriaco, n. 1836], trastorno de la personalidad caracterizado por rasgos de sadismo y masoquismo.

sadomasoquista (sadomasochist), persona que practica el sadomasoquismo.

safeno (saphenous), relativo a determinadas estructuras anatómicas de la pierna, como arterias, venas o nervios.

sagital (sagittal), (en anatomía) relativo a una línea imaginaria que se extiende de delante atrás en la línea media del cuerpo o de una parte del cuerpo.

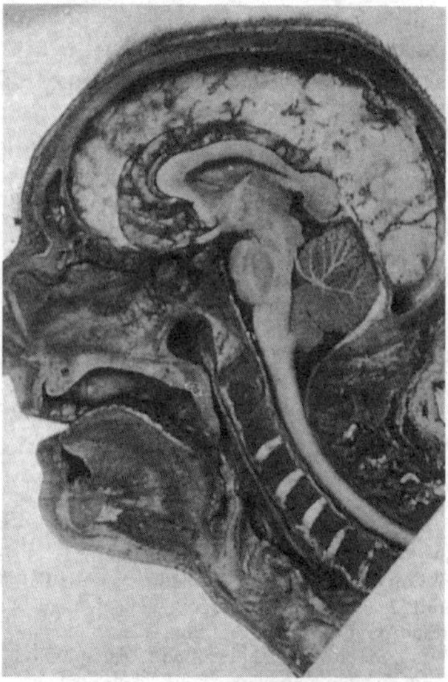

Corte sagital medio de la cabeza
(Seeley, 1992/R. T. Hutchings)

SAL (ALS), abreviatura de **suero antilinfocítico**.

sal (sal), **1.** compuesto formado por la reacción química de un ácido y una base. Habitualmente las sales están compuestas por un metal y un no metal, pudiendo comportarse químicamente como metales o como no metales. **2.** cloruro sódico (sal de mesa). **3.** sustancia que, como el sulfato magnésico (sal de Epsom), se utiliza como purgante.

sal ácida (acid salt), sal producida por la sustitución parcial de hidrogeniones procedentes del ácido correspondiente, quedando cierto grado de acidez en la sal. Un ejemplo de ello es el bicarbonato sódico.

sal aromática (smelling salt), carbonato de amonio aromatizado al que se puede unir amoniaco. Se usa como estimulante para despertar a las personas que se han desmayado.

sal básica (basic salt), sal que contiene un ion hidróxido no sustituido de la base que lo genera, como el Ca(OH)Cl.

sal de Epsom (Epsom salt), v. **sulfato de magnesio**.

sal yodada (iodized salt), sal de mesa a la que se ha añadido yoduro potásico o sódico como medida preventiva de protección frente al bocio, especialmente en regiones en las que el contenido en yodo del terreno y del agua potable es escaso. Los yoduros se añaden en una relación aproximada de 100 ppm.

sala (ward), habitación de un hospital destinada y equipada para alojar a más de cuatro pacientes.

sala de aislamiento (isolation ward), habitación o sección de un hospital en la cual puede ser tratada una determinada clase de pacientes, especialmente aquellos infectados con enfermedades contagiosas agudas, con un mínimo contacto con el resto de los pacientes y del personal del hospital.

sala de lavado (scrub room), área hospitalaria especial donde los cirujanos y los miembros de su equipo utilizan cepillos estériles desechables y jabones bactericidas para lavar y frotar las uñas de los dedos, las manos y los antebrazos, antes de realizar una intervención quirúrgica o de ayudar en ella.

sala de operaciones (SO, S.O.) (operating room [OR, O.R.]), **1.** sala del centro sanitario en la que se realizan procedimientos quirúrgicos que requieren anestesia. **2.** *informal,* conjunto de salas o área en la que se prepara a los pacientes para la cirugía, se los somete a procedimientos quirúrgicos y se recuperan de la anestesia requerida para la cirugía.

sala de partos, paritorio (delivery room), unidad hospitalaria utilizada para partos obstétricos y reanimación del neonato.

sala de reanimación (REA) (recovery room [RR, R.R.]), área situada junto al quirófano a la que son trasladados los pacientes intervenidos quirúrgicamente mientras siguen bajo los efectos de la anestesia, antes de ser devueltos a sus habitaciones. A medida que el paciente recupera la consciencia, se vigilan cuidadosamente los signos vitales y la capacidad respiratoria.

sala de tratamiento (treatment room), habitación situada en una unidad asistencial, habitualmente en un hospital, en la que se realizan diversos tratamientos o procedimientos que requieren equipos especiales, como la retirada de suturas.

sala de urgencias (SU) (emergency room [ER, E.R.]), zona de un hospital destinada a recibir y tratar inicialmente a los pacientes que han sufrido traumatismos o problemas médicos súbitos como hemorragias por accidentes, intoxicaciones, fracturas, ataques cardíacos o insuficiencia respiratoria.

salbutamol (salbutamol), v. **albuterol**.

sales biliares (bile salts), mezcla de sales de sodio de los ácidos biliares y de los ácidos cólico y quenodesoxicólico sintetizados por el hígado a partir del colesterol. Su baja tensión superficial contribuye a la emulsión de las grasas en el intestino.

salicilado (salicylated), relativo a un compuesto químico formado como una sal o un éster del ácido salicílico.

salicilanilida (salicylanilide), antifúngico tópico prescrito para el tratamiento de la tiña de la cabeza provocada por *Mycrosporum audouinii*.

salicilato (salicylate), cualquiera de los medicamentos de amplio uso obtenidos a partir del ácido salicílico. Los salicilatos ejercen acciones analgésicas, antipiréticas y antiinflamatorias. El más importante es el ácido acetilsalicílico o aspirina. También se ha utilizado el salicilato sódico por vía sistémica, con efectos similares. El metilsalicilato puede ser absorbido a través de la piel en cantidades capaces de provocar una intoxicación general. Otro salicilato, el ácido salicílico, es demasiado irritante para su uso por vía sistémica, por lo que solamente se utiliza de forma tópica como agente queratolítico, por ejemplo, para la eliminación de verrugas.

salicilato de alcanfor (camphor salicylate), sustancia cristalina formada por la unión de 84 partes de alcanfor y 65 de ácido salicílico; antiguamente se utilizaba en pomadas para la piel y en las diarreas.

salicilato de fisostigmina (physostigmine salicylate), inhibidor de fármacos anticolinérgicos. Se prescribe para el tratamiento de los efectos provocados sobre el sistema nervioso central por fármacos en dosis clínicas o tóxicas capaces de producir intoxicación anticolinérgica.

salicilato sódico (sodium salicylate), analgésico, antipirético y antirreumático, prescrito para el alivio del dolor y la fiebre.

salicilazosulfapiridina (salicylazosulfapyridine), v. **sulfasalacina**.

salicilismo (salicylism), síndrome de intoxicación por salicilatos.

salida de la pelvis verdadera (inferior aperture of minor pelvis), abertura irregular formada por el cóccix, los ligamentos sacrociáticos mayores, parte del isquion, los lados del arco púbico y la sínfisis del pubis.

salidas (output), suma total de cada una de las eliminaciones líquidas cuantificables del cuerpo, entre las que se incluyen la orina, los vómitos, la diarrea, el drenaje de heridas y fístulas y los líquidos extraídos por equipos de succión. Las salidas se registran mediante la monitorización del equilibrio líquido y electrolítico del paciente.

salino fisiológico (physiologic saline), solución que contiene cloruro sódico.

salitre (saltpeter), término con el que se conoce al nitrato potásico, KNO_3, utilizado en la pólvora, el escabechado y en medicamentos.

saliva (saliva), líquido viscoso claro, segregado por las glándulas salivales y mucosas de la boca. La saliva contiene agua, mucina, sales orgánicas y una enzima digestiva, la ptialina. Sirve para humedecer la cavidad bucal, iniciar la digestión de los almidones y ayudar en la masticación y la deglución de los alimentos.

salivación (salivation), proceso de secreción de saliva por las glándulas salivales.

salivatorio (salivatory), que estimula la producción de saliva.

Salmonella (Salmonella) [Daniel E. Salmon, anatomopatólogo norteamericano, n. 1850], género de bacterias móviles, gramnegativas, en forma de bastón, en el que se incluyen las especies que provocan la fiebre tifoidea, la fiebre paratifoidea y algunas formas de gastroenteritis.

Salmonella enteritidis (Salmonella enteritidis), especie del género *Salmonella* que produce intoxicaciones alimentarias y gastroenteritis en los seres humanos.

salmonelosis (salmonellosis) [Daniel E. Salmon], forma de gastroenteritis provocada por la ingestión de alimentos contaminados por una especie de *Salmonella*, que se caracteriza por un período de incubación de 6 a 48 horas, seguido de dolor abdominal brusco, de tipo cólico, fiebre y diarrea acuosa y sanguinolenta. Son frecuentes las náuseas y los vómitos, y los signos abdominales pueden recordar los de una apendicitis o una colecistitis aguda. Habitualmente, los síntomas duran de 2 a 5 días, aunque la diarrea y la fiebre pueden persistir hasta 2 semanas. Puede producirse deshidratación.

salpingectomía (salpingectomy), ablación quirúrgica de una o ambas trompas de Falopio, para eliminar un quiste o un tumor, extirpar un absceso o, en el caso de la salpingectomía doble, como técnica de esterilización.

salpingitis (salpingitis), inflamación o infección de la trompa de Falopio.

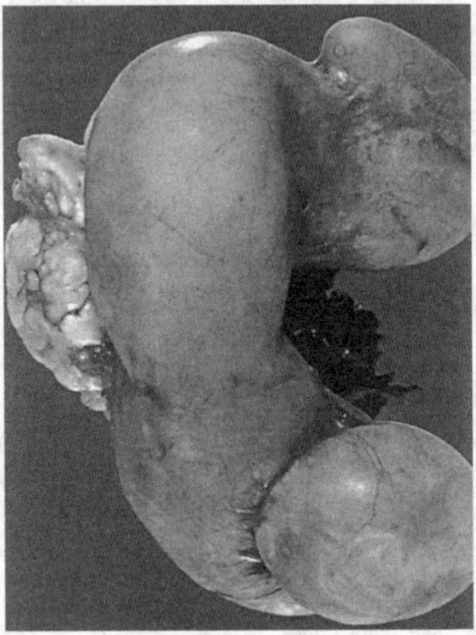

Salpingitis
(A. Stevens/J. Lowe, 1994)

salpingooforectomía (salpingooophorectomy), extirpación quirúrgica de una trompa de Falopio y un ovario.

salpingooforitis (salpingo-oophoritis), inflamación de la trompa de Falopio y del ovario correspondiente.

salpingostomía (salpingostomy), formación de una abertura artificial en una trompa de Falopio, para restablecer su permeabilidad tras la oclusión de su fimbria por infección o inflamación crónica, o bien para drenar un absceso o una acumulación de líquido. Se puede introducir una prótesis para mantener la permeabilidad de la trompa de Falopio, dirigir el desplazamiento de los óvulos y ayudar así a su fertilización.

saltación (saltation), (en genética) mutación que provoca un aspecto significativamente diferente entre los progenitores y su descendencia, o bien una variación brusca de las características de la especie.

salud (health), estado de bienestar físico, mental y social junto con la ausencia de enfermedad u otra patología. No es un estado estático; el cambio constante y la adaptación al estrés dan lugar a la homeostasis.

samario (Sm) (samarium [Sm]) [Coronel Samarski, oficial de minas ruso del siglo XIX], elemento metálico térreo, poco abundante. Número atómico: 62; peso atómico: 150,35.

sanatorio (sanitarium), institución destinada al tratamiento de los pacientes con enfermedades crónicas mentales o físicas o para la recuperación de pacientes convalecientes.

sanear (sanitize), poner en marcha las medidas necesarias para limpiar el ambiente o una parte del mismo, eliminando o reduciendo los microorganismos patógenos y sus hábitats.

sangre (blood), líquido bombeado por el corazón a través de las arterias, las venas y los capilares. Está formado por un líquido claro amarillento llamado plasma y por los elementos formes, una serie de diferentes tipos celulares con funciones distintas. La función más importante de la sangre es transportar oxígeno y nutrientes a las células y retirar el dióxido de carbono y otros productos de desecho para la detoxificación y eliminación.

sanidad (sanitation), ciencia que se ocupa del mantenimiento de un medio saludable, sin enfermedades y libre de peligros.

sanitario (physician extender), en EE.UU., prestador de cuidados sanitarios que no es médico pero que realiza actividades médicas que habitualmente realiza un médico.

SaO_2 (SaO_2), símbolo para el porcentaje de «saturación de la sangre arterial».

saponáceo (saponaceous), relativo al jabón.

saponificación (saponification), producción de jabón.

saponificado (saponified), relativo a una sustancia químicamente hidrolizada a jabones o sales ácidas y glicerol mediante el calentamiento con un álcali.

saponina (saponin), material jabonoso encontrado en algunas plantas, especialmente la jabonera *(Saponaria officinalis)* y determinados lirios. Se utiliza en medicaciones emolientes para proporcionarles una calidad jabonosa.

saprófito (saprophyte), organismo que vive de materia orgánica muerta.

SAR (RAS), abreviatura de sistema de activación reticular.

saralasina (saralasin), antagonista competitivo de la angiotensina. Se administra mediante inyección intravenosa para valorar el papel que desempeña el sistema renina-angiotensina en el mantenimiento de la presión arterial.

sarampión (measles, rubeola), enfermedad viral aguda, muy contagiosa, que afecta al tracto respiratorio y que se caracteriza por la aparición de un exantema cutáneo maculopapular diseminado que aparece principalmente en niños pequeños no inmunizados. El sarampión está producido por un paramyxovirus y se transmite por contacto directo a través de las gotículas procedentes de la nariz, garganta y boca de las personas infectadas, normalmente en la fase prodrómica de la enfermedad. La transmisión indirecta a través de personas no infectadas o fómites es infrecuente. El período de incubación es de 7 a 14 días, seguido de un período prodrómico que se caracteriza por fiebre, malestar general, coriza, tos, conjuntivitis, fotofobia, anorexia y las patognomónicas manchas de Koplik, que aparecen 1-2 días antes del exantema. Se producen faringitis e inflamación de la mucosa laríngea y traqueobronquial, la temperatura puede ascender hasta 39,5 °C, y existe una marcada leucopenia granulocítica. Las pápulas de la erupción aparecen primero como manchas de color rosa-marrón irregulares alrededor de la línea de nacimiento del cabello, en las orejas y en el cuello, diseminándose después rápidamente, en 24-48 horas, hacia el tronco y las extremidades, transformándose en rojo, maculopapular y denso, con aspecto de manchas. En 3-5 días cede la fiebre y las lesiones se aplanan, adquieren un color marrón y comienzan a desaparecer, produciendo una descamación fina, especialmente en las zonas más afectadas.

sarcoadenoma (sarcoadenoma), tumor mixto que presenta características del tejido glandular y del tejido conectivo.

sarcocarcinoma (sarcocarcinoma), tumor mixto con características de los sarcomas y de los carcinomas.

sarcoide de Boeck (Boeck's sarcoid), v. **sarcoidosis**.

sarcoidosis (sarcoidosis), enfermedad crónica de origen desconocido caracterizada por la formación de tubérculos epiteloides no necrotizantes. La localización más habitual es el pulmón, el bazo, el hígado, la piel, las mucosas y las glándulas salivales y lacrimales, habitualmente con afección de los ganglios linfáticos. Por lo general, las lesiones desaparecen en unos meses o años, pero evolucionan hacia inflamación granulomatosa y fibrosis diseminadas.

sarcoidosis cordis (sarcoidosis cordis), forma de sarcoidosis en la cual se desarrollan lesiones granulomatosas en el miocardio. En casos graves, el miocardio puede resultar infiltrado por numerosos tumores, con insuficiencia cardíaca eventual.

sarcoidosis muscular (muscular sarcoidosis), sarcoidosis de los músculos esqueléticos en la que aparece inflamación intersticial, fibrosis, atrofia y lesión de las fibras musculares a medida que los tubérculos sarcoideos se forman en su interior y las células musculares normales van siendo sustituidas.

sarcolema (sarcolemma), membrana que recubre las fibras musculares cardíacas, lisas y estriadas.

sarcoma (sarcoma, *pl.* **sarcomas, sarcomata**), neoplasia maligna de los tejidos blandos que se origina en el tejido fibroso, adiposo, muscular, sinovial, vascular o neural, que suele comenzar en forma de inflamación no dolorosa. El tumor, formado por células muy concentradas en una matriz fibrilar u homogénea, suele ser vascular y generalmente muy invasivo. Posiblemente los traumatismos no desempeñen un papel etiológico importante, aunque pueden aparecer en cicatrices de quemaduras o radiaciones. V. sarcomas específicos.

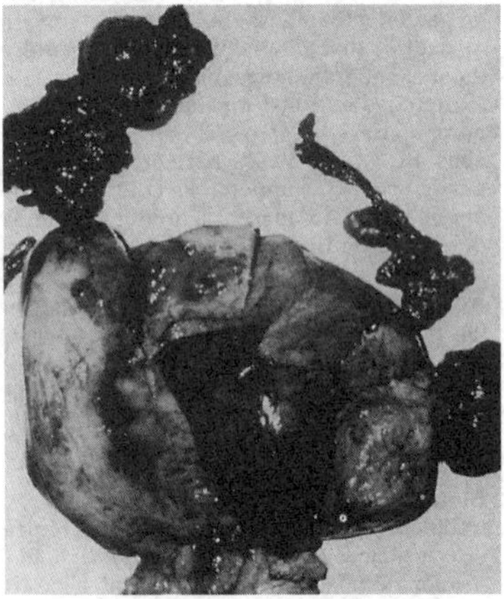

Sarcoma uterino con ganglios linfáticos muy aumentados de tamaño
(Disaia, 4.ª ed., 1993)

sarcoma alveolar de partes blandas (alveolar soft part sarcoma), tumor de tejido subcutáneo o fibromuscular formado por numerosas células grandes redondas o poligonales, dentro de una matriz de tejido conectivo a modo de malla.

sarcoma ameloblástico (ameloblastic sarcoma), tumor odontogénico maligno caracterizado por la proliferación de células epiteliales y mesenquimatosas sin formación de dentina ni de esmalte.

sarcoma botrioide (sarcoma botryoides), tumor derivado de las células musculares estriadas primitivas, más frecuente en niñas pequeñas y caracterizado por una masa polipoide, como en racimo de uvas, dolorosa y edematosa

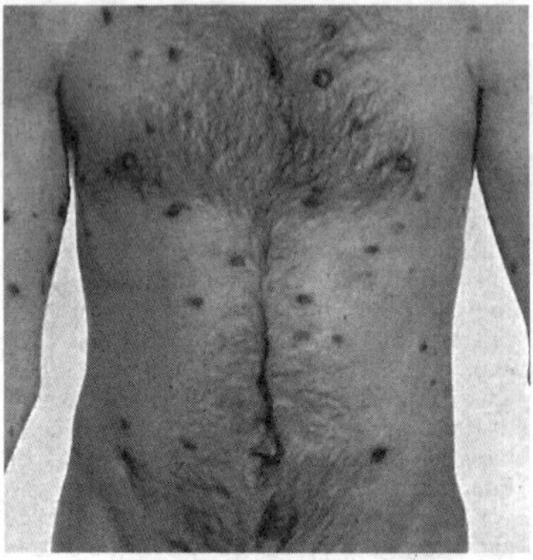

Sarcoma de Kaposi
(C. D. Forbes/W. F. Jackson, 1994)

en la parte superior de la vagina, el cuello uterino o el cuello de la vejiga urinaria.

sarcoma de Abernethy (Abernethy's sarcoma), neoplasia maligna de células grasas, que se suele localizar en el tronco.

sarcoma de células gigantes (giant cell sarcoma), tumor óseo de células gigantes.

sarcoma de células mixtas (mixed cell sarcoma), tumor constituido por dos o más elementos celulares, excluido el tejido fibroso.

sarcoma de células reticulares (reticulum cell sarcoma), neoplasia de células primitivas.

sarcoma de Ewing (Ewing's sarcoma) [James Ewing, anatomopatólogo norteamericano, n. 1866], tumor maligno que se origina en la médula ósea, normalmente de huesos largos y de la pelvis. Se caracteriza por dolor, tumefacción, fiebre y leucocitosis.

sarcoma de Kaposi (Kaposi's sarcoma) [Moritz J. Kaposi, dermatólogo austriaco, n. 1837], neoplasia maligna, multifocal, de células reticuloendoteliales, que comienza en forma de pápulas blandas, marrones o púrpura en los pies, que se diseminan lentamente por la piel y dan metástasis ganglionares y viscerales. Se asocia en ocasiones a diabetes, linfomas malignos, SIDA y otros procesos.

sarcoma granulocítico (granulocytic sarcoma), v. **cloroma**.

sarcoma hemorrágico idiopático múltiple (multiple idiopathic hemorrhagic sarcoma), v. **sarcoma de Kaposi**.

sarcoma hemorrágico pigmentado idiopático múltiple (idiopathic multiple pigmented hemorrhagic sarcoma), v. **sarcoma de Kaposi**.

sarcoma osteogénico (osteogenic sarcoma), v. **osteosarcoma**.

sarcoma sinovial (synovial sarcoma), tumor maligno, formado por sinovioblastos, que comienza como una tumefacción blanda y metastatiza con frecuencia a través de la corriente sanguínea al pulmón antes de ser descubierto.

sarcoma telangiectásico (telangiectatic sarcoma), tumor maligno de células mesodérmicas con una red vascular muy rica.

sarcomagénesis (sarcomagenesis), proceso de inicio y estimulación del desarrollo de un sarcoma.

sarcómera (sarcomere), la unidad funcional más pequeña de una miofibrilla. Las sarcómeras se presentan como unidades repetidas a lo largo de toda la longitud de una miofibrilla, ocupando la región entre los discos Z de la misma.

sarcoplasma (sarcoplasm), citoplasma semilíquido de las células musculares.

Sarcoptes scabiei (Sarcoptes scabiei), especie de ácaros que provoca la sarna.

sarna (scabies), enfermedad contagiosa producida por *Sarcoptes scabiei*, el ácaro o arador de la sarna, caracterizada por prurito intenso de la piel y excoriaciones debidas al rascado. El ácaro, que se transmite por el contacto estrecho con seres humanos o animales domésticos infestados, excava túneles en las capas externas de la piel, donde las hembras depositan sus huevos. De 2 a 4 meses después de la primera infestación comienza la sensibilización a los ácaros y sus productos, dando lugar a una erupción papular pruriginosa. Pueden producirse infecciones bacterianas secundarias.

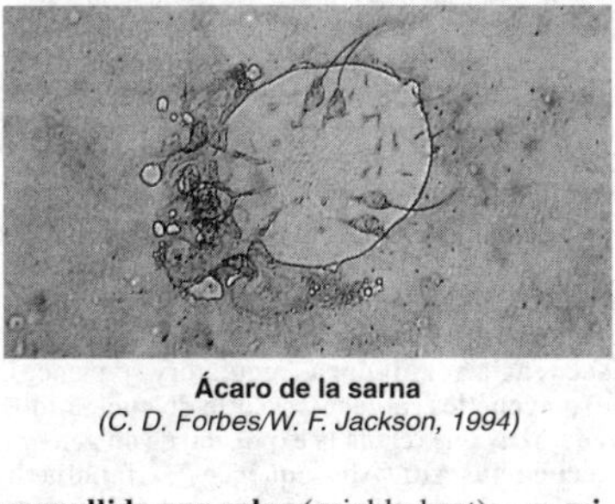

Ácaro de la sarna
(C. D. Forbes/W. F. Jackson, 1994)

sarpullido por calor (prickly heat), v. **miliaria**.

sarro (tartar), **1.** depósito de aspecto duro, arenoso, compuesto por materia orgánica, fosfatos y carbonatos, que se acumula en los dientes y en las encías.

sartorio (sartorius), el músculo más largo del cuerpo, que se extiende desde la pelvis hasta la pantorrilla. Su función consiste es flexionar el muslo y rotarlo hacia fuera y flexionar la pierna y rotarla hacia dentro.

satiriasis (satyriasis), deseo sexual exagerado o incontrolable en el varón.

saturación (saturation), **1.** situación en la cual una solución contiene tanto soluto como puede permanecer en disolución. **2.** medida del grado en que el oxígeno se une a la hemoglobina, expresado como un porcentaje del límite máximo. **3.** situación en la que todos los enlaces de valencia de un compuesto químico están ocupados.

saturado (saturated), **1.** que ha absorbido o disuelto la máxima cantidad de una determinada sustancia, como en el caso de una solución en la cual ya no es posible disolver más cantidad de soluto. **2.** dícese de los compuestos orgánicos que contienen el máximo número de átomos de hidrógeno, de modo que en la cadena de carbonos solamente existen enlaces de una valencia.

saturnismo (plumbism), forma crónica de intoxicación por plomo causada por la absorción de plomo o de sales de plomo.

Sb (Sb), símbolo del **antimonio**.

sc (sc), **1.** abreviatura de *sine correctione*, expresión latina que significa «sin corrección». **2.** abreviatura de **subcutáneo**.

Sc (Sc), símbolo del **escandio**.

SCA (ACS), abreviatura de sonido de cierre anódico.

Schistosoma (Schistosoma), género de duelas sanguíneas que pueden provocar trastornos urinarios, GI o hepáticos en los seres humanos y que requiere un caracol de agua dulce como huésped intermediario. *Schistosoma hematobium*, que se encuentra principalmente en África y Oriente Medio, afecta a la vejiga y los órganos de la pelvis, provocando dolor, polaquiuria y hematuria. *S. japonicum*, que se encuentra en Japón, Filipinas y Asia oriental, provoca ulceraciones GI y fibrosis del hígado. *S. mansoni*, que se encuentra en África, Oriente Medio, Caribe y América tropical, provoca síntomas similares a los de *S. japonicum*.

Schizotrypanum cruzi (Schizotrypanum cruzi), v. **enfermedad de Chagas**.

schwannoma (schwannoma, *pl.* **schwannomas, schwannomata**) [Friedrich Schwann], tumor benigno, solitario, encapsulado, originado en el neurilema (vaina de Schwann) de los nervios periféricos, craneales o autónomos.

schwannosis (schwannosis), hipercrecimiento del neurilema o vaina de Schwann.

SCO (OBS), abreviatura de síndrome cerebral orgánico.
SD (OD'd), sobredosificado; generalmente hace referencia a la persona que padece los efectos secundarios derivados de una dosis excesiva de una sustancia de abuso.
SDR (RDS), abreviatura de síndrome de dificultad respiratoria. V. **síndrome de dificultad respiratoria del recién nacido**.
SDRA (ARDS), **1.** abreviatura de **síndrome de dificultad respiratoria aguda**. **2.** abreviatura de **síndrome de dificultad respiratoria del adulto**.
Se (Se), símbolo del **selenio**.
sebáceo (sebaceous), graso, aceitoso o grasiento, habitualmente referido a las glándulas secretoras de sebo de la piel o a sus secreciones.
sebo (sebum), secreción grasa de las glándulas sebáceas de la piel, compuesta por queratina, grasa y restos celulares. Combinado con el sudor, el sebo forma una capa húmeda, grasienta y ácida, ligeramente antibacteriana y antifúngica, que protege a la piel de la sequedad.
seborrea (seborrhea), cualquiera de un grupo de trastornos frecuentes de la piel en los que existe una producción exagerada de sebo que da lugar a una cantidad excesiva de grasa o a la presencia de escamas secas.
secante (dessicant), cualquier agente o método que favorece el secado o hace que se seque una sustancia.
sección (section), superficie de corte o pieza de un tejido.
seccionar (section), acto de cortar un tejido.
secobarbital (secobarbital), sedante e hipnótico prescrito para el tratamiento del insomnio y la agitación y como anticonvulsivante y sedante preoperatorio.
secreción (secretion), **1.** liberación de sustancias químicas elaboradas por las células de los órganos glandulares. **2.** sustancia liberada.
secreción apocrina (apocrine secretion), tipo de secreción de la glándula mamaria en la cual se desprende el extremo de la célula secretora, expulsando su contenido. Por tanto, la secreción contiene gránulos celulares además de líquido.
secreción bronquial (bronchial secretion), sustancia producida en el árbol bronquial formada por moco, sales proteicas, líquido plasmático y proteínas, una de las cuales es el fibrinógeno.
secreción del pezón (nipple discharge), exudación espontánea por el pezón, que puede ser normal, como el calostro durante el embarazo, o signo de enfermedades endocrinas, neoplásicas o infecciosas.
secreción holocrina (holocrine secretion), secreción constituida por células desintegradas o alteradas de la propia glándula, como por ejemplo las glándulas sebáceas.
secreción interna (internal secretion), tipo de secreción en el cual las sustancias pasan directamente de una glándula al torrente sanguíneo.
secreción merocrina (merocrine secretion), secreción en la que la célula secetora permanece intacta durante la producción y liberación del producto secretorio.
secretina (secretin), hormona digestiva producida por determinadas células de la mucosa duodenal y yeyunal cuando entran en el intestino ácidos grasos procedentes de alimentos parcialmente digeridos en el estómago. Estimula al páncreas para que produzca un líquido rico en sales, pero pobre en enzimas.
secreto inhibidor (secretoinhibitory), perteneciente a una función que inhibe la secreción.
secretor (secretory), perteneciente o que contribuye a la función de secreción.
secuela (sequela, *pl.* **sequelae**), cualquier irregularidad que sigue a una enfermedad, tratamiento o lesión, y es su consecuencia, como la parálisis que sigue a la poliomielitis.
secuencia (sequence), orden de disposición de objetos o hechos, como la secuencia de aminoácidos en una proteína.
secuencia consensuada (consensus sequence), (en genética molecular) secuencia en una cadena de nucleótidos del ARN que se utiliza como zona de inserción para unir al segmento una secuencia de ARN procedente de otra fuente.
secuencia cruzada (cross-sequential), (en estadística) relativo a datos que comparan varias cohortes en distintos momentos del tiempo.
secuencia de terminación (termination sequence), (en genética molecular) segmento de ADN situado al final de una unidad que se transcribe en ARN mensajero a partir de la plantilla de ADN.
secuencia del desarrollo (developmental sequence), orden en el cual cambia la estructura y la función durante el proceso de crecimiento y desarrollo de un organismo.
secuencia reguladora (regulatory sequence), (en genética molecular) serie de nucleótidos de ADN que regula la expresión de un gen.
secuencias Alu (Alu sequences), familia de secuencias repetidas del genoma humano.
secuestración (sequestration), **1.** método de control de las hemorragias de la cabeza o del tronco mediante el aislamiento del líquido presente en los brazos y piernas de la articulación general. **2.** perfusión de una parte no funcio-

nante de un pulmón a partir de la circulación sistémica.

secuestro (sequestrum, *pl.* **sequestra**), fragmento de hueso muerto parcial o totalmente desprendido del hueso sano circundante o adyacente.

secuestro farmacológico (drug sequestration), proceso mediante el cual se almacenan ciertos fármacos en el organismo. Ejemplo es el de la tetraciclina, que puede almacenarse en el tejido óseo, o la cloroquina, que se almacena en el hígado.

secuestro primario (primary sequestrum), fragmento de hueso necrosado que se separa completamente del hueso sano durante el proceso de necrosis.

secuestro secundario (secondary sequestrum), fragmento de hueso muerto que se separa parcialmente del hueso sano durante el proceso de necrosis, pero que puede ser empujado de nuevo a su sitio.

secundario (secondary), segundo en importancia o en frecuencia, o relativo al segundo orden de sofisticación o desarrollo, como en el caso de los centros de asistencia sanitaria secundaria o de educación secundaria.

secundigrávida (secundigravida), mujer en estado de gestación por segunda vez.

secundinas (secundines), la placenta, el cordón umbilical y las membranas del posparto.

secundípara (secundipara), mujer que ha dado a luz a dos niños viables en diferentes embarazos.

secuoyasis (sequoiasis), tipo de neumonitis por hipersensibilidad frecuente entre los trabajadores de aserraderos de secuoyas. Los antígenos son los hongos *Pullularia pullulans* y varias especies del género *Graphium* encontrados en el serrín enmohecido de la secuoya. Las características de la enfermedad aguda son: escalofríos, fiebre, tos, disnea, anorexia, náuseas y vómitos. Los síntomas de la enfermedad crónica son: tos productiva, disnea de esfuerzo, fatiga y pérdida de peso.

sed (thirst), deseo percibido de agua u otro líquido. La sensación de sed habitualmente se refiere a la boca y la garganta.

sedación (sedation), estado inducido de tranquilidad, calma o sueño, como el conseguido con una medicación sedante o hipnótica.

sedación consciente (conscious sedation), v. **anestesia consciente**.

sedante (sedative), **1.** relativo a una sustancia, procedimiento o medida que tenga un efecto calmante. **2.** agente que reduce la actividad funcional, disminuye la irritabilidad y alivia la excitación.

sedentario (sedentary), relativo a la situación de inactividad, como el trabajo o la actividad de ocio que se puede realizar en la postura de sedestación.

sedimentación (sedimentation), depósito de materiales insolubles en el fondo de un líquido. El proceso se puede acelerar mediante la centrifugación.

sedimento (sediment), depósito de material relativamente insoluble que se sitúa en el fondo de un contenedor de líquido.

sedimento alcalino (alkaline-ash), residuo urinario con un pH igual o mayor de 7.

sedimento urinario (urinary sediment), material sólido que aparece en el fondo de una muestra de orina tras permanecer en reposo durante varias horas.

segmentación (cleavage), **1.** series de sucesivas divisiones mitóticas de las células que se producen en el huevo inmediatamente después de la fertilización para formar una masa de células que transforma el cigoto monocelular en un embrión multicelular con capacidad de crecimiento y diferenciación. En este estadio inicial, mientras permanece uniforme el tamaño del cigoto, las células divisionarias o blastómeros se hacen más pequeñas con cada división. **2.** acto o proceso de separar o dividir, fundamentalmente la división de una molécula compleja en dos o más moléculas más simples. Algunos tipos de segmentación son: **segmentación desigual, segmentación determinada, segmentación igual, segmentación indeterminada, segmentación parcial** y **segmentación total**.

segmento (segment), componente, porción o parte de una estructura, como un lóbulo del hígado o una parte del intestino.

segmento ST (ST segment), componente del ciclo cardíaco que aparece en el electrocardiograma como una curva ascendente progresiva, corta, después del complejo QRS en espiga y antes del ascenso de la onda T. Representa el intervalo entre la despolarización completa al final de la contracción ventricular y el comienzo de la repolarización.

segregación (segregation), (en genética) principio que afirma que los pares de cromosomas portadores de genes procedentes de ambos padres se separan durante la meiosis. Sólo el azar determina qué gen, materno o paterno, viaja a cada gameto.

segregar (secrete), excretar una sustancia a una cavidad, vaso u órgano, o a la superficie de la piel, como en el caso de una glándula.

seguimiento horizontal (horizontal pursuit), examen visual en el que se pide al paciente que siga con ambos ojos los movimientos de un objeto diana en el plano horizontal mientras que el examinador observa la precisión de la alineación y otros factores.

segunda cuña (second cuneiform bone), v. **cuneiforme menor**.

segunda generación filial (second filial generation), v. $\mathbf{F_2}$.

segundo mensajero (second messenger), sustancia química del interior de una célula que transporta información por la vía señal desde la parte interna de un receptor que cruza la membrana, implantado en la membrana celular.

segundo par craneal (second cranial nerve), v. **nervio óptico**.

selección (selection), **1.** el acto o producto de una elección. **2.** (en genética) el proceso por el cual varios factores o mecanismos determinan y modifican la capacidad reproductora de un genotipo en una población específica, influyendo así en los cambios evolutivos. Algunos tipos de selección son: **selección artificial, selección natural** y **selección sexual**.

selectividad (selectivity), relación del factor de capacidad de dos sustancias medidas en condiciones cromatográficas idénticas.

selenio (Se) (selenium [Se]), elemento metaloide del grupo del azufre. Su número atómico es 34; su peso atómico, 78,96. El selenio se encuentra como oligoelemento en los alimentos, y se sigue investigando para determinar las cantidades diarias más eficaces para los diferentes grupos de edad.

selladores dentales (dental sealants), películas de plástico que se aplican a las superficies masticadoras de los dientes, para sellar defectos y hendiduras en donde normalmente quedan atrapados alimentos y bacterias.

sello (cachet), cápsula lenticular comestible que contiene una dosis de un medicamento.

sello terminal (tip seal), cierre de una ampolla realizado mediante la fusión de una bolita de cristal en el cuello de la ampolla.

semántica (semantics), el estudio del lenguaje, especialmente de los aspectos relacionados con el significado de las palabras u otros símbolos.

semen (semen), secreción blanquecina y espesa de los órganos reproductores masculinos, expulsada a través de la uretra en la eyaculación. Contiene varios componentes: los espermatozoos inmersos en su plasma nutriente y las secreciones de la próstata, las vesículas seminales y otras diversas glándulas.

semicoma (semicoma), v. **coma**.

semicomatoso (semicomatose), perteneciente a la situación de semicoma, reversible para el paciente.

semiconductor (semiconductor), sustancia cristalina sólida cuya conductividad eléctrica es intermedia entre la de un conductor y un aislante. Los **semiconductores de tipo n** tienen unos electrones con una unión muy laxa, relativamente libres para moverse dentro del material. Los **semiconductores de tipo p** presentan agujeros, o trampas positivas, en las cuales pueden unirse los electrones. Los agujeros pueden ser libres para desplazarse por el material.

semiconsciente (semiconscious), estado de consciencia deteriorado, caracterizado por obnubilación, estupor o hipersomnio, de la cual el paciente puede salir sólo si se le estimula enérgicamente.

semillas de plántago (plantago seed), laxante que aumenta el volumen obtenido de las semillas de *Plantago psyllium*. Se prescribe para el tratamiento del estreñimiento y de la diarrea inespecífica.

semilla de psilio (psyllium seed), v. **semillas de plántago**.

semilla de radón (radon seed), pequeño tubo cerrado herméticamente de vidrio o de oro que contiene radón, visible radiológicamente, para ser introducido en los tejidos corporales para el tratamiento de procesos malignos.

semimembranoso (semimembranosus), uno de los tres músculos femorales posteriores. Su tendón de inserción forma uno de los dos tendones poplíteos mediales. La función del músculo es la flexión de la pierna, su rotación medial después de la flexión y la extensión del muslo.

seminarcosis (seminarcosis), v. **sueño crepuscular**.

seminarios internos (in-service education), programa de instrucción o entrenamiento que proporciona un departamento o institución a sus empleados.

seminífero (seminiferous), que transporta o produce semen, como los túbulos testiculares.

seminoma (seminoma, *pl.* **seminomas, seminomata**), tumor maligno de los testículos. Es el tumor testicular más frecuente y se cree que deriva del epitelio seminífero de los testículos maduros o en vías de maduración.

seminoma ovárico (ovarian seminoma), v. **disgerminoma**.

semipermeable (semipermeable), membrana que permite el paso de algunas moléculas, pero evita el paso de otras.

semiprono (semiprone), decúbito lateral con el muslo del lado superior flexionado contra el abdomen y el brazo del lado inferior extendido hacia atrás.

semirrecostado (semirecumbent), posición reclinada.

semisintético (semisynthetic), perteneciente a una sustancia natural que ha sido alterada parcialmente mediante manipulación química.

semitendinoso (semitendinosus), uno de los tres músculos femorales posteriores del muslo. La función del músculo es la flexión de la pierna, su rotación medial después de la flexión y la extensión del muslo.

semivida ($v^{1}/_{2}$) (half-life [$t^{1}/_{2}$]), tiempo requerido para reducir la concentración de un fármaco a la mitad de su valor inicial.

semivida biológica (biologic half-life), tiempo necesario para que el organismo elimine la mitad de una dosis administrada de cualquier sustancia mediante los procesos fisiológicos normales.

semustina (semustine), antineoplásico prescrito para el tratamiento del carcinoma pulmonar de Lewis, de tumores cerebrales, el melanoma maligno y la enfermedad de Hodgkin.

sen (senna), hojas o vainas desecadas de *Cassia acutifolia* o *Cassia augustifolia*, utilizadas como catártico.

senescente (senescent), que está envejeciendo.

senil (senile), relacionado o característico de la edad avanzada o del proceso de envejecimiento, especialmente del deterioro físico o mental que acompaña al envejecimiento.

senilidad (senility), estado general de vigor mental y físico reducido asociado al envejecimiento.

seno (sinus), cavidad o conducto, como una cavidad en un hueso o un conducto dilatado con sangre venosa.

senopía (senopia), mejoría de la visión cercana del anciano debido a la miopía asociada a una creciente esclerosis nuclear lenticular.

sensación (sensation), **1.** sentimiento, impresión o conocimiento de un estado o situación corpóreo debido a la estimulación de una zona receptora sensitiva y la transmisión del impulso nervioso a lo largo de la fibra aferente hasta el cerebro. Algunos tipos de sensaciones son: **sensación epigástrica, sensación primaria, sensación referida, sensación retardada** y **sensación subjetiva**. **2.** sentimiento o consciencia de un estado mental o emocional, que puede producirse o no como respuesta a un estímulo externo.

sensación de impotencia (powerlessness), diagnóstico de enfermería, aprobado por la NANDA, de la pérdida de control sobre una situación o problema actual relacionado con la salud y la consciencia percibida por el paciente de que cualquier acción emprendida por uno mismo no afectará al resultado de la situación. Las características que lo definen son la expresión verbal de no tener control o influencia sobre el autocuidado, la situación en particular o su desenlace; apatía; depresión por el deterioro físico que se produce a pesar del seguimiento de los tratamientos; ausencia de participación o falta de interés por la forma de asistencia, por la toma de decisiones acerca de las pautas de tratamiento o en la valoración de los progresos; verbalización del descontento y de la frustración por la incapacidad para llevar a cabo antiguas actividades; rechazo a expresar los verdaderos sentimientos, ante el temor del alejamiento de los demás; irritabilidad o pasividad general; expresiones de resentimiento, miedo, culpa o duda sobre la representación de su papel e inseguridad por los cambios en los niveles de energía.

sensación de tope (end-feel), sensación que experimentan las manos del examinador al llegar al final del rango de movimientos. La sensación de tope se experimenta en los bloqueos capsulares, en el conducto interóseo, en los espasmos y en el bloqueo elástico.

sensación epigástrica (epigastric sensation), sensación desagradable, débil, de naturaleza poco precisa, que normalmente se localiza en la boca del estómago, pero que se puede producir en otro lugar de la región abdominal.

sensación primaria (primary sensation), sensación o impresión provocada directamente por un determinado estímulo.

sensación propioceptiva (proprioceptive sensation), sensaciones relacionadas con los movimientos del cuerpo y con la posición, como el movimiento de los brazos y piernas a partir de los estímulos recibidos por órganos sensoriales especializados situados en los músculos, tendones, articulaciones y el laberinto del oído. Los estímulos pueden generarse por los cambios en la tensión o estiramiento del músculo y como reacción a la fuerza que la gravedad ejerce sobre el organismo.

sensación referida (referred sensation), sensación o impresión de que se produce en un lugar diferente de donde se ha iniciado el estímulo.

sensación refleja (reflex sensation), v. **sensación referida**.

sensación retardada (delayed sensation), sentimiento o impresión que no se experimenta inmediatamente después del estímulo.

sensación subjetiva (subjective sensation), sentimiento o impresión no asociado a un estímulo externo o que no se debe directamente a él.

sensación superficial (superficial sensation), consciencia o percepción de sensaciones en las capas superficiales de la piel en respuesta al tacto, la presión, la temperatura y el dolor.

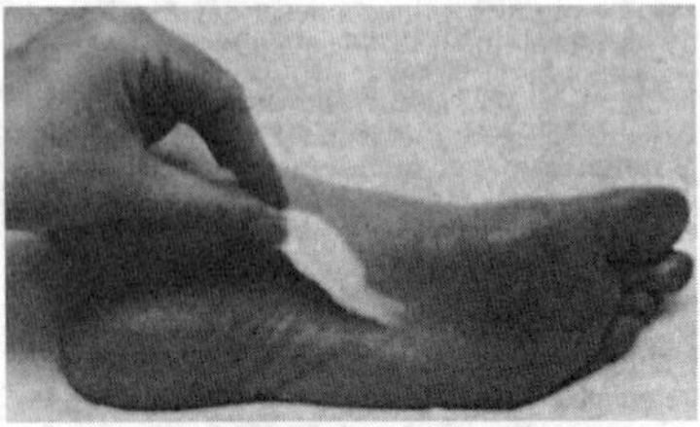

Sensación superficial táctil
(Seidel, 1991)

sensación táctil (tactile sensation), sensación del tacto.

sensibilidad (sensitivity), **1.** capacidad de sentir, transmitir o reaccionar a los estímulos. **2.** idiosincrasia reactiva frente a una sustancia, como un fármaco o un antígeno.

sensibilidad a la radiación (radiation sensitivity), medida de la respuesta del tejido a la radiación ionizante.

sensibilidad cruzada (cross sensitivity), sensibilidad a una sustancia que predispone a un individuo a mostrarse sensible a otras sustancias relacionadas por su estructura química.

sensibilidad cutánea (cutaneous sensation), la experimentada en los receptores de la piel o procedente de ellos.

sensibilidad de rebote (rebound tenderness), signo de inflamación del peritoneo en el cual el dolor se desencadena tras la retirada brusca de la mano que presiona el abdomen.

sensibilidad magnética (magnetic susceptibility), medida de la capacidad de una sustancia para ser magnetizada.

sensibilidad motora (motor sense), sensación o percepción que permite a la persona ejecutar movimientos voluntarios, lo que presumiblemente se consigue evocando un engrama sensorial o la memoria del modelo de ese movimiento específico.

sensibilidad profunda (deep sensation), consciencia o percepción de dolor, presión o tensión en las capas profundas de la piel, músculos, tendones o articulaciones.

sensibilización (sensitization), **1.** reacción adquirida en la cual se desarrollan anticuerpos específicos en respuesta a un antígeno. Esto se provoca de forma deliberada en la inmunización, mediante la inyección de un organismo patógeno alterado de tal forma que ya no es infeccioso, aunque conserva su capacidad para provocar la producción de anticuerpos que luchen contra la enfermedad. **2.** método fotodinámico para destruir microorganismos por medio de la introducción en una solución de algunas sustancias, como colorantes fluorescentes, que absorben la luz visible y emiten energía en longitudes de onda destructivas para el organismo. **3.** *no técnico*, anafilaxia.

sensibilizado (sensitized), relativo a tejidos que se han vuelto sensibles a sustancias antigénicas.

sensible (sensitive), **1.** capacidad para percibir o transmitir una sensación o estímulo. **2.** se dice de los microorganismos que se ven afectados por bajas concentraciones de fármacos antimicrobianos. **3.** anormalmente susceptible a una sustancia, como a un fármaco o a una proteína extraña.

sensitivo (sensory), **1.** relacionado con las sensaciones. **2.** perteneciente a una parte o a la totalidad de la red nerviosa sensitiva del organismo.

sensitivomotor (sensorimotor), perteneciente a ambas funciones, sensitiva y motora.

sensorio (sensorium), (en psicología) la parte de la consciencia que incluye los poderes de percepción sensorial especiales y su correlación e integración centrales en el cerebro. Un sensorio despejado implica la presencia de una memoria razonablemente precisa junto a una correcta orientación en cuanto a tiempo, lugar y persona.

sensual (sensual), relativo a un gran interés por el sexo, la comida u otras actividades sensoriales que producen satisfacción.

sentido (sense), **1.** facultad mediante la cual son percibidos los estímulos y se distinguen y evalúan situaciones fuera y dentro del cuerpo. Los sentidos principales son: vista, oído, olfato, gusto, tacto y presión. Otros sentidos son las sensaciones de hambre, sed, dolor, temperatura, propiocepción, espacial, temporal y viscerales. **2.** capacidad para sentir; sensación. **3.** capacidad para comprender; capacidad mental normal.

sentido cinestésico (kinesthetic sense), capacidad que permite ser consciente del movimiento muscular y de la postura. Al proporcionar información sobre músculos, tendones, articulaciones y otras partes del cuerpo mediante receptores, el sentido cinestésico ayuda a controlar y coordinar actividades, tales como las de pasear y hablar.

sentido especial (special sense), el sentido de la vista, el olfato, el gusto, el tacto o el oído.

sentido térmico (thermic sense), conjunto de órganos sensoriales y vías de conexión que permiten apreciar los cambios de temperatura.

sentido vibratorio (vibratory sense), capacidad para percibir las sensaciones vibratorias. Los receptores de la vibración del cuerpo se localizan en diversos lugares, desde la superficie de la piel hasta el periostio. Algunos responden sólo a ciertas frecuencias de vibración.

sentidor (sentient), que tiene sensibilidad o capacidad para sentir y percibir.

sentir (sense), percibir a través de un órgano de los sentidos.

señal analógica (analog signal), señal eléctrica continua que representa una información específica, como la temperatura o las ondas del ECG.

señales vocales (vocal cues), clase de comunicación no verbal compuesta por todos los ruidos y sonidos que constituyen sonidos añadidos al lenguaje.

señalización pasada (past pointing), incapacidad para situar con precisión un dedo en otra parte del cuerpo, lo que indica una falta de coordinación de los movimientos voluntarios.

separador (separator), instrumento para ser introducido entre los dientes y separarlos, utilizado en la exploración de las superficies dentales proximales y para el terminado de restauraciones proximales.

SEPE (SSSS), abreviatura de **síndrome estafilocócico de la piel escaldada**.

sepsis (sepsis), infección, contaminación.

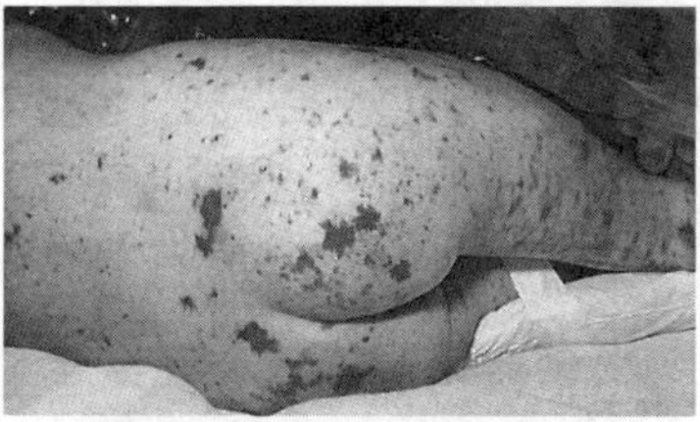

Sepsis meningocócica fulminante
(C. D. Forbes/W. F. Jackson, 1994)

sepsis puerperal (puerperal sepsis), infección adquirida durante el puerperio.

septicemia (septicemia), infección generalizada en la cual existen gérmenes patógenos en la corriente sanguínea circulante, diseminados a partir de una infección localizada en cualquier parte del cuerpo. Las características de la septicemia son: fiebre, escalofríos, postración, dolor, cefalea y náuseas o diarrea.

septicemia fúngica (fungal septicemia), forma de intoxicación sanguínea en la que el agente causal es un hongo.

séptimo par craneal (seventh cranial nerve), v. **nervio facial**.

septostomía (septostomy), creación de una abertura en un tabique mediante cirugía.

septostomía con balón (balloon septostomy), v. **procedimiento de Rashkind**.

septúpleto (septuplet), cada uno de los siete hijos nacidos de un único embarazo.

Ser (Ser), abreviatura de **serina**.

seriado (serial), relativo a una sucesión, disposición u orden de elementos.

serie (series, *pl.* **series**), cadena de objetos o acontecimientos dispuestos en un orden previsible, como la serie de estados que tiene que atravesar durante su desarrollo una célula sanguínea madura.

serie lineal (linear array), (en radiología) secuencia contigua de detectores discretos idénticos, que se utiliza con un generador de rayos X en abanico. Los detectores dan una lectura por cada pulso de rayos X. La señal electrónica producida se transforma en un número digital, y se almacena en la memoria de un ordenador.

serina (Ser) (serine [Ser]), aminoácido no esencial encontrado en muchas proteínas del cuerpo. Es un precursor de los aminoácidos glicina y cisteína.

seroconversión (seroconversion), modificación de las pruebas serológicas de negativo a positivo a medida que aparecen anticuerpos como respuesta a una infección o vacuna.

serodiagnóstico (serodiagnosis), utilización de pruebas serológicas para el diagnóstico de una enfermedad.

serología (serology), rama de la bioquímica médica que estudia el suero sanguíneo para detectar evidencias de infección mediante la evaluación de las reacciones antígeno-anticuerpo *in vitro*.

serólogo (serologist), bacteriólogo o técnico médico que prepara o supervisa la preparación de los sueros utilizados para diagnosticar y tratar enfermedades y para inmunizar a las personas frente a enfermedades infecciosas.

seronegativo (seronegative), prueba serológica con resultado negativo.

seropositivo (seropositive), prueba serológica con resultado positivo.

seroprevalencia (seroprevalence), prevalencia global de una enfermedad transmitida por la sangre dentro de una población definida en un tiempo determinado. Un ejemplo es la seroprevalencia del VIH.

serosa (serosa), cualquiera de las membranas que revisten las paredes de las cavidades corporales y segregan un exudado acuoso.

serosanguíneo (serosanguineous or serosanguinous), (de una secreción) poco denso y rojo; formado por suero y sangre.

seroso (serous), que se parece o produce suero.

serotonina (serotonin), derivado del triptófano que se produce de forma natural y se encuentra en las plaquetas y las células del cerebro y el intestino. Actúa como vasoconstrictor potente y como neurotransmisor.

serpiente de cascabel (rattlesnake), crotálido venenoso con una serie de segmentos córneos conectados de forma laxa al final de la cola que hacen un ruido semejante al de un cascabel cuando la agita. En América, incluidos los Estados Unidos, existen más de 25 especies de serpientes de cascabel. Su veneno contiene una hemotoxina y son las responsables de la mayor parte de las mordeduras por serpientes venenosas en Estados Unidos.

serpiente de coral (coral snake), serpiente venenosa con bandas transversales rojas, blancas y amarillas, nativa del sur de los Estados Unidos. Las mordeduras son poco frecuentes; no siempre existe dolor pero los efectos neuromusculares y respiratorios pueden ser graves.

Serratia (Serratia), género de bacilos móviles, gramnegativos, capaces de provocar infecciones en los seres humanos, incluyendo bacteriemia, neumonía e infecciones de las vías urinarias. Las infecciones por *Serratia* se adquieren muy frecuentemente dentro de los hospitales.

serrato mayor (serratus anterior), músculo delgado de la pared del tórax que se extiende desde las costillas, por debajo del brazo, hasta la escápula. Su acción es la rotación de la escápula y la elevación del hombro, como en la flexión y abducción completas del brazo.

sesamoideo (sesamoid), objetos nodulares que tienen la forma y el tamaño de las semillas de sésamo.

sesgo (bias), **1.** línea oblicua o diagonal. **2.** (en estadística) distorsión sistemática de una estadística causada por un proceso de muestreo particular.

sesgo de detección (detection bias), artefacto potencial en los datos epidemiológicos que resulta del empleo de una técnica o equipo diagnóstico determinado.

sésil (sessile), **1.** (en biología) unido por la base, en lugar de estarlo por un tallo o un pedúnculo, como una hoja unida directamente al tallo. **2.** conectado de forma permanente.

sesiones (rounds), *informal*, conferencia o reunión docente en la cual se comentan los problemas clínicos identificados en la práctica de la enfermería, de la medicina o de otros servicios. Algunos tipos de sesiones son: **sesiones ambulantes, sesiones de enfermería, sesiones docentes** y **sesiones principales**.

seta (mushroom), cuerpo afrutado del hongo de la clase de los Basidomicetos, especialmente de los miembros comestibles del orden Agaricales, conocidas como setas de campo o de pradera. Las setas están constituidas principalmente por agua y tienen un valor nutritivo limitado. La intoxicación por setas está producida por la ingesta de representantes del género Amanita, en particular *A. muscaria* y *A. phalloides*.

seudoalelo (pseudoallele), (en genética) uno de dos o más genes estrechamente ligados de un cromosoma, que parece funcionar como un miembro único de un par de alelos, pero que ocupa locus diferente, casi correspondientes, en cromosomas homólogos.

seudoanorexia (pseudoanorexia), trastorno en el que un individuo come en secreto mientras afirma no tener apetito y que le resulta imposible comer.

seudoanquilosis (pseudoankylosis), anquilosis fibrosa o falsa anquilosis causada por la falta de flexibilidad de las estructuras corporales situadas fuera de la articulación.

seudoataxia (pseudoataxia), pérdida de control sobre los movimientos voluntarios que no supone una lesión orgánica.

seudociesis (pseudocyesis), trastorno en la que una mujer cree que está embarazada cuando en realidad no lo está. El origen puede ser psicógeno o bien ser secundario a un tumor o disfunción endocrina.

seudocoxalgia (pseudocoxalgia), v. **enfermedad de Perthes**.

seudodemencia (pseudodementia), trastornos afectivos, particularmente depresión, que imitan los signos y síntomas de la demencia.

seudoembarazo (pseudopregnancy), v. **seudociesis**.

seudoestesia (pseudesthesia), sensación experimentada sin estímulo externo o que no se corresponde con el estímulo causal, como el dolor del miembro fantasma.

seudoestratificado (pseudostratified), relativo a un tipo de epitelio cilíndrico en el que los núcleos de las células están a diferentes niveles.

seudofractura (pseudofracture), trastorno caracterizado por signos radiológicos de engrosamiento del periostio y de formación de hueso nuevo sobre lo que parece una fractura incompleta.

seudogén (pseudogene), (en genética molecular) secuencia de nucleótidos que parecen un gen y del cual es posible que proceda, pero que carece de función genética.

seudoglotis (pseudoglottis), v. **neoglotis**.

seudogota (pseudogout), v. **condrocalcinosis**.

seudohermafroditismo (pseudohermaphroditism, pseudohermaphrodism), trastorno en el que una persona presenta las características somáticas de ambos sexos, aunque posea las características físicas de un varón (testículos) o de una mujer (ovarios).

seudohermafrodita (pseudohermaphrodite), sujeto con un trastorno congénito caracterizado por la presencia de gónadas masculinas o femeninas, aunque sus genitales externos sean del sexo opuesto o de ambos.

seudoictericia (pseudojaundice), coloración amarilla de la piel que no se debe a hiperbilirrubinemia. La ingesta exagerada de carotenos ocasiona una forma de seudoictericia.

seudomembrana (pseudomembrane), membrana constituida por fibrina coagulada, bacterias y leucocitos que aparece en la garganta de los pacientes con difteria.

seudomutualidad (pseudomutuality), (en psicoterapia) atmósfera creada por los miembros de la familia en la que existe una armonía superficial y un grado elevado de acuerdo entre ellos, pero en los que esta atmósfera de acuerdo oculta conflictos intrapsíquicos e interpersonales profundos y destructivos.

seudoparálisis espástica (spastic pseudoparalysis), v. **enfermedad de Creutzfeldt-Jakob**.

seudópodo (pseudopod), proceso protoplásmico, a modo de miembro transitorio, de una ameba que puede extenderse para impulsarse o para englobar los nutrientes.

seudoquiste (pseudocyst), espacio o cavidad que contiene gas o líquido pero que no está revestido por una membrana. Los seudoquistes son frecuentes después de una pancreatitis, cuando los jugos digestivos destruyen los conductos normales del páncreas y se acumulan en espacios revestidos por fibroblastos y por la superficie de órganos adyacentes.

seudorrubéola (pseudorubella), v. **roséola infantil**.

seudosclerema (pseudosclerema), v. **adiponecrosis subcutánea neonatal**.

seudotumor (pseudotumor), tumor falso. Un tipo de seudotumor es el **seudotumor cerebral**.

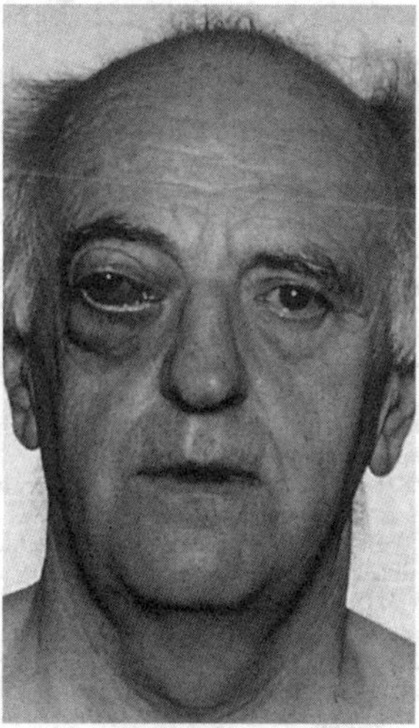

Seudotumor ocular
(R. Hall/D. C. Evered, 2.ª ed., 1992)

seudotumor cerebral (pseudotumor cerebri), trastorno caracterizado por un aumento de la presión intracraneal, cefaleas, vómitos y edema de papila sin signos neurológicos, excepto, ocasionalmente, parálisis del sexto par craneal.

seudoxantoma elástico (pseudoxanthoma elasticum), v. **síndrome de Grönblad-Strandberg**.

sexismo (sexism), la creencia de que un sexo es superior al otro y de que el superior tiene cualidades, derechos, prerrogativas y categorías superiores a los del sexo inferior.

sexo (sex), clasificación en macho o hembra basada en numerosos criterios, entre ellos las características anatómicas y cromosómicas.

sexo cromosómico (chromosomal sex), en los mamíferos, el sexo de un individuo determinado por la presencia o la ausencia del cromosoma Y.

sexo seguro (safe sex), prácticas sexuales íntimas entre personas que utilizan preservativos u otros métodos para evitar la transmisión por vía sexual de enfermedades y que no son promiscuos mediante otras relaciones sexuales con otras parejas. Aunque la seguridad completa es prácticamente imposible sin la abstinencia, los riesgos conocidos de las infecciones por los virus VIH u otros organismos transmitidos por contacto sexual se pueden reducir utilizando prácticas sexuales seguras.

sexta enfermedad (sixth disease), v. **roséola infantil**.

sextillizo (sextuplet), cada uno de los seis hijos nacidos de un único embarazo.

sexto par craneal (sixth nerve), v. **nervio motor ocular externo**.

sexual (sexual), relacionado con el sexo.

sexualidad (sexuality), suma de los atributos físicos, funcionales y psicológicos expresados por la identidad del propio sexo y el comportamiento sexual, estén relacionados o no con los órganos sexuales o la procreación.

SGOT (SGOT), abreviatura de **transaminasa glutámico oxalacética sérica**.

SGPT (SGPT), abreviatura de **transaminasa glutámico pirúvica sérica**.

SHF (FHS), abreviatura de **síndrome hidantoínico fetal**.

Shigella (Shigella) [Kiyoshi Shiga, bacteriólogo japonés, n. 1870], género de bacterias patógenas gramnegativas que provocan gastroenteritis y disentería bacteriana, como *Shigella dysenteriae*.

Shigella dysenteriae (Shigella dysenteriae), especie de la familia bacteriana *Enterobacteriaceae* que produce una forma grave de disentería en el ser humano. El subgrupo *dysenteriae* de la *Shigella* es el más frecuente en Asia y es especialmente virulento.

shigellosis (shigellosis), infección bacteriana aguda del intestino, caracterizada por diarrea, dolor abdominal y fiebre, que se transmite mediante el contacto mano a boca por las heces de individuos infectados con bacterias de una especie patógena del género *Shigella*. Estos organismos pueden ser transportados por las heces de personas asintomáticas durante varios meses, siendo posible su diseminación a través de objetos contaminados, alimentos o moscas, especialmente en áreas pobres y superpobladas.

shock (shock), trastorno en el que existe un flujo sanguíneo insuficiente a los tejidos periféricos del organismo, con disfunción celular que pone en peligro la vida, hipotensión y oliguria. Habitualmente, este trastorno va asociado a un gasto cardíaco insuficiente, alteración de la resistencia y distribución del flujo sanguíneo periférico y lesión hística. Los factores causales son: hemorragia, vómitos, diarrea, ingesta insuficiente de líquidos o pérdidas renales exageradas, lo que provoca hipovolemia. Los signos y síntomas de las diferentes clases de shock son similares y están relacionados con la hipovolemia. Existe una disminución del flujo sanguíneo, con la consiguiente reducción del aporte de oxígeno, nutrientes, hormonas y electrólitos a los tejidos corporales y una menor eliminación concomitante de los productos de desecho metabólicos. El pulso y la respiración están elevados. Puede haber taquicardia. Al principio, la presión arterial puede descender moderadamente. Con frecuencia, el paciente presenta signos de intranquilidad y ansiedad, efecto relacionado con la disminución del flujo sanguíneo cerebral. Puede haber también debilidad, letargo, palidez y piel húmeda y fría. A medida que el shock progresa, la temperatura corporal desciende, la respiración se hace rápida y superficial y la presión del pulso (la diferencia entre las presiones arteriales sistólica y diastólica) se estrecha. La excreción urinaria desciende. La hemorragia puede ser evidente u oculta, aunque otros factores, como vómitos o diarrea, pueden justificar el déficit de líquidos corporales. Algunos tipos de shock son: **shock anafiláctico, shock bacteriémico, shock cardiógenico, shock eléctrico, shock hipovolémico** y **shock neurógeno**.

shock anafiláctico (anaphylactic shock), reacción sistémica de hipersensibilidad de carácter grave y a veces mortal, que es consecuencia de la exposición a una sustancia sensibilizante, tal como un fármaco, una vacuna, ciertos alimentos, un suero, un extracto alergénico, un veneno de insectos o una sustancia química. Puede desarrollarse en un plazo de segundos desde el momento de la exposición, y generalmente se caracteriza por dificultad respiratoria y colapso vascular. Cuanto más precoz sea la aparición de la reacción atópica sistémica en el sujeto después de la exposición, más grave será el shock asociado a aquélla. El alergeno responsable penetra en la circulación sistémica y desencadena una respuesta humoral incompleta que permite su combinación con IgE y origina la liberación de histamina. También reacciona con IgG e IgM, lo cual activa las fracciones del complemento, estimulando más aún la acción de la histamina.

shock bacteriémico (bacteremic shock), v. **shock séptico**.

shock cardiogénico (cardiogenic shock), trastorno caracterizado habitualmente por un bajo gasto cardíaco asociado a infarto agudo de miocardio e insuficiencia cardíaca congestiva. El shock cardiogénico es mortal en cerca del 80% de los casos, siendo necesario un tratamiento inmediato para salvar a los individuos afectados. Dependiendo de los signos, el tratamiento puede incluir la administración de líquidos, diuréticos o fármacos vasoactivos y la aplicación de instrumental diverso como catéteres marcapasos.

shock eléctrico (electric shock), estado físico traumático producido por el paso de una corriente eléctrica a través del cuerpo. Suele producirse por el contacto accidental con partes expuestas de circuitos eléctricos en electrodomésticos y enchufes, aunque también lo pueden producir los rayos o el contacto con cables de alto voltaje. La lesión eléctrica que se produce al pasar la electricidad por el cuerpo depende de la intensidad de la corriente eléctrica, el tipo de corriente y la duración y frecuencia del fluido eléctrico. El shock eléctrico grave suele producir pérdida de conocimiento, parálisis respiratoria, contracciones musculares, fracturas óseas y alteraciones cardíacas.

shock endotóxico (endotoxic shock), shock séptico que se produce en respuesta a la liberación de endotoxinas producidas por las bacterias gramnegativas. La toxina se libera tras la muerte de la célula bacteriana.

shock hematogénico (hematogenic shock), shock causado por la pérdida de sangre o plasma.

shock hemorrágico (hemorrhagic shock), estado de colapso físico y de postración asociado a la pérdida rápida y repentina de cantidades significativas de sangre. Las lesiones traumáticas graves causan a menudo pérdidas de sangre y estas pérdidas, a su vez, producen un descenso de la tensión arterial en los individuos afectados.

shock hipovolémico (hypovolemic shock), estado de colapso físico y postración causado por la pérdida masiva de sangre, disfunción circulatoria y perfusión tisular inadecuada. Los signos habituales son hipotensión arterial, pulso débil, piel fría y húmeda, taquicardia, respiración rápida y disminución del volumen de orina. Las pérdidas sanguíneas asociadas pueden proceder de una hemorragia GI, interna, externa o de una reducción excesiva del volumen plasmático intravascular y de los líquidos corporales. La deshidratación por transpiración excesiva, la diarrea severa, los vómitos prolongados, la obstrucción intestinal, la peritonitis, la pancreatitis aguda y las quemaduras severas, con depleción de los líquidos corporales, pueden desencadenar un shock hipovolémico.

shock insulínico (insulin shock), «shock» hipoglucémico producido por una sobredosis de insulina, disminución de la ingesta de alimentos o ejercicio excesivo. Se caracteriza por sudoración, temblores, escalofríos, nerviosismo, irritabilidad, hambre, alucinaciones, entumecimiento y palidez. Si no se corrige, puede progresar a convulsiones, coma y muerte. Su tratamiento requiere el aporte inmediato de glucosa.

shock medular (spinal shock), forma de shock asociada a lesiones agudas de la médula espinal.

shock neurogénico (neurogenic shock), forma de shock debido a dilatación vascular periférica, como consecuencia de una lesión neurógena.

shock por anestesia (anesthesia shock), situación de shock provocada por una dosis excesiva de anestésico.

shock por exceso de rapidez (speed shock), reacción fisiológica adversa y brusca de un paciente a medicaciones o drogas intravenosas que son administradas demasiado deprisa. Algunos signos de shock por exceso de rapidez son: rubor facial, cefalea, sensación de opresión precordial, pulso irregular, pérdida de consciencia y parada cardíaca.

shock primario (primary shock), estado de colapso físico comparable al del desmayo. Puede estar provocado por un dolor ligero, como el producido por la venopunción, por un sobresalto. El shock primario suele ser leve, autolimitado y de corta duración.

shock quirúrgico (surgical shock), shock que aparece tras la cirugía, con signos de hipovolemia, insuficiencia circulatoria periférica, sudoración, sed, intranquilidad y cianosis de las extremidades.

shock secundario (secondary shock), estado de colapso físico y postración causado por numerosos procesos traumáticos y patológicos. Se desarrolla un cierto tiempo después de una lesión hística grave, pudiendo continuar directamente el shock primario. Se acompaña de varios signos, como debilidad, intranquilidad, baja temperatura corporal, hipotensión arterial, sudoración fría y disminución de la excreción urinaria. En este estado, la presión arterial desciende progresivamente, pudiendo producirse la muerte en un tiempo relativamente corto después de su aparición, a menos que se instituya un tratamiento adecuado. El shock secundario se asocia con frecuencia al golpe de calor, las lesiones por aplastamiento, el infarto de miocardio, el envenenamiento, las infecciones fulminantes, las quemaduras y otros trastornos que ponen en peligro la vida. La anatomía patológica de este estado refleja los cambios sufridos en los capilares, que aparecen dilatados y con congestión sanguínea.

shock séptico (septic shock), forma de shock que se produce en la septicemia cuando son liberadas a la circulación sanguínea las endotoxinas producidas por ciertas bacterias. Las endotoxinas provocan un descenso de la resistencia vascular, dando lugar a un brusco descenso de la presión arterial. También se puede producir fiebre, taquicardia, taquipnea y confusión o coma. Habitualmente, el shock séptico va precedido de signos de infección grave, generalmente de los aparatos genitourinario o GI. Son tipos de shock séptico el **shock bacteriémico** y el **síndrome del shock tóxico**.

shock traumático (traumatic shock), estado emocional o psicológico que sigue a un traumatismo y que puede producir un comportamiento anómalo. Los tipos más frecuentes son el shock hipovolémico por pérdida sanguínea y el shock neurogénico por una interrupción de la integridad de la médula espinal.

shock vasógeno (vasogenic shock), shock debido a la dilatación vascular periférica producida por ciertos factores, como algunas toxinas, que afectan directamente a los vasos sanguíneos.

Si (Si), símbolo del **silicio**.

SI (SI), abreviatura de **Sistema Internacional de Unidades**.

si op. sit (si op. sit), abreviatura latina que significa «si es necesario».

SIADH (SIADH), abreviatura de **síndrome de secreción inadecuada de hormona antidiurética**.

sialadenitis (sialadenitis), inflamación de una o más glándulas salivales.

sialagogo (sialogogue), todo lo que estimula la secreción de saliva.

sialografía (sialography), técnica radiológica en la cual se fotografía una glándula salival después de inyectar una sustancia opaca en su conducto.

sialograma (sialogram), imagen radiográfica de los conductos y glándulas salivares.

sialolitiasis (sialolithiasis), trastorno patológico en el cual se forman uno o más cálculos en una glándula salival.

sialolito (sialolith), cálculo formado en una glándula o conducto salival.

sialorrea (sialorrhea), flujo exagerado de saliva que puede ir asociado a diversas alteraciones, como inflamación aguda de la boca, retraso mental, mercurialismo, embarazo, dentición, alcoholismo o malnutrición.

sibilancia (wheeze), forma de roncus caracterizada por un tono musical agudo. Se produce al pasar aire a una velocidad elevada a través de una vía estrechada, y se escucha tanto en inspiración como durante la espiración.

sibilante (sibilant), que se percibe como un sonido silbante o en el que la «S» es el sonido predominante.

sic (sic), expresión latina que significa «por lo tanto».

sicosis de la barba (sycosis barbae), inflamación de los folículos pilosos de la piel afeitada.

SIDA (AIDS), abreviatura de **síndrome de inmunodeficiencia adquirida**.

SIDA perinatal (perinatal SIDA), SIDA adquirido por los lactantes y niños a partir de sus madres durante el embarazo, el parto o por la ingestión de leche materna infectada.

sideroblasto (sideroblast), célula roja nucleada, rica en hierro, presente en la médula ósea.

siderocito (siderocyte), eritrocito anormal en el que existen partículas visibles de hierro no hemoglobínico.

siderosis (siderosis), **1.** variedad de neumoconiosis provocada por la inhalación de partículas o polvo de hierro. **2.** la introducción de un color oscuro en cualquier tejido debido a la presencia de una cantidad excesiva de hierro. **3.** aumento de la cantidad de hierro en la sangre.

siderosis hepática (hepatic siderosis), enfermedad crónica en la que la hemosiderina, un pigmento que contiene hierro, se acumula en el hígado y causa una pigmentación bronceada de la piel.

sierra de escayola (cast saw), sierra utilizada para cortar una escayola.

sievert (Sv) (sievert [Sv]) [R. M. Sievert, físico sueco del siglo XX], unidad de radiación equivalente a una dosis unitaria. El sievert tiene idénticas unidades para el gris y se calcula multiplicando la dosis absorbida por el factor de calidad, número que se ha determinado para comparar de forma precisa las consecuencias para la salud de este tipo de radiación con las de los rayos X.

sífilis (syphilis), enfermedad de transmisión sexual provocada por una espiroqueta, *Treponema pallidum*, y caracterizada por su desarrollo en distintos estadios sucesivos durante un período de años. Puede afectarse cualquier sistema orgánico. La espiroqueta es capaz de atravesar la placenta humana, provocando una sífilis congénita. El primer estadio **(sífilis primaria)** está marcado por la aparición de pequeñas pústulas rojas, no dolorosas, en la piel o las mucosas entre 10 y 90 días después de la exposición. La lesión puede aparecer en cualquier lugar del cuerpo en el que se haya producido el contacto con una lesión o una persona infectada, aunque el lugar más frecuente es la región anogenital. Se erosiona rápidamente, formándose una úlcera no dolorosa, que no sangra, llamada chancro, de la cual exuda un líquido en el que abundan las espiroquetas. Cura espontáneamente en 10 a 40 días, con frecuencia dando la impresión equivocada de que la úlcera no revestía gravedad. El segundo estadio **(sífilis secundaria)** se produce unos dos meses más tarde, una vez que ha aumentado el número de espiroquetas y se han diseminado por todo el cuerpo. Este estadio se caracteriza por malestar general, anorexia, náuseas, fiebre, cefaleas, alopecia y dolor óseo y articular, o por la aparición de un exantema morbiliforme no pruriginoso, úlceras planas blancas en la boca y la garganta o pápulas de condiloma plano en las zonas húmedas de la piel. En este estadio, la enfermedad todavía es muy contagiosa y se puede propagar a través del beso. El tercer estadio **(sífilis terciaria)** puede no desarrollarse hasta 3 o, incluso, 15 años más tarde. Se caracteriza por la aparición de tumores blandos, elásticos, que reciben el nombre de gomas, que se ulceran y curan por cicatrización. Los gomas se pueden desarrollar en cualquier parte de la superficie corporal, así como en ojo, hígado, pulmón, estómago u órganos reproductores. La sífilis terciaria puede no ser dolorosa, y pasar desapercibida excepto por los gomas, o bien puede ir acompañada de un dolor profundo, perforante. La ulceración de los gomas puede provocar lesiones en sacabocados en paladar, tabique nasal o laringe. Se pueden afectar o destruir diversos tejidos y estructuras del cuerpo, incluyendo el sistema nervioso central, el miocardio y las válvulas cardíacas, provocando incapacidad mental o física y muerte prematura. La **sífilis congénita,** provocada por la infección prenatal, puede dar lugar al nacimiento de un niño ciego y con deformidades. En algunos casos, el niño parece estar bien hasta que, cuando ya tiene algunas semanas de edad, presenta respiración nasal ruidosa, en ocasiones con una secreción sanguinolenta o mucopurulenta, observándose lesiones cutáneas, especialmente en las palmas de las manos y las plantas de los pies o en la región genital. Estos niños pueden presentar también defectos visuales o de audición y desarrollar progeria y mal estado general. En muchos países es obligatorio comunicar al Ministerio de Sanidad los casos activos y serológicamente documentados de sífilis.

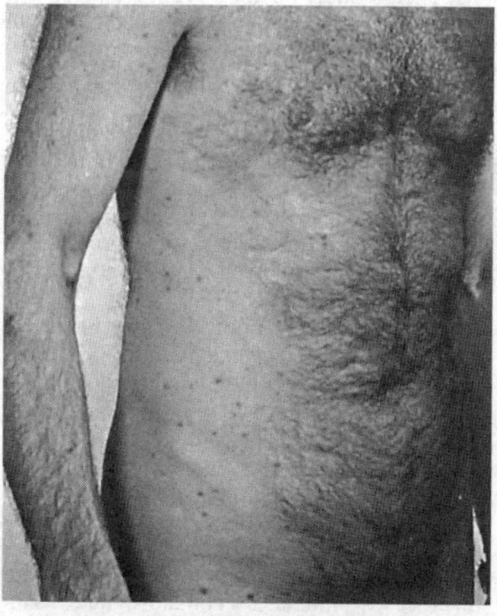

Exantema de la sífilis secundaria
(A. du Vivier, 2.ª ed., 1995)

sig. (sig.), abreviatura de la expresión latina *signatura,* que significa «etiquétese según la prescripción».

sigma, Σ, c (sigma, Σ, c), decimoctava letra del alfabeto griego.

Sigma Theta Tau (Sigma Theta Tau), sociedad norteamericana honorífica nacional de profesionales de la enfermería.

Sigma Theta Tau International (Sigma Theta Tau International), sociedad honorífica internacional para profesionales de la enfermería.

sigmoide (sigmoid), **1.** relativo a la forma en S. **2.** colon sigmoide.

sigmoidectomía (sigmoidectomy), extirpación de la flexura sigmoidea del colon, realizada con la mayor frecuencia para extirpar un tumor maligno.

sigmoidoscopia (sigmoidoscopy), exploración del recto y del colon sigmoide con ayuda de un sigmoidoscopio.

sigmoidoscopio (sigmoidoscope), instrumento utilizado para explorar la luz del colon sigmoide. Consiste en un tubo y una luz, permitiendo la visualización directa de la mucosa que reviste el colon.

significación (significance), **1.** (en investigación) probabilidad estadística de que un determinado hallazgo sea poco probable que se haya producido únicamente por casualidad. **2.** importancia de un estudio para el desarrollo de una práctica o teoría, como en la práctica de la enfermería.

significación estadística (statistical significance), interpretación de datos estadísticos que indica que el resultado obtenido se debe probablemente a un factor causal y no al azar.

Una significación estadística del 1% indica que hay una posibilidad entre 100 de que el resultado pueda ser atribuido al azar.

signo (sign), hallazgo objetivo percibido por un examinador, como fiebre, una erupción, el murmullo que se percibe sobre el tórax en los derrames pleurales o la banda clara observada en el pelo de los niños cuando se recuperan de un kwashiorkor. Muchos signos acompañan a síntomas, como el eritema y la erupción maculopapular que se observan con frecuencia cuando un paciente se queja de prurito.

signo de Bard (Bard's sign) [Louis Bard, anatomista francés, n. 1857], aumento de oscilaciones del globo ocular en el nistagmo orgánico cuando el paciente intenta seguir con la mirada un objeto que se mueve de un lado a otro a lo largo de la línea visual.

signo de Battle (Battle's sign) [Willian H. Battle, cirujano inglés, n. 1855], pequeña mancha hemorrágica detrás del pabellón auricular cuya presencia puede indicar la existencia de una fractura ósea de la región inferior del cráneo.

signo de Brudzinski (Brudzinski's sign) [Josef Brudzinski, médico polaco, n. 1874], flexión involuntaria del brazo, la cadera y la rodilla, cuando se flexiona pasivamente el cuello. Este signo aparece en pacientes con meningitis.

signo de Chaddock (Chaddock sign), variación del reflejo de Babinski provocado al rozar con firmeza el lado del pie inmediatamente distal al maléolo externo, caracterizado por la extensión del primer dedo y apertura en abanico de los restantes.

signo de Chadwick (Chadwick sign) [James R. Chadwick, ginecólogo norteamericano, n. 1844], coloración violeta de la vulva y de la vagina que aparece después de seis semanas de embarazo como resultado normal de la congestión venosa local. Es un signo precoz de embarazo.

signo de Chvostek (Chvostek's sign) [Franz Chvostek, cirujano austriaco, n. 1835], espasmo anormal de los músculos faciales al percutir suavemente el nervio facial en pacientes hipocalcémicos. Es un signo de tetania.

signo de Chvostek-Weiss (Chvostek-Weiss sign), v. **signo de Chvostek**.

signo de Cullen (Cullen's sign) [Thomas S. Cullen, ginecólogo norteamericano, n. 1868], aparición de manchas cutáneas hemorrágicas tenues, de forma irregular, alrededor del ombligo. Pueden aparecer 1 o 2 días después del inicio de la anorexia y de los dolores abdominales severos, mal localizados, característicos de la pancreatitis aguda.

signo de Faget (Faget's sign) [Jean Faget, médico norteamericano, n. 1818], descenso de la frecuencia cardíaca asociada a una temperatura constante o un pulso constante asociado a una temperatura en aumento.

signo de Friedreich (Friedreich's sign) [Nikolaus Friedreich, médico alemán, n. 1825], colapso diastólico de las venas yugulares cuando existen adherencias en el pericardio.

signo de Goodell (Goodell's sign) [William Goodell, ginecólogo norteamericano, n. 1829], ablandamiento del cuello uterino, signo probable de embarazo.

signo de Grey Turner (Grey Turner's sign), equimosis en la piel del lomo que aparece en la pancreatitis hemorrágica aguda.

signo de Hegar (Hegar's sign) [Alfred Hegar, ginecólogo alemán, n. 1830], reblandecimiento del istmo del cuello uterino al inicio de la gestación. Es un signo probable de embarazo.

signo de Heimlich (Heimlich sign) [H. J. Heimlich, médico norteamericano, n. 1920], señal universal de dificultad respiratoria indicadora de que una persona se asfixia y no puede hablar, realizada agarrándose la garganta con los dedos índice y pulgar, atrayendo así la atención de las personas próximas.

signo de Homans (Homans sign) [John Homans, cirujano norteamericano, n. 1877], dolor en la pantorrilla con la dorsiflexión del pie, indicador de tromboflebitis o trombosis.

signo de Jacquemier (Jacquemier's sign) [Jean M. Jacquemier, obstetra francés, n. 1806], intensificación del color de la mucosa vaginal inmediatamente por debajo del orificio uretral. A veces se aprecia después de la cuarta semana de gestación.

signo de Kernig (Kernig's sign) [Vladimir M. Kernig, médico ruso, n. 1840], signo diagnóstico de la meningitis caracterizado por la pérdida de capacidad del paciente, sentado o en decúbito supino, de extender por completo la pierna cuando el muslo se encuentra flexionado sobre el abdomen.

signo de Koranyi (Koranyi's sign) [Friedrich von Koranyi, médico húngaro, n. 1828], área de matidez paravertebral de localización posterior que se observa en el lado opuesto a un derrame pleural.

signo de Kussmaul (Kussmaul's sign), **1.** elevación paradójica de la presión venosa con distensión de las venas yugulares durante la inspiración, como se observa en la pericarditis constrictiva o los tumores del mediastino. **2.** procesos comiciales y comatosos que se asocian a alteraciones GI, producidos por la absorción de una sustancia tóxica.

signo de la pupila de Marcus Gunn (Marcus Gunn pupil sign) [Robert Marcus Gunn, oftalmólogo inglés, n. 1850], dilatación paradójica de las pupilas durante el examen oftalmoscópico en respuesta a un estímulo visual aferente. En una habitación oscura, el rayo de luz se mueve de un ojo a otro. Normalmente se produce miosis por el reflejo pupilar consensuado cuando se ilumina el ojo normal; pero cuando se desplaza la luz hacia el ojo contrario, el afectado, el reflejo directo a la luz es más débil que el reflejo consensuado; de ahí que ambas pupilas se dilaten.

signo de la silueta (silhouette sign), artefacto radiológico provocado por un infiltrado que oscurece la línea de demarcación entre los segmentos pulmonares.

signo de Lhermitte (Lhermitte sign) [Jacques J. Lhermitte, neurólogo francés, n. 1877], choques seudoeléctricos, repentinos y transitorios que se extienden por el cuerpo hacia abajo cuando se flexiona la cabeza hacia delante; aparece fundamentalmente en la esclerosis múltiple, pero también en alteraciones compresivas de la médula espinal cervical.

signo de McBurney (McBurney's sign), reacción de un paciente que indica dolor intenso y molestia extrema a la palpación del punto de McBurney. Esta reacción indica apendicitis.

signo de McMurray (McMurray's sign) [Thomas P. McMurray, cirujano inglés, n. 1887], clic audible que se escucha cuando se rota la tibia sobre el fémur, que indica lesión de las estructuras meniscales.

signo de Murphy (Murphy's sign), prueba que se realiza en las enfermedades de la vesícula biliar, en la que se pide al paciente que inspire mientras los dedos del examinador se sitúan por debajo del reborde hepático, en el borde de la parrilla costal. La inspiración produce el descenso de la vesícula biliar hacia los dedos, apareciendo dolor si la vesícula está inflamada.

signo de Naffziger (Naffziger sign), signo diagnóstico de ciática o herniación del núcleo pulposo. Al presionar el examinador la vena yugular externa se produce irritación neural.

signo de Nikolsky (Nikolsky's sign), separación fácil del estrato córneo de la epidermis de la capa de células basales, sólo con el frotamiento de áreas de piel aparentemente normales. Se da en el pénfigo y en ciertas otras enfermedades ampollosas.

signo de Ortolani (Ortolani sign), chasquido audible que se oye al explorar una cadera con luxación congénita. Se observa en los lactantes al introducir la cadera en el acetábulo.

signo de Raynaud (Raynaud's sign), v. **acrocianosis**.

signo de Romberg (Romberg sign) [Moritz H. Romberg, médico alemán, n. 1795], indicador de la pérdida del sentido de la posición, en el que el paciente pierde el equilibrio al permanecer de pie erguido, con los pies juntos y los ojos cerrados.

signo de Rovsing (Rovsing's sign) [Nils T. Rovsing, cirujano danés, n. 1862], indicador de apendicitis aguda en el cual la presión sobre el cuadrante inferior izquierdo del abdomen provoca dolor en el cuadrante inferior derecho.

signo de Tinel (Tinel's sign) [Jules Tinel, neurocirujano francés, n. 1879], signo que indica la irritabilidad de un nervio, produciéndose una sensación de hormigueo distal al percutir el nervio dañado.

signo de Trousseau (Trousseau's sign) [Armand Trousseau, médico francés, n. 1801], prueba para detectar la tetania latente en la que se induce el espasmo del carpo insuflando un esfigmomanómetro en la parte superior del brazo a una presión que supere la presión sistólica durante 3 minutos.

signo de Turner (Turner's sign), v. **signo de Grey Turner**.

signo de Weiss (Weiss' sign), v. **signo de Chvostek**.

signo de Westermark (Westermark's sign), ausencia de datos radiológicos sobre la presencia de vasos sanguíneos más allá de la localización de un embolismo pulmonar.

signo del cajón (drawer sign), signo diagnóstico de rotura o desgarro de un ligamento de la rodilla. Se comprueba haciendo que el paciente flexione la rodilla en ángulo recto, mientras el examinador sujeta la pantorrilla inmediatamente por debajo de la rodilla y la atrae primero hacia sí, para alejarla a continuación. La prueba indica lesión de rodilla si puede separarse la cabeza tibial más de 1 cm de la articulación.

signo del cajón posterior (posterior drawer sign), prueba ortopédica en la que el paciente se sitúa con las caderas a 45 grados y las rodillas flexionadas a 90 grados, mientras que el explorador se sienta en el pie y empuja la tibia hacia atrás. También, con ambas caderas y rodillas flexionadas a 90 grados, se mantienen los talones juntos y se observan las rodillas comparando la curvatura posterior relativa de la tibia.

signo del obturador (obturator sign), prueba diagnóstica de la apendicitis. La rotación interna de la cadera y la consiguiente contracción del obturador interno producen dolor abdominal.

signo del pico de moco (peak mucus sign), moco cervical lubricante, entre turbio y blanco transparente, que se produce durante los períodos en los que la concentración de estrógenos es más elevada, especialmente en el momento de la ovulación.

signo del pulgar (thumb sign), flexión de la falange terminal del pulgar contra el dedo índice flexionado, como si se sujetara un papel. Se observa en pacientes que no son capaces de aducir el pulgar como consecuencia de una lesión cubital.

signo físico (physical sign), indicador objetivo presente en el diagnóstico físico o el detectado por palpación, percusión o auscultación.

signo neurológico leve (soft neurologic sign), anomalía neurológica leve o ligera difícil de detectar o interpretar.

signo objetivo (objective sign), observación clínica que se basa en algo que se puede observar, oír, medir o registrar de cualquier modo por el médico examinador o por cualquier otro profesional sanitario.

signo piramidal de Barré (Barré's pyramidal sign) [Jean A. Barré, neurólogo francés, n. 1880], incapacidad de un hemipléjico para mantener una posición flexionada del lado de la lesión cuando se coloca en una posición prona con los miembros inferiores flexionados 90 grados por las rodillas.

signo piramidal de Barré (Barré's pyramidal sign) [Jean A. Barré, neurólogo francés, n. 1880], signo diagnóstico de una lesión cerebral prefrontal observado como un fenómeno en el cual el movimiento lateral o vertical de una pierna en un paciente recostado, va seguido de un movimiento similar de la otra pierna.

signos de Guedel (Guedel's signs) [Arthur E. Guedel, anestesista norteamericano, n. 1883], sistema para describir los estadios y planos de la anestesia durante una intervención quirúrgica. El **estadio I** (amnesia y analgesia) comienza con la administración de un anestésico y continúa hasta la pérdida de consciencia. El **estadio II** (delirio o excitación) comienza con la pérdida de consciencia e incluye el comienzo de la anestesia total. El **estadio III** (anestesia quirúrgica) comienza con el establecimiento de un patrón regular de respiración y la pérdida total de consciencia e incluye el período en el que aparecen los primeros signos de insuficiencia respiratoria o cardiovascular. Este estadio se divide en cuatro planos: en el *plano 1*, cesan todos los movimientos y la respiración es regular y «automática». En el *plano 2* los globos oculares comienzan a centrarse, las conjuntivas pierden brillo y disminuye la actividad muscular intercostal. En el *plano 3* se produce la parálisis intercostal y la respiración se hace estrictamente diafragmática. En el *plano 4* se alcanza la anestesia profunda, cesando la respiración espontánea, con ausencia de sensibilidad. El **estadio IV** (premortem) es de alarma. Esta fase se caracteriza por una dilatación máxima de las pupilas y la piel está fría y pálida. La tensión arterial es extremadamente baja, a menudo no se puede registrar y el pulso humeral es mínimo o ausente. La parada cardíaca es inminente.

signos de presunción (presumptive signs), manifestaciones que indican un embarazo, aunque no sean necesariamente positivas. Entre los signos de presunción están la ausencia de menstruación y los mareos matutinos.

signos de tracto longitudinal (long tract signs), signos neurológicos, como el clonus, espasticidad muscular o afectación vesical, que normalmente indican una lesión en las porciones media o superior de la médula espinal o en el encéfalo.

signos positivos de embarazo (positive signs of pregnancy), tres signos inequívocos de embarazo: tonos cardíacos fetales, escuchados en la auscultación; esqueleto fetal, observado en una radiografía o en una ecografía, y partes fetales, percibidas por palpación.

signos probables (probable signs), signos clínicos de que existen pruebas claras de embarazo. Algunos signos probables son el aumento de tamaño del abdomen, el signo de Goodell, el signo de Hegar, el signo de Braxton Hicks y los resultados positivos de las pruebas hormonales.

signos vitales (vital signs), medidas correspondientes a la frecuencia del pulso, la frecuencia respiratoria y la temperatura corporal. Aunque en sentido estricto no es un signo vital, la presión arterial también se suele incluir.

silanización (silanization), (en cromatografía) proceso químico para pasar los componentes SiOH de una forma estacionaria a la forma éster.

silicio (Si) (silicon [Si]), elemento no metálico que, después del oxígeno, es el más abundante. Su número atómico es 14; su peso atómico, 28. En la naturaleza se presenta como dióxido de silicio y en los silicatos. Los silicatos se utilizan como detergentes, inhibidores de la corrosión, adhesivos y para sellados herméticos.

silicona (silicone), cualquiera de una serie de compuestos polímeros de silicio orgánico utilizados en medicina, como adhesivo, lubricante o sustituto de la goma, especialmente en aparatos protésicos.

silicona inyectable (injectable silicone), compuestos orgánicos poliméricos de silicona para inyección en cirugía plástica. Las siliconas se inyectan debajo de la piel con fines estéticos.

silicosis (silicosis), trastorno pulmonar causado por la inhalación continua y prolongada del polvo de un compuesto inorgánico, el dióxido de silicio, que se encuentra en arenas, cuarzos, pedernal y muchas otras clases de piedra. La silicosis se caracteriza por el desarrollo de una fibrosis nodular en los pulmones. En casos avanzados puede aparecer una disnea muy importante.

silla de parto (birthing chair), silla utilizada en el parto para favorecer el bienestar materno y la eficiencia del parto. Esta silla permite a la mujer sentarse derecha o reclinarse. La posición vertical parece acortar el tiempo del parto, especialmente el segundo estadio o de expulsión, probablemente por la fuerza de la gravedad y por una mayor participación de la madre.

silla de ruedas (wheelchair), silla móvil equipada con grandes ruedas y frenos.

silla orinal (potty chair), silla pequeña que tiene un asiento que se levanta sobre un orinal extraíble, utilizada para la educación de esfínteres de los niños pequeños.

silla turca (sella turcica), depresión transversa que cruza la línea media en la superficie superior del cuerpo del hueso esfenoides y contiene la glándula hipofisaria.

simbiosis (symbiosis), **1.** (en biología) forma de vida caracterizada por una estrecha asociación entre organismos de diferentes especies, habitualmente en una relación mutuamente beneficiosa. **2.** (en psiquiatría) estado en el cual dos personas mentalmente alteradas dependen emocionalmente una de otra. **3.** incapacidad patológica de un niño para separarse de su madre emocionalmente y, en ocasiones, físicamente.

simbolismo (symbolism), **1.** representación o evocación de una idea, acción u objeto mediante la utilización de otro, como en los sistemas de escritura, el lenguaje poético o las metáforas de los sueños. **2.** (en psiquiatría) mecanismo mental inconsciente característico de todo pensamiento humano en el cual una imagen mental representa, aunque disfrazada, otro objeto, persona o pensamiento.

símbolo (symbol), **1.** imagen, objeto, acción o cualquier otro estímulo que representa algo más debido a asociación consciente, convención u otro tipo de relación. **2.** objeto, forma de conducta o sentimiento que disfraza un conflicto emocional reprimido mediante una asociación inconsciente en lugar de hacerlo mediante una relación objetiva, como en los sueños y las neurosis.

simelia (symmelia), anomalía fetal caracterizada por la fusión de los miembros inferiores con o sin pies. Son tipos de simelia la **simelia apodálica** y la **simelia tripódica**.

simelia apodálica (apodial symmelia), v. **sirenomelia**.

simelia tripódica (tripodial symmelia), irregularidad fetal caracterizada por la fusión de las extremidades inferiores y la presencia de un tercer pie.

simelo (symmelus, symelus), feto malformado que presenta simelia.

simeticona (simethicone), antiflatulento prescrito para reducir el exceso de gas en el aparato GI.

simetría (symmetry), (en anatomía) correspondencia de dos estructuras situadas en lados opuestos del organismo, o igualdad entre las partes a cada lado de una línea divisoria.

simpatectomía (sympathectomy), interrupción quirúrgica de parte de las vías nerviosas simpáticas, realizada para aliviar el dolor crónico en enfermedades vasculares como arteriosclerosis, claudicación, enfermedad de Buerger y fenómeno de Raynaud. La vaina que rodea a la arteria transporta las fibras nerviosas simpáticas que controlan la constricción del vaso. La eliminación de la vaina provoca la relajación del vaso, lo expande y permite que lo atraviese una mayor cantidad de sangre.

simpatectomizar (sympathectomize), interrumpir la conducción de los impulsos nerviosos a lo largo del tronco simpático mediante cirugía o fármacos.

simpatía (sympathy), **1.** interés o preocupación activos en relación con problemas, emociones o estados de la mente de otra persona. **2.** relación que existe entre la mente y el cuerpo, haciendo que uno se vea afectado por el otro. **3.** contagio mental o influencia ejercida por un individuo o grupo sobre otro, y los efectos producidos por ello, como la extensión del pánico, la risa incontrolable o el bostezo. **4.** relación fisiológica o patológica entre dos órganos, sistemas o partes del cuerpo.

simpático (sympathetic), relativo a una de las partes del sistema nervioso.

simpaticolítico, agente simpaticolítico (sympatholytic, sympatholytic agent), v. **antiadrenérgico**.

simpaticomimético (sympathomimetic), término referido a un agente farmacológico que simula los efectos de estimulación de órganos y estructuras por el sistema nervioso simpático ocupando los lugares receptores adrenérgicos y actuando como agonista o aumentando la liberación de un neurotransmisor, la noradrenalina, en las terminaciones nerviosas posganglionares. Varios agentes simpaticomiméticos se utilizan como descongestionantes de las mucosas nasal y ocular, como broncodilatadores en el tratamiento de asma, bronquitis, bronquiectasias y enfisema, y como vasopresores y estimulantes cardíacos en el tratamiento de la hipotensión aguda y el shock.

simpaticomiméticos del SNC (CNS sympathomimetic), fármacos como la cocaína o anfetamina cuyos efectos son semejantes a los que produce la estimulación del sistema nervioso simpático.

simplificación del trabajo (work simplification), utilización de material especial, ergonomía, planificación funcional y modificación de la conducta para reducir el estrés físico y psicológico del mantenimiento del hogar en personas discapacitadas o en los miembros de la familia.

simpodia (sympodia), anomalía congénita del desarrollo caracterizada por la fusión de las extremidades inferiores.

simulación (malingering), ficción voluntaria y deliberada de los síntomas de una enfermedad o lesión con la intención de conseguir un objetivo deseado.

simulación (simulation), método de enseñanza asistido por ordenador, según el cual un estudiante recibe información básica sobre un tema, debiendo seguidamente interaccionar con el ordenador para obtener un conocimiento más profundo de la información y del tema.

sinadelfo (synadelphus, *pl.* **synadelphi**), monstruo fetal gemelo fusionado con una sola cabeza, un solo tronco y ocho extremidades.

sinapsis (synapse), región que rodea el punto de contacto entre dos neuronas o entre una neurona y un órgano efector, a través de la cual son transmitidos los impulsos nerviosos por la acción de un neurotransmisor, como la acetilcolina o la noradrenalina. Las sinapsis están polarizadas de forma que, normalmente, los impulsos nerviosos solamente viajan en una dirección; también están sometidos a la fatiga, y son sensibles al déficit de oxígeno, los anestésicos y otros agentes químicos. Algunos tipos de sinapsis son: **sinapsis axonoaxónica, sinapsis axonodendrítica, sinapsis axonodendrosomática, sinapsis axonosomática** y **sinapsis dendrodendrítica**.

sinapsis (synapsis, *pl.* **synapses**), emparejamiento de cromosomas homólogos durante la fase meiótica inicial en la gametogénesis para formar cromosomas dobles o bivalentes.

sinapsis axonoaxónica (axoaxonic synapse), tipo de sinapsis en la que el axón de una neurona se pone en contacto con el axón de otra neurona.

sinapsis axonodendrítica (axodendritic synapse), tipo de sinapsis en la que el axón de una neurona se pone en contacto con las dendritas de otra neurona.

sinapsis axonodendrosomática (axodendrosomatic synapse), tipo de sinapsis en la que el axón de una neurona se pone en contacto tanto con las dendritas como con el cuerpo celular de otra neurona.

sinapsis axonosomática (axosomatic synapse), tipo de sinapsis en la que el axón de una neurona se pone en contacto con el cuerpo celular de otra neurona.

sinapsis dendrodendrítica (dendrodendritic synapse), tipo de sinapsis en la que la dendrita neuronal contacta con otra procedente de otra neurona.

sinartrosis (synarthrosis), v. **articulación fibrosa**.

sincéfalo (syncephalus), monstruo gemelo fusionado que tiene una sola cabeza y dos cuerpos.

sincinesia (synkinesis), movimiento involuntario de una parte del cuerpo cuando se realiza un movimiento voluntario con otra. En la sincinesia imitativa se pueden detectar movimientos en los músculos paralizados cuando se mueven los músculos normales, y viceversa.

sincinesia homolateral de los miembros (homolateral limb synkinesis), hemiplejía en la que parece existir una dependencia mutua entre los miembros afectados superior e inferior. Los esfuerzos de flexión de una extremidad superior provocan la flexión de la extremidad inferior.

sincipucio (sinciput), parte anterior o superior de la cabeza.

sincitio (syncytium, *pl.* **syncytia**), grupo de células en las cuales el protoplasma de una célula se continúa con el de las adyacentes.

sincitiotrofoblasto (syncytiotrophoblast), capa sincitial externa del trofoblasto del embrión de los mamíferos, al principio de su desarrollo, que erosiona la pared uterina durante la implantación y da lugar a las vellosidades de la placenta.

sinclitismo (synclitism), (en obstetricia) trastorno en el cual la sutura sagital de la cabeza fetal está en línea con el diámetro transverso del estrecho superior de la pelvis, equidistante de la sínfisis del pubis y del sacro maternos.

sincondrosis (synchondrosis, *pl.* **synchondroses**), articulación cartilaginosa entre dos huesos inmóviles, como la sínfisis del pubis.

síncope (syncope), breve pérdida de consciencia provocada por una hipoxia cerebral transitoria. Habitualmente va precedido por una sensación de aturdimiento, y con frecuencia es posible evitarlo tumbándose o sentándose y poniendo la cabeza entre las rodillas.

síncope cardíaco (cardiac syncope), pérdida temporal de consciencia provocada por un flujo sanguíneo cerebral insuficiente, debido, a su vez, a un fallo brusco del gasto cardíaco por cualquier razón.

síncope miccional (micturition syncope), pérdida temporal de la consciencia que afecta a algunos adultos varones después de levantarse desde una postura reclinada para orinar en posición vertical. El efecto se debe a la breve interrupción del flujo sanguíneo al cerebro y se asocia con frecuencia con el consumo de alcohol, lo que contribuye a la vasodilatación.

síncope prostático (prostatic syncope), pérdida transitoria de consciencia como consecuencia de la restricción del flujo sanguíneo cerebral que puede suceder durante una exploración prostática.

síncope vasovagal (vasovagal syncope), pérdida brusca de consciencia, debida a isquemia cerebral y secundaria a disminución del gasto cardíaco, vasodilatación periférica y bradicardia. El trastorno se puede desencadenar por dolor, terror o traumatismos, pudiendo acompañarse de síntomas como náuseas, palidez y sudoración.

sincorial (synchorial), relativo a múltiples fetos que comparten una placenta común, como en la monocigosidad.

sincrónico (synchronous), dícese de un acontecimiento que tiene lugar al mismo tiempo que otro.

sindactilia (syndactyly), anomalía congénita caracterizada por la fusión de los dedos de las manos o de los pies.

sindactilismo (syndactylism), v. **sindactilia**.

sindáctilo (syndactylus), persona con los dedos de las manos o de los pies palmeados.

sindelfo (syndelphus), v. **sinadelfo**.

sindesis (syndesis), fijación quirúrgica de una articulación.

sindesmosis (syndesmosis, *pl.* **syndesmoses**), articulación fibrosa en la cual dos huesos están unidos por ligamentos interóseos, como los ligamentos anterior y posterior de la articulación tibioperonea.

síndrome (syndrome), complejo de signos y síntomas provocados por una causa común o que aparecen, en combinación, para presentar el cuadro clínico de una enfermedad o anomalía hereditaria.

síndrome adrenogenital (adrenogenital syndrome), v. **virilización suprarrenal**.

síndrome alérgico tóxico (toxic allergic syndrome), v. **síndrome de Löffler**.

síndrome argentafín (argentaffinoma syndrome), v. **síndrome carcinoide**.

síndrome caquéctico-SIDA (SIDA-wasting syndrome), tipo de síndrome de inmunodeficiencia adquirida (SIDA). Los signos y síntomas pueden ser pérdida de peso, fiebre, malestar, letargo, candidiasis oral y las características anomalías inmunológicas del SIDA.

síndrome carcinoide (carcinoid syndrome), expresión sistémica de los tumores carcinoides secretores de serotonina que se manifiesta por enrojecimiento, diarrea, calambres, lesiones cutáneas que recuerdan a la pelagra, dificultad respiratoria, palpitaciones y valvulopatía, especialmente pulmonar. El tratamiento consiste en la resección quirúrgica del tumor.

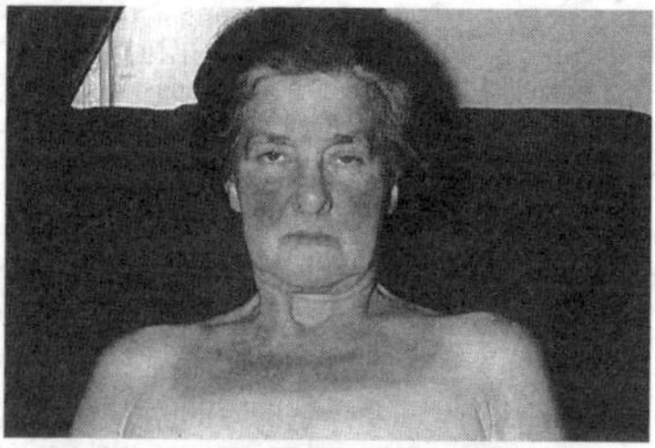

Síndrome carcinoide
(S. Sherlock/J. A. Summerfield, 2.ª ed., 1992)

síndrome cerebral (brain syndrome), grupo de síntomas resultantes del deterioro de la función cerebral. Puede ser agudo y reversible o crónico e irreversible.

síndrome cerebral crónico (SCC) (chronic brain syndrome), trastorno provocado por un deterioro de las funciones del tejido cerebral, que se caracteriza por pérdida de memoria y desorientación. Puede estar presente en la demencia paralítica, en la arteriosclerosis cerebral, en los traumatismos cerebrales y en la corea de Huntington.

síndrome cerebral reversible (reversible brain syndrome), un grupo de trastornos cerebrales agudos caracterizados por la alteración del razonamiento. El trastorno está relacionado con diversos factores estresantes biológicos, siendo posible su recuperación.

síndrome compartimental (compartment syndrome), trastorno ocasionado por el desarrollo de una compresión arterial progresiva con la consiguiente disminución del aporte de sangre.

síndrome CREST (CREST syndrome), abreviatura de **calcinosis, disfunción esofágica, esclerodactilia, fenómeno de Raynaud** y **telangiectasia**, que puede producirse durante períodos variables de tiempo en pacientes con esclerodermia.

síndrome de abstinencia (abstinence syndrome), síntomas de privación experimentados por una persona con una dependencia química que es privada bruscamente de la ingesta habitual de alcohol o de otras sustancias de abuso.

síndrome de abstinencia al tabaco (tobacco withdrawal syndrome), cambio de humor o de comportamiento asociado al cese o a la reducción de la exposición a nicotina. Los síntomas pueden ir desde la falta de concentración hasta la ansiedad y las explosiones de furia.

síndrome de abstinencia alcohólica (alcohol withdrawal syndrome), síntomas clínicos que se asocian con el cese del consumo de alcohol. Éstos pueden ser temblores, alucinaciones, disfunción del sistema nervioso autonómo y convulsiones.

síndrome de Achard-Thiers (Achard-Thiers syndrome) [Emile C. Achard, médico francés n. 1860; Joseph Thiers, médico francés n. 1873], trastorno hormonal que se observa en las mujeres posmenopáusicas con diabetes y que se caracteriza por el crecimiento del vello corporal según un patrón de distribución masculina.

síndrome de Adams-Stokes (Adams-Stokes syndrome), trastorno caracterizado por la aparición de episodios bruscos y recurrentes de pérdida de consciencia, producidos por un bloqueo cardíaco incompleto. Pueden aparecer convulsiones asociadas a estos episodios.

síndrome de adaptación general (SAG) (general adaptation syndrome [GAS]), respuesta defensiva del cuerpo o de la psique a las lesiones o al estrés prolongado, según describió Hans Seyle (1907-1982). Consta de una fase inicial de reacción de alarma o de shock, seguida de una fase de resistencia creciente o adaptación, utilizando los distintos mecanismos de defensa del cuerpo o de la mente, culminando en un estado de ajuste y curación o de agotamiento y desintegración.

síndrome de adaptación local (SAL) (local adaptation syndrome [LAS]), respuesta localizada de un tejido, órgano o sistema que se produce como reacción al estrés.

síndrome de Addison (Addison's syndrome), v. **enfermedad de Addison**.

síndrome de Adie (Adie's syndrome), trastorno que consiste en la existencia de una pupila de Adie junto con disminución o ausencia de los reflejos tendinosos, particularmente los reflejos aquíleo y rotuliano. V. **pupila de Adie**.

síndrome de Ahumada del Castillo (Ahumada del Castillo syndrome), forma de amenorrea secundaria que puede asociarse a un tumor hipofisario.

síndrome de Albright (Albright's syndrome), trastorno caracterizado por displasia fibrosa ósea, máculas aisladas de color marrón en la piel y disfunción endocrina. Es causa de pubertad precoz en las niñas, pero no en los niños.

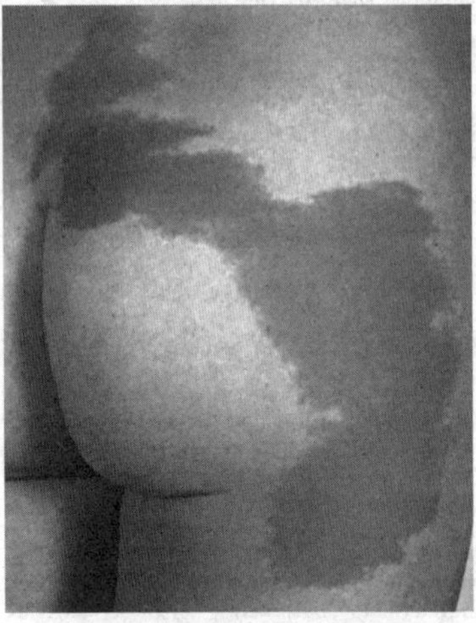

Mácula en el síndrome de Albright
(A. du Vivier, 2.ª ed., 1995)

síndrome de alcoholismo fetal (fetal alcohol syndrome), anomalía congénita o producida por una ingestión diaria materna de alcohol equivalente o superior a 90 g de alcohol puro. Se caracteriza por defectos craneofaciales y de las extremidades típicos, defectos cardiovasculares, crecimiento uterino retardado y retraso en el desarrollo.

síndrome de Alport (Alport's syndrome), forma de nefritis hereditaria con síntomas de glomerulonefritis, hematuria, sordera progresiva de tipo neurosensorial y en ocasiones trastornos oculares.

síndrome de Anton (Anton's syndrome), forma de anosognosia en la que una persona que presenta ceguera parcial o total niega padecer deficiencia visual alguna, a pesar de que dicha ceguera sea clínicamente evidente.

síndrome de Apert (Apert syndrome), trastorno infrecuente que se caracteriza por un aspecto craneofacial anómalo junto con sindactilia parcial o completa de las manos y de los pies.

síndrome de aplastamiento (crush syndrome), trastorno grave, con riesgo para la vida, producido por traumatismo por aplastamiento extenso, caracterizado por destrucción de tejido muscular y óseo, hemorragia y pérdida de líquido que desencadena un shock hipovolémico, hematuria, insuficiencia renal y coma.

síndrome de Asherman (Asherman syndrome), amenorrea secundaria que tiene lugar en una mujer normal desde el punto de vista hormonal, como consecuencia de la obliteración de la cavidad endometrial producida por adherencias que se forman a raíz de un legrado o de una infección.

síndrome de aspiración ácida pulmonar (pulmonary acid aspiration syndrome), v. **síndrome de Mendelson**.

síndrome de Banti (Banti's syndrome) [Guido Banti, anatomopatólogo italiano, n. 1852], trastorno grave y progresivo que afecta a varios sistemas orgánicos, caracterizado por hipertensión portal, esplenomegalia, anemia, leucopenia, hemorragia GI y cirrosis hepática.

síndrome de Bard-Pic (Bard-Pic syndrome) [Louis Bard, anatomista francés, n. 1857; Adrian Pic, médico francés, n. 1863], enfermedad caracterizada por ictericia progresiva, aumento del tamaño de la vesícula biliar y caquexia, asociado a cáncer de páncreas avanzado.

síndrome de Barlow (Barlow's syndrome), trastorno cardíaco caracterizado por soplo sistólico apical, clic sistólico y electrocardiograma con signos de isquemia inferior.

síndrome de Barrett (Barrett's syndrome) [Norman R. Barrett, cirujano inglés, n. 1903], alteración de la región inferior del esófago caracterizada por la presencia de una lesión benigna similar a la úlcera en el epitelio cilíndrico; a menudo es consecuencia de la irritación crónica del esófago por el reflujo gástrico de los jugos digestivos ácidos.

síndrome de Bartter (Bartter's syndrome) [Frederik C. Bartter, fisiólogo norteamericano, n. 1914], trastorno hereditario poco frecuente caracterizado por hiperplasia del aparato yuxtaglomerular e hiperaldosteronismo secundario.

síndrome de Bassen-Kornzweig (Bassen-Kornzweig syndrome), v. **abetalipoproteinemia**.

síndrome de Beckwith (Beckwith's syndrome) [John B. Beckwith, anatomopatólogo norteamericano, n. 1933], enfermedad hereditaria de causa desconocida asociada a hipoglucemia neonatal e hiperinsulinismo. Entre las manifestaciones clínicas de esta enfermedad se incluyen gigantismo, macroglosia, onfalocele o hernia umbilical, visceromegalia y otras irregularidades.

síndrome de Beckwith-Wiedemann (Beckwith-Wiedemann's syndrome), v. **síndrome EMG**.

síndrome de Bernard-Soulier (Bernard-Soulier syndrome), trastorno de la coagulación caracterizada por una ausencia o deficiencia de agregación plaquetaria debida a la carencia relativa de una glucoproteína esencial de la membrana de las plaquetas. El consumo de aspirina puede provocar hemorragias en los sujetos que padecen este trastorno.

síndrome de Bloom (Bloom's syndrome) [David Bloom, médico norteamericano, n. 1892], enfermedad genética rara que afecta fundamentalmente a los judíos Ashkenazi. Se transmite como un rasgo autosómico recesivo y se caracteriza por retraso del crecimiento, eritema telangiectásico de la cara y los brazos, fotosensibilidad y aumento del riesgo de desarrollar leucemia.

síndrome de Boerhaave (Boerhaave's syndrome) [Hermann Boerhaave, médico holandés, n. 1668], trastorno caracterizado por la rotura espontánea del esófago, que conduce a mediastinitis y derrame pleural. Es necesaria la asistencia de urgencia con cirugía y drenaje para salvar la vida del paciente.

síndrome de Bonnevie-Ullrich (Bonnevie-Ullrich syndrome), v. **síndrome de Turner**.

síndrome de bradicardia-taquicardia (bradycardia-tachycardia syndrome), alteración cardíaca caracterizada por una frecuencia cardíaca que alterna entre el ritmo anormalmente lento y el anormalmente rápido.

síndrome de Briquet (Briquet's syndrome), v. **trastorno de somatización**.

síndrome de Brown-Séquard (Brown-Séquard's syndrome) [Charles E. Brown-Séquard, fisiólogo francés, n. 1817], alteración neurológica traumática producida por la compresión de un lado de la médula espinal, por encima de la décima vértebra dorsal, caracterizada por la parálisis espástica en el lado de la lesión, pérdida del sentido postural y pérdida del sentido del dolor y del calor en el lado contralateral de la lesión.

síndrome de Budd-Chiari (Budd-Chiari syndrome) [George Budd, médico inglés, n. 1880; Hans Chiari, anatomopatólogo checo-francés, n. 1851], alteración de la circulación hepática, caracterizada por obstrucción venosa, que conduce a un aumento del hígado, ascitis, gran desarrollo de los vasos colaterales e hipertensión portal marcada.

síndrome de Caffey (Caffey's syndrome), síndrome del lactante maltratado, descrito por primera vez en 1946 por el pediatra norteamericano John Caffey.

síndrome de cautiverio (locked-in syndrome), forma de parálisis en la cual una persona está consciente y alerta pero es incapaz de comunicarse salvo por los movimientos oculares o el parpadeo. La destrucción bilateral del bulbo raquídeo o del puente incapacitan al paciente para hablar o mover las extremidades.

síndrome de Chediak-Higashi (Chediak-Higashi syndrome) [Moises Chediak, médico francés del siglo XX; Ototaka Higashi, médico japonés del siglo XX], enfermedad congénita autosómica caracterizada por albinismo parcial, fotofobia, inclusiones leucocíticas masivas, anomalías psicomotoras, infecciones recurrentes y muerte precoz.

síndrome de Chiari (Chiari's syndrome), v. **síndrome de Budd-Chiari**.

síndrome de Chiari-Frommel (Chiari Frommel syndrome) [Johann B. Chiari, médico alemán, n. 1817; Richard Frommel, ginecólogo alemán, n. 1854], trastorno hormonal que se produce después del embarazo debido al cual el destete no interrumpe la lactancia de forma espontánea.

síndrome de Churg-Strauss (Churg-Strauss syndrome), trastorno alérgico caracterizado por granulomatosis, generalmente pulmonar, que se asocia con frecuencia a afectación del sistema circulatorio.

síndrome de congestión pélvica (pelvic congestion syndrome), trastorno ginecológico caracterizado por dolor lumbar crónico, disuria, dismenorrea, dolor difuso de la región inferior del abdomen, secreción vaginal y dispareunia.

síndrome de Conn (Conn's syndrome) [Jerome W. Conn, médico norteamericano, n. 1907], hiperaldosteronismo primario, caracterizado por una secreción exagerada de aldosterona, con síntomas de cefaleas, fatiga, nicturia y poliuria. El paciente puede experimentar también hipertensión, alcalosis hipocaliémica, depleción de potasio e hipervolemia.

síndrome de Costen (Costen's syndrome), v. **síndrome de disfunción dolorosa de la articulación temporomandibular**.

síndrome de Crigler-Najjar (Crigler-Najjar syndrome) [John F. Crigler, Jr., pediatra norteamericano, n. 1919; Victor A. Najjar, pediatra norteamericano, n. 1914], anomalía congénita familiar autosómica en la que la enzima glucuroniltransferasa es deficiente o está ausente. El síndrome se caracteriza por ictericia no hemolítica, acumulación de bilirrubina no conjugada en la sangre y trastornos graves del sistema nervioso central.

síndrome de Cronkhite-Canada (Cronkhite-Canada syndrome) [Leonard W. Cronkhite, médico norteamericano, n. 1919; Wilma J. Canada, radióloga norteamericana], trastorno familiar caracterizado por poliposis GI acompañada de alteraciones ectodérmicas, como atrofia de las uñas, alopecia e hiperpigmentación de la piel. En algunos individuos se acompaña también de enteropatía pierde-proteínas, malabsorción y disminución de la concentración plasmática de calcio, potasio y magnesio.

síndrome de cuello corto congénito (congenital short neck syndrome), malformación congénita poco frecuente de la columna cervical en la que las vértebras cervicales están fusionadas, habitualmente en pares, formando una masa ósea que produce una disminución de la movilidad y de la longitud cervical, con afectación neurológica en ocasiones. Cuando la deformidad produce compresión de las raíces nerviosas, pueden aparecer síntomas de afectación nerviosa periférica, como dolor o sensación urente, junto con parálisis, hiperestesia o parestesia.

síndrome de Cushing (Cushing's syndrome) [Harvey W. Cushing], trastorno metabólico ocasionado por la producción crónica y en exceso de cortisol por la corteza suprarrenal o por la administración, en grandes dosis, de glucocorticoides durante varias semanas o más tiempo. Cuando se produce de forma espontánea, el síndrome representa la incapacidad del organismo para regular la secreción de cortisol o de la hormona adrenocorticotropa (ACTH). (Normalmente el cortisol se produce solamente en respuesta a la ACTH y la ACTH no se secreta en presencia de niveles elevados de cortisol.) La causa más frecuente del síndrome es un tumor hipofisario que produce un aumento de la secreción de ACTH. El paciente con síndrome de Cushing presenta una disminución de la tolerancia a la glucosa, obesidad central, cara de «luna llena», acumulación supraclavicular de grasa, acumulación variable de grasa con estrías en tórax y abdomen, oligoamenorrea o disminución de los niveles de testosterona, atrofia muscular, edema, hipopotasemia y un cierto grado de trastorno emocional. La piel suele ser frágil y está pigmentada de forma anormal, y existe una mayor susceptibilidad a las infecciones.

síndrome de deficiencia de biotina (biotin deficiency syndrome), trastorno causado por una deficiencia de biotina, caracterizada por dermatitis, hiperestesia, dolor muscular, anorexia, anemia leve y cambios en la actividad electrocardiográfica del corazón.

síndrome de deleción (deletion syndrome), cualquiera de un grupo de anomalías congénitas autosómicas debidas a la pérdida de material genético cromosómico por ruptura de una cromátide durante la división celular, como en el síndrome del maullido de gato, que resulta de la ausencia del brazo corto del cromosoma 5.

síndrome de desequilibrio de diálisis (dialysis disequilibrium syndrome), proceso producido por el rápido cambio de la composición del líquido extracelular durante la diálisis. El síndrome puede estar marcado por alteraciones cerebrales o neurológicas, arritmias cardíacas y edema pulmonar.

síndrome de Diamond-Blackfan (Diamond-Blackfan syndrome), raro trastorno congénito, que se manifiesta durante los 3 primeros meses de la vida, caracterizado por anemia grave y muy baja cantidad de reticulocitos, pero con número normal de plaquetas y de leucocitos.

síndrome de dificultad respiratoria aguda (acute respiratory distress syndrome), v. **síndrome de dificultad respiratoria del adulto**.

síndrome de dificultad respiratoria del adulto (SDRA) (adult respiratory distress syndrome [ARDS]), situación de urgencia respiratoria caracterizada por insuficiencia y fracaso respiratorios, generalmente después de la aspiración de un cuerpo extraño, cirugía de derivación cardiopulmonar, sepsis por gérmenes gramnegativos, múltiples transfusiones de sangre, intoxicación por oxígeno, traumatismos, neumonía u otras infecciones respiratorias. Los síntomas y signos del SDRA son: disnea, taquipnea, oxigenación insuficiente de la sangre arterial y disminución de la compliancia pulmonar.

síndrome de dificultad respiratoria del recién nacido (SDRRN) (respiratory distress syndrome of the newborn [RDS]), enfermedad pulmonar aguda del recién nacido caracterizada por alveolos sin aire, ausencia de elasticidad pulmonar, más de 60 respiraciones por minuto, aleteo nasal, tiraje intercostal y subcostal, espiración quejumbrosa y edema periférico. Está provocado por un déficit de surfactante pulmonar, ocasionando una distensión exagerada de los alveolos junto con la formación, en ocasiones, de membranas hialinas, hemorragia alveolar, cortocircuito de sangre derecha-izquierda grave, aumento de la resistencia pulmonar, disminución del gasto cardíaco e hipoxemia grave.

síndrome de dificultad respiratoria idiopático (idiopathic respiratory distress syndrome), v. **enfermedad de la membrana hialina**.

síndrome de DiGeorge (DiGeorge's syndrome) [Angelo M. DiGeorge, médico norteamericano, n. 1821], proceso congénito caracterizado por una inmunodeficiencia grave y anomalías estructurales, como hipertelorismo, orejas hendidas y de baja implantación, boca pequeña, ojos inclinados hacia abajo, defectos cardiovasculares y ausencia de timo y de glándulas paratiroides.

síndrome de disco cervical (cervical disk syndrome), trastorno caracterizado por la compresión o irritación de las raíces nerviosas cervicales en o en las proximidades del agujero de conjunción cervical antes de la división de las raíces en sus ramas anterior y posterior. El síndrome de disco cervical puede estar originado por la ruptura de los discos intervertebrales, por una enfermedad degenerativa de los discos de la columna cervical o por lesiones cervicales. La forma causada por la rotura de los discos intervertebrales cervicales o por enfermedad degenerativa puede originar diferentes grados de alteración de la alineación, provocando la compresión de las raíces nerviosas. La mayoría de los síndromes de disco cervical está provocada por lesiones que conllevan una hiperextensión del cuello, lo que produce la compresión de estructuras anatómicas. Las lesiones por flexión en el área cervical no originan compresión nerviosa. El síntoma más común, el dolor, procede generalmente del área cervical, aunque puede irradiarse descendiendo por el brazo hasta los dedos y aumentar con la movilidad cervical. Otros signos y síntomas asociados con el síndrome del disco cervical pueden ser parestesias, cefaleas, visión borrosa, disminución de la movilidad esquelética y debilitamiento de la prensión. La exploración puede poner de relieve grados variables de atrofia muscular, anomalías sensoriales, debilidad muscular y disminución de reflejos.

síndrome de disfunción dolorosa de la articulación temporomandibular (ATM) (temporomandibular joint pain dysfunction syndrome [TMJ]), trastorno caracterizado por dolor facial y por disfunción mandibular, causada aparentemente por una articulación temporomandibular defectuosa o dislocada. Algunos signos de este síndrome son los chasquidos de la articulación al mover la mandíbula, la limitación de los movimientos de la mandíbula, la subluxación y la luxación temporomandibular.

síndrome de Donath-Landsteiner (Donath-Landsteiner syndrome) [Julius Donath, médico austriaco, n. 1870; Karl Landsteiner, anatomopatólogo austriaco-norteamericano, n. 1868], raro trastorno sanguíneo, marcado por hemólisis minutos u horas después de la exposición al frío. Los síntomas generales son: orina oscura, dolor intenso en espalda y piernas, cefalea, vómitos, diarrea y moderada reticulocitosis.

síndrome de Down (Down's syndrome) [John L. Down, médico inglés, n. 1828), anomalía congénita caracterizada por distintos grados de retraso mental y múltiples defectos. Es la anomalía cromosómica más frecuente de síndrome generalizado, y está producida por la presencia de un cromosoma 21 extra en el grupo G o, en un pequeño porcentaje de casos, por la traslocación de los cromosomas 14 o 15 en el grupo D y los cromosomas 21 o 22. Los niños con el síndrome son pequeños e hipotónicos, con microcefalia, braquicefalia y occipucio aplanado característicos y una facies típica con hendiduras palpebrales mogoloides, depresión del puente nasal, orejas de implantación baja y una lengua prominente y arrugada pero sin surco central. Las manos son cortas y anchas, con un pliegue palmar transversal o simiesco; los dedos son regordetes, y muestran clinodactilia, especialmente el quinto. Los pies son anchos y regordetes, con un amplio espacio entre los dedos primero y segundo, con un pliegue plantar prominente. La característica más significativa del síndrome es el retraso mental, que varía considerablemente, aunque el CI medio se encuentra entre 50 y 60, de forma que el niño suele poderse entrenar y en la mayoría de los casos puede ser criado en su propia casa. La tasa de mortalidad es elevada en los primeros años de la vida, especialmente en los niños con anomalías cardíacas.

síndrome de Dressler (Dressler's syndrome), proceso autoinmune que se produce varios días después de un infarto coronario agudo, caracterizado por fiebre, pericarditis, pleuresía, derrames pleurales y dolor articular. Es el resultado de la respuesta inmunológica del organismo ante la lesión del miocardio y el pericardio.

síndrome de Dubin-Johnson (Dubin-Johnson syndrome) [Isadore N. Dubin, anatomopatóloga norteamericana, n. 1913; Frank B. Johnson, anatomopatólogo norteamericano, n. 1919], tipo infrecuente de hiperbilirrubinemia hereditaria crónica, caracterizada por ictericia no hemolítica, pigmentación anormal del hígado y función anormal de la vesícula biliar.

síndrome de Eaton-Lambert (Eaton-Lambert syndrome), forma de miastenia que tiende a asociarse con el cáncer de pulmón.

síndrome de Edwards (Edwards' syndrome), v. **trisomía 18**.

síndrome de Ehlers-Danlos (Ehlers-Danlos syndrome) [Edward Ehlers, médico danés, n. 1863; Henry A. Danlos, médico francés, n. 1844], trastorno hereditario del tejido conectivo, caracterizado por hiperplasticidad de la piel, fragilidad de los tejidos e hipermovilidad de las articulaciones.

síndrome de Ekbom (Ekbom syndrome), v. **síndrome de las piernas inquietas**.

síndrome de Ellis-van Creveld (Ellis-van Creveld syndrome), v. **displasia condroectodérmica**.

síndrome de Emery-Dreifuss (Emery-Dreifuss syndrome), forma recesiva ligada al cromosoma X de distrofia escapuloperonea, que comienza en la primera infancia y que se caracteriza por contracturas articulares y alteraciones de la conducción cardíaca.

síndrome de esfuerzo (effort syndrome), trastorno anómalo caracterizado por dolor torácico, mareo, fatiga y palpitaciones. El proceso suele presentarse en soldados combatientes, aunque también puede aparecer en otros individuos. Los síntomas del síndrome de esfuerzo suelen simular a los de la angina de pecho, pero están relacionados de forma más directa con los estados de ansiedad.

síndrome de estrés por cambio de entorno (relocation stress syndrome), diagnóstico de enfermería, aprobado por la NANDA, de las alteraciones fisiológicas y/o psicosociales que surgen como consecuencia del cambio de entorno. Entre las características que lo definen están el cambio de entorno o localización, ansiedad, aprensión, aumento de la confusión (en ancianos), depresión, soledad, alteraciones del sueño, alteraciones gastrointestinales y abandono. Se relaciona con pérdidas pasadas, simultáneas o recientes y con la disminución del estado de salud.

síndrome de Fallot (Fallot's syndrome), v. **tetralogía de Fallot**.

síndrome de Fanconi (Fanconi's syndrome), grupo de procesos que afectan a la función tubular renal, glucosuria, fosfaturia y pérdida de bicarbonato. El trastorno se caracteriza por osteomalacia, acidosis e hipocaliemia. El síndrome idiopático de Fanconi es hereditario y normalmente aparece al principio de la edad media. El síndrome de Fanconi adquirido suele ser el resultado de una intoxicación, como la producida por la ingestión de tetraciclina caducada.

síndrome de fatiga crónica (SFC) (chronic fatigue syndrome [CFS]), trastorno caracterizado por la aparición de una fatiga invalidante después de una enfermedad de tipo vírico. La fatiga va acompañada de una constelación de síntomas, como mialgias, artralgias sin una verdadera artritis, febrícula, adenopatía cervical dolorosa, dolor de garganta, cefaleas, pérdida parcial de la memoria y trastornos del sueño. El diagnóstico es de exclusión; la causa permanece oscura. El tratamiento va dirigido al alivio de los síntomas. Por lo general, resulta útil la ayuda psiquiátrica para la depresión que suele acompañar a la enfermedad. Lo más frecuente es que la enfermedad se resuelva por sí sola.

síndrome de fatiga posvírica (postviral fatigue syndrome), estado de fatiga crónica muscular que no se alivia con el descanso y que aparece tras una infección vírica. Otros síntomas pueden ser molestias visuales y auditivas, febrícula, rigidez de cuello, polaquiuria e insomnio.

síndrome de Felty (Felty's syndrome) [August R. Felty, médico norteamericano, n. 1895), hiperesplenismo que se produce en la artritis reumatoide del adulto, caracterizado por esplenomegalia, leucopenia e infecciones frecuentes.

síndrome de Forbes-Albright (Forbes-Albright syndrome) [A. P. Forbes; Fuller Albright, médico norteamericano, n. 1900), trastorno endocrino caracterizado por amenorrea, prolactinemia y galactorrea, producido por un adenoma de la hipófisis anterior.

síndrome de Franceschetti (Franceschetti's syndrome) [Adolphe Franceschetti, oftalmólogo suizo, n. 1896), forma completa de la disostosis mandibulofacial.

síndrome de Fröhlich (Fröhlich syndrome), v. **distrofia adiposogenital**.

síndrome de Gardner (Gardner's syndrome) [Eldon J. Gardner, genetista norteamericano, n. 1909], poliposis familiar del intestino grueso, con displasia fibrosa del cráneo, dientes supernumerarios, osteomas, fibromas y quistes epidérmicos.

síndrome de Gardner-Diamond (Gardner-Diamond syndrome), trastorno provocado por una sensibilización autoeritrocitaria, caracterizado por equimosis grandes, dolorosas y transitorias, que aparecen sin causa aparente, pero que a menudo se asocian a alteraciones emocionales, a diversas colagenopatías y a trastornos del metabolismo de las proteínas.

síndrome de Gerstmann-Straussler (Gerstmann-Straussler syndrome), v. **enfermedades por priones humanos**.

síndrome de Gilbert (Gilbert's syndrome) [Nicolas Gilbert, médico francés, n. 1858], trastorno benigno caracterizado por hiperbilirrubinemia e ictericia. No precisa tratamiento.

síndrome de Gilles de la Tourette (Gilles de la Tourette's syndrome) [George Gilles de la Tourette, neurólogo francés, n. 1857], trastorno caracterizado por muecas y tics faciales y movimientos involuntarios de brazos y hombros. En la adolescencia, el proceso empeora; el niño puede emitir de forma involuntaria gruñidos, bufidos o gritos. Con frecuencia se desarrolla coprolalia.

síndrome de Goodpasture (Goodpasture's syndrome) [Ernest W. Goodpasture, anatomopatólogo norteamericano, n. 1886], hemosiderosis pulmonar crónica recidivante, que habitualmente se asocia a glomerulonefritis, caracterizada por tos con hemoptisis, disnea, anemia e insuficiencia renal progresiva.

síndrome de Grönblad-Strandberg (Grönblad-Strandberg syndrome) [Ester E. Grönblad, oftalmóloga sueca, n. 1898; James V. Strandberg, dermatólogo del siglo XX], trastorno autosómico recesivo del tejido conectivo caracterizado por un envejecimiento y fragmentación prematura de la piel, estrías grises o marrones en la retina y degeneración arterial hemorrágica, con hemorragia retiniana que produce pérdida de la visión. Son frecuentes la angina de pecho y la hipertensión; las extremidades pueden presentar pulso débil, claudicación intermitente y existir disnea de esfuerzo.

síndrome de Guillain-Barré (Guillain-Barré syndrome) [Georges Guillain, neurólogo francés, n. 1876; Jean A. Barré, neurólogo francés, n. 1880], polineuritis periférica idiopática que aparece entre 1 y 3 semanas después de un episodio de fiebre leve asociado a una infección viral o a vacunación. Puede aparecer dolor y debilidad simétrica que afecta a las extremidades y parálisis. La neuritis puede extenderse, ascendiendo por el tronco y afectando a la cara, brazos y músculos del tórax.

síndrome de Hamman-Rich (Hamman-Rich syndrome), inflamación crónica difusa de las zonas pulmonares.

síndrome de Hand-Schüller-Christian (Hand-Schüller-Christian syndrome), *obsoleto*, tríada de síntomas, exoftalmos, diabetes insípida y destrucción ósea, que puede aparecer en diferentes enfermedades.

síndrome de hiperplasia pineal (pineal hyperplasia syndrome), trastorno provocado por el crecimiento exagerado de la glándula pineal. Se caracteriza por resistencia intensa a la insulina, sequedad de piel, engrosamiento de las uñas, hirsutismo, dentición precoz y precocidad sexual.

síndrome de Horner (Horner's syndrome) [Johann F. Horner, oftalmólogo suizo, n. 1831], enfermedad neurológica caracterizada por pupilas mióticas, ptosis y anhidrosis facial, producida por una lesión en la médula espinal, con lesión de un nervio cervical.

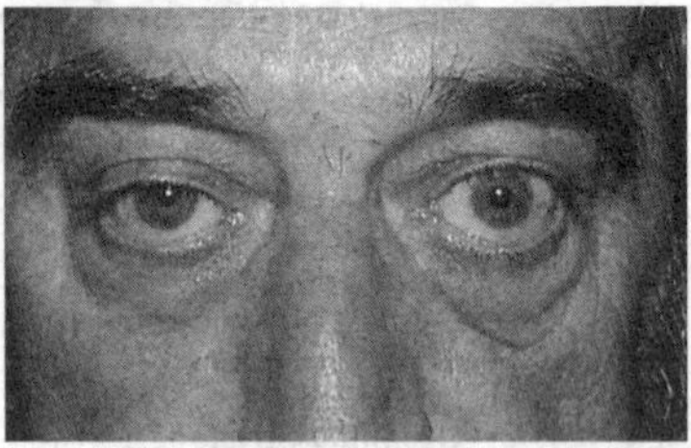

Síndrome de Horner
(C. D. Forbes/W. F. Jackson, 1994)

síndrome de hospitalización (institutionalism syndrome), proceso caracterizado por apatía intensa, sumisión y falta de iniciativa. La persona que lo padece puede resistirse a abandonar el hospital, incluso cuando el ambiente sea poco adecuado, porque le es familiar y previsible.

síndrome de Hunter (Hunter's syndrome) [Charles Hunter, médico inglés del siglo XX], defecto hereditario del metabolismo de los mucopolisacáridos que afecta sólo a los hombres, caracterizado por enanismo, cifosis, gargolismo y retraso mental.

síndrome de Hurler (Hurler's syndrome) [Gertrude Hurler, médica alemana, n. 1920], tipo de mucopolisacaridosis transmitida con carácter autosómico recesivo, que produce retraso mental grave. Entre las características faciales se incluyen frente baja y aumento del tamaño de la cabeza. Es frecuente la opacidad corneal y el cuello corto. En la región dorsolumbar se produce una cifosis marcada, y las manos y los dedos son cortos y anchos.

síndrome de inmunodeficiencia adquirida (SIDA) (acquired immunodeficiency syndrome [AIDS]), enfermedad consistente en un defecto en la inmunidad celular. Este trastorno se ve fundamentalmente en varones homosexuales, en adictos a las drogas intravenosas, en mujeres que mantienen relaciones sexuales con hombres infectados y en los hijos de las mujeres infectadas. El agente causal es un retrovirus, que se identifica como VLTH-3 (virus linfotropo de las células T humanas), que se transmite generalmente a través del contacto sexual, mediante la exposición a sangre contaminada, o por compartir agujas hipodérmicas. Los síntomas iniciales son cansancio intenso, fiebre intermitente, sudoración nocturna, escalofríos, linfadenopatías, esplenomegalia, anorexia con la consiguiente pérdida de peso, diarrea grave, apatía y depresión. A medida que progresa la enfermedad aumenta la postración del paciente y desarrolla anergia y muy diversas infecciones recurrentes, entre ellas la neumonía por *Pneumocystis carinii*. La mayoría de los pacientes con esta enfermedad está expuesta a desarrollar neoplasias malignas, especialmente sarcoma de Kaposi, linfoma de Burkitt y linfoma no Hodgkin. La tasa de mortalidad es de 90% en los sujetos que llevan diagnosticados más de 2 años.

síndrome de insuficiencia de la arteria basilar (basilar artery insufficiency syndrome), grupo de indicadores clínicos asociados con insuficiente flujo sanguíneo a través de la arteria basilar, alteración que puede estar causada por una oclusión arterial.

síndrome de Jeune (Jeune's syndrome), forma de enanismo letal de extremidades cortas, caracterizada por constricción del tórax superior y, en ocasiones, polidactilia. Se hereda como rasgo autosómico recesivo.

síndrome de Kallmann (Kallmann's syndrome) [Franz J. Kallman, psiquiatra norteamericano, n. 1897], trastorno caracterizado por la ausencia del sentido del olfato debido a agenesia de los bulbos olfatorios, y por hipogonadismo secundario a la ausencia de LHRH.

síndrome de Kanner (Kanner's syndrome), forma de psicosis infantil que comienza en los primeros 30 meses de la vida. Se caracteriza por autismo infantil. El tratamiento puede consistir en psicoterapia y educación especial, dependiendo del nivel de inteligencia del niño.

síndrome de Kartagener (Kartagener's syndrome), trastorno hereditario caracterizado por bronquiectasias, sinusitis paranasal crónica y transposición visceral, normalmente dextrocardia.

síndrome de Kellgren (Kellgren's syndrome) [Henry Kellgren, médico sueco, n. 1827], forma de osteoartritis que afecta a las articulaciones interfalángicas proximal y distal, las primeras articulaciones metatarsofalángicas y carpometacarpianas, las rodillas y la columna vertebral.

síndrome de Kleine-Levin (Kleine-Levin syndrome) [Willi Kleine, psiquiatra alemán del s. XX; Max Levin, neurólogo norteamericano del s. XX], trastorno de causa desconocida asociado frecuentemente a procesos psicóticos y caracterizado por episodios de somnolencia, apetito anormal e hiperactividad.

síndrome de Klinefelter (Klinefelter's syndrome) [Harvy F. Klinefelter, médico norteamericano, n. 1912], síndrome de defectos gonadales, que aparece en varones, con un cromosoma X adicional, al menos en una línea celular. Sus características son: testículos duros y pequeños, piernas largas, ginecomastia, enfermedad pulmonar crónica y venas varicosas. Cuanto mayor sea el número de cromosomas X, la gravedad de estas anomalías aumenta.

síndrome de Klippel-Feil (Klippel-Feil syndrome) [Maurice Klippel, neurólogo francés, n. 1858; Andre Feil, neurólogo francés, n. 1884], trastorno consistente en cuello corto y limitación de los movimientos del cuello, debido a la fusión congénita de las vértebras cervicales.

síndrome de la banda amniótica (amniotic band syndrome), trastorno del desarrollo fetal caracterizado por la formación de bandas fibrosas dentro del útero, que se enredan alrededor del feto y originan deformidades estructurales y funcionales.

síndrome de la mujer maltratada (SMM) (battered woman syndrome [BWS]), agresiones físicas repetidas a una mujer por parte del hombre con el que vive, que a menudo producen en ésta graves daños físicos y psíquicos.

síndrome de la piel escaldada (scalded skin syndrome), v. **necrólisis epidérmica tóxica**.

síndrome de la piel escaldada estafilocócico (SPEE) (staphylococcal scalded skin syndrome [SSSS]), trastorno cutáneo que se caracteriza por eritema epidérmico, descamación y necrosis que le confiere a la piel el aspecto de haber sido escaldada. Afecta sobre todo a lactantes de 1 a 3 meses de edad, pero también puede afectar a niños mayores y a adultos. Está producido por cepas de *Staphylococcus aureus*, sobre todo por fagos de tipo II. Una situación inmunológica deficiente o una insuficiencia renal pueden predisponer a la enfermedad. Por ello, dada la inmadurez de los sistemas renal e inmune, es más frecuente en neonatos.

síndrome de la salida del tórax (thoracic outlet syndrome), tipo de mononeuropatía caracterizada por parestesias de los dedos. Puede estar causada por la compresión de una raíz nerviosa por un disco cervical o por el síndrome del túnel del carpo.

síndrome de la silla turca vacía (empty sella syndrome), crecimiento anómalo de la silla turca sin que exista un tumor hipofisario; la glándula puede ser más pequeña de lo normal o puede estar ausente. Este proceso es especialmente frecuente en las mujeres multíparas de mediana edad con sobrepeso.

síndrome de la transfusión múltiple (multiple transfusion syndrome), reacción hemorrágica a las transfusiones masivas de sangre almacenada pobre en plaquetas. Los demás factores de la coagulación rara vez contribuyen al cuadro. Se pueden administrar concentrados de plaquetas para corregir la deficiencia.

síndrome de la trisomía C (trisomy C syndrome), v. **trisomía 8**.

síndrome de la trisomía D (trisomy D syndrome), v. **trisomía 13**.

síndrome de la trisomía E (trisomy E syndrome), v. **trisomía 18**.

síndrome de la trisomía G (trisomy G syndrome), v. **síndrome de Down**.

síndrome de la vena cava (vena caval syndrome), descenso de la presión arterial cuando una mujer embarazada se echa sobre la espalda.

síndrome de las piernas inquietas (restless legs syndrome), enfermedad benigna de origen desconocido caracterizada por una sensación irritante de desasosiego, cansancio y prurito en la profundidad de los músculos de las piernas, especialmente en la parte inferior de la extremidad, acompañada de contracciones bruscas y, en ocasiones, de dolor. El único alivio es pasear o mover las piernas.

síndrome de Laurence-Moon-Bardet-Biedl (Laurence-Moon-Bardet-Biedl syndrome) [John Z. Laurence, oftalmólogo inglés, n. 1830; Robert C. Moon, oftalmólogo norteamericano, n. 1844; Georges Bardet, médico francés, n. 1885; Artur Biedl, médico checoslovaco, n. 1869], trastorno caracterizado por obesidad, hipogenitalismo, deficiencia mental, polidactilia y retinitis pigmentaria.

síndrome de leche y alcalinos (milk-alkali syndrome), estado de alcalosis producido por la ingestión excesiva de leche, medicamentos antiácidos que contienen calcio u otras fuentes de sustancias alcalinas absorbibles. Este trastorno causa hipercalcemia, hipocalciuria y depósitos de calcio en riñones y otros tejidos.

síndrome de Leriche (Leriche's syndrome) [Rene Leriche, cirujano francés, n. 1879], proceso vascular caracterizado por la oclusión gradual de la aorta terminal, claudicación intermitente en nalgas, muslos o pantorrillas, ausencia de pulso de las arterias femorales, palidez o frialdad de las piernas, gangrena de los dedos de los pies y, en el varón, impotencia.

síndrome de Lesch-Nyhan (Lesch-Nyhan syndrome) [Michael Lesch, pediatra norteamericano, n. 1939; William L. Nyhan Jr, pediatra norteamericano, n. 1926], trastorno hereditario del metabolismo de las purinas, caracterizado por retraso mental, automutilación de los dedos de las manos y de los labios por mordedura, alteración de la función renal y anomalías en el desarrollo físico.

síndrome de Letterer-Siwe (Letterer-Siwe syndrome) [Erich Letterer, anatomopatólogo alemán, n. 1895; Sture A. Siwe, médico sueco, n. 1897], cualquiera del grupo de las mal clasificadas enfermedades neoplásicas malignas de origen desconocido, caracterizada por elementos histiocíticos. Suele existir anemia, hemorragia, esplenomegalia, linfadenopatías y tumefacciones localizadas sobre los huesos.

síndrome de linfadenopatía generalizada persistente (SLGP) (lymphadenopathy syndrome [LAS]), tumefacción persistente y generalizada de los ganglios linfáticos. Forma parte del complejo relacionado con el SIDA.

síndrome de los leucocitos perezosos (lazy leukocyte syndrome), inmunodeficiencia en los niños, caracterizada por estomatitis, gingivitis y otitis media recurrentes, y febrícula con grave neutropenia.

síndrome de Louis-Bar (Louis-Bar syndrome), v. **ataxia-telangiectasia**.

síndrome de Lown-Ganong-Levine (LGL) (Lown-Ganong-Levine syndrome [LGL]) [Bernard Lown, médico norteamericano, n. 1921; William F. Ganong, fisiólogo norteamericano, n. 1924; S. A. Levine, médico norteamericano, n. 1891], trastorno del sistema de conducción auriculoventricular (AV), caracterizado por la preexcitación ventricular. La conexión del nódulo AV es cortocircuitada total o parcialmente por una conexión AV anormal entre el músculo auricular y el haz de His.

síndrome de Löffler (Löffler's syndrome) [Wilhelm Löffler, médico suizo, n. 1887], trastorno idiopático benigno marcado por episodios de eosinofilia pulmonar, opacidades transitorias en los pulmones, anorexia, disnea, fiebre y pérdida de peso.

síndrome de malabsorción (malabsorption syndrome), conjunto de síntomas que aparecen en los trastornos que afectan a la absorción intestinal de nutrientes, caracterizado por anorexia, pérdida de peso, abombamiento del abdomen, calambres musculares, dolor óseo y esteatorrea. Se producen anemia, debilidad y fatiga por la falta de absorción de la cantidad suficiente de hierro, ácido fólico y vitamina B_{12}.

síndrome de Mallory-Weiss (Mallory-Weiss syndrome) [G. Kenneth Mallory, anatomopatólogo norteamericano, n. 1926; Soma Weiss, médico norteamericano, n. 1899], trastorno caracterizado por hemorragia masiva después del desgarro de la mucosa en la unión del esófago y el estómago. La laceración suele producirse por vómitos intensos, sobre todo en alcohólicos o personas con obstrucción pilórica.

síndrome de Marcus Gunn (Marcus Gunn syndrome), v. **guiño mandibular**.

síndrome de Marfan (Marfan's syndrome) [Bernard-Jean A. Marfan, pediatra francés, n. 1858], trastorno caracterizado por la elongación de los huesos, a menudo asociada con anomalías oculares y del aparato cardiovascular. La enfermedad produce alteraciones musculoesqueléticas importantes, como hipodesarrollo muscular, laxitud ligamentosa, hipermotilidad articular y elongación ósea. En el síndrome de Marfan aparecen alteraciones patológicas del aparato cardiovascular, con fragmentación de las fibras elásticas de la media de la aorta, lo que puede producir un aneurisma. Entre las alteraciones oculares asociadas se encuentran muchos procesos, como la luxación del cristalino. Esta enfermedad afecta por igual a hombres y mujeres, elongando los miembros de tal forma que la mayoría de los pacientes adultos miden más de 180 cm. Las extremidades de los sujetos con síndrome de Marfan son muy largas, como patas de araña, con metacarpianos, metatarsianos y falanges muy largos.

síndrome de Marin Amat (Marin Amat syndrome), fenómeno de movimiento facial involuntario en el que se cierran los ojos cuando se abre la boca o cuando se mueven los maxilares durante la masticación. Se produce como consecuencia de la parálisis del nervio facial.

síndrome de Martorell (Martorell syndrome), v. **arteritis de Takayasu**.

síndrome de Meigs (Meigs' syndrome) [Joseph V. Meigs, ginecólogo norteamericano, n. 1892], ascitis e hidrotórax asociados a un fibroma del ovario u otro tumor pélvico.

síndrome de Mendelson (Mendelson's syndrome) [Curtis L. Mendelson, obstetra norteamericano, n. 1913], trastorno respiratorio producido por una neumonía química secundaria a la aspiración pulmonar del contenido gástrico ácido. Se produce cuando vomita una persona embriagada, estuporosa por la anestesia o inconsciente, como durante una convulsión.

síndrome de miedo-tensión-dolor (fear-tension-pain syndrome), concepto formulado por el doctor Grantly Dick-Read para explicar el dolor que normalmente se espera y se siente en el parto. El concepto propone que las actitudes culturales erróneas generan ansiedad antes del parto y miedo durante el parto. Aboga por la educación, el ejercicio, el soporte emocional y físico en el parto para contrarrestar el síndrome, acuñando el término «nacimiento natural» para el parto en el que la mujer participa en esta experiencia natural.

síndrome de Mikulicz (Mikulicz's syndrome) [Johann von Miculicz-Radecki, cirujano polaco, n. 1850], aumento de tamaño bilateral patológico de las glándulas salivares y lacrimales, que aparece en diversas enfermedades, como la leucemia, la tuberculosis o la sarcoidosis.

síndrome de Milkman (Milkman's syndrome), forma de osteomalacia caracterizada por la presencia de múltiples líneas bilaterales y simétricas de absorción que indican seudofracturas en los huesos largos hipocalcificados, en la pelvis y en la escápula.

síndrome de Morton (Morton' syndrome) [Dudley J. Morton, ortopeda norteamericano, n. 1884], acortamiento congénito de la región anterior del primer segmento metatarsiano que causa dolor y deformidad de la parte anterior del pie.

síndrome de muerte hematológica (hematologic death syndrome), grupo de signos y síntomas clínicos del daño producido por la radiación sobre los glóbulos rojos. Esta enfermedad se caracteriza por náuseas, vómitos, fiebre, diarrea, infecciones, anemia, leucopenia y hemorragia. Se puede producir a partir de una exposición a dosis comprendidas entre 200 y 1.000 rads. El tiempo medio de supervivencia para una persona con síndrome de muerte hematológica se estima entre 10 y 60 días.

síndrome de muerte súbita del lactante (SMSL) (sudden infant death syndrome [SIDS]), muerte súbita e inesperada de un lactante sano y aparentemente normal que se produce durante el sueño y sin muestras físicas ni autofísicas de enfermedad. Se han propuesto numerosas causas, entre ellas la falta de biotina en la dieta, anomalías del sistema endógeno opioide, asfixia mecánica, defecto de las defensas mucosas respiratorias, apnea prolongada, virus desconocidos, anomalías anatómicas de la laringe y anomalías inmunoglobulínicas. Se observa con mayor frecuencia en lactantes que han pasado recientemente una enfermedad leve, como una infección de las vías respiratorias superiores. El síndrome no es contagioso ni hereditario, aunque existe un riesgo superior al promedio de aparición en la misma familia, lo que puede indicar la influencia de factores poligénicos.

síndrome de Munchausen (Munchausen's syndrome) [barón von Munchausen, confabulador legendario del siglo XVI], trastorno poco frecuente caracterizado por la continua demanda de tratamiento y hospitalización por una enfermedad aguda sintomática pero imaginaria. La persona afectada puede presentar de forma lógica y convincente los síntomas y la historia de una enfermedad real.

síndrome de Möbius (Möbius' syndrome) [Paul J. Möbius, neurólogo alemán, n. 1853], alteración del desarrollo poco frecuente caracterizada por parálisis facial bilateral congénita, habitualmente asociada a disfunciones oculomotoras o neurológicas diversas, alteraciones del habla y diversas anomalías de las extremidades.

síndrome de Naffziger (Naffziger syndrome), espasmo de los músculos escalenos secundario a una enfermedad del disco intervertebral, la costilla cervical u otras anomalías. El espasmo produce un aumento de presión sobre los nervios del plexo braquial, y el paciente experimenta dolor en cuello, hombro, brazo y mano.

síndrome de Nelson (Nelson's syndrome) [Donald H. Nelson, médico norteamericano, n. 1925], trastorno endocrino que puede presentarse tras una suprarrenalectomía por enfermedad de Cushing. Se caracteriza por un marcado aumento de la secreción de ACTH y MSH por la hipófisis.

síndrome de Nezelof (Nezelof's syndrome) [C. Nezelof, médico francés del s. XX], trastorno caracterizado por ausencia funcional de las células T, insuficiencia funcional de las células B, niveles aceptablemente normales de inmunoglobulinas y escasa o nula producción de anticuerpos específicos. El síndrome de Nezelof produce infecciones progresivamente intensas, recurrentes y con el tiempo mortales. Los signos que aparecen frecuentemente en lactantes o niños de hasta 4 años son: neumonía recurrente, otitis media, infecciones crónicas por hongos, infecciones del tracto respiratorio superior y hepatosplenomegalia. La enfermedad puede además producir hiperplasia de los ganglios linfáticos y las amígdalas. Los pacientes pueden desarrollar además una tendencia a procesos malignos. La enfermedad puede producir sepsis, que es la causa de muerte habitual. Otros síntomas que a menudo sugieren el síndrome de Nezelof son la pérdida de peso y la falta de apetito.

síndrome de Noonan (Noonan's syndrome), proceso de hipergonadotropismo, que sólo afecta a hombres, caracterizado por talla corta, orejas de implantación baja, cuello alado y cúbito valgo. La función testicular puede ser normal, aunque frecuentemente está disminuida la fertilidad. Es normal el número y la morfología de los cromosomas. Su causa es desconocida.

síndrome de ojo seco (dry eye syndrome), sequedad corneal y conjuntival, debida a la producción deficitaria de lágrimas. El proceso tiene como resultado una sensación de cuerpo extraño y de quemazón de ojos, queratitis y erosión de las capas epiteliales de córnea y conjuntiva.

síndrome de Osler-Weber-Rendu (Osler-Weber-Rendu syndrome) [Sir William Osler; Frederick P. Weber, médico británico, n. 1863; Henry J. L. M. Rendu, médico francés, n. 1844], trastorno vascular heredado como rasgo autosómico dominante, caracterizado por telangiectasias hemorrágicas en la piel y en las mucosas. Las pequeñas lesiones eritematosas o violáceas se localizan en los labios, en la mucosa oral y nasal, en la lengua y en la punta de los dedos de las manos y de los pies. Los vasos delgados y dilatados pueden sangrar espontáneamente o como resultado de un traumatismo leve. Este trastorno aumenta progresivamente de gravedad.

síndrome de Otelo (Othello syndrome), trastorno psicopatológico caracterizado por la sospecha de infidelidad de uno de los esposos y por celos mórbidos. Se puede acompañar de furia y violencia y con frecuencia se asocia a paranoia.

síndrome de Pancoast (Pancoast's syndrome) [Henry K. Pancoast, radiólogo norteamericano, n. 1875], **1.** combinación de varios signos asociados a un tumor en el vértice pulmonar. Los signos son dolor neurítico en el brazo, una sombra radiológica en el vértice pulmonar, atrofia de los músculos del brazo y de la mano y síndrome de Horner. **2.** trastorno provocado por la osteolisis de la parte posterior de una o más costillas, afectando en ocasiones a las vértebras asociadas.

síndrome de Parinaud (Parinaud syndrome) [Henry Parinaud, oftalmólogo francés, n. 1844], término utilizado con frecuencia para referirse a una conjuntivitis que suele ser unilateral, folicular y que se continúa con un aumento de tamaño de los ganglios linfáticos preauriculares, con hipersensibilidad. Con frecuencia el síndrome está producido por una infección de una especie del microorganismo *Leptothrix*. También se puede asociar a otras infecciones, como la tularemia, la fiebre por arañazo de gato y el linfogranuloma venéreo.

síndrome de Patau (Patau's syndrome), v. **trisomía 13**.

síndrome de Paterson-Kelly (Paterson-Kelly syndrome) [Donald R. Paterson, médico galés, n. 1863; Adam B. Kelly, médico escocés, n. 1865], trastorno del sistema digestivo asociado a anemia ferropénica, caracterizado por el desarrollo de membranas en el tercio superior del esófago, dificultando la deglución de sólidos.

síndrome de Pepper (Pepper syndrome) [William Pepper, médico norteamericano, n. 1874], neuroblastoma de las glándulas suprarrenales que suele metastatizar en el hígado.

síndrome de Peutz-Jeghers (Peutz-Jeghers syndrome) [J.L.A. Peutz, médico holandés del siglo XX; Harold J. Jeghers, médico norteamericano, n. 1904], trastorno hereditario, transmitido con carácter autosómico dominante, caracterizado por la presencia de múltiples pólipos intestinales y pigmentación mucocutánea anormal, especialmente en los labios y en la mucosa bucal.

síndrome de Pickwick (pickwickian syndrome) [«Pickwick Papers» de Charles Dickens], trastorno caracterizado por obesidad, disminución de la función pulmonar, somnolencia y policitemia.

síndrome de Pierre Robin (Pierre Robin's syndrome) [Pierre Robin, histólogo francés, n. 1867], complejo de anomalías congénitas en las que se incluyen maxilar inferior pequeño, labio leporino, paladar hendido, otras anomalías craneofaciales y defectos en los ojos y orejas, como glaucoma. La inteligencia suele ser normal.

síndrome de Plummer-Vinson (Plummer-Vinson syndrome) [Henry S. Plummer; Porter P. Vinson, médico norteamericano, n. 1890], enfermedad poco frecuente asociada a anemia ferropénica crónica y grave, que se caracteriza por disfagia provocada por la presencia de membranas esofágicas en el cartílago cricoides.

síndrome de Posner-Schlossman (Posner-Schlossman syndrome), v. **crisis glaucomatociclítica**.

síndrome de PR corta y QRS normal (short-PR-normal-QRS syndrome), v. **síndrome de Lown-Ganong-Levine**.

síndrome de Prader-Willi (Prader-Willi syndrome) [A. Prader, médico suizo del siglo XX; H. Willi], trastorno metabólico caracterizado por hipotonía congénita, hiperfagia, obesidad y retraso mental. Este síndrome se asocia a una secreción inferior a la normal de hormonas gonadotrópicas por parte de la hipófisis.

síndrome de privación materna (maternal deprivation syndrome), trastorno caracterizado por el retraso del desarrollo que se produce como resultado de una deprivación física o emocional. Se observa principalmente en lactantes. Los síntomas típicos son: ausencia de crecimiento físico, peso por debajo del tercer percentil para su edad y talla, malnutrición, abandono pronunciado, silencio, apatía, irritabilidad y postura y lenguaje corporal típicos, mostrando una rigidez no natural y una reacción de respuesta lenta ante los demás.

síndrome de Ramsay Hunt (Ramsay Hunt's syndrome) [James Ramsay Hunt, neurólogo norteamericano, n. 1874], trastorno neurológico provocado por la invasión de los ganglios del séptimo par craneal y del ganglio geniculado por el virus de la varicela zoster, y que se caracteriza por dolor intenso de oído, parálisis del nervio facial, vértigo, pérdida de audición y, con frecuencia, encefalitis leve generalizada.

síndrome de Refsum (Refsum's syndrome) [Sigvald Refsum, médico noruego, n. 1907], trastorno raro, hereditario, del metabolismo de los lípidos en el que no se produce la descomposición del ácido fitánico. El síndrome se caracteriza por ataxia, anomalías en los huesos y en la piel, neuropatía periférica y retinitis pigmentaria.

síndrome de Reifenstein (Reifenstein's syndrome) [Edward C. Reifenstein, Jr., médico norteamericano, n. 1908], hipogonadismo masculino de origen desconocido, caracterizado por azoospermia, testículos no descendidos, ginecomastia, déficit de testosterona y títulos elevados de gonadotropinas.

síndrome de Reiter (Reiter's syndrome) [Hans Reiter, médico alemán, n. 1862], enfermedad artrítica de varones adultos, que se cree es el resultado de una infección por mixovirus o *Mycoplasma*. El síndrome afecta con mayor frecuencia a tobillos, pies y articulaciones sacroilíacas y habitualmente va asociado a conjuntivitis y uretritis. En las palmas de las manos y plantas de los pies se pueden formar lesiones que se convierten en úlceras superficiales. Habitualmente, la artritis persiste después de remitir la conjuntivitis y la uretritis, aunque puede ser episódica.

síndrome de Rendu-Osler-Weber (Rendu-Osler-Weber syndrome), v. **síndrome de Osler-Weber-Rendu**.

síndrome de respuesta al estrés (stress response syndrome), v. **trastorno de estrés postraumático**.

síndrome de Reye (Reye's syndrome) [Ralph D. K. Reye, patólogo australiano del siglo XX], combinación de encefalopatía aguda e infiltración grasa de los órganos internos que pueden seguir a las infecciones víricas agudas. Este síndrome se ha asociado a los virus de la gripe B, varicela, enterovirus y virus de Epstein-Barr. Suele afectar a personas menores de 18 años y, de forma característica, provoca un exantema, vómitos y confusión alrededor de una semana después de la aparición de una enfermedad vírica. En la última fase puede existir una desorientación extrema seguida de coma, convulsiones y parada respiratoria.

síndrome de Rosenthal (Rosenthal's syndrome), v. **hemofilia C**.

síndrome de Rotor (Rotor syndrome), enfermedad rara del hígado, heredada con carácter autosómico recesivo. Es similar al síndrome de Dubin-Johnson.

síndrome de sarampión atípico (SSA) (atypical measles syndrome [AMS]), forma de sarampión que tiende a infectar a las personas previamente inmunizadas con vacuna de virus del sarampión muertos, o bien con virus vivos atenuados que han sido conservados en condiciones inapropiadas. Los síntomas se diferencian en cierto modo de los del sarampión típico.

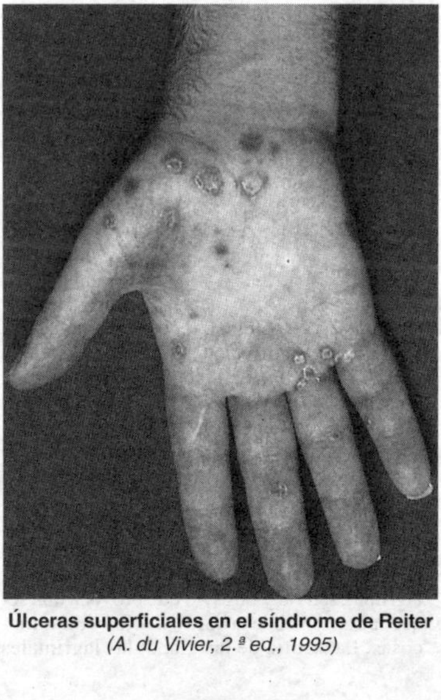

Úlceras superficiales en el síndrome de Reiter
(A. du Vivier, 2.ª ed., 1995)

síndrome de Seckel (Seckel's syndrome), retraso mental, microcefalia, enanismo proporcionado y criptorquidia.

síndrome de secreción inadecuada de hormona antidiurética (SIADH) (syndrome of inappropriate antidiuretic hormone secretion [SIADH]), enfermedad caracterizada por la liberación excesiva de hormona antidiurética (ADH), que trastorna el equilibrio hidroelectrolítico del organismo. Se debe a diversas disfunciones, como la incapacidad del organismo para producir y secretar orina diluida, retención de agua, elevación del volumen de líquido extracelular e hiponatremia. El SIADH se desarrolla asociado a enfermedades que afectan a los osmorreceptores y el hipotálamo. El carcinoma bronquial microcelular es la causa más corriente. Entre los signos y síntomas comunes de SIADH se encuentran: aumento de peso a pesar de la anorexia, vómitos, náuseas, debilidad muscular e irritabilidad. En algunos pacientes, el SIADH puede provocar coma y convulsiones. La mayor parte del agua libre asociada a este síndrome es intracelular, siendo rara la presencia de edema asociado, a menos que el exceso de volumen de agua sea superior a 4 mOsm.

síndrome de sensibilización autoeritrocítica (autoerythrocyte sensitization syndrome), v. **síndrome de Gardner-Diamond**.

síndrome de separación maternoinfantil (maternal-child separation syndrome), v. **ansiedad por la separación**.

síndrome de Sheehan (Sheehan's syndrome) [Harold L. Sheehan, anatomopatólogo inglés, n. 1900], trastorno posparto que consiste en necrosis hipofisaria e hipopituitarismo secundario al colapso circulatorio provocado por la hemorragia uterina.

síndrome de Shy-Drager (Shy-Drager syndrome) [G. Milton Shy, neurólogo norteamericano, n. 1919; Glenn A. Drager, médico norteamericano, n. 1917), enfermedad neurológica progresiva infrecuente, caracterizada por hipotensión ortostática, incontinencia vesical e intestinal, atrofia del iris, anhidrosis, temblor, rigidez, incoordinación, ataxia y atrofia muscular.

síndrome de Silver (Silver's syndrome), precocidad sexual secundaria a alteraciones congénitas de la región hipotalámica.

síndrome de Sjögren (Sjögren's syndrome) [Henrik S. C. Sjögren, oftalmólogo sueco, n. 1899], trastorno inmunológico caracterizado por una secreción insuficiente de las glándulas lagrimal, salival y otras, lo que provoca una sequedad anormal de la boca, los ojos y otras mucosas. La atrofia de las glándulas lagrimales puede causar desecación de la córnea y la conjuntiva. Cuando se afectan los pulmones, la sequedad aumenta la sensibilidad frente a las neumonías y otras infecciones respiratorias. El tratamiento incluye la aplicación de lágrimas artificiales.

síndrome de Sjögren-Larsson (Sjögren-Larsson syndrome) [Torsten Sjögren, pediatra sueco, n. 1859; T. Larsson, pediatra sueco del siglo XX], enfermedad congénita, heredada como rasgo autosómico recesivo y caracterizada por ictiosis, déficit mental y parálisis espástica.

síndrome de Steele-Richardson-Olszewski (Steele-Richardson-Olszewski syndrome) [John C. Steele, J. Clifford Richardson, Jerzy Olszewski, neurólogos canadienses del siglo XX], enfermedad neurológica rara, progresiva, de causa desconocida, que se produce en personas de edad media, con mayor frecuencia en varones. Se caracteriza por parálisis de los músculos oculares, ataxia, rigidez de cuello y tronco, parálisis seudobulbar y cara parkinsoniana. También son frecuentes la demencia y las respuestas emocionales inadecuadas.

síndrome de Stein-Leventhal (Stein-Leventhal syndrome), v. **síndrome del ovario poliquístico**.

síndrome de Stevens-Johnson (Stevens-Johnson syndrome) [Albert M. Stevens, pediatra norteamericano, n. 1884; F. C. Johnson, médico norteamericano, n. 1894], enfermedad inflamatoria grave, en ocasiones mortal, que afecta a niños y adultos jóvenes. Se caracteriza por la aparición aguda de fiebre, ampollas en la piel y úlceras en las mucosas de labios, ojos, boca, vías nasales y genitales. Son frecuentes las neumonías, el dolor articular y la postración. Una posible complicación es la perforación de la córnea. Este síndrome puede ser una reacción alérgica a determinados fármacos, o aparecer después del embarazo, de infecciones por herpesvirus I o de otras infecciones.

síndrome de Stokes-Adams (Stokes-Adams syndrome), v. **síndrome de Adams-Stokes**.

síndrome de Sturge-Weber (Sturge-Weber syndrome) [William A. Sturge, médico inglés, n. 1850; Frederick P. Weber, médico inglés, n. 1863], enfermedad neurocutánea congénita marcada por un hemangioma capilar rojo vinoso sobre un dermatoma sensitivo de una rama del nervio trigémino de la cara. Se puede desarrollar atrofia de la corteza cerebral, convulsiones generalizadas o focales, angioma de la coroides, glaucoma secundario, atrofia óptica y desarrollo de nuevos hemangiomas cutáneos.

síndrome de Tietze (Tietze's syndrome), **1.** trastorno caracterizado por la inflamación no supurativa de uno o más cartílagos costales causando dolor que se puede irradiar al cuello, hombros o brazos e imitar el dolor de la enfermedad coronaria. **2.** albinismo, excepto para el pigmento normal del ojo, acompañado de sordomudez e hipoplasia de las cejas.

síndrome de Tourette (Tourette's syndrome), v. **síndrome de Gilles de la Tourette**.

síndrome de trauma por violación (rape-trauma syndrome), diagnóstico de enfermería, aprobado por la NANDA, sobre la penetración sexual violenta en contra de los deseos y consentimiento de la víctima. El síndrome de trauma incluye una fase aguda de desorganización y una fase más prolongada de reorganización en la vida de la víctima. Las características que lo definen se dividen en tres subcomponentes: reacción compuesta, reacción silenciosa y trauma por violación. La **reacción compuesta** incluye todas las características que definen el trauma por violación, dependencia del alcohol o de las drogas, o la recurrencia de los síntomas de enfermedades previas. La **reacción silenciosa** se produce a veces en lugar del trauma por violación o de la reacción compuesta. Las características que definen la reacción silenciosa son un cambio brusco en las relaciones sexuales habituales de la víctima, un aumento de las pesadillas, un aumento de la ansiedad durante la entrevista sobre el incidente de la violación, un notable cambio en la conducta sexual, la negación de la violación o el rechazo a discutirlo y el desarrollo brusco de reacciones fóbicas. El **trauma por violación** en la fase aguda consiste en reacciones emocionales de cólera, culpa y desconcierto, temor a la violencia física y a la muerte, humillación, deseo de venganza y múltiples síntomas físicos. La fase posterior incluye cambios en los patrones habituales de la vida diaria, pesadillas y fobias y necesidad de apoyo por parte de los amigos y de la familia.

síndrome de Treacher Collins (Treacher Collins' syndrome), trastorno hereditario, caracterizado por disostosis mandibulofacial.

síndrome de triple X (triple X syndrome), v. **síndrome XXX**.

síndrome de trisomía (trisomy syndrome), cualquier alteración causada por la adición de un miembro extra a un par normal de autosomas homólogos o a los cromosomas sexuales o mediante translocación de una porción de un cromosoma a otro. La mayoría de las trisomías se producen como resultado de una ausencia de disyunción completa o parcial de los cromosomas durante la división celular.

síndrome de Turner (Turner's syndrome) [Henry H. Turner, médico norteamericano, n. 1892], anomalía cromosómica presente en aproximadamente 1 de cada 3.000 nacimientos de niñas vivas, caracterizada por la ausencia de un cromosoma X, insuficiencia ovárica congénita, hipoplasia genital, anomalías cardiovasculares, enanismo, metacarpianos cortos, «tórax en escudo», exóstosis en la tibia y subdesarrollo de las mamas, útero y vagina. Son frecuentes la desorientación espacial y alteraciones del aprendizaje en grado moderado. También llamado **síndrome de Bonnevie-Ullrich, monosomía X**. V. también **síndrome de Noonan**.

síndrome de vaciamiento rápido (dumping syndrome), combinación de sudoración profusa, náuseas, mareos y debilidad, que experimentan los pacientes que han sido sometidos a una gastrectomía subtotal. Los síntomas aparecen poco después de comer, cuando el contenido gástrico se vacía con excesiva rapidez en el duodeno.

síndrome de Vernet (Vernet's syndrome) [Maurice Vernet, neurólogo francés, n. 1887], trastorno neurológico causado por lesión del noveno, décimo y undécimo pares craneales a su paso por el agujero yugular al abandonar el cráneo. El paciente experimenta disfagia; la voz es nasal y ronca, y puede existir cierta pérdida de la sensibilidad gustativa.

síndrome de Waterhouse-Friderichsen (Waterhouse-Friderichsen syndrome) [Rupert Waterhouse, médico inglés, n. 1873; Carl Friderichsen, médico danés, n. 1886], bacteriemia fulminante, caracterizada por la aparición brusca de fiebre, cianosis, petequias y colapso por hemorragia suprarrenal masiva bilateral. Requiere tratamiento de urgencia inmediato, hospitalización y cuidados intensivos.

síndrome de Wernicke (Wernicke's syndrome), v. **encefalopatía de Wernicke**.

síndrome de Wiskott-Aldrich (Wiskott-Aldrich syndrome) [Alfred Wiskott, pediatra alemán, n. 1898; Robert Anderson Aldrich, pediatra norteamericano, n. 1917], trastorno de inmunodeficiencia heredada con carácter recesivo, ligado al cromosoma X y caracterizado por trombocitopenia, eccema, función inadecuada de células T y B y aumento de la sensibilidad a las infecciones víricas, bacterianas y fúngicas y al cáncer.

síndrome de Wittmaack-Ekbom (Wittmaack-Ekbom syndrome), v. **síndrome de las piernas inquietas**.

síndrome de Wolff-Parkinson-White (Wolff-Parkinson-White syndrome) [Louis Wolff, médico norteamericano, n. 1898; Sir John Parkinson, cardiólogo inglés, n. 1885; Paul Dudley White, cardiólogo norteamericano, n. 1886], trastorno de la conducción auriculoventricular, caracterizado por dos vías de conducción AV.

síndrome de Zollinger-Ellison (Zollinger-Ellison syndrome) [Robert M. Zollinger, cirujano norteamericano, n. 1903; Edwin H. Ellison, médico norteamericano, n. 1918], trastorno caracterizado por ulceración péptica grave, hipersecreción gástrica, elevación de la gastrina en plasma y gastrinoma del páncreas o duodeno.

síndrome de Älstrom (Älstrom syndrome), enfermedad hereditaria caracterizada por la resistencia a la acción de las hormonas en múltiples órganos periféricos. Sus características clínicas son degeneración retiniana que conduce a ceguera infantil, diabetes insípida resistente a la vasopresina e hipogonadismo.

síndrome del amanecer (sunrise syndrome), situación de capacidad cognitiva inestable al despertar por la mañana.

síndrome del ángulo esplénico (splenic flexure syndrome), dolor recurrente y distensión abdominal en el cuadrante superior izquierdo del abdomen provocados por el atrapamiento de una bolsa de gas en el intestino grueso, por debajo del bazo, a nivel del ángulo esplénico del colon transverso y descendente.

síndrome del anochecer (sundowning), alteración en la cual los pacientes de edad avanzada tienden a presentar confusión o desorientación al final del día. Al disminuir la luz, pierden las referencias visuales que les ayudan a compensar sus insuficiencias sensoriales.

síndrome del cayado aórtico (aortic arch syndrome), síndrome causado por diversos trastornos oclusivos del cayado aórtico que producen síntomas relacionados con la obstrucción de las grandes ramas de la aorta, es decir, el tronco arterial braquiocefálico, la arteria carótida primitiva izquierda y la arteria subclavia izquierda. El síndrome del cayado aórtico puede producirse por aterosclerosis, por arteritis de Takayasu y por sífilis.

síndrome del cilio inmóvil (immotile cilia syndrome), trastorno en el cual las prolongaciones filiformes de las células epiteliales y de otras células no funcionan normalmente. A causa de ello, el paciente tiene dificultad para expulsar del sistema respiratorio el polvo y otros restos transportados por el aire.

síndrome del corazón atlético (athletic heart syndrome), presenta un corazón normal, aunque agrandado.

síndrome del cromosoma 5p (chromosome 5p-syndrome), v. **síndrome del maullido de gato**.

síndrome del cromosoma X frágil (fragile X syndrome), trastorno reproductor caracterizado por un cromosoma X casi roto, que tiene una punta colgando de un tenue filamento. Constituye la causa hereditaria más frecuente de retraso mental. Las pruebas para detectar el cromosoma roto son eficaces solamente en el 75% de los casos. Algunos individuos sanos pueden poseer cromosomas X frágiles sin presentar síntomas y pueden transmitir a sus hijos o nietos la alteración.

síndrome del eunuco fértil (fertile eunuch syndrome), trastorno hormonal hipogonadotrópico que se produce sólo en varones en los que las cantidades de testosterona y de hormona luteinizante son insuficientes para el desarrollo de los caracteres sexuales secundarios.

síndrome del feto muerto (dead fetus syndrome), proceso en el que el feto ha muerto, pero permanece en el útero durante más de 6 semanas. Esto conlleva una alteración de la coagulación, y al producirse finalmente el parto suele presentarse una hemorragia masiva.

síndrome del fracaso social (social breakdown syndrome), deterioro progresivo de las capacidades sociales e interpersonales en pacientes psiquiátricos crónicos.

síndrome del glucagonoma (glucagonoma syndrome), enfermedad asociada a un tumor secretor de glucagón de los islotes de Langerhans pancreáticos, caracterizada por hiperglucemia, estomatitis, anemia, pérdida de peso y erupción característica.

síndrome del intestino corto (short-bowel syndrome), pérdida de superficie intestinal para la absorción de nutrientes como consecuencia de la extirpación quirúrgica de una sección del intestino.

síndrome del intestino irritable (irritable bowel syndrome), movilidad anormalmente aumentada de los intestinos delgado y grueso, generalmente asociada a tensión emocional. La mayoría de los enfermos son jóvenes adultos que presentan diarrea y dolor en la parte inferior del abdomen. El dolor suele aliviarse al evacuar el intestino. Como no se trata de una enfermedad orgánica, no es necesario un tratamiento específico.

síndrome del lactante gris (gray baby syndrome), v. **síndrome gris**.

síndrome del lóbulo frontal (frontal lobe syndrome), alteraciones en la conducta y personalidad observadas tras una lesión neoplásica o traumática del lóbulo frontal. El paciente se torna sociópata, desinhibido, exhibicionista y propenso a explosiones de irritabilidad o violencia. También puede estar deprimido, apático, sin iniciativa, negligente con su aspecto personal, con tendencia a continuar en esta situación.

síndrome del lóbulo medio (middle lobe syndrome), atelectasia localizada en el lóbulo medio del pulmón derecho, caracterizada por infección crónica, tos, disnea, sibilancias y neumonitis obstructiva. Puede ocasionar una obstrucción asintomática de un bronquio. Se produce por el aumento de tamaño de los ganglios linfáticos adyacentes.

síndrome del maullido de gato (cat-cry syndrome), enfermedad congénita poco frecuente que se detecta al nacer el afectado por la emisión de un llanto parecido a un maullido como consecuencia de una anomalía laríngea. Se asocia a un defecto del cromosoma 5. Otras características son bajo peso al nacimiento, microcefalia, «cara de luna», hipertelorismo ocular, estrabismo e implantación baja de las orejas. Los lactantes son hipotónicos; son frecuentes las malformaciones cardíacas y el retraso físico y mental.

síndrome del miembro fantasma (phantom limb syndrome), fenómeno frecuente tras la amputación de un miembro, en el que se experimentan sensaciones o molestias en el miembro que falta.

síndrome del niño hiperactivo (hyperactive child syndrome), trastorno mental infantil que aparece antes de los 7 años y que se caracteriza por falta de atención, impulsividad e hiperactividad.

síndrome del niño hipotónico (floppy infant syndrome), término genérico de las atrofias musculares espinales juveniles como la enfermedad de Werdnig-Hoffmann y la enfermedad de Wohlfart-Kugelberg-Welander.

síndrome del niño maltratado (shaken baby syndrome), trastorno con heridas semejantes a latigazos que abarca, desde los cardenales en los brazos y en el tronco, hasta hemorragias retinianas, coma o convulsiones, como el que se observa en niños que han sido golpeados violentamente. La ley exige el informe de un médico para investigar los casos en los que se sospechen malos tratos a menores.

síndrome del ojo de gato (cat-eye syndrome), anomalía congénita autosómica, poco frecuente, caracterizada por la existencia de un pequeño cromosoma 22 extra y unas pupilas que recuerdan a las pupilas verticales de un gato.

síndrome del ovario poliquístico (polycystic ovary syndrome), enfermedad caracterizada por anovulación, amenorrea, hirsutismo e infertilidad. Está producida por un desequilibrio endocrino, con elevación de la concentración de testosterona, estrógenos y hormona luteinizante (LH) y disminución de la secreción de hormona foliculostimulante (FSH). Se pueden desarrollar numerosos quistes foliculares, de 2 a 6 mm de diámetro. Habitualmente, el ovario afectado dobla su tamaño y está revestido por una cápsula lisa, de aspecto blanco perlado.

síndrome del pelo ensortijado de Menkes (Menkes' kinky hair syndrome) [John H. Menkes, neurólogo norteamericano, n. 1928], trastorno familiar que afecta a la absorción normal de cobre en el intestino, caracterizado por el crecimiento de pelo ralo y rizado. Los lactantes con este síndrome sufren degeneración cerebral, retraso del crecimiento y muerte precoz.

síndrome del pie urente (burning feet syndrome), enfermedad neurológica caracterizada por síntomas de sensación de quemazón en los pies. Esta sensación es más intensa por la noche y puede también afectar a las manos.

síndrome del pronador (pronator syndrome), compresión del nervio mediano entre las dos cabezas del músculo pronador redondo.

síndrome del restaurante chino (Chinese restaurant syndrome), síndrome caracterizado por una sensación de hormigueo y quemazón en la piel, congestión facial, cefalea y dolor torácico que se producen inmediatamente después de ingerir alimentos que contienen glutamato monosódico, producto que se utiliza con frecuencia en la cocina china.

síndrome del robo de la subclavia (subclavian steal syndrome), síndrome vascular provocado por la oclusión de la arteria subclavia antes del origen de la arteria vertebral. El bloqueo producido provoca la inversión del gradiente de presión arterial normal en la arteria vertebral y reduce el flujo sanguíneo en las áreas distales a la oclusión. Este trastorno se caracteriza por episodios de parálisis flácida en el brazo, dolor en las áreas mastoidea y occipital y disminución o ausencia del pulso radial en el lado afecto.

síndrome del seno carotídeo (carotid sinus syndrome), pérdida temporal de consciencia que algunas veces acompaña a las crisis convulsivas debido a la intensidad del reflejo del seno carotídeo cuando aumenta la presión en uno o ambos senos carotídeos.

síndrome del seno cavernoso (cavernous sinus syndrome), trastorno caracterizado por edema de la conjuntiva, del párpado superior y de la raíz nasal y por parálisis del tercer, cuarto y sexto pares craneales. Está producido por la trombosis del seno cavernoso.

síndrome del seno enfermo (sick sinus syndrome), complejo de síndromes asociados a disfunción del nódulo sinusal. Este trastorno puede deberse a diversas enfermedades cardíacas. Se caracteriza por bradicardia sinusal grave aislada, bradicardia sinusal que alterna con taquicardia o bradicardia sinusal con bloqueo auriculoventricular. Los síntomas más comunes son letargo, debilidad, mareo, vértigo y episodios de seudosíncope hasta pérdidas reales de consciencia.

síndrome del shock hemorrágico del dengue (DHFS) (dengue hemorrhagic fever shock syndrome [DHFS]), forma grave de dengue, caracterizada por un shock con colapso o postración, extremidades frías y húmedas, pulso débil, filiforme, dificultades respiratorias y todos los demás síntomas del dengue. Antes de producirse el colapso circulatorio pueden presentarse hemorragias, equimosis, pequeñas manchas rojas, que señalan el sangrado de los capilares de la piel, y vómitos, orina y heces sanguinolentos.

síndrome del shock tóxico (SST) (toxic shock syndrome [TSS]), trastorno grave agudo causado por la infección producida por cepas de *Staphylococcus aureus*, fago del grupo I, que produce una única toxina, la enterotoxina F. Es más frecuente en mujeres menstruantes que utilizan tampones muy absorbentes, pero también se ha descrito en recién nacidos, niños y hombres. El inicio de este síndrome se caracteriza por fiebre elevada repentina, cefalea, dolor de garganta con inflamación de las mucosas, diarrea, náuseas y eritrodermia. Habitualmente se produce insuficiencia renal aguda, alteración de la función hepática, confusión e hipotensión refractaria, y el paciente puede morir.

síndrome del sistema nervioso central (síndrome del SNC) (central nervous system syndrome [CNS syndrome]), grupo de signos y síntomas neurológicos y emocionales secundarios a una dosis masiva de radiación corporal total.

síndrome del tapón meconial (meconium plug syndrome), obstrucción del intestino grueso del neonato producido por un meconio espeso, pegajoso, que puede ocupar la totalidad del colon e íleon terminal. Sus síntomas son imposibilidad de que pase el meconio en las primeras 24-48 horas después del nacimiento, distensión abdominal y vómitos si se produce una obstrucción intestinal completa.

síndrome del túnel carpiano (carpal tunnel syndrome), trastorno doloroso frecuente de la muñeca y de la mano producido por la compresión del nervio mediano entre el ligamento transverso del carpo inelástico y el resto de las estructuras del túnel carpiano. El nervio mediano inerva la palma y el lado radial de la mano; la compresión del mismo produce debilidad, dolor a la oposición del pulgar y quemazón, hormigueo o dolor, irradiado algunas veces al antebrazo y a la articulación del hombro.

síndrome del túnel tarsiano (tarsal tunnel syndrome), mononeuropatía caracterizada por dolor y entumecimiento de la planta del pie. Puede estar causada por fracturas del tobillo que comprimen el nervio tibial posterior.

síndrome discinético (dyskinetic syndrome), forma de parálisis cerebral que implica un trastorno de los ganglios basales. Sus características clínicas son movimientos atetósicos de las extremidades y, a veces del tronco. Los movimientos tienden a aumentar con la tensión emocional y a disminuir con el sueño.

síndrome dismnésico (dysmnesic syndrome), trastorno de la memoria caracterizado por la incapacidad de aprender nuevas habilidades sencillas, aunque el sujeto puede realizar tareas muy complejas aprendidas antes de iniciarse el proceso. Su causa es una enfermedad o lesión que afecta a determinados tejidos cerebrales asociados con la memoria.

síndrome disráfico (dysraphic syndrome), alteración del desarrollo que normalmente afecta a la médula espinal, como el encefalocele o el mielomeningocele.

síndrome electrocardiográfico-auscultatorio (electrocardiographic-auscultatory syndrome), v. **síndrome de Barlow**.

síndrome EMG (EMG syndrome), trastorno hereditario transmitido con carácter autosómico recesivo. Se caracteriza por exoftalmos, macroglosia y gigantismo, a menudo acompañados de visceromegalia, displasia de la médula suprarrenal y aumento de tamaño de las células de la corteza suprarrenal.

síndrome exoftalmos-macroglosia-gigantismo (exophthalmos-macroglossia-gigantism syndrome), v. **síndrome EMG**.

síndrome ganglionar mucocutáneo (SGMC) (mucocutaneous lymph node syndrome [MLNS]), enfermedad aguda febril, principalmente de los niños pequeños, caracterizada por la inflamación de las mucosas de la boca, «lengua de frambuesa», linfadenopatía cervical, exantema polimorfo del tronco y edema, eritema y descamación de la piel de las extremidades. Otros hallazgos frecuentemente asociados son artralgia, diarrea, otitis, neumonía, fotofobia, meningitis y alteraciones electrocardiográficas.

síndrome gris (gray syndrome), trastorno tóxico de los neonatos, especialmente de los prematuros, producido por una reacción al cloranfenicol. El nombre del proceso se debe a la típica cianosis gris pálido, que se acompaña de distensión abdominal, hipotermia, vómitos, dificultad respiratoria y colapso vascular. El proceso es mortal si no se interrumpe el fármaco.

síndrome hematopoyético (hematopoietic syndrome), grupo de rasgos clínicos asociado a los efectos de la radiación sobre la sangre y los tejidos linfoides. Se caracteriza por vómitos, destrucción de la médula ósea y atrofia del bazo y los ganglios linfáticos.

síndrome hemolítico urémico (hemolytic uremia syndrome), enfermedad renal poco frecuente caracterizada por insuficiencia renal, anemia hemolítica microangiopática y déficit de plaquetas.

síndrome hepatorrenal (hepatorenal syndrome), tipo de insuficiencia renal en la que existe una pérdida funcional gradual pero sin signos de lesión tisular.

síndrome hidantoínico fetal (SHF) (fetal hydantoin syndrome [FHS]), conjunto de defectos presentes al nacimiento asociados a la ingestión materna de derivados de la hidantoína antes del nacimiento. Los síntomas de SHF son: microcefalia, hipoplasia o ausencia de uñas o dedos de las manos o de los pies, facies anormal, retraso mental y físico y defectos cardíacos.

síndrome hiperdinámico (hyperdynamic syndrome), conjunto de síntomas que marcan el inicio del shock séptico, entre los que se incluyen escalofríos, elevación rápida de la temperatura, rubor de la piel, pulso galopante y aumento y disminución alternante de la presión arterial. Es una urgencia médica que requiere un apoyo médico experto en un hospital.

síndrome hombro-mano (shoulder-hand syndrome), trastorno neuromuscular caracterizado por dolor y rigidez del hombro y el brazo, movilidad articular limitada, inflamación de la mano, atrofia muscular y descalcificación de los huesos subyacentes. Este trastorno se produce con mayor frecuencia después de un infarto de miocardio, aunque puede ir asociado a otras causas conocidas o desconocidas.

síndrome intestinal funcional (functional bowel syndrome), v. **síndrome del intestino irritable**.

síndrome mano-pie (hand-foot syndrome), v. **crisis drepanocítica**.

síndrome mialgia-eosinofilia, inducido por triptófano (eosinophilia-myalgia syndrome, tryptophaninduced), alteración potencialmente mortal caracterizada por un complejo de síntomas con dolor muscular intenso, tenosinovitis, edema muscular y exantema cutáneo que dura varias semanas. El origen se ha asociado a un contaminante en el L-triptófano tomado con fines sedativos o psicotropos.

síndrome nefrótico (nephrotic syndrome), trastorno renal caracterizado por proteinuria, hipoalbuminemia y edema. Se produce en las enfermedades del glomérulo y la trombosis de la vena renal, y como complicación de muchas enfermedades generalizadas, como diabetes mellitus, amiloidosis, lupus eritematoso sistemático y mieloma múltiple.

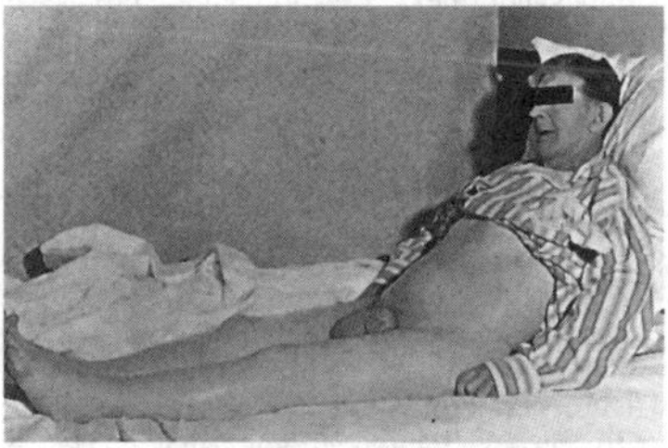

Síndrome nefrótico
(C. D. Forbes/W. F. Jackson, 1994)

síndrome nefrótico idiopático (idiopathic nephrotic syndrome), enfermedad renal de origen desconocido, caracterizada por hematuria, albuminuria, edema e hipertensión y alteraciones de los capilares glomerulares.

síndrome neuroléptico maligno (neuroleptic malignant syndrome), complicación de la psicoterapia con fármacos neurolépticos a dosis terapéuticas. Se caracteriza por hipertonicidad, palidez, discinesia, hipertermia, incontinencia, presión arterial inestable y congestión pulmonar.

síndrome orgánico cerebral (organic brain syndrome), v. **trastorno mental orgánico**.

síndrome parabiótico (parabiotic syndrome), trastorno transfusional que puede aparecer entre fetos gemelos idénticos debido a la existencia de anastomosis vasculares placentarias. Un gemelo puede estar anémico y el otro pletórico.

síndrome paraneoplásico (paraneoplastic syndrome), efectos indirectos de un tumor que tienen lugar a distancia del tumor o de las metástasis. Pueden aparecer por la producción de proteínas activas, polipéptidos u hormonas inactivas por parte del tumor.

síndrome por radiación (radiation syndrome), v. **enfermedad por radiación**.

síndrome poscomisurotomía (postcommissurotomy syndrome), enfermedad de causa desconocida que se produce durante las primeras semanas que siguen a la cirugía valvular cardíaca, caracterizada por episodios intermitentes de dolor y fiebre, que puede durar semanas o meses y que se resuelve espontáneamente.

síndrome posconmocional (postconcussional syndrome), enfermedad que sigue a un traumatismo craneal, caracterizada por vértigo, escasa concentración, cefaleas, hipersensibilidad y ansiedad.

síndrome pospericardiotomía (postpericardiotomy syndrome), trastorno que se produce a veces días o semanas después de una pericardiotomía, y que se caracteriza por síntomas de pericarditis, a menudo sin fiebre. Parece tratarse de una respuesta autoinmune hacia las células musculares dañadas del miocardio y del pericardio.

síndrome postinfarto de miocardio (postmyocardial infarction syndrome), trastorno que puede aparecer días o semanas después de un infarto agudo de miocardio. Se caracteriza por fiebre, pericarditis con roce pericárdico, pleuritis, derrame pleural y dolor articular. Tiende a recurrir y con frecuencia provoca ansiedad grave, depresión y temor a que se trate de otro ataque al corazón.

síndrome postransfusional (post-transfusion syndrome), complejo de reacciones adversas que puede acompañar o seguir a la administración IV de sangre o de elementos sanguíneos. Entre las reacciones que pueden aparecer están los efectos hemolíticos, cefalea y dolor de espalda, alergias a algún componente desconocido de la sangre del donante, sobrecarga circulatoria, efectos de la sangre fría (escalofríos) sobre el sistema cardiovascular del paciente y efectos de los microagregados presentes en la sangre almacenada.

síndrome postraumático (posttraumatic syndrome), v. **síndrome posconmocional**.

síndrome talámico (thalamic syndrome), trastorno vascular que afecta a los núcleos talámicos ventral y posterolateral y a las fibras que con ellos se relacionan y que se caracteriza por alteraciones sensoriales y una parálisis parcial o completa de una parte del organismo. Un síntoma fundamental es la elevación del umbral sensitivo a cualquier estímulo en el lado opuesto, lo que origina respuestas exageradas a estímulos pequeños.

síndrome TORCH (TORCH syndrome), infección del feto o del recién nacido por uno de los agentes TORCH. El resultado de un embarazo complicado por un agente TORCH puede ser un aborto o un parto de feto muerto, un retraso del crecimiento intrauterino o un parto prematuro. En el momento del parto y durante los primeros días después del nacimiento un niño infectado con uno de los organismos puede mostrar varias manifestaciones clínicas, como fiebre, letargia, alimentación escasa, petequias en la piel, púrpura, neumonía, hepatosplenomegalia, ictericia, anemia hemolítica y otras anemias, encefalitis, microcefalia, hidrocefalia, calcificaciones intracraneales, déficit auditivos, coriorretinitis y microftalmia.

síndrome tóxico de polvo orgánico (STPO) (organic dust toxic syndrome [ODTS]), cualquier enfermedad respiratoria no alérgica y no infecciosa causada por la inhalación de polvo orgánico procedente de forraje enmohecido, heno u otros productos de la agricultura. Entre los síntomas se incluyen los escalofríos o sudores, la tos o la disminución de la amplitud de la respiración, la cefalea, la anorexia y las mialgias.

síndrome uretral agudo (acute urethral syndrome), grupo de síntomas en el área pélvica femenina, que incluye disuria, polaquiuria, tenesmo urinario, dolor lumbar y molestias y calambres suprapúbicos. Sin embargo, habitualmente no se encuentran signos clínicos de la presencia de un germen patógeno ni de otro factor que justifique los síntomas.

síndrome XXX (XXX syndrome), aberración de los cromosomas sexuales humanos caracterizada por la presencia de tres cromosomas XXX y dos cuerpos de Barr en lugar de la dotación XX normal, de modo que las células somáticas contienen un total de 47 cromosomas.

síndrome XXY (XXY syndrome), v. **síndrome de Klinefelter**.

síndrome XYY (XYY syndrome), manifestación fenotípica de un cromosoma Y extra, que suele tener un efecto positivo sobre la altura y un efecto negativo sobre el desarrollo mental y psicológico. Sin embargo, la anomalía se produce también en varones normales.

síndromes autoinmunes poliglandulares (polyglandular autoimmune syndromes), trastornos hipofuncionales de más de una glándula endocrina. El tipo I se caracteriza por la aparición de candidiasis mucocutánea sobre todo en la infancia, asociada a hipoparatiroidismo e insuficiencia suprarrenal. Se manifiesta en hermanos, sin afectación de otras generaciones en la familia. El tipo II consiste en insuficiencia suprarrenal primaria e insuficiencia tiroidea primaria, que aparecen en el mismo paciente por razones no aclaradas. Se ha demostrado que muchos de estos pacientes padecen un trastorno autoinmune, con formación de anticuerpos contra fracciones celulares de muchas glándulas endocrinas.

síndromes de déficit poliendocrino (polyendocrine deficiency syndromes), v. **síndromes autoinmunes poliglandulares**.

sinequia (synechia, *pl.* **synechiae**), adherencia, especialmente del iris a la córnea o al cristalino. Se puede desarrollar a partir de glaucoma, cataratas, uveítis o queratitis, o bien como complicación quirúrgica o de un traumatismo ocular. Las sinequias evitan o impiden el flujo de líquido acuoso entre las cámaras anterior y posterior del ojo, pudiendo conducir rápidamente a ceguera.

sinéresis (syneresis), extracción conjunta o coagulación de partículas de un gel y su separación del medio en el que estaban suspendidas, como sucede en la retracción del coágulo sanguíneo.

sinergia (synergy), **1.** proceso en el cual dos órganos, sustancias o agentes actúan simultáneamente para potenciar el efecto y la función mutuos. **2.** acción coordinada de una serie de músculos que actúan juntos para producir un movimiento específico. **3.** acción combinada de diferentes partes del sistema nervioso autónomo, como en el caso de la inervación simpática y parasimpática de las células secretoras de las glándulas salivares. **4.** interacción de dos o más fármacos para producir un determinado efecto.

sinergismo (synergism), v. **sinergia**.

sinestro (sinistral), relativo al lado izquierdo.

sinfalangia (symphalangia), **1.** trastorno generalmente heredado y caracterizado por anquilosis de los dedos de las manos o de los pies. **2.** anomalía congénita de grado variable en la que se produce la formación de membranas entre los dedos de las manos o de los pies.

sínfisis (symphysis, *pl.* **symphyses**), **1.** línea de unión, especialmente articulación cartilaginosa en la cual las superficies óseas adyacentes están firmemente unidas por fibrocartílago. **2.** *coloquial,* sínfisis del pubis.

sínfisis del pubis (pubic symphysis), articulación interpubiana ligeramente móvil, formada por los dos huesos del pubis separados por un disco fibrocartilaginoso y por dos ligamentos de conexión.

sinfocéfalo (symphocephalus), fetos gemelos unidos por la cabeza. Este término se utiliza con frecuencia para designar de forma general los fetos que presentan diferentes grados de esta anomalía.

singénico (syngeneic), **1.** (en genética) relativo a un individuo o tipo de célula que tiene el mismo genotipo que otro. **2.** (en biología de trasplantes) relativo a tejidos que son antigénicamente similares. También **isogénico**.

singulto (singultus), v. **hipo**.

siniestra (sinister), a la izquierda o mano izquierda.

sinoatrial (sinoatrial), v. **sinoauricular**.

sinoauricular (sinoauricular), perteneciente al nódulo sinusal y a la aurícula.

sinoftalmía (synophthalmia), v. **ciclopía**.

sinopsis (synopsis), revisión breve, condensación, resumen o sumario.

sinostosis (synostosis), articulación de dos huesos mediante la osificación de los tejidos de conexión. Tienen lugar de forma normal entre los huesos del cráneo.

sinotia (synotia), malformación congénita caracterizada por la unión o aproximación de las orejas por delante del cuello, con frecuencia acompañada de desarrollo defectuoso o nulo del maxilar inferior.

sinoto (synotus), feto con sinotia.

sinovectomía (synovectomy), extirpación de la membrana sinovial de una articulación.

sinovia (synovia), líquido viscoso, transparente, que recuerda la clara del huevo, segregado por las membranas sinoviales y que actúa como lubricante en muchas articulaciones, bolsas y tendones. Contiene mucina, albúmina, grasa y sales minerales.

sinovitis (synovitis), proceso inflamatorio de la membrana sinovial de una articulación provocado por una herida aséptica o una lesión traumática, como un esguince o una distensión grave. La articulación incriminada con mayor frecuencia es la de la rodilla. Se acumula líquido alrededor de la cápsula, la articulación aparece tumefacta, sensible y dolorosa, y su movilidad está limitada.

sinovitis crónica (chronic synovitis), inflamación crónica de la membrana sinovial de una articulación. Son tipos de sinovitis crónica: la sinovitis purulenta crónica y la sinovitis serosa crónica.

sinovitis purulenta (purulent synovitis), inflamación de la membrana sinovial de una articulación con formación de pus en la cavidad.

sinovitis vellonodular pigmentada (pigmented villonodular synovitis), trastorno articular caracterizado por la presencia de crecimientos proliferativos digitiformes del tejido sinovial, con depósito de hemosiderina en el tejido sinovial.

sinquilia (synchilia, sincheilia), anomalía congénita en la cual existe una fusión completa o parcial de los labios; atresia de la boca.

sintaxis (syntax), propiedad del lenguaje que abarca las claves estructurales para la colocación de las palabras como elementos en una frase, oración o expresión.

sintenía (synteny), presencia en el mismo cromosoma de dos o más genes que pueden ser transmitidos o no como grupo de enlace, pero que parecen ser capaces de experimentar variaciones independientes durante la meiosis.

síntesis (synthesis), nivel de aprendizaje cognitivo en el cual los individuos unen los elementos de niveles de aprendizaje anteriores para crear un conjunto unificado.

sintético (synthetic), relativo a una sustancia que es producida por un proceso o material artificial en vez de natural.

sintetizador del lenguaje (speech synthesizer), aparato electrónico dotado de teclado que produce sonidos que imitan la voz humana.

sintetizar (synthesize), formar para construir, como la síntesis de compuestos químicos, tales como las proteínas, a partir de unidades más sencillas como los aminoácidos.

síntoma (symptom), indicación subjetiva de una enfermedad o de cambio en la enfermedad según percepción del paciente. Muchos síntomas van acompañados de signos objetivos, como el prurito. Algunos síntomas se pueden confirmar objetivamente, como el adormecimiento de una parte del cuerpo que no responde a un pinchazo de alfiler. Los **síntomas primarios** están intrínsecamente asociados al proceso de la enfermedad. Los **síntomas secundarios** son consecuencia del mismo.

sintomatología (symptomatology), ciencia que estudia los síntomas de la enfermedad en general o los síntomas de una enfermedad específica.

sintrofoblasto (syntrophoblast), v. **sincitiotrofoblasto**.

sinusitis (sinusitis), inflamación de uno o más senos paranasales. Puede constituir una complicación de una infección respiratoria alta, una infección dental, alergia, cambios en la atmósfera, como sucede en viajes aéreos o en la práctica del submarinismo, o un defecto estructural de la nariz. Ante la inflamación de la mucosa nasal, se pueden llegar a obstruir la abertura de los senos a la nariz, provocando acumulación de secreciones que originan sensación de presión, dolor, cefaleas, fiebre e hipersensibilidad local. Entre sus complicaciones se encuentran la trombosis del seno cavernoso y la diseminación de la infección al hueso, el cerebro o las meninges.

sinusitis catarral aguda (acute catarrhal sinusitis), inflamación que afecta tanto a la nariz como a los senos nasales.

sinusitis hiperplásica crónica (chronic hyperplastic sinusitis), inflamación sinusal crónica, con formación de pólipos en la nariz y los senos nasales.

sinusitis supurativa aguda (acute suppurative sinusitis), infección purulenta de los senos. Los síntomas consisten en dolor sobre el área inflamada, cefaleas, escalofríos y fiebre.

sinusoide (sinusoid), vaso sanguíneo anastomosante, algo más grande que un capilar, revestido de células reticuloendoteliales.

sirenomelia (sirenomelia), anomalía congénita en la que existe una fusión completa de las extremidades inferiores, con ausencia de pies.

sirenomelo (sirenomelus), lactante que presenta sirenomelia.

siriaris (siriasis), golpe de calor.

siringectomía (syringectomy), técnica quirúrgica que consiste en extirpar las paredes de una fístula.

siringomeningocele (syringomeningocele), meningocele que está unido al conducto central de la médula espinal.

siringomielia (syringomyelia), enfermedad crónica progresiva de la médula espinal caracterizada por la presencia de cavidades centrales alargadas llenas de líquido, rodeadas de gliosis o proliferación del tejido nervioso. Los síntomas comienzan en la juventud y afectan sobre todo a la región cervical con adelgazamiento de la musculatura de los miembros superiores.

siringomielocele (syringomyelocele), protrusión herniaria de la médula espinal a través de un defecto congénito de la columna vertebral, en el cual el líquido cefalorraquídeo de las cavidades centrales de la médula está muy aumentado, de forma que el tejido medular forma un saco de paredes finas situado junto a la membrana de la cavidad.

sisa (shorting), práctica fraudulenta consistente en dispensar una cantidad de fármaco inferior a la solicitada en la prescripción y cobrar la cantidad especificada en la prescripción.

sistema (system), **1.** conjunto o ensamblaje de partes que, unificadas, hacen un todo. Sistemas fisiológicos, como el cardiovascular o el reproductor, están formados por estructuras específicamente capaces de participar en procesos que son fundamentales para una función vital del organismo. **2.** serie de programas de ordenador y hardware que funcionan juntos con algún fin específico.

sistema abierto (open system), sistema que interacciona con su medio ambiente.

sistema binario (binary system), sistema de números basado en el número dos, utilizado en los ordenadores digitales. Cada dígito, representado por el cero o el uno, representa una potencia de dos. Así, el número del sistema decimal 47 (representando realmente $4 \times 10^2 + 7 \times 10^0$) es expresado por la anotación binaria como 101111 (esto es, $1 \times 2^5 + 0 \times 2^4 + 1 \times 2^3 + 1 \times 2^2 + 1 \times 2^1 + 1 \times 2^0$).

sistema cardiovascular (cardiovascular system), red de estructuras que incluye el corazón y los vasos sanguíneos, que bombea y transporta la sangre a través del cuerpo. El sistema incluye miles de kilómetros de vasos, capilares y vénulas y es vital para mantener la homeostasia. Los numerosos mecanismos de control del sistema aseguran que la sangre se distribuya en las estructuras donde es más necesaria y con un flujo adecuado. El sistema distribuye los nutrientes y los demás materiales esenciales en los líquidos que rodean a las células y retira los productos de desecho, que son transportados hacia los órganos excretores, como el riñón y el intestino. El sistema cardiovascular funciona en estrecha asociación con el sistema respiratorio, transportando el oxígeno inspirado en los pulmones y conduciendo el dióxido de carbono hacia éstos para su espiración.

sistema centímetro-gramo-segundo (cgs, CGS) (centimeter-gram-second system [cgs, CGS]), sistema científico internacionalmente aceptado de expresión de longitud, masa y tiempo en unidades básicas de centímetros, gramos y segundos. El sistema CGS está siendo gradualmente reemplazado por el Sistema Internacional de Unidades (SI), basado en el metro, el kilogramo y el segundo.

sistema cerrado (closed system), sistema que no interactúa con su entorno.

sistema de activación reticular (SAR) (reticular activating system [RAS]), sistema funcional del cerebro, fundamental para la vigilancia, atención, concentración e introspección. La red de fibras nerviosas presente en el tálamo, el hipotálamo, el tronco del encéfalo y en la corteza cerebral también forma parte del sistema.

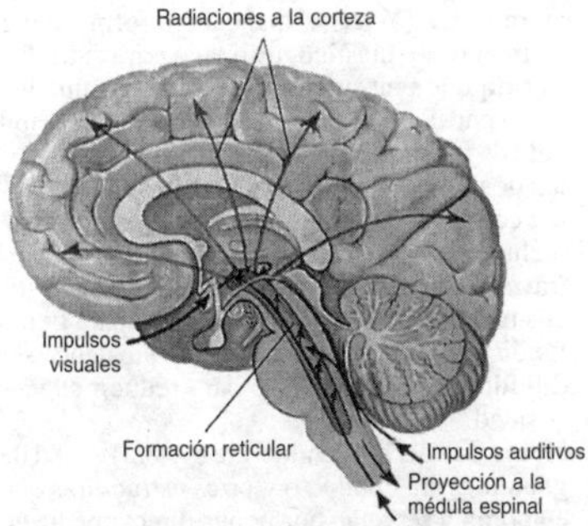

Sistema de activación reticular
(Thibodeau, 1993/Ernest W. Beck)

sistema de adquisición de datos (SAD) (data acquisition system [DAS]), sistema de detección de radiaciones que mide la cantidad de radiación que pasa a través de un paciente.

sistema de clasificación de Keith-Wegener-Barker (Keith-Wegener-Barker classification system), método para clasificar el grado de hipertensión de un paciente según los cambios de su retina. Las fases son: grupo 1, caracterizado por la constricción de las arteriolas de la retina; grupo 2, constricción y esclerosis de las arteriolas retinianas; grupo 3, caracterizado por hemorragias y exudados, además de las alteraciones del grupo 2, y grupo 4, papiledema de las arteriolas retinianas.

sistema de clasificación de las fracturas abiertas (open fracture grading system), sistema de clasificación en cinco categorías de las fracturas abiertas, cuyo grado menor lo constituyen las heridas limpias menores de 1 cm en contacto con el foco de fractura y cuyo grado mayor son las fracturas abiertas que requieren la reparación quirúrgica de las arterias.

sistema de clasificación de Neer (Neer classification system), método de clasificación de las fracturas supracondíleas e intercondíleas. Van desde el *tipo I*, en el que existe un desplazamiento mínimo, hasta los tipos *IIA*, *IIB* y *III* para las fracturas supracondíleas y diafisarias combinadas. El sistema de Neer se aplica también a las fracturas de la cabeza y el cuello del húmero.

sistema de clasificación de Neer y Horowitz (Neer and Horowitz classification system), método de clasificación de las fracturas humerales proximales de los niños según el grado de separación de la epífisis con respecto a la diáfisis.

sistema de clasificación de Ogden (Ogden classification system), sistema de clasificación de 17 tipos de fracturas epifisarias.

sistema de conducción (conduction system), tejido especializado que transporta impulsos eléctricos como las ramas y fibras de Purkinje.

sistema de conducción de impulsos (impulse-conducting system), las fibras de Purkinje del músculo cardíaco, que conducen los impulsos que controlan las contracciones de aurículas y ventrículos.

sistema de conducción del corazón (conduction system of the heart), red de tejido nervioso que transmite los impulsos eléctricos necesarios para el latido cardíaco. Incluye los nódulos sinoauricular y auriculoventricular, el haz de His, las fibras de Purkinje y los fascículos izquierdo y derecho.

sistema de dosificación de Paterson-Parker (Paterson-Parker dosage system) [R.K. Paterson, radiólogo inglés; H.M. Parker, físico anglonorteamericano del siglo XX], sistema de radioterapia que utiliza como fuentes cargas específicas relativas dispuestas según unas normas definidas, con lo que se consigue una dosis homogénea en la región en la que se implanta.

sistema de estadiaje de Kirklin (Kirklin staging system), sistema para determinar el pronóstico del cáncer de colon, basado en el grado de penetración del tumor en la región intestinal.

sistema de goteo (drip system), (en terapia intravenosa) aparato para liberar determinados volúmenes de soluciones intravenosas en períodos de tiempo predeterminados y a una velocidad especificada.

sistema de His-Purkinje (His-Purkinje system) [Wilhelm His, Jr.; Johannes E. Purkinje, fisiólogo checoslovaco, n. 1787], sistema de conducción de tejidos cardíacos desde el fascículo de His hasta las fibras distales de Purkinje.

sistema de identificación por las palmas y plantas (palm and sole system of identification), método de identificación de los individuos mediante los patrones de las líneas de la piel de las palmas de las manos y de las plantas de los pies. Al igual que las huellas de los dedos, estos patrones son útiles para identificar a los lactantes y a las demás personas.

sistema de la properidina (properidin system), v. **vía alternativa de la activación del complemento**.

sistema de liberación de oxígeno de rendimiento variable (variable performance oxygen delivery system), v. **sistema de suministro de oxígeno a bajo flujo**.

sistema de liberación transdérmica (transdermal delivery system), método de aplicación de un fármaco a la piel intacta. El fármaco se absorbe de forma continua a través de la piel y penetra en la vía sistémica.

sistema de limpieza de gases (gas-scavenging system), equipo y procedimientos utilizados para eliminar los gases anestésicos que escapan a la atmósfera del quirófano.

sistema de perfusión (component syringe set), dispositivo utilizado para la administración de líquidos intravenosos. Está formado por un tubo de plástico, dos pinzas deslizantes para el control del flujo, una conexión en Y y una jeringuilla.

sistema de pesos avoirdupois (avoirdupois weight), sistema de pesos inglés, según el cual 1 libra equivale a 16 onzas, o a 256 dracmas, o a 7.000 granos. En este sistema 1 onza equivale a 28,35 g y 1 libra equivale a 453,59 g.

sistema de suministro de oxígeno a bajo flujo (lowflow oxygen delivery system), equipo de terapia respiratoria que no suministra todos los gases que se inspiran. El paciente inhala parte del aire ambiental junto con el oxígeno que se suministra.

sistema de suministro de oxígeno de alto flujo (high-flow oxygen delivery system), equipo de asistencia respiratoria que suministra los gases inspirados a una concentración de oxígeno preestablecida.

sistema de suministro de oxígeno de rendimiento fijo (fixed-performance oxygen delivery system), v. **sistema de suministro de oxígeno de alto flujo**.

sistema de valores (value system), forma de conducta aceptada y el conjunto de normas, objetivos y valores ligados a cualquier grupo social.

sistema del yo (self-system), la organización de experiencias que actúa como mecanismo protector frente a la ansiedad.

sistema digestivo (digestive system), órganos, estructuras y glándulas accesorias del tubo digestivo, a través del cual pasan los alimentos desde la boca al esófago, el estómago y los intestinos. Las glándulas accesorias segregan las enzimas digestivas que utiliza el sistema digestivo para descomponer las sustancias alimenticias, preparándolas para su absorción por el torrente sanguíneo, antes de llevar los residuos a los intestinos para su excreción.

sistema eferente visceral (visceral efferent system), parte del sistema nervioso autónomo que envía fibras nerviosas eferentes desde el sistema nervioso central hasta las visceras.

sistema en Y (Y-set), dispositivo formado por elementos de plástico, utilizado para suministrar líquidos intravenosos a través de una vía intravenosa principal conectada a una sección del filtro de la cámara de goteo de la que parten dos tubos de plástico diferentes que conectan con las fuentes de líquido. El sistema en Y incluye también tres pinzas, una para la vía intravenosa primaria y una para cada uno de los dos tubos. Se utiliza con frecuencia para transfundir concentrados de hematíes que deben ser diluidos con suero salino para reducir su viscosidad.

sistema endocrino (endocrine system), red de glándulas sin conducto y otras estructuras que elaboran y secretan hormonas directamente en el torrente sanguíneo, influyendo en la función de los órganos diana específicos. Las glándulas del sistema endocrino son: tiroides, paratiroides, hipófisis anterior o adenohipófisis, hipófisis posterior o neurohipófisis, páncreas, glándulas suprarrenales y gónadas. La glándula pineal o epífisis también es considerada endocrina por carácter de conducto.

sistema esquelético (skeletal system), todos los huesos y cartílagos del cuerpo que de forma colectiva proporcionan un armazón de apoyo a músculos y órganos.

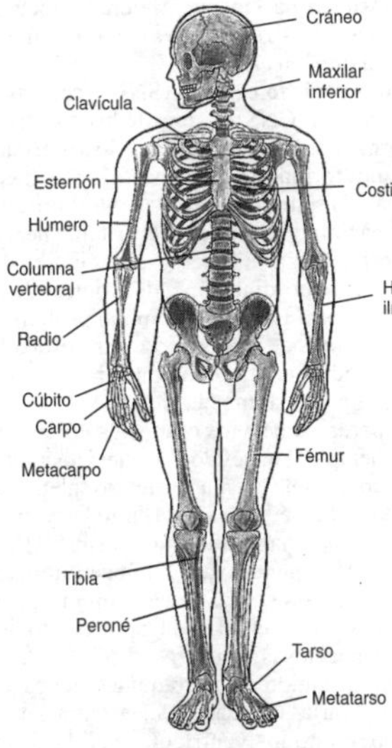

Sistema esquelético
(Thibodeau, 1987)

sistema estomatognático (stomatognathic system), combinación de órganos, estructuras y nervios que participan en el lenguaje y en la recepción, masticación y deglución de los alimentos. Este sistema está formado por los dientes, los maxilares, los músculos de la masticación, la lengua, los labios y los tejidos circundantes y nervios que controlan estas estructuras.

sistema extrapiramidal (extrapyramidal system), parte del sistema nervioso que incluye los ganglios basales, la sustancia negra, el núcleo subtalámico, parte del mesencéfalo y las motoneuronas espinales.

sistema genético especial (special gene system), plásmido, transposón u otro fragmento genético capaz de trasladar información genética de una célula a otra.

sistema haversiano (haversian system), área circular de tejido óseo constituida por láminas concéntricas alrededor del conducto central de un vaso sanguíneo.

sistema hematopoyético (hematopoietic system), sistema de tejidos y órganos corporales implicados en la formación y funcionamiento de elementos sanguíneos. Incluye la médula ósea y el bazo.

sistema inmunitario (immune system), complejo bioquímico que protege al organismo frente a microorganismos y otros cuerpos extraños. El sistema comprende la respuesta inmunitaria humoral, que produce anticuerpos para que reaccionen contra antígenos específicos, y la celular, que utiliza las células T para movilizar los macrófagos tisulares en presencia de un cuerpo extraño.

Sistema Internacional de Unidades (SI) (International System of Units [SI]), sistema científico aceptado universalmente para la notación de longitud, masa y tiempo en las unidades básicas (UI) de metro, kilogramo y segundo, que sustituye al antiguo sistema de centímetros, gramos y segundos (CGS). El SI incluye también como unidades de medida: **amperio, candela, kelvin** y **mol**.

sistema intersticial de microondas (microwave interstitial system), sistema de hipertermia generada por microondas que genera un campo de calor en determinados tumores accesibles, situados como máximo a 5 cm bajo la piel. Las microondas producen temperaturas próximas a los 43 °C, para destruir las células tumorales. El tratamiento se puede vigilar a través de un terminal de vídeo que muestra la localización del tumor y de los aplicadores de calor.

sistema lemniscal (lemniscal system), parte de la red somatosensorial de fibras mielinizadas A de gran diámetro. Incluye la columna posterior de la médula espinal y los tractos neoespinotalámicos que se extienden desde la médula espinal al tálamo y la corteza.

sistema límbico (limbic system), conjunto de estructuras del rinencéfalo cerebral, asociadas con diversos sentimientos y emociones, como el hambre, el miedo, la excitación sexual, el placer y la tristeza. Las estructuras del sistema límbico son la circunvolución del cuerpo calloso, el istmo, la circunvolución del hipocampo, el uncus y el hipocampo. Estas estructuras están conectadas con otras regiones del cerebro.

sistema linfático (lymphatic system), red amplia y compleja de capilares, vasos delgados, válvulas, conductos, ganglios y órganos que ayuda a proteger y a mantener el medio líquido interno, produciendo, filtrando y conduciendo la linfa y produciendo distintas células hemáticas. La red linfática también transporta grasas, proteínas y otras sustancias al sistema sanguíneo, y recupera el 60% del líquido que se filtra desde los capilares sanguíneos hacia los espacios intersticiales durante el metabolismo normal. Las pequeñas válvulas semilunares que existen en toda la red linfática ayudan a controlar el flujo de la linfa y, al unirse con el sistema venoso, evitan que la sangre fluya hacia los vasos linfáticos. La linfa procedente de todo el cuerpo drena en la sangre por medio de dos conductos situados en el cuello. Distintas actividades corporales, como los cambios de presión respiratoria, contracciones musculares o movimientos de órganos que rodean los vasos linfáticos, se combinan para bombear la linfa por el sistema linfático. El sistema también posee órganos linfáticos especializados, como las amígdalas, el timo o el bazo. La linfa fluye hacia la circulación general a través del conducto torácico.

sistema métrico (metric system), sistema decimal de medida basado en el metro como unidad de longitud; en el gramo como unidad de peso o masa, en una unidad derivada en el litro como unidad de volumen.

sistema muscular (muscular system), conjunto de todos los músculos del organismo, que incluye a los músculos liso, cardíaco y estriado, considerándolos como un grupo estructural interrelacionado.

sistema musculosquelético (musculoskeletal system), conjunto formado por todos los músculos, huesos, articulaciones y estructuras relacionadas, como los tendones y el tejido conectivo, que intervienen en el movimiento de las regiones y órganos corporales.

sistema nervioso (nervous system), red extensa e intrincada de estructuras que activa, coordina y controla todas las funciones corporales. Se divide en sistema nervioso central, compuesto por el encéfalo y la médula espinal, y sistema nervioso periférico, que consta de nervios craneales y nervios raquídeos. Estas subdivisiones morfológicas se comunican y combinan para inervar las porciones somáticas y viscerales del organismo, mediante fibras aferentes y eferentes. Las fibras aferentes llevan los impulsos sensitivos hacia el sistema nervioso central; las fibras eferentes llevan los impulsos motores desde el sistema nervioso central a los músculos y otros órganos. Las fibras somáticas están asociadas a huesos, músculos y piel; las fibras viscerales, a órganos internos, vasos sanguíneos y mucosas.

sistema nervioso autónomo (autonomic nervous system), parte del sistema nervioso que regula las funciones vitales involuntarias, incluidas la actividad del músculo cardíaco, de la musculatura lisa y de las glándulas. Comprende el **sistema nervioso parasimpático**, que enlentece la frecuencia cardíaca, aumenta el peristaltismo intestinal y la actividad de las glándulas y relaja los esfínteres; y el **sistema nervioso simpático**, que acelera la frecuencia cardíaca, constriñe los vasos sanguíneos y eleva la presión arterial.

sistema nervioso central (SNC) (central nervous system [CNS]), una de las dos divisiones principales del sistema nervioso del cuerpo humano, formado por el encéfalo y la médula espinal. El sistema nervioso central procesa la información desde y hacia el sistema nervioso periférico y es la estructura principal responsable de la coordinación y del control de todo el organismo. La médula espinal prolonga diferentes tipos de fibras nerviosas desde el encéfalo y actúa como conexión y transmisor terminal con el sistema nervioso periférico. Los doce pares de nervios craneales emergen directamente del encéfalo. Los nervios motores y sensitivos del sistema periférico salen por separado de la médula espinal entre las vértebras y a continuación se unen para formar 31 pares de nervios raquídeos que contienen fibras sensitivas y motoras. Más de cien mil millones de neuronas representan el diez por ciento de las células nerviosas, el resto son células de neuroglia. El líquido cefalorraquídeo ocupa y circula por varias cavidades del sistema nervioso central, como los ventrículos cerebrales y el espacio subaracnoideo del encéfalo y médula espinal y el conducto del epéndimo o conducto central de la médula espinal. El encéfalo y la médula espinal están compuestos por sustancia blanca y sustancia gris. La sustancia gris contiene fundamentalmente células nerviosas y sus prolongaciones; la sustancia blanca está formada fundamentalmente por haces de fibras nerviosas mielinizadas.

sistema nervioso involuntario (involuntary nervous system), v. **sistema nervioso visceral**.

sistema nervioso parasimpático (parasympathetic nervous system), v. **sistema nervioso autónomo**.

sistema nervioso periférico (peripheral nervous system), conjunto de nervios motores y sensitivos y ganglios situados fuera del encéfalo y de la médula espinal. El sistema está formado por 12 pares de nervios craneales, 31 pares de nervios espinales y sus diversas ramas a los órganos corporales. Los nervios periféricos sensitivos o aferentes, que transmiten información al sistema nervioso central, y los nervios periféricos motores o eferentes, que transportan impulsos desde el cerebro, habitualmente discurren juntos pero se separan a nivel medular en una raíz sensitiva posterior y una raíz motora anterior. Las fibras que inervan las estructuras externas del cuerpo se denominan somáticas; las que inervan los órganos internos se denominan viscerales. Los nervios de la rama simpática provocan vasoconstricción periférica, aceleración cardíaca, dilatación de las arterias coronarias, broncodilatación e inhibición del peristaltismo. Los nervios parasimpáticos provocan vasodilatación periférica, inhibición cardíaca, broncoconstricción y estimulan el peristaltismo.

sistema nervioso simpático (sympathetic nervous system), v. **sistema nervioso autónomo**.

sistema nervioso visceral (visceral nervous system), parte visceral del sistema nervioso periférico formada por el complejo completo de nervios, fibras, ganglios y plexos por los cuales viajan los impulsos desde el sistema nervioso central hasta las vísceras y desde las vísceras hasta el sistema nervioso central.

sistema patrón (patterning), método de tratamiento o acto de establecer un sistema o modelo de estímulos que evoquen un nuevo conjunto de respuestas. Este proceso se emplea habitualmente para reeducar a personas que han sufrido una lesión cerebral que interrumpe sus actividades sensitivomotoras normales.

sistema porta (portal system), red de venas que drenan la sangre procedente de la región abdominal del aparato digestivo, del bazo, del páncreas y de la vesícula biliar, transportando la sangre desde estas vísceras hasta el hígado.

sistema quinina-calicreína (kallikrein-kinin system), sistema hormonal hipotético que funciona en el interior del riñón, y en el que la enzima calicreína de la corteza renal interviene como mediadora de la producción de bradiquinina, que actúa como péptido vasodilatador.

sistema reproductor (reproductive system), conjunto formado por las gónadas masculinas y femeninas, conductos y glándulas asociados y genitales externos que intervienen en la procreación de la descendencia. En la mujer está formado por los ovarios, las trompas de Falopio, el útero, la vagina, el clítoris y la vulva. En el varón está formado por los testículos, el epidídimo, los conductos deferentes, las vesículas seminales, el conducto eyaculador, la próstata y el pene.

sistema reticuloendotelial (SRE) (reticuloendothelial system [RES]), sistema funcional del cuerpo que participa principalmente en la defensa frente a las infecciones y en la eliminación de los productos de degradación de las células. Está formado por los macrófagos, las células Kupffer del hígado y las células reticulares de los pulmones, de la médula ósea, del bazo y de los ganglios linfáticos. Algunos trastornos de este sistema son: **enfermedad de Gaucher, enfermedad de Niemann-Pick, adenoma eosinofílico** y **síndrome de Hand-Schüller-Christian**.

sistema táctil (tactile system), parte del sistema nervioso que se relaciona con el sentido del tacto.

sistema tegumentario (integumentary system), piel y sus apéndices: cabellos, pelos, uñas, glándulas sudoríparas y sebáceas.

sistema tubular T (T tubule system), sistema de invaginaciones a lo largo de la superficie de las membranas de las células miocárdicas, lo que aumenta la extensión de la membrana hacia el interior de las células. Se cree que este sistema es un método de almacenamiento de iones calcio, para el transporte de sustancias al interior de las células y para la excreción de productos residuales del metabolismo celular.

sistema vasomotor (vasomotor system), parte del sistema nervioso que controla la constricción y la dilatación de los vasos sanguíneos.

sistémico (systemic), relativo a todo el cuerpo y no a un área localizada o una región del cuerpo.

sístole (systole), contracción cardíaca que impulsa la sangre hacia las arterias aorta y pulmonar. La sístole viene indicada por el primer ruido cardíaco escuchado en la auscultación, por el latido de punta palpable y por el pulso periférico.

sístole abortada (aborted systole), contracción del corazón que suele ser débil y que no se sigue de un pulso radial palpable.

sístole auricular (atrial systole), contracción de la aurícula cardíaca, que precede a la contracción ventricular en una fracción de segundo.

sístole prematura (premature systole), sístole que aparece demasiado pronto como consecuencia de la descarga de un foco ectópico en la aurícula, en la unión auriculoventricular o en el ventrículo.

sístole ventricular (ventricular systole), contracción de los ventrículos cardíacos. Comienza con el primer tono cardíaco.

sitosterol (sitosterol), mezcla de esteroles obtenida de las plantas, como el germen de trigo, y utilizada para el tratamiento de la hiperbetalipoproteinemia y la hipercolesterolemia, cuando no responden a las medidas dietéticas. Su utilización es discutida.

situación (lie), relación entre el eje mayor del feto y el eje mayor de la madre. En situación longitudinal, el feto descansa sobre toda su longitud o verticalmente en el útero, mientras que en posición transversa el feto está cruzado u horizontal.

SK (SK), abreviatura de **estreptocinasa**.

SK (KS), abreviatura de **sarcoma de Kaposi**.

SLGP (LAS), abreviatura de **síndrome de linfadenopatía generalizada persistente**.

SM (MH), abreviatura de **salud mental**.

Sm (Sm), símbolo del **samario**.

SMA-6, SMA-12, SMA-18 (SMA-6, SMA-12, SMA-18), v. **análisis secuencial múltiple**.

SMA-12, SMA-24 (SMA-12, SMA-24), marca registrada de un sistema que utiliza un pequeño ordenador para realizar 12 o 24 pruebas de química sanguínea diferentes a partir de una sola muestra de sangre.

SMM (BWS), abreviatura de **síndrome de la mujer maltratada**.

smog (smog), combinación del humo y niebla en la atmósfera.

SMSL (SIDS), abreviatura de **síndrome de muerte súbita del lactante**.

Sn (Sn), símbolo del **estaño**.

SNC (CNS), abreviatura de **sistema nervioso central**.

sobrecarga (overload), **1.** carga superior a la capacidad de movimiento o procesamiento diseñada para un sistema. **2.** (en psicología) cualquier factor o influencia que estresa al cuerpo más allá de sus límites naturales y que puede deteriorar su salud.

sobrecarga circulatoria (circulatory overload), efecto del aumento del volumen sanguíneo, como sucede con las transfusiones, que eleva la presión arterial, lo que puede llevar a insuficiencia cardíaca o a edema pulmonar.

sobrecarga de carbohidratos (carbohydrate loading), técnica dietética de algunos deportistas de pruebas de resistencia, como los corredores de maratón, dirigida a aumentar los depósitos de glucógeno del tejido muscular. Tras un período de abstinencia de carbohidratos utilizado para deplecionar las reservas de glucógeno, sigue una dieta rica en carbohidratos complejos. Esta dieta está sujeta a controversia y no se practica de forma universal.

sobrecarga de rol (role overload), situación en la que no existe tiempo suficiente para llevar a cabo todos los roles esperados.

sobrecarga del sistema (system overload), incapacidad para resolver mensajes y expectativas procedentes de varias fuentes, dentro de un determinado límite de tiempo.

sobrecarga sensitivoperceptual (sensory-perceptual oveload), estado en el cual el volumen e intensidad de varios estímulos superan la capacidad del individuo para discriminar entre los diferentes estímulos.

sobrecarga sensorial (sensory overload), trastorno en que el sistema nervioso central recibe demasiados estímulos sonoros, visuales o de otro tipo por unidad de tiempo como para ser procesados eficazmente.

sobrecierre (overclosure), alteración en la que el maxilar inferior se eleva demasiado rápido antes de que los dientes hagan contacto, causada por la pérdida de la dimensión vertical de oclusión.

sobrecompensación (overcompensation), intento exagerado de superar un defecto físico o psicológico, real o imaginado. El intento puede ser consciente o inconsciente.

sobrecontaminación (carry-over), contaminación de una muestra por la anterior.

sobrecrecimiento (overgrowth), crecimiento excesivo que aparece en órganos o tejidos en desarrollo.

sobredosis (overdose), consumo excesivo de un fármaco o sustancia de abuso, lo que ocasiona reacciones adversas que varían desde la manía o histeria hasta el coma o la muerte.

sobredosis farmacológica (SD) (drug overdose [DO]), dosis de un fármaco, accidental o intencionada, lo suficientemente grande como para provocar reacciones adversas graves.

sobreinfección (superinfection), infección que se produce durante el tratamiento antimicrobiano de otra infección.

sobremordida (overbite), solapamiento vertical de los dientes inferiores por los dientes superiores, habitualmente medido perpendicularmente al plano de oclusión.

sobrenadante (supernatant), la parte superior clara de cualquier mezcla después de ser centrifugada.

sobreoxigenación (overoxygenation), trastorno en el que la concentración de oxígeno en la sangre y en otros tejidos del cuerpo es mayor de lo normal y la concentración de dióxido de carbono es menor de lo normal. Se caracteriza por una disminución de la tensión arterial, disminución de la capacidad vital, fatiga, errores de juicio, parestesias de las manos y de los pies, anorexia, náuseas, vómitos e hipertermia.

sobrepeso (overweight), peso corporal superior al normal después de ajustarlo teniendo en cuenta la altura, la complexión corporal y la edad.

socialización (socialization), **1.** proceso por el cual un individuo aprende a vivir de acuerdo con las expectativas y normas de un grupo o sociedad, adquiriendo las creencias, hábitos, valores y modos de conducta aceptados, principalmente a través de la imitación, la interacción familiar y los sistemas educativos; procedimiento por el cual la sociedad integra al individuo. **2.** (en psicoanálisis) proceso de ajuste que comienza en la primera infancia y mediante el cual el individuo llega a ser consciente de la necesidad de acomodar los impulsos internos a las demandas de la realidad externa.

sociedad (society), nación, comunidad o grupo amplio de personas que establecen objetivos, creencias o normas de vida y conducta determinados.

sociobiología (sociobiology), estudio sistemático de la biología como base del comportamiento humano. Hay teorías que afirman que las enfermedades, las agresiones o el estrés son mecanismos naturales para conservar un nivel óptimo de población.

sociogénico (sociogenic), relativo a actividades personales o de grupo motivadas por valores y fuerzas sociales.

sociolingüística (sociolinguistics), el estudio de la relación entre el lenguaje y el contexto social en que se produce.

sociología (sociology), estudio de la conducta de grupo en una sociedad.

sociópata (sociopath), v. **psicópata**.

sociopatía (sociopathy), alteración de la personalidad que se caracteriza por la ausencia de responsabilidad social y por una incapacidad para adaptarse a las normas éticas y sociales de la comunidad.

sociopático (sociopathic), v. **psicopático**.

sodio (Na), (sodium [Na]) [nombre ideado por Sir Humphry Davy, químico inglés, n. 1778], metal blando, grisáceo, del grupo de los metales alcalinos. Su número atómico es 11; su peso atómico, 22,99. El sodio es uno de los elementos más importantes del organismo. Los iones de sodio participan en el equilibrio acidobásico, el equilibrio hídrico, la transmisión de impulsos nerviosos y la contracción muscular. El sodio es el principal electrólito del líquido intersticial y su interacción con el potasio como principal electrólito intracelular es fundamental para la supervivencia. Un descenso en la concentración de sodio del líquido intersticial reduce inmediatamente la presión osmótica, haciéndole hipotónico en relación con el líquido intracelular.

sodoku (sodoku), v. **fiebre por mordedura de rata**.

sodomía (sodomy), **1.** coito anal. **2.** relaciones sexuales con animales. **3.** término vago para las relaciones sexuales «antinaturales».

sodomista (sodomist), persona que practica la sodomía.

sofocación (suffocation), interrupción de la respiración con privación de oxígeno, generalmente producida por una obstrucción de las vías respiratorias. Puede tener una causa accidental, intencional, secundaria a una enfermedad o por una concentración inadecuada de gases respirables en la atmósfera.

sofoco de calor (hot flash), sensación transitoria de calor experimentada por algunas mujeres durante o después de la menopausia. Los sofocos de calor se producen por las alteraciones vasomotoras mediadas por el sistema nervioso autónomo que acompañan a los cambios de la actividad neurohormonal de los ovarios, del hipotálamo y de la hipófisis.

sol (sol), estado coloidal en el cual un sólido está suspendido en un líquido, como un jabón o almidón en el agua. La fluidez del citoplasma dependerá del equilibrio entre sol y gel.

sol. (sol.), abreviatura de **solución**.

solario (solarium), habitación grande y soleada que sirve como sala de estar para los pacientes ambulatorios en un hospital.

sóleo (soleus), uno de los tres músculos posteriores superficiales de la pierna. Es un músculo ancho y plano situado inmediatamente por detrás del gastrocnemio o gemelo. Es flexor plantar del pie.

sólido (solid), **1.** cuerpo, figura, estructura o sustancia denso que tiene longitud, anchura y grosor, no es líquido ni gaseoso, no contiene cavidades ni huecos importantes, ni tiene fracturas o aberturas en su superficie. **2.** que describe a un cuerpo, figura, estructura o sustancia de ese tipo.

solubilidad (solubility), **1.** cantidad máxima de soluto que se puede disolver en un disolvente específico en determinadas condiciones. **2.** concentración de un soluto en un disolvente en su punto de saturación.

solución (solution), mezcla de una o más sustancias disueltas en otra sustancia. Las moléculas de cada una de las sustancias se dispersan de forma homogénea y no varían químicamente. Una solución puede ser gaseosa, líquida o sólida.

solución de Burow (Burow's solution) [Karl A. von Burow, médico alemán, n. 1809], preparación líquida que contiene sulfato de aluminio, ácido acético, carbonato cálcico precipitado y agua, utilizado como astringente tópico, antiséptico y antipirético para una amplia gama de enfermedades cutáneas.

solución de Castellani (Castellani's paint), v. **solución de fucsina fenicada**.

solución de Dakin (Dakin's solution) [Henry D. Dakin, bioquímico norteamericano, n. 1880], solución antiséptica que contiene ácido bórico y 0,4 a 0,5% de hipoclorito sódico.

solución de Fehling (Fehling solution) [Herman C. von Fehling, químico alemán, n. 1812], solución que contiene sulfato cúprico, hidróxido de sodio y tartrato sodicopotásico, utilizada para analizar la presencia de glucosa y de otras sustancias reductoras en la orina.

solución de fucsina fenicada (carbol-fuchsin solution) [Leonard Fuchs, botánico alemán, n. 1501], preparación utilizada en el tratamiento de infecciones micóticas superficiales. Contiene ácido bórico, fenol, resorcinol, fucsina, acetona y alcohol en una solución acuosa.

solución de Lugol (Lugol's solution) [Jean G. A. Lugol, médico francés, n. 1786], solución acuosa de yodo (5%) y yoduro potásico (10%).

solución Ringer lactato (Ringer's lactate solution), solución para la reposición de líquidos y electrólitos. Se prescribe para la corrección del volumen extracelular y la depleción de electrólitos.

soluciones de rehidratación oral (SRO) (oral rehydratation solutions [ORS]), soluciones de electrólitos y glucosa que se usan en la rehidratación oral. Los electrólitos recomendados son el ClNa, el KCl y el citrato trisódico.

soluto (solute), sustancia disuelta en una solución.

solvente volátil (volatile solvent), líquido que se evapora rápidamente, capaz de disolver una sustancia.

soma (soma, *pl.* **somas, somata**), **1.** nombre del cuerpo para distinguirlo de la mente o la psique. **2.** el cuerpo, excluyendo las células germinales. **3.** el cuerpo de una célula.

somático (somatic), v. **soma, psicosomático**.

somatista (somatist), psicoterapeuta u otro profesional sanitario que cree que toda neurosis y psicosis tiene una causa orgánica.

somatización (somatization), proceso por el cual una alteración mental se manifiesta como un trastorno o un síntoma físico. La úlcera péptica o el asma son dos ejemplos.

somatogénesis (somatogenesis), **1.** (en embriología) el desarrollo del cuerpo a partir del plasma germinativo. **2.** desarrollo de una enfermedad física o de síntomas de causa fisiopatológica orgánica.

somatoliberina (somatoliberin), v. **factor liberador de hormona del crecimiento**.

somatomamotropina coriónica humana (HCS) (human chorionic somatomammotropin [HCS]), hormona producida por el sincitiotrofoblasto durante el embarazo. Regula el metabolismo de los carbohidratos y de las proteínas de la madre.

somatomedina (somatomedin), v. **hormona del crecimiento**.

somatomegalia (somatomegaly), trastorno en el cual el cuerpo es exageradamente grande debido a una secreción excesiva de somatotropina o insuficiencia de somatostatina.

somatoplasma (somatoplasm), material protoplásmico no reproductor de las células corporales, que debe diferenciarse del material reproductor de las células germinales.

somatopleura (somatopleure), la capa de tejido que forma la pared corporal del embrión al principio del desarrollo.

somatosplácnico (somatosplanchnic), relativo al tronco y los órganos viscerales.

somatostatina (somatostatin), hormona producida en el hipotálamo que inhibe el factor que estimula la liberación de somatotropina por la adenohipófisis. Inhibe también la liberación de determinadas hormonas, entre ellas tirotropina, hormona adrenocorticotropa, glucagón, insulina y colecistocinina, y de algunas enzimas, como pepsina, renina, secretina y gastrina.

somatoterapia (somatotherapy), tratamiento de los trastornos físicos, para distinguirlo de la psicoterapia.

somatotipo (somatotype), **1.** tipo corporal o físico. **2.** clasificación de los individuos según el tipo corporal, basada en determinadas características físicas. Los principales tipos son: **ectomorfo, endomorfo** y **mesomorfo**.

somatotrópico (somatotropic), relativo al agente que influye en el cuerpo o en las células del cuerpo.

somatrem (somatrem), hormona de crecimiento polipeptídica sintética producida por tecnología de ADN recombinante. Se prescribe en pacientes que no crecen por secreción limitada de hormona de crecimiento endógena.

sombra (shadow), (en psicología) arquetipo que representa los aspectos y componentes inaceptables de la conducta.

somita, somito (somite), una de las dos masas segmentadas de tejido mesodérmico que se forman a lo largo de toda la longitud del tubo neural durante la fase inicial del desarrollo embrionario de los vertebrados.

sonambulismo (somnambulism, sleepwalking), trastorno que se produce durante las fases 3 o 4 del sueño con movimientos oculares no rápidos y se caracteriza por actividad motora compleja, habitualmente culminando en el abandono de la cama y la deambulación, sin recuerdo alguno del episodio al despertar. Los episodios suelen durar desde varios minutos hasta media hora o más.

sonda (sound), instrumento utilizado para localizar la abertura de una cavidad o conducto, probar la permeabilidad de un conducto, determinar la profundidad de una cavidad o revelar el contenido de un conducto o de una cavidad.

sonda de Blakemore-Sengstaken (Blakemore-Sengstaken tube), v. **sonda de Sengstaken-Blakemore**.

sonda de Foley (Foley catheter) [Frederick E. B. Foley, médico norteamericano, n. 1891], sonda de goma, con un balón en el extremo, que se llena con aire o con un líquido estéril una vez situada en la vejiga. Este tipo de sonda se utiliza cuando se desea un drenaje continuo de la orina, como durante una intervención quirúrgica.

sonda de Miller-Abbott (Miller-Abbott tube) [Thomas G. Miller, médico norteamericano, n. 1886; William O. Abbott, médico norteamericano, n. 1902], catéter largo de pequeño calibre y luz doble utilizado en sondaje intestinal para descompresión. En uno de sus extremos tiene varios orificios.

sonda de respiración (breathing tube), dispositivo insertado en la tráquea a través de la boca o la nariz para asegurar una vía permeable para la respiración durante la ventilación artificial o asistida.

sonda de Sengstaken-Blakemore (Sengstaken-Blakemore tube) [Robert W. Sengstaken, neurocirujano norteamericano, n. 1923; Arthur H. Blakemore, cirujano norteamericano, n. 1897], catéter grueso que tiene una triple luz y dos balones, utilizado para ejercer presión y detener la hemorragia por varices esofágicas. Unido a la sonda, un balón se infla en el estómago y ejerce presión contra el orificio superior. Unido de forma similar, el otro balón ejerce presión sobre las paredes del esófago. El tercer tubo se utiliza para extraer el contenido gástrico.

sonda de Swan-Ganz (Swan-Ganz catheter) [Harold J. C. Swan, médico norteamericano, n. 1922; William Ganz, cardiólogo norteamericano, n. 1919], catéter cardíaco largo y fino con un pequeño balón en la punta.

sonda de Wangensteen [Owen H. Wangensteen], sonda del aparato de Wangensteen.

sonda gástrica (stomach tube), sonda empleada para introducir nutrientes en el estómago, para extraer líquidos y tóxicos ingeridos o para descomprimir el estómago.

sonda gástrica de Rehfuss (Rehfuss stomach tube) [Martin E. Rehfuss, médico norteamericano, n. 1887], sonda gástrica de diseño es-

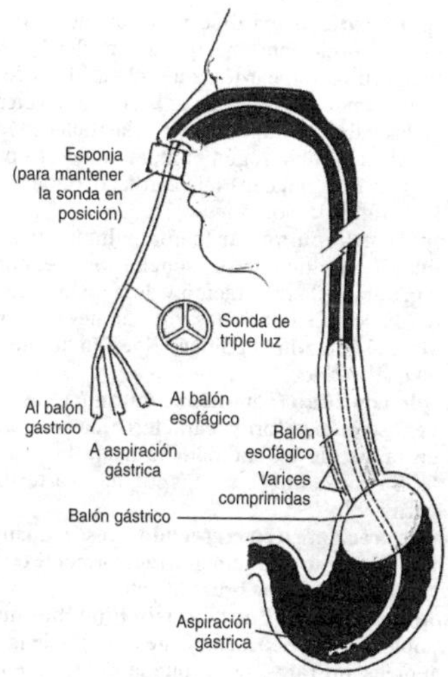

Sonda de Sengstaken-Blakemore

pecial con una jeringuilla graduada, que se utiliza para extraer muestras del contenido gástrico para su estudio tras una prueba con comida.

sonda génica (gene probe), instrumento de biología molecular para localizar en un cromosoma un gen determinado. Consiste en emparejar un segmento corto conocido de ADN o ARN con una secuencia correspondiente de bases de un cromosoma.

sonograma, sonografía (sonogram, sonography), v. **ecografía**.

soplo (murmur), sonido de tono grave, como un aleteo o susurro.

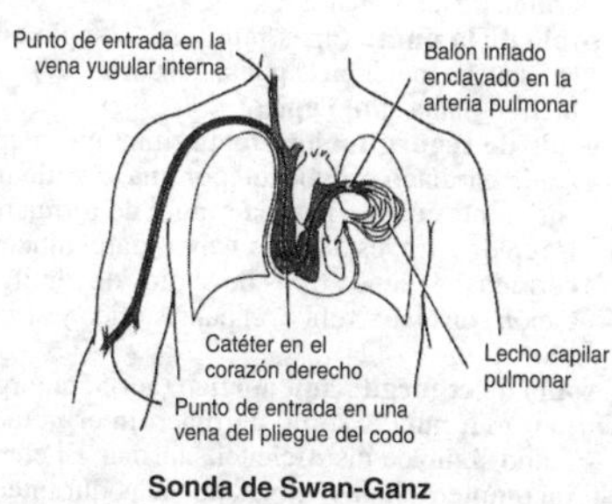

Sonda de Swan-Ganz

soplo cardíaco (cardiac murmur, heart murmur), sonido anormal que se escucha durante la auscultación cardíaca debido al flujo de la sangre en las cámaras o por la apertura o cierre de las válvulas. Los soplos se clasifican en una escala del I al V según el momento de su presentación durante el ciclo cardíaco, duración e intensidad del sonido.

soplo cardiopulmonar (cardiopulmonary murmur), sonido que se escucha sobre el corazón durante la respiración y durante los latidos cardíacos. Se debe a las vibraciones que provoca el corazón al golpear el tejido pulmonar en cada latido.

soplo continuo (continuous murmur), soplo venoso que de forma característica comienza en la sístole extendiéndose hasta la diástole. Su causa puede ser un conducto arterioso permeable.

soplo creciente o en crescendo (crescendo murmur), soplo que aumenta regularmente de intensidad y termina bruscamente.

soplo de Austin Flint (Austin Flint murmur), soplo presistólico, semejante al soplo de la estenosis mitral, que se puede detectar en la punta del corazón.

soplo de Duroziez (Duroziez's murmur) [Paul Louis Duroziez, médico francés, n. 1826], soplo sistólico que se escucha sobre la arteria femoral o cualquier otra gran arteria cuando se comprime. El fenómeno va asociado a hipertensión del pulso arterial o a insuficiencia aórtica. También se puede escuchar un soplo diastólico aumentando la presión sobre la arteria en un punto distal al estetoscopio.

soplo de eyección (ejection murmur), v. **soplo sistólico**.

soplo de Gibson (Gibson's murmur), soplo cardíaco que se escucha de forma continua a lo largo de todo el ciclo cardíaco. Se evidencia más al final de la sístole y disminuye al final de la diástole, y se suele describir como un «ruido de maquinaria».

soplo de la punta (apex murmur), soplo que se escucha mejor en la punta del corazón. También se llama **soplo apical**.

soplo de regurgitación (regurgitant murmur), soplo cardíaco provocado por una válvula insuficiente cuando pasa la sangre de forma retrógrada a través de unas valvas parcialmente cerradas. Algunos tipos de soplos de regurgitación son el diastólico, el pansistólico y el sistólico.

soplo de regurgitación aórtico (aortic regurgitant murmur), soplo cardíaco interpretado como signo de insuficiencia aórtica. El cierre incompleto de las valvas aórticas durante la diástole ventricular permite el flujo retrógrado de determinada cantidad de sangre hacia el ventrículo izquierdo.

soplo diastólico (diastolic murmur), soplo que se escucha durante la diástole ventricular. Puede indicar insuficiencia de las válvulas aórtica o pulmonar, o estenosis de las válvulas tricúspide o mitral.

soplo en fuelle (bellows murmur), sonido soplante, como el aire que se mueve en el interior y el exterior de un fuelle.

soplo en maquinaria (machinery murmur), soplo continuo que se oye en la sístole y en la diástole, acentuándose en la primera. Se localiza a la izquierda del esternón en los pacientes con conducto arterioso permeable.

soplo fisiológico (physiological murmur), soplo funcional producido por una alteración de la función sin signos de lesión o enfermedad cardíaca.

soplo funcional (functional murmur), soplo cardíaco producido por una alteración funcional sin enfermedad o lesión cardíaca estructural, como el soplo relacionado con una anemia más que con un trastorno cardíaco orgánico.

soplo funicular (funic souffle), sonido aéreo suave y apagado producido por el paso de la sangre a través de los vasos umbilicales, sincrónico con el ruido del latido cardíaco fetal.

soplo mitral (mitral murmur), soplo cardíaco causado por una válvula mitral defectuosa.

soplo pansistólico (pansystolic murmur), v. **soplo sistólico**.

soplo placentario (placental bruit), sonido zumbante debido a la circulación fetal que se escucha en el útero gestante. Está sincronizado con el pulso de la madre.

soplo prediastólico (prediastolic murmur), soplo que se escucha durante la sístole cardíaca.

soplo presistólico (presystolic murmur), soplo cardíaco que se escucha en los casos de estenosis mitral. Se oye durante la última fase de la diástole ventricular.

soplo sistólico (systolic murmur), soplo cardíaco que se produce durante la sístole. Por lo general, los soplos sistólicos son menos importantes que los diastólicos y aparecen en muchas personas sin signos de enfermedad cardíaca.

soplo telesistólico (late systolic murmur), v. **soplo sistólico**.

soplo tricuspídeo (tricuspid murmur), soplo cardíaco producido por una válvula tricúspide defectuosa. Los soplos tricuspídeos diastólico y sistólico son similares a los soplos diastólicos y sistólicos de la válvula mitral.

soplo venoso (venous hum), soplo continuo escuchado en la auscultación sobre las principales venas de la base del cuello, especialmente cuando el paciente está anémico, en bipedestación y mirando al lado contralateral.

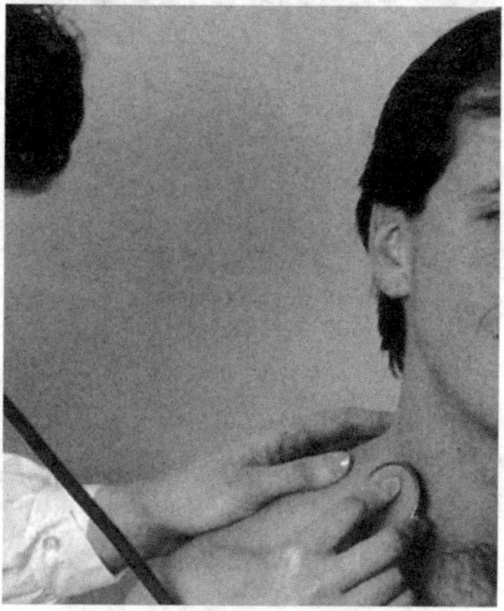

Auscultación de un soplo venoso
(M. Canobbio, 1990)

sopor (sopor), sueño que es tan profundo o sonoro como el estado de estupor.

soporífero (soporiferous), que tiende a producir sueño profundo, como los agentes que inducen sueño profundo.

soporífero (soporific), **1.** sustancia, enfermedad o procedimiento que provoca sueño. **2.** fármaco soporífero.

soporte (rest), prolongación de una prótesis que proporciona soporte vertical para una restauración dental.

soporte vital (life support), uso de cualquier medio terapéutico o técnico para mantener las funciones vitales.

soporte vital avanzado pediátrico (SVAP) (pediatric advanced life support [PALS]), sistema de procedimientos e instalaciones de asistencia crítica, como los cuidados intensivos de enfermería, para el tratamiento básico y avanzado de los lactantes y niños gravemente lesionados o enfermos. En EE.UU. Incluye el programa de reanimación neonatal (PRN) recomendado por la *American Academy of Pediatrics* y por la *American Heart Association*.

soporte vital básico (basic life support), papel que desempeña la reanimación cardiopulmonar (RCP) y la atención cardíaca de urgencia (ACU) para restablecer la función circulatoria o respiratoria, o ambas, en el tratamiento de urgencia de un enfermo con parada cardíaca o respiratoria.

soporte vital cardíaco avanzado (SVCA) (advanced cardiac life support [ACLS]), procedimientos médicos de urgencia que apoyan los esfuerzos de la reanimación cardiopulmonar básicos para mantener la vida mediante el establecimiento de una vía intravenosa para líquidos, la administración de fármacos, el control de las arritmias cardíacas y la ventilación asistida. Habitualmente, estos procedimientos requieren la supervisión directa o indirecta de un médico.

sordera (deafness), proceso caracterizado por la pérdida de la audición, parcial o total. Al valorar la sordera, se examinan los oídos del paciente, buscando exudación, costras, grumos de cerumen o anomalías estructurales. Hay que determinar si la sordera es de conducción o sensorial, temporal o permanente y congénita o adquirida en la infancia, la adolescencia o la vida adulta. Se valora el efecto del envejecimiento, cuando corresponda, y se realiza una valoración psicosocial sobre la adaptación del individuo a su sordera y su posible reacción a la misma con miedo, ansiedad, frustración, depresión, ira u hostilidad. En todos los casos hay que determinar el grado de pérdida sensorial y el tipo de alteración que la ha producido.

sordo (deaf), **1.** que no puede oír, duro de oído. **2.** personas que no pueden oír o que padecen una alteración de la audición.

sordomudo (deaf-mute), persona que no puede oír ni hablar, debido a discapacidad del cerebro o de los órganos de la audición y el lenguaje.

s.o.s. (s.o.s.), (en las recetas) abreviatura de *si opus sit*, expresión latina que significa «si fuera necesario».

sosa (soda), compuesto de sodio, especialmente bicarbonato sódico, carbonato sódico e hidróxido sódico.

sosa cálcica (SC) (soda lime [SL]), mezcla de hidróxidos sódico y cálcico utilizada para absorber el anhídrido carbónico espirado en un sistema anestésico de reinspiración.

SOVP (SOAP), (en un registro médico orientado hacia un problema) abreviatura para subjetivo, objetivo, valoración y plan, las cuatro partes de un resumen escrito del problema sanitario.

sp. (sp., *pl.* **sp., spp.**), abreviatura de **especie**.

SPECT (SPECT), abreviatura de **tomografía computadorizada por emisión de fotón único**.

spin (spin), momento angular intrínseco de una partícula elemental o el núcleo de un átomo.

spin nuclear (nuclear spin), forma intrínseca de momento angular que poseen los núcleos atómicos que contienen un número impar de nucleones (protones o neutrones).

spinnbarkeit (spinnbarkeit), moco cervical de característica consistencia elástica, untuosa y transparente, que aparece durante la ovulación. Tiene la consistencia de una clara de huevo no cocinada, constituyendo un valioso signo del período de máxima fertilidad en el ciclo menstrual de una mujer.

Spirochaeta pallida (Spirochaeta pallida), microorganismo flexible, espiral y móvil responsable de la sífilis humana.

SPM, spm (PMS, pms), abreviatura de síndrome premenstrual.

SPR (MMR), abreviatura de **vacuna de virus vivos de sarampión, parotiditis y rubéola**.

Sporotrichum (Sporotrichum), género de hongos que habitan en el suelo, considerado antiguamente como el agente causal de la esporotricosis.

sps (psm), abreviatura de **soplo presistólico**.

Sr (Sr), símbolo del **estroncio**.

SRE (RES), abreviatura de **sistema reticuloendotelial**.

SRL-A (SRS-A), abreviatura de **sustancia de reacción lenta de la anafilaxia**.

SRO (ORS), abreviatura de solución de rehidratación oral.

SRY (SRY), símbolo del gen de la «masculinidad» situado en la región que determina el sexo en el cromosoma Y. Se piensa que actúa como un sistema de control principal, con capacidad para desactivar o activar otros genes implicados en el desarrollo sexual.

SST (TSS), abreviatura de **síndrome del shock tóxico**.

Staphylococcus (Staphylococcus), género de bacterias inmóviles, esféricas, grampositivas. Algunas especies se encuentran normalmente en la piel y en la garganta; otras provocan infecciones graves purulentas o producen una enterotoxina, que puede causar náuseas, vómitos y diarrea. *Staphylococcus aureus* es una especie responsable con frecuencia de la formación de abscesos, endocarditis, impétigo, osteomielitis, neumonía y septicemia.

Staphylococcus aureus (Staphylococcus aureus), especie de estafilococo que produce un pigmento dorado con algunas variaciones de color. Es responsable de numerosas infecciones piógenas, como los forúnculos, carbuncos y abscesos.

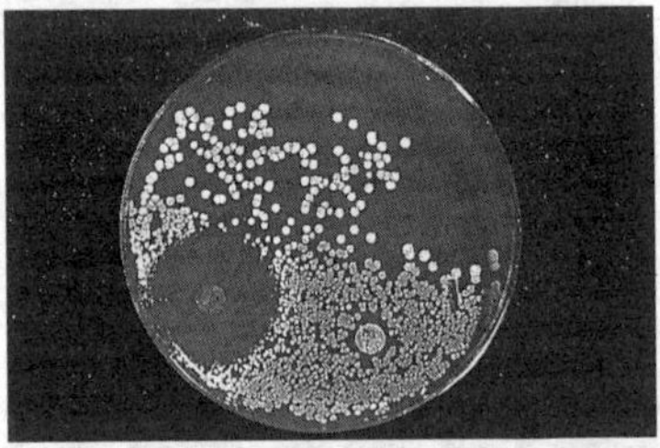

Staphylococcus aureus
(A. du Vivier, 2.ª ed., 1995)

stat. (stat.), abreviatura de la palabra latina *statium*, «inmediatamente».

stent (stent) [Charles R. Stent, dentista inglés del siglo XIX], **1.** compuesto utilizado para hacer impresiones dentales y moldes médicos. **2.** molde o dispositivo hecho de stent, utilizado para fijar injertos cutáneos y dar apoyo a orificios y cavidades corporales durante la realización de injertos, o a vasos y conductos del cuerpo en la cirugía anastomótica.

Stewart, Isabel Maitland (Stewart, Isabel Maitland) [1878-1963], educadora de enfermería y escritora americana, nacida en Canadá. Primera enfermera que recibió un grado de «master» por la Universidad de Columbia en Nueva York, contribuyó decisivamente a la valorización del currículum de enfermería, impulsó la política educativa y se convirtió en una figura importante para todo lo relacionado con la enfermería a nivel internacional.

STH (STH), abreviatura de **somatotropina**.

STP (STP), *argot*, agente psicodélico, dimetoxi-4-metilanfetamina (DOM). STP es una abreviatura de serenidad, tranquilidad y paz.

STPO (ODTS), abreviatura de **síndrome tóxico de polvo orgánico**.

Str. (Str.), abreviatura de estreptococo.

strapping (strapping), aplicación de tiras superpuestas de esparadrapo a una extremidad o zona del cuerpo para ejercer presión y mantener una estructura en su lugar; se utiliza en el tratamiento de distensiones, esguinces, luxaciones y determinadas fracturas.

Streptobacillus moniliformis (Streptobacillus moniliformis), especie de bacteria en forma de collar que puede provocar la fiebre por mordedura de rata en los seres humanos.

Streptococcus (Streptococcus), género de cocos grampositivos inmóviles, clasificados por tipos serológicos (grupos de Lancefield de A a T), por su acción hemolítica (alfa, beta, gamma) cuando crecen en agar sangre y por su reacción a virus bacterianos (fagotipos 1 a 86). Muchas especies provocan enfermedades en los seres humanos. *Streptococcus viridans*, un miembro de la flora normal de la boca, es la causa más común de endocarditis bacteriana, especialmente cuando penetra en el torrente sanguíneo durante las intervenciones dentales.

Streptococcus pneumoniae (Streptococcus pneumoniae), cualquiera de los 70 tipos antigénicos de neumococos que producen neumonía y otras enfermedades en los seres humanos.

Streptococcus pyogenes (Streptococcus pyogenes), especie de estreptococo con diversas cepas que son patógenos para los seres humanos, como los betahemolíticos del grupo A de Lancefield. Produce enfermedades supurativas como la escarlatina y faringoamigdalitis.

Streptococcus viridans (Streptococcus viridans), especie de estreptococo similar a la variedad *pyogenes*. Produce hemólisis alfa en los cultivos y es una causa frecuente de endocarditis bacteriana subaguda y de otras infecciones en los seres humanos.

Strongyloides (Strongyloides), género de nematodo intestinal parasitario. Una especie de *Strongyloides*. *S. stercolaris*, provoca la estrongiloidiasis.

subacromial (subacromial), localizado por debajo del acromion.

subagudo (subacute), **1.** menos que agudo. **2.** relativo a una enfermedad u otra anomalía presente en una persona que se encuentra clínicamente bien.

subamortiguamiento (underdamping), (en cardiología) transmisión de todos los componentes de frecuencia sin reducción de su amplitud.

subaórtico (subaortic), relativo al área del cuerpo situada por debajo de la aorta.

subaponeurótico (subaponeurotic), localizado debajo de una aponeurosis.

subaracnoideo (subarachnoid), situado por debajo de la membrana aracnoides y por encima de la piamadre.

subatómico (subatomic), perteneciente a los fenómenos y a las partículas situados o que ocurren dentro del átomo.

subaxilar (subaxillary), debajo de la axila.

subcapsular (subcapsular), debajo de una cápsula.

subclavio (subclavian), situado por debajo de la clavícula, como la vena subclavia.

subclínico (subclinical), relativo a una enfermedad o anomalía tan leve que no provoca síntomas.

subconsciente (subconscious), **1.** parcial o defectuosamente consciente. **2.** *anticuado*, (en psiquiatría) el preconsciente y el inconsciente.

subcultura (subculture), grupo étnico, regional, económico o social de ideales y patrones de conducta característicos que los distinguen del resto de una cultura o sociedad.

subcutáneo (subcutaneous), por debajo de la piel.

subdural (subdural), situado debajo de la duramadre y encima de la aracnoides.

subepidérmico (subepidermal), debajo de la piel.

subescapular (subscapularis), músculo que se origina en la fosa subescapular y que se inserta en el húmero.

subespecialidad (subspecialty), (en enfermería) campo profesional de enfermería muy especializado, como el de diálisis, oncología, neurología o cuidados intensivos neonatales.

subestándar (substandard), por debajo de un modelo o medida predeterminado.

subesternal (substernal), situado debajo del esternón.

subfrénico (subphrenic), relativo al área situada por debajo del diafragma.

subida de leche (let-down), sensación que experimentan frecuentemente en las mamas las mujeres lactantes cuando fluye leche en los conductos. Puede producirse cuando el lactante comienza a succionar, cuando la madre oye llorar al niño o incluso cuando llega la hora de amamantarle.

subíntima (subintimal), área situada por debajo de la íntima, o membrana que tapiza un vaso sanguíneo, habitualmente una gran arteria.

subinvolución (subinvolution), retraso o ausencia de la involución uterina durante el período del posparto. Entre las causas de la subinvolución se encuentra la retención de fragmentos de placenta, los fibromiomas uterinos y las infecciones. Se caracteriza por hemorragias más prolongadas e intensas después del parto y, en la exploración pélvica, por la presencia de un útero más grande y más blando de lo que cabría esperar en ese momento.

subinvolución uterina (uterine subinvolution), involución incompleta del útero, como ocurre tras el parto.

subjetivo (subjective), **1.** relativo a la naturaleza esencial de un objeto tal y como es percibido por la mente y no a la cosa en sí misma. **2.** que sólo existe en la mente. **3.** aquello que le llega al individuo o es percibido por él en contraste con algo que es modificado por circunstancias externas o puede ser evaluado mediante normas objetivas. **4.** relativo a una persona que concede excesiva importancia a sus propios estados de ánimo, actitudes u opiniones; egocéntrico.

sublimación (sublimation), **1.** mecanismo de defensa por el cual un impulso instintivo inaceptable es desviado inconscientemente y expresado a través de un medio personalmente aprobado y socialmente aceptado. **2.** (en psicoanálisis) proceso para desviar determinados componentes del impulso sexual hacia un objetivo no sexual y socialmente aceptable.

sublimar (sublimate), refinar o desviar los impulsos instintivos y la energía de su objetivo inmediato a otro que pueda ser expresado de una forma social, moral o estética aceptable para la persona y para la sociedad.

subliminal (subliminal), que tiene lugar por debajo del umbral de percepción sensorial o fuera de los márgenes del conocimiento consciente.

sublingual (sublingual), debajo de la lengua.

subluxación (subluxation), luxación incompleta.

submandibular (submandibular), localizado debajo de la mandíbula.

submaxilar (submaxillary), localizado debajo del maxilar.

submeatal (submeatal), relativo a los tejidos situados debajo de un meato u orificio, como las celdillas aéreas mastoideas situadas debajo del orificio auditivo o el paladar duro situado bajo los orificios nasales.

submentoniano (submental), situado debajo del mentón.

submentovértice (submentovertex), punto de referencia en la base del cráneo, utilizado en la preparación de proyecciones radiográficas del cráneo y las estructuras asociadas al mismo.

submetacéntrico (submetacentric), relativo a un cromosoma en el cual el centrómero es prácticamente equidistante entre el centro y uno de los extremos, de forma que los brazos de las cromátides no tienen igual longitud.

submucoso (submucous), debajo de una mucosa.

suboccipitobregmático (suboccipitobregmatic), relativo al diámetro anteroposterior más pequeño de la cabeza del feto cuando está bien flexionada durante el parto.

subsistema (subsystem), componente más pequeño de un gran sistema integrado por individuos o díadas, formado por generación, género, interés o función.

subsistencia (subsistence), conservación de la vida con unas necesidades vitales mínimas.

subtálamo (subthalamus), porción del diencéfalo que sirve como centro de correlaciones para los impulsos óptico y vestibular que son transmitidos al globo pálido.

subtotal (subtotal), menor que la totalidad.

subungueal (subungual), debajo de la uña de un dedo de la mano o del pie.

succinato de doxilamina (doxylamine succinate), antihistamínico utilizado en el tratamiento de los síntomas alérgicos agudos producidos por la liberación de histamina.

succión con ventosas (cupping), técnica contrairritante que consiste en la aplicación de un aparato de succión a la piel para atraer la sangre a la superficie del cuerpo.

succión del pulgar (thumbsucking), hábito de succionar el pulgar para obtener una gratificación oral. Es normal en lactantes y en los niños pequeños como búsqueda de placer o como dispositivo de confort, especialmente cuando el niño tiene hambre o está cansado. Este hábito se intensifica cuando el niño tiene entre 18 y 20 meses y, normalmente, desaparece cuando el niño se desarrolla y madura.

succionar (suck), **1.** atraer un líquido o semilíquido hacia la boca creando un vacío parcial mediante movimientos de los labios y de la lengua. **2.** atraer un líquido hacia la boca, especialmente succionar leche de la mama o del biberón.

sudación (sweating), v. **diaforesis**.

sudación excesiva (excessive sweat), mayor perspiración de lo normal para el ambiente dado. Normalmente es un signo de fiebre séptica, tuberculosis pulmonar, hipertiroidismo, enfermedad renal crónica o paludismo. La sudación anormal de las manos y pies es a menudo un signo de irritabilidad nerviosa o de otros factores de estrés emocional.

sudación nocturna (night sweat), sudación que tiene lugar principalmente por la noche, como ocurre en algunas enfermedades emaciantes, la tuberculosis pulmonar, por ejemplo.

sudor (sweat), v. **perspiración**.

sudorífico (sudorific), relativo a una sustancia o enfermedad, como el calor o la tensión emocional, que estimula la sudación. Las glándulas sudoríparas son estimuladas por fármacos colinérgicos.

suelo de la pelvis (pelvic floor), conjunto de tejidos blandos que cierran el estrecho inferior.

sueño (dream), **1.** secuencia de ideas, pensamientos, emociones o imágenes que pasan por la mente durante la fase REM (de movimientos oculares rápidos) del sueño. **2.** estado en el que se produce este proceso. **3.** (en psicoanálisis) expresión de pensamientos, emociones, recuerdos o impulsos reprimidos por la consciencia. **4.** (en psicología analítica) deseos, emociones e impulsos que reflejan el inconsciente de la persona y los arquetipos que originan el inconsciente colectivo.

sueño (sleep), estado marcado por disminución de la consciencia, menor actividad de los músculos esqueléticos y reducción del metabolismo. Normalmente, las personas duermen según patrones que siguen cuatro fases progresivas y observables. Durante la fase 1, las ondas cerebrales son de tipo teta, seguidas en la fase 2 por la aparición de husos del sueño característicos; durante las fases 3 y 4, las ondas teta son sustituidas por ondas delta. Estas cuatro fases ocupan tres cuartas partes de un período de sueño típico y se llaman en conjunto sueño de **movimientos oculares no rápidos (NREM)**. El tiempo restante suele estar ocupado por el sueño de **movimientos oculares rápidos (REM)**, que se puede detectar con electrodos colocados en la piel alrededor de los ojos, de forma que diminutas descargas eléctricas debidas a contracciones de los músculos oculares son transmitidas al equipo de registro. Los períodos de sueño, que duran entre unos pocos minutos a media hora, alternan con los períodos NREM. Los sueños se producen durante el tiempo REM.

sueño ansioso (anxiety dream), sueño que tiene un sujeto durante la fase de movimientos oculares rápidos (REM) del sueño, y que se asocia a inquietud y a un aumento gradual de la frecuencia del pulso.

sueño crepuscular (twilight sleep), *obsoleto*, anestesia ligera obtenida por la administración parenteral de una mezcla de morfina y escopolamina para reducir el dolor y embotar la memoria durante el parto.

sueño hipnótico (hypnotic sleep), sueño inducido por hipnosis mediante la administración de fármacos hipnóticos.

sueño húmedo (wet dream), v. **polución nocturna**.

sueño patológico (pathologic sleep), sueño excesivo asociado a un trastorno neurológico, como la encefalitis letárgica o la enfermedad del sueño.

suero (serum), **1.** cualquier líquido seroso, especialmente el que humedece las superficies de las membranas serosas. **2.** cualquier líquido acuoso claro que ha sido separado de sus elementos más sólidos, como el exudado de una ampolla. **3.** la parte líquida transparente, poco densa y pegajosa de la sangre que permanece después de la coagulación. **4.** vacuna o toxoide preparado a partir del suero de un donante hiperinmune para la profilaxia de una infección o un tóxico determinado.

suero antilinfocítico (SAL) (antilymphocyte serum [ALS]), suero que se prescribe como agente inmunosupresor para reducir las reacciones de rechazo en el trasplante de órganos y como coadyuvante en la quimioterapia de las neoplasias malignas.

suero de caballo (horse serum), suero inmune preparado a partir de la sangre de un caballo, especialmente la antitoxina tetánica. Dado que muchas personas son sensibles al suero de caballo, habitualmente se realiza una prueba cutánea de sensibilidad antes de la inmunización.

suero de la verdad (truth serum), nombre vulgar para cualquiera de los diversos sedantes, como los barbitúricos de acción corta, que se administran por vía intravenosa a sujetos para obtener información que pueden estar ocultando. Se ha utilizado con éxito para ayudar a identificar a los que sufren amnesia.

suero de manteca (buttermilk), residuo líquido ligeramente agrio que queda después de la transformación de la crema en mantequilla.

suero fisiológico al 50% (half-normal saline), (en terapia respiratoria) solución de ClNa al 0,45% utilizada para la hidratación de la mucosa. Como el líquido tiende a la evaporación, la concentración salina aumenta, alcanzando casi la concentración salina normal en el tracto respiratorio.

suero fisiológico hipertónico (hypertonic saline), solución salina que contiene del 1 al 15% de cloruro sódico (comparado con el fisiológico normal al 0,9%). Se utiliza en el lavado bronquial para estimular la producción de esputo y para estimular la tos.

suero fisiológico hipotónico (hypotonic saline), solución salina que tiene una concentración por debajo de la isotónica.

suero inmune (immune serum), v. **antisuero**.

sufrimiento (distress), estado emocional o físico de dolor, pena, aflicción o malestar.

sufrimiento espiritual (sufrimiento del espíritu) (spiritual distress [distress of the human spirit]), diagnóstico de enfermería, aprobado por la NANDA, para la interrupción del principio de la existencia que impregna a todo el ser e integra y trasciende la naturaleza biopsicosocial. Las características que lo definen son: cólera manifiesta contra la divinidad o dudas acerca del significado del sufrimiento que se está experimentando. El sujeto puede hacer chistes macabros, considerar su enfermedad como un castigo, tener pesadillas, llorar, actuar de modo hostil o apático, echarse la culpa o negar toda responsabilidad en el problema, expresar cólera o resentimiento contra figuras religiosas y abandonar la participación en las prácticas religiosas.

sufrimiento fetal (fetal distress), trastorno fetal, normalmente descubierto durante el parto, caracterizado por una velocidad o ritmo marcadamente anómalos de la contracción miocárdica.

sugestibilidad (suggestibility), relativo a la susceptibilidad de una persona a cambiar sus ideas o actitudes por la influencia de los demás.

sugestión (suggestion), **1.** proceso por el cual un pensamiento o idea conduce a otro, como sucede en la asociación de ideas. **2.** utilización de la persuasión, exhortación u otro método para implantar una idea, un pensamiento, una actitud o una creencia en la mente de otro, como medio para influir o alterar su conducta o el estado de su mente. **3.** idea, creencia o actitud implantada en la mente de otro.

suicida (suicidal), relativo a la autodestrucción o que tiende a ella.

suicida (suicide), persona que lleva a cabo o intenta su propia destrucción.

suicidio (suicide), **1.** acción de quitarse intencionadamente la propia vida. **2.** *coloquial,* ruina o destrucción de los propios intereses.

sujetos (subjects), personas, animales o acontecimientos seleccionados para un estudio, con el fin de examinar una variable o enfermedad determinada, como los efectos de una nueva medicación o un nuevo tratamiento.

sulfacetamida (sulfacetamide), antibacteriano tópico prescrito para la profilaxis de infecciones después de la cirugía de la córnea y para el tratamiento de conjuntivitis bacterianas e infecciones de las vías urinarias.

sulfacitina (sulfacytine), sulfonamida antibacteriana que se prescribe para el tratamiento de infecciones, especialmente la pielonefritis primaria y la cistitis.

sulfacloropiridacina (sulfachlorpyridazine), sulfonamida antibacteriana que se prescribe para el tratamiento de infecciones, especialmente de las vías urinarias.

sulfadiacina (sulfadiazine), sulfonamida antibacteriana que se prescribe para el tratamiento de infecciones, especialmente de las vías urinarias, y en la profilaxis de la fiebre reumática.

sulfadiacina argéntica (silver sulfadiazine), antimicrobiano tópico prescrito para prevenir o tratar infecciones en las quemaduras de segundo y tercer grado.

sulfahemoglobina (sulfhemoglobin), forma de hemoglobina que contiene una molécula sulfuro unida de forma irreversible, lo que impide la fijación normal del oxígeno. Se encuentra presente en la sangre en cantidades pequeñísimas.

sulfahemoglobinemia (sulfhemoglobinemia), presencia de hemoglobina anormal con sulfuro en la sangre circulante.

sulfametizol (sulfamethizole), sulfonamida antibacteriana que se prescribe para el tratamiento de infecciones, especialmente pielonefritis, pielitis y cistitis.

sulfametoxazol (sulfamethoxazole), sulfonamida antibacteriana que se prescribe para el tratamiento de otitis medias, bronquitis y determinadas infecciones de las vías urinarias.

sulfamidas (sulfa drugs), grupo de agentes bacteriostáticos que inhiben la biosíntesis del ácido fólico.

sulfasalacina (sulfasalazine), clase de sulfonamida; salicilazosulfapiridina que se prescribe en el tratamiento de la colitis ulcerosa leve y/o moderada, y como medicamento coadyuvante en los casos graves.

sulfatiazol (sulfathiazole), sulfonamida antibacteriana que ya no se utiliza habitualmente.

sulfato (sulfate), sal de ácido sulfúrico. Sulfatos naturales, como sulfato sódico, sulfato cálcico y sulfato potásico, se encuentran abundantemente en el organismo.

sulfato de amicacina (amikacine sulfate), antibiótico aminoglucósido que se prescribe en el tratamiento de diversas infecciones graves resistentes a otros antibióticos.

sulfato de atropina (atropine sulfate), agente antiespasmódico y anticolinérgico que se prescribe en el tratamiento de la hipermotilidad GI, en las inflamaciones del iris o de la úvea, en las arritmias cardíacas, en el parkinsonismo, en ciertas intoxicaciones y como coadyuvante en anestesia.

sulfato de bario (barium sulfate), medio radiopaco utilizado como ayuda diagnóstica en radiología. Se prescribe para el examen radiográfico del tracto GI.

sulfato de bleomicina (bleomycin sulfate), antibiótico antineoplásico prescrito en el tratamiento de diversas neoplasias.

sulfato de ciclometicaína (cyclomethycaine sulfate), anestésico local que se aplica sobre membranas mucosas no traumatizadas antes de la exploración clínica o instrumental.

sulfato de colistina (colistin sulfate), antibacteriano empleado por vía tópica para el tratamiento de infecciones del oído externo y por vía sistémica para el tratamiento de infecciones graves producidas por gramnegativos y para la gastroenteritis producida por *Escherichia coli*.

sulfato de dextroanfetamina (dextroamphetamine sulfate), estimulante del sistema nervioso central que se prescribe en el tratamiento de los procesos hiperquinéticos infantiles. También se ha utilizado como anoréxico en el tratamiento de la obesidad exógena.

sulfato de eserina (eserine sulfate), v. **fisostigmina**.

sulfato de esparteína (spartein sulfate), sal alcaloide utilizada para tratar trastornos cardíacos y antiguamente utilizada como oxitócico para reducir la hemorragia uterina durante la tercera fase del parto.

sulfato de estreptomicina (streptomycin sulfate), antibiótico aminoglucósido prescrito en el tratamiento de la tuberculosis, la endocarditis y algunas otras infecciones.

sulfato de fenelcina (phenelzine sulfate), inhibidor de la monoaminooxidasa (IMAO) prescrito para el tratamiento de la depresión endógena y de otros tipos de depresión.

sulfato de gentamicina (gentamicin sulfate), antibiótico aminoglucósido prescrito para aliviar los efectos de las infecciones graves producidas por organismos sensibles a la gentamicina.

sulfato de guanadrel (guanadrel sulphate), agente antihipertensivo prescrito para el tratamiento de la hipertensión de pacientes que no responden a los diuréticos tiazídicos.

sulfato de guanetidina (guanethidine sulphate), agente antihipertensivo prescrito para el tratamiento de la hipertensión moderada y grave.

sulfato de hidroxicloroquina (hydroxychloroquine sulfate), fármaco antiprotozoario y antirreumático que también actúa como supresor en el lupus eritematoso y en la erupción polimorfa a la luz. Se prescribe para el tratamiento del paludismo y para suprimir los ataques agudos paroxísticos de la enfermedad, en el tratamiento de la amebiasis extraintestinal, habitualmente hepática, y en la reducción de los síntomas del lupus eritematoso y de la artritis reumatoide.

sulfato de kanamicina (kanamycin sulfate), antibiótico aminoglucósido utilizado en el tratamiento de ciertas infecciones graves o resistentes a otros antibióticos.

sulfato de magnesio (magnesium sulfate), sal de magnesio que se prescribe por vía parenteral para prevenir convulsiones, especialmente en la preeclampsia, y por vía oral para tratar el estreñimiento y la pirosis y para corregir las deficiencias de magnesio en el organismo.

sulfato de metaproterenol (metaproterenol sulphate), broncodilatador betaadrenérgico que se prescribe para el tratamiento del asma bronquial.

sulfato de morfina (morphine sulphate), analgésico narcótico prescrito para reducir el dolor.

sulfato de neomicina (neomycin sulfate), antibiótico aminoglucósido utilizado en el tratamiento de infecciones del intestino, coma hepático y, por vía tópica, en el tratamiento de infecciones cutáneas.

sulfato de orciprenalina (orciprenaline sulfate), v. **sulfato de metaproterenol**.

sulfato de paromomicina (paromomycin sulfate), antibiótico aminoglucósido antiamebiano oral prescrito para el tratamiento de la amebiasis intestinal.

sulfato de polimixina B (polymyxin B sulfate), antibiótico prescrito para infecciones producidas por microorganismos sensibles a este fármaco, como infecciones de vías urinarias, septicemia y conjuntivitis.

sulfato de protamina (protamine sulfate), antagonista de la heparina obtenido del esperma de peces. Se prescribe para disminuir o contrarrestar el efecto anticoagulante de la heparina, especialmente en casos de dosificación excesiva de la misma.

sulfato de quinina (quinine sulfate), antipalúdico con actividad antitérmica, analgésica y relajante muscular. Se prescribe para el tratamiento del paludismo, especialmente en el provocado por *Plasmodium falciparum*, y para los calambres nocturnos de las piernas.

sulfato de seudoefedrina (pseudoephedrine sulfate), v. **clorhidrato de seudoefedrina**.

sulfato de terbutalina (terbutaline sulfate), estimulante beta-adrenérgico prescrito como broncodilatador para el tratamiento del asma, de la bronquitis y del enfisema y como relajante uterino para tratar el parto prematuro.

sulfato de tobramicina (tobramycin sulfate), antibiótico aminoglucósido prescrito para el tratamiento de la infección ocular externa, septicemia e infecciones del tracto respiratorio inferior y del sistema nervioso central.

sulfato de tranilcipromina (tranylcypromine sulfate), inhibidor de la monoaminoxidasa que actúa como antidepresivo. Se prescribe para el tratamiento de la depresión reactiva severa o mental endógena.

sulfato de vinblastina (vinblastine sulfate), antineoplásico prescrito para el tratamiento de numerosas enfermedades neoplásicas, como el coriocarcinoma, el carcinoma testicular, la enfermedad de Hodgkin y el linfoma no Hodgkin.

sulfato de vincristina (vincristine sulfate), antineoplásico prescrito para el tratamiento de numerosas enfermedades neoplásicas, como leucemia, neuroblastoma, linfomas y sarcomas.

sulfato de vindesina (vindesine sulfate), agente antineoplásico prescrito para el tratamiento de la leucemia linfoblástica aguda, cáncer de mama, melanoma maligno, linfosarcoma y carcinoma pulmonar de células no pequeñas.

sulfato de zinc (zinc sulfate), astringente oftálmico administrado en gotas para la congestión nasal o la irritación de los ojos, aplicado tópicamente en desodorantes y administrado por vía oral en comprimidos para estimular la cicatrización y como suplemento de la dieta.

sulfato ferroso (ferrous sulfate), agente hematínico prescrito para el tratamiento de la anemia ferropénica.

sulfato potásico de indoxilo (potassium indoxyl sulfate), v. **indicán**.

sulfato sódico (sodium sulfate), catártico salino para el estreñimiento habitual provocado por trastornos del peristaltismo. Se prescribe para conseguir una evacuación inmediata y completa del intestino y, a dosis inferiores, para conseguir un efecto laxante.

sulfato sódico anhidro (sodium sulfate anhydrous), utilizado en productos industriales.

sulfinpirazona (sulfinpyrazone), uricosúrico que se prescribe en el tratamiento de la gota crónica y la artritis gotosa intermitente.

sulfisoxazol (sulfisoxazole), sulfonamida antibacteriana que se prescribe en el tratamiento de la conjuntivitis y las infecciones de las vías urinarias, así como vaginitis, cistitis y pielonefritis.

sulfonamida (sulfonamide), cualquier sustancia perteneciente a un gran grupo de fármacos sintéticos de acción bacteriostática, eficaces en el tratamiento de infecciones provocadas por microorganismos gramnegativos y grampositivos. Estos fármacos actúan evitando el normal crecimiento, desarrollo y multiplicación de las bacterias, pero no destruyen los gérmenes maduros. Son bacteriostáticos más que bactericidas.

sulfonamidas triples (triple sulfonamides), v. **trisulfapirimidinas**.

sulfonatos (sulfonates), clase de compuestos anticolinesterásicos utilizados en insecticidas.

sulfonilurea (sulfonylurea), agente antidiabético oral que estimula la producción pancreática de insulina. La hipersensibilidad a las sulfonamidas es una contraindicación para la utilización de dichos agentes, y el consumo de etanol es incompatible con todas las sulfonilureas. El consumo de aspirinas u otros salicilatos al mismo tiempo que cualquiera de las sulfonilureas intensifica el efecto hipoglucemiante.

sulfoxona de sodio (sulfoxone sodium), derivado de una sulfona bacteriostática, que se utiliza en el tratamiento de la lepra y la dermatitis herpetiforme.

sulfuro de selenio (selenium sulfide), antifúngico y antiseborreico que se prescribe para la caspa y las dermatitis seborreicas del cuero cabelludo.

sulindac (sulindac), agente antiinflamatorio que se prescribe en el tratamiento de la osteoartritis, la artritis reumatoide y la espondilitis anquilosante.

sumación (summation), **1.** efecto o acción acumulativo; agregado total; totalidad. **2.** (en neurología) acumulación de la concentración de un neurotransmisor en una sinapsis, ya sea aumentando la frecuencia de impulsos nerviosos en cada fibra (sumación temporal) o el número de fibras estimuladas (sumación espacial), de forma que se sobrepase el umbral de la neurona postsináptica, transmitiéndose el impulso.

sumación temporal (temporal summation), v. **sumación** def. **2.**

sumario (abstract), resumen condensado de un artículo científico, de una pieza literaria o de una dirección.

superfecundación (superfecundation), fecundación de dos o más óvulos liberados durante un ciclo menstrual, por espermatozoides procedentes del mismo o de diferentes machos durante relaciones sexuales independientes.

superfetación (superfetation), fecundación de un segundo óvulo después del inicio de un embarazo, dando lugar a la presencia de dos fetos de diferentes grados de madurez que se desarrollan simultáneamente en el útero.

superficial (superficial), **1.** relacionado con la piel o con otra superficie. **2.** que no es grave ni peligroso.

superficie oclusiva (occlusal surface), superficie de la dentadura de una arcada que contacta o se aproxima bastante a la superficie correspondiente de la dentadura de la otra arcada dentaria.

superficies articulares cóncavo-convexas (concave-convex joint relationships), forma de la superficie articular de los componentes de una articulación. Habitualmente una superficie es cóncava y la otra convexa.

superimpregnación (superimpregnation), v. **superfetación**.

superior (superior), situado por encima u orientado hacia un lugar superior, como la cabeza es superior al torso.

superóxido (superoxide), forma reactiva corriente del oxígeno que se forma cuando el oxígeno molecular gana un solo electrón. Los radicales superóxido pueden atacar compuestos biológicos sensibles a ellos, como lípidos, proteínas y ácidos nucleicos.

superóxido dismutasa (SOD) (superoxide dismutase [SOD]), enzima compuesta de proteínas con metales, que convierte los radicales superóxido en agentes menos tóxicos. Es el principal mecanismo enzimático para la eliminación de radicales superóxido del organismo.

superposición de roles (role blurring), tendencia a la mezcla de los roles profesionales, haciendo que resulte imposible diferenciarlos.

supersaturada (supersaturate), dícese de la solución que contiene solutos por encima del punto de saturación a una temperatura determinada.

superyo (superego), parte de la psique que actúa principalmente en el inconsciente y se desarrolla cuando se incorporan al yo las normas de los padres y de la sociedad. El superyo tiene dos partes, la consciencia y el yo ideal.

supinación (supination), uno de los tipos de rotación que permiten determinadas articulaciones esqueléticas, como las del codo o las de las muñecas, que permiten volver la palma de la mano hacia arriba.

supinador largo (brachioradialis), el músculo más superficial del lado radial del antebrazo. Es un flexor del antebrazo.

supinator longus (supinator longus), v. **supinador largo**.

suplente (surrogate), **1.** sustituto; persona u objeto que reemplaza a otro. **2.** (en psicoanálisis) sustituto de la figura paterna, imagen simbólica o representación de otro, como sucede en un sueño.

suplente interino (locum tenens), sustituto temporal de un médico en excedencia.

supositorio (suppository), producto terapéutico que se disuelve fácilmente y se emplea por vía rectal, uretral o vaginal. El aceite de teobroma, la gelatina glicerinada y los glicoles de polietileno de alto peso molecular son excipientes comunes para los fármacos administrados en supositorios. Éstos tienen forma cónica o fusiforme cuando su empleo es por vía rectal, forma globular u ovoidea para su utilización por vía vaginal y forma de lápiz para su introducción en la uretra.

supraclavicular (supraclavicular), área del cuerpo situada por encima de la clavícula.

supracondíleo (supracondylar), situado por encima del cóndilo.

suprapúbico (suprapubic), localizado por encima de la sínfisis del pubis.

suprarrenal (suprarenal), situado por encima del riñón, como la glándula suprarrenal.

suprarrotuliano (suprapatellar), situado encima de la rótula.

supraspinal (supraspinal), relativo a algo que está encima de la columna vertebral.

suprasternal (suprasternal), relativo al área situada por encima del esternón, cerca del cuello.

supratentorial (supratentorial), situado por encima de una tienda o tentorium.

supresión (suppression), (en psicoanálisis) inhibición consciente o esfuerzo por ocultar pensamientos, deseos, impulsos, sentimientos o actos inaceptables o dolorosos.

supresión de la menstruación (supressed menstruation), ausencia de menstruación en el momento en que se esperaba, como ocurre en la amenorrea.

supresión de la sobreconducción (overdrive suppression), efecto inhibidor de un marcapasos cardíaco rápido sobre uno más lento.

supresión del indicador de referencia (referential index deletions), término de programación neurolingüística relacionado con la omisión de la persona concreta de la que se habla.

supresor (suppressant), agente que suprime o reduce una actividad física o mental, como una medicación que disminuye la conducta hipercinética.

suprofeno (suprofen), analgésico antiinflamatorio no esteroideo oral utilizado en el tratamiento del dolor leve o moderado y en la dismenorrea primaria.

supuración (suppuration), producción y exudación de pus.

supurar (suppurate), producir una sustancia purulenta.

suramina sódica (suramin sodium), antitripanosomiásico y antifilárico disponible en los *Centers for Disease Control*.

surco (groove), depresión plana lineal presente en distintas estructuras del cuerpo, como los canales que forman los nervios sobre los huesos, los que existen en los huesos por la inserción de los músculos y los que existen entre ciertas zonas del cerebro.

surfactante pulmonar (pulmonary surfactant), agente surfactante presente en los pulmones cuya función es reducir la tensión superficial del líquido situado en la superficie de las células del tracto respiratorio inferior, aumentando la elasticidad de los alveolos y bronquiolos y, en consecuencia, el intercambio gaseoso en los pulmones.

susceptibilidad (susceptibility), calidad de ser más vulnerable de lo normal a una enfermedad o trastorno.

suspensión (suspension), **1.** líquido en el cual se encuentran dispersas, pero no disueltas, pequeñas partículas de un sólido y en el cual se mantiene la dispersión agitando o removiendo la mezcla. **2.** tratamiento, utilizado principalmente en trastornos vertebrales, que consiste en colgar al paciente por el mentón y los hombros. **3.** cese temporal del dolor o de un proceso vital.

suspiro (sigh), respiración profunda que puede ser de 1,5 veces el V_t normal. Interviene en la higiene pulmonar.

sustancia (substance), cualquier fármaco, producto químico o entidad biológica.

sustancia blanca (white substance), el tejido que rodea la sustancia gris de la médula espinal, formada principalmente por las fibras nerviosas mielinizadas, aunque también por algunas fibras nerviosas no mielinizadas, incluidas en una red esponjosa de neuroglia. En cada mitad de la médula espinal se subdivide en tres cordones: el anterior, el posterior y el lateral. Cada cordón se subdivide en tractos estrechamente relacionados con su función.

sustancia cortical del cerebelo (cortical substance of cerebellum), v. **corteza cerebelosa**.

sustancia de reacción lenta de la anafilaxia (SRL-A) (slow-reacting substance of anaphylaxis [SRS-A]), grupo de sustancias activas, como la histamina y los leucotrienos, que se liberan durante una reacción anafiláctica. Producen contracción del músculo liso y dilatación vascular, que caracterizan los signos y síntomas de la anafilaxia.

sustancia fundamental (ground substance), v. **matriz**.

sustancia gris (gray substance), tejido gris que se sitúa en el centro de la médula espinal, dispuesto en dos grandes masas laterales que se conectan por medio de una comisura fina que cruza la línea media. La sustancia gris se extiende hacia afuera, formando las astas anterior y posterior de la médula espinal. Las astas están constituidas fundamentalmente por los cuerpos celulares de las neuronas intermedias y por los cuerpos celulares de las motoneuronas. Los núcleos de la sustancia gris de la médula espinal funcionan como centros para todos los reflejos medulares.

sustancia negra (substantia nigra), banda oscura de sustancia gris que se sitúa entre la calota peduncular y los pedúnculos cerebrales.

sustancia P (substance P), sustancia neurotransmisora polipeptídica sintetizada por el organismo y que actúa estimulando la vasodilatación y la contracción de los músculos lisos, intestinales o de otro tipo. También desempeña algún papel en la secreción salival, la diuresis y la natriuresis, y afecta al funcionamiento de los sistemas nerviosos periférico y central.

sustancia tóxica (toxic substance), cualquier veneno.

sustancia transmisora (transmitter substance), v. **neurotransmisor**.

sustantividad (substantivity), propiedad que tienen ciertas sustancias de mantener su acción terapéutica a pesar de la eliminación del excipiente, como sucede con ciertos champúes.

sustento (sustenance), **1.** acto o proceso para dar apoyo o mantener la vida o la salud. **2.** alimentos o nutrientes esenciales para el mantenimiento de la vida.

sustitución (replacement), sustitución de una parte o sustancia con una parte o sustancia similar, como en el caso de la sustitución de un miembro amputado por una prótesis o de la sustitución de la sangre perdida por la de un donante.

sustitución (substitution), mecanismo mental que opera inconscientemente y mediante el cual un objetivo, emoción u objeto imposible de alcanzar o de aceptar es sustituido por otro más accesible o más aceptable.

sustitución articular total (total joint replacement), procedimiento quirúrgico para el tratamiento de la artritis grave y de otros trastornos en el que las superficies articulares normales son reemplazadas por prótesis de metal y plástico. La operación más frecuente afecta a la sustitución de la articulación de la cadera con una cabeza de fémur metálica y un acetábulo de metal revestido de plástico.

sustituto de sangre (blood substitute), sustancia utilizada en la reposición de la sangre circulante o en la expansión de su volumen. A menudo se administra plasma, albúmina sérica humana, concentrados de hematíes, plaquetas, leucocitos y concentrados de los factores de la coagulación en lugar de transfusiones de sangre completa para el tratamiento de diferentes enfermedades. Entre las sustancias que algunas veces se utilizan en solución para expandir el volumen de sangre se incluyen el dextrano, el almidón, las soluciones de albúmina o la fracción proteica del plasma.

sustituto del sexo (sex surrogate), en terapia sexual, sustituto profesional entrenado para ayudar al paciente a superar sus inhibiciones.

susto (susto), síndrome de origen cultural, que se observa en poblaciones de América Central y se refiere al estrés suscitado por la imposibilidad percibida por uno mismo de cumplir las expectativas del papel sexual asignado.

sustracción energética (energy subtraction), (en radiología digital) técnica en la que dos haces diferentes de rayos X se utilizan de forma alternativa para generar una imagen por sustracción, resultado de las diferencias en la interacción fotoeléctrica.

sustracción híbrida (hybrid substraction), método de sustracción en dos pasos para producir imágenes radiográficas digitalizadas que utilizan al menos cuatro imágenes.

sustracción temporal (temporal substraction), sustracción de dos o más imágenes radiográficas digitalizadas que se toman en momentos diferentes. El proceso de sustracción elimina información de la imagen estática.

sustrato (substrate), sustancia sobre la que actúa una enzima, y que es transformada por ella, en cualquier reacción química.

sustrato (substratum), cualquier capa subyacente; base.

sutilains (sutilains), enzima proteolítica utilizada para el desbridamiento de ciertas heridas, úlceras y quemaduras de segundo y tercer grado.

sutura (sutura, *pl.* **suturae**), articulación fibrosa, inmóvil, en la cual ciertos huesos del cráneo están unidos por una delgada capa de tejido fibroso.

sutura (suture), **1.** tipo de articulación, como las existentes entre los huesos del cráneo. **2.** costura quirúrgica realizada para reparar una incisión, un desgarro o una herida.

suturar (suture), coser bordes de tejido cortados o desgarrados con material de sutura.

suturas quirúrgicas no reabsorbibles (nonabsorbable surgical sutures), suturas de seda, nailon, acero u otros materiales que resisten a la absorción química. Se usan sobre todo en tejidos profundos, en los que es muy importante que se mantenga *in situ*.

Sv (Sv), abreviatura de **sievert**.

SV (VS), abreviatura de sonido vesicular. **2.** abreviatura de solución volumétrica.

SVA (ALS), abreviatura de **soporte vital avanzado**.

SVB (BLS), abreviatura de **soporte vital básico**.

SVCA (ACLS), abreviatura de **soporte vital cardíaco avanzado**.

SvO_2 (SvO_2), abreviatura del porcentaje de saturación de la sangre venosa mixta.

sympus (sympus), feto malformado en el cual las extremidades inferiores están totalmente fusionadas o rotadas y la pelvis y los genitales son defectuosos. Algunos tipos de *sympus* son: **sympus apus, sympus dipus** y **sympus monopus**.

syr. (syr.), abreviatura latina de jarabe.

T

T (T), **1.** símbolo de **temperatura**. **2.** abreviatura de **tumor**. V. **estadiaje del cáncer**.
T_1, T_2 (T_1, T_2), v. **tiempo de relajación**.
T_3 (T_3), símbolo de **triyodotironina**.
T_4 (T_4), símbolo de **tiroxina**.
t.d.s. (t.d.s.), del latín *ter die sumendum*, tomarse tres veces al día.
T de cobre (copper T), marca comercial de un dispositivo intrauterino (DIU). Se recomienda sólo para mujeres mayores de 25 años que ya han estado embarazadas, con relación monógama y que no hayan tenido una enfermedad inflamatoria pélvica.
t.i.d. (t.i.d.), (en prescripciones) abreviatura de *ter in die*, expresión latina que significa «tres veces al día».
Ta (Ta), símbolo del **tantalio**.
TA (BP), abreviatura de **tensión arterial**.
tabaco (tobacco), planta cuyas hojas se secan y utilizan para fumar y masticar, y en el rapé.
tabaco sin humo (smokeless tobacco), **1.** tabaco para masticar o polvo de tabaco que permite la absorción de los componentes estimulantes del mismo a través del tubo digestivo o de la mucosa nasal si se inhala. **2.** parche de nicotina transdérmica que se fija a la zona superior del organismo para satisfacer la dependencia del paciente de la nicotina.
tabaquera anatómica (anatomic snuffbox), pequeña depresión en forma de copa situada en el dorso de la mano cerca de la muñeca, que se forma al flexionar la muñeca y abducir el pulgar y que está limitada por los tendones destinados a los dedos pulgar e índice.
tabes (tabes), consunción gradual y progresiva del organismo en cualquier enfermedad crónica.
tabes dorsal (tabes dorsalis), trastorno caracterizado por la degeneración lenta de todo el cuerpo o de parte del mismo y por la pérdida progresiva de los reflejos periféricos. Afecta a los cordones posteriores y a las raíces posteriores de la médula espinal y destruye las grandes articulaciones de los miembros afectados en algunos individuos. Se acompaña con frecuencia de incontinencia e impotencia y de dolores lancinantes en el abdomen y en las extremidades.
tabicado (septate), relativo a una estructura dividida por un tabique o septo.
tabique (septum, *pl.* **septa**), división, como la formada por el tabique interauricular que separa las aurículas cardíacas.
tabla de pies (footboard), cajón o caja abierta colocado a los pies de la cama del paciente y por encima de la cara superior del colchón para evitar que el peso de las sábanas y mantas descanse sobre los pies. Su objetivo es facilitar que el paciente encamado mantenga su postura normal, evitando la caída de los pies.
tabla de tratamiento rotocinético (Rotokinetic treatment table), cama especial equipada con un aparato de giro automático que inmoviliza completamente al paciente al tiempo que le hace girar entre 90 y 270 grados alrededor de un eje horizontal.
tabla periódica (periodic table), disposición sistemática de los elementos químicos, diseñada en 1869 por Dimitri Ivanovich Mendeléeff (químico ruso, 1834-1907). Colocando los elementos en orden según sus pesos atómicos, fue capaz de mostrar relaciones, tales como la valencia, que aparecían a intervalos regulares y fue capaz de predecir las propiedades de elementos aún no descubiertos en el siglo XIX.
tabulación sistemática (systematic tabulation), (en investigación) técnicas mecánicas o manuales para registrar y clasificar datos para el análisis estadístico.
TAC (CAT), abreviatura de **tomografía axial computadorizada**.
tacón (walking heel), talón de plástico o de goma colocado en la suela de un yeso de pierna para permitir la carga de peso.
táctil (tactile), relativo o perteneciente al sentido del tacto.
tacto (touch), **1.** capacidad para sentir los objetos y distinguir sus características; sentido táctil. **2.** capacidad para percibir presión cuando se ejerce sobre la piel o las mucosas del cuerpo. **3.** proceso de palpar o examinar con la mano, como el tacto rectal o vaginal.
TAE (SAD), abreviatura de **trastorno afectivo estacional**.
Taenia (Tenia), género de platelmintos intestinales grandes, parásitos, que tienen un escó-

lex armado y una serie de segmentos encadenados. Las tenias se encuentran entre los parásitos que con más frecuencia infectan al ser humano, y algunos de sus tipos son *Taenia saginata*, la tenia del ganado vacuno, y *Taenia solium*, la tenia del cerdo.

Taenia saginata (Taenia saginata), tenia que habita en los tejidos del ganado vacuno durante su estado larvario e infecta el intestino del ser humano en su forma adulta.

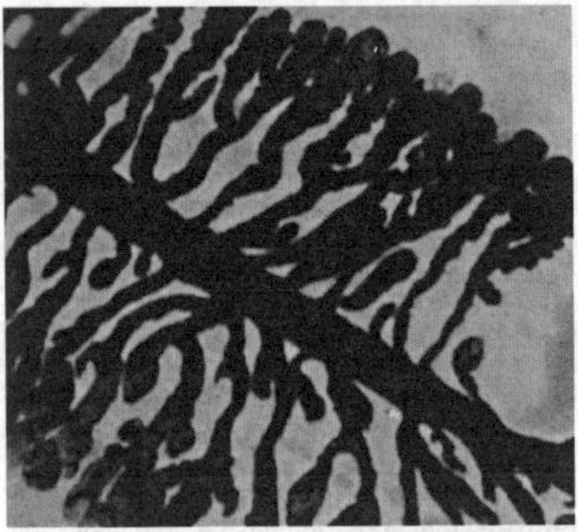

Proglótides grávidas de *Taenia saginata*
(Mims y cols., 1995)

Taenia solium (Taenia solium), especie de cestodo que con mucha frecuencia habita en los tejidos de los cerdos durante su estado larvario e infecta el intestino del ser humano en su forma adulta.

TAG (TAG), contracción de 3,4,6-tri-O-acetil-D-glucal.

tálamo (thalamus, *pl.* **thalami**), órganos ovales grandes, en número par, que forman la mayor parte de las paredes externas del tercer ventrículo del cerebro, así como del diencéfalo. Transmite impulsos sensitivos a la corteza cerebral. Está compuesto fundamentalmente por sustancia gris y traduce los impulsos transmitidos desde los receptores apropiados en sensaciones de dolor, temperatura y tacto. También participa en la asociación de impulsos sensitivos con sentimientos placenteros o desagradables, en los mecanismos del despertar del cuerpo y en mecanismos que producen movimientos reflejos complejos.

talasemia (thalassemia), anemia hemolítica caracterizada por hematíes microcíticos, hipocrómicos y de vida corta, causada por la síntesis de hemoglobina deficiente. Es una enfermedad que se transmite genéticamente y que se manifiesta de dos formas. La **talasemia mayor (anemia de Cooley),** la forma homocigótica, evidente en la infancia, se reconoce por anemia, fiebre, ausencia de crecimiento y esplenomegalia, y se confirma por los cambios característicos de los hematíes detectados en el examen microscópico. El bazo puede estar tan aumentado de tamaño que limita los movimientos respiratorios y comprime los órganos abdominales. A menudo se producen cefalea, dolor abdominal, fatiga y anorexia. La **talasemia menor,** la forma heterocigótica, se caracteriza sólo por anemia leve y cambios mínimos en los hematíes. La talasemia mínima es una forma que carece de síntomas clínicos, aunque los pacientes muestran evidencia hematológica de la enfermedad.

talasemia drepanocítica (sickle cell thalassemia), trastorno sanguíneo heterocigótico, en el cual se heredan a la vez los genes de la drepanocitosis y los de la talasemia. Se puede heredar una forma leve y una forma grave, dependiendo del grado de supresión de la síntesis de cadenas beta por el gen de la talasemia. El curso clínico es relativamente leve. Cuando la síntesis de cadenas beta está totalmente suprimida, como sucede en la forma grave, sólo aparece hemoglobina S en los hematíes, siendo el curso clínico generalmente tan grave como en la anemia drepanocítica homocigótica.

talbutal (talbutal), barbitúrico hipnótico sedante prescrito como hipnótico para el tratamiento del insomnio.

talidomida (thalidomide), sedante hipnótico retirado del uso general por su capacidad teratogénica, especialmente focomelia, cuando se toma durante el embarazo. Algunas veces se prescribe para el tratamiento de la lepra.

talio (Tl) (thallium [Tl]), elemento metálico blanco-cerúleo, blando, que presenta algunas propiedades químicas no metálicas. Su número atómico es 81; su peso atómico es 204,37. Muchos de sus componentes son altamente tóxicos.

talipes (talipes), deformidad del pie, habitualmente congénita, en la que el pie está torcido y relativamente fijo en una posición anormal. El término talipes hace referencia a la deformidad que afecta al pie y al tobillo. Algunos tipos de talipes son: **talipes calcaneovalgo, talipes cavo** y **talipes equinovaro**.

tallador de amalgama (amalgam carver), instrumento dental que se utiliza para modelar las amalgamas plásticas empleadas para rellenar algunas cavidades dentarias.

talón (heel), parte posterior del pie, formada por el hueso tarsal más grande, el calcáneo.

talón de footing (jogger's heel), proceso doloroso, frecuente entre los corredores de footing y de largas distancias. Se caracteriza por equimosis, bursitis, fascitis o espolones calcáneos, debido a los fuertes y repetidos golpes del talón contra el suelo.

talonavicular (talonavicular), perteneciente al astrágalo y a las cuñas del tarso.

tam (map), abreviatura de **tensión arterial media**.

TAM (MAP), abreviatura de **tensión arterial media**.

tam. (mbp.), abreviatura de tensión sanguínea media.

tamoxifeno (tamoxifen), antiestrógeno no esteroideo utilizado para el tratamiento paliativo del cáncer de mama avanzado en las mujeres premenopáusicas y posmenopáusicas cuyos tumores son estrógeno-dependientes.

tampón (buffer), sustancia o grupo de sustancias que tienden a controlar la concentración de hidrogeniones en una solución mediante su absorción cuando se añade una base al sistema y su liberación cuando se añade un ácido. Los tampones reducen al mínimo los cambios significativos de pH en un sistema químico.

tampón (tampon), paquete de algodón, esponja u otro material para controlar hemorragias o absorber secreciones en cavidades o canales o para colocar órganos desplazados en su posición.

tampones sanguíneos (blood buffers), sistema de tampones, compuestos principalmente por dióxido de carbono disuelto e iones bicarbonato, cuya función es mantener el pH apropiado de la sangre.

tanatología (thanatology), estudio de la muerte y del individuo moribundo.

Tánatos (Thanatos), término freudiano para el instinto de muerte.

tangencialidad (tangentiality), expresiones o respuestas caracterizadas por una tendencia a divagar a partir de un tema original de conversación. La tangencialidad puede destruir o alterar seriamente la capacidad de las personas para comunicarse de una forma eficaz.

tanotopsia (thanotopsia), v. **autopsia**.

tanque de Hubbard (Hubbard tank) [Carl P. Hubbard, ingeniero norteamericano, n. 1857], tanque de agua caliente en el que los pacientes realizan ejercicios subacuáticos. El agua ofrece suspensión y calor a los músculos debilitados o dolorosos o a las articulaciones que tienen una amplitud de movimiento activo limitada.

tantalio (Ta) (tantalum [Ta]), elemento metálico plateado. Su número atómico es 73; su peso atómico, 180,95. El tantalio, relativamente inerte desde el punto de vista químico, se utiliza en dispositivos protésicos tales como placas craneales y suturas metálicas.

tapón (plug), masa de células tisulares, moco o demás sustancias que bloquean un orificio o conducto normal de paso del cuerpo, como el tapón cervical.

tapón mucoso (mucous plug), (en obstetricia) depósito de moco grueso en el cuello uterino que se suele expulsar cuando se inicia la dilatación del cuello, inmediatamente antes de que comience el parto o en sus primeras horas.

taponamiento (packing), acto de insertar material en una herida o cavidad.

taponamiento (tamponade), cese del flujo sanguíneo de un órgano o de una parte del cuerpo por presión o compresión de una parte por la acumulación de líquido, como ocurre en el taponamiento cardíaco.

taponamiento cardíaco (cardiac tamponade), compresión cardíaca producida por la acumulación en el saco pericárdico de líquidos o sangre procedente de la ruptura de un vaso sanguíneo del miocardio, como ocurre en una herida penetrante.

taponamiento pericárdico (pericardial tamponade), v. **taponamiento cardíaco**.

tapotement (tapotement), tipo de masaje en el que se percute el cuerpo de forma rítmica con las puntas de los dedos o los lados de las manos, utilizando movimientos cortos, rápidos y repetitivos.

taquicardia (tachycardia), trastorno en el que el miocardio se contrae de forma regular pero a una frecuencia superior a 100 latidos por minuto. La frecuencia cardíaca se acelera normalmente en respuesta a la fiebre, al ejercicio o a la excitación nerviosa. La taquicardia patológica aparece en la anoxia, como en la causada por la anemia, insuficiencia cardíaca congestiva, hemorragia o en el shock. La taquicardia actúa aumentando la cantidad de oxígeno aportada a las células del cuerpo, incrementando la sangre que circula a través de los vasos.

taquicardia auricular (atrial tachycardia), contracción rápida de la aurícula debido a un foco ectópico que puede elevar los latidos hasta más de 200 por minuto. Habitualmente, los ventrículos responden a cada contracción auricular. Cuando un episodio comienza o termina bruscamente recibe el nombre de **taquicardia auricular paroxística (TAP)**, y puede ser influida por impulsos procedentes del nervio vago. Los episodios suelen ceder mediante estimulación del nervio vago.

taquicardia auricular caótica (chaotic atrial tachycardia), forma de taquicardia auricular caracterizada por un trazado electrocardiográfico anormal en el que la onda P, que representa la contracción auricular, es irregular en el tiempo y adopta una forma variable.

taquicardia auricular paroxística (paroxysmal atrial tachycardia), período de latidos cardíacos muy rápidos que comienza repentinamente y que termina también bruscamente.

taquicardia de la unión (junctional tachycardia), ritmo cardíaco automático de más de 100 latidos-minuto, que procede del nódulo de Aschoff-Tawara.

taquicardia ectópica (ectopic tachycardia), latido cardíaco anormalmente rápido debido a estímulos procedentes de un foco ectópico o de un foco fuera del nódulo senoauricular.

taquicardia esencial (essential tachycardia), ritmo cardíaco con una frecuencia elevada a pesar de la ausencia de una causa orgánica de dicha anomalía.

taquicardia fetal (fetal tachycardia), frecuencia cardíaca fetal que supera los 160 latidos por minuto durante más de 10 minutos.

taquicardia idiojuncional (accelerated idiojunctional rhythm), ritmo automático de la unión de frecuencia superior a la frecuencia normal de descarga de la unión, pero inferior a 100 por minuto (60 a 100 por minuto) y sin conducción retrógrada hacia la aurícula.

taquicardia nodal (nodal tachycardia), descarga rápida de impulsos desde un foco ectópico cerca del nódulo auriculoventricular.

taquicardia nodal paroxística (paroxysmal nodal tachycardia), latidos cardíacos rápidos de inicio y terminación súbita debidos a la rápida sucesión de descargas procedentes de un foco ectópico en la región del nódulo auriculoventricular.

taquicardia paroxística supraventricular (paroxysmal supraventricular tachycardia), ritmo ectópico superior a 100 lpm y habitualmente superior a 170 lpm, que comienza bruscamente con un latido prematuro auricular o de la unión y que está apoyado por un mecanismo de reentrada en el nódulo AV o por un mecanismo de reentrada AV en el que participa una vía accesoria.

taquicardia refleja (reflex tachycardia), ritmo sinusal rápido causado por diversos efectos del sistema nervioso autónomo, como los cambios de la tensión arterial, la fiebre o el estrés emocional.

taquicardia sinusal (sinus tachycardia), taquicardia que se genera por la estimulación del marcapasos sinoauricular. Generalmente se sitúa entre 100 y 160 lpm.

taquicardia supraventricular (TSV) (supraventricular tachycardia [SVT]), ritmo cardíaco que supera los 100 latidos por minuto y que se origina por encima de los ventrículos, en el nodo sinoauricular, en la aurícula o el nodo AV.

taquicardia ventricular (ventricular tachycardia), taquicardia de al menos tres complejos ventriculares consecutivos, con una frecuencia de más de 100 latidos por minuto, que generalmente se origina en el sistema ventricular de Purkinje.

taquicardia ventricular paroxística (paroxysmal ventricular tachycardia), latidos cardíacos rápidos de inicio y terminación súbita producidos por una rápida sucesión de descargas desde un foco ectópico localizado en el ventrículo.

taquicinina (tachykinin), v. **sustancia P**.

taquidisritmia (tachydysrhythmia), frecuencia cardíaca anormalmente rápida.

taquifilaxia (tachyphylaxis), **1.** (en farmacología) fenómeno en el que la administración repetida de algunos fármacos produce una disminución marcada de su eficacia. **2.** (en inmunología) desarrollo rápido de inmunidad frente a una toxina como consecuencia de una exposición previa, como la que se produce por la inyección previa de pequeñas cantidades de toxina.

taquipnea (tachypnea), aumento anormal de la frecuencia respiratoria, como la que aparece en la hiperpirexia.

tarsal (tarsal), relativo o perteneciente al tarso.

tarso (tarsus, *pl.* **tarsi**), **1.** región articular situada entre el pie y la pierna. **2.** cada lámina de cartílago de aproximadamente 2,5 cm de longitud que forman los párpados. Cada párpado está formado por una lámina tarsal. Las láminas tarsales superiores forman los párpados superiores y las láminas tarsales inferiores forman los párpados inferiores.

tarsometatarsiano (tarsometatarsal), relativo o perteneciente a los huesos metatarsianos y tarsianos del pie.

tart (tart), abreviatura del anión tartrato carboxilado.

tartamudeo (stuttering), disfunción del lenguaje caracterizada por enunciacion espasmódica de las palabras, con vacilaciones exageradas, tropiezos, repetición de las mismas sílabas y prolongación de los sonidos. Este trastorno se puede deber a una enfermedad cerebelosa, un defecto neuromuscular o una lesión de los órganos de la articulación, aunque en la mayor parte de los casos la causa es emocional o psicológica.

tártaro (tartar), cualquiera de los diferentes compuestos que contienen tartrato, la sal del ácido tartárico.

tartrato de butorfanol (butorphanol tartrate), narcótico parenteral de la familia de los fenantrenos, que se administra en la premedicación quirúrgica y como componente analgésico de la anestesia equilibrada. Proporciona alivio casi inmediato del dolor si se administra por vía intravenosa y comienza a tener efecto a los 10 minutos si se hace por vía intramuscular.

tartrato de ergotamina (ergotamine tartrate), vasoconstrictor y oxitóccico prescrito para el tratamiento de la migraña y de la atonía uterina posparto.

tartrato de fendimetracina (phendimetrazine tartrate), amina simpaticomimética utilizada como agente anoréxico para reducir el apetito en el tratamiento de los tipos exógenos de obesidad.

tartrato de levorfanol (levorphanol tartrate), analgésico narcótico prescrito para el dolor y la analgesia preoperatoria.

tartrato de metoprolol (metoprolol tartrate), betabloqueante prescrito para el tratamiento de la hipertensión.

tartrato de trimeprazina (trimeprazine tartrate), antipruriginoso prescrito para el tratamiento del prurito y de las reacciones de hipersensibilidad de la piel.

tasa (rate), relación numérica, con frecuencia utilizada en la recopilación de datos relacionados con la prevalencia e incidencia de acontecimientos, en la que la cantidad de sucesos realmente ocurridos constituye el numerador y el número de sucesos posibles, el denominador. Las tasas se expresan en unidades convencionales de población, como la mortalidad neonatal por 1.000 o la mortalidad materna por 100.000.

tasa bruta de natalidad (crude birth rate), número de nacimientos en una población por cada 1.000 personas durante 1 año.

tasa de embarazos (pregnancy rate), (en estadística) número de embarazos por 100 años-mujer, calculada como el producto del número de embarazos de las mujeres, multiplicado por 1.200 (meses) y dividido por el producto de multiplicar el número de mujeres observado por el número de meses observados. Por ejemplo, si 50 mujeres utilizaron un método anticonceptivo durante 12 meses y 5 quedaron embarazadas, la tasa de embarazo sería de 10 por 100 mujeres-años.

tasa de falsos negativos (false-negative rate), tasa de incidencia de resultados negativos para una prueba en sujetos que sí padecen la enfermedad o la conducta que se analiza.

tasa de falsos positivos (false-positive rate), tasa de incidencia de resultados positivos para una prueba en sujetos que se sabe que no padecen la enfermedad o el trastorno que se analiza.

tasa de fertilidad (fertility rate), número de nacimientos por 1.000 mujeres de edades comprendidas entre 15 y 44 años.

tasa de filtración glomerular (TFG) (glomerular filtration rate [GFR]), prueba de la función renal en la que el resultado se puede determinar por la cantidad de ultrafiltrado generado por el flujo del plasma que se filtra a través de los glomérulos renales. Se puede calcular a partir de los aclaramientos de insulina y creatinina, creatinina sérica y nitrógeno ureico en sangre (BUN). Los valores normales medios se sitúan en torno a los 170 l/día para los hombres y 150 l/día para las mujeres, con variaciones debidas a las diferencias de edad, masa muscular y otros factores.

tasa de morbididad (morbidity rate), número de casos de una enfermedad particular ocurridos en un año por una unidad específica de población, como x casos por 1.000. También se puede calcular en función de los grupos de edad, sexo, ocupación u otras unidades de población.

tasa de mortalidad (death rate), número de muertes que se producen en una determinada población en un determinado período de tiempo, normalmente expresada en términos de muertes por 1.000 personas y año.

tasa de mortalidad ajustada (adjusted death rate), v. **tasa de mortalidad estandarizada**.

tasa de mortalidad estandarizada (standardized death rate), número de muertes por cada 1.000 habitantes de una población especificada durante 1 año. Esta tasa se ajusta para evitar la distorsión producida por la composición de la población por edades.

tasa de nacimientos ajustada (refined birth rate), relación entre los nacimientos totales y el total de la población femenina, considerada durante un período de 1 año.

tasa real de nacimientos (true birth rate), porcentaje de nacimientos totales en relación a la población femenina total en edad de concepción, entre 15 y 45 años de edad.

tasas específicas (specific rates), tasas estadísticas en las cuales los acontecimientos, tanto del numerador como del denominador, están limitados a un subgrupo específico de población.

tatuaje (tattoo), coloración permanente de la piel realizada mediante la introducción de un pigmento extraño. Se puede producir un tatuaje accidental cuando se clava en la piel un trozo de grafito de una punta rota de un lápiz.

tatuaje de amalgama (amalgam tattoo), coloración de la encía o de la mucosa bucal producida por partículas del material de relleno de la amalgama de plata que quedan incrustadas bajo la superficie.

tau (tau), decimonovena letra del alfabeto griego.

tautómero (tautomer), isómeros estructurales que difieren sólo en la posición de un átomo de hidrógeno, o protón. Puesto que los tautómeros se pueden transformar rápidamente en soluciones acuosas mediante la transferencia de protones, suelen estar en equilibrio entre sí. Los isómeros cetónico y enólico son ejemplos frecuentes de tautómeros.

taxol (taxol), fármaco antineoplásico derivado de la corteza del tejo, un árbol oriundo del Pacífico de crecimiento lento. Se utiliza para el tratamiento del cáncer ovárico.

taxonomía (taxonomy), sistema de clasificación de organismos basado en las relaciones naturales y en la asignación de un nombre apropiado a cada uno.

Taylor, Effie J. (Taylor, Effie J.) [1874-1970], enfermera norteamericana nacida en Canadá que se graduó en la *Johns Hopkins School of Nursing*. Ocupó el cargo de presidenta del Consejo Internacional de Enfermería durante la Segunda Guerra Mundial.

taza de talón (heel cup), dispositivo plástico diseñado para ayudar a aliviar el dolor de un espolón o una contusión del talón mediante la presión sobre la almohadilla grasa del talón situada bajo el calcáneo para aumentar el efecto amortiguador.

Tb (Tb), símbolo del **terbio**.

TB (TB), abreviatura de **tuberculosis**.

TBP (TBP), abreviatura de **bitionol**.

TBZ (TBZ), abreviatura de tetrabenazina, un adyuvante anestésico.

Tc (Tc), símbolo del **tecnecio**.

TC de cuarta generación (fourth-generation scanner), máquina de tomografía computadorizada en la que la fuente de rayos X gira, pero no el dispositivo detector.

tcm. (mbt.), abreviatura de temperatura corporal media.

Td (Td), abreviatura de **toxoides tetánico y diftérico**.

Te (Te), símbolo del **telurio**.

tebutato (tebutate), abreviatura de **acetato de butilo terciario**.

TEC (ECT), abreviatura de **tratamiento electroconvulsivo**.

teca (theca, *pl.* **thecae**), vaina o cápsula, tal como la teca cordis o pericardio.

tecnecio (Tc) (technetium [Tc]), elemento metálico radiactivo. Su número atómico es 43; su peso atómico, 99. En los procedimientos de barrido radioisotópico de órganos internos se utilizan isótopos de tecnecio. Antiguamente se denominaba **maserio**.

tecnecio 99 (technetium 99), radionucleótido utilizado con más frecuencia para detectar imágenes del cuerpo en los registros de medicina nuclear. Se prefiere por su vida media corta y porque los fotones que emite poseen una energía apropiada para las técnicas normales de imagen.

técnica (technique, technic), método y detalles que se siguen en la realización de un procedimiento, tales como los empleados en la realización de una prueba de laboratorio, en una exploración física, en una entrevista psiquiátrica, en una operación quirúrgica o en cualquier proceso que requiera ciertas habilidades o una secuencia ordenada de acciones.

técnica aséptica (aseptic technique), procedimiento de asistencia sanitaria en el que se aplican unos cuidados excepcionales, con objeto de evitar que las personas, objetos o áreas determinadas se contaminen por microorganismos.

técnica de Alexander (Alexander technique), terapia de salud mental dirigida al cuerpo, introducida por Frederick Alexander. Se centra en las variaciones individuales de la musculatura corporal, de la postura y de la respiración, así como en la corrección de los defectos correspondientes.

técnica de DeLorme (DeLorme technique), método de ejercicio físico con pesas en el que se repiten series de movimientos repetitivos, con descansos entre las sesiones. Esta técnica implica el uso de pesas más pesadas, pero menos repeticiones en sesiones sucesivas.

técnica de infusión intravenosa (intravenous infusion technique), cálculos realizados para determinar la velocidad a la que debe perfundirse el líquido intravenoso en un determinado paciente, la adecuada perforación del contenedor y la preparación del tubo de conexión antes de realizar la venopunción y administrar el líquido.

técnica de inyección (injection technique), v. **inyección intradérmica, inyección intramuscular, inyección intratecal, inyección intravenosa, inyección subcutánea** y otras técnicas específicas de inyección.

técnica de las manchas de tinta de Holtzman (Holtzman inkblot technique), modificación del test de Rorschach en la que se utilizan muchos más dibujos de manchas de tinta, al sujeto se le permite sólo una respuesta para cada diseño y la puntuación es predominantemente más objetiva que subjetiva.

técnica de Neviaser (Neviaser procedure), transferencia quirúrgica de un ligamento coracoacromial a la clavícula para la separación acromioclavicular.

técnica de Nirschl (Nirschl procedure), técnica quirúrgica de la epicondilitis crónica. En ella se lleva a cabo la escisión de un segmento de tendón hipercapsular del músculo segundo radial externo y la decorticación de la porción condilar anteroexterna.

técnica de Ober (Ober procedure), método para el tratamiento del pie zambo paralizado mediante la inserción del tendón del tibial posterior en la cuña interna o en el tercer metatarsiano.

técnica de Ober y Barr (Ober and Barr procedure), tratamiento quirúrgico de la paresia del músculo bíceps mediante la inserción del supinador largo.

técnica de Osborne y Cotterill (Osborne and Cotterill procedure), técnica quirúrgica para la corrección de la luxación crónica del codo mediante el uso de un manguito capsular que se pliega o superpone a los tejidos blandos, suturándolo para reforzar la estructura.

técnica del colgajo pediculado (pedicle flap operation), intervención quirúrgica mucogingival para reponer o deslizar el tejido gingival desde la zona donante a un defecto aislado, habitualmente una superficie dental desprovista de la encía adyacente.

técnicas depilatorias (depilatory techniques), métodos de eliminación del vello corporal no deseado, ya sea por arrancamiento, mediante la aplicación externa de productos químicos, electrólisis o aplicación de ceras derretidas.

tecoma (thecoma), v. **tumor de células de la teca**.

tegumento (integument), cubierta o piel.

TEIB (TEIB), abreviatura de trietileno-inmunobenzoquinona.

tejido (tissue), conjunto de células similares que actúan conjuntamente en la realización de una determinada función.

tejido adenoide (adenoid tissue), tejido linfoide que forma las amígdalas faríngeas.

tejido adiposo (adipose tissue), tejido formado por células grasas.

tejido adiposo subcutáneo (subcutaneous adippose tissue), depósito graso situado bajo la piel.

tejido areolar (areolar tissue), tipo de tejido conectivo con escasa capacidad de distensión, constituido por fibras débilmente entrelazadas y areolas.

tejido conectivo (connective tissue), tejido de sostén y unión de otros tejidos y partes del cuerpo. Deriva del mesodermo embrionario y es denso, contiene un gran número de células y grandes cantidades de sustancia intercelular. La sustancia intercelular está compuesta por fibras inmersas en una matriz o sustancia de sostén que puede ser líquida, gelatinosa o sólida, como en el hueso y el cartílago. Algunos tipos de tejido conectivo son el hueso, el cartílago y el tejido conjuntivo fibroso.

tejido de granulación (granulation tissue), proyecciones carnosas, rosadas, blandas, que se forman durante el proceso de cicatrización de una herida que no cicatriza por primera intención, constituido por numerosos capilares rodeados de colágeno fibroso.

tejido elástico (elastic tissue), tipo de tejido conectivo que contiene fibras elásticas. Se encuentra en los ligamentos de la columna vertebral y en las paredes de algunos grandes vasos sanguíneos.

tejido embrionario (embryonic tissue), masa gelatinosa aislada de células de tejido conectivo. La matriz gelatinosa se debe a la presencia de mucopolisacáridos.

tejido epitelial (epithelial tissue), capa única o estratificada de células que se disponen muy juntas y empaquetadas que cubren el cuerpo y tapizan sus cavidades, con excepción de los vasos sanguíneos y linfáticos.

tejido fibroareolar (fibroareolar tissue), v. **tejido areolar**.

tejido fibroelástico (fibroelastic tissue), v. **tejido fibroso**.

tejido fibroso (fibrous tissue), tejido conectivo fibroso del organismo, compuesto por fibras elásticas muy reticuladas y areolas llenas de líquido.

tejido fibroso denso (dense fibrous tissue), tejido conectivo fibroso que se compone de unos haces compactos, fuertes, no elásticos, de fibras colágenas paralelas de color blanco intenso.

tejido fibroso laxo (loose fibrous tissue), tejido conectivo fibroso flexible, constrictivo, formado por fibras elásticas y de colágeno entrelazadas con zonas llenas de líquido.

tejido glandular (glandular tissue), grupo de células epiteliales secretoras que constituyen un órgano glandular concreto, tal como el tiroides.

tejido graso (fatty tissue), tejido conectivo laxo con muchas células que contienen gotículas de grasa.

tejido intersticial (interstitial tissue), tejido conectivo y de sostén situado en el interior y alrededor de los principales elementos funcionales de un órgano.

tejido linfoide (lymphoid tissue), tejido que contiene linfocitos en una malla de células reticulares y fibras, como las amígdalas y las adenoides.

tejido óseo (bone tissue), clase de tejido conjuntivo duro formado por osteocitos y una sustancia intercelular colágeno calcificada y dispuesta en finas placas.

telangiectasia (telangiectasia), dilatación permanente de grupos de capilares y vénulas superficiales. Algunas causas frecuentes son la lesión actínica, las dermatosis que producen atrofia, la rosácea, los niveles elevados de estrógenos y las enfermedades vasculares del colágeno.

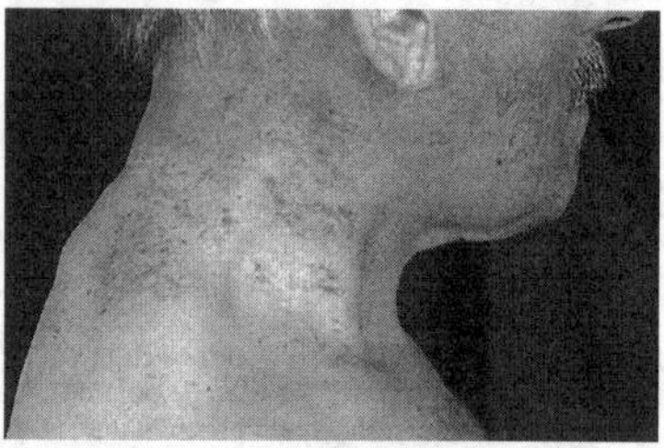

Telangiectasias
(S. Sherlock/J. A. Summerfield, 2.ª ed., 1992)

telarquía (thelarche), comienzo del desarrollo puberal de la mama femenina que tiene lugar normalmente antes de la pubertad, al comienzo de la fase de crecimiento rápido, entre los 9 y 13 años de edad. La **telarquía prematura** es el desarrollo precoz de la mama en una mujer sin otra evidencia de maduración sexual.

telecinesia (telekinesis), concepto de parapsicología según el cual uno puede controlar los acontecimientos externos, como el movimiento de un objeto sólido, mediante el poder de la mente. Por ejemplo, los que practican la telecinesia, creen que es posible, sólo con el pensamiento, influir en la posición de los dados al caer.

telediagnóstico (telediagnosis), proceso mediante el que se realiza un diagnóstico o un pronóstico de una enfermedad, mediante la transmisión electrónica de datos entre instituciones médicas distantes.

telemetría (telemetry), transmisión electrónica de datos entre puntos distantes.

telencéfalo (telencephalon), pareja de vesículas cerebrales o cerebro terminal a partir del cual derivan los hemisferios cerebrales.

telépata (telepathist), **1.** persona que cree en la telepatía. **2.** persona que afirma tener poderes telepáticos.

telepatía (telepathy), supuesta comunicación de pensamiento entre dos personas por medios diferentes a los sentidos físicos.

telerreceptivo (telereceptive), perteneciente a los exteroceptores del oído, vista y olfato que detectan estímulos distantes al cuerpo.

teleterapia (teletherapy), radioterapia administrada mediante una máquina que se coloca a una cierta distancia del paciente.

telocéntrico (telocentric), relativo a un cromosoma en el que el centrómero se localiza en un extremo, de forma que las cromátides aparecen como filamentos rectos.

telofase (telophase), última de las cuatro fases de la división nuclear en la mitosis y de cada una de las dos divisiones de la meiosis.

telógeno (telogen), v. **pelo**.

telurio (Te) (tellurium [Te]), elemento que posee propiedades químicas metálicas y no metálicas. Su número atómico es 52; su peso atómico es 127,60.

temazepam (temazepam), agente hipnótico prescrito para aliviar el insomnio transitorio e intermitente.

temblor (tremor), movimientos de estremecimiento rítmico, no intencionados, producidos por la contracción y relajación alternativa involuntaria de grupos opuestos de músculos esqueléticos, que aparecen en algunos individuos ancianos, en ciertas familias y en pacientes con ciertos trastornos neurodegenerativos. El **temblor continuo** y el **temblor intencional** son dos tipos de temblores.

temblor aleteante (flapping tremor), v. **asterixis**.

temblor cerebeloso (cerebellar tremor), temblor intencional, o que aparece durante los movimientos voluntarios, debido a lesiones cerebelosas.

temblor continuo (continuous tremor), movimientos involuntarios finos y rítmicos que persisten durante el reposo pero que a veces desaparecen brevemente durante los movimientos voluntarios.

temblor de acción (action tremor), temblor que se produce o se manifiesta durante los movimientos voluntarios.

temblor de reposo (resting tremor), v. **temblor pasivo**.

temblor esencial (essential tremor), movimiento de agitación involuntario y fino de manos, cabeza y cara, especialmente durante los movimientos habituales del organismo. Se cree que el sistema nervioso central está implicado en su génesis. El temblor esencial se agrava con la actividad y con la emoción.

temblor familiar (familial tremor), v. **temblor esencial**.

temblor fino (fine tremor), temblor que aparece tras un movimiento voluntario o que se desarrolla como consecuencia de la fatiga del grupo muscular correspondiente.

temblor fisiológico (physiologic tremor), todo temblor producido por factores fisiológicos como la fatiga, el miedo o el frío.

temblor hepático (liver flap), v. **asterixis**.

temblor histérico (hysterical tremor), **1.** temblor fino en una extremidad, o generalizado, que puede ser una expresión de miedo, ansiedad o histeria. **2.** temblor irregular grosero que aumenta con los movimientos voluntarios. **3.** temblor transitorio provocado por la exposición a fármacos o sustancias tóxicas más que por un trastorno orgánico.

temblor intencional (intentional tremor), movimientos finos, rítmicos, involuntarios, que tienden a aumentar durante los movimientos voluntarios.

temblor intermitente (intermittent tremor), sacudida involuntaria rítmica que se produce de forma intermitente, o temblor que tiene lugar después de intentar un movimiento voluntario.

temblor muscular (muscular tremor), contracciones involuntarias irregulares mínimas de los fasciculos musculares individuales. Si el temblor es leve y ocasional, la causa puede ser psicológica. El temblor muscular diseminado, persistente o recurrente suele reflejar un trastorno de la motoneurona.

temblor parkinsoniano (parkinsonian tremor), temblor suave de reposo con oscilaciones lentas, regulares, de tres a seis por segundo, que se exacerba con la fatiga, el frío o las emociones. Los temblores generalmente, pero no siempre, cesan durante los movimientos voluntarios de la parte afectada y durante el sueño.

temblor pasivo (passive tremor), temblor involuntario que aparece cuando la persona está en reposo; es uno de los signos de la enfermedad de Parkinson.

temblor senil (senile tremor), temblor asociado al envejecimiento.

temblor tosco (coarse tremor), temblor en el cual los movimientos son relativamente lentos, con posible participación de grandes grupos musculares.

temblor volicional (volitional tremor), temblor que aparece durante los movimientos voluntarios, a veces diseminado por todo el organismo. Puede aparecer en la esclerosis múltiple y en diversos trastornos cerebrales.

tembloroso (tremulous), perteneciente a los temblores o a las contracciones musculares involuntarias.

temperamento (temperament), características de una persona que reflejan su personalidad, cómo siente, cómo piensa.

temperatura (temperature), **1.** medida relativa de calor o frío. **2.** (en fisiología) medida del calor asociado al metabolismo del cuerpo humano, mantenido normalmente a un nivel constante de 37 ºC.

temperatura basal (basal temperature), v. **temperatura corporal basal**.

temperatura central (core temperature), temperatura de las estructuras profundas del cuerpo, como el hígado, en comparación con los tejidos periféricos.

temperatura corporal (body temperature), nivel de calor producido por los procesos corporales. Las variaciones y cambios en la temperatura corporal son los principales indicadores de enfermedad y otras anomalías. El calor se genera en el cuerpo a través del metabolismo de los alimentos y se pierde a través de la superficie corporal por radiación, convección y evaporación del sudor. La producción y pérdida de calor se regula y controla en el hipotálamo y en el tronco del encéfalo. Las enfermedades del hipotálamo y las alteraciones de los otros centros reguladores pueden producir temperaturas corporales anormalmente bajas. La temperatura corporal normal, cuando se mide en la cavidad oral, es de 37 ºC. Las temperaturas orales, que varían entre 35,8 ºC y 37,22 ºC, son compatibles con un buen estado de salud, dependiendo de la actividad física de la persona, la temperatura ambiente y la temperatura corporal normal para esa persona particular. La temperatura axilar es habitualmente 0,5 ºC inferior a la temperatura oral. Las temperaturas rectales pueden ser de 0,28 ºC a 0,5 ºC superiores a las lecturas orales. La temperatura corporal puede variar de 0,5 ºC a 1 ºC a lo largo del día, con mínimos registrados a primera hora de la mañana y picos entre las 6 PM y las 10 PM.

temperatura corporal basal (basal body temperature), temperatura del cuerpo tomada por la mañana, en la boca o en el recto, después de al menos 8 horas de sueño y antes de realizar cualquier actividad, incluido levantarse de la cama, caminar, hablar, comer o beber.

temperatura terapéutica (therapeutic temperature), en el tratamiento de la hipertermia, temperaturas comprendidas entre 42 ºC y 45 ºC.

temperatura timpánica (tympanic temperature), temperatura corporal medida electrónicamente en la membrana timpánica.

temporal (temporal), **1.** relativo a un tiempo limitado. **2.** perteneciente al hueso temporal del cráneo.

temporomandibular (temporomandibular), perteneciente a la articulación entre el hueso temporal y el cóndilo mandibular.

tenacidad (tenacity), capacidad de persistencia o para permanecer unido.

tenáculo (tenaculum, *pl.* **tenacula**), grapa o pinza con mangos largos utilizada para asir, inmovilizar y sostener un órgano o un fragmento de tejido. Algunos tipos de tenáculos son el **tenáculo abdominal**, que tiene brazos largos y ganchos pequeños; las **pinzas de tenáculo**, que tienen ganchos largos y se utilizan en cirugía ginecológica; el **tenáculo uterino** o **cervical**, que tiene ganchos cortos o abiertos, con pinzas en forma de ojo utilizadas para sujetar el cuello uterino.

tenar (thenar), **1.** base del dedo pulgar. **2.** relativo o perteneciente al lado pulgar de la palma de la mano.

tenazas de Crutchfield (Crutchfield tongs) [W. Gayle Crutchfield, cirujano norteamericano, n. 1900], instrumento que se coloca dentro del cráneo para hiperextender la cabeza y el cuello de pacientes con fractura de las vértebras cervicales. Las tenazas se colocan dentro de unos pequeños orificios perforados en cada región parietal del cráneo; la piel que los rodea se sutura y se cubre con un vendaje de algodón. Se suspende un peso de una cuerda que se extiende desde el centro de las tenazas sobre una polea fijada a la cabecera de la cama.

tenazas de Gardner-Wells (Gardner-Wells tongs), abrazaderas que se fijan al cráneo de los pacientes con lesiones cervicales.

tendencia (set), predisposición a comportarse de una manera determinada.

tendinitis (tendinitis, tendonitis), trastorno inflamatorio de un tendón, producido generalmente por un esguince.

tendo calcaneus (calcaneal tendon), v. **tendón de Aquiles**.

tendón (tendon, sinew), cada una de las numerosas bandas de tejido blanco brillante fibroso que unen el músculo al hueso. Los tendones están envueltos en una vaina de tejido conectivo fibroelástico delicado, excepto en los puntos de inserción. Son extremadamente fuertes y flexibles, inelásticos y existen de diferentes longitudes y grosores.

tendón calcáneo (tendo calcaneus), v. **tendón de Aquiles**.

tendón central del diafragma o centro frénico (central tendon of diaphragm), extensa capa de tejido conjuntivo que forma parte del diafragma. Está compuesto por fibras entrelazadas procedentes de la columna vertebral, de los márgenes costales y del apéndice xifoides del esternón.

tendón de Aquiles (Achilles tendon), tendón correspondiente a los músculos sóleo y gastrocnemio. Es el tendón más grueso y más fuerte del cuerpo, y comienza aproximadamente en la mitad de la región posterior de la pierna.

tendón poplíteo (hamstring tendon), uno de los tres tendones de los músculos posteriores del muslo.

tendosinovitis (tendosynovitis), v. **tenosinovitis**.

tenesmo (tenesmus), espasmo persistente e ineficaz del recto o de la vejiga, acompañado de deseo de defecar u orinar.

tenia del cerdo (pork tapeworm), v. ***Taenia solium***.

tenia del ganado vacuno (beef tapeworm), v. ***Taenia saginata***.

teniasis (taeniasis), infección por un cestodo del género *Taenia*.

tenofibrilla (tenofibril), v. **tonofibrilla**.

tenosinovitis (tenosynovitis), inflamación de la vaina de un tendón provocada por la existencia de depósitos de calcio, distensiones o traumatismos repetidas, concentraciones elevadas de colesterol plasmático, artritis reumatoide, gota o gonorrea.

tenotomía (tenotomy), sección total o parcial de un tendón, realizada para corregir un desequilibrio muscular, como en la corrección del estrabismo ocular o en los pies zambos.

tensioactivo, surfactante (surfactant), **1.** agente, como un jabón o un detergente, que se disuelve en agua para reducir su tensión superficial o la tensión en la interfase entre el agua y otro líquido. **2.** ciertas lipoproteínas que reducen la tensión superficial de los líquidos pulmonares, permitiendo el intercambio de gases en los alveolos y contribuyendo a la elasticidad del tejido pulmonar.

tensiómetro (tensiometer), aparato que se usa para medir la tensión de la superficie de un líquido.

tensión (tension), **1.** situación de estar tirante, tenso o sometido a presión. **2.** estado o trastorno que resulta de la reacción psicológica y fisiológica a una situación estresante, caracterizado físicamente por un incremento general del tono muscular, de la frecuencia cardíaca, de la frecuencia respiratoria y del estado de alerta, y psicológicamente por sentimientos de intranquilidad, irritabilidad y ansiedad.

tensión arterial (arterial tension), presión sobre las paredes arteriales provocada por la fuerza de la sangre al ser expulsada hacia la circulación general por la contracción del ventrículo izquierdo del corazón.

tensión arterial media (TAM) (mean arterial pressure [MAP]), media aritmética de la presión sanguínea en la zona arterial de la circulación.

tensión de dióxido de carbono (carbon dioxide tension), presión parcial del gas dióxido de carbono, expresada como PCO_2, que es proporcional a su proporción en la sangre y en los pulmones. Una frecuencia ventilatoria elevada genera una PCO_2 alveolar baja; un descenso de la frecuencia ventilatoria proporciona cantidades alveolares y sanguíneas más elevadas de dióxido de carbono.

tensión de oxígeno (oxygen tension), fuerza con la que las moléculas de oxígeno que están disueltas físicamente en la sangre intentan escapar constantemente, expresada como la presión parcial de oxígeno (PO_2). La tensión en cualquier instante está relacionada con la cantidad de oxígeno disuelta físicamente en el plasma; la cantidad mayor transportada ligada a la hemoglobina actúa como un reservorio que libera moléculas de oxígeno a la solución física cuando disminuye la tensión y como un almacén de moléculas adicionales del gas cuando aumenta la tensión.

tensión de un rol (role strain), estrés asociado a las posiciones o roles esperados, experimentado como frustración. La **ambigüedad de roles** se produce cuando el conjunto de especificaciones compartidas para un rol esperado son incompletas o insuficientes para comunicar al individuo afectado lo que se desea de él y en qué forma hacerlo. La **incongruencia de roles** se produce cuando un individuo realiza una transformación del rol que requiere una modificación importante en sus actitudes y valores. La **sobrecualificación del rol** se produce cuando el desempeño de un rol no requiere la utilización completa de todos los recursos de una persona.

tensión emocional (strain), estado de ánimo que refleja presión mental o fatiga.

tensión en el papel de cuidador (caregiver role strain), diagnóstico de enfermería aprobado por la NANDA de un estado en el cual el personal asistencial percibe dificultades en el desempeño del papel asistencial familiar. Las características que lo definen son: informe del personal asistencial sobre la dificultad para prestar actividades asistenciales específicas, insuficiencia de recursos para prestar la atención necesaria, preocupación por el receptor de la atención, sentimiento de que la prestación asistencial interfiere con el desempeño de papeles importantes en la vida del personal asistencial, sentimiento de pérdida, conflicto familiar, estrés y depresión.

tensión premenstrual (TPM) (premenstrual tension [PMT]), síndrome de tensión nerviosa, irritabilidad, aumento de peso, edema, cefaleas, mastalgia, disforia y falta de coordinación que tiene lugar durante los últimos días del ciclo menstrual, antes de la aparición de la menstruación.

tensión superficial (surface tension), tendencia de la superficie de un líquido a reducir al mínimo su área contrayéndose. Esta propiedad hace que los líquidos se eleven en el tubo capilar, afecta al intercambio de gases en los alveolos pulmonares y altera la capacidad de varios líquidos para humedecer otras superficies.

tensor (tensor), cualquiera de los músculos corporales que tensan estructuras, tales como el tensor de la fascia lata del muslo.

tensor de la fascia lata (tensor fasciae latae), uno de los diez músculos de la región glútea. Actúa flexionando el muslo y produciendo una ligera rotación interna.

teñir (stain), aplicar pigmentos a una sustancia o tejido para estudiarla al microscopio.

teobromina (theobromine), sustancia (metilxantina) relacionada químicamente con la cafeína y con la teofilina y que difiere de ellas por el número y distribución de los grupos metilo. La teobromina está presente de forma natural en el cacao y en el té. Actúa como diurético, vasodilatador, estimulante cardíaco y relajante del músculo liso.

teofilina (theophylline), broncodilatador prescrito para relajar el músculo liso de los conductos bronquiales en el tratamiento del broncospasmo del asma bronquial, en la bronquitis y en el enfisema.

teorema (theorem), **1.** proposición que se prueba mediante una cadena de razonamientos y análisis. **2.** regla expresada por símbolos o fórmulas.

teoría (theory), enunciado abstracto formulado para predecir, explicar o describir las relaciones entre conceptos, construcciones o acontecimientos.

teoría atómica (atomic theory), concepto de que toda la materia está formada por átomos submicroscópicos y éstos, a su vez, por protones, electrones y neutrones. Un elemento químico es identificado por el número de protones presente en sus átomos.

teoría celular (cell theory), teoría que defiende que las células son la unidad básica de toda sustancia viva y que la función celular es el proceso esencial de la vida.

teoría cuántica (quantum theory), (en física) teoría que trata de la interacción de la materia y de la radiación electromagnética, especialmente a niveles atómico y subatómico, según la cual la radiación está constituida por pequeñas unidades de energía denominadas cuantos.

teoría darwiniana (darwinian theory) [Charles R. Darwin, naturalista inglés, n. 1809], teoría postulada por Charles Darwin, según la cual la evolución orgánica es el resultado de un proceso de selección natural de las variedades de animales y plantas mejor capacitadas para sobrevivir en las condiciones que les rodean.

teoría de Delecato-Doman (Delecato-Doman theory), concepto terapéutico basado en que la organización neurológica completa de un niño incapacitado o retardado mentalmente requiere que el niño siga patrones de desarrollo que cubren cada vez niveles anatómicos más elevados de su sistema nervioso.

teoría de enfermería (nursing theory), marco organizativo de conceptos y fines diseñado para guiar la práctica de la enfermería.

teoría de la actividad (activity theory), concepto propuesto por Robert J. Havighurst, gerontólogo americano, según el cual la actividad fomenta un estado de bienestar y de satisfacción a medida que se va envejeciendo.

teoría de la adaptación al estrés (stress-adaptation theory), concepto de que el estrés agota la capacidad de reserva de los individuos, aumentando así su vulnerabilidad ante los problemas de salud.

teoría de la comunicación (communication theory), teoría que describe un modelo de sistema de comunicación constituido por una fuente de información (el emisor), un transmisor, un canal de comunicación, una fuente de ruidos (interferencia), un receptor y un objetivo para establecer la transmisión del mensaje.

teoría de la continuidad (continuity theory), concepto de que la personalidad del individuo no varía con la edad, por lo que su conducta se puede predecir de una forma más exacta.

teoría de la crisis (crisis theory), sistema conceptual que define y explica el fenómeno que se produce cuando un sujeto se enfrenta a un problema que no parece tener solución.

teoría de la desconexión (disengagement theory), concepto psicosocial según el cual los individuos y sociedades se desligan de los otros con el envejecimiento.

teoría de la inactivación del X (X-inactivation theory), v. **hipótesis de Lyon**.

teoría de la interacción (interactionist theory), teoría del envejecimiento que contempla los cambios relacionados con la edad como resultado de la interacción entre las características individuales de la persona, las circunstancias sociales y la historia de la interacción de los patrones sociales del individuo.

teoría de la práctica (practice theory), (en investigación de enfermería) teoría que describe, explica y prescribe el ejercicio de la enfermería en general. Constituye la base de los aspectos específicos del contenido de la formación en enfermería así como para el desarrollo de teorías de la administración de la enfermería y de la formación en enfermería.

teoría de la recapitulación (recapitulation theory), teoría, formulada por el naturalista alemán Ernst Heinrich Haeckel, que considera que durante el desarrollo embrionario un organismo atraviesa fases que recuerdan la estructura de varios tipos ancestrales de la especie en su evolución desde una forma de vida inferior a otra superior. Esto se resume en la afirmación: «La ontogenia recapitula la filogenia».

teoría de las compuertas del dolor (gate theory of pain), v. **mecanismo del dolor**.

teoría de los antígenos secuestrados (sequestered antigens theory), teoría autoinmunitaria, en la que se resalta la relación entre la exposición al antígeno, las células inmunógenas y las células corporales, manteniendo que la tolerancia inmunológica depende de un cierto grado de contacto entre las células inmunológicas y las células corporales y de un cierto grado de exposición al antígeno.

teoría de los cuidados personales (self-care theory), modelo utilizado para proporcionar un esquema conceptual de los cuidados de enfermería dirigidos a obtener el mayor grado posible de cuidados personales por parte del paciente. El modelo requiere una valoración de la capacidad del paciente para realizar por sí mismo los cuidados personales y de la necesidad de cuidados de enfermería.

teoría de los receptores en la acción farmacológica (receptor theory of drug action), concepto por el que determinados fármacos producen sus efectos actuando específicamente sobre determinadas regiones receptoras de una célula o sobre una molécula situada en la célula o en su membrana.

teoría de Metchnikoff (Metchnikoff's theory) [Elie Metchnikoff, biólogo ruso-francés, n. 1845], teoría que considera que las células vivas ingieren microorganismos, como se aprecia en el proceso de fagocitosis y en el de ingestión de microbios nocivos por los leucocitos.

teoría de situación (situational theory), teoría de mando en la cual el director elige un estilo de mando para hacer frente a una determinada situación.

teoría del anticuerpo específico (antibody specific theory), (en inmunología) teoría propuesta por F. M. Burnet sobre la formación de anticuerpos, según la cual los clones de células linfoides preprogramadas que se producen en el feto son capaces de interactuar con un número limitado de determinantes antigénicos con los que puede entrar en contacto el huésped. Esta teoría sostiene que el organismo posee un gran número de diferentes clones celulares, cada uno de los cuales está programado genéticamente para sintetizar un anticuerpo específico.

teoría del aprendizaje (learning theory), conjunto de principios y conceptos que explican los procesos del aprendizaje. El concepto de condicionamiento continuo de Guthrie postula que cada respuesta está ligada de forma permanente con estímulos presentes en cada momento, de forma que el proceso de aprendizaje sería el resultado no tanto de la renovación como de la continuidad.

teoría del aprendizaje social (social learning theory), concepto según el cual el impulso a comportarse de forma agresiva es sometido a la influencia del aprendizaje, la socialización y la experiencia.

teoría del clon prohibido (forbidden clone theory), teoría, asociada con la autoinmunidad, de que ciertas células clónicas que pueden reaccionar contra el organismo, pueden persistir tras el nacimiento y activarse por una infección viral o ciertos cambios metabólicos.

teoría del desarrollo de la edad (developmental theory of aging), concepto basado en la premisa de que los rasgos y características desarrollados al principio de la vida tienden a mantenerse en los años siguientes.

teoría del desgaste (wear-and tear-theory), concepto del proceso de envejecimiento en el cual los cambios estructurales y funcionales asociados al envejecimiento se aceleran por el abuso del cuerpo y el retraso en la atención sanitaria.

teoría del envejecimiento por los radicales libres (free-radical theory of aging), concepto del envejecimiento basado en la premisa de que el principal factor causante es el desequilibrio entre la producción y la eliminación de los radicales libres en los tejidos orgánicos.

teoría del patrón del dolor (pattern theory of pain), v. **mecanismo del dolor**.

teoría del yo (self-theory), teoría de la personalidad que utiliza el propio concepto del yo para integrar la función y organización de la personalidad.

teoría germen-plasma (germ-plasm theory), v. **weismanismo**.

teoría germinal (germ theory), teoría según la cual todas las enfermedades infecciosas y contagiosas están causadas por microorganismos vivos.

teoría inmunológica del envejecimiento (immunologic theory of aging), concepto basado en la premisa de que células normales no son reconocidas como tales, de forma que desencadenan reacciones inmunitarias dentro del propio organismo del individuo.

teoría instructiva de los anticuerpos (antibody instructive theory), teoría según la cual cada contacto antigénico a lo largo de la vida de un sujeto hace que se desarrolle un nuevo anticuerpo, como cuando una célula B recubierta de inmunoglobulinas entra en contacto con un antígeno y produce posteriormente células plasmáticas y células de memoria.

teoría prescriptiva (prescriptive theory), teoría constituida por la descripción de una actividad específica, el establecimiento del objetivo de la actividad y de un análisis de los elementos de la actividad que, de forma conjunta, constituyen una prescripción para alcanzar el objetivo.

teoría visomotora de Getman (Getman visuomotor theory), concepto de que la percepción visual se basa en las secuencias de desarrollo de las acciones fisiológicas en el niño. La secuencia de las ocho fases comienza con los sistemas de respuesta innata y avanza hacia la integración cognitiva de las percepciones, abstracciones y actividades simbólicas superiores.

teórico de enfermería (nursing theorist), persona que desarrolla conceptos integrados de las funciones de las enfermeras, sus objetivos y disciplinas, y de su colaboración con el médico y otros profesionales de la salud. Hay que destacar la labor que en este campo han hecho **Dorothea Orem** o **Callista Roy**.

teoterapia (theotherapy), planteamiento terapéutico para prevenir, diagnosticar y tratar enfermedades y disfunciones basado en creencias religiosas o espirituales.

TEP (PET), abreviatura de **tomografía por emisión de positrones**.

TER (RET), abreviatura de **terapia emotiva racional**.

teramorfo (teramorphous), de la naturaleza de o característico de un monstruo.

terapeuta (therapist), persona con habilidades especiales, obtenidas a través de la formación y de la experiencia, en una o más áreas de la asistencia sanitaria.

terapéutica (therapeutics), rama de las ciencias de la salud que se ocupa del tratamiento de las enfermedades, con el fin de aliviar los síntomas o de producir su curación.

terapéutico (therapeutic), **1.** beneficioso. **2.** perteneciente al tratamiento.

terapia (therapy), tratamiento de cualquier enfermedad o trastorno, como la terapia por inhalación, en la que se administran varios medicamentos a pacientes que sufren enfermedades del tracto respiratorio.

terapia adyuvante (adjuvant therapy), tratamiento de una enfermedad con sustancias que potencian la acción de los fármacos, especialmente de fármacos que favorecen la producción de anticuerpos.

terapia de la Gestalt (Gestalt therapy), forma de psicoterapia que se centra en la unidad de la consciencia de uno mismo, conducta y experiencia. V. **psicología de la Gestalt**.

teras (teras, *pl.* **terata**), feto gravemente deformado; monstruo.

teratismo (teratism), cualquier anomalía congénita o del desarrollo que se produce por factores hereditarios o ambientales, o por la combinación de ambos; cualquier trastorno que da lugar a un feto gravemente malformado. Algunos tipos de teratismo son: **teratismo atrésico, teratismo ceásmico, teratismo ectópico, teratismo ectrogénico, teratismo hipergenético** y **teratismo sinfísico**.

teratismo atrésico (atresic teratism), anomalía congénita en la que se produce un fallo en la formación de cualquiera de las aberturas normales del cuerpo, como la boca, la nariz, el ano o la vagina.

teratismo ceásmico (ceasmic teratism), malformación congénita secundaria a una detención del desarrollo, en la que algunas partes del cuerpo que debían unirse permanecen en su estado de fisura embrionaria, como la hendidura palatina.

teratismo ectópico (ectopic teratism), anomalía congénita en la que una o más partes están situadas de forma anómala, como la dextrocardia, los dientes palatinos o la transposición de los grandes vasos.

teratismo ectrogénico (ectrogenic teratism), anomalía congénita producida por un fallo en el desarrollo, en el que faltan una o más partes u órganos.

teratismo hipergenético (hypergenetic teratism), anomalía congénita en la que se produce un crecimiento excesivo de una parte u órgano o de todo el cuerpo, como en el gigantismo.

teratismo sinfísico (symphysic teratism), anomalía congénita en la cual existe una fusión de partes u órganos normalmente separados, como el riñón en herradura.

teratogénesis (teratogenesis), desarrollo de defectos físicos en el embrión.

teratogenia (teratogeny), v. **teratogénesis**.

teratógeno (teratogen), cualquier sustancia, agente o proceso que interfiere con el desarrollo prenatal normal, produciendo la formación de una o más anomalías del desarrollo en el feto. Los teratógenos actúan directamente sobre el organismo que se está desarrollando o, indirectamente, afectando a estructuras suplementarias como la placenta o a algún sistema materno. El período de mayor vulnerabilidad en el embrión en desarrollo comprende aproximadamente desde la tercera semana hasta la duodécima semana de gestación, cuando se produce la diferenciación de los principales órganos y sistemas.

teratoide (teratoid), relativo o perteneciente al desarrollo físico anormal; semejante a un monstruo.

teratología (teratology), estudio de las causas y efectos de las malformaciones congénitas y de las anomalías del desarrollo.

teratólogo (teratologist), especialista en la ciencia de la teratología.

teratoma (teratoma, *pl.* **teratomas, teratomata**), tumor constituido por diferentes clases de tejidos, ninguno de los cuales se presentan normalmente juntos o en el sitio del tumor.

teratosis (teratosis), v. **teratismo**.

terbio (Tr) (terbium [Tr]) [Yterby, Suecia], elemento metálico del grupo de las tierras raras. Su número atómico es 65; su peso atómico es 158,294.

tercer par craneal (third cranial nerve), v. **nervio motor ocular común**.

tercer ventrículo (third ventricle), cavidad del encéfalo limitada a cada lado por el tálamo y el hipotálamo. Se comunica por delante con los ventrículos laterales y por detrás con el acueducto del mesencéfalo.

tercera cuña (third cuneiform bone), v. **cuneiforme mediano**.

terciano (tertian), que ocurre cada 48 horas o 3 días, incluyendo el primer día de aparición, como el paludismo vivax o terciano, en el que la fiebre aparece cada tres días.

terciario (tertiary), tercero en frecuencia o en orden de utilización.

terfenadina (terfenadine), antagonista de los receptores histamínicos H_1 utilizado para aliviar los síntomas de la rinitis alérgica estacional.

termalgesia (thermalgesia), dolor causado por la exposición a altas temperaturas.

térmico (thermal), relativo o perteneciente a la producción, aplicación o mantenimiento de calor.

terminación nerviosa libre (free nerve ending), terminación de un receptor nervioso no recubierta por una cápsula.

terminal (terminal), **1.** (de una estructura o proceso) cercano o próximo a su final, como los bronquiolos terminales o una enfermedad terminal. **2.** dispositivo de entrada-salida (E S) que tiene dos vías de comunicación con un ordenador.

terminales cohesivos (cohesive termini), (en genética molecular) extremos complementarios de una cadena simple que se proyectan desde un segmento de ADN de doble cadena y que pueden unirse a fragmentos introducidos.

termistor (thermistor), tipo de termómetro que se utiliza para medir cambios mínimos de temperatura.

termocauterización (thermocautery), utilización de una aguja o de un asa calentada por flameado directo, de vapor caliente de hidrocarburo o de una corriente eléctrica para la destrucción de un tejido.

termocoagulación (thermocoagulation), utilización de corrientes eléctricas de alta frecuencia para destruir tejido mediante la coagulación por calor.

termodilución (thermodilution), método de estudio del gasto cardíaco en el que se inyecta en la corriente sanguínea una pequeña cantidad de líquido frío, como por ejemplo, suero fisiológico. El gasto cardíaco se calcula en función del valor del flujo del suero fisiológico multiplicado por un factor obtenido a partir de la diferencia de temperaturas.

termodinámica (thermodynamics), ciencia que estudia la interconversión del calor en trabajo.

termoestable (thermostable), que no se afecta o que muestra resistencia al cambio por efecto de un aumento de la temperatura.

termofílico (thermophilic), relativo a los organismos que crecen en ambientes de hasta 70 °C, por encima de la temperatura corporal de 37 °C.

termogénesis (thermogenesis), producción de calor, especialmente por las células del cuerpo.

termografía (thermography), técnica para percibir y registrar en una película las áreas calientes y frías del cuerpo mediante un detector de infrarrojos que reacciona con el flujo sanguíneo.

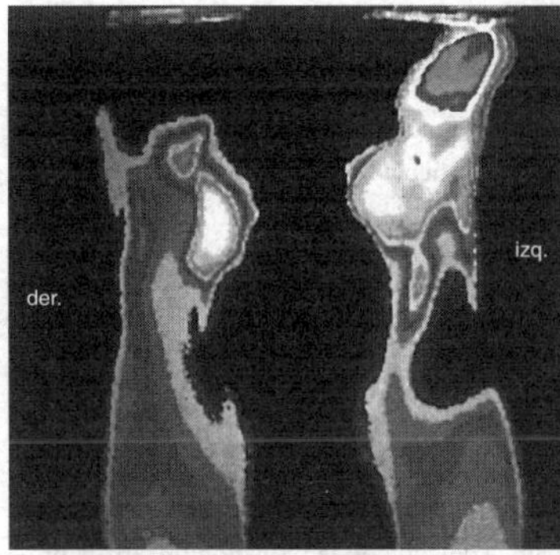

Termografía de extremidades isquémicas
(C. D. Forbes/W. F. Jackson, 1994)

termógrafo (thermograph), aparato que consta de un termómetro, un estilógrafo de tinta y de papel para el registro continuo de la temperatura ambiente.

termolábil (thermolabile, heat labile), que se destruye o altera fácilmente por el calor.

termometría clínica (clinical thermometry), método para la determinación de la temperatura en tejidos calentados.

termometría del oído (ear thermometry), registro de la temperatura de la membrana timpánica mediante la detección de la radiación infrarroja procedente de la misma.

termometría invasiva (invasive thermometry), medición de la temperatura tisular utilizando sondas colocadas directamente en el tejido.

termómetro (thermometer), instrumento para medir la temperatura. Normalmente consta de un tubo de cristal cerrado, marcado en grados

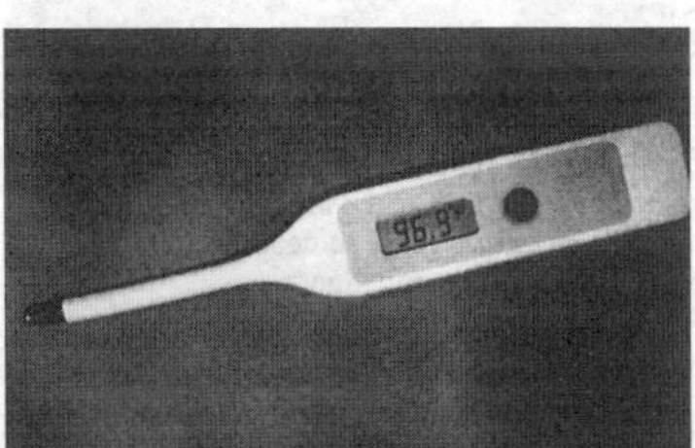

Termómetro digital
(Malamed, 4.ª ed., 1993)

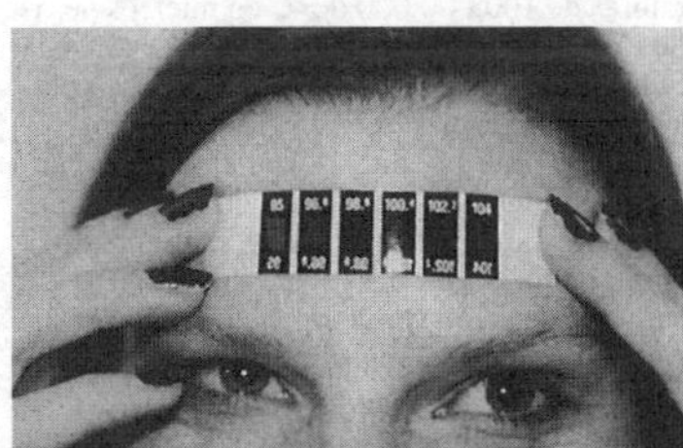

Termómetro de frente
(Malamed, 4.ª ed., 1993)

Celsius o Fahrenheit, que contiene un líquido, como mercurio o alcohol. El líquido asciende o desciende cuando se expande o contrae según los cambios de temperatura. Algunos tipos de termómetros son: **termómetro clínico, termómetro óptico** y **termómetro electrónico**.

termómetro Celsius (Celsius thermometer), v. **Celsius**.

termómetro clínico (clinical thermometer), termómetro diseñado para medir la temperatura del cuerpo en los enfermos.

termómetro de aire (air thermometer), termómetro que utiliza el aire como medio de expansión.

termómetro de la membrana timpánica (tympanic membrane thermometer), dispositivo que mide la temperatura de la membrana timpánica detectando la radiación infrarroja procedente del tejido. Los resultados se obtienen en 2 segundos y reflejan directamente la temperatura del interior del organismo.

termómetro de mercurio (mercury thermometer), termómetro en el que el indicador expansible es mercurio.

termómetro de superficie (surface thermometer), aparato que detecta e indica la temperatura de la superficie de cualquier parte del cuerpo.

termómetro electrónico (electronic thermometer), termómetro que registra la temperatura rápidamente por métodos electrónicos.

termómetro óptico (optic thermometer), dispositivo de medida de la temperatura en el que las propiedades de transmisión y reflexión de la luz visible dependen de la temperatura y cuya detección se puede relacionar con la temperatura tisular.

termómetro rectal (rectal thermometer), termómetro clínico capaz de registrar la temperatura en el recto.

termonuclear (thermonuclear), relativo a la reacción en la que los isótopos del hidrógeno (protio, deuterio o tritio) se fusionan a temperaturas de 100.000.000 de °C en núcleos pesados de átomos de helio. Este proceso es la fuente de la energía solar y se usa en las explosiones de las armas termonucleares.

termopar (thermocouple), dispositivo para medir la temperatura que funciona mediante la producción de un voltaje dependiente de la temperatura al unir dos metales diferentes.

termopenetración (thermopenetration), utilización de técnicas diatérmicas para producir calor dentro de los tejidos corporales con propósitos terapéuticos.

termoquímica (thermochemistry), rama de la química que se ocupa de los cambios caloríficos de las reacciones químicas.

termorradioterapia (thermoradiotherapy), proceso terapéutico que aplica radiación ionizante a cualquier parte del cuerpo en la que se ha elevado la temperatura por medios artificiales.

termorreceptor (thermoreceptor), terminaciones nerviosas que son sensibles al calor o a los aumentos de la temperatura corporal.

termorregulación (thermoregulation), control de la producción y de la pérdida de calor; específicamente, mantenimiento de la temperatura corporal mediante mecanismos fisiológicos.

termorregulación ineficaz (thermoregulation, ineffective), diagnóstico de enfermería, aprobado por la NANDA, del estado en el que la temperatura de un individuo fluctúa entre la hipotermia y la hipertermia. La característica crítica que lo define es la fluctuación de la temperatura corporal por encima o por debajo del rango normal.

termorregulación neonatal (neonatal thermoregulation), regulación de la temperatura corporal del neonato, que puede verse afectada por evaporación, conducción, radiación y convección.

termostato (thermostat), dispositivo para el control automático de un sistema de calentamiento o enfriamiento.

termotaxis (thermotaxis), **1.** ajuste y regulación normal de la temperatura corporal. **2.** movimiento de un organismo en respuesta al calor, hacia el estímulo (termotaxis positiva) o alejándose del estímulo (termotaxis negativa).

termoterapia (thermotherapy), tratamiento de la enfermedad mediante la aplicación de calor. La termoterapia se puede administrar como calor seco con lámparas de calor, máquinas diatérmicas, mantas eléctricas o botellas de agua caliente, o como calor húmedo con compresas calientes o por inmersión en agua caliente.

termotropismo (thermotropism), v. **termotaxis**.

territorialidad (territoriality), unión emocional y defensa de ciertos ámbitos relacionados con la propia existencia.

terrores nocturnos (night terrors), tipo de disociación del sueño que afecta sobre todo a los niños, en el que éstos se despiertan por la noche bruscamente con signos de ansiedad y pánico. El que lo sufre puede no recordar después más que imágenes oníricas fragmentarias de carácter amenazador.

TES (EST), abreviatura de **tratamiento por electrochoque**.

tesla (tesla) [Nikola Tesla, ingeniero norteamericano, n. 1856], unidad de la densidad de flujo magnético, definida por el Sistema Internacional de Unidades como 1 weber por metro cuadrado, equivalente a 1 voltio-segundo por metro cuadrado.

test de perfusión ácida (acid-perfusion test), test para comprobar la sensibilidad del esófago al ácido, hecho que sugiere la existencia de una esofagitis de reflujo. Se perfunde en el esófago mediante una sonda nasoesofágica un goteo de solución débil de ácido clorhídrico, alternando con suero salino normal, sin informar al paciente de la solución que se está perfundiendo en ese momento. La respuesta es positiva cuando aparece dolor con el ácido pero no con la solución salina.

testamento vital (living will), acuerdo escrito entre el paciente y el médico para no poner en práctica medidas heroicas si el paciente llega a un proceso que se juzga irreversible.

testículo (testis, *pl.* **testes**), gónada masculina en número par que produce semen. Los testículos del adulto están suspendidos en el escroto por el cordón espermático. Cada testículo es un cuerpo oval comprimido lateralmente, de aproximadamente 4 cm de largo, 2,5 cm de ancho y que pesa aproximadamente 12 g. El epidídimo que se sitúa en el borde posterior del testículo tiene aproximadamente unos 6 metros de largo y conecta con el conducto deferente, a través del que pasan los espermatozoides durante la eyaculación. Cada testículo está formado por cientos de lóbulos cónicos que contienen minúsculos túbulos seminíferos enrollados en los que se desarrollan los espermatozoides.

testigo (witness), persona que está presente y puede testificar que ha observado personalmente un acontecimiento, como la firma de un testamento o de un formulario de consentimiento.

testimonio (testimony), afirmación de un testigo, habitualmente realizada oralmente y bajo juramento, como en un juicio.

testolactona (testolactone), análogo androgénico antineoplásico prescrito para el tratamiento del cáncer de mama posmenopáusico y para las mujeres premenopáusicas cuya función ovárica ha cesado.

testosterona (testosterone), hormona androgénica que existe de forma natural, prescrita en la deficiencia de andrógenos, en el cáncer de mama femenino y para la estimulación del crecimiento, ganancia de peso y producción de glóbulos rojos.

tetania (tetany), trastorno caracterizado por calambres, convulsiones, sacudidas musculares y flexión intensa en las articulaciones de la muñeca y del tobillo. La tetania es una manifestación de una anomalía en el metabolismo del calcio, que puede aparecer asociada a un déficit de vitamina D, al hipoparatiroidismo, a la alcalosis o a la ingesta de sales alcalinas. Algunos tipos de tetania son: tetania de los forrajes, tetania de la lactancia, tetania duradera y tetania por hiperventilación.

tetania hipocalcémica (hypocalcemic tetany), enfermedad originada por un nivel anormalmente bajo de calcio en la sangre. Se caracteriza por hiperexcitabilidad del sistema neuromuscular. Una causa frecuente es el déficit de secreción paratiroidea.

tetania latente (latent tetany), forma de tetania que se manifiesta sólo ante ciertos estímulos eléctricos o mecánicos.

tetania paratiroidea (parathyroid tetany), forma de tetania provocada por un déficit de secreción paratiroidea.

tetania uterina (uterine tetany), trastorno provocado por contracciones uterinas extremadamente prolongadas.

tétanos (tetanus), infección aguda y potencialmente mortal del sistema nervioso central causada por una exotoxina, la tetanospasmina, elaborada por el bacilo anaerobio *Clostridium tetani*. Se trata de una neurotoxina, siendo uno de los venenos más letales conocidos. *C. tetani*

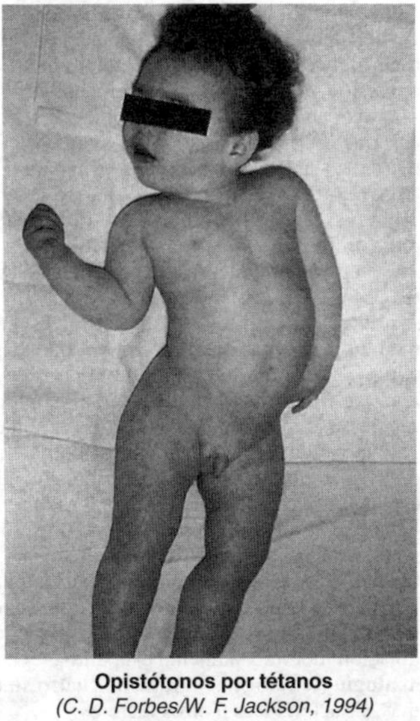

Opistótonos por tétanos
(C. D. Forbes/W. F. Jackson, 1994)

infecta sólo heridas que contienen tejido necrótico. El bacilo es un habitante habitual de la capa superficial del suelo y del tracto intestinal de las vacas y de los caballos. Pueden entrar en el cuerpo a través de una herida punzante, abrasión, laceración o quemadura. La infección se presenta con dos formas clínicas: una de inicio abrupto, con alta mortalidad y un corto período de incubación (3 a 21 días); la otra, con síntomas menos graves, menor mortalidad y un mayor período de incubación (4 a 5 semanas). El tétanos se caracteriza por irritabilidad, cefalea, fiebre y espasmos dolorosos de los músculos, produciendo trismus, risa sardónica, opistótonos y espasmo laríngeo; con el tiempo, todos los músculos del cuerpo pueden presentar espasmo tónico. Los nervios motores transmiten los impulsos desde el sistema nervioso central infectado a los músculos. No existe lesión; incluso mediante autopsia no se observan lesiones orgánicas y el líquido cefalorraquídeo es claro y normal.

tetraciclina (tetracycline), antibiótico de amplio espectro prescrito para el tratamiento de numerosas infecciones por bacterias y rickettsias.

tetraclorometano (tetrachlormethane), v. **tetracloruro de carbono**.

tetracloruro de carbono (carbon tetrachloride), líquido tóxico volátil e incoloro utilizado como disolvente y en extintores. La ingestión del líquido o la inhalación de los vapores produce habitualmente cefalea, náuseas, depresión, dolor abdominal y convulsiones. En la intoxicación por inhalación pueden ser necesarias ventilación asistida y oxigenoterapia.

tétrada (tetrad), (en genética) grupo de cuatro cromátides de un par de cromosomas homólogos, unidos por sinapsis, durante la primera profase meiótica de la gametogénesis.

tetradactilia (tetradactyly), presencia de cuatro dedos en cada mano o en cada pie.

tetrahidrocannabinol (THC) (tetrahydrocannabinol [THC]), principio activo, que existe como dos isómeros psicomiméticos, de la planta *Cannabis sativa*, utilizado en la preparación de la marihuana, del hachís, del bhang y de la ganga. El THC, un antagonista betaadrenérgico que se metaboliza rápidamente, incrementa la frecuencia cardíaca, produce infección conjuntival, un sentimiento de euforia y efectos variables sobre la tensión arterial, la frecuencia cardíaca y el tamaño de las pupilas. Esta droga afecta a la memoria, al conocimiento y a la sensibilidad, disminuye la coordinación motora y aumenta el apetito.

tetralogía (tetralogy), grupo de cuatro síntomas, características u otros factores.

tetralogía de Fallot (tetralogy of Fallot) [Etienne-Louis A. Fallot, médico francés, n. 1850], anomalía cardíaca congénita que consta de cuatro defectos: estenosis de la arteria pulmonar, defecto del tabique interventricular, posición incorrecta de la aorta, de forma que se origina en el defecto del tabique o en el ventrículo derecho, e hipertrofia ventricular derecha. Los síntomas principales en la infancia son cianosis e hipoxia, que habitualmente aparecen durante el llanto, dificultad para la alimentación, ausencia de ganancia de peso y desarrollo escaso. En los niños mayores es evidente una posición típica en cuclillas y dedos de las manos y de los pies en palillo de tambor.

tetrámero (tetramer), toda estructura compuesta por cuatro partes, como una proteína formada por cuatro subunidades polipeptídicas.

tetranitrato de eritritilo (erythrityl tetranitrate), vasodilatador coronario prescrito para el tratamiento de la angina de pecho.

tetranitrato de pentaeritritol (pentaerythritol tetranitrate), vasodilatador coronario prescrito para aliviar la angina de pecho.

tetraplejía (tetraplegia), trastorno caracterizado por la parálisis de los brazos, de las piernas y del tronco por debajo del nivel de la lesión asociada de la médula espinal. Puede estar ocasionado por una lesión de la médula espinal, especialmente en la zona comprendida entre la quinta y la séptima vértebras cervicales. Las causas más comunes son los accidentes de automóvil y deportivos. También denominada cuadriplejía.

tetraploide (4n) (tetraploid [4n]), **1.** también **tetraploídico**, relativo o perteneciente a un individuo, organismo, cepa o célula que tiene cuatro grupos completos de cromosomas. **2.** dicho individuo, organismo, cepa o célula.

tetraploidía (tetraploidy), estado o alteración de tener cuatro grupos completos de cromosomas.

tetrayodotironina (tetraiodothyronine), v. **tiroxina**.

TFIIE (TFIIE), factor de transcripción general que interviene en la codificación complementaria del ADN. El TFIIE está formado por dos subunidades, la alfa y la beta.

TFG (GFR), abreviatura de **tasa de filtración glomerular**.

Th (Th), símbolo químico del **torio**.

TH (BT), abreviatura de tiempo de hemorragia.

THC (THC), abreviatura de **tetrahidrocannabinol**.

thrill (thrill), vibración fina, sentida por la mano del explorador en el cuerpo de un paciente sobre la localización de un aneurisma o sobre el precordio, indicando la presencia de un soplo orgánico.

thrill aórtico (aortic thrill), vibración palpable durante la sístole en el tórax, provocada por estenosis de la válvula aórtica o por un aneurisma aórtico. Para apreciarla, se coloca la palma de la mano o las puntas de los dedos en el segundo espacio intercostal, a la derecha del esternón.

Ti (Ti), símbolo químico del **titanio**.

tiabendazol (thiabendazole), antihelmíntico prescrito para el tratamiento de diversas infestaciones por gusanos, entre los que se incluyen los anquilostomas, los áscaris y los oxiuros.

tiamina (thiamine), compuesto cristalino del complejo vitamínico del grupo B, hidrosoluble, esencial para el metabolismo normal y para el bienestar de los sistemas cardiovascular y nervioso. La tiamina se combina con el ácido pirúvico para formar una coenzima necesaria para la descomposición de los carbohidratos en glucosa. La deficiencia de tiamina afecta principalmente al sistema nervioso, a la circulación y al tracto GI. Entre los síntomas que aparecen existe irritabilidad, alteraciones emocionales, pérdida de apetito, polineuritis, aumento de la frecuencia cardíaca, disnea, disminución de la motilidad intestinal e irregularidades cardíacas. La deficiencia severa causa el beriberi.

timina (thymine), base pirimidínica presente en los nucleótidos y en el ADN.

tibia (tibia), el segundo hueso más largo del esqueleto, localizado en el lado interno de la pierna. Se articula externamente con el peroné, distalmente con el astrágalo y proximalmente con el fémur, formando parte de la articulación de la rodilla.

tibial anterior (tibialis anterior), uno de los músculos crurales anteriores de la pierna, situado en la cara externa de la tibia. Dorsiflexiona y supina el pie.

tibio (tepid), moderadamente templado al tacto.

tic (tic), movimiento muscular involuntario.

tic convulsivo (convulsive tic), trastorno del nervio facial, que provoca contracciones espasmódicas involuntarias de los músculos de la cara inervados por él.

tic doloroso (tic douloureux), ataque breve, extremadamente doloroso, de la neuralgia del trigémino. Es unilateral y se limita a la distribución del trigémino o V par craneal. El ataque se provoca fácil e inesperadamente por cualquier estímulo de los músculos faciales, desde el leve roce hasta el habla, y puede producirse repetitivamente.

tic espasmódico (spasmodic tic), movimiento repetitivo en el que se produce una serie de contracciones musculares espasmódicas a intervalos variables.

tic facial (tic facial), cualquier contracción involuntaria, repetitiva y espasmódica de grupos musculares faciales.

tic por hábito (habit tic), movimiento breve repetitivo de un grupo muscular, como un guiño, una mueca o un giro brusco de la cabeza, que tiene una causa más psicógena que orgánica.

ticarcilina (ticarcillin), antibiótico prescrito para el tratamiento de la septicemia bacteriana y de las infecciones de la piel, de los tejidos blandos y respiratorias causadas por organismos gramnegativos y grampositivos.

tiempo de adquisición de imagen (image acquisition time), tiempo que se invierte en la formación de imágenes de RMN, contando sólo el tiempo de adquisición de datos.

tiempo de coagulación (clotting time), tiempo necesario para que la sangre forme un coágulo, que se determina mediante la recogida de 4 ml de sangre en un tubo de cristal y el examen de la formación del coágulo.

tiempo de conducción SA (SA conduction time), tiempo que emplea un impulso desde el nódulo sinusal hasta la musculatura auricular, medido desde la desviación SA en el electrocardiograma nodal SA hasta el comienzo de la onda P en un registro bipolar, o hasta el comienzo del electrograma auricular derecho alto en un registro unipolar.

tiempo de protrombina (TP) (prothrombin time [PT]), prueba en una fase para la detección de determinados defectos plasmáticos de la coagulación por un déficit de factores V, VII o X. Se añaden tromboplastina y calcio a una muestra del plasma del paciente y, simultáneamente, a una muestra de un control normal. Se observa el tiempo necesario para la formación del coágulo en ambas muestras.

tiempo de reacción (reaction time), intervalo comprendido entre la aplicación de un estímulo y el comienzo de la respuesta.

tiempo de reconstrucción (reconstruction time), (en tòmografía computadorizada) período entre el final de una exploración y la aparición de la imagen.

tiempo de relajación (relaxation time), (en radioterapia) tiempo característico que tarda una muestra de átomos, cuyos núcleos han sido alineados primero a lo largo de un campo magnético estático y después excitados hasta un estado de energía más elevado (RMN) mediante una señal de radiofrecuencia, en volver a un estado de equilibrio de energía inferior.

tiempo de resolución (resolving time), (en radiología) tiempo mínimo entre cada ionización que puede ser detectado por un aparato de centelleo tipo Geiger-Müller.

tiempo de retención (t_a) (retention time [t_a]), **1.** (en cromatografía) tiempo transcurrido desde la inyección de una muestra en el sistema cromatográfico hasta el registro del pico (banda) máximo del componente en el cromatograma. **2.** tiempo que es retenido un compuesto en una columna de cromatografía.

tiempo de sangría (bleeding time), tiempo requerido para que la sangre deje de fluir de una herida minúscula.

tiempo de tromboplastina parcial (TTP) (partial thromboplastin time [PTT]), prueba para detectar los defectos de la coagulación del sistema intrínseco mediante la adición de tromboplastina parcial activada a una muestra del plasma a analizar y a una muestra control de plasma normal. Se compara el tiempo necesario para la formación de un coágulo en el plasma a analizar con el del plasma normal. El TTP del plasma normal es de 60 a 85 seg tras añadir a la muestra de plasma la tromboplastina parcial y calcio ionizado.

tiempo de tromboplastina parcial activada (TTPa) (activated partial thromboplastin time [APTT]), tiempo obtenido mediante una prueba sanguínea que determina la eficacia de diversos factores de la coagulación y que se utiliza en el diagnóstico de los trastornos de la coagulación. El valor normal en la sangre venosa es de 32 a 51 segundos.

tiempo real (real time), aplicación de los aparatos computadorizados que permite el procesamiento de datos en relación con acontecimientos externos en marcha, de forma que los técnicos puedan tomar decisiones inmediatas diagnósticas o de otro tipo, basándose en la obtención de datos reales.

tienda (tent), **1.** cubierta transparente, habitualmente de plástico, colocada sobre la parte superior de un paciente mediante un armazón. Se utiliza para el tratamiento de las enfermedades respiratorias y suministra un ambiente controlado en el que se pueden atomizar vapor, oxígeno, medicamentos o gotas de agua fría, como sucede en una tienda de oxígeno. **2.** cono elaborado con diversos materiales que se inserta en una cavidad u orificio corporal para dilatar su apertura, como una tienda o tapón de laminaria. **3.** dispositivo colocado en una herida para mantenerla abierta y asegurar que la curación progresa desde la base de la herida hacia la parte superior de la piel.

tienda (tentorium, *pl.* tentoria), cualquier parte del cuerpo semejante a una tienda, como la tienda de la hipófisis que cubre la fosa hipofisaria.

tienda del cerebelo (tentorium cerebelli), una de las tres extensiones de la duramadre que separan el cerebelo del lóbulo occipital del cerebro.

tienda de oxígeno (oxygen tent), tienda que cubre la cabeza y el cuello del paciente y en cuyo interior existe una tensión elevada de oxígeno.

tienda de laminaria (laminaria tent), cono de algas secas que se hincha al absorber agua, y que por ello se utiliza para dilatar de forma atraumática el cuello, en la preparación del aborto o del parto inducido.

tierra (ground), (en electricidad) conexión entre el circuito eléctrico y el suelo, que forma parte del circuito.

tietilperazina (thiethylperazine), antiemético fenotiazínico prescrito para controlar las náuseas y los vómitos.

tiflitis (typhlitis), *obsoleto*, apendicitis.

tifoide (typhoid), relativo o semejante al tifus.

-tifoideo (-typhoid), **1.** sufijo que significa «forma de tifus (especificada)»: *broncotifoideo, meningotifoideo, nefrotifoideo*. **2.** sufijo que significa «relativo o semejante al tifus»: *antitifoideo, paratifoideo, postifoideo*.

tifus (typhus), grupo de enfermedades infecciosas agudas causadas por varias especies de *Rickettsia* y transmitidas habitualmente desde roedores infectados a los seres humanos por la picadura de piojos, pulgas, ácaros y garrapatas. Todas estas enfermedades se caracterizan por cefalea, escalofríos, fiebre, malestar y un exantema maculopapular. Algunos tipos de tifus son: **tifus de los matorrales, tifus epidémico** y **tifus murino**. V. también **enfermedad de Brill-Zinsser, fiebre manchada de las Montañas Rocosas**.

tifus clásico (classic typhus), v. **tifus epidémico**.

tifus de las ratas (rat typhus), v. **tifus murino**.

tifus de los ácaros (mite typhus), v. **tifus de los matorrales**.

tifus de los matorrales (scrub typhus), enfermedad febril aguda de Asia, India, norte de Australia e islas del Pacífico occidental, causada por varias cepas de la especie *Rickettsia tsutsugamushi* y transmitida por ácaros de los roedores infectados a los seres humanos. El curso clínico se caracteriza por una pápula necrótica o escara negra en el lugar de la lesión provocada por la mordedura del pequeño arácnido. Habitualmente se produce hipertrofia e hipersensibilidad de los ganglios linfáticos regionales, fiebre, cefalea intensa, dolor ocular, dolores musculares y exantema generalizado.

En casos graves, pueden afectarse el miocardio y el sistema nervioso central.

tifus de Queensland por garrapata (Queensland tick typhus), infección provocada por *Rickettsia australis*, que se produce en Australia, es transmitida por garrapatas y que parece una forma leve de la fiebre manchada de las Montañas Rocosas.

tifus del Asia septentrional transmitido por garrapatas (North Asian tick-borne rickettsiosis), v. **tifus siberiano transmitido por garrapatas**.

tifus del Nuevo Mundo (New World tiphus), v. **tifus murino**.

tifus endémico (endemic typhus), v. **tifus murino**.

tifus epidémico (epidemic typhus), infección grave producida por rickettsias, caracterizada por fiebre alta prolongada, cefalea y exantema maculopapuloso oscuro que cubre la mayor parte del cuerpo. El organismo causante, *Rickettsia prowazekii*, se transmite indirectamente como resultado de la picadura del piojo del cuerpo humano; el patógeno se encuentra en las heces del piojo y penetra en los tejidos al rascar sobre la picadura. Tras un período de incubación de 10 días a 2 semanas comienza la cefalea y la fiebre, que alcanza los 40 °C. El exantema surge a continuación.

tifus europeo (European typhus), v. **tifus epidémico**.

tifus mexicano (Mexican thyphus), forma de tifus epidémico transmitida por piojos en México.

tifus murino (murine typhus), infección aguda por arbovirus, producida por *Rickettsia typhii*, transmitida por la picadura de una pulga infectada. La enfermedad es similar al tifus epidémico, pero menos grave. Se caracteriza por cefalea, escalofríos, fiebre, mialgia y exantema. Hacia el quinto día aparece un exantema maculopapular rojo oscuro, principalmente en el tronco, que dura entre 4 y 8 días.

tifus recrudescente (recrudescent typhus), v. **enfermedad de Brill-Zinsser**.

tifus siberiano transmitido por garrapatas (Siberian tick typhus) [Siberia, CEI], enfermedad febril aguda observada en Asia, provocada por la *Rickettsia siberica*, transmitida por garrapatas y caracterizada por una erupción maculopapular difusa, cefaleas, inflamación conjuntival y una pequeña úlcera o escara en el lugar de la picadura de la garrapata.

tifus transmitido por garrapatas (African tick typhus), infección producida por rickettsias que son transmitidas por garrapatas ixodes, y que se caracteriza por fiebre, exantema maculopapular y aumento de tamaño de los ganglios linfáticos.

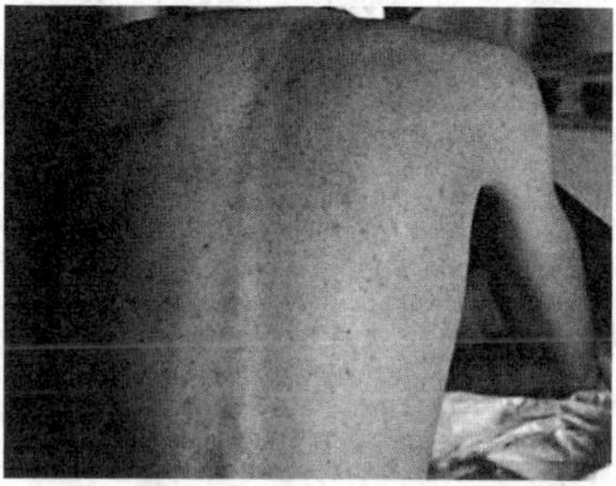

Escara y eritema en el tifus transmitido por garrapatas
(C. D. Forbes/W. F. Jackson, 1994)

tifus transmitido por piojos (louse-borne typhus), v. **tifus epidémico**.

tifus transmitido por pulgas (flea-borne typhus), v. **tifus murino**.

tifus tropical (tropical typhus), v. **tifus de los matorrales**.

tifus urbano (urban typhus), v. **tifus murino**.

tijeras (scissors), instrumento afilado formado por dos hojas cortantes opuestas, que se mantienen juntas gracias a un pasador central sobre el cual pivotan las hojas. Las tijeras de disección más corrientes son las rectas de **Mayo**, para el corte de suturas; las de **Snowden-Pencer,** para tejidos profundos y delicados; las largas y curvas de **Mayo,** para tejidos profundos, duros o compactos; las curvas cortas de **Metzenbaum,** para tejidos superficiales y delicados, y las largas, romas y curvas de **Metzenbaum**, para tejidos profundos y delicados.

tijeras de vendaje (bandage shears), tijeras robustas utilizadas para cortar vendajes. El filo de la mayoría de las tijeras de vendajes es angulado hacia el eje del instrumento, y el filo inferior tiene una protuberancia roma redondeada para facilitar su inserción bajo el vendaje sin lesionar la piel del paciente.

tiloxapol (tyloxapol), detergente para el tracto respiratorio prescrito en la bronquitis, enfisema, abscesos pulmonares, bronquiectasias o atelectasias.

timbre (timbre), **1.** cualidad de sonido característica de una voz o instrumento musical, determinado por la armonía del sonido y distinto de la intensidad y el tono. **2.** segundo sonido metálico que se oye en la dilatación aórtica.

timo (thymus, *pl.* **thymuses, thymi**), glándula impar única localizada en el mediastino que se extiende en el cuello por encima hasta el borde inferior de la glándula tiroides y por debajo hasta el cuarto cartílago intercostal. El timo es la glándula central primaria del sistema linfático. En esta glándula se desarrollan las células T de la respuesta inmune mediada por células antes de la migración a los ganglios linfáticos y al bazo. La glándula está formada por dos lóbulos laterales estrechamente unidos por tejido conectivo, tejido que también envuelve a todo el órgano en una cápsula.
timo accesorio (accessory thymus), nódulo de tejido tímico aislado de la glándula principal.
timol (thymol), esencia de tomillo sintética o natural utilizada como antibacteriano y antifúngico en algunas preparaciones para el tratamiento de las hemorroides, el acné y la tiña pedis.
timoma (thymoma, *pl.* **thymomas, thymomata**), tumor habitualmente benigno de la glándula tímica que se puede asociar a miastenia gravis o a un trastorno de inmunodeficiencia.
timosina (thymosin), **1.** hormona inmunológica que segrega de forma natural la glándula tímica. Está presente en mayores cantidades en los niños y disminuye a lo largo de la vida. **2.** fármaco de investigación derivado de extractos de timo bovino y prescrito como inmunomodulador.
timpanectomía (tympanectomy), extirpación quirúrgica de la membrana timpánica.
timpánico (tympanic), relativo o perteneciente a una estructura que resuena cuando se golpea, similar a la membrana timpánica, como el abdomen timpánico, que resuena a la percusión porque los intestinos están distendidos con gas.
timpanismo (tympany), sonido resonante grave que se percibe al percutir sobre un neumotórax o un vientre distendido.
tímpano (eardrum), parte del oído medio que transmite los sonidos al oído interno.
timpanograma (tympanogram), representación gráfica de la impedancia acústica y de la presión aérea del oído medio y de la movilidad de la membrana timpánica, que forma parte de la batería de pruebas auditivas. Diversos trastornos del oído medio, como la otitis media, la otosclerosis y las perforaciones de la membrana timpánica producen distintos timpanogramas.
timpanoplastia (tympanoplasty), cualquiera de los diversos procedimientos quirúrgicos realizados sobre la membrana del tímpano o en los osículos del oído medio, diseñados para restaurar o mejorar la audición en los pacientes con sordera de conducción. Se puede realizar para reparar una membrana timpánica perforada, la otosclerosis o la luxación o necrosis de uno de los huesecillos del oído medio.
timpanotomía (tympanotomy), v. **miringotomía**.
tinción ácido-alcohol resistente (acid-fast stain), método de tinción empleado en bacteriología en el que se tiñe con carbol-fucsina una extensión dispuesta en un porta, se decolora con alcohol ácido y se añade a continuación una contratinción con azul de metileno, con el fin de identificar las bacterias ácido-alcohol resistentes.
tinción con carmín (carmine dye), tinción realizada con una sustancia colorante roja, producida mediante la adición de alumbre a un extracto de cochinilla, utilizada para la tinción de muestras en histología.
tinción de fucsina fenicada (carbol-fuchsin stain), solución de fenol diluido y fucsina básica utilizada para el examen microscópico de microorganismos y de núcleos celulares.
tinción de Giemsa (Giemsa's stain) [Gustav Giemsa, químico alemán, n. 1867], colorante azul empleado para tinciones en el examen microscópico de la sangre para la localización de determinados parásitos protozoarios, corpúsculos virales de inclusión y rickettsias y, de forma más sistémica, en la preparación de extensiones para el recuento diferencial de leucocitos.
tinción de Gram (Gram's stain) [Hans C. J. Gram], método de tinción de microorganismos utilizando un colorante violeta, seguido de una solución yodada, decoloración con una solución de alcohol o acetona y nueva tinción con safranina. La conservación del color violeta del primer colorante o del color rosado de la contracoloración constituye un método fundamental para la identificación y clasificación de bacterias.
tinción de Sternheimer-Malbin (Sternheimer-Malbin stain), tinción de cristal violeta y safranina utilizada en análisis de orina para proporcionar un contraste adicional respecto a determinados cilindros y células.
tinción dicroica (dichroic stain), artefacto de la película radiográfica producido por un tinte químico colorante. El color puede variar entre amarillo y púrpura, y normalmente es el resultado de un revelado inadecuado.
TNM (TNM), sistema para clasificar en estadios las neoplasias malignas.
tinnitus (tinnitus), retintín o repiqueteo percibido en uno o ambos oídos. Puede ser un signo de trauma acústico, enfermedad de Ménière,

otosclerosis, presbiacusia o acumulación de cerumen afectando al tímpano u ocluyendo el canal auditivo externo.

tinte (dye), compuesto químico capaz de dar color a una sustancia, que se aplica para teñir tejidos, como reactivo para análisis, como agente terapéutico y para dar color a preparados farmacéuticos.

tintura (tincture), sustancia en solución diluida con alcohol.

tintura de opio (opium tincture), analgésico y antidiarreico para el tratamiento de la hiperactividad intestinal, calambres y diarrea.

tiña (tinea), grupo de enfermedades cutáneas micóticas causadas por dermatofitos de varias clases, caracterizadas por prurito, descamación y, a veces, lesiones dolorosas. La tiña es un término general que se refiere a infecciones de diversas causas, que se observan en diferentes localizaciones; el tipo específico generalmente viene designado por un sufijo.

tiña corporal (tinea corporis), infección micótica superficial de la piel sin pelo del cuerpo, más prevalente en los climas calientes y húmedos, causada generalmente por especies de *Trichophyton* o *Microsporum*.

Tiña corporal
(A. du Vivier, 2.ª ed., 1995)

tiña crural (tinea cruris), infección micótica superficial de la ingle, causada por especies de *Trichophyton* o por *Epidermophyton floccosum*. Es frecuente en los trópicos y entre los hombres.

tiña de la cabeza (tinea capitis), enfermedad micótica contagiosa caracterizada por la presencia de placas circulares calvas de 1 a 6 cm de diámetro con ligero eritema, descamación y costras.

tiña podal (tinea pedis), infección micótica superficial crónica del pie, especialmente de la piel de los espacios interdigitales y en la de las plantas. Habitualmente es una enfermedad muy diseminada y está causada, generalmente, por *Trichophyton mentagrophytes*, *T. rubrum* y *Epidermophyton floccosum*.

tiña ungueal (tinea unguium), infección micótica superficial de las uñas causada por varias especies de *Trichophyton* y, en ocasiones, por *Candida albicans*. Es más frecuente en los dedos de los pies que en los de las manos y puede causar el desmenuzamiento y destrucción de las uñas.

tiña versicolor (tinea versicolor), infección micótica de la piel caracterizada por descamación fina, manchas marrones pálidas en la parte superior del tronco y en los brazos que pueden ser pruriginosas y no broncearse, causada por *Malassezia furfur*. Este hongo fluoresce bajo luz de Wood y se puede identificar fácilmente en las raspaduras visualizadas bajo microscopio.

tioéster (thioester), grupo importante de sustancias químicas biológicas formadas por hidrosulfuros y ácidos carboxílicos e identificadas por una unión éster que afecta al radical -SH. Un ejemplo son los tioésteres de la coenzima A.

tioguanina (thioguanine), antineoplásico prescrito para el tratamiento de diversas enfermedades neoplásicas malignas, como las leucemias agudas.

tiomalato sódico de oro (gold sodium thiomalate), antirreumático prescrito para la artritis reumatoide.

tiopental sódico (thiopental sodium), barbitúrico potente de corta acción utilizado como anestésico general para procedimientos quirúrgicos que se espera duren 15 minutos o menos, como agente inductor de otros anestésicos generales, como componente hipnótico en la anestesia equilibrada y como adyuvante de la anestesia regional.

tiotepa (thiotepa), agente alquilante antineoplásico prescrito para el tratamiento de numerosas enfermedades neoplásicas malignas, como el adenocarcinoma de mama y ovario y los carcinomas de vejiga urinaria.

tiotixeno (thiothixene), antipsicótico tioxantínico prescrito para el tratamiento de la agitación aguda y para los trastornos psicóticos leves o graves.

tiouracilo (thiouracil), compuesto químico derivado de la tiourea que inhibe la formación de tiroxina en la glándula tiroides y que se usa para el tratamiento del hipertiroidismo.

típico (typical), ejemplo representativo.

tipificación (typing), proceso por el que se averigua la clasificación de una muestra de sangre, tejido u otra sustancia. V. también **tipificación de los grupos sanguíneos, tipificación tisular**.

tipificación con bacteriófagos (bacteriophage typing), proceso de identificación de una especie bacteriana en función del tipo de virus que la ataca.

tipificación de los grupos sanguíneos (blood typing), identificación de los antígenos de la superficie de los hematíes determinados genéticamente, realizada para determinar el grupo sanguíneo de una persona. Habitualmente se lleva a cabo en el banco de sangre y constituye el primer paso del estudio de la sangre del donante y el receptor que se van a utilizar en la transfusión; se sigue de una prueba de compatibilidad cruzada.

tipificación por fagos (phage typing), identificación de bacterias mediante el análisis de su vulnerabilidad a los virus bacterianos.

tipificación tisular (tissue typing), serie sistematizada de pruebas dirigidas a evaluar la compatibilidad intraespecie de los tejidos de un donante y un receptor antes del trasplante.

-tipo (-type), sufijo que significa «forma representativa o clase»: *lisotipo, serotipo, somatotipo*.

tipo corporal (body type), aspecto físico general del cuerpo humano de un sujeto.

Tir (Tyr), abreviatura de **tirosina**.

tira (strap), **1.** banda, como la hecha con un adhesivo, que se utiliza para sujetar apósitos o para unir una cosa a otra.

tira reactiva (dipstick), tira de papel tratada químicamente, que se utiliza para el análisis de orina y de otros líquidos.

tiramina (tyramine), aminoácido sintetizado en el cuerpo a partir del aminoácido esencial tirosina. La tiramina estimula la liberación de las catecolaminas adrenalina y noradrenalina. Es importante que las personas que están en tratamiento con inhibidores de la monoaminooxidasa eviten la ingestión de alimentos y bebidas que contengan tiramina. V. **amina, catecolamina, adrenalina, noradrenalina, vasoconstricción**.

tirantez (drawing), *coloquial,* sensación vaga de tensión muscular.

tiro- (tyro-), prefijo que significa «perteneciente al queso»: *tirógeno, tiroideo, tirometosis*.

tiro traqueal (tracheal tugging), movimiento hacia abajo que realiza la tráquea con cada latido por la presencia de un aneurisma aórtico.

tirocalcitonina (thyrocalcitonin), v. **calcitonina**.

tirocricotomía (thyrocricotomy), procedimiento de traqueostomía en el que se divide la membrana cricovocal.

tirogénico (thyrogenic, tirogenous), originado en la glándula tiroides.

tiroglobulina (thyroglobulin), extracto purificado de tiroides porcino prescrito para el tratamiento del cretinismo, del mixedema, del bocio y de otros trastornos hipotiroideos.

tiroidectomía (thyroidectomy), extirpación quirúrgica de la glándula tiroides realizada ante bocio coloidal, tumores o hipertiroidismo que no responden al tratamiento con yodo ni a los fármacos antitiroideos. Se extirpa la totalidad de la glándula salvo el 5 o el 10%; habitualmente poco después de la cirugía comienza a crecer de nuevo y la función tiroidea puede volver a la normalidad. En el cáncer de tiroides se extirpa toda la glándula junto con las estructuras que la rodean desde el cuello hasta la clavícula en una disección radical de cuello.

tiroidectomizado (thyroidectomized), relativo al paciente o situación en la que se ha extirpado la glándula tiroides.

tiroiditis (thyroiditis), inflamación de la glándula tiroides. La tiroiditis aguda, causada por infecciones estafilocócicas, estreptocócicas y por otros agentes, se caracteriza por supuración y formación de abscesos y puede progresar a enfermedad subaguda difusa de la glándula. La tiroiditis subaguda se caracteriza por fiebre, debilidad, dolor de garganta y aumento doloroso de la glándula, que contiene granulomas formados por masas coloidales rodeadas de células gigantes y células mononucleares. La tiroiditis linfocítica crónica (enfermedad de Hashimoto), caracterizada por la infiltración de linfocitos y células plasmáticas en la glándula y por un aumento difuso, parece transmitirse como un rasgo dominante y puede estar asociada a diversas enfermedades autoinmunes. Otra forma crónica de tiroiditis es el estruma de Riedel, una fibrosis progresiva poco frecuente, habitualmente de un lóbulo de la glándula, pero que a veces afecta a ambos lóbulos, a la tráquea y a los músculos, a los nervios y a los vasos sanguíneos próximos. La tiroiditis por radiación aparece en algunas ocasiones entre 7 y 10 días después del tratamiento del hipertiroidismo con yodo 131 radiactivo.

tiroiditis de De Quervain (De Quervain's thyroiditis), proceso inflamatorio del tiroides, caracterizado por tumefacción y dolor a la palpación de la glándula, fiebre, disfagia, fatiga y dolor intenso en cuello, oídos y mandíbula. Suele producirse después de una infección viral del tracto respiratorio alto y tiene tendencia a remitir espontáneamente y a recurrir varias veces.

tiroiditis fibrosa (fibrous thyroiditis), trastorno caracterizado por la fibrosis lentamente progresiva de una glándula tiroides aumentada de tamaño, con sustitución del tejido tiroideo normal por tejido conectivo denso. Los síntomas son: sensación de atragantamiento, disnea, disfagia e hipotiroidismo, aunque en algunos pacientes la glándula funciona con normalidad.

tiroma (tyroma, *pl.* **tyromas, tyromata**), neocrecimiento o nódulo con una consistencia caseosa o similar al queso.

tiromatosis (tyromatosis), proceso en el que el tejido necrótico es degradado y degenera a una masa granular, amorfa y caseosa.

tiromegalia (thyromegalia), aumento de tamaño de la glándula tiroides.

tironina (thyronine), v. **hormona tiroidea**.

tirosina (Tir) (tyrosine [Tyr]), aminoácido sintetizado en el cuerpo a partir del aminoácido esencial fenilalanina. La tirosina se encuentra en la mayoría de las proteínas y es un precursor de la melanina y de varias hormonas, como la adrenalina y la tiroxina. V. también **aminoácido, hormona, melanocito**.

tirosinemia (tyrosinemia), **1.** también llamada **tirosinemia neonatal**, es un trastorno benigno y transitorio del recién nacido, que afecta especialmente a los niños prematuros en los que aparece una cantidad excesiva del aminoácido tirosina en sangre y en orina. Está provocado por una anomalía en el metabolismo de los aminoácidos, habitualmente por un retraso en el desarrollo de las enzimas necesarias para metabolizar la tirosina. **2.** también llamada **tirosinemia hereditaria**, enfermedad hereditaria provocada por un error innato del metabolismo del aminoácido tirosina. Está causada por una deficiencia enzimática y produce insuficiencia hepática o cirrosis hepática, defectos tubulares renales que pueden producir raquitismo renal y glucosuria renal, aminoaciduria generalizada y retraso mental.

tirosinosis (tyrosinosis), trastorno poco frecuente producido por un defecto en el metabolismo de los aminoácidos y que se caracteriza por la excreción en orina de una cantidad excesiva de ácido parahidroxifenilpirúvico, un producto intermedio de la tirosina. V. también **tirosinemia**.

tirosinurea (tyrosinurea), presencia de tirosina en la orina.

tirotonina (T3) triyodotironina (thyrotonine [T3] triiodothyronine), v. **hormona tiroidea**.

tirotoxicosis (thyrotoxicosis), v. **enfermedad de Graves**.

tirotrópico (thyrotrophic, thyrotropic), perteneciente a algo que influye sobre la glándula tiroides, como la hormona estimulante del tiroides (TSH).

tirotropina (thyrotropin), v. **hormona estimulante del tiroides**.

tirotropina (sistémica) (thyrotropin [systemic]), preparación de hormona estimulante del tiroides bovina que aumenta la captación de yodo radiactivo en el tiroides y la secreción de tiroxina por el tiroides. Se prescribe para las pruebas diagnósticas y para mejorar la captación de ^{131}I en el tratamiento del cáncer tiroideo.

tiroxina libre (free thyroxine), cantidad de la hormona tiroidea tiroxina en su forma activa no ligada (T_4) en sangre circulante, medida mediante procedimientos especiales de laboratorio.

tiroxina (T_4) (thyroxine [T_4]), hormona de la glándula tiroides, derivada de la tirosina, que influye en el índice metabólico.

tisis (phthisis), enfermedad caquectizante que afecta a todo o a parte del cuerpo, como la tuberculosis pulmonar.

titanio (Ti) (titanium [Ti]), elemento metálico frágil, grisáceo. Su número atómico es 22; su peso atómico es 47,9. Se utiliza una aleación de titanio para la fabricación de prótesis ortopédicas.

TITG (GIFT), abreviatura de **transferencia intratubárica de gametos**.

titubeo (titubation), postura inestable caracterizada por una marcha tambaleante o con tropezones y una cabeza o tronco balanceantes mientras está sentado. Puede ser una manifestación de enfermedad cerebelosa.

título (titer), **1.** normalidad de una sustancia o solución, determinada mediante titulación para encontrar la equivalencia entre dos reactantes. **2.** punto hasta el que se puede diluir un anticuerpo antes de que pierda su poder para reaccionar con un antígeno específico. **3.** mayor dilución de un suero que produce la aglutinación de una bacteria.

título de rubéola (rubella title), prueba serológica para determinar el estado inmunitario del paciente frente a la rubéola.

Tl (Tl), símbolo del **talio**.

Tm (Tm), símbolo del **tulio**.

TMP-SMX (TMP-SMX), abreviatura de **trimetoprima y sulfametoxazol**.

TO (OT), abreviatura de **terapeuta ocupacional, terapia ocupacional**.

tobillo (ankle), **1.** articulación formada por la tibia, el astrágalo y el peroné. **2.** parte de la pierna donde se localiza esta articulación.

tocodinamómetro (tocodynamometer, tokodynamometer), dispositivo electrónico para la monitorización y registro de las contracciones uterinas en el parto. Está formado por un transductor de presión que se aplica al fondo del útero mediante un cinturón, conectado a una máquina que registra las contracciones en papel gráfico.

tocoferol (tocopherol), v. **vitamina E**.

tocotransductor (tocotransducer), dispositivo electrónico utilizado para medir las contracciones uterinas.

tofáceo (tophaceous), perteneciente a la presencia de tofos.

tofo (tophus, *pl.* **tophi**), cálculo que contiene depósitos de urato sódico y que se desarrolla en el tejido fibroso periarticular, típicamente en pacientes con gota.

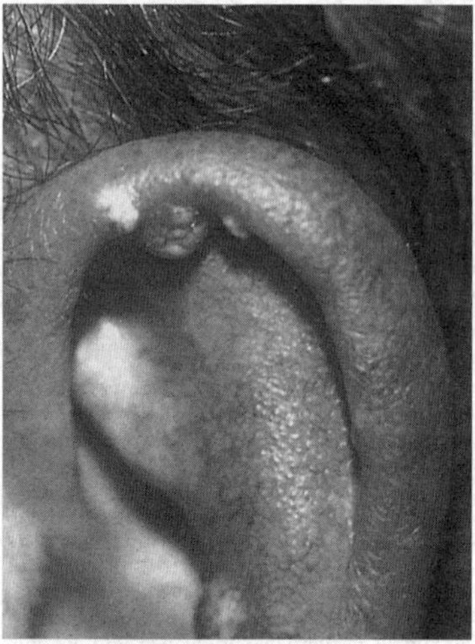

Tofos gotosos
(A. du Vivier, 2.ª ed., 1995)

togavirus (togaviruses), familia de arbovirus a la que pertenecen los organismos causantes de encefalitis, del dengue, de la fiebre amarilla y de la rubéola.

tolazamida (tolazamide), antidiabético oral sulfonilureico prescrito para el tratamiento de la diabetes mellitus estable o no insulinodependiente y para algunos pacientes sensibles a otros tipos de sulfonilureas o que han fracasado en su respuesta a otros fármacos similares.

tolbutamida (tolbutamide), antidiabético oral sulfoniureico prescrito para el tratamiento de la diabetes mellitus no insulindependiente estable que no se controla con la dieta y para algunos pacientes que cambian de insulina al tratamiento oral.

tolerancia (tolerance), capacidad de resistencia ante las penas, los dolores o las sustancias habitualmente lesivas, como drogas, sin aparente daño fisiológico o psicológico. Una clase de tolerancia es la **tolerancia al trabajo**.

tolmetín sódico (tolmetin sodium), agente antiinflamatorio no esteroideo prescrito principalmente para el tratamiento de la artritis reumatoide, la artritis reumatoide juvenil y la osteoartritis.

tolnaftato (tolnaftate), antimicótico prescrito para el tratamiento de las infecciones fúngicas superficiales de la piel, incluidas la tiña pedis, la tiña cruris y la tiña versicolor.

toma para sistema en Y (piggyback port), acoplamiento especial para el sistema IV principal que permite el paso de una solución complementaria, al sistema IV.

toma programada (timed collection), recogida de una muestra, como una muestra de orina o heces, durante un período determinado de tiempo.

tomografía (tomography), técnica radiológica que produce una película que representa una sección de corte detallada de una estructura tisular a una profundidad predeterminada. Es un instrumento diagnóstico válido para el descubrimiento e identificación de lesiones ocupantes de espacio, como las que pueden aparecer en el cerebro, hígado, páncreas y vesícula biliar.

tomografía axial computadorizada (TAC) (computer axial tomography [CAT]), v. **tomografía computadorizada**.

tomografía clásica (classic tomography), método en el que se mueve la fuente y la placa de rayos X durante la exposición para producir una imagen nítida de un plano determinado.

tomografía computadorizada (TC) (computed tomography [CT]), técnica de rayos X que genera una película que representa una sección transversa detallada de una estructura tisular. La técnica emplea un haz de rayos X colimado muy estrecho que rota en un movimiento continuo de 360 grados alrededor del paciente para representar el cuerpo en cortes de sección transversal. Una serie de detectores, situados en distintos ángulos, registra los rayos X que atraviesan el cuerpo. La imagen se construye mediante ordenadores. Antiguamente se denominaba **tomografía axial computadorizada**.

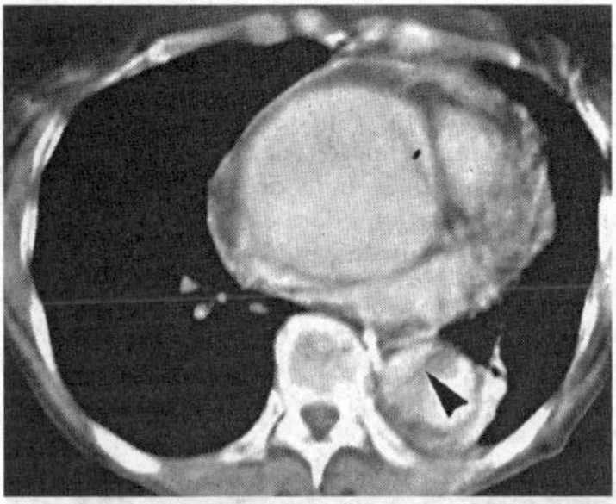

Tomografía computadorizada de una aorta ascendente
(L. M. Shapiro/K. M. Fox, 1992)

tomografía computadorizada por emisión (TCE) (emission computed tomography [ECT]), forma de tomografía en la que los elementos emitidos, como positrones o rayos gamma, procedentes de una sustancia radiactiva ingerida previamente, se detectan mediante detectores situados fuera del organismo.

tomografía computadorizada por emisión de fotón único (SPECT) (single-photon emission computed tomography [SPECT]), variación de tomografía computadorizada (TC) en la cual la suma de rayos es definida por los huecos colimadores en el detector de rayos gamma que rota alrededor del paciente. Las unidades de SPECT habitualmente están formadas por grandes gammacámaras de cristal montadas en un soporte que permite la rotación de la cámara alrededor del paciente. Se utilizan múltiples detectores para reducir el tiempo de exposición.

tomografía lineal (linear tomography), tomografía que produce un patrón de borramiento con un movimiento lineal o unidireccional. El patrón está producido por la elongación de las estructuras fuera del plano del foco.

tomografía por emisión de positrones (TEP) (positron emission tomography [PET]), técnica radiográfica computadorizada que utiliza sustancias radiactivas para explorar la actividad metabólica de diversas estructuras corporales. En los estudios con TEP el paciente inhala o se le inyecta un producto bioquímico, como glucosa, que transporta una sustancia radiactiva que emite partículas cargadas positivamente, o positrones, que se combinan con los electrones cargados negativamente, encontrados normalmente en las células del cuerpo. Cuando los positrones se combinan con estos electrones, se emiten rayos gamma. Los circuitos electrónicos y los ordenadores del dispositivo de TEP detectan los rayos gamma y los convierten en imágenes codificadas con colores que indican la intensidad de la actividad metabólica del órgano en cuestión.

tomografía pulmonar completa (full-lung tomography), técnica para producir proyecciones tomográficas generales de ambos pulmones para detectar posibles nódulos o metástasis ocultos.

tomograma (tomogram), radiografía producida mediante tomografía.

tomosíntesis digital (digital tomosynthesis), sistema de tomografía que utiliza un ordenador y una unidad fluoroscópica digital, lo que permite sintetizar cualquier plano tomográfico a partir de una simple pasada tomográfica.

tonicidad (tonicity), cualidad de poseer tono.

tónico (tonic), relativo a un tipo de receptor nervioso aferente o sensorial que responde a los cambios de longitud localizados en la porción no contráctil de un huso muscular. Puede ser estimulado por una fuerza mecánica externa como la posición, o por una fuerza interna causada por la contracción muscular intrafusal.

tonicoclónico (tonoclonic), perteneciente a espasmos musculares que a veces son tónicos y otras clónicos.

tono (pitch), calidad de un sonido dependiendo de la velocidad relativa de las vibraciones por las que se produce.

tono (tone, tonus), **1.** estado normal de tensión equilibrada en los tejidos del cuerpo, especialmente en los músculos. La contracción parcial o la contracción y relajación alternativas de las fibras adyacentes de un grupo de músculos sujetan un órgano o una parte del cuerpo en una posición neutral, funcional, sin fatiga. **2.** estado de los tejidos del cuerpo que están fuertes y en forma.

tono broncomotor (bronchomotor tone), estado de contracción o relajación del músculo liso en las paredes bronquiales que regula el calibre de las vías aéreas.

tono muscular (muscular tone), grado normal de tensión de los músculos en reposo.

tono vagal (vagal tone), **1.** relativo a la hiperexcitabilidad del sistema nervioso parasimpático. **2.** relativo al control inhibidor del nervio vago sobre la frecuencia cardíaca y la conducción auriculoventricular.

tonofibrilla (tonofibril), haz de filamentos finos presentes en el citoplasma de las células epiteliales. Las hebras individuales o **tonofilamentos** se despliegan a través del citoplasma y se extienden hasta los puentes intercelulares para converger en el desmosoma. En el epitelio queratinizado, estas hebras son el precursor principal de la queratina.

tonometría (tonometry), registro de la presión intraocular mediante la determinación de la resistencia del globo ocular a la depresión ejercida por una fuerza aplicada. El tonómetro de flujo de aire, que no toca el ojo, registra las desviaciones de la córnea producidas por un flujo de aire presurizado. La impresión de Schiötz y los tonómetros de aplanamiento registran la presión necesaria para deprimir o aplanar la superficie corneal.

tonómetro (tonometer), instrumento utilizado para medir la tensión o presión, especialmente la presión intraocular.

tonómetro de Schiötz (Schiötz' tonometer) [Hjalmar Schiötz, oftalmólogo noruego, n. 1850], tonómetro utilizado para medir la presión intraocular observando la profundidad de la depresión de la córnea provocada por el émbolo lastrado del aparato tras aplicación de un anestésico local.

tonos cardíacos fetales (tcf) (fetal heart tones [fht]), pulsaciones del corazón fetal oídas a través del abdomen materno durante la gestación.

tonsilectomía (tonsillectomy), extirpación quirúrgica de las amígdalas palatinas, realizada para prevenir la amigdalitis recurrente estreptocócica. La amigdalectomía se combina a menudo con la adenoidectomía.

tópico (topical), **1.** relativo o perteneciente a la superficie de una parte del cuerpo. **2.** relativo o perteneciente al fármaco o tratamiento que se aplica por vía tópica.

topognosis (topognosis), capacidad para reconocer estímulos táctiles.

topografía (topography), (en medicina) descripción anatómica de una zona corporal utilizando términos de la región en la cual se localiza.

topografía anatómica (anatomical topography), sistema de identificación de una parte del cuerpo en relación con la región en la que está localizada y las estructuras cercanas.

topográfico (topographic), relativo a la conceptualización freudiana de las capas de la consciencia humana.

toracentesis (thoracentesis), v. **toracocentesis**.

toracocentesis (thoracocentesis), perforación quirúrgica de la pared torácica y del espacio pleural con una aguja para la aspiración de líquido con fines diagnósticos o terapéuticos o para la obtención de una muestra para biopsia.

toracodinia (thoracodynia), dolor torácico.

toracostomía (thoracostomy), incisión hecha en la pared torácica para crear un orificio de drenaje.

toracotomía (thoracotomy), apertura quirúrgica de la cavidad torácica.

tórax (thorax, *pl.* **thoraces, thoraxes**), caja constituida por hueso y cartílago que contiene los principales órganos de la respiración y la circulación y que cubre parte de los órganos abdominales. En su cara anterior está formada por el esternón y por los cartílagos costales y en su cara posterior por las 12 vértebras dorsales y por las porciones dorsales de las 12 costillas.

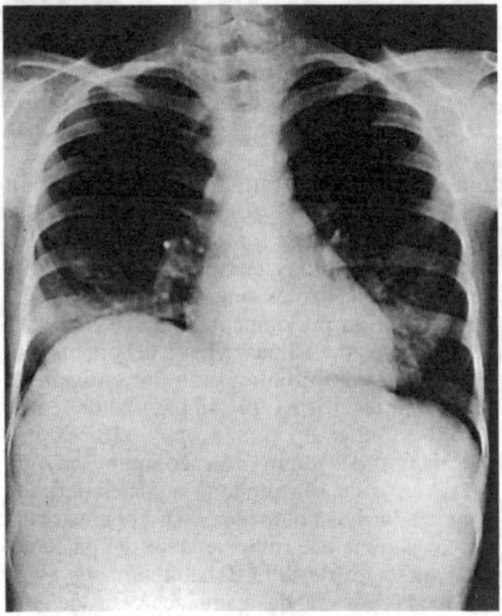

Radiografía de tórax
(S. Sherlock/J. A. Summerfield, 2.ª ed., 1992)

tórax batiente (flail chest), tórax en el que las múltiples fracturas costales producen inestabilidad en parte de la pared torácica y respiración paradójica, es decir, el pulmón de ese lado se contrae en la inspiración y se expande en la espiración.

tórax en embudo (funnel chest), anomalía esquelética del tórax caracterizada por la depresión del esternón. La deformidad puede no interferir con la respiración, aunque se suele recomendar su corrección quirúrgica por motivos estéticos.

tórax en quilla, tórax en pichón (pigeon breast), defecto estructural congénito caracterizado por la prominencia anterior del apéndice xifoides y de la parte inferior del esternón, así como también por un alargamiento de los cartílagos costales. Puede causar complicaciones cardiorrespiratorias.

tórax en tonel (barrel chest), tórax grande y redondeado que se considera normal en algunos individuos anchos y robustos y en los que viven en áreas de gran altitud, a consecuencia de la cual desarrollan una mayor capacidad vital. El tórax en tonel también puede ser un signo de enfisema pulmonar.

tórax enfisematoso (emphysematous chest), tipo atrófico de enfisema que se acompaña de disnea, pero sin alteraciones en el contorno torácico.

tórax óseo (bony thorax), parte esquelética del tórax, que incluye vértebras dorsales, costillas y esternón.

TORCH (TORCH), abreviatura de **toxoplasmosis, otros, rubéola, citomegalovirus y virus del herpes simple**, grupo de agentes que pueden infectar al feto o al recién nacido causando un conjunto de efectos mórbidos denominados síndrome TORCH.

torio (Th) (thorium [Th]), elemento metálico pesado, gris, radiactivo. Su número atómico es 90; su peso atómico es 232,04. El torio se utiliza en procedimientos radiográficos y en radioterapia.

tormenta tiroidea (thyroid storm), crisis que aparece en el hipertiroidismo incontrolado causada por la liberación al torrente sanguíneo de cantidades importantes de hormonas tiroideas. La crisis puede aparecer de forma espontánea o precipitarse por infección, estrés o tiroidectomía realizada en un paciente preparado incorrectamente con fármacos antitiroideos. Los signos característicos son fiebre que puede alcanzar los 41 °C, pulso rápido, dificultad respiratoria aguda, temor, inquietud, irritabilidad y postración. El paciente puede tener delirios, caer en coma y morir de insuficiencia cardíaca.

tornillo autorroscante (self-threading pin), tornillo de rosca insertado en un agujero excavado en la dentina de un diente para mejorar la retención de una restauración.

torniquete (tourniquet), dispositivo utilizado para controlar la hemorragia, formado por una banda constrictiva ancha aplicada al miembro, por encima del origen de la hemorragia. La utilización de un torniquete es una medida drástica y sólo se debe emplear si la hemorragia amenaza la vida y se ha probado que otras medidas más seguras son ineficaces.

torniquete de cuero cabelludo (scalp tourniquet), venda que se aplica al cuero cabelludo para limitar el flujo sanguíneo durante la administración de fármacos antineoplásicos. El torniquete controla la pérdida de cabello que con frecuencia se asocia al uso de fármacos supresores del cáncer.

torniquete rotativo (rotating tourniquet), uno de los cuatro mecanismos empleados de forma rotativa para acumular la sangre en las extremidades y aliviar la congestión pulmonar del edema agudo de pulmón. La utilización del torniquete rotativo ha disminuido durante los últimos años gracias al desarrollo de los diuréticos y de los vasodilatadores.

torno dental (dental engine), aparato consistente en un instrumento de mano al que pueden acoplarse distintas herramientas y fresas rotatorias. Funciona mediante un motor eléctrico.

torr (torr) [Evangelista Torricelli, físico italiano, n. 1608], unidad de presión igual a 1.333,22 dinas/cm^2 o 1,33322 milibares. Un torr es la presión requerida para soportar una columna de mercurio de 1 mm de altura cuando el mercurio es de densidad estándar y está sometido a una aceleración estándar.

torsades de pointes (torsades de pointes), tipo de taquicardia ventricular con aspecto espiral («torsión de las puntas») y complejos en el electrocardiograma que parecen positivos al principio y después negativos. Se precipita por un intervalo QT largo inducido a menudo por fármacos, pero que puede ser el resultado de hipocaliemia o de bradicardia profunda.

torsión (torsion), **1.** proceso de giro en dirección positiva (sentido de las agujas del reloj) o negativa (sentido contrario a las agujas del reloj). **2.** (en odontología) giro de un diente alrededor de su eje longitudinal.

torso (torso), cuerpo sin extremidades.

tortícolis (torticollis), trastorno en el que la cabeza está inclinada hacia un lado como consecuencia de la contracción de los músculos de ese lado del cuello. Puede ser congénita o adquirida.

tortícolis espasmódico (spasmodic torticollis), forma de tortícolis caracterizado por episodios de espasmos de los músculos del cuello. En algunos casos, las causas pueden ser el estrés intenso y espasmos musculares.

tortícolis fijo (fixed torticollis), trastorno en el que los músculos de una parte del cuello son tan cortos que la cabeza se mantiene continuamente en la misma posición.

tortícolis intermitente (intermittent torticollis), espasmos intermitentes de los músculos del cuello, con inclinación de la cabeza hacia un lado. Las potentes contracciones se suelen producir en el músculo esternocleidomastoideo.

tortícolis sintomático (symptomatic torticollis), rigidez de cuello producida por un trastorno a ese nivel, como el tortícolis reumatoide o el tortícolis miogénico.

tortipelvis (tortipelvis), tipo de distonía muscular que da lugar a una distorsión de la pelvis, o de la columna y caderas.

tortuoso (tortuous), que tiene o hace giros y vueltas.

Torula histolytica (Torula histolytica), v. ***Cryptococcus neoformans***.

torulopsosis (torulopsosis), infección producida por el hongo *Torulopsis glabrata*, habitante normal de la orofaringe, tracto GI y piel, que causa enfermedad en pacientes gravemente debilitados o en aquellos con una función inmune alterada.

tos (cough), expulsión súbita, sonora, de aire procedente de los pulmones. La tos está precedida por una inspiración, la glotis se cierra parcialmente y los músculos espiratorios accesorios se contraen para poder expulsar enérgicamente el aire de las vías respiratorias. La tos es una respuesta protectora básica que sirve para limpiar los pulmones, bronquios o tráquea de irritantes y secreciones, o para prevenir aspiraciones de material extraño hacia los pulmones. Es un síntoma frecuente en las enfermedades del tórax y de la laringe. Los medicamentos antitusígenos se emplean en algunas ocasiones para el tratamiento de la tos en ausencia de moco o congestión.

tos ferina (pertussis, whooping cough), enfermedad respiratoria aguda, sumamente contagiosa, que se caracteriza por episodios paroxísticos de tos que terminan en una inspiración ruidosa. Afecta principalmente a lactantes y a niños menores de 4 años que no han sido inmunizados. El organismo causal, *Bordetella pertussis*, es un cocobacilo gramnegativo, pequeño e inmóvil. Un organismo similar, *B. parapertussis*, provoca una forma menos grave de la enfermedad llamada parapertussis.

tosilato de bretilio (bretylium tosylate), agente antiarrítmico prescrito en el tratamiento de las arritmias ventriculares que ponen en peligro la vida del paciente cuando no han sido eficaces otras medidas.

toxemia (toxemia), condición que resulta de la propagación de productos bacterianos (toxinas) en el torrente sanguíneo.

toxemia del embarazo (toxemia of pregnancy), v. **preeclampsia**.

toxemia eclamptogénica (eclamptogenic toxemia), forma de intoxicación sanguínea acompañada de convulsiones que puede aparecer durante el embarazo.

toxicante (intoxicant), cualquier producto que pueda provocar un estado de intoxicación o envenenamiento.

toxicidad (toxicity), **1.** grado en el que una sustancia es tóxica. **2.** enfermedad que se produce como consecuencia de la exposición a una toxina o a cantidades tóxicas de una sustancia que no causa efectos adversos en cantidades menores.

toxicidad aguda (acute toxicity), efecto nocivo de un agente tóxico, que se manifiesta en segundos, minutos, horas o días, después de haber entrado en contacto con el paciente.

toxicidad coclear (cochlear toxicity), efectos tóxicos de los medicamentos que pueden producir trastornos de la audición como el tinnitus.

toxicidad del oxígeno (oxygen toxicity), alteración relacionada con la sobredosis de oxígeno que puede producir cambios tisulares patológicos, como fibroplasia retrolental o displasia broncopulmonar.

toxicidad pulmonar por oxígeno (pulmonary oxygen toxicity), forma de intoxicación por oxígeno que se produce al respirar presiones parciales de oxígeno elevadas. Los efectos fisiopatológicos son lesión endotelial de los capilares pulmonares y destrucción de las células epiteliales alveolares. Las manifestaciones clínicas son tos, dolor subesternal, náuseas, vómitos y atelectasias.

toxicidad vestibular (vestibular toxicity), efectos tóxicos (generalmente de fármacos) sobre el vestíbulo del oído, que producen mareo, vértigo y pérdida del equilibrio.

tóxico (toxic), relativo o perteneciente a un veneno.

toxicocinética (toxicokinetics), paso a través del sistema corporal de un agente tóxico o de sus metabolitos, habitualmente de forma similar a la de la farmacocinética.

toxicología (toxicology), estudio científico de los venenos, de su detección, de sus efectos y de los métodos de tratamiento para las enfermedades que producen.

toxicólogo (toxicologist), especialista en toxicología.

toxicosis (toxicosis), trastorno provocado por la absorción de tóxicos metabólicos o bacterianos.

toxina (toxin), veneno, normalmente producido por una planta o un microorganismo.

toxina bacteriana (bacterial toxin), cualquier sustancia tóxica producida por una bacteria. **Endotoxinas** y **exotoxinas** son tipos de toxinas bacterianas.

toxina botulínica (botulinus toxin), cualquiera de un grupo de potentes toxinas bacterianas producidas por diferentes cepas de *Clostridium botulinum*. En ocasiones las cepas se identifican mediante letras del alfabeto, como A, B, C, y así sucesivamente.

toxina diftérica (diphtheria toxin), filtrado de un caldo de cultivo utilizado para preparar una forma inyectable intradérmica de toxina para la prueba de Schick.

toxina vegetal (plant toxin), toda sustancia tóxica obtenida a partir de una planta, como la ricina de las semillas del aceite de ricino.

toxina-antitoxina (toxin-antitoxin), mezcla de toxinas y antitoxinas. La toxina-antitoxina de la difteria se usaba antes en la inmunización activa.

toxocariasis (toxocariasis), infección por la larva de *Toxocara canis*, la lombriz común de perros y gatos. La ingestión de huevos viables, habitualmente presentes en el suelo, produce la extensión de diminutas larvas a través del cuerpo, apareciendo síntomas respiratorios, hepatomegalia, eritema cutáneo, eosinofilia y lesiones oculares con posterioridad. Los niños que comen tierra están especialmente predispuestos a padecer esta enfermedad.

toxoide (toxoid), toxina que ha sido tratada con sustancias químicas o con calor para disminuir su efecto tóxico, pero que conserva su poder antigénico. Se administra para producir inmunidad mediante la estimulación de la creación de anticuerpos.

toxoide tetánico (tetanus toxoid), agente inmunizante activo preparado a partir de la toxina tetánica atenuada que produce una respuesta antigénica en el cuerpo, confiriendo inmunidad permanente a la infección tetánica. Se prescribe para la inmunización activa primaria contra el tétanos.

toxoides de difteria y tétanos (DT) (diphtheria and tetanus toxoids [DT]), agente de inmunización pasiva utilizado para inmunizar frente a la difteria y el tétanos.

toxoides de difteria y tétanos y vacuna anti tos ferina (DTP) (diphtheria and tetanus toxoids and pertussis vaccine [DTP]), agente de inmunización pasiva utilizado para inmunizar de forma sistemática a niños menores de 6 años de edad frente a la difteria, el tétanos y la tos ferina.

toxoides tetánico y diftérico (Td) (tetanus and diphtheria toxoids [Td]), agente inmunizante activo que contiene toxoides tetánico y diftérico atenuados que producen lentamente una respuesta antigénica frente a esas enfermedades. Se prescribe para la inmunización contra el tétanos y la difteria en niños menores de 7 años cuando está contraindicada la vacuna de la tos ferina en la vacuna trivalente habitual frente a difteria, tos ferina y tétanos.

toxoplasmosis (toxoplasmosis), infección común producida por el protozoo intracelular *Toxoplasma gondii*, caracterizada en su forma congénita por afectación hepática y cerebral con calcificaciones cerebrales, convulsiones, ceguera, microcefalia o hidrocefalia y retraso mental. La forma adquirida se caracteriza por eritema, linfadenopatía, fiebre, malestar, alteraciones del sistema nervioso central, miocarditis y neumonitis.

TP (PT), abreviatura de **tiempo de protrombina**.

TPM (PMT), abreviatura de **tensión premenstrual**.

TPN (NPT), abreviatura de **tumescencia peneana nocturna**.

TPR (TPR), abreviatura de *temperatura, pulso, respiración*.

Tr (Thr), abreviatura de **treonina**.

trabajo de parto (labor), tiempo y proceso que se produce durante el parto, desde el comienzo de la dilatación cervical hasta la expulsión de la placenta.

trabajo de parto espontáneo (spontaneous labor), trabajo de parto que comienza y evoluciona sin estimulación mecánica ni farmacológica.

trabajo respiratorio (breathing work), energía requerida para los movimientos respiratorios. Es el producto acumulado de la presión instantánea desarrollada por los músculos respiratorios y el volumen de aire desplazado durante un ciclo respiratorio.

trabécula carnosa (trabecula carnea, *pl.* **trabeculae carneae**), cada una de las bandas irregulares y haces del músculo que se proyectan desde las superficies internas de los ventrículos, excepto en el cono arterial del ventrículo derecho.

trabécula septomarginal (trabecula septomarginalis), v. **banda moderadora**.

trabéculas (trabeculae), (en oftalmología) porción del ojo frente al canal de Schlemm y dentro del ángulo creado entre el iris y la córnea.

trabeculectomía (trabeculectomy), extirpación quirúrgica de una sección de tejido corneoescleral para aumentar el flujo de salida del humor acuoso en pacientes con glaucoma severo.

trabeculoplastia (trabeculoplasty), técnica de cirugía plástica que se utiliza para el tratamiento del glaucoma. Se emplea un láser de argón para destruir la red vascular del ojo, lo que permite el drenaje del exceso de líquido, disminuyendo la presión intraocular.

trabeculotomía (trabeculotomy), apertura quirúrgica en una trabécula orbital para aumentar el flujo de salida del humor acuoso.

tracción (traction), (en ortopedia) proceso de poner un miembro, hueso o grupo de músculos en tensión mediante pesos y poleas para alinear o inmovilizar esa parte o para aliviar la presión ejercida sobre la misma. **2.** proceso de tirar de una parte del cuerpo a lo largo, a través o fuera de su sitio o cavidad, como la tracción axial con los fórceps obstétricos en el nacimiento de un niño. Son tipos de tracción: **tracción cutánea, tracción de Bryant, tracción de Buck, tracción de Russell, tracción esquelética** y **suspensión-tracción de Russell**.

tracción 90-90 (traction, 90-90), mecanismo ortopédico, utilizado especialmente en pediatría, que combina la tracción esquelética y la suspensión con una férula de pierna para inmovilizar y colocar la extremidad inferior en el tratamiento de una fractura de fémur desplazada.

tracción cefálica (head traction), tracción que se aplica a la cabeza en el tratamiento de las lesiones de las vértebras cervicales.

tracción con peso (weight traction), tracción aplicada a un miembro o a una parte de un miembro por medio de un peso suspendido.

tracción cutánea (skin traction), uno de los dos tipos básicos de tracción utilizados en ortopedia para el tratamiento de huesos fracturados y la corrección de anomalías ortopédicas. En la tracción cutánea se tira de una estructura corporal afectada mediante tiras fijadas a la piel que rodea dicha estructura. Son tipos de tracción cutánea la **tracción cutánea adhesiva** y la **tracción cutánea no adhesiva**.

tracción cutánea adhesiva (adhesive skin traction), uno de los dos tipos de tracción cutánea, en la que el peso de la tracción terapéutica se aplica con cintas adhesivas que se pegan a la piel que recubre la estructura corporal afectada, especialmente un hueso fracturado. La tracción cutánea adhesiva se emplea solamente cuando se desea proporcionar una tracción continua y los cuidados de la piel del área afectada no comportan graves problemas.

tracción cutánea de Buck (Buck's skin traction), procedimiento ortopédico que aplica tracción a las extremidades inferiores con las caderas y las rodillas extendidas. Se utiliza como ayuda en el tratamiento de las contracturas de cadera y rodilla, en el tratamiento postural y la inmovilización postoperatorias y en procesos patológicos de la cadera y la rodilla.

tracción cutánea de Dunlop (Dunlop skin traction), mecanismo ortopédico que ayuda a inmovilizar el miembro superior en el tratamiento de la contractura y la fractura supracondílea del codo, con ayuda de pesos, poleas y cuerdas. Puede aplicarse en forma de tracción cutánea adhesiva o no adhesiva.

tracción cutánea no adhesiva (nonadhesive skin traction), cualquiera de los dos tipos de tracción cutánea en los que la tracción terapéutica mediante pesos se aplica a través de tirantes forrados de espuma, por lo que no se adhieren a la piel de la zona corporal en cuestión. Los tirantes ejercen la tracción sobre una amplia zona de superficie de piel, disminuyendo así la vulnerabilidad del paciente al desgarro dérmico.

tracción de Bryant (Bryant's traction) [Sir Thomas Bryant, médico inglés, n. 1828], mecanismo ortopédico utilizado sólo con los niños para inmovilizar ambas extremidades inferiores en el tratamiento de una fractura de fémur o en la corrección de una dislocación congénita de cadera. Este dispositivo consiste en un armazón de tracción que soporta pesos, conectado mediante cuerdas que corren a través de poleas para traccionar las placas colocadas en el pie del niño.

tracción de Buck (Buck's traction) [Gurdon Buck, cirujano norteamericano, n. 1807], uno de los dispositivos ortopédicos más utilizados, mediante el que la fuerza de tracción se ejerce en las extremidades inferiores con un sistema de cuerdas, pesas y poleas. La tracción de Buck se utiliza para inmovilizar, colocar y alinear las extremidades inferiores en el tratamiento de las contracturas y enfermedades de la cadera y la rodilla.

tracción de Quigley (Quigley traction), tipo de tracción empleada en las fracturas de maléolo externo y trimaleolares en la cual se coloca una malla alrededor de la pierna y del tobillo y se fija a un armazón situado por encima de la cabeza, con lo que la pierna queda suspendida por el tobillo.

tracción de Russell (Russell traction) [R. Hamilton Russell, cirujano australiano del siglo XX], mecanismo ortopédico unilateral o bilateral que combina la suspensión y la tracción para inmovilizar, colocar y alinear las extremidades inferiores en el tratamiento de fracturas del fémur y de contracturas de la cadera y de la rodilla, así como en el tratamiento de procesos patológicos de la cadera y de la rodilla.

tracción del eje (axis traction), **1.** procedimiento consistente en traccionar de la cabeza del niño mediante fórceps obstétricos, en una dirección paralela al plano de menor resistencia, siguiendo la curva de Carus a lo largo del canal del parto. **2.** *informal*, cualquier dispositivo mecánico acoplado a los fórceps obstétricos destinado a facilitar la tracción en una dirección apropiada.

tracción elástica (elastic traction), cualquiera de los aparatos terapéuticos que usa un mecanismo elástico para estirar un miembro.

tracción equilibrada (balanced traction), sistema de suspensión equilibrada que complementa la tracción en el tratamiento de fracturas de las extremidades inferiores o tras varias operaciones de las regiones inferiores del cuerpo.

tracción esquelética (skeletal traction), una de las dos formas básicas de tracción utilizadas en ortopedia para el tratamiento de huesos fracturados y la corrección de anomalías ortopédicas. La tracción esquelética se aplica a la estructura afecta mediante un clavo metálico o un alambre introducidos en el tejido óseo y fijados a cuerdas de tracción. La tracción esquelética se utiliza con frecuencia cuando se desea tracción continua para inmovilizar, mantener en posición y alinear una fractura ósea adecuadamente durante el proceso de curación. La infección del trayecto del clavo es una de las complicaciones que pueden aparecer con la tracción esquelética.

tracción esquelética de Dunlop (Dunlop skeletal traction), mecanismo ortopédico que ayuda a inmovilizar el miembro superior en el tratamiento de la contractura y la fractura supracondílea del codo, con ayuda de pesos, poleas y cuerdas para hacer tracción. El mecanismo se fija al hueso afectado con un clavo o un alambre.

tracción ortopédica (orthopedic traction), procedimiento en el que un paciente se fija a un dispositivo mediante cuerdas y poleas que ejercen una fuerza de tracción sobre una extremidad o una región corporal mientras se ejerce una contratracción. La tracción se aplica sobre todo para reducir e inmovilizar fracturas, pero también se utiliza para resolver espasmos musculares, para estirar adherencias, para corregir ciertas deformidades y para facilitar la liberación de contracturas artríticas.

tracción rodante de Neufeld (Neufeld roller traction), sistema de tracción que se usa en las fracturas femorales; consiste en un yeso de la pantorrilla y el muslo articulado a la altura de la rodilla y suspendido mediante una cuerda que va desde la parte media del muslo a una polea, y desde aquí hasta un muelle sujeto a la cara anterior de la porción media de la pierna.

tracoma (trachoma), enfermedad infecciosa crónica del ojo causada por la bacteria *Chlamydia trachomatis*, caracterizada inicialmente por inflamación, dolor, fotofobia y lagrimeo. Si no se trata, se forman folículos en los párpados superiores y crecen hasta que las granulaciones invaden la córnea, causando finalmente ceguera.

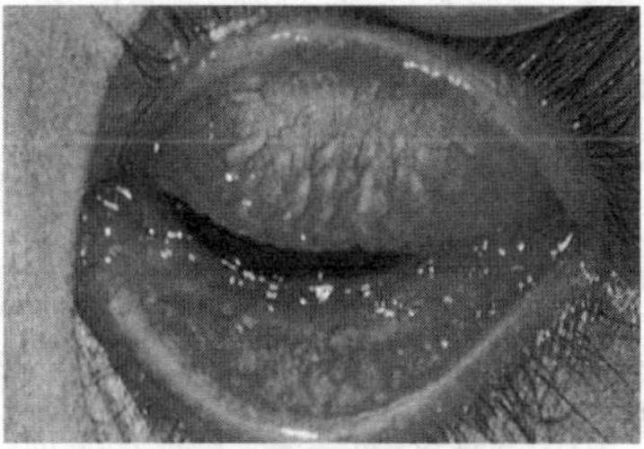

Tracoma precoz
(C. D. Forbes/W. F. Jackson, 1994)

tracto (tract), **1.** grupo alargado de tejidos y estructuras que funcionan conjuntamente como un trayecto único, como el tracto digestivo o el tracto respiratorio. **2.** (en neurología) axones neuronales agrupados conjuntamente para formar una vía.

tracto aferente (afferent tract), vía por la que discurren los impulsos nerviosos hacia el cerebro, el centro de un órgano u otra estructura corporal.

tracto ascendente (ascending tract), vía del sistema nervioso, localizada en la médula espinal, que transporta impulsos hacia el cerebro.

tracto descendente (descending tract), tracto nervioso de la médula espinal que transporta impulsos alejándolos del eje cerebral del cuerpo o de parte del cuerpo.

tracto digestivo (digestive tract), tubo musculomembranoso de unos 9 metros de longitud, que se extiende desde la boca hasta el ano y está tapizado por una capa mucosa. Se compone de boca, faringe, esófago, estómago, intestino delgado e intestino grueso. Este tubo, que forma parte del sistema digestivo del cuerpo, incluye numerosos órganos accesorios.

tracto digestivo superior (upper GI), relativo al segmento del tracto digestivo constituido por el esófago, el estómago y el duodeno. El término se aplica generalmente a la imagen fluoroscópica o radiográfica tras la ingesta de una papilla de bario. Han de estudiarse el tamaño, el contorno, la permeabilidad, el llenado, la posición y el paso del bario a través de este segmento.

tracto gastrointestinal (gastrointestinal tract), v. **tracto digestivo**.

tracto motor (motor tract), vía nerviosa eferente que transmite impulsos que controlan el movimiento.

tracto NG (NG tube), abreviatura de tracto nasogástrico.

tracto respiratorio (respiratory tract), conjunto de órganos y estructuras que realizan la ventilación pulmonar del cuerpo y el intercambio de oxígeno y anhídrido carbónico entre el aire ambiental y la sangre que circula por los pulmones. También calienta el aire que penetra en el cuerpo y participa en la función del lenguaje proporcionando el aire necesario a la laringe y a las cuerdas vocales.

tracto respiratorio inferior (lower respiratory tract), división del sistema respiratorio que comprende desde los bronquios izquierdo y derecho, a los alveolos, en los que se intercambian el oxígeno y el dióxido de carbono durante el ciclo respiratorio. Los bronquios se dividen en bronquiolos más pequeños dentro de los pulmones, los bronquiolos en conductos alveolares, los conductos en sacos alveolares y los sacos en alveolos.

tracto respiratorio superior (upper respiratory tract), una de las dos divisiones del sistema respiratorio. El tracto respiratorio superior está formado por la nariz, la cavidad nasal, las celdillas aéreas etmoidales, los senos frontales, los senos esfenoidales, el seno maxilar, la laringe y la tráquea. El tracto respiratorio superior conduce aire hasta y desde los pulmones, y filtra, humedece y templa el aire durante cada inspiración.

tracto urinario (urinary tract), conjunto de los órganos y conductos implicados en la secreción y eliminación de orina del cuerpo.

traducción (translation), (en genética molecular) proceso en el que la información genética transportada por los nucleótidos en el ARN mensajero dirige la secuencia de aminoácidos en la síntesis de un polipéptido específico.

traducción de muesca (nick translation), método para marcar ADN en el laboratorio, por medio de la enzima ADN-polimerasa.

trago (tragus, *pl.* **tragi**), proyección del cartílago de la oreja en el orificio del meato auditivo externo.

trance (trance), **1.** estado similar al sueño caracterizado por la suspensión parcial o completa de la consciencia y por la pérdida o disminución de la actividad motora. **2.** estado de aturdimiento o perplejidad; estupor. **3.** estado de separación del entorno inmediato. Algunos tipos de trances son: **trance alcohólico, trance hipnótico** y **trance inducido**.

trance alcohólico (alcoholic trance), estado de automatismo que se produce como consecuencia de una intoxicación alcohólica.

trance hipnótico (hypnotic trance), estado parecido al sueño inducido artificialmente, como en la hipnosis.

trance inducido (induced trance), estado de sonambulismo como resultado de una neurosis histérica o de hipnotización.

tranquilizante (tranquilizer), fármaco prescrito para calmar la ansiedad o la agitación, sin disminuir, idealmente, la consciencia. Los tranquilizantes mayores generalmente se utilizan para el tratamiento de las psicosis. Los tranquilizantes menores generalmente se prescriben para el tratamiento de la ansiedad, irritabilidad, tensión o psiconeurosis. Los tranquilizantes tienden a inducir somnolencia y pueden causar dependencia física y psicológica.

transabdominal (transabdominal), relativo a un procedimiento a través de la pared abdominal.

transacciones ulteriores (ulterior transactions), (en psiquiatría) transacciones a doble nivel. El primer nivel está constituido por los enunciados verbales relevantes. El segundo nivel habitualmente es no verbal y tiene un significado psicológico oculto.

transaminasa (transaminase), enzima que cataliza la transferencia de un grupo amino desde un alfaaminoácido a un alfacetoácido, actuando como coenzimas el fosfato de piridoxal y el fosfato de piridoxamina.

transaminasa glutámico oxalacética sérica (SGOT) (serum glutamic oxaloacetic transaminase [SGOT]), enzima catalítica encontrada en varias partes del cuerpo, especialmente corazón, hígado y tejido muscular. Se encuentran cantidades elevadas de esta enzima en el suero en casos de infarto de miocardio y de hepatopatía aguda, con el empleo de determinados fármacos y en cualquier enfermedad o trastorno en el cual resulten seriamente dañadas las células.

transaminasa glutámico pirúvica sérica (SGPT) (serum glutamic pyruvic transaminase [SGPT]), enzima catalítica que se encuentra normalmente en concentraciones elevadas en el hígado. Cantidades por encima de lo normal en suero indican lesión hepática.

transaminasa glutamicooxalacética (glutamicoxaloacetic transaminase), v. **aspartato aminotransferasa**.

transaminasa glutamicopirúvica (glutamic-pyruvic transaminase), v. **alanina aminotransferasa**.

transaórtico (transaortic), perteneciente a un procedimiento a través de la aorta.

transcervical (transcervical), fractura a través del cuello del fémur.

transcortina (transcortin), proteína diglobulínica que se une a la mayor parte del cortisol plasmático.

transcripción (transcription), (en genética molecular) proceso por el que se forma ARN a partir de una plantilla de ADN en el proceso de síntesis de una proteína.

transcriptasa inversa (TI) (reverse transcriptase [RT]), enzima presente en el virión de los retrovirus. La transcriptasa inversa está presente en leucovirus y virus ARN formadores de tumores en las células eucarióticas.

transcutáneo (transcutaneous), relativo al procedimiento que se realiza a través de la piel.

transducción (transduction), (en genética molecular) método de recombinación genética mediante el que se transfiere el ADN de una célula a otra a través de un vector viral.

transductor (transducer), dispositivo que envía y recibe una señal de onda sonora.

transductor de flujo (flow transducer), espirómetro que calcula el volumen dividiendo el flujo entre el tiempo.

transección (transection), sección transversal de una muestra biológica o corte a través de su eje longitudinal.

transeccionar (transect), romper o cortar a través, como al preparar una sección transversal de tejido.

transexual (transsexual), persona cuya identidad sexual es opuesta a su sexo biológico.

transexualismo (transexualism), trastorno en el que una persona tiene un deseo intenso de rechazar su sexo biológico y vive como un miembro del sexo opuesto. Se considera una enfermedad psiquiátrica si dura más de dos años. Algunos transexuales se visten con ropa propia del sexo opuesto y solicitan actuaciones médicas o quirúrgicas para modificar sus características sexuales físicas.

transfección (transfection), (en genética molecular) proceso por el que una célula se infecta con ADN o ARN aislado de un virus o de un vector viral.

transfección osmótica (osmotic transfection), método para introducir moléculas de ADN extraño en las células, introduciendo éstas en una solución diluida que provoca su ruptura. El ADN extraño se añade al líquido y es absorbido por el núcleo celular. Las membranas celulares se reparan rápidamente. El nuevo ADN puede detectarse en las células como un marcador de transfección.

transferencia (transference), **1.** desplazamiento de síntomas de una parte del cuerpo a otra, como ocurre en los trastornos de conversión. **2.** (en psiquiatría) mecanismo de defensa inconsciente por el que se atribuyen a otros sentimientos y actitudes, originalmente asociados a personajes y acontecimientos importantes de una vida anterior, las situaciones interpersonales actuales. **3.** (en psicoanálisis y psicoterapia) sentimientos de un paciente hacia el terapeuta, a quien atribuye o asigna cualidades, actitudes y sentimientos de una persona o personas significativos en su desarrollo emocional, habitualmente una figura de su infancia.

transferencia de pensamiento (thought transference), v. **telepatía**.

transferencia génica (gene transfer), tipo de terapia génica en la que se trasplanta un gen desde un organismo donante a un organismo receptor.

transferencia intratubárica de gametos (TITG) (gamete intrafallopian transfer [GIFT]), técnica de fertilización humana en la que los gametos masculino y femenino se inyectan mediante un laparoscopio en los extremos fimbriados de las trompas de Falopio.

transferencia lineal de energía (TLE) (linear energy transfer [LET]), (en radiología) velocidad a la que se transfiere la energía, desde la radiación ionizante a los tejidos blandos. Se expresa en términos de kiloelectronvoltios (KeV) por micrometro de trayectoria en el tejido blando.

transferrina (transferrin), proteína presente en la sangre, esencial para el transporte del hierro.

transformación (transformation), (en genética molecular) proceso por el que se integran genes exógenos en el cromosoma de tal forma que son reconocidos por el aparato replicativo y transcripcional de la célula huésped.

transformación blástica (blastic transformation), estadio tardío en la evolución de la leucemia granulocítica crónica. Hay signos de anemia y deficiencia de plaquetas sanguíneas. La transformación blástica indica que el paciente ha desarrollado resistencia al tratamiento y ha entrado en la fase final de la leucemia.

transformación de Fourier (TF) (Fourier transform [FT]) [Jean B. Fourier, matemático francés, n. 1768], (en física médica) procedimiento matemático que separa los componentes de frecuencia de una señal según su amplitud en función del tiempo, o viceversa.

transformación de Lineweaver-Burk (Lineweaver-Burk transformation) [Hans Lineweaver, químico norteamericano, n. 1907; Dean Burk, científico norteamericano, n. 1904], método para transformar datos experimentales procedentes de estudios de actividad enzimática de forma que se puedan representar en un gráfico lineal.

transformación linfocitaria (lymphocyte transformation), prueba inmunitaria *in vitro* en la que los linfocitos del paciente se cultivan con un antígeno. La velocidad de transformación se mide por la captación de timidina radiactiva por parte de los linfocitos, lo que indica la síntesis de proteínas.

transformador (transformer), aparato eléctrico que cambia la corriente eléctrica de un voltaje a otra de diferente voltaje, pero de la misma frecuencia.

transfusión (transfusion), introducción en el torrente sanguíneo de sangre total o de componentes de la sangre, como plasma o concentrados de plaquetas o hematíes. La sangre total se puede infundir directamente en el receptor a partir de un donante con el grupo sanguíneo y subgrupos antigénicos ABO compatibles, pero lo habitual es que la sangre del donante se recoja y se conserve en un banco de sangre.

transición (transition), última fase del primer estadio del parto, a veces indicado por una dilatación cervical de 8 a 10 cm.

transicional (transitional), entre un estado previo y otro futuro.

transiluminación (transillumination), **1.** paso de luz a través de una sustancia sólida o líquida. **2.** paso de luz a través de los tejidos corporales con el objetivo de examinar una estructura interpuesta entre el observador y la fuente de luz.

transitorio (transient), relativo a un trastorno temporal, como el ataque isquémico transitorio.

translocación (translocation), (en genética) reordenación del material genético dentro del mismo cromosoma o transferencia de un segmento de un cromosoma a otro no homólogo. Algunos tipos de translocación son: **translocación equilibrada, translocación recíproca** y **translocación robertsoniana**.

translúcido (translucent), relativo a un medio a través del cual la luz puede pasar de forma difusa, de tal manera que se ilumina el campo pero los objetos no se pueden distinguir.

transmigración (transmigration), desplazamiento de un lado a otro, de dentro a fuera, o de fuera a dentro.

transmisible (communicable), contagioso; transferible por medios directos o indirectos, como una enfermedad transmisible.

transmisión (transmission), transferencia o comunicación de una cosa o alteración, tal como un impulso neural, una enfermedad infecciosa o genética o un rasgo hereditario, de una persona o lugar a otra u otro.

transmisión doble (duplex transmission), paso de un impulso nervioso en ambas direcciones a lo largo de una fibra nerviosa.

transmisión efáptica (ephaptic transmission), transmisión de un impulso nervioso desde una fibra nerviosa, axón o dendrita, hacia otra a través de las membranas.

transmisión horizontal (horizontal transmission), diseminación de un agente infeccioso desde una persona o grupo de personas a otra, habitualmente a través del contacto con material contaminado, como el esputo o las heces.

transmisión neuromuscular (neuromyal transmission), paso del estímulo de una neurona motora a una fibra muscular a través de la unión neuromuscular.

transmisión placentaria (placental transmission), transferencia de un fármaco o de otra sustancia a través de la placenta.

transmisión sináptica (synaptic transmission), paso de un impulso nervioso a través de una sinapsis desde una fibra nerviosa a otra mediante un neurotransmisor.

transmisión transovárica (transovarial transmission), transferencia de patógenos a las generaciones sucesivas a través de la invasión del ovario y de la infección del óvulo.

transmisión vertical (vertical transmission), transmisión de una enfermedad, trastorno o rasgo de una generación a la siguiente, ya sea de forma genética o congénita, como en el caso de la diseminación de una infección a través de la leche materna o de la placenta.

transmisor (sender), (en teoría de la comunicación) la persona que codifica y envía un mensaje.

transmural (transmural), perteneciente a todo el espesor de la pared de un órgano, como el infarto miocárdico transmural.

transmutación (transmutation), **1.** mutación. **2.** conversión de un elemento químico en otro mediante bombardeo radiactivo.

transparente (transparent), relativo a un medio claro que permite la transmisión de la luz a su través de manera que los objetos situados al otro lado son perfectamente visibles.

transpiración sensible (sensible perspiration), pérdida de líquido del cuerpo a través de la actividad secretora de las glándulas sudoríparas en cantidad suficiente para poder ser observada.

transplacentario (transplacental), a través de la placenta; específicamente hace referencia al intercambio de nutrientes, productos de desecho y otros materiales entre el feto que se está desarrollando y la madre.

transporte (transport), movimiento o transferencia de sustancias bioquímicas desde un sitio a otro. El transporte activo requiere un gasto energético mientras que el pasivo no, ya que lo hace a favor de gradiente.

transporte activo (active transport), movimiento de materiales a través de la membrana de una célula gracias a una energía química que permite que la célula admita grandes moléculas, que de otra forma no podrían entrar. La célula alberga unas moléculas transportadoras que facilitan el transporte activo ligándose a las moléculas que deben ser llevadas al interior celular, rotando alrededor de ellas y liberándolas desde el margen interno de la membrana celular. Ciertas enzimas desempeñan un papel en el transporte activo, actuando como «bombas» químicas que favorecen el paso de las sustancias a través de la membrana celular.

transporte pasivo (passive transport), movimiento de moléculas de pequeñas dimensiones a través de la membrana de una célula por difusión. El transporte pasivo es fundamental para diversos procesos del metabolismo, como la captación de los productos digestivos por parte de las células que recubren el intestino.

transposición (transposition), **1.** anomalía que tiene lugar durante el desarrollo embrionario en la que una parte del cuerpo situada normalmente a la izquierda aparece a la derecha o viceversa. **2.** desplazamiento de material genético de un cromosoma a otro en algún momento del proceso reproductor.

transposición de los grandes vasos (transposition of the great vessels), anomalía congénita cardíaca en la que la arteria pulmonar se origina en el ventrículo izquierdo y la aorta en el ventrículo derecho, de forma que no existe comunicación entre las circulaciones sistémica y pulmonar. La vida es imposible sin la presencia de defectos cardíacos asociados, como defectos del tabique o un conducto arterioso permeable, que posibilitan la mezcla de sangre oxigenada y no oxigenada.

transposón (transposon), gen o grupo de genes móviles y que, al igual que los plásmidos, actúan transfiriendo instrucciones genéticas de un lugar a otro. Los transposones viajan en los bacteriófagos de virus a virus.

transtermia (transthermia), v. **termopenetración**.

transtrocantericosteotomía (transtrochantericosteotomy), división quirúrgica del extremo proximal del fémur a través de la región intertrocantérea.

transverso (transverse), perpendicular al eje mayor de cualquier parte habitual, como los planos que cortan el eje mayor del cuerpo en una porción superior y una inferior y son perpendiculares a los planos sagital y frontal.

transverso de la nariz (compressor naris), músculo de la nariz que deprime el cartílago nasal y eleva el ala hacia el tabique.

transverso del abdomen (transversus abdominis), músculo en número par que constituye los músculos anterolaterales del abdomen y que se sitúa inmediatamente por debajo del oblicuo menor del abdomen. Actúa comprimiendo el abdomen y, por compresión de su contenido, facilita la micción, la defecación, la emesis, el parto y la espiración forzada. Compárese con **oblicuo mayor del abdomen, oblicuo menor del abdomen, piramidal** y **recto mayor del abdomen**.

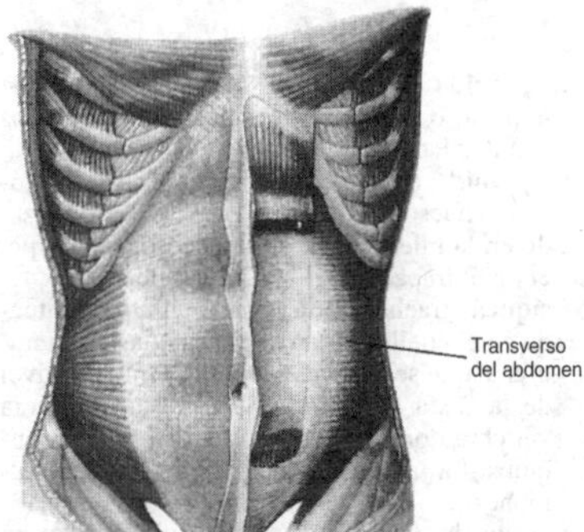

Músculo transverso del abdomen
(Thibodeau, 1993/John V. Hagen)

trapecio (trapezium, *pl.* **trapeziums, trapezia**; greater multangular), hueso del carpo situado en la hilera distal de los huesos del carpo. El trapecio se articula proximalmente con el escafoides, distalmente con el primer hueso metacarpiano y por su cara interna con el trapezoide y el segundo hueso metacarpiano.

trapecio (trapezius), gran músculo plano, triangular, situado en los hombros y en la parte superior de la espalda. Actúa rotando la escápula, elevando el hombro y abduciendo y flexionando el brazo.

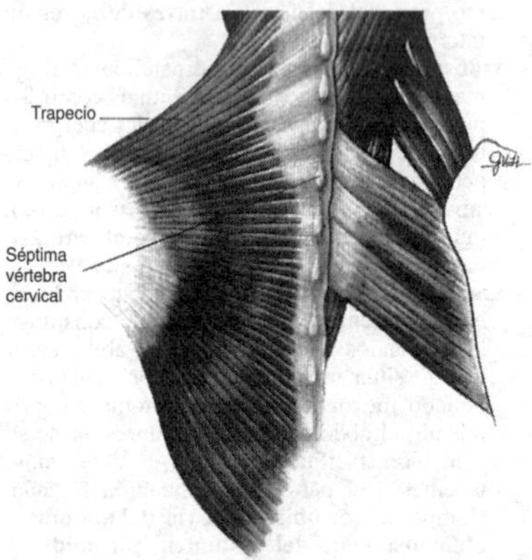

Músculo trapecio
(Thibodeau, 1993/John V. Hagen)

trapezoide (trapezoid), que tiene forma de trapecio o de figura irregular de cuatro lados con dos lados paralelos.

trapezoide (trapezoid bone, lesser multangular), hueso más pequeño del carpo, localizado en la hilera distal de los huesos del carpo, entre el trapecio y el hueso grande.

tráquea (trachea), tubo casi cilíndrico situado en el cuello, formado por cartílago y membrana, que se extiende desde la laringe a nivel de la sexta vértebra cervical hasta la quinta vértebra dorsal, donde se divide en dos bronquios. La tráquea conduce aire hacia los pulmones.

traqueítis (tracheitis), cualquier trastorno inflamatorio de la tráquea. Puede ser aguda o crónica, producida por infección, alergia o irritación física.

traquelodinia (trachelodynia), v. **cervicodinia**.

traqueobroncomegalia (tracheobronchomegaly), vía respiratoria superior anormalmente aumentada en la que la tráquea puede ser tan ancha como la columna vertebral.

traqueobronquitis (tracheobronchitis), inflamación de la tráquea y de los bronquios, una forma común de infección respiratoria.

traqueomalacia (tracheomalacia), desgaste de la tráquea causado, habitualmente, por la excesiva presión ejercida por un tubo de revestimiento endotraqueal.

traqueostomía (tracheostomy), orificio realizado en la tráquea del cuello, a través del cual se puede insertar un tubo permanente. Después de la traqueostomía el tórax del paciente se ausculta para detectar sonidos respiratorios indicativos de congestión pulmonar, se observan las mucosas y la punta de los dedos para detectar cianosis y se administra oxígeno humidificado mediante una tienda o directamente en el tubo de traqueostomía. Se asegura al paciente que el tubo está abierto y que el aire puede pasar a su través. Frecuentemente se succiona el tubo para conservarlo libre de secreciones traqueobronquiales utilizando un catéter de succión unido a un conector en Y. Se enseña al paciente a toser para movilizar las secreciones fuera de los bronquios. Se facilita al paciente bolígrafo y papel o una pizarra para que se comunique porque no puede hablar. Si este procedimiento se realiza de urgencia, la traqueostomía se volverá a cerrar una vez que se restaure la respiración normal. Si la traqueostomía es permanente, como la que se realiza con una laringuectomía, se enseña al propio paciente a cuidársela. Compárese con **traqueotomía**.

traqueotomía (tracheotomy), incisión realizada en la tráquea a través del cuello por debajo de la laringe, para conseguir un acceso a la vía aérea por debajo de un bloqueo por un cuerpo extraño, un tumor o un edema de glotis. La apertura se puede hacer como una medida de urgencia en el sitio del accidente o en un paciente hospitalizado a la cabecera de la cama o en el quirófano. Compárese con **traqueostomía**.

trasplantar (transplant), transferir un órgano o tejido de una persona a otra o de una parte

Traqueostomía
(Wilson, 1990)

del cuerpo a otra para sustituir una estructura enferma, para restaurar una función o para modificar el aspecto. Las estructuras más frecuentemente trasplantadas son la piel y los riñones; también se realizan trasplantes de cartílago, hueso, tejido corneal, porciones de vasos sanguíneos y tendones y, recientemente, pero con poca frecuencia, de corazón y de hígado. Los donantes preferidos son los gemelos idénticos o las personas que tienen el mismo tipo de sangre y características inmunológicas.

trasplante (transplant), **1.** cualquier tejido u órgano trasplantado. **2.** relativo o perteneciente a un tejido u órgano que es trasplantado, a un receptor de un tejido u órgano donado o a un fenómeno asociado con el procedimiento.

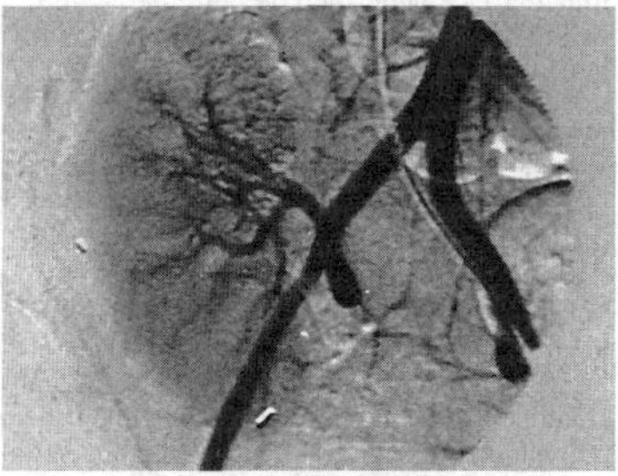

Trasplante renal normal *in situ*
(C. D. Forbes/W. F. Jackson, 1994)

trasplante heteroplástico (heteroplastic transplantation), transferencia de tejido de un animal a otro de especie diferente.

trasplante heterotópico (heterotopic transplantation), transferencia de tejido desde una parte del cuerpo del donante a una zona diferente en el cuerpo del receptor.

trasplante homoplástico (homoplastic transplantation), trasplante homólogo de tejido de un ser humano a otro o de un animal a otro de la misma especie.

trastorno (disorder), interrupción o alteración de las funciones normales o los sistemas establecidos, como en el caso de un trastorno mental o nutricional.

trastorno afectivo estacional (TAE) (seasonal affective disorder [SAD]), trastorno del estado de ánimo asociado al acortamiento de los días y el alargamiento de las noches de otoño e invierno. Entre los síntomas se encuentran letargo, depresión y dificultades laborales. Estos pacientes consumen también cantidades exageradas de carbohidratos. Los síntomas remiten en la primavera. El trastorno va asociado al efecto de la luz sobre la secreción de melatonina y se trata con la exposición a la luz clara.

trastorno afectivo mayor (major affective disorder), grupo de trastornos psicóticos caracterizados por respuestas emocionales intensas e inapropiadas, alteraciones prolongadas y persistentes del estado de ánimo y distorsiones del pensamiento, así como otros síntomas asociados con estados maníacos o depresivos, como ocurre en el trastorno bipolar, en la depresión o en la melancolía involutiva.

trastorno agudo (acute illness), cualquier dolencia que se caracteriza por signos y síntomas de corta duración, generalmente grave, que alteran el normal funcionamiento del paciente.

trastorno antisocial de la personalidad (antisocial personality disorder), alteración caracterizada por patrones repetitivos de conducta carentes de valores morales y éticos que llevan a la persona a un estado de enfrentamiento continuo con la sociedad. Los síntomas son agresividad, falta de sensibilidad, impulsividad, irresponsabilidad, hostilidad, umbral de frustración bajo, intensa inmadurez emocional y escasa capacidad de discernimiento.

trastorno autoderrotista de la personalidad (self-defeating personality disorder), personalidad caracterizada por un tipo de comportamiento que impide que la persona consiga sus propias metas y deseos. Se caracteriza por implicarse en situaciones que conducen continuamente al fracaso, al rechazo y a la pérdida, aunque se disponga de otras opciones.

trastorno bipolar (bipolar disorder), trastorno afectivo mayor caracterizado por episodios de manía y depresión. En un momento determinado puede predominar una u otra fase, una fase puede alternar con la otra o pueden estar presentes simultáneamente elementos de ambas fases. Las características de la fase maníaca son manifestaciones emocionales excesivas, excitación, euforia, hiperactividad, exaltación, disminución de la capacidad de concentración, disminución de la necesidad de sueño, energía aparentemente ilimitada acompañada a menudo de ilusiones de grandeza. En la fase depresiva, la apatía marcada y la hipoactividad se acompañan de sentimientos de profunda tristeza, soledad, culpa y baja autoestima.

trastorno ciclotímico (cyclothymic disorder), forma leve del trastorno bipolar.

trastorno compulsivo de la personalidad (compulsive personality disorder), alteración en la que una preocupación irracional por las normas, reglas, rituales y detalles interfiere con el funcionamiento diario y con la conducta normal.

trastorno conceptual (conceptual disorder), alteración del proceso de pensamiento, de las actividades cognitivas o de la capacidad para formular conceptos.

trastorno de aversión sexual (sexual aversion disorder), aversión o evitación persistente o exagerada hacia todo o casi todo contacto sexual genital con su pareja.

trastorno de conversión (conversion disorder), tipo de neurosis histérica en la que los conflictos emocionales son reprimidos y convertidos en síntomas sensitivos, motores o viscerales, sin causa orgánica subyacente, como ceguera, anestesia, hipoestesia, hiperestesia, parestesia, movimientos musculares involuntarios, parálisis, afonía, mutismo, alucinaciones, catalepsia, sensación de asfixia y dificultad respiratoria.

trastorno de despersonalización (depersonalization disorder), alteración emocional caracterizada por sensaciones de despersonalización en que una atmósfera de ensueño penetra en el consciente. El cuerpo no se siente como si fuera propio, y acontecimientos importantes pueden verse con ecuanimidad.

trastorno de estrés postraumático (posttraumatic stress disorder), trastorno de ansiedad caracterizado por una respuesta emocional inmediata a un episodio o situación traumáticos que implica una tensión ambiental intensa, como una catástrofe natural, accidentes de avión, accidentes graves de automóvil, combates militares y torturas físicas. Los síntomas de la enfermedad son recuerdos o pesadillas recurrentes, disminución de la capacidad de respuesta al mundo externo, estado de alerta exagerado o respuesta de alarma exagerada, alteraciones del sueño, irritabilidad, alteraciones de la memoria, dificultad de concentración, depresión, ansiedad, cefaleas y vértigo.

trastorno de la autoestima (self-esteem disturbance), diagnóstico de enfermería, aprobado por la NANDA, de autoevaluación negativa y sentimientos negativos sobre uno mismo o sobre las propias capacidades, que puede expresarse directa o indirectamente. Las características que lo definen son: expresión verbal negativa sobre uno mismo, expresión de vergüenza o de culpa, evaluación de uno mismo como incapaz de enfrentarse a los acontecimientos, racionalización o rechazo de autorregulaciones positivas, exageración de las autorregulaciones negativas, indecisión para intentar nuevas situaciones, negación de problemas evidentes para los demás, proyección de la culpa o la responsabilidad por los problemas sobre los demás, racionalización de los fracasos personales, hipersensibilidad a los insultos o las críticas y demostración de ostentación.

trastorno de la conducta (behavior disorder), cualquiera de un grupo de patrones de conducta antisocial que ocurre fundamentalmente en niños y adolescentes, tales como la agresividad excesiva, la hiperactividad, la destructividad, la crueldad, la mentira, la desobediencia, las perversiones sexuales, la criminalidad, el alcoholismo y la drogadicción.

trastorno de la deglución (swallowing, impaired), diagnóstico de enfermería, aprobado por la NANDA, para la disminución de la capacidad para el paso voluntario de líquidos o sólidos desde la boca hasta el estómago. Las características que lo definen son la evidencia de dificultad para deglutir, con estancamiento de alimentos en la cavidad bucal, la tos, el ahogo y signos de aspiración de líquidos o alimentos.

trastorno de la identidad personal (personal identity disturbance), diagnóstico de enfermería, aprobado por la NANDA, de la incapacidad para distinguir entre el yo y lo que no es el yo. Las características que definen una alteración de la identidad personal se exponen más adelante.

trastorno de la movilidad física (mobility, impaired physical), diagnóstico de enfermería, aprobado por la NANDA, del estado en el que un individuo experimenta una limitación de su capacidad para realizar movimientos físicos independientes. Las características que lo definen son: incapacidad para conseguir un nivel funcional de movilidad en el entorno, rechazo al movimiento, limitación del rango de movimientos de las extremidades, disminución de la fuerza o del control del sistema musculoesquelético, capacidad anormal o alterada para coordinar movimientos o cualquiera de las numerosas restricciones de movimiento, como el reposo en cama o la tracción por orden facultativa.

trastorno de la personalidad (personality disorder), grupo numeroso de trastornos mentales caracterizados por patrones de conducta rígida, inflexible y de inadaptación que restan a la persona capacidad para desenvolverse en sociedad debido a una grave limitación de su capacidad de adaptación. Algunos tipos de trastornos de la personalidad son los siguientes: **trastorno antisocial de la personalidad, trastorno esquizoide de la personalidad, trastorno dependiente de la personalidad, trastorno paranoide de la personalidad** y **trastorno pasivo-agresivo de la personalidad**.

trastorno de pánico (panic disorder), estado de ansiedad persistente.

trastorno de personalidad múltiple (multiple personality disorder), trastorno disociativo caracterizado por la existencia de dos o más estructuras de personalidad distintas, claramente diferenciadas, dentro del mismo individuo, de tal forma que cada una de ellas domina en un momento determinado. Las distintas subpersonalidades suelen ser extremadamente diferentes entre sí, pudiendo ser o no conscientes de la existencia de las demás. La transición desde una subpersonalidad a otra suele ser súbita, y se asocia a tensión psicosocial.

trastorno de procesamiento auditivo central (TPAC) (central auditory processing disorder [CAPD]), dificultad de procesamiento e interpretación de los estímulos auditivos en ausencia de una pérdida auditiva periférica, habitualmente causada por una lesión del tronco del encéfalo o la corteza cerebral. Con frecuencia, los niños con TPAC tienen dificultades para leer, pudiendo presentar también otros trastornos del aprendizaje.

trastorno de somatización (somatization disorder), trastorno caracterizado por molestias físicas, recurrentes y múltiples, y por síntomas para los cuales no existe causa orgánica. Los síntomas varían según cada individuo y el conflicto emocional subyacente. Algunos síntomas comunes son disfunción GI, parálisis, ceguera temporal, insuficiencia cardiopulmonar, menstruación dolorosa o irregular, indiferencia sexual y dispareunia o dolor durante el coito.

trastorno del carácter (character disorder), patrón de conducta y de respuesta emocional de inadaptación y socialmente inaceptable de carácter crónico.

trastorno del desarrollo (developmental disorder), forma de retraso mental que se desarrolla en algunos niños después de haber progresado de forma normal durante sus 3-4 primeros años de vida.

trastorno del esquema corporal (body-scheme disorder), v. **autotopagnosia**.

trastorno del patrón de sueño (sleep pattern disturbance), diagnóstico de enfermería, aprobado por la NANDA, para la interrupción de las horas de sueño que provoca molestias o interfiere con las actividades diarias normales. Entre las características que lo definen están la dificultad para quedarse dormido, un despertar más temprano de lo habitual, la interrupción del sueño nocturno por períodos de vigilia o la sensación de no haber descansado después del sueño, y los cambios de la conducta y el rendimiento laboral, como hiperirritabilidad, intranquilidad, desorientación, falta de energía y fatiga.

trastorno dependiente de la personalidad (dependent personality disorder), estado mental caracterizado por la pérdida de la autoconfianza e incapacidad para actuar de forma independiente.

trastorno disociativo (dissociative disorder), tipo de neurosis histérica en el que los conflictos emocionales están tan reprimidos que se produce una separación o desdoblamiento de la personalidad, con alteración del estado de consciencia o confusión de la identidad. Los síntomas son amnesia, sonambulismo, fuga, estado onírico o personalidad múltiple.

trastorno distímico (dysthymic disorder), alteración del estado de ánimo cuya característica fundamental es su cronicidad de 2 años como mínimo de duración, con depresión anímica o pérdida de interés o de satisfacción por todas o casi todas las actividades habituales y pasatiempos, aparte de otros síntomas asociados, aunque no de importancia y duración suficientes como para cumplir los criterios de una depresión mayor.

trastorno doloroso psicógeno (psychogenic pain disorder), trastorno caracterizado por dolor persistente e intenso para el que no existe causa orgánica aparente. Suele ir acompañado de otras disfunciones sensoriales o motoras, como parestesias o espasmos musculares.

trastorno espinocerebeloso (spinocerebellar disorder), enfermedad hereditaria caracterizada por degeneración progresiva de la médula espinal y el cerebelo, que afecta también con frecuencia a otras partes del sistema nervioso central. Estos trastornos suelen tener un carácter familiar, pudiendo heredarse como rasgo dominante o recesivo. Algunos tipos de degeneración espinocerebelosa son: **ataxia de Friedreich, ataxia-telangiectasia, atrofia de Charcot-Marie-Tooth, atrofia olivopontocerebelosa, enfermedad de Déjérine-Sottas** y el **síndrome de Refsum**.

trastorno esquizoafectivo (schizoaffective disorder), trastorno que engloba características de la esquizofrenia y de un trastorno del estado de ánimo, pero que no reúne los criterios del DSM-III-R para ninguno de los dos diagnósticos.

trastorno esquizofreniforme (schizophreniform disorder), trastorno que presenta los mismos síntomas que la esquizofrenia, pero se caracteriza por un comienzo agudo con resolución en dos semanas a 6 meses.

trastorno esquizoide de la personalidad (schizoid personality disorder), trastorno de la personalidad (DSM-III-R) caracterizado por un defecto en la capacidad para entablar relaciones sociales, que se manifiesta por frialdad emocional y carácter reservado, comportamiento apartado y ensimismado e indiferencia ante los elogios, críticas y sentimientos de los demás.

trastorno esquizotípico de la personalidad (schizotypal personality disorder), trastorno caracterizado por rarezas del pensamiento, la percepción, el lenguaje y la conducta que no son lo suficientemente graves como para cumplir los criterios clínicos de la esquizofrenia. Entre sus síntomas se encuentran pensamientos mágicos, como creencia en la clarividencia y la telepatía; ideas de referencia; ilusiones recurrentes, como la de sentir la presencia de una persona que realmente no está presente; aislamiento social; patrones de lenguaje peculiares, incluyendo la utilización de palabras de forma aberrante, e hipersensibilidad ante las críticas.

trastorno fóbico, neurosis fóbica, reacción fóbica (phobic disorder, phobic neurosis, phobic reaction), v. **fobia**.

trastorno generalizado del desarrollo (pervasive developmental disorder), trastornos de la infancia caracterizados por alteraciones graves de la capacidad de relación y aberraciones de la conducta previamente identificadas como psicosis infantiles. En este grupo de trastornos se incluyen el autismo infantil, la esquizofrenia infantil y la psicosis simbiótica.

trastorno genético (genetic disorder), v. **trastorno hereditario**.

trastorno hereditario (inherited disorder), enfermedad o trastorno determinado genéticamente, que implica una sola mutación genética, una herencia multifactorial o una aberración cromosómica.

trastorno histriónico de la personalidad (histrionic personality disorder), enfermedad caracterizada por una conducta dramática, reactiva e intensamente exagerada, que es típicamente egocéntrica y que produce alteraciones marcadas en las relaciones interpersonales que pueden ocasionar enfermedades psicosomáticas, depresión, alcoholismo y drogodependencia.

trastorno mental (mental disorder), cualquier alteración del equilibrio emocional, que se manifiesta por una conducta de mal adaptación y de alteración funcional producida por factores genéticos, físicos, químicos, biológicos, psicológicos o sociales y culturales.

trastorno mental orgánico (TMO) (organic mental disorder [OMD]), tipo de trastorno caracterizado por un deterioro progresivo de los procesos mentales, causado por una lesión cerebral permanente o por una disfunción cerebral transitoria.

trastorno metabólico (metabolic disorder), cualquier disfunción fisiopatológica que ocasione una falta de control metabólico de la homeostasia corporal.

trastorno narcisista de la personalidad (narcissistic personality disorder), trastorno caracterizado por un exagerado sentido de la importancia y exclusividad propios, necesidad patológica de atención y admiración, preocupación por fantasías de grandiosidad concernientes a uno mismo y alteraciones en las relaciones interpersonales, normalmente implicando la expoliación de los demás y la falta de empatía con ellos. Sus síntomas son: depresión, egocentricidad, autoconcienciación, desconsideración, inconsistencia, preocupación por estar acicalado y mantenerse joven y una preocupación intensa por problemas y enfermedades psicosomáticas.

trastorno neurótico (neurotic disorder), cualquier trastorno mental caracterizado por un síntoma o grupo de síntomas que el enfermo encuentra angustiosos, inaceptables y ajenos a su personalidad, como ansiedad grave, obsesiones y actos compulsivos, lo que produce dolor o malestar psicológico y desproporcionados con la realidad de la situación.

trastorno paranoide (paranoid disorder), grupo numeroso de trastornos mentales caracterizados por una alteración del sentido de la realidad y por delirios persistentes. Algunos tipos de trastornos paranoides son: **paranoia, trastorno paranoide agudo** y **trastorno paranoide compartido**.

trastorno paranoide agudo (acute paranoid disorder), trastorno caracterizado por la aparición brusca de un sistema de ilusiones persecutorias, de desarrollo también rápido y de corta duración, cuya duración suele ser menor de 6 meses. El trastorno, que rara vez se cronifica, es más frecuente en personas que han sufrido cambios drásticos en su entorno, como sucede en los inmigrantes, refugiados, presos, reclutas y, con menor intensidad, en las personas que salen por primera vez de su domicilio familiar.

trastorno paranoide compartido (shared paranoid disorder), trastorno psicopatológico caracterizado por manifestaciones idénticas del mismo trastorno mental, habitualmente ideas, en dos personas estrechamente asociadas o relacionadas.

trastorno paranoide de la personalidad (paranoid personality disorder), trastorno caracterizado por una sospecha y desconfianza exagerada de los demás, hasta el grado de culparles de los propios fracasos y equivocaciones, tomándose medidas anormales para así confirmar prejuicios, actitudes o predisposiciones.

trastorno pasivo-agresivo de la personalidad (passive-aggressive personality disorder), trastorno caracterizado por la expresión indirecta de resistencia a las exigencias laborales o sociales, generando ineficacia persistente y generalizada, falta de confianza en uno mismo, malas relaciones interpersonales y pesimismo que puede conducir, en los casos graves, a depresiones importantes, alcoholismo o drogodependencias.

trastorno por déficit de atención (attention deficit disorder), síndrome que afecta a los niños, a los adolescentes y, en raras ocasiones, a los adultos, caracterizado por la existencia de alteraciones de conducta y en la capacidad de aprendizaje. Los síntomas comprenden trastornos de percepción, conceptualización, lenguaje, memoria y habilidades motoras, así como una disminución del tiempo de atención, un incremento de la impulsividad y de la labilidad emocional, y generalmente, aunque no siempre, una hiperactividad.

trastorno preexistente (preexisting condition), cualquier lesión, enfermedad o discapacidad que puede haber ocurrido en algún momento del pasado y puede predisponer a un individuo a tener una salud limitada en el futuro.

trastorno psicofisiológico (psychophysiologic disorder), grupo numeroso de trastornos mentales caracterizados por la disfunción de un órgano o de un sistema de órganos controlado por el sistema nervioso vegetativo, como una úlcera péptica, que puede estar causada o ser agravada por factores emocionales.

trastorno psiconeurótico (psychoneurotic disorder), v. **trastorno neurótico**.

trastorno psicosexual (psychosexual disorder), cualquier trastorno caracterizado por actitudes, deseos o actividades sexuales anormales, debido a causas psicológicas más que a causas orgánicas.

trastorno psicótico (psychotic disorder), v. **psicosis**.

trastorno psiquiátrico (psychiatric disorder), v. **trastorno mental**.

trastorno somatoforme (somatoform disorder), perteneciente a un grupo de trastornos neuróticos caracterizados por síntomas que sugieren una enfermedad física, para la cual no existen causas orgánicas ni disfunciones fisiológicas demostrables. Algunos tipos de trastornos somatoformes son: **hipocondría, trastorno de conversión, trastorno doloroso psicógeno** y **trastorno de somatización**.

trastorno somatoforme atípico (atypical somatoform disorder), trastorno caracterizado por síntomas y dolencias físicos que parecen estar relacionados con una preocupación por un defecto imaginado del propio aspecto personal o de las capacidades personales.

trastornos de ansiedad (anxiety disorders), trastornos caracterizados por una preocupación constante. Los síntomas oscilan entre una tensión ligera y crónica, con sentimientos de timidez, fatiga, aprensión e indecisión, y estados más intensos de inquietud e irritabilidad que pueden conducir a actos agresivos o a indecisión. En casos extremos, el irresistible malestar emocional va acompañado de reacciones físicas, como temblores, tensión muscular mantenida, taquicardia, disnea, hipertensión, aumento de la respiración y transpiración intensa.

trastornos de la alimentación (eating disorders), todo comportamiento alterado en la nutrición, incluyendo anorexia, bulimia o ansias por objetos no comestibles como hielo, arcilla o almidón.

trastornos del estado de ánimo (mood disorders), estados afectivos caracterizados por toda una variedad de períodos de depresión o de euforia depresiva. Si es leve y aislado, los sentimientos pueden ser normales. Si es más intenso, pueden ser un signo de reacción distímica o un síntoma de trastorno de la afectividad.

trastornos del movimiento (disorders of movement), toda función anómala de la acción muscular, que puede deberse a infección, lesión o incapacidad congénita, como ataxia, muecas involuntarias o corea.

trastornos del sueño (disorders of sleep), cualquier trastorno que altera los patrones normales del sueño, como la apnea del sueño, desvíos de fase, consumo de alcohol y de determinados medicamentos, somnolencia exagerada, sonambulismo, pesadillas, síndrome de Ekbom, parálisis del sueño y narcolepsia. El tratamiento puede hacerse con medicamentos o mediante terapias especiales en clínicas para trastornos del sueño.

trastornos en la lectura (reading disorders), alteración del lenguaje en la que la capacidad de lectura de un individuo es significativamente inferior a su capacidad intelectual. Las pruebas revelan que el problema no se relaciona con un retraso mental, con la edad cronológica ni con una escolarización inadecuada, sino que se caracteriza por una lectura oral defectuosa, por una lectura lenta y por una comprensión disminuida.

trastornos facticios (factitious disorders), trastornos caracterizados por síntomas de enfermedad producidos por los intentos deliberados de una persona para llamar la atención. Estos intentos pueden ser repetidos, incluso cuando el individuo es consciente de los riesgos que corre.

trastornos profundos del desarrollo de inicio en la infancia (childhood-onset pervasive developmental disorders), trastornos del pensamiento, de los afectos, de las relaciones sociales y de la conducta que surgen entre la edad de 30 meses y 12 años.

trasudación (transudation), **1.** paso de una sustancia a través de una membrana como resultado de la diferencia de presión hidrostática. **2.** paso de un líquido a través de una membrana mientras permanecen en solución o suspensión casi todos los solutos de ese fluido.

trasudado (transudate), líquido que pasa a través de una membrana o que se abre paso a través de un tejido o del espacio comprendido entre las células de un tejido.

tratamiento (treatment), **1.** asistencia y cuidados proporcionados a un paciente para combatir, mejorar o prevenir la enfermedad, trastorno o lesión. **2.** método para combatir, mejorar o prevenir una enfermedad, trastorno o lesión. El tratamiento activo o curativo se diseña para curar; el tratamiento paliativo se dirige a aliviar el dolor y la angustia; el tratamiento profiláctico es para prevenir una enfermedad o trastorno; el tratamiento causal se centra en la causa de la enfermedad. El tratamiento puede ser farmacológico, utilizando fármacos; quirúrgico, utilizando procedimientos quirúrgicos, o de soporte, fortaleciendo la resistencia del paciente.

tratamiento de Feldenkrais (Feldenkrais therapy), (en psiquiatría) tratamiento basado en el establecimiento de una buena autoimagen mediante el conocimiento y corrección de los movimientos corporales.

tratamiento de Jarotzky (Jarotzky's treatment) [Alexander Jarotzky, médico ruso, n. 1866], tratamiento de la úlcera gástrica mediante una dieta blanda formada por clara de huevo, mantequilla fresca, pan, leche y tallarines.

tratamiento de Kenny (Kenny treatment), v. **tratamiento de la hermana Kenny**.

tratamiento de la hermana Kenny (Sister Kenny's treatment) [Elizabeth Kenny, enfermera australiana, n. 1886], tratamiento de la poliomielitis en el cual las extremidades inferiores y la espalda del paciente son envueltos en paños de lana calientes y húmedos; una vez ha remitido el dolor, se enseña al paciente a realizar ejercicios con los músculos afectados, especialmente mediante la natación. Igualmente importante es la movilidad pasiva de los miembros afectos con estimulación simultánea en el lugar donde tienen su origen los músculos, realizada después de la aplicación de paños calientes.

tratamiento de la realidad (reality therapy), forma de psicoterapia en la cual los objetivos son ayudar a definir y evaluar valores básicos dentro del sistema de una situación actual, y evaluar la conducta actual de la persona y los planes futuros en relación con esos valores.

tratamiento de los tres colorantes (triple-dye treatment), tratamiento para las quemaduras en el que se aplican tres colorantes, violeta de genciana al 6%, verde brillante y acriflavina base al 0,1%.

tratamiento electroconvulsivante (TEC) (electroconvulsive therapy [ECT]), inducción de una convulsión breve mediante el paso de una corriente eléctrica a través del cerebro para el tratamiento de trastornos afectivos. El paciente pierde el conocimiento y sufre contracciones tónicas durante aproximadamente 10 segundos, seguidos de un período algo mayor con convulsiones clónicas acompañadas de apnea; el individuo no recuerda el choque al despertar.

tratamiento hipotérmico (hypothermia therapy), reducción de la temperatura corporal de un paciente para contrarrestar la fiebre elevada prolongada causada por una infección o por una enfermedad neurológica o, con menos frecuencia, como adyuvante en la anestesia de la cirugía cardíaca o cerebral. La hipotermia se puede producir colocando hielo triturado alrededor del paciente, sumergiendo el cuerpo en agua helada, por autotransfusión de sangre después de circular por espirales sumergidas en un refrigerante o, más comúnmente, aplicando mantas frías o almohadillas vinílicas que contienen espirales a través de las que se hace circular agua fría y alcohol mediante una bomba.

tratamiento lácteo (milk therapy), tratamiento dietético utilizado como terapia de la úlcera de Curling en pacientes con quemaduras graves. Se administra leche fría homogeneizada en dosis de 30-60 cc cada hora a través de una sonda nasogástrica. Después de la instilación se pinza la sonda durante 5 minutos y posteriormente se despinza. Se deja que la leche que queda en el estómago fluya hacia una batea. A medida que mejora el trastorno, se retira la sonda nasogástrica pudiendo continuar la administración de leche por vía oral.

tratamiento medicamentoso (medicinal treatment), tratamiento de los trastornos basado principalmente en la utilización de los agentes farmacológicos adecuados.

tratamiento paliativo (palliative treatment), tratamiento diseñado para aliviar o reducir la intensidad de los síntomas molestos, pero no para conseguir la curación.

tratamiento preventivo (preventive treatment), procedimiento, medida, sustancia o programa diseñado para prevenir que se produzca una enfermedad o para evitar que un trastorno leve se convierta en algo más grave. Algunas enfermedades se previenen mediante la inmunización con vacunas, medidas antisépticas, ejercicio habitual, dieta equilibrada, descanso suficiente y programas de exploración selectiva para la detección de los signos preclínicos.

tratamiento radical (radical therapy), **1.** tratamiento dirigido a conseguir la curación, no paliativo. **2.** tratamiento extremo definitivo, no conservador, como la mastectomía radical frente a la mastectomía simple o a la parcial.

trauma (trauma), lesión psíquica producida por un shock emocional intenso.

trauma psíquico (psychic trauma), shock o lesión emocional o situación desgraciada que produce una impresión duradera, especialmente en el nivel subconsciente. Los malos tratos o el abandono en la infancia, la violación y la pérdida de un ser querido son causas habituales de trauma psíquico.

traumatismo (trauma), lesión física causada por una acción violenta o disruptiva o por la introducción en el cuerpo de una sustancia tóxica.

traumatismo acústico (acoustic trauma), pérdida gradual de la audición por la exposición a un sonido fuerte durante un período prolongado de tiempo, o pérdida brusca de la audición, parcial o completa, producida por una explosión, por un golpe intenso en la cabeza o por otro tipo de accidente. La pérdida de audición puede ser temporal o permanente.

traumatismo del parto (birth trauma), **1.** cualquier lesión física sufrida por un niño durante el proceso del parto. **2.** el supuesto shock psíquico, según algunas teorías psiquiátricas, que sufre un niño durante el parto.

traumatismo oclusal secundario (secondary occlusal traumatism), tensión oclusal que afecta a estructuras periodontales previamente debilitadas.

traumatismo oclusivo (occlusal trauma), lesión de un diente y de las estructuras que lo rodean causada por la tensión ocasionada por un traumatismo, la disfunción temporomandibular o por bruxismo.

traumatismo potencial (potential trauma), (en odontología) cambios en el tejido que se pueden producir como consecuencia de la existencia de maloclusión o falta de armonía dental.

traumatofilia (traumatophilia), estado psicológico en el que el individuo siente placer inconsciente con las lesiones e intervenciones quirúrgicas.

traumatología (traumatology), **1.** estudio de las heridas y de las lesiones. **2.** especialidad quirúrgica que se ocupa del tratamiento de las heridas, lesiones y discapacidades resultantes.

traumatopatía (traumatopathy), trastorno producido por una herida o lesión.

traumatópira (traumatopyra), temperatura elevada producida por una herida o lesión.

traumatopnea (traumatopnea), asfixia parcial con colapso del paciente, causada por una herida torácica penetrante que permite la entrada de aire al espacio pleural y comprime los pulmones.

traumatoterapia (traumatotherapy), tratamiento médico, quirúrgico y psicológico de las heridas, lesiones y discapacidades producidas por un traumatismo.

traumatropismo (traumatropism), tendencia de los tejidos lesionados a atraer microorganismos y a facilitar su crecimiento, que con frecuencia producen infecciones tras las lesiones, especialmente en las quemaduras.

travestismo (transvestism), tendencia a lograr un alivio psíquico y sexual vistiendo ropas del sexo opuesto.

trayecto de drenaje (draining sinus), conducto o fístula anormal que permite la salida de exudado hacia el exterior del cuerpo.

trayecto en Z (Z-track), técnica para la inyección de preparaciones irritantes en el músculo sin que quede medicación residual en el trayecto a través de los tejidos sensibles.

trazado (tracing), registro gráfico de un acontecimiento físico, tal como el trazado electrocardiográfico realizado por agujas sobre una hoja de papel móvil, que registran los impulsos eléctricos de las contracciones musculares cardíacas.

trazador (tracer), **1.** isótopo radiactivo utilizado en las técnicas de diagnóstico radiográfico para permitir la visualización de un proceso biológico. El carbono radiactivo (^{14}C) y el yodo radiactivo (^{131}I) son dos tipos de trazadores. **2.** dispositivo que registra gráficamente el perfil o los movimientos de un objeto o parte del cuerpo. **3.** instrumento de disección utilizado para aislar vasos y nervios.

trazador isotópico (isotopic tracer), isótopo o mezcla artificial de isótopos de un elemento que, incorporado a una muestra, permite observar el trayecto del elemento, solo o combinado, a través de un proceso químico, físico o biológico.

trazador radiactivo (radioactive tracer), molécula a la que se une un átomo radiactivo o marcador de tal manera que se pueda seguir su trayectoria a través de un sistema fisiológico con un detector de radiación.

trazo del raspado (shaving stroke), fase del trazado activo de un raspado periodontal, utilizado para alisar o aplanar un diente o una superficie radicular dental.

TRC (CRT), abreviatura de **tubo de rayos catódicos**.

Trechona (Trechona), género de arañas de la familia *Dipluridae*, cuya mordedura es tóxica e irritante para el ser humano.

trefina (trephine), instrumento circular semejante a una sierra utilizado para extirpar fragmentos de hueso o tejido, habitualmente del cráneo.

trematodo (trematode), cualquier especie de platelminto de la clase *Trematoda*, algunos de los cuales son parásitos para el ser humano, infectando el hígado, los pulmones y los intestinos. Algunos tipos de trematodos son organismos que causan **clonorquiasis, esquistosomiasis, fascioliasis** y **paragonimiasis**.

Trendelenburg inverso (reverse Trendelenburg), posición en la que las extremidades inferiores están más bajas que el cuerpo y la cabeza.

treonina (Tr) (threonina [Thr]), aminoácido esencial necesario para el crecimiento adecuado en los niños y para el mantenimiento del balance de nitrógeno en los adultos.

Treponema (Treponema), género de espiroquetas, en el que se incluyen algunos patógenos humanos, como los organismos que producen el bejel, la pinta, la sífilis y el pian.

Treponema pallidum (Treponema pallidum), espiroqueta delgada, muy móvil, que causa la sífilis.

treponematosis (treponematosis, *pl.* **treponematoses**), cualquier enfermedad causada por espiroquetas del género *Treponema*. Todas estas enfermedades se tratan eficazmente con penicilina. Algunos tipos de treponematosis son: **bejel, pian, pinta** y **sífilis**.

tretinoína (tretinoin), queratolítico prescrito para el tratamiento tópico del acné vulgar.

TRF (TRF), abreviatura de factor liberador de tirotropina. V. **hormona liberadora de tirotropina**.

TRH (TRH), abreviatura de **hormona liberadora de tirotropina**.

triacetato de glicerilo (glyceryl triacetate), v. **triacetina**.

triacetiloleandomicina (triacetyloleandomycin), v. **troleandomicina**.

triacetina (triacetin), antimicótico prescrito para el tratamiento de las infecciones micóticas cutáneas superficiales, como el pie de atleta.

tríada (triad), perteneciente a una combinación de tres, como dos padres y un niño.

tríada de Beck (Beck's triad) [Claude S. Beck, cirujano norteamericano, n. 1894], combinación de tres síntomas que caracterizan la compresión cardíaca: elevación de la presión venosa, disminución de la presión arterial y corazón pequeño y silencioso.

tríada de Charcot (Charcot's triad) [Jean M. Charcot], conjunto de tres signos de afectación del tronco del encéfalo en la esclerosis múltiple: temblor intencional, nistagmo y lenguaje escandido.

tríada de Hutchinson (Hutchinson's triad) [Sir Jonathan Hutchinson], queratitis intersticial, dientes con muesca y sordera característicos de la sífilis congénita.

tríada infantil (childhood triad), trío formado por tres tipos de conducta —incendiaria, enuresis y crueldad con los animales— que pueden ser indicativos de una sociopatía incipiente cuando se producen de forma constante y combinada.

tríada patológica (pathologic triad), combinación de tres síntomas de enfermedad respiratoria: broncospasmo, acumulación de secreciones y edema de la mucosa.

tríada primaria (primary triad), en la teoría de Beck de la depresión, los tres patrones cognitivos principales que obligan al individuo a contemplarse a sí mismo, al entorno y al futuro de forma negativista.

triamcinolona (triamcinolone), glucocorticoide prescrito como agente antiinflamatorio para el tratamiento de las dermatosis, estomatitis y lesiones del liquen plano.

triamtereno (triamterene), diurético ahorrador de potasio habitualmente prescrito solo o junto con otro diurético para el tratamiento del edema, de la hipertensión y de la insuficiencia cardíaca congestiva.

triángulo (triangle), (en psicología) proceso emocional que representa los esfuerzos disfuncionales para reducir la fusión o el conflicto de una relación. El triángulo puede estar formado por tres personas o dos personas y un objeto, grupo o asunto.

triángulo carotídeo inferior (inferior carotid triangle), área triangular limitada por la línea media del cuello, el vientre superior del músculo omohioideo por encima y el músculo esternocleidomastoideo por detrás.

triángulo carotídeo superior (superior carotid triangle), triángulo delimitado por el músculo esternocleidomastoideo, por delante y por debajo por el músculo omohioideo y por encima por el estilohioideo y el digástrico.

triángulo cervical (cervical triangle), una de las dos áreas triangulares formadas en el cuello por el trayecto oblicuo del esternocleidomastoideo. El triángulo anterior está limitado en su parte anterior por la línea media del cuello, lateralmente por el esternocleidomastoideo, y en su zona superior por el cuerpo del maxilar inferior. El triángulo posterior está limitado inferiormente por la clavícula y superiormente por los bordes del esternocleidomastoideo y trapecio.

triángulo de Bonwill (Bonwill's triangle) [William G. A. Bonwill, odontólogo norteamericano, n. 1833], triángulo equilátero con lados de 10 cm, formados por las líneas trazadas desde los puntos de contacto de los incisivos inferiores centrales (o la línea media de la cresta residual del maxilar inferior) hasta el cóndilo del otro lado y desde un cóndilo al otro.

triángulo de Tweed (Tweed triangle) [Charles Tweed, odontólogo norteamericano, n. 1895], triángulo utilizado como método diagnóstico, formado por el plano mandibular, el plano de Frankfort y el eje mayor del incisivo central inferior.

triángulo omoclavicular (supraclavicular triangle), región inferior y anterior del cuello, limitada por encima por el músculo omohioideo, por delante por el músculo esternocleidomastoideo y, por debajo, por la clavícula. La primera costilla es la base del triángulo.

triazolam (triazolam), agente hipnótico prescrito para el tratamiento a corto plazo del insomnio.

tribología (tribology), el estudio de la fricción, desgaste y lubricación de las superficies articulares.

tribu (tribe), división taxonómica de los organismos, subordinada a una familia y superior a un género, o subtribu.

tribunal de Nuremberg (Nuremberg tribunal), tribunal internacional establecido y puesto en práctica por la Comisión de crímenes de guerra de las Naciones Unidas para detectar, aprehender, juzgar y condenar a personas acusadas de crímenes de guerra. El principio y la práctica del consentimiento informado fue reforzado por el precedente establecido en los juicios en los que fueron declarados culpables de crímenes contra la humanidad médicos nazis que habían realizado experimentos con seres humanos en contra de la voluntad de éstos y sin su consentimiento.

TRIC (TRIC), abreviatura del agente del **tracoma** y de la **conjuntivitis de inclusión**, que se refiere a *Chlamydia trachomatis*, organismo que causa ambas enfermedades.

tríceps braquial (triceps brachii), músculo grande que se extiende sobre toda la longitud de la superficie dorsal del húmero. Actúa extendiendo el antebrazo y aduciendo el brazo. Compárese con **bíceps braquial**.

trichomonacida (trichomonacide), agente destructivo de *Trichomonas vaginalis*, protozoo flagelado parásito que causa un tipo refractario de vaginitis, cistitis y uretritis.

Trichomonas vaginalis (Trichomonas vaginalis), protozoo parásito móvil que causa vaginitis pruriginosa con un exudado maloliente abundante.

trichomoniasis (trichomoniasis), infección vaginal causada por el protozoo *Trichomonas vaginalis*, caracterizada por picor, quemazón y exudado vaginal maloliente, espumoso, de color amarillo pálido a verde. En los hombres, la infección habitualmente es asintomática, pero se puede evidenciar por una uretritis persistente o recurrente.

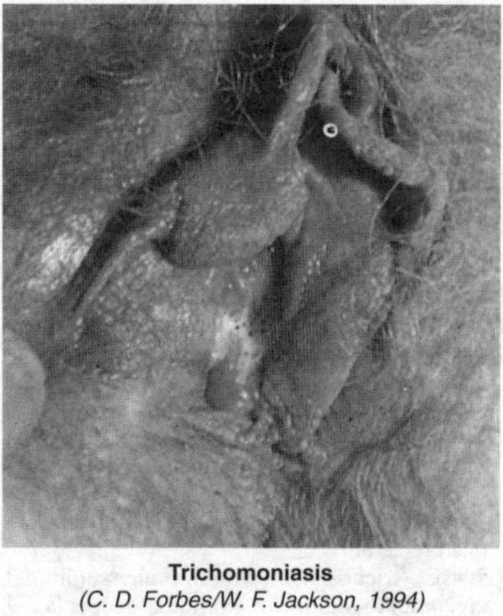

Trichomoniasis
(C. D. Forbes/W. F. Jackson, 1994)

Trichophyton (Trichophyton), género de hongos que infectan la piel, el pelo y las uñas.

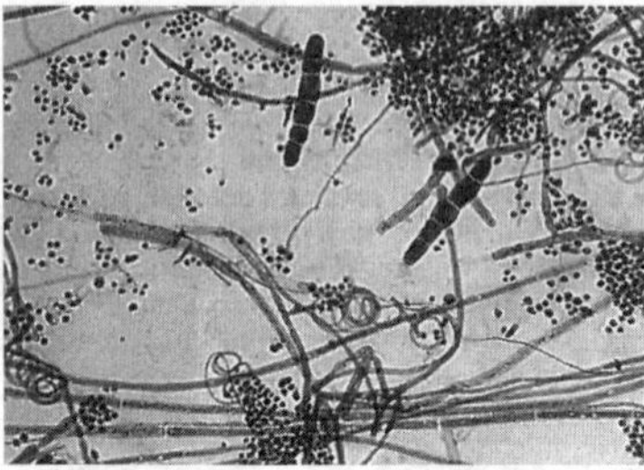

Trichophyton mentagrophytes
(A. du Vivier, 2.ª ed., 1995)

Trichostrongylus (Trichostrongylus), gusano ascáride, algunas de cuyas especies son parásitas para el ser humano, como *Trichostrongylus orientalis*.

Trichuris (Trichuris), género de gusanos nematodos parásitos de los que la especie *Trichuris trichiura* infesta el tracto intestinal.

tricloroetileno (trichloroethylene), anestésico general, administrado mediante máscara con N_2O, utilizado en odontología, cirugía menor y en los primeros estadios del parto.

triclorometiazida (trichlormethiazide), diurético tiazídico y antihipertensivo prescrito para el tratamiento de la hipertensión y del edema.

tricobasalioma hialino (trichobasalioma hyalinicum), v. **cilindroma**.

tricocéfalo (whipworm), v. ***Trichuris***.

tricoepitelioma (trichoepithelioma, *pl.* **trichoepitheliomas, thlchoepitheliomata**), tumor cutáneo que deriva de las células basales de los folículos pilosos del vello corporal.

tricoestrongiliasis (trichostrongyliasis), infestación por *Trichostrongylus*, un gusano ascáride.

tricoide (trichoid), semejante al pelo.

tricolegia (trichologia), trastorno en el que la persona tira y arranca su propio pelo, visto sólo habitualmente en el delirio.

tricomatoso (trichomatous), **1.** relativo a la introversión del margen palpebral. **2.** perteneciente a un pelo enmarañado o enquistado.

tricopatía (tricopathy), cualquier enfermedad que afecte al pelo.

tricosis (trichosis), cualquier alteración del crecimiento del pelo, como la alopecia, el exceso de vello en la mujer o la coloración anormal del pelo.

tricosporosis (trichosporosis), micosis que afecta al eje del pelo, confiriéndole un aspecto metálico; está producida por *Trichosporon*.

tricotilomanía (trichotillomania, hair pulling), impulso mórbido o deseo de arrancarse el propio pelo, observado con frecuencia en algunos casos de retraso mental severo y de delirio.

tricuriasis (trichuriasis), infestación por el gusano nematodo *Trichuris trichiura*. Esta enfermedad es habitualmente asintomática, pero las grandes infestaciones pueden causar náuseas, dolor abdominal, diarrea y, en algunos casos, anemia y prolapso rectal.

tricúspide (tricuspid), **1.** relativo o perteneciente a tres puntas o cúspides. **2.** relativo o perteneciente a la válvula tricúspide del corazón.

tridente (trident), diente con tres puntas o cúspides.

trifásico (triphasic), perteneciente a algo con tres fases o etapas.

trifluorotimidina (trifluorothymidine), antiviral prescrito para el tratamiento de la queratoconjuntivitis, de la queratitis herpética y de otras formas de queratitis causadas por el virus del herpes simple.

trifluridina (trifluridine), v. **trifluorotimidina**.

trifurcación (trifurcation), perteneciente a un vaso u otra estructura con tres ramas.

trigeminismo (trigeminy), arritmia cardíaca caracterizada por la aparición de tres latidos, un latido normal seguido de dos latidos ectópicos en rápida sucesión.

trigémino (trigeminy), agrupado de tres en tres.

triglicérido (triglyceride), compuesto formado por un ácido graso (oleico, palmítico o esteárico) y glicerol. Los triglicéridos se sintetizan a partir de la mayoría de las grasas animales y vegetales y son los principales lípidos de la sangre, en la que circulan, unidos a proteínas, formando las lipoproteínas de alta y baja densidad.

trigonitis (trigonitis), inflamación del trígono vesical, que a menudo acompaña a la uretritis.

trígono (trigone), **1.** triángulo. **2.** las primeras tres cúspides dominantes, consideradas colectivamente, de un molar superior.

trígono cerebral (fornix cerebri), estructura arqueada de fibras nerviosas situada por debajo del cuerpo calloso y que constituye la vía eferente del hipocampo.

trígono vesical (trigonum vesicae), región triangular de la vejiga entre los orificios de los uréteres y el orificio de la uretra.

trihíbrido (trihybrid), (en genética) perteneciente a o que describe a un individuo, organismo o cepa que es heterocigoto para tres rasgos específicos, es decir, la descendencia de unos progenitores que difieren en tres pares de genes específicos.

trillizo (triplet), cualquiera de los tres recién nacidos del mismo período de gestación durante un embarazo único.

trilogía de Fallot (trilogy of Fallot) [Etienne-Louis A. Fallot, médico francés, n. 1850], anomalía congénita cardíaca que consiste en la combinación de estenosis pulmonar, comunicación interauricular e hipertrofia del ventrículo derecho. Para comentarios sobre diagnóstico y tratamiento, v. **tetralogía de Fallot**.

trilostano (trilostane), esteroide sintético que inhibe la síntesis de los esteroides suprarrenales. Se prescribe para el tratamiento del síndrome de Cushing.

trimestre (trimester), uno de los tres períodos de aproximadamente tres meses en los que se divide el embarazo. El primer trimestre engloba el tiempo comprendido desde el primer día del último período menstrual hasta el final de las doce semanas. El segundo trimestre se extiende desde la semana doce hasta la semana veintiocho de gestación. El tercer trimestre comienza en la semana veintiocho y dura hasta el momento del nacimiento.

trimetadiona (trimethadione), anticonvulsivante prescrito para prevenir las convulsiones en la epilepsia de pequeño mal, especialmente las crisis que son resistentes a otros tratamientos.

trimetileno (trimethylene), v. **ciclopropano**.

trimetoprima (trimethoprim), antibacteriano prescrito para el tratamiento de diversas infecciones, especialmente del tracto urinario, del oído medio y de los bronquios.

trimetoprima y sulfametoxazol (trimethoprim and sulfamethoxazole), v. **sulfametoxazol** y **trimetoprima**.

trimetoprima-sulfametoxazol (sulfamethoxazole and trimethoprim), combinación antibacteriana fija que se prescribe para el tratamiento de infecciones de las vías urinarias, otitis medias y shigellosis.

trioxaleno (trioxsalen), agente melanizante prescrito para mejorar la pigmentación, para la repigmentación de la piel en el vitíligo idiopático y para aumentar la tolerancia a la luz del sol.

tripanosoma (trypanosome), cualquier organismo del género *Trypanosoma*.

tripanosomiasis (trypanosomiasis), infección causada por un organismo del género *Trypanosoma*. La **enfermedad de Chagas** y la **tripanosomiasis africana** son dos tipos de tripanosomiasis.

tripanosomiasis africana (African trypanosomiasis), enfermedad producida por los parásitos *Trypanosoma brucei gambiense* o *Trypanosoma brucei rhodesiense*, que se transmite a los humanos a través de la picadura de la mosca tsetsé. La enfermedad es mortal si no se establece un tratamiento. Dos tipos de tripanosomiasis africana son la **tripanosomiasis gambiense** y la **tripanosomiasis rhodesiense**.

tripanosomiasis americana (American trypanosomiasis), v. **enfermedad de Chagas**.

tripanosomiasis brasiliense (Brazilian trypanosomiasis), v. **enfermedad de Chagas**.

tripanosomiasis de Cruz (Cruz trypanosomiasis), v. **enfermedad de Chagas**.

tripanosomiasis gambiense (Gambian trypanosimiasis), forma habitualmente crónica de la tripanosomiasis africana, producida por el parásito *Trypanosoma brucei gambiense*.

tripanosomiasis rhodesiense (Rhodesian trypanosomiasis), forma aguda de tripanosomiasis africana, provocada por el parásito *Trypanosoma brucei rhodesiense*. La enfermedad puede evolucionar rápidamente, provocando encefalitis, coma y muerte en sólo unas semanas.

tripanosomiasis sudamericana (South American trypanosomiasis), v. **enfermedad de Chagas**.

tripanosomicida (trypanosomicide), fármaco que destruye tripanosomas, especialmente las especies del protozoo parásito transmitido a los seres humanos por diversas especies de insectos vectores comunes en África y Sudamérica.

triplejía (triplegia), parálisis de un lado del cuerpo que se asocia a la parálisis del brazo o de la pierna del lado opuesto.

triplete (triplet), (en genética) unidad de tres bases consecutivas en una cadena polinucleotídica de ADN o ARN que codifica un aminoácido específico.

triploide (3n) (triploid [3n]), **1.** relativo o perteneciente a un individuo, organismo, cepa o célula que tiene tres grupos completos de cromosomas. En los seres humanos, el número triploide es 69, encontrado en casos raros de fetos abortados o nacidos muertos. **2.** dicho individuo, organismo, cepa o célula.

triploidía (triploidy), estado o alteración de tener tres grupos completos de cromosomas.

trípode (tripod), cualquier objeto con tres soportes o pies.

tripsina (trypsin), enzima proteolítica digestiva producida por el páncreas exocrino que cataliza en el intestino delgado la fragmentación de las proteínas de la dieta en peptonas, péptidos y aminoácidos.

tripsina cristalizada (trypsin, crystallized), enzima proteolítica del páncreas del buey, *Bos taurus*, que se ha utilizado como agente desbridante para heridas abiertas y úlceras.

tripsinógeno (trypsinogen), forma precursora inactiva de la tripsina. El tripsinógeno se segrega en el jugo pancreático y se convierte en tripsina activa mediante la acción de la enterocinasa intestinal.

tripsis (tripsis), proceso de reducir el tamaño de las partículas de una sustancia pulverizándola con un mortero y a mano.

triptófano (Trp) (tryptophan [Trp]), aminoácido esencial para el crecimiento normal de los niños y para el equilibrio nitrogenado de los adultos. El triptófano es el precursor de varias sustancias, como la serotonina y la niacina.

triquiasis (trichiasis), inversión anormal de las pestañas que irrita el globo ocular. Habitualmente se produce tras infección o inflamación. Compárese con **ectropión**.

triquinosis (trichinosis), infestación por el helminto parásito *Trichinella spiralis*, transmitida por la ingestión de carne de cerdo o de oso cruda o insuficientemente cocinada. Como síntomas precoces de la infestación aparecen dolor abdominal, náuseas, fiebre y diarrea; más tarde se observa dolor muscular, sensibilidad a la palpación, fatiga y eosinofilia. Las infecciones ligeras pueden ser asintomáticas.

trisacárido (trisaccharide), carbohidrato formado por tres unidades de monosacárido unidas entre sí.

trismus (trismus), espasmo tónico prolongado de los músculos de la mandíbula.

trisomía (trisomy), aberración cromosómica caracterizada por la presencia de un cromosoma más del número normal de cromosomas de una dotación diploide; en los humanos la célula trisómica contiene 47 cromosomas y se designa como $2n + 1$.

trisomía 8 (trisomy 8), trastorno congénito asociado a la presencia de un cromosoma 8 extra dentro del grupo C. Las personas con esta enfermedad son delgadas y de altura normal y tienen una cabeza grande asimétrica, frente prominente, ojos profundos, orejas prominentes bajas y labios gruesos. Existe retraso mental y motor de leve a grave, a menudo con retraso y articulación pobre del lenguaje. Pueden aparecer anomalías esqueléticas y limitación articular, especialmente camptodactilia, y con poca frecuencia, arrugas profundas palmares y plantares, que son diagnósticas. La mayoría de los individuos con trisomía 8 son mosaicos.

trisomía 13 (trisomy 13), anomalía congénita causada por la presencia de un cromosoma extra del grupo D, predominantemente el cromosoma 13, o los cromosomas 14 o 15 en casos raros. Se caracteriza por anomalías múltiples de la línea media y defectos del sistema nervioso central, como holoprosencefalia, microcefalia, mielomeningocele, microftalmos y labio y paladar hendidos. También existe retraso mental intenso, polidactilia, sordera, convulsiones y anomalías cardíacas, viscerales y genitales.

trisomía 18 (trisomy 18), anomalía congénita causada por la presencia de un cromosoma 18 extra, caracterizada por retraso mental intenso y deformidades múltiples. Entre los defectos más comunes están la escafocefalia u otras anomalías craneales, micrognatia, facies anormal con orejas malformadas bajas y occipucio prominente, labio y paladar hendido, puños apretados con dedos superpuestos, especialmente el índice sobre el dedo corazón, pies zambos y sindactilia. También son comunes la comunicación interventricular, el conducto arterioso permeable, la comunicación interauricular y las anomalías renales.

trisomía 21 (trisomy 21), v. **síndrome de Down**.

trisomía 22 (trisomy 22), anomalía congénita causada por la presencia de un cromosoma 22 extra en el grupo G, caracterizada por retraso psicomotor y diversas anomalías del desarrollo. Entre los defectos comunes aparecen microcefalia, micrognatia, hipotonía, hipertelorismo, orejas anómalas con apéndices preauriculares o fístulas y enfermedad cardíaca congénita. En la trisomía 22 parcial, el cromosoma extra es mucho más pequeño que el par normal y causa coloboma del iris, atresia anal o ambos, así como otros defectos.

trisulfapirimidinas (trisulfapyrimidines), combinación de tres antibacterianos (sulfadiazina, sulfamerazina y sulfametazina) raramente prescrita hoy en día.

tritio (H^3) (tritium [^3H]), isótopo radiactivo de bajo nivel del átomo de hidrógeno, utilizado como trazador.

trivalencia (trivalence), estado triple, generalmente utilizado para designar los tres electrones de la órbita externa de un átomo o la capacidad de un grupo de átomos para reemplazar tres elementos monovalentes de un compuesto.

trivalente (trivalent), **1.** perteneciente a un átomo o grupo de átomos con capacidad para enlazarse con o para reemplazar tres elementos monovalentes. **2.** vacuna que puede evitar tres tipos de enfermedades.

triyodotironina (T_3) (triiodothyronine [T_3]), hormona que participa en la regulación del crecimiento y del desarrollo, en el control del metabolismo y de la temperatura corporal y, por un sistema de retroalimentación negativo, actúa inhibiendo la secreción de tirotropina por la hipófisis.

trocánter (trochanter), una de las dos proyecciones óseas del extremo proximal del fémur que sirven para la inserción de varios músculos.

trocánter mayor (greater trochanter, trochanter major), proyección alargada del fémur en la que se insertan diversos músculos, como el glúteo mediano, el glúteo mayor y el obturador interno.

trocánter menor (lesser trochanter, trochanter minor), una de las dos proyecciones cónicas de la base del cuello del fémur, donde se inserta el tendón del psoas mayor.

trócar (trocar), varilla afilada, puntiaguda, que se adapta a un tubo. Se utiliza para perforar la piel y la pared de una cavidad o canal en el cuerpo, para aspirar líquidos, instilar un medicamento o solución o para guiar la colocación de un catéter blando.

trocisco (troche), tableta pequeña, oval, redonda o alargada que contiene un agente medicinal incorporado a un mucílago endulzado o a una base de fruta que se disuelve en la boca y libera el fármaco.

tróclea (trochlea), parte o estructura con forma de polea.

trofectodermo (trophectoderm), v. **trofoblasto**.

trófico (trophic), relativo al efecto nutritivo o cualidad de la actividad celular.

trofismo (trophism), influencia de la nutrición.

trofoblasto (trophoblast), capa de tejido que forma la pared del blastocisto de los mamíferos placentarios en los estadios tempranos del desarrollo embrionario. Interviene en la implantación del blastocisto en la pared uterina y en la aportación de nutrientes al embrión.

trofotrópico (trophotropic), relativo a una combinación de actividad del sistema nervioso parasimpático, relajación de los músculos somáticos y sincronización rítmica betacortical, tal como la que aparece en estado de reposo o sueño.

trofozoíto (trophozoite), protozoo inmaduro ameboide. Cuando se ha desarrollado completamente se puede identificar como un esquizonte.

trolamina (trolamine), contracción de **trietanolamina**.

troleandomicina (troleandomycin), antibiótico macrólido prescrito para el tratamiento de ciertas infecciones, como la neumonía neumocócica y las infecciones por estreptococo del grupo A del tracto respiratorio superior.

trombastenia (thrombasthenia), trastorno hemorrágico poco frecuente caracterizado por un defecto en la hemostasia mediada por plaquetas causado por una anomalía de la membrana plaquetaria. Las plaquetas no se agregan, no se forma el coágulo y se produce hemorragia, a menudo procedente de una membrana mucosa.

trombectomía (thrombectomy), extirpación de un trombo de un vaso sanguíneo, realizada como cirugía de urgencia para restablecer la circulación a la región afectada.

trombiculosis (trombiculosis), infestación por ácaros del género *Trombicula*, algunas de cuyas especies transmiten el tifus tsutsugamutsi.

trombina (thrombin), enzima formada en el plasma durante el proceso de coagulación a partir de la protrombina, del calcio y de la tromboplastina.

trombo (thrombus, *pl.* **thrombi**), agregación de plaquetas, fibrina, factores de la coagulación y elementos celulares de la sangre adheridos a la pared interior de una vena o arteria, ocluyendo a veces la luz de los vasos. Algunos tipos de trombos son: **trombo agónico, trombo blanco, trombo hialino, trombo laminado** y **trombo parasitario.**

tromboangeítis obliterante (thromboangiitis obliterans), enfermedad vascular oclusiva, habitualmente de una pierna o un pie, en la que las arterias de pequeño y mediano calibre están inflamadas y trombóticas. Los signos precoces de la enfermedad son quemazón, entumecimiento y hormigueo del pie o de la pierna por debajo de la lesión. Cuando la enfermedad progresa se puede desarrollar flebitis y gangrena. Con frecuencia los pulsos que se localizan por debajo de los vasos sanguíneos dañados están ausentes.

trombocitemia esencial (essential thrombocythemia), v. **trombocitosis**.

trombocito (thrombocyte), v. **plaqueta**.

trombocitoféresis (thrombocytopheresis), v. **plaquetoféresis**.

trombocitopatía (thrombocytopathy), cualquier trastorno del mecanismo de coagulación de la sangre causado por una anomalía o disfunción de las plaquetas. La **trombocitopenia** y la **trombocitosis** son dos tipos de trombocitopatía.

trombocitopenia (thrombocytopenia), trastorno sanguíneo en el que el número de plaquetas está disminuido, habitualmente por la destrucción del tejido eritroide en la médula ósea asociada a ciertas enfermedades neoplásicas o a una respuesta inmune frente a un fármaco. Puede existir disminución de la producción de plaquetas, disminución de la supervivencia de las plaquetas, aumento del consumo de plaquetas y esplenomegalia. La trombocitopenia es la causa más común de enfermedad hemorrágica.

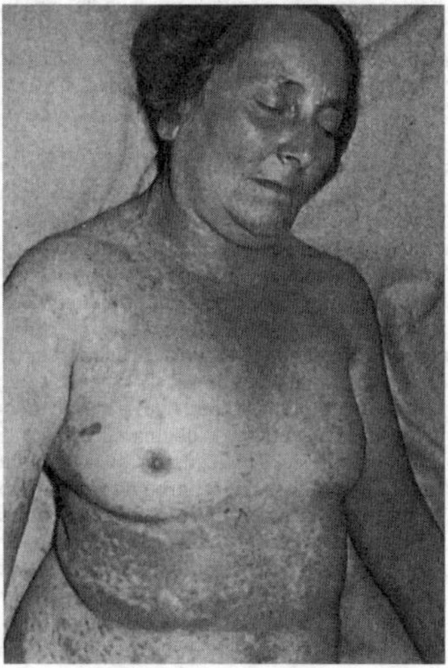

Trombocitopenia
(R. Hall/D. C. Evered, 2.ª ed., 1992)

trombocitosis (thrombocytosis), aumento anormal del número de plaquetas en la sangre. La **trombocitosis benigna** o **trombocitosis secundaria** es asintomática y aparece habitualmente tras esplenectomía, enfermedad inflamatoria, anemia hemolítica, hemorragia o deficiencia de hierro, como respuesta al ejercicio o después del tratamiento con vincristina. La **trombocitemia esencial** se caracteriza por episodios de hemorragias espontáneas que alternan con episodios trombóticos.

tromboembolismo (thromboembolism), trastorno en el que un vaso sanguíneo está bloqueado por un émbolo que se ha desplazado desde el punto de formación del coágulo. La región irrigada por una arteria obstruida puede picar y estar fría, adormecida y cianótica. Un émbolo en los pulmones produce un dolor torácico o abdominal superior agudo y repentino, disnea, tos violenta, fiebre y hemoptisis. La obstrucción de la arteria pulmonar o de una de sus ramas puede ser rápidamente fatal.

tromboféresis (thrombapheresis), v. **plaquetoféresis**.

tromboflebitis (thrombophlebitis), inflamación de una vena, que se acompaña a menudo de la formación de un coágulo. Se produce fundamentalmente como consecuencia de un traumatismo sobre la pared de un vaso, de hipercoagulabilidad de la sangre, infección, irritación química, éstasis venoso postoperatorio, permanencia prolongada en posición sentada, de pie o inmovilización o tras un período largo de cateterización intravenosa. La tromboflebitis de una vena superficial generalmente es evidente; se palpa un vaso duro y filiforme, parecido a un cordón, que es muy sensible a la presión; la región que la rodea puede estar eritematosa y caliente al tacto y el miembro entero puede estar pálido, frío y tumefacto. La tromboflebitis de una vena profunda se caracteriza por la presencia de dolor o calambres, especialmente en la pantorrilla cuando el paciente anda o flexiona dorsalmente el pie (signo de Homan).

trombogénico (thrombogenic), perteneciente a un trombo o a un factor que produce un trombo o un coágulo.

trombolítico (thrombolytic), relativo a la disolución de coágulos sanguíneos.

tromboplastina (thromboplastin), sustancia compleja que inicia el proceso de la coagulación transformando la protrombina en trombina en presencia de iones calcio.

trombosis (thrombosis, *pl.* **thromboses**), trastorno vascular en el que se forma un trombo en el interior de un vaso sanguíneo corporal.

trompa de Eustaquio (eustachian tube) [Bartolome Eustachio, anatomista italiano, n. 1520], trompa tapizada por una mucosa que une la nasofaringe y la cavidad timpánica y que permite equilibrar la presión del oído interno con la atmosférica.

trompa de Falopio (fallopian tube) [Gabriele Fallopio, anatomista italiano, n. 1523], conducto par que se abre por un extremo en el útero y por el otro en la cavidad peritoneal, sobre el ovario. Cada trompa constituye el conducto a través del cual el óvulo alcanza el útero y los espermatozoides se dirigen hacia el ovario.

trompa uterina (uterine tube), v. **trompa de Falopio**.

trompeta de Iowa (Iowa trumpet), tipo de guía de aguja que se utiliza para el bloqueo de los nervios pudendos. Consiste en un cilindro largo y delgado a través del cual puede pasar una aguja. Lleva unido un anillo en el extremo proximal de la guía, para que el operador pueda sujetarlo con seguridad.

tronco (truncus), parte principal de una región anatómica de la cual pueden salir ramas, como la cadena nerviosa simpática o el tronco linfático yugular.

tronco arterial braquiocefálico (truncus brachiocephalicus), rama de la aorta que se divide en las arterias carótida primitiva derecha y subclavia derecha. También denominada **arteria innominada**.

tronco arterioso (truncus arteriosus), tronco arterial embrionario que se abre inicialmente desde ambos ventrículos del corazón y más tarde se divide en los troncos aórtico y pulmonar, las dos porciones separadas por el tabique bulbar.

tronco celíaco (celiac artery), rama visceral de gran calibre de la aorta abdominal, que se origina por debajo del diafragma, dividiéndose por lo general en la arteria coronaria estomáquica, arteria hepática común y arteria esplénica.

tronco del encéfalo (brainstem), porción del encéfalo que comprende el bulbo raquídeo, la protuberancia o puente y el mesencéfalo. Realiza las funciones motoras, sensitivas y reflejas y contiene los tractos corticoespinal y reticuloespinal. Los doce pares craneales se originan en su mayor parte en el tronco del encéfalo.

tronco pulmonar (pulmonary trunk), vaso corto y ancho que transporta la sangre venosa desde el ventrículo derecho del corazón a los pulmones.

tronco simpático (sympathetic trunk), cada una de las dos cadenas de ganglios que se extienden a ambos lados de la columna vertebral, desde la base del cráneo hasta el cóccix. Cada tronco forma parte del sistema nervioso simpático y está formado por una serie de ganglios conectados por cordones que contienen varios tipos de fibras. Cada tronco simpático distribuye ramas con fibras posganglionares a plexos autónomos, nervios craneales, órganos individuales, nervios que acompañan a las arterias y nervios raquídeos.

tronco tirocervical (thyrocervical trunk), ramas arteriales cortas, gruesas, en número par, que se originan en la primera porción de las arterias subclavias, próximas al borde interno del escaleno anterior, e irrigan numerosos músculos y huesos en la cabeza, cuello y espalda.

tronco venoso braquiocefálico izquierdo (left brachiocephalic vein), vaso que comienza en la raíz del cuello, en la unión de las venas yugular interna y subclavia en el lado izquierdo, y sigue un trayecto oblicuo, cruzando el tórax, hasta unirse al tronco braquiocefálico derecho y formar la vena cava superior.

tropocolágeno (tropocollagen), unidad fundamental de las fibrillas de colágeno obtenido mediante la extracción prolongada de colágeno insoluble con ácido diluido.

tropomiosina (tropomyosin), componente proteico de los filamentos del sarcómero que, junto con la troponina, regula las interacciones de la actina y la miosina en las contracciones musculares.

troponina (troponin), proteína de la ultraestructura celular miocárdica que modula la interacción entre las moléculas de actina y miosina.

Trp (Trp), abreviatura de **triptófano**.

Trypanosoma (Trypanosoma), género de organismos parásitos, algunas de cuyas especies pueden causar enfermedades importantes en los seres humanos. La mayoría de los organismos tripanosómicos viven parte de su vida en insectos y se transmiten a los seres humanos por las picaduras de éstos.

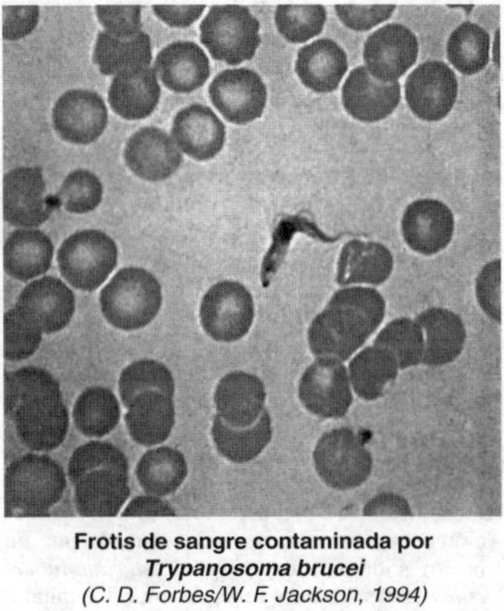

Frotis de sangre contaminada por *Trypanosoma brucei*
(C. D. Forbes/W. F. Jackson, 1994)

Trypanosoma brucei gambiense (Trypanosoma brucei gambiense), v. **tripanosomiasis gambiense**.

Trypanosoma brucei rhodesiense (Trypanosoma brucei rhodesiense), v. **tripanosomiasis rhodesiense**.

Trypanosoma cruzi (Trypanosoma cruzi), v. **enfermedad de Chagas**.

TSH (TSH), abreviatura de **hormona estimulante del tiroides**.

TTP (PTT), abreviatura de **tiempo de tromboplastina parcial**.

tuaminoheptano (tuaminoheptane), vasoconstrictor adrenérgico.

tuberculina (tuberculin), v. **prueba de la tuberculina, tuberculosis**.

tubérculo (tubercle), **1.** nódulo o pequeña eminencia, tal como la de un hueso. **2.** nódulo, especialmente una elevación de la piel mayor que una pápula, como los tubérculos de Morgagni de las areolas de la mama. **3.** nódulo pequeño redondeado producido por la infección por *Mycobacterium tuberculosis*, constituido por una masa gris translúcida de células esféricas pequeñas rodeadas de tejido conectivo.

tubérculo caudado (caudate process), pequeña elevación del tejido que se extiende oblicuamente desde el extremo inferior del lóbulo caudado del hígado hasta la cara visceral del lóbulo derecho.

tubérculo de Montgomery (Montgomery's tubercle) [William F. Montgomery, ginecólogo irlandés, n. 1797], una de las diversas glándulas sebáceas de las areolas mamarias. El material sebáceo que segregan las glándulas sobre la piel de la areola sirve para lubricar y proteger la mama de las infecciones y traumatismos que se producen durante la lactancia.

tubérculo de Morgagni (Morgagni's tubercle), cada uno de los diversos nódulos pequeños y blandos situados en la superficie de las areolas de las mujeres. Están constituidos por grandes glándulas sebáceas inmediatamente por debajo de la superficie areolar.

tuberculoma (tuberculoma), crecimiento de aspecto tumoral, poco frecuente, de tejido tuberculoso localizado en el sistema nervioso central, que se caracteriza por presentar los síntomas de un proceso expansivo en el cerebro, cerebelo o médula espinal.

tuberculosis (TB) (tuberculosis [TB]), infección granulomatosa crónica causada por un bacilo ácido resistente, *Mycobacterium tuberculosis*, transmitido generalmente por inhalación o ingestión de gotas infectadas y que habitualmente afecta a los pulmones, aunque también produce infección en otros sistemas orgánicos por otras vías de transmisión. Los síntomas precoces de la tuberculosis pulmonar son apatía, dolor torácico vago, pleuritis, anorexia, fiebre y pérdida de peso. A medida que la enfermedad progresa se desarrollan sudores nocturnos, hemorragia pulmonar, expectoración purulenta y disnea. El tejido pulmonar reacciona al bacilo produciendo células protectoras que engullen al organismo causal, formándose tubérculos. Si no se trata, los tubérculos aumentan de tamaño y se fusionan para formar grandes tubérculos que sufren caseificación y finalmente se desprenden a las cavidades pulmonares. La hemoptisis se produce como resultado de la diseminación cavitaria. La exploración física revela estertores apicales, sonidos bronquiales anfóricos, disminución de la movilidad respiratoria y, en casos avanzados, cianosis.

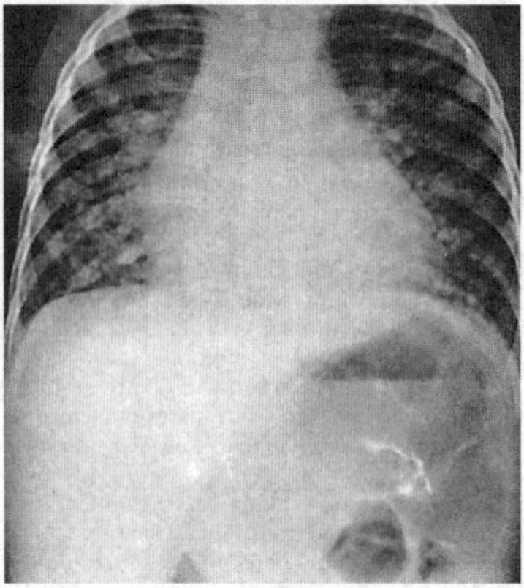

Tuberculosis miliar
(C. D. Forbes/W. F. Jackson, 1994)

tuberculoso (tuberculous), relativo o perteneciente a la tuberculosis.

tuberosidad (tuberosity), elevación o protuberancia, especialmente de un hueso.

tubo de Bilbao (Bilbao tube), tubo largo, delgado y flexible, que se utiliza para inyectar bario en el intestino delgado. El tubo se guía con un alambre rígido hasta el final del duodeno bajo control fluoroscópico.

tubo de Coolidge (Coolidge's tube), tipo básico de tubo de rayos X de cátodo caliente que ha sido utilizado por los radiólogos desde que fue inventado en 1913 con modificaciones recientes.

tubo de drenaje (drainage tube), catéter de grueso calibre utilizado para evacuar aire o líquido de una cavidad o herida del cuerpo.

tubo de ensayo (test tube), tubo fabricado con material transparente que tiene un extremo abierto. Se utiliza en muchas actividades de laboratorio.

tubo de foco dual (dual-focus tube), tubo de rayos X utilizado para el diagnóstico por imagen. Se emplea una mancha focal grande cuando se necesita producir una temperatura elevada, y una mancha focal pequeña para producir imágenes finas, detalladas.

tubo de Harris (Harris tube) [Franklin Harris, cirujano norteamericano, n. 1895], tubo utilizado para la descompresión gástrica e intestinal. Es un tubo de luz única, relleno de mercurio, que se pasa a través de la nariz y llega al tracto digestivo por gravedad. La localización del tubo se sigue por fluoroscopia.

tubo de rayos catódicos (TRC) (cathode ray tube [CRT]), tubo de vacío que proyecta un haz electrónico sobre un punto de una pantalla de fósforo, generando una imagen visible de datos sobre la superficie del tubo.

tubo de rayos X (x-ray tube), tubo de vacío de gran tamaño que contiene un cátodo constituido por un filamento de tungsteno y un ánodo que suele consistir en un disco de tungsteno rotativo. Cuando se calienta hasta la incandescencia, el cátodo emite una nube de electrones que producen rayos X cuando chocan contra la superficie del ánodo a alta velocidad. El ánodo está diseñado para desviar los rayos X hacia un foco situado en el objeto que va a ser radiografiado.

tubo de Southey (Southey's tube) [Reginald Southey, médico inglés, n. 1835], *obsoleto,* pequeña cánula, muy fina, introducida en un tejido edematoso para extraer líquido y aliviar el edema de la insuficiencia cardíaca congestiva.

tubo de traqueotomía (tracheotomy tube), tubo alargado, curvo, hueco, de metal o de plástico, que se inserta quirúrgicamente en la tráquea en casos de obstrucción de la vía aérea.

tubo de traqueotomía de Jackson (Jackson tracheostomy tube), tubo de plata para traqueotomía con un manguito de goma incorporado para evitar la migración accidental del mismo, lo que provocaría una interferencia con el flujo de aire que recibe el paciente.

tubo de Veillon (Veillon tube), tubo transparente cuyos extremos están cerrados con tapones extraíbles, uno de algodón y uno de goma. Se utiliza para el crecimiento en el laboratorio de cultivos bacteriológicos.

tubo endotraqueal (endotracheal tube), catéter de luz gruesa que se introduce en la tráquea a través de la boca o de la nariz hasta un punto situado por encima de la bifurcación de la tráquea proximal en los bronquios. Se utiliza para administrar oxígeno a presión cuando la ventilación ha de estar totalmente controlada y en las técnicas de anestesia general.

tubo endotraqueal con manguito (cuffed endotracheal tube), tubo endotraqueal con un globo situado en el extremo distal que se puede insuflar para ajustar el tubo a la luz de la vía aérea. El globo forma un manguito que impide el paso del contenido gástrico hacia los pulmones y de gas desde los pulmones.

tubo medular (medullary tube), v. **tubo neural**.

tubo neural (neural tube, cerebromedullary tube), tubo longitudinal situado a lo largo del eje central del embrión en fase de desarrollo precoz, que da origen al encéfalo, la médula espinal y otros tejidos nerviosos del sistema nervioso central.

tubo T (T tube), **1.** dispositivo tubular en forma de T, insertado a través de la piel en una cavidad o herida, utilizado para drenaje. **2.** dispositivo que se utiliza para conectar una fuente de oxígeno humidificado al tubo endotraqueal, de forma que se pueda añadir un espirómetro para evaluar el volumen de corriente en reposo y retirar de manera apropiada el tubo endotraqueal.

tubo torácico (chest tube), **1.** catéter introducido a través del tórax en la cavidad torácica para eliminar aire o líquidos. **2.** artefacto radiográfico debido a la presencia en el paciente de tubos orales o traqueales, o de un catéter en la arteria pulmonar.

tubo Vacu-tainer (Vacu-tainer tube), tubo de vidrio con un tapón de goma en el cual se puede extraer el aire para crear un vacío.

tuboplastia (tuboplasty), procedimiento quirúrgico mediante el que se reparan las trompas de Falopio gravemente enfermas o dañadas.

túbulo (tubule), tubo pequeño, como los túbulos colectores renales, los túbulos seminíferos de los testículos o las asas de Henle situadas entre los túbulos contorneados y proximales distales.

túbulo colector (collecting tubule), túbulos rectos numerosos y relativamente grandes del riñón que vierten la orina en la pelvis renal. Los túbulos colectores juegan un papel importante en el mantenimiento del equilibrio líquido del organismo permitiendo que el agua pase por ósmosis a través de sus membranas hacia el líquido intersticial de la médula renal.

túbulo mesonéfrico (mesonephric tubule), cada uno de los túbulos renales embrionarios que constituyen el mesonefros. Funcionan como estructuras excretoras durante el desarrollo embrionario precoz de los seres humanos y de otros mamíferos, aunque se incorporan con posterioridad al sistema reproductor. En el varón los túbulos dan lugar a los conductillos eferentes y aberrantes de los testículos, al apéndice del epidídimo y al paradídimo y en las mujeres al epooforon, parooforon y apéndices vesiculares. Todas estas estructuras son vestigiales excepto los conductillos eferentes de los testículos.

túbulo pronéfrico (pronephric tubule), cualquiera de las unidades excretoras del pronefros dispuestas segmentariamente en el desarrollo inicial del embrión vertebrado.

túbulos contorneados renales (convoluted kidney tubules), corresponden a la porción contorneada de la nefrona que va del glomérulo a los conductos colectores. Las zonas proximal y distal están contorneadas, mientras que las ramas ascendente y descendente del asa de Henle son relativamente rectas.

túbulos seminíferos (seminiferous tubules), tubos largos rodeados por tejido areolar, situados en los lóbulos de los testículos.

tularemia (tularemia), enfermedad infecciosa de los animales causada por el bacilo *Francisella (Pasteurella) tularensis,* que se puede transmitir por insectos vectores o por contacto directo. En los humanos se caracteriza por fiebre, cefalea y una lesión cutánea ulcerada con aumento de los ganglios linfáticos regionales o por infección ocular, ulceraciones GI o neumonía dependiendo del punto de entrada y de la respuesta del huésped. También llamada **fiebre de la mosca del ciervo, fiebre de los conejos**.

tulio (Tm) (thulium [Tm]), elemento metálico perteneciente al grupo de las tierras raras. Su número atómico es 69; su peso atómico es 168,93.

tumefacción cerebral (brain swelling), acumulación de líquidos en el cerebro.

tumefacción de Calabar (calabar swelling), estado anómalo caracterizado por reacciones inflamatorias transitorias del tejido subcutáneo producidas por un parásito nematodo filariforme endémico en África. Las zonas inflamadas migran con el gusano por todo el cuerpo. A veces el gusano puede desplazarse bajo la conjuntiva y vivir en la cámara anterior del ojo.

tumescencia (tumescence), estado de inflamación o edema.

-tumescencia (-tumescence), sufijo que significa «inflamación»: *detumescencia, intumescencia, tumescencia.*

tumescencia peneana nocturna (nocturnal penile tumescence), erección del pene durante el sueño que se produce de forma normal durante la mayor parte de la vida del hombre. Es importante en el diagnóstico de la impotencia, ya que su presencia indica que ésta podría ser psicógena.

tumor (tumor), **1.** hinchazón o aumento de tamaño que aparece en las enfermedades inflamatorias. **2.** también llamado **neoplasia**, crecimiento nuevo de tejido caracterizado por la proliferación progresiva e incontrolada de células. El tumor puede estar localizado o ser invasivo, ser benigno o maligno.

tumor adiposo (adipose tumor), v. **lipoma**.

tumor albus (tumor albus), hinchazón blanquecina que aparece en el hueso o articulación tuberculosos.

tumor benigno (benign tumor), neoplasia que no invade otros tejidos ni metastatiza en otros puntos. Los tumores benignos habitualmente están bien encapsulados y sus células presentan menos anaplasia que los de crecimiento maligno.

tumor cerebral (brain tumor), neoplasia de la porción intracraneal del sistema nervioso central que generalmente es invasiva, pero que no excede el eje cerebrospinal. Los tumo-

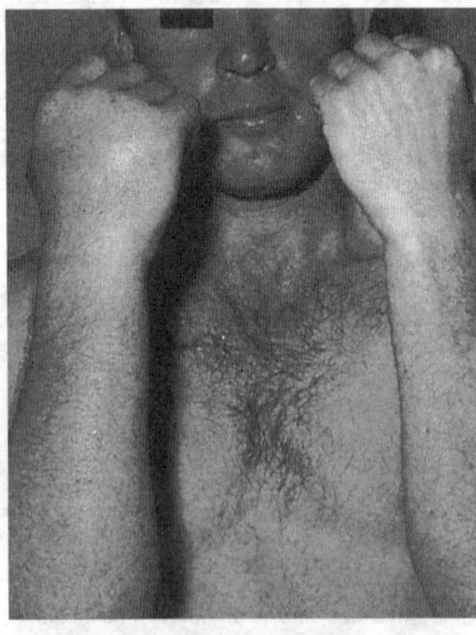

Tumefacciones de Calabar
(A. du Vivier, 2.ª ed., 1995)

res intracraneales de los niños son habitualmente el resultado de un defecto en el desarrollo. En los adultos, del 20 al 40% de los tumores malignos cerebrales son lesiones metastásicas de cánceres de mama, pulmón, tracto GI, riñón o melanoma maligno. El origen de los tumores primarios de cerebro no se conoce. Los síntomas de un tumor cerebral son a menudo los producidos por el aumento de presión intracraneal, tales como cefalea, náuseas, vómitos, edema de papila, letargia y desorientación. También se producen signos de localización, tales como la pérdida de visión en el ojo localizado en el lado de un tumor occipital. El cerebro puede verse afectado por muy diversos tipos de tumores, pero los gliomas, principalmente los astrocitomas, son las neoplasias malignas más comunes. El tratamiento inicial para la mayoría de los tumores cerebrales primarios es la cirugía.

tumor convergente (collision tumor), tumor que se forma como dos zonas de crecimiento separadas, que se desarrollan cercanas una a la otra, juntándose.

tumor de Brenner (Brenner tumor) [Fritz Brenner, anatomopatólogo alemán, n. 1877], neoplasia ovárica benigna, infrecuente, formada por nidos o cuerdas de células epiteliales que contienen glucógeno y que están rodeadas de tejido conectivo fibroso. El tumor puede ser sólido o quístico.

tumor de células de Hürthle (Hürthle cell tumor), neoplasia de la glándula tiroides formada por células grandes con citoplasma granular eosinofílico (células de Hürthle); puede ser benigno (adenoma de células de Hürthle) o maligno (carcinoma de células de Hürthle).

tumor de células de la granulosa (granulosa cell tumor), tumor sólido del ovario con estrías amarillas que se origina en las células de la membrana granulosa primordial, creciendo hasta alcanzar un tamaño muy grande.

tumor de células de la teca (theca cell tumor), tumor fibroso benigno, poco frecuente, del ovario, formado por células tecales y, con frecuencia, por células de la granulosa (foliculares).

tumor de células de la teca-granulosa (granulosatheca cell tumor), tumor del ovario compuesto por células de la granulosa (foliculares), de la teca o de ambas.

tumor de células de Leydig (Leydig cell tumor), neoplasia generalmente benigna de células intersticiales del testículo que puede producir ginecomastia en los adultos y desarrollo sexual precoz si la lesión se produce antes de la pubertad.

tumor de células de los islotes (islet cell tumor), cualquier tumor de los islotes de Langerhans.

tumor de células de Sertoli-Leydig (Sertoli-Leydig cell tumor), v. **arrenoblastoma**.

tumor de Codman (Codman's tumor), v. **condroblastoma**.

tumor de Krukenberg (Krukenberg's tumor), neoplasia del ovario, metástasis de un tumor GI maligno, normalmente de un cáncer de estómago.

tumor de la bolsa de Rathke (Rathke's pouch tumor), v. **craneofaringioma**.

tumor de la cisura pulmonar (pulmonary sulcus tumor), neoplasia invasiva destructiva, que se desarrolla en el vértice pulmonar y que infiltra las costillas, las vértebras y el plexo braquial.

tumor de la médula espinal (spinal cord tumor), neoplasias de la médula espinal, de las cuales más del 50% son extramedulares; alrededor del 25%, intramedulares, y el resto, extradurales. Habitualmente, los síntomas se desarrollan de forma lenta, pudiendo progresar desde parestesia unilateral y molestias sordas a dolor lancinante, debilidad en una o ambas piernas, reflejos tendinosos profundos anormales y, en casos avanzados, monoplejía, hemiplejía o paraplejía. En ocasiones se altera la función del sistema nervioso autónomo, dando lugar a zonas de piel seca, fría y color rosa azulado, o a sudoración profusa de las extremidades inferiores.

tumor de Pancoast (Pancoast's tumor), v. **tumor de la cisura pulmonar**.

tumor de Recklinghausen (Recklinghausen's tumor) [Friedrich D. von Recklinghausen], tumor benigno, que se origina a partir de músculo liso, que contiene tejido conectivo y elementos epiteliales, y que aparece en la pared de la trompa de Falopio o en la pared posterior del útero.

tumor de Warthin (Warthin's tumor), v. **adenocistoma papilar linfomatoso**.

tumor de Wilms (Wilms' tumor) [Max Wilms, cirujano alemán, n. 1867], neoplasia maligna del riñón, que aparece en niños pequeños, antes de los 5 años en el 75% de los casos. El signo precoz más frecuente de este gran tumor maligno de la infancia es la hipertensión, seguido de la aparición de una masa palpable, dolor y hematuria. El tumor, un adenomiosarcoma embrionario, está bien encapsulado en las primeras fases, aunque más tarde se puede extender a los ganglios linfáticos y a la vena renal o cava y metastatizar en los pulmones o en otras localizaciones.

tumor del cuerpo carotídeo (carotid-body tumor), tumor benigno, redondeado y consistente, que se desarrolla en la bifurcación de la arteria carótida primitiva. Algunas veces el tumor puede producir mareos, náuseas y vómitos, especialmente si dificulta el flujo de sangre por la elevación de la presión en el sistema vascular.

tumor del sistema nervioso central (central nervous system tumor), neoplasia del encéfalo o de la médula espinal que de forma característica no se extiende más allá del eje cerebrospinal, aunque puede ser localmente muy invasora y producir una extensa afectación de las funciones corporales. Muchos tumores cerebrales son lesiones metastásicas de neoplasias primarias de mama, pulmón, tracto GI, riñón o melanomas.

tumor desmoide (desmoid tumor), neoplasia del músculo esquelético y la fascia. El tumor susle ser una masa dura, circunscrita y elástica, y a menudo es considerada como una hiperproliferación de tejido cicatricial.

tumor en servilletero (napkin ring tumor), tumor que rodea una estructura tubular del cuerpo, normalmente alterando su función y comprimiendo su luz en mayor o menor grado.

tumor en turbante (turban tumor), neoplasia benigna formada por múltiples nódulos rosados o marrones que pueden cubrir todo el cuero cabelludo; también puede aparecer en el tronco y en las extremidades.

tumor fantasma (phantom tumor), inflamación que parece un tumor, habitualmente provocada por contracciones musculares o por distensión gaseosa del intestino.

tumor fibroide (fibroid tumor), v. **fibroma**.

tumor heterólogo (heterologous tumor), neoplasia formada por tejido diferente al del lugar donde se origina.

tumor homólogo (homologous tumor), neoplasia de células semejantes a las del tejido en el que se desarrolla.

tumor maligno (malignant tumor), neoplasia que característicamente invade los tejidos adyacentes, metastatiza en localizaciones distantes y contiene células anaplásicas. Un tumor maligno puede producir la muerte del huésped si no se consigue su remisión o tratamiento.

tumor mixto (mixed tumor), neoformación constituida por más de un tipo de tejido neoplásico, especialmente los tumores embrionarios complejos de origen local.

tumor mucoso (mucous tumor), v. **mixoma**.

tumor muscular (muscular tumor), v. **mioma**.

tumor organoide (organoid tumor), v. **teratoma**.

tumor papilar (papillary tumor), v. **papiloma**.

tumor perlado (pearly tumor), v. **colesteatoma**.

tumor pineal (pineal tumor), neoplasia de la glándula pineal.

tumor quístico (cystic tumor), tumor con cavidades o sacos que contienen material semisólido o líquido.

tumor suprarrenal feminizante (feminizing adrenal tumor), neoplasia poco frecuente de la corteza suprarrenal caracterizada en los varones por ginecomastia, hipertensión, pigmentación difusa, aumento de estrógenos en orina y pérdida de la potencia sexual.

tumor teratoide (teratoid tumor), v. **quiste dermoide**.

tumorectomía (lumpectomy), extirpación quirúrgica de un tumor sin eliminar una cantidad importante de tejido circundante o los ganglios linfáticos adyacentes.

tumoricida (tumoricide), sustancia capaz de destruir un tumor.

tumorigénesis (tumorigenesis), proceso de iniciar y promover el desarrollo de un tumor. Compárese con **carcinogénesis, oncogénesis, sarcomagénesis**.

túnel (tunnel), canal o conducto, como el túnel del carpo.

túnel carpiano (carpal tunnel), conducto para el nervio mediano y los tendones flexores, formado por los huesos del carpo y el ligamento transverso del carpo.

túnel de Guyon (Guyon tunnel), túnel osteofibroso formado en parte por el ligamento pisiunciforme de la mano. Contiene la arteria y el nervio cubital y puede ser objeto de lesiones por compresión.

túnel subcutáneo (subcutaneous tunnel), túnel practicado debajo de la piel, entre el lugar de salida de un catéter auricular y su entrada en la vena.

tungsteno (W) (tungsten [W]), elemento metálico. Su número atómico es 74; su peso atómico es 183,85. Tiene el punto de fusión más alto de todos los metales.

túnica (tunica), cubierta envolvente o membrana que cubre.

túnica adventicia (tunica adventitia), capa o cubierta más externa de una arteria o de otra estructura tubular.

túnica albugínea (tunica albuginea), tejido cubierto por fibras blancas de colágeno, como la capa esclerótica del globo ocular.

túnica íntima (tunica intima), membrana que tapiza el interior de una arteria.

túnica media (tunica media), capa media muscular de una arteria.

túnica vaginal del testículo (tunica vaginalis testis), membrana serosa que rodea al testículo y al epidídimo.

túnica vascular del ojo (tunica vasculosa bulbi), v. **úvea**.

turbación (distraught), estado mental de confusión, distracción o aturdimiento.

turbidez (turbidity), dispersión de la luz en un líquido producida por la presencia de partículas suspendidas en ese fluido.

turbidimetría (turbidimetry), medida de la turbidez de una solución o suspensión en la que la cantidad de luz transmitida se cuantifica con un espectrofotómetro o se estima mediante comparación visual con soluciones de turbidez conocida.

turbio (turbid), borroso u oscuro, como los sólidos en suspensión en una solución.

turgencia (turgor), elasticidad normal de la piel causada por la presión hacia afuera de las células y del líquido intersticial. Una parte esencial de la exploración física es la evaluación de la turgencia de la piel.

turgencia cutánea (skin turgor), resistencia de la piel a ser deformada por algún mecanismo físico como la presión o el pinzamiento. La velocidad relativa con la que la piel recupera su aspecto normal tras estas maniobras es un indicador del grado de hidratación. La turgencia está disminuida en los ancianos.

túrgido (turgid), hinchado, duro y congestionado, generalmente por la acumulación de un líquido.

turno (shift), (en enfermería) horas determinadas del día, durante las cuales está programado el trabajo del personal de enfermería. El turno de tarde se llama también de «alivio», presumiblemente porque en un principio el personal de enfermería trabajaba en turnos de 12 horas, y se pensaba que el turno de tarde y noche era un respiro para el enfermero de día. Se dice que los profesionales de enfermería «trabajan en turnos» cuando trabajan en horas asignadas.

turricefalia (tower head, tower skull, turricephaly), v. **oxicefalia**.

Tussionex (Tussionex), marca comercial de un fármaco formado por una combinación de principios activos que contiene un antitusígeno (bitartrato de hidrocodona) y un antihistamínico (citrato de feniltoloxamina).

tussis (tussis), tos o tos ferina.

tutoría (guardianship), instrumento legal que pone la asistencia y las propiedades de un individuo en las manos de otra persona. La aplicación de la ley varía según los casos y las jurisdicciones. Algunos tribunales norteamericanos han considerado como legalmente incompetentes a pacientes mentales con trabajo y que vivían independientemente.

tutorial (tutorial), relativo o perteneciente a la enseñanza asistida por ordenador en la que el material educativo se presenta y dirige para que el estudiante descubra la respuesta correcta.

TVV (VDT), abreviatura de **terminal de visualización de vídeo**.

Tylenol (Tylenol), marca comercial de un analgésico y antitérmico (paracetamol).

Tyzine (Tyzine), nombre comercial de un fármaco alfaadrenérgico (clorhidrato de tetrahidrozolina).

U

U (U), **1.** abreviatura de **unidad**. **2.** símbolo del **uranio**.
u (u), símbolo utilizado a veces en lugar de **micro-** (μ) como en «μl» o «μm», representando μl o μm.
UCC (CCU), abreviatura de **unidad de cuidados coronarios**.
UCI (ICU), abreviatura de **unidad de cuidados intensivos**.
UCIN (NICU), siglas de **unidad de cuidados intensivos neonatales**.
UI (IU, I.U.), abreviatura de **Unidad Internacional**.
úlcera (ulcer), lesión circunscrita, como un cráter, de la piel o de las mucosas producida por la necrosis asociada a algunos procesos inflamatorios, infecciosos o malignos. Algunos tipos de úlceras son: **úlcera de decúbito**, **úlcera péptica** y **úlcera serpiginosa**.

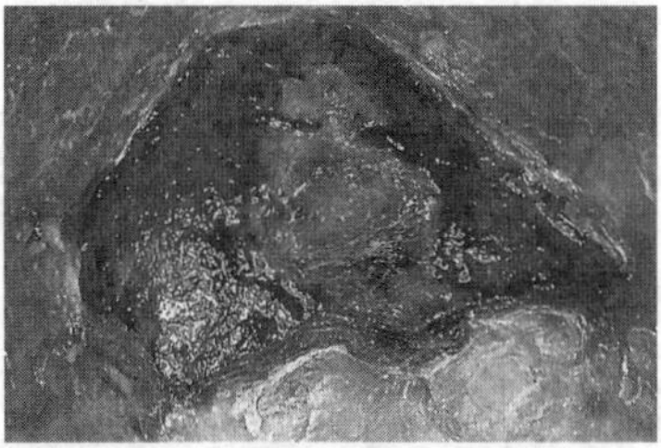

Úlcera cutánea
(A. du Vivier, 2.ª ed., 1995)

úlcera callosa (callous ulcer), úlcera de base indurada y márgenes gruesos no elásticos. Carece de riego sanguíneo y con frecuencia va asociada a edema de las piernas.
úlcera corrosiva (rodent ulcer), ulceración serpiginosa de desarrollo lento de un carcinoma basocelular de la piel.
úlcera crónica de la pierna (chronic leg ulcer), úlcera de la pierna de cicatrización lenta, habitualmente asociada a venas varicosas o a algún obstáculo circulatorio similar.
úlcera de Curling (Curling's ulcer) [Thomas B. Curling, cirujano inglés, n. 1811], úlcera duodenal que aparece en sujetos que han sufrido quemaduras graves de la superficie corporal.
úlcera de decúbito (decubitus ulcer), inflamación, escara o úlcera de la piel sobre una prominencia ósea. Se produce por hipoxia isquémica de los tejidos, debida a presión prolongada sobre la parte incriminada. Las escaras se gradúan por estadios de gravedad. Estadio I: piel roja, que no vuelve a la normalidad con masajes ni evitando la presión. Estadio II: piel ampollosa, o que se pela o agrieta, aunque la lesión sigue siendo superficial. Estadio III: piel con solución de continuidad y pérdida de sustancia en todo su espesor; también puede estar dañado el tejido subcutáneo y presentarse un exudado seroso o sanguinolento. Estadio IV: formación de una úlcera crateriforme profunda con destrucción de todas las capas de piel y tejido subcutáneo. La fascia, el tejido conectivo, el hueso o el músculo subyacentes quedan expuestos y pueden necrosarse.
úlcera de estrés (stress ulcer), úlcera gástrica o duodenal que se desarrolla en individuos previamente no afectados sometidos a estrés intenso, como en el caso de quemaduras graves.
úlcera de Hunner (Hunner's ulcer), v. **cistitis intersticial**.
úlcera de los chicleros (chiclero's ulcer), tipo de leishmaniasis endémica de los trabajadores del Yucatán y de América Central que recolectan chicle en el bosque. La enfermedad se caracteriza por úlceras cutáneas en la cabeza que curan generalmente de forma espontánea a los 6 meses, excepto las de la parte superior de la oreja, que pueden permanecer durante años y causar cicatrices y deformidades.
úlcera del conducto pilórico (channel ulcer), tipo poco frecuente de úlcera péptica que se observa en el conducto pilórico entre el estómago y el duodeno.
úlcera duodenal (duodenal ulcer), úlcera del duodeno, tipo más frecuente de úlcera péptica.
úlcera específica (specific ulcer), úlcera que se asocia a una enfermedad determinada, como la úlcera sifilítica.

úlcera gástrica (gastric ulcer), erosión circunscrita de la capa mucosa del estómago, que puede traspasar la capa muscular y perforar la pared gástrica. Tiende a recidivar con el estrés, y se caracteriza por episodios de dolor epigástrico urente y náuseas, especialmente cuando el estómago está vacío o después de comer ciertos alimentos. Típicamente, los antiácidos o la leche alivian rápidamente el dolor.

úlcera péptica (peptic ulcer), pérdida circunscrita de la mucosa del estómago o del duodeno o de cualquier otra parte del sistema GI expuesta a los jugos gástricos que contienen ácido y pepsina. Las úlceras pépticas pueden ser agudas o crónicas. Las lesiones agudas son casi siempre múltiples y superficiales. Pueden ser totalmente asintomáticas y generalmente curan sin dejar cicatrices ni otras secuelas. Las úlceras crónicas son las úlceras verdaderas: son profundas, únicas, persistentes y asintomáticas; la capa muscular de la pared del órgano no se regenera; se forma una cicatriz, señalando su localización, y la mucosa puede curar completamente. Las úlceras pépticas están provocadas por una combinación de factores mal conocidos, como la secreción excesiva de ácido clorhídrico, la protección insuficiente de la mucosa, el estrés, los factores hereditarios y el consumo de determinados fármacos, como los corticosteroides, ciertos antihipertensivos y medicamentos antiinflamatorios. Es característico el dolor punzante que provocan las úlceras en el epigastrio, que no se irradia a la espalda, no se agrava con los cambios de postura y que tiene un patrón temporal que simula el ritmo diurno de la acidez gástrica.

úlcera péptica estomal (stomal peptic ulcer), úlcera péptica marginal.

úlcera péptica marginal (marginal peptic ulcer), úlcera que se desarrolla en el postoperatorio en la anastomosis quirúrgica entre el estómago y el yeyuno.

úlcera perforante (perforating ulcer), **1.** úlcera que atraviesa el grosor de una pared o membrana, como la úlcera péptica del tracto digestivo. **2.** úlcera profunda, indolora, con frecuencia en la planta del pie de una persona cuya piel es insensible debido a una enfermedad como la diabetes.

úlcera pilórica (pyloric ulcer), v. **úlcera péptica**.

úlcera por estasis (stasis ulcer), lesión necrótica en forma de cráter de la piel de la parte inferior de la pierna provocada por la congestión venosa crónica. Con frecuencia, la úlcera va asociada a dermatitis por estasis y venas varicosas.

úlcera por presión (bedsore, pressure sore), v. **úlcera de decúbito**.

úlcera serpiginosa (serpent ulcer), ulceración de la piel que cura en una zona a la vez que se extiende a otra.

úlcera trófica (trophic ulcer), úlcera de decúbito causada por un traumatismo externo en una parte del cuerpo que está en malas condiciones, produciéndose enfermedad, insuficiencia vascular o pérdida de fibras nerviosas aferentes.

úlcera tropical (tropical sore), v. **botón de Oriente**.

úlcera varicosa (varicose ulcer), v. **úlcera por estasis**.

úlcera venérea (venereal sore), v. **chancro**.

ulceración (ulceration), proceso de formación de una úlcera.

ulocarcinoma (ulocarcinoma, *pl.* **ulocarcinomas, ulocarcinomata**), cualquier enfermedad neoplásica maligna de las encías que se clasifica como un carcinoma.

ultracentrifugadora (ultracentrifuge), centrifugadora de alta velocidad con una velocidad de rotación lo suficientemente rápida como para producir sedimentación de los virus, incluso en el plasma sanguíneo.

ultradiario (ultradian), relativo al biorritmo que tiene lugar en ciclos de menos de 24 horas.

ultrafiltración (ultrafiltration), tipo de filtración, realizada en algunas ocasiones bajo presión, que utiliza filtros con poros de dimensiones muy reducidas, como los que utiliza un riñón artificial. La ultrafiltración puede separar las moléculas de gran peso molecular que están presentes en los líquidos corporales de aquellas otras que poseen un peso molecular algo más reducido.

ultrafiltrado (ultrafiltrate), solución que ha pasado a través de una membrana semipermeable especial de ultrafiltración.

ultrasónico (ultrasonic), **1.** perteneciente al ultrasonido. **2.** frecuencias de sonido tan altas (mayores de 20 kilohertzios) que no pueden ser percibidas por el oído humano.

ultrasonido (ultrasound), onda sonora de muy alta frecuencia, superior a 20.000 vibraciones por segundo. Los ultrasonidos tienen muchas aplicaciones médicas, como la monitorización fetal, la obtención de imágenes de órganos internos y, a una frecuencia extremadamente elevada, la limpieza de instrumentos dentales y quirúrgicos.

ultravioleta (UV) (ultraviolet [UV]), luz por debajo del rango de visión humana, en el extremo corto del espectro, o esa porción del espectro electromagnético con longitudes de onda comprendidas entre 10 y 400 nm. Existe de forma natural en la luz solar; quema y broncea la piel y transforma los precursores de la vitamina D en la piel. Las lámparas ultravioletas se utilizan para el control de bacterias y virus infecciosos que se diseminan a través del aire y para el tratamiento de la psoriasis y otras alteraciones cutáneas. La luz negra es la luz ultravioleta que se utiliza en fluoroscopia.

uma (amu), abreviatura de **unidad de masa atómica**.

umbilicación (umbilication), formación de una zona de depresión o que presente forma de hoyo.

umbral (threshold), punto en el que un estímulo es lo suficientemente intenso como para producir un efecto; por ejemplo, el umbral del dolor es el punto en el que una persona es consciente de ese dolor.

umbral absoluto (absolute threshold), punto más bajo en que puede percibirse un estímulo.

umbral de audición (auditory threshold), intensidad más baja a la que puede oírse un sonido.

umbral de consciencia (threshold of consciousness), el límite más bajo de percepción de un estímulo.

umbral de convulsión (seizure threshold), cantidad de estímulo necesario para producir una convulsión. Todos los seres humanos pueden tener convulsiones si la provocación es suficiente.

umbral de dosis (dose threshold), (en radioterapia) cantidad mínima de radiación absorbida que produce un grado detectable de un efecto determinado.

umbral del dolor (pain threshold), punto en el que un estímulo, habitualmente el asociado a presión o temperatura, activa los receptores del dolor y produce una sensación dolorosa. Los individuos con umbrales bajos para el dolor experimentan dolor mucho antes y de forma más rápida que los individuos con umbrales altos para el dolor.

umbral sensitivo (sensory threshold), punto que, al aumentar el estímulo, desencadena el inicio de un impulso nervioso aferente. El umbral absoluto es el punto más bajo en el cual se puede percibir la respuesta al estímulo.

Uncinaria (Uncinaria), género de nematodos que causa la uncinariasis en los perros, gatos y otros carnívoros.

uncinarias, anquilostomas (hookworms), nematodo del género *Ancylostoma, Necator* o *Uncinaria*. La mayoría de las infecciones por anquilostomas en el hemisferio oeste están causadas por la especie *Necator americanus*. V. ***Ancylostomia, Necator, Uncinaria***.

uncinariasis (hookworm disease), infestación por nematodos que puede ser causada por cualquiera de los dos parásitos peligrosos para el ser humano, *Ancylostoma duodenale* o *Necator americanus*. Ambas formas de la enfermedad se caracterizan por dolor abdominal y anemia ferropénica. Los gusanos penetran en el cuerpo como larvas atravesando la piel, se desplazan a través del aparato circulatorio hasta los pulmones y ascienden por el tracto respiratorio, donde son deglutidos. En el tracto intestinal, las uncinarias adhieren sus bocas a la mucosa y se alimentan de la sangre del huésped.

uncus o gancho del hipocampo (uncus), proyección corniforme situada en el extremo de la circunvolución del hipocampo del lóbulo temporal.

undécimo nervio (eleventh nerve), v. **nervio accesorio o espinal**.

UNE (NSU), siglas de **uretritis inespecífica**.

UNG (NGU), abreviatura de **uretritis no gonocócica**.

ung. (ung.), del latín *unguentum* o pomada.

unguis (unguis). V. **uña**.

ungüento (unguent), v. **pomada**.

UNICEF (UNICEF), abreviatura de **Fondo Internacional de las Naciones Unidas para la Ayuda a la Infancia**.

unidad (drive), dispositivo electromecánico que contiene un sistema de almacenamiento secundario y permite transferir datos al ordenador o desde éste, como la unidad de disco o la unidad de cinta.

unidad (U) (unit [U]), **1.** artículo único. **2.** cantidad designada como estándar de medida. **3.** zona de un hospital provista de personal y equipada para el tratamiento de pacientes con una enfermedad específica u otra característica común.

unidad Bodansky (Bodansky unit) [Aaron Bodansky, bioquímico norteamericano, n. 1887], cantidad de fosfatasa en 100 ml de suero necesaria para liberar 1 mg de fósforo como ion fosfato a partir del betaglicerofosfato de sodio en 1 hora a 37 °C. Se utiliza para expresar la medida de ciertas enzimas, tales como la fosfatasa ácida.

unidad de cuidados coronarios (UCC) (coronary care unit [CCU]), área especialmente equipada de un hospital diseñada para el tratamiento de pacientes con trastornos cardíacos repentinos que amenazan la vida del sujeto, como la trombosis coronaria aguda. Dichas unidades poseen equipos de monitorización y de reanimación y cuentan con una plantilla de personal especializado y experto en el reconocimiento y tratamiento inmediato de urgencias cardíacas mediante técnicas de reanimación cardiopulmonar, administración de fármacos antiarrítmicos y otras medidas terapéuticas apropiadas.

unidad de cuidados especiales (special care unit), unidad hospitalaria con el personal y material especializado necesario para el manejo de pacientes con enfermedades o lesiones graves. Ejemplos: unidad de cuidados intensivos, unidad de quemados o unidad cardíaca.

unidad de cuidados intensivos (UCI) (intensive care unit [ICU]), unidad hospitalaria en la que se ingresan durante el tiempo necesario aquellos pacientes que requieren una estrecha vigilancia. Una UCI posee dispositivos y equipos de vigilancia sofisticados, y su personal está entrenado para administrar los cuidados especiales que requieren este tipo de pacientes.

unidad de cuidados intensivos neonatales (UCIN) (neonatal intensive care unit [NICU]), unidad hospitalaria que dispone de diversos y sofisticados dispositivos mecánicos, y de equipos especiales para tratar y cuidar a los niños prematuros y a los neonatos gravemente enfermos.

unidad de exposición (exposure unit), cualquiera de las unidades convencionales o del SI utilizadas para medir la exposición a la radiación. Entre ellas está el roentgen (R), rad, rem, curio (Ci), gray (Gy), sievert (Sv) y becquerelio (Bq).

unidad de formación continuada (UFC) (continuing education unit [CEU]), calificación otorgada a un profesional por una organización profesional por haber seguido un programa de formación importante para los objetivos de la organización.

unidad de Hounsfield (Hounsfield unit), (en tomografía computadorizada) información numérica contenida en cada píxel. Se utiliza para representar la densidad del tejido.

unidad de ingreso psiquiátrico (psychiatric inpatient unit), sala hospitalaria o zona similar que se utiliza para el tratamiento de pacientes ingresados que requieren asistencia psiquiátrica.

unidad de intervención de crisis (crisis-intervention unit), grupo experimentado en tratamiento médico de urgencias y en distintos métodos de asistencia psiquiátrica terapéutica para personas o grupo de personas en una situación crítica, especialmente en los casos de intento de suicidio o abuso de drogas.

unidad de la USP (USP unit), unidad de dosificación de la Farmacopea de Estados Unidos, la principal recopilación norteamericana sobre fármacos legalmente reconocidos.

unidad de mapeo (map unit), (en genética) unidad arbitraria de medida que se utiliza para designar la distancia que existe entre los genes de un cromosoma. Se calcula a partir del porcentaje de recombinaciones que se producen entre determinados genes, de forma que el 1% de los sobrecruzamientos representa una unidad en un mapa genético.

unidad de masa atómica (uma) (atomic mass unit [amu]), masa de un átomo neutro de un elemento, que se expresa como 1/12 de la masa del carbono, cuyo valor asignado arbitrariamente es 12. La energía equivalente de 1 uma es de 931,2 MeV. La masa equivalente de 1 uma es de $1{,}66 \cdot 10^{24}$ gm.

unidad de procesamiento central (upc, UPC) (central processing unit [cpu, CPU]), componente de un ordenador que controla la interpretación y ejecución de instrucciones.

unidad de respiración con presión positiva intermitente (intermittent positive pressure breathing unit), v. **unidad IPPB**.

unidad de RPPI (IPPB unit), ventilador con ciclos de presión que proporciona un flujo de aire hacia los pulmones a una determinada presión. Al alcanzarse esa presión, se interrumpe el flujo, se libera la presión y el paciente espira el aire.

Unidad Internacional (U.I., UI) (International Unit [IU, I.U.]), unidad de medida en el Sistema de Unidades Internacionales.

unidad motora (motor unit), estructura funcional constituida por la motoneurona y las fibras musculares que inerva.

unidad neonatal (neonatal unit), unidad hospitalaria en la que se proporcionan cuidados y tratamiento a los neonatos, hasta los 28 días de edad, o más, si es necesario.

unidad respiratoria a presión positiva (positive pressure breathing unit), v. **unidad de RPPI**.

unidad térmica británica (UTB) (British thermal unit [BTU]), unidad de energía calorífica. La cantidad de energía térmica que debe ser absorbida por una libra (453 g) de agua para elevar su temperatura en un grado Fahrenheit a 39,2 ºF (4 ºC). La unidad térmica británica también es equivalente a 1.055 julios o 252 calorías.

unidad Tubex (Tubex unit), nombre comercial de una unidad formada por un cartucho y una aguja que se fija en un soporte que tiene un émbolo.

unidades de control ambiental (environmental control units), unidades de control que regulan distintos dispositivos para personas impedidas, como camas o sillas de ruedas. Ejemplos de éstos son las unidades (normalmente con interruptores que pueden manipularse también con los labios, barbilla u otras partes funcionantes del cuerpo) que controlan las lámparas, la televisión, la radio, el teléfono y los sistemas de alarma.

unidades del SI (SI units), unidades internacionales de cantidades físicas. Ejemplos de estas unidades son el volumen de un litro, la longitud de un metro o la cantidad exacta de tiempo de un minuto. Un grupo de científicos (*Comite International des Poids et Mesures*) se reúne periódicamente para definir estas unidades.

unidades perineales (perineal care), procedimiento de limpieza prescrito para la limpieza del periné después de los procedimientos obstétricos y ginecológicos. Se pueden prescribir unos cuidados perineales estériles o de limpieza.

unidosis (unidose), v. **dosis unitaria**.

unilateral (unilateral), que afecta a un único lado.

unión dentinoesmáltica (dentinoenamel junction), interfase entre dentina y esmalte de la corona de un diente, que generalmente se ajusta a la forma de la corona.

unión dentogingival (dentogingival junction), unión entre la zona de fijación gingival, un epitelio no queratinizado y la superficie de los dientes.

unión estrecha (tight junction), *zonula occludens* del complejo de unión intracelular cuyas membranas plasmáticas están en contacto directo con las adyacentes y no existe espacio intercelular.

unión maternoinfantil (maternal-child attachment), v. **vinculación maternoinfantil**.

unión mioneural (myoneural junction), v. **unión neuromuscular**.

unión mucogingival (gingival junction), zona lineal dentada de las encías que separa las encías de la mucosa alveolar.

unión neuromuscular (neuromuscular junction), área de contacto entre las terminaciones de una gruesa fibra nerviosa mielínica y una fibra de músculo esquelético.

unión sináptica (synaptic junction), la formada por las membranas de la neurona presináptica y de la célula receptora postsináptica, junto con la hendidura sináptica.

uniovular (uniovular), que se desarrolla de un único óvulo, como en los gemelos monocigóticos, a diferencia de los gemelos dicigóticos. V. **monovular**.

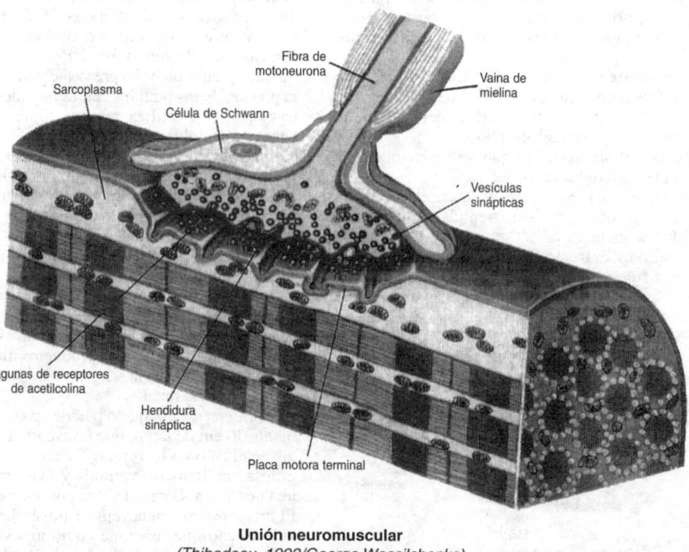

Unión neuromuscular
(Thibodeau, 1993/George Wassilchenko)

unipolar (unipolar), relativo a las neuronas con un solo polo, como la neurona que consta de axón pero no de dendritas.

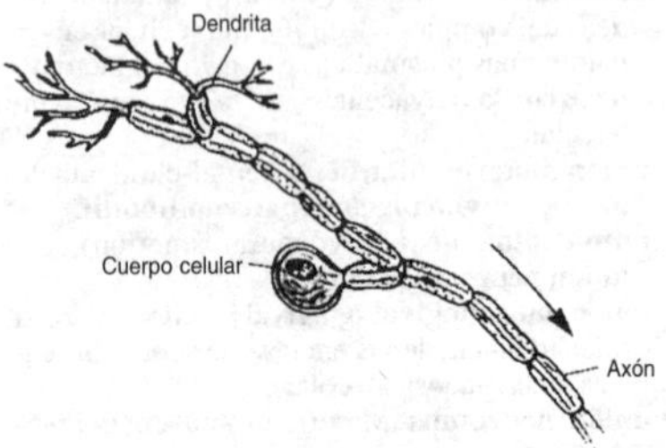

Neurona unipolar
(Thibodeau, 1993/Scott Bodell)

unir (bind), (en química) combinar moléculas utilizando grupos reactivos de las moléculas o un compuesto químico de enlace.

United States Pharmacopeia (USP) (United States Pharmacopeia [USP]), compendio, reconocido oficialmente por la *Federal Food, Drug and Cosmetic Act* de EE.UU., que contiene las descripciones, usos, potencias y normas de pureza de los fármacos seleccionados y todas sus formas de dosificación.

univalente (univalent), relativo a la valencia química uno o a la capacidad de un átomo de un elemento químico para atraer un átomo de hidrógeno o para desplazarlo.

universal (universal), que ocurre en todos los sitios y en todas las cosas.

uña (nail), **1.** estructura aplanada, elástica, con textura córnea, de las extremidades de los dedos de manos y pies. Cada uña consta de raíz, cuerpo y extremo libre en su parte distal. La raíz fija la uña al dedo ajustándose a un surco

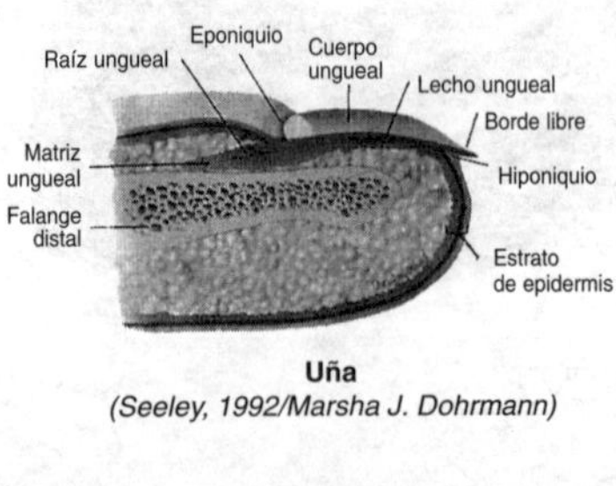

Uña
(Seeley, 1992/Marsha J. Dohrmann)

de la piel, y se amolda estrechamente a la superficie de la dermis. La matriz ungueal que se encuentra por debajo del cuerpo y de la raíz proyecta crestas vasculares longitudinales. La matriz fija firmemente el cuerpo de la uña al tejido conectivo subyacente. La lúnula blanquecina cercana a la raíz contiene papilas dispuestas de forma irregular y fijadas al tejido conectivo de forma menos firme que el resto de la matriz. La cutícula se une a la superficie de la uña inmediatamente por delante de la raíz. **2.** cualquiera de las distintas uñas metálicas utilizadas en ortopedia para unir huesos o partes de huesos entre sí.

uña encarnada (ingrown toenail), uña del pie cuyo borde libre distal crece o es empujado hacia el interior de la piel del dedo, produciendo una reacción inflamatoria.

uraco (urachus), conducto epitelial que conecta la parte superior de la vejiga urinaria con la alantoides. Su tejido conectivo forma el ligamento umbilical medio.

uranio (U) (uranium [U]), elemento metálico, radiactivo, pesado. Su número atómico es 92; su peso atómico es 238,03. Es el más pesado de los elementos naturales.

urato (urate), cualquier sal del ácido úrico, como el urato sódico. Los uratos están presentes en la orina, en la sangre y en los tofos o depósitos calcáreos localizados en los tejidos. También se pueden depositar en forma de cristales en las articulaciones del cuerpo.

urea (urea), diurético osmótico sistémico y queratolítico tópico. Se prescribe para reducir la presión de los líquidos cefalorraquídeo e intraocular y se utiliza por vía tópica como agente queratolítico.

Ureaplasma urealyticum (Ureaplasma urealyticum), microorganismo de transmisión sexual que es un residente común del sistema urogenital de hombres y mujeres en los que la infección es asintomática. Existe una asociación estadística entre la muerte neonatal, la prematuridad y la morbididad perinatal con la colonización de la superficie coriónica de la placenta por *Ureaplasma urealyticum*.

uremia (uremia), presencia de cantidades excesivas de urea y de otros productos nitrogenados de desecho en la sangre, como ocurre en la insuficiencia renal.

uréter (ureter), conducto par, de aproximadamente 30 cm de largo, que transporta la orina desde el riñón a la vejiga. Tienen una pared gruesa, un diámetro variable y se dividen en una porción abdominal y una porción pélvica. El uréter penetra en la vejiga a través de un túnel oblicuo que funciona como una válvula para prevenir el reflujo de orina hacia el uréter cuando se contrae la vejiga. En su conexión con los riñones, los uréteres se dilatan en la pelvis renal, con forma de embudo, que a su vez se ramifica en los cálices; cada cáliz contiene una papila renal. La orina que drena a través de los túbulos renales cae a la papila, pasa a través de los cálices y la pelvis y cae por cada uno de los uréteres hasta la vejiga. La orina es bombeada a lo largo de los uréteres por ondas peristálticas que aparecen con una media de tres cada minuto.

ureteritis (ureteritis), trastorno inflamatorio del uréter causado por una infección o por la irritación mecánica producida por un cálculo.

ureterocele (ureterocele), prolapso de la porción terminal del uréter en su unión con la vejiga. Puede producir una obstrucción del flujo de orina, hidronefrosis y pérdida de la función renal.

ureterocistoscopio (uretercystoscope), cistoscopio dotado de catéteres que pueden ser insertados en cada uréter.

ureterodiálisis (ureterodialysis), rotura del uréter.

ureterografía (ureterography), imagen radiológica del uréter, realizada generalmente como parte de la exploración del tracto urinario. La prueba puede conllevar la inyección de un medio radiopaco a través de un catéter urinario.

ureteropielonefritis (ureteropyelonephritis), inflamación del riñón, la pelvis renal y el uréter.

ureteroplastia (ureteroplasty), procedimiento quirúrgico destinado a la reconstrucción del uréter.

ureterosigmoidostomía (ureterosigmoidostomy), procedimiento quirúrgico en el que se implanta un uréter en la flexión sigmoide del tracto intestinal.

ureterostomía (ureterostomy), creación quirúrgica de una nueva desembocadura del uréter en la superficie del organismo o en otra cavidad, como el recto.

ureterotomía (ureterotomy), incisión en el uréter.

uretra (urethra), estructura tubular pequeña que drena orina desde la vejiga. En las mujeres mide aproximadamente 3 cm de largo y se sitúa directamente por detrás de la sínfisis del pubis, por delante de la vagina. En los hombres mide aproximadamente 20 cm de largo y comienza en la vejiga, pasa a través del centro de la glándula prostática, discurre entre las dos hojas del tejido que conecta los huesos púbicos y, finalmente, pasa a través del meato urinario del pene. En los hombres la uretra sirve de conducto para el semen durante la eyaculación y para la orina durante la micción.

uretritis (urethritis), trastorno inflamatorio de la uretra que se caracteriza por disuria, generalmente secundario a una infección de la vejiga o de los riñones.

uretrocele (urethrocele), (en mujeres) herniación de la uretra. Se caracteriza por la protrusión de un segmento de la uretra y del tejido conectivo que la rodea hacia la pared anterior de la vagina.

uretroestenosis (urethostenosis), estenosis de la uretra.

uretrografía (urethrography), examen radiológico de la uretra después de la inyección de un agente radiopaco en la uretra, habitualmente a través de un catéter.

uretrografía de evacuación (voiding urethrography), radiografía de la uretra durante la micción tras la introducción de un líquido radiopaco en la vejiga urinaria.

uretroplastia (urethroplasty), procedimiento quirúrgico que se emplea en la reparación de la uretra, como en la corrección del hipospadias.

uretroscopio (urethroscope), instrumento que se usa en el examen de la superficie interna de la uretra.

urgencia (urgency), sentimiento de la necesidad de orinar inmediatamente.

uricaciduria (uricaciduria), cantidad mayor de lo normal de ácido úrico en la orina, que se asocia a menudo a cálculos urinarios o a gota.

urinario (urinary), relativo o perteneciente a la orina o a la formación de orina.

urinoma (urinoma), quiste lleno de orina.

urinómetro (urinometer), cualquier dispositivo que sirve para determinar la densidad de la orina, como los gravitómetros y los hidrómetros.

urobilina (urobilin), pigmento marrón formado por la oxidación del urobilinógeno, presente normalmente en las heces y, en pequeñas cantidades, en la orina.

urobilinógeno (urobilinogen), compuesto incoloro formado en el intestino por las bacterias después del metabolismo de la bilirrubina.

urocinasa (urokinase), enzima, producida en el riñón y presente en la orina, que es un activador potente del plasminógeno del sistema fibrinolítico.

urodinámica (urodynamics), estudio de la hidrología y de los mecanismos que regulan el llenado y vaciado de la vejiga urinaria.

urografía (urography), grupo de técnicas radiográficas utilizadas para examinar el aparato urinario. Se inyecta una sustancia radiopaca y se toman las radiografías a medida que la sustancia pasa a través o se excreta desde la parte del sistema que se está estudiando. Algunos tipos de urografía son: **urografía cistoscópica**, **pielografía intravenosa** y **pielografía retrógrada**.

urografía de excreción (excretion urography), examen radiográfico en el que se introduce un medio opaco y se registra su recorrido a su paso por el tracto urinario.

urografía descendente (descending urography), v. **pielografía intravenosa**.

urografía excretora (excretory urography), v. **pielografía intravenosa**.

urografía intravenosa (intravenous urography), v. **pielografía intravenosa**.

urografía retrógrada (retrograde urography), v. **pielografía retrógrada**.

urograma (urogram), radiografía del tracto urinario obtenida por urografía.

urolagnia (urolagnia), estimulación sexual a través de actos que tienen que ver con la orina, como mirar a gente orinar o desear orinar sobre otras personas.

urología (urology), rama de la medicina que se dedica al estudio de la anatomía, fisiología, enfermedades y asistencia del tracto urinario en hombres y mujeres y del tracto genital masculino.

urómetro (urometer), hidrómetro que se usa para medir la densidad de la orina.

uropatía (uropathy), cualquier enfermedad o trastorno de cualquier estructura del tracto urinario.

uroporfiria (uroporphyria), enfermedad genética, poco frecuente, caracterizada por la secreción excesiva de uroporfirina en la orina, dermatitis ampollosa, fotosensibilidad, esplenomegalia y anemia hemolítica.

uroporfirina (uroporphyrin), porfirina excretada normalmente en la orina en pequeñas cantidades.

urorradiología (uroradiology), estudio radiológico del tracto urinario.

uroscopia (uroscopy), examen diagnóstico visual a partir de muestras de orina.

urostomía (urostomy), desviación hacia el exterior de la orina, como consecuencia de la existencia de una vejiga enferma o defectuosa, a través de un orificio o estoma creado quirúrgicamente en la piel.

urticaria (urticaria), erupción cutánea pruriginosa caracterizada por habones transitorios de formas y tamaños variables con márgenes eritematosos bien definidos y centros pálidos, causada por la dilatación capilar en la dermis como consecuencia de la liberación de mediadores vasoactivos.

urushiol (urushiol), resina tóxica de la savia de ciertas plantas del género *Rhus*, como el roble venenoso y el zumaque venenoso, que produce dermatitis de contacto tóxica en muchas personas.

UT (T.U.), **1.** abreviatura de unidad tóxica. **2.** abreviatura de unidad de toxina. **3.** abreviatura de unidad de tuberculina.

ut dict. (ut dict.), abreviatura de la expresión latina *ut dictum* o «como se indica».

uta (uta), forma cutánea leve de leishmaniasis americana, que aparece en los Andes de Perú y Argentina, causada por *Leishmania peruana*. Las lesiones son pequeñas y habitualmente aparecen en las superficies expuestas de la piel.

UTB (BTU), abreviatura de **unidad térmica británica**.

utend (utend), abreviatura de la expresión latina *utendus* o «para ser usado».

uteritis (uteritis), v. **metritis**.

útero (uterus), órgano femenino interno de la reproducción, hueco, con forma de pera, en el que se implanta el óvulo fertilizado y se desarrolla el feto y desde el que fluye la decidua de las menstruaciones. Su superficie anterior descansa sobre la superficie superior de la vejiga. El útero está formado por tres capas: el endometrio, el miometrio y el parametrio. El endometrio recubre el útero y se engruesa y vasculariza en el embarazo y durante la segunda mitad del ciclo menstrual bajo la influencia de la progesterona. El miometrio es la capa muscular del órgano. El parametrio es la capa más externa del útero; está constituido por tejido conectivo seroso y se prolonga lateralmente a través del ligamento ancho. Durante el embarazo puede aumentar muchas veces su tamaño normal, casi exclusivamente por hipertrofia celular. El útero tiene dos partes: el cuerpo y el cue-

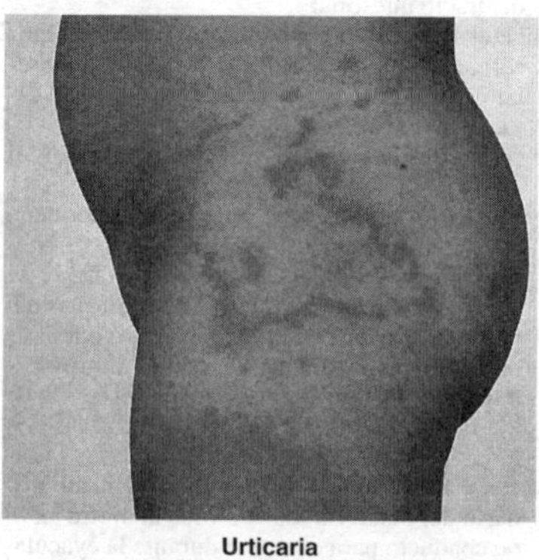

Urticaria
(A. du Vivier, 2.ª ed., 1995)

llo uterino. El cuerpo se extiende desde el fondo hasta el cuello uterino, justo por encima del istmo. La cavidad del interior del cuerpo es un espacio virtual. Las paredes del cuerpo se tocan, a menos que la mujer esté embarazada. El cuello uterino tiene una porción vaginal, que protruye en la vagina, y una porción supravaginal en la unión con el segmento uterino inferior.

uteroglobulina (uteroglobulin), v. **blastocinina**.

uterosalpingografía (uterosalpingography), examen radiográfico del útero y de las trompas de Falopio.

uterotomía (uterotomy), incisión quirúrgica del útero, como la que se lleva a cabo en una cesárea.

utilitarismo (utilitarianism), doctrina que afirma que el propósito de toda acción debería ser la consecución de la mayor felicidad posible para el mayor número de gente, así como que el valor de cualquier cosa está determinado por su utilidad.

utrículo (utricle), la mayor de dos bolsas membranosas situadas en el vestíbulo del laberinto membranoso del oído. Es una estructura alargada que se comunica con los conductos semicirculares a través de cinco orificios y que recibe los filamentos utriculares del nervio acústico.

utrículo prostático (prostatic utricle), parte de la uretra masculina que posee un fondo de saco de unos 6 mm de longitud situado por detrás del lóbulo medio de la próstata. Es el equivalente al útero femenino.

úvea (uvea), capa fibrosa situada debajo de la esclerótica constituida por el iris, el cuerpo ciliar y la coroides del ojo.

uveítis (uveitis), inflamación de la capa uveal del ojo, afectando al iris, al cuerpo ciliar y a la coroides. Se puede manifestar por un contorno pupilar irregular, inflamación pericorneal, pus en la cámara anterior, depósitos opacos en la córnea, dolor y lagrimeo.

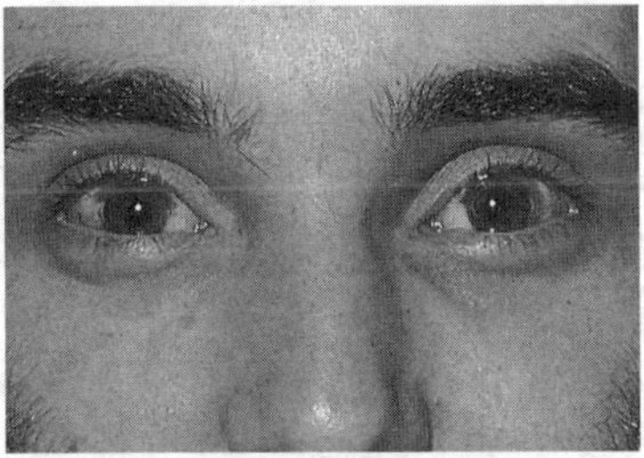

La uveítis en el síndrome de Behçet
(C. D. Forbes/W. F. Jackson, 1994)

úvula (uvula, *pl.* **uvulae**), proyección pequeña, con forma de cono, suspendida en la boca desde la mitad del borde posterior del paladar blando.

úvula hendida (cleft uvula), malformación congénita en la que la úvula se divide en dos mitades debido a un defecto en la unión de los pliegues palatinos posteriores.

uvulectomía (uvulectomy), resección quirúrgica de la úvula.

uvulitis (uvulitis), inflamación de la úvula. Las causas más frecuentes son la alergia y la infección.

V

v. (v.), **1.** abreviatura de **vena**. **2.** abreviatura de **sangre venosa**.

V (V), **1.** abreviatura del **vanadio. 2.** símbolo del **vanadio. 3.** símbolo de **volumen de gas por unidad de tiempo**.

$\mathbf{V_{CO2}}$ (V_{CO2}), símbolo de la producción de CO_2 por unidad de tiempo.

$\mathbf{V_{máx}}$ (V_{max}), velocidad de catálisis máxima.

$\mathbf{V_t}$ (V_t), abreviatura de **volumen corriente o tidal**.

V-B (W-M), símbolo de *varón blanco*, utilizado con frecuencia en la identificación inicial de la historia de un paciente.

v-p (v-w), abreviatura de volumen de sustancia por unidad de peso de otro componente.

v-v (v-v), **1.** abreviatura de volumen de sustancia por volumen de solvente. **2.** abreviatura de volumen-volumen.

VA (AV), abreviatura de **ventilación asistida**.

VAA (AAV), abreviatura de **virus adenoasociados**.

VAC (VAC), combinación de fármacos antineoplásicos formada por vincristina, dactinomicina y ciclofosfamida.

vaciado o colado (casting), (en odontología) fase del proceso de fabricación de coronas, empastes y otras piezas metálicas de restitución.

vacuna (vaccine), suspensión de microorganismos atenuados o muertos administrada por vía intradérmica, intramuscular, oral o subcutánea para inducir inmunidad activa frente a enfermedades infecciosas.

vacuna, vaccinia (vaccinia), enfermedad infecciosa del ganado vacuno causada por un poxvirus que puede ser transmitido a los seres humanos por contacto directo o por inoculación deliberada como protección frente a la viruela. Se desarrolla una pústula en el lugar de la infección, habitualmente seguida de malestar general y fiebre de varios días de duración. Al cabo de 2 semanas, la pústula se transforma en una costra que finalmente se desprende, dejando una cicatriz.

vacuna antiamarílica (yellow fever vaccine), vacuna producida a partir de virus vivos atenuados de la fiebre amarilla cultivados en embrión de pollo. Se prescribe para la inmunización frente a la fiebre amarilla.

vacuna anticolérica (cholera vaccine), agente inmunizante activo prescrito para la inmunización contra el cólera.

vacuna antigripal (influenza virus vaccine), agente de inmunización activa, que se utiliza para la inmunización contra la gripe.

vacuna antimeningocócica de polisacáridos (meningococcal polysaccharide vaccine), uno de los dos agentes de inmunización activa frente a los meningococos de los grupos A y C. Se prescribe para inmunizar contra la meningitis meningocócica.

vacuna antineumocócica (pneumococcal vaccine), agente inmunizante activo que contiene antígenos de los 14 tipos de *Pneumococcus* asociados al 80% de los casos de neumonía neumocócica. Se prescribe en personas de más de 2 años de edad que presentan un riesgo elevado de desarrollar neumonía neumocócica grave.

vacuna antipertussis (pertussis vaccine), agente inmunizante activo prescrito para la inmunización frente a la tos ferina, cuando está contraindicada la administración de la vacuna conjunta contra la difteria, el tétanos y la tos ferina.

vacuna antipoliomielítica (poliovirus vaccine), vacuna preparada a partir del virus de la polio que le confiere inmunidad frente al mismo. Se recomienda la VTOP, la forma trivalente oral de virus vivos de la polio, para todos los niños menores de 18 años en los que no existen contraindicaciones específicas. Se recomienda la vacuna del virus de la polio inactivado (VPI) para lactantes y niños con inmunodeficiencias y para adultos no vacunados. La VTOP se denomina **vacuna de Sabin**; la VPI se denomina **vacuna Salk**. La VPI se administra por vía subcutánea.

vacuna antirrábica (DEV) (rabies vaccine [DEV]), suspensión estéril de virus muertos de la rabia preparada a partir de embrión de pato. Se prescribe para la inmunización y para la profilaxis antirrábica postexposición.

vacuna antirrábica de células diploides humanas (VCDH) (human diploid cell rabies vaccine [HDCV]), vacuna de virus de la rabia inactivados obtenida por cultivo del virus en células diploides humanas. La inmunización activa con la VCDH se inicia el día de la exposición, seguida de cuatro o cinco inyecciones adicionales. La VCDH se puede administrar simultáneamente con la inmunización pasiva a base de inmunoglobulina humana antirrábica.

vacuna antirrubeólica (rubella virus vaccine), suspensión que contiene virus vivos atenuados de la rubéola. Se prescribe para la inmunización frente a la rubéola.

vacuna antirrubeólica y antiparotiditis (rubella and mumps virus vaccine), suspensión que contiene virus vivos atenuados de la rubéola y de la parotiditis. Se prescribe para lograr la inmunización frente a la rubéola y a la parotiditis.

vacuna antitifoidea, vacuna antitífica (typhoid vaccine), vacuna bacteriana preparada a partir de una cepa inactivada y desecada de *Salmonella typhi*. Se prescribe para la inmunización primaria contra la fiebre tifoidea en adultos y niños.

vacuna antitifus (typhus vaccine), cualquiera de las tres vacunas preparadas a partir de los diferentes organismos rickettsiales que causan el tifus epidémico, el tifus murino o la enfermedad de Brill-Zinsser. Cada una de las vacunas se prescribe para la inmunización contra una forma de tifus.

vacuna antituberculosa (tuberculosis vaccine), v. **vacuna BCG**.

vacuna antivariólica (smallpox vaccine), vacuna preparada a partir del virus de la viruela desecado. Solamente está indicada en personal de laboratorio expuesto al virus de la viruela.

vacuna autógena (autogenous vaccine), vacuna preparada a partir de cultivos de los microorganismos tomados de una lesión del mismo paciente que va a ser tratado.

vacuna BCG (BCG vaccine), agente de inmunización activa preparado a partir del bacilo de Calmette-Guérin. Normalmente se prescribe para la inmunización contra la tuberculosis.

vacuna de Calmette-Guérin (bacillus Calmette-Guérin vaccine), v. **vacuna BCG**.

vacuna de embrión de pato (duck embryo vaccine), v. **vacuna antirrábica**.

vacuna de la hepatitis B (hepatitis B vaccine), vacuna preparada a partir del plasma de portadores humanos asintomáticos del virus de la hepatitis B o por técnicas de ADN recombinante. Se recomienda una serie de tres dosis para alcanzar la inmunidad.

vacuna de la peste (plague vaccine), agente inmunizante activo preparado con bacilos muertos de la peste. Se prescribe para la inmunización frente a la peste después de una exposición probable o como protección para las personas que viajan a zonas endémicas, como el sureste de Asia.

vacuna de organismos muertos (killed vaccine), vacuna preparada a partir de microorganismos muertos. Habitualmente, las vacunas de organismos muertos se utilizan para inmunizar frente a organismos demasiado virulentos como para ser utilizados vivos aunque atenuados. El sistema inmunitario reacciona ante la presencia del germen patógeno de la misma forma, ya esté vivo o muerto. Sin embargo, la inmunidad producida por una vacuna de organismos vivos atenuados, cuando es posible, suele ser más eficaz.

vacuna de Sabin (Sabin vaccine), v. **vacuna antipoliomielítica**.

vacuna de Salk (Salk vaccine), v. **vacuna antipoliomielítica**.

vacuna de virus del sarampión inactivados (inactivated measles virus vaccine), vacuna de virus del sarampión que ha sido tratado, de forma que pierda su capacidad de replicación. Es una alternativa a la vacuna del sarampión con virus vivos atenuados, que está contraindicada en algunos individuos, como aquellos que presentan inmunodeficiencia.

vacuna de virus vivos atenuados del sarampión (live attenuated measles virus vaccine), vacuna preparada a partir de cepas de virus vivos del sarampión que se han cultivado bajo ciertas condiciones para que pierdan su virulencia sin perjuicio de su capacidad para producir inmunización. No se recomienda en las mujeres embarazadas o en los procesos de inmunodeficiencia.

vacuna de virus vivos de la parotiditis (mumps virus vaccine live), agente inmunizante activo prescrito para inmunizar frente a la parotiditis.

vacuna de virus vivos de sarampión, parotiditis y rubéola (measles, mumps and rubella virus vaccine live [MMR]), agente de inmunización activa que se prescribe para vacunar simultáneamente contra el sarampión, la parotiditis y la rubéola.

vacuna de virus vivos de sarampión y parotiditis (live measles and mumps virus vaccine), vacuna preparada mediante el cultivo de cepas vivas de virus del sarampión y de la parotiditis. Se suele combinar con la de la rubéola, denominándose **triple vírica** y se administra a niños pequeños a partir de los 15 meses.

vacuna de virus vivos de sarampión y rubéola (measles and rubella virus vaccine live), agente de inmunización activa que se prescribe para inmunizar frente al sarampión y a la rubéola.

vacuna DTP (DTP vaccine), combinación de los toxoides de la difteria y el tétanos y de la vacuna de la tos ferina *(pertussis)* con microorganismos muertos, administrada por vía intramuscular para conseguir una inmunización activa frente a estas enfermedades.

vacuna heterogénea (heterogenous vaccine), vacuna elaborada a partir de una fuente diferente a los propios tejidos del paciente.

vacuna polivalente (polyvalent vaccine), vacuna preparada a partir de diversos tipos antigénicos diferentes de una especie.

vacuna recombinante de la hepatitis B (hepatitis B vaccine [recombinant]), vacuna de ingeniería genética producida en levaduras por técnicas de ADN recombinante. La vacuna estimula la inmunidad contra los subtipos del virus de la hepatitis B. La inmunización requiere tres dosis mediante inyección intramuscular a lo largo de tres meses.

vacuna sensibilizada (sensitized vaccine), vacuna preparada con microorganismos en suspensión en su propio suero inmune homólogo.

vacunación (vaccination), cualquier inyección de microorganismos atenuados, como bacterias, virus o rickettsias, administrada para inducir inmunidad o reducir los efectos de enfermedades infecciosas asociadas.

vacuola (vacuole), **1.** espacio o cavidad transparente o llena de líquido en el interior de una célula, como la formada cuando una gota de agua es ingerida por el citoplasma. **2.** pequeño espacio en el cuerpo rodeado por una membrana, que habitualmente contiene grasa, secreciones o restos celulares.

vademécum (vade mecum), compendio farmacológico.

vagina (vagina), parte del aparato genital femenino que forma un conducto que se extiende desde un orificio que perfora el vestíbulo hasta el cuello uterino. Está situada por detrás de la vejiga y por delante del recto. En realidad, el conducto es un espacio potencial; habitualmente sus paredes están en contacto. La vagina se ensancha desde el vestíbulo en dirección craneal, estrechándose en la parte superior, donde forma una bóveda curva alrededor del cuello, el cual hace prominencia. La vagina está revestida de mucosa que cubre una capa de tejido eréctil y músculo.

vaginismo (vaginismus), reacción genital psicofisiológica de la mujer, caracterizada por una contracción intensa de la musculatura perineal y paravaginal que cierra firmemente el orificio vaginal. Se produce en respuesta al temor a una penetración dolorosa antes del coito o de una exploración pélvica. El vaginismo se considera anormal si tiene lugar en ausencia de lesiones genitales y si se opone al deseo de una mujer de participar en el coito o de permitir la exploración, pero se puede tratar de una respuesta fisiológica o normal debida a la existencia de procesos genitales dolorosos o si se prevé una penetración forzada o prematura.

vaginitis (vaginitis), inflamación de los tejidos vaginales, como, por ejemplo, la vaginitis por tricomonas.

vaginografía (vaginography), exploración radiológica de la vagina tras la inyección de un medio de contraste radiopaco.

vaginosis bacteriana (bacterial vaginosis), inflamación crónica de la vagina provocada por una bacteria, *Gardnerella vaginalis*.

vagosimpático (vagosympathetic), relativo al nervio vago y a la porción cervical del sistema nervioso simpático.

vagotomía (vagotomy), sección de determinadas ramas del nervio vago, realizada junto a cirugía gástrica, para reducir la cantidad de ácido gástrico secretado y disminuir la posibilidad de recurrencia de una úlcera gástrica. Dado que disminuirá el peristaltismo, se realiza una anastomosis del estómago al yeyuno para asegurar un vaciamiento adecuado del estómago.

vagotonía (vagotonus), aumento anormal de la actividad y los efectos de la estimulación del nervio vago, especialmente bradicardia con disminución del gasto cardíaco, debilidad y síncope.

vaguedad (vagueness), patrón de comunicación que utiliza pronombres globales y asociaciones imprecisas que conducen a ambigüedad y confusión en la comunicación.

vahído (swoon), desvanecimiento pasajero.

vaina (sheath), estructura tubular que rodea a un órgano o a cualquier otra parte del cuerpo, como la vaina del músculo recto anterior mayor del abdomen.

vaina aracnoidea (arachnoid sheath), vaina formada por la membrana aracnoides, situada debajo de la duramadre y sobre la piamadre, que cubre el encéfalo y la médula espinal.

vaina axonal (axon sheath), vaina de mielina laminada interrumpida a intervalos por los nódulos de Ranvier.

vaina de Schwann (sheath of Schwann) [Friedrich Theodor Schwann, anatomista alemán, n. 1810], vaina de neurilema de células nucleadas que engloba a una fibra nerviosa.

vaina mielínica (myelin sheath), lámina grasa segmentada constituida por mielina que envuelve los axones de muchos nervios del organismo. En los nervios mielínicos periféricos las vainas están integradas por células de

Schwann. Las vainas de mielina que rodean las fibras del sistema nervioso central están compuestas por oligodendroglia. Su contenido lipídico confiere a estas cubiertas un aspecto blanquecino. Diversos trastornos, entre ellos la esclerosis múltiple, pueden destruir estas vainas de mielina.

vaina nerviosa (nerve sheath), cualquiera de los distintos tipos de capas que cubren las fibras y los tractos nerviosos. Algunos tipos de vaina nerviosa son: de mielina, endoneural, neurilema y notocordal.

vaina sinovial (synovial sheath), cualquiera de los sacos membranosos que envuelven el tendón de un músculo y facilitan el deslizamiento del tendón por un túnel fibroso u óseo, como sucede por debajo del ligamento transverso del carpo.

vaina tendinosa sinovial (synovial tendon sheath), cualquiera de los numerosos sacos membranosos que envuelven varios de los tendones que se deslizan por túneles fibrosos y óseos en el cuerpo, como los que pasan por debajo del retináculo de los flexores del carpo. Una capa de la vaina sinovial reviste el túnel; la otra cubre el tendón.

valencia (valence), **1.** (en química) expresión numérica de la capacidad de un elemento para combinarse químicamente con átomos de hidrógeno o sus equivalentes. Una valencia negativa indica el número de átomos de hidrógeno a los que puede unirse un átomo de un elemento químico. Una valencia positiva indica el número de átomos de hidrógeno que un átomo de un elemento químico puede desplazar. **2.** (en inmunología) expresión del número de lugares de unión al antígeno para una molécula de un determinado anticuerpo o del número de lugares de unión al anticuerpo para un determinado antígeno.

-valencia (-valence, -valency), término de combinación que significa «la capacidad de combinación de un átomo en comparación con la de un átomo de hidrógeno»: *cuatrivalencia, trivalencia, univalencia*.

valerato de hidrocortisona (hydrocortisone valerate), corticosteroide tópico utilizado como antiinflamatorio.

valgo (valgus), postura anormal en la cual una parte del miembro está doblada o torcida hacia fuera, separándose de la línea media, como el talón del pie en el pie valgo.

validación (validation), conformidad del oyente con determinados elementos de la comunicación del paciente.

validez (validity), (en investigación) punto hasta el cual las mediciones de una prueba o aparato miden lo que se pretende medir. Algunas clases de validez son: validez aparente, validez de construcción, validez de contenido, validez predictiva y validez real.

validez predictiva (predictive validity), validez de una prueba o instrumento de medida que se establece demostrando su capacidad para pronosticar los resultados del análisis de los mismos datos utilizando otro instrumento de prueba o instrumento de medida.

valina (Val) (valine [Val]), aminoácido esencial necesario para el crecimiento óptimo de los lactantes y para el equilibrio del nitrógeno en los adultos.

vallécula (vallecula), **1.** cualquier surco o depresión en la superficie de un órgano o estructura. **2.** v. **fosilla glosoepiglótica**.

valor P (P value), (en investigación) probabilidad estadística ligada a la aparición de un determinado hallazgo sólo por el azar en comparación con la distribución conocida de los posibles hallazgos, considerando los tipos de datos, la técnica del análisis y el número de observaciones.

valor umbral límite (threshold limit value), concentración máxima de una sustancia química a la que se puede exponer a los trabajadores durante un período determinado, como 8 horas al día, sin desarrollar una alteración física.

valoración (assessment), (en medicina y en enfermería) **1.** evaluación y apercibimiento de una circunstancia. **2.** procedimiento a través del cual se realiza una evaluación. **3.** (en un historial médico orientado por problemas) evaluación de la enfermedad o de una circunstancia determinada por parte del explorador, basada en el relato subjetivo de los síntomas y de la evolución de la enfermedad por el paciente, junto con los hallazgos objetivos detectados por el explorador, incluidos los datos derivados de pruebas de laboratorio, de la exploración física y de la historia médica en sí. **4.** (en el proceso de enfermería de cinco fases) modalidad de actuación de enfermería, que comprende la recogida, la comprobación y la comunicación de la información relativa al paciente. El personal de enfermería recibe la información a partir de la interrelación verbal con el enfermo, con la familia de éste y con otras personas allegadas a él; examina las fuentes habituales de información; comprueba sistemáticamente los sintomas y los signos; determina la capacidad del paciente para llevar a cabo las actividades relativas a sus cuidados personales; valora el entorno del enfermo e identifica las reacciones del personal de plantilla (incluidas las de quien está realizando la valoración) frente al paciente, frente a su familia y frente a otros allegados.

valoración clínica geriátrica de Sandoz (Sandoz Clinical Assessment-Geriatric), exploración de la función psicológica que se realiza a personas de edad avanzada para ayudar en el proceso diagnóstico.

valoración de Brazelton (Brazelton assessment), sistema para valorar la conducta de interacción de los recién nacidos con una serie de 27 pruebas de reacción, en las que se evalúan entre otros aspectos las respuestas a los objetos inanimados, al pinchazo con un alfiler, a la luz y al sonido de un sonajero o una campanilla.

valoración de Dubowitz (Dubowitz assessment), sistema para estimar la edad de gestación de un recién nacido según factores tales como la postura, la dorsiflexión del tobillo y el retroceso de brazos y piernas.

valoración de enfermería (nursing assessment), identificación por parte de un profesional de enfermería de las necesidades, preferencias y capacidades de un paciente. La valoración sigue a la entrevista y observación del paciente por un enfermero, y tiene en cuenta los síntomas y signos del proceso, la comunicación verbal y no verbal con el paciente y cualquier otra información disponible. Entre los aspectos físicos a valorar están los signos vitales, estado y color de la piel, función nerviosa sensitiva y motora, nutrición, descanso, sueño, actividad y estado de consciencia.

valoración de la investigación (research measurement), evaluación de la cantidad o incidencia de una determinada variable obtenida mediante la utilización de un instrumento de investigación.

valoración del desarrollo de Gesell (Gesell Developmental Assessment), programa de evaluación que proporciona información sobre el desarrollo motor grosero, motor fino, del lenguaje personal, social y cognitivo.

valoración del dolor (pain assessment), evaluación de los factores que alivian o exacerban el dolor de un paciente, utilizada como ayuda para el diagnóstico y tratamiento de enfermedades y traumatismos. Las respuestas al dolor varían ampliamente de un individuo a otro y dependen de muchos factores físicos y psicológicos diferentes, como las enfermedades y lesiones específicas, la salud, el umbral de dolor, el miedo y la ansiedad y los antecedentes culturales del individuo en cuestión, así como de la forma en que cada individuo expresa su experiencia dolorosa. Se pide al paciente que describa la causa del dolor, si la sabe, su intensidad, localización y duración, los hechos que le preceden y la conducta que habitualmente sigue para manejar el dolor. El dolor intenso provoca palidez, sudoración fría, piloerección, dilatación pupilar y elevaciones del pulso, de la frecuencia respiratoria, de la tensión arterial y de la tensión muscular. Cuando el dolor breve e intenso remite, el pulso puede ser más lento y la tensión arterial más baja que antes del comienzo del dolor. Si el dolor es frecuente o prolongado, la frecuencia cardíaca y la tensión arterial puede que no aumenten notablemente.

valoración del paciente anciano (assessment of the aging patient), evaluación de los cambios característicos de la edad avanzada que exhiben las personas ancianas.

valoración del traslado (lift assessment), selección del método de traslado más adecuado a utilizar cuando se mueve a un paciente, por ejemplo, de la cama a la silla.

valoración física (physical assessment), parte del examen de salud que representa una síntesis de la información obtenida mediante la exploración física.

valoración gestacional (gestational assessment), cálculo de la edad gestacional del feto basándose en factores como la historia menstrual de la madre, la fecha en que fueron detectados los primeros sonidos cardíacos fetales y la evaluación de los datos de la ecografía. Esta información es importante para planificar la asistencia de urgencia en caso de signos de parto prematuro.

valores personales (value), creencias individuales sobre la importancia o valía de una determinada idea o conducta.

válvula (valve), estructura natural o dispositivo artificial en una vía o vaso que evita el reflujo del contenido líquido que lo atraviesa.

válvula aórtica (aortic valve), válvula cardíaca situada entre el ventrículo izquierdo y la aorta. Se compone de tres valvas que se cierran durante la diástole para impedir que la sangre refluya al ventrículo izquierdo desde la aorta.

válvula auriculoventricular (atrioventricular valve), válvula cardíaca a través de la cual fluye la sangre desde las aurículas hasta los ventrículos. La válvula existente entre la aurícula izquierda y el ventrículo izquierdo es la válvula mitral; la válvula auriculoventricular derecha es la válvula tricúspide.

válvula auriculoventricular derecha (right atrioventricular valve), v. **válvula tricúspide**.

válvula auriculoventricular izquierda (left atrioventricular valve), v. **válvula mitral**.

válvula bicúspide (bicuspid valve), v. **válvula mitral**.

válvula cardíaca (heart valve), cada una de las cuatro estructuras del corazón que controlan el flujo de sangre mediante su apertura y cierre con cada latido cardíaco. Hay dos válvulas semilunares, la aórtica y la pulmonar, y la válvula mitral y la válvula tricúspide. Las válvulas sólo permiten el flujo de sangre en una dirección.

válvula cardíaca protésica (prosthetic heart valve), válvula cardíaca artificial.

válvula coronaria (coronary valve), válvula del seno coronario, un pliegue semicircular del endocardio situado en su desembocadura en la aurícula derecha.

válvula de Kerckring (valve of Kerckring), repliegues mucosos del intestino delgado.

válvula ileocecal (ileocecal valve), válvula entre el íleon y el ciego. La válvula consta de dos valvas que hacen proyección hacia la luz del intestino grueso, inmediatamente por encima del apéndice vermiforme.

válvula mitral (mitral valve), una de las cuatro válvulas del corazón, situada entre la aurícula izquierda y el ventrículo izquierdo; es la única válvula con dos y no tres cúspides. La válvula mitral permite el flujo de sangre desde la aurícula al ventrículo izquierdo, pero impide el flujo retrógrado de la misma. La contracción ventricular en la sístole proyecta la sangre contra la válvula, cerrando sus dos cúspides, lo que garantiza el flujo de sangre desde el ventrículo hacia la aorta.

válvula pulmonar (pulmonary valve), estructura cardíaca constituida por tres valvas semilunares que se cierran durante cada latido cardíaco para evitar el reflujo de sangre hacia el ventrículo derecho desde la arteria pulmonar. Las valvas están separadas por senos que parecen diminutos cubos cuando están cerrados y llenos de sangre. Estos pliegues se desarrollan a partir de la íntima de la arteria pulmonar.

válvula semilunar (semilunar valve), válvula con valvas en forma de semiluna, como la aórtica y la pulmonar.

válvula tricúspide (tricuspid valve), válvula con tres cúspides principales situada entre la aurícula derecha y el ventrículo derecho del corazón. A medida que se relajan los ventrículos durante la fase de diástole, la válvula tricúspide se abre, permitiendo el flujo de sangre hacia el ventrículo. En la fase sistólica se contraen ambos ventrículos llenos de sangre, bombeando su contenido, mientras las válvulas tricúspide y mitral se cierran para prevenir el flujo retrógrado.

válvulas de Houston (Houston's valves), repliegues de la membrana mucosa del recto.

válvulas linfáticas (valve of lymphatics), cada una de las diminutas estructuras semilunares de los vasos y troncos del sistema linfático que ayudan a regular el flujo de linfa y evitar que la sangre venosa entre en el sistema. Los capilares del sistema no presentan válvulas, pero sí existen muchas en los vasos colectores.

valvulitis (valvulitis), proceso inflamatorio de una válvula, especialmente de una válvula cardíaca. Las alteraciones inflamatorias de las válvulas aórtica, mitral y tricúspide del corazón se suelen deber con mayor frecuencia a fiebre reumática y menos frecuentemente a endocarditis bacteriana y sífilis.

valvulopatía cardíaca (valvular heart disease), alteración adquirida o congénita de una válvula cardíaca, caracterizada por estenosis y obstrucción al flujo sanguíneo o por degeneración valvular y regurgitación de sangre. Las más frecuentes son las enfermedades de las válvulas aórtica y mitral, que pueden deberse a defectos congénitos, endocarditis bacteriana, sífilis o, lo más frecuente, a fiebre reumática. La disfunción valvular produce alteraciones en la presión intracardíaca y en las circulaciones pulmonar y periférica. Puede conducir a arritmia cardíaca, insuficiencia cardíaca y shock cardiogénico. Con frecuencia, las valvulopatías se acompañan de malestar general, anorexia, embolismo, edema pulmonar e insuficiencia ventricular. En la **estenosis aórtica** moderada o grave disminuye la presión del pulso; el pulso carotídeo es pequeño y lento con una rama ascendente larga, pero el pulso apical puede ser fuerte y sostenido durante la sístole. El paciente puede experimentar dolor anginoso y síncope, y el electrocardiograma puede mostrar signos de hipertrofia ventricular izquierda, defectos de la conducción o bloqueo cardíaco completo. Los signos característicos de la insuficiencia aórtica son disnea, sudoración profusa, rubor cutáneo, latidos fuertes en el cuello y las arterias y un soplo cardíaco durante la diástole. El paciente con **estenosis mitral** se cansa con facilidad, presenta disnea de esfuerzo, puede tener disnea paroxística nocturna y puede desarrollar hemoptisis y embolismo sistémico. La insuficiencia mitral se caracteriza por disnea, fatiga, intolerancia al esfuerzo, palpitaciones cardíacas y un pulso apical fuerte y desplazado lateralmente. La **estenosis pulmonar** puede causar el abombamiento del tabique interventricular hacia la cámara del ventrículo izquierdo; la insuficiencia valvular aparece en la hipertensión pulmonar grave. La **estenosis tricuspídea** es relativamente poco frecuente, habitualmente se asocia a lesiones de otras válvulas causadas por fiebre reumática y, en casos raros, se debe a una cardiopatía carcinoide o a una fibrosis endomiocárdica. Las características de la estenosis tricuspídea son un gradiente de presión diastólica entre la aurícula y el ventrículo derechos, dilatación de la vena yugular, congestión pulmonar y, en los casos graves, congestión hepática y esplenomegalia.

valvuloplastia (valvuloplasty), reparación quirúrgica de una válvula cardíaca.

valvulotomía (valvotomy), incisión realizada en una válvula, especialmente en las del corazón, para corregir un defecto y permitir una apertura y un cierre adecuados.

VAMP (VAMP), abreviatura de un régimen terapéutico de combinación, utilizado en el tratamiento del cáncer, que contiene tres antineoplásicos (sulfato de vincristina, metotrexato y mercaptopurina) y un glucocorticoide (prednisona).

Van Rensselaer, Euphenia (Van Rensselaer, Euphenia) (1840-1912), enfermera americana que diseñó el primer uniforme para enfermeras, un vestido de sirsaca azul y blanco con cuello y puños, delantal y cofia. Organizó el Seton Hospital for Tuberculosis de Nueva York.

vanadio (V) (vanadium [V]), elemento metálico grisáceo. Su número atómico es 23; su peso atómico es 50,942. La absorción de compuestos de vanadio da lugar a una enfermedad llamada **vanadismo**, caracterizada por anemia, conjuntivitis, neumonitis e irritación de las vías respiratorias.

vancomicina (vancomycin), antibiótico prescrito para el tratamiento de las infecciones, especialmente de las estafilocócicas resistentes a otros antibióticos.

vaporización (vaporization), paso de un elemento desde su estado líquido o sólido al gaseoso.

variabilidad (variability), grado de divergencia o habilidad de un objeto para cambiar desde una forma a otra.

variable (variable), factor de un experimento científico que tiende a variar o a adoptar valores diferentes, mientras que los demás elementos permanecen constantes.

variación diurna del estado de ánimo (diurnal mood variation), cambio del estado de ánimo relacionado con el momento del día. Ejemplo de ello son las diferencias que se encuentran con frecuencia entre personas «nocturnas» y «diurnas».

variación diaria (diurnal variation), ritmo de salida o excreción de una sustancia en un espécimen recogido para análisis de laboratorio durante un período de 24 horas.

variante (variant), diferencias que existen entre los miembros de una especie o entre sus subpoblaciones, como los factores feno o genotípicos.

varianza (variance), **1.** (en estadística) representación numérica de la dispersión de datos alrededor de la media en una determinada muestra. Está representada por el cuadrado de la desviación estándar y se utiliza principalmente para realizar un análisis de la varianza. **2.** *no técnico*, intervalo general de un grupo de hallazgos.

varice (varix), **1.** vena tortuosa y dilatada. **2.** arteria aumentada de tamaño y tortuosa o linfático distendido y retorcido.

varicela (chickenpox), enfermedad viral aguda altamente contagiosa producida por un virus de la familia herpes, el virus de la varicela zoster (VVZ). Afecta principalmente a niños pequeños y se caracteriza por la erupción de grupos de vesículas pruriginosas en la piel. La enfermedad se transmite por contacto directo con las lesiones cutáneas, o más frecuentemente, por la propagación de gotitas procedentes del tracto respiratorio de sujetos infectados, habitualmente en el período prodrómico o en los estadios precoces de la erupción. El líquido vesicular y las cicatrices son infectantes hasta que se secan por completo. La transmisión indirecta a través de personas no infectadas u objetos es rara. El diagnóstico se realiza generalmente mediante la exploración física y

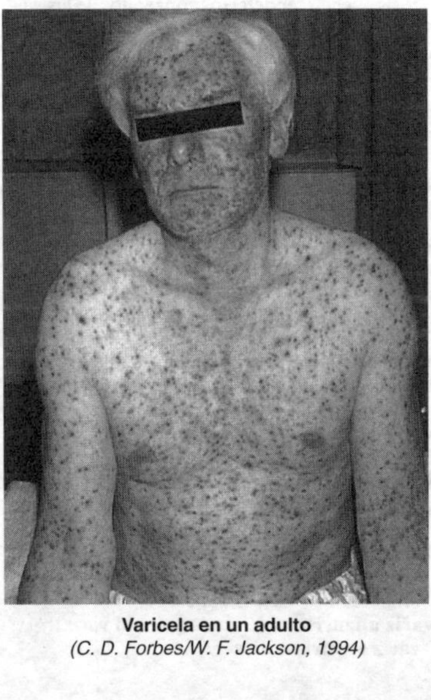

Varicela en un adulto
(C. D. Forbes/W. F. Jackson, 1994)

las características de la enfermedad. El virus puede identificarse mediante el cultivo del líquido de las vesículas.

variceliforme (varicelliform), semejante al exantema de la varicela.

varices esofágicas (esophageal varices), conjunto de venas longitudinales y tortuosas situadas en el extremo inferior del esófago, agrandadas y tumefactas como consecuencia de la hipertensión portal.

varicocele (varicocele), dilatación del plexo venoso pampiniforme del cordón espermático. El varicocele forma una tumefacción blanda y elástica que puede producir dolor.

varicocele ovárico (ovarian varicocele), dilatación varicosa de las venas del ligamento ancho del útero.

varicocele pélvico (pelvic varicocele), v. **varicocele ovárico**.

varicocele uteroovárico (uteroovarian varicocele), distensión de las venas del plexo pampiniforme de la pelvis femenina.

varicosidad (varicosity), **1.** anomalía, generalmente de una vena, caracterizada por tumefacción y tortuosidad. **2.** vena en este estado.

varicosis (varicosis), trastorno frecuente que se caracteriza por la presencia de una o más venas, tortuosas y anormalmente dilatadas o venas varicosas, generalmente en las piernas o en la parte inferior del tronco. Las causas de varicosis pueden ser defectos congénitos de las válvulas o de las paredes de las venas o congestión y aumento de la presión intraluminal debido a permanencias en pie prolongadas, malas posturas, embarazo, tumores abdominales o enfermedades sistémicas crónicas. Entre los síntomas se incluyen el dolor y los calambres musculares con sensación de plenitud y pesadez en las piernas. Con frecuencia resulta evidente la dilatación de las venas superficiales antes de que la enfermedad produzca molestias.

varicoso (varicose), **1.** (de una vena) que presenta varicosis, o una varicosidad. **2.** distendido de forma anormal y permanente, como las venas protuberantes de algunas personas.

variola minor (variola minor), v. **alastrim**.

variola, *variola major (variola, variola major),* v. **viruela.**

varioliforme (varioloid), que se parece a la viruela.

varioloide (varioloid), forma leve de viruela que aparece en una persona vacunada o que ha padecido previamente la enfermedad.

variz aneurismática (aneurysmal varix), vena varicosa en la cual la dilatación adquiere proporciones aneurismáticas.

variz aneurismoide (aneurysmoid varix), v. **variz aneurismática**.

varo (varus), posición anormal en la que una parte de un miembro se dirige hacia dentro, hacia la línea media, como sucede con el talón y el pie en el **pie varo**.

varón (male), persona del sexo masculino.

vascularización (vascularization), proceso por el cual los tejidos corporales adquieren vasos y desarrollan capilares proliferativos. Puede ser natural o inducida por técnicas quirúrgicas.

vasculatura (vasculature), distribución de los vasos sanguíneos en un órgano o tejido.

vasculitis (vasculitis), proceso inflamatorio de los vasos sanguíneos característico de ciertas enfermedades sistémicas o producido por una reacción alérgica. Algunas clases de vasculitis son: **vasculitis alérgica, vasculitis hialinizante segmentada** y **vasculitis necrotizante**.

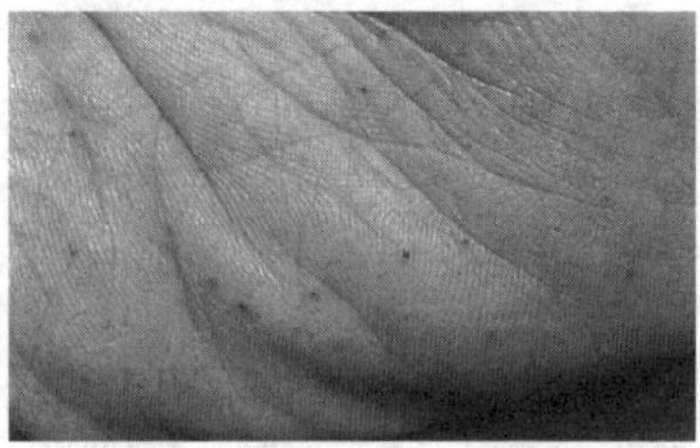

Vasculitis
(S. Sherlock/J. A. Summerfield, 2.ª ed., 1992)

vasculomotor (vasculomotor), relativo al sistema que controla la constricción y dilatación de los vasos sanguíneos.

vasectomía (vasectomy), intervención quirúrgica para la esterilización masculina consistente en la extirpación bilateral de una parte del conducto deferente. Por lo general, la vasectomía se realiza de forma ambulatoria con anestesia local.

vaselina (petrolatum), mezcla purificada de hidrocarburos semisólidos obtenidos del petróleo y que habitualmente se utiliza como base de pomadas o como emoliente cutáneo.

vaso (vessel), cualquiera de los numerosos túbulos del cuerpo que transportan líquidos, como sangre y linfa. Los principales tipos de vasos son las arterias, las venas y los vasos linfáticos.

vaso colateral (collateral vessel), rama de una arteria o de una vena utilizada como accesoria del vaso sanguíneo del cual procede.

vaso quilífero (lacteal vessel), cualquiera de los múltiples capilares linfáticos centrales que existen en las vellosidades del intestino delgado. Se abre en los vasos linfáticos de la submucosa. El capilar está lleno de quilo que adquiere un aspecto blanco lechoso durante la absorción de las grasas.

vaso sanguíneo (blood vessel), cualquier componente de la red de estructuras tubulares que transportan sangre. Las clases de vasos sanguíneos son: **arterias, arteriolas, capilares, venas** y **vénulas**.

vasoactivo (vasoactive), (de un fármaco) que tiende a causar vasodilatación o vasoconstricción.

vasoconstricción (vasoconstriction), estrechamiento de la luz de cualquier vaso sanguíneo, especialmente de las arteriolas y las venas de los reservorios sanguíneos de la piel y de las vísceras abdominales. Se produce por varios mecanismos que, de forma conjunta, controlan la presión arterial y la distribución de la sangre por el cuerpo.

vasoconstrictor (vasoconstrictive), capaz de provocar la constricción de los vasos sanguíneos.

vasoconstrictor (vasoconstrictor), **1.** relativo a un proceso, enfermedad o sustancia que provoca la constricción de los vasos sanguíneos. **2.** agente que provoca vasoconstricción. El frío, el miedo, el estrés y la nicotina son vasoconstrictores exógenos comunes. La secreción interna de adrenalina y noradrenalina hace que los vasos sanguíneos se contraigan mediante la estimulación de los receptores adrenérgicos de los nervios simpáticos periféricos.

vasodilatación (vasodilatation), ensanchamiento o distensión de los vasos sanguíneos, especialmente de las arteriolas, originado habitualmente por impulsos nerviosos o por determinados fármacos que relajan el músculo liso de las paredes de los vasos sanguíneos.

vasodilatación refleja (reflex vasodilatation), cualquier dilatación de los vasos sanguíneos que se produce como consecuencia de la estimulación de los nervios vasodilatadores o de la inhibición de los vasoconstrictores del sistema nervioso simpático, incluida la noradrenalina.

vasodilatador (vasodilator), **1.** nervio o agente que produce dilatación de los vasos sanguíneos. **2.** relativo a la relajación del músculo liso del sistema vascular. **3.** que causa dilatación de los vasos sanguíneos.

vasomotor (vasomotor), relativo a los nervios y músculos que controlan el calibre de la luz de los vasos sanguíneos. Las fibras circulares de los músculos de las arterias se pueden contraer, produciendo vasoconstricción, o bien se pueden relajar, dando lugar a vasodilatación.

vasopresina (vasopressin), v. **hormona antidiurética**.

vasopresor (vasopressor), v. **vasoconstrictor**.

vasos de capacitancia (capacitance vessel), **1.** vasos sanguíneos que contienen la mayor parte del volumen sanguíneo intravascular. **2.** venas que se hallan a continuación de las arteriolas, capilares y vénulas.

vasos de resistencia (resistance vessels), vasos sanguíneos, incluidas las arterias de pequeño calibre, arteriolas y metarteriolas que constituyen la parte principal de la resistencia periférica total al flujo sanguíneo.

vasos linfáticos (lymphatic vessels), vasos finos y transparentes distribuidos por casi todos los tejidos. Se distinguen por su aspecto arrosariado, debido a su luz irregular. Las ramas colectoras forman dos sistemas, uno que discurre junto con las venas superficiales y el otro por debajo de la fascia profunda, como los vasos quilíferos. Desembocan en el sistema venoso a través del conducto torácico y el conducto linfático derecho.

vasospasmo (vasospasm), término utilizado antiguamente para **angiospasmo**.

vasospástico (vasospastic), **1.** relativo a una constricción espasmódica de un vaso sanguíneo. **2.** cualquier sustancia que causa espasmo de los vasos sanguíneos.

vasostimulación (vasostimulation), estímulo de la actividad vasomotora.

vasovasostomía (vasovasostomy), intervención quirúrgica en la cual se restablece la función del conducto deferente de cada testículo, que habían sido cortados y ligados en una vasectomía previa. Esta intervención se realiza cuando un varón quiere recuperar su fertilidad.

vasto externo (vastus lateralis), el mayor de los cuatro músculos del cuádriceps femoral, situado en la cara lateral del muslo. Su función es ayudar en la extensión de la pierna.

vasto interno (vastus medialis, vastus internus), uno de los cuatro músculos del cuádriceps femoral, situado en la parte medial del muslo. Su función, en combinación con los otros músculos del cuádriceps femoral, es la extensión de la pierna.

vatio (watt) [James Watt, ingeniero escocés, n. 1736], unidad de potencia o trabajo eléctrico en el sistema de notación de metros-kilogramo-segundo. El vatio es el producto de multiplicar los voltios por los amperios. Un vatio de potencia se disipa cuando una corriente de 1 amperio atraviesa una diferencia de potencial de 1 voltio.

vatio por centímetro cuadrado (W-cm²) (watt per square centimeter), unidad de densidad de potencia o de intensidad utilizada en ultrasonografía.

VBP (VBP), combinación de fármacos antineoplásicos, formada por vinblastina, bleomicina y cisplatino.

VC (TV), abreviatura de **volumen corriente**.

VCM (MCV), abreviatura de **volumen corpuscular medio**.

Ve (Ve), símbolo de volumen espirado.

VE (VE), símbolo de volumen espirado en 1 minuto.

VEB (EBV), abreviatura de **virus de Epstein-Barr**.

vectocardiografía (vectocardiography), método de registro de la magnitud y dirección de las fuerzas eléctricas que actúan en el corazón mediante los ejes de la onda P, del complejo QRS y de la onda T, monitorizando de forma continua cada vector.

vectocardiograma (vectocardiogram), registro gráfico de la dirección y magnitud de las fuerzas eléctricas propias de la actividad cardíaca durante un ciclo cardíaco. Se elabora mediante el registro simultáneo de tres derivaciones estándar, empleando un osciloscopio.

vector (vector), **1.** cantidad que tiene dirección y magnitud, habitualmente representado por una flecha recta cuya longitud representa la magnitud y cuya cabeza representa la dirección. **2.** portador, especialmente el que transmite una enfermedad. Los **vectores biológicos** suelen ser artrópodos en los que los organismos infectantes completan parte de sus ciclos vitales. Un **vector mecánico** transmite un organismo infectante de un huésped a otro, pero no es fundamental para el ciclo vital del parásito. **3.** retrovirus que ha sido modificado por alteración de su componente genético. Mediante técnicas de ADN recombinante, se eliminan los genes que causan efectos perjudiciales y se añaden los genes que median la síntesis de enzimas esenciales. El vector puede ser inyectado en un paciente que padece un déficit enzimático.

veganismo (veganism), seguimiento de una dieta vegetariana estricta, con exclusión de todas las proteínas de origen animal.

vegetación (vegetation), crecimiento anormal de tejido alrededor de una válvula, formado por fibrina, plaquetas y bacterias.

vegetaciones adenoides (adenoids), pequeñas masas de tejido linfoide que forman las amígdalas faríngeas de la capa posterior de la nasofaringe.

vegetal (vegetative), perteneciente o relativo al reino de las plantas.

vegetariano (vegetarian), persona cuya dieta se limita a alimentos de origen vegetal, tales como frutas, cereales y nueces. Muchos vegetarianos comen huevos y productos lácteos, pero evitan todas las carnes de origen animal. Los grupos de vegetarianos son: lactoovovegetarianos, lactovegetarianos, ovovegetarianos y vegetarianos estrictos.

vegetativo (vegetative), **1.** relativo a la nutrición y el crecimiento. **2.** que denota función involuntaria, como la producida por el sistema nervioso parasimpático. **3.** en reposo, no activo; referente a la fase del ciclo celular en la cual la célula no se está replicando. **4.** que lleva una existencia apartada e inerte, sin actividad social ni intelectual. **5.** (en psiquiatría) emocionalmente introvertido y pasivo, como puede suceder en la fase depresiva del trastorno bipolar.

vehículo (vehicle), cualquier líquido o estructura del cuerpo que transmite de forma pasiva un estímulo.

Veillonella (Veillonella) [Adrien Veillon, bacteriólogo francés, n. 1864], género de bacterias anaerobias gramnegativas. La especie *Veillonella parvula* está presente normalmente en el aparato digestivo, sobre todo en la boca.

vejiga (bladder), **1.** ampolla cutánea llena de líquido. **2.** la vejiga urinaria.

vejiga urinaria (urinary bladder), saco musculomembranoso, situado en la pelvis, que almacena la orina para su eliminación a través de la uretra.

vejigas de succión (sucking blisters), almohadillas blandas y pálidas que aparecen en los labios superior e inferior del bebé y tienen aspecto de ampollas, pero que no lo son. Parece ser que aumentan el hermetismo del cierre de los labios alrededor del pezón o de la mama. Algunos lactantes nacen con ellas, por haberse chupado un dedo, una mano o un brazo antes del nacimiento.

vel. sed. (sed. rate), abreviatura de velocidad de sedimentación eritrocitaria.

veladura (fogging), método para determinar el error de refracción, particularmente en los casos de astigmatismo, colocando ante los ojos lentes excesivamente convexas o cóncavas. Se convierte al paciente en miope artificialmente mediante un exceso de esferas para relajar toda la acomodación.

vello (lanugo), el pelo fino y suave que cubre el cuerpo entero, excepto las palmas de las manos, las plantas de los pies y las regiones en las que se encuentran en condiciones normales otros tipos de pelo.

vello púbico (pubis hair), vello de la zona púbica.

vellosidad (villus, *pl.* **villi**), cada una de las numerosas y diminutas prolongaciones, apenas visibles a simple vista, agrupadas por toda la superficie mucosa del intestino delgado. Las vellosidades difunden y transportan líquidos y nutrientes. Cada vellosidad tiene un núcleo de tejido conjuntivo areolar y reticular delicado que da soporte al epitelio, varios capilares y, por lo general, un único linfático quilífero que se llena de quilo blanco lechoso durante la digestión de una comida grasa.

vellosidades aracnoideas (arachnoid villi), prolongaciones de tejido fibroso que parten de la membrana aracnoides.

vellosidades coriónicas (chorionic villi), pequeñas formaciones vasculares de la superficie del corion que se infiltran en los senos vasculares del endometrio materno y contribuyen a formar la placenta.

velo químico (chemical fog), decoloración gris mate sobre la placa de rayos X producida generalmente por contaminación química del revelador utilizado.

velocidad (velocity), ritmo del cambio de posición de un cuerpo que se mueve en una dirección determinada. La velocidad a lo largo de una línea recta es la velocidad lineal. La velocidad angular es la velocidad de un cuerpo que sigue un movimiento circular.

velocidad de conducción (conduction velocity), rapidez con la que un impulso eléctrico se puede transmitir a través de un tejido excitable, como en la propagación de un impulso de contracción a través de las fibras del haz de His-Purkinje del corazón.

velocidad de sedimentación globular (VSG) (erythrocyte sedimentation rate [ESR]), velocidad a la que los eritrocitos se sedimentan en un tubo de sangre no coagulada, expresada en milímetros por hora. La sangre se toma con un anticoagulante y se deja sedimentar en una columna de vidrio calibrada.

velocidad máxima de flujo espiratorio (MEFR) (maximal expiratory flow rate [MEFR]), velocidad máxima del flujo de gas procedente de los pulmones durante la fase espiratoria de la respiración.

velocidad máxima de flujo mesoespiratorio (maximal midexpiratory flow rate), velocidad volumétrica media del flujo de gas durante la mitad central (en términos de volumen) de una maniobra de capacidad vital espiratoria forzada.

vena (vein), cada uno de los numerosos vasos que transportan sangre desde los capilares hasta el corazón como parte del sistema venoso pulmonar, la red venosa sistémica o el complejo venoso portal. La mayor parte de las venas del cuerpo son venas sistémicas que transportan sangre desde todo el cuerpo (excepto los pulmones) hasta la aurícula derecha del corazón. Cada vena es una estructura macroscópica formada por tres capas de diferentes clases de tejidos que se corresponden con las capas del corazón. Las venas profundas discurren por las partes más internas del cuerpo, mientras que las venas superficiales se sitúan cerca de la superficie, donde muchas de ellas pueden ser vistas a través de la piel. Las venas tienen capas más finas y son menos elásticas que las arterias, y se colapsan al ser cortadas. También contienen válvulas semilunares a diversos intervalos.

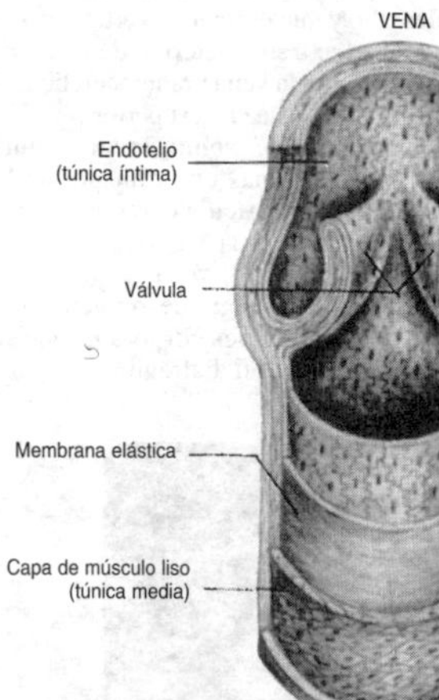

Corte transversal de una vena
(Thompson, 1989)

vena ácigos (azygous vein), una de las siete venas del tórax. Comienza a la altura de la primera o segunda vértebra lumbar y termina en la vena cava superior.

vena angular (angular vein), una de la venas dobles de la cara, formadas por la unión de las venas frontales y supraorbitarias.

vena anterior del corazón (anterior cardiac vein), cada uno de los diversos vasos de pequeño calibre que transportan sangre desoxigenada hasta la aurícula derecha desde la región anterior del miocardio del ventrículo derecho.

vena axilar (axillary vein), una de las venas pares de la extremidad superior, que comienza en la unión de las venas basílica y cefálica, cerca del borde distal del músculo redondo mayor, convirtiéndose en la vena subclavia a la altura del borde externo de la primera costilla.

vena basílica (basilic vein), una de las cuatro venas superficiales del brazo, que comienza en la parte cubital de la red venosa dorsal y discurre en sentido proximal sobre la superficie posterior del lado cubital del antebrazo. Se une a la vena mediana basílica y asciende para unirse a la vena humeral para formar la vena axilar.

vena braquiocefálica (brachiocephalic vein), v. **vena innominada**.

vena braquiocefálica derecha (right brachiocephalic vein), vaso de unos 2,5 cm de longitud que se inicia en la base del cuello, en la conjunción de las venas yugular interna y subclavia del lado derecho y que desciende verticalmente desde detrás del extremo esternal de la clavícula hasta unirse con la vena braquiocefálica izquierda y formar la vena cava superior.

vena cava (vena cava, *pl.* **venae cavae**), una de las dos grandes venas que transportan la sangre de vuelta a la aurícula derecha del corazón desde la circulación periférica.

vena cava inferior (inferior vena cava), gran vena que devuelve la sangre desoxigenada al corazón desde las regiones corporales que se encuentran por debajo del diafragma. Está formada por la unión de las dos venas ilíacas primitivas a la derecha de la quinta vértebra lumbar, asciende siguiendo la columna vertebral, atraviesa el diafragma y desemboca en la aurícula derecha del corazón.

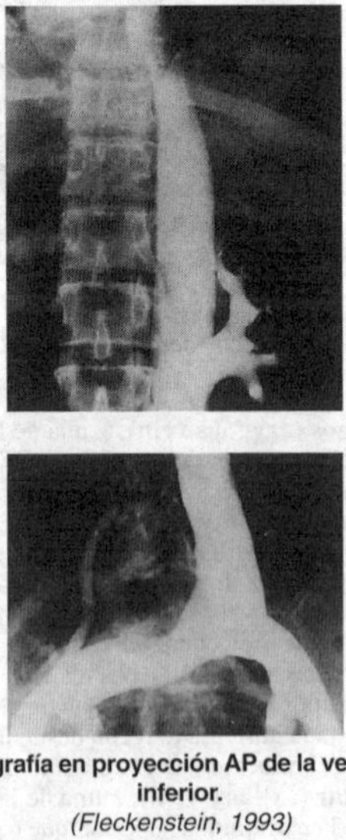

Flebografía en proyección AP de la vena cava inferior.
(Fleckenstein, 1993)

vena cava superior (superior vena cava), segunda vena de mayor tamaño del cuerpo, que transporta la sangre desoxigenada de la mitad superior del cuerpo a la aurícula derecha. Está formada por la unión de los dos troncos venosos braquiocefálicos a nivel del primer espacio intercostal derecho, por detrás del esternón. La parte de la vena cava superior más cercana al corazón, que corresponde aproximadamente a la mitad de la longitud del vaso, se encuentra dentro del saco pericárdico, cubierta por el pericardio seroso.

vena cefálica (cephalic vein), una de las cuatro venas superficiales del miembro superior. Recibe la sangre venosa de las superficies dorsal y palmar del antebrazo.

vena colateral dorsal de los dedos (dorsal digital vein), cualquiera de las venas comunicantes que discurren por las caras laterales de los dedos de la mano.

vena coronaria (coronary vein), una de las venas del corazón que drena la sangre procedente de los lechos capilares del miocardio a través del seno coronario en la aurícula derecha.

vena coronaria derecha (right coronary vein), v. **vena coronaria menor**.

vena coronaria mayor (great cardiac vein), una de las cinco tributarias del seno coronario, que se inicia en el apex cardíaco y asciende por el surco interventricular anterior hasta la base de los ventrículos. La vena coronaria mayor drena la sangre procedente de los capilares del miocardio a través de sus tributarias.

vena coronaria menor (small cardiac vein), una de las cinco venas tributarias del seno coronario que drenan la sangre del miocardio. Transporta la sangre desde la parte posterior de la aurícula y el ventrículo derechos y, en algunos individuos, se une a ella la vena marginal derecha.

vena de la circulación general (systemic vein), cualquiera de las numerosas venas que drenan sangre desoxigenada desde la mayor parte del cuerpo. Las venas generales tienen su origen en pequeños plexos que reciben sangre de los miles de millones de capilares encontrados en todos los tejidos del organismo y convergen en troncos que van aumentando de tamaño a medida que se acercan al corazón. Son de mayor tamaño y más numerosas que las arterias, sus paredes son más finas y cuando están vacías se colapsan. Algunas clases de venas generales son identificadas según su localización, como las venas profundas, las venas superficiales y los senos venosos.

vena de Thebesius (smallest cardiac vein), cualquiera de los diminutos vasos que drenan sangre desoxigenada del miocardio a la aurícula. Algunos de estos vasos terminan en los ventrículos.

vena espermática (testicular vein), pareja de venas que emergen de los plexos venosos convolutos, constituyendo el componente principal de los cordones espermáticos.

vena esplénica (lienal vein), vena de gran calibre situada en la parte inferior del organismo que se une con la vena mesentérica superior para formar la vena porta. Conduce la sangre procedente del bazo y se origina a partir de seis venas tributarias que se unen en un solo vaso, que cruza de izquierda a derecha la región posterosuperior del páncreas.

vena facial (facial vein), vena par superficial que drena la sangre desoxigenada de las estructuras superficiales de la cara.

vena femoral (femoral vein), vena de gran calibre del muslo que se origina a partir de la vena poplítea y que acompaña a la arteria femoral en los dos tercios proximales del muslo. Su porción distal se sitúa por fuera de la arteria y su porción proximal por debajo de la arteria. Por debajo del arco crural se une a la vena femoral profunda. Cerca de su terminación se une a la vena safena interna.

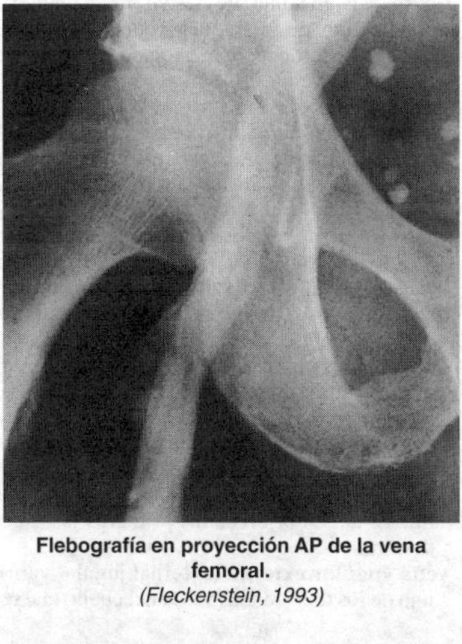

Flebografía en proyección AP de la vena femoral.
(Fleckenstein, 1993)

vena frontal (frontal vein), vena superficial par de la cara que nace del plexo de la frente.

vena hemiácigos (hemiazygous vein), una de las venas tributarias de la vena ácigos del tórax.

vena ilíaca externa (external iliac vein), una de las dos venas de la parte inferior del cuerpo que se unen a las venas ilíacas internas para formar la vena ilíaca común.

vena ilíaca interna (internal iliac vein), vena par de la parte inferior del organismo que, al unirse con la vena ilíaca externa, forman las venas ilíacas primitivas o comunes.

vena ilíaca primitiva (common iliac vein), cada una de las dos venas que drenan en la vena cava inferior y que están formadas por la unión de las venas ilíacas interna y externa.

vena innominada (innominate vein), gran vena a cada lado del cuello, formada por la unión de la yugular interna y la subclavia. Drenan la sangre de la cabeza, cuello y extremidades superiores, y se unen para formar la vena cava superior.

vena innominada izquierda (left innominate vein), v. **tronco venoso braquiocefálico izquierdo**.

vena interventricular posterior (middle cardiac vein), una de las cinco venas tributarias del seno coronario que drena la sangre procedente del lecho capilar del miocardio. Recibe tributarias desde ambos ventrículos y termina en el extremo derecho del seno coronario.

vena mamaria interna (internal thoracic vein), vena par que acompaña a la arteria mamaria interna y recibe tributarias que se corresponden con las de las arterias.

vena maxilar interna (maxillary vein), vena profunda de la cara en número par que acompaña a la arteria maxilar interna. Cada vena maxilar es tributaria de la vena yugular interna y externa.

vena mediana basílica (median basilic vein), una de las venas superficiales del miembro superior, que se forma habitualmente a partir de una de las dos ramas de la vena mediana del codo. Normalmente se utiliza para venopunción, flebotomía o perfusión intravenosa.

vena mediana del antebrazo (medial antebrachial vein), una de las venas superficiales del miembro superior que drena el plexo venoso de la superficie palmar de la mano.

vena mesentérica inferior (inferior mesenteric vein), vena de la parte inferior del organismo que drena la sangre del recto, el colon sigmoide y el colon descendente.

vena mesentérica superior (superior mesenteric vein), vena tributaria de la porta que drena la sangre del intestino delgado, el ciego y el colon ascendente y transverso.

vena onfalomesentérica (omphalomesenteric vein), v. **vena vitelina**.

vena ovárica (ovarian vein), par de venas que se originan a partir del plexo uterovaginal en el ligamento ancho cerca de los ovarios y de las trompas uterinas. La vena ovárica derecha drena en la vena cava inferior, la vena ovárica izquierda lo hace en la vena renal.

vena porta (portal vein), vena que se ramifica como una arteria en el hígado y que termina en sinusoides de tipo capilar que transportan la sangre a la vena cava inferior a través de las venas hepáticas. Las tributarias de la vena porta son la vena esplénica, la vena mesentérica superior, la vena coronaria, la vena pilórica, la vena quística y la vena paraumbilical.

vena posterior del ventrículo izquierdo (posterior vein of left ventricle), una de las cinco tributarias del seno coronario que drena sangre procedente del lecho capilar del miocardio.

vena profunda (deep vein), cualquiera de las muchas venas de la circulación mayor que acompañan a las arterias, normalmente incluida en una vaina que engloba a ambas. Las arterias de mayor calibre normalmente van acompañadas de una sola vena profunda. Las venas profundas que acompañan a las arterias de menor calibre suelen ir dobles, una a cada lado de la arteria.

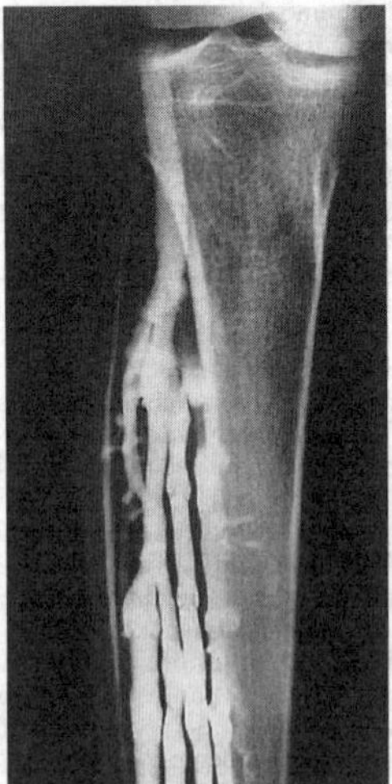

Flebografía en proyección oblicua de las venas profundas de la pierna. *(Fleckenstein, 1993)*

vena pulmonar (pulmonary vein), pareja de vasos de gran calibre que transportan la sangre oxigenada desde cada pulmón hasta la aurícula izquierda del corazón. Las venas pulmonares derechas discurren por detrás de la aurícula derecha y de la vena cava superior. Las venas pulmonares izquierdas pasan por delante de la aorta dorsal descendente.

vena safena interna (great saphenous vein), vena par, la mayor del cuerpo, que contiene de 10 a 20 válvulas en su trayecto a lo largo de la pierna y del muslo antes de finalizar en la vena femoral. Se inicia en la vena marginal interna del dorso del pie.

vena satélite (vena comes, *pl.* **venae comites**), cada una de las venas pares profundas que acompañan a las arterias más pequeñas, una a cada lado de la arteria. Los tres vasos se encuentran envueltos en una misma vaina.

vena subclavia (subclavian vein), la continuación de la vena axilar en la parte superior del cuerpo, que se extiende desde el borde lateral de la primera costilla hasta el extremo esternal de la clavícula, donde se une a la yugular interna para formar el tronco venoso braquiocefálico.

vena superficial (superficial vein), cualquiera de las numerosas venas situadas en la fascia subcutánea, inmediatamente por debajo de la piel.

vena tiroidea inferior (inferior thyroid vein), una de las pocas venas que salen del plexo venoso de la glándula tiroides y forman un plexo por delante de la tráquea y por debajo del músculo esternocleidomastoideo. Estas venas reciben las venas esofágicas, traqueales y laríngeas inferiores.

vena umbilical (umbilical vein), pareja de vasos embrionarios que conducen la sangre desde la placenta y se fusionan para formar una rama única en el tallo corporal.

vena varicosa (varicose vein), vena tortuosa y dilatada con válvulas incompetentes. Las causas pueden ser válvulas congénitamente defectuosas, tromboflebitis, embarazo y obesidad. Las venas varicosas son frecuentes, especialmente en la mujer. Las venas que se afectan con mayor frecuencia son las safenas, localizadas en las piernas.

vena vitelina (vitelline vein), cualquiera de las venas embrionarias que devuelven la sangre desde el saco vitelino hasta el corazón primitivo del embrión en las primeras fases del desarrollo.

vena yugular externa (external jugular vein), uno de los dos grandes vasos del cuello que reciben la mayor parte de la sangre procedente del exterior del cráneo y de los tejidos profundos de la cara. Discurre hacia abajo, por el cuello, y se une a la subclavia por fuera o delante del escaleno anterior.

vena yugular interna (internal jugular vein), vena par del cuello, que recoge la sangre de un lado del cerebro, la cara y el cuello y se une con la subclavia para formar la vena braquiocefálica.

venas de la columna vertebral (veins of the vertebral column), venas que drenan la sangre procedente de la columna vertebral, los músculos adyacentes y las meninges de la médula espinal.

venas emisarias (emissary veins), pequeños vasos del cráneo que conectan los senos de la duramadre con las venas del exterior del cráneo mediante una serie de anastomosis.

venas hepáticas (hepatic veins), las tres venas principales, derecha, media e izquierda, que drenan la sangre del hígado en la vena cava inferior.

venas lumbares (lumbar veins), cuatro pares de venas que recogen sangre de las tributarias dorsales de las fosas lumbares y de las tributarias abdominales de las paredes del abdomen. Desembocan en la vena cava inferior.

venda abdominal (abdominal bandage), vendaje ancho que sirve de soporte y se utiliza frecuentemente después de la cirugía abdominal.

venda Ace (Ace bandage), nombre comercial de una venda de tejido elástico.

venda circular (roller bandage), banda de material larga y fuertemente enrollada que puede variar de anchura. Habitualmente se aplica en un vendaje circular.

venda elástica (elastic bandage), venda de tejido elástico que sujeta y permite el movimiento.

venda en mariposa (butterfly bandage), cinta adhesiva estrecha con amplios extremos en forma de alas, que se utiliza para aproximar los bordes de heridas superficiales y mantener juntos los labios de la misma mientras cicatrizan. En ciertos casos se utiliza en lugar de la sutura.

vendaje (bandage), cinta o rollo de tela u otro material que se puede enrollar alrededor de una parte del cuerpo de diferentes maneras para asegurar una venda, mantener la presión sobre una compresa o inmovilizar un miembro u otra parte del cuerpo.

vendaje abdominal (abdominal binder), vendaje de tejido elástico que se aplica alrededor de la parte inferior del torso para sujetar el abdomen, empleándose a veces después de la cirugía abdominal con objeto de disminuir las molestias. Un tipo de vendaje abdominal es el **vendaje Schultes**.

vendaje braquial simple en ocho (simple figure-of-eight roller arm sling), cabestrillo abierto que se coloca sobre el tórax y bajo el brazo. El vendaje se inicia con una vuelta simple por fuera de la zona de la lesión, alrededor del brazo y del tórax, cruzando el codo por encima del epicóndilo externo. Finalmente, la venda se sitúa bajo la escápula y alrededor del tórax y el brazo, solapándose y formando un ocho.

vendaje circular (circular bandage), vendaje dispuesto alrededor de la zona lesionada, habitualmente una extremidad.

vendaje compresivo (pressure bandage), vendaje aplicado para detener una hemorragia, evitar el edema o comprimir unas venas varicosas.

vendaje con inversos (reversed bandage), vendaje circular que se pliega sobre sí mismo media vuelta, de forma que se ajuste suavemente, adaptándose al contorno de la extremidad.

vendaje de Baynton (Baynton's bandage) [Thomas Baynton, cirujano inglés, n. 1761], venda adhesiva en espiral aplicada en la pierna sobre un vendaje, utilizada en el tratamiento de las úlceras indoloras de la pierna.

vendaje de cabos múltiples (many-tailed bandage), **1.** vendaje ancho, de forma uniforme, con ambos extremos divididos en tiras de igual tamaño y número. Al colocar el vendaje sobre el abdomen, el tórax o los miembros, se pueden solapar los extremos. **2.** vendaje de forma irregular con extremos vueltos o recortados, que se atan entre sí.

vendaje de cuatro cabos (four-tailed bandage), pieza estrecha de tela con dos cabos en cada extremo, para sujetar una articulación, como el codo o la rodilla, o también una prominencia, como la nariz o la barbilla.

vendaje de Esmarch (Esmarch's bandage) [Johann F. A. von Esmarch, cirujano alemán, n. 1823], vendaje ancho, plano, elástico, alrededor de un miembro elevado para forzar que la sangre salga de éste. Se emplea antes de ciertas técnicas quirúrgicas para conseguir un campo exangüe.

vendaje de Galen (Galen's bandaje) [Claudio Galen, médico griego, n. 130 d.C.], vendaje de la cabeza, que consta de una tira de paño, con cada uno de sus extremos dividido en tres partes.

vendaje de Genga (Genga's bandage), v. **vendaje de Theden**.

vendaje de Heliodorus (Heliodorus's bandage), v. **vendaje en T**.

vendaje de Schultes (scultetus bandage) [Johann Schultes, cirujano alemán, n. 1595], vendaje con múltiples colas y una pieza central fija. Las colas están superpuestas; las dos últimas, atadas o sujetas con alfileres, sirven para asegurar las demás. El vendaje de Schultes se puede abrir o retirar sin mover la parte del vendaje fija al cuerpo.

vendaje de Theden (Theden's bandage) [Johann C. A. Theden, cirujano alemán, n. 1714], vendaje circular aplicado por debajo de la lesión y continuado hacia arriba sobre una compresa, utilizado para detener una hemorragia.

vendaje de tobillo (ankle bandage), vendaje en forma de ocho, que rodea la planta del pie y el tobillo. El talón puede cubrirse o dejarse al descubierto, aunque es preferible vendarlo para evitar que se produzca un «edema de ventana».

vendaje de Velpeau (Velpeau's bandage) [Alfred A. L. M. Velpeau, cirujano francés, n. 1795], vendaje que inmoviliza el codo y el hombro, manteniendo el brazo contra el costado y el antebrazo flexionado sobre el tórax.

vendaje en 8 (figure-of-eight bandage), vendaje con vueltas sucesivas que se cruzan unas sobre otras formando una imagen similar al número 8.

vendaje en corbata (cravat bandage), vendaje triangular doblado longitudinalmente. Se puede utilizar como un vendaje circular en ocho, o en espiral para controlar la hemorragia o para sujetar férulas.

vendaje en cruz (crucial bandage), v. **vendaje en T**.

vendaje en espiga (spica bandage), vendaje en forma de ocho en el cual cada vuelta se suele superponer a la siguiente para formar una sucesión siguiendo un diseño en V. Se puede utilizar para dar apoyo, aplicar presión o sujetar un apósito en su lugar.

vendaje en guante (gauntlet bandage), vendaje en forma de guante que cubre la mano y los dedos.

vendaje en semiguante (demigauntlet bandage), vendaje en forma de guante que sólo cubre la mano, dejando los dedos libres.

vendaje en T (T bandage), vendaje con la forma de la letra T. Se utiliza para el periné y a veces para la cabeza.

vendaje espiral (spiral bandage), vendaje circular que se aplica alrededor de un miembro y que asciende por la región corporal con cada vuelta, solapándose la mitad o dos tercios con la vuelta anterior.

vendaje espiral inverso (spiral reverse bandage), vendaje espiral que va dando vueltas y se dobla hacia atrás sobre sí mismo, según sea necesario para ajustarlo con más seguridad al contorno del cuerpo.

vendaje oblicuo (oblique bandage), vendaje circular que se aplica en espiral con vueltas inclinadas, habitualmente en un miembro.

vendaje recurrente (recurrent bandage), vendaje que pasa varias veces sobre sí mismo, habitualmente aplicado sobre la cabeza o los muñones de amputación.

vendaje triangular (triangular bandage), cuadrado de tela plegado o cortado en forma de triángulo. Se puede utilizar como cabestrillo, cubierta o como un grueso cojinete para controlar la hemorragia.

veneno (venom), sustancia líquida tóxica secretada por algunas serpientes, artrópodos y otros animales y transmitida por sus picaduras o mordeduras.

veneno de serpiente (snake venom), veneno producido en las glándulas de algunas serpientes y que inyectan en la víctima a través de los colmillos. La composición exacta de cada veneno varía entre las diferentes especies, pero en general son mezclas complejas de neurotoxinas, enzimas proteolíticas y fosfatasas. Alrededor de 20 de las 100 serpientes conocidas en Norteamérica son venenosas, produciéndose anualmente cerca de 8.000 envenenamientos por picadura de serpiente. Una picadura de serpiente venenosa está considerada como una emergencia médica.

venéreo (venereal), relativo a o causado por el acto sexual o por contacto genital.

venereología (venereology), estudio de las enfermedades venéreas.

venereólogo (venereologist), profesional de la salud especializado en el estudio de las causas y tratamientos de las enfermedades venéreas.

venesección (venesection), v. **flebotomía**.

venografía (venography), v. **flebografía**.

venograma (venogram), v. **flebograma**.

venopunción (venipuncture), técnica por la cual se perfora una vena por vía transcutánea con un estilete rígido de punta aguda o una cánula portadora de un catéter de plástico flexible unido a una jeringuilla o un catéter. El ob-

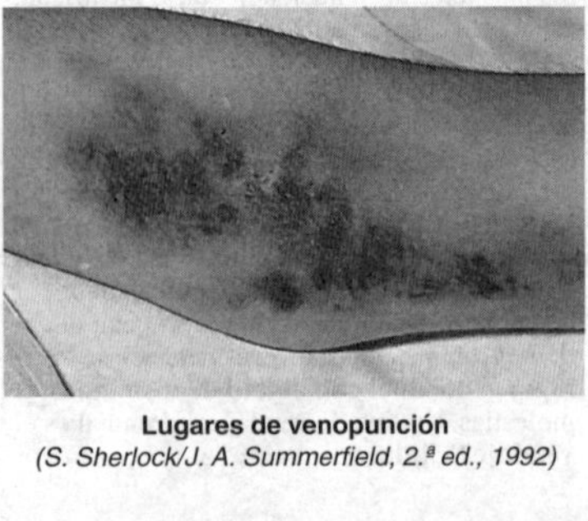

Lugares de venopunción
(S. Sherlock/J. A. Summerfield, 2.ª ed., 1992)

jetivo de este procedimiento es extraer una muestra de sangre, realizar una flebotomía, instilar un medicamento, comenzar una infusión intravenosa o inyectar una sustancia radiopaca para la exploración radiológica de una parte o sistema del cuerpo.

venospasmo (venospasm), contracción espasmódica de una vena.

venostomía (venous cutdown), pequeña incisión quirúrgica realizada en la vena de un paciente que ha sufrido un colapso vascular para permitir la introducción de líquidos o fármacos por vía intravenosa. También se puede realizar para la inserción de un catéter para la extracción de sangre.

venotomía (venotomy), apertura quirúrgica de una vena.

ventaja mecánica (mechanical advantage), (en fisiología) cociente entre la fuerza de salida desarrollada por los músculos y la fuerza de entrada aplicada a las estructuras corporales movidas por los músculos.

ventana (window), **1.** abertura creada quirúrgicamente en la superficie de una estructura o abertura anatómica en la superficie o entre las cámaras de una estructura. **2.** período de tiempo específico, durante el cual se puede observar un fenómeno, monitorizar una reacción o iniciar un procedimiento.

ventilación (ventilation), proceso por el cual los gases entran y salen de los pulmones.

ventilación alveolar (alveolar ventilation), volumen de aire que ventila a todos los alveolos perfundidos, que se mide como volumen minuto en litros. Su valor es también la diferencia entre la ventilación total y la ventilación del espacio muerto. En condiciones normales este valor oscila entre 4 y 5 litros por minuto.

ventilación artificial (artificial ventilation), proceso de soporte respiratorio por medios manuales o mecánicos cuando la respiración normal es ineficaz o se ha detenido. La ventilación eficaz de los pulmones puede fracasar debido a una obstrucción bronquial por inflamación, presencia de un cuerpo extraño, aumento de las secreciones, debilidad neuromuscular, estado asmático, agotamiento, depresión farmacológica o traumatismos de la pared torácica. Antes de intentar la ventilación artificial se explora la vía aérea para eliminar cualquier obstrucción.

ventilación asistida (assisted ventilation), utilización de dispositivos mecánicos o de otro tipo para ayudar a mantener la respiración, suministrando generalmente aire u oxígeno a presión positiva.

ventilación asistida intermitente (VAI) (intermittent assisted ventilation [IAV]), (en terapia respiratoria) sistema en el que se combina la respiración asistida con la espontánea.

ventilación colateral (collateral ventilation), ventilacion de los espacios aéreos pulmonares a través de vías indirectas, como los poros de los tabiques alveolares.

ventilación con presión de soporte (VPS) (pressure support ventilation [PSV]), soporte de la respiración espontánea con una cantidad específica de presión aérea positiva. El paciente controla el flujo de gas inspiratorio y las frecuencias inspiratoria y espiratoria.

ventilación con presión positiva constante (constant positive pressure ventilation), v. **ventilación con presión positiva continua (VPPC)**.

ventilación con presión positiva continua (VPPC) (continuous positive pressure ventilation [CPPV]), presión positiva superior a la presión ambiental que se mantiene en las vías respiratorias superiores durante el ciclo respiratorio. El término se aplica habitualmente a la presión positiva del final de la espiración (PPFE) y a la ventilación mecánica.

ventilación con presión positiva intermitente (intermittent positive pressure ventilation), v. **RPPI**.

ventilación controlada (controlled ventilation), utilización de un respirador de presión positiva intermitente o de otro respirador que tenga un dispositivo cíclico automático que sustituya a la respiración espontánea.

ventilación de alta frecuencia (VAF) (high-frequency ventilation [HFV]), técnica para proporcionar soporte ventilatorio a los pacientes, trabajando a una frecuencia respiratoria de 60 respiraciones por minuto o superior. La **ventilación a reacción de alta frecuencia (VRAF)** es un método que utiliza una fuente de gas a alta presión con una frecuencia respiratoria comprendida entre 100 y 400 ciclos por minuto. La **oscilación de alta frecuencia (OAF)** es una técnica que desplaza pequeños impulsos de gas hacia el interior y al exterior de las vías aéreas a frecuencias de 400 a 4.000 ciclos por minuto.

ventilación espontánea (spontaneous ventilation), respiración normal, sin ayuda, en la cual el paciente crea el gradiente de presión mediante los movimientos de la pared del tórax y de los músculos que desplazan el aire hacia dentro y hacia fuera de los pulmones.

ventilación obligada intermitente (VOI) (intermittent mandatory ventilation [IMV]), método de terapia respiratoria en el que se deja que el paciente respire de forma independiente y después a determinados períodos prescritos.

ventilación obligada intermitente sincronizada (VOIS) (synchronized intermittent mandatory ventilation [SIMV]), respiración mecánica asistida periódica que se produce a intervalos previamente establecidos cuando el paciente hace un esfuerzo inspiratorio detectado por el respirador. Entre las respiraciones mecánicas ayudadas se producen respiraciones espontáneas del paciente.

ventilación pulmonar (pulmonary ventilation), proceso de inhalar y exhalar aire a través de los pulmones.

ventilación residual (wasted ventilation), volumen de aire que ventila el espacio muerto fisiológico de un aparato respiratorio.

ventilación voluntaria máxima (maximal voluntary ventilation), volumen máximo de gas que puede ventilar una persona voluntariamente por unidad de tiempo respirando tan rápida y profundamente como le sea posible.

ventilación-minuto (minute ventilation), ventilación total por minuto medida a través del gas espirado recogido en un período de 1 a 3 minutos.

ventilador (ventilator), uno de los diversos aparatos utilizados en la terapia respiratoria para proporcionar respiración asistida y respiración con presión positiva intensiva. Algunas clases de ventiladores son el **ventilador a presión** y el **ventilador de volumen**.

ventilador a presión (pressure ventilator), ventilador en el que la liberación de gas está limitada por una presión previamente determinada.

ventilador cíclico combinado (combined cycling ventilator), ventilador mecánico que tiene más de un mecanismo cíclico, como el equipo que puede establecer ciclos de tiempo o de presión como apoyo de un dispositivo de control de ciclos de volumen.

ventilador de volumen (volume ventilator), ventilador que distribuye con cada ciclo un volumen de gas determinado previamente.

ventilador en fuelle (bellows ventilator), dispositivo de asistencia respiratoria en el que el oxígeno y otros gases se mezclan en un fuelle que se contrae y expande según aumenta o disminuye el sistema de presión de la cámara que rodea al fuelle.

ventilador fluídico (fluidic ventilator), ventilador que aplica el efecto Coanda al movimiento del flujo de aire o gases.

ventilar (ventilate), **1.** proporcionar aire fesco. **2.** proporcionar a los pulmones aire procedente de la atmósfera y airear u oxigenar la sangre en los capilares pulmonares. **3.** (en psiquiatría) discutir algo abiertamente, como ventilar sentimientos.

ventral (ventral), relativo o perteneciente a una posición hacia el abdomen; hacia delante; anterior.

ventrículo (ventricle), pequeña cavidad, como una de las cavidades llenas de líquido cefalorraquídeo del cerebro, o los ventrículos derecho e izquierdo del corazón.

ventrículo derecho (right ventricle), cámara del corazón de paredes relativamente finas que bombea la sangre procedente de la aurícula derecha a través de las arterias pulmonares hacia los pulmones para su oxigenación. El ventrículo derecho es más corto y redondeado que el ventrículo izquierdo, que es más largo y tiene una forma cónica.

ventrículo izquierdo (left ventricle), cámara cardíaca de pared gruesa, que bombea sangre a través de la aorta y arterias sistémicas, capilares, volviendo a la aurícula derecha a través de las venas. El grosor de sus paredes triplica al de las del ventrículo derecho y contiene la válvula mitral, dos valvas, que controla el flujo de sangre procedente de la aurícula izquierda.

ventrículo lateral (lateral ventricle), cavidad situada en cada hemisferio cerebral que comunica con el tercer ventrículo a través del foramen interventricular.

ventriculocisternostomía (ventriculocisternostomy), intervención quirúrgica realizada para tratar la hidrocefalia. Se crea una abertura que permite el drenaje de líquido cefalorraquídeo a través de una derivación desde los ventrículos del cerebro hasta la cisterna magna.

ventriculografía (ventriculography), **1.** exploración radiológica de la cabeza, después de la inyección de aire o de otro medio de contraste en los ventrículos cerebrales. **2.** exploración radiológica de un ventrículo cardíaco, después de la inyección de un medio de contraste radiopaco.

ventriculograma (ventriculogram), **1.** prueba diagnóstica en la que se introduce aire en los ventrículos del cerebro mediante aberturas quirúrgicas en el cuero cabelludo. **2.** exploración radiológica de los ventrículos cardíacos en la cual se inyecta un medio de contraste durante el cateterismo cardíaco.

ventriculograma (ventriculogram), examen radiográfico de los ventrículos cardíacos en el que el medio de contraste se inyecta durante el cateterismo cardíaco.

ventriculoperitoneostomía (ventriculoperitoneostomy), intervención quirúrgica para la desviación temporal del líquido cefalorraquídeo en la hidrocefalia, generalmente en el recién nacido. En esta intervención se pasa un tubo de polietileno desde el ventrículo lateral, por vía subcutánea, descendiendo por la columna dorsal y se introduce de nuevo a nivel de la cavidad peritoneal, donde se absorbe el líquido desviado.

ventriculostomía (ventriculostomy), v. **ventriculocisternostomía**.

ventriculostomía tercera (third ventriculostomy), procedimiento quirúrgico para drenar el líquido cefalorraquídeo hacia la cisterna quiasmática del espacio subaracnoideo en la hidrocefalia, habitualmente en el recién nacido.

ventriculoureterostomía (ventriculoureterostomy), intervención quirúrgica para dirigir el líquido cefalorraquídeo hacia la circulación general, realizada en el tratamiento de la hidrocefalia, generalmente en el recién nacido. En esta intervención se hace pasar un tubo de polietileno desde el ventrículo lateral, descendiento por vía subcutánea por la columna dorsal hasta la duodécima costilla; el tubo se introduce a través de los músculos paraespinales en un uréter.

vénula (venule), cualquiera de los pequeños vasos sanguíneos que recogen la sangre procedente de los plexos capilares y que se anastomosan para formar las venas.

VER (ERV), abreviatura de **volumen de reserva espiratorio**.

verapamilo (verapamil), bloqueante de los canales lentos o antagonista del ion calcio. Se prescribe para el tratamiento de las anginas vasospástica y de esfuerzo, la taquicardia supraventricular, la fibrilación auricular y el flúter auricular.

Veratrum (Veratrum), género de hierbas venenosas de la familia de los lirios. Los rizomas desecados de eléboros británicos y norteamericanos proporcionan alcaloides utilizados como agentes antihipertensivos.

verdad (truth), regla o declaración que se ajusta a un hecho o realidad.

vergencia (vergence), movimiento de los dos ojos en direcciones opuestas.

vermicida (vermicide), agente que destruye gusanos, especialmente los encontrados en el intestino.

vermicular (vermicular), semejante a un gusano.

vermiforme (vermiform), semejante a un gusano.

vermífugo (vermifuge), agente que provoca la expulsión de gusanos parasitarios.

vermis (vermis, *pl.* **vermes**), estructura semejante a un gusano, como el lóbulo medio del cerebelo.

vérnix caseosa (vernix caseosa), sustancia caseosa, de color blanco grisáceo, formada por secreciones de glándulas sebáceas, lanugo y células epiteliales descamadas, que cubre la piel del feto y del recién nacido.

verosimilitud biológica (biologic plausibility), método de razonamiento utilizado para establecer una relación de causa-efecto entre un factor biológico y una enfermedad determinada.

verruga (verruca), lesión cutánea verrugosa benigna de origen vírico, de superficie rugosa y papilomatosa. Su causa es un papovavirus contagioso común.

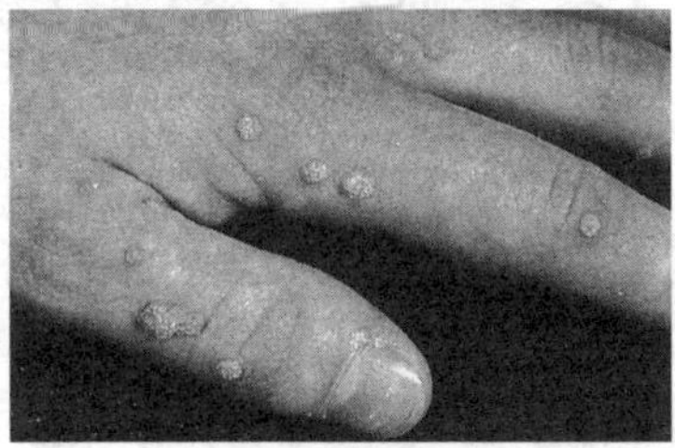

Verrugas comunes
(A. du Vivier, 2.ª ed., 1995)

verruga del deshollinador (soot wart), v. **carcinoma escrotal**.

versión (version), cambio de posición del feto en el útero, realizada habitualmente para facilitar el parto.

versión de Braxton Hicks (Braxton Hicks version), una de las diversas maniobras utilizadas en ocasiones para volver al feto desde una posición no deseada a otra que facilitará el parto.

versión espontánea (spontaneous version), cambio de la postura fetal que se produce sin manipulación.

versión externa (external version), técnica obstétrica por la que se vuelve al feto, normalmente de una presentación de nalgas a otra de vértice, mediante la manipulación externa del feto a través de la pared del abdomen.

versión podálica (podalic version), modificación de la posición del feto para conseguir situar los pies en el estrecho inferior de la pelvis durante el parto.

versión podálica interna y extracción completa de nalgas (internal podalic version and total breech extraction), v. **versión y extracción**.

versión y extracción (version and extraction), operación obstétrica que se realiza cuando el feto presenta primero la cabeza y que consiste en darle la vuelta y extraer primero los pies. Se lleva a cabo introduciendo una mano hasta el fondo del útero, sujetando los pies y tirando de ellos hacia abajo, extrayendo al niño.

vértebra (vertebra, *pl.* **vertebrae**), cada uno de los 33 huesos de la columna vertebral, la cual está formada por 7 vértebras cervicales, 12 dorsales, 5 lumbares, 5 sacras y 4 coccígeas. Las vértebras, excepción de la primera y segunda vértebras cervicales, son muy parecidas y están formadas por un cuerpo, un arco, una apófisis espinosa para la inserción de músculos y dos pedículos, dos apófisis transversas y apófisis articulares. La primera vértebra cervical recibe el nombre de atlas y no tiene cuerpo vertebral. La segunda vértebra cervical recibe el nombre de axis y forma el pivote sobre el cual rota el atlas, permitiendo el giro de la cabeza.

vértebra cervical (cervical vertebra), uno de los primeros siete segmentos de la columna vertebral. Se diferencian de las vértebras dorsales y lumbares por la presencia de un agujero en cada apófisis transversa. La primera vértebra cervical carece de cuerpo, soporta la cabeza y posee una carilla articular oval cubierta de cartílago para articularse con la apófisis odontoides de la segunda vértebra cervical. La séptima vértebra cervical tiene una apófisis espinosa prominente y muy larga de dirección casi horizontal que suele utilizarse como referencia palpable para localizar las demás apófisis espinosas cervicales.

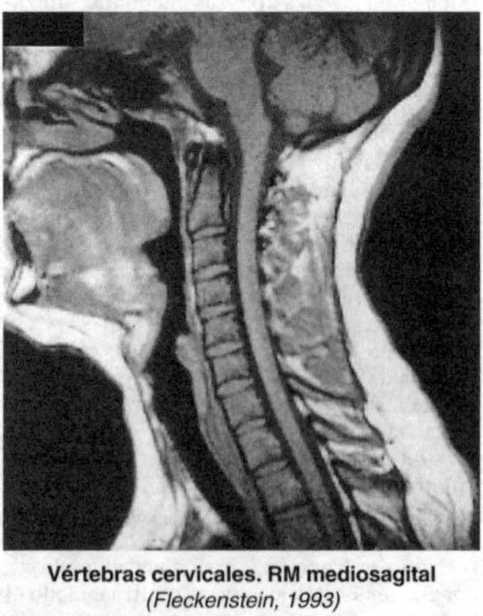

Vértebras cervicales. RM mediosagital
(Fleckenstein, 1993)

vértebra coccígea (coccygeal vertebra), cada uno de los cuatro segmentos de la columna vertebral que se fusionan para formar el cóccix del adulto. Se consideran vértebras rudimentarias que no tienen pedículos, láminas ni apófisis espinosas.

vértebra dorsal (thoracic vertebra), uno de los 12 segmentos óseos de la columna vertebral de la porción superior de la espalda, designados de D1 a D12. D1 se encuentra justo por debajo de la séptima vértebra cervical (C7) y D12 se encuentra justo por encima de la primera vértebra lumbar (L1). La porción dorsal de la columna es flexible y tiene una curvadura cóncava anterior.

vértebra lumbar (lumbar vertebra), cada uno de los cinco segmentos de mayor tamaño de la parte móvil de la columna vertebral, que se distingue por la ausencia de agujero en la apófisis transversa y por carecer de carillas articulares en el cuerpo vertebral. El cuerpo de cada vértebra lumbar está aplanado o presenta una ligera concavidad superior e inferior, y está muy comprimido en las regiones anterior y laterales.

vértebra sacra (sacral vertebra), uno de los cinco segmentos de la columna vertebral que se fusionan en el adulto para formar el sacro. El borde anterior de la primera vértebra sacra hace protrusión en la pelvis. Los cuerpos de las restantes vértebras sacras son más pequeños que el de la primera y están aplanados y curvados en su cara ventral, formando la superficie anterior convexa del sacro.

vertebrado (vertebrate), relativo a cualquier animal que posea columna vertebral y por ello es miembro del subfilo *Vertebrata*. El grupo incluye a los peces, pájaros, anfibios, reptiles y mamíferos.

vértebras falsas (false vertebrae), segmentos vertebrales que forman el sacro y el cóccix.

vértebras fijas (fixed vertebrae), v. **vértebras falsas**.

vertedero oclusivo (occlusal spillway), surco natural que cruza la cresta cuspídea o la cresta marginal de un diente.

vertedero sanitario (sanitary landfill), lugar de depósito de productos de desecho sólidos, habitualmente una zona pantanosa, un barranco o un cañón, donde los productos de desecho son comprimidos mediante pesadas máquinas y cubiertos después con tierra.

vertical (vertical), perpendicular o que forma un ángulo recto con el plano horizontal.

vértice (vertex), **1.** parte más alta de la cabeza; corona. **2.** punta o lugar más elevado de cualquier estructura.

vértice cardíaco (apex cordis), extremo del borde inferior del corazón. Se dirige hacia abajo, hacia delante, hacia la izquierda y generalmente se sitúa a la altura del quinto espacio intercostal.

vértice pulmonar (apex pulmonis), borde superior de forma redondeada que posee cada pulmón y que se proyecta por encima de la clavícula en la base del cuello.

verticosubmentoniana (verticosubmental), proyección radiográfica de la cabeza en la que el rayo central discurre desde el vértice del cráneo hasta su base.

vértigo (dizziness), sensación de desvanecimiento o incapacidad para mantener el equilibrio normal en posición erecta o sentada, a veces asociada con vahídos, confusión mental, náuseas y debilidad. Un paciente que experimenta vértigo debe ser bajado con cuidado a una posición segura, dado el peligro del lesión en la caída.

vértigo alternobárico (alternobaric vertigo), estado de desequilibrio motivado por descompensación de las diferencias de presión en el oído medio, como puede suceder en los submarinistas durante el ascenso.

vértigo auditivo (auditory vertigo), forma de vértigo asociada a enfermedades del oído, con sensación de giro que, cuando es grave, conduce a postración y vómitos.

vértigo central (central vertigo), vértigo provocado por un trastorno del sistema nervioso central.

vértigo cerebral (cerebral vertigo), vértigo provocado por una enfermedad cerebral orgánica.

vértigo epiléptico (epileptic vertigo), aura de inestabilidad que puede preceder, acompañar o seguir a una crisis epiléptica.

vértigo esencial (essential vertigo), tipo de vértigo para el que no se ha encontrado causa orgánica.

vértigo laberíntico paroxístico (paroxysmal labyrinthine vertigo), v. **enfermedad de Ménière**.

vértigo laríngeo (laryngeal vertigo), episodio corto de mareo o inconsciencia que aparece tras un ataque de tos paroxística o un espasmo laríngeo.

vértigo orgánico (organic vertigo), vértigo que se asocia a trastornos del sistema nervioso central, como lesiones cerebelosas o tabes dorsal.

vértigo postural (postural vertigo), v. **cupulolitiasis**.

vesical (vesical), relativo tanto a la vesícula biliar como a la vejiga urinaria.

vesicante (vesicant), fármaco capaz de causar necrosis tisular cuando se extravasa.

vesicouterino (vesicouterine), relativo a la vejiga y al útero.

vesícula (vesicle), ampolla o vejiga pequeña, en forma de pequeña lesión cutánea elevada de paredes finas, que contiene un líquido transparente.

vesícula biliar (gallbladder), saco excretor con forma de pera, situado en una fosa de la superficie visceral del lóbulo hepático derecho. Sirve de reservorio para la bilis. Con 8 cm de largo y 2,5 de ancho en su porción más gruesa, puede alojar unos 32 cc de bilis. Durante la digestión de las grasas, la vesícula biliar se contrae, expulsando la bilis por el conducto colédoco hasta el duodeno.

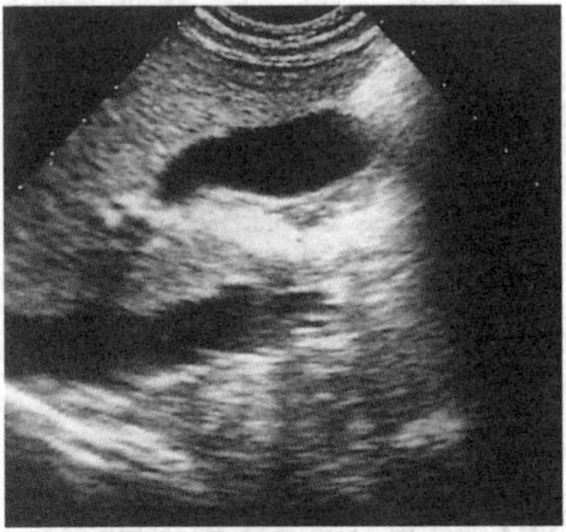

Proyección ecográfica de la vesícula biliar
(Fleckenstein, 1993)

vesícula germinal (germinal vesicle), núcleo de un ovocito maduro antes de la fertilización. Mucho mayor que el núcleo de otras células, después de la fertilización inicia la terminación de la división meiótica.

vesícula seminal (seminal vesicle), cualquiera de las dos estructuras glandulares de tipo sacular que se sitúan por detrás de la vejiga urinaria en el varón y actúan como parte del sistema reproductor. Las vesículas seminales producen un líquido que se añade a la secreción de los testículos y de otras glándulas para formar el semen.

vesícula umbilical (umbilical vesicle), estructura en forma de pera formada a partir del saco vitelino hacia la cuarta semana del desarrollo prenatal que protruye en la cavidad del corion y se conecta al embrión en desarrollo mediante el tallo vitelino en la región del futuro intestino medio.

vesicular (vesicular), relativo a un trastorno de tipo vesiculoso.
vesiculitis (vesiculitis), inflamación de cualquier vesícula, especialmente de las vesículas seminales.
vesiculitis seminal (seminal vesiculitis), inflamación de una vesícula seminal.
vesiculografía (vesiculography), exploración radiológica de las vesículas seminales y las estructuras adyacentes, realizada generalmente mediante inyección de un medio radiopaco en los conductos deferentes o mediante la cateterización del medio en los conductos eyaculadores.
vestibular (vestibular), relativo o perteneciente a un vestíbulo, como la porción vestibular de la boca, que se encuentra entre las mejillas y los dientes.
vestíbulo (vestibule), espacio o cavidad que sirve como entrada a un conducto, como el vestíbulo de la vagina o el vestíbulo del oído.
vestibuloplastia (vestibuloplasty), cirugía plástica del vestíbulo oral, especialmente dirigida a modificar los tejidos de las encías.
vestigio (vestige), órgano o cualquier otra estructura del cuerpo desarrollado de forma imperfecta, relativamente inútil y que tuviera una función vital en una fase inicial de la vida o en una forma de vida más primitiva.
veterinario (veterinarian), profesional de la salud que se especializa en las causas y el tratamiento de las enfermedades y trastornos de los animales domésticos y salvajes.
VHA (HAV), abreviatura de virus de la hepatitis A.
VHB (HBV), abreviatura de **virus de la hepatitis B**.
VHS (HSV), abreviatura de virus del herpes simple. V. **herpes genital, herpes simple**.
VHZ (HZV), abreviatura de **virus del herpes zoster**. V. **varicela**.
VI (LV), abreviatura de **ventrículo izquierdo**.
vía (line), vía de acceso a una región, cavidad o conducto, como por ejemplo, un catéter.
vía (pathway), **1.** red de neuronas que constituyen una ruta de transmisión para los impulsos nerviosos desde cualquier parte del cuerpo hasta la médula espinal y la corteza cerebral, o desde el sistema nervioso central a los músculos y órganos. **2.** cadena de reacciones químicas que generan diversos compuestos siguiendo una determinada secuencia, como la vía de Embden-Meyerhof.
vía (via), cualquier ruta o camino, como la esofágica o traqueal.
vía accesoria (accessory pathway), tracto extramuscular entre la aurícula y el ventrículo.
vía accesoria oculta (concealed accesory pathway), (en cardiología) tracto extramuscular localizado entre las aurículas y ventrículos que conduce sólo en dirección retrógrada.
vía aérea (airway), conducto tubular para la entrada y la salida de aire de los pulmones, como son la tráquea y los bronquios, los dispositivos de anestesia respiratoria o el tubo orotraqueal que se emplea en la reanimación boca a boca. Las vías aéreas con un diámetro superior a 2 mm se define como grandes, o vías aéreas centrales; si son inferiores a 2 mm se denominan pequeñas, o vías aéreas periféricas.
vía aérea artificial (artificial airway), dispositivo de plástico o de goma que puede ser insertado en el tracto respiratorio superior o inferior para facilitar la ventilación o la eliminación de secreciones.
vía aérea oral (oral airway), dispositivo tubular curvado de goma, plástico o metal colocado en la orofaringe durante la anestesia general para conservar la permeabilidad al aire e impedir el desplazamiento posterior de la lengua y la obstrucción de la tráquea.
vía aferente (afferent pathway), trayecto que discurre desde la periferia del cuerpo hasta el centro, habitualmente mediante conexiones interneuronales.
vía alternativa de la activación del complemento (alternative pathway of complement activation), proceso de la síntesis de anticuerpos en el que la activación de C3 se produce sin una activación previa de C1, C4 y C2.
vía arterial (arterial line), sistema de monitorización de la sangre arterial, que consiste en un catéter introducido en una arteria y conectado a un sistema de tubos y a un transductor de presión. El dispositivo permite realizar lecturas directas y continuas de la presión arterial, al mismo tiempo que proporciona una vía de acceso para la obtención de las muestras necesarias para análisis.
vía biliar (biliary tract), vía para el flujo de la bilis, que va de los canalículos hepáticos al orificio del conducto biliar en el duodeno.
vía central (central line), vía intravenosa preparada para tener un acceso continuo a una vena central que permite la administración de líquidos y medicinas y la obtención de información diagnóstica. El mantenimiento de la vía central asegura el acceso al sistema venoso en caso de colapso de las venas.
vía de administración (route of administration), (de un fármaco) cualquiera de las vías por las que puede administrarse un fármaco, como la vía intramuscular, intranasal, intravenosa, oral, rectal, subcutánea, sublingual, tópica o vaginal.
vía de clivaje axial (axial spillway), surco que cruza una prominencia de cúspide o una pro-

minencia marginal y se extiende sobre la superficie axial de un diente.

vía de colocación (placement path), dirección de la colocación y retirada de una prótesis dental parcial extraíble sobre las estructuras orales que la sujetan.

vía de Embden-Meyerhof (Embden-Meyerhof pathway), secuencia de reacciones enzimáticas dentro de la conversión anaeróbica de glucosa a ácido láctico, que produce energía en forma de adenosintrifosfato.

vía eferente (efferent pathway), **1.** trayectoria de las fibras nerviosas que llevan impulsos fuera del centro nervioso. **2.** sistema de vasos sanguíneos que llevan sangre hacia alguna parte del cuerpo.

vía motora (motor pathway), vía de los impulsos nerviosos motores desde una neurona central a un músculo o a una glándula.

vía nasal (nasal airway), pieza de goma o plástico, curva y flexible, con un extremo ancho en forma de trompeta y otro estrecho, que se puede introducir a través de la nariz en la faringe.

vía óptica (optic tract), banda aplanada de fibras nerviosas que discurren hacia atrás y por el exterior rodeando a cada pedúnculo cerebral desde el quiasma óptico hasta el cuerpo geniculado externo.

vía piramidal (pyramidal tract), vía constituida por grupos de fibras nerviosas en la sustancia blanca de la médula espinal, a través de la cual se conducen los impulsos motores a las células del asta anterior desde el lado opuesto del cerebro. Estas fibras descendentes regulan la actividad voluntaria y refleja de los músculos a través de las células del asta anterior.

vía respiratoria con obturador esofágico (esophageal obturator airway), vía aérea de emergencia que consta de un tubo largo que se introduce en la boca a través de una mascarilla facial hermética. Dado su diseño, el aire sólo pasa al interior de la tráquea.

vía sensitiva (sensory pathway), ruta seguida por un impulso nervioso sensitivo desde un órgano terminal hasta un centro reflejo en el cerebro o en la médula espinal.

vía visual (visual pathway), vía a través de la cual se transmite una sensación visual desde la retina hasta el cerebro. Una vía está formada por un nervio óptico, las fibras de un nervio óptico que atraviesan o discurren a lo largo de las zonas laterales del quiasma óptico hasta el cuerpo geniculado lateral del tálamo, y una cintilla óptica que termina en un lóbulo occipital. Cada nervio óptico contiene fibras de una sola retina. El quiasma óptico contiene fibras de las porciones nasales de ambas retinas; estas fibras cruzan al lado opuesto del cerebro en el quiasma óptico.

viable (viable), capaz de desarrollarse, crecer o de cualquier otra forma mantener la vida, como un feto humano normal a las 28 semanas de gestación.

vial (vial), envase de vidrio con un tapón de goma en un cierre metálico.

vías extrapiramidales (extrapyramidal tracts), haces de nervios motores que discurren desde el encéfalo hasta el asta anterior de la médula, excluidos los haces piramidales. Dentro del encéfalo, los haces extrapiramidales constan de varios grupos de motoneuronas, entre las zonas motoras de la corteza cerebral, los ganglios basales, el tálamo, el cerebelo y el tronco del encéfalo. Los haces extrapiramidales constituyen unidades funcionales más que anatómicas.

vibración (vibration), tipo de masaje administrado mediante golpecitos rápidos con las puntas de los dedos, alternando los dedos de una forma rítmica, o bien mediante dispositivos mecánicos.

vibración costal (rib vibration), procedimiento en fisioterapia, similar a la sacudida costal, pero que se hace con una presión vibratoria hacia abajo con la parte plana de la palma de la mano durante las espiraciones.

vibratorio (vibratory), que causa vibraciones o un estado de vibración.

vibrio (vibrio), toda bacteria curvada y móvil, como las pertenecientes al género *Vibrio*. El cólera y algunas otras formas epidémicas de gastroenteritis están causadas por miembros de este género.

Vibrio cholerae (Vibrio cholerae), especie de bacilo móvil, con forma de coma, causante del cólera.

Vibrio fetus (Vibrio fetus), v. ***Campylobacter***.

Vibrio parahaemolyticus (Vibrio parahaemolyticus), especie de microorganismos del género *Vibrio*, agente causal de las intoxicaciones alimentarias asociadas a la ingesta de marisco poco cocinado o crudo, especialmente cangrejos y camarones. La cocción completa de los mariscos evita la infección, la cual produce diarrea acuosa, calambres abdominales, vómitos, cefaleas, escalofríos y fiebre.

vida (life), energía que permite a los organismos crecer, reproducirse, absorber y utilizar nutrientes, y, en algunos organismos, moverse y demostrar un control voluntario de los sentidos.

vida media ($v^1/_2$) (half-life [$t^1/_2$]), tiempo requerido para que una sustancia radiactiva pierda el 50% de su actividad mediante desintegración. Cada radionucleido tiene una única vida media.

vida media eficaz (vme) (effective half-life [ehl]), (en radioterapia) tiempo necesario para que un elemento radiactivo disminuya un 50% en un cuerpo animal como resultado de la acción combinada de la disminución de la radiactividad y de la eliminación biológica.

vida potencial (potential life), criterio utilizado por los *Federal Centers for Disease Control* para valorar las tasas de muerte prematura. Entre los individuos más jóvenes se basa en el supuesto de que la persona habría podido vivir hasta los 65 años si su vida no hubiera sido interrumpida por alguna lesión o enfermedad determinada. La causa principal de pérdida de vida potencial entre los individuos jóvenes son los accidentes, seguida del cáncer y de las cardiopatías. Para las personas mayores, el sistema se basa en los años de vida potencial perdidos antes de los 85 años, en cuyo caso el cáncer y la patología cardíaca se sitúan en primer y segundo lugar, respectivamente.

vida sedentaria (sedentary living), modelo de hábitos de vida que requieren la mínima cantidad de esfuerzo físico.

vidarabina (vidarabine), agente antiviral.

vigilia (vigilance), estado de atención o alerta.

vigor híbrido (hybrid vigor), v. **heterosis**.

VIH (HIV), abreviatura del **virus de la inmunodeficiencia humana**.

villoma (villoma, *pl.* **villomas, villomata**), neoplasia vellosa o papiloma, que aparece principalmente en la vejiga o el recto.

vinculación afectiva (bonding), el proceso de unión que ocurre entre un niño y sus padres, especialmente la madre, que tiene importancia en la formación de los lazos afectivos que influyen posteriormente en el desarrollo físico y psicológico del niño. En la iniciación de los vínculos afectivos son de especial importancia el contacto con los ojos, las caricias, la charla sedante y otras conductas afectivas que comienzan a crear lazos emocionales positivos. Las madres se preocupan más por el contacto físico, mientras que los padres intentan fomentar en el niño un sentido de la absorción, preocupación e interés visual —a esto se le ha denominado absorción paternal—. Aunque la vinculación afectiva se considera ante todo una respuesta emocional, se especula sobre la posible existencia de alguna interacción bioquímica y hormonal en la madre capaz de estimular esa respuesta, pero los estudios todavía no son concluyentes.

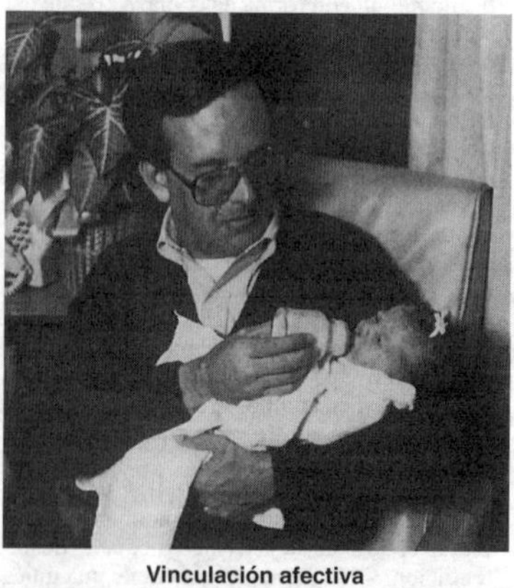

Vinculación afectiva
(Wong, 1993)

vinculación maternoinfantil (maternal-infant bonding), proceso complejo de unión de la madre con su hijo recién nacido. En los primeros minutos y en las horas tras el nacimiento tiene lugar un período sensible, durante el cual el niño y la madre se relacionan estrechamente entre sí, mediante conductas y estímulos que son complementarios y que provocan más interacciones aún. La madre toca al bebé y lo sostiene frente a ella hasta establecer el contacto ojos-ojos. El neonato vuelve a mirar a los ojos. La madre le habla con una voz calmada, en alto tono. Madre e hijo se vuelven con la voz y los sonidos que emite el otro, en un proceso que puede ser comparado con la danza. Los movimientos del lactante son la respuesta a la voz de la madre, lo que a su vez estimula a ésta para continuar el proceso.

violación (rape), asalto sexual, homosexual o heterosexual, cuya definición legal varía de un estado a otro. La violación es un delito con violencia o cometido bajo la amenaza de violencia, y cuyas víctimas requieren tratamiento como consecuencia de los traumas físicos y psicológicos.

violación de menores (statutory rape), (legalmente) relación sexual con una mujer por debajo de su edad de consentimiento, que en EE.UU. varía según los estados.

violeta de genciana (gentian violet), desinfectante antibacteriano, antifúngico y antihelmíntico. Se prescribe para el tratamiento de la ascaridiasis, de las infecciones superficiales de la piel y para las infecciones vaginales.

viosterol (viosterol), vitamina D_2 sintética en una base oleosa.

VIP (VIP), **1.** abreviatura de **polipéptido intestinal vasoactivo**. **2.** abreviatura de *very important person* (persona muy importante). Una habitación para VIP en un hospital es la reservada para dichas personas.

vipoma (vipoma), tipo de tumor pancreático que provoca cambios en la secreción del péptido intestinal vasoactivo (VIP). El VIP causa dilatación de los vasos sanguíneos del organismo y secreción de líquido y sal en el intestino, lo cual produce diarrea.

viremia (viremia), presencia de virus en la sangre.

viril (virile), **1.** relativo o característico a un varón adulto; masculino; varonil. **2.** que posee o muestra resistencia, vigor, fuerza o energía masculinas.

virilismo (virilism), **1.** v. **virilización**. **2.** seudohermafroditismo en una mujer. **3.** desarrollo prematuro de características masculinas en el varón.

virilismo prosopopiloso (prosopopilary virilism), crecimiento intenso del vello facial.

virilización (virilization), proceso en el cual una mujer adquiere características sexuales secundarias masculinas, habitualmente a consecuencia de una disfunción suprarrenal o de un tratamiento farmacológico hormonal.

virilización suprarrenal (adrenal virilism), trastorno caracterizado por la hipersecreción de andrógenos corticosuprarrenales, que llevan a una masculinización somática. La producción excesiva de la hormona puede estar motivada por un tumor suprarrenal virilizante, por una hiperplasia adrenal congénita o por una deficiencia congénita de las enzimas necesarias para la transformación de los esteroides androgénicos endógenos en glucocorticoides. Las niñas nacidas con adrenogenitalismo pueden presentar un pseudohermafroditismo, con hipertrofia del clítoris y fusión de los labios en la infancia, y posteriormente pueden presentar hirsutismo, voz de timbre grave, acné, amenorrea y distribución del vello y desarrollo de la musculatura con características masculinas. Los niños con adrenogenitalismo congénito muestran un desarrollo precoz del pene y de la próstata, así como del vello pubiano y axilar, pero sus testículos permanecen pequeños e inmaduros, debido a un mecanismo de retroalimentación negativa motivado por la existencia de unos niveles elevados de andrógenos suprarrenales, que impiden el incremento normal de la gonadotropina hipofisaria propio de la pubertad.

virión (virion), partícula vírica rudimentaria con un nucleoide central rodeado por una capa proteica o cápside. La nucleocápside completa con un núcleo de ácido nucleico puede constituir un virus completo, como los adenovirus y los picornavirus, o bien puede estar rodeado por una cubierta, como en el caso de los herpesvirus y de los mixovirus.

virocitos (virocytes), linfocitos alterados en su aspecto y coloración, que se encuentran en las extensiones de sangre de pacientes con determinadas enfermedades víricas.

viroide (viroid), pequeño segmento infectivo de ácido nucleico, generalmente de ARN. No se traduce, pero es replicado por las enzimas de la célula huésped. Los viroides incluyen segmentos que son complementarios a los intrones y se pueden unir al ARN intrón.

virología (virology), estudio de los virus y las enfermedades víricas.

virólogo (virologist), especialista que estudia los virus y las enfermedades causadas por éstos.

virostático (virustatic), relativo a la inhibición del crecimiento y desarrollo de un virus, para diferenciarlo de su destrucción.

virucida (virucidal), capaz de destruir virus.

virucida (virucide), cualquier agente que destruye o inactiva un virus.

viruela (smallpox), enfermedad vírica sumamente contagiosa caracterizada por fiebre, postración y una erupción vesicular y pustulosa. Es causada por dos especies de poxvirus, el de la *variola minor* (alastrim) y el de la *variola major*. Dado que el único reservorio del virus lo constituyen los seres humanos, la vacunación a nivel mundial con el virus de la vacuna, otro poxvirus semejante, ha resultado eficaz en la erradicación de la viruela.

viruela blanca (milkpox), v. **alastrim**.

virulencia (virulence), capacidad de un microorganismo para producir enfermedad.

virulento (virulent), relativo a una enfermedad muy patógena o de progresión rápida.

virus (virus), microorganismo parasitario diminuto, de tamaño muy inferior al de una bacteria, que no tiene actividad metabólica independiente, y que sólo se puede replicar en el interior de una célula de una planta viva o de un huésped animal. Un virus está formado por un núcleo de ácido nucleico (ADN o ARN) rodeado de una cubierta de proteínas antigénicas, en ocasiones rodeada por una capa de lipoproteínas. El virus proporciona el código genético para la replicación, y la célula huésped facilita la energía necesaria y las materias primas. Se han identificado más de 200 virus como capaces de causar enfermedad en el ser humano. Algunas clases de virus son **adenovirus, arenavirus, enterovirus, herpesvirus** y **rinovirus**.

virus adenoasociados (VAA) (adenoassociated virus [AAV]), virus incompletos que sólo pueden reproducirse en presencia de adenovirus. Aún se desconoce su papel desde el punto de vista patogénico, si es que tienen alguno.

virus atenuado (attenuated virus), cepa de virus cuya virulencia ha sido reducida por procesos físicos o químicos, o por paso repetido a través de las células de otras especies. Vacunas preparadas con cepas atenuadas se utilizan para prevenir la tuberculosis, la viruela, el sarampión, la parotiditis, la rubéola, la poliomielitis y la fiebre amarilla.

virus colaborador (helper virus), virus que es necesario en una infección fenotípicamente mixta para permitir la replicación de un virus defectuoso. Los virus que maduran por gemación a través de la membrana celular requieren la codificación de un virus colaborador.

virus Coxsackie (coxsackievirus) [Coxsackie, Nueva York], cualquiera de los 30 enterovirus serológicamente diferentes asociados a distintos síntomas y que afectan principalmente a niños durante las estaciones cálidas. Entre las enfermedades asociadas con la infección por virus Coxsackie se encuentran la herpangina, la enfermedad mano-pie-boca, la pleurodinia epidémica, las miocarditis, pericarditis, meningitis aséptica y varios exantemas.

virus 40 símico (simian virus 40), virus formador de vacuolas aislado del tejido renal de los monos rhesus.

virus de Barr-Epstein (Barr-Epstein virus), v. **virus de Epstein-Barr**.

virus de Epstein-Barr (VEB) (Epstein-Barr virus [EBV]) [Michael A. Epstein, anatomopatólogo inglés, n. 1921; Yvonne Barr, viróloga inglesa, siglo XX], herpesvirus productor de la mononucleosis infecciosa.

virus de la inmunodeficiencia humana (VIH) (human immunodeficiency virus [HIV]), tipo de retrovirus causante del SIDA. Los retrovirus producen la enzima transcriptasa inversa, que permite la transcripción del genoma viral en el ADN de las células huésped. Se transmite por el contacto con la sangre, semen, secreciones cervicales, líquido cefalorraquídeo o líquido sinovial de un sujeto afectado. El VIH infecta a los linfocitos T colaboradores del sistema inmune y da lugar a una infección con un largo período de incubación, con un promedio de 10 años. Con el sistema inmune destruido, el SIDA se manifiesta mediante infecciones oportunistas tales como el **sarcoma de Kaposi**, la **neumonía por *Pneumocystis carinii*, candidiasis** y **tuberculosis** que atacan los órganos y sistemas de todo el cuerpo. Además de las pruebas iniciales de anticuerpos que establecen el diagnóstico de infección por VIH, la prueba de laboratorio más importante para vigilar la infección es la de los linfocitos CD4. Esta prueba determina el porcentaje de linfoci-

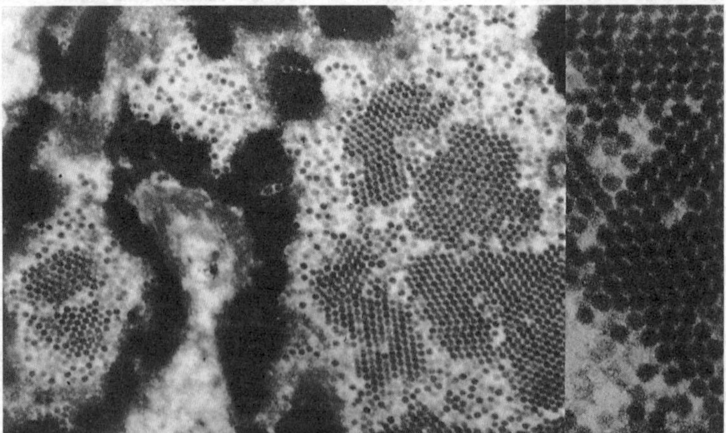

Virus del papiloma humano
(Disaia, 4.ª ed., 1993)

tos T que son CD4 positivos; se considera que en los casos en los que el recuento de CD4 está por encima de 500 por mm³ es más probable que se produzca una respuesta al tratamiento con alfa-interferón y/o zidovudina. Un descenso significativo en la cifra de CD4 es una indicación para la intervención terapéutica con tratamiento antirretroviral. Se están investigando vacunas basadas en las glucoproteínas de cubierta del VIH gp120 y gp160 para potenciar el sistema inmune de personas ya infectadas por el VIH.

virus de la parainfluenza (parainfluenza virus), mixovirus con cuatro serotipos, que provoca infecciones respiratorias en lactantes y niños pequeños y, con menos frecuencia, en adultos. Los tipos 1 y 2 del virus de la parainfluenza pueden provocar laringotraqueobronquitis o crup; el tipo 3 provoca crup, traqueobronquitis, bronquiolitis y bronconeumonía en niños; los tipos 1, 3 y 4 se asocian a faringitis y a resfriado común.

virus de la paravacuna (paravaccinia virus), miembro de un subgrupo de poxvirus que pueden infectar al ser humano a través del contacto directo con ganado infectado. Está relacionado con el virus de la viruela y es la causa de la seudocowpox.

virus de la polio (poliovirus), organismo causal de la poliomielitis. Existen tres tipos serológicamente diferentes de este virus ARN de dimensiones muy reducidas. La infección o inmunización con un tipo no protege frente a los demás.

virus de la varicela zoster (VVZ) (varicella zoster virus [VZV]), miembro de la familia de los herpesvirus, que causa las enfermedades varicela y herpes zoster. Se ha aislado el virus del líquido de las vesículas de la varicela, es muy contagioso y se puede diseminar mediante el contacto directo o por las gotitas de saliva. Las costras secas de las lesiones cutáneas no contienen partículas virales activas. El herpes zoster se produce por la reactivación del virus de la varicela latente, habitualmente varios años después de la infección inicial.

virus del herpes zoster (herpes zoster virus), v. **varicela**.

virus del papiloma (papillomavirus), virus que produce las verrugas en el ser humano.

virus del papiloma humano (VPH) (human papilloma virus [HPV]), virus causal de las verrugas vulgares de las manos y de los pies, así como de lesiones en las membranas mucosas. Este virus se puede transmitir por contacto sexual y se identifica con frecuencia en mujeres con cáncer de cuello uterino.

virus ECHO (echovirus), picornavirus asociados con múltiples síndromes clínicos, pero no identificados, como los organismos causantes de una determinada enfermedad. Existen muchos virus ECHO, la mayoría inocuos.

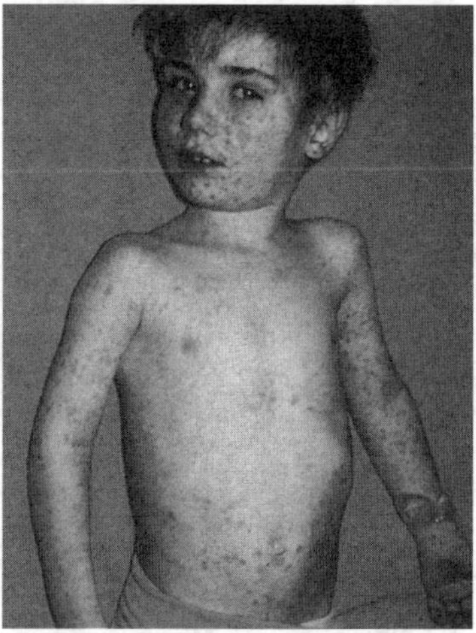

Infección por virus ECHO tipo 19
(C. D. Forbes/W. F. Jackson, 1994)

virus huérfano (orphan virus), virus que ha sido aislado e identificado aunque no se ha asociado con ninguna enfermedad específica.

virus huérfano entérico (enteric orphan virus), virus de una enfermedad gastrointestinal que ha sido identificado y aislado, pero que originalmente no fue asociado con la enfermedad.

virus lento (slow virus), virus que permanece latente en el cuerpo después de la infección inicial. Pueden pasar años antes de que se produzcan síntomas.

virus neurotrópico (neurotropic virus), virus con una afinidad inexplicable por el tejido nervioso. Esta predilección se observa también en ciertos tóxicos químicos.

virus oncogénico (oncogenic virus), virus capaz de ocasionar el desarrollo de una enfermedad neoplásica maligna. Se han identificado alrededor de 100 virus oncogénicos.

virus respiratorio sincitial (VRS) (respiratory syncytial virus [RSV]), miembro de un subgrupo de mixovirus que en un cultivo tisular provoca la formación de células gigantes o sincitios. Es una causa común de epidemias de bronquiolitis aguda, bronconeumonía y catarro común en niños pequeños y de bronquitis aguda esporádica e infecciones de vías respiratorias superiores leves en los adultos. Los síntomas de infección por estos virus son fiebre, tos y malestar intenso.

virus sincitial (syncytial virus), virus que induce la formación de sincitios, especialmente en cultivos celulares. Los virus sincitiales son miembros de la subfamilia *Spumavirinae* de retrovirus.

virus tumorales (tumor viruses), virus capaces de inducir directa o indirectamente la formación de un tumor. La formación directa del tumor se puede producir por inoculación de células vivas con virus tumorigénicos. La formación tumoral también puede producirse por la influencia de los virus sobre las células normales que las transforman en células tumorales.

vis (vis), del latín energía o fuerza.

vísceras (viscera, *sing*. **viscus**), órganos internos encerrados en una cavidad corporal, principalmente los órganos abdominales.

viscosidad (viscosity), característica de una solución líquida en cuanto a su capacidad para fluir. Una solución con una alta viscosidad es relativamente espesa y fluye lentamente debido al efecto adhesivo de las moléculas que contiene.

viscoso (viscid, viscous), pegajoso o glutinoso.

visibilidad (visibility), condición de ser visible en determinadas circunstancias de luz, distancia y otros factores.

visible (visible), relativo a objetos que son perceptibles para el ojo.

visión (vision), capacidad de ver.

visión a distancia (distance vision), capacidad para ver con claridad objetos, normalmente a más de 6 m de distancia.

visión acromática (achromatic vision), v. **ceguera para los colores**.

visión binocular (binocular vision), el uso simultáneo de ambos ojos de tal forma que las imágenes percibidas por cada ojo se combinan para aparecer como una imagen única.

visión central (central vision), visión producida por la proyección de imágenes en la mácula de la retina.

visión cromática (color vision), reconocimiento del color como resultado de los cambios que se producen en los pigmentos de los conos de la retina, que reaccionan a variaciones en la intensidad de la luz roja, verde y azul.

visión dicromática (dichromatic vision), forma de visión de los colores en la que solamente se aprecian dos de los tres colores primarios.

visión doble (double vision), v. **diplopía**.

visión en túnel (tunnel vision), defecto en la vista en el que existe una gran reducción del campo periférico de visión, como si se mirara a través de un tubo hueco o un túnel. Este trastorno aparece en el glaucoma crónico avanzado.

visión escotópica (scotopic vision), capacidad del ojo para ajustar la visión en la oscuridad o con luz débil.

visión facial (facial vision), capacidad para juzgar la distancia y dirección de los objetos.

visión fotópica (photopic vision), visión diurna, que depende principalmente de la función de los conos de la retina.

visión indirecta (indirect vision), sensación visual provocada por la estimulación de la parte extramacular de la retina.

visión monocular (monocular vision), trastorno en el que sólo se ve con un ojo.

visión nocturna (night vision), capacidad de ver objetos con muy escasa luz. Se basa en un fenómeno fisicoquímico asociado a los conos de la retina. Éstos contienen rodopsina, sustancia química muy sensible a la luz y esencial para la conducción de los impulsos ópticos cuando la luz es muy escasa.

visión periférica (peripheral vision), capacidad para ver objetos que reflejan ondas de luz que se proyectan en zonas de la retina alejadas de la mácula.

visita (visit), **1.** reunión entre un médico y un cliente o paciente. En el hospital y en el domicilio, el médico visita al paciente; en la clínica o en la consulta es el paciente quien visita al médico. **2.** (de un paciente) acudir a un médico para obtener servicios profesionales o (de un médico) ver a un cliente o paciente para prestar un servicio profesional.

visita local (site visit), visita realizada por personal autorizado para evaluar u obtener información sobre un departamento o institución. La visita local es uno de los requisitos previos a la autorización oficial de una institución.

vista (sight), el sentido especial que permite que sean percibidos la forma, el tamaño, la posición y el color de los objetos; facultad de la visión. Es la principal función del ojo.

visualización (visualization), medio eficaz para la relajación profunda y desensibilización frente a una situación de la vida real que conlleva, por lo general, estrés y tensión. Las imágenes combinan experiencias positivas con sucesos o situaciones negativas, reales o percibidas, para intentar así desensibilizar sobre el trauma.

vital (vital), relativo o que contribuye a las fuerzas de la vida.

vitamina (vitamin), compuesto orgánico esencial en pequeñas cantidades para el normal funcionamiento fisiológico y metabólico del organismo. Con escasas excepciones, las vitaminas no pueden ser sintetizadas por el cuerpo y deben obtenerse a partir de la dieta o de suplementos dietéticos. Ningún alimento contiene todas las vitaminas. Las enfermedades por carencias de vitaminas producen síntomas específicos, habitualmente aliviados por la administración de la vitamina adecuada. Las vitaminas se clasifican según su lipo o hidrosolubilidad, sus efectos fisiológicos o su estructura química, y se designan por letras del alfabeto u otros nombres específicos. Las vitaminas liposolubles son A, D, E y K; las vitaminas del complejo B y la vitamina C son hidrosolubles.

vitamina A (vitamin A), alcohol terpeno sólido y liposoluble, esencial para el crecimiento esquelético, el mantenimiento del epitelio mucoso normal y la agudeza visual. Procede de varios carotenoides, principalmente los carotenos, y está presente en los vegetales de hoja verde, frutos y vegetales amarillos, aceites de hígado de bacalao y de otros peces, hígado, leche, queso, mantequilla y yema de huevo. Su déficit produce atrofia del tejido epitelial causando queratomalacia, xeroftalmía, ceguera nocturna y disminución de la resistencia frente a infecciones de las mucosas.

vitamina A_1 (vitamin A_1), una de las dos formas de la vitamina A que se presentan en la naturaleza. Es un alcohol liposoluble insaturado formado por hidrólisis del beta-caroteno, molécula de la que se forman dos moléculas de vitamina A_1. Entre las fuentes naturales destacan los aceites de hígado de pescado, la manteca y la yema de huevo. La vitamina es necesaria para la visión correcta y para la epidermis. El ADR para el varón adulto es de 1.000 ER (equivalentes de retinol) y, por su menor peso corporal, para la mujer, 800 ER.

vitamina A_2 (vitamin A_2), forma alternativa de la vitamina A que se encuentra en los tejidos del pescado de agua dulce, pero no en los peces de agua salada ni en los mamíferos. Las dos formas de la vitamina A se distinguen mediante las diferencias en el espectro de absorción de luz ultravioleta.

vitamina antiescorbuto (antiscorbutic vitamin), v. **ácido ascórbico**.

vitamina antiinfección (antiinfection vitamin), v. **vitamina A**.

vitamina antineurítica (antineuritic vitamin), v. **tiamina**.

vitamina antixeroftálmica (antixerophtalmic vitamin), v. **vitamina A**.

vitamina B_1 (vitamin B_1), v. **tiamina**.

vitamina B_2 (vitamin B_2), v. **riboflavina**.

vitamina B_6 (vitamin B_6), v. **piridoxina**.

vitamina B_{12} (vitamin B_{12}), v. **cianocobalamina**.

vitamina B_{17} (vitamin B_{17}), v. **Laetril**.

vitamina C (vitamin C), v. **ácido ascórbico**.

vitamina D (vitamin D), vitamina liposoluble relacionada químicamente con los esteroides y esencial para la formación normal de huesos y dientes y para la absorción de calcio y fósforo en el aparato GI. Los alimentos naturales que contienen vitamina D son de origen animal, y entre ellos se encuentran los pescados de agua salada, especialmente salmón, sardinas y arenques, carnes de vísceras, aceites de hígado de peces y la yema de los huevos. El déficit de esta vitamina causa raquitismo en los niños, osteomalacia, osteoporosis y osteodistrofia.

vitamina D_2 (vitamin D_2), v. **calciferol**.

vitamina D_3 (vitamin D_3), alcohol no saturado, cristalino, inodoro, blanco de acción antirraquítica, que constituye la forma predominante de la vitamina D de origen animal. Se encuentra en la mayor parte de los aceites de hígado de pescado, mantequilla, cerebro y yema de huevo, y se forma en la piel, pelo y plumas de animales y pájaros expuestos a la luz del sol o a los rayos ultravioleta.

vitamina E (vitamin E), perteneciente al grupo de vitaminas liposolubles formado por los tocoferoles, esencial para que la reproducción, el desarrollo muscular, la resistencia de los eritrocitos a la hemólisis y otras diversas funciones bioquímicas se desarrollen con normalidad. Es un antioxidante intracelular y actúa en el mantenimiento de la estabilidad de los ácidos grasos poliinsaturados y de otras sustancias de tipo graso, que incluyen la vitamina A y las hormonas de las glándulas hipofisaria, suprarrenales y sexuales. Las fuentes dietéticas más ricas son: aceites de germen de trigo, de soja, de algodón, de cacahuetes y de maíz, margarina, semillas crudas completas y nueces, semillas de soja, huevos, mantequilla, hígado, batatas y las hojas de numerosos vegetales.

vitamina H (vitamin H), v. **biotina**.

vitamina K (vitamin K), grupo de vitaminas liposolubles conocidas como quinonas, esenciales para la síntesis de protrombina en el hígado y de varias proteínas relacionadas que intervienen en la coagulación sanguínea. La vitamina se encuentra distribuida ampliamente en los alimentos, especialmente vegetales de hoja verde, hígado de cerdo, yogurt, yema de huevo, quelpo, alfalfa, aceites de hígado de pescado y melaza de hebra negra y es sintetizada por la flora bacteriana del aparato GI. Su déficit da lugar a hipoprotrombinemia, trastorno caracterizado por coagulación deficiente de la sangre y hemorragias, y generalmente se debe a la absorción insuficiente de la vitamina en el aparato GI o a la incapacidad para utilizarla en el hígado.

vitamina K_1 (vitamin K_1), vitamina liposoluble, viscosa y amarilla que se encuentra de forma natural, especialmente en la alfalfa, y que se produce de forma sintética. Se utiliza como agente protrombinógeno.

vitamina K_2 (vitamin K_2), vitamina liposoluble cristalina de color amarillo claro del grupo de la vitamina K, más insaturada que la vitamina K_1 y con una actividad biológica ligeramente menor. Se aísla a partir de harina de pescado podrido y es sintetizada por varias bacterias del aparato GI.

vitamina P (vitamin P), v. **bioflavonoide**.

vitaminas del complejo B (B complex vitamins), un gran grupo de sustancias solubles en agua que incluye las siguientes: **ácido fólico, ácido paraminobenzoico, biotina, carnitina, colina, inositol, vitamina B_1 (tiamina), vitamina B_2 (riboflavina), vitamina B_3 (niacina), vitamina B_6 (piridoxina)** y **vitamina B_{12} (cianocobalamina)**. El complejo vitamínico B es esencial para convertir los hidratos de carbono en glucosa para suministrar energía, el metabolismo de las grasas y las proteínas, para el funcionamiento normal del sistema nervioso, el mantenimiento del tono muscular del tracto GI y para la salud de la piel, el pelo, los ojos, la boca y el hígado. Se encuentra en la levadura de cerveza, el hígado, los cereales completos, las nueces, los huevos, la carne, el pescado y los vegetales y son producidas por las bacterias intestinales. Las dietas sin leche o los antibióticos pueden destruir estas bacterias. Algunos de los síntomas de la deficiencia de vitamina B son el nerviosismo, la depresión, el insomnio, la neuritis, la anemia, la alopecia, el acné y otras alteraciones de la piel y la hipercolesterolemia.

vitaminología (vitaminology), estudio de las vitaminas, incluyendo sus estructuras, mecanismos de acción y función en el mantenimiento de la salud corporal.

vitelina (vitellin), fosfoproteína que contiene lecitina, encontrada en la yema de los huevos.

vitelo (yolk, vitellus), material nutritivo, rico en grasas y proteínas, contenido en el huevo para nutrir al embrión durante el desarrollo. En los seres humanos y en la mayor parte de los mamíferos, el vitelo o no existe o está muy difundido por la célula, ya que los embriones absorben los nutrientes directamente de la madre a través de la placenta.

vitelogénesis (vitellogenesis), formación o producción de vitelo.

vitíligo (vitiligo), enfermedad cutánea adquirida y benigna de causa desconocida, caracterizada por la presencia de placas irregulares de diversos tamaños que carecen por completo de pigmento y que con frecuencia presentan márgenes hiperpigmentados. Las áreas de piel expuesta son las zonas afectadas con mayor frecuencia.

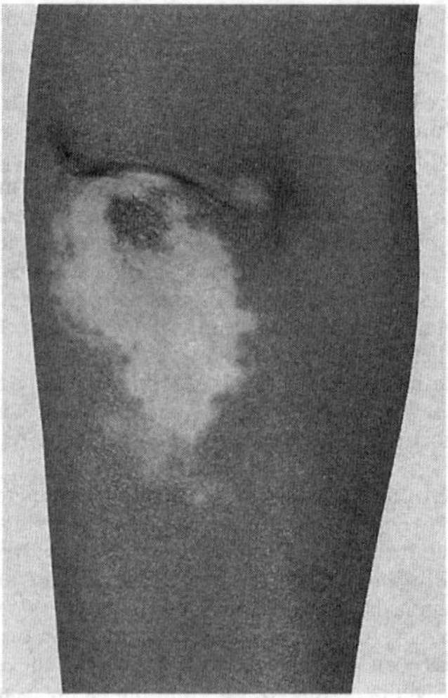

Vitíligo
(A. du Vivier, 2.ª ed., 1995)

vitrectomía (vitrectomy), procedimiento quirúrgico para reemplazar el contenido de la cámara vítrea del ojo.

vítreo (vitreous), relativo al cuerpo vítreo del ojo localizado en la cámara posterior del ojo.

vivíparo (viviparous), que pare descendientes vivos en lugar de poner huevos, como la mayor parte de los mamíferos y algunos peces y reptiles.

vivisección (vivisection), realización de intervenciones quirúrgicas en animales vivos, generalmente cirugía experimental con fines de investigación.

VLDL (VLDL), abreviatura de lipoproteínas de muy baja densidad.
VMCLG (LCMRG), abreviatura de **velocidad de metabolización cerebral local de glucosa**.
VMO (MOV), abreviatura de **volumen mínimo de oclusión**.
VO_2 (VO_2), símbolo de *captación de O_2*.
VOI (IMV), abreviatura de **ventilación obligada intermitente**.
vol. (vol.), abreviatura de **volumen**.
vol% (vol%), abreviatura de volumen por ciento.
volar (volar), relativo a la palma de la mano o la planta del pie.
volátil (volatile), (de un líquido) que tiene las características de hervir a baja temperatura o evaporarse a temperatura ambiente.
volición (volition), **1.** acto, fuerza o estado de voluntad o de elección. **2.** impulso consciente para llevar a cabo un acto o para abstenerse de realizarlo.
voltaje (voltage), expresión del potencial eléctrico en voltios.
voltametría (voltammetry), medida de la corriente eléctrica como función de potencial.
voltímetro (voltmeter), instrumento, como un galvanómetro, que mide en voltios las diferencias de potencial entre distintos puntos de un circuito eléctrico.
voltio (volt) [Count Alessandro Volta, físico italiano, n. 1745], unidad de potencia eléctrica. En un circuito eléctrico, un voltio es la fuerza necesaria para enviar 1 amperio de corriente a través de 1 ohmio de resistencia, o la diferencia de potencial entre dos puntos de un conductor que transporta una carga de 1 amperio cuando existe una disipación de 1 vatio entre ellos.
volumen (volume), cantidad de espacio ocupado por un cuerpo, expresada en unidades cúbicas.
volumen corpuscular medio (VCM) (mean corpuscular volume [MCV]), estimación del volumen medio de cada eritrocito, obtenido dividiendo el hematócrito entre el número total de hematíes.
volumen corriente o tidal (VC o VT) (tidal volume [TV]), cantidad de aire inspirada y espirada durante la ventilación normal. El volumen de reserva inspiratorio, el volumen de reserva espiratorio y el volumen corriente constituyen la capacidad vital.
volumen de cierre (VC) (closing volume [CV]), volumen de gas que permanece en los pulmones cuando las vías aéreas de pequeño calibre comienzan a cerrarse durante una espiración máxima controlada.
volumen de gas alveolar (alveolar gas volume), suma del volumen de gas en las regiones pulmonares en las que se produce el intercambio gaseoso respiratorio. Se indica por el símbolo V_A.
volumen de reserva espiratorio (VER) (expiratory reserve volume [ERV]), volumen máximo de gas que puede ser espirado partiendo del nivel espiratorio de reposo.
volumen de reserva inspiratorio (inspiratory reserve volume), volumen máximo de gas que se puede inspirar después de alcanzar el volumen inspiratorio final.
volumen espiratorio forzado (FEV) (forced expiratory volume [FEV]), volumen de aire que se puede espirar forzadamente durante 1 segundo tras una inspiración completa.
volumen mínimo de oclusión (VMO) (minimal occlusive volume [MOV]), volumen de insuflación del manguito endotraqueal que permite una fuga mínima de aire procedente de las vías aéreas durante la fase inspiratoria de la ventilación.
volumen minuto respiratorio (ventilatory rate), volumen de aire que pasa a través de los pulmones en un minuto.
volumen molar (mole volume), volumen ocupado por un mol de sustancia, que puede ser sólida, líquida o gaseosa. Numéricamente equivale al peso molecular dividido entre la densidad.
volumen plasmático (plasma volume), volumen total del plasma corporal, elevado en enfermedades hepáticas y esplénicas y en el déficit de vitamina C y disminuido en la enfermedad de Addison, en la deshidratación y en el shock.
volumen residual (residual volume), volumen de gas presente en los pulmones al final de una espiración forzada.
volumen sensible (sensitive volume), (en representación por imagen mediante RMN) la región del objeto a partir de la cual se puede obtener de forma preferente una señal de RMN, debido a la intensa falta de homogeneidad del campo magnético en otros lugares.
volumen sistólico (stroke volume), cantidad de sangre eyectada por el ventrículo durante una contracción.
volumen tumoral (tumor volume), porción de un órgano o tejido que incluye al tumor y a las áreas adyacentes de invasión.
voluntad (will), **1.** facultad mental que permite a uno elegir o decidir conscientemente en el transcurso de una acción. **2.** acto o proceso de ejercer el poder de elección. **3.** anhelo, deseo o intención deliberada. **4.** disposición o actitud hacia otro u otros. **5.** determinación o pro-

pósito; voluntariedad. **6.** (legalmente) expresión o declaración de los deseos de una persona, como la disposición de las propiedades, a realizar o tener efecto después de la muerte.

voluntario (voluntary), referente a una acción o pensamiento originado, emprendido, controlado o consumado como resultado de la libre elección o el deseo de una persona.

voluntario (volunteer), persona que trabaja en un hospital sin percibir una remuneración, colaborando con el personal remunerado y los miembros del personal profesional, pero no en su sustitución.

vólvulo (volvulus), torsión del intestino sobre sí mismo, causando obstrucción intestinal. A menudo, el trastorno se debe al prolapso de un segmento de mesenterio, y tiene lugar con mayor frecuencia en el íleon, el ciego o la porción sigmoidea del intestino. Si no se corrige, el intestino obstruido puede necrosarse y se produce una peritonitis y la rotura del intestino.

vómer (vomer), hueso que forma la parte posterior e inferior del tabique nasal; tiene dos caras y cuatro bordes.

vomitar (vomiting), vaciamiento forzado voluntario o involuntario del contenido gástrico a través de la boca.

vómito (vomitus), material expelido al vomitar procedente del estómago. El vómito se clasifica en función del color u otros aspectos como indicador de la causa de la enfermedad, como los vómitos «en posos de café», que es un signo clínico de úlcera péptica.

vómito en posos de café (coffee-ground vomitus), vómito marrón oscuro con el color y la consistencia de los posos de café, constituido por jugos gástricos y por sangre digerida, que indica la existencia de una hemorragia lenta del tracto gastrointestinal superior.

vómito inducido (induced vomiting), vómito producido por la administración de jarabe de ipecacuana, agua jabonosa o detergente líquido para el lavado de manos, o bien introduciendo un dedo o un instrumento romo en la garganta. El vómito puede estar médicamente indicado en casos de ingestión de productos tóxicos no cáusticos y también puede ser autoinducido, como en el caso de las personas que padecen **bulimia**.

vómito pernicioso (pernicious vomiting), episodio grave de vómitos, con amenaza para la vida, que puede presentarse durante el embarazo.

vómito reflejo (reflex emesis), vómito o arcada que se produce al tocar la mucosa de la garganta o como consecuencia de otro estímulo nocivo.

vómito seco (dry vomiting), náuseas y arcadas que no terminan en vómito.

vómitos del embarazo (vomiting of pregnancy), vómitos que tienen lugar durante los primeros meses del embarazo. Existe una serie de factores que facilitan el trastorno, como son el enlentecimiento del vaciamiento gástrico durante el embarazo o la relajación del cardias y del hiato diafragmático, lo que aumenta el riesgo de reflujo gástrico.

vómitos en escopeta (projectile vomiting), vómitos expulsivos extremadamente fuertes.

VOP (OPV), abreviatura de **vacuna oral de la polio**.

voraz (voracious), relativo al apetito insaciable propio de los animales o personas glotonas.

vórtex (vortex, *pl.* **vortexes, vortices**), efecto de remolino producido por el giro de una masa de fluido más o menos cilíndrica (líquido o gas).

vórtice (whorl), vueltas en espiral, como las vueltas en espiral de la cóclea o las crestas dérmicas que forman las huellas digitales.

vox (vox), voz, como la ***vox cholerica***, voz ronca, apenas audible, de un paciente en un caso avanzado y grave de cólera.

vóxel (voxel), abreviatura de elemento de *vo*lumen, la versión tridimensional de un *píxel*.

voyeur (voyeur), persona cuyos deseos sexuales se ven satisfechos con la práctica del voyeurismo.

voyeurismo (voyeurism), trastorno psicosexual en el cual una persona consigue excitación y satisfacción sexual mirando cuerpos desnudos y órganos genitales u observando los actos sexuales de los demás, especialmente desde una posición estratégica secreta.

voz (voice), componente acústico del lenguaje producido de forma normal por la vibración de los pliegues vocales de la laringe.

VP-L-asparaginasa (VP-L-asparaginase), combinación de fármacos antineoplásicos formada por vincristina, prednisona y asparaginasa.

VPH (HPV), abreviatura de **virus del papiloma humano**.

VPOT (TOPV), abreviatura de **vacuna de la polio oral trivalente**.

VPP (PPV), abreviatura de **ventilación a presión positiva.** V. **presión positiva**.

VPPC (CPPV), abreviatura de **ventilación con presión positiva continua**.

VPPI (IPPV), abreviatura de **ventilación de presión positiva intermitente**. V. **RPPI**.

VPS (PSV), abreviatura de **ventilación con presión de soporte**.

VR (RV), abreviatura de **volumen residual**.

VRI (IRV), abreviatura de **volumen de reserva inspiratorio**.

VRS (RSV), abreviatura de **virus respiratorio sincitial**.

VS40 (SV40), abreviatura de **virus símico 40**.

VSG (ESR), abreviatura de **velocidad de sedimentación globular**.

VSG (SR), abreviatura de **velocidad de sedimentación globular**.

vulgar (vulgaris), relativo a algo común u ordinario.

vulnerable (vulnerable), que se encuentra en una posición o situación de riesgo que le hace vulnerable a la infección o lesión.

vulva (vulva), v. **pudendum**.

vulvectomía (vulvectomy), extirpación quirúrgica de parte de los tejidos vulvares o de todos ellos, realizada fundamentalmente en el tratamiento de enfermedades neoplásicas malignas o premalignas. En la **vulvectomía radical** se extirpan los labios mayores, labios menores, clítoris, los tejidos circundantes y los ganglios linfáticos pélvicos. La **vulvectomía simple** consiste en la extirpación de la piel o de los labios menores, los labios mayores y el clítoris.

vulvitis (vulvitis), inflamación de la vulva.

vulvitis aguda no gonorreica (acute nongonorrheal vulvitis), inflamación de la vulva debida a irritación, acumulación de material sebáceo u otras causas no venéreas.

vulvitis folicular (follicular vulvitis), inflamación de los folículos dérmicos de la vulva.

vulvitis gangrenosa (grangrenous vulvitis), necrosis de los tejidos de la región de la vulva producido por una infección grave que produce el desprendimiento de las células.

vulvitis leucoplásica (leukoplakic vulvitis), enfermedad que consiste en el engrosamiento y fibrosis de la piel de la vulva, con formación de fisuras que sangran y atrofia final. Puede degenerar en cáncer.

vulvocrural (vulvocrural), relativo a la vulva y al muslo.

vulvovaginal (vulvovaginal), relativo a la vulva y la vagina.

vulvovaginitis (vulvovaginitis), inflamación de la vulva y la vagina o de las glándulas vulvovaginales.

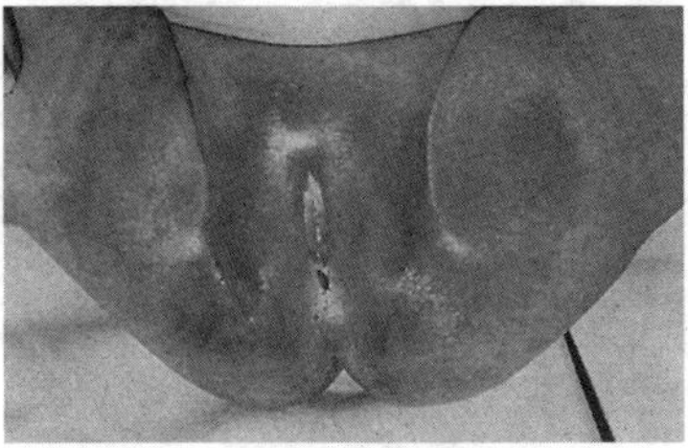

Vulvovaginitis en una lactante
(C. D. Forbes/W. F. Jackson, 1994)

vulvovaginitis diabética (diabetic vulvovaginitis), forma de inflamación micótica de la vulva y la vagina asociada a la diabetes.

vulvovaginitis moniliásica, moniliasis (monilial vulvovaginitis, moniliasis), v. **candidiasis**.

vv (vv), **1.** abreviatura de **venas**. **2.** abreviatura de **viceversa**.

VVZ (VZV), abreviatura de **virus de la varicela zoster**.

W

w (w), cantidad de energía necesaria para ionizar una molécula de aire, expresada por w = 33,85 eV/par de iones. Es un dato importante para la dosimetría de la radiación, ya que permite el cálculo de la dosis a partir de las mediciones de la ionización.

W (W), símbolo del **tungsteno** (**wolframio**).

W/cm² (W/cm²), abreviatura de **vatio por centímetro cuadrado**.

Wald, Lillian (Wald, Lillian) [1867-1949], enfermera de salud pública norteamericana, artífice de la instauración del sistema de facultades de enfermería, la *Children's Bureau* del gobierno federal y la *Nursing Service Division* de la *Metropolitan Life Insurance Company*. Fue la primera enfermera que resultó elegida en el *Hall of Fame for Great Americans*.

warfarina sódica (warfarin sodium), anticoagulante prescrito para la profilaxis y tratamiento de trombosis y embolismos.

Weber (Wb) (Weber [Wb]), unidad de flujo magnético igual a m^2kg/seg^2A.

Webril (Webril), nombre comercial de un material de algodón extensible que se aplica sobre la piel para protegerla de la irritación que produce el yeso.

weismanismo (weismannism) [August F. L. Weismann, biólogo alemán, n. 1834], conceptos básicos de la herencia y del desarrollo propuestos por A. Weismann. Establecen que el vehículo de la herencia es el plasma germinal, que es diferente al somatoplasma, y que las características adquiridas no pueden ser heredadas.

Wenckebach retrógrado (retrograde Wenckebach), alargamiento progresivo de la conducción de los impulsos desde los ventrículos o desde la unión AV a la aurícula, hasta que un impulso no consigue llegar a la aurícula.

Wiedenbach, Ernestine [1900-], enfermera norteamericana, educadora y escritora. Fue pionera en la enfermería de maternidad centrada en la familia y desarrolló ampliamente los conocimientos y prácticas de la enfermería obstétrica.

wolframio (wolfram), v. **tungsteno**.

Wuchereria (Wuchereria) [Otto Wucherer, médico alemán, n. 1820], género de filarias presente en climas húmedos y templados. *Wuchereria bancrofti*, transmitida por mosquitos, causa la elefantiasis.

X

xantelasma, xantelasma palpebral (xanthelasma, xanthelasma palpebrarum), v. **xantoma palpebral**.
xantelasmatosis (xanthelasmatosis), forma diseminada, generalizada de xantoma plano asociada con frecuencia a trastornos reticuloendoteliales, especialmente a mieloma múltiple.
xantemia (xanthemia), v. **carotenemia**.
xanteno (xanthene), compuesto orgánico cristalino en el que dos anillos de benceno se unen a un anillo central de pirano. El oxígeno del pirano une los dos anillos de benceno. Es una estructura química base para numerosos fármacos.
xantina (xanthine), producto derivado del nitrógeno en el metabolismo de las nucleoproteínas. Se encuentra normalmente en el músculo, hígado, bazo, páncreas y orina.
xantinuria (xanthinuria), **1.** presencia de cantidades exageradas de xantina en la orina. **2.** trastorno raro del metabolismo de las purinas, que provoca la excreción de grandes cantidades de xantina en la orina debido a la ausencia de una enzima, la xantinooxidasa, necesaria para el metabolismo de la xantina.
xantocromía (xanthochromia), sustancia del líquido cefalorraquídeo que justifica su color amarillo. Se debe a la presencia de productos de degradación de la hemoglobina.
xantocrómico (xanthochromic), que tiene una coloración amarillenta, como el líquido cefalorraquídeo que contiene sangre o bilis. También xantocromático.
xantogranuloma (xanthogranuloma, *pl.* **xanthogranulomas, xanthogranulomata**), tumor o nódulo de tejido de granulación que contiene depósitos de lípidos. Un tipo de xantogranuloma es el **xantogranuloma juvenil**.
xantoma (xanthoma, *pl.* **xanthomas, xanthomata**), placa, nódulo o tumor benigno, graso, fibroso, amarillento que se desarrolla en la capa subcutánea de la piel, con frecuencia alrededor de los tendones.
xantoma craneohipofisario (craniohypophyseal xanthoma), trastorno en el que se forman depósitos de colesterol alrededor de los huesos, como en la enfermedad de Hand-Schüller-Christian.
xantoma diabético (diabetic xanthoma), erupción de pápulas o placas amarillentas en la piel en la diabetes mellitus no controlada. La lesión desaparece cuando se estabilizan las funciones metabólicas y se controla la enfermedad.
xantoma diseminado (xanthoma disseminatum), trastorno crónico benigno en el que se desarrollan pequeñas pápulas y nódulos de coloración naranja o marrón en muchas superficies del cuerpo.
xantoma eruptivo (eruptive xanthoma), proceso cutáneo asociado a la elevación de la concentración de triglicéridos en sangre. Aparece, de forma súbita, un gran número de pápulas eritematosas o pálidas.

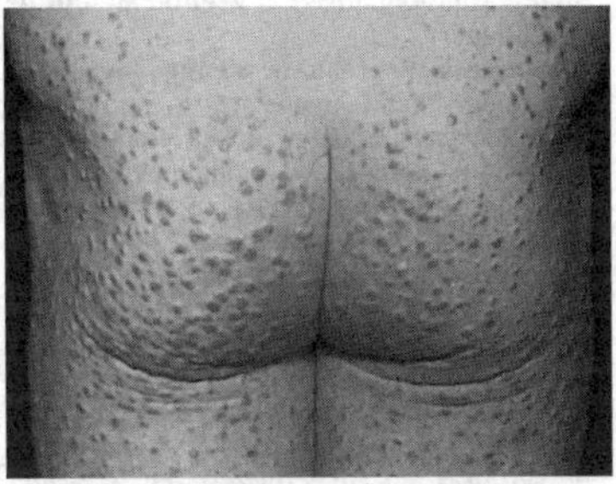

Xantoma eruptivo
(R. Hall/D. C. Evered, 2.ª ed., 1992)

xantoma estriado palmar (xanthoma striatum palmare), placa plana o nódulo ligeramente elevado, de coloración amarilla o naranja, que aparece en grupos en las palmas de las manos.
xantoma múltiple (xanthoma multiplex), v. **xantoma diseminado**.
xantoma palpebral (xanthoma palpebrarum), mancha o placa blanda, amarilla, que habitualmente aparece en grupos en los párpados.
xantoma plano (planar xanthoma), mácula plana amarilla o naranja o pápula ligeramente prominente que contiene células espumosas y

que aparece en grupos en zonas localizadas, como los párpados, o ampliamente distribuida por todo el cuerpo.

xantoma tendinoso (xanthoma tendinosum), nódulo o pápula redondeada, plana o elevada, de coloración amarilla o naranja, que aparece en grupos sobre los tendones, especialmente en los tendones extensores de las manos y de los pies, en individuos con trastornos hereditarios del almacenamiento de los lípidos.

xantoma tuberoso (xanthoma tuberosum), pápula redondeada, plana o elevada, amarilla o naranja, que aparece en grupos sobre la piel de articulaciones, especialmente de codos y rodillas, habitualmente en personas con trastornos hereditarios del almacenamiento de los lípidos.

xantomasarcoma (xanthomasarcoma, *pl.* **xanthomasarcomas, xanthomasarcomata**), sarcoma de células gigantes de las vainas tendinosas y aponeurosis que contiene células xantomatosas.

xantomatosis (xanthomatosis), anomalía en la que se producen depósitos de material graso amarillento en la piel, órganos internos y sistema reticuloendotelial.

xantomatosis cerebrotendinosa (cerebrotendinous xanthomatosis), v. **enfermedad de van Bogaert**.

xantomatosis hipercolesterolémica (hypercholesterolemic xanthomatosis), trastorno hereditario caracterizado por elevado colesterol.

xantopsia (xanthopsia), anomalía visual en la que todas las cosas parecen tener un tono amarillento.

xantosis (xanthosis), **1.** coloración amarillenta encontrada en ocasiones en los tejidos degenerativos de enfermedades malignas. **2.** v. **xantomatosis**. **3.** coloración amarilla reversible de la piel, provocada con mayor frecuencia por la ingesta de grandes cantidades de verduras amarillas que contienen el pigmento caroteno.

Xe (Xe), símbolo del **xenón**.

xenobiótico (xenobiotic), relacionado con sustancias orgánicas extrañas al organismo, como fármacos o tóxicos orgánicos.

xenofobia (xenophobia), trastorno de la ansiedad caracterizado por inquietud o un temor irracional y siempre presente ante la presencia de extraños, especialmente extranjeros, o en lugares desconocidos.

xenogénesis (xenogenesis), **1.** alternancia de rasgos en generaciones sucesivas; heterogénesis. **2.** producción teórica de descendencia totalmente diferente a los padres.

xenogénico (xenogeneic), **1.** (en genética) identifica a los individuos o tipos de células procedentes de diferentes especies y diferentes genotipos. **2.** (en biología de los trasplantes) referente a los tejidos de diferentes especies que, por tanto, son antigénicamente diferentes. También **heterólogo**.

xenoinjerto (xenograft), tejido procedente de otra especie, utilizado como injerto temporal en algunos casos, como en el tratamiento de pacientes con graves quemaduras cuando no se dispone de tejido suficiente del propio paciente o del banco de tejidos.

xenón (Xe) (xenon [Xe]), elemento no metálico, gaseoso, inerte. Su número atómico es 54; su peso atómico es 131,30.

xenón-133 (xenon-133), isótopo radiactivo de un gas inerte incoloro que se utiliza en estudios radioisotópicos del pulmón.

xeroderma (xeroderma), alteración cutánea crónica caracterizada por sequedad y aspereza.

xeroderma pigmentoso (xeroderma pigmentosum), trastorno cutáneo hereditario, raro, caracterizado por sensibilidad exagerada a la luz ultravioleta, cuya exposición provoca la aparición de pecas, telangiectasias, queratosis, papilomas, carcinomas y, posiblemente, melanoma. Las queratitis y los tumores que se desarrollan en los párpados y la córnea pueden provocar ceguera.

xeroftalmía (xerophthalmia), trastorno caracterizado por la existencia de unas córneas y áreas conjuntivales secas y sin brillo, habitualmente como resultado de un déficit de vitamina A, que se asocia a ceguera nocturna.

xerografía (xerography), proceso radiológico seco en el que la imagen se forma en una lámina de metal cubierta con selenio en polvo.

xerograma (xerogram), imagen radiológica producida mediante xerografía.

xeromamografía (xeromammography), xerografía de la mama.

xerorradiografía (xeroradiography), técnica radiológica diagnóstica en la que se produce una imagen eléctricamente en lugar de químicamente, lo que permite tiempos de exposición más pequeños y radiación de menor energía que con la radiología normal. La imagen latente se hace visible con un sintonizador de potencia similar al utilizado en una fotocopiadora. La xerorradiografía se utiliza principalmente en mamografía.

xerosis (xerosis), sequedad de la piel.

xerostomía (xerostomia), sequedad de la boca provocada por el cese de la secreción salivar normal. Este trastorno es un síntoma de diversas enfermedades, como diabetes, infecciones agudas, histeria y síndrome de Sjögren, así como por parálisis de los nervios faciales.

xifisternón (xiphisternum), v. **apéndice xifoides**.

xifoide (xiphoid), con forma de espada.

xilitol (xylitol), alcohol pentahidroxilo cristalino, dulce, obtenido por reducción de la xilosa y utilizado como edulcorante artificial.

xilosa (xylose), aldopentosa producida por hidrólisis de la caña y de la mazorca de maíz. Se absorbe de forma incompleta por el tubo digestivo y se utiliza para el diagnóstico de algunas enfermedades del tracto digestivo.

XO (XO), (en genética) designación para la presencia de un solo cromosoma sexual; se ha perdido bien un cromosoma X o un cromosoma Y, de forma que cada célula es monosómica y contiene un total de 45 cromosomas.

XP (XP), abreviatura de **xeroderma pigmentoso**.

XX (XX), (en genética) designación de la dotación cromosómica sexual normal del ser humano femenino.

XXXX, XXXXX (XXXX, XXXXX), (en genética) designación de una dotación cromosómica sexual anormal en el sexo femenino humano en el cual existen, respectivamente, cuatro o cinco en lugar de los dos cromosomas X normales, de forma que cada célula somática contiene un total de 48 o 49 cromosomas.

XXXY, XXXXY, XXYY (XXXY, XXXXY, XXYY), (en genética) designación de varias dotaciones cromosómicas sexuales anormales en el varón, en las que existen más de un cromosoma X, dando lugar, respectivamente, a 48, 49 o más cromosomas en cada célula somática.

XY (XY), (en genética) designación de la dotación cromosómica sexual normal en el varón humano.

Y

Y (Y), símbolo del **itrio**.

Y de Roux (Roux-en-Y) [Cesar Roux, cirujano inglés, n. 1857], anastomosis del intestino delgado en forma de Y. El extremo proximal del intestino se anastomosa terminolateralmente al asa distal y una porción de ésta a otra parte del aparato digestivo, como el esófago.

yang (yang), forma polarizada de ch'i, que es energía activa o positiva.

yatrogenia (iatrogeny), relativo a enfermedades ocasionadas por temores infundidos en los pacientes por observaciones o preguntas de los médicos que les examinan.

yatrogénico (iatrogenic), producido por el tratamiento o por técnicas diagnósticas.

yaw (yaw), lesión típica del yaws, enfermedad tropical semejante a la sífilis. La lesión inicial o úlcera primaria se denomina yaw madre.

yaws (yaws), infección no venérea causada por la espiroqueta *Treponema pertenue*, transmitida por contacto directo y caracterizada por la presencia de ulceraciones crónicas en cualquier zona del cuerpo, que finalmente pueden evolucionar a la destrucción de huesos y tejidos; puede ser invalidante si no recibe tratamiento. También denominada **frambesia** y **pian**.

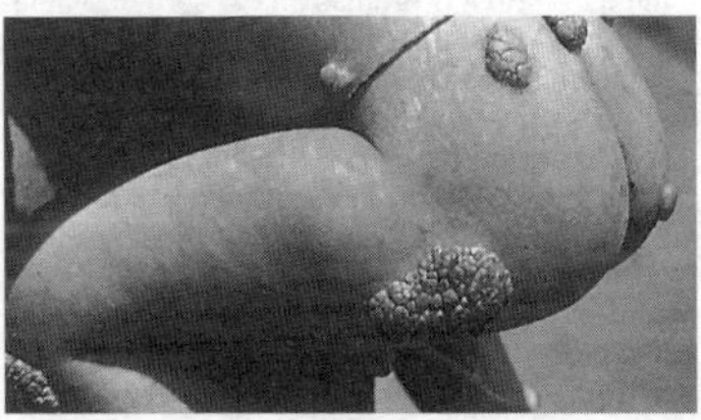

Pian frambesiforme secundario en un caso de yaws
(C. D. Forbes/W. F. Jackson, 1994).

Yb (Yb), símbolo del **iterbio**.

yema (gemma, *pl.* **gemmae**), **1.** proyección en forma de brote producida por las formas inferiores de vida durante el proceso de reproducción asexuada mediante gemación. **2.** cualquier estructura en forma de botón o bulbo.

yema epitelial (epithelial peg), cualquiera de las proyecciones papilares del epitelio que penetran en el estroma subyacente de tejido conectivo y que se desarrollan normalmente en las membranas mucosas y en los tejidos dérmicos.

yema terminal (end bud), masa de células indiferenciadas procedente de los restos del nodo primitivo y de la línea primitiva en el extremo caudal del embrión en desarrollo una vez finalizada la formación de somitos.

Yersinia (Yersinia) [Alexandre Emile Jean Yersin, bacteriólogo francés, n. 1863], género de bacterias inmóviles, ovoides o baciliformes, gramnegativas de la familia de las *Enterobacteria*. El género incluye a *Y. pestis*, que es la causante de la peste en ratas y seres humanos; a *Y. enterocolitica*, causante de enterocolitis y otros procesos, y a *Y. pseudotuberculosa*, que causa seudotuberculosis.

Yersinia pestis (Yersinia pestis) [Alexander Yersin], pequeño bacilo gramnegativo que provoca la peste. El huésped primario es la rata, aunque otros roedores pequeños también pueden ser huéspedes.

yeso (gypsum, plaster), mineral compuesto principalmente por un aglomerado de sulfato de calcio semihidratado. Se utiliza para fabricar escayolas quirúrgicas y modelos para dentaduras. El polvo de yeso ejerce una acción irritante sobre la mucosa del tracto respiratorio y sobre la conjuntiva.

yeso de París (plaster of Paris), polvo blanco, sulfato cálcico semihidratado, que se mezcla con agua para hacer una pasta que se puede modelar con el fin de rodear una parte del cuerpo.

yeso de Quengle (Quengle cast), yeso ortopédico articulado, con dos secciones, para inmovilizar las extremidades inferiores desde el pie o el tobillo hasta por debajo de la rodilla, y el muslo superior hasta el nivel inmediatamente por encima de la rodilla. Las dos partes del yeso están conectadas por bisagras especiales en la rodilla.

yeso de Risser (Risser cast) [Joseph C. Risser, cirujano norteamericano, n. 1892], dispositivo ortopédico que abarca todo el tronco del cuerpo, extendiéndose sobre la zona cervical hasta el mentón. En casos raros, se extiende sobre las caderas hasta las rodillas.

yeso de Tobruk (Tobruk plaster), férula de yeso con cintas para tracción cutánea que atraviesan unos orificios presentes en la escayola y conectan con la férula de Thomas. Cubre e inmoviliza la pierna desde el pie a la ingle.

yeso en espiga (spica cast), escayola ortopédica aplicada para inmovilizar parte o todo el tronco y parte o la totalidad de una o más extremidades. Son tipos de yesos en espiga el **yeso bilateral en espiga de pierna completa** y el **yeso en espiga para el hombro**.

yeso halo (halo cast), dispositivo ortopédico utilizado para facilitar la inmovilización del cuello y de la cabeza. Incluye al tronco, habitualmente mediante correas para los hombres, y un aparato que mediante un armazón situado dentro de la escayola asegura las clavijas a una banda colocada alrededor del cráneo.

yeyuno (jejunum, *pl.* **jejuna**), una de las tres porciones del intestino delgado, situada a continuación del duodeno y a la que sigue el íleon. El yeyuno tiene un diámetro ligeramente superior, un color más intenso y una pared más gruesa que el íleon, y contiene unos pliegues gruesos circulares que no existen en la parte inferior del íleon.

yeyunoileítis (jejunoileitis), v. **enfermedad de Crohn**.

yeyunostomía (jejunostomy), técnica quirúrgica para crear una abertura artificial al yeyuno a través de la pared abdominal. La apertura puede ser temporal o permanente.

yin (yin), forma polarizada de ch'i que es energía pasiva o negativa.

yo (ego), (psicoanálisis) parte de la psique que experimenta y mantiene el contacto consciente con la realidad, y que adapta los comportamientos primitivos del ello y las demandas del superyó a las necesidades sociales y físicas de la comunidad.

yo (self, *pl.* **selves**), **1.** la esencia total o el ser de una persona. **2.** las cualidades afectivas, cognitivas y espirituales que distinguen a una persona de otra; la individualidad.

yo familiar indiferenciado (undifferentiated family ego mass), fusión emocional en una familia en la que todos los miembros son similares en cuanto a su expresión emocional.

yo ideal (ego ideal), imagen de uno mismo a la que una persona aspira, tanto de forma consciente como inconsciente, con la que que el individuo se compara a sí mismo y su comportamiento.

yo-los otros (self-other), concepto que caracteriza a las personas que creen que las fuentes de poder se encuentran en uno mismo, en oposición a aquellas que creen que está en los demás.

yodar (iodize), tratar o impregnar con yodo o yoduro. En regiones con insuficiente cantidad de yodo, en el agua o los alimentos, se utiliza sal yodada para evitar que se produzca bocio.

yodismo (iodism), estado morboso producido por una cantidad excesiva de yodo en el organismo. Se caracteriza por lagrimeo e hipersalivación, rinitis, debilidad y una erupción cutánea típica.

yodo (I) (iodine [I]), elemento no metálico del grupo halógeno. Su número atómico es 53; su peso atómico, 126,90. Es un micronutriente u oligoelemento esencial. Casi el 80% del yodo que contiene el organismo se encuentra en la glándula tiroides. La insuficiencia de yodo puede producir bocio o cretinismo. Los radioisótopos del yodo se utilizan en técnicas de rastreo isotópico y en el tratamiento paliativo del cáncer tiroideo.

yodo extraído con butanol (IEB) (butanol-extractable iodine [BEI]), yodo que se puede separar de las proteínas plasmáticas mediante un solvente, como el butanol, y medir para el análisis de la función tiroidea.

yodo radiactivo (RAI) (radioactive iodine [RAI]), isótopo radiactivo del yodo, utilizado como marcador en biología y medicina.

yodo unido a proteínas (PBI) (protein-bound iodine [PBI]), yodo que se encuentra firmemente unido a proteínas en el suero, cuya determinación indica, de forma indirecta, la concentración de tiroxina circulante (T_4).

yododerma, yododermia (iododerma), erupción cutánea producida por hipersensibilidad a los yoduros de la ingesta. Las lesiones pueden ser acneiformes, ampollosas o fungosas.

yodoformo (iodoform), antiinfeccioso tópico utilizado como antiséptico.

yodóforo (iodophor), antiséptico o desinfectante que combina el yodo con otro agente, como un detergente.

yodohidroxicloroquina (iodochlorhydroxyquin), antiamebiano y antiinfeccioso tópico utilizado en el tratamiento del eccema, el pie de atleta y otras infecciones por hongos.

yodopsina (iodopsin), sustancia química fotosensible de los conos retinianos, que reacciona junto con otras sustancias químicas y juega un papel en la visión de los colores. La yodopsina es más estable que la rodopsina (sustancia que se encuentra en los bastones retinianos) cuando es expuesta a una luz brillante.

yodoquinol (iodoquinol), amebicida utilizado en el tratamiento de la amebiasis intestinal.

yoduro (iodide), cualquier sal del ácido yodhídrico. Los yoduros sódico y potásico son las sales utilizadas más habitualmente en medicina.

yoduro de dimetiltubocurarina (dimethyl tubocurarine iodide), v. **yoduro de metocurina**.

yoduro de ecotiofato (echothiophate iodide), anticolinesterásico utilizado en oftalmología. Se prescribe en el glaucoma crónico de ángulo abierto y en la esotropía de acomodación.

yoduro de isopropamida (isopropamide iodide), anticolinérgico utilizado como medicamento complementario en el tratamiento de la úlcera.

yoduro de metocurina (metocurine iodide), potente agente bloqueante neuromuscular. Se administra para producir una parálisis flácida como coadyuvante de la anestesia, para reducir los espasmos musculares en el tétanos y para facilitar la ventilación asistida.

yoduro potásico (potassium iodide), broncodilatador prescrito para el tratamiento de bronquitis, bronquiectasias y asma.

yoduro sódico (sodium iodide), suplemento de yodo prescrito en el tratamiento de las crisis tirotóxicas, la tirotoxicosis neonatal y el hipertiroidismo antes de la tiroidectomía.

yoga (hatha) (yoga [hatha]), disciplina centrada en la musculatura del cuerpo, la postura, los mecanismos de respiración y la consciencia. El objetivo del yoga es la consecución del bienestar físico y mental.

yogurt (yogurt), preparado lácteo cuajado, ligeramente ácido, semisólido, elaborado a partir de leche de vaca completa o desnatada y de sólidos lácteos por fermentación con organismos del género *Lactobacillus*.

yunque (incus, *pl.* **incudes**), uno de los tres huesecillos del oído medio, que recuerda por su forma a un yunque. Transmite las vibraciones sonoras del martillo al estribo.

yuxtaarticular (juxta-articular), relativo a una zona cercana a una articulación.

yuxtaglomerular (juxtaglomerular), relativo al área entre las arteriolas aferente y eferente del glomérulo renal.

yuxtaposición (juxtaposition), colocación de objetos cabo a cabo o lado a lado.

Z

Z.Z.'Z." (Z.Z.'Z."), símbolo del incremento en la fuerza o intensidad de la contracción.

Zakrzewski, Marie (Zakrzewski, Marie) [1829-1902], matrona polaco-alemana-norteamericana, que se graduó en medicina en Cleveland y organizó en 1872 con éxito la primera facultad norteamericana de enfermería en el *New England Hospital for Women and Children*.

zalcitabina (zalcitabine), nombre genérico de un fármaco antiviral, la DDC o **dideoxicitidina**.

zapato ortopédico de tacón bajo (orthokinetics oxford), zapato de cuero duro con suela de goma o de cuero, a veces con una pieza metálica entre el piso del zapato y la suela que mantiene el pie derecho. El zapato se fabrica siguiendo un modelo uniforme para que se puedan adaptar otros dispositivos.

zapato para escayola (cast shoe), zapato que cubre el pie incluido en una escayola.

zapatos de horma normal (normal last shoes), zapatos ortopédicos especiales para niños, fabricados con una suela normal, en vez de hacerlos con una horma invertida o recta.

ZEEP (ZEEP), abreviatura de **presión espiratoria final cero**.

zeranol (zeranol), sustancia estrogénica utilizada para el engorde del ganado. El consumo de carne de vaca procedente de ganaderías tratadas con zeranol se ha asociado a pubertad precoz en algunos niños y niñas.

zeugmatografía (zeugmatography), otra denominación para la representación por imagen con RMN, que sugiere el papel que desempeña el gradiente de campo magnético en la unión del campo magnético rf con una región espacial local a través de resonancia magnética nuclear.

zidovudina (zidovudine), inhibidor del VIH que interfiere en la síntesis del ADN. En un principio se llamó azidotimidina (AZT).

zidovudina (zidovudine), inhibidor del VIH, denominado formalmente azidotimidina (AZT), que interfiere en la síntesis del ADN. Su nombre comercial es Retrovir.

ZIG (ZIG), abreviatura de **inmunoglobulina zoster**

zinc (Zn) (zinc [Zn]), metal cristalino blanco azulado, habitualmente asociado a mineral de plomo. Su número atómico es 30; su peso atómico es 65,38. El zinc es un nutriente esencial del cuerpo y se utiliza en numerosos preparados farmacéuticos, como el óxido de zinc.

ZIP (ZIP), abreviatura de plasma inmune zoster. V. **varicela**.

Zn (Zn), símbolo del **zinc**.

zoantropía (zoanthropy), delirio de una persona acerca de haber adoptado la forma y características de un animal.

zona (zone), área con límites y características específicos, como la epigástrica, la mesogástrica o las zonas hipogástricas del abdomen.

zona de apoyo (rest area), superficie preparada en un diente o restauración fija en la que ajusta el soporte, sirviendo de apoyo para una prótesis parcial extraíble.

zona de bienestar (comfort zone), límites de temperatura, humedad, velocidad del viento y radiación solar dentro de los cuales una persona vestida de una determinada manera puede llevar a cabo ciertas tareas sin molestias.

zona de cierre del paladar posterior (posterior palatal seal area), zona de tejidos blandos situada a lo largo de la unión de los paladares duro y blando sobre la que se puede aplicar un desplazamiento, dentro de la tolerancia fisiológica de los tejidos, a través de una prótesis dental para ayudar a su retención.

zona de descarga (relief area), zona de la superficie tisular situada bajo la prótesis sobre la cual se han reducido o eliminado las presiones.

zona de deslizamiento (gliding zone), superficie de cartílago articular adyacente al espacio articular.

zona de equivalencia (zone of equivalence), región de una reacción antígeno-anticuerpo en la que las concentraciones de ambos reactivos son iguales.

zona de Fraunhofer (Fraunhofer zone), (en ecografía) la zona más alejada de la cara del transductor.

zona de Fresnel (Fresnel zone), (en ecografía) región más cercana a la cara del transductor.

zona de presión (pressure area), zona de la cavidad bucal que está sometida a un desplazamiento excesivo de los tejidos blandos por una prótesis.

zona de transición (transitional zone), parte del cristalino donde las células de la cápsula epitelial se transforman en fibras.

zona de unión (junction), interfaz o lugar de encuentro de tejidos o estructuras.

zona estriada (zona striata), v. **zona radiada**.

zona fascicular (zona fasciculata), región media de la corteza suprarrenal, que es el lugar de producción de glucocorticoides y hormonas sexuales.

zona focal (focal zone), (en ecografía) distancia a lo largo del eje del haz de un dispositivo transductor enfocado, desde el punto en donde el área del haz se hace por primera vez igual a 4 veces el área focal, hasta el punto, más allá de la superficie focal, en donde el área del haz se hace nuevamente igual a 4 veces el área focal.

zona glomerular (zona glomerulosa), región externa de la corteza suprarrenal, donde se producen los mineralocorticoides.

zona pelúcida (zona pellucida), membrana gruesa, transparente, no celular, que envuelve el huevo de los mamíferos. Es secretada por el huevo durante su desarrollo en el ovario, conservándose casi hasta el momento de la implantación.

zona personal (personal zone), zona protectora individual cuyos límites pueden ampliarse o reducirse según las características del contexto entre distancias aproximadas de 45 cm a 1,2 m.

zona radiada (zona radiata), zona pelúcida con un aspecto estriado provocado por conductos radiados en la membrana.

zona respiratoria (respiratory zone), vías respiratorias terminales donde realmente se produce el intercambio de gases, habitualmente por debajo de la decimoséptima división bronquial.

zona reticular (zona reticularis), región más interna de la corteza suprarrenal, que sigue el borde de la porción medular adrenal de la glándula. Actúa conjuntamente con la zona fasciculada en la producción de varias hormonas sexuales y glucocorticoides.

zonas combinantes (combining sites), **1.** regiones cóncavas de las moléculas de los anticuerpos por donde se unen los antígenos. Debido a las posibles variaciones, cada tipo de anticuerpo presenta zonas combinantes para cada antígeno específico. **2.** zonas de las moléculas proteicas donde se pueden unir fármacos u otras sustancias mediante fuerzas de atracción electroquímicas.

zonas erógenas (erogenous zones), zonas del cuerpo en las que la tensión sexual tiende a concentrarse, pudiendo ser aliviada mediante la manipulación de la región. Las zonas son la boca, el ano y los genitales.

zonas espaciales (spatial zones), áreas de espacio personal en las cuales interaccionan la mayor parte de las personas. Las cuatro zonas espaciales básicas son: zona íntima, en la cual la distancia entre individuos es inferior a 45 cm; zona personal, entre 45 y 122 cm; zona social, que se extiende entre 1,2 y 3,6 m, y la zona pública, más allá de los 3,6 m.

zonestesia (zonesthesia), sensación de constricción dolorosa, como la de un vendaje demasiado apretado, experimentada especialmente alrededor de la cintura o del abdomen.

zonífugo (zonifugal), que se mueve desde el interior al exterior de una zona.

zonografía (zonography), técnica de representación por imagen con rayos X utilizada para conseguir radiografías de cortes del cuerpo similares a las conseguidas con la tomografía.

zónula (zonula, *pl.* **zonulae**), zona pequeña.

zónula adherente (zonula adherens), zona continua que rodea la superficie externa de la célula en la que existe un espacio intercelular de unos 200 amstrongs de anchura. Forma parte de los complejos de unión intercelular y contiene material filamentoso denso.

zónula ciliar (ciliary zone), área circular externa en la superficie anterior del iris, separada de la zona circular interna por la línea angular. La zónula contiene el estroma del iris.

zoobiología (zoobiology), biología de los animales.

zooerastia (zooerastia), v. **bestialismo**.

zoofilia (zoophilia), **1.** cariño anormal por los animales. **2.** (en psiquiatría) trastorno psicosexual en el que la excitación y satisfacción sexuales se consiguen mediante el cariño hacia los animales o las fantasías o actos de participación en actividades sexuales con los animales.

zoofobia (zoophobia), trastorno de ansiedad caracterizado por un temor persistente e irracional a los animales, especialmente perros, serpientes, insectos y ratones.

zoógeno (zoogenous), adquirido de los animales u originado en ellos.

zooinjerto (zoograft), tejido de un animal trasplantado a un ser humano, como es el caso de una válvula cardíaca de un cerdo que sustituye a una válvula cardíaca lesionada en el ser humano.

zoología (zoology), ciencia que estudia la vida animal.

zoomanía (zoomania), estado psicopatológico caracterizado por un cariño y preocupación exagerados por los animales.

zoonosis (zoonosis), enfermedad de los animales transmisible al ser humano desde su huésped animal primario. Algunas clases de zoonosis son la **encefalitis equina**, la **fiebre amarilla**, la **leptospirosis** y la **rabia**.

zooparásito (zooparasite), todo organismo animal parasitario. Son ejemplos de zooparásitos los **artrópodos, gusanos** y **protozoos**.

zoopatología (zoopathology), estudio de las enfermedades de los animales.

zoopsia (zoopsia), alucinación visual de animales o insectos, que se produce con frecuencia en el *delirium tremens*.

zooquímica (zoochemistry), bioquímica de los animales.

zootoxina (zootoxin), sustancia venenosa procedente de un animal, como el veneno de las serpientes, de las arañas y de los escorpiones.

zoster (zoster), v. **herpes zoster**.

zoster geniculado (geniculate zoster), v. **herpes zoster**.

zoster oftálmico (zoster ophthalmicus), infección herpética del ojo, en especial del nervio óptico. La infección a menudo afecta a la córnea. Puede existir edema palpebral, afectación ciliar y conjuntival y dolor. La queratitis puede ser intensa, y la formación de cicatrices y glaucoma son secuelas frecuentes. Se trata con corticoides tópicos y se monitoriza la presión intraocular.

zosteriforme (zosteriform), que recuerda a las pústulas presentes en las infecciones por herpes zoster.

Zr (Zr), símbolo del **circonio**.

zumaque venenoso (poison ivy, poison oak, poison sumac), una de las diversas especies de parra trepadora del género *Rhus*, que se caracteriza por poseer hojas brillantes y con tres puntas. Es frecuente en Norteamérica y provoca dermatitis de contacto alérgica grave en muchas personas, con erupción vesicular localizada que se acompaña de prurito y de sensación de quemazón.

zurdo (left-handed), que utiliza, por una tendencia natural en algunas personas, la mano izquierda como mano dominante.

zwieback (zwieback), pan dulce enriquecido con huevos y cocido, después cortado en rodajas y tostado hasta que queda seco y crujiente. Se utiliza como alimento para niños, especialmente en lactantes a los que están saliendo los dientes.

zwitterion (zwitterion), ion que tiene a la vez regiones con carga negativa y positiva. Aminoácidos, como la glicina, pueden actuar como zwitteriones cuando se encuentran en una solución neutra.

ATLAS EN COLOR
DE
ANATOMÍA HUMANA

SISTEMA MUSCULOESQUELÉTICO

VISIÓN ANTERIOR DEL ESQUELETO

El esqueleto axial está representado en azul. El esqueleto apendicular está representado en color hueso.

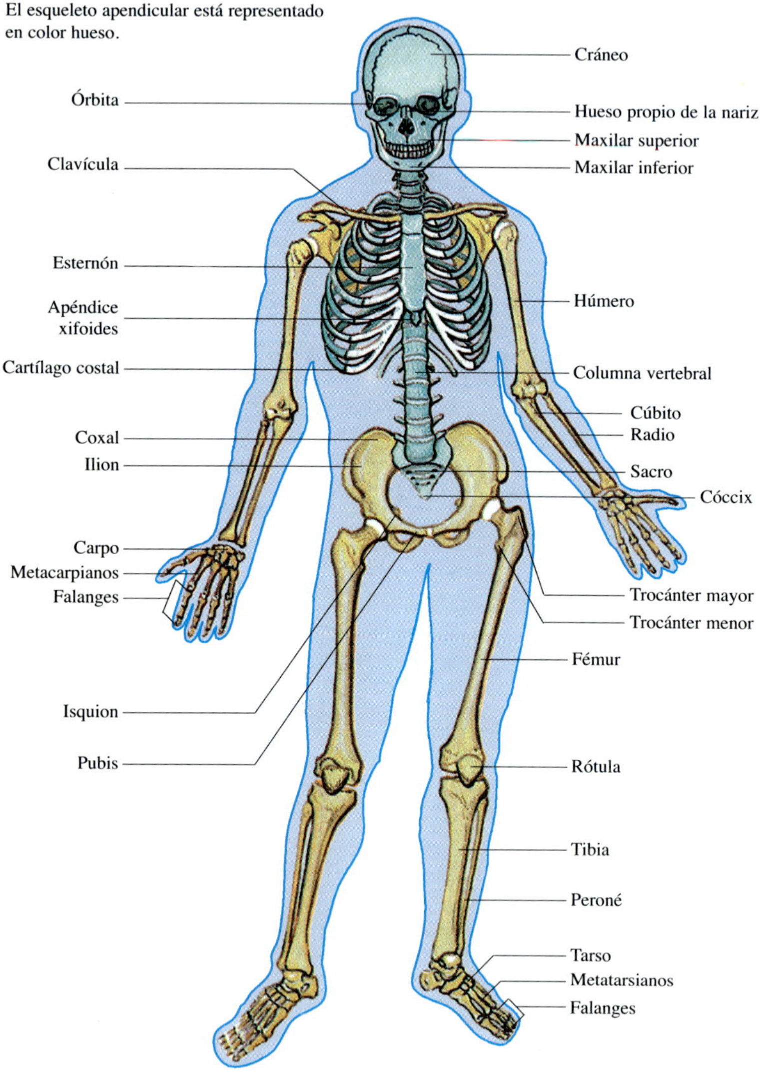

VISIÓN POSTERIOR DEL ESQUELETO

El esqueleto axial está representado en azul. El esqueleto apendicular está representado en color hueso.

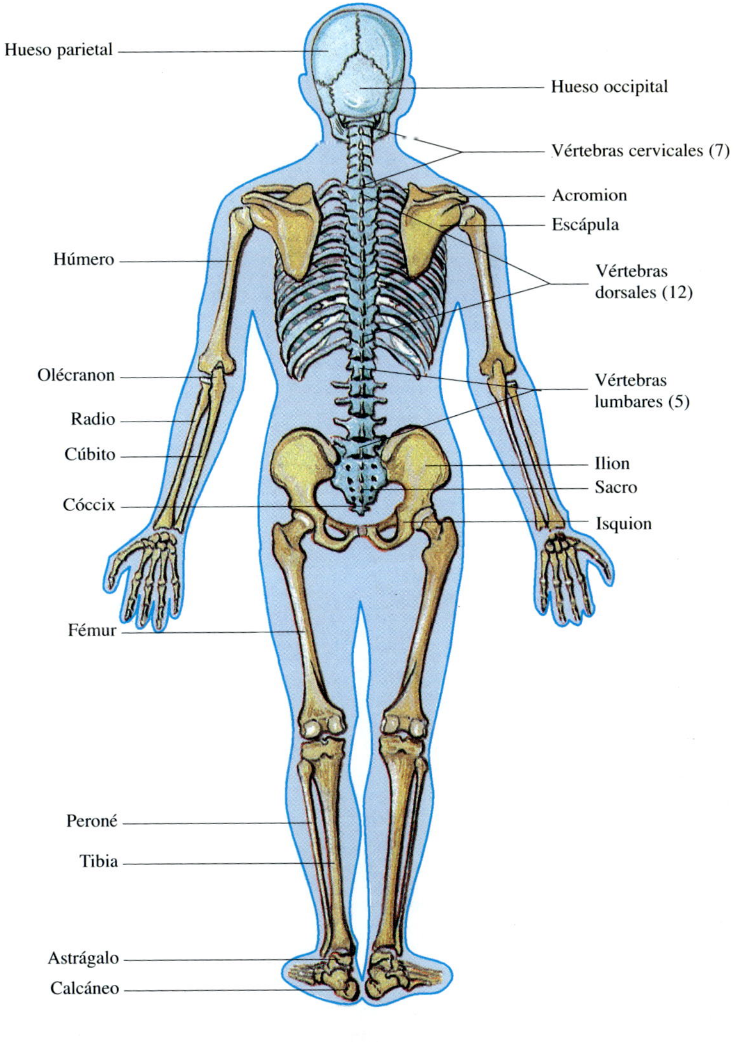

VISIÓN ANTERIOR DEL CRÁNEO

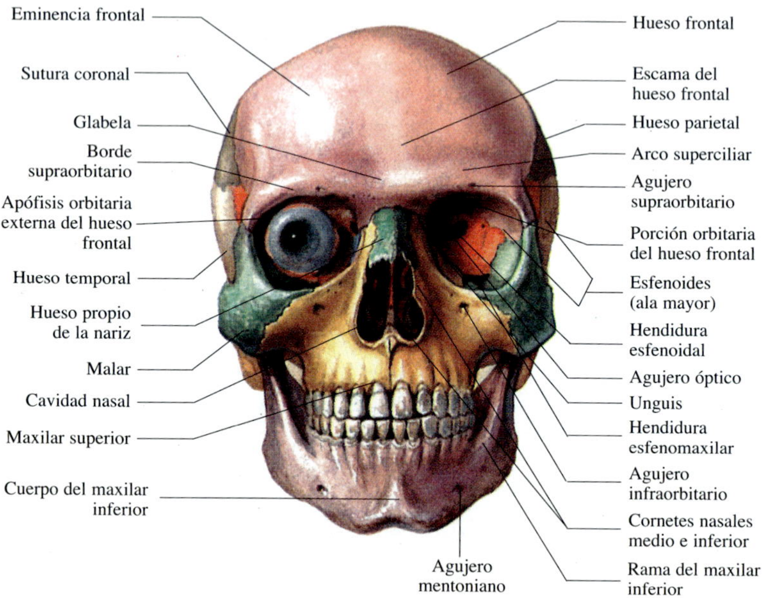

VISIÓN LATERAL DERECHA DEL CRÁNEO

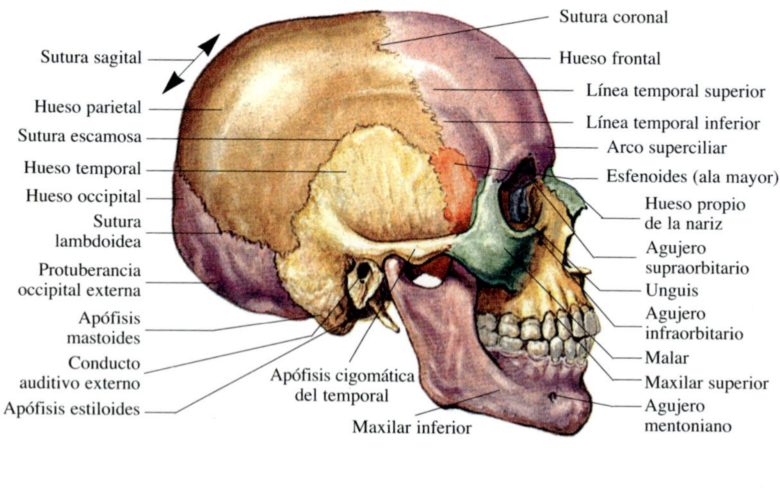

TÓRAX Y COSTILLAS

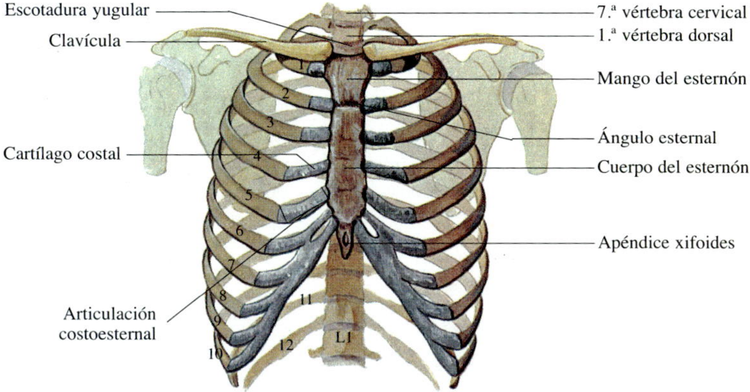

PELVIS MASCULINA

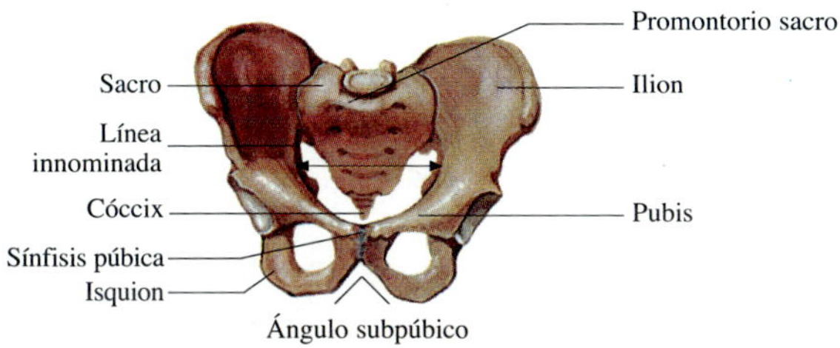

PELVIS FEMENINA

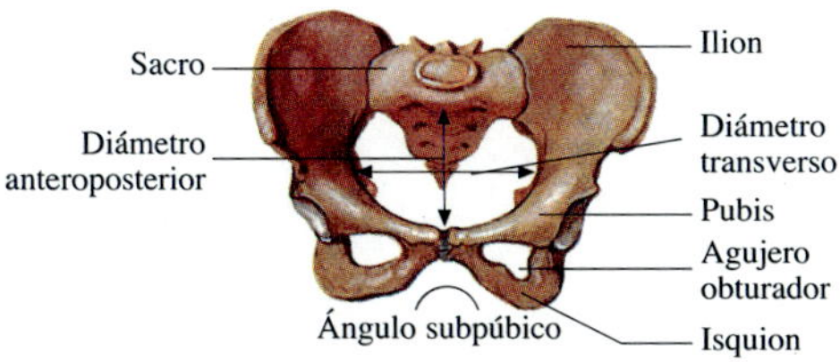

VISIÓN LATERAL DE LA COLUMNA VERTEBRAL

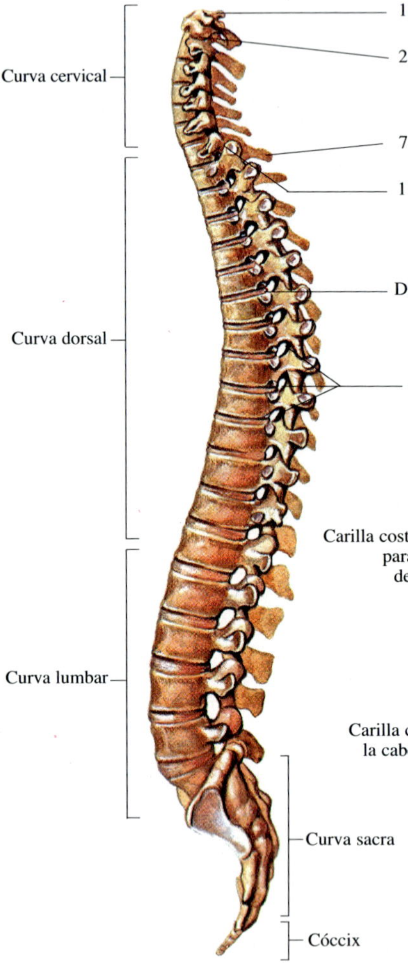

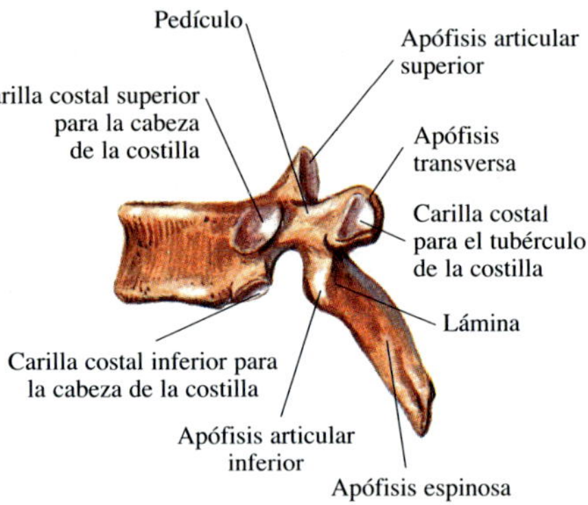

VÉRTEBRA

VISIÓN ANTERIOR DEL SISTEMA MUSCULAR

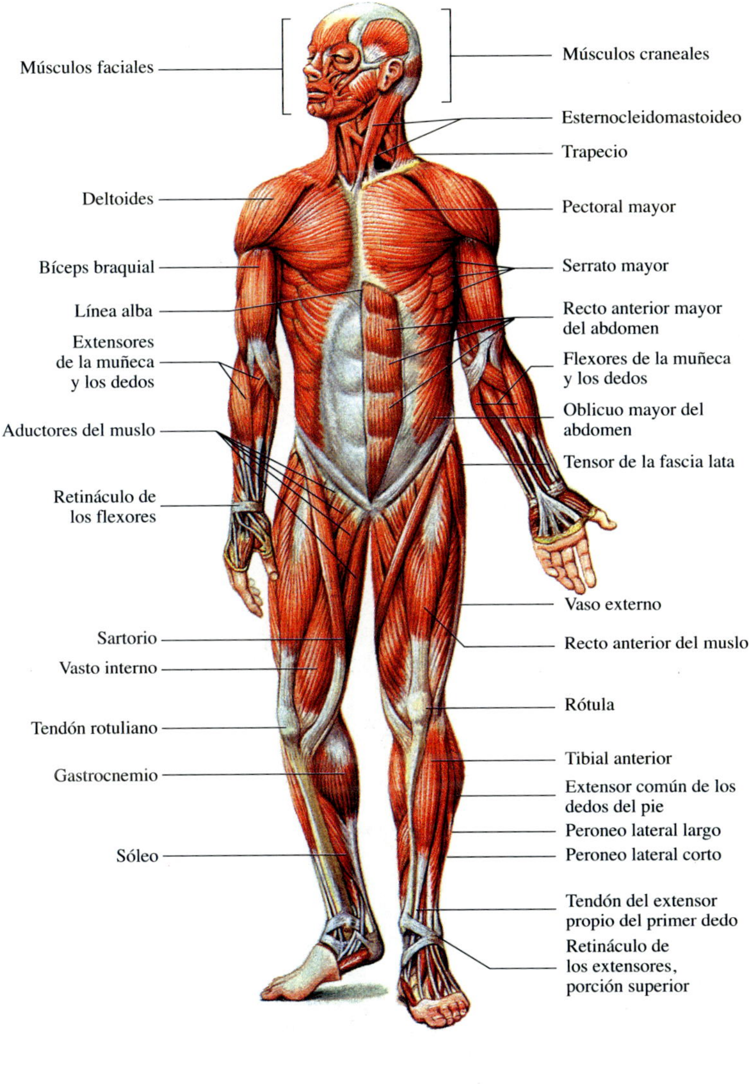

VISIÓN POSTERIOR DEL SISTEMA MUSCULAR

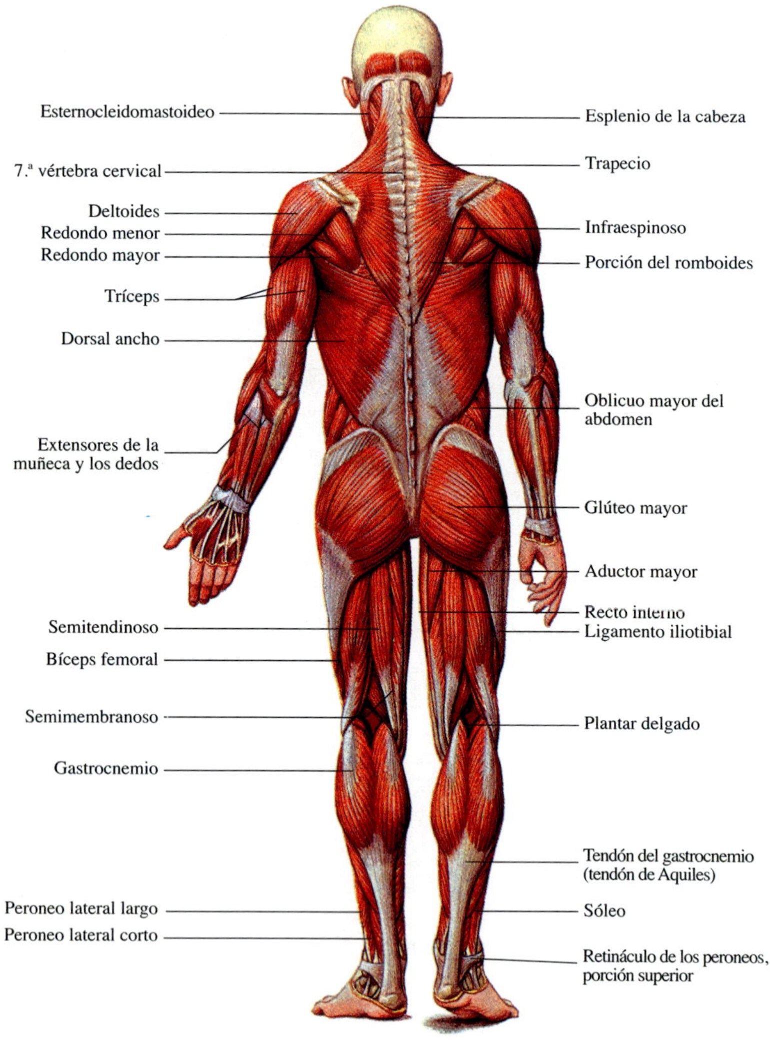

SISTEMA CARDIOVASCULAR

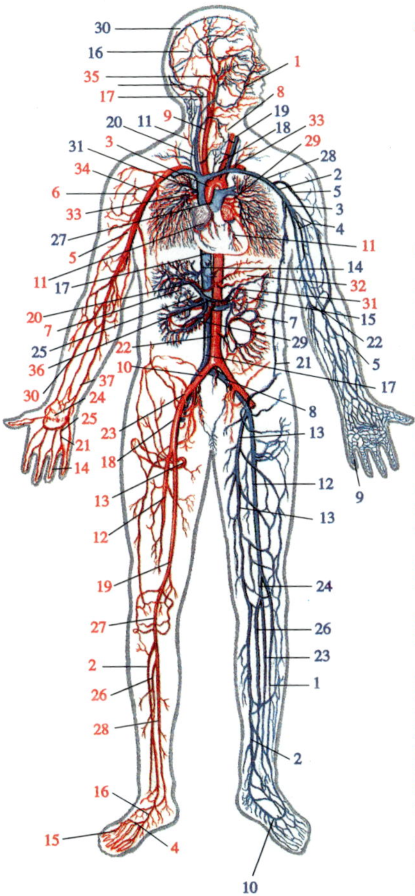

PRINCIPALES VENAS Y ARTERIAS

Arterias principales

1 Angular
2 Tibial anterior
3 Aorta
4 Dorsal del metatarso
5 Axilar
6 Humeral
7 Tronco celíaco
8 Carótida primitiva izquierda
9 Carótida primitiva derecha
10 Ilíaca primitiva derecha
11 Coronaria izquierda
12 Femoral profunda
13 Circunfleja femoral interna
14 Colaterales de los dedos
15 Interóseas dorsales del pie
16 Pedia
17 Carótida externa
18 Ilíaca externa
19 Femoral
20 Hepática
21 Interóseas dorsales de la mano
22 Mesentérica inferior
23 Ilíaca interna (hipogástrica)
24 Arco palmar profundo
25 Arco palmar superficial
26 Peronea
27 Poplítea
28 Tibial posterior
29 Pulmonar
30 Radial
31 Renal
32 Esplénica
33 Subclavia izquierda (seccionada)
34 Subclavia derecha
35 Temporal superficial
36 Mesentérica superior
37 Cubital

Venas principales

1 Tibial anterior
2 Axilar
3 Basílica
4 Humeral
5 Cefálica
6 Plexo cervical
7 Cólica
8 Ilíaca primitiva izquierda
9 Colaterales palmares
10 Arco venoso dorsal
11 Yugular externa
12 Femoral
13 Safena interna
14 Hepática
15 Mesentérica inferior
16 Seno longitudinal inferior
17 Carótida externa
18 Tronco braquicefálico izquierdo
19 Yugular interna izquierda
20 Yugular interna derecha
21 Mamaria externa
22 Mediana basílica
23 Peronea
24 Poplítea
25 Porta
26 Tibial posterior
27 Pulmonar
28 Subclavia izquierda
29 Mesentérica superior
30 Seno longitudinal superior
31 Vena cava superior

CORTE FRONTAL DEL CORAZÓN HUMANO

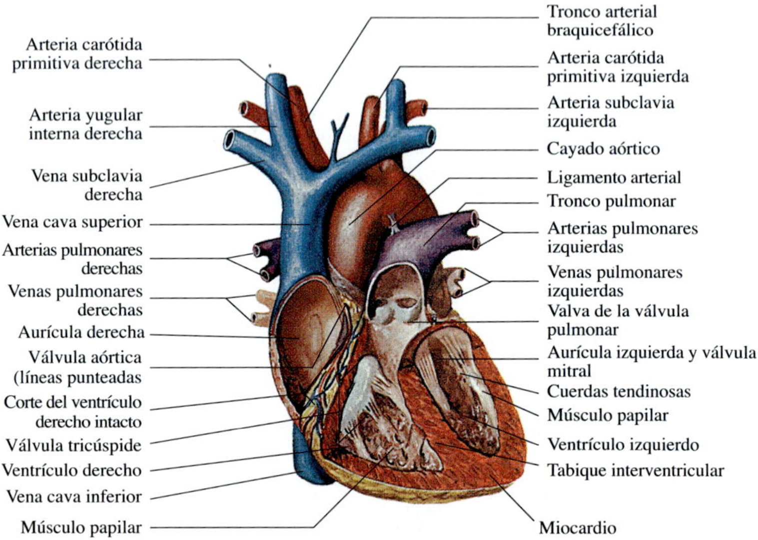

VISIÓN ANTERIOR DE LOS VASOS CORONARIOS

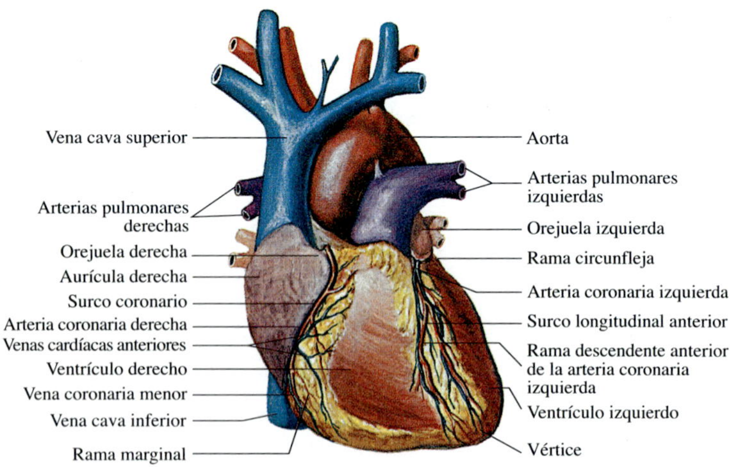

PRINCIPALES VENAS DE LOS MIEMBROS SUPERIORES

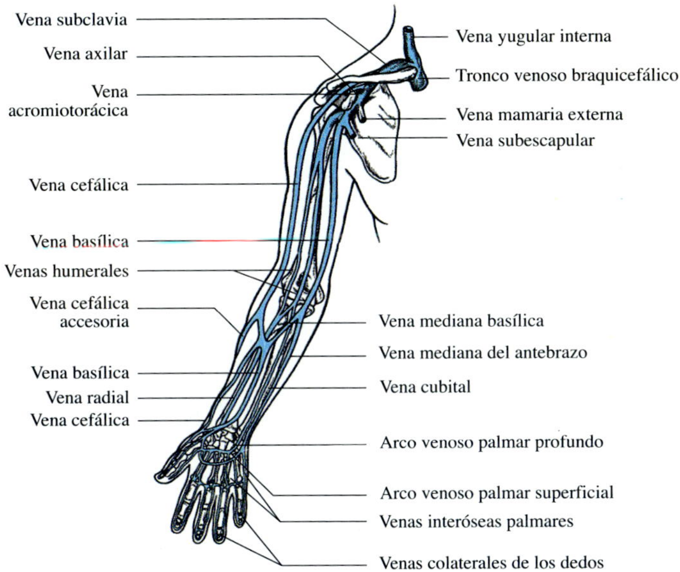

PRINCIPALES ARTERIAS DE LOS MIEMBROS SUPERIORES

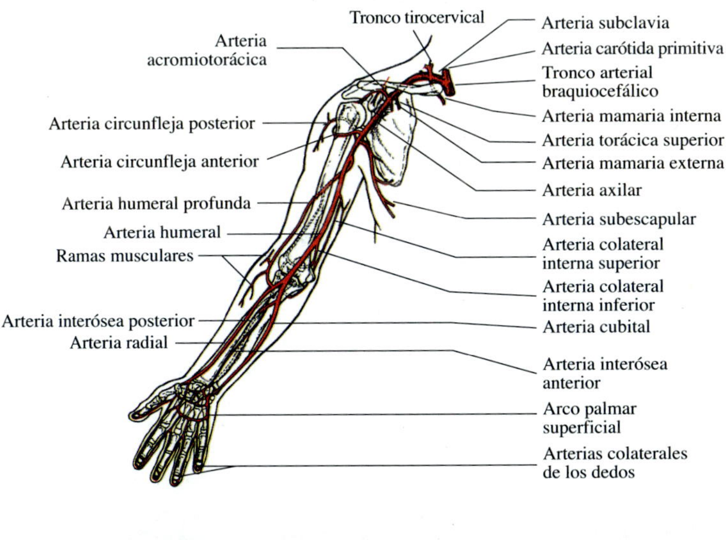

SISTEMA ENDOCRINO

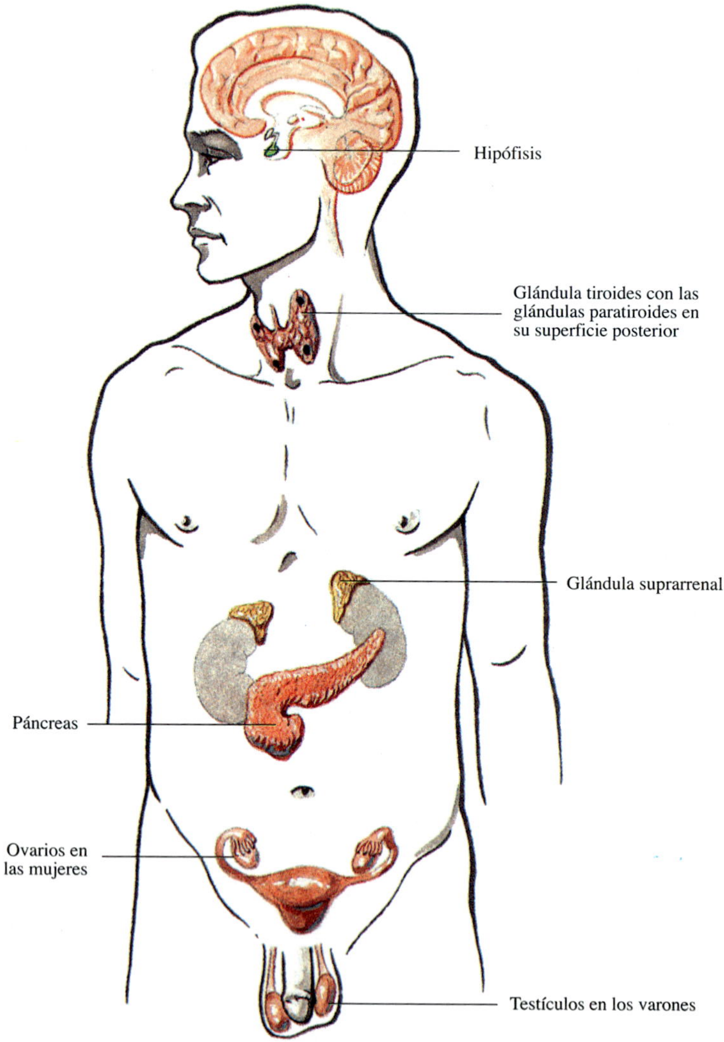

SISTEMA LINFÁTICO

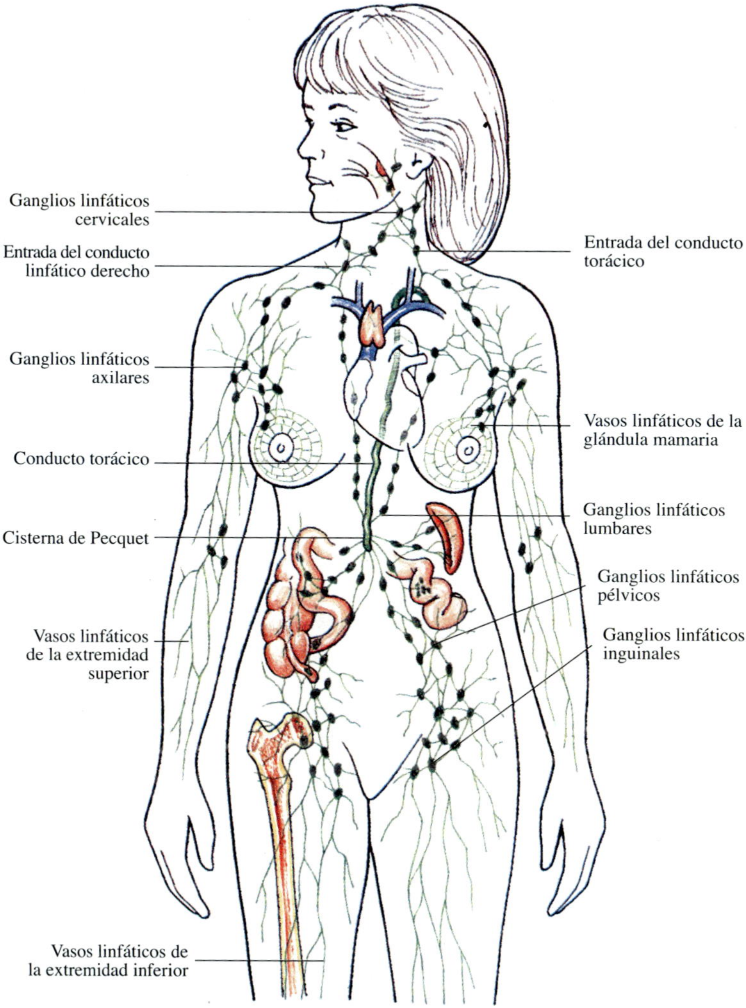

SISTEMA NERVIOSO

VISIÓN SIMPLIFICADA DEL SISTEMA NERVIOSO

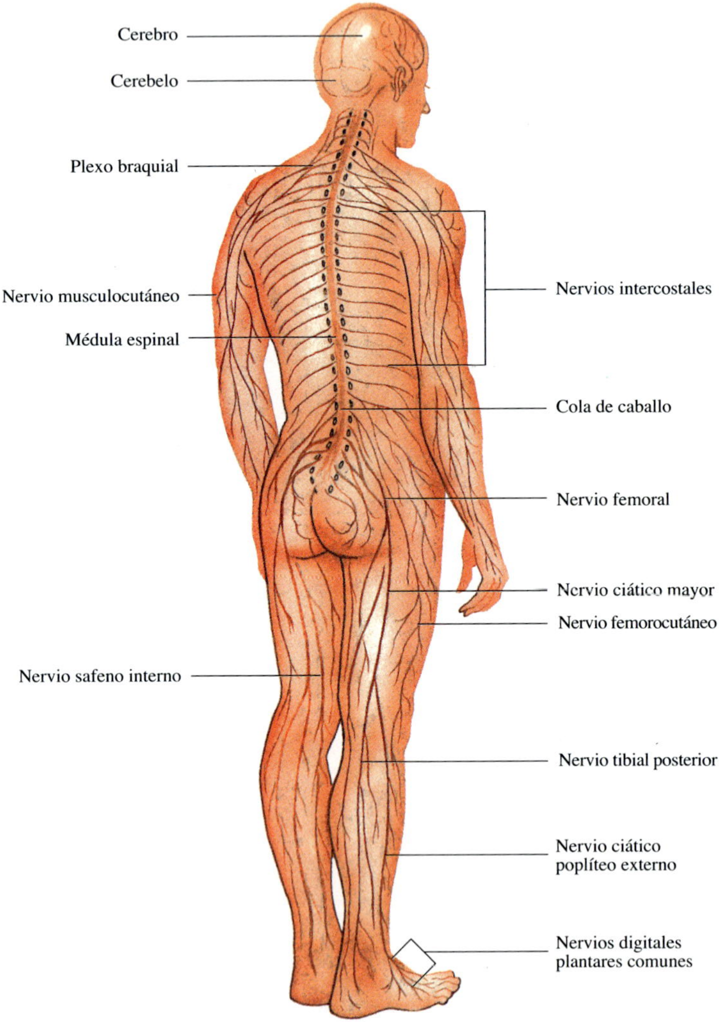

VISTA DE LA ANATOMÍA MACROSCÓPICA DE LA MÉDULA ESPINAL

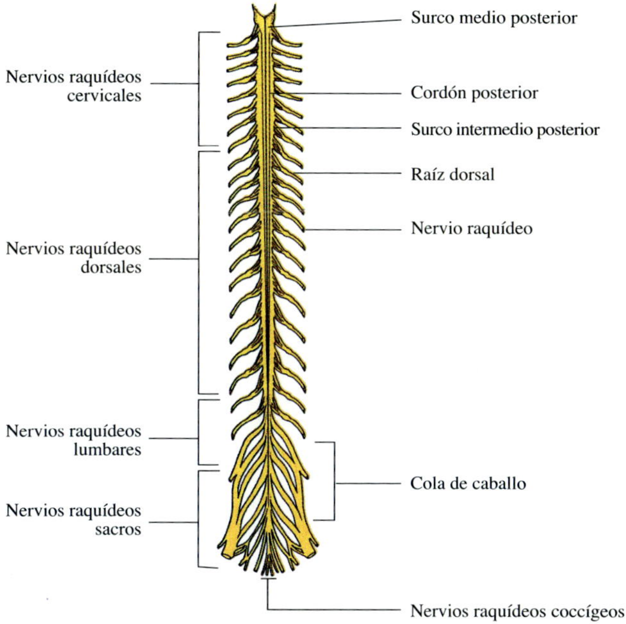

ANATOMÍA SUPERFICIAL DE LA CORTEZA CEREBRAL

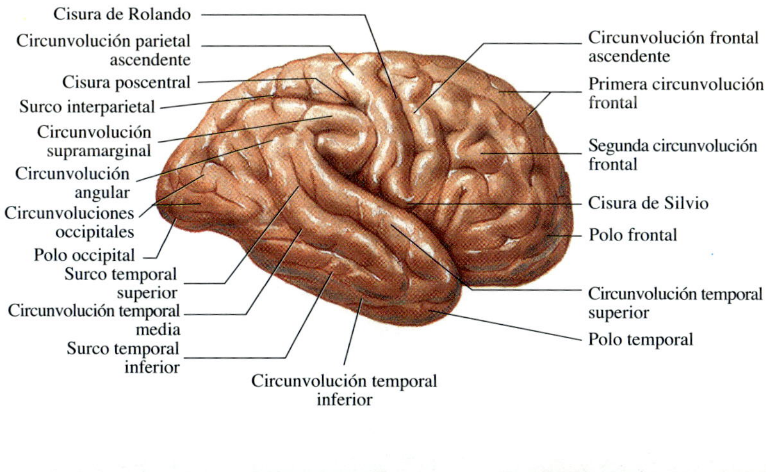

VISTA DE LA BASE DEL CEREBRO

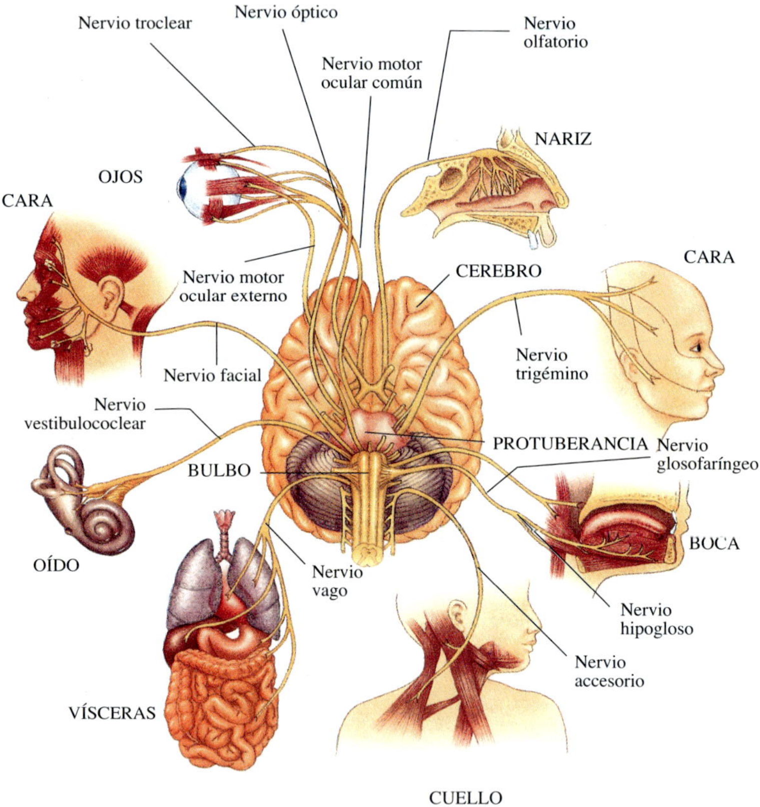

APARATO RESPIRATORIO

ÓRGANOS DEL APARATO RESPIRATORIO Y ESTRUCTURAS ASOCIADAS

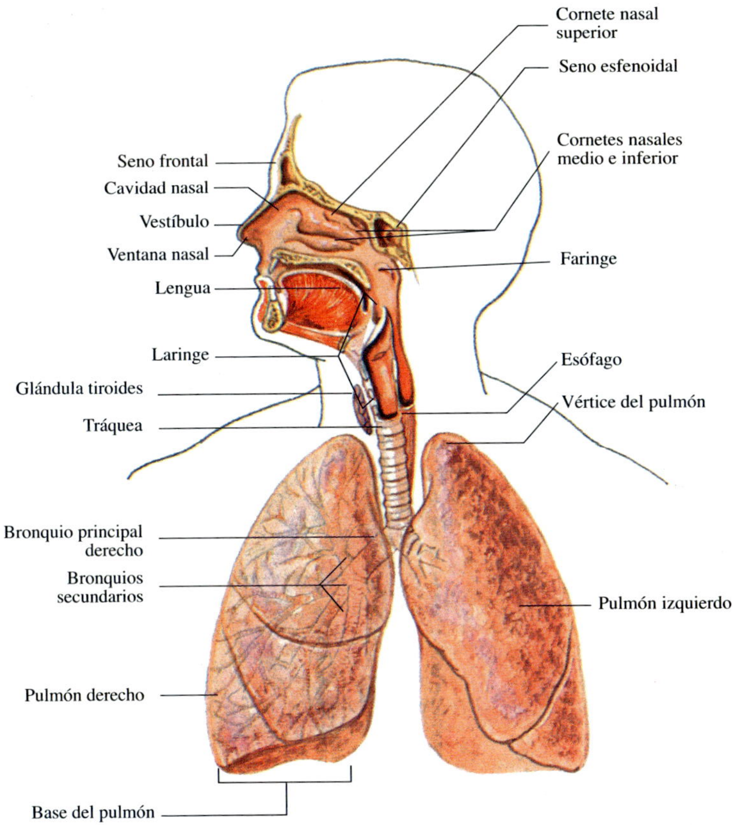

ESTRUCTURA DE LA NARIZ

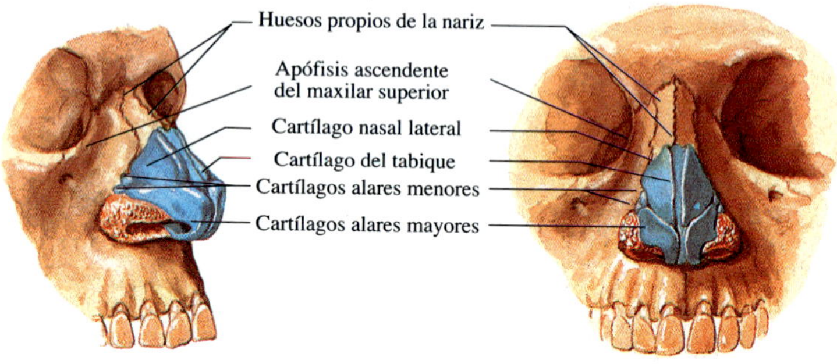

ESTRUCTURA DE LAS VÍAS NASALES Y FARINGE

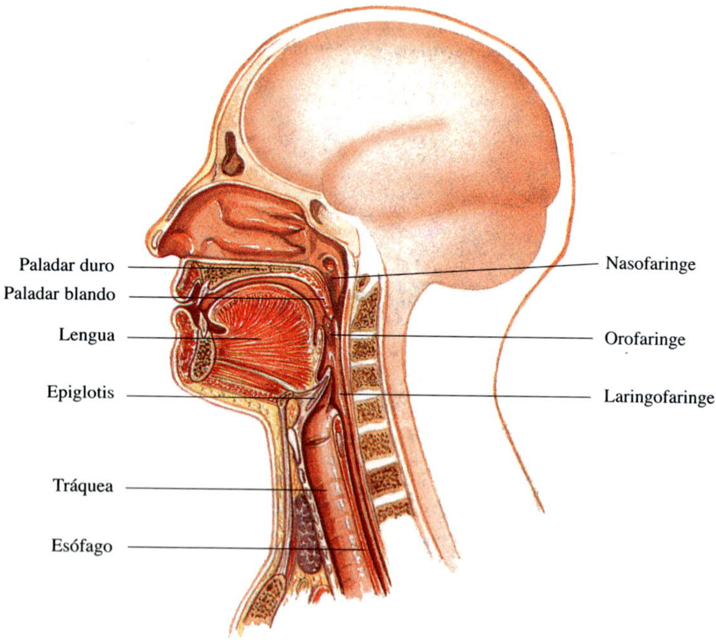

PULMONES VISTOS POR SU CARA MEDIAL

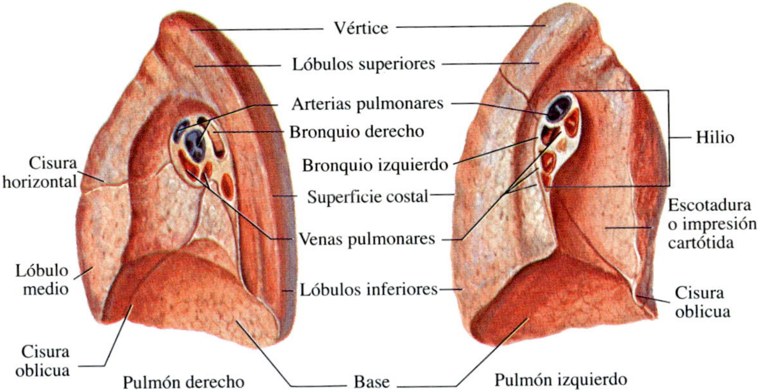

ESTRUCTURA CARTILAGINOSA DE LA LARINGE Y LA PORCIÓN SUPERIOR DE LA TRÁQUEA

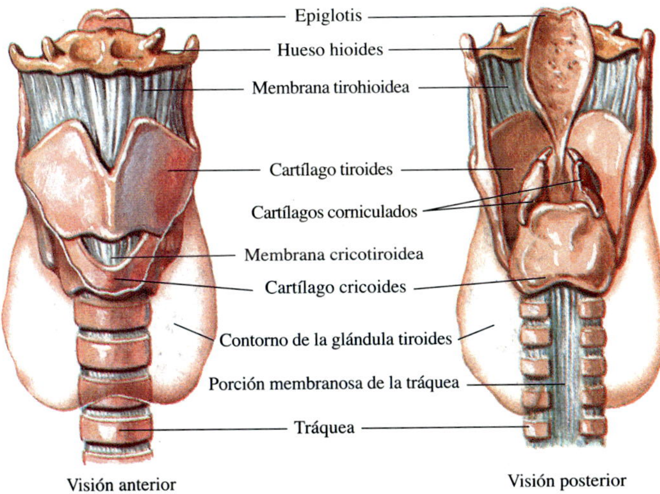

SISTEMA DIGESTIVO

**ÓRGANOS DELSISTEMA DIGESTIVO
Y ALGUNAS ESTRUCTURAS ASOCIADAS**

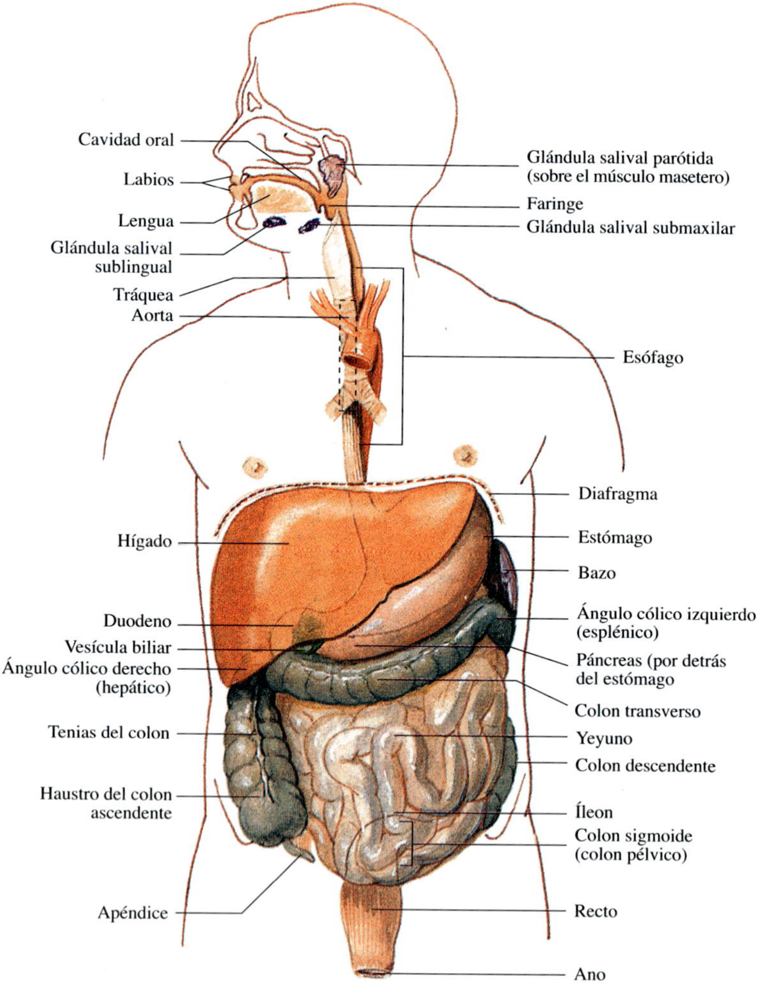

LOCALIZACIÓN DE LAS GLÁNDULAS SALIVARES

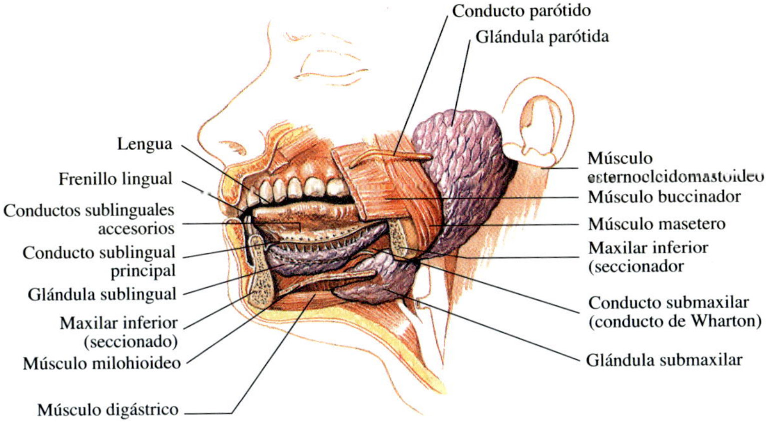

Se ha extirpado la porción izquierda del maxilar inferior

COMPONENTES ANATÓMICOS DEL ESTÓMAGO

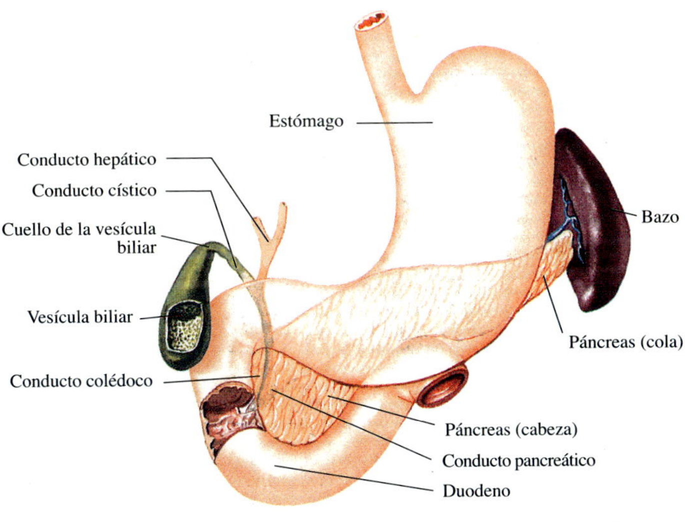

ANATOMÍA DEL INTESTINO GRUESO

Detalle aumentado de tamaño del intestino grueso, el recto y el ano que muestra la unión entre el intestino grueso y el intestino delgado y la entrada en forma de válvula del íleon en el ciego.

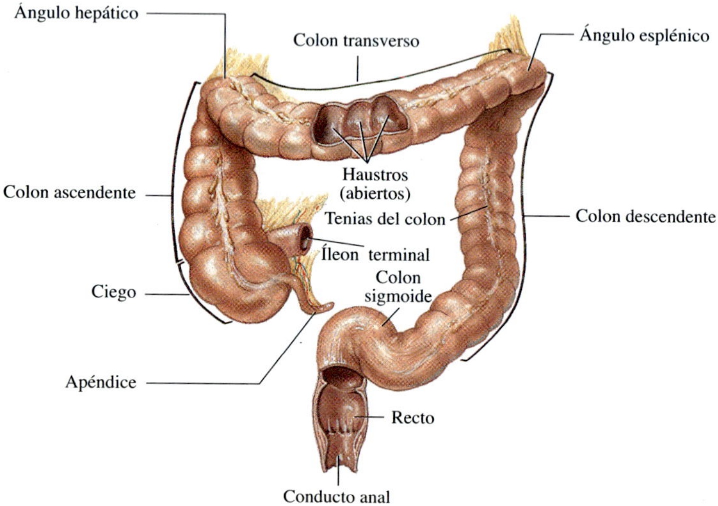

COMPONENTES ANATÓMICOS DEL HÍGADO

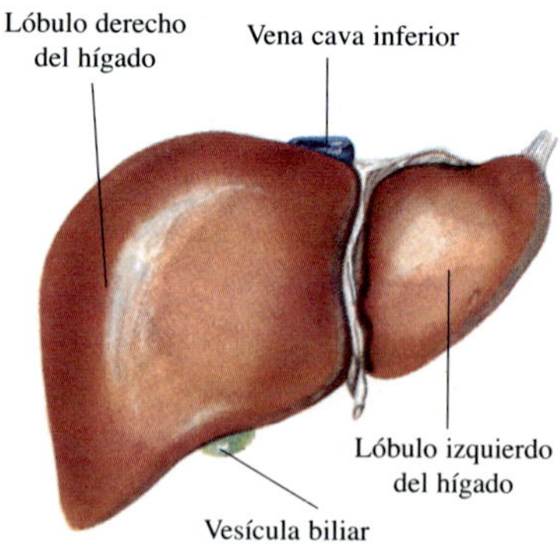

Vista anterior

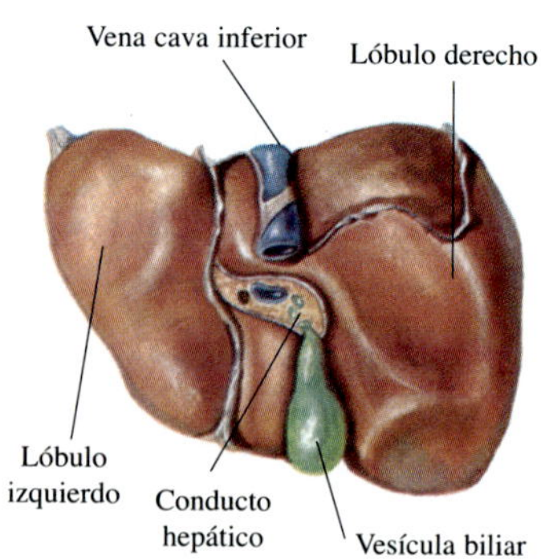

Vista inferior

SISTEMA REPRODUCTOR

ÓRGANOS REPRODUCTORES Y ESTRUCTURAS ASOCIADAS

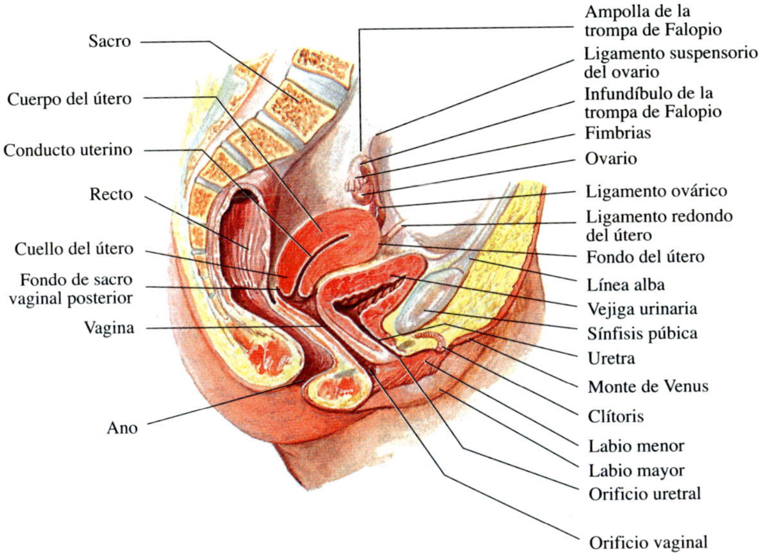

PERINÉ FEMENINO

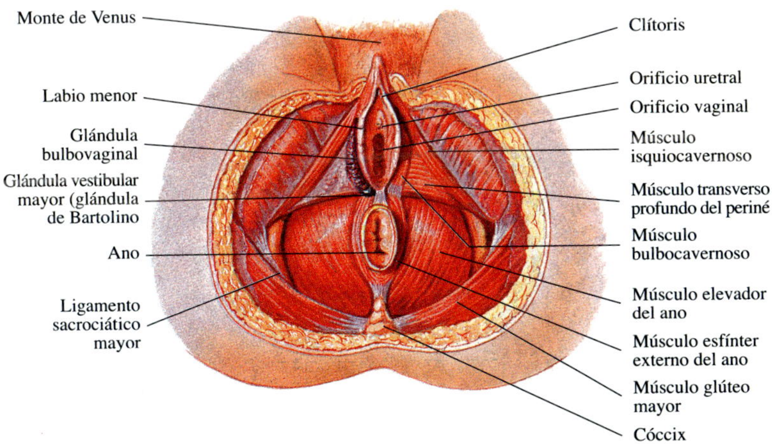

ASPECTO DEL ÚTERO Y DE LAS TROMPAS DE FALOPIO DESDE LA FECUNDACIÓN HASTA LA IMPLANTACIÓN

La fecundación tiene lugar en el tercio externo de la trompa de Falopio. Tras la entrada del embrión en el útero, el desarrollo alcanza la fase de blástula.

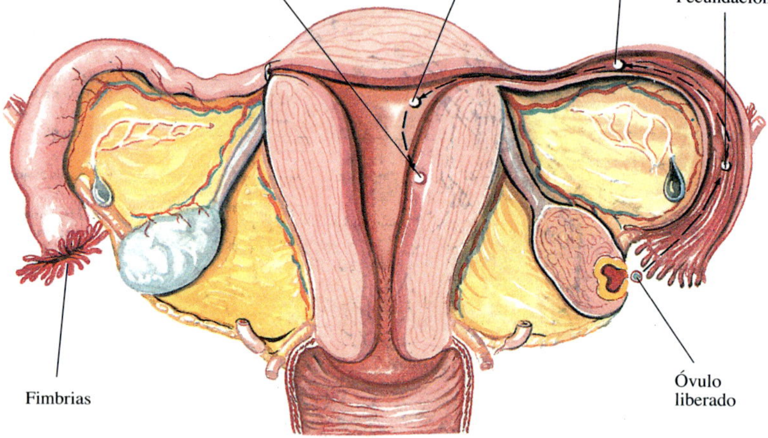

ÓRGANOS REPRODUCTORES MASCULINOS Y ESTRUCTURAS ASOCIADAS

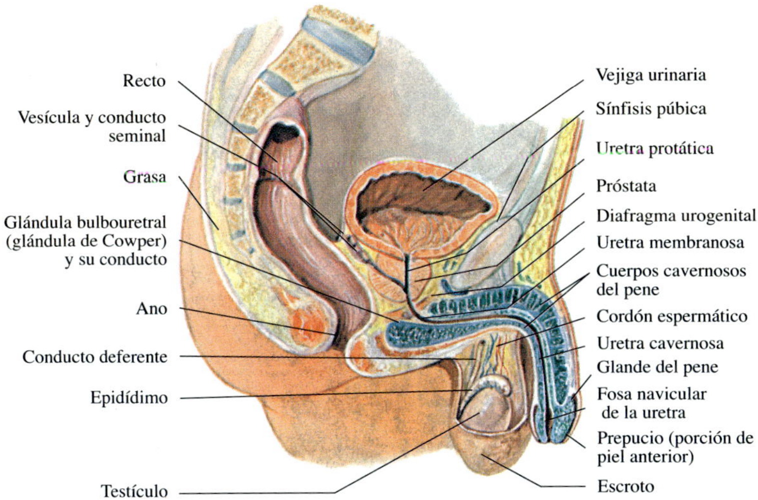

ANATOMÍA DE UN ESPERMATOZOIDE

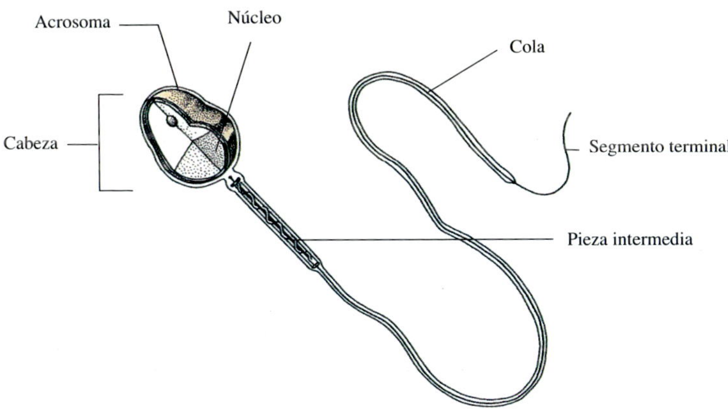

SISTEMA URINARIO

SISTEMA URINARIO Y ALGUNAS ESTRUCTURAS ASOCIADAS

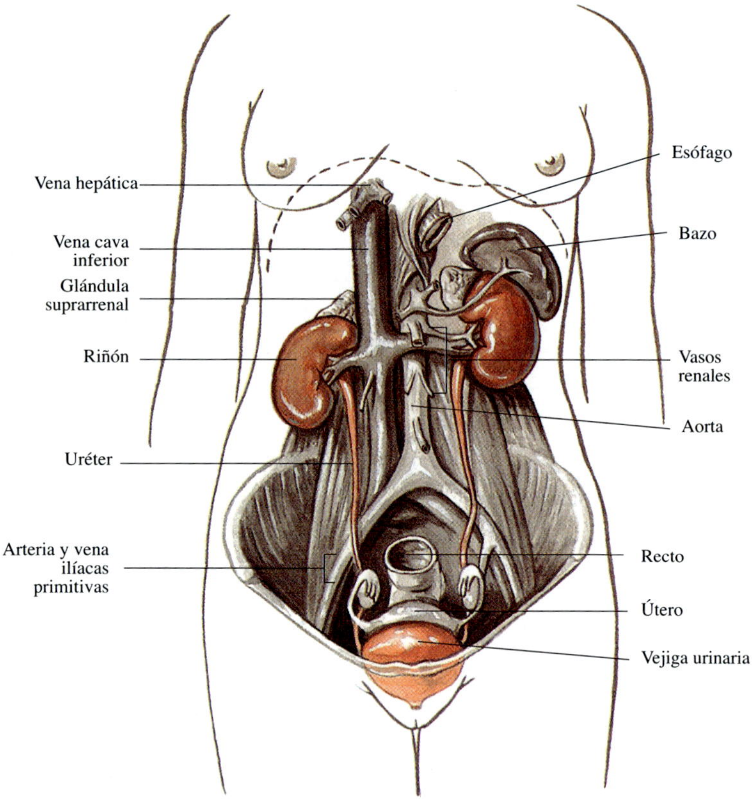

ANATOMÍA DEL SISTEMA URINARIO

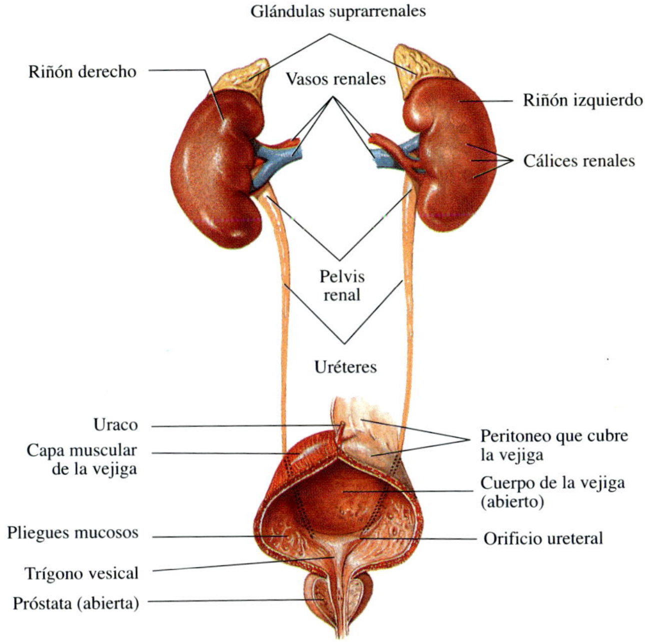

CORTE FRONTAL DEL RIÑÓN

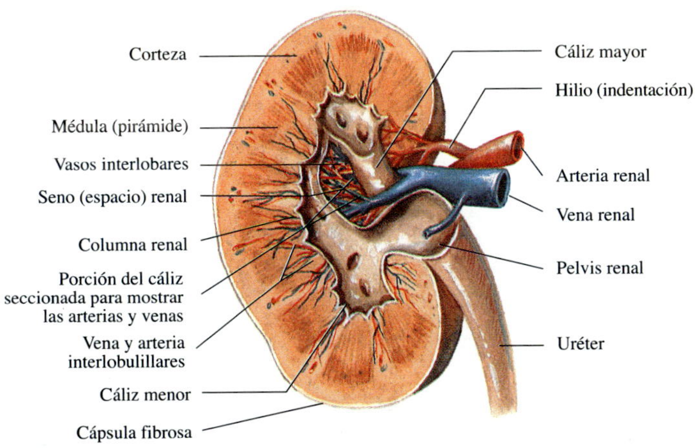

SENTIDOS

OÍDO

ANATOMÍA MACROSCÓPICA DEL OÍDO EN UN CORTE FRONTAL

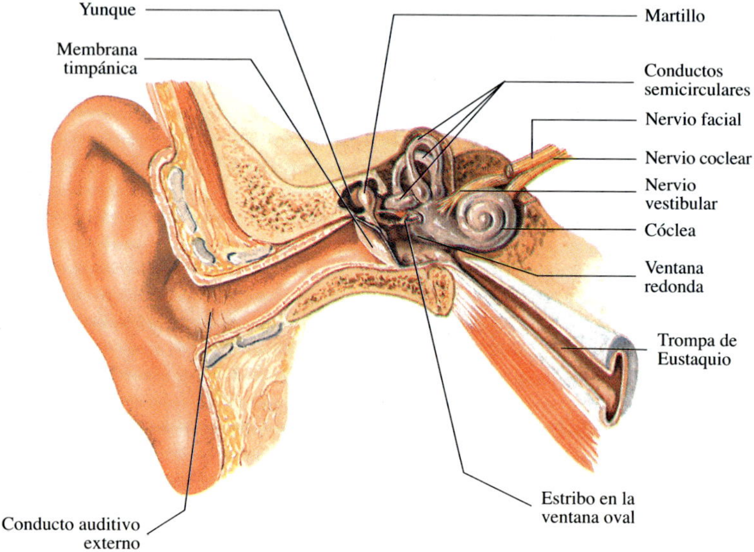

COMPONENTES DE IMPEDANCIA DEL OÍDO MEDIO

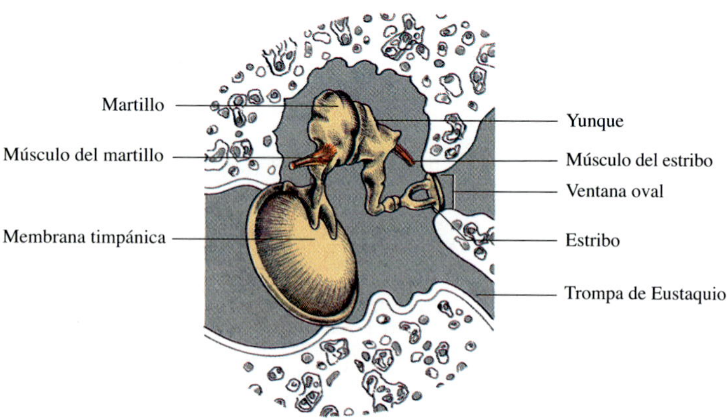

VISTA

CORTE TRANSVERSAL DEL OJO DERECHO

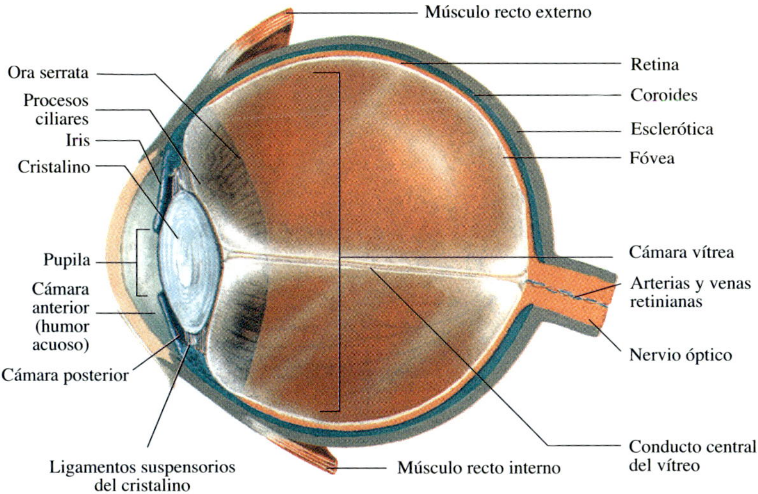

ESTRUCTURA NORMAL DEL OJO

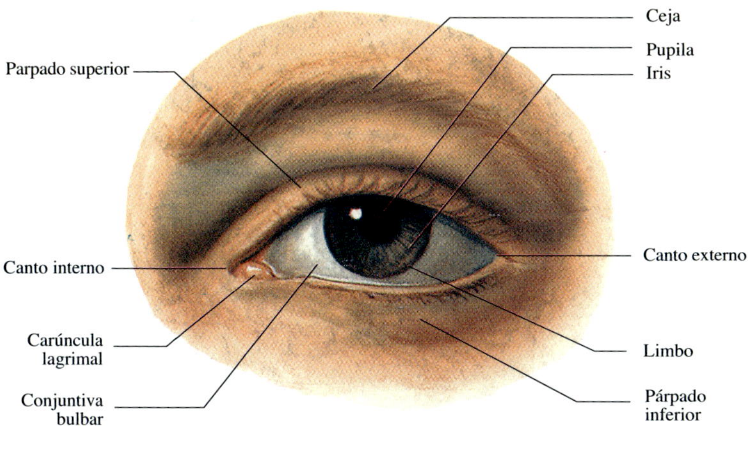

GUSTO Y OLFATO

PAPILAS DE LA LENGUA Y LOCALIZACIÓN DE LOS BOTONES GUSTATIVOS

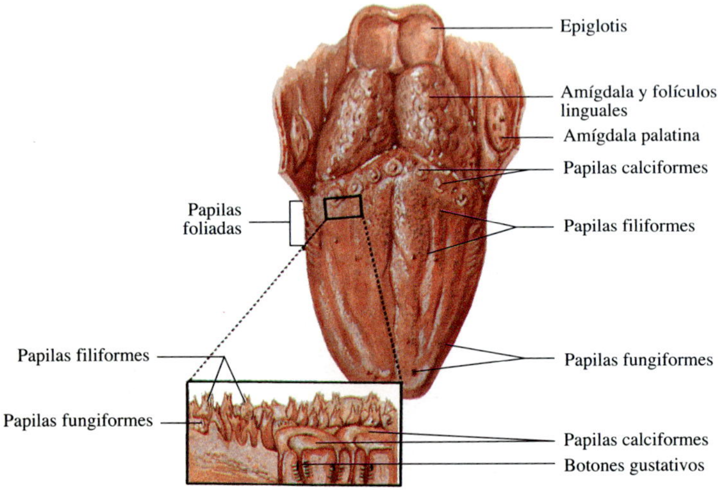

DISTRIBUCIÓN DEL NERVIO OLFATORIO EN LA MUCOSA DE LA CAVIDAD NASAL

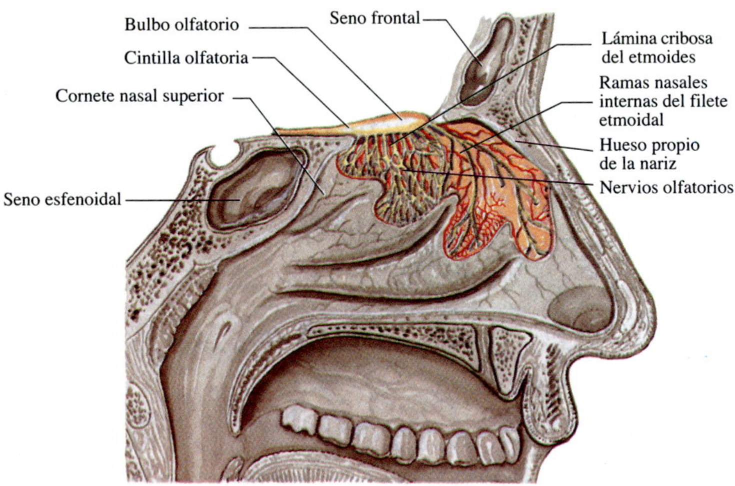